ELETROMAGNETISMO

ELETROMAGNETISMO

Branislav M. Notaroš

Tradução
Lara Freitas

Revisão técnica
José Feliciano Adami
Doutor e mestre em engenharia elétrica pela Universidade Federal de Itajubá, especialista em telecomunicações pela PUC-PR, graduado em engenharia elétrica pelo Instituto Nacional de Telecomunicações e professor assistente da Unesp.

Pearson

Tradução autorizada a partir da edição original, em inglês, *Electromagnetics*, publicada pela Pearson Education, Inc., sob o selo Prentice Hall.

Diretor editorial: Roger Trimer
Gerente editorial: Sabrina Cairo
Editor de aquisição: Vinícius Souza
Coordenadora de produção editorial: Thelma Babaoka
Editora de texto: Cibele Cesario
Preparação: Christiane Colas
Revisão: Carmen Simões, Adriane Peçanha, Maria Cecília Madarás e Entrelinhas Serviços Gráficos
Capa: Alexandre Mieda sob projeto gráfico de LCI Designs
Projeto gráfico e diagramação: Globaltec Editorial & Marketing

Dados Internacionais de Catalogação na Publicação (CIP)
(Câmara Brasileira do Livro, SP, Brasil)

Notaroš, Branislav M.
Eletromagnetismo / Branislav M. Notaroš; [tradução Lara Freitas]. -- São Paulo : Pearson Education do Brasil, 2012.

Título original: Electromagnetics
ISBN 978-85-64574-26-7

1. Eletromagnetismo I. Título.

11-09789 CDD-537

Índice para catálogo sistemático:
1. Eletromagnetismo : Física 537

Direitos exclusivos cedidos à
Pearson Education do Brasil Ltda.,
uma empresa do grupo Pearson Education
Avenida Santa Marina, 1193
CEP 05036-001 - São Paulo - SP - Brasil
Fone: 19 3743-2155
pearsonuniversidades@pearson.com

Distribuição
Grupo A Educação
www.grupoa.com.br
Fone: 0800 703 3444

Aos gigantes pioneiros do eletromagnetismo
Michael Faraday, James Clerk Maxwell e outros
por proporcionarem os fundamentos deste livro.

Aos meus professores e colegas
Branko Popović (*in memoriam*), Antonije Djordjević e outros
por me fazerem quase entender e adorar tudo isso.

A todos os meus alunos de todas as turmas em todos estes anos
por me ensinarem a ensinar.

Para Olivera, Jelena e Milica
por tudo mais.

Sumário

Prefácio

A teoria eletromagnética é um alicerce do ensino técnico, mas, ao mesmo tempo, um dos temas mais difíceis de ser dominado pelos estudantes. Para ajudar a resolver esta dificuldade e contribuir para superá-la, aqui está um livro sobre campos e ondas eletromagnéticas para alunos de graduação, intitulado, simplesmente, *Eletromagnetismo*. Este texto fornece aos estudantes de engenharia e física e a outros interessados um conhecimento abrangente e uma sólida compreensão dos fundamentos eletromagnéticos, enfatizando o rigor matemático e o entendimento físico da teoria eletromagnética, voltada para aplicações práticas de engenharia.

O livro destina-se principalmente (mas não apenas) a estudantes universitários em início de graduação em engenharia elétrica e da computação, física e cursos similares, tanto para dois semestres sequenciais quanto para um semestre de curso. Inclui 14 capítulos sobre campos eletrostáticos, correntes elétricas constantes, campos magnetostáticos, campos eletromagnéticos de variação lenta no tempo (baixa frequência), campos eletromagnéticos de variação rápida no tempo (alta frequência), ondas eletromagnéticas planas uniformes, linhas de transmissão, guias de onda e cavidade ressonante, e antenas e sistemas de comunicação wireless.

Ao que parece, há muitos livros bem diferentes sobre eletromagnetismo disponíveis para graduação (talvez mais do que para qualquer outra disciplina de ciência e engenharia), os quais são todos muito bons e importantes. Esta obra, no entanto, pretende combinar as melhores características e as vantagens de todos eles. Apresenta também vários recursos pedagógicos novos.

Este texto oferece várias seções e capítulos importantes não padronizados, nem na prática nem teoricamente; traz ainda um novo estilo e novas abordagens na apresentação de tópicos desafiadores e fenômenos eletromagnéticos abstratos; traz estratégias inovadoras e guias pedagógicos para o campo eletromagnético e cálculo de onda e resolução de problemas, e, mais importante, exemplos essenciais já resolvidos (de acordo com a opinião de estudantes), problemas-tarefa e questões conceituais. O objetivo é aprimorar de maneira significativa a compreensão dos alunos sobre eletromagnetismo e sua atitude em relação ao tema. Em geral, o livro pretende ser a "última palavra" sobre eletromagnetismo em nível de graduação.

O diferencial deste livro

- 371 exemplos reais com soluções bem detalhadas e instrutivas, estritamente ligadas à teoria, incluindo estratégias para a resolução de problemas.
- 650 problemas reais no fim do capítulo, muito bem e totalmente apoiados pelos exemplos resolvidos (há exemplo de demonstração para cada problema-tarefa).
- Apresentação clara, rigorosa, completa e lógica do material, equilíbrio de amplitude e profundidade, equilíbrio de campo estático (um terço) e dinâmico (dois terços), sem falta de passos.
- Flexibilidade para diferentes opções de abordagem, ênfase e solicitação de material em um curso ou cursos, incluindo a primeira abordagem sobre linhas de transmissão.
- Muitos tópicos e subtópicos não presos a padrões e novas derivações, explicações, provas, interpretações, exemplos, estilo pedagógico e visualizações.

As seções a seguir explicam esses e outros recursos com mais detalhes.

EXEMPLOS RESOLVIDOS E PROBLEMAS-TAREFA

A característica mais importante do livro é o grande número de exemplos reais, com soluções detalhadas e pedagogicamente instrutivas e problemas-tarefa no fim de cada capítulo, completamente apoiados por exemplos resolvidos. Há 371 exemplos resolvidos, todos estritamente ligados à teoria, reforçando conceitos teóricos e desenvolvendo de forma harmoniosa e sistemática as habilidades de resolução de problemas dos alunos, e um total de 650 problemas distribuídos ao longo do livro.

Mais importante ainda, para cada problema-tarefa ou conjunto de problemas, há sempre um exemplo ou um conjunto de exemplos no texto cuja solução detalhada oferece aos estudantes e outros leitores todas as instruções e orientações necessárias para que sejam capazes de resolver o problema por conta própria, e completar todas as tarefas e pratiquem, visando aos testes e exames. A abundância e qualidade dos exemplos e problemas são muito importantes para o sucesso do curso e das aulas: os alunos sempre pedem mais exemplos resolvidos, que devem ser relevantes para os muitos problemas que se seguem (para lição de casa e preparação para exames) – e isso é exatamente o que este livro oferece.

Os exemplos e problemas do livro enfatizam o raciocínio conceitual físico e a síntese matemática de soluções, e não simplesmente resoluções com fórmulas (*plug-and-chug*). Eles também não possuem formalismos matemáticos puros e secos. O principal objetivo é ensinar os leitores a raciocinar em diferentes situações (mais ou menos desafiadoras) e ajudá-los a ganhar confiança, a realmente entender e a gostar do material. Muitos exemplos e problemas têm um forte contexto de engenharia prática.

As soluções para os exemplos mostram e explicam cada passo, com amplas discussões e abordagens, estratégias e alternativas. Com muita frequência, as soluções são apresentadas de mais de uma forma para auxiliar na compreensão e desenvolvimento de habilidades na solução de problemas eletromagnéticos. Pela aquisição de tais habilidades, as quais não estão definitivamente limitadas a uma leitura precisa das páginas do livro em busca de uma fórmula "caixa-preta" perfeita ou conjunto de fórmulas, nem a uso habilidoso de calculadoras de bolso para *plug-and-chug*, o leitor também adquire verdadeira confiança e orgulho sobre o eletromagnetismo, além de uma forte valorização tanto para os seus fundamentos teóricos quanto para suas aplicações práticas.

Exemplos "físicos" não triviais são bons também para os professores – para palestras e explanações –, pois eles são muito mais interessantes e adequados para uma apresentação lógica e discussão em sala do que exemplos *plug-and-chug* ou puramente "matemáticos".

CLAREZA, RIGOR E INTEGRIDADE

Juntamente com o número e tipo de exemplos e problemas (e perguntas e exercícios), a característica mais marcante do livro é sua atenção à clareza, à integridade e à solidez pedagógica na apresentação do material ao longo de todo o texto, visando a um equilíbrio de amplitude e profundidade. O eletromagnetismo, como ciência fundamental e disciplina da engenharia, provê explicações físicas completas para (quase) tudo dentro de seu escopo e modelos matemáticos rigorosos para tudo o que aborda. Assim, além de algumas leis fundamentais experimentais (como a lei de Coulomb) que têm de ser levadas em conta na construção do modelo, todos os outros passos, na construção da estrutura mais impressionante e emocionante chamada de teoria eletromagnética, podem ser prontamente apresentados ao leitor de forma consistente e significativa e com detalhes suficientes para ser compreensível e apreciável. Isto é exatamente o que esta obra tenta fazer.

Falando de maneira simples, literalmente tudo é derivado, provado e explicado (com exceção de alguns fatos experimentais), com muitas e novas derivações, explicações, provas, interpretações e visualizações. Conceitos difíceis e importantes e derivações são apresentados com regularidade, mas de maneira a ajudar os alunos a compreender e dominar o assunto que têm em mãos. O máximo esforço tem sido dedicado a um fluxo contínuo lógico de temas, conceitos, equações e ideias, e praticamente nenhum passo ou parte é "intencionalmente ignorado". Isso, no entanto, é feito de forma estrutural e modular, de modo que o leitor sinta que alguns passos, derivações e provas podem ser contornados naquele momento (com a oportunidade de refazê-lo mais tarde), mas isso é deixado a critério do leitor (ou a critério e conforme as orientações do professor do curso), e não do autor.

Minha intenção é fornecer todas as possíveis (ou necessárias) explicações, orientações e detalhes nas partes teóricas e exemplos no texto, ao passo que a compreensão real dos alunos sobre o material, sua forma de pensar "por si só", e a capacidade de fazer o trabalho de maneira independente são testados e desafiados por meio de inúmeros e relevantes problemas ao final do capítulo e de questões conceituais, e não pelo preenchimento das lacunas no texto.

Por outro lado, estou plenamente consciente de que a brevidade pode parecer atraente aos alunos à primeira vista porque normalmente significa menos páginas para ler. No entanto, a maioria dos estudantes entenderá rapidamente que é realmente muito mais fácil e rápido ler, compreender e utilizar as várias páginas do material apresentado e completamente explicado em vez de uma única página de material condensado com várias partes faltando. Durante o meu relacionamento com os alunos ao longo de tantos anos, tenho ouvido constantemente que eles de fato preferem ter tudo bem explicado, e ver um grande número de problemas resolvidos como amostra, em vez de poucas páginas e muitas partes importantes, etapas e explicações faltando, poucas soluções detalhadas, e essa foi a principal motivação para que eu escrevesse este livro.

Esta abordagem, na minha opinião, também é boa para os professores, pois eles têm uma "história" independente e contínua para cada uma de suas palestras, no lugar de um conjunto de fórmulas distintas e amostras com poucas ou nenhuma explicação e detalhes. Por outro lado, o professor poderá optar por apresentar apenas os principais fatos para um determinado tema em sala de aula e contar com os estudantes para o resto, pois eles serão capazes de rápida e facilmente compreender todas as tarefas do livro. Na verdade, espero que cada professor, ao usar este texto, tenha diferentes temas "preferidos" para apresentar em sala de aula com todos os detalhes e em profundidade, incluindo uma série de exemplos, enquanto "repassa" alguns outros temas aos alunos para que estudem por conta própria, com maior ou menor profundidade, incluindo exemplos trabalhados.

OPÇÕES NO ESTUDO DO MATERIAL

Este livro promove e introduz a ordem direta ou cronológica e não inversa de temas no ensino/aprendizagem de eletromagnetismo, o que pode ser brevemente caracterizado como: temas em primeiro lugar estáticos e, em seguida, dinâmicos, ou primeiro campos (estático, quase estático e rapidamente variável no tempo) e depois ondas (ondas planas uniformes, linhas de transmissão, guias de onda e antenas). Além disso, o livro apresenta um equilíbrio favorável entre campos estáticos (um terço) e dinâmicos (dois terços). Idealmente, um curso ou uma sequência de cursos utilizando este texto cobriria completamente o material do livro, e, é provável, algumas partes seriam dadas aos estudantes como apenas tarefa de leitura. No entanto, o livro permite uma grande flexibilidade e muitas opções diferentes no estudo do material, ou partes dele, e ordenação dos tópicos em um curso (ou cursos).

Uma situação é passar rapidamente pelos capítulos de 1 a 7, fazer apenas conceitos básicos e equações e ler alguns exemplos em cada capítulo, chegar rapidamente ao capítulo 8 (equações gerais de Maxwell etc.), e depois resolver tudo mais com aplicações das equações gerais de Maxwell, incluindo tópicos selecionados dos capítulos de 1 a 7 e uma cobertura mais ou menos completa de todos os outros capítulos. Este cenário refletiria essencialmente a ordem inversa (não cronológica) de tópicos no ensino/aprendizagem de eletromagnetismo. Na verdade, pode haver muitos cenários adequados para diferentes áreas de ênfase e resultados especializados do curso e do tempo disponível, todos avançando em ordem cronológica, pelos capítulos de 1 a 14 do livro, apenas com velocidades e níveis distintos de cobertura dos capítulos individualmente.

Para ajudar os professores a criar um plano para usar o material do livro em seus cursos e os alunos e outros leitores a priorizar o conteúdo de acordo com seus objetivos de aprendizagem e necessidades, as tabelas 1 e 2 fornecem as classificações de todos os capítulos e seções, respectivamente, em dois níveis, indicando quais capítulos e seções dentro dos capítulos são sugeridos como mais prováveis de ser ignorados ou descartados (estudados superficialmente). Este é apenas um guia, e espero que haja inúmeras combinações extremamente criativas, eficientes e diversificadas dos tópicos e subtópicos que constituem os planos do curso e de aprendizagem/formação, personalizados para melhor atender as preferências, interesses e necessidades dos professores, estudantes e outros leitores deste livro.

Mais importante, se capítulos e seções forem ignorados ou descartados em sala de aula, eles não são ignorados nem descartados no livro, e os alunos poderão prontamente encontrar e obter informações adicionais e preencher eventuais lacunas utilizando partes do material do livro de capítulos e seções que não estão previstos para ser abordados em detalhes.

Tabela 1. Classificação dos capítulos do livro em dois grupos, na qual capítulos "obrigatórios" são aqueles que provavelmente seriam estudados na maioria dos cursos, enquanto que alguns dos capítulos "opcionais" poderiam ser ignorados (ou descartados) com base em áreas específicas de ênfase e os resultados desejados do curso ou sequência de cursos e do tempo disponível. Na seleção do material para o(s) curso(s), esta classificação por nível capítulo poderia ser combinada com a classificação por nível seção apresentada na Tabela 2.

Capítulos "obrigatórios": 1, 3, 4, 6, 8, 9, 12	Capítulos "opcionais": 2, 5, 7, 10, 11, 13, 14
1. Campo eletrostático no espaço livre	2. Dielétricos, capacitância e energia elétrica
3. Campo eletrostático no espaço livre	5. Campo magnetostático no meio material
4. Campo magnetostático no espaço livre	7. Indutância e energia magnética
6. Campo eletromagnético de variação lenta no tempo	10. Reflexão e transmissão de ondas planas
8. Campo eletromagnético de variação rápida no tempo	11. Análise de campo das linhas de transmissão
9. Ondas eletromagnéticas em plano uniforme	13. Guias de onda e cavidade ressonante
12. Análise de circuito das linhas de transmissão	14. Antenas e sistemas de comunicação sem fio

Tabela 2. Classificação das seções do livro em dois "níveis" em termos de prioridade sugerida de estudo; se uma ou mais seções em qualquer um dos capítulos forem ser ignoradas (ou descartadas), dadas as áreas de ênfase e os resultados especializados do curso ou cursos e do tempo disponível, então se sugere que sejam selecionados na seção "nível dois", o que certamente não exclui a possível omissão (ou estudo mais superficial) de algumas das seções "nível um" também.

Capítulo	Seções "nível um"	Seções "nível dois"
1. Campo eletrostático no espaço livre	1.1-1.4, 1.6, 1.8-1.10, 1.13-1.16	1.5, 1.7, 1.11, 1.12, 1.17-1.21
2. Dielétricos, capacitância e energia elétrica	2.1, 2.6, 2.7, 2.9, 2.10, 2.12, 2.13, 2.15, 2.16	2.2-2.5, 2.8, 2.11, 2.14, 2.17
3. Campo eletrostático no espaço livre	3.1-3.4, 3.8, 3.10, 3.12	3.5-3.7, 3.9, 3.11, 3.13
4. Campo magnetostático no espaço livre	4.1, 4.2, 4.4-4.7, 4.9	4.3, 4.8, 4.10-4.13
5. Campo magnetostático no meio material	5.1, 5.5, 5.6, 5.8, 5.11	5.2-5.4, 5.7, 5.9, 5.10
6. Campo eletromagnético de variação lenta no tempo	6.2-6.5	6.1, 6.6-6.8
7. Indutância e energia magnética	7.1, 7.4, 7.5	7.2, 7.3, 7.6
8. Campo eletromagnético de variação rápida no tempo	8.2, 8.4, 8.6-8.8, 8.11, 8.12	8.1, 8.3, 8.5, 8.9, 8.10
9. Ondas eletromagnéticas em plano uniforme	9.3-9.7, 9.11, 9.14	9.1, 9.2, 9.8-9.10, 9.12, 9.13
10. Reflexão e transmissão de ondas planas	10.1, 10.2, 10.4-10.7	10.3, 10.8, 10.9
11. Análise de campo das linhas de transmissão	11.4-11.6, 11.8	11.1-11.3, 11.7, 11.9, 11.10
12. Análise de circuito das linhas de transmissão	12.1-12.6, 12.11, 12.12, 12.15	12.7-12.10, 12.13, 12.14, 12.16-12.18
13. Guias de onda e cavidade ressonante	13.1-13.3, 13.6, 13.8, 13.9, 13.12	13.4, 13.5, 13.7, 13.10, 13.11, 13.13, 13.14
14. Antenas e sistemas de comunicação sem fio	14.1, 14.2, 14.4-14.6, 14.8, 14.14, 14.15	14.3, 14.7, 14.9-14.13

Tabela 3. Organizando o material do livro para a primeira abordagem às linhas de transmissão. O Capítulo 12 (Análise de circuito de linhas de transmissão) é escrito usando somente conceitos de teoria de circuito (todos os aspectos de teoria de campo das linhas de transmissão estão no Capítulo 11 (Análise de campo de linhas de transmissão), para que possa ser abordado bem no início do curso (ou em qualquer outro momento). Observe que duas seções que apresentam (ou reveem) representantes complexos de tensões e correntes harmônicas no tempo (seções 8.6 e 8.7) devem ser estudadas antes do capítulo 12.

Seção 8.6: Eletromagnetismo harmônico no tempo

Seção 8.7: Representantes complexos de campo harmônico no tempo e grandezas de circuito

Capítulo 12: Análise de circuito de linhas de transmissão (ou uma seleção de seções do capítulo 12 – veja tabela 2)

Capítulos 1-11, 13, 14 ou uma seleção de capítulos (veja tabela 1) e seções (veja tabela 2)

PRIMEIRA ABORDAGEM SOBRE LINHAS DE TRANSMISSÃO

Uma possível exceção da sequência cronológica de capítulos (tópicos) no uso deste texto implica um posicionamento diferente do Capítulo 12 (Análise de circuito das linhas de transmissão), o qual está escrito de maneira que possa ser estudado a qualquer momento, até mesmo no começo do curso, constituindo, portanto, a primeira abordagem de transmissão de linhas para o ensino e aprendizagem do material no curso. Ou seja, as análises de campo e circuito de linhas de transmissão são completamente dissociadas no livro, de modo que todos os aspectos da teoria de campo são colocados no Capítulo 11 (Análise de campo das linhas de transmissão) e somente conceitos de teoria de circuito são utilizados no Capítulo 12, sendo as características por unidade de comprimento (parâmetros distribuídos) das linhas levadas em conta (supõem-se serem conhecidas) a partir da análise de campo se a análise de circuitos é feita primeiro. A Tabela 3 mostra a primeira situação de linhas de transmissão usando este livro.

ÁLGEBRA E CÁLCULO VETORIAIS

Elementos da álgebra vetorial e do cálculo vetorial são apresentados e utilizados gradualmente em todas as seções do livro, com ênfase na visão física e ligações imediatas a conceitos da teoria de campo eletromagnético, em vez de se ter uma análise puramente matemática em um capítulo separado. Eles estão totalmente integrados ao desenvolvimento da teoria eletromagnética, em que eles realmente pertencem e ganham vida.

Os conceitos matemáticos de gradiente, divergência, ondulação e laplaciano, bem como linha (circulação), superfície (fluxo) e integrais volumétricas derivam literalmente da física (eletromagnetismo), em que elas naturalmente emanam como partes integrais de equações eletromagnéticas e leis, em que seu significado físico é quase óbvio e pode facilmente ser visualizado. Além do mais, o texto é escrito de maneira que até mesmo um leitor com pouco conhecimento sobre álgebra vetorial e cálculo vetorial será capaz de aprender ou relembrar conceitos de análise vetorial diretamente nos primeiros capítulos (consulte o Apêndice 3 – Álgebra vetorial e índice de cálculo).

LIGAÇÕES PARA TEORIA DE CIRCUITO

O livro fornece discussões detalhadas sobre as ligações entre a teoria eletromagnética e a teoria de circuito ao longo de todos os seus capítulos. Ele contém explicações físicas para todos os elementos da teoria de circuitos, para ambos os regimes cc e ca. Todas as equações de teoria de circuito (leis do circuito, lei elementar etc.) são derivadas da teoria eletromagnética. O objetivo é que o leitor desenvolva tanto a apreciação sobre a teoria eletromagnética quanto um fundamento da teoria de circuitos e engenharia elétrica como um todo, bem como uma compreensão das limitações da teoria de circuito como uma aproximação da teoria de campo.

APARTES HISTÓRICOS

Em quase todos os capítulos do livro, dezenas de apartes históricos aparecem com muitos detalhes em biografias fascinantes de cientistas famosos e pioneiros no campo da eletricidade e magnetismo. Há 40 biografias, que são, sob meu ponto de vista, não somente interessantes historicamente e informativas em termos de proporcionar a revisão cronológica concreta do desenvolvimento de uma das mais impressionantes, consistentes e completas teorias de todo o mundo científico e tecnológico – a teoria eletromagnética – mas também muitas vezes fornecem fatos técnicos adicionais e explicações que complementam o material no texto. Também acho que alguns conhecimentos básicos sobre os descobridores – que atingiram tais realizações científicas memoráveis e contribuições de amplo alcance para a humanidade – como Faraday, Maxwell, Henry, Hertz, Coulomb, Tesla, Heaviside, Oersted, Ampère, Ohm, Weber e outros devem fazer parte insubstituível de uma espécie de "educação geral" de nossos estudantes de engenharia e de física.

AGRADECIMENTOS

Este texto é baseado em minhas aulas e pesquisas sobre eletromagnetismo em mais de 20 anos na Universidade de Belgrado, Sérvia, Universidade do Colorado em Boulder, Universidade de Massachusetts Dartmouth e Universidade Estadual do Colorado, em Fort Collins, EUA. Agradeço aos meus colegas e/ou ex-alunos de Ph.D. nessas instituições cujas discussões, conselhos, ideias, entusiasmo, iniciativas, coensino e coautorias moldaram meu conhecimento, estilo de ensino, pedagogia e escrita sobre eletromagnetismo, incluindo: prof. Branko Popović (*in memoriam*), prof. Milan Ilić, prof. Miroslav Djordjević, prof. Antonije Djordjević, prof. Zoya Popović, Gradimir Božilović, prof. Momčilo Dragović (*in memoriam*), prof. Branko Kolundžija, prof. Vladimir Petrović e prof. Jovan Surutka (*in memoriam*). Tudo o que sei sobre eletromagnetismo e sobre como ensinar aprendi deles ou com eles ou por causa deles, e sou muito grato por isso.

Sou grato a todos os meus alunos em todas as minhas aulas em todos estes anos pela satisfação que tive ao ensiná-los sobre eletromagnetismo e por me ensinarem a ensinar melhor.

Agradeço especialmente meus alunos de Ph.D. Nada Šekeljić, Ana Manić e Sanja Manić por sua inestimável ajuda na formulação dos exercícios Matlab, dos tutoriais e dos códigos, verificando as derivações e exemplos, e resolvendo os problemas selecionados de fim de capítulo. Tenho uma dívida especial de gratidão com meu colega e ex-aluno de Ph.D. prof Milan Ilić, por seu excelente trabalho. Meus colegas e ex-alunos Andjelija Ilić e prof. Miroslav Djordjević, bem como Olivera Notaroš, que também contribuiu de modo muito significativo com a obra, pelo que estou sinceramente grato.

Gostaria de expressar minha gratidão aos demais colaboradores do manuscrito por seus comentários extremamente detalhados, úteis, positivos e competentes que sinto terem me ajudado a melhorar de modo significativo a qualidade do livro, incluindo: professores Indira Chatterjee, Robert J. Coleman, Cindy Harnett, Jianming Jin, Leo Kempel, Edward F. Kuester, Yifei Li, Krzysztof A. Michalski, Michael A. Parker, Andrew F. Peterson, Costas D. Sarris e Fernando L. Teixeira.

Um agradecimento especial a todos os membros da equipe da Pearson Prentice Hall, por terem sido excelentes, e em especial meu editor Andrew Gilfillan, que foi extremamente disponível e colaborativo, e cujas inserções foram fundamentais em muitas etapas no desenvolvimento do manuscrito e do livro, ao meu gerente de produção Scott Disanno, por conduzir com habilidade a produção do livro, Marcia Horton, vice-presidente e diretora editorial da Prentice Hall, por ótimas conversas e apoio nas fases iniciais do projeto e Tom Robbins, ex-editor da Prentice Hall, pelo encorajamento inicial. Espero que tenham desfrutado de nossas negociações e discussões tão extensivamente como eu o fiz.

Agradeço à minha esposa Olivera Notaroš, que também leciona no Departamento ECE na Universidade do Estado do Colorado, não só por seu grande e constante apoio e compreensão, mas também por seu envolvimento direto e ideias, conselhos e ajuda absolutamente fenomenais em todas as fases da escrita do manuscrito e na produção do livro. Sem ela, este livro não seria possível ou seria, pelo menos, muito diferente. Reconheço também o apoio extraordinário de minhas maravilhosas filhas Jelena e Milica, e espero que eu seja capaz de manter a minha promessa a elas de que agora farei uma longa pausa na escrita. Entristece-me que a escrita deste livro levou tanto tempo que meus amados pais Smilja e Mile não tenham vivido para receber de mim o primeiro exemplar dedicado a eles, como aconteceu com meus livros anteriores.

Por fim, em uma nota muito pessoal, eu de verdade amo eletromagnetismo e ensinar esse assunto, e espero que este livro transmita pelo menos uma parte da minha admiração e entusiasmo para os leitores e ajude que mais e mais estudantes comecem a gostar e a apreciar essa fascinante disciplina de infinitos impactos. Tenho orgulho de conseguir isso em minhas aulas, e agora estou animado e ansioso para tentar espalhar a mensagem para um público muito maior usando este texto. Por favor, me envie comentários, sugestões, perguntas e correções sobre o livro para notaros@colostate.edu.

Branislav M. Notaroš
Fort Collins, Colorado

Material complementar:

No Site de Apoio <www.grupoa.com.br>, professores e estudantes podem acessar os seguintes materiais adicionais:

Para professores:

- Manual de soluções, em inglês;
- Apresentações em PowerPoint.

Para estudantes:

- Questões de múltipla escolha que focam os principais conceitos do material, exigindo raciocínio e compreensão em vez de cálculos;
- Exercícios adicionais e propostas de projetos com o Matlab ligados ao material do livro, tanto na teoria quanto nos exemplos trabalhados. Esse conjunto foi preparado para ajudar os alunos a desenvolver uma intuição forte e um profundo entendimento sobre eletromagnetismo.

"Acredito que, mas não consigo explicar como, a confiança do autor é de alguma forma transferida para o aluno como em uma relação de confiança de que o texto que estão lendo e de onde estão aprendendo vale a pena."

Colaborador anônimo do manuscrito do livro

CAPÍTULO

1

Campo eletrostático no espaço livre

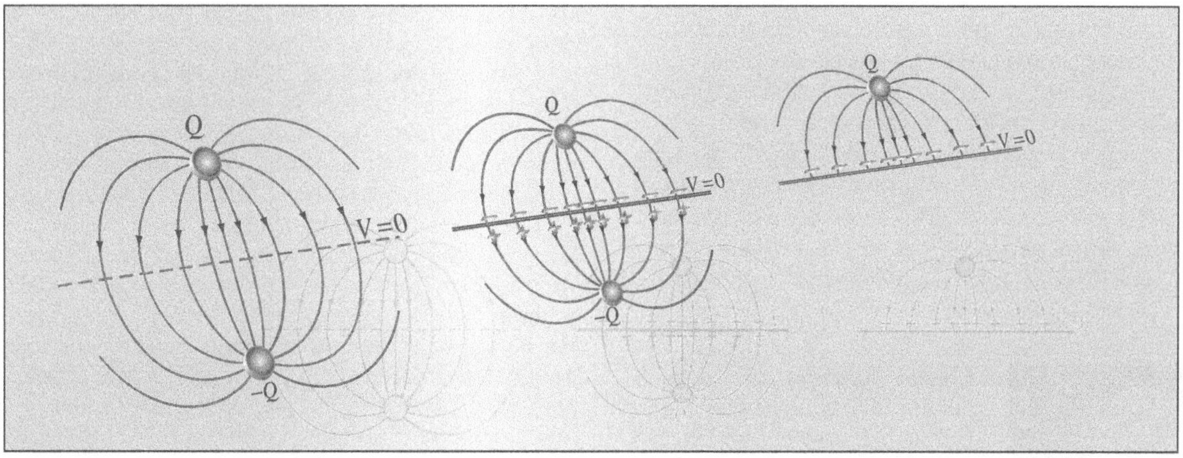

Introdução

A eletrostática é o ramo do eletromagnetismo que trata de fenômenos associados à eletricidade estática, que são essencialmente a consequência de um simples fato experimental – de que cargas exercem forças umas sobre as outras. Essas forças são chamadas de forças elétricas, e o estado especial no espaço é chamado de campo elétrico, pois surge devido a uma carga fixa em uma posição que se move a outra em volta e fazendo aparecer sobre ela uma força. Qualquer distribuição de carga no espaço com qualquer variação no tempo é uma fonte de campo elétrico. O campo elétrico devido a cargas invariantes no tempo em repouso (cargas que não mudam no tempo e não se movem) é chamado de campo elétrico estático ou campo eletrostático. Esta é a forma mais simples do campo eletromagnético geral, e sua física e a matemática representam a base de toda a teoria eletromagnética. Por outro lado, uma compreensão clara sobre eletrostática é essencial para muitas aplicações práticas que envolvem campos elétricos estáticos, cargas e forças em dispositivos e sistemas elétricos e eletrônicos.

Começaremos nosso estudo sobre eletrostática investigando o campo eletrostático no vácuo ou no ar (espaço livre), o que depois se estenderá para a análise de estruturas eletrostáticas compostas de condutores carregados no espaço livre (também será vista neste capítulo). No capítulo seguinte, avaliaremos o campo eletrostático na presença de materiais dielétricos, e incluiremos materiais em nossa discussão sobre sistemas eletrostáticos gerais.

APARTE HISTÓRICO

O primeiro registro de experiências com eletricidade remonta ao século VI a.C., quando **Tales de Mileto** (624 a.C.–546 a.C.), filósofo e matemático grego, uma das maiores mentes de todos os tempos, escreveu que o âmbar friccionado na lã atrai pedaços de palha ou penas — o que agora sabemos ser uma manifestação de eletrificação por atrito. Em relação a isso, o nome "elétron" para a partícula subatômica carregando a menor quantidade de carga negativa vem da palavra grega $\eta\lambda\epsilon\kappa\tau\rho o\nu$ (*elektron*) para âmbar. Nossas experiências com o magnetismo, por outro lado, também remontam a tempos antigos. A origem da palavra "ímã" refere-se à região chamada Magnésia ($M\alpha\gamma\nu\eta\sigma\iota\alpha$), na Grécia, na qual os gregos antigos notaram pela primeira vez (800 a.C.) que pedaços da pedra negra sobre a qual estavam de pé, agora conhecida como magnetita, óxido de ferro (Fe_3O_4), atraíam-se uns aos outros.

Charles Augustin de Coulomb (1736–1806) foi um coronel do Corpo de Engenharia do Exército francês e um brilhante experimentalista de eletricidade e do magnetismo. Ele se formou em 1761 pela Faculdade do Corpo de Engenharia (*École du Génie*), e foi responsável pela construção do Forte Bourbon na Martinica, nas Antilhas, onde mostrou sua engenharia e capacidade organizacional. Em 1772, Coulomb retornou à França com a saúde debilitada e começou suas pesquisas em mecânica aplicada. Em 1777, inventou uma balança de torção para medir pequenas forças e, como resultado de seus registros sobre atrito em 1781, foi eleito para a Academia francesa (*Académie des Sciences*). Entre 1785 e 1791, escreveu uma série de estudos sobre eletricidade e magnetismo, dentre os quais o mais importante e famoso é o trabalho sobre teoria da atração e repulsão entre corpos carregados. Coulomb formulou em 1785 a lei básica para a força eletrostática entre cargas de polaridades iguais ou opostas) utilizando seu aparato de equilíbrio de torção, em uma série de experimentos originalmente destinados a melhorar a bússola dos marinheiros. Ele mediu a força elétrica de atração ou repulsão que duas pequenas esferas carregadas exerciam uma sobre a outra através da quantidade de torção produzida na balança de torção, e demonstrou uma lei do inverso do quadrado para tais forças — a força é proporcional ao produto das cargas de cada uma das esferas e inversamente proporcional ao quadrado da distância entre seus centros. Este resultado veio a ser um pilar para toda a área da ciência e engenharia agora conhecida como eletromagnetismo, e de todas as suas aplicações. Após a eclosão da Revolução Francesa em 1789, Coulomb aposentou-se e foi para uma pequena propriedade perto de Blois, para trabalhar em paz em seus registros científicos. Seu último cargo foi o de inspetor geral da instrução pública, sob Napoleão, de 1802 a 1806. A lei das forças elétricas em cargas hoje leva seu nome — a lei de Coulomb — e seu nome ficou imortalizado pelo uso de coulomb (C) como unidade da carga elétrica.

1.1 LEI DE COULOMB

O fundamento da eletrostática é um resultado experimental chamado de lei de Coulomb. Ela estabelece que a força elétrica $\mathbf{F}_{e12}$ em uma carga pontual Q_2 devido a uma carga pontual Q_1 no vácuo (ou no espaço livre) é dada por[1] (Figura 1.1)

lei de Coulomb

$$\mathbf{F}_{e12} = \frac{1}{4\pi\varepsilon_0}\frac{Q_1Q_2}{R^2}\hat{\mathbf{R}}_{12}. \quad (1.1)$$

Com $\mathbf{R}_{12}$ representando o vetor posição de Q_1 em relação a Q_2, $R = |\mathbf{R}_{12}|$ é a distância entre as duas

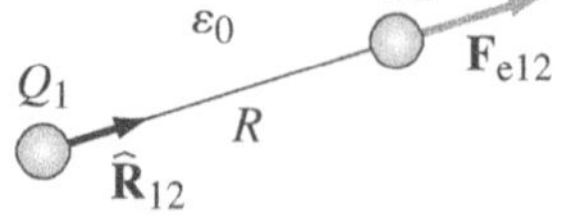

Figura 1.1
Notação da lei de Coulomb, dada pela Equação (1.1).

cargas, $\hat{\mathbf{R}}_{12} = \mathbf{R}_{12}/R$ é o vetor unitário[2] do vetor $\mathbf{R}_{12}$ e ε_0 é a permissividade no vácuo (ou espaço livre),

permissividade de um vácuo

$$\varepsilon_0 = 8{,}8542 \text{ pF/m} \quad (1.2)$$

(p ≡ 10^{-12} e F é farad, a unidade para capacitância, que será estudada no próximo capítulo). Por cargas pontuais

1 No trabalho digitado, os vetores são em geral representados por símbolos em negrito, por exemplo, **F**, enquanto no trabalho escrito à mão eles são indicados colocando uma seta que aponta o lado direito sobre o símbolo, como $\vec{F}$.

2 Todos os vetores unitários neste texto serão representados usando o "acento circunflexo" de notação, de modo que o vetor unitário na direção x (no sistema de coordenadas retangulares), por exemplo, é dado como $\hat{\mathbf{x}}$ (note que algumas das alternativas muito utilizadas para vetores unitários representariam este vetor como $\mathbf{a}_x$, $\mathbf{i}_x$ e $\mathbf{u}_x$).

queremos dizer corpos carregados com formatos arbitrários cujas dimensões são muito menores do que a distância entre eles. A unidade SI (Sistema Internacional de Unidades)[3] para carga é o coulomb (abreviado C), nomeado em homenagem a Charles Coulomb. Esta é uma unidade de carga muito grande. A carga de um elétron, que é negativa, é dada por:

carga do elétron, magnitude

$$e = 1{,}602 \times 10^{-19}\ \text{C} \tag{1.3}$$

em intensidade ($Q_{\text{elétron}} = -e$). A unidade para força (**F**) é o newton (N). A expressão $Q_1Q_2/(4\pi\varepsilon_0 r^2)$ na Equação (1.1) representa a intensidade algébrica (pode ser de sinal arbitrário) do vetor $\mathbf{F}_{e12}$ em relação ao vetor unitário $\hat{\mathbf{R}}_{12}$. Se Q_1 e Q_2 têm o mesmo sinal ou polaridade (como cargas), esta intensidade é positiva, $\mathbf{F}_{e12}$ tem a mesma orientação de $\hat{\mathbf{R}}_{12}$ e a força entre as cargas é de repulsão. Por outro lado, a força elétrica entre cargas diferentes ($Q_1Q_2 < 0$) é de atração.

Invertendo os índices 1 e 2 na Equação (1.1) e observando que $\hat{\mathbf{R}}_{21} = -\hat{\mathbf{R}}_{12}$, temos que $\mathbf{F}_{e21} = -\mathbf{F}_{e12}$, ou seja, a força sobre Q_1 por causa de Q_2 é igual em intensidade e oposta, em sentido, à força em Q_2 por causa de Q_1. Este resultado é essencialmente uma expressão da terceira lei de Newton — para cada ação (força) na natureza, há uma reação oposta igual.

Se tivermos mais de duas cargas pontuais, podemos usar o princípio da superposição, que também é um resultado de experimentos, para determinar a força resultante em determinada carga — somando vetorialmente as forças parciais exercidas sobre ela em função de cada uma das cargas restantes individualmente.

No caso geral, a adição de vetores é realizada componente por componente (para um número arbitrário de vetores), principalmente no sistema de coordenadas cartesianas. As coordenadas cartesianas (ou retangulares), x, y e z, e os vetores unitários $\hat{\mathbf{x}}$, $\hat{\mathbf{y}}$ e $\hat{\mathbf{z}}$ (vetores unitários direcionados ao longo dos eixos x, y e z respectivamente), são mostrados na Figura 1.2. Os vetores unitários são

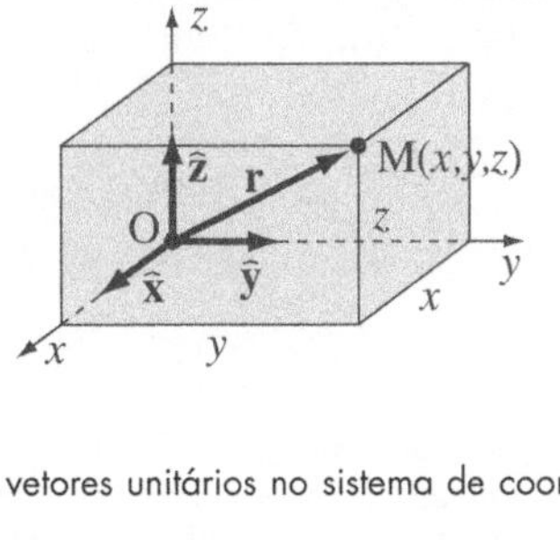

Figura 1.2
Ponto M(x, y, z) e vetores unitários no sistema de coordenadas cartesianas.

perpendiculares entre si, e um vetor arbitrário **a** em coordenadas cartesianas pode ser representado como

componentes vetoriais cartesianos

$$\mathbf{a} = a_x\,\hat{\mathbf{x}} + a_y\,\hat{\mathbf{y}} + a_z\,\hat{\mathbf{z}}. \tag{1.4}$$

Aqui, a_x, a_y e a_z são os componentes do vetor **a**, no sistema de coordenadas cartesianas, e sua grandeza é

$$a = |\mathbf{a}| = \sqrt{a_x^2 + a_y^2 + a_z^2}. \tag{1.5}$$

O vetor unitário de **a** é $\hat{\mathbf{a}} = \mathbf{a}/a$. A grandeza de $\hat{\mathbf{a}}$ e de qualquer vetor unitário, é unitária, $|\hat{\mathbf{a}}| = |\mathbf{a}|/a = 1$. A soma de dois vetores é dada por

$$\mathbf{a} + \mathbf{b} = (a_x + b_x)\,\hat{\mathbf{x}} + (a_y + b_y)\,\hat{\mathbf{y}} + (a_z + b_z)\,\hat{\mathbf{z}}. \tag{1.6}$$

Na Figura 1.2 é mostrada também o vetor posição **r** de um ponto arbitrário M(x, y, z) no espaço, em relação à origem de coordenadas (O),

vetor posição de um ponto

$$\mathbf{r} = x\,\hat{\mathbf{x}} + y\,\hat{\mathbf{y}} + z\,\hat{\mathbf{z}}, \tag{1.7}$$

onde, usando a Equação (1.5),

$$r = |\mathbf{r}| = \sqrt{x^2 + y^2 + z^2} = \overline{\text{OM}}$$

é a distância[4] entre os pontos O e M.

Exemplo 1.1

Três cargas pontuais iguais nos vértices do triângulo

Três pequenos corpos carregados de carga Q são colocados em três vértices de um triângulo equilátero com lados a, no ar. Os corpos podem ser considerados cargas pontuais. Encontre a direção e a grandeza da força elétrica em cada uma das cargas.

Solução Mesmo sem a computação podemos concluir a partir da simetria deste problema que as forças resultantes sobre as cargas $\mathbf{F}_{e1}$, $\mathbf{F}_{e2}$ e $\mathbf{F}_{e3}$ têm a mesma grandeza e estão posicionadas no plano do triângulo conforme indica a Figura 1.3(a). Vamos calcular a força resultante sobre a carga localizada à direita e inferior — carga 3. Usando o princípio da superposição, essa força representa a soma vetorial das forças parciais devido às cargas 1 e 2, respectivamente, isto é [Figura 1.3(b)],

$$\mathbf{F}_{e3} = \mathbf{F}_{e13} + \mathbf{F}_{e23} \quad \text{(superposição vetorial)} \tag{1.8}$$

Da lei de Coulomb, Equação (1.1), as grandezas das forças individuais parciais são dadas por

$$F_{e13} = F_{e23} = \frac{Q^2}{4\pi\varepsilon_0 a^2}, \tag{1.9}$$

e ambas as forças são de repulsão.

3 SI é uma versão moderna do sistema métrico. A abreviação vem do francês *Système International d'Unités.*

4 Apesar de lidar com várias quantidades vetoriais no eletromagnetismo, devemos regularmente visualizá-los (desenhá-los) como setas no espaço, como o vetor força $\mathbf{F}_{e12}$ na Figura 1.1, para auxiliar a análise e o cálculo. No entanto, precisamos ter sempre em mente que apenas vetores de posição, como **r** na Figura 1.2, e alguns outros vetores de comprimento que serão vistos mais adiante têm a característica de sua amplitude como sendo a distância real geométrica no espaço. Amplitudes de todos os outros vetores são medidas em unidades diferentes do metro, e os tamanhos (comprimentos) das setas no espaço ao qual estão associadas só pode ser um indicativo de amplitudes relativas de quantidades da mesma natureza (com a mesma unidade), como duas forças que atuam sobre o mesmo corpo, o que também é útil e será utilizado extensivamente neste texto.

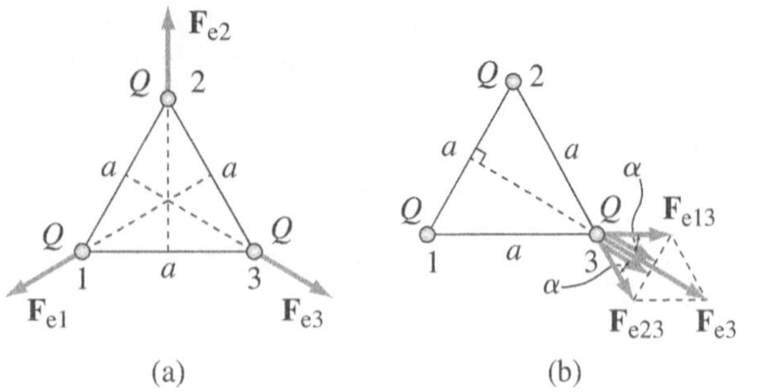

Figura 1.3

(a) Três cargas pontuais e iguais localizadas nos vértices de um triângulo equilátero e (b) cálculo da força elétrica resultante em uma das cargas; para o Exemplo 1.1.

Notamos que o vetor $\mathbf{F}_{e3}$ está situado ao longo da linha de simetria entre as cargas 1 e 2, ou seja, entre os vetores $\mathbf{F}_{e13}$ e $\mathbf{F}_{e23}$, e isso forma o ângulo $\alpha = \pi/6$ com ambos os vetores. A intensidade do vetor resultante é, portanto, duas vezes a projeção de qualquer um dos vetores parciais na linha de simetria, o que produz

$$F_{e3} = 2(F_{e13}\cos\alpha) = 2F_{e13}\frac{\sqrt{3}}{2} = F_{e13}\sqrt{3} = \frac{\sqrt{3}Q^2}{4\pi\varepsilon_0 a^2}. \quad (1.10)$$

Exemplo 1.2

Três cargas pontuais desiguais nos vértices do triângulo

Determine a força resultante na carga direita inferior na configuração mostrada na Figura 1.4. Suponha que Q e a são quantidades dadas.

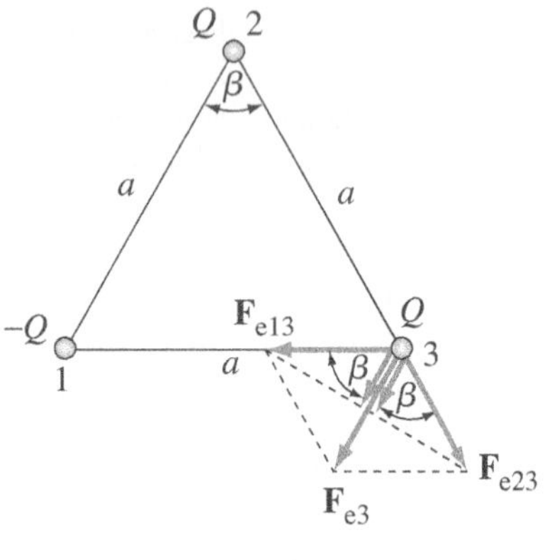

Figura 1.4

Três cargas pontuais iguais de mesma amplitude, mas com polaridades diferentes nos vértices de um triângulo equilátero — cálculo da força elétrica resultante na carga 3; para o Exemplo 1.2.

Solução A única diferença em relação à configuração na Figura 1.3 é que a força $\mathbf{F}_{e13}$ é agora de atração, como indica a Figura 1.4. A força resultante sobre a carga 3 é paralela à linha que liga as cargas 2 a 1, e o ângulo que faz com qualquer uma das forças parciais $\mathbf{F}_{e13}$ e $\mathbf{F}_{e23}$ é $\beta = \pi/3$. Sua amplitude é, portanto

$$F_{e3} = 2(F_{e13}\cos\beta) = 2F_{e13}\frac{1}{2} = F_{e13} = \frac{Q^2}{4\pi\varepsilon_0 a^2}. \quad (1.11)$$

Exemplo 1.3

Três cargas pontuais no sistema de coordenadas cartesianas

Cargas pontuais $Q_1 = 1\ \mu$C, $Q_2 = -2\ \mu$C e $Q_3 = 2\ \mu$C estão situadas no espaço livre em pontos definidos em coordenadas cartesianas (1 m, 0, 0), (0,1 m, 0) e (0, 0 , 1 m), respectivamente. Calcular a força elétrica resultante na carga Q_1.

Solução Da lei de Coulomb e Figura 1.5(a), as amplitudes das forças individuais na carga Q_1 são

$$F_{e21} = F_{e31} = \frac{Q_1 Q_3}{4\pi\varepsilon_0 R^2} = 9\ \text{mN}, \quad (1.12)$$

onde R é a distância de Q_1 à Q_2 (ou Q_3). A fim de somar os vetores $\mathbf{F}_{e21}$ e $\mathbf{F}_{e31}$, decompõem-se em componentes convenientes, neste caso – em componentes do sistema de coordenadas cartesianas. Com base nas figuras 1.5(b) e (c),

$$\mathbf{F}_{e21} = -F_{e21}\cos\alpha\ \hat{\mathbf{x}} + F_{e21}\operatorname{sen}\alpha\ \hat{\mathbf{y}}, \quad \alpha = \frac{\pi}{4}, \quad (1.13)$$

$$\mathbf{F}_{e31} = F_{e31}\cos\beta\ \hat{\mathbf{x}} - F_{e31}\operatorname{sen}\beta\ \hat{\mathbf{z}}, \quad \beta = \frac{\pi}{4}, \quad (1.14)$$

portanto, a força resultante é

$$\mathbf{F}_{e1} = \mathbf{F}_{e21} + \mathbf{F}_{e31} = F_{e21}\frac{\sqrt{2}}{2}(\hat{\mathbf{y}} - \hat{\mathbf{z}}). \quad (1.15)$$

Os componentes cartesianos do vetor $\mathbf{F}_{e1}$ chegam a

$$F_{e1x} = 0, \quad F_{e1y} = -F_{e1z} = F_{e21}\frac{\sqrt{2}}{2} = 6{,}36\ \text{mN}, \quad (1.16)$$

e sua amplitude [Equação (1.5)] vem a ser

$$F_{e1} = \sqrt{F_{e1x}^2 + F_{e1y}^2 + F_{e1z}^2} = F_{e21} = 9\ \text{mN}. \quad (1.17)$$

Observe que F_{e1} pode ser obtida alternativamente usando a regra da extremidade para a origem ou paralelogramo, como retratado na Figura 1.5(d),[5] combinando a fórmula cosseno,[6] o que produz

$$F_{e1} = \sqrt{F_{e21}^2 + F_{e31}^2 - 2F_{e21}F_{e31}\cos\gamma} = F_{21} = 9\ \text{mN},$$

$$\gamma = \frac{\pi}{3}. \quad (1.18)$$

5 Pela regra da extremidade para a origem para adição de vetores, para obter graficamente a soma vetorial $\mathbf{c} = \mathbf{a} + \mathbf{b}$, primeiro organizamos os dois vetores (em geral deslocamos $\mathbf{b}$ de sua posição original) de maneira que a extremidade de $\mathbf{b}$ (segundo vetor) esteja colocada na origem de $\mathbf{a}$ (primeiro vetor). Em outras palavras, a origem do primeiro vetor está "conectada" à extremidade do segundo, e daí a expressão "extremidade para a origem" para o arranjo. Depois traçamos $\mathbf{c}$ (vetor resultante) como um vetor que se estende desde a extremidade de $\mathbf{a}$ para a origem de $\mathbf{b}$, como na Figura 1.5(d). Um método gráfico equivalente para adicionar dois vetores é a regra do paralelogramo, em que $\mathbf{c} = \mathbf{a} + \mathbf{b}$ corresponde a uma diagonal do paralelogramo formado por $\mathbf{a}$ e $\mathbf{b}$, que também pode ser visto na Figura 1.5(d). Para adicionar mais de dois vetores, por exemplo, $\mathbf{d} = \mathbf{a} + \mathbf{b} + \mathbf{c}$, basta aplicarmos a regra da extremidade para a origem para adicionar $\mathbf{c}$ ao já encontrado $\mathbf{a} + \mathbf{b}$, e assim por diante — o vetor resultante se estende desde a extremidade do primeiro até a origem do último vetor na cadeia de múltiplas extremidades-origens, e um polígono é assim obtido, razão pela qual este procedimento é muitas vezes definido como a regra de polígono.

6 Em um triângulo arbitrário de comprimentos laterais a, b e c e ângulos α, β e γ, o quadrado do comprimento c do lado oposto ao ângulo γ é igual a $c^2 = a^2 + b^2 - 2ab\cos\gamma$ (e analogamente para a^2 e b^2 usando cos α e cos β, respectivamente); isso é conhecido como a fórmula do cosseno (regra) ou lei de cossenos.

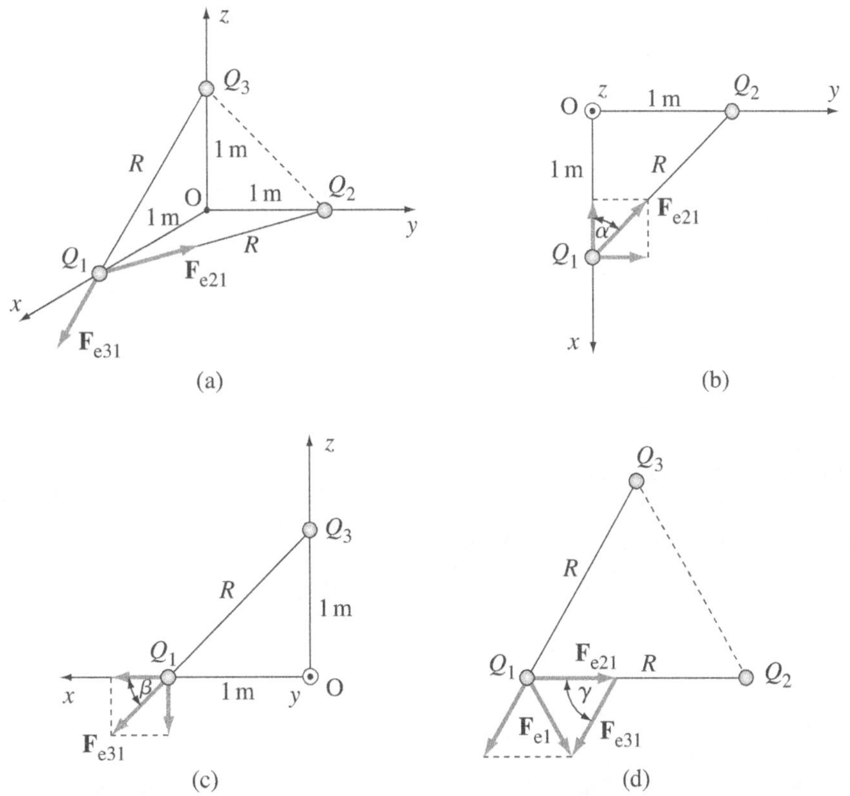

Figura 1.5

Somatório de forças elétricas no sistema de coordenadas cartesianas: (a) três cargas pontuais no espaço, com vetores de força parcial $\mathbf{F}_{e21}$ e $\mathbf{F}_{e31}$, (b) a decomposição do componente de $\mathbf{F}_{e21}$, (c) decomposição de $\mathbf{F}_{e31}$ e (d) soma alternativa de forças usando a regra da extremidade para a origem e a fórmula do cosseno; para o Exemplo 1.3.

Observe também que o vetor $\mathbf{F}_{e1}$ é paralelo à linha que conecta as cargas Q_3 e Q_2 e que está posicionado no ângulo de $\pi/4$ em relação ao plano *xy*.

Exemplo 1.4

Quatro cargas nos vértices do tetraedro

Quatro cargas pontuais *Q* estão posicionadas no espaço livre em quatro vértices de um tetraedro normal (equilátero) com comprimento lateral *a*. Encontre a força elétrica em uma das cargas.

Solução Note que esta configuração na verdade representa uma versão espacial da configuração planar da Figura 1.3. Referindo-se à Figura 1.6, encontramos a força sobre a carga no topo do tetraedro — carga 4. Essa força é dada por

$$\mathbf{F}_{e4} = \mathbf{F}_{e14} + \mathbf{F}_{e24} + \mathbf{F}_{e34}, \qquad (1.19)$$

onde todas as três forças parciais são da mesma amplitude, igual a $F_{e14} = Q^2/(4\pi\varepsilon_0 a^2)$. Todos os componentes horizontais dos vetores força ficam em um plano, e o ângulo entre cada par é de 120°, de modo que a soma vetorial deles é zero. Assim, o vetor resultante $\mathbf{F}_{e4}$ tem um componente vertical apenas, cuja amplitude equivale a três vezes mais do que um componente vertical de cada força parcial,

$$F_{e4} = 3\,(F_{e14}\cos\alpha). \qquad (1.20)$$

Para determinar o cos α (pois H/a) do triângulo retângulo △O14 na Figura 1.6, primeiro encontramos a distância *b* (entre a carga 1 e o ponto O) a partir do triângulo equilátero △123 (a base do tetraedro), com 2/3 da altura desse triângulo,[7] por isso temos

$$b = \frac{2}{3}\left(\frac{\sqrt{3}}{2}a\right) = \frac{\sqrt{3}}{3}a \longrightarrow$$

$$\longrightarrow \cos\alpha = \frac{H}{a} = \frac{\sqrt{a^2 - b^2}}{a} = \sqrt{\frac{2}{3}}, \qquad (1.21)$$

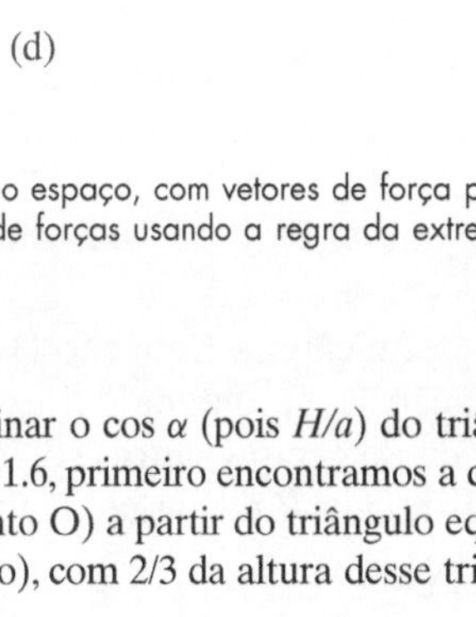

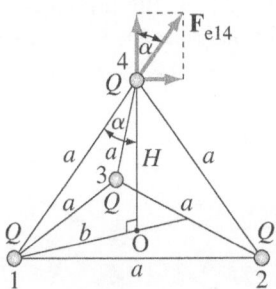

Figura 1.6

Quatro cargas pontuais nos vértices do tetraedro; para o Exemplo 1.4.

7 Observe que o ortocentro (ponto O na Figura 1.6.) das partições de um triângulo equilátero tem sua altura (*h*) na proporção 2:1, então em segmentos $2h/3$ e $h/3$ de comprimento. Note também que $h = \sqrt{3}a/2$ (em um triângulo equilátero), *a* sendo o comprimento lateral do triângulo.

que substituído na Equação (1.20) resulta em

$$F_{e4} = 3F_{e14}\frac{\sqrt{6}}{3} = \frac{\sqrt{6}Q^2}{4\pi\varepsilon_0 a^2}. \quad (1.22)$$

1.2 DEFINIÇÃO DO VETOR INTENSIDADE DE CAMPO ELÉTRICO

O campo elétrico é um estado físico especial existente em um espaço em torno de objetos carregados. Sua propriedade fundamental é que existe uma força (força de Coulomb) agindo em qualquer carga estacionária colocada no espaço. Para descrever quantitativamente este campo, apresentamos uma grandeza vetorial chamada de vetor intensidade de campo elétrico, **E**. Por definição, ele é igual à força elétrica $\mathbf{F}_e$ em uma carga pontual de prova (teste) Q_p colocada no campo elétrico, dividido por Q_p, isto é,

definição de **E** (unidade: V/m)

$$\mathbf{E} = \frac{\mathbf{F}_e}{Q_p} \quad (Q_p \to 0). \quad (1.23)$$

A carga de teste tem de ser pequena o bastante em magnitude a fim de praticamente não afetar a distribuição de cargas que são as fontes de **E**. A unidade para a intensidade do campo elétrico que usamos é volt por metro (V/m).

A partir da definição na Equação (1.23) e na lei de Coulomb, Equação (1.1), obtemos a expressão para o vetor intensidade de campo elétrico de uma carga pontual Q a uma distância R da carga (Figura 1.7)

campo elétrico devido a uma carga pontual no espaço livre

$$\mathbf{E} = \frac{1}{4\pi\varepsilon_0}\frac{Q}{R^2}\hat{\mathbf{R}}, \quad (1.24)$$

onde $\hat{\mathbf{R}}$ é o vetor unitário ao longo de R direcionado a partir do centro da carga (ponto de origem) ao ponto em que o campo está determinado (campo ou ponto de observação).

Por superposição, o vetor intensidade de campo elétrico produzido por N cargas pontuais ($Q_1, Q_2,..., Q_N$)

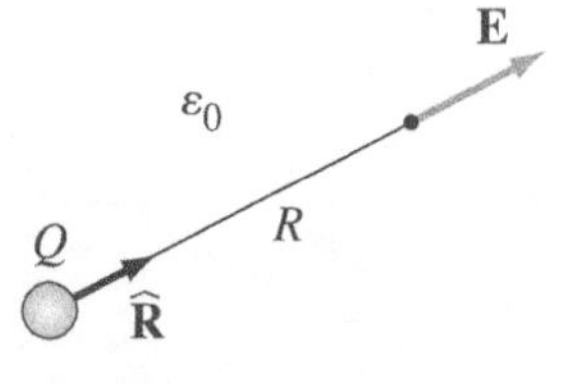

Figura 1.7
Vetor intensidade de campo elétrico devido a uma carga pontual no espaço livre.

em um ponto que esteja em distâncias $R_1, R_2,..., R_N$, respectivamente, das cargas pode ser obtido como

$$\mathbf{E} = \mathbf{E}_1 + \mathbf{E}_2 + \cdots + \mathbf{E}_N = \frac{1}{4\pi\varepsilon_0}\sum_{i=1}^{N}\frac{Q_i}{R_i^2}\hat{\mathbf{R}}_i, \quad (1.25)$$

onde $\hat{\mathbf{R}}_i$, $i = 1, 2,..., N$ são os vetores unitários correspondentes.

1.3 DISTRIBUIÇÃO CONTÍNUA DE CARGA

Uma carga pontual é o caso mais simples de uma distribuição de carga, que, matematicamente, corresponde à função delta do espaço (tridimensional). No caso geral, no entanto, as cargas podem ser distribuídas ao longo de um volume, sobre uma superfície ou ao longo de uma linha. Cada uma dessas três características de distribuições contínuas de cargas é descrita por uma função adequada de densidade de cargas. A densidade volumétrica de cargas (em um volume v) é definida como [Figura 1.8(a)]

densidade volumétrica de cargas (unidade: C/m^3)

$$\rho = \frac{dQ}{dv}, \quad (1.26)$$

a densidade superficial de cargas (em uma superfície S) é dada por [Figura 1.8(b)]

densidade superficial (lâmina) de cargas (unidade: C/m^2)

$$\rho_s = \frac{dQ}{dS}, \quad (1.27)$$

e a densidade de uma linha de carga (ao longo de uma linha l) é [Figura 1.8(c)]

densidade de uma linha de carga (unidade: C/m)

$$Q' = \frac{dQ}{dl}. \quad (1.28)$$

Note que o símbolo ρ_v é às vezes utilizado no lugar de ρ, σ no lugar de ρ_s e ρ_l em vez de Q'. Nas equações anteriores, dQ representa a carga elementar em um volume elementar dv, em um elemento superficial dS e ao longo de um elemento linear dl, e as unidades correspondentes para densidades de carga são C/m^3, C/m^2 e C/m.

A carga total Q para as três distribuições de carga características na Figura 1.8 é obtida quando $\int dQ$ (adicionando elementos de carga dQ), o que leva a

$$Q_{\text{em } v} = \int_v \rho\, dv, \quad Q_{\text{em } S} = \int_S \rho_s\, dS, \quad \text{e}$$

$$Q_{\text{ao longo de } l} = \int_l Q'\, dl, \quad (1.29)$$

respectivamente. Casos especiais, mas importantes, de distribuições contínuas de cargas são as distribuições de uma linha de cargas, superficial e volumétrica unifor-

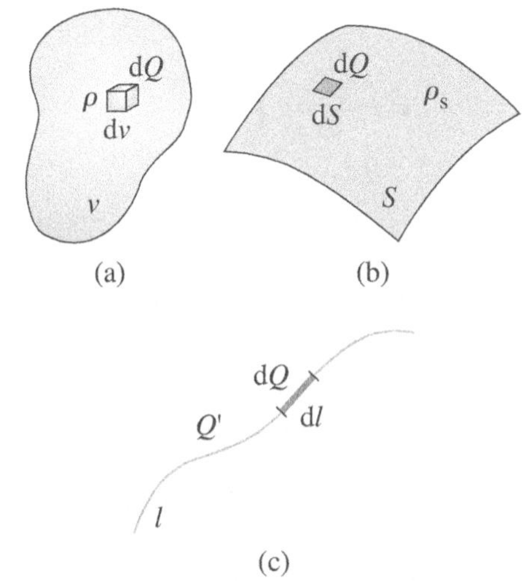

Figura 1.8

Três características distribuições de cargas contínuas e elementos de cargas: (a) cargas volumétricas, (b) cargas superficiais e (c) linha de cargas.

mes. Uma distribuição de cargas é dita homogênea se a densidade de cargas associada for constante ao longo de toda a região (v, S ou l). As expressões nas Equações (1.29) então tornam-se muito mais simples,

$$Q_{\text{em } v} = \rho v \quad (\rho = \text{const}), \quad Q_{\text{em } S} = \rho_s S \quad (\rho_s = \text{const}),$$

$$Q_{\text{ao longo de } l} = Q'l \quad (Q' = \text{const}). \quad (1.30)$$

Note que Q' ($Q' = $ const) é também usado para representar a chamada carga por unidade de comprimento (p.u.c.) de uma estrutura longa carregada uniformemente (por exemplo, um cilindro mais fino ou mais grosso), definida conforme a carga em um metro (unidade de comprimento) da estrutura dividida por 1 m,

carga por unidade de comprimento, em C/m

$$Q' = Q_{\text{p.u.c.}} = \frac{Q_{\text{ao longo de } l}}{l} = = \frac{Q_{\text{para o comprimento de 1 m}}}{1\text{ m}}, \quad (1.31)$$

e portanto Q' é numericamente igual a carga em cada metro da estrutura.

Exemplo 1.5

Distribuição volumétrica de cargas não uniforme em uma esfera

Uma carga volumétrica está distribuída no espaço livre dentro de uma esfera de raio a. A densidade de carga é

$$\rho(r) = \rho_0 \frac{r}{a} \quad (0 \leq r \leq a), \quad (1.32)$$

onde r significa a distância radial do centro da esfera, e ρ_0 é uma constante. Encontre a carga total da esfera.

Solução Como a densidade de carga depende de r apenas, precisamos integrar na primeira expressão na Equação (1.29)

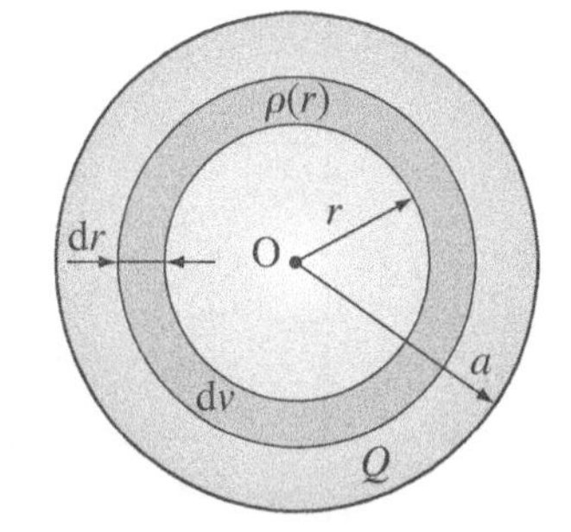

Figura 1.9

Integração da densidade de carga volumétrica não uniforme em uma esfera; para o Exemplo 1.5.

somente em relação àquela coordenada, e adotamos dv na forma de uma fina casca esférica de raio r e espessura dr, como mostra a Figura 1.9. O volume da casca é

$$dv = 4\pi r^2 \, dr, \quad (1.33)$$

e pode ser visualizado como o volume de uma laje plana fina de mesma espessura (dr) e de mesma área de superfície ($S = 4\pi r^2$), $dv = S dr$. A carga total da esfera vem a ser

$$Q = \int_v \rho \, dv = \int_{r=0}^{a} \rho_0 \frac{r}{a} 4\pi r^2 \, dr = \rho_0 \pi a^3. \quad (1.34)$$

1.4 INTEGRAÇÕES SOBRE VOLUME E SUPERFÍCIE

Alguns comentários adicionais sobre a integração do volume realizado na Equação (1.34), e integrações múltiplas similares, podem ser úteis. Em geral, nossa estratégia para resolver integrais volumétricas, $\int_v f \, dv$, é adotar elementos de grande volume como dv possíveis, sendo a única restrição a condição que $f = $ const em dv. Por exemplo, para a função $\rho = \rho\ (r)$ na Equação (1.32) e uma esfera como o domínio de integração, o maior elemento volumétrico sobre o qual $\rho = $ const é uma fina casca esférica, com dv dado na Equação (1.33). Esta adoção permite-nos realizar a integração de volume na Equação (1.34), integrando ao longo de r apenas, de 0 a a, enquanto a adoção do elemento volumétrico diferencial padrão (cuboide curvilíneo elementar) no sistema de coordenadas esféricas (Figura 1.10)

$$dv' = dr\,(r\,d\theta)\,(r \operatorname{sen}\theta\, d\phi) = r^2 \operatorname{sen}\theta\, dr\, d\theta\, d\phi, \quad (1.35)$$

exigiria duas integrações adicionais, ou seja, a integração em θ de 0 a π e a integração em ϕ de 0 a 2π. Note, no entanto, que essas duas integrações estão implicitamente contidas na expressão para dv na Equação (1.33), como

$$\int_{\theta=0}^{\pi} \int_{\phi=0}^{2\pi} \operatorname{sen}\theta \, d\theta \, d\phi = 4\pi. \quad (1.36)$$

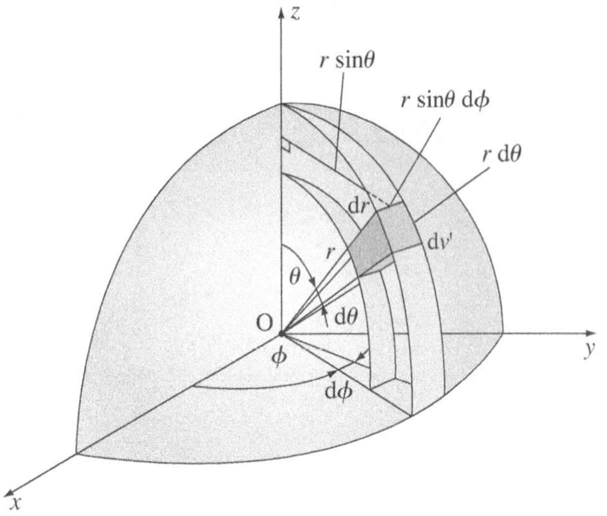

Figura 1.10

Elemento volumétrico diferencial padrão (dv') no sistema de coordenadas esféricas.

Note também que o cuboide elementar dv' seria necessário para uma densidade de carga dependendo de todas as três coordenadas no sistema de coordenadas esféricas, $\rho = \rho(r, \theta, \phi)$. Considerações semelhantes se aplicam a integrações volumétricas associadas aos sistemas de coordenadas cartesianas e cilíndricas.

Um exemplo trivial para nossa estratégia de integração é a adoção de v no lugar do dv nos casos em que $f = \text{const}$ em todo o domínio de integração v, produzindo $\int_v f\,dv = fv$ [por exemplo, a primeira expressão na Equação (1.30)].

O mesmo princípio é utilizado na adoção de elementos superficiais dS para a solução de integrais superficiais.

1.5 VETOR INTENSIDADE DE CAMPO ELÉTRICO DEVIDO A DADA DISTRIBUIÇÃO DE CARGAS

Usando o princípio da superposição, o vetor intensidade de campo elétrico devido a cada uma das distribuições de cargas (uniforme ou não uniforme) ρ, ρ_s e Q' pode ser considerado a soma vetorial das intensidades de campo produzida pelas numerosas cargas pontuais equivalentes que compõem a distribuição de cargas. Assim, substituindo Q na Equação (1.24) com o elemento de carga d$Q = \rho\,dv$, $\rho_s\,dS$ ou $Q'\,dl$ e integrando, obtemos

campo elétrico devido a cargas volumétricas

$$\mathbf{E} = \frac{1}{4\pi\varepsilon_0}\int_v \frac{\rho\,dv}{R^2}\,\hat{\mathbf{R}}, \qquad (1.37)$$

campo elétrico devido a cargas superficiais

$$\mathbf{E} = \frac{1}{4\pi\varepsilon_0}\int_S \frac{\rho_s\,dS}{R^2}\,\hat{\mathbf{R}}, \qquad (1.38)$$

campo elétrico devido à linha de cargas

$$\mathbf{E} = \frac{1}{4\pi\varepsilon_0}\int_l \frac{Q'\,dl}{R^2}\,\hat{\mathbf{R}}. \qquad (1.39)$$

Observe que, no caso geral, R e $\hat{\mathbf{R}}$ variam conforme as integrais nas equações (1.37)–(1.39) são avaliadas, junto com as funções ρ, ρ_s e Q'. Devemos agora aplicar essas expressões a algumas distribuições de carga e pontos de campo, para os quais as integrais podem ser avaliadas analiticamente. É muito importante desenvolvermos habilidades analíticas para resolver esses problemas tridimensionais de fato (3-D) de vetor (e similares). Não há receita única para um algoritmo de solução ótima. Um conselho geral, no entanto, é usar superposição sempre que possível — para dividir um problema complexo em outros mais simples, e depois somar (integrar) suas soluções para obter a solução para o problema original. Ao fazer isso, às vezes usamos diretamente as expressões nas equações (1.37)–(1.39), o que na essência significa dividir a estrutura em cargas pontuais equivalentes. Muitas vezes, por outro lado, não vamos logo às cargas pontuais. Em vez disso, decompomos a estrutura e aplicamos a superposição "camada por camada", de maneira modular, descendo em direção a níveis de estruturas mais simples nível por nível. Nisso, sempre tentamos incorporar soluções já conhecidas para problemas relevantes mais simples na solução do problema.

Exemplo 1.6

Anel carregado

Uma linha de cargas de densidade uniforme Q' é distribuída em torno da circunferência de um anel de raio a no ar. Encontre o vetor intensidade de campo elétrico ao longo do eixo do anel normal ao seu plano.

Solução Subdividimos o anel (contorno C) em segmentos elementares de comprimento dl, como mostra a Figura 1.11 e aplicamos a Equação (1.39). A contribuição para o campo elétrico em um ponto P no eixo do anel (eixo z) por segmento carregado é

$$d\mathbf{E} = \frac{Q'\,dl}{4\pi\varepsilon_0 R^2}\,\hat{\mathbf{R}}, \quad R = \sqrt{z^2 + a^2}, \qquad (1.40)$$

com a posição de P ao longo do eixo sendo definida pela coordenada z $(-\infty < z < \infty)$. O vetor intensidade de campo elétrico total é obtido como

$$\mathbf{E} = \oint_C d\mathbf{E}. \qquad (1.41)$$

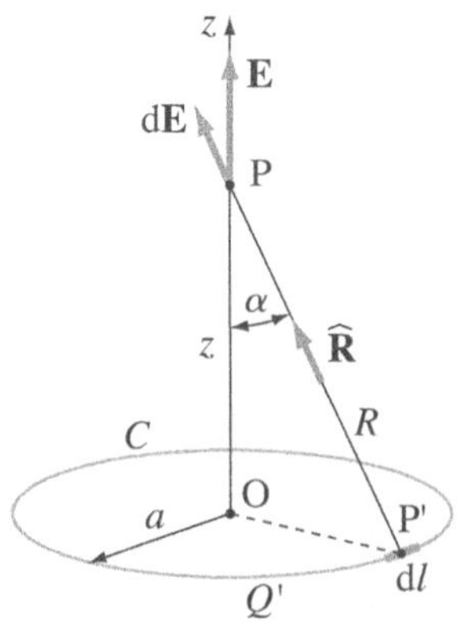

Figura 1.11

Avaliação do campo elétrico ao longo do eixo de um anel carregado normal ao seu plano; para o Exemplo 1.6.

Por causa da simetria, a componente horizontal (radial) do vetor **E** é zero (para todo elemento dl há um elemento oposto diametralmente correspondente que gera um componente de campo elétrico horizontal igual, porém oposto, para que assim as duas contribuições cancelem-se) e portanto **E** tem somente um componente vertical (axial) (Figura 1.11),

$$E = E_z = \oint_C \mathrm{d}E_z, \quad \mathrm{d}E_z = \mathrm{d}E\cos\alpha = \mathrm{d}E\,\frac{z}{R}. \qquad (1.42)$$

Substituindo a expressão para dE da Equação (1.40) na Equação (1.42), obtemos

$$E_z = \frac{Q'z}{4\pi\varepsilon_0 R^3}\oint_C \mathrm{d}l = \frac{Q'az}{2\varepsilon_0 R^3} \quad \left(\oint_C \mathrm{d}l = l = 2\pi a\right) \qquad (1.43)$$

ou

campo elétrico devido a um anel carregado

$$\mathbf{E} = \frac{Qz}{4\pi\varepsilon_0\left(z^2 + a^2\right)^{3/2}}\,\hat{\mathbf{z}}, \qquad (1.44)$$

onde $Q = Q'2\pi a$ é a carga total do anel.

Observe que para $|z| \gg a$, $z^2 + a^2 \approx z^2$ e a Equação (1.44) produz

$$E \approx \frac{Q}{4\pi\varepsilon_0 z^2} \quad (|z| \gg a). \qquad (1.45)$$

Isto significa que, longe do anel, sua carga equivale a uma carga pontual Q localizada em seu centro. Em outras palavras, quando a distância do ponto a partir do anel é muito maior do que suas dimensões do anel, o campo pode ser considerado uma carga pontual, e a forma real do anel (ou qualquer outro corpo carregado) não importa. Na verdade, esta é a definição de uma carga pontual ou um pequeno corpo carregado.

Exemplo 1.7

Linha de cargas semicircular

Uma linha de cargas na forma de um semicírculo com raio a está situada no espaço livre, como mostra a Figura 1.12(a). A densidade da linha de cargas é Q'. Calcule o vetor de intensidade do campo elétrico em um ponto arbitrário ao longo do eixo z.

Solução O vetor de intensidade do campo elétrico ao longo do eixo z devido a carga elementar Q'dl no semicírculo [Figura 1.12(a)] é dado pela expressão na Equação (1.40). Para ser capaz de realizar a integração na Equação (1.39), precisamos decompor este vetor em componentes convenientes. Com referência à Figura 1.12(b), primeiro representamos **dE** por seus componentes horizontal e vertical,

$$\mathrm{d}\mathbf{E} = \mathrm{d}\mathbf{E}_\mathrm{h} + \mathrm{d}E_z\,\hat{\mathbf{z}}, \quad \mathrm{d}E_\mathrm{h} = \mathrm{d}E\,\mathrm{sen}\,\alpha, \quad \mathrm{sen}\,\alpha = \frac{a}{R},$$

$$\mathrm{d}E_z = \mathrm{d}E\cos\alpha, \quad \cos\alpha = \frac{z}{R}. \qquad (1.46)$$

Como a direção do vetor $\mathrm{d}\mathbf{E}_\mathrm{h}$ varia conforme a integral é avaliada (ou seja, conforme o ponto P′ se move ao longo do semicírculo), precisamos decompor ainda mais [Figura 1.12(c)],

$$\mathrm{d}\mathbf{E}_\mathrm{h} = \mathrm{d}E_x\,\hat{\mathbf{x}} + \mathrm{d}E_y\,\hat{\mathbf{y}}, \quad \mathrm{d}E_x = -\,\mathrm{d}E_\mathrm{h}\cos\phi,$$
$$\mathrm{d}E_y = -\,\mathrm{d}E_\mathrm{h}\,\mathrm{sen}\,\phi \qquad (1.47)$$

(a faixa do ângulo azimutal ϕ é $-\pi/2 \le \phi \le \pi/2$). A partir dessas expressões e da relação dl = a dϕ (segmento dl é um

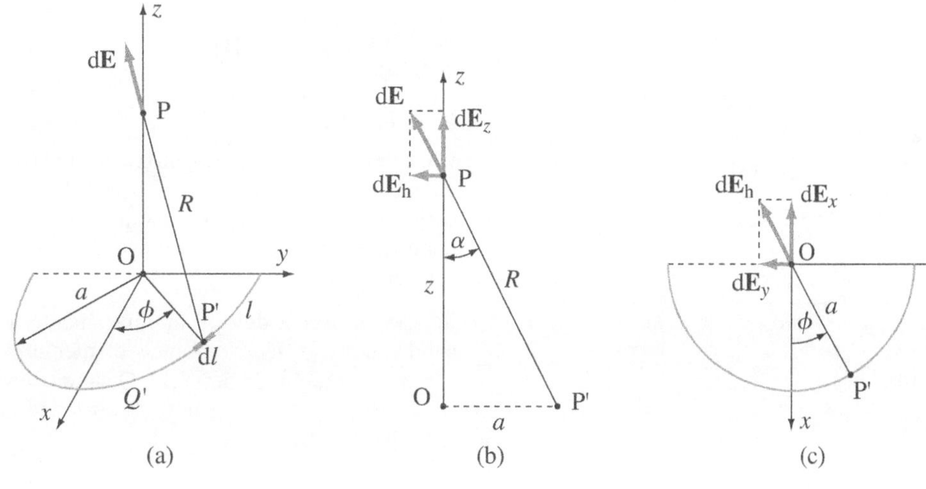

Figura 1.12

Avaliação do campo elétrico devido a uma linha de cargas na forma de um semicírculo; para o Exemplo 1.7.

arco de raio a definido pelo ângulo dϕ, e seu comprimento, portanto, é igual ao raio vezes o ângulo), obtemos

$$E_x = \int_l \mathrm{d}E_x = -\frac{Q'a^2}{4\pi\varepsilon_0 R^3}\int_{-\pi/2}^{\pi/2}\cos\phi\,\mathrm{d}\phi = -\frac{Q'a^2}{2\pi\varepsilon_0 R^3}, \quad (1.48)$$

$$E_y = \int_l \mathrm{d}E_y = -\frac{Q'a^2}{4\pi\varepsilon_0 R^3}\int_{-\pi/2}^{\pi/2}\operatorname{sen}\phi\,\mathrm{d}\phi = 0, \quad (1.49)$$

$$E_z = \int_l \mathrm{d}E_z = \frac{Q'az}{4\pi\varepsilon_0 R^3}\int_{-\pi/2}^{\pi/2}\mathrm{d}\phi = \frac{Q'az}{4\varepsilon_0 R^3}, \quad (1.50)$$

assim a expressão final para o vetor de campo elétrico é

$$\mathbf{E} = \frac{Q'a}{2\varepsilon_0 R^3}\left(-\frac{a}{\pi}\,\hat{\mathbf{x}} + \frac{z}{2}\,\hat{\mathbf{z}}\right), \quad R = \sqrt{z^2 + a^2}. \quad (1.51)$$

Exemplo 1.8

Linha reta carregada com comprimento finito

Encontre a expressão para o campo **E** em um ponto arbitrário no espaço devido à linha reta de comprimento l uniformemente carregada com uma carga total Q. O meio é o ar.

Solução Considere uma linha de cargas e o ponto (P) do campo no plano do desenho (Figura 1.13). A geometria do problema pode ser definida por três parâmetros: ângulos θ_1 e θ_2, e a distância perpendicular da linha ao ponto, d (para a posição particular do ponto P mostrado na Figura 1.13, $\theta_1 < 0$ e $\theta_2 > 0$). Na Equação (1.39), $Q' = Q/l$, $R = \sqrt{z^2 + d^2}$, $dl = dz$ e

$$\hat{\mathbf{R}} = \cos\theta\,\hat{\mathbf{x}} - \operatorname{sen}\theta\,\hat{\mathbf{z}}, \quad (1.52)$$

onde $z\,(z_1 \le z \le z_2)$ e $\theta(\theta_1 \le \theta \le \theta_2)$ são o comprimento e as coordenadas angulares, cada uma determinando a posição do ponto de origem, P′, ao longo da linha. Da Figura 1.13, a seguinte relação trigonométrica existe entre as duas coordenadas:

$$\tan\theta = \frac{z}{d}, \quad (1.53)$$

e sua forma diferencial (usando o diferencial de ambos os lados da equação) lê-se

$$\frac{\mathrm{d}\theta}{\cos^2\theta} = \frac{\mathrm{d}z}{d} \quad (d = \text{const}), \quad (1.54)$$

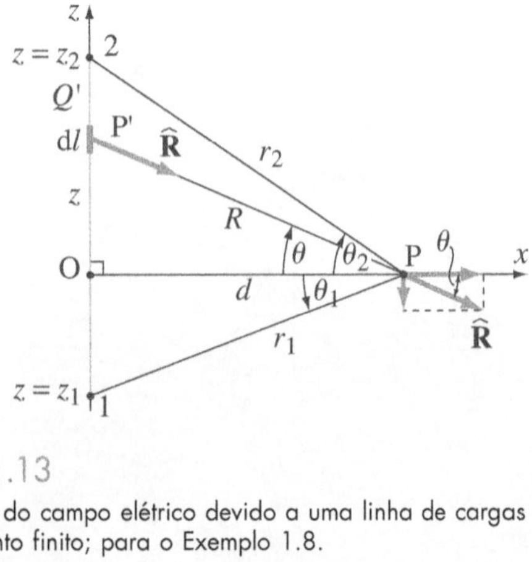

Figura 1.13

Avaliação do campo elétrico devido a uma linha de cargas de comprimento finito; para o Exemplo 1.8.

a qual, sendo q o cos $\theta = d/R$, equivale a

$$\frac{\mathrm{d}z}{R^2} = \frac{\mathrm{d}\theta}{d}. \quad (1.55)$$

Por fim, substituindo a expressão nas equações (1.52) e (1.55) na Equação (1.39), temos

campo elétrico devido a carga linear de comprimento finito

$$\mathbf{E} = \frac{Q}{4\pi\varepsilon_0 l d}\left(\int_{\theta_1}^{\theta_2}\cos\theta\,\mathrm{d}\theta\,\hat{\mathbf{x}} - \int_{\theta_1}^{\theta_2}\operatorname{sen}\theta\,\mathrm{d}\theta\,\hat{\mathbf{z}}\right) \longrightarrow$$

$$\longrightarrow \mathbf{E} = \frac{Q}{4\pi\varepsilon_0 l d}\left[(\operatorname{sen}\theta_2 - \operatorname{sen}\theta_1)\,\hat{\mathbf{x}} + (\cos\theta_2 - \cos\theta_1)\,\hat{\mathbf{z}}\right]. \quad (1.56)$$

Observe que a expressão na Equação (1.56) pode ser combinada para calcular o campo elétrico graças à estrutura arbitrária montada a partir de segmentos de linha reta de carga.

Exemplo 1.9

Linha de cargas infinita

Uma linha de cargas infinita de densidade uniforme Q' encontra-se no ar. Determine o vetor intensidade do campo elétrico em um ponto arbitrário no espaço.

Solução Seja r a distância perpendicular (radial) de um ponto de campo (observação), P, da linha de cargas, e $\hat{\mathbf{r}}$ o vetor unitário a partir da linha ao longo dessa distância em direção ao ponto P. Usamos a expressão para o campo devido a uma linha de cargas finita na Equação (1.56) e seja $\theta_1 \to -\pi/2$ e $\theta_2 \to \pi/2$ (a linha estende-se a $z \to -\infty$ e $z \to \infty$), bem como $Q/l = Q'$, $d = r$, e $\hat{\mathbf{x}} = \hat{\mathbf{r}}$. O que obtemos é exatamente a expressão de campo para uma linha de cargas infinita com densidade Q':

campo elétrico devido a uma linha de cargas infinita

$$\mathbf{E} = \frac{Q'}{2\pi\varepsilon_0 r}\,\hat{\mathbf{r}}. \quad (1.57)$$

Vemos que o vetor **E** é radial em relação ao eixo da linha de cargas, e sua amplitude varia no espaço somente em função da distância radial r, com E sendo inversamente proporcional à r.

Exemplo 1.10

Disco de cargas

Considere um disco muito fino carregado (ou seja, uma lâmina circular de cargas), com raio a e uma densidade superficial de cargas uniformes ρ_s, no espaço livre. Calcule o vetor intensidade de campo elétrico ao longo do eixo do disco normal a sua superfície.

Solução Em vez de aplicar diretamente a Equação (1.38), subdividimos o disco em anéis elementares com largura dr, como mostrado na Figura 1.14. O campo devido a um anel de raio r $(0 \le r \le a)$ no ponto P ao longo do eixo z é [veja Equação (1.44)]

$$\mathrm{d}\mathbf{E} = \frac{\mathrm{d}Qz}{4\pi\varepsilon_0 R^3}\,\hat{\mathbf{z}}, \quad R = \sqrt{r^2 + z^2}, \quad (1.58)$$

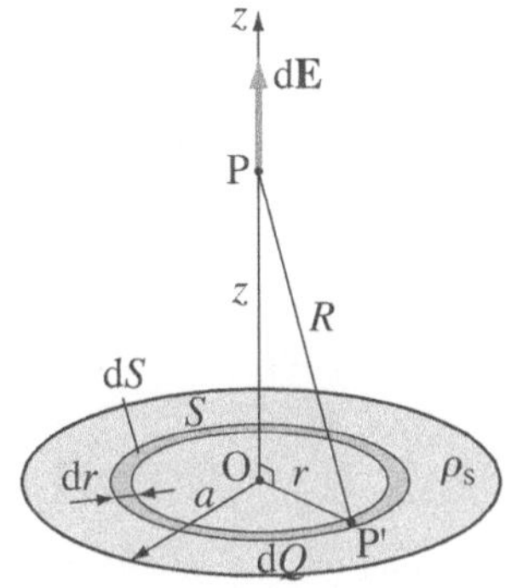

Figura 1.14
Avaliação do campo elétrico devido a um disco carregado; para o Exemplo 1.10.

com $\mathrm{d}Q$ sendo a carga do anel, dada por

$$\mathrm{d}Q = \rho_s \,\mathrm{d}S. \quad (1.59)$$

A área superficial do anel, dS, pode ser calculada como a área de uma linha fina de comprimento igual à circunferência do anel, $2\pi r$, e largura dr, que é

$$\mathrm{d}S = 2\pi r \,\mathrm{d}r. \quad (1.60)$$

Por superposição,

$$\mathbf{E} = \int_S \mathrm{d}\mathbf{E} = \frac{\rho_s z}{2\varepsilon_0}\,\hat{\mathbf{z}} \int_{r=0}^{a} \frac{r\,\mathrm{d}r}{R^3}. \quad (1.61)$$

Usando o diferencial da relação $R^2 = r^2 + z^2$, obtemos

$$R\,\mathrm{d}R = r\,\mathrm{d}r, \quad (1.62)$$

por isso a substituição de r dr por R dR na Equação (1.61) produz

campo elétrico devido ao disco carregado

$$\mathbf{E} = \frac{\rho_s z}{2\varepsilon_0}\int_{r=0}^{a}\frac{\mathrm{d}R}{R^2}\,\hat{\mathbf{z}} = \frac{\rho_s z}{2\varepsilon_0}\left(-\frac{1}{R}\right)\Bigg|_{r=0}^{a}\hat{\mathbf{z}} \longrightarrow$$

$$\longrightarrow \boxed{\mathbf{E} = \frac{\rho_s}{2\varepsilon_0}\left(\frac{z}{|z|} - \frac{z}{\sqrt{a^2+z^2}}\right)\hat{\mathbf{z}},} \quad (1.63)$$

onde $R|_{r=0} = \sqrt{z^2} = |z|$, para permitir um z negativo também ($-\infty < z < \infty$).

Exemplo 1.11

Lâmina infinita de cargas

Encontre o vetor de intensidade do campo elétrico para uma lâmina infinita de cargas de densidade ρ_s no espaço livre.

Solução Notamos que a lâmina infinita de cargas pode ser obtida a partir do disco na Figura 1.14 estendendo seu raio ao infinito. Em consequência, o campo devido à lamina infinita pode ser obtida do campo devido ao disco fazendo com que $a \to \infty$ na Equação (1.63). Com isso, o segundo termo em parênteses na expressão de campo final na Equação (1.63) desaparece. O primeiro termo, $z/|z|$, é tanto 1 (para $z > 0$) ou -1 (para $z < 0$), e concluímos que a intensidade de campo em torno da lâmina infinita de cargas é uniforme (constante) em ambas as metades do espaço cortado pela lâmina, e dado por

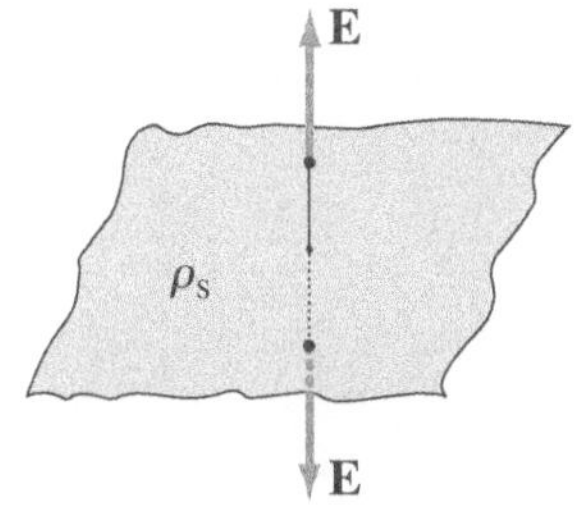

Figura 1.15
Lâmina infinita de cargas; para o Exemplo 1.11.

campo elétrico devido à lâmina infinita de cargas

$$\boxed{E = \frac{\rho_s}{2\varepsilon_0}} \quad (1.64)$$

com relação às direções de referência indicadas na Figura 1.15. Ou seja, para uma carga positiva ($\rho_s > 0$) da lâmina, as orientações reais de **E** são as da Figura 1.15 (linhas de campo direcionadas para fora a partir da carga positiva), enquanto a situação para um ρ_s negativo é justamente oposta (pontos vetoriais do campo em direção à carga negativa).

Exemplo 1.12

Cargas superficiais hemisféricas

Uma superfície hemisférica de raio a está uniformemente carregada com uma densidade de cargas ρ_s. O meio é o ar. Calcule o vetor intensidade de campo elétrico no centro do hemisfério (centro da esfera completa correspondente).

Solução Executamos um procedimento semelhante ao do Exemplo 1.10 e subdividimos o hemisfério em anéis finos, conforme está apresentado na Figura 1.16. O raio de um anel cuja posição no hemisfério é definida por um ângulo θ ($0 \le \theta \le \pi/2$) é $a_r = a$ sen θ. Sua carga é

$$\mathrm{d}Q = \rho_s\,\mathrm{d}S = \rho_s \underbrace{2\pi a \,\mathrm{sen}\,\theta}_{C_r}\,\underbrace{a\,\mathrm{d}\theta}_{\mathrm{d}l_r}, \quad (1.65)$$

onde C_r e dl_r representam a circunferência e largura do anel, respectivamente. Usando a Equação (1.44), a intensidade de campo elétrico d**E** no ponto O devido a carga dQ é encontrada como o seguinte:

$$z_r = -a\cos\theta \quad \text{e} \quad R = a \longrightarrow \mathrm{d}\mathbf{E} = \frac{\mathrm{d}Q(-a\cos\theta)}{4\pi\varepsilon_0 a^3}\,\hat{\mathbf{z}}, \quad (1.66)$$

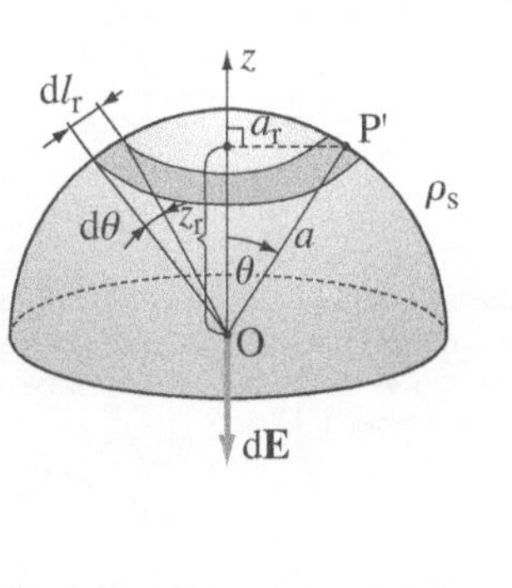

Figura 1.16
Avaliação do campo elétrico no centro (ponto O) de uma carga superficial esférica; para o Exemplo 1.12.

e z_r é a coordenada z local do ponto O em relação ao centro do anel (Figura 1.16). Portanto, o vetor campo resultante equivale a

$$\mathbf{E} = \int_{\theta=0}^{\pi/2} \mathrm{d}\mathbf{E} = -\frac{\rho_s}{2\varepsilon_0} \int_0^{\pi/2} \underbrace{\operatorname{sen}\theta\cos\theta}_{(\operatorname{sen}2\theta)/2}\, \mathrm{d}\theta\, \hat{\mathbf{z}} = -\frac{\rho_s}{4\varepsilon_0}\hat{\mathbf{z}}. \quad (1.67)$$

Exemplo 1.13

Força em uma carga linear devido a um semicilindro carregado

Uma carga uniforme de densidade ρ_s é distribuída no espaço livre sobre uma superfície na forma da metade de um cilindro circular muito longo de raio a, como mostra a Figura 1.17(a). Uma linha de cargas de densidade uniforme Q' está posicionada ao longo do eixo do semicilindro. Encontre a força elétrica sobre a carga linear por unidade de seu comprimento.

Solução A partir das equações (1.23) e (1.31), a força elétrica por unidade de comprimento sobre a linha de carga, isto é, a força em um metro (unidade de comprimento) da estrutura (linha de carga) dividida por 1 m (a unidade é N/m) é dada por

força de Coulomb por unidade de comprimento em uma linha de cargas (unidade: N/m)

$$\boxed{\mathbf{F}'_e = Q'\mathbf{E},} \quad (1.68)$$

sendo $\mathbf{E}$ o vetor intensidade de campo elétrico devido ao semicilindro carregado em seu eixo. Subdividimos o semicilindro em faixas elementares, de largura $\mathrm{d}l$, e encontramos $\mathbf{E}$ usando o princípio da superposição. O campo devido a cada faixa pode ser aproximado pela da linha de cargas muito longa, com densidade de carga $\mathrm{d}Q' = \rho_s\,\mathrm{d}l$; ou seja, a carga da faixa elementar de comprimento h, $\rho_s h\,\mathrm{d}l$, deve ser igual à carga da carga linear equivalente de mesmo comprimento, portanto $\mathrm{d}Q'h$, que produz esta expressão para $\mathrm{d}Q'$. Levando em conta a Equação (1.57), o vetor de campo elétrico devido à linha de cargas é radial em relação à linha, e sua amplitude no eixo do semicilindro [Figura 1.17(b)] vem a ser

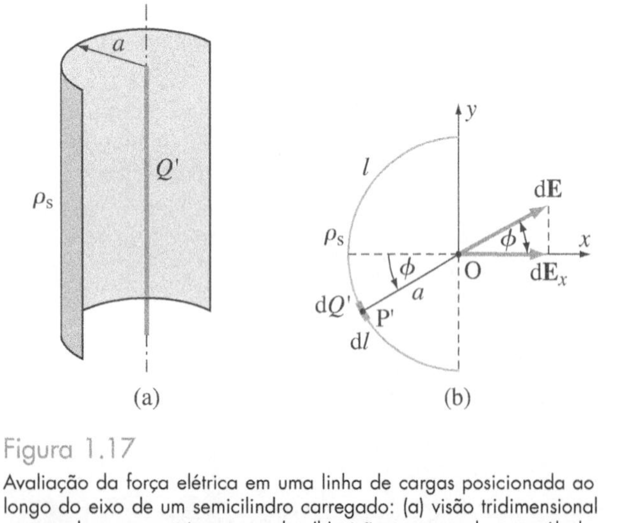

Figura 1.17
Avaliação da força elétrica em uma linha de cargas posicionada ao longo do eixo de um semicilindro carregado: (a) visão tridimensional mostrando a geometria estrutural e (b) visão transversal para cálculos de campo; para o Exemplo 1.13.

$$\mathrm{d}E = \frac{\mathrm{d}Q'}{2\pi\varepsilon_0 a} = \frac{\rho_s\,\mathrm{d}\phi}{2\pi\varepsilon_0}, \quad (1.69)$$

e $r = a$ e $\mathrm{d}l = a\,\mathrm{d}\phi$. Por simetria, o campo resultante tem somente um componente x, calculado como

$$E_x = \int_l \mathrm{d}E_x = \int_l \mathrm{d}E\cos\phi =$$

$$= \frac{\rho_s}{2\pi\varepsilon_0}\int_{\phi=-\pi/2}^{\pi/2} \cos\phi\,\mathrm{d}\phi = \frac{\rho_s}{\pi\varepsilon_0}, \quad (1.70)$$

onde l representa a linha (semicírculo) representando o corte transversal do semicilindro. Por fim, as equações (1.68) e (1.70) resultam em

$$\mathbf{F}'_e = \frac{Q'\rho_s}{\pi\varepsilon_0}\hat{\mathbf{x}}. \quad (1.71)$$

1.6 DEFINIÇÃO DO POTENCIAL ESCALAR ELÉTRICO

O potencial escalar elétrico é uma grandeza escalar que pode ser usada em vez do vetor intensidade de campo elétrico para a descrição do campo eletrostático. Lidar com o potencial é mais simples, em termos matemáticos, do que lidar com o vetor campo. Três integrações diferentes são necessárias, em geral, para a avaliação de $\mathbf{E}$, uma para cada componente do vetor, enquanto uma única integração é necessária para o potencial, e $\mathbf{E}$, por sua vez, pode ser encontrado com facilidade a partir do potencial por diferenciação. Além disso, utilizando o potencial elétrico somos capazes de conectar o campo elétrico com a tensão, como ponte fundamental entre a teoria do campo e a teoria de circuito.

O potencial escalar elétrico é definido por meio do trabalho realizado pelo campo elétrico, isto é, pela força elétrica, $\mathbf{F}_e$, ao mover uma carga pontual de teste, Q_p. O trabalho $\mathrm{d}W_e$ feito por $\mathbf{F}_e$ enquanto move Q_p ao longo de uma distância vetorial elementar $\mathbf{dl}$ se iguala ao produto escalar[8] de $\mathbf{F}_e$ e $\mathbf{dl}$,

$$\mathrm{d}W_e = \mathbf{F}_e \cdot \mathbf{dl} = F_e\,\mathrm{d}l\cos\alpha, \quad (1.72)$$

onde α é o ângulo entre os dois vetores no produto, como mostra a Figura 1.18. Observamos que $\mathrm{d}W_e$ pode ser negativo (para $\pi/2 < \alpha \le \pi$), o que significa que o trabalho $|\mathrm{d}W_e|$ está sendo realizado contra o campo elétrico por um agente externo. Baseado na Equação (1.72), o potencial escalar elétrico, V, no ponto P em um campo elétrico é definido como o trabalho realizado pelo campo ao mover uma carga teste de P para o ponto de referência $\mathcal{R}$ (Figura 1.18),

$$W_e = \int_P^{\mathcal{R}} \mathbf{F}_e \cdot \mathbf{dl}, \quad (1.73)$$

8 O produto escalar (também conhecido como produto interno) dos vetores $\mathbf{a}$ e $\mathbf{b}$ é um escalar dado por $\mathbf{a}\cdot\mathbf{b} = |\mathbf{a}||\mathbf{b}|\cos\alpha$, sendo α o ângulo entre $\mathbf{a}$ e $\mathbf{b}$.

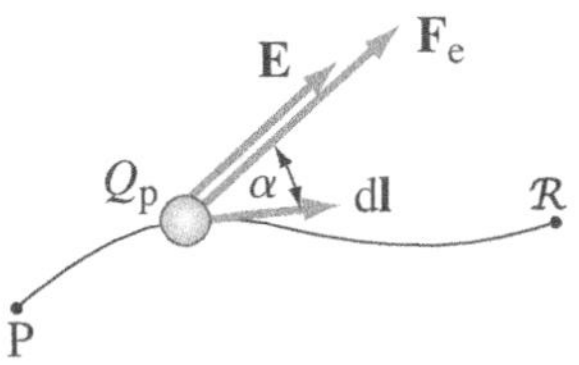

Figura 1.18

Deslocamento de uma carga teste em um campo eletrostático.

dividido por Q_P. Levando em conta a Equação (1.23), isto se torna

definição do potencial elétrico (unidade: V)

$$V = \frac{W_e}{Q_P} = \int_P^{\mathcal{R}} \frac{\mathbf{F}_e}{Q_P} \cdot d\mathbf{l} = \int_P^{\mathcal{R}} \mathbf{E} \cdot d\mathbf{l}. \quad (1.74)$$

Assim, o potencial V no ponto P em relação ao ponto de referência $\mathcal{R}$ não depende de Q_P e é igual à integral de linha do vetor **E** de P a $\mathcal{R}$.[9] É evidente que o potencial no ponto de referência é zero (integral de P ≡ $\mathcal{R}$ para $\mathcal{R}$). A unidade de potencial é o volt (abreviado V), portanto, a unidade V/m é empregada para a intensidade de campo elétrico. Note que Φ também é usado para representar o potencial elétrico.

Pelo princípio da conservação de energia, o trabalho líquido feito pelo campo eletrostático ao mover Qp de um ponto A para um ponto B e em seguida movê-lo de volta para A por um caminho diferente é zero (porque depois da ida e volta, o sistema é o mesmo do início). Isto significa que a integral de linha do vetor de intensidade do campo elétrico ao longo de um caminho arbitrário fechado (contorno) é zero,

natureza conservativa do campo eletrostático

$$\oint_C \mathbf{E} \cdot d\mathbf{l} = 0, \quad (1.75)$$

e constitui a primeira equação de Maxwell para o campo eletrostático. Vemos que a circulação (integral de linha fechada) de **E** na eletrostática é sempre zero, e, portanto, o campo eletrostático pertence a uma classe de campos vetoriais conservativos.[10]

A Equação (1.75) pode, também, ser derivada da lei de Coulomb, ou seja, a partir da expressão para o vetor intensidade de campo elétrico devido a uma carga pontual única, Q, dada pela Equação (1.24) e Figura 1.7. Para fazer isso, quebramos o contorno C em segmentos elementares ($dl \to 0$) paralelos e normais para **E**, como indica a Figura 1.19. Percebemos que as contribuições para a integral linear geral na Equação (1.75) ocorrem apenas para os segmentos paralelos a **E**, enquanto nenhuma contribuição ocorre para os segmentos normais para **E** ($\alpha = 90°$ e $\mathbf{E} \cdot d\mathbf{l} = 0$). Em específico, ao longo dos segmentos paralelos a **E** (segmentos radiais em relação à carga Q), $\mathbf{E} \cdot d\mathbf{l}$ é igual a $E\,dl$ ($\alpha = 0$) ou $-E\,dl$ ($\alpha = 180°$),

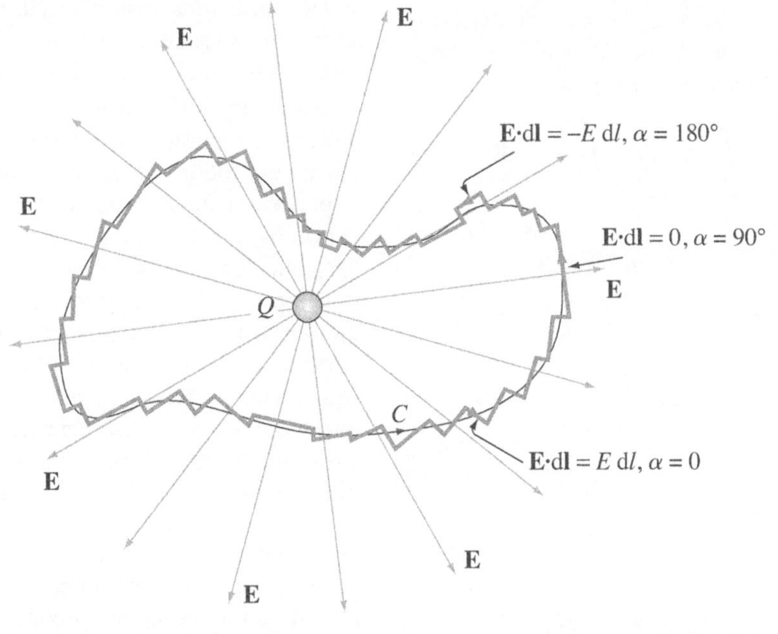

Figura 1.19

Derivação da primeira equação de Maxwell para o campo eletrostático iniciando com a lei de Coulomb.

9 A integral de linha de uma função vetorial (campo) **a** ao longo de uma linha (curva) l, a partir de um ponto A até um ponto B, é definida como $\int_l \mathbf{a} \cdot d\mathbf{l} = \int_A^B \mathbf{a} \cdot d\mathbf{l}$, onde **dl** é o comprimento diferencial do vetor tangencial para a curva (como na Figura 1.18) orientado de A a B. Se a linha está fechada (por exemplo, um círculo ou um quadrado), nós a chamamos de contorno (e em geral marcamos com C), e a integral de linha correspondente, $\oint_C \mathbf{a} \cdot d\mathbf{l}$, é chamada de circulação de **a** ao longo de C. A direção de referência de **dl** coincide com a orientação do contorno.

10 Por definição, um campo vetorial é dito conservativo quando sua circulação é zero para um caminho fechado de formato arbitrário.

resultando em uma integral de linha líquida zero (soma) ao longo de C. Por superposição, este resultado também é válido para qualquer distribuição de carga (a qual, como sabemos, pode ser representada como um sistema de cargas pontuais equivalentes e para a qual o campo resultante pode ser obtido como soma vetorial de campos individuais devido a cargas pontuais).

A integral de linha de **E** entre dois pontos em um campo eletrostático não depende do caminho de integração. Para provar isso, consultaremos a Figura 1.20 e escreveremos a circulação de **E** ao longo de um contorno C como

$$\oint_C \mathbf{E}\cdot d\mathbf{l} = \int_{\text{AmBnA}} \mathbf{E}\cdot d\mathbf{l} = \int_{\text{AmB}} \mathbf{E}\cdot d\mathbf{l} + \int_{\text{BnA}} \mathbf{E}\cdot d\mathbf{l} =$$
$$= \int_{\text{AmB}} \mathbf{E}\cdot d\mathbf{l} - \int_{\text{AnB}} \mathbf{E}\cdot d\mathbf{l}, \qquad (1.76)$$

assim, da Equação (1.75), a integral de A a B ao longo do caminho contendo o ponto m é a mesma da integral ao longo do caminho com o ponto n,

independência do caminho para a integral linear de **E**

$$\boxed{\int_{\text{AmB}} \mathbf{E}\cdot d\mathbf{l} = \int_{\text{AnB}} \mathbf{E}\cdot d\mathbf{l},} \qquad (1.77)$$

ou ao longo de qualquer outro caminho. Isto também significa que, para um ponto de referência adotado, o potencial elétrico em qualquer ponto no campo é uma grandeza determinada única, com o mesmo valor para qualquer caminho ao mover a carga de teste.

Por fim, veremos o que acontece com o potencial em um ponto arbitrário P no campo depois de um novo ponto de referência, $\mathcal{R}'$, ser adotado. O novo potencial é

$$V' = \int_{\text{P}}^{\mathcal{R}'} \mathbf{E}\cdot d\mathbf{l} = \underbrace{\int_{\text{P}}^{\mathcal{R}} \mathbf{E}\cdot d\mathbf{l}}_{V} + \int_{\mathcal{R}}^{\mathcal{R}'} \mathbf{E}\cdot d\mathbf{l}, \qquad (1.78)$$

assim, a diferença de potencial chega a

diferença de potencial devido a um novo ponto de referência

$$\boxed{\Delta V = V' - V = \int_{\mathcal{R}}^{\mathcal{R}'} \mathbf{E}\cdot d\mathbf{l}.} \qquad (1.79)$$

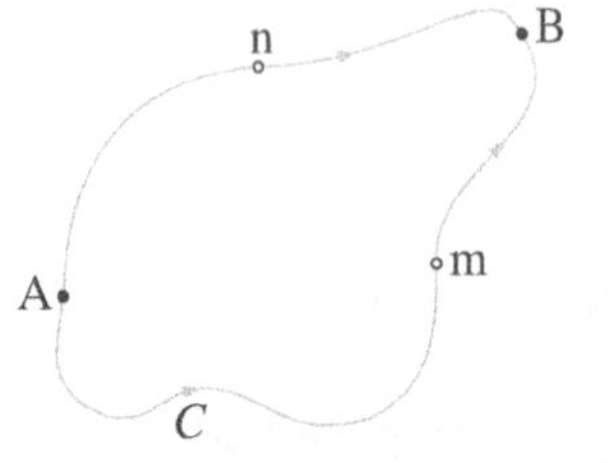

Figura 1.20

Para a prova de que a integral de linha de um vetor de campo eletrostático entre dois pontos é a mesma para qualquer caminho de integração.

É importante notar que ΔV não depende da posição do ponto P no campo; se o ponto de referência é modificado, o potencial em todos os pontos muda pelo mesmo valor constante, ou seja, por uma constante aditiva.

1.7 POTENCIAL ELÉTRICO DEVIDO A DISTRIBUIÇÕES DE CARGA

Determinaremos o potencial escalar elétrico devido a uma carga pontual no espaço livre. Em geral, costuma-se adotar o ponto de referência, $\mathcal{R}$, no infinito, sempre que possível, ou seja, quando a distribuição de carga é finita. Como veremos em um exemplo, tal escolha é impossível, ou pelo menos inadequada, para distribuições de carga infinita, tal como uma linha de cargas retilínea infinita. Da Figura 1.21 e equações (1.74) e (1.24), o potencial a uma distância R da carga Q, e em relação ao ponto de referência no infinito, é

potencial elétrico devido a uma carga pontual

$$V = \int_{\text{P}}^{\mathcal{R}} \mathbf{E}\cdot d\mathbf{l} = \int_{x=R}^{\infty} E\,dx = \int_{R}^{\infty} \frac{Q}{4\pi\varepsilon_0 x^2}\,dx \longrightarrow$$
$$\longrightarrow \boxed{V = \frac{Q}{4\pi\varepsilon_0 R}.} \qquad (1.80)$$

A função potencial (de R) obtida para um ponto de referência a uma distância (finita) arbitrária da carga difere deste resultado por uma constante aditiva, conforme determinado pela Equação (1.79).

Na Figura 1.22 temos um esboço de linhas de campo elétrico (em geral, linhas para as quais o vetor **E** é tangencial em todos os pontos) e superfícies equipotenciais (superfícies com o mesmo potencial, $V =$ const, em todos os pontos) em torno da carga pontual na Figura 1.21. É claro que, com base nas equações (1.24) e (1.80), as linhas de campo são "feixes" radiais que começam na carga e equipotenciais são superfícies esféricas (representados como círculos — linhas equipotenciais — na Figura) centrada na carga, respectivamente. As linhas de campo são perpendiculares às superfícies equipotenciais, e esta conclusão mantém-se sempre, para um campo eletrostático arbitrário. Ou seja, desde que um movimento de uma carga de prova Q_p (na Figura 1.18) sobre uma superfície equipotencial resulte em nenhum trabalho por forças elétricas (nenhuma mudança em V), **E** não tem um componente ao longo desse movimento, o que significa que

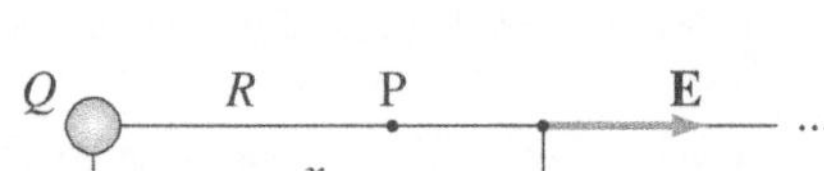

Figura 1.21

Avaliação do potencial elétrico devido a uma carga pontual no espaço livre.

é perpendicular à superfície. A densidade de linhas de campo (o número de linhas por unidade de área da superfície equipotencial) representa a amplitude do vetor do campo, ou seja, diminui com $1/R^2$ (a área de superfícies equipotenciais aumenta conforme R^2) de distância da carga na Figura 1.22.

Começando com a Equação (1.80) e aplicando o princípio da superposição, a expressão para o potencial elétrico resultante, semelhante à expressão de campo na Equação (1.25), é obtida para o sistema de N cargas pontuais, onde se lê

$$V = \frac{1}{4\pi\varepsilon_0}\sum_{i=1}^{N}\frac{Q_i}{R_i}, \qquad (1.81)$$

bem como para os três tipos de distribuições de carga contínua, correspondendo às equações (1.37)–(1.39) para o vetor de campo,

potencial elétrico devido à carga volumétrica

$$V = \frac{1}{4\pi\varepsilon_0}\int_v \frac{\rho\,\mathrm{d}v}{R}, \qquad (1.82)$$

potencial elétrico devido à carga superficial

$$V = \frac{1}{4\pi\varepsilon_0}\int_S \frac{\rho_s\,\mathrm{d}S}{R}, \qquad (1.83)$$

potencial elétrico devido à linha de cargas

$$V = \frac{1}{4\pi\varepsilon_0}\int_l \frac{Q'\,\mathrm{d}l}{R}. \qquad (1.84)$$

É evidente que essas integrais são bem mais simples que as respectivas integrais de campo, e o mesmo é verdade para as soluções resultantes para o potencial devido às distribuições de carga em diversos tipos de geometrias, para as quais já avaliamos o vetor de campo elétrico na Seção 1.5.

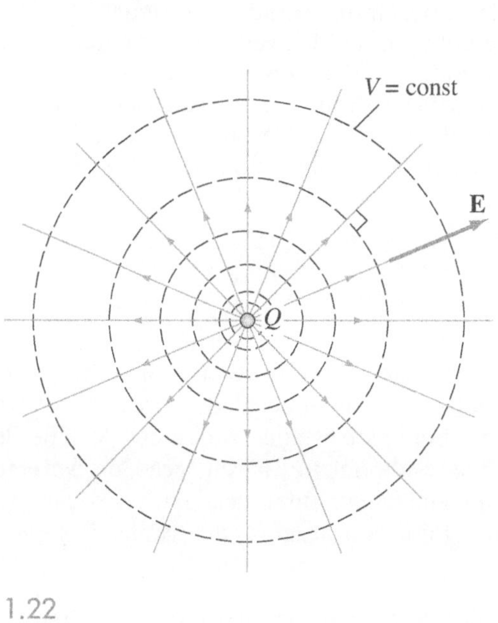

Figura 1.22
Campo e linhas equipotenciais para um carga pontual na Figura 1.21.

Exemplo 1.14

Potencial elétrico devido a um anel carregado

Encontre o potencial escalar elétrico ao longo do eixo de um anel uniformemente carregado no espaço livre normal ao plano do anel. A densidade de linha de cargas do anel é Q' e seu raio é a.

Solução Da Equação (1.84) e Figura 1.11, o potencial em um ponto arbitrário P no eixo z (para $-\infty < z < \infty$) é dado por

$$V = \frac{1}{4\pi\varepsilon_0}\oint_C \frac{Q'\,\mathrm{d}l}{R} = \frac{Q'}{4\pi\varepsilon_0 R}\oint_C \mathrm{d}l = \frac{Q'a}{2\varepsilon_0\sqrt{z^2+a^2}}. \qquad (1.85)$$

Exemplo 1.15

Potencial devido a uma linha de cargas infinita

Calcule o potencial elétrico em um ponto arbitrário no espaço devido a uma linha de cargas uniforme infinita de densidade Q' no ar.

Solução As expressões para cálculos de potencial dadas nas equações (1.81)–(1.84) implicam que o ponto de referência seja infinito. Essas expressões não podem ser utilizadas para a avaliação do potencial devido às distribuições de carga infinita (porque o potencial devido a uma distribuição de carga infinita em relação ao ponto de referência selecionado no infinito é infinito). Nesses casos, recorremos à Equação (1.74) para calcular o potencial, e uma linha de cargas retilínea infinita, cujo campo é dado pela Equação (1.57); é um exemplo típico e muito importante. Para encontrar o potencial devido a essa carga em um ponto cuja distância radial da linha de carga é r, aplicamos a Equação (1.74) para um caminho de integração conveniente mostrado na Figura 1.23, o que con-

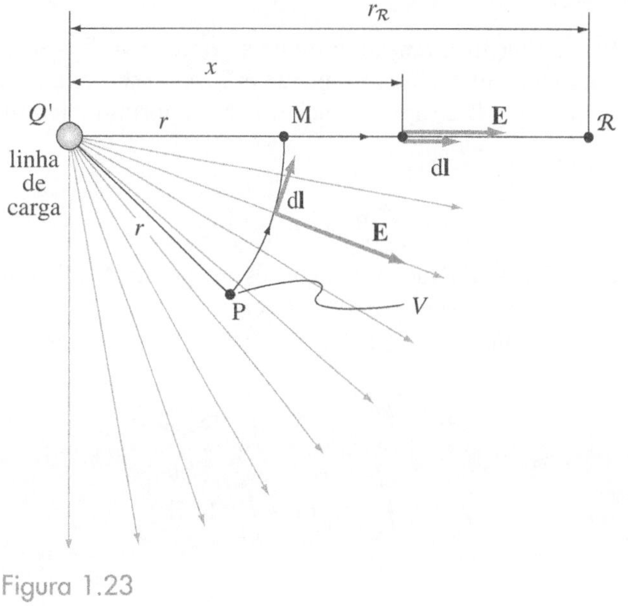

Figura 1.23
Avaliação do potencial elétrico para uma linha de cargas infinita — corte transversal da estrutura; para o Exemplo 1.15.

siste em um arco entre os pontos P e M e um segmento de linha reta entre os pontos M e $\mathcal{R}$, e obtemos

$$V = \int_{P}^{\mathcal{R}} \mathbf{E} \cdot d\mathbf{l} = \int_{P}^{M} \mathbf{E} \cdot d\mathbf{l} + \int_{M}^{\mathcal{R}} \mathbf{E} \cdot d\mathbf{l} =$$

$$= \int_{x=r}^{r_{\mathcal{R}}} E\,dx = \int_{r}^{r_{\mathcal{R}}} \frac{Q'}{2\pi\varepsilon_0 x}\,dx. \quad (1.86)$$

A integral de linha entre os pontos P e M é zero porque **E** é perpendicular a **dl** ao longo do caminho. Assim, o potencial a uma distância r a partir da linha de cargas em relação ao ponto de referência que está a uma distância $r_{\mathcal{R}}$ dele vem a ser

potencial elétrico devido a uma linha de cargas infinita

$$V = \frac{Q'}{2\pi\varepsilon_0} \ln \frac{r_{\mathcal{R}}}{r}. \quad (1.87)$$

Observe que a adoção do ponto de referência no infinito neste caso, o que implica que $r_{\mathcal{R}} \to \infty$ na Equação (1.87), resultaria em $V \to \infty$. Note, além disso, que este resultado, um potencial infinito que independe da localização do ponto de observação, também é "correto" pois pode ser entendido como a distribuição de potencial (função de r) dada pela Equação (1.87) mais uma constante infinita, como consequência da mudança do ponto de referência a partir de $\mathcal{R}$ na Figura 1.23 até o infinito [ver equações (1.78) e (1.79)]. Em outras palavras, o potencial em todos os pontos no espaço é alterado pelo mesmo valor constante após o novo ponto de referência (no infinito) ser adotado, o qual, por ser infinito ($\Delta V \to \infty$), mascara a correta distribuição de potencial. No entanto, este resultado, embora "correto", é inútil para a análise, uma vez que a função real $V(r)$ não pode ser extraída de uma constante aditiva infinita; por isso dizemos que em avaliações potenciais devido a distribuições de carga infinita o ponto de referência não pode ser tomado no infinito.

1.8 TENSÃO

Por definição, a tensão entre dois pontos é a diferença potencial entre eles. A unidade é V. A tensão entre os pontos A e B é representada por V_{AB}, portanto, temos

definição de tensão (unidade: V)

$$V_{AB} = V_A - V_B, \quad (1.88)$$

onde V_A e V_B são os potenciais no ponto A e B em relação ao mesmo ponto de referência.

Combinando as equações (1.74) e (1.88), temos

$$V_{AB} = \int_{A}^{\mathcal{R}} \mathbf{E} \cdot d\mathbf{l} - \int_{B}^{\mathcal{R}} \mathbf{E} \cdot d\mathbf{l} =$$

$$= \int_{A}^{\mathcal{R}} \mathbf{E} \cdot d\mathbf{l} + \int_{\mathcal{R}}^{B} \mathbf{E} \cdot d\mathbf{l} \quad (1.89)$$

ou

tensão via integral de linha de **E**

$$V_{AB} = \int_{A}^{B} \mathbf{E} \cdot d\mathbf{l}. \quad (1.90)$$

Portanto, a tensão entre dois pontos em um campo eletrostático é igual, por sua vez, à integral de linha do vetor de intensidade do campo elétrico ao longo de qualquer caminho entre esses pontos. É claro que $V_{BA} = -V_{AB}$.

Se um novo ponto de referência é adotado para o potencial elétrico em um sistema, as tensões no sistema permanecem inalteradas. Para provar essa afirmação, lembramos que o potencial em todos os pontos no sistema muda pelo mesmo valor constante (ΔV) após o novo ponto de referência ser adotado [ver Equação (1.79)]. Uma vez que uma tensão é a diferença dos valores potenciais nos respectivos pontos no sistema, a partir da Equação (1.88), a nova tensão entre os pontos A e B é dada por

$$V'_{AB} = V'_A - V'_B = (V_A + \Delta V) - (V_B + \Delta V) =$$

$$= V_A - V_B = V_{AB}, \quad (1.91)$$

isto é, igual à antiga tensão entre esses pontos.

Observe que, em termos de tensões, a Equação (1.75) pode ser escrita como

Lei da tensão de Kirchhoff

$$\sum_{\text{ao longo de } C} V_i = 0, \quad (1.92)$$

e, se aplicada a um caminho fechado em um circuito cc, representa a lei de Kirchhoff de circuito para tensões. Essa lei diz que a soma algébrica das tensões em torno de qualquer caminho fechado em um circuito é o zero.[11] A lei da tensão de Kirchhoff para circuitos cc, Equação (1.92), é, portanto, apenas uma forma especial da primeira equação de Maxwell para o campo eletrostático, Equação (1.75). Veremos em um capítulo posterior que, com algumas restrições e aproximações, a lei da tensão de Kirchhoff na forma da Equação (1.92) também pode ser usada para a análise de circuitos ca.

1.9 RELAÇÃO DIFERENCIAL ENTRE CAMPO E POTENCIAL NA ELETROSTÁTICA

A Equação (1.74) representa uma relação de integral entre o vetor intensidade de campo elétrico e o potencial em eletrostática, o que nos permite determinar V se soubermos **E**. Nesta seção, derivaremos uma relação equivalente diferencial entre as duas grandezas e, em seguida, a usaremos para avaliar **E** de V.

11 A soma algébrica significa que as tensões na soma podem ser de sinal arbitrário, onde o sinal com o qual a tensão é tomada depende da concordância ou discordância da orientação (polaridade) da tensão com a orientação do contorno.

APARTE HISTÓRICO

A unidade SI para tensão, potencial elétrico e força eletromotriz (a ser estudada em um capítulo posterior), volt (V), foi nomeada em homenagem a **Alessandro Volta** (1745-1827), físico e inventor italiano, professor de física experimental na Universidade de Pavia, famoso por sua invenção da bateria elétrica (pilha voltaica) em 1800. Em experimentos, usou sua língua para detectar e medir a energia elétrica e tensão — o primeiro voltímetro. A bateria de Volta era uma série de células eletroquímicas feitas como uma pilha que alternava placas de prata e zinco separadas por discos de papelão embebidos em água salgada (eletrólito). (*Retrato: Coleção de Edgar Fahs Smith, Biblioteca da Universidade da Pensilvânia*)

Gustav Robert Kirchhoff (1824-1887), físico e químico alemão, ensinou nas universidades de Berlim, Breslau e Heidelberg. Kirchhoff recebeu seu doutorado na Universidade de Königsberg, em 1847, com Neumann (1798-1895). Estendendo o trabalho de Ohm (1789-1854), formulou, em 1850, as relações fundamentais entre correntes e tensões em um circuito elétrico com múltiplas malhas, o que chamamos de leis de circuito de Kirchhoff para correntes e tensões. Kirchhoff também fez contribuições seminais para a espectroscopia e a emissão térmica. (*Retrato: Coleção de Edgar Fahs Smith, Biblioteca da Universidade da Pensilvânia*)

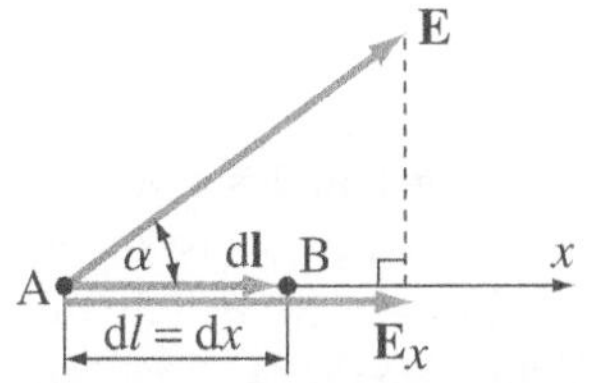

Figura 1.24

Derivação de uma relação diferencial entre **E** e V na eletrostática.

Considere um ponto A em um campo eletrostático no qual o potencial é V_A. Passemos a partir desse ponto para uma distância elementar $dl = dx$ ao longo do eixo x, no ponto B, como mostra a Figura 1.24. A mudança resultante no potencial chega a ser potencial em B (novo potencial) menos o potencial em A (potencial inicial), isto é,

$$dV = V_B - V_A. \tag{1.93}$$

Por outro lado, a Equação (1.90) nos diz que a diferença de potencial (tensão) entre os pontos A e B está relacionada ao vetor intensidade de campo elétrico como

$$V_A - V_B = \mathbf{E} \cdot d\mathbf{l} = E\,dl/\cos\alpha = \\ = \underbrace{E\cos\alpha}_{E_x}\,dx = E_x\,dx, \tag{1.94}$$

sendo E_x a componente x de **E**, o que equivale à projeção de **E** no eixo x, $E\cos\alpha$. Combinando as equações (1.93) e (1.94), temos

relação diferencial dimensional entre **E** e V

$$\boxed{E_x = -\frac{dV}{dx}.} \tag{1.95}$$

Da mesma forma, as projeções do vetor **E** nos outros dois eixos do sistema de coordenadas cartesianas são obtidos como

$$E_y = -\frac{dV}{dy}, \quad E_z = -\frac{dV}{dz}. \tag{1.96}$$

Portanto, a expressão vetorial completa para **E** é dada por

$$\mathbf{E} = E_x\,\hat{\mathbf{x}} + E_y\,\hat{\mathbf{y}} + E_z\,\hat{\mathbf{z}} = \\ = -\left(\frac{\partial V}{\partial x}\,\hat{\mathbf{x}} + \frac{\partial V}{\partial y}\,\hat{\mathbf{y}} + \frac{\partial V}{\partial z}\,\hat{\mathbf{z}}\right), \tag{1.97}$$

onde usamos as derivadas parciais em vez de normais, porque o potencial é uma função de todas as três coordenadas (função multivariável), $V = V(x, y, z)$. Essa relação diferencial é uma forma importante para calcular o campo **E** do potencial V em eletrostática.

Exemplo 1.16

Problema dimensional

Em um sistema eletrostático, o potencial é constante em qualquer plano individual normal ao eixo x cartesiano, enquanto varia ao longo desse eixo como

$$V(x) = V_0 + V_1\frac{x}{d} + V_2\frac{x^2}{d^2}, \tag{1.98}$$

onde V_0, V_1, V_2 e d são constantes. Encontre o vetor da intensidade de campo elétrico no sistema.

Solução Sendo $dV/dy = 0$ e $dV/dz = 0$, resta um componente x do vetor **E** somente, de acordo com a Equação (1.97), que vem a ser

$$E_x = -\frac{dV}{dx} = -\frac{V_1}{d} - \frac{2V_2 x}{d^2}. \tag{1.99}$$

1.10 GRADIENTE

A expressão entre parênteses na Equação (1.97) é chamada de gradiente da função escalar (V). Às vezes é escrita como grad$V$, mas com muito mais frequência é escrita usando o chamado operador del ou operador nabla, definido como

operador del

$$\nabla = \frac{\partial}{\partial x}\,\hat{\mathbf{x}} + \frac{\partial}{\partial y}\,\hat{\mathbf{y}} + \frac{\partial}{\partial z}\,\hat{\mathbf{z}}. \tag{1.100}$$

Portanto, temos

E de V em eletrostática

$$\mathbf{E} = -\,\text{grad}\,V = -\nabla V, \tag{1.101}$$

onde, no sistema de coordenadas cartesianas (Figura 1.2),

gradiente em coordenadas cartesianas

$$\text{grad}\,V = \nabla V = \frac{\partial V}{\partial x}\,\hat{\mathbf{x}} + \frac{\partial V}{\partial y}\,\hat{\mathbf{y}} + \frac{\partial V}{\partial z}\,\hat{\mathbf{z}}. \tag{1.102}$$

Os outros dois sistemas de coordenadas mais conhecidos e comumente usados são o cilíndrico e o esférico. Um ponto arbitrário (M) no sistema de coordenadas cilíndrico é representado por (r, ϕ, z), onde r é a distância radial do eixo z ao ponto M, ϕ o ângulo azimutal medido do eixo x no plano xy e z é o mesmo que no sistema de coordenadas cartesianas, como mostra a Figura 1.25. O intervalo de coordenadas é

$$0 \le r < \infty, \quad 0 \le \phi < 2\pi \quad (\text{ou} -\pi \le \phi < \pi),$$
$$-\infty < z < \infty. \tag{1.103}$$

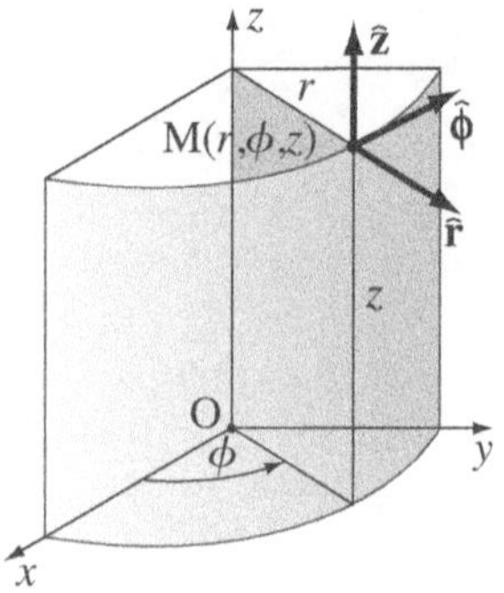

Figura 1.25

Ponto M (r, ϕ, z) e vetor unitário no sistema de coordenadas cilíndricas.

Os vetores unitários deste sistema de coordenadas, $\hat{\mathbf{r}}$, $\hat{\boldsymbol{\phi}}$ e $\hat{\mathbf{z}}$ são, por definição, direcionados a r, ϕ e z crescentes. Todas são perpendiculares entre si (o sistema de coordenadas cilíndricas pertence à classe de sistemas de coordenadas ortogonais), e o vetor **E** em coordenadas cilíndricas pode ser expresso como

$$\mathbf{E} = E_r\hat{\mathbf{r}} + E_\phi\hat{\boldsymbol{\phi}} + E_z\,\hat{\mathbf{z}}. \tag{1.104}$$

Uma vez que ϕ não é uma coordenada de comprimento, mas sim uma coordenada angular, uma distância incremental dl correspondendo a um incremento fundamental na coordenada, dϕ, iguala d$l = r\,$dϕ (o comprimento de um arco de raio r definido pelo ângulo dϕ), e esse é exatamente o deslocamento dl da Figura 1.24 no cálculo da mudança no potencial dV nas equações (1.93)–(1.95), agora na direção ϕ. Portanto, o componente ϕ do vetor campo elétrico no ponto M na Figura 1.25 é igual a $E_\phi = -\text{d}V/\text{d}l = -\text{d}V/(r\,\text{d}\phi)$ e não apenas $-\text{d}V/\text{d}\phi$. As outras duas coordenadas cilíndricas, r e z, são coordenadas de comprimento, assim nenhuma modificação é necessária, $E_r = -\text{d}V/\text{d}r$ e $E_z = -\text{d}V/\text{d}z$. Por conseguinte, devemos considerar as equações (1.104) e (1.101), o gradiente de $V = V\,(r, \phi, z)$ no sistema de coordenadas cilíndricas e no lugar da Equação (1.102), teremos em coordenadas cilíndricas

gradiente em coordenadas cilíndricas

$$\text{grad}\,V = \nabla V = \frac{\partial V}{\partial r}\,\hat{\mathbf{r}} + \frac{1}{r}\frac{\partial V}{\partial \phi}\,\hat{\boldsymbol{\phi}} + \frac{\partial V}{\partial z}\,\hat{\mathbf{z}}. \tag{1.105}$$

No sistema de coordenadas esféricas, um ponto M é definido por (r, θ, ϕ), sendo r a distância radial da origem de coordenadas (O) para M, θ o ângulo zênite entre o eixo z e o vetor posição de M, e ϕ o mesmo que no sistema de coordenadas cilíndricas, como está ilustrado na Figura 1.26. Os intervalos de coordenadas esféricas são

$$0 \le r < \infty, \quad 0 \le \theta \le \pi, \quad 0 \le \phi < 2\pi, \tag{1.106}$$

e a representação do componente do vetor **E** lê-se

$$\mathbf{E} = E_r\hat{\mathbf{r}} + E_\theta\hat{\boldsymbol{\theta}} + E_\phi\hat{\boldsymbol{\phi}}, \tag{1.107}$$

onde $\hat{\mathbf{r}}$, $\hat{\boldsymbol{\theta}}$ e $\hat{\boldsymbol{\phi}}$ são os vetores unitários coordenados mutuamente perpendiculares (direcionados ao incremento de r, θ e ϕ). Como está representado na Figura 1.10, as distâncias incrementais correspondentes dl ao longo desses vetores são dr, r dθ e r seno θ dϕ e portanto teremos a seguinte expressão para o gradiente de $V = V(r, \theta, \phi)$ no sistema de coordenadas esféricas:

gradiente em coordenadas esféricas

$$\text{grad}\,V = \nabla V = \frac{\partial V}{\partial r}\,\hat{\mathbf{r}} + \frac{1}{r}\frac{\partial V}{\partial \theta}\,\hat{\boldsymbol{\theta}} + \frac{1}{r\,\text{sen}\,\theta}\frac{\partial V}{\partial \phi}\,\hat{\boldsymbol{\phi}}. \tag{1.108}$$

É importante notar que não há equivalente em coordenadas cilíndricas ou esféricas para a expressão para o operador del, ∇, na Equação (1.100), essencialmente porque todos os vetores unitários nas figuras 1.25 e 1.26, exceto $\hat{\mathbf{z}}$ (é claro, suas direções e não amplitudes), dependem da localização (em coordenadas) do ponto M. Assim, ∇ pode ser formalmente tratado como um vetor, dado pela Equação (1.100), apenas em coordenadas cartesianas.

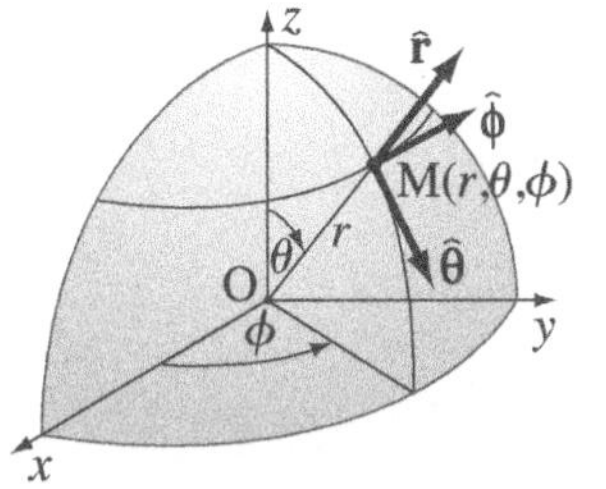

Figura 1.26
Ponto M (r, θ, ϕ) e vetores unitários do sistema de coordenadas esféricas.

A expressão na Equação (1.102) e as expressões correspondentes associadas com outros sistemas de coordenadas nos permitem calcular ∇V para qualquer função escalar multivariável V (não necessariamente o potencial elétrico). Vamos agora derivar a relação entre o gradiente e a chamada derivada direcional de um campo escalar, o que nos fornecerá uma nova interpretação física da operação gradiente em geral.

Combinando as equações (1.94), (1.95) e (1.101), temos

$$-\frac{dV}{dx} = E_x = \mathbf{E}\cdot\hat{\mathbf{x}} = -\nabla V\cdot\hat{\mathbf{x}} \longrightarrow$$

$$\longrightarrow \quad \frac{dV}{dx} = \nabla V\cdot\hat{\mathbf{x}}. \tag{1.109}$$

Podemos agora anunciar que o eixo cartesiano x é linear arbitrariamente posicionado no espaço, e podemos chamá-lo de um eixo l, como mostra a Figura 1.27.

derivada direcional

$$\frac{dV}{dl} = \nabla V\cdot\hat{\mathbf{l}} = |\nabla V|\cos\beta, \tag{1.110}$$

onde $\hat{\mathbf{l}}$ é o vetor unitário associado ($|\hat{\mathbf{l}}| = 1$) e β é o ângulo entre o vetor ∇V e o eixo l. A derivada dV/dl é indicada como a derivada direcional de V na direção l. Ela representa a taxa de variação de V nessa direção, e é igual à projeção (componente) do vetor ∇V no (junto) eixo l. A Equação (1.110) é uma definição matemática equivalente do gradiente de um escalar e, embora obtida para o potencial eletrostático, é válida para qualquer campo escalar V (para o qual as derivadas necessárias existam).

Além disso, a Equação (1.110) tem um significado físico muito importante e implicações práticas. Notamos

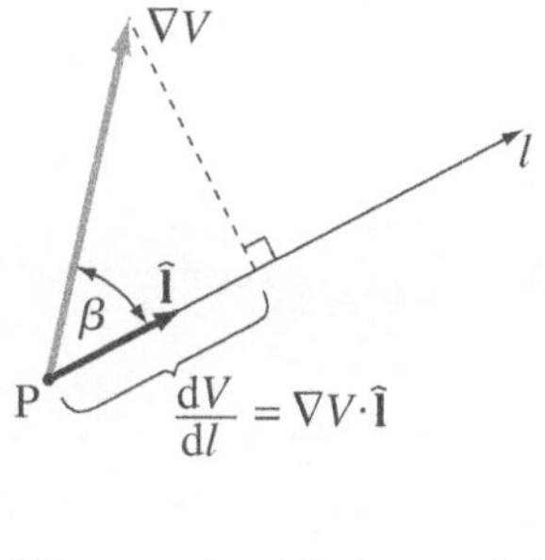

Figura 1.27
Relação entre o gradiente e a derivada direcional de um campo escalar.

que, para um dado campo escalar V, ∇V em um ponto P na Figura 1.27 é um vetor fixo. Direcionando o eixo l em torno de P, ou seja, variando o ângulo β, obtemos derivadas diferentes dV/dl no local P. Para $\beta = \pm 90°$, $dV/dl = 0$ [da Equação (1.110)]; para $\beta = 0$, no entanto, chegamos ao máximo em dV/dl ($\cos\beta = 1$), que se torna

significado físico do gradiente

$$\left.\frac{dV}{dl}\right|_{máx} = |\nabla V| \quad (\beta = 0). \tag{1.111}$$

Isso significa que (1) a amplitude do ∇V é igual à taxa máxima de variação da função V no espaço por unidade de distância [$|\nabla V| = (dV/dl)_{máx}$] e (2) os pontos ∇V na direção da taxa máxima de variação de espaço em V ($\beta = 0$). Conclui-se que o gradiente de um campo escalar V é um vetor que nos fornece tanto a direção na qual V varia mais depressa quanto a amplitude da taxa máxima de variação no espaço. Esta propriedade da operação do gradiente é usada em várias aplicações, em todas as áreas da ciência e engenharia.

Exemplo 1.17

Campo elétrico a partir do potencial elétrico de um anel carregado

Do potencial elétrico devido a um anel carregado dado pela Equação (1.85), encontre o vetor intensidade de campo elétrico ao longo do eixo do anel normal ao seu plano.

Solução Por simetria, o vetor $\mathbf{E}$ ao longo do eixo z (Figura 1.11) tem um componente z apenas, portanto a combinação das equações (1.101), (1.105) e (1.85) dá

$$\mathbf{E} = -\nabla V = -\frac{dV}{dz}\hat{\mathbf{z}} = -\frac{d}{dz}\left(\frac{Q'a}{2\varepsilon_0\sqrt{z^2+a^2}}\right)\hat{\mathbf{z}} =$$

$$= \frac{Q'az}{2\varepsilon_0\left(z^2+a^2\right)^{3/2}}\hat{\mathbf{z}}, \tag{1.112}$$

a qual, é claro, é o mesmo resultado como na Equação (1.44).

Por outro lado, de acordo com a Equação (1.74), a expressão para o potencial devido ao anel pode ser encontrada a partir da expressão para o campo, da Equação (1.44), por integração ao longo do eixo z no ponto P (com uma coordenada z) para o ponto de referência no infinito ($z \to \infty$), como

$$V = \int_z^{\infty} E_z\, dz, \tag{1.113}$$

e é uma simples questão de verificação que a solução dessa integral seja exatamente o potencial na Equação (1.85).

1.11 DIPOLOS ELÉTRICOS BIDIMENSIONAIS E TRIDIMENSIONAIS

Um dipolo elétrico é um sistema eletrostático fundamental muito importante que consiste em duas cargas pontuais Q de polaridades opostas separadas por uma distância d. Também nos referimos a esse sistema como um dipolo tridimensional (3-D), para distingui-lo de um sistema 2-D análogo combinando cargas lineares, que serão analisados mais adiante nesta seção. Então, vamos primeiro obter as expressões para o potencial escalar eletrostático e vetor intensidade de campo devido a um dipolo 3-D distante (no ponto P) comparado a d.

Introduzindo um sistema de coordenadas esféricas cuja origem está no centro do dipolo, como mostra a Figura 1.28, e usando a Equação (1.80) para o potencial elétrico devido a uma única carga pontual e superposição, o potencial devido ao dipolo no ponto P é

$$V = \frac{Q}{4\pi\varepsilon_0}\left(\frac{1}{r_1} - \frac{1}{r_2}\right) = \frac{Q}{4\pi\varepsilon_0}\,\frac{r_2 - r_1}{r_1 r_2}. \quad (1.114)$$

Sendo que $r \gg d$, $r_2 - r_1 \approx d\cos\theta$ e $r_1 r_2 \approx r^2$, e a Equação (1.114) torna-se

potencial de dipolo elétrico

$$V \approx \frac{Q}{4\pi\varepsilon_0}\,\frac{d\cos\theta}{r^2} = \frac{p\cos\theta}{4\pi\varepsilon_0 r^2} = \frac{\mathbf{p}\cdot\hat{\mathbf{r}}}{4\pi\varepsilon_0 r^2}, \quad (1.115)$$

onde

momento do dipolo elétrico

$$\mathbf{p} = Q\mathbf{d} \quad (1.116)$$

é o momento do dipolo ($p = Qd$). A unidade para $\mathbf{p}$ é C · m.

Aplicando a fórmula do gradiente em coordenadas esféricas, Equação (1.108), para a expressão de V na Equação (1.115) produz

campo do dipolo elétrico

$$\mathbf{E} = -\nabla V = -\frac{\partial V}{\partial r}\hat{\mathbf{r}} - \frac{1}{r}\frac{\partial V}{\partial \theta}\hat{\boldsymbol{\theta}} = = \frac{p}{4\pi\varepsilon_0 r^3}\left(2\cos\theta\,\hat{\mathbf{r}} + \operatorname{sen}\theta\,\hat{\boldsymbol{\theta}}\right). \quad (1.117)$$

Notamos que V e $\mathbf{E}$ devido a um dipolo elétrico variam com a distância em $1/r^2$ e $1/r^3$, respectivamente.

Veremos no próximo capítulo que dipolos elétricos são fundamentais para a discussão da polarização

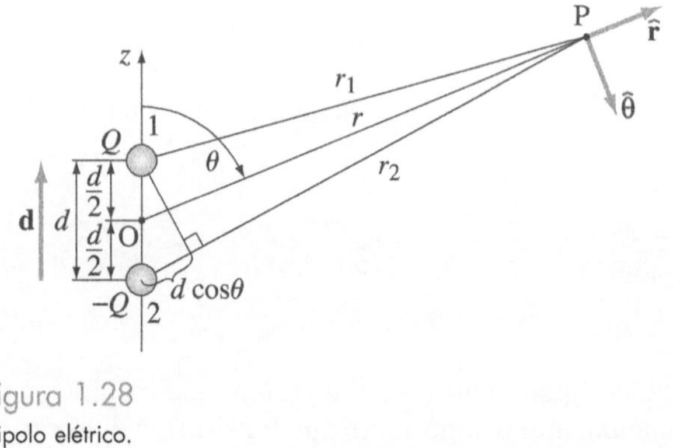

Figura 1.28
Dipolo elétrico.

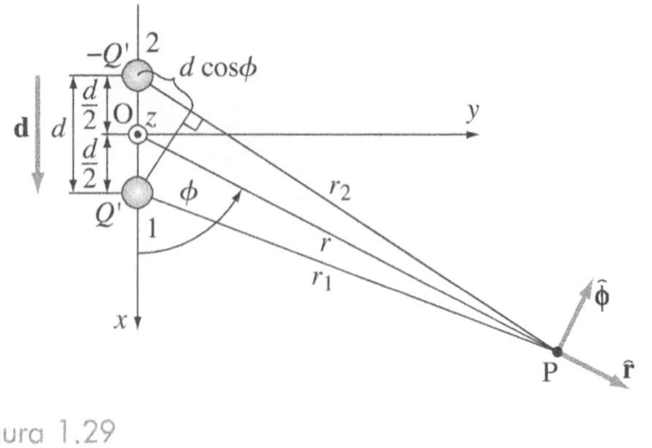

Figura 1.29
Corte transversal de um dipolo linear.

dielétrica. Além disso, um conceito de dipolo é usado nas considerações sobre interferência eletromagnética (IEM), uma vez que o campo elétrico quase estático (baixa frequência) produzido por um dispositivo elétrico pode muitas vezes ser aproximado por um campo devido a um dipolo elétrico único, dado na Equação (1.117).

A combinação de duas linhas de cargas paralelas e infinitas iguais Q' de polaridades opostas separadas por uma distância d constitui uma linha ou dipolo elétrico bidimensional (2-D). Vamos descobrir o potencial devido a esse sistema.

A Figura 1.29 mostra o corte transversal de um dipolo linear com o seguinte momento de dipolo por unidade de comprimento:

$$\mathbf{p}' = Q'\mathbf{d}. \quad (1.118)$$

O sistema de coordenadas cilíndricas é adotado para que o eixo z seja normal para o plano do desenho e coincida com a linha central do dipolo. Considerando o ponto O ($r = 0$) como o ponto de referência para o potencial e aplicando a Equação (1.87), temos

$$V = \frac{Q'}{2\pi\varepsilon_0}\ln\frac{r_{\mathcal{R}1}}{r_1} + \frac{-Q'}{2\pi\varepsilon_0}\ln\frac{r_{\mathcal{R}2}}{r_2} = \frac{Q'}{2\pi\varepsilon_0}\ln\frac{r_2}{r_1}, \quad (1.119)$$

onde $r_{\mathcal{R}1} = d/2$ e $r_{\mathcal{R}2} = d/2$ são as distâncias do ponto de referência das cargas 1 e 2, respectivamente. Para distâncias grandes do dipolo ($r \gg d$),

$$V \approx \frac{Q'}{2\pi\varepsilon_0}\ln\frac{r_1 + d\cos\phi}{r_1} \approx \frac{Q'}{2\pi\varepsilon_0}\ln\left(1 + \frac{d\cos\phi}{r}\right). \quad (1.120)$$

Uma vez que $\ln(1 + x) \approx x$ para $x \ll 1$, a expressão final para o potencial elétrico devido a um dipolo linear vem a ser

potencial de dipolo linear

$$V \approx \frac{p'\cos\phi}{2\pi\varepsilon_0 r}, \quad (1.121)$$

com $p' = Q'd$.

Note que para avaliações de campo elétrico quase estático, as linhas de transmissão (linhas de telecomunicações, linhas de energia, barramentos do computador etc.) podem às vezes ser mais ou menos modeladas por um único dipolo elétrico linear, com o potencial calculado pela Equação (1.121). Essas avaliações são importantes no estudo de acoplamentos indesejados entre linhas de transmissão, bem como os níveis de campo associados IEM.

1.12 FORMULAÇÃO E PROVA DA LEI DE GAUSS

A lei de Gauss representa uma das leis fundamentais do eletromagnetismo. É uma afirmação alternativa da lei de Coulomb e uma consequência direta da forma matemática do vetor intensidade do campo elétrico devido a uma carga pontual. A lei de Gauss envolve o fluxo (integral de superfície) do vetor **E** através de uma superfície matemática fechada,[12] e pode ser formulada de modo equivalente a uma forma diferencial, que se baseia em uma operação chamada divergência em **E**. Essa equação importante, em qualquer forma, fornece um meio fácil de calcular o campo elétrico devido às distribuições de carga altamente simétricas, incluindo problemas com simetria esférica, cilíndrica e planar, respectivamente.

A lei de Gauss afirma que o fluxo para fora do vetor intensidade de campo elétrico através de qualquer superfície fechada no espaço livre é igual à carga total encerrada por essa superfície, dividida por ε_0. Para provar, consideraremos primeiro uma carga pontual única Q no espaço livre e avaliaremos o fluxo do vetor **E** através de um elemento de superfície posicionado de modo casual (diferencialmente pequeno) de área dS, cujo vetor de área de superfície é $\mathbf{dS}$, como mostra a Figura 1.30. Este fluxo elementar é dado por

$$d\Psi_E = \mathbf{E} \cdot d\mathbf{S}, \quad d\mathbf{S} = dS\,\hat{\mathbf{n}}, \tag{1.122}$$

onde $\hat{\mathbf{n}}$ é o vetor unitário normal a dS direcionado para fora da região delimitada pela superfície, a partir da carga. Usando a Equação (1.24), temos

$$d\Psi_E = E\,dS\cos\alpha = E\,dS_n = \frac{Q}{4\pi\varepsilon_0}\frac{dS_n}{R^2}, \tag{1.123}$$

com dS_n sendo a projeção de dS no plano perpendicular a R (Figura 1.30). Essa projeção pode ser considerada a base de um cone com o vértice na carga. O ângulo sólido do cone é, por definição,

ângulo sólido elementar

$$\boxed{d\Omega = \frac{dS_n}{R^2}} \tag{1.124}$$

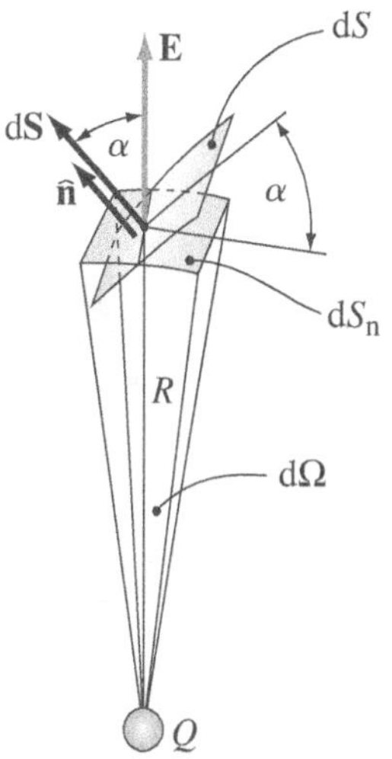

Figura 1.30
Avaliação do fluxo do vetor **E** devido a uma carga pontual através de um elemento de superfície dS, cujo vetor de área, $d\mathbf{S}$, é orientado a partir da carga para fora da região.

[um ângulo sólido é medido em esterradianos (sr ou srad)], produzindo

$$d\Psi_E = \frac{Q}{4\pi\varepsilon_0}\,d\Omega. \tag{1.125}$$

Suponha agora que a carga Q é delimitada por uma superfície fechada arbitrária S, como está representado na Figura 1.31(a). Da Equação (1.125), por integração, o fluxo externo do vetor **E** através de toda a superfície S ($\hat{\mathbf{n}}$ está direcionado a partir da superfície externa) é

$$\Psi_E = \oint_S d\Psi_E = \frac{Q}{4\pi\varepsilon_0}\oint_S d\Omega = \frac{Q}{4\pi\varepsilon_0}\Omega, \tag{1.126}$$

onde Ω é o ângulo total sólido, que, por sua vez, pode ser interpretado como a medida angular para uma superfície esférica de raio arbitrário r e área $S_0 = 4\pi r^2$, resultando em (por superfícies esféricas, $dS_n = dS$)

ângulo total sólido

$$\boxed{\Omega = \oint_{S_0} d\Omega = \oint_{S_0}\frac{dS_n}{r^2} = \frac{1}{a^2}\oint_{S_0} dS = \frac{S_0}{r^2} = 4\pi.} \tag{1.127}$$

Como o ângulo sólido total acaba sendo igual a 4π (sr), o fluxo total torna-se

$$\Psi_E = \oint_S \mathbf{E}\cdot d\mathbf{S} = \frac{Q}{\varepsilon_0}, \quad \text{para uma carga pontual } Q \text{ encerrada por } S. \tag{1.128}$$

Para uma carga pontual Q fora da superfície S, percebemos que os fluxos elementares através dos dois elementos de superfície mostrados na Figura 1.31 (b), que têm orientações opostas, são

12 O fluxo de uma função vetorial **a** através de uma superfície S aberta ou fechada é definido como $\int_S \mathbf{a}\cdot d\mathbf{S}$, onde $d\mathbf{S}$ (a ser discutido nesta seção) é o elemento vetorial da superfície perpendicular a ela, e direcionado conforme a orientação da superfície.

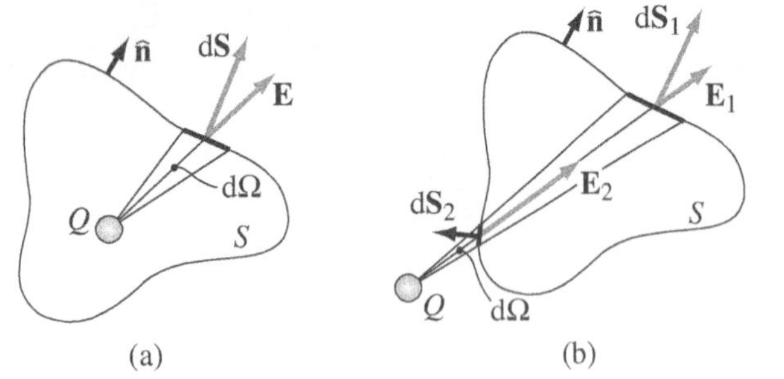

Figura 1.31

Avaliação do fluxo externo de **E** devido a uma carga pontual através de uma superfície fechada *S*, a carga sendo envolvida por *S* (a) ou localizada fora de *S* (b).

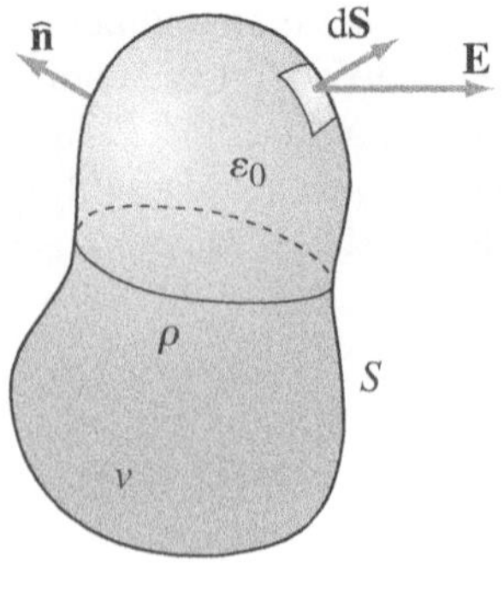

Figura 1.32

Superfície arbitrária fechada contendo uma distribuição de carga volumétrica no espaço livre.

$$(\mathrm{d}\Psi_E)_{\text{através } \mathrm{d}S_1} = \frac{Q}{4\pi\varepsilon_0}\,\mathrm{d}\Omega \quad \text{e}$$

$$(\mathrm{d}\Psi_E)_{\text{através } \mathrm{d}S_2} = -\frac{Q}{4\pi\varepsilon_0}\,\mathrm{d}\Omega, \qquad (1.129)$$

de modo que suas contribuições para a integral de fluxo anula-se mutuamente, e o fluxo total de **E** através de *S* é

$$\Psi_E = \oint_S \mathbf{E}\cdot\mathrm{d}\mathbf{S} = 0, \ \text{para uma carga pontual fora de } S. \qquad (1.130)$$

Por meio do princípio da superposição, a Equação (1.128) pode então ser facilmente generalizada para o caso de *N* cargas pontuais delimitadas por uma superfície *S* (fechada):

$$\oint_S \mathbf{E}\cdot\mathrm{d}\mathbf{S} = \oint_S (\mathbf{E}_1 + \mathbf{E}_2 + \cdots + \mathbf{E}_N)\cdot\mathrm{d}\mathbf{S} =$$

$$= \oint_S \mathbf{E}_1\cdot\mathrm{d}\mathbf{S} + \oint_S \mathbf{E}_2\cdot\mathrm{d}\mathbf{S} + \cdots + \oint_S \mathbf{E}_N\cdot\mathrm{d}\mathbf{S} =$$

$$= \frac{Q_1}{\varepsilon_0} + \frac{Q_2}{\varepsilon_0} + \cdots + \frac{Q_N}{\varepsilon_0}, \qquad (1.131)$$

onde $\mathbf{E}_i$ é o campo devido a uma carga $Q_i, i = 1, 2, \ldots, N$. Com a notação

$$Q_S = \sum_{i=1}^{N} Q_i, \qquad (1.132)$$

temos

lei de Gauss

$$\boxed{\oint_S \mathbf{E}\cdot\mathrm{d}\mathbf{S} = \frac{Q_S}{\varepsilon_0}.} \qquad (1.133)$$

Também pode haver cargas localizadas fora da superfície *S*; recorde a Equação (1.130), na qual a contribuição para o fluxo total resultante de tais cargas é zero. Como sabemos, qualquer distribuição de carga (contínua ou descontínua) pode ser representada como um sistema de cargas pontuais equivalentes. Isto significa que a Equação (1.133) é válida para qualquer distribuição de carga (em espaço livre), onde

$$Q_S = \text{carga total encerrada em } S \ \text{(distribuição arbitrária de carga).} \qquad (1.134)$$

A Equação (1.133) é a fórmula matemática da lei de Gauss.

O caso mais geral de distribuições de carga contínua é a distribuição volumétrica de carga, Figura 1.32, em termos da qual a lei de Gauss pode ser escrita como

lei de Gauss para carga volumétrica

$$\boxed{\oint_S \mathbf{E}\cdot\mathrm{d}\mathbf{S} = \frac{1}{\varepsilon_0}\int_v \rho\,\mathrm{d}v,} \qquad (1.135)$$

com *v* denotando o volume delimitado pela superfície *S* e ρ a densidade volumétrica de carga. Essa forma particular de lei de Gauss costuma ser referida como a terceira equação de Maxwell para o campo eletrostático em espaço livre.

O princípio da conservação da energia no campo eletrostático, Equação (1.75), e a lei de Gauss, Equação (1.135), são as duas equações integrais fundamentais (equações de Maxwell) que descrevem o campo eletrostático em espaço livre.[13] Como é mostrado aqui e na Figura 1.19, ambas as equações podem ser derivadas da lei de Coulomb, ou seja, a partir da expressão para o campo eletrostático devido a uma carga pontual no espaço livre.

13 A lei de Gauss é a segunda equação de um total de duas equações de Maxwell utilizadas em eletrostática. No entanto, denominamos terceira equação de Maxwell, porque em geral é posicionada como a terceira equação do conjunto completo de quatro equações de Maxwell para o campo eletromagnético, como veremos em capítulos posteriores.

APARTE HISTÓRICO

Johann Karl Friedrich Gauss (1777-1855), alemão, foi matemático e diretor do Observatório de Göttingen. Gauss nasceu em Braunschweig (Brunswick), filho de um jardineiro e uma criada, e demonstrou dotes matemáticos muito cedo. Aos 7 anos, para espanto de seu professor primário, somou os números inteiros de 1-100 em poucos segundos, por perceber que a soma igualava a 50 pares de números de lados opostos da lista, cada par somando 101 (1 + 100 = 101, 2 + 99 = 101,...), então 50 × 101 = 5050. Frequentou as universidades de Braunschweig, Göttingen e Helmstedt, e recebeu o doutorado em 1799. Gauss fez inúmeras contribuições seminais para a teoria dos números, álgebra, geometria, cálculo, e provou diversos teoremas fundamentais em diferentes ramos da matemática; é tido por muitos como um dos três maiores matemáticos de todos os tempos — os outros são Arquimedes (287a.C.-212 a.C.) e Newton (1642-1727). Desenvolveu em 1813 o teorema da divergência, proporcionando a forma matemática para a famosa lei da eletricidade (e que agora leva seu nome, que relaciona o fluxo do vetor intensidade de campo elétrico através de uma superfície fechada à carga líquida envolvida — a lei que surgiu pela primeira vez a partir de experimentos com esferas metálicas concêntricas carregadas de Faraday (1791-1867) e mais tarde foi traduzida para a forma matemática gaussiana por Maxwell (1831-1879). Com a chegada de Weber (1804-1891) a Göttingen, em 1831, eles trabalharam juntos em vários tópicos sobre eletricidade e magnetismo (ver biografia de Weber na Seção 4.8).

1.13 APLICAÇÕES DA LEI DE GAUSS

Vamos agora discutir os procedimentos para a utilização da lei de Gauss para determinar a intensidade do campo elétrico quando a distribuição de carga é conhecida. A lei de Gauss é sempre verdadeira, e podemos aplicá-la a qualquer distribuição de carga e a qualquer problema. No entanto, ela nos permite resolver analiticamente apenas para o campo devido a distribuições de carga altamente simétricas. Para entender isso, note que a lei de Gauss é matematicamente formulada por uma equação integral [Equação (1.133)], na qual a quantidade desconhecida a ser determinada (**E**) aparece dentro da integral. Podemos usar a lei para obter uma solução, portanto, apenas nos casos em que conseguimos trazer a intensidade do campo, E, para fora da integral e resolvê-la. Tais casos envolvem distribuições de carga altamente simétricas, para as quais somos capazes de escolher uma superfície fechada S, conhecida como superfície gaussiana, que satisfaz a duas condições: (1) **E** está em toda parte tanto normal como tangencial para S e (2) E = const sobre parte de S na qual **E** é normal. Quando **E** é tangente à superfície, $\mathbf{E} \cdot \mathrm{d}\mathbf{S}$ na Equação (1.133) torna-se zero. Quando **E** é normal para a superfície, $\mathbf{E} \cdot \mathrm{d}\mathbf{S}$ torna-se $E\,\mathrm{d}S$, e uma vez também que E é constante, pode ser trazido para fora da integral na Equação (1.133). Vamos agora aplicar essas ideias básicas a problemas com simetria esférica, cilíndrica e planar, respectivamente, em quatro exemplos característicos.

Exemplo 1.18

Exemplo de um problema com simetria esférica

A primeira classe de problemas para os quais a lei de Gauss pode ser usada para resolver o campo envolve as distribuições de carga que dependem somente da coordenada radial no sistema de coordenadas esféricas. Por causa da simetria esférica, apenas a componente radial do vetor intensidade do campo elétrico está presente, e esse componente é uma função da coordenada radial. Com base nesses fatos, o procedimento da solução é simples de executar. Como exemplo, considere uma esfera de raio a com uma densidade volumétrica de carga uniforme ρ, no espaço livre, e determine (a) a distribuição do campo dentro e fora da esfera, e (b) o potencial escalar elétrico no centro da esfera.

Solução

(a) O vetor de campo elétrico em um ponto arbitrário no espaço é da forma

E em um problema com simetria esférica

$$\boxed{\mathbf{E} = E(r)\,\hat{\mathbf{r}},} \tag{1.136}$$

onde r é a coordenada radial no sistema de coordenadas esféricas e $\hat{\mathbf{r}}$ é o vetor unitário radial, como mostra a Figura 1.33. A superfície gaussiana S é esférica de raio r centrada na origem. Em S,

$$\mathrm{d}\mathbf{S} = \mathrm{d}S\,\hat{\mathbf{r}} \rightarrow \mathbf{E} \cdot \mathrm{d}\mathbf{S} = E\,\hat{\mathbf{r}} \cdot \mathrm{d}S\,\hat{\mathbf{r}} = E\,\mathrm{d}S\,\hat{\mathbf{r}} \cdot \hat{\mathbf{r}} = E\,\mathrm{d}S. \tag{1.137}$$

O fluxo externo do vetor **E** através de S é, portanto,

$$\Psi_E = \oint_S \mathbf{E} \cdot \mathrm{d}\mathbf{S} = \oint_S E(r)\,\mathrm{d}S = E(r) \oint_S \mathrm{d}S = $$
$$= E(r)\,S = E(r)\,4\pi r^2 \quad (0 \le r < \infty). \tag{1.138}$$

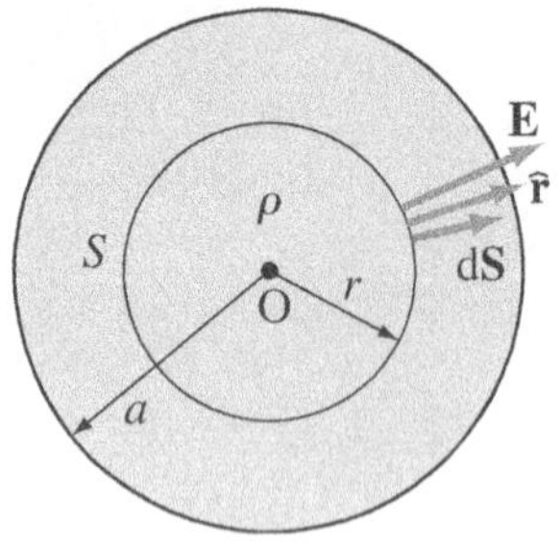

Figura 1.33

Aplicação da lei de Gauss a um problema com simetria esférica — Exemplo 1.18.

Como $\rho =$ const (distribuição de carga uniforme), a carga fechada por S é calculada de acordo com a Equação (1.30), pois ρ vezes o volume correspondente, que é aquele de tanto domínio interior inteiro S, para $r < a$, ou a esfera carregada de raio a (não há carga fora desta esfera), para $r \geq a$; portanto Q_S chega a

$$Q_S = \begin{cases} \rho 4\pi r^3/3 & \text{para } r < a \\ \rho 4\pi a^3/3 & \text{para } r \geq a \end{cases}. \quad (1.139)$$

De acordo com a lei de Gauss, $\Psi_E = Q_S/\varepsilon_0$, produzindo

$$E(r) = \begin{cases} \rho r/(3\varepsilon_0) & \text{para } r < a \\ \rho a^3/(3\varepsilon_0 r^2) & \text{para } r \geq a \end{cases}. \quad (1.140)$$

Observe que o campo para $r \geq a$ é idêntico ao de uma carga pontual $Q = \rho 4\pi a^3/3$ (a carga total da esfera) colocada no centro da esfera. Isto significa que a carga pontual e a esfera carregada são fontes equivalentes quanto à região fora da esfera. O conceito de fontes equivalentes é bastante usado em eletromagnetismo.

(b) Para encontrar o potencial elétrico no centro da esfera (em relação ao ponto de referência no infinito)[14], primeiro concluímos que o potencial fora da esfera carregada é idêntico ao potencial da carga pontual equivalente, porque os campos são idênticos, de modo que o potencial na superfície da esfera ($r = a$) é obtido da Equação (1.80):

$$V(a) = \frac{Q}{4\pi\varepsilon_0 a}. \quad (1.141)$$

Trazendo a Equação (1.90), a diferença de potencial (tensão) entre o centro da esfera e a superfície é igual à integral de linha de **E** a partir do centro para a superfície, o que resulta para o potencial no centro no seguinte:

$$V(0) = \int_{r=0}^{a} E(r)\,dr + V(a) = \frac{3Q}{8\pi\varepsilon_0 a} = \frac{\rho a^2}{2\varepsilon_0}. \quad (1.142)$$

Exemplo 1.19

Exemplo de um problema com simetria cilíndrica

A segunda classe de problemas com que lidamos usando a lei de Gauss envolve distribuições de carga infinitamente longas que dependem apenas da coordenada radial no sistema de coordenadas cilíndricas. Como exemplo, considere um cilindro carregado infinitamente longo de raio a e densidade volumétrica de carga

$$\rho(r) = \rho_0 \frac{r^2}{a^2} \quad (0 \leq r \leq a) \quad (1.143)$$

no espaço livre, onde ρ_0 é uma constante e r a coordenada radial (ou seja, a distância do eixo do cilindro) e encontre o campo elétrico em todos os lugares.

Solução Na Figura 1.34 há um corte transversal do cilindro. Por causa da simetria cilíndrica da distribuição de carga, o campo é radial em relação ao eixo do cilindro e é da forma dada na Equação (1.136), sendo r a coordenada radial cilíndrica e $\hat{\mathbf{r}}$ o vetor unitário associado. A superfície gaussiana é um cilindro de raio r e altura (comprimento) h, posicionado de modo coaxial com o cilindro carregado.

Para determinar **E** dentro da distribuição de carga, aplicamos a lei de Gauss, Equação (1.135), para um cilindro gaussiano de raio $r \leq a$,

$$E(r)\underbrace{2\pi r h}_{S_c} = \frac{1}{\varepsilon_0}\int_{r'=0}^{r} \underbrace{\rho_0 \frac{r'^2}{a^2}}_{\rho} \underbrace{2\pi r'\,dr' h}_{dv}, \quad (1.144)$$

onde S_c é a área de superfície lateral do cilindro, e dv é o volume de uma fina casca cilíndrica de raio r' ($0 < r' \leq r$), espessura dr' e altura h (adotamos o maior dv possível, como foi explicado na Seção 1.4). Esse volume é calculado como o de uma laje plana fina retangular com bordas igual a $2\pi r'$ (circunferência da casca cilíndrica), h e dr' (para efeitos do cálculo de volume, a casca é achatada em uma laje retangular). O fluxo do vetor **E** através das superfícies superior e inferior do cilindro gaussiano é zero desde que **E** seja tangente a essas superfícies ($\mathbf{E} \cdot d\mathbf{S} = 0$). Por integração na Equação (1.144),

$$E(r) = \frac{\rho_0 r^3}{4\varepsilon_0 a^2}, \quad \text{para } r \leq a. \quad (1.145)$$

Para um ponto de campo fora do cilindro carregado ($r > a$), o limite superior da integral na Equação (1.144) se torna a, o que resulta em

$$E(r) = \frac{\rho_0 a^2}{4\varepsilon_0 r}, \quad \text{para } r > a. \quad (1.146)$$

Note que este campo é idêntico ao campo devido a uma linha de cargas infinita posicionada ao longo do eixo do cilindro com a mesma carga Q' por unidade de comprimento que o cilindro [ver equações (1.31) e (1.57)].

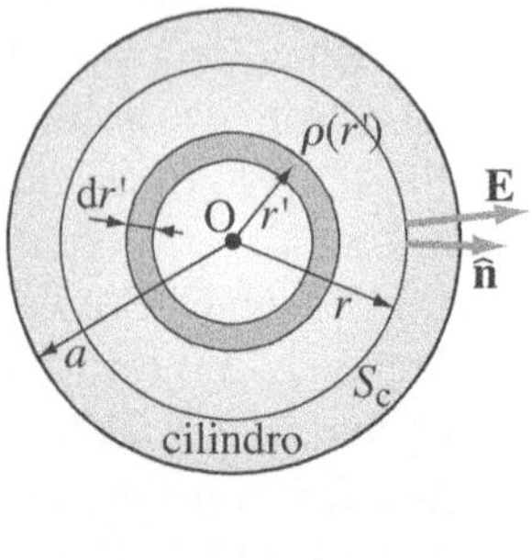

Figura 1.34

Aplicação da lei de Gauss para um problema com simetria cilíndrica — Exemplo 1.19.

14 Sempre que o ponto de referência para o potencial a ser determinado não é especificado, assume-se que está no infinito, exceto para distribuições de carga infinita, onde tal suposição nos daria um potencial infinito [por exemplo, Equação (1.87) para $r_{\mathcal{R}} \to \infty$].

Exemplo 1.20

Exemplo de um problema com simetria planar

Para concluir, o exemplo a seguir ilustra como os problemas envolvendo distribuição de carga que dependem somente de coordenadas cartesianas — problemas com simetria planar — podem ser resolvidos usando a lei de Gauss. Considere primeiro uma camada de cargas volumétricas no espaço livre com a densidade volumétrica de carga sendo a seguinte função para coordenada cartesiana x:

$$\rho(x) = \rho_0\left(1 - \frac{x^2}{a^2}\right), \quad |x| \leq a, \tag{1.147}$$

onde ρ_0 e a ($a > 0$) são constantes e $\rho(x) = 0$ para $|x| > a$. Determine o vetor intensidade de campo elétrico em todo lugar, ou seja, dentro e fora da camada carregada.

Solução A Figura 1.35 mostra a distribuição de carga. Por causa da simetria planar, o vetor **E** em um ponto arbitrário do espaço tem um componente x somente, e E_x depende da coordenada x somente (é constante em qualquer plano x = const), então podemos escrever

E em um problema com simetria planar

$$\boxed{\mathbf{E} = E_x(x)\,\hat{\mathbf{x}}.} \tag{1.148}$$

Além disso, sendo que a distribuição de carga é simétrica em relação ao plano $x = 0$, o vetor **E**, no plano definido por $x' = x$ ($x > 0$) na Figura 1.35 é igual em amplitude e oposto em direção para aquele no plano $x' = -x$. A superfície gaussiana é um paralelepípedo retangular (caixa retangular) que é cortado simetricamente pelo plano $x = 0$ e tem duas de suas faces, com áreas S_0, posicionadas nos planos $x' = x$ e $x' = -x$, respectivamente.

Vamos primeiro determinar a intensidade do campo $E_x(x)$ dentro da camada de carga ($-a \leq x \leq a$). Notando que **E** e d**S** são orientadas na mesma direção em ambas as faces S_0, bem como **E** e d**S** são mutuamente perpendiculares sobre as porções restantes da superfície de Gauss, temos

$$2\,E_x(x)\,S_0 = \frac{1}{\varepsilon_0}\int_{x'=-x}^{x} \rho(x')\,\underbrace{S_0\,\mathrm{d}x'}_{\mathrm{d}v}, \tag{1.149}$$

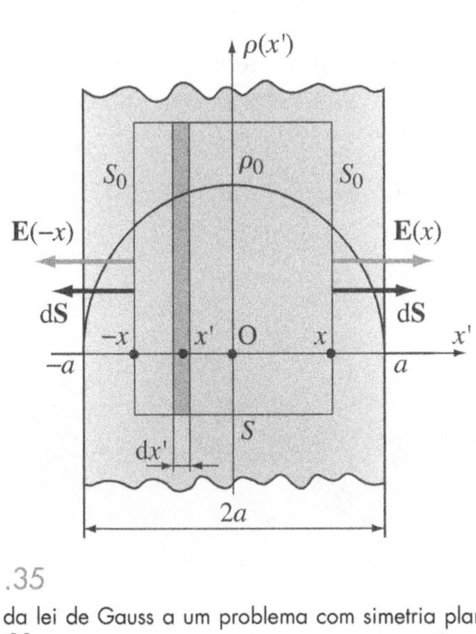

Figura 1.35

Aplicação da lei de Gauss a um problema com simetria planar — Exemplo 1.20.

onde dv é o volume de uma fatia fina do paralelepípedo com espessura dx'. A integração em x' produz

$$E_x(x) = \frac{\rho_0 x}{\varepsilon_0}\left(1 - \frac{x^2}{3a^2}\right), \quad \text{para } |x| \leq a. \tag{1.150}$$

Vamos agora trazer as faces S_0 do paralelepípedo para os limites da camada de carga. Se começarmos a movê-las em direção ao infinito, simetricamente em relação ao plano $x = 0$, nada mudará na aplicação da lei de Gauss, uma vez que não há carga para além dos limites da camada. Esse raciocínio nos dá diretamente a intensidade do campo fora da camada de carga:

$$E_x(x) = E_x(a) = \frac{2\rho_0 a}{3\varepsilon_0}, \quad \text{para } x > a, \tag{1.151}$$

$$E_x(x) = E_x(-a) = -\frac{2\rho_0 a}{3\varepsilon_0}, \quad \text{para } x < -a. \tag{1.152}$$

Exemplo 1.21

Simetria planar, distribuição de carga assimétrica

Repita o exemplo anterior, mas para a seguinte função ímpar de x como a densidade de carga da camada de espessura $2a$:

$$\rho(x) = \rho_0\,\frac{x}{a}, \quad |x| \leq a\,; \tag{1.153}$$

sendo que não há carga fora da camada.

Solução Como esta é uma distribuição de carga assimétrica em relação ao plano $x = 0$, a carga total da camada é zero, o que implica que o campo elétrico fora da camada seja zero; ou seja, este campo é zero devido a uma lâmina de cargas infinita equivalente (Figura 1.15) com densidade de carga superficial zero ($\rho_s = 0$). Em outras palavras, se subdividirmos a camada de carga descrita pela Equação (1.153) em camadas de espessuras diferencialmente finas dx' e adicionarmos (integrar) os campos, dados pela Equação (1.64), devidos a todas essas camadas finas (observadas fora deles), as parcelas positivas e negativas se anulam, e o resultado (campo total para $x < -a$ ou $x > a$) é zero. No lugar das equações (1.151) e (1.152) temos então

$$\int_{x'=-a}^{a} \rho(x')\,\mathrm{d}x' = 0 \quad \longrightarrow \quad E_x(x) = 0 \quad (|x| > a). \tag{1.154}$$

Com o posicionamento da superfície gaussiana retangular na Figura 1.35 de tal forma que uma de suas faces paralelas com área S_0 esteja na região $x' < -a$ (à esquerda da camada de carga) e a outra no plano $x' = x$, onde $-a \leq x \leq a$ (dentro da camada), a lei de Gauss dá [em vez de equações (1.149) e (1.150)]

$$E_x(x)\,S_0 = \frac{1}{\varepsilon_0}\int_{x'=-a}^{x} \rho_0\,\frac{x'}{a}\,S_0\,\mathrm{d}x' \quad \longrightarrow$$

$$\longrightarrow \quad E_x(x) = \frac{\rho_0}{2\varepsilon_0 a}\left(x^2 - a^2\right) \quad (|x| \leq a), \tag{1.155}$$

desde que o fluxo de **E** através da face fora da camada de carga seja zero, da Equação (1.154), e a integração volumétrica efetivamente comece em $x' = -a$, onde a distribuição de carga se inicia.

1.14 FORMA DIFERENCIAL DA LEI DE GAUSS

A lei de Gauss é uma equação integral no domínio espacial (as integrações envolvidas são realizadas em relação às coordenadas espaciais) e, no caso geral, ela representa uma relação integral entre o vetor intensidade de campo elétrico, **E**, e a densidade volumétrica de carga, ρ [Equação (1.135)]. Nesta seção, vamos derivar uma relação equivalente diferencial entre **E** e ρ, ou seja, a forma diferencial da lei de Gauss.

Suponha primeiro que ρ é uma função apenas das coordenadas cartesianas de x, $\rho = \rho(x)$ (distribuição de carga dimensional), de modo que o único componente presente de **E** é $E_x = E_x(x)$. Vamos aplicar a lei de Gauss, Equação (1.135), a uma superfície retangular fechada S, a dimensão da qual na direção x é dx e os lados normais nessa direção são S_0 na área, como indica a Figura 1.36. Como o campo é constante em ambas as superfícies S_0, não é necessária a integração no lado esquerdo da Equação (1.135). Além disso, sendo dx diferencialmente pequena, podemos tomar $\rho(x)$ como constante no volume delimitado por S, de modo que nenhuma integração será necessária no lado direito da Equação (1.135). Observando que no lado esquerdo de S, **E** e d**S** estão em sentidos opostos, temos

$$-E_x(x)\,S_0 + E_x(x+\mathrm{d}x)\,S_0 = \frac{1}{\varepsilon_0}\,\rho(x)\,S_0\,\mathrm{d}x. \quad (1.156)$$

O diferencial de E_x correspondente ao deslocamento de $\mathrm{d}x$,

$$\mathrm{d}E_x = E_x(x+\mathrm{d}x) - E_x(x), \quad (1.157)$$

dividido por $\mathrm{d}x$, por definição, é a derivada de E_x em relação a x. Da Equação (1.156), essa derivada vem a ser

lei de Gauss diferencial 1-D

$$\boxed{\frac{\mathrm{d}E_x}{\mathrm{d}x} = \frac{\rho}{\varepsilon_0}.} \quad (1.158)$$

Esta é uma equação diferencial no domínio espacial, e representa a lei de Gauss unidimensional em forma diferencial. Afirma que, nos casos em que a distribuição de cargas muda com uma coordenada linear espacial única no espaço livre, a taxa de mudança da intensidade do campo elétrico naquela coordenada iguala a densidade volumétrica de cargas local, dividido por ε_0.

A generalização da Equação (1.158) para o caso tridimensional é simples. A densidade de carga é agora uma função de todas as três coordenadas, $\rho = \rho\,(x, y, z)$, e a superfície de Gauss S tem que ser diferencialmente menor em todas as três dimensões, como mostra a Figura 1.37. Quebramos a integral de fluxo ao longo de S da Equação (1.135) em até três pares de integrais, e cada par é realizado ao longo de dois lados paralelos de S. Como todos os lados são diferencialmente menores, o fluxo sobre cada um deles pode ser aproximado levando um valor constante da componente normal de campo para o lado e multiplicando-o pela área lateral. Isso nos dá o resultado para cada par de integrais que tem exatamente a mesma forma, como no caso unidimensional anterior [equações (1.156)–(1.158)].

Para o primeiro par de integrais, o fluxo externo de **E** através dos lados normais à direção x (frente e verso na Figura 1.37) é

$$\int_{\text{frente}} \mathbf{E}\cdot\mathrm{d}\mathbf{S} + \int_{\text{verso}} \mathbf{E}\cdot\mathrm{d}\mathbf{S} =$$

$$= (\text{mudança de } E_x \text{ em } \mathrm{d}x) \times (\mathrm{d}y\,\mathrm{d}z) =$$

$$= \frac{\partial E_x}{\partial x}\,\mathrm{d}x\,(\mathrm{d}y\,\mathrm{d}z), \quad (1.159)$$

somando os resultados de outros dois pares de integrais, obtemos o fluxo total

$$\oint_S \mathbf{E}\cdot\mathrm{d}\mathbf{S} = \frac{\partial E_x}{\partial x}\,\mathrm{d}x\,(\mathrm{d}y\,\mathrm{d}z) + \frac{\partial E_y}{\partial y}\,\mathrm{d}y\,(\mathrm{d}x\,\mathrm{d}z) + \frac{\partial E_z}{\partial z}\,\mathrm{d}z\,(\mathrm{d}x\,\mathrm{d}y). \quad (1.160)$$

O volume fechado em S é $\Delta v = \mathrm{d}x\,\mathrm{d}y\,\mathrm{d}z$, com o qual esta equação torna-se

$$\oint_S \mathbf{E}\cdot\mathrm{d}\mathbf{S} = \left(\frac{\partial E_x}{\partial x} + \frac{\partial E_y}{\partial y} + \frac{\partial E_z}{\partial z}\right)\Delta v \quad (\Delta v \to 0). \quad (1.161)$$

Sendo que Δv é muito pequeno, a carga total nele pode ser encontrada sem integração na Equação (1.135), simplesmente como

$$Q_S = \rho\,\Delta v = \rho\,(\mathrm{d}x\,\mathrm{d}y\,\mathrm{d}z). \quad (1.162)$$

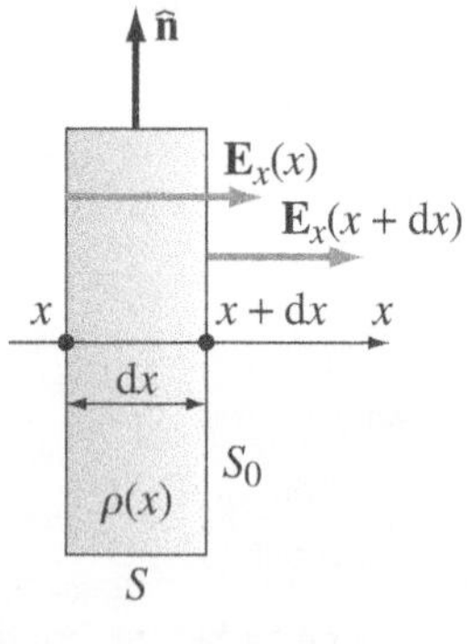

Figura 1.36
Para a derivação da lei de Gauss unidimensional na forma diferencial.

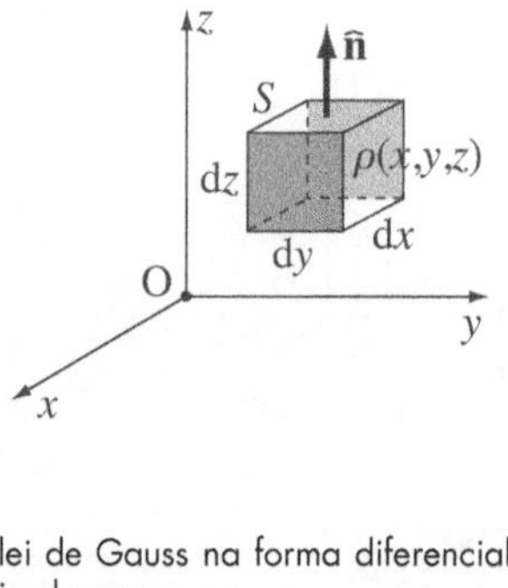

Figura 1.37
Para derivação da lei de Gauss na forma diferencial para uma distribuição arbitrária de carga.

Para concluir, interligando o fluxo e a carga, por meio da Equação (1.135), temos

Lei de Gauss na forma diferencial

$$\frac{\partial E_x}{\partial x} + \frac{\partial E_y}{\partial y} + \frac{\partial E_z}{\partial z} = \frac{\rho}{\varepsilon_0}. \quad (1.163)$$

Esta é a lei de Gauss na forma diferencial, ou seja, a terceira equação diferencial de Maxwell para o campo eletrostático no espaço livre. É uma equação diferencial parcial ou EDP (derivadas parciais em relação às coordenadas individuais na equação) em três incógnitas (três componentes do vetor **E**). Ela nos fornece informações valiosas sobre a maneira como **E** varia no espaço. Relaciona a taxa de variação das componentes de campo com coordenadas espaciais para a densidade de carga local. Vemos que as variações das componentes individuais ao longo da direção desse componente único (variação de E_x ao longo de x, e não ao longo de y e z etc.) contribui nesse relacionamento.

1.15 DIVERGÊNCIA

A expressão no lado esquerdo da Equação (1.163) é chamada de divergência de uma função vetorial (**E**), e é escrita como div **E**. Aplicando a fórmula para o produto escalar de dois vetores no sistema de coordenadas cartesianas (retangular),

$$\mathbf{a} \cdot \mathbf{b} = \left(a_x \hat{\mathbf{x}} + a_y \hat{\mathbf{y}} + a_z \hat{\mathbf{z}}\right) \cdot \left(b_x \hat{\mathbf{x}} + b_y \hat{\mathbf{y}} + b_z \hat{\mathbf{z}}\right) = = a_x b_x + a_y b_y + a_z b_z, \quad (1.164)$$

para o operador del, a Equação (1.100) e o vetor **E**, obtemos

$$\nabla \cdot \mathbf{E} = \left(\frac{\partial}{\partial x}\hat{\mathbf{x}} + \frac{\partial}{\partial y}\hat{\mathbf{y}} + \frac{\partial}{\partial z}\hat{\mathbf{z}}\right) \cdot \left(E_x \hat{\mathbf{x}} + E_y \hat{\mathbf{y}} + E_z \hat{\mathbf{z}}\right) = = \frac{\partial E_x}{\partial x} + \frac{\partial E_y}{\partial y} + \frac{\partial E_z}{\partial z}, \quad (1.165)$$

e isto é exatamente div **E**, na Equação (1.163). Observe que a divergência é uma operação realizada em um vetor, mas o resultado é um escalar. A lei de Gauss diferencial agora pode ser escrita de maneira reduzida

lei de Gauss usando a notação de divergência

$$\operatorname{div} \mathbf{E} = \frac{\rho}{\varepsilon_0} \quad \text{ou} \quad \nabla \cdot \mathbf{E} = \frac{\rho}{\varepsilon_0} \quad (1.166)$$

onde, no sistema de coordenadas cartesiano,

divergência em coordenadas cartesianas

$$\operatorname{div} \mathbf{E} = \nabla \cdot \mathbf{E} = \frac{\partial E_x}{\partial x} + \frac{\partial E_y}{\partial y} + \frac{\partial E_z}{\partial z}. \quad (1.167)$$

Em sistemas de coordenadas não retangulares, as fórmulas correspondentes são mais complexas, por causa da curvatura (ou não linearidade) das células de volume diferencial em vez daquela da Figura 1.37. Por exemplo, em analogia com a situação na Figura 1.36, se consideramos uma distribuição de carga de volume esférico unidimensional com $\rho = \rho(r)$, e r for a coordenada radial esférica na Figura 1.26, o único componente de **E** é $E_r = E_r(r)$, como na Equação (1.136), e aplicando a lei de Gauss, Equação (1.135), as superfícies interior (raio r) e exterior (raio $r + \mathrm{d}r$) de uma fina casca esférica na Figura 1.9, a Equação (1.156) torna-se

$$-E_r(r)\, 4\pi r^2 + E_r(r + \mathrm{d}r)\, 4\pi (r + \mathrm{d}r)^2 = = \frac{1}{\varepsilon_0}\, \rho(r)\, 4\pi r^2\, \mathrm{d}r, \quad (1.168)$$

onde o uso é feito da expressão para dv na Equação (1.33). Depois de eliminar 4π em ambos os lados da equação, a expressão do lado esquerdo é o diferencial [ver Equação (1.157)] da função $r^2 E_r$ correspondente ao incremento de coordenadas dr, que dividido por dr representa a derivada de $r^2 E_r$ em relação a r e, portanto,

$$\frac{1}{r^2}\,\frac{\mathrm{d}(r^2 E_r)}{\mathrm{d}r} = \frac{\rho}{\varepsilon_0}, \quad (1.169)$$

de modo análogo à Equação (1.158). Esta é uma lei de Gauss diferencial unidimensional no sistema de coordenadas esféricas, e sua generalização para o caso 3-D de $\rho = \rho(r, \theta, \phi)$ imita a derivação nas equações (1.159) – (1.163) alojado no cuboide esférico elementar na Figura 1.10, e similarmente para $\rho = \rho\ (r, \phi, z)$ (Figura 1.25). A fórmula resultante para o sistema de coordenadas cilíndricas é

divergência em coordenadas cilíndricas

$$\operatorname{div} \mathbf{E} = \nabla \cdot \mathbf{E} = \frac{1}{r}\frac{\partial}{\partial r}(rE_r) + \frac{1}{r}\frac{\partial E_\phi}{\partial \phi} + \frac{\partial E_z}{\partial z}, \quad (1.170)$$

e para coordenadas esféricas

divergência em coordenadas esféricas

$$\operatorname{div} \mathbf{E} = \nabla \cdot \mathbf{E} = \frac{1}{r^2}\frac{\partial}{\partial r}\left(r^2 E_r\right) + + \frac{1}{r \operatorname{sen}\theta}\frac{\partial}{\partial \theta}(\operatorname{sen}\theta\, E_\theta) + \frac{1}{r \operatorname{sen}\theta}\frac{\partial E_\phi}{\partial \phi}. \quad (1.171)$$

Como a expressão do vetor para o operador ∇ na Equação (1.100) é válida apenas no sistema de coordenadas cartesianas, o produto escalar em $\nabla \cdot$ **E** realmente faz sentido apenas em coordenadas retangulares. No entanto, vamos continuar a utilizar extensivamente a notação $\nabla \cdot$ **E** em sistemas de coordenadas cilíndricas e esféricas — para simplesmente representar a divergência de **E** (div **E**) e uma representação simbólica das respectivas fórmulas nas equações (1.170) e (1.171). Em geral, muitas vezes devemos tirar conclusões sobre o gradiente, a divergência e outras operações envolvendo grandezas de campo vetorial tratando ∇ como um vetor, Equação (1.100), e executando operações vetoriais formalmente com ele, como na Equação (1.165). Mais importante, estas conclusões, propriedades e relações, embora derivadas em coordenadas cartesianas, são verdadeiras (como identidades) em todos os sistemas de coordenadas possíveis (cilíndricas, esféricas e outros), porque as propriedades de uma grandeza física e relações entre duas ou mais grandezas são as mesmas, independentemente da escolha de um sistema de coordenadas.

Combinando as equações (1.161) e (1.167), obtemos a equação

significado físico da divergência

$$\operatorname{div}\mathbf{E} = \nabla\cdot\mathbf{E} = \lim_{\Delta v\to 0}\frac{\oint_S \mathbf{E}\cdot d\mathbf{S}}{\Delta v}, \quad (1.172)$$

que nos diz que a divergência de **E** em um determinado ponto é a saída líquida de fluxo de **E** por unidade de volume com a redução de volume sobre o ponto. A Equação (1.172) é um equivalente matemático da divergência de um vetor. A partir dele, podemos entender div **E** fisicamente como uma medida de quanto o campo diverge do ponto. Em geral, uma divergência positiva de qualquer campo vetorial indica uma fonte local do campo naquele ponto produzindo componentes do campo radial em relação ao ponto — o fluxo de saída é positivo, o que significa que o vetor diverge (espalha) no ponto. Os possíveis componentes do campo que são tangenciais a S não contribuem para o fluxo e não estão relacionados com a divergência. Da mesma forma, uma divergência negativa indica um sorvedouro no ponto (fonte negativa local) — o fluxo é negativo e o campo vetorial converge no ponto. Por fim, a divergência é zero onde não há nem fonte nem desnível de componentes de campo radial localmente. A lei de Gauss apenas nos diz que essas fontes positivas e negativas no caso do campo elétrico, **E**, são cargas positivas e negativas, $\rho\,\Delta v$. Quantitativamente, a divergência representa a densidade de volume de fontes, e em nosso caso esta densidade é ρ.

Vamos agora substituir ρ na forma integral da lei de Gauss, Equação (1.135), por seu igual, $\varepsilon_0\nabla\cdot\mathbf{E}$ — de forma diferencial da lei, Equação (1.166):

teorema da divergência

$$\oint_S \mathbf{E}\cdot d\mathbf{S} = \int_v \nabla\cdot\mathbf{E}\,dv. \quad (1.173)$$

Esta equação é chamada de teorema da divergência (ou teorema de Gauss-Ostrogradsky). Embora o tenhamos obtido para o campo eletrostático no espaço livre, ele é verdadeiro para qualquer campo vetorial (para os quais as derivadas parciais apropriadas existem) e é um dos teoremas básicos do cálculo vetorial. Aplica-se a uma superfície arbitrária fechada S e, em palavras, afirma que o fluxo líquido externo de um campo vetorial através de S é igual à integral de volume da divergência desse campo em todo o volume v delimitado por S.

Exemplo 1.22

Problema com simetria esférica usando a lei diferencial de Gauss

Refaça o Exemplo 1.18, parte (a), mas agora empregando a lei de Gauss de forma diferencial.

Solução Como já sabemos que, a partir da simetria esférica do problema, o vetor intensidade de campo elétrico tanto no interior da esfera carregada como fora dela tem a forma na Equação (1.136), a fórmula para a divergência em coordenadas esféricas, dada pela Equação (1.171), mantém apenas o primeiro termo. Para um ponto dentro da distribuição de carga na Figura 1.33, a lei de Gauss na forma diferencial, Equação (1.166), assim, reduz-se a seguinte equação diferencial em uma única coordenada, r:

$$\nabla\cdot\mathbf{E} = \frac{1}{r^2}\frac{\partial}{\partial r}\left[r^2E(r)\right] = \frac{\rho}{\varepsilon_0} \quad (0\le r<a), \quad (1.174)$$

que pode ser resolvida diretamente por integração. Sendo que $\rho = \text{const}$, temos

$$r^2E(r) = \frac{\rho}{\varepsilon_0}\int r^2\,dr + C_1 = \frac{\rho r^3}{3\varepsilon_0} + C_1 \longrightarrow$$

$$\longrightarrow \quad E(r) = \frac{\rho r}{3\varepsilon_0} + \frac{C_1}{r^2}, \quad (1.175)$$

e a constante de integração, C_1, é encontrada a partir da condição 'inicial' $E(0) = 0$ no centro da esfera (para $r = 0$). Ou seja, como não há uma carga pontual (Q_0) no ponto O na Figura 1.33, o campo nesse ponto é zero, portanto, $C_1 = 0$ [caso contrário, a constante equivaleria a $C_1 = Q_0/(4\pi\varepsilon_0)$, a partir da Equação (1.24)], que produz o resultado para E na Equação (1.140).

Fora da distribuição de carga na Figura 1.33, $\rho = 0$, que substituído na Equação (1.174) resulta em

$$\frac{\partial}{\partial r}\left[r^2E(r)\right] = 0 \longrightarrow r^2E(r) = C_2 \longrightarrow$$

$$\longrightarrow \quad E(r) = \frac{C_2}{r^2} \quad (a<r<\infty). \quad (1.176)$$

A nova constante de integração, C_2, é determinada por meio da condição "de contorno" no limite da esfera carregada, $r = a$; a intensidade do campo no lado interno do limite, calculado a partir da Equação (1.175), deve ser a mesma (pois não existem cargas superficiais no limite), como no lado externo dele mesmo, a partir da Equação (1.176),

$$E(a^-) = E(a^+) = E(a) \longrightarrow C_2 = \frac{\rho a^3}{3\varepsilon_0}. \quad (1.177)$$

Com isso, o resultado para E na Equação (1.176) concorda com a solução na Equação (1.140).

Exemplo 1.23

Problema com simetria planar pela lei diferencial de Gauss

Refaça o Exemplo 1.20, porém agora usando a lei diferencial de Gauss.

Solução Como esse é um problema com simetria planar, o vetor intensidade de campo elétrico em todos os lugares é da forma da Equação (1.148). Assim, aplica-se a lei de Gauss dada pela equação diferencial na Equação (1.158), que nós resolvemos por integração em relação a x (veja também o exemplo anterior). Para o ponto de observação no interior da camada de carga ($-a \leq x \leq a$) na Figura 1.35,

$$E_x(x) = \frac{1}{\varepsilon_0}\int \rho(x)\,\mathrm{d}x + C_1 = \frac{\rho_0 x}{\varepsilon_0}\left(1 - \frac{x^2}{3a^2}\right) + C_1,$$

para $|x| \leq a$. (1.178)

Por causa da simetria (Figura 1.35),

$$E_x(a) = -E_x(-a) \longrightarrow$$

$$\longrightarrow \frac{2\rho_0 a}{3\varepsilon_0} + C_1 = \frac{2\rho_0 a}{3\varepsilon_0} - C_1 \longrightarrow C_1 = 0, \quad (1.179)$$

que, substituído na Equação (1.178), dá o mesmo resultado que na Equação (1.150).

Para o ponto fora da camada ($|x| > a$), $\rho = 0$, de modo que a Equação (1.158) produz $E_x(x) = C_2$. Correspondente a esse valor do campo para o das equações (1.178) e (1.179) na condição "de contorno" na camada limite definida por $x = a$, $E_x\,(a^+) = E_x(a^-) = E_x\,(a)$, obtemos $C_2 = 2\rho_0 a\,/\,(3\varepsilon_0)$, assim $E_x(x) = 2\rho_0 a\,/\,(3\varepsilon_0)$ para $x > a$, o mesmo que na Equação (1.151). Do outro lado da camada, o vetor **E** tem essa mesma ampitude, mas sentido oposto, resultando na expressão de campo na Equação (1.152).

A aplicação da lei de Gauss na forma diferencial para um problema com simetria planar e uma distribuição de carga assimétrica será apresentada no Exemplo 2.6.

1.16 CAMPO ELETROSTÁTICO EM CONDUTORES

Até o momento, consideramos campos eletrostáticos no espaço livre (vácuo ou ar). Devemos agora expandir nossa teoria para campos eletrostáticos na presença de materiais. Como veremos, a maioria das fórmulas derivadas e soluções técnicas desenvolvidas e usadas para o campo eletrostático no espaço livre são diretamente aplicáveis à análise de campos eletrostáticos no espaço material, apesar de alguns demandarem modificação. Materiais podem ser classificados de modo genérico, em termos de suas propriedades elétricas, como condutores (que conduzem corrente elétrica) e dielétricos (isolantes). No restante deste capítulo, estudaremos a interação do campo eletrostático com condutores, caso em que, em essência, nenhuma modificação teórica é necessária para as equações eletrostáticas, enquanto o comportamento de dielétricos na presença de campo eletrostático será discutido no próximo capítulo.

Os condutores têm uma grande proporção de cargas elétricas livres (elétrons e íons livres) que fazem a condutividade elétrica (capacidade de conduzir corrente elétrica) do material. Os melhores condutores (com condutividade mais alta) são metais (como prata, cobre, ouro, alumínio etc.). Em muitas aplicações, entendemos condutores metálicos como condutores elétricos perfeitos (com condutividade infinita). Há também muitos outros condutores menos condutivos, como água, terra (solo), e os chamados semicondutores (por exemplo, silício e germânio). Quase todos os isoladores (vidro, papel, borracha etc.) têm alguma condutividade (em geral extremamente baixa) e, portanto, teoricamente, são condutores (muito pobres), apesar de quase sempre (em eletrostática) poderem ser considerados dielétricos perfeitos (com zero condutividade), ou seja, não condutores. Em nossos estudos de campos eletrostáticos, por condutor, em geral, queremos dizer condutor metálico.

Considere um condutor isolado, mostrado na Figura 1.38(a). Suponha que está descarregado ou é eletricamente neutro (sua carga líquida é zero). Quando um campo eletrostático externo $\mathbf{E}_{\mathrm{ext}}$ é aplicado, as cargas livres no condutor são influenciadas pela força elétrica [ver Equação (1.23)]

$$\mathbf{F}_{\mathrm{e}} = Q\mathbf{E}_{\mathrm{ext}}. \quad (1.180)$$

Esta força empurra as cargas positivas ao longo da direção de $\mathbf{E}_{\mathrm{ext}}$, que é da esquerda para a direita, enquanto as cargas negativas se movem em direção oposta. Por conseguinte, o lado direito do condutor se torna aos poucos mais positivo, e o lado esquerdo mais negativo. Na verdade, para um condutor metálico, o que de fato acontece é o movimento de elétrons livres (cargas negativas) para o lado esquerda deixando um número igual de cargas positivas, ou seja, uma deficiência de elétrons do outro lado do condutor. As cargas livres acumuladas formam duas camadas de cargas superficiais, de densidades $-\rho_{\mathrm{s}}$ ($\rho_{\mathrm{s}} > 0$) e ρ_{s}, nas laterais do condutor. A criação de cargas excedentes no corpo causadas pelo campo externo eletrostático é chamada de indução eletrostática. As cargas induzidas, por sua vez, criam um campo elétrico interno induzido no condutor, $\mathbf{E}_{\mathrm{int}}$, que é direcionado da camada positiva para a negativa, ou seja, contrariamente a $\mathbf{E}_{\mathrm{ext}}$. À medida que ρ_{s} aumenta, $\mathbf{E}_{\mathrm{int}}$ torna-se mais forte, e se opõe à migração de cargas da esquerda para a direita. No equilíbrio, $\mathbf{E}_{\mathrm{int}}$ cancela completamente $\mathbf{E}_{\mathrm{ext}}$ no condutor, de modo que o campo total **E** no condutor será zero, e o movimento

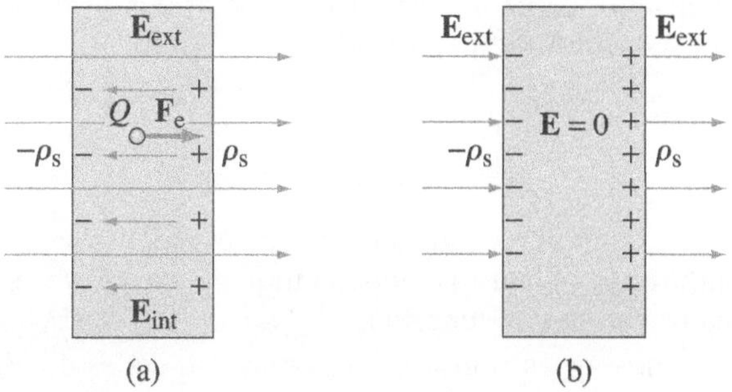

Figura 1.38
(a) Um condutor em um campo eletrostático externo. (b) Após o processo transicional, não há campo eletrostático dentro do condutor.

de cargas para, como está ilustrado na Figura 1.38(b). Note que o condutor como um todo permanece sem carga. Todo o processo de transição é rapidíssimo, e o estado de eletrostática constante é estabelecido quase de imediato. De fato, com base no tempo necessário para esse processo de movimento de cargas na superfície de um corpo material, isto é, sua redistribuição de maneira que o campo elétrico total no interior do corpo torne-se zero, determinamos se um material é um condutor ou dielétrico. Por exemplo, como veremos em um capítulo posterior, o tempo para alcançar o equilíbrio para o condutor metálico mais usado — o cobre — é tão breve quanto cerca de 10^{-19}, ao passo que são precisos mais ou menos 50 dias para o rearranjo da carga através de um pedaço de quartzo (um isolante muito bom).

No caso de um condutor que tinha sido carregado (com um excesso de carga positiva ou negativa) antes de ser situado no campo externo, acontece um processo semelhante. Todas as cargas livres (para um condutor metálico, elétrons livres do condutor, que existem em abundância no material também quando é eletricamente neutro como um todo, mais excesso de carga)[15] estão expostas à força $\mathbf{F}_e$ e produzem o campo interno que anula o campo aplicado externamente no equilíbrio eletrostático.

Concluímos que, em condições eletrostáticas, não pode haver campo elétrico em um condutor,

sem campo eletrostático dentro de um condutor

$$\boxed{\mathbf{E} = 0.} \tag{1.181}$$

Esta é a primeira propriedade fundamental de condutores em eletrostática. A partir disso, derivamos todas as outras conclusões fundamentais sobre o comportamento dos condutores no campo eletrostático.

De acordo com as equações (1.181), (1.90) e (1.88), a tensão entre dois pontos quaisquer no condutor, incluindo os pontos em sua superfície, é zero. Isto significa que um condutor é um corpo equipotencial, ou seja, o potencial é o mesmo em todo o condutor e na sua superfície.

interior e superfície equipotenciais de um condutor

$$\boxed{V = \text{const.}} \tag{1.182}$$

Da Equação (1.181), $\nabla \cdot \mathbf{E} = 0$ em um condutor, implicando que [Equação (1.166)] não pode haver cargas excedentes dentro do volume,

sem cargas dentro de um condutor

$$\boxed{\rho = 0.} \tag{1.183}$$

Assim, qualquer carga localmente excedente em um condutor (seja neutra como um todo ou não) deve estar localizada em sua superfície.

Vamos agora obter as chamadas condições de contorno que o campo elétrico deve satisfazer sobre uma superfície condutora. O vetor intensidade do campo elétrico **E** próximo ao condutor em um vácuo pode ser decomposto em componentes normais e tangenciais com relação à superfície de contorno, como mostra a Figura 1.39(a). Os dois componentes são

$$E_n = E\cos\alpha \quad \text{e} \quad E_t = E\,\text{sen}\,\alpha, \tag{1.184}$$

respectivamente, onde α é o ângulo que **E** faz com a normal à superfície. Aplicamos a Equação (1.75) ao contorno elementar retangular estreito C na Figura 1.39(a). O campo é zero ao longo do lado inferior de C ($\mathbf{E} = 0$ em condutores), e deixamos o contorno lateral Δh diminuir até zero pressionando muito os lados Δl sobre a superfície limite, de modo que a única contribuição para a integral de linha na Equação (1.75) é $\mathbf{E} \cdot \Delta\mathbf{l}$ ao longo da parte superior do lado de C (a integração não é necessária, pois Δl é pequeno),

$$\oint_C \mathbf{E} \cdot d\mathbf{l} = \mathbf{E} \cdot \Delta\mathbf{l} = E\Delta l\,\text{sen}\,\alpha = E_t\,\Delta l = 0. \tag{1.185}$$

Portanto, não há componente tangencial de **E** sobre a superfície de um condutor em eletrostática,

campo elétrico tangencial zero em uma superfície condutora

$$\boxed{E_t = 0.} \tag{1.186}$$

Em outras palavras, o vetor intensidade de campo elétrico na superfície de um condutor é sempre normal à superfície,

$$\mathbf{E} = E_n\hat{\mathbf{n}}, \tag{1.187}$$

onde $\hat{\mathbf{n}}$ é um vetor unitário normal na superfície, direcionado a partir da superfície externa.

Para obter a condição de contorno para a componente normal de **E** (o único existente), aplicamos a Equação (1.133) para a superfície gaussiana, com base ΔS e altura Δh (diminuindo a zero), mostrado na Figura 1.39(b). Por razões semelhantes às obtidas na Equação (1.185), o fluxo na Equação (1.133) reduz a $\mathbf{E} \cdot \Delta\mathbf{S}$ sobre o lado superior de S. Como a carga envolvida por S é $\rho_s\,\Delta S$,

$$\oint_S \mathbf{E} \cdot d\mathbf{S} = \mathbf{E} \cdot \Delta\mathbf{S} = (E_n\hat{\mathbf{n}}) \cdot (\Delta S\hat{\mathbf{n}}) = \\ = E_n\,\Delta S = \frac{1}{\varepsilon_0}\,\rho_s\,\Delta S, \tag{1.188}$$

fornecendo a relação entre a componente normal do vetor intensidade de campo elétrico próximo de uma superfície condutora e a densidade superficial de cargas na superfície:

componente do campo elétrico normal em uma superfície condutora

$$\boxed{E_n = \frac{\rho_s}{\varepsilon_0}.} \tag{1.189}$$

15 Note que o excesso de carga em um corpo metálico pode ser produzido, trazendo elétrons para o corpo (excesso de carga negativa) ou levando alguns de seus elétrons livres para longe (excesso de carga positiva), onde o número desses elétrons extras ou ausentes é sempre muito menor do que a contagem total de elétrons livres do corpo.

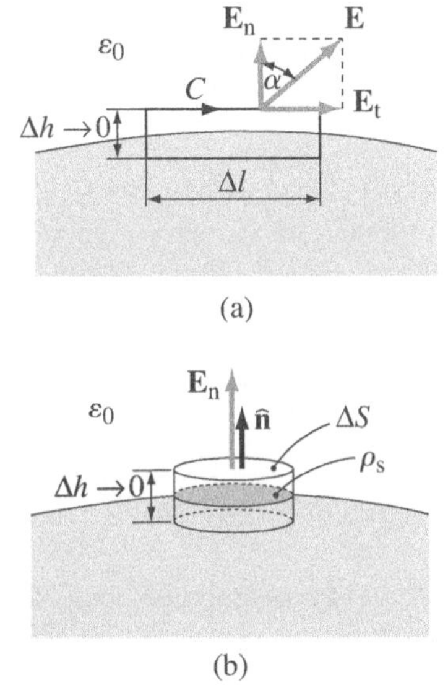

Figura 1.39

Condições de contorno derivadas para o campo eletrostático (**E**) próximo de uma superfície condutora: (a) contorno elementar retangular estreito (usado para a condição de contorno para a componente tangencial de **E**) e (b) superfície elementar fechada (para a condição de contorno para a componente normal de **E**).

As linhas do campo elétrico são normais à superfície de um condutor. Devemos sempre lembrar que o componente normal E_n na Equação (1.189) é definido em relação à normal $\hat{\mathbf{n}}$ exterior. Quando $\rho_s > 0$, as linhas do campo começam a partir do condutor ($E_n > 0$), e acabam nele ($E_n < 0$) quando $\rho_s < 0$.

Na análise de estruturas de condução complexas, em geral não sabemos com antecedência a orientação do vetor intensidade de campo elétrico em partes específicas das superfícies condutoras. Nesses casos, a seguinte expressão para ρ_s em termos de vetor de campo, obtida observando que $E_n = \hat{\mathbf{n}} \cdot \mathbf{E}$ da Equação (1.187), é útil:

$$\rho_s = \varepsilon_0 \, \hat{\mathbf{n}} \cdot \mathbf{E}. \tag{1.190}$$

Exemplo 1.24

Esfera metálica em um campo eletrostático uniforme

Uma esfera metálica sem carga é colocada em um campo uniforme eletrostático, no ar. Esboce as linhas do campo em torno da esfera após o equilíbrio eletrostático ser atingido.

Solução As linhas de campo no novo estado eletrostático estão esboçadas na Figura 1.40. Como o campo devido a cargas induzidas na superfície da esfera (neste campo existe dentro e fora da esfera) é sobreposto ao externo, o campo dentro da esfera torna-se zero, e o de fora não é mais uniforme. As cargas induzidas negativas são sorvedouro das linhas de campo no lado esquerdo da esfera, enquanto as cargas positivas induzidas são fontes das linhas de campo sobre o lado direito. As linhas de campo de ambos os lados são normais para a superfície da esfera e, portanto, curvam-se próximo à esfera. Em pontos no ar próximos aos lados esquerdo e direito da esfera,

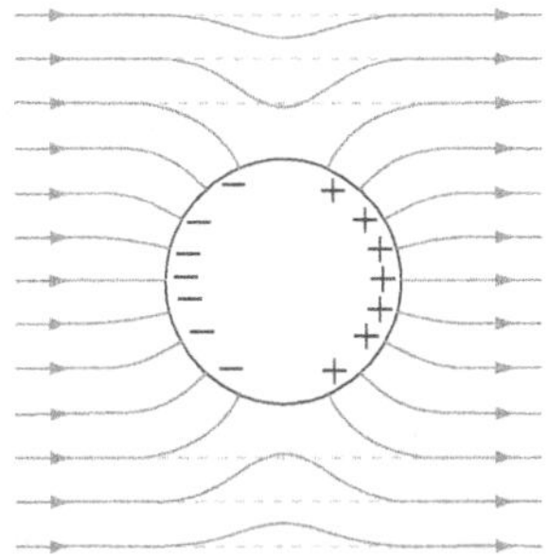

Figura 1.40

Esfera metálica descarregada em um campo externo uniforme eletrostático; para o Exemplo 1.24.

o campo elétrico é mais forte (as linhas de campo são mais densas) que no espaço restante. Isso é óbvio da mesma forma que próximo ao lado esquerdo da esfera, no ar, o campo devido a cargas negativas induzidas domina o campo devido a cargas positivas no lado oposto da esfera, é direcionado para as cargas negativas e se soma à intensidade do campo externo. O campo devido a cargas positivas induzidas predomina próximo ao lado direito da esfera, o que resulta no fortalecimento do campo externo nesses pontos no ar. O campo resultante em certas distâncias da esfera algumas vezes é praticamente igual ao campo externo (o campo devido a cargas induzidas é insignificante).

1.17 AVALIAÇÃO DO CAMPO ELÉTRICO E POTENCIAL DEVIDO A CONDUTORES CARREGADOS

Suponha que sabemos a distribuição de carga ρ_s sobre a superfície de um condutor situado no espaço livre. A intensidade de campo elétrico em pontos próximos à superfície do condutor pode ser avaliada a partir da Equação (1.189). Como podemos obter o campo elétrico e potencial em um ponto arbitrário no espaço? A resposta é simples. Como $\mathbf{E} = 0$ no interior do condutor, nada mudará, contanto que o campo fora do condutor esteja em questão e se removermos o condutor e preenchermos o espaço antes ocupado por ele com vácuo, mantendo a distribuição de carga ρ_s na superfície inalterada. Com essa equivalência útil, ficamos com o problema da avaliação do campo e potencial devido a uma distribuição de carga superficial conhecida no espaço livre, e podemos usar as equações (1.38), (1.83), (1.101), (1.133) e (1.165) para resolver o problema.

Exemplo 1.25

Esfera metálica carregada

Uma esfera metálica de raio a está situada no ar e carregada com uma carga Q. Encontre (a) a distribuição de carga da esfera, (b) o vetor intensidade de campo elétrico no ar, e (c) o potencial da esfera.

Solução

(a) Por causa da simetria, a distribuição de carga sobre a superfície da esfera é uniforme e portanto a densidade de carga superficial associada vem a ser

$$\rho_s = \frac{Q}{S_0} = \frac{Q}{4\pi a^2}, \quad (1.191)$$

onde S_0 representa a área da superfície da esfera.

(b) O campo elétrico em torno da esfera é radial, e tem a forma dada pela Equação (1.136). Aplicando a lei de Gauss, Equação (1.133), a uma superfície esférica de raio r $(a < r < \infty)$, posicionado concentricamente com a esfera metálica [ver equações (1.137) e (1.138)], obtemos

campo elétrico devido a esfera metálica carregada

$$E(r) = \frac{Q}{4\pi\varepsilon_0 r^2} \quad (a < r < \infty). \quad (1.192)$$

Observe que

$$E(a^+) = \frac{Q}{4\pi\varepsilon_0 a^2} = \frac{\rho_s}{\varepsilon_0}, \quad (1.193)$$

que está de acordo com a Equação (1.189).[16]

(c) Percebemos que o campo fora da esfera metálica carregada, Equação (1.192), é idêntico àquele devido a uma carga pontual Q colocada no centro da esfera, e assim é o potencial. O potencial na superfície $r = a$ é dado pela Equação (1.141). Este é o potencial da esfera, o mesmo em qualquer ponto do seu interior e superfície [ver Equação (1.182)].

Exemplo 1.26

Condutor cilíndrico carregado

Repita o exemplo anterior, mas para um condutor cilíndrico infinitamente longo de raio a no ar, se a carga por unidade de comprimento do condutor é Q'.

Solução

(a) Usando a Equação (1.31), a carga por comprimento h do condutor é

$$Q_h = Q'h, \quad (1.194)$$

portanto, a densidade de carga superficial chega a

$$\rho_s = \frac{Q_h}{S_0} = \frac{Q_h}{2\pi a h} = \frac{Q'}{2\pi a}, \quad (1.195)$$

onde S_0 é a área superficial daquela parte do condutor.

(b) O campo elétrico é radial (em relação ao eixo condutor). Da lei de Gauss [Equação (1.133)] aplicada à superfície cilíndrica de raio r $(a < r < \infty)$ e altura (comprimento) h, coaxial com o condutor [ver o lado esquerdo da Equação (1.144)],

campo elétrico devido a um condutor cilíndrico carregado

$$E(r) = \frac{1}{2\pi r h}\frac{Q_h}{\varepsilon_0} = \frac{Q'}{2\pi\varepsilon_0 r} \quad (a < r < \infty). \quad (1.196)$$

(c) Esta é uma distribuição de carga infinita, e o ponto de referência para o potencial não pode ser adotado no infinito. Como o campo na Equação (1.196) é idêntico ao campo devido a uma densidade linear de cargas Q', Equação (1.57), o potencial devido ao condutor cilíndrico carregado é dado pela expressão na Equação (1.87). Em particular, esta expressão para $r = a$ representa o potencial do condutor:

potencial devido a um condutor cilíndrico carregado

$$V = \frac{Q'}{2\pi\varepsilon_0}\ln\frac{r_{\mathcal{R}}}{r} \quad (r \geq a) \longrightarrow$$

$$\longrightarrow \quad V_{\text{condutor}} = \frac{Q'}{2\pi\varepsilon_0}\ln\frac{r_{\mathcal{R}}'}{a} \quad (r = a), \quad (1.197)$$

onde $r_{\mathcal{R}}$ $(r_{\mathcal{R}} \geq a)$ é a distância do ponto de referência do eixo do condutor.

Exemplo 1.27

Carga esférica fechada por uma casca descarregada

Uma esfera metálica de raio a e carga Q $(Q > 0)$ está delimitada por uma casca esférica metálica concêntrica, de raio interno b e raio externo c $(a < b < c)$. O meio em todos os lugares é o ar. Encontre o potencial no centro da esfera.

Solução Como resultado da indução eletrostática, há carga de superfície induzida sobre as superfícies da casca. Como sabemos, não pode haver cargas volumétricas no metal em condições eletrostáticas, Equação (1.183). Q_b e Q_c denotam o total de cargas induzidas nas superfícies interna e externa da casca. Na superfície da esfera, $Q_a = Q$. Uma vez que cada linha do campo elétrico proveniente de uma carga positiva na esfera termina em uma carga negativa na superfície interna da casca, a relação entre as cargas totais em duas superfícies é

$$Q_b = -Q_a. \quad (1.198)$$

Isto pode ser obtido também a partir da lei de Gauss, Equação (1.133), aplicada a uma superfície fechada que está inteiramente dentro da casca metálica, de modo que $\Psi_E = 0$ [por causa da Equação (1.181)], o que implica que $Q_S = 0$, ou seja, $Q_a + Q_b = 0$. Por outro lado, uma vez que a casca está descarregada,

$$Q_b + Q_c = 0, \quad (1.199)$$

portanto $Q_c = -Q_b = Q_a$. Por causa da simetria, as cargas sobre as superfícies individuais são distribuídas de maneira uniforme, e o campo elétrico em todos os lugares no ar está na forma dada pela Equação (1.136). Distribuições da carga e do campo no sistema estão esboçadas na Figura 1.41.

Por meio da lei de Gauss, o campo elétrico para $a < r < b$ e $c < r < \infty$ é

$$E(r) = \frac{Q_a}{4\pi\varepsilon_0 r^2} \quad \text{(no ar)}, \quad (1.200)$$

enquanto para $0 \leq r \leq a$ e $b \leq r \leq c$,

$$E(r) = 0 \quad \text{(no metal)}. \quad (1.201)$$

16 $E(a^+)$ ou $E(a + 0)$ $[E(a + \delta), \delta \to 0]$ designa o campo no ar muito próximo da superfície do condutor em $r = a$.

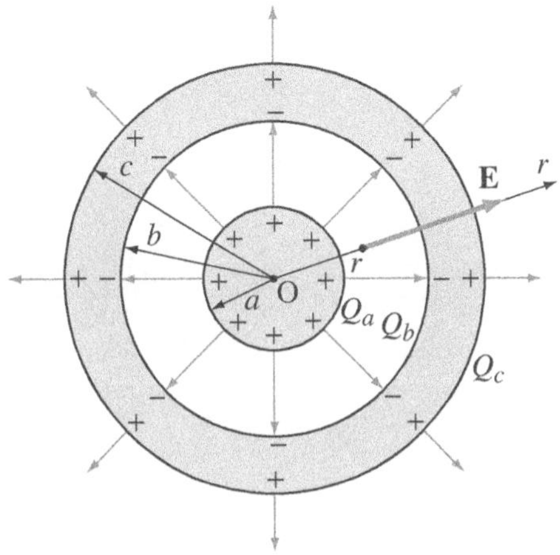

Figura 1.41
Distribuições de carga e campo no sistema do Exemplo 1.27.

O potencial no ponto O na Figura 1.41 é assim [Equação (1.74)]:

$$V = \int_{r=0}^{\infty} E(r)\,\mathrm{d}r = \frac{Q_a}{4\pi\varepsilon_0}\left(\int_a^b \frac{\mathrm{d}r}{r^2} + \int_c^{\infty} \frac{\mathrm{d}r}{r^2}\right) =$$

$$= \frac{Q}{4\pi\varepsilon_0}\left(\frac{1}{a} - \frac{1}{b} + \frac{1}{c}\right) = \frac{Q(bc - ac + ab)}{4\pi\varepsilon_0 abc}. \quad (1.202)$$

Exemplo 1.28

Cinco grandes eletrodos planos paralelos

Considere cinco grandes eletrodos metálicos paralelos situados no ar, mostrado na Figura 1.42(a). A espessura de cada eletrodo, bem como a distância entre dois eletrodos adjacentes, é $d = 2$ cm. A área de superfície dos lados dos eletrodos frente a frente é $S = 1\text{m}^2$. O primeiro, o quarto e o quinto eletrodo estão aterrados, o potencial do segundo eletrodo em relação à terra é $V = 2$ kV, e a carga do terceiro eletrodo é $Q = 2\ \mu$C. Encontre a intensidade do campo elétrico entre os eletrodos.

Solução Uma vez que as dimensões dos eletrodos são muito maiores do que a separação entre eles, podemos desprezar os efeitos das bordas, ou seja, ignorar a não uniformidade do campo elétrico próximo das bordas do eletrodo, bem como a existência ("vazamento") das linhas de campo, para fora dos espaços entre os eletrodos. Supomos, assim, que o campo elétrico está localizado apenas no espaço entre o eletrodo lados S, o vetor **E** é normal para aqueles lados e o campo em cada espaço é uniforme. Distribuições de carga sobre os lados do eletrodo são também uniformes. Em cada espaço entre os eletrodos, os lados adjacentes devem ser carregados com cargas em quantidades iguais, mas de polaridades opostas, como indica a Figura 1.42(b).

O potencial V (o qual conhecemos) do segundo eletrodo em relação à Terra pode ser expresso em termos da integral de linha de **E** a partir desse eletrodo, para a esquerda, para o primeiro eletrodo, que está aterrado (o seu potencial é zero). O campo é uniforme e a integral de linha é apenas

$$V = \int_{\text{segundo eletrodo}}^{\text{primeiro eletrodo}} \mathbf{E}\cdot\mathrm{d}\mathbf{l} = -E_1 d. \quad (1.203)$$

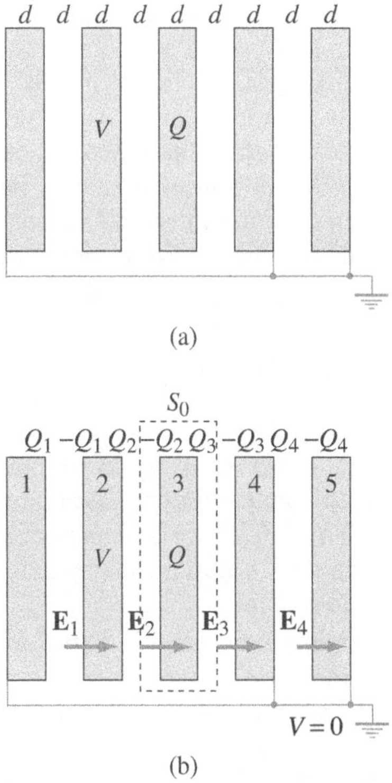

Figura 1.42
Análise eletrostática de um sistema de cinco grandes eletrodos no ar: (a) geometria do sistema e (b) cargas sobre eletrodos e campos entre eles, para o Exemplo 1.28.

Assim, a intensidade do campo entre o primeiro e o segundo eletrodos é $E_1 = -V/d = -100$ kV/m. Por outro lado, o mesmo potencial pode ser expresso como a integral de linha de **E** para a direita, para o quarto eletrodo, que também está aterrado, gerando

$$V = E_2 d + E_3 d. \quad (1.204)$$

Além disso, o campo entre o quarto e o quinto eletrodos é zero, $E_4 = 0$, assim como as cargas associadas nas laterais dos eletrodos frente a frente ($Q_4 = 0$), porque esses eletrodos estão no mesmo potencial (zero).

Para obter as intensidades de campo E_2 e E_3, precisamos de mais uma equação com eles como incógnitas. Aplicando a lei de Gauss, Equação (1.133), à superfície S_0 que inclui o terceiro eletrodo (a carga que é conhecida), obtemos

$$-E_2 + E_3 = \frac{Q}{\varepsilon_0 S}. \quad (1.205)$$

A solução do sistema de equações composto das equações (1.204) e (1.205) é $E_2 = -62{,}94$ kV/m e $E_3 = 162{,}94$ kV/m.

1.18 BLINDAGEM ELETROSTÁTICA

Consideraremos outra vez a esfera metálica no campo eletrostático externo mostrado na Figura 1.40. E como não há nenhum campo no interior da esfera, podemos removê-lo, sem afetar o campo fora da esfera. Assim, obtemos um domínio sem campo, delimitado por uma casca metálica (Figura 1.43). Isto significa que o espaço dentro da cavidade está perfeitamente protegido (isolado) do campo eletrostático externo. A espessura da casca pode ser arbitrária, e sua forma não precisa ser esférica. Assim, uma casca fechada arbitrária representa uma blindagem eletrostática perfeita ou a proteção de seu domínio interior. Chamamos tal blindagem de gaiola de Faraday. Se o campo fora da gaiola for alterado, a carga sobre as paredes se redistribuirá de modo que o interior do campo permanecerá zero.

Vemos que uma gaiola de Faraday fornece proteção absoluta para o seu interior de um campo eletrostático externo. Vamos agora inverter o problema. Pode um campo eletrostático ser encapsulado por um escudo metálico para que o domínio fora da casca fique protegido das fontes de dentro dele? A resposta para essa questão importante é dupla. Chegaremos a ela graças à análise de dois exemplos simples.

Considere primeiro uma carga pontual única positiva Q arbitrariamente posicionada dentro de uma blindagem condutora esférica descarregada. A distribuição de cargas induzidas nas superfícies da casca e as linhas de campo estão esboçadas na Figura 1.44(a). O total de cargas induzidas sobre as superfícies internas e externas são $-Q$ e Q, respectivamente (ver Exemplo 1.27). A concentração de cargas negativas induzidas é maior no lado da superfície interna mais próxima da carga pontual. Como não há campo na parede da casca, a carga positiva na superfície da casca exterior é distribuída independentemente da posição da carga pontual dentro da cavidade, o que significa de maneira uniforme, neste caso (a superfície é lisa e simétrica).

Vamos agora adicionar outra carga pontual na cavidade, e que seja exatamente $-Q$, como mostra a Figura 1.44(b). As cargas totais negativas e positivas induzidas na superfície interna da casca são ambas menores do que Q em amplitude (pois algumas linhas de campo originárias na carga pontual positiva terminam na negativa dentro da cavidade), mas mutuamente são iguais em amplitude e opostas em polaridade. A carga líquida induzida na superfície interna é, portanto, zero, e isso implica que não há nenhuma carga que esteja na superfície exterior da casca. Isto significa, por sua vez, que não há campo fora da casca, o que também está de acordo com a lei de Gauss, aplicada a uma superfície esférica que envolve a casca.

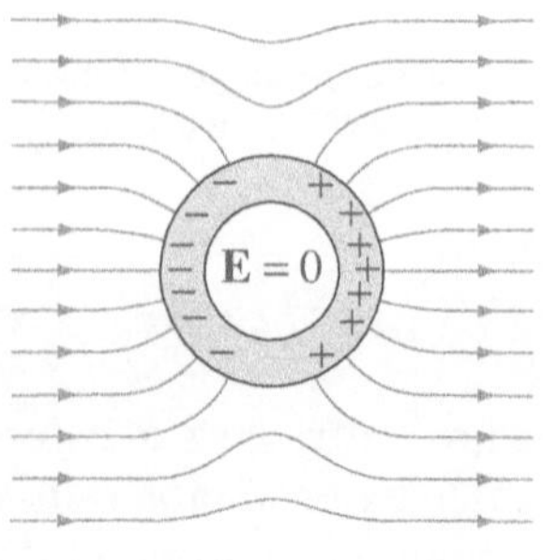

Figura 1.43

Escudo metálico em um campo eletrostático – gaiola de Faraday.

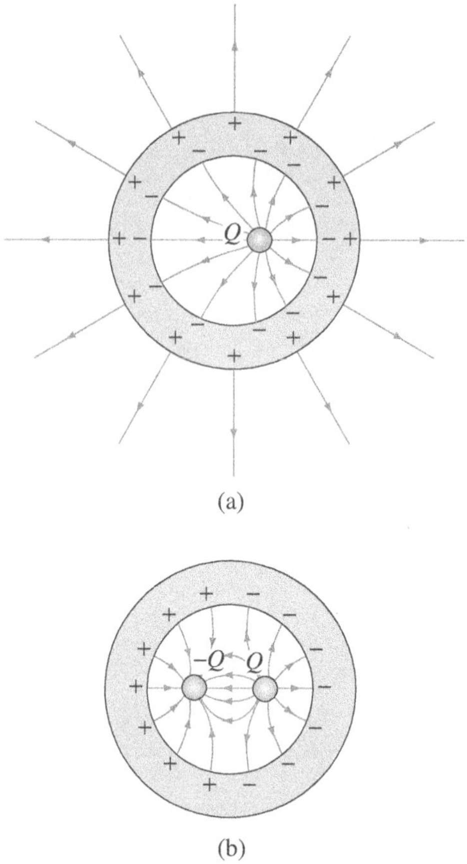

Figura 1.44

Carga pontual única (a) e duas cargas pontuais perfazendo um total de carga zero (b) em uma gaiola de Faraday.

Concluímos que uma gaiola de Faraday pode encapsular por completo um campo eletrostático interior, com um campo zero externo, somente se a carga total dentro da gaiola é zero. Isto é verdade para qualquer distribuição de carga interior, desde que o objeto ou o sistema de objetos (dispositivos) dentro da gaiola seja eletricamente neutro (sem carga) como um todo. Nos casos em que a carga interior total não é zero, o domínio exterior (e objetos vizinhos) está no campo de cargas induzidas na superfície externa da gaiola. O campo exterior, no entanto, é totalmente independente da distribuição das fontes interiores. Sua distribuição relativa no espaço depende apenas da forma da superfície externa da gaiola, enquanto seus valores absolutos em pontos individuais no espaço também são proporcionais ao montante total da carga interior.

É interessante notar que mesmo cascas metálicas muito finas representam blindagens eletrostáticas ideais, tanto no modo de operação ilustrado na Figura 1.43 como no da Figura 1.44(b). Entretanto, como veremos em um capítulo posterior, este não é necessariamente o caso com campos variáveis no tempo, onde a eficácia de uma blindagem de uma dada espessura depende da condutividade do metal e da taxa com a qual o campo varia no tempo (isto é, a frequência no caso de campos harmônicos no tempo).

1.19 DISTRIBUIÇÃO DE CARGA EM CORPOS METÁLICOS DE FORMAS ARBITRÁRIAS

No caso geral de um corpo metálico carregado de uma forma arbitrária, a distribuição de carga sobre a superfície do corpo não é uniforme. A determinação dessa distribuição para um determinado corpo com superfícies assimétricas e/ou não lisas é um problema bastante complexo. Nesta seção, teremos algumas boas ideias sobre como a carga é distribuída sobre a superfície de um corpo condutor isolado em formato arbitrário e, na próxima seção, apresentaremos um método geral numérico para determinar mais ou menos a função da densidade de carga em objetos condutores.

Considere um sistema composto de duas esferas metálicas carregadas de raios diferentes, a e b, cujos centros estão separados por uma distância d, no espaço livre. As esferas são conectadas por um condutor muito fino, mostrado na Figura 1.45. Suponha, por simplicidade, que $d \gg a, b$, de modo que o potencial elétrico de cada esfera possa ser avaliado como se o outro não estivesse presente. Além disso, supomos que a carga ao longo do condutor de ligação seja zero, pois o condutor é muito fino, e ignore sua influência no campo entre as esferas. Portanto, os potenciais das esferas são [ver Exemplo 1.25 e Equação (1.141)]

$$V_a = \frac{Q_a}{4\pi\varepsilon_0 a} \quad \text{e} \quad V_b = \frac{Q_b}{4\pi\varepsilon_0 b}, \tag{1.206}$$

respectivamente, onde Q_a e Q_b são as cargas totais associadas às esferas. As esferas são galvanicamente conectadas entre si, portanto, representam um único corpo condutor, que deve ser equipotencial, Equação (1.182); desse modo, esses potenciais são os mesmos,

$$V_a = V_b. \tag{1.207}$$

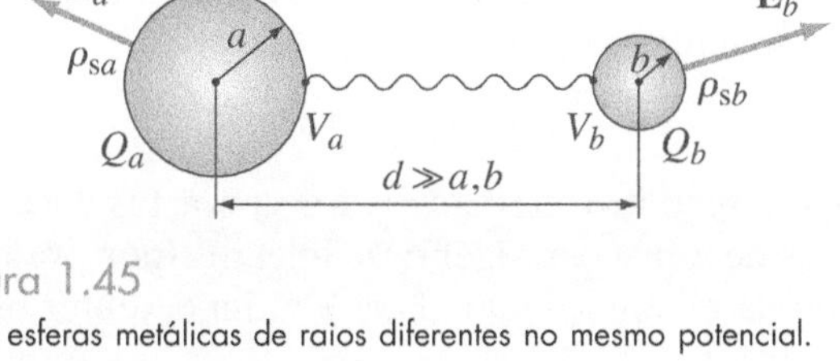

Figura 1.45
Duas esferas metálicas de raios diferentes no mesmo potencial.

Assim, igualando as expressões na Equação (1.206), obtemos

$$\frac{Q_a}{Q_b} = \frac{a}{b}. \tag{1.208}$$

Usando a Equação (1.191), as cargas das esferas podem ser expressas em termos de densidades superficiais de cargas correspondentes, com as quais a Equação (1.208) torna-se

densidade de carga $\propto$ superfície curvatura

$$\boxed{\frac{\rho_{sa}}{\rho_{sb}} = \frac{b}{a},} \tag{1.209}$$

e, a partir da Equação (1.193), a relação correspondente entre as intensidades de campo elétrico próximas das superfícies das esferas acaba por ser

intensidade de campo local $\propto$ superfície curvatura

$$\boxed{\frac{E_a}{E_b} = \frac{b}{a}.} \tag{1.210}$$

Vemos a partir das equações (1.209) e (1.210) que a carga é distribuída entre as duas esferas na Figura 1.45 de tal forma que a densidade superficial de cargas e a intensidade de campo elétrica próxima da superfície de esferas individuais é inversamente proporcional ao raio da esfera. A carga superficial é mais densa e o campo mais forte sobre a menor esfera.

A importância das equações (1.209) e (1.210) vai muito além do sistema particular na Figura 1.45. Elas implicam uma conclusão geral de que a densidade superficial de cargas e a intensidade de campo próxima em diferentes partes da superfície de um corpo condutor de forma arbitrária são aproximadamente proporcionais à curvatura local da superfície, contanto que seja convexa.[17] Isto significa, quase sempre, que a maior concentração de carga e que o campo elétrico mais forte estão próximos de partes afiadas de corpos condutores. Observe que esse fenômeno é essencial para o funcionamento de para-raios, como veremos no próximo capítulo.

1.20 MÉTODO DOS MOMENTOS PARA ANÁLISE NUMÉRICA DE CORPOS METÁLICOS CARREGADOS

Considere um corpo metálico carregado com forma arbitrária situado no espaço livre. Seja o potencial elétrico do corpo em relação ao ponto de referência no infinito V_0. Nosso objetivo é determinar a distribuição

17 Se a superfície de um corpo condutor é côncava (curvada para dentro), o efeito é exatamente o oposto, pois com uma curvatura interna profunda, temos de fato um efeito parcial de uma gaiola de Faraday (cavidade), Figura 1.43, e uma diminuição da intensidade do campo local.

de carga do corpo. O potencial em um ponto arbitrário sobre a superfície do corpo, S, pode ser expresso em termos de densidade superficial de cargas, ρ_s, ao longo de S [Equação (1.83)]. Por outro lado, esse potencial é igual a V_0 (o corpo é equipotencial), portanto

equação integral de superfície para a distribuição de carga

$$\frac{1}{4\pi\varepsilon_0}\int_S \frac{\rho_s \, dS}{R} = V_0 \quad \text{(em um ponto arbitrário em } S) \qquad (1.211)$$

Esta é uma equação integral com a função ρ_s sobre S como a grandeza desconhecida, a ser determinada.

A Equação (1.211) não pode ser resolvida analiticamente — em uma forma fechada —, mas apenas numericamente, com o auxílio de um computador. O método dos momentos (MoM) é uma técnica numérica comum utilizada na resolução de equações integrais, tais como a Equação (1.211) em eletromagnetismo e em outras disciplinas da ciência e da engenharia. O MoM pode ser implementado de várias maneiras, mas a solução mais simples, neste caso, implica a subdivisão da superfície S em pedacinhos ΔS_i, $i = 1, 2, \ldots, N$, com uma aproximação constante da função desconhecida ρ_s em cada pedaço. Ou seja, supomos que cada pedaço está uniformemente carregado,

aproximação da constante de função definida para carga

$$\rho_s \approx \rho_{si} \quad (\text{no } \Delta S_i), \quad i = 1, 2, \ldots, N. \qquad (1.212)$$

Com essa aproximação, reduzimos a Equação (1.211) para sua forma aproximada:

$$\sum_{i=1}^{N} \rho_{si} \int_{\Delta S_i} \frac{dS}{4\pi\varepsilon_0 R} = V_0, \qquad (1.213)$$

na qual as grandezas desconhecidas são coeficientes de distribuição de carga N, ρ_{s1}, ρ_{s2},..., ρ_{sN}. Na Figura 1.46, é mostrado um exemplo da aplicação deste método a um cubo metálico, onde regiões quadradas são usadas [para a subdivisão especial mostrada na figura, $N = 6\times(5\times5) = 150$, que é um modelo bastante grosseiro].

Estipulando que a Equação (1.213) é satisfeita nos centros de cada pequena região individualmente, obtemos[18]

$$\begin{aligned}
&A_{11}\rho_{s1} + A_{12}\rho_{s2} + \cdots + A_{1N}\rho_{sN} = V_0 \\
&(\text{no centro de } \Delta S_1), \\
&A_{21}\rho_{s1} + A_{22}\rho_{s2} + \cdots + A_{2N}\rho_{sN} = V_0 \\
&(\text{no centro de } \Delta S_2), \\
&\qquad\vdots \\
&A_{N1}\rho_{s1} + A_{N2}\rho_{s2} + \cdots + A_{NN}\rho_{sN} = V_0 \\
&(\text{no centro de } \Delta S_N).
\end{aligned} \qquad (1.214)$$

Este é um sistema de N equações algébricas lineares em N incógnitas, ρ_{s1}, ρ_{s2},..., ρ_{sN}. Na forma matricial,

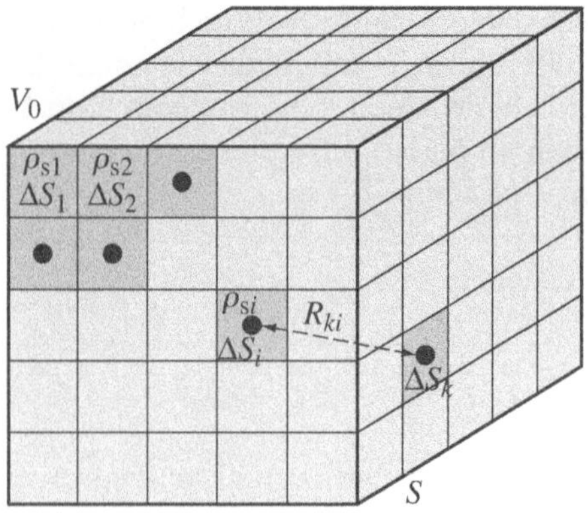

Figura 1.46
Método dos momentos (MoM) para análise de corpos metálicos carregados: a aproximação da distribuição de carga superficial em um cubo por meio de N regiões quadradas com densidade de carga constante.

equação matricial MoM

$$[A][\rho_s] = [B], \qquad (1.215)$$

onde $[\rho_s]$ é uma matriz coluna cujos elementos são os coeficientes de distribuição de carga desconhecidos, enquanto os elementos da matriz coluna $[B]$ são conhecidos e todos iguais V_0. Elementos da matriz $[A]$, que é uma matriz quadrada, são dados por

ponto de correspondência em centros dos pedaços

$$A_{ki} = \int_{\Delta S_i} \frac{dS}{4\pi\varepsilon_0 R} \quad (\text{no centro de } \Delta S_k), \quad k, i = 1, 2, \ldots, N, \qquad (1.216)$$

e podem ser calculados independentemente da distribuição de carga especial. Fisicamente, A_{ki} é o potencial no centro da região ΔS_k devido à região ΔS_i e está uniformemente carregado com uma densidade superficial de cargas unitária (1 C/m^2). No caso de regiões planas, quadradas ou triangulares, esse potencial pode ser avaliado analiticamente (exatamente), enquanto é avaliado numericamente (aproximadamente) se alguns outros elementos de superfície forem utilizados (por exemplo, regiões curvilíneas quadriláteras ou triangulares). Quando a matriz $[A]$ estiver completa, ou seja, todos os seus elementos calculados, podemos usar inversão de matriz,

$$[\rho_s] = [A]^{-1}[B], \qquad (1.217)$$

ou qualquer outro método padrão para resolução de sistemas de equações algébricas lineares (por exemplo, método da eliminação de Gauss), a fim de obter os re-

18 A variante do método dos momentos, em que o lado esquerdo e o lado direito de uma equação integral [no nosso caso, a Equação (1.211)] são "combinados" para serem iguais em pontos específicos do domínio de definição da equação (superfície S no nosso caso), é chamada de método do ponto de casamento. A ideia do método do ponto de casamento é similar ao conceito de momentos em mecânica, assim, o nome genérico de momentos.

sultados numéricos para os coeficientes de distribuição de carga, os quais constituem uma distribuição superficial de cargas do corpo aproximada e uma solução numérica para a equação integral, Equação (1.211). Quanto maior o número de subdivisões, N, mais precisa a solução (porém mais exigente em termos de recursos computacionais).

A aproximação mais grosseira na computação dos elementos da matriz $[A]$ é dada por

$$A_{ki} = \begin{cases} \Delta S_i/(4\pi\varepsilon_0 R_{ki}) & \text{para } k \neq i \\ \sqrt{\Delta S_i}/(2\sqrt{\pi}\varepsilon_0) & \text{para } k = i \end{cases}. \quad (1.218)$$

Aqui, todos os elementos não diagonais de $[A]$ $(k \neq i)$ são avaliados por meio da aproximação das regiões carregadas ΔS_i por uma carga ponto equivalente, $\Delta Q_i = 1$ $(\text{C/m}^2) \times \Delta S_i$, colocada no centro das regiões, e usando a expressão para o potencial elétrico devido a uma carga pontual no espaço livre, Equação (1.80), com R_{ki} sendo a distância entre os centros das regiões ΔS_k e ΔS_i (Figura 1.46). No preenchimento de elementos da diagonal (termos próprios) de $[A]$ $(k = i)$, o potencial devido a uma região ΔS_i (quadrado ou triangular) no centro da mesma região é avaliado aproximando a região à região circular equivalente de mesma área de superfície e raio $\sqrt{\Delta S_i/\pi}$, e empregando a expressão potencial dada no Problema 1.34 com $z = 0$ e $\rho_s = 1$ C/m^2.

A partir do resultado para $[\rho_s]$, agora podemos obter qualquer outra grandeza de interesse (potencial e de campo em qualquer ponto do espaço etc.). Por exemplo, a carga total do corpo pode ser encontrada usando a versão aproximada da expressão integral de superfície na Equação (1.29):

$$Q = \sum_{i=1}^{N} \rho_{si}\Delta S_i. \quad (1.219)$$

1.21 TEORIA DA IMAGEM

Muitas vezes, os sistemas eletrostáticos incluem configurações de carga na presença de planos condutores aterrados. Exemplos são condutores carregados próximo de chapas metálicas ou grandes corpos planos aterrados, linhas de transmissão nas quais um dos condutores é um plano aterrado (como linhas de transmissão do tipo microfita), vários objetos carregados (linhas de força, as nuvens carregadas, aviões carregados, para-raios etc.) acima da superfície da Terra e assim por diante. Existe uma teoria muito útil (teorema), por meio da qual podemos remover o plano condutor do sistema e substituí-lo pela distribuição de carga equivalente em espaço livre. Nesta seção, derivaremos esse teorema e o aplicaremos em problemas que de outra forma não poderiam ser resolvidos analiticamente.

Considere duas cargas pontuais de valores iguais e polaridades opostas, Q e $-Q$, em espaço livre. Por simetria, o vetor intensidade total do campo elétrico devido a cargas é normal ao plano de simetria das cargas (os componentes tangenciais devido às cargas individuais são de amplitudes iguais e sentidos opostos, de modo que se anulam mutuamente), como indica a Figura 1.47(a). O plano de simetria é equipotencial, e no potencial $V = 0$ (os potenciais devidos às cargas individuais são da mesma amplitude e sinais opostos, e eles se cancelam). Por isso, nada mudará em todo o espaço se inserirmos uma lâmina metálica aterrada infinita (plano condutor) no plano de simetria, como foi feito na Figura 1.47(b), porque a condição de contorno na Equação (1.186) é automaticamente satisfeita e $V = 0$ sobre o plano de simetria (a lâmina está aterrada). No novo sistema, as cargas superficiais serão induzidas em ambos os lados da lâmina, de acordo com a Equação (1.190). Notamos que a lâmina de fato separa todo o espaço em dois semiespaços completamente independentes, ou seja, ela age como uma proteção eletrostática perfeita (ver Seção 1.18) entre os dois semiespaços. Por causa disso, nada mudará na metade superior do semiespaço se, ainda, removermos o ponto de carga $-Q$ e a carga induzida no lado inferior da lâmina do sistema. (Note que podemos colocar o que quisermos abaixo da lâmina, e o campo acima dela permanecerá o mesmo, no estado eletrostático.) Ficamos, portanto, com a carga pontual Q acima da lâmina e a carga induzida em seu lado superior (e nada na metade inferior do espaço), como mostra a Figura 1.47(c).

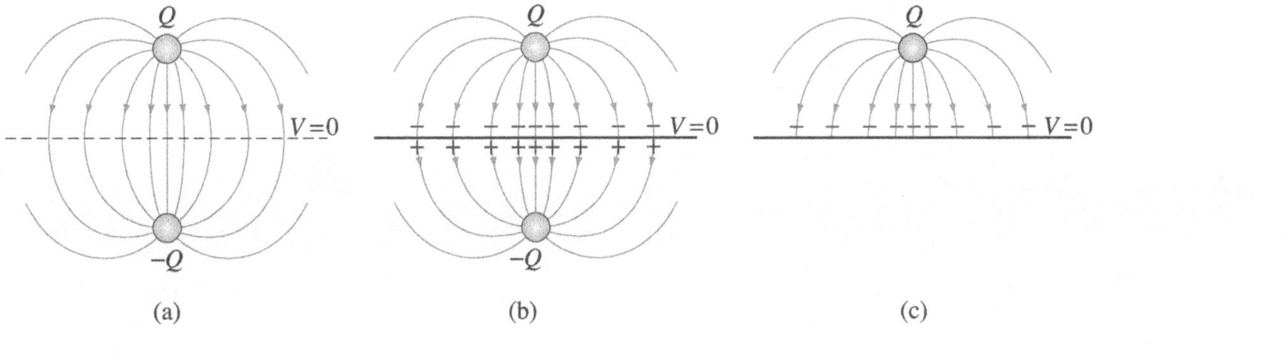

Figura 1.47
Teoria da imagem resultante: sistemas (a), (b) e (c) são equivalentes no que diz respeito ao campo elétrico na parte superior do semiespaço.

Concluímos que, contanto que o campo eletrostático na parte superior do semiespaço seja relacionado, os sistemas nas figuras 1.47(a) e (c) são equivalentes. Esta é a chamada teoria da imagem, que, generalizada para mais de uma carga pontual, ou seja, a uma distribuição de carga (discreta ou contínua), estabelece que uma configuração de carga arbitrária acima de um plano condutor aterrado infinito pode ser substituída por uma nova configuração de carga no espaço livre que consiste na configuração de carga original em si e sua imagem negativa no plano condutor. A equivalência em relação ao campo elétrico acima do plano condutor, cujo componente devido à carga induzida no plano é igual ao campo da imagem.

Exemplo 1.29

Distribuição de carga induzida em um plano condutor

Uma carga pontual Q é colocada no ar a uma altura h acima de um plano condutor aterrado. (a) Determine a densidade das cargas superficiais induzidas em um ponto arbitrário no plano. (b) Encontre a carga total induzida no plano.

Solução

(a) A densidade superficial de carga ρ_s no ponto M sobre o plano condutor, na Figura 1.48(a), é dada pela Equação (1.190), com o vetor unitário $\hat{\mathbf{n}}$ sendo vertical e direcionado a partir do plano para cima, e $\mathbf{E}$ representa o vetor intensidade de campo elétrico no ar, em um ponto que está "colado" ao ponto M a partir de seu lado superior. Este campo é produzido pelo ponto de carga Q e as cargas superficiais induzidas no plano condutor. De acordo com a teoria da imagem, no entanto, o campo devido às cargas induzidas é igual àquele devido à imagem negativa da carga Q no espaço livre, como mostra a Figura 1.48 (b). Como a posição do ponto M é definida por uma distância r radial da projeção de Q sobre o plano (ponto O). O vetor $\mathbf{E}$ é dado por

$$\mathbf{E} = \mathbf{E}_{\text{original}} + \mathbf{E}_{\text{imagem}} = 2E_Q \cos\alpha\,(-\hat{\mathbf{n}}),$$

$$E_Q = \frac{Q}{4\pi\varepsilon_0 R^2}, \quad R = \sqrt{r^2 + h^2}, \quad \cos\alpha = \frac{h}{R}, \tag{1.220}$$

e a densidade de carga vem a ser

$$\rho_s(r) = \varepsilon_0 \hat{\mathbf{n}} \cdot \mathbf{E} = -\frac{Qh}{2\pi\left(r^2 + h^2\right)^{3/2}}. \tag{1.221}$$

(b) a carga induzida total no plano condutor é

$$Q_{\text{ind}} = \int_S \rho_s(r)\underbrace{2\pi r\,\mathrm{d}r}_{\mathrm{d}S} = -Qh\int_{r=0}^{\infty} \frac{r\,\mathrm{d}r}{R^3} =$$

$$= -Qh\int_{r=0}^{\infty} \frac{\mathrm{d}R}{R^2} = Qh\frac{1}{R}\bigg|_{r=0}^{\infty} = -Q, \tag{1.222}$$

onde $\mathrm{d}S$ é a área de superfície de um anel elementar de largura $\mathrm{d}r$ e raio r ($0 \le r < \infty$) em torno do ponto O (veja Figura 1.14), e é utilizada a Equação (1.62) para mudar as variáveis na integração. O resultado da Equação (1.222) é esperado, porque todas as linhas de terminação de campo sobre a imagem, $-Q$, no sistema equivalente [(Figura 1.48(b)] terminam em cargas superficiais do plano condutor no sistema original [Figura 1.48 (a)].

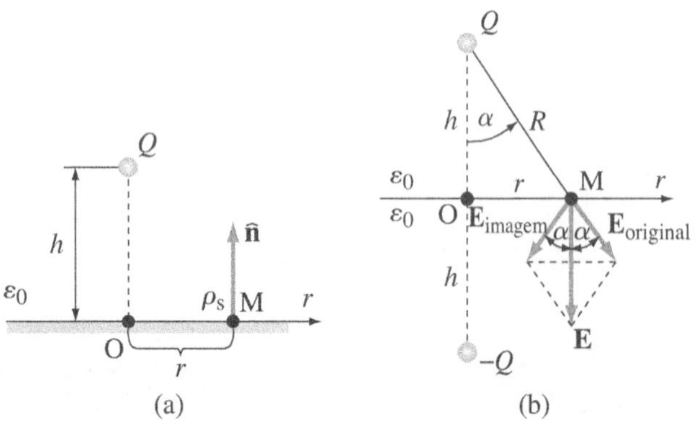

Figura 1.48
Cálculo da densidade superficial de carga induzida, ρ_s, em um plano condutor debaixo de um ponto de carga Q: (a) sistema original e (b) sistema equivalente usando teoria da imagem, para o Exemplo 1.29.

Exemplo 1.30

Linha de cargas infinita sobre um plano condutor

Uma linha de cargas infinita de densidade uniforme Q' está situada no ar e é paralela a um plano condutor aterrado a uma distância h dele. Calcule a força elétrica sobre a linha de cargas por unidade de seu comprimento.

Solução Sob a influência do campo elétrico da linha de cargas, cargas superficiais são induzidas no plano condutor. A força elétrica em cada metro da linha de carga é, portanto [Equação (1.68)]

$$\mathbf{F}'_e = Q'\mathbf{E}_2, \tag{1.223}$$

onde $\mathbf{E}_2$ representa o vetor campo elétrico em pontos ao longo da linha de carga, devido às cargas induzidas no plano. Pela teoria da imagem, esse campo é igual ao campo devido a uma linha de cargas em espaço livre obtido como uma imagem negativa de Q', Figura 1.49, portanto, tem-se na sequência sua intensidade [ver Equação (1.57)] e força por unidade de comprimento:

$$E_2 = \frac{Q'}{2\pi\varepsilon_0(2h)} \longrightarrow F'_e = Q'E_2 = \frac{Q'^2}{4\pi\varepsilon_0 h} \tag{1.224}$$

(a distância entre o original e a imagem é $2h$). A força é de atração.

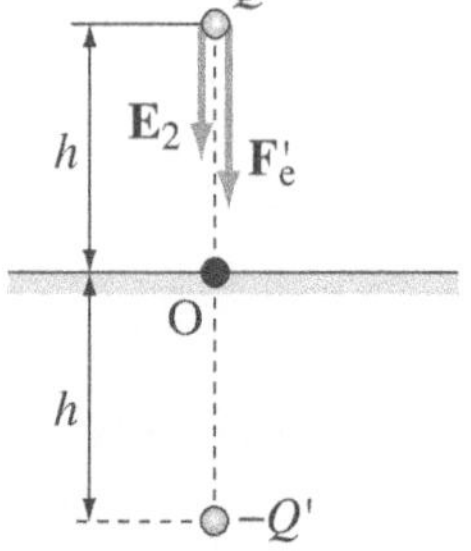

Figura 1.49
Força sobre uma linha de cargas acima de um plano condutor; para o Exemplo 1.30.

Problemas

1.1. Três cargas desiguais em um triângulo. Repita o Exemplo 1.1 supondo que uma das três cargas na Figura 1.3(a) equivale a (a) $3Q$ e (b) $-3Q$, respectivamente.

1.2. Três cargas em equilíbrio. A distância entre as cargas pontuais $Q_1 = 36$ pC e $Q_2 = 9$ pC é $D = 3$ cm. Se a terceira carga, Q_3, for colocada na linha que liga Q_1 e Q_2, a uma distância d de Q_1, como mostra a Figura. 1.50, encontre Q_3 e d, os quais garantam que todas as cargas nesse sistema estejam em equilíbrio eletrostático, ou seja, que a força de Coulomb resultante sobre cada carga seja zero.

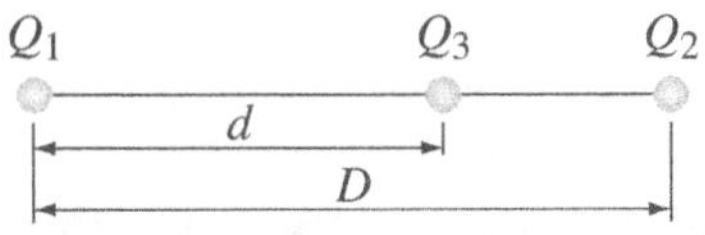

Figura 1.50 Três cargas pontuais ao longo de uma linha; para o Problema 1.2.

1.3. Quatro cargas nos vértices de retângulo. Quatro pequenos corpos carregados de cargas iguais $Q = -1$ nC são colocadas em quatro vértices de um retângulo com lados $a = 4$ cm e $b = 2$ cm. Determine a direção e a amplitude da força elétrica em cada um dos corpos.

1.4. Cinco cargas em equilíbrio. Quatro pequenas bolas carregadas de cargas iguais $Q_1 = 5$ pC são posicionadas em quatro vértices de um quadrado, enquanto a quinta esfera de carga desconhecida Q_2 está no centro do quadrado. Encontre Q_2 de maneira que todas as bolas estejam em equilíbrio eletrostático.

1.5. Três cargas pontuais no espaço. (a) Para as três cargas do Exemplo 1.3, encontre a força resultante elétrica na carga Q_2 ($\mathbf{F}_{e2}$). (b) Determine a força $\mathbf{F}_{e3}$ (em Q_3). (c) Qual é a soma de todas as três forças, $\mathbf{F}_{e1} + \mathbf{F}_{e2} + \mathbf{F}_{e3}$?

1.6. Cinco cargas nos vértices da pirâmide. Quatro cargas pontuais Q estão posicionadas no ar, nos cantos da base quadrada de uma pirâmide. A quinta carga $-Q$ está posicionada no vértice superior da pirâmide. Todos os lados da pirâmide têm o mesmo comprimento, a. Calcular a força elétrica sobre a carga máxima.

1.7. Oito cargas nos vértices do cubo. Oito pequenos corpos carregados de cargas iguais Q existem nos vértices de um cubo com lados de comprimento a, no espaço livre. Encontre a amplitude e a direção da força elétrica em uma das cargas.

1.8. Campo elétrico devido a três cargas pontuais no espaço. Para as três cargas do Exemplo 1.3, determine a amplitude e a direção do vetor intensidade do campo elétrico (a) na origem das coordenadas de origem e (b) no ponto no eixo z definido por $z = 100$ m.

1.9. Carga volumétrica não uniforme em um cilindro. Um cilindro infinitamente longo de raio a em espaço livre está carregado com uma densidade volumétrica de carga $\rho(r) = \rho_0 (a - r)/a$ $(0 \leq r \leq a)$, onde ρ_0 é uma constante e r a distância radial a partir do eixo do cilindro. Encontre a carga por unidade de comprimento do cilindro.

1.10. Carga volumétrica não uniforme em um cubo. Um cubo com comprimento a de aresta no espaço livre é carregado em seu volume com uma densidade de carga $\rho(x) = \rho_0 \operatorname{sen}(\pi x/a)$, $0 \leq x \leq a$, onde ρ_0 é uma constante e x é a distância normal a um dos lados do cubo. Calcule a carga total do cubo.

1.11. Carga superficial não uniforme em um disco. Uma carga superficial é distribuída no espaço livre sobre um disco circular de raio a. A densidade de carga é $\rho_s(r) = \rho_{s0} r^2/a^2$ $(0 \leq r \leq a)$, onde r é a distância radial do centro do disco e ρ_{s0} é uma constante. Obtenha a carga total do disco.

1.12. Linha de cargas não uniforme ao longo de uma haste. Uma haste de comprimento l no ar está carregada com uma linha de cargas de densidade $Q'(x) = Q'_0 [1 - \operatorname{sen}(\pi x/l)]$ $(0 \leq x \leq l)$, onde Q'_0 é uma constante e x é o comprimento da haste. Calcule a carga total da haste.

1.13. Máxima de campo no eixo de um anel. (a) Para o anel carregado na Figura 1.11, suponha $Q > 0$, e encontre z para o qual a intensidade do campo elétrico ao longo do eixo z é máxima. (b) Esboce a função $E_z(z)$, $-\infty < z < \infty$.

1.14. Carga pontual equivalente a um semicírculo carregado. Mostre que em um ponto distante ao longo do eixo z, a carga de linha semicircular na Figura 1.12 (a) é equivalente a uma carga pontual com a mesma quantidade de carga localizada na origem das coordenadas.

1.15. Contorno carregado de forma complexa. A Figura 1.51 mostra um contorno consistindo de duas partes semicirculares, de raios a e b $(a < b)$, e duas partes lineares, cada uma de comprimento $b - a$. O contorno está situado no ar e carrega uma carga Q uniformemente distribuída ao longo de seu comprimento. Calcule o vetor intensidade de campo elétrico no centro de contorno (ponto O).

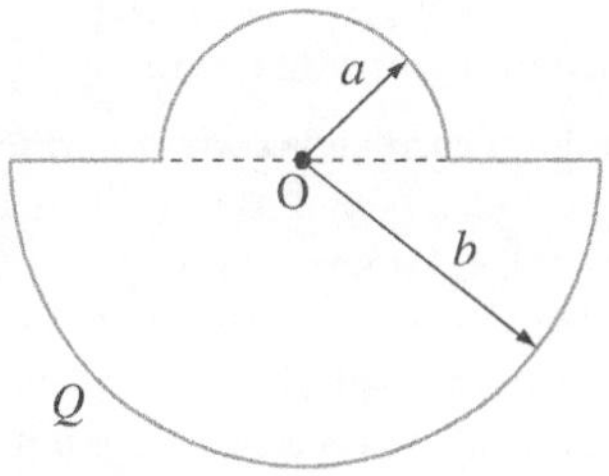

Figura 1.51 Contorno uniformemente carregado com duas partes semicirculares e duas partes lineares; para o Problema 1.15.

1.16. Linha de cargas não uniforme ao longo de um semicírculo. Considere a geometria da Figura 1.12(a), e suponha que a carga ao longo do semicírculo é não uniforme, dada por $Q'(\phi) = Q'_0 \operatorname{sen}\phi$ $(-\pi/2 \leq \phi \leq \pi/2)$, onde Q'_0 é uma constante. (a) Encontre a carga total do semicírculo. (b) Prove que o vetor intensidade de campo elétrico ao longo do eixo z é igual a $\mathbf{E} = -Q'_0 a^2 \hat{\mathbf{y}}/[8\varepsilon_0(z^2 + a^2)^{3/2}]$.

1.17. Linha de cargas ao longo de três quartos de um círculo. Uma linha de cargas na forma de um arco que tem 3/4 de um círculo de raio a está situada no ar. A carga total do arco é Q. Calcule o vetor de intensidade de campo elétrico no centro do arco.

1.18. Linha de cargas ao longo de um quarto de círculo. Uma densidade de cargas Q' no espaço livre é distribuída uniformemente ao longo de um arco que representa um quarto de um círculo de raio a. Determine o vetor intensidade do campo elétrico em um ponto arbitrário ao longo do eixo que contém o centro do arco e que é normal ao plano do arco.

1.19. Linha de cargas semi-infinita. Uma linha de cargas de densidade de carga uniforme Q' é distribuída no espaço livre ao longo da parte negativa do eixo x no sistema de coordenadas cartesianas ($-\infty < x \leq 0$). Encontre a expressão para o vetor intensidade de campo elétrico em um ponto arbitrário no plano xy.

1.20. Linha de cargas infinita meio positiva, meio negativa. Uma linha de cargas no espaço livre é distribuída ao longo do eixo x no sistema de coordenadas cartesianas. A densidade da linha de cargas é Q' ($Q' > 0$) para $-\infty < x \leq 0$ e $-Q'$ para $0 < x < \infty$. Derive a expressão para o vetor intensidade do campo elétrico em um ponto M de coordenadas $(0, d, 0)$, onde $d > 0$.

1.21. Contorno quadrado carregado. Uma linha de cargas de densidade de carga uniforme Q' é distribuída ao longo de um contorno quadrado a de um lado. O meio é o ar. Encontre o vetor intensidade de campo elétrico em um ponto que está a uma distância a de cada um dos vértices do quadrado.

1.22. Carga pontual equivalente a um disco carregado. Considere o disco carregado na Figura 1.14, e mostre que para $|z| \gg a$, o campo **E** na Equação (1.63) é equivalente ao campo de uma carga pontual $Q = \rho_s \pi a^2$ colocada no centro do disco.

1.23. Campo devido a um disco não uniformemente carregado. Considere o disco com uma distribuição de carga não uniforme do Problema 1.11, e encontre o vetor intensidade de campo elétrico ao longo do eixo do disco normal ao seu plano.

1.24. Superfície esférica não uniformemente carregada. Uma esfera de raio a no espaço livre não está uniformemente carregada sobre sua superfície tal que a densidade de carga é dada por $\rho_s(\theta) = \rho_{s0}$ sen 2θ, onde ρ_{s0} é uma constante e o ângulo θ ($0 \leq \theta \leq \pi$) é definido como nas Figuras 1.10 ou 1.16. Calcule (a) a carga total da esfera e (b) o vetor intensidade do campo elétrico no centro da esfera.

1.25. Lâmina infinita carregada com um orifício circular. Uma lâmina infinita carregada com uma densidade constante ρ_s tem um orifício de raio a. A lâmina está no plano xy do sistema de coordenadas cartesianas e o centro do orifício está na origem de coordenadas. O meio é o ar. Nestas circunstâncias, determine o vetor intensidade de campo elétrico em um ponto arbitrário ao longo do eixo z — nas duas seguintes formas: (a) integrando os campos devido a anéis elementares como na Figura 1.14 e (b) combinando os resultados dos Exemplos 1.11 (plano infinito de carga, sem orifício) e 1.10 (disco carregado).

1.26. Força sobre um semicilindro carregado devido a uma linha de cargas. Para a estrutura composta de uma linha de cargas e um semicilindro carregado mostrado na Figura 1.17(a) e descrito no Exemplo 1.13, encontre a força por unidade de comprimento no semicilindro.

1.27. Fitas carregadas. Considere uma fita infinitamente longa e uniformemente carregada de largura a e densidade superficial de cargas ρ_s no ar. Usando a representação geométrica do corte transversal do problema, como na Figura 4.11 no Capítulo 4 (ver também Figura 1.13), e mudança de variáveis de integração dada pelas equações (4.43) e (4.44), obtenha a expressão para o campo **E** em um ponto arbitrário no espaço devido a essa carga.

1.28. Fitas paralelas opostamente carregadas. Duas fitas paralelas muito longas são uniformemente carregadas com densidades de carga $-\rho_s$ e ρ_s, respectivamente ($\rho_s > 0$). O corte transversal da estrutura é mostrado na Figura 1.52. A largura das fitas é a mesma da distância entre elas ($a = d$), e o meio é o ar. Encontre o vetor intensidade do campo elétrico no centro do corte transversal (ponto A).

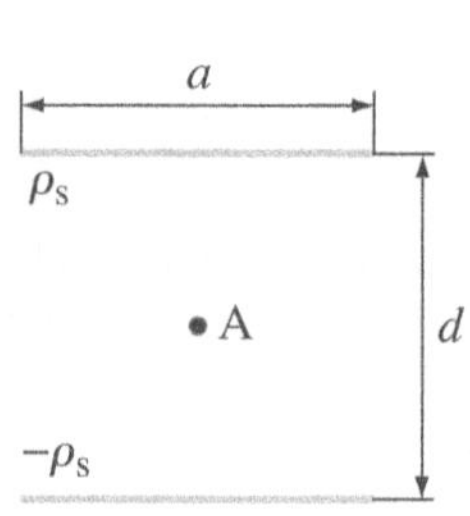

Figura 1.52 Corte transversal de duas trilhas paralelas, muito longas e carregadas; para o Problema 1.28.

1.29. Trabalho em um campo eletrostático. Qual é o trabalho feito pelas forças elétricas ao mover uma carga $Q = 1$ nC da origem de coordenadas para o ponto (1m, 1m, 1m) no campo eletrostático dado por $\mathbf{E}(x, y, z) = (x\hat{\mathbf{x}} + y^2\hat{\mathbf{y}} - \hat{\mathbf{z}})$ V/m (x, y, z em m), no sistema de coordenadas cartesianas, ao longo da linha reta que une os dois pontos?

1.30. Trabalho no campo de uma carga pontual. Uma carga pontual $Q_1 = 10$ nC está posicionada no centro de um contorno de um quadrado $a = 10$ cm de um lado, como mostra a Figura 1.53. Encontre o trabalho realizado por forças elétricas ao carregarem uma carga $Q_2 = -1$ nC do ponto M1 ao ponto M_2 marcados na figura.

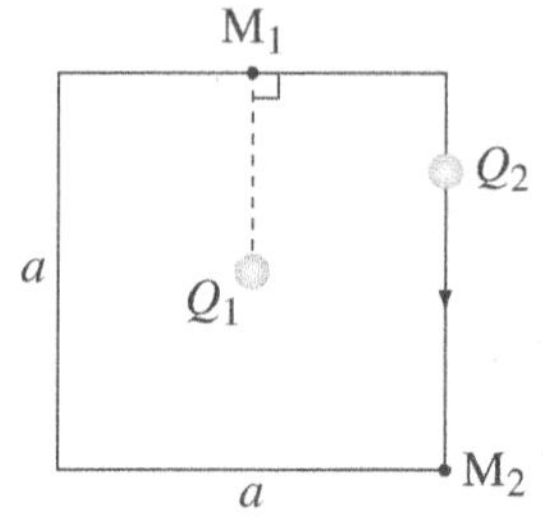

Figura 1.53 Movimento de uma carga Q_2 no campo de uma carga Q_1 posicionada no centro de um contorno de um quadrado; para o Problema 1.30.

1.31. Potencial elétrico devido a três cargas pontuais no espaço. Para as três cargas do Exemplo 1.3, calcule o potencial elétrico em pontos definidos por (a) (0, 0, 2 m) e (b) (1 m, 1m, 1m), respectivamente.

1.32. Carga pontual e um ponto de referência arbitrário. Derive a expressão para o potencial a uma distância r de uma carga Q do ponto no espaço livre em relação ao ponto de referência, que é uma distância arbitrária (finito) $r_{\mathcal{R}}$ da carga.

1.33. Potencial devido a uma linha de cargas semicircular. Prove que o potencial escalar elétrico em um ponto arbitrário ao longo do eixo z no campo de uma linha de cargas semicircular, mostrado na Figura 1.12(a) e descrito no Exemplo 1.7, é $V = Q'a/(4\varepsilon_0\sqrt{z^2 + a^2})$.

1.34. Potencial devido a um disco carregado. Para o disco carregado do Exemplo 1.10, derive a seguinte expressão para o potencial escalar elétrico ao longo do eixo z ($-\infty < z < \infty$): $V = \rho_s(\sqrt{a^2 + z^2} - |z|)/(2\varepsilon_0)$.

1.35. Potencial devido a uma carga superficial hemisférica. Considere a carga superficial hemisférica do Exemplo 1.12 e descubra o potencial escalar elétrico no centro do hemisfério ($z = 0$).

1.36. Potencial devido a uma carga superficial esférica não uniforme. Determine o potencial elétrico no centro da superfície esférica não uniformemente carregada do Problema 1.24.

1.37. Tensão devido a duas cargas pontuais. Duas cargas pontuais, $Q_1 = 7\ \mu C$ e $Q_2 = -3\ \mu C$, estão localizadas nos dois vértices não adjacentes de um contorno quadrado com $a = 15$ cm de lado. Encontre a tensão entre qualquer um dos dois vértices restantes do quadrado e do centro do quadrado.

1.38. Esboce o campo do potencial. O potencial eletrostático V em uma região é uma função de uma única coordenada retangular x, e $V(x)$ é mostrado na Figura 1.54. Esboce a intensidade de campo elétrico $E_x(x)$ na região.

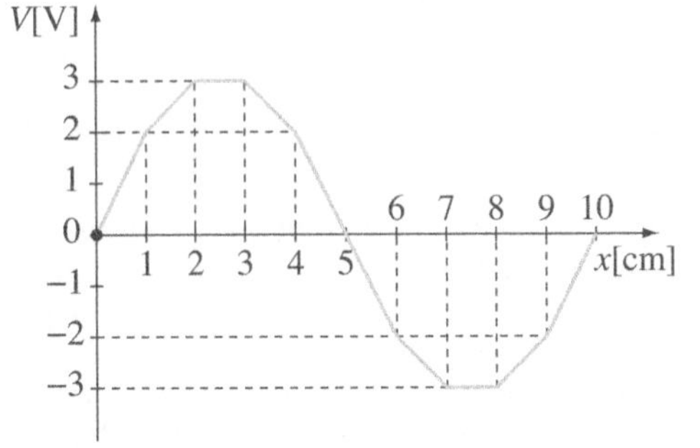

Figura 1.54 Distribuição potencial unidimensional, para o Problema 1.38.

1.39. Campo potencial de uma carga pontual. Para uma carga pontual no espaço livre, obtenha a expressão para **E** na Equação (1.24) da expressão para V na Equação (1.80).

1.40. Campo potencial de um semicírculo carregado. Para a carga de linha semicircular do Exemplo 1.7, (a) obtenha a expressão para E_z na Equação (1.50) da expressão para V dada no Problema 1.33 e (b) explique por que é impossível obter a expressão para E_x na Equação (1.48) a partir desta mesma expressão para V.

1.41. Campo a partir do potencial de um disco carregado. Para o disco carregado do Exemplo 1.10, obtenha a expressão para **E** na Equação (1.63) a partir da expressão para V dada no Problema 1.34.

1.42. Campo potencial de um hemisfério carregado. Para a carga superficial hemisférica do Exemplo 1.12, explique por que não podemos obter a expressão para **E** no centro do hemisfério ($z = 0$), dada na Equação (1.67), a partir da expressão para V calculada no Problema 1.35.

1.43. Ângulo entre as linhas do campo e as superfícies equipotenciais. Usando o conceito de gradiente, prove que em um campo arbitrário eletrostático as linhas de campo são perpendiculares às superfícies equipotenciais (como na Figura 1.22).

1.44. Direção de subida íngreme. A elevação do terreno em uma região é dada por uma função $h\ (x, y) = 100x \ln y$ [m] (x, y em km), onde x e y são coordenadas no plano horizontal e 1 km $\leq x, y \leq$ 10 km. (a) Qual é a direção da subida íngreme em (3 km, 3 km)? (b) Quão íngreme, em graus, é a subida em (a)?

1.45. Aumento máximo de potencial eletrostático. O vetor intensidade de campo eletrostático de uma região é dado por $\mathbf{E}\ (x, y, z) = (4\hat{\mathbf{x}} - z^2\hat{\mathbf{y}} + 2yz\hat{\mathbf{z}})$ V/m (x, y, z em m). Encontre a direção do aumento máximo no potencial escalar elétrico em um ponto (1m, 1m, −1m).

1.46. Dipolos elétricos grandes e pequenos. Duas cargas pontuais, $Q_1 = 1$ nC e $Q_2 = -1$ nC, estão situadas no espaço livre em pontos ao longo do eixo z definidas por $z = 1$ m e $z = -1$ m, respectivamente. Calcule o potencial elétrico e o vetor intensidade de campo no ponto definido por coordenadas cartesianas (a) (0, 0, 0), (b) (0, 1 m, 0), e (c) (100 m, 100 m, 100 m), respectivamente.

1.47. Potencial e campo devido a um dipolo elétrico pequeno. Um dipolo elétrico com um momento $\mathbf{p} = 1$ pCm $\hat{\mathbf{z}}$ está localizado na origem de um sistema de coordenadas esféricas. O comprimento do dipolo é $d = 1$ cm. Encontre V e **E** nos seguintes pontos definidos por coordenadas esféricas: (a) (1 m, 0, 0), (b) (1 m, $\pi/2$, $\pi/2$), (c) (1 m, π, 0), (d) (1 m, $\pi/4$, 0), (e) (10 m, $\pi/4$, 0), e (f) (100 m, $\pi/4$, 0).

1.48. Dipolo equivalente a uma linha de cargas não uniforme. Considere a distribuição de uma linha de cargas não uniforme ao longo do semicírculo do Problema 1.16, e mostre que longe do eixo z ($|z| \gg a$) esta distribuição de carga pode ser substituída por um dipolo elétrico equivalente localizado na origem de coordenadas. Encontre o momento **p** do dipolo equivalente.

1.49. Expressão para o campo elétrico devido a uma linha de dipolo. Para o dipolo linear na Figura 1.29, obtenha a expressão para **E** a partir da expressão para V na Equação (1.121).

1.50. Potencial próximo e distante e o campo devido a um dipolo linear. Duas cargas de linha infinitas, com densidades $Q'_1 = 100$ pC/m e $Q'_2 = -100$ pC/m, estão colocadas ao longo de linhas definidas por (1m, 0, z) e (−1 m, 0, z), $-\infty < z < \infty$, no sistema de coordenadas cartesianas. O meio é o ar. Calcule V e **E** no ponto definido por coordenadas cartesianas (a) (2 m, 0, 0) e (b) (100 m, 100 m, 0), respectivamente.

1.51. Fluxo do vetor do campo elétrico através de um lado do cubo. Uma carga pontual Q está localizada no centro de um cubo no espaço livre. As arestas do cubo têm comprimento a. Encontre o fluxo externo do vetor de intensidade do campo elétrico devido a esta carga em cada um dos lados do cubo.

1.52. Fluxo para um posicionamento diferente da carga pontual. Se a carga Q do problema anterior for colocada no centro de um dos lados do cubo, determine o fluxo total externo do vetor do campo elétrico devido à carga através da superfície composta pelos cinco lados restantes do cubo.

1.53. Campo de uma carga pontual da lei de Gauss. Usando a lei de Gauss, deduza a expressão para o vetor intensidade de campo elétrico de uma carga pontual no espaço livre [Equação (1.24)].

1.54. Uma casca esférica fina uniformemente carregada. Uma casca esférica infinitamente fina de raio a em espaço livre está uniformemente carregada superficialmente com uma carga total Q. Determine: (a) o vetor intensidade de campo elétrico dentro e fora da casca, (b) o potencial da casca, e (c) o potencial no centro da casca.

1.55. Esfera com uma carga volumétrica não uniforme. Encontre a distribuição do potencial escalar elétrico dentro e fora da esfera com a densidade volumétrica de carga dada pela Equação (1.32).

1.56. Campo de uma linha de cargas infinita usando a lei de Gauss. Usando a lei de Gauss, deduza a expressão para o vetor intensidade de campo elétrico de uma linha de cargas infinita no espaço livre [Equação (1.57)].

1.57. Casca cilíndrica fina uniformemente carregada. Uma casca cilíndrica infinitamente longa e infinitamente fina de raio a está situada no espaço livre. A casca está carregada superficialmente com uma densidade de carga uniforme ρ_s. Encontre o vetor intensidade de campo elétrico dentro e fora da casca.

1.58. Cilindros com carga volumétrica uniforme. Calcule a tensão entre a superfície e o eixo de um cilindro infinito uniformemente carregado de raio a em espaço livre, se a densidade volumétrica de carga no cilindro é ρ.

1.59. Campo de uma lâmina infinita de carga usando a lei de Gauss. Usando a lei de Gauss, deduza a expressão para o vetor intensidade de campo elétrico de uma lâmina infinita de carga no espaço livre [Equação (1.64)].

1.60. Duas lâminas paralelas opostamente carregadas. Duas lâminas paralelas infinitas de carga com densidades ρ_s e $-\rho_s$ estão situadas no espaço livre. (a) Encontre o vetor intensidade de campo elétrico dentro e fora do espaço entre as lâminas. (b) Qual é a tensão entre as lâminas?

1.61. Lâmina equivalente de carga. Uma camada infinitamente grande de carga no espaço livre tem uma densidade volumétrica de cargas uniforme ρ e espessura d. (a) Calcule o vetor do campo elétrico dentro da camada. (b) Mostre que, contanto que o campo fora da camada esteja relacionado, a camada pode ser substituída por uma lâmina infinita equivalente de carga, e encontre a densidade superficial de cargas, ρ_s, dessa lâmina.

1.62. Camada com uma distribuição de carga volumétrica cossenoidal. A densidade volumétrica de uma carga no espaço livre depende da coordenada cartesiana x somente e quando dada por $\rho(x) = \rho_0 \cos(\pi x/a)$ ($|x| \leq a$) e $\rho(x) = 0$ ($|x| > a$), onde ρ_0 e a ($a > 0$) são constantes. (a) Determine o vetor intensidade de campo elétrico em todo o espaço. (b) Encontre a tensão entre os planos $x = -a$ e $x = a$.

1.63. Camada com uma distribuição de carga senoidal. Repita o problema anterior, mas para a seguinte função de densidade de carga: $\rho(x) = \rho_0 \operatorname{sen}(\pi x/a)$ para $|x| \leq a$ (não há carga fora da camada).

1.64. Distribuição de carga exponencial em todo o espaço. Uma distribuição volumétrica de carga no espaço livre é descrita no sistema de coordenadas retangulares como $\rho(x) = \rho_0\, e^{x/a}$ para $x < 0$, $\rho(0) = 0$, e $\rho(x) = -\rho_0\, e^{-x/a}$ para $x > 0$, com ρ_0 e a sendo constantes positivas. Calcule o vetor intensidade de campo elétrico para $-\infty < x < \infty$.

1.65. Campo elétrico uniforme. Em uma região, há um campo elétrico uniforme, $\mathbf{E}_0$. Qual é a densidade volumétrica de carga naquela região?

1.66. Distribuição de carga a partir da distribuição de campo unidimensional. Encontre a densidade de carga volumétrica $\rho(x)$ no sistema eletrostático do Exemplo 1.16, supondo que a permissividade do meio seja ε_0.

1.67. Carga do campo para simetria planar. A partir das expressões de campo nas equações (1.150)–(1.152), obtenha a distribuição de carga correspondente no espaço livre [Equação (1.147)].

1.68. Carga do campo para simetria cilíndrica. Do campo com um componente radial cilíndrico apenas dado pelas equações (1.145) e (1.146), obtenha a distribuição de carga correspondente no espaço livre [Equação (1.143)].

1.69. Carga do campo para simetria esférica. Usando a lei de Gauss na forma diferencial, mostre que o campo com um componente radial esférico apenas dado pela Equação (1.140) é produzido por uma esfera uniformemente carregada de raio a e densidade de carga ρ no espaço livre.

1.70. Esfera não uniformemente carregada usando a lei diferencial de Gauss. Para a distribuição de carga volumétrica não uniforme em uma esfera definida pela Equação (1.32) e analisada no Problema 1.55 (com base na lei de Gauss de forma integral), calcule o vetor intensidade de campo elétrico em todos os lugares usando a lei diferencial de Gauss.

1.71. Problema com a simetria cilíndrica pela lei diferencial de Gauss. Refaça o Exemplo 1.19, utilizando a lei de Gauss na forma diferencial.

1.72. Problema com simetria planar usando a lei diferencial de Gauss. Refaça o Problema 1.61 empregando a lei diferencial de Gauss.

1.73. Carga assimétrica usando a lei diferencial de Gauss. Refaça o Exemplo 1.21 aplicando a lei diferencial de Gauss.

1.74. Lei de Gauss na forma diferencial e integral. Em uma região, o campo elétrico é dado por $\mathbf{E} = (4xy\hat{\mathbf{x}} + 2x^2\hat{\mathbf{y}} + \hat{\mathbf{z}})$ V/m (x, y em m). O meio é o ar. (a) Calcule a densidade de carga. (b) A partir do resultado em (a), encontre a carga total em um cubo situado na primeira coordenada octante ($x, y, z \geq 0$), com um vértice na origem das coordenadas, e as arestas, de 1 m de comprimento, paralelas aos eixos das coordenadas. (c) Confirme a validade da lei de Gauss na forma integral e o teorema da divergência, avaliando o fluxo líquido externo de $\mathbf{E}$ através da superfície do cubo definido em (b).

1.75. Esfera excêntrica carregada e uma casca sem carga por dentro. Considere a estrutura do Exemplo 1.27, e suponha que a esfera é movida em direção à parede da casca para que os centros da esfera e a casca sejam separados por uma distância d. Encontre o potencial da casca no novo estado eletrostático se (a) $d = (b - a)/2$ e (b) $d = b - a$ (a esfera é pressionada contra a parede da casca).

1.76. Carga pontual dentro de uma casca carregada. Uma carga pontual $2Q$ é colocada no centro de uma casca metálica esférica cheia de ar, carregada com Q e situada no ar. Os raios interno e externo da casca são a e b ($a < b$). (a) Qual é a carga total no interior e na superfície externa da casca? (b) Encontre o potencial da casca.

1.77. Três cascas concêntricas, uma descarregada. Três cascas metálicas esféricas concêntricas estão situadas no ar. O raio externo da casca interna é $a = 30$ mm, e sua carga $Q = 10$ nC. Os raios interno e externo da casca intermediária são $b = 50$ mm e $c = 60$ mm, e seu potencial $V = 1$ kV em relação ao ponto de referência no infinito. Os raios interno e externo da casca externa são $d = 90$ mm e $e = 100$ mm, e ela está descarregada. Calcule (a) a carga da casca intermediária e (b) a tensão entre a casca interior e exterior.

1.78. Três cascas concêntricas, duas no mesmo potencial. Considere uma estrutura com a mesma geometria do problema anterior, e suponha que as cargas das cascas interior e exterior sejam $Q_1 = 2$ nC e $Q_3 = -2$ nC, bem como seus potenciais os mesmos ($V_1 = V_3$). Em tais circunstâncias, calcule (a) a carga da casca intermediária (Q_2) e (b) as potencialidades da casca interior e média (V_1 e V_2) em relação ao ponto de referência no infinito.

1.79. Quatro condutores cilíndricos coaxiais. Quatro condutores muito longos, cada um na forma de uma casca cilíndrica com espessura $d = 1$ cm, estão posicionados no ar coaxialmente em relação uns aos outros, como indica a Figura 1.55, o que mostra um detalhe do corte transversal do sistema. O primeiro e o quarto condutores são aterrados, e o potencial do terceiro condutor em relação ao solo é $V_3 = 1$ kV. O segundo condutor está descarregado. Encontre as cargas por unidade de comprimento do primeiro e do terceiro condutores, Q'_1 e Q'_3.

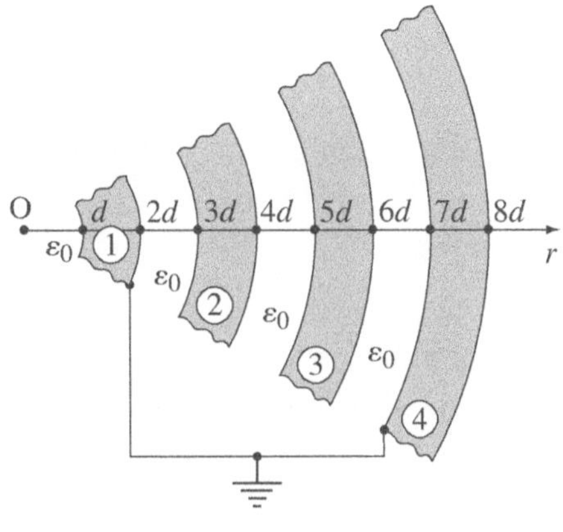

Figura 1.55 Detalhe do corte transversal de um sistema de quatro condutores cilíndricos, para o Problema 1.79.

1.80. Três condutores concêntricos, um aterrado. A Figura 1.56 mostra um sistema constituído por três condutores concêntricos esféricos (o condutor interno é uma esfera sólida, enquanto os dois restantes são cascas esféricas). O raio do condutor interno é $a = 2$ mm. O raio interno do condutor do meio é $b = 5$ mm, e o exterior $c = 6$ mm. O raio interno do condutor externo é $d = 8$ mm. O espaço entre os condutores está cheio de ar. O condutor externo está aterrado, e os potenciais dos condutores interno e intermediário em relação ao solo são $V_1 = 15$ V e $V_2 = 10$ V. Determine as cargas totais dos condutores interno e intermediário, Q_1 e Q_2.

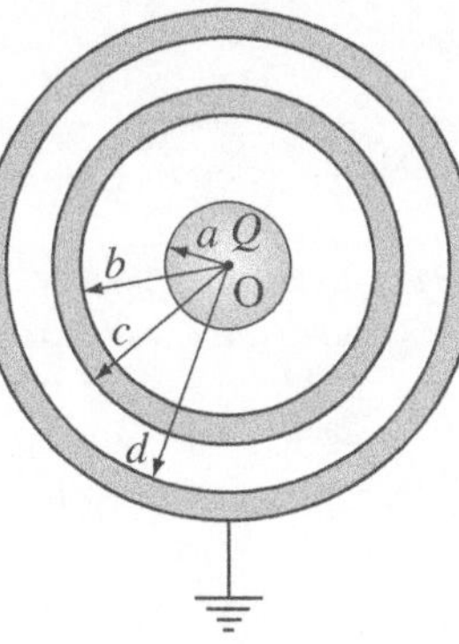

Figura 1.56 Sistema de três condutores concêntricos esféricos; para o Problema 1.80.

1.81. Lâmina metálica carregada. Uma lâmina plana infinita está situada no ar e carregada de maneira uniforme com a densidade superficial de cargas $\rho_s = 1$ nC/m^2. Encontre o vetor intensidade de campo elétrico em todos os lugares.

1.82. Duas placas metálicas. Uma placa metálica infinitamente grande de espessura $d = 1$ cm está situada no ar e carregada de tal forma que a densidade de carga superficial em cada uma das superfícies da placa é $\rho_s = 1$ μC/m^2. Outra placa metálica da mesma espessura está descarregada e é então introduzida e colocada paralela à placa carregada, de tal forma que a distância entre as superfícies das duas placas de frente uma para a outra é seja $D = 3$ cm. No novo estado eletrostático, calcule (a) as densidades de carga superficial em todas as quatro superfícies das placas, (b) o vetor intensidade de campo em todos os lugares, e (c) a tensão entre as placas.

1.83. Duas esferas metálicas no mesmo potencial. Considere o sistema na Figura 1.45 e suponha que $a = 5$ cm, $b = 1$ cm e $d = 1$ m, bem como que a carga total das duas esferas seja $Q = 600$ pC. Encontre (a) o potencial das esferas e (b) as intensidades dos campos elétricos E_a e E_b próximos das superfícies das esferas.

1.84. Programa de computador baseado no MoM para uma placa carregada. Usando o método de momentos como apresentado na Seção 1.20, escreva um programa de computador para determinar a distribuição de carga sobre uma placa quadrada muito fina carregada de comprimento da aresta a em um potencial V_0, no espaço livre. Subdivida a placa em N partes quadradas, e suponha que $a = 1$ m e $V_0 = 1$ V. (a) Tabule e organize os resultados para a densidade de carga superficial (ρ_s) das partes usando $N = 100$ (dez partições em cada dimensão). (b) Calcule a carga total da placa, tendo (i) $N = 9$, (ii) $N = 25$, (iii) $N = 49$ e (iv) $N = 100$.

1.85. Cálculo MoM para um cubo carregado. Escreva um programa de computador para a análise de método de momentos de um cubo metálico carregado, Figura 1.46, com comprimento de aresta $a = 1$ m, e calcule a carga total do cubo para $V_0 = 1$ V. Utilize dez ou o maior número possível (dados os recursos computacionais disponíveis) de subdivisões por borda do cubo ($N = 600$, se dez subdivisões por borda forem adotadas).

1.86. Expressão integral aproximada para o vetor de campo elétrico. (a) Escreva a expressão aproximada da integral para a avaliação do vetor intensidade de campo elétrico em um ponto arbitrário no espaço devido a um corpo carregado (por exemplo, o cubo na Figura 1.46), cuja distribuição de carga é descrita pela Equação (1.212). (b) Usando a expressão em (a) e o programa de computador associado, calcule o campo elétrico ao longo do eixo da placa do Problema 1.84 perpendicular ao seu plano em pontos que são $a/2$, $2a$ e $100a$, distantes da placa de superfície (para $N = 100$). (c) Calcule também o campo elétrico dentro do cubo do problema anterior (Problema 1.85), a um quarto de seu espaço diagonal (diagonal do corpo) e no seu centro.

1.87. Força sobre uma carga pontual, devido à sua imagem. Encontre a força elétrica sobre o ponto de carga Q na Figura 1.48(a).

1.88. Representação de uma linha de cargas. Para a estrutura definida no Exemplo 1.30, determine a distribuição de cargas superficiais induzidas no plano condutor.

1.89. Fio paralelo carregado próximo a uma tela de canto. A Figura 1.57 mostra um corte transversal da estrutura que consiste de um fio metálico de raio a e uma tela metálica de canto de 90° no ar. A distância do fio em relação aos semiplanos horizontal e vertical que constituem a tela é h, onde $h \gg a$. Se o fio está carregado com Q' por unidade de comprimento, calcule a tensão entre o fio e a tela.

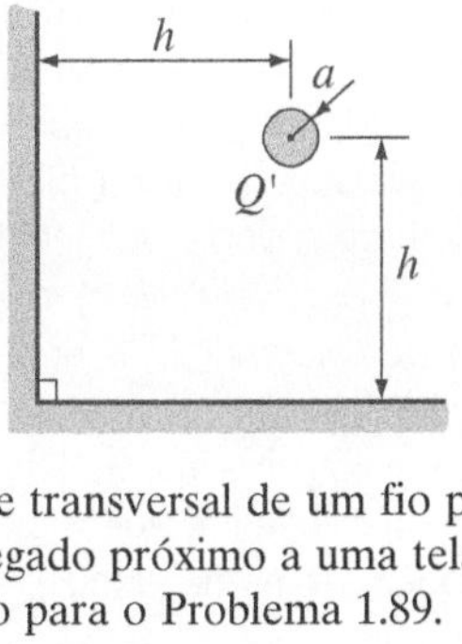

Figura 1.57 Corte transversal de um fio paralelo metálico carregado próximo a uma tela metálica de canto para o Problema 1.89.

Dielétricos, capacitância e energia elétrica

CAPÍTULO

2

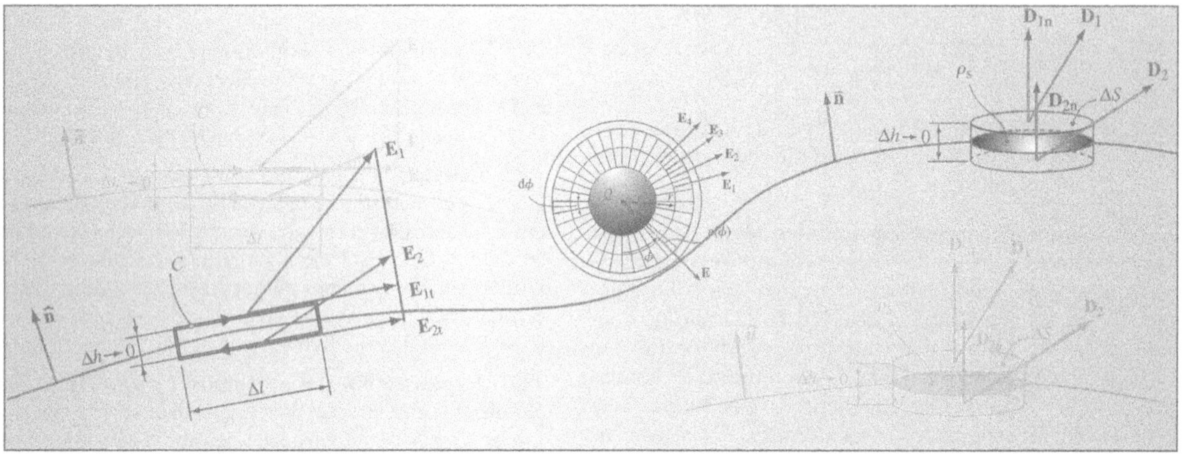

Introdução

Neste capítulo, analisaremos campos eletrostáticos na presença de dielétricos e estudaremos vários temas importantes relacionados. Os dielétricos ou isoladores são materiais não condutores, que têm poucas cargas livres dentro deles (teoricamente, dielétricos perfeitos não têm cargas livres). Além disso, a redistribuição livre de quaisquer cargas (por exemplo, os elétrons), depositadas no interior do material, dura muito mais tempo do que nos condutores metálicos, um exemplo típico, como já indicado na Seção 1.16, sendo o tempo rearranjo da carga de cerca de 50 dias para o quartzo fundido em comparação com mais ou menos 10^{-19} s para o cobre. Veremos, no entanto, que outros tipos de cargas, chamadas de *cargas ligadas ou polarizadas*, existem em um dielétrico polarizado. Vamos primeiro investigar os mecanismos da polarização dos dielétricos, causada por um campo elétrico externo. Ao introduzir as grandezas macroscópicas, tais como o vetor polarização e a densidade volumétrica e superficial de cargas ligadas, é possível avaliar o vetor intensidade do campo elétrico e o potencial elétrico devido a dielétricos polarizados utilizando fórmulas de espaço livre e técnicas a partir do capítulo anterior. A lei de Gauss será generalizada para um sistema eletrostático, que inclui meios arbitrários (condutores e dielétricos); será apresentada a caracterização de materiais dielétricos em termos de linearidade, homogeneidade e isotropia. As condições de contorno dielétricas-dielétricas serão obtidas e usadas. O capítulo também apresentará as equações diferenciais de segunda ordem de Poisson e Laplace para o potencial e sua solução.

Tendo ambos os condutores e dielétricos, vamos então colocá-los juntos para formar capacitores e sistemas relacionados à eletrostática. O capacitor é um elemento fundamental na engenharia elétrica. Sua propriedade básica é a capacitância. Analisaremos capacitores com eletrodos de diferentes formas e com diferentes tipos de dielétricos, e examinaremos, também, a capacitância por unidade de comprimento de várias linhas de transmissão com dois capacitores. Além disso, estudaremos a energia elétrica contida em capacitores carregados, linhas de transmissão, e outros sistemas de corpos condutores, e introduziremos a densidade de energia elétrica para nos ajudar a encontrar e quantificar a localização e distribuição da energia nesses sistemas. A rigidez dielétrica, que ocorre para campos elétricos demasiado fortes em um material dielétrico fazendo-o tornar-se condutor, também será discutida para várias estruturas eletrostáticas. Analisaremos as estruturas com campos elétricos próximos a níveis de rigidez a fim de prever os valores críticos de tensões e outras grandezas do circuito para a estrutura em colapso. Tais parâmetros (por exemplo, a tensão de ruptura de um capacitor ou uma linha de transmissão) definem as extensões máximas admissíveis de grandezas para a operação segura da estrutura antes de um eventual colapso.

A análise eletrostática de capacitores e linhas de transmissão, para determinar sua capacitância, energia e características de rigidez, representa um ponto culminante da teoria do campo eletrostático. Representa, por outro lado, uma porta de entrada para muitas aplicações práticas dessa teoria. Por fim, uma compreensão clara dos conceitos que serão expostos neste capítulo é essencial para muitos conceitos similares, duais e semelhantes em outras áreas de eletromagnetismo, que devem ser apresentados mais tarde no texto.

2.1 POLARIZAÇÃO DE DIELÉTRICOS

Cada átomo ou molécula em um dielétrico é eletricamente neutro. Para a maioria dos dielétricos, os centros de "gravidade" das cargas positivas e negativas em um átomo ou molécula coincidem — na ausência do campo elétrico externo. Quando um dielétrico é colocado em um campo externo, de $\mathbf{E}_{ext}$ intensidade, no entanto, as cargas positivas e negativas mudam em direções opostas contra sua atração mútua, e produzem um pequeno dipolo elétrico (Figura 1.28), que está alinhado com as linhas do campo elétrico. O momento desse dipolo equivalente é dado por $\mathbf{p} = Q\mathbf{d}$ [Equação (1.116)], onde Q é a carga positiva do átomo ou molécula ($-Q$ é a carga negativa), e $\mathbf{d}$ é o vetor deslocamento de Q em relação a $-Q$. As cargas são deslocadas de suas posições de equilíbrio pelas forças

$$\mathbf{F}_{e1} = Q\mathbf{E}_{ext} \quad \text{e} \quad \mathbf{F}_{e2} = -Q\mathbf{E}_{ext}, \tag{2.1}$$

respectivamente, e, portanto, Q desloca-se na direção de $\mathbf{E}_{ext}$, enquanto $-Q$ se move na direção oposta, de modo que $\mathbf{p}$ e $\mathbf{E}_{ext}$ são colineares e têm a mesma direção. O deslocamento $\mathbf{d}$ é muito pequeno, menor do que as dimensões de átomos e moléculas. As cargas Q e $-Q$ estão ligadas no lugar por forças atômicas e moleculares e só podem mudar de posição ligeiramente em resposta ao campo externo. Assim, as duas cargas em um dipolo equivalente de pequeno porte não podem separar-se uma da outra e migrar por todo o material em direções opostas controladas pelo campo elétrico. Por isso, são chamadas de cargas ligadas (em contraste com cargas livres).

Alguns dielétricos, como água, têm moléculas com um deslocamento permanente entre os centros de carga positiva e negativa, de modo que agem como pequenos dipolos elétricos, mesmo sem campo elétrico aplicado. Tais moléculas são conhecidas como moléculas polares, e os dielétricos são chamados dielétricos polares (aqueles sem dipolos embutidos são dielétricos não polares). Na ausência do campo elétrico, todos os dipolos são orientados de forma aleatória. No entanto, se uma molécula polar — a qual modelamos por um dipolo elétrico — é trazida para um campo elétrico, as forças de duas cargas dipolares, dadas na Equação (2.1), agem como indicado na Figura 2.1. Os torques (momentos) das forças em relação ao centro do dipolo (ponto O) são:

$$\mathbf{T}_1 = \mathbf{r}_1 \times \mathbf{F}_{e1} \quad \text{e} \quad \mathbf{T}_2 = \mathbf{r}_2 \times \mathbf{F}_{e2}, \tag{2.2}$$

com $\mathbf{r}_1$ e $\mathbf{r}_2$ denotando como os vetores posição de Q e $-Q$ em relação ao centro do dipolo. Notamos que $\mathbf{r}_1 - \mathbf{r}_2 = \mathbf{d}$, e, portanto, o torque resultante sobre o dipolo acaba por ser

torque sobre um dipolo elétrico em um campo elétrico externo

$$\mathbf{T}_{\text{sobre o dipolo}} = \mathbf{T}_1 + \mathbf{T}_2 = Q(\mathbf{r}_1 - \mathbf{r}_2) \times \mathbf{E}_{ext} = Q\mathbf{d} \times \mathbf{E}_{ext} = \mathbf{p} \times \mathbf{E}_{ext}, \tag{2.3}$$

onde supomos que $\mathbf{E}_{ext}$ é praticamente uniforme ao longo do dipolo. O vetor $\mathbf{T}_{\text{sobre o dipolo}}$ é normal ao plano de $\mathbf{p}$ e $\mathbf{E}_{ext}$ (o plano de desenho na Figura 2.1), e sua magnitude atinge

$$T_{\text{sobre o dipolo}} = |\mathbf{p} \times \mathbf{E}_{ext}| = p\,E_{ext} \operatorname{sen} \alpha. \tag{2.4}$$

Vemos que o torque dado pela Equação (2.3) tende a girar o dipolo sobre o eixo que passa pelo centro do dipolo e ser normal para o dipolo e o plano do desenho, ou seja, sobre o vetor $T_{\text{sobre o dipolo}}$. A ação de tais torques no dielétrico é contra as forças intermoleculares aleatórias térmicas, e serve para alinhar os dipolos, até certo ponto, na mesma direção — em direção às linhas do campo. Vemos também que, quanto mais forte o campo, maior o $T_{\text{sobre o dipolo}}$, e maior será o componente do momento resultante dipolo de todas as moléculas, $\sum \mathbf{p}$, ao longo da direção de $\mathbf{E}_{ext}$. Um campo forte o bastante pode até mesmo produzir um deslocamento adicional entre as cargas positivas e negativas em uma molécula polar, resultando em um maior p.

Concluímos que ambos os dielétricos — um unipolar e um polar — em um campo elétrico podem ser vistos como um arranjo de (mais ou menos) dipolos elétricos microscópicos orientados. O processo de fazer molé-

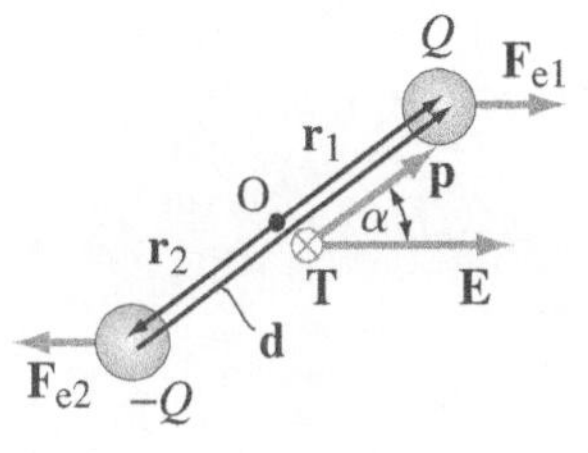

Figura 2.1

Polarização de dielétricos polares: modelo de uma molécula polar em um campo elétrico externo.

culas e átomos, em um dielétrico, comportarem-se como dipolos e orientar os dipolos na direção do campo externo é chamado de *polarização do dielétrico*, e as cargas ligadas, às vezes, são indicadas como cargas de polarização. Esse processo é muito rápido, quase instantâneo, e o dielétrico no novo estado eletrostático é dito polarizado ou no estado polarizado. Para quase todos os materiais, a remoção do campo elétrico externo resulta no retorno ao estado normal, não polarizado. Poucos dielétricos, chamados de eletretos, permanecem polarizados na ausência de um campo elétrico aplicado (um exemplo é um cristal piezoelétrico tensionado).

2.2 VETOR POLARIZAÇÃO

Quando polarizado (por um campo elétrico externo), um dielétrico é uma fonte de seu próprio campo elétrico, e o campo total em um ponto arbitrário no espaço (dentro ou fora do dielétrico) é uma soma do campo externo (primário) e daquele devido à polarização dielétrica (secundário). Para determinar este último, podemos substituir o dielétrico por uma série de pequenos dipolos equivalentes, que podem ser considerados no vácuo, pois o resto do material não produz qualquer campo.

Em teoria, poderíamos utilizar a expressão para o campo elétrico devido a um dipolo elétrico, Equação (1.117), e obter o campo devido a um dielétrico polarizado por superposição. No entanto, quanto mais átomos ou moléculas em um corpo dielétrico, tanto menores dipolos equivalentes, e, com a abordagem "microscópica" para a avaliação do campo devido ao dielétrico polarizado, seria preciso considerar cada dipolo único, o que é quase impossível [há na ordem de até 10^{30} átomos por unidade de volume ($1\ m^3$) em dielétricos sólidos e líquidos].

Preferimos adotar uma abordagem "macroscópica", e introduzir uma grandeza macroscópica chamada de vetor polarização para descrever o estado polarizado de um dielétrico e o campo resultante. Primeiro, calculamos a média dos momentos de dipolo em um volume elementar dv,

média do momento de dipolo em um volume elementar de um dielétrico polarizado

$$\mathbf{p}_{\text{méd}} = \frac{\left(\sum \mathbf{p}\right)_{\text{em } dv}}{N_{\text{em } dv}}, \tag{2.5}$$

e depois multiplicamos essa média pela concentração de dipolos (ou seja, a concentração de átomos ou moléculas no dielétrico), o que equivale a

$$N_v = \frac{N_{\text{em } dv}}{dv}. \tag{2.6}$$

O que temos é, por definição, o vetor polarização:

vetor polarização (unidade: C/m^2)

$$\mathbf{P} = N_v\, \mathbf{p}_{\text{méd}} = \frac{\left(\sum \mathbf{p}\right)_{\text{em } dv}}{dv}. \tag{2.7}$$

Observe que $\mathbf{P}$ representaria o momento do dipolo resultante em um volume unitário ($1\ m^3$) se fosse polarizado de modo uniforme (por igual) em todo o volume. Note também que

$$\mathbf{P}\, dv = \left(\sum \mathbf{p}\right)_{\text{em } dv} \tag{2.8}$$

é o momento de dipolo de um dipolo elétrico equivalente a um dv elementar do dielétrico polarizado, ou seja, para todos os dipolos dentro dele.[1] A unidade de $\mathbf{P}$ é C/m^2.

Em qualquer material dielétrico, o vetor polarização em um ponto é uma função do vetor intensidade do campo elétrico (total) naquele ponto,

$$\mathbf{P} = \mathbf{P}(\mathbf{E}). \tag{2.9}$$

Para materiais lineares (no sentido elétrico), esta relação é linear, ou seja,

χ_e – suscetibilidade elétrica de um dielétrico linear

$$\mathbf{P} = \chi_e \varepsilon_0 \mathbf{E}, \tag{2.10}$$

onde χ_e é a suscetibilidade elétrica do dielétrico. É um número puro, ou seja, uma grandeza adimensional, obtida por medições de materiais individuais, e é sempre não negativa ($\chi_e \geq 0$). Para um vácuo, $\chi_e = 0$, enquanto $\chi_e \approx 0$ para o ar.

2.3 VOLUME DE LIGAÇÃO E DENSIDADE SUPERFICIAL DE CARGA

Vamos agora deduzir as expressões para o cálculo da distribuição macroscópica do excesso de cargas ligadas em um corpo dielétrico polarizado a partir de uma dada distribuição do vetor polarização, $\mathbf{P}$, que, por sua vez, é obtido pela média dos dipolos microscópicos no material dielétrico. Essas expressões serão utilizadas na próxima seção para avaliações de espaço livre do campo elétrico devido a dielétricos polarizados.

Primeiro, encontraremos a carga ligada total (polarização) Q_{pS} fechada por uma superfície arbitrária imaginária S situada (total ou parcialmente) dentro de um corpo dielétrico polarizado, como mostra a Figura 2.2. Sabendo que a carga ligada, na verdade, consiste de uma série de pequenos dipolos elétricos, e cada dipolo é composto a partir de um Q positivo e um $-Q$ negativo, percebemos

1 O volume elementar dv, como usamos em teoria eletromagnética macroscópica, é pequeno em um sentido físico, e não pode ser infinitamente pequeno em um sentido matemático. Na definição do vetor de polarização, por exemplo, isso significa que dv é grande o suficiente para conter vários dipolos pequenos para serem tratados "em média", mas ainda suficientemente pequenos para que $\mathbf{P}$ possa ser considerado constante em dv do ponto de vista macroscópico. Tal dv ainda contém um vasto número (milhões) de átomos ou moléculas.

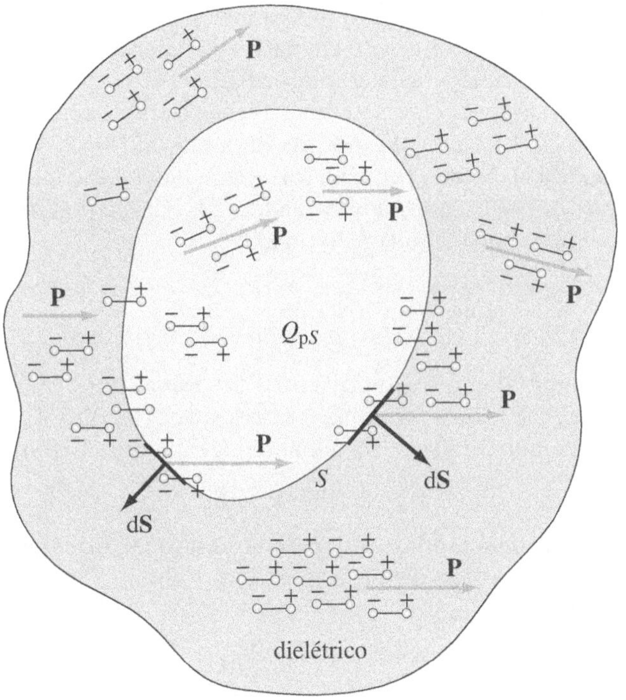

Figura 2.2
Superfície fechada S em um corpo dielétrico polarizado.

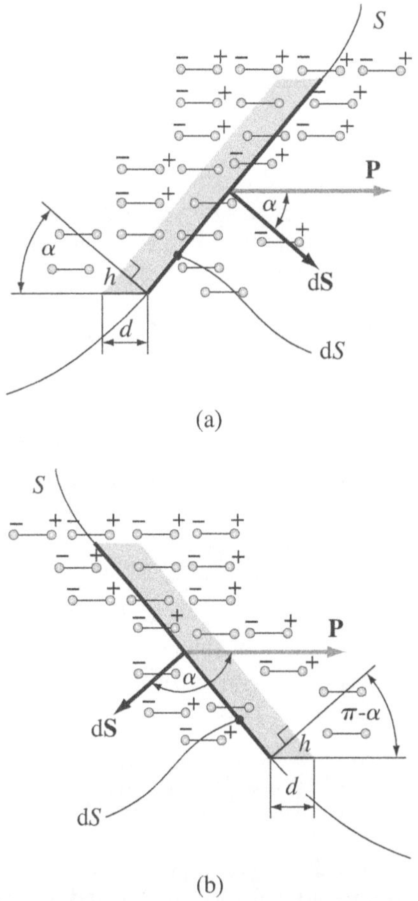

Figura 2.3
Elemento da superfície S na Figura 2.2, em dois casos em relação ao ângulo α entre **P** e d**S**: (a) $0 \le \alpha < 90°$ e (b) $90° < \alpha \le 180°$.

que todos os dipolos que aparecem dentro de S com ambas as extremidades, Q e $-Q$, bem como os que estão totalmente fora de S, contribuem com zero carga líquida para Q_{pS}. Apenas os dipolos em que uma extremidade está dentro (e a outra fora) de S contribuem de fato para a carga total de ligação em S. (Notamos de imediato que $Q_{pS} = 0$ quando S encerra o corpo dielétrico inteiro.) Para avaliar Q_{pS} (no caso geral), contamos os dipolos que atravessam a superfície S. Ao fazer isso, contamos a contribuição de tais dipolos tanto como Q como $-Q$ (perceba que Q, geralmente, difere de dipolo para dipolo), inspecionando qual extremidade do dipolo está dentro de S.

Considere um elemento dS de S e o caso quando o ângulo α entre o vetor **P** (ou vetor $\mathbf{p}_{\text{méd}}$) e vetor d**S**, que é orientado a partir de S para fora, é inferior a 90°, conforme ilustrado na Figura 2.3(a). Note que as extremidades negativas dos dipolos, que se estendem através de dS com uma extremidade (negativa) no interior de S, estão em um cilindro com bases dS e altura

$$h = d\cos\alpha, \tag{2.11}$$

de modo que o número desses dipolos é igual à concentração de dipolos, N_v, vezes o volume do cilindro, $dv = dS\,h$. Como as extremidades do dipolo no lado interno de dS são todas negativas, e supondo que todos os dipolos em dv estão com os mesmos momentos e carga, a carga ligada correspondente é dada por

$$dQ_p = N_v\,dS\,d\cos\alpha\,(-Q) \quad (0 \le \alpha < 90°). \tag{2.12}$$

Quando $\alpha > 90°$, retratado na Figura 2.3(b),

$$h = d\,\cos(\pi - \alpha) = d\,(-\cos\alpha), \tag{2.13}$$

e, porque as extremidades dos dipolos no lado interno de dS são todas positivas,

$$dQ_p = N_v\,dS\,d\,(-\cos\alpha)\,Q \quad (90° < \alpha \le 180°), \tag{2.14}$$

que é o mesmo resultado da Equação (2.12).

Para dielétricos não polares, $\mathbf{p}_{\text{méd}} = \mathbf{p}$, e $\mathbf{P} = N_v\mathbf{p} = N_vQ\mathbf{d}$. Para dielétricos polares, onde nem todos os momentos de dipolo são mutuamente paralelos, podemos considerar os dipolos em pequenos cilindros nas Figuras 2.3(a) e (b) dipolos equivalentes com momentos $\mathbf{p}_{\text{méd}} = Q\mathbf{d}$, de modo que $\mathbf{P} = N_v\mathbf{p}_{\text{méd}} = N_vQ\mathbf{d}$. Assim, para um α arbitrário ($0 \le \alpha \le 180°$), temos

$$dQ_p = -N_vQd\,dS\cos\alpha = -P\,dS\cos\alpha = -\mathbf{P}\cdot d\mathbf{S} \tag{2.15}$$

(note que o caso-limite, $\alpha = 90°$ e $dQ_p = 0$, também está incluso na fórmula). Por fim, integrando o resultado para dQ_p sobre a superfície S inteira, obtemos

carga de ligação total (polarização) delimitada por uma superfície fechada S

$$Q_{pS} = -\oint_S \mathbf{P}\cdot d\mathbf{S}. \tag{2.16}$$

Esta é uma equação integral semelhante em forma à lei de Gauss, Equação (1.133). Ela nos diz que o fluxo externo do vetor de polarização, através de uma superfície arbitrária fechada em um sistema eletrostático que inclui materiais dielétricos, é igual ao total de carga de ligação (polarização) fechada por essa superfície, multiplicada por -1.

A Equação (2.16) é verdadeira para qualquer superfície fechada S. Vamos agora aplicá-la à superfície S encerrando um volume elementar Δv no interior de um dielétrico polarizado:

$$\frac{(Q_p)_{em\ \Delta v}}{\Delta v} = \frac{-\oint_S \mathbf{P} \cdot d\mathbf{S}}{\Delta v} \quad (\Delta v \to 0), \qquad (2.17)$$

com ambos os lados da equação sendo também divididos por Δv. A expressão no lado esquerdo da Equação (2.17) representa a densidade do excesso de volume de carga de ligação,

$$\rho_p = \frac{(Q_p)_{em\ \Delta v}}{\Delta v}, \qquad (2.18)$$

enquanto a expressão em seu lado direito é, por definição [Equação (1.172)], o negativo da divergência do vetor polarização. Por isso,

densidade de carga do volume de ligação

$$\boxed{\rho_p = -\operatorname{div}\mathbf{P} = -\nabla \cdot \mathbf{P}.} \qquad (2.19)$$

Se $\mathbf{P} = \text{const}$ dentro do dielétrico (dielétrico uniformemente polarizado), todos as derivadas espaciais de $\mathbf{P}$ são zero, e usando a Equação (2.19),

nenhum volume de carga ligada em um dielétrico uniformemente polarizado

$$\boxed{\mathbf{P} = \text{const} \longrightarrow \rho_p = 0.} \qquad (2.20)$$

Se $\mathbf{P} \neq \text{const}$, no entanto, então o excesso de carga ligada volumétrica só existe se o vetor polarização varia ao longo do volume do dielétrico (dielétrico polarizado não uniforme) de uma forma que sua divergência seja diferente de zero, caso contrário $\rho_p = 0$.

Na superfície de um dielétrico polarizado, sempre existe carga ligada em excesso (há extremidades de dipolos pressionadas sobre a superfície que não podem ser compensadas por extremidades com cargas opostas de dipolos vizinhos), exceto em partes da superfície, onde $\mathbf{P}$ e os dipolos são tangentes à superfície. Para determinar a densidade superficial de carga ligada associada (ou polarização), ρ_{ps}, aplicamos a Equação (2.16) a uma superfície de uma pequena caixa, com bases ΔS e altura Δh ($\Delta h \to 0$), mostrada na Figura 2.4. Não há polarização no espaço livre (vácuo ou ar),

sem polarização em um vácuo ou ar

$$\boxed{\mathbf{P} = 0,} \qquad (2.21)$$

de modo que o fluxo do vetor $\mathbf{P}$ na Equação (2.16) se reduz a $\mathbf{P} \cdot \Delta\mathbf{S}$ sobre o lado inferior de S, e temos [ver também a derivação semelhante na Equação (1.188)]

$$\rho_{ps}\Delta S = -\mathbf{P} \cdot \Delta\mathbf{S}. \qquad (2.22)$$

Com $\hat{\mathbf{n}}_d$ denotando o vetor unitário normal, orientado a partir do corpo dielétrico para fora, $\Delta\mathbf{S} = -\Delta S\hat{\mathbf{n}}_d$, que produz

densidade de carga de ligação superficial; $\hat{\mathbf{n}}_d$ exterior normal em uma superfície dielétrica

$$\boxed{\rho_{ps} = \hat{\mathbf{n}}_d \cdot \mathbf{P}.} \qquad (2.23)$$

Esta é a condição de contorno para o vetor $\mathbf{P}$ sobre uma superfície dielétrica do espaço livre, conectando o vetor polarização no dielétrico próximo da superfície de contorno e da densidade superficial de carga ligada. Note que apenas os componentes normais de $\mathbf{P}$ contribuem para ρ_{ps}.

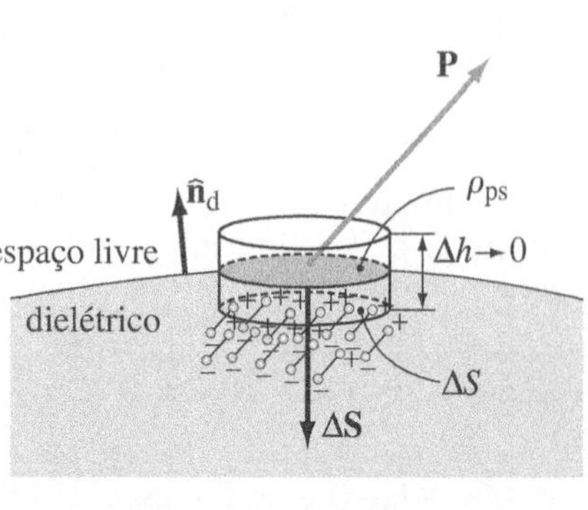

Figura 2.4

Superfície elementar fechada usada para derivar a condição de contorno para o vetor **P** sobre uma superfície em espaço não dielétrico, Equação (2.23).

Exemplo 2.1

Cubo dielétrico polarizado não uniforme

O vetor polarização em um cubo dielétrico mostrado na Figura 2.5 é dado por

$$\mathbf{P}(x, y) = P_0 \frac{xy}{a^2}\,\hat{\mathbf{x}}, \qquad (2.24)$$

onde P_0 é uma constante. O meio circundante é o ar. Encontre a distribuição das cargas ligadas do cubo.

Solução Usando as equações (2.19) e (1.167), a densidade volumétrica de carga ligada no interior do cubo é

$$\rho_p = -\frac{\partial P_x}{\partial x} = -\frac{P_0 y}{a^2}, \qquad (2.25)$$

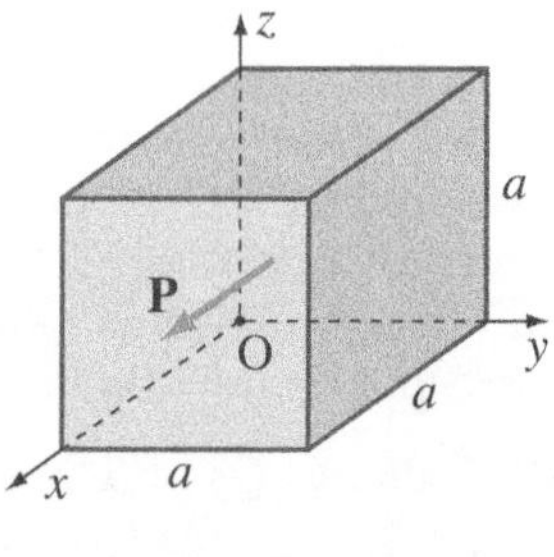

Figura 2.5

Cubo dielétrico com polarização **P** (*x*, *y*), para o Exemplo 2.1.

enquanto a Equação (2.23) nos diz que a carga superficial de ligação existe somente na parte da frente do cubo, e sua densidade chega a

$$\rho_{ps} = \hat{\mathbf{x}} \cdot \mathbf{P}(a^-, y) = \frac{P_0 y}{a}, \quad (2.26)$$

com **P** (a^-, y) denotando o vetor polarização no dielétrico muito próximo da superfície de contorno em $x = a$. Na parte de trás, $\rho_{ps} = 0$ pois $P\,(0^+, y) = 0$, enquanto, nos quatro lados restantes, $\rho_{ps} = 0$, pois $\hat{\mathbf{n}}_d$ e **P** são perpendiculares entre si. Observe que, com v designando o volume do cubo e S a superfície de contorno,

$$Q_p = \int_v \rho_p \, dv + \oint_S \rho_{ps} \, dS =$$

$$= \int_{y=0}^{a} \left(-\frac{P_0 y}{a^2}\right) a^2 \, dy + \int_{y=0}^{a} \frac{P_0 y}{a} a \, dy = 0, \quad (2.27)$$

como seria de esperar (a carga ligada total de um corpo dielétrico é sempre zero), onde, de acordo com a nossa estratégia geral de integração explicada na Seção 1.4, dv é adotado para ser uma fatia do cubo de espessura dy, e dS uma faixa de largura dy do lado da frente do cubo.

2.4 AVALIAÇÃO DO CAMPO ELÉTRICO E POTENCIAL DEVIDO A DIELÉTRICOS POLARIZADOS

Nesta seção, avaliaremos o vetor intensidade de campo elétrico e o potencial escalar elétrico devido a corpos dielétricos polarizados em vários casos característicos. Supomos que o estado de polarização de um corpo dielétrico é descrito por uma dada distribuição do vetor polarização, **P**, no interior do corpo. De **P**, usando a equações (2.19) e (2.23), primeiro encontramos a distribuição volumétrica e a densidade superficial de carga de ligada, ρ_p e ρ_{ps}, em todo o volume do corpo e sobre sua superfície, respectivamente. Então, calculamos o campo **E** e o potencial V (e quaisquer outras grandezas de interesse relacionadas), utilizando as fórmulas apropriadas de espaço livre e equações [equações (1.37), (1.38), (1.82), (1.83), (1.133) etc.] e técnicas de solução adequadas para geometrias específicas e distribuições fonte.

Exemplo 2.2

Disco dielétrico uniformemente polarizado

Um disco dielétrico de raio a e espessura d está situado no espaço livre. O disco está uniformemente polarizado em todo o seu volume, o vetor polarização é normal para as bases do disco e sua magnitude é P. Encontre (a) a distribuição de cargas ligadas do disco e (b) o vetor intensidade de campo elétrico no centro do disco.

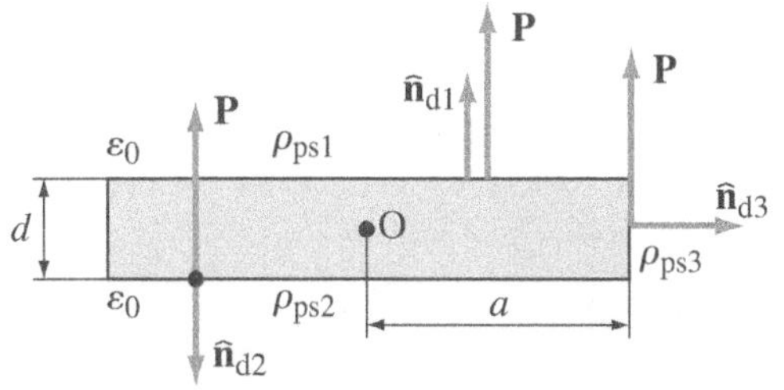

Figura 2.6
Carga superficial ligada em um disco dielétrico uniformemente polarizado, para o Exemplo 2.2.

Solução

(a) A Equação (2.20) nos diz que não há carga volumétrica ligada dentro do disco. De acordo com a Equação (2.23) e Figura 2.6, as densidades superficiais de carga ligada sobre as bases do disco superior e inferior são

$$\rho_{ps1} = \hat{\mathbf{n}}_{d1} \cdot \mathbf{P} = P \quad \text{e} \quad \rho_{ps2} = \hat{\mathbf{n}}_{d2} \cdot \mathbf{P} = -P, \quad (2.28)$$

enquanto, na superfície lateral do disco, $\rho_{ps3} = \hat{\mathbf{n}}_{d3} \cdot \mathbf{P} = 0$.

(b) O campo elétrico devido ao disco polarizado é igual ao campo devido a duas lâminas circulares de carga com densidades ρ_{ps1} e ρ_{ps2} no espaço livre. Usamos a expressão para o campo devido a uma lâmina circular de carga (disco fino carregado) na Equação (1.63) e o princípio da superposição para somar os campos devido a duas lâminas, $\mathbf{E}_1$ e $\mathbf{E}_2$. As densidades de carga são $\rho_s = \pm\, P$ e da distância de cada lâmina do centro do disco (ponto O) é $d/2$, então os dois campos são os mesmos, e o campo total vem a ser

$$\mathbf{E} = \mathbf{E}_1 + \mathbf{E}_2 = 2\mathbf{E}_1 = -\frac{P}{\varepsilon_0}\left[1 - \frac{d}{2\sqrt{a^2 + (d/2)^2}}\right]\hat{\mathbf{z}}. \quad (2.29)$$

Exemplo 2.3

Esfera dielétrica uniformemente polarizada

Uma esfera dielétrica de raio a, no espaço livre, está uniformemente polarizada, e o vetor polarização é **P**. Calcule (a) a distribuição de carga ligada da esfera, (b) o potencial escalar elétrico no centro da esfera e (c) o vetor intensidade de campo elétrico no centro da esfera.

Solução

(a) Adotaremos um sistema esférico de coordenadas com a origem no centro da esfera e do eixo z paralelo ao vetor **P**, como mostrado na Figura 2.7. A densidade volumétrica de carga ligada é $\rho_p = 0$. A superficial ligada num ponto M na superfície da esfera, definida pelo ângulo θ, é

$$\rho_{ps} = \hat{\mathbf{n}}_d \cdot \mathbf{P} = P\cos\angle(\hat{\mathbf{n}}_d, \mathbf{P}) = P\cos\theta, \quad 0 \le \theta \le \pi. \quad (2.30)$$

Substituímos agora a esfera polarizada por uma lâmina esférica, não uniforme, de carga no espaço livre, cuja densidade de carga é a função de θ, dada na Equação (2.30), e calcule V e **E** no centro da esfera (ponto O), utilizando conceitos de espaço livre e equações.

(b) Da Equação (1.83) e Figura 2.7, o potencial no ponto O acaba por ser

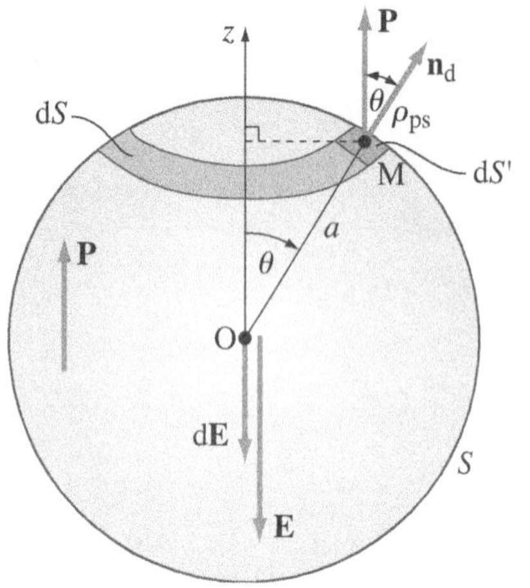

Figura 2.7
Esfera dielétrica com uma polarização uniforme; para o Exemplo 2.3.

$$V = \frac{1}{4\pi\varepsilon_0}\oint_S \frac{\rho_{ps}\,dS'}{a} = \frac{1}{4\pi\varepsilon_0 a}\oint_S \rho_{ps}\,dS' =$$

$$= \frac{1}{4\pi\varepsilon_0 a} Q_p = 0, \qquad (2.31)$$

porque a carga de ligação total da esfera, Q_p, é zero.

(c) Por causa da simetria, o vetor **E**, no ponto O na Figura 2.7 tem um componente único z (negativo), que é calculado da mesma maneira como na Figura 1.16, subdividindo a superfície esfera em anéis finos e integrando os campos **dE** devido aos anéis individuais, as duas únicas diferenças, sendo que a densidade superficial de carga é agora uma função de θ, Equação (2.30), e que o limite superior para a integração é agora $\theta = \pi$. Com isso, a Equação (1.67) torna-se

campo elétrico dentro de uma esfera dielétrica uniformemente polarizada

$$\mathbf{E} = \oint_S d\mathbf{E} = -\frac{1}{2\varepsilon_0}\int_{\theta=0}^{\pi} \rho_{ps}(\theta)\,\text{sen}\,\theta\cos\theta\,d\theta\,\hat{\mathbf{z}} =$$

$$= -\frac{P}{2\varepsilon_0}\int_0^{\pi} \underbrace{\cos^2\theta}_{u^2}\,\underbrace{\text{sen}\,\theta\,d\theta}_{-du}\,\hat{\mathbf{z}} =$$

$$= -\frac{P}{3\varepsilon_0}\hat{\mathbf{z}} \longrightarrow \boxed{\mathbf{E} = -\frac{\mathbf{P}}{3\varepsilon_0}}, \qquad (2.32)$$

onde a substituição dada por $u = \cos\theta$ é usada para resolver a integral em θ. Pode ser mostrado que **E** tem esse mesmo valor (constante) em qualquer ponto dentro da esfera polarizada.

Exemplo 2.4

Esfera dielétrica não uniformemente polarizada

Uma esfera dielétrica não uniforme polarizada, de raio a, está situada no espaço livre. Em um sistema de coordenadas esféricas cuja origem coincide com o centro da esfera, o vetor polarização é dado pela expressão

$$\mathbf{P}(r) = P_r(r)\,\hat{\mathbf{r}} = P_0\frac{r}{a}\,\hat{\mathbf{r}} \qquad (2.33)$$

(P_0 é uma constante). Determine (a) o volume de ligação e a densidade superficial de carga da esfera e (b) o potencial escalar elétrico dentro e fora da esfera.

Solução

(a) Usando a expressão para a divergência em coordenadas esféricas, Equação (1.171), a densidade volumétrica de carga ligada da esfera equivale a

$$\rho_p = -\nabla\cdot\mathbf{P} = -\frac{1}{r^2}\frac{\partial}{\partial r}\left(r^2 P_r\right) = -\frac{3P_0}{a} \qquad (2.34)$$

(é o mesmo em todos os pontos dentro da esfera). A densidade de carga de ligação superficial é

$$\rho_{ps} = \hat{\mathbf{r}}\cdot\mathbf{P}(a^-) = P_0. \qquad (2.35)$$

(b) O campo fora (para $r > a$) é zero, pois é idêntico ao campo da carga pontual equivalente $Q_p = 0$ (carga total) colocado no centro da esfera. Assim, o potencial fora da esfera também é zero

$$V(r) = 0, \quad a < r < \infty. \qquad (2.36)$$

Da Equação (1.140), o campo elétrico dentro da esfera é dado por

$$E(r) = \frac{\rho_p r}{3\varepsilon_0} = -\frac{P_0 r}{\varepsilon_0 a}, \quad 0 \le r < a. \qquad (2.37)$$

O potencial dentro da esfera é então

$$V(r) = \int_{r'=r}^{a} E(r')\,dr' = -\frac{P_0 a}{2\varepsilon_0}\left(1 - \frac{r^2}{a^2}\right),$$
$$0 \le r \le a. \qquad (2.38)$$

2.5 LEI DE GAUSS GENERALIZADA

Consideremos, agora, o sistema eletrostático mais geral contendo ambos os condutores e dielétricos. As fontes de campo equivalentes são agora duas cargas livres e ligadas, no espaço livre, e a lei de Gauss, Equação (1.133), torna-se

lei de Gauss para um sistema com condutores e dielétricos

$$\boxed{\oint_S \mathbf{E}\cdot d\mathbf{S} = \frac{Q_S + Q_{pS}}{\varepsilon_0}}, \qquad (2.39)$$

onde Q_S e Q_{pS} são a carga livre total e a carga ligada total, cercada por uma superfície fechada arbitrária S. Multiplicando esta equação por ε_0, movendo Q_{pS} para o lado esquerdo da equação, então, substituindo-o pela negativa do fluxo do vetor polarização, **P**, a partir da Equação (2.16), e finalmente unindo as duas integrais sobre S em uma única, obtemos a equação equivalente integral:

$$\oint_S (\varepsilon_0\mathbf{E} + \mathbf{P})\cdot d\mathbf{S} = Q_S. \qquad (2.40)$$

Para encurtar a descrição, definimos uma grandeza vetorial nova,

vetor densidade de fluxo elétrico (unidade: C/m²)

$$\boxed{\mathbf{D} = \varepsilon_0\mathbf{E} + \mathbf{P},} \qquad (2.41)$$

que é chamado vetor densidade de fluxo elétrico (também conhecido como o vetor deslocamento elétrico ou vetor de indução elétrica). Assim, o fluxo de **D** é chamado de fluxo elétrico (simbolizado por Ψ),

fluxo elétrico (unidade: C)

$$\Psi = \int_{S'} \mathbf{D} \cdot d\mathbf{S}, \tag{2.42}$$

onde S' é qualquer superfície designada (aberta ou fechada). No lugar da Equação (2.40),

lei de Gauss generalizada

$$\oint_S \mathbf{D} \cdot d\mathbf{S} = Q_S. \tag{2.43}$$

Esta é uma forma equivalente da lei de Gauss para campos eletrostáticos em meios arbitrários, mais conveniente do que a forma na Equação (2.39) porque tem apenas cargas livres no lado direito da equação integral, e não as cargas ligadas, e, portanto, é mais simples de usar. É indicada como a lei de Gauss generalizada, e, em palavras, afirma que o fluxo elétrico externo através de qualquer superfície fechada em qualquer sistema eletrostático incluindo o dos condutores e dielétricos é igual à carga total livre delimitada pela superfície. Da Equação (2.43), a unidade para o fluxo elétrico é C, de modo que a unidade de sua densidade, **D**, é C/m^2.

No caso geral, a carga livre é representada por meio da densidade volumétrica de carga ρ, produzindo

lei de Gauss generalizada em termos de densidade volumétrica de carga

$$\oint_S \mathbf{D} \cdot d\mathbf{S} = \int_v \rho \, dv, \tag{2.44}$$

com v denotando o volume limitado por S. Como essa relação integral é verdadeira, independentemente da escolha de v, o teorema da divergência, Equação (1.173), dá a forma diferencial da lei de Gauss generalizada:

lei de Gauss diferencial generalizada

$$\nabla \cdot \mathbf{D} = \rho. \tag{2.45}$$

2.6 CARACTERIZAÇÃO DE MATERIAIS DIELÉTRICOS

As propriedades de polarização de materiais podem ser descritas pela relação entre o vetor polarização, **P**, e o vetor intensidade de campo elétrico, **E**, Equação (2.9). Agora, empregamos o vetor densidade de fluxo elétrico, **D**, e substituindo a Equação (2.9) na Equação (2.41), obtemos a relação equivalente

equação constitutiva de um dielétrico arbitrário (não linear)

$$\mathbf{D} = \varepsilon_0 \mathbf{E} + \mathbf{P}(\mathbf{E}) = \mathbf{D}(\mathbf{E}), \tag{2.46}$$

que é mais usada para a caracterização de materiais dielétricos e é chamada de equação constitutiva do material. Para dielétricos lineares, a Equação (2.10) se aplica, e a Equação (2.46) torna-se

equação constitutiva de um dielétrico linear

$$\mathbf{D} = (\chi_e + 1)\varepsilon_0 \mathbf{E} = \varepsilon_r \varepsilon_0 \mathbf{E} \quad \text{ou} \quad \mathbf{D} = \varepsilon \mathbf{E}, \tag{2.47}$$

onde ε é a permissividade e ε_r a permissividade relativa do meio (ε_r é, por vezes, indicada como a constante dielétrica do material). A unidade de ε é farad por metro (F/m), enquanto ε_r é adimensional, obtido como

$$\varepsilon_r = \chi_e + 1, \tag{2.48}$$

e, portanto,

$$\varepsilon_r \geq 1. \tag{2.49}$$

O valor de ε_r mostra o quanto a permissividade de um material dielétrico,

permissividade de um dielétrico linear (unidade: F/m)

$$\varepsilon = \varepsilon_r \varepsilon_0, \tag{2.50}$$

é maior do que a permissividade do espaço livre (vácuo), dado na Equação (1.2). Para espaço livre e materiais não dielétricos (como metais), $\varepsilon_r = 1$ e

equação constitutiva para o espaço livre

$$\mathbf{D} = \varepsilon_0 \mathbf{E}. \tag{2.51}$$

A Tabela 2.1 mostra os valores de permissividade relativa de uma série de materiais selecionados, para campos elétricos eletrostáticos aplicados ou de baixa frequência variável no tempo (tempo-harmônica),[2] em temperatura ambiente (20º C).

Para dielétricos não lineares, a relação constitutiva entre **D** e **E**, Equação (2.46), é não linear. Isto também significa que as propriedades de polarização do material dependem da intensidade do campo elétrico, E (para dielétricos lineares, χ_e e ε são constantes, independentemente do E).

Nos chamados materiais ferroelétricos, a Equação (2.46) não só é não linear, mas também mostra efeitos de histerese. A função $D(E)$ tem várias ramificações, de modo que D não é determinada apenas por um valor de E, mas depende também do histórico de polarização do material, ou seja, em seus estados anteriores. Um exemplo notável é o titanato de bário ($BaTiO_3$), usado em capacitores cerâmicos e dispositivos de micro-ondas diferentes (por exemplo, filtros cerâmicos e multiplexadores).

Outro conceito em caracterização de materiais é a homogeneidade. Um material é dito homogêneo quando

2 Em frequências mais altas, quando vista em faixas de frequência muito larga, a permissividade em geral (para a maioria dos materiais) não é uma constante, mas depende da frequência de operação de ondas eletromagnéticas propagando através do material.

suas propriedades não mudam de ponto a ponto na região a ser considerada. Em um dielétrico linear homogêneo, ε é uma constante independente de coordenadas espaciais. Caso contrário, o material é heterogêneo [por exemplo, $\varepsilon = \varepsilon(x, y, z)$ na região].

Por fim, introduzimos o conceito de isotropia na classificação de materiais dielétricos. Em geral, as propriedades dos meios isotrópicos são independentes da direção. Em um dielétrico isotrópico linear, ε é uma grandeza escalar, portanto **D** e **E** são sempre colineares e na mesma direção, e não dependem da orientação de **E**. Em um meio anisotrópico, no entanto, os componentes individuais de **D** dependem de forma diferente em diferentes componentes de **E**, de modo que a Equação (2.47) torna-se uma equação matricial,

$[\varepsilon]$ tensor de permissividade de um dielétrico anisotrópico

$$\begin{bmatrix} D_x \\ D_y \\ D_z \end{bmatrix} = \begin{bmatrix} \varepsilon_{xx} & \varepsilon_{xy} & \varepsilon_{xz} \\ \varepsilon_{yx} & \varepsilon_{yy} & \varepsilon_{yz} \\ \varepsilon_{zx} & \varepsilon_{zy} & \varepsilon_{zz} \end{bmatrix} \begin{bmatrix} E_x \\ E_y \\ E_z \end{bmatrix}. \tag{2.52}$$

Assim, no lugar de um escalar ε único, temos um tensor $[\varepsilon]$ (permissividade do tensor), ou seja, nove (quase sempre diferentes) escalares que correspondem a diferentes pares de componentes espaciais de **D** e **E**. Os materiais dielétricos cristalinos, em geral, são anisotrópicos; a natureza periódica dos cristais provoca momentos de dipolo a serem formados e orientados por meio do campo elétrico aplicado muito mais facilmente ao longo dos eixos de cristal do que em outras direções. Um exemplo é o rutilo (TiO_2), cuja permissividade relativa é $\varepsilon_r = 173$ na direção paralela a um eixo de cristal e $\varepsilon_r = 89$ em ângulos retos. Para muitos cristais a mudança na permissividade com direção é pequena. Por exemplo, o quartzo tem ε_r = 4,7-5,1, e costuma-se adotar um valor arredondado $\varepsilon_r = 5$ para a sua permissividade relativa média e tratar o material como isotrópico.

A teoria dos dielétricos que discutimos até agora assume regimes designados normais em operação nos sistemas elétricos — quando a intensidade do campo elétrico, E, em partes dielétricas individuais do sistema, está abaixo de algum nível "da rigidez". Ou seja, a in-

Tabela 2.1 Permissividade relativa de materiais selecionados*

Material	ε_r	Material	ε_r
Vácuo	1	Quartzo	5
Freon	1	Diamante	5-6
Ar	1,0005	Solo úmido	5-15
Isopor	1,03	Mica (rubi)	5,4
Espuma de poliuretano	1,1	Esteatite	5,8
Papel	1,3-3	Cloreto de sódio (NaCl)	5,9
Madeira	2-5	Porcelana	6
Solo seco	2-6	Neoprene	6,6
Parafina	2,1	Nitreto de silício (Si_3N_4)	7,2
Teflon	2,1	Mármore	8
Vaselina	2,16	Alumina (Al_2O_3)	8,8
Polietileno	2,25	Músculo animal e humano	10
Óleo	2,3	Silício (Si)	11,9
Borracha	2,4-3	Arsenieto de gálio	13
Poliestireno	2,56	Germânio	16
PVC	2,7	Amônia (líquida)	22
Âmbar	2,7	Álcool (etílico)	25
Acrílico	3,4	Pentóxido de tântalo	25
Náilon	3,6-4,5	Glicerina	50
Sílica fundida (SiO_2)	3,8	Gelo	75
Enxofre	4	Água	81
Vidro	4-10	Rutilo (TiO_2)	89-173
Baquelite	4,74	Titanato de bário ($BaTiO_3$)	1.200

*Para campos elétricos aplicados estáticos ou de baixa frequência, em temperatura ambiente.

tensidade E em um dielétrico não pode ser aumentada indefinidamente: se um determinado valor for ultrapassado, o dielétrico torna-se condutor. De modo temporário ou permanente, perde sua propriedade isolante, e é dito rígido. O valor de ruptura do campo, ou seja, a intensidade máxima do campo elétrico que um material dielétrico individual pode suportar avaria, é chamada de rigidez dielétrica do material. Denotamos por E_{cr} (intensidade do campo crítico). Os valores de E_{cr} para os diferentes materiais são obtidos por medição. Para o ar,

rigidez dielétrica do ar

$$\boxed{E_{cr0} = 3\ \mathrm{MV/m}.} \tag{2.53}$$

Em dielétricos gasosos, como o ar, por causa de um campo elétrico aplicado muito forte, os elétrons livres e íons são acelerados pelas forças de Coulomb [ver Equação (1.23)], a altas velocidades suficientes para que, em colisões com moléculas neutras, consigam golpear elétrons da molécula (chamada de ionização de impacto). Os elétrons livres recém-criados e íons carregados positivamente também são acelerados pelo campo, colidem com as moléculas, liberam mais elétrons; o resultado é um processo de avalanche de ionização de impacto e geração muito rápida de um grande número de elétrons livres que constituem uma corrente elétrica substancial no gás (geralmente ocorrem faíscas também). Em outras palavras, o gás, quase sempre um isolante muito bom, é subitamente transformado em um excelente condutor. Observe que ocorre muita rigidez do ar em qualquer instante de tempo em todas as tempestades sobre a terra. Na essência, eles são causados por grandes campos elétricos atmosféricos (campos devido a nuvens carregadas), atingindo o valor de rigidez na Equação (2.53), e sua manifestação mais óbvia é, naturalmente, um raio.

Avalanches de processos semelhantes ocorrem em intensidades de campo elétrico altas o suficiente em dielétricos líquidos e sólidos. Para sólidos, esses processos são reforçados e o valor da rigidez dielétrica (E_{cr}) de determinada peça de um dielétrico é reduzido por impurezas e defeitos estruturais no material, por certas maneiras como o material é fabricado, e até mesmo por fissuras microscópicas cheias de ar e lacunas no material. Além disso, quando, sob a influência de um forte campo elétrico, o calor local devido à corrente de fuga fluindo nos dielétricos com perda (baixa perda) é gerado mais depressa do que consegue ser dissipado no material, resultando no aumento da temperatura que pode causar uma mudança no material (fusão) e levar a um colapso chamado rigidez térmica do dielétrico. Tal processo de enrijecimento depende da duração do campo forte aplicado e da temperatura ambiente. A rigidez em dielétricos sólidos, na maioria das vezes, causa um dano permanente ao material (por exemplo, a formação de canais altamente condutores de material fundido, às vezes incluindo a matéria carbonizada, que danificam de forma irreversível a textura do dielétrico).

Os valores de E_{cr} para alguns materiais dielétricos selecionados são apresentados na Tabela 2.2. Forças dielétricas de dielétricos diferentes do ar são maiores do que o valor na Equação (2.53). Observe que, por definição, a rigidez dielétrica do vácuo é infinita.

2.7 EQUAÇÕES DE MAXWELL PARA CAMPO ELETROSTÁTICO

Notamos que a primeira equação de Maxwell para o campo eletrostático, Equação (1.75), não depende das propriedades do material, e é a mesma em todos os tipos de dielétricos, como está no espaço livre. A Equação

Tabela 2.2. Rigidez dielétrica dos materiais selecionados*

Material	E_{cr} (MV/m)	Material	E_{cr} (MV/m)
Ar (pressão atmosférica)	3	Baquelite	25
Titanato de bário ($BaTiO_3$)	7,5	Vidro (lâmina)	30
Freon	~8	Parafina	~30
Germânio	~10	Silício (Si)	~30
Madeira (pseudotsuga)	~10	Alumina	~35
Porcelana	11	Arsenieto de gálio	~40
Óleo (mineral)	15	Polietileno	47
Papel (embebido)	15	Mica	200
Poliestireno	20	Quartzo fundido (SiO_2)	~1000
Teflon	20	Nitreto de silício (Si_3N_4)	~1000
Borracha (rígida)	25	Vácuo	∞

*Em temperatura ambiente.

(2.44) é a terceira equação de Maxwell, e agora descrevemos o conjunto completo das equações de Maxwell para o campo eletrostático em um meio arbitrário, junto com a equação constitutiva, Equação (2.46) ou (2.47):

$$\begin{cases} \oint_C \mathbf{E} \cdot d\mathbf{l} = 0 \\ \oint_S \mathbf{D} \cdot d\mathbf{S} = \int_v \rho \, dv \\ \mathbf{D} = \mathbf{D}(\mathbf{E}) \; [\mathbf{D} = \varepsilon \mathbf{E}] \end{cases} . \quad (2.54)$$

Respectivamente, nomeamos, primeira equação de Maxwell em eletrostática; terceira equação de Maxwell; equação constitutiva para D.

Veremos mais adiante neste texto que essas equações representam um subconjunto do conjunto completo das equações de Maxwell para o campo eletromagnético, especializado para o caso eletrostático. No caso geral, o conjunto contém quatro equações de Maxwell e três equações constitutivas. Como veremos, a terceira equação (lei generalizada de Gauss) mantém a mesma forma em condições não estáticas. As equações constitutivas não são equações de Maxwell, mas estão associadas a elas e são necessárias para fornecer as informações sobre os materiais envolvidos.

2.8 O CAMPO ELETROSTÁTICO EM MEIO LINEAR, ISOTRÓPICO E HOMOGÊNEO

Na maioria das vezes lidamos com dielétricos lineares, isotrópicos e homogêneos, nos quais a Equação (2.47) se aplica, e a permissividade ε é independente da intensidade do campo aplicado, é a mesma para todas as direções, e não muda de ponto a ponto. Por tais meios, podemos trazer ε para fora do sinal da integral, na forma integral da lei de Gauss generalizada, Equação (2.43),

lei de Gauss para um dielétrico homogêneo

$$\oint_S \mathbf{E} \cdot d\mathbf{S} = \frac{Q_S}{\varepsilon}, \quad (2.55)$$

ou fora do operador de sinal (div) na lei diferencial generalizada de Gauss, Equação (2.45),

$$\nabla \cdot \mathbf{E} = \frac{\rho}{\varepsilon}. \quad (2.56)$$

Notamos que as equações (2.55) e (2.56) são idênticas às leis correspondentes do espaço livre, equações (1.133) e (1.165), exceto para ε_0 sendo substituído por ε. Lembre-se de que a expressão para o vetor intensidade do campo elétrico devido a uma carga pontual no espaço livre, e com ela também a lei de Coulomb, pode ser derivada da lei de Gauss (veja o Problema 1.53). Com base nisso, podemos reconsiderar todas as distribuições de carga no espaço livre que consideramos até agora, e todas as estruturas com condutores no espaço livre que temos analisado, e, apenas substituindo ε_0 por ε em todas as equações, obtemos as soluções para as mesmas distribuições (livres) de carga e as mesmas estruturas condutoras situadas em um dielétrico homogêneo de permissividade ε.[3] Este é o poder do conceito de permissividade dielétrica. Voltamos a destacar que, com o uso do vetor de densidade de fluxo elétrico e a permissividade dielétrica, precisamos lidar com cargas livres apenas no sistema, enquanto a contribuição das cargas ligadas ao campo é devidamente acrescentada através de ε. Assim, por exemplo, a Equação (1.82) implica que o potencial devido a uma distribuição volumétrica de carga livre em um dielétrico homogêneo com permissividade ε é dada por

$$V = \frac{1}{4\pi\varepsilon} \int_v \frac{\rho \, dv}{R}. \quad (2.57)$$

Além disso, a densidade superficial de carga livre sobre a superfície de um condutor cercado por um dielétrico com permissividade ε é [a partir da Equação (1.190)]

$$\rho_s = \varepsilon \, \hat{\mathbf{n}} \cdot \mathbf{E} \quad (2.58)$$

(condição de contorno para a componente normal de **E**), e assim por diante. Note, no entanto, que a condição de contorno para o componente tangencial de **E** próximo da superfície de um condutor, Equação (1.186), é sempre a mesma, e não depende das propriedades (ε) do dielétrico circundante.

Uma vez encontrado o campo elétrico em uma estrutura preenchida com um dielétrico homogêneo, podemos calcular o vetor polarização no dielétrico como [equações (2.41) e (2.47)]

vetor polarização em um dielétrico linear

$$\mathbf{P} = \mathbf{D} - \varepsilon_0 \mathbf{E} = (\varepsilon - \varepsilon_0)\mathbf{E}, \quad (2.59)$$

e depois a distribuição volumétrica e de cargas superficiais ligadas do dielétrico — usando as equações (2.19) e (2.23).

Observe que, a partir das equações (2.19), (2.59), (2.56) e (2.50), a densidade volumétrica de carga ligada, ρ_p, em um ponto no dielétrico, pode ser obtida diretamente a partir da densidade volumétrica de carga livre, ρ, naquele momento como

$$\rho_p = -\nabla \cdot \mathbf{P} = -(\varepsilon - \varepsilon_0)\nabla \cdot \mathbf{E} = \\ = -\frac{\varepsilon - \varepsilon_0}{\varepsilon} \rho = -\frac{\varepsilon_r - 1}{\varepsilon_r} \rho. \quad (2.60)$$

3 No que se segue (neste texto inteiro), devemos sempre supor um meio linear e isotrópico, exceto quando explicitamente especificado que o meio em questão é não linear e/ou anisotrópico.

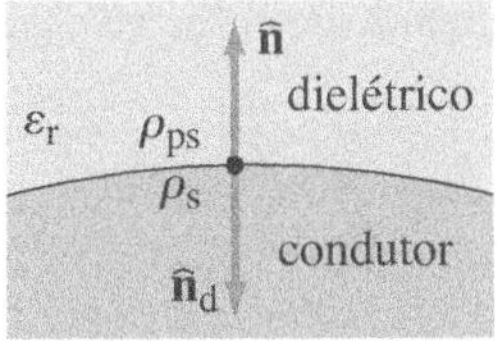

Figura 2.8

Detalhe de uma superfície dielétrica condutora linear.

De forma análoga, obtemos a relação entre as densidades superficiais de cargas ligadas e livres na superfície de um condutor cercado por um dielétrico com permissividade relativa ε_r. A Figura 2.8, acima, mostra um detalhe da superfície. Combinando as Equações (2.23), (2.59), (2.58) e (2.50), e observando que $\hat{\mathbf{n}}_d = -\hat{\mathbf{n}}$ [na Equação (2.23), $\hat{\mathbf{n}}_d$ é direcionada a partir do dielétrico exterior; na Equação (2.58), $\hat{\mathbf{n}}$ é direcionado a partir do condutor externo], obtemos

$$\rho_{ps} = \hat{\mathbf{n}}_d \cdot \mathbf{P} = -(\varepsilon - \varepsilon_0)\hat{\mathbf{n}} \cdot \mathbf{E} = -\frac{\varepsilon_r - 1}{\varepsilon_r}\rho_s. \quad (2.61)$$

Embora a densidade superficial de carga livre, ρ_s, esteja de fato localizada na lateral do condutor da superfície de contorno e a densidade superficial de carga ligada, ρ_{ps}, no lado da superfície do dielétrico, elas podem ser tratadas como uma única lâmina de carga com a densidade total

$$\rho_{s\,tot} = \rho_s + \rho_{ps} = \left(1 - \frac{\varepsilon_r - 1}{\varepsilon_r}\right)\rho_s = \frac{\rho_s}{\varepsilon_r}. \quad (2.62)$$

Exemplo 2.5

Esfera dielétrica com carga volumétrica livre

Uma esfera dielétrica homogênea, de raio a e permissividade relativa ε_r, situa-se no ar. Há uma densidade volumétrica de carga livre $\rho(r) = \rho_0\, r/a$ $(0 \le r \le a)$ em todo o volume de esfera, onde r é a distância do centro da esfera (coordenada radial esférica) e ρ_0 é uma constante. Determine (a) o potencial escalar elétrico para $0 \le r < \infty$ e (b) a distribuição de carga ligada da esfera.

Solução

(a) Em função da simetria esférica do problema, o vetor de densidade de fluxo elétrico, **D**, é puramente radial e depende apenas de r. Da lei de Gauss generalizada [Equação (2.44)], aplicada de forma semelhante à do Exemplo 1.19 adaptada para simetria esférica (ver também Exemplo 1.18), a magnitude de **D** é

$$D(r) = \begin{cases} \rho_0 r^2/(4a) & \text{para } r \le a \\ \rho_0 a^3/(4r^2) & \text{para } r > a \end{cases}. \quad (2.63)$$

O vetor intensidade de campo elétrico é da mesma forma, e sua magnitude é dada por

$$E(r) = \begin{cases} D(r)/(\varepsilon_r\varepsilon_0) & \text{para } r \le a \\ D(r)/\varepsilon_0 & \text{para } r > a \end{cases}. \quad (2.64)$$

O potencial a uma distância r do centro da esfera é, portanto:

$$V(r) = \frac{1}{\varepsilon_0}\int_{r'=r}^{\infty} D(r')\,dr' = \frac{\rho_0 a^3}{4\varepsilon_0 r}, \quad \text{para } r \ge a, \quad (2.65)$$

e [veja também a Equação (1.142)]

$$V(r) = \frac{1}{\varepsilon_r\varepsilon_0}\int_{r'=r}^{a} D(r')\,dr' + V(a) =$$

$$= \frac{\rho_0 a^2}{4\varepsilon_0}\left[1 + \frac{1}{3\varepsilon_r}\left(1 - \frac{r^3}{a^3}\right)\right], \quad \text{para } r < a. \quad (2.66)$$

(b) De acordo com a Equação (2.60), a densidade volumétrica de carga ligada dentro da esfera equivale a

$$\rho_p(r) = -\frac{\varepsilon_r - 1}{\varepsilon_r}\rho(r) = -\frac{\rho_0(\varepsilon_r - 1)r}{\varepsilon_r a}. \quad (2.67)$$

Usando as equações (2.23), (2.59), (2.47) e (2.63), a densidade superficial de carga ligada na superfície da esfera vem a ser

$$\rho_{ps} = P(a^-) = \frac{\varepsilon_r - 1}{\varepsilon_r} D(a^-) = \frac{\rho_0(\varepsilon_r - 1)a}{4\varepsilon_r}. \quad (2.68)$$

Exemplo 2.6

Modelo de uma junção *pn*

Na Figura 2.9(a) temos esboçado uma junção *pn* entre dois semiespaços semicondutores, dopados tipo *p* e tipo *n*, respectivamente. A distribuição volumétrica de carga no semicondutor pode ser estimada pela seguinte função:

$$(x) = \begin{cases} -\rho_0\, e^{x/a} & \text{para } x < 0 \\ 0 & \text{para } x = 0 \\ \rho_0\, e^{-x/a} & \text{para } x > 0 \end{cases}, \quad (2.69)$$

onde ρ_0 e a são constantes positivas. A permissividade dos semicondutores é ε. Encontre (a) o vetor intensidade de campo elétrico no semicondutor, (b) o potencial escalar elétrico no semicondutor, e (c) a tensão entre as extremidades dos semicondutores, a partir da extremidade no lado tipo n até a extremidade no lado tipo p da junção.

Solução

(a) Este é um problema com simetria planar (veja exemplos 1.20, 1.21 e 1.23), e o vetor intensidade de campo elétrico no semicondutor é dado por $\mathbf{E} = E_x(x)\,\hat{\mathbf{x}}$ [Equação (1.148)]. A lei diferencial generalizada de Gauss, Equação (2.56), torna-se

$$\frac{dE_x(x)}{dx} = \frac{\rho(x)}{\varepsilon}. \quad (2.70)$$

Esta é uma equação diferencial de primeira ordem em x, e podemos resolvê-la por integração em relação a x [como na Equação (1.178)]:

$$E_x(x) = \frac{1}{\varepsilon}\int_{x'=-\infty}^{x} \rho(x')\,dx' + C, \quad (2.71)$$

onde C é a constante de integração, que representa o campo E_x no plano $x \to -\infty$. Notamos que

$$\int_{-\infty}^{\infty} \rho(x')\,dx' = 0, \quad (2.72)$$

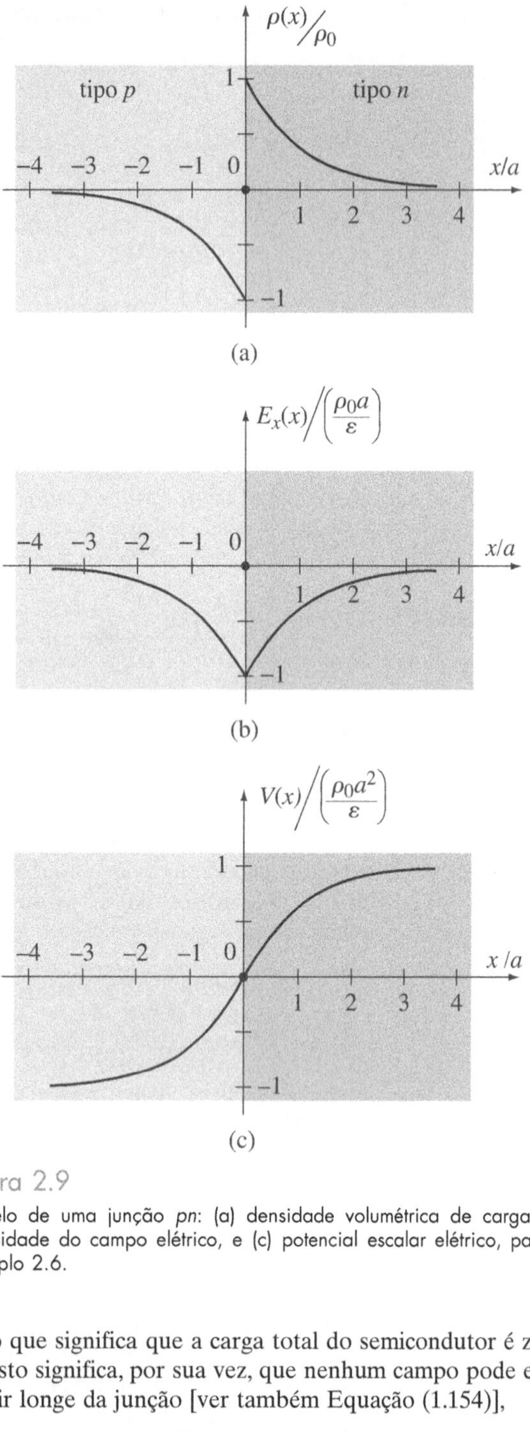

Figura 2.9

Modelo de uma junção *pn*: (a) densidade volumétrica de carga, (b) intensidade do campo elétrico, e (c) potencial escalar elétrico, para o Exemplo 2.6.

o que significa que a carga total do semicondutor é zero. Isto significa, por sua vez, que nenhum campo pode existir longe da junção [ver também Equação (1.154)],

$$E_x(x \to \mp\infty) = 0, \quad (2.73)$$

e, portanto, $C = 0$. Substituindo a Equação (2.69), a integração para os pontos de campo na região do tipo *p* do semicondutor produz

$$E_x(x) = -\frac{\rho_0}{\varepsilon}\int_{-\infty}^{x} e^{x'/a}\,dx' = = -\frac{\rho_0 a}{\varepsilon}e^{x/a} \quad (-\infty < x \le 0). \quad (2.74)$$

Na região tipo *n*, temos de dividir a integração em duas partes:

$$E_x(x) = \frac{\rho_0}{\varepsilon}\left(-\int_{-\infty}^{0} e^{x'/a}\,dx' + \int_0^x e^{-x'/a}\,dx'\right) = = -\frac{\rho_0 a}{\varepsilon}e^{-x/a} \quad (0 < x < \infty). \quad (2.75)$$

A Figura 2.9(b) mostra a intensidade de campo elétrico $E_x(x)$ no semicondutor. Vemos que o campo está orientado a partir da região dopada tipo *n* para a região dopada tipo *p*. Este campo é chamado de campo integrado de uma junção *pn*, pois existe na junção, mesmo quando uma tensão externa não é aplicada (por exemplo, quando os terminais de um diodo *pn* não estão conectados a uma fonte de tensão externa). No estado de equilíbrio estabelecido após a junção *pn* ser formada, o campo integrado impede maior difusão de cargas positivas (furos) para as cargas à direita e negativas (elétrons) para a esquerda através da junção.[4]

(b) Vamos arbitrariamente adotar o nosso ponto de referência para o potencial ($\mathcal{R}$) no centro da junção, $x = 0$, de modo que o potencial em pontos na região do tipo *p* seja [Equação (1.74)]

$$V(x) = \int_P^{\mathcal{R}} \mathbf{E}\cdot d\mathbf{l} = \int_{x'=x}^{0} E_x(x')\,dx' = -\frac{\rho_0 a}{\varepsilon}\int_x^0 e^{x'/a}\,dx' = \frac{\rho_0 a^2}{\varepsilon}\left(e^{x/a} - 1\right), \quad -\infty < x \le 0. \quad (2.76)$$

Na região tipo *n*, invertemos o sentido da integração por conveniência,

$$V(x) = \int_P^{\mathcal{R}} \mathbf{E}\cdot d\mathbf{l} = -\int_{\mathcal{R}}^{P} \mathbf{E}\cdot d\mathbf{l} = -\int_0^x E_x(x')\,dx' = = \frac{\rho_0 a}{\varepsilon}\int_0^x e^{-x'/a}\,dx' = \frac{\rho_0 a^2}{\varepsilon}\left(1 - e^{-x/a}\right), \quad 0 < x < \infty. \quad (2.77)$$

A distribuição do potencial, $V(x)$, ao longo do semicondutor é mostrada na Figura 2.9(c).

(c) A tensão entre as extremidades tipo *n* e do tipo *p* do semicondutor vem a ser

$$V(x \to \infty) - V(x \to -\infty) = \frac{2\rho_0 a^2}{\varepsilon}. \quad (2.78)$$

Esta tensão é chamada de tensão integrada de uma junção *pn* (diodo).

2.9 CONDIÇÕES DE CONTORNO DIELÉTRICAS-DIELÉTRICAS

Até o momento, entendemos as superfícies de contorno como sendo condutor-espaço livre (Figura 1.39), dielétrico-espaço livre (Figura 2.4) e condutor dielétrico (Figura 2.8), e analisamos os campos próximos às

4 Note que de início há furos em excesso à esquerda do plano $x = 0$ (semicondutor tipo *p* está carregado positivamente sobre todo o seu volume) e excesso de elétrons para a direita (semicondutor tipo *n* está carregado negativamente por *doping*). Em uma transição breve, uma difusão de furos ocorre a partir da região *p* para a região *n* e os elétrons se difundem na direção oposta, até que um campo elétrico seja composto em tal direção que as correntes de difusão caem para zero.

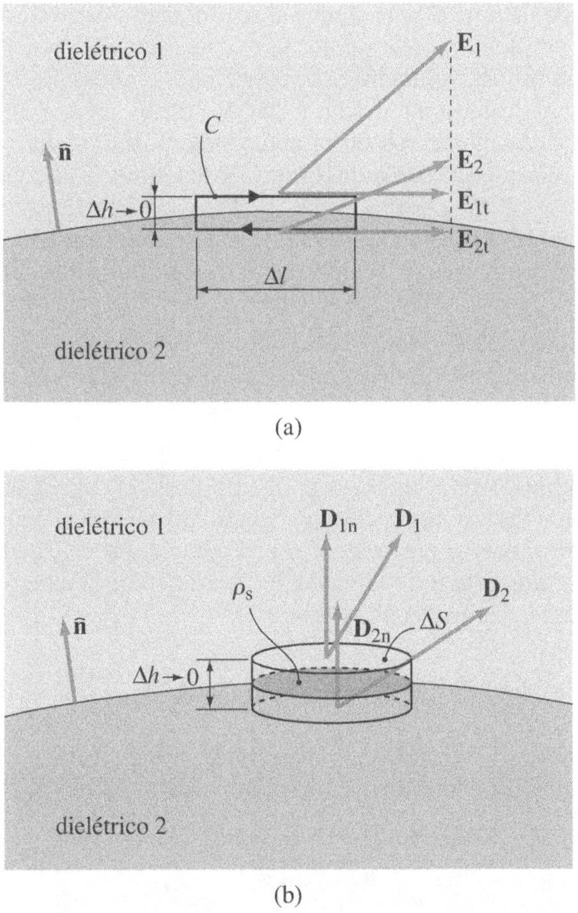

Figura 2.10
Superfície de contorno dielétrica-dielétrica: derivando condições de contorno para (a) componentes tangenciais de **E** e (b) componentes normais de **D**.

superfícies e a densidade superficial de carga [equações (1.186), (1.189), (2.23), e (2.58)]. Consideremos agora uma superfície de contorno dielétrica-dielétrica, como vista na Figura 2.10, e obtemos as condições de contorno para componentes de campo próximos à superfície. Aplicamos a mesma técnica empregada na obtenção das condições de contorno correspondentes no caso de condutor-espaço livre, equações (1.186) e (1.189). A principal diferença é que agora temos campo em ambos os lados do contorno. Consideremos $\mathbf{E}_1$ e $\mathbf{D}_1$ vetor intensidade do campo elétrico e vetor densidade do fluxo elétrico próximo ao contorno no meio 1, enquanto $\mathbf{E}_2$ e $\mathbf{D}_2$ representam as mesmas quantidades no meio 2.

Aplicando a Equação (1.75) a um contorno retangular estreito C, Figura 2.10(a), obtemos

continuidade do componente tangencial de **E**

$$\oint_C \mathbf{E} \cdot d\mathbf{l} = E_{1t}\,\Delta l - E_{2t}\,\Delta l = 0 \quad \longrightarrow$$

$$\longrightarrow \quad \boxed{E_{1t} = E_{2t}.} \tag{2.79}$$

Essa condição de contorno nos diz que os componentes tangenciais de **E** são os mesmos nos dois lados do contorno, isto é, que $\mathbf{E}_t$ é contínuo no contorno.

Por outro lado, ao aplicarmos a Equação (2.43) a uma superfície gaussiana elementar, Figura 2.10(b), temos

$$\oint_S \mathbf{D} \cdot d\mathbf{S} = D_{1n}\,\Delta S - D_{2n}\,\Delta S = \rho_s\,\Delta S \quad \longrightarrow$$

$$\longrightarrow \quad D_{1n} - D_{2n} = \rho_s \tag{2.80}$$

(empregamos o vetor **D** para evitar o uso de cargas ligadas), onde os componentes normais de **D** são definidos, considerando a normal unitária $\hat{\mathbf{n}}$ direcionada da região 2 para a região 1, e ρ_s é a densidade de carga linear livre que pode haver na superfície. Caso não haja carga,

continuidade do componente normal de **D**, superfície sem carga

$$\boxed{D_{1n} = D_{2n} \quad (\rho_s = 0).} \tag{2.81}$$

Essa condição de contorno faz os componentes normais de **D** serem os mesmos em ambos os lados de um contorno sem carga livre. Em outras palavras, $\mathbf{D}_n$ é contínuo através do contorno sem carga.

As relações nas equações (2.79) e (2.80) representam duas condições de contorno primárias para o campo eletrostático na interface entre dois meios arbitrários. Quando os dielétricos 1 e 2 são lineares, $\mathbf{D}_1 = \varepsilon_1 \mathbf{E}_1$ e $\mathbf{D}_2 = \varepsilon_2 \mathbf{E}_2$, então obtemos mais um par de condições de contorno (secundárias) — para os componentes tangenciais de **D** e componentes normais de **E**. Na Equação (2.79), a condição de contorno para $\mathbf{D}_t$ é

$$\frac{D_{1t}}{\varepsilon_1} = \frac{D_{2t}}{\varepsilon_2}, \tag{2.82}$$

e podemos notar que $\mathbf{D}_t$ é descontínuo através do contorno. De modo semelhante, a Equação (2.81) produz a condição de contorno para $\mathbf{E}_n$ (se $\rho_s = 0$ na interface):

$$\varepsilon_1 E_{1n} = \varepsilon_2 E_{2n}, \tag{2.83}$$

o que demonstra que $\mathbf{E}_n$ também é descontínuo através do contorno.

Perceba que as condições de contorno para **E** e **D**, ou seja, para $\mathbf{E}_t$ e $\mathbf{D}_n$, nas equações (2.79) e (2.80), podem ser escritas em forma de vetor:

condição de contorno para $\mathbf{E}_t$

$$\boxed{\hat{\mathbf{n}} \times \mathbf{E}_1 - \hat{\mathbf{n}} \times \mathbf{E}_2 = 0,} \tag{2.84}$$

condição de contorno para $\mathbf{D}_n$

$$\boxed{\begin{array}{l} \hat{\mathbf{n}} \cdot \mathbf{D}_1 - \hat{\mathbf{n}} \cdot \mathbf{D}_2 = \rho_s, \\ (\hat{\mathbf{n}} \text{ direcionado da região 2 para a região 1}), \end{array}} \tag{2.85}$$

o que, em geral, é mais conveniente na análise de estruturas complexas.

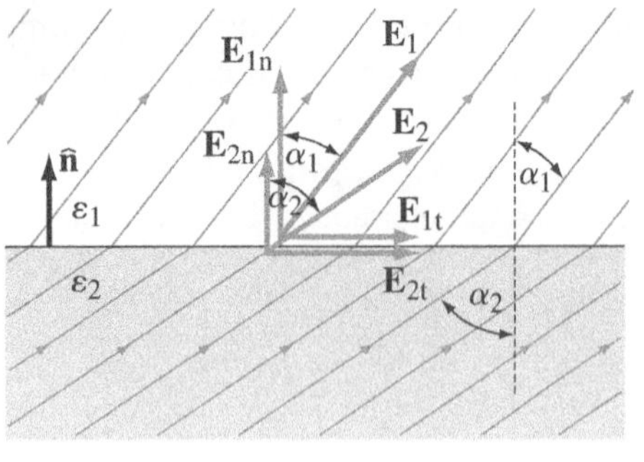

Figura 2.11

Refração de linhas de campo elétrico em uma interface dielétrica-dielétrica.

Consideremos novamente a interface entre dois meios dielétricos e os ângulos α_1 e α_2 que as linhas de campo na região 1 e na região 2 formam com a normal e a superfície, como vemos na Figura 2.11. As tangentes desses ângulos podem ser representadas por

$$\tan \alpha_1 = \frac{E_{1t}}{E_{1n}} \quad \text{e} \quad \tan \alpha_2 = \frac{E_{2t}}{E_{2n}}. \tag{2.86}$$

Dividimos as tangentes e usamos as equações (2.79) e (2.83) para obter

lei da refração de linhas de campo elétrico

$$\boxed{\frac{\tan \alpha_1}{\tan \alpha_2} = \frac{\varepsilon_1}{\varepsilon_2}.} \tag{2.87}$$

Esta é a lei da refração das linhas de campo elétrico em um contorno dielétrico-dielétrico livre de carga ($\rho_s = 0$). As curvas das linhas de campo são, em essência, resultado de cargas ligadas desiguais nos dois lados do contorno.

Por fim, vamos encontrar a distribuição de cargas de ligação na superfície em uma interface dielétrica-dielétrica (Figura 2.10). A partir da Equação (2.23), as densidades de carga ligada que se acumulam nos dois lados da interface são:

$$\rho_{ps1} = \hat{\mathbf{n}}_{d1} \cdot \mathbf{P}_1 \quad \text{e} \quad \rho_{ps2} = \hat{\mathbf{n}}_{d2} \cdot \mathbf{P}_2, \tag{2.88}$$

onde $\hat{\mathbf{n}}_{d1} = -\hat{\mathbf{n}}$ e $\hat{\mathbf{n}}_{d2} = \hat{\mathbf{n}}$ [$\hat{\mathbf{n}}_d$ na Equação (2.23) se direciona do dielétrico para fora. Assim, ao juntarmos ρ_{ps1} e ρ_{ps2}, a densidade total de carga superficial ligada é representada por

condição de contorno para $\mathbf{P}_n$

$$\boxed{\rho_{ps} = \hat{\mathbf{n}} \cdot \mathbf{P}_2 - \hat{\mathbf{n}} \cdot \mathbf{P}_1.} \tag{2.89}$$

Essa é a condição de contorno para os componentes normais do vetor $\mathbf{P}$ em um contorno dielétrico-dielétrico.

2.10 EQUAÇÕES DE POISSON E DE LAPLACE

Consideremos o vetor intensidade de campo elétrico, $\mathbf{E}$, e potencial escalar, V, em uma região de permissividade dielétrica homogênea ε. As derivadas espaciais de $\mathbf{E}$, em determinado ponto da região, estão relacionadas à densidade volumétrica de carga livre, ρ, que pode existir naquele ponto pela Equação (2.56), que é uma equação diferencial de primeira ordem. $\mathbf{E}$, por sua vez, se relaciona às derivadas espaciais de V através da Equação (1.101). Dessa forma, é óbvio que as derivadas espaciais de segunda ordem de V se relacionam a ρ por meio de uma equação diferencial de segunda ordem. Esta é a equação de Poisson, facilmente derivada pela substituição da Equação (1.101) pela Equação (2.56):

$$\nabla \cdot (\nabla V) = -\frac{\rho}{\varepsilon}. \tag{2.90}$$

A operação duplo ∇ na equação de Poisson é obtida avaliando-se primeiro o gradiente de V, e, em seguida, a divergência no resultado. No sistema de coordenadas cartesianas, o gradiente e a divergência são calculados usando-se as equações (1.102) e (1.167), respectivamente. Sendo assim, obtemos

$$\begin{aligned}\nabla \cdot (\nabla V) &= \operatorname{div}(\operatorname{grad} V) = \nabla \cdot \left(\frac{\partial V}{\partial x}\,\hat{\mathbf{x}} + \frac{\partial V}{\partial y}\,\hat{\mathbf{y}} + \frac{\partial V}{\partial z}\,\hat{\mathbf{z}}\right) \\ &= \frac{\partial}{\partial x}\left(\frac{\partial V}{\partial x}\right) + \frac{\partial}{\partial y}\left(\frac{\partial V}{\partial y}\right) + \frac{\partial}{\partial z}\left(\frac{\partial V}{\partial z}\right) \\ &= \frac{\partial^2 V}{\partial x^2} + \frac{\partial^2 V}{\partial y^2} + \frac{\partial^2 V}{\partial z^2}.\end{aligned} \tag{2.91}$$

Podemos perceber que o mesmo resultado teria sido obtido aplicando-se a fórmula para o produto escalar no sistema de coordenadas cartesianas, Equação (1.164), ao produto escalar de dois vetores idênticos (∇) em ($\nabla \cdot \nabla$) V, onde ∇ é expresso como na Equação (1.100). Assim, temos

$$\nabla \cdot (\nabla V) = (\nabla \cdot \nabla) V. \tag{2.92}$$

O operador $\nabla \cdot \nabla$ é abreviado por ∇^2 ("del ao quadrado"), e a equação de Poisson se torna

equação de Poisson

$$\boxed{\nabla^2 V = -\frac{\rho}{\varepsilon},} \tag{2.93}$$

onde

laplaciano em coordenadas cartesianas

$$\boxed{\nabla^2 V = \frac{\partial^2 V}{\partial x^2} + \frac{\partial^2 V}{\partial y^2} + \frac{\partial^2 V}{\partial z^2}.} \tag{2.94}$$

Em uma região livre de cargas ($\rho = 0$),

equação de Laplace

$$\boxed{\nabla^2 V = 0,} \tag{2.95}$$

que é conhecida como equação de Laplace. O operador ∇^2 é conhecido como laplaciano. Vemos que o laplaciano opera em um escalar (por exemplo, V) e o resultado é outro escalar (por exemplo, $-\rho/\varepsilon$ ou 0).

As expressões para $\nabla^2 V$ no sistema de coordenadas cilíndricas (Figura 1.25) e sistema de coordenadas esféricas (Figura 1.26) podem ser obtidas da mesma maneira, ou seja, obtendo-se primeiro o gradiente de V [equações (1.105) e (1.108)], e posteriormente a divergência [equações (1.170) e (1.171)] do resultado. Em coordenadas cilíndricas, o laplaciano de $V = V(r, \phi, z)$ resulta, assim, em

laplaciano em coordenadas cilíndricas

$$\nabla^2 V = \frac{1}{r}\frac{\partial}{\partial r}\left(r\frac{\partial V}{\partial r}\right) + \frac{1}{r^2}\frac{\partial^2 V}{\partial \phi^2} + \frac{\partial^2 V}{\partial z^2}, \quad (2.96)$$

e o oriundo de $V = V(r, \theta, \phi)$ em coordenadas esféricas

laplaciano em coordenadas cilíndricas

$$\nabla^2 V = \frac{1}{r^2}\frac{\partial}{\partial r}\left(r^2\frac{\partial V}{\partial r}\right) + \frac{1}{r^2 \operatorname{sen}\theta}\frac{\partial}{\partial \theta}\left(\operatorname{sen}\theta\frac{\partial V}{\partial \theta}\right) + \frac{1}{r^2 \operatorname{sen}^2\theta}\frac{\partial^2 V}{\partial \phi^2}. \quad (2.97)$$

Exemplo 2.7

Aplicação de uma equação de Poisson dimensional

Uma carga volumétrica livre e de densidade uniforme ρ se encontra em um dielétrico, de permissividade ε, entre dois eletrodos metálicos planos, conforme a Figura 2.12. Os eletrodos estão conectados a uma tensão V_0, e a distância entre eles é d. Sem considerar os efeitos das bordas, encontre (a) o potencial elétrico e (b) o vetor de intensidade do campo elétrico no dielétrico.

Solução

(a) Não considerar os efeitos das bordas equivale a assumir que os eletrodos são infinitamente grandes, caso em que o potencial no dielétrico varia apenas com a distância dos eletrodos. Seja x a distância normal do eletrodo esquerdo (Figura 2.12). A equação de Poisson, dada pelas equações (2.93) e (2.94), se torna

$$\frac{d^2V(x)}{dx^2} = -\frac{\rho}{\varepsilon} \quad (0 < x < d). \quad (2.98)$$

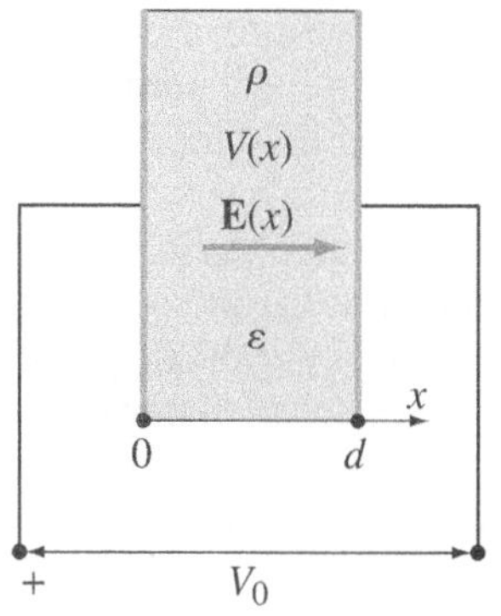

Figura 2.12
Carga volumétrica uniforme entre placas metálicas: aplicação de uma equação de Poisson unidimensional (desconsiderando efeito das bordas); para o Exemplo 2.7.

Ao integrá-la duas vezes, temos

$$V(x) = -\frac{\rho x^2}{2\varepsilon} + C_1 x + C_2, \quad (2.99)$$

onde C_1 e C_2 são as constantes de integração. A condição de contorno $V(0) = V_0$ resulta em $C_2 = V_0$, e a condição no outro contorno, $V(d) = 0$, resulta em $C_1 = \rho d/(2\varepsilon) - V_0/d$. Assim,

$$V(x) = \frac{\rho x(d-x)}{2\varepsilon} + V_0\left(1 - \frac{x}{d}\right). \quad (2.100)$$

(b) Usando as equações (1.101) e (1.102), obtemos o vetor campo elétrico do potencial:

$$\mathbf{E}(x) = -\nabla V = -\frac{dV(x)}{dx}\hat{\mathbf{x}} = \left[\frac{\rho}{\varepsilon}\left(x - \frac{d}{2}\right) + \frac{V_0}{d}\right]\hat{\mathbf{x}}. \quad (2.101)$$

2.11 MÉTODO DAS DIFERENÇAS FINITAS PARA A SOLUÇÃO NUMÉRICA DA EQUAÇÃO DE LAPLACE

Em muitos casos práticos, a equação de Poisson ou a de Laplace não podem ser solucionadas de modo analítico, mas apenas numericamente. O método mais famoso e talvez o mais simples para a solução dessas

APARTE HISTÓRICO

Siméon Denis Poisson (1781-1840), matemático francês, foi aluno de Laplace (1749-1827) e Lagrange (1736-1813), e sucessor de Fourier (1768-1830) como professor na École Polytechnique, em Paris. É famoso por seu trabalho sobre probabilidade (distribuição de Poisson) e suas contribuições à matemática aplicada à eletricidade e ao magnetismo. Em 1813, publicou uma generalização da equação diferencial de Laplace para a teoria potencial, válida para uma densidade de massa diferente de zero, tanto dentro de um sólido, em mecânica ou para uma densidade de carga diferente de zero, quanto dentro de uma distribuição de cargas, em eletromagnética.

Pierre Simon de Laplace (1749-1827), matemático e astrônomo francês, foi presidente da Académie des Sciences. Seu trabalho sobre astronomia matemática foi condensado em um livro monumental de cinco volumes sobre mecânica celestial (*Mécanique Céleste*), publicado entre 1799 e 1825, no qual surge a equação diferencial parcial de segunda ordem que hoje leva seu nome. Ele também escreveu um tratado sobre a teoria da probabilidade e trabalhou com os calores específicos das substâncias. Laplace foi senador e ministro de Napoleão e foi nomeado marquês por Luís XVIII.

equações (e de outros tipos de equações diferenciais em geral) é o das diferenças finitas (DF). Tal método consiste em substituir as derivadas na equação diferencial por suas aproximações de diferenças finitas e resolver as equações algébricas resultantes. Para ilustrar, consideremos um cabo coaxial cheio de ar, com condutores de corte transversal quadrados, conforme a Figura 2.13(a). Sejam as dimensões do corte transversal do cabo a e b ($a < b$). O cabo recebe cargas que não variam com o tempo, e os potenciais dos condutores V_a e V_b são conhecidos. Nossa meta é determinar a distribuição do potencial V no espaço entre os condutores do cabo.

Este é um problema eletrostático de duas dimensões, para o qual, conforme a Figura 2.13(b), a equação de Laplace, equações (2.95) e (2.94), é representada por

$$\nabla^2 V = \frac{\partial^2 V}{\partial x^2} + \frac{\partial^2 V}{\partial y^2} = 0. \tag{2.102}$$

Discretizamos a região entre os condutores introduzindo uma grade com células de lados d [Figura 2.13(b)], e empregamos o método DF para calcular de maneira aproximada os potenciais nos pontos da grade (os nós). Naturalmente, a precisão vai depender da resolução da grade, isto é, quanto menor o espaçamento da mesma, d, mais precisa (porém lenta, computacionalmente) será a solução.

A Figura 2.13(c) mostra um detalhe da grade da Figura 2.13(b). No nó 1, os valores aproximados para a primeira derivada parcial de V em relação à coordenada x resulta em

aproximação de uma derivada pelo método das diferenças finitas (DF)

$$\left.\frac{\partial V}{\partial x}\right|_1 \approx \frac{V_1 - V_2}{d}, \tag{2.103}$$

que, combinado com valores aproximados para a segunda derivada parcial referente a x, resulta em

$$\left.\frac{\partial^2 V}{\partial x^2}\right|_1 = \frac{\partial}{\partial x}\left(\frac{\partial V}{\partial x}\right)\bigg|_1 \approx \frac{1}{d}\left(\left.\frac{\partial V}{\partial x}\right|_3 - \left.\frac{\partial V}{\partial x}\right|_1\right) \approx$$
$$\approx \frac{1}{d}\left(\frac{V_3 - V_1}{d} - \frac{V_1 - V_2}{d}\right) =$$
$$= \frac{V_2 + V_3 - 2V_1}{d^2}. \tag{2.104}$$

Analogamente,

$$\left.\frac{\partial^2 V}{\partial y^2}\right|_1 \approx \frac{V_4 + V_5 - 2V_1}{d^2}, \tag{2.105}$$

de modo que a aproximação DF para a equação diferencial de Laplace, no ponto 1 da Figura 2.13, seja

aproximação DF da equação de Laplace

$$\left.\nabla^2 V\right|_1 \approx \frac{V_2 + V_3 + V_4 + V_5 - 4V_1}{d^2} = 0 \quad \longrightarrow$$
$$\longrightarrow \quad V_1 = \frac{1}{4}(V_2 + V_3 + V_4 + V_5). \tag{2.106}$$

A técnica mais simples para a solução desta equação de diferenças finitas com o auxílio de um computador é uma técnica iterativa expressa da seguinte forma:

solução iterativa para a equação DF de Laplace

$$V_1^{(k+1)} = \frac{1}{4}\left[V_2^{(k)} + V_3^{(k)} + V_4^{(k)} + V_5^{(k)}\right],$$
$$k = 0, 1, \ldots \tag{2.107}$$

Quando alguns dos nós 2, 3, 4 e 5 pertencem a uma das superfícies de condutores, o potencial nestes nós é, em

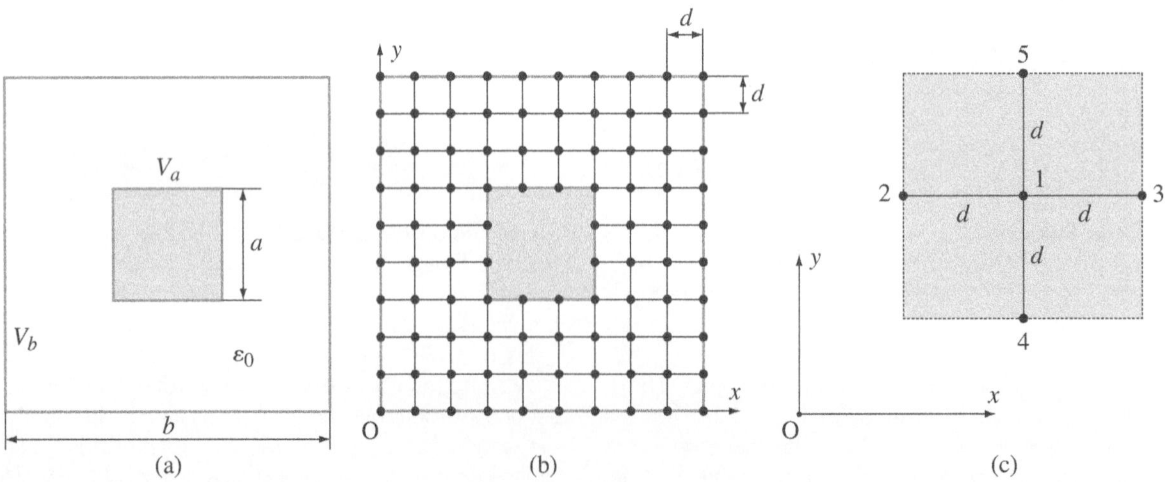

Figura 2.13

Análise com o método das diferenças finitas de um cabo coaxial de corte transversal quadrado: (a) geometria da estrutura, (b) nós com valores de potencial discreto desconhecidos e (c) detalhe da grade para aproximação com a equação de Laplace, em termos de diferenças finitas.

todos os passos iterativos, igual ao respectivo potencial dado do condutor (V_a ou V_b). Para a solução inicial, na iteração zero ($k = 0$), podemos adotar $V^{(0)} = 0$ em todos os nós entre condutores. Ao cruzarmos de modo sistemático a grade, nó a nó, a média dos quatro potenciais vizinhos é calculada no passo ($k + 1$) para cada nó e é usada para substituir o potencial naquele nó, Equação (2.107), e assim melhorar a solução do passo k. O procedimento se repete até que as mudanças da solução (resíduos), no que tange à iteração anterior em todos os nós, sejam pequenas o bastante, ou seja, até que um conjunto final de valores dos potenciais desconhecidos consistente com o critério,

$$\left|V_1^{(k+1)} - V_1^{(k)}\right| < \delta_V \quad (2.108)$$

seja obtido, onde δ_V significa a tolerância especificada do potencial.

Uma vez conhecida a solução aproximada da distribuição potencial, os resultados numéricos do vetor intensidade de campo elétrico, **E**, nos nós da grade, podem ser obtidos através da aproximação do operador gradiente envolvido nas equações (1.101) e (1.102) em termos de diferenças finitas. Por exemplo, **E**, no nó 1 da Figura 2.13(c), é calculado de maneira aproximada como

aproximação DF do vetor campo elétrico

$$\mathbf{E}_1 = -\nabla V|_1 = -\left.\frac{\partial V}{\partial x}\right|_1 \hat{\mathbf{x}} - \left.\frac{\partial V}{\partial y}\right|_1 \hat{\mathbf{y}} \approx \approx \frac{V_2 - V_3}{2d}\,\hat{\mathbf{x}} + \frac{V_4 - V_5}{2d}\,\hat{\mathbf{y}} \quad (2.109)$$

(aproximação diferença central). Mais além, a densidade de carga na superfície, ρ_s, nas superfícies condutoras, pode ser encontrada por meio da condição de contorno na Equação (1.190). Por exemplo, supondo que o nó 4 na Figura 2.13(c) pertence à superfície do condutor interno da Figura 2.13(a), podemos, aproximadamente, considerar ρ_s naquele ponto

$$\rho_{s4} = \varepsilon_0\,\hat{\mathbf{y}}\cdot\mathbf{E}_4 = \varepsilon_0 E_{y4} = -\varepsilon_0 \left.\frac{\partial V}{\partial y}\right|_4 \approx \approx -\varepsilon_0 \frac{V_1 - V_4}{d} = \varepsilon_0 \frac{V_a - V_1}{d}. \quad (2.110)$$

Por fim, a carga total por comprimento unitário de cada um dos condutores, Equação (1.31), pode ser encontrada ao integrarmos numericamente ρ_s, ou seja, somando ρ_{si} ao longo dos contornos dos condutores individuais. Assim, a carga de comprimento unitário do condutor interno é dada por

$$Q'_a = \oint_{C_a} \rho_s\,\mathrm{d}l \approx \sum_{i=1}^{N_a} \rho_{si} d, \quad (2.111)$$

onde N_a denota o número total de nós ao longo do contorno C_a do condutor, e de modo semelhante para o condutor externo.

2.12 DEFINIÇÃO DA CAPACITÂNCIA DE UM CAPACITOR

A Figura 2.14 mostra um sistema que consiste em dois corpos metálicos (eletrodos) imersos em um dielétrico, carregados com cargas iguais de polaridades opostas, Q e $-Q$. Este sistema é chamado de capacitor. Sua propriedade principal é a capacidade de armazenar carga. A diferença de potencial entre o eletrodo que carrega Q e o outro que carrega $-Q$ é chamada de tensão do capacitor. O capacitor é linear se seu dielétrico for linear. O dielétrico pode ser homogêneo ou não homogêneo.

Em capacitores lineares, a carga do capacitor, Q, é linearmente proporcional à tensão do capacitor, V, isto é, $Q \propto V$. Para provar tal afirmação, assumiremos por um momento que a carga do capacitor seja alterada para $2Q$. A densidade superficial de carga, ρ_s, permanecerá distribuída da mesma maneira sobre as superfícies dos eletrodos, e sua magnitude será duplicada por toda parte. O vetor intensidade do campo elétrico, em um ponto arbitrário no dielétrico, também se torna o dobro de seu valor anterior; para dielétricos homogêneos, isto é claramente visível na Equação (1.38) com ε_0 substituído por ε, enquanto, para dielétricos não homogêneos primeiro, notamos que o vetor **D** duplica-se [por exemplo, lei de Gauss generalizada, Equação (2.43)], e, então, já que $\mathbf{E} \propto \mathbf{D}$ em qualquer ponto do dielétrico [Equação (2.47)], encontramos o mesmo para o vetor **E**. Por fim, como a tensão do capacitor iguala-se à integral de linha de **E** (em qualquer caminho) entre os eletrodos [Equação (1.90)], concluímos que a tensão também duplica. Em síntese, V se duplica porque Q se duplica, e isso significa que Q e V são linearmente proporcionais entre si. Essa proporcionalidade costuma ser expressa como

$$Q = CV, \quad (2.112)$$

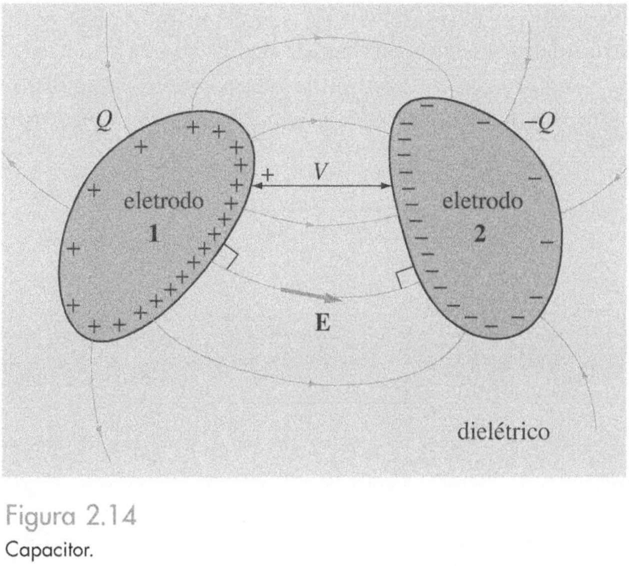

Figura 2.14
Capacitor.

de onde a constante C, denominada *capacitância do capacitor*, é definida por

capacitância de um capacitor (unidade: F)

$$C = \frac{Q}{V}. \tag{2.113}$$

A capacitância é uma medida da habilidade de um capacitor em reter carga — por um volt da tensão aplicada entre os eletrodos. Depende do formato, do tamanho e da posição mútua dos eletrodos, e, também, das propriedades do dielétrico do capacitor. Para capacitores não lineares, no entanto, a capacitância depende também da tensão aplicada,

capacitor não linear

$$C = C(V), \tag{2.114}$$

e um bom exemplo seria um diodo varactor. A capacitância de um capacitor é sempre positiva ($C > 0$), e a unidade é o farad (F). Para linhas de transmissão de dois condutores (sistemas de dois corpos com condutores muito longos de corte transversal uniforme), definimos capacitância por comprimento unitário da linha, ou seja, a capacitância para um metro (comprimento unitário) da estrutura, dividido por 1m,

capacitância p.u.c. de uma linha de transmissão (unidade: F/m)

$$C' = C_{\text{p.u.c.}} = \frac{C}{l} = \frac{Q'}{V}, \tag{2.115}$$

onde C, l, e Q' são a capacitância total, o comprimento e a carga por comprimento unitário da estrutura [ver Equação (1.31)]. A unidade para C' é F/m.

Vemos na Figura 2.15 a representação de um capacitor, segundo a teoria dos circuitos. Nessa teoria, assume-se que a carga é armazenada apenas nos capacitores em um circuito (ou seja, nos eletrodos do capacitor), enquanto os condutores em conexão são tidos como elementos curtos-circuitos ideais com capacitância zero (e também resistência e indutância zero, conforme veremos em capítulos posteriores).

Por fim, vamos apresentar outro conceito que se refere ao mesmo assunto, a capacitância de um corpo metálico isolado situado em um dielétrico linear, que se define por

capacitância de um corpo metálico isolado

$$C = \frac{Q}{V_{\text{corpo isolado}}}, \tag{2.116}$$

onde Q é a carga do corpo e $V_{\text{corpo isolado}}$ é o seu potencial quanto ao ponto de referência no infinito. Perceba que essa definição também pode ser considerada como um caso especial da definição encontrada na Equação (2.113), para a capacitância de um sistema de dois corpos, assumindo que o segundo corpo, carregando $-Q$, esteja no infinito.

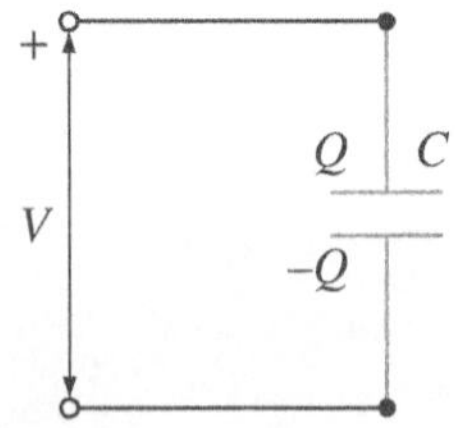

Figura 2.15
Representação de um capacitor segundo a teoria dos circuitos.

2.13 ANÁLISE DE CAPACITORES COM DIELÉTRICOS HOMOGÊNEOS

Consideramos agora vários exemplos da análise de capacitores com dielétricos homogêneos. Os exemplos abordam diversos tipos de características de capacitores e linhas de transmissão de importância, tanto prática quanto teórica. A próxima parte deste livro apresentará a análise de capacitores e linhas de transmissão com tipos diferentes de dielétricos não homogêneos.

Exemplo 2.8

Capacitor esférico

Consideremos um capacitor esférico, que consiste de dois condutores esféricos concêntricos, conforme a Figura 2.16. Seja a o raio do capacitor interno e b o raio interno do condutor externo ($b > a$). Encontre a capacitância do capacitor se estiver preenchido com um dielétrico homogêneo de permissividade ε.

Solução Vamos supor que o capacitor esteja carregado com uma carga Q (o eletrodo interno carrega $+Q$). Devido à simetria esférica, o campo elétrico no dielétrico é radial e tem a forma dada pela Equação (1.136). Ao aplicarmos a lei de Gauss generalizada da Equação (2.55) à superfície esférica S de raio r ($a < r < b$) situada concentricamente com os eletrodos do capacitor [veja os cálculos do fluxo na Equação (1.138)], obtemos

$$E(r) = \frac{Q}{4\pi\varepsilon r^2} \quad (a < r < b). \tag{2.117}$$

A tensão do capacitor é [Equação (1.90)]

$$V = \int_a^b E(r)\,\mathrm{d}r = \frac{Q}{4\pi\varepsilon}\left(\frac{1}{a} - \frac{1}{b}\right), \tag{2.118}$$

de modo que a capacitância resulta em

capacitância de um capacitor esférico

$$C = \frac{Q}{V} = \frac{4\pi\varepsilon ab}{b - a}. \tag{2.119}$$

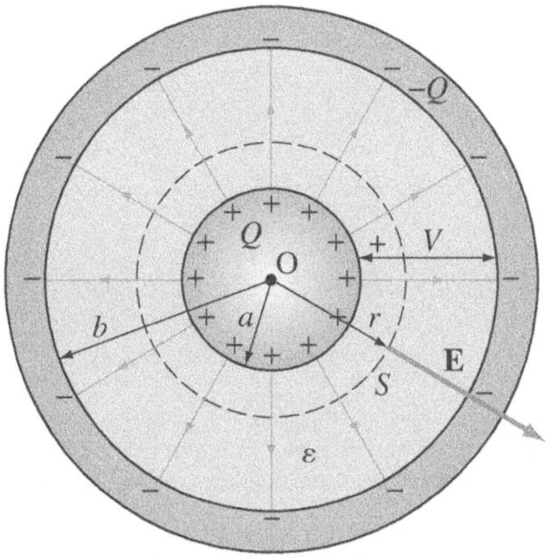

Figura 2.16
Capacitor esférico com um dielétrico homogêneo; para o Exemplo 2.8.

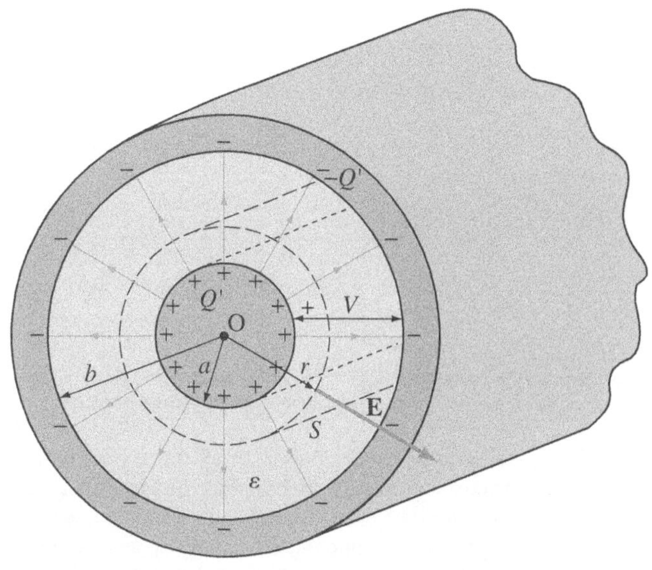

Figura 2.17
Cabo coaxial (capacitor cilíndrico) com um dielétrico homogêneo; para o Exemplo 2.10.

Exemplo 2.9

Capacitância de um condutor esférico isolado

Determine a expressão para a capacitância de uma esfera metálica de raio a situada no ar.

Solução Usamos a definição de capacitância de um corpo isolado, Equação (2.116). O potencial da esfera, se estiver carregado com uma carga Q, é (ver Exemplo 1.25)

$$V_{\text{esfera}} = \frac{Q}{4\pi\varepsilon_0 a}. \quad (2.120)$$

Desse modo, sua capacitância é

capacitância de uma esfera metálica isolada no ar

$$C = \frac{Q}{V_{\text{esfera}}} = 4\pi\varepsilon_0 a. \quad (2.121)$$

Perceba que uma esfera isolada pode ser considerada eletrodo interno de um capacitor esférico cujo eletrodo externo tenha raio infinito, e que o mesmo resultado da capacitância da esfera é obtido da Equação (2.119) com $b \to \infty$.

Exemplo 2.10

Cabo coaxial

Um cabo coaxial é uma linha de transmissão que consiste em um condutor cilíndrico interno (um fio) e um condutor cilíndrico (tubular) oco externo, sendo os condutores coaxiais entre si, conforme nos mostra a Figura 2.17. Perceba que essa estrutura é, às vezes, denominada capacitor cilíndrico. O condutor interno tem um raio a, e o condutor externo tem um raio interno b ($b > a$). O cabo é preenchido com um dielétrico homogêneo de permissividade ε. Encontre a capacitância por comprimento unitário, C', do cabo.

Solução Este é um problema de simetria cilíndrica. O campo elétrico é radial no que se refere ao eixo do cabo (Figura 2.17). Por meio da lei de Gauss generalizada aplicada à superfície cilíndrica S, posicionada no dielétrico coaxialmente com os condutores do cabo (ver Exemplo 1.26), obtemos a intensidade de campo, e dela a tensão entre condutores,

$$E(r) = \frac{Q'}{2\pi\varepsilon r} \quad (a < r < b) \quad \longrightarrow$$

$$\longrightarrow \quad V = \int_a^b E(r)\,\mathrm{d}r = \frac{Q'}{2\pi\varepsilon}\ln\frac{b}{a}, \quad (2.122)$$

onde Q' é a carga por comprimento unitário do cabo. Desse modo, a capacitância por unidade de comprimento do cabo, Equação (2.115), é igual a

capacitância p.u.c. de um cabo coaxial

$$C' = \frac{Q'}{V} = \frac{2\pi\varepsilon}{\ln(b/a)}. \quad (2.123)$$

Percebemos que, ao combinar as equações (2.122),

campo elétrico em um cabo coaxial

$$E(r) = \frac{V}{r\ln(b/a)}, \quad (2.124)$$

que é uma expressão muito útil para a intensidade de campo (em termos de tensão) em um cabo coaxial.

Exemplo 2.11

Capacitor de placas paralelas

Consideremos um capacitor de placas paralelas, que consiste em duas placas metálicas paralelas, cada uma com área S, carregadas com Q e $-Q$. O espaço entre as placas é preenchido com um dielétrico homogêneo de permissividade ε, conforme a Figura 2.18(a). Suponha que a separação das placas, d, é bem pequena em relação às dimensões das placas, de modo que os efeitos das bordas podem ser desconsiderados. Calcule a capacitância do capacitor.

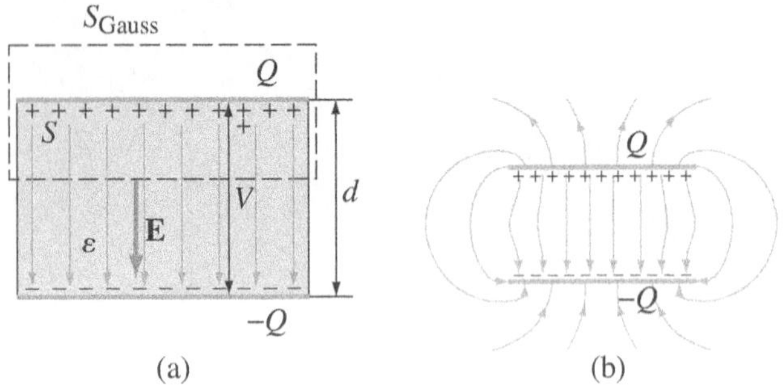

Figura 2.18

(a) Capacitor de placas paralelas com um dielétrico homogêneo e (b) campo com efeitos das bordas para $\varepsilon_r = 1$; para o Exemplo 2.11.

Solução De acordo com as hipóteses fornecidas, o campo elétrico no dielétrico é uniforme, e não há campo fora do dielétrico. Ao aplicarmos a lei de Gauss generalizada a uma superfície fechada retangular que compreende a placa superior [Figura 2.18(a)], obtemos [veja o lado esquerdo da Equação 1.155]

$$ES = \frac{Q}{\varepsilon}, \qquad (2.125)$$

e assim, $E = Q/(\varepsilon S)$. A tensão entre as placas é

$$V = Ed = \frac{Qd}{\varepsilon S}, \qquad (2.126)$$

e a capacitância do capacitor

capacitância de um capacitor de placas paralelas, desconsiderando os efeitos das bordas

$$C = \frac{Q}{V} = \varepsilon\frac{S}{d}. \qquad (2.127)$$

Para dimensões arbitrárias do capacitor, há um campo distorcido considerável que se estende de fora do capacitor, e o campo entre as placas do capacitor próximo às bordas das placas não é uniforme (efeitos de borda), como visto na Figura 2.18(b) para $\varepsilon_r = 1$. Com isso, a capacitância real é maior que o valor obtido com a Equação (2.127).

Exemplo 2.12

Forças elétricas nas placas do capacitor

Os eletrodos de um capacitor preenchido com ar são placas quadradas de comprimentos de borda a. A distância entre as placas é d, onde $d \ll a$. A tensão do capacitor é V. Encontre as forças elétricas nos eletrodos.

Solução Para encontrar a força elétrica líquida na placa inferior (Figura 2.19), vamos subdividi-la em filamentos diferencialmente pequenos das áreas de superfície dS, e adicionamos (integramos) as forças nos filamentos devido ao campo elétrico da outra placa carregada (a placa superior). Cada filamentos carregado pode ser considerado uma carga pontual e a força $\mathbf{dF}_{e2}$ pode ser calculada usando-se a Equação (1.23), de modo que

$$\mathbf{F}_{e2} = \int_{S_2} \mathrm{d}\mathbf{F}_{e2} = \int_{S_2} \underbrace{\rho_{s2}\,\mathrm{d}S}_{\mathrm{d}Q_2}\,\mathbf{E}_1. \qquad (2.128)$$

Aqui, ρ_{s2} é a densidade superficial de carga da placa inferior e $\mathbf{E}_1$ é o vetor intensidade de campo elétrico devido à carga

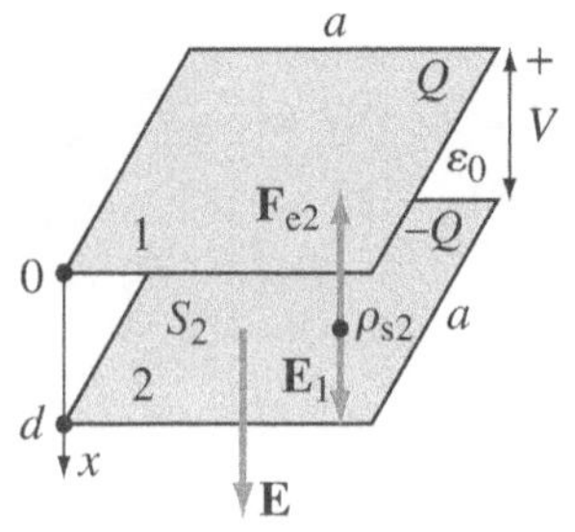

Figura 2.19

Avaliação da força elétrica no eletrodo inferior de um capacitor de placas paralelas preenchido com ar; para o Exemplo 2.12.

da placa superior. Já que $d \ll a$, os efeitos das bordas podem ser desconsiderados, e essas grandezas são

$$\rho_{s2} = -\frac{Q}{S} \quad \text{e} \quad \mathbf{E}_1 = \frac{Q}{2\varepsilon_0 S}\hat{\mathbf{x}} \quad (S = a^2). \qquad (2.129)$$

Percebemos que $\mathbf{E}_1$ se iguala à metade da intensidade de campo elétrico total entre as placas (a outra metade deve-se à carga da placa inferior) e também pode ser obtida como campo de uma lâmina infinita de carga, Equação (1.64). Q é a carga do capacitor,

$$Q = CV = \frac{\varepsilon_0 SV}{d}, \qquad (2.130)$$

e C é sua capacitância. Assim, a força na placa inferior é

$$\mathbf{F}_{e2} = -\frac{\varepsilon_0 a^2 V^2}{2d^2}\hat{\mathbf{x}}. \qquad (2.131)$$

A força no eletrodo superior é oposta. As forças são atraentes.

Observe que, da Equação (2.131),

$$\frac{F_{e2}}{S} = \frac{\varepsilon_0 V^2}{2d^2}. \qquad (2.132)$$

Por definição, esta é a pressão da força $\mathbf{F}_{e2}$ na superfície da placa, que chamamos de pressão elétrica. A unidade de pressão é Pa (Pascal), onde Pa = N/m^2. Ao introduzir a intensidade de campo elétrico total do capacitor, $E = V/d$, a pressão elétrica pode ser representada por

pressão elétrica (unidade: Pa)

$$p_e = \frac{1}{2}\varepsilon_0 E^2. \qquad (2.133)$$

Essa expressão é válida para qualquer superfície condutora, com E representando a intensidade de campo elétrico local no dielétrico (ar) próximo à superfície. A pressão atua desde o condutor em direção ao dielétrico.

Exemplo 2.13

Linha de transmissão microstrip

Tomemos a linha de transmissão representada na Figura 2.20. Ela consiste em uma fita condutora de largura w, repousando em um substrato dielétrico de permissividade ε e espessura h, e um plano de terra sob o substrato, e denomina-se *linha microstrip*. Desconsiderando os efeitos das bordas, determine a capacitância por comprimento unitário dessa linha.

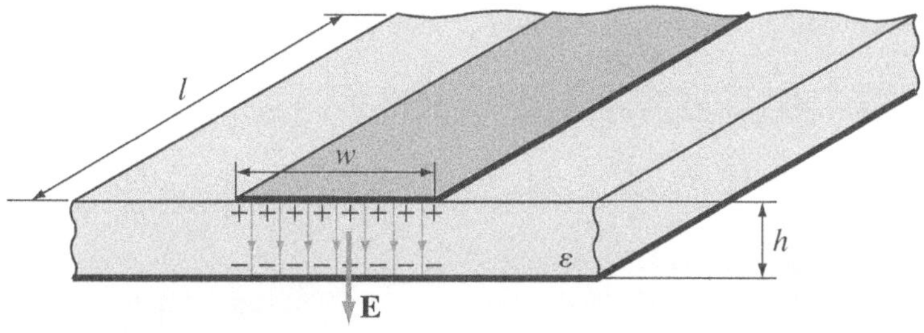

Figura 2.20
Linha de transmissão microstrip; para o Exemplo 2.13.

Solução Sem considerar os efeitos das bordas, o campo elétrico da linha é uniforme e se localiza no dielétrico abaixo da fita apenas. A capacitância da parte da linha com comprimento l é, de acordo com a Equação (2.127),

$$C = \varepsilon \frac{wl}{h}, \tag{2.134}$$

e a capacitância por unidade de comprimento da linha resulta em

capacitância p.u.c. de uma linha microstrip, desconsiderando a borda

$$C' = \frac{C}{l} = \varepsilon \frac{w}{h}. \tag{2.135}$$

Perceba, no entanto, que a expressão é precisa somente para $h \ll w$. Ou seja, como demonstra o Exemplo 2.11, a verdadeira distribuição de campo elétrico na estrutura com um raio arbitrário w/h é bem diferente daquela encontrada na Figura 2.20. Em um capítulo posterior (sobre a análise de campo de linhas de transmissão) apresentaremos fórmulas empíricas precisas para a análise eletrostática de linhas microstrip para todos os valores de w/h.

Exemplo 2.14

Linha de transmissão strip

A linha de transmissão que consiste em uma fita condutora entre dois planos condutores (grandes placas) no mesmo potencial, conforme a Figura 2.21, é chamada de *linha strip*. Tomemos a largura da fita por w e por sua distância de cada um dos planos por h. A permissividade do dielétrico é ε. Supondo que $h \ll w$, encontre a capacitância por unidade de comprimento da linha.

Solução Desconsiderando os campos efeito das bordas (já que $h \ll w$) e aplicando a lei de Gauss generalizada a uma superfície retangular fechada de comprimento l (ao longo da linha) que contém a fita (Figura 2.21), temos [veja o lado esquerdo da Equação (1.149)]

$$2Ewl = \frac{Q'l}{\varepsilon}, \tag{2.136}$$

onde E é a intensidade de campo elétrico entre os condutores da linha e Q' é a carga por unidade de comprimento da linha. A tensão entre os condutores é $V = Eh$, de onde a capacitância por unidade de comprimento resulta em

capacitância p.u.c. de uma linha strip, desconsiderando as bordas

$$C' = \frac{Q'}{V} = \frac{2\varepsilon w}{h}. \tag{2.137}$$

Uma análise precisa para um raio w/h será apresentada em um capítulo posterior.

Exemplo 2.15

Linha de transmissão de dois fios finos e simétricos

A Figura 2.22 mostra uma linha de transmissão de dois fios finos e simétricos no ar. A carga por comprimento unitário da linha é Q', e os raios dos cabos condutores, a, são muito menores que a distância entre os eixos dos condutores, d. Nessas

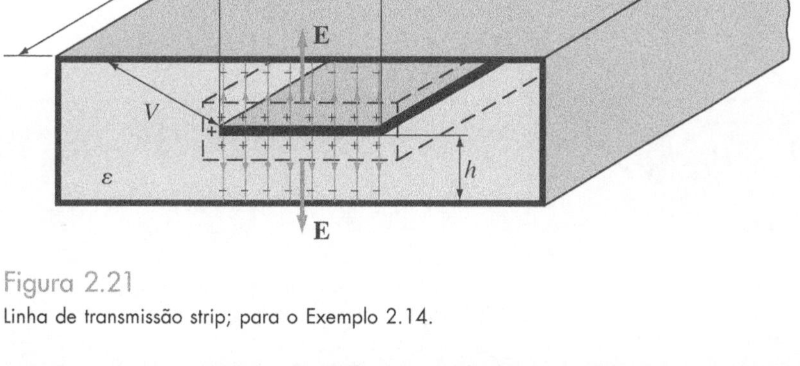

Figura 2.21
Linha de transmissão strip; para o Exemplo 2.14.

circunstâncias, calcule a capacitância por unidade de comprimento da linha.

Solução Por superposição, o vetor intensidade de campo elétrico total é dado por

$$\mathbf{E} = \mathbf{E}_1 + \mathbf{E}_2, \quad (2.138)$$

onde $\mathbf{E}_1$ e $\mathbf{E}_2$ são os campos devidos aos condutores carregados individualmente. Já que $d \gg a$, esses campos podem ser avaliados de maneira independente um do outro, então usamos a expressão para o campo de um fio condutor isolado no ar, Equação (1.196). Em um ponto M no plano contendo os eixos dos condutores, Figura 2.22, os vetores $\mathbf{E}_1$ e $\mathbf{E}_2$ são colineares, e assim a intensidade de campo resultante é

$$E = E_1 + E_2 = \frac{Q'}{2\pi\varepsilon_0}\left(\frac{1}{x} + \frac{1}{d-x}\right), \quad (2.139)$$

onde x representa a coordenada que define a posição do ponto M.

A tensão entre os condutores é

$$V = \int_{x=a}^{d-a} E\,dx = \frac{Q'}{2\pi\varepsilon_0}\left[\int_a^{d-a}\frac{dx}{x} - \int_a^{d-a}\frac{d(d-x)}{d-x}\right] =$$

$$= \frac{Q'}{2\pi\varepsilon_0}\left[\ln x|_a^{d-a} - \ln(d-x)|_a^{d-a}\right] =$$

$$= \frac{Q'}{2\pi\varepsilon_0}\left(\ln\frac{d-a}{a} - \ln\frac{a}{d-a}\right) =$$

$$= \frac{Q'}{\pi\varepsilon_0}\ln\frac{d-a}{a} \approx \frac{Q'}{\pi\varepsilon_0}\ln\frac{d}{a}, \quad (2.140)$$

onde o uso é feito da relação aproximada $d - a \approx d$. A capacitância por unidade de comprimento da linha é

capacitância p.u.c. de uma linha de dois fios finos

$$C' = \frac{Q'}{V} = \frac{\pi\varepsilon_0}{\ln(d/a)}. \quad (2.141)$$

Obteremos agora o mesmo resultado de um modo diferente, usando a expressão para o potencial devido a um fio condutor carregado e isolado no ar, Equação (1.197) para $r \geq a$, e o princípio da superposição. Adotamos um ponto M_2 na superfície do condutor direito (Figura 2.22) como ponto de referência para potencial ($V_{M2} = 0$). O potencial em um ponto M_1 na superfície do outro condutor (em relação ao ponto de referência) resulta em

$$V_{M_1} = \frac{Q'}{2\pi\varepsilon_0}\ln\frac{d-a}{a} + \frac{-Q'}{2\pi\varepsilon_0}\ln\frac{a}{d-a}, \quad (2.142)$$

com os dois termos representando os potenciais [Equação (1.197)] devidos aos condutores com cargas por comprimento unitário Q e $-Q'$, respectivamente. A capacitância por unidade de comprimento da linha é

$$C' = \frac{Q'}{V_{M_1} - V_{M_2}} = \frac{Q'}{V_{M_1}}, \quad (2.143)$$

o que representa a mesma expressão vista na Equação (2.141).

Exemplo 2.16

Três fios paralelos e equidistantes

Três fios condutores finos paralelos estão situados no ar, conforme a Figura 2.23. Os raios dos fios são $a = 1$ mm e a distância entre os eixos dos condutores é $d = 50$ mm. Dois fios são galvanicamente conectados entre si. Determine a capacitância por comprimento unitário desse sistema.

Solução Esta é uma linha de transmissão de dois condutores, que analisaremos como um capacitor de comprimento infinito. O primeiro eletrodo do capacitor (o primeiro condutor da linha de transmissão) é o fio (fio 1) isolado (livre), enquanto o outro eletrodo (o outro condutor da linha) consiste em dois fios em curto-circuito (fios 2 e 3), que estão no mesmo potencial. Consideremos que os eletrodos sejam carregados por Q' e $-Q'$ por unidade de seus comprimentos, respectivamente. Por causa da simetria, a carga $-Q'$ do segundo eletrodo é distribuída igualmente entre os fios 2 e 3, como na Figura 2.23. Consideramos não haver carga no condutor em curto-circuito.

Determinemos que o segundo eletrodo do capacitor esteja em um potencial zero. O potencial do primeiro eletrodo, ou seja, o potencial no ponto M_1 da superfície do fio 1 (Figura 2.23), em relação ao ponto de referência M_2 tomado na superfície do fio 3 ($V_{M2} = 0$) é a soma dos potenciais correspondentes devidos aos fios 1, 2 e 3, respectivamente. Por meio da Equação (1.197) para $r \geq a$,

$$V_{M_1} = \frac{Q'}{2\pi\varepsilon_0}\ln\frac{d}{a} + \frac{-Q'/2}{2\pi\varepsilon_0}\ln\frac{d}{d} + \frac{-Q'/2}{2\pi\varepsilon_0}\ln\frac{a}{d} =$$

$$= \frac{3Q'}{4\pi\varepsilon_0}\ln\frac{d}{a}. \quad (2.144)$$

A capacitância por unidade de comprimento da linha (capacitor) é

$$C' = \frac{Q'}{V_{M_1}} = \frac{4\pi\varepsilon_0}{3\ln(d/a)} = 9{,}48 \text{ pF/m}. \quad (2.145)$$

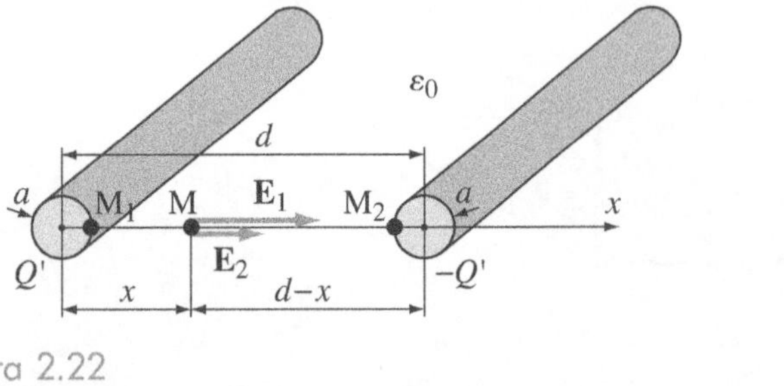

Figura 2.22
Linha de transmissão de dois fios com $d \gg a$ no ar; para o Exemplo 2.15.

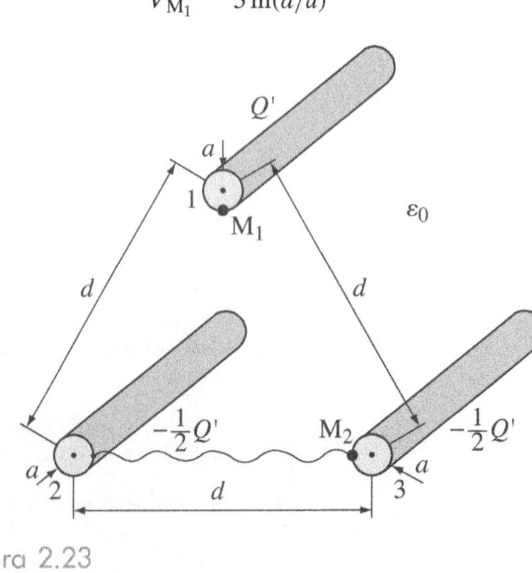

Figura 2.23
Linha de transmissão consistindo em um fio isolado (livre) e dois fios interconectados galvanicamente no ar; para o Exemplo 2.16.

Exemplo 2.17

Condutor de fio fino sobre um plano aterrado

Consideremos uma linha de transmissão que consiste de condutor de fio fino e um plano condutor aterrado, como nos mostra a Figura 2.24(a). O meio é o ar, o fio é paralelo ao plano, a altura do eixo do fio em relação ao plano é h, e o raio do fio é a ($a \ll h$). Encontre a capacitância por unidade de comprimento desta linha.

Solução Admitamos que a carga por unidade de comprimento unitário da linha seja Q', isto é, que o fio seja carregado por Q' e o plano por $-Q'$ por comprimento unitário. Pela teoria das imagens (figuras 1.47 e 1.49), podemos substituir o plano condutor por uma imagem negativa do fio carregado e obter a linha de dois fios finos equivalente na Figura 2.24(b), com a distância entre os eixos dos condutores sendo $d = 2h$. É claro que os dois sistemas são equivalentes apenas no espaço da metade superior. A tensão entre os condutores no sistema original (fio-plano) é igual à metade da tensão no sistema equivalente (fio-fio). Desse modo, a capacitância por unidade de comprimento da linha de transmissão fio-plano resulta em (ver Figura 2.24)

$$C' = \frac{Q'}{V} = \frac{Q'}{V_e/2} = 2\frac{Q'}{V_e} = 2C'_e = \frac{2\pi\varepsilon_0}{\ln(2h/a)}, \quad (2.146)$$

onde C'_e é a capacitância por unidade de comprimento da linha de dois fios equivalentes, calculada da Equação (2.141).

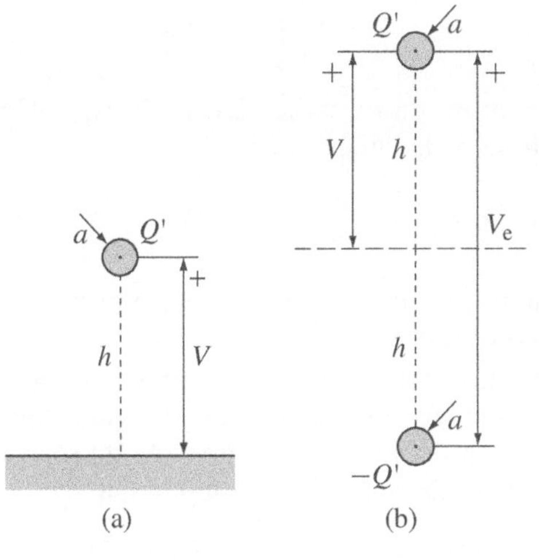

Figura 2.24

(a) Condutor de fio fino sobre um plano condutor aterrado no ar e (b) linha de dois fios equivalentes; para o Exemplo 2.17.

2.14 ANÁLISE DE CAPACITORES COM DIELÉTRICOS NÃO HOMOGÊNEOS

Nesta seção lidaremos com sistemas (capacitores) contendo dielétricos não homogêneos e, em especial, com duas classes básicas de sistemas com não homogeneidade dielétrica. A primeira inclui sistemas nos quais a permissividade dielétrica varia (abrupta ou continuamente[5]) em direção às linhas de campo elétrico do mesmo sistema, caso preenchidas por ar. Na segunda classe, a permissividade dielétrica varia na direção normal às linhas de campo elétrico do sistema preenchido por ar. Como veremos, o modo como o vetor de densidade de fluxo elétrico **D** varia na primeira classe de dielétricos é o mesmo que no sistema preenchido por ar correspondente, enquanto na segunda classe de dielétricos, da mesma forma, o faz o vetor de intensidade de campo elétrico **E**. Assim, as duas classes de sistemas são denominadas sistemas D- e E-, respectivamente.

Para ilustrar tais conceitos, consideremos os dois capacitores de placas paralelas com dielétricos homogêneos por partes conforme a Figura 2.25. As permissividades das partes dielétricas são ε_1 e ε_2. Desconsideremos os efeitos das bordas e tomemos por uniforme o campo em cada parte dielétrica.

O capacitor na Figura 2.25(a) pertence à primeira classe de sistemas com não homogeneidade dielétrica — a permissividade dielétrica muda (abruptamente) em direção às linhas de campo, perpendicularmente às placas do capacitor, sendo assim um sistema D. Com base na lei de Gauss generalizada, Equação (2.43), aplicada a uma superfície retangular fechada que contém a placa carregada com Q, com o lado direito posicionado em qualquer um dos dielétricos, temos

D = const, capacitor na Figura 2.25(a)

$$\boxed{D_1 = D_2 = D = \frac{Q}{S},} \quad (2.147)$$

onde S é a área de superfície das placas. Torna-se claro que $D_1 = D_2$, também, pela condição de contorno para os componentes normais de **D**, Equação 2.81, aplicada à interface entre os dois dielétricos. As intensidades de campo elétrico nos dielétricos não são as mesmas,

$$E_1 = \frac{D}{\varepsilon_1} = \frac{Q}{\varepsilon_1 S} \quad \text{e} \quad E_2 = \frac{D}{\varepsilon_2} = \frac{Q}{\varepsilon_2 S}. \quad (2.148)$$

A tensão do capacitor resulta em

$$V = E_1 d_1 + E_2 d_2 = \frac{Q}{S}\left(\frac{d_1}{\varepsilon_1} + \frac{d_2}{\varepsilon_2}\right), \quad (2.149)$$

com d_1 e d_2 representando as espessuras das camadas. A capacitância é

$$C = \frac{Q}{V} = \frac{\varepsilon_1\varepsilon_2 S}{\varepsilon_2 d_1 + \varepsilon_1 d_2}. \quad (2.150)$$

No capacitor presente na Figura 2.25(b), a mudança das características dielétricas está na direção normal às linhas de campo — este é um sistema E (a segunda

5 Dielétricos não homogêneos compostos de um número de partes homogêneas de permissividades diferentes são chamados de dielétricos homogêneos por parte; dielétricos continuamente não homogêneos, por outro lado, são caracterizados por variações espaciais contínuas de permissividade.

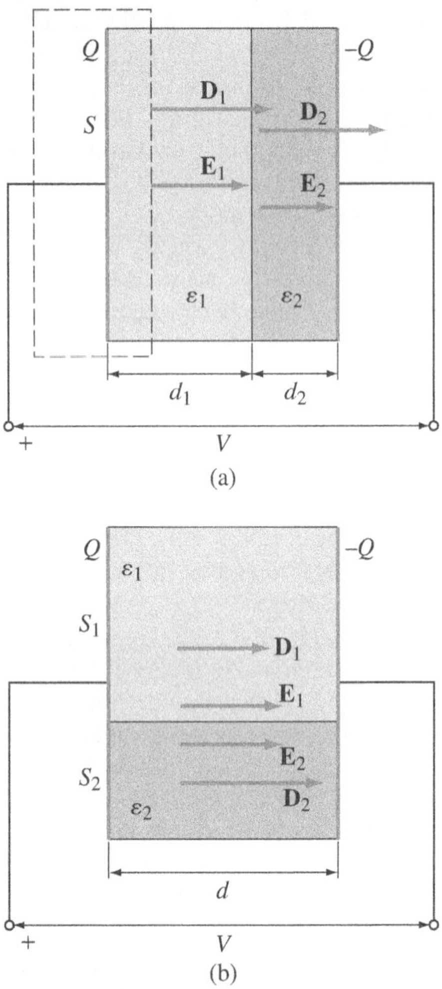

Figura 2.25

Capacitores com dielétricos de duas camadas representando um sistema *D* (a) e um sistema *E* (b).

classe de sistemas). Por meio da Equação (1.90) aplicada a um caminho reto entre as placas do capacitor, em qualquer um dos dielétricos,

E = const, capacitor na Figura 2.25(b)

$$E_1 = E_2 = E = \frac{V}{d}, \tag{2.151}$$

onde V é a tensão do capacitor e d a separação entre as placas [$E_1 = E_2$ também é obtido a partir da condição de contorno para os componentes tangenciais de **E**, aplicada a Equação (2.79), interface dielétrica-dielétrica]. A densidade de fluxo elétrico é descontínua em toda a interface,

$$D_1 = \varepsilon_1 E = \frac{\varepsilon_1 V}{d} \quad \text{e} \quad D_2 = \varepsilon_2 E = \frac{\varepsilon_2 V}{d}. \tag{2.152}$$

Aplicando a lei de Gauss generalizada a uma superfície retangular posicionada sobre a placa com a carga Q produz

$$Q = D_1 S_1 + D_2 S_2 = (\varepsilon_1 S_1 + \varepsilon_2 S_2)\,\frac{V}{d}, \tag{2.153}$$

com S_1 e S_2 sendo as áreas de superfície das partes da placa de interface das camadas dielétricas individual, e a capacitância é

$$C = \frac{Q}{V} = \frac{\varepsilon_1 S_1 + \varepsilon_2 S_2}{d}. \tag{2.154}$$

Os sistemas na Figura 2.25 podem ser explicados também do ponto de vista da teoria de circuito. Tal visão é, em geral, muito mais simples do que a visão da teoria completa de campo, e é suficiente para algumas avaliações. Vamos calcular as capacitâncias de capacitores na Figura 2.25 usando os circuitos equivalentes associados.

Note que a interface entre as camadas dielétricas do capacitor na Figura 2.25(a) é equipotencial, e nada mudará no sistema se metalizarmos essa superfície, ou seja, inserir uma lâmina metálica entre as camadas. Assim, obtemos dois capacitores em série, como indicado no circuito equivalente da Figura 2.26(a). As cargas de ambos os capacitores são iguais e, portanto,

$$V = V_1 + V_2 = \frac{Q}{C_1} + \frac{Q}{C_2} = Q\left(\frac{1}{C_1} + \frac{1}{C_2}\right), \tag{2.155}$$

a partir do qual a capacitância total do sistema corresponde a

capacitância equivalente de dois capacitores em série

$$C = \frac{Q}{V} = \frac{C_1 C_2}{C_1 + C_2}. \tag{2.156}$$

Com o uso da Equação (2.127), as capacitâncias de capacitores individuais são

$$C_1 = \varepsilon_1 \frac{S}{d_1} \quad \text{e} \quad C_2 = \varepsilon_2 \frac{S}{d_2}, \tag{2.157}$$

resultando em uma mesma expressão para C, como na Equação (2.150).

Por outro lado, o sistema na Figura 2.25(b) representa dois capacitores em paralelo, o circuito equivalente que é mostrado na Figura 2.26(b). As tensões dos dois capacitores são as mesmas, de modo que

$$Q = Q_1 + Q_2 = C_1 V + C_2 V = (C_1 + C_2)\,V. \tag{2.158}$$

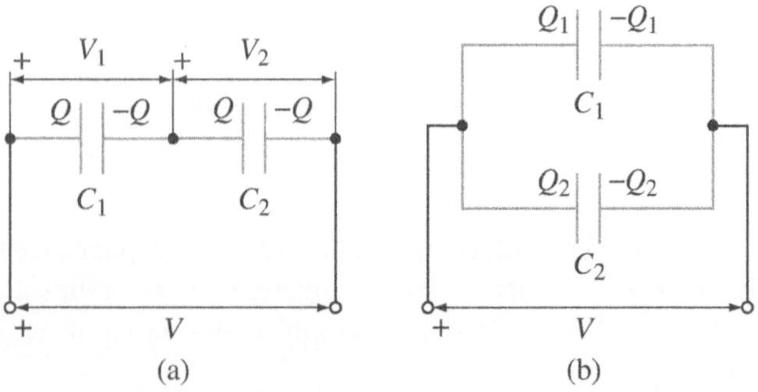

Figura 2.26

Circuitos equivalentes de dois capacitores em série (a) e paralelo (b).

A capacitância total do sistema é

capacitância equivalente de dois capacitores em paralelo

$$C = \frac{Q}{V} = C_1 + C_2, \quad (2.159)$$

onde,

$$C_1 = \varepsilon_1 \frac{S_1}{d} \quad \text{e} \quad C_2 = \varepsilon_2 \frac{S_2}{d}, \quad (2.160)$$

que gera o mesmo resultado da Equação (2.154).

Exemplo 2.18

Capacitor esférico com duas camadas dielétricas concêntricas

Um capacitor esférico é preenchido com duas camadas dielétricas concêntricas. A permissividade relativa da camada próxima ao eletrodo interno do capacitor é $\varepsilon_{r1} = 4$, e o da outra camada é $\varepsilon_{r2} = 2$. O raio do eletrodo interno é $a = 10$ mm, o da superfície limite entre as camadas é $b = 25$ mm, e o raio interno do eletrodo externo é $c = 35$ mm. Se a tensão entre o eletrodo interno e externo é $V = 10$ V, quais são (a) as cargas do capacitor e (b) a carga ligada total na interface entre as camadas?

Solução

(a) Este é um sistema D, e o vetor de densidade de fluxo elétrico é da forma

$$\mathbf{D} = D(r)\,\hat{\mathbf{r}}, \quad (2.161)$$

onde r e $\hat{\mathbf{r}}$ são a coordenada radial e o vetor unitário radial no sistema de coordenadas esféricas com a origem no centro do capacitor, como mostrado na Figura 2.27. A lei de Gauss generalizada aplicada a uma superfície esférica colocada na primeira ou na segunda camada nos diz que

$$D(r) = \frac{Q}{4\pi r^2}, \quad a < r < c, \quad (2.162)$$

onde Q é a carga do capacitor — a ser determinado.

O vetor intensidade de campo elétrico é $\mathbf{E}_1 = \mathbf{D}/\varepsilon_1$ na primeira camada e $\mathbf{E}_2 = \mathbf{D}/\varepsilon_2$ na segunda. A tensão do capacitor é dada por

$$V = \int_a^b E_1(r)\,\mathrm{d}r + \int_b^c E_2(r)\,\mathrm{d}r =$$

$$= \frac{Q}{4\pi}\left[\frac{1}{\varepsilon_1}\left(\frac{1}{a} - \frac{1}{b}\right) + \frac{1}{\varepsilon_2}\left(\frac{1}{b} - \frac{1}{c}\right)\right], \quad (2.163)$$

da qual

$$Q = 4\pi\varepsilon_0\left(\frac{b-a}{\varepsilon_{r1}ab} + \frac{c-b}{\varepsilon_{r2}bc}\right)^{-1} V = CV = 53{,}7\ \text{pC}, \quad (2.164)$$

onde $C = 5{,}37$ pF é a capacitância do capacitor.

Note que a carga do capacitor também pode ser encontrada pelo cálculo de C como a capacitância total equivalente de uma ligação em série de dois capacitores esféricos com dielétricos homogêneos, Equação (2.156), onde, usando a Equação (2.119),

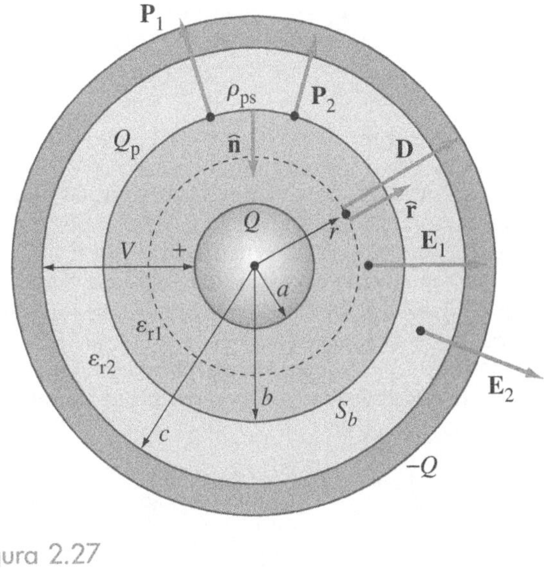

Figura 2.27
Capacitor esférico com duas camadas dielétricas concêntricas homogêneas; para o Exemplo 2.18.

$$C_1 = \frac{4\pi\varepsilon_{r1}\varepsilon_0 ab}{b-a} = 7{,}4\ \text{pF} \quad \text{e}$$

$$C_2 = \frac{4\pi\varepsilon_{r2}\varepsilon_0 bc}{c-b} = 19{,}5\ \text{pF}. \quad (2.165)$$

(b) A partir das equações (2.59) e (2.47), as intensidades dos vetores de polarização nas camadas dielétricas, em relação à direção (para fora) positiva radial (Figura 2.27) são

$$P_1(r) = \frac{\varepsilon_{r1}-1}{\varepsilon_{r1}} D(r) \quad \text{e} \quad P_2(r) = \frac{\varepsilon_{r2}-1}{\varepsilon_{r2}} D(r). \quad (2.166)$$

Por meio da Equação (2.89), a densidade superficial da carga ligada de contorno S_b entre as camadas acaba por ser

$$\rho_{ps} = \hat{\mathbf{n}} \cdot \mathbf{P}_2 - \hat{\mathbf{n}} \cdot \mathbf{P}_1 = -P_2(b^+) + P_1(b^-) =$$

$$= \left(\frac{\varepsilon_{r1}-1}{\varepsilon_{r1}} - \frac{\varepsilon_{r2}-1}{\varepsilon_{r2}}\right) D(b), \quad (2.167)$$

e, portanto, a carga ligada total na superfície

$$Q_p = \rho_{ps} S_b = \rho_{ps} 4\pi b^2 =$$

$$= \left(\frac{\varepsilon_{r1}-1}{\varepsilon_{r1}} - \frac{\varepsilon_{r2}-1}{\varepsilon_{r2}}\right) Q = 13{,}43\ \text{pC}. \quad (2.168)$$

Exemplo 2.19

Capacitor esférico com um dielétrico continuamente não homogêneo

Um capacitor esférico está preenchido com um dielétrico continuamente não homogêneo, cuja permissividade depende da distância r do centro do capacitor e é dada pela função $\varepsilon(r) = 3\varepsilon_0 b/r$, $a < r < b$, onde a e b são raios do eletrodo interno e externo do capacitor. O eletrodo externo está aterrado e o potencial do eletrodo interno é V. Encontre (a) a capacitância do capacitor e (b) a distribuição de carga ligada do dielétrico. (c) Ao integrar as densidades de carga em (b), prove que a carga total de ligação do dielétrico é zero.

Solução

(a) Vamos dividir o dielétrico em camadas finas concêntricas esféricas de raios r e espessuras dr, $a < r < b$, como mostrado na Figura 2.28. Cada camada fina pode ser considerada homogênea, de permissividade $\varepsilon(r)$. Agora é óbvio que o capacitor representa uma generalização disso na Figura 2.27, que tem apenas essas tais duas camadas. Portanto, o vetor de densidade de fluxo elétrico nos dois capacitores é o mesmo, dado pelas equações (2.161) e (2.162). Aqui, $\mathbf{E} = \mathbf{D}/\varepsilon(r)$, e o potencial do eletrodo interno em relação ao solo (eletrodo externo) e da capacitância do capacitor pode ser obtido como

$$V = \int_a^b E(r)\,\mathrm{d}r = \frac{Q}{4\pi}\int_a^b \frac{\mathrm{d}r}{r^2\varepsilon(r)} \quad \longrightarrow$$

$$\longrightarrow \quad C = \frac{Q}{V} = 4\pi\left[\int_a^b \frac{\mathrm{d}r}{r^2\varepsilon(r)}\right]^{-1}. \qquad (2.169)$$

Especificamente, para a função dada $\varepsilon(r)$, $C = 12\pi\varepsilon_0 b/\ln(b/a)$.

(b) O vetor de polarização no dielétrico é radial, com intensidade [equações (2.59) e (2.47)]

$$P(r) = \frac{\varepsilon(r) - \varepsilon_0}{\varepsilon(r)}D(r) = \frac{\varepsilon_0(3b - r)V}{r^2\ln(b/a)}. \qquad (2.170)$$

Por meio das equações (2.19) e (1.171), a densidade de carga de ligação volumétrica dentro do dielétrico chega a

$$\rho_\mathrm{p} = -\nabla\cdot\mathbf{P} = -\frac{1}{r^2}\frac{\mathrm{d}}{\mathrm{d}r}\left[r^2P(r)\right] = \frac{\varepsilon_0 V}{r^2\ln(b/a)}, \qquad (2.171)$$

enquanto, a partir da Equação (2.23), as densidades de cargas de ligação na superfície do dielétrico próximo dos eletrodos internos e externos do capacitor são

$$\rho_{\mathrm{ps}a} = -P(a^+) = -\frac{\varepsilon_0(3b - a)V}{a^2\ln(b/a)} \quad \text{e}$$

$$\rho_{\mathrm{ps}b} = P(b^-) = \frac{2\varepsilon_0 V}{b\ln(b/a)}, \qquad (2.172)$$

respectivamente.

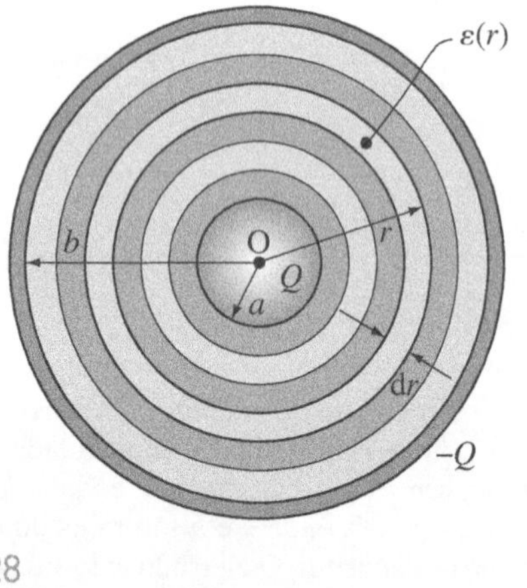

Figura 2.28

Capacitor esférico com um dielétrico continuamente não homogêneo de permissividade $\varepsilon(r)$, subdividido em camadas homogêneas diferencialmente finas; para o Exemplo 2.19.

(c) Para verificar se a carga total de ligação do dielétrico é zero, podemos escrever

$$Q_\mathrm{p} = \int_a^b \rho_\mathrm{p}(r)\underbrace{4\pi r^2\,\mathrm{d}r}_{\mathrm{d}v} + \rho_{\mathrm{ps}a}\underbrace{4\pi a^2}_{S_a} + \rho_{\mathrm{ps}b}\underbrace{4\pi b^2}_{S_b} =$$

$$= \frac{4\pi\varepsilon_0(b - a)V}{\ln(b/a)} - \frac{4\pi\varepsilon_0(3b - a)V}{\ln(b/a)} + \frac{8\pi\varepsilon_0 bV}{\ln(b/a)} = 0, \qquad (2.173)$$

onde dv é o volume da camada fina de raio r na Figura 2.28, enquanto S_a e S_b são as áreas de superfícies dos eletrodos do capacitor interno e externo, respectivamente.

Exemplo 2.20

Capacitor esférico meio preenchido com um líquido dielétrico

Um capacitor esférico tem um dielétrico líquido que ocupa metade do espaço entre os eletrodos. Os raios dos eletrodos são a e b ($a < b$), e a permissividade do dielétrico é ε. Determine a capacitância do capacitor.

Solução Suponha que o capacitor é carregado por Q, como indicado na Figura 2.29. Este é um sistema E, e o vetor de intensidade de campo elétrico, $\mathbf{E}$, é inteiramente radial. A partir da condição de contorno para componentes tangenciais do vetor de intensidade campo elétrico, Equação (2.79), sua magnitude depende da coordenada radial esférica, r, apenas, ou seja, é o mesmo em todos os pontos de uma esfera de raio r ($a < r < b$), mostrado na Figura 2.29.

O vetor de densidade de fluxo elétrico é $\mathbf{D}_1 = \varepsilon_\mathrm{r}\varepsilon_0\mathbf{E}$ no dielétrico e $\mathbf{D}_2 = \varepsilon_0\mathbf{E}$ no ar. Aplicando a lei de Gauss generalizada para a esfera de raio r (Figura 2.29), obtemos

$$D_1 2\pi r^2 + D_2 2\pi r^2 = Q \quad \longrightarrow$$

$$\longrightarrow \quad (\varepsilon_\mathrm{r} + 1)\varepsilon_0 E(r) 2\pi r^2 = Q, \qquad (2.174)$$

e, portanto,

$$E(r) = \frac{Q}{2\pi(\varepsilon_\mathrm{r} + 1)\varepsilon_0 r^2}. \qquad (2.175)$$

A tensão e a capacitância do capacitor, então, vem a ser

$$V = \int_a^b E(r)\,\mathrm{d}r = \frac{Q}{2\pi(\varepsilon_\mathrm{r} + 1)\varepsilon_0}\left(\frac{1}{a} - \frac{1}{b}\right) \quad \longrightarrow$$

$$\longrightarrow \quad C = \frac{Q}{V} = \frac{2\pi(\varepsilon_\mathrm{r} + 1)\varepsilon_0 ab}{b - a}. \qquad (2.176)$$

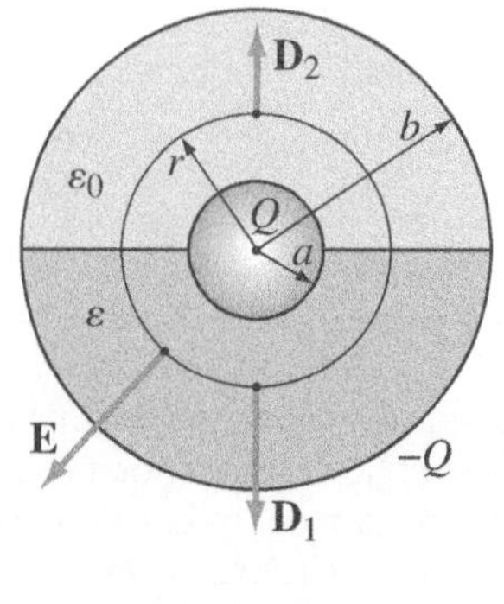

Figura 2.29

Análise de um capacitor esférico meio preenchido com um dielétrico líquido, para o exemplo 2.20.

Ressaltamos que esta expressão para C representa a capacitância equivalente total de uma conexão em paralelo de dois capacitores hemisféricos com dielétricos homogêneos, Equação (2.159), onde $C_1 = 2\pi\varepsilon_r\varepsilon_0 ab/(b - a)$ e $C_2 = 2\pi\varepsilon_0 ab/(b - a)$.

Exemplo 2.21

Cabo coaxial com um dielétrico continuamente não homogêneo

Na Figura 2.30(a) há um corte transversal de um cabo coaxial com um dielétrico continuamente heterogêneo, a permissividade dele é dada por uma função de $\varepsilon(\phi) = (3 + \text{sen}\,\phi)\varepsilon_0$, $\phi \in [0, 2\pi]$. A tensão entre o condutor interno e externo do cabo é V. Calcule (a) a capacitância por unidade de comprimento do cabo e (b) a distribuição de cargas livres nos condutores do cabo.

Solução

(a) Dividamos o dielétrico em partes finas (fatias) definidas por ângulos elementares azimutais $d\phi$, conforme ilustrado na Figura 2.30(b). Cada setor pode ser considerado como sendo homogêneo, de permissividade $\varepsilon(\phi)$. Dessa forma, torna-se óbvio que a falta de homogeneidade dielétrica nos sistemas nas Figuras 2.29 e 2.30 são do mesmo tipo.

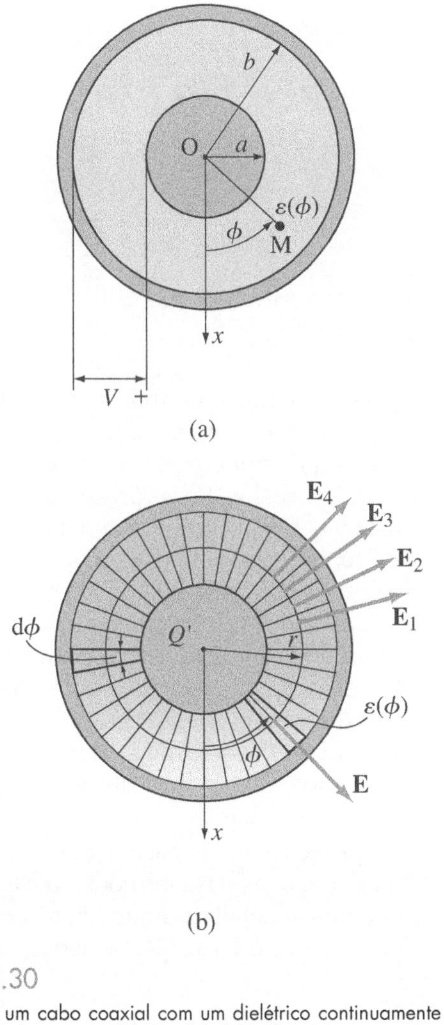

Figura 2.30

Análise de um cabo coaxial com um dielétrico continuamente não homogêneo de permissividade $\varepsilon(\phi)$: (a) visão de corte transversal da estrutura e (b) a subdivisão do dielétrico em partes diferencialmente finas e homogêneas; para o Exemplo 2.21.

Por causa da simetria, o vetor de intensidade de campo elétrico no dielétrico é radial, e, com base na condição de contorno na Equação (2.79), $\mathbf{E}_1 = \mathbf{E}_2$, $\mathbf{E}_2 = \mathbf{E}_3$, $\mathbf{E}_3 = \mathbf{E}_4$,... [Figura 2.30(b)]. Isso significa que E é constante sobre uma superfície cilíndrica de raio r ($a < r < b$), ou seja, é uma função da coordenada radial cilíndrica, r, apenas. O vetor de densidade de fluxo elétrico é $\mathbf{D}(r, \phi) = \varepsilon(\phi)\mathbf{E}(r)$. A lei generalizada de Gauss aplicada a um cilindro de raio r e altura h (comprimento) dá

$$\int_{\phi=0}^{2\pi} \underbrace{\varepsilon(\phi)E(r)}_{D}\, \underbrace{r\,d\phi h}_{dS} = \underbrace{Q'h}_{Q_S} \longrightarrow$$

$$\longrightarrow \quad E(r) = \frac{Q'}{r\int_0^{2\pi} \varepsilon(\phi)\,d\phi}, \tag{2.177}$$

onde dS é a área de uma faixa elementar de largura $r d\phi$ e altura h, e Q' é a carga por unidade de comprimento do cabo. A tensão entre os condutores do cabo e da capacitância por unidade de comprimento são, então, obtidas como

$$V = \int_{r=a}^{b} E(r)dr = \frac{Q' \ln(b/a)}{\int_0^{2\pi} \varepsilon(\phi)\,d\phi} \longrightarrow$$

$$\longrightarrow \quad C' = \frac{Q'}{V} = \frac{\int_0^{2\pi} \varepsilon(\phi)\,d\phi}{\ln(b/a)} = \frac{6\pi\varepsilon_0}{\ln(b/a)}. \tag{2.178}$$

(b) A partir das equações (2.177) e (2.178), a intensidade do campo elétrico, $E(r)$, é o mesmo que o cabo coaxial cheio de ar, Equação (2.124), que é esperado, porque este é um sistema E. Usando a Equação (2.58), a densidade de carga livre na superfície do condutor interno do cabo é

$$\rho_{sa}(\phi) = \varepsilon(\phi)E(a^+) = \frac{\varepsilon_0(3 + \text{sen}\,\phi)V}{a\ln(b/a)}, \tag{2.179}$$

enquanto, no condutor externo,

$$\rho_{sb}(\phi) = -\varepsilon(\phi)E(b^-) = -\frac{\varepsilon_0(3 + \text{sen}\,\phi)V}{b\ln(b/a)}. \tag{2.180}$$

Exemplo 2.22

Dois fios de linha com condutores dieletricamente revestidos

Cada condutor de uma linha de transmissão fina simétrica de dois fios, com a distância entre o condutor eixos d e raios condutores a ($d \gg a$), é revestido por uma camada dielétrica coaxial de permissividade ε e espessura a. Encontre a expressão para a capacitância por unidade de comprimento dessa linha se situada no ar.

Solução Seja a linha carregada por Q' por unidade de seu comprimento, como mostrado na Figura 2.31. De modo similar para a análise de uma linha de fio fino com condutores desencapados na Figura 2.22, os campos elétricos devido aos condutores individuais carregados podem ser avaliados de forma independente um do outro, porque a linha é fina. Assim, as densidades de fluxo elétrico, devido aos condutores 1 e 2 avaliados no ponto M na Figura 2.31 são

$$D_1 = \frac{Q'}{2\pi x} \quad \text{e} \quad D_2 = \frac{Q'}{2\pi(d - x)}, \tag{2.181}$$

respectivamente. A densidade de fluxo elétrico total é $D = D_1 + D_2$. Para simplificar o cálculo, no entanto, $D \approx D_1$

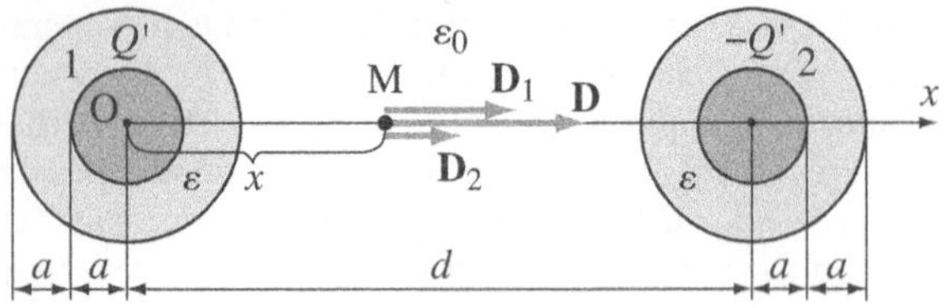

Figura 2.31

Corte transversal de uma linha de dois fios finos com revestimentos dielétricos sobre condutores, no ar; para o Exemplo 2.22.

no primeiro revestimento dielétrico (o segundo condutor está distante) e $D \approx D_2$ no segundo revestimento. Tendo em mente que a intensidade do campo elétrico em revestimentos dielétricos é $\mathbf{E} = \mathbf{D}/\varepsilon$, enquanto $\mathbf{E} = \mathbf{D}/\varepsilon_0$ no ar, a tensão entre os condutores é dada por

$$V = \int_a^{d-a} E\,dx = \frac{1}{\varepsilon}\int_a^{2a} D_1\,dx +$$

$$+\frac{1}{\varepsilon_0}\int_{2a}^{d-2a}(D_1 + D_2)\,dx + \frac{1}{\varepsilon}\int_{d-2a}^{d-a} D_2\,dx =$$

$$= \frac{Q'}{2\pi}\left[\frac{1}{\varepsilon}\ln 2 + \frac{1}{\varepsilon_0}\left(\ln\frac{d-2a}{2a} - \ln\frac{2a}{d-2a}\right) + \frac{1}{\varepsilon}\ln 2\right] \approx$$

$$\approx \frac{Q'}{\pi}\left(\frac{1}{\varepsilon}\ln 2 + \frac{1}{\varepsilon_0}\ln\frac{d}{2a}\right) \quad (2.182)$$

[ver a integração na Equação (2.140)]. A capacitância por unidade de comprimento da linha é

$$C' = \frac{Q'}{V} = \pi\left(\frac{1}{\varepsilon}\ln 2 + \frac{1}{\varepsilon_0}\ln\frac{d}{2a}\right)^{-1}. \quad (2.183)$$

Exemplo 2.23

Capacitor esférico com dielétrico não linear

Considere um capacitor esférico com raio de eletrodos a e b ($a < b$), preenchido com um ferroelétrico. Depois de ser conectado a um gerador de tensão, os eletrodos do capacitor ficam em curto-circuito, e há uma polarização remanescente (residual) no dielétrico no novo estado de equilíbrio (Figura 2.32). O vetor de polarização é radial, com magnitude $P(r) = P_0 b/r$, onde P_0 é uma constante e r é a distância do centro do capacitor. Calcule o vetor de intensidade de campo elétrico no dielétrico.

Solução Como este é um capacitor não linear (ferroelétricos são materiais não lineares), a relação na Equação (2.112) não se sustenta, e há uma carga, Q e $-Q$, sobre os eletrodos do capacitor, embora a tensão entre eles seja zero no novo estado. Da simetria esférica e na forma descrita do vetor $\mathbf{P}$ no dielétrico, o vetor densidade de fluxo elétrico no dielétrico, $\mathbf{D}$, tem a mesma forma (vetor radial que depende apenas de r), como na Equação (2.161). Isso significa que o capacitor na Figura 2.32 representa um sistema D. Então, usando a lei de Gauss generalizada, Equação (2.43), que é verdadeira para o meio arbitrário (inclusive não linear), a magnitude do vetor $\mathbf{D}$ está na Equação (2.162).

Para determinar o vetor intensidade de campo elétrico, $\mathbf{E}$, a partir de $\mathbf{D}$, no entanto, não podemos usar a relação na

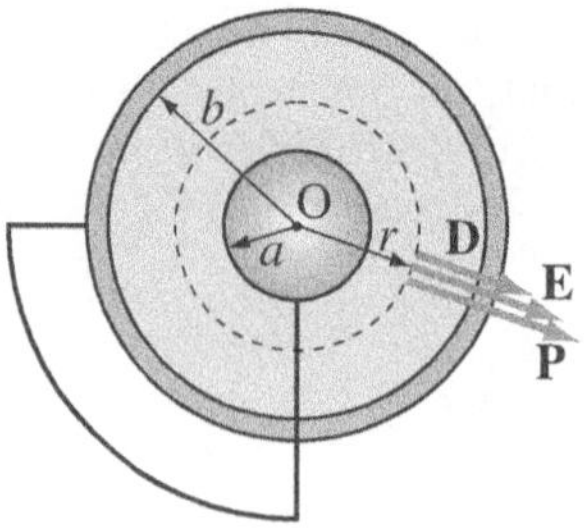

Figura 2.32

Capacitor esférico não linear com eletrodos em curto-circuito e polarização remanescente; para o Exemplo 2.23.

Equação (2.47), pois o dielétrico não é linear, mas podemos usar a definição do vetor $\mathbf{D}$ na Equação (2.41), que produz

$$\mathbf{E} = \frac{\mathbf{D} - \mathbf{P}}{\varepsilon_0}. \quad (2.184)$$

Da condição $V = 0$,

$$\int_{r=a}^{b} E(r)\,dr = \frac{1}{\varepsilon_0}\int_a^b [D(r) - P(r)]\,dr = 0, \quad (2.185)$$

isto é,

$$\int_a^b \left(\frac{Q}{4\pi r^2} - \frac{P_0 b}{r}\right) dr = \frac{Q}{4\pi}\left(\frac{1}{a} - \frac{1}{b}\right) - P_0 b \ln\frac{b}{a} = 0. \quad (2.186)$$

Portanto, $Q = 4\pi P_0 \ln(b/a)\, ab^2/(b - a)$ e

$$\mathbf{E} = \frac{P_0 b}{\varepsilon_0 r}\left[\frac{ab\ln(b/a)}{(b-a)r} - 1\right]\hat{\mathbf{r}}. \quad (2.187)$$

2.15 ENERGIA DE UM SISTEMA ELETROSTÁTICO

Cada capacitor carregado e todo sistema de corpos condutores carregados contêm certa quantidade de energia, que, pelo princípio da conservação da energia, é igual ao trabalho realizado no processo de carregamento do sistema. Tal energia é chamada de energia elétrica e está relacionada com as cargas e as potencialidades dos corpos condutores no sistema. Para encontrar essa relação, realizamos um experimento numérico no qual um sistema de início descarregado está sendo aos poucos carregado, trazendo cargas elementares para os corpos condutores por um agente externo. Avaliamos o trabalho líquido feito contra as forças elétricas enquanto as cargas dos corpos estão sendo alteradas a partir de zero aos seus valores finais.

Considere, primeiro, um capacitor linear de capacitância C. Sejam as cargas dos eletrodos do capacitor Q e $-Q$, e suas potencialidades no que diz respeito a um ponto de referência V_1 e V_2, respectivamente. A tensão do capacitor é

$$V = V_1 - V_2 = \frac{Q}{C}. \quad (2.188)$$

Se somarmos uma carga elementar positiva dQ ao primeiro eletrodo e $-dQ$ a um segundo, a mudança da energia do capacitor é igual ao trabalho feito contra as forças elétricas em movimento dQ do ponto de referência (a partir do nível zero de potencial) para o primeiro eletrodo (que está no potencial V_1) e $-dQ$ para o segundo eletrodo (no potencial V_2). Pela definição do potencial escalar elétrico, o potencial de um ponto em qualquer um dos eletrodos é igual ao trabalho realizado pelo campo elétrico ao mover uma carga do eletrodo ao ponto de referência, ou, inversamente, o trabalho realizado contra o campo elétrico ao mover uma carga do ponto de referência para o eletrodo, dividido pela carga [Equação (1.74)]. Isto é o que temos em nosso experimento, de modo que o trabalho fundamental realizado enquanto se move dQ e $-dQ$ é dado por

$$dW_e = dQ\,V_1 + (-dQ)\,V_2, \tag{2.189}$$

ou, de modo equivalente,

$$dW_e = dQ\,(V_1 - V_2) = dQ\,V = dQ\,\frac{Q}{C}. \tag{2.190}$$

Quando descarregado, o capacitor não tem energia. A energia total armazenada no capacitor quando está carregado com Q, portanto, é igual ao trabalho líquido realizado na troca de carga do capacitor, de $q = 0$ para $q = Q$, e é obtida pela adição de todos os trabalhos elementares dW_e na Equação (2.190):

$$W_e = \int_{q=0}^{q=Q} dW_e = \frac{1}{C}\int_{q=0}^{Q} q\,dq = \frac{1}{C}\frac{Q^2}{2}. \tag{2.191}$$

Assim, as expressões equivalentes para a energia de um capacitor são

energia de um capacitor (unidade: J)

$$W_e = \frac{Q^2}{2C} = \frac{1}{2}QV = \frac{1}{2}CV^2. \tag{2.192}$$

A unidade de energia elétrica é o joule (J). Como um caso especial, a energia elétrica de um corpo carregado isolado metálico em um dielétrico linear é

energia de um corpo metálico isolado

$$W_e = \frac{1}{2}CV^2_{\text{corpo isolado}}, \tag{2.193}$$

onde C é a capacitância do corpo único, dada pela Equação 2.116, $V_{\text{corpo isolado}}$ é o potencial quanto ao ponto de referência no infinito, e duas expressões adicionais equivalentes, como na Equação 2.192, podem ser escritas assim.

Note que a energia de um capacitor também pode ser expressa em termos das cargas e dos potenciais dos eletrodos individuais como

$$W_e = \frac{1}{2}QV = \frac{1}{2}Q(V_1 - V_2) = \frac{1}{2}(Q_1V_1 + Q_2V_2). \tag{2.194}$$

Em geral, para um sistema multicorpo linear com N corpos condutores carregados,

energia de um sistema eletrostático multicorpo

$$W_e = \frac{1}{2}\sum_{i=1}^{N} Q_iV_i. \tag{2.195}$$

Por fim, se um sistema também inclui uma carga volumétrica distribuída por todo o dielétrico entre os condutores, além de cargas superficiais ao longo dos condutores, a energia elétrica total do sistema é

energia de um sistema multicorpo com carga volumétrica no dielétrico

$$W_e = \frac{1}{2}\sum_{i=1}^{N} Q_iV_i + \frac{1}{2}\int_v \rho V\,dv, \tag{2.196}$$

onde ρ é a densidade de carga e V o potencial escalar elétrico no dielétrico, e a energia $(\rho\,dv)\,V/2$ de uma carga elementar $dQ = \rho\,dV$ é integrada em todo o volume v do dielétrico.

2.16 DENSIDADE DA ENERGIA ELÉTRICA

A expressão na Equação (2.196) nos permite encontrar a energia total associada à distribuição de carga de um sistema eletrostático. Como as cargas são fontes de campo elétrico, verifica-se que a energia do sistema pode ser expressa também em termos de intensidade do campo elétrico em todo o sistema. Isso faz supor que a energia elétrica está, na verdade, localizada no campo elétrico e, portanto, no dielétrico (que pode ser o ar e o vácuo) entre os condutores de um sistema eletrostático. Em termos quantitativos, como veremos, a concentração (densidade) de energia em locais específicos no dielétrico é proporcional à intensidade do campo elétrico local ao quadrado.

Vamos considerar primeiro um caso simples de um campo elétrico homogêneo no dielétrico de um capacitor de placas paralelas, com áreas planas S, separação de placa d (d é pequena se comparada às dimensões das placas), e a permissividade dielétrica ε [Figura 2.18(a)]. A partir das equações (2.192), (2.127) e (2.126), a energia do capacitor é

$$W_e = \frac{1}{2}CV^2 = \frac{1}{2}\varepsilon\frac{S}{d}(Ed)^2 = \frac{1}{2}\varepsilon E^2 Sd = \frac{1}{2}\varepsilon E^2 v, \tag{2.197}$$

onde E é a intensidade do campo elétrico no dielétrico e $v = Sd$ é o volume do dielétrico, ou seja, o volume do domínio onde o campo elétrico existe. Definimos a densidade de energia elétrica como

$$w_e = \frac{W_e}{v} = \frac{1}{2}\varepsilon E^2, \tag{2.198}$$

ou, empregando a Equação (2.47),

densidade da energia elétrica (unidade: J/m^3)

$$w_e = \frac{1}{2}\varepsilon E^2 = \frac{1}{2}ED = \frac{D^2}{2\varepsilon}. \quad (2.199)$$

A unidade é J/m^3 (densidade de volume). A energia do capacitor agora pode ser escrita na forma

$$W_e = w_e v. \quad (2.200)$$

Generalizamos agora esse resultado para obter uma expressão de campo, referente à energia contida em um capacitor arbitrário (Figura 2.14) e um sistema arbitrário eletrostático. Subdividimos o domínio entre os corpos condutores de um sistema em tubos de fluxo elementar contendo as linhas do vetor **D**, que começam e terminam nas superfícies dos corpos. Em seguida, cortamos cada tubo, ao longo de seu comprimento, em pequenas células de volume dv, de modo que as interfaces entre as células vizinhas sejam perpendiculares às linhas do campo. Podemos metalizar essas interfaces, sem alterar o campo e obter uma matriz de capacitores de pequenas placas paralelas ao longo do tubo. Todo o espaço entre os corpos condutores do sistema, ou seja, o domínio com o campo elétrico, é assim dividido em células de volume, e cada célula representa um capacitor de placas paralelas elementares com um dielétrico homogêneo e campo elétrico uniforme entre as placas. A energia contida em cada capacitor é

$$\mathrm{d}W_e = w_e\,\mathrm{d}v, \quad (2.201)$$

onde a densidade de energia é dada pela Equação (2.199). Somando as energias contidas em todos os capacitores, isto é, integrando a energia dW_e em todo o dielétrico entre os corpos condutores do sistema (volume v), obtemos a energia elétrica de todo o sistema:

energia elétrica de um sistema eletromagnético, via densidade de energia

$$W_e = \int_v w_e\,\mathrm{d}v = \frac{1}{2}\int_v ED\,\mathrm{d}v. \quad (2.202)$$

As expressões para a energia elétrica nas equações (2.196) e (2.202) são equivalentes, isto é, dão o mesmo resultado para a energia total de um sistema eletrostático. A última expressão, no entanto, diz que a localização real da energia elétrica está em todo o campo elétrico, isto é, no dielétrico entre os condutores do sistema (mesmo que o dielétrico seja um vácuo) e não nos condutores, nem sobre suas superfícies. Ela também nos fornece um meio, a densidade de energia na Equação (2.199), para avaliar e analisar a distribuição exata de energia em todo o dielétrico.

Por outro lado, reconsiderando a Equação (2.196) e reinspecionando seus termos, podemos agora chegar a um ponto de vista alternativo sobre a localização real de energia em eletrostática, o que implica que a energia elétrica armazenada de um sistema reside na carga do sistema, e não no campo. Assim, $\rho\,V/2$ pode ser considerada a densidade de energia de volume nos pontos onde $\rho \neq 0$ em todo o volume do dielétrico [a partir do segundo termo da expressão da energia na Equação (2.196)]. A densidade de energia superficial correspondente, igual a $\rho_s\,V/2$, então, quantificaria a energia de localização na distribuição de carga superficial sobre as superfícies dos condutores no sistema [constituindo o primeiro termo da expressão da energia na Equação (2.196)]. Ambos os pontos de vista têm mérito e são "corretos". No entanto, a suposição de que a energia está, na verdade, "contida" no campo e não na carga que a produz, acaba por ser muito mais adequada para considerações de energia na análise das ondas eletromagnéticas (a ser feita em um capítulo posterior). Ou seja, uma onda eletromagnética consiste de campos elétricos e magnéticos que variam no tempo e que viajam através do espaço (mesmo no vácuo) e carregam energia independente das fontes (cargas e correntes) que as produziram (as fontes podem até não existir mais). Portanto, é muito mais simples e mais natural descrever a distribuição de energia de um sistema com ondas móveis, em termos de campos, que mudam no tempo e viajam no espaço, do que associá-las com a distribuição de fontes estacionárias em instantes de tempo anterior. É por isso que adotamos na abordagem de campo baseada em localização de energia em primeiro lugar e as expressões de energia associadas a densidade, aquelas na Equação (2.199), para quantificar a distribuição de energia em um sistema (linear) arbitrário (com cargas e campos estáticos ou variáveis no tempo).

Exemplo 2.24

Energia de capacitores de placas paralelas com duas camadas dielétricas

Encontrar a energia de cada um dos capacitores na Figura 2.25, descartando os efeitos das bordas. Expressar a energia em termos de carga do capacitor, no caso (a) e a tensão do capacitor, no caso (b).

Solução Com base nas equações (2.202), (2.147), (2.192), (2.157) e (2.150), a energia do capacitor na Figura 2.25(a) pode ser encontrada usando tanto (1) a densidade do fluxo elétrico no dielétrico como (2) as capacitâncias de dois capacitores correspondendo a camadas dielétricas individuais, ou (3) a capacitância equivalente total de uma conexão em série de capacitores com dielétricos homogêneos:

$$W_e = \underbrace{\frac{D^2}{2\varepsilon_1}Sd_1 + \frac{D^2}{2\varepsilon_2}Sd_2}_{(1)} = \underbrace{\frac{Q^2}{2C_1} + \frac{Q^2}{2C_2}}_{(2)} = \underbrace{\frac{Q^2}{2C}}_{(3)} =$$

$$= \frac{(\varepsilon_2 d_1 + \varepsilon_1 d_2)Q^2}{2\varepsilon_1\varepsilon_2 S}. \quad (2.203)$$

Da mesma forma, a energia do capacitor na Figura 2.25(b) pode ser calculada pelo emprego tanto da (1) intensidade do campo elétrico no dielétrico, como (2) das capacitâncias dos dois capacitores com dielétricos homogêneos, ou (3) da capacitância total de uma conexão paralela de capacitores:

$$W_e = \underbrace{\frac{\varepsilon_1 E^2}{2} S_1 d + \frac{\varepsilon_2 E^2}{2} S_2 d}_{(1)} = \underbrace{\frac{C_1 V^2}{2} + \frac{C_2 V^2}{2}}_{(2)} = \underbrace{\frac{CV^2}{2}}_{(3)} =$$

$$= \frac{(\varepsilon_1 S_1 + \varepsilon_2 S_2) V^2}{d} \quad (2.204)$$

[ver equações (2.151), (2.160) e (2.154)].

Exemplo 2.25

Energia por unidade de comprimento de um cabo coaxial

Determine (a) a densidade de energia e (b) a energia por unidade de comprimento de um cabo coaxial, com raios condutores a e b ($a < b$) e permissividade dielétrica ε, se a tensão entre os condutores do cabo for V.

Solução

(a) A intensidade do campo elétrico no dielétrico do cabo é dada pela Equação (2.124), e, portanto, a densidade de energia elétrica a uma distância r do eixo do cabo é

$$w_e = \frac{1}{2}\varepsilon E(r)^2 = \frac{\varepsilon V^2}{2r^2 \ln^2(b/a)} \quad (a < r < b). \quad (2.205)$$

(b) A energia elétrica por unidade de comprimento do cabo pode ser avaliada como

energia elétrica por unidade de comprimento de uma linha de transmissão (unidade: J/m)

$$W'_e = (W_e)_{\text{p.u.c.}} = \frac{W_e}{l} = \frac{1}{l}\int_v w_e \underbrace{\mathrm{d}S\,l}_{\mathrm{d}v} = \int_S w_e\,\mathrm{d}S, \quad (2.206)$$

onde W_e é a energia contida em uma parte do cabo de comprimento l, S é a área de corte transversal do dielétrico entre os condutores do cabo, e $\mathrm{d}v = \mathrm{d}S\ l$. A unidade de W'_e é J/m. Como a densidade de energia é uma função da coordenada r somente, adotamos $\mathrm{d}S$ na forma de um anel elementar de raio r e largura $\mathrm{d}r$, Equação (1.60), e obtemos

$$W'_e = \int_{r=a}^{b} w_e(r) \underbrace{2\pi r\,\mathrm{d}r}_{\mathrm{d}S} =$$

$$= \frac{\pi\varepsilon V^2}{\ln^2(b/a)}\int_a^b \frac{\mathrm{d}r}{r} = \frac{\pi\varepsilon V^2}{\ln(b/a)}. \quad (2.207)$$

Esse resultado está, naturalmente, de acordo com a expressão

energia elétrica p.u.c. via capacitância p.u.c.

$$W'_e = \frac{1}{2}C'V^2, \quad (2.208)$$

onde C' é a capacitância por unidade de comprimento do cabo, dada na Equação (2.123).

Exemplo 2.26

Energia em um cabo coaxial com um espaçador dielétrico

Na Figura 2.33 há um corte transversal de um cabo coaxial que está, em parte, preenchido com um dielétrico de permissividade relativa ε_r. O dielétrico está na forma de um espaçador entre os condutores de cabo, definido por um ângulo α. O espaço restante entre os condutores está cheio de ar. Os raios do condutor são a e b ($a < b$), e a tensão entre os condutores é V. Encontre α para o qual a energia elétrica contida no dielétrico é igual à metade do total de energia no cabo.

Solução Densidades de energia elétrica na parte dielétrica e do ar do interior do cabo são

$$w_{e1} = \frac{1}{2}\varepsilon_r\varepsilon_0 E^2 \quad \text{e} \quad w_{e2} = \frac{1}{2}\varepsilon_0 E^2, \quad (2.209)$$

onde a intensidade do campo elétrico E no cabo é contínua através da interface entre o dielétrico e o ar. Este é um sistema E (ver Exemplo 2.21), e E é o mesmo que o cabo coaxial cheio de ar, Equação (2.124).

Pela exigência na declaração do exemplo, a energia por unidade de comprimento do cabo, contida no espaçador dielétrico e que no ar são estipulados o mesmo, $W'_{e1} = W'_{e2}$, o que significa que (Figura 2.33)

$$\int_{r=a}^{b} \underbrace{\frac{1}{2}\varepsilon_r\varepsilon_0 E(r)^2}_{w_{e1}} \underbrace{\alpha r\,\mathrm{d}r}_{\mathrm{d}S_1} = \int_{r=a}^{b} \underbrace{\frac{1}{2}\varepsilon_0 E(r)^2}_{w_{e2}} \underbrace{(2\pi - \alpha) r\,\mathrm{d}r}_{\mathrm{d}S_2}. \quad (2.210)$$

Aqui, $\mathrm{d}S_1$ e $\mathrm{d}S_2$ são áreas de superfície das partes de um fino anel de raio r e largura $\mathrm{d}r$ determinada pelos ângulos α e $2\pi - \alpha$, respectivamente. Mesmo sem qualquer integração, a Equação (2.210) dá

$$\varepsilon_r\alpha = 2\pi - \alpha \quad \longrightarrow \quad \alpha = \frac{2\pi}{\varepsilon_r + 1}. \quad (2.211)$$

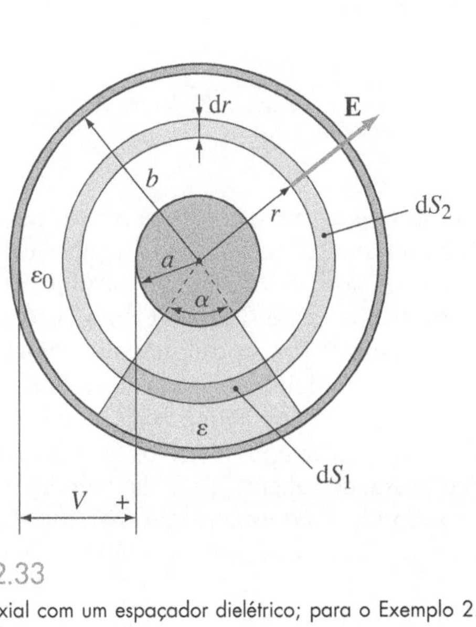

Figura 2.33
Cabo coaxial com um espaçador dielétrico; para o Exemplo 2.26.

Exemplo 2.27

Energia de um sistema com cargas volumétricas

Calcule a energia elétrica do sistema do Exemplo 2.5.

Solução Esse sistema não contém condutores. As densidades de energia elétrica, na esfera dielétrica e do ar, são

$$w_e = \frac{D(r)^2}{2\varepsilon_r\varepsilon_0} \quad (0 \leq r \leq a) \quad \text{e}$$

$$w_{e0} = \frac{D(r)^2}{2\varepsilon_0} \quad (a < r < \infty), \tag{2.212}$$

onde a densidade de fluxo elétrico, D, é dada na Equação (2.63). Assim, a energia elétrica do sistema é

$$W_e = \int_0^a w_e(r)\, 4\pi r^2\, dr + \int_a^\infty w_{e0}(r)\, 4\pi r^2\, dr =$$

$$= \frac{\rho_0^2 \pi a^5}{56\varepsilon_0}\left(7 + \frac{1}{\varepsilon_r}\right), \tag{2.213}$$

onde dv é adotado sob a forma de uma fina estrutura esférica de raio r e espessura dr, Equação (1.33).

Esse resultado também pode ser obtido empregando a expressão na Equação (2.196),

$$W_e = \frac{1}{2}\int_v \rho V\, dv = \frac{1}{2}\int_0^a \rho(r)V(r)\, 4\pi r^2\, dr =$$

$$= \frac{\rho_0^2 \pi a^5}{56\varepsilon_0}\left(7 + \frac{1}{\varepsilon_r}\right), \tag{2.214}$$

sendo v o volume da esfera, ρ a densidade volumétrica de carga, dada no Exemplo 2.5, e V o potencial escalar elétrico na Equação (2.66).

Note que a integração na Equação (2.213) está tanto sobre a esfera dielétrica quanto no ar, enquanto, na Equação (2.214), está apenas sobre a esfera. Isso ocorre porque o campo elétrico existe em todo o espaço, e o volume de carga ocupa só o volume da esfera.

2.17 RUPTURA DIELÉTRICA EM SISTEMAS ELETROSTÁTICOS

Analisaremos agora, sistemas eletrostáticos, em aplicações de alta tensão, ou seja, em situações nas quais o campo elétrico no dielétrico é tão forte que há perigo de ruptura dielétrica no sistema. Como visto na Seção 2.6, a ruptura dielétrica ocorre quando a maior intensidade de campo no dielétrico chega ao valor crítico para aquele material — força dielétrica do material, E_{cr}. Sob a influência de tais campos elétricos fortes, um material dielétrico passa, de repente, de isolante a ótimo condutor, causando um fluxo intenso de corrente. Enquanto sistemas com dielétricos gasosos e líquidos podem recuperar-se totalmente após uma ruptura, os sistemas com dielétricos sólidos, na maioria das vezes, são danificados de modo permanente pelos campos de ruptura, já que as propriedades isolantes do dielétrico passam por um processo irreversível de degradação. Nosso objetivo nesta seção não é analisar processos locais de ruptura em materiais nem o comportamento geral dos sistemas resultantes desses processos (tais fenômenos são preponderantemente não lineares e não são eletrostáticos), mas avaliar os sistemas e seus desempenhos em estados eletrostáticos lineares, próximos às ocorrências de ruptura. Na realidade, nosso objetivo aqui é determinar os valores máximos de várias quantidades em um sistema (ou dispositivo) que são "permitidos" para um funcionamento seguro antes de uma eventual ruptura.

Em sistemas (dispositivos) com distribuições de campo elétrico não uniformes, a tarefa principal é identificar o ponto mais vulnerável a uma ruptura dielétrica e relacionar a maior intensidade de campo elétrico correspondente às cargas ou potenciais dos corpos condutores presentes no sistema. No caso de um capacitor, ou uma linha de transmissão de dois condutores, a tensão que corresponde ao campo crítico no dielétrico é chamada tensão de ruptura do capacitor ou linha. Esta é a maior tensão possível que pode ser aplicada ao sistema (antes da ruptura), que também pode ser chamada de classificação de tensão do sistema.[6] Em algumas aplicações, aperfeiçoamos os parâmetros individuais de um sistema (por exemplo, o raio do condutor interno de um cabo coaxial) de modo que a tensão de ruptura seja máxima. Também é interessante avaliar os valores críticos (de ruptura) para a carga e a energia do capacitor, e os valores correspondentes de força nos condutores (carga, energia e forças por comprimento unitário para linhas de transmissão), visto que tais valores são os maiores possíveis para aquele sistema.

Para sistemas preenchidos por um dielétrico homogêneo, o campo elétrico mais forte no dielétrico se encontra, na maioria das vezes, junto a um dos corpos condutores do sistema, em geral, na proximidade das partes pontiagudas de uma superfície condutora [veja Equação (1.210)]. Por outro lado, em sistemas com dielétricos heterogêneos, os pontos mais vulneráveis podem estar próximos a uma superfície de contorno entre as partes do dielétrico com permissividades diferentes, onde o componente normal da intensidade do campo elétrico é descontínuo. Além disso, nesses sistemas, a maior intensidade de campo, uma determinada parte dielétrica não é necessariamente o campo de ruptura, pois a força dielétrica varia de acordo com o material, e apenas uma análise eletrostática (ou um experimento) pode apontar qual das partes dielétricas se romperia primeiro após a aplicação de uma tensão crítica ao sistema.

6 Uma vez que a rigidez dielétrica de um dado material pode variar consideravelmente, dependendo das condições reais em que o material é utilizado, bem como a forma como determinada peça sólida de dielétrico é fabricada, a tensão e os valores críticos e outras grandezas do sistema, na prática, são sempre definidos com um fator de segurança determinado já incluído. Por exemplo, com um fator de segurança de 10, a tensão nominal de um capacitor é igual à décima parte da tensão que levaria a um colapso em condições e suposições ideais.

Em um sistema de corpos condutores situados no ar (ou qualquer outro gás), a região de ruptura, onde o ar é ionizado por um mecanismo de ruptura em avalanche (veja a Seção 2.6) e se comporta como um material condutor, localiza-se, em geral, apenas na proximidade imediata dos pontos quentes das superfícies condutoras, já que o campo mais além do condutor não é forte o suficiente para sustentar a ruptura. Por causa de uma avalanche de ionização de impacto de moléculas de ar, cria-se uma enorme quantidade de elétrons livres e íons positivos, de modo que o ar próximo ao condutor se torna cada vez mais condutor. O ar ionizado pode até brilhar (no escuro), assemelhando-se a uma "coroa" luminosa em volta do condutor. Por isso, tal descarga local próxima a uma superfície condutora é chamada de *descarga corona*. Uma descarga corona em um condutor equivale a um aumento do condutor, já que uma camada de material condutor (ar ionizado) é somada à superfície. Isso aumenta, de maneira significativa, as perdas em linhas de transmissão e também emite ondas eletromagnéticas que podem interferir em dispositivos e sistemas de comunicação que estejam nas proximidades. Em alguns casos, as intensidades de campo no sistema são tão grandes que as rupturas ocorrem até mesmo longe dos condutores. Um caminho ionizado de modo contínuo forma-se a partir de um ponto de uma superfície condutora de densidade altíssima de carga até o condutor mais próximo com polaridade de carga oposta. Esse caminho pode ser visto na forma de um arco luminoso, que carrega uma corrente de grande intensidade (em geral, de centenas a milhares de amperes, às vezes até 100 kA). O resultado é uma descarga muito rápida e violenta dos condutores, chamada descarga de arco. As descargas de arco mais visíveis e espetaculares são, com certeza, os relâmpagos, que, durante tempestades, caem das nuvens para o chão na forma de centelhas gigantes. Como sabemos, a queda de raios é causa frequente de danos materiais e perda de vidas.

A análise de sistemas eletrostáticos com campos próximos a níveis de ruptura e a previsão de valores críticos de tensões, cargas e outras quantidades no momento da ruptura não exigem nenhuma teoria nova, tratando-se apenas da aplicação do que já sabemos de uma maneira apropriada, tendo em mente os comentários gerais acima. Assim, o restante desta seção consiste de alguns exemplos característicos.

Exemplo 2.28

Ruptura em um capacitor de placas paralelas

Considere o capacitor na Figura 2.19 para $a = 1$ m e $d = 2$ cm e determine sua tensão de ruptura e a carga e energia correspondentes, assim como as forças e pressões elétricas nos eletrodos do capacitor no momento da ruptura.

Solução O campo elétrico entre as placas do capacitor é mais ou menos uniforme, e sua intensidade de ruptura é

$$E = E_{cr0} = 3\ \mathrm{MV/m} \tag{2.215}$$

[rigidez dielétrica do ar, Equação (2.53)], a partir da qual a tensão de ruptura do capacitor, Equação (2.126), carga do capacitor, Equação (2.125), e energia do capacitor, Equação (2.192), vem a ser

$$V = E_{cr0}d = 60\ \mathrm{kV}, \quad Q = \varepsilon_0 a^2 E_{cr0} = 26{,}56\ \mu\mathrm{C}, \quad \mathrm{e}$$

$$W_e = \frac{1}{2}QV = 0{,}8\ \mathrm{J}, \tag{2.216}$$

respectivamente. De acordo com as equações (2.133) e (2.132), a pressão elétrica e as forças elétricas nos eletrodos, a quantidade de ruptura chega a

$$p_e = \frac{1}{2}\varepsilon_0 E_{cr0}^2 = 39{,}84\ \mathrm{Pa} \quad \mathrm{e} \quad F_e = p_e a^2 = 39{,}84\ \mathrm{N}. \tag{2.217}$$

Observe que esses valores para a energia e força são muito pequenos em comparação com as energias e as forças da origem não elétrica, e esses são os maiores valores possíveis para esse capacitor (muito grande).

Exemplo 2.29

Tensão de ruptura máxima de um cabo coaxial

Os raios condutores de um cabo coaxial são a e $b = 7$ mm ($a < b$). O cabo está preenchido com um dielétrico homogêneo de permissividade relativa $\varepsilon_r = 2{,}56$ e rigidez dielétrica $E_{cr} = 20$ MV/m (poliestireno). (a) Encontre a para o qual a tensão de ruptura do cabo é máxima. (b) Qual é a tensão de ruptura máxima do cabo?

Solução

(a) Suponha que a tensão entre os condutores do cabo é V. A intensidade do campo elétrico no cabo é dada pela Equação (2.124). Obviamente, o campo é o mais forte bem próximo ao condutor interno do cabo,

campo elétrico máximo de um cabo coaxial

$$\boxed{E(a^+) = \frac{V}{a\ln(b/a)}}, \tag{2.218}$$

o que significa que a ruptura dielétrica ocorre quando essa intensidade de campo alcança o valor crítico — força dielétrica,

$$E(a^+) = E_{cr}. \tag{2.219}$$

Para um dado raio ideal a, a tensão de ruptura, ou seja, a maior tensão que o cabo pode suportar, é, assim,

$$V_{cr}(a) = E_{cr}\, a \ln\frac{b}{a}. \tag{2.220}$$

Para encontrar o raio ideal a, para o qual a tensão V_{cr} é a maior, vamos impor a condição

$$\frac{dV_{cr}}{da} = 0 \quad \longrightarrow \quad E_{cr}\left(\ln\frac{b}{a} - 1\right) = 0. \tag{2.221}$$

A solução é

taxa de raios de cabo coaxial para uma tensão máxima de ruptura

$$\boxed{\frac{b}{a} = \mathrm{e} = 2{,}718} \quad \longrightarrow \quad a_{\mathrm{ideal}} = \frac{b}{\mathrm{e}} = 2{,}57\ \mathrm{mm}. \tag{2.222}$$

APARTE HISTÓRICO

O para-raios foi inventado em meados do século XVIII por **Benjamin Franklin** (1706-1790), estadista e cientista norte-americano, um prolífico inventor na área da eletricidade (princípio da conservação de cargas, denominação de cargas positivas e negativas, investigação de raios etc.) e inúmeras outras áreas da ciência (óculos bifocais, forno de Franklin, aprimoramento da imprensa, carta da Corrente do Golfo etc.). Franklin especulou que os raios eram eletricidade, e sugeriu que bastões de ferro verticais pontiagudos fossem instalados nos tetos dos edifícios e conectados por cabos a barras de ferro enterradas no solo (eletrodos de aterramento). Um dos primeiros para-raios com condutores de aterramento baseados nesse desenho foi instalado em 1752 no palácio do governo do estado da Pensilvânia, Filadélfia. Após diversas melhorias executadas por Franklin e outros nas décadas subsequentes, os para-raios aterrados provaram ser um método eficiente de proteção das edificações dos danos causados pelos raios. (*Retrato: Biblioteca do Congresso*)

Como a segunda derivada de $V_{cr}(a)$ para $a = a_{ideal}$ é negativa (igual $-E_{cr}/a_{ideal}$), a função $V_{cr}(a)$ possui, de fato, um máximo (e não um mínimo) naquele ponto.

(b) A tensão máxima de ruptura do cabo é

$$(V_{cr})_{máx} = V_{cr}(a_{ideal}) = E_{cr}\,a_{ideal} = 51{,}5\ \text{kV}. \qquad (2.223)$$

Exemplo 2.30

Tensão de ruptura de uma linha de dois fios finos

Considere uma linha de dois fios simétricos com raios condutores $a = 1$ mm e a distância entre os eixos condutores $d = 0{,}5$ m. A linha está situada no ar. Calcule (a) a tensão de ruptura da linha e (b) as maiores forças possíveis nos condutores da linha por comprimento unitário.

Solução

(a) Consideremos $Q' > 0$ e $-Q$, as cargas por comprimento unitário dos condutores da linha, como visto na Figura 2.22. A intensidade do campo elétrico da linha é a maior nas imediações da superfície de cada um dos condutores. Nesses pontos, o campo total (causado por ambos os condutores carregados), Equação (2.138), pode ser avaliado, mais ou menos, como o campo devido a um fio condutor carregado isoladamente, porque o outro condutor está muito longe ($d \gg a$). Assim, pela Equação (1.196),

campo elétrico máximo de uma linha de dois fios finos

$$E_{máx} = \frac{Q'}{2\pi\varepsilon_0 a}, \qquad (2.224)$$

e, no momento da ruptura, a carga crítica por comprimento unitário da linha vem a ser

$$E_{máx} = E_{cr0} = 3\ \text{MV/m} \longrightarrow$$
$$\longrightarrow Q'_{cr} = 2\pi\varepsilon_0 a E_{cr0} = 167\ \text{nC/m}. \qquad (2.225)$$

A tensão de ruptura da linha é

$$V_{cr} = \frac{Q'_{cr}}{C'} = \frac{Q'_{cr}}{\pi\varepsilon_0}\ln\frac{d}{a} = 2aE_{cr0}\ln\frac{d}{a} = 37{,}29\ \text{kV}, \qquad (2.226)$$

onde C' é a capacitância por unidade de comprimento da linha [Equação (2.141)].

(b) Sendo que $a \ll d$, a intensidade correspondente de forças elétricas nos condutores da linha por unidade de comprimento pode ser obtida com as equações (1.223) e (1.224), e o resultado é

$$F'_e = \frac{Q'^2_{cr}}{2\pi\varepsilon_0 d} = 1\ \text{mN/m}, \qquad (2.227)$$

que é a maior força possível para essa linha.

Exemplo 2.31

Fio condutor aterrado como para-raios

Um fio condutor, de raio $a = 5$ mm, está posicionado na horizontal sobre a superfície do solo, a uma altura $h = 6$ m, como visto na Figura 2.34. O condutor está aterrado. Um campo elétrico atmosférico uniforme, de intensidade E_0, devido a uma grande nuvem carregada, está acima da superfície do solo. O vetor $\mathbf{E}_0$ é vertical e se direciona de baixo para cima.[7] Supondo que E_0 é conhecido ($E_0 > 0$), encontre (a) a carga induzida no condutor por comprimento unitário e (b) a intensidade de campo elétrico na superfície do condutor. (c) Considere uma descarga da nuvem em direção ao chão e discuta sobre a proteção que o fio condutor dá ao espaço abaixo.

Solução

(a) A superfície da terra representa um plano condutor. Tomemos por zero o potencial do plano. Visto que o fio condutor está conectado à terra, uma carga de polaridade oposta à da parte inferior da nuvem, isto é, de polaridade positiva, é induzida no condutor (que sai da terra) sob influência do campo atmosférico. Q' é a carga por unidade

7 Em nuvens frias que contêm água e gelo, e causam eventuais descargas de raios, há uma carga positiva no topo e uma negativa na base. A de baixo induz outra área carregada positivamente na superfície da terra, e as duas camadas carregadas, como se fossem capacitores gigantes carregados, geram um campo elétrico acima da terra que se direciona verticalmente e para cima, como vemos na Figura 2.34.

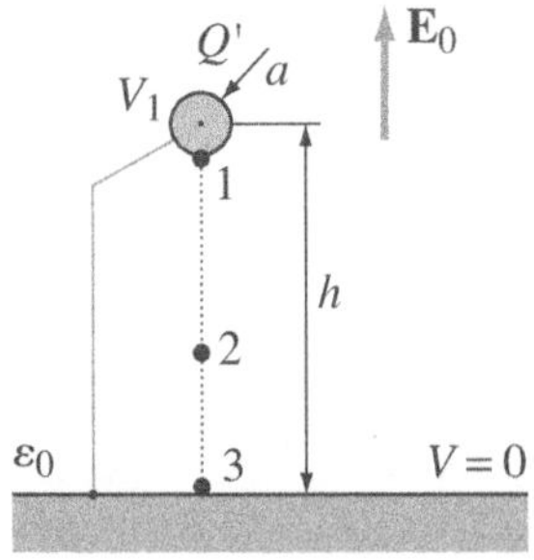

Figura 2.34
Fio condutor aterrado em um campo elétrico atmosférico uniforme; para o Exemplo 2.31.

de comprimento do condutor ($Q' > 0$), conforme a Figura 2.34. O potencial do condutor, V_1, pode ser expresso pela soma do potencial causado pela carga Q' e o potencial produzido pelo campo externo $\mathbf{E}_0$. O primeiro componente pode ser obtido como o potencial na superfície do fio, causado tanto por Q' quanto por sua imagem no plano condutor, conforme a Figura 1.49, e assim usando a Equação (1.119) com $r_1 = a$ (distância do ponto, em que o potencial é calculado, forma o eixo do fio original igual ao raio do fio) e $r_2 = 2h$ (já que $2h \gg a$). O outro componente do potencial pode ser obtido com a Equação (1.90), ao integrarmos o campo $\mathbf{E}_0$ do condutor para a superfície da terra ao longo de um caminho vertical reto. Como esse campo é uniforme, a tensão é apenas $-E_0$ vezes o comprimento do caminho, e o potencial total do condutor é dado por

$$V_1 = \frac{Q'}{2\pi\varepsilon_0} \ln \frac{2h}{a} - E_0 h. \qquad (2.228)$$

Dado que o condutor seja aterrado, temos

$$V_1 = 0 \quad \longrightarrow \quad Q' = \frac{2\pi\varepsilon_0 E_0 h}{\ln(2h/a)}. \qquad (2.229)$$

(b) A intensidade de campo elétrico da superfície do fio condutor (ponto 1 na Figura 2.34) é aproximadamente [Equação (2.224)]

$$E_1 = \frac{Q'}{2\pi\varepsilon_0 a} = \frac{E_0 h}{a \ln(2h/a)} = 154 E_0. \qquad (2.230)$$

(c) Por outro lado, tendo em mente a Equação (2.139), a intensidade de campo elétrico abaixo do condutor a uma altura $H = 2$ m, por exemplo, quanto ao nível do chão (ponto 2 na Figura 2.34), é

$$E_2 = -\frac{Q'}{2\pi\varepsilon_0}\left(\frac{1}{r} + \frac{1}{2h - r}\right) + E_0 = 0{,}71 E_0 \qquad (2.231)$$

($\mathbf{E}_2$ se dirige para cima), onde $r = h - H = 4$ m. De um modo parecido, a intensidade de campo abaixo do condutor próximo à superfície da terra (ponto 3) é $E_3 = -Q'/(\pi\varepsilon_0 h) + E_0 = 0{,}743 E_0$ ($r = h$).

Como o campo atmosférico se torna cada vez mais forte em uma tempestade, a intensidade de campo E_1 chega ao valor de ruptura [Equação (2.225)]

$$E_1 = E_{cr0}. \qquad (2.232)$$

O ar se ioniza e se torna condutor, de modo que uma parte da carga negativa da nuvem flui através desse canal condutor de ar, em direção ao fio condutor e até o chão. As intensidades de campo E_2 e E_3, no entanto, são bem mais baixas que os valores críticos,

$$E_2 = 0{,}71 E_0 = \frac{0{,}71}{154} E_1 = \frac{E_{cr0}}{217} \quad \text{e}$$

$$E_3 = 0{,}743 E_0 = \frac{0{,}743}{154} E_1 = \frac{E_{cr0}}{207}, \qquad (2.233)$$

o que significa que uma estrutura ou uma pessoa que esteja abaixo do condutor está a salvo de ser atingida. O condutor aterrado protege o espaço abaixo dele e serve principalmente como um para-raios.[8]

Exemplo 2.32

Ruptura em um capacitor esférico com dois dielétricos

O dielétrico de um capacitor esférico consiste de duas camadas concêntricas. A permissividade relativa da camada de dentro é $\varepsilon_{r1} = 2{,}5$ e sua força dielétrica $E_{cr1} = 50$ MV/m. Para a camada externa, $\varepsilon_{r2} = 5$ e $E_{cr2} = 30$ MV/m. Os raios dos eletrodos são $a = 3$ cm e $c = 8$ cm, e o raio da superfície de contorno entre as camadas é $b = 5$ cm. Calcule (a) a tensão de ruptura e (b) a energia correspondente do capacitor.

Solução

(a) Q é a carga do capacitor. A densidade de fluxo elétrico no dielétrico é dada pela Equação (2.162). De acordo com a Figura 2.35, as intensidades de campo elétrico nas camadas individuais são

$$E_1(r) = \frac{Q}{4\pi\varepsilon_{r1}\varepsilon_0 r^2} = E_1(a^+)\frac{a^2}{r^2}, \quad a < r < b, \qquad (2.234)$$

$$E_2(r) = \frac{Q}{4\pi\varepsilon_{r2}\varepsilon_0 r^2} = E_2(b^+)\frac{b^2}{r^2}, \quad b < r < c, \qquad (2.235)$$

onde r é a coordenada esférica radial. Perceba que $E_1(a^+)$ é a maior intensidade de campo na camada interna, enquanto $E_2(b^+)$ representa o campo mais forte na camada de fora. Combinando as equações (2.234) e (2.235), chegamos à seguinte relação entre essas intensidades de campo:

$$\varepsilon_{r1} a^2 E_1(a^+) = \varepsilon_{r2} b^2 E_2(b^+). \qquad (2.236)$$

Não sabemos de antemão qual camada do dielétrico se romperia primeiro, após aplicada uma tensão de valor crítico através dos eletrodos do capacitor. Vamos verificar,

8 Perceba que este é o princípio de funcionamento de para-raios, em geral. Bastões aterrados, posicionados o mais alto possível, protegem objetos expostos (edificações ou outras estruturas, assim como humanos e animais) e suas adjacências de violentas descargas elétricas atmosféricas, assegurando que uma eventual ruptura dielétrica, causadora de queda de raios seja "induzida" próximo à superfície do bastão, e não em outra parte qualquer. Desse modo, encaminha a descarga por um fio condutor isolado até um eletrodo aterrado, em vez de passar pelo objeto. Além de simples bastões metálicos verticais pontiagudos, certos modelos de para-raios são esféricos, ou possuem extensões de fios com o desenho de um guarda-chuva, o que lhes dá a capacidade de conduzir quantidades muito maiores de carga induzida.

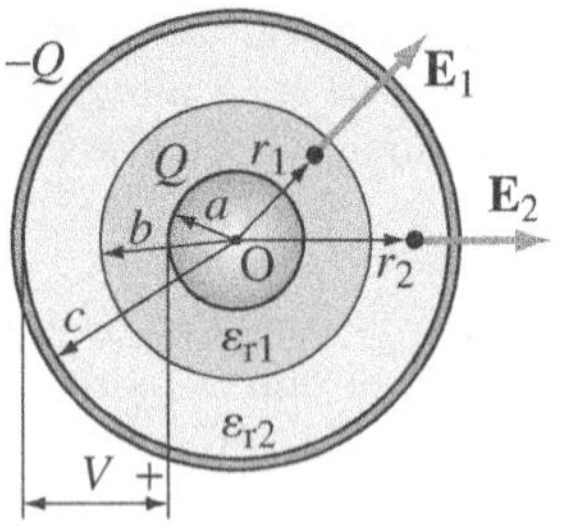

Figura 2.35
Avaliação de tensão de ruptura de um capacitor esférico com um dielétrico de duas camadas; para o Exemplo 2.32.

primeiro, a possibilidade de ruptura na camada interna, o que implica

$$E_1(a^+) = E_{cr1}. \quad (2.237)$$

Ao mesmo tempo, com a Equação (2.236),

$$E_2(b^+) = E_{cr1}\frac{\varepsilon_{r1}a^2}{\varepsilon_{r2}b^2} = 9\ \text{MV/m}. \quad (2.238)$$

Como $E_2(b^+) < E_{cr2}$, concluímos que a intensidade de campo elétrico, em todos os pontos da camada externa, é menor do que o valor crítico para aquele dielétrico. Isso significa que é correto assumir a ocorrência de uma ruptura na camada interna do dielétrico.

A outra, que assume a possibilidade de uma eventual ruptura na camada externa, nos dá

$$E_2(b^+) = E_{cr2}, \quad (2.239)$$

e $E_1(a^+) = E_{cr2}\varepsilon_{r2}b^2/(\varepsilon_{r1}a^2) = 166{,}7$ MV/m. Isso é impossível, visto que E_1 não pode ser maior do que E_{cr1} se assumirmos que a camada interna se encontra em condições normais, enquanto a outra se rompe.

Com os valores de intensidade de campo das equações (2.237) e (2.238), a tensão de ruptura do capacitor é:

$$V_{cr} = E_1(a^+)\,a^2\int_a^b \frac{dr}{r^2} + E_2(b^+)\,b^2\int_b^c \frac{dr}{r^2} =$$

$$= \varepsilon_{r1}a^2E_{cr1}\left(\frac{b-a}{\varepsilon_{r1}ab} + \frac{c-b}{\varepsilon_{r2}bc}\right) = 769\ \text{kV}. \quad (2.240)$$

Essa tensão também pode ser obtida se considerarmos o valor crítico de carga para a ruptura do capacitor. Vamos denotar que $Q_{cr}^{(1)}$ e $Q_{cr}^{(2)}$ sejam a carga em caso de uma eventual ruptura, respectivamente, na camada interna e na externa. Com base nas equações (2.234), (2.235), (2.237) e (2.239),

$$Q_{cr}^{(1)} = 4\pi\varepsilon_{r1}\varepsilon_0 a^2 E_{cr1} \quad \text{e}$$

$$Q_{cr}^{(2)} = 4\pi\varepsilon_{r2}\varepsilon_0 b^2 E_{cr2}. \quad (2.241)$$

Ao passo em que Q se torna cada vez maior, o rompimento ocorre quando o mesmo alcança o menor das duas cargas nas equações (2.241). Desse modo, a carga crítica no capacitor é

$$Q_{cr} = \min\left\{Q_{cr}^{(1)}, Q_{cr}^{(2)}\right\}. \quad (2.242)$$

Para os dados numéricos $Q_{cr}^{(1)} < Q_{cr}^{(2)}$ $[Q_{cr}^{(1)} = 0{,}3Q_{cr}^{(2)}]$, significando que o rompimento ocorre na camada interna do dielétrico. Assim,

$$Q_{cr} = Q_{cr}^{(1)} = 12{,}52\ \mu\text{C}. \quad (2.243)$$

A tensão correspondente é

$$V_{cr} = \frac{Q_{cr}}{C} = 769\ \text{kV}, \quad (2.244)$$

onde $C = 16{,}28$ pF é a capacitância do capacitor [Equação (2.164)].

(b) A maior energia possível do capacitor é

$$W_e = \frac{1}{2}CV_{cr}^2 = 4{,}81\ \text{J}. \quad (2.245)$$

Problemas

2.1. Paralelepípedo dielétrico polarizado não uniformemente. Um paralelepípedo dielétrico retangular está situado no ar, no primeiro oitante do sistema de coordenadas cartesianas (x, y, $z \geq 0$), com um vértice na origem da coordenada, e as arestas, de comprimento a, b e c, paralelas aos eixos coordenados x, y e z, respectivamente. O vetor polarização no paralelepípedo é dado por $\mathbf{P}(x, y, z) = P_0[(x/a)\,\hat{\mathbf{x}} + (y/b)\,\hat{\mathbf{y}} + (z/c)\,\hat{\mathbf{z}}]$, onde P_0 é uma constante. (a) Encontre as densidades volumétricas superficiais de carga ligada do paralelepípedo. (b) Demonstre que a carga ligada total do paralelepípedo é zero.

2.2. Disco polarizado uniformemente em um plano condutor. Um disco dielétrico polarizado, uniformemente envolto pelo ar, repousa em um plano condutor, conforme a Figura 2.36. O vetor de polarização no disco é $\mathbf{P} = P\,\hat{\mathbf{z}}$, o raio do disco é a, e a espessura d. Calcule o vetor intensidade do campo elétrico ao longo do eixo do disco normal ao plano condutor (eixo z).

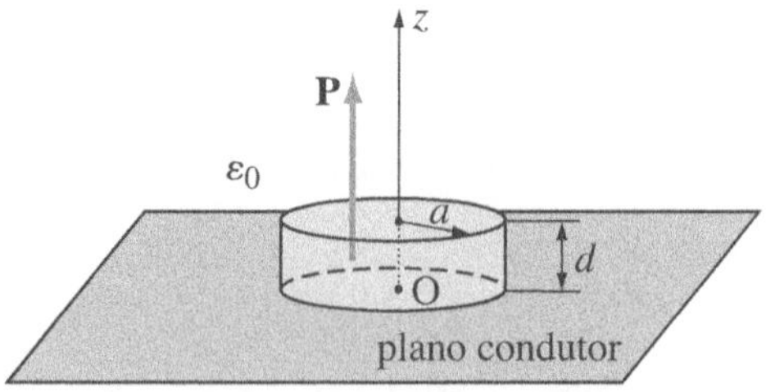

Figura 2.36 Disco dielétrico com uma polarização uniforme repousando em um plano condutor; para o Problema 2.2.

2.3. Cilindro dielétrico oco polarizado uniformemente. Um cilindro dielétrico oco, de raios a e b e altura $2h$, é polarizado uniformemente e situa-se no espaço livre. O vetor polarização, de magnitude P, é paralelo ao eixo do cilindro, conforme a Figura 2.37. Encontre o vetor intensidade do campo elétrico no centro do cilindro (ponto O).

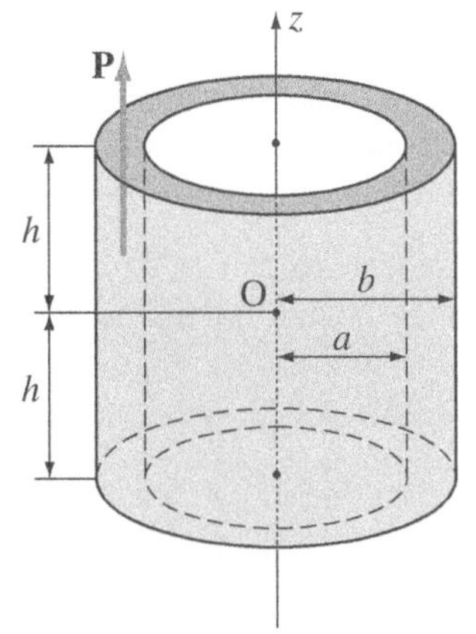

Figura 2.37 Cilindro dielétrico oco com polarização uniforme; para o Problema 2.3.

2.4. Disco dielétrico fino não uniformemente polarizado. Um disco dielétrico muito fino, de raio a e espessura d ($d \ll a$), é polarizado por todo seu volume. No sistema de coordenadas cilíndricas, da Figura 2.38, o vetor polarização é definido pela expressão $\mathbf{P} = P_0 r\,\hat{\mathbf{r}}/a$, onde P_0 é uma constante. Determine (a) a distribuição de cargas ligadas e (b) o vetor intensidade de campo elétrico ao longo do eixo z.

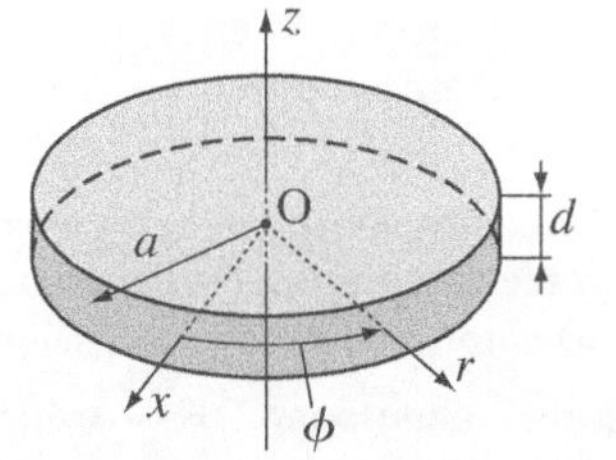

Figura 2.38 Disco dielétrico muito fino, com polarização não uniforme; para o Problema 2.4.

2.5. Hemisfério dielétrico uniformemente polarizado. Um hemisfério dielétrico de raio a situa-se no espaço livre e repousa em um plano condutor. O vetor polarização é **P**, e o mesmo é normal ao plano, conforme a Figura 2.39. Encontre (a) a densidade superficial de cargas ligadas na superfície plana e esférica do hemisfério e (b) o vetor intensidade de campo elétrico no centro da superfície plana (ponto O na figura), assumindo que esteja no lado dielétrico da superfície de contorno (dielétrico-condutor), bem próximo à superfície.

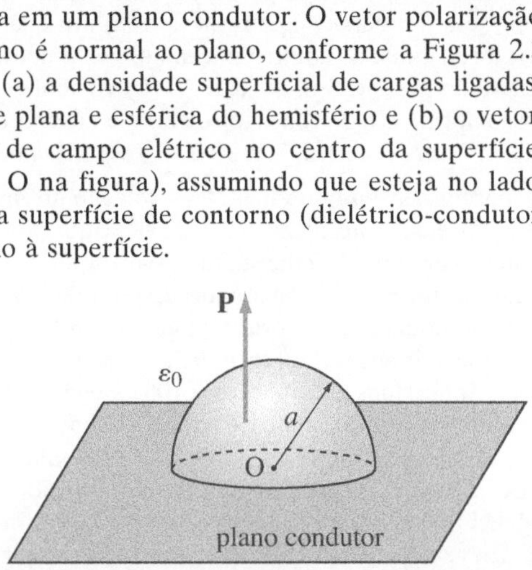

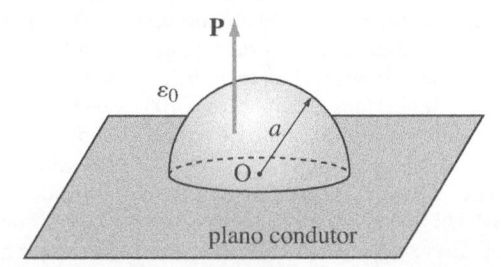

Figura 2.39 Hemisfério dielétrico com polarização uniforme, repousando em um plano condutor; para o Problema 2.5.

2.6. Grande dielétrico tipo chapa não uniformemente polarizado. Um dielétrico tipo chapa infinitamente grande, de espessura $d = 2a$, conforme Figura 2.40, é polarizado de tal modo que o vetor polarização é $\mathbf{P} = P_0 x^2 \hat{\mathbf{x}}/a^2$, onde P_0 é uma constante. O meio do lado de fora da chapa é o ar. Encontre (a) a distribuição volumétrica superficial de carga ligada, (b) o vetor intensidade do campo elétrico em todos os lugares e (c) a tensão entre as superfícies de contorno da chapa.

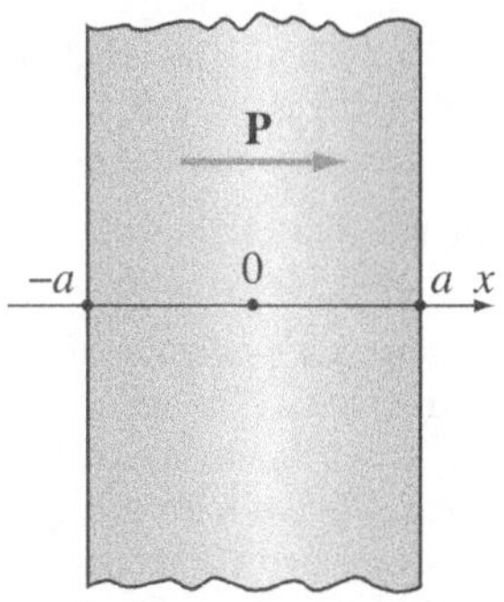

Figura 2.40 Dielétrico tipo chapa infinitamente grande com polarização não uniforme; para o Problema 2.6.

2.7. Vetor densidade de fluxo elétrico. Encontre o vetor densidade de fluxo elétrico, **D**, (a) no centro da esfera dielétrica polarizada da Figura 2.7 e (b) ao longo do eixo do disco dielétrico polarizado (eixo z) na Figura 2.36.

2.8. Densidade de carga total (livre mais ligada) do volume. O vetor intensidade elétrica, **E**, é uma função conhecida de coordenadas espaciais. (a) Prove que a densidade de carga total (livre mais ligada) do volume no dielétrico, $\rho_{\text{tot}} = \rho + \rho_{\text{p}}$, pode ser obtida já que $\rho_{\text{tot}} = \varepsilon_0 \nabla \cdot \mathbf{E}$. (b) Encontre, especificamente, ρ_{tot} para **E** dado como a seguinte função de coordenadas cartesianas: $\mathbf{E}(x, y, z) = [4xyz\,\hat{\mathbf{x}} + (2x^2z - y^3)\,\hat{\mathbf{y}} + (2x^2y + z^3)\,\hat{\mathbf{z}}]$ V/m (x, y, z em m).

2.9. Campo uniforme em um dielétrico. Há um campo elétrico uniforme em uma determinada região dielétrica. A densidade volumétrica de carga livre é ρ. Determine a densidade volumétrica de carga ligada, ρ_{p}.

2.10. Superfície fechada em um campo uniforme. Considerando uma superfície fechada arbitrária, em um campo elétrico uniforme, e em uma região sem cargas ($\rho_{\text{tot}} = 0$) (Figura 2.41), prove a seguinte identidade de vetor: $\oint_S \mathrm{d}\mathbf{S} = 0$.

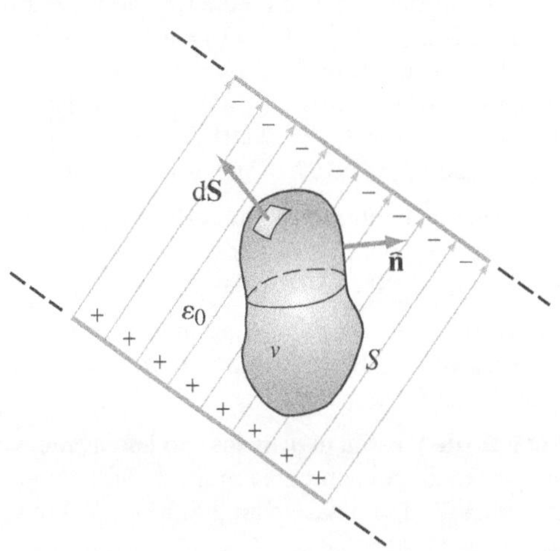

Figura 2.41 Superfície fechada em uma região com campo elétrico uniforme e sem carga de volume; para o Problema 2.10.

2.11. Fluxo do vetor intensidade do campo elétrico. O vetor polarização, **P**, e a densidade de carga livre no volume, ρ, são conhecidos em todos os pontos de um corpo dielétrico. Encontre a expressão para o fluxo do vetor intensidade do campo elétrico, Ψ_E, por uma superfície fechada S completamente situada no interior do corpo.

2.12. Cargas totais livres e ligadas. Consideremos uma superfície fechada imaginária S dentro de um dielétrico homogêneo de permissividade ε. A carga livre total contida por S é Q_S. Qual a carga ligada total Q_{pS} contida por S?

2.13. Meio homogêneo sem carga. Prove que em um meio linear homogêneo sem carga livre também não há carga ligada.

2.14. Cilindro dielétrico com carga volumétrica livre. Um cilindro muito longo dielétrico homogêneo, de raio a e permissividade relativa ε_r, é carregado de maneira uniforme com densidade livre de carga ρ em todo o seu volume. O cilindro está cercado por ar. (a) Calcule a tensão entre o eixo e a superfície do cilindro. (b) Encontre a distribuição de carga ligada do cilindro.

2.15. Distribuição linear-exponencial de carga volumétrica. Repita o Exemplo 2.6, porém para um modelo de uma junção *pn* dada pela densidade volumétrica de carga $\rho(x) = \rho_0(x/a)\,e^{-|x|/a}$, em que ρ_0 e a são constantes positivas, conforme Figura 2.42.

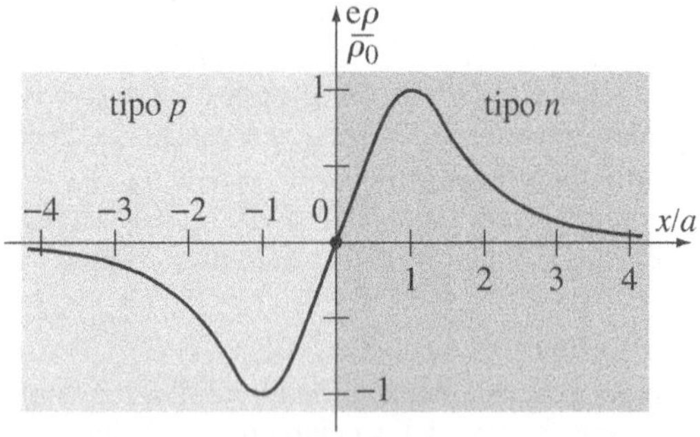

Figura 2.42 Modelo de uma junção *pn* com distribuição linear-exponencial de carga; para o Problema 2.15.

2.16. Condições de contorno dielétrica-dielétrica. Suponha que o plano $z = 0$ separa o meio 1 ($z > 0$) e o meio 2 ($z < 0$), com permissividades relativas $\varepsilon_{r1} = 4$ e $\varepsilon_{r2} = 2$, respectivamente. O vetor de intensidade de campo elétrico no meio 1 próximo ao contorno (para $z = 0^+$) é $\mathbf{E}_1 = (4\,\hat{\mathbf{x}} - 2\,\hat{\mathbf{y}} + 5\,\hat{\mathbf{z}})$ V/m. Encontre o vetor de intensidade do campo elétrico no meio 2 próximo ao contorno (para $z = 0^-$), $\mathbf{E}_2$, se (a) não houver carga livre no contorno ($\rho_s = 0$) e (b) houver carga de superfície de densidade $\rho_s = 53{,}12$ pC/m^2 no contorno.

2.17. Condições de contorno condutor-dielétrico. Obtenha condições de contorno condutor-dielétrico e condutor-espaço livre, equações (1.186), (2.58) e (1.190), das equações (2.84) e (2.85).

2.18. Contorno água-ar. Esboce as linhas de campo emergindo da água ($\varepsilon_r = 80$) em direção ao ar, se o ângulo "incidente" (na água) for $\alpha = 45°$.

2.19. Equação de Poisson para meios não homogêneos. (a) Obtenha a equação de Poisson para um meio não homogêneo. (b) Escreva a equação de Laplace para um meio não homogêneo.

2.20. Diodo a vácuo. A Figura 2.43 mostra um diodo a vácuo, que consiste em dois eletrodos planos, o cátodo e o ânodo, e uma distribuição de carga em um vácuo entre ambos. O potencial do cátodo é zero e o potencial do ânodo é V_0 ($V_0 > 0$). A distribuição do potencial no diodo pode ser descrita por $V(x) = V_0(x/d)^{4/3}$, $0 \le x \le d$, onde d é a distância entre os eletrodos. Encontre (a) a densidade volumétrica de carga no diodo, (b) a densidade superficial de carga do cátodo, (c) a densidade superficial de carga no ânodo, e (d) a carga total do diodo.

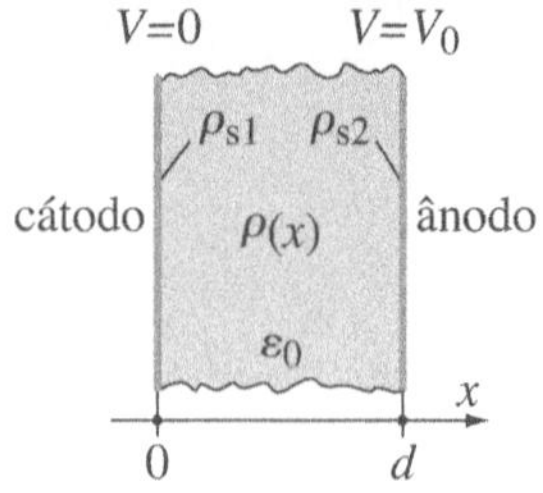

Figura 2.43 Diodo a vácuo; para o Problema 2.20.

2.21. Aplicação da equação de Poisson em coordenadas esféricas. Considere um sistema de dois eletrodos metálicos concêntricos esféricos (uma esfera sólida envolta por uma cápsula), conforme a Figura 1.41, com $a = 1$ cm e $b = 5$ cm, e assuma que uma carga volumétrica livre não uniforme, cuja densidade é a função ρ(r) dada na Equação (1.32), com $\rho_0 = 3$ C/m^3, esteja entre os eletrodos, considerando $a < r < b$, onde a permissividade é ε_0. Além disso, considere $V_0 = 10$ V o potencial do eletrodo interno (esfera) em relação ao externo (cápsula). Em tais circunstâncias, encontre (a) o potencial elétrico e (b) o vetor campo elétrico em um ponto arbitrário entre os eletrodos.

2.22. Aplicação da equação de Laplace em coordenadas esféricas. Repita o problema anterior, porém com $\rho(r) = 0$ (não há carga volumétrica) entre os eletrodos (considerando $a < r < b$).

2.23. Programa de computador DF — solução iterativa. Escreva um programa de computador para a análise com o método das diferenças finitas de um cabo coaxial de seção transversal quadrada (Figura 2.13) com base na Equação (2.107). Assuma que $a = 1$ cm, $b = 3$ cm, $V_a = 1$ V, e $V_b = -1$ V. (a). Posicione os resultados encontrados para a distribuição do potencial e intensidade do campo elétrico no espaço entre os condutores, e a densidade superficial de carga nas superfícies dos condutores, tomando como espaçamento da grade $d = a/10$ e tolerância do potencial $\delta_V = 0{,}01$ V. (b) Encontre a carga total por comprimento do condutor externo e interno, considerando $d = a/N$ e $N = 2, 3, 5, 7, 9, 10$ e 12, respectivamente.

2.24. Programa de computador DF — solução direta. Como alternativa à técnica iterativa, baseada na Equação (2.107), escreva um programa de computador para a análise com o método DF de um cabo coaxial quadrado por meio da solução do sistema de equações algébricas lineares, sendo desconhecidos os potenciais aos nós interiores da grade vista na Figura 2.13(b) [ao aplicarmos a Equação (2.106) a cada nó interior da grade, obtemos um conjunto de equações simultâneas, cujo número é igual ao número de potenciais desconhecidos]. O sistema de equações, no qual os potenciais conhecidos em nós das superfícies de condutores aparecem ao lado direito das equações, deve ser solucionado pelo método da eliminação gaussiana (ou inversão de matrizes). Encontre e posicione as mesmas quantidades do exercício anterior e compare os resultados obtidos pelos dois programas.

2.25. Capacitância da terra. Encontre a capacitância da terra assumindo que seja uma esfera condutora de raio $R = 6378$ km (terra e água são meios condutores).

2.26. Capacitância de uma pessoa. Podemos demonstrar que a capacitância C de um corpo condutor arbitrário está entre a capacitância da esfera inscrita no corpo e a da sobrescrita ao corpo, ou seja, [Equação (2.121)], $4\pi\varepsilon_0 R_{\text{mín}} < C < 4\pi\varepsilon_0 R_{\text{máx}}$, em que $R_{\text{mín}}$ e $R_{\text{máx}}$ são os raios das duas esferas. Baseado nisso, estime a capacitância de um corpo humano (tecidos humanos são meios condutores).

2.27. Capacitância de um cubo metálico pelo MoM. Encontre a capacitância do cubo metálico analisado numericamente pelo método dos momentos no Problema 1.85 e compare o resultado com as capacitâncias das seguintes esferas metálicas: (a) a esfera inscrita no cubo, (b) a esfera sobrescrita ao cubo, (c) a esfera cujo raio é o meio aritmético dos raios das esferas em (a) e (b), (d) a esfera com a mesma superfície do cubo e (e) a esfera com o mesmo volume do cubo.

2.28. Cabo coaxial RG-55/U. Um cabo coaxial RG-55/U tem raios condutores $a = 0{,}5$ mm e $b = 3$ mm. O dielétrico é polietileno ($\varepsilon_r = 2{,}25$). Determine a capacitância por comprimento unitário do cabo.

2.29. Capacitância p.u.c. de um cabo coaxial quadrado, análise DF. Encontre a capacitância por comprimento unitário do cabo coaxial, de secção transversal quadrada, analisado numericamente pela técnica das diferenças finitas nos problemas 2.23 e 2.24, e compare o resultado (usando o espaçamento de grade $d = a/10$) com a capacitância por comprimento unitário de um cabo coaxial (padrão) de corte transversal circular com os mesmos raios ($b/a = 3$) e dielétrico (ar) do cabo quadrado.

2.30. Modelo de capacitor de placas paralelas de uma nuvem carregada. Uma nuvem carregada pode ser representada de modo aproximado, ao menos no que se refere a suas propriedades elétricas, como um capacitor de placas paralelas com placas horizontais de área $S = 15$ km^2 e separação vertical $d = 1$ km. Assuma que a placa superior tenha uma carga total $Q = 300$ C, e a placa inferior uma quantidade igual de carga negativa. Desconsiderando os efeitos das bordas, encontre (a) a capacitância desse capacitor, (b) a tensão entre a parte de cima e a parte de baixo da nuvem e (c) a intensidade do campo elétrico na nuvem.

2.31. Análise numérica pelo MoM de um capacitor de placas paralelas. Considere o capacitor de placas paralelas da Figura 2.19 e escreva um programa de computador baseado no método dos momentos para avaliar sua capacitância (C). Subdivida cada uma das placas em $N = 10 \times 10 = 100$ placas quadradas, assumindo densidades de carga constantes em filamentos individuais (conforme Figura 1.46). Suponha ainda que as placas superior e inferior na Figura 2.19 são potenciais $V_1 = 1$ V e $V_2 = -1$ V, assim como que as densidades de carga de pares de filamentos correspondentes logo acima/abaixo um do outro nas duas placas são iguais em magnitude e opostas em polaridade. Com isso, desconhecemos no procedimento as densidades de carga $\rho_{s1}, \rho_{s2}, \ldots, \rho_{sN}$ apenas na placa superior, e casamento dos pontos, onde os potenciais são encontrados, são centros dos mesmos filamentos. No entanto, esses potenciais são causados por pares de filamentos em ambas placas, com densidades de carga ρ_{si} e $-\rho_{si}$ ($i = 1, 2, \ldots, N$). Usando o programa MoM, encontre C para $a = 1$ m e os seguintes raios d/a: (i) 0,1, (ii) 0,5, (iii) 1, (iv) 2 e (v) 10, e compare os resultados com os valores de C correspondentes obtidos da Equação (2.127), que desconsidera os efeitos das bordas.

2.32. Linha de dois fios finos não simétricos. Obtenha a expressão para a capacitância, por unidade de comprimento, de uma linha de transmissão assimétrica fina de dois fios no ar. Os raios dos condutores são a e b ($a \neq b$), e a distância entre os eixos dos condutores é d ($d \gg a, b$).

2.33. Linha de dois fios grossos simétricos. Considere uma linha de dois fios simétricos com condutores de grossura arbitrária (o raio dos fios, a, não é pequeno se comparado à distância entre os eixos do fio, d) no ar. Utilizando uma versão da teoria das imagens para cargas em linhas, nas proximidades de cilindros condutores, podemos demonstrar que a capacitância por comprimento dessa linha é dada por $C' = \pi\varepsilon_0/\ln\{d/(2a) + \sqrt{[d/(2a)]^2 - 1}\}$. Considere d/a 3, 5, 10, 20 e 100, e calcule C' utilizando essa expressão e a da Equação (2.141), obtida para linhas de dois fios finos. Compare os dois conjuntos de resultados e avalie o erro causado pela aproximação dos fios finos da linha para distância individual aos raios.

2.34. Duas esferas metálicas pequenas no ar. Um capacitor consiste de duas esferas metálicas pequenas de mesmo raio, a, posicionadas no ar e com distância centro a centro d ($d \gg a$). Encontre a capacitância desse capacitor.

2.35. Quatro fios paralelos no ar. A linha de transmissão vista na Figura 2.44 consiste em dois pares de fios condutores conectados galvanicamente e situados no ar. A distância entre os eixos dos fios adjacentes é $d = 200$ mm e os raios são $a = 1$ mm. Encontre a capacitância por comprimento da linha.

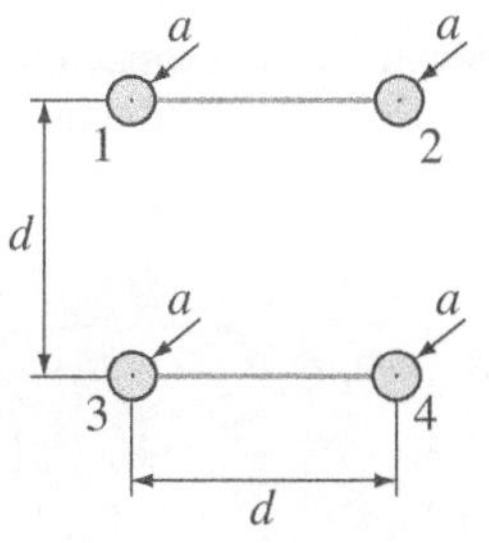

Figura 2.44 Corte transversal de uma linha de transmissão de dois pares de fios em curto-circuito no ar; para o Problema 2.35.

2.36. Dois fios no mesmo potencial e uma lâmina. Uma linha de dois fios em curto-circuito é paralela a uma grande lâmina metálica plana, conforme Figura 2.45. Os parâmetros geométricos são $a = 1$ mm, $h = 20$ mm e $d = 30$ mm, e o meio é o ar. (a) Qual é a capacitância por comprimento de uma linha de transmissão de dois condutores cujos condutores sejam a linha de dois fios e a lâmina? (b) Se a tensão entre a linha e a lâmina é $V = 20$ V, encontre a densidade de carga induzida na superfície no ponto central O da lâmina.

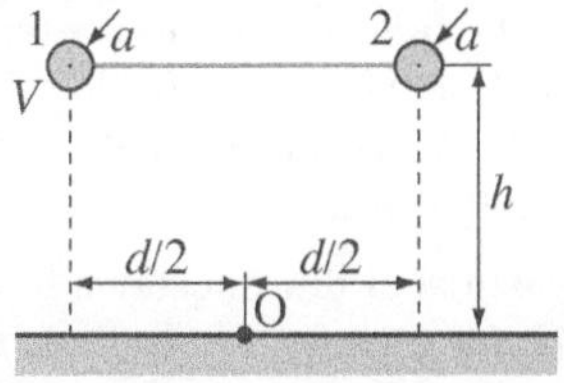

Figura 2.45 Linha de dois fios horizontais em curto--circuito sobre uma grande lâmina metálica; para o Problema 2.36.

2.37. Capacitância por comprimento de uma linha *wire--corner*. Considere um sistema composto de um fio paralelo a um *corner screen* conforme Figura 1.57, e assuma que $a = 2$ mm e $h = 10$ cm. Calcule a capacitância por comprimento unitário desse sistema (linha de transmissão).

2.38. Circuito equivalente com dois capacitores esféricos. (a) Considere o sistema descrito no Exemplo 1.27 e mostre que ele pode ser substituído pelo circuito equivalente dado na Fig. 2.46. (b) Quais são as capacitâncias dos capacitores neste esquema? (c) Obtenha a expressão para o potencial no centro da estrutura na fig. 1.41, eq. (1.202), ou seja, repita o Exemplo 1.27, resolvendo este circuito.

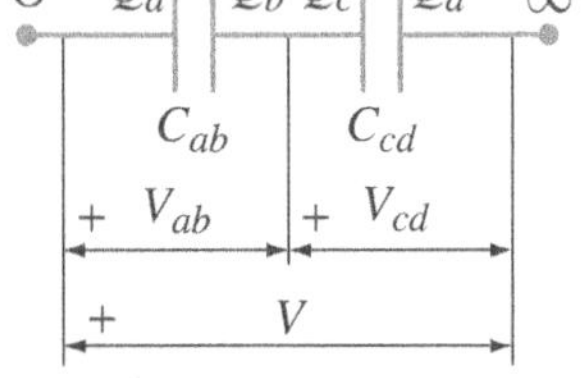

Figura 2.46 Circuito equivalente para o sistema da Figura 1.41; para o Problema 2.38.

2.39. Circuito equivalente com três capacitores esféricos. (a) Repita o Problema 1.77 gerando e solucionando um circuito equivalente com três capacitores. (b) Repita o Problema 1.78 usando o mesmo circuito e o conjunto correspondente de condições.

2.40. Circuito equivalente com capacitores de placas paralelas. Repita o Exemplo 1.28 solucionando o circuito equivalente da Figura 2.47.

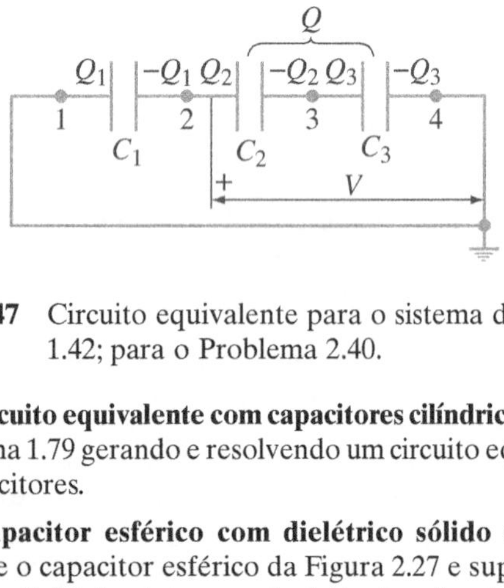

Figura 2.47 Circuito equivalente para o sistema da Figura 1.42; para o Problema 2.40.

2.41. Circuito equivalente com capacitores cilíndricos. Repita o Problema 1.79 gerando e resolvendo um circuito equivalente com capacitores.

2.42. Capacitor esférico com dielétrico sólido e líquido. Considere o capacitor esférico da Figura 2.27 e suponha que a camada dielétrica interna seja feita de mica ($\varepsilon_{r1} = 5{,}4$), enquanto a externa é feita de óleo ($\varepsilon_{r2} = 2,3$). Os parâmetros geométricos são $a = 2$ cm, $b = 8$ cm e $c = 16$ cm. O capacitor conecta-se a uma fonte de tensão $V = 100$ V. A fonte é, então, desconectada e o óleo é drenado do capacitor. Encontre a tensão entre os eletrodos do capacitor no novo estado eletrostático.

2.43. Dreno de óleo sem desconectar a fonte. Se o óleo no capacitor do problema anterior for drenado sem se desconectar a fonte de tensão, determine o fluxo elétrico através do circuito de origem (a diferença na carga do capacitor) entre os dois estados eletrostáticos.

2.44. Esfera metálica com cobertura dielétrica. Uma esfera metálica de raio $a = 1$ cm é coberta por uma camada dielétrica concêntrica, de permissividade relativa $\varepsilon_r = 4$ e espessura $b - a = 2$ cm e situa-se no ar, conforme Figura 2.48. O potencial da esfera quanto ao ponto de referência no infinito é $V = 1$ kV. Encontre (a) a capacitância da esfera, (b) a densidade superficial de carga livre do dielétrico e (c) as densidades de cargas ligadas nas interfaces dielétricas.

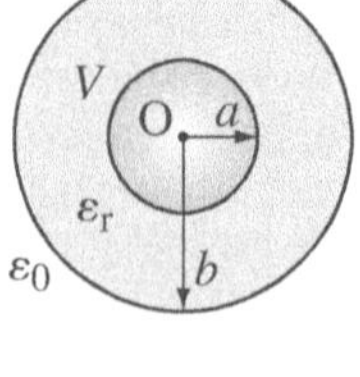

Figura 2.48 Esfera metálica com uma cobertura dielétrica no ar; para o Problema 2.44.

2.45. Densidades de carga em um capacitor esférico cheio até a metade. Considere o capacitor esférico cheio até a metade como mostra a Figura 2.29 e assuma que a = 2 cm, b = 10 cm $\varepsilon_r = 3$, e $Q = 10$ nC. Encontre as distribuições de (a) cargas livres nas superfícies metálicas e (b) cargas ligadas nas superfícies dielétricas.

2.46. Capacitores esféricos vazios e cheios até a metade. Um capacitor esférico cheio de ar com raios condutores $a = 3$ cm e $b = 15$ cm é conectado a um fonte de tensão $V = 15$ kV. Após se estabelecer um estado eletrostático, a fonte é desconectada. O capacitor é então preenchido até a metade com um líquido dielétrico de permissividade relativa $\varepsilon_r = 2{,}5$. Qual a nova tensão entre seus eletrodos?

2.47. Meia esfera metálica incorporada em um dielétrico. Uma esfera metálica de raio a é pressionada em um dielétrico com metade do espaço de permissividade ε até a metade de seu volume, como mostrado na Figura 2.49. O meio na parte superior do semiespaço é o ar. (a) Encontre a capacitância da esfera. (b) Se a esfera está carregada com Q, determinar que parte desta carga está localizada na metade superior da superfície esfera.

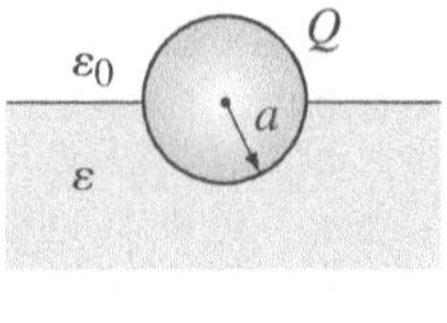

Figura 2.49 Meia esfera metálica carregada, incorporada a um dielétrico com metade do espaço; para o Problema 2.47.

2.48. Cabo coaxial com duas camadas dielétricas coaxiais. A Figura 2.50 mostra um corte transversal de um cabo coaxial com duas camadas dielétricas coaxiais. Os parâmetros geométricos são $a = 1$ mm, $b = 2$ mm e $c = 4$ mm. Os parâmetros dielétricos são $\varepsilon_{r1} = 5$ e $\varepsilon_{r2} = 2$. Calcule a capacitância por comprimento do cabo.

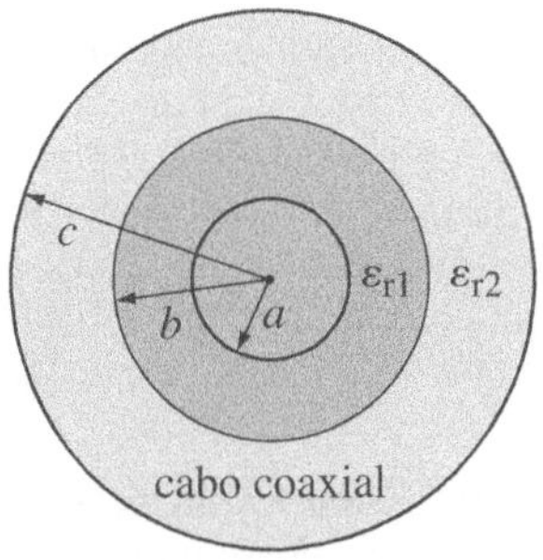

Figura 2.50 Corte transversal de um cabo coaxial com duas camadas dielétricas; para o Problema 2.48.

2.49. Cabo coaxial com variação radial da permissividade. Considere um cabo coaxial com um dielétrico não homogêneo, cuja permissividade relativa seja dada pela seguinte função da distância radial r do eixo do cabo: $\varepsilon_r(r) = r/a$ $(a \le r \le b)$, onde a e $b = 5a$ são os raios dos cabos condutores. Se a diferença potencial entre os condutores é V, encontre (a) a capacitância por comprimento do cabo e (b) a distribuição de carga ligada do dielétrico.

2.50. Cabo coaxial com quatro setores dielétricos. Um cabo coaxial é preenchido com um dielétrico homogêneo *piece-wise* composto de quatro partes setoriais de 90° de diferentes permissividades, conforme a Figura 2.51. Considere as permissividades dos setores $\varepsilon_{r1} = 6$, $\varepsilon_{r2} = 2$, $\varepsilon_{r3} = 1$ e $\varepsilon_{r4} = 10$, os raios dos cabos condutores $a = 2$ mm e $b = 7$ mm, e o potencial do condutor externo em relação ao interno $V = 25$ V. Encontre (a) a capacitância por comprimento do cabo e (b) a densidade superficial de carga livre em um ponto arbitrário do condutor interno.

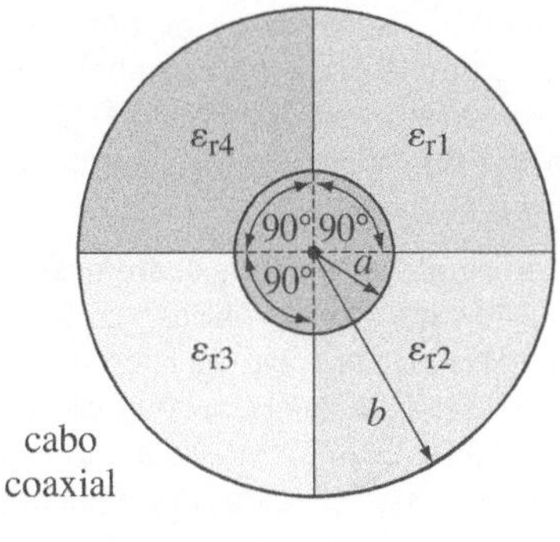

Figura 2.51 Corte transversal de um cabo coaxial com quatro setores dielétricos de 90°; para o Problema 2.50.

2.51. Distribuição de carga para dois fios revestidos. Considere a linha de dois fios com revestimentos dielétricos, na Figura 2.31, e assuma que $a = 1$ mm, $d = 25$ mm, $\varepsilon_r = 4$ e $V = 10$ V. Sob essas condições, encontre a distribuição (a) de carga livre e (b) de carga ligada no sistema.

2.52. Duas esferas metálicas com revestimento dielétrico. Se duas esferas metálicas idênticas, com revestimento dielétrico como o do Problema 2.44 são colocadas no ar de modo que a distância entre seus centros seja $d = 1$ m, determine a capacitância desse capacitor.

2.53. Duas esferas metálicas inseridas até a metade em um dielétrico. Duas esferas metálicas de raio $a = 5$ mm são inseridas até a metade, em um meio espaço dielétrico de permissividade relativa $\varepsilon_r = 4$, conforme a Figura 2.52. A distância entre os centros das esferas é $d = 30$ cm. O meio acima é o ar. As esferas são carregadas com cargas de mesma magnitude e polaridades inversas. A diferença potencial entre as esferas é $V = 200$ V. Para tal capacitor, encontre (a) a capacitância, (b) a distribuição de cargas livres sobre os condutores e (c) a distribuição de cargas ligadas no dielétrico.

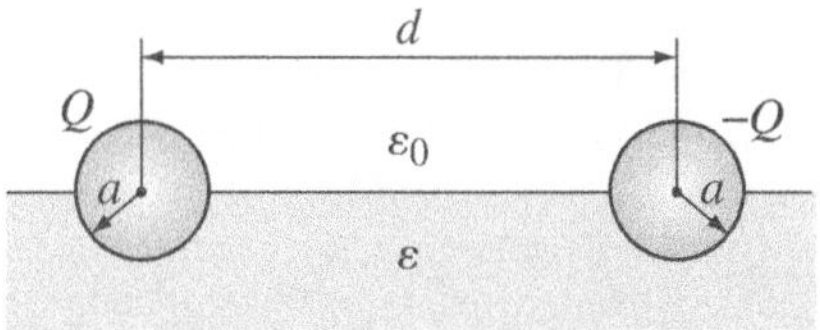

Figura 2.52 Duas esferas metálicas pressionadas contra um meio espaço dielétrico; para o Problema 2.53.

2.54. Gradiente de permissividade normal a placas capacitoras. A Figura 2.53 mostra um capacitor de placas paralelas e retangulares de dimensões a e b e um dielétrico continuamente não homogêneo de espessura d. A permissividade do dielétrico é dada pela seguinte função da coordenada x: $\varepsilon(x) = 2(1 + 3x/d)\varepsilon_0$ $(0 \le x \le d)$. Desconsiderando o efeito das bordas, calcule a capacitância desse capacitor.

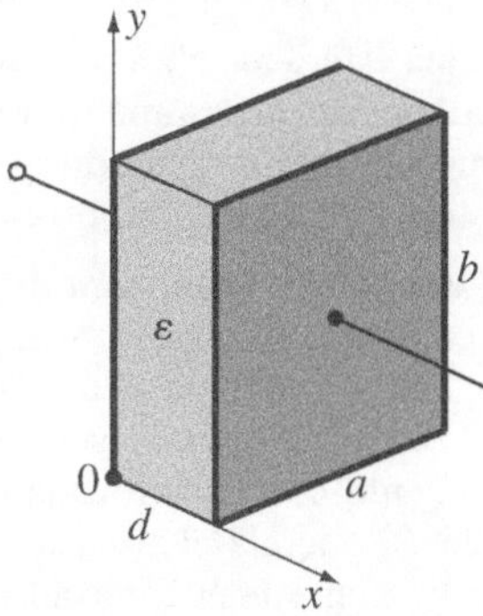

Figura 2.53 Capacitor de placas paralelas com um dielétrico continuamente não homogêneo; para o Problema 2.54.

2.55. Gradiente de permissividade paralelo a placas capacitoras. Suponha que a permissividade do dielétrico na Figura 2.53 é uma função da coordenada y, $\varepsilon(y) = 2[1 + 3\,\text{sen}(\pi y/b)]\,\varepsilon_0$ $(0 \le y \le b)$, e encontre a capacitância. Desconsidere o efeito das bordas.

2.56. Capacitor com uma camada dielétrica não linear. A Figura 2.54 mostra um capacitor de placas paralelas preenchido até a metade com um ferroelétrico. A outra parte do capacitor é preenchida com ar. O capacitor é carregado ao ser conectado a uma fonte de tensão. A fonte é, então, desconectada, e os eletrodos do capacitor são postos em curto-circuito. No novo estado eletrostático, há uma polarização uniforme que permanece ao longo do volume do dielétrico, sendo o vetor polarização normal às placas do capacitor e sua magnitude P. Determine a intensidade do campo elétrico entre as placas do capacitor no (a) ar e (b) no dielétrico. Podemos desconsiderar o efeito das bordas.

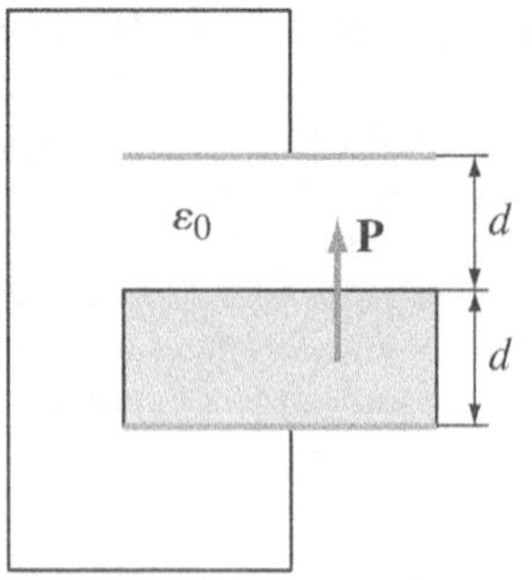

Figura 2.54 Capacitor de placas paralelas em curto-circuito contendo uma camada dielétrica não linear com uma polarização uniforme remanescente; para o Problema 2.56.

2.57. Energia de um capacitor esférico com duas camadas. Para o capacitor esférico com duas camadas dielétricas concêntricas do Exemplo 2.18, encontre a energia elétrica armazenada em cada camada (a) integrando a densidade de energia elétrica sobre seu volume e (b) representando o capacitor como uma conexão em série de dois capacitores esféricos com dielétricos homogêneos.

2.58. Alteração de energia de um capacitor esférico. Para o capacitor esférico com camadas dielétricas sólidas e líquidas, do Problema 2.42, encontre a alteração de energia do capacitor entre o estado eletrostático com o capacitor conectado à fonte de tensão e o estado eletrostático final.

2.59. Energia de uma esfera metálica revestida. Para a esfera metálica carregada com um revestimento dielétrico no Problema 2.44, determine o raio b de modo que 1/2 da energia total do sistema esteja armazenada no revestimento.

2.60. Energia de um cabo coaxial com duas camadas coaxiais. Para o cabo coaxial, com duas camadas dielétricas coaxiais do Problema 2.48, assuma que a tensão entre os cabos condutores é $V = 100$ V e encontre a energia elétrica por unidade de comprimento contida em cada camada (a) integrando a densidade da energia elétrica nelas contida e (b) representando o cabo como uma conexão em série de dois capacitores cilíndricos coaxiais com dielétricos homogêneos.

2.61. Energia de um capacitor esférico preenchido até a metade. Para o capacitor esférico cheio até a metade, com um dielétrico líquido do Exemplo 2.20, calcule a energia elétrica armazenada no líquido, sendo Q a carga do capacitor.

2.62. Energia de um cabo coaxial com quatro setores. Para o cabo coaxial com quatro setores dielétricos do Problema 2.50, encontre a energia elétrica por comprimento unitário contida em cada um dos setores.

2.63. Energia de um capacitor com permissividade variável. Considere o capacitor de placas paralelas com variação de permissividade normal a placas do Problema 2.54. Determine que porcentagem de energia elétrica total do capacitor, quando carregado, é contida na primeira metade do dielétrico, de $x = 0$ a $x = d/2$.

2.64. Energia de um capacitor com um dielétrico não homogêneo. Para o capacitor de placas paralelas com uma variação de permissividade paralela às placas do Problema 2.55, encontre a porcentagem de energia elétrica total do capacitor, quando carregado, que se armazena na parte inferior do dielétrico, de $y = 0$ a $y = b/2$.

2.65. Energia de um sistema de condutores esféricos. Calcule a energia do sistema de três condutores esféricos do Problema 1.80.

2.66. Energia de um sistema de condutores planos. Encontre a energia elétrica armazenada no sistema de cinco grandes eletrodos planos paralelos do Exemplo 1.28 das seguintes maneiras: (a) usando as intensidades de campo elétrico entre os eletrodos (encontradas no Exemplo 1.28) e as densidades de energia correspondentes e (b) usando o circuito equivalente na Figura 2.47 e as capacitâncias envolvidas, respectivamente.

2.67. Energia de um sistema com carga volumétrica livre. Encontre a energia elétrica por comprimento do sistema com uma distribuição de carga livre do Problema 2.14.

2.68. Energia de uma junção *pn*. Calcule a energia elétrica contida na junção *pn* do Exemplo 2.6, supondo que a área do corte transversal da junção perpendicular ao eixo x é S.

2.69. Carga de ruptura e energia da terra. Determine a carga máxima possível e a energia elétrica que poderia ser armazenada na terra, como descrito no Problema 2.25, e no campo elétrico ao redor, limitado por uma eventual ruptura dielétrica do ar, próximo à superfície da terra.

2.70. Tensão máxima de ruptura de um capacitor esférico. Um capacitor esférico tem eletrodos de raio a e $b = 10$ cm ($a < b$) e está preenchido com um dielétrico homogêneo de permissividade relativa $\varepsilon_r = 5$ e força dielétrica $E_{cr} = 25$ MV/m. (a) Encontre a para o qual a tensão de ruptura do capacitor é máxima. (b) Qual é a tensão máxima de ruptura do capacitor? (c) Qual é a energia do capacitor no momento da ruptura?

2.71. Ruptura em uma linha de transmissão *wire-plane*. (a) Encontre a tensão de ruptura da linha de transmissão wire-plane da Figura 2.24(a), supondo que $a = 1$ cm e $h = 1$ m. (b) Qual é a energia máxima por comprimento unitário dessa linha? (c) Determine a máxima força elétrica possível no fio condutor por unidade de seu comprimento.

2.72. Esfera metálica aterrada como um para-raios. Repita o Exemplo 2.31, porém para uma pequena esfera metálica aterrada (em vez do fio) em um campo elétrico uniforme atmosférico sobre a superfície da terra. Adote o mesmo raio e a mesma altura do condutor.

2.73. Capacitor de placas paralelas com duas camadas dielétricas. Considere o capacitor de placas paralelas com duas camadas dielétricas da Figura 2.25(a) e suponha que $d_1 = 2$ mm, $d_2 = 4$ mm, $\varepsilon_{r1} = 3$ e $\varepsilon_{r2} = 5$, assim como as forças dielétricas para as camadas são $E_{cr1} = 20$ MV/m e $E_{cr2} = 11$ MV/m. Encontre a tensão de ruptura do capacitor. Desconsidere o efeito das bordas.

2.74. Capacitor de placas paralelas com dois setores dielétricos. Repita o problema anterior, porém para o capacitor de placas paralelas com dois setores dielétricos da Figura 2.25(b) e $d = d_1 + d_2$.

2.75. Ruptura em um capacitor esférico com duas camadas. Encontre a tensão de ruptura do capacitor esférico com duas camadas dielétricas concêntricas do Problema 2.42 no (a) primeiro estado (sendo a camada externa óleo) e (b) no segundo estado (sendo a camada externa ar). As forças dielétricas para mica e óleo são $E_{cr1} = 200$ MV/m e $E_{cr2} = 15$ MV/m, respectivamente.

2.76. Potencial de ruptura de uma esfera metálica revestida. (a) Determine o potencial de ruptura da esfera metálica com um revestimento dielétrico do Problema 2.44 se a força dielétrica do revestimento for $E_{cr} = 30$ MV/m. (b) Qual é a energia máxima dessa estrutura?

2.77. Ruptura em um cabo coaxial com duas camadas. (a) Encontre a tensão de ruptura do cabo coaxial com duas camadas dielétricas do Problema 2.48. As forças dielétricas das camadas interna e externa são $E_{cr1} = 40$ MV/m e $E_{cr2} = 20$ MV/m. (b) Calcule a energia máxima que esse cabo pode armazenar por unidade de seu comprimento.

2.78. Ruptura simultânea em duas camadas esféricas. Considere o capacitor esférico com duas camadas dielétricas concêntricas na Figura 2.27. As forças dielétricas da camada interna e externa são, respectivamente, E_{cr1} e E_{cr2}. Encontre a relação entre os parâmetros desse capacitor (a, b, c, ε_{r1}, ε_{r2}, E_{cr1} e E_{cr2}) de modo que, para uma tensão do capacitor grande o suficiente, ocorra ruptura dielétrica simultânea em ambas as camadas.

2.79. Ruptura simultânea em duas camadas coaxiais. Repita o problema anterior, porém considerando um cabo coaxial com duas camadas dielétricas coaxiais (Figura 2.50).

2.80. Esfera metálica imersa até a metade em um líquido dielétrico. Uma esfera metálica de raio $a = 2$ cm está imersa até a metade em um líquido dielétrico, conforme Figura 2.49. A permissividade relativa no dielétrico é $\varepsilon_r = 3$ e sua força dielétrica é $E_{cr} = 20$ MV/m. O meio superior é ar. Calcule o potencial máximo dessa esfera, de modo que não ocorra ruptura dielétrica após ser removida do líquido e erguida ao alto da interface.

2.81. Ruptura em um cabo coaxial com um espaçador dielétrico. Considere o cabo coaxial com um espaçador dielétrico da Figura 2.33 e suponha que $a = 2$ mm, $b = 6$ mm, $\alpha = 60°$ e $\varepsilon_r = 5$, assim como a força dielétrica para o espaçador é $E_{cr} = 200$ MV/m. Encontre (a) a tensão de ruptura do cabo e (b) a energia elétrica por comprimento do cabo no momento da ruptura.

CAPÍTULO 3

Campo eletrostático no espaço livre

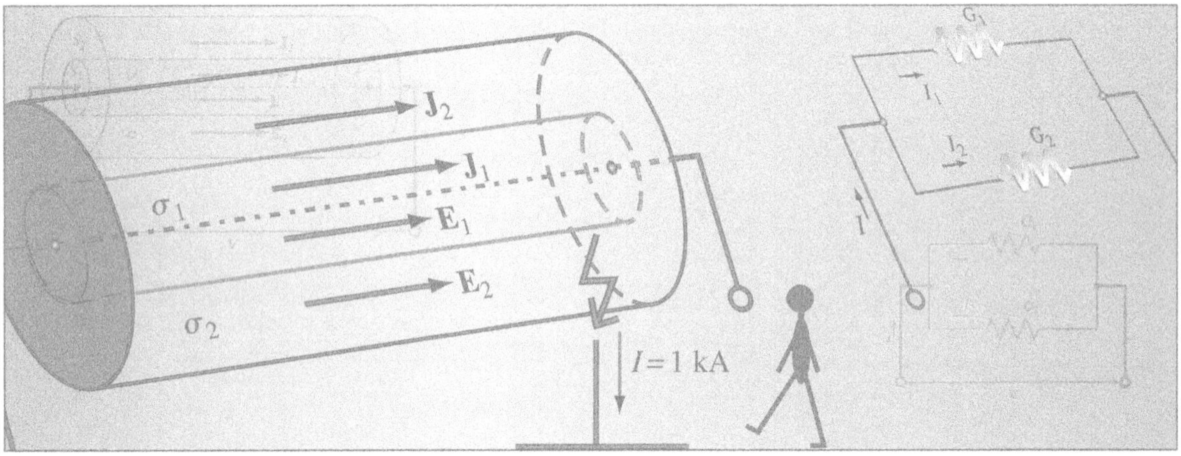

Introdução

Até aqui, lidamos com campos eletrostáticos, associados com cargas em repouso invariantes no tempo. Consideremos agora as cargas em um movimento organizado macroscópico, que constituem uma corrente elétrica. Nosso foco neste capítulo é o fluxo contínuo de cargas livres nos materiais condutores, ou seja, em correntes elétricas contínuas (invariantes no tempo), cujas características macroscópicas (como a quantidade de corrente através de um fio condutor) não variam com o tempo. Correntes estáveis são também chamadas de correntes contínuas, abreviação cc. O tema corrente elétrica contínua lida com a teoria de campo a vários conceitos importantes da teoria de circuito, como a lei de Ohm, as leis de tensão e corrente de Kirchhoff, a lei de Joule, a resistência, a condutância, geradores de tensão e de corrente e a potência em um circuito. Discussões sobre as correntes elétricas contínuas nos levarão à análise de campo e de circuitos de linhas de transmissão com perdas em um regime invariante no tempo (cc), e nos ajudarão ainda mais a desenvolver e compreender o conceito de uma linha de transmissão como um circuito com parâmetros distribuídos.

Obteremos e discutiremos equações de campo integrais e diferenciais para correntes elétricas contínuas e seu campo elétrico, junto com as condições de contorno correspondentes. Vamos também estudar o mecanismo de condução para diversos materiais, introduzir modelos de fontes de energia, e obter expressões de potência e cálculos de energia. Tais equações e conceitos nos permitirão desenvolver e demonstrar técnicas de análise de várias configurações gerais com correntes contínuas, como resistores de composição e formas diversas, capacitores com dielétricos imperfeitos e heterogêneos, linhas de transmissão com condutores imperfeitos e dielétricos imperfeitos e heterogêneos, e eletrodos aterrados na terra.

3.1 VETOR DENSIDADE DE CORRENTE E INTENSIDADE DA CORRENTE

Na ausência de um campo elétrico aplicado externamente, as cargas livres em um condutor estão em um estado de movimento (caótico) aleatório, por causa de sua energia térmica. Esse é o chamado *movimento térmico de cargas*. A velocidade correspondente é a velocidade térmica, representada por $\mathbf{v}_t$. Em geral, v_t é bastante grande. Em condutores metálicos, os elétrons livres se movem em velocidades térmicas da ordem de $v_t \sim 10^5$ m/s em temperatura ambiente, entre colisões com os átomos e uns com os outros.[1] Em função da natureza totalmente aleatória do movimento de cargas térmicas (sem qualquer campo elétrico externo aplicado), não há nenhum movimento líquido macroscópico em qualquer direção dada, isto é, a resultante vetorial média macroscópica de velocidades térmicas de cargas individuais, em qualquer ponto do condutor, é zero. Para existir uma corrente elétrica, definida como um fluxo macroscópico líquido de cargas livres, deve haver uma velocidade média macroscópica de cargas diferente de zero em alguma direção em um condutor. Isto pode ser alcançado, como veremos, estabelecendo e mantendo um campo elétrico externo (isto é, aplicado externamente) dentro de um condutor.

Considere um corpo condutor cujas duas extremidades estão conectadas a um gerador de tensão V, como mostra a Figura 3.1. Como a diferença de potencial é mantida entre as extremidades do condutor, há uma intensidade de campo elétrico $\mathbf{E}$ no interior do condutor [a integral de linha de $\mathbf{E}$, Equação (1.90), através do condutor é diferente de zero]. Note que essa situação é diferente da situação na Figura 1.38, onde a redistribuição transitória da carga ocorreu e o equilíbrio eletrostático com o campo zero no interior do condutor foi estabelecido. Aqui, o condutor não é isolado, mas ligado a uma fonte de força eletromotriz (gerador), fornecendo um mecanismo que obriga as cargas livres a se mover e as impede de acumular, o que tenderia a reduzir o campo no condutor. Suponha, para simplificar, que os portadores de carga livres no condutor sejam elétrons apenas (como em condutores metálicos). A força elétrica em cada carga será assim [Equação (1.23)]

$$\mathbf{F}_e = -e\mathbf{E}, \tag{3.1}$$

onde a quantidade de carga e ($e > 0$) é dada na Equação (1.3). Essa força obriga os elétrons a se moverem através do condutor, entre suas extremidades. Entretanto, uma vez que os elétrons não estão no espaço livre, não podem acelerar indefinidamente sob a influência do campo elétrico. Antes que possam adquirir qualquer velocidade apreciável, eles colidem com a estrutura atômica e adquirem novas velocidades aleatórias $\mathbf{v}_t$. Visto que o campo $\mathbf{E}$ tem de começar a acelerar os elétrons mais uma vez a cada $\Delta t_c \sim 10^{-14}$s (intervalo de tempo médio típico entre as colisões em temperatura ambiente), pode mudar sutilmente as velocidades térmicas aleatórias dos elétrons, mas de maneira sistemática. Essa derivação um tanto sutil e sistemática dos elétrons livres é a base da condução elétrica (corrente). Depois de um breve transiente inicial, os elétrons adquirem uma velocidade de estado estacionário média, determinada pelo equilíbrio entre a força de aceleração do campo aplicado, $\mathbf{F}_e$, e o efeito de espalhamento das colisões com a estrutura. Essa velocidade é chamada de velocidade de deriva e simbolizada por $\mathbf{v}_d$.

Em geral, $v_d \ll v_t$, pois o campo elétrico faz apenas uma ligeira alteração na distribuição de velocidade que já existia antes de o campo ser aplicado, e $\mathbf{v}_d$ é uma resultante macroscópica das velocidades microscópicas de cargas livres em uma direção ao longo das linhas do campo elétrico. Na maioria dos casos, sua magnitude não é maior do que $v_d \sim 10^{-4}$ m/s em metais, para quantidades razoáveis de corrente transportada (como veremos em um exemplo). A velocidade de deriva é linearmente proporcional à intensidade do vetor campo elétrico,

velocidade de deriva

$$\boxed{\mathbf{v}_d = -\mu_e \mathbf{E},} \tag{3.2}$$

onde a constante μ_e é a chamada mobilidade de elétrons no material fornecido. A mobilidade é medida em unidades de $m^2/(Vs)$ e é positiva por definição. Para os elétrons, a direção da $\mathbf{v}_d$, bem como a direção de $\mathbf{F}_e$, é oposta à direção de $\mathbf{E}$. Bons condutores têm alta mobilidade.

Podemos agora dizer que os portadores de carga no condutor movem-se através do seu volume com a velocidade média macroscópica $\mathbf{v}_d$. Esse é um movimento organizado diretivo de cargas, os quais constituem uma corrente elétrica por todo o volume condutor. Introduzimos em seguida uma nova grandeza de campo, para

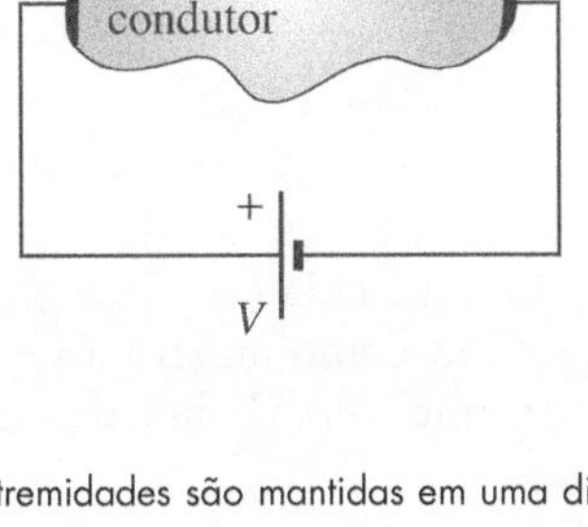

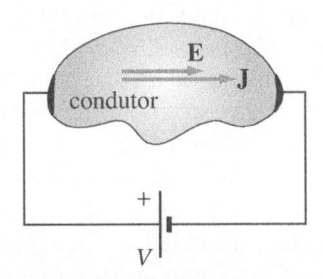

Figura 3.1
Condutor cujas extremidades são mantidas em uma diferença potencial.

1 Os elétrons livres em um condutor metálico são chamados de elétrons de condução de banda (ou elétrons de valência), que são fracamente ligados aos seus átomos e livres para se moverem sobre a estrutura cristalina do metal. Por exemplo, cada átomo de cobre tem 29 elétrons, 28 dos quais são elétrons ligados (fortemente vinculados em suas estruturas), enquanto na camada mais externa existe um elétron livre.

descrever a corrente em um ponto: vetor densidade da corrente, **J**. Por definição,

vetor densidade da corrente (unidade: A/m^2)

$$\mathbf{J} = N_v(-e)\mathbf{v}_d, \qquad (3.3)$$

onde N_v é a concentração de portadores de carga, ou seja, o seu número por unidade de volume ou por 1 m^3 (a unidade é m^{-3}).[2]

A densidade de corrente pode, também, ser definida por meio da intensidade da corrente, I, que, por sua vez, é definida como uma taxa de movimentação de carga que passa por uma superfície (por exemplo, corte transversal de um condutor cilíndrico). Isto é,

intensidade de corrente ou, simplesmente, corrente (unidade: A)

$$I = \frac{dQ}{dt}. \qquad (3.4)$$

Em outras palavras, I é igual à quantidade total de carga que flui através da superfície durante um tempo elementar dt, dividida por dt. A unidade de intensidade de corrente, que é em geral indicada, simplesmente, como corrente, é o ampère ou amp (A), igual a C/s. O vetor densidade de corrente é direcionado ao longo do movimento macroscópico de cargas, isto é, ao longo das linhas de corrente. Se colocarmos uma superfície elementar de área dS perpendicular às linhas de corrente, como na Figura 3.2(a), a magnitude do vetor densidade de corrente é dada por

densidade de corrente vs. intensidade

$$J = \frac{dI}{dS}, \qquad (3.5)$$

onde dI é a corrente que flui através de dS. Vemos que a unidade de **J** é A/m^2, o que significa que representa de fato uma densidade superficial e volumétrica de uma corrente.

Para mostrar que as definições de densidade de corrente, J, nas equações (3.3) e (3.5) são equivalentes,

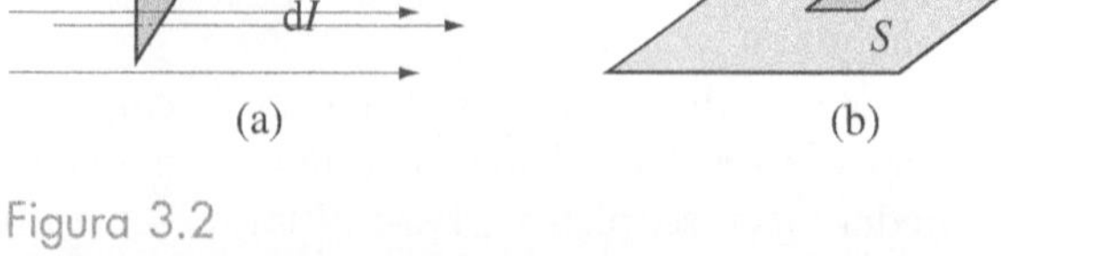

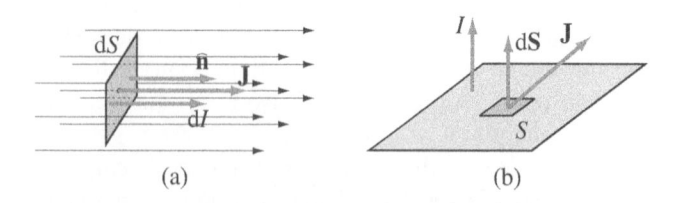

Figura 3.2

(a) Definição da densidade de corrente por meio da intensidade da corrente. (b) Avaliação da corrente total através de uma superfície.

percebemos que a quantidade total de carga que atravessa dS durante o intervalo de tempo dt é

$$dQ = N_v \underbrace{dS v_d\, dt}_{\Delta v}(-e) \qquad (3.6)$$

(no intervalo de tempo dt, uma carga se move a uma distância v_d dt, e todas as cargas no volume $\Delta v = dSv_d dt$, o número que representa a concentração N_v vezes Δv, passa através de dS). Usando a definição de J na Equação (3.3), isso se torna

$$dQ = J\, dS\, dt. \qquad (3.7)$$

Dividindo por dt, obtemos a intensidade de corrente dI através de dS em termos de J:

$$dI = J dS, \qquad (3.8)$$

o que de fato é o mesmo que na Equação (3.5).

No caso em que o vetor densidade de corrente não é perpendicular à superfície elementar, a corrente através do elemento é

$$dI = J\, dS_n = J\, dS \cos\alpha = \mathbf{J} \cdot d\mathbf{S}, \qquad (3.9)$$

onde dS_n é a projeção de dS no plano normal a **J** e α é o ângulo entre **J** e d**S** (ver Figura 1.30). Por isso, a corrente total através de uma superfície arbitrária S, Figura 3.2(b), é igual ao fluxo do vetor densidade de corrente através da superfície

corrente total através da superfície

$$I = \int_S \mathbf{J} \cdot d\mathbf{S}. \qquad (3.10)$$

Se existem vários tipos de portadores de carga livre em um condutor à deriva com diferentes velocidades médias, o vetor densidade resultante atual é uma soma vetorial das densidades de corrente na Equação (3.3),

$$\mathbf{J} = \sum_{i=1}^{M} N_{vi} q_i \mathbf{v}_{di}, \qquad (3.11)$$

que correspondem aos diversos tipos de portadores (por exemplo, elétrons e buracos em um semicondutor). De modo equivalente, o fluxo de carga líquida é usado na avaliação da intensidade de corrente resultante na Equação (3.4). As cargas positivas se movem na direção de **E**, e as cargas negativas na direção oposta, mas ambas são adicionadas à corrente total. As equações (3.4), (3.5) e (3.10) são, portanto, válidas para qualquer condutor e qualquer combinação de portadores de carga.

Em muitas situações, o fluxo de corrente está localizado em uma fina película (teoria infinitamente fina) sobre uma superfície, como mostra a Figura 3.3. Esta é chamada de corrente superficial, descrita pelo vetor

2 Por exemplo, a concentração de elétrons de condução no cobre é $N_v = 8{,}45 \times 10^{28}$ m^{-3}. A qual iguala o número de átomos de cobre por unidade de volume, uma vez que o cobre tem um elétron banda de condução por átomo. O número de átomos por unidade de volume é mais ou menos o mesmo para todos os sólidos.

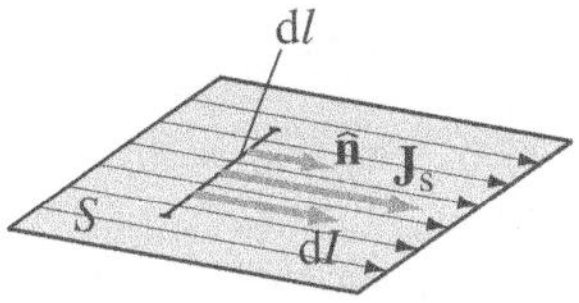

Figura 3.3
Corrente superficial do vetor densidade ($\mathbf{J}_s$).

densidade superficial de corrente, $\mathbf{J}_s$, que é definido como

vetor densidade de corrente de superfície (unidade: A/m)

$$\mathbf{J}_s = N_s q \mathbf{v}_d, \tag{3.12}$$

onde N_s é a concentração superficial de portadores de carga (número de portadores por unidade de área de superfície, em m^{-2}). Note que o vetor densidade de corrente superficial é, por vezes, representado como **K**. Em termos de intensidade, a densidade superficial de corrente é dada por

densidade superficial de corrente *versus* intensidade de corrente

$$J_s = \frac{dI}{dl}, \tag{3.13}$$

onde dI é a corrente que flui através de um elemento de linha dl configurado normal para o fluxo de corrente (Figura 3.3). A unidade de $\mathbf{J}_s$, que representa uma densidade de linha de uma corrente de superfície, é A/m. Por exemplo, a densidade superficial de corrente de uma tira de alumínio muito fina (lâmina) com uma corrente I que é uniformemente distribuída em toda a largura da faixa, w, é igual a $J_s = I/w$, e $\mathbf{J}_s$ é direcionada paralelamente ao eixo strip.

Exemplo 3.1

Desvio de elétrons ao longo de um fio de cobre de 1 km

Um fio de cobre de comprimento $l = 1$ km e raio $a = 3$ mm transporta uma corrente contínua de intensidade $I = 10$ A. A corrente está uniformemente distribuída em todo o corte transversal do fio. Encontre o tempo no qual os elétrons derivam ao longo do fio.

Solução Como a corrente está uniformemente distribuída em todo o corte transversal (S) do fio, a densidade de corrente no fio é [Equação (3.10)]

$$J = \frac{I}{S} = \frac{I}{\pi a^2} = 3{,}54 \times 10^5 \text{ A/m}^2. \tag{3.14}$$

Da Equação (3.3), a velocidade de deriva de elétrons é

$$v_d = \frac{J}{N_v e} = 2{,}62 \times 10^{-5} \text{ m/s}, \tag{3.15}$$

onde $N_v = 8{,}45 \times 10^{28}$ m^{-3} é a concentração de elétrons de condução no cobre e e é o valor absoluto da carga de um elétron, na Equação (1.3). O tempo que leva para um elétron flutuar ao longo do fio é, portanto

$$t = \frac{l}{v_d} = 3{,}82 \times 10^7 \text{ s}, \tag{3.16}$$

que é de aproximadamente 442 dias.[3]

3.2 CONDUTIVIDADE E LEI DE OHM NA FORMA PONTUAL

Considere novamente um condutor metálico (a carga é transportada por elétrons), com a densidade de corrente **J**. Substituindo a Equação (3.2) na Equação (3.3), obtemos

densidade de corrente em um condutor metálico

$$\mathbf{J} = N_v e \mu_e \mathbf{E}. \tag{3.17}$$

Esta equação pode ser reescrita como

lei de Ohm na forma pontual

$$\mathbf{J} = \sigma \mathbf{E}, \tag{3.18}$$

onde a proporcionalidade constante,

condutividade de condutores metálicos (unidade: S/m)

$$\sigma = N_v e \mu_e, \tag{3.19}$$

é um parâmetro macroscópico do meio chamado condutividade. É sempre positiva e representa, em geral, uma medida da capacidade dos materiais de conduzir corrente elétrica. A unidade de condutividade é siemens por metro (S/m). A recíproca de σ é representada pelo símbolo ρ e denominada resistividade. A unidade é Ohm × metro (Ωm).

Usando a resistividade, a Equação (3.18) torna-se

ρ — resistividade (unidade: Ωm)

$$\mathbf{E} = \rho \mathbf{J}, \quad \rho = \frac{1}{\sigma}. \tag{3.20}$$

Ambas as equações (3.18) e (3.20) são conhecidas como lei de Ohm na forma pontual.

3 Sabemos que não precisamos esperar 442 dias para receber um sinal de comunicação enviado por uma linha de transmissão de 1 km de comprimento. Veremos em um capítulo posterior que sinais variantes no tempo que viajam ao longo de linhas de transmissão propagam como ondas eletromagnéticas fora dos condutores que constituem a linha, e não através do movimento de deriva dos elétrons dentro dos condutores. Estes, na verdade, servem como guias para as ondas ao longo da linha. É por isso que os sinais viajam à velocidade das ondas eletromagnéticas no meio que circundam os condutores da linha. Se o meio é o ar, a velocidade é de 3×10^8 m/s (velocidade da luz no vácuo), e o tempo de viagem é de apenas 3,33 μs para uma linha de 1 km.

Note que a Equação (3.18) é uma das três equações constitutivas gerais eletromagnéticas para a caracterização de materiais [a outra sendo a Equação (2.46)]. Pode ser escrita na seguinte forma:

equação constitutiva para J, para um material arbitrário

$$\mathbf{J} = \mathbf{J}(\mathbf{E}), \tag{3.21}$$

para abranger todas as propriedades de condução possíveis de materiais. No entanto, em termos de sua condutividade, a maioria dos materiais condutores são lineares e isotrópicos, ou seja, $\mathbf{J}(\mathbf{E}) = \sigma\mathbf{E}$, onde σ é independente da intensidade do campo elétrico e da densidade de corrente (a propriedade de linearidade), e é a mesma para todas as direções (isotropia). Em condutores homogêneos, σ não muda de ponto a ponto na região a ser considerada. Para condutores heterogêneos, por outro lado, σ é uma função de coordenadas espaciais [por exemplo, $\sigma = \sigma(x, y, z)$ na região].

Quase sempre, a condutividade é uma função da temperatura, T. Uma das poucas exceções é uma liga chamada constantan (55% de cobre, 45% de níquel), cuja condutividade é quase constante em uma faixa de temperatura de 0-100°C. Para condutores metálicos, a mobilidade dos elétrons diminui com um aumento na temperatura (porque o intervalo de tempo médio entre as colisões com os átomos vibrando, Δt_c, diminui). Assim, a condutividade diminui e a resistividade sobe com um aumento de temperatura. Em torno de uma temperatura ambiente de $T_0 = 293$ K (20°C), a resistividade varia quase linearmente com T, e podemos escrever

$$\rho(T) = \rho_0[1 + \alpha(T - T_0)], \tag{3.22}$$

onde $\rho_0 = \rho(T_0)$. Para a maioria dos metais (cobre, alumínio, prata etc.), o coeficiente de temperatura de resistividade, α, é de aproximadamente 0,4% por kelvin.

Para alguns materiais a resistividade cai abruptamente a zero abaixo de determinada temperatura:

supercondutores

$$\rho(T) = 0 \quad \text{para} \quad T < T_{cr}, \tag{3.23}$$

onde T_{cr} é chamada de temperatura crítica do material. Esta propriedade, descoberta por Kamerlingh Onnes em 1911, é chamada de supercondutividade, e os materiais se comportam como supercondutores. A maioria dos supercondutores são elementos metálicos que apresentam transição para estados de supercondutores a uma temperatura de poucos kelvins. Exemplos são o alumínio ($T_{cr} = 1{,}2$ K), chumbo ($T_{cr} = 7{,}2$ K) e o nióbio ($T_{cr} = 9{,}2$ K), bem como suas ligas e compostos. Mais recentemente, descobriu-se que novos materiais cerâmicos se tornam supercondutores quando em temperaturas altas (e portanto, não tão caros para produzir e manter). Por exemplo, o óxido de ítrio-bário-cobre ($YBa_2Cu_3O_7$), descoberto em 1986, tem $T_{cr} = 80$ K, assim sua supercondutividade pode ser utilizada por resfriamento com nitrogênio líquido. O curioso é que alguns dos melhores condutores normais, como prata e cobre, não podem se tornar supercondutores em qualquer temperatura, enquanto os supercondutores cerâmicos costumam ser bons isolantes quando não estão a temperaturas baixas o suficiente para ficar em estado supercondutor.

A lei de Ohm na forma pontual vale também para condutores com mais de um tipo de portadores de carga [ver Equação (3.11)]. Em plasmas e gases, os portadores de carga são elétrons e íons positivos (moléculas ou átomos elétron-deficientes). Em condutores líquidos, chamados de eletrólitos, a carga é transportada por íons positivos e negativos. Em todos os casos, tanto partículas carregadas positiva quanto negativamente (íons e elétrons) contribuem para a condutividade.

Em semicondutores (por exemplo, silício e germânio), lacunas na estrutura cristal atômica deixada por elétrons, chamados de buracos, podem se mover de átomo para átomo e comportam-se como portadores de carga positiva, cada buraco transportando carga e. A condutividade de um semicondutor é, portanto,

condutividade dos semicondutores

$$\sigma = N_{ve}e\mu_e + N_{vh}e\mu_h, \tag{3.24}$$

onde o primeiro termo representa a contribuição para a condutividade dos elétrons, movimento oposto ao campo **E**, enquanto o segundo representa a contribuição dos buracos, que se movem com **E**. As concentrações N_{ve} e N_{vh} crescem depressa com um aumento na temperatura (que acelera a geração de elétrons livres e buracos). A consequência é que a condutividade dos semicondutores cresce com o aumento da temperatura, que é oposto ao comportamento dos condutores metálicos com a temperatura.

Pela adição de pequenas quantidades de impurezas a semicondutores puros (intrínsecos), a condutividade pode ser aumentada de forma drástica. Impurezas chamadas de doadores (por exemplo, o fósforo) fornecem elétrons adicionais e formam semicondutores do tipo *n*, enquanto receptores (como o boro) apresentam buracos extras, formando semicondutores do tipo *p*. Este procedimento é conhecido como dopagem de semicondutores. Note que o contorno entre as partes dos tipos *p* e tipo *n* de um único cristal semicondutor forma uma região de junção, chamada de junção *pn* (ver Figura 2.9), utilizada em dispositivos semicondutores (diodos e transistores).[4]

4 Quase sempre a densidade de corrente nos dispositivos semicondutores é composta de dois componentes: a densidade de corrente de fuga, $\mathbf{J} = \sigma\,\mathbf{E}$, e uma densidade de difusão de corrente, $\mathbf{J}_{dif}$, que depende do gradiente de concentração de portadores de carga em um material e, portanto, não satisfaz à lei de Ohm na forma local. Como consequência, a relação entre o vetor de densidade de corrente total e o de intensidade de campo elétrico, Equação (3.21), em dispositivos semicondutores é, em geral, não linear.

Ao contrário da permissividade relativa (ε_r), mostrada na Tabela 2.1, a condutividade de materiais varia sobre uma série muito ampla de valores, conforme passa do melhor dos isoladores aos semicondutores, e aos melhores condutores. Em S/m, σ (em temperatura ambiente) varia de cerca de 10^{-17} para quartzo fundido, 10^{-9} para baquelite, 10^{-2} para água potável e 2,2 para o germânio a $6{,}17 \times 10^{7}$ para a prata. Vemos que o intervalo de condutividade do quartzo para a prata é tão grande quanto 25 ordens de magnitude (10^{25}), e vai ao infinito para supercondutores. A Tabela 3.1 lista os valores da condutividade dos materiais selecionados.

O cobre (Cu), o condutor metálico mais comumente usado, tem uma condutividade de

condutividade do cobre, em 20°C

$$\boxed{\sigma_{Cu} = 58\ \text{MS/m}.} \qquad (3.25)$$

Em muitas aplicações, consideramos o cobre e outros condutores metálicos como condutores elétricos perfeitos (CEP), com

condutor elétrico perfeito (CEP)

$$\boxed{\sigma \to \infty.} \qquad (3.26)$$

Tabela 3.1 Condutividade de materiais selecionados*

Material	σ (S/m)	Material	σ (S/m)
Quartzo (fundido)	$\sim10^{-17}$	Carbono (grafite)	$7{,}14 \times 10^{4}$
Cera	$\sim10^{-17}$	Bismuto	$8{,}70 \times 10^{5}$
Poliestireno	$\sim10^{-16}$	Ferro fundido	$\sim10^{6}$
Enxofre	$\sim10^{-15}$	Nicromo	10^{6}
Mica	$\sim10^{-15}$	Mercúrio (líquido)	$1{,}04 \times 10^{6}$
Parafina	$\sim10^{-15}$	Aço inoxidável	$1{,}1 \times 10^{6}$
Borracha (hard)	$\sim10^{-15}$	Aço silício	2×10^{6}
Porcelana	$\sim10^{-14}$	Titânio	$2{,}09 \times 10^{6}$
Carbono (diamante)	2×10^{-13}	Constantan (45% Ni)	$2{,}26 \times 10^{6}$
Vidro	$\sim10^{-12}$	Prata alemã	3×10^{6}
Polietileno	$1{,}5 \times 10^{-12}$	Chumbo	$4{,}56 \times 10^{6}$
Madeira	10^{-11} - 10^{-8}	Solda	7×10^{6}
Baquelite	$\sim 10^{-9}$	Nióbio	$8{,}06 \times 10^{6}$
Mármore	10^{-8}	Estanho	$8{,}7 \times 10^{6}$
Granito	10^{-6}	Platina	$9{,}52 \times 10^{6}$
Solo seco	10^{-4}	Bronze	10^{7}
Água destilada	2×10^{-4}	Ferro	$1{,}03 \times 10^{7}$
Silício (intrínseco)	$4{,}4 \times 10^{-4}$	Níquel	$1{,}45 \times 10^{7}$
Argila	5×10^{-3}	Latão (30% Zn)	$1{,}5 \times 10^{7}$
Água potável	10^{-2}	Zinco	$1{,}67 \times 10^{7}$
Solo molhado	$\sim10^{-2}$	Tungstênio	$1{,}83 \times 10^{7}$
Gordura animal**	4×10^{-2}	Sódio	$2{,}17 \times 10^{7}$
Músculo animal ($\perp$ para fibra)**	8×10^{-2}	Magnésio	$2{,}24 \times 10^{7}$
Animal, corpo (média)**	0,22	Duralumínio	3×10^{7}
Músculo animal (|| para fibra)**	0,4	Alumínio	$3{,}5 \times 10^{7}$
Sangue animal**	0,7	Ouro	$4{,}1 \times 10^{7}$
Germânio (intrínseco)	2,2	Cobre	$5{,}8 \times 10^{7}$
Água do mar	3-5	Prata	$6{,}17 \times 10^{7}$
Ferrite	10^{2}	Mercúrio (em <4,1 K)	∞
Telúrio	$\sim5 \times 10^{2}$	Nióbio (em <9,2 K)	∞
Silício (dopado)	$1{,}18 \times 10^{3}$	$YBa_2Cu_3O_7$ (em <80 K)	∞

* Para cc ou correntes de baixa frequência, em temperatura ambiente.
** Também para humanos.

É claro, os supercondutores também se enquadram nessa categoria. A partir das equações (3.18) e (3.26), concluímos que

nenhum campo elétrico dentro de um corpo CEP

$$\mathbf{E} = \frac{\mathbf{J}}{\sigma} = 0, \tag{3.27}$$

isto é, o campo elétrico é sempre zero em condutores perfeitos. Isto, por sua vez, implica que a tensão entre dois pontos de um condutor perfeito [Equação (1.90)] seja zero.

Por fim, as chamadas correntes de convecção, que são o resultado do movimento de partículas carregadas positiva ou negativamente no vácuo ou gás rarefeito (onde $\sigma = 0$), não são regidas pela lei de Ohm. Exemplos disso são feixes de elétrons em um tubo de raios catódicos e um movimento violento de partículas carregadas em uma tempestade. A densidade de corrente de convecção é dada por

densidade de corrente de convecção

$$\mathbf{J} = \rho\mathbf{v}, \tag{3.28}$$

onde $\mathbf{v}$ é a velocidade das partículas e ρ é a densidade volumétrica de cargas (carga por unidade de volume) no vácuo ou gás rarefeito. Observando que $\rho = N_v q$, com N_v sendo a concentração de partículas e q uma carga elementar, observamos a equivalência das definições de convecção e densidades de corrente de condução dada pelas equações (3.28) e (3.3). No entanto, a velocidade $\mathbf{v}$ na Equação (3.28) não é uma velocidade de deriva ($\mathbf{v}_d$) de cargas e a Equação (3.2) não é satisfeita.

3.3 PERDAS EM CONDUTORES E LEI DE JOULE EM FORMA PONTUAL

Consideremos agora o fluxo de corrente em um condutor do ponto de vista energético. Como sabemos, portadores de carga livre (por exemplo, elétrons) são acelerados em seus caminhos entre colisões com átomos vibrando e, em cada colisão, perdem sua energia cinética adquirida. A energia é, assim, transmitida a partir do campo elétrico, $\mathbf{E}$, via portadores de carga para os átomos, aumentando sua vibração térmica e, por fim, resultando em maior temperatura do condutor. Isto significa que em um condutor com corrente elétrica, a energia elétrica é constantemente convertida em calor. Queremos obter a expressão para a taxa (potência) dessa transformação de energia.

Começamos com a força elétrica em uma carga $\mathrm{d}Q$ dada na Equação (3.7), o que equivale a $\mathrm{d}Q\mathbf{E}$. O trabalho realizado por essa força em movimento $\mathrm{d}Q$ em uma distância $\mathrm{d}l$ ao longo das linhas do campo é [Equação (1.72)]:

$$\mathrm{d}W_e = \mathrm{d}QE\mathrm{d}l = J\mathrm{d}S\mathrm{d}tE\mathrm{d}l$$
$$= JE\mathrm{d}v\mathrm{d}t \quad (\mathrm{d}v = \mathrm{d}S\mathrm{d}l), \tag{3.29}$$

onde $\mathrm{d}v$ é um volume elementar no condutor. Esse trabalho é convertido (perdido) ao calor, conhecido como o calor de Joule. A taxa da conversão, $\mathrm{d}W_e/\mathrm{d}t$ (J/s), é potência, chamada depotência de *perdas Joule* ou perdas ôhmicas. Assim, o poder das perdas Joule no volume $\mathrm{d}v$ é

$$\mathrm{d}P_J = \frac{\mathrm{d}W_e}{\mathrm{d}t} = JE\,\mathrm{d}v. \tag{3.30}$$

A densidade de volume dessa potência é

lei de Joule em forma pontual; p_J – densidade de potência ôhmica (unidade: W/m^3)

$$p_J = \frac{\mathrm{d}P_J}{\mathrm{d}v} = JE = \frac{J^2}{\sigma} = \sigma E^2, \tag{3.31}$$

e é conhecida como a lei de Joule na forma (pontual) local. A unidade de potência é watt (W), portanto, a unidade de densidade de potência é W/m^3.

A potência total de perdas Joule (energia elétrica que se perde no calor) em um domínio do volume v (por exemplo, em todo o corpo condutor) é obtida pela integração de potência $\mathrm{d}P_J$ em todo v:

potência das perdas (ôhmica) Joule (unidade: W)

$$P_J = \int_v \underbrace{p_J\,\mathrm{d}v}_{\mathrm{d}P_J} = \int_v JE\,\mathrm{d}v. \tag{3.32}$$

APARTE HISTÓRICO

Heike Kamerlingh Onnes (1853-1926), físico holandês e professor da Universidade de Leyden, ganhou o Prêmio Nobel de Física em 1913, por seus estudos sobre as propriedades da matéria em temperaturas extremamente baixas. Seus experimentos levaram-no quase ao zero absoluto, 0,9 K, um resultado fascinante na época. Ele foi o primeiro a produzir hélio líquido (em 1908). Onnes demonstrou em 1911 que a resistividade do mercúrio desaparece absolutamente em temperaturas abaixo de cerca de 4 K, assim, descobriu a supercondutividade.

A unidade SI de potência, o watt, ganhou esse nome em homenagem a **James Watt** (1736-1819), engenheiro mecânico e inventor escocês, famoso por suas revolucionárias melhorias da máquina a vapor na década de 1760, o que levou a grandes avanços na Revolução Industrial. Ele é também conhecido pela elaboração dos "cavalos-vapor" (horsepowers) para medir a potência dos seus motores a vapor.

3.4 EQUAÇÃO DA CONTINUIDADE

Consideremos agora um dos princípios fundamentais do eletromagnetismo — a equação da continuidade, que é a expressão matemática do princípio da conservação da carga. A carga é indestrutível, e não pode ser perdida ou criada. Ela pode se mover de um lugar para outro, mas nunca aparece do nada, nem desaparece. Uma superfície arbitrária fechada, S, com volume, v, situa-se em uma região de correntes variantes no tempo, como mostra a Figura 3.4(a), e Q_S e $Q_S + \mathrm{d}Q_S$ denotam as cargas líquidas em v em instantes de tempo t e $t + \mathrm{d}t$. A mudança na carga, $\mathrm{d}Q_S$, não pode ser criada em v, mas somente inserida a partir do domínio fora da superfície S, e é levada pela corrente que flui através de S. Assim, a carga $\mathrm{d}Q_S$ passa a superfície S durante o tempo $\mathrm{d}t$, e é isso que temos na definição de intensidade de corrente na Equação (3.4). Portanto,

$$I_{\text{dentro}} = \frac{\mathrm{d}Q_S}{\mathrm{d}t} \tag{3.33}$$

é a intensidade da corrente que flui através da superfície S na região v. A corrente atravessando a superfície na direção oposta, ou seja, a corrente deixando a região é, portanto,

$$I_{\text{fora}} = -I_{\text{dentro}} = -\frac{\mathrm{d}Q_S}{\mathrm{d}t}. \tag{3.34}$$

Por outro lado, em virtude da Equação (3.10), a corrente deixando v em todo S é igual ao fluxo total externo do vetor densidade de corrente através de S (que é uma superfície fechada), que é

$$I_{\text{fora}} = \oint_S \mathbf{J} \cdot \mathrm{d}\mathbf{S}. \tag{3.35}$$

Combinando as duas equações anteriores, obtemos

equação de continuidade para correntes de qualquer dependência do tempo

$$\oint_S \mathbf{J} \cdot \mathrm{d}\mathbf{S} = -\frac{\mathrm{d}Q_S}{\mathrm{d}t}. \tag{3.36}$$

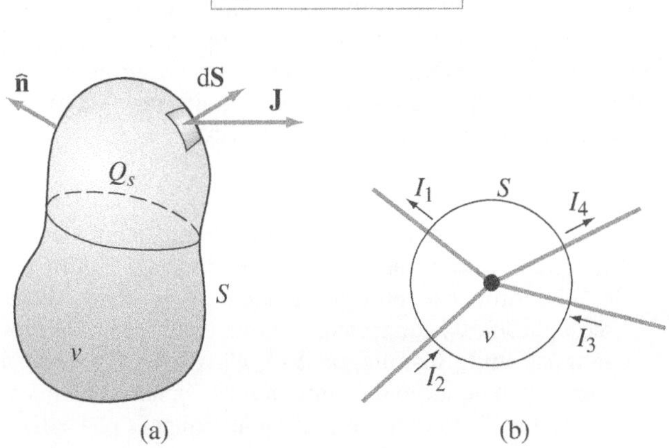

Figura 3.4

Superfície arbitrária fechada em uma região com correntes: (a) caso geral e (b) fluxo de corrente através de fios que se encontram em um nó.

Essa é a equação da continuidade (na forma integral). Ela nos diz que o fluxo externo do vetor de densidade de corrente através de qualquer superfície fechada é igual ao negativo da derivada no tempo da carga total encerrada por essa superfície.

Expressando a carga em termos de densidade volumétrica de carga ρ, a equação da continuidade torna-se

$$\oint_S \mathbf{J} \cdot \mathrm{d}\mathbf{S} = -\frac{\mathrm{d}}{\mathrm{d}t}\int_v \rho\, \mathrm{d}v. \tag{3.37}$$

Se a superfície S não muda no tempo, a derivada temporal pode ser movida dentro da integral de volume, produzindo

equação da continuidade em termos de densidade volumétrica de carga

$$\oint_S \mathbf{J} \cdot \mathrm{d}\mathbf{S} = -\int_v \frac{\partial \rho}{\partial t}\, \mathrm{d}v. \tag{3.38}$$

A derivada ordinária é substituída por uma derivada parcial, pois, geralmente, ρ é uma função multivariável de coordenadas tempo e espaço.

Ao aplicar o teorema da divergência, Equação (1.173), à Equação (3.38), ou simplesmente por analogia à forma diferencial da lei de Gauss generalizada, Equação (2.45), obtemos a forma diferencial da equação de continuidade:

equação da continuidade na forma diferencial

$$\nabla \cdot \mathbf{J} = -\frac{\partial \rho}{\partial t}. \tag{3.39}$$

Ela nos diz que a divergência de $\mathbf{J}$ em um determinado ponto é igual ao negativo da razão de tempo de variação na densidade de carga naquele ponto, e é também chamada de equação de continuidade em um ponto.

Para correntes contínuas (invariante no tempo), a densidade de carga é constante no tempo, $\partial\rho/\partial t = 0$, e a forma integral da equação da continuidade se reduz a

equação da continuidade para correntes estáveis, na forma integral

$$\oint_S \mathbf{J} \cdot \mathrm{d}\mathbf{S} = 0. \tag{3.40}$$

A equação diferencial da continuidade das correntes estáveis é dada por

equação da continuidade diferencial para as correntes contínuas

$$\nabla \cdot \mathbf{J} = 0. \tag{3.41}$$

Assim, o vetor densidade da corrente invariante no tempo tem a divergência zero em todos os lugares e circunstâncias. Dizemos que as correntes elétricas contínuas não têm divergência ou são solenoidais. A divergência zero de um vetor de campo indica que não existem fontes ou sumidouro no campo para as linhas de fluxo que originam ou terminam. Isto significa que o fluxo devido a correntes contínuas é fechado (correntes estáveis devem fluir em circuitos fechados), ao contrário da intensidade do campo eletrostático, em que se origina e termina em cargas.

Se a corrente contínua é carregada para dentro e para fora do volume v por um número (N) de condutores que se encontram em um ponto, indicado na Figura 3.4 (b), então a Equação (3.40) implica que a soma algébrica de todas as correntes deixando a junção seja zero,

lei das correntes de Kirchhoff

$$\sum_{k=1}^{N} I_k = 0. \tag{3.42}$$

Para a situação e notação na Figura 3.4 (b), $I_1 - I_2 - I_3 + I_4 = 0$. A Equação (3.42), se aplicada a um nó em um circuito cc, representa a lei dos circuitos de Kirchhoff para correntes. Assim como a lei de tensão de Kirchhoff, Equação (1.92), a lei de corrente de Kirchhoff nesta forma também se aplica a situações variáveis no tempo e circuitos de corrente alternada, com certas restrições e suposições, que será discutido mais adiante.

No estudo de campos de correntes contínuas, temos sempre em mente que correntes invariantes no tempo em um condutor são produzidas por um campo elétrico estático, que é conservador, o que significa que a integral de linha (circulação) da intensidade de campo elétrico do vetor, **E**, ao longo de um contorno arbitrário (caminho fechado) é zero,

natureza conservadora de **E** no campo de corrente constante

$$\oint_C \mathbf{E} \cdot d\mathbf{l} = 0. \tag{3.43}$$

Também devemos ter em mente que **J** e **E** estão relacionados a qualquer ponto no condutor pela equação constitutiva para a densidade de corrente, Equação (3.21) [ou Equação (3.18) para meio linear].

Exemplo 3.2

Lei elementar para um capacitor

Prove que a corrente através de um capacitor é igual ao produto da capacitância do capacitor e da razão de variação da queda de tensão sobre o capacitor.

Solução A Figura 3.5 mostra um capacitor de capacitância C ligado a uma tensão variável no tempo[5] v. Supomos que o capacitor é ideal, ou seja, o seu dielétrico é perfeito (não condutor), assim como não há excesso de carga ao longo dos condutores de ligação no circuito (a carga está localizada apenas nos eletrodos do capacitor). Para relacionar a corrente através do capacitor, i, à carga do capacitor, Q, aplicamos a equação da continuidade para correntes variáveis no tempo de forma integral, Equação (3.36), para uma superfície S encerrando completamente apenas o eletrodo superior do capacitor (Figura 3.5). A corrente total que deixa o domínio fechado (lado esquerdo da equação) é igual a $-i$, enquanto a carga total encerrada (que aparece no lado direito da equação) é igual à do eletrodo superior, isto é, a carga do capacitor: $Q_S = Q$. Assim, a Equação (3.36) torna-se

$$-i = -\frac{dQ}{dt}. \tag{3.44}$$

Substituindo $Q = Cv$ [Equação (2.112)] produz

lei elementar (característica corrente-tensão) para um capacitor com uma corrente variável no tempo

$$i = C\frac{dv}{dt}. \tag{3.45}$$

Vemos que i é linearmente proporcional à razão de variação de v no tempo, com C como a constante de proporcionalidade. Essa é a lei elementar (característica corrente-tensão) para um capacitor, muito utilizada na teoria de circuitos, junto com as leis de Kirchhoff e outras leis elementares.

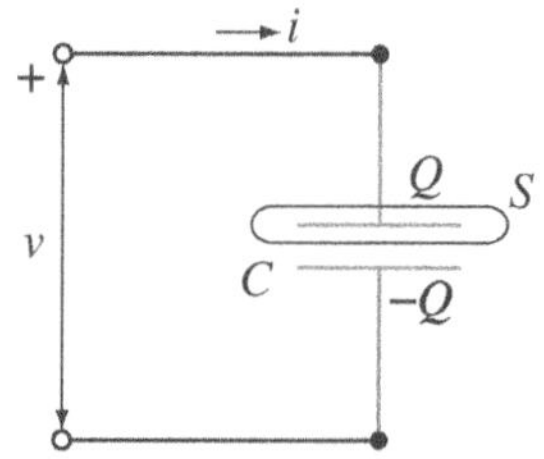

Figura 3.5

Capacitor com uma corrente variável no tempo, para o exemplo 3.2.

Exemplo 3.3

Capacitor esférico com um dielétrico imperfeito

Um capacitor esférico está preenchido com um dielétrico imperfeito homogêneo de condutividade σ. O raio do eletrodo interno é a e o raio interno do eletrodo externo é b ($b > a$). Os eletrodos têm uma condutividade muito maior que σ, para serem considerados condutores perfeitos. O capacitor está conectado a um gerador de tensão V invariante no tempo. Encontre (a) o vetor densidade de corrente no dielétrico e (b) a potência de perdas Joule no capacitor.

Solução

(a) Como $\sigma \neq 0$, existe uma corrente contínua de intensidade I no circuito do capacitor, conforme indica a Figura 3.6. Para determinar o vetor densidade de corrente no dielétrico, aplicamos a equação da continuidade para correntes contínuas em forma integral, Equação (3.40). Em geral, a aplicação da equação da continuidade é análoga à aplicação da lei de Gauss generalizada, Equação 2.43. Este

5 Usamos símbolos em minúsculas para a tensão e a corrente aqui para enfatizar que são grandezas variáveis no tempo.

problema é com simetria esférica (ver Exemplo 1.18), e o vetor densidade de corrente tem a forma

distribuição de volume corrente com simetria esférica

$$\mathbf{J} = J(r)\,\hat{\mathbf{r}}, \qquad (3.46)$$

onde r é a coordenada radial no sistema de coordenadas esféricas e $\hat{\mathbf{r}}$ é o vetor unidade radial (Figura 3.6). A superfície S para a aplicação da equação da continuidade é esférica de raio r ($a < r < b$) centrado na origem (a mesma que a superfície gaussiana correspondente em eletrostática, por exemplo, na Figura 2.16). A corrente total que atravessa S na direção exterior é zero,

$$J(r)\,4\pi r^2 - I = 0. \qquad (3.47)$$

Isto significa que o fluxo externo de **J** através de S é igual à corrente I pelos terminais do capacitor. Por isso,

$$J(r) = \frac{I}{4\pi r^2} \quad (a < r < b). \qquad (3.48)$$

Da Equação 3.18, a intensidade do campo elétrico no dielétrico é

$$E(r) = \frac{J(r)}{\sigma} = \frac{I}{4\pi\sigma r^2}. \qquad (3.49)$$

A tensão entre os eletrodos é dada por

$$V = V_a - V_b = \int_{r=a}^{b} E\,dr = \frac{I}{4\pi\sigma}\left(\frac{1}{a} - \frac{1}{b}\right), \qquad (3.50)$$

onde V_a e V_b são os potenciais dos eletrodos (cada eletrodo é equipotencial porque $\sigma_{\text{eletrodos}} \gg \sigma$). Combinando as equações (3.48) e (3.50), obtemos

$$J(r) = \frac{\sigma abV}{(b-a)r^2}. \qquad (3.51)$$

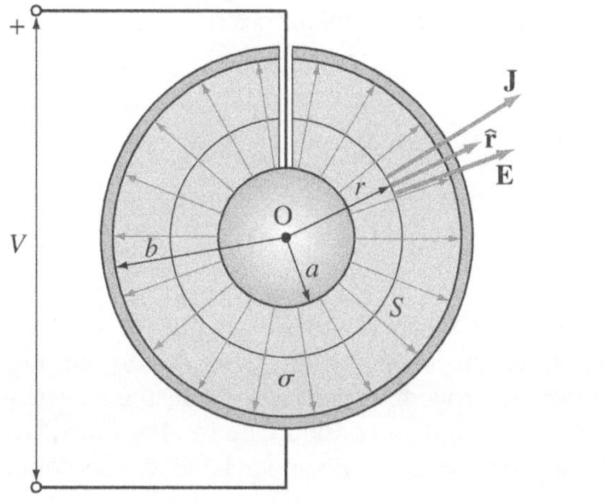

Figura 3.6

Capacitor esférico com um dielétrico imperfeito homogêneo e corrente invariante no tempo, para o Exemplo 3.3.

(b) Usando a Equação (3.32), a potência de perdas Joule no dielétrico é

$$P_J = \int_v p_J\,dv = \int_{r=a}^{b} \frac{J(r)^2}{\sigma} \underbrace{4\pi r^2\,dr}_{dv} = \frac{4\pi\sigma a^2 b^2 V^2}{(b-a)^2} \int_a^b \frac{dr}{r^2} = \frac{4\pi\sigma abV^2}{b-a}, \qquad (3.52)$$

com dv adotado sob a forma de uma fina casca esférica de raio r e espessura dr [Equação (1.33)]. Não há perdas nos eletrodos (condutores perfeitos), assim esta é a potência de perda global no capacitor.

3.5 CONDIÇÕES DE CONTORNO PARA CORRENTES CONTÍNUAS

Aplicações de campos de corrente contínua envolvem considerações de interfaces entre meio condutor de condutividade diferente. Nesta seção, formularemos as condições de contorno que regem a maneira pela qual o vetor densidade de corrente, **J**, e o vetor intensidade de campo elétrico, **E**, se comportam em tais interfaces.

Comparando a forma integral da equação da continuidade para correntes variáveis no tempo, a Equação (3.38), com a forma integral da lei de Gauss generalizada, Equação (2.44), concluímos que a condição de contorno para os componentes normais do vetor **J** é da mesma forma que a condição de contorno para os componentes normais do vetor **D**, Equação (2.85). A única diferença está no lado direito da equação, onde ρ_s (a densidade superficial de carga que pode existir na superfície) é substituída por $-\partial\rho_s/\partial t$. Com isso,

condição de contorno para J_n, correntes variáveis no tempo

$$\hat{\mathbf{n}} \cdot \mathbf{J}_1 - \hat{\mathbf{n}} \cdot \mathbf{J}_2 = -\frac{\partial\rho_s}{\partial t}, \qquad (3.53)$$

onde $\hat{\mathbf{n}}$ é o vetor unitário normal na superfície, direcionado a região 2 para região 1.

Para correntes contínuas, $-\partial\rho_s/\partial t = 0$ na Equação (3.53), e a condição de contorno que corresponde à Equação (3.43) é a que na Equação (2.84) [a Equação (3.43) é a mesma para o campo eletrostático], de modo que o conjunto completo das condições de contorno para as correntes de equilíbrio é dado por

condição de contorno para E_t

$$\hat{\mathbf{n}} \times \mathbf{E}_1 - \hat{\mathbf{n}} \times \mathbf{E}_2 = 0 \quad \text{ou} \quad E_{1t} = E_{2t}, \qquad (3.54)$$

condição de contorno para J_n, regime de cc

$$\hat{\mathbf{n}} \cdot \mathbf{J}_1 - \hat{\mathbf{n}} \cdot \mathbf{J}_2 = 0 \quad \text{ou} \quad J_{1n} = J_{2n}. \qquad (3.55)$$

Vemos que no campo corrente constante, o componente tangencial do vetor intensidade do campo elétrico e o componente normal do vetor de densidade de corrente, $\mathbf{E}_t$ e $\mathbf{J}_n$, são contínuos em todo o contorno. Como veremos em um capítulo posterior, a condição de contorno para $\mathbf{E}_t$ na Equação (3.54) tem a mesma forma para campos de qualquer variação no tempo.

Por analogia ao procedimento de derivação da Equação (2.87) para o campo eletrostático, obtemos a lei da refração das linhas de densidade de corrente no contorno entre dois meios condutores lineares de condutividades σ_1 e σ_2:

lei de refração do fluxo de correntes

$$\frac{\tan\alpha_1}{\tan\alpha_2} = \frac{\sigma_1}{\sigma_2}, \quad (3.56)$$

onde α_1 e α_2 são os ângulos que as linhas de corrente na região 1 e região 2 fazem com a normal à interface, como mostra a Figura 3.7.

Note que se o meio 2 é um bom condutor e meio 1 é um dielétrico de baixa perda, então, $\sigma_2 \gg \sigma_1$, ou seja, $\sigma_1/\sigma_2 \approx 0$, e a Equação (3.56) dá a $\tan\alpha_1 \approx 0$ para qualquer α_2. Portanto,

$$\alpha_1 \approx 0 \quad (\sigma_2 \gg \sigma_1), \quad (3.57)$$

o que significa que as linhas de corrente sempre deixam (ou entram em) um bom condutor em um ângulo reto ao contorno (ângulo zero a normal no contorno).

Observe também que se o meio 1 é um dielétrico perfeito (por exemplo, ar), então $\sigma_1 = 0$ e a $\tan\alpha_2 \to \infty$, a partir do qual

$$\alpha_2 = 90^\circ \quad (\sigma_1 = 0). \quad (3.58)$$

Isto significa que as linhas de fluxo de corrente são sempre paralelas à superfície de um condutor circundado por um meio não condutor.

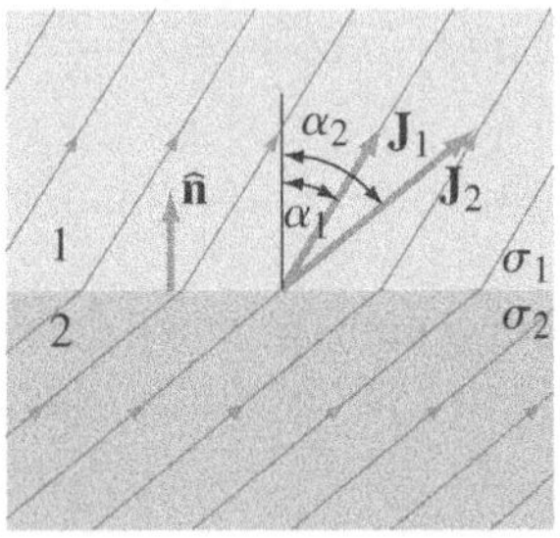

Figura 3.7
Refração das linhas de corrente contínua em uma interface condutor-condutor.

3.6 DISTRIBUIÇÃO DE CARGA EM UM CAMPO DE CORRENTE CONTÍNUA

O vetor intensidade de campo elétrico, **E**, em um campo de corrente contínua é produzido por cargas de excesso estático no sistema. No caso geral, essas cargas não existem apenas nas superfícies dos condutores, mas também em seu volume. A distribuição de cargas no sistema é condicionada pela distribuição das correntes, e pode ser determinada somente após a distribuição de corrente estar definida primeiro.

A distribuição do vetor densidade de corrente, **J**, no interior do condutor pode ser obtida resolvendo as equações básicas que regem os campos de corrente contínua, que resumimos aqui; nomeadas, respectivamente, primeira equação de Maxwell para campos estáticos; equação da continuidade de cc; equação constitutiva para **J**:

$$\begin{cases} \oint_C \mathbf{E}\cdot d\mathbf{l} = 0 \\ \oint_S \mathbf{J}\cdot d\mathbf{S} = 0 \\ \mathbf{J} = \mathbf{J}(\mathbf{E})\ [\mathbf{J} = \sigma\mathbf{E}] \end{cases}. \quad (3.59)$$

Como a solução para **J** é conhecida, a distribuição de carga pode ser obtida com base na lei generalizada de Gauss, em conjunto com a equação constitutiva para o vetor de densidade de fluxo elétrico, **D**:

terceira equação de Maxwell
equação constitutiva para **D**

$$\begin{cases} \oint_S \mathbf{D}\cdot d\mathbf{S} = Q_S \\ \mathbf{D} = \mathbf{D}(\mathbf{E})\ [\mathbf{D} = \varepsilon\mathbf{E}] \end{cases}. \quad (3.60)$$

Assumindo que o meio é linear, tanto **D** quanto **J** são linearmente proporcionais a **E**. Como resultado, temos uma relação linear entre **D** e **J**:

dualidade de **D** e **J**

$$\mathbf{D} = \varepsilon\mathbf{E} = \frac{\varepsilon}{\sigma}\mathbf{J}. \quad (3.61)$$

Essa relação de dualidade será usada em muitas ocasiões.

A partir da forma diferencial da lei de Gauss generalizada, a Equação (2.45), e usando as equações (3.61) e (3.41), a densidade volumétrica de carga no condutor é[6]

carga volumétrica em um campo de corrente estável

$$\rho = \nabla\cdot\mathbf{D} = \nabla\cdot\left(\frac{\varepsilon}{\sigma}\mathbf{J}\right) = \left[\nabla\left(\frac{\varepsilon}{\sigma}\right)\right]\cdot\mathbf{J} + \frac{\varepsilon}{\sigma}(\nabla\cdot\mathbf{J}) = \mathbf{J}\cdot\nabla\left(\frac{\varepsilon}{\sigma}\right). \quad (3.62)$$

Vemos que $\nabla\cdot\mathbf{J} = 0$ não implica que $\rho = 0$. A densidade volumétrica de carga é diferente de zero em meio condutor heterogêneo onde $\varepsilon/\sigma \neq$ const, e sua magnitude é proporcional ao gradiente de ε/σ. Por outro lado, também concluímos que não pode haver cargas com excesso

6 Tendo em mente a regra para calcular a derivada de um produto de duas funções, podemos aplicar o operador de divergência, que é um operador diferencial, a um produto de um escalar e um vetor de função, e obter $\nabla\cdot(f\mathbf{a}) = (\nabla f)\cdot\mathbf{a} + f(\nabla\cdot\mathbf{a})$.

de volume ($\rho = 0$) no interior dos meios homogêneos (σ e ε não variam com a posição), com correntes contínuas.

A condição de contorno correspondente para **D**, a Equação (2.85), em combinação com as equações (3.61) e (3.55), dá a densidade superficial de carga sobre a interface entre o meio 1 (com parâmetros σ_1 e ε_1) e o meio 2 (com σ_2 e ε_2):

carga superficial em um campo de corrente contínua

$$\rho_s = \hat{\mathbf{n}} \cdot \mathbf{D}_1 - \hat{\mathbf{n}} \cdot \mathbf{D}_2 = \frac{\varepsilon_1}{\sigma_1}\hat{\mathbf{n}} \cdot \mathbf{J}_1 - \frac{\varepsilon_2}{\sigma_2}\hat{\mathbf{n}} \cdot \mathbf{J}_2 = \left(\frac{\varepsilon_1}{\sigma_1} - \frac{\varepsilon_2}{\sigma_2}\right) J_n, \quad (3.63)$$

onde $J_n = \hat{\mathbf{n}} \cdot \mathbf{J}_1 = \hat{\mathbf{n}} \cdot \mathbf{J}_2$ é o componente normal do vetor densidade de corrente através do contorno ($\hat{\mathbf{n}}$ é direcionado como nas figuras 2.10 e 3.7). Note que $\rho_s = 0$ apenas para o caso especial de $\varepsilon_1/\sigma_1 = \varepsilon_2/\sigma_2$. Se os meios forem condutores metálicos, temos cerca de $\varepsilon_1 = \varepsilon_2 = \varepsilon_0$, de modo que a Equação (3.63) torna-se

$$\rho_s = \varepsilon_0 \left(\frac{1}{\sigma_1} - \frac{1}{\sigma_2}\right) J_n. \quad (3.64)$$

Finalmente, a distribuição de carga (polarização) de ligação no dielétrico pode ser encontrada primeiro pelo cálculo do vetor polarização, **P**, a partir da Equação (2.59), e depois do volume de ligação e densidades superficiais de carga, ρ_p e ρ_{ps}, usando as equações (2.19) e (2.89), respectivamente.

3.7 TEMPO DE RELAXAÇÃO

Sabemos por causa da eletrostática que cargas colocadas no interior de um condutor irão para a sua superfície e vão se redistribuir de tal forma que $\mathbf{E} = 0$ no condutor, em condições de equilíbrio eletrostático. Com a equação da continuidade (para correntes variáveis no tempo) agora em mãos, podemos analisar quantitativamente esse processo de transição não eletrostático e calcular o tempo que leva para chegar a um equilíbrio.

Considere um meio condutor homogêneo de condutividade σ e permissividade ε. O vetor de densidade de corrente, **J**, e o vetor densidade de fluxo elétrico, **D**, no meio, estão interligados pela relação dualidade na Equação (3.61). Combinando a forma diferencial da lei de Gauss generalizada, Equação (2.45), e a da equação de continuidade, Equação (3.39), podemos escrever

$$\rho = \nabla \cdot \mathbf{D} = \nabla \cdot \left(\frac{\varepsilon}{\sigma}\mathbf{J}\right) = \frac{\varepsilon}{\sigma}\nabla \cdot \mathbf{J} = -\frac{\varepsilon}{\sigma}\frac{\partial \rho}{\partial t}, \quad (3.65)$$

onde a razão ε/σ pode ser trazida para fora do sinal de divergência porque é uma constante (o meio é homogêneo). Reescrevendo, temos que a densidade de carga, ρ, no meio satisfaz à equação

$$\frac{\partial \rho}{\partial t} + \frac{\sigma}{\varepsilon}\rho = 0, \quad (3.66)$$

que é uma equação diferencial parcial de primeira ordem no tempo, *t*. Sua solução é dada por

redistribuição de carga

$$\rho = \rho_0 \, e^{-(\sigma/\varepsilon)t} = \rho_0 \, e^{-t/\tau}, \quad (3.67)$$

onde ρ_0 é o valor inicial da densidade de carga em $t = 0$. Em geral, ρ é uma função do espaço de coordenadas, por exemplo, $\rho = \rho(x, y, z, t)$. A Equação (3.67) diz nos que a densidade de carga em determinado local no condutor diminui com o tempo de forma exponencial, independentemente de qualquer campo elétrico aplicado. A constante de tempo

tempo de relaxação

$$\tau = \frac{\varepsilon}{\sigma} \quad (3.68)$$

refere-se o tempo de relaxamento (a unidade é s) e é igual ao tempo necessário para a densidade de carga diminuir para 1/e (36,8%) do seu valor inicial em qualquer ponto. Pode ser facilmente mostrado que ρ diminui para 1% de ρ_0 após aproximadamente 4,6τ, enquanto em $t = 10\tau$, $\rho \approx 4{,}5 \times 10^{-5}\,\rho_0$, isto é, $\rho \approx 0$.

Para condutores metálicos, τ é tão curto que dificilmente pode ser medido ou observado. Por exemplo, o cobre tem $\tau_{Cu} \approx 10^{-19}$ s. Condutores, mesmo os muito mais pobres que os metais, têm tempos de relaxação muito curtos (por exemplo, $\tau_{H_2O} \approx 10^{-5}$ s para água destilada). Por outro lado, o tempo de relaxação para bons dielétricos (isoladores) é relativamente longo (por exemplo, $\tau_{vidro} \approx 1$ minuto, $\tau_{mica} \approx 15$ horas e $\tau_{quartzo} \approx 50$ dias).

Embora este capítulo seja dedicado a correntes e campos invariantes no tempo, notamos aqui que o conceito de tempo de relaxação também é usado para determinar a natureza elétrica (em termos de propriedades condutoras e dielétricas) de materiais para correntes e campos variantes no tempo. Ou seja, se um material de parâmetros σ e ε é considerado um bom condutor ou um bom dielétrico, isso será decidido com base no tempo de relaxação, em comparação aos tempos de interesse por uma determinada aplicação. Assim, para um campo harmônico no tempo (sinusoidal) da frequência *f*, o tempo de relaxação, dado pela Equação (3.68), é comparado ao período de tempo,[7] $T = 1/f$. Se $\tau \ll T$, o meio é classificado como bom condutor. Em

7 O período de tempo (*T*) é definido como um intervalo após o qual uma função harmônica no tempo (ou outro período de tempo) se repete ao longo do tempo; enquanto a frequência (*f*) é o número de repetições da função por unidade de tempo (um segundo), de modo que *f* vezes *T* é igual à unidade.

particular, se $\tau = 0$ ($\sigma \to \infty$), o material um condutor elétrico perfeito (CEP). Por outro lado, o material é considerado um bom dielétrico (isolante) se $\tau \gg T$. Em um limite, $\tau \to \infty$ para dielétricos perfeitos (sem perdas) ($\sigma = 0$). Para todos os outros valores (intermediário) de τ, o material é classificado como um quase condutor. Agora podemos entender que alguns materiais que são considerados bons condutores em certas frequências podem se comportar como bons dielétricos em frequências suficientemente mais elevadas (ou seja, períodos mais curtos de tempo). Por exemplo, em frequências $f_1 = 1$ kHz, $f_2 = 10$ MHz e $f_3 = 30$ GHz, em terreno rural médio ($\varepsilon_r = 14$ e $\sigma = 10^{-2}$ S/m, assumindo que não há mudança nos parâmetros como uma função da frequência) comporta-se como (1) um bom condutor, (2) um quase condutor e (3) um bom dielétrico, respectivamente. Mais discussões sobre condução e propriedades dielétricas de materiais em diferentes frequências, em um contexto de equações gerais de Maxwell e propagação de ondas eletromagnéticas, serão fornecidas em capítulos posteriores.

3.8 RESISTÊNCIA, LEI DE OHM E LEI DE JOULE

Considere um condutor de forma arbitrária feito de um material (em geral heterogêneo) linear de condutividade σ, como o da Figura 3.8. Sejam as extremidades das superfícies S_A e S_B do condutor revestidas com material perfeitamente condutor (ou com material de condutividade muito maior do que σ). Se a tensão V é aplicada entre as extremidades do condutor, a corrente, de densidade $\mathbf{J}$, no condutor flui normal às extremidades das superfícies [Equação (3.57)] e paralelas aos lados do resistor [Equação (3.58)]. Em virtude da equação da continuidade, a mesma corrente total deve passar

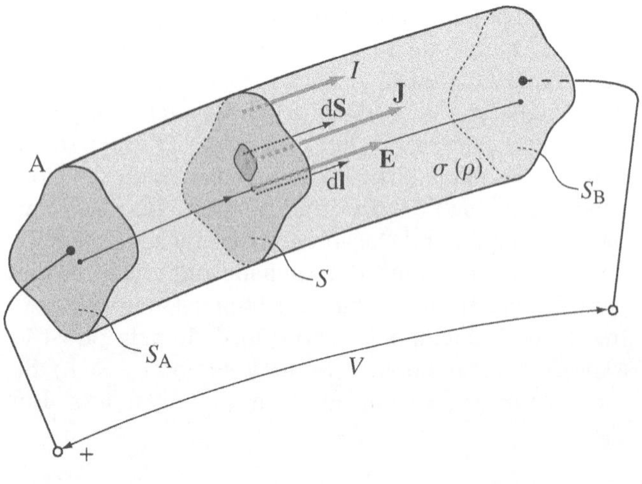

Figura 3.8
Condutor arbitrariamente moldado – resistor.

através de cada corte transversal do condutor. A corrente é dada por

$$I = \int_S \mathbf{J} \cdot d\mathbf{S} = \int_S \sigma \mathbf{E} \cdot d\mathbf{S}, \tag{3.69}$$

onde $\mathbf{E}$ é o vetor intensidade de campo elétrico no condutor. Por outro lado, a tensão entre S_A e S_B é igual à integral de linha do mesmo vetor $\mathbf{E}$, ao longo de qualquer caminho no condutor conectando essas superfícies [Equação (1.90)], isto é,

$$V = \int_A^B \mathbf{E} \cdot d\mathbf{l}. \tag{3.70}$$

Agora, notamos que, se V é aumentada (por alguma razão), as linhas do campo elétrico não mudam de forma, mas $\mathbf{E}$ aumenta de modo proporcional em todos os lugares dentro do condutor e, utilizando a Equação (3.69), aumenta também a corrente I. A razão de V e I é assim uma constante,

resistência (unidade: Ω)

$$\boxed{R = \frac{V}{I},} \tag{3.71}$$

chamada de resistência do condutor. Um condutor com dois terminais e uma resistência R (substancial) é em geral indicado como um resistor. A relação entre a tensão, corrente e resistência de um resistor é conhecida como lei de Ohm:

lei de Ohm

$$\boxed{V = RI.} \tag{3.72}$$

A resistência é sempre não negativa ($R \geq 0$), e a unidade é o ohm (Ω), igual a V/A. O valor de R depende da forma e do tamanho do condutor (resistor), assim como da condutividade σ (ou resistividade ρ) do material.

A recíproca da resistência é chamada de condutância e é simbolizada por G. Com base na lei de Ohm,

condutância (unidade: S)

$$\boxed{G = \frac{1}{R} = \frac{I}{V}.} \tag{3.73}$$

Sua unidade é o siemens (S), onde $S = \Omega^{-1} = A/V$. Note que às vezes o mho (ohm soletrado ao contrário) é usado em vez do siemens.

A Figura 3.9 mostra a representação da teoria de circuito de um resistor. Em teoria de circuitos, presume-se que as resistências estão localizadas apenas nos resistores em um circuito, enquanto os condutores de interconexão são considerados condutores perfeitos. Cada condutor de conexão tem, portanto, resistência zero e é equipotencial (age como um curto-circuito). A única queda de tensão no circuito ocorre em elementos do circuito. Note que a lei que Ohm, Equação (3.72), é válida também para a tensão variável no tempo (v) e corrente (i) de um resistor ($v = Ri$). Ela representa a lei elementar para um resistor, como um dos elementos

APARTE HISTÓRICO

Georg Simon Ohm (1789-1854), físico e matemático alemão, foi professor na Universidade de Munique. Na infância, Ohm recebeu uma boa educação matemática e científica de seu pai, que era serralheiro e um homem totalmente autodidata. Em 1811, fez o doutorado em matemática na Universidade de Erlangen. Também se interessava por física, e estudou analogias entre o fluxo da eletricidade e o fluxo de calor. Em uma série de estudos em 1825 e 1826, fez uma descrição matemática da condução em circuitos elétricos modelados após o estudo de Fourier sobre a condução de calor. Ele supôs que, assim como a razão na qual o calor flui entre dois pontos depende da diferença de temperatura e da facilidade com que o calor é conduzido pelo material entre eles, a corrente elétrica entre dois pontos deve depender da diferença de potencial elétrico e da condutividade elétrica do material entre eles. Por meio de experimentos com fios de diferentes comprimentos e espessuras, descobriu que a intensidade da corrente por um fio, para uma dada diferença de potencial entre as extremidades dos fios, era inversamente proporcional ao comprimento e diretamente proporcional à área de corte transversal do fio. Como era grande conhecedor de matemática e física, Ohm foi capaz de deduzir relações matemáticas com base nas evidências experimentais que havia tabulado. Ele definiu a resistência de um fio e mostrou, em 1827, que uma simples relação existia entre a resistência, a diferença de potencial (tensão) e a intensidade de corrente de um fio. Esta é agora conhecida como a lei de Ohm. A apresentação totalmente desenvolvida de sua teoria da condução elétrica surgiu em seu famoso livro *Die Galvanische Kette, Mathematisch Bearbeitet* (*O circuito galvânico analisado matematicamente*), publicado em 1827 em Berlim. No início, o trabalho de Ohm foi recebido com pouco entusiasmo, e o reconhecimento de seus resultados, incluindo a lei de Ohm, não aconteceu antes de 1841, quando ele recebeu a Medalha Copley da Royal Society, mas logo depois se tornou membro de várias academias europeias. Somente em 1852, dois anos antes de sua morte, Ohm realizou o sonho de ser nomeado para a cadeira de Física na Universidade de Munique. O nome de Ohm foi imortalizado em 1881, quando o Congresso Internacional sobre Elétrica estabeleceu o ohm como a unidade de resistência. (Retrato: *Coleção de Edgar Fahs Smith*, biblioteca da Universidade da Pensilvânia)

O siemens é adotado como unidade SI de condutância em homenagem aos irmãos Werner e Wilhelm von Siemens, engenheiros e inventores alemães. **Ernst Werner von Siemens** (1816-1892) contribuiu para a nova matéria sobre engenharia elétrica com várias invenções em telegrafia (agulha telégrafo), a transmissão por cabo (grandes cabos submarinos) e geração de energia, e foi um dos primeiros grandes empresários da indústria elétrica. Em 1847, fundou, com o mecânico Johann Georg Halske (1814-1890), a Siemens & Halske Telegraph Construction Company, em Berlim, mais tarde conhecida como Siemens. **Karl Wilhelm von Siemens** (1823-1883) foi um engenheiro mecânico e empresário de sucesso. Suas invenções mais importantes são a fornalha regenerativa e o pirômetro elétrico. Ele mais tarde se tornou cidadão britânico, Sir Charles William Siemens.

básicos em teoria de circuitos [outra lei elementar é a Equação (3.45) para um capacitor].

Para resistores lineares, R permanece constante para tensões e correntes diferentes, V e I. Para resistores não lineares, no entanto, a condutividade do material depende do campo elétrico aplicado, $\mathbf{E}$, e R, portanto, depende da tensão aplicada (ou corrente),

resistor não linear

$$\boxed{R = R(V).} \tag{3.74}$$

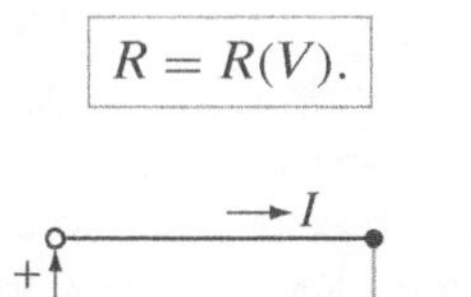

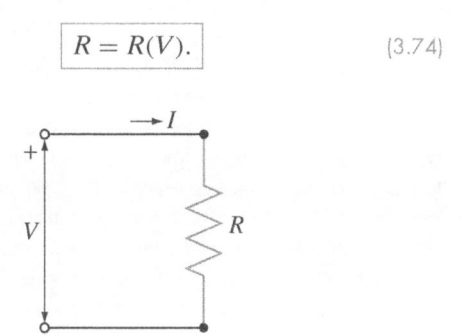

Figura 3.9
Representação da teoria de circuito de um resistor.

Exemplos disso são diodos semicondutores (pn), cujas características corrente-tensão, $I = I(V)$, são funções não lineares.

A potência total Joule ou perdas ôhmicas no resistor na Figura 3.8 é dada pela Equação (3.32), onde v é o volume do resistor. Para realizar a integração de volume, primeiro cortamos v em fatias finas com bases em superfícies equipotenciais (perpendicular às linhas de corrente). Em seguida, subdividimos cada fatia ao longo das linhas de corrente em pequenas células tubulares de volume $\mathrm{d}v = \mathrm{d}S\,\mathrm{d}l$, conforme está ilustrado na Figura 3.10, e escrevemos

$$P_\mathrm{J} = \int_v JE\,\mathrm{d}v = \int_\mathrm{A}^\mathrm{B} \int_S JE \underbrace{\mathrm{d}S\,\mathrm{d}l}_{\mathrm{d}v}. \tag{3.75}$$

Note que $E\mathrm{d}l$ iguala a tensão $\mathrm{d}V$ entre as bases da célula, que é o mesmo para todas as células dentro de uma fatia (por causa da equipotencialidade de interfaces entre fatias adjacentes). Portanto, $\mathrm{d}V$ é uma constante para a integração de corte transversal sobre S, e pode ser reti-

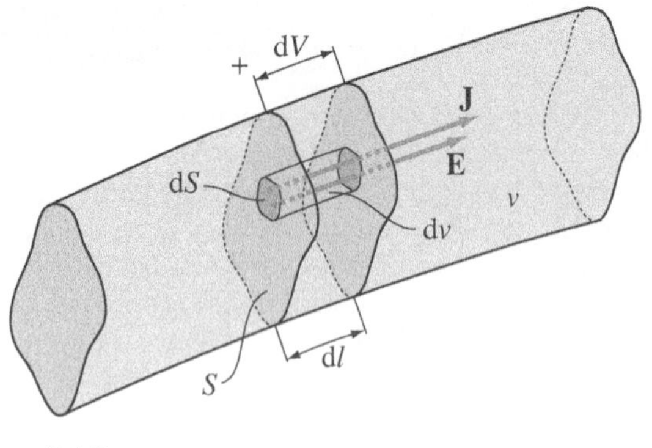

Figura 3.10

Avaliação da potência (ôhmica) das perdas Joule em um resistor de forma geral.

rada da integral. Assim, separamos a integração global em todo v em duas integrais independentes:

$$P_J = \int_A^B \int_S J\,dS\underbrace{E\,dl}_{dV}$$

$$= \left(\int_A^B E\,dl\right)\left(\int_S J\,dS\right) = VI, \qquad (3.76)$$

o que equivale à tensão V [Equação (3.70)] e à corrente I [Equação (3.69)] do resistor. Empregando as equações (3.72) e (3.73), as expressões equivalentes para a potência das perdas Joule em um resistor é

lei de Joule

$$P_J = VI = RI^2 = \frac{V^2}{R} = GV^2 = \frac{I^2}{G}. \qquad (3.77)$$

Isto é conhecido como lei de Joule.

Exemplo 3.4

Uniformidade de corrente em condutores com corte transversal uniforme

Uma corrente contínua flui através de um condutor longo feito de um material homogêneo e tem um corte transversal uniforme de forma arbitrária. Provar que a densidade de corrente é a mesma em todo o condutor.

Solução Com referência à Figura 3.11, o vetor densidade de corrente no condutor tem um componente z único, $\mathbf{J} = J_z\,(x, y, z)\,\hat{\mathbf{z}}$. A partir da equação da continuidade para correntes contínuas em forma diferencial, Equação (3.41), e a expressão de divergência no sistema de coordenadas cartesianas, Equação (1.167), temos

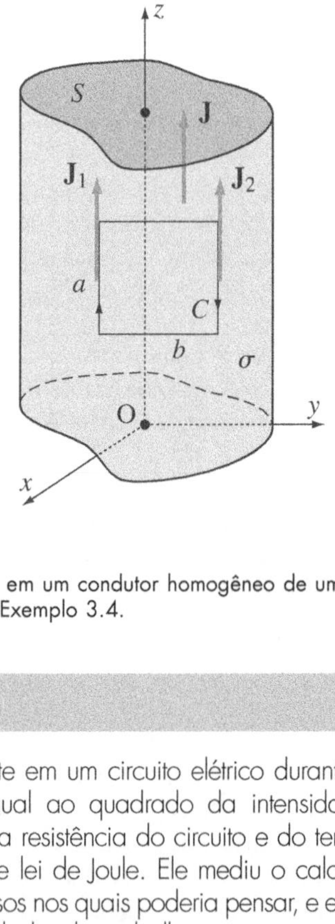

Figura 3.11

Corrente contínua em um condutor homogêneo de um corte transversal uniforme, para o Exemplo 3.4.

APARTE HISTÓRICO

James Prescott Joule (1818-1889), cientista inglês, foi membro da Royal Society. Filho de um rico cervejeiro de Salford, Joule foi educado por professores particulares, incluindo o famoso químico e físico inglês John Dalton (1766-1844). Mais tarde, enquanto trabalhava na cervejaria da família, estudou no tempo livre a energia elétrica (novidade na época) e interessou-se em especial na eficiência dos motores elétricos. Após diversas tentativas de projetar um motor elétrico supereficiente para produzir energia infinita (essa possibilidade foi sugerida em trabalhos anteriores) e, assim, oferecer uma alternativa ideal para motores a vapor, ele percebeu que tal meta não seria possível, e começou a interessar-se em estudar o calor gerado pela eletricidade. Joule não tinha rigor matemático, mas era um experimentalista fanático. Com base em extensas medições de calor em motores elétricos e outros circuitos, em 1840, descobriu, que o calor produzido por uma corrente em um circuito elétrico durante certo intervalo de tempo é igual ao quadrado da intensidade da corrente multiplicado pela resistência do circuito e do tempo. Isso veio a ser chamado de lei de Joule. Ele mediu o calor produzido por todos os processos nos quais poderia pensar, e estudou a relação entre a quantidade de trabalho que entra no sistema e a quantidade de calor saindo dele. Em seu famoso experimento "turbina", em 1847, ele usou um peso caindo para girar uma turbina em um barril de água isolado e mediu com precisão o aumento da temperatura da água produzida pela fricção da roda para determinar o equivalente mecânico do calor dissipado na água. Sua conclusão geral foi que o calor era apenas uma das muitas formas de energia, que pode ser convertida de uma forma para outra, mas a energia total de um sistema fechado permaneceria constante. Com isso, ele contribuiu fundamentalmente para a descoberta e o reconhecimento do princípio da conservação da energia. Homenageamos Joule também usando joule como unidade de trabalho e energia. (Retrato: *National Bureau of Standards Archives*, cortesia da AIP Emilio Segrè Visual Archives, E. Scott Barr Collection).

$$\nabla \cdot \mathbf{J} = \frac{\partial J_z}{\partial z} = 0, \quad (3.78)$$

o que significa que J_z não é uma função de z, ou seja, não varia ao longo do condutor.

Para provar que **J** não muda também em um corte transversal do condutor, aplicamos a Equação (3.43) para um contorno retangular C colocado no interior do condutor, com lados de comprimento a paralelos às linhas de corrente (Figura 3.11). Utilizando também a Equação (3.18), podemos escrever

$$\oint_C \mathbf{E} \cdot \mathrm{d}\mathbf{l} = \oint_C \frac{\mathbf{J}}{\sigma} \cdot \mathrm{d}\mathbf{l} = \frac{1}{\sigma} \oint_C \mathbf{J} \cdot \mathrm{d}\mathbf{l} = 0, \quad (3.79)$$

onde σ é a condutividade do meio, e $1/\sigma$ pode ser retirado da integral porque o meio é homogêneo (σ = const). Por isso,

$$\oint_C \mathbf{J} \cdot \mathrm{d}\mathbf{l} = J_1 a - J_2 a = 0, \quad (3.80)$$

em que J_1 e J_2 representam a densidade de corrente ao longo dos dois lados do contorno paralelo a **J**. Concluímos que essas densidades de corrente são as mesmas:

$$J_1 = J_2. \quad (3.81)$$

Note que C pode ser traduzido para qualquer posição no condutor, de modo que J_1 e J_2 possam ser associadas a qualquer par de pontos no corte transversal do condutor. Isto implica que **J** não depende de x e y, ou seja, é o mesmo em todo o corte transversal do condutor. Combinado com a nossa conclusão anterior sobre a uniformidade da corrente na direção z, temos que

uniformidade cc em um condutor homogêneo de um corte transversal uniforme

$$\boxed{J = \text{const}} \quad (3.82)$$

em todos os lugares no interior do condutor.

Exemplo 3.5

Resistência de um resistor de um corte transversal uniforme

Determine a resistência de um resistor homogêneo com um corte transversal uniforme de uma forma arbitrária e área de superfície S. O comprimento do resistor é l e a condutividade do material é σ.

Solução A Equação (3.82) nos diz que a corrente é distribuída de modo uniforme no resistor. A densidade de corrente no resistor é, portanto,

$$J = \frac{I}{S}, \quad (3.83)$$

onde I é a intensidade de corrente através do resistor, Equação (3.69). Usando a Equação (3.70), a tensão sobre o resistor é

$$V = El = \frac{J}{\sigma} l = \frac{Il}{\sigma S}. \quad (3.84)$$

Assim, a resistência do resistor vem a ser

resistência de um resistor homogêneo com um corte transversal uniforme

$$\boxed{R = \frac{V}{I} = \frac{l}{\sigma S}}. \quad (3.85)$$

Exemplo 3.6

Dois resistores em série

A Figura 3.12(a) mostra um resistor cilíndrico de raio a consistindo de duas partes de comprimentos l_1 e l_2. As condutividades das peças são σ_1 e σ_2 ($\sigma_1 \neq \sigma_2$). A tensão sobre o resistor é V. Determine a corrente através do resistor.

Solução A corrente através das duas partes do resistor é a mesma, e elas podem ser representadas como dois resistores homogêneos conectados em série, como mostra a Figura 3.12(b). A resistência total da conexão é

resistência equivalente de dois resistores em série

$$\boxed{R = R_1 + R_2,} \quad (3.86)$$

onde, usando a Equação (3.85), as resistências de resistores individuais chegam a

$$R_1 = \frac{l_1}{\sigma_1 \pi a^2} \quad \text{e} \quad R_2 = \frac{l_2}{\sigma_2 \pi a^2}, \quad (3.87)$$

respectivamente. A corrente através do resistor na Figura 3.12 (a) é, portanto,

$$I = \frac{V}{R_1 + R_2} = \frac{\pi \sigma_1 \sigma_2 a^2 V}{\sigma_2 l_1 + \sigma_1 l_2}. \quad (3.88)$$

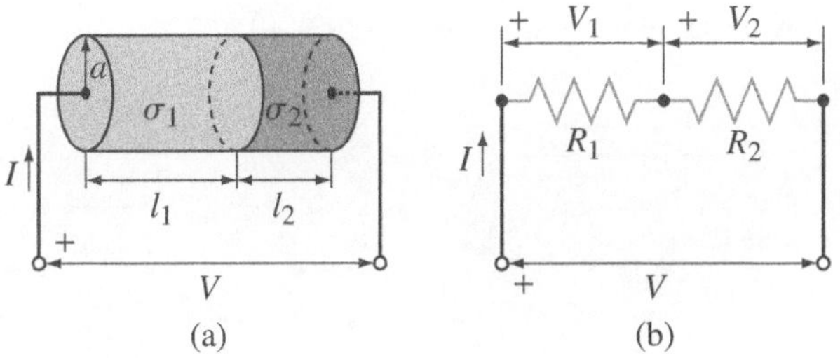

Figura 3.12

Resistor cilíndrico com duas partes de condutividades diferentes: (a) geometria e (b) representação em rede, para o Exemplo 3.6.

Exemplo 3.7

Dois resistores em paralelo

Um resistor cilíndrico de comprimento l consiste em duas camadas coaxiais de condutividades diferentes, σ_1 e σ_2, como mostra a Figura 3.13(a). As áreas transversais da superfície das camadas são S_1 e S_2. A corrente através do resistor é I. Calcule (a) a densidade de corrente no resistor e (b) a tensão sobre o resistor.

Solução

(a) A Equação (3.54) nos diz que as intensidades de campo elétrico em duas camadas são as mesmas:

$$E_1 = E_2 = E. \quad (3.89)$$

Assim, as densidades de corrente nas camadas não são as mesmas, como $J_1 = \sigma_1 E$ e $J_2 = \sigma_2 E$. A corrente total através do resistor é dada por

$$I = J_1 S_1 + J_2 S_2 = (\sigma_1 S_1 + \sigma_2 S_2)E, \quad (3.90)$$

da qual

$$E = \frac{I}{\sigma_1 S_1 + \sigma_2 S_2} \quad (3.91)$$

e

$$J_1 = \frac{\sigma_1 I}{\sigma_1 S_1 + \sigma_2 S_2} \quad \text{e} \quad J_2 = \frac{\sigma_2 I}{\sigma_1 S_1 + \sigma_2 S_2}. \quad (3.92)$$

(b) A tensão sobre o resistor é

$$V = El = \frac{Il}{\sigma_1 S_1 + \sigma_2 S_2}. \quad (3.93)$$

Note que V também pode ser encontrado usando o circuito equivalente mostrado na Figura 3.13(b). Ou seja, uma vez que a tensão entre as duas camadas do resistor é a mesma, eles podem ser representados como dois resistores homogêneos ligados em paralelo. A condutância total da ligação acaba por ser

condutância equivalente de dois resistores em paralelo

$$G = G_1 + G_2, \quad (3.94)$$

que é [Equação (3.85)]

$$G = \frac{\sigma_1 S_1}{l} + \frac{\sigma_2 S_2}{l}. \quad (3.95)$$

A tensão dos resistores é $V = I/G$.

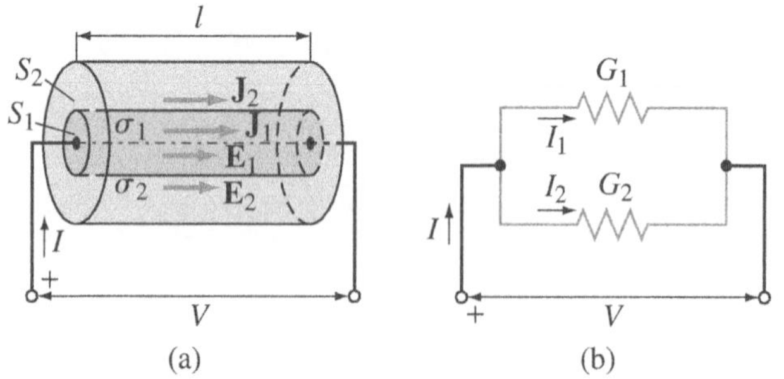

Figura 3.13
Resistor com duas camadas coaxiais (a), que podem ser representadas como dois resistores homogêneos ligados em paralelo (b); para o Exemplo 3.7.

Exemplo 3.8

Condutância de um capacitor esférico

Encontrar a condutância do capacitor esférico com um dielétrico (condutor) imperfeito (de condutividade σ) da Figura 3.6.

Solução Usando as equações (3.73) e (3.50), a condutância do capacitor esférico não ideal é, por definição,

condutância de dispersão de um capacitor esférico não ideal

$$G = \frac{I}{V} = \frac{4\pi\sigma ab}{b-a}. \quad (3.96)$$

Na verdade, essa é a chamada condutância de dispersão do capacitor. (Um capacitor ideal tem um dielétrico perfeito e zero condutância de dispersão.) Observe, no entanto, que o sistema na Figura 3.6 pode também representar um resistor esférico, com resistência

$$R = \frac{1}{G} = \frac{\rho(b-a)}{4\pi ab}, \quad (3.97)$$

onde $\rho = 1/\sigma$ é a resistividade de um material (resistivo) entre os eletrodos.
Note também que, empregando a condutância (ou resistência) e a lei de Joule, Equação (3.77), a potência perdas Joule no capacitor (resistor) agora pode ser facilmente encontrada como

$$P_J = GV^2 = \frac{V^2}{R} = \frac{4\pi\sigma abV^2}{b-a}, \quad (3.98)$$

que, naturalmente, é o mesmo resultado obtido na Equação (3.52).

3.9 DUALIDADE ENTRE CONDUTÂNCIA E CAPACITÂNCIA

Considere um par de corpos metálicos (eletrodos) colocados em um meio condutor homogêneo de condutividade σ e permissividade ε, como mostra a Figura 3.14. A condutividade dos eletrodos é muito maior do que σ. Seja a tensão entre os eletrodos V. Da Equação (3.62), não há nenhuma carga de volume ($\rho = 0$) no meio (σ e ε são constantes). Tendo em mente a Equação (3.57), as linhas de corrente (e campo) são normais às superfícies dos eletrodos. Usamos agora a relação de dualidade entre o vetor de densidade da corrente, **J**, e o vetor de densidade de fluxo elétrico, **D**, no meio, Equação (3.61), para relacionar a condutância, G, e a capacitância, C, entre os eletrodos.

Aplicando a equação da continuidade para correntes contínuas, Equação (3.40), e a lei de Gauss generalizada, Equação (3.60), para uma superfície arbitrária S encerrando completamente o eletrodo positivo (Figura 3.14) dá

$$I = \int_S \mathbf{J} \cdot d\mathbf{S} = \frac{\sigma}{\varepsilon} \int_S \mathbf{D} \cdot d\mathbf{S} = \frac{\sigma}{\varepsilon} Q, \quad (3.99)$$

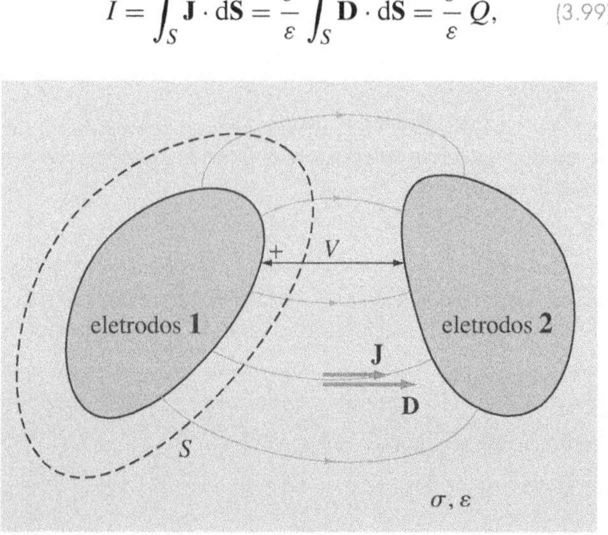

Figura 3.14
Dois eletrodos metálicos em um meio condutor homogêneo.

onde I é a corrente total que sai do eletrodo positivo através do meio condutor (e entra no eletrodo negativo), Q é a carga total do eletrodo positivo (a carga total do eletrodo negativo é $-Q$), e σ/ε podem ser trazidos para fora do sinal de integral, porque é uma constante, ou seja, o meio é homogêneo.[8] Dividindo essa equação por V, obtemos

$$\frac{I}{V} = \frac{\sigma}{\varepsilon}\frac{Q}{V}, \tag{3.100}$$

que, por meio das equações (3.73) e (2.113), produz a seguinte relação de dualidade entre G e C:

dualidade de G e C

$$\boxed{G = \frac{\sigma}{\varepsilon} C.} \tag{3.101}$$

Note que, como a definição de C, Equação (2.113), depende da existência de cargas Q e $-Q$ nos eletrodos e não precisa haver ou não uma corrente, no meio dielétrico (de permissividade ε); G e C na Equação (3.101) nem sempre representam a condutância e a capacitância de um sistema com um dielétrico imperfeito dos parâmetros σ e ε. Eles também podem ser associados com dois sistemas independentes duais, representando a capacitância (C) entre um par de eletrodos quando colocado em um dielétrico perfeito (de permissividade ε, incluindo o caso $\varepsilon = \varepsilon_0$, e zero condutividade) e a condutância (G) entre os mesmos eletrodos quando colocado em um meio condutor (de condutividade σ e permissividade totalmente arbitrária).

Em termos de resistência, R, entre os eletrodos, a Equação (3.101) pode ser reescrita como

analogia R-C

$$\boxed{RC = \frac{\varepsilon}{\sigma} = \tau,} \tag{3.102}$$

onde τ, dada pela Equação (3.68), é o tempo de relaxação do material entre os eletrodos. A Figura 3.15 mostra a representação da teoria de circuito do sistema na Figura 3.14. Este é um circuito capacitivo de primeira ordem, cuja constante de tempo ($\tau_C = RC$) é igual, em virtude da Equação (3.102), ao tempo de relaxação do material ($\tau = \varepsilon/\sigma$).

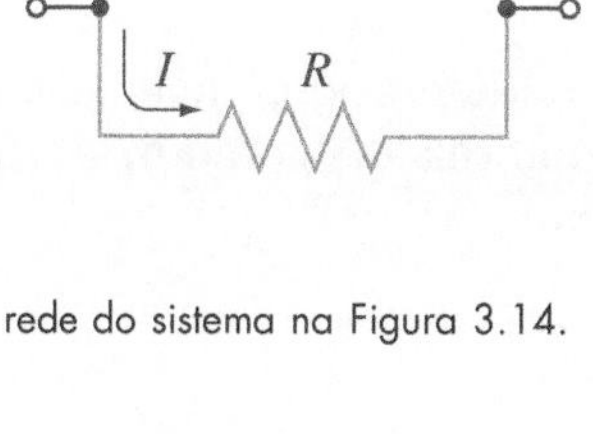

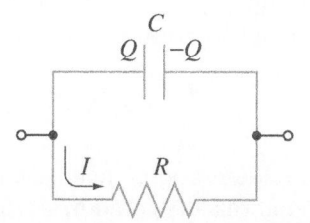

Figura 3.15
Representação da rede do sistema na Figura 3.14.

As relações nas equações (3.101) e (3.102) são muito úteis em expressões decorrentes de condutância e resistência de configurações de eletrodos para as quais já temos a capacitância, ou vice-versa. Por exemplo, a partir da expressão para a capacitância de um capacitor esférico com permissividade dielétrica ε (e zero condutividade) e raios de eletrodo a e b ($a < b$), dados na Equação (2.119), podemos determinar de imediato a expressão para a condutância do mesmo capacitor se preenchido com um meio condutor de condutividade σ:

$$G = \frac{\sigma}{\varepsilon} C = \frac{4\pi\sigma ab}{b-a} \tag{3.103}$$

[o mesmo na Equação (3.96)].

Exemplo 3.9

Autodescarga de um capacitor não ideal

Um capacitor de placas paralelas é preenchido com um dielétrico imperfeito de permissividade relativa $\varepsilon_r = 6$ e condutividade $\sigma = 10^{-14}$ S/m. O capacitor foi ligado a uma bateria ideal e totalmente carregada a uma tensão de 20 V entre suas placas, e depois desconectado da bateria. Encontre o tempo após o qual a tensão do capacitor decai a 1 V.

Solução O capacitor pode ser representado pela rede equivalente da Figura 3.15, onde C e R são a capacitância e a resistência entre as placas do capacitor, respectivamente. Sem bateria no circuito, a descarga de corrente C é também a corrente através de R que, com a ajuda das equações (3.45) e (3.72), dá

$$-C\frac{\mathrm{d}v}{\mathrm{d}t} = \frac{v}{R} \quad \rightarrow \quad \frac{\mathrm{d}v}{\mathrm{d}t} + \frac{v}{\tau_C} = 0, \tag{3.104}$$

onde a constante de tempo $\tau_C = RC$ é encontrada a partir da Equação (3.102). A solução dessa equação diferencial é

autodescarga de um capacitor com um dielétrico imperfeito

$$\boxed{v(t) = v(0)\,\mathrm{e}^{-t/(RC)} = v(0)\,\mathrm{e}^{-(\sigma/\varepsilon)t}.} \tag{3.105}$$

Por fim, tomamos os logaritmos naturais de ambos os lados da equação, e obtemos o tempo que buscamos

$$t = -\frac{\varepsilon_r\varepsilon_0}{\sigma}\ln\frac{v(t)}{v(0)} = 265 \text{ minutos}, \tag{3.106}$$

onde $v(0) = 20$ V e $v(t) = 1$ V.

Percebemos que a descarga de um capacitor carregado com dielétrico imperfeito homogêneo que é deixado para si mesmo (circuito aberto) independe por completo de sua forma (geometria) e tamanho, e é totalmente análoga à redistribuição de carga em um condutor descrito pela Equação (3.67). A tensão do capacitor, $v(t)$, e carga, $Q(t) = Cv(t)$, decrescem de modo exponencial com o tempo, a uma razão que é definida pelo tempo de relaxação do dielétrico com perdas preenchendo o espaço entre os eletrodos do capacitor.

8 Note, no entanto, que isso é verdade também para o meio não homogêneo para o qual as funções σ e ε são tais que $\sigma/\varepsilon = \text{const}$.

3.10 FONTES VOLUMÉTRICAS DE ENERGIA ELÉTRICA EXTERNA E GERADORES

Observamos em conexão com a Figura 3.1 que uma fonte de tensão externa (por exemplo, uma bateria química) é necessária para manter uma corrente contínua em um condutor. Essa fonte cria um aumento de potencial no circuito e uma diferença de potencial entre as extremidades do condutor. Do ponto de vista de energia, uma fonte externa de energia é necessária para manter o fluxo elétrico contínuo de corrente através do circuito para continuamente fornecer a energia que é então dissipada no condutor como calor Joule. Em situações concretas, as diversas formas de energia externa (energia química, energia mecânica, energia térmica, a energia da luz etc.) são convertidas para a energia do campo elétrico em condutores e, por fim, perdidas para o calor. Em geral, em analogia aos geradores da teoria dos circuitos, usamos dois modelos da teoria de campo de fontes de volume de energia distribuída capaz de transmitir energia para as cargas elétricas: fontes análogas aos geradores de tensão e fontes análogas aos geradores de corrente.

Considere uma região fonte de volume v mostrada na Figura 3.16 (a) na qual uma força externa não elétrica, $\mathbf{F}_i$, chamada de força aplicada, atua sobre os portadores de carga (por exemplo, elétrons) e separa cargas positivas e negativas em excesso. Um exemplo é a força sobre os elétrons em um fio metálico em movimento num campo magnético (como veremos em um capítulo posterior). Podemos dividir $\mathbf{F}_i$ formalmente pela carga de um transportador, q ($q = -e$ para os elétrons), e o que temos é uma quantidade, expressa em V/m:

$$\mathbf{E}_i = \frac{\mathbf{F}_i}{q}, \qquad (3.107)$$

a que chamamos de vetor intensidade do campo elétrico impresso. Este campo, no entanto, embora da mesma dimensão e unidade como $\mathbf{E}$, não é um campo elétrico verdadeiro (um campo devido a cargas). Uma vez que há também um campo devido a cargas no domínio v, a força total em q é

$$\mathbf{F}_{tot} = \mathbf{F}_i + q\mathbf{E} = q(\mathbf{E}_i + \mathbf{E}), \qquad (3.108)$$

e esta é a força que obriga as cargas a percorreram a região. O vetor densidade de corrente na região é, portanto, dado por

$\mathbf{E}_i$ — vetor intensidade do campo elétrico impresso (unidade: V/m)

$$\boxed{\mathbf{J} = \sigma(\mathbf{E} + \mathbf{E}_i),} \qquad (3.109)$$

onde σ é a condutividade do material no v. É muito importante notar que $\mathbf{E}_i$ não depende de $\mathbf{J}$.

O modelo com uma distribuição volumétrica (em todo v) de fontes de energia modelada por um campo elétrico aplicado, de intensidade $\mathbf{E}_i$, pode ser usado em muitas situações eletromagnéticas, como veremos mais adiante. No entanto, notamos aqui que a situação na Figura 3.16 (a) de fato representa um gerador de tensão na teoria de circuitos. O gerador está ligado a um resistor de resistência R. Combinando as equações (1.90) e (3.109), a tensão entre as extremidades B e A da região fonte (gerador) pode ser escrita como

$$V_{BA} = \int_B^A \mathbf{E} \cdot d\mathbf{l} = \int_B^A \left(-\mathbf{E}_i + \frac{\mathbf{J}}{\sigma}\right) \cdot d\mathbf{l}. \qquad (3.110)$$

Invertendo a ordem dos limites de integração, temos

$$V_{BA} = \int_A^B \mathbf{E}_i \cdot d\mathbf{l} - \int_A^B \frac{\mathbf{J}}{\sigma} \cdot d\mathbf{l}. \qquad (3.111)$$

O primeiro termo do lado direito dessa equação é, por definição, a força eletromotriz (fem) do gerador:

força eletromotriz – fem (unidade: V)

$$\boxed{\mathcal{E} = \int_A^B \mathbf{E}_i \cdot d\mathbf{l}.} \qquad (3.112)$$

Note que $\mathcal{E}$ é igual ao trabalho realizado pela força externa, $\mathbf{F}_i$, na movimentação da carga q através do gerador, a partir de seu terminal negativo (A) ao terminal positivo (B), dividido por q. A unidade para fem é V. A segunda integral na Equação (3.111) é linearmente proporcional à corrente I no circuito:

$$\int_A^B \frac{\mathbf{J}}{\sigma} \cdot d\mathbf{l} = R_g I, \qquad (3.113)$$

onde a constante de proporcionalidade, R_g, é chamada de resistência interna do gerador. Assim, a Equação (3.111) torna-se

gerador de tensão

$$\boxed{V_{BA} = \mathcal{E} - R_g I.} \qquad (3.114)$$

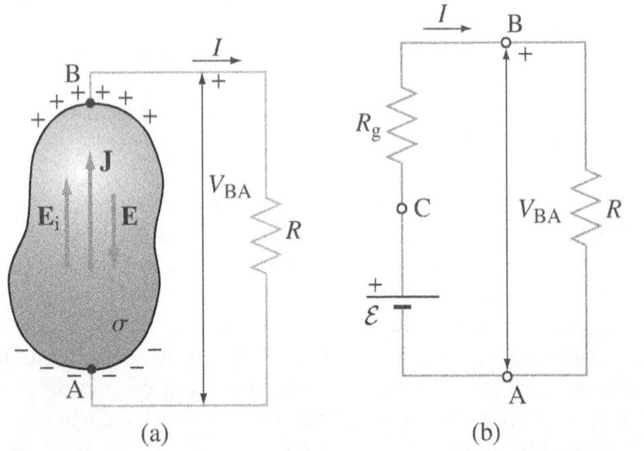

Figura 3.16

(a) Fontes de energia elétrica externa modeladas por um campo elétrico impresso, de intensidade $\mathbf{E}_i$. (b) Gerador de tensão na teoria de circuitos.

A Figura 3.16(b) mostra a representação da teoria de circuito equivalente do gerador. Note que, se os terminais do gerador A e B estão em circuito aberto ($R \to \infty$), nenhuma corrente flui através do gerador ($I = 0$), e podemos escrever [Figura 3.16(b)]

$$(V_{BA})_{\text{circuito aberto}} = V_{CA} = \mathcal{E} \quad (I = 0). \quad (3.115)$$

Assim, a fem do gerador também é igual à sua tensão quando em circuito aberto.

Um gerador de tensão ideal tem uma resistência zero interna ($R_g = 0$), isto é, sem perdas internas, o que implica que a tensão desse gerador é sempre igual à sua fem, e independe da corrente que flui através dele, isto é,

gerador de tensão ideal

$$\boxed{V_{BA} = \mathcal{E}} \quad (3.116)$$

para todos os valores de I e todos os valores de R. Isto, em essência, é uma consequência da intensidade do campo elétrico impresso, $\mathbf{E}_i$, sendo completamente independente da densidade de corrente, $\mathbf{J}$, no gerador.

Pela lei de Ohm, Equação (3.72), por outro lado, a tensão V_{BA} na Figura 3.16 pode ser escrita como

$$V_{BA} = RI, \quad (3.117)$$

que, combinada com a Equação (3.114), dá

$$\mathcal{E} = R_g I + RI. \quad (3.118)$$

Em geral, para um caminho fechado em um circuito com muitas fontes fem e resistores (incluindo as resistências internas das fontes), temos

lei de tensão de Kirchhoff em termos de queda de fem e tensão RI

$$\boxed{\sum_{j=1}^{M} \mathcal{E}_j = \sum_{k=1}^{N} R_k I_k.} \quad (3.119)$$

Essa equação é uma expressão da lei de tensão de Kirchhoff, Equação (1.92), a qual afirma que a soma algébrica das fem (tensão sobe) em torno de um caminho fechado em um circuito é igual à soma algébrica das quedas de tensão (RI) através da resistência em torno do caminho.

Multiplicando ambos os lados da Equação (3.118) por I, obtemos

$$\mathcal{E}I = R_g I^2 + RI^2. \quad (3.120)$$

Pela lei de Joule, Equação (3.77), as expressões que aparecem no lado direito dessa equação representam a potência de perdas Joule no gerador e no resistor de resistência R. Ambas as resistências são responsáveis pelas perdas por calor. Portanto, pelo princípio da conservação da energia, a expressão no lado esquerdo da equação,

$$P_i = \mathcal{E}I, \quad (3.121)$$

deve ser a potência gerada pela fem do gerador. Na forma pontual, a densidade volumétrica (em W/m^3) da potência do campo elétrico impresso de intensidade $\mathbf{E}_i$ é [ver Equação (3.31)]

$$p_i = \frac{dP_i}{dv} = \mathbf{E}_i \cdot \mathbf{J}. \quad (3.122)$$

A potência total das fontes no domínio é, portanto, v [ver Equação (3.32)]

energia gerada pelo campo impresso

$$\boxed{P_i = \int_v \mathbf{E}_i \cdot \mathbf{J}\, dv.} \quad (3.123)$$

Sejam agora as cargas em uma região de fonte carregadas por uma corrente aplicada de densidade $\mathbf{J}_i$, como mostra na Figura 3.17(a), independente da intensidade do campo elétrico, $\mathbf{E}$. Este é o segundo modelo geral de fontes de energia que usamos no eletromagnetismo.[9] A densidade de corrente $\mathbf{J}_i$ não entra na lei de Ohm na forma pontual, e o vetor densidade de corrente total na região é dado por[10]

$\mathbf{J}_i$ — vetor densidade da corrente impressa (unidade: A/m^2)

$$\boxed{\mathbf{J} = \sigma \mathbf{E} + \mathbf{J}_i,} \quad (3.124)$$

que, em notação escalar [para a situação na Figura 3.17 (a)], torna-se

$$J = -\sigma E + J_i. \quad (3.125)$$

Isto é análogo a um gerador de corrente na teoria de circuito, mostrado na Figura 3.17(b) e descrito por

gerador de corrente

$$\boxed{I = -G_g V + I_g,} \quad (3.126)$$

onde I_g e G_g são a intensidade da corrente e condutância interna do gerador. Note que I_g é igual à corrente do gerador com seus terminais em curto-circuito ($V = 0$). Um gerador de corrente ideal tem uma condutância interna zero ($G_g = 0$), ou uma resistência interna infinita. Isto significa que a corrente de tal gerador é sempre constante,

9 Um exemplo clássico é o chamado gerador de Van de Graaff, cuja corrente aplicada consiste em cargas transportadas mecanicamente em um cinto dielétrico em movimento, de modo que a velocidade com que o cinto se move na verdade representa uma velocidade de deriva equivalente ($\mathbf{v}_d$) das cargas. Aqui, no entanto, a velocidade das cargas (ou seja, a velocidade do cinto), não depende do vetor intensidade do campo elétrico, $\mathbf{E}$, e a Equação (3.2) não faz sentido.

10 Note que a Equação (3.109), para uma região com fontes de energia modeladas por um campo elétrico impresso, e a Equação (3.124), para uma região com uma corrente aplicada, podem ser consideradas versões da equação constitutiva geral para a densidade de corrente, a Equação (3.21). Em outras palavras, a Equação (3.21) costuma incluir modelos de fontes de energia com base nos campos e correntes aplicados, junto com propriedades de condução de materiais.

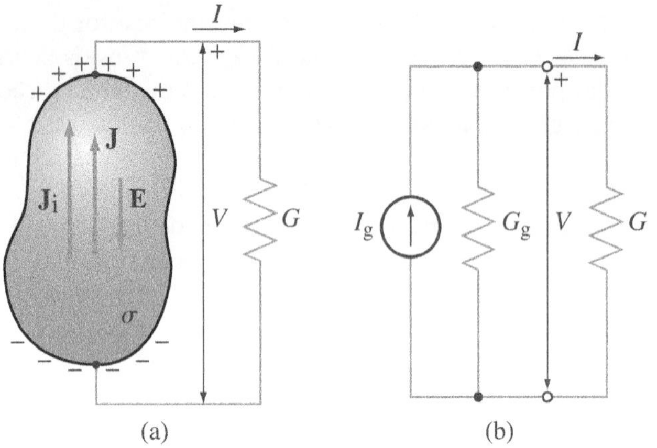

Figura 3.17

(a) Fontes de energia elétrica externa modelada por uma corrente elétrica impressa de densidade $\mathbf{J}_i$. (b) Gerador de corrente na teoria de circuitos.

gerador de corrente ideal

$$I = I_g, \tag{3.127}$$

ou seja, é independente da tensão terminal do gerador (e da condutância G).

A densidade de potência de fontes representada por uma corrente impressa de valores de densidade para $\mathbf{J}_i$ atinge

$$p_i = -\mathbf{E} \cdot \mathbf{J}_i, \tag{3.128}$$

onde o sinal negativo é necessário porque vetores $\mathbf{E}$ (de intensidade de campo elétrico, devido às cargas positivas e negativas) e $\mathbf{J}_i$ (de densidade de corrente aplicada, que, como qualquer outro vetor densidade de corrente, carrega cargas positivas em sua direção e negativas na direção oposta) são direcionados opostamente. Para a situação na Figura 3.17(a), $p_i = EJ_i$. A potência total das fontes em v é

potência gerada por corrente aplicada

$$P_i = -\int_v \mathbf{E} \cdot \mathbf{J}_i \, dv. \tag{3.129}$$

Note que a potência gerada por I_g na Figura 3.17(b) é dada por

$$P_i = VI_g. \tag{3.130}$$

Esse poder é entregue para o resto do circuito e dissipado ao calor nos dois resistores, a potência total de perdas Joule sendo $G_g V^2 + GV^2$.

3.11 ANÁLISE DE CAPACITORES COM DIELÉTRICOS NÃO HOMOGÊNEOS IMPERFEITOS

Agora lidaremos com campos de corrente contínua em capacitores contendo funções definidas em trechos homogêneos e dielétricos não homogêneos imperfeitos (com perdas). Em geral, as cargas nesses sistemas não existem apenas nas superfícies dos eletrodos do capacitor, mas também nas superfícies de contorno entre as camadas dielétricas homogêneas e sobre o volume de dielétricos continuamente heterogêneos. A análise começa com a avaliação da distribuição de corrente, isto é, o cálculo do vetor densidade de corrente, $\mathbf{J}$, no dielétrico. O vetor intensidade de campo elétrico, $\mathbf{E}$, em seguida, é determinado pela lei de Ohm na forma pontual. Integrando $\mathbf{E}$ através do dielétrico, encontramos a tensão entre os eletrodos e a condutividade (e resistência) do capacitor. Por fim, a distribuição da carga no sistema pode ser encontrada a partir do vetor de densidade de fluxo elétrico, $\mathbf{D}$, usando a lei de Gauss generalizada na forma diferencial e a condição de contorno correspondente.

Como ilustração, considere um capacitor de placas paralelas com duas camadas dielétricas imperfeitas mostrado na Figura 3.18(a). Sejam as permissividades das camadas ε_1 e ε_2, suas condutividades σ_1 e σ_2, e espessuras d_1 e d_2. A área de superfície de cada placa é S. As placas podem ser consideradas condutores perfeitos. Vamos analisar esse capacitor supondo que esteja conectado a um gerador ideal de tensão invariante no tempo V.

O vetor densidade de corrente no dielétrico é normal para as placas [Equação (3.57)] e uniforme em cada camada dielétrica [Equação (3.82)]. Com base na condição de contorno para os componentes normais de $\mathbf{J}$, a Equação (3.55) aplicada à interface entre os dois dielétricos e a equação da continuidade para correntes contínuos em forma integral, Equação (3.40), aplicada a uma superfície retangular fechada encerrando a placa positiva [Figura 3.18(a)], com o lado direito situado em qualquer um dos dielétricos, temos

$$J_1 = J_2 = J = \frac{I}{S}, \tag{3.131}$$

onde I é a corrente através do capacitor. As intensidades de campo elétrico no dielétrico são:

$$E_1 = \frac{J}{\sigma_1} = \frac{I}{\sigma_1 S} \quad \text{e} \quad E_2 = \frac{J}{\sigma_2} = \frac{I}{\sigma_2 S}. \tag{3.132}$$

A tensão sobre o capacitor é dada por

$$V = E_1 d_1 + E_2 d_2 = \frac{I}{S}\left(\frac{d_1}{\sigma_1} + \frac{d_2}{\sigma_2}\right), \tag{3.133}$$

para que a condutância do capacitor[11] venha a ser

$$G = \frac{I}{V} = \frac{\sigma_1 \sigma_2 S}{\sigma_2 d_1 + \sigma_1 d_2}. \tag{3.134}$$

11 Observe que o campo de corrente no resistor da Figura 3.12(a) pode ser analisado da mesma maneira.

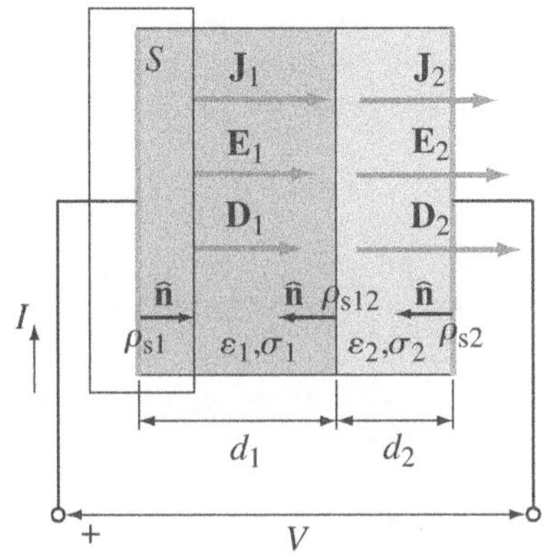

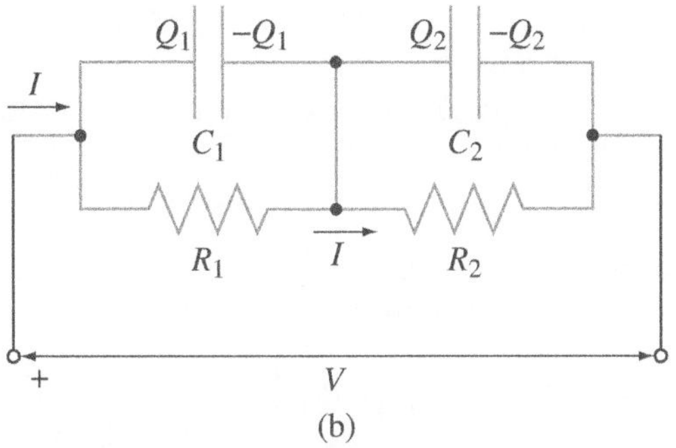

Figura 3.18

Análise de um capacitor com um dielétrico de duas camadas imperfeito: (a) geometria da estrutura com vetores **J**, **E** e **D** em camadas individuais e (b) circuito equivalente do sistema.

As densidades de fluxo elétrico nas camadas são:[12]

$$D_1 = \varepsilon_1 E_1 = \frac{\varepsilon_1 GV}{\sigma_1 S} \quad \text{e} \quad D_2 = \varepsilon_2 E_2 = \frac{\varepsilon_2 GV}{\sigma_2 S}. \tag{3.135}$$

A Equação (3.62) diz-nos que, sendo as camadas dielétricas homogêneas, não há carga de volume nelas. Usando a Equação (3.63), a carga superficial sobre a superfície de contorno entre as camadas equivale a

$$\rho_{s12} = D_2 - D_1 = \left(\frac{\varepsilon_2}{\sigma_2} - \frac{\varepsilon_1}{\sigma_1}\right) J = \frac{(\varepsilon_2\sigma_1 - \varepsilon_1\sigma_2)V}{\sigma_1 d_2 + \sigma_2 d_1}, \tag{3.136}$$

assim tomamos $J_n = -J$ na Equação (3.63), porque o vetor unitário $\hat{\mathbf{n}}$ na condição de contorno correspondente é direcionado do meio 2 ao meio 1. Note que se $\varepsilon_1/\sigma_1 = \varepsilon_2/\sigma_2$, $\rho_{s12} = 0$. Com base na Equação (2.58), as densidades superficiais de carga sobre as placas são

$$\rho_{s1} = D_1 = \frac{\varepsilon_1\sigma_2 V}{\sigma_1 d_2 + \sigma_2 d_1} \quad \text{e}$$

$$\rho_{s2} = -D_2 = -\frac{\varepsilon_2\sigma_1 V}{\sigma_1 d_2 + \sigma_2 d_1}. \tag{3.137}$$

O sistema na Figura 3.18(a) pode ser explicado e analisado também invocando o ponto de vista da teoria e conceitos de circuito. A interface entre as camadas de dielétrico é equipotencial, e portanto, pode, ser metalizada. Obtemos, assim, dois capacitores não ideais em série, cada um deles representado por uma conexão paralela de um capacitor ideal e um resistor ideal, como mostra o circuito equivalente da Figura 3.18(b). As características dos elementos no circuito são:

$$C_1 = \frac{\varepsilon_1 S}{d_1}, \quad C_2 = \frac{\varepsilon_2 S}{d_2},$$

$$R_1 = \frac{d_1}{\sigma_1 S}, \quad R_2 = \frac{d_2}{\sigma_2 S}, \tag{3.138}$$

onde as resistências R_1 e R_2 podem ser obtidas a partir das capacitâncias correspondentes, C_1 e C_2 [ver também a equação (2.157)], usando a relação na Equação (3.102), ou a partir da Equação (3.85).

Usando a expressão para a resistência equivalente total de uma conexão em série de resistores, Equação (3.86), a condutância do sistema é

$$G = \frac{1}{R_1 + R_2} = \frac{\sigma_1\sigma_2 S}{\sigma_2 d_1 + \sigma_1 d_2}. \tag{3.139}$$

As cargas dos capacitores na Figura 3.18(b) são calculadas como

$$Q_1 = C_1 V_1 = C_1 R_1 I = C_1 R_1 GV = \frac{\varepsilon_1}{\sigma_1} GV, \tag{3.140}$$

$$Q_2 = C_2 V_2 = C_2 R_2 I = C_2 R_2 GV = \frac{\varepsilon_2}{\sigma_2} GV, \tag{3.141}$$

com V_1 e V_2 representando as tensões através das camadas individuais do dielétrico.[13] Por fim, as densidades superficiais de carga na Figura 3.18(a) são dadas pelas expressões

$$\rho_{s1} = \frac{Q_1}{S}, \quad \rho_{s12} = \frac{Q_2 - Q_1}{S}, \quad \text{e} \quad \rho_{s2} = \frac{-Q_2}{S}, \tag{3.142}$$

que dão os mesmos resultados nas equações (3.136) e (3.137).

12 Veja que $D_1 \neq D_2$, ao contrário da Equação (2.147) para o mesmo capacitor com duas camadas dielétricas perfeitas, mostrado na Figura 2.25(a). O capacitor com um dielétrico perfeito representa um sistema eletrostático (sem corrente), e a análise começa com a lei de Gauss generalizada. O capacitor com um dielétrico imperfeito representa um sistema com corrente constante, e a análise começa com a equação de continuidade.

13 Note que as tensões dos elementos na Figura 3.18(b) são determinadas pelas resistências: $V_1 = VR_1/(R_1 + R_2)$ e $V_2 = VR_2/(R_1 + R_2)$ — divisor de tensão resistivo. No caso do mesmo sistema com camadas dielétricas perfeitas [figuras 2.25(a) e 2.26(a)], que é um sistema eletrostático, as tensões são determinadas pelos capacitores: $V_1 = VC_2/(C_1 + C_2)$ e $V_2 = VC_1/(C_1 + C_2)$ — divisor de tensão capacitivo.

Exemplo 3.10

Capacitor esférico com um dielétrico continuamente não homogêneo imperfeito

Um capacitor esférico é preenchido com um dielétrico não homogêneo continuamente imperfeito. A permissividade e a condutividade do dielétrico dependem da distância r do centro do capacitor e são dadas pelas expressões $\varepsilon(r) = 3\varepsilon_0 b/r$ e $\sigma(r) = \sigma_0 b^2/r^2$ $(a < r < b)$, onde a e b são os raios dos eletrodos internos e externos do capacitor, e σ_0 é uma constante (positiva). O capacitor é conectado a uma tensão invariante no tempo V. Determine: (a) a condutância do capacitor, (b) a distribuição de carga livre do capacitor, (c) a distribuição de carga ligada do dielétrico e (d) a carga total livre no capacitor.

Solução

(a) Por causa da simetria esférica, o vetor densidade de corrente no dielétrico é da forma dada pela Equação (3.46). A partir da equação da continuidade, $J(r)$ é o mesmo que na Equação (3.48), de modo que o vetor intensidade de campo elétrico no dielétrico é (Figura 3.19)

$$\mathbf{E} = \frac{\mathbf{J}}{\sigma(r)} = \frac{I}{4\pi\sigma(r)r^2}\,\hat{\mathbf{r}} = \frac{I}{4\pi\sigma_0 b^2}\,\hat{\mathbf{r}} = E\,\hat{\mathbf{r}}, \quad (3.143)$$

em que I é a intensidade de corrente do capacitor. Notamos que a intensidade do campo elétrico torna-se a mesma em todo o dielétrico ($E = \text{const}$). A tensão entre os eletrodos e a condutância do capacitor chega a[14]

$$V = \int_a^b E\,\mathrm{d}r = E(b-a) \;\rightarrow\; G = \frac{I}{V} = \frac{4\pi\sigma_0 b^2}{b-a}. \quad (3.144)$$

(b) O vetor de densidade de fluxo elétrico no dielétrico é dado por

$$\mathbf{D} = \varepsilon(r)E\,\hat{\mathbf{r}}, \quad (3.145)$$

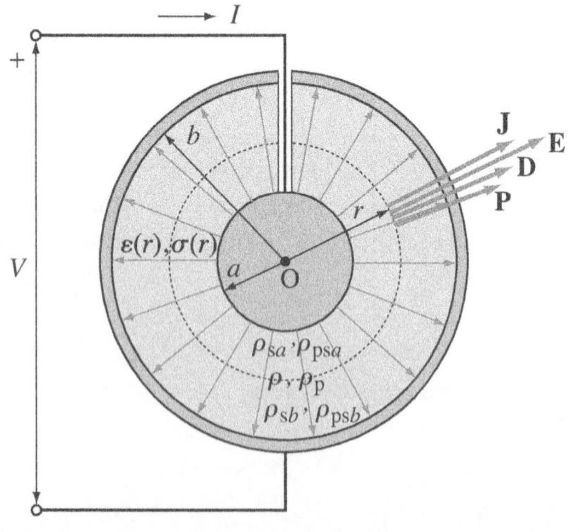

Figura 3.19

Capacitor esférico com um dielétrico não homogêneo contínuo com perdas, para o Exemplo 3.10.

onde $E = V/(b-a)$. Por meio das equações (3.62) e (1.171), a densidade de carga de volume livre no interior do dielétrico é

$$\rho = \nabla\cdot\mathbf{D} = \frac{1}{r^2}\frac{\mathrm{d}}{\mathrm{d}r}\left[r^2 D(r)\right]$$
$$= \frac{E}{r^2}\frac{\mathrm{d}}{\mathrm{d}r}\left(r^2\varepsilon\right) = \frac{3\varepsilon_0 bV}{(b-a)r^2}. \quad (3.146)$$

A densidade de carga livre de superfície sobre a superfície interna e externa dos eletrodos do capacitor é

$$\rho_{sa} = D(a^+) = \varepsilon(a^+)E = \frac{3\varepsilon_0 bV}{a(b-a)} \quad \text{e}$$

$$\rho_{sb} = -D(b^-) = -\varepsilon(b^-)E = -\frac{3\varepsilon_0 V}{b-a}, \quad (3.147)$$

respectivamente.

(c) A partir da Equação (2.59), o vetor polarização no dielétrico é dado por

$$\mathbf{P} = [\varepsilon(r) - \varepsilon_0]E\,\hat{\mathbf{r}}. \quad (3.148)$$

Usando a Equação (2.19), a densidade de carga ligadavolumétrica sobre o volume do dielétrico é

$$\rho_p = -\nabla\cdot\mathbf{P} = -\frac{1}{r^2}\frac{\mathrm{d}}{\mathrm{d}r}\left[r^2P(r)\right] = -\frac{\varepsilon_0 V(3b-2r)}{r^2(b-a)}, \quad (3.149)$$

enquanto a Equação (2.23) nos dá a densidade de carga ligada superficial sobre a superfície do dielétrico:

$$\rho_{psa} = -P(a^+) = -\frac{\varepsilon_0(3b-a)V}{a(b-a)} \quad \text{e}$$

$$\rho_{psb} = P(b^-) = \frac{2\varepsilon_0 V}{b-a}. \quad (3.150)$$

(d) A carga total Q livre no capacitor é zero. Para provar isso, escrevemos

$$Q = \int_a^b \rho(r)\underbrace{4\pi r^2\,\mathrm{d}r}_{\mathrm{d}v} + \rho_{sa}S_a + \rho_{sb}S_b =$$
$$= 12\pi\varepsilon_0 bV + \frac{12\pi\varepsilon_0 abV}{b-a} - \frac{12\pi\varepsilon_0 b^2V}{b-a} = 0, \quad (3.151)$$

onde $\mathrm{d}v$ é adotado para ser o volume de uma casca esférica de raio r e espessura $\mathrm{d}r$ [ver Figura 1.9 e Equação (1.33)], $S_a = 4\pi a^2$ (área da superfície do eletrodo interno), e $S_b = 4\pi b^2$ (área da superfície do eletrodo externo).

3.12 ANÁLISE DE LINHAS DE TRANSMISSÃO COM PERDAS COM CORRENTES CONTÍNUAS

Nesta seção, analisamos as linhas de transmissão com perdas em um regime invariante no tempo (cc). Considere, como exemplo, um cabo coaxial com condutores imperfeitos de condutividade (finita) σ_c e um

14 Observe que, uma vez que $\varepsilon(r)/\sigma(r) \neq \text{const}$, G não é proporcional a C, ou seja, a Equação (3.101) não é satisfeita. A capacitância C é encontrada no Exemplo 2.19.

dielétrico imperfeito de condutividade (não zero) σ_d. O raio do condutor interno do cabo é a, os raios interno e externo do condutor externo são b e c ($a < b < c$), e o comprimento do cabo é l. O cabo é alimentado por um gerador de tensão invariante no tempo (cc) de força eletromotriz $\mathcal{E}$ e resistência interna R_g, como mostra a Figura 3.20. A resistência de carga R_L está ligada à outra extremidade do cabo.

A corrente designada por I flui através do condutor interno do cabo. A mesma corrente retorna pelo condutor externo. Como o dielétrico do cabo é imperfeito, há um vazamento (fuga) de corrente através do dielétrico, entre os condutores do cabo. Por causa da simetria cilíndrica da estrutura, essa corrente é radial em relação ao eixo do cabo, e sua densidade, J, depende apenas da distância radial r do eixo. A fuga de corrente, por sua vez, provoca uma diminuição contínua da intensidade da corrente contínua I ao longo do cabo, o que significa que I é uma função da coordenada z ao longo do cabo, $I = I(z)$. Aplicando a equação da continuidade, Equação (3.40), a uma superfície cilíndrica S fechada de raio r e comprimento Δz (Figura 3.20) dá

$$\underbrace{I(z+\Delta z) - I(z)}_{\Delta I} + \underbrace{J 2\pi r}_{I'_d} \Delta z = 0 \tag{3.152}$$

[correntes $I(z + \Delta z)$ e $I'_d\,\Delta z$ deixa S, enquanto $I(z)$ entra nele], onde ΔI é a mudança na corrente I ao longo de uma distância Δz, e I'_d é a dispersão de corrente por unidade de comprimento (p.u.c.), do cabo (em A/m). Por isso,

fuga de corrente em uma linha de transmissão com um dielétrico imperfeito

$$\boxed{\frac{\Delta I}{\Delta z} = -I'_d = -(I_d)_{\text{p.u.c.}},} \tag{3.153}$$

e

$$J = \frac{I'_d}{2\pi r}. \tag{3.154}$$

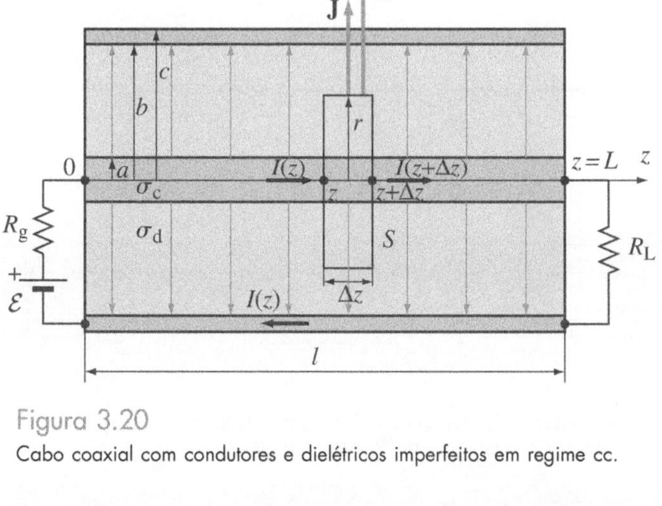

Figura 3.20
Cabo coaxial com condutores e dielétricos imperfeitos em regime cc.

Usando a lei de Ohm na forma pontual, Equação (3.18), o vetor intensidade de campo elétrico no dielétrico é calculado como

$$\mathbf{E} = \frac{\mathbf{J}}{\sigma_d} = \frac{I'_d}{2\pi\sigma_d r}\,\hat{\mathbf{r}}, \tag{3.155}$$

de modo que a tensão entre o condutor interno e externo do cabo corresponde a

$$V = \int_a^b E\,\mathrm{d}r = \frac{I'_d}{2\pi\sigma_d}\ln\frac{b}{a}. \tag{3.156}$$

Por definição, a condutância por unidade de comprimento de uma linha de transmissão, isto é, a de um metro (unidade de comprimento) da linha dividida por 1 m, é

condutância por unidade de comprimento de uma linha de transmissão (unidade: S/m)

$$\boxed{G' = G_{\text{p.u.c.}} = \frac{I'_d}{V}.} \tag{3.157}$$

É também indicado como a condutância de dispersão p.u.c. A unidade é S/m. Para um cabo coaxial, a partir da Equação (3.156),

condutância p.u.c. de um cabo coaxial

$$\boxed{G' = \frac{2\pi\sigma_d}{\ln(b/a)}.} \tag{3.158}$$

A queda da corrente I ao longo de uma distância Δz é igual a $\Delta I = \Delta G V$, onde

$$\Delta G = G'\Delta z \tag{3.159}$$

é a condutância através do dielétrico no comprimento Δz.

Como Δz chega a zero, a expressão no lado esquerdo da Equação (3.153) torna-se a derivada de I em relação a z. Portanto, combinando as equações (3.153) e (3.157), temos

linha de transmissão com perda dielétrica

$$\boxed{\frac{\mathrm{d}I}{\mathrm{d}z} = -G'V.} \tag{3.160}$$

Esta é uma equação diferencial de primeira ordem em z para a corrente e tensão de uma linha de transmissão com perdas dielétricas. Ela nos diz que a razão de variação da corrente ao longo da linha é proporcional ao negativo da tensão de linha, com a condutância por unidade de comprimento da linha conforme a constante de proporcionalidade. No caso de uma linha de transmissão com um dielétrico perfeito (sem perdas no dielétrico), $G' = 0$, portanto $\mathrm{d}I/\mathrm{d}z = 0$, produzindo

linha de transmissão com um dielétrico perfeito

$$\boxed{I = \text{const.}} \tag{3.161}$$

Por causa das perdas nos condutores ($1/\sigma_c \neq 0$), a tensão entre os condutores varia ao longo do cabo, ou seja,

$V = V(z)$. Da Equação (3.85), a resistência total (para correntes variantes no tempo) do cabo acaba por ser

$$R = R_1 + R_2 = \frac{l}{\sigma_c S_1} + \frac{l}{\sigma_c S_2}, \quad (3.162)$$

onde R_1 e R_2 são as resistências dos condutores interno e externo, respectivamente, e S_1 e S_2 são áreas transversais da superfície dos condutores. A resistência por unidade de comprimento da linha é dada por

resistência por unidade de comprimento de uma linha de transmissão (unidade: Ω/m)

$$\boxed{R' = R_{\text{p.u.c.}} = \frac{R}{l}} \quad (3.163)$$

(a unidade é Ω/m), de modo que

resistência cc p.u.c. de um cabo coaxial

$$\boxed{R' = \frac{1}{\pi \sigma_c}\left(\frac{1}{a^2} + \frac{1}{c^2 - b^2}\right).} \quad (3.164)$$

A resistência ao longo do comprimento Δz da linha é

$$\Delta R = R' \Delta z, \quad (3.165)$$

e a queda de tensão através da resistência

$$V(z) - V(z + \Delta z) = \Delta R I. \quad (3.166)$$

Esta equação pode ser reescrita como

$$\underbrace{V(z + \Delta z) - V(z)}_{\Delta V} = -R' \Delta z I, \quad (3.167)$$

que, como Δz se aproxima de zero, torna-se

linha de transmissão com condutores com perdas

$$\boxed{\frac{dV}{dz} = -R' I.} \quad (3.168)$$

Vemos que a taxa de variação da tensão ao longo de uma linha de transmissão com condutores com perdas é proporcional ao negativo da corrente de linha, com a resistência por unidade de comprimento da linha sendo a constante de proporcionalidade. Para uma linha de transmissão com condutores elétricos perfeitos (CEP), $R' = 0$ e $dV/dz = 0$, de modo que

linha de transmissão com condutores perfeitos

$$\boxed{V = \text{const.}} \quad (3.169)$$

As equações (3.167), (3.153) e (3.157) nos dizem que cada seção da linha de transmissão de comprimento Δz pode ser representada por uma célula de circuito composto de um resistor em série de resistência $R' \Delta z$ e um toco (paralelo) resistor de condutância $G' \Delta z$, e toda a linha de transmissão pode ser substituída por muitas pequenas células em cascata iguais, como está indicado na Figura 3.21. Assim, uma linha de transmissão é considerada um circuito com parâmetros distribuídos (parâmetros por unidade de comprimento), e as equações (3.160) e (3.168) estão de fato baseadas nas leis de Kirchhoff e Ohm para as células do circuito.

As equações (3.160) e (3.168) são chamadas de equações de linha de transmissão ou equações de telegrafista para correntes invariantes no tempo e tensões em linhas de transmissão. Para uma linha de transmissão com ambos $R' \neq 0$ e $G' \neq 0$, essas duas equações são equações diferenciais acopladas em duas incógnitas: $I(z)$ e $V(z)$. Tomando a derivada em relação a z de uma equação e substituindo seu lado direito pela expressão correspondente da outra equação, podemos eliminar uma incógnita (corrente ou tensão) e obter as seguintes equações diferenciais de segunda ordem com tensão apenas e somente correntes como incógnitas

$$\frac{d^2V}{dz^2} - R'G'V = 0 \quad \text{e}$$

$$\frac{d^2I}{dz^2} - R'G'I = 0 \quad (R' \neq 0,\ G' \neq 0). \quad (3.170)$$

Suas soluções são funções exponenciais para a tensão e corrente ao longo da linha. Se $R' = 0$ e $G' \neq 0$, $V = \text{const}$ ao longo da linha [Equação (3.169)], e a solução para a Equação (3.160) é uma função linear para a corrente ao longo da linha. Por outro lado, se $G' = 0$ e $R' \neq 0$, $I = \text{const}$ ao longo da linha [Equação (3.161)], e a solução para a Equação (3.168) é uma função linear para a tensão ao longo da linha. Por fim, se ambos $G' = 0$ e $R' = 0$, as correntes e tensões não variam ao longo da linha.

Note que usando da relação dualidade na Equação (3.101), a perda de condutância por unidade de comprimento de uma linha de transmissão com dielétrico imperfeito homogêneo pode ser encontrada a partir da capacitância por unidade de comprimento da linha como

dualidade de G′ e C′

$$\boxed{G' = \frac{\sigma_d}{\varepsilon} C',} \quad (3.171)$$

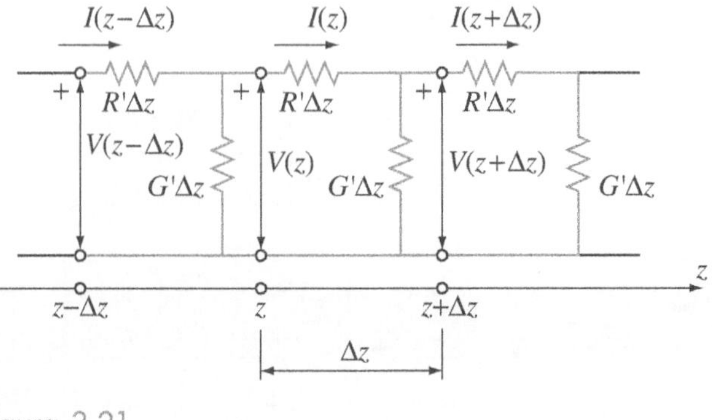

Figura 3.21

Representação da teoria de circuito de uma linha de transmissão com perdas nos condutores e dielétricos em regime cc.

onde ε é a permissividade do dielétrico [para um cabo coaxial, ver equações (3.158) e (2.123)]. Note também que $R' \neq 1/G'$ na equação (3.170).

A potência das perdas Joule por unidade de comprimento de uma linha de transmissão, P'_J, pode ser obtida como a potência das perdas Joule em uma célula na Figura 3.21, dividida por Δz. A unidade é W/m. Especificamente, em condutores da linha (resistor em série na Figura 3.21),

perdas Joule ou ôhmicas p.u.c. em condutores de linha (unidade: W/m)

$$(P'_J)_c = \frac{\Delta R I^2}{\Delta z} = R' I^2. \quad (3.172)$$

No dielétrico (resistor toco na Figura 3.21),

perdas Joule (ôhmica) p.u.c. em dielétrico de linha (unidade: W/m)

$$(P'_J)_d = \frac{\Delta G V^2}{\Delta z} = G' V^2. \quad (3.173)$$

A potência total de perdas Joule por unidade de comprimento da linha é, portanto,

$$P'_J = R' I^2 + G' V^2. \quad (3.174)$$

Exemplo 3.11

Linha de transmissão com condutores perfeitos e dielétrico imperfeito

Uma linha de transmissão de comprimento l e condutância G' por unidade de comprimento é ligada a um gerador de tensão ideal de fem $\mathcal{E}$ invariante no tempo. A outra extremidade termina em uma carga de resistência R_L. As perdas nos condutores podem ser descartadas. Encontre: (a) a distribuição da corrente ao longo dos condutores de linha, (b) a potência total das perdas Joule na linha, e (c) a potência do gerador.

Solução

(a) Com referência à Figura 3.22,[15] como não há perdas nos condutores da linha, $R' = 0$, a tensão ao longo da linha é [Equação (3.169)]

$$V(z) = \mathcal{E} \quad (0 \leq z \leq l). \quad (3.175)$$

A Equação (3.160) torna-se

$$\frac{dI}{dz} = -G'\mathcal{E}, \quad (3.176)$$

e integrando-a, obtemos

$$I(z) = -G'\mathcal{E}z + I_0 \quad (0 \leq z \leq l). \quad (3.177)$$

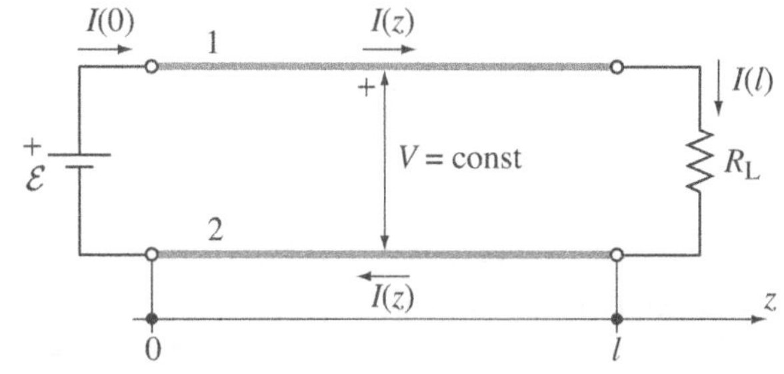

Figura 3.22
Linha de transmissão com condutores sem perdas e dielétricos com perdas em regime cc, para o Exemplo 3.11.

Da condição $I(l) = V/R_L = \mathcal{E}/R_L$ (a corrente de linha em $z = l$ é igual à corrente através da carga), a constante de integração é $I_0 = G'\mathcal{E}l + \mathcal{E}/R_L$ [$I_0 = I(0)$ é a corrente do gerador], de modo que

$$I(z) = G'\mathcal{E}(l - z) + \frac{\mathcal{E}}{R_L} \quad (R' = 0,\ G' \neq 0). \quad (3.178)$$

(b) Com base na Equação (3.173), a potência de perdas Joule por unidade de comprimento da linha é dada por

$$P'_J = (P'_J)_d = G'V^2 = G'\mathcal{E}^2 = \text{const} \quad (0 \leq z \leq l). \quad (3.179)$$

Como P'_J não varia ao longo da linha, a potência total das perdas Joule na linha, incluindo as perdas de carga, vem a ser

$$P_J = \underbrace{P'_J l}_{\text{linha}} + \underbrace{\frac{\mathcal{E}^2}{R_L}}_{\text{carga}} = \left(G'l + \frac{1}{R_L}\right)\mathcal{E}^2. \quad (3.180)$$

(c) A Equação (3.121) nos diz que a potência do gerador é

$$P_i = \mathcal{E}I(0) = \mathcal{E}\left(G'\mathcal{E}l + \frac{\mathcal{E}}{R_L}\right). \quad (3.181)$$

Observe que

$$P_i = P_J, \quad (3.182)$$

e, naturalmente, está de acordo com o princípio da conservação da energia e potência, ou seja, a potência gerada pelo gerador é entregue ao resto do circuito e dissipada ao calor no dielétrico com perdas da linha de transmissão e na carga resistiva.

Exemplo 3.12

Linha dois fios finos com perdas

Determine a resistência e a condutância por unidade de comprimento de uma fina linha de dois fios condutores simétricos com perdas e um dielétrico com perdas. As condutividades de ambos os condutores e do dielétrico são σ_c e σ_d. Os raios do condutor são a e a distância entre seus eixos é d ($d \gg a$).

15 Embora se assemelhe a uma linha de dois fios, um par de linhas horizontais paralelas na Figura 3.22 é uma representação simbólica de uma linha de transmissão de dois condutores arbitrária, com condutores de corte transversal completamente arbitrário e dielétrico em geral não homogêneo.

Solução A resistência por unidade de comprimento da linha é o dobro de um único fio:

resistência cc p.u.c. de uma linha de dois fios finos

$$R' = 2\frac{1}{\sigma_c \pi a^2} \quad (3.183)$$

[ver também Equação (3.164)].

A partir das equações (3.171) e (2.141), a condutância por unidade de comprimento da linha é

condutância p.u.c. de uma linha de dois fios finos

$$G' = \frac{\sigma_d}{\varepsilon}C' = \frac{\pi\sigma_d}{\ln(d/a)}. \quad (3.184)$$

Exemplo 3.13

Dois fios de linha com revestimentos imperfeitos em um líquido condutor

Condutores de uma linha de dois fios finos são revestidos com finas camadas coaxiais de dielétrico imperfeito de condutividade σ_1. O raio de cada fio é a, a espessura de revestimentos também é a, e a distância entre eixos do fio é d ($d \gg a$). A linha está imersa em um líquido de condutividade σ_2. Qual é a condutância por unidade de comprimento dessa linha?

Solução A avaliação da condutância (dispersão) por unidade de comprimento da linha, cujo corte transversal é mostrado na Figura 3.23, pode ser realizada totalmente em paralelo com a avaliação da capacitância por unidade de comprimento da linha na Figura 2.31. Aqui, em vez de Q', temos I'_d — a corrente de fuga do condutor 1 da linha através do revestimento e o líquido para o condutor 2 da linha, por unidade de seu comprimento. As densidades de corrente de fuga devido a condutores individuais, isto é, a densidade de corrente devido à fuga do condutor 1 e, devido à fuga no condutor 2, avaliada no ponto M na Figura 3.23, são

$$J_1 = \frac{I'_d}{2\pi x} \quad \text{e} \quad J_2 = \frac{I'_d}{2\pi(d-x)}, \quad (3.185)$$

A densidade de corrente total ao longo do eixo x entre os condutores é $J = J_1 + J_2$. A intensidade do campo elétrico é $E = J/\sigma_1$ nos revestimentos e $E = J/\sigma_2$ no líquido. A tensão entre os condutores, V, é calculada como na Equação (2.182), e da condutância por unidade de comprimento da linha vem a ser

$$G' = \frac{I'_d}{V} = \pi\left(\frac{1}{\sigma_1}\ln 2 + \frac{1}{\sigma_2}\ln\frac{d}{2a}\right)^{-1}. \quad (3.186)$$

Note que esta expressão para G' pode ser obtida também pela substituição das permissividades na expressão para C' na Equação (2.183) pelas condutividades correspondentes. Ou seja, a falta de homogeneidade em termos de σ no sistema na Figura 3.23 tem a mesma forma da não homogeneidade em termos de ε no sistema na Figura 2.31, e uma espécie de dualidade entre a condutância e a capacitância dos dois sistemas pode ser explorada.

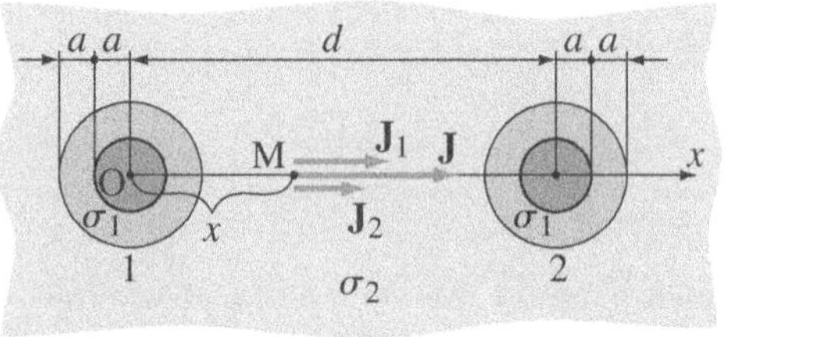

Figura 3.23

Corte transversal de uma fina linha de dois fios simétrica com revestimento dielétrico imperfeito imerso em um líquido condutor; para o Exemplo 3.13.

Exemplo 3.14

Linha planar com duas camadas dielétricas imperfeitas

A Figura 3.24 mostra uma linha de transmissão planar que consiste em duas tiras metálicas paralelas de largura w e um dielétrico de duas camadas entre as tiras. As tiras são perfeitamente condutoras, enquanto as duas camadas dielétricas são imperfeitas, com condutividades σ_1 e σ_2. As espessuras das camadas são d_1 e d_2, e o comprimento da linha é l. A linha está conectada em uma extremidade a um gerador de tensão

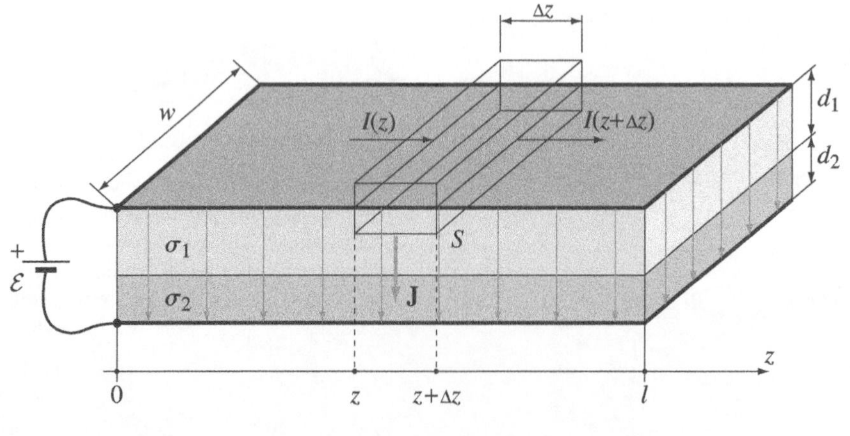

Figura 3.24

Linha de transmissão planar com um dielétrico de duas camadas imperfeito, para o Exemplo 3.14.

ideal de fem $\mathcal{E}$ invariante no tempo. O outro lado da linha está aberto. Calcule (a) a condutância por unidade de comprimento da linha e (b) a corrente ao longo das faixas.

Solução

(a) Uma aplicação da equação da continuidade a uma superfície retangular fechada S retratada na Figura 3.24, bem como a na Equação (3.152), produz

$$Jw\Delta z = I(z) - I(z + \Delta z) = I'_d \Delta z \qquad (3.187)$$

(I'_d é a dispersão de corrente por unidade de comprimento da linha) a partir do qual a densidade de corrente em ambas as camadas dielétricas é

$$J = \frac{I'_d}{w}. \qquad (3.188)$$

Tendo em mente as equações (3.133) e (3.157), a tensão entre as tiras e a condutância por unidade de comprimento da linha são obtidas como

$$V = \frac{J}{\sigma_1} d_1 + \frac{J}{\sigma_2} d_2 = \frac{I'_d}{w}\left(\frac{d_1}{\sigma_1} + \frac{d_2}{\sigma_2}\right) \quad \rightarrow$$

$$\rightarrow \quad G' = \frac{I'_d}{V} = w\left(\frac{d_1}{\sigma_1} + \frac{d_2}{\sigma_2}\right)^{-1}. \qquad (3.189)$$

(b) A corrente ao longo da linha é dada pela Equação (3.178), com $R_L \rightarrow \infty$ (a linha está aberta):

$$I(z) = G'\mathcal{E}(l - z) = \frac{w\mathcal{E}(l - z)}{d_1/\sigma_1 + d_2/\sigma_2}. \qquad (3.190)$$

3.13 ELETRODOS ATERRADOS

Considere um corpo metálico (eletrodo) de forma arbitrária, enterrado sob a superfície plana da terra. Esse corpo pode representar um eletrodo aterrado para algum dispositivo elétrico ou eletrônico (que estejam na superfície da terra).[16] Suponha que a condutividade da terra seja a mesma, σ, em toda a metade inferior do espaço. Seja uma corrente contínua de intensidade I, que flui do eletrodo para a terra (a corrente é fornecida ao eletrodo através de um fio fino isolado), como mostra a Figura 3.25(a). Como a condutividade do eletrodo é muito maior do que σ, a Equação (3.57) nos diz que as correntes de linhas que saem do eletrodo são perpendiculares à sua superfície. Com base na Equação (3.58), do outro lado, as linhas de corrente na terra próximas a seu contorno com ar são tangenciais (paralelas) à superfície de contorno.

Considere agora o sistema mostrado na Figura 3.25(b), obtido tomando-se uma imagem da parte inferior da metade do espaço da Figura 3.25(a) no plano limite terra-ar. Ou seja, o eletrodo aterrado na parte inferior do semiespaço é o mesmo que no sistema original, e um eletrodo simétrico (eletrodo de imagem) com relação ao plano limite é introduzido na parte superior do semiespaço, enquanto todo o espaço ao redor do eletrodo é preenchido com o meio de condutividade σ. A corrente do eletrodo de imagem é a mesma do original (I), e também flui para fora do eletrodo (imagem positiva). Por simetria, o vetor densidade de corrente total (devido a dois eletrodos) em um ponto arbitrário do plano de simetria no sistema na Figura 3.25(b) tem uma componente horizontal. Isto significa que as linhas de corrente resultantes são tangenciais ao plano de simetria, e esse plano corresponde à interface solo-ar no sistema na Figura 3.25(a). Concluímos que

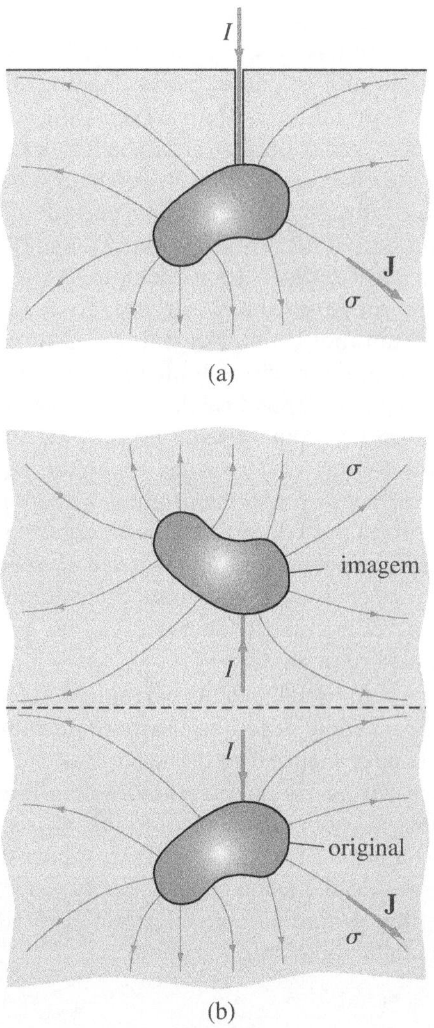

Figura 3.25
Eletrodos aterrados com uma corrente contínua (a) e o sistema equivalente com a fronteira terra-ar removida (b) – teoria da imagem para correntes contínuas.

16 Eletrodos aterrados, em geral, são usados para escoar a eletricidade estática induzida em partes de um dispositivo, igualar o potencial elétrico de um dispositivo com os objetos vizinhos condutores, reduzir a chamada interferência de condução (correntes indesejadas induzidas em um dispositivo, interferindo em correntes "regulares" no dispositivo e com vizinhos), rotear (junto com para-raios) o fluxo de carga de um raio ao chão etc.

as distribuições de corrente na parte inferior do semiespaço nos sistemas nas Figuras 3.25(a) e (b) são as mesmas. Essa é a chamada teoria da imagem (ou teorema) para correntes contínuas, a qual afirma que uma fonte de corrente contínua arbitrária (por exemplo, um eletrodo aterrado com uma corrente contínua que flui para o solo), situada em um semiespaço de um condutor próximo de uma superfície plana de contorno com um meio não condutor (por exemplo, interface terra-ar), pode ser substituída por um novo sistema de fontes em um meio condutor infinito. O novo sistema consiste na configuração de fonte original e sua imagem positiva no plano limite. O eletrodo de imagem (a carga em sua superfície) na verdade representa um equivalente para a carga de superfície no contorno entre os dois semiespaços no sistema original. Não há nenhuma maneira direta para determinar essa carga e considerar sua contribuição para o campo elétrico total no sistema original; é por isso que o sistema equivalente (homogeneizado), com o limite removido, é em geral muito mais simples para análise.

Após o vetor densidade de corrente, **J**, na terra para uma dada corrente I de um eletrodo aterrado ser determinado pela análise do sistema equivalente da Figura 3.25 (b), todas as outras quantidades de interesse para uma aplicação podem ser encontradas no sistema original na Figura 3.25(a). O vetor intensidade de campo elétrico no solo e em sua superfície é $\mathbf{E} = \mathbf{J}/\sigma$. Um parâmetro importante de um eletrodo aterrado é sua resistência aterrada, definida como

resistência aterrada

$$R_{at} = \frac{V_{at}}{I}, \quad (3.191)$$

onde V_{at} é o potencial do eletrodo em relação ao ponto de referência no infinito. De acordo com a Equação (1.74), esse potencial é dado por

potencial de um eletrodo aterrado (ponto de referência no infinito)

$$V_{at} = \int_{\text{eletrodo}}^{\text{infinito}} \mathbf{E} \cdot d\mathbf{l}. \quad (3.192)$$

Com a integração de **E** ao longo das linhas de campo sobre a superfície da terra entre dois pontos que estão a uma distância igual ao passo médio de uma pessoa, temos a chamada tensão de um degrau, V_{degrau}, em torno do eletrodo aterrado. Essa tensão corresponde à diferença de potencial entre os pés de uma pessoa andando na direção ao longo das linhas de campo sobre a superfície da terra. A tensão máxima de um degrau na região acima de um eletrodo aterrado é um parâmetro importante para aplicações onde uma grande intensidade de corrente do eletrodo pode gerar valores extremamente grandes de V_{degrau}, até mesmo com consequências fatais.

Exemplo 3.15

Eletrodo aterrado hemisférico

Um eletrodo aterrado hemisférico de raio $a = 1$ m é enterrado no solo de condutividade $\sigma = 10^{-3}$ S/m, com a sua base para cima, como mostra a Figura 3.26(a). A corrente do eletrodo é $I = 1.000$ A. Encontre (a) a resistência do aterramento do eletrodo e (b) a tensão de um degrau entre os pontos na superfície da terra que estão $r_1 = 2$ m e $r_2 = r_1 + b$ longe do centro do eletrodo, onde $b = 0{,}75$ m (passo médio de uma pessoa).

Solução

(a) Usando a teoria da imagem para correntes contínuas, Figura 3.25, obtemos o sistema equivalente mostrado na Figura 3.26(b), que consiste de dois eletrodos hemisféricos pressionados um contra o outro, formando assim um eletrodo esférico com corrente $2I$ que flui em um meio homogêneo de condutividade σ. Por causa da simetria esférica, o vetor densidade de corrente, **J**, no meio é radial. Em consequência, no sistema original **J** também é radial e da forma dada pela Equação (3.46). Aplicando a equação da continuidade a uma superfície esférica S de raio r posicionados em torno do eletrodo dá

$$J(r) = \frac{2I}{4\pi r^2} = \frac{I}{2\pi r^2} \quad (a < r < \infty). \quad (3.193)$$

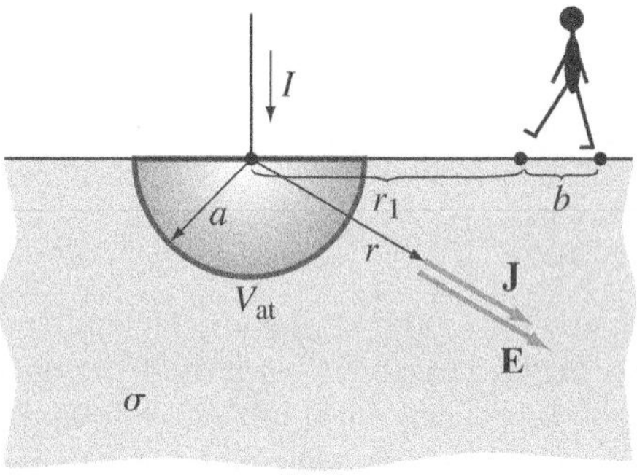

(a)

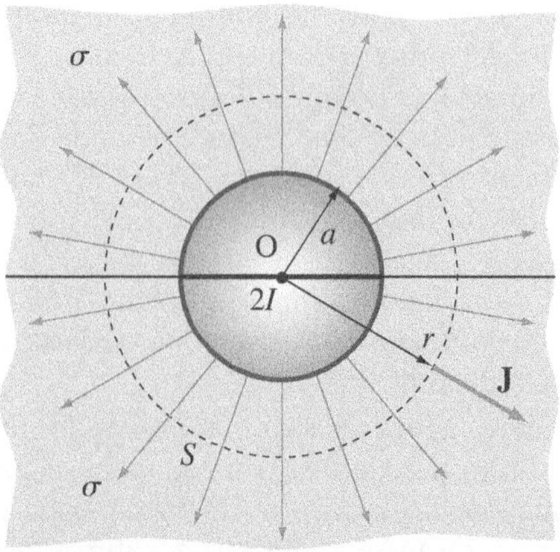

(b)

Figura 3.26
(a) eletrodo aterrado hemisférico e (b) eletrodo equivalente esférico em um meio homogêneo, para o Exemplo 3.15.

Observe que o mesmo resultado é obtido pela aplicação da equação da continuidade a uma superfície hemisférica de raio r no sistema original – na Figura 3.26(a).

Combinando as equações (3.18) e (3.193), a intensidade do campo elétrico na terra é

$$E(r) = \frac{J(r)}{\sigma} = \frac{I}{2\pi\sigma r^2}. \quad (3.194)$$

Com o uso das equações (3.192) e (3.191), o potencial do eletrodo em relação ao ponto de referência no infinito e sua resistência aterrada vem a ser

resistência aterrada de um eletrodo hemisférico

$$V_{\rm at} = \int_{r=a}^{\infty} E\,{\rm d}r = \frac{I}{2\pi\sigma a} \quad \to$$

$$R_{\rm at} = \frac{V_{\rm at}}{I} = \frac{1}{2\pi\sigma a} = 159\ \Omega. \quad (3.195)$$

(b) A tensão de um degrau é tão grande quanto

tensão de um degrau; b é um passo médio de uma pessoa

$$V_{\rm degrau} = \int_{r_1}^{r_2} E\,{\rm d}r = \frac{I}{2\pi\sigma}\left(\frac{1}{r_1} - \frac{1}{r_2}\right) =$$

$$= \frac{Ib}{2\pi\sigma r_1 r_2} = 21{,}7\ \text{kV} \quad (b = r_2 - r_1). \quad (3.196)$$

Exemplo 3.16

Dois eletrodos aterrados hemisféricos

O circuito elétrico mostrado na Figura 3.27 consiste em um gerador de tensão ideal de fem $\varepsilon = 100$ V, um fio de resistência desprezível, e dois eletrodos aterrados hemisféricos. O raio de cada eletrodo é $a = 2$ m, a condutividade da terra é $\sigma = 10$ mS/m, e a distância entre os centros de eletrodo é $d = 100$ m. Calcular a corrente no circuito.

Solução Como $d \gg a$, o potencial infinito com relação ao ponto de referência dos eletrodos individuais pode ser avaliado de forma independente, isto é, assim como um eletrodo aterrado único e isolado. A resistência equivalente vista pelo gerador é igual, portanto, a $2R_{\rm at}$, onde a expressão para $R_{\rm at}$ é dada na Equação (3.195). Como a resistência do fio é desprezível, a corrente no circuito é

$$I = \frac{\mathcal{E}}{2R_{\rm at}} = \pi\sigma a\mathcal{E} = 6{,}28\ \text{A}. \quad (3.197)$$

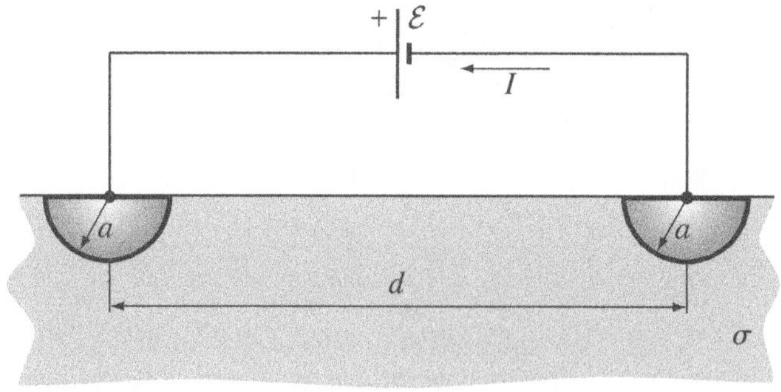

Figura 3.27
Dois eletrodos aterrados hemisféricos em um circuito cc, para o Exemplo 3.16.

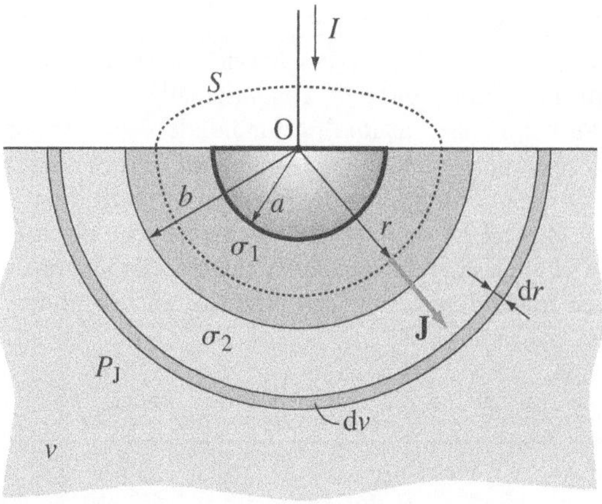

Figura 3.28
Eletrodo aterrado hemisférico em um solo composto de duas camadas concêntricas, para o Exemplo 3.17.

Exemplo 3.17

Eletrodo aterrado hemisférico em um solo de duas camadas

A condutividade de uma camada de terra em torno de um eletrodo aterrado hemisférico mostrado na Figura 3.28 é $\sigma_1 = 5 \times 10^{-3}$ S/m, e o do resto da terra $\sigma_2 = 10^{-3}$ S/m. Os raios do eletrodo e a superfície de contorno entre as camadas de terra são $a = 1$ m e $b = 2$ m. A intensidade de corrente do eletrodo é $I = 100$ A. Determine (a) a resistência do eletrodo e (b) a potência de perdas Joule na terra.

Solução

(a) Por causa da simetria, o fluxo de corrente em ambas as camadas de terra é radial. Aplicando a equação da continuidade para a superfície fechada S mostrada na Figura 3.28, obtemos a mesma expressão para a densidade de corrente J na terra como na Equação (3.193). O vetor intensidade de campo elétrico na terra é $\mathbf{E}_1 = \mathbf{J}/\sigma_1$ para $a < r < b$ e $\mathbf{E}_2 = \mathbf{J}/\sigma_2$ para $b < r < \infty$. Por meio da Equação (3.192), o potencial do eletrodo em relação ao ponto de referência no infinito é dado por

$$V_{\rm at} = \int_a^{\infty} E\,{\rm d}r = \int_a^b E_1\,{\rm d}r + \int_b^{\infty} E_2\,{\rm d}r =$$

$$= \frac{I}{2\pi}\left[\frac{1}{\sigma_1}\left(\frac{1}{a} - \frac{1}{b}\right) + \frac{1}{\sigma_2 b}\right], \quad (3.198)$$

a partir do qual a resistência aterrada, Equação (3.191), é

$$R_{\rm at} = \frac{V_{\rm at}}{I} = \frac{1}{2\pi b}\left(\frac{b-a}{\sigma_1 a} + \frac{1}{\sigma_2}\right) = 95{,}5\ \Omega. \quad (3.199)$$

(b) Usando a Equação (3.32) e combinando-a com a Equação (3.193), a potência de perdas Joule na terra acaba por ser

$$P_{\rm J} = \int_v JE\,{\rm d}v = \int_a^{\infty} \frac{I}{2\pi r^2} E \underbrace{2\pi r^2\,{\rm d}r}_{{\rm d}v} = I\int_a^{\infty} E\,{\rm d}r, \quad (3.200)$$

onde dv é o volume de uma casca hemisférica de raio r e espessura dr (retratada na Figura 3.28). Observando que a última integral nessa equação é igual a V_{at} [Equação (3.198)], temos

potência de perdas Joule na terra em torno de um eletrodo aterrado

$$P_J = V_{at} I = R_{at} I^2, \tag{3.201}$$

e $P_J = 955$ kW para determinados dados numéricos.[17]

Exemplo 3.18

Eletrodo aterrado esférico no fundo da terra

Um eletrodo aterrado esférico de raio $a = 30$ cm é enterrado em um meio homogêneo de condutividade $\sigma = 10^{-2}$ S/m tal que seu centro está a uma profundidade $d = 6$ m em relação à superfície do solo, mostrado na Figura 3.29(a). Há uma corrente contínua que flui através do eletrodo, e seu potencial em relação ao ponto de referência no infinito é $V_{at} = 15$ kV. Calcule a componente tangencial máxima do vetor de intensidade do campo elétrico na superfície da terra.

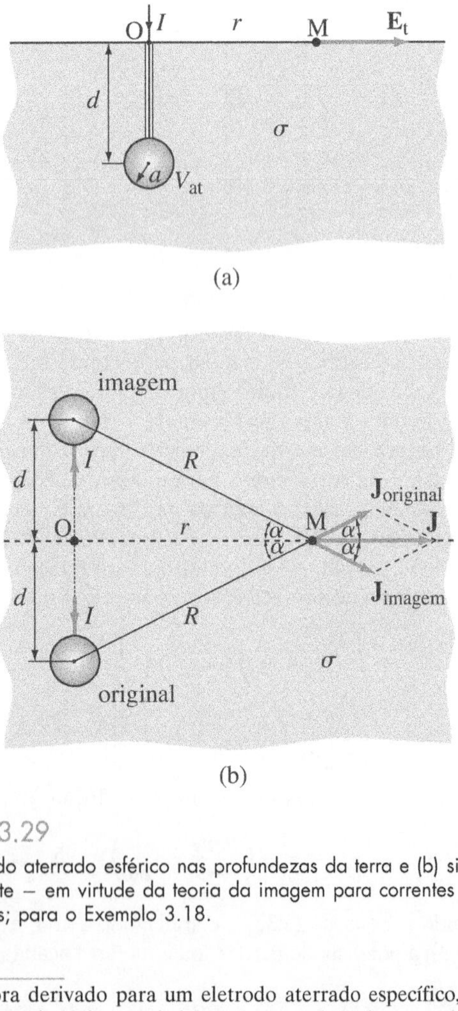

Figura 3.29
(a) eletrodo aterrado esférico nas profundezas da terra e (b) sistema equivalente – em virtude da teoria da imagem para correntes constantes; para o Exemplo 3.18.

Solução Uma vez que $d \gg a$, a influência do contorno com o ar sobre a resistência aterrada do eletrodo pode ser desprezada, o que significa que R_{at} pode ser avaliada como a de um eletrodo no meio infinito homogêneo de condutividade σ. Usando a relação de dualidade na Equação (3.102), podemos ainda relacionar R_{at} à capacitância (C) da mesma esfera metálica situada em um meio dielétrico infinito de permissividade ε. A Equação (2.121) dá essa capacitância para $\varepsilon = \varepsilon_0$, de modo que

resistência aterrada de um eletrodo esférico enterrado nas profundezas da terra

$$R_{at} = \frac{\varepsilon_0}{\sigma C} = \frac{1}{4\pi\sigma a} = 26{,}5\ \Omega. \tag{3.202}$$

Assim, a corrente do eletrodo é $I = V_{at}/R_{at} = 565{,}5$ A.

Aplicando a teoria da imagem para correntes contínuas (Figura 3.25) e o princípio da superposição, o vetor densidade de corrente resultante num ponto M na Figura 3.29(b), cuja posição é determinada por uma distância r radial a partir da projeção dos centros de eletrodo no plano de simetria (ponto O), pode ser obtido como

$$\mathbf{J} = \mathbf{J}_{original} + \mathbf{J}_{imagem}, \tag{3.203}$$

onde $\mathbf{J}_{original}$ e $\mathbf{J}_{imagem}$ são os vetores densidade de corrente, devido ao fluxo de corrente a partir de eletrodos individuais. Fazendo uso do fato de que $d \gg a$, essas densidades de corrente podem ser avaliadas de forma independente uma da outra, o que resulta em

$$J_{original} = J_{imagem} = \frac{I}{4\pi R^2} \quad \rightarrow$$

$$J = 2J_{original}\cos\alpha = \frac{Ir}{2\pi R^3} \tag{3.204}$$

($\cos\alpha = r/R$ e $R = \sqrt{r^2 + d^2}$).

O componente tangencial do vetor intensidade de campo elétrico na superfície da terra no sistema original, Figura 3.19(a), é

$$E_t(r) = \frac{J}{\sigma} = \frac{I\,r}{2\pi\sigma(r^2 + d^2)^{3/2}}. \tag{3.205}$$

Da condição

$$\frac{\mathrm{d}E_t(r)}{\mathrm{d}r} = 0, \tag{3.206}$$

vemos que a intensidade de campo E_t é máxima no círculo de raio $r_{máx} = d/\sqrt{2} = 4{,}24$ m, no centro de um ponto O. Esse campo máximo é

$$(E_t)_{máx} = E_t(r_{máx}) = \frac{I\sqrt{3}}{9\pi\sigma d^2} = 96\ \text{V/m}. \tag{3.207}$$

Note que a tensão máxima de um degrau, tendo $b = 0{,}75$ m como passo médio de uma pessoa, é de mais ou menos

$$\left(V_{degrau}\right)_{máx} \approx (E_t)_{máx}\, b = 72\ \text{V}, \tag{3.208}$$

que é muito menor do que a tensão encontrada na Equação (3.196), por exemplo. Isto é esperado, porque o eletrodo na Figura 3.29(a) está enterrado no fundo da terra.

17 Embora derivado para um eletrodo aterrado específico, aquele na Figura 3.28, a expressão para a potência de perdas Joule na terra na Equação (3.201) é verdadeira para um eletrodo aterrado arbitrário, com resistência aterrada R_{at} e corrente I. Note que esta é realmente uma expressão da lei de Joule, Equação (3.77).

Problemas

3.1. Densidade de carga em termos do gradiente de condutividade. Em uma região com correntes contínuas, a condutividade do material varia de acordo com coordenadas espaciais, $\sigma \neq$ const, enquanto a permissividade não, $\varepsilon =$ const. Se o potencial elétrico na região é V, mostre que a densidade volumétrica de carga é dada por $\rho = (\varepsilon/\sigma)\, \nabla\sigma \cdot \nabla V$.

3.2. Vários cálculos para um fio de cobre com corrente constante. Para um fio de cobre com uma corrente contínua descrita no Exemplo 3.1, calcule: (a) o número de elétrons que passam através de um corte transversal do fio durante uma hora, (b) a intensidade do campo elétrico no fio, (c) a tensão entre as extremidades dos fios, (d) a densidade volumétrica da potência de perdas Joule no material do fio, (e) a potência total de perdas ôhmicas no fio, (f) a resistência do fio em temperatura ambiente, e (g) a resistência do fio na temperatura de 100°C ($\alpha_{Cu} = 0{,}0039\ K^{-1}$).

3.3. Capacitor de placas paralelas com um dielétrico imperfeito. Um capacitor de placas paralelas tem um dielétrico homogêneo imperfeito de permissividade ε e condutividade σ. A separação entre as placas é d e a área da placa é S. Se a tensão entre as placas é V (invariante no tempo), encontre (a) a distribuição da corrente no dielétrico, (b) a corrente através dos terminais de capacitor, (c) a condutância do capacitor, (d) a potência de perdas Joule no capacitor, (e) a distribuição de carga livre no capacitor, e (f) a distribuição de carga ligada no capacitor.

3.4. Capacitor esférico meio cheio com um líquido condutor. Um capacitor esférico tem um dielétrico líquido condutor fraco ocupando metade do espaço entre os eletrodos. Os raios dos eletrodos são a e b ($a < b$), e a condutividade do dielétrico é σ. Determinar a condutância do capacitor.

3.5. Fio de alumínio condutor feito em aço e oco. Considere um condutor de aço reforçado com fio de alumínio oco de comprimento $l = 100$ m. O raio do tubo cilíndrico na parte central do condutor é $a = 5$ mm, a espessura do reforço em aço inoxidável ($\sigma_{aço} = 1{,}1$ MS/m) é $b - a = 5$ mm, e o resto do condutor, cujo raio geral é $c = 2$ cm, é de alumínio ($\sigma_{Al} = 35$ MS/m). Qual é a resistência desse fio, e qual é a razão de intensidades de corrente $I_{Al}/I_{aço}$ nos dois materiais para uma dada queda de tensão cc entre as duas extremidades do fio?

3.6. Resistor com duas partes cuboidais. Um resistor é formado por dois cuboides retangulares do mesmo tamanho, com lados $a = 8$ mm, $b = 2$ mm e $c = 4$ mm. Os cuboides são feitos de diferentes materiais resistentes, com condutividades $\sigma_1 = 10^5$ S/m e $\sigma_2 = 4 \times 10^5$ S/m. A tensão entre os terminais do resistor é $V = 50$ V. Encontre intensidade do campo elétrico, densidade de corrente, intensidade da corrente e potência de perdas Joule em cada um dos cuboides se estiverem conectados como na (a) Figura 3.30(a) e na (b) Figura 3.30(b).

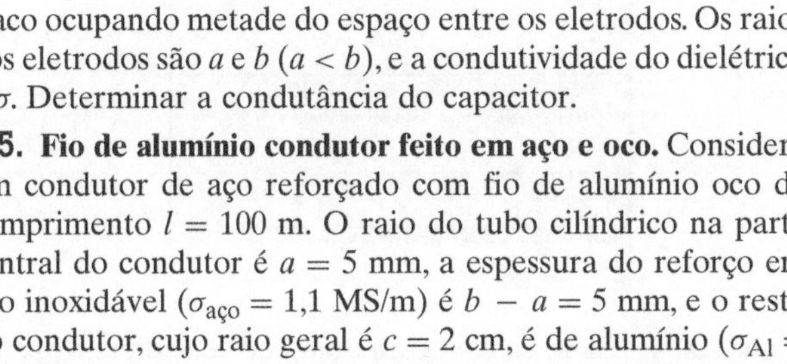

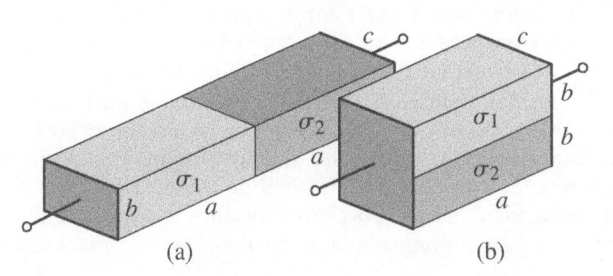

Figura 3.30 Dois cuboides retangulares feitos de diferentes materiais resistivos ligados em (a) série e (b) em paralelo, para o Problema 3.6.

3.7. Gradiente de condutividade ao longo da corrente do resistor. A Figura 3.31 mostra um resistor em ângulo reto cuboidal de dimensões a, b e c, feito de um material não homogêneo continuamente resistivo. A condutividade do material é dada pela seguinte função da coordenada x: $\sigma(x) = \sigma_0 / (1 + 9x/a)$ $(0 \leq x \leq a)$, onde σ_0 é uma constante. Calcular a resistência desse resistor.

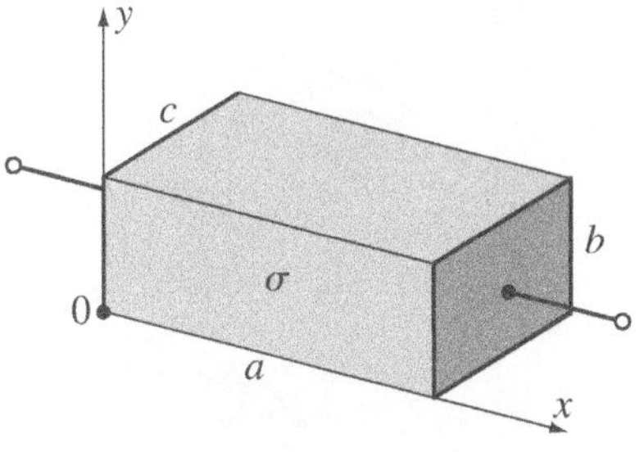

Figura 3.31 Resistor cuboidal em ângulo reto feito de um material não homogêneo continuamente resistivo; para os Problemas 3.7-3.9.

3.8. Gradiente de condutividade normal para a corrente do resistor. Suponha que a condutividade do material na Figura 3.31 é uma função da coordenada y, $\sigma(y) = \sigma_0\,[1 + 9\,\text{sen}\,(\pi y/b)]$ $(0 \leq y \leq b,\ \sigma_0 = \text{const})$, e encontre a resistência do resistor.

3.9. Resistor de circuitos integrados com perfil exponencial de condutividade. Um resistor de circuito integrado (CI) é construído por uma camada de difusão de impureza tipo p em um material de fundo tipo n. Como consequência do processo de difusão, a concentração de impureza não é uniforme em toda a região tratada, de modo que o resistor CI obtido pode ser representado pela estrutura na Figura 3.31 com a condutividade variando como $\sigma = \sigma(y)$. Em específico, $\sigma(y)$ diminui de modo exponencial a partir de $\sigma_1 = 100$ S/m na superfície ar-resistor de $\sigma_2 = 0{,}1$ S/m na interface com o fundo tipo n, que é considerado não condutor, e o comprimento, espessura e largura da região do tipo p são $a = 4\ \mu$m, $b = 1\ \mu$m e $c = 2\ \mu$m. Determinar a resistência do resistor CI.

3.10. Capacitor esférico com duas camadas dielétricas com perdas. O dielétrico de um capacitor esférico com raios eletrodo $a = 5$ cm e $c = 15$ cm é composto de duas camadas concêntricas dielétricas imperfeitas, onde o raio da superfície limite entre as camadas é $b = 10$ cm. A permissividade relativa e a condutividade da camada próxima ao eletrodo interno são $\varepsilon_{r1} = 12$ e $\sigma_1 = 4 \times 10^{-4}$ S/m, e as da outra camada $\varepsilon_{r2} = 7$ e $\sigma_2 = 5 \times 10^{-6}$ S/m. O capacitor está conectado a uma tensão contínua $V = 100$ V. (a) Encontre a distribuição de corrente no dielétrico. Usando o resultado e a integração (abordagem da teoria de campo), calcule (b) a condutância do capacitor, (c) a potência de perdas Joule, em cada camada, e (d) a carga livre em cada um dos contornos de raios a, b e c.

3.11. Solução usando circuito equivalente com os elementos ideais. Repita as partes (b)–(d) do problema anterior, mas use o circuito equivalente com dois capacitores ideais e dois resistores ideais na Figura 3.18(b) (abordagem da teoria de circuito).

3.12. Dielétrico imperfeito continuamente heterogêneo. A Figura 3.32 mostra um capacitor de placas paralelas com placas circulares de raio a e um dielétrico não homogêneo continuamente imperfeito. A permissividade e condutividade do dielétrico são as seguintes funções da coordenada

z: $\varepsilon(z) = 2\,(1 + 3z/d)\,\varepsilon_0$ e $\sigma(z) = \sigma_0\,/\,(1 + 3z/d)$, $0 \leq z \leq d$, onde σ_0 é uma constante e d é a separação entre as placas. O capacitor está conectado a uma tensão constante de tempo de V. Encontre (a) a distribuição de corrente no dielétrico, (b) a condutância do capacitor, (c) a potência de perdas Joule no capacitor, (d) a distribuição de carga livre no capacitor e (e) a distribuição de carga ligada no capacitor.

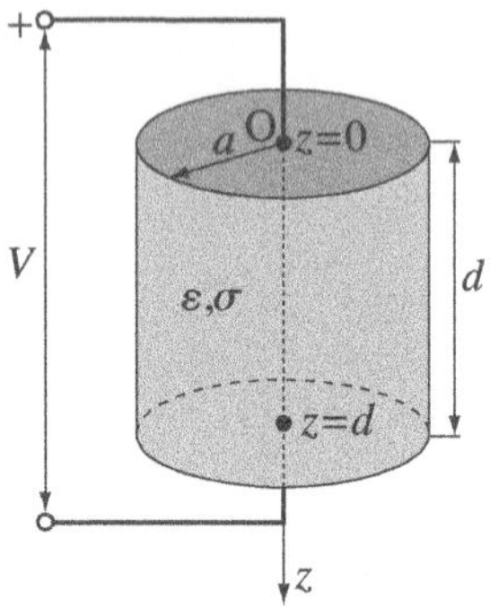

Figura 3.32 Capacitor de placas paralelas com um dielétrico não homogêneo contínuo com perdas; para o Problema 3.12.

3.13. Capacitor de placas paralelas com dois dielétricos com perdas. Considere um capacitor de placas paralelas com um dielétrico com função definida em trecho homogêneo mostrado na Figura 3.33. A permissividade das partes do dielétrico são ε_1 e ε_2. Ambas as partes estão com perdas, com condutividades σ_1 e σ_2. A separação entre as placas é d e as áreas de corte transversais das partes do dielétrico são S_1 e S_2. A tensão entre os eletrodos é V. Ao empregar uma abordagem da teoria de campo (com base na determinação da distribuição de corrente e campo no dielétrico), calcule (a) a corrente através dos terminais de capacitor, (b) a condutância do capacitor, (c) a potência das perdas Joule em cada uma das partes do dielétrico, e (d) a distribuição de carga livre no capacitor.

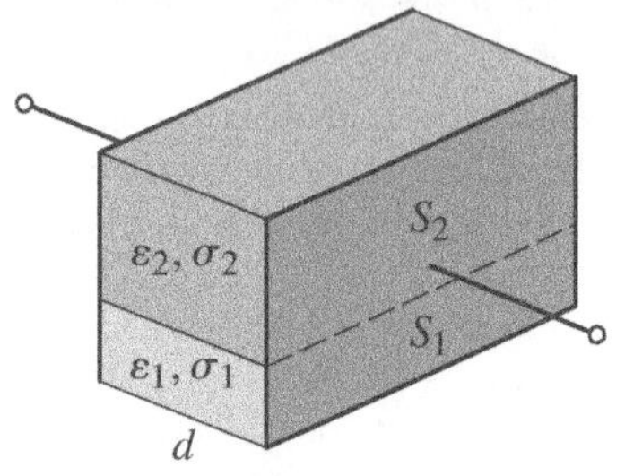

Figura 3.33 Capacitor de placas paralelas com duas partes de dielétrico imperfeito; para o Problema 3.13.

3.14. Circuito equivalente com capacitores e resistores ideais. Repita o problema anterior, mas empregando uma abordagem da teoria de circuito, ou seja, gerar e resolver um circuito equivalente com capacitores e resistores ideais.

3.15. Distribuição de corrente através de placas circulares. Encontrar a distribuição de corrente através da placa superior e inferior do capacitor paralelo com dielétrico imperfeito do Problema 3.12. Suponha que as placas são finas o suficiente para que a corrente que passa por elas possa ser descrita utilizando a superfície do vetor densidade de corrente.

3.16. Distribuição de corrente através de um eletrodo fino esférico. Considere o capacitor esférico com dielétrico imperfeito do Exemplo 3.3, e suponha que o eletrodo interno é oco, com uma parede muito fina. Com essa hipótese, determine a distribuição de corrente através do eletrodo interno. Represente esta corrente utilizando a superfície do vetor densidade de corrente.

3.17. Cabo coaxial com duas camadas de dielétrico com perdas. A Figura 3.34 mostra um corte transversal longitudinal de um cabo coaxial com duas camadas coaxiais do dielétrico imperfeito. Os condutores são perfeitos, e seus raios são $a = 3$ mm, $c = 10$ mm e $d = 12$ mm. O raio da superfície limite entre as camadas de dielétrico é $b = 7$ mm e o comprimento do cabo é $l = 100$ m. As permissividades em relação às camadas são $\varepsilon_{r1} = 4$ e $\varepsilon_{r2} = 8$, e as condutividades são $\sigma_1 = 10^{-12}$ S/m e $\sigma_2 = 5 \times 10^{-12}$ S/m. O cabo está conectado em uma extremidade a um gerador de tensão ideal de fem invariante no tempo $\mathcal{E} = 30$ V, e a outra extremidade do cabo termina em uma carga de resistência $R_L = 1$ kΩ. Calcule (a) a densidade da corrente no dielétrico, (b) a condutância por unidade de comprimento do cabo, (c) a intensidade da corrente ao longo dos condutores, (d) a densidade da corrente em cada um dos condutores, (e) a potência de perdas Joule no cabo e na carga, (f) a potência do gerador, e (g) a densidade de carga livre da superfície no contorno entre as camadas dielétricas.

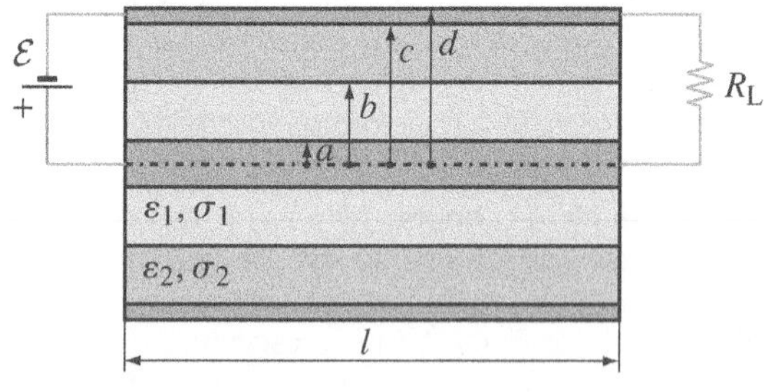

Figura 3.34 Cabo coaxial com duas camadas dielétricas imperfeitas coaxiais em regime cc; para o Problema 3.17.

3.18. Cabo coaxial com um dielétrico não homogêneo imperfeito. Um cabo coaxial com condutores perfeitos é preenchido com um dielétrico não homogêneo imperfeito de parâmetros $\varepsilon = \varepsilon_0\,(1 + r^2/a^2)$ e $\sigma_d = \sigma_0\,/(1 + r^2/a^2)$ $(a < r < b)$, onde a e b são o raio do condutor de cabo interno e o raio interno do condutor externo, e σ_0 é uma constante. A tensão entre os condutores do cabo é V (cc). Calcule (a) a condutância por unidade de comprimento do cabo e (b) a densidade volumétrica de cargas livre no dielétrico.

3.19. Cabo coaxial parcialmente preenchido com um dielétrico com perdas. Um cabo coaxial com condutores perfeitos é parcialmente preenchido com um dielétrico imperfeito de condutividade σ, como mostra a Figura 3.35. Os raios do condutor são a e b, o comprimento do cabo é l, e o comprimento da parte cheia de ar do cabo é c. O cabo é alimentado por um gerador ideal de tensão cc de fem $\mathcal{E}$, e a outra extremidade do cabo está aberta. Encontre a expressão para a intensidade de corrente através dos condutores de cabos.

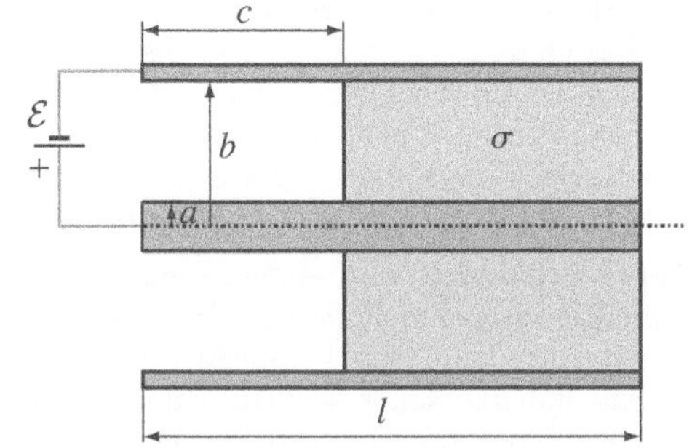

Figura 3.35 Cabo coaxial parcialmente preenchido com um dielétrico condutor em regime cc; para o Problema 3.19.

3.20. Cabo coaxial com um espaçador mau condutor. A Figura 3.36 ilustra um corte transversal de um cabo coaxial cheio de ar com um espaçador entre os condutores. O espaçador é feito de um dielétrico imperfeito de condutividade σ e seu corte transversal é definido por um ângulo α. Os raios condutores são a e b. Qual é a condutância por unidade de comprimento desse cabo?

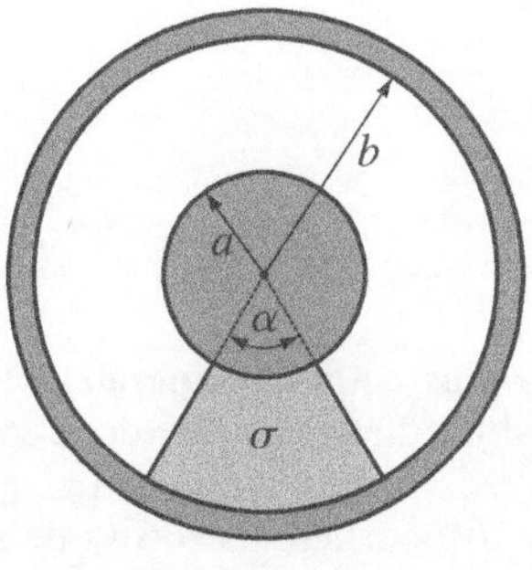

Figura 3.36 Corte transversal de um cabo coaxial com um espaçador mau condutor entre condutores; para o Problema 3.20.

3.21. Linha planar com condutores imperfeitos. Se as tiras da linha de transmissão planar na Figura 3.24 não são perfeitamente condutoras, mas têm uma condutividade finita σ_c, encontre a resistência cc por unidade de comprimento da linha. Suponha que a espessura de cada uma das tiras seja t.

3.22. Linha planar com um dielétrico não homogêneo com perdas. Considere uma linha de transmissão planar (duas bandas) mostrada na Figura 3.37. As tiras são perfeitamente condutoras, muito finas, têm largura w, comprimento l, e d de distância uma da outra. O dielétrico entre as tiras é imperfeito e continuamente heterogêneo, com parâmetros $\varepsilon(x) = (4 + 3x/d)\varepsilon_0$ e $\sigma(x) = \sigma_0/(1 + 9x/d)$, $0 \leq x \leq d$, onde σ_0 é uma constante. A linha está conectada a um gerador ideal de tensão cc de fem $\mathcal{E}$, e tem circuito aberto na outra extremidade. Calcule as distribuições (a) da corrente volumétrica no dielétrico, (b) da corrente superficial sobre as tiras, e (c) a carga volumétrica livre no dielétrico.

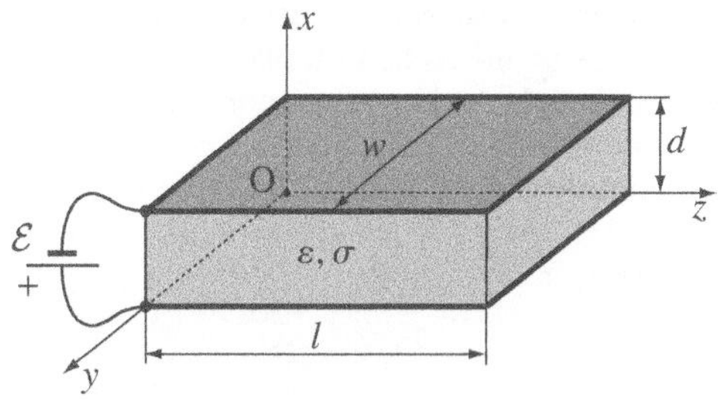

Figura 3.37 Linha planar com um dielétrico não homogêneo continuamente imperfeito em regime cc; para o Problema 3.22.

3.23. Eletrodo aterrado em uma terra não homogênea. A condutividade da terra em torno de um eletrodo aterrado hemisférico mostrado na Figura 3.38 pode ser descrita como a seguinte função de coordenadas esféricas r: $\sigma(r) = \sigma_0 \sqrt{a/r}$ $(a < r < \infty)$, onde a é o raio do eletrodo e σ_0 é uma constante. A intensidade de corrente do eletrodo é I. Encontre (a) a resistência do aterramento do eletrodo, (b) a potência total de perdas Joule na terra, e (c) a potência de perdas Joule em uma camada com espessura a em torno do eletrodo $(a < r < 2a)$.

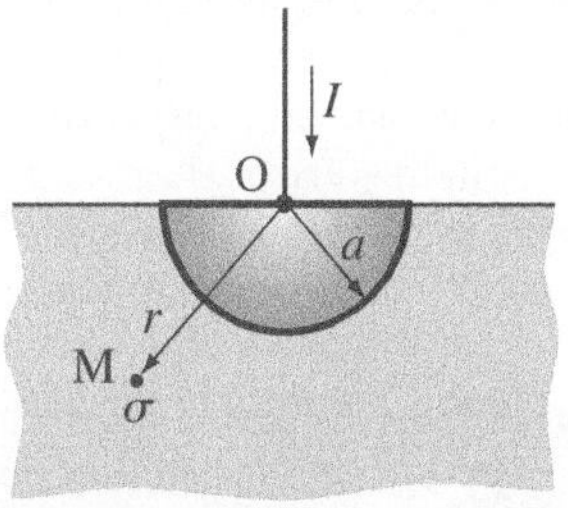

Figura 3.38 Eletrodo aterrado hemisférico em terra continuamente não homogênea; para o Problema 3.23.

3.24. Eletrodo aterrado em uma terra de dois setores. A terra em torno de um eletrodo aterrado hemisférico de raio $a = 1$ m pode ser representada como dois setores com condutividades $\sigma_1 = 2 \times 10^{-3}$ S/m e $\sigma_2 = 8 \times 10^{-3}$ S/m, conforme mostra a Figura 3.39. A intensidade de corrente do eletrodo equivale a $I = 50$ A. Calcule (a) a resistência do aterramento do eletrodo e (b) a potência de perdas Joule em cada um dos dois setores da terra.

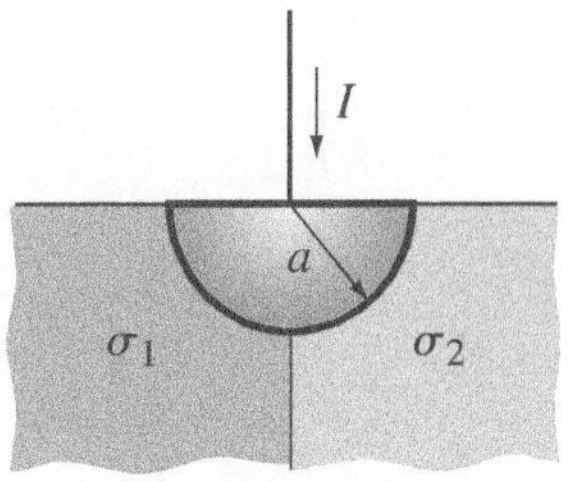

Figura 3.39 Eletrodo aterrado hemisférico em uma terra de dois setores; para o Problema 3.24.

3.25. Dois eletrodos aterrados em curto-circuito. Dois eletrodos aterrados idênticos hemisféricos de raios a são galvanicamente conectados um ao outro por um fio de resistência desprezível, conforme está mostrado na Figura 3.40. A condutividade da terra é σ e a distância entre os centros de eletrodo é d ($d \gg a$). Determine a resistência de aterramento de tal sistema de eletrodos.

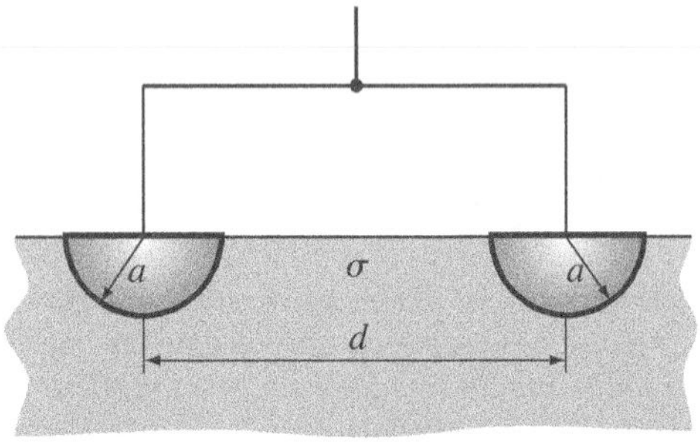

Figura 3.40 Dois eletrodos aterrados hemisféricos em curto-circuito; para o Problema 3.25.

3.26. Dois eletrodos aterrados em uma terra em camadas. O circuito elétrico mostrado na Figura 3.41 é composto de um gerador de corrente ideal de intensidade de corrente $I = 100$ A, um fio de resistência desprezível e dois eletrodos aterrados idênticos hemisféricos de raio $a = 2$ m. A condutividade da terra perto dos eletrodos, dentro do raio $b = 4$ m, é $\sigma_1 = 10^{-2}$ S/m. A condutividade em outros lugares é $\sigma_2 = 10^{-3}$ S/m. A distância entre os centros dos eletrodos é $d = 80$ m. Qual é a tensão entre eles?

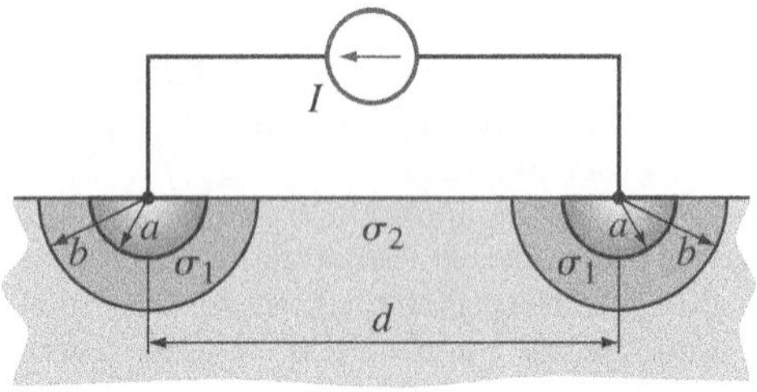

Figura 3.41 Dois eletrodos aterrados hemisféricos em uma terra em camadas; para o Problema 3.26.

3.27. Dois eletrodos profundamente aterrados esféricos. Considere dois eletrodos aterrados esféricos metálicos idênticos de raios a em um meio homogêneo de condutividade σ. Tanto a distância entre os centros da esfera quanto sua profundidade em relação ao solo de superfície são igual a d, onde $d \gg a$. Qual é a resistência entre os dois eletrodos?

3.28. Eletrodo cilíndrico aterrado no fundo da terra. Um eletrodo cilíndrico aterrado de raio $a = 20$ cm e comprimento $l = 5$ m é enterrado em um meio homogêneo de condutividade $\sigma = 10^{-2}$ S/m, tal que seu eixo está a uma profundidade $d = 4$ m abaixo da superfície do solo, como está representado na Figura 3.42. Se uma corrente contínua de intensidade $I = 200$ A flui através do eletrodo, encontre a tensão máxima de um passo na superfície da terra. Adote $b = 0{,}75$ m como passo médio de uma pessoa. Descarte efeitos finais devido ao tamanho finito do cilindro.

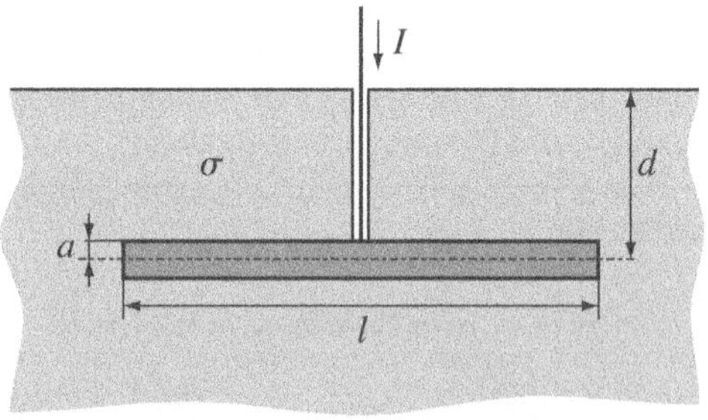

Figura 3.42 Eletrodo cilíndrico aterrado enterrado na terra; para o Problema 3.28.

3.29. Dois eletrodos cilíndricos paralelos profundos. Dois eletrodos aterrados cilíndricos idênticos como o da Figura 3.42 são colocados paralelos entre si (na mesma profundidade em relação à superfície da terra), de modo que a distância entre seus eixos é $D = 6$ m. Se eles estão ligados entre si em um circuito com um gerador de corrente ideal, como na Figura 3.41 (com $I = 200$ A), calcule (para os dados numéricos fornecidos no problema anterior) a tensão entre os eletrodos.

Campo magnetostático no espaço livre

CAPÍTULO 4

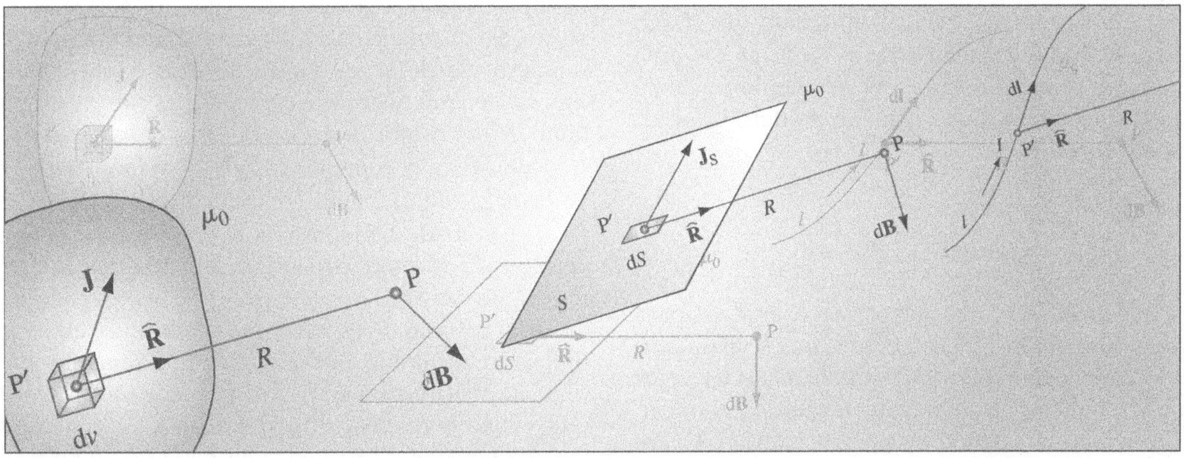

Introdução

Em nossos estudos sobre as correntes elétricas contínuas do capítulo anterior, apresentamos e discutimos leis físicas e técnicas matemáticas para determinar a distribuição de correntes de acordo com a geometria, propriedades do material e excitação de várias estruturas. Apresentaremos agora uma série de novos fenômenos associados com as correntes elétricas, que são, essencialmente, a consequência de um novo fato experimental simples: condutores com correntes exercem forças uns sobre os outros. Essas forças são chamadas forças magnéticas, e o campo gerado pela corrente em um condutor no qual o outro condutor se situa, e que causa a força, é chamado campo magnético. Qualquer movimento de cargas elétricas, e qualquer corrente elétrica, gera um campo magnético. O campo magnético causado por correntes elétricas contínuas é chamado campo magnético contínuo (estático) ou campo magnetostático. A teoria do campo magnetostático, a magnetostática, restrita a um vácuo e meios não magnéticos, é o assunto deste capítulo. Os materiais magnéticos serão discutidos no capítulo seguinte.

A partir da lei experimental da força magnética entre duas cargas pontuais que se movem no espaço livre (no vácuo ou ar) — lei de Couloumb para o campo magnético —, derivaremos a lei de Biot-Savart, que, por sua vez, servirá como ponto de partida para a derivação da lei de Ampère. Ambas as leis representam um modo de avaliar o campo magnético causado por determinadas distribuições de corrente elétrica contínua, e nós as aplicaremos a várias configurações importantes na teoria e na prática sem considerar materiais magnéticos. A forma diferencial da lei de Ampère apresentará um novo operador diferencial: a rotacional. Obteremos a lei da conservação do fluxo magnético (lei de Gauss para o campo magnético) e completaremos todo o conjunto de equações de Maxwell para o campo magnetostático em meios não magnéticos. O potencial vetor magnético será apresentado como um equivalente do potencial escalar elétrico e o dipolo magnético, da mesma forma, do dipolo elétrico. Serão também apresentados exemplos envolvendo avaliação de torques e forças magnéticas.

4.1 FORÇA MAGNÉTICA E VETOR DENSIDADE DO FLUXO ELÉTRICO

O campo magnético é um estado físico existente no espaço em volta de cargas elétricas que se movem e, dessa forma, correntes elétricas em condutores. Sua propriedade fundamental é que há uma força agindo em qualquer força elétrica localizada no espaço, dado que a carga esteja em movimento. Oersted, em 1820, foi o primeiro a descobrir que fios carregando correntes elétricas produzem campos magnéticos. Para descrever esse campo quantitativamente, apresentamos uma grandeza vetorial chamada vetor densidade do fluxo magnético, **B**. Ele é definido através da força em uma pequena carga pontual de prova Q_p movendo-se a uma velocidade **v** no campo, que é igual ao produto vetorial[1] dos vetores $Q_p\mathbf{v}$ e **B**,

definição de **B** (unidade: *T*)

$$\mathbf{F}_m = Q_p\mathbf{v} \times \mathbf{B} \quad (Q_p \to 0). \tag{4.1}$$

Essa força é chamada força magnética. A unidade para **B** é o tesla (abreviado T). Percebemos que o vetor densidade do fluxo magnético, também chamado de vetor de indução magnética, é definido de maneira correspondente ao vetor intensidade do campo elétrico, **E**, em eletrostática [Equação (1.23)].

A base para determinar o vetor densidade do fluxo magnético, devido a correntes contínuas, é uma lei experimental que descreve a força magnética entre duas cargas pontuais que se movem em um vácuo. Essa lei representa o equivalente da lei de Coulomb da eletrostática, Equação (1.1), e é fundamental para toda a teoria magnetostática. Em relação à Figura 4.1, a mesma estabelece que a força magnética em uma carga pontual Q_2 que se move a uma velocidade $\mathbf{v}_2$ no campo magnético, causado por uma carga pontual Q_1 se movendo a uma velocidade $\mathbf{v}_1$ no vácuo (ou ar), é dada por

força magnética

$$\mathbf{F}_{m12} = \frac{\mu_0}{4\pi}\frac{Q_2\mathbf{v}_2 \times \left(Q_1\mathbf{v}_1 \times \hat{\mathbf{R}}_{12}\right)}{R^2}, \tag{4.2}$$

onde a notação de vetores é a mesma da lei de Coulomb na Figura 1.1, e μ_0 é a permeabilidade do vácuo (espaço livre),

permeabilidade de um vácuo

$$\mu_0 = 4\pi \times 10^{-7}\ \text{H/m} \tag{4.3}$$

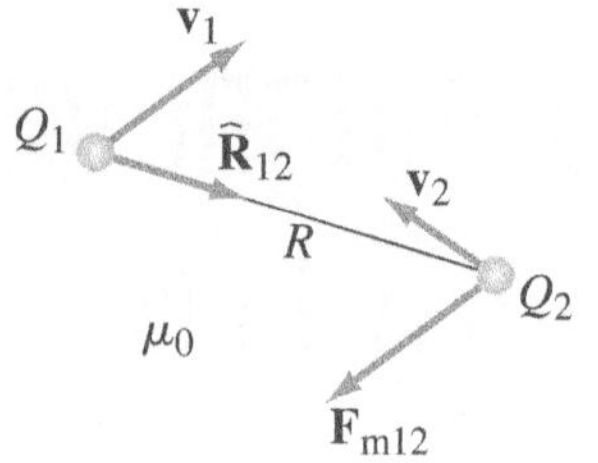

Figura 4.1

Força magnética entre duas cargas pontuais que se movem em um vácuo, dada pela Equação (4.2).

(H é henry, a unidade de indutância, que será estudada em um capítulo posterior). A Equação (4.2), como dissemos, é o resultado de experimentos, mas também pode ser derivada da lei de Coulomb com o uso da teoria especial da relatividade. Perceba que por vezes pode também ser chamada de lei da força de Ampère.

Apesar do formato parecido, a lei de força magnética da Equação (4.2) é mais complicada matematicamente do que a lei de Coulomb, pois implica dois produtos vetoriais. Precisamos primeiramente determinar o vetor resultante do produto vetorial $Q_1\mathbf{v}_1 \times \hat{\mathbf{R}}_{12}$, e depois o produto vetorial de $Q_2\mathbf{v}_2$ e aquele vetor [e, é claro, multiplicar o resultado por $\mu_0/(4\pi R^2)$]. Apliquemos essa regra à situação vista na Figura 4.2, onde os vetores $Q_1\mathbf{v}_1$ e $Q_2\mathbf{v}_2$ são paralelos entre si e normais à linha que os une. Vemos que a força entre as cargas é de atração se os vetores estiverem na mesma direção [Figura 4.2(a)], e repulsiva se estiverem em direções opostas [Figura 4.2(b)]. Isso difere formalmente da lei de Coulomb, onde forças similares se repelem e opostas se atraem.

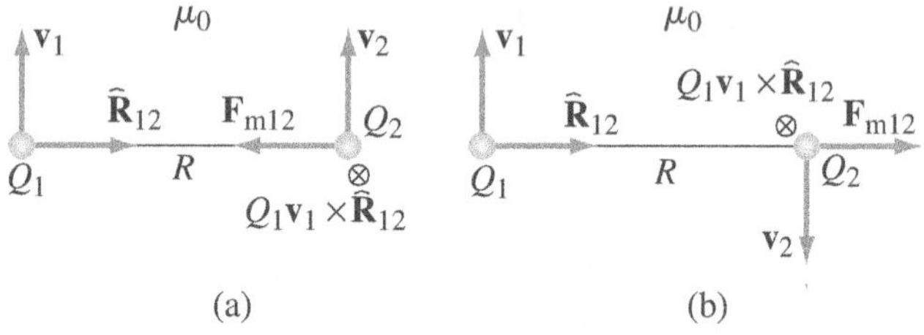

Figura 4.2

Duas cargas movendo-se paralelamente entre si na mesma direção (a) e em direções opostas (b) em um vácuo.

Combinando as equações (4.1) e (4.2), e assumindo que a segunda carga na Figura 4.1 é uma carga de prova, ($Q_2 = Q_p$), podemos identificar a expressão para o vetor densidade do fluxo magnético de uma carga pontual Q movendo-se a uma velocidade **v**:

B causado por uma carga pontual em movimento no espaço livre

$$\mathbf{B} = \frac{\mu_0}{4\pi}\frac{Q\mathbf{v} \times \hat{\mathbf{R}}}{R^2}, \tag{4.4}$$

1 O produto vetorial (também chamado de produto vetor) de vetores **a** e **b**, **a** × **b**, é um vetor cuja magnitude é dada por $|\mathbf{a} \times \mathbf{b}| = |\mathbf{a}||\mathbf{b}|$ sen α, onde α é o ângulo entre os dois vetores no produto. Ele é perpendicular ao plano definido pelos vetores **a** e **b**, e sua direção (orientação) é determinada pela regra da mão direita quando o primeiro vetor (**a**) é rotacionado pelo caminho mais curto em direção ao segundo vetor, (**b**). Nessa regra, a direção da rotação é definida pelos dedos da mão direita quando o polegar aponta para a direção do produto vetorial.

APARTE HISTÓRICO

Hans Christian Oersted (1777-1851), físico dinamarquês, foi professor de física e química na Universidade de Copenhague. Durante uma demonstração em sala de aula, ele descobriu, ao que parece por engano, que uma corrente elétrica fluindo através de um fio produz campo magnético ao redor do mesmo. Enquanto preparava uma palestra sobre eletricidade e magnetismo em abril de 1820, na qual pretendia demonstrar os efeitos aquecedores da corrente elétrica em um fio conectado a terminais de uma fonte de tensão (bateria), Oersted percebeu que o ponteiro de uma bússola próxima ao fio saía da posição do norte toda vez que a bateria era usada. Acreditava-se naquela época que eletricidade e magnetismo não tinham nenhuma relação, por isso ele ficou muito surpreso e empolgado com o que presenciou e seguiu experimentando durante a palestra, o que por fim o levou à conclusão de que uma corrente elétrica cria um campo magnético — e nascia o eletromagnetismo. Ele descobriu também que, além de um ponteiro magnético ser afastado por uma corrente elétrica, também um fio contendo corrente é afastado (pela força magnética) em um campo magnético, estabelecendo, assim, o fundamento para a criação do motor elétrico. Sua descoberta, dos efeitos magnéticos das correntes elétricas, marcou época e foi apresentada à Academia Francesa de Ciências em 4 de setembro de 1820, impulsionando uma quantidade de trabalhos de pesquisa por mentes brilhantes como Ampère (1775-1836), Biot (1774-1862) e Savart (1791-1841). O experimento de Oersted foi a primeira demonstração de uma relação entre eletricidade e magnetismo, e é considerado a base do estudo moderno do eletromagnetismo. Em 1829, Oersted tornou-se o primeiro diretor do Instituto Politécnico de Copenhague, hoje Universidade Técnica da Dinamarca. (*Imagem: AIP Emilio Segrè Visual Archives, Brittle Books Collection*)

onde R é a distância da carga e $\hat{\mathbf{R}}$ o vetor unitário ao longo de R partindo do ponto de origem em direção ao ponto de campo, conforme a Figura 4.3. O vetor $\mathbf{B}$ é perpendicular a R e perpendicular ao plano dos vetores $Q\mathbf{v}$ e $\hat{\mathbf{R}}$. Sua orientação vem da definição do produto vetorial, ou seja, é determinada pela regra da mão direita, rotacionando $Q\mathbf{v}$ pelo menor caminho até $\hat{\mathbf{R}}$.

Perceba que a densidade de fluxo magnético é proporcional ao produto $Q\mathbf{v}$, que pode ser considerado uma medida de fontes de campo magnetostático (a medida de fontes do campo eletrostático é uma carga Q). Comparando a Equação (4.4) à expressão para o vetor intensidade do campo elétrico causado por uma carga pontual, Equação (1.24), observamos a mesma dependência na quantidade de fontes ($Q\mathbf{v}$ e Q) e na distância R. A contínua μ_0 corresponde à contínua $1/\varepsilon_0$. A única diferença formal é a direção do vetor campo em relação à fonte. O vetor intensidade do campo elétrico, $\mathbf{E}$, causado por Q, é radial em relação a Q (Figura 1.7), enquanto o vetor densidade do fluxo magnético, $\mathbf{B}$, causado por $Q\mathbf{v}$ é circular em relação a $Q\mathbf{v}$ (Figura 4.3). Em outras palavras, as linhas de $\mathbf{E}$ são radiais iniciando em Q, enquanto as linhas de $\mathbf{B}$ são círculos centrados na linha contendo o vetor $Q\mathbf{v}$.

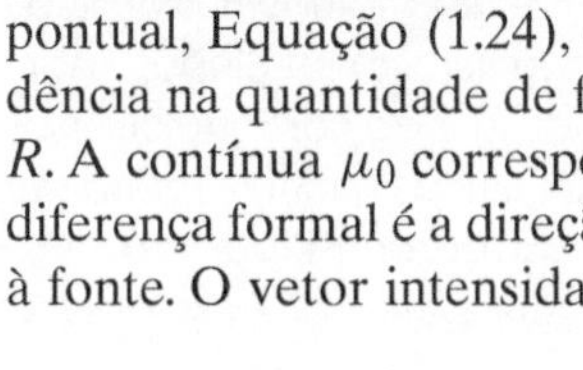

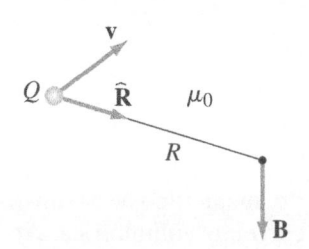

Figura 4.3
Vetor densidade de fluxo magnético devido a uma carga pontual movendo-se em um vácuo.

4.2 LEI DE BIOT-SAVART

Se tivermos muitas cargas pontuais em movimento no espaço livre, o vetor densidade do fluxo magnético total é, pelo princípio da superposição, uma soma vetorial dos vetores densidade do fluxo magnético causados pelas cargas individuais. Em uma corrente, temos uma grande quantidade de forças livres elementares em movimento através de um condutor de uma maneira organizada com a velocidade média macroscópica $\mathbf{v}_d$ (velocidade de deslocamento). A soma dos produtos $Q\mathbf{v}$ para todas as cargas em um volume elementar $\mathrm{d}v$ é dada por

$$\left(\sum Q\mathbf{v}\right)_{\text{em d}v} = N_{\text{em d}v} Q\mathbf{v}_d = N_v \,\mathrm{d}v\, Q\mathbf{v}_d = \mathbf{J}\,\mathrm{d}v, \quad (4.5)$$

onde $\mathbf{J}$ é o vetor densidade de corrente, definido pela Equação (3.3). Assumimos que a permeabilidade é μ_0 em toda parte.[2] Assim, o vetor densidade do fluxo magnético causado pelas cargas em $\mathrm{d}v$ é obtido por

2 Veremos no capítulo seguinte que a maioria dos materiais encontrados na ciência e na engenharia são não magnéticos, ou seja, sua permeabilidade é quase a mesma de um vácuo. Por exemplo, condutores metálicos muito usados, como cobre, alumínio, prata, ouro etc., ambientes naturais comuns como ar, água e terra, tecidos biológicos e praticamente todos os isolantes e semicondutores. Alguns materiais como ferro, aço, cobalto, níquel, ferrite etc., por outro lado, têm permeabilidade muito maior do que μ_0.

APARTE HISTÓRICO

Nikola Tesla (1856-1943), inventor norte-americano, foi um engenheiro elétrico notável que não teve educação formal completa. Tornou prático a corrente alternada (ca) e teve em torno de 250 patentes registradas nos Estados Unidos e outros países. De família sérvia, Tesla nasceu em Smiljan, perto de Gospic, Lika, na Croácia (na época, parte do Império Austro-húngaro). Estudou engenharia mecânica na Escola Politécnica de Graz de 1875 a 1878 e depois filosofia natural na Universidade de Praga até 1880, mas nunca se formou por causa da falta de recursos após a morte do pai. Enquanto trabalhava como engenheiro elétrico para empresas de Budapeste e Paris, teve a ideia do princípio do campo magnético rotativo e correntes alternadas polifásicas, em 1882, e construiu em 1883 o primeiro motor a indução (ca) do mundo, sempre durante o tempo livre após o trabalho. Emigrou para os Estados Unidos em 1884, com quatro centavos no bolso, e trabalhou durante um ano para Thomas Edison (1847-1931). Não conseguiu despertar em Edison o interesse pelo motor a indução e pela corrente alternada, e mais tarde fundou sua própria empresa, Tesla Electric Company, em Nova York. A maioria das patentes mais conhecidas de Tesla nos Estados Unidos são na área de correntes alternadas polifásicas e sistemas polifásicos, incluindo geradores ca, motores e transformadores, bem como princípios de distribuição de força com o uso de correntes alternadas, em 1887 e 1888. Em 16 de maio de 1888 proferiu sua célebre conferência "Um novo sistema de transformadores e motores de corrente alternada" no Instituto Americano de Engenheiros Elétricos (atualmente IEEE). Em junho do mesmo ano, George Westinghouse (1846-1914), diretor da Westinghouse Electric Company, de Pittsburgh, comprou as sete primeiras patentes de sistemas polifásicos de Tesla. O fato marcou o início da "guerra das correntes", uma disputa de cinco anos pela escolha da tecnologia para o futuro sistema de distribuição de energia nos Estados Unidos, na qual concorreram os sistemas cc já existentes de Edison e os novos sistemas Tesla-Westinghouse. Tesla inventou um transformador ressonante com núcleo de ar conhecido como bobina de Tesla (ou transformador de Tesla) em 1891, que era capaz de gerar correntes alternadas de frequências altíssimas para a época (até centenas de milhares de ciclos por segundo ou 100 kHz, na terminologia de hoje). Essa bobina também era capaz de produzir altas tensões e gerar faíscas espetaculares. As novas lâmpadas elétricas de Tesla, baseadas em energia de alta frequência, foram as precursoras das lâmpadas fluorescentes e dos letreiros de neon de hoje. Ele também proferiu uma série de palestras-demonstrações nos Estados Unidos e na Europa entre 1891 e 1893, espetáculos com o intuito de promover a corrente alternada e a tecnologia de alta frequência, quando ligava lâmpadas elétricas sem o uso de fios, através do ar e também usava seu corpo como condutor de energia de alta frequência, produzia raios de luz artificial de formatos diferentes e até mesmo disparava raios luminosos de suas bobinas em direção à plateia sem qualquer perigo. No começo de 1893 apresentou um projeto de um sistema de rádio completo, com transmissor e receptor em forma de bobinas de Tesla sintonizadas para ressonar na mesma frequência para comunicação sem fio. A "guerra das correntes" chegou ao fim na noite de 1º de maio de 1893 com a abertura da Exposição Mundial de Chicago, iluminada de maneira espetacular por cem mil lâmpadas ligadas à corrente alternada dos geradores de Tesla. Poucos meses depois, Westinghouse ganhou o contrato para construir a primeira usina hidrelétrica de corrente alternada do mundo nas cataratas de Niagara, com base no projeto de Tesla, inaugurada em 16 de novembro de 1896. Tesla protocolou a patente de seu sistema básico de rádio em 1897, o que é, de fato, a invenção do rádio, embora Guglielmo Marconi (1874-1937) seja responsável por sua aplicação prática e comercial e tenha recebido o Prêmio Nobel de Física em 1909 pelo desenvolvimento da telegrafia sem fio. Em 1898, Tesla apresentou o primeiro controle remoto sem fio do mundo (de um barco em minWSiatura) no Madison Square Garden. Ele prosseguiu com suas pesquisas sobre a transmissão sem fio de energia, em 1899 e 1900, em Colorado Springs, onde construiu um enorme transmissor de rádio de 200 kW, formado por um mastro metálico com uma ponta esférica e mais de 40 m de altura e a maior bobina de Tesla do mundo, com 15 m de diâmetro. Em 1913 Tesla também patenteou uma turbina sem hélices, chamada turbina de Tesla, assim como muitos outros equipamentos e sistemas em diversas áreas da ciência e da engenharia. Em sua homenagem, seu nome foi dado para a unidade SI de densidade do fluxo magnético, o tesla, em 1960. (*Imagem: © Nikola Tesla Museum, Belgrado, Sérvia*)

lei de Biot-Savart

$$\mathbf{dB} = \frac{\mu_0}{4\pi}\frac{(\mathbf{J}\,\mathrm{d}v)\times\hat{\mathbf{R}}}{R^2}, \tag{4.6}$$

que é conhecida por lei de Biot-Savart. Vemos que o produto **J** dv representa uma fonte elemental de volume macroscópico do campo magnético, e assim o chamamos de elemento de corrente volumétrica. Ao integrar a Equação (4.6), obtemos a expressão para o vetor densidade de fluxo magnético resultante, causado por uma distribuição de corrente em um volume inteiro v [Figura 4.4(a)]:

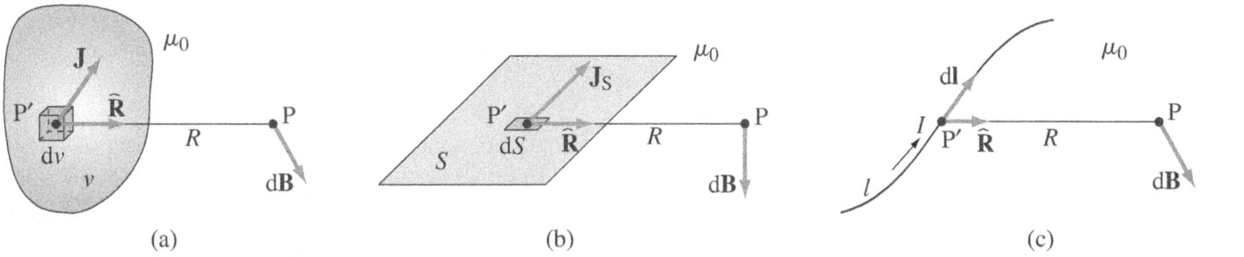

Figura 4.4

Vetor densidade do fluxo magnético causado por três distribuições de corrente características — corrente volumétrica (a), corrente superficial (b) e corrente de linha (c).

lei de Biot-Savart para corrente volumétrica

$$\mathbf{B} = \frac{\mu_0}{4\pi} \int_v \frac{(\mathbf{J}\,dv) \times \hat{\mathbf{R}}}{R^2}. \tag{4.7}$$

No caso de uma corrente superficial fluindo sobre uma superfície S [ver equações (3.12) e (3.13)], temos $N_s\,dS$ em vez de $N_v\,dv$ na Equação (4.5), produzindo $\mathbf{J}_s\,dS$ como elemento de corrente superficial, onde $\mathbf{J}_s$ é o vetor densidade de corrente de superfície. O vetor densidade do fluxo magnético causado por distribuição de corrente superficial é, assim [Figura 4.4(b)],

lei de Biot-Savart para corrente superficial

$$\mathbf{B} = \frac{\mu_0}{4\pi} \int_S \frac{(\mathbf{J}_s\,dS) \times \hat{\mathbf{R}}}{R^2}. \tag{4.8}$$

Por fim, para uma corrente em uma linha l, por exemplo, uma corrente de intensidade I fluindo através de um fio fino (geralmente curvilíneo) de comprimento l e área de corte transversal S, $dv = S\,dl$, $J = I/S$ [Equação (3.5)], e $J\,dv = JS\,dl = I\,dl$, onde dl é um segmento elemental ao longo de l. Concluímos que o elemento linha de corrente é igual a $I\,dl$ é orientado para a direção de referência do fluxo de corrente. Para linhas curvadas, $\mathbf{dl}$ é tangencial à linha. O vetor densidade do fluxo magnético causado por uma corrente em uma linha é, assim [Figura 4.4(c)],

lei de Biot-Savart para uma linha de corrente

$$\mathbf{B} = \frac{\mu_0}{4\pi} \int_l \frac{I\,\mathbf{dl} \times \hat{\mathbf{R}}}{R^2}. \tag{4.9}$$

Em resumo, percebemos que as equações (4.7)-(4.9) têm a mesma forma matemática genérica: integral de μ_0 (elemento corrente) $\times\, \hat{\mathbf{R}}/(4\pi R^2)$, com os seguintes três elementos de corrente como diferentes funções de fonte:

elementos corrente volumétrica, superfície e linha (unidade: $\mathbf{A} \cdot \mathrm{m}$)

$$\mathbf{J}\,dv \quad \longleftrightarrow \quad \mathbf{J}_s\,dS \quad \longleftrightarrow \quad I\,\mathbf{dl}, \tag{4.10}$$

e todos representam uma lei da física — a lei de Biot-Savart.

Além disso, a forma geral da lei de Biot-Savart para correntes de linha, Equação (4.9), pode ser simplificada sobremaneira no caso de um contorno de corrente planar (contorno repousando sobre um plano) e um ponto de campo P (no qual o vetor densidade do fluxo magnético é calculado) no mesmo plano, visto na Figura 4.5.

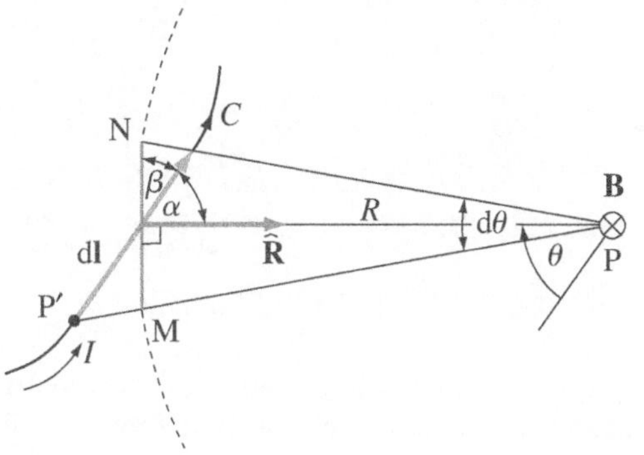

Figura 4.5

Parte de uma espira de corrente planar C e ponto de campo P no mesmo plano.

APARTE HISTÓRICO

Jean Baptiste Biot (1744-1862), físico francês, foi aluno de Lagrange (1736-1813) na École Polytechnique e professor adjunto de mecânica sob a responsabilidade de Laplace (1749-1827) no Collège de France. As contribuições mais importantes de Biot para a ciência estão na teoria da luz polarizada e efeitos nela causados por substâncias orgânicas. **Fèlix Savart** (1791-1841), outro físico francês, também foi professor no Collège de France, onde lecionou acústica e física experimental, além de membro da Academia de Paris. Seu trabalho científico mais importante foi a respeito de vibração e acústica, especialmente física do violino. Biot e Savart demonstraram, em outubro de 1820, logo após a descoberta de Oersted sobre os efeitos magnéticos das correntes elétricas, que o campo magnético produzido por uma corrente em um fio longo e reto é inversamente proporcional à distância do fio.

Assim, o vetor **B** é normal ao plano do contorno (o plano do desenho), e sua magnitude é dada por

$$B = \frac{\mu_0}{4\pi} \oint_C \frac{I|\mathrm{d}\mathbf{l} \times \hat{\mathbf{R}}|}{R^2}. \quad (4.11)$$

Já que (Figura 4.5)

$$|\mathrm{d}\mathbf{l} \times \hat{\mathbf{R}}| = \mathrm{d}l \operatorname{sen} \alpha = \mathrm{d}l \cos \beta = \overline{\mathrm{MN}} = R\,\mathrm{d}\theta \quad (4.12)$$

($R\mathrm{d}\theta$ é o comprimento de um arco representando uma porção, por sua vez, pequena, de um círculo de raio R centrado no ponto P, temos

B para uma espira e campo de ponto em um plano

$$B = \frac{\mu_0}{4\pi} \oint_C \frac{I\,\mathrm{d}\theta}{R}, \quad (4.13)$$

onde θ é o ângulo entre R e eixo de referência adotado arbitrariamente no plano de contorno. O aumento de referência de θ corresponde ao fluxo de referência de I, e a direção de referência de **B** se relaciona à direção de I pela lei da mão direita (dedos — campo; polegar — corrente).

Perceba que a expressão integral na Equação (4.13) implica apenas integração escalar e a função que precisa ser integrada é bem mais simples do que a vista na Equação (4.9). Usaremos, assim, a forma simplificada da lei de Biot-Savart sempre que possível, ou seja, ao lidarmos com contornos de corrente planares e calcularmos o vetor densidade do fluxo magnético no mesmo plano. A Equação (4.13) também pode ser utilizada em situações onde uma parte planar de um contorno não planar e um ponto de campo estiverem em um plano.

4.3 VETOR DENSIDADE DE FLUXO MAGNÉTICO CAUSADO POR DETERMINADAS DISTRIBUIÇÕES DE CORRENTE

As equações (4.7)-(4.9), com a adição da Equação (4.13), são formas gerais de se avaliar (por superposição e integração) o vetor densidade do fluxo magnético, **B**, causado por determinadas distribuições de corrente no espaço livre (ou qualquer meio não magnético), da mesma forma que as equações (1.37)-(1.39) são formas de se avaliar o vetor intensidade do campo elétrico, **E**, causado por determinadas distribuições de carga no espaço livre. Nesta seção, consideraremos vários exemplos característicos da aplicação da lei de Biot-Savart. Dentre os exemplos estão distribuições de corrente que, por um lado, são importantes na teoria e na prática, e, por outro, para as quais as integrais podem ser avaliadas analiticamente. A maioria das estruturas magnetostáticas que analisaremos tem seus correspondentes eletrostáticos na Seção 1.5, de modo que muitas estratégias de solução lá apresentadas e desenvolvidas também aqui se aplicam.

Exemplo 4.1

Campo magnético de uma espira de corrente circular

Considere uma espira circular de raio a e uma corrente constante de intensidade I no ar. Calcule o vetor densidade do fluxo magnético ao longo do eixo da espira normal a seu plano.

Solução Subdividimos a espira (contorno C) em segmentos elementais e aplicamos a Equação (4.9), de maneira similar ao cálculo do campo elétrico no Exemplo 1.6. Em relação à Figura 4.6, a contribuição ao vetor densidade do fluxo magnético em um ponto P no eixo da espira (eixo z) de um elemento corrente I d**l** em um ponto P′ no contorno é

$$\mathrm{d}\mathbf{B} = \frac{\mu_0 I\,\mathrm{d}\mathbf{l} \times \hat{\mathbf{R}}}{4\pi R^2}, \quad (4.14)$$

onde $R = \sqrt{z^2 + a^2}$ (z é a coordenada do ponto P). Como d**l** e $\hat{\mathbf{R}}$ são mutuamente perpendiculares e $|\hat{\mathbf{R}}| = 1$ (vetor unitário), $|\mathrm{d}\mathbf{l} \times \hat{\mathbf{R}}| = \mathrm{d}l$. Assim, a magnitude do vetor d**B** é igual a

$$\mathrm{d}B = \frac{\mu_0 I\,\mathrm{d}l}{4\pi R^2}. \quad (4.15)$$

O vetor densidade do fluxo magnético total no ponto P é tido como

$$\mathbf{B} = \oint_C \mathrm{d}\mathbf{B}. \quad (4.16)$$

Por causa da simetria, os componentes radiais (horizontais) do vetor d**B** na Figura 4.6 se cancelam na integral (de maneira semelhante à Figura 1.11, na situação elétrica), e apenas os componentes axiais (verticais)

$$\mathrm{d}B_z = \mathrm{d}B \cos(90^\circ - \alpha) = \mathrm{d}B \operatorname{sen} \alpha = \mathrm{d}B \frac{a}{R} = \frac{\mu_0 I a\,\mathrm{d}l}{4\pi R^3} \quad (4.17)$$

contribuem para o resultado final. Em consequência,

$$\mathbf{B} = \oint_C \mathrm{d}B_z \hat{\mathbf{z}} = \frac{\mu_0 I a}{4\pi R^3} \hat{\mathbf{z}} \oint_C \mathrm{d}l, \quad (4.18)$$

o que resulta em [ver Equação (1.43)]

B causado por uma espira de corrente circular

$$\mathbf{B} = \frac{\mu_0 I a^2}{2(z^2 + a^2)^{3/2}} \hat{\mathbf{z}}. \quad (4.19)$$

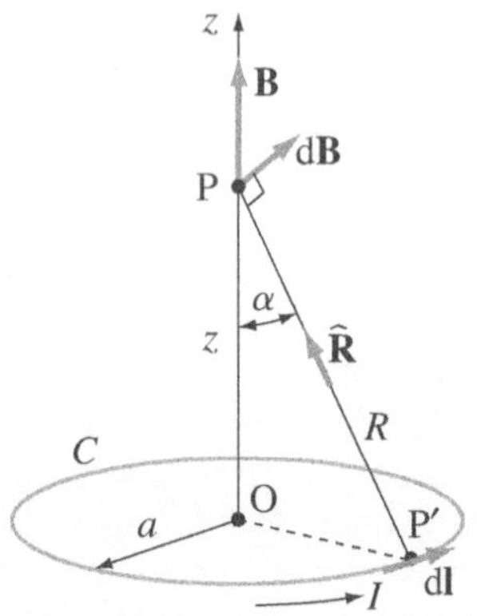

Figura 4.6

Avaliação do vetor densidade do fluxo magnético ao longo do eixo de uma espira de corrente circular normal a seu plano; para o Exemplo 4.1.

Exemplo 4.2

Campo magnético de um fio condutor reto finito

Considere um condutor reto de comprimento l representando uma parte de um contorno de um fio com uma corrente contínua I no espaço livre. Encontre a expressão para o campo **B** em um ponto arbitrário no espaço causado por seu condutor de corrente.

Solução O condutor e um ponto de campo arbitrário (P) sempre determinam um plano, o que significa que podemos usar a forma simplificada da lei de Biot-Savart da Equação (4.13). Da Figura 4.7, $\cos\theta = d/R$, de modo que a densidade de fluxo magnético é dada por

$$B = \frac{\mu_0}{4\pi}\int_l \frac{I\,\mathrm{d}\theta}{R} = \frac{\mu_0 I}{4\pi d}\int_{\theta=\theta_1}^{\theta_2} \cos\theta\,\mathrm{d}\theta. \quad (4.20)$$

A solução para essa integral é

B causado por um fio condutor reto de comprimento finito

$$B = \frac{\mu_0 I}{4\pi d}(\operatorname{sen}\theta_2 - \operatorname{sen}\theta_1), \quad (4.21)$$

onde θ_1 e θ_2 são os ângulos definindo os pontos inicial e final do condutor, respectivamente, e d é a distância perpendicular do condutor ao ponto P.

A expressão na Equação (4.21) pode ser combinada para calcular o campo magnético causado por qualquer estrutura montada a partir de segmentos em linha reta com corrente contínua. Além disso, pode ser usada para a avaliação da contribuição ao campo total de segmentos retos contidos em estruturas que também incluem segmentos curvilíneos.

Ao tomarmos $\theta_1 = -\pi/2$ e $\theta_2 = \pi/2$ na Figura 4.7 e na Equação (4.21), obtemos a expressão para a densidade do fluxo magnético causado por um fio condutor reto e longo com uma corrente I no espaço livre. Com uma notação $d = r$, sendo r a coordenada radial no sistema cilíndrico de coordenadas cujo eixo z coincide com o eixo do fio condutor, tal expressão lê-se

B causado por um fio condutor infinito

$$B = \frac{\mu_0 I}{2\pi r}. \quad (4.22)$$

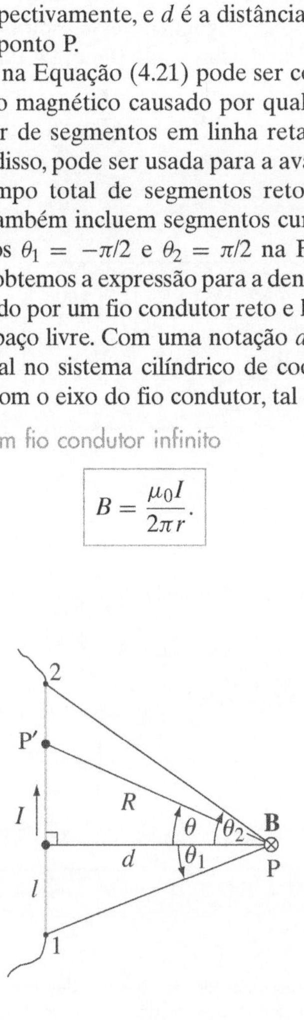

Figura 4.7

Avaliação do campo magnético de um fio condutor reto e finito; para o Exemplo 4.2.

Exemplo 4.3

Campo magnético de uma espira quadrada

Uma espira quadrada de comprimento lateral a no espaço livre tem uma corrente contínua de intensidade I. Obtenha a expressão para o vetor densidade do fluxo magnético no centro da espira.

Solução A densidade do fluxo magnético no centro da espira por causa da corrente ao longo de um dos lados do quadrado, B_1, é dada pela Equação (4.21) com $d = a/2$, $\theta_1 = -\pi/4$, e $\theta_2 = \pi/4$, como mostra a Figura 4.8. Por meio do princípio da superposição, a magnitude do vetor densidade do fluxo magnético total é

$$B = 4B_1 = \frac{2\sqrt{2}\mu_0 I}{\pi a}, \quad (4.23)$$

em relação à direção de referência de **B** indicada na Figura 4.8.

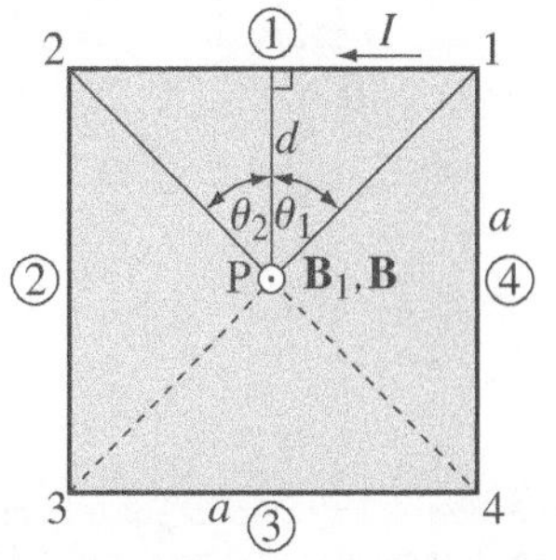

Figura 4.8

Avaliação do campo magnético no centro de uma espira quadrada; para o Exemplo 4.3.

Exemplo 4.4

Campo magnético de um *loop* com uma parte semicircular

A Figura 4.9(a) nos mostra um contorno de fio consistindo em um semicírculo (de raio a) e uma linha reta (de comprimento $2a$). O contorno situa-se no ar e repousa no plano xy do sistema cartesiano de coordenadas. Se o contorno possui uma corrente contínua de intensidade I, calcule o vetor densidade do fluxo magnético em um ponto arbitrário ao longo do eixo z.

Solução $\mathrm{d}\mathbf{B}'$ denota o vetor densidade do fluxo magnético em um ponto P no eixo devido a um elemento corrente $I\,\mathrm{d}\mathbf{l}$ que pertence à parte semicircular do contorno [Figura 4.9(a)]. Esse vetor é dado pela Equação (4.14) e precisamos separá-lo em componentes adequados para a integração, nesse caso, componentes x, y e z, o que muito se assemelha com a decomposição do vetor $\mathrm{d}\mathbf{E}$ na Figura 1.12 e equações (1.46) e (1.47). Assim, decompomos primeiramente $\mathrm{d}\mathbf{B}'$ no plano do triângulo $\triangle$POP′ [Figura 4.9(b)]:

$$\mathrm{d}\mathbf{B}' = \mathrm{d}\mathbf{B}'_{\mathrm{h}} + \mathrm{d}B'_z\,\hat{\mathbf{z}}, \quad \mathrm{d}B'_{\mathrm{h}} = \mathrm{d}B'\cos\alpha, \quad \cos\alpha = \frac{z}{R},$$
$$\mathrm{d}B'_z = \mathrm{d}B'\operatorname{sen}\alpha, \quad \operatorname{sen}\alpha = \frac{a}{R}, \quad (4.24)$$

onde $\mathrm{d}B'$ é dado pela Equação (4.15). Representamos então o vetor horizontal $\mathrm{d}\mathbf{B}'_{\mathrm{h}}$ por seus componentes x e y [Figura 4.9(c)]:

$$\mathrm{d}\mathbf{B}'_{\mathrm{h}} = \mathrm{d}B'_x\,\hat{\mathbf{x}} + \mathrm{d}B'_y\,\hat{\mathbf{y}}, \quad \mathrm{d}B'_x = \mathrm{d}B'_{\mathrm{h}}\cos\phi,$$
$$\mathrm{d}B'_y = \mathrm{d}B'_{\mathrm{h}}\operatorname{sen}\phi. \quad (4.25)$$

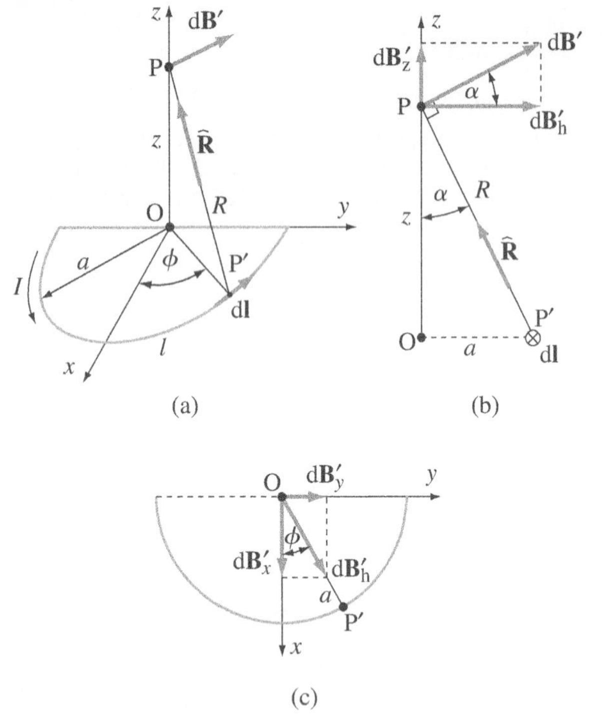

Figura 4.9

Avaliação do campo magnético causado por um contorno de corrente com uma parte linear e semicircular; para o Exemplo 4.4.

Por fim, como nas equações (1.48)-(1.50) na situação elétrica, integramos os três componentes cartesianos de $\mathbf{dB}'$ ao longo do semicírculo, em relação ao ângulo de azimute ϕ ($-\pi/2 \leq \phi \leq \pi/2$) como variável de integração [note que $dl = a d\phi$ na Equação (4.15)]:

$$B'_x = \int_l dB'_x = \frac{\mu_0 I a z}{4\pi R^3}\int_{-\pi/2}^{\pi/2}\cos\phi\, d\phi = \frac{\mu_0 I a z}{2\pi R^3},$$

$$B'_y = \int_l dB'_y = \frac{\mu_0 I a z}{4\pi R^3}\int_{-\pi/2}^{\pi/2}\operatorname{sen}\phi\, d\phi = 0,$$

$$B'_z = \int_l dB'_z = \frac{\mu_0 I a^2}{4\pi R^3}\int_{-\pi/2}^{\pi/2} d\phi = \frac{\mu_0 I a^2}{4R^3}. \quad (4.26)$$

Assim, o vetor densidade do fluxo magnético causado por uma parte semicircular do contorno resulta em

$$\mathbf{B}' = \frac{\mu_0 I a}{2R^3}\left(\frac{z}{\pi}\,\hat{\mathbf{x}} + \frac{a}{2}\,\hat{\mathbf{z}}\right). \quad (4.27)$$

O vetor densidade do fluxo magnético no ponto P causado pela parte linear do contorno, por outro lado, é determinado com a Equação (4.21) com $d = z$, $\theta_1 = -\alpha$, e $\theta_2 = \alpha$:

$$\mathbf{B}'' = \frac{\mu_0 I}{4\pi z} 2\operatorname{sen}\alpha(-\hat{\mathbf{x}}) = -\frac{\mu_0 I a}{2\pi z R}\,\hat{\mathbf{x}} \quad (4.28)$$

O campo $\mathbf{B}$ total ao longo do eixo z é

$$\mathbf{B} = \mathbf{B}' + \mathbf{B}'' = \frac{\mu_0 I a^2}{2R^3}\left(-\frac{a}{\pi z}\,\hat{\mathbf{x}} + \frac{1}{2}\,\hat{\mathbf{z}}\right),$$

$$R = \sqrt{z^2 + a^2}. \quad (4.29)$$

Exemplo 4.5

Campo magnético de um solenoide finito

A Figura 4.10(a) mostra um solenoide (bobina cilíndrica) consistindo de N voltas de um fio fino isolado de maneira uniforme e densa em uma camada de um suporte cilíndrico não magnético com um corte transversal circular de raio a. O comprimento do solenoide é l e a corrente através do fio é I. O meio é o ar. Encontre a expressão para o vetor densidade do fluxo magnético ao longo do eixo do solenoide.

Solução Como a bobina está enrolada uniformemente na forma espiral e o fio é fino, a corrente que flui através das voltas do solenoide pode ser considerada uma fina lâmina cilíndrica com densidade de corrente superficial [Equação (3.13)]

$$J_s = \frac{NI}{l}. \quad (4.30)$$

A corrente sobre um comprimento elemental dz ao longo do solenoide, vista na Figura 4.10(b),

$$dI = J_s\, dz = \frac{NI\, dz}{l}, \quad (4.31)$$

pode ser tomada como corrente da espira circular equivalente de raio a e diâmetro de fio dz. Da Equação (4.19), o vetor densidade do fluxo magnético dessa espira em um ponto arbitrário P no eixo do solenoide [Figura 4.10(b)] é

$$\mathbf{dB} = \frac{\mu_0\, dI a^2}{2R^3}\,\hat{\mathbf{z}}. \quad (4.32)$$

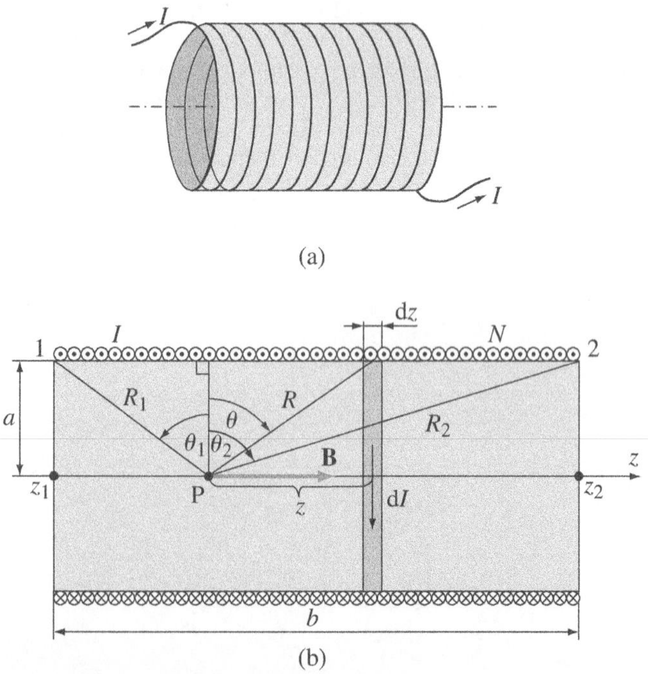

Figura 4.10

(a) bobina solenoide enrolada de maneira densa e uniforme com uma corrente e (b) avaliação do vetor densidade do fluxo magnético ao longo do eixo do solenoide; para o Exemplo 4.5.

Para encontrar o campo total **B** no ponto P, integramos dB para somar as contribuições de todas as espiras equivalentes no solenoide (princípio da superposição):

$$\mathbf{B} = \int_{z=z_1}^{z_2} \mathrm{d}\mathbf{B} = \frac{\mu_0 N I a^2}{2l} \int_{z_1}^{z_2} \frac{\mathrm{d}z}{R^3}\, \hat{\mathbf{z}}, \qquad R = \sqrt{z^2 + a^2}. \quad (4.33)$$

Para resolver essa integral, no entanto, percebemos que a relação na Equação (1.55), com d aqui substituído por a, existe entre a coordenada de comprimento z (medida a partir do ponto P) e a coordenada angular θ da posição da espira equivalente ao longo do eixo do solenoide. Multiplicando por $a/R = \cos\theta$, temos

$$\frac{a^2\,\mathrm{d}z}{R^3} = \cos\theta\,\mathrm{d}\theta. \quad (4.34)$$

Com isso, a integral na Equação (4.33) é reduzida a uma forma simples:

$$\mathbf{B} = \frac{\mu_0 N I}{2l} \int_{\theta=\theta_1}^{\theta_2} \cos\theta\,\mathrm{d}\theta\,\hat{\mathbf{z}}, \quad (4.35)$$

que resulta em

B ao longo do eixo de um solenoide finito

$$\boxed{\mathbf{B} = \frac{\mu_0 N I}{2l}(\operatorname{sen}\theta_2 - \operatorname{sen}\theta_1)\,\hat{\mathbf{z}}.} \quad (4.36)$$

Essa expressão é válida para um ponto de campo arbitrário ao longo do eixo do solenoide, tanto dentro quanto fora do mesmo, com a posição do ponto sendo definida pelos ângulos θ_1 e θ_2. No entanto, perceba que a posição do ponto P também pode ser definida pelas coordenadas z_1 e z_2, onde $z_1 = a$ tan θ_1 e $z_2 = a$ tan θ_2.

No caso de um solenoide infinitamente longo, $\theta_1 = -\pi/2$ ($z_1 \to -\infty$) e $\theta_2 = \pi/2$ ($z_2 \to \infty$) na Figura 4.10(b) e na Equação (4.36), de modo que

B dentro de um solenoide infinito

$$\boxed{B = \mu_0 N' I,} \quad (4.37)$$

onde $N' = N/l$ é o número de voltas do fio por comprimento unitário do solenoide. O campo magnético é uniforme, com densidade de fluxo dada pela Equação (4.37), em um solenoide infinito até mesmo em pontos fora de seu eixo, como veremos em um exemplo mais adiante.

Exemplo 4.6

Campo magnético de um condutor infinitamente longo em forma de tira

Um condutor infinitamente longo em forma de uma tira fina de largura a tem uma corrente contínua de intensidade I. A permeabilidade é μ_0 em toda parte. Determine a expressão para o vetor densidade do fluxo magnético em um ponto arbitrário no espaço.

Solução Este é um problema de duas dimensões, e o resolvemos no plano de corte transversal da Figura 4.11. A Equação 3.82 nos diz que a corrente I deve ser distribuída uniformemente no corte transversal do condutor. Sendo o condutor fino, no entanto, sua corrente pode ser considerada corrente superficial, Figura 3.3, com densidade

$$J_s = \frac{I}{a}. \quad (4.38)$$

Pelo princípio da superposição, subdividimos o condutor em tiras elementais de largura dl = dy, podendo cada uma dessas tiras ser considerada uma corrente linear infinitamente longa de intensidade

$$\mathrm{d}I = J_s\,\mathrm{d}l = \frac{I\,\mathrm{d}y}{a}. \quad (4.39)$$

O vetor densidade do fluxo magnético causado pelas correntes lineares individuais é circular em relação à linha, e, da Equação (4.22), sua magnitude em um ponto arbitrário P no espaço (Figura 4.11) é

$$\mathrm{d}B = \frac{\mu_0\,\mathrm{d}I}{2\pi R}, \qquad R = \sqrt{y^2 + d^2}, \quad (4.40)$$

onde d é a distância perpendicular de P a partir do plano da tira. Decompomos o vetor **dB** em seus componentes x e y,

$$\mathrm{d}B_x = \mathrm{d}B\operatorname{sen}\theta, \qquad \mathrm{d}B_y = \mathrm{d}B\cos\theta, \quad (4.41)$$

e os integramos sobre a largura do condutor em forma de tira para somar as contribuições de todas as tiras elementais,

$$B_x = \frac{\mu_0 I}{2\pi a}\int_{y=y_1}^{y_2} \frac{\operatorname{sen}\theta\,\mathrm{d}y}{R}, \qquad B_y = \frac{\mu_0 I}{2\pi a}\int_{y_1}^{y_2} \frac{\cos\theta\,\mathrm{d}y}{R}. \quad (4.42)$$

Usamos agora a relação presente na Equação (1.55), onde z é y, para mudar a variável integração de y para θ. Multiplicando seu lado esquerdo por R cos θ e lado direito por d, o que é justificado pelo fato de que cos $\theta = d/R$ na Figura 4.11, obtemos

$$\frac{\cos\theta\,\mathrm{d}y}{R} = \mathrm{d}\theta, \quad (4.43)$$

que multiplicado por sen θ/cos θ(= tan θ), por sua vez, resulta em

$$\frac{\operatorname{sen}\theta\,\mathrm{d}y}{R} = \frac{\operatorname{sen}\theta}{\cos\theta}\,\mathrm{d}\theta \quad (4.44)$$

Com base nessas duas relações, as integrais nas equações (4.42) são simples de resolver:

$$B_x = \frac{\mu_0 I}{2\pi a}\int_{\theta_1}^{\theta_2} \frac{\operatorname{sen}\theta}{\cos\theta}\,\mathrm{d}\theta = \frac{\mu_0 I}{2\pi a}\ln\frac{\cos\theta_1}{\cos\theta_2},$$

$$B_y = \frac{\mu_0 I}{2\pi a}\int_{\theta_1}^{\theta_2} \mathrm{d}\theta = \frac{\mu_0 I}{2\pi a}(\theta_2 - \theta_1), \quad (4.45)$$

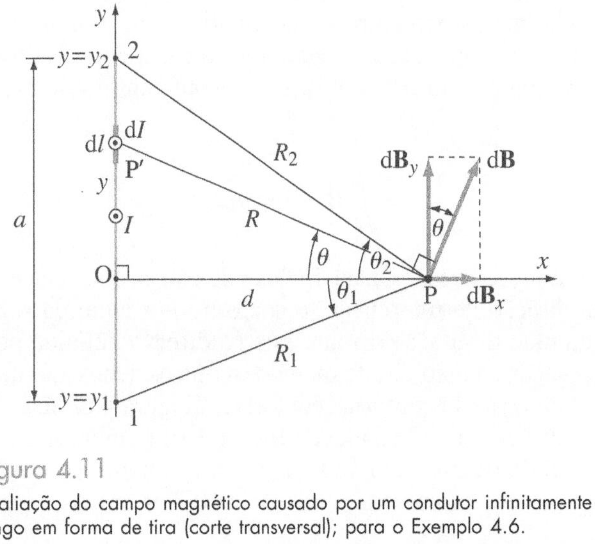

Figura 4.11

Avaliação do campo magnético causado por um condutor infinitamente longo em forma de tira (corte transversal); para o Exemplo 4.6.

onde o uso é feito da substituição $u = \cos\theta$($du = -\text{sen}\,\theta\, d\theta$) na primeira integração. Assim, o vetor densidade do fluxo magnético total causado pelo condutor em forma de tira resulta em

B causado por um condutor em forma de tira

$$\mathbf{B} = \frac{\mu_0 I}{2\pi a}\left[\hat{\mathbf{x}} \ln\frac{R_2}{R_1} + (\theta_2 - \theta_1)\,\hat{\mathbf{y}}\right], \quad (4.46)$$

com R_1 e R_2 sendo as distâncias do ponto P inicial e final da linha que representa o corte transversal do condutor em forma de tira na Figura 4.11.

Perceba que se deixarmos $a \to \infty$ mantendo $I/a = \text{const}$, obtemos uma lâmina de corrente planar infinitamente longa e larga com uma densidade uniforme de corrente superficial $J_s = I/a$. Assim, $R_1 = R_2$ (infinito), $\theta_1 = -\pi/2$, e $\theta_2 = \pi/2$, com o qual a Equação (4.46) se torna

B causado por uma lâmina de corrente infinita

$$\mathbf{B} = \frac{\mu_0 J_s}{2}\,\hat{\mathbf{y}}. \quad (4.47)$$

Concluímos que o campo magnético, causado por uma lâmina de corrente planar infinita, é uniforme em cada lado da lâmina, com linhas de campo paralelas a ela.

4.4 FORMULAÇÃO DA LEI DE AMPÈRE

Vimos no Capítulo 1 que o campo elétrico causado por distribuições de carga altamente simétricas no espaço livre pode ser determinado de maneira muito mais fácil com o uso da lei de Gauss, Equação (1.133), do que com a aplicação direta da lei de Coulomb e o princípio da superposição, ou seja, equações (1.37)-(1.39). Em magnetostática, as equações (4.7)-(4.9) (lei de Biot-Savart) nos dão procedimentos gerais de solução similares aos das equações (1.37)-(1.39), enquanto a lei que nos ajuda a avaliar o campo magnético causado por distribuições de corrente altamente simétricas no espaço livre é mais conhecida por lei de Ampère (também chamada lei circuital de Ampère). Ela estabelece que a integral de linha (circulação) do vetor densidade do fluxo magnético ao redor de qualquer contorno (C) no vácuo (espaço livre) é igual a μ_0 vezes a corrente total contida por aquele contorno, que marcamos como I_C,

lei de Ampère

$$\oint_C \mathbf{B} \cdot d\mathbf{l} = \mu_0 I_C. \quad (4.48)$$

A direção de referência do fluxo de corrente se relaciona à direção de referência do contorno por meio da regra da mão direita: a corrente está na direção definida pelo polegar da mão direita quando os outros dedos apontam na direção do contorno, conforme a Figura 4.12. Essa lei pode ser derivada da lei de Biot-Savart (lembramos que a lei de Gauss é derivada da lei de Coulomb), e a derivação é demonstrada na Seção 4.10. Por ora, aceitamos

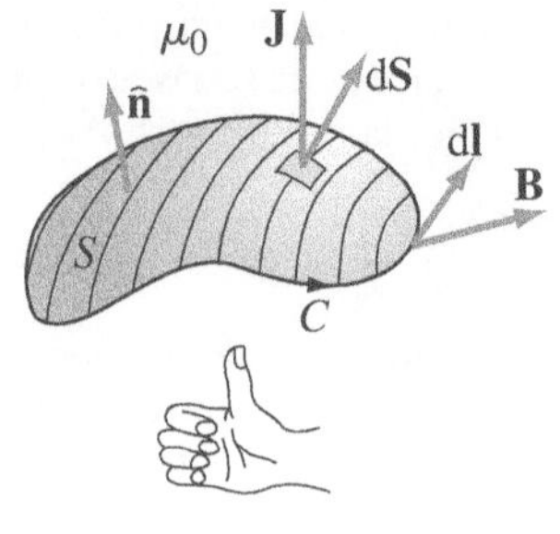

Figura 4.12
Contorno arbitrário em um campo magnetostatico — para a formulação da lei de Ampère.

a lei de Ampère como outra lei capaz de prova experimental. A Equação (4.48) representa a segunda equação de Maxwell para campos estáticos no espaço livre (como sabemos, há um total de quatro equações de Maxwell para o campo eletromagnético geral). Ao expressar a corrente em termos de densidade de corrente volumétrica, **J**, a lei de Ampère se torna

lei de Ampère para corrente volumétrica

$$\oint_C \mathbf{B} \cdot d\mathbf{l} = \mu_0 \int_S \mathbf{J} \cdot d\mathbf{S}, \quad (4.49)$$

onde S é uma superfície de forma arbitrária sobre (contornada pelo) contorno C e orientada de acordo com a regra da mão direita em relação à orientação de C (Figura 4.12).

Exemplo 4.7

Corrente algébrica total

Qual a circulação do vetor densidade do fluxo magnético ao longo do contorno C na Figura 4.13? O meio é o ar.

Solução De acordo com a regra da mão direita dada sobre a direção de referência do contorno C indicado na Figura 4.13, a orientação de referência da superfície S que se estende sobre C, isto é, a direção de referência do vetor d_S na Equação (4.49), é no sentido de S para cima. Da lei de Ampère, a integral de linha do vetor densidade do fluxo magnético ao longo de C é

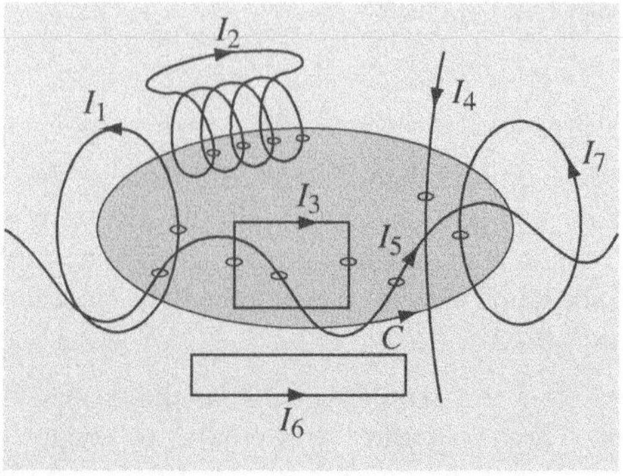

Figura 4.13
Caminho fechado C e sete correntes e linha no ar; para o Exemplo 4.7.

APARTE HISTÓRICO

André-Marie Ampère (1775-1836), matemático e físico francês, foi professor de matemática, física e química em Bourg e Paris, e inspetor geral do sistema universitário francês no governo de Napoleão. Embora tivesse pouca educação formal, Ampère adquiriu os melhores conhecimentos de matemática e ciências disponíveis na época lendo muitos livros e artigos, com grande suporte e orientação do pai. Adolescente, já derivava suas próprias teorias matemáticas e escrevia trabalhos sobre problemas geométricos. No entanto, sua vida logo seria abalada quando, a mando dos jacobinos, seu pai foi guilhotinado em Lyon, durante a Revolução Francesa em 1793. O impacto foi devastador sobre Ampère, que interrompeu seus estudos de matemática por quase dois anos. Após muitos anos ensinando matemática em Lyon, foi indicado professor de física e matemática na Bourg École Centrale em 1802 e depois professor de matemática na École Polytechnique de Paris em 1809. Dentre suas pesquisas matemáticas há uma variedade de temas sobre probabilidade, cálculo, geometria analítica e equações diferenciais parciais. Também contribuiu com a teoria da luz, química e — o mais importante — eletricidade e magnetismo. Poucas semanas após tomar conhecimento dos resultados de Oersted, antes que findasse o mês de setembro de 1820, Ampère estava pronto para relatar à Academia de Ciências sua descoberta de forças magnéticas entre fios carregando correntes elétricas. Ele descobriu por meio de experiências que dois fios paralelos carregando correntes na mesma direção se atraíam, enquanto os fios com correntes fluindo em direções opostas se repeliam. Seus experimentos fundaram a ciência do campo magnético causado por correntes elétricas. Ele descreveu a força magnética que circula ao redor de um fio conduzindo corrente da maneira hoje conhecida por *regra da mão direita*. Em 6 de novembro de 1820, Ampère proferiu uma palestra sobre sua lei circuital de adição de forças magnéticas — base de uma equação geral que chamamos de lei (circuital) de Ampère.

Ele foi o primeiro a descrever corrente como o fluxo de eletricidade ao longo de um fio, de maneira semelhante ao fluxo de água por uma tubulação. Previu, em teoria, que um fio em espiral com corrente se comportaria como um ímã permanente em forma de barra, e chamou tal hélice de solenoide. Ampère também descreveu os ímãs permanentes como um conjunto de pequenas correntes elétricas circulando eternamente dentro de si, o que o punha três quartos de século à frente de seu tempo. Sua maior obra, *Teoria matemática dos fenômenos eletrodinâmicos deduzida apenas da experiência*, publicada em 1826, traz uma apresentação abrangente de suas descobertas em eletricidade e magnetismo, incluindo descrições de experimentos e derivações matemáticas. No mesmo ano, foi indicado para uma cadeira na Universidade da França, onde permaneceu até sua morte. Em sua homenagem, a intensidade da corrente elétrica é medida em amperes. (*Imagem: Edgar Fahs Smith Collection, University of Pennsylvania Libraries*)

igual a μ_0 vezes a soma algébrica de todas as intensidades de corrente passando por S. Percebemos que a corrente I_1 passa por S uma vez na direção positiva (direção de acordo com a orientação de S), I_2 passa quatro vezes, I_4 e I_7 uma vez cada, porém na direção negativa, I_3 uma vez na positiva e uma vez na negativa, I_5 duas vezes na positiva e uma vez na direção negativa, enquanto I_6 não atravessa S em nenhum momento. Assim,

$$\oint_C \mathbf{B} \cdot d\mathbf{l} = \mu_0 (I_1 + 4I_2 - I_4 + I_5 - I_7). \quad (4.50)$$

Muito importante: o mesmo resultado para a corrente total algébrica, e desse modo para a circulação de **B**, é obtido para qualquer outra superfície que imaginarmos com o contorno C como perímetro e formato totalmente arbitrário.

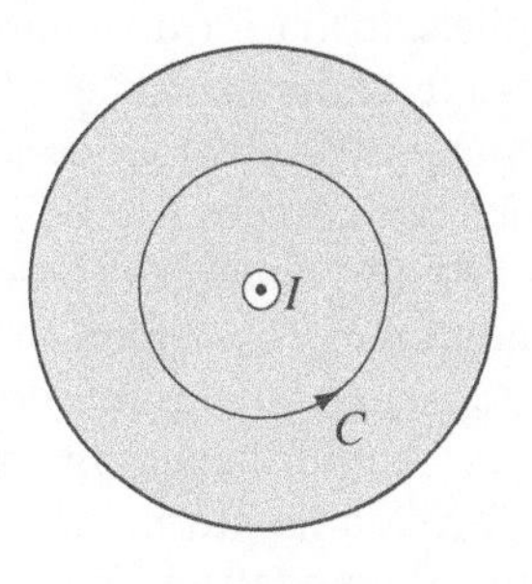

Figura 4.14
Contorno dentro de um condutor com uma corrente constante; para o Exemplo 4.8.

Exemplo 4.8

Contorno dentro de um condutor

A Figura 4.14 mostra o corte transversal de um condutor de cobre cilíndrico muito longo com uma corrente contínua de intensidade I ($I > 0$). A circulação do vetor densidade do fluxo magnético ao longo do contorno C é menor, igual ou maior do que $\mu_0 I$?

Solução De acordo com a lei de Ampère,

$$\oint_C \mathbf{B} \cdot d\mathbf{l} < \mu_0 I, \quad (4.51)$$

já que a corrente total que aparece ao lado direito da Equação (4.49) é idêntica à porção da corrente total do condutor I dentro do contorno.

4.5 APLICAÇÕES DA LEI DE AMPÈRE

Esta seção é dedicada à aplicação da lei de Ampère na avaliação do campo magnético causado por determinadas distribuições de corrente contínua em meios não magnéticos. Assim como na lei de Gauss, o uso da lei de Ampère também exigirá a consideração cuidadosa da simetria do problema para determinar quais componentes de campo estão presentes na estrutura e de que variáveis espaciais dependem. A Equação (4.48), embora sempre verdadeira, nos permite resolver de modo analítico o campo causado apenas por distribuições de corrente altamente simétricas. Ou seja, como a quantidade desconhecida a ser determinada (**B**) aparece dentro da integral na Equação (4.48), podemos usar a lei de Ampère para obter uma solução apenas em casos nos quais possamos trazer a densidade de fluxo magnético, B, para fora do sinal integral, e resolvê-la. Esses casos envolvem distribuições de corrente para as quais podemos adotar um caminho fechado C, chamado *contorno amperiano*, que satisfaz duas premissas: (1) **B** é, em toda parte, tangencial ou normal a C e (2) $B = \text{const}$ ao longo de seções de C onde **B** é tangencial. Ao longo da porção do caminho onde **B** é normal (caso exista essa porção), o produto escalar $\mathbf{B}.\mathrm{d}\mathbf{l}$ na Equação (4.48) se torna zero. Ao longo da parte remanescente do contorno, $\mathbf{B}.\mathrm{d}\mathbf{l}$ se torna $B\mathrm{d}l$, e a segunda premissa (constância) permite-nos, e28ntão, remover **B** do sinal integral na Equação (4.48). A integração que nos resta é quase sempre trivial e consiste em encontrar o comprimento daquela porção do caminho para a qual **B** é tangencial.

Nessa discussão, notamos e exploramos o paralelismo com a aplicação da lei de Gauss, analisada na Seção 1.13. Todas as semelhanças e diferenças do formalismo matemático são consequências diretas da forma matemática dos campos **E** e **B** causados por fontes elementares Q e $Q\mathbf{v}$, equações (1.24) e (4.4). Com a lei de Gauss, integramos sobre uma superfície fechada (superfície gaussiana) ao lado esquerdo da equação, ao passo que a lei de Ampère exige integração ao longo de um caminho fechado (contorno amperiano). O componente de campo que contribui com a integral é um componente normal à superfície gaussiana e tangencial ao contorno amperiano. Ao lado direito da equação, a lei de Gauss envolve encontrar a carga total contida pela superfície, enquanto a aplicação da lei de Ampère implica encontrar a corrente total contida pelo contorno. Para fontes expressas por carga volumétrica e densidades de corrente [equações (1.135) e (4.49)], isso significa integração de volume sobre volume contido pela superfície gaussiana e integração de superfície sobre superfície contornada pelo contorno amperiano, respectivamente.

Exemplo 4.9

Campo magnético de um condutor cilíndrico

Um condutor cilíndrico de cobre infinitamente longo de raio a tem uma corrente contínua de intensidade I. O condutor situa-se no ar. Encontre o vetor densidade do fluxo magnético dentro e fora do condutor.

Solução A Figura 4.15(a) mostra um corte transversal do condutor. De acordo com a Equação (3.82), a corrente é distribuída uniformemente no corte transversal, de modo que sua densidade seja

$$J = \frac{I}{\pi a^2}. \quad (4.52)$$

Em razão da simetria, as linhas do campo magnético causado pela corrente do condutor são círculos centrados no eixo do condutor. Para demonstrar, considere a direção do vetor densidade do fluxo magnético, **B**, em um ponto arbitrário P no espaço, dentro ou fora do condutor. A distância do ponto a partir do eixo do condutor é r e $\mathrm{d}\mathbf{B}'$ e $\mathrm{d}\mathbf{B}''$ representam os campos em P causados por dois elementos de corrente simétricos tomados por $\mathbf{J}'\,\mathrm{d}v$ e $\mathbf{J}''\,\mathrm{d}v$ e mostrados na Figura 4.15(b). De acordo com a lei de Biot-Savart na Equação (4.6), esses dois vetores de campo elementares têm sua soma $\mathrm{d}\mathbf{B}' + \mathrm{d}\mathbf{B}''$ tangencial ao contorno circular C de raio r centrado no eixo do condutor. O mesmo também vale para qualquer outro par de elementos de corrente simétricos, que também podem estar em um plano que não contenha o ponto P, e todos os elementos de corrente constituindo a corrente I no condutor podem estar agrupados em pares simétricos. Concluímos que o vetor resultante **B** no ponto P é tangencial ao contorno C. Além disso, a simetria também implica que $B = \text{const}$ ao longo de C, ou seja, a magnitude de **B** depende apenas da coordenada radial r do sistema de coordenadas cilíndricas cujo eixo z coincida com o eixo do condutor. Assim, podemos ter

$$\mathbf{B} = B(r)\,\hat{\boldsymbol{\phi}}, \quad (4.53)$$

onde $\hat{\boldsymbol{\phi}}$ é vetor unitário circular no sistema.

Com base na discussão anterior, se torna óbvio que o contorno C na Figura 4.15 satisfaz ambas as exigências do

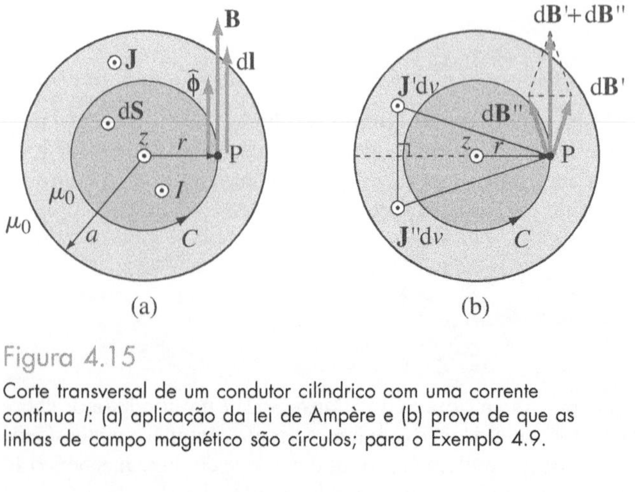

Figura 4.15
Corte transversal de um condutor cilíndrico com uma corrente contínua I: (a) aplicação da lei de Ampère e (b) prova de que as linhas de campo magnético são círculos; para o Exemplo 4.9.

contorno amperiano para o nosso problema. Ao longo de C, $\mathbf{dl} = \mathrm{d}l\hat{\boldsymbol{\phi}}$, de modo que $\mathbf{B} \cdot \mathbf{dl} = B\,\mathrm{d}l$ [Figura 4.15(a)]. A circulação de $\mathbf{B}$ ao longo de C, assim, é

$$\oint_C \mathbf{B} \cdot \mathbf{dl} = \oint_C B(r)\,\mathrm{d}l = B(r)\oint_C \mathrm{d}l = B(r)\,l = B(r)\,2\pi r,$$

$$0 \le r < \infty, \tag{4.54}$$

enquanto a corrente contida por C é

$$I_C = \begin{cases} J\pi r^2 & \text{para } r < a \\ I & \text{para } r \ge a \end{cases}. \tag{4.55}$$

por fim, as equações (4.54) e (4.55) combinadas na lei de Ampère nos dão

B causado por um condutor cilíndrico espesso com uma corrente contínua

$$B = \begin{cases} \mu_0 I r/(2\pi a^2) & \text{para } r < a \\ \mu_0 I/(2\pi r) & \text{para } r \ge a \end{cases}. \tag{4.56}$$

Perceba que o campo magnético fora do condutor (para $r \ge a$) é idêntico ao de uma corrente de linha de intensidade I colocada ao longo do eixo do condutor, Equação (4.22). Isso significa que a corrente de linha (por exemplo, um fio fino com corrente I) e o condutor (espesso) da Figura 4.15 são fontes equivalentes em relação à região do lado de fora do condutor.

Exemplo 4.10

Condutor cilíndrico com uma cavidade excêntrica

Um condutor cilíndrico não magnético muito longo de raio b possui uma cavidade cilíndrica excêntrica de raio a ao longo de todo seu comprimento, conforme Figura 4.16. O eixo da cavidade se desloca do eixo do condutor por um vetor $\mathbf{d}$ ($a + d \le b$). O meio na cavidade e fora do condutor é o ar. Calcule o vetor densidade do fluxo magnético na cavidade, assumindo uma corrente contínua de densidade J que flui através do condutor.

Solução A densidade de corrente na cavidade é zero, e podemos consider que resulta de duas correntes de mesma densidade (J) que fluem em direções opostas. Desse modo, podemos representar a distribuição de corrente no condtor oco, incluindo a cavidade, como uma soma das distribuições de corrente de um condutor cilíndrico de raio b e corrente de densidade J sem uma cavidade e outro de raio a com uma corrente de mesma densidade, porém fluindo na direção contrária, conforme Figura 4.16. Pelo princípio da superposição, o vetor densidade do fluxo magnético da distribuição de corrente atual (resultante), $\mathbf{B}$, pode assim ser

$$\mathbf{B} = \mathbf{B}_1 + \mathbf{B}_2, \tag{4.57}$$

onde $\mathbf{B}_1$ e $\mathbf{B}_2$ são os vetores densidade do fluxo magnético causados pelas distribuições de corrente parciais $\mathbf{J}_1$ e $\mathbf{J}_2$ na Figura 4.16. Esses vetores, de acordo com a Equação (4.56), podem ser escritos na forma[3] de

$$\mathbf{B}_1 = \frac{\mu_0 \mathbf{J} \times \mathbf{r}_1}{2} \quad \text{e} \quad \mathbf{B}_2 = \frac{\mu_0(-\mathbf{J}) \times \mathbf{r}_2}{2}, \tag{4.58}$$

onde $\mathbf{r}_1$ e $\mathbf{r}_2$ são os vetores de posição do ponto de campo (P) em relação ao eixo do condutor (O_1) e eixo da cavidade (O_2), respectivamente. Por fim, ao combinarmos as equações anteriores, temos

$$\mathbf{B} = \frac{\mu_0 \mathbf{J} \times (\mathbf{r}_1 - \mathbf{r}_2)}{2} = \frac{\mu_0 \mathbf{J} \times \mathbf{d}}{2}, \tag{4.59}$$

e $B = \mu_0 J d/2$. Concluímos que o campo magnético dentro da cavidade é uniforme, visto que a expressão anterior para o vetor densidade do fluxo magnético resultante não depende da posição do ponto P. As linhas de campo são paralelas ao plano do corte transversal do condutor e nos ângulos retos ao vetor $\mathbf{d}$.

Exemplo 4.11

Campo magnético de um cabo coaxial

Os condutores de um cabo coaxial são feitos de cobre e o dielétrico é o ar. O raio do condutor interno é a, enquanto os raios internos e externos do condutor externo são b e c, respectivamente ($a < b < c$). Uma corrente contínua de intensidade I se estabelece no cabo. Encontre o vetor densidade do fluxo magnético em toda parte.

Solução Em referência à Figura 4.17, as densidades de corrente nos condutores são

$$J_1 = \frac{I}{\pi a^2} \quad \text{e} \quad J_2 = \frac{I}{\pi(c^2 - b^2)}. \tag{4.60}$$

Por causa da simetria, o vetor densidade do fluxo magnético, $\mathbf{B}$, é circular em relação ao eixo do cabo. Seguindo um procedimento similar ao do Exemplo 4.9, aplicamos a lei de Ampère ao contorno circular C de raio r ($0 \le r < \infty$). A circulação de $\mathbf{B}$ ao longo de C é a mesma da Equação (4.54), para todos os valores de r, enquanto a expressão para a corrente total contida em C é diferente para quatro posições características

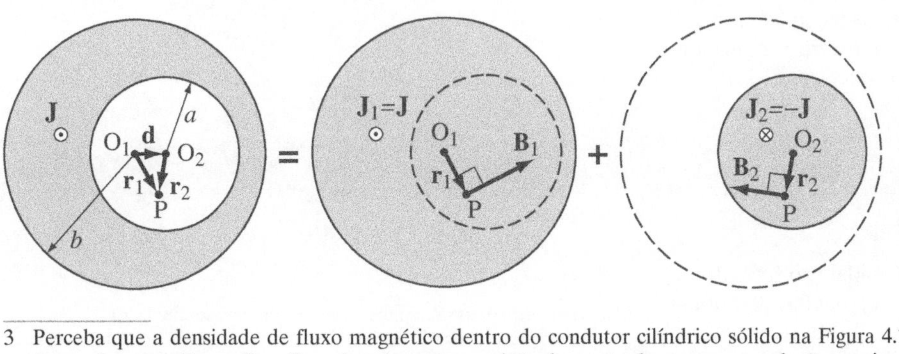

Figura 4.16
Condutor cilíndrico com uma cavidade cilíndrica excêntrica, visto como uma superposição de dois condutores sólidos de correntes de mesma densidade, porém direções opostas; para o Exemplo 4.10.

3 Perceba que a densidade de fluxo magnético dentro do condutor cilíndrico sólido na Figura 4.15 pode ser expressa por $B = \mu_0 J r/2$, e, em forma de vetor, $\mathbf{B} = \mu_0 \mathbf{J} \times \mathbf{r}/2$, onde r é o vetor posição do ponto de campo em relação ao eixo do condutor.

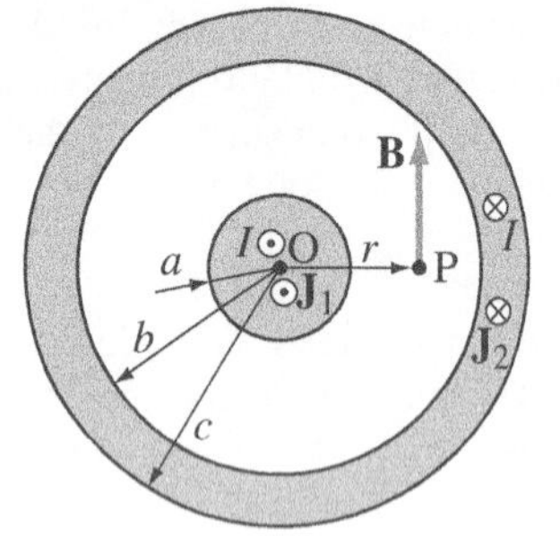

Figura 4.17
Avaliação do campo magnético de um cabo coaxial; para o Exemplo 4.11.

diferentes no contorno. O campo do lado de dentro do condutor interno e entre os condutores é idêntico ao encontrado no Exemplo 4.9 para um único condutor,

B no dielétrico de um cabo coaxial

$$B = \frac{\mu_0 J_1 r}{2} = \frac{\mu_0 I r}{2\pi a^2} \quad (0 \le r \le a),$$

$$B = \frac{\mu_0 I}{2\pi r} \quad (a < r < b). \tag{4.61}$$

Para o contorno localizado do lado de dentro do condutor externo, a corrente líquida contida é igual à corrente do condutor do lado de dentro menos aquela porção da corrente do condutor externo que é contida pelo contorno, de modo que

$$B = \frac{1}{2\pi r}\mu_0 \underbrace{[I - J_2\pi(r^2 - b^2)]}_{I_C} =$$

$$= \frac{\mu_0 I(c^2 - r^2)}{2\pi(c^2 - b^2)r} \quad (b \le r \le c). \tag{4.62}$$

Por fim, se o raio r é maior do que o raio externo do condutor externo,

$$B = \frac{1}{2\pi r}\mu_0(I - I) = 0 \quad (c < r < \infty). \tag{4.63}$$

Desse modo, o campo magnético externo (para $r > c$) é zero. Vemos que isso resulta de correntes de intensidades iguais e direções contrárias em cabos condutores (com zero de corrente total contida de acordo com a lei de Ampère), embora o campo elétrico externo de um cabo coaxial carregado seja zero por causa de cargas de magnitudes iguais, e polaridades contrárias por comprimento unitário dos condutores (resultando em zero a carga total contida de acordo com a lei de Gauss). Tais correntes e cargas (positivas e negativas iguais) são padrão em operações de todas as linhas de transmissão de dois condutores. Esta é uma propriedade muito importante de um cabo coaxial; os campos eletrostáticos e magnetostáticos do cabo se concentram apenas dentro do cabo, e seu exterior é perfeitamente blindado em relação ao interior e vice-versa.

Exemplo 4.12

Campo magnético de uma bobina toroidal

Vemos na Figura 4.18(a) uma bobina toroidal (no formato de rosquinha) com um corte transversal retangular. A bobina consiste de N voltas de fio enroladas de forma densa e uniforme ao longo do comprimento da toroide e possui uma carga contínua de intensidade I. Os raios internos e externos da toroide são a e b ($a <$ b), e sua altura é h. O meio dentro e fora da bobina é não magnético. Calcule o vetor densidade do fluxo magnético dentro e fora da bobina.

Solução A Figura 4.18(b) mostra um corte horizontal da toroide da Figura 4.18(a). Devido à simetria, as linhas do vetor densidade do campo magnético, **B**, causado pela corrente na bobina, são círculos centrados no eixo da toroide [eixo z na Figura 4.18(b)], e a magnitude de **B** depende apenas da distância r do eixo. Isso significa que o vetor **B** tem a forma dada pela Equação (4.53). Aplicando a lei de Ampère a um contorno circular de raio r ($0 \le r < \infty$), obtemos as sequintes equações para três localizações características do contorno:

$$B(r)\,2\pi r = 0 \quad (0 \le r \le a),$$

$$B(r)\,2\pi r = \mu_0 NI \quad (a < r < b),$$

$$B(r)\,2\pi r = \mu_0(NI - NI) = 0 \quad (b \le r < \infty). \tag{4.64}$$

Assim, $B = 0$ fora da toroide, enquanto dentro

$$B(r) = \frac{\mu_0 NI}{2\pi r} \quad \text{(dentro de uma bobina toroidal espessa)} \tag{4.65}$$

Perceba que esse resultado é válido para um formato arbitrário do corte transversal (vertical) da toroide (não apenas retangular).

Se a toroide for fina, ou seja, $b - a \ll a$, podemos assumir que, dentro dela, $r \approx c$, onde $c = (a + b)/2$ é seu raio médio. Isso implica considerarmos uniforme o campo magnético dentro da toroide, com a densidade de fluxo

B dentro de uma bobina toroidal fina

$$B = \frac{\mu_0 NI}{2\pi c} = \frac{\mu_0 NI}{l} = \mu_0 N' I, \tag{4.66}$$

onde $l = 2\pi c$ é o comprimento da toroide e $N' = N/l$ é o número de voltas do fio por comprimento unitário.

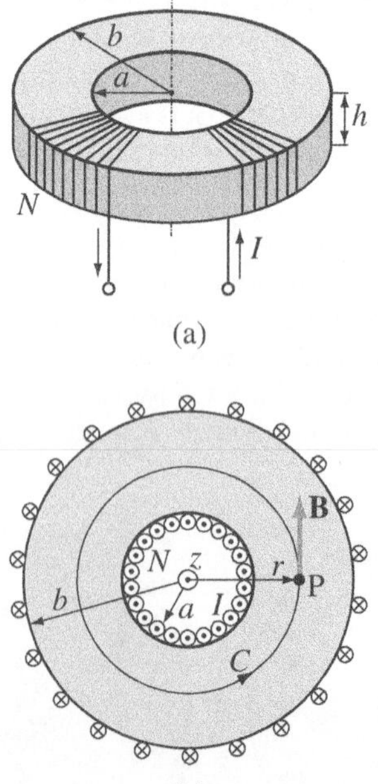

Figura 4.18
Avaliação do campo magnético de uma bobina toroidal: (a) representação tridimensional ilustrando o enrolar e (b) corte transversal mostrando os contornos amperianos ($0 \le r < \infty$); para o Exemplo 4.12.

Percebemos que a expressão final de B na Equação (4.66) é a mesma da Equação (4.37) encontrada para um solenoide infinito. Ou seja, podemos visualizar um solenoide infinitamente longo como uma toroide de raio infinito.

Exemplo 4.13

Campo magnético dentro de um solenoide infinito a partir da lei de Ampère

Um solenoide preenchido por ar, infinitamente longo, tem N' voltas de fio por unidade de seu comprimento. Uma corrente contínua de intensidade I flui através das voltas. Usando a lei de Ampère, prove que a densidade do fluxo magnético dentro do solenoide é dada pela expressão da Equação (4.37).

Solução Sabendo que o vetor **B** dentro de um solenoide infinito é axial (paralelo ao eixo do solenoide) e zero fora do solenoide, torna-se muito simples calcular a magnitude de **B** no solenoide a partir da lei de Ampère. O contorno amperiano é um retângulo posicionado parcialmente dentro do solenoide, conforme Figura 4.19. A integral de linha de **B** ao longo da aresta vertical (axial) do retângulo que está dentro do solenoide é igual a Bl, pois **B** é paralelo àquela aresta e não varia ao longo da mesma (a estrutra é infinitamente longa). A integral de linha de **B** ao longo das três arestas remanescentes do retângulo é zero, porque **B** é perpendicular a porções das arestas horizontais (perpendiculares ao eixo) que estão dentro do solenoide e é zero fora dele. A corrente líquida contida no contorno, por outro lado, é igual ao número de voltas pelo comprimento l, que é $N'l$, vezes I (a corrente passando a cada volta). Assim, a lei de Ampère nos dá

$$Bl = \mu_0 N' l I, \tag{4.67}$$

isto é, o mesmo que a Equação (4.37). Perceba que de nenhuma maneira restringimos a localização da aresta esquerda do contorno C da Figura 4.19 ao eixo do solenoide ou a uma distância específica do mesmo, o que significa que a Equação 4.37 tem validade por todo o corte transversal do solenoide, e não apenas no eixo do solenoide (no Exemplo 4.5, o campo magnético é calculado apenas ao longo do eixo do solenoide). Em outras palavras, o campo magnético é uniforme (o mesmo) através de todo o volume contido pelas voltas do solenoide (enquanto fora, é zero). Também percebemos que o corte transversal do solenoide em questão não se restringe de nenhum modo ao formato circular, o que implica que o campo magnético é o mesmo para formas arbitrárias do corte transversal do solenoide (dado que o solenoide seja muito longo).

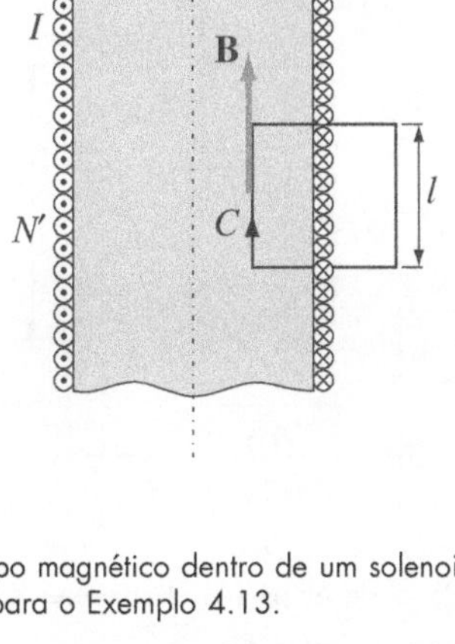

Figura 4.19

Avaliação do campo magnético dentro de um solenoide infinito usando a lei de Ampère; para o Exemplo 4.13.

Exemplo 4.14

Campo magnético de um cilindro carregado em rotação

Um cilindro muito longo de raio a é uniformemente carregado sobre seu volume por uma carga de densidade ρ. O cilindro se rotaciona sobre seu eixo a uma velocidade angular w. A permeabilidade é μ_0 em toda parte. Encontre o vetor densidade do fluxo magnético dentro e fora do cilindro, assumindo que a distribuição de carga do cilindro permaneça a mesma durante a rotação.

Solução Como as cargas do cilindro se rotacionam com ele, formam uma corrente elétrica volumétrica. De acordo com a Figura 4.20(a), a velocidade na qual um ponto M que está em uma distância r dos movimentos do eixo do cilindro é

$$\mathbf{v} = \mathbf{w} \times \mathbf{r} = wr\hat{\boldsymbol{\phi}}, \tag{4.68}$$

e o vetor densidade de corrente naquele ponto pode ser encontrado com a Equação (3.28). As linhas de corrente no cilindro são círculos centrados no eixo do cilindro [Figura 4.20(a)], e a densidade de corrente é uma função de r dada por

$$J(r) = \rho v(r) = \rho wr \quad (0 \leq r \leq a). \tag{4.69}$$

Percebemos que essa densidade de corrente, que independe do campo elétrico, pode ser considerada uma densidade de corrente elétrica aplicada, $\mathbf{J}_i$ [Figura 3.17(a)].

Em razão de as correntes no cilindro serem circulares, este pode ser visto como uma série de solenoides coaxiais muito longos de raios variando de $r = 0$ a $r = a$. Isto explica por que o vetor densidade do fluxo magnético, **B**, fora do cilindro (ou seja, fora de todos os solenoides equivalentes) é zero, enquanto dentro dele **B** é axial. A lei de Ampère, Equação (4.49), aplicada a um contorno retangular C conforme Figura 4.20(b), resulta em [o lado esquerdo da equação é o mesmo da Equação (4.67)]

$$B(r)\, l = \mu_0 \int_{r'=r}^{a} J(r')\, \underbrace{l\, \mathrm{d}r'}_{\mathrm{d}S} = \mu_0 \rho w l \int_r^a r'\, \mathrm{d}r', \tag{4.70}$$

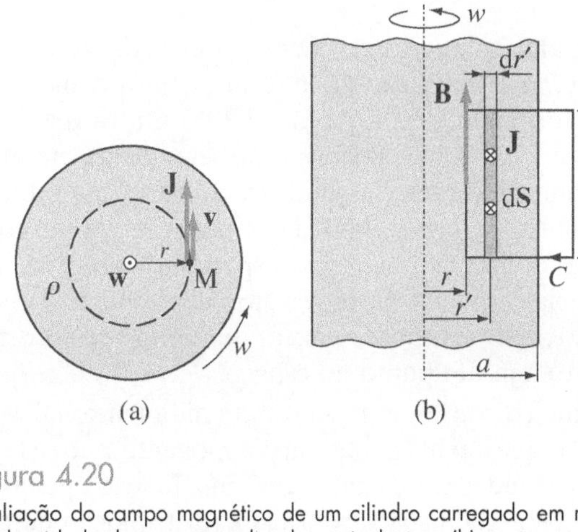

Figura 4.20

Avaliação do campo magnético de um cilindro carregado em rotação: (a) densidade de corrente aplicada equivalente e (b) contorno amperiano; para o Exemplo 4.14.

onde dS é a área de superfície de uma tira fina de comprimento l e espessura dr' (r' é a variável de integração). Assim, a magnitude de **B** em pontos que estão a r de distância do eixo do cilindro é

$$B(r) = \begin{cases} \mu_0 \rho w(a^2 - r^2)/2 & \text{para } r < a \\ 0 & \text{para } r \geq a \end{cases}. \quad (4.71)$$

Exemplo 4.15

Campo magnético de uma lâmina de corrente infinita a partir da lei de Ampère

Usando a lei de Ampère, prove que o vetor densidade do fluxo magnético causado por uma lâmina de corrente planar infinita, com densidade de corrente superficial uniforme J_s no espaço livre, é dado pela expressão da Equação (4.47).

Solução Em razão da simetria, as linhas de campo magnético são paralelas à lâmina e **B** não varia em direções paralelas à lâmina. Aplicamos a lei de Ampère a um contorno regular C visto na Figura 4.21. A integral linha de **B** ao longo de cada uma das duas arestas do contorno que são paralelas à lâmina é igual a Bl e a corrente contida é $J_s l$ [Equação (3.13)], de modo que

$$2Bl = \mu_0 J_s l, \quad (4.72)$$

de onde obtemos o mesmo resultado da Equação (4.47).

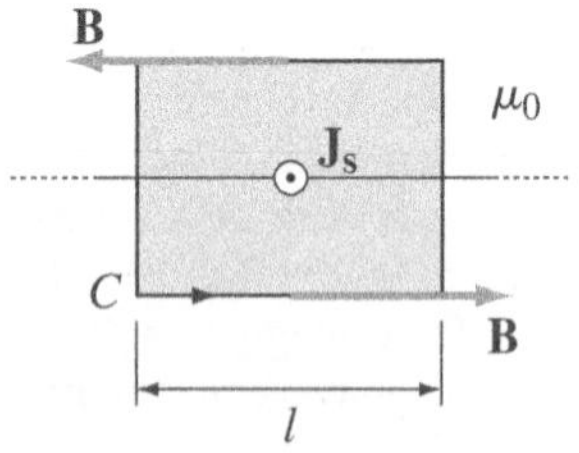

Figura 4.21

Avaliação do campo magnético de uma lâmina de corrente infinita usando a lei de Ampère; para o Exemplo 4.15.

4.6 FORMA DIFERENCIAL DA LEI DE AMPÈRE

Em eletrostática, derivamos a forma diferencial da lei de Gauss [Equação (1.163) ou (1.166)] começando de sua forma integral Equação (1.135). Outra vez existe um conceito e uma transformação semelhante em magnetostática. Nesta seção, utilizaremos a forma integral da lei de Ampère, Equação (4.49), para derivar seu equivalente diferencial. O que esperamos obter é um diferencial espacial entre o vetor densidade do fluxo magnético, **B** (campo), e o vetor densidade de corrente, **J** (fonte), em um ponto no espaço.

Primeiro consideramos o caso unidimensional e assumimos que **J** tem apenas um componente z no sistema de coordenadas cartesiano que é uma função apenas da coordenada x, ou seja, $\mathbf{J} = J_z(x)\,\hat{\mathbf{z}}$ (distribuição de corrente 1-D). Então, por simetria, o único componente presente de **B** é B_y (como no Exemplo 4.15), ou seja, $\mathbf{B} = B_y(x)\,\hat{\mathbf{y}}$. Aplicamos a lei de Ampère [Equação (4.49)] a um contorno retangular estreito C repousando no plano xy, com arestas paralelas aos eixos x e y, conforme Figura 4.22. A dimensão do contorno na direção x é dx e o comprimento das arestas paralelas ao eixo y é l. O campo magnético é constínuo ao longo de ambas as arestas com comprimento l (B_y não varia com y), de modo que, em essência, não é preciso integração no lado esquerdo da Equação (4.49), isto é, a integral ao longo de cada aresta se reduz a **B** · **I** (**I** tem a mesma direção que d**l**). Também não é preciso integração no lado direito da Equação (4.49) porque dx é diferencialmente pequeno e podemos tomar $J_z(x)$ como contínua sobre a superfície que se estende sobre C. Por fim, como **B** é tangencial a ambas as arestas com comprimento l, **B** e d**l** se direcionam em posições contrárias ao longo da aresta esquerda, e na mesma direção ao longo da aresta direita, temos

$$-B_y(x)\,l + B_y(x + \mathrm{d}x)\,l = \mu_0 J_z(x)\,l\,\mathrm{d}x. \quad (4.73)$$

Lembrando que

$$\mathrm{d}B_y = B_y(x + \mathrm{d}x) - B_y(x), \quad (4.74)$$

A Equação (4.73) se torna uma equação diferencial,

lei de Ampère diferencial 1-D

$$\boxed{\frac{\mathrm{d}B_y}{\mathrm{d}x} = \mu_0 J_z.} \quad (4.75)$$

Esta é a lei de Ampère unidimensional na forma diferencial. Podemos notar a analogia com a lei de Gauss 1-D na Equação (1.158).

Vamos agora generalizar a Equação (4.75) para uma distribuição de corrente tridimensional arbitrária. O vetor densidade de corrente tem agora todos os três componentes cartesianos e todos eles são funções de todas as três coordenadas,

$$\mathbf{J} = J_x(x, y, z)\,\hat{\mathbf{x}} + J_y(x, y, z)\,\hat{\mathbf{y}} + J_z(x, y, z)\,\hat{\mathbf{z}}. \quad (4.76)$$

O contorno amperiano C na Equação (4.49) deve, pois, ser diferencialmente pequeno em ambas dimensões. Além disso, um contorno não é suficiente; precisamos de três pequenos contornos, orientados em perpendi-

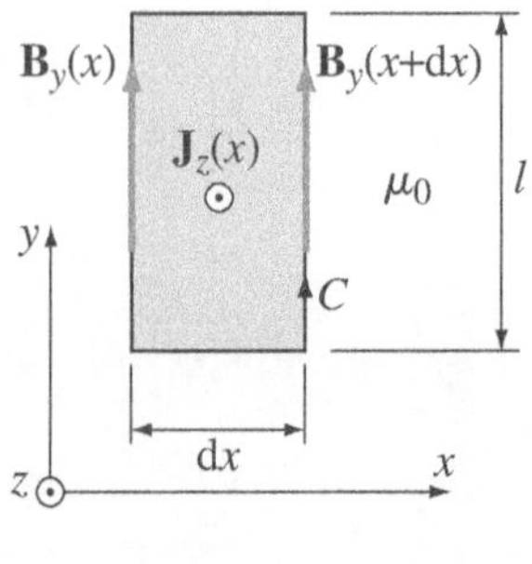

Figura 4.22

Para a derivação da lei de Ampère unidimensional na forma diferencial.

cular a cada um dos componentes densidade de corrente. Por serem diferencialmente pequenas todas as arestas dos contornos, a integral de linha ao longo de cada uma pode ser aproximada tomando-se um valor contínuo do componente campo tangencial à aresta e multiplicando-se por mais ou menos o comprimento da aresta. Isso nos dá o resultado para cada par de integrais ao longo de arestas paralelas dentro de cada contorno que tem a mesma forma do caso 1-D [equações (4.73)-(4.75)]. Para o contorno que repousa inteiramente no plano normal ao componente x de **J**, visto na Figura 4.23, temos

$$\oint_C \mathbf{B}\cdot d\mathbf{l} = -B_z(x,y,z)\,dz + B_y(x,y,z)\,dy + \\ + B_z(x,y+dy,z)\,dz - B_y(x,y,z+dz)\,dy = \\ = \mu_0 J_x(x,y,z)\,dy\,dz, \quad (4.77)$$

que dividido por $dydz$ resulta em

$$\frac{\oint_C \mathbf{B}\cdot d\mathbf{l}}{dy\,dz} = \frac{B_z(x,y+dy,z)-B_z(x,y,z)}{dy} - \frac{B_y(x,y,z+dz)-B_y(x,y,z)}{dz} = \\ = \frac{\partial B_z}{\partial y} - \frac{\partial B_y}{\partial z} = \mu_0 J_x. \quad (4.78)$$

Para contornos orientados perpendicularmente a cada um dos eixos coordenados remanescentes, eixos y e z, procedimentos semelhantes nos levam às equações

$$\frac{\partial B_x}{\partial z} - \frac{\partial B_z}{\partial x} = \mu_0 J_y \quad \text{e} \quad \frac{\partial B_y}{\partial x} - \frac{\partial B_x}{\partial y} = \mu_0 J_z, \quad (4.79)$$

Ao multiplicarmos a Equação (4.78) pelo vetor unitário $\hat{\mathbf{x}}$, e as equações (4.79) por $\hat{\mathbf{y}}$ e $\hat{\mathbf{z}}$, respectivamente, e somando as três, obtemos a seguinte equação com o vetor **J** [Equação (4.76)], multiplicado por μ_0, no lado direito:

lei de Ampère na forma diferencial

$$\left(\frac{\partial B_z}{\partial y} - \frac{\partial B_y}{\partial z}\right)\hat{\mathbf{x}} + \left(\frac{\partial B_x}{\partial z} - \frac{\partial B_z}{\partial x}\right)\hat{\mathbf{y}} + \\ + \left(\frac{\partial B_y}{\partial x} - \frac{\partial B_x}{\partial y}\right)\hat{\mathbf{z}} = \mu_0 \mathbf{J}. \quad (4.80)$$

Esta equação diferencial parcial (EDP) representa a lei de Ampère em forma diferencial para uma distribuição de corrente contínua arbitrária. Ela relaciona a taxa de mudança dos componentes de campo **B** em coordenadas espaciais ao vetor densidade de corrente local, **J**. Podemos notar que apenas as variações de componentes individuais que estão em direções perpendiculares à direção do componente (mudança de B_x ao longo de y e z, e de x etc.) contribuem nessa relação, que é contrária às dependências na lei de Gauss diferencial [Equação (1.163)].

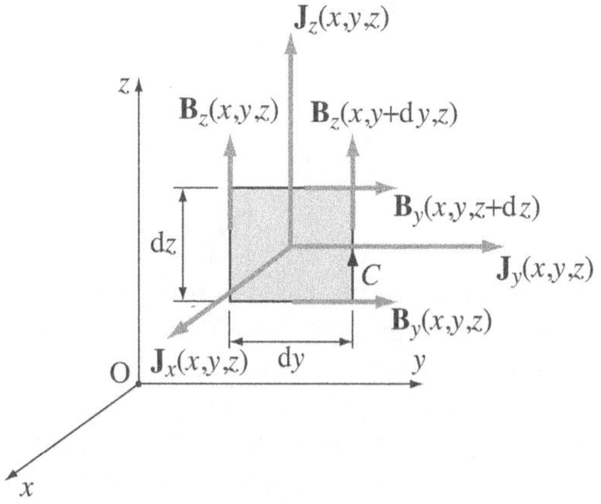

Figura 4.23
Para a derivação da lei de Ampère na forma diferencial para uma distribuição de corrente arbitrária.

4.7 ROTACIONAL

A expressão ao lado esquerdo da Equação (4.80) é a chamada rotacional de uma função vetor (**B**), expressa na forma de rot**B**,[4] de modo semelhante à divergência de um campo vetor (**E**) usado para expressar a forma diferencial da lei de Gauss [Equação (1.166)]. Além disso, percebemos que ao aplicarmos a fórmula para o produto vetorial de dois vetores no sistema de coordenadas[5] cartesiano a $\nabla \times \mathbf{B}$, onde o operador del é dado pela Equação (1.100), obtemos exatamente rot **B**. Assim,

rotacional em coordenadas cartesianas

$$\text{rot}\,\mathbf{B} = \nabla\times\mathbf{B} = \left(\frac{\partial B_z}{\partial y} - \frac{\partial B_y}{\partial z}\right)\hat{\mathbf{x}} + \\ + \left(\frac{\partial B_x}{\partial z} - \frac{\partial B_z}{\partial x}\right)\hat{\mathbf{y}} + \\ + \left(\frac{\partial B_y}{\partial x} - \frac{\partial B_x}{\partial y}\right)\hat{\mathbf{z}}, \quad (4.81)$$

4 Perceba que rot **B** também é usado para rot **B**, sendo "rot" diminutivo de "rotação" (ou "rotacional").

5 Para vetores dados por seus componentes cartesianos, inserir

$$\mathbf{a}\times\mathbf{b} = (a_x\hat{\mathbf{x}} + a_y\hat{\mathbf{y}} + a_z\hat{\mathbf{z}}) \times (b_x\hat{\mathbf{x}} + b_y\hat{\mathbf{y}} + b_z\hat{\mathbf{z}}) = \\ = (a_yb_z - a_zb_y)\,\hat{\mathbf{x}} + (a_zb_x - a_xb_z)\,\hat{\mathbf{y}} + (a_xb_y - a_yb_x)\,\hat{\mathbf{z}}.$$

que também pode ser expresso na forma de uma determinante,

$$\text{rot } \mathbf{B} = \nabla \times \mathbf{B} = \begin{vmatrix} \hat{\mathbf{x}} & \hat{\mathbf{y}} & \hat{\mathbf{z}} \\ \frac{\partial}{\partial x} & \frac{\partial}{\partial y} & \frac{\partial}{\partial z} \\ B_x & B_y & B_z \end{vmatrix} \qquad (4.82)$$

(usar a forma determinante é uma maneira conveniente de memorizar a expressão para $\nabla \times \mathbf{B}$ no sistema de coordenadas cartesianas). Perceba que a rotacional é uma operação feita sobre um vetor e cujo resultado também é um vetor. Por fim, a lei de Ampère diferencial pode agora ser expressa de uma forma curta como

lei de Ampère utilizando notação de rotacional

$$\boxed{\text{rot } \mathbf{B} = \nabla \times \mathbf{B} = \mu_0 \mathbf{J}.} \qquad (4.83)$$

Em sistemas de coordenadas não retangulares, o contorno amperiano diferencialmente pequeno da Figura (4.23) torna-se curvilíneo e com expressões diferentes para comprimentos de suas arestas para componentes densidade de corrente diferentes em cada um dos sistemas. Por exemplo, na Figura 1.10, o contorno perpendicular ao componente vetor radial $J_r\hat{\mathbf{r}}$ em coordenadas esféricas é um quadrilátero curvilíneo com comprimentos de aresta $r\,\mathrm{d}\theta$ e r sen $\theta\,\mathrm{d}\phi$. Efetuando derivações similares às das equações (4.77)-(4.80) para esse contorno e contornos orientados em perpendicular a outros vetores unitários nas Figuras 1.25 e 1.26, a expressão para a rotacional em coordenadas cilíndricas é

rotacional em coordenadas cilíndricas

$$\boxed{\begin{aligned} \text{rot } \mathbf{B} = \nabla \times \mathbf{B} &= \left(\frac{1}{r}\frac{\partial B_z}{\partial \phi} - \frac{\partial B_\phi}{\partial z}\right)\hat{\mathbf{r}} + \\ &+ \left(\frac{\partial B_r}{\partial z} - \frac{\partial B_z}{\partial r}\right)\hat{\boldsymbol{\phi}} + \frac{1}{r}\left[\frac{\partial}{\partial r}(rB_\phi) - \frac{\partial B_r}{\partial \phi}\right]\hat{\mathbf{z}}, \end{aligned}} \qquad (4.84)$$

e no sistema de coordenadas esféricas

rotacional em coordenadas esféricas

$$\boxed{\begin{aligned} \text{rot } \mathbf{B} = \nabla \times \mathbf{B} &= \frac{1}{r \,\text{sen}\,\theta}\left[\frac{\partial}{\partial \theta}(\text{sen}\,\theta B_\phi) - \frac{\partial B_\theta}{\partial \phi}\right]\hat{\mathbf{r}} + \\ &+ \frac{1}{r}\left[\frac{1}{\text{sen}\,\theta}\frac{\partial B_r}{\partial \phi} - \frac{\partial}{\partial r}(rB_\phi)\right]\hat{\boldsymbol{\theta}} + \\ &+ \frac{1}{r}\left[\frac{\partial}{\partial r}(rB_\theta) - \frac{\partial B_r}{\partial \theta}\right]\hat{\boldsymbol{\phi}}. \end{aligned}} \qquad (4.85)$$

Do mesmo modo que ocorre com $\nabla \cdot \mathbf{E}$ na Seção 1.5, usamos a notação $\nabla \times \mathbf{B}$ em sistemas de coordenadas cilíndricas e esféricas não para nos referirmos a tal como produto vetorial real dos vetores ∇ e $\mathbf{B}$, o que vale apenas para coordenadas retangulares [Equação (4.81)], porém para, simplesmente, simbolizar a operação de rotacional. Com isso, também enfatizamos o fato de que as relações derivadas, empregando tal formalismo vetorial no sistema de coordenadas cartesianas, são verdadeiras (se identificam), em geral, em todos os sistemas de coordenadas (propriedades das quantidades físicas entre e relações entre elas são os fatos que independem da escolha do sistema de coordenadas).

Ao combinarmos as equações (4.81) e (4.78), descobrimos que o componente x de rot $\mathbf{B}$, ou seja, $\hat{\mathbf{x}} \cdot$ rot $\mathbf{B}$, pode ser expresso como a circulação líquida (integral linha) de $\mathbf{B}$ ao longo do contorno incremental C da Figura 4.23 dividido pela área da superfície que se estende sobre o contorno,

$$\hat{\mathbf{x}} \cdot \text{rot } \mathbf{B} = \frac{\oint_C \mathbf{B} \cdot \mathrm{d}\mathbf{l}}{\mathrm{d}y\,\mathrm{d}z}. \qquad (4.86)$$

Podemos agora proclamar formalmente o eixo x cartesiano como um eixo (direção) linear arbitrário no espaço e o contorno C um contorno diferencialmente pequeno, de formato arbitrário, contornando uma superfície ∇S conforme a Figura 4.24, e assim

definição alternativa de rot

$$\boxed{\hat{\mathbf{n}} \cdot \text{rot } \mathbf{B} = \lim_{\Delta S \to 0} \frac{\oint_C \mathbf{B} \cdot \mathrm{d}\mathbf{l}}{\Delta S},} \qquad (4.87)$$

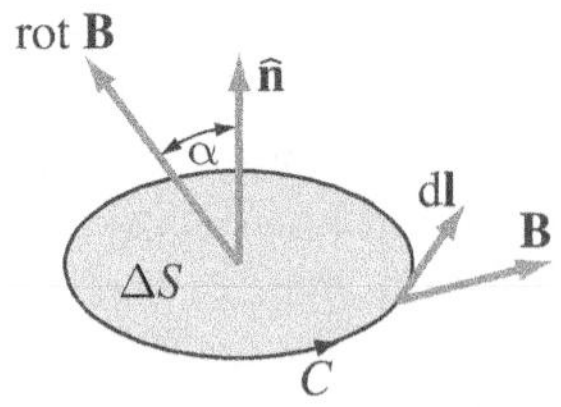

Figura 4.24
Para a definição de ondulação de um campo vetor na Equação (4.87).

onde $\hat{\mathbf{n}}$ é o vetor unitário normal à superfície ΔS ($\Delta \mathbf{S} = \Delta S \hat{\mathbf{n}}$) determinado pela regra da mão direita. A Equação (4.87) é uma definição matemática equivalente da rotacional de um vetor, que nos permite obter um componente da rotacional de $\mathbf{B}$ ao longo de uma direção desejada em um dado ponto por meio do cálculo da circulação de $\mathbf{B}$ ao longo de um contorno no plano perpendicular àquela direção enquanto o contorno se reduz a zero em relação ao ponto. A circulação de $\mathbf{B}$ em relação a C, por área unitária, aparecendo ao lado direito da Equação (4.87) é igual a $\hat{\mathbf{n}} \cdot \text{rot}\mathbf{B} = |\text{rot}\mathbf{B}| \cos \alpha$ ($|\hat{\mathbf{n}}| = 1$). Assim, para a orientação de $\Delta \mathbf{S}$ definida por $\alpha = 0$, obtemos o máximo na circulação ($\cos \alpha = 1$), e a Equação (4.87) se torna

significado físico da rotacional

$$\boxed{|\text{rot } \mathbf{B}| = \left(\lim_{\Delta S \to 0} \frac{\oint_C \mathbf{B} \cdot \mathrm{d}\mathbf{l}}{\Delta S}\right)_{\text{máx}} \qquad (\alpha = 0).} \qquad (4.88)$$

Isso significa que (1) a magnitude da curvatura $\mathbf{B}$ é igual à circulação líquida máxima (já que a direção do elemento superfície $\Delta\mathbf{S} = \Delta S\,\hat{\mathbf{n}}$ varia) de **B** por área unitária com a área do elemento superfície tendendo a zero e (2) a direção da rotacional **B** está na direção que fornece o valor máximo de magnitude da circulação líquida por área unitária ($\alpha = 0$). Daí podemos considerar a ondulação de um campo vetor (não apenas o campo magnetostático) fisicamente como uma medida daquelas fontes locais do campo em um ponto no espaço que produzem componentes de campo circulares em relação àquele ponto. Lembramos que a divergência é uma medida de fontes de componentes de campo radiais em relação ao ponto [Equação(1.172)]. A lei de Ampère nos informa que as fontes produzindo componentes de campo circulares localmente no caso do campo magnetostático no espaço livre são correntes elementais de intensidades $\mathbf{J}\,\Delta S$. Quantitativamente, a ondulação representa a densidade superficial dessas fontes, sendo que, em nosso caso, a densidade é **J**. O conceito de rotacional de um campo vetor é utilizado em diversas aplicações de várias áreas da ciência e engenharia.

Substituindo $\mu_0\mathbf{J}$ por $\nabla \times \mathbf{B}$ [da Equação (4.83)] na forma integral da lei de Ampère, Equação (4.49), temos

teorema de Stoke

$$\oint_C \mathbf{B} \cdot d\mathbf{l} = \int_S (\nabla \times \mathbf{B}) \cdot d\mathbf{S}. \tag{4.89}$$

Embora aqui obtido e para o campo magnético no espaco livre, essa equação é uma identidade, válida para qualquer campo vetor (para o qual exista a derivada adequada). Ela é muito usada em eletromagnética e outras áreas da ciência e engenharia e é conhecida por teorema de Stokes. Ele estabelece que a circulação líquida de um campo vetor ao longo de um contorno arbitrário é o mesmo que o fluxo líquido de sua rotacional por qualquer superfície contornada pelo contorno, onde as orientações de referência do contorno e da superfície se interconectam pela regra da mão direita. Percebemos o paralelismo com o teorema da divergência, Equação (1.173), que se aplica a uma superfície fechada e relaciona o fluxo de um campo vetor com uma integral de volume de sua divergência.

Para provar o teorema de Stokes (para um campo vetor arbitrário **B**), imagine a superfície S subdividida em um grande número de áreas diferencialmente pequenos ΔS_i ($\Delta S_i \to 0$) contornados por contornos infinitésimos C_i, conforme a Figura 4.25. Aplicando a definição de rotacional da Equação (4.87) a uma dessas áreas, temos

$$\oint_{C_i} \mathbf{B} \cdot d\mathbf{l} = \Delta S_i\,\hat{\mathbf{n}} \cdot \text{rot}\,\mathbf{B} = (\nabla \times \mathbf{B}) \cdot \Delta S_i\hat{\mathbf{n}} = = (\nabla \times \mathbf{B}) \cdot \Delta\mathbf{S}_i. \tag{4.90}$$

Vamos agora determinar essa circulação para cada ΔS_i compreendendo S e somar todos os resultados. O que temos do lado esquerdo da equação resultante é a integral linha de **B** ao longo do contorno geral C contornando a superfície S, já que os termos que surgem dos lados de pequenos contornos divididos por duas áreas quaisquer se cancelam durante a soma, como nos mostra a Figura 4.25, e apenas contornos para os quais não ocorre cancelamento são os que formam o contorno C. Assim,

$$\oint_C \mathbf{B} \cdot d\mathbf{l} = \lim_{\Delta S_i \to 0} \sum_i (\nabla \times \mathbf{B}) \cdot \Delta\mathbf{S}_i. \tag{4.91}$$

No limite, a soma no lado direito se torna uma integral, $\Delta\mathbf{S}_i$ se torna $d\mathbf{S}$ e temos, então, $\int_S (\nabla \times \mathbf{B}) \cdot d\mathbf{S}$, o que prova o teorema.

Ao aplicarmos o teorema de Stokes à Equação (4.83), chegamos à forma diferencial da primeira equação de Maxwell para o campo eletrostático:

rotacional de E em eletrostática

$$\nabla \times \mathbf{E} = 0. \tag{4.92}$$

Percebemos que o campo eletrostático é um campo livre rotacional, ou irrotacional, e isso é uma propriedade de qualquer campo vetor conservativo (campo com circulação zero ao longo de qualquer caminho fechado).

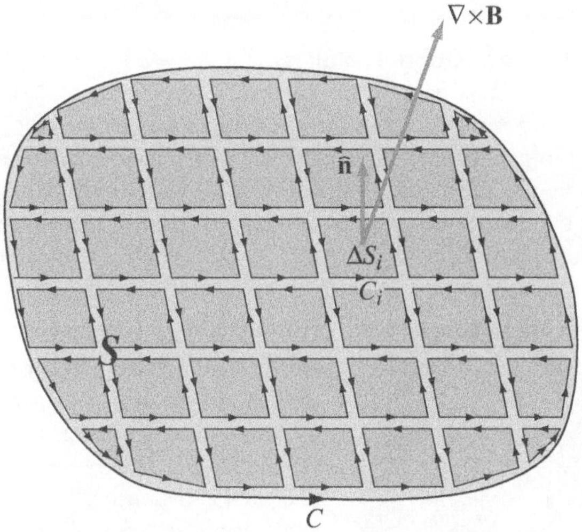

Figura 4.25

Superfície aberta S subdividida em áreas diferencialmente menores — para a prova do teorema de Stokes, Equação (4.89).

Exemplo 4.16

Condutor de corrente cilíndrico utilizando a lei diferencial de Ampère

Refaça o Exemplo 4.9, porém agora usando a forma diferencial da lei de Ampère.

Solução Temos aqui uma situação analogicamente igual à aplicação da lei diferencial de Gauss para solucionar um problema eletrostático com simetria esférica, como visto no Exemplo 1.22. Para o interior do condutor na Figura 4.15 (onde $\mathbf{J} = J\,\hat{\mathbf{z}}$ e $J =$ const), combinando as equações (4.53), (4.84) e (4.83), temos, agora, no lugar das equações (1.174) e (1.175)

$$\nabla \times \mathbf{B} = \frac{1}{r}\frac{\partial}{\partial r}[rB(r)]\,\hat{\mathbf{z}} = \mu_0 J\,\hat{\mathbf{z}} \rightarrow$$

$$\rightarrow \quad rB(r) = \mu_0 J \int r\,\mathrm{d}r + C_1 = \frac{\mu_0 J r^2}{2} + C_1 \rightarrow$$

$$\rightarrow \quad B(r) = \frac{\mu_0 J r}{2} + \frac{C_1}{r} \qquad (0 \le r < a), \tag{4.93}$$

com $C_1 = 0$, já que não há corrente de linha (de intensidade I_0) ao longo do eixo z (para $r = 0$) na Figura (4.15) [de outro modo, essa contínua seria $C_1 = \mu_0 I_0/(2\pi)$]. De maneira similar, no espaço ao redor (com $\mathbf{J} = 0$),

$$\frac{\partial}{\partial r}[rB(r)] = 0 \;\rightarrow\; rB(r) = C_2 \;\rightarrow$$

$$\rightarrow \quad B(r) = \frac{C_2}{r} \quad (a < r < \infty), \tag{4.94}$$

onde $C_2 = \mu_0 J a^2/2$, de $B(a^-) = B(a^+)$. Tanto a Equação (4.93) quanto a Equação (4.94) dão os mesmos resultados correspondentes à Equação (4.56).

4.8 LEI DA CONSERVAÇÃO DO FLUXO MAGNÉTICO

Como o vetor **B** é chamado de vetor densidade do fluxo magnético, seu fluxo através de uma superfície S é chamado de fluxo magnético. Ele é representado por Φ,

fluxo magnético (unidade: *Wb*)

$$\Phi = \int_S \mathbf{B} \cdot \mathrm{d}\mathbf{S}, \tag{4.95}$$

e medido em webers (Wb), onde Wb = T · m^2. Lembramos que o fluxo elétrico, Ψ, define-se como o fluxo do vetor densidade do fluxo elétrico, **D**, através de uma determinada superfície [Equação (2.42)], e que a unidade para Ψ é C.

A lei de Gauss generalizada, Equação (2.43), nos diz que o fluxo elétrico líquido que dirige para fora através

APARTE HISTÓRICO

Sir George Gabriel Stokes (1819-1903), matemático e físico britânico, foi professor de matemática na Universidade de Cambridge. Stokes era o mais velho dos três professores de Cambridge, além de James Clerk Maxwell (1831-1879) e Lord Kelvin (1824-1907), a contribuir de maneira especial para o prestígio da faculdade de física matemática daquela instituição no século XIX. Suas maiores contribuições foram na área de fluidos viscosos, som, luz, espectroscopia, fluorescência e raios X. Ocupou, durante algum tempo, a cadeira lucasiana de matemática em Cambridge, foi representante da Universidade no Parlamento e presidente da Royal Society, três postos que somente uma vez antes haviam sido ocupados por uma só pessoa, Isaac Newton (1642-1727).

Wilhelm Eduard Weber (1804-1891), físico alemão, foi professor da Universidade de Göttingen. Obteve seu doutorado na Universidade de Halle em 1826, com uma dissertação sobre a teoria acústica dos órgãos de tubo, e foi nomeado professor em Göttingen em 1831. Em parceria com Karl Friedrich Gauss (1777-1855), em 1833, construiu o primeiro telégrafo a ser utilizado na prática, ligando seu laboratório de física ao observatório astronômico de Gauss, a 3 km de distância, em Göttingen. Eles também trabalharam juntos na pesquisa do magnetismo terrestre (campo magnético da terra). De 1836 a 1841, organizaram uma rede de estações de observação por todo o mundo para correlacionar medidas do magnetismo terrestre em diferentes posições. Em 1841, Weber desenvolveu o eletrodinamômetro, capaz de medir com precisão o deslocamento angular de uma bobina com uma corrente causada por outra bobina perpendicular a ela e carregando a mesma corrente. Ele utilizou esse instrumento para uma validação final das conclusões anteriores de Ampère acerca das forças magnéticas causadas por correntes de espiras de fios (nas bobinas). O instrumento também foi usado por muitos pesquisadores e estudantes durante décadas, para medir diretamente os torques e forças magnéticas causados por determinadas correntes e para determinar (indiretamente) a corrente (desconhecida) do torque medido (como um tipo de amperímetro). Em seus últimos anos em Göttingen, Weber trabalhou em um projeto de unificação e generalização teorética das leis que descreviam forças em repouso (lei de Coulomb) e em movimento (lei da força de Ampère), assim como a lei de Faraday de indução eletromagnética para correntes variáveis (cargas em aceleração). Ele também contribuiu para a compreensão da conexão existente entre a luz e os fenômenos eletromagnéticos e para o estabelecimento da relação entre eletromagnetismo e óptica, que foi crucial para o desenvolvimento da teoria de Maxwell sobre o campo eletromagnético (incluindo a luz). Mais uma vez em parceria com Gauss, Weber teve importante papel nas primeiras fases do desenvolvimento de um novo sistema de unidades que fosse coerente de modo a também incluir fenômenos eletromagnéticos, o que depois evoluiu para o Sistema de Unidades (SI) atual. No SI temos o weber, que em sua homenagem designa a unidade de fluxo magnético. (*Imagem: AIP Emilio Segrè Visual Archives, Brittle Books Collection*)

de uma superfície fechada é igual à carga total nela contida. Nossa analogia entre campos elétricos e magnéticos nos impõe uma questão: qual é o fluxo magnético líquido através de uma superfície fechada? A resposta é: zero. Para provar isso, consideremos primeiro a densidade de fluxo magnético **dB** de um único elemento de corrente **J** dv no espaço livre, conforme a Figura 4.26. Da lei de Biot-Savart e da expressão para **dB** na Equação (4.6), temos que as linhas desse campo são círculos centrados na linha reta contendo o elemento corrente (Figura 4.26). Podemos imaginar todo o espaço ao redor do elemento dividido em tubos finos fechados de corte transversal uniforme formado por várias linhas de campo, sendo um desses tubos visto na Figura 4.26. Outra vez, de acordo com a Equação (4.6), a magnitude do vetor densidade do fluxo magnético é contínuo ao longo de cada linha de campo, e assim, por todo o volume de cada tubo (porque os tubos são finos). Em consequência, o fluxo magnético através de qualquer tubo é o mesmo em magnitude em qualquer corte transversal do tubo, sem importar se o corte transversal é perpendicular ao eixo do tubo ou não.

Imagine agora uma superfície fechada arbitrária S no campo, conforme a Figura 4.26. Alguns dos tubos elementares passam por S, mas sempre em um número par de vezes. Assim, o fluxo líquido saindo de **dB** em direção a todas as superfícies representando intersecções de tubos finos com a superfície S é igual a zero. Como essas intersecções abrangem toda a superfície S, temos

$$\oint_S \mathbf{dB} \cdot \mathbf{dS} = 0. \qquad (4.96)$$

Nossa comprovação segue ao invocarmos o princípio da superposição, com o qual a real densidade de fluxo magnético **B** de uma distribuição de corrente arbitrária no espaço livre pode ser decomposta em densidades de fluxo elementares **dB** causadas por elementos de corrente individuais que formam a distribuição de corrente, de modo que

$$\mathbf{B} = \int_{v_{cor}} \mathbf{dB}, \qquad (4.97)$$

onde v_{cor} é o domínio com correntes (fontes de campo magnético). Aplicando a integração sobre v_{cor} como um operador para a Equação (4.96), e intercambiando a ordem dos sinais integrais, temos

$$\oint_S \left(\int_{v_{cor}} \mathbf{dB} \right) \cdot \mathbf{dS} = 0. \qquad (4.98)$$

Por fim, substituindo a Equação (4.97),

lei de conservação do fluxo magnético

$$\boxed{\oint_S \mathbf{B} \cdot \mathbf{dS} = 0,} \qquad (4.99)$$

o que completa nossa comprovação. Essa relação é chamada de lei da conservação de fluxo magnético, ou quarta equação de Maxwell. Por razões óbvias, pode também ser chamada de lei de Gauss para o campo magnético. Junto com a lei de Ampère (segunda equação de Maxwell), ela forma um conjunto completo de equações de Maxwell para o campo magnetostático no espaço livre (ou qualquer meio não magnético). Percebemos que a lei de conservação do fluxo magnético tem forma idêntica à da equação de continuidade para correntes estáveis, a Equação (3.40).

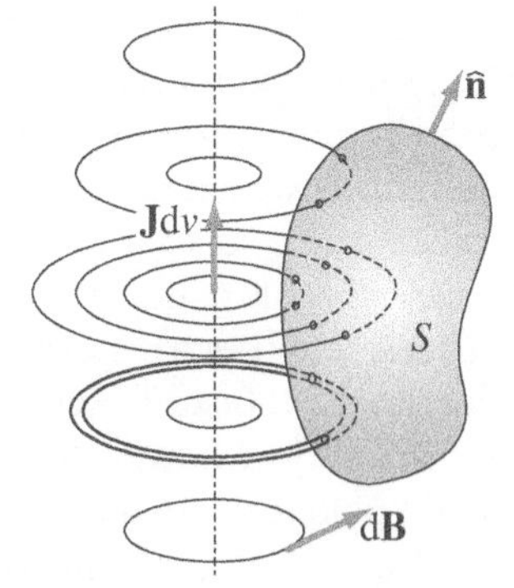

Figura 4.26
Para a derivação da lei de conservação do fluxo magnético.

Consideremos agora um contorno arbitrário C e duas superfícies abertas, S_1 e S_2, com formato arbitrário, e ambas cercadas pelo contorno e orientadas na mesma direção — de acordo com a regra da mão direita em relação à orientação do contorno, conforme Figura 4.27. Os fluxos magnéticos através das superfícies são

$$\Phi_1 = \int_{S_1} \mathbf{B} \cdot \mathbf{dS} \quad \text{e} \quad \Phi_2 = \int_{S_2} \mathbf{B} \cdot \mathbf{dS}, \qquad (4.100)$$

O fluxo total que sai através da superfície fechada S formada por S_1 e S_2 ($S = S_1 \cup S_2$) é

$$\oint_S \mathbf{B} \cdot \mathbf{dS} = \Phi_1 - \Phi_2, \qquad (4.101)$$

que é zero, a partir da lei de conservação de fluxo magnético. Assim,

fluxo através de um condutor, Figura 4.27

$$\boxed{\Phi_1 = \Phi_2,} \qquad (4.102)$$

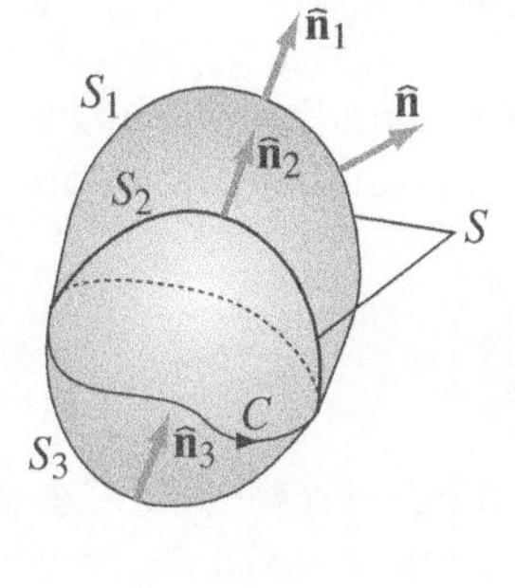

Figura 4.27
Para a comprovação de que o fluxo magnético através de um contorno é único.

significando que o fluxo magnético através de qualquer quantidade de superfícies de formato arbitrário que tenham um contorno comum entre elas é o mesmo, dado que todas as superfícies estejam na mesma direção. Isso nos possibilita relacionar o fluxo a um contorno e não a uma superfície cercada pelo contorno (e há um número infinito de superfícies como esta), e usar o termo fluxo através de um condutor ou fluxo ligado a um condutor. Em outras palavras, o fluxo (através de um condutor) é determinado apenas pelo formato de um condutor e por sua orientação, e é o mesmo para qualquer superfície que se estende sobre o contorno e se orienta de acordo com a regra da mão direita em relação à orientação do contorno.

Por analogia à forma diferencial da equação de continuidade para correntes contínuas, Equação (3.41), a lei de conservação de fluxo magnético na forma diferencial é dada por

lei de conservação de fluxo na forma diferencial

$$\boxed{\nabla \cdot \mathbf{B} = 0.} \tag{4.103}$$

Podemos ver que o campo **B** é mais um vetor campo não divergente (ou solenoidal). Isso significa que não pode haver forças locais de componentes de campo magnético radiais a um ponto, isto é, não há "cargas magnéticas" positivas ou negativas e polos magnéticos sul e norte livres, que corresponderiam às cargas elétricas, com densidade ρ [Equação (1.166)]. De maneira equivalente, as linhas de campo magnético se fecham sobre si, já que não há "forças magnéticas" para que as linhas possam começar e terminar.

Podemos agora resumir as duas equações diferenciais de Maxwell a respeito do campo eletrostático no espaço livre,

campo conservativo

$$\boxed{\nabla \times \mathbf{E} = 0 \quad \text{e} \quad \nabla \cdot \mathbf{E} = \frac{\rho}{\varepsilon_0},} \tag{4.104}$$

e as que se referem ao campo magnetostático no espaço livre

campo solenoidal

$$\boxed{\nabla \times \mathbf{B} = \mu_0 \mathbf{J} \quad \text{e} \quad \nabla \cdot \mathbf{B} = 0,} \tag{4.105}$$

que, de uma forma condensada, mostra todas as semelhanças e diferenças fundamentais entre os dois campos.

4.9 POTENCIAL VETOR MAGNÉTICO

Em eletrostática, apresentamos o potencial escalar elétrico (V) para ajudar-nos a descrever os campos elétricos e calcular o vetor intensidade do campo elétrico (**E**). O potencial escalar elétrico causado por uma carga pontual Q, como fonte elementar do campo elétrico, no espaço livre é [Equação (1.80)]

$$V = \frac{1}{4\pi\varepsilon_0}\frac{Q}{R}. \tag{4.106}$$

Seguindo a analogia estabelecida em relação à Equação (4.4), que é a base para a lei de Biot-Savart, o potencial causado por uma fonte elementar do campo magnetostático, $Q\mathbf{v}$, define-se como

potencial vetor magnético (unidade: $T \cdot m$)

$$\boxed{\mathbf{A} = \frac{\mu_0}{4\pi}\frac{Q\mathbf{v}}{R}.} \tag{4.107}$$

Esta quantidade é chamada potencial vetor magnético e sua unidade é T · m. Trata-se de um vetor cuja direção é muito simples de se determinar — a mesma direção de $Q\mathbf{v}$, e cuja magnitude é proporcional a $1/R$ (e não a $1/R^2$, como na expressão para **B** causado por $Q\mathbf{v}$). Pelo mesmo raciocínio utilizado na obtenção das três versões da lei de Biot-Savart para correntes volumétricas, superficial e de linha, equações (4.7)-(4.9), as expressões integrais correspondentes para o potencial vetor magnético são:

A causado por corrente volumétrica

$$\boxed{\mathbf{A} = \frac{\mu_0}{4\pi}\int_v \frac{\mathbf{J}\,\mathrm{d}v}{R},} \tag{4.108}$$

A causado por corrente superficial

$$\boxed{\mathbf{A} = \frac{\mu_0}{4\pi}\int_S \frac{\mathbf{J}_s\,\mathrm{d}S}{R},} \tag{4.109}$$

A causado por corrente de linha

$$\boxed{\mathbf{A} = \frac{\mu_0}{4\pi}\int_l \frac{I\mathrm{d}\mathbf{l}}{R}.} \tag{4.110}$$

Em geral, as soluções para o potencial vetor magnético causado por determinadas distribuições de corrente são bem mais simples do que as soluções correspondentes para o vetor densidade do fluxo magnético.

Vamos encontrar a rotacional de **A**. Representando a expressão da Equação (4.107) no sistema de coordenadas esféricas visto na Figura 4.28, no qual Q está na origem da coordenada, de modo que $R = r$ (sendo r a coordenada radial esférica), e **v** é direcionado a z,

$$\mathbf{A} = A\,\hat{\mathbf{z}} = A\cos\theta\,\hat{\mathbf{r}} - A\,\mathrm{sen}\,\theta\,\hat{\boldsymbol{\theta}} = $$
$$= A_r\hat{\mathbf{r}} + A_\theta\hat{\boldsymbol{\theta}},\ A = \frac{\mu_0 Q v}{4\pi r}, \tag{4.111}$$

onde

$$A_r = A\cos\theta = \frac{\mu_0 Q v\cos\theta}{4\pi r},$$

$$A_\theta = -A\,\mathrm{sen}\,\theta = -\frac{\mu_0 Q v\,\mathrm{sen}\,\theta}{4\pi r} \tag{4.112}$$

($A_\phi = 0$). Usando a expressão para a ondulação em coordenadas esféricas, Equação (4.85), temos

$$\nabla \times \mathbf{A} = \frac{1}{r}\left[\frac{\partial}{\partial r}(rA_\theta) - \frac{\partial A_r}{\partial \theta}\right]\hat{\boldsymbol{\phi}} = $$
$$= \frac{\mu_0 Q v}{4\pi r}\left[\frac{\partial}{\partial r}(-\operatorname{sen}\theta) - \frac{\partial}{\partial \theta}\left(\frac{\cos\theta}{r}\right)\right]\hat{\boldsymbol{\phi}} = $$
$$= \frac{\mu_0 Q v \operatorname{sen}\theta}{4\pi r^2}\hat{\boldsymbol{\phi}}. \quad (4.113)$$

Notando que (Figura 4.28)

$$Q\mathbf{v} \times \hat{\mathbf{r}} = Qv\hat{\mathbf{z}} \times \hat{\mathbf{r}} = Qv\,|\hat{\mathbf{z}} \times \hat{\mathbf{r}}|\,\hat{\boldsymbol{\phi}} = Qv \operatorname{sen}\theta\,\hat{\boldsymbol{\phi}}, \quad (4.114)$$

obtemos

$$\nabla \times \mathbf{A} = \frac{\mu_0}{4\pi}\frac{Q\mathbf{v} \times \hat{\mathbf{r}}}{r^2}, \quad (4.115)$$

que é o vetor densidade do fluxo magnético causado por $Q\mathbf{v}$, Equação (4.4) com $R = r$ e $\hat{\mathbf{R}} = \hat{\mathbf{r}}$. Assim,

densidade do fluxo magnético do potencial

$$\boxed{\mathbf{B} = \nabla \times \mathbf{A},} \quad (4.116)$$

e o mesmo vale para o potencial vetor magnético d**A** causado por um elemento arbitrário de corrente de volume, superfície ou linha, Equação (4.10). Integrando a expressão $\nabla \times \mathrm{d}\mathbf{A}$ sobre um domínio v com correntes de volume, temos

$$\int_v (\nabla \times \mathrm{d}\mathbf{A}) = \nabla \times \left(\int_v \mathrm{d}\mathbf{A}\right) = \nabla \times \mathbf{A}, \quad (4.117)$$

onde os operadores integração e diferenciação (del) podem trocar de lugar pois são completamente independentes — a integração é realizada em relação às coordenadas do ponto de origem (ponto no qual o vetor densidade de corrente é **J**), enquanto a diferenciação se dá em relação às coordenadas do ponto do campo (ponto no qual o potencial vetor magnético é **A**). Em consequência, o vetor densidade do fluxo magnético (**B**) e o potencial vetor magnético (**A**) causados por uma distribuição arbitrária, de corrente de volume, Equação (4.108), se relacionam a um ponto arbitrário no espaço como na Equação (4.116), e comprovações semelhantes podem ser obtidas para o potencial magnético causado por correntes de superfície, Equação (4.109), e correntes de linha (Equação 4.110). Essa relação, em conjunto com as equações (4.108)-(4.110), fornece um método geral alternativo para o cálculo do campo **B** produzido por correntes constantes, onde **A** é calculado primeiramente por integração, e depois **B** é encontrado a partir do potencial por diferenciação. Em geral, os potenciais são quantidades auxiliares usadas para determinar campos de maneira indireta. Por fim, percebemos que, ao contrário de V em eletrostática, **A** não possui nenhuma simples interpretação física em magnetostática.

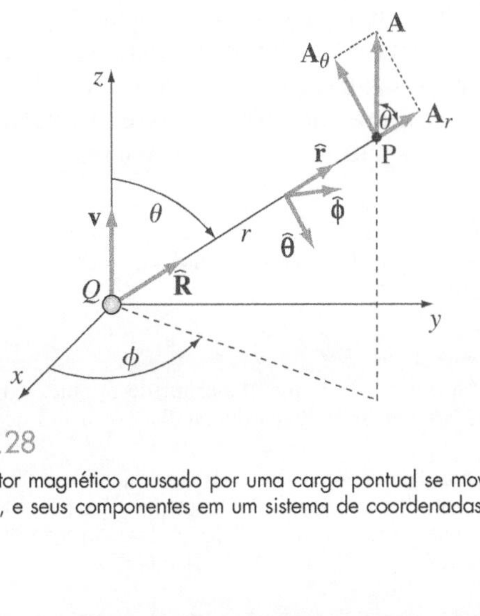

Figura 4.28

Potencial vetor magnético causado por uma carga pontual se movendo no espaço livre, e seus componentes em um sistema de coordenadas esféricas.

Por outro lado, a divergência do potencial magnetostático **A** é sempre zero, o que é uma consequência de a densidade de corrente constante **J** ser um vetor não divergente, isto é, da equação da continuidade na Equação (3.41) ou (3.40). Ou seja, fazendo analogia à Equação (4.117), podemos aplicar o operador de divergência à expressão integral na Equação (4.108) e expressar

$$\nabla \cdot \mathbf{A} = \frac{\mu_0}{4\pi}\nabla \cdot \left(\int_v \frac{\mathbf{J}\,\mathrm{d}v}{R}\right) = \frac{\mu_0}{4\pi}\int_v \nabla \cdot \left(\frac{\mathbf{J}}{R}\right)\mathrm{d}v = $$
$$= \frac{\mu_0}{4\pi}\oint_S \frac{\mathbf{J}}{R} \cdot \mathrm{d}\mathbf{S}, \quad (4.118)$$

onde S é a superfície fechada contornando v, e faz-se uso do teorema da divergência, Equação (1.173), para converter a integral volume em uma integral (fluxo de) superfície. Para o caso em especial onde v é um domínio esférico centrado no ponto de campo (onde o potencial está sendo calculado), $1/R$ pode ser obtido da integral fluxo, pois S nesse caso é uma superfície esférica de raio R, e a integral, por sua vez, se torna zero $\oint_S \mathbf{J} \cdot \mathrm{d}\mathbf{S} = 0$, por meio da equação da continuidade, Equação (3.40). Em geral, o domínio arbitrário v pode ser subdividido em uma quantidade de camadas esféricas concêntricas, cada uma delas sendo parte de uma cápsula esférica cheia de espessura dR centrada no ponto campo, com a densidade corrente de **J** fluindo através daquela parte e nenhuma corrente no restante da cápsula, fora de v. A mesma conclusão a respeito de uma integral de fluxo zero com base na equação da continuidade pode ser então derivada para a superfície de cada cápsula, de modo que

divergência de **A** causada por correntes contínuas

$$\boxed{\nabla \cdot \mathbf{A} = 0,} \quad (4.119)$$

o que também vale para o potencial magnético causado por correntes contínuas de linha e superficial.

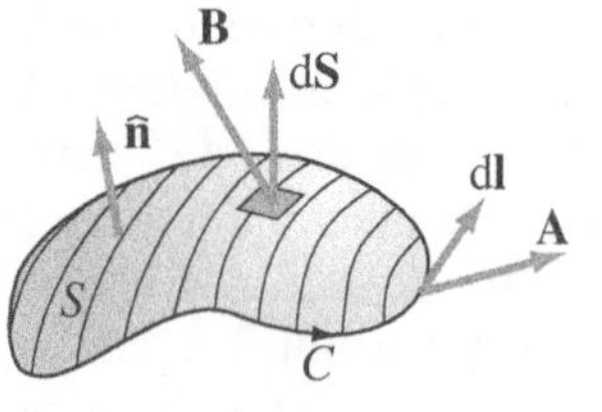

Figura 4.29

Para o cálculo do fluxo magnético através de uma superfície da integração do potencial vetor magnético ao longo de seu contorno.

O fluxo magnético através de um contorno arbitrário, Equação (4.95), pode agora ser representado na forma do potencial vetor magnético

$$\Phi = \int_S \mathbf{B} \cdot d\mathbf{S} = \int_S (\nabla \times \mathbf{A}) \cdot d\mathbf{S}, \quad (4.120)$$

que por meio do teorema de Stokes, Equação (4.89), se torna

fluxo magnético do potencial

$$\boxed{\Phi = \oint_C \mathbf{A} \cdot d\mathbf{l}.} \quad (4.121)$$

A orientação do contorno C e a superfície S estão de acordo com a regra da mão direita, como mostrado na Figura 4.29. A Equação (4.121) representa um meio para determinar o fluxo magnético através da avaliação de uma integral de contorno (de **A**) em vez de uma integral superficial (de **B**), o que é muito conveniente em alguns cálculos e derivações. Note que esta é mais uma prova de que o fluxo magnético, através de um contorno, é único (o mesmo para todas as superfícies delimitadas por C).

4.10 COMPROVAÇÃO DA LEI DE AMPÈRE

Podemos agora comprovar a lei de Ampère usando o potencial vetor magnético, **A**. Do lado esquerdo da forma diferencial da lei, Equação (4.83), temos, por meio da Equação (4.116),

$$\nabla \times \mathbf{B} = \nabla \times (\nabla \times \mathbf{A}). \quad (4.122)$$

Aplicando (simbolicamente) o vetor identidade para expandir o vetor produto triplo,[6]

$$\mathbf{a} \times (\mathbf{b} \times \mathbf{c}) = \mathbf{b}(\mathbf{a} \cdot \mathbf{c}) - \mathbf{c}(\mathbf{a} \cdot \mathbf{b}), \quad (4.123)$$

ao produto $\nabla \times (\nabla \times \mathbf{A})$, temos a seguinte identidade para expandir a rotacional de um campo vetor arbitrário (**A**):

$$\nabla \times (\nabla \times \mathbf{A}) = \nabla(\nabla \cdot \mathbf{A}) - (\nabla \cdot \nabla)\mathbf{A} = \\ = \nabla(\nabla \cdot \mathbf{A}) - \nabla^2 \mathbf{A}. \quad (4.124)$$

O primeiro termo nessa expansão é grad(div **A**), e em nosso caso é zero, pois div**A** $= \nabla \cdot \mathbf{A} = 0$ [Equação (4.119)]. Com isso, a Equação (4.122) se torna

$$\nabla \times \mathbf{B} = -\nabla^2 \mathbf{A}. \quad (4.125)$$

O vetor $\nabla^2\mathbf{A}$ é chamado de laplaciano da função vetor **A**, que, tendo em mente a Equação (1.100), pode ser expresso em coordenadas cartesianas como

$$\nabla^2 \mathbf{A} = (\nabla \cdot \nabla)\mathbf{A} = \left(\frac{\partial^2}{\partial x^2} + \frac{\partial^2}{\partial y^2} + \frac{\partial^2}{\partial z^2}\right)$$

$$(A_x \hat{\mathbf{x}} + A_y \hat{\mathbf{y}} + A_z \hat{\mathbf{z}}) = \left(\frac{\partial^2 A_x}{\partial x^2} + \frac{\partial^2 A_x}{\partial y^2} + \frac{\partial^2 A_x}{\partial z^2}\right)\hat{\mathbf{x}} + \\ + \left(\frac{\partial^2 A_y}{\partial x^2} + \frac{\partial^2 A_y}{\partial y^2} + \frac{\partial^2 A_y}{\partial z^2}\right)\hat{\mathbf{y}} + \\ + \left(\frac{\partial^2 A_z}{\partial x^2} + \frac{\partial^2 A_z}{\partial y^2} + \frac{\partial^2 A_z}{\partial z^2}\right)\hat{\mathbf{z}}. \quad (4.126)$$

Vemos que os componentes cartesianos do laplaciano de **A** são iguais ao laplaciano dos componentes correspondentes de **A**, onde o segundo é o laplaciano de um campo escalar, Equação (2.94), e assim[7]

laplaciano de um vetor em coordenadas cartesianas

$$\boxed{\nabla^2 \mathbf{A} = \nabla^2 A_x \hat{\mathbf{x}} + \nabla^2 A_y \hat{\mathbf{y}} + \nabla^2 A_z \hat{\mathbf{z}}.} \quad (4.127)$$

Da Equação (4.108),

$$\mathbf{A} = A_x \hat{\mathbf{x}} + A_y \hat{\mathbf{y}} + A_z \hat{\mathbf{z}} = \frac{\mu_0}{4\pi} \int_v \frac{(J_x \hat{\mathbf{x}} + J_y \hat{\mathbf{y}} + J_z \hat{\mathbf{z}})\, dv}{R} = \\ = \frac{\mu_0}{4\pi}\left(\hat{\mathbf{x}} \int_v \frac{J_x\, dv}{R} + \hat{\mathbf{y}} \int_v \frac{J_y\, dv}{R} + \hat{\mathbf{z}} \int_v \frac{J_z\, dv}{R}\right), \quad (4.128)$$

e concluímos que cada componente cartesiano de **A** é na verdade produzido pelo mesmo componente do vetor densidade de corrente, ou seja, A_x é produzido por J_x, e assim por diante. Retomando a expressão para o potencial escalar elétrico causado por uma carga de volume no espaço livre, Equação (1.82), identificamos a dualidade entre V causado por ρ e A_x causado por J_x:

$$V = \frac{1}{4\pi\varepsilon_0} \int_v \frac{\rho\, dv}{R} \quad \longleftrightarrow \quad A_x = \frac{\mu_0}{4\pi} \int_v \frac{J_x\, dv}{R}. \quad (4.129)$$

6 Um produto cruzado (vetorial) de um vetor (**a**) com produto vetorial de dois (outros) vetores (**b** e **c**) é chamado produto vetorial triplo. Perceba também que a identidade do produto vetorial triplo na Equação (4.123) é chamada "bac-cab" ou "back-cab", já que a palavra "bac-cab" pode ser lida ao lado direito da equação.

7 Note que a expansão na Equação (4.127) não tem equivalentes simples nos sistemas de coordenadas esféricas e cilíndricas (figuras 1.25 e 1.26). Nestes sistemas, o laplaciano de uma função vetor (**A**), $\nabla^2\mathbf{A}$, é obtida, a partir da Equação (4.124), como $\nabla^2\mathbf{A} = \nabla(\nabla\cdot\mathbf{A}) - \nabla\times(\nabla\times\mathbf{A})$ = grad(div**A**) – ondulação (ondulação **A**), ou seja, como o gradiente de divergencia de **A** menos a ondulação da ondulação de **A**, usando as expressões para o gradiente, divergência e ondulação nas equações (1.105), (1.108), (1.170), (1.171), (4.84), e (4.85).

Pelo mesmo princípio da dualidade, sucessivamente, deve haver uma equação diferencial para A_x que tenha a mesma forma que a equação diferencial para V, ou seja, a equação de Poisson [Equação (2.93)]. Assim, trocando as variáveis, temos

$$\nabla^2 V = -\frac{\rho}{\varepsilon_0} \quad \longleftrightarrow \quad \nabla^2 A_x = -\mu_0 J_x. \tag{4.130}$$

De uma maneira similar,

$$\nabla^2 A_y = -\mu_0 J_y \quad \text{e} \quad \nabla^2 A_z = -\mu_0 J_z, \tag{4.131}$$

e substituindo tudo isso de volta na Equação (4.127)

equação de Poisson vetor

$$\boxed{\nabla^2 \mathbf{A} = -\mu_0 \mathbf{J}.} \tag{4.132}$$

Esta é uma equação diferencial parcial (EDP) vetor de segunda ordem para o potencial vetor magnético de uma corrente volumétrica no espaço livre (ou qualquer meio não magnético), geralmente chamada de equação de Poisson. Pode ser usada como ponto de partida para a resolver (de modo analítico ou numérico) **A** causado por uma dada distribuição de corrente **J**. Nós a usamos aqui para derivar a lei de Ampère. Ou seja, retornando à Equação (4.125), podemos agora substituir pelo laplaciano de **A**, obtendo

$$\nabla \times \mathbf{B} = -\nabla^2 \mathbf{A} = \mu_0 \mathbf{J}, \tag{4.133}$$

que é a Equação (4.83), e isso completa nossa comprovação da lei de Ampère na forma diferencial. O teorema de Stokes, Equação (4.89), que é derivado da definição matemática da rotacional de um vetor, nos dá sua equivalente integral, Equação (4.49).

Perceba que a comprovação realizada nesta seção se baseia no conceito do potencial vetor magnético, definido pela Equação (4.107) e que se relaciona ao vetor densidade do fluxo magnético por meio da Equação (4.116). Esta última relação é obtida a partir da Equação (4.4) que é a versão rudimentar da lei de Biot-Savart. Isso significa que nós, de fato, derivamos a lei de Ampère da lei de Biot-Savart.

4.11 DIPOLO MAGNÉTICO

Uma pequena espira com uma corrente contínua constitui o equivalente magnético do dipolo elétrico da Figura 1.28, e é denominado dipolo magnético. Breve saberemos o porquê disso e saberemos o que quer dizer "pequeno". Um dipolo magnético é caracterizado por seu momento magnético, denifido por

momento do dipolo magnético

$$\boxed{\mathbf{m} = I\mathbf{S},} \tag{4.134}$$

onde I é a intensidade de vetor da espira e $\mathbf{S} = S\hat{\mathbf{n}}$ é o vetor área de superfície da espira, orientado de acordo com a regra da mão direita para a direção de referência da corrente. Perceba que **m** é análogo ao momento do dipolo elétrico, **p**, definido pela Equação (1.116). A unidade para **m** é $\mathrm{A \cdot m^2}$.

Queremos encontrar as expressões para o potencial vetor magnético e o vetor densidade do fluxo magnético causado por um dipolo magnético em grandes distâncias em comparação às dimensões da espira. Para esse fim, vamos considerar uma espira retangular de lados a e b, visto na Figura 4.30. O eixo da espira coincide com o eixo z de um sistema de coordenadas esféricas e o centro está na origem do sistema. Longe da espira ($r \gg a, b$), o mesmo pode ser considerado pequeno e o potencial vetor magnético da espira pode ser considerado causado por quatro elementos corrente de linha, dados por $I\mathbf{a}$, $I\mathbf{b}$, $I(-\mathbf{a})$ e $I(-\mathbf{b})$, com o uso da Equação (4.110). Calculemos primeiro o potencial em um ponto **P** causado por um par de elementos paralelos de comprimento a, Figura 4.30,

$$\mathbf{A}_{aa} = \mathbf{A}_1 + \mathbf{A}_2 = \frac{\mu_0}{4\pi}\frac{I\mathbf{a}}{r_1} + \frac{\mu_0}{4\pi}\frac{I(-\mathbf{a})}{r_2} = \\ = \frac{\mu_0 I\mathbf{a}}{4\pi}\left(\frac{1}{r_1} - \frac{1}{r_2}\right), \tag{4.135}$$

onde r_1 e r_2 são as distâncias do ponto **P** a partir dos centros do primeiro e do segundo elemento, respectivamente. Tendo em mente que o vetor posição do primeiro elemento em relação ao segundo é $\mathbf{d} = -\mathbf{b}$, podemos agora usar as mesmas aproximações empregadas na derivação da Equação (1.115) para um dipolo elétrico, com a Equação (4.135) se tornando

$$\mathbf{A}_{aa} \approx \frac{\mu_0 I\mathbf{a}}{4\pi}\frac{\mathbf{d} \cdot \hat{\mathbf{r}}}{r^2} = -\frac{\mu_0 I\mathbf{a}(\mathbf{b} \cdot \hat{\mathbf{r}})}{4\pi r^2}. \tag{4.136}$$

De uma maneira semelhante, o potencial causado pelo outro par de elementos, os de comprimento b, é dado por

$$\mathbf{A}_{bb} \approx \frac{\mu_0 I\mathbf{b}(\mathbf{a} \cdot \hat{\mathbf{r}})}{4\pi r^2}. \tag{4.137}$$

Através da superposição e do uso da fórmula para o produto vetorial triplo na Equação (4.123), o potencial vetor magnético total do dipolo resulta em

$$\mathbf{A} = \mathbf{A}_{aa} + \mathbf{A}_{bb} = \frac{\mu_0 I}{4\pi r^2}[\mathbf{b}(\mathbf{a} \cdot \hat{\mathbf{r}}) - \mathbf{a}(\mathbf{b} \cdot \hat{\mathbf{r}})] = \\ = \frac{\mu_0 I}{4\pi r^2}(\mathbf{a} \times \mathbf{b}) \times \hat{\mathbf{r}}. \tag{4.138}$$

Visto que o momento magnético da espira é (Figura 4.30)

$$\mathbf{m} = I\mathbf{S} = Iab\,\hat{\mathbf{z}} = I\mathbf{a} \times \mathbf{b}, \tag{4.139}$$

A pode ser expresso em termos de **m** como

$$\mathbf{A} = \frac{\mu_0}{4\pi}\frac{\mathbf{m} \times \hat{\mathbf{r}}}{r^2}. \tag{4.140}$$

Percebemos que o potencial magnético depende do momento magnético do dipolo e da posição do ponto de

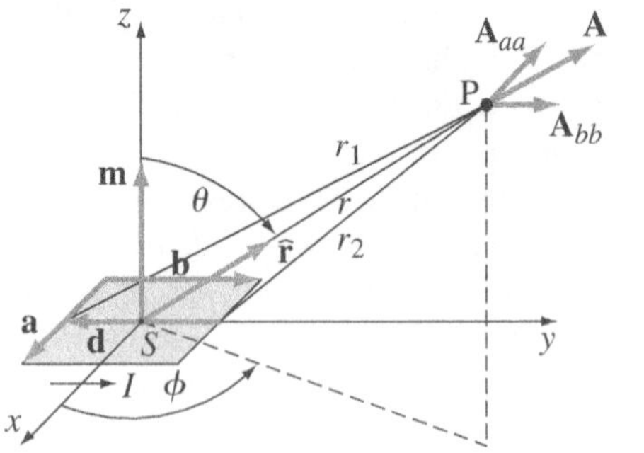

Figura 4.30
Dipolo magnético.

campo em relação ao dipolo, e não do formato da espira, que pode ser arbitrário (não apenas retangular). Por fim, já que $\mathbf{m} \times \hat{\mathbf{r}} = m \operatorname{sen} \theta \hat{\boldsymbol{\phi}}$, que vem diretamente da Equação (4.114), a Equação (4.140) pode ser reescrita da seguinte forma:

potencial do dipolo magnético

$$\mathbf{A} = A_\phi \hat{\boldsymbol{\phi}} = \frac{\mu_0 m \operatorname{sen} \theta}{4\pi r^2} \hat{\boldsymbol{\phi}}. \quad (4.141)$$

Concluímos que o pontencial vetor magnético causado pelo dipolo magnético tem apenas um componente ϕ no sistema de coordenadas esféricas, que é uma função de coordenadas r e θ.

O vetor densidade do fluxo magnético do dipolo é determinado agora pela aplicão da fórmula para a rotacional em coordenadas esféricas, Equação (4.85), à expressão para $\mathbf{A}$ na Equação (4.141),

campo dipolo magnético

$$\mathbf{B} = \nabla \times \mathbf{A} = = \frac{1}{r \operatorname{sen} \theta} \frac{\partial}{\partial \theta} (\operatorname{sen} \theta A_\phi) \hat{\mathbf{r}} - \frac{1}{r} \frac{\partial}{\partial r} (r A_\phi) \hat{\boldsymbol{\theta}} = = \frac{\mu_0 m}{4\pi r^3} \left(2 \cos \theta \, \hat{\mathbf{r}} + \operatorname{sen} \theta \, \hat{\boldsymbol{\theta}} \right). \quad (4.142)$$

Comparando as equações (1.117) e (4.142), vemos que os campos $\mathbf{E}$ e $\mathbf{B}$ dos dipolos elétrico e magnético são idênticos na forma, de modo que as linhas de campo correspondentes possuem forma idêntica. No entanto, isso é verdade somente em grandes distâncias dos dipolos (em relação a suas dimensões), conforme ilustra a Figura 4.31. Podemos ver que, apesar de idênticas quando distantes das fontes, as linhas de campo normalizadas devido aos dois dipolos são fundamentalmente diferentes quando próximas das mesmas; as linhas de campo elétrico terminam nas duas cargas que formam o dipolo elétrico, enquanto as linhas de campo magnético fecham-se através da espira de corrente.

Veremos no próximo capítulo, que o conceito de um dipolo magnético é fundamental para compreendermos o comportamento de materiais magnéticos, da mesma maneira como o dipolo elétrico foi usado no Capítulo 2 para estudarmos o campo elétrico na presença de materiais dielétricos. O campo de um dipolo magnético, Equação (4.142), também é usado, de novo, em paralelo ao campo elétrico de um dipolo elétrico, como uma aproximação para o campo magnético estático e quasistático (de baixa frequência) produzido por um dispositivo elétrico, o que é importante nas considerações de IEM (interferência eletromagnética).

4.12 A FORÇA DE LORENTZ E O EFEITO HALL

A partir da definição do vetor intensidade do campo elétrico, Equação (1.23), sabemos que a força elétrica em uma carga pontual Q situada em um campo elétrico de intensidade $\mathbf{E}$ é

força elétrica em uma partícula

$$\mathbf{F}_e = Q\mathbf{E}. \quad (4.143)$$

De modo semelhante, a Equação (4.1) nos diz que a força magnética em uma carga pontual Q se movendo a uma velocidade $\mathbf{v}$ em um campo magnético é igual a

força magnética em uma partícula

$$\mathbf{F}_m = Q\mathbf{v} \times \mathbf{B}, \quad (4.144)$$

onde $\mathbf{B}$ é o vetor densidade de fluxo do campo. Por fim, a força em uma carga em movimento causada por um campo elétrico e um campo magnético é obtida pela superposição

força de Lorentz

$$\mathbf{F} = \mathbf{F}_e + \mathbf{F}_m = Q\mathbf{E} + Q\mathbf{v} \times \mathbf{B}. \quad (4.145)$$

Esta equação chama-se lei ou equação da força de Lorentz. A força total (elétrica + magnética = eletromagnética) na partícula é chamada de *força de Lorentz*.

Uma discusão importante e interessante do movimento de cargas livres em um material sob a influência da força de Lorentz é o efeito Hall, que vamos descrever. Consideremos uma tira condutora de largura a situada em um campo magnético estável e uniforme de vetor intensidade de fluxo $\mathbf{B}$ que é perpendicular à tira, conforme a Figura 4.32. Uma corrente contínua de densidade $\mathbf{J}$ flui através da tira. As cargas livres que constituem a corrente podem ser positivas ou negativas (por exemplo, buracos e elétrons em um semicondutor), e a Figura 4.32 mostra ambos os casos. Por causa da força magnética dada pela Equação (4.144), as cargas se movem (defletem) através da tira na direção perpendicular a $\mathbf{B}$ e $\mathbf{J}$, o que resulta em uma separação de cargas nos dois lados da tira. Na Figura 4.32(a), as cargas livres são positivas ($Q > 0$), $\mathbf{v} = \mathbf{v}_d$ (velocidade de *drift*) está na mesma direção que $\mathbf{J}$ [Equação (3.11)], $\mathbf{v}_d \times \mathbf{B}$ se orienta para a direita, e também $\mathbf{F}_m$; desse modo, as cargas positivas se movem para a direita. Na

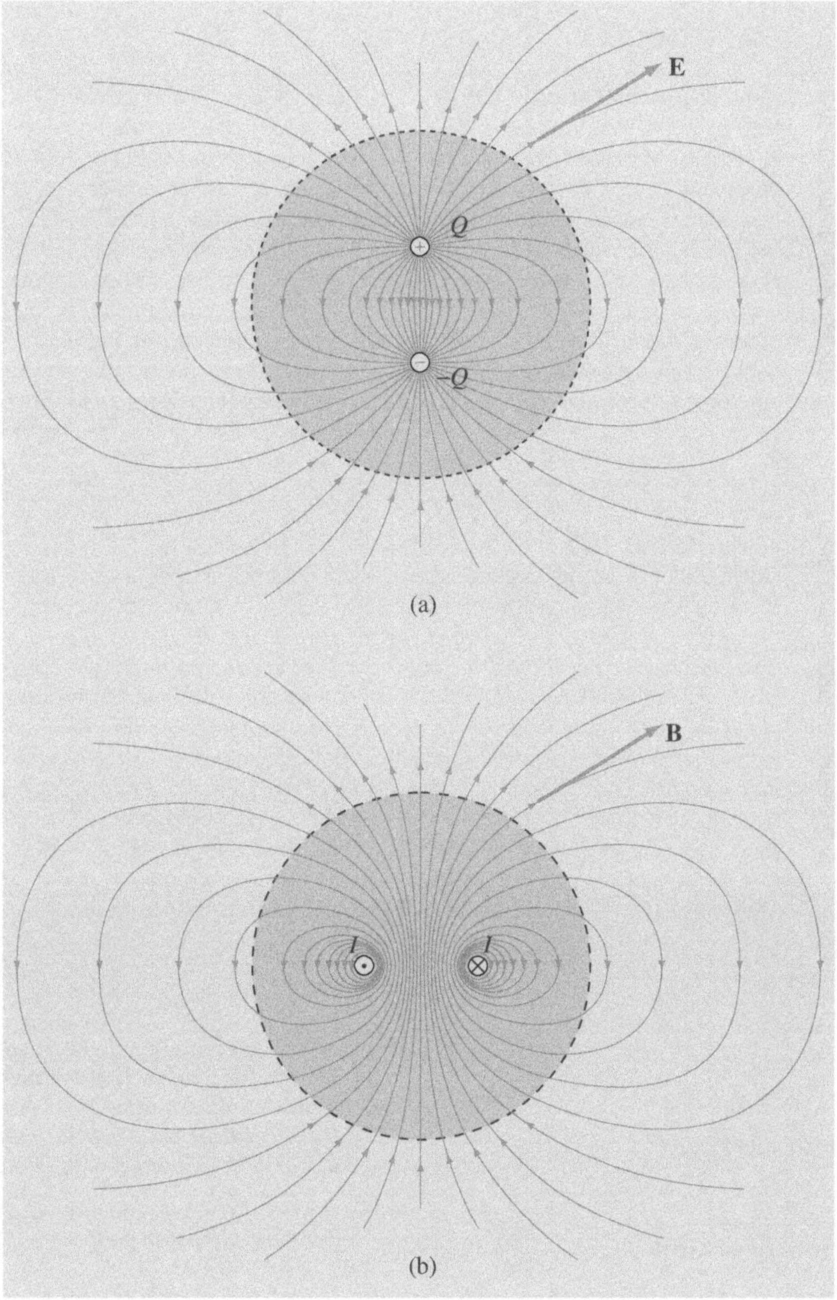

Figura 4.31

Linhas de campo elétrico normalizadas de um dipolo elétrico (a) e linhas de campo magnético de um dipolo magnético (b).

Figura 4.32(b), por outro lado, as cargas livres são negativas ($Q < 0$), $\mathbf{v}_d$ está na direção oposta a $\mathbf{J}$, $\mathbf{v}_d \times \mathbf{B}$ se dirige para a esquerda e $\mathbf{F}_m$ se dirige novamente para a direita (porque $Q < 0$); assim, as cargas negativas terminam na aresta direita da tira. Cargas acumuladas produzem um campo elétrico (de intensidade $\mathbf{E}$) ao longo da tira. Esse campo, sucessivamente, age sobre as cargas livres com força elétrica, Equação (4.143), o que está na direção oposta à força magnética. No equilíbrio, as duas forças são iguais em magnitude, isto é, a força de Lorentz total nas cargas é zero.

$$\mathbf{F} = Q(\mathbf{E} + \mathbf{v}_d \times \mathbf{B}) = 0, \tag{4.146}$$

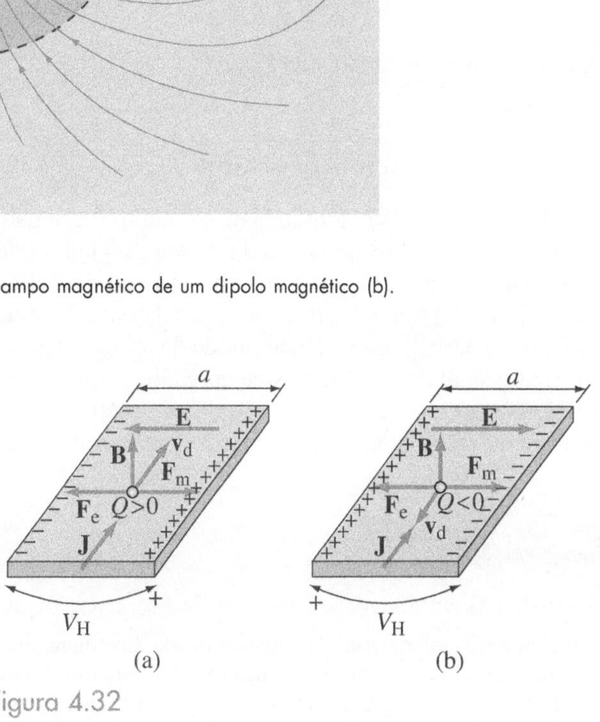

Figura 4.32

Efeito Hall em um material com (a) cargas livres positivas e (b) cargas livres negativas.

APARTE HISTÓRICO

Hendrik Antoon Lorentz (1853-1928), matemático e físico holandês e professor de física matemática na Universidade de Leiden, foi o vencedor do Prêmio Nobel de física em 1902. Depois, desenvolveu a teoria eletromagnética da luz de Maxwell, e propôs a teoria do elétron, pela qual elétrons em oscilação dentro de átomos constituem radiadores hertzianos que emitem luz e que são equivalentes em miniatura. Em 1904, apresentou suas famosas transformações de Lorentz (de coordenadas de espaço e tempo), que descrevem a dilatação do tempo e contração do comprimento de um corpo se movendo a velocidades próximas à velocidade da luz e representam a base para a teoria da relatividade de Einstein (1879-1955). Formulou a lei da força de Lorentz para uma partícula carregada em movimento na presença de campos elétrico e magnético. Lorentz também foi autor da chamada fórmula de Lorentz-Lorenz, em parceria com o físico dinamarquês Ludwig Lorenz (1829-1891), que a descobriu de maneira independente. A fórmula traz uma relação matemática entre o índice de refração (da luz) e densidade de um meio. (*Imagem: AIP Emilio Segrè Visual Archives, Lande Collection*)

Edwin Herbert Hall (1855-1938), físico norte-americano, foi professor da Universidade de Harvard. Obteve seu doutorado em física na Johns Hopkins University com a orientação do professor Henry Augustus Rowland (1848-1901), um dos físicos mais brilhantes do último quarto do século XIX. Ele se dedicou a saber se a resistência de um condutor com corrente era afetada pela presença de um campo magnético externo. Em experimentos guiados pelo professor Rowland, em 1879, utilizou um condutor na forma de uma tira de uma lâmina de ouro montada em uma placa de vidro e colocada entre os polos de um eletroímã de modo que as linhas de campo magnético fossem perpendiculares ao fluxo de corrente na tira. O que observou foi o desenvolvimento de um campo elétrico bastante transverso e a tensão associada ao longo da tira como resultado do campo magnético aplicado. Hall publicou suas descobertas no famoso artigo "Sobre uma nova ação do ímã em correntes elétricas" no *American Journal of Mathematics* em novembro de 1879; esse fenômeno logo ficou conhecido por "efeito Hall". Foi nomeado professor de física em Harvard em 1895. (*Imagem: "Voltiana", Como, Itália-Sept. 10, 1927, cortesia de AIP Emilio Segrè Visual Archives*)

de onde,

$$E = v_d B. \qquad (4.147)$$

A tensão entre as arestas da tira é

tensão Hall

$$\boxed{V_H = Ea = v_d Ba.} \qquad (4.148)$$

Esta tensão é chamada tensão Hall, e o efeito é chamado de efeito Hall. A direção na queda da tensão Hall é diferente para cargas positivas e negativas [da direita para a esquerda na Figura 4.32(a), e da esquerda para a direita na Figura 4.32(b)]. Assim, a polaridade da tensão Hall nos informa o sinal dos portadores de carga livre em um material. Note que isso representa um método para determinar se um dado semicondutor é de tipo p ou n.

Exemplo 4.17

Elemento Hall para medir a densidade de fluxo magnético

Um elemento Hall para medir a densidade de fluxo magnético está na forma de uma tira com largura a e espessura d, conforme Figura 4.33. A concentração de portadores de carga livre na tira é N_v, e a carga de cada portador é Q. A tira carrega uma corrente contínua de intensidade I, e o vetor densidade do fluxo magnético é perpendicular à tira. Um voltímetro mostra uma tensão de V_{12} entre as arestas da tira. Qual é a intensidade algébrica do vetor densidade do magnético (B) em relação à direção de referência da Figura 4.33?

Solução Com base nas equações (3.11) e (3.5), a densidade de corrente no elemento pode ser

$$J = N_v Q v_d = \frac{I}{ad}, \qquad (4.149)$$

que resulta em $v_d = I/(N_v adQ)$. A tensão Hall é dada pela Equação (4.148), e $V_H = V_{21}$ na Figura 4.33, ou seja, é oposto

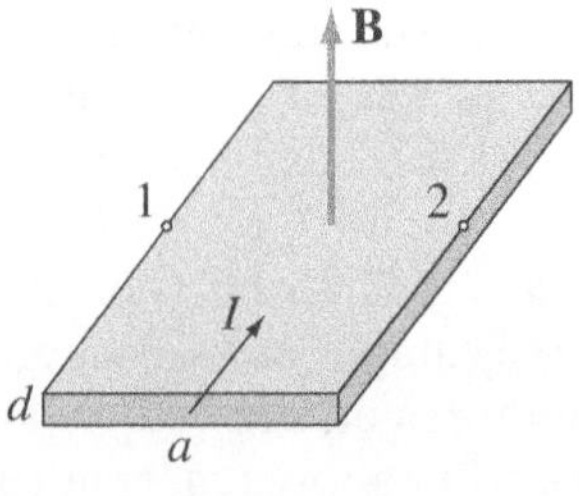

Figura 4.33
Elemento Hall para medir a densidade de fluxo magnético; para o Exemplo 4.17.

à tensão medida V_{12}. Assim, a densidade do fluxo magnético resulta em

$$B = \frac{V_H}{v_d a} = -\frac{V_{12}}{v_d a} = -\frac{N_v Q d V_H}{I}. \quad (4.150)$$

Exemplo 4.18

Força de Lorentz causada por um contorno carregado em rotação

Uma espira circular uniformemente carregada de raio a e carga total Q se rotaciona no espaço livre sobre seu eixo, com velocidade angular uniforme $\mathbf{w} = w\,\hat{\mathbf{z}}$, conforme Figura 4.34. Uma partícula carregada q se move com uma velocidade uniforme $\mathbf{v} = v\,\hat{\mathbf{y}}$ ao longo de um caminho que pertence ao plano $z = a$ e é paralelo ao eixo y. Encontre a força de Lorentz na partícula a qualquer instante quando estiver no ponto P (0, 0, a), sobre o centro do contorno.

Solução O vetor intensidade do campo elétrico do ponto P na Figura 4.34 é dado pela Equação (1.44) com $z = a$,

$$\mathbf{E} = \frac{Q\sqrt{2}}{16\pi\varepsilon_0 a^2}\,\hat{\mathbf{z}} = E\,\hat{\mathbf{z}}. \quad (4.151)$$

O período de tempo para uma rotação da espira é

$$T = \frac{2\pi}{w} \quad (4.152)$$

(ângulo cheio dividido pela velocidade angular). Lembramos que a carga total da espira, Q, passa por qualquer ponto de referência da espira durante o tempo T, e concluímos que a espira carregada em rotação é equivalente a uma corrente ao longo da espira de intensidade [Equação (3.4)]

$$I = \frac{Q}{T} = \frac{Qw}{2\pi}. \quad (4.153)$$

Pela Equação (4.19), o vetor densidade do fluxo magnético causado por essa corrente no ponto P ($z = a$) é

$$\mathbf{B} = \frac{\mu_0 I\sqrt{2}}{8a}\,\hat{\mathbf{z}} = \frac{\mu_0 Q w\sqrt{2}}{16\pi a}\,\hat{\mathbf{z}} = B\,\hat{\mathbf{z}}. \quad (4.154)$$

Usando a Equação (4.145), a força de Lorentz na carga q resulta em (Figura 4.34)

$$\mathbf{F} = q(\mathbf{E} + v\,\hat{\mathbf{y}} \times \mathbf{B}) = \underbrace{qE\,\hat{\mathbf{z}}}_{\mathbf{F}_e} + \underbrace{qvB\,\hat{\mathbf{x}}}_{\mathbf{F}_m} = \frac{qQ\sqrt{2}}{16\pi\varepsilon_0 a^2}\left(\varepsilon_0\mu_0 v w a\,\hat{\mathbf{x}} + \hat{\mathbf{z}}\right). \quad (4.155)$$

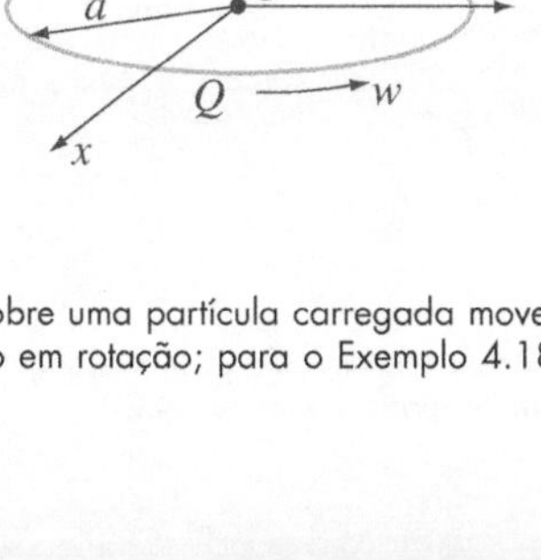

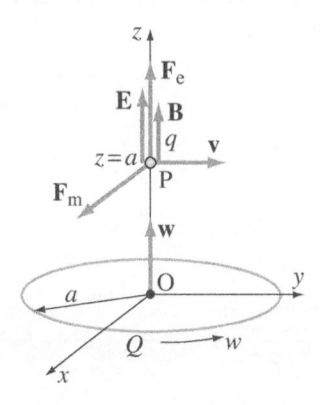

Figura 4.34
Força de Lorentz sobre uma partícula carregada movendo-se sobre um contorno carregado em rotação; para o Exemplo 4.18.

4.13 CÁLCULO DAS FORÇAS MAGNÉTICAS

A Equação (4.144) mostra a força magnética de Lorentz (isto é, o componente magnético da força de Lorentz total) em uma única carga pontual se movendo em um campo magnético. Se tivermos muitas cargas constituindo uma corrente em algum local, utilizamos o princípio da superposição como na Equação (4.5) e concluímos que a força magnética em um elemento corrente volumétrica $\mathbf{J}\,\mathrm{d}v$ é dada por

$$\mathrm{d}\mathbf{F}_m = (\mathbf{J}\,\mathrm{d}v) \times \mathbf{B}, \quad (4.156)$$

onde $\mathbf{B}$ é o vetor densidade do fluxo do campo magnético externo. Assim, da Equação (4.10), a força magnética em um elemento corrente superficial é

$$\mathrm{d}\mathbf{F}_m = (\mathbf{J}_s\,\mathrm{d}S) \times \mathbf{B}, \quad (4.157)$$

e em um elemento corrente de linha

$$\mathrm{d}\mathbf{F}_m = I\,\mathrm{d}\mathbf{l} \times \mathbf{B}. \quad (4.158)$$

A integração das equações (4.156)-(4.158) leva às seguintes formulações de integrais da força magnética total para distribuições volumétricas, superficiais e de linha:

força magnética sobre corrente volumétrica

$$\boxed{\mathbf{F}_m = \int_v \mathbf{J} \times \mathbf{B}\,\mathrm{d}v,} \quad (4.159)$$

força magnética sobre corrente superficial

$$\boxed{\mathbf{F}_m = \int_S \mathbf{J}_s \times \mathbf{B}\,\mathrm{d}S,} \quad (4.160)$$

força magnética sobre corrente de linha

$$\boxed{\mathbf{F}_m = \int_l I\,\mathrm{d}\mathbf{l} \times \mathbf{B} = I\int_l \mathrm{d}\mathbf{l} \times \mathbf{B}.} \quad (4.161)$$

Na última integral, I pode ser retirado do sinal integral porque sempre é contínua ao longo da linha (equação da continuidade para correntes contínuas).

No caso de um condutor reto homogêneo de corte transversal arbitrário com uma corrente contínua posicionada em um campo magnético uniforme, temos $\mathbf{J}$ = const [Equação (3.82)] e $\mathbf{B}$ = const, de modo que $\mathbf{J} \times \mathbf{B}$ = const e Equação (4.159) torna-se

$$\mathbf{F}_m = (\mathbf{J} \times \mathbf{B})\int_v \mathrm{d}v = (\mathbf{J}v) \times \mathbf{B} = (\mathbf{J}Sl) \times \mathbf{B} = (JS\mathbf{l}) \times \mathbf{B}, \quad (4.162)$$

onde v e l são volume e comprimento do condutor, respectivamente, S é a área de superfície de seu corte transversal, a direção do vetor **l** é a mesma do fluxo de corrente ao longo do condutor, e $|\mathbf{l}| = l$. Introduzindo a intensidade de corrente do condutor, $I = JS$, obtemos

F_m em um condutor reto em um campo magnético uniforme

$$\mathbf{F}_m = I\mathbf{l} \times \mathbf{B}. \quad (4.163)$$

Exemplo 4.19

Força entre dois fios longos paralelos com corrente

Dois fios paralelos muito longos e finos, no ar, carregam correntes de intensidades I_1 e I_2, ambas fluindo na mesma direção. A distância entre os eixos dos fios é d. Encontre as forças magnéticas nos fios por unidade de comprimento.

Solução A Figura 4.35 mostra o corte transversal de dois fios. A partir da Equação (4.22), o vetor densidade do campo magnético causado por corrente no primeiro fio (I_1), assumindo que seja infinitamente longo, no eixo do segundo fio é

$$\mathbf{B}_1 = \frac{\mu_0 I_1}{2\pi d}\,\hat{\mathbf{y}}. \quad (4.164)$$

Visto que os fios são finos (se comparados à distância entre seus eixos), podemos assumir que o campo magnético, através de todo o corte transversal do segundo fio, é uniforme e dado pela Equação (4.164), de modo que a Equação (4.163) possa ser usada. Assim, a força na parte do segundo condutor que está a l de distância é

$$\mathbf{F}_{m2} = I_2(l\hat{\mathbf{z}}) \times \mathbf{B}_1 = \frac{\mu_0 I_1 I_2 l}{2\pi d}\,\hat{\mathbf{z}} \times \hat{\mathbf{y}} = -\frac{\mu_0 I_1 I_2 l}{2\pi d}\,\hat{\mathbf{x}}, \quad (4.165)$$

e a força por unidade de comprimento é

$$\mathbf{F}'_{m2} = \frac{\mathbf{F}_{m2}}{l} = -\frac{\mu_0 I_1 I_2}{2\pi d}\,\hat{\mathbf{x}}. \quad (4.166)$$

A força por comprimento unitário no primeiro condutor é $\mathbf{F}'_{m1} = -\mathbf{F}'_{m2}$.

Notamos que a força magnética entre os fios é de atração se as correntes estiverem na mesma direção, isto é, se tanto I_1 quanto I_2 forem positivo ou negativo, e repulsiva se estiverem em direções contrárias ($I_1 I_2 < 0$). Assim, exatamente ao contrário das cargas Q_1 e Q_2 e da lei de Coulomb, correntes "iguais" (em fios paralelos) se atraem e correntes "opostas" se repelem (veja também a Figura 4.2).

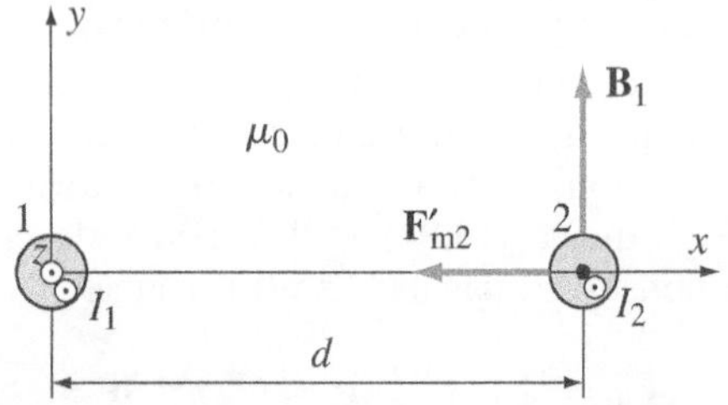

Figura 4.35

Cálculo da força entre dois fios longos e paralelos carregando corrente; para o Exemplo 4.19.

Exemplo 4.20

Força em uma espira próxima a um fio longo

Um fio longo e reto tem uma corrente contínua de intensidade I. Uma espira condutora retangular repousa no mesmo plano do fio, com dois lados (de comprimento b) paralelos ao fio e dois lados (de comprimento a) perpendiculares. A distância entre o fio e o lado paralelo mais próximo da espira é c. A espira carrega uma corrente contínua de mesma intensidade, e as direções das correntes são mostradas na Figura 4.36. Determine a força magnética líquida na espira.

Solução O vetor densidade do fluxo magnético causado pela corrente no fio longo a qualquer ponto no plano da espira é normal ao plano, e a uma distância x do fio sua magnitude é

$$B(x) = \frac{\mu_0 I}{2\pi x}. \quad (4.167)$$

As forças em cada lado da espira são obtidas da Equação (4.163), e suas direções são dadas na Figura 4.36. Pela simetria, é óbvio que as forças nos lados 2 e 4 são iguais em magnitude e têm direções contrárias,

$$\mathbf{F}_{m2} = -\mathbf{F}_{m4}. \quad (4.168)$$

As forças nos lados 1 e 3 também estão em direções opostas, mas suas magnitudes são diferentes por causa de suas distâncias diferentes do fio longo ($x = c$ e $x = c + a$),

$$F_{m1} = IbB(c) = \frac{\mu_0 I^2 b}{2\pi c} \quad \text{(repulsiva)}, \quad (4.169)$$

$$F_{m3} = IbB(c+a) = \frac{\mu_0 I^2 b}{2\pi(c+a)} \quad \text{(atrativa)}. \quad (4.170)$$

A força total na espira, assumindo que o mesmo seja rígido (isto é, a espira mantém seu formato mesmo sob influência das forças magnéticas em seus lados), é dada assim por

$$\mathbf{F}_m = \mathbf{F}_{m1} + \mathbf{F}_{m2} + \mathbf{F}_{m3} + \mathbf{F}_{m4} = \mathbf{F}_{m1} + \mathbf{F}_{m3} = = \frac{\mu_0 I^2 b}{2\pi}\left(\frac{1}{c} - \frac{1}{c+a}\right)\hat{\mathbf{x}} = \frac{\mu_0 I^2 ab}{2\pi c(c+a)}\,\hat{\mathbf{x}}. \quad (4.171)$$

Dessa forma, a espira é afastado do fio longo. Perceba que se a polaridade de qualquer das duas correntes, no fio e na espira (mas não ambas), fosse revertida, este seria empurrado em direção ao fio longo.

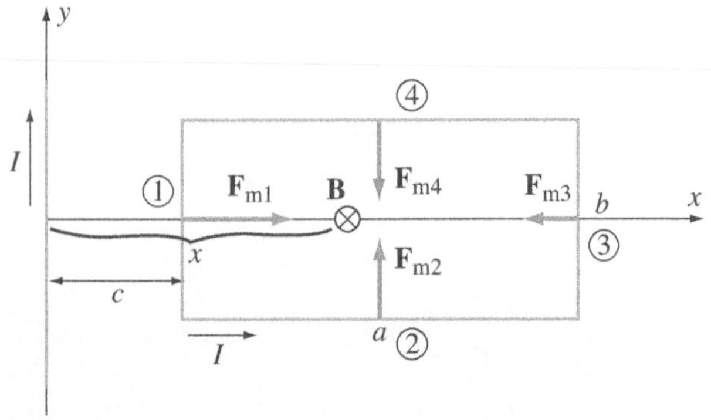

Figura 4.36

Cálculo da força magnética em uma espira retangular próxima a um fio longo com corrente; para o Exemplo 4.20.

Exemplo 4.21

Força em uma espira em um campo magnético uniforme

Prove que a força magnética líquida em um condutor de formato arbitrário com uma corrente constante em um campo magnético uniforme é zero.

Solução Para um campo magnético uniforme, $\mathbf{B}$ = const, de modo que a Equação (4.161) se torna

$$\mathbf{F}_m = I \oint_C d\mathbf{l} \times \mathbf{B} = I \left(\oint_C d\mathbf{l} \right) \times \mathbf{B}. \qquad (4.172)$$

Para qualquer caminho fechado,

$$\oint_C d\mathbf{l} = 0, \qquad (4.173)$$

o que é evidente na Figura 4.37, e assim $\mathbf{F}_m = 0$.

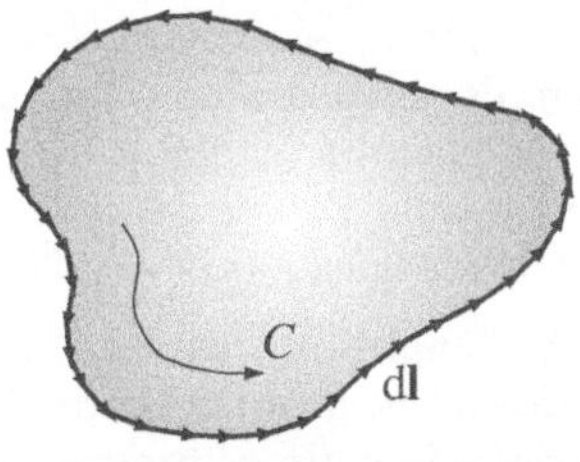

Figura 4.37
Levando em conta a regra extremidade para a origem para adição de vetores, é óbvio que a integral de $d\mathbf{l}$ ao longo de um caminho fechado é sempre zero; para o Exemplo 4.21.

Exemplo 4.22

Torque em uma espira de corrente em um campo magnético uniforme

Uma espira quadrada e rígida, com comprimento de lado a situa-se em um campo magnético contínuo e uniforme de densidade de fluxo $\mathbf{B}$, conforme Figura 4.38(a). Há uma corrente contínua de intensidade I na espira. O ângulo entre o plano da espira e o plano normal ao vetor $\mathbf{B}$ é θ. A espira é montado de modo que seja livre para rotacionar sobre o eixo O-O′ que é perpendicular ao plano do desenho. Encontre (a) a força líquida e (b) o torque líquido na espira.

Solução

(a) Da Equação (4.172), não há força líquida na espira, isto é, a soma vetorial das forças magnéticas individuais nos lados da espira é zero.

(b) As forças nos lados da espira que são normais ao eixo O-O′ tendem a estreitar a espira, mas não produzem torques sobre o mesmo. Os torques (momentos) das forças nos lados 1 e 2 da espira (lados paralelos ao eixo O-O′) calculados em relação ao centro da espira são

$$\mathbf{T}_1 = \mathbf{r}_1 \times \mathbf{F}_{m1} \quad \text{e} \quad \mathbf{T}_2 = \mathbf{r}_2 \times \mathbf{F}_{m2}, \qquad (4.174)$$

respectivamente, onde $\mathbf{F}_{m1}$ e $\mathbf{F}_{m2}$ são as forças magnéticas nos lados, e $\mathbf{r}_1$ e $\mathbf{r}_2$ são os vetores de posição dos centros dos lados em relação ao centro da espira [Figura 4.38(b)].

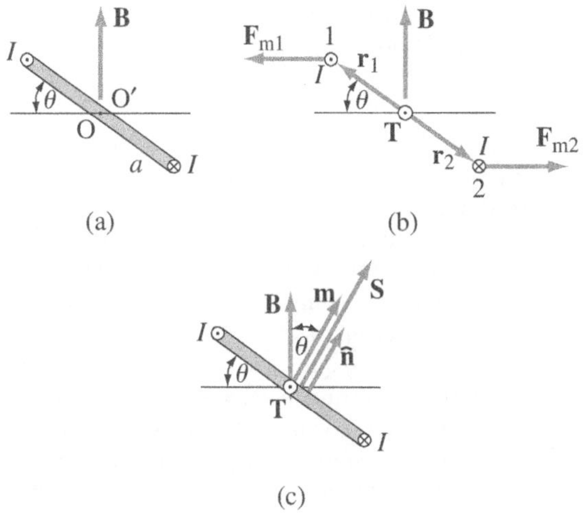

Figura 4.38
Cálculo do torque $\mathbf{T}$ de forças magnéticas em uma espira de corrente em um campo magnético uniforme: (a) posição da espira em relação ao campo magnético, (b) forças magnéticas nos lados da espira produzindo torque e (c) a relação com o momento magnético $\mathbf{m}$ da espira; para o Exemplo 4.22.

Já que

$$\mathbf{F}_{m1} + \mathbf{F}_{m2} = 0, \qquad (4.175)$$

o torque resultante na espira é dado por

$$\mathbf{T} = \mathbf{T}_1 + \mathbf{T}_2 = \mathbf{r}_1 \times \mathbf{F}_{m1} + \mathbf{r}_2 \times \mathbf{F}_{m2} =$$
$$= (\mathbf{r}_1 - \mathbf{r}_2) \times \mathbf{F}_{m1} = \mathbf{r}_{12} \times \mathbf{F}_{m1}. \qquad (4.176)$$

O vetor $\mathbf{r}_{12} = \mathbf{r}_1 - \mathbf{r}_2$ une o ponto de aplicação de $\mathbf{F}_{m2}$ ao de $\mathbf{F}_{m1}$ e independe da escolha da origem dos dois vetores $\mathbf{r}_1$ e $\mathbf{r}_2$. Assim, o torque é também independente da escolha da origem, isto é, é o mesmo quando calculado sobre qualquer ponto de referência, dado que a força total na espira seja zero.

Usando a Equação (4.163), as magnitudes das forças $\mathbf{F}_{m1}$ e $\mathbf{F}_{m2}$ são

$$F_{m1} = F_{m2} = IaB, \qquad (4.177)$$

que, substituída nas equações (4.174), resulta nas magnitudes dos vetores de torque correspondentes:

$$T_1 = T_2 = |\mathbf{r}_1 \times \mathbf{F}_{m1}| = \frac{a}{2} F_{m1} \operatorname{sen} \theta = \frac{Ia^2 B \operatorname{sen} \theta}{2} \qquad (4.178)$$

($|\mathbf{r}_1| = a/2$). Assim, a magnitude do vetor torque $\mathbf{T}$ resultante é

$$T = 2T_1 = Ia^2 B \operatorname{sen} \theta, \qquad (4.179)$$

e sua direção pode ser vista na Figura 4.38(b). É claro que o mesmo pode ser obtido com a Equação (4.176).

Observando que o ângulo entre a normal unitária $\hat{\mathbf{n}}$ na superfície da espira se orienta de acordo com a regra da mão direita para a direção de referência da corrente, e que o vetor $\mathbf{B}$ é também θ [Figura 4.38(c)], concluímos que o torque resultante das forças magnéticas na espira pode ser expresso, de forma compacta, por

torque em uma espira de corrente em um campo magnético uniforme

$$\boxed{\mathbf{T} = \mathbf{m} \times \mathbf{B},} \qquad (4.180)$$

onde $\mathbf{m}$ é o momento magnético da espira, dado pela Equação (4.134), de modo que

$$T = |\mathbf{m} \times \mathbf{B}| = mB\,\text{sen}\,\theta = Ia^2 B\,\text{sen}\,\theta. \quad (4.181)$$

A Equação (4.180) é uma expressão geral para o torque em uma espira de corrente de tamanho e formato arbitrários em um campo magnético uniforme. Vemos que o torque sempre tende a virar a espira para alinhar os vetores $\mathbf{m}$ e $\mathbf{B}$. Em outras palavras, ele tende a alinhar o campo magnético produzido pela corrente da espira (que coincide com a direção de $\mathbf{m}$ — ver figuras 4.6 e 4.8) com o campo magnético aplicado (externo) que causa o torque. Por fim, o campo magnético, através de uma pequena espira de corrente, isto é, um dipolo magnético (Figura 4.30), pode sempre ser considerado localmente uniforme, significando que a Equação (4.180) nos dá o torque em um dipolo magnético (com qualquer formato e momento magnético $\mathbf{m}$) em qualquer campo magnético (em geral não uniforme e com densidade de fluxo local $\mathbf{B}$). Podemos notar a analogia com o torque em dipolo elétrico, $\mathbf{T} = \mathbf{p} \times \mathbf{E}$, na Equação (2.3).

Problemas

4.1. Espira de corrente retangular. Considere uma espira retangular com lados a e b no ar. Se ele carrega uma corrente de intensidade I, encontre o vetor densidade de fluxo magnético em um ponto arbitrário do eixo da espira perpendicular a seu plano.

4.2. Espira de corrente triangular. Uma espira no formato de um triângulo representando metade de um quadrado de lado a carrega uma corrente contínua de intensidade I, conforme Figura 4.39. O meio é ar. Calcule o vetor intensidade do fluxo magnético em um ponto P localizado no quarto vértice do quadrado.

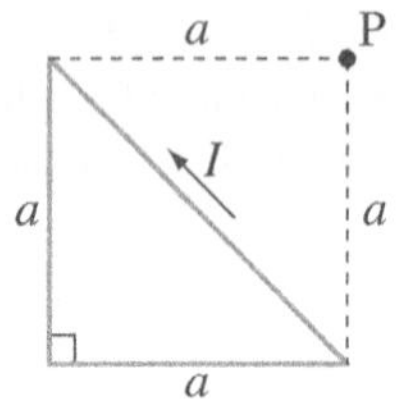

Figura 4.39 Espira de corrente triangular; para o Problema 4.2.

4.3. Espira de corrente com partes lineares e circulares. A Figura 4.40 mostra um contorno de fio composto de metade de um círculo de raio a e metade de um quadrado de lado $2a$. O contorno situa-se no ar e carrega uma carga contínua de intensidade I. Encontre o vetor densidade do fluxo magnético (a) no ponto central O e (b) em um ponto $2a$ fora do ponto O ao longo da linha perpendicular ao plano do contorno.

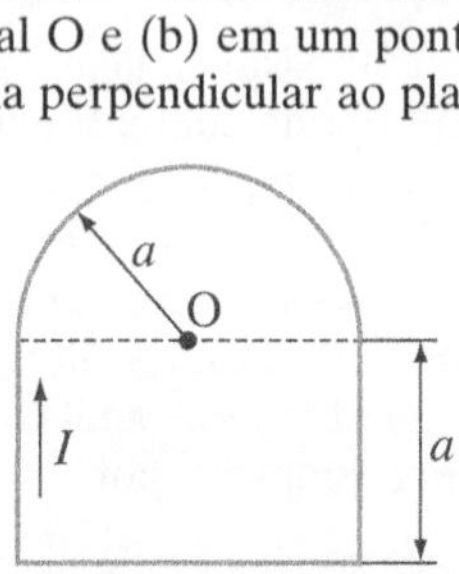

Figura 4.40 Contorno de corrente composto de um semicírculo e três partes lineares; para o Problema 4.3.

4.4. Distribuição circular de corrente superficial. Há uma corrente superficial sobre uma superfície circular de raio b com um buraco de raio a ($a < b$) no espaço livre. A superfície repousa no plano $z = 0$ de um sistema de coordenadas cilíndricas, cuja origem coincide com o centro superficial. O vetor densidade de corrente superficial é $\mathbf{J}_s = J_{s0}(a/r)\hat{\boldsymbol{\phi}}$ ($a \le r \le b$), onde J_{s0} é uma contínua. Calcule o vetor densidade do fluxo magnético ao longo do eixo z.

4.5. Campo magnético de um disco carregado em rotação. Um disco circular de raio a é uniformemente carregado sobre sua superfície por uma carga de densidade ρ_s. O disco rotaciona uniformemente no ar sobre seu eixo (perpendicular ao disco) com uma velocidade angular w. Encontre o vetor densidade de fluxo magnético em um ponto arbitrário ao longo do eixo de rotação. Assuma que a distribuição de carga sobre o disco permanece a mesma durante a rotação.

4.6. Solenoides com diferentes razões comprimento/diâmetro. Considere um solenoide com núcleo não magnético e $N = 1.000$ voltas apertadas de fio carregando uma corrente contínua $I = 1$A. O comprimento do solenoide é $l = 50$ cm. Calcule o campo $\mathbf{B}$ no centro do solenoide, no centro da 250ª (ou 750ª) volta e no centro da primeira ou última volta do fio, e esboce a função $B(z)$ ao longo do eixo do solenoide ($-\infty < z < \infty$) para o raio do solenoide igual a (a) $a = 25$ cm e (b) $a = 2$ cm.

4.7. Bobinas de Helmholtz. A Figura 4.41 mostra duas bobinas idênticas muito curtas, cada uma com N voltas circulares de fio, no ar. A distância entre os centros das bobinas é d, e os raios das voltas do fio são a. As bobinas carregam correntes constantes de intensidades iguais, I, e se orientam no mesmo caminho. Quando $d = a$, o campo magnético perto do centro da estrutura (ao meio-dia entre as duas bobinas) é mais ou menos uniforme, e a estrutura se chama *bobinas de Helmholtz*. (a) Para uma distância arbitrária d ($d \neq a$), encontre a expressão para a densidade de fluxo magnético $B(z)$ em um ponto arbitrário ao longo do eixo das bobinas (eixo z), assumindo que B causado por cada uma das bobinas é igual a N vezes a densidade de fluxo de uma única volta do fio (espira de corrente circular, Figura 4.6) na posição respectiva da bobina. (b) Mostre que $\mathrm{d}B/\mathrm{d}z = 0$ no centro da estrutura (ponto C) para que $z = d/2$ (e qualquer d, relativo a a). (c) Verifique então que $\mathrm{d}^2B/\mathrm{d}z^2 = 0$ no ponto C quando $d = a$ (note que até mesmo $\mathrm{d}^3B/\mathrm{d}z^3 = 0$ em C nesse caso).

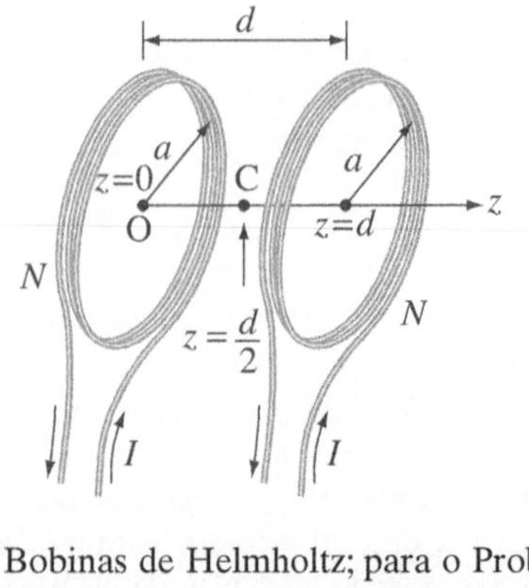

Figura 4.41 Bobinas de Helmholtz; para o Problema 4.7.

4.8. Bobina esférica. Considere uma bobina consistindo de N voltas de um fio fino isolado, enrolado de maneira densa e uniforme em uma camada de uma esfera não magnética de raio a. A corrente através do fio é I. O meio ao redor é ar. Encontre o vetor densidade do fluxo magnético no centro da esfera.

4.9. Duas tiras paralelas com correntes contrárias. Duas tiras condutoras idênticas muito longas e paralelas, de largura $2a$, carregam correntes de mesma intensidade I e direções opostas. A distância entre as tiras também é $2a$. O corte transversal da estrutura é visto na Figura 4.42. A permeabilidade é μ_0 em toda parte. Encontre o campo **B** ao centro do corte transversal (ponto O).

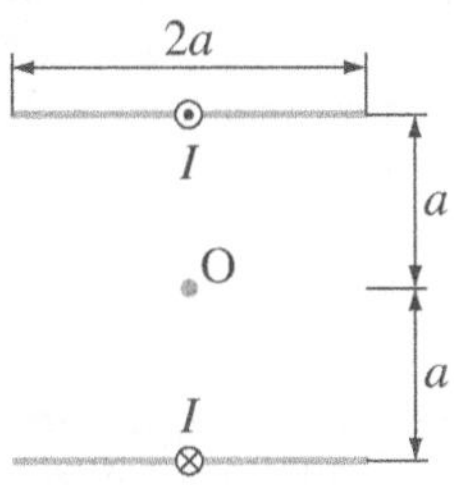

Figura 4.42 Corte transversal de duas tiras condutoras paralelas com correntes de mesma magnitude e direções opostas; para o Problema 4.9.

4.10. Campo magnético de um condutor cilíndrico oco. Uma corrente contínua de intensidade I flui através de um condutor de cobre cilíndrico infinitamente longo de raios a e b ($a < b$). O corte transversal do condutor é visto na Figura 4.43. O meio no buraco e fora do condutor é não magnético. Encontre o vetor densidade do fluxo magnético em toda parte.

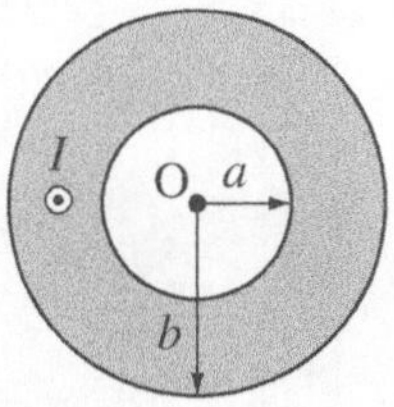

Figura 4.43 Corte transversal de um condutor cilíndrico oco com uma corrente contínua; para o Problema 4.10.

4.11. Campo magnético de um cabo triaxial. O corte transversal de um cabo triaxial, com três condutores cilíndricos coaxiais, parece o mesmo corte do sistema de três condutores esféricos concêntricos na Figura 1.56. O raio do condutor interno do cabo é $a = 1$ mm, os raios internos e externos do condutor do meio são $b = 2$ mm e $c = 2{,}5$ mm, e os do condutor externo são $d = 5$ mm e $e = 5{,}5$ mm. O dielétrico e os condutores do cabo, assim como o meio ao redor, são não magnéticos. Assumindo que correntes contínuas de intensidades $I_1 = 2$ A, $I_2 = -1$ A, e $I_3 = -1$ A fluem através do condutor interno, do meio e externo, todas com a mesma direção de referência, calcule o vetor densidade do fluxo magnético por toda parte ($0 \leq r < \infty$).

4.12. Cilindro em rotação com uma carga superficial. Um cilindro condutor não magnético infinitamente longo de raio a é carregado uniformemente sobre sua superfície com uma densidade de carga ρ_s. O cilindro rotaciona no ar sobre seu eixo com uma velocidade angular uniforme w. Encontre o campo **B** dentro do cilindro e fora dele.

4.13. Cilindro oco carregado não uniformemente em rotação. Um cilindro oco infinitamente longo de raio interno a e externo b ($a < b$) no ar é carregado com uma densidade de carga de volume $\rho(r) = \rho_0 r/a$ ($a \leq r \leq b$), onde ρ_0 é uma contínua e r a distância radial do eixo do cilindro. O cilindro rotacional uniformemente sobre seu eixo com uma velocidade angular w. Assumindo que a distribuição de carga do cilindro não muda durante a rotação, determine o vetor densidade do fluxo magnético por toda parte.

4.14. Duas lâminas de corrente planar paralelas infinitas. Duas lâminas de corrente planar paralelas infinitas no ar possuem a mesma densidade de corrente superficial uniforme J_s. A distância entre as lâminas é d. Encontre o vetor densidade do fluxo magnético por toda parte se as correntes das lâminas estiverem (a) na mesma direção e (b) em direções opostas.

4.15. Campo magnético dentro de uma placa fina com corrente. Uma placa fina de cobre de comprimento b, largura a e espessura d ($d \ll a$) tem uma corrente contínua de intensidade I, conforme Figura 4.44. A placa está situada no ar. Desconsiderando os efeitos das bordas, use a lei de Ampère para encontrar a distribuição do vetor densidade do fluxo magnético dentro da placa [note que isso é matematicamente análogo à aplicação de uma equação integral semelhante na Equação (6.146) e Figura 6.25(b)].

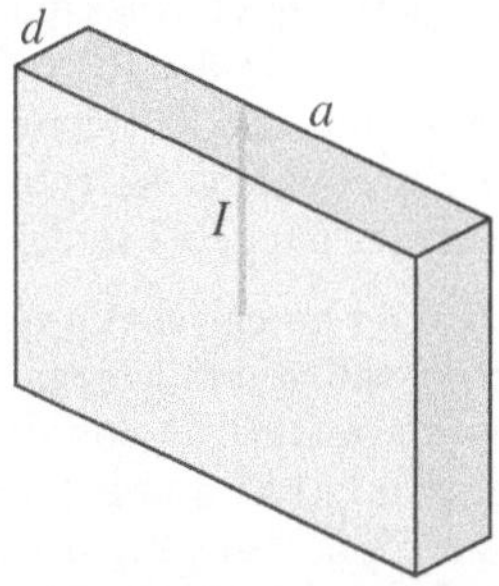

Figura 4.44 Placa condutora fina com corrente contínua; para o Problema 4.15.

4.16. Campo magnético em um capacitor de placas paralelas com fuga. Calcule o vetor densidade do fluxo magnético no dielétrico imperfeito do capacitor de placas paralelas do Problema 3.12 (Figura 3.32).

4.17. Campo magnético em um capacitor esférico com fuga. Encontre o vetor densidade do fluxo magnético no dielétrico imperfeito do capacitor esférico do Exemplo 3.3 (Figura 3.6).

4.18. Campo magnético em um cabo coaxial com fuga. Determine o vetor densidade do fluxo magnético no dielétrico imperfeito do cabo coaxial do Problema 3.17 (Figura 3.34).

4.19. Campo magnético em volta de um eletrodo terra. Encontre o vetor densidade do fluxo magnético na superfície da terra para o eletrodo do Exemplo 3.15 [Figura 3.26(a)].

4.20. Distribuição de corrente da distribuição de campo. Usando a lei diferencial de Ampère, mostre que o campo magnético dado pelas equações (4.53) e (4.56) é produzido por uma corrente volumétrica uniforme de densidade dada pela Equação (4.52) ao longo de um cilindro infinitamente longo de raio a no espaço livre.

4.21. Cabo coaxial usando a lei diferencial de Ampère. Refaça o Exemplo 4.11 empregando a lei de Ampère na forma diferencial.

4.22. Cilindro carregado em rotação pela lei diferencial de Ampère. Refaça o Exemplo 4.14 empregando a lei de Ampère na forma diferencial.

4.23. Placa fina com corrente, lei diferencial de Ampère. Refaça o Exemplo 4.15 empregando a lei de Ampère na forma diferencial [adote a notação vetor-componente da Figura 4.22 e Equação (4.75), e use a analogia com a aplicação da lei diferencial de Gauss, no Exemplo 1.23].

4.24. Lei de Ampère na forma diferencial e integral. Em uma região, o campo magnético é dado por $\mathbf{B} = [4(z-1)^2\hat{\mathbf{x}} + 2x^3\hat{\mathbf{y}} + xy\hat{\mathbf{z}}]$ mT (x, y, z em m). O meio é ar. (a) Encontre a densidade de corrente. (b) Pelo resultado de (a), encontre a corrente total contida por um contorno quadrado repousando no plano xy, com o centro na origem das coordenadas e lados, de comprimento 2 m, paralelos aos eixos x e y. (c) Confirme a lei de Ampère na forma integral e o teorema de Stokes calculando circulação líquida de **B** ao longo do contorno definido em (b).

4.25. Fluxo magnético através de uma superfície cilíndrica. Calcule o fluxo magnético para fora da superfície lateral de um cilindro de raio $a = 10$ cm e altura $h = 20$ cm em um campo magnético uniforme de densidade de fluxo $B = 1$ T. O vetor **B** faz um ângulo de 60° com o eixo do cilindro.

4.26. Lei da conservação do fluxo magnético. Para o campo magnético definido no Problema 4.24, confirme a lei de conservação do fluxo magnético nas formas diferencial e integral, calculando (a) a divergência de **B** e (b) o fluxo saindo de **B** através da superfície de um cubo, respectivamente. O cubo é centrado na origem das coordenadas, com arestas paralelas aos eixos das coordenadas e tendo 2 m de comprimento.

4.27. Fluxo magnético do potencial vetorial. Em uma determinada região, o potencial vetorial magnético é dado pela seguinte função em um sistema de coordenadas cilíndricas: $\mathbf{A} = 2R^2\hat{\boldsymbol{\phi}}\mathrm{T}\cdot\mathrm{m}$($r$ em m). (a) Encontre o vetor densidade do fluxo magnético nesta região. (b) Obtenha o fluxo magnético através de um contorno circular de raio 1 m que repousa no plano $z = 0$ e está centrado na origem das coordenadas. (c) Verifique os resultados calculando a circulação de **A** no contorno.

4.28. Potencial e campo causado por um dipolo magnético. Um dipolo magnético com momento $\mathbf{m} = 400\ \mu\mathrm{Am}^2\ \hat{\mathbf{z}}$ se localiza na origem de um sistema de coordenadas esféricas. Calcule o potencial magnético **A** e densidade de fluxo **B** nos seguintes pontos definidos por coordenadas esféricas: (a) (1 m, 0, 0), (b) (1 m, $\pi/2$, $\pi/2$), (c) (1 m, π, 0), (d) (1 m, $\pi/4$, 0), (e) (10 m, $\pi/4$, 0), e (f) (100 m, $\pi/4$, 0). As dimensões do dipolo são bem menores do que 1 m.

4.29. Espira de corrente circular como dipolo magnético. Referindo-se à espira de corrente circular na Figura 4.6, mostre que, para $|z| \gg a$, as equações (4.19) e (4.142) se tornam a mesma, a segunda dando o vetor densidade do fluxo magnético de um dipolo magnético distante da espira.

4.30. Espira de corrente retangular como dipolo magnético. Verifique o resultado para o campo **B** causado por uma espira retangular obtido no Problema 4.1 comparando-o com a expressão de campo do dipolo, da Equação (4.142), em pontos distantes da espira.

4.31. Dipolo equivalente a uma distribuição de corrente superficial. Considere a distribuição de corrente superficial não circular e uniforme do Problema 4.4 e demonstre que, em um ponto distante do eixo z ($|z| \gg a$), essa distribuição de corrente pode ser substituída pelo dipolo magnético equivalente localizado na origem da coordenada. Encontre o momento **m** do dipolo equivalente.

4.32. Força de Lorentz causada por um disco carregado em rotação. Considere o disco carregado em rotação do Problema 4.5 e assuma que uma partícula carregada Q se move a uma velocidade uniforme v por um caminho paralelo ao plano do disco. Encontre a força de Lorentz na partícula em um instante em que estiver no ponto pertencente ao eixo de rotação do disco, e a uma distância a do centro do disco.

4.33. Forças entre três fios paralelos com corrente. Três fios paralelos muito finos e longos no ar possuem correntes de intensidade $I_1 = 1$ A, $I_2 = -1$ A, e $I_3 = 2$ A, todas na mesma direção. A distância entre quaisquer dois dos fios é $d = 1$ m, de modo que o corte transversal constitui um triângulo equilátero (de lados d). (a) Determine a direção e a magnitude da força magnética por comprimento unitário no fio com corrente I_3. (b) Refaça o problema caso $I_2 = 1$ A.

4.34. Força em um fio causada por um condutor semicilíndrico. Um condutor de alumínio muito longo no formato de uma meia cápsula fina e cilíndrica de raio $b = 40$ mm e espessura $d = 0{,}5$ mm se situa no ar. Outro condutor de alumínio muito longo, na forma de um fio muito longo de raio $a = 1$ mm, se localiza no eixo do semicilindro. Os dois condutores possuem correntes contínuas de mesma magnitude $I = 100$ A e direções contrárias, conforme Figura 4.45. Encontre a força magnética no fio condutor por comprimento unitário.

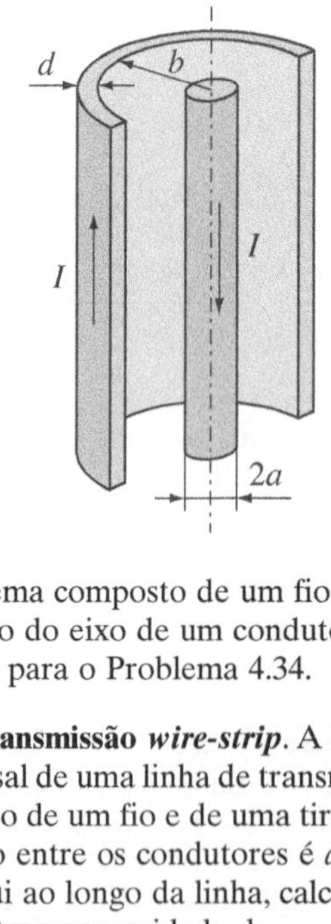

Figura 4.45 Sistema composto de um fio condutor ao longo do eixo de um condutor semicilíndrico fino; para o Problema 4.34.

4.35. Linha de transmissão *wire-strip*. A Figura 4.46 mostra um corte transversal de uma linha de transmissão de dois condutores consistindo de um fio e de uma tira. A largura da tira é $2a$ e a separação entre os condutores é a. O dielétrico é ar. Se a corrente I flui ao longo da linha, calcule a força magnética na tira condutora por unidade de seu comprimento.

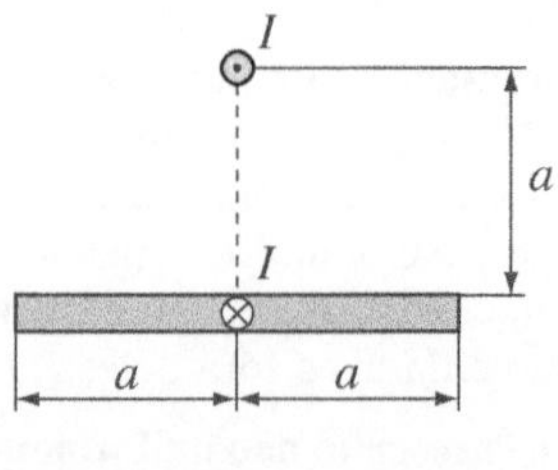

Figura 4.46 Corte transversal de uma linha de transmissão formada por um fio e uma tira; para o Problema 4.35.

4.36. Linha composta de um fio e um condutor formando um ângulo. Um fio e uma tira condutora a 90°, formada por duas tiras idênticas de largura a, possuem correntes contínuas de intensidades I e $-I$ e na mesma direção. A distância do fio até ambas as extremidades do condutor que forma um ângulo é a. Um corte transversal dessa linha de transmissão é visto na Figura 4.47. Os materiais e o meio são não magnéticos. Encontre a força magnética no condutor interno por unidade de seu comprimento.

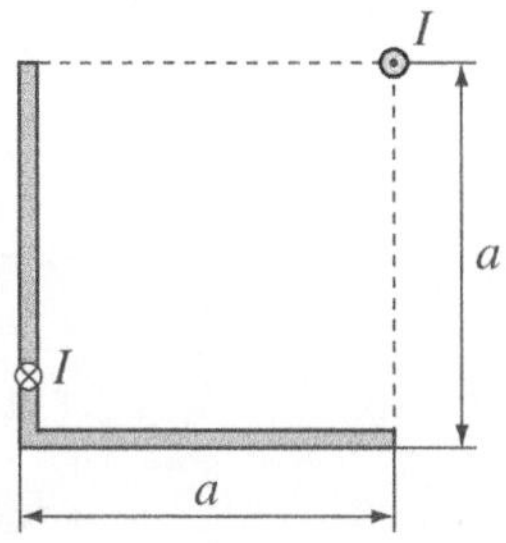

Figura 4.47 Corte transversal de uma linha de transmissão composta de um fio e um condutor *strip* 90°; para o Problema 4.36.

4.37. Cabo coaxial com cavidade fora de centro. Na Figura 4.48 é mostrado um corte transversal de um cabo coaxial no qual a cavidade cilíndrica de raio b representando a superfície interna do condutor externo está fora de centro por um vetor d em relação ao eixo comum do condutor interno e a superfície externa do condutor externo. Os outros dois raios são a e c, e a relação $b + d \leq c$ é satisfeita. A permeabilidade em toda parte é μ_0. Se uma corrente constante de intensidade I é estabelecida no cabo, determine a força magnética sobre o condutor interno por unidade de seu comprimento.

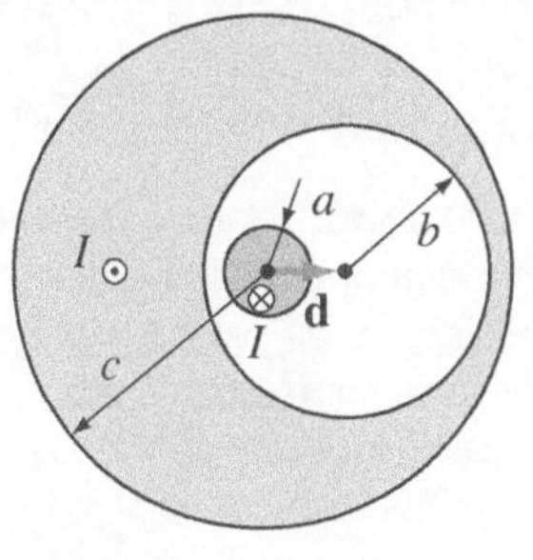

Figura 4.48 Cabo coaxial com superfície interna deslocada do condutor externo; para o Problema 4.37.

4.38. Força e torque em uma espira de corrente triangular. Uma espira rígida na forma de um triângulo equilátero de comprimento lateral a se situa em um campo magnético constante e uniforme de densidade de fluxo **B**. As linhas de campo magnético são paralelas ao plano da espira e perpendiculares a um de seus lados, conforme a Figura 4.49. Se uma corrente constante de intensidade I se estabelece na espira, encontre (a) a força e (b) o torque em cada um dos lados da espira, assim como (c) a força líquida e (d) o torque líquido na espira.

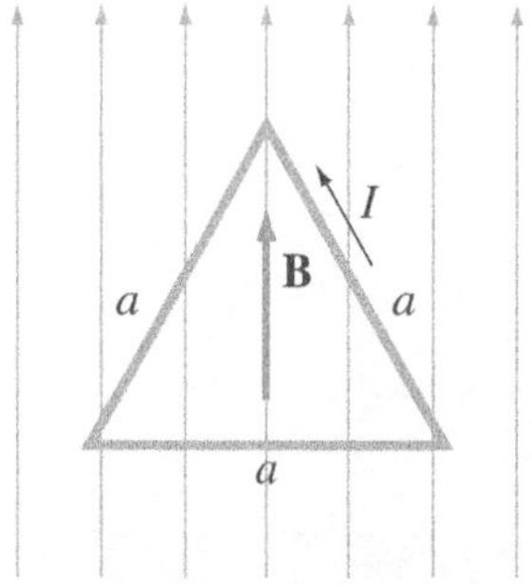

Figura 4.49 Espira de corrente triangular em um campo magnético uniforme; para o Problema 4.38.

4.39. Torque entre dois dipolos magnéticos. Duas espiras de corrente pequenas estão situadas no espaço livre. A primeira tem um momento magnético $\mathbf{m}_1 = m\hat{\mathbf{z}}$ e está centrada na origem (O) do sistema de coordenadas cartesianas. Obtenha o torque na segunda para as seguintes posições de seu centro P e direções do momento magnético $\mathbf{m}_2$: (a) P(0, a, 0) e $\mathbf{m}_2 = m\,\hat{\mathbf{z}}$, (b) P(0, a, 0) e $\mathbf{m}_2 = m\,\hat{\mathbf{y}}$, (c) P(0, 0, a) e $\mathbf{m}_2 = m\,\hat{\mathbf{z}}$, (d) P(0, 0, a) e $\mathbf{m}_2 = m\,\hat{\mathbf{x}}$, e (e) P(0, a, a) e $\mathbf{m}_2 = m\,\hat{\mathbf{z}}$. Considere $m = 0{,}1$ Am^2 e $a = 10$ m.

Campo magnetostático no meio material

CAPÍTULO 5

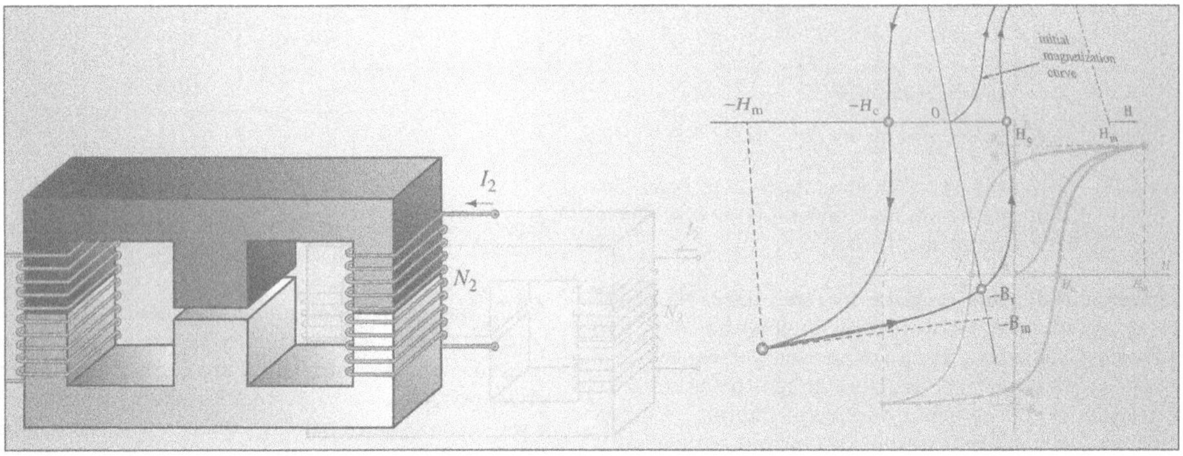

Introdução

Nosso estudo sobre magnetostática tem sido até agora restrito ao campo magnético devido a correntes elétricas contínuas em um vácuo e outros meios não magnéticos. Neste capítulo, apresentaremos e discutiremos fenômenos associados ao campo magnetostático na presença de materiais magnéticos. Muitos dos conceitos básicos, leis físicas e técnicas matemáticas que constituem a análise de materiais no campo magnético são inteiramente análogos aos conceitos correspondentes, leis e técnicas na eletrostática, o que torna nossas discussões neste capítulo muito mais fáceis. A diferença mais importante, no entanto, no que diz respeito à análise de materiais dielétricos é o comportamento não linear inerente da classe mais importante de materiais magnéticos, chamados ferromagnéticos. Esta é uma classe de materiais com propriedades magnéticas marcantes (muitas ordens de magnitude mais forte do que em outros materiais), e o ferro é o exemplo típico.

Começaremos com uma caracterização qualitativa dos fenômenos magnéticos microscópicos em substâncias e descrição do comportamento de diferentes tipos de materiais magnéticos baseados no modelo atômico clássico. Por analogia ao vetor polarização em eletrostática, o vetor magnetização será usado para descrever o estado magnetizado de um material em escala macroscópica. A magnetização volumétrica e os vetores densidade da corrente de superfície serão definidos como equivalentes macroscópicos de uma ampla série de pequenas correntes elétricas que são fontes microscópicas da magnetização de um material magnético. Essas densidades de corrente nos permitirão avaliar o campo magnético causado por materiais magnetizados usando fórmulas e técnicas de espaço livre do capítulo anterior. Obteremos e discutiremos as equações de Maxwell e condições de contorno para sistemas magnetostáticos que incluem meio arbitrário. O conceito de permeabilidade de um material permitirá a caracterização macroscópica adicional de materiais magnéticos. Por fim, uma seção sobre circuitos magnéticos (compostos de núcleos ferromagnéticos de diferentes formas com condutores de corrente nos enrolamentos) representará um ponto importante da teoria do campo magnetostático na presença de materiais magnéticos. A maioria dos exemplos do capítulo será aplicada para realização da análise desses circuitos, que essencialmente se assemelha à análise cc de circuitos elétricos não lineares.

5.1 VETOR MAGNETIZAÇÃO

De acordo com o modelo elementar atômico da matéria, todos os materiais são compostos de átomos, cada um com um núcleo central fixo com carga positiva e elétrons com carga negativa circulando ao redor em órbitas diferentes. Ambos os movimentos orbitais e os spins inerentes dos elétrons sobre seu próprio eixo podem ser representados por pequenos circuitos de corrente, ou seja, dipolos magnéticos. Essas minúsculas correntes são indicadas como correntes de Ampère. O momento magnético de cada ciclo elementar é dado pela Equação (4.134).[1] Na ausência de um campo magnético externo, os dipolos magnéticos equivalentes têm orientações aleatórias um em relação ao outro, resultando em nenhum momento magnético líquido. Com um campo aplicado, no entanto, o circuito de corrente equivalente tem torques, que levam a um alinhamento em rede de momentos de dipolo magnético microscópicos com o campo magnético externo [ver Equação (4.180)] e um momento magnético líquido no material em escala macroscópica. O processo de indução de momentos magnéticos macroscópicos por um campo magnético externo é chamado de magnetização do material. É praticamente instantâneo, e o material no novo estado magnetostático é dito estar magnetizado ou no estado magnetizado. Quando magnetizado (por um campo externo), um material é fonte de seu próprio campo magnético, e o campo total em um ponto arbitrário no espaço (dentro ou fora do material) é a soma do campo externo (primário) e do campo devido ao material magnetizado (campo secundário). Na análise, podemos substituir o material por uma série de circuitos de corrente de Ampère microscópicas (dipolos magnéticos) que estejam no vácuo, pois o resto do material não produz qualquer campo. Então, o campo secundário pode, em princípio, ser determinado usando a expressão para o campo magnético causado por um dipolo magnético no espaço livre, Equação (4.142), e superposição.

Em vez de analisar cada átomo e todos os momentos do dipolo magnético microscópicos, entretanto, preferimos introduzir uma grandeza macroscópica denominada vetor magnetização, para descrever o estado de um material magnetizado e o campo resultante. De modo análogo à definição do vetor polarização (**P**) para materiais dielétricos eletricamente polarizados, a Equação (2.7), o vetor magnetização, **M**, é definido como a densidade dos momentos magnéticos elementares equivalentes em um material magnético em um determinado ponto:

vetor magnetização (unidade: A/m)

$$\boxed{\mathbf{M} = \frac{\left(\sum \mathbf{m}\right)_{\text{em } \mathrm{d}v}}{\mathrm{d}v}.} \quad (5.1)$$

Notamos que $\mathbf{M}\,\mathrm{d}v$ representa o momento de dipolo de um dipolo magnético que é equivalente a um volume elementar $\mathrm{d}v$ do material, isto é, a todos os dipolos (correntes de Ampère microscópicas) dentro dele. A unidade para o vetor magnetização é A/m.

Em qualquer material magnético, o vetor magnetização em um ponto é uma função do vetor densidade de fluxo magnético nesse ponto,

$$\mathbf{M} = \mathbf{M}\,(\mathbf{B}), \quad (5.2)$$

e essa relação é uma característica dos materiais individuais e é inteiramente análoga à relação entre o vetor polarização e o vetor intensidade do campo elétrico, Equação (2.9), na eletrostática.

5.2 COMPORTAMENTO E CLASSIFICAÇÃO DE MATERIAIS MAGNÉTICOS

Um profundo conhecimento e caracterização quantitativa precisa de fenômenos magnéticos microscópicos em materiais requerem um tratamento da mecânica quântica completo. Aqui, no entanto, descrevemos qualitativamente o comportamento de diferentes tipos de materiais magnéticos com base no modelo clássico atômico. Em geral, os materiais podem ser classificados de acordo com seu comportamento magnético como diamagnéticos, paramagnéticos, ferromagnéticos, antiferromagnéticos, ferrimagnéticos e superparamagnéticos.

Em materiais diamagnéticos, os momentos magnéticos dos elétrons em órbita sobre seus núcleos são dominantes em comparação aos momentos magnéticos atribuídos à rotação do elétron. Para descrever o comportamento diamagnético, que está presente em maior ou menor grau, com todos os materiais magnéticos, consideramos um primeiro modelo de um átomo com um único elétron que circula em torno do núcleo ao longo de uma órbita de raio a com uma velocidade angular uniforme $\mathbf{w}_0 = w_0\,\hat{\mathbf{z}}$, como mostrado na Figura 5.1(a). Na ausência de um campo magnético externo, a força centrífuga do elétron, dada por

$$F_{\text{fc}} = \frac{m_{\text{e}} v_0^2}{a} = m_{\text{e}} w_0^2 a, \quad (5.3)$$

onde m_{e} e v_0 são a massa e a velocidade do elétron ($v_0 = w_0 a$), respectivamente, está equilibrada pela força centrípeta (de atração) elétrica (Coulomb), F_{e}, entre os núcleos e os elétrons. Assim, a equação de equilíbrio é

$$F_{\text{e}} = m_{\text{e}} w_0^2 a. \quad (5.4)$$

O elétron em órbita é equivalente a um pequeno circuito de corrente (dipolo magnético), onde a corrente

1 Uma terceira fonte de momentos de dipolo magnético equivalentes microscópicos dos átomos é o spin nuclear, mas ele oferece uma contribuição desprezível para as propriedades magnéticas macroscópicas de materiais. Note, no entanto, que o spin nuclear representa a base da ressonância magnética — RM (magnetic ressonance imaging — MRI), utilizada na medicina, e também em muitas áreas da ciência e engenharia.

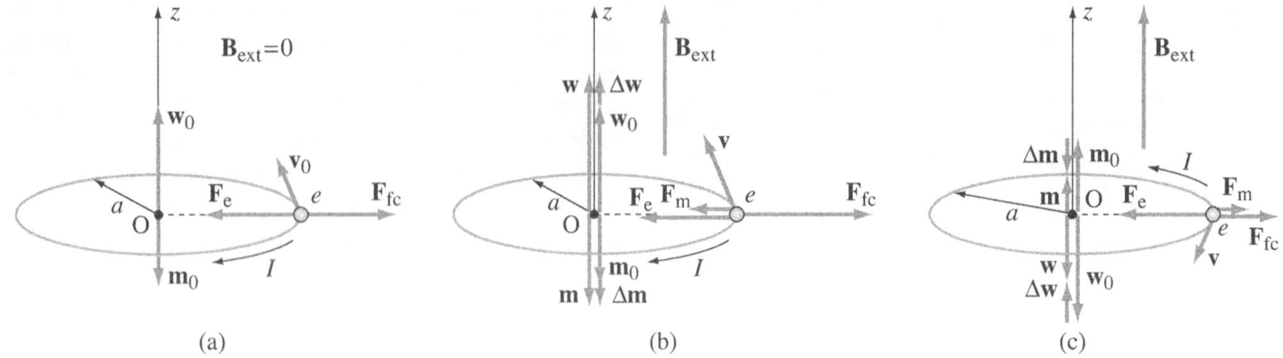

Figura 5.1

Átomo com um único elétron orbitando em torno do núcleo, na ausência de um campo magnético externo (a), e com um campo magnético aplicado, cuja direção coincide com a direção do vetor velocidade angular de elétrons (b) ou é oposto a ele (c).

I do circuito é dada pela Equação (4.153), com $Q = -e$ e é direcionada opostamente ao sentido do curso dos elétrons (porque a carga do elétron é negativa). Pela Equação (4.134), o momento magnético do dipolo é

$$\mathbf{m}_0 = I\pi a^2(-\hat{\mathbf{z}}) = -\frac{ew_0 a^2}{2}\,\hat{\mathbf{z}}. \qquad (5.5)$$

Na presença de um campo magnético externo, há uma força adicional no elétron — a força magnética, Equação (4.144),

$$\mathbf{F}_m = Q\mathbf{v} \text{ x } \mathbf{B}_{ext} = -e\mathbf{v} \times \mathbf{B}_{ext}, \qquad (5.6)$$

com $\mathbf{B}_{ext}$ representando o vetor densidade de fluxo magnético do campo aplicado. Para a situação na Figura 5.1(b), onde o vetor velocidade angular do elétron está na mesma direção do campo aplicado $\mathbf{B}_{ext} = B_{ext}\,\hat{\mathbf{z}}$, a força magnética é centrípeta (para dentro), de modo que a nova equação de equilíbrio seja

$$F_e + ewaB_{ext} = m_e w^2 a, \quad w = w_0 + \Delta w. \qquad (5.7)$$

Aqui, a força de desequilíbrio criada pela força magnética é compensada por um aumento de Δw da velocidade angular orbital ($\Delta w > 0$). Combinando as equações (5.4) e (5.7) temos

$$m_e(w^2 - w_0^2) = ewB_{ext}. \qquad (5.8)$$

Como a perturbação da velocidade do elétron é pequena, ou seja, $\Delta w \ll w_0$, mesmo para os campos magnéticos aplicados mais fortes, podemos escrever

$$w^2 - w_0^2 = (w + w_0)(w - w_0) \approx 2w\Delta w. \qquad (5.9)$$

Substituindo isso na Equação (5.8), o aumento da velocidade angular vem a ser

$$\Delta w = \frac{eB_{ext}}{2m_e}. \qquad (5.10)$$

No lugar da Equação (5.5), o novo momento do dipolo magnético equivalente é

$$\mathbf{m} = -\frac{ewa^2}{2}\,\hat{\mathbf{z}} = -\frac{ea^2}{2}\,\mathbf{w}. \qquad (5.11)$$

Apresentando o momento angular do elétron

$$\mathbf{L} = m_e\mathbf{r} \times \mathbf{v} = \mathcal{I}\mathbf{w}, \qquad (5.12)$$

onde $\mathbf{r}$ é o vetor de posição instantânea do elétron com relação à origem O ($|\mathbf{r}| = a$) e $\mathcal{I} = m_e a^2$ é a inércia de rotação do elétron, a Equação (5.11) torna-se

$$\mathbf{m} = -\frac{e}{2m_e}\,\mathbf{L} = -\frac{e}{2m_e}\mathcal{I}\mathbf{w}. \qquad (5.13)$$

O aumento do momento de dipolo devido ao aumento da velocidade orbital do elétron, na Equação (5.10), é dado por

$$\Delta\mathbf{m} = -\frac{e}{2m_e}\,\mathcal{I}\Delta\mathbf{w} = -\left(\frac{e}{2m_e}\right)^2 \mathcal{I}\,\mathbf{B}_{ext}, \qquad (5.14)$$

e é chamado o momento magnético induzido do elétron. Observamos que $\Delta\mathbf{m}$ está antiparalelo (ou seja, na direção oposta) ao campo magnético aplicado $\mathbf{B}_{ext}$.

Para um elétron cujo vetor velocidade angular orbital e o campo $\mathbf{B}_{ext}$ são opostos, como na Figura 5.1(c), a força $\mathbf{F}_m$ sobre o elétron está na direção externa, e a força de desequilíbrio é compensada por uma velocidade reduzida, ou seja, $\Delta w < 0$. O novo momento do dipolo magnético é menor em magnitude do que $\mathbf{m}_0$, para que o momento induzido $\Delta\mathbf{m}$ esteja novamente na direção $-z$, isto é, ainda antiparalelo ao campo aplicado, e dado pela mesma expressão na Equação (5.14). A mesma expressão para $\Delta\mathbf{m}$ é obtida também no caso de uma posição mútua arbitrária da órbita do elétron e do campo magnético aplicado, bem como para o modelo de um átomo com elétrons N, que se locomovem ao longo das órbitas orientadas arbitrariamente em relação ao campo magnético aplicado, onde $\mathcal{I}$ deveria ser substituído pela inércia rotacional média de todos os elétrons no átomo, $\mathcal{I} = \mathcal{I}_{méd}$.

Sem campo magnético aplicado externo, os dipolos magnéticos dos átomos têm orientações aleatórias, de modo que o momento magnético líquido e o vetor magnetização no material sejam zero. Com um campo aplicado, no entanto, cada átomo adquire um momento diferencial induzido dado pela Equação (5.14), com $\mathcal{I} = \mathcal{I}_{\text{méd}}$, e todos esses momentos são antiparalelos para o vetor densidade de fluxo magnético, **B**, no material. Como resultado, o momento magnético líquido dos átomos se opõe ao campo aplicado. Assim, uma haste de um material diamagnético colocado em um campo magnético vai orientar-se perpendicularmente ao campo aplicado, ou seja, através das linhas do campo. O termo diamagnetismo se origina do grego e a palavra "dia" significa "através". Se um espécime diamagnético é trazido para perto de qualquer um dos polos de uma barra de ímã forte, será repelido pelo ímã. A partir das equações (5.1) e (5.14), o vetor magnetização é

$$\mathbf{M} = N_v \, \Delta\mathbf{m} = -\frac{N_v e^2 \mathcal{I}_{\text{méd}}}{4m_e^2} \mathbf{B}, \quad (5.15)$$

N_v sendo a concentração (número por unidade de volume) de átomos no material. Percebemos que esta equação representa uma forma especial da Equação (5.2). Além disso, costuma-se escrever

$$\mathbf{M} = \frac{\chi_m}{\mu_0} \mathbf{B}, \quad (5.16)$$

onde χ_m é uma constante de proporcionalidade adimensional dada por

susceptibilidade magnética de materiais diamagnéticos

$$\chi_m = -\frac{\mu_0 N_v e^2 \mathcal{I}_{\text{méd}}}{4m_e^2}. \quad (5.17)$$

É chamada de susceptibilidade magnética do material. (Para um vácuo, que é o único meio realmente não magnético, $\chi_m = 0$.) Vemos que os materiais diamagnéticos são meios magnéticos lineares, porque a relação **M**(**B**) na Equação (5.16) é linear. Os materiais diamagnéticos típicos são bismuto, prata, chumbo, cobre, ouro, silício, germânio, grafite, hidrogênio, enxofre, hélio, sódio, cloreto e água. A substiruição dos valores típicos para as quantidades envolvidas na expressão na Equação (5.17) indica que χ_m de materiais diamagnéticos é da ordem -10^{-6} (água) a -10^4 (bismuto). Vemos que a susceptibilidade magnética de materiais diamagnéticos é negativa e muito pequena. O efeito magnético macroscópico em substâncias diamagnéticas é muito fraco e insignificante na maioria das situações práticas. Em geral, está presente em todos os materiais quando colocados em um campo magnético, porque surge de uma interação de elétrons em órbita de átomos com o campo externo. No entanto, em outros tipos de materiais magnéticos, a reação diamagnética é completamente mascarada por outros efeitos.

Em materiais paramagnéticos, os átomos têm um pequeno momento de dipolo magnético permanente associado a eles, devido quase inteiramente aos momentos de dipolo magnético spin dos elétrons. Na ausência de um campo magnético externo, a orientação aleatória dos átomos produz um momento magnético médio zero em um volume finito. Quando um campo externo é aplicado, no entanto, existe um torque pequeno dado pela Equação (4.180) em cada momento atômico, o que tende a alinhar o momento na direção do campo aplicado. Esse alinhamento age para aumentar o valor da densidade de fluxo magnético do vetor **B**, no interior do material sobre o valor externo. No entanto, o campo externo também provoca um efeito diamagnético dos elétrons em órbita (todos os materiais magnéticos apresentam comportamento diamagnético), que contrabalança o aumento em **B**. O processo de alinhamento também é impedido pelas forças de vibrações térmicas aleatórias, e o aumento resultante em **B** é muito pequeno. O efeito geral macroscópico é equivalente ao de uma pequena magnetização positiva. O vetor magnetização, **M**, está na mesma direção do vetor **B**. A Equação (5.16), então, nos diz que a susceptibilidade magnética de materiais paramagnéticos é positiva e muito pequena. Quando uma haste de um material paramagnético é colocada em um campo magnético, ele se orienta junto às linhas do campo e, portanto, o termo paramagnetismo (a palavra "para" em grego significa "junto"). Além disso, se uma substância paramagnética se aproxima de um polo de uma barra de ímã forte, ela será atraída. Os materiais paramagnéticos típicos são o paládio, alumínio e oxigênio, e os valores típicos de χ_m são das ordens 10^{-6} (oxigênio) a 10^{-3} (paládio). Note que o ar é um meio paramagnético também. É evidente, o efeito paramagnético também é muito fraco e materiais paramagnéticos podem ser tratados como meios não magnéticos ($\chi_m = 0$) na maioria das aplicações práticas.

As quatro classes restantes de materiais magnéticos (ferromagnético, antiferromagnético, ferrimagnético e superparamagnético) têm fortes momentos de dipolo magnético atômico causado principalmente por momentos de spin do elétron não compensados. A interação de átomos adjacentes conduz a um alinhamento dos momentos atômicos tanto de maneira auxiliar (paralela) como oposta (antiparalela).

A magnetização macroscópica dos materiais ferromagnéticos pode ser muitas ordens de intensidade do que a de materiais paramagnéticos. Forças interatômicas em amostras ferromagnéticas fazem com que os momentos atômicos alinhem em paralelo sobre regiões que contêm grande número de átomos (por exemplo, 10^{15} átomos). Essas regiões, chamadas de domínios magnéticos (ou domínios de Weiss), variam em tamanho desde

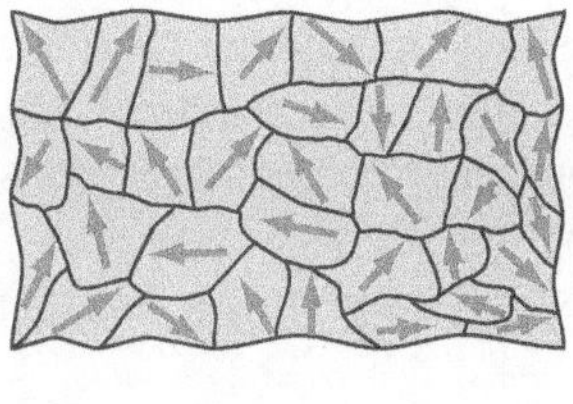

Figura 5.2
Domínios magnéticos em um espécime ferromagnético policristalino sem campo magnético externo aplicado.

alguns mícrons a vários centímetros em cada dimensão. Sem campo externo aplicado, os momentos de domínio variam na direção de domínio para domínio, conforme indicado na Figura 5.2 para um espécime ferromagnético policristalino. Devido a cancelamentos vetoriais em geral, o material como um todo não tem magnetização líquida. Após a aplicação de um campo magnético externo, entretanto, os volumes dos domínios que têm momentos alinhados, ou quase alinhados com o campo aplicado, crescem à custa de seus vizinhos, e o vetor densidade de fluxo magnético do campo secundário (que, devido ao material) aumenta muito mais do que o do campo externo sozinho. Para campos aplicados fracos, os movimentos na região do domínio magnético são reversíveis, ou seja, os domínios voltam para seus estados iniciais após o campo ser desligado. Acima de uma determinada intensidade de campo (não grande), no entanto, esse processo se torna irreversível. Além disso, os domínios começam a rodar na direção do campo aplicado, de forma que as orientações de domínio aleatórias não são mais atingidas após o campo externo ser removido. Em outras palavras, há uma magnetização residual ou remanescente líquida do material que permanece após a remoção completa do campo principal. Isso significa que a magnetização do material está atrás do campo que a produz, e também que em um instante de tempo é uma função não só do campo magnético, ou seja, seu vetor densidade de fluxo, naquele instante, mas também do histórico magnético do material. Esse fenômeno é chamado histerese (que é derivado de uma palavra grega que significa "atrasar"). Como o campo aplicado torna-se ainda muito mais forte, um alinhamento total de todos os momentos de domínio com o campo aplicado ocorre. Nesse ponto, o material ferromagnético é dito estar saturado. No estado de saturação, o aumento do vetor densidade de fluxo magnético externo já não provoca um aumento do vetor magnetização.

Os materiais ferromagnéticos típicos são o ferro, níquel e cobalto e suas ligas. O nome ferromagnético vem do latim *ferrum*. Os ferromagnéticos são os materiais magnéticos mais importantes na engenharia. Eles são amplamente usados em núcleos de indutores e transformadores, e em motores elétricos, geradores, eletroímãs, relés e outros dispositivos que usam forças magnéticas e torques, bem como nos cabeçotes magnéticos e faixas de discos rígidos de computador e outros dispositivos magnéticos de armazenamento (gravação). Note que, acima de uma temperatura (muito alta), a chamada temperatura Curie, as vibrações térmicas dos átomos impedem completamente o acoplamento (alinhamento paralelo) de momentos magnéticos atômicos, de modo que os materiais ferromagnéticos perdem todas as suas características ferromagnéticas e revertem para materiais paramagnéticos. A temperatura Curie para o ferro é 770 °C.

Em materiais antiferromagnéticos, as forças entre átomos adjacentes fazem com que os momentos magnéticos atômicos se alinhem em direções opostas, para que o momento magnético líquido de uma amostra seja zero, mesmo na presença de um campo magnético aplicado. O cromo e manganês, bem como muitos óxidos, sulfetos e cloretos, pertencem a essa classe de materiais. Exemplos são o óxido de manganês (MnO_2), sulfeto ferroso (FeS), e cloreto de cobalto ($CoCl_2$). O antiferromagnetismo não é de importância prática.

Em materiais ferrimagnéticos, os momentos magnéticos dos átomos adjacentes também são alinhados antiparalelos, mas os momentos não são iguais, então não há um momento magnético de um modelo. A grande resposta a um campo magnético aplicado externamente ocorre, embora seja substancialmente menor do que em substâncias ferromagnéticas. A Figura 5.3 representa uma comparação da estrutura do momento de dipolo magnético atômico de materiais ferromagnéticos, antiferromagnéticos e ferrimagnéticos. A subclasse mais importante de ferrimagnéticos são as ferritas, que têm condutividade elétrica muito menor (σ) do que os ferromagnéticos (por exemplo, 10^{-4} a 10^2 S/m, em comparação com 10^7 S/m para o ferro). Devido aos baixos valores da condutividade das correntes induzidas (as chamadas correntes parasitas) no material, quando os campos alternados (ca) são aplicados, os ferrites são usados em muitas aplicações em altas frequências, tais como núcleos de transformadores de alta frequência, AM, antenas de ondas curtas e FM, transformadores de fase, apesar de seus efeitos magnéticos serem mais fracos (em comparação com ferromagnéticos). As correntes parasitas reduzidas levam a menores perdas Joule (ôhmica) no material (núcleo). Exemplos típicos de substâncias ferrites são ferro ferrite (Fe_3O_4), níquel ferrite ($NiFe_2O_4$) e cobalto ferrite ($CoFe_2O_4$). As características do ferrimagnetismo também desaparecem em temperaturas acima de um valor crítico — a temperatura Curie.

Por fim, os materiais superparamagnéticos são compostos de partículas ferromagnéticas suspensas em uma matriz não magnética (dielétrico). Cada partícula contém muitos domínios magnéticos, mas as paredes de

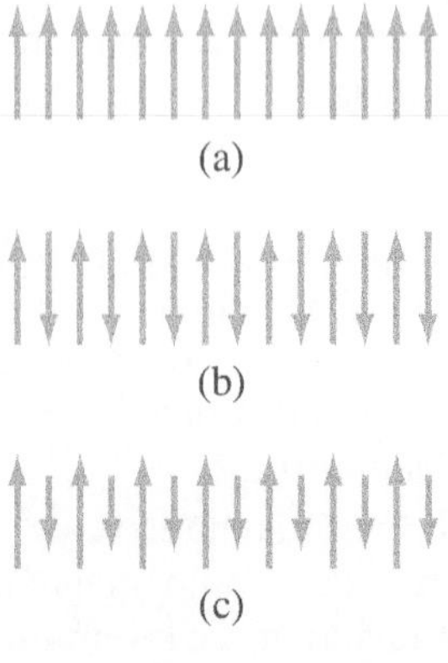

Figura 5.3
Estrutura esquemática de momentos de dipolo magnético atômico para materiais (a) ferromagnéticos, (b) antiferromagnéticos e (c) ferrimagnéticos.

domínio não podem penetrar no material de matriz e não há nenhuma ligação com as partículas adjacentes. Fitas dielétricas finas (plástico) com partículas ferromagnéticas suspensas podem armazenar grandes quantidades de informação em forma magnética, porque as partículas são independentes umas das outras e é possível alterar o estado de magnetização ao longo da fita abruptamente em distâncias muito pequenas. Tais fitas superparamagnéticas são amplamente utilizadas como fitas de gravação de áudio, vídeo e dados.

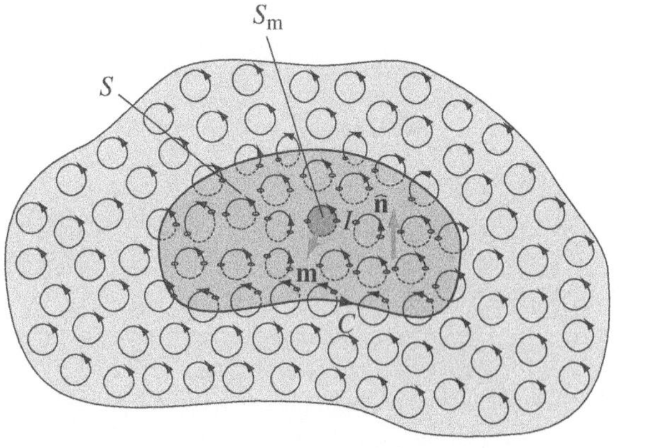

Figura 5.4
Contorno C em um corpo magnético magnetizado.

5.3 MAGNETIZAÇÃO VOLUMÉTRICA E DENSIDADES DE CORRENTE SUPERFICIAL

Nesta seção, obteremos as expressões para avaliação da distribuição volumétrica macroscópica e densidade equivalentes de corrente superficial às correntes de Ampère microscópicas em um corpo magnetizado — a partir de uma dada distribuição do vetor magnetização, **M**. Este, por sua vez, é obtido pela média dos dipolos magnéticos microscópicos (momentos magnéticos dos circuitos de corrente Ampère microscópicos) em material magnético. A corrente equivalente macroscópica é chamada de corrente de magnetização, e o volume correspondente e as densidades de corrente superficial são indicados por $\mathbf{J}_m$ e $\mathbf{J}_{ms}$. As expressões para essas densidades de corrente são semelhantes às expressões para o cálculo das densidades de carga superficial ligada e volumétrica (polarização) (ρ_p e ρ_{ps}) a partir do vetor polarização (**P**) em um corpo dielétrico polarizado. Elas serão usadas mais tarde para avaliações no espaço livre do vetor densidade de fluxo magnético (**B**), devido a corpos magnetizados.

Vamos, primeiro, encontrar a intensidade da corrente de magnetização total I_{mC} por um contorno arbitrário imaginário C situado (total ou parcialmente) dentro de um corpo magnético magnetizado, como ilustrado na Figura 5.4. Notamos que I_{mC} é, na verdade, a corrente que passa através de qualquer superfície S limitada por C. Sejam os momentos magnéticos de pequenos circuitos de corrente de Ampère em um vácuo que constituem a corrente de magnetização expressos como

$$\mathbf{m} = I\mathbf{S}_m, \tag{5.18}$$

onde $S_m = |\mathbf{S}_m|$ é a área superficial do circuito. É evidente, na Figura 5.4, que todos os laços que passam duas vezes por S, assim como os que nunca passam pelo S, contribuem com zero de intensidade de corrente líquida para I_{mC}. Apenas circuitos que perfuram S somente uma vez, isto é, os laços que circundam C, contribuem de fato para a intensidade de corrente total que flui através de S. Para avaliar I_{mC}, no caso geral, temos, portanto, que contar os laços que estão enlaçados junto a C (como pérolas em um colar). Ao fazê-lo, contamos a contribuição dos laços tanto I quanto $-I$ (note que I, em geral, difere de laço para laço), inspecionando se a direção da corrente de circuito está atravessando S de acordo ou em desacordo com a orientação de referência de S.

Considere um elemento dl de C e o caso quando o ângulo β entre o vetor **M** (ou a média dos vetores do momento de dipolo elementar **m** próximo de dl) e o vetor d**l**, que é orientado de acordo com a orientação de C, é inferior a 90°, como mostrado na Figura 5.5(a). Note que os centros dos circuitos que estão posicionados perto de dl e que o rodeiam estão dentro de um cilindro oblíquo com bases S_m e altura

$$\mathrm{d}h = \mathrm{d}l \cos\beta, \tag{5.19}$$

de modo que o número total desses circuitos é igual à concentração de circuitos (dipolos magnéticos), N_v [ver Equação (2.6)], vezes o volume do cilindro, $\mathrm{d}v = S_m\,\mathrm{d}h$. A orientação de referência da superfície S está relacionada à do contorno C por meio da regra da mão direita, então a direção de referência do vetor unitário normal $\hat{\mathbf{n}}$ em S na Figura 5.5(a) é de S para cima. Em seguida, percebemos que todos os circuitos de correntes englobando dl passam através de S no sentido positivo (direção de acordo com a orientação de S) e contribuem para a corrente total com a intensidade I (supomos que todos os circuitos próximos a dl, que é diferencialmente menor, têm os mesmos momentos e correntes). Assim, a contribuição correspondente à intensidade de corrente de magnetização através de S é dada por

$$\mathrm{d}I_m = N_v S_m\, dl \cos\beta\, I \;(0 \le \beta < 90°) \tag{5.20}$$

No caso quando $\beta > 90°$, a Figura 5.5(b),

$$\mathrm{d}h = dl \cos(\pi - \beta) = \mathrm{d}l\,(-\cos\beta), \tag{5.21}$$

e, como todos os circuitos de correntes englobando dl furam S na direção negativa e são tomados como $-I$,

$$\mathrm{d}I_m = N_v S_m\, \mathrm{d}l\,(-\cos\beta)\,(-I)\;(90° < \beta \le 180°), \tag{5.22}$$

que é o mesmo resultado da Equação (5.20).

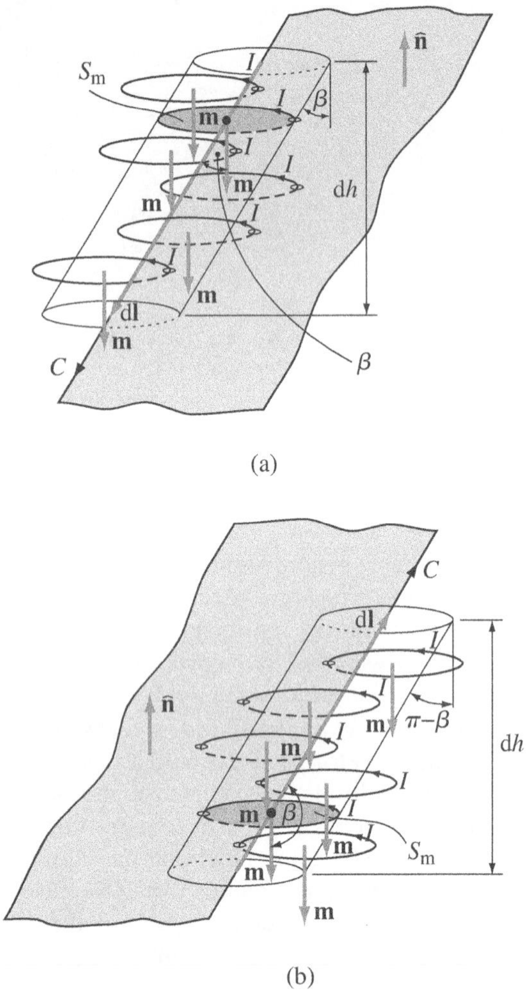

Figura 5.5

Elemento do contorno C na Figura 5.4, em dois casos com relação ao ângulo β entre **M** e d**l**: (a) $0 \le \beta < 90°$ e (b) $90° < \beta \le 180°$.

A Equação (5.1) pode ser interpretada aqui como $\mathbf{M} = N_v \mathbf{m}$, onde **m** é dado pela Equação (5.18), e, portanto, por um β ($0 \le \beta \le 180°$) arbitrário, assim temos

$$dI_m = N_v m \, dl \cos\beta = N_v \mathbf{m} \cdot d\mathbf{l} = \mathbf{M} \cdot d\mathbf{l} \quad (5.23)$$

[note que o caso limite, $\beta = 90°$ (o elemento de contorno d**l** é tangente às superfícies S_m dos circuitos) e $dI_m = 0$, é também devidamente incluído nesta fórmula]. Finalmente, integrando o resultado para dI_m ao longo de todo o contorno C, obtemos

corrente de magnetização total encerrada por um contorno C

$$I_{mC} = \oint_C \mathbf{M} \cdot d\mathbf{l}. \quad (5.24)$$

Esta é uma equação integral semelhante na forma à lei de Ampère, Equação (4.48). Ela nos diz que a circulação (integral de linha) do vetor magnetização ao longo de um contorno arbitrário em um sistema magnetostático que inclui materiais magnéticos é igual à corrente de magnetização total inclusa por esse contorno. A direção de referência do fluxo de corrente está relacionada com a orientação de referência do contorno pela regra da mão direita.

A Equação (5.24) é verdadeira para qualquer contorno C. Vamos aplicá-la ao contorno C encerrando uma superfície elementar ΔS dentro de um material magnético:

$$\frac{(I_m)_{\text{através } \Delta S}}{\Delta S} = \frac{\oint_C \mathbf{M} \cdot d\mathbf{l}}{\Delta S} \quad (\Delta S \to 0), \quad (5.25)$$

onde ambos os lados da equação são divididos por ΔS. A expressão no lado esquerdo da equação precedente representa o componente do vetor densidade volumétrica de corrente de magnetização normal a ΔS,

$$\hat{\mathbf{n}} \cdot \mathbf{J}_m = \frac{(I_m)_{\text{através } \Delta S}}{\Delta S} \quad (5.26)$$

($\hat{\mathbf{n}}$ é o vetor unitário normal à superfície ΔS), enquanto a expressão no lado direito da equação é, por definição [Equação (4.87)], o componente da curva de **M** ao longo de $\hat{\mathbf{n}}$, isto é, $\hat{\mathbf{n}} \cdot$ curva **M**. Por isso,

$$\hat{\mathbf{n}} \cdot \mathbf{J}_m = \hat{\mathbf{n}} \cdot \text{rot}\, \mathbf{M}, \quad (5.27)$$

e, uma vez que isso é verdadeiro para qualquer $\hat{\mathbf{n}}$ e, assim, para todos os componentes do vetor $\mathbf{J}_m$, implica que

vetor densidade volumétrica de corrente de magnetização

$$\mathbf{J}_m = \text{rot}\, \mathbf{M} = \nabla \times \mathbf{M}. \quad (5.28)$$

Esta é uma forma diferencial da relação integral na Equação (5.24). Ela nos diz que o vetor densidade volumétrica de corrente de magnetização, em A/m^2, em um ponto arbitrário em um material é igual à curva do vetor magnetização naquele ponto.

Se $\mathbf{M}$ = const dentro do material magnético (material uniformemente magnetizado), todas as derivadas espaciais de **M** são zero, e da Equação (5.28),

sem corrente volumétrica de magnetização em um material uniformemente magnetizado

$$\mathbf{M} = \text{const} \longrightarrow \mathbf{J}_m = 0. \quad (5.29)$$

Fisicamente, as correntes dos circuitos de corrente de Ampère adjacentes que fluem em direções opostas cancelam em todo o interior de um material uniformemente magnetizado, e não há corrente volumétrica líquida. Se $\mathbf{M} \ne$ const, no entanto, então, a corrente volumétrica macroscópica de magnetização só existe se o vetor magnetização varia ao longo do volume do material (material não uniforme magnetizado) de forma que a sua curva seja diferente de zero, caso contrário $\mathbf{J}_m = 0$.

Na superfície de um corpo magnetizado magnético, sempre existe corrente de magnetização macroscópica superficial (há partes de pequenos circuitos de corrente de Ampère pressionados sobre a superfície que não podem ser compensados por correntes que fluem opostamente de circuitos vizinhos). A única exceção são as partes da superfície, onde **M** e os dipolos magnéticos microscópicos são normais à superfície, isto é, as superfícies S_m dos circuitos de corrente de Ampère estão na superfície do corpo. Para determinar o vetor densidade superficial de corrente macroscópica de magnetização, $\mathbf{J}_{ms}$ (em A/m), equivalente às correntes microscópicas, aplicamos a Equação (5.24) a um contorno elementar retangular estreito, com comprimento Δl e altura Δh ($\Delta h \to 0$), mostrado na Figura 5.6. Sendo o contorno diferencialmente pequeno, os momentos magnéticos **m** dos circuitos de corrente de Ampère perto do contorno são todos paralelos uns aos outros. A resultante de todas as correntes de Ampère correspondentes, e assim o vetor $\mathbf{J}_{ms}$, é perpendicular ao vetor magnetização local, **M**. O contorno C na Figura 5.6 está posicionado de tal forma que **M** está no plano do contorno e $\mathbf{J}_{ms}$ é perpendicular a esse plano. Não há magnetização ($\mathbf{M} = 0$) no espaço livre (vácuo, ar ou qualquer outro meio não magnético) em torno do corpo, de modo que a circulação do vetor **M** na Equação (5.24) é reduzida a $\mathbf{M} \cdot \Delta\mathbf{l}$ no lado inferior da C. Pela definição do vetor densidade superficial de corrente [ver Equação (3.13)], a corrente total delimitada por C, que aparece no lado esquerdo da Equação (5.24), é igual a $J_{ms}\,\Delta l$, e temos

$$J_{ms}\Delta l = \mathbf{M} \,.\, \Delta\mathbf{l} = M\,\Delta l \cos\beta = M\,\Delta l \operatorname{sen}\alpha, \qquad (5.30)$$

onde α é o ângulo que **M** faz com a normal na superfície direcionada a partir do corpo magnético externo ($\alpha = 90° - \beta$). Por isso

$$J_{ms} = M \operatorname{sen}\alpha, \qquad (5.31)$$

ou, em uma forma vetorial,

vetor densidade superficial de corrente de magnetização; $\hat{\mathbf{n}}$ normal externa em uma superfície de corpo magnético

$$\boxed{\mathbf{J}_{ms} = \mathbf{M} \times \hat{\mathbf{n}},} \qquad (5.32)$$

com $\hat{\mathbf{n}}$ representando o vetor unitário normal externo na superfície. Essa é a condição de contorno para o vetor **M** na superfície de um corpo magnético, ligando o vetor magnetização no corpo perto da superfície e o vetor densidade superficial de corrente de magnetização. Note que apenas o componente tangencial de **M** contribui para $\mathbf{J}_{ms}$.

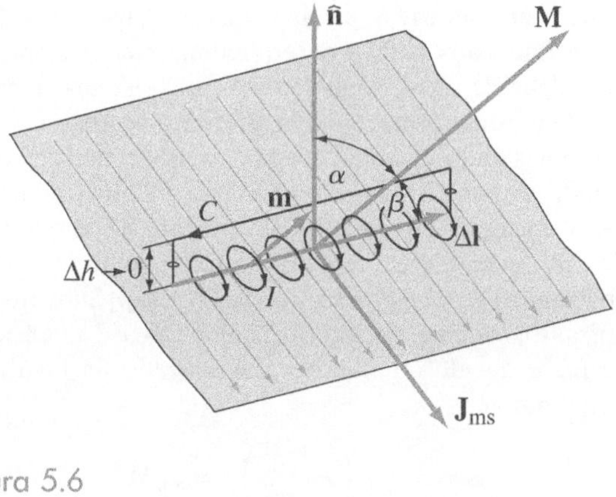

Figura 5.6
Contorno elementar usado para derivar a condição de contorno para o vetor **M** sobre a superfície de um corpo magnético.

As expressões nas equações (5.28) e (5.32) podem ser usadas para determinar a distribuição volumétrica e as densidades superficiais de corrente de magnetização $\mathbf{J}_m$ e $\mathbf{J}_{ms}$, de um corpo magnetizado, supondo que o estado de magnetização seja descrito por uma dada distribuição do vetor magnetização, **M**, no interior do corpo. Podemos, então, considerando que essas correntes macroscópicas estejam em um vácuo, calcular o vetor densidade de fluxo magnético, **B**, devido ao corpo magnetizado (e quaisquer outras grandezas relacionadas de interesse), utilizando as equações de espaço livre adequadas (por exemplo, várias formas da lei de Biot-Savart e da lei de Ampère) e técnicas de solução adequadas a geometrias específicas e distribuições de correntes.

Exemplo 5.1

Cubo ferromagnético não magnetizado uniformemente

O vetor magnetização em um cubo ferromagnético mostrado na Figura 5.7 é dado por

$$\mathbf{M}(x,y) = M_0\,\frac{xy}{a^2}\,\hat{\mathbf{z}}, \qquad (5.33)$$

onde M_0 é uma constante. O meio circundante é o ar. Encontrar a distribuição das correntes de magnetização do cubo.

Solução A partir das equações (5.28) e (4.81), o vetor densidade volumétrica de corrente de magnetização dentro do cubo é

$$\mathbf{J}_m = \frac{\partial M_z}{\partial y}\,\hat{\mathbf{x}} - \frac{\partial M_z}{\partial x}\,\hat{\mathbf{y}} = \frac{M_0}{a^2}\,(x\,\hat{\mathbf{x}} - y\,\hat{\mathbf{y}}). \qquad (5.34)$$

A magnetização do vetor densidade de corrente na superfície de magnetização é, por meio da Equação (5.32),

$$\mathbf{J}_{ms1} = \mathbf{M}(a^-, y) \times \hat{\mathbf{x}} = \frac{M_0 y}{a}\,\hat{\mathbf{y}} \quad \text{e}$$

$$\mathbf{J}_{ms2} = \mathbf{M}(x, a^-) \times \hat{\mathbf{y}} = -\frac{M_0 x}{a}\,\hat{\mathbf{x}} \qquad (5.35)$$

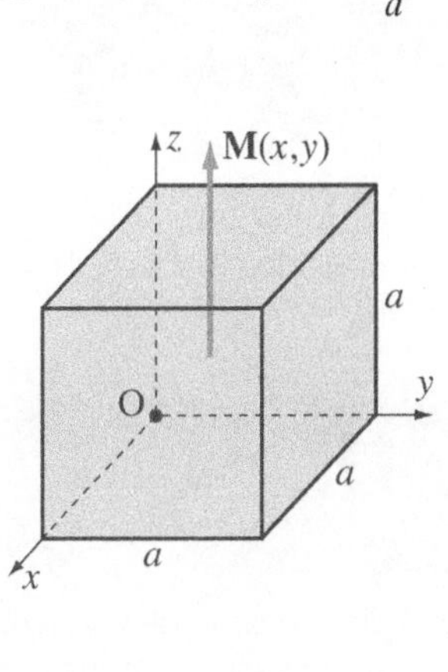

Figura 5.7
Cubo ferromagnético com magnetização **M**(x, y); para o Exemplo 5.1.

na parte da frente e do lado direito do cubo, respectivamente, e $\mathbf{J}_{ms} = 0$ sobre os quatro lados restantes do cubo [em termos da Equação (5.31), $M = 0$ na parte de trás e lado esquerdo, enquanto o sen $\alpha = 0$ nos lados superior e inferior do cubo].

Exemplo 5.2

Disco ferromagnético uniformemente magnetizado

Um disco ferromagnético fino de raio a e espessura d ($d \ll a$) situa-se no ar. O disco está magnetizado uniformemente em todo o seu volume. O vetor magnetização é normal ao disco e sua magnitude é M. Determine (a) a distribuição das correntes de magnetização do disco e (b) o vetor densidade de fluxo magnético em um ponto arbitrário ao longo do eixo normal do disco para as bases.

Solução

(a) A Equação (5.29) nos diz que não há nenhuma corrente volumétrica de magnetização no interior do disco. De acordo com a Equação (5.32) e a Figura 5.8, a corrente superficial de magnetização flui circunferencialmente ao longo da superfície do disco lateral, com densidade

$$\mathbf{J}_{ms} = \mathbf{M} \times \hat{\mathbf{n}}_1 = M\hat{\mathbf{z}} \times \hat{\mathbf{r}} = M\hat{\boldsymbol{\phi}}, \qquad (5.36)$$

enquanto, nas bases superior e inferior do disco, $\mathbf{J}_{ms} = 0$, pois $\mathbf{M}$ é colinear tanto com $\hat{\mathbf{n}}_2$ quanto com $\hat{\mathbf{n}}_3$.

(b) Como o disco ferromagnético é fino, a lâmina circunferencial da corrente de magnetização sobre sua superfície pode ser substituída por um circuito de corrente circular equivalente com raio a e intensidade de corrente

$$I_m = J_{ms}d = Md. \qquad (5.37)$$

Supondo que o circuito está no vácuo, o vetor densidade de fluxo magnético ao longo do eixo z é dado pela Equação (4.19), isto é,

$$\mathbf{B} = \frac{\mu_0 M d a^2}{2\left(z^2 + a^2\right)^{3/2}}\,\hat{\mathbf{z}}. \qquad (5.38)$$

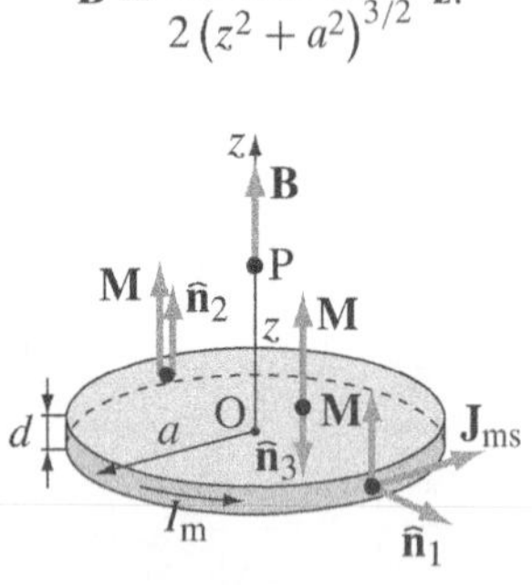

Figura 5.8
Corrente superficial de magnetização em um disco ferromagnético uniformemente magnetizado, para o Exemplo 5.2.

Exemplo 5.3

Barra de ímã cilíndrica

Uma barra de ímã cilíndrica de raio a e comprimento l está permanentemente magnetizada com uma magnetização uniforme. O vetor magnetização, $\mathbf{M}$, é paralelo ao eixo da barra. O meio em torno do ímã é o ar. Calcule o vetor densidade de fluxo magnético no centro do ímã.

Solução A densidade superficial da corrente de magnetização sobre o ímã é a mesma que a sobre o disco magnetizado na Figura 5.8, e o vetor $\mathbf{B}$, tanto dentro como fora do ímã, pode ser encontrado como aquele devido a uma lâmina de corrente cilíndrica de raio a e comprimento l no vácuo com a densidade superficial de corrente dada na Equação (5.36). Essa lâmina, por outro lado, é equivalente ao solenoide na Figura 4.10, de modo que a densidade de fluxo ao longo do eixo magnético seja dada pela Equação (4.36) com NI/l substituído por $J_{ms} = M$ [ver Equação (4.30)]. Especificamente, $\mathbf{B}$ no centro do ímã é igual a

$$\mathbf{B} = \frac{\mu_0 l}{\sqrt{l^2 + 4a^2}}\,\mathbf{M}. \qquad (5.39)$$

Exemplo 5.4

Cilindro infinitamente longo não magnetizado uniformemente

A Figura 5.9(a) mostra um cilindro infinitamente longo de raio a no ar, tendo uma magnetização não uniforme dada por $\mathbf{M} = M_0\,(1 - r^2/a^2)\,\hat{\mathbf{z}}$, onde M_0 é uma constante. Encontre (a) a distribuição das correntes de magnetização do cilindro e (b) o vetor densidade do fluxo magnético dentro e fora do cilindro.

Solução

(a) Aplicando a fórmula para a curva em coordenadas cilíndricas, a Equação (4.84), obtemos que os cursos da corrente volumétrica de magnetização no interior do cilindro são círculos centrados no eixo do cilindro, como indicado na Figura. 5.9 (b), com o seguinte vetor densidade de corrente:

$$\mathbf{J}_m = \nabla \times \mathbf{M} = -\frac{\partial M_z}{\partial r}\,\hat{\boldsymbol{\phi}} = \frac{2M_0}{a^2}\,r\,\hat{\boldsymbol{\phi}}. \qquad (5.40)$$

Não há corrente de magnetização superficial sobre a superfície do cilindro, porque $M(a^-) = 0$ no cilindro próximo à superfície.

(b) Notamos que o vetor $\mathbf{J}_m$ na Equação (5.40) é exatamente da mesma forma do vetor densidade de corrente $\mathbf{J}$ no interior do cilindro rotativo carregado na Figura 4.20 calculado na Equação (4.69). A única diferença são as contínuas multiplicativas, ρw na Equação (4.69) *versus* $2M_0/a^2$ na Equação (5.40). Consequentemente, os vetores de densidade de fluxo magnético nos dois sistemas também são da mesma forma, a única diferença sendo essas duas contínuas multiplicativas. [O campo magnético devido ao cilindro rotativo carregado na Figura 4.20 foi obtido pela visualização da distribuição de corrente $\mathbf{J}$ como uma série de solenoides coaxiais infinitamente longos e aplicando a lei de Ampère, Equação (4.49).] Substituindo, portanto, ρw na Equação (4.71) por $2M_0/a^2$, a densidade de fluxo devido ao cilindro magnetizado na Figura 5.9 acaba por ser

$$\mathbf{B} = \mu_0 M_0\left(1 - \frac{r^2}{a^2}\right)\hat{\mathbf{z}} = \mu_0\mathbf{M} \qquad (5.41)$$

no interior do cilindro ($0 \le r \le a$) e $\mathbf{B} = 0$ fora dele.

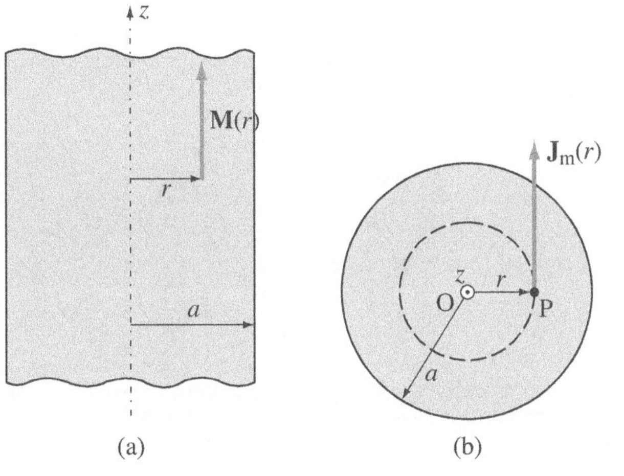

Figura 5.9

Vetor magnetização (a) e correntes volumétricas de magnetização (b) dentro de um cilindro ferromagnético infinitamente longo não uniformemente magnetizado, para o Exemplo 5.4.

Exemplo 5.5

Esfera ferromagnética uniformemente magnetizada

Uma esfera ferromagnética de raio a está uniformemente magnetizada, e o vetor magnetização é $\mathbf{M}$. A esfera está cercada por ar. Calcule (a) a densidade superficial de corrente de magnetização em um ponto arbitrário sobre a superfície da esfera e (b) o vetor densidade de fluxo magnético no centro da esfera.

Solução

(a) Para um sistema de coordenadas esférico com a origem no centro da esfera e o eixo z paralelo ao vetor magnetização, como mostrado na Figura 5.10, $\mathbf{M} = M\,\hat{\mathbf{z}}$ e o vetor de densidade superficial de corrente de magnetização sobre a superfície da esfera em um ponto P definido por um ângulo θ é

$$\mathbf{J}_{\mathrm{ms}} = \mathbf{M} \times \hat{\mathbf{n}} = M \operatorname{sen} \angle(\mathbf{M}, \hat{\mathbf{n}}) = M \operatorname{sen} \theta, \quad 0 \le \theta \le \pi. \tag{5.42}$$

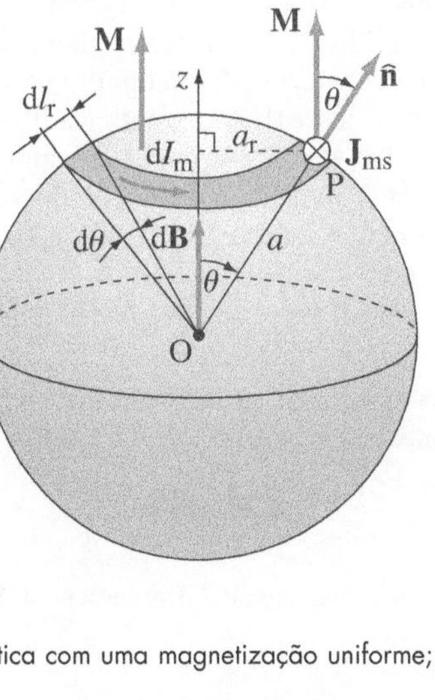

Figura 5.10

Esfera ferromagnética com uma magnetização uniforme; para o Exemplo 5.5.

(b) Depois de ser removido o material ferromagnético, aplicamos o princípio da superposição para encontrar o campo $\mathbf{B}$ devido à lâmina esférica de corrente descrita pela função na Equação (5.42), que é análoga ao cálculo do campo elétrico devido a uma esfera dielétrica uniformemente polarizada na Figura 2.7. Subdividimos a superfície da esfera em anéis finos de largura $\mathrm{d}l_{\mathrm{r}} = a\,\mathrm{d}\theta$, que é representada na Figura 5.10. Cada anel pode ser visto como um laço de arame circular equivalente com a mesma corrente. A corrente do anel que contém o ponto P é igual a

$$\mathrm{d}I_{\mathrm{m}} = J_{\mathrm{ms}}\mathrm{d}l_{\mathrm{r}} = Ma \operatorname{sen} \theta \,\mathrm{d}\theta. \tag{5.43}$$

Usando a Equação (4.19), o vetor densidade de fluxo magnético do anel no centro da esfera é

$$\mathrm{d}\mathbf{B} = \frac{\mu_0\,\mathrm{d}I_{\mathrm{m}}a_{\mathrm{r}}^2}{2a^3}\,\hat{\mathbf{z}}, \tag{5.44}$$

com $a_{\mathrm{r}} = a \operatorname{sen} \theta$ representando o raio do anel. Assim, a densidade de fluxo resultante vem a ser

$$\mathbf{B} = \frac{\mu_0 M}{2}\,\hat{\mathbf{z}} \int_{\theta=0}^{\pi} \operatorname{sen}^3 \theta \,\mathrm{d}\theta = \frac{2}{3}\,\mu_0\mathbf{M}, \tag{5.45}$$

onde a integral em θ é avaliada como [ver também Equação (2.32)]

$$\int_0^{\pi} \operatorname{sen}^3 \theta \,\mathrm{d}\theta = \int_0^{\pi} \left(1 - \cos^2 \theta\right) \operatorname{sen} \theta \,\mathrm{d}\theta =$$

$$= \left(-\cos\theta + \frac{\cos^3\theta}{3}\right)\Bigg|_0^{\pi} = \frac{4}{3}. \tag{5.46}$$

5.4 LEI DE AMPÈRE GENERALIZADA

Consideramos agora um sistema geral magnetostático onde, além de correntes de magnetização equivalente (corrente ligada) dentro de corpos magnéticos e sobre suas superfícies, temos correntes condutoras (correntes livres) que fluem através de condutores (incluindo materiais magnéticos condutores). Como fontes do vetor densidade do fluxo magnético, $\mathbf{B}$, todas essas correntes agem como se estivessem em um vácuo, e a lei de Ampère, Equação (4.48), torna-se

lei de Ampère para um sistema com materiais magnéticos e condutores

$$\oint_C \mathbf{B} \cdot \mathrm{d}\mathbf{l} = \mu_0\,(I_C + I_{\mathrm{m}C}), \tag{5.47}$$

com I_C e $I_{\mathrm{m}C}$ representando a corrente condutora total e a corrente de magnetização total, respectivamente delimitada por um contorno arbitrário C. Dividindo essa equação por μ_0, movendo $I_{\mathrm{m}C}$ para o lado esquerdo da equação, então, substituindo-o pela circulação do vetor de magnetização, $\mathbf{M}$, a partir da Equação (5.24) e, finalmente, unindo as duas integrais a C em uma única integral, obtemos a equação integral equivalente:

$$\oint_C \left(\frac{\mathbf{B}}{\mu_0} - \mathbf{M}\right) \cdot \mathrm{d}\mathbf{l} = I_C, \tag{5.48}$$

que é convenientemente escrita como

lei de Ampère generalizada

$$\oint_C \mathbf{H} \cdot d\mathbf{l} = I_C. \quad (5.49)$$

Essa equação é conhecida como a lei de Ampère generalizada. A nova grandeza do lado esquerdo da equação,

vetor intensidade do campo magnético (unidade: A/m)

$$\mathbf{H} = \frac{\mathbf{B}}{\mu_0} - \mathbf{M}, \quad (5.50)$$

é chamada de vetor intensidade do campo magnético e é medida em A/m. É análoga ao vetor densidade de fluxo elétrico, **D**, na eletrostática, que é definida pela Equação (2.41). A lei de Ampère generalizada é válida para campos magnetostáticos em meio arbitrário, e é mais fácil de usar que a forma na Equação (5.47), porque tem apenas correntes livres (verdadeiras) sobre o lado direito da equação integral.

A representação mais geral de corrente condutora é aquela por meio da densidade volumétrica de corrente, **J**, que produz

lei de Ampère generalizada em termos de densidade volumétrica de corrente

$$\oint_C \mathbf{H} \cdot d\mathbf{l} = \int_S \mathbf{J} \cdot d\mathbf{S}, \quad (5.51)$$

onde S é uma superfície de forma arbitrária delimitada pelo contorno C (orientações de C e S estão de acordo com a regra da mão direita). Uma vez que essa relação integral serve para qualquer escolha de C, aplicando o teorema de Stokes, Equação (4.89), resulta na seguinte relação diferencial:

lei de Ampère diferencial generalizada

$$\nabla \times \mathbf{H} = \mathbf{J}, \quad (5.52)$$

ou seja, a forma diferencial da lei de Ampère generalizada. As equações (5.51) e (5.52) representam, respectivamente, a segunda equação integral e diferencial de Maxwell para o campo magnetostático em um meio arbitrário.

Exemplo 5.6

Bobina toroidal com um núcleo ferromagnético

Um enrolamento uniforme e denso com N espiras de fio é colocado sobre um núcleo toroidal fino ferromagnético de comprimento l. Se há uma corrente contínua de intensidade I no meio do enrolamento, encontre o vetor intensidade do campo magnético no núcleo.

Solução Por causa da simetria, as linhas do campo magnético no núcleo são circulares como no toroide cheio de ar na Figura 4.18.

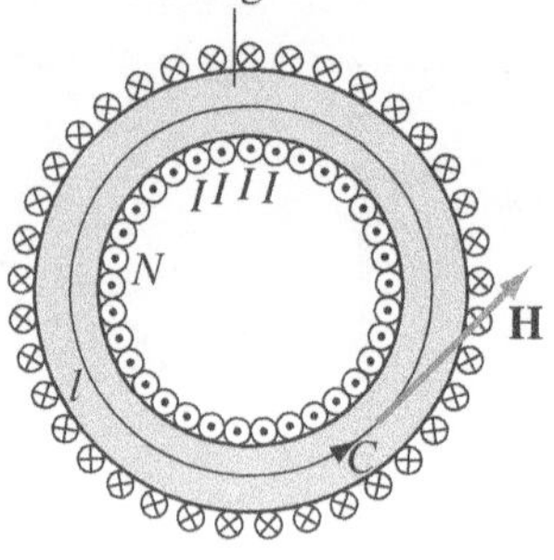

Figura 5.11
Avaliação do vetor intensidade do campo magnético em uma bobina toroidal com um núcleo ferromagnético, para o Exemplo 5.6.

Além disso, o campo no núcleo é uniforme, porque o toroide é fino [ver Equação (4.66)]. Aplicando a lei de Ampère generalizada, Equação (5.49), para um contorno C circular de comprimento l ao longo do eixo toroide, como mostra a Figura 5.11, dá $Hl = NI$, a partir do qual,

$$H = \frac{NI}{l} \text{ (toroide fino com um núcleo arbitrário).} \quad (5.53)$$

Note que esse resultado é válido para um núcleo feito de um material magnético arbitrário (incluindo meio não linear e não homogêneo).

Exemplo 5.7

Superfície fechada em um material uniformemente magnetizado

Prove que o fluxo do vetor intensidade do campo magnético através de uma superfície fechada situada dentro de um material ferromagnético uniformemente magnetizado é igual a zero.

Solução De acordo com nossa experiência até agora com cálculo vetorial e formas diferentes de equações de Maxwell, o fluxo de um vetor através de uma superfície fechada corresponde, em notação diferencial, à divergência do mesmo vetor (com correspondência similar entre a circulação em um contorno e curva). Vamos, portanto, considerar a divergência do vetor intensidade do campo magnético, **H**, no material. Como o material é uniformemente magnetizado, a divergência do vetor de magnetização, **M**, em um ponto arbitrário no material é zero (**M** = const). A divergência do vetor densidade de fluxo magnético, **B**, por outro lado, é sempre zero [Equação (4.103)]. Em consequência, a definição do vetor intensidade do campo magnético, a Equação (5.50), oferece

$$\nabla \cdot \mathbf{H} = \frac{1}{\mu_0} \nabla \cdot \mathbf{B} - \nabla \cdot \mathbf{M} = 0, \quad (5.54)$$

ou seja, a divergência de **H** também é zero no material, que em notação integral [ver Equação (1.173)] lê

$$\oint_S \mathbf{H} \cdot d\mathbf{S} = 0, \quad (5.55)$$

para qualquer superfície fechada S situada no interior do material.

5.5 PERMEABILIDADE DE MATERIAIS MAGNÉTICOS

Apresentamos agora o conceito de permeabilidade para caracterização macroscópica de materiais magnéticos, que é análoga ao conceito permissividade em eletrostática. Substituindo a Equação (5.2) na Equação (5.50), obtém-se que o vetor de intensidade do campo magnético (**H**) em um ponto em qualquer material magnético é uma função do vetor densidade do fluxo magnético (**B**) naquele ponto, ou vice-versa,

equação constitutiva de um material (não linear) arbitrário magnético

$$\mathbf{B} = \mathbf{B}(\mathbf{H}). \quad (5.56)$$

Esta é a equação geral constitutiva para a caracterização de materiais magnéticos, em paralelo à Equação (2.46) em eletrostática. Para materiais magnéticos lineares, o vetor de magnetização, **M**, é linearmente proporcional a **B**, e, portanto, também para **H** [ver Equação (5.50)], que é habitualmente escrita como

$$\mathbf{M} = \chi_m \mathbf{H}. \quad (5.57)$$

Aqui, χ_m é a susceptibilidade magnética do material, isto é, a mesma grandeza adimensional definida na Equação (5.16). Note, no entanto, que esta é válida apenas para materiais paramagnéticos e diamagnéticos, onde, como veremos mais adiante nesta seção, $\mathbf{B} \approx \mu_0 \mathbf{H}$, enquanto a Equação (5.57) vale para todos os meios magnéticos lineares. Assim, temos

$$\mathbf{B} = \mu_0(\mathbf{H} + \mathbf{M}) = \mu_0(1 + \chi_m)\mathbf{H} = \mu_0\,\mu_r\mathbf{H}, \quad (5.58)$$

onde $\mu_r = 1 + \chi_m$ é uma constante de proporcionalidade adimensional chamada de permeabilidade relativa do material, que é inteiramente análoga à permissividade relativa ε_r em eletrostática. Na prática, μ_r (ou χ_m) para um material pode ser determinado de modo experimental. Em analogia com a Equação (2.50) em eletrostática, também apresentamos a permeabilidade (ou permeabilidade absoluta) do material,

permeabilidade (unidade: H/m)

$$\mu = \mu_r \mu_0, \quad (5.59)$$

onde o valor da permeabilidade do vácuo, μ_0, é dado na Equação (4.3), com a qual,

equação constitutiva de um material magnético linear

$$\mathbf{B} = \mu \mathbf{H}. \quad (5.60)$$

A unidade para μ é henry por metro (H/m). Para o espaço livre e outros meios não magnéticos, $\mu_r = 1$ e

equação constitutiva para espaço livre

$$\mathbf{B} = \mu_0 \mathbf{H}. \quad (5.61)$$

Para materiais diamagnéticos (ver Seção 5.2), o valor de μ é ligeiramente menor do que a permeabilidade do vácuo (por exemplo, $\mu_r = 0{,}999833$ para bismuto, uma substância que mostra diamagnetismo mais fortemente do que a maioria dos materiais), enquanto μ de materiais paramagnéticos é ligeiramente maior que μ_0 (por exemplo, $\mu_r = 1{,}0008$ para o paládio, um dos materiais paramagnéticos mais fortes). Como μ difere apenas ligeiramente de μ_0, é muito comum supor que $\mu = \mu_0$ para materiais diamagnéticos e paramagnéticos, e para substâncias antiferromagnéticas, na maioria das aplicações práticas. Assim, as três classes de materiais costumam ser ditas não magnéticas.

Para materiais ferromagnéticos, ferrimagnéticos e superparamagnéticos, por outro lado, μ é muito maior do que μ_0. Esses materiais, especialmente os ferromagnéticos, muitas vezes exibem magnetização permanente, comportamento não linear e efeitos de histerese, como discutiremos com mais detalhes em uma seção posterior. Nos ferromagnéticos, a função $B\,(H)$ na Equação (5.56) é, em geral, não linear e tem várias ramificações. As propriedades de magnetização do material dependem da intensidade do campo magnético aplicado, H, e também do histórico de magnetização do material, ou seja, em seus estados anteriores. Em outras palavras, o valor de μ para um material ferromagnético em geral não é único, mas é uma função de H e seu histórico do material. Normalmente, o valor máximo de μ_r é de cerca de 250 para o cobalto, 600 para o níquel e 5.000 para o ferro (com 0,4% de impurezas), que é tão elevado como cerca de 200.000 para ferro purificado (0,04% de impurezas) e 1.000.000 para supermaloi (79,5% Ni, 15% Fe, 5% Mo, 0,5% Mn). Em muitas aplicações envolvendo ferromagnéticos, supomos

condutor magnético perfeito (CMP)

$$\mu_r \to \infty, \quad (5.62)$$

e tais meios são habitualmente indicados como condutores magnéticos perfeitos (CMP). Como veremos na próxima seção, o vetor densidade de fluxo magnético, **B**, em um meio não magnético próximo da superfície de um corpo (ou CMP) ferromagnético é sempre normal à superfície, o mesmo que para o vetor intensidade do campo elétrico, **E**, perto da superfície de um condutor elétrico perfeito (CEP), com $\sigma \to \infty$. São mostrados na Tabela 5.1 os valores da permeabilidade relativa de um conjunto ilustrado de materiais selecionados, de interesse teórico e/ou prática considerável em termos de suas propriedades magnéticas.

Um material magnético é dito ser homogêneo quando suas propriedades magnéticas não mudam de ponto a ponto na região a ser considerada. Caso contrário, o material é heterogêneo [por exemplo, $\mu = \mu(x, y, z)$ na região]. Finalmente, alguns materiais magnéticos, tais como ferritas, são anisotrópicos. Ou seja, um campo

Tabela 5.1 Permeabilidade relativa de materiais selecionados

Material	μ_r	Material	μ_r
Bismuto	0,9998333	Titânio	1,00018
Ouro	0,99996	Platina	1,0003
Mercúrio	0,999968	Paládio	1,0008
Prata	0,9999736	Manganês	1,001
Chumbo	0,9999831	Ferro fundido	150
Cobre	0,9999906	Cobalto	250
Água	0,9999912	Níquel	600
Parafina	0,99999942	Ferrita de níquel zinco (Ni-Zn-Fe_2O_3)	650
Madeira	0,9999995	Ferrita de manganês zinco (Mn-Zn-Fe_2O_3)	1200
Vácuo	1	Aço	2000
Ar	1,00000037	Ferro (0,4% impureza)	5000
Berílio	1,0000007	Ferro silício (4% Si)	7000
Oxigênio	1,000002	Permaloi (78,5% Ni, 21,5% Fe)	7×10^4
Magnésio	1,000012	Mu-metal(75% Ni, 14%Fe, 5% Cu, 4% Mo, 2% Cr)	10^5
Alumínio	1,00002	Ferro (purificado – 0,04% impureza)	2×10^5
Tungstênio	1,00008	Supermaloi (79,5% Ni, 15%Fe, 5% Mo, 0,5%Mn)	10^6

magnético aplicado (vetor **B**) em uma direção pode produzir magnetização (ou seja, vetor **M**) em outra direção em um material. Assim, a Equação (5.60) torna-se uma equação matricial,

$[\mu]$ — tensor de permeabilidade de um material magnético anisotrópico

$$\begin{bmatrix} B_x \\ B_y \\ B_z \end{bmatrix} = \begin{bmatrix} \mu_{xx} & \mu_{xy} & \mu_{xz} \\ \mu_{yx} & \mu_{yy} & \mu_{yz} \\ \mu_{zx} & \mu_{zy} & \mu_{zz} \end{bmatrix} \begin{bmatrix} H_x \\ H_y \\ H_z \end{bmatrix}, \quad (5.63)$$

onde $[\mu]$ é o tensor permeabilidade. É análogo ao tensor de permissividade, $[\varepsilon]$, definido pela Equação (2.52). No entanto, a Equação (5.50) permanece válida (representa a definição do campo **H**), embora **B**, **H** e **M** não sejam mais paralelos em um ponto. A anisotropia das ferritas é usada em uma série de dispositivos de micro-ondas, incluindo alguns tipos de calculadores, acopladores direcionais e isoladores.

Note que, em um material magnético homogêneo isotrópico e linear, podemos substituir **H** por $\mathbf{B}/\mu$ na lei de Ampère generalizada e levar $1/\mu$ (porque é constante), fora o sinal da integral na forma integral da lei, Equação (5.49), ou fora do operador de sinal (curva) na sua forma diferencial, Equação (5.52), produzindo

$$\oint_C \mathbf{B} \cdot d\mathbf{l} = \mu I_C \quad \text{e} \quad \nabla \times \mathbf{B} = \mu \mathbf{J}, \quad (5.64)$$

respectivamente. Percebemos que essas equações são idênticas às leis de espaço livre correspondentes, equações (4.48) e (4.83), exceto para μ_0 sendo substituído por μ. Da mesma forma, substituindo μ_0 por μ na Equação (4.7), dá a versão da lei de Biot-Savart para uma corrente volumétrica de condução em um meio magnético homogêneo de permeabilidade μ:

$$\mathbf{B} = \frac{\mu}{4\pi} \int_v \frac{(\mathbf{J}\, dv) \times \hat{\mathbf{R}}}{R^2}, \quad (5.65)$$

com $\mathbf{H} = \mathbf{B}/\mu$. Além disso, a Equação (4.132) e o conceito de permeabilidade magnética implica que o laplaciano do potencial do vetor magnético de uma corrente volumétrica em um meio magnético homogêneo satisfaz a seguinte equação diferencial:

$$\nabla^2 \mathbf{A} = -\mu \mathbf{J}. \quad (5.66)$$

Por fim, a Equação (4.108) torna-se

$$\mathbf{A} = \frac{\mu}{4\pi} \int_v \frac{\mathbf{J}\, dv}{R}. \quad (5.67)$$

Da Equação (5.50), vemos que o vetor magnetização em um material magnético linear e isotrópico pode ser expresso em termos do vetor intensidade do campo magnético como

$$\mathbf{M} = \frac{\mathbf{B}}{\mu_0} - \mathbf{H} = \left(\frac{\mu}{\mu_0} - 1\right)\mathbf{H} = (\mu_r - 1)\mathbf{H}. \quad (5.68)$$

Se o material é também homogêneo, o vetor densidade volumétrica da corrente de magnetização, $\mathbf{J}_m$, em um ponto em que o material pode ser obtido diretamente do vetor densidade volumétrica de corrente, **J**, nesse ponto:

$$\mathbf{J}_m = \nabla \times \mathbf{M} = \nabla \times [(\mu_r - 1)\mathbf{H}] = $$
$$= (\mu_r - 1)\nabla \times \mathbf{H} = (\mu_r - 1)\mathbf{J}. \quad (5.69)$$

Vemos que não pode haver corrente volumétrica de magnetização ($\mathbf{J}_m = 0$) em um meio magnético linear homogêneo sem nenhuma corrente livre ($\mathbf{J} = 0$).

5.6 EQUAÇÕES DE MAXWELL E CONDIÇÕES DE CONTORNO PARA CAMPO MAGNETOSTÁTICO

Da lei de Biot-Savart para a densidade de fluxo magnético $d\mathbf{B}$ de uma corrente elementar de condução única $\mathbf{J}\, dv$ no espaço livre e do princípio da superposição, provamos na Seção 4.8 a lei de conservação de fluxo magnético, a Equação (4.99), para o campo magnetostático no espaço livre. Podemos repetir aqui aquela mesma prova com um elemento de corrente de magnetização, $\mathbf{J}_m\, dv$ (ou $\mathbf{J}_{ms}\, dS$), e obter o mesmo resultado, o que significa que o fluxo líquido magnético (o fluxo do vetor $\mathbf{B}$) causado por qualquer distribuição de corrente de condução e de magnetização (que, de forma equivalente, está no vácuo) através de uma superfície fechada é sempre igual a zero. Em outras palavras, podemos concluir que a lei da conservação do fluxo magnético (quarta equação de Maxwell) vale para estruturas que incluem materiais magnéticos arbitrários.

Agora escrevemos o conjunto completo das equações de Maxwell que regem o campo magnetostático em um meio arbitrário, junto com a equação constitutiva associada:

$$\left\{\begin{array}{l} \oint_C \mathbf{H}\cdot d\mathbf{l} = \int_S \mathbf{J}\cdot d\mathbf{S} \\ \oint_S \mathbf{B}\cdot d\mathbf{S} = 0 \\ \mathbf{B} = \mathbf{B}(\mathbf{H})\ [\mathbf{B} = \mu\mathbf{H}] \end{array}\right. . \quad (5.70)$$

onde encontramos, respectivamente, segunda equação de Maxwell, campo estático; quarta equação de Maxwell; e equação constitutiva para $\mathbf{B}$.

As equações de Maxwell diferenciais correspondentes são:

equações diferenciais de Maxwell, campo magnetostático

$$\boxed{\nabla\times\mathbf{H} = \mathbf{J} \quad \text{e} \quad \nabla\cdot\mathbf{B} = 0.} \quad (5.71)$$

Além de equações de Maxwell integrais e diferenciais para qualquer campo, condições de contorno sempre representam a terceira forma das equações de campo, e elas são derivadas a partir das equações respectivas integrais (equações diferenciais aplicam-se apenas em um ponto). Obtemos aqui as condições de contorno para o campo magnetostático na superfície limite entre dois meios arbitrários. Seja $\mathbf{J}_s$ o vetor de densidade de uma corrente (livre) de condução superficial que possa existir no contorno. Aplicamos a lei de Ampère generalizada na forma integral, Equação (5.49), a um contorno C retangular estreito elementar posicionado tal que $\mathbf{J}_s$ é normal ao plano do contorno, conforme ilustrado na Figura 5.12. Tendo em mente as equações (2.79) e (5.30), obtemos

$$\oint_C \mathbf{H}\cdot d\mathbf{l} = H_{1t}\,\Delta l - H_{2t}\,\Delta l = I_C = J_s\Delta l, \quad (5.72)$$

que produz

$$H_{1t} - H_{2t} = J_s. \quad (5.73)$$

Na forma vetorial [veja também Equação (2.84)],

condição de contorno para $\mathbf{H}_t$; $\hat{\mathbf{n}}$ direcionado da região 2 para região 1

$$\boxed{\hat{\mathbf{n}}\times\mathbf{H}_1 - \hat{\mathbf{n}}\times\mathbf{H}_2 = \mathbf{J}_s,} \quad (5.74)$$

onde $\hat{\mathbf{n}}$ é o vetor unitário normal na superfície, direcionado da região 2 para região 1. Se nenhuma corrente de condução superficial existe no contorno, a Equação (5.73) torna-se

$$H_{1t} = H_{2t}\ (J_s = 0), \quad (5.75)$$

isto é, a componente tangencial de $\mathbf{H}$ é contínua em todo o contorno livre da corrente de condução.

Observando, por outro lado, que a lei de conservação de fluxo magnético, a Equação (4.99), e a equação da continuidade para correntes contínuas, a Equação (3.40), têm a mesma forma, podemos concluir que as condições de contorno correspondentes devem ter a mesma forma também. Portanto, a partir da condição de contorno para os componentes normais do vetor $\mathbf{J}$ no campo de corrente constante, Equação (3.55), escrevemos diretamente a condição de contorno para os componentes normais do vetor $\mathbf{B}$ no campo magnetostático:

condição de contorno para $\mathbf{B}_n$

$$\boxed{\hat{\mathbf{n}}\cdot\mathbf{B}_1 - \hat{\mathbf{n}}\cdot\mathbf{B}_2 = 0 \quad \text{ou} \quad B_{1n} = B_{2n}.} \quad (5.76)$$

Isso nos diz que $\mathbf{B}_n$ é sempre contínuo em um contorno.

Em uma interface entre dois meios magnéticos lineares de permeabilidades μ_1 e μ_2 e sem corrente super-

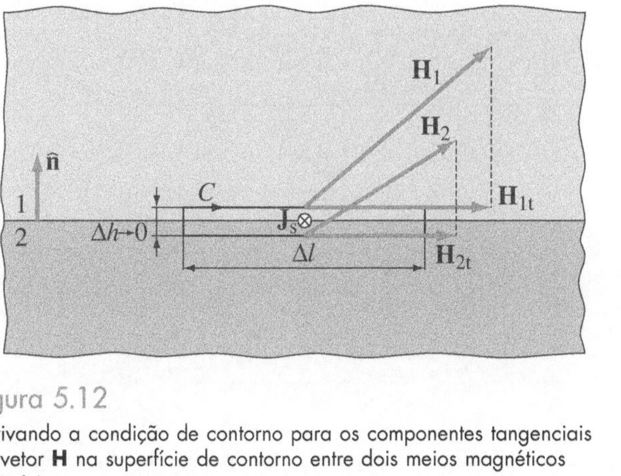

Figura 5.12

Derivando a condição de contorno para os componentes tangenciais do vetor $\mathbf{H}$ na superfície de contorno entre dois meios magnéticos arbitrários.

ficial de condução ($\mathbf{J}_s = 0$), a lei da refração de linhas de campos magnéticos que vale para isso é totalmente análoga às leis correspondentes em eletrostática, Equação (2.87), e o campo de corrente contínua, Equação (3.56). Com α_1 e α_2 denotando os ângulos que as linhas de campo na região 1 e região 2 fazem com a normal à interface, como mostrado na Figura 5.13, temos

lei de refração de linhas de campo magnético

$$\frac{\tan\alpha_1}{\tan\alpha_2} = \frac{\mu_1}{\mu_2}. \quad (5.77)$$

Essa relação indica que as linhas do campo magnético são dobradas mais longe da normal no meio com a maior permeabilidade. A flexão de linhas de campo acontece por causa das correntes superficiais de magnetização desiguais nos dois lados da interface.

Note que, se a região 2 está preenchida com um material ferromagnético e a região 1, com um material não magnético, então $\mu_2 \gg \mu_1$ e $\mu_1/\mu_2 \approx 0$, e a Equação (5.77) resulta em

$$\alpha_1 \approx 0 \; (\mu_2 \gg \mu_1) \quad (5.78)$$

para qualquer α_2 (exceto para $\alpha_2 = 90^\circ$, ou seja, para as linhas do campo na região 2 em paralelo à interface). Isso significa que as linhas de campo magnético em um meio não magnético próximo à interface com um meio ferromagnético (ou CMP) são sempre normais à interface.

Por fim, usando a Equação (5.32) e somando-se o vetor densidade superficial da corrente de magnetização que se acumula nos dois lados de uma interface magnética-magnética, de modo análogo à Equação resultante (2.89) em eletrostática, chegamos à seguinte condição de contorno para os componentes tangenciais do vetor magnetização:

condição de contorno para $\mathbf{M}_t$

$$\hat{\mathbf{n}} \times \mathbf{M}_1 - \hat{\mathbf{n}} \times \mathbf{M}_2 = \mathbf{J}_{ms}, \quad (5.79)$$

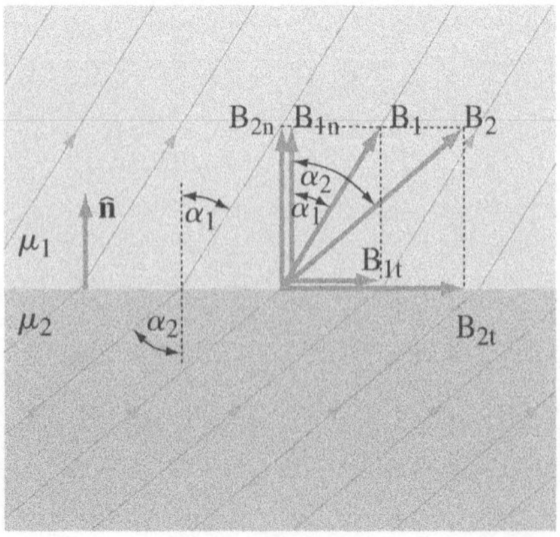

Figura 5.13

Refração das linhas de campo magnético em uma interface magnética-magnética.

onde $\hat{\mathbf{n}}$ é direcionado a partir do meio 2 ao meio 1 (figuras 5.12 e 5.13) e $\mathbf{J}_{ms}$ é o vetor de densidade superficial de corrente de magnetização.

5.7 TEORIA DE IMAGEM PARA CAMPO MAGNÉTICO

Os sistemas magnetostáticos muitas vezes incluem condutores de corrente na presença de grandes corpos ferromagnéticos planos. Utilizando a teoria da imagem, à semelhança do procedimento descrito na Seção 1.21, podemos remover o corpo ferromagnético do sistema e substituí-lo por uma imagem da distribuição de corrente original. O problema equivalente é, então, muito mais simples de resolver porque consiste de uma distribuição de corrente conhecida (imagem mais original) no espaço livre.

Considere um condutor de corrente reto em um meio-espaço não magnético nas redondezas de uma interface infinita planar com um meio-espaço ferromagnético (ou CMP). Seja o condutor paralelo à interface. A Equação (5.78) nos diz que o material ferromagnético na metade inferior do espaço, ou seja, a corrente de magnetização induzida no material influencia o vetor densidade de fluxo magnético resultante, **B**, tal que não tem componente tangencial na parte superior da interface, como mostrado na Figura 5.14(a). Essa condição permanece inalterada, no entanto, se substituirmos o bloco ferromagnético por outro condutor paralelo à interface que está posicionada simetricamente em relação ao condutor original e que transporta uma corrente de mesma intensidade e mesma direção, Figura 5.14(b). Concluímos assim que, na medida

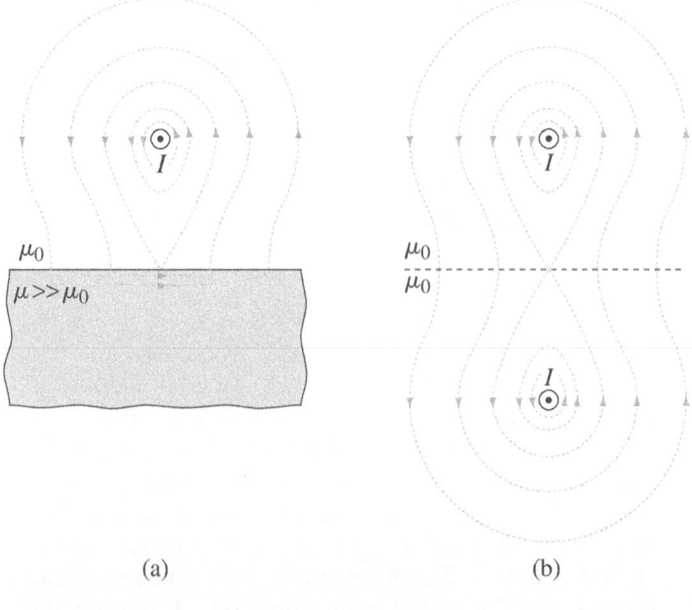

Figura 5.14

(a) Condutor de corrente reto paralelo à interface de um meio-espaço ferromagnético (ou CMP). (b) Por teoria da imagem, a influência do material ferromagnético do campo magnético na parte superior do semiespaço pode ser representada por uma imagem positiva da corrente original.

em que o campo magnético na parte superior do semiespaço esteja envolvido, os sistemas na Figura 5.14(a) e Figura 5.14(b) são equivalentes. Este é um exemplo da teoria da imagem (teorema) para o campo magnético.

A teoria não está restrita a condutores paralelos à interface dos materiais somente. Afirma que uma configuração de corrente arbitrária acima de um plano ferromagnético infinito (ou CMP) pode ser substituída por uma nova configuração de corrente em espaço livre composta da própria configuração de corrente original e da sua imagem positiva no plano ferromagnético. A equivalência está relacionada ao campo magnético acima do plano ferromagnético, o componente do campo devido à corrente de magnetização induzida no material ferromagnético sendo igual ao campo da imagem. Como outro exemplo, a Figura 5.15 mostra a imagem de um condutor de corrente que consiste de três segmentos com diferentes orientações no que diz respeito à interface ferromagnética na Figura 5.15(a), onde é uma simples questão de concluir que o vetor **B** no plano de simetria na Figura 5.15(b) não tem componente tangencial ao plano.

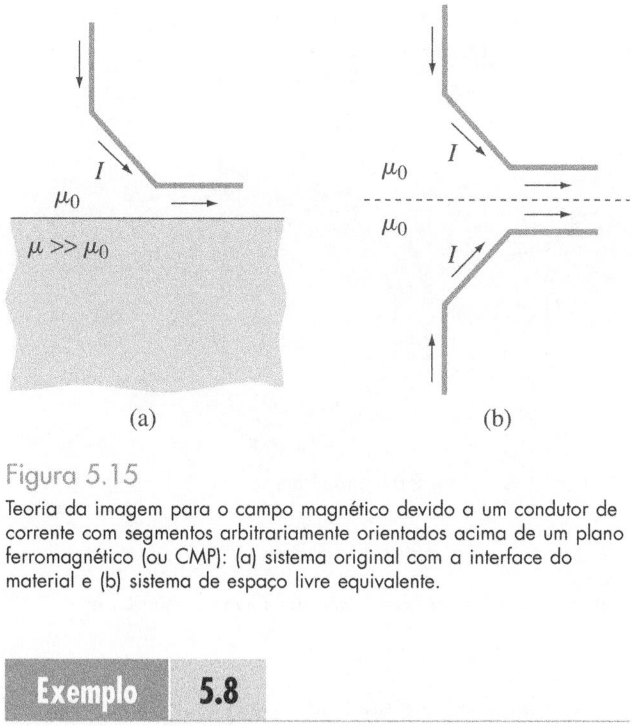

Figura 5.15

Teoria da imagem para o campo magnético devido a um condutor de corrente com segmentos arbitrariamente orientados acima de um plano ferromagnético (ou CMP): (a) sistema original com a interface do material e (b) sistema de espaço livre equivalente.

Exemplo 5.8

Força sobre um condutor acima de um plano ferromagnético

Um fio muito longo e fino está situado no ar a uma altura h acima de um meio-espaço ferromagnético paralelo à sua superfície e carrega uma corrente de intensidade I. Determine a força magnética sobre o fio por unidade de seu comprimento.

Solução Pela teoria da imagem, o sistema de fio ferromagnético é equivalente a um sistema de dois fios simétrico no ar, como mostrado na Figura 5.16. A força sobre o condutor (original) superior por unidade de seu comprimento é então obtida usando a Equação (4.166) com $I_1 = I_2 = I$ e $d = 2h$, isto é,

$$F'_m = IB = \frac{\mu_0 I^2}{4\pi h}. \qquad (5.80)$$

Aqui, B é a densidade do fluxo magnético ao longo do condutor superior devido ao condutor inferior, ou seja, devido à corrente de magnetização no material ferromagnético. Vemos que um grande bloco ferromagnético (ou CMP) sempre atrai um condutor de corrente que corre paralelo a ele.

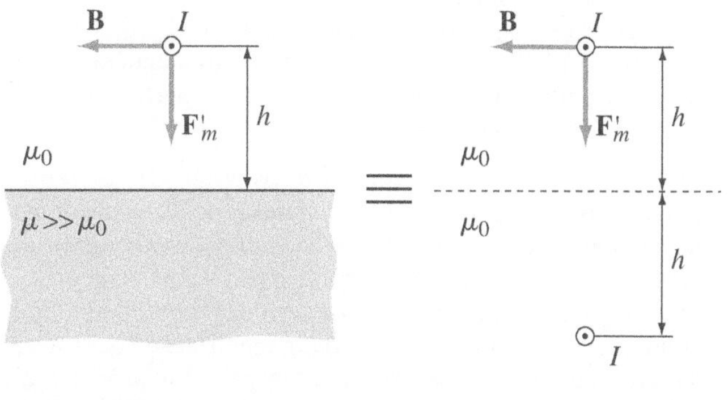

Figura 5.16

Avaliação da força em um fio reto horizontal com uma corrente acima de um plano ferromagnético, utilizando a teoria da imagem, para o Exemplo 5.8.

Exemplo 5.9

Condutor fita entre dois planos CMP

Uma fita condutora infinitamente longa e fina de largura a transporta uma corrente constante de intensidade I. A fita é colocada entre dois planos paralelos CMP, como mostrado na Figura 5.17(a). Encontre o vetor densidade de fluxo magnético no espaço entre os planos CMP, supondo que está cheio de ar.

Solução Por várias aplicações da teoria da imagem para o campo magnético, obtemos o sistema equivalente da Figura 5.17(b), o que representa uma lâmina de corrente planar infinita com densidade superficial de corrente $J_s = I/a$ no espaço livre. O campo magnético entre os planos CMP é, portanto, uniforme, com densidade de fluxo $B = \mu_0 J_s/2 = \mu_0 I/(2a)$ [ver Figura 4.21 e Equação (4.47)].

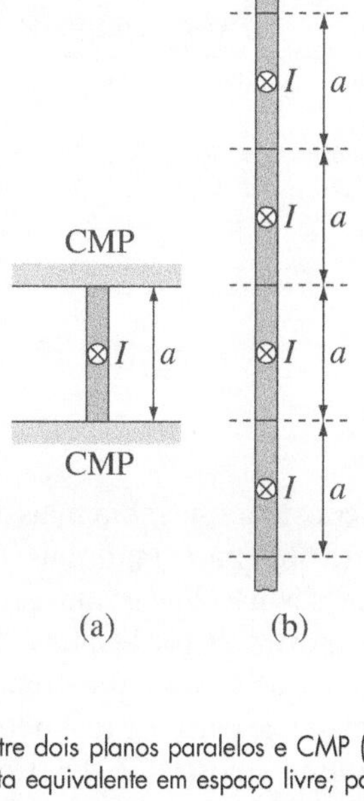

Figura 5.17

(a) Fita condutora entre dois planos paralelos e CMP (b) a lâmina de corrente planar infinita equivalente em espaço livre; para o Exemplo 5.9.

Exemplo 5.10

Hemisfério uniformemente magnetizado em plano CMP

Um hemisfério ferromagnético uniformemente magnetizado de raio a no ar está em um plano CMP ($\mu_r \to \infty$). O vetor magnetização é **M**, e é perpendicular ao plano, como mostrado na Figura 5.18. Calcule a densidade de fluxo magnético e vetores intensidade de campo no centro da superfície inferior do hemisfério (ponto O na figura).

Solução Primeiro, avaliaremos a distribuição das correntes de magnetização equivalentes do hemisfério. O vetor densidade volumétrica de corrente de magnetização no interior do material e na superfície de magnetização sobre a superfície inferior do hemisfério são ambos zero. Há, no entanto, uma lâmina hemisférica de corrente de magnetização sobre a superfície superior do hemisfério dada pela Equação (5.42), onde agora $0 \leq \theta \leq \pi/2$. Usando a teoria da imagem para o campo magnético, podemos, então, complementar esta lâmina, considerada no vácuo, com outra lâmina hemisférica abaixo do plano de simetria, que também é descrito pela função na Equação (5.42), mas com $\pi/2 \leq \theta \leq \pi$ (note que sen θ é simétrico em relação a $\theta = \pi/2$, o que corresponde a uma imagem positiva da corrente, como exigido pela teoria da imagem). Assim, obtemos a corrente de magnetização na lâmina esférica completa na Figura 5.10, e concluímos que o hemisfério magnetizado no plano CMP é equivalente à esfera magnetizada da Figura 5.10, no espaço livre. Assim, o vetor densidade de fluxo magnético no centro da esfera, bem como o do ponto O na Figura 5.18, é dado pela Equação (5.45). Finalmente, por meio da Equação (5.50), o vetor intensidade do campo magnético no ponto O é

$$\mathbf{H} = \frac{\mathbf{B}}{\mu_0} - \mathbf{M} = \frac{2}{3}\mathbf{M} - \mathbf{M} = -\frac{\mathbf{M}}{3}. \quad (5.81)$$

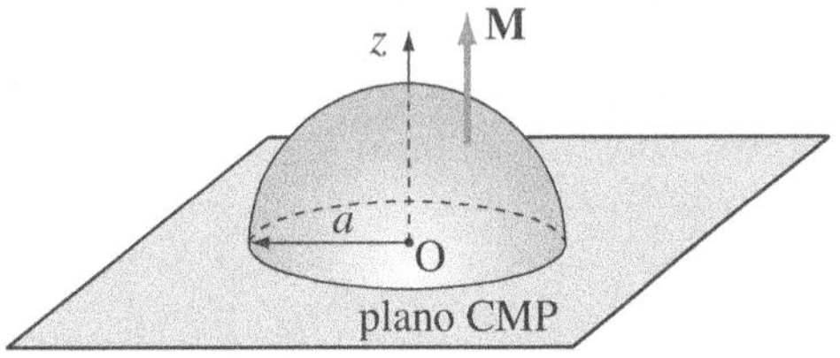

Figura 5.18
Hemisfério ferromagnético com uma magnetização uniforme em um plano CMP; para o Exemplo 5.10.

A Figura 5.19 mostra o instrumento mais simples para a medição das curvas de magnetização, onde um rolamento uniforme é colocado sobre um núcleo toroidal fino (anel) tirado de uma amostra ferromagnética que queremos medir. Se uma corrente I é estabelecida no toroide (bobina primária), a intensidade do campo magnético H no núcleo é dada pela Equação (5.53), onde N é o número de voltas do fio da bobina e l é o comprimento médio do toroide. Variando I, portanto, diretamente H varia (H é proporcional à I). A densidade de fluxo magnético B no núcleo é então medida, como uma resposta a H, por um galvanômetro balístico (GB) conectado a um outro enrolamento (bobina secundária) que é colocado sobre o núcleo. Ou seja, o galvanômetro mede a carga que passa através do circuito secundário, como consequência da mudança de fluxo magnético através da bobina secundária. Essa carga, como veremos no próximo capítulo, é proporcional à variação de fluxo, de modo que o galvanômetro de fato serve como um fluxômetro. Assim, mudando, passo a passo, a corrente I na bobina primária e o campo H no núcleo, e medindo os valores correspondentes à densidade de fluxo B, obtém-se, ponto por ponto, a curva de magnetização do material.

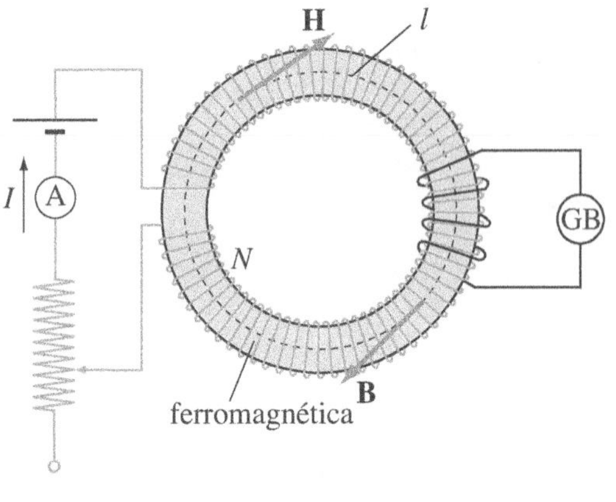

Figura 5.19
Instrumento simples para a medição das curvas de magnetização.

5.8 CURVAS DE MAGNETIZAÇÃO E HISTERESE

Nesta seção, consideramos com mais detalhe a relação B-H, Equação (5.56), para materiais ferromagnéticos. Essa relação, por ser não linear, em geral é dada como um gráfico que mostra B (ordenada) em função de H (abscissa). A curva que representa a função $B(H)$ em tal diagrama é chamada de curva de magnetização e é obtida por medição de uma amostra de determinado material.

Na Figura 5.20 é mostrada uma curva de magnetização inicial típica para uma amostra ferromagnética, onde o material é completamente desmagnetizado e B e H são zero antes de um campo ser aplicado. Quando começamos a aplicar uma corrente no circuito primário na Figura 5.19, a densidade do fluxo magnético também aumenta, mas não linearmente. Além disso, o valor de B aumenta depressa no início e depois mais devagar. A primeira parte da curva de magnetização inicial (mais ou menos até o ponto P na Figura 5.20) representa a região de magnetização (íngreme) fácil. Na parte superior da curva, o aumento da magnetização em decorrência das rotações graduais dos domínios magnéticos no material já não paralelas a **H** é mais di-

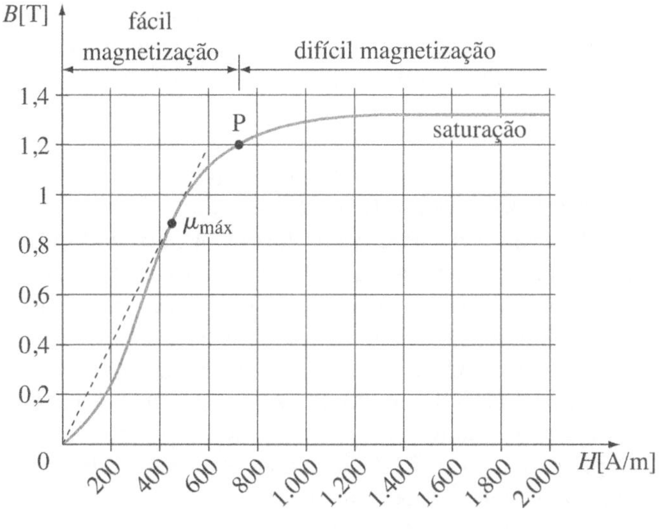

Figura 5.20

Curva de magnetização inicial típica para um material ferromagnético.

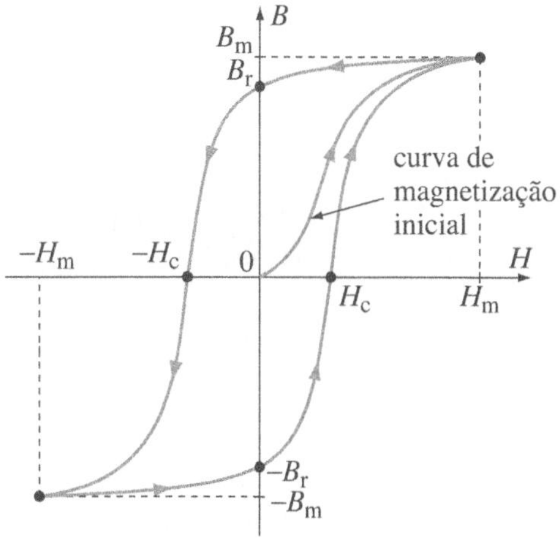

Figura 5.21

Laço de histerese típico de um material ferromagnético.

fícil, e a curva tende a se tornar plana. Esta é a região de difícil magnetização (plana). Campos magnéticos muito fortes geralmente são obrigados a atingir o estado de saturação, no qual todos os momentos de domínios magnéticos no material são paralelos a **H** e a curva de magnetização se achata completamente.

A permeabilidade em qualquer ponto da curva de magnetização é dada por

$$\mu = \frac{B}{H}, \tag{5.82}$$

onde B é a ordenada do ponto (em T) e H é a abscissa (em A/m). A permeabilidade relativa é, então, $\mu_r = \mu/\mu_0$. A permeabilidade máxima está no ponto na curva com a maior proporção de B a H, ou seja, no ponto de tangência com a linha reta de inclinação mais acentuada que passa pela origem e intercepta a curva de magnetização (Figura 5.20). Note que o máximo μ não corresponde à inclinação mais íngreme da curva de magnetização, porque μ não é proporcional à inclinação da curva (dB/dH), mas é igual à razão B/H.

Tendo atingido a saturação, voltamos para a Figura 5.21, na qual continuamos a nossa experiência — através da redução I e H. Se fizermos isso, os efeitos da histerese começam a aparecer, e não refazemos a curva de magnetização inicial. Histerese significa que B fica para trás de H, de modo que as curvas de magnetização para aumentar e diminuir o campo aplicado não são as mesmas. Mesmo depois de H se tornar zero, B não vai a zero, mas, sim, para um valor $B = B_r$, denominado a densidade do fluxo magnético remanescente (residual). Note que a existência de uma densidade de fluxo remanescente em um material ferromagnético torna ímãs permanentes. Em seguida, revertemos H (invertendo a polaridade da bateria na Figura 5.19), e aumentando-a na direção negativa, de modo que B vem a zero em $H = -H_c$, onde H_c é a chamada força coerciva. Como H é aumentado no sentido negativo, o material fica ainda mais magnetizado, com polaridade negativa. Passa através dos estágios de fácil e de difícil magnetização, a curva de magnetização achata e a saturação negativa é atingida. O fim da curva no lado esquerdo do diagrama é para o campo $H = -H_m$, após o quê começamos a reduzir H. A próxima interceptação da curva com o eixo B (para $H = 0$) dá $B = -B_r$ (densidade de fluxo negativo remanescente). Nesse ponto, revertemos a polaridade da bateria de novo e continuamos — aumentando H na direção positiva. Isso torna a densidade de fluxo zero em um campo positivo $H = H_c$ (força coercitiva). Com mais aumento de H, o material atinge a saturação positiva (em $H = H_m$), e um ciclo completo no diagrama de BH é concluído. O laço traçado pela curva de magnetização durante esse ciclo é indicado como o ciclo de histerese.

Tendo levado nossa amostra ferromagnética à saturação em ambas as extremidades da curva de magnetização na Figura 5.21, agora avançamos para a Figura 5.22, para continuar o ciclo do campo aplicado H, mas em faixas sucessivamente menores ($\pm H$ é trazido para amplitudes cada vez menores em cada reversão). Obtemos, assim, uma série de circuitos de histerese que diminuem de tamanho, e o B residual para $H = 0$ por fim se torna zero, isto é, o material é deixado em um estado desmagnetizado. Tal processo é utilizado para desmagnetização de objetos que têm uma magnetização residual (isto é, densidade de fluxo remanescente) em condições de campo aplicado magnético de zero. Na prática, o processo pode ser realizado através da inserção do objeto a ser desmagnetizado dentro de uma bobina com uma ca de baixa frequência, e então aos poucos reduzindo a amplitude da corrente na bobina ou lentamente removendo o objeto da bobina com a amplitude da corrente constante. A curva que conecta as pontas dos laços de histerese na Figura 5.22 é outra característica dos mate-

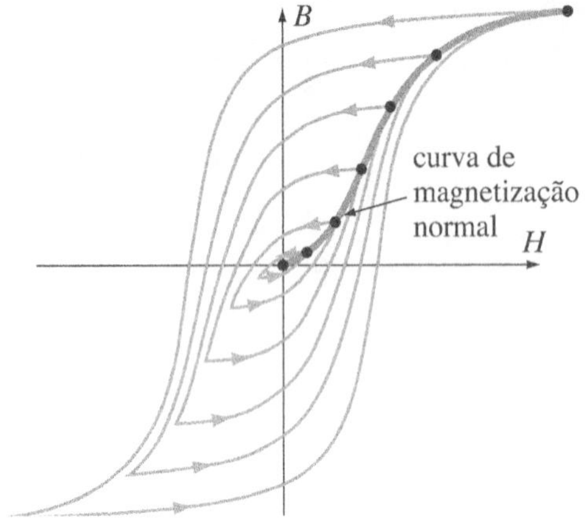

Figura 5.22

Desmagnetização de uma amostra ferromagnética por reversões do campo aplicado **H**; definição da curva de magnetização normal.

riais ferromagnéticos conhecida como a curva de magnetização normal. Para determinado material ferromagnético, as curvas de magnetização normal e inicial são muito semelhantes.

Materiais ferromagnéticos que têm pequenas forças coercitivas H_c e, portanto, laços (finos) de histerese estreitos (com pequenas áreas de laço), como ilustrado na Figura 5.23, são indicados como ferromagnéticos moles. Como veremos em um capítulo posterior, a área delimitada pelo laço de histerese é proporcional à perda de energia por unidade de volume do material em um ciclo de variação de campo. Esta é a chamada perda de histerese, o que corresponde à energia perdida na forma de calor para superar o atrito encontrado durante os movimentos de paredes de domínio magnético e rotações dos domínios em um material ferromagnético. Materiais ferromagnéticos moles têm uma grande magnetização para um campo muito pequeno aplicado e apresentam baixas perdas de histerese. Além disso, eles têm valores muito grandes de permeabilidade inicial [μ na Equação (5.82)

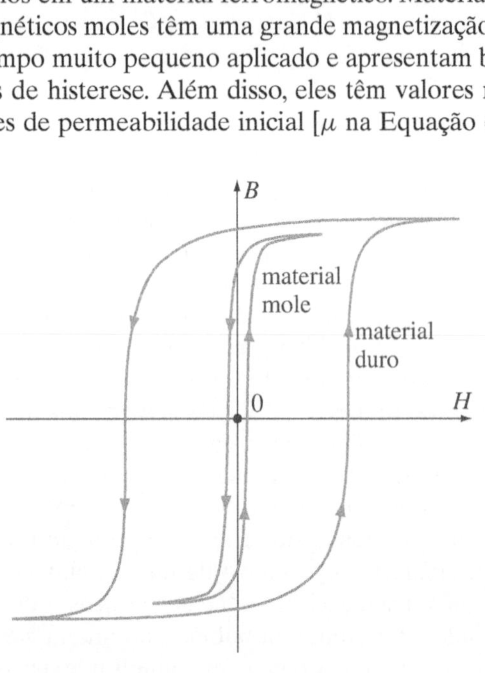

Figura 5.23

Laços de histerese para materiais ferromagnéticos moles e duros.

para H muito pequeno]. Por exemplo, o supermaloi, um típico ferromagnético mole, tem uma permeabilidade relativa inicial da ordem de 10^5, $B_r = 0{,}6$ T, e $H_c = 0{,}4$ A/m. Materiais ferromagnéticos moles são usados para a construção de transformadores e máquinas ca (motores e geradores), em que o material está permanentemente exposto à alternância de magnetização.

Materiais ferromagnéticos duros, por outro lado, têm grandes forças coercitivas H_c e, portanto, amplos (largos) laços de histerese (Figura 5.23). Eles têm pequenas permeabilidades iniciais, e são usados para a construção de ímãs permanentes e máquinas cc. Nessas aplicações, os campos não mudam com frequência, e as perdas de histerese, portanto, não são significativas, apesar das amplas áreas de laço de histerese. A característica essencial de materiais permanentes magnéticos é uma alta densidade de fluxo remanescente B_r (são permanentemente magnetizados mesmo sem campo magnético aplicado), mas também é importante que a sua força coercitiva seja grande, de modo que o material não possa ser facilmente desmagnetizado. Alnico, uma liga de alumínio-níquel-cobalto com uma pequena quantidade de cobre, é um típico ferromagnético duro, tendo um μ_r inicial de cerca de 4, B_r cerca de 1 T, e H_c na ordem de 50.000 A/m.

5.9 CIRCUITOS MAGNÉTICOS – HIPÓTESES BÁSICAS PARA A ANÁLISE

O circuito magnético, em geral, é uma coleção de corpos e meios que formam um caminho no qual as linhas do campo magnético se aproximam entre si, ou seja, é um circuito de fluxo magnético. O nome vem da similaridade com circuitos elétricos. Em aplicações práticas, incluindo transformadores, geradores, motores, relés, dispositivos de gravação magnética etc., esses circuitos são formados a partir de núcleos ferromagnéticos de várias formas, que podem ou não ter espaços de ar, com enrolamentos que transportam correntes sobre as peças dos núcleos. A Figura 5.24 mostra um típico circuito magnético.

A análise dos circuitos magnéticos com correntes contínuas nos enrolamentos (circuitos magnéticos cc) é baseada, é claro, nas equações de Maxwell para o campo magnetostático em meio arbitrário, a Equação (5.70). Dada, no entanto, a grande complexidade da rigorosa análise de circuitos magnéticos práticos, apresentamos aqui um conjunto de aproximações que, em conjunto com as equações de Maxwell, tornam a análise muito mais simples e ainda precisa o suficiente para aplicações de engenharia.

Primeiro, supomos que o fluxo magnético esteja concentrado apenas no interior do circuito magnético, ou seja, nas ramificações do núcleo ferromagnético e espaços de ar. Isso nem sempre é exatamente verdade. Para

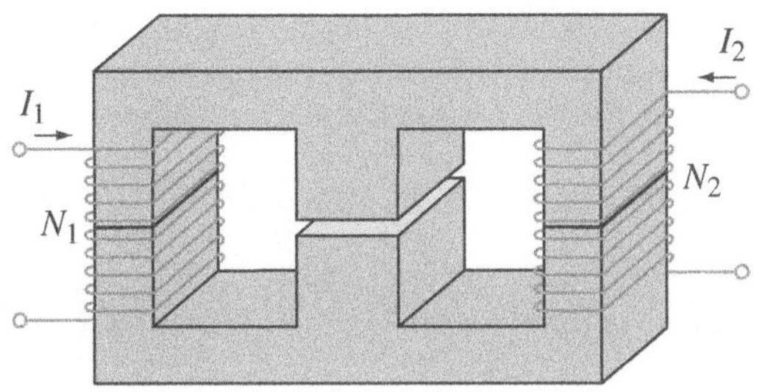

Figura 5.24
Circuito magnético típico.

um núcleo toroidal ferromagnético com um rolamento uniforme mostrado na Figura 5.25(a), no entanto, o fluxo é restrito ao interior do toroide como consequência da simetria geométrica da estrutura, desde que as voltas do fio estejam muito enroladas sobre o núcleo. Na realidade, há sempre algum fluxo de dispersão entre as voltas de fio. Além disso, em circuitos que contêm bobinas colocadas apenas sobre partes do núcleo, algumas linhas de fluxo ligam o espaço entre as seções centrais através do ar, como indicado na Figura 5.25(b). As condições de contorno para o campo magnetostático aplicado à interface entre o ferromagnético e o ar na Figura 5.25(b) nos dizem que as magnitudes do vetor densidade de fluxo magnético nos pontos a e b na figura estão relacionados como $B_a \approx \mu_r B_b$. Como μ_r é muito grande para os materiais ferromagnéticos, $B_a \gg B_b$, então podemos concluir que praticamente todo o fluxo magnético é restrito ao núcleo ferromagnético, e quanto maior o μ_r mais precisa é essa premissa. Note que em circuitos elétricos isto é sempre verdadeiro para o fluxo de corrente, porque a condutividade do ar é zero, enquanto sua permeabilidade não.

Segundo, supomos que os gap de ar no circuito magnético são estreitos o suficiente para que o fluxo perto das bordas do gap possa ser desprezado. Para uma análise mais precisa, fórmulas para um comprimento efetivo e área de corte transversal do gap podem ser usadas para incorporar os efeitos das bordas nas equações básicas para o circuito.

Por fim, supomos que o campo magnético seja uniforme em todo o volume de cada ramo do circuito. Então, ao aplicar as equações de Maxwell, supõe-se que cada corte transversal de um ramo tem mesma área, e o caminho de cada linha de fluxo ao longo do ramo é suposto como sendo do mesmo comprimento, igual ao comprimento médio daquela parte do circuito. Isso só é verdade para circuitos magnéticos finos. Em muitas aplicações envolvendo núcleos espessos, no entanto, o erro causado por aproximações de circuitos magnéticos finos é aceitável, o que está ilustrado nos exemplos seguintes.

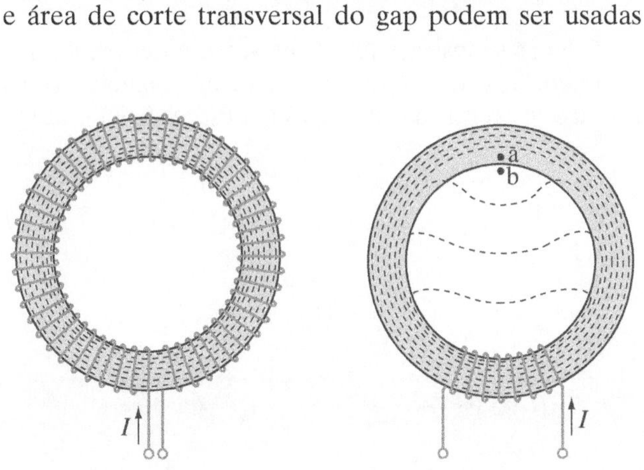

Figura 5.25
Núcleo ferromagnético toroidal com (a) um rolamento uniforme e (b) rolamento concentrado.

Exemplo 5.11

Toroide espesso com um núcleo ferromagnético linear

Suponha que a bobina toroidal na Figura 4.18 esteja enrolada sobre um núcleo feito de um material ferromagnético linear de permeabilidade μ. (a) Determine o fluxo magnético através do núcleo. (b) Encontre o erro cometido no cálculo do fluxo se o campo magnético no núcleo é supostamente uniforme, especificamente para $b - a = 0{,}1a$ (toroide fino) e $b - a = a$ (toroide espesso).

Solução

(a) O vetor intensidade do campo magnético, **H**, é o mesmo que no toroide cheio de ar na Figura 4.18. Da Equação (4.65),

H dentro de uma bobina toroidal espessa

$$H(r) = \frac{NI}{2\pi r}, \quad a \le r \le b. \tag{5.83}$$

O fluxo magnético através do núcleo é então obtido pela integração da densidade de fluxo $B(r) = \mu H(r)$ em um corte transversal do toroide, como mostrado na Figura 5.26,

$$\Phi = \int_{r=a}^{b} B(r)\,dS = \frac{\mu NIh}{2\pi}\int_a^b \frac{dr}{r} = \frac{\mu NIh}{2\pi}\ln\frac{b}{a}, \tag{5.84}$$

onde dS é a área de superfície de uma fita fina de comprimento h e largura dr.

(b) Sob a suposição de uma distribuição de campo uniforme no núcleo, o caminho de cada linha de fluxo é suposto como sendo do mesmo comprimento, igual ao compri-

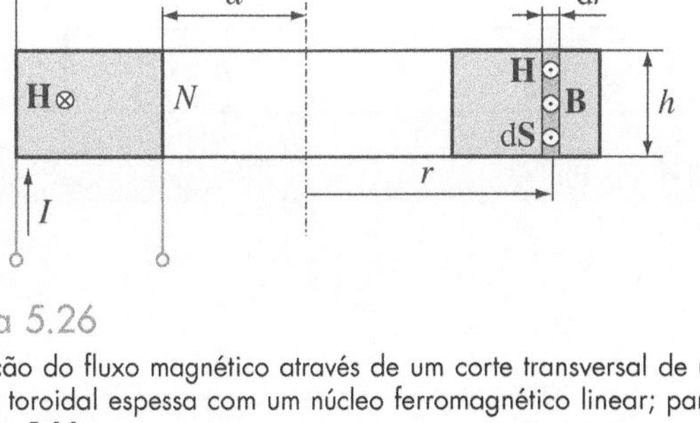

Figura 5.26
Avaliação do fluxo magnético através de um corte transversal de uma bobina toroidal espessa com um núcleo ferromagnético linear; para o Exemplo 5.11.

mento médio do toroide, $l = \pi(a + b)$, e a intensidade do campo magnético é dada pela Equação (5.53). O fluxo aproximado é, então, obtido multiplicando a densidade de fluxo constante $B = \mu H$ pela área de superfície S do corte transversal do núcleo,

$$\Phi_{\text{aprox}} = BS = \mu H(b-a)h = \frac{\mu N I h}{\pi}\frac{b-a}{a+b}. \quad (5.85)$$

O erro relativo associado no cálculo do fluxo é calculado como

$$\delta_\Phi = \frac{|\Phi_{\text{aprox}} - \Phi|}{\Phi} = \left|\frac{2(b/a-1)}{(1+b/a)\ln(b/a)} - 1\right|. \quad (5.86)$$

Para $b - a = 0{,}1a$, isto é, $b/a = 1{,}1$, o erro acaba por ser $\delta_\Phi = 0{,}075\%$, enquanto para $b - a = a$ ($b/a = 2$), $\delta_\Phi = 3{,}8\%$. Vemos que, mesmo para um toroide muito grosso (o último caso), a expressão aproximada na Equação (5.85) é bastante precisa.

Exemplo 5.12

Toroide espesso com um núcleo ferromagnético não linear

Seja a bobina toroidal da Figura 4.18 enrolada ao redor de um núcleo feito de um material ferromagnético não linear. A Figura 5.27(a) mostra o corte transversal de uma estrutura desse tipo, com $a = 2$ cm, $b = 4$ cm, $h = 1$ cm, $N = 200$ e $I = 1$ A. Suponha que a curva de magnetização inicial do material possa ser aproximada pela curva de piece-wise linear mostrada na Figura 5.27(b). Calcule o fluxo magnético através do núcleo (a) de forma rigorosa e (b) supondo que o campo no núcleo seja uniforme.

Solução

(a) Da Equação (5.83), o mínimo e o máximo intensidades de campo magnético no núcleo são

$$H_{\text{mín}} = H(b) = 796 \text{ A/m e}$$

$$H_{\text{máx}} = H(a) = 1.592 \text{ A/m}, \quad (5.87)$$

respectivamente. Uma vez que o valor do campo $H_k = 1.000$ A/m, representando o limite da curva de magnetização na Figura 5.27(b) até o qual o material está em regime linear e acima do qual está na saturação (valor "joelho"), satisfaz a condição

$$H_{\text{mín}} < H_k < H_{\text{máx}}, \quad (5.88)$$

concluímos que a parte do núcleo para o qual $H(r) > H_k$ está na saturação $[B(r) = B_m]$, enquanto a parte restante do núcleo está no regime linear. Neste último caso

$$B(r) = \mu_a H(r), \quad \mu_a = \frac{B_m}{H_0} = 0{,}001 \text{ H/m}, \quad (5.89)$$

onde μ_a é a permeabilidade inicial do material. A partir da condição

$$H(c) = H_k, \quad (5.90)$$

obtemos a distância radial que representa o limite entre as duas partes do núcleo:

$$c = \frac{NI}{2\pi H_k} = 3{,}2 \text{ cm} \quad (5.91)$$

[ver Figura 5.27(a)]. Esboçada na Figura 5.27(c) está a distribuição da densidade de fluxo magnético, $B(r)$, ao longo do eixo radial.

O fluxo magnético através do núcleo é (ver Figura 5.26)

$$\Phi = \int_a^b B(r)\,dS = \underbrace{B_m h(c-a)}_{\text{saturação}} + \underbrace{\frac{\mu_a N I h}{2\pi}\int_c^b \frac{dr}{r}}_{\text{regime linear}} =$$

$$= B_m h\left[(c-a) + \frac{NI}{2\pi H_k}\ln\frac{b}{c}\right] = 191{,}4\ \mu\text{Wb}. \quad (5.92)$$

(b) Se supusermos uma distribuição uniforme de campo no núcleo, então a intensidade do campo em todo o núcleo é igual para $r = r_{\text{média}} = (a + b)/2 = 3$ cm. Ou seja, $H = H(r_{\text{média}}) = 1.061$ A/m, que, por ser maior que H_k, implica que o núcleo inteiro está em saturação. O fluxo magnético através do núcleo é, portanto,

$$\Phi_{\text{aprox}} = B_m(b-a)h = 200\ \mu\text{Wb}. \quad (5.93)$$

O erro relativo ao resultado na Equação (5.92) é $\delta_\Phi = 4{,}5\%$, e isso é muito razoável dado que o núcleo é tanto espesso como não linear.

5.10 LEIS DE KIRCHHOFF PARA CIRCUITOS MAGNÉTICOS

Com as suposições feitas (na seção anterior) de que o campo é restrito aos ramos do circuito magnético (fuga de fluxo e efeitos das bordas são desprezíveis) e é uni-

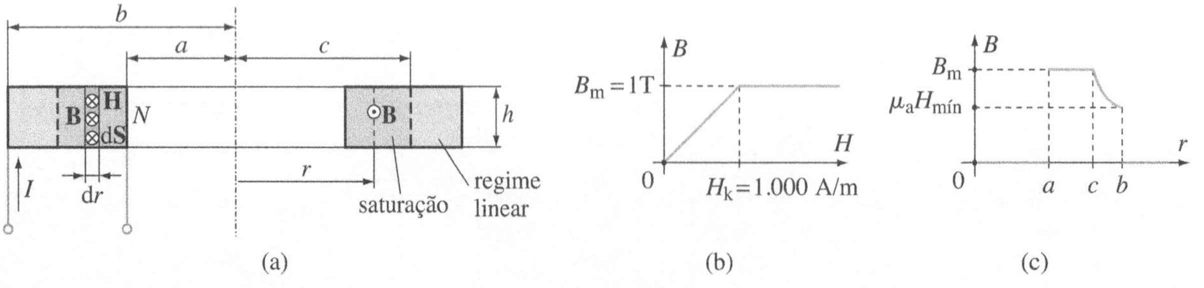

Figura 5.27

Análise de uma bobina toroidal espessa com um núcleo ferromagnético não linear: (a) corte transversal da estrutura, (b) curva de magnetização inicial idealizada do material, e (c) distribuição da densidade de fluxo magnético ao longo do eixo radial; para o Exemplo 5.12.

forme em todos os ramos, agora especificamos equações gerais de Maxwell para o campo magnetostático para obter as leis análogas às leis de Kirchhoff na teoria de circuitos elétricos. Assim, aplicando a lei da conservação do fluxo magnético, a Equação (4.99), para uma superfície fechada S colocada sobre um nó (junção de ramos), em um circuito magnético, como mostrado na Figura 5.28, produz

lei de "corrente" de Kirchhoff para circuitos magnéticos

$$\oint_S \mathbf{B} \cdot d\mathbf{S} = 0 \quad \longrightarrow \quad \boxed{\sum_{i=1}^{M} B_i S_i = 0,} \tag{5.94}$$

onde S_i $(i = 1, 2,..., M)$ são áreas transversais dos ramos na junção e B_i $(i = 1, 2,..., M)$ são as densidades de fluxo magnético nesses ramos.

Aplicando, por outro lado, a lei de Ampère generalizada, a Equação (5.49), para um contorno C colocado ao longo de um caminho fechado de linhas de fluxo no circuito (Figura 5.28), tem-se

lei de "tensão" de Kirchhoff para circuitos magnéticos

$$\oint_C \mathbf{H} \cdot d\mathbf{l} = I_C \quad \longrightarrow \quad \boxed{\sum_{j=1}^{P} H_j l_j = \sum_{k=1}^{Q} N_k I_k,} \tag{5.95}$$

com l_j $(j = 1, 2,..., P)$ representando os comprimentos dos ramos ao longo do caminho e H_j $(j = 1, 2,..., P)$ para as intensidades do campo magnético nos ramos, enquanto N_k e I_k $(k = 1, 2,..., Q)$ são os números de voltas do fio e intensidades de corrente nas bobinas que existem no caminho. O produto $N_k I_k$, expresso em ampère-espira, é chamado de força magnetomotriz (fmm), em analogia à força eletromotriz (fem) em circuitos elétricos.

As equações (5.94) e (5.95) são indicadas como leis de Kirchhoff para circuitos magnéticos. Além dessas leis circuitais, precisamos de "leis elementares", descrevendo partes individuais do circuito, análogas às características da corrente-tensão para os elementos (por exemplo, resistores) na análise de circuitos elétricos. Essas leis são as relações $B = B\ (H)$, ou seja, as curvas de magnetização, para os ramos do circuito, incluindo aberturas de ar (onde $B = \mu_0 H$). Por causa da natureza não linear das partes ferromagnéticas do circuito magnético, e da não linearidade das curvas de magnetização, a análise de circuitos magnéticos, muitas vezes, se assemelha à análise de circuitos elétricos não lineares que contêm diodos e outros elementos não lineares com características corrente-tensão. Isto é, ao mesmo tempo, a diferença mais importante entre a análise de circuitos magnéticos e a teoria de circuito elétrico, que lida principalmente com circuitos elétricos lineares.

Nos casos em que os materiais ferromagnéticos no circuito podem ser considerados lineares, no entanto, um circuito elétrico equivalente com resistores lineares e geradores de tensão invariantes no tempo pode ser introduzido. Ao resolver o circuito equivalente usando algumas técnicas de teoria de circuito padrão, obtemos todas as quantidades necessárias para o circuito magnético original. Como ilustração, note que o fluxo magnético através de um circuito magnético simples na Figura 5.29(a) pode ser expresso, tendo em mente a Equação (5.53), como

$$\Phi = BS = \mu HS = \frac{\mu NIS}{l} = \frac{NI}{\mathcal{R}}, \tag{5.96}$$

onde

relutância (unidade: H^{-1})

$$\boxed{\mathcal{R} = \frac{l}{\mu S}} \tag{5.97}$$

é a chamada relutância do núcleo. Ele é definido, em geral, como a razão entre a força magnetomotriz (ampère--espira) para o fluxo. A unidade SI para a relutância é ampère por weber (A/Wb) ou henry inversa (H^{-1}). Notamos que a expressão final na Equação (5.96) é análoga à expressão para a corrente em um circuito elétrico simples em que uma fonte de tensão ideal de fem NI está conectada a um resistor de resistência $\mathcal{R}$, como indicado

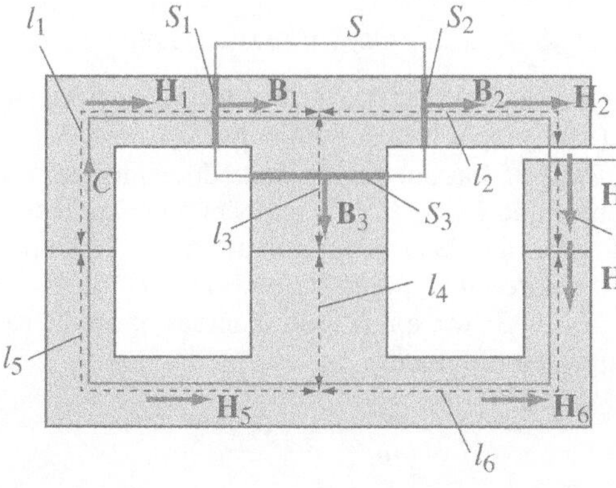

Figura 5.28
A superfície fechada S sobre um nó e um caminho fechado C ao longo dos eixos de ramos de um circuito magnético — para a formulação das leis de Kirchhoff para circuitos magnéticos.

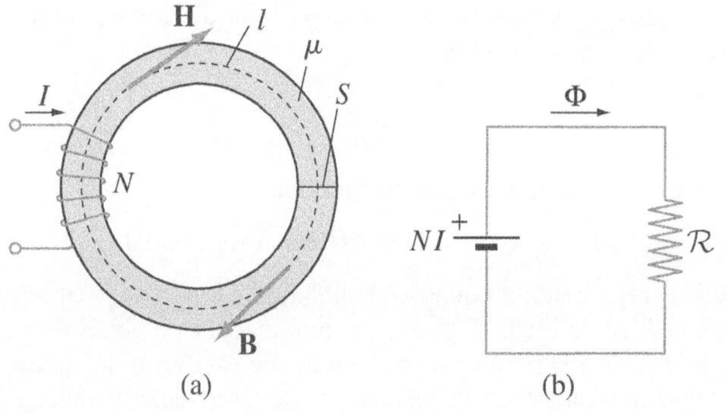

Figura 5.29
Conceito de relutância: um circuito magnético linear simples (a) e o circuito elétrico equivalente (b).

na Figura 5.29(b). A Equação (5.97), além disso, tem a mesma forma que a expressão para a resistência de um resistor com corte transversal uniforme e condutividade σ na Equação (3.85). O conceito de relutância pode ser usado para a análise de circuitos magnéticos arbitrários lineares, em que o circuito elétrico equivalente é obtido substituindo as partes individuais do núcleo e os gaps de ar por resistores com resistências calculadas a partir da Equação (5.97) e que representam as bobinas de geradores de tensão com forças eletromotrizes iguais às forças magnetomotrizes NI.

Exemplo 5.13

Circuito magnético não linear simples com um gap de ar

Considere um circuito magnético constituído por um núcleo ferromagnético toroidal fino com uma bobina e um espaço de ar mostrado na Figura 5.30(a). A bobina tem $N = 1.000$ espiras de fio com a resistência total $R = 50\ \Omega$. O comprimento da parte ferromagnética do circuito é $l = 1$ m, a espessura (largura) da diferença é $l_0 = 4$ mm, a área transversal do toroide é $S = S_0 = 5\ \text{cm}^2$, e a fem do gerador no circuito da bobina é $\mathcal{E} = 200$ V. A curva de magnetização inicial idealizada do material é dada na Figura 5.30(b). Encontre as intensidades do campo magnético no núcleo e no espaço de ar.

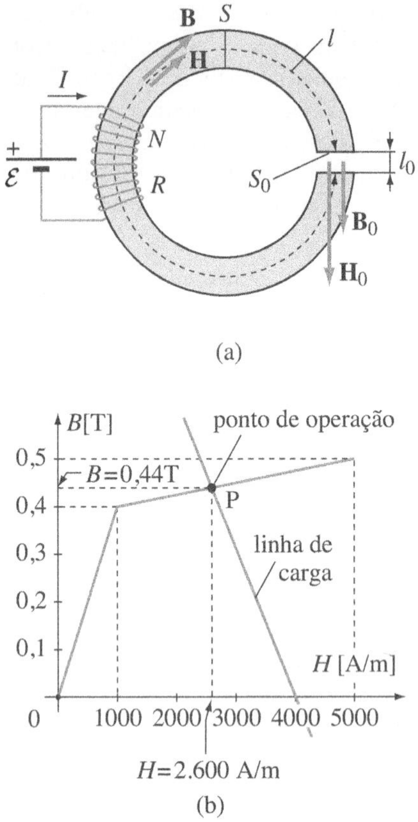

Figura 5.30

Análise de um circuito magnético não linear simples com um espaço de ar: (a) geometria do circuito, com densidade de fluxo e vetores intensidade de campo no circuito, e (b) curva de magnetização inicial idealizada do material, com a linha de carga e ponto de operação para o circuito; para o Exemplo 5.13.

Solução Adotamos aproximações padrão para a análise de circuitos magnéticos e desprezamos a não uniformidade de campo no núcleo ferromagnético, bem como a fuga de fluxo a partir do núcleo e efeitos das bordas em torno das bordas do espaço de ar (Seção 5.9). (B, H) e (B_0, H_0) designam a densidade do fluxo magnético e a intensidade de campo no núcleo e no espaço, respectivamente, como indicado na Figura 5.30(a). Das leis de Kirchhoff para circuitos magnéticos, equações (5.94) e (5.95), temos

$$BS = B_0 S_0 \quad B = B_0 \qquad (5.98)$$

e

$$Hl + H_0 l_0 = NI, \qquad (5.99)$$

onde $I = \mathcal{E}/R = 4$ A é a intensidade da corrente da bobina. As equações precedentes, combinadas com a equação constitutiva para a abertura de ar,

$$B_0 = \mu_0 H_0, \qquad (5.100)$$

resultam nesta relação entre a densidade de fluxo e intensidade de campo no núcleo:

$$Hl + B\frac{l_0}{\mu_0} = NI. \qquad (5.101)$$

Com os dados numéricos substituídos,

$$H + 3.183B = 4.000 \ (H \text{ em A/m}; B \text{ em T}), \qquad (5.102)$$

e isso representa a equação da linha de carga para o circuito magnético (o lócus de todas as combinações possíveis de valores de B e H para essa configuração e excitação de circuito dadas, mas não levando em conta as características do material do núcleo). Após traçar essa linha no gráfico BH [Figura 5.30(b)], podemos concluir que sua intersecção com a curva de magnetização do material do núcleo pertence à segunda parte da curva (seção de magnetização rígida – também ver Figura 5.20). Essa intersecção (ponto P) representa o ponto de operação para o circuito, ou seja, ela determina a posição real do núcleo ferromagnético na curva de magnetização para a configuração do circuito e excitação (NI) dados. Para encontrar numericamente a abscissa e a ordenada do ponto P, resolvemos o sistema de equações composto da equação da linha de carga, Equação (5.102), e a equação da linha que descreve o segmento de magnetização rígido da curva de magnetização, lido da Figura 5.30(b),

$$B = 0{,}4 + 2{,}5 \times 10^{-5}\,(H - 1.000), \qquad (5.103)$$

e o que temos é $B = 0{,}44$ T e $H = 2.600$ A/m. Por meio da Equação (5.98), $B_0 = 0{,}44$ T, bem como, e Equação (5.100), então dá $H_0 = 350$ kA/m (intensidade do campo no espaço de ar). Vemos que $H_0 \gg H$. Isso também pode ser concluído sem, de fato, resolver o circuito, com a introdução da permeabilidade do material no ponto P, $\mu = B/H = 1{,}7 \times 10^{-4}$ H/m, na Equação (5.98) e expressando a intensidade do campo magnético no espaço como

$$H_0 = \frac{\mu}{\mu_0}H = 135{,}3H. \qquad (5.104)$$

(Note que μ aqui é uma função de H, e não uma constante.) É típico de circuitos magnéticos com aberturas de ar, em geral, que as intensidades de campo magnético nas lacunas são muito maiores que as do material ferromagnético.

Exemplo 5.14

Circuito magnético linear simples com um espaço de ar

Suponha que o núcleo do circuito da Figura 5.30(a) é feito de um material ferromagnético linear de permeabilidade relativa $\mu_r = 1.000$, e calcule o fluxo magnético através do núcleo.

Solução Combinando a Equação (5.101) com a relação $B = \mu H$, podemos escrever agora

$$\Phi = BS = NI\left(\frac{l}{\mu S} + \frac{l_0}{\mu_0 S_0}\right)^{-1} = \frac{NI}{\mathcal{R}+\mathcal{R}_0}, \quad (5.105)$$

onde as relutâncias [Equação (5.97)] do núcleo e as diferenças são

$$\mathcal{R} = \frac{l}{\mu_r \mu_0 S} = 1.6 \times 10^6 \text{ H}^{-1} \quad \text{e}$$

$$\mathcal{R}_0 = \frac{l_0}{\mu_0 S_0} = 6.37 \times 10^6 \text{ H}^{-1}, \quad (5.106)$$

respectivamente, e do circuito elétrico equivalente é mostrado na Figura 5.31. Assim, o fluxo através do núcleo equivale a $\Phi = 5 \times 10^{-4}$ Wb.

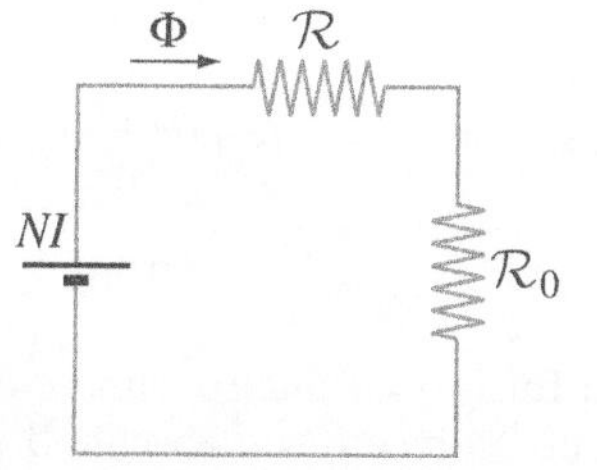

Figura 5.31

Circuito elétrico equivalente para o circuito magnético da Figura 5.30 (a), supondo que o material ferromagnético seja linear; para o Exemplo 5.14.

Exemplo 5.15

Circuito magnético não linear com três ramos

As dimensões do circuito magnético mostradas na Figura 5.32(a) são $l_1 = l_3 = 2l_2 = 20$ cm e $S_1 = S_2 = S_3 = 1$ cm^2. A fmm no primeiro ramo do circuito é $NI = 400$ ampère-espiras. A curva de magnetização inicial do núcleo pode ser linearizada, como na Figura 5.32(b). Calcule a densidade de fluxo magnético e intensidades de campo nos três ramos do circuito.

Solução Orientamos os ramos do circuito como na Figura 5.32(a). Há um total de dois nós e três caminhos fechados no circuito. Assim, em completa analogia com a análise de circuitos elétricos, as leis de "corrente" e "tensão" de Kirchhoff para circuitos magnéticos, equações (5.94) e (5.95), devem ser aplicadas a um nó (independente) e dois caminhos fechados (independente). Escolhemos o nó $\mathcal{N}_1$ e caminhos fechados C_1 e C_2 na Figura 5.32(a). As equações correspondentes são:

$$-B_1S_1 + B_2S_2 + B_3S_3 = 0 \rightarrow B_1 = B_2 + B_3, \quad (5.107)$$

$$H_1l_1 + H_2l_2 = NI, \quad (5.108)$$

$$-H_2l_2 + H_3l_3 = 0. \quad (5.109)$$

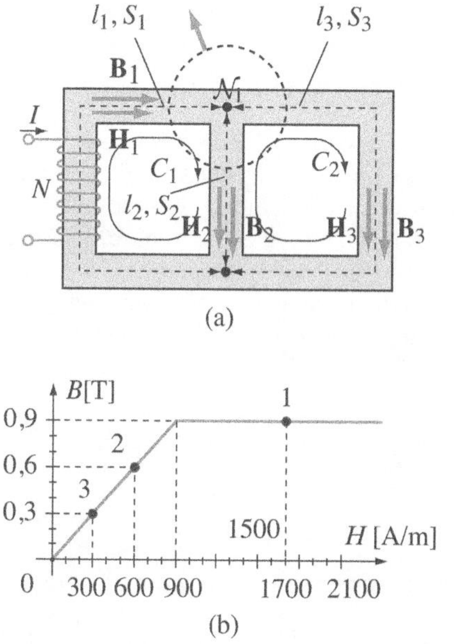

Figura 5.32

Análise de um circuito não linear magnético com três ramos: (a) geometria do circuito, com o nó independente adotado e caminhos fechados no circuito e (b) curva de magnetização inicial idealizada do material, com pontos de operação calculados para os ramos; para o Exemplo 5.15.

Dependendo se os pontos de operação para os ramos individuais do circuito pertencem à parte linear ou à parte de saturação da curva de magnetização na Figura 5.32(b), podemos ter

$$B_i = \begin{cases} \mu_a H_i & \text{para } H_i \leq 900 \text{ A/m} \\ 0{,}9 \text{ T} & \text{para } H_i > 900 \text{ A/m} \end{cases}, \quad i = 1, 2, 3, \quad (5.110)$$

onde a permeabilidade inicial do material é $\mu_a = 0{,}9/900$ H/m $= 0{,}001$ H/m. Então, existe um total de oito combinações para as fases de magnetização dos ramos e apenas uma delas é verdadeira.

Suponha-se, em primeiro lugar, que nenhuma das magnetizações nos ramos está na saturação ($B = \mu_a H$ em todos os três ramos). A Equação (5.107), então, torna-se

$$H_1 = H_2 + H_3, \quad (5.111)$$

e a solução do sistema com as equações (5.111), (5.108) e (5.109) é $H_1 = 1.500$ A/m, $H_2 = 1.000$ A/m, e $H_3 = 500$ A/m. Isso contradiz a hipótese de linearidade em todos os três ramos, uma vez que ambos H_1 e H_2 parecem ser maiores do que 900 A/m. Concluímos que nossa estimativa inicial não está correta, e, portanto, o circuito tem de ser resolvido novamente, com outra hipótese, isto é, que alguns dos ramos estão em saturação.

Para reduzir o número de tentativas extras (de outras sete combinações) a um mínimo, notamos primeiramente que as direções de referência adotadas dos vetores de densidade de fluxo magnético na Figura 5.32(a) talvez reflitam o fluxo real de fluxo nos ramos, o que significa que B_1, B_2 e B_3 são todos positivos. A Equação (5.107), então, nos diz que B_1 deve ser maior que ambos B_2 e B_3 individualmente, por isso é lógico esperar que o ramo com a bobina primeiro atinja a saturação ($B_1 = 0{,}9$ T). Os outros dois ramos, no entanto, devem permanecer no regime linear ($B_2 = \mu_a H_2$ e $B_3 = \mu_a H_3$), porque

$B_2 = 0{,}9$ T implicaria $B_3 = 0$ e vice-versa, o que é impossível. Com isso, a Equação (5.107) torna-se

$$H_2 + H_3 = 900 \text{ A/m} \qquad (5.112)$$

e a solução do novo sistema de três equações é $H_1 = 1.700$ A/m, $H_2 = 600$ A/m, e $H_3 = 300$ A/m. É claro que esses valores são consistentes com a nova hipótese sobre os estágios de magnetização nos ramos, e esta é a solução verdadeira para o circuito. As posições reais dos pontos de operação para os ramos da curva de magnetização são indicadas na Figura 5.32(b). As duas densidades de fluxo restantes no circuito são $B_2 = 0{,}6$ T e $B_3 = 0{,}3$ T.

Exemplo 5.16

Problema inverso na análise de circuito magnético

Para o circuito magnético mostrado na Figura 5.33, $l_1 = l_3 = 20$ cm, $l_2 = l'_2 + l''_2 = 10$ cm, $l_0 = 1$ mm, $S_1 = S_3 = 1$ cm^2, $S_2 = 2$ cm^2, e $N_2I_2 = 1.000$ A voltas. O núcleo é feito a partir do material cuja curva de magnetização inicial pode ser aproximada pela função analítica

$$B = \frac{1{,}5H}{500 + H}, \quad H \geq 0 \quad (H \text{ em A/m}; B \text{ em T}). \qquad (5.113)$$

Se o fluxo magnético no ramo central do circuito é de $\Phi_2 = 200\ \mu$ Wb em relação à direção de referência para baixo, encontrar N_1I_1.

Solução Este é um problema inverso na análise de circuitos magnéticos: para uma dada resposta (fluxo magnético em um ou mais ramos do circuito), encontre a excitação desconhecida (uma ou mais forças magnetomotrizes) que a produz. Na análise de circuitos magnéticos com curvas de magnetização não lineares (dada de forma gráfica ou analítica), os problemas reversos são, em geral, muito mais simples de resolver do que problemas diretos, porque, no último, temos que, ao mesmo tempo, resolver o conjunto completo de equações escritas de acordo com as leis de circuito de Kirchhoff junto com características do material não linear para peças individuais do circuito. Em problemas reversos, por outro lado, começamos com as quantidades de campo fornecidas para um ou mais ramos e depois aplicamos as equações de circuito e materiais, uma de cada vez, para resolver as quantidades de outro campo, um por um, e para as forças magnetomotrizes necessárias.

Com referência à notação na Figura 5.33, as densidades de fluxo na seção ferromagnética do segundo ramo (central) do circuito (B_2) e no espaço de ar (B_0) são

$$B_2 = B_0 = \frac{\Phi_2}{S_2} = 1 \text{ T}. \qquad (5.114)$$

A partir da curva de magnetização, ou seja, resolvendo a equação de magnetização, Equação (5.113), para a intensidade do campo correspondente no material,

$$H_2 = \frac{500B_2}{1{,}5 - B_2} = 1 \text{ kA/m}, \qquad (5.115)$$

enquanto no espaço,

$$H_0 = \frac{B_0}{\mu_0} = 795{,}8 \text{ kA/m}. \qquad (5.116)$$

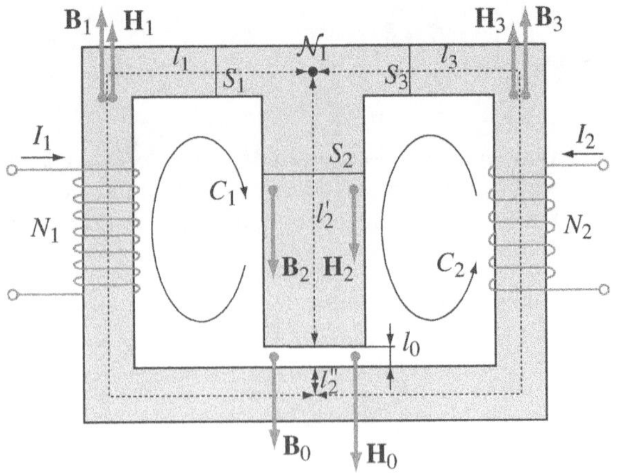

Figura 5.33
Circuito magnético com uma curva de magnetização não linear dado analiticamente; para o Exemplo 5.16.

A lei de "tensão" de Kirchhoff para o caminho fechado C_2 na Figura 5.33 agora produz

$$H_3 = \frac{N_2I_2 - H_2l_2 - H_0l_0}{l_3} = 521 \text{ A/m}, \qquad (5.117)$$

com a densidade de fluxo correspondente no terceiro ramo dada por

$$B_3 = \frac{1{,}5H_3}{500 + H_3} = 0{,}765 \text{ T}. \qquad (5.118)$$

A densidade de fluxo no primeiro ramo é a próxima obtida utilizando a lei de "corrente" de Kirchhoff para o nó $\mathcal{N}_1$ na Figura 5.33, e a partir dela o valor associado H,

$$B_1 = \frac{B_2S_2 - B_3S_3}{S_1} = 1{,}235 \text{ T} \longrightarrow$$

$$\longrightarrow \quad H_1 = \frac{500B_1}{1{,}5 - B_1} = 2{,}33 \text{ kA/m}. \qquad (5.119)$$

Por fim, aplicamos a lei de "tensão" de Kirchhoff para o caminho fechado C_1 e obtemos a fmm que buscamos:

$$N_1I_1 = H_1l_1 + H_2l_2 + H_0l_0 = 1{,}362 \text{ A voltas}. \qquad (5.120)$$

Exemplo 5.17

Desmagnetização em um circuito magnético

O núcleo ferromagnético do circuito mostrado na Figura 5.34(a) tem a área de corte transversal $S = 1$ cm^2, média de comprimento $l = 20$ cm, e espessura do espaço de ar $l_0 = 1$ mm. O número de voltas do fio da bobina é $N = 1.000$, a resistência do enrolamento é $R = 20\ \Omega$, e a fem do gerador é $\varepsilon = 20$ V. O núcleo não tem magnetização residual e a chave K está na posição desligada (aberta). Ligando a chave, a fmm é aplicada ao circuito e o fluxo magnético através dela se eleva conforme a curva de magnetização inicial do material. Essa curva pode ser considerada linear, como mostrado na Figura 5.34(b), na qual a permeabilidade inicial é $\mu_a = 0{,}001$ H/m. A densidade do fluxo magnético no núcleo torna-se $B = B_m$ no estado estacionário. A chave é, então, desligada (aberta) e um novo estado estacionário é estabelecido no circuito. A curva

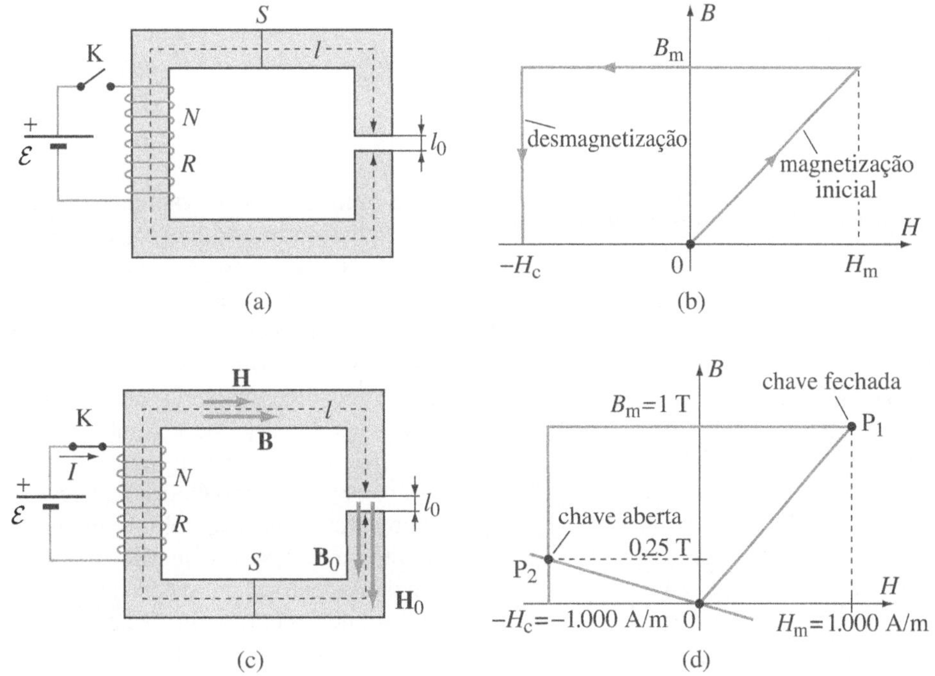

Figura 5.34

Magnetização e desmagnetização em um circuito magnético com uma abertura de ar: (a) geometria do circuito, (b) a magnetização inicial idealizada e curvas de desmagnetização do material, (c) vetores intensidade de campo e densidade de fluxo magnético e (d) pontos de funcionamento para o circuito em dois estados estacionários; para o Exemplo 5.17.

de desmagnetização para o material pode ser aproximada por dois segmentos de linha reta [Figura 5.34 (b)], em que a força coercitiva é dada por $H_c = H_m$. Qual é a intensidade do campo magnético na abertura do novo estado?

Solução Depois que a chave K é ligada (fechada), a corrente do enrolamento é [Figura 5.34(c)] $I = \mathcal{E}/R = 1$ A, e a relação entre a densidade de fluxo B e a intensidade de campo H no núcleo é a mesma que na Equação (5.101). Além disso, como

$$B = \mu_a H, \quad (5.121)$$

obtemos [ver também Equação (5.105)]

$$B = NI\left(\frac{l}{\mu_a} + \frac{l_0}{\mu_0}\right)^{-1} = 1\ \text{T}, \quad (5.122)$$

e este é o valor máximo para a densidade do fluxo, $B = B_m = 1$ T. Assim, $H_m = B_m/\mu_a = 1$ kA/m.

Depois que a chave K é aberta, a Equação (5.101) torna-se

$$Hl + B\frac{l_0}{\mu_0} = 0, \quad (5.123)$$

e isto representa a equação da linha de carga para o circuito magnético nesse estado. Supomos primeiro que a interseção dessa linha com a curva de desmagnetização na Figura 5.34 (b) pertence ao segmento horizontal da curva, ou seja, que $B = B_m = 1$ T. Da Equação (5.123), $H = -4$ kA/m, o que é impossível porque $H < -H_c$ ($H_c = H_m = 1$ kA/m). Concluímos, assim, que o ponto de operação para o circuito pertence ao segmento vertical da curva de desmagnetização, como indicado na Figura 5.34(d). A intensidade do campo magnético no núcleo é, portanto, $H = -H_c = -1$ kA/m. A Equação (5.123), então, dá a densidade de fluxo correspondente no núcleo, $B = 0{,}25$ T. A intensidade do campo magnético no espaço é $H_0 = B/\mu_0 = 200$ kA/m.

Exemplo 5.18

Circuito magnético linear complexo

Para o circuito magnético mostrado na Figura 5.35(a), $l_1 = l_2 = 10$ cm, $l_3 = 5$ cm, $l_0 = 1$ mm, $N_1 = 1.000$, $N_2 = 500$, e $I_1 = I_2 = 1$ A. O material ferromagnético a partir do qual o núcleo é feito pode ser considerado como linear, com permeabilidade relativa $\mu_r = 1.000$. A área de corte transversal de todas as partes do núcleo é $S = 1$ cm². Encontre a intensidade do campo magnético no espaço de ar.

Solução A Figura 5.35(b) mostra o circuito elétrico equivalente para o problema, com relutâncias, Equação (5.97),

$$\mathcal{R}_1 = \mathcal{R}_2 = 2\mathcal{R}_3 = \frac{l_1}{\mu_r\mu_0 S} = 8 \times 10^5\ \text{H}^{-1},$$

$$\mathcal{R}_0 = \frac{l_0}{\mu_0 S} = 8 \times 10^6\ \text{H}^{-1}. \quad (5.124)$$

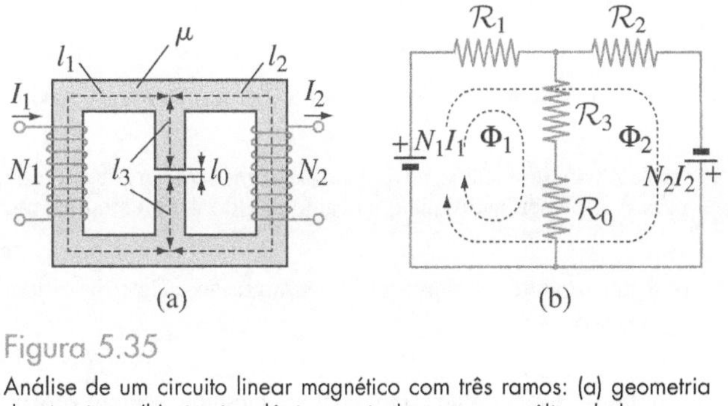

Figura 5.35

Análise de um circuito linear magnético com três ramos: (a) geometria do circuito e (b) circuito elétrico equivalente para análise de laço; para o Exemplo 5.18.

A figura também mostra os circuitos adotados para a análise dos laços do circuito (elétrico). As equações de circuitos correspondentes são

$$(\mathcal{R}_1 + \mathcal{R}_3 + \mathcal{R}_0)\Phi_1 + \mathcal{R}_1\Phi_2 = N_1 I_1, \quad (5.125)$$

$$\mathcal{R}_1\Phi_1 + (\mathcal{R}_1 + \mathcal{R}_2)\Phi_2 = N_1 I_1 + N_2 I_2, \quad (5.126)$$

e sua solução para o fluxo através do ramo central do circuito

$$\Phi_1 = \frac{\mathcal{R}_2 N_1 I_1 - \mathcal{R}_1 N_2 I_2}{\mathcal{R}_0\mathcal{R}_1 + \mathcal{R}_0\mathcal{R}_2 + \mathcal{R}_1\mathcal{R}_2 + \mathcal{R}_1\mathcal{R}_3 + \mathcal{R}_2\mathcal{R}_3} =$$

$$= 2{,}84 \times 10^{-5}\ \text{Wb}. \quad (5.127)$$

A intensidade do campo magnético no espaço vem a ser

$$H_0 = \frac{\Phi_1}{\mu_0 S} = 226\ \text{kA/m}. \quad (5.128)$$

5.11 EQUAÇÕES DE MAXWELL PARA CAMPO ELETROMAGNÉTICO INVARIÁVEL NO TEMPO

As equações de Maxwell para o campo magnetostático, Equação (5.70), representam um modelo matemático geral para determinar o campo magnético (**H**) de uma distribuição de correntes elétricas contínuas (**J**), que é considerada conhecida. A distribuição de correntes, no entanto, para a geometria, as propriedades do material e de excitação de uma determinada estrutura podem ser obtidas a partir da Equação (3.59), que também produz a solução para o campo elétrico (**E**) no sistema. Além disso, as equações (3.60) fornecem meios para avaliar a distribuição de cargas associadas (ρ) no sistema a partir da distribuição de campo elétrico. Todas elas, juntas, representam um conjunto completo de equações de Maxwell que regem tanto o campo magnético quanto o elétrico causado por correntes elétricas contínuas. Esses dois campos, além disso, podem ser considerados componentes de um campo mais complexo — o campo eletromagnético — produzido por correntes contínuas. O campo combinado é chamado de campo eletromagnético invariante no tempo, e resumimos aqui as quatro equações de Maxwell na forma diferencial para este campo:

$$\begin{cases} \nabla \times \mathbf{E} = 0 \\ \nabla \times \mathbf{H} = \mathbf{J} \\ \nabla \cdot \mathbf{D} = \rho \\ \nabla \cdot \mathbf{B} = 0 \end{cases} . \quad (5.129)$$

onde temos, respectivamente, primeira equação de Maxwell, campo estático; segunda equação de Maxwell, campo estático; terceira equação de Maxwell; e quarta equação de Maxwell.

O importante é que os campos elétricos e magnéticos que constituem o campo eletromagnético invariante no tempo são independentes uns dos outros, e podem ser analisados em separado, como fizemos nos capítulos 3 (parte elétrica) e 5 (parte magnética). Este não é o caso, porém, com o campo eletromagnético variável no tempo, como veremos nos capítulos seguintes. Em condições não estáticas, a terceira e a quarta equações de Maxwell mantêm a mesma forma que na Equação (5.129), enquanto as duas primeiras têm termos adicionais sobre o lado direito, que são responsáveis pelo acoplamento entre os campos elétricos e magnéticos que mudam no tempo. Nos capítulos que se seguem, os campos elétricos e magnéticos serão sempre tratados em conjunto, como integrais relacionadas do campo eletromagnético variável no tempo.

Exemplo 5.19

Equação de continuidade da lei de Ampère

A partir da segunda equação diferencial de Maxwell para o campo eletromagnético invariante no tempo, obtenha a forma correspondente da equação da continuidade.

Solução Levando em conta a divergência de ambos os lados da forma diferencial da segunda equação de Maxwell (lei de Ampère generalizada) para campos estáticos, na Equação (5.129):

$$\nabla \cdot (\nabla \times \mathbf{H}) = \nabla \cdot \mathbf{J}. \quad (5.130)$$

A derivada do vetor de segunda ordem sobre o lado esquerdo desta equação é igual a zero para qualquer campo vetorial,[2] de modo que o lado direito da equação deve ser zero também, $\nabla \cdot \mathbf{J} = 0$, e esta é exatamente a forma diferencial da equação de continuidade sob a suposição de estática, Equação (3.41). Vemos agora que a Equação (3.41) é realmente incluída implicitamente no conjunto de equações de Maxwell na Equação (5.129).

---

2 A divergência da curva de uma função de vetor arbitrário (**A**) é sempre zero, ou, em termos do operador del,

$$\nabla \cdot (\nabla \times \mathbf{A}) = 0.$$

Isso é óbvio, se **A** é o vetor potencial magnético, porque então $\mathbf{B} = \nabla \times \mathbf{A}$ [Equação (4.116)] e $\nabla \cdot \mathbf{B} = 0$ [Equação (4.103)]. Para prová-lo para **A** representando qualquer campo vetorial, no entanto, aplicamos formalmente a identidade

$$\mathbf{a} \cdot (\mathbf{b} \times \mathbf{c}) = (\mathbf{a} \times \mathbf{b}) \cdot \mathbf{c}$$

(em um produto escalar triplo, a permutação cíclica da ordem dos três vetores não altera o resultado) para o produto escalar triplo $\nabla \cdot (\nabla \times \mathbf{A})$, e obtemos

$$\nabla \cdot (\nabla \times \mathbf{A}) = (\nabla \times \nabla) \cdot \mathbf{A} = 0$$

(produto vetorial de um vetor com ele mesmo é sempre zero). Alternativamente, a divergência, usando a Equação (1.167), da expressão para a onda (de qualquer vetor) no sistema de coordenadas cartesianas na Equação (4.81) acaba por ser zero.

Problemas

5.1. Paralelepípedo não uniformemente magnetizado. Um paralelepípedo ferromagnético retangular situa-se no ar no primeiro octante do sistema de coordenadas cartesianas (x, y, $z \geq 0$), com um vértice na origem de coordenadas, e as arestas, de comprimentos a, b e c em paralelo com eixos de coordenadas x, y e z, respectivamente. O vetor magnetização no paralelepípedo é dado por $\mathbf{M}(x, y, z) = M_0 [\text{sen}(\pi y/b)\,\hat{\mathbf{x}} + \text{sen}(\pi z/c)\,\hat{\mathbf{y}} + \text{sen}(\pi x/a)\,\hat{\mathbf{z}}]$, onde M_0 é uma constante. Calcule (a) o vetor de densidade de corrente volumétrica de magnetização no paralelepípedo e (b) o vetor densidade superficial de corrente de magnetização ao longo de seus lados.

5.2. Barra magnética cilíndrica oca. Uma barra magnética cilíndrica oca de raios a e b ($a < b$), e comprimento l, é permanentemente magnetizada com uma magnetização uniforme e situada no ar. O vetor magnetização, de magnitude M, é paralelo ao eixo da barra. Encontre (a) a distribuição das correntes de magnetização do ímã e (b) o vetor densidade de fluxo magnético ao longo do eixo.

5.3. Placa ferromagnética quadrada uniformemente magnetizada. Uma placa ferromagnética quadrada uniformemente magnetizada de comprimento a e espessura d ($d \ll a$) situa-se no ar. Com referência ao sistema de coordenadas na Figura 5.36, o vetor magnetização da chapa é dado por $\mathbf{M} = M_0\hat{\mathbf{z}}$, onde M_0 é uma constante. Determine o vetor densidade de fluxo magnético em um ponto arbitrário ao longo do eixo z.

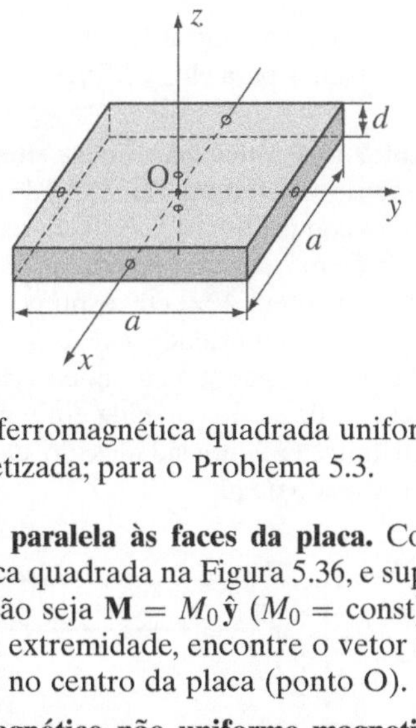

Figura 5.36 Placa ferromagnética quadrada uniformemente magnetizada; para o Problema 5.3.

5.4. Magnetização paralela às faces da placa. Considere a placa ferromagnética quadrada na Figura 5.36, e suponha que o vetor magnetização seja $\mathbf{M} = M_0\hat{\mathbf{y}}$ (M_0 = const). Desprezando os efeitos da extremidade, encontre o vetor densidade de fluxo magnético no centro da placa (ponto O).

5.5. Disco ferromagnético não uniforme magnetizado. Um disco ferromagnético fino de raio a e espessura d ($d \ll a$) no ar tem uma magnetização não uniforme, dada por $\mathbf{M} = M_0 (r/a)^2\,\hat{\mathbf{z}}$ (Figura 5.37), onde M_0 é uma constante. Calcule (a) a distribuição das correntes de magnetização do disco e (b) o vetor densidade de fluxo magnético ao longo do eixo z.

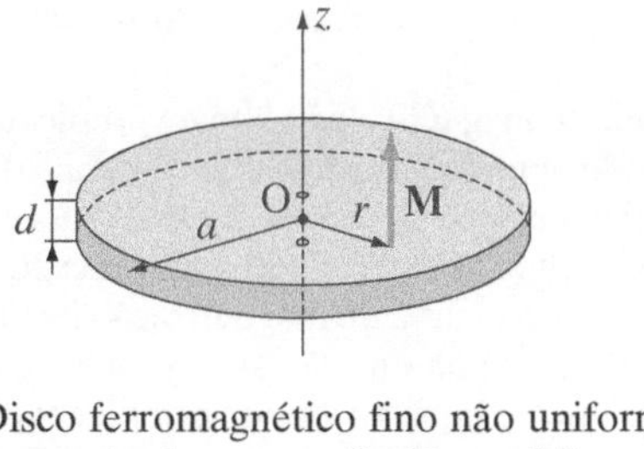

Figura 5.37 Disco ferromagnético fino não uniforme magnetizado; para o Problema 5.5.

5.6. Cilindro infinito com magnetização circular. Um cilindro ferromagnético infinitamente longo de raio a no ar tem uma magnetização não uniforme. Em um sistema de coordenadas cilíndricas cujo eixo z coincide com o eixo do cilindro, $\mathbf{M} = M_0 (r/a)\,\hat{\boldsymbol{\phi}}$ ($0 \leq r \leq a$), onde M_0 é uma constante. Encontre (a) o vetor de densidade de corrente volumétrica de magnetização no cilindro, (b) o vetor de densidade de corrente de magnetização de superfície na superfície do cilindro, (c) o vetor densidade de fluxo magnético no cilindro, e (d) o vetor densidade de fluxo magnético fora do cilindro.

5.7. Vetor intensidade do campo magnético. Encontre o vetor de intensidade do campo magnético, $\mathbf{H}$, (a) ao longo do eixo do disco magnetizado do Exemplo 5.2, (b) no centro da barra de ímã cilíndrica do Exemplo 5.3, e (c) dentro e fora do cilindro infinitamente não uniformemente magnetizado do Exemplo 5.4.

5.8. Densidade de corrente total (condução mais magnetização). O vetor densidade de fluxo magnético, $\mathbf{B}$, em um material ferromagnético é uma função conhecida de coordenadas espaciais. (a) Prove que a densidade volumétrica de corrente total (condução mais magnetização) no material, $\mathbf{J}_{\text{tot}} = \mathbf{J} + \mathbf{J}_{\text{m}}$, pode ser obtida como $\mathbf{J}_{\text{tot}} = \nabla \times \mathbf{B}/\mu_0$. (b) Especificamente, calcule $\mathbf{J}_{\text{tot}}$ para $\mathbf{B}$ dado como a seguinte função de coordenadas cartesianas: $\mathbf{B}(x, y, z) = \{[(2x + z)/y^2]\,\hat{\mathbf{x}} + (2/y)\,\hat{\mathbf{y}} + (x + 2y)\,\hat{\mathbf{z}}\}$ T (x, y, z em m).

5.9. Vetor densidade de fluxo constante em uma região magnética. Em uma região magnética, o vetor densidade de fluxo magnético não varia com as coordenadas espaciais. O vetor densidade de corrente de volume de condução é $\mathbf{J}$. Encontre o vetor densidade de corrente de volume de magnetização, $\mathbf{J}_{\text{m}}$.

5.10. Caminho fechado em um campo uniforme. Considerando-se um contorno arbitrário em um campo magnético sem variação espacial do vetor densidade de fluxo magnético ($\mathbf{B}$ = const), em uma região sem corrente ($\mathbf{J}_{\text{tot}} = 0$), prove a seguinte identidade do vetor: $\oint_C d\mathbf{l} = 0$.

5.11. Circulação do vetor densidade fluxo magnético. O vetor de magnetização, $\mathbf{M}$, e o vetor densidade de corrente de condução, $\mathbf{J}$, são conhecidos em todos os pontos de um corpo magnético. Encontre a expressão para a circulação do vetor densidade de fluxo magnético ao longo de um caminho fechado C situado inteiramente dentro do corpo.

5.12. Magnetização total e corrente de condução. Considere um caminho imaginário C fechado dentro de um material magnético homogêneo de permeabilidade relativa μ_{r}. A corrente de condução total inclusa por C é I_C. Qual é a corrente de magnetização total $I_{\text{m}C}$ cercada por C?

5.13. Bobina toroidal fina com um núcleo ferromagnético linear. Uma bobina com N espiras de fio é enrolada de maneira uniforme e densa ao longo de um núcleo ferromagnético toroidal fino de permeabilidade μ. Se uma corrente contínua de intensidade I é estabelecida na bobina, encontre a circulação do (a) vetor de intensidade do campo magnético, (b) do vetor densidade de fluxo magnético, e (c) do vetor magnetização através do núcleo, ao longo de seu comprimento médio.

5.14. Bobina solenoidal com um núcleo ferromagnético linear. Há um enrolamento selenoidal uniforme e denso sinuoso ao longo de um núcleo ferromagnético cilíndrico muito longo de permeabilidade μ. O número de voltas do fio por unidade de comprimento do núcleo é N'. Uma corrente contínua de intensidade I flui através do rolamento. Determine (a) o vetor intensidade do campo magnético, (b) o vetor densidade de fluxo magnético, (c) o vetor magnetização, e (d) o vetor de densidade de corrente de magnetização do volume no núcleo, bem como (e) o vetor densidade superficial de corrente de magnetização sobre a superfície do núcleo.

5.15. Cilindro ferromagnético com uma corrente de condução. Um cilindro ferromagnético muito longo de raio a e permeabilidade relativa μ_r situa-se no ar. Há uma corrente de condução uniforme de densidade J fluindo ao longo do cilindro. Encontre a distribuição do (a) vetor intensidade do campo magnético, (b) o vetor densidade de fluxo magnético, e (c) o vetor magnetização dentro e fora do cilindro, bem como (d) a distribuição das correntes de magnetização do cilindro.

5.16. Condições de contorno magnética-magnética. Suponha que o plano $z = 0$ separa o meio 1 ($z > 0$) e o meio 2 ($z < 0$), com permeabilidades relativas $\mu_{r1} = 600$ e $\mu_{r2} = 250$, respectivamente. O vetor intensidade do campo magnético no meio 1 próximo do contorno (para $z = 0^+$) é $\mathbf{H}_1 = (5\,\hat{\mathbf{x}} - 3\,\hat{\mathbf{y}} + 2\,\hat{\mathbf{z}})$ A/m. Calcule o vetor de intensidade do campo magnético no meio 2 próximo do contorno (para $z = 0^-$), $\mathbf{H}_2$, se (a) nenhuma corrente de condução existe no contorno ($\mathbf{J}_s = 0$) e (b) há uma corrente superficial de densidade $\mathbf{J}_s = 3\,\hat{\mathbf{y}}$ A/m no contorno.

5.17. Força sobre um condutor acima de um canto CMP infinito. Dois semiplanos CMP ($\mu_r \to \infty$) são ligados entre si em um ângulo de 90º um em relação ao outro, como mostrado na Figura 5.38. Um fio muito longo e fino no ar corre paralelo ao semiplano, a uma distância h de cada um deles. Se uma corrente contínua de intensidade I é estabelecida no fio, encontre a força magnética por unidade de comprimento sobre ela.

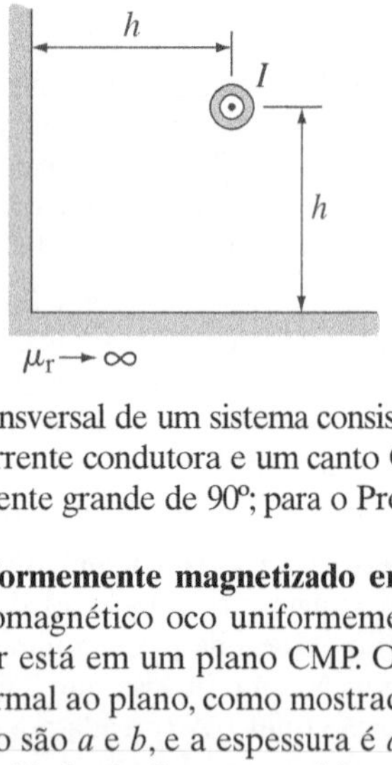

Figura 5.38 Corte transversal de um sistema consistindo de um fio de corrente condutora e um canto CMP infinitamente grande de 90º; para o Problema 5.17.

5.18. Disco oco uniformemente magnetizado em um plano CMP. Um disco ferromagnético oco uniformemente magnetizado rodeado por ar está em um plano CMP. O vetor magnetização é **M**, e é normal ao plano, como mostrado na Figura 5.39. Os raios de disco são a e b, e a espessura é d ($d \ll a, b$). Obtenha o vetor densidade de fluxo magnético ao longo do eixo z para $z > 0$.

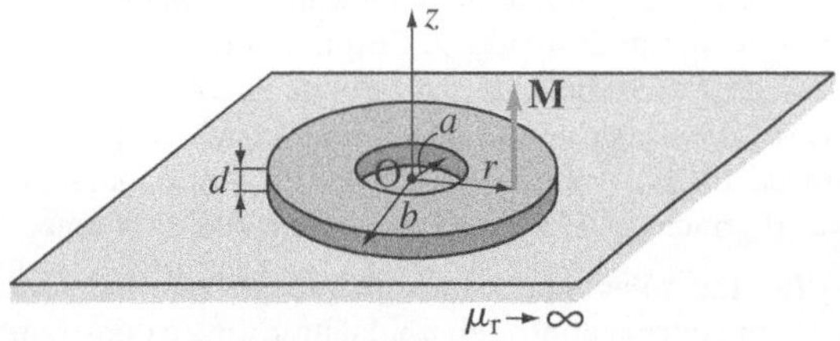

Figura 5.39 Disco ferromagnético oco com uma magnetização uniforme em um plano CMP; para o Problema 5.18.

5.19. Cilindro magnetizado entre dois planos CMP. Um cilindro ferromagnético de raio a e altura h é colocado entre dois planos paralelos CMP, como retratado na Figura 5.40. O meio em torno do cilindro é o ar. O cilindro é uniformemente magnetizado em todo o seu volume, com o vetor magnetização dado como $\mathbf{M} = M_0\hat{\mathbf{z}}$, onde M_0 é uma constante. Encontre o vetor densidade de fluxo magnético no espaço entre os planos CMP, tanto dentro como fora do cilindro.

5.20. Fluxo magnético através de um toroide espesso. Repita o Exemplo 5.12, mas para a aproximação de função definida em trecho linear da curva de magnetização inicial do material do núcleo dada na Figura 5.30(b).

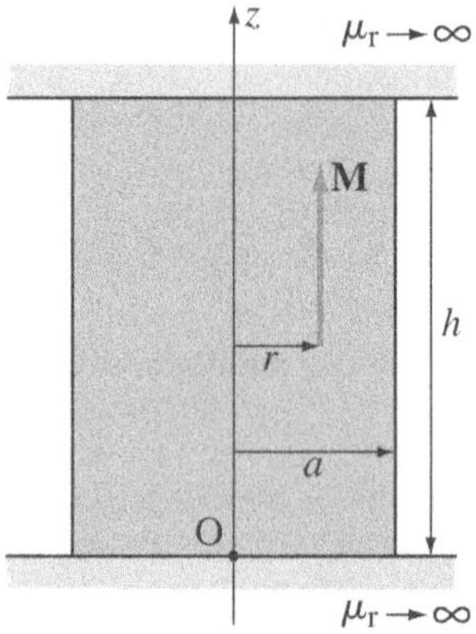

Figura 5.40 Cilindro uniformemente magnetizado entre dois planos paralelos CMP; para o Problema 5.19.

5.21. Circuito magnético não linear simples. A Figura 5.41 mostra um circuito magnético constituído por um núcleo magnético fino de comprimento $l = 40$ cm e área de corte transversal $S = 2{,}25$ cm^2 e um espaço de ar de espessura $l_0 = 0{,}25$ mm. O rolamento tem $N = 800$ espiras de fio com uma corrente contínua de intensidade $I = 1$ A. O núcleo é feito de um material ferromagnético não linear, cuja curva de magnetização inicial pode ser linearizada em partes, como na Figura 5.27(b). Encontre as intensidades do campo magnético no núcleo e no espaço de ar.

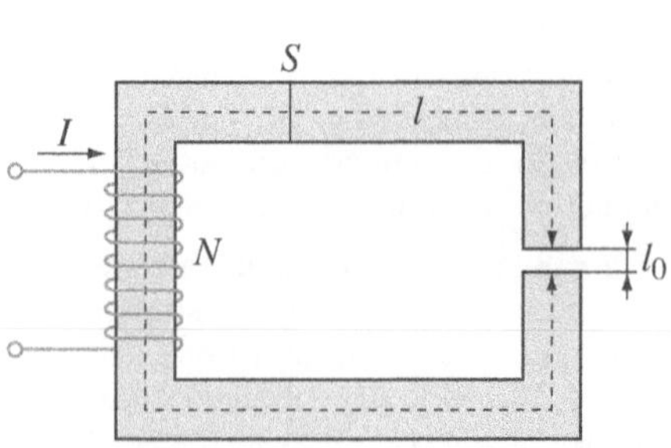

Figura 5.41 Circuito magnético não linear simples com um espaço de ar; para o Problema 5.21.

5.22. Circuito magnético não linear complexo. As dimensões do circuito magnético mostrado na Figura 5.42(a) são $l_1 = l_3 = 2l_2 = 20$ cm e $S_1 = S_2 = S_3 = 2$ cm^2. As forças magnetomotrizes no circuito são $N_1I_1 = 100$ ampère-espiras e $N_2I_2 = 300$ ampère-espiras. A curva de magnetização inicial idealizada do núcleo é mostrada na Figura 5.42(b). Calcule a densidade de fluxo magnético e intensidades de campo em cada um dos três ramos do circuito.

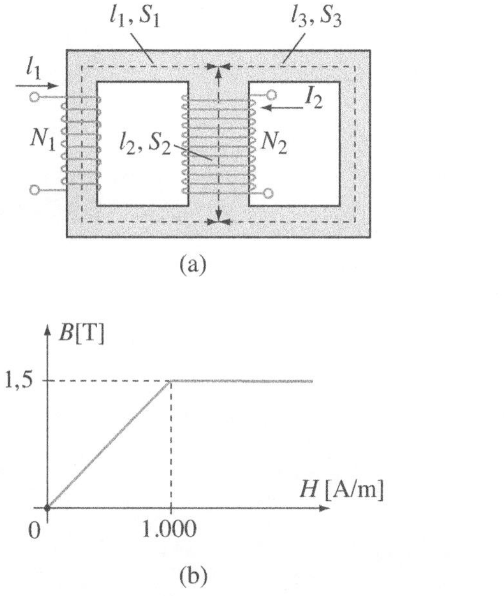

Figura 5.42 Circuito magnético não linear com três ramos e duas fmm: (a) geometria do circuito e (b) curva de magnetização inicial idealizada do material; para o Problema 5.22.

5.23. Circuito magnético com um fluxo zero em um ramo. Referindo-se ao circuito magnético na Figura 5.42(a), sejam $l_1 = l_3 = 30$ cm, $l_2 = 10$ cm, $S_1 = S_3 = 10$ cm^2, $S_2 = 20$ cm^2, $N_1 = 1.500$, e $N_2 = 1.000$. Seja a curva de magnetização inicial idealizada do núcleo a da Figura 5.27(b). Se a corrente do enrolamento no segundo ramo do circuito é $I_2 = 0,5$ A, encontre a corrente I_1 do enrolamento no primeiro ramo de tal forma que o fluxo magnético nesse ramo seja zero.

5.24. Circuito magnético não linear com duas aberturas de ar. Para o circuito magnético mostrado na Figura 5.43, $l'_1 = l''_1 = l''_3 = l''_3 = 12$ cm, $l_2 = 5$ cm, $l_0 = 0,6$ mm, e $N_1I_1 = 1.100$ A voltas. A área de corte transversal de cada um dos ramos é $S = 2,5$ cm^2. A curva de magnetização inicial do núcleo pode ser aproximadamente representada como na Figura 5.27(b). Determine a fmm N_2I_2 da segunda bobina de modo que o fluxo magnético através dessa bobina seja zero.

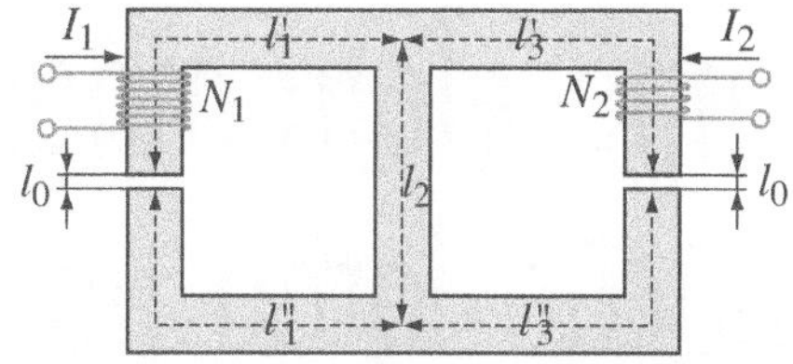

Figura 5.43 Circuito magnético não linear com três ramos, duas lacunas de ar, e duas fmm; para o Problema 5.24.

5.25. Problema reverso com um circuito não linear magnético. No que se refere ao circuito magnético mostrado na Figura 5.43 e descrito no problema anterior, supomos que o núcleo seja feito a partir do material inicial, cuja curva de magnetização pode ser aproximada analiticamente pela função $B = \arctan(H/250)$ T (H em A/m), $H \geq 0$. Nessas circunstâncias, encontre a fmm N_2I_2 no terceiro ramo de tal forma que o fluxo magnético através do primeiro ramo (ramo com a fmm N_1I_1 dada) seja de $\Phi_1 = 125\ \mu$Wb em relação à direção de referência para cima.

5.26. Fluxo remanescente em um circuito com fmm zero. Repita o Exemplo 5.17, mas para $l = 50$ cm e $l_0 = 0,5$ mm.

5.27. Circuito magnético linear com três ramos. Supondo que o material ferromagnético, do qual o núcleo do circuito magnético do Problema 5.24 é feito, pode ser considerado como linear, com permeabilidade relativa $\mu_r = 1.000$, e que $N_2I_2 = 500$ A voltas, (a) encontrar as relutâncias das partes individuais do núcleo e os gaps de ar e gerar um circuito elétrico equivalente para o problema. (b) Ao resolver o circuito elétrico em (a), encontre a intensidade do campo magnético em cada uma das aberturas de ar.

5.28. Equação da continuidade da lei de Ampère na forma integral. A partir de segunda equação de Maxwell na forma integral para o campo eletromagnético invariante no tempo, obter a forma invariante no tempo integral da equação da continuidade.

Campo eletromagnético de variação lenta no tempo

CAPÍTULO
6

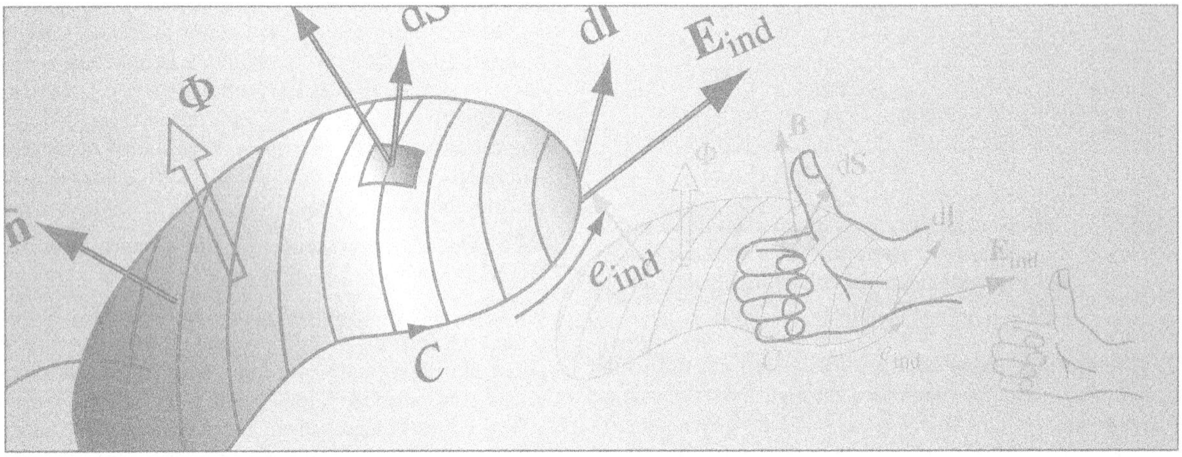

Introdução

Apresentamos agora os campos elétricos e magnéticos variáveis no tempo em nosso modelo eletromagnético. O novo campo é o campo eletromagnético variável no tempo, que é causado por cargas e correntes variantes no tempo. No novo modelo, todas as grandezas, em geral, mudam no espaço e no tempo. Ao contrário de campos estáticos, os elétricos e magnéticos que constituem o campo eletromagnético variável no tempo são acoplados uns aos outros e não podem ser analisados em separado. Ou seja, um campo magnético que muda no tempo produz (induz) um campo elétrico e, assim, uma corrente elétrica, fenômeno conhecido como indução eletromagnética. Além disso, um campo elétrico variável induz um campo magnético. Como veremos em um capítulo posterior, essa indução mútua de campos elétricos e magnéticos variando no tempo é a base de retardo de tempo em sistemas eletromagnéticos (lentidão no tempo de campos elétricos e magnéticos variáveis no tempo por trás de suas fontes), e como tal propagação das ondas eletromagnéticas e de radiação eletromagnética.

O conceito de retardo no tempo é um dos fenômenos mais importantes no eletromagnetismo. Ele nos diz que há um atraso no tempo entre as mudanças das fontes do campo, ou seja, de cargas e correntes variáveis no tempo, e as mudanças associadas dos campos, de modo que os valores das intensidades do campo a uma distância a partir das fontes dependem dos valores da carga e das densidades de corrente em um momento anterior. Em outras palavras, leva-se algum tempo para que o efeito de uma mudança de cargas e correntes seja "sentido" em pontos de campos distantes. O intervalo de tempo é igual ao tempo necessário para as perturbações eletromagnéticas se propagarem ao longo da distância correspondente. Veremos em um capítulo posterior que a velocidade da propagação de perturbações eletromagnéticas no vácuo ou ar (espaço livre) é igual a $c_0 = 3 \times 10^8$ m/s (a velocidade da luz e outras ondas eletromagnéticas no espaço livre). Assim, o lapso de tempo no espaço livre é $\tau = R/c_0$, onde R é a distância entre a origem e os pontos de (observação) campo.

Se o tempo τ para todas as combinações de fonte e pontos de campo em um domínio de interesse é muito menor do que o tempo de mudança das fontes [por exemplo, o período de mudança de cargas e correntes harmônicas no tempo (estado estático sinusoidal), $T = 1/f$, onde f é a frequência das fontes], o efeito do atraso no sistema pode ser desprezado. Com D designando a dimensão máxima do domínio de interesse (contendo todas as fontes e todos os pontos de campo de interesse para a análise), que na maioria das vezes é todo o sistema em consideração, de modo que $R \leq D$ e t é o intervalo de tempo correspondente (máximo) no domínio, portanto, temos, assim, $\tau = D/c_0 \ll T = 1/f$ como a condição em que o atraso é insignificante. Isso significa que o tamanho do sistema e a proporção de mudança de cargas e correntes são tais que as perturbações eletromagnéticas se propagam ao longo de todo o sistema (ou sua parte útil) antes de as fontes mudarem de modo significativo. Referimo-nos a tais cargas e correntes como fontes de variação lenta no tempo e os campos eletromagnéticos correspondentes de campos de variação lenta no tempo, indicando que a proporção de sua mudança no tempo é lenta quando comparada à velocidade de deslocamento de perturbações eletromagnéticas (ondas). Em eletromagnetismo harmônico no tempo, uma variação de tempo lenta corresponde à baixa frequência, e o modelo de campo no qual o tempo de retardo é desprezível chama-se, portanto, campo eletromagnético de baixa frequência. Por outro lado, o campo de variação rápida no tempo (por exemplo, alta frequência harmônica no tempo) não pode ser analisado sem considerar o tempo de deslocamento de perturbações eletromagnéticas de um ponto no sistema para o outro. Neste capítulo (e no seguinte), restringimos nossa atenção às variações lentas no tempo e às baixas frequências de fontes e campos.

O campo eletromagnético de variação lenta no tempo (de baixa frequência) tem muitas semelhanças formais com o campo eletromagnético invariante no tempo (estático). É por isso que também é chamado de campo eletromagnético quase estático. Além de todas as grandezas serem agora dependentes do tempo, a única característica essencialmente nova do campo eletromagnético quase estático que não está presente na suposição de estática é a indução eletromagnética, e a lei fundamental que rege o eletromagnetismo e que descreve esse novo fenômeno é a lei de Faraday da indução eletromagnética. No entanto, essa lei é talvez o mais importante fato básico experimental do eletromagnetismo. É a base de todas as aplicações práticas de dinâmicas de campo, de motores elétricos e geradores, por meio de propagação de ondas eletromagnéticas, a antenas e comunicação *wireless*.

Iniciaremos o estudo do campo eletromagnético de variação lenta no tempo ao introduzir o vetor intensidade de campo elétrico induzido devido a uma carga de ponto único em movimento acelerado como um postulado experimental, e depois generalizaremos o conceito para a avaliação do vetor intensidade de campo elétrico induzido devido a qualquer distribuição espacial de correntes de variação lenta no tempo. O componente de campo elétrico Coulomb causado pela carga em excesso variável no tempo no sistema, com a mesma forma que na eletrostática, será discutido e adicionado às equações de campo. O conceito de força eletromotriz induzida será apresentado e a lei de Faraday da indução eletromagnética derivada usando o potencial vetor magnético. O conjunto completo das equações de Maxwell para o campo eletromagnético de variação lenta no tempo será concluído, junto com a versão associada da equação da continuidade. Em paralelo, o campo elétrico induzido pelo movimento de condutores em campos magnéticos estáticos será apresentado como um campo elétrico impresso e será discutido no contexto da lei de Faraday da indução eletromagnética. Todos os novos conceitos e equações serão aplicados à análise de vários sistemas eletromagnéticos quase estáticos. Exemplos incluem sistemas baseados em transformadores de indução (condutores estacionários em campos magnéticos mutáveis) e os que envolvem dinâmicas de indução (condutores móveis em campos magnéticos estáticos), bem como estruturas nas quais ambos os tipos de indução eletromagnética estão presentes ao mesmo tempo (condutores móveis em campos magnéticos mutáveis).

6.1 VETOR INTENSIDADE DE CAMPO ELÉTRICO INDUZIDO

Sabemos, do Capítulo 1, que uma carga pontual Q no espaço livre é uma fonte de um campo elétrico, previsto pela lei de Coulomb e descrito pela Equação (1.24). Por outro lado, a lei de Biot-Savart (Capítulo 4) nos diz que também haverá um campo magnético, dado pela Equação (4.4), se essa carga se move com alguma velocidade $\mathbf{v}$ no espaço. Apresentamos agora um terceiro campo, que existirá no espaço em torno da carga sempre que a velocidade $\mathbf{v}$ altera-se no tempo, ou seja, sempre que a aceleração (ou desaceleração) $\mathbf{a} = \mathrm{d}\mathbf{v}/\mathrm{d}t$ da carga não é zero. Esse novo campo é um campo elétrico em sua natureza. É chamado de campo elétrico induzido e seu vetor intensidade é dado por

carga pontual em um movimento acelerado

$$\mathbf{E}_{\text{ind}}(t) = -\frac{\mu_0}{4\pi}\frac{Q\,\frac{\mathrm{d}\mathbf{v}}{\mathrm{d}t}}{R}, \qquad (6.1)$$

que é um resultado experimental também. Claro, a unidade para $\mathbf{E}_{\text{ind}}$ é V/m. Este é um campo variável no tempo, isto é, $\mathbf{E}_{\text{ind}}$ é uma função de tempo.[1] Comparando as equações (6.1) e (4.107), concluímos que o vetor intensidade de campo elétrico induzido em qualquer instante de tempo e de qualquer ponto do espaço é de fato igual ao negativo da razão de variação do potencial vetor magnético, $\mathbf{A}$, naquele ponto,[2]

1 Enquanto estiver usando a notação $\mathbf{E}_{\text{ind}}(t)$ para o vetor campo elétrico induzido para enfatizar a sua dependência do tempo e, de modo similar, designar outras grandezas de campo variáveis no tempo (vetores intensidade de campo, vetores densidade de fluxo, potenciais, densidades de carga e de corrente etc.) que serão apresentadas neste capítulo, sempre temos em mente que todas essas grandezas, em geral, são funções das coordenadas espaciais, bem como, por exemplo, $\mathbf{E}_{\text{ind}} = \mathbf{E}_{\text{ind}}(x, y, z, t)$.

2 Quando se trata de grandezas variáveis no tempo espacialmente distribuídas, usamos a derivada parcial em relação ao tempo (por exemplo, $\partial\mathbf{A}/\partial t$) em vez da derivada comum (total) ($\mathrm{d}\mathbf{A}/\mathrm{d}t$) para enfatizar seu caráter multivariável.

vetor intensidade de campo elétrico induzido (unidade: V/m)

$$\mathbf{E}_{\mathrm{ind}}(t) = -\frac{\partial \mathbf{A}}{\partial t}. \quad (6.2)$$

Combinando, então, essa relação diferencial temporal entre **A** e $\mathbf{E}_{\mathrm{ind}}$ com a relação integral espacial entre o vetor densidade de corrente, **J**, e **A** na Equação (4.108), obtemos a seguinte expressão (mais precisamente, integro-diferencial) integral para o vetor intensidade de campo elétrico induzido devido a uma distribuição volumétrica de corrente arbitrária:

$\mathbf{E}_{\mathrm{ind}}$ devido ao volume de corrente

$$\mathbf{E}_{\mathrm{ind}}(t) = -\frac{\mu_0}{4\pi}\frac{\partial}{\partial t}\int_v \frac{\mathbf{J}\,\mathrm{d}v}{R} = -\frac{\mu_0}{4\pi}\int_v \frac{(\partial \mathbf{J}/\partial t)\,\mathrm{d}v}{R}. \quad (6.3)$$

Aqui, o operador derivativos do tempo pode ser movido para dentro do sinal de integral e aplicado diretamente para o vetor densidade de corrente, porque a diferenciação em relação ao tempo e integração espacial sobre o volume v são operações totalmente independentes e podem ser realizadas em uma ordem arbitrária. Da mesma forma, as equações (4.109) e (4.110) produzem expressões correspondentes para uma corrente superficial de densidade $\mathbf{J}_s$ e corrente de linha de intensidade i:[3]

$\mathbf{E}_{\mathrm{ind}}$ devido à corrente superficial

$$\mathbf{E}_{\mathrm{ind}}(t) = -\frac{\mu_0}{4\pi}\int_S \frac{(\partial \mathbf{J}_s/\partial t)\,\mathrm{d}S}{R}, \quad (6.4)$$

$\mathbf{E}_{\mathrm{ind}}$ devido a corrente de linha

$$\mathbf{E}_{\mathrm{ind}}(t) = -\frac{\mu_0}{4\pi}\int_l \frac{(\mathrm{d}i/\mathrm{d}t)\,\mathrm{d}\mathbf{l}}{R}. \quad (6.5)$$

Concluímos com base nas equações (6.3) – (6.5) que um campo elétrico induzido existirá em um sistema sempre que correntes elétricas variáveis no tempo (representando o movimento acelerado ou desacelerado de cargas elétricas) existirem nos condutores. Diz-se que tais correntes induzem o campo. Por outro lado, será zero em todos os instantes de tempo em que **J**, $\mathbf{J}_s$ e I forem contínuas com relação ao tempo (correntes invariantes no tempo) em todos os pontos do sistema.

As equações (6.3)-(6.5) representam um meio geral para a avaliação (analítica ou numérica) do campo elétrico causado por qualquer distribuição espacial das correntes lentamente variáveis no tempo no espaço livre. Em capítulo posterior, apresentaremos algumas correções nessas expressões para estender sua validade às distribuições de corrente rapidamente variáveis no tempo. Em essência, tais correções introduzem os efeitos da propagação de ondas no cálculo dos campos devido a correntes de variação rápida no tempo.

Exemplo 6.1

Campo elétrico induzido por um condutor de fio reto

Encontre a expressão para o vetor intensidade de campo elétrico em um ponto arbitrário no espaço induzido por uma corrente lentamente variável no tempo $i(t)$ em um segmento reto de comprimento l que representa uma parte de uma estrutura de arame no ar.

Solução Usamos a expressão da integral da Equação (6.5) e consultamos a Figura 6.1. Sejam P' e P, respectivamente, um ponto de origem ao longo do segmento e um ponto de campo posicionado ao acaso no espaço. A coordenada que define a posição do ponto P' é x, $x_1 \leq x \leq x_2$, onde x_1 e x_2 ($x_1 - x_2 = l$) são as coordenadas dos pontos inicial e final do segmento. Note que x_1 e x_2 podem ser tanto positivo como negativo, assim como zero, dependendo da posição real do ponto P em relação ao segmento. Por fim, seja d a distância perpendicular do ponto P ao segmento. Como $R = \sqrt{x^2 + d^2}$ e $\mathrm{d}\mathbf{l} = \mathrm{d}x\,\hat{\mathbf{x}}$ (Figura 6.1), o vetor intensidade de campo elétrico induzido no ponto P é dado por

$$\mathbf{E}_{\mathrm{ind}} = -\frac{\mu_0}{4\pi}\frac{\mathrm{d}i}{\mathrm{d}t}\int_l \frac{\mathrm{d}\mathbf{l}}{R} = -\frac{\mu_0}{4\pi}\frac{\mathrm{d}i}{\mathrm{d}t}\,\hat{\mathbf{x}}\int_{x_1}^{x_2}\frac{\mathrm{d}x}{\sqrt{x^2+d^2}}, \quad (6.6)$$

onde di/dt pode ser levado para fora do sinal da integral, porque a intensidade da corrente $i(t)$ não muda ao longo do fio (dado que a corrente é a variação lenta no tempo).[4] A solução dessa integral[5] é

$\mathbf{E}_{\mathrm{ind}}$ – fio condutor reto finito

$$\mathbf{E}_{\mathrm{ind}} = -\frac{\mu_0}{4\pi}\frac{\mathrm{d}i}{\mathrm{d}t}\ln\frac{x_2 + \sqrt{x_2^2 + d^2}}{x_1 + \sqrt{x_1^2 + d^2}}\,\hat{\mathbf{x}}. \quad (6.7)$$

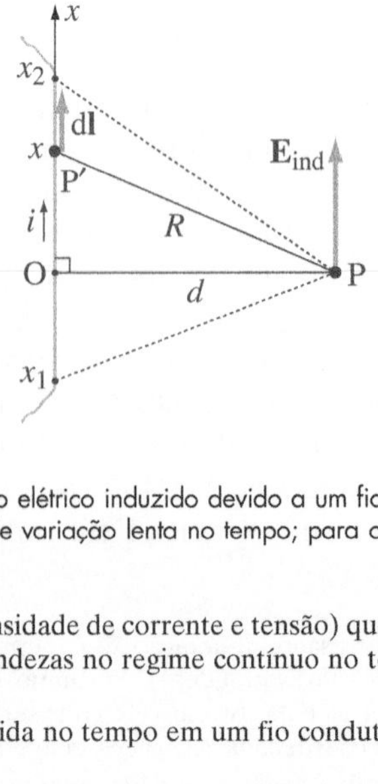

Figura 6.1
Avaliação do campo elétrico induzido devido a um fio condutor finito reto com uma corrente de variação lenta no tempo; para o Exemplo 6.1.

3 Como mencionado no Capítulo 3, para grandezas da teoria de circuito (por exemplo, intensidade de corrente e tensão) que variam no tempo, usamos a notação em minúsculas (por exemplo, i e v) para distingui-las das mesmas grandezas no regime contínuo no tempo (cc), que são em maiúsculas (I e V).

4 Como veremos em um capítulo posterior, a intensidade de uma corrente de variação rápida no tempo em um fio condutor, em geral, muda ao longo do condutor.

5 Note que $\int \mathrm{d}x/\sqrt{x^2+d^2} = \ln\left(x + \sqrt{x^2+d^2}\right) + C$ (C é a constante de integração), que pode ser facilmente verificada pela diferenciação.

Notamos que a expressão na Equação (6.7) pode ser combinada para calcular o campo elétrico induzido devido a estruturas que contenham qualquer número de segmentos de fio reto com uma corrente lentamente variável no tempo.

Exemplo 6.2

Campo elétrico induzido de uma fonte de IEM (contorno quadrado)

Uma fonte de interferência eletromagnética (IEM) pode ser aproximada por um contorno quadrado de corrente de comprimento lateral $a = 5$ cm no espaço livre, como mostrado na Figura 6.2(a). O contorno carrega uma corrente cuja intensidade, $i(t)$, é uma função pulso mostrada na Figura 6.2(b). Calcule o vetor intensidade de campo elétrico induzido no ponto M.

Solução Notamos que o tempo necessário para as perturbações eletromagnéticas se propagarem sobre o domínio de interesse (a partir de pontos fonte no contorno ao ponto de campo M) na Figura 6.2(a) é da ordem de $\tau = a/c_0 = 0{,}167$ ns ($c_0 = 3 \times 10^8$ m/s). Sendo que esse tempo é muito menor do que o tempo de mudança (aumento ou queda) da intensidade da corrente $i(t)$ na Figura 6.2(b), $\Delta t = 5$ ns, a corrente pode ser considerada de variação lenta no tempo e o sistema como quase estático.

Por meio do princípio da superposição, o vetor intensidade de campo elétrico induzido total é dado por [Figura 6.2(c)]

$$\mathbf{E}_{ind} = \mathbf{E}_{ind1} + \mathbf{E}_{ind2} + \mathbf{E}_{ind3} + \mathbf{E}_{ind4}, \qquad (6.8)$$

onde os vetores de intensidade de campo devido aos lados individuais do contorno, $\mathbf{E}_{ind1}, \ldots, \mathbf{E}_{ind4}$, são obtidos a partir da Equação (6.7). Por causa da antissimetria mútua do segundo e quarto segmentos de corrente com relação ao ponto **M**, $\mathbf{E}_{ind2} = -\mathbf{E}_{ind4}$. As distâncias d nas expressões para o cálculo de $\mathbf{E}_{ind1}$ e $\mathbf{E}_{ind3}$ são iguais $a/2$ e $3a/2$, respectivamente, enquanto $x_1 = -a/2$ e $x_2 = a/2$ são os mesmos em ambas as expressões. Assim, o $\mathbf{E}_{ind}$ resultante no ponto M vem a ser

$$E_{ind} = E_{ind\,1} + E_{ind\,3} =$$

$$= -\frac{\mu_0}{4\pi}\frac{di}{dt}\left(\ln\frac{1+\sqrt{2}}{-1+\sqrt{2}} - \ln\frac{1+\sqrt{10}}{-1+\sqrt{10}}\right)\hat{\mathbf{x}} =$$

$$= -1{,}11 \times 10^{-7}\frac{di}{dt}\,\hat{\mathbf{x}}\ \text{V/m} \quad (di/dt \text{ em A/s}). \qquad (6.9)$$

Da Figura 6.2(b), di/dt é diferente de zero somente durante intervalos de ascensão e queda do pulso de corrente, quando $di/dt = \Delta i/\Delta t = \pm 15$ A/(5 ns) $= \pm\, 3 \times 10^9$ A/s, que produz $E_{ind} = \mp 333$ V/m. A função $E_{ind}\,(t)$ está representada na Figura 6.2(d). Vemos que pulsos muito fortes do campo elétrico induzido em forma de "picos" são gerados nas proximidades do contorno. Esse campo, portanto, pode causar uma interferência indesejável muito forte (IEM) no funcionamento dos circuitos vizinhos no sistema.

Exemplo 6.3

Campo elétrico induzido de um segmento de arame circular (arco)

Considere um fio condutor na forma de um arco que representa uma parte de um contorno de arame com uma corrente que varia lentamente no tempo de intensidade $i(t)$ no espaço livre. O arco é definido pelo seu raio a e ângulo α, como mostrado na Figura 6.3(a). Encontre a expressão para o vetor

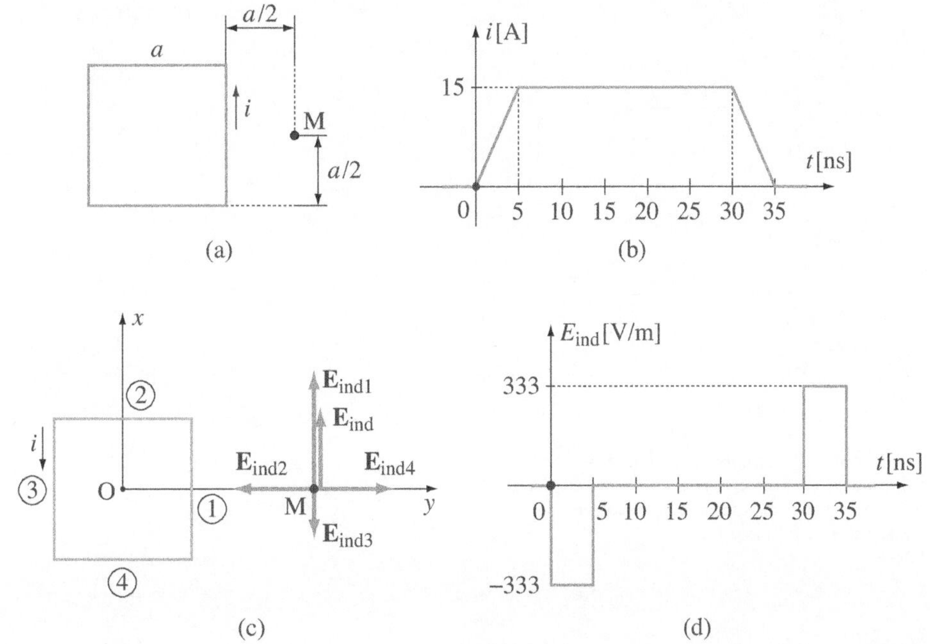

Figura 6.2

Avaliação do campo elétrico induzido próximo a um contorno quadrado de corrente: (a) geometria do problema, (b) a intensidade de corrente do contorno como uma função do tempo, (c) vetores de intensidade de campo devido aos lados individuais do contorno, e (d) intensidade do campo resultante como função do tempo; para o Exemplo 6.2.

intensidade de campo elétrico induzido no centro do arco (ponto O) devido a esse condutor de corrente.

Solução Como a distância do ponto de campo a partir da origem, neste caso, é sempre a mesma, $R = a$ [ver Figura 6.3(a)], podemos trazê-lo para fora do sinal da integral na Equação (6.5), o que leva a

$$\mathbf{E}_{\text{ind}} = -\frac{\mu_0}{4\pi a}\frac{\text{d}i}{\text{d}t}\int_{\text{M}}^{\text{N}} \text{d}\mathbf{l}, \qquad (6.10)$$

onde M e N são os pontos inicial e final do condutor, respectivamente. Usando a regra do paralelogramo de adição de vetores, podemos observar na Figura 6.3(b) que

$$\int_{\text{M}}^{\text{N}} \text{d}\mathbf{l} = \overrightarrow{\text{MN}} \qquad (6.11)$$

(note que esse resultado é válido não só para um caminho na forma de um arco, mas para um caminho de forma arbitrária, planar ou não planar, entre pontos M e N). Por fim, como a distância entre os pontos M e N é igual a $\overline{\text{MN}} = 2a \operatorname{sen}(\alpha/2)$,

$\mathbf{E}_{\text{ind}}$ – segmento de fio circular

$$\mathbf{E}_{\text{ind}} = -\frac{\mu_0}{4\pi a}\frac{\text{d}i}{\text{d}t}\overrightarrow{\text{MN}} = -\frac{\mu_0}{2\pi}\operatorname{sen}\frac{\alpha}{2}\frac{\text{d}i}{\text{d}t}\hat{\mathbf{x}}. \qquad (6.12)$$

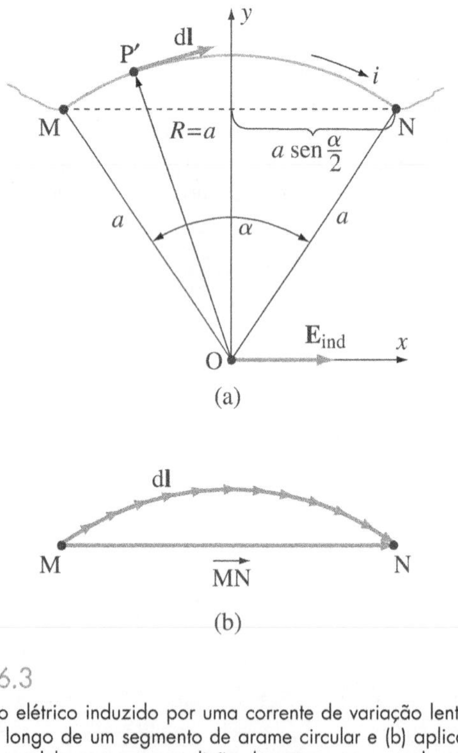

Figura 6.3

(a) Campo elétrico induzido por uma corrente de variação lenta no tempo ao longo de um segmento de arame circular e (b) aplicação da regra do paralelogramo para adição de vetores para resolver a integral de **dl** no segmento; para o Exemplo 6.3.

Exemplo 6.4

Contorno de corrente de forma complexa

Considere o contorno que consiste de duas partes semicirculares e duas partes lineares na Figura 1.51, e suponha que ele carrega uma corrente harmônica no tempo de intensidade $i(t) = \cos(9 \times 10^6 t)$ A (t em s) com relação à direção de referência no sentido horário, bem como que $a = 10$ cm e $b = 20$ cm. Nessas circunstâncias, determine o vetor intensidade de campo elétrico induzido no centro de contorno (ponto O).

Solução Desde que o período da mudança da intensidade da corrente $i(t)$, $T = 2\pi/\omega = 0{,}7\ \mu$s (onde $\omega = 9 \times 10^6$ rad/s é a frequência angular) seja muito maior do que o tempo $\tau = b/c_0$ 0,667 ns necessário para as perturbações eletromagnéticas para se propagar a partir dos pontos de origem no amplo semicírculo ao ponto de campo O na Figura 1.51, a corrente harmônica no tempo no contorno pode ser considerada uma corrente de baixa frequência (de variação lenta no tempo).

Referindo-se à Figura 6.4 e empregando o princípio da superposição, o vetor intensidade do campo elétrico induzido resultante é dado pela Equação (6.8). Com base na Equação (6.12),

$$\mathbf{E}_{\text{ind1}} = -\frac{\mu_0}{4\pi a}\frac{\text{d}i}{\text{d}t}\overrightarrow{\text{QR}} = -\frac{\mu_0}{2\pi}\frac{\text{d}i}{\text{d}t}\hat{\mathbf{x}},$$
$$\mathbf{E}_{\text{ind3}} = -\frac{\mu_0}{4\pi b}\frac{\text{d}i}{\text{d}t}\overrightarrow{\text{SP}} = -\frac{\mu_0}{2\pi}\frac{\text{d}i}{\text{d}t}(-\hat{\mathbf{x}}), \qquad (6.13)$$

isto é, $\mathbf{E}_{\text{ind1}} + \mathbf{E}_{\text{ind3}} = 0$. Da Equação (6.7), por outro lado,

$$\mathbf{E}_{\text{ind2}} = -\frac{\mu_0}{4\pi}\frac{\text{d}i}{\text{d}t}\ln\frac{b+\sqrt{b^2+0}}{a+\sqrt{a^2+0}}\hat{\mathbf{x}} = -\frac{\mu_0}{4\pi}\frac{\text{d}i}{\text{d}t}\ln\frac{b}{a}\hat{\mathbf{x}}. \qquad (6.14)$$

Devido à simetria, $\mathbf{E}_{\text{ind4}} = \mathbf{E}_{\text{ind2}}$, de modo que o $\mathbf{E}_{\text{ind}}$ total seja igual a

$$\text{E}_{\text{ind}} = 2\mathbf{E}_{\text{ind2}} = -\frac{\mu_0}{2\pi}\frac{\text{d}i}{\text{d}t}\ln\frac{b}{a}\hat{\mathbf{x}} =$$
$$= 1{,}25 \operatorname{sen}(9 \times 10^6 t)\ \hat{\mathbf{x}}\ \text{V/m} \quad (t \text{ em s}) \qquad (6.15)$$

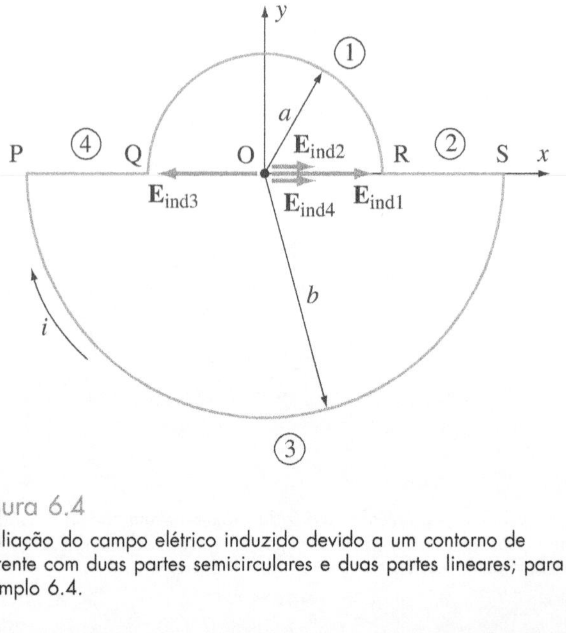

Figura 6.4

Avaliação do campo elétrico induzido devido a um contorno de corrente com duas partes semicirculares e duas partes lineares; para o Exemplo 6.4.

6.2 CAMPOS MAGNÉTICOS E ELÉTRICOS COM VARIAÇÃO LENTA NO TEMPO

O campo elétrico de variação lenta no tempo, em geral, é composto por dois componentes: o campo elétrico induzido, dado pelas equações (6.3) – (6.5), e o campo elétrico Coulomb — o campo devido ao excesso de carga, que denotamos aqui como $\mathbf{E}q$. O vetor intensidade do campo elétrico total é, assim,

campo elétrico total = induzido mais campos de Coulomb

$$\boxed{\mathbf{E}(t) = \mathbf{E}_{\text{ind}}(t) + \mathbf{E}_q(t).} \tag{6.16}$$

O componente de campo de Coulomb tem a mesma forma como na eletrostática, dada pelas equações (1.37) – (1.39), no entanto, as densidades de carga são agora dependentes do tempo. Por exemplo, o campo devido à carga volumétrica em excesso no espaço livre é obtido como

$$\mathbf{E}_q(t) = \frac{1}{4\pi\varepsilon_0}\int_v \frac{\rho(t)\,\mathrm{d}v}{R^2}\,\hat{\mathbf{R}}. \tag{6.17}$$

Equivalentemente,

campo elétrico devido ao excesso de carga

$$\boxed{\mathbf{E}_q(t) = -\nabla V(t),} \tag{6.18}$$

onde o potencial escalar elétrico é expresso como

potencial elétrico de variação lenta no tempo

$$\boxed{V(t) = \frac{1}{4\pi\varepsilon_0}\int_v \frac{\rho(t)\,\mathrm{d}v}{R}} \tag{6.19}$$

[ver equações (1.101) e (1.82)].

Como a distribuição espacial da equação de campo $\mathbf{E}_q(t)$ tem todas as propriedades do campo eletrostático, podemos escrever

$$\oint_C \mathbf{E}_q(t)\cdot \mathrm{d}\mathbf{l} = 0 \tag{6.20}$$

[Equação (1.75)] ou

$$\nabla \times \mathbf{E}_q(t) = 0 \tag{6.21}$$

[Equação (4.92)], que são as expressões matemáticas do caráter conservador do campo $\mathbf{E}_q(t)$. De acordo com as equações (1.88) e (1.90), a diferença potencial variável no tempo (tensão) entre os pontos M e N no espaço é dada por

$$v_{\text{MN}}(t) = V_{\text{M}}(t) - V_{\text{N}}(t) = \int_{\text{M}}^{\text{N}} \mathbf{E}_q(t)\cdot \mathrm{d}\mathbf{l}. \tag{6.22}$$

O campo devido à carga variável no tempo em excesso também obedece à lei de Gauss. Na notação diferencial [Equação (1.166)],

$$\nabla\cdot\mathbf{E}_q(t) = \frac{\rho(t)}{\varepsilon_0}. \tag{6.23}$$

No entanto, uma combinação das equações (6.2) e (4.119) leva a

$$\nabla\cdot\mathbf{E}_{\text{ind}} = -\nabla\cdot\left(\frac{\partial\mathbf{A}}{\partial t}\right) = -\frac{\partial}{\partial t}(\nabla\cdot\mathbf{A}) = 0, \tag{6.24}$$

onde o operador de derivação no tempo pode ser levado para fora do operador divergência (o que implica diferenciação espacial), porque essas duas operações são totalmente independentes uma da outra e podem ser realizadas em uma ordem arbitrária. Assim, a divergência do vetor $\mathbf{E}(t)$ na Equação (6.16) é igual a

$$\nabla\cdot\mathbf{E}(t) = \nabla\cdot\mathbf{E}_{\text{ind}}(t) + \nabla\cdot\mathbf{E}_q(t) = \frac{\rho(t)}{\varepsilon_0}, \tag{6.25}$$

o que significa que a lei de Gauss é válida para a totalidade do campo elétrico também.

No caso de materiais dielétricos no campo elétrico variável no tempo, o vetor de polarização [Equação (2.7)] e a densidade de carga ligada [equações (2.19) e (2.23)] no material são dependentes do tempo. A lei de Gauss generalizada na forma integral, Equação (2.44), é escrita como

$$\oint_S \mathbf{D}(t)\cdot \mathrm{d}\mathbf{S} = \int_v \rho(t)\,\mathrm{d}v, \tag{6.26}$$

onde $\mathbf{D}(t)$ é o vetor de densidade de fluxo elétrico total no material, dado pelas equações (2.41) e (2.47) com $\mathbf{E}$ representando o vetor intensidade do campo elétrico total.

Por outro lado, o campo magnético de variação lenta no tempo tem a mesma forma do campo magnetostático. O vetor densidade de fluxo magnético no espaço livre pode assim ser obtido usando a versão variável no tempo das equações (4.7) - (4.9). Por exemplo, o campo devido a uma distribuição volumétrica de corrente no espaço livre é dado por

$$\mathbf{B}(t) = \frac{\mu_0}{4\pi}\int_v \frac{[\mathbf{J}(t)\,\mathrm{d}v\Box \times \hat{\mathbf{R}}}{R^2}. \tag{6.27}$$

O campo $\mathbf{B}(t)$ também pode ser obtido indiretamente, através do vetor potencial magnético, como [Equação (4.116)]

campo magnético de variação lenta no tempo

$$\boxed{\mathbf{B}(t) = \nabla\times\mathbf{A}(t),} \tag{6.28}$$

onde

potencial magnético de variação lenta no tempo

$$\boxed{\mathbf{A}(t) = \frac{\mu_0}{4\pi}\int_v \frac{\mathbf{J}(t)\,\mathrm{d}v}{R},} \tag{6.29}$$

com expressões análogas para as correntes superficiais na linha.

Em materiais magnéticos, o vetor magnetização [Equação (5.1)] e densidades de corrente de magnetização [equações (5.28) e (5.32)] são agora dependentes do tempo. A forma integral da lei de Ampère generalizada, a Equação (5.51), pode ser reescrita como

$$\oint_C \mathbf{H}(t) \cdot d\mathbf{l} = \int_S \mathbf{J}(t) \cdot d\mathbf{S}, \tag{6.30}$$

e a da lei da conservação do fluxo magnético, a Equação (4.99), como

$$\oint_S \mathbf{B}(t) \cdot d\mathbf{S} = 0. \tag{6.31}$$

6.3 LEI DE FARADAY PARA A INDUÇÃO ELETROMAGNÉTICA

Introduzimos agora a lei de Faraday para a indução eletromagnética, como a lei mais importante que rege o campo eletromagnético de variação lenta no tempo e a relação explícita entre os campos elétricos e magnéticos que variam no tempo. Depois da descoberta de Oersted em 1820 de que as correntes elétricas produziam campos magnéticos, Michael Faraday estava convencido de que o inverso também era possível — que um campo magnético poderia produzir uma corrente elétrica. Em 1831, Faraday criou um instrumento consistindo de um núcleo toroidal de ferro (anel), como o mostrado na Figura 5.19, com duas bobinas enroladas sobre ele. A bobina primária foi conectada através de uma chave a uma bateria (célula voltaica) e a bobina secundária em curto-circuito por um fio passando acima de uma bússola, como esquematizado na Figura 6.5. Assim, qualquer corrente elétrica na bobina secundária teria, por meio de seu campo magnético, desviado a agulha de uma bússola. Após o fechamento da chave, Faraday observou uma deflexão momentânea da agulha, indicando uma breve corrente induzida na bobina secundária. O mesmo aconteceu quando a chave foi aberta, encerrando a corrente na bobina primária, mas o desvio da agulha era de polaridade oposta em relação ao anterior. Em estados estacionários, no entanto, isto é, uma vez que a corrente na bobina primária tenha atingido o seu valor final (igual à tensão da bateria dividida pela resistência do circuito primário ou para zero), não havia corrente na bobina

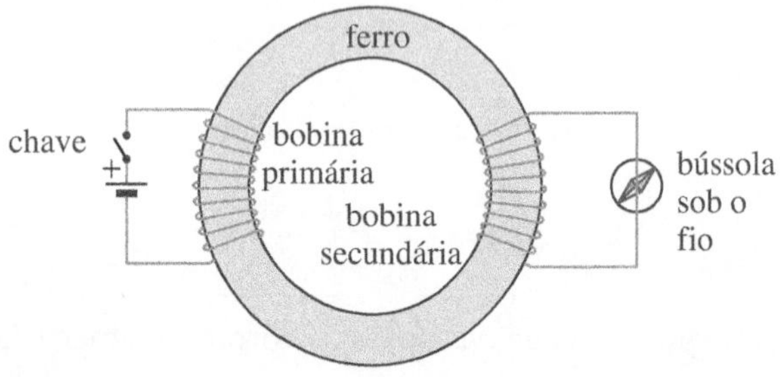

Figura 6.5

Esboço do instrumento utilizado no experimento de Faraday de 1831 que levou à descoberta da indução eletromagnética.

secundária e a agulha da bússola estava na sua posição zero. Faraday percebeu que uma corrente foi produzida (induzida) na bobina secundária por um campo magnético variável no núcleo de ferro (o campo foi alterado de zero a um valor final estável, correspondendo a uma intensidade de corrente contínua estabelecida no circuito primário, e depois de volta a zero quando a corrente foi encerrada). Essa extraordinária descoberta levou à formulação da lei da indução eletromagnética, que ganhou o nome em homenagem a Faraday.

A afirmação matemática da lei de Faraday da indução eletromagnética descreve a variação temporal do fluxo magnético através de um contorno arbitrário como a causa da força eletromotriz induzida ao longo do contorno. O desenvolvimento do modelo eletromagnético, em geral, é tomado como um postulado da base experimental. No entanto, quando começamos nosso estudo sobre indução eletromagnética, tomando a expressão matemática para o vetor intensidade de campo elétrico induzido devido a uma carga pontual em movimento acelerado como postulado experimental, estamos agora em condições de realmente derivar a lei de Faraday a partir dos fatos que já conhecemos sobre o campo elétrico induzido.

Em uma região com portadores de carga livre (por exemplo, em um fio condutor), o vetor intensidade de campo elétrico induzido, $\mathbf{E}_{\text{ind}}$, atua sobre os portadores pela força $Q\mathbf{E}_{\text{ind}}$ [Equação (4.143)], onde Q é a carga de um portador (por exemplo, um elétron livre). Portanto, a integral de linha de $\mathbf{E}_{\text{ind}}$ ao longo de uma linha que une dois pontos quaisquer M e N no espaço representa a força eletromotriz (fem) induzida na linha:

força eletromotriz induzida (fem), em volts

$$e_{\text{ind}} = \int_{\text{M}}^{\text{N}} \mathbf{E}_{\text{ind}} \cdot d\mathbf{l}. \tag{6.32}$$

A fem induzida é medida em volts e definida da mesma forma que a fem de um gerador de tensão na Equação (3.112). Na verdade, a linha pode ser substituída por um gerador de tensão equivalente cuja fem é e_{ind}, como mostrado na Figura 6.6.

Para uma linha fechada (o contorno) que não muda ou se move no tempo, Figura 6.7, usamos a Equação (6.2) e escrevemos

$$e_{\text{ind}} = \oint_C \mathbf{E}_{\text{ind}} \cdot d\mathbf{l} = -\oint_C \frac{\partial \mathbf{A}}{\partial t} \cdot d\mathbf{l} = -\frac{d}{dt}\oint_C \mathbf{A} \cdot d\mathbf{l}. \tag{6.33}$$

Lembramos agora que a circulação do vetor potencial magnético ao longo de um contorno é igual ao fluxo magnético através do contorno, a Equação (4.121), para que

lei de Faraday da indução eletromagnética

$$e_{\text{ind}} = -\frac{d\Phi}{dt}. \tag{6.34}$$

APARTE HISTÓRICO

Michael Faraday (1791-1867), físico e químico inglês, autodidata, tornou-se membro da Royal Society aos 34 anos. Não estava familiarizado com a matemática em geral, mas, ao mesmo tempo, era um experimentalista de enorme talento e pensador imaginativo, e certamente um dos maiores cientistas de todos os tempos. Por recomendação de Sir Humphry Davy (1778-1829), o descobridor de seis elementos químicos, Faraday foi nomeado assistente químico no Royal Institution em 1º de março de 1813. Depois de repetir o experimento de Oersted de 1820 (1777-1851), demonstrou em setembro de 1821 que o campo magnético em torno de um fio reto com uma corrente elétrica era circular e, no mesmo conjunto de experimentos, deu ainda um passo muito mais longe — fazendo um fio condutor de corrente, suspenso acima de um círculo de ímã permanente em torno de um ímã, ele inventou o primeiro motor elétrico. Generalizando os padrões formados por limalha de ferro em torno de ímãs, ele apresentou o conceito de linhas de campo elétrico e magnético (ele chamou de linhas de força) como uma nova abordagem para estudar a eletricidade e o magnetismo. Faraday foi eleito para a Royal Society em 1824 e tornou-se diretor do Laboratório na Royal Institution em 1825. Em 1826, ele começou a dar palestras de Natal para as crianças da instituição, que não só continuam, mas agora são televisionadas para plateias gigantescas em todo o mundo. Em seu famoso experimento de 29 de agosto de 1831, ele envolveu duas bobinas de fio no mesmo anel de ferro (ver Figura 6.5) e descobriu que uma corrente em uma bobina, se modificada com o tempo, induzia uma corrente em outra bobina. Ele concluiu que uma corrente elétrica poderia ser produzida por um campo magnético variável no tempo e, assim, descobriu a indução eletromagnética. O anel de indução de Faraday foi o primeiro transformador elétrico do mundo. Em experimentos subsequentes, no outono de 1831, tentou criar uma corrente através de um ímã permanente. Ele descobriu que quando um ímã permanente era movido para dentro e para fora de uma bobina de fio, uma corrente era induzida na bobina. Em seguida, demonstrou que uma corrente contínua poderia ser gerada pela rotação de um disco de cobre entre os polos de um grande ímã permanente, levando para fora do aro e do centro do disco. Essa invenção, conhecida como roda de Faraday (ver Figura 6.35), foi o primeiro dínamo (gerador elétrico). Faraday usou seu conceito de linhas de força para explicar o princípio da indução eletromagnética observada em seus experimentos. Ele explicou que uma corrente elétrica era induzida em um condutor somente quando as linhas de força magnética cortavam-no, e isso acontecia porque as linhas de um campo magnético expandiam e entravam em colapso no espaço de corte, assim, através do condutor indução do transformador ou porque o condutor atravessava as linhas de campo estático (indução dinâmica). Faraday percebeu que a magnitude da corrente induzida era dependente do número de linhas de força cortadas pelo condutor na unidade de tempo, que é verdadeiro equivalente a uma formulação mais matemática do que hoje é conhecida como lei de Faraday da indução eletromagnética. Foi a descoberta da indução eletromagnética em 1831, mais do que qualquer outra, que permitiu à eletricidade ser transformada, durante o resto do século XIX, a partir de uma curiosidade científica em uma tecnologia poderosa. Na década de 1830, Faraday também estudou as relações entre a quantidade de material depositado sobre os eletrodos de uma célula eletrolítica, a quantidade de eletricidade que passava pela célula, e as propriedades químicas de diferentes elementos, e formulou os princípios fundamentais da eletroquímica (leis de Faraday da eletrólise). Ele também descobriu que a luz poderia ser afetada por uma força magnética — ele demonstrou em 1845 que um forte campo magnético poderia rotacionar o plano de polarização da luz polarizada — que mais tarde ficou conhecido como o efeito magneto-óptico de Faraday. Em sua famosa palestra "Pensamentos acerca das vibrações radiantes" na Royal Institution em abril de 1846, ele sugeriu que a propagação da luz através do espaço consistia em vibrações de linhas de força, que, intuitivamente, não estavam longe das explicações de Maxwell (1831-1879), dadas muito mais tarde (em 1865) e com base em rigorosas derivações matemáticas, de que a luz era uma perturbação eletromagnética oscilatória — onda eletromagnética. Em uma série de estudos em 1846-1850, Faraday desenvolveu o seu modelo eletromagnético teórico global com base no "campo de força" — as linhas de força do campo em tensão preenchendo o espaço em torno de corpos carregados, condutores que transportem corrente e ímãs permanentes, e assim estabeleceu a teoria do campo do eletromagnetismo. Esses conceitos de campos de força magnéticos e elétricos foram colocados em uma forma matemática em uma geração mais tarde por Maxwell, que deixou bem claro em seus textos que as ideias básicas para suas equações de campo eletromagnético clássico vieram diretamente de Faraday. Apesar de suas realizações científicas da época e suas contribuições de longo alcance para a humanidade, Faraday continuou a ser uma pessoa modesta e humilde ao longo de sua vida. Homenageamos Faraday também usando farad (F) como a unidade de capacitância. (*Retrato: Edgar Fahs Smith Collection, Bibliotecas da Universidade da Pensilvânia.*)

Essa equação é conhecida como lei de Faraday da indução eletromagnética. É um dos pilares experimentais mais importantes do eletromagnetismo. Ela mostra, primeiro, que os campos elétricos e magnéticos estão relacionados uns aos outros em condições não estáticas. Mais especificamente, afirma que um campo magnético que varia no tempo produz (induz) um campo elétrico e uma força eletromotriz, bem como uma corrente elétrica no meio condutor [em virtude da lei de Ohm na forma local, Equação (3.18)].

Por fim, quantifica a fem induzida em um contorno arbitrário como sendo igual ao negativo da razão da variação do fluxo magnético no tempo através do contorno, ou seja, através de uma superfície de forma arbitrária estendeu-se sobre o contorno e orientado de acordo com a regra da mão direita em relação à orientação do contorno. Essa regra nos diz que o fluxo está no sentido definido pelo polegar da mão direita quando os outros dedos apontam na direção da fem, como indicado na Figura 6.7.

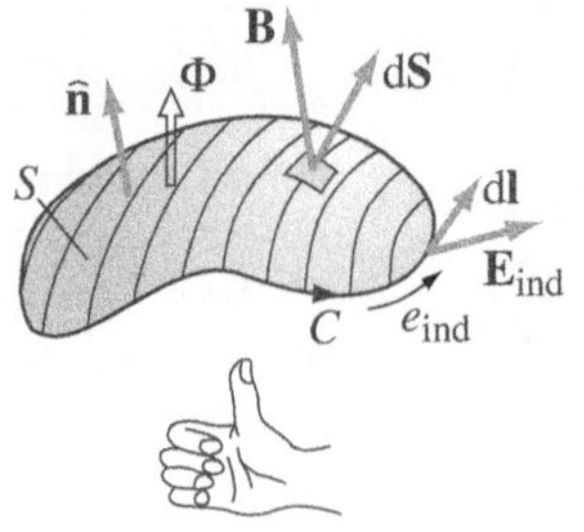

Figura 6.7
Contorno arbitrário em um campo magnético variável no tempo — para a formulação da lei de Faraday da indução eletromagnética.

Expressando o fluxo magnético usando o vetor densidade de fluxo [Equação (4.95)], temos

$$\oint_C \mathbf{E}_{\text{ind}} \cdot d\mathbf{l} = -\frac{d}{dt}\int_S \mathbf{B} \cdot d\mathbf{S}, \tag{6.35}$$

onde as direções de referência de **dl** e **dS** são interligadas pela regra da mão direita: os dedos — **dl**, polegar — **dS** (ver Figura 6.7). Uma vez que a circulação do vetor de intensidade de campo devido ao excesso de carga é zero [Equação (6.20)], temos que

$$\oint_C \mathbf{E} \cdot d\mathbf{l} = \oint_C \mathbf{E}_{\text{ind}} \cdot d\mathbf{l}, \tag{6.36}$$

o que significa que a lei de Faraday pode ser expressa em termos do vetor intensidade de campo elétrico total também. Além disso, a derivada de tempo do lado direito da Equação (6.35) pode ser movida dentro da integral de superfície, desde que a superfície S não mude ou se altere no tempo. Combinando essas duas conclusões, obtemos a seguinte versão da lei de Faraday da indução eletromagnética na forma integral:

lei de Faraday na forma integral

$$\oint_C \mathbf{E} \cdot d\mathbf{l} = -\int_S \frac{\partial \mathbf{B}}{\partial t} \cdot d\mathbf{S}. \tag{6.37}$$

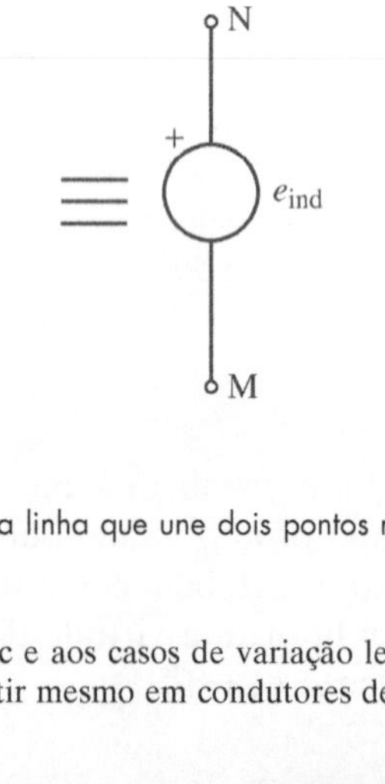

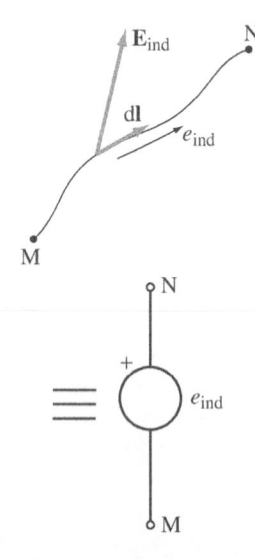

Figura 6.6
Fem induzida em uma linha que une dois pontos no espaço.

Notamos a semelhança formal entre essa equação e a lei de Ampère generalizada na forma integral, Equação (6.30), onde $-\partial\mathbf{B}/\partial t$ na Equação (6.37) representa **J** na Equação (6.30) nas integrais de fluxo, enquanto os vetores intensidade de campo elétrico e magnético, **E** e **H**, aparecem nas integrais de linha correspondentes no lado esquerdo das equações.

O contorno C na Figura 6.7 pode ser um contorno imaginário (não material), ou seja, não precisa ser um fio condutor em circuito para a lei de Faraday da indução eletromagnética ser verdadeira. O campo elétrico e a fem são induzidos por um campo magnético que muda com o tempo, independentemente de haver ou não fios condutores presentes. No entanto, no caso em que C representa um contorno de fio condutor, há uma intensidade de corrente

corrente induzida

$$i_{\text{ind}} = \frac{e_{\text{ind}}}{R} \tag{6.38}$$

no fio, como mostrado na Figura 6.8, onde R é a resistência total do contorno do circuito equivalente fechado, incluindo o gerador de tensão ideal com fem e_{ind} [isso, basicamente, vem da versão da lei de tensão de Kirchhoff na Equação (3.118)]. Essa corrente é chamada de corrente induzida. Podemos dizer, portanto, que, em geral, os campos magnéticos variáveis no tempo, $\mathbf{B}(t)$, induzem as correntes elétricas no meio condutor, que também mudam com o tempo.

Por outro lado, se o fio condutor do circuito não está fechado (por exemplo, há uma pequena lacuna de ar no circuito), não há corrente que flui através dele,[6] e o circuito se comporta como um gerador em circuito aberto com fem e_{ind}, como na Figura 6.6. A tensão em toda a lacuna é igual à fem induzida, ou seja, $v_{\text{MN}}(t) = e_{\text{ind}}(t)$ [ver Equação (3.115)].

6 Em oposição à cc e aos casos de variação lenta no tempo, como veremos em um capítulo posterior, uma corrente de variação rápida no tempo pode existir mesmo em condutores de fio aberto na extremidade que não formam circuitos fechados de corrente.

APARTE HISTÓRICO

Heinrich Friedrich Emil Lenz (1804-1865), físico russo, foi professor de física na Universidade de São Petersburgo. Ele foi um dos três grandes cientistas, junto com Faraday (1791-1867) e Henry (1797-1878), que, independentemente de cada um deles, pesquisou a indução eletromagnética ao mesmo tempo em três lugares remotos do globo. Lenz nasceu e foi educado em Dorpat (agora Tartu), a Estônia, então parte do Império Russo. Como cientista geofísico, viajou ao redor do mundo na década de 1820 e fez medições de extrema precisão de salinidade, temperatura e densidade das águas do mar. Também estudou a eletricidade e o magnetismo, e descobriu, em 1833, que a resistividade dos condutores metálicos aumentava com o aumento da temperatura [ver Equação (3.22)]. Em 1834, descobriu que uma corrente induzida sempre produz efeitos que se opõem à sua causa. Isso passou a ser conhecido como a lei de Lenz. De 1840 a 1863, foi diretor de matemática e física da Universidade de São Petersburgo.

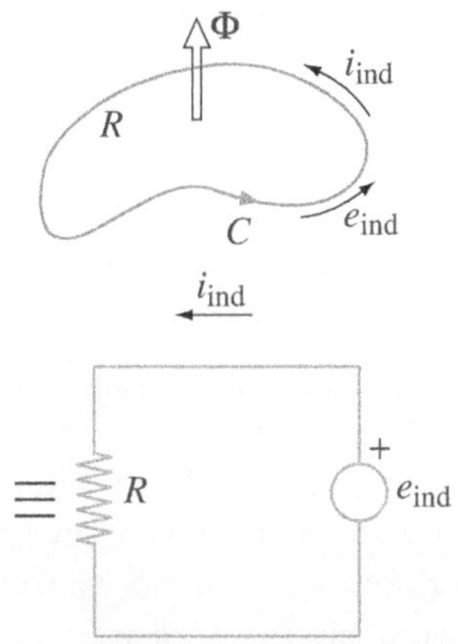

Figura 6.8

Corrente induzida em um fio condutor de circuito situado em um campo magnético variável no tempo.

O sinal de menos na Equação (6.34) indica que a fem induzida no contorno está em uma direção que se opõe à mudança no fluxo magnético através do contorno que causou a fem em primeiro lugar. Esse fato, contido na lei de Faraday, é um resultado experimental conhecido como lei de Lenz. Para ilustrar, suponhamos que em um instante t o fluxo na Figura 6.8 aumente com o tempo, ou seja, $d\Phi/dt > 0$. Da Equação (6.34), a fem e_{ind} (t) naquele instante é negativa, e assim também é a intensidade de corrente induzida $i_{ind}(t)$ na Equação 6.38. A corrente induzida produz um campo magnético secundário, cuja direção de referência é determinada por outra aplicação da regra da mão direita: dedos – corrente, polegar — campo [por exemplo, ver Figura 4.31(b)]. Assim, dada a direção de referência de i_{ind} na Figura 6.8, a direção de referência do campo magnético secundário, e seu fluxo, será a mesma que a do campo magnético primário (original) $\mathbf{B}(t)$ e fluxo $\Phi(t)$. Assim, em relação a essa direção de referência, o fluxo secundário é negativo, porque i_{ind} (t) é negativo no instante de tempo considerado. Concluímos, então, que o campo magnético devido à corrente induzida se opõe à mudança (aumento, neste caso) no campo magnético principal, o que causou a fem induzida e a corrente em primeiro lugar, e esta é a afirmação da lei de Lenz. Em geral, a lei de Lenz representa uma regra para determinar (rapidamente) o sentido real de uma corrente induzida em uma espira (circuito), sem aplicar integralmente a lei de Faraday. Essa direção é sempre de tal forma que o campo magnético devido à corrente induzida se opõe (tende a cancelar) a mudança no fluxo magnético que induz a corrente.[7]

Em virtude do teorema de Stokes, Equação (4.89), ou por mera analogia com a forma diferencial da lei de Ampère generalizada, Equação (5.52), obtemos o equivalente diferencial da Equação (6.37), isto é, a lei de Faraday da indução eletromagnética na forma diferencial:

lei de Faraday na forma diferencial

$$\boxed{\nabla \times \mathbf{E} = -\frac{\partial \mathbf{B}}{\partial t}.} \tag{6.39}$$

Ou seja, a curvatura do vetor intensidade do campo elétrico variável no tempo existente em qualquer ponto do espaço e qualquer instante de tempo iguala ao negativo da razão da mudança do vetor de densidade de fluxo magnético no tempo nesse ponto.

Note que a forma diferencial da lei de Faraday também pode ser derivada do rotacional de ambos os lados da Equação (6.2) e com a Equação (6.28), resultando em

$$\nabla \times \mathbf{E}_{ind} = -\nabla \times \left(\frac{\partial \mathbf{A}}{\partial t}\right) = -\frac{\partial}{\partial t}(\nabla \times \mathbf{A}) = -\frac{\partial \mathbf{B}}{\partial t}, \tag{6.40}$$

7 O campo magnético devido à corrente induzida lentamente variável no tempo em um típico circuito de fio fino é muito mais fraco do que o campo magnético principal que induz a corrente. Portanto, é em geral desprezível em relação ao campo primário e está muito aquém de cancelar por completo a variação do fluxo que causa a indução eletromagnética.

que é a versão da lei com o vetor de intensidade de campo elétrico induzido. Desde que a onda do vetor intensidade de campo devido a excesso de carga seja zero [Equação (6.21)], podemos concluir que

$$\nabla \times \mathbf{E} = \nabla \times \mathbf{E}_{\text{ind}} + \nabla \times \mathbf{E}_q = \nabla \times \mathbf{E}_{\text{ind}}, \quad (6.41)$$

que dá a versão da lei com o vetor intensidade de campo elétrico total, Equação (6.39).

6.4 EQUAÇÕES DE MAXWELL PARA CAMPO ELETROMAGNÉTICO DE VARIAÇÃO LENTA NO TEMPO

A lei de Faraday da indução eletromagnética, dada pela Equação (6.37) ou Equação (6.39), representa a primeira equação de Maxwell para o campo eletromagnético variável no tempo. É na essência diferente da primeira equação de Maxwell para o campo eletromagnético invariável no tempo na Equação (5.129). Diz-nos que um campo magnético variando com o tempo dá origem a um campo elétrico. As três equações restantes de Maxwell são dadas pelas equações (6.30), (6.26) e (6.31), e mantêm a mesma forma como no caso invariante no tempo. Agora resumiremos o conjunto completo das equações de Maxwell na forma diferencial, junto com as equações constitutivas para o campo eletromagnético variação lenta no tempo em um meio isotrópico linear:

$$\begin{cases} \nabla \times \mathbf{E}(t) = -\frac{\partial \mathbf{B}}{\partial t} \\ \nabla \times \mathbf{H}(t) = \mathbf{J}(t) \\ \nabla \cdot \mathbf{D}(t) = \rho(t) \\ \nabla \cdot \mathbf{B}(t) = 0 \\ \mathbf{D}(t) = \varepsilon \mathbf{E}(t) \\ \mathbf{B}(t) = \mu \mathbf{H}(t) \\ \mathbf{J}(t) = \sigma \mathbf{E}(t) \end{cases} . \quad (6.42)$$

As equações anteriores recebem a seguinte nomenclatura respectivamente: primeira equação de Maxwell; segunda equação de Maxwell, campo quase estático; terceira equação de Maxwell; quarta equação de Maxwell; quarta equação de Maxwell; equação constitutiva para D; equação constitutiva para B; e equação constitutiva para J.

Por causa do novo termo no lado direito da primeira equação, os campos elétricos e magnéticos variáveis no tempo são acoplados em conjunto e não podem ser analisados em separado, ao contrário dos campos elétricos e magnéticos invariantes no tempo, que são totalmente independentes uns dos outros. Por outro lado, como veremos em um capítulo posterior, as equações de Maxwell para campo eletromagnético de variação rápida no tempo diferem das equações correspondentes para o campo de variação lenta no tempo somente na lei de Ampère generalizada (segunda equação). Ou seja, um termo adicional existe no lado direito dessa equação, no caso geral, expressando o fato de que um campo elétrico que varia rapidamente com o tempo dá origem a um campo magnético. Portanto, a segunda equação do sistema de Equação (6.42) representa a versão quase estática da segunda equação de Maxwell e é verdadeira para os campos de variação lenta no tempo (por exemplo, baixa frequência harmônica no tempo).

As equações (6.19) e (6.29) dão as expressões para potenciais eletromagnéticos de variação lenta no tempo no espaço livre. Substituindo as equações (6.2) e (6.18) na Equação (6.16) chegamos à seguinte expressão para o vetor intensidade de campo elétrico, **E**, em termos dos potenciais:

campo elétrico via potenciais

$$\boxed{\mathbf{E}(t) = -\frac{\partial \mathbf{A}}{\partial t} - \nabla V(t).} \quad (6.43)$$

Vemos que ambos os potenciais são necessários para **E**, enquanto **A** é suficiente por si só para o vetor de densidade de fluxo magnético, **B**, na Equação (6.28). As equações (6.43) e (6.28) representam um meio para a avaliação (por diferenciação) do campo eletromagnético (**E**, **B**) de potenciais (V, **A**), a avaliação de potenciais sendo, em geral, consideravelmente mais simples do que a avaliação direta dos vetores de campo.

Além de equações de Maxwell para determinada classe de campos eletromagnéticos, temos sempre em mente a versão associada da equação da continuidade, o que representa um dos princípios fundamentais do eletromagnetismo — o da conservação de carga — mas também pode ser derivada das equações de Maxwell. Assim, tomando a divergência de ambos os lados da versão quase estática da lei de Ampère generalizada na Equação (6.42), e na Equação (5.130) para o caso estático, obtemos

$$\nabla \cdot \mathbf{J}(t) = 0, \quad (6.44)$$

que é a forma diferencial da equação da continuidade para correntes com variação lenta no tempo. Notamos que ela tem a mesma forma que a equação de continuidade para correntes (contínua) invariáveis no tempo, Equação (3.41). Observamos, também, que pode ser considerada o caso especial da equação de continuidade geral para correntes de variação lenta no tempo, Equação (3.39), com $\partial\rho/\partial t \approx 0$. Ou seja, no campo de variação lenta no tempo, a razão de variação do tempo no excesso de carga é lenta o suficiente para ser desprezada ao avaliar o equilíbrio de continuidade de corrente. Em notação integral, equação de continuidade para correntes com variação lenta no tempo

$$\oint_S \mathbf{J}(t) \cdot d\mathbf{S} = 0, \quad (6.45)$$

que é o mesmo que a Equação (3.40) para correntes contínuas.

A Equação (6.45) indica que a intensidade de corrente de variação lenta no tempo $i(t)$ em um fio condutor, assim como a intensidade de corrente constante I ao longo de um fio, é a mesma em cada corte transversal do condutor — o fato que já usamos neste capítulo. Isso também significa que a lei de circuito de Kirchhoff para correntes de variação lenta no tempo é dada por

$$\sum_{k=1}^{N} i_k(t) = 0, \quad (6.46)$$

onde N é o número de condutores (ramos em um circuito) que se encontram em um nó. Vemos que a lei de corrente de Kirchhoff para circuitos ca de baixa frequência tem a mesma forma que para circuitos cc [Equação (3.42)].

6.5 CÁLCULO DA INDUÇÃO DO TRANSFORMADOR

Esta seção é dedicada à aplicação da lei de Faraday da indução eletromagnética na avaliação da fem induzida, e_{ind}, e o vetor intensidade de campo elétrico, $\mathbf{E}_{ind}$, no contorno estacionário devido às distribuições de corrente de variação lenta no tempo dadas e seus campos magnéticos. Esse tipo de indução eletromagnética é chamado de indução do transformador, pois é a base de transformação de corrente e tensão por acoplamento magnético entre os circuitos. Isto é, permite que correntes variantes no tempo e tensões em um circuito (circuito primário) sejam transformadas, por indução, em correntes variáveis no tempo e tensões em outro circuito (circuito secundário), onde a transferência de energia entre os circuitos é de fato realizada pelo campo magnético devido às correntes no circuito primário causando o campo elétrico induzido no circuito secundário. A indução eletromagnética devido ao movimento de condutores em campos magnéticos será apresentada e estudada na próxima seção.

Em algumas aplicações, estamos interessados apenas na fem total induzida em um contorno (por exemplo, um espira de arame). Nesses casos, aplicamos a versão da lei de Faraday da indução eletromagnética na Equação (6.34), onde apenas precisamos avaliar o fluxo magnético através do contorno e calcular a sua derivada no tempo, que normalmente é uma tarefa simples de realizar. No entanto, para encontrar a distribuição real da fem em um contorno ou para encontrar a distribuição do vetor intensidade de campo elétrico induzido no espaço, necessária em muitas aplicações, temos que empregar a versão da lei na Equação (6.35). Essa equação, embora sempre verdadeira, nos permite resolver analiticamente o campo $\mathbf{E}_{ind}$ apenas, devido a distribuições de corrente primárias altamente simétricas. Estes são os casos em que o vetor $\mathbf{E}_{ind}$ é tangencial para algumas (ou todas) seções do contorno e tem magnitude constante em tais seções, sendo perpendicular às seções restantes do contorno (se existirem tais seções). Em outras palavras, são os casos em que conseguimos trazer a intensidade do campo elétrico induzido, E_{ind}, para fora do sinal da integral no lado esquerdo da Equação (6.35), e resolver. Note que as equações (6.3) – (6.5), por outro lado, fornecem procedimentos de solução geral para o cálculo de $\mathbf{E}_{ind}$.

Como a lei de Faraday e a lei de Ampère têm a mesma forma matemática, há uma completa analogia formal na aplicação. Por isso, na resolução de $\mathbf{E}_{ind}$ devido a $\mathbf{B}$ em situações altamente simétricas, exploraremos o paralelismo com a aplicação da lei de Ampère na solução para $\mathbf{B}$ (ou $\mathbf{H}$), devido à $\mathbf{J}$, discutido na Seção 4.5, sempre que possível.

Exemplo 6.5

Campo elétrico induzido de um solenoide infinito

Um solenoide infinitamente longo com um corte transversal circular de raio a tem N' espiras de fio por unidade de seu comprimento. O solenoide está enrolado sobre um núcleo ferromagnético de permeabilidade μ. Uma corrente de variação lenta no tempo de intensidade $i(t)$ flui através do enrolamento. O meio fora do solenoide é o ar. O campo magnético devido às correntes induzidas no núcleo pode ser deprezado. Encontre o vetor intensidade de campo elétrico induzido dentro e fora do solenoide.

Solução Por causa da simetria, as linhas do campo elétrico induzido devido à corrente no enrolamento do solenoide são círculos centrados no eixo do solenoide. Para mostrar isso, considere um ponto arbitrário P no interior do solenoide, a uma distância r do eixo (Figura 6.9). Sejam $d\mathbf{E}'_{ind}$ e $d\mathbf{E}''_{ind}$ os vetores intensidade de campo neste ponto em função de dois elementos de corrente simétricos denotados como $i\mathbf{dl}'$ e $i\mathbf{dl}''$ e mostrados na Figura 6.9. De acordo com a Equação (6.5), os dois vetores são tais que a sua soma $d\mathbf{E}'_{ind} + d\mathbf{E}''_{ind}$ é tangente ao contorno circular C de raio r centrado no eixo do solenoide. O mesmo é verdadeiro para qualquer outro par de elementos de corrente simétricos, que também podem estar em um plano que não contém o ponto P. Como todos os elementos de corrente que constituem a corrente $i(t)$ no enrolamento podem ser agrupados em pares simétricos, concluímos que o vetor resultante $\mathbf{E}_{ind}$ no ponto P é tangente ao contorno C. A mesma conclusão vale para um ponto fora do solenoide. Além disso, E_{ind} = const ao longo de C, ou seja, a intensidade de $\mathbf{E}_{ind}$ depende apenas da coordenada radial r

do sistema de coordenadas cilíndricas cujo eixo z é o eixo do solenoide. Por isso,

$$\mathbf{E}_{\text{ind}} = E_{\text{ind}}(r, t)\,\hat{\boldsymbol{\phi}}, \qquad (6.47)$$

onde $\hat{\boldsymbol{\phi}}$ é o vetor unitário circular no sistema.

O campo magnético devido a qualquer distribuição espacial das correntes que variam lentamente no tempo tem a mesma forma que aquelas devido à mesma distribuição espacial das correntes contínuas. Portanto, podemos usar o resultado da análise de um solenoide com uma corrente constante de intensidade I no enrolamento, realizada no Exemplo 4.13. Isso significa que o campo magnético dentro do solenoide é axial (linhas de campo são paralelas ao eixo do solenoide) e uniforme, dado por

$$\mathbf{H} = H(t)\,\hat{\mathbf{z}} = N'i(t)\,\hat{\mathbf{z}}, \qquad (6.48)$$

enquanto $\mathbf{H} = 0$ fora do solenoide. Note que esse resultado não considera o campo magnético devido às correntes induzidas no núcleo ferromagnético, que pode ser desprezado.

Agora usamos a lei de Faraday da indução eletromagnética, Equação (6.35), e aplicamos ao contorno C na Figura 6.9 de maneira análoga à aplicação da lei de Ampère nas equações (4.54) – (4.56). A circulação de $\mathbf{E}_{\text{ind}}$ ao longo de C é igual a

$$E_{\text{ind}}\,2\pi r = -\frac{d\Phi}{dt}. \qquad (6.49)$$

O fluxo magnético através do contorno é

$$\Phi = \begin{cases} B\pi r^2 & \text{para } r \le a \\ B\pi a^2 & \text{para } r > a \end{cases} \qquad (6.50)$$

(não há fluxo fora do solenoide), onde $B = \mu H$ e H é dado na Equação (6.48). As soluções para a intensidade do campo elétrico induzido dentro e fora do solenoide vem a ser

E_{ind} de um solenoide infinito

$$E_{\text{ind}} = -\frac{\mu N' r}{2}\frac{di}{dt} \quad (r \le a) \quad \text{e}$$
$$E_{\text{ind}} = -\frac{\mu N' a^2}{2r}\frac{di}{dt} \quad (r > a), \qquad (6.51)$$

respectivamente.

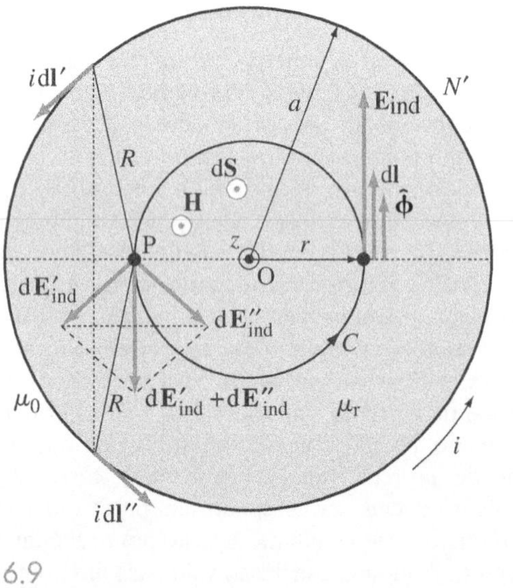

Figura 6.9

Avaliação do campo elétrico induzido por uma corrente de variação lenta no tempo em um solenoide infinito (vista do corte transversal); para o Exemplo 6.5.

Notamos que o campo magnético dentro do solenoide varia de forma síncrona com a corrente no enrolamento $[H(t) \propto i(t)]$, enquanto o campo elétrico induzido varia de forma síncrona com a derivada temporal da corrente $[E_{\text{ind}}(t) \propto di(t)/dt]$.

Exemplo 6.6

Espira condutora não homogênea em torno de um solenoide

Considere o solenoide do exemplo anterior, e suponha que uma espira de fio de raio b ($b > a$) seja colocada coaxialmente em torno dele, como mostrado na Figura 6.10(a). As duas metades da espira são feitas de materiais diferentes, com condutividades σ_1 e σ_2. A área de corte transversal de ambas as partes do fio é S. O campo magnético devido às correntes induzidas no núcleo e na espira do fio pode ser desprezado. Calcule a tensão entre os extremos de duas partes em arame (pontos M e N).

Solução O sistema na Figura 6.10(a) pode ser analisado do ponto de vista da teoria de circuito, utilizando o diagrama de circuito equivalente mostrado na Figura 6.10 (b), onde e_{ind} é a fem induzida no contorno C na Figura 6.10(a), enquanto R_1 e R_2 são as resistências das duas partes que constituem o fio de contorno. Tendo em mente a segunda expressão na Equação (6.51), essa fem equivale a

$$e_{\text{ind}} = -\frac{d\Phi}{dt} = -\pi\mu N' a^2 \frac{di}{dt}. \qquad (6.52)$$

As forças eletromotrizes geradas pelo campo magnético devido às correntes induzidas são desprezadas. Por meio da Equação (3.85), as resistências são

$$R_1 = \frac{\pi b}{\sigma_1 S} \quad \text{e} \quad R_2 = \frac{\pi b}{\sigma_2 S}. \qquad (6.53)$$

Empregando a Equação (6.38), a corrente no circuito, ou seja, a corrente induzida na espira, é dada por

$$i_{\text{ind}} = \frac{e_{\text{ind}}}{R_1 + R_2}. \qquad (6.54)$$

Por fim, a tensão entre os pontos M e N é obtida a partir da Figura 6.10(b) como

$$v_{\text{MN}} = R_1 i_{\text{ind}} - \frac{e_{\text{ind}}}{2} = \frac{R_1 - R_2}{2(R_1 + R_2)} e_{\text{ind}} =$$
$$= -\frac{\pi\mu(\sigma_2 - \sigma_1)N' a^2}{2(\sigma_1 + \sigma_2)}\frac{di}{dt}. \qquad (6.55)$$

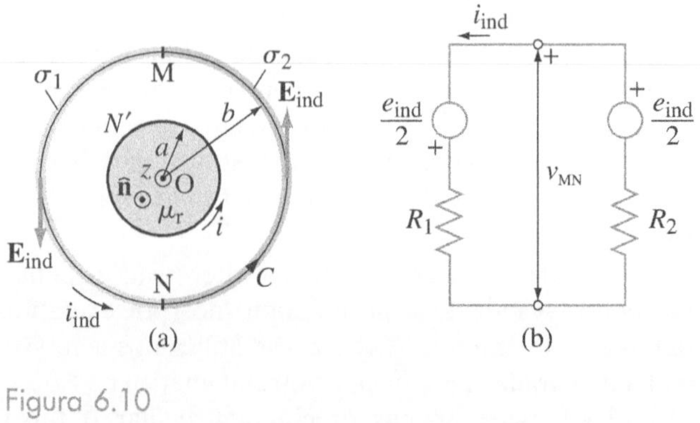

Figura 6.10

(a) Fio composto de duas partes com diferentes condutividades colocado em torno de um solenoide infinito conduzindo uma corrente lentamente variável no tempo e (b) diagrama de circuito equivalente; para o Exemplo 6.6.

Note que, no caso de uma alça de arame homogênea ($\sigma_1 = \sigma_2$), não há tensão entre diferentes pontos ao longo do ciclo.

Exemplo 6.7

Campo magnético devido à corrente induzida em uma espira

Consulte o sistema na Figura 6.10(a), e suponha que $i(t) = 2 \cos 1.000t$ A (t em s), $N' = 1.000$ espiras/m, $a = 10$ cm, $b = 20$ cm, $S = 1$ mm^2, $\sigma_1 = 57$ MS/m , $\sigma_2 = 15$ MS/m e $\mu = \mu_0$ (solenoide cheio de ar). Nessas circunstâncias, encontrar o vetor densidade de fluxo magnético no centro da espira devido à corrente induzida.

Solução Vamos primeiro verificar se a corrente no solenoide pode ser considerada como lentamente variável no tempo. Desde que o solenoide é infinitamente longo, o problema é de fato bidimensional, e a verificação de uma análise em baixa frequência é precisa o bastante, que aqui deve ser realizada no corte transversal da estrutura que contém a alça de arame. A dimensão máxima da estrutura relevante para o cálculo de campo nesse corte é $2b$, e o tempo correspondente de propagação de perturbações eletromagnéticas é $\tau = 2b/c_0 = 1{,}33$ ns. Esse tempo é muito menor do que o período de mudança de $i(t)$, o que equivale a $T = 2\pi/\omega = 6{,}28$ ms ($\omega = 1.000$ rad/s). Conclui-se que essa estrutura pode, efetivamente, ser analisada como um problema de baixa frequência (quase estático). Isso significa que podemos usar os resultados da análise da estrutura realizados no exemplo anterior.

Com base na Equação (6.54), a intensidade da corrente induzida no circuito é

$$i_{\text{ind}}(t) = -\frac{\mu_0\sigma_1\sigma_2 N' a^2 S}{(\sigma_1+\sigma_2)b}\frac{\mathrm{d}i}{\mathrm{d}t} = 1{,}5\,\text{sen}\,1.000t \text{ A}. \tag{6.56}$$

O vetor de densidade de fluxo magnético devido a essa corrente no centro da espira é obtido usando a Equação (4.19) para o ponto de campo definido por $z = 0$ e o raio de contorno b:

$$\mathbf{B}_{\text{ind}}(t) = \frac{\mu_0 i_{\text{ind}}(t)}{2b}\,\hat{\mathbf{z}} = 4{,}7\,\text{sen}\,1.000t\,\hat{\mathbf{z}}\ \mu\text{T}. \tag{6.57}$$

Vamos, por fim, comparar o campo $\mathbf{B}_{\text{ind}}(t)$ ao campo magnético primário — devido à corrente $i(t)$ no enrolamento do solenoide. Por meio da Equação (6.48), o vetor densidade de fluxo do campo primário no interior do solenoide é

$$\mathbf{B}(t) = \mu_0 N' i(t)\,\hat{\mathbf{z}} = 2{,}5\cos 1.000t\,\hat{\mathbf{z}} \text{ mT}. \tag{6.58}$$

Vemos que $|\mathbf{B}_{\text{ind}}(t)|/|\mathbf{B}(t)| = 1{,}9 \times 10^{-3}$, ou seja,

$$|\mathbf{B}_{\text{ind}}(t)| \ll |\mathbf{B}(t)|. \tag{6.59}$$

Em outras palavras, o campo magnético devido à corrente induzida na espira é absolutamente insignificante em relação ao campo magnético do solenoide, o qual causou a corrente induzida em primeiro lugar. Observamos também que as formas de onda desses dois campos (sen $1.000t$ e cos $1.000t$) são tais que $\mathbf{B}_{\text{ind}}(t)$ tende a compensar a mudança de $\mathbf{B}(t)$, isto é, opõe-se à ação que realmente o criou. Isto é, em conformidade com a lei de Lenz.

Exemplo 6.8

Bobina de circuito aberto em torno de um solenoide

Um solenoide cheio de ar de comprimento $l = 2$ m e um corte transversal circular de raio $a = 10$ cm tem $N_1 = 1.750$ espiras de fio. Há uma corrente de baixa frequência harmônica no tempo de intensidade $i(t) = I_0 \,\text{sen}\, \omega t$ que flui através do enrolamento, onde $I_0 = 10$ A e $\omega = 10^6$ rad/s. Uma bobina pequena de circuito aberto com $N_2 = 10$ espiras de fio é colocada em torno do solenoide, como mostrado na Figura 6.11(a). Calcule a tensão entre os terminais da bobina.

Solução O solenoide é muito longo ($l >> a$), de modo que os efeitos das bordas podem ser desprezados, enquanto calculamos o campo magnético sobre seu centro. Isso significa que o solenoide pode ser considerado infinitamente longo enquanto calculamos o fluxo magnético através da bobina pequena na Figura 6.11(a). Como a bobina consiste de voltas de fio N_2, esse fluxo é dado por

$$\Phi = N_2\Phi_{\text{volta única}}, \tag{6.60}$$

onde $\Phi_{\text{volta única}}$ é o fluxo através de uma superfície espalhado sobre qualquer uma das voltas. Em outras palavras, as forças eletromotrizes induzidas em cada volta, todas somadas em série, e, portanto, a fem total na bobina é N_2 vezes aquela na Equação (6.52) com $\mu = \mu_0$ e $N' = N_1/l$, o que resulta em

$$e_{\text{ind}} = -N_2\frac{\mathrm{d}\Phi_{\text{volta única}}}{\mathrm{d}t} = -\frac{\pi\mu_0 N_1 N_2 a^2}{l}\frac{\mathrm{d}i}{\mathrm{d}t} = -\frac{\pi\omega\mu_0 N_1 N_2 a^2 I_0}{l}\cos\omega t. \tag{6.61}$$

Não há corrente na bobina, porque tem um circuito aberto, de modo que a tensão entre os terminais da bobina é [Figura 6.11(b)]

$$v(t) = -e_{\text{ind}}(t) = \frac{\pi\omega\mu_0 N_1 N_2 a^2 I_0}{l}\cos\omega t = 3{,}45\cos 10^6 t \text{ kV} \quad (t \text{ em s}). \tag{6.62}$$

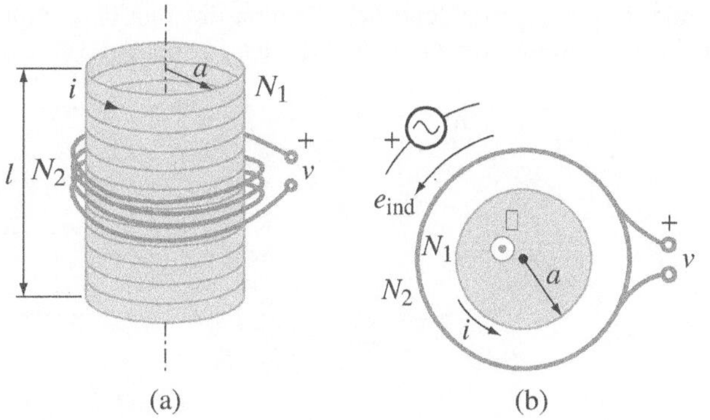

Figura 6.11

Uma bobina pequena de circuito aberto colocada em torno de um solenoide muito longo carregando uma corrente de baixa frequência: (a) visão tridimensional mostrando os enrolamentos e (b) corte transversal mostrando as direções de referência para a fem e tensão; para o Exemplo 6.8.

Exemplo 6.9

Contorno retangular perto de uma linha de corrente

Um fio infinitamente longo e reto transporta uma corrente lentamente variável no tempo de intensidade $i(t)$. Um contorno retangular de comprimentos de lado a e b encontra-se no mesmo plano com o fio, com dois lados paralelos a ele, como mostrado na Figura 6.12. A distância entre o fio e o lado

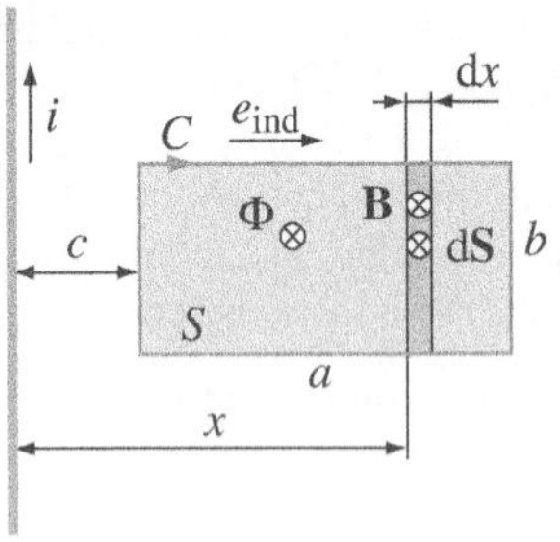

Figura 6.12

Avaliação da fem em um contorno retangular nas proximidades de um fio infinitamente longo, com uma corrente lentamente variável no tempo; para o Exemplo 6.9.

mais próximo paralelo ao contorno é c. Determine a fem induzida no contorno.

Solução O vetor densidade de fluxo magnético produzido pela corrente no fio em qualquer ponto do plano do contorno é perpendicular ao plano e com uma distância x do fio (Figura 6.12) e um instante t, sua magnitude é [ver Equação (4.22)]

$$B(x,t) = \frac{\mu_0 i(t)}{2\pi x}. \tag{6.63}$$

Ao integrar essa densidade em toda a superfície plana espalhada sobre o contorno, obtemos o fluxo magnético através do contorno:

$$\Phi(t) = \int_{x=c}^{c+a} B(x,t)\underbrace{b\,\mathrm{d}x}_{\mathrm{d}S} = \frac{\mu_0 i(t) b}{2\pi}\int_c^{c+a}\frac{\mathrm{d}x}{x} =$$

$$= \frac{\mu_0 i(t) b}{2\pi}\ln\frac{c+a}{c}, \tag{6.64}$$

onde dS é a área de superfície de uma tira fina de comprimento b e largura dx na Figura 6.12, e o fluxo é determinado com relação à direção de referência para o plano de desenho (note que essa integração é semelhante àquela na Figura 5.26).

Para a direção do fluxo adotada, a regra da mão direita dá a direção de referência no sentido horário para a fem induzida no contorno, em relação à qual,

$$e_{ind}(t) = -\frac{\mathrm{d}\Phi}{\mathrm{d}t} = -\frac{\mu_0 b}{2\pi}\ln\frac{c+a}{c}\frac{\mathrm{d}i}{\mathrm{d}t}. \tag{6.65}$$

Exemplo 6.10

Fem induzida em uma bobina com núcleo não linear

Uma bobina com $N = 400$ espiras de fio é enrolada de maneira uniforme e densa sobre um núcleo toroidal fino de comprimento $l = 40$ cm e área de corte transversal $S = 1$ cm^2, como mostrado na Figura 6.13(a). Uma corrente lentamente variável no tempo, cuja intensidade, $i(t)$, é uma função periódica de pulso triangular variável como esboçada na Figura 6.13(b) estabelecida na bobina, onde $I_0 = 0{,}1$ A e $T = 1$ ms. O núcleo é feito de um material ferromagnético não linear que apresenta os efeitos de histerese. Em estado estacionário, o ponto de operação (B, H) periodicamente circunscreve uma espira de histerese que pode aproximadamente ser representado como na Figura 6.13(c), onde $B_m/H_m = \mu_h = 0{,}001$ H/m. A resistência da bobina pode ser desprezada. Encontre a tensão entre os terminais da bobina no intervalo de tempo $0 \le t \le T$.

Solução A intensidade do campo magnético no núcleo varia de forma síncrona com a corrente no enrolamento $[H(t) \propto i(t)]$ e é dada por

$$H(t) = \frac{Ni(t)}{l} \tag{6.66}$$

[ver Equação (5.53)]. A função $H(t)$ é representada na Figura 6.13(d), onde $H_m = NI_0/l = 100$ A/m.

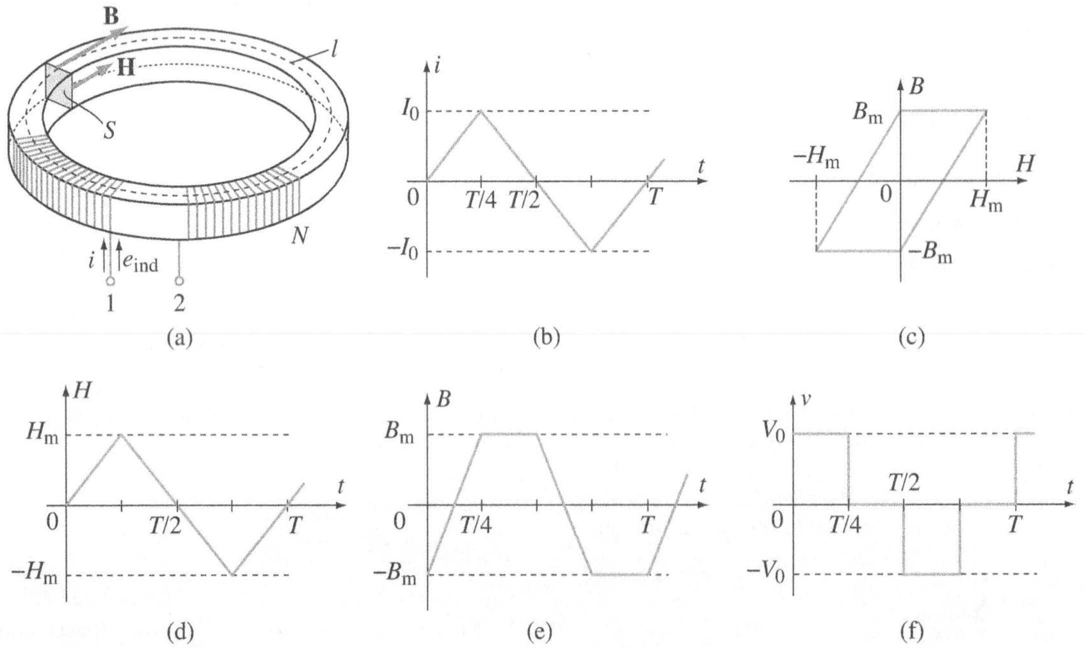

Figura 6.13

Análise da indução eletromagnética em uma bobina com um núcleo feito de um material ferromagnético não linear (note que $v = v_{12}$); para o Exemplo 6.10.

Do ciclo de histerese na Figura 6.13(c), podemos concluir que a densidade do fluxo magnético no núcleo, $B(t)$, primeiro varia como uma função linear do tempo de $B = -B_m$ (para $H = 0$) até $B = B_m$ (para $H = H_m$), então torna-se invariante no tempo, enquanto H é reduzido de $H = H_m$ para $H = 0$, depois é novamente uma função linear (agora decaindo) de tempo quando $H(t)$ é invertido e aumentado no sentido negativo de $H = 0$ para $H = -H_m$, e assim por diante. A amplitude da forma de onda periódica trapezoidal de B é $B_m = \mu_h H_m = 0{,}1$ T, e $B(t)$ é representada na Figura 6.13(e).

O fluxo magnético através da bobina é $\Phi(t) = NB(t)S$ e a fem induzida na bobina, $e_{ind}(t)$, é dada pela lei de Faraday da indução eletromagnética, a Equação (6.34). Como a resistência da bobina é desprezível, a tensão entre os terminais da bobina é

$$v(t) = v_{12}(t) = -e_{ind}(t) = \frac{d\Phi(t)}{dt} = NS\frac{dB(t)}{dt}. \quad (6.67)$$

Essa função é proporcional à inclinação da função $B(t)$ e é representada na Figura 6.13(f). É uma função pulso-retangular de alternância periódica com o mesmo período (T). A amplitude do pulso é proporcional à inclinação da $B(t)$ em um quarto do período, isto é, $V_0 = NS(2B_m)/(T/4) = 8NSB_m/T = 32$ V.

Vemos que a fem induzida e a tensão da bobina não variam de forma síncrona com a derivada temporal da sua corrente, que é uma consequência do comportamento de não linearidade e histerese do material do núcleo.

6.6 INDUÇÃO ELETROMAGNÉTICA DEVIDO AO MOVIMENTO

Considere um condutor em movimento com uma velocidade $\mathbf{v}$ em um campo magnético estático (invariante no tempo) de densidade de fluxo $\mathbf{B}$. O campo exerce a força magnética de Lorentz, $\mathbf{F}_m$, dada pela Equação (4.144), em cada um dos portadores de carga no condutor. Essa força "empurra" os portadores para que se movam, e separa cargas positivas e negativas em excesso no condutor. Podemos dividir formalmente $\mathbf{F}_m$ pela carga de uma portadora e obter $\mathbf{F}_m/Q = \mathbf{v} \times \mathbf{B}$. Essa nova grandeza, embora expressa em V/m, não é um vetor intensidade do campo elétrico verdadeiro, pois não é produzido por um excesso de carga [Equação (6.18)] ou por uma corrente variável no tempo [Equação (6.2)]. Por definição, dada pela Equação (3.107), representa um vetor intensidade de campo elétrico impresso, que chamamos aqui o vetor intensidade de campo elétrico induzido devido ao movimento, e escrevemos

vetor intensidade de campo elétrico induzido devido ao movimento (unidade: V/m)

$$\mathbf{E}_{ind} = \mathbf{v} \times \mathbf{B}. \quad (6.68)$$

Esse campo gera uma força eletromotriz induzida, como dado pela Equação (6.32). Assim, a fem ao longo de uma linha através de um condutor entre os pontos M e N (Figura 6.6) devido ao movimento em um campo magnético invariante no tempo é

$$e_{ind} = \int_M^N \mathbf{E}_{ind} \cdot d\mathbf{l} = \int_M^N (\mathbf{v} \times \mathbf{B}) \cdot d\mathbf{l}. \quad (6.69)$$

Essa fem é indicada como a fem devido à indução dinâmica ou simplesmente fem dinâmica. Para um contorno em movimento (linha fechada),

fem dinâmica (unidade: V)

$$e_{ind} = \oint_C (\mathbf{v} \times \mathbf{B}) \cdot d\mathbf{l}. \quad (6.70)$$

Note que a velocidade de diferentes partes do contorno não precisa ser a mesma, incluindo casos em que algumas partes são estáticas, enquanto outras se movem em direções arbitrárias. Em outras palavras, o movimento do contorno pode incluir translação, rotação e deformação (mudança de forma e tamanho) do contorno de forma arbitrária.

Quando um contorno se desloca e/ou altera em um campo magnético estático, o fluxo magnético através do contorno muda com o tempo. É possível relacionar a fem induzida total no contorno à razão de variação do fluxo, ou seja, para expressar a fem dinâmica em termos de conceito de Faraday da mudança de fluxo através do contorno, como na Equação (6.34). Para ver isso, considere a mudança do contorno C na Figura 6.14. Seja $\mathbf{v}$ a velocidade de um elemento $d\mathbf{l}$ do contorno. Em um intervalo de tempo dt, esse elemento se move a uma distância $d\mathbf{p} = \mathbf{v}\,dt$ (ver Figura 6.14). A Equação (6.70), assim, torna-se

$$e_{ind} = \oint_C (\mathbf{v} \times \mathbf{B}) \cdot d\mathbf{l} = \frac{1}{dt}\oint_C (d\mathbf{p} \times \mathbf{B}) \cdot d\mathbf{l}. \quad (6.71)$$

Aplicando a identidade $(\mathbf{a} \times \mathbf{b}) \cdot \mathbf{c} = (\mathbf{c} \times \mathbf{a}) \cdot \mathbf{b}$ (produto escalar triplo é afetado por permutação cíclica da ordem de vetores) para o produto escalar triplo $(d\mathbf{p} \times \mathbf{B}) \cdot d\mathbf{l}$ e observando que $d\mathbf{l} \times d\mathbf{p}$ iguala o elemento de superfície vetorial $d\mathbf{S}$ mostrado na Figura 6.14, temos

$$e_{ind} = \frac{1}{dt}\oint_C \mathbf{B} \cdot (d\mathbf{l} \times d\mathbf{p}) = \frac{1}{dt}\oint_C \mathbf{B} \cdot d\mathbf{S}. \quad (6.72)$$

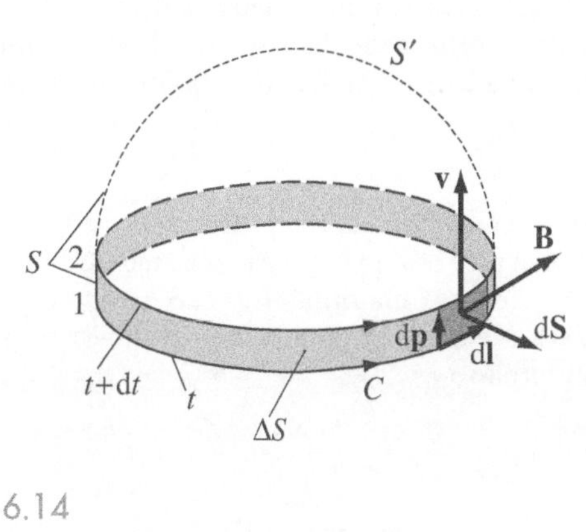

Figura 6.14
Um contorno em movimento num campo magnético invariante no tempo.

Esta última integral representa o fluxo magnético através da fita ΔS varrida pelo contorno C durante o intervalo dt (faixa colorida entre as posições 1 e 2 do contorno na Figura 6.14). Vamos identificar esse fluxo como $d\Phi_{\text{através de } \Delta S}$, de modo que

$$e_{\text{ind}} = \frac{d\Phi_{\text{através}\Delta S}}{dt}. \quad (6.73)$$

A fita ΔS representa a diferença de área entre a superfície S limitada pelo contorno na posição 1 (no instante t) e a superfície S' limitada pelo contorno na posição 2 (no instante $t + dt$), como

$$S = S' \cup \Delta S. \quad (6.74)$$

Designando o fluxo magnético através de S e S' por Φ e Φ', respectivamente, o incremento no fluxo de t para $t + dt$ é igual a

$$d\Phi = \Phi' - \Phi, \quad (6.75)$$

e este é exatamente o negativo do fluxo através da fita ΔS, ou seja, $d\Phi = - d\Phi_{\text{através de } \Delta S}$. Por fim, substituindo essa equação na Equação (6.73) temos $e_{\text{ind}} = - d\Phi/dt$, que é o mesmo que na Equação (6.34). Concluímos que a mesma forma da lei de Faraday da indução eletromagnética vale para ambas as fem transformadora e dinâmica em um contorno.

Exemplo 6.11

Barra metálica em movimento em um campo magnético estático

Uma barra metálica de comprimento $a = 2$ m desliza sem atrito a uma velocidade constante ao longo de trilhos metálicos paralelos, como mostrado na Figura 6.15. A barra é perpendicular aos trilhos e a força mecânica que age na barra é $F_{mec} = 4$ N. O sistema todo está situado em um campo magnético invariante no tempo uniforme de densidade de fluxo $B = 1$ T. As linhas do campo são perpendiculares ao plano dos trilhos e direcionadas para fora da página. Uma carga de resistência $R = 5\ \Omega$ está conectada entre os trilhos. As perdas na barra e nos trilhos, bem como no campo magnético causada pelas correntes induzidas no sistema, podem ser desprezadas. (a) Encontre a velocidade da barra. (b) Avalie a potência de perdas Joule na carga e discuta o equilíbrio de energia nesse sistema.

Solução

(a) A barra se move em um campo magnético estático e a fem é induzida nele devido à indução dinâmica. Como a barra é reta e o campo é uniforme (isto é, o mesmo em todos os lugares), a expressão para a fem dinâmica na Equação (6.69) torna-se

fem em um condutor reto em movimento num campo magnético uniforme

$$e_{\text{ind}} = (\mathbf{v} \times \mathbf{B}) \cdot \mathbf{l}, \quad (6.76)$$

onde a fem é direcionada a partir do ponto M ao ponto N ao longo da barra (Figura 6.15), $\mathbf{l} = \overrightarrow{MN}$, e $\mathbf{v}$ é a velocidade da barra (que deve ser determinada). Além disso, como os vetores $\mathbf{v}$, $\mathbf{B}$ e $\mathbf{l}$ são todos ortogonais uns em relação aos outros e $|\mathbf{l}| = a$, podemos escrever

$$e_{\text{ind}} = vBa. \quad (6.77)$$

A barra e os trilhos constituem uma espira condutora, isto é, um circuito elétrico da forma mostrada na Figura 6.8. Assim, haverá uma corrente induzida invariante no tempo no circuito de intensidade

$$I_{\text{ind}} = \frac{e_{\text{ind}}}{R} = \frac{vBa}{R} \quad (6.78)$$

[ver Equação (6.38)], dada em relação à mesma direção de referência da fem, onde desprezamos a resistência da barra e os trilhos e as perdas do Joule correspondentes. A corrente I_{ind}, por outro lado, produz um campo magnético secundário, que é desprezado na avaliação da fem na Equação (6.76). Note que esse campo se opõe ao fluxo crescente do campo primário $\mathbf{B}$ através da espira, a área da qual se expande conforme a barra se move para a direita, como mais um exemplo da lei de Lenz.

Sabemos que, na presença de um campo magnético, um condutor de corrente experimenta uma força magnética. Pela Equação (4.163), a força magnética na barra metálica na Figura 6.15 vem a ser

$$\mathbf{F}_{\text{m}} = I_{\text{ind}}\mathbf{l} \times \mathbf{B} \quad \longrightarrow \quad F_{\text{m}} = I_{\text{ind}}aB. \quad (6.79)$$

Essa força se opõe ao movimento da barra e à geração da fem nele, que mais uma vez está de acordo com a lei de Lenz. Em outras palavras, a $\mathbf{F}_{\text{m}}$ está direcionada opostamente à força mecânica $\mathbf{F}_{\text{mec}}$ sobre a barra. Além disso, como a velocidade da barra é constante, essas duas forças devem ser exatamente iguais em intensidade (segunda lei de Newton), isto é,

$$F_{\text{mec}} = F_{\text{m}} = \frac{vB^2a^2}{R} \quad (v = \text{const}). \quad (6.80)$$

Portanto, a velocidade que procuramos é

$$v = \frac{F_{\text{mec}}R}{a^2B^2} = 5 \text{ m/s}. \quad (6.81)$$

As equações (6.77) e (6.78) agora dão os valores para a fem induzida e a corrente no circuito: $e_{\text{ind}} = 10$ V e $I_{\text{ind}} = 2$ A.

(b) Pela lei de Joule, Equação (3.77), a potência de perdas Joule no resistor de carga é

$$P_{\text{J}} = RI_{\text{ind}}^2 = 20 \text{ W}. \quad (6.82)$$

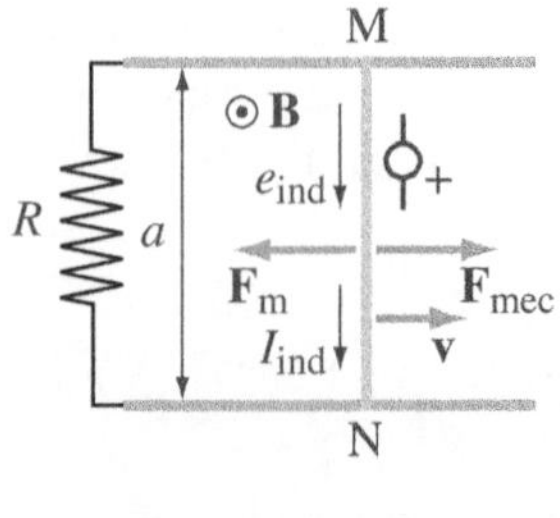

Figura 6.15
Uma barra metálica que se desloca em um campo magnético invariante no tempo (gerador elétrico elementar); para o Exemplo 6.11.

Observe que, do outro lado, a potência gerada pela fem induzida na barra, ou seja, a potência do gerador de tensão ideal equivalente da fem e_{ind} na Figura 6.8, é igual a

$$P_{ind} = e_{ind} I_{ind} = 20 \text{ W} \tag{6.83}$$

[ver Equação (3.121)]. Por fim, a energia mecânica utilizada para mover a barra na velocidade v é obtida como

$$P_{mec} = F_{mec} v = 20 \text{ W}. \tag{6.84}$$

Vemos que, como esperado,

$$P_{mec} = P_{ind} = P_J, \tag{6.85}$$

que está em conformidade com o princípio da conservação da energia. O sistema na Figura 6.15 é um exemplo simples de gerador elétrico com base na indução eletromagnética, onde a energia mecânica aplicada é convertida em elétrica e entregue à carga. O agente pelo qual a transferência de energia é realizada é a fem induzida na barra em movimento, e a energia dessa fem é, por fim, dissipada ao calor no resistor.

Exemplo 6.12

Fio giratório em um campo magnético estático

Uma espira retangular de arame de comprimentos de aresta a e b gira com uma velocidade angular constante ω em torno do eixo em um campo magnético invariante no tempo uniforme de densidade de fluxo B, como mostrado na Figura 6.16(a). O vetor **B** é perpendicular ao plano do desenho e é direcionado para fora da página. Em um instante $t = 0$, a espira está no plano do desenho. A resistência da espira é R. O campo magnético devido às correntes induzidas pode ser desprezado. Calcule (a) a fem induzida na espira e (b) a potência mecânica instantânea e o tempo médio da rotação da espira.

Solução

(a) Referindo-se à Figura 6.16(b), o fluxo magnético através da espira é

$$\Phi = \mathbf{B} \cdot \mathbf{S} = \mathbf{B} \cdot ab\hat{\mathbf{n}} = abB\cos\theta, \tag{6.86}$$

onde θ é o ângulo entre o plano da espira em um instante t e o plano perpendicular ao vetor **B**. A partir da definição de velocidade angular,

$$\frac{d\theta}{dt} = \omega. \tag{6.87}$$

Uma vez que $\omega = \text{const}$, a solução para θ é

$$\theta(t) = \theta_0 + \omega t, \tag{6.88}$$

onde $\theta_0 = 0$ ($\theta = 0$ para $t = 0$). Assim,

$$\Phi(t) = abB\cos\omega t, \tag{6.89}$$

que, substituído na Equação (6.34), leva à seguinte expressão para a fem dinâmica induzida no circuito:

$$e_{ind}(t) = -\frac{d\Phi}{dt} = \omega abB \operatorname{sen}\omega t. \tag{6.90}$$

(b) A intensidade da corrente no circuito equivale a

$$i_{ind}(t) = \frac{e_{ind}}{R} = \frac{\omega abB}{R}\operatorname{sen}\omega t. \tag{6.91}$$

O campo magnético causado por essa corrente é desprezado no cálculo da fem na Equação (6.90).

Da Figura 4.38 e Equação (4.181), o torque instantâneo de forças magnéticas que agem sobre o circuito é dado por

$$T_m(t) = i_{ind} abB \operatorname{sen}\theta = \frac{\omega a^2 b^2 B^2}{R}\operatorname{sen}^2\omega t. \tag{6.92}$$

A Equação (4.180) nos diz que a direção desse torque é tal que se opõe à rotação da espira (Lei de Lenz), ou seja, é oposta à direção de um torque mecânico externamente aplicado, $\mathbf{T}_{mec}$, que gira a espira. A fim de sustentar a rotação a uma proporção constante, o $\mathbf{T}_{mec}$ deve ser idêntico em intensidade à $\mathbf{T}_m$ (segunda lei de Newton na forma angular). Assim, a potência mecânica instantânea utilizada para rodar a espira é

$$P_{mec}(t) = T_{mec}\omega = T_m\omega = \frac{\omega^2 a^2 b^2 B^2}{R}\operatorname{sen}^2\omega t. \tag{6.93}$$

O mesmo resultado também pode ser obtido a partir de conservação de energia, como a potência mecânica de rotação é igual à energia elétrica do circuito, ou seja, a potência de perdas Joule dissipada no circuito [como na Equação (6.85)]. Isso gera

$$P_{mec}(t) = P_J(t) = Ri_{ind}^2 = \frac{\omega^2 a^2 b^2 B^2}{R}\operatorname{sen}^2\omega t. \tag{6.94}$$

Dado que o valor de tempo médio da função $\operatorname{sen}^2\omega t$ é

$$\frac{1}{T}\int_0^T \operatorname{sen}^2\omega t\,dt = \frac{1}{T}\int_0^T \frac{1-\cos 2\omega t}{2}\,dt = \\ = \frac{1}{2T}\left(\int_0^T dt - \int_0^T \cos 2\omega t\,dt\right) = \frac{1}{2}, \tag{6.95}$$

onde $T = 2\pi/\omega$ é o período de variação harmônica no tempo da fem e corrente no circuito, a potência mecânica média de tempo de rotação da espira é igual a

$$(P_{mec})_{méd} = \frac{\omega^2 a^2 b^2 B^2}{2R}. \tag{6.96}$$

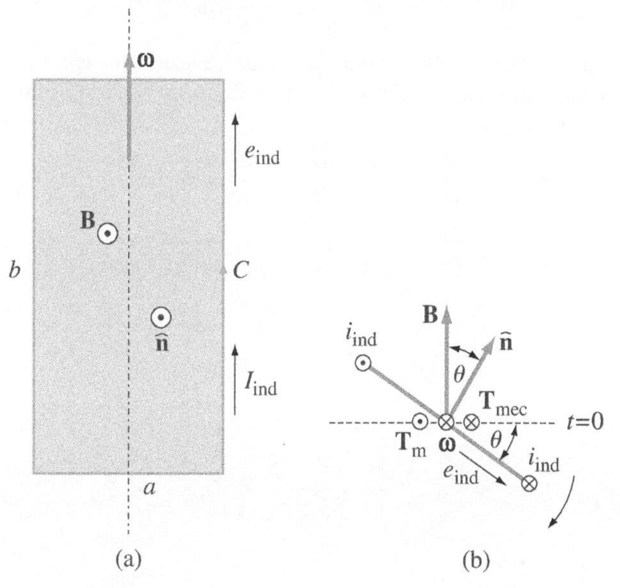

Figura 6.16

A espira de arame rotativa em um campo magnético uniforme invariante no tempo (geradores elementares ca): (a) vista de cima em um instante $t = 0$ e (b) corte transversal em um instante arbitrário t; para o Exemplo 6.12.

Note que o sistema na Figura 6.16 representa uma versão de rotação do gerador com base no movimento de translação em um campo magnético estático na Figura 6.15. Ele ilustra o princípio básico de um gerador de corrente alternada (ca), em que a espira é mecanicamente rotacionada em um campo magnético estático a uma razão constante e a fem e a corrente induzida na espira de uma forma de onda senoidal (harmônica no tempo). A frequência angular dessa forma de onda é igual à velocidade angular ω de rotação da espira.

Exemplo 6.13

Contorno móvel próximo a uma linha de corrente cc infinita

Suponha que a corrente no fio condutor reto da Figura 6.12 seja invariante no tempo, com intensidade I, e que o contorno se afasta do fio a uma velocidade constante v, como mostra a Figura 6.17. Em $t = 0$, a distância do lado mais próximo paralelo do contorno do fio é $x = c$. Determine a fem induzida no contorno.

Solução O campo magnético produzido pela corrente no fio é invariante no tempo, e o sistema na Figura 6.17 representa uma versão de indução dinâmica da mesma geometria com transformador de indução na Figura 6.12. O campo magnético é não uniforme (densidade de fluxo magnético muda no espaço), e é por isso que o fluxo magnético através do contorno é variável no tempo. Como o contorno se move uniformemente longe do fio, a distância de seu lado paralelo mais próximo a partir do fio aumenta linearmente ao longo do tempo, e é dada por

$$x(t) = c + vt. \tag{6.97}$$

O vetor densidade de fluxo magnético em torno do fio tem a mesma distribuição espacial, como na Figura 6.12, de modo que o fluxo magnético através do contorno tem a mesma forma como na Equação (6.64), com $i(t)$ substituído por I e c por $x(t)$:

$$\Phi(t) = \frac{\mu_0 Ib}{2\pi} \ln \frac{x+a}{x} = \frac{\mu_0 Ib}{2\pi} \ln \frac{c+a+vt}{c+vt}. \tag{6.98}$$

Da Equação (6.34), a fem dinâmica induzida no contorno, dada com relação à direção de referência no sentido horário (Figura 6.17), é

$$e_{\text{ind}}(t) = -\frac{\mathrm{d}\Phi}{\mathrm{d}t} = -\frac{\mathrm{d}\Phi}{\mathrm{d}x}\frac{\mathrm{d}x}{\mathrm{d}t} = -\frac{\mathrm{d}\Phi}{\mathrm{d}x} v =$$
$$= \frac{\mu_0 Iabv}{2\pi} \frac{1}{x(x+a)} = \frac{\mu_0 Iabv}{2\pi(c+vt)(c+a+vt)}. \tag{6.99}$$

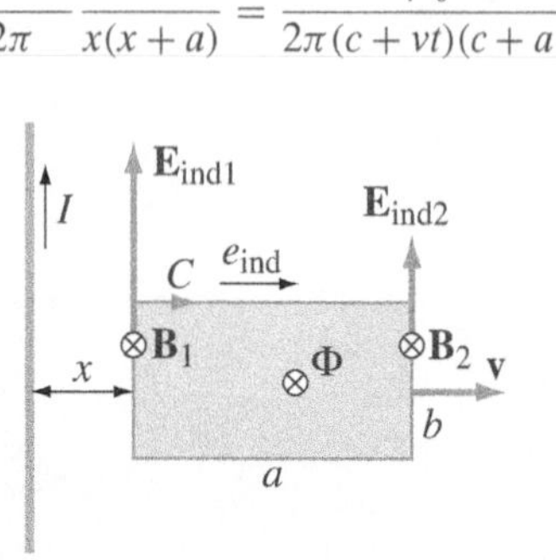

Figura 6.17

Avaliação da fem em um contorno retangular movendo-se no campo magnético devido a um fio infinitamente longo, com uma corrente constante; para o Exemplo 6.13.

A fem no contorno também pode ser calculada usando a Equação (6.70). Note que o vetor intensidade de campo elétrico induzido $\mathbf{E}_{\text{ind}}$ devido ao movimento, dado pela Equação (6.68), é perpendicular ao par de arestas do contorno de comprimento a, e, portanto, não há fem nessas arestas. Por outro lado, $\mathbf{E}_{\text{ind}}$ não muda ao longo de cada uma das duas arestas de contorno restantes, que são paralelas a ela. Sua magnitude ao longo das arestas esquerda e direita na Figura 6.17 é igual a

$$E_{\text{ind1}} = vB_1 = \frac{\mu_0 Iv}{2\pi x} \quad \text{e} \quad E_{\text{ind2}} = vB_2 = \frac{\mu_0 Iv}{2\pi(x+a)}, \tag{6.100}$$

respectivamente, onde B_1 e B_2 são as densidades de fluxo magnético correspondentes. Por fim, a fem total do contorno é obtida como

$$e_{\text{ind}} = \oint_C \mathbf{E}_{\text{ind}} \cdot \mathrm{d}\mathbf{l} = E_{\text{ind1}} b - E_{\text{ind2}} b =$$
$$= \frac{\mu_0 Ibv}{2\pi}\left(\frac{1}{x} - \frac{1}{x+a}\right), \tag{6.101}$$

que é o mesmo resultado que na Equação (6.99).

Exemplo 6.14

Fluxo de fluidos condutores em um campo magnético estático

A Figura 6.18 mostra um sistema para medição de velocidade do fluido que consiste em um capacitor de placas paralelas, situado em um campo magnético invariante no tempo e uniforme. Um líquido flui entre as placas e a tensão entre elas é medida por um voltímetro. A velocidade do fluido pode ser considerada uniforme. As linhas do campo magnético são paralelas às placas. A condutividade e permeabilidade do líquido são σ e μ_0, respectivamente. A área da placa de capacitor é S e a separação entre as placas é d. Os efeitos das bordas no capacitor podem ser desprezados. A densidade do fluxo do campo magnético aplicado é B. A resistência interna do voltímetro é R_V, enquanto a resistência dos condutores de interconexão é desprezível. Mostre que a velocidade do fluido é linearmente proporcional à tensão V indicada pelo voltímetro e encontre a constante de proporcionalidade.

Solução Temos um movimento (fluxo) do líquido condutor (com uma velocidade desconhecida $\mathbf{v}$) no campo magnético estático, e, portanto, um campo elétrico devido ao movimento é induzido, dado pela Equação (6.68). Os vetores $\mathbf{v}$ e $\mathbf{B}$ são ortogonais entre si (Figura 6.18), e podemos escrever

$$E_{\text{ind}} = vB. \tag{6.102}$$

Esse campo obriga os portadores de carga no líquido a se moverem de modo perpendicular ao sentido do fluxo de líquido, de forma que as cargas positivas e negativas em excesso sejam acumuladas nas placas inferior e superior do capacitor. Essas cargas produzem um campo de Coulomb $\mathbf{E}_q$ (campo devido ao excesso de carga), que é perpendicular às placas e praticamente uniforme no espaço entre elas.

Uma vez que o voltímetro não é ideal, isto é, sua resistência interna não é infinita, há uma corrente contínua que flui através de seus terminais. Pela equação da continuidade para correntes contínuas, apresenta-se a mesma intensidade através do líquido condutor, que é,

$$I_V = I_{\text{líquido}} = JS, \tag{6.103}$$

com J representando a densidade de corrente no líquido. Essa densidade de corrente, por sua vez, pode ser expressa em termos do campo elétrico total no líquido, dada pela Equação (6.16), como segue:

$$\mathbf{J} = \sigma \mathbf{E} = \sigma(\mathbf{E}_q + \mathbf{E}_{\text{ind}}) \longrightarrow J = \sigma(E_{\text{ind}} - E_q), \tag{6.104}$$

onde a forma escalar da equação é obtida para as direções de referência dos vetores $\mathbf{J}$, $\mathbf{E}_{\text{ind}}$ e $\mathbf{E}_q$ adotados na Figura 6.18.

A tensão que o voltímetro indica é igual à diferença de potencial entre seus terminais (M e N):

$$V = V_M - V_N, \tag{6.105}$$

que, se avaliadas usando a Equação (6.22) ao longo de um caminho (em linha reta) através do líquido, também pode ser expressa como

$$V_M - V_N = E_q d \tag{6.106}$$

(os condutores de interligação no circuito voltímetro são ideais e, portanto, equipotenciais). Por fim, a lei de Ohm dá

$$V = R_V I_V = R_V JS = R_V S\sigma(E_{\text{ind}} - E_q) = = R_V S\sigma\left(vB - \frac{V}{d}\right), \tag{6.107}$$

a partir do qual a solução para a velocidade do fluxo de líquido passa a ser

$$v = \frac{\sigma S R_V + d}{\sigma S d R_V B} V. \tag{6.108}$$

Vemos que, de fato, v é linearmente proporcional à V, onde a constante de proporcionalidade depende dos parâmetros do sistema na Figura 6.18 e da condutividade do fluido.

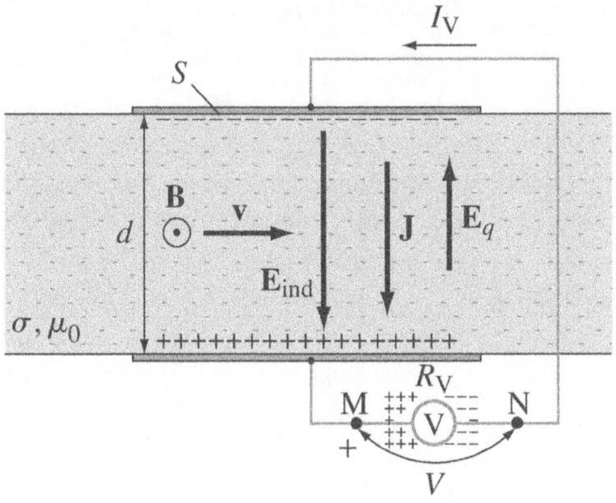

Figura 6.18

Medição da velocidade do fluido com base na indução eletromagnética dinâmica; para o exemplo 6.14.

6.7 INDUÇÃO ELETROMAGNÉTICA TOTAL

Consideremos agora o caso mais geral da indução eletromagnética — o de um condutor em movimento num campo magnético variável no tempo. Este é o caso em que ambas as fontes do campo elétrico induzido, ou seja, a mudança do campo magnético e do movimento do condutor, agem ao mesmo tempo. Assim, a força eletromotriz induzida em um contorno que é movido e/ou deformado em um campo magnético que varia com o tempo é a soma das fem transformadoras, Equação (6.37), e a fem dinâmica, Equação (6.70). Assim, portanto, escrevemos

$$e_{\text{ind}} = \underbrace{-\int_S \frac{\partial \mathbf{B}}{\partial t} \cdot d\mathbf{S}}_{\text{fem transformadoras}} + \underbrace{\oint_C (\mathbf{v} \times \mathbf{B}) \cdot d\mathbf{l}}_{\text{fem dinâmicas}}, \tag{6.109}$$

e chame e_{ind} aqui de fem total (transformadora mais dinâmica) ou complexa (combinada) no contorno.

O termo fem dinâmica da Equação (6.109) pode ser transformado, como descrito pelas equações (6.71)-(6.75) e Figura 6.14, de modo que a fem total do contorno pode ser expressa como $e_{\text{ind}} = -d\Phi/dt$ [o mesmo que na Equação (6.34)], ou

indução total

$$e_{\text{ind}} = \oint_C \mathbf{E}_{\text{ind}} \cdot d\mathbf{l} = -\frac{d}{dt}\int_S \mathbf{B} \cdot d\mathbf{S}. \tag{6.110}$$

Esta última expressão no lado direito da equação representa a derivada total do fluxo magnético através do contorno em relação ao tempo, em que a mudança no fluxo com o tempo é em parte devido a uma mudança no campo magnético e em parte devido a uma mudança na forma, orientação e/ou posição do contorno. Essas duas partes da variação do fluxo correspondem aos termos de fem transformadora e dinâmica da Equação (6.109).[8] Parece, no entanto, que a Equação (6.34) é a forma mais geral da lei de Faraday da indução eletromagnética, que inclui ambos os mecanismos pelos quais o fluxo magnético através de um contorno pode mudar. Esses dois mecanismos são a variação do campo magnético e o movimento de contorno, e, exceto para eles, não existem outras possibilidades que podem resultar em uma fem induzida no contorno.

Exemplo 6.15

Contorno móvel próximo de uma linha de corrente variável no tempo

Consulte a Figura 6.17 e suponha que a corrente no fio condutor infinito seja lentamente variável no tempo, com intensidade $i(t)$. Encontre a fem induzida no contorno em movimento.

8 Note que a divisão da fem induzida entre as partes transformadora e dinâmica depende do quadro de referência escolhido. A divisão especial na Equação (6.109) é dada para o quadro estacionário de referência, ligado ao campo $\mathbf{B}$, em relação ao qual o contorno move-se na velocidade $\mathbf{v}$. Em outras palavras, é dado como medido por um observador estacionário (os chamados observadores de laboratório). A fem total, no entanto, é única e a mesma para qualquer quadro de referência escolhido e qualquer observador, incluindo o movimento com o contorno.

Solução Agora temos um movimento do contorno em um campo magnético variável no tempo, produzido pela corrente no fio, ou seja, uma combinação de sistemas nas figuras 6.12 e 6.17. Portanto, a fem é induzida no contorno pela indução (transformadora mais dinâmica) combinada. Combinando as Equações (6.64) e (6.98), o fluxo magnético através do contorno é

$$\Phi(t) = \frac{\mu_0 i(t) b}{2\pi} \ln \frac{c + a + vt}{c + vt}. \qquad (6.111)$$

Da Equação (6.110) [ou Equação (6.34)], a fem (combinada) total do contorno é

$$e_{\text{ind}}(t) = -\frac{d\Phi}{dt} = \underbrace{-\frac{\mu_0 b}{2\pi} \ln \frac{c + a + vt}{c + vt} \frac{di}{dt}}_{\text{fem transformadoras}} + \underbrace{\frac{\mu_0 i(t) abv}{2\pi (c + vt)(c + a + vt)}}_{\text{fem dinâmicas}}. \qquad (6.112)$$

Notamos que o primeiro termo dessa expressão representa a parte do transformador da fem total; torna-se zero no caso de uma corrente constante no fio e se torna o mesmo que na Equação (6.65) no caso de um contorno estacionário. O segundo termo representa a parte dinâmica da fem total; torna-se zero no caso de um contorno estacionário e torna-se o mesmo que na Equação (6.99) no caso de uma corrente constante no fio.

Exemplo 6.16

Circuito giratório em um campo magnético harmônico no tempo

Suponha que o campo aplicado na Figura 6.16 seja um campo magnético de baixa frequência harmônico no tempo com densidade de fluxo $B(t) = B_0 \operatorname{sen} \omega t$, e obtenha a fem induzida na espira em rotação. Identifique as partes da fem correspondente a indução transformadora e dinâmica.

Solução Claro, estamos adicionando um componente de indução do transformador para o sistema na Figura 6.16. O fluxo magnético na Equação (6.86) torna-se

$$\Phi(t) = abB(t) \cos\theta = abB(t) \cos\omega t. \qquad (6.113)$$

Assim, a fem induzida no contorno é

$$e_{\text{ind}}(t) = -\frac{d\Phi}{dt} = \underbrace{-ab\frac{dB}{dt}\cos\omega t}_{\text{fem transformadoras}} + \underbrace{\omega abB(t) \operatorname{sen}\omega t}_{\text{fem dinâmica}}. \qquad (6.114)$$

Para a variação tempo $B(t)$ dada, os termos correspondentes a indução transformadora e dinâmica parecem ser

$$e_{\text{ind(transformadora)}} = -\omega abB_0 \cos^2 \omega t \quad \text{e}$$

$$e_{\text{ind(dinâmica)}} = \omega abB_0 \operatorname{sen}^2 \omega t, \qquad (6.115)$$

respectivamente, e a fem total

$$e_{\text{ind}}(t) = -\omega abB_0 \left(\cos^2 \omega t - \operatorname{sen}^2 \omega t\right) = = -\omega abB_0 \cos 2\omega t = \omega abB_0 \cos(2\omega t + \pi). \qquad (6.116)$$

Vemos que a frequência da fem induzida (e corrente) no contorno é o dobro da frequência do campo magnético aplicado.

Exemplo 6.17

Espira estacionária em um campo magnético rotativo

Uma espira retangular de resistência R está situado no campo magnético produzido por duas bobinas grandes perpendiculares entre si com correntes de baixa frequência harmônicas no tempo. O campo devido a cada bobina pode ser considerado uniforme. As correntes nas bobinas são de amplitudes iguais e 90º fora de fase, de modo que as densidades do fluxo magnético que elas produzem são dadas como $B_1(t) = B_0 \cos \omega t$ e $B_2(t) = B_0 \operatorname{sen} \omega t$ e mostradas na Figura 6.19(a). Os lados do circuito são a e b. Desprezando o campo magnético devido à corrente induzida na espira, encontre o torque de tempo médio de forças magnéticas na espira.

Solução Da Figura 6.19(b), a intensidade do vetor densidade de fluxo magnético resultante,

$$\mathbf{B}(t) = \mathbf{B}_1(t) + \mathbf{B}_2(t), \qquad (6.117)$$

em um instante arbitrário de tempo é igual a

$$\mathbf{B}(t)| = \sqrt{B_1^2(t) + B_2^2(t)} = \sqrt{B_0^2(\cos^2 \omega t + \operatorname{sen}^2 \omega t)} = B_0 \qquad (6.118)$$

ou seja, é constante em relação ao tempo. Isso significa que a ponta do vetor $\mathbf{B}(t)$ traça um círculo de raio B_0 no decorrer do tempo. Tal vetor pertence a uma classe dos chamados vetores harmônicos no tempo circularmente polarizados. O sinal θ marca o ângulo entre os vetores de $\mathbf{B}(t)$ e $\mathbf{B}_1(t)$ no tempo t, Figura 6.19(b). A tangente desse ângulo é

$$\tan\theta(t) = \frac{B_2(t)}{B_1(t)} = \frac{B_0 \operatorname{sen}\omega t}{B_0 \cos\omega t} = \tan\omega t, \qquad (6.119)$$

e, portanto, a razão de ela mudar no tempo é dada pela Equação (6.87). Isso significa que $\mathbf{B}$ gira a uma velocidade angular constante, igual à frequência angular ω das densidades de fluxo magnético individual e correntes nas bobinas. Em $t = 0$, $\mathbf{B}_2 = 0$ e $\mathbf{B} = \mathbf{B}_1$, o que implica que $\theta(0) = 0$ e $\theta(t) = \omega t$ [ver Equação (6.88)].

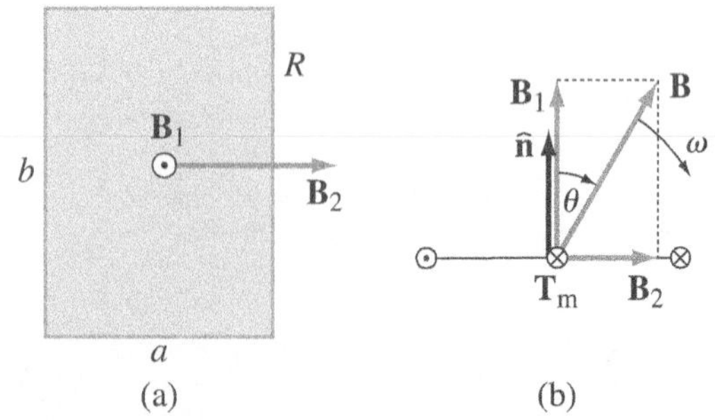

Figura 6.19

A espira de arame retangular exposta a dois campos magnéticos harmônicos no tempo de amplitudes iguais e 90º fora de fase (a), que sobrepostos uns aos outros representam um campo magnético rotativo (b); para o Exemplo 6.17.

À medida que o contorno é estacionário e o vetor **B** muda no tempo (a sua magnitude é constante, mas muda de direção), este é um sistema baseado na indução do transformador. Por outro lado, para a geração de fem é irrelevante se **B** gira em torno de uma espira estacionária ou uma espira gira (na mesma velocidade) em um **B** estático. Este último caso é o sistema baseado na indução dinâmica na Figura 6.16. Explorando essa equivalência,[9] o fluxo através da espira na Figura 6.19, fem, corrente e torque instantâneo de forças magnéticas no circuito são dados pelas equações (6.89), (6.90), (6.91) e (6.92), com B substituído por B_0. Usando a Equação (6.95), o torque tempo médio é

$$(T_\mathrm{m})_\mathrm{méd} = \frac{\omega a^2 b^2 B_0^2}{2R}. \qquad (6.120)$$

A direção desse torque é a mesma da do campo de rotação [Figura 6.19(b)], que está em conformidade com a lei de Lenz. Ou seja, a corrente induzida no circuito e o momento magnético associado da espira produzem um torque ($\mathbf{T}_\mathrm{m}$), que tende a girar a espira junto com o campo de rotação aplicado [ou seja, para rotacionar $\hat{\mathbf{n}}$ para mais perto de **B** na Figura 6.19(b) e, assim, diminuir o ângulo θ], que está em oposição à mudança no fluxo magnético através do contorno (causada pelo aumento de θ) que gerou a fem em primeiro lugar.

Exemplo 6.18

Espira rotativa em um campo de rotação – Motor assíncrono

Suponha que o circuito exposto ao campo magnético rotativo da Figura 6.19 também gira na mesma direção com uma velocidade angular ω_0 ($\omega_0 < \omega$), como indicado na Figura 6.20. Esse dispositivo representa um motor assíncrono elementar. Calcule (a) a potência média no tempo de perdas Joule dissipada no circuito, (b) torque do tempo médio de forças magnéticas sobre a espira, e (c) a eficiência do motor.

Solução

(a) Este é um sistema baseado na indução (mista) total — as mudanças do campo magnético (giro) no tempo e os movimentos da espira (giro). É o chamado motor assíncrono, pois o circuito não gira em sincronismo com o campo. A razão relativa de rotação do campo com relação à parte de rotação do motor (a espira, no nosso caso), chamado de rotor, é igual a

$$\Delta\omega = \omega - \omega_0, \qquad (6.121)$$

que é indicado como a velocidade angular do escorregamento do motor assíncrono. Em consequência, esse sistema pode ser substituído por qualquer um equivalente com uma espira estacionária e um campo magnético rotativo a uma velocidade $\Delta\omega$ (caso da indução do transformador, como na Figura 6.19) ou um sistema equivalente com uma espira de rotação a uma velocidade $\Delta\omega$ em um campo magnético estático (caso da indução dinâmica, como na Figura 6.16). A partir das equações (6.89), (6.118) e (6.121), o fluxo magnético através da espira na Figura 6.20 é

$$\Phi(t) = ab|\mathbf{B}|\cos\Delta\omega t = abB_0\cos(\omega - \omega_0)t. \qquad (6.122)$$

A Equação (6.94), então, nos diz que a potência do tempo médio de perdas Joule no circuito pode ser escrita como

$$(P_\mathrm{J})_\mathrm{méd} = k(\omega - \omega_0)^2, \quad \text{onde} \quad k = \frac{a^2b^2B_0^2}{2R}. \qquad (6.123)$$

(b) Por meio da Equação (6.92), o torque tempo médio de forças magnéticas sobre a espira é

$$(T_\mathrm{m})_\mathrm{méd} = k(\omega - \omega_0), \qquad (6.124)$$

onde o coeficiente k é aquele na Equação (6.123). Este torque tem o mesmo sentido que a velocidade de escorregamento do motor.

(c) A razão de rotação do circuito na Figura 6.20 é ω_0, de modo que a Equação (6.93) dá a seguinte expressão para a potência mecânica média no tempo utilizada para girar a espira:

$$(P_\mathrm{mec})_\mathrm{méd} = (T_\mathrm{m})_\mathrm{méd}\,\omega_0 = k\,\omega_0(\omega - \omega_0). \qquad (6.125)$$

A eficiência do motor é dada por

$$\eta = \frac{(P_\mathrm{mec})_\mathrm{méd}}{(P_\mathrm{mec})_\mathrm{méd} + (P_\mathrm{J})_\mathrm{méd}} = \frac{\omega_0}{\omega}, \qquad (6.126)$$

onde desprezamos as perdas na parte estacionária do motor (estator).

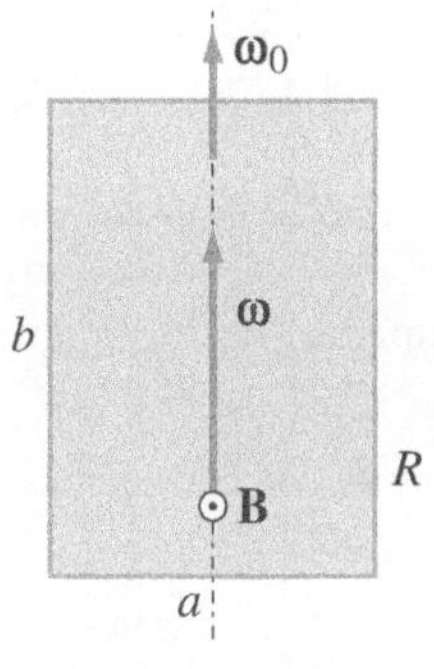

Figura 6.20

Motor assíncrono elementar na forma de uma espira de fio retangular de rotação com uma velocidade angular ω_0 em um campo magnético rotativo de frequência angular ω, onde $\omega > \omega_0$ (vista superior em $t = 0$); para o Exemplo 6.18.

Exemplo 6.19

Fluxo de carga devido a uma mudança de fluxo magnético

Considere um fio de contorno de resistência R situado em um campo magnético, como mostrado na Figura 6.21. Se esse campo for alterado e/ou o contorno for deslocado no campo durante um intervalo arbitrário de tempo para que a mudança correspondente do fluxo magnético através do contorno seja $\Delta\Phi$, encontre o fluxo de carga total Q no contorno durante esse processo.

Solução Uma vez que o fluxo magnético do contorno, Φ, varia no tempo durante o processo considerado, uma fem e_ind

9 A possibilidade de abordar o problema de um contorno estacionário em um campo magnético rotativo como caso de indução móvel é a razão pela qual o analisamos na seção dedicada à indução total.

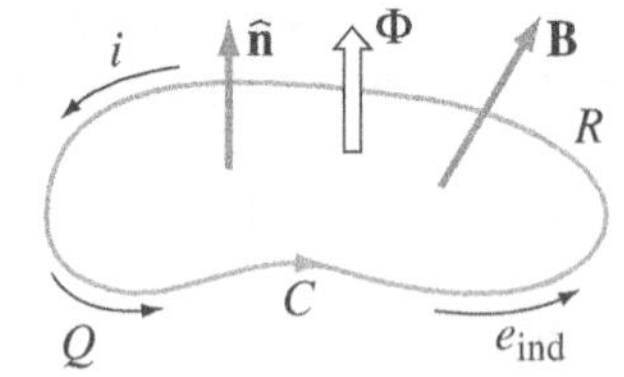

Figura 6.21

Avaliação do fluxo de carga em um fio de contorno como consequência de uma mudança do fluxo magnético através do contorno; para o Exemplo 6.19.

é induzida no contorno (devido à indução total, no caso geral), para a qual podemos escrever

$$e_{ind} = -\frac{d\Phi}{dt} \quad e \quad e_{ind} = Ri, \tag{6.127}$$

onde i é a intensidade da corrente no contorno (Figura 6.21). Combinando essas duas equações temos

$$d\Phi = -Ri\,dt. \tag{6.128}$$

Pela Equação (3.4), a carga que flui através do contorno durante um tempo elementar dt é $dQ = i\,dt$, resultando em

$$d\Phi = -R\,dQ. \tag{6.129}$$

Em seguida, integramos ambos os lados dessa equação. No lado esquerdo, assim, obtemos a variação total do fluxo, $\Delta\Phi$, a partir de seu valor inicial (Φ_1) até o final (Φ_2) no processo,

$$\int_{\Phi_1}^{\Phi_2} d\Phi = \Phi_2 - \Phi_1 = \Delta\Phi. \tag{6.130}$$

No lado direito, a integral de dQ é igual ao fluxo de carga total, Q, e portanto

fluxo de carga em um fio de contorno devido a uma mudança de fluxo magnético

$$\boxed{Q = -\frac{\Delta\Phi}{R},} \tag{6.131}$$

onde as direções de referência do fluxo de carga e do fluxo magnético estão interligadas pela regra da mão direita, como indicado na Figura 6.21.

Exemplo 6.20

Fluxômetro com base em uma medição de fluxo de carga

Um fluxômetro consiste de uma pequena bobina (sonda magnética) conectada a um galvanômetro balístico, como na Figura 6.22. A área de corte transversal da bobina é S e o número de voltas do fio é N. A resistência total da bobina e do galvanômetro é R. A bobina está colocada em um campo magnético invariante no tempo uniforme tal que as linhas do campo magnético são perpendiculares à superfície plana espalhada sobre o corte transversal da bobina (Figura 6.22). A bobina é então removida do campo, e o fluxo de carga indicado pelo galvanômetro é Q. Qual é a densidade do fluxo do campo magnético?

Solução O fluxo magnético da bobina enquanto ele estiver no campo é

$$\Phi_1 = NBS, \tag{6.132}$$

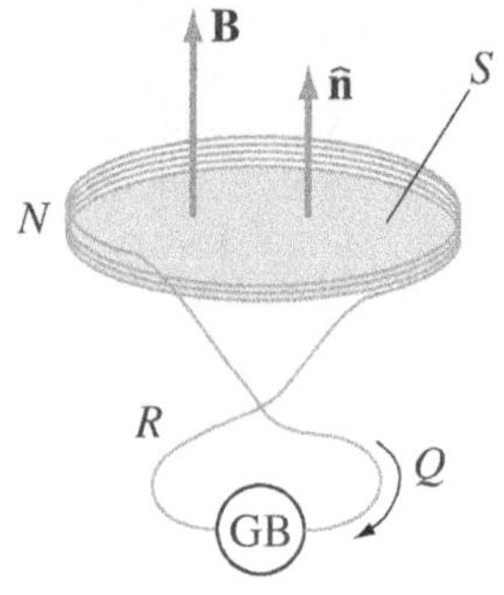

Figura 6.22

Fluxômetro consistindo de uma bobina pequena e um galvanômetro balístico (GB); para o Exemplo 6.20.

enquanto $\Phi_2 = 0$ após a bobina ser retirada do campo. Usando a Equação (6.131), o fluxo de carga através do galvanômetro é dado por

$$Q = -\frac{\Delta\Phi}{R} = -\frac{\Phi_2 - \Phi_1}{R} = \frac{\Phi_1}{R} = \frac{NBS}{R}, \tag{6.133}$$

que produz a seguinte expressão para a densidade do fluxo magnético do campo:

$$B = \frac{R}{NS}Q. \tag{6.134}$$

Vemos que B é linearmente proporcional à Q, onde a constante de proporcionalidade é determinada pelos parâmetros (R, N e S) do fluxômetro na Figura 6.22.

Assim, ao medir diretamente o fluxo de carga através de seus terminais, um galvanômetro balístico conectado a uma sonda magnética pode ser utilizado para medir indiretamente a densidade de fluxo de um campo magnético desconhecido. Em alguns casos, como neste exemplo, a medição é baseada na indução eletromagnética dinâmica (o campo é constante no tempo e uma bobina ou é removida do campo ou trazida para ele). Em outras aplicações, como no instrumento para medição de curvas de magnetização na Figura 5.19, uma bobina está parada em um campo que é tanto estabelecido a partir do zero a seu valor final B (a ser medido) como reduzido de algum valor (B) para zero, de modo que a medição é baseada na indução eletromagnética do transformador.

Exemplo 6.21

Fluxo magnético através de um contorno supercondutor

Provar que o fluxo magnético através de um contorno de fio supercondutor não pode ser alterado.

Solução Um fio supercondutor tem zero de resistividade [ver Equação (3.23)] e resistência total zero, $R = 0$, de modo que as equações (6.127) dão

Φ = const através de um contorno supercondutor

$$\boxed{\frac{d\Phi}{dt} = 0 \quad (R = 0),} \tag{6.135}$$

isto é, Φ = const, o que completa a nossa prova.

Tendo em vista que Φ denota o fluxo total existente através do contorno, este resultado pode ser explicado da seguinte forma. Se o campo magnético no qual um contorno supercondutor se encontra (campo magnético externo ou principal) é alterado e/ou o contorno é deslocado no campo, uma corrente é induzida no contorno cujo campo magnético (campo secundário) cancela completamente a mudança do fluxo magnético através do contorno (lei de Lenz em sua forma extrema), de modo que o fluxo total Φ através do contorno permanece constante.

6.8 CORRENTES PARASITAS

Sempre que campo elétrico é induzido em um meio condutor, a corrente elétrica é também estabelecida, com a mesma dependência de tempo como o campo (supomos que o meio é linear em termos de sua condutividade). Um exemplo é uma espira de fio condutor em um campo magnético variável no tempo (Figura 6.8), onde a intensidade da corrente induzida no fio é dada pela Equação (6.38). Esta seção é dedicada a estudar as correntes induzidas em volume de corpos condutores sólidos, em que muitos contornos de correntes são estabelecidos em todo o volume do corpo, como resultado do campo elétrico induzido. Essas correntes são perpendiculares ao fluxo magnético no corpo e, uma vez que fluem como "parasitas" (na água), nós as chamamos de correntes parasitas. O vetor densidade de corrente parasita, $\mathbf{J}_{\text{parasita}}$, está relacionado com o vetor intensidade de campo elétrico, $\mathbf{E}$, através da lei de Ohm na forma local:

densidade de correntes parasitas

$$\mathbf{J}_{\text{parasita}} = \sigma \mathbf{E}, \tag{6.136}$$

onde σ é a condutividade do material. O vetor $\mathbf{E}$ representa o campo (mensurável) elétrico real no material, que, em geral, é composto de campo elétrico induzido, $\mathbf{E}_{\text{ind}}$, e o campo devido ao excesso de carga, $\mathbf{E}q$ [ver Equação (6.16)]. O vetor $\mathbf{J}_{\text{parasita}}$ na Equação (6.136), portanto, é o vetor densidade de corrente (total) real no material, os componentes correspondentes dos quais são $\sigma\mathbf{E}_{\text{ind}}$ e $\sigma\mathbf{E}q$. Observe que o componente $\sigma\mathbf{E}_{\text{ind}}$ sozinho é em geral identificado como o vetor densidade de corrente induzida no material. No entanto, como o acúmulo de excesso de carga na maioria dos sistemas práticos com um campo elétrico induzido é também um resultado da indução eletromagnética, ambos os componentes do vetor de densidade de corrente parasita podem ser ditos induzidos pela mesma causa que induz o campo $\mathbf{E}_{\text{ind}}$ e a força eletromotriz no sistema, ou seja, para representar a corrente induzida no material. Essa causa, por outro lado, pode estar relacionada tanto a uma indução transformadora quanto dinâmica, bem como a uma indução total (combinada).

Como consequência de correntes parasitas, a energia elétrica é perdida para o calor no material, de acordo com a lei de Joule, e este é o princípio de aquecimento por indução. Nos chamados fornos de indução, por exemplo, as correntes parasitas são criadas com o propósito de produzir aquecimento local em pedaços de metal e temperaturas elevadas o suficiente para derreter o metal. Em máquinas ca e transformadores, no entanto, a perda de potência por causa de correntes parasitas induzidas em núcleos ferromagnéticos[10] é indesejável. Da Equação (3.31), a densidade de volume da potência de perdas Joule em um ponto no material é proporcional ao quadrado da densidade de correntes parasitas, J_{parasita}, naquele ponto. Usando a Equação (3.32), a potência total instantânea das perdas (ôhmica) Joule em todo o corpo é obtida como

perdas (ôhmicas) Joule devido a correntes parasitas

$$P_{\text{J}} = \int_{v} \frac{J_{\text{parasita}}^2}{\sigma} \, \mathrm{d}v, \tag{6.137}$$

onde v denota o volume do corpo.

Outra consequência importante das correntes parasitas é o campo magnético que elas produzem. Pela lei de Lenz, este campo (o campo magnético secundário) se opõe à mudança no fluxo magnético primário no interior do corpo, o que causou as correntes de parasitas em primeiro lugar. Enquanto o campo magnético secundário devido a correntes induzidas em circuitos de fios finos é quase sempre insignificante em relação ao campo primário magnético, este muitas vezes não é o caso com as correntes volumétricas parasitas em corpos sólidos. Quanto maiores o volume do corpo e áreas de contornos de corrente parasita (parasitas) no material, maior a fem induzida ao longo dos contornos e as intensidades de corrente, bem como o campo magnético que elas produzem. Esse efeito é também geralmente indesejável. Por exemplo, o campo magnético causado por correntes parasitas em núcleos ferromagnéticos de máquinas ca e transformadores tende a cancelar o fluxo magnético principal no núcleo e, portanto, reduzir bastante a eficiência do dispositivo. Como ilustração, considere um núcleo grande de forma retangular como um paralelepípedo em um campo magnético primário variável no tempo uniforme $\mathbf{B}$, conforme ilustrado na Figura 6.23(a). O campo magnético secundário (induzido), $\mathbf{B}_{\text{ind}}$, é o mais forte no centro do corte transversal do núcleo, ou seja, no centro de todos os contornos de corrente parasita, onde todos os campos devido a esses contornos se somam. Assim, a densidade de fluxo magnético resultante (primária e secundária) não é uniformemente distribuída sobre o corte transversal do núcleo; é menor no centro e maior próximo da superfície do núcleo. Em outras palavras, praticamente apenas a região "cobertura" abaixo da superfície do núcleo carrega o fluxo magnético e é efetivamente utilizada para a operação do dispositivo. Esse fenômeno é conhecido como o efeito de cobertura em núcleos ferromagnéticos.

[10] Materiais ferromagnéticos são condutores de eletricidade, com condutividades grandes (por exemplo, $\sigma_{\text{Fe}} = 10$ MS/m para o ferro).

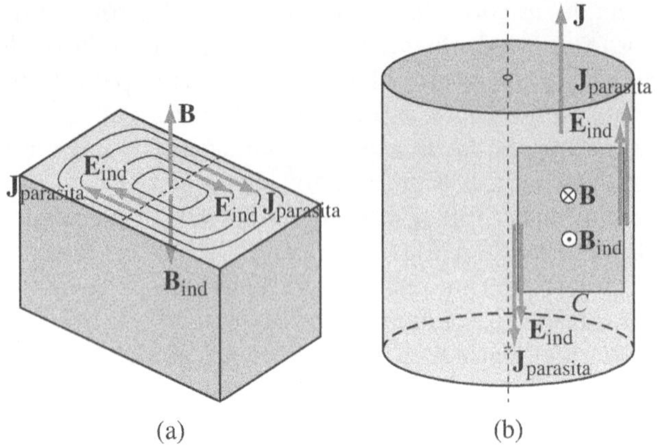

Figura 6.23

Ilustração do efeito cobertura em um núcleo ferromagnético em forma de paralelepípedo com um campo magnético variável no tempo (a) e em um condutor cilíndrico com uma corrente harmônica no tempo (b).

Note que o efeito de cobertura em condutores de corrente em altas frequências é também uma consequência das correntes induzidas (parasitas) e seu campo magnético. Para mostrar isso, considere um condutor cilíndrico transportando uma corrente harmônica no tempo (ca) de densidade **J**, Figura 6.23(b). Usando a analogia com o caso cc na Figura 4.15, as linhas do campo magnético **B** devido a essa corrente são círculos centrados no eixo condutor. Esse campo induz um campo elétrico $\mathbf{E}_{\text{ind}}$, que é axial no condutor (linhas de campo são paralelas ao eixo do condutor) e pode ser qualitativamente analisado, aplicando a lei de Faraday da indução eletromagnética, a Equação (6.35), para o contorno C retangular mostrado na Figura 6.23(b). A direção dos vetores $\mathbf{E}_{\text{ind}}$ e $\mathbf{J}_{\text{parasita}}$ é determinada pela lei de Lenz (isto é, pelo sinal negativo na lei de Faraday). É de tal forma que o campo magnético secundário, $\mathbf{B}_{\text{ind}}$, se opõe ao campo primário **B**. Assim, o vetor densidade de corrente parasita tende a cancelar a densidade de corrente **J** dentro do volume do condutor, ao adicionar à sua magnitude próximo da superfície do condutor. Portanto, a magnitude do vetor densidade de corrente total é menor no eixo condutor e aumenta em direção à superfície do condutor. Quanto maior a frequência (ou seja, mais rápida a razão de variação d/dt na lei de Faraday), maior a fem induzida no contorno C e mais forte será o efeito cobertura. Em frequências muito elevadas, a corrente é restrita a uma camada muito fina ("cobertura") próxima da superfície do condutor,[11] praticamente na própria superfície, e pode ser considerada, portanto, uma corrente superficial e descrita com o vetor densidade de corrente de superfície, $\mathbf{J}_s$ [ver equações (3.12) e (3.13)].

Os exemplos nesta seção incluem a avaliação das distribuições de correntes parasitas e perdas Joule em vários sistemas característicos baseados em cada um dos três tipos de indução eletromagnética (transformador, dinâmica e indução total). Em todos os casos, desprezaremos o campo magnético causado por correntes parasitas e o efeito de cobertura associado em corpos condutores. Levar esse campo em conta na avaliação da distribuição de correntes parasitas no corpo exigiria uma análise muito mais complexa baseada em técnicas numéricas de cálculo de campo.

Exemplo 6.22

Correntes parasitas em um disco condutor fino

Um disco condutor fino de raio a, espessura $\delta(\delta \ll a)$, condutividade σ e permeabilidade μ_0 está dentro de um solenoide infinitamente longo cheio de ar, como mostrado na Figura 6.24(a). Uma corrente de baixa frequência harmônica no tempo de intensidade $i(t) = I_0 \cos \omega t$ flui através do enrolamento. O número de espiras do fio por unidade de comprimento

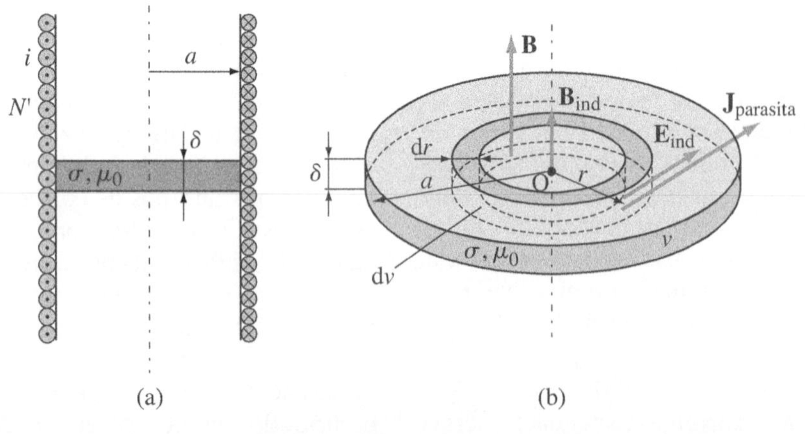

Figura 6.24

(a) Disco condutor fino dentro de um solenoide infinitamente longo com uma corrente de baixa frequência harmônica no tempo e (b) a avaliação das correntes parasitas no disco e seu campo magnético no centro do disco; para o Exemplo 6.22.

11 Por exemplo, veremos em um capítulo posterior que a espessura da camada que transporta a maior parte da corrente em condutores de cobre em frequências mais altas do que a cerca de 1 MHz é menor do que uma fração de milímetro.

do solenoide é N'. (a) Determine a distribuição de correntes parasitas induzidas no disco, desprezando o campo magnético que elas produzem. (b) Determine a potência média no tempo de perdas Joule dissipada no disco. (c) Avalie o campo magnético devido às correntes parasitas no centro do disco.

Solução

(a) Correntes parasitas são induzidas no disco devido à indução do transformador nessa estrutura. O campo elétrico induzido no interior do solenoide é dado pela primeira expressão na Equação (6.51). Usando a Equação (6.136) e consultando a Figura 6.24(b), a distribuição das correntes parasitas no disco é descrita pela seguinte expressão para a densidade de corrente induzida:

$$J_{\text{parasita}}(r,t) = \sigma E_{\text{ind}}(r,t) = -\frac{\mu_0 \sigma N' r}{2}\frac{\mathrm{d}i}{\mathrm{d}t} = \frac{\omega \mu_0 \sigma N' I_0 r}{2}\,\mathrm{sen}\,\omega t \quad (0 \le r \le a) \tag{6.138}$$

onde r é a distância radial a partir do eixo do solenoide e supomos que o campo elétrico devido ao excesso de carga seja praticamente zero.

(b) Pela Equação (6.137), a potência instantânea de perdas Joule no disco é

$$P_J(t) = \int_{r=0}^{a} \frac{J^2_{\text{parasita}}(r,t)}{\sigma}\underbrace{2\pi r \mathrm{d}r \delta}_{\mathrm{d}v} = \frac{\pi\sigma(\omega\mu_0 N' I_0)^2\delta}{2}\,\mathrm{sen}^2\,\omega t \int_0^a r^3\,\mathrm{d}r = \frac{\pi\sigma(\omega\mu_0 N' I_0)^2 a^4 \delta}{8}\,\mathrm{sen}^2\,\omega t, \tag{6.139}$$

com $\mathrm{d}v$ sendo o volume de um disco oco elementar de raio r, largura $\mathrm{d}r$ e espessura (altura) δ [Figura 6.24(b)]. Tendo em mente a Equação (6.95), o tempo médio dessa potência equivale a

$$(P_J)_{\text{méd}} = \frac{\pi\sigma(\omega\mu_0 N' I_0)^2 a^4 \delta}{16}. \tag{6.140}$$

(c) Como $\delta \ll a$, o disco oco elementar de volume $\mathrm{d}v$ na Figura 6.24(b) pode ser substituído por um contorno de corrente circular equivalente (fio) de raio r e intensidade de corrente

$$\mathrm{d}I_{\text{parasita}}(r,t) = J_{\text{parasita}}(r,t)\,\delta\,\mathrm{d}r \tag{6.141}$$

(corte transversal do disco oco através do qual a corrente de fluxos de densidade $\mathbf{J}_{\text{parasita}}$ é um pequeno retângulo de comprimentos de lado δ e $\mathrm{d}r$, e área de superfície $\delta\,\mathrm{d}r$). A densidade do fluxo magnético devido a essa corrente no centro do disco é obtida usando a Equação (4.19) para $z = 0$ e r substituindo a:

$$\mathrm{d}B_{\text{ind}}(r,t) = \frac{\mu_0\,\mathrm{d}I_{\text{parasita}}(r,t)}{2r}. \tag{6.142}$$

Em virtude do princípio da superposição, o campo magnético resultante devido às correntes parasitas é dado por

$$B_{\text{ind}}(t) = \int_{r=0}^{a} \mathrm{d}B_{\text{ind}}(r,t) = \frac{\omega\mu_0^2\sigma N' I_0 \delta}{4}\,\mathrm{sen}\,\omega t \int_0^a \mathrm{d}r = \frac{\omega\mu_0^2\sigma N' I_0 a\delta}{4}\,\mathrm{sen}\,\omega t. \tag{6.143}$$

Comparando-se a amplitude B_{ind0} do campo $B_{\text{ind}}(t)$ com a amplitude B_0 do campo principal $B(t) = \mu_0 N' I_0 \cos \omega t$ [Equação (6.48)] no interior do solenoide, vemos que

$$\frac{B_{\text{ind0}}}{B_0} = \frac{\omega\mu_0\sigma a\delta}{4}. \tag{6.144}$$

Assim, o campo magnético devido às correntes parasitas no disco é insignificante em relação ao campo magnético devido às correntes primárias no solenoide somente se

$$\frac{\pi f \mu_0 \sigma a \delta}{2} \ll 1, \tag{6.145}$$

onde $f = \omega/(2\pi)$ é a frequência das correntes, e se essa condição é satisfeita ou não depende dos valores numéricos dos parâmetros da estrutura na Figura 6.24(a). Como exemplo, para $f = 60$ Hz (frequência de alimentação), $\sigma = 58$ MS/m (cobre), e $\delta = a/20$, obtemos que somente para discos com raios muito pequenos ($a \ll 5$ cm), $B_{\text{ind0}} \ll B_0$, enquanto as correntes parasitas em discos maiores produzem campos magnéticos que não podem ser desprezados no que diz respeito aos campos primários (pelo menos no centro do disco, onde o campo magnético secundário é máximo).

Note que o campo magnético $\mathbf{B}_{\text{ind}}$ na Equação (6.143) é avaliado com base na distribuição de correntes parasitas dadas pela Equação (6.138). No entanto, quando a condição na Equação (6.145) não é satisfeita, essa avaliação não é precisa o suficiente e fornece apenas resultados qualitativos, porque a expressão de partida para o campo elétrico induzido na Equação (6.51) é obtida considerando apenas o campo magnético principal, no lado direito da lei de Faraday da indução eletromagnética.

Exemplo 6.23

Correntes parasitas em uma placa ferromagnética fina

Uma placa ferromagnética condutora fina de comprimento b, largura a e espessura d ($d \ll a$) situa-se em um campo magnético de baixa frequência harmônico no tempo uniforme de densidade de fluxo $B(t) = B_0 \cos \omega t$. As linhas de campo são perpendiculares ao corte transversal da placa, como mostrado na Figura 6.25(a). A condutividade da placa é σ. Desprezando os efeitos das bordas e o campo magnético produzido por correntes parasitas, encontre (a) a distribuição dessas correntes em toda a placa e (b) a potência total de tempo médio de perdas Joule associadas.

Solução

(a) Este é outro exemplo de uma estrutura com correntes parasitas causadas pela indução do transformador. Desprezando os efeitos das bordas (sendo $d \ll a$), supomos que as correntes na placa são retas e paralelas à superfície, como indicado na Figura 6.25(b). Pela Equação (6.136), o mesmo vale para as linhas do vetor intensidade de campo elétrico total, $\mathbf{E}$, na placa. Da mesma forma, a magnitude E desse vetor não depende da coordenada y na Figura 6.25(b). Aplicando a lei de Faraday da indução eletromagnética, a Equação (6.37), para o contorno retangular C mostrado na Figura 6.25(b), obtemos

$$2E(x,t)\,l = -\frac{\mathrm{d}B}{\mathrm{d}t}2xl, \quad -\frac{d}{2} < x < \frac{d}{2}, \tag{6.146}$$

que produz

$$E(x,t) = -x\frac{\mathrm{d}B}{\mathrm{d}t} = \omega B_0 x \operatorname{sen}\omega t, \qquad (6.147)$$

onde desprezamos o campo magnético devido às correntes parasitas na placa. A densidade dessas correntes é dada por

$$J_{\text{parasita}}(x,t) = \sigma E(x,t) = \omega\sigma B_0 x \operatorname{sen}\omega t. \qquad (6.148)$$

(b) A potência total instantânea de perdas Joule dissipada ao longo do volume v da placa é

$$P_J(t) = \int_v \frac{J^2_{\text{parasita}}(x,t)}{\sigma} \underbrace{ab\,\mathrm{d}x}_{\mathrm{d}v} = \omega^2\sigma ab B_0^2 \operatorname{sen}^2\omega t \int_{x=-d/2}^{d/2} x^2\,\mathrm{d}x =$$

$$= \frac{\omega^2\sigma abd^3 B_0^2}{12}\operatorname{sen}^2\omega t, \qquad (6.149)$$

onde dv representa o volume de uma laje diferencialmente fina de espessura dx utilizada na integração de volume. Por fim, com uma média no tempo [Equação (6.95)] resulta

$$(P_J)_{\text{méd}} = \frac{\omega^2\sigma abd^3 B_0^2}{24}. \qquad (6.150)$$

Note que núcleos ferromagnéticos de máquinas ca e transformadores são feitos de placas finas empilhadas mutuamente isoladas, como retratado na Figura 6.25(c), em vez de uma única peça de material, mostrado na Figura 6.25(d). Com isso, as áreas de contornos de correntes parasitas no núcleo são consideravelmente reduzidas, e por isso também são as forças eletromotrizes e intensidades de corrente ao longo dos contornos. Consequentemente, ambos os efeitos indesejáveis de correntes parasitas (perdas Joule e campo magnético secundário) também são reduzidos de modo significativo. Em específico, a potência do tempo médio de perdas Joule no núcleo laminado na Figura 6.25(c) pode ser obtida como N vezes a potência dada na Equação (6.150) para uma única placa fina, onde N é o número de placas finas isoladas. Por outro lado, a potência do tempo médio de perdas Joule no núcleo homogêneo na Figura 6.25(d) pode ser grosseiramente estimada usando a mesma expressão de placa fina na Equação (6.150) para a espessura de placa Nd. Assim, podemos escrever

perdas ôhmicas em um núcleo laminado vs. núcleo homogêneo – de uma máquina ca ou transformador

$$(P_J)_{\text{méd1}} \propto Nd^3 \quad \text{e} \quad (P_J)_{\text{méd2}} \propto (Nd)^3, \qquad (6.151)$$

respectivamente, para essas duas potências. Vemos que a redução de perdas Joule no núcleo laminado é estimada ser tão grande como cerca de um fator de N^2 em comparação com o núcleo homogêneo com as mesmas dimensões. Além disso, o efeito cobertura causado pelo campo magnético causado por correntes parasitas tem muito mais destaque no núcleo na Figura 6.25(d), onde o fluxo magnético resultante é "empurrado" para a região da "cobertura" próxima à superfície somente do núcleo, para que todo o interior do núcleo seja quase livre de fluxo. No núcleo na Figura 6.25(c), do outro lado, as regiões "cobertura" são formadas em cada uma das placas finas isoladas, de modo que, embora não inteiramente uniforme sobre o corte transversal do núcleo, o fluxo resultante seja distribuído de modo muito mais denso por todo o volume do núcleo e o material ferromagnético seja muito mais bem utilizado para a operação da máquina ou transformador.

Note também que, da Equação (6.150),

dependência de perdas ôhmicas devido às correntes parasitas sobre a frequência e condutividade

$$(P_J)_{\text{méd}} \propto f^2\sigma, \qquad (6.152)$$

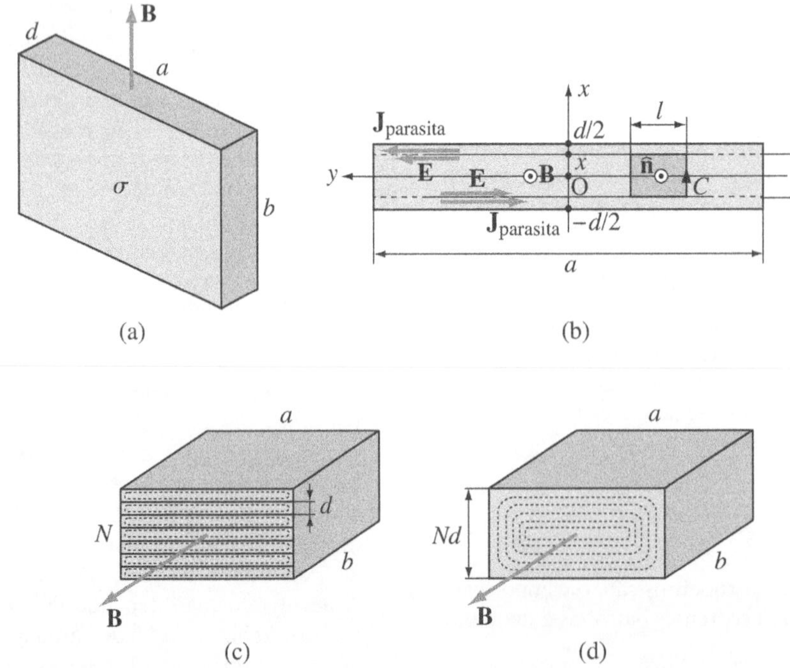

Figura 6.25

(a) Placa ferromagnética condutora fina em um campo magnético de baixa frequência harmônico no tempo uniforme, (b) distribuição de correntes parasitas na placa, (c) N placas finas isoladas formando um núcleo de uma máquina ca ou transformador e (d) um núcleo com as mesmas dimensões feitas de uma única peça de material; para o Exemplo 6.23.

o que significa que a perda de potência por causa de correntes parasitas no núcleo aumenta muito depressa com a subida na frequência de operação do dispositivo (f) e também pode ser reduzida pelo uso de materiais de núcleo que têm baixa condutividade (σ). É por isso que ferrites (que têm alta permeabilidade, mas baixa condutividade) são usados no lugar de ferromagnéticos em algumas aplicações em altas frequências (por exemplo, para os núcleos de transformadores de alta frequência ou antenas de *loop* multivoltas).

Exemplo 6.24

Correntes parasitas em uma faixa de rotação

Uma faixa condutora fina muito longa de comprimento l, largura a e espessura δ ($\delta \ll a \ll l$) gira sobre seu eixo a uma velocidade angular constante ω em um campo magnético invariante no tempo uniforme de densidade de fluxo B, como mostrado na Figura 6.26(a). Em um instante $t = 0$, a faixa é perpendicular ao vetor **B**. A condutividade da faixa é σ, e a permeabilidade μ_0. Determine (a) a distribuição de correntes parasitas e (b) a potência instantânea de perdas Joule na faixa. Despreze os efeitos das bordas e o campo magnético produzido pelas correntes parasitas.

Solução

(a) Esta é uma estrutura com correntes parasitas geradas por causa da indução dinâmica. O campo elétrico induzido na faixa é dado pela Equação (6.68), onde desprezamos o campo magnético devido às correntes na faixa. O vetor $\mathbf{E}_{\rm ind}$ é perpendicular ao corte transversal da faixa, mostrado na Figura 6.26(b). Em um ponto P, a velocidade do qual é $v = \omega x$,

$$\mathbf{E}_{\rm ind} = \mathbf{v} \times \mathbf{B} = vB\,\mathrm{sen}\,\theta(-\hat{\mathbf{z}}) = -\omega x B\,\mathrm{sen}\,\omega t\,\hat{\mathbf{z}},$$
$$-\frac{a}{2} < x < \frac{a}{2}, \qquad (6.153)$$

onde $\theta = \omega t$ é o ângulo entre a faixa e o plano horizontal de referência no tempo t [ver Equação (6.88)]. Note que, para a posição da faixa na Figura 6.26(b), a direção de $\mathbf{E}_{\rm ind}$ está fora da página para $x > 0$ e na página para $x < 0$ (ponto P'). A densidade de correntes parasitas na faixa, dada com relação à direção de referência fora da página na Figura 6.26(b), é

$$J_{\rm parasita} = \sigma E_{\rm ind} = \omega\sigma x B\,\mathrm{sen}\,\omega t, \qquad (6.154)$$

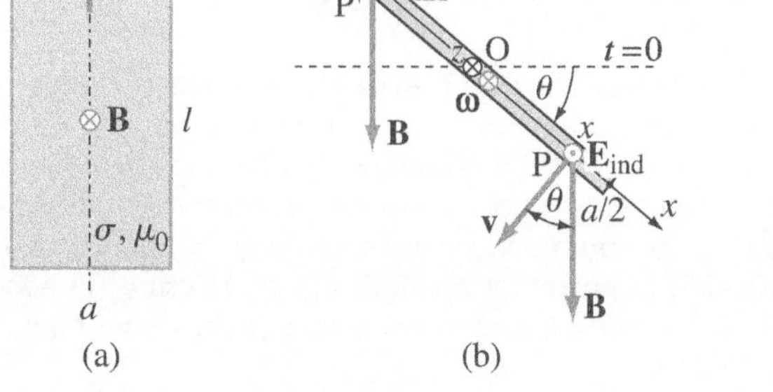

Figura 6.26

Avaliação de correntes parasitas em uma faixa girando em um campo magnético invariante no tempo uniforme: (a) vista superior em $t = 0$ e (b) vista de corte transversal em um tempo arbitrário t; para o Exemplo 6.24.

na qual desprezamos os efeitos das bordas, ou seja, o campo elétrico devido ao excesso de carga que se acumula perto das extremidades da faixa e faz com que a corrente dobre e feche em si mesma próximo das extremidades.

(b) A potência total instantânea de perdas Joule na faixa vem a ser

$$P_{\rm J}(t) = \int_{x=-a/2}^{a/2} \frac{J^2_{\rm parasita}}{\sigma}\,\mathrm{d}v = \omega^2\sigma l\delta B^2\,\mathrm{sen}^2\,\omega t \int_{-a/2}^{a/2} x^2\,\mathrm{d}x =$$
$$= \frac{\omega^2\sigma a^3 l\delta B^2}{12}\,\mathrm{sen}^2\,\omega t, \qquad (6.155)$$

onde $\mathrm{d}v = l\delta\,\mathrm{d}x$ é o volume de uma faixa elementar de comprimento l, espessura δ e largura $\mathrm{d}x$.

Exemplo 6.25

Cilindro rotativo em um campo magnético rotativo

Um cilindro condutor muito longo de comprimento l, raio a e condutividade σ gira a uma velocidade angular constante ω_0 em torno de seu eixo, enquanto exposto a um campo magnético rotativo de densidade de fluxo B e frequência angular ω ($\omega > \omega_0$), como mostrado na Figura 6.27(a). Despreze os efei-

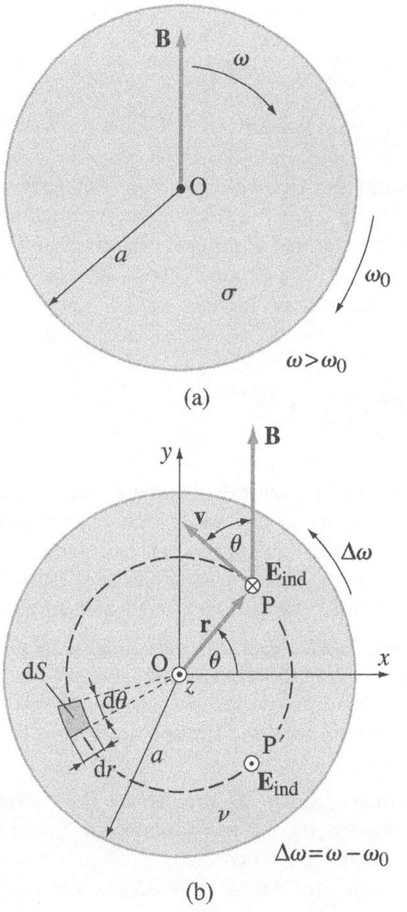

Figura 6.27

(a) Cilindro rotativo em um campo magnético rotativo e (b) sistema equivalente com o cilindro girando em um campo magnético estático; para o Exemplo 6.25.

tos das bordas e o campo magnético causado por correntes parasitas, e calcule a potência instantânea total de perdas Joule no cilindro.

Solução Este é um sistema baseado na indução total (transformadora mais a dinâmica). No entanto, podemos usar o conceito de velocidade de escorregamento dado na Equação (6.121) e substituir esse sistema por um cilindro rotativo em um campo magnético estático com a razão $\Delta\omega = \omega - \omega_0$ na direção oposta como mostrado na Figura 6.27(b). No sistema equivalente, que é baseado apenas na indução dinâmica, o campo elétrico induzido é encontrado em uma forma semelhante à da Equação (6.153). Em um ponto P na Figura. 6.27(b),

$$\mathbf{E}_{\text{ind}} = \mathbf{v} \times (B\,\hat{\mathbf{y}}) = vB\,\text{sen}\,\theta(-\,\hat{\mathbf{z}}) = -\Delta\omega rB\,\text{sen}\,\theta\,\hat{\mathbf{z}} =$$

$$= -\Delta\omega rB\,\text{sen}(\Delta\omega t + \theta_0)\,\hat{\mathbf{z}},\ 0 \le r < a,\ -\pi \le \theta < \pi, \quad (6.156)$$

onde r é a distância radial do eixo do cilindro ($r = |\mathbf{r}|$), $v = \Delta\omega r$ é a velocidade do ponto, e θ é o ângulo entre o vetor $\mathbf{r}$ e o eixo x, o que equivale a θ_0 em $t = 0$ e é dada pela Equação (6.88) com $\Delta\omega$ como razão de rotação. Observe as direções opostas de $\mathbf{E}_{\text{ind}}$ em pontos P e P' no corte transversal do cilindro, ou seja, para θ positivo e negativo, o que nos diz como as correntes parasitas ($\mathbf{J}_{parasita}$) fecham em todo o cilindro.

A potência total instantânea de perdas Joule dissipada no cilindro é obtida pela integração:

$$P_J(t) = \int_v \sigma E_{\text{ind}}^2\,\text{d}v = \int_{r=0}^{a}\int_{\theta=-\pi}^{\pi} \sigma E_{\text{ind}}^2(r,\theta)\,\underbrace{l\,r\text{d}\theta\,\text{d}r}_{\text{d}S} =$$

$$= (\Delta\omega)^2\sigma B^2 l \int_0^a r^3\,\text{d}r \int_{-\pi}^{\pi} \text{sen}^2\,\theta\,\text{d}\theta =$$

$$= \frac{\pi(\omega - \omega_0)^2\sigma a^4 l B^2}{4}, \quad (6.157)$$

onde dS é uma fita elementar no corte transversal do cilindro [Figura 6.27(b)], cujos lados são de comprimento dr e rdθ, e dv = l dS. Vemos que a potência dissipada é constante em relação ao tempo, que é uma consequência da simetria (rotação) cilíndrica deste problema.

Problemas

6.1. Campo elétrico induzido de uma espira de corrente circular. Supondo que a corrente na espira circular na Figura 4.6 não é constante, mas lentamente variável no tempo, com intensidade $i(t)$, encontre o vetor intensidade de campo elétrico induzido em um ponto arbitrário ao longo do eixo z (ponto P).

6.2. Campo elétrico induzido de uma espira de corrente triangular. Para a espira de corrente triangular na Figura 4.39, calcular o vetor intensidade de campo elétrico no ponto P induzido por uma corrente lentamente variável no tempo de intensidade $i(t)$ no circuito.

6.3. Campo magnético de uma fonte IEM (contorno quadrado). Considere o contorno quadrado de uma corrente descrito no Exemplo 6.2, e encontre o vetor intensidade do campo magnético no ponto M na Figura 6.2(a). Compare o resultado com o do vetor de intensidade de campo elétrico induzido na Figura 6.2(d).

6.4. Campo elétrico induzido acima de um contorno quadrado de corrente. Determine o vetor intensidade de campo elétrico em um ponto N colocado a uma altura a acima de um vértice que representa a junção de lados 1 e 2 do contorno quadrado na Figura 6.2(c), as coordenadas do ponto, portanto, sendo $x = y = a/2$ e $z = -a$, induzido pelo pulso de corrente $i(t)$ na Figura 6.2(b).

6.5. Campo magnético de um contorno de corrente de forma complexa. Para o contorno de arame com partes semicirculares e lineares transportando uma corrente de baixa frequência harmônica no tempo do Exemplo 6.4, calcule o vetor de intensidade do campo magnético no ponto O na Figura 6.4.

6.6. Campo elétrico induzido de uma espira retangular semicircular. Encontre o vetor intensidade de campo elétrico induzido no ponto O na Figura 4.40, supondo que uma corrente lentamente variável no tempo de intensidade $i(t)$ flui pela espira.

6.7. Contorno de corrente com segmentos circulares e retos. Uma corrente de intensidade $i(t) = \text{sen}\,(10^8 t)$ A (t em s) flui por um contorno de fio com duas partes circulares (1/4 de círculo e 3/4 de círculo) e duas partes lineares, mostrado na Figura 6.28, onde $a = 3$ cm e $b = 9$ cm. (a) Verifique que se trata de uma corrente de baixa frequência, e calcule (b) o vetor intensidade de campo elétrico induzido e (c) o vetor de intensidade do campo magnético no ponto O.

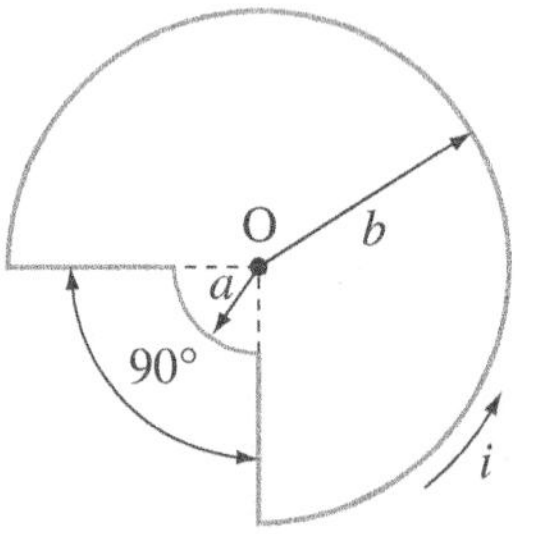

Figura 6.28 Contorno de arame com um quarto de círculo, 3/4 de círculo, e duas partes lineares carregando uma corrente de baixa frequência harmônica no tempo; para o Problema 6.7.

6.8. Campo elétrico induzido no eixo de um segmento circular. Repita o Exemplo 6.3, mas para o ponto de campo em um local arbitrário (definido pela coordenada z) ao longo do eixo z (normal ao plano do desenho) na Figura 6.3(a).

6.9. Campo elétrico induzido acima ou abaixo de uma espira semicircular. Considere o contorno de fio feito de um semicírculo e uma linha reta do Exemplo 4.4, e suponha que ele carrega uma corrente lentamente variável no tempo de intensidade $i(t)$. Determine o vetor intensidade de campo elétrico induzido em um ponto arbitrário ao longo do eixo z na Figura 4.9(a).

6.10. Tensão da distribuição de corrente e campo elétrico total. Em um domínio v no espaço livre, há uma distribuição lentamente variável no tempo de correntes de volume e cargas. Sabemos o vetor densidade de corrente, $\mathbf{J}$, em cada ponto de v, bem como o vetor intensidade de campo elétrico (total) (devido às correntes e cargas em v), $\mathbf{E}$, em cada ponto fora dele. Encontre a tensão entre dois pontos quaisquer, M e N, fora de v.

6.11. Tensão ao longo de um fio reto em um campo quase estático. Um fio metálico reto é colocado em um campo eletromagnético quase estático, para o qual o potencial de vetor magnético, $\mathbf{A}$, é conhecido em cada ponto do espaço. Quais são (a) o campo elétrico total no interior do fio e (b) a tensão entre as extremidades, M e N, do fio?

6.12. Espira de fio retangular em torno de um solenoide. Considere o solenoide descrito no Exemplo 6.5, e suponha que uma espira de fio retangular de comprimentos de arestas b e c é colocada coaxialmente em torno dele ($b, c > 2a$), como mostrado na Figura 6.29. O campo magnético devido às correntes induzidas pode ser desprezado. (a) Qual é a fem induzida total na espira? Encontre a fem na aresta MN da espira, e_{indMN}, nas duas seguintes formas, respectivamente: (b) integrando ao longo da aresta o vetor intensidade de campo elétrico induzido devido à corrente no enrolamento solenoide [use a relação na Equação (4.43) para resolver a integral] e (c), mostrando que e_{indMN} é igual à fem induzida no triângulo $\triangle$OMN na Figura 6.29, e depois calcule esta última fem como parte da fem total (a).

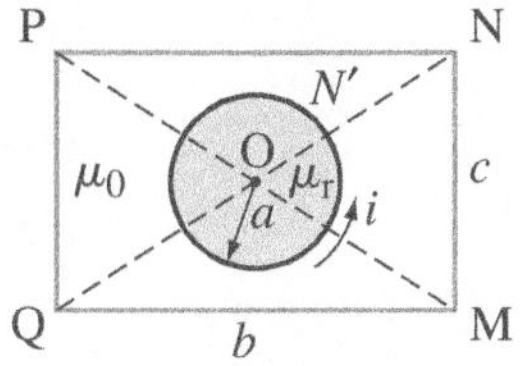

Figura 6.29 Espira de fio retangular colocada coaxialmente em torno do solenoide na Figura 6.9; para o Problema 6.12.

6.13. Solenoide e uma espira de fio com corte transversal não uniforme. Repita o Exemplo 6.6, mas supondo que a espira de fio ao redor do solenoide é composta de duas partes com a mesma condutividade, σ, mas com diferentes áreas de corte transversal, S_1 e S_2 ($S_1 \neq S_2$), e diferentes comprimentos, determinado por ângulos α e $2\pi - \alpha$, respectivamente, como mostrado na Figura 6.30.

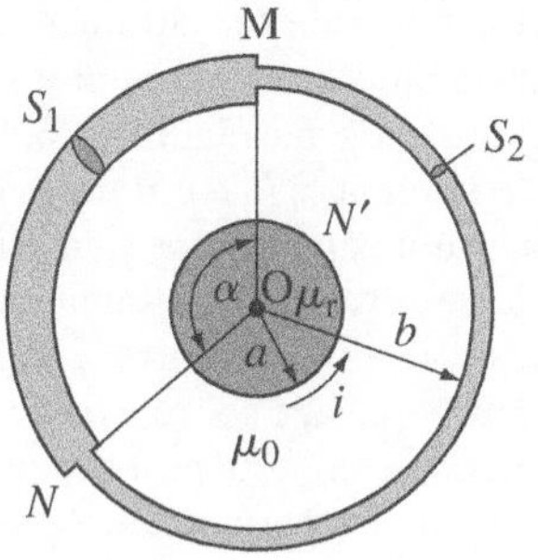

Figura 6.30 Estrutura na Figura 6.10(a), mas com uma espira de fio de corte transversal não uniforme em torno do solenoide; para o Problema 6.13.

6.14. Montagem de fio complexa dentro de um solenoide. A espira de fio composto de duas partes semicirculares com condutividades σ_1 e σ_2 do Exemplo 6.6 tem raio $a/2$ e é colocado coaxialmente dentro de um solenoide cheio de ar, e sejam adicionados dois pedaços de fio linear, com condutividades σ_3 e σ_4 a ele, em pontos M e N, conforme ilustrado na Figura 6.31. Segmentos de fio linear estão em posição radial em relação ao eixo do solenoide, e suas extremidades (pontos P e Q) são muito próximas uma da outra (a distância entre elas é muito menor do que a). Calcule a tensão entre os pontos P e Q.

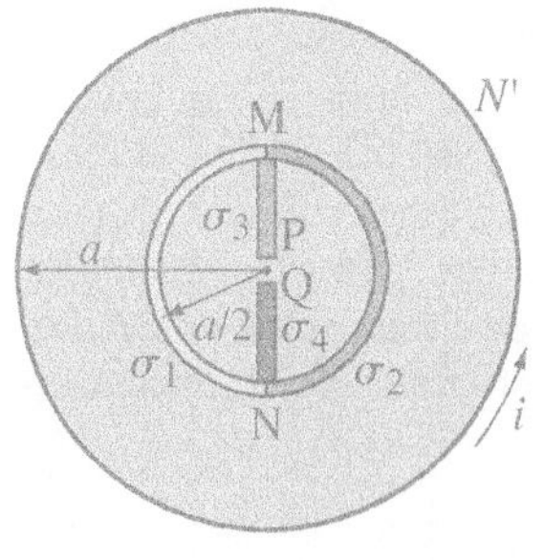

Figura 6.31 Montagem de arame de quatro partes com diferentes condutividades colocada dentro de um solenoide cheio de ar (a diferença entre os pontos P e Q é muito pequena); para o Problema 6.14.

6.15. Fem em uma espira retangular devido a uma corrente de linha de dois fios. Uma linha de dois fios fina muito longa no ar, com distância entre os eixos dos condutores igual a $4a$, é alimentada em uma extremidade por um gerador de corrente ideal de intensidade de corrente de baixa frequência harmônica no tempo $i_g(t) = I_{g0} \cos \omega t$, enquanto a outra extremidade da linha está em curto-circuito. Uma espira de fio retangular de comprimentos laterais a e b é colocada no plano da linha, de tal forma que seus dois lados são paralelos à linha e a distância de um dos lados de um dos condutores da linha é a. Desprezando efeitos das bordas e de propagação, ou seja, calculando o campo magnético da linha como se fosse infinitamente longo e supondo que a corrente de linha é a mesma em cada corte transversal, bem como o campo magnético devido à corrente induzida, encontre a fem induzida no circuito para as situações em (a) Figura 6.32(a) e (b) Figura 6.32(b), respectivamente.

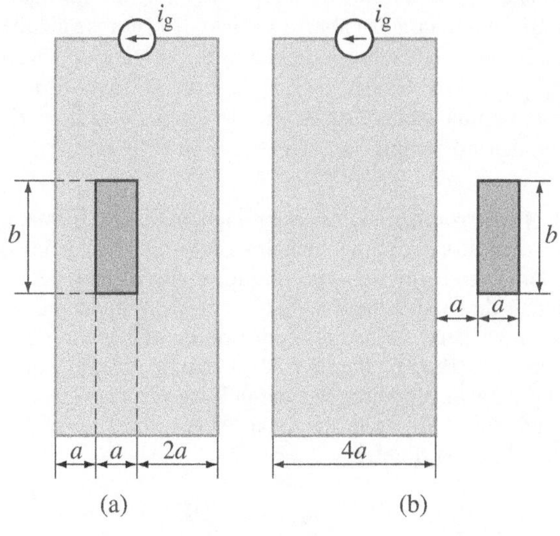

Figura 6.32 Indução eletromagnética em um circuito retangular devido a uma corrente variável no tempo de uma linha de dois fios finos: (a) *loop* entre condutores de linha e (b) *loop* em um lado da linha; para o Problema 6.15.

6.16. *Loops* concêntricos coplanares quadrados grandes e circulares pequenos. A Figura 6.33 mostra dois fios concêntricos no mesmo plano, no espaço livre, uma espira grande quadrada de comprimento lateral a e um pequeno circular de raio b ($b \ll a$). Os *loops* são orientados na mesma direção, sentido anti-horário. O *loop* quadrado carrega uma corrente de baixa frequência harmônica no tempo de intensidade $i(t) = I_0$ sen ωt, e a resistência do circuito circular é R. Determine a corrente induzida na espira circular, desprezando seu próprio campo magnético.

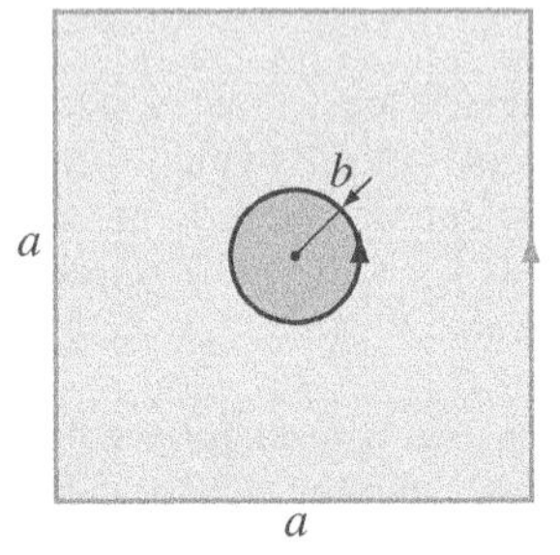

Figura 6.33 *Loops* coplanares concêntricos magneticamente acoplados quadrado grande e circular pequeno no espaço livre; para o Problema 6.16.

6.17. Indução eletromagnética em um circuito magnético não linear. Considere um circuito magnético na forma de um núcleo ferromagnético toroidal fino com duas bobinas, como o na Figura 5.19. O comprimento e a área de corte transversal do núcleo são $l = 50$ cm e $S = 1$ cm^2. A bobina primária, com $N_1 = 850$ voltas de fio envolto de modo uniforme e denso em todo o núcleo, é alimentada por uma corrente de baixa frequência harmônica no tempo de intensidade $i\ (t) = I_0$ sen ωt, onde $I_0 = 0{,}1$ A e $\omega = 10^6$ rad/s. A bobina secundária possui apenas $N_2 = 4$ voltas de fio que envolvem o enrolamento primário, e tem circuito aberto. O ciclo de histerese idealizado do material do núcleo é o da Figura 6.13(c), com $B_m = 0{,}5$ T e $H_m = 170$ A/m. Esboce a onda da tensão através dos terminais da bobina secundária dentro de um período de variação harmônica no tempo da corrente no circuito primário ($T = 2\pi/\omega$), isto é, para $0 \leq \omega t \leq 2\pi$.

6.18. Haste rotativa em um campo magnético uniforme. Uma haste condutora gira de maneira uniforme com velocidade angular w em torno de um eixo que se divide em duas partes desiguais de comprimentos l_1 e l_2 ($l_1 \neq l_2$) em um campo magnético invariante no tempo uniforme de densidade de fluxo B, como mostrado na Figura 6.34. O eixo de rotação é perpendicular à haste, e o vetor **B** é paralelo ao eixo. (a) Encontre a fem induzida total na haste. Qual é a fem total se (b) $l_1 = l_2$, (c) $l_2 = 0$, e (d) $l_1 = 0$?

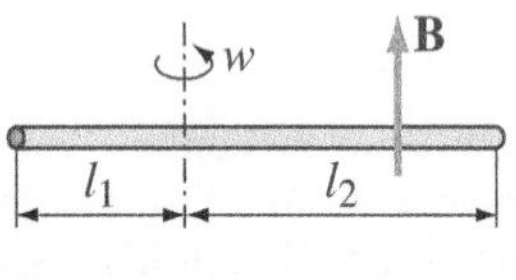

Figura 6.34 Conduzindo e girando uniformemente sobre um eixo excêntrico em um campo magnético uniforme estático; para o Problema 6.18.

6.19. Roda de Faraday. A Figura 6.35 mostra a roda de Faraday, um disco de cobre de raio a que gira em uma velocidade angular constante w sobre seu eixo, junto com uma haste de cobre axial ligada entre os polos de um grande ímã permanente, produzindo um campo magnético uniforme de densidade de fluxo B, com **B** perpendicular à superfície do disco. Um par de terminais, 1 e 2, é definido, um na parte externa da roda e outro no centro do disco (através da haste). Desprezando o campo magnético devido às correntes induzidas no disco e da espessura da haste, calcule (a) a fem induzida total no disco em relação à direção de referência a partir do centro do disco para a borda, (b) o vetor intensidade do campo elétrico Coulomb (devido ao excesso de carga) em um ponto arbitrário do disco, e (c) a tensão ($V = V_{12}$) através dos terminais abertos da roda.

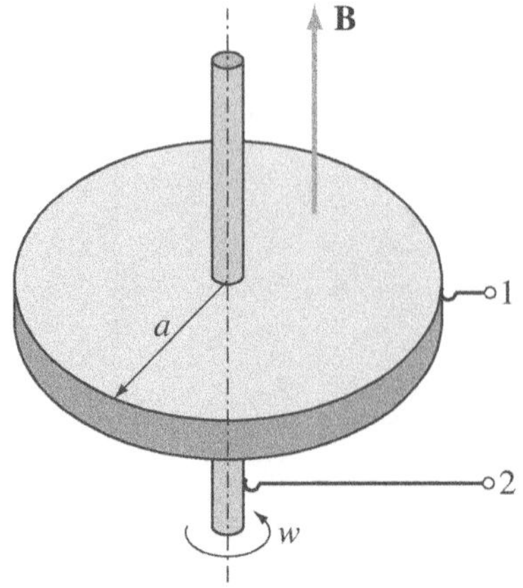

Figura 6.35 Roda de Faraday (um disco de cobre girando uniformemente entre os polos de um ímã grande permanente), com terminais abertos; para o Problema 6.19.

6.20. Motor elétrico – com uma barra linearmente deslizante em um campo magnético. Considere o sistema com uma barra metálica em movimento num campo magnético uniforme estático descrito no Exemplo 6.11 (Figura 6.15), e suponha que um gerador de tensão ideal de fem constante no tempo $\mathcal{E}$ é adicionado em série com o resistor (de resistência R), como mostrado na Figura 6.36. Sejam os valores dos parâmetros do sistema $\mathcal{E}$, R, a e B todos dados e positivos (desconsiderar os valores concretos numéricos do Exemplo 6.11), e análise desse novo sistema como se segue. (a) Para a barra em repouso ($v = 0$), encontre a corrente no circuito (I) e a força mecânica que age sobre a barra. (b) Para a barra deslizante (uniformemente), esboce a dependência de I sobre a velocidade da barra (v), para v tanto positiva quanto negativa (movimento para longe e em direção ao gerador de tensão), respectivamente. (c) Determine a energia mecânica do movimento da barra (P_{mec}) em termos da intensidade algébrica da força mecânica sobre a barra (F_{mec}), para $-\infty < F_{mec} < \infty$, e esboce essa dependência (note que v é uma função de F_{mec}). (d) Quais são os intervalos de valores de F_{mec} nos quais o sistema na Figura 6.36 opera como um motor ($P_{mec} < 0$ – o principal modo de funcionamento do sistema) e como um gerador ($P_{mec} > 0$), respectivamente? (e) Calcule F_{mec} para o qual a energia mecânica do motor ($|P_{mec}|$) é máxima. (f) Se para o funcionamento seguro do motor, sua corrente tem que ser menor em magnitude do que $I_{máx}$ (para que o motor não queime), qual é o intervalo correspondente de velocidade v? (g) Estabeleça e discuta o equilíbrio de energia para o sistema, tanto no modo de operação em motor quanto gerador.

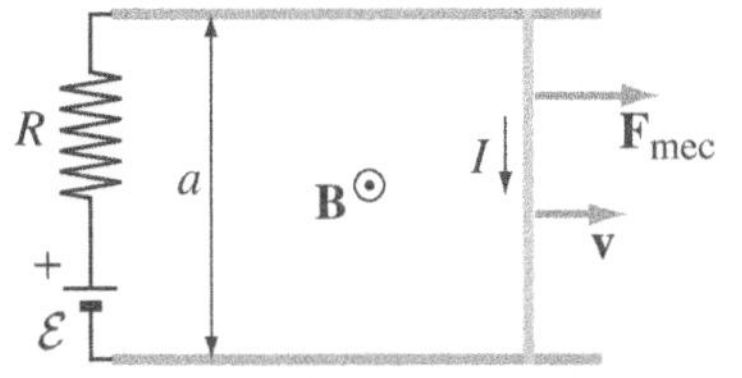

Figura 6.36 Motor elétrico - com uma barra metálica linearmente deslizante em um campo magnético estático (como na Figura 6.15.), e um gerador de tensão cc adicionado no circuito; para o Problema 6.20.

6.21. Cálculo para um motor elétrico com barra deslizante. Para o motor elétrico do problema anterior, seja $\mathcal{E} = 5$ V, $R = 2\ \Omega$, $a = 1$ m, $F_{mec} = 2{,}5$ N e $v = 10$ m/s. Encontre B e a potência que o gerador de tensão ($\mathcal{E}$, R) devolve para o resto da estrutura.

6.22. Motor elétrico — com uma barra rotativa em um campo magnético. Uma barra metálica de comprimento a está anexada em uma de suas extremidades a uma haste metálica vertical, sobre a qual, como um eixo, pode girar de forma que suas outras extremidades deslizem sem atrito por um trilho metálico horizontal circular (de raio a), como retratado na Figura 6.37. Um gerador de tensão de fem invariante no tempo $\mathcal{E}$ e resistência interna R está conectado entre o trilho e a haste (eixo), e todo o sistema está situado em um campo magnético uniforme estático, cujas linhas de campo são perpendiculares ao plano do trilho e a densidade de fluxo é B. A intensidade algébrica de um torque mecânico externamente aplicado no trilho é T_{mec}, para a direção de referência do vetor $\mathbf{T}_{mec}$ na Figura 6.37. As perdas na barra, haste e trilho, e o campo magnético devido à corrente no circuito (I) podem ser desprezados. (a) Quais são I e T_{mec} para a barra em repouso? (b) Se a barra gira de maneira uniforme, encontre sua velocidade angular (w). (c) Esboce a dependência da energia mecânica de rotação da barra (P_{mec}) em T_{mec}, para $-\infty < T_{mec} < \infty$, e marque os intervalos de operação do sistema como motor e como gerador, respectivamente. (d) Calcule todas as potências necessárias no sistema, e discuta o equilíbrio de potência geral.

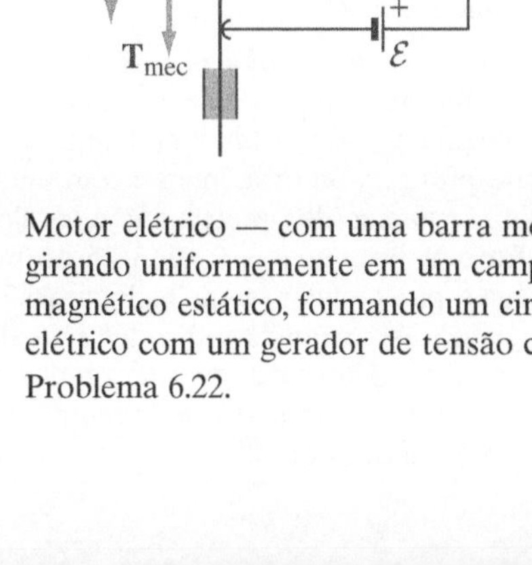

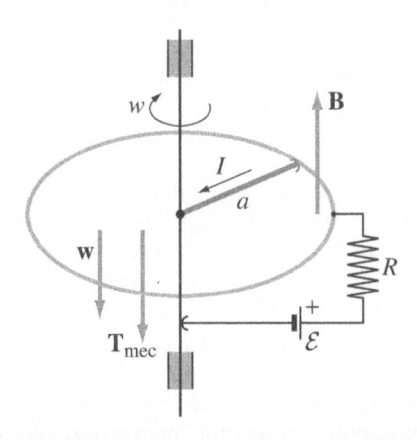

Figura 6.37 Motor elétrico — com uma barra metálica girando uniformemente em um campo magnético estático, formando um circuito elétrico com um gerador de tensão cc; para o Problema 6.22.

6.23. Espira rotativa próxima de uma corrente de linha cc infinita. Um fio condutor reto infinitamente longo situado no ar transporta uma corrente invariante no tempo de intensidade I. Uma espira de fio retangular de comprimentos de aresta a e b e resistência R gira com uma velocidade angular constante w sobre seu eixo que é paralelo ao condutor e a uma distância c dele, como mostrado na Figura 6.38(a). Em um instante $t = 0$, a espira e o condutor estão no mesmo plano (plano de desenho). Desprezando o campo magnético devido às correntes induzidas no circuito, determine (a) a fem induzida na espira e (b) a energia mecânica instantânea de rotação da espira. [Para calcular o fluxo magnético através da espira, adote a superfície de integração que consiste de uma parte cilíndrica de raio r_1 e uma parte plana de largura $r_2 - r_1$, como indicado na Figura 6.38(b), onde r_1 e r_2 podem ser encontrados usando a regra do cosseno. Veja também o cálculo de fluxo na Figura 7.9(c).]

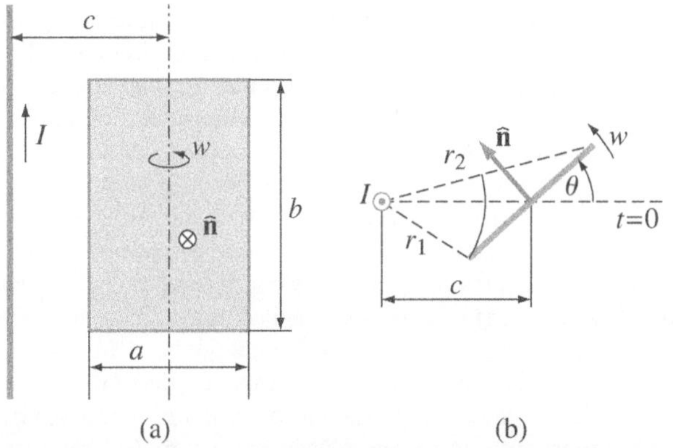

Figura 6.38 *Loop* retangular girando no campo magnético devido a um fio infinitamente longo, com uma corrente constante: (a) vista lateral em um instante $t = 0$ e (b) vista superior (corte transversal) em um instante arbitrário t, com uma superfície de integração sugerida (em duas partes) delimitada pela espira; para o Problema 6.23.

6.24. Sistema para medição de velocidade do fluido com um voltímetro ideal. Se no sistema para medição de velocidade do fluido com base na indução eletromagnética dinâmica descrita no Exemplo 6.14 o voltímetro é ideal, ou seja, a intensidade da corrente que flui através dos seus terminais é tão baixa que ela pode ser considerada zero, expresse (a) o campo elétrico devido ao excesso de carga na região entre as placas do capacitor e (b) a tensão indicada pelo voltímetro, em termos de velocidade do fluido, v, e outros parâmetros do sistema.

6.25. Gerador de Thévenin para fluxo de fluidos em um campo magnético. Considere o gerador equivalente de Thévenin para o sistema com indução eletromagnética dinâmica do Exemplo 6.14 - que substitui o resto do sistema em relação ao voltímetro na Figura 6.18, como indicado na Figura 6.39. (a) Mostre que a fem e a resistência interna desse gerador, calculada como a tensão de circuito aberto do circuito (na Figura 6.18), representa a resistência de entrada do circuito (com todas as excitações desligadas), igual $\mathcal{E}_T = vBd$ e $R_T = d/(\sigma S)$, respectivamente. (b) Obtenha a expressão para a velocidade do fluido na Equação (6.108) utilizando o gerador a partir de (a).

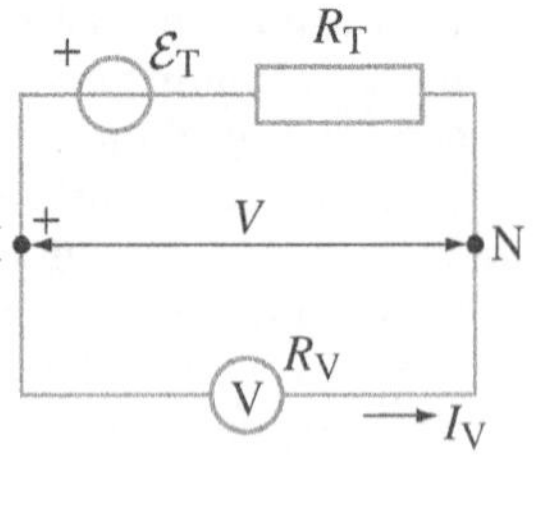

Figura 6.39 Gerador equivalente de Thévenin nos terminais (M e N) do voltímetro na Figura 6.18; para o Problema 6.25.

6.26. Fluxo de fluido através de um capacitor cilíndrico com corrente cc. Um líquido não magnético de condutividade σ flui entre os condutores de um cabo coaxial muito longo de raios condutores a e b ($a < b$), conforme ilustrado na Figura 6.40. Tanto o condutor interno quanto a superfície interna do condutor externo do cabo são isolados por uma fina camada de dielétrico perfeito. Em uma extremidade, o cabo é alimentado por um gerador de corrente ideal de intensidade de corrente contínua no tempo de I_g, enquanto a outra extremidade está em curto-circuito. Um capacitor cilíndrico de comprimento l é colocado dentro do cabo de tal forma que seus eletrodos (placas finas cilíndricas), com raios a e b, estejam fortemente pressionados contra os respectivos condutores de cabo (isolados). Um voltímetro, cuja resistência interna, incluindo a resistência dos condutores de interligação, é R_V, está ligado ao capacitor. A velocidade do fluido, considerada uniforme, é v. Calcule (a) o vetor de densidade de fluxo magnético, (b) o vetor intensidade de campo elétrico induzido, (c) o vetor de densidade de corrente, e (d) o vetor intensidade de campo elétrico Coulomb (devido ao excesso de carga) – na região entre os eletrodos do capacitor cilíndrico, bem como (e) a tensão indicada pelo voltímetro.

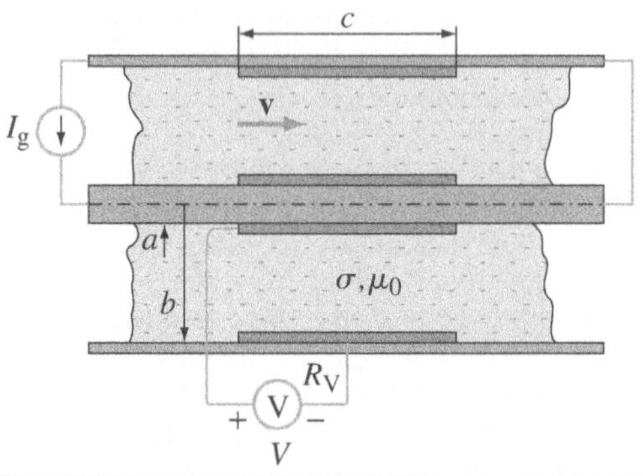

Figura 6.40 Sistema para medição de velocidade de fluxo de fluido condutor utilizando a indução eletromagnética dinâmica dentro de um capacitor cilíndrico com corrente constante; para o Problema 6.26.

6.27. Fluxo de fluido não uniforme e indução dinâmica. Considere a estrutura do Exemplo 6.14, e suponha que a velocidade do fluido seja não uniforme, dado por $v(x) = v_0 [1 - (2x/d)^2]$, $-d/2 \le x \le d/2$, onde v_0 é uma constante, assim como um resistor variável (reostato) está ligado às placas do capacitor no lugar do voltímetro na Figura 6.18, como mostrado na Figura 6.41. (a) Encontre os parâmetros do gerador equivalente Thévenin – para substituir o resto da estrutura em relação ao reostato, como na Figura 6.39. (b) Se a resistência do reostato é R, qual é sua tensão?

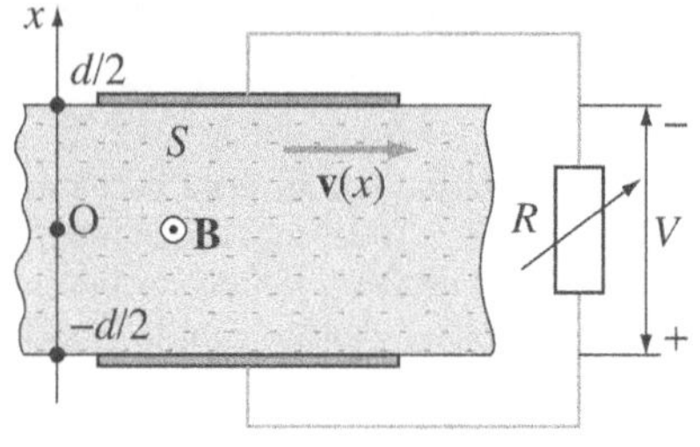

Figura 6.41 Estrutura na Figura 6.18, mas com uma velocidade de fluido não uniforme, $v(x)$, e um resistor variável conectado às placas do capacitor; para o Problema 6.27.

6.28. Medição da velocidade do fluido e condutividade. Para a estrutura descrita no problema anterior, seja $S = 0{,}5$ m^2, $d = 10$ cm e $B = 0{,}1$ T. Quando a resistência do reostato é definida como $R = R_0 = 40$ mΩ, sua tensão é $V = V_0 = 30$ mV, enquanto $V = 2V_0$ se $R = 4R_0$. Com base nesses dados, calcule a velocidade central (para $x = 0$), v_0, e condutividade, σ, do fluido, usando o gerador equivalente Thévenin (a partir do problema anterior).

6.29. Contorno móvel em um campo magnético não uniforme dinâmico. Um contorno retangular de comprimentos de lados a e b se move ao longo do eixo x com uma velocidade constante v em um campo magnético harmônico no tempo de frequência angular ω, que pode ser considerado baixo, e densidade de fluxo $B(x, t) = B_0 \cos kx \cos \omega t$, onde B_0 e k são constantes, e o vetor **B** é normal ao plano do contorno, como mostrado na Figura 6.42. Em $t = 0$, o centro do contorno coincide com a origem de coordenadas ($x = 0$). Encontre a fem induzida no contorno.

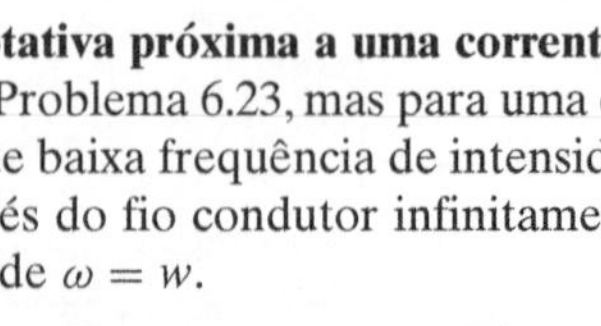

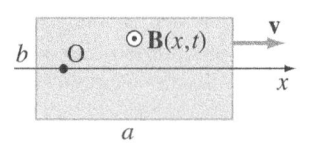

Figura 6.42 Contorno retangular se movendo em um campo magnético harmônico no tempo não uniforme de baixa frequência; para o Problema 6.29.

6.30. Espira rotativa próxima a uma corrente de linha ca infinita. Repita o Problema 6.23, mas para uma corrente harmônica no tempo de baixa frequência de intensidade $i(t) = I_0 \cos \omega t$ fluindo através do fio condutor infinitamente longo na Figura 6.38(a), onde $\omega = w$.

6.31. Pequena espira no campo magnético de uma grande espira rotativa. Suponha que a corrente na grande espira quadrada do Problema 6.16 é constante no tempo, de intensidade I, e que esta espira gira uniformemente com uma velocidade angular ω sobre seu eixo de simetria que é paralelo a dois de seus lados. Em um instante $t = 0$, ele está no mesmo plano com a pequena espira circular (como na Figura 6.33). O campo magnético devido às correntes induzidas na espira circular pode ser desprezado. Encontre (a) a fem induzida na espira circular e (b) o torque instantâneo e de tempo médio de forças magnéticas atuando sobre ele.

6.32. Duas espiras em rotação. Se no problema anterior a espira pequena situada no campo magnético da espira maior em rotação também girar na mesma direção com uma velocidade angular ω_0 ($\omega_0 < \omega$), determine (a) a potência do tempo médio das perdas (ôhmica) Joule na espira menor e (b) a potência mecânica do tempo médio de sua rotação.

6.33. Fluxo de carga através da bobina secundária em um núcleo magnético. A Figura 6.43 mostra um núcleo ferromagnético linear fino, com área de corte transversal $S = 1$ cm^2, comprimento médio $l = 20$ cm e duas espiras cada uma com $N = 100$ espiras de fio e resistência $R = 10\ \Omega$. O primeiro enrolamento está conectado através de uma chave K a um gerador de tensão cc de fem $\mathcal{E} = 9$ V e resistência interna $R_1 = 20\Omega$. O segundo enrolamento é encerrado em um galvanômetro balístico, cuja resistência é $R_2 = 5\ \Omega$. A chave K é aberta primeiro, e não há magnetização residual no núcleo. A chave é fechada, e o fluxo de carga indicada pelo galvanômetro é $Q = 600\ \mu$C. Qual é a permeabilidade relativa do núcleo?

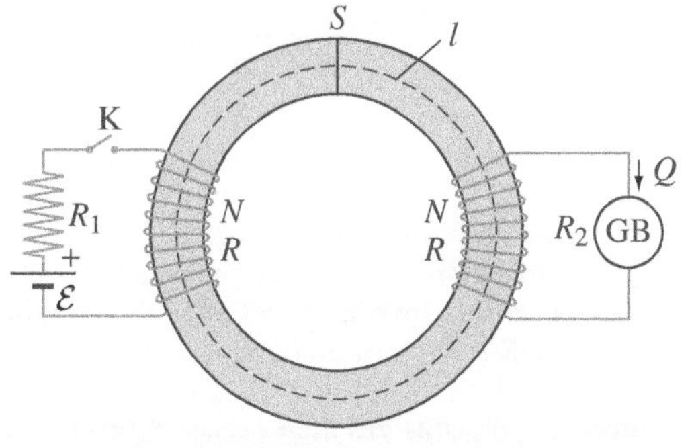

Figura 6.43 Núcleo ferromagnético linear com duas bobinas, e um gerador de tensão e galvanômetro balístico (GB) nos circuitos primário e secundário; para o Problema 6.33.

6.34. Disco condutor fino no intervalo de um circuito magnético. Para o circuito magnético linear simples do Exemplo 5.14, suponha que o corte transversal do núcleo na Figura 5.30(a) seja um círculo de raio a ($S = \pi a^2$), que o espaço de ar é todo preenchido com um disco condutor fino de raio a, espessura l_0, condutividade σ e permeabilidade μ_0, como na Figura 6.24, e que a corrente na bobina (com N voltas de fio) é de baixa frequência e harmônica no tempo, com intensidade $i(t) = I_0 \cos \omega t$. O comprimento e permeabilidade relativa da parte ferromagnética do circuito são l e μ_r. Desprezando o campo magnético devido às correntes parasitas no disco e núcleo, encontre l_0 tal que a potência das perdas Joule de tempo médio dissipada no disco é máxima, e encontre a potência máxima.

6.35. Correntes parasitas na roda de Faraday. (a) Calcule a potência de perdas Joule em tempo médio devido às correntes (parasitas) induzidas na roda de Faraday descritas no Problema 6.19. (b) Qual é o campo magnético que essas correntes produzem no centro da roda?

6.36. Correntes parasitas em um cilindro condutor infinito. Um solenoide infinitamente longo, com N' voltas de fio por unidade de seu comprimento, é enrolado sobre um cilindro ferromagnético condutor (infinitamente longo) de raio a, permeabilidade μ e condutividade σ. O enrolamento carrega uma corrente de baixa frequência harmônica no tempo de intensidade $i(t) = I_0 \operatorname{sen} \omega t$, e o meio fora do solenoide é o ar. (a) Determine a potência de tempo médio por unidade de comprimento de perdas ôhmicas devido às correntes parasitas induzidas no cilindro, desprezando o campo magnético que elas produzem, e então (b) encontre este campo magnético no eixo do cilindro (use o procedimento do Exemplo 4.14).

6.37. Disco oco em um campo magnético de pulso triangular. Um disco condutor oco fino de raios a e b, espessura δ ($\delta \ll a < b$), condutividade σ e permeabilidade μ_0 está situado em um campo magnético de variação lenta no tempo uniforme, de tal forma que as linhas de campo sejam perpendiculares ao disco, como mostrado na Figura 6.44. A intensidade desse campo, $H(t)$, é uma função periódica alternada do tempo na forma de pulso triangular de amplitude H_m e período T, esboçado na Figura 6.13(d). Desprezando o campo magnético produzido por correntes parasitas, encontre (a) a distribuição dessas correntes em todo o disco e (b) as potências de perdas Joule instantâneas totais e no tempo médio associadas a eles, e então (c) calcule o campo magnético devido às correntes parasitas no centro do disco (ponto O).

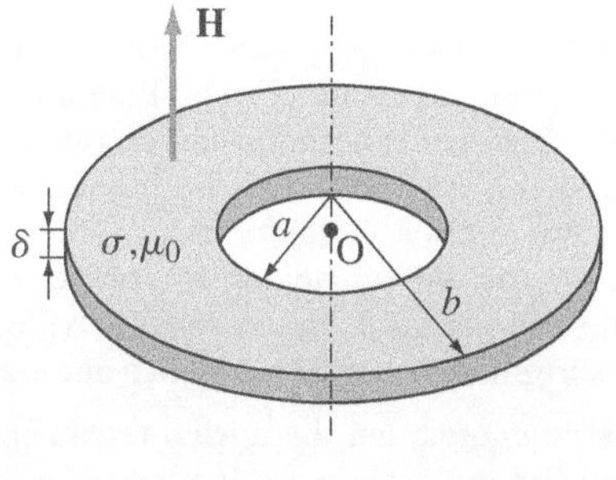

Figura 6.44 Disco condutor oco fino em um campo magnético de variação lenta no tempo uniforme, cuja intensidade, $H(t)$, está esboçada na Figura 6.13(d); para o Problema 6.37.

6.38. Forno de indução. A Figura 6.45 mostra um forno de indução que consiste de um longo solenoide cheio de ar, com corte transversal circular de raio a e comprimento l ($l \gg a$), e um canal toroidal (carregando um pedaço de metal aquecido), com um corte transversal retangular, colocado coaxialmente ao redor do solenoide e central em relação ao seu comprimento. Os raios interno e externo do toroide são b e c ($a < b < c$), e sua altura é h. O solenoide tem N voltas de fio com uma corrente de baixa frequência harmônica no tempo de intensidade $i(t) = I_0 \cos \omega t$. O canal está completamente cheio com um metal de condutividade σ e permeabilidade μ_0. Desprezando os efeitos das bordas (isto é, calculando o campo elétrico induzido de um solenoide, como se fosse infinitamente longo) e o campo magnético devido às correntes parasitas, encontre (a) a distribuição de correntes parasitas no canal (essas correntes produzem aquecimento local no metal, ou seja, aquecimento por indução, que, por fim, o derrete) e (b) a potência total de tempo médio de perdas Joule dissipada no calor no metal.

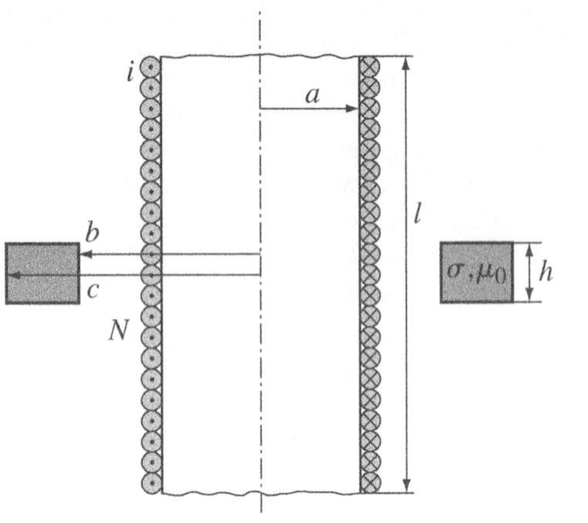

Figura 6.45 Forno de indução: correntes parasitas que acompanham o campo elétrico induzido de um solenoide muito longo com uma corrente de baixa frequência harmônica no tempo no calor do enrolamento e metal derretido em um canal toroidal de corte transversal retangular colocado em volta do solenoide; para o Problema 6.38.

6.39. Correntes parasitas em uma casca esférica condutora fina. Considere o solenoide descrito no Exemplo 6.22, e suponha uma casca esférica condutora fina de raio b ($b < a$), espessura δ ($\delta \ll b$), condutividade σ e permeabilidade μ_0, é colocada em seu interior, de tal forma que o centro da esfera encontra-se no eixo do solenoide. Determine a potência de tempo médio das perdas Joule na casca, devido a correntes parasitas, desprezando o campo magnético que elas produzem.

6.40. Perda de energia em um núcleo ferromagnético laminado. Um núcleo ferromagnético laminado na forma de um pacote de N placas finas empilhadas isoladas de comprimento b, largura a, espessura d ($d \ll a$) e condutividade σ é colocada em um campo magnético de variação lenta no tempo uniforme variável no tempo, de forma que as linhas do campo sejam perpendiculares ao corte transversal do pacote, como mostrado na Figura 6.25(c). A densidade do fluxo desse campo, $B(t)$, é uma função pulso triangular variável periódica alternada de amplitude B_m e período T, como a função esboçada na Figura 6.13(d). Os efeitos das bordas e o campo magnético devido às correntes parasitas podem ser desprezados. (a) Determine a potência total de tempo médio de perdas Joule no núcleo. (b) Qual tamanho N tem de ter para uma espessura total dada do pacote, c, de modo que a potência de perda total não exceda um valor de P dado?

6.41. Torque em uma faixa rotativa em um campo magnético. Para a faixa condutora girando em um campo magnético constante no tempo uniforme do Exemplo 6.24, encontre o torque instantâneo de forças magnéticas na faixa — (a) integrando os torques das forças magnéticas em faixas elementares (com correntes parasitas) de largura dx na Figura 6.26(b) (ver Exemplo 4.22) e (b) de conservação de energia (ver Exemplo 6.12), respectivamente. (c) Qual é o torque tempo médio na faixa?

6.42. Faixa não homogênea em dois campos magnéticos ortogonais. A Figura 6.46 mostra uma faixa condutora não magnética fina muito longa de comprimento l, largura a e espessura $\delta(\delta \ll a \ll l)$ no plano xy de um sistema de coordenadas cartesianas. A condutividade da faixa varia de acordo com a coordenada x, e é dada por $\sigma(x) = 4\,\sigma_0 x^2/a^2$, $-a/2 \leq x \leq a/2$, onde σ_0 é uma constante positiva. A faixa é exposta a dois campos magnéticos uniformes de baixa frequência harmônicos no tempo de vetores densidade de fluxo $\mathbf{B}_1(t) = B_0 \cos \omega t\, \hat{\mathbf{x}}$ e $\mathbf{B}_2(t) = B_0 \operatorname{sen} \omega t\, \hat{\mathbf{z}}$, respectivamente. Desprezando os efeitos das bordas e o campo magnético devido às correntes parasitas, calcule (a) a potência de perdas Joule no tempo médio dissipada na faixa e (b) o torque do tempo médio de forças magnéticas que atuam sobre a faixa.

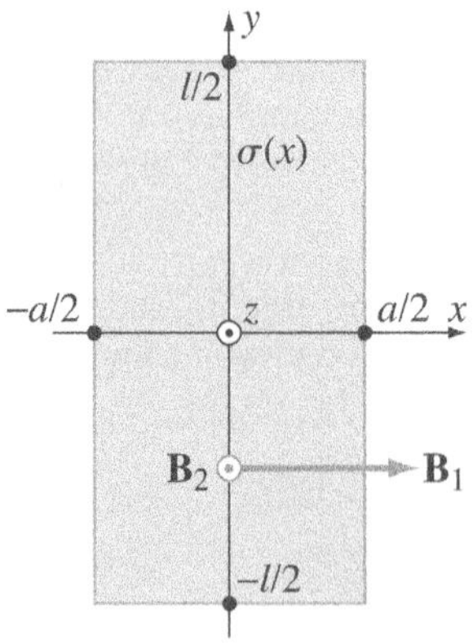

Figura 6.46 Faixa condutora continuamente heterogênea situada em dois campos magnéticos ortogonais entre si harmônicos no tempo de amplitudes iguais e 90° fora de fase; para o Problema 6.42.

6.43. Correntes parasitas em duas faixas rotativas cruzadas. A Figura 6.47 mostra um corte transversal de um condutor muito longo, de comprimento l, condutividade σ e permeabilidade μ_0, consistindo de duas faixas finas cruzadas (em um ângulo reto), cada uma de largura a e espessura $\delta(\delta \ll a \ll l)$. O condutor gira de maneira uniforme no ar sobre seu eixo, com uma velocidade angular ω, em um campo magnetostático uniforme, de densidade de fluxo B (Figura 6.47). Em $t = 0$, uma das faixas é paralela às linhas de campo. Desprezando os efeitos das bordas e o campo magnético devido às correntes parasitas no condutor, encontre (a) o vetor campo elétrico induzido em um ponto arbitrário de cada uma das duas faixas, (b) a potência instantânea de perdas Joule em cada uma das faixas, (c) o torque total instantâneo de forças magnéticas sobre o condutor e (d) o torque de tempo médio sobre o condutor.

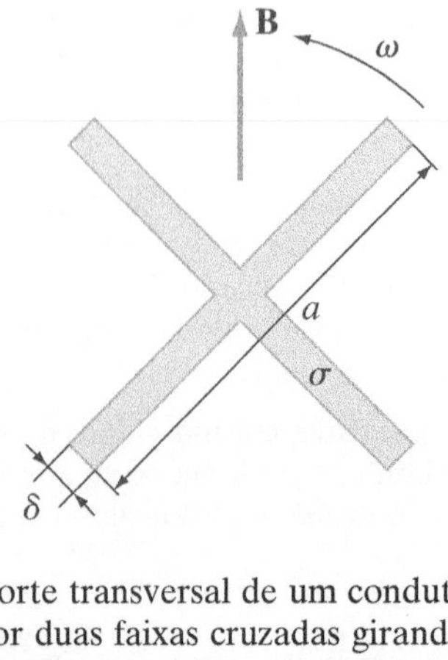

Figura 6.47 Corte transversal de um condutor composto por duas faixas cruzadas girando em um campo magnético uniforme e invariante no tempo; para o Problema 6.43.

6.44. Cilindro rotativo continuamente heterogêneo. Repita o Exemplo 6.25, mas para um cilindro continuamente heterogêneo, cuja condutividade é dada pela seguinte função da coordenada radial r [Figura 6.27(b)]: $\sigma(r) = \sigma_0 r/a$, $0 \leq r \leq a$, onde σ_0 é uma constante positiva.

6.45. Correntes parasitas em um casca cilíndrica rotativa. Uma casca cilíndrica condutora fina infinitamente longa de raio a, espessura $\delta(\delta \ll a)$, condutividade σ e permeabilidade μ_0 é girada no ar uniformemente sobre seu eixo por um torque mecânico aplicado externamente, $\mathbf{T}'_{mec}$, por unidade de comprimento da casca e contra o torque das forças de um campo magnético invariante no tempo uniforme de densidade de fluxo B, no qual a casca se encontra, como mostrada na Figura 6.48. Desprezando o campo magnético devido às correntes parasitas na casca, encontre (a) a velocidade angular de rotação da casca (ω) e (b) a energia mecânica por unidade de comprimento usada para girar a casca (P'_{mec}).

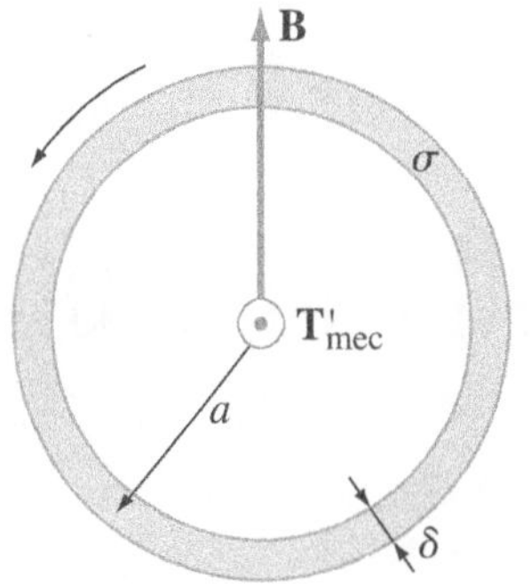

Figura 6.48 Casca condutora cilíndrica rotativa em um campo magnético invariante no tempo uniforme; para o Problema 6.45.

CAPÍTULO 7

Indutância e energia magnética

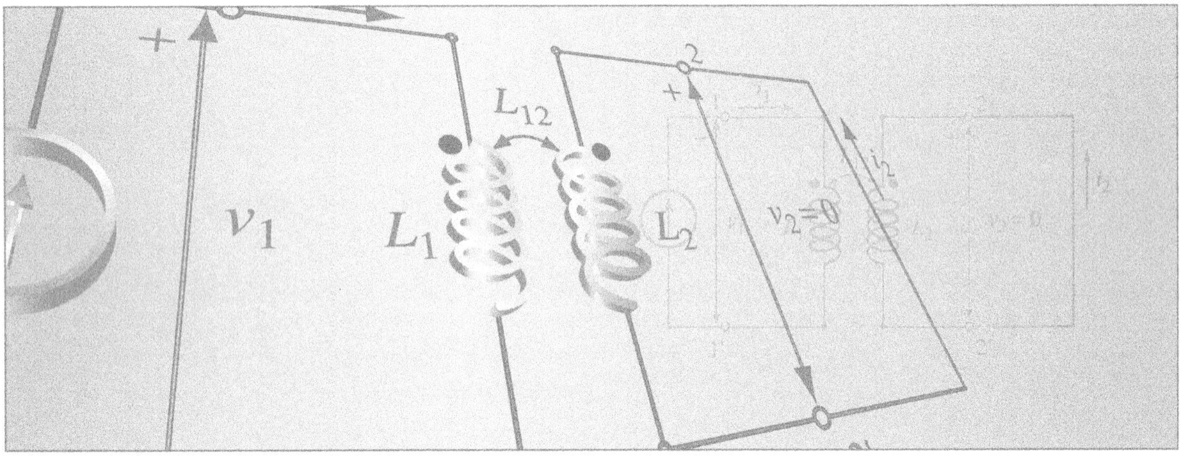

Introdução

Neste capítulo, apresentaremos e estudaremos os conceitos de autoindutância e indutância mútua. Em geral, a indutância pode ser interpretada como uma medida da indução eletromagnética de um transformador de um sistema de espiras (enrolamento) condutores (circuitos) com correntes de variação lenta no tempo em um meio magnético linear. Em síntese, a autoindutância é uma medida do fluxo magnético e da fem induzida em uma espira única isolada (ou em uma das espiras de um sistema), devido à sua própria corrente. Da mesma forma, uma corrente em uma espira causa fluxo magnético através de outra espira e fem induzida nela, e indutância mútua é usada para caracterizar esse acoplamento entre as espiras. Algumas configurações do condutor, chamadas de indutores, são especialmente concebidas para ter uma indutância desejada (grande) (eles podem ter muitas voltas de fio e ser enrolados com núcleos magnéticos). Com o resistor e o capacitor, o indutor representa outro elemento fundamental na teoria de circuito e um pilar básico na montagem de circuitos elétricos de ca. A indutância de um indutor é dual para a capacitância de um capacitor.

Um conceito de mesma importância em energia em campos magnéticos também é discutido. Veremos que, assim como configurações de corpos carregados armazenam energia elétrica, as configurações de condutores que conduzem corrente armazenam energia magnética. Usando a terminologia da teoria de circuitos, os indutores (magneticamente acoplados ou desacoplados) em um circuito contêm energia magnética, de forma análoga aos capacitores de "armazenamento" de energia elétrica. Devemos apresentar também a densidade de energia magnética. No caso de condutores na presença de materiais magnéticos lineares, a energia magnética será relacionada para a autoindutância ou indutância mútua dos condutores. Já os sistemas que contêm materiais ferromagnéticos com acentuada não linearidade apresentam um comportamento de histerese, do outro lado; uma atenção especial será dada para estabelecer a clara compreensão física e caracterização matemática precisa do equilíbrio de energia no sistema, incluindo as chamadas perdas por histerese no material.

O material deste capítulo representa um ponto culminante de nossas investigações sobre campos magnéticos constantes e lentamente variáveis no tempo e indução eletromagnética (capítulos 4 e 6). Por outro lado, é paralelo, em grande parte, a análise eletrostática de capacitores e outros sistemas de corpos condutores carregados, incluindo as considerações de energia elétrica (Capítulo

2). Portanto, uma parte substancial dos trabalhos anteriores será citada e utilizada aqui, tanto na narrativa teórica quanto nos exemplos.

Estudaremos, primeiro, a autoindutância e a indutância mútua em duas seções separadas, e depois analisaremos circuitos magneticamente acoplados com base nos dois conceitos. A energia magnética de condutores de transporte de correntes e a densidade de energia magnética no campo serão discutidas em seguida. Finalmente, o conceito de autoindutância será revisitado do ponto de vista energético. Os exemplos incluem indutância e cálculo da energia para uma grande variedade de estruturas eletromagnéticas teóricas e práticas importantes com correntes e campos variáveis e invariáveis no tempo, que vão desde várias espiras e bobinas com núcleos de diferentes formas e materiais de composição até vários tipos de linhas de transmissão e circuitos com indutores magneticamente acoplados.

7.1 AUTOINDUTÂNCIA

Considere uma espira de fio condutor estacionário (*loop*), C, em um meio magnético linear, homogêneo ou heterogêneo, e suponha que uma corrente lentamente variável no tempo de intensidade i seja estabelecida na espira, como mostrado na Figura 7.1. Essa corrente produz um campo magnético, cujo vetor de densidade de fluxo, $\mathbf{B}$, em qualquer ponto do espaço e qualquer instante de tempo é linearmente proporcional a i.[1] O campo magnético, bem como um campo elétrico induzido (ver Seção 6.1), de intensidade $\mathbf{E}_{\text{ind}}$, existem tanto ao redor da espira quanto no interior do próprio fio. O fluxo magnético através de uma superfície S limitada por C é dado pela Equação (4.95) e também é linearmente proporcional a i. A constante de proporcionalidade,

autoindutância (unidade: H)

$$L = \frac{\Phi}{i}, \tag{7.1}$$

é chamada de autoindutância ou simplesmente indutância da espira. Mais precisamente, a indutância definida pela Equação (7.1) é a chamada indutância externa, uma vez que leva em conta apenas o fluxo Φ do campo magnético que existe fora da espira condutora. Há também uma indutância interna da espira, por causa do fluxo dentro do condutor. Em uma seção posterior apresentaremos o conceito de indutância interna em termos da energia magnética armazenada no interior do condutor. Como o meio circundante é magneticamente linear, L depende apenas da permeabilidade do meio e da forma

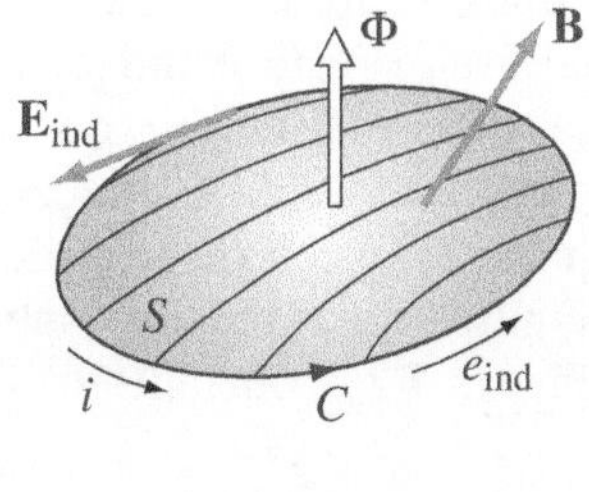

Figura 7.1
Espira de corrente (*loop*) em um meio magnético linear.

e dimensões da espira, e não da intensidade da corrente i. É sempre positiva, desde que, é claro, as orientações de referência de C e S (ou seja, as direções de referência de i e Φ) estejam interligadas pela regra da mão direita, como na Figura 7.1.

A fem induzida na espira C é dada pela Equação (6.33) e é linearmente proporcional a di/dt. Está inter-relacionada com o fluxo Φ por meio da lei Faraday da indução eletromagnética, e podemos escrever

fem devido a autoindução

$$e_{\text{ind}} = -\frac{d\Phi}{dt} = -L\frac{di}{dt}. \tag{7.2}$$

Essa fem é indicada como a fem devido à autoindução (ou fem autoinduzida) no circuito (que é causada pelo campo magnético, pela própria corrente no circuito, e não por correntes em outros circuitos). A unidade da autoindutância é henry (H). Baseado nas equações (7.1) e (7.2), que representam duas definições equivalentes de L, H = Wb/A = V · s/A. Um henry é uma unidade muito grande. Valores típicos de autoindutâncias, na prática, são da ordem de mH, μH e nH.

Note que, enquanto a definição de fem de autoindutância na Equação (7.2) não faz qualquer sentido para correntes contínuas, a definição de fluxo na Equação (7.1) pode ser usada quase da mesma maneira em ambas as condições dinâmicas e estáticas. Ou seja, uma corrente cc I que se supõe fluir na espira produz o fluxo Φ através da espira da mesma forma que uma corrente variável no tempo (lenta) faz, e a indutância obtida como $L = \Phi / I$ é igual à obtida, para a mesma espira, utilizando tanto a Equação (7.1) como a Equação (7.2) e a corrente variável no tempo. Por outro lado, o fluxo Φ devido à corrente I é invariante no tempo, e, portanto, nenhuma força eletromotriz é gerada na espira.

Cada espira do condutor ou circuito tem alguma indutância (autoindutância), geralmente como um efeito colateral indesejável, o que muitas vezes pode ser desprezado. Em aplicações práticas, no entanto, com frequência concebemos e usamos condutores que são arranjados e formatados (como um fio condutor em forma de bobina), e às vezes enrolados em núcleos magnéticos, para suprir uma quantidade (grande) de indu-

1 Como a corrente é lentamente variável no tempo, a sua intensidade (i) é apenas uma função do tempo e não muda ao longo do contorno.

APARTE HISTÓRICO

Joseph Henry (1797-1878), um físico americano e um dos maiores cientistas e inventores na área de eletricidade e magnetismo, foi professor de filosofia natural na Universidade de Princeton e primeiro-secretário da Smithsonian Institution. De 1819 a 1822, frequentou a Academia de Albany, onde foi nomeado professor de matemática e filosofia natural em 1826. Apesar de suas funções de ensino serem muito pesadas, Henry logo se tornou o cientista mais importante de sua época. Ele descobriu a indução eletromagnética independentemente de Faraday (1791-1867). Na verdade, Henry havia realizado experiências-chave que levaram à descoberta da indução antes de Faraday, em 1830, mas Faraday publicou primeiro sua descoberta, em 1831. Por outro lado, Henry ganhou totalmente os créditos pela descoberta da autoindução. Foi dele a ideia de envolver muitas camadas de fio isolado em um núcleo de ferro e assim obter eletroímãs de potência inigualável. Em uma demonstração na Universidade de Yale em 1831, seu eletroímã levantou mais de uma tonelada de ferro (eletroímãs anteriores foram capazes de levantar apenas alguns quilos). Fazendo experiências com eletroímãs, observou uma faísca grande gerada quando o circuito era desligado, e assim descobriu a autoindução (em 1831). Ele percebeu que, em geral, uma corrente variável no tempo em um circuito não só induz força eletromotriz em outro circuito (indução mútua), mas também em si mesmo (autoindução). Henry também definiu a propriedade associada de um circuito, a sua autoindutância, como uma medida de sua capacidade de "autoinduzir" a força eletromotriz. Observou que "enrolar" o fio aumentava muito a autoindutância do circuito. No mesmo ano, demonstrou seu motor elétrico baseado em um movimento oscilante contínuo de um eletroímã em linha reta com duas bobinas em suas extremidades. O eletroímã balançava para a frente e para trás em um eixo horizontal, com suas extremidades atraídas e repelidas de modo alternado por dois ímãs permanentes verticais e sua polaridade revertida automaticamente no mesmo ritmo ao ligar as bobinas às células eletroquímicas (fontes). Embora ainda um dispositivo de laboratório experimental, o motor de Henry estava muito mais perto de uma máquina prática mecanicamente útil do que o motor de Faraday de 1821. Foi apenas um ano mais tarde, em 1832, que William Sturgeon (1783-1850) inventou o comutador e o primeiro motor com movimento rotativo contínuo, um análogo rotativo do motor oscilante de Henry e, na essência, um "protótipo" dos nossos modernos motores cc. Em outra demonstração impressionante a seus alunos na Academia de Albany, em 1831, Henry amarrou uma malha de fios em todo o interior da sala de aula para conectar um eletroímã a uma bateria. O ímã foi colocado perto de uma extremidade de uma barra de aço montada em pivô, cuja outra extremidade, por sua vez, estava ao lado de um sino. Depois que o circuito foi fechado e uma corrente foi "enviada" da bateria para a bobina do eletroímã, a barra de aço moveu-se na direção do ímã, golpeando o sino na outra extremidade. Interrompendo a conexão, em seguida, fez o eletroímã perder a força e soltar a barra, que estava então livre para bater novamente. Este foi o primeiro relé elétrico do mundo (chave eletromecânica). Além disso, ao conectar e desconectar a bateria para o circuito em um determinado padrão, a barra de aço, a um quilômetro de distância, poderia tocar a mesma série de sinais no sino — e isso é nada mais do que a telegrafia. Embora, obviamente, Henry tenha inventado o telégrafo em 1831, foi Samuel Morse (1791-1872) que ganhou o crédito da invenção [Henry não patenteou nenhum de seus dispositivos, e na verdade ajudou Morse a colocar seu modelo de telégrafo em uso prático e a transmitir a primeira mensagem telegráfica usando o código Morse (inventado em 1838) de Baltimore para Washington, DC, em 24 de maio de 1844]. Em 1832, Henry tornou-se professor de filosofia natural (física) na Universidade de Princeton (na época College of New Jersey). Após a fundação da Smithsonian Institution em 1846, foi nomeado seu primeiro-secretário (diretor). Ele também foi o segundo presidente (eleito em 1868) da Academia Nacional de Ciências, e manteve os dois cargos até sua morte. Em sua homenagem, usamos henry (H) como unidade de indutância. (*Retrato: Biblioteca do Congresso, Brady-Handy coleção de fotografias.)*

tância. Tal dispositivo, com sua indutância L como sua propriedade básica, é chamado de indutor. Assim como um capacitor pode armazenar energia elétrica, um indutor pode armazenar energia magnética, como veremos em uma seção posterior. Os resistores, capacitores e indutores são elementos básicos do circuito que são combinados, junto com os geradores de tensão e corrente, para formar circuitos RLC arbitrários.

A Figura 7.2 mostra a representação da teoria de circuito de um indutor. Quando uma corrente variável no tempo de intensidade i flui através dos terminais do indutor, a fem e_{ind} é induzida no indutor, dada pela Equação (7.2), onde L é a indutância do indutor. Com relação aos seus terminais, o indutor pode agora ser substituído por um gerador de tensão equivalente ideal cuja fem é igual a e_{ind} (este é um gerador de tensão controlado pela derivada tempo de uma corrente), como indicado na Figura 7.2. A direção de referência dessa fem é a mesma que a direção de referência da corrente i (ver Figura 7.1). A tensão v sobre os terminais do indutor na Figura 7.2 é, portanto,

lei elementar para um indutor

$$v = -e_{\text{ind}} = L\frac{\mathrm{d}i}{\mathrm{d}t}. \tag{7.3}$$

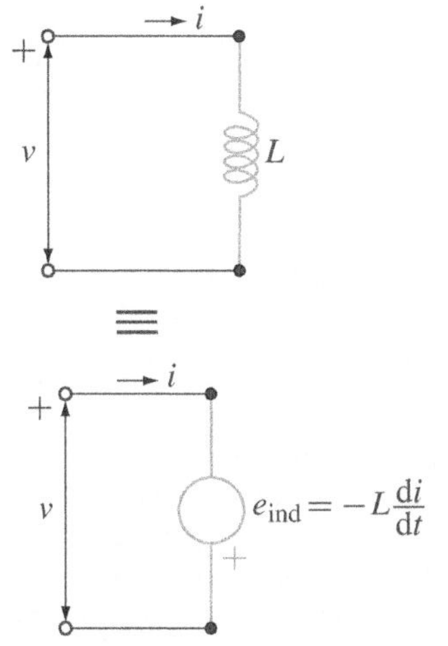

Figura 7.2

Representação da teoria de circuito de um indutor e um gerador de tensão controlado equivalente.

Esta é a lei elementar (característica corrente-tensão) para um indutor. Ela nos diz que v é linearmente proporcional à razão de variação de i no tempo, com L como a constante de proporcionalidade. Sua forma é exatamente oposta à lei elementar para um capacitor, Equação (3.45), e dizemos que um indutor e um capacitor são elementos duais. Essas duas leis, a lei elementar para um resistor (lei de Ohm), Equação (3.72), corrente de Kirchhoff e leis de tensão, equações (3.42) e (1.92), e as leis elementares para um gerador de tensão ideal, Equação (3.116), e um gerador de corrente ideal, Equação (3.127), representam um conjunto completo de equações básicas da teoria de circuito para análise de circuitos lineares ca.

Note que o modelo na Figura 7.2 representa na verdade um indutor ideal, que não inclui quaisquer efeitos parasitários, tais como capacitâncias parasitas entre as voltas adjacentes em uma bobina e as perdas Joule (em fios e núcleos magnéticos). Esses efeitos estão presentes, em maior ou menor grau, em todos os indutores reais, mas podem ser desprezados em muitas situações práticas. O único efeito modelado por um indutor ideal é a fem devido à autoindução, e_{ind}. Por outro lado, presume-se, na teoria de circuito, que o fluxo magnético, fem induzida e energia magnética estejam concentrados apenas nos indutores em um circuito, enquanto o campo magnético e o fluxo associado, fem e a energia devido a condutores de ligação são considerados insignificantes. Na prática, há sempre uma fem induzida distribuída ao longo dos condutores no circuito (no regime ca) e isso depende da forma e dimensões dos condutores. No entanto, essa fem — a indutância dos condutores — pode, de novo, ser desprezada em muitas aplicações práticas. Lembramos que suposições semelhantes de capacitância zero e resistência zero dos condutores têm sido feitas enquanto introduzimos representações de teoria de circuito de um capacitor e um resistor nas Figuras 2.15 e 3.9, respectivamente. O modelo da teoria de circuito, portanto, lida com condutores de ligação (linhas entre os elementos em *layouts* de circuito), como se todos fossem curtos-circuitos ideais, nos quais a forma, dimensões e propriedades do material de interconexões são consideradas irrelevantes na operação (e análise e design) do circuito.

Por fim, os indutores preenchidos com materiais magneticamente não lineares (por exemplo, a bobina da Figura 6.13) são elementos do circuito não lineares. Nesses casos, as propriedades magnéticas (permeabilidade) do material dependem da intensidade do campo magnético aplicado, H, enquanto H é sempre proporcional a i. Em consequência, a indutância do indutor depende da intensidade da corrente,

indutor não linear

$$\boxed{L = L(i),} \qquad (7.4)$$

que é análoga às relações nas equações (2.114) e (3.74) para um capacitor não linear e um resistor não linear, respectivamente.

Exemplo 7.1

Indutância de um solenoide cheio de ar muito longo

Uma bobina solenoidal cheia de ar tem $N = 200$ voltas de fio. O comprimento do solenoide é $l = 20$ cm e a área de superfície de seu corte transversal é $S = 4$ cm^2. O solenoide pode ser considerado muito longo, de modo que os efeitos das bordas podem ser desprezados. Nessas circunstâncias, encontre a indutância da bobina.

Solução Vamos supor uma corrente lentamente variável no tempo de intensidade i na bobina, encontre o fluxo magnético através de todas as suas voltas, e utilize a Equação (7.1) para a indutância. Desprezando os efeitos das bordas, também supomos que o campo magnético produzido pela corrente i é uniforme no interior do solenoide inteiro (como para um infinitamente longo). Esse campo é dado pela Equação (6.48), o que leva às seguintes expressões para o fluxo magnético através de uma superfície espalhada sobre uma única volta da bobina e o fluxo total através da bobina:

$$\Phi_{\text{volta única}} = \mu_0 HS \longrightarrow \Phi = N\Phi_{\text{volta única}} = \frac{\mu_0 N^2 Si}{l}, \qquad (7.5)$$

onde a direção de referência para Φ é adotada conforme a regra da mão direita para a direção de referência para i. A indutância da bobina é, portanto,

L – solenoide muito longo

$$\boxed{L = \frac{\Phi}{i} = \frac{\mu_0 N^2 S}{l},} \qquad (7.6)$$

isto é, $L = 100$ μH para os dados numéricos fornecidos. É o mesmo para qualquer forma de corte transversal do solenoide (desde que este seja muito longo).

Exemplo 7.2

Bobina em um núcleo toroidal espesso não homogêneo

Uma bobina com N voltas de fio é enrolada sobre um núcleo toroidal espesso de corte retangular feito de duas camadas ferromagnéticas de permeabilidades μ_1 e μ_2, como retratado na Figura 7.3. Os raios interno e externo do toroide são a e c, sua altura é h, e o raio da superfície limite entre as camadas é b $(a < b < c)$. Calcule a indutância da bobina.

Solução Se se supõe que uma corrente contínua de intensidade I flui na bobina (Figura 7.3), a intensidade do campo magnético $H(r)$ dentro do núcleo (em ambas as camadas ferromagnéticas) é dada pela Equação (5.83). O fluxo magnético através da bobina é então [ver Figura 7.3 e equações (5.84) e (5.92)]

$$\Phi = N\int_{r=a}^{c} B(r)\,\mathrm{d}S = N\left[\int_a^b \mu_1 H(r)\,\mathrm{d}S + \int_b^c \mu_2 H(r)\,\mathrm{d}S\right] =$$

$$= \frac{N^2 Ih}{2\pi}\left(\mu_1 \ln\frac{b}{a} + \mu_2 \ln\frac{c}{b}\right), \tag{7.7}$$

e a indutância da bobina

$$L = \frac{\Phi}{I} = \frac{N^2 h}{2\pi}\left(\mu_1 \ln\frac{b}{a} + \mu_2 \ln\frac{c}{b}\right). \tag{7.8}$$

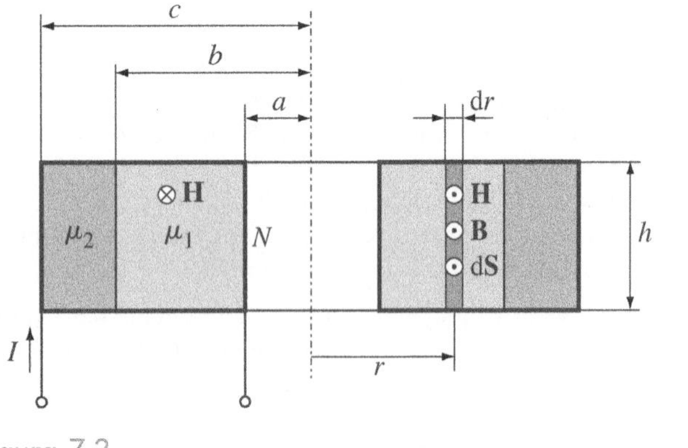

Figura 7.3

Avaliação da indutância de uma bobina enrolada em um núcleo toroidal espesso com duas camadas ferromagnéticas lineares; para o Exemplo 7.2.

Exemplo 7.3

Indutância externa p.u.c. de uma linha de dois fios finos

Encontre a indutância externa por unidade de comprimento de uma linha de transmissão fina simétrica de dois fios no ar. Os raios do condutor são a e a distância entre seus eixos é d $(d \gg a)$.

Solução A linha de dois fios pode ser considerada um laço de fio infinitamente longo que fecha sobre si mesmo em ambas as extremidades da linha no infinito. A Figura 7.4 mostra o corte transversal da linha. O procedimento de avaliação da indutância de linha (autoindutância externa) por unidade de comprimento é análogo (dual) ao de avaliação da capacitância por unidade de comprimento de uma linha bifilar no Exemplo 2.15. Supomos que uma corrente lentamente variável no tempo de intensidade i (ou uma corrente contínua de intensidade I) seja estabelecida na linha (Figura 7.4). Num ponto M no plano que contém os eixos de condutores, os vetores densidade de fluxo magnético $\mathbf{B}_1$ e $\mathbf{B}_2$ devido às correntes (da mesma intensidade e direções opostas) em condutores individuais da linha são colineares, de modo que a densidade do fluxo magnético resultante seja

$$B = B_1 + B_2 = \frac{\mu_0 i}{2\pi}\left(\frac{1}{x} + \frac{1}{d-x}\right), \tag{7.9}$$

onde x é a distância entre o eixo do primeiro condutor.

Como a estrutura é infinitamente longa, consideramos apenas uma parte dela que tem comprimento l e calculamos o fluxo magnético através da superfície plana de comprimento l, que é atravessada entre os condutores de linha (tal superfície de integração é a escolha certa, porque $\mathbf{B}$ é perpendicular ao da superfície) e orientada conforme exigido pela regra da mão direita para a direção de referência adotada da corrente de linha. Esse fluxo é dado por

$$\Phi = \int_{x=a}^{d-a} B\,\underbrace{l\,\mathrm{d}x}_{\mathrm{d}S} = \frac{\mu_0 il}{2\pi}\int_a^{d-a}\left(\frac{1}{x} + \frac{1}{d-x}\right)\mathrm{d}x =$$

$$= \frac{\mu_0 il}{\pi}\ln\frac{d-a}{a} \approx \frac{\mu_0 il}{\pi}\ln\frac{d}{a} \tag{7.10}$$

[ver a integração na Equação (2.140)]. Assim, a indutância externa por unidade de comprimento (por cada metro) da linha vem a ser

L' – linha de dois fios finos (unidade: H/m)

$$L' = L_{\text{p.u.c.}} = \frac{\Phi'}{i} = \frac{\Phi}{il} = \frac{\mu_0}{\pi}\ln\frac{d}{a}, \tag{7.11}$$

onde Φ' é o fluxo por unidade de comprimento da linha.

Como um exemplo numérico, para $d/a = 30$, $L' = 1{,}36$ μH/m. Se a linha tem 100 m de comprimento, sua indutância externa total chega a $L =$ μH.

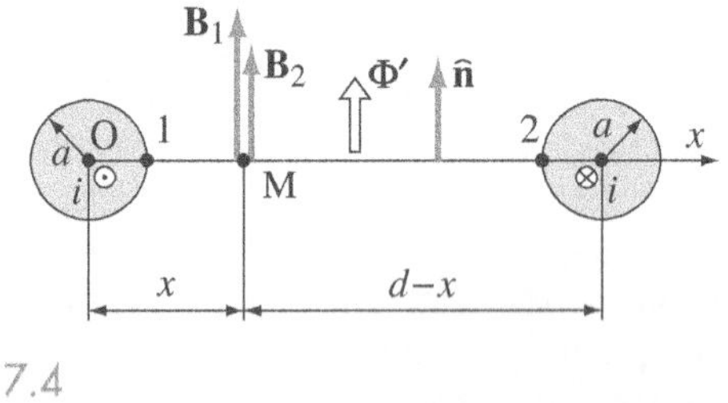

Figura 7.4

Avaliação da indutância externa por unidade de comprimento de uma linha de transmissão de dois fios finos no ar (corte transversal da estrutura); para o Exemplo 7.3.

Exemplo 7.4

Indutância externa p.u.c. de um cabo coaxial

Considere um cabo coaxial cheio de ar. O raio do condutor interno do cabo é a e o raio interno do condutor externo é b $(b > a)$. Obtenha a expressão para a indutância externa por unidade de comprimento do cabo.

Solução Vamos supor uma corrente cc de intensidade I que flui através dos condutores de linha, como mostrado na Figura 7.5. O vetor densidade de fluxo intensidade associado, $\mathbf{B}$, é circular com relação ao eixo do cabo e sua magnitude, $B(r)$, no dielétrico, é dada pela segunda expressão na Equação (4.61), onde r é a distância entre o eixo e $a < r < b$. Calcular o fluxo magnético através de uma superfície plana de comprimento l espalhada entre os condutores (Figura 7.5), em seguida, produza a seguinte expressão para a indutância externa por unidade de comprimento do cabo:

L′ – cabo coaxial

$$L' = \frac{\Phi}{Il} = \frac{1}{Il}\int_{r=a}^{b} B(r)\,\mathrm{d}S = \frac{1}{Il}\int_{a}^{b} \frac{\mu_0 I}{2\pi r}\, l\,\mathrm{d}r = \frac{\mu_0}{2\pi}\ln\frac{b}{a}, \quad (7.12)$$

onde o dielétrico pode ser de qualquer material não magnético ($\mu = \mu_0$). O procedimento é dual para a tensão e o cálculo da capacitância no Exemplo 2.10.

Como um exemplo numérico, a indutância por unidade de comprimento de um cabo coaxial RG-11, tendo a = 0,6 mm e b = 3,62 mm (dielétrico de polietileno), é calculada para ser L' = 359 nH/m.

Comparando a expressão de L' na Equação (7.12) e a expressão para a capacitância por unidade de comprimento do mesmo cabo, $C' = 2\pi\varepsilon_0/\ln(b/a)$ [ver Equação (2.123)], note que a seguinte relação existe entre os dois parâmetros:

dualidade de L′ e C′ para dielétrico de ar

$$L'C' = \varepsilon_0\mu_0. \quad (7.13)$$

Comparando, então, as expressões nas equações (7.11) e (2.141), notamos também que o mesmo é verdadeiro para uma linha de dois fios finos no ar. Na verdade, como provaremos em um capítulo posterior, a mesma relação existe entre L' e C' para qualquer linha de transmissão de dois condutores com dielétrico de ar. Para uma linha de transmissão com dielétrico linear homogêneo de permissividade e permeabilidade arbitrárias, $L'C' = \varepsilon\mu$. Usando essas relações, agora podemos com muita facilidade obter a indutância por unidade de comprimento de linhas de transmissão (com dielétricos lineares homogêneos) para a qual já temos a capacitância por unidade de comprimento (que se encontra no Capítulo 2). Por exemplo, a partir da expressão na Equação (2.146) para a capacitância por unidade de comprimento da linha de transmissão que consiste em um condutor de fio fino e um plano condutor aterrado na Figura 2.24(a), podemos escrever diretamente a expressão para a indutância externa por unidade de comprimento desta linha:

$$L' = \frac{\varepsilon_0\mu_0}{C'} = \frac{\mu_0}{2\pi}\ln\frac{2h}{a}. \quad (7.14)$$

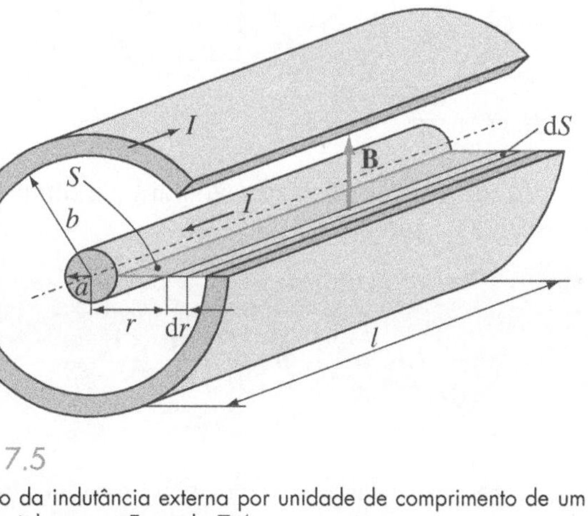

Figura 7.5

Avaliação da indutância externa por unidade de comprimento de um cabo coaxial; para o Exemplo 7.4.

Exemplo 7.5

Espira supercondutora em um campo magnético

Um contorno planar supercondutor de área S e indutância L está situado em um campo magnetostático uniforme de densidade de fluxo B. A espira é primeiro colocada de tal forma que o vetor $\mathbf{B}$ é perpendicular ao plano da espira, como na Figura 7.6. Nesse estado, uma corrente constante de intensidade I_1 flui ao longo da espira. A espira é então virada de tal forma que seu plano se torna paralelo a $\mathbf{B}$. Encontre a corrente I_2 na espira do novo estado estacionário.

Solução O fluxo magnético total através da espira no primeiro estado é

$$\Phi_1 = LI_1 + BS, \quad (7.15)$$

onde o primeiro termo é o fluxo devido à corrente (I_1) na espira (autofluxo) e o segundo termo é o fluxo do campo magnético externo ($\mathbf{B}$), ou seja, o fluxo devido a outras correntes (ou ímãs permanentes) no sistema (fluxo mútuo).

No segundo estado,

$$\Phi_2 = LI_2, \quad (7.16)$$

desde que o fluxo mútuo seja zero ($\mathbf{B} \cdot \mathbf{S} = 0$).

O fluxo magnético total através de uma espira supercondutora não pode ser alterado [ver Equação (6.135)], o que significa que

$$\Phi_1 = \Phi_2. \quad (7.17)$$

Combinando as equações (7.15) e (7.17), a corrente na espira no segundo estado é, portanto,

$$I_2 = I_1 + \frac{BS}{L}. \quad (7.18)$$

Note que o incremento na corrente entre os dois estados, $\Delta I = BS/L$, é induzido na espira exatamente no valor que compensa por inteiro, através do campo magnético associado, a mudança do fluxo mútuo (de BS para zero), mantendo assim um fluxo total constante através da espira.

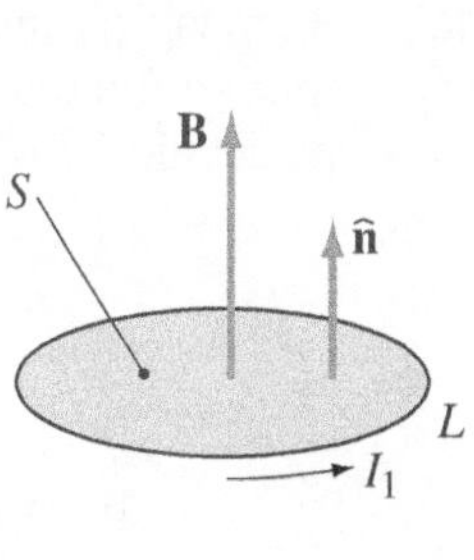

Figura 7.6

Espira supercondutora de indutância L em um campo magnetostático uniforme; para o Exemplo 7.5.

7.2 INDUTÂNCIA MÚTUA

Considere agora duas espiras de fio condutor estacionário, C_1 e C_2, em um meio magnético linear (homogêneo ou heterogêneo), como mostrado na Figura 7.7. A primeira espira conduz uma corrente lentamente variável no tempo de intensidade i_1. Como resultado, um campo magnético, de densidade de fluxo $\mathbf{B}_1$, é produzido em toda parte, e $\mathbf{B}_1$, que é uma função de ambas as coordenadas, espacial e tempo, é linearmente proporcional à i_1. Algumas das linhas de $\mathbf{B}_1$ passam pela segunda espira, ou seja, através de uma superfície S_2 limitada por C_2. Essas linhas constituem o fluxo magnético através da segunda espira devido à i_1 atual, que pode ser expressa como

$$\Phi_2 = \int_{S_2} \mathbf{B}_1 \cdot \mathrm{d}\mathbf{S}_2. \tag{7.19}$$

O fluxo Φ_2 é linearmente proporcional à i_1 também:

$$\Phi_2 = L_{21} i_1, \tag{7.20}$$

onde a constante de proporcionalidade L_{21} é chamada de indutância mútua entre as duas espiras e é obtida como

indutância mútua (unidade: H)

$$\boxed{L_{21} = \frac{\Phi_2}{i_1}.} \tag{7.21}$$

Note que o símbolo M também é usado para denotar indutância mútua. É uma medida do acoplamento magnético entre as espiras. Sua intensidade depende da forma, do tamanho e da posição mútua das espiras, e das propriedades magnéticas (permeabilidade) do meio. A indutância mútua pode ser tanto positiva quanto negativa, dependendo da orientação de referência adotada de cada uma das espiras para a sua posição mútua dada. Ou seja, se uma corrente positiva i_1 na espira C_1 dá origem a um fluxo magnético positivo Φ_2 para a orientação da superfície S_2, que está de acordo com a regra da mão direita em relação à orientação da espira C_2, a indutância mútua é positiva. Caso contrário, é negativa.[2] A indutância mútua também é expressa em henrys.

Ao aplicar a lei de Faraday da indução eletromagnética, Equação (6.34), para o fluxo na Equação (7.20), obtemos a fem induzida (devido à indução do transformador) na espira C_2:

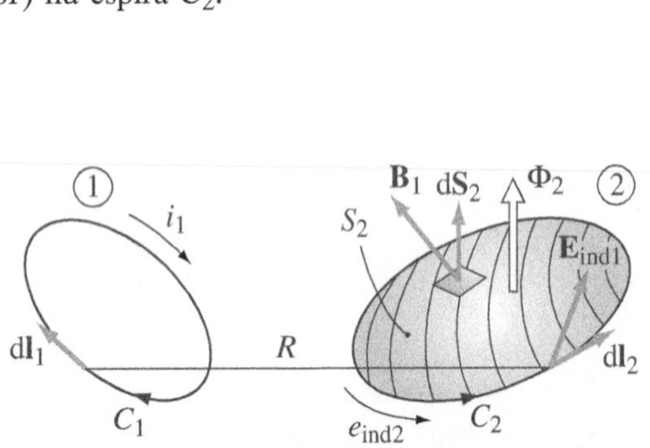

Figura 7.7
Duas espiras condutoras acopladas magneticamente.

fem devido à indução mútua

$$\boxed{e_{\text{ind2}} = -\frac{\mathrm{d}\Phi_2}{\mathrm{d}t} = -L_{21}\frac{\mathrm{d}i_1}{\mathrm{d}t}.} \tag{7.22}$$

As equações (7.21) e (7.22) devem ser consideradas como definições equivalentes de indutância mútua. Elas indicam que a indutância mútua entre duas espiras magneticamente acopladas (circuitos) pode ser avaliada supondo que uma corrente (i_1) flua em uma espira (circuito primário) e calculando ou medindo o fluxo magnético (Φ_2) ou a fem induzida (e_{ind2}) na outra espira (circuito secundário). De novo, note que, enquanto a definição de fluxo de L_{21} na Equação (7.21) pode ser utilizada tanto para correntes variáveis no tempo quanto para correntes contínuas, a definição fem na Equação (7.22) faz sentido somente para correntes variáveis no tempo.

Por outro lado, se supormos que uma corrente i_2 flui ao longo da espira C_2 e determina o fluxo magnético associado Φ_1 através da espira C_1, a indutância mútua entre as espiras é dada por

$$L_{12} = \frac{\Phi_1}{i_2}, \tag{7.23}$$

com uma expressão análoga usando a fem induzida e_{ind1} ao longo da espira C_1. Por causa da reciprocidade (em um sistema linear, funções de transferência permanecem as mesmas, se o local de origem e a localização na qual a resposta para a fonte é observada são trocados),

reciprocidade de indução mútua

$$\boxed{L_{12} = L_{21}.} \tag{7.24}$$

Se o meio em torno das espiras é o ar (ou qualquer outro meio não magnético), o vetor intensidade de campo elétrico induzido devido à corrente na primeira espira é dado por [ver Equação (6.5) e Figura 7.7]

$$\mathbf{E}_{\text{ind1}} = -\frac{\mu_0}{4\pi}\oint_{C_1}\frac{\mathrm{d}i_1}{\mathrm{d}t}\frac{\mathrm{d}\mathbf{l}_1}{R}, \tag{7.25}$$

de modo que a fem induzida na segunda espira pode ser escrita como [ver Equação (6.33)]:

$$\mathbf{e}_{\text{ind2}} = \oint_{C_2}\mathbf{E}_{\text{ind1}}\cdot\mathrm{d}\mathbf{l}_2 = -\frac{\mu_0}{4\pi}\oint_{C_2}\oint_{C_1}\frac{\mathrm{d}\mathbf{l}_1\cdot\mathrm{d}\mathbf{l}_2}{R}\frac{\mathrm{d}i_1}{\mathrm{d}t} = -L_{21}\frac{\mathrm{d}i_1}{\mathrm{d}t}. \tag{7.26}$$

Isso produz a seguinte expressão para a indutância mútua entre as espiras C_1 e C_2:

fórmula de Neumann para indutância mútua

$$\boxed{L_{21} = \frac{\mu_0}{4\pi}\oint_{C_2}\oint_{C_1}\frac{\mathrm{d}\mathbf{l}_1\cdot\mathrm{d}\mathbf{l}_2}{R},} \tag{7.27}$$

2 Em alguns textos, as informações sobre o sinal da indutância mútua para orientações de referência específica de espiras não estão inclusas na sua definição, ou seja, a indutância mútua é definida como sendo sempre não negativa.

que é conhecida como a fórmula de Neumann[3] para a indutância mútua. Isso implica a avaliação de uma linha dupla integral ao longo das espiras e ressalta o fato de que a indutância mútua é apenas uma propriedade da forma geométrica e da disposição física das espiras acopladas, bem como da permeabilidade do meio [se as espiras estão situadas em um meio magnético linear homogêneo de permeabilidade μ, a constante μ_0 precisa ser substituída por μ na Equação (7.27)]. É óbvio, com base na Equação (7.27), que a mudança da orientação de referência de um dos contornos na Figura 7.7 (mas não ambos), que significa a mudança da direção de referência de um dos vetores, $\mathbf{dl}_1$ e $\mathbf{dl}_2$, muda a polaridade (sinal) da indutância mútua L_{21}. Também é óbvio que o intercâmbio dos subscritos 1 e 2 na Equação (7.27) não altera o valor algébrico (que inclui tanto a magnitude quanto o sinal) da integral dupla (já que o produto escalar é comutativo e as duas integrações de linha podem ser realizadas em uma ordem arbitrária). Isso prova a identidade na Equação (7.24). A fórmula de Neumann representa uma boa base para avaliação numérica da indutância mútua das espiras de formas arbitrárias, em que as integrais de linha envolvidas ao longo das espiras são calculadas usando métodos de integração numéricos.

Exemplo 7.6

Indutância mútua entre uma espira e um fio infinito

Encontrar a indutância mútua entre o laço retangular e o fio infinitamente longo e reto na Figura 6.12.

Solução O fio infinitamente longo pode ser considerado uma espira que se fecha sobre si mesma no infinito. Designando-o como C_1 e a espira retangular como C_2, a corrente i_1 e o fluxo magnético Φ_2 na Equação (7.21) são na verdade a corrente i conduzida pelo fio na Figura 6.12 e o fluxo Φ através da espira retangular dado pela Equação (6.64), respectivamente. A indutância mútua entre as espiras de suas orientações de referência dadas na Figura 6.12 (orientação superior para o fio infinitamente longo e direção sentido horário para o laço retangular) é, portanto,

$$L_{21} = \frac{\Phi_2}{i_1} = \frac{\mu_0 b}{2\pi} \ln \frac{c+a}{c}. \qquad (7.28)$$

Observe que o mesmo resultado é obtido pela aplicação da definição de fem de indutância mútua na Equação (7,22) para a expressão para a fem induzida na espira retangular na Equação (6.65). Note também que o cálculo da indutância mútua como L_{12}, neste caso, seria muito complicado. Exigiria que encontrássemos o vetor intensidade de campo elétrico induzido $\mathbf{E}_{\text{ind2}}$ em um ponto arbitrário do fio infinito devido a uma corrente suposta i_2 na espira retangular e depois integrá-lo ao longo do fio (que, de fato, é a fórmula Neumann para L_{12}) ou encontrar e integrar o fluxo magnético $\mathbf{B}_2$ vetor densidade devido a i_2 através de um meio plano delimitado pelo circuito C_1.

Exemplo 7.7

Indutância mútua de duas bobinas e um núcleo toroidal fino

Duas bobinas são enroladas uniforme e densamente em duas camadas, uma sobre a outra, sobre um núcleo toroidal fino (como a mostrado na Figura 5.11). O núcleo é feito de um material ferromagnético linear de permeabilidade relativa $\mu_r = 500$. Seu comprimento é $l = 50$ cm e área de corte transversal $S = 1$ cm^2. O número de voltas de fio é $N_1 = 400$ para a primeira bobina e $N_2 = 600$ para a segunda. Calcule a indutância mútua das bobinas.

Solução Adotaremos as mesmas orientações de referência para as duas bobinas (o que nos dará uma indutância mútua positiva) e supor que a primeira conduz uma corrente de intensidade i_1. Essa corrente produz um campo magnético de mesma intensidade (H_1) em todos os lugares dentro do núcleo. Da Equação (5.53), $H_1 = N_1 i_1 / l$, de modo que o fluxo magnético total através da segunda bobina (Φ_2) é dado por [ver também Equação (5.96)]

$$\Phi_{\text{volta única}} = \mu H_1 S \quad (\mu = \mu_r \mu_0) \longrightarrow$$

$$\longrightarrow \quad \Phi_2 = N_2 \Phi_{\text{volta única}} = \frac{\mu N_1 N_2 S i_1}{l}, \qquad (7.29)$$

e a indutância mútua entre as bobinas vem a ser

L_{21} – duas bobinas acopladas em um núcleo toroidal fino

$$\boxed{L_{21} = \frac{\Phi_2}{i_1} = \frac{\mu N_1 N_2 S}{l}.} \qquad (7.30)$$

Finalmente, substituindo os dados numéricos, tem-se $L_{21} = 30$ mH.

Observe que o mesmo resultado é obtido supondo que uma corrente i_2 flua na segunda bobina e calculando a indutância mútua L_{12} do fluxo magnético total através da primeira bobina (Φ_1).

Exemplo 7.8

Acoplamento magnético entre uma bobina toroidal e uma espira

Um bobina toroidal de circuito aberto com um corte transversal retangular tem $N = 500$ voltas de fio que são uniforme e densamente enrolados sobre um núcleo ferromagnético. A permeabilidade relativa do material é $\mu_r = 1.000$. Os raios interno e externo do toroide são $a = 2$ cm e $b = 4$ cm (toroide espesso), e sua altura é $h = 1$ cm. A espira de fio é colocada ao redor do toroide, como mostra a Figura 7.8. Há uma corrente de baixa frequência harmônica no tempo de intensidade $i = I_0 \cos \omega t$ fluindo ao longo da espira, onde $I_0 = 2$ A e $\omega = 7 \times 10^3$ rad/s. Encontre a tensão entre os terminais da bobina.

---

3 Franz Ernst Neumann (1798-1895), um mineralogista, físico e matemático alemão, professor de mineralogia e física na Universidade de Königsberg, contribuiu para a teoria da indução eletromagnética e deduziu, em 1845, a fórmula para a indutância mútua entre dois polígonos coaxiais paralelos iguais do fio, a qual é conhecida como fórmula de Neumann para a indutância mútua de espiras de fio arbitrários (laços), como os que usamos hoje.

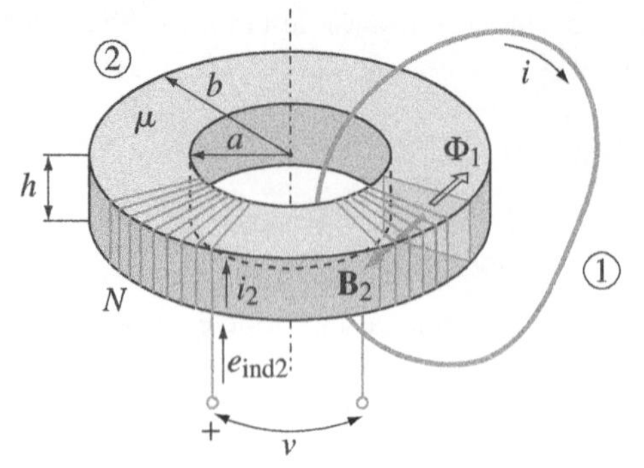

Figura 7.8

Acoplamento magnético entre uma bobina enrolada sobre um núcleo toroidal espesso e um anel de fio circundando o toroide; para o Exemplo 7.8.

Solução Representamos a espira de fio como circuito 1 e a bobina toroidal como circuito 2. Não há corrente na bobina (tem circuito aberto) e a tensão entre os terminais da bobina é [ver equações (6.62) e (7.22)]

$$v = -e_{ind2} = L_{21}\frac{di_1}{dt} \quad (i_1 \equiv i). \tag{7.31}$$

No entanto, a indutância mútua L_{21} é extremamente difícil de se encontrar usando a Equação (7.21). Ou seja, o campo $\mathbf{B}_1$ devido a i_1, que teria que ser integrado através de cada uma das voltas da bobina toroidal, a fim de calcular o fluxo Φ_2, é não só altamente não uniforme, mas também impossível de encontrar analiticamente para uma espira de forma arbitrária e irregular.

Por outro lado, podemos usar a identidade na Equação (7.24) e encontrar a indutância L_{12}. Para esse fim, supomos uma corrente de intensidade i_2 na bobina toroidal, e nenhuma corrente no circuito ($i_1 = 0$), encontrar o fluxo Φ_1 através de uma superfície limitada pela espira, e usar a Equação (7.23). Nessas circunstâncias, não há campo fora da bobina [ver Exemplo 4.12], de modo que o fluxo Φ_1 se iguala ao negativo do fluxo Φ através de um corte transversal do toroide dado pela Equação (5.84), onde o sinal de menos (negativo) vem de direções de referência diferentes dos fluxos nas figuras 7.8 e 5.26. Por isso,

$$L_{12} = \frac{\Phi_1}{i_2} = -\frac{\Phi}{I} = -\frac{\mu_r\mu_0 Nh}{2\pi}\ln\frac{b}{a} = -693\ \mu\text{H}. \tag{7.32}$$

Finalmente, combinando as equações (7.31), (7.24) e (7.32), a tensão harmônica no tempo entre os terminais da bobina na Figura 7.8 vem a ser

$$v = L_{12}\frac{di_1}{dt} = -\omega L_{12} I_0 \operatorname{sen}\omega t = $$
$$= 9{,}7\operatorname{sen}(7\times 10^3 t)\ \text{V} \quad (t \text{ em s}). \tag{7.33}$$

Observe que a amplitude da tensão v pode ser escrita como

Z_{21} – impedância de transferência entre dois circuitos (unidade: Ω)

$$\boxed{V_0 = |Z_{21}| I_0}, \text{ onde } Z_{21} = \omega L_{21} = \omega L_{12} =$$
$$= -\frac{\omega\mu_r\mu_0 Nh}{2\pi}\ln\frac{b}{a} = -4{,}85\ \Omega. \tag{7.34}$$

Essa amplitude (ou o valor rms correspondente[4]) pode ser medida por um voltímetro ligado aos terminais da bobina. Assim, ao medir diretamente V_0, podemos medir indiretamente a amplitude (ou valor rms) da corrente (I_0), no condutor arbitrário, sem inserir um amperímetro em seu circuito. Em tais casos, a bobina na Figura 7.8 é utilizada como um transformador de teste, onde a corrente a ser determinada é transformada para a tensão indicada pelo voltímetro, através do acoplamento magnético e indução eletromagnética no transformador. A constante Z_{21} na Equação (7.34), expressa em ohms, é dita ser a impedância mútua ou impedância de transferência entre os dois circuitos ($Z_{12} = Z_{21}$). É negativa aqui, como a indutância mútua entre os circuitos, por causa das orientações de referência particulares das espiras e direções de referência de i e v na Figura 7.8.

Exemplo 7.9

A indutância mútua p.u.c. de duas linhas de dois fios

A Figura 7.9(a) mostra um corte transversal de um sistema composto de duas linhas finas infinitamente longas de dois fios paralelas no ar. A primeira tem condutores marcados como 1 e 1', e a segunda como 2 e 2'. As distâncias entre os eixos do primeiro e segundo condutores da primeira linha e cada um dos condutores da segunda linha são r_{12}, $r_{12'}$, $r_{1'2}$ e $r_{1'2'}$, respectivamente. Encontre a indutância mútua por unidade de comprimento entre as duas linhas.

Solução Supomos que a primeira linha (linha 1–1') conduz uma corrente de intensidade i_1, como indicado na Figura 7.9(b). Nosso objetivo é encontrar o fluxo magnético Φ_2 devido a essa corrente por meio de uma superfície S de comprimento l delimitada pelos condutores de segunda linha (linha 2–2'), e aplicar a Equação (7.21) para a indutância mútua entre as linhas.

Vamos, primeiro, encontrar o fluxo Φ_a através de S devido ao condutor 1 somente. O vetor densidade de fluxo magnético correspondente, $\mathbf{B}_1$, é circular com relação ao eixo do condutor e sua intensidade é [Equação (4.22)]

$$B_1 = \frac{\mu_0 i_1}{2\pi r}, \tag{7.35}$$

onde r é a distância do eixo. Para integrar $\mathbf{B}_1$, entretanto, não é conveniente adotar S simplesmente como a superfície plana sobre os condutores 2 e 2'. Em vez disso, uma superfície mais complicada, corte transversal mostrado na Figura 7.9(c), é adotada. Consiste de uma parte cilíndrica de raio r_{12} e uma parte plana (faixa), cuja largura é igual a $r_{12'} - r_{12}$. O fluxo através da parte cilíndrica da superfície é zero, porque $\mathbf{B}_1$ é tangente à superfície ($\mathbf{B}_1 \perp d\mathbf{S}$) nessa parte da integração (note a analogia com o cálculo de potencial elétrico na Figura 1.23). A integração sobre o resto de S (parte plana) é bastante simples de executar, porque $\mathbf{B}_1$ é agora perpendicular à superfície de integração ($\mathbf{B}_1 \parallel d\mathbf{S}$). Assim, o cálculo de fluxo praticamente reduz ao da Equação (6.64), e temos

$$\Phi_a = \int_{r=r_{12}}^{r_{12'}} B_1\, dS = \int_{r_{12}}^{r_{12'}} \frac{\mu_0 i_1}{2\pi r}\, l\, dr = \frac{\mu_0 i_1 l}{2\pi}\ln\frac{r_{12'}}{r_{12}}. \tag{7.36}$$

4 Observe que a maioria dos instrumentos mostra valores rms (*root mean square*) das grandezas medidas em vez de suas amplitudes (valores máximos).

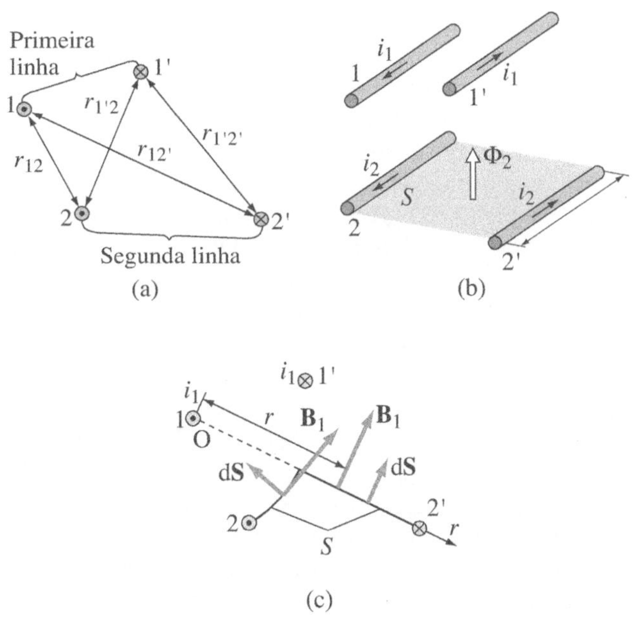

Figura 7.9

Avaliação da indutância mútua por unidade de comprimento de duas linhas finas infinitamente longas paralelas a dois fios no ar: (a) corte transversal do sistema com dados geométricos fornecidos, (b) visão tridimensional mostrando uma parte do sistema de comprimento l que só é considerada e (c) a integração do campo magnético devido ao condutor 1 sobre uma superfície convenientemente escolhida delimitada pelos condutores da linha 2–2'; para o Exemplo 7.9.

Da mesma forma, o fluxo Φ_b devido à corrente i_1 no condutor 1' apenas pode ser encontrado através da integração do campo magnético correspondente por meio de uma superfície bem localizada em relação a esse condutor. No entanto, em vez de repetir esse cálculo para uma nova posição do condutor (agora condutor 1'), podemos usar o resultado final na Equação (7.36), apenas modificando a notação:

$$\Phi_b = -\frac{\mu_0 i_1 l}{2\pi} \ln \frac{r_{1'2'}}{r_{1'2}}, \qquad (7.37)$$

onde o sinal negativo vem da direção de referência da corrente i_1, corrente no condutor 1' sendo oposto ao sentido da corrente no condutor 1.

Por superposição, o fluxo magnético total através da linha 2–2' no comprimento l do sistema chega a

$$\Phi_2 = \Phi_a + \Phi_b = \frac{\mu_0 i_1 l}{2\pi} \ln \frac{r_{12'} r_{1'2}}{r_{12} r_{1'2'}}. \qquad (7.38)$$

O fluxo correspondente por unidade de comprimento (para um metro) do sistema é obtido como

$$\Phi_2' = (\Phi_2)_{\text{p.u.c.}} = \frac{\Phi_2}{l}, \qquad (7.39)$$

de modo que a indutância mútua por unidade de comprimento das duas linhas para as orientações das linhas apresentadas na Figura 7.9 é

L'_{21} – duas linhas finas paralelas de dois fios (unidade: **H**/m)

$$\boxed{L'_{21} = (L_{21})_{\text{p.u.c.}} = \frac{L_{21}}{l} = \frac{\Phi_2'}{i_1} = \frac{\mu_0}{2\pi} \ln \frac{r_{12'} r_{1'2}}{r_{12} r_{1'2'}}.} \qquad (7.40)$$

Dependendo da posição mútua real das linhas, L'_{21} pode ser tanto positivo (quando $r_{12'}\, r_{1'2} > r_{12}\, r_{1'2'}$) quanto negativo (quando $r_{12'}\, r_{1'2} < r_{12}\, r_{1'2'}$). A unidade de L'_{21} é H/m. Essa fórmula é de grande importância na avaliação (em geral indesejada) do acoplamento magnético e indução eletromagnética mútua entre diferentes combinações de linhas de transmissão paralelas de dois fios em aplicações práticas (por exemplo, o acoplamento entre uma linha telefônica e linha de alimentação próxima ou entre pares de fios condutores em um dispositivo eletrônico). Pode ser usado também para outros tipos de linhas de transmissão que podem ser aproximadas por linhas de fio em algumas considerações (por exemplo, cálculo aproximado das indutâncias mútuas dentro de uma *microstrip* multicondutora e linhas de transmissão *strip* que dá origem ao chamado *cross talk* indutivo entre condutores em placas de circuito impresso em computadores).

7.3 ANÁLISE DE CIRCUITOS MAGNETICAMENTE ACOPLADOS

Tendo agora em mãos os conceitos de autoindutância e indutância mútua, vamos supor que correntes lentamente variáveis no tempo existam em ambas as espiras (circuitos) da Figura 7.7, ao mesmo tempo, como mostrado na Figura 7.10. O fluxo magnético total Φ_1 através do primeiro circuito agora é causado tanto por i_1 quanto por i_2. Usando as equações (7.1) e (7.23) e o princípio da superposição, temos

$$\Phi_1 = L_1 i_1 + L_{12} i_2, \qquad (7.41)$$

com L_1 sendo a autoindutância do primeiro circuito e L_{12} a indutância mútua entre os circuitos. Da mesma forma, o fluxo magnético total através do segundo circuito é

$$\Phi_2 = L_{21} i_1 + L_2 i_2, \qquad (7.42)$$

onde $L_{21} = L_{12}$ e L_2 é a autoindutância do segundo circuito. Da mesma maneira, a fem induzida em cada um dos circuitos é composta tanto por termos de autoindução quanto de indução mútua, que pode ser escrita como

$$e_{\text{ind1}} = -\frac{d\Phi_1}{dt} = -L_1 \frac{di_1}{dt} - L_{12} \frac{di_2}{dt}, \text{ e} \qquad (7.43)$$

$$e_{\text{ind2}} = -\frac{d\Phi_2}{dt} = -L_{21} \frac{di_1}{dt} - L_2 \frac{di_2}{dt}. \qquad (7.44)$$

Por fim, na Figura 7.10 [veja também figuras 6.6 e 6.11(b)], as tensões entre os terminais dos circuitos são dadas por

característica corrente-tensão de dois circuitos magneticamente acoplados

$$\boxed{v_1 = -e_{\text{ind1}} = L_1 \frac{di_1}{dt} + L_{12} \frac{di_2}{dt},} \text{ e} \qquad (7.45)$$

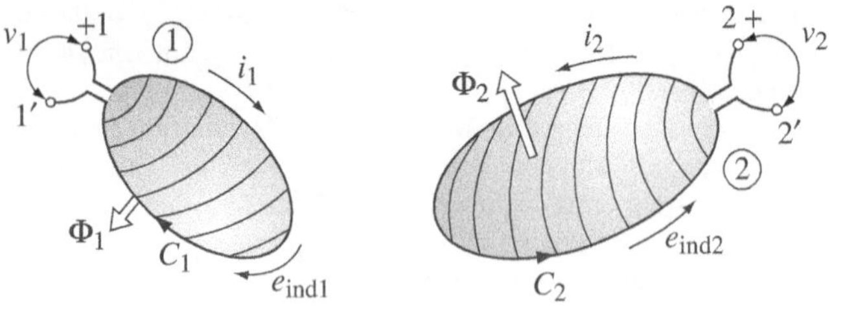

Figura 7.10

Análise de dois circuitos acoplados magneticamente com correntes lentamente variáveis no tempo.

$$v_2 = -e_{ind2} = L_{21}\frac{di_1}{dt} + L_2\frac{di_2}{dt}. \quad (7.46)$$

Ou seja, a tensão entre os terminais de cada um dos circuitos é uma combinação linear de derivadas temporais das correntes em ambos os circuitos, com L_1, L_2 e $L_{12} = L_{21}$ como linearidades (proporcionalidade) constantes.

Na Figura 7.11 é mostrada a representação da teoria de circuito de dois circuitos magneticamente acoplados da Figura 7.10. Esta é uma rede de duas portas, cuja característica corrente-tensão é dada pelas equações (7.45) e (7.46). É constituída por dois indutores ideais acoplados, onde, além de modelar a fem devido à autoindução em cada indutor, o efeito da fem devido à indução mútua entre os indutores também é modelada. A indutância mútua entre os indutores costuma ser escrita como

$$L_{12} = \pm k\sqrt{L_1L_2}, \quad (7.47)$$

onde k é uma constante positiva adimensional chamada coeficiente de acoplamento (magnético) dos indutores (circuitos) e definido como

coeficiente de acoplamento magnético entre dois circuitos (adimensional)

$$k = \frac{|L_{12}|}{\sqrt{L_1L_2}}, \quad 0 \le k \le 1. \quad (7.48)$$

Veremos na próxima seção que k é sempre menor ou igual à unidade. O coeficiente k na Figura 7.11, portanto, fornece a informação sobre a intensidade da indutância mútua entre os circuitos da Figura 7.10. O sinal da L_{12},

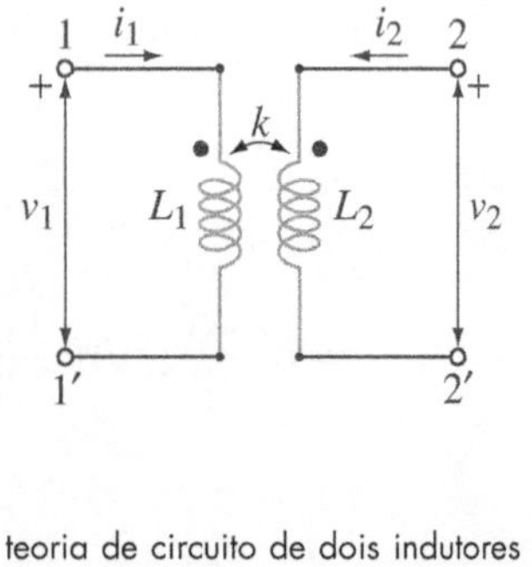

Figura 7.11

Representação da teoria de circuito de dois indutores acoplados.

no entanto, depende da direção de referência das correntes i_1 e i_2 adotada, e, portanto, não pode ser dado como peça única de informação (positiva ou negativa), junto com k, e não depende das direções das correntes. É por isso que usamos a chamada notação de dois pontos para incluir as informações sobre o sinal de L_{12} na representação na Figura 7.11, colocando dois pontos perto das extremidades dos dois indutores. De acordo com essa notação (convenção), se ambas as correntes (i_1 e i_2) entram nos indutores em extremidades marcadas por um ponto grande (como na Figura 7.11), a indutância mútua, para aquela determinada combinação de direções de referência das correntes, é positiva (note que $L_{12} > 0$ na Figura 7.10). O mesmo é verdade se ambas as correntes deixam os indutores em determinadas extremidades (pontilhadas). Caso contrário, se uma corrente entra e a outra deixa o indutor em extremidades marcadas, a indutância mútua é negativa (note que uma mudança da direção de referência de uma das correntes nas figuras 7.10 e 7.11 resultaria em L_{12} tornando-se negativa). Por fim, se $k = 0$, os dois indutores na Figura 7.11 tornam-se dissociados e independentemente descritos pela característica corrente-tensão na Equação (7.3) para um indutor único [equações (7.45) e (7.46) com $L_{12} = 0$].

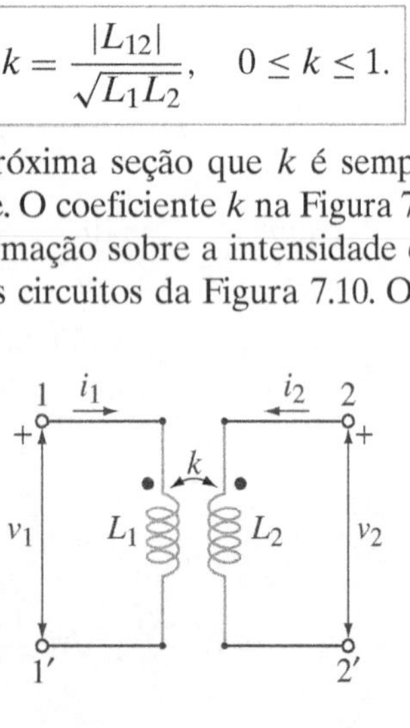

Note que as equações (7.41) e (7.42) podem ser representadas na forma matricial:

$$[\Phi] = [L][i], \quad (7.49)$$

onde $[\Phi]$ e $[i]$ são matrizes coluna cujos elementos são os fluxos e as correntes dos circuitos acoplados, respectivamente, e $[L]$ é uma matriz simétrica quadrada de indutâncias,

matriz de indutância

$$[L] = \begin{bmatrix} L_{11} & L_{12} \\ L_{21} & L_{22} \end{bmatrix} = \begin{bmatrix} L_1 & L_{12} \\ L_{12} & L_2 \end{bmatrix} \quad (7.50)$$

($L_{11} \equiv L_1$ e $L_{22} \equiv L_2$). Note também que essas equações, bem como as equações (7.43) e (7.46) para as fem e tensões, podem ser generalizadas para o sistema com um número arbitrário (N) das espiras acopladas (circuitos), caso em que $[L]$ é uma matriz $N \times N$.

Exemplo 7.10

Dois indutores acoplados conectados em série e em paralelo

Encontre a indutância equivalente de dois indutores acoplados de indutâncias L_1 e L_2 e coeficiente de acoplamento k se eles estiverem conectados em (a) série, como na Figura 7.12 (a), e (b) em paralelo, como na Figura 7.12(b).

Solução

(a) Tensões v_1 e v_2 de indutores individuais são dadas pelas equações (7.45) e (7.46). A corrente através do indutor na Figura 7.12(a) é a mesma, $i_1 = i_2 = i$, de modo que a tensão sobre a sua ligação é

$$v = v_1 + v_2 = \underbrace{L_1 \frac{di}{dt} + L_{12} \frac{di}{dt}}_{\text{indutor 1}} + \underbrace{L_{12} \frac{di}{dt} + L_2 \frac{di}{dt}}_{\text{indutor 2}} =$$

$$= (L_1 + L_2 + 2L_{12}) \frac{di}{dt}. \quad (7.51)$$

Em comparação com a característica corrente-tensão para um indutor único, Equação (7.3), concluímos que a indutância (equivalente) total da conexão em série é igual a

indutância equivalente de dois indutores acoplados em série

$$L = L_1 + L_2 + 2L_{12}, \quad (7.52)$$

onde a indutância mútua entre os indutores, para a situação dada na Figura 7.12(a), é positiva (a corrente entra em ambos os indutores em suas extremidades marcadas por um ponto grande) e, usando a Equação (7.47), chega a

$$L_{12} = k\sqrt{L_1 L_2}. \quad (7.53)$$

(b) A tensão sobre os indutores na Figura 7.12(b) é a mesma, $v_1 = v_2 = v$. Supondo que ela seja conhecida, as equações (7.45) e (7.46) fornecem o seguinte sistema de equações com di_1/dt e di_2/dt como incógnitas:

$$L_1 \frac{di_1}{dt} + L_{12} \frac{di_2}{dt} = v \quad \text{e} \quad L_{12} \frac{di_1}{dt} + L_2 \frac{di_2}{dt} = v. \quad (7.54)$$

Sua solução é

$$\frac{di_1}{dt} = \frac{L_2 - L_{12}}{L_1 L_2 - L_{12}^2} v \quad \text{e} \quad \frac{di_2}{dt} = \frac{L_1 - L_{12}}{L_1 L_2 - L_{12}^2} v. \quad (7.55)$$

Como a corrente através dos terminais da conexão paralela de indutores é $i = i_1 + i_2$, temos

$$\frac{di}{dt} = \frac{di_1}{dt} + \frac{di_2}{dt} = \frac{L_1 + L_2 - 2L_{12}}{L_1 L_2 - L_{12}^2} v. \quad (7.56)$$

Expressando v em termos de di/dt,

$$v = \frac{L_1 L_2 - L_{12}^2}{L_1 + L_2 - 2L_{12}} \frac{di}{dt}, \quad (7.57)$$

concluímos que os dois indutores acoplados da Figura 7.12(b) podem ser substituídos por um único indutor equivalente de indutância

indutância equivalente de dois indutores acoplados em paralelo

$$L = \frac{L_1 L_2 - L_{12}^2}{L_1 + L_2 - 2L_{12}}. \quad (7.58)$$

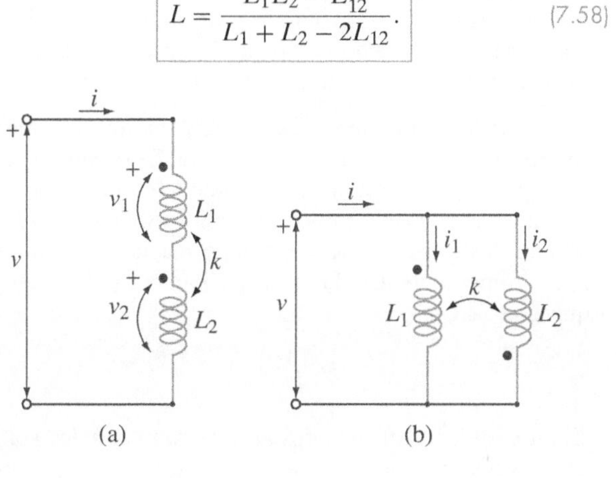

Figura 7.12

Avaliação da indutância equivalente a dois indutores acoplados ligados em (a) série e (b) em paralelo; para o Exemplo 7.10.

A colocação (dada) particular de pontos grandes na Figura 7.12(b) nos diz que a indutância mútua L_{12} é negativa e, portanto, a Equação (7.47) resulta

$$L_{12} = -k\sqrt{L_1 L_2}. \quad (7.59)$$

Note que para $k = 0$ e $L_{12} = 0$, as equações (7.52) e (7.58) reduzem a expressões para indutâncias equivalentes de dois indutores comuns de indutâncias L_1 e L_2 (que não são magneticamente acoplados) ligados em série em paralelo, respectivamente. Note também que essas expressões (com $L_{12} = 0$) têm a mesma forma que as correspondentes para dois resistores conectados de resistências R_1 e R_2 [ver equações (3.86) e (3.94)].

Exemplo 7.11

Coeficiente de acoplamento de duas bobinas em um núcleo toroidal

Calcular o coeficiente de acoplamento entre as bobinas no núcleo toroidal fino do Exemplo 7.7

Solução Usando a expressão na Equação (7.29) para o fluxo magnético através do corte transversal do núcleo devido à corrente i_1 na bobina, a autoindutância da primeira bobina é

L – bobina em um núcleo toroidal fino

$$L_1 = \frac{\Phi_1}{i_1} = \frac{N_1 \Phi_{\text{volta única}}}{i_1} = \frac{\mu N_1^2 S}{l}. \quad (7.60)$$

Da mesma forma, a autoindutância da segunda bobina é $L_2 = \mu N_2^2 S/l$. A indutância mútua entre as bobinas é dada pela Equação (7.30). Portanto, o coeficiente de acoplamento delas vem a ser

acoplamento máximo – bobinas em um núcleo toroidal

$$k = \frac{|L_{12}|}{\sqrt{L_1 L_2}} = \frac{N_1 N_2}{\sqrt{N_1^2 N_2^2}} = 1. \quad (7.61)$$

Esse acoplamento máximo é uma consequência do fluxo magnético devido à corrente de cada uma das bobinas sendo inteiramente concentrada no interior do núcleo (a fuga de fluxo a partir do núcleo é desprezível), de modo que o fluxo inteiro passa por cada volta de ambas as bobinas.

Exemplo 7.12

Transformação de tensão por duas bobinas acopladas

Considere um circuito magnético em forma de um núcleo ferromagnético toroidal fino com dois enrolamentos mostrado na Figura 7.13(a). Os enrolamentos têm $N_1 = 1.000$ e $N_2 = 500$ voltas de fio. O material ferromagnético pode ser considerado linear. Perdas nos enrolamentos e no núcleo podem ser desprezadas. O enrolamento primário é ligado a um gerador de tensão ideal ca de fem $e_g = 100 \cos 377t$ V (t em s). O enrolamento secundário tem circuito aberto. Encontre a tensão sobre o enrolamento secundário.

Solução A Figura 7.13(b) mostra o diagrama esquemático equivalente com dois indutores acoplados, onde L_{12} é positivo para as orientações de referência de enrolamentos na Figura

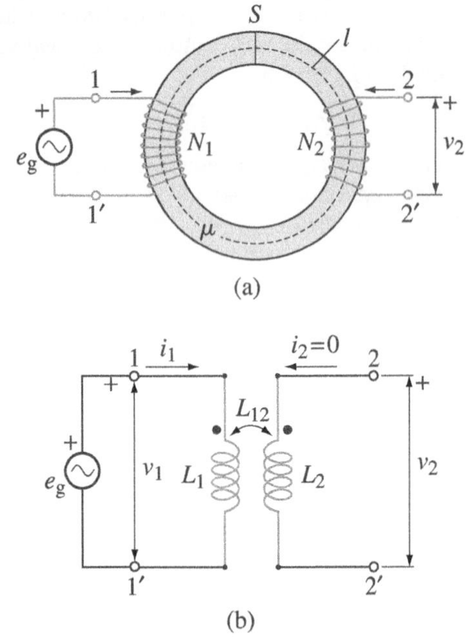

Figura 7.13

(a) Circuito magnético com dois enrolamentos e (b) diagrama esquemático equivalente com dois indutores acoplados; para o Exemplo 7.12.

7.13(a). Como o enrolamento secundário é um circuito aberto, as equações (7.45) e (7.46) dão

$$v_1 = L_1 \frac{\mathrm{d}i_1}{\mathrm{d}t} \quad \text{e} \quad v_2 = L_{21} \frac{\mathrm{d}i_1}{\mathrm{d}t} \quad (i_2 = 0). \tag{7.62}$$

Usando as equações (7.60) e (7.30), podemos escrever

transformação de tensão por bobinas acopladas

$$\boxed{\frac{v_1}{v_2} = \frac{L_1}{L_{12}} = \frac{N_1^2}{N_1 N_2} = \frac{N_1}{N_2},} \tag{7.63}$$

isto é, a relação entre as tensões através dos enrolamentos primário e secundário é igual à razão dos números de voltas do fio. A tensão sobre o enrolamento secundário é, portanto,

$$v_2 = \frac{N_2}{N_1} v_1 = \frac{N_2}{N_1} e_g = 50 \cos 377t \text{ V} \quad (t \text{ em s}). \tag{7.64}$$

Podemos dizer que o circuito na Figura 7.13 opera como um transformador de tensão de sua porta principal à sua porta secundária, com o fator de transformação (multiplicação) sendo igual à relação de voltas de fio N_2/N_1.

Exemplo 7.13

Transformação de corrente por duas bobinas acopladas

Suponha que o enrolamento primário no circuito magnético na Figura 7.13(a) está conectado a um gerador de corrente ca ideal de intensidade de corrente $i_g = 15$ sen $377t$ mA (t em s), enquanto o secundário está em curto-circuito, e determine a corrente do enrolamento secundário.

Solução Com base no diagrama esquemático equivalente mostrado na Figura 7.14 e Equação (7.46),

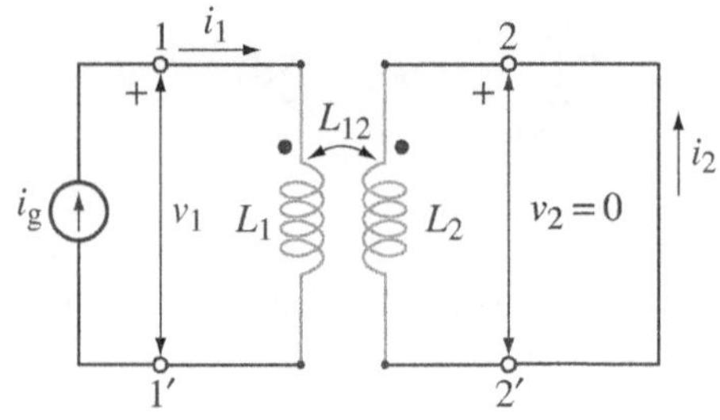

Figura 7.14

Transformação de corrente por duas bobinas magneticamente acopladas; para o Exemplo 7.13.

$$L_{12} \frac{\mathrm{d}i_1}{\mathrm{d}t} + L_2 \frac{\mathrm{d}i_2}{\mathrm{d}t} = 0 \quad (v_2 = 0). \tag{7.65}$$

Isso significa que

transformação de corrente por bobinas acopladas

$$\boxed{\frac{i_1}{i_2} = -\frac{L_2}{L_{12}} = -\frac{N_2^2}{N_1 N_2} = -\frac{N_2}{N_1},} \tag{7.66}$$

ou seja, a relação das correntes nos enrolamentos primário e secundário é igual à razão inversa negativa dos números de voltas do fio. Resolvendo para a corrente no enrolamento secundário, temos

$$i_2 = -\frac{N_1}{N_2} i_1 = -\frac{N_1}{N_2} i_g = -30 \,\text{sen}\, 377t \text{ mA} \quad (t \text{ em s}). \tag{7.67}$$

Vemos que o circuito na Figura 7.14 executa uma transformação de corrente entre suas portas, com o fator de transformação de magnitude sendo o inverso daquele para a transformação de tensão na Equação (7.64).

Exemplo 7.14

Coeficiente de acoplamento de dois solenoides coaxiais

A Figura 7.15 mostra um corte transversal de duas bobinas solenoides muito longas posicionadas coaxialmente entre si. Os raios dos solenoides são a_1 e a_2, seus comprimentos são os mesmos, l, e os números de voltas de fio são N_1 e N_2, respectivamente. A bobina interna é enrolada em um núcleo feito de um material ferromagnético linear de permeabilidade relativa μ_r, enquanto o espaço entre as bobinas está cheio de ar. Desprezando os efeitos das bordas, calcule o coeficiente de acoplamento entre as duas bobinas.

Solução Adotaremos direções de referência anti-horárias das correntes em ambas as bobinas (Figura 7.15). Suponha, primeiro, que uma corrente, de intensidade I_1 (corrente contínua), exista apenas na primeira bobina (interior), enquanto $I_2 = 0$. Partindo desse pressuposto, o campo magnético é diferente de zero somente dentro da primeira bobina e é dado por [ver Equação (6.48)]

$$H_1 = \frac{N_1 I_1}{l}. \tag{7.68}$$

Portanto, os fluxos magnéticos através de uma única volta de ambas as bobinas são os mesmos

$$\Phi_{\text{volta única}} = \mu_r \mu_0 H_1 \pi a_1^2 = \frac{\mu_r \mu_0 N_1 I_1 \pi a_1^2}{l}. \tag{7.69}$$

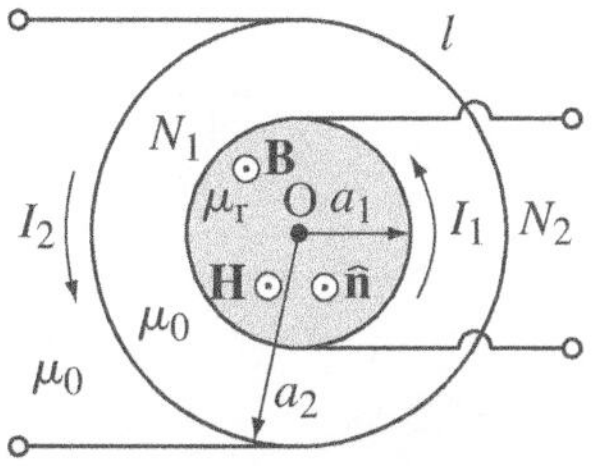

Figura 7.15
Corte transversal de dois solenoides coaxiais acoplados; para o Exemplo 7.14.

Usando essa expressão, a autoindutância para a primeira bobina é

$$L_1 = \frac{\Phi_1}{I_1} = \frac{N_1 \Phi_{\text{volta única}}}{I_1} = \frac{\mu_r \mu_0 N_1^2 \pi a_1^2}{l} \quad (7.70)$$

[note que esta também pode ser obtida multiplicando a indutância na Equação (7.6) por μ_r]. Usando a mesma expressão (para $\Phi_{\text{volta única}}$), a indutância mútua entre as bobinas é obtida como

$$L_{21} = \frac{\Phi_2}{I_1} = \frac{N_2 \Phi_{\text{volta única}}}{I_1} = \frac{\mu_r \mu_0 N_1 N_2 \pi a_1^2}{l}. \quad (7.71)$$

Por outro lado, a hipótese de uma corrente, de intensidade I_2, existente apenas na segunda bobina (exterior) (enquanto $I_1 = 0$) na Figura 7.15 dá um campo magnético diferente de zero em todos os lugares dentro da segunda bobina, de intensidade

$$H_2 = \frac{N_2 I_2}{l}. \quad (7.72)$$

A densidade do fluxo magnético no núcleo é $B_2 = \mu_r \mu_0 H_2$, enquanto $B_{20} = \mu H_2$ no espaço cheio de ar entre as bobinas, o que leva ao seguinte para o fluxo magnético total através da segunda bobina:

$$\Phi_2 = N_2[\underbrace{B_2 \pi a_1^2}_{\text{núcleo}} + \underbrace{B_{20} \pi (a_2^2 - a_1^2)}_{\text{ar}}] =$$

$$= \frac{\mu_0 N_2^2 \pi I_2 (\mu_r a_1^2 + a_2^2 - a_1^2)}{l}. \quad (7.73)$$

A autoindutância da segunda bobina é, portanto,

$$L_2 = \frac{\Phi_2}{I_2} = \frac{\mu_0 N_2^2 \pi [(\mu_r - 1) a_1^2 + a_2^2]}{l}, \quad (7.74)$$

onde calculando Φ_1 por meio da primeira bobina e $L_{12} = \Phi_1 / I_2$ seria, naturalmente, o mesmo resultado para a indutância mútua como na Equação (7.71).
Por fim, o coeficiente de acoplamento entre as bobinas, Equação (7.48), vem a ser

$$k = \frac{|L_{12}|}{\sqrt{L_1 L_2}} = \sqrt{\frac{\mu_r}{\mu_r - 1 + (a_2/a_1)^2}}. \quad (7.75)$$

Observe que, para permeabilidades relativas muito grandes μ_r (por exemplo, $\mu_r = 1.000$), k é muito próximo da unidade (o acoplamento é muito forte), que é uma consequência do fluxo magnético Φ_2 devido a I_2 na segunda bobina estando prática e inteiramente concentrada no núcleo da primeira bobina para $\mu_r \gg 1$ [$\mu_r a_1^2 \gg a_2^2 - a_1^2$ na Equação (7.73)].

Exemplo 7.15

Circuitos magneticamente acoplados contendo linhas de dois fios

A Figura 7.16(a) mostra duas linhas de dois fios fina paralela (1–1' e 2–2') no ar, onde $b = 20$ cm e $c = 5$ mm. Os raios de todos os fios são $a = 0{,}3$ mm. A primeira linha está conectada em uma extremidade a um gerador de tensão ideal de fem harmônica no tempo $e_g(t) = \mathcal{E}_{g0} \cos \omega t$, onde $\mathcal{E}_{g0} = 3$ V e $\omega = 10^6$ rad/s, e a outra extremidade da linha está em curto-circuito. A segunda linha está em curto-circuito nas duas extremidades. Desprezando as indutâncias internas, as perdas nos fios, o acoplamento capacitivo entre as linhas, os efeitos das bordas e os efeitos de propagação, encontre as amplitudes das correntes nas linhas.

Solução Usando a Equação (7.11), as autoindutâncias por unidade de comprimento das linhas na Figura 7.16(a) são

$$L_1' = \frac{\mu_0}{\pi} \ln \frac{3c}{a} = 1{,}565\ \mu\text{H/m} \quad \text{e}$$

$$L_2' = \frac{\mu_0}{\pi} \ln \frac{c}{a} = 1{,}125\ \mu\text{H/m}, \quad (7.76)$$

respectivamente, onde desprezamos as indutâncias internas das linhas. A Equação (7.40) dá a indutância mútua por unidade de comprimento das linhas ($r_{12'} = r_{1'2} = 2c$ e $r_{12} = r_{1'2'} = c$):

$$L_{12}' = \frac{\mu_0}{2\pi} \ln \frac{(2c)^2}{c^2} = \frac{\mu_0}{\pi} \ln 2 = 277\ \text{nH/m}. \quad (7.77)$$

Desprezamos os efeitos das bordas e os efeitos de propagação, de modo que as autoindutâncias totais e a indutância mútua dos circuitos magneticamente acoplados formados pelas linhas são obtidas multiplicando as indutâncias por unidade de comprimento pelos comprimentos correspondentes das linhas, $L_1 = L'_1 3b = 939$ nH, $L_2 = L'_2 b = 225$ nH e $L_{12} = L'_{12} b = 55{,}4$ nH (o comprimento da menor das duas linhas, b, é relevante para a indutância mútua entre as linhas).
A Figura 7.16(b) mostra o diagrama esquemático equivalente dos dois circuitos acoplados (desprezamos as perdas nos fios

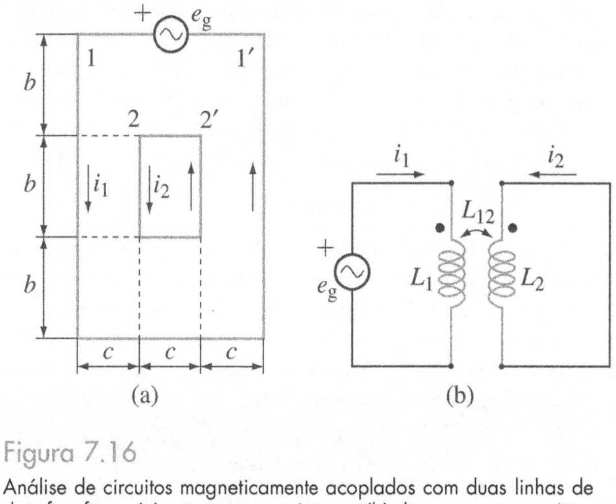

Figura 7.16
Análise de circuitos magneticamente acoplados com duas linhas de dois fios finos: (a) estrutura geométrica e (b) diagrama esquemático equivalente com dois indutores acoplados; para o Exemplo 7.15.

e o acoplamento capacitivo entre os circuitos). De acordo com esse diagrama,

$$L_1 \frac{\mathrm{d}i_1}{\mathrm{d}t} + L_{12} \frac{\mathrm{d}i_2}{\mathrm{d}t} = e_\mathrm{g}, \quad L_{12} \frac{\mathrm{d}i_1}{\mathrm{d}t} + L_2 \frac{\mathrm{d}i_2}{\mathrm{d}t} = 0. \quad (7.78)$$

A solução das duas equações para as derivadas temporais das correntes nos circuitos é

$$\frac{\mathrm{d}i_1}{\mathrm{d}t} = \frac{L_2}{L_1 L_2 - L_{12}^2} \mathcal{E}_{\mathrm{g}0} \cos \omega t \quad \text{e}$$

$$\frac{\mathrm{d}i_2}{\mathrm{d}t} = -\frac{L_{12}}{L_1 L_2 - L_{12}^2} \mathcal{E}_{\mathrm{g}0} \cos \omega t, \quad (7.79)$$

que é então integrada com relação ao tempo para obter a solução para as correntes. Integração no tempo de grandezas harmônicas no tempo resulta em um fator adicional $1/\omega$ nas expressões para amplitudes, de modo que as amplitudes (valores de pico) das correntes nos circuitos (e as linhas) são, respectivamente,

$$I_{01} = \frac{L_2 \mathcal{E}_{\mathrm{g}0}}{\omega(L_1 L_2 - L_{12}^2)} = 3{,}24 \text{ A} \quad \text{e}$$

$$I_{02} = \frac{L_{12} \mathcal{E}_{\mathrm{g}0}}{\omega(L_1 L_2 - L_{12}^2)} = 0{,}8 \text{ A}. \quad (7.80)$$

Exemplo 7.16

Indutância p.u.c. de uma linha de dois fios sobre um plano CMP

Uma linha simétrica de dois fios finos está posicionada no ar sobre um plano ferromagnético ($\mu \gg \mu_0$), como mostrado na Figura 7.17(a). Os raios do fio são a, a altura dos eixos de ambos os fios com relação ao plano é h ($h \gg a$), e a distância entre os eixos do fio é d ($d \gg a$). Calcule a indutância por unidade de comprimento da linha (na presença do plano).

Solução Suponha que uma corrente lentamente variável no tempo de intensidade i é estabelecida na linha [Figura 7.17(a)]. Pela teoria da imagem para o campo magnético, Figura 5.14, podemos remover o plano ferromagnético através da introdução de imagens positivas dos condutores de corrente originais. O sistema equivalente da Figura 7.17(b) é assim obtido, o que consiste de duas linhas de dois fios (magneticamente acopladas) em paralelo com a mesma corrente (i) no ar. O fluxo magnético total por unidade de comprimento da linha superior (original) é, portanto, [ver Equação (7.41)]

$$\Phi' = L_1' i + L_{12}' i, \quad (7.81)$$

onde L'_1 é a autoindutância p.u.c. da linha superior quando isolado no espaço livre e L'_{12} é a indutância mútua p.u.c. das linhas superior e inferior no sistema equivalente no ar. Essas indutâncias são calculadas usando as equações (7.11) e (7.40), respectivamente, de modo que a indutância p.u.c. da linha original na Figura 7.17(a) vem a ser

$$L' = \frac{\Phi'}{i} = L_1' + L_{12}' = \frac{\mu_0}{\pi}\left(\ln\frac{d}{a} + \ln\frac{\sqrt{d^2+4h^2}}{2h}\right) =$$

$$= \frac{\mu_0}{\pi} \ln \frac{d\sqrt{d^2+4h^2}}{2ah}. \quad (7.82)$$

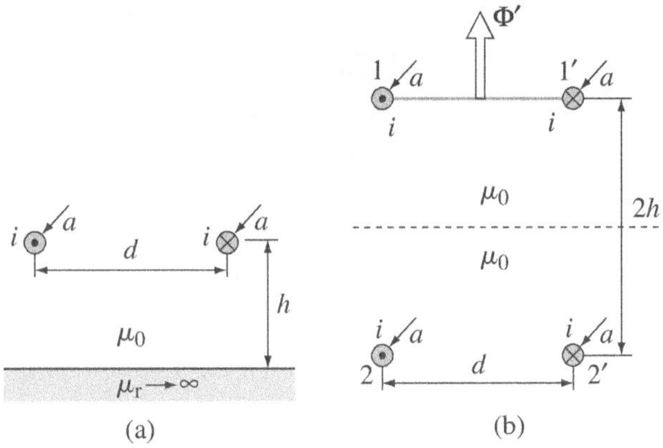

Figura 7.17

Avaliação da indutância por unidade de comprimento de uma linha de dois fios acima de um plano ferromagnético (ou CMP): (a) do sistema original e (b) do sistema de livre espaço equivalente com duas linhas de dois fios magneticamente acopladas; para o Exemplo 7.16.

Claro que L'_{12} representa a influência do material ferromagnético na metade inferior na indutância de linha.

7.4 ENERGIA MAGNÉTICA DE CONDUTORES TRANSPORTADORES DE CORRENTE

Todo sistema de bobinas condutoras com correntes contém certa quantidade de energia, chamada energia magnética, de maneira análoga a um sistema de corpos condutores carregados armazenando energia elétrica. Em outras palavras, indutores que conduzem corrente (acoplados ou não acoplados) em um circuito ca ou cc armazenam energia magnética, bem como capacitores carregados armazenam energia elétrica. Pelo princípio da conservação da energia, a energia magnética de um sistema de bobinas (ou indutores) com correntes é igual ao trabalho feito pelo sistema no processo de criação dessas correntes de zero a seus valores finais. Assim, ao simular esse processo de "carga" das bobinas por correntes, podemos encontrar expressões gerais para calcular a energia magnética em termos de intensidades de corrente e fluxos magnéticos associados (valores finais) dos laços.

Consideremos primeiro uma única espira com uma corrente lentamente variável no tempo de intensidade i. O fluxo de corrente é mantido no circuito por um gerador de tensão ideal de fem e_g, como mostrado na Figura 7.18. Conforme o fluxo magnético através do laço, Φ, que muda no tempo, uma fem e_ind é induzida na espira, dada pela lei de Faraday da indução eletromagnética, a Equação (6.34). Usando a lei de tensão de Kirchhoff, Equação (3.119), podemos escrever

$$e_\mathrm{g} = Ri - e_\mathrm{ind}, \quad (7.83)$$

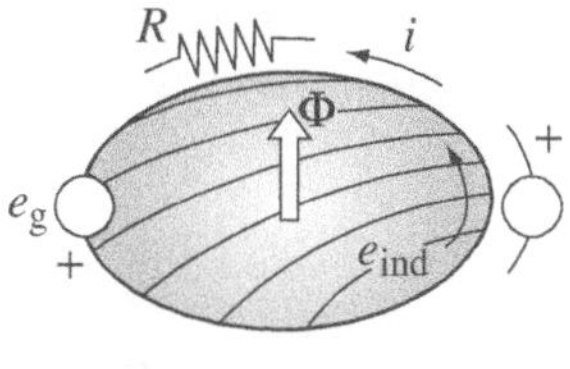

Figura 7.18

A indutância L de uma espira e a resistência R com uma corrente lentamente variável no tempo de intensidade i, mantida por um gerador de tensão ideal de fem e_g.

onde R é a resistência da espira. A fem e_{ind} (fem devido à autoindução) se opõe à mudança de corrente na espira (lei de Lenz), isto é, age contra a fem e_g. Portanto, uma quantidade de trabalho deve ser feita para estabelecer a corrente do circuito para superar essa fem induzida. Esse trabalho é feito por agente externo, com a transferência de energia para o circuito sendo modelada pelo gerador (de fem e_g) na Figura 7.18.

Para investigar o equilíbrio de energia no circuito durante um curto intervalo de tempo dt diferencial, multiplicamos ambos os lados da Equação (7.83) por $i\,dt$,

$$e_g i\,dt = Ri^2\,dt + (-e_{ind} i\,dt). \tag{7.84}$$

Por meio da Equação (3.121), o termo do lado esquerdo é o trabalho realizado pela fem do gerador durante o intervalo de tempo dt. É igual à energia de fontes externas entregue ao circuito durante aquela fração de tempo. Da lei de Joule, Equação (3.77), o primeiro termo do lado direito representa as perdas (ôhmicas) Joule no circuito durante a dt. Por fim, o último termo na equação (incluindo o sinal de menos) é o trabalho feito contra a fem e_{ind} em dt. A Equação (7.84), portanto, expressa o princípio da conservação da energia para o circuito na Figura 7.18, que nos diz que o trabalho realizado pelo gerador durante dt é em parte convertido em perdas Joule e em parte utilizado para superar a fem induzida na espira. Enquanto a primeira parte é perdida na forma de calor, a segunda é dada à fem e_{ind}, ou seja, o fluxo Φ da espira. Em última análise, representa a energia entregue ao campo magnético da corrente i na espira durante o tempo dt. Usando a Equação (6.34), $e_{ind}\,dt = d\Phi$, de modo que o trabalho fundamental realizado por fontes externas ao campo magnético da espira pode ser escrito como

$$dW_m = -e_{ind} i\,dt = i\,d\Phi. \tag{7.85}$$

Se o meio circundante da espira é magneticamente linear, o uso da Equação (7.1) produz

$$dW_m = i\,d\Phi = i\,d(Li) = Li\,di, \tag{7.86}$$

onde L é a indutância da espira. O campo magnético, por outro lado, é capaz de armazenar a energia recebida, e essa energia armazenada é a energia magnética da espira, expressa em joules (J). Em consequência, o trabalho dW_m na Equação (7.86) representa um incremento da energia magnética do circuito na Figura 7.18.

Quando a corrente no laço é zero, não há energia. A energia total armazenada no campo magnético da espira quando sua corrente é i é igual; portanto, o trabalho líquido feito para o campo magnético na mudança da corrente de laço $i = 0$ para seu valor final i, e é obtido somando-se todos os trabalhos elementares dW_m:

$$W_m = \int_{i=0}^{i} dW_m = L\int_0^i i\,di = L\left.\frac{i^2}{2}\right|_0^i = \frac{1}{2}Li^2. \tag{7.87}$$

Do ponto de vista da teoria de circuito, esta é também a energia de um indutor linear de indutância L em um circuito elétrico arbitrário. Empregando a Equação (7.1), as expressões equivalentes para a energia de um indutor são

energia do indutor (unidade: J)

$$\boxed{W_m = \frac{1}{2}Li^2 = \frac{1}{2}\Phi i = \frac{\Phi^2}{2L}.} \tag{7.88}$$

Notamos a analogia completa (dualidade) com as expressões correspondentes para a energia elétrica (W_e) de um capacitor na Equação (2.192).

Em geral, para um sistema com N ($N \geq 1$) espiras magneticamente acopladas (indutores),

energia de N espiras magneticamente acoplados

$$\boxed{W_m = \frac{1}{2}\sum_{k=1}^{N}\Phi_k i_k,} \tag{7.89}$$

onde os fluxos magnéticos através dos laços são dados por relações lineares nas equações (7.41) e (7.42) ou (7.49). Usando essas relações, a energia do sistema pode ser expressa apenas em termos das correntes e autoindutâncias e indutâncias mútuas dos laços. Por exemplo, para $N = 2$, a energia magnética de duas espiras acopladas pode ser escrita na forma

energia magnética de dois indutores acoplados

$$\boxed{\begin{aligned} W_m &= \frac{1}{2}[\underbrace{(L_1 i_1 + L_{12} i_2)}_{\Phi_1} i_1 + \underbrace{(L_{12} i_1 + L_2 i_2)}_{\Phi_2} i_2] = \\ &= \frac{1}{2}L_1 i_1^2 + \frac{1}{2}L_2 i_2^2 + L_{12} i_1 i_2. \end{aligned}} \tag{7.90}$$

Essa energia pode ser tanto maior quanto menor do que a soma das energias das duas espiras quando magneticamente isoladas umas das outras (quando $L_{12} = 0$), porque L_{12} pode ser tanto positivo quanto negativo. Observe que a expressão na Equação (7.89) é inteiramente análoga à expressão para a energia elétrica de um sistema multicorpos linear na Equação (2.195).

A energia magnética pode também ser expressa em termos de distribuições do vetor densidade de corrente, **J**, e do potencial vetor magnético, **A**, em todo o volume das espiras que conduzem as correntes. Isto é, o fluxo magnético Φ_k através do laço C_k do sistema com N voltas é igual à circulação de **A** por C_k [ver Equação (4.121)], de modo que a Equação (7.89) torna-se

$$W_m = \frac{1}{2}\sum_{k=1}^{N} i_k \underbrace{\oint_{C_k} \mathbf{A}\cdot d\mathbf{l}_k}_{\Phi_k} = \frac{1}{2}\sum_{k=1}^{N}\oint_{C_k} \mathbf{A}\cdot i_k\, d\mathbf{l}_k, \quad (7.91)$$

onde a corrente i_k pode ser trazida para dentro do sinal de integral na integral de linha, pois não muda ao longo do fio (as correntes são lentamente variáveis no tempo). Como $i_k\, d\mathbf{l}_k = \mathbf{J}\, dv_k$, Equação (4.10), temos então

$$W_m = \frac{1}{2}\sum_{k=1}^{N}\int_{v_k} \mathbf{A}\cdot\mathbf{J}_k\, dv_k, \quad (7.92)$$

sendo v_k o volume da espira kth. Por fim, a soma de N integrais sobre volumes das espiras individuais pode ser unida em uma única integral de volume

energia magnética em termos de correntes de volume

$$W_m = \frac{1}{2}\int_{v_{\text{corrente}}} \mathbf{J}\cdot\mathbf{A}\, dv. \quad (7.93)$$

Uma vez que qualquer distribuição de corrente volumétrica lentamente variável no tempo possa ser entendida como consistente de um número infinito de espiras de corrente filamentos, esta é uma expressão geral para avaliação da energia magnética de um sistema de condutores de corrente de formas arbitrárias em um meio linear. Em geral, a integração de volume é executada sobre todas as partes do sistema constituído por corrente (v_{corrente}). Notamos de novo a dualidade com a expressão correspondente para a energia elétrica, ou seja, com a expressão integral de volume na Equação (2.196) para W_e em termos de densidade de carga (ρ) e o potencial escalar elétrico (V) para um sistema eletrostático com uma carga volumétrica.

Exemplo 7.17

Energia magnética de duas linhas de dois fios acopladas

Encontre a energia magnética mediano no tempo do sistema de duas linhas de dois fios acopladas mostradas na Figura 7.16 e descrita no Exemplo 7.15.

Solução A partir da Equação (7.79), as intensidades instantâneas de correntes nas linhas têm as seguintes formas: $i_1(t) = I_{01}\text{sen}\,\omega t$ e $i_2(t) = -I_{02}$ sen ωt, onde as amplitudes de corrente I_{01} e I_{02} são dadas na Equação (7.80). Usando a Equação (7.90), a energia magnética instantânea contida no campo magnético das duas linhas é

$$W_m(t) = \frac{1}{2}L_1 i_1^2(t) + \frac{1}{2}L_2 i_2^2(t) + L_{12} i_1(t) i_2(t) =$$
$$= \frac{1}{2}L_1 I_{01}^2 \text{sen}^2\omega t + \frac{1}{2}L_2 I_{02}^2 \text{sen}^2\omega t - L_{12} I_{01} I_{02} \text{sen}^2\omega t, \quad (7.94)$$

onde as autoindutâncias e indutância mútua dos circuitos acoplados na Figura 7.16(b) também são encontradas no Exemplo 7.15. A Equação (6.95) nos diz que o valor de tempo médio da função sen$^2\,\omega t$ é 1/2, de modo que a energia magnética do tempo médio do sistema é

$$(W_m)_{\text{méd}} = \frac{1}{2}\left(\frac{1}{2}L_1 I_{01}^2 + \frac{1}{2}L_2 I_{02}^2 - L_{12} I_{01} I_{02}\right) = 2{,}43\ \mu\text{J}. \quad (7.95)$$

Essa energia também pode ser obtida usando a indutância equivalente, L, vista pelo gerador na Figura 7.16. Para encontrar L, reescrevemos a primeira equação de Equação (7.79) nas seguintes formas:

$$e_g = \left(L_1 - \frac{L_{12}^2}{L_2}\right)\frac{di_1}{dt} = L\frac{di_1}{dt}. \quad (7.96)$$

Portanto,

$$L = L_1 - \frac{L_{12}^2}{L_2} = 925{,}4\ \text{nH}. \quad (7.97)$$

Em outras palavras, esta é a indutância de um indutor que, na medida em que o gerador é envolvido, pode substituir os dois indutores acoplados na Figura 7.16(b). Em consequência, a energia de duas linhas de dois fios acopladas é a mesma que a do indutor equivalente, e a Equação (7.88) pode ser usada. Como a corrente do indutor equivalente é i_1,

$$W_m(t) = \frac{1}{2}L i_1^2(t), \quad (7.98)$$

que, em média, no tempo, dá o mesmo resultado que na Equação (7.95).

Exemplo 7.18

Prova de que o coeficiente de acoplamento máximo é a unidade

Provar que o maior valor possível para a magnitude da indutância mútua de dois circuitos magneticamente acoplados é igual à média geométrica das autoindutâncias dos circuitos.

Solução A desigualdade que temos que provar, $|L_{12}| \le \sqrt{L_1 L_2}$, é uma consequência do simples fato de que a energia magnética armazenada é sempre positiva (ou, eventualmente, zero). Para mostrar isso, começamos com a expressão para a energia armazenada no campo magnético de dois circuitos na Equação (7.90) e escrevemos da seguinte forma:

$$W_m = \frac{1}{2}L_1 i_1^2\left[1 + \frac{L_2}{L_1}\left(\frac{i_2}{i_1}\right)^2 + 2\frac{L_{12}}{L_1}\frac{i_2}{i_1}\right] = \frac{1}{2}L_1 i_1^2 f(x), \quad (7.99)$$

onde

$$f(x) = ax^2 + bx + 1, \quad x = \frac{i_2}{i_1}, \quad a = \frac{L_2}{L_1}, \quad \text{e} \quad b = 2\frac{L_{12}}{L_1}. \quad (7.100)$$

A partir do fato de que $W_m \ge 0$, podemos concluir que a função quadrática $f(x)$ deve ser não negativa para todos os valores de x. Este, por sua vez, é satisfeito apenas se o mínimo de f, dado por

$$f_{\text{mín}} = f(-b/2a) = f(-L_{12}/L_2) =$$
$$= \frac{L_2}{L_1}\frac{L_{12}^2}{L_2^2} - 2\frac{L_{12}}{L_1}\frac{L_{12}}{L_2} + 1 = -\frac{L_{12}^2}{L_1 L_2} + 1, \quad (7.101)$$

é não negativo. Portanto,

$$f_{\text{mín}} \ge 0 \to L_{12}^2 \le L_1 L_2 \quad \text{ou} \quad |L_{12}| \le \sqrt{L_1 L_2} \to k \le 1, \quad (7.102)$$

o que conclui a nossa prova. Percebemos que essas desigualdades também podem ser escritas em termos do coeficiente de acoplamento dos dois circuitos, definido pela Equação (7.48), como $k \leq 1$ (que o coeficiente de acoplamento não pode ser maior do que a unidade que observamos antes, na Seção 7.3, mas sem uma prova).

7.5 DENSIDADE DE ENERGIA MAGNÉTICA

Em analogia com o conceito de densidade de energia elétrica (Seção 2.16), vamos agora definir e usar a densidade de energia magnética para descrever a localização real e a distribuição da energia magnética de um sistema de condutores que conduzem corrente, o montante do qual é dado pelas equações (7.89) e (7.93). Para esse efeito, vamos considerar primeiro um caso simples de um campo magnético de intensidade uniforme em um núcleo ferromagnético toroidal fino com um enrolamento que transporta uma corrente lentamente variável no tempo de intensidade i. Seja o número de voltas do fio do enrolamento N, o comprimento do núcleo l, e seu corte transversal S na área. Pela Equação (5.53), a corrente no enrolamento pode ser expressa em termos de intensidade do campo magnético H no núcleo como $i = Hl/N$. Por outro lado, o fluxo magnético através do enrolamento (todas as suas voltas) pode ser escrito como $\Phi = N\Phi_{\text{único turno}} = NBS$, onde B é a densidade do fluxo magnético no núcleo. Substituindo essas duas expressões na Equação (7.85) leva-se à seguinte expressão para o trabalho de fontes externas necessárias para uma mudança $d\Phi$ no fluxo magnético do enrolamento (sem contar as perdas Joule no enrolamento):

$$dW_m = i\,d\Phi = \frac{Hl}{N}\,d(NBS) = H\,dB\,Sl = H\,dB\,v, \quad (7.103)$$

onde $v = Sl$ é o volume do núcleo, ou seja, o volume do domínio onde o campo magnético existe. O trabalho na mudança do fluxo de zero para seu valor final Φ ou, de modo equivalente, a densidade de fluxo de zero até seu valor final B é, portanto,

$$W_m = \int_{B=0}^{B} dW_m = v\int_0^B H\,dB. \quad (7.104)$$

Dividindo-o por v, obtemos a densidade de energia magnética (energia por unidade de volume) do núcleo (em J/m^3),

densidade de energia magnética, meio arbitrário (unidade: J/m^3)

$$w_m = \frac{W_m}{v} = \int_0^B H\,dB. \quad (7.105)$$

Mais precisamente, para um material magnético arbitrário do núcleo, esta é a energia por unidade de volume do material gasto por fontes externas para estabelecer o campo, e não a energia armazenada no campo por unidade de volume do material. Isto é, como veremos mais adiante nesta seção, no caso de materiais que apresentam efeitos de histerese (ver Figura 5.21), essa energia pode ser apenas em parte devolvida pelo campo com as fontes no processo inverso de redução da intensidade do campo H para zero, por causa das perdas que ocorrem durante a magnetização (ao estabelecer H) e desmagnetização (reduzindo H) do material. Essas perdas, que aparecem na forma de calor, são uma consequência de fricções microscópicas encontradas como domínios magnéticos elementares (ver Figura 5.2), que alteram o seu tamanho e giram no processo de magnetização-desmagnetização do material e são conhecidas como perdas por histerese. Para materiais sem perdas por histerese, por outro lado, a Equação (7.105) dá a energia que está contida no campo por unidade de volume do núcleo e pode ser obtida a partir dele a qualquer momento em sua totalidade, reduzindo a zero a corrente na bobina. Enquanto estivermos usando o termo densidade de energia magnética para a expressão integral na Equação (7.105), devemos sempre ter em mente essa distinção no seu significado real entre os materiais com o comportamento de histerese em destaque e aqueles para os quais os efeitos de histerese não estão presentes ou podem ser desprezados.

Apesar de derivado para um caso especial de uma bobina em um núcleo toroidal fino, o resultado na Equação (7.105) pode ser generalizado a um campo magnético arbitrário, que pode ser visualizado como um conjunto de tubos de fluxo elementar (toroides) formado pelas linhas do vetor **B** [ver Figura 4.26 e a prova da lei da conservação de fluxo magnético, a Equação (4.99)]. Em geral, a energia magnética de uma célula diferencialmente pequena de volume dv em um campo magnético (não uniforme) arbitrário em um material (não linear) arbitrário é

$$dW_m = w_m\,dv, \quad (7.106)$$

onde a densidade de energia é dada pela Equação (7.105). Somando-se as energias de todas as células, ou seja, através da integração da energia dW_m sobre todo o domínio com o campo magnético (volume v), obtemos a energia magnética total do sistema:

$$W_m = \int_v w_m\,dv = \int_v \left(\int_0^B H\,dB\right) dv. \quad (7.107)$$

No caso de um material linear magnético de permeabilidade μ, $\mathbf{B} = \mu\mathbf{H}$, de modo que a integral em relação a B na expressão para a densidade de energia magnética na Equação (7.105) pode ser facilmente resolvida,

densidade de energia magnética, meio linear

$$w_m = \int_0^B H\,dB = \frac{1}{\mu}\int_0^B B\,dB = \frac{B^2}{2\mu} = \\ = \frac{1}{2}BH = \frac{1}{2}\mu H^2. \quad (7.108)$$

Note que essas expressões são inteiramente análogas às expressões correspondentes na Equação (2.199) para a densidade de energia elétrica w_e em um dielétrico linear de permissividade ε.[5] A expressão para a energia magnética total torna-se

$$W_m = \frac{1}{2}\int_v \mathbf{B}\cdot\mathbf{H}\,dv. \qquad (7.109)$$

Para materiais magnéticos não lineares, a integral na Equação (7.105), em geral, não pode ser resolvida analiticamente (de forma fechada). Tendo em mente uma curva de magnetização inicial típica de um material ferromagnético não linear (por exemplo, aquele na Figura 5.20), notamos que $H\,dB$ é proporcional à área de uma faixa fina de "comprimento" H (comprimento medido em A/m) e "largura" dB (largura medida em T) posicionados entre a curva e o eixo B na "altura" B com relação ao eixo H, como indicado na Figura 7.19(a). Isso significa que a integral na Equação (7.105) representa a soma das áreas de todas as faixas, como o ponto P' com abscissa H e a ordenada B move-se no processo de integração desde a origem de coordenadas até sua posição final (P). Concluímos, assim, que a densidade de energia magnética no material é proporcional à área entre a curva de magnetização e o eixo B, isto é, para a área do triângulo curvilíneo OPQ na Figura 7.19(a). A constante de proporcionalidade (w_m /área) pode ser expressa em termos da relação entre a intensidade do campo magnético H em A/m que corresponde a certo comprimento físico ao longo do eixo H e o comprimento (por exemplo, uma divisão de 1 cm ao longo do eixo pode representar uma intensidade do campo de 100-A/m) e a relação similar (B/comprimento) para o eixo B. Essa conclusão se aplica também aos materiais lineares, que podem ser sempre considerados um caso especial de entes não lineares. Em um caso linear, a hipotenusa do triângulo OPQ torna-se reta, e a área do triângulo é calculada como $BH/2$, Figura 7.19(b), que é o mesmo resultado que na Equação (7.108).

Em materiais ferromagnéticos que apresentam efeitos de histerese, a função $B(H)$ não é apenas não linear, mas também tem várias ramificações. Assim, se H é reduzido de seu valor no ponto P na Figura 7.19(a) a zero, B não vai para zero, mas para a densidade de fluxo magnético remanescente $B = B_r$ (ver Figura 5.21). Como B também diminui, dB é negativo. Isso significa que a energia $H\,dB$ por unidade de volume do material ao campo magnético nesse processo é negativa, isto é, o campo está retornando a sua energia para as fontes externas (por exemplo, para o gerador na Figura 7.18). No entanto, essa energia retornada, que é proporcional à área do triângulo curvilíneo RPQ mostrado na Figura 7.20, é menor do que a energia gasta pelas fontes no aumento do campo magnético no material (triângulo curvilíneo OPQ). A diferença de energia é perdida ao calor no material no processo de sua magnetização e desmagnetização (perdas por histerese), e a diferença de área na Figura 7.20 é a área do triângulo curvilíneo OPR. Em consequência, a energia de perdas por histerese por unidade de volume do material é proporcional à área do triângulo OPR.

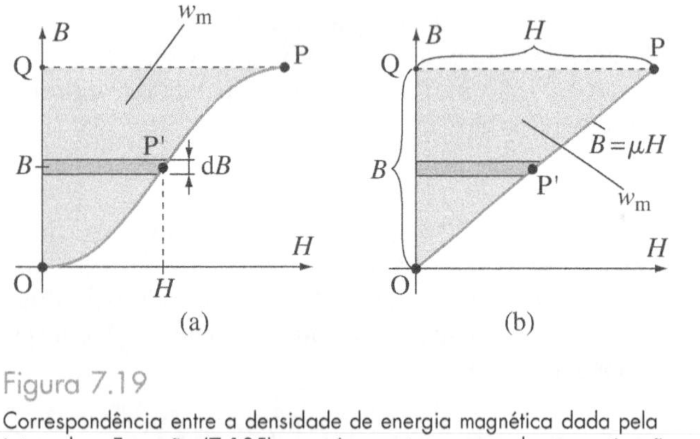

Figura 7.19

Correspondência entre a densidade de energia magnética dada pela integral na Equação (7.105) e na área entre a curva de magnetização e o eixo B para materiais magnéticos (a) não lineares e (b) lineares.

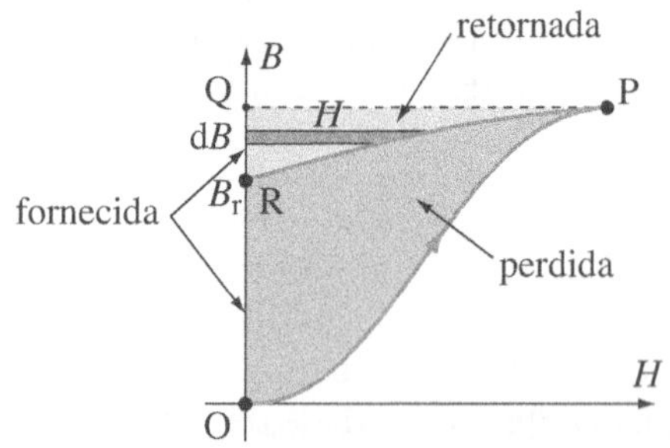

Figura 7.20

Avaliação de perdas por histerese em um material ferromagnético como diferença entre a energia fornecida para o campo e a energia retornada às origens no processo de magnetização e desmagnetização do material.

5 Como no caso eletrostático, a energia magnética de um sistema de condutores de transporte de corrente pode ser vista alternativamente no sistema de corrente, e não no campo magnético [veja a discussão correspondente nos dois pontos de vista de energia localização (baseada em campo e em carga) para um sistema eletrostático, na Seção 2.16]. Com essa abordagem, a densidade de energia magnética seria avaliada como sendo igual a $\mathbf{J}\cdot\mathbf{A}/2$ em pontos onde a corrente existe no sistema [de Equação (7.93)] e seria zero em outro lugar. Embora esse ponto de vista também seja "correto" e tenha seu mérito, escolhemos descrever a localização de energia magnética de um sistema em termos da distribuição do campo magnético (a energia existe, onde e quando o campo existir) e utilizamos as expressões de densidade de energia associadas na Equação (7.108). Como observado na discussão da localização de energia elétrica, a abordagem baseada em campo é muito mais adequada para a modelagem da propagação de ondas eletromagnéticas e o fluxo de energia associado, em que ambos os campos elétrico e magnético de uma onda existem (e carregam energia), independentemente da carga e da corrente que os produziram em instantes de tempo anteriores.

Por fim, vamos considerar um ciclo de histerese completo no material. A densidade de energia gasta na mudança do campo magnético nesse ciclo é dada pela integral na Equação (7.105) com a integração sendo realizada em todo o ciclo de histerese. Dividindo-se o laço (espira C_h) em quatro segmentos característicos, como indicado na Figura 7.21, notamos que $H\,dB > 0$ no primeiro segmento de linha ($H > 0$ e $dB > 0$) e o terceiro segmento ($H < 0$ e $dB < 0$), enquanto $H\,dB < 0$ no segundo segmento de linha ($H > 0$ e $dB < 0$) e o quarto ($H < 0$ e $dB > 0$). As áreas entre os segmentos de linha 1 e 3 e o eixo B são, portanto, uma medida da densidade de energia dada ao campo em um ponto no material, enquanto as áreas entre os segmentos de linha 2 e 4 e o eixo B correspondem à densidade de energia retornada às origens no mesmo ponto. A diferença, a área delimitada pelo laço de histerese, S_h, representa uma perda de histerese do material. Em outras palavras, a densidade de energia de perdas por histerese, w_h, em um ciclo de histerese de magnetização-desmagnetização completo é proporcional à área de S_h,

densidade de energia de perdas por histerese (ver Figura 7.21)

$$w_h = w_m = \oint_{C_h} H\,dB \;\alpha\; S_h. \qquad (7.110)$$

Se o campo é harmônico no tempo (campo ca), com uma frequência f, o tempo de um ciclo de magnetização-desmagnetização periódica do material, isto é, o tempo durante o qual o ponto P' circunscreve uma vez o laço de histerese, é igual ao período da variação de campo, $T = 1/f$. A potência do tempo médio de perdas por histerese, $(P_h)_{méd}$, é obtida dividindo-se a energia perdida dentro de um ciclo de T, ou seja, multiplicando-a

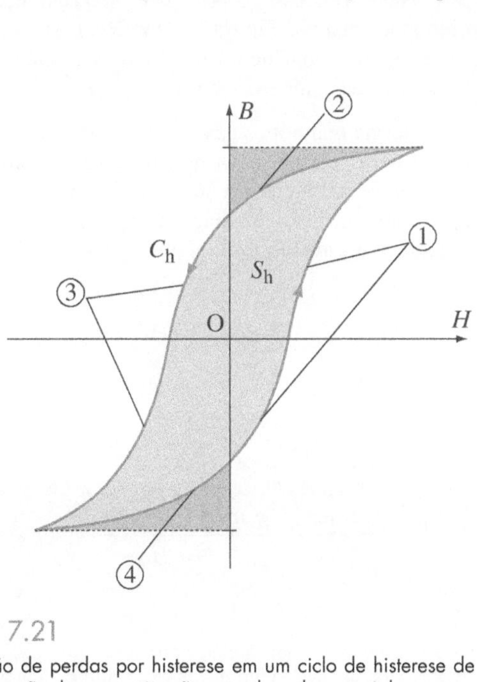

Figura 7.21

Avaliação de perdas por histerese em um ciclo de histerese de magnetização-desmagnetização completo do material.

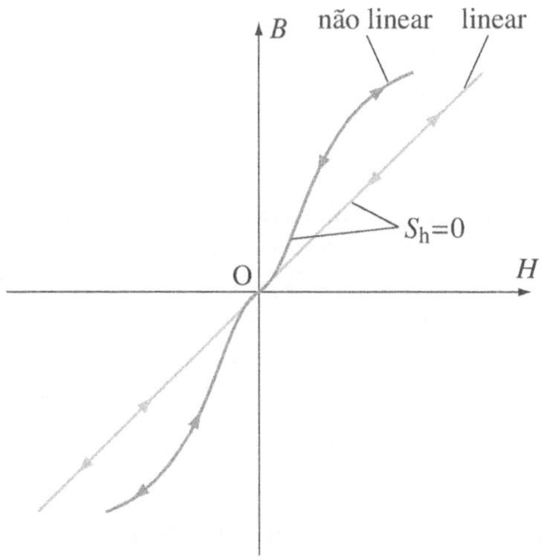

Figura 7.22

Casos sem perdas por histerese: material não linear com reconstrução da curva de magnetização inicial na magnetização-desmagnetização periódica do material, o que resulta em área laço zero, e material linear (ou material cuja curva de magnetização pode ser aproximada por uma função linear).

por f. Assim, no caso de uma intensidade de campo uniforme no material, podemos escrever

potência média no tempo das perdas por histerese para um campo ca

$$(P_h)_{méd} \propto f\,S_h v, \qquad (7.111)$$

onde v é o volume do material com perdas.

Vamos agora lembrar que materiais ferromagnéticos duros, tendo grande S_h (ver Figura 5.23), são usados principalmente para aplicações cc, de modo que $f = 0$ na Equação (7.111) e as perdas por histerese não representam qualquer problema. Materiais ferromagnéticos moles têm S_h pequeno, e é por isso que eles são muito adequados para aplicações ca. No caso-limite, se não houver histerese presente e a curva de magnetização inicial for refeita, conforme ilustrado na Figura 7.22, $S_h = 0$ na Equação (7.111), o processo de magnetização-desmagnetização periódico é realizado sem perdas por histerese. Por fim, $S_h = 0$ para materiais magnéticos lineares, como ilustra a (Figura 7.22).

Em geral, as perdas totais em um material ferromagnético em um campo ca são a soma das perdas por histerese e perdas Joule devido às correntes parasitas, dadas pela Equação (6.137). Lembramos que a potência média de perdas por correntes parasitas no tempo é proporcional à frequência ao quadrado [Equação (6.152)].

Exemplo 7.19

Ditribuição de energia em um núcleo toroidal linear espesso

Considere a bobina toroidal do Exemplo 5.11, e suponha que uma corrente lentamente variável no tempo de intensidade i

seja estabelecida na bobina. Nessas circunstâncias, encontre (a) a distribuição de energia magnética no núcleo e (b) a energia total da bobina.

Solução

(a) A distribuição de energia no núcleo é descrita pela densidade de energia magnética, w_m. Como o material do núcleo é linear, usamos a Equação (7.108). A intensidade do campo magnético no núcleo é dada pela Equação (5.83), e, portanto,

$$w_m(r) = \frac{1}{2}\mu H^2(r) = \frac{\mu N^2 i^2}{8\pi^2 r^2} \quad (a < r < b), \tag{7.112}$$

onde r é a distância do eixo toroide.

(b) A energia da bobina, ou seja, o total de energia magnética armazenada no núcleo, pode ser obtida pela integração da densidade de energia w_m sobre o volume v do núcleo [Equação (7.109)]. Como w_m é uma função da coordenada r somente, adotamos dv na forma de um toroide diferencialmente fino de raio r e espessura dr, o corte transversal do qual é a faixa fina de comprimento h e largura dr mostrado na Figura 5.26. O volume desse toroide elementar é, assim, $dv = l\, dS$, onde $l = 2\pi r$ (comprimento do toroide) e $dS = h\, dr$, de modo que a energia magnética vem a ser

$$W_m = \int_{r=a}^{b} w_m(r)\underbrace{2\pi r h\, dr}_{dv} = \frac{\mu N^2 i^2 h}{4\pi}\int_a^b \frac{dr}{r} = \frac{\mu N^2 i^2 h}{4\pi}\ln\frac{b}{a}. \tag{7.113}$$

O resultado acima também pode ser obtido da Equação (7.88), como $W_m = \Phi_{total} i/2$, onde Φ_{total} é N vezes o fluxo através do corte transversal do núcleo, encontrado na Equação (5.84).

Exemplo 7.20

Energia de um circuito magnético não linear simples

Calcule a energia gasta para estabelecer o campo no circuito magnético mostrado na Figura 5.30 e descrito no Exemplo 5.13.

Solução Valores finais (estabelecidos) da densidade do fluxo magnético e intensidade de campo no núcleo ferromagnético e a abertura de ar, (B, H) e (B_0, H_0), são encontrados no Exemplo 5.13. Como o material do núcleo é não linear e o ponto P de operação do circuito, na Figura 5.30(b), não pertence ao primeiro segmento da curva de magnetização inicial idealizada (que poderia ser descrito por uma permeabilidade inicial), devemos usar a Equação (7.105) para a densidade de energia gasta para alterar o campo no núcleo de zero a (B, H). Tendo em mente a Figura 7.19(a), essa densidade é proporcional à área de um polígono formado pela curva e o eixo B, a partir da origem de coordenadas ao ponto P, como mostrado na Figura 7.23. Esse polígono, por sua vez, é uma soma de um triângulo e um trapézio, que dá a seguinte solução para a integral na Equação (7.105):

$$w_m = \int_0^B H\, dB = \underbrace{\frac{1}{2}H_k B_k}_{\text{triângulo}} + \underbrace{\frac{1}{2}(H_k + H)(B - B_k)}_{\text{trapézio}} = 272\ \text{J/m}^3, \tag{7.114}$$

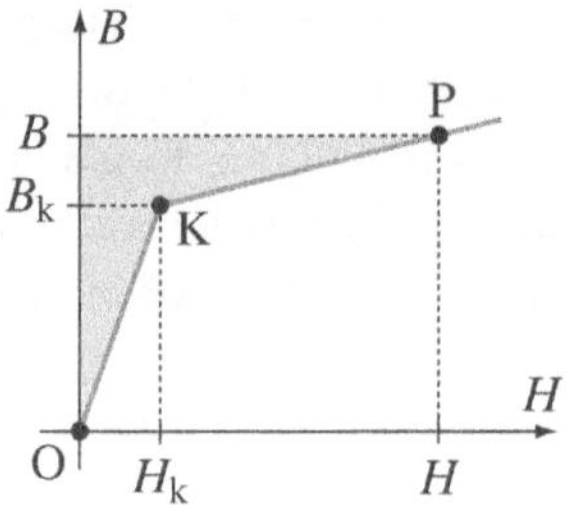

Figura 7.23
Avaliação da densidade de energia gasta para estabelecer o campo no núcleo na Figura 5.30; para o Exemplo 7.20.

onde $B_k = 0{,}4$ T e $H_k = 1.000$ A/m são a densidade do fluxo magnético e a intensidade de campo no ponto K (ponto "joelho" entre os dois segmentos da curva) nas figuras 7.23 e 5.30(b). O ar é um meio linear, de modo que a densidade de energia magnética no gap pode ser obtida usando a Equação (7.108),

$$w_{m0} = \frac{1}{2}B_0 H_0 = 77\ \text{kJ/m}^3. \tag{7.115}$$

Por fim, a energia magnética total do circuito equivale a

$$W_m = w_m S l + w_{m0} S_0 l_0 = 290\ \text{mJ}. \tag{7.116}$$

Essa energia pode ser completamente retornada pelo campo somente se a curva de magnetização inicial é refeita no processo de redução da intensidade de campo no circuito, como na Figura 7.22.

Exemplo 7.21

Energia perdida na magnetização e na desmagnetização

Em um núcleo toroidal fino da área de corte transversal $S = 1\ \text{cm}^2$ e comprimento $l = 20$ cm, um campo magnético é estabelecido com intensidade $H_m = 1$ kA/m, e depois reduzido para $H = 0$. Nesse processo, o ponto de operação é descrito pelo caminho mostrado na Figura 7.24, onde a permeabilidade inicial é $\mu_a = 0{,}001$ H/m. Encontre a energia magnética gasta na magnetização-desmagnetização do núcleo.

Solução A energia magnética gasta para estabelecer $H = H_m$ é positiva, embora seja negativa no processo de redução de H a zero. A energia magnética líquida, W_m, gasta em todo processo de magnetização-desmagnetização representa perdas por histerese no núcleo (ver Figura 7.20). Sua densidade

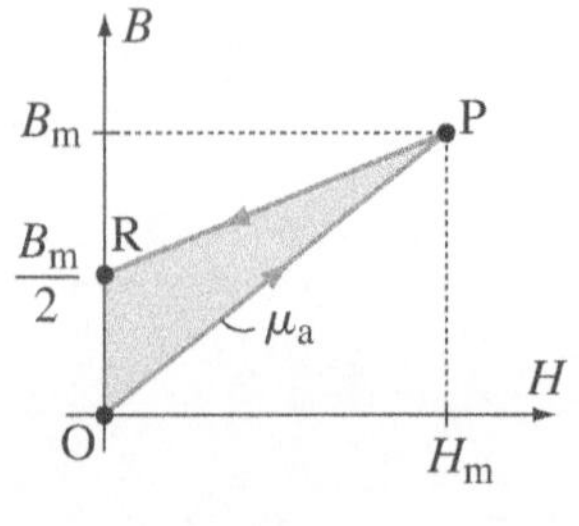

Figura 7.24
Avaliação da energia magnética líquida gasta na magnetização-desmagnetização de um núcleo ferromagnético; para o Exemplo 7.21.

é proporcional à área sombreada do triângulo OPR na Figura 7.24 e é dada por

$$w_m = \underbrace{\int_O^P H\,dB}_{\text{magnetização}} + \underbrace{\int_P^R H\,dB}_{\text{desmagnetização}} = \underbrace{\frac{1}{2}\frac{B_m}{2}H_m}_{\Delta OPR} =$$

$$= \frac{1}{4}B_m H_m = 250\ \text{J/m}^3, \qquad (7.117)$$

onde $B_m = \mu_a H_m = 1$ T, de modo que $W_m = w_m Sl = 5$ mJ.

Exemplo 7.22

Potência média das perdas por histerese no tempo em um núcleo

Considere o núcleo representado na Figura 6.13(a) e (c), e suponha que uma corrente de baixa frequência harmônica no tempo de intensidade $i = I_0$ sen $(2\pi ft)$ seja estabelecida na bobina, onde $I_0 = 0{,}1$ A e $f = 1$ kHz. Calcule a potência tempo média das perdas por histerese no tempo no núcleo.

Solução A densidade de energia das perdas por histerese em um ciclo de histerese magnetização-desmagnetização do material é dada pela Equação (7.110), com S_h agora sendo a área do paralelogramo na Figura 6.13(c). A amplitude da corrente é a mesma que no Exemplo 6.10, de modo que os valores de pico de $H(t)$ e $B(t)$ também são os mesmos, $H_m = 100$ A /m e $B_m = 0{,}1$ T [note que $B(t)$ não é uma função harmônica no tempo, devido ao comportamento de não linearidade e histerese do material do núcleo]. Assim, calculando a área do paralelogramo, obtemos

$$w_h = \oint_{C_h} H\,dB = 2B_m H_m = 20\ \text{J/m}^3. \qquad (7.118)$$

Com base na Equação (7.111), a potência média no tempo das perdas por histerese no volume $v = Sl$ do núcleo é

$$(P_h)_{\text{méd}} = f w_h S l = 0{,}8\ \text{W}. \qquad (7.119)$$

Exemplo 7.23

Avaliação da força da energia de um eletroímã

Um eletroímã consistindo de um núcleo de ferro na forma de uma ferradura e uma bobina está esboçado na Figura 7.25. A área de corte transversal do núcleo é S. Com uma corrente contínua estabelecida na bobina, o eletroímã é capaz de levantar um peso W (também feito de ferro). Supondo-se que há dois gaps de ar minúsculos entre o núcleo e o peso e que a densidade do fluxo magnético no núcleo e os gaps sejam B, encontre a força de elevação do eletroímã.

Solução A força de elevação do eletroímã é uma consequência do campo magnético no circuito magnético na Figura 7.25, ou seja, é a força magnética, $\mathbf{F}_m$, na parte inferior do circuito que está levantando o seu peso. Essa força pode ser determinada a partir da energia magnética do sistema usando o princípio da conservação da energia. Vamos supor que $\mathbf{F}_m$ move o peso por uma distância elementar dx para cima. Lembremos as considerações de energia em conexão com a Figura 7.18. Aqui, no entanto, o trabalho elementar de fontes externas $i\,d\Phi$ da Equação (7.85) é dividido na variação da energia magnética do sistema dW_m e no trabalho dW_F da força $\mathbf{F}_m$ ao longo do deslocamento dx. Como $dW_F = F_m\,dx$, podemos escrever

$$i\,d\Phi = dW_m + dW_F = dW_m + F_m\,dx. \qquad (7.120)$$

Se o fluxo magnético é mantido em um valor constante (Φ) nesse experimento, o que significa que a corrente i na bobina varia de forma adequada, então $d\Phi = 0$ e a equação acima produz

força magnética da energia

$$\boxed{F_m = -\left.\frac{dW_m}{dx}\right|_{\Phi=\text{const}}.} \qquad (7.121)$$

Quando o peso é deslocado para cima por dx, a única mudança na energia magnética do sistema é a redução da energia contida nas duas lacunas de ar devido ao seu tamanho reduzido. A mudança de energia dW_m na Equação (7.121) é, assim, negativa e corresponde à energia contida nas partes dos gaps de ar que têm comprimento dx e que desaparecem em nosso experimento. Em outras palavras, é igual ao negativo da densidade de energia magnética w_m nas lacunas de ar, dada pela Equação (7.108) com $\mu = \mu_0$, vezes a mudança no volume das lacunas:

$$dW_m = -\underbrace{\frac{B^2}{2\mu_0}}_{w_m}\underbrace{2S\,dx}_{dv} = -\frac{B^2 S\,dx}{\mu_0} \qquad (7.122)$$

($2S$ é a área de corte transversal total dos gaps). Da Equação (7.121), a força de elevação do eletroímã é

$$F_m = -\frac{dW_m}{dx} = \frac{B^2 S}{\mu_0}. \qquad (7.123)$$

Como um exemplo numérico, para $B = 1$ T e $S = 0{,}125$ m^2, $F_m \approx 100$ kN, o que significa que este eletroímã pode levantar um peso de $m = F_m/g \approx 10$ toneladas ($g = 9{,}81$ m/s^2 – aceleração padrão da queda livre). Esses poderosos eletroímãs são utilizados em guindastes para elevação de grandes pedaços de ferro.

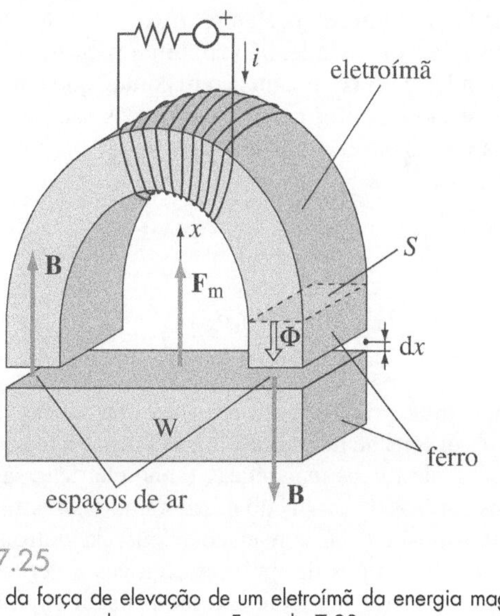

Figura 7.25

Avaliação da força de elevação de um eletroímã da energia magnética contida nos espaços de ar; para o Exemplo 7.23.

Exemplo 7.24

Pressão magnética

(a) Para o eletroímã da Figura 7.25, determine a pressão magnética, ou seja, a pressão da força de elevação $\mathbf{F}_m$, sobre a superfície da peça de ferro que está sendo levantada. (b) Com base no resultado em (a), compare os valores máximos das pressões magnéticas e elétricas atingidas em situações práticas.

Solução

(a) A força age sobre as partes da superfície da peça de ferro que formam os espaços de ar com o núcleo na Figura 7.25, isto é, na superfície da área $2S$ no total. A pressão correspondente é, portanto, dada por

pressão magnética (unidade: *Pa*)

$$p_m = \frac{F_m}{2S} = \frac{B^2}{2\mu_0}, \tag{7.124}$$

e é chamada de pressão magnética. Essa expressão é válida para qualquer superfície-limite entre um material ferromagnético (com $\mu >> \mu_0$) e ar (ou qualquer outro meio não magnético), com B sendo a densidade do fluxo magnético local no ar perto da superfície. Vemos que a pressão p_m, na verdade, é igual à densidade de energia magnética local no lado não magnético da superfície. Ela age a partir do material ferromagnético em direção ao meio com $\mu = \mu_0$.

(b) Observe que a expressão na Equação (7.124) é inteiramente análoga à expressão na Equação (2.133) para a pressão elétrica em uma superfície metálica no ar. Essas duas expressões oferecem-nos agora uma oportunidade de comparar as pressões elétrica e magnética e as forças. Combinando-as, obtemos

$$\frac{p_m}{p_e} = \frac{1}{\varepsilon_0\mu_0}\left(\frac{B}{E}\right)^2. \tag{7.125}$$

Para estimar a relação entre a pressão magnética máxima e a pressão elétrica máxima atingidas em situações práticas, recordamos que a intensidade permitida máxima do campo elétrico, E, é determinada pela rigidez dielétrica do ar, Equação (2.53), e usamos, portanto, $E_{máx} = 3$ MV/m nessa estimativa. Por outro lado, não há limite para B. No entanto, as densidades de fluxo magnético máximas, que em geral são alcançadas em circuitos magnéticos típicos, são da ordem de um tesla e é razoável supor que $B_{máx} = 1$ T para a comparação. Por isso,

razão de pressões máxima magnética e elétrica atingida na prática

$$\frac{(p_m)_{máx}}{(p_e)_{máx}} = \frac{1}{\varepsilon_0\mu_0}\left(\frac{B_{máx}}{E_{máx}}\right)^2 \approx 10.000. \tag{7.126}$$

Conclui-se que praticamente pressões magnéticas atingíveis são várias ordens de magnitude mais forte do que as elétricas. É por isso que forças magnéticas, e não elétricas, são os verdadeiros "burros de carga" do nosso mundo industrial. Quase todos os dispositivos de conversão de energia eletromecânica, como diferentes tipos de motores elétricos e geradores, são baseados em forças magnéticas e seu trabalho e potência.

7.6 INDUTÂNCIA INTERNA E EXTERNA EM TERMOS DE ENERGIA MAGNÉTICA

Nesta seção, revisaremos o conceito de autoindutância e técnicas para calculá-la, agora do ponto de vista energético. Consideramos, assim, um condutor arbitrário em um meio magnético linear. Pela Equação (7.88), se supormos uma corrente lentamente variável no tempo (ou constante) de intensidade i que flui no condutor, a indutância (autoindutância) do condutor, L, pode ser expressa em termos da energia contida no campo magnético devido a i, W_m, como

indutância da energia magnética

$$L = \frac{2W_m}{i^2}. \tag{7.127}$$

Essa expressão pode ser vista como a terceira definição equivalente da autoindutância, sendo as outras duas a definição de fluxo na Equação (7.1) e a definição fem na Equação (7.2). Isso pode, portanto, ser usado, como um meio alternativo em geral para o cálculo da indutância de diferentes estruturas, onde a energia magnética da estrutura é calculada usando a expressão integral na Equação (7.109).

Sendo que a energia W_m pode ser escrita como a soma das energias localizadas dentro e fora do condutor,

$$W_m = W_{mi} + W_{me}, \tag{7.128}$$

a indutância L pode ser decomposta pela indutância interna, L_i, e a indutância externa, L_e, do condutor:

$$L = L_i + L_e. \tag{7.129}$$

Em outras palavras,

indutâncias interna e externa

$$L_i = \frac{2W_{mi}}{i^2} \quad \text{e} \quad L_e = \frac{2W_{me}}{i^2}, \tag{7.130}$$

onde as energias magnéticas internas e externas do condutor são obtidas por meio da integração da densidade de energia sobre o interior (volume v_i) e o exterior (volume v_e) do condutor, respectivamente, isto é,

$$W_{mi} = \frac{1}{2}\int_{v_i} \mathbf{B}\cdot\mathbf{H}\,dv \quad \text{e} \quad W_{me} = \frac{1}{2}\int_{v_e} \mathbf{B}\cdot\mathbf{H}\,dv. \tag{7.131}$$

Mais precisamente, v_e é apenas uma parte do exterior do condutor que é ocupada pelo campo magnético (não há necessidade de integrar a densidade de energia zero).

Em todos os exemplos da Seção 7.1, somente avaliamos a indutância externa dos condutores, utilizando a definição do fluxo (ou fem) de autoindutância levando em conta apenas o fluxo magnético externo. A avaliação de L_i do fluxo magnético interno também é possível, mas é fisicamente menos clara e matematicamente mais complicada do que a partir da energia magnética armazenada interna.

Em altas frequências, por causa do efeito pelicular (ver Figura 6.23), a corrente e o campo magnético em um condutor estão confinados a uma região muito fina na superfície do condutor, o que reduz bastante o valor de alta frequência da indutância interna do condutor de seu valor de baixa frequência (ou cc). Portanto, na maioria das aplicações de alta frequência, L_i é insignificante em comparação a L_e, e supondo que $L \approx L_e$ produz resultados muito precisos.

Exemplo 7.25

Indutância interna p.u.c. de um condutor cilíndrico

Encontre a indutância interna por unidade de comprimento de um condutor cilíndrico infinitamente longo de raio a. A permeabilidade do condutor é μ. O efeito pelicular não é considerado.

Solução Suponha que o condutor transporte uma corrente de intensidade i que é distribuída de modo uniforme sobre seu corte transversal (efeito pelicular não é considerado). A densidade do fluxo magnético no condutor é dada pela expressão para $r < a$ na Equação (4.56) com μ_0 substituído por μ e I por i, ou seja,

$$B(r) = \frac{\mu i r}{2\pi a^2}, \qquad (7.132)$$

com r sendo a distância a partir do eixo do condutor, como mostrado na Figura 7.26. Da primeira expressão na Equação (7.131), a energia magnética interna por unidade de comprimento do condutor é obtida pela integração da densidade de energia magnética ao longo da seção S do condutor [ver equações (2.206) e (2.207) para a integração semelhante da densidade de energia elétrica],

$$W'_{mi} = (W_{mi})_{p.u.c.} = \int_S w_m \, dS = \int_0^a \frac{B^2(r)}{2\mu} \underbrace{2\pi r \, dr}_{dS} = \frac{\mu i^2}{4\pi a^4} \int_0^a r^3 \, dr = \frac{\mu i^2}{16\pi}, \qquad (7.133)$$

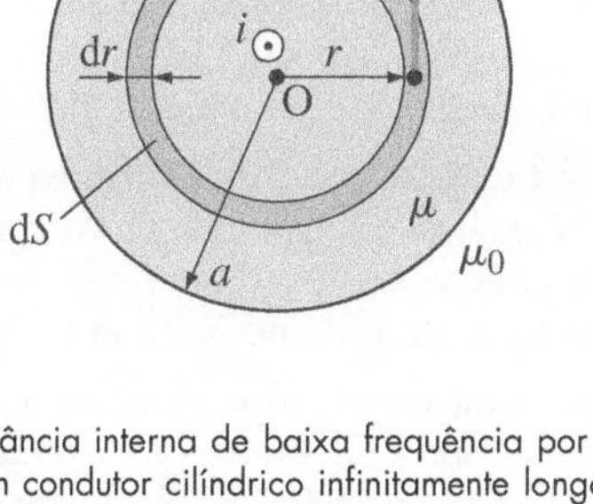

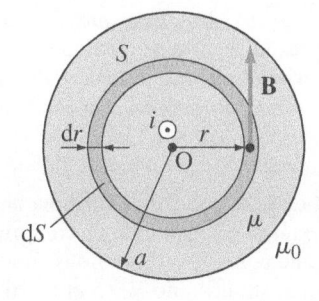

Figura 7.26

Avaliação da indutância interna de baixa frequência por unidade de comprimento de um condutor cilíndrico infinitamente longo de permeabilidade μ; para o Exemplo 7.25.

onde dS é a área de superfície de um anel elementar de raio r e largura dr (Figura 7.26).

A primeira das equações (7.130), então, dá a seguinte expressão para a indutância interna de baixa frequência por unidade de comprimento do condutor:

indutância interna de baixa frequência p.u.c. de um condutor cilíndrico

$$\boxed{L'_i = \frac{2W'_{mi}}{i^2} = \frac{\mu}{8\pi}.} \qquad (7.134)$$

Ressaltamos que essa indutância é independente do raio do condutor. Para condutores não magnéticos, $L'_i = \mu_0/(8\pi) =$ 50 nH /m.

Exemplo 7.26

Indutância interna p.u.c de uma linha fina de dois fios

Determine a indutância em baixa frequência total (interna mais externa) por unidade em comprimento da linha de dois fios na Figura 7.4, supondo que os condutores sejam não magnéticos.

Solução Como a distância entre os condutores da linha é muito maior do que os raios do condutor, as energias magnéticas internas dos condutores individuais (para uma suposta corrente de baixa frequência na linha) podem ser avaliadas de forma independente uma da outra. Portanto, a indutância interna em baixa frequência por unidade de comprimento da linha pode ser encontrada como o dobro de um único condutor isolado, Equação (7.134) com $\mu = \mu_0$ (condutores são não magnéticos), que produz

$$L'_i = L'_{i1} + L'_{i2} = 2L'_{i1} = \frac{\mu_0}{4\pi} = 100 \text{ nH/m}. \qquad (7.135)$$

Usando a expressão para a indutância externa p.u.c. da linha, Equação (7.11), sua indutância por unidade de comprimento de baixa frequência total é

indutância por unidade de comprimento em baixa frequência total de uma linha fina de dois fios

$$\boxed{L' = L'_i + L'_e = \frac{\mu_0}{\pi}\left(\frac{1}{4} + \ln\frac{d}{a}\right).} \qquad (7.136)$$

Exemplo 7.27

Indutância através da energia para um cabo coaxial

Encontre a indutância de baixa frequência total por unidade de comprimento do cabo coaxial do Exemplo 4.11.

Solução Se supusermos que uma corrente cc de intensidade I é criada nos condutores de cabo, como na Figura 4.17, a densidade do fluxo magnético a uma distância r do eixo do cabo, $B(r)$, é dada pelas equações (4.61) e (4.63). Usamos a definição de energia da indutância, Equação (7.127). A energia magnética total (interna mais externa) por unidade de comprimento do cabo pode ser obtida pela integração da densidade de energia magnética ao longo do corte transversal do cabo (o campo magnético fora do cabo, para $r > c$, é zero) na mesma forma como na Equação (7.133),

$$W'_{\mathrm{m}} = \int_{r=0}^{c} \underbrace{\frac{B^2(r)}{2\mu_0}}_{w_{\mathrm{m}}} \underbrace{2\pi r\,\mathrm{d}r}_{\mathrm{d}S}. \tag{7.137}$$

Como a função $B(r)$ para $0 \le r \le c$ é dada por três diferentes expressões nas equações (4.61) e (4.62), quebramos a integração em relação a r em três partes: de 0 a a, de a a b e de b a c. Isso gera

$$W'_{\mathrm{m}} = \underbrace{\frac{\mu_0 I^2}{16\pi}}_{W'_{\mathrm{mi1}}} + \underbrace{\frac{\mu_0 I^2}{4\pi}\ln\frac{b}{a}}_{W'_{\mathrm{me}}} + \underbrace{\frac{\mu_0 I^2}{4\pi(c^2-b^2)}\left(\frac{c^4}{c^2-b^2}\ln\frac{c}{b} - \frac{3c^2-b^2}{4}\right)}_{W'_{\mathrm{mi2}}}, \tag{7.138}$$

onde W'_{mi1}, W'_{me} e W'_{mi2} são as energias magnéticas dentro do condutor, no dielétrico e no condutor externo do cabo por unidade de seu comprimento, respectivamente. A indutância cc total (ou de baixa frequência) por unidade de comprimento do cabo é, portanto,

indutância total em baixa frequência p.u.c. de um cabo coaxial

$$L' = \frac{2W'_{\mathrm{m}}}{I^2} = \underbrace{\frac{\mu_0}{2\pi}\left[\frac{1}{4} + \frac{1}{c^2-b^2}\left(\frac{c^4}{c^2-b^2}\ln\frac{c}{b} - \frac{3c^2-b^2}{4}\right)\right]}_{L'_{\mathrm{i}}} + \underbrace{\frac{\mu_0}{2\pi}\ln\frac{b}{a}}_{L'_{\mathrm{e}}}, \tag{7.139}$$

onde L'_{i} e L'_{e} são a indutância interna e externa por unidade de comprimento do cabo.

O resultado anterior para L'_{e} é o mesmo que na Equação (7.12), que foi obtido utilizando a definição de fluxo de indutância. Note que o primeiro componente de L'_{i}, que corresponde à energia magnética no condutor interno, é igual à indutância interna por unidade de comprimento de um condutor cilíndrico isolado no ar, Equação (7.134) com $\mu = \mu_0$.

Como um exemplo numérico, as indutâncias interna e externa por unidade de comprimento de um cabo coaxial com $a = 1$ mm, $b = 4$ mm e $c = 5$ mm chega a $L'_{\mathrm{i}} = 66{,}6$ nH /m e $L'_{\mathrm{e}} = 277{,}3$ nH /m .

Problemas

7.1. Fem induzida e a tensão de um indutor. Uma corrente de intensidade $i\,(t) = I_0\,\mathrm{e}^{-t/\tau}$, onde I_0 e $\tau > 0$ são constantes, flui através de um indutor de indutância L. Calcule (a) o fluxo magnético, (b) a fem induzida e (c) a tensão do indutor. Especifique as direções/orientações de referência para todas as grandezas.

7.2. Indutância de um solenoide com um núcleo de duas camadas. Se a bobina solenoidal descrita no Exemplo 7.1 é enrolada sobre um núcleo ferromagnético com duas camadas coaxiais de permeabilidades relativas $\mu_{\mathrm{r1}} = 500$ e $\mu_{\mathrm{r2}} = 1.000$, como mostrado na Figura 7.27, onde a área do corte transversal da camada interna é $S_1 = 1\ \mathrm{cm}^2$, encontre a indutância da bobina.

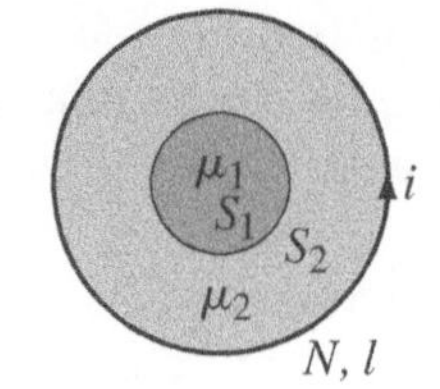

Figura 7.27 Solenoide com um núcleo composto de duas camadas ferromagnéticas coaxiais lineares; para o Problema 7.2.

7.3. Bobina toroidal com um núcleo de duas camadas. Repita o Exemplo 7.2, mas para o núcleo de duas camadas mostrado na Figura 7.28.

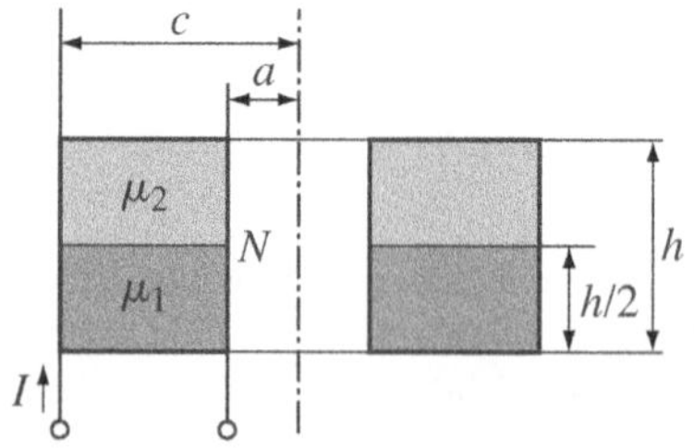

Figura 7.28 A mesma bobina toroidal na Figura 7.3, mas com camadas ferromagnéticas empilhadas umas em cima das outras; para o Problema 7.3.

7.4. Indutância de uma bobina em um circuito magnético linear simples. Encontre a indutância da bobina no circuito magnético linear simples com uma lacuna de ar do Exemplo 5.14.

7.5. Linha de dois fios com revestimentos ferromagnéticos sobre os condutores. Sejam os condutores de uma linha de transmissão de dois fios finos simétricos na Figura 7.4 revestido por camadas ferromagnéticas de permeabilidade μ e espessura a, de forma análoga à linha com condutores dieletricamente revestidos na Figura 2.31. Determine a indutância externa por unidade de comprimento da nova linha.

7.6. Cabo coaxial preenchido com um material magnético não homogêneo. Calcule a indutância externa por unidade de comprimento de um cabo coaxial preenchido com um material ferromagnético homogêneo em função definida em trecho composto de duas camadas coaxiais de permeabilidades relativas μ_{r1} e μ_{r2} e dimensões como na Figura 2.50.

7.7. Linha planar com duas camadas magnéticas. Para a linha de transmissão planar na Figura 3.24, suponha que as duas camadas de material entre as faixas metálicas não têm perdas ($\sigma_1 = \sigma_2 = 0$), mas são magnéticas, com permeabilidades μ_1 e μ_2. Seja $w >> d_1 + d_2$, de modo que os efeitos das bordas possam ser desprezados, ou seja, o campo magnético da linha pode ser considerado uniforme e localizado apenas nas duas camadas, e não no ar ao redor (veja também o cálculo do campo magnético no Exemplo 11.10). Nessas circunstâncias, encontre a indutância externa p.u.c. da linha.

7.8. Indutância externa p.u.c. de uma linha de três fios. Qual é a indutância externa por unidade de comprimento da linha de transmissão que consiste em um fio isolado e dois fios em curto-circuito no ar descrita no Exemplo 2.16?

7.9. Trazendo uma espira supercondutora para um campo magnético. Uma espira quadrada supercondutora de comprimento de borda a de indutância L é situada primeiro fora de qualquer campo magnético, e não há corrente nela. A espira é então levada para um campo magnético invariante no tempo uniforme de densidade de fluxo B e posicionada de modo que o vetor **B** seja perpendicular ao plano da espira. Orientando a espira de acordo com a regra da mão direita para a direção de **B**, encontre (a) o fluxo magnético através da espira e (b) a intensidade da corrente ao longo dele — no novo estado estacionário.

7.10. Indutância mútua entre uma espira e uma linha de dois fios. Encontre a indutância mútua entre a espira retangular e a linha de dois fios em ambos os casos na Figura 6.32, nas duas seguintes maneiras: (a) da definição de indutância mútua na Equação (7.21) ou (7.23) e (b) usando a Equação (7.40), respectivamente.

7.11. Indutância mútua de duas bobinas em um núcleo toroidal espesso. Repita o Exemplo 7.7, mas para um núcleo toroidal espesso de um corte transversal retangular, como o mostrado na Figura 5.26, com os raios interno e externo e a altura do toroide sendo $a = 3$ cm, $b = 6$ cm e $h = 2$ cm, respectivamente.

7.12. Indutância mútua entre uma bobina toroidal e fio axial. Considere a bobina toroidal espessa com um corte transversal retangular na Figura 4.18, e suponha que um fio reto infinitamente longo passe ao longo do eixo do toroide (eixo z). Encontre a indutância mútua entre a bobina e o fio, calculando-a tanto como (a) L_{12} quanto como (b) L_{21}.

7.13. Indutância mútua entre um solenoide e uma espira retangular. Suponha que o comprimento do solenoide na Figura 6.29 seja l ($l >> a$), de modo que o número total de voltas de fio corresponde a $N = N'l$, bem como seus terminais estejam abertos. Se a espira retangular posicionada em torno do solenoide no meio do seu comprimento (Figura 6.29) carrega uma corrente de frequência baixa harmônica no tempo de intensidade $i = I_0 \cos \omega t$, determine a tensão entre os terminais do solenoide.

7.14. Indutância mútua entre espiras concêntricas grandes e pequenas. Se no sistema de duas espiras na Figura 6.33 uma corrente lentamente variável no tempo de intensidade $i(t)$ flui ao longo da espira circular pequena, enquanto a espira quadrada grande tem circuito aberto, calcule a fem induzida na espira grande.

7.15. Fem em uma linha telefônica devido a uma linha de alimentação próxima. Um condutor de energia de um teleférico e de um trilho forma uma linha de transmissão que pode ser aproximada por uma linha de dois fios, em um plano vertical, com distância entre eixos $h = 5$ m. No mesmo plano horizontal que contém o condutor de energia, correndo em paralelo a ele, há uma linha de telefone de dois condutores, e as distâncias dos eixos de fios dessa linha a partir do eixo condutor de energia são $d_1 = 5{,}5$ m e $d_2 = 5{,}9$ m, respectivamente. Ambas as linhas podem ser consideradas finas. Se uma corrente harmônica no tempo de amplitude (valor de pico) $I_0 = 150$ A e frequência $f = 60$ Hz é criada na linha de energia, encontre a amplitude da fem induzida por comprimento $l = 1$ km da linha telefônica, desprezando a influência da Terra, ou seja, supondo que as duas linhas estão no espaço livre.

7.16. Indutância de entrada equivalente de estruturas com bobinas acopladas. Duas bobinas magneticamente acopladas, enroladas em um núcleo de papelão, têm indutâncias $L_1 = L_2 = 50\ \mu$H e coeficiente de acoplamento $k = 0{,}1$. Calcule a indutância equivalente entre os terminais 1 e 2 da estrutura para as ligações entre as bobinas, como nas figuras 7.29(a), (b) e (c), respectivamente.

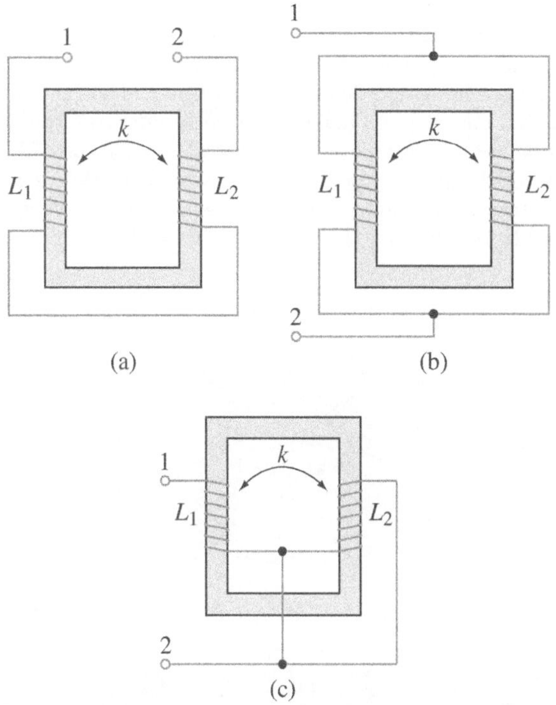

Figuras 7.29 Três diferentes conexões de duas bobinas magneticamente acopladas, enroladas em um núcleo de papelão; para o Problema 7.16.

7.17. Indutância equivalente para um coeficiente de acoplamento unitário. Repita o problema anterior supondo que o núcleo de papelão é substituído por um ferromagnético linear, com o qual $L_1 = L_2 = 60$ mH e $k = 1$.

7.18. Coeficiente de acoplamento de dois circuitos de fluxo de carga. A Figura 7.30 mostra a representação teórica de circuito de dois circuitos magneticamente acoplados, onde as indutâncias dos circuitos são $L_1 = 10$ mH e $L_2 = 3$ mH, e suas resistências $R_1 = 10\ \Omega$ e $R_2 = 8\ \Omega$, respectivamente. Quando a chave K no circuito primário é fechada, conectando a um gerador ideal de tensão cc de fem $\mathcal{E} = 20$ V, o fluxo de carga indicado pelo galvanômetro balístico (cuja resistência está incluída no R_2) no circuito secundário $Q = 1$ mC. Qual é o coeficiente de acoplamento (k) entre os circuitos?

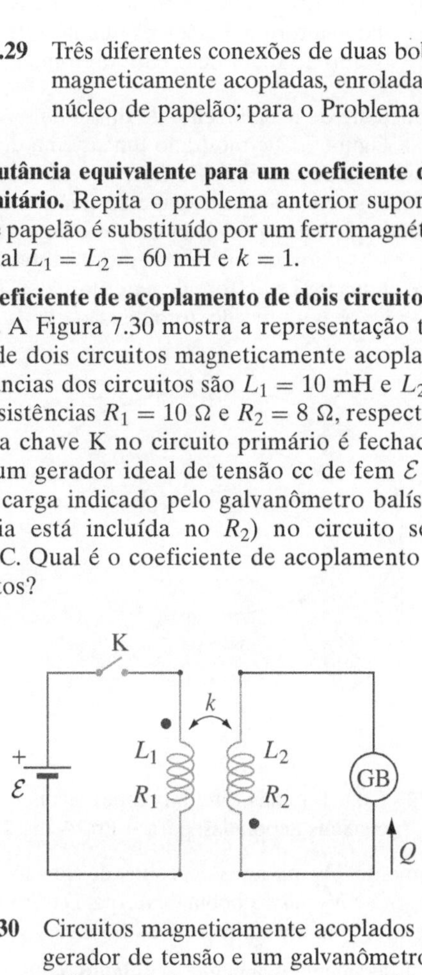

Figura 7.30 Circuitos magneticamente acoplados com um gerador de tensão e um galvanômetro balístico (GB) nos lados primário e secundário; para o Problema 7.18.

7.19. Bobina toroidal espessa e três voltas em torno dela. Uma bobina toroidal espessa cheia de ar de corte transversal retangular, definida por raios interno e externo $a = 5$ cm e $b = 15$ cm e altura $h = 7$ cm do toroide, tem $N = 1.800$ voltas de fio de resistência desprezível. O toroide está envolto por três voltas de fio que são conectadas a um gerador de corrente harmônica no tempo de baixa frequência e ideal, como mostrado na Figura 7.31. Quando a chave K entre os terminais P e Q da bobina for aberta, a tensão é $v_{PQ} = 100$ sen $377t$ mV (t em s). (a) Qual é a intensidade de corrente i_g (t) do gerador de corrente? (b) Se a chave K é então fechada, encontre a corrente através dela no novo estado estável.

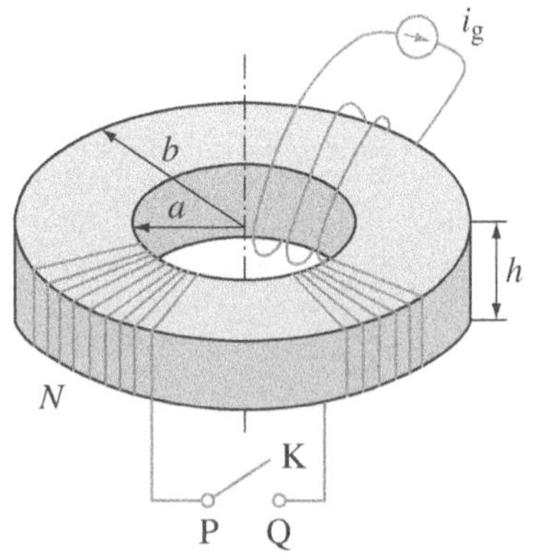

Figura 7.31 Circuitos magneticamente acoplados com uma bobina toroidal espessa e um laço de três voltas ao redor dela; para o Problema 7.19.

7.20. Coeficiente de acoplamento de duas bobinas toroidais coaxiais. Na Figura 7.32 é mostrado um sistema de duas bobinas toroidais espessas cheias de ar, envoltas de maneira uniforme e densa em núcleos de papelão com corte transversal retangular, que estão posicionados coaxialmente um dentro do outro. Os raios interno e externo do toroide interno são a_1 e b_1, enquanto os do toroide externo são a_2 e b_2 ($a_2 < a_1 < b_1 < b_2$), e as alturas dos toroides são h_1 e h_2 ($h_1 < h_2$),

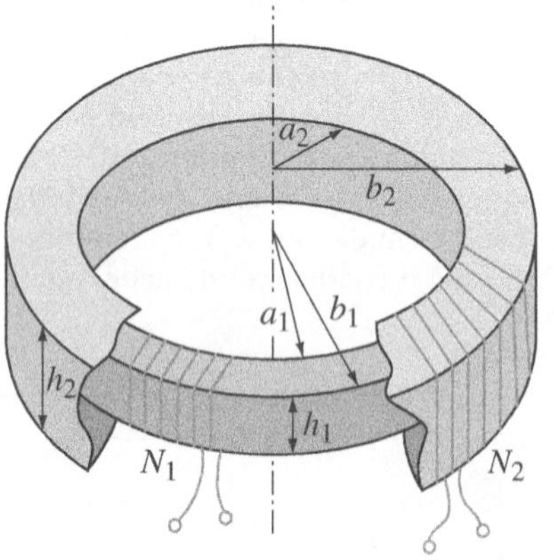

Figura 7.32 Duas bobinas toroidais espessas cheias de ar coaxiais acopladas; para o Problema 7.20.

respectivamente. Os números de voltas de fio são N_1 para a bobina interna e N_2 para a bobina externa. Determine o coeficiente de acoplamento entre as duas bobinas.

7.21. Circuitos magneticamente acoplados com solenoides coaxiais. Para o sistema de dois solenoides coaxiais acoplados na Figura 7.15, sejam $a_1 = 2$ cm, $a_2 = 6$ cm, $l = 1$ m, $N_1 = 2.000$, $N_2 = 4.000$ e $\mu_r = 200$. Além disso, o solenoide externo está conectado a um gerador de tensão harmônico no tempo ideal de fem $e_g = 50 \cos 377t$ V (t em s), e o interno em curto-circuito. Calcule (a) a indutância de entrada equivalente vista pelo gerador e (b) as amplitudes das correntes no solenoide.

7.22. Transformação de tensão por duas linhas de dois fios acoplados. Se a segunda linha (interna) de dois fios na Figura 7.16 está em curto-circuito em uma extremidade, mas está aberta na outra, calcule a amplitude da corrente na primeira linha e tensão entre os terminais abertos do segundo circuito.

7.23. Transformação de corrente por duas linhas de fios acoplados. Considerando o sistema na Figura 6.32 como dois circuitos magneticamente acoplados contendo duas linhas de dois fios, suponha que $a = 8$ mm, $b = 25$ cm, $I_{g0} = 1$ A e $\omega = 10^5$ rad/s, bem como que o comprimento da linha mais longa é $l = 90$ cm e os raios de todos os fios $r_w = 0{,}4$ mm, e calcule a amplitude da corrente na linha mais curta (de comprimento b) para os casos na Figura 6.32(a) e Figura 6.32(b), respectivamente. Despreze as indutâncias internas, as perdas nos fios, acoplamento capacitivo entre as linhas, os efeitos das bordas e os efeitos de propagação.

7.24. Linha de dois fios em um plano vertical acima de uma superfície CMP. Repita o Exemplo 7.16, mas para uma linha de dois fios em um plano vertical acima do plano horizontal CMP, com os fios correndo em paralelo a ele, e h denotando a altura do eixo do fio inferior em relação à superfície do material e igualando $d/2$. A presença do material ferromagnético aumenta ou diminui a indutância p.u.c. da linha?

7.25. Energia da bobina magneticamente acoplada e espira. Para circuitos magneticamente acoplados contendo uma bobina toroidal espessa cheia de ar de um corte transversal retangular e espira com três voltas de fio ao redor dela mostrado na Figura 7.31 e descrito no Problema 7.19, encontre as energias magnéticas de tempo médio e instantâneas dos circuitos em ambos os estados estacionários, ou seja, com a chave K aberta e fechada, respectivamente.

7.26. Energia de linhas de dois fios magneticamente acopladas — três casos. Calcule a energia magnética de tempo médio de sistemas com duas linhas de dois fios acopladas do (a) Problema 7.22, (b) Problema 7.23 para o caso na Figura 6.32 (a), e (c) Problema 7.23 para o caso na Figura 6.32(b), respectivamente.

7.27. Energia magnética de dois solenoides coaxiais acoplados. Considere o sistema de dois solenoides coaxiais acoplados descritos no Problema 7.21, e encontre a energia magnética de tempo médio do sistema — nas três seguintes formas: (a) usando a indutância de entrada equivalente vista pelo gerador de tensão, (b) por meio de autoindutâncias e indutâncias mútuas dos circuitos acoplados e Equação (7.90) e (c) a partir da intensidade do campo magnético e densidade de energia em todo o sistema. (d) Que parte da energia total é armazenada no núcleo ferromagnético, dentro da bobina interna, e qual está na região cheia de ar entre as duas bobinas?

7.28. Distribuição de energia em núcleos toroidais espessos de duas camadas lineares. Encontre a densidade de energia magnética no material, a energia armazenada em cada camada linear ferromagnética e a energia total da bobina para bobinas toroidais espessas com núcleos de duas camadas na (a) Figura 7.3 e (b) Figura 7.28, respectivamente, supondo que uma corrente lentamente variável no tempo de intensidade i (t) é estabelecida na bobina. Calcule as energias, integrando a densidade de energia em todo o volume das camadas individuais, bem como utilizando as expressões para as indutâncias, se for o caso.

7.29. Distribuição de energia em uma linha planar com duas camadas magnéticas. Supondo que a linha de transmissão planar com duas camadas magnéticas entre as faixas metálicas descrita no Problema 7.7 conduz uma corrente cc de intensidade I, calcule a densidade de energia magnética de energia total por unidade de comprimento em cada uma das camadas, bem como a energia p.u.c. de toda a linha.

7.30. Energia de um circuito não linear magnético com três ramos. Calcule a energia magnética gasta para estabelecer o campo em cada um dos três ramos, bem como a energia total, do circuito magnético não linear mostrado na Figura 5.32 e descrito no Exemplo 5.15.

7.31. Energia de outro circuito não linear magnético. Repita o problema anterior, mas para o circuito magnético do Problema 5.22 (Figura 5.42).

7.32. Energia de magnetização-desmagnetização de um núcleo toroidal espesso. Considere uma bobina toroidal espessa com um corte transversal retangular e núcleo ferromagnético não linear descrito no Exemplo 5.12, e suponha que sua corrente seja criada pela primeira vez em uma intensidade de $I = 1$ A, de modo que a distribuição da densidade de fluxo magnético, $B(r)$, no núcleo é exatamente aquela na Figura 5.27(c), e depois reduzida para $I = 0$. Nesse processo, o ponto de operação em diferentes locais no núcleo primeiro se move para cima a curva de magnetização inicial idealizada, e depois de volta para o eixo B, onde as densidades de fluxo magnético caem para a metade do valor anteriormente alcançado, por isso tanto para $B_m/2$ na parte do núcleo que está em saturação ($r \leq c$) ou para $B(r)/2$ [$B(r) < B_m$] na parte do núcleo no regime linear ($r > c$), como indicado na Figura 7.33 (similar ao processo na Figura 7.24). Encontre (a) a densidade da energia magnética líquida gasta no processo de magnetização-desmagnetização em cada ponto do núcleo (para cada r, $a \leq r \leq b$) e (b) a energia gasta em todo o núcleo.

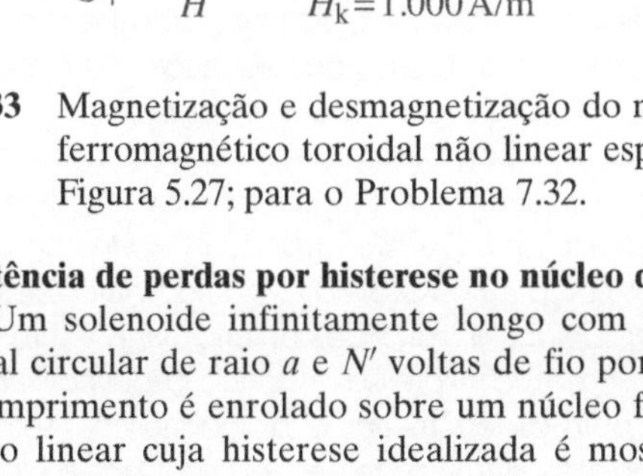

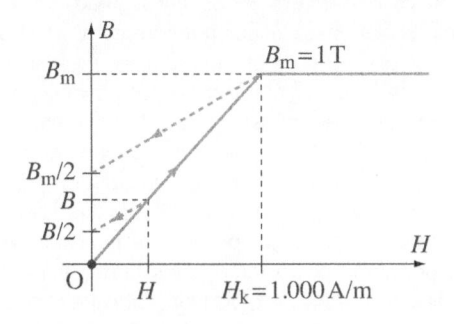

Figura 7.33 Magnetização e desmagnetização do núcleo ferromagnético toroidal não linear espesso na Figura 5.27; para o Problema 7.32.

7.33. Potência de perdas por histerese no núcleo de um solenoide. Um solenoide infinitamente longo com um corte transversal circular de raio a e N' voltas de fio por unidade de seu comprimento é enrolado sobre um núcleo ferromagnético não linear cuja histerese idealizada é mostrada na Figura 7.34, onde $B_m/H_m = \mu_h =$ const. Há uma corrente de baixa frequência harmônica no tempo de amplitude I_0 e frequência angular ω que flui através do enrolamento. A saturação não é atingida no núcleo. Determine a potência de tempo médio de perdas por histerese por unidade de comprimento do núcleo.

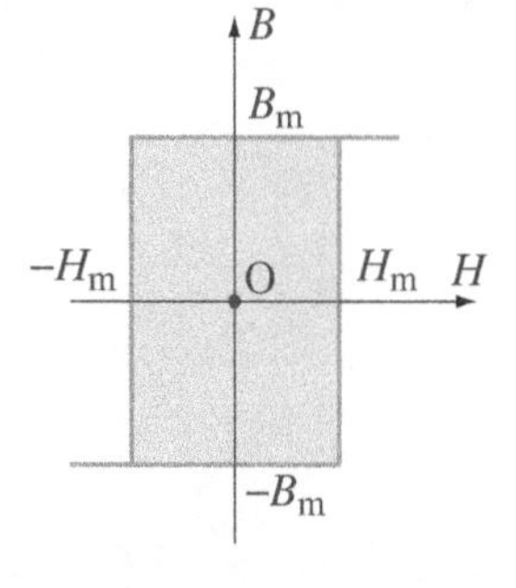

Figura 7.34 Laço de histerese idealizado de um núcleo ferromagnético preenchendo um solenoide infinito; para o Problema 7.33.

7.34. Potência de perdas por histerese em um núcleo toroidal espesso. Suponha que uma corrente harmônica no tempo de frequência baixa de intensidade $i = I_0 \cos(2\pi f t)$ é estabelecida na bobina toroidal espessa com um núcleo ferromagnético não linear na Figura 5.27(a), onde $I_0 = 1$ A e $f = 10$ kHz (a, b, h e N são especificados no Exemplo 5.12), que o laço de histerese idealizado do material do núcleo é aquele na Figura 6.13(c), onde $B_m/H_m = \mu_h = 0{,}001$ H/m para todos os locais no núcleo, e que a saturação não é alcançada em qualquer local. Note que, a partir da Equação (5.83), $H_m = NI_0/(2\pi r)$ ($a \leq r \leq b$). Nessas circunstâncias, encontre (a) a densidade de energia de perdas por histerese em um ciclo de histerese da magnetização-desmagnetização em cada ponto do material (para cada r) e (b) a potência de tempo médio total de perdas por histerese no núcleo.

7.35. Dependência de frequência de perdas por histerese e correntes parasitas. Um corpo condutor ferromagnético é colocado em um campo magnético de baixa frequência harmônico no tempo uniforme, e a potência média total no tempo das perdas no corpo medida é P_1 e P_2 em duas frequências diferentes, f_1 e f_2, respectivamente, para a mesma amplitude da densidade do fluxo magnético aplicado. Quais são as potências médias no tempo de (a) perdas por histerese e (b) perdas Joule devido às correntes parasitas no corpo, em cada uma das frequências?

7.36. Energia magnética p.u.c. de um cabo triaxial. Encontre as energias interna, externa e a energia magnética total por unidade de comprimento do cabo triaxial do Problema 4.11.

7.37. Indutância interna p.u.c. de um condutor cilíndrico oco. Determine a indutância interna de baixa frequência ou cc por unidade de comprimento do condutor de cobre cilíndrico oco infinitamente longo na Figura 4.43.

7.38. Indutância total de um cabo coaxial com falta de homogeneidade magnética. Pela energia, encontre a indutância em baixa frequência total por unidade de comprimento de um cabo coaxial preenchido com duas camadas magnéticas coaxiais, descrito no Problema 7.6. Suponha que os condutores do cabo sejam não magnéticos e que a indutância do condutor externo (que é muito fino) seja desprezível.

CAPÍTULO 8

Campo eletromagnético de variação rápida no tempo

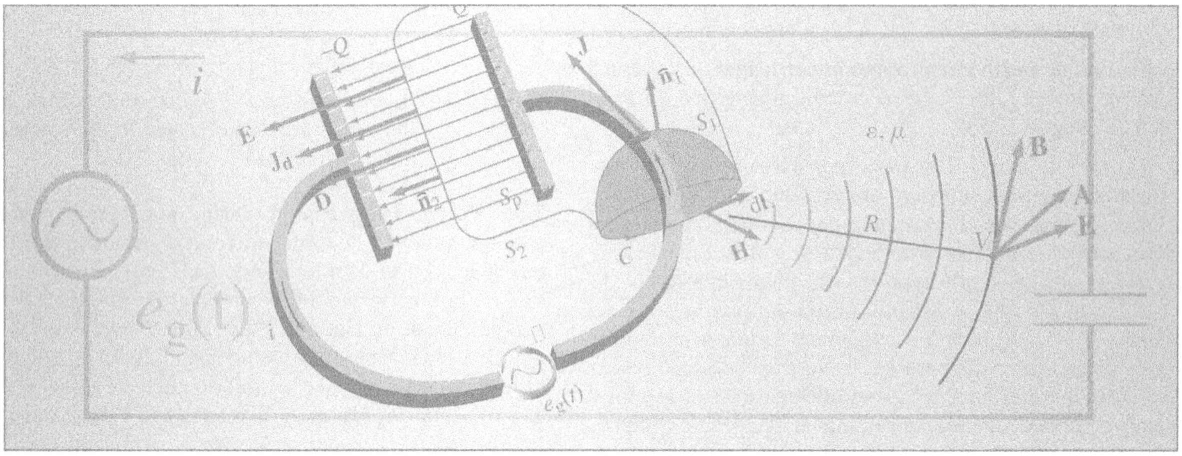

Introdução

Este capítulo é dedicado ao campo eletromagnético de variação rápida no tempo (por exemplo, em alta frequência harmônica no tempo), o qual não pode ser analisado sem considerar o efeito de retardação eletromagnético (atraso no tempo dos campos e potenciais por trás de suas fontes). Vamos, primeiro, corrigir a versão quase estática da lei de Ampère generalizada (segunda equação de Maxwell), adicionando um novo tipo de corrente, chamada corrente de deslocamento, em paralelo à corrente de condução. A introdução da noção de uma corrente de deslocamento era, de fato, um passo crucial no desenvolvimento de Maxwell da teoria eletromagnética. A adição desse novo termo às equações de Maxwell corresponde à inclusão do retardo do tempo nas expressões para os potenciais e vetores de campo. Ele permite a modelagem da propagação e a radiação de ondas eletromagnéticas. Devemos, então, resumir e discutir o conjunto completo das equações de Maxwell para o campo mais geral — campo eletromagnético variável rapidamente no tempo — em notação integral e diferencial, bem como na forma de condições de contorno em uma interface entre dois meios eletromagnéticos arbitrários. A existência de ondas eletromagnéticas, como previsto pelas equações gerais de Maxwell, será vista como um processo de sucessivas induções mútuas de campos elétricos e magnéticos no espaço e no tempo. Diferentes formas da equação de continuidade para correntes rapidamente variáveis no tempo também serão estudadas. Em seguida, devemos focar em campos eletromagnéticos harmônicos no tempo (sinusoidal de estado estático) em meios lineares e introduzir as equações de Maxwell no domínio complexo para tais campos. Como tais equações não envolvem o tempo nem derivadas do tempo (nem integrais), a análise de domínio complexo (ou domínio-frequência) de sistemas eletromagnéticos lineares (incluindo circuitos elétricos lineares) com excitações harmônicas no tempo é bem mais simples que a análise no domínio do tempo das mesmas estruturas. As expressões para os potenciais (retardados) eletromagnéticos de Lorenz serão derivadas das equações de Maxwell e das equações de onda associadas para potenciais. Os potenciais causados por distribuições volumétricas, superficiais e de linha de correntes e cargas variáveis rápidas no tempo (alta frequência) serão avaliados tanto no tempo quanto nos domínios complexos. Os vetores campo elétrico e magnético serão calculados a partir dos potenciais. Por fim, o teorema de Poynting, que expressa o princípio da conservação da energia para os fenômenos eletromagnéticos, será derivado das equações de Maxwell e aplicado a cálculos de energias, perdas e transferências de energias geradas e armazenadas, bem como o equilíbrio geral de potências, em sistemas eletromagnéticos estáticos e dinâmicos.

8.1 CORRENTE DE DESLOCAMENTO

A versão quase estática (baixa frequência) da lei de Ampère generalizada, Equação (6.30), não é verdade para campos rapidamente variáveis no tempo (alta frequência). Além disso, em algumas situações (raras), leva a resultados sem sentido, sem depender da razão de variação de tempo (frequência) dos campos, mesmo sob pressupostos quase estáticos. Um capacitor com uma corrente variável no tempo é um exemplo, mas apenas se a superfície S para avaliar a corrente total no lado direito da equação for colocada entre as placas do capacitor. Vamos usar esse exemplo simples para ilustrar a necessidade de corrigir a versão quase estática da lei de Ampère (segunda equação de Maxwell). Além disso, nos ajudará de fato a descobrir uma correção necessária, ou seja, o termo corrente de deslocamento de Maxwell, que torna sempre verdadeira a equação.

Considere um circuito contendo um capacitor de placas paralelas cheio de ar e um gerador de tensão ideal de fem variável no tempo, como mostrado na Figura 8.1. Há uma corrente variável no tempo no circuito, igual ao produto da capacitância do capacitor e da razão de variação da tensão sobre o capacitor, Equação (3.45), no qual a tensão é igual à fem de um gerador. Essa corrente, por sua vez, está acompanhada por um campo magnético variável no tempo, de intensidade $\mathbf{H}$, no espaço em torno do circuito. Vamos aplicar a versão da lei de Ampère na Equação (6.30) para um contorno C circundando o fio condutor do circuito (Figura 8.1) e duas superfícies características diferentes, S_1 e S_2, ligadas pelo contorno (S_1 cruza o condutor, enquanto S_2 está completamente no ar, com parte dela entre as placas do capacitor). Isso produz

$$\oint_C \mathbf{H} \cdot d\mathbf{l} = \begin{cases} i & \text{para a superfície } S_1 \\ 0 & \text{para a superfície } S_2 \end{cases}, \tag{8.1}$$

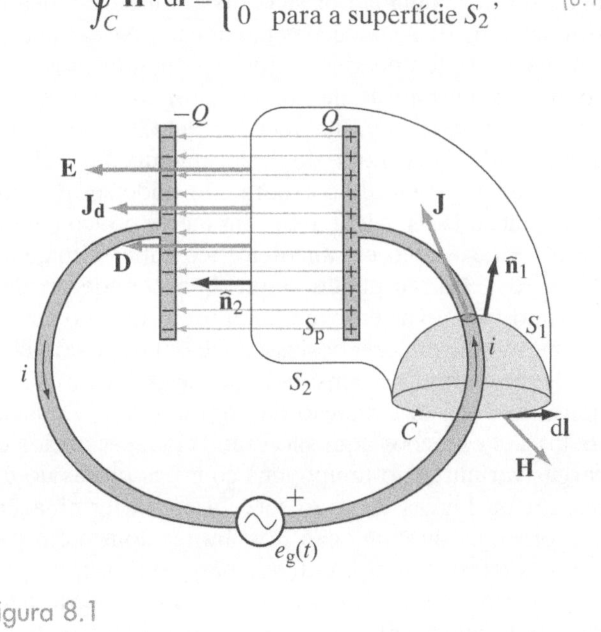

Figura 8.1
Aplicação da lei de Ampère a um circuito com um capacitor cheio de ar e corrente variável no tempo.

que, claro, é um resultado contraditório, como $i^1 \neq 0$. Concluímos que algo está mesmo errado com a lei de Ampère, pelo menos se esse exemplo estiver correto.

Parece que deve haver uma espécie de corrente não condutora no espaço cheio de ar entre as placas do capacitor como uma continuação do fluxo de corrente de condução i através dos condutores de fio. Esse novo tipo de corrente tem que ser incluído no lado direito da Equação (6.30) de maneira a garantir que a escolha de S_1 ou S_2 dê o mesmo resultado na Equação (8.1). Para encontrar sua densidade, notamos que a corrente i na verdade não desaparece nos terminais do capacitor. Em vez disso, é encerrada pelas cargas variáveis no tempo Q e $-Q$, que se acumulam nas placas do capacitor. Esse encerramento é regido pela equação de continuidade para correntes variáveis no tempo, Equação (3.36), o que dá [ver Figura 3.5 e Equação (3.44)]

$$i = \frac{dQ}{dt}. \tag{8.2}$$

As cargas sobre as placas, por outro lado, produzem um campo elétrico, de intensidade $\mathbf{E}$. Desprezando os efeitos das bordas, esse campo está localizado apenas no capacitor e é uniforme. Com base na lei de Gauss [ver Figura 2.18(a) e Equação (2.125)],

$$Q = DS_p, \tag{8.3}$$

onde D é a densidade de fluxo elétrico no capacitor ($D = \varepsilon_0 E$) e S_p é a área da placa. Combinando as equações (8.2) e (8.3), podemos escrever

$$i = \frac{\partial D}{\partial t} S_p. \tag{8.4}$$

A expressão $\partial D/\partial t$ tem a dimensão de uma densidade de corrente (iguala i/S_p, e é, portanto, expressa em A/m^2), e esta é a densidade do novo tipo de corrente que existe no ar entre as placas do capacitor. É chamada de densidade de corrente de deslocamento e é denotada por J_d. Na forma vetorial

vetor densidade de corrente de deslocamento (unidade: A/m^2)

$$\mathbf{J}_d = \frac{\partial \mathbf{D}}{\partial t}. \tag{8.5}$$

A corrente de condução (de densidade $\mathbf{J}$) é a única corrente nos condutores de fio na Figura 8.1, enquanto a corrente de deslocamento é a única corrente no capacitor. No caso geral, no entanto, ambos os tipos de correntes podem existir no mesmo material [por exemplo, se preenchermos o capacitor na Figura 8.1 com um dielétrico (com perdas) imperfeito, a corrente de condução fluirá através do dielétrico junto com a corrente de deslocamento]. O vetor densidade de corrente total é

vetor densidade de corrente total (condução mais deslocamento)

$$\mathbf{J}_{tot} = \mathbf{J} + \mathbf{J}_d = \mathbf{J} + \frac{\partial \mathbf{D}}{\partial t}. \tag{8.6}$$

Se agora corrigirmos a Equação (6.30), incluindo os dois tipos de corrente como fontes do campo magnético, obteremos a seguinte forma da lei de Ampère:

lei de Ampère generalizada corrigida

$$\oint_C \mathbf{H} \cdot \mathrm{d}\mathbf{l} = \int_S \left(\mathbf{J} + \frac{\partial \mathbf{D}}{\partial t} \right) \cdot \mathrm{d}\mathbf{S}, \quad (8.7)$$

que, reaplicada ao contorno C e às duas superfícies na Figura 8.1, resulta em

$$\oint_C \mathbf{H} \cdot \mathrm{d}\mathbf{l} = \begin{cases} i & \text{para a superfície } S_1 \\ J_\mathrm{d} S_\mathrm{p} & \text{para a superfície } S_2 \end{cases} \quad (8.8)$$

(note que $\int_{S_2} \mathbf{J}_\mathrm{d} \cdot \mathrm{d}\mathbf{S} = J_\mathrm{d} S_\mathrm{p}$ pois os efeitos das bordas são desprezados e $\mathbf{J}_\mathrm{d}$ é uniforme no capacitor enquanto é zero fora dele). Não há mais nenhuma inconsistência entre as aplicações da Equação (8.7) para S_1 e S_2, pois $i = J_\mathrm{d} S_\mathrm{p}$ [equações (8.4) e (8.5)].

Observe que o mesmo resultado sem sentido $i = 0$ obtido com a aplicação da versão quase estática da lei de Ampère generalizada na Equação (8.1) teria sido obtido também a partir da versão quase estática da equação da continuidade, Equação (6.45), se aplicada à estrutura na Figura 8.1. Ou seja, se considerarmos uma superfície S encerrando por inteiro uma das placas do capacitor (como na Figura 3.5), a corrente de condução total que sai do domínio fechado é igual a $\pm\, i$ (o sinal depende de em qual placa está encerrado), de modo que a Equação (6.45) dá $i = 0$. Isso mostra que, na essência, os mesmos problemas existem com as versões quase estáticas das duas equações. Em outras palavras, a adição de corrente de deslocamento na lei de Ampère, Equação (8.7), é equivalente à adição da derivada no tempo da carga fechada na equação da continuidade, Equação (3.36).

Vamos, agora, introduzir a mesma correção para a forma diferencial da lei de Ampère generalizada na Equação (6.42), que se torna

lei de Ampère diferencial generalizada corrigida

$$\nabla \times \mathbf{H} = \mathbf{J} + \frac{\partial \mathbf{D}}{\partial t}. \quad (8.9)$$

Essa equação nos diz que as fontes que produzem componentes localmente circulares do vetor intensidade do campo magnético variável no tempo em um ponto no espaço (ver Figura 4.24) são descritas pelas densidades de ambas as correntes de condução e de deslocamento nesse ponto. Em outras palavras, o rotacional líquido de **H** existe em um ponto sempre que um campo elétrico variável no tempo (densidade de fluxo **D**) está presente, mesmo na ausência de **J**. Essa relação entre **H** e **D** é análoga à que existe entre **E** e **B** em lei de Faraday da indução eletromagnética na forma diferencial, Equação (6.39), que afirma que rot **E** existe em um ponto sempre que um campo magnético variável no tempo (de densidade de fluxo **B**) estiver presente naquele momento.

As equações (8.8), (8.5), (8.3) e (8.2) indicam que a versão completa (em alta frequência) da lei de Ampère generalizada é consistente com a versão correspondente da equação da continuidade, pelo menos para a estrutura da Figura 8.1. Para mostrar que o mesmo é verdade em geral, consideramos as duas equações na sua forma diferencial e usamos a divergência de ambos os lados da Equação (8.9), como na Equação (5.130) para o caso estático. Isso leva a

$$0 = \nabla \cdot \left(\mathbf{J} + \frac{\partial \mathbf{D}}{\partial t} \right) = \nabla \cdot \mathbf{J} + \nabla \cdot \left(\frac{\partial \mathbf{D}}{\partial t} \right) =$$
$$= \nabla \cdot \mathbf{J} + \frac{\partial}{\partial t} (\nabla \cdot \mathbf{D}), \quad (8.10)$$

onde o operador de derivação no tempo na expressão para a densidade de corrente de deslocamento pode ser levado para fora do operador divergência, porque essas duas operações são independentes uma da outra e podem ser executadas em ordem arbitrária. Combinado com a lei de Gauss generalizada na forma diferencial, Equação (2.45),

$$0 = \nabla \cdot \mathbf{J} + \frac{\partial \rho}{\partial t}, \quad (8.11)$$

e temos o mesmo que na Equação (3.39), isto é, a versão completa (em alta frequência) da equação de continuidade na forma diferencial.

No campo lentamente variável no tempo, a razão de variação do tempo no vetor densidade de fluxo elétrico, $\partial \mathbf{D}/\partial t$, em um ponto é lenta o suficiente para ser desprezada no que diz respeito ao vetor densidade de corrente de condução, **J**, de modo que a Equação (8.6) torna-se $\mathbf{J}_\mathrm{tot} \approx \mathbf{J}$ e a lei de Ampère na Equação (8.7) pode ser aproximada por sua versão quase estática na Equação (6.30). As exceções são os campos lentamente variáveis no tempo em meios não condutores (tais como o dielétrico de ar do capacitor na Figura 8.1), onde não pode haver qualquer corrente de condução e a densidade da corrente de deslocamento, $\mathbf{J}_\mathrm{d} = \partial \mathbf{D}/\partial\, t$, pois o único termo de corrente não pode ser omitido na Equação (8.7). Além disso, em meios pouco condutores (por exemplo, em um dielétrico imperfeito de um capacitor), **J** é tão pequeno que $\mathbf{J}_\mathrm{d}$ não pode ser desprezado, mesmo no caso lentamente variável no tempo. Da mesma forma, a suposição $\partial\rho/\partial t \approx 0$ para variações lentas no tempo na densidade de carga leva à versão quase estática da equação da continuidade, Equação (6.45). As exceções aqui são grandes reservatórios de cargas variantes no tempo, tais como as placas do capacitor na Figura 8.1, que servem como terminações de correntes de condução nos limites com meio não condutor [por exemplo, $\mathrm{d}Q/\mathrm{d}t$ não pode ser desprezado na Equação (8.2) para qualquer razão de variação do tempo na carga].

A partir da definição do vetor densidade de fluxo elétrico, Equação (2.41), o vetor densidade de corrente de deslocamento pode ser escrito como a soma dos dois componentes seguintes:

$$\mathbf{J}_d = \frac{\partial \mathbf{D}}{\partial t} = \varepsilon_0 \frac{\partial \mathbf{E}}{\partial t} + \frac{\partial \mathbf{P}}{\partial t}. \tag{8.12}$$

Sabemos que o vetor de polarização, **P**, é proporcional à média dos momentos de pequenos dipolos elétricos que representam um material polarizado [ver Equação (2.7) e Figura 2.2], onde cada momento de dipolo, por sua vez, é proporcional a um deslocamento entre as cargas positivas e negativas em um átomo ou molécula [ver Equação (1.116) e Figura 1.28]. Se o campo elétrico muda com o tempo, esses deslocamentos microscópicos também mudam com o tempo, de tal forma que o segundo componente na Equação (8.12), $\partial\mathbf{P}/\partial t$, caracteriza o movimento médio das cargas ligadas (polarização) no dielétrico (note que uma variação do tempo de pequenos dipolos na Figura 2.3 resultaria em um movimento de cargas ligadas através da superfície dS). Esse movimento de cargas como resultado dos deslocamentos variáveis no tempo de dipolos elétricos microscópicos em um material dielétrico, portanto, constitui uma corrente macroscópica, a chamada densidade corrente de polarização.

vetor densidade de corrente de polarização

$$\mathbf{J}_p = \frac{\partial \mathbf{P}}{\partial t}. \tag{8.13}$$

O outro componente da densidade de corrente de deslocamento na Equação (8.12),

densidade de corrente de deslocamento no vácuo

$$\mathbf{J}_{d0} = \varepsilon_0 \frac{\partial \mathbf{E}}{\partial t}, \tag{8.14}$$

não representa qualquer movimento de cargas e, embora seja expressa em A/m^2, não é uma densidade de corrente real. Ela existe também no ar, onde $\mathbf{P} = 0$, e até mesmo no vácuo, na ausência completa de meio material, desde que, claro, um campo elétrico variável no tempo esteja presente. O componente $\mathbf{J}_{d0}$ é, portanto, chamado de densidade de corrente de deslocamento no vácuo. Na verdade, o resultado mais brilhante de Maxwell foi imaginar que uma corrente de deslocamento também poderia ocorrer no vácuo. Mais importante, a corrente de deslocamento no vácuo produz um campo magnético da mesma forma que as correntes de condução e de polarização. No entanto, notamos que o termo "densidade de corrente de deslocamento" usado para ambos os componentes de $\partial\mathbf{D}/\partial t$ na Equação (8.12) tem um significado físico associado apenas para o segundo componente (densidade de corrente de polarização), enquanto o componente $\varepsilon_0\, \partial\mathbf{E}/\partial t$ não está relacionado a tudo do processo de deslocamento e a carga de polarização, quer seja considerado em um vácuo ou em um meio dielétrico arbitrário.

Exemplo 8.1

Corrente de deslocamento em um capacitor ideal

Um capacitor de placas paralelas de área de placa S é preenchido com um dielétrico perfeito homogêneo de permissividade ε. A distância entre as placas, d, é muito menor do que as dimensões das placas, portanto, os efeitos das bordas podem ser desprezados. O capacitor está conectado a uma tensão lentamente variável no tempo $v(t) = V_0 \cos \omega t$. Encontre a densidade de corrente de deslocamento no dielétrico.

Solução Como a tensão $v(t)$ é lentamente variável no tempo e os efeitos das bordas são desprezíveis, o campo elétrico no capacitor pode ser considerado quase estático e uniforme em todo o dielétrico. Da Equação (2.126), a intensidade do campo elétrico no dielétrico é $E(t) = v(t)/d$ (a mesma em todos os lugares). A Equação (8.5) nos dá, então, a seguinte expressão para a densidade de corrente de deslocamento entre as placas do capacitor:

$$J_d(t) = \frac{dD}{dt} = \varepsilon \frac{dE}{dt} = \frac{\varepsilon}{d}\frac{dv}{dt} = -\frac{\omega\varepsilon V_0}{d} \operatorname{sen} \omega t. \tag{8.15}$$

Esse resultado também pode ser obtido usando a capacitância do capacitor, $C = \varepsilon S/d$ [ver Equação (2.127)]. Ou seja, a intensidade da corrente através dos terminais do capacitor (leads) é [Equação (3.45)]

$$i(t) = C\frac{dv}{dt} = -\frac{\varepsilon S \omega V_0}{d} \operatorname{sen} \omega t. \tag{8.16}$$

Portanto,

$$J_d(t) = \frac{i(t)}{S} = -\frac{\omega\varepsilon V_0}{d} \operatorname{sen} \omega t. \tag{8.17}$$

Exemplo 8.2

Avaliação de um campo magnético variável no tempo em um capacitor

Suponha que os eletrodos do capacitor do exemplo anterior sejam placas circulares paralelas de raio a, como mostrado na Figura 8.2, e que o dielétrico entre as placas seja imperfeito, com parâmetros ε, σ e μ_0. Nessas circunstâncias, obtenha o vetor intensidade do campo magnético no dielétrico.

Solução Sendo que o dielétrico é agora imperfeito (condutor), há também uma corrente de condução fluindo (vazando) entre as placas do capacitor. Sua densidade é determinada pela lei de Ohm na forma local, Equação (3.18),

$$J(t) = \sigma E(t) = \frac{\sigma v(t)}{d} = \frac{\sigma V_0}{d} \cos \omega t. \tag{8.18}$$

Tanto esta como a corrente de deslocamento com densidade dada na Equação (8.15) são fontes do campo magnético. Por causa da simetria, as linhas do vetor **H** no dielétrico são círculos centrados no eixo do capacitor perpendicular às placas [ver Figura 4.15(b)]. Aplicando a lei de Ampère generalizada

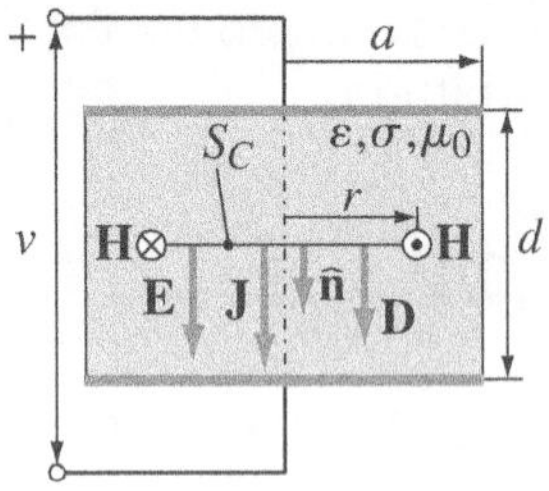

Figura 8.2

Avaliação do campo magnético em um capacitor não ideal conectado a uma tensão variável no tempo; para o Exemplo 8.2.

corrigida na forma integral, Equação (8.7), para um contorno circular C de raio r ($r < a$) centrado no eixo do capacitor e a superfície plana (S_C) que se estende sobre o contorno (Figura 8.2), exatamente da mesma maneira como na Figura 4.15(a) e equações (4.54) e (4.56), produz

$$H\,2\pi r = \left(J + \frac{\mathrm{d}D}{\mathrm{d}t}\right)\pi r^2, \tag{8.19}$$

e a seguinte solução para H:

$$H = H(r,t) = \frac{[J(t) + J_\mathrm{d}(t)]\,r}{2} = \\ = \frac{V_0 r}{2d}(\sigma \cos\omega t - \omega\varepsilon \operatorname{sen}\omega t). \tag{8.20}$$

Notamos que a corrente de condução está em fase com o campo elétrico no dielétrico (e tensão do capacitor), enquanto a corrente de deslocamento está 90º fora da fase. Observamos também que a amplitude (valor de pico) da densidade da corrente de condução em capacitores práticos, que têm excelentes dielétricos (quase não condutores), é muito menor do que a amplitude da densidade de corrente de deslocamento ($\sigma \ll \omega\varepsilon$), mesmo em frequências muito baixas.

Exemplo 8.3

Condução para relação da corrente de deslocamento para terreno rural

Para uma amostra de solo rural $\varepsilon_\mathrm{r} = 14$ e $\sigma = 10^{-2}$ S/m, que é ocupado por um campo elétrico variável no tempo de intensidade $E(t) = E_0 \cos\omega t$, encontre a frequência $f = \omega/2\pi$ na qual a amplitude da densidade da condução de corrente no solo é n vezes a da corrente de deslocamento, onde n assume valores 0,001, 1 e 1.000. Suponha que não haja mudanças nos parâmetros de material como uma função da frequência.

Solução Pela Equação (8.20), podemos concluir que a relação entre as amplitudes das densidades de corrente de condução e de deslocamento é dada por

condução para relação da corrente de deslocamento

$$\boxed{\frac{|J|_\text{máx}}{|J_\mathrm{d}|_\text{máx}} = \frac{\sigma}{\omega\varepsilon},} \tag{8.21}$$

que, para os parâmetros dados da amostra do solo, torna-se

$$n = \frac{\sigma}{2\pi f \varepsilon_\mathrm{r}\varepsilon_0} = \frac{12{,}84 \times 10^6}{f} \quad (f \text{ em Hz}). \tag{8.22}$$

Por isso, as frequências nas quais n = 0,001, 1 e 1.000 são f_1 = 12,84 GHz, f_2 = 12,84 MHz e f_3 = 12,84 kHz, respectivamente.

8.2 EQUAÇÕES DE MAXWELL PARA CAMPO MAGNÉTICO DE VARIAÇÃO RÁPIDA NO TEMPO

Tendo agora em vigor a versão corrigida da lei de Ampère generalizada que inclui o termo corrente de deslocamento e sempre é verdadeira, estamos prontos para resumir o conjunto completo das equações de Maxwell para o campo mais geral — campo eletromagnético variável rapidamente no tempo. A lei de Ampère é a segunda equação de Maxwell. As três equações restantes são as mesmas do caso lentamente variável no tempo, descrito pela Equação (6.42). As equações de Maxwell para o campo lentamente variável no tempo, por sua vez, têm a mesma forma que as equações correspondentes que regem o campo invariante no tempo, Equação (5.129), exceto para o primeiro (a lei de Faraday da indução eletromagnética). Assim, as quatro equações em notação integral para o campo eletromagnético variável rapidamente no tempo em meio eletromagnético arbitrário são as equações (6.37), (8.7), (2.44) e (4.99). Listamos aqui, junto com as três equações constitutivas que descrevem as propriedades dos materiais de meio eletromagnético, as equações (2.46), (5.56) e (3.21):

$$\boxed{\begin{cases} \oint_C \mathbf{E}\cdot\mathrm{d}\mathbf{l} = -\int_S \frac{\partial \mathbf{B}}{\partial t}\cdot\mathrm{d}\mathbf{S} \\ \oint_C \mathbf{H}\cdot\mathrm{d}\mathbf{l} = \int_S \left(\mathbf{J} + \frac{\partial \mathbf{D}}{\partial t}\right)\cdot\mathrm{d}\mathbf{S} \\ \oint_S \mathbf{D}\cdot\mathrm{d}\mathbf{S} = \int_v \rho\,\mathrm{d}v \\ \oint_S \mathbf{B}\cdot\mathrm{d}\mathbf{S} = 0 \\ \mathbf{D} = \mathbf{D}(\mathbf{E})\ [\mathbf{D} = \varepsilon\mathbf{E}] \\ \mathbf{B} = \mathbf{B}(\mathbf{H})\ [\mathbf{B} = \mu\mathbf{H}] \\ \mathbf{J} = \mathbf{J}(\mathbf{E})\ [\mathbf{J} = \sigma\mathbf{E}] \end{cases}} \tag{8.23}$$

Sendo que, cada uma delas, nomeamos, respectivamente, primeira equação de Maxwell, integral; segunda equação de Maxwell, integral; terceira equação de Maxwell, integral; quarta equação de Maxwell, integral; equação constitutiva para D; equação constitutiva para B; equação constitutiva para J.

[ε, μ e σ são a permissividade, a permeabilidade e a condutividade, respectivamente, de materiais lineares, definidos pelas equações (2.47), (5.60) e (3.18).] A primeira nos diz, em resumo, que um campo magnético que muda no tempo produz um campo elétrico. Em paralelo, a segunda equação afirma que, em geral, tanto as correntes de

APARTE HISTÓRICO

James Clerk Maxwell (1831-1879), físico escocês e maior nome na teoria eletromagnética, foi o primeiro Professor Cavendish de Física em Cambridge. Ele possuía excepcionais habilidades e talentos matemáticos, mas também um profundo entendimento e apreciação da realidade física. Sua educação inicial aconteceu na Academia de Edimburgo, e depois na Universidade de Edimburgo. Em 1850, foi para a Universidade de Cambridge, onde se graduou em matemática no Trinity College em 1854. Seu interesse em eletricidade e magnetismo começou logo após a graduação. Em 1856, ele se tornou professor de filosofia natural (física) no Marischal College em Aberdeen. Após a leitura de três volumes de Faraday sobre *Pesquisas experimentais sobre eletricidade* (publicados de 1839 a 1855), Maxwell ficou fascinado com os resultados experimentais de Faraday e as especulações teóricas, em especial com sua abordagem de campo para o eletromagnetismo. Em seus estudos *Sobre as linhas de força de Faraday* (1856) e *Sobre linhas físicas de força* (1861), Maxwell traduziu os conceitos de Faraday sobre linhas de força em uma forma matemática e criou uma ferramenta analítica geral para descrever fenômenos elétricos e magnéticos. Em 1860, ele se mudou para Londres para ensinar filosofia natural e astronomia no King's College. Em uma série de estudos brilhantes na década de 1860 que culminou em seu famoso livro *Tratado sobre eletricidade e magnetismo* (1873), formulou a teoria eletromagnética clássica completa. Ele forneceu uma estrutura unificada matemática para todas as leis fundamentais da eletricidade e do magnetismo descoberto experimentalmente por seus antecessores e compilou e completou as quatro equações fundamentais do eletromagnetismo que levam seu nome. Como afirmou Albert Einstein (1879-1955), "a formulação dessas equações é o acontecimento mais importante na física desde a época de Newton (1642-1727)". Em suas derivações matemáticas, Maxwell concluiu que um campo elétrico variável deve ser sempre acompanhado por um campo magnético variável, mesmo em situações em que uma corrente de condução (que flui através de condutores) não está presente. Isso o levou à famosa ideia de introduzir uma entidade hipotética, uma corrente de deslocamento, como fonte equivalente do campo magnético. A noção de uma corrente de deslocamento permitiu-lhe explicar teoricamente a propagação da energia eletromagnética no espaço, isto é, prever matematicamente a existência de ondas eletromagnéticas. Na verdade, ele calculou a velocidade exata da luz com base em suas equações. Mostrou que as oscilações de cargas elétricas eram fontes de radiação eletromagnética e, uma vez que as cargas podiam oscilar em qualquer proporção, acreditava que toda uma família de ondas eletromagnéticas radiadas (ou seja, o espectro eletromagnético, como chamamos hoje) era possível. Por fim, identificou a luz visível como radiação eletromagnética e uma parte da família de ondas eletromagnéticas, que está resumido de forma brilhante na seguinte frase de sua obra clássica *A teoria dinâmica do campo eletromagnético* (1864): "Temos fortes razões para concluir que a própria luz — incluindo o calor radiante e outra radiação, se houver — é uma perturbação eletromagnética na forma de ondas propagadas através do campo eletromagnético de acordo com as leis eletromagnéticas". Em 1871, ele aceitou um cargo como primeiro professor de física experimental em Cambridge, onde fundou o mundialmente famoso Laboratório Cavendish, em 1874. Suas previsões teóricas foram experimentalmente verificadas após sua morte, em experiências de laboratório por Heinrich Hertz (1857-1894), cuja primeira transmissão e recepção de ondas de rádio em 1887 veio como uma confirmação gloriosa sobre todo o trabalho de Maxwell em eletromagnetismo. Não muito depois do início de 1900, Guglielmo Marconi (1874-1937) transformou a demonstração de laboratório de Hertz e as subsequentes invenções em engenharia de rádio de Nikola Tesla (1856-1943) em meios práticos de comunicação sem fio em longas distâncias. Maxwell também trouxe grandes contribuições para a termodinâmica. Em seu artigo "Sobre a teoria dinâmica de gases" (1867), propôs uma nova base matemática para a teoria cinética dos gases. Desenvolveu uma fórmula que determina a distribuição das velocidades moleculares para um sistema de moléculas gasosas de determinado peso molecular a uma dada temperatura, o que, em uma combinação com o trabalho de Ludwig Boltzmann (1844-1906), é agora conhecido como distribuição Maxwell-Boltzmann de velocidades moleculares. Além disso, como sua maior contribuição para a astronomia, Maxwell demonstrou por matemática em 1857 que os anéis de Saturno devem ser constituídos por um vasto número de pequenas partículas sólidas, a fim de serem dinamicamente estáveis (o que foi confirmado mais de um século depois, nas explorações da nave espacial Voyager sobre Saturno em 1980-1981). No entanto, são suas equações para o campo eletromagnético de uma variação de tempo arbitrária, acima de tudo, que colocam Maxwell como um dos maiores contribuintes para a prosperidade e o progresso da humanidade, e que não pode ser enfatizado melhor do que pela seguinte citação de Richard Feynman (1918-1988) dos *Estudos de Feynman sobre física* (1963-1965): "a partir de uma visão sobre a longa história da humanidade, vista a partir, digamos, de dez mil anos até agora, não pode haver dúvida de que o acontecimento mais significativo do século XIX será a descoberta de Maxwell sobre as leis da eletrodinâmica" (*Retrato: AIP Emilio Segré Visual Archives*).

condução quanto o campo elétrico variável no tempo são as fontes de um campo magnético. De acordo com a terceira (lei de Gauss generalizada), as fontes de um campo elétrico também são cargas elétricas, enquanto a quarta equação (lei de conservação de fluxo magnético) expressa o fato de que não existem "cargas magnéticas" análogas.

Por fim, as equações constitutivas descrevem as propriedades da polarização, de magnetização e de condução, respectivamente, de materiais e incluem tais conceitos na caracterização de materiais como linearidade (e não linearidade), homogeneidade (e heterogeneidade) e isotropia (e anisotropia), bem como efeitos de histerese.

Lembramos que fontes volumétricas de energia elétrica externas, análogas à tensão ideal e geradores de corrente na teoria de circuitos, são modelados por campos elétricos impressos e correntes (ver figuras 3.16 e 3.17). Essas fontes são incorporadas na Equação (8.23) através da equação constitutiva para vetor **J**. Para materiais condutores lineares, em especial, o vetor de intensidade do campo elétrico impresso, $\mathbf{E}_i$, está incluído como na Equação (3.109), enquanto a Equação (3.124) considera o vetor densidade de corrente impressa, $\mathbf{J}_i$, na região de origem.

As equações de Maxwell na forma diferencial relacionam o rotacional e a divergência dos vetores de campo básicos (**E, H, D** e **B**) em um ponto para as fontes de campo correspondentes no mesmo ponto. Elas são chamadas também equações de Maxwell em um ponto e são derivadas de suas equivalentes integrais. Note, no entanto, que a notação original que James Clerk Maxwell usou em *Tratado sobre eletricidade e magnetismo*, em 1873, no qual seu sistema totalmente desenvolvido das equações eletromagnéticas apareceu pela primeira vez, foi na forma de equações diferenciais parciais. Para o campo eletromagnético de variação rápida no tempo, as equações de Maxwell em um ponto de um meio eletromagnético arbitrário são dadas pelas equações (6.39), (8.9), (2.45) e (4.103), que completam a seguinte lista geral de quatro equações diferenciais parciais de coordenadas espaço e tempo:

$$\begin{cases} \nabla \times \mathbf{E} = -\frac{\partial \mathbf{B}}{\partial t} \\ \nabla \times \mathbf{H} = \mathbf{J} + \frac{\partial \mathbf{D}}{\partial t} \\ \nabla \cdot \mathbf{D} = \rho \\ \nabla \cdot \mathbf{B} = 0 \end{cases} . \qquad (8.24)$$

Sendo que nomeamos cada uma delas, respectivamente, primeira equação de Maxwell, diferencial; segunda equação de Maxwell, diferencial; terceira equação de Maxwell, diferencial; quarta equação de Maxwell, diferencial.

Essas equações diferenciais são válidas sempre e em toda parte, exceto nos pontos onde as propriedades do material de meios eletromagnéticos mudem de modo abrupto de um valor para o outro, ou seja, em superfícies limites entre meios eletromagneticamente diferentes. Nesses pontos, as funções do vetor de campo básicas mudam bruscamente em toda a superfície limite, o que significa que suas derivadas espaciais na direção normal à superfície não estão definidas. Ou seja, um salto em uma função de campo entre dois pontos próximos em ambos os lados da superfície de contorno corresponde a uma derivada parcial no infinito (razão de variação) da função com relação a uma coordenada local normal ao limite e, assim, aos operadores diferenciais indefinidos nas equações (8.24).

Exemplo 8.4

Equação de continuidade das equações de Maxwell integrais

Com base em equações de Maxwell na notação integral para o campo eletromagnético variável rapidamente no tempo, derive a forma correspondente da equação continuidade.

Solução Considere uma superfície S arbitrária fechada no campo e um contorno C que divide S em duas partes, a parte superior S_1 e a parte inferior S_2 (de forma semelhante à Figura 4.27 para S_1 e S_3). Sejam as superfícies S_1 e S_2, ambas fechadas por C, orientadas da mesma maneira, de acordo com a regra da mão direita para a orientação do contorno. Aplicando a segunda equação de Maxwell (lei de Ampère generalizada corrigida) de forma integral, Equação (8.23), para o contorno C e S_1 ou S_2 temos o mesmo resultado, ou seja, os fluxos através de S_1 e S_2 do vetor densidade de corrente total, $\mathbf{J} + \partial\mathbf{D}/\partial t$, são os mesmos. Isso significa que, por sua vez [observe a semelhança com a Equação (4.101)],

$$\oint_S \left(\mathbf{J} + \frac{\partial \mathbf{D}}{\partial t}\right) = 0, \qquad (8.25)$$

que, em si, é uma conclusão geral interessante. Por isso,

$$\oint_S \mathbf{J} \cdot d\mathbf{S} = -\oint_S \frac{\partial \mathbf{D}}{\partial t} \cdot d\mathbf{S} = -\frac{d}{dt}\oint_S \mathbf{D} \cdot d\mathbf{S}, \qquad (8.26)$$

onde a derivada temporal na expressão para a densidade da corrente de deslocamento pode ser levada fora da integral de superfície, pois essas duas operações são independentes entre si (desde que a superfície S seja estacionária). Combinando a terceira equação de Maxwell (lei de Gauss generalizada) na forma integral [Equação (8.23)], temos, então,

$$\oint_S \mathbf{J} \cdot d\mathbf{S} = -\frac{d}{dt}\int_v \rho \, dv = -\int_v \frac{\partial \rho}{\partial t} \, dv, \qquad (8.27)$$

isto é, a equação de continuidade (alta frequência) geral na forma integral, Equação (3.38).

Notamos que essa derivação é paralela em sua totalidade e determinada pelas equações (8.10) e (8.11) em notação diferencial.

Exemplo 8.5

Quarta equação diferencial de Maxwell a partir da primeira

Considere as equações gerais de Maxwell na forma diferencial, e derive a quarta equação a partir da primeira.

Solução Usando a divergência de ambos os lados da forma diferencial da primeira equação de Maxwell (lei de Faraday da indução eletromagnética), a Equação (8.24), da mesma forma como na Equação (5.130) ou Equação (8.10), obtemos

$$0 = -\nabla \cdot \left(\frac{\partial \mathbf{B}}{\partial t}\right) = -\frac{\partial}{\partial t}(\nabla \cdot \mathbf{B}), \qquad (8.28)$$

e, portanto,

$$\nabla \cdot \mathbf{B} = \text{const.} \qquad (8.29)$$

Essa equação nos diz que o vetor densidade de fluxo magnético no ponto considerado tem tido sempre o mesmo valor. No entanto, se voltarmos o suficiente no tempo, temos que $\mathbf{B} = 0$ – antes de o campo ser criado, o que significa que a constante na Equação (8.29) é igual a zero, como na quarta equação de Maxwell (lei de conservação de fluxo magnético), em forma diferencial [Equação (8.24)], e, assim, completa a nossa derivação.

Exemplo 8.6

Nenhum campo dinâmico em condutores perfeitos

Prove que em um condutor elétrico perfeito (CEP) pode não haver campo eletromagnético variável no tempo, nem suas fontes (cargas e correntes variáveis no tempo).

Solução Para condutores elétricos perfeitos, $\sigma \to \infty$, e a Equação (3.27) prova que pode não haver campo elétrico (variável no tempo ou constante no tempo) ($\mathbf{E} = 0$) dentro de um corpo CEP. Da primeira equação de Maxwell na forma diferencial [Equação (8.24)], obtemos $\partial\mathbf{B}/\partial t = -\nabla \times \mathbf{E} = 0$, ou seja, $\mathbf{B} = \text{const}$. Isso significa que nenhum campo magnético variável no tempo é possível em um condutor perfeito, mas somente um campo magnético constante de tempo. Além disso, $\mathbf{E} = 0$ e $\mathbf{B} = 0$ implica que, por meio das equações constitutivas nas equações (8.23), $\mathbf{D} = 0$ e $\mathbf{H} = 0$, substituído na segunda equação de Maxwell na forma diferencial, produz $\mathbf{J} = \nabla \times \mathbf{H} - \partial\mathbf{D}/\partial t = 0$. Mais precisamente, isso é verdade apenas para correntes variantes no tempo, enquanto $\mathbf{H} = \text{const}$ dá $\mathbf{J} = \nabla \times \mathbf{H} = \text{const}$ no caso estático. Isso nos diz que uma corrente volumétrica contínua no tempo, como uma fonte de um campo magnético constante no tempo, pode fluir através de um material CEP. Por fim, usando a terceira equação de Maxwell na forma diferencial, obtemos $\rho = \nabla \cdot \mathbf{D} = 0$.
Em resumo, temos provado usando as equações gerais de Maxwell na forma diferencial que pode não haver campo eletromagnético variável no tempo ($\mathbf{E} = 0$, $\mathbf{D} = 0$, $\mathbf{B} = 0$, $\mathbf{H} = 0$), nem suas fontes ($\mathbf{J} = 0$, $\rho = 0$) no interior de materiais perfeitamente condutores, enquanto campos magnetostáticos ($\mathbf{B} = \text{const}$) e correntes contínuas ($\mathbf{J} = \text{const}$) possam existir em corpos CEP.

8.3 ONDAS ELETROMAGNÉTICAS

A implicação mais importante das equações de Maxwell para o campo eletromagnético de variação rápida no tempo é o conceito de ondas eletromagnéticas que podem existir no espaço livre e em meios materiais e representam um meio de transmissão de energia e de informação sobre uma distância. Ondas eletromagnéticas consistem de campos elétricos e magnéticos que, uma vez criados por fontes de variação rápida no tempo (correntes e cargas), viajam através do espaço independentemente das fontes que as produzem. Para ilustrar qualitativamente como as ondas eletromagnéticas expandem com base em equações de Maxwell,[1] considere, por exemplo, a Equação (8.23) para um meio linear, homogêneo e sem perdas ($\sigma = 0$), com permissividade ε e permeabilidade μ. Longe da região de origem, as duas primeiras equações (equações circulação) podem ser escritas como

$$\oint_C \mathbf{E} \cdot d\mathbf{l} = -\mu \int_S \frac{\partial \mathbf{E}}{\partial t} \cdot d\mathbf{S}. \qquad (8.30)$$

$$\oint_C \mathbf{H} \cdot d\mathbf{l} = \varepsilon \int_S \frac{\partial \mathbf{E}}{\partial t} \cdot d\mathbf{S}. \qquad (8.31)$$

Sua combinação cíclica dá origem ao fenômeno da propagação de ondas eletromagnéticas: em uma onda eletromagnética, um campo magnético variável no tempo produz um campo elétrico variável no tempo, que por sua vez gera um campo magnético, e assim por diante, com uma propagação resultante de energia elétrica e magnética (eletromagnética). Uma onda eletromagnética se inicia sempre que uma mudança rápida de tempo ou o campo elétrico ou magnético ocorre em um ponto no espaço.

Em específico, suponha que um campo elétrico variável no tempo $\mathbf{E}_1$ seja detectado em um ponto no espaço como resultado de uma mudança na corrente através de um fio condutor vertical distante (antena transmissora), como mostrado na Figura 8.3. De acordo com a Equação (8.31), esse campo produz um campo magnético variável no tempo, $\mathbf{H}_1$, ao longo de um pequeno contorno horizontal C_1 que o rodeia. Por outro lado, a Equação (8.30) nos diz que o próprio campo $\mathbf{H}_1$ gera um campo elétrico variável no tempo, $\mathbf{E}_2$, ao longo de um pequeno contorno C_2 em um plano vertical. Buscando a Equação (8.31) novamente, temos que $\mathbf{E}_2$ está, então, acompanhado por $\mathbf{H}_2$, e os campos elétricos e magnéticos, assim, continuam a gerar outro indefinidamente, como indicado na Figura 8.3. No entanto, notamos que $\mathbf{E}_2$ deve ser diferente de $\mathbf{E}_1$ e que $\mathbf{H}_2$ não pode ser o mesmo que $\mathbf{H}_1$ para esse processo ser realizado, porque a linha líquida integral no lado esquerdo das equações (8.30) e (8.31) deve ser diferente de zero. Portanto, a Figura 8.3, na verdade, mostra que as variações de tempo de $\mathbf{E}$ (por exemplo, $\partial\mathbf{E}_2/\partial t$) produzem as variações de espaço de $\mathbf{H}$ (por exemplo, $\Delta\mathbf{H} = \mathbf{H}_2 - \mathbf{H}_1$), e o mesmo para as variações do tempo de $\mathbf{H}$ causando as variações de espaço de $\mathbf{E}$, por isso tanto $\mathbf{E}$ como $\mathbf{H}$ movimentam-se durante o curso de tempo longe das fontes (corrente de antena). Observamos também que a onda, uma vez criada, continua a se propagar no espaço sem qualquer ligação com suas fontes, que

1 A análise completa e caracterização quantitativa de propagação de onda eletromagnética em meios homogêneos diferentes com base nas equações de Maxwell para o campo eletromagnético de variação rápida no tempo será fornecido no próximo capítulo.

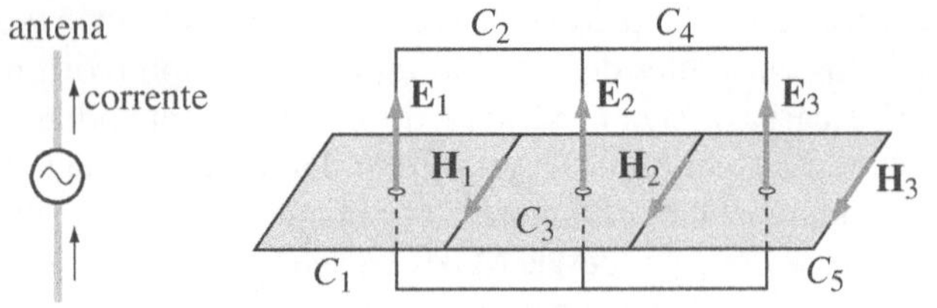

Figura 8.3

Propagação de ondas eletromagnéticas vista como um processo de indução mútua sucessiva de campos elétricos e magnéticos no espaço e no tempo, como ditado pelas equações de Maxwell para o campo eletromagnético variável rapidamente no tempo. (Note que os contornos imaginários, apresentados aqui muito ampliados para clareza da figura e melhor visualização do processo, devem ser muito pequenos e estar longe da antena.)

podem até não existir mais (por exemplo, a corrente na antena na Figura 8.3 pode ser desligada enquanto a onda ainda se propaga longe da antena[2]).

A importância teórica e prática do conceito de ondas eletromagnéticas como campos eletromagnéticos móveis dificilmente pode ser subestimada. A maior parte do material nos capítulos a seguir será dedicada à análise das várias formas de propagação de ondas eletromagnéticas e sua aplicação em sistemas eletromagnéticos de alta frequência.

8.4 CONDIÇÕES DE CONTORNO PARA CAMPO ELETROMAGNÉTICO DE VARIAÇÃO RÁPIDA NO TEMPO

As condições de contorno são, na essência, a terceira forma das equações de Maxwell, formuladas em superfícies de fronteira entre meios diferentes. Elas representam as relações entre os componentes tangencial ou normal dos vetores de campo básicos em dois pontos próximos em ambos os lados da superfície de fronteira e, assim como as equações de Maxwell na forma diferencial, também são derivadas das respectivas equações na forma integral, fora da Equação (8.23). Se aplicarmos a lei de Faraday da indução eletromagnética na forma integral a um contorno elementar retangular estreito da Figura 2.10(a), temos a mesma condição de contorno na Equação (2.84) para o caso estático, pois o fluxo do vetor $\partial B/\partial t$ que aparece no lado direito da equação reduz a zero quando o lado do contorno Δh encolhe para zero. Da mesma forma, se reconsiderarmos a aplicação da lei de Ampère generalizada na forma integral para o contorno elementar da Figura 5.12, mas agora com a versão geral da lei que inclui o termo de corrente de deslocamento, obtemos a mesma condição de contorno da Equação (5.74) para o caso estático, porque a corrente de deslocamento fechada pelo contorno (fluxo de $\partial D/\partial t$ através do contorno) é zero, enquanto a de condução pode ser diferente de zero se sua superfície, de densidade $\mathbf{J}_s$, existir no limite. As duas equações restantes de Maxwell têm a mesma forma para ambos os campos estático e dinâmico, incluindo o caso de alta frequência, o que significa que as condições de contorno correspondentes para o campo eletromagnético de variação rápida no tempo são as mesmas que nas equações (2.85) e (5.76) para o campo invariante no tempo. Em resumo, as quatro condições de contorno eletromagnéticas gerais, para os componentes tangenciais dos vetores $\mathbf{E}$ e $\mathbf{H}$ e os componentes normais dos vetores $\mathbf{D}$ e $\mathbf{B}$, respectivamente, em uma superfície de fronteira entre dois meios eletromagnéticos (regiões 1 e 2) são dadas por

$$\begin{cases} \hat{\mathbf{n}} \times \mathbf{E}_1 - \hat{\mathbf{n}} \times \mathbf{E}_2 = 0 \\ \hat{\mathbf{n}} \times \mathbf{H}_1 - \hat{\mathbf{n}} \times \mathbf{H}_2 = \mathbf{J}_s \\ \hat{\mathbf{n}} \cdot \mathbf{D}_1 - \hat{\mathbf{n}} \cdot \mathbf{D}_2 = \rho_s \\ \hat{\mathbf{n}} \cdot \mathbf{B}_1 - \hat{\mathbf{n}} \cdot \mathbf{B}_2 = 0 \end{cases} \quad (\hat{\mathbf{n}} \text{ direcionado da região 2 para a região 1}). \tag{8.32}$$

onde $\hat{\mathbf{n}}$ é o vetor unitário normal na superfície, direcionado da região 2 para a região 1.

Sendo que cada uma das equações acima nomeamos, respectivamente, condição de contorno para E_t; condição de contorno para H_t; condição de contorno para D_n; condição de contorno para B_n.

Como veremos em capítulos posteriores, as condições de contorno para os vetores de campo elétrico e magnético rapidamente variáveis no tempo são essenciais para a análise de diferentes tipos de ondas eletromagnéticas na presença de interfaces entre meios materiais diferentes, incluindo superfícies CEP.

Exemplo 8.7

Condições de contorno dinâmicas em uma superfície CEP

Anote o conjunto completo de condições de contorno para uma superfície de um condutor elétrico perfeito, em um campo eletromagnético dinâmico.

Solução Vamos marcar o CEP como região 2. O campo eletromagnético em um condutor elétrico perfeito é sempre zero sob condições dinâmicas (ver Exemplo 8.6), de modo que $\mathbf{E}_2 = 0$, $\mathbf{H}_2 = 0$, $\mathbf{D}_2 = 0$ e $\mathbf{B}_2 = 0$ na Equação (8.32). Designando por $\mathbf{E}_1 = \mathbf{E}, \mathbf{H}_1 = \mathbf{H}, \mathbf{D}_1 = \mathbf{D}$ e $\mathbf{B}_1 = \mathbf{B}$ os vetores de campo próximos do limite no meio circundante (região 1), podemos escrever

condições de contorno em uma superfície CEP; $\hat{\mathbf{n}}$ fora da normal

$$\hat{\mathbf{n}} \times \mathbf{E} = 0 \quad (E_t = 0), \quad \hat{\mathbf{n}} \times \mathbf{H} = \mathbf{J}_s \quad (H_t = J_s), \\ \hat{\mathbf{n}} \cdot \mathbf{D} = \rho_s \quad (D_n = \rho_s), \quad \hat{\mathbf{n}} \cdot \mathbf{B} = 0 \quad (B_n = 0), \tag{8.33}$$

com $\hat{\mathbf{n}}$ representando o vetor unitário normal na superfície do condutor, direcionado a partir do condutor externo. Ou seja, o componente tangencial do vetor intensidade de campo elé-

2 Como outro exemplo, uma estrela que vemos em um céu claro à noite pode estar "morta" há muito tempo, pois as ondas eletromagnéticas que constituem a luz visível, partindo da estrela, continuam a se propagar indefinidamente pelo espaço longe dela.

trico e o componente normal do vetor densidade de fluxo magnético na superfície CEP são ambos zero, enquanto o componente tangencial do vetor intensidade do campo magnético e o componente normal do vetor densidade de fluxo elétrico são iguais à corrente de superfície local e densidade de cargas, respectivamente, sobre a superfície. Observamos também que as linhas do campo elétrico próximo à superfície CEP são normais à superfície, enquanto as do campo magnético são tangenciais a ela. Por fim, lembramos do Exemplo 8.6 que $\mathbf{J} = 0$ e $\rho = 0$ dentro do volume CEP, de modo que $\mathbf{J}_s$ e ρ_s são as únicas fontes locais do campo próximo da superfície CEP.

8.5 DIFERENTES FORMAS DA EQUAÇÃO DE CONTINUIDADE PARA CORRENTES DE VARIAÇÃO RÁPIDA NO TEMPO

A equação de continuidade expressa o princípio da conservação de cargas elétricas e pode ser derivada das equações de Maxwell. Na análise de sistemas eletromagnéticos, muitas vezes as usamos como a quinta equação adicionada ao conjunto das quatro de Maxwell. Nesta seção, discutiremos as diferentes formas da equação da continuidade, para variações rápidas no tempo de correntes e de cargas. As equações (3.38) e (3.39) representam as formas integral e diferencial da equação para distribuições volumétricas espaciais das correntes e cargas. Escrevemos aqui novamente, junto com a condição de contorno correspondente, a Equação (3.53), para os componentes normais do vetor densidade de corrente na fronteira condutor-condutor, sendo que nomeamos, respectivamente, equação de continuidade, integral; equação de continuidade, diferencial; condição de contorno para J_n:

$$\begin{cases} \oint_S \mathbf{J} \cdot d\mathbf{S} = -\int_v \frac{\partial \rho}{\partial t}\, dv \\ \nabla \cdot \mathbf{J} = -\frac{\partial \rho}{\partial t} \\ \hat{\mathbf{n}} \cdot \mathbf{J}_1 - \hat{\mathbf{n}} \cdot \mathbf{J}_2 = -\frac{\partial \rho_s}{\partial t} \end{cases}, \qquad (8.34)$$

com $\hat{\mathbf{n}}$ sendo direcionada novamente da região 2 para a região 1. Esta última equação pode ser adicionada como a quinta condição de contorno eletromagnética geral para o conjunto de quatro condições padrão na Equação (8.32). Observamos que apenas essa condição de contorno, tendo a derivada no tempo da densidade superficial de carga (no lado direito da equação), difere de sua versão estática, Equação (3.55). Notamos também que só é válida se não houver corrente superficial fluindo sobre a fronteira ($\mathbf{J}_s = 0$). Caso contrário, essa corrente também deve ser incluída no equilíbrio da continuidade de corrente.

A equação da continuidade na forma diferencial na Equação (8.34) relaciona as derivadas espaciais do vetor densidade volumétrica de corrente, $\mathbf{J}$, em um ponto para a derivada temporal da densidade volumétrica de carga, ρ, naquele ponto. Relações semelhantes também podem ser derivadas da linha de correntes e de superfície e cargas. Considere, primeiro, uma linha de corrente de intensidade i ao longo de uma linha l de forma arbitrária (por exemplo, a corrente através de um fio fino metálico em um meio não condutor). No caso geral (corrente rapidamente variável no tempo), i é uma função tanto da posição (coordenadas de comprimento) ao longo da linha (fio) quanto do tempo, $i = i\ (l,\ t)$. Aplicamos a equação de continuidade na forma integral para uma superfície fechada S envolvendo um segmento diferencialmente pequeno Δl ao longo da linha, como mostrado na Figura 8.4(a). Sejam i_1 e i_2 as intensidades de corrente que entram e saem de S, no início e no final do segmento Δl, respectivamente. A saída líquida de corrente através de S é, portanto,

$$i_{\text{saída}} = i_2 - i_1 = \Delta i. \qquad (8.35)$$

A mudança Δi na intensidade da corrente sobre a distância Δl ao longo da linha é ativada pelo excesso de carga que se acumula ao longo da linha. A densidade de linha de carga, Q', também é dependente tanto de l como de t. No entanto, como Δl é muito pequena, a carga total ao longo dela, isto é, a carga total delimitada pela superfície S, pode essencialmente não ter integração, simplesmente como

$$Q_S = Q'\,\Delta l, \qquad (8.36)$$

de modo que a equação da continuidade, Equação (3.34), torna-se

$$\Delta i = -\frac{d}{dt}\,(Q'\Delta l). \qquad (8.37)$$

Dividindo ambos os lados dessa relação por Δl e sendo $\Delta l \to 0$, obtemos

equação de continuidade para fios (para correntes de linha)

$$\boxed{\frac{\partial i}{\partial l} = -\frac{\partial Q'}{\partial t}.} \qquad (8.38)$$

Esta é a equação de continuidade na forma diferencial para linha de correntes, também conhecida como a equação de continuidade para fios. É muito importante para a análise de linhas de transmissão e antenas fios. Ela nos diz que, de fato, a intensidade de uma corrente rapidamente variável no tempo em um fio condutor pode mudar ao longo do condutor. Em consequência, uma corrente de variação rápida no tempo pode existir mesmo em fios com extremidades abertas (como uma linha de dois fios *open-ended* ou uma antena dipolo), onde a intensidade de corrente cai para zero nas extremidades do fio. Mais precisamente, a Equação (8.38) quantifica a razão de mudança da intensidade da corrente com a coordenada de comprimento (derivada parcial de i com relação a l) em um ponto ao longo do fio como sendo igual ao negativo da razão de mudança da densidade de

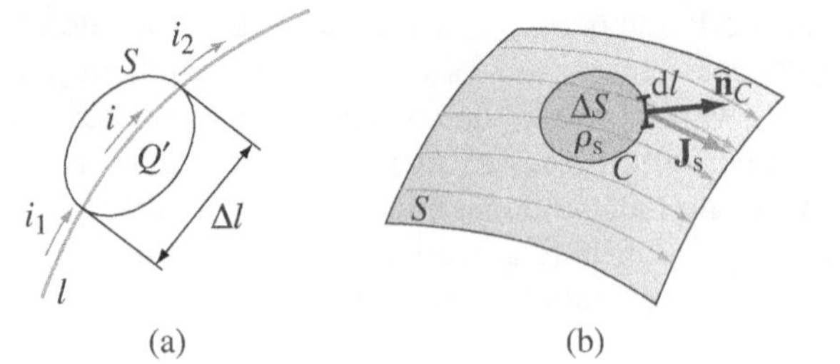

Figura 8.4

Derivação da equação de continuidade na forma diferencial para correntes de linha rapidamente variáveis no tempo (a) e correntes de superfície (b).

carga da linha com o tempo (derivada parcial negativa de Q' em relação a t) no mesmo ponto. No caso lentamente variável no tempo (baixa frequência), por outro lado, $\partial Q' / \partial t \approx 0$ na Equação (8.38), o que significa que $\partial i/\partial l \approx 0$, isto é, uma corrente lentamente variável no tempo praticamente não se altera ao longo do fio. Claro, isso também é verdade (exatamente) para uma corrente (invariante no tempo) constante ao longo do fio.

Para uma distribuição corrente superficial descrita pelo vetor densidade de corrente de superfície, $\mathbf{J}_s$, sobre uma superfície S [por exemplo, corrente através de uma placa metálica fina ou através da região "cobertura" de um corpo sólido metálico com o efeito cobertura em destaque — ver Figura 6.23(b)], avaliamos a saída líquida local de corrente através do contorno C juntando uma área diferencialmente pequena ΔS em S, como representado na Figura 8.4(b). A partir da definição do vetor densidade de corrente de superfície na Equação (3.13), a corrente total saindo de ΔS passando pelo contorno C é dada por

$$i_{\text{saída}} = \oint_C \mathbf{J}_s \cdot \hat{\mathbf{n}}_C \, \mathrm{d}l, \qquad (8.39)$$

onde $\hat{\mathbf{n}}_C$ é o vetor unitário normal a um elemento dl ao longo de C. Esse vetor é localmente tangente à S e direcionado a partir da área externa. Em outras palavras, o vetor fundamental $\hat{\mathbf{n}}_C$ dl na Equação (8.39) substitui o vetor correspondente $\mathrm{d}\mathbf{S} = \hat{\mathbf{n}}\,\mathrm{d}S$ na equação análoga para correntes volumétricas, Equação (3.35). A carga total sobre a área equivale a

$$Q_S = \rho_s \, \Delta S, \qquad (8.40)$$

com ρ_s como a densidade superficial de carga da área, para que a Equação (3.34) com $\Delta S \to 0$ rendimentos

$$\lim_{\Delta S \to 0} \frac{\oint_C \mathbf{J}_s \cdot \hat{\mathbf{n}}_C \, \mathrm{d}l}{\Delta S} = -\frac{\partial \rho_s}{\partial t}. \qquad (8.41)$$

A expressão no lado esquerdo dessa equação representa, por definição, a chamada divergência superficial de um vetor ($\mathbf{J}_s$), ou seja, a versão superficial do operador de divergência (volume) na Equação (1.172). É indicado como div$_s\mathbf{J}_s$ ou $\nabla_s \times \mathbf{J}_s$, onde ∇_s é o operador del superficial (nabla), ou seja, a versão superficial do operador del padrão (volume). Assim, a forma diferencial da equação da continuidade para correntes superficiais variáveis rapidamente no tempo pode ser escrita como

equação de continuidade para placas (para correntes superficiais)

$$\boxed{\nabla_s \cdot \mathbf{J}_s = -\frac{\partial \rho_s}{\partial t}.} \qquad (8.42)$$

Essa equação é usada na análise de antenas e dispersores compostos de superfícies metálicas (placas), e é também conhecida como a equação de continuidade para placas.

Por exemplo, se a superfície do vetor densidade de corrente é dada por seus componentes x e y no plano xy no sistema de coordenadas cartesianas, a superfície do operador del é obtida pela omissão do componente z na Equação (1.100),

$$\nabla_s = \frac{\partial}{\partial x}\,\hat{\mathbf{x}} + \frac{\partial}{\partial y}\,\hat{\mathbf{y}}, \qquad (8.43)$$

e a equação de continuidade para esse caso torna-se [ver Equação (1.165)]

$$\frac{\partial J_{sx}}{\partial x} + \frac{\partial J_{sy}}{\partial y} = -\frac{\partial \rho_s}{\partial t}. \qquad (8.44)$$

Exemplo 8.8

Aplicação da equação de continuidade para correntes superficiais

Uma corrente superficial harmônica no tempo de frequência angular ω flui circularmente sobre uma placa circular oca de raios a e b, como mostrado na Figura 8.5. O vetor densidade de corrente superficial é dado por $\mathbf{J}_s(r, \phi, t) = J_{s0} \cos(\phi/2) \cos(\omega t + kr)\,\hat{\boldsymbol{\phi}}$ ($a \le r \le b$, $-\pi < \phi \le \pi$), onde J_{s0} e k são constantes. Encontre a distribuição de carga associada sobre a placa.

Solução Usamos a expressão para a divergência em coordenadas cilíndricas, a Equação (1.170), com apenas o segundo termo à esquerda, como $\mathbf{J}_s$ na Figura 8.5 tem apenas um com-

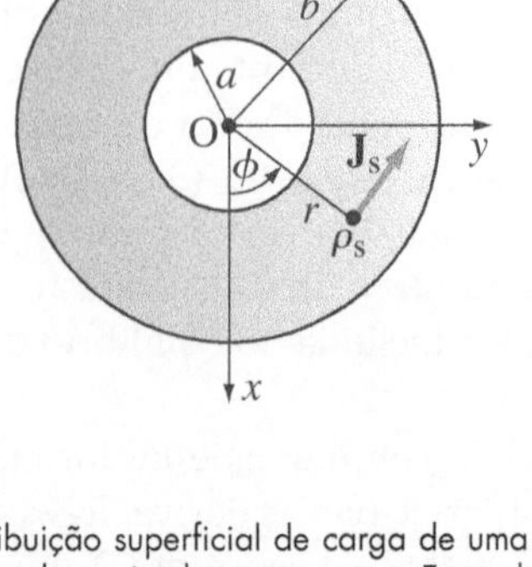

Figura 8.5

Avaliação da distribuição superficial de carga de uma distribuição de corrente sobre uma placa circular oca; para o Exemplo 8.8.

ponente ϕ ($J_{s\phi}$). A equação de continuidade para as placas, Equação (8.42), e a diferenciação em relação a ϕ então gera

$$\nabla_s \cdot \mathbf{J}_s = \frac{1}{r}\frac{\partial J_{s\phi}}{\partial \phi} = -\frac{J_{s0}}{2r}\,\text{sen}\,\frac{\phi}{2}\cos(\omega t + kr) = -\frac{\partial \rho_s}{\partial t}. \quad (8.45)$$

Por isso, fazendo a integração em relação ao tempo, obtemos a seguinte expressão para a densidade de carga superficial sobre a placa:

$$\rho_s(r,\phi,t) = \frac{J_{s0}}{2r}\,\text{sen}\,\frac{\phi}{2}\int \cos(\omega t + kr)\,\mathrm{d}t =$$

$$= \frac{J_{s0}}{2\omega r}\,\text{sen}\,\frac{\phi}{2}\,\text{sen}\,(\omega t + kr). \quad (8.46)$$

8.6 ELETROMAGNETISMO HARMÔNICO NO TEMPO

As equações de Maxwell são verdadeiras para grandezas eletromagnéticas com uma dependência do tempo arbitrária. O tipo real de funções do tempo que os campos (**E**, **H**, **D** e **B**) assumem depende das funções da densidade de carga e corrente, **J** e ρ, no sistema, e, por fim, da variação do tempo de fontes externas, ou seja, da intensidade do campo elétrico impresso e funções densidade de corrente, $\mathbf{E}_i$ e $\mathbf{J}_i$, em regiões de origem [ver equações (3.109) e (3.124)]. Com muita frequência, a variação do tempo de fontes externas no sistema é sinusoidal. Se o sistema também é linear, o que significa que todos os materiais eletromagnéticos no sistema são lineares, então todos os campos do sistema variam senoidalmente no tempo também. Ou seja, uma vez que as equações de Maxwell para sistemas lineares são equações diferenciais ou integrais lineares, as variações do tempo sinusoidais de funções de origem (excitações) de dada frequência produzem, no estado estacionário, variações dos campos sinusoidais (respostas às excitações) em todos os pontos do sistema, com a mesma frequência. Da mesma forma, em um circuito elétrico linear, como um caso especial de sistemas eletromagnéticos lineares, com todas as excitações (geradores de tensão e corrente) sendo funções de tempo senoidais de mesma frequência, todas as respostas (tensões entre os elementos do circuito e correntes nos ramos de circuito) no estado estacionário também são sinusoides com a mesma frequência. Aqui, nos concentramos em um estado estacionário senoidal, também conhecido como harmônico no tempo, grandezas de campo e circuito, discutimos suas propriedades, e depois (na próxima seção) introduzimos seus equivalentes complexos. As equações de Maxwell no domínio complexo serão introduzidas na seção a seguir. Tais equações são muito mais simples de usar do que as equivalentes no domínio do tempo, proporcionando, assim, uma base muito conveniente para resolver problemas no eletromagnetismo harmônico no tempo.

Considere uma tensão harmônica no tempo de frequência (razão de repetição) f e amplitude (valor de pico) V_0. Seu valor instantâneo, ou seja, o valor em um instante t, pode ser escrito ou como um cosseno ou uma função seno, já que ambos dão a mesma forma geral para a forma de onda ao longo do tempo. Neste texto, escolhemos a função cosseno (a chamada referência cosseno) e escrevemos

tensão harmônica no tempo

$$\boxed{v(t) = V_0\cos(\omega t + \theta),} \quad (8.47)$$

onde ω é a frequência angular (ou frequência em radianos) da oscilação harmônica no tempo, dada por

ω — frequência angular ou radiana (unidade rad/s);

f — frequência (unidade: Hz)

$$\boxed{\omega = 2\pi f.} \quad (8.48)$$

As unidades são as hertz (Hz) para f (Hz = 1/s) e radiano por segundo (rad/s) para ω. A função $\Phi(t) = \omega t + \theta$ é a fase instantânea (em radianos) da tensão $v(t)$, enquanto θ é a fase inicial (fase em um instante $t = 0$) para a referência de cosseno.[3] Uma vez que o período de alteração de uma função cosseno, cos ϕ, é 2π (para ϕ como variável independente), o período de tempo de mudança (para t como variável independente) de $v(t)$ é definido pela relação $\omega T = 2\pi$, que produz

período de tempo

$$\boxed{T = \frac{2\pi}{\omega} = \frac{1}{f}.} \quad (8.49)$$

Em outras palavras, depois de cada T, uma função harmônica no tempo se repete ao longo do tempo.

Notamos que o valor médio no tempo de $v(t)$ é zero (sobre um ciclo completo, o valor médio do cos ϕ é zero). Por outro lado, o valor da raiz quadrada média (rms) de $v(t)$, que, por definição, é encontrado como a raiz quadrada média do tempo da tensão ao quadrado, chega a

valor rms (raiz quadrada média)

$$\boxed{\begin{aligned} V_{\text{rms}} &= \sqrt{\frac{1}{T}\int_0^T v^2(t)\,\mathrm{d}t} = \\ &= \sqrt{\frac{1}{T}\int_0^T V_0^2\cos^2(\omega t + \theta)\,\mathrm{d}t} = \frac{V_0}{\sqrt{2}} \end{aligned}} \quad (8.50)$$

3 Note que, como cos ϕ e sen ϕ são deslocados em fase por 90° ($\pi/2$) um em relação ao outro, mas por outro lado as mesmas formas de onda, a mesma tensão $v(t)$ na Equação (8.47), escrita como uma função seno é $v(t) = V_0$ sen ($\omega t + \theta'$), com $\theta' = \theta + \pi/2$ sendo a fase inicial para a referência seno.

[o valor médio do $\cos^2 \phi$ ou $\text{sen}^2 \phi$ é 1/2, como mostrado na Equação (6.95)]. Podemos agora reescrever a Equação (8.47) como[4]

V – valor rms (usado muitos mais frequentemente do que o valor de pico)

$$v(t) = V\sqrt{2}\cos(\omega t + \theta) \quad (V = V_{\text{rms}}). \tag{8.51}$$

Na verdade, os valores rms de grandezas harmônicas no tempo são utilizados com muito mais frequência do que os seus valores máximos (amplitudes). A maioria dos instrumentos é calibrada para ler os valores rms das grandezas medidas. Por exemplo, se um voltímetro ca ligado a uma tomada elétrica doméstica lê 110 V, que é uma tensão rms, de modo que o valor máximo da tensão na saída é $\sqrt{2} \times 110\ \text{V} \approx 155\ \text{V}$. Além disso, é muito conveniente usar valores rms de grandezas de campo e circuito nas expressões de potência média do tempo e energia em operação harmônica no tempo de sistemas eletromagnéticos. Para ilustrar, note que a potência instantânea das perdas (ôhmica) Joule em um resistor com uma corrente variável no tempo pode ser expressa usando a lei de Joule como

$$P_{\text{J}}(t) = Ri^2(t), \tag{8.52}$$

onde R é a resistência do resistor e $i\,(t)$ é a intensidade instantânea da corrente. Se a corrente é harmônica no tempo, com amplitude I_0 e valor rms $I = I_0/\sqrt{2}$, a potência média do tempo de perdas Joule no resistor passa a ser [ver Equação (8.50)]

potência de tempo médio e energias em termos de grandezas rms

$$(P_{\text{J}})_{\text{méd}} = \frac{1}{T}\int_0^T P_{\text{J}}(t)\,\text{d}t = R\frac{1}{T}\int_0^T i^2(t)\,\text{d}t = \\ = \frac{1}{2}RI_0^2 = RI^2. \tag{8.53}$$

Vemos que a expressão para $(P_{\text{J}})_{\text{méd}}$ via corrente rms tem a mesma forma como a expressão para a potência instantânea na Equação (8.52) e parece o mesmo que a expressão para a potência de perdas Joule em um resistor com uma corrente invariante no tempo (cc), Equação (3.77), com I representando a intensidade de corrente contínua no tempo. Em geral, todas as expressões para a potência média no tempo, energias e densidades de energia e potência na operação harmônica no tempo na teoria de circuito e eletromagnetismo podem ser calculadas como para a operação invariante no tempo, se os valores rms das correntes, tensões, intensidades de campo, e outras grandezas de circuito e de campo forem usados. Por exemplo, a densidade de potência média no tempo de perdas Joule em um ponto em um material condutor pode ser obtida usando a lei de Joule em forma local, Equação (3.31), para o caso estático com J e E agora sendo a densidade de corrente rms e a intensidade do campo elétrico, respectivamente, no ponto. Da mesma forma, as densidades de energia elétrica e magnética para meio linear e variações de campo harmônico no tempo são dadas pelas expressões constantes no tempo correspondentes nas equações (2.199) e (7.108) com E, D, H e B agora representando grandezas rms. Por outro lado, a expressão para $(P_{\text{J}})_{\text{méd}}$ usando a amplitude da corrente (I_0) na Equação (8.53) contém um fator adicional de 1/2, e esse fator extra, em geral, aparece de modo inconveniente em todos os tipos de potência média no tempo e cálculos de energia sob a suposição de estado estático sinusoidal de valores de pico (e não rms) são usados.

Expressões harmônicas no tempo para grandezas eletromagnéticas que variam também no espaço são escritas de uma maneira completamente análoga àquela na Equação (8.51), tendo em mente que tanto o valor rms quanto a fase inicial são, em geral, funções das coordenadas espaciais. Além disso, para um vetor, as expressões são escritas em separado para cada um dos seus componentes. Por exemplo, se a componente x do vetor intensidade de campo elétrico é uma função sinosenoidal do tempo e uma função arbitrária das coordenadas x, y e z, temos

$$E_x(x, y, z, t) = E_x(x, y, z)\sqrt{2}\cos[\omega t + \theta_x(x, y, z)], \tag{8.54}$$

e similarmente para E_y e E_z.

8.7 REPRESENTANTES COMPLEXOS DE CAMPO HARMÔNICO NO TEMPO E GRANDEZAS DE CIRCUITO

As grandezas harmônicas no tempo podem ser graficamente representadas como vetores uniformemente rotativos. Para mostrar isso, considere um vetor de magnitude V_0 girando no plano cartesiano xy sobre a origem de coordenadas com uma velocidade angular constante ω no sentido anti-horário (matematicamente positivo), como na Figura 8.6(a). Se o ângulo entre o vetor e o eixo x em um instante $t = 0$ é θ, então esse ângulo em um instante arbitrário t é igual a $\phi(t) = \omega t + \theta$ [ver Equação (6.88)]. Isso significa que a projeção desse vetor sobre o eixo x é igual a $V_0 \cos\,(\omega t + \theta)$, isto é, $v(t)$ na Equação (8.47). Assim, todas as grandezas em um sistema linear com excitações harmônicas no tempo podem ser visualizadas como projeções de vetores com magnitudes iguais às amplitudes dos respectivos sinusoides que giram no mesmo plano com uma velocidade angular cons-

4 Como as grandezas rms serão usadas regularmente ao longo do resto deste texto, descartamos os subscritos ("rms") identificando-os. Com tal convenção, V_{rms} será denotado simplesmente como V, H_{rms} como H, e assim por diante.

tante, igual à frequência angular dos sinusoides. Esses vetores rotativos são chamados fasores. Podemos manipular os fasores em um diagrama fasorial [desenho como o da Figura 8.6(a), mas com todas as grandezas relevantes para o sistema na consideração representada], assim como com quaisquer outros vetores geométricos. Por exemplo, podemos somar as grandezas harmônicas no tempo com amplitudes diferentes e fases iniciais diferentes vetorialmente e adicionar seus fasores e usando a projeção do vetor resultante.

No entanto, em vez de desenhar diagramas fasoriais complicados para problemas reais e geométrica ou analiticamente para manipular fasores (vetores), podemos traduzir o problema do fasor para o domínio complexo e empregar a álgebra complexa para analisar circuitos e campos sob a suposição harmônica no tempo. Ou seja, podemos anunciar os eixos x e y da Figura 8.6(a) como eixos reais (Re) e imaginários (Im) do plano complexo, como indicado na Figura 8.6(b), e usar números complexos para representar grandezas harmônicas no tempo.

Um número complexo $\underline{c}$ é um número composto de dois números reais, a e b.[5] Sua forma (algébrica) retangular lê

número complexo ($\underline{c}$); j – unidade imaginária

$$\boxed{\underline{c} = a + \mathrm{j}b, \quad \text{onde} \quad a = \mathrm{Re}\{\underline{c}\}, \quad b = \mathrm{Im}\{\underline{c}\}, \quad \text{e} \quad \mathrm{j} = \sqrt{-1},} \tag{8.55}$$

de modo que a e b representam as partes real e imaginária, respectivamente, de $\underline{c}$, e j representa a unidade imaginária ($\mathrm{j}^2 = -1$). Cada número complexo corresponde a um ponto, (a, b), no plano complexo, como ilustrado na Figura 8.6(c), ou, de modo equivalente, a um vetor que representa o vetor posição do ponto (a, b) em

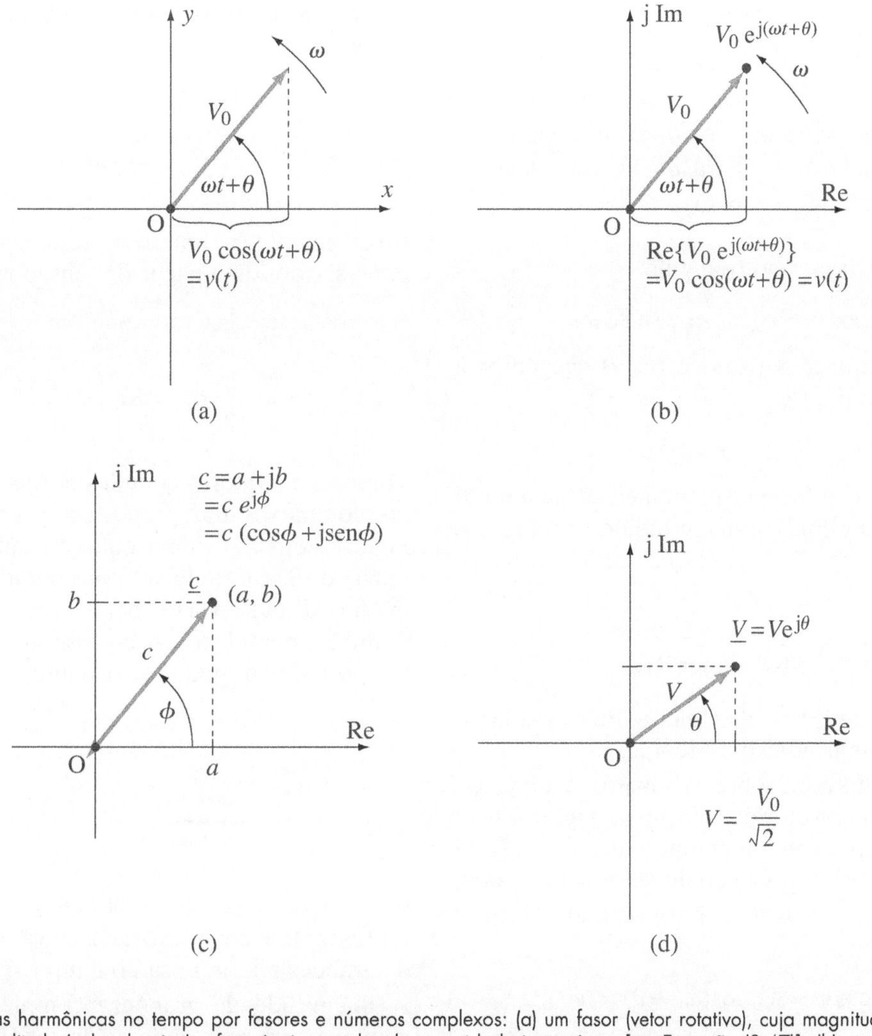

Figura 8.6

Representando grandezas harmônicas no tempo por fasores e números complexos: (a) um fasor (vetor rotativo), cuja magnitude e velocidade angular são iguais à amplitude (valor de pico) e frequência angular da quantidade instantânea [ver Equação (8.47)], (b) um número complexo com magnitude (módulo) e ângulo de fase (argumento) igual à amplitude e à fase instantânea da grandeza instantânea, (c) as diferentes formas de um número complexo, em geral, e (d) a representante raiz quadrada média (rms) complexa final adotada de uma grandeza harmônica no tempo com o fator tempo $e^{j\omega t}$ suprimido.

5 Neste texto, letras que representam números complexos e variáveis complexas são sublinhadas, de acordo com a recomendação da Comissão Eletrotécnica Internacional (International Eletrectrotechnical Commission - IEC).

relação à origem de coordenadas. Como alternativa, $\underline{c}$ pode ser escrito na forma (exponencial) polar como

$\underline{c}$ na forma polar (c – magnitude, ϕ — argumento)

$$\underline{c} = c\,e^{j\phi}, \tag{8.56}$$

onde $c = |\,\underline{c}\,|$ é a magnitude (ou módulo) de $\underline{c}$, isto é, a magnitude do vetor $\underline{c}$ na Figura 8.6(c), e ϕ é o ângulo de fase (argumento) de $\underline{c}$, que é o ângulo entre o vetor $\underline{c}$ e o eixo real. Do triângulo retângulo com lados $|a|$ e $|b|$ na Figura 8.6(c), obtemos as seguintes fórmulas para transformar um número complexo de sua forma retangular para a polar:

$$c = \sqrt{a^2 + b^2} \quad \text{e} \quad \phi = \arg(a, b), \tag{8.57}$$

onde o argumento da função (arg) é igual à tangente inversa de b/a, se o ponto (a, b) está no primeiro ou quarto quadrante, enquanto algumas modificações são necessárias para o ponto nos outros quadrantes,

$$\arg(a,b) = \begin{cases} \arctan(b/a) & \text{para } a > 0 \\ \pi/2 & \text{para } a = 0 \text{ e } b > 0 \\ -\pi/2 & \text{para } a = 0 \text{ e } b < 0 \\ \arctan(b/a) + \pi & \text{para } a < 0 \text{ e } b \geq 0 \\ \arctan(b/a) - \pi & \text{para } a < 0 \text{ e } b < 0 \\ \text{não definido} & \text{para } a = b = 0 \end{cases} \tag{8.58}$$

($\arctan \equiv \tan^{-1}$). Do mesmo triângulo,

$$a = c\cos\phi \quad \text{e} \quad b = c\,\text{sen}\,\phi. \tag{8.59}$$

Combinando as equações (8.55) e (8.59) chegamos à seguinte expressão para $\underline{c}$:

$$\underline{c} = c(\cos\phi + \text{j}\,\text{sen}\,\phi), \tag{8.60}$$

que é indicada como a forma trigonométrica de um número complexo. Omitindo a magnitude de $\underline{c}$, obtemos a relação

identidade de Euler

$$e^{j\phi} = \cos\phi + \text{j}\,\text{sen}\,\phi, \tag{8.61}$$

conhecida como identidade de Euler e muito usada no eletromagnetismo harmônico no tempo.

Com a revisão anterior sobre os números complexos, agora fica claro que o vetor de rotação na Figura 8.6(a) pode ser identificado como um número complexo igual a $V_0\,e^{j\omega} = V_0 e^{j(\omega t + \theta)}$. A projeção do vetor sobre o eixo real na Figura 8.6(b) é igual à parte real do número complexo,

$$\text{Re}\left\{V_0\,e^{j\phi}\right\} = V_0\cos\phi = V_0\cos(\omega t + \theta) = v(t), \tag{8.62}$$

o que significa que as representações na Figura 8.6(a) e Figura 8.6(b) são, de fato equivalentes. Com todos os fasores representando grandezas harmônicas no tempo em um sistema, giram com a mesma velocidade angular (todas as grandezas têm a mesma frequência), eles sempre têm as mesmas posições relativas em relação uns aos outros. Assim, o quadro com os vetores congelados no instante $t = 0$ contém todos os dados relevantes para as grandezas no sistema: suas amplitudes, fases iniciais e diferenças de fase entre grandezas individuais. Podemos, portanto, ignorar a rotação dos fasores na Figura 8.6(a) ou o aumento de ângulos de fase com o tempo na Figura 8.6(b), e usar a representação complexa mostrada na Figura 8.6(d). Em outras palavras, como

extração do fator tempo comum

$$V_0\,e^{j(\omega t + \theta)} = V_0\,e^{j\theta}\,e^{j\omega t}, \tag{8.63}$$

todas as grandezas no sistema contêm o mesmo fator $e^{j\omega t}$, que então aparece em ambos os lados de todas as equações de campo/circuito que regem o sistema. Ignorar a rotação no tempo de vetores na Figura 8.6(d) é, portanto, equivalente a descartar o fator tempo $e^{j\omega t}$ das equações associadas. O termo complexo resultante $V_0\,e^{j\theta}$, que não contém o tempo, é chamado de magnitude complexa da tensão instantânea $v(t)$. Dividindo-a por $\sqrt{2}$, obtemos o valor da raiz quadrada média complexa de $v(t)$,

valor rms complexo

$$\underline{V} = \frac{V_0}{\sqrt{2}}\,e^{j\theta} = V\,e^{j\theta}. \tag{8.64}$$

Inversamente, a tensão instantânea, Equação (8.51), pode ser obtida a partir da tensão rms complexa como

A tensão instantânea rms complexa

$$v(t) = \text{Re}\left\{\underline{V}\sqrt{2}\,e^{j\omega t}\right\}. \tag{8.65}$$

Vamos usar valores complexos rms como representantes complexos das grandezas harmônicas no tempo, Figura 8.6(d). A dupla equação anterior, as equações (8.64) e (8.65), pode ser considerada um par transformador direto/inverso para alternar entre tempo e domínios complexos. A correspondência complexa no tempo também pode ser resumida como

conversão complexa no tempo

$$\underbrace{V\sqrt{2}\cos(\omega t + \theta)}_{\text{instantânea } v(t)} \longleftrightarrow \underbrace{V\,e^{j\theta}}_{\text{complexa } \underline{V}}. \tag{8.66}$$

Ou seja, o ângulo de amplitude e fase (argumento) do representante complexo igual ao valor rms e a fase inicial da grandeza harmônica no tempo, respectivamente.

A magnitude da grandeza complexa é representada com o valor rms, em vez da amplitude da grandeza instantânea correspondente, porque os engenheiros e cientistas, em geral, supõem que todas as grandezas harmônicas no tempo são relatadas como valores rms e, como já mencionado e ilustrado em dois exemplos (leitura dos instrumentos e cálculo da potência de tempo médio) na seção anterior, é mais conveniente lidar com grandezas rms.

Pela Equação (8.65),

$$\frac{\mathrm{d}v}{\mathrm{d}t} = \frac{\mathrm{d}}{\mathrm{d}t}\mathrm{Re}\left\{\underline{V}\sqrt{2}\,\mathrm{e}^{\mathrm{j}\omega t}\right\} = \mathrm{Re}\left\{\underline{V}\sqrt{2}\,\frac{\mathrm{d}}{\mathrm{d}t}\,\mathrm{e}^{\mathrm{j}\omega t}\right\} = \\ = \mathrm{Re}\left\{\mathrm{j}\omega\underline{V}\sqrt{2}\,\mathrm{e}^{\mathrm{j}\omega t}\right\}, \quad (8.67)$$

o que significa que usando a derivada no tempo da grandeza instantânea no domínio do tempo é equivalente a multiplicar seu representante por $\mathrm{j}\omega$ no domínio complexo, que é

substituição derivada no tempo

$$\frac{\mathrm{d}v}{\mathrm{d}t} \quad \longleftrightarrow \quad \mathrm{j}\omega\underline{V}. \quad (8.68)$$

Essa característica da conversão do tempo complexo nos permite substituir todas as derivadas no tempo das equações de campo/circuito pelo fator $\mathrm{j}\omega$ (derivados de segunda vez são substituídos por $\mathrm{j}\omega \times \mathrm{j}\omega = -\omega^2$), que simplifica muito a análise. Por exemplo, o equivalente domínio complexo da lei elementar no domínio do tempo para um indutor, Equação (7.3), lê

característica corrente-tensão complexa de um indutor

$$\underline{V} = \mathrm{j}\omega L\underline{I}, \quad (8.69)$$

ou seja, sua forma é tão simples quanto a da lei de Ohm para um resistor. Ou seja, a Equação (8.69) nos diz que a tensão no indutor é igual a uma constante vezes a corrente, o mesmo que na Equação (3.72), mas com todas as grandezas agora sendo complexas. Similarmente,

$$\int v\,\mathrm{d}t \quad \longleftrightarrow \quad \frac{\underline{V}}{\mathrm{j}\omega}, \quad (8.70)$$

mostrando que a integração no tempo é equivalente à divisão por $\mathrm{j}\omega$ no domínio complexo.

Para grandezas eletromagnéticas harmônicas no tempo, que mudam também no espaço, a conversão complexa de tempo é realizada de forma habitual, pois as dependências espaciais do valor rms e da fase inicial não são, naturalmente, afetadas pela conversão. No caso de vetores espacialmente distribuídos, harmônicos no tempo, a conversão é feita para cada vetor componente em separado (três componentes em geral). Por exemplo, o representante complexo (valor rms complexo) do componente vetorial cartesiano $E_x(x, y, z, t)$ na Equação (8.54) é

$$\underline{E}_x(x, y, z) = E_x(x, y, z)\,\mathrm{e}^{\mathrm{j}\theta_x(x,y,z)}. \quad (8.71)$$

Expressões análogas valem para componentes y e z de **E** e o vetor intensidade de campo elétrico complexo é dado por

$$\underline{\mathbf{E}}(x, y, z) = \underline{E}_x(x, y, z)\,\hat{\mathbf{x}} + \underline{E}_y(x, y, z)\,\hat{\mathbf{y}} + \\ + \underline{E}_z(x, y, z)\,\hat{\mathbf{z}}. \quad (8.72)$$

É claro,

$$E_x(x, y, z, t) = \mathrm{Re}\left\{\underline{E}_x(x, y, z)\sqrt{2}\,\mathrm{e}^{\mathrm{j}\omega t}\right\}, \quad (8.73)$$

e similarmente para os outros dois componentes de **E**. Assim, a seguinte relação pode ser estabelecida entre um vetor harmônico no tempo instantâneo e seu representante rms complexo:

$\underline{\mathbf{E}}$ — vetor de campo elétrico complexo

$$\mathbf{E}(x, y, z, t) = \mathrm{Re}\left\{\underline{\mathbf{E}}(x, y, z)\sqrt{2}\,\mathrm{e}^{\mathrm{j}\omega t}\right\}. \quad (8.74)$$

Note que um vetor complexo, em geral, é um conjunto de seis números, três partes reais e três imaginárias de seus componentes. É por isso que um vetor complexo, ao contrário de seu equivalente instantâneo, não pode ser desenhado como uma seta no espaço, exceto em alguns casos especiais (como veremos no próximo capítulo).

Exemplo 8.9

Transformações tempo-complexo e complexo-tempo

Encontre (a) o equivalente rms complexo de uma tensão harmônica no tempo dada por $v(t) = 2\sqrt{2}$ sen $(10^8 t + \pi/3)$ V (t em s) e (b) a corrente instantânea $i(t)$ se $\underline{I} = (-1 + \mathrm{j})$ A no domínio complexo e a frequência angular for $\omega = 5 \times 10^6$ rad/s.

Solução

(a) Usamos a referência cosseno para representar as grandezas harmônicas no tempo, Equação (8.51), e, portanto, a tensão instantânea $v(t)$ precisa primeiro ser escrita como uma função cosseno:

$$v(t) = 2\sqrt{2}\,\mathrm{sen}\left(10^8 t + \frac{\pi}{3}\right)\ \mathrm{V} = \\ = 2\sqrt{2}\cos\left(10^8 t - \frac{\pi}{6}\right)\ \mathrm{V}\quad (t\ \text{em s}), \quad (8.75)$$

onde a identidade trigonométrica sen $\alpha = \cos(\alpha - \pi/2)$ é empregada. De acordo com a Equação (8.66), a tensão rms complexa é então

$$\underline{V} = 2\,\mathrm{e}^{-\mathrm{j}\pi/6}\ \mathrm{V} = 2\left(\cos\frac{\pi}{6} - \mathrm{j}\ \mathrm{sen}\,\frac{\pi}{6}\right)\ \mathrm{V} = (\sqrt{3} - \mathrm{j})\ \mathrm{V}. \quad (8.76)$$

(b) A magnitude da corrente complexa I é

$$I = |\underline{I}| = \sqrt{(-1)^2 + 1^2}\ \mathrm{A} = \sqrt{2}\ \mathrm{A}. \quad (8.77)$$

Como o ponto (–1, 1) se encontra no segundo quadrante do plano complexo, consultamos a Equação (8.58) para obter o ângulo de fase (argumento) de I como o seguinte:

$$\psi = \arg(-1, 1) = \arctan(-1) + \pi = -\frac{\pi}{4} + \pi = \frac{3\pi}{4} \quad (8.78)$$

(isso também pode ser lido diretamente a partir da posição do número complexo $-1 + \mathrm{j}$ no plano complexo). Assim, a corrente instantânea é [ver Equação (8.66)]

$$i(t) = 2\cos\left(5 \times 10^6 t + \frac{3\pi}{4}\right)\ \mathrm{A}\quad (t\ \text{em s}). \quad (8.79)$$

8.8 EQUAÇÕES DE MAXWELL NO DOMÍNIO COMPLEXO

Supomos agora o regime de estado estacionário senoidal para o campo eletromagnético de variação rápida no tempo, que dá origem ao campo eletromagnético de alta frequência harmônico no tempo, e convertemos as equações Maxwell no domínio do tempo associadas em seus equivalentes complexos. Usamos a regra de correspondência tempo-complexo compactamente expressa pela Equação (8.66), e elaborada nas equações (8.64) a (8.74). Claro, as equações complexas só fazem sentido para meios eletromagnéticos lineares (de parâmetros ε, μ e σ). Pela Equação (8.23), obtemos assim o seguinte conjunto completo de equações integrais de Maxwell no domínio complexo (com as equações constitutivas adicionadas):

equações de Maxwell no domínio complexo, forma integral

$$\begin{cases} \oint_C \underline{\mathbf{E}} \cdot \mathrm{d}\mathbf{l} = -\mathrm{j}\omega \int_S \underline{\mathbf{B}} \cdot \mathrm{d}\mathbf{S} \\ \oint_C \underline{\mathbf{H}} \cdot \mathrm{d}\mathbf{l} = \int_S (\underline{\mathbf{J}} + \mathrm{j}\omega \underline{\mathbf{D}}) \cdot \mathrm{d}\mathbf{S} \\ \oint_S \underline{\mathbf{D}} \cdot \mathrm{d}\mathbf{S} = \int_v \underline{\rho}\, \mathrm{d}v \\ \oint_S \underline{\mathbf{B}} \cdot \mathrm{d}\mathbf{S} = 0 \\ \underline{\mathbf{D}} = \varepsilon \underline{\mathbf{E}},\ \underline{\mathbf{B}} = \mu \underline{\mathbf{H}},\ \underline{\mathbf{J}} = \sigma(\underline{\mathbf{E}} + \underline{\mathbf{E}}_{\mathrm{i}}) \end{cases}, \qquad (8.80)$$

onde as fontes de energia externas são incluídas como um campo elétrico impresso, de intensidade rms complexa $\underline{\mathbf{E}}_{\mathrm{i}}$ [Equação (3.109)]. Note que os parâmetros materiais, em geral, são funções da frequência, $\varepsilon = \varepsilon(\omega)$, $\mu = \mu(\omega)$, e $\sigma = \sigma(\omega)$, que será discutido no capítulo seguinte. No caso de baixa frequência, o termo corrente de deslocamento, $\mathrm{j}\omega\underline{\mathbf{D}}$, pode ser desprezado na segunda equação quanto ao termo de corrente de condução, isto é, podemos supor $\omega \approx 0$ no lado direito. O conjunto completo de equações diferenciais de Maxwell para o campo eletromagnético em alta frequência harmônico no tempo e no domínio complexo, equivalente às equações (8.24), lê

equações de Maxwell no domínio complexo, forma diferencial

$$\begin{cases} \nabla \times \underline{\mathbf{E}} = -\mathrm{j}\omega \underline{\mathbf{B}} \\ \nabla \times \underline{\mathbf{H}} = \underline{\mathbf{J}} + \mathrm{j}\omega \underline{\mathbf{D}} \\ \nabla \cdot \underline{\mathbf{D}} = \underline{\rho} \\ \nabla \cdot \underline{\mathbf{B}} = 0 \end{cases}. \qquad (8.81)$$

A conversão das condições de contorno nas equações (8.32) e das diferentes formas da equação da continuidade, equações (8.34), (8.38) e (8.42), no tempo para o domínio complexo também é simples. Por exemplo, a equação da continuidade no domínio complexo na forma diferencial para correntes volumétricas harmônicas no tempo em alta frequência é dada por

$$\nabla \cdot \underline{\mathbf{J}} = -\mathrm{j}\omega\underline{\rho}. \qquad (8.82)$$

Todas essas equações não contêm tempo e, mais importante, nenhuma derivada do tempo (nem integrais), são, portanto, bem mais simples de trabalhar do que com as equações correspondentes no domínio do tempo. Note que, como alternativa para a análise no domínio do tempo, a análise eletromagnética que utiliza representantes complexos é muitas vezes indicada como a análise no domínio da frequência. No resto deste texto, trataremos com prioridade de campos harmônicos no tempo e de sinais e da utilização de campos no domínio das frequências e equações de circuito e técnicas de solução.

Fasores e representantes complexos também podem ser usados para analisar sistemas eletromagnéticos lineares e circuitos elétricos impulsionados por funções de tempo periódicas arbitrárias (não sinusenoidais) (como uma sequência de pulsos retangulares). Ao expandir essas funções (excitações) em uma série de Fourier de componentes sinusenoidais de frequências diferentes, podemos resolver grandezas (respostas) desejadas para campo e circuito, utilizando a análise de domínio complexo para cada componente de Fourier. Em virtude do princípio da superposição (que vale para sistemas lineares), a solução total para qualquer uma das grandezas é obtida como a soma das soluções parciais (frequência única) devido a todos os componentes de excitação. Além disso, funções não periódicas transitórias (como um único pulso no tempo) podem ser expressas como integrais de Fourier, e uma aplicação semelhante do princípio da superposição também pode ser usado. Por fim, em muitas aplicações práticas, com mais de uma frequência presente no espectro de sinais variáveis no tempo (campos) em um sistema, a largura de banda dos sinais é, na verdade, muito pequena, com uma frequência portadora acompanhada por alguma forma de modulação dando uma disseminação estreita de frequências em torno da portadora. Em tais casos, a análise no domínio complexo em uma frequência única, a da portadora, costuma ser suficiente para a caracterização do sistema e avaliação dos campos e outras grandezas de interesse, desde que os parâmetros do material no sistema não variem significativamente com a frequência sobre a largura de banda.

Exemplo 8.10

Nenhuma carga harmônica no tempo, em meio homogêneo

Prove que o interior de um meio homogêneo com perdas e com um campo eletromagnético harmônico no tempo, e sem fontes volumétricas de energia externa (campos elétricos ou correntes impressos), é sempre livre de cargas.

Solução Transformando a equação diferencial de relaxamento de carga para um meio homogêneo de condutividade σ e permissividade ε, Equação (3.66), para o domínio complexo, temos

$$\mathrm{j}\omega\underline{\rho} + \frac{\sigma}{\varepsilon}\underline{\rho} = \underline{\rho}\,\frac{\sigma + \mathrm{j}\omega\varepsilon}{\varepsilon} = 0 \tag{8.83}$$

[note que esta equação também pode ser derivada diretamente das equações diferenciais de Maxwell e da equação de continuidade no domínio complexo, equações (8.81) e (8.82)]. Como σ, ε e ω são todas grandezas reais não negativas, essa condição pode ser satisfeita somente se $\underline{\rho} = 0$, o que prova que não pode haver excesso volumétrico de cargas harmônicas no tempo no meio homogêneo com perdas.

Além disso, a forma diferencial da lei de Gauss generalizada no domínio complexo pode agora ser escrita como

$$\nabla \cdot \underline{\mathbf{D}} = \varepsilon\nabla \cdot \underline{\mathbf{E}} = 0, \tag{8.84}$$

o que significa que o campo elétrico harmônico, no tempo em um meio homogêneo condutor, não tem divergência (div $\mathbf{E} = 0$).

Note que isto é verdade para qualquer frequência, tanto alta quanto baixa de campo harmônico no tempo, incluindo o caso estático [ver Equação (3.62)].

Exemplo 8.11

Densidade superficial de carga complexa em uma interface material

Encontre a densidade superficial de carga de complexa na fronteira limite entre o meio 1 (com condutividade σ_1 e permissividade ε_1) e o meio 2 (com σ_2 e ε_2), se a componente normal da densidade de corrente complexa próxima do limite no meio 1 for $\underline{J}_{1n}$ (definida em relação à normal direcionada a partir do meio 2 ao meio 1) e a frequência angular do campo for ω.

Solução O procedimento de solução é semelhante ao da Equação (3.63), dado para o caso estático, e escrevemos

$$\underline{\rho}_s = \hat{\mathbf{n}} \cdot \underline{\mathbf{D}}_1 - \hat{\mathbf{n}} \cdot \underline{\mathbf{D}}_2 = \frac{\varepsilon_1}{\sigma_1}\hat{\mathbf{n}} \cdot \underline{\mathbf{J}}_1 - \frac{\varepsilon_2}{\sigma_2}\hat{\mathbf{n}} \cdot \underline{\mathbf{J}}_2 =$$

$$= \frac{\varepsilon_1}{\sigma_1}\underline{J}_{1n} - \frac{\varepsilon_2}{\sigma_2}\underline{J}_{2n}. \tag{8.85}$$

No entanto, $\mathbf{J}_n$, em geral, não é contínua através das interfaces materiais no caso dinâmico, de modo que usamos aqui a forma de alta frequência da condição de contorno para os componentes normais do vetor densidade de corrente [a terceira equação da Equação (8.34)], cuja versão do domínio complexo é

$$\hat{\mathbf{n}} \cdot \underline{\mathbf{J}}_1 - \hat{\mathbf{n}} \cdot \underline{\mathbf{J}}_2 = -\mathrm{j}\omega\underline{\rho}_s \quad \text{ou} \quad \underline{J}_{1n} - \underline{J}_{2n} = -\mathrm{j}\omega\underline{\rho}_s. \tag{8.86}$$

Resolvendo para $\underline{J}_{2n}$,

$$\underline{J}_{2n} = \underline{J}_{1n} + \mathrm{j}\omega\underline{\rho}_s, \tag{8.87}$$

e substituindo essa expressão na Equação (8.85), obtemos

$$\underline{\rho}_s = \frac{\varepsilon_1/\sigma_1 - \varepsilon_2/\sigma_2}{1 + \mathrm{j}\omega\varepsilon_2/\sigma_2}\underline{J}_{1n}. \tag{8.88}$$

8.9 POTENCIAIS ELETROMAGNÉTICOS DE LORENZ

Considere uma distribuição arbitrária de correntes volumétricas variáveis rapidamente no tempo em um domínio de fonte volumétrica v, como mostrado na Figura 8.7. Sejam as densidades de corrente e as densidades de carga $\mathbf{J}$, e ρ, em v funções das coordenadas espaciais e do tempo. Com $\mathbf{r}'$ representando o vetor posição de um ponto de origem P′ em relação à origem de coordenadas (O), podemos escrever $\mathbf{J} = \mathbf{J}(\mathbf{r}', t)$ e $\rho = \rho(\mathbf{r}', t)$. É claro, as distribuições de fonte $\mathbf{J}$ e ρ não podem ser especificadas de forma independente, mas devem estar relacionadas uma à outra pela equação de continuidade. Nosso objetivo é obter as expressões para os vetores intensidade do campo elétrico e magnético causado por essas fontes, em um ponto arbitrário, P, no espaço (campo ou ponto de observação), supondo que o meio em que as fontes se encontram seja linear, homogêneo e sem perdas, com permissividade ε e permeabilidade $\mu(\sigma = 0)$. Em vez de resolver a forma original das equações de Maxwell diretamente para os campos, vamos primeiro avaliar os potenciais eletromagnéticos, ou seja, o potencial escalar elétrico, V,[6] e potencial vetor magnético, $\mathbf{A}$, no ponto P, como um passo intermediário na busca dos campos. Uma vez que os potenciais, como funções das coordenadas espaciais e temporais, assim $V = V(\mathbf{r}, t)$ e $\mathbf{A} = \mathbf{A}(\mathbf{r}, t)$, $\mathbf{r}$ sendo o vetor posição do ponto P em relação a O, são conhecidos, os vetores de campo $\mathbf{E}$ e $\mathbf{B}$ podem ser avaliados (por diferenciação no espaço e no tempo) utilizando as equações (6.43) e (6.28).

No caso, lentamente, variável no tempo, os potenciais (para $\varepsilon = \varepsilon_0$ e $\mu = \mu_0$) são dados pelas equações (6.19) e (6.29). Estes são potenciais quase estáticos (avaliados da mesma forma como os estáticos), com o retardo de tempo (atraso no tempo dos potenciais e campos rapidamente variáveis no tempo por trás de suas fontes) sendo desprezado. No caso rapidamente variável no

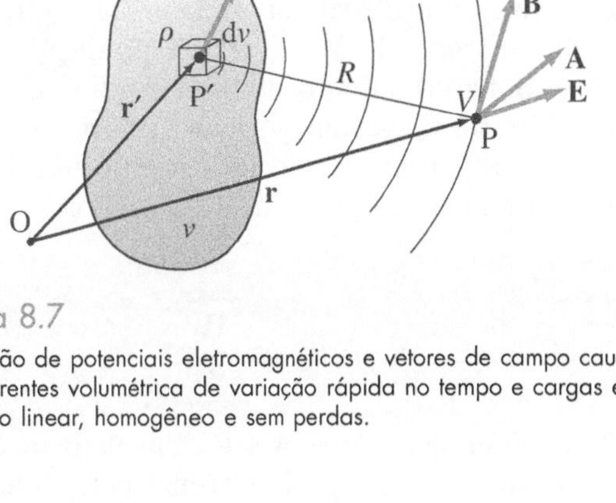

Figura 8.7

Avaliação de potenciais eletromagnéticos e vetores de campo causados por correntes volumétrica de variação rápida no tempo e cargas em um meio linear, homogêneo e sem perdas.

6 Conforme mencionado na Seção 1.6, o potencial elétrico é simbolizado por Φ também.

tempo, porém, o efeito de retardo deve ser considerado [variações de tempo no sistema são tão rápidas que até os atrasos mais sutis entre as fontes e os campos (potenciais) não podem ser ignorados]. Matematicamente, o retardo de tempo nas expressões para os potenciais e vetores de campo é uma consequência da adição do termo de corrente de deslocamento, $\partial\mathbf{D}/\partial t$, nas equações de Maxwell para o campo eletromagnético variável rapidamente no tempo. Nesta seção, derivamos e discutimos expressões de domínio do tempo para V e $\mathbf{A}$, no caso mais geral (para variações de tempo arbitrárias de fontes), enquanto as expressões complexas para potenciais e campos harmônicos no tempo em altas frequências serão obtidas e utilizadas na próxima seção.

Vamos substituir a Equação (6.43) na lei de Gauss, generalizada na forma diferencial [a terceira das equações (8.24)] com $\mathbf{D}$ já substituído por $\varepsilon\mathbf{E}$. O resultado é

$$\nabla \cdot (\nabla V) = \nabla^2 V = -\frac{\rho}{\varepsilon} - \frac{\partial}{\partial t}(\nabla \cdot \mathbf{A}), \tag{8.89}$$

onde ε e $\partial/\partial t$ podem ser trazidos para fora do sinal de divergência, porque a permissividade é uma constante (o meio é homogêneo) e o operador de tempo derivativo é todo independente do operador de divergência (o que implica diferenciação espacial), respectivamente, e a identidade na Equação (2.92) que define o operador laplaciano (∇^2) é usada [a expressão para $\nabla^2 V$ no sistema de coordenadas cartesianas é dada na Equação (2.94)]. De forma semelhante, substituindo as equações (6.28) e (6.43) na lei de Ampère generalizada corrigida na forma diferencial [a segunda equação das equações (8.24)] com $\mathbf{H}$ representado como $\mathbf{B}/\mu$ leva à seguinte equação:

$$\nabla \times (\nabla \times \mathbf{A}) = \nabla(\nabla \cdot \mathbf{A}) - \nabla^2 \mathbf{A} = \\ = \mu\mathbf{J} - \varepsilon\mu\frac{\partial^2 \mathbf{A}}{\partial t^2} - \varepsilon\mu\nabla\frac{\partial V}{\partial t}, \tag{8.90}$$

onde o uso é feito da identidade na Equação (4.124) que define o laplaciano de uma função vetorial [Equação (4.126) que gera a expressão para $\nabla^2\mathbf{A}$ em coordenadas cartesianas].

Para que o potencial vetor $\mathbf{A}$ seja unicamente definido, devemos especificar sua onda e sua divergência. Enquanto a onda de $\mathbf{A}$ já está especificada como $\nabla \times \mathbf{A} = \mathbf{B}$, temos a liberdade para escolher div $\mathbf{A}$ de forma arbitrária. A escolha que leva à solução das equações (8.89) e (8.90) que é matematicamente mais simples e fisicamente a mais significativa é dada por

condição de Lorenz (gauge) para potenciais

$$\nabla \cdot \mathbf{A} = -\varepsilon\mu\frac{\partial V}{\partial t}. \tag{8.91}$$

A relação diferencial entre $\mathbf{A}$ e V é chamada de condição de Lorenz (ou gauge de Lorenz) para potenciais eletromagnéticos. Está de acordo com a relação análoga entre as distribuições fonte $\mathbf{J}$ e ρ dadas pela equação de continuidade na forma diferencial na Equação (8.34) e é também chamada de equação de continuidade para potenciais. Com $\nabla \cdot \mathbf{A}$ substituída pela expressão da Equação (8.91), as equações (8.89) e (8.90) tornam-se

equação de onda para V

$$\nabla^2 V - \varepsilon\mu\frac{\partial^2 V}{\partial t^2} = -\frac{\rho}{\varepsilon}, \tag{8.92}$$

equação de onda para **A**

$$\nabla^2 \mathbf{A} - \varepsilon\mu\frac{\partial^2 \mathbf{A}}{\partial t^2} = -\mu\mathbf{J}. \tag{8.93}$$

Estas são equações diferenciais parciais de segunda ordem com coordenadas espaciais e tempo como variáveis independentes. São chamadas de equações de onda para os potenciais, porque, como veremos, suas soluções representam ondas movendo-se dos pontos de origem para pontos do campo no sistema. Algo muito importante, elas estão desacopladas, ou seja, cada equação de onda tem apenas um dos potenciais como incógnita. Além disso, embora um deles seja uma equação escalar e o outro um vetor, eles têm formas quase idênticas, de modo que a solução escalar para V, em termos de ρ (mais precisamente ρ/ε), terá a mesma forma que a solução vetorial para $\mathbf{A}$ em termos de $\mathbf{J}$ (ou $\mu\mathbf{J}$). Por exemplo, podemos decompor a Equação (8.93) em três equações diferenciais escalares no sistema de coordenadas cartesianas, em que a equação para o componente x do potencial vetorial magnético é

$$\nabla^2 A_x - \varepsilon\mu\frac{\partial^2 A_x}{\partial t^2} = -\mu J_x \tag{8.94}$$

e equações análogas para os componentes y e z. As equações (8.94) e (8.92) têm a mesma forma, e podemos usar a solução para V devido a ρ para escrever diretamente as soluções análogas para A_x, A_y e A_z e devido a J_x, J_y e J_z. No que se segue, portanto, resolvemos apenas a Equação (8.92) para o potencial V.

Em nosso procedimento de solução, subdividimos o domínio v em células diferencialmente pequenas de volume dv e avaliamos o potencial escalar elétrico devido a uma carga ρ dv em uma célula cujo centro está em um ponto P′ (ponto de origem) na Figura 8.7. Pelo princípio da superposição, o potencial total é igual à soma (integral) dos potenciais elementares devido a todas as células sobre v. Apesar de considerar o potencial devido à célula carregada em somente P′, $\rho = 0$ em todos os lugares fora da célula, de modo que o potencial no ponto de campo P fora da célula satisfaz a versão da Equação (8.92) com o termo de origem no lado direito da equação, anulado. Além disso, como a célula carregada pode ser considerada uma carga pontual no ponto P′, a função V deve ser esfericamente simétrica em relação a esse ponto, ou seja, depende apenas da distância

APARTE HISTÓRICO

Ludwig Valentine Lorenz (1829-1891), matemático e físico dinamarquês, foi professor na Real Academia Militar, em Copenhague. Em seus estudos sobre a luz, baseado nas equações do campo eletromagnético de Maxwell, ele propôs, em 1867, potenciais vetoriais e escalares, que incluíam o tempo de propagação das fontes — os potenciais retardados. Lorenz mostrou que tais potenciais foram relacionados uns aos outros pela condição dada na Equação (8.91), que ficou conhecida como a condição de Lorenz ou gauge de Lorenz. Isso foi publicado em seu artigo "Sobre a identidade das vibrações da luz com correntes elétricas" (*Annalen der Physik und Chemie*, jun. 1867). Os potenciais retardados em si são também indicados como potenciais de Lorenz. Note, no entanto, que é um erro comum em quase todos os livros e artigos sobre potenciais retardados que o físico e Prêmio Nobel holandês Hendrik A. Lorentz (1853-1928), cujo histórico aparece na Seção 4.12 deste texto, ganhe erroneamente o crédito pela invenção do gauge de Lorenz e os potenciais de Lorenz. Lorenz, agora juntamente com Lorentz, é também conhecido pela chamada fórmula de Lorentz-Lorenz para o índice de refração como função da densidade de um meio, concebido de forma independente pelos dois cientistas.

R entre P′ e P. Por isso, usamos a expressão para o laplaciano de V no sistema de coordenadas esféricas, Equação (2.97), com a origem de coordenadas em P′, então $r = R$, e os termos contendo as derivadas parciais em relação a θ e ϕ descartados, o que simplifica a versão fonte livre da Equação (8.92) para

$$\frac{1}{R^2}\frac{\partial}{\partial R}\left(R^2\frac{\partial V}{\partial R}\right) - \varepsilon\mu\frac{\partial^2 V}{\partial t^2} = 0 \quad (\rho = 0). \tag{8.95}$$

Com uma nova variável definida por

$$V = \frac{U}{R}, \tag{8.96}$$

além disso, torna-se

equação da onda de uma fonte livre unidimensional; c – velocidade das ondas eletromagnéticas

$$\boxed{\frac{\partial^2 U}{\partial R^2} - \frac{1}{c^2}\frac{\partial^2 U}{\partial t^2} = 0, \quad \text{onde} \quad c = \frac{1}{\sqrt{\varepsilon\mu}}.} \tag{8.97}$$

A constante c é a velocidade de propagação de perturbações eletromagnéticas no meio (dos parâmetros ε e μ). Se o meio é o ar (vácuo), substituindo os valores de ε_0 e μ_0 das equações (1.2) e (4.3) produz $c_0 = 1/\sqrt{\varepsilon_0\mu_0} \approx 3 \times 10^8$ m/s, o que equivale à velocidade da luz (e outras ondas eletromagnéticas) no espaço livre. A Equação (8.97) é conhecida como equação da onda de uma fonte livre unidimensional (pois tem apenas uma dimensão espacial ou "grau de liberdade", em termos da variável R). Em diversas notações, muitas vezes é encontrado no eletromagnetismo, bem como em outras áreas da ciência e da engenharia.

Qualquer função duas vezes diferenciável f da variável $t' = t - R/c$ é uma solução da Equação (8.97), que pode ser verificado por substituição direta. Ou seja, escrevendo U desta forma

$$U(R, t) = f(t') = f\left(t - \frac{R}{c}\right), \tag{8.98}$$

e usando a regra da cadeia para a tomada de derivados, as derivadas parciais de U em relação a t e R podem ser expressas como

$$\frac{\partial U}{\partial t} = \frac{\mathrm{d}f}{\mathrm{d}t'}\frac{\partial t'}{\partial t} = \frac{\mathrm{d}f}{\mathrm{d}t'}, \quad \frac{\partial U}{\partial R} = \frac{\mathrm{d}f}{\mathrm{d}t'}\frac{\partial t'}{\partial R} = -\frac{1}{c}\frac{\mathrm{d}f}{\mathrm{d}t'}. \tag{8.99}$$

De forma análoga, as expressões para as derivadas de segunda parcial são

$$\frac{\partial^2 U}{\partial t^2} = \frac{\partial}{\partial t}\frac{\mathrm{d}f}{\mathrm{d}t'} = \frac{\mathrm{d}^2 f}{\mathrm{d}t'^2}\frac{\partial t'}{\partial t} = \frac{\mathrm{d}^2 f}{\mathrm{d}t'^2}, \quad \frac{\partial^2 U}{\partial R^2} =$$
$$= \frac{\partial}{\partial R}\left(-\frac{1}{c}\frac{\mathrm{d}f}{\mathrm{d}t'}\right) = -\frac{1}{c}\frac{\mathrm{d}^2 f}{\mathrm{d}t'^2}\frac{\partial t'}{\partial R} = \frac{1}{c^2}\frac{\mathrm{d}^2 f}{\mathrm{d}t'^2}. \tag{8.100}$$

Substituindo essas expressões na Equação (8.97), vemos que a equação de onda é, de fato, satisfeita para a função f na Equação (8.98).[7] Além disso, observando que

$$U(R + \Delta R, t + \Delta t) = f\left(t + \Delta t - \frac{R + \Delta R}{c}\right) =$$
$$= f\left(t - \frac{R}{c}\right) \quad \text{se} \quad \Delta R = c\Delta t, \tag{8.101}$$

concluímos que, após um tempo Δt, a função f mantém o mesmo valor em um ponto que está $\Delta R = c\Delta t$ de distância da posição anterior no espaço (definida por R), conforme ilustrado na Figura 8.8. Isto significa que uma função arbitrária da forma $f\,(t - R/c)$ representa uma onda que viaja com uma velocidade c ($c = \Delta R/\Delta t = 1/\sqrt{\varepsilon\mu}$) na direção R positiva conforme o tempo t avança. Da Equação (8.96), agora temos

$$V = \frac{U}{R} = \frac{f(t - R/c)}{R}. \tag{8.102}$$

7 Pode-se verificar de uma forma similar que qualquer função duas vezes diferenciável da forma $f\,(t + R/c)$ é também uma solução da Equação (8.97). No entanto, como veremos mais adiante nesta seção, tal função não corresponde a uma solução fisicamente significativa para os potenciais, e é por isso que nós não consideramos na análise.

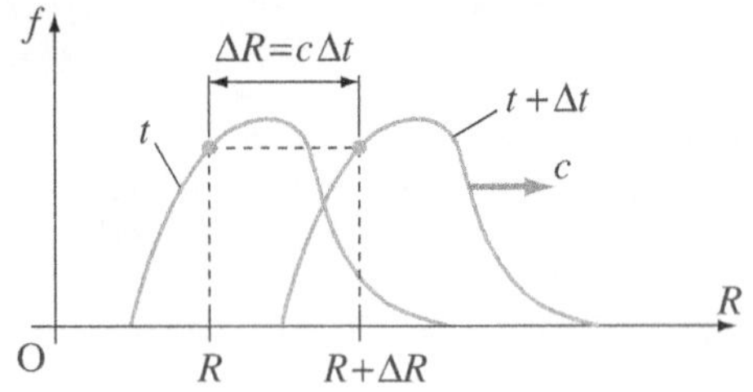

Figura 8.8

Esboço de uma função $f\ (t - R/c)$ em dois instantes de tempo, de acordo com a Equação (8.101), que mostra que qualquer função dessa forma representa uma onda viajando com velocidade c ao longo do eixo R.

A solução particular para a função $f(t')$ é determinada a partir da condição de seu valor nas imediações do ponto de origem que deve ser o mesmo que no quase estático solução para o potencial V devido ao $\rho\, \mathrm{d}v$ pois $R \to 0$. Por meio da Equação (6.19), o potencial quase estático é dado por

$$\frac{f(t)}{R} = \frac{1}{4\pi\varepsilon}\frac{\rho(t)\,\mathrm{d}v}{R} \quad (R \to 0). \tag{8.103}$$

Portanto, para um R arbitrário,

$$f(t') = \frac{1}{4\pi\varepsilon}\rho(t')\,\mathrm{d}v \longrightarrow V = \frac{1}{4\pi\varepsilon}\frac{\rho(t - R/c)\,\mathrm{d}v}{R}. \tag{8.104}$$

Por fim, o potencial escalar elétrico total é

potencial escalar elétrico retardado

$$\boxed{V(t) = \frac{1}{4\pi\varepsilon}\int_v \frac{\rho(t - R/c)\,\mathrm{d}v}{R},} \tag{8.105}$$

onde, para encurtar a explicação, por $V(t)$ queremos dizer $V\,(\mathbf{r}, t)$ e $\rho\,(t - R/c)$ representa $\rho\,(\mathbf{r}', t - R/c)$ na Figura 8.7. Note também que a distância R origem--campo, na integral, pode ser expressa como $R = |\mathbf{r} - \mathbf{r}'|$.

Por analogia (dualidade), a solução da Equação (8.94) para o componente x do potencial vetorial magnético é

$$A_x(t) = \frac{\mu}{4\pi}\int_v \frac{J_x(t - R/c)\,\mathrm{d}v}{R}, \tag{8.106}$$

que dá origem à expressão para o potencial vetorial magnético total no ponto P:

potencial vetorial magnético retardado

$$\boxed{\mathbf{A}(t) = \frac{\mu}{4\pi}\int_v \frac{\mathbf{J}(t - R/c)\,\mathrm{d}v}{R}.} \tag{8.107}$$

Os potenciais dados pelas equações (8.105) e (8.107) são chamados de Lorenz ou potenciais eletromagnéticos retardados. Sendo que o tempo t nas equações é o tempo no ponto de (observação) campo (P), enquanto $t' = t - R/c$ é o tempo no ponto de origem (P′), podemos concluir que há um atraso de tempo (retardo) entre as fontes e os potenciais (e, portanto, os campos) igual a

defasagem de tempo entre os pontos de origem e de observação

$$\boxed{\tau = \frac{R}{c}.} \tag{8.108}$$

Em outras palavras, as perturbações eletromagnéticas, causadas por uma variação temporal de fontes primárias $\rho\, \mathrm{d}v$ e $\mathbf{J}\mathrm{d}v$ no ponto P′, se propagam pela distância R na forma de ondas eletromagnéticas de velocidade c e são encaminhadas para os potenciais (e campos) no ponto P, após o tempo de propagação τ na Equação (8.108).[8] A velocidade das ondas, dada na Equação (8.97), depende apenas dos parâmetros ε e μ do meio em que as fontes são incorporadas. Como as ondas originadas pelas fontes primárias no ponto P′ expandem no mesmo ritmo em todas as direções radiais com relação a P′ e as perturbações correspondentes têm propriedades uniformes em todos os pontos de uma esfera de raio R (Figura 8.7), pertencem à classe das chamadas ondas eletromagnéticas esféricas. Além disso, nota-se que as magnitudes dos potenciais devido a fontes individuais elementares são inversamente proporcionais à distância R das fontes.

8.10 CÁLCULO DOS POTENCIAIS EM ALTA FREQUÊNCIA E CAMPOS NO DOMÍNIO COMPLEXO

Vamos agora supor um regime sinusoidal de estado estacionário no sistema na Figura 8.7 em altas frequências e converter as expressões no domínio do tempo para os potenciais de Lorenz nas equações (8.105) e (8.107) em seus equivalentes complexos. Para ver como o retardo do tempo é traduzido para o domínio complexo, considere uma corrente harmônica no tempo de intensidade $i(t) = I\sqrt{2}\cos(\omega t + \psi)$ e note que

$$i(t-\tau) = I\sqrt{2}\cos[\omega(t-\tau) + \psi] =$$
$$= \mathrm{Re}\left\{\underline{I}\sqrt{2}\,\mathrm{e}^{\mathrm{j}\omega(t-\tau)}\right\} = \mathrm{Re}\left\{\underline{I}\sqrt{2}\,\mathrm{e}^{-\mathrm{j}\omega\tau}\,\mathrm{e}^{\mathrm{j}\omega t}\right\}, \tag{8.109}$$

onde $\underline{I}$ é o valor rms complexo da corrente [ver equações (8.64) e (8.65)]. Isto significa que a mudança (retardo) no tempo por τ é equivalente à multiplicação por $\mathrm{e}^{-\mathrm{j}\omega\tau}$ no domínio complexo. Esse fator complexo contribui apenas para o ângulo de fase (argumento) do representante complexo da grandeza harmônica no tempo retardada, enquanto a sua magnitude é unitária. Para τ na Equação (8.108),

$$\mathrm{e}^{-\mathrm{j}\omega\tau} = \mathrm{e}^{-\mathrm{j}\omega R/c} = \mathrm{e}^{-\mathrm{j}\beta R}. \tag{8.110}$$

8 Agora está claro que a função do argumento $t' = t + R/c$ não pode ser uma solução fisicamente útil, uma vez que implicaria um atraso de tempo negativo, ou seja, que os efeitos de ρ e $\mathbf{J}$ são sentidos no ponto de campo antes que ocorram no ponto de origem.

A constante β, em unidades de rad/m, é chamada de coeficiente de fase ou número[9] de onda e é dada por

coeficiente de fase ou número de onda (unidade: *rad/m*)

$$\beta = \frac{\omega}{c} = \omega\sqrt{\varepsilon\mu} = \frac{2\pi f}{c} = \frac{2\pi}{\lambda}, \quad (8.111)$$

onde λ é o comprimento de onda, medido em metros e definido como a distância percorrida por uma onda durante um período T de variações harmônicas no tempo [ver Equação (8.49)],

comprimento de onda (unidade: *m*)

$$\lambda = cT = \frac{c}{f}. \quad (8.112)$$

Assim, o potencial escalar de Lorenz rms complexo, $\underline{V}$, e potencial vetorial, $\underline{\mathbf{A}}$, podem ser escritos como

potencial elétrico complexo de Lorenz

$$\underline{V} = \frac{1}{4\pi\varepsilon}\int_v \frac{\underline{\rho}\,\mathrm{e}^{-\mathrm{j}\beta R}\,\mathrm{d}v}{R}, \quad (8.113)$$

potencial magnético complexo de Lorenz

$$\underline{\mathbf{A}} = \frac{\mu}{4\pi}\int_v \frac{\underline{\mathbf{J}}\,\mathrm{e}^{-\mathrm{j}\beta R}\,\mathrm{d}v}{R}. \quad (8.114)$$

O domínio complexo da condição Lorenz vem a ser

$$\nabla\cdot\underline{\mathbf{A}} = -\mathrm{j}\omega\varepsilon\mu\underline{V}, \quad (8.115)$$

e a versão associada da equação de continuidade é aquela na Equação (8.82).

No caso de correntes superficiais harmônicas no tempo, e cargas de densidades complexas $\underline{\mathbf{J}}_s$ e $\underline{\rho}_s$ sobre uma superfície S, as expressões para os potenciais complexos nas equações (8.113) e (8.114) tornam-se [ver equações (1.83) e (4.109)]

potenciais complexos de Lorenz devido a fontes superficiais

$$\underline{V} = \frac{1}{4\pi\varepsilon}\int_S \frac{\underline{\rho}_s\,\mathrm{e}^{-\mathrm{j}\beta R}\,\mathrm{d}S}{R} \quad \text{e} \quad \underline{\mathbf{A}} = \frac{\mu}{4\pi}\int_S \frac{\underline{\mathbf{J}}_s\,\mathrm{e}^{-\mathrm{j}\beta R}\,\mathrm{d}S}{R}, \quad (8.116)$$

onde $\underline{\mathbf{J}}_s$ e $\underline{\rho}_s$ estão relacionados uns aos outros pela versão do domínio complexo da equação de continuidade para as correntes de superfície, Equação (8.42).

Por fim, para a linha de correntes harmônicas no tempo da intensidade complexa $\underline{I}$ e densidade de cargas complexa $\underline{Q}'$ ao longo de uma linha (por exemplo, um fio metálico) l, os potenciais complexos são obtidos como [ver equações (1.84) e (4.110)]

potenciais complexos de Lorenz para estruturas de fio

$$\underline{V} = \frac{1}{4\pi\varepsilon}\int_l \frac{\underline{Q}'\,\mathrm{e}^{-\mathrm{j}\beta R}\,\mathrm{d}l}{R} \quad \text{e} \quad \underline{\mathbf{A}} = \frac{\mu}{4\pi}\int_l \frac{\underline{I}\,\mathrm{d}\mathbf{l}\,\mathrm{e}^{-\mathrm{j}\beta R}}{R}, \quad (8.117)$$

e a equação da continuidade para fios, Equação (8.38), aplica-se.

O vetor intensidade de campo elétrico, **E**, e o vetor de densidade de fluxo magnético, **B**, no ponto P na Figura 8.7 já pode ser avaliado utilizando as equações (6.43) e (6.28). No caso harmônico no tempo,

vetores de campo em alta frequência dos potenciais

$$\underline{\mathbf{E}} = -\mathrm{j}\omega\underline{\mathbf{A}} - \nabla\underline{V} = -\mathrm{j}\omega\left[\underline{\mathbf{A}} + \frac{1}{\beta^2}\nabla(\nabla\cdot\underline{\mathbf{A}})\right], \quad (8.118)$$

$$\underline{\mathbf{B}} = \nabla\times\underline{\mathbf{A}}, \quad (8.119)$$

onde a forma complexa da condição Lorenz, Equação (8.115), é usada na Equação (8.118) para expressar o vetor intensidade do campo elétrico complexo em termos do potencial vetorial magnético complexo somente.

As equações (8.118) e (8.119), junto com as equações (8.113), (8.114), (8.116) e (8.117) representam um meio geral para o cálculo do campo eletromagnético ($\underline{\mathbf{E}}$, $\underline{\mathbf{B}}$), devido a uma distribuição arbitrária de fontes em alta frequência harmônicas no tempo em um meio homogêneo, linear e sem perdas. O cálculo envolve a integração ao longo do domínio de origem (para encontrar os potenciais) e depois a diferenciação no ponto de campo (para encontrar os campos potenciais). No entanto, operadores diferenciais nas equações (8.118) e (8.119) podem ser movidos das integrais e aplicados diretamente às funções da distância R aparecendo nas integrais, o que dá origem a uma forma alternativa para o cálculo de campo, com a ordem inversa das operações — primeiro diferenciação (em relação a R) e depois a integração (ao longo do domínio de origem). As duas operações podem ser executadas em uma ordem arbitrária, de forma independente uma da outra, porque o gradiente e o rotacional nas equações (8.118) e (8.119) são tomados com as coordenadas do ponto de campo (**r**) como variáveis independentes, enquanto as integrais nas equações (8.113), (8.114), (8.116) e (8.117) são avaliadas quanto às coordenadas no ponto de origem (**r**′). Nessa abordagem alternativa, o gradiente de V no caso de cargas volumétrico pode ser expresso como

$$\nabla\underline{V} = \frac{1}{4\pi\varepsilon}\nabla\int_v \frac{\underline{\rho}\,\mathrm{e}^{-\mathrm{j}\beta R}\,\mathrm{d}v}{R} = \frac{1}{4\pi\varepsilon}\int_v \nabla\frac{\underline{\rho}\,\mathrm{e}^{-\mathrm{j}\beta R}\,\mathrm{d}v}{R} = \frac{1}{4\pi\varepsilon}\int_v \underline{\rho}\,\mathrm{d}v\,\nabla\frac{\mathrm{e}^{-\mathrm{j}\beta R}}{R}, \quad (8.120)$$

onde a carga elementar $\underline{\rho}\mathrm{d}v$ pode ser trazida para fora do sinal do gradiente porque é uma função das coordenadas do ponto de origem (**r**′) e, portanto, representa uma constante para a tomada de derivados no ponto de campo. Usando a regra da cadeia,

$$\nabla\frac{\mathrm{e}^{-\mathrm{j}\beta R}}{R} = \frac{\mathrm{d}}{\mathrm{d}R}\left(\frac{\mathrm{e}^{-\mathrm{j}\beta R}}{R}\right)\nabla R = -\frac{(1+\mathrm{j}\beta R)\,\mathrm{e}^{-\mathrm{j}\beta R}}{R^2}\nabla R. \quad (8.121)$$

9 Note que o símbolo k também é usado para denotar o número de onda.

Para um sistema de coordenadas esférico centrado no ponto P′ na Figura 8.7, a fórmula na Equação (1.108) para o gradiente em coordenadas esféricas com a coordenada radial r, denotado por R ($r = R$) dá

gradiente de distância fonte-para-campo

$$\nabla R = \frac{\mathrm{d}R}{\mathrm{d}R}\hat{\mathbf{R}} = \hat{\mathbf{R}}, \tag{8.122}$$

onde, segundo nossa notação habitual, $\hat{\mathbf{R}}$ representa o vetor unitário ao longo de R,direcionado a partir do ponto de origem (P′) ao ponto de campo (P). Note que o gradiente da distância da fonte ao campo R pode ser calculado também ao expressarmos os vetores posição da fonte e dos pontos do campo na Figura 8.7, $\mathbf{r}'$ e $\mathbf{r}$, em termos de suas coordenadas cartesianas (retangulares) (x', y', z') e (x, y, z) [ver Equação (1.7)],

$$\mathbf{r}' = x'\,\hat{\mathbf{x}} + y'\,\hat{\mathbf{y}} + z'\,\hat{\mathbf{z}} \quad \text{e} \quad \mathbf{r} = x\,\hat{\mathbf{x}} + y\,\hat{\mathbf{y}} + z\,\hat{\mathbf{z}}, \tag{8.123}$$

respectivamente, a partir do qual

$$R = |\mathbf{r} - \mathbf{r}'| = \sqrt{(x-x')^2 + (y-y')^2 + (z-z')^2}. \tag{8.124}$$

O operador ∇ atua sobre as coordenadas do ponto de campo, e uma aplicação direta da fórmula de gradiente no sistema de coordenadas cartesianas, a Equação (1.102), com x, y e z como variáveis independentes (x', y' e z' são fixos nessa operação) leva ao resultado na Equação (8.122).[10] Assim, o vetor de intensidade do campo elétrico complexo devido às fontes de volume de alta frequência torna-se

campo elétrico complexo de alta frequência

$$\underline{\mathbf{E}} = -\mathrm{j}\omega\frac{\mu}{4\pi}\int_v \frac{\underline{\mathbf{J}}\,\mathrm{e}^{-\mathrm{j}\beta R}\,\mathrm{d}v}{R} + \frac{1}{4\pi\varepsilon}\int_v \underline{\rho}\,\mathrm{d}v\,\frac{(1+\mathrm{j}\beta R)\,\mathrm{e}^{-\mathrm{j}\beta R}}{R^2}\,\hat{\mathbf{R}}, \tag{8.125}$$

e expressões semelhantes podem ser escritas para as fontes de superfície e de linha.

De forma semelhante, o vetor densidade de fluxo magnético complexo, devido às correntes volumétrica em de alta frequência, pode ser expresso como

$$\underline{\mathbf{B}} = \nabla\times\underline{\mathbf{A}} = \frac{\mu}{4\pi}\nabla\times\int_v \frac{\underline{\mathbf{J}}\,\mathrm{e}^{-\mathrm{j}\beta R}\,\mathrm{d}v}{R} = \frac{\mu}{4\pi}\int_v \nabla\times\frac{\underline{\mathbf{J}}\,\mathrm{e}^{-\mathrm{j}\beta R}\,\mathrm{d}v}{R}. \tag{8.126}$$

A curvatura do produto da função escalar $\mathrm{e}^{-\mathrm{j}\beta R}/R$ e o elemento de corrente $\underline{\mathbf{J}}\,\mathrm{d}v$, que é uma função do vetor das coordenadas do ponto de origem, podem ser expandidos como[11]

$$\nabla\times\left(\frac{\mathrm{e}^{-\mathrm{j}\beta R}}{R}\underline{\mathbf{J}}\,\mathrm{d}v\right) = \left(\nabla\frac{\mathrm{e}^{-\mathrm{j}\beta R}}{R}\right)\times(\underline{\mathbf{J}}\,\mathrm{d}v) + \frac{\mathrm{e}^{-\mathrm{j}\beta R}}{R}[\nabla\times(\underline{\mathbf{J}}\,\mathrm{d}v)] = \left(\nabla\frac{\mathrm{e}^{-\mathrm{j}\beta R}}{R}\right)\times(\underline{\mathbf{J}}\,\mathrm{d}v) = (\underline{\mathbf{J}}\,\mathrm{d}v)\times\hat{\mathbf{R}}\,\frac{(1+\mathrm{j}\beta R)\,\mathrm{e}^{-\mathrm{j}\beta R}}{R^2}, \tag{8.127}$$

onde o gradiente de $\mathrm{e}^{-\mathrm{j}\beta R}/R$ é substituído pela expressão dada pelas equações (8.121) e (8.122) e o rotacional de $\underline{\mathbf{J}}\,\mathrm{d}v$ é zero porque $\underline{\mathbf{J}}\,\mathrm{d}v$ é uma constante para a diferenciação no ponto de campo. Isso produz a seguinte expressão integral para $\underline{\mathbf{B}}$:

campo magnético complexo em alta frequência

$$\underline{\mathbf{B}} = \frac{\mu}{4\pi}\int_v (\underline{\mathbf{J}}\,\mathrm{d}v)\times\hat{\mathbf{R}}\,\frac{(1+\mathrm{j}\beta R)\,\mathrm{e}^{-\mathrm{j}\beta R}}{R^2}, \tag{8.128}$$

com expressões análogas para $\underline{\mathbf{B}}$ em termos de $\underline{\mathbf{J}}_s$ e $\underline{I}$.

Se o intervalo de tempo τ na Equação (8.108) para todas as combinações de pontos de fonte e campo, em um domínio de interesse, é muito menor do que o período de tempo T na Equação (8.49) para fontes harmônicas no tempo, o efeito retardo no sistema pode ser desprezado e o sistema pode ser considerado quase estático. A definição de sistemas quase estáticos pode ser expressa também em termos do tamanho elétrico do sistema (ou a parte útil do sistema), ou seja, comparando a dimensão máxima D do domínio que contém todas as fontes e todos os pontos de campo de interesse, Figura 8.9, para o comprimento de onda λ dado nas equações (8.112) e (8.111). Ou seja, se

condição quase estática (Figura 8.9)

$$D \ll \lambda, \tag{8.129}$$

caso em que o domínio é considerado eletricamente pequeno, podemos escrever

$$\beta R = 2\pi\frac{R}{\lambda} \ll 1 \tag{8.130}$$

para todas as distâncias R no domínio ($R \le D$). Sendo que $\mathrm{e}^x \approx 1$ para $|x| \ll 1$, concluímos que $\mathrm{e}^{-\mathrm{j}\beta R}$ pode ser

10 Uma terceira forma de obter esse resultado importante (identidade), na Equação (8.122), de uma maneira menos formal e mais física, não associada a qualquer sistema de coordenadas em particular, usa a Equação (1.111), que expressa o significado físico do operador gradiente quanto à direção na qual a função em que opera muda mais depressa em coordenadas espaciais e da magnitude da relação máxima de mudança espacial. Ou seja, se realizarmos um experimento virtual de mover o ponto de campo P para um deslocamento elementar $\mathrm{d}l$ em várias direções ao redor de sua localização atual, a função R, isto é, a distância entre os pontos P′ e P, aumenta mais se P é movido ao longo da linha R existente (antes do movimento) na Figura 8.7, o que significa, de acordo com a Equação (1.111), que o gradiente de R está nessa direção, ou que o vetor unitário de ∇R é $\hat{\mathbf{R}}$ ($\nabla R = |\nabla R|\,\hat{\mathbf{R}}$). A Equação (1.111) também nos diz que a magnitude do ΔR é igual a essa mudança máxima de R, e isto é exatamente $\mathrm{d}l$ (R aumenta por $\mathrm{d}l$ se P se move para $\mathrm{d}l$ ao longo de R). Por conseguinte, $|\nabla R| = \mathrm{d}l/\mathrm{d}l = 1$, ou seja, ∇R é um vetor unitário e $\nabla R = 1\times\hat{\mathbf{R}} = \hat{\mathbf{R}}$.

11 Usando a regra para o cálculo da derivada do produto de duas funções, a onda do produto de uma função escalar, f, e uma função de vetor, $\mathbf{a}$, pode ser escrita como a seguinte expansão em termos do gradiente de f e da curva de $\mathbf{a}$: $\nabla\times(f\mathbf{a}) = (\nabla f)\times\mathbf{a} + f\,(\nabla\times\mathbf{a})$.

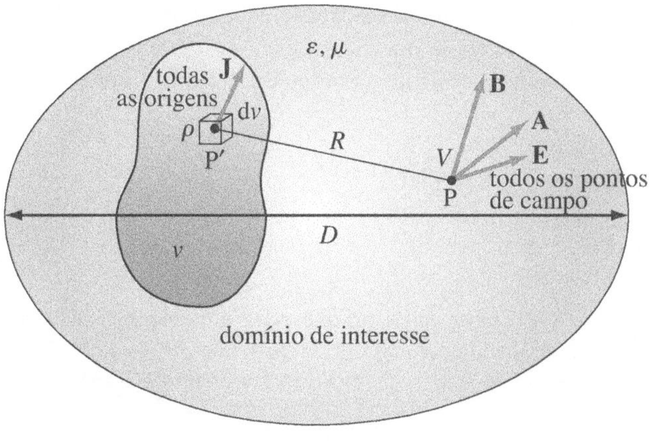

Figura 8.9

Para a definição de um sistema quase estático na Equação (8.129); D é a dimensão máxima do domínio que contém todas as fontes e todos os pontos de campo de interesse.

aproximado por 1 nas equações (8.113) e (8.114), que então simplificam para

potenciais quase estáticos

$$\underline{V} = \frac{1}{4\pi\varepsilon}\int_v \frac{\underline{\rho}\,\mathrm{d}v}{R} \quad \text{e} \quad \underline{\mathbf{A}} = \frac{\mu}{4\pi}\int_v \frac{\underline{\mathbf{J}}\,\mathrm{d}v}{R}. \qquad (8.131)$$

Estes são potenciais eletromagnéticos complexos, quase estáticos, não retardados, o mesmo que nas equações (6.19) e (6.29) no domínio do tempo (e espaço livre). Eles também podem ser obtidos resolvendo-se as versões quase estáticas das equações (8.92) e (8.93), que têm a mesma forma das equações estáticas correspondentes — equações de Poisson escalares e vetoriais, as equações (2.93) e (4.132). As formas quase estáticas da condição de Lorenz e equação de continuidade para as correntes de volume são as das equações (4.119) e (6.44), respectivamente.

Com $\beta R \approx 0$ nas equações (8.125) e (8.128), obtemos as seguintes expressões para os vetores de campo complexo quase estáticos (baixa frequência):

campos quase estáticos

$$\underline{\mathbf{E}} = -\mathrm{j}\omega\frac{\mu}{4\pi}\int_v \frac{\underline{\mathbf{J}}\,\mathrm{d}v}{R} + \frac{1}{4\pi\varepsilon}\int_v \frac{\underline{\rho}\,\mathrm{d}v}{R^2}\hat{\mathbf{R}} \quad \text{e}$$

$$\underline{\mathbf{B}} = \frac{\mu}{4\pi}\int_v \frac{(\underline{\mathbf{J}}\,\mathrm{d}v)\times\hat{\mathbf{R}}}{R^2}. \qquad (8.132)$$

O primeiro termo do lado direito da primeira equação é a expressão complexo de domínio para o vetor intensidade de campo elétrico induzido ($\mathbf{E}_{\text{ind}}$) devido às correntes volumétricas lentamente variáveis no tempo, Equação (6.3), e o segundo termo corresponde ao campo elétrico Coulomb ($\mathbf{E}_q$) devido a excesso de cargas de volume, Equação (6.17), para parâmetros de meios arbitrários ε e μ. A segunda equação (para $\underline{\mathbf{B}}$) representa a lei de Biot-Savart para correntes de volume de baixa frequência no domínio complexo, a versão de espaço livre de domínio do tempo do qual é dado na Equação (6.27). Claro que expressões análogas às das equações (8.131) e (8.132) também podem ser escritas para potenciais complexos em baixa frequência e para vetores de campo devido a fontes superficiais e linha.[12]

Na prática, uma regra útil para quantificar a condição quase estática na Equação (8.129) é que um sistema eletromagnético dado (domínio) pode ser considerado eletricamente pequeno e a análise quase estática usada quando $D < 0{,}1\lambda$ ou, apenas em aplicações muito rigorosas, quando $D < 0{,}01\lambda$. O tamanho elétrico do sistema depende de seu tamanho físico e das propriedades do material, bem como da frequência de fontes harmônicas no tempo. Por exemplo, em $f = 60$ Hz no espaço livre ($c = c_0 = 3 \times 10^8$ m/s), o comprimento de onda é tão grande quanto $\lambda = c_0/f = 5.000$ km, de modo que o retardamento, mesmo em distâncias da ordem de 100 km, pode ser desconsiderado e tais grandes sistemas eletromagnéticos que se estendem por centenas de quilômetros podem ser tratados como domínios eletricamente pequenos. Em $f = 10$ GHz, por outro lado, mesmo sistemas eletromagnéticos muito pequenos cujas dimensões físicas são comparáveis a $\lambda = c_0/f = 3$ cm (supondo propagação em $c = c_0$) não pode ser analisados sem levar em conta o tempo de viagem das perturbações eletromagnéticas (ondas) de um ponto no sistema para outro.

Exemplo 8.12

Espira com uma corrente de alta frequência de amplitude constante

A espira de fio circular de raio a, no espaço livre, carrega uma corrente em alta frequência harmônica no tempo de intensidade $i(t) = I\sqrt{2}\cos\omega t$. Encontre (a) a densidade de carga na linha da espira e depois calcule (b) o potencial escalar elétrico, (c) o potencial vetorial magnético, (d) o vetor intensidade de campo elétrico, e (e) o vetor densidade de fluxo magnético em um ponto arbitrário do eixo da espira perpendicular ao seu plano.

Solução

(a) Realizaremos a análise no domínio complexo. Por meio da Equação (8.66), o representante complexo (valor rms) da intensidade da corrente $i(t)$ é $\underline{I} = I\mathrm{e}^{\mathrm{j}0} = I$. Observando que a versão de domínio complexo da equação de continuidade para os fios, Equação (8.38), lê

12 É importante ter em mente que as expressões em baixa frequência para os potenciais e campos eletromagnéticos são incluídas nas expressões de alta frequência correspondentes. Em outras palavras, podemos usar expressões de alta também em baixas frequências. No entanto, embora o resultado seja (mais ou menos) o mesmo, é matematicamente muito mais simples, e fisicamente mais claro, usar soluções de baixa frequência sempre que o critério quase estático na Equação (8.129) seja satisfeito.

equação de continuidade para fios na forma complexa

$$\frac{d\underline{I}}{dl} = -j\omega\underline{Q}' \quad (8.133)$$

e que $\underline{I}$ não muda, ou seja, $d\underline{I}/dl = 0$, ao longo da espira, podemos concluir que não há excesso de carga ao longo da espira.

(b) Como $\underline{Q}' = 0$ em todos os pontos da espira, a primeira expressão na Equação (8.117) nos diz que o potencial escalar elétrico é zero em todos os lugares no espaço.

(c) A partir da segunda expressão nas equações (8.117), o potencial vetorial magnético ao longo do eixo da espira normal ao plano da espira (ver Figura 4.6) parece ser

$$\underline{\mathbf{A}} = \frac{\mu_0}{4\pi}\oint_C \frac{\underline{I}\,\mathbf{dl}\,e^{-j\beta R}}{R} = \frac{\mu_0 \underline{I} e^{-j\beta R}}{4\pi R}\oint_C \mathbf{dl} = 0, \quad (8.134)$$

porque ambos $\underline{I}$ e R são constantes para o processo de integração e a integral de **dl** ao longo de qualquer caminho fechado é zero [ver Equação (4.173) e Figura 4.37]. No entanto, não existe tal simetria e, portanto, $\underline{\mathbf{A}} \neq 0$ para pontos de observação que não pertencem ao eixo ($R \neq$ const conforme o ponto de origem é movido em torno do laço no processo de integração).

(d) Uma vez que $\underline{V} = 0$ em todos os lugares, o mesmo é verdadeiro para $\nabla \underline{V}$, de modo que a Equação (8.118) produz $\underline{\mathbf{E}} = 0$ no eixo da espira (note que $\underline{\mathbf{E}} = -j\omega\underline{\mathbf{A}} \neq 0$ em outro lugar).

(e) Por fim, aplicando a Equação (8.128) para a geometria na Figura 4.6 e realizando a mesma integração (que inclui a decomposição de $d\underline{\mathbf{B}}$ em componentes radial e axial) como nas equações (4.14)–(4.19), obtemos a seguinte expressão para o vetor densidade de fluxo magnético complexo no eixo da espira:

$$\underline{\mathbf{B}} = \frac{\mu_0}{4\pi}\oint_C \underline{I}\,\mathbf{dl} \times \hat{\mathbf{R}}\,\frac{(1 + j\beta R)\,e^{-j\beta R}}{R^2} =$$
$$= \frac{\mu_0 \underline{I} a^2 (1 + j\beta R)\,e^{-j\beta R}}{2R^3}\,\hat{\mathbf{z}} \quad \left(R = \sqrt{a^2 + z^2}\right), \quad (8.135)$$

onde $\beta = \omega\sqrt{\varepsilon_0\mu_0}$. Usando a Equação (8.65), o seu valor instantâneo é

$$\mathbf{B}(t) = \mathrm{Re}\left\{\underline{\mathbf{B}}\sqrt{2}\,e^{j\omega t}\right\} =$$
$$= \frac{\mu_0 I\sqrt{2}a^2\sqrt{1 + \beta^2 R^2}}{2R^3}\cos(\omega t - \beta R + \arctan\beta R)\,\hat{\mathbf{z}}. \quad (8.136)$$

Note que **B** é diferente de zero no eixo da espira, apesar de **A** ser zero no eixo. Esses dois resultados não são contraditórios um com relação ao outro, dado que $\mathbf{A} \neq 0$ em pontos fora do eixo. Ou seja, a onda de uma função do vetor em um ponto é determinada não apenas pelo valor da função naquele ponto ou ao longo de uma linha específica (por exemplo, o eixo da espira), mas também por valores e dinâmicas da função em uma região de pequeno volume em torno do ponto (que, no nosso exemplo, inclui pontos fora do eixo da espira). Em outras palavras, traduzidas para uma situação unidimensional, não podemos julgar a derivada (inclinação) de uma curva $f(x)$ em $x = x_0$ apenas com base no valor de $f(x_0)$.

No caso de uma corrente de baixa frequência na espira, $\beta R \ll 1$ [ver Equação (8.130)] nas equações (8.135) e (8.136), o que leva às seguintes expressões quase estáticas para o vetor densidade de fluxo magnético no eixo da espira: $\underline{\mathbf{B}} = \mu_0 \underline{I} a^2\,\hat{\mathbf{z}}/(2R^3)$ (complexo) e $\mathbf{B}(t) = \mu_0 I\sqrt{2}a^2\cos\omega t\,\hat{\mathbf{z}}/(2R^3)$ (instantâneo). Observamos que essas expressões têm a mesma forma de seu equivalente (cc) estático na Equação (4.19).

Exemplo 8.13

Espira em uma corrente de alta frequência alternando ao longo do fio

Repetir o exemplo anterior, mas para uma espira com uma corrente de frequência alta de intensidade $i(t, \phi) = I_0\sqrt{2}\cos(\phi/2)\cos\omega t$ $(-\pi < \phi \leq \pi)$, mostrada na Figura 8.10(a).

Solução

(a) A intensidade de corrente rms complexa na espira é $\underline{I}(\phi) = I_0\cos(\phi/2)$. Da Equação (8.133) e da relação $dl = a\,d\phi$, a densidade da linha de carga rms complexa correspondente chega a

$$\underline{Q}' = \frac{j}{\omega}\frac{d\underline{I}}{dl} = \frac{j}{\omega a}\frac{d\underline{I}}{d\phi} = -\frac{jI_0}{2\omega a}\,\mathrm{sen}\,\frac{\phi}{2}. \quad (8.137)$$

(b) Usando a primeira expressão nas equações (8.117), o potencial escalar elétrico no eixo da espira [eixo z na Figura 8.10(a)], onde $R = \sqrt{a^2 + z^2}$, acaba por ser

$$\underline{V} = \frac{1}{4\pi\varepsilon_0}\oint_C \frac{\underline{Q}'(\phi)\,e^{-j\beta R}\,dl}{R} =$$
$$= -\frac{jI_0\,e^{-j\beta R}}{8\pi\varepsilon_0\omega R}\int_{\phi=-\pi}^{\pi}\mathrm{sen}\,\frac{\phi}{2}\,d\phi = 0. \quad (8.138)$$

(c) Referindo-se à Figura 8.10(b), o vetor de linha fundamental **dl** ao longo da espira pode ser representado como

$$\mathbf{dl} = -\,dl\,\mathrm{sen}\,\phi\,\hat{\mathbf{x}} + dl\cos\phi\,\hat{\mathbf{y}}. \quad (8.139)$$

Com isso, a integral vetorial na segunda expressão nas equações (8.117) pode ser decomposta em duas escalares, para os componentes x e y do potencial vetorial magnético ($\underline{A}_z = 0$). Para um ponto de observação no eixo z,

$$\underline{A}_x = -\frac{\mu_0}{4\pi}\oint_C \frac{\underline{I}(\phi)\,dl\,\mathrm{sen}\,\phi\,e^{-j\beta R}}{R} =$$
$$= -\frac{\mu_0 I_0 a\,e^{-j\beta R}}{4\pi R}\int_{-\pi}^{\pi}\cos\frac{\phi}{2}\,\mathrm{sen}\,\phi\,d\phi = 0 \quad (8.140)$$

(integral de uma função ímpar de ϕ dentro dos limites simétricos em relação a $\phi = 0$ é zero) e

$$\underline{A}_y = \frac{\mu_0}{4\pi}\oint_C \frac{\underline{I}(\phi)\,dl\cos\phi\,e^{-j\beta R}}{R} =$$
$$= \frac{\mu_0 I_0 a\,e^{-j\beta R}}{4\pi R}\int_{-\pi}^{\pi}\cos\frac{\phi}{2}\cos\phi\,d\phi =$$
$$= \frac{\mu_0 I_0 a\,e^{-j\beta R}}{8\pi R}\left(\int_{-\pi}^{\pi}\cos\frac{3\phi}{2}\,d\phi + \int_{-\pi}^{\pi}\cos\frac{\phi}{2}\,d\phi\right) =$$
$$= \frac{\mu_0 I_0 a\,e^{-j\beta R}}{3\pi R} \quad (8.141)$$

{$\cos A\cos B = [\cos(A + B) + \cos(A - B)]/2$}, onde $\beta = \omega\sqrt{\varepsilon_0\mu_0}$, assim que $\underline{\mathbf{A}} = \mu_0 I_0 a\,e^{-j\beta R}\,\hat{\mathbf{y}}/(3\pi R)$.

(d) No ponto P na Figura 8.10(a), a primeira parte da expressão na Equação (8.118) para o vetor intensidade de campo elétrico complexo é igual a $-j\omega \underline{A}_y \hat{\mathbf{y}}$ onde $\underline{A}_y$ é dado na Equação (8.141). A segunda parte, $-\nabla \underline{V}$, não é zero, apesar $V = 0$ [Equação (8.138)] no mesmo ponto. Além disso, é impossível encontrar grad V de V neste caso, porque conhecemos V, ou seja, sabemos que $V = 0$, somente em pontos ao longo do eixo z, que não é suficiente, como apontado na discussão das equações (8.135) e (8.136) no exemplo anterior. Portanto, devemos encontrar grad V diretamente calculando o campo, devido à carga da espira, como na Equação (8.125).

Os componentes x, y e z do vetor unitário $\hat{\mathbf{R}}$, ao longo da linha que liga a fonte e os pontos de campo na Figura 8.10(a), são obtidos da mesma maneira como para o vetor intensidade do campo elétrico elementar $\mathbf{dE}$ na Figura 1.12 [ver equações (1.46) e (1.47)],

$$\hat{\mathbf{R}} = -\frac{a}{R}\cos\phi\,\hat{\mathbf{x}} - \frac{a}{R}\operatorname{sen}\phi\,\hat{\mathbf{y}} + \frac{z}{R}\,\hat{\mathbf{z}}. \quad (8.142)$$

Substituindo essa expressão na Equação (8.125), o componente y de $\underline{\mathbf{E}}$ no eixo z é calculado como

$$\underline{E}_y = -j\omega\underline{A}_y + \frac{1}{4\pi\varepsilon_0}\oint_C \underline{Q}'(\phi)\,dl\,\frac{(1+j\beta R)\,e^{-j\beta R}}{R^2}\left(-\frac{a}{R}\operatorname{sen}\phi\right) =$$

$$= -j\omega\underline{A}_y + \frac{jI_0 a(1+j\beta R)\,e^{-j\beta R}}{8\pi\omega\varepsilon_0 R^3}\int_{-\pi}^{\pi}\operatorname{sen}\frac{\phi}{2}\operatorname{sen}\phi\,d\phi =$$

$$= -\frac{j\omega\mu_0 I_0 a\,e^{-j\beta R}}{3\pi R}\left(1 - \frac{1+j\beta R}{\beta^2 R^2}\right). \quad (8.143)$$

$\{\operatorname{sen} A \operatorname{sen} B = [\cos(A - B) - \cos(A + B)]/2\}$. Os outros dois componentes cartesianos de $\underline{\mathbf{E}}$ são zero, porque

$$\underline{E}_x \propto \int_{-\pi}^{\pi}\operatorname{sen}\frac{\phi}{2}\cos\phi\,d\phi = 0 \quad \text{e} \quad \underline{E}_z \propto \int_{-\pi}^{\pi}\operatorname{sen}\frac{\phi}{2}\,d\phi = 0, \quad (8.144)$$

portanto $\underline{\mathbf{E}} = \underline{E}_y\hat{\mathbf{y}}$.

(e) Por fim, o vetor densidade de fluxo magnético complexo no eixo do laço é encontrado a partir da expressão integral na Equação (8.135) com $\underline{I}$ (constante) substituído por $\underline{I}(\phi)$. Para representar o vetor elementar $\mathbf{dl} \times \hat{\mathbf{R}}$ por seus componentes cartesianos, adequado para a integração, podemos usar tanto a decomposição do vetor densidade de fluxo magnético elementar $\mathbf{dB}'$ na Figura 4.9, dada pelas equações (4.24) e (4.25), quanto o produto vetorial das expressões nas equações (8.139) e (8.142). O resultado é

$$\mathbf{dl} \times \hat{\mathbf{R}} = dl\,\frac{z}{R}\cos\phi\,\hat{\mathbf{x}} + dl\,\frac{z}{R}\operatorname{sen}\phi\,\hat{\mathbf{y}} + dl\,\frac{a}{R}\,\hat{\mathbf{z}}. \quad (8.145)$$

Portanto,

$$\underline{B}_x = \frac{\mu_0 I_0 az(1+j\beta R)\,e^{-j\beta R}}{4\pi R^3}\int_{-\pi}^{\pi}\cos\frac{\phi}{2}\cos\phi\,d\phi =$$

$$= \frac{\mu_0 I_0 az(1+j\beta R)\,e^{-j\beta R}}{3\pi R^3}, \quad (8.146)$$

$$\underline{B}_y = \frac{\mu_0 I_0 az(1+j\beta R)\,e^{-j\beta R}}{4\pi R^3}\int_{-\pi}^{\pi}\cos\frac{\phi}{2}\operatorname{sen}\phi\,d\phi = 0, \quad (8.147)$$

$$\underline{B}_z = \frac{\mu_0 I_0 a^2(1+j\beta R)\,e^{-j\beta R}}{4\pi R^3}\int_{-\pi}^{\pi}\cos\frac{\phi}{2}\,d\phi =$$

$$= \frac{\mu_0 I_0 a^2(1+j\beta R)\,e^{-j\beta R}}{\pi R^3}, \quad (8.148)$$

e a expressão final para o vetor B complexo:

$$\underline{\mathbf{B}} = \frac{\mu_0 I_0 a(1+j\beta R)\,e^{-j\beta R}}{3\pi R^3}\left(z\hat{\mathbf{x}} + 3a\hat{\mathbf{z}}\right). \quad (8.149)$$

Note que $\underline{\mathbf{B}}$ no ponto P não pode ser obtido a partir da expressão para $\underline{\mathbf{A}}$ na Equação (8.141), utilizando a Equação (8.119). Para ser capaz de encontrar $\underline{\mathbf{B}}$ como curl $\underline{\mathbf{A}}$, é necessário conhecer $\underline{\mathbf{A}}$ também em pontos vizinhos fora do eixo da espira.

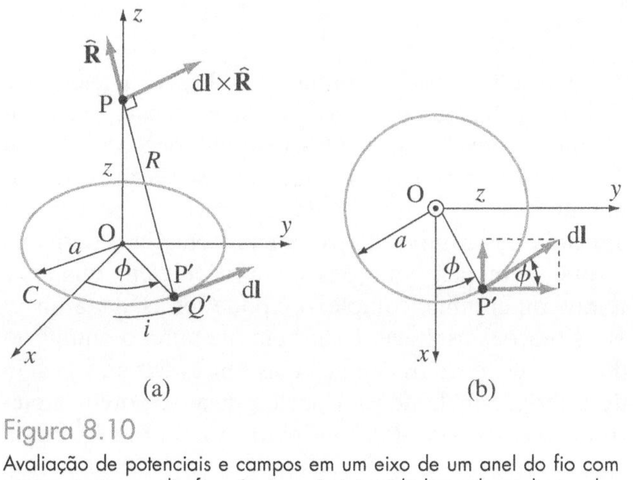

Figura 8.10

Avaliação de potenciais e campos em um eixo de um anel do fio com uma corrente em alta frequência, cuja intensidade muda ao longo do fio; para o Exemplo 8.13.

Exemplo 8.14

Corrente volumétrica em alta frequência em uma esfera

A corrente volumétrica em alta frequência harmônica no tempo é uniformemente distribuída dentro de uma esfera de raio a, como mostrado na Figura 8.11. A densidade de corrente rms complexa é $\underline{\mathbf{J}} = \underline{J}\,\hat{\mathbf{z}}$, e sua frequência, em radianos, é ω. Os parâmetros de meio são ε_0 e μ_0 em toda parte. Encontre (a) a distribuição volumétrica de cargas e as cargas superficiais internas da esfera e sobre sua superfície, respectivamente, (b) os potenciais de Lorenz no centro da esfera, e (c) o vetor intensidade de campo elétrico no centro da esfera.

Solução

(a) Como $\underline{\mathbf{J}}$ = const em todos os pontos dentro da esfera, a divergência de $\underline{\mathbf{J}}$ é zero. A equação de continuidade na forma diferencial e no domínio complexo para correntes de volume de alta frequência harmônicas no tempo, Equação (8.82), então nos diz que $\underline{\rho} = 0$, ou seja, não há carga de volume em excesso na esfera.

Para encontrar a distribuição de carga superficial na esfera, consideramos a condição de contorno para os componentes normais do vetor densidade de corrente em alta frequência no domínio complexo, Equação (8.86). Marcando o espaço externo (sem corrente) como região 1 ($\underline{\mathbf{J}}_1 = 0$) e interior da esfera como região 2 ($\underline{\mathbf{J}}_2 = \underline{\mathbf{J}}$), a densidade de carga superficial complexa no ponto M na Figura 8.11 é obtida praticamente da mesma forma que a densidade de carga superficial limite ρ_{ps} na Figura 2.7 e Equação (2.30):

$$\underline{\rho}_s = \frac{j}{\omega}\left(\hat{\mathbf{n}}\cdot\underline{\mathbf{J}}_1 - \hat{\mathbf{n}}\cdot\underline{\mathbf{J}}_2\right) = -\frac{j}{\omega}\,\hat{\mathbf{n}}\cdot\underline{\mathbf{J}} =$$

$$= -\frac{j}{\omega}\,\underline{J}\cos\theta, \quad 0 \le \theta \le \pi. \quad (8.150)$$

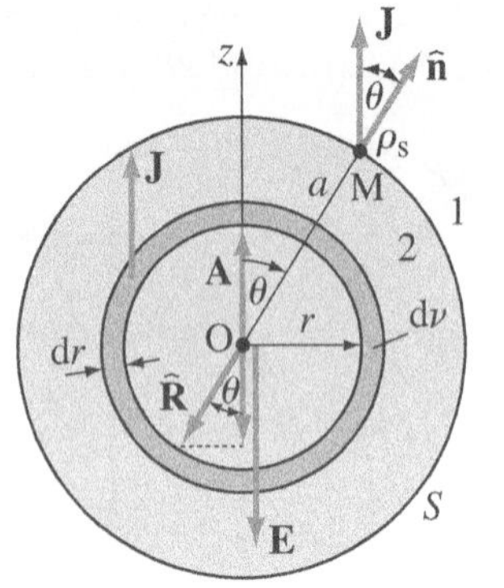

Figura 8.11

Avaliação dos potenciais de Lorenz e campo elétrico no centro de uma esfera com uma corrente volumétrica harmônica no tempo em alta frequência uniformemente distribuída; para o Exemplo 8.14.

(b) Para encontrar o potencial escalar elétrico complexo no centro da esfera (ponto O na Figura 8.11), usamos a expressão correspondente na integral para cargas superficiais, nas equações (8.116). Observando que $R = a$, neste caso, temos

$$\underline{V} = \frac{1}{4\pi\varepsilon_0}\oint_S \frac{\underline{\rho}_s \, e^{-j\beta R}\, dS}{R} = $$

$$= \frac{e^{-j\beta a}}{4\pi\varepsilon_0 a}\oint_S \underline{\rho}_s(\theta)\, dS = 0 \quad (R = a), \tag{8.151}$$

como é óbvio, pois a distribuição de carga dada pela Equação (8.150) é assimétrica com relação ao plano $z = 0$, que a carga total sobre S é zero.

Para o potencial vetorial magnético, usamos a expressão integral para $\underline{\mathbf{A}}$, devido às correntes volumétricas, Equação (8.114). Sendo que $\underline{\mathbf{J}}$, como uma constante, pode ser trazido para fora do sinal de integral, é preciso integrar somente com relação a R. Além disso, desde que o ponto de observação é o centro da esfera, R é igual à coordenada esférica r na Figura 8.11, e adotamos dv na forma de uma fina casca esférica de raio r e espessura dr. O volume da casca é dado na Equação (1.33). Por isso,

$$\underline{\mathbf{A}} = \frac{\mu_0}{4\pi}\int_v \frac{\underline{\mathbf{J}}\, e^{-j\beta R}\, dv}{R} = \frac{\mu_0 \underline{\mathbf{J}}}{4\pi}\int_{r=0}^{a} \frac{e^{-j\beta r}}{r}\underbrace{4\pi r^2\, dr}_{dv} =$$

$$= \mu_0 \underline{\mathbf{J}}\int_0^a r\, e^{-j\beta r}\, dr = \frac{\mu_0 \underline{\mathbf{J}}}{\beta^2}\left[(1 + j\beta a)\, e^{-j\beta a} - 1\right],$$

$$\beta = \omega\sqrt{\varepsilon_0\mu_0} \quad (R = r), \tag{8.152}$$

onde a última integral é resolvida por integração por partes $[\int x e^{-x}\, dx = -(1 + x)\, e^{-x} + C]$.

(c) Finalmente, para encontrar o vetor intensidade do campo elétrico complexo no ponto O, começamos com a Equação (8.125) e executamos, essencialmente, o mesmo procedimento de integração de superfície como na Equação (2.32) para a esfera dielétrica uniformemente polarizada sob condições estáticas na Figura 2.7:

$$\underline{\mathbf{E}} = -j\omega\underline{\mathbf{A}} + \frac{1}{4\pi\varepsilon_0}\oint_S \rho_s(\theta)\, dS' \, \frac{(1 + j\beta R)\, e^{-j\beta R}}{R^2}\,\hat{\mathbf{R}} = -j\omega\underline{\mathbf{A}} +$$

$$+ \frac{j J (1 + j\beta a)\, e^{-j\beta a}}{2\varepsilon_0\omega}\,\hat{\mathbf{z}}\int_{\theta=0}^{\pi} \cos^2\theta \,\text{sen}\,\theta\, d\theta =$$

$$= \frac{j\underline{\mathbf{J}}}{\omega\varepsilon_0}\left[1 - \frac{2}{3}(1 + j\beta a)\, e^{-j\beta a}\right] \quad (R = a), \tag{8.153}$$

onde $\hat{\mathbf{R}}$ na integral é substituída pela sua componente z, $\cos\theta\,\hat{\mathbf{z}}$, como é óbvio (antes da integração) que $\mathbf{E}$ tem um componente z somente, devido à simetria. Além disso, desde que a função no integrando depende do ângulo θ apenas, a superfície dS' na Figura 2.7 é estendida à superfície dS na forma de um fino anel de raio a sen θ e largura dθ [ver a expressão para dS na Equação (1.65)] — a nossa estratégia de integração de superfície é sempre adotar a maior dS possível (Seção 1.4).

Note que o domínio esférico com uma corrente volumétrica uniforme na Figura 8.11 pode representar uma esfera dielétrica uniformemente polarizada com vetor polarização harmônico no tempo em alta frequência $\underline{\mathbf{P}} = \hat{\mathbf{z}}\underline{P}$ de frequência angular ω. Em tal modelo, $\underline{\mathbf{J}}$ seria o vetor de densidade de corrente de polarização no dielétrico, $\underline{\mathbf{J}} \to \underline{\mathbf{J}}_p = j\omega\underline{\mathbf{P}}$ [ver Equação (8.13)] e $\underline{\rho}_s$ na Equação (8.150) para a densidade de carga de superfície de polarização associada (ligada) sobre a superfície dielétrica, $\underline{\rho}_s \to \underline{\rho}_{ps} = \hat{\mathbf{n}}_d \cdot \underline{\mathbf{P}}$ [ver Equação (2.30)]. Enquanto calcula os potenciais $\underline{V}$ e $\underline{\mathbf{A}}$ e o campo $\underline{\mathbf{E}}$ devido ao dielétrico polarizado, as distribuições de corrente e carga $\underline{\mathbf{J}}_p$ e $\underline{\rho}_{ps}$ podem ser consideradas no vácuo [os parâmetros de meio nas equações (8.151)-(8.153) são ε_0 e μ_0]. Se a esfera dielétrica é eletricamente pequena, ou seja, se $a \ll \lambda$ ou $\beta a \ll 1$, então o resultado na Equação (8.153) se reduz a

$$\underline{\mathbf{E}} = \frac{j\underline{\mathbf{J}}}{3\omega\varepsilon_0} = -\frac{1}{3\varepsilon_0}\frac{\underline{\mathbf{J}}_p}{j\omega} = -\frac{\underline{\mathbf{P}}}{3\varepsilon_0} \quad (a \ll \lambda). \tag{8.154}$$

Este é o resultado quase estático (baixa frequência) do problema de uma esfera dielétrica uniformemente polarizada no regime harmônico no tempo. Percebemos que tem a mesma forma como a expressão na Equação (2.32) para o vetor intensidade de campo elétrico no centro de uma esfera dielétrica com polarização uniforme estática (invariante no tempo).

8.11 TEOREMA DE POYNTING

O restante deste capítulo é dedicado à energia e considerações de potência associadas ao campo eletromagnético geral e suas fontes. O ponto focal do material é o teorema de Poynting, que representa a expressão matemática do princípio da conservação de energia aplicada aos campos eletromagnéticos. Ela é derivada diretamente das equações de Maxwell em qualquer tempo ou domínio complexo, e pode ser usada também em situações estáticas. O teorema detalha o equilíbrio da potência para os campos e as fontes em uma região de interesse incluindo a transferência de potência eletromagnética para dentro e para fora da região. Nesta seção, supomos uma dependência temporal arbitrária de fontes e discutimos o teorema de Poynting no domínio do tempo; a formulação do teorema no domínio complexo (frequência), por fontes harmônicas no tempo, é apresentada na próxima seção.

Considere um domínio espacial arbitrário de volume v com correntes de variação rápida no tempo da densidade $\mathbf{J}$, das densidades de cargas ρ e vetores campo eletromagnéticos $\mathbf{E}, \mathbf{H}, \mathbf{D}$ e $\mathbf{B}$. Supomos que o domínio é preenchido com um material linear, isotrópico, geralmente não homogêneo e com perdas de permissividade ε, permeabilidade μ e condutividade σ. Sejam as fontes volumétrica de energia elétrica externa (excitações) no domínio representadas por um campo elétrico impresso (análogo a um gerador de tensão ideal na teoria de circuito) de intensidade $\mathbf{E}_i$.

Começamos com equações de Maxwell para o campo eletromagnético de variação rápida no tempo na forma diferencial e no domínio do tempo, as equações (8.24), e usamos o produto escalar de ambos os lados da primeira equação com $\mathbf{H}$ e a segunda com $-\mathbf{E}$, e depois somamos as duas assim obtidas. O que obtemos é

$$\mathbf{H} \cdot (\nabla \times \mathbf{E}) - \mathbf{E} \cdot (\nabla \times \mathbf{H}) = = -\mathbf{H} \cdot \frac{\partial \mathbf{B}}{\partial t} - \mathbf{E} \cdot \mathbf{J} - \mathbf{E} \cdot \frac{\partial \mathbf{D}}{\partial t}. \qquad (8.155)$$

A expressão no lado esquerdo dessa equação é igual à divergência do produto vetorial de $\mathbf{E}$ e $\mathbf{H}$.[13] Além disso, usando as equações constitutivas para $\mathbf{B}$ e $\mathbf{D}$ no meio linear [veja equações (8.23)], os dois termos com os derivados do tempo podem ser escritos como

$$\mathbf{H} \cdot \frac{\partial \mathbf{B}}{\partial t} = \mu H \frac{\partial H}{\partial t} = \frac{\partial}{\partial t}\left(\frac{1}{2}\mu H^2\right) \qquad (8.156)$$

e similarmente para $\mathbf{E} \cdot \partial \mathbf{D}/\partial t$. Por fim, a partir da equação constitutiva para $\mathbf{J}$ (em um meio linear condutor), que incorpora o vetor intensidade do campo elétrico impresso, Equação (3.109),

$$\mathbf{E} \cdot \mathbf{J} = \left(\frac{\mathbf{J}}{\sigma} - \mathbf{E}_i\right) \cdot \mathbf{J} = \frac{J^2}{\sigma} - \mathbf{E}_i \cdot \mathbf{J}. \qquad (8.157)$$

Assim, a Equação (8.155) pode ser reformulada para ler

$$\mathbf{E}_i \cdot \mathbf{J} = \frac{J^2}{\sigma} + \frac{\partial}{\partial t}\left(\frac{1}{2}\varepsilon E^2 + \frac{1}{2}\mu H^2\right) + \nabla \cdot (\mathbf{E} \times \mathbf{H}). \qquad (8.158)$$

Multiplicando ambos os lados desta nova equação por um volume elementar dv e integrando-as sobre o volume total v produz

teorema de Poynting

$$\int_v \mathbf{E}_i \cdot \mathbf{J}\, dv = \int_v \frac{J^2}{\sigma}\, dv + \frac{d}{dt}\int_v \left(\frac{1}{2}\varepsilon E^2 + \frac{1}{2}\mu H^2\right) dv + + \oint_S (\mathbf{E} \times \mathbf{H}) \cdot d\mathbf{S}, \qquad (8.159)$$

onde S é a superfície fechada delimitadora v e o teorema da divergência, Equação (1.173), é aplicado para converter a integral de volume da divergência do vetor $\mathbf{E} \times \mathbf{H}$ sobre v para o fluxo líquido externo (integral de superfície) do mesmo vetor através de S.

A Equação (8.159) é conhecida como teorema de Poynting. Tendo em mente a Equação (3.123), reconhecemos que a integral no lado esquerdo da Equação (8.159) é igual à potência gerada instantânea total P_i das fontes (representada pelo campo impresso) no domínio v. Os termos no lado direito da equação mostram como essa potência é usada. O primeiro termo é igual à potência total instantânea de perdas (ôhmica) Joule, P_J, em v [ver Equação (3.32)], ou seja, a parte do P_i que é perdida por calor. Para interpretar o segundo termo, lembramos que as energias elétrica e magnética instantâneas totais, armazenadas em v, podem ser obtidas das integrais sobre v dadas pelas equações (2.202) e (7.109), respectivamente. Somando essas energias, chegamos à energia eletromagnética instantânea armazenada total W_{em} em v,

energia eletromagnética armazenada em um domínio v

$$W_{em} = W_e + W_m = \int_v w_e\, dv + \int_v w_m\, dv = = \int_v \frac{1}{2}\varepsilon E^2\, dv + \int_v \frac{1}{2}\mu H^2\, dv. \qquad (8.160)$$

Isto significa que o segundo termo no lado direito da Equação (8.159) representa a razão da variação do tempo da energia total localizada no campo eletromagnético em v. Por fim, com base na conservação de energia, o último termo na Equação (8.159) deve ser igual à energia líquida total instantânea (razão de energia) que sai do domínio através da superfície S encerrando-a. O vetor $\mathbf{E} \times \mathbf{H}$ tem a dimensão de uma densidade de potência de superficial

13 A divergência do produto vetorial de vetores $\mathbf{E}$ e $\mathbf{H}$ (ou quaisquer dois vetores), $\nabla \cdot (\mathbf{E} \times \mathbf{H})$, pode ser expressa em termos da curva de $\mathbf{E}$ e curva de $\mathbf{H}$ usando a fórmula para a derivada do produto de duas funções, na qual a derivada (operador del) primeiro age em uma função ($\mathbf{E}$) e depois na outra ($\mathbf{H}$). Isto combinado com o fato de que a permutação cíclica da ordem de vetores não altera o produto escalar triplo dos três vetores, $\mathbf{a} \cdot (\mathbf{b} \times \mathbf{c}) = \mathbf{c} \cdot (\mathbf{a} \times \mathbf{b}) = -\mathbf{b} \cdot (\mathbf{a} \times \mathbf{c})$, com $\mathbf{a}$, $\mathbf{b}$ e $\mathbf{c}$ substituído formalmente por vetores ∇, $\mathbf{E}$, e $\mathbf{H}$, respectivamente, dá

$$\nabla \cdot (\mathbf{E} \times \mathbf{H}) = \mathbf{H} \cdot (\nabla \times \mathbf{E}) - \mathbf{E} \cdot (\nabla \times \mathbf{H}).$$

Claro, esta identidade, como todas as outras identidades similares de cálculo vetorial, pode ser verificada representando $\mathbf{E}$ e $\mathbf{H}$ por seus componentes no sistema de coordenadas cartesianas e aplicando fórmulas para a divergência e ondulação nas Equações (1.167) e (4.81).

APARTE HISTÓRICO

John Henry Poynting (1852-1914), físico inglês, foi professor de física na Faculdade Mason (mais tarde Universidade de Birmingham). Poynting estudou na Owens College (hoje Universidade de Manchester) de 1867 a 1872 e depois entrou para o Trinity College da Cambridge University e graduou-se em 1876. Em 1880, ele foi indicado como primeiro professor de física na Mason College, posteriormente, na Universidade de Birmingham, posição que ocupou até sua morte. Baseado nos conceitos de campo e energia de Faraday (1791-1867) e Maxwell (1831-1879) [em *Uma teoria dinâmica do campo eletromagnético* (1865), Maxwell afirmou que "a energia nos fenômenos eletromagnéticos estava no campo eletromagnético, no espaço circundante e eletrificado e nos corpos magnéticos, bem como nos próprios corpos"], Poynting desenvolveu a teoria de transferência de energia eletromagnética, conhecida hoje como teorema de Poynting. Em seu famoso ensaio "Sobre a transferência de energia no campo eletromagnético" (1884), ele mostrou que o fluxo de energia eletromagnética (razão de energia) em um ponto pode ser expresso por uma fórmula simples em termos de forças elétricas e magnéticas (ou vetores de campo) naquele ponto, e o vetor que descreve esse fluxo leva seu nome também (vetor de Poynting). Também fez medições precisas da densidade da Terra (em 1891) e da constante gravitacional (em 1893), utilizando o método do equilíbrio de torção iniciado por Henry Cavendish (1731-1810). Em 1903, Poynting sugeriu a existência de um efeito combinado da gravidade do sol e da radiação que faz pequenas partículas que orbitam o sol lentamente girarem em espiral a ele; ideia mais tarde (em 1937) desenvolvida por Howard Percy Robertson (1903-1961), e agora conhecida como o efeito Poynting-Robertson. (*Retrato: Biblioteca do Congresso*).

(potência por unidade de área), e é assim expressa in W/m^2 (a unidade para E, V/m, vezes a unidade para H, A/m). É chamado de vetor Poynting e é designado por $\mathcal{P}$ (**P** caligráfico),

vetor de Poynting (unidade: W/m^2)

$$\boxed{\mathcal{P} = \mathbf{E} \times \mathbf{H}.} \quad (8.161)$$

Note que **S** é também amplamente usado para denotar o vetor de Poynting. Vemos que $\mathcal{P}$ é perpendicular tanto a **E** quanto a **H**. Sua magnitude depende das magnitudes dos vetores intensidade de campo elétrico e magnético e do ângulo entre eles: $\mathcal{P} = EH \operatorname{sen} \angle(\mathbf{E}, \mathbf{H})$.

A potência transferida através de S (fluxo de potência), P_f, pode agora ser escrita como

fluxo de potência através de uma superfície fechada S (unidade: W)

$$\boxed{P_f = \oint_S \mathcal{P} \cdot d\mathbf{S}.} \quad (8.162)$$

Essa afirmação por si só, isto é, que o fluxo externo líquido do vetor de Poynting através de qualquer superfície fechada (S) é igual à potência instantânea que sai do domínio fechado (v), também é, com frequência, considerado teorema de Poynting. Localmente, o vetor de Poynting é uma medida da razão de fluxo de energia por unidade de área em qualquer ponto sobre a superfície S. De modo mais preciso, como o fluxo de energia através de uma superfície elementar dS em S é

$$dP_f = \mathcal{P} \cdot d\mathbf{S} = \mathcal{P} dS \cos\alpha = \underbrace{\mathcal{P}\cos\alpha}_{\mathcal{P}_n} dS = \mathcal{P}_n\, dS, \quad (8.163)$$

onde α é o ângulo entre $\mathcal{P}$ e d**S** (ou seja, a normal para dS), a densidade de energia local de superfície em um ponto em S, dP_f /dS, é igual à componente normal de $\mathcal{P}$ em relação à área dS, $\mathcal{P}_n$, enquanto o componente tangencial de $\mathcal{P}$, $\mathcal{P}_t = \mathcal{P} \operatorname{sen} \alpha$, não contribui para a transferência de energia. Notamos que dP_f pode ser positivo (para $0 \le \alpha < \pi/2$), o que significa que essa quantidade de energia, de fato, deixa o domínio v através de dS, negativo (para $\pi/2 < \alpha \le \pi$), caso em que o sentido real do fluxo de energia acontece a partir do espaço que envolve o domínio e a potência | dP_f | entra em v através de dS, ou zero (para $\alpha = \pi/2$), implicando a ausência de fluxo de energia através dessa área em particular. Além disso, dP_f pode também ser representado como

$$dP_f = \mathcal{P} \underbrace{dS\cos\alpha}_{dS_n} = \mathcal{P} dS_n, \quad (8.164)$$

onde dS_n é a projeção de dS no plano normal para $\mathcal{P}$ (ver Figura 1.30), a completa magnitude de $\mathcal{P}$ é igual à densidade de potência superficial, se calculado através de uma superfície elementar posicionada normal a $\mathcal{P}$. Em outras palavras, o fluxo de energia através de um elemento de superfície de uma área é máximo quando é definido normal para as linhas de $\mathcal{P}$. Conclui-se que (1) a direção do vetor de Poynting, em um ponto, coincide com a direção do fluxo de energia naquele ponto e (2) a magnitude do vetor de Poynting é igual à densidade de potência máxima transferida da superfície em um ponto.

Se as excitações em v são representadas por uma corrente volumétrica elétrica impressa (análoga a um gerador de corrente ideal em teoria de circuito) de densidade $\mathbf{J}_i$, a Equação (8.157) torna-se

$$\mathbf{E} \cdot \mathbf{J} = \mathbf{E} \cdot (\sigma\mathbf{E} + \mathbf{J}_i) = \sigma E^2 + \mathbf{E} \cdot \mathbf{J}_i, \quad (8.165)$$

onde a versão da equação linear constitutiva para **J** que leva em conta o vetor densidade de corrente impressa, Equação (3.124), é usada. Isso leva à seguinte formulação do teorema de Poynting:

$$-\int_v \mathbf{E}\cdot\mathbf{J}_\mathrm{i}\,\mathrm{d}v = \int_v \sigma E^2\,\mathrm{d}v + \\ + \frac{\mathrm{d}}{\mathrm{d}t}\int_v\left(\frac{1}{2}\varepsilon E^2 + \frac{1}{2}\mu H^2\right)\mathrm{d}v + \oint_S \mathcal{P}\cdot\mathrm{d}\mathbf{S}, \quad (8.166)$$

com o termo no lado esquerdo da equação (incluindo o sinal de menos), sendo a fonte de energia instantânea total P_i gerada pela corrente impressa em v [ver Equação (3.129)].

O teorema de Poynting, dado pelas equações (8.159) ou (8.166), pode ser escrito de forma concisa como

teorema de Poynting na forma condensada

$$P_\mathrm{i}(t) = P_\mathrm{J}(t) + \frac{\mathrm{d}W_\mathrm{em}}{\mathrm{d}t} + P_\mathrm{f}(t). \quad (8.167)$$

Em um instante t, todos os termos dessa equação podem ser tanto positivos quanto negativos, exceto P_J (t), que é sempre não negativo (não pode haver perda de Joule negativa). Um P_i (t) negativo significa que as fontes impressas (geradores) recebem energia do campo eletromagnético em v e/ou cerca-a. Quando $\mathrm{d}W_\mathrm{em}/\mathrm{d}t < 0$, a energia eletromagnética em v diminui, ou seja, o campo em v oferece um pouco de sua energia armazenada para as fontes em v e/ou para a região fora de S, além da conversão de energia para aquecer todo v na forma de perdas Joule. Por fim, um P_f (t) negativo implica que o fluxo de potência líquida instantânea é direcionado a partir do espaço exterior para o interior de v, onde a energia é recebida em parte pelas fontes e/ou campo e, em parte, dissipada como calor em v.

Vamos listar vários casos especiais da aplicação do teorema de Poynting geral na Equação (8.167). (1) Se a região de interesse (v) é ocupada pelo campo eletromagnético invariante no tempo (estático), o termo $\mathrm{d}W_\mathrm{em}/\mathrm{d}t$ desaparece e os termos restantes são constantes no tempo. (2) Quando a região v não contém fontes impressas, P_i $(t) = 0$ em todos os momentos. (3) No caso de um material sem perdas ao longo de v, P_J $(t) = 0$ sempre. (4) Por fim, para um domínio delimitado por uma superfície CEP (S), P_f $(t) = 0$ para qualquer t e qualquer distribuição de campo em v, porque o campo eletromagnético em um CEP é sempre zero em condições não estáticas (ver Exemplo 8.6) e, por conseguinte, não pode haver troca de energia através de S com um ambiente CEP.

O teorema de Poynting, em suas várias formas, é de grande importância teórica e prática no eletromagnetismo, e será usado em muitas ocasiões nos capítulos restantes deste texto. Os exemplos nesta e na próxima seção são destinados a ilustrar a sua aplicação e utilidade em várias configurações características com diferentes geometrias e regimes de operação.

Exemplo 8.15

Vetor de Poynting em um cabo coaxial com fuga em um regime cc

Um cabo coaxial com condutores perfeitos e um dielétrico imperfeito de condutividade σ_d e permeabilidade μ_0 é conectado em uma extremidade a um gerador de tensão ideal de fem invariante no tempo $\mathcal{E}$, enquanto a outra extremidade do cabo é aberta, como mostrado na Figura 8.12(a). O raio do condutor interno e o raio interno do condutor externo são a e b, respectivamente, e o comprimento do cabo é l. Encontre o fluxo do vetor de Poynting através de um corte transversal arbitrário desse cabo.

Solução Há uma corrente contínua volumétrica de fuga (cc) através do dielétrico do cabo, conforme mostrado na Figura 3.20. Com base nas equações (3.175) e (3.178) com $R_\mathrm{L} \to \infty$ (a linha é aberta), e empregando a expressão para a condutância por unidade de comprimento do cabo (G'), Equação

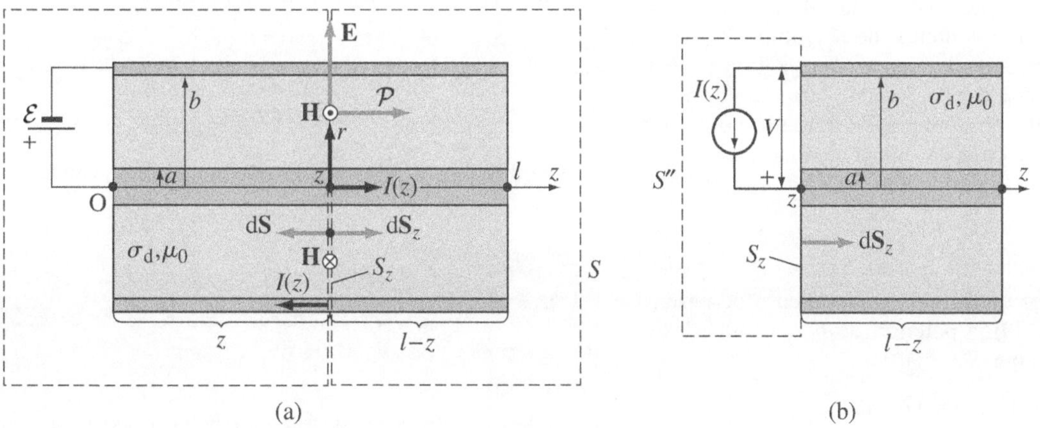

Figura 8.12

Aplicações do teorema de Poynting para um cabo coaxial com fuga em regime cc; para o Exemplo 8.15.

(3.158), a tensão e a intensidade da corrente ao longo do cabo ($0 \leq z \leq l$) são dadas por

$$V(z) = V = \mathcal{E} \quad \text{e} \quad I(z) = G'\mathcal{E}(l - z),$$

$$\text{onde} \quad G' = \frac{2\pi\sigma_d}{\ln(b/a)}. \tag{8.168}$$

Com o uso das equações (3.155) e (3.157), o vetor intensidade de campo elétrico no dielétrico, Figura 8.12(a), é igual a

$$\mathbf{E}(r) = \frac{G'V}{2\pi\sigma_d r}\,\hat{\mathbf{r}} = \frac{V}{r\ln(b/a)}\,\hat{\mathbf{r}}. \tag{8.169}$$

Por causa da simetria da distribuição de corrente no cabo (ver Figura 3.20), o campo magnético no dielétrico é circular com relação ao eixo do cabo (eixo z), como na Figura 4.17, de modo que a lei de Ampère, generalizada a Equação (5.49), dá a seguinte expressão para o vetor intensidade do campo magnético entre os condutores do cabo [ver também Equação (4.61)]:

$$\mathbf{H}(r, z) = \frac{I(z)}{2\pi r}\,\hat{\boldsymbol{\phi}}. \tag{8.170}$$

Por meio da Equação (8.161), o vetor de Poynting no cabo [Figura 8.12(a)] é, então,

$$\mathcal{P}(r, z) = \mathbf{E}(r) \times \mathbf{H}(r, z) = \frac{VI(z)}{2\pi r^2 \ln(b/a)}\,\hat{\mathbf{r}} \times \hat{\boldsymbol{\phi}}$$

$$= \frac{\sigma_d \mathcal{E}^2(l - z)}{r^2 \ln^2(b/a)}\,\hat{\mathbf{z}} \tag{8.171}$$

[note que $\angle\,(\mathbf{E}, \mathbf{H}) = 90°$]. A direção de $\mathcal{P}$, que coincide com a direção do fluxo de potência através do dielétrico entre os condutores do cabo, é, naturalmente, do gerador para o resto do cabo. O fluxo do vetor de Poynting através de um corte transversal do cabo definido pela coordenada z para a direção de referência para a carga vem a ser

primeira forma: calculando o fluxo de $\mathcal{P}$ por meio do corte transversal S_z na Figura 8.12(a)

$$\Psi_{\mathcal{P}} = \int_{S_z} \mathcal{P} \cdot d\mathbf{S}_z = \int_{r=a}^{b} \mathcal{P}(r, z)\,2\pi r\,dr = \frac{VI(z)}{\ln(b/a)} \int_a^b \frac{dr}{r} = VI(z) = \frac{2\pi\sigma_d \mathcal{E}^2(l - z)}{\ln(b/a)}, \tag{8.172}$$

onde $dS_z = 2\pi r\,dr$ é a área superficial de um anel elementar de raio r e largura dr centrado no eixo z [ver Figura 7.26]. Vamos agora obter esse mesmo resultado de uma maneira diferente — aplicando o teorema de Poynting, Equação (8.167), para a superfície fechada S mostrada na Figura 8.12(a). Como não existem geradores no domínio fechado por S e a energia eletromagnética no domínio é invariante no tempo (como são os campos elétricos e magnéticos, a tensão e as correntes no cabo), $P_i = 0$ e $dW_{em}/dt = 0$ na Equação (8.167), e o teorema reduz-se a

$$0 = P_J + P_f. \tag{8.173}$$

Usando a potência por unidade de comprimento de perdas Joule na Equação (3.179), a potência de perda total P_J de parte do cabo fechado por S é

$$P_J = P'_J(l - z) = G'\mathcal{E}^2(l - z). \tag{8.174}$$

Considerando-se o termo P_f na Equação (8.173), observamos que não há nenhum campo fora do cabo, o que significa que o fluxo de $\mathcal{P}$ através das partes de S fora do cabo é zero. Além disso, $\mathcal{P}$ é tangente às partes de S que "cortam" os condutores do cabo, porque o vetor $\mathbf{E}$ nos condutores é axial (paralelo ao eixo z), como as correntes nos condutores, de modo que o fluxo de $\mathcal{P}$ por essas partes do S também é zero ($\mathcal{P} \cdot d\mathbf{S} = 0$). Por conseguinte, o fluxo líquido de $\mathcal{P}$ através da superfície inteira S parece ser igual ao fluxo apenas pela parte da superfície que está no dielétrico do cabo, isto é,

$$P_f = \oint_S \mathcal{P} \cdot d\mathbf{S} = -\Psi_P, \tag{8.175}$$

onde o sinal negativo vem de $d\mathbf{S} = -d\mathbf{S}_z$ (a direção de referência do fluxo de $\mathcal{P}$ no teorema de Poynting é para fora com relação ao domínio incluso). Por isso,

segunda forma: aplicando o teorema de Poynting para a superfície fechada S na Figura. 8.12(a)

$$\Psi_{\mathcal{P}} = -P_f = P_J = G'\mathcal{E}^2(l - z). \tag{8.176}$$

A terceira maneira de calcular $\Psi_{\mathcal{P}}$ é aplicar o teorema de Poynting para outra superfície fechada que contém o corte transversal S_z como sua parte, que (S') inclui o gerador na Figura 8.12(a). Isso gera

$$P_i = P_{J1} + \Psi_{\mathcal{P}}, \tag{8.177}$$

onde P_{J1} é agora a potência de perdas de Joule na parte do cabo entre o gerador e o corte transversal S_z e P_i é a potência do gerador (gerador de tensão ideal), dada pela Equação (3.181). O resultado é

terceira forma: aplicando o teorema de Poynting para a superfície fechada S′ na Figura 8.12(a)

$$\Psi_{\mathcal{P}} = P_i - P_{J1} = \mathcal{E}I(0) - P'_J z = \mathcal{E}G'calEl - G'\mathcal{E}^2 z = G'\mathcal{E}^2(l - z). \tag{8.178}$$

Por fim, como a quarta forma de resolver esse problema, podemos substituir (compensar) a parte do cabo à esquerda de S_z por um gerador de corrente ideal de intensidade de corrente $I_g = I(z)$, como mostrado na Figura 8.12(b). O fluxo Ψp agora pode ser visto como igual à potência gerada por esse gerador de corrente de compensação (essa energia é transferida através do corte transversal S_z e entregue para o resto do cabo), que, na verdade, é mais uma aplicação do teorema de Poynting — para a superfície fechada S" na Figura 8.12(b). Tendo em mente a expressão para a energia de um gerador de corrente ideal, Equação (3.130), obtemos

quarta forma: aplicando o teorema de Poynting para a superfície fechada S″ na Figura 8.12 (b)

$$\Psi_{\mathcal{P}} = VI(z), \tag{8.179}$$

que é outra vez o mesmo resultado que na Equação (8.172).

Exemplo 8.16

Vetor Poynting na superfície do terra em torno de um eletrodo aterrado

Considere o eletrodo de aterramento hemisférico em um terra de duas camadas do Exemplo 3.17 e determine o fluxo do vetor de Poynting através da superfície do terra.

Solução As expressões para o vetor intensidade de campo elétrico, **E**, em cada uma das camadas do terra (expressões para $\mathbf{E}_1$ e $\mathbf{E}_2$) são encontradas no Exemplo 3.17. Em função da simetria, as linhas do vetor intensidade do campo magnético, **H**, na superfície do terra são círculos centrados no ponto O na Figura 3.28, como indicado na Figura 8.13 e a lei de Ampère generalizada produz

$$\mathbf{H} = \frac{I}{2\pi r}\,\hat{\boldsymbol{\phi}} \quad (a < r < \infty). \tag{8.180}$$

O vetor de Poynting sobre a superfície do terra (S_{gr}) é $\mathcal{P}_1 = E_1 H\,\hat{\mathbf{z}}$ para $a < r < b$ e $\mathcal{P}_2 = E_2 H\,\hat{\mathbf{z}}$ para $b < r < \infty$, para que seu fluxo através de S_{gr} para a direção de referência para baixo (na terra) seja

$$\Psi_{\mathcal{P}} = \int_{S_{gr}} \mathcal{P}\cdot d\mathbf{S}_{gr} =$$

$$= \int_{r=a}^{b} \mathcal{P}_1\, 2\pi r\, dr + \int_{b}^{\infty} \mathcal{P}_2\, 2\pi r\, dr =$$

$$= \frac{I^2}{2\pi b}\left(\frac{b-a}{\sigma_1 a} + \frac{1}{\sigma_2}\right) = 955 \text{ kW}. \tag{8.181}$$

O fluxo $\Psi_{\mathcal{P}}$ pode ser avaliado também a partir do teorema de Poynting. Vamos aplicá-lo à superfície fechada S mostrada na Figura 8.13, que consiste de uma parte hemisférica de raio a (diretamente na superfície hemisférica do eletrodo aterrado), outra superfície hemisférica de raio infinito e a superfície plana da terra, S_{gr}. O fluxo $\mathcal{P}$ por meio da primeira parte hemisférica de S (para $r = a$) é zero, pois o vetor **E** é normal à superfície do eletrodo, o que torna $\mathcal{P} = \mathbf{E} \times \mathbf{H}$ tangente à superfície, não importando o quão o vetor **H** nesse ponto é direcionado. O fluxo $\mathcal{P}$ através da outra superfície hemisférica também é zero, porque o campo eletromagnético é zero para $r \to \infty$. A Equação (8.167) então resulta em

$$\Psi_{\mathcal{P}} = -\oint_S \mathcal{P}\cdot d\mathbf{S} = P_J = R_{gr} I^2 = 955 \text{ kW} \tag{8.182}$$

(note que $d\mathbf{S} = -\,d\mathbf{S}_{gr}$), onde P_J é a potência de perdas Joule no terra, dada na Equação (3.201) e R_{gr} é a resistência do eletrodo aterrado na Figura 8.13, dada na Equação (3.199).

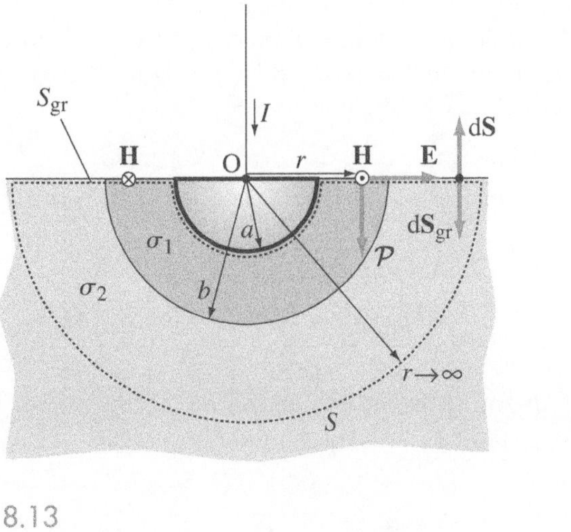

Figura 8.13

Avaliação do fluxo do vetor de Poynting através da superfície de um terra de duas camadas em torno de um eletrodo de aterramento hemisférico com uma corrente contínua; para o Exemplo 8.16.

Exemplo 8.17

Vetor de Poynting dentro de um solenoide com corrente em baixa frequência

Um solenoide cheio de ar muito longo de comprimento l e corte transversal circular de raio a ($l \gg a$) transporta uma corrente harmônica no tempo de intensidade $i(t) = I_0 \cos \omega t$ em seu enrolamento. A frequência é baixa, de tal forma que $\omega\sqrt{\varepsilon_0\mu_0}\,a \ll 1$ [condição quase estática, Equação (8.129), para este caso]. O número de voltas de fio por unidade de comprimento do solenoide é N'. Calcule (a) o vetor de Poynting dentro e fora do solenoide e (b) a energia eletromagnética da média no tempo armazenada dentro do solenoide.

Solução

(a) O vetor intensidade de campo elétrico induzido, $\mathbf{E}_{ind}$, no interior do solenoide é dado pela Equação (6.47) e a primeira expressão nas equações (6.51) e o vetor intensidade do campo magnético, **H**, pela Equação (6.48), de modo que o vetor de Poynting instantâneo dentro do solenoide vem a ser

$$\mathcal{P}(r,t) = \mathbf{E}_{ind} \times \mathbf{H} = E_{ind} H\,\hat{\boldsymbol{\phi}} \times \hat{\mathbf{z}} = -\frac{\mu_0 N'^2}{2}\, r i \frac{di}{dt}\,\hat{\mathbf{r}} =$$

$$= \frac{\mu_0 N'^2 \omega I_0^2}{4}\, r \,\text{sen}\, 2\omega t\,\hat{\mathbf{r}} \quad (r < a). \tag{8.183}$$

Fora do solenoide, $\mathbf{H} = 0$ e portanto $\mathcal{P} = 0$.

(b) A energia elétrica instantânea no interior do solenoide é [ver Equação (8.160)]

$$W_e = \int_v w_e\, dv = \int_v \frac{1}{2}\varepsilon_0 E_{ind}^2\, 2\pi r\, dr l =$$

$$= \frac{\pi\varepsilon_0\mu_0^2 N'^2 l}{4}\left(\frac{di}{dt}\right)^2 \int_0^a r^3\, dr = \frac{\pi\omega^2\varepsilon_0\mu_0^2 N'^2 a^4 l I_0^2}{16}\,\text{sen}^2\,\omega t, \tag{8.184}$$

onde v representa o volume do solenoide interior e dv um elemento daquele volume na forma de uma casca cilíndrica fina de raio r, espessura dr e comprimento l [como na Equação (1.144) e na Figura 1.34]. A energia instantânea magnética chega a

$$W_m = w_m v = \frac{1}{2}\mu_0 H^2 \pi a^2 l = \frac{\pi\mu_0 N'^2 a^2 l}{2}\, i^2 =$$

$$= \frac{\pi\mu_0 N'^2 a^2 l I_0^2}{2}\cos^2\omega t. \tag{8.185}$$

À medida que o tempo médio de ambos $\text{sen}^2\,\omega t$ e $\cos^2\omega t$ é 1/2 [Equação (6.95)], o tempo médio total de energia eletromagnética no interior do solenoide é

$$(W_{em})_{méd} = (W_e)_{méd} + (W_m)_{méd} = \frac{\pi\omega^2\varepsilon_0\mu_0^2 N'^2 a^4 l I_0^2}{32} +$$

$$+ \frac{\pi\mu_0 N'^2 a^2 l I_0^2}{4} = \frac{\pi\mu_0 N'^2 a^2 l I_0^2}{4}\left[\frac{(\beta a)^2}{8} + 1\right] \approx$$

$$\approx \frac{\pi\mu_0 N'^2 a^2 l I_0^2}{4} = (W_m)_{méd}, \tag{8.186}$$

onde $\beta = \omega\sqrt{\varepsilon_0\mu_0}$ é o coeficiente de fase, Equação (8.111), no ar (sabemos que $\beta a \ll 1$).

Vamos agora verificar o equilíbrio de energia para esse sistema usando os resultados acima e aplicando o teorema de Poynting a uma superfície cilíndrica fechada S colocada no rolamento do solenoide de seu lado interior (o raio da superfície é $r = a^-$). A partir das equações (8.162) e (8.183), o fluxo externo líquido do vetor Poynting através de S é

$$P_f = \oint_S \mathcal{P} \cdot d\mathbf{S} = \mathcal{P}(a^-, t)\, 2\pi a l = \frac{\pi \omega \mu_0 N'^2 a^2 l I_0^2}{2} \operatorname{sen} 2\omega t \quad (8.187)$$

(o fluxo de $\mathcal{P}$ através das bases do cilindro é zero, pois $\mathcal{P}$ é tangente à S naqueles pontos). Combinando as equações (8.184) e (8.185), por outro lado, temos

$$\frac{dW_{em}}{dt} = \frac{dW_e}{dt} + \frac{dW_m}{dt} = \frac{\pi \omega \mu_0 N'^2 a^2 l I_0^2}{2}\left[\frac{(\beta a)^2}{8} - 1\right] \operatorname{sen} 2\omega t \approx$$

$$\approx -\frac{\pi \omega \mu_0 N'^2 a^2 l I_0^2}{2} \operatorname{sen} 2\omega t = \frac{dW_m}{dt} \quad (8.188)$$

(2 sen α cos α = sen 2α). Vemos que

$$\frac{dW_{em}}{dt} + P_f = 0, \quad (8.189)$$

que é o mesmo da Equação (8.167) para este caso ($P_i = 0$ e $P_J = 0$, já que não existem geradores nem perdas no interior do solenoide), ou seja, o resultado para o vetor de Poynting na Equação (8.183) e as expressões de energia nas equações (8.184) e (8.185) cumprem com o teorema de Poynting aplicado a S.

8.12 VETOR COMPLEXO DE POYNTING

No caso de fontes harmônicas no tempo e campos na região v, o teorema de Poynting pode ser formulado também no domínio complexo, como a expressão matemática do equilíbrio de potências complexas para a região e seus arredores. É derivado das equações complexas de Maxwell para o campo eletromagnético em alta frequência na forma diferencial e domínio complexo, equações (8.81), e é baseado em um equivalente complexo do vetor de Poynting instantâneo na Equação (8.161). Como uma introdução para lidar com o vetor de Poynting complexo e potências eletromagnéticas complexas no caso geral, vamos considerar em primeiro lugar um exemplo simples de uma carga de impedância arbitrária aglomerada com uma tensão harmônica no tempo $v(t) = V\sqrt{2}\cos(\omega t + \theta)$ e corrente $i(t) = I\sqrt{2}\cos(\omega t + \Psi)$. A potência instantânea da carga (potência que a carga recebe) é obtida como o produto da tensão instantânea e corrente:

potência instantânea

$$P(t) = v(t)i(t) = 2VI\cos(\omega t + \theta)\cos(\omega t + \theta - \phi) = VI\{\cos\phi + \cos[2(\omega t + \theta) - \phi]\}, \quad (8.190)$$

onde $\phi = \theta - \psi$ (a diferença de fase entre a tensão e a corrente da carga) e a identidade trigonométrica 2 cos α cos β = cos $(\alpha + \beta)$ + cos $(\alpha - \beta)$ é usada. Vemos que $P(t)$ oscila periodicamente no tempo sobre o valor constante $VI\cos\phi$, que representa a potência média no tempo da carga, $P_{méd}$ [ver também Equação (6.95)]. Por outro lado, a potência complexa da carga (S) é definida como o produto da tensão complexo rms e da corrente rms conjugada.[14]

potência complexa

$$\underline{S} = \underline{P}_{complexa} = \underline{V}\underline{I}^* = V e^{j\theta}\left(I e^{j\psi}\right)^* = VI e^{j(\theta-\psi)} = VI e^{j\phi} = VI\cos\phi + j\,VI\operatorname{sen}\phi, \quad (8.191)$$

de modo que sua parte real é igual à potência média no tempo, também conhecida como a potência ativa, da carga,

potência médio no tempo

$$P_{méd} = P_{ativa} = \operatorname{Re}\{\underline{S}\} = VI\cos\phi. \quad (8.192)$$

A parte imaginária da potência complexa é igual à chamada potência reativa (Q) da carga,

potência reativa

$$Q = P_{reativa} = \operatorname{Im}\{\underline{S}\} = VI\operatorname{sen}\phi, \quad (8.193)$$

que descreve a oscilação periódica de energia entre a carga e o resto do circuito.[15]

De modo análogo, o vetor de Poynting complexo é definido como o produto vetorial do vetor intensidade de campo elétrico complexo rms, $\underline{\mathbf{E}}$, e o vetor intensidade do campo magnético conjugado complexo rms, $\underline{\mathbf{H}}^*$:

vetor de Poynting complexo

$$\underline{\mathcal{P}} = \underline{\mathbf{E}} \times \underline{\mathbf{H}}^*, \quad (8.194)$$

de modo que o tempo médio do vetor de Poynting instantâneo, na Equação (8.161), é igual à parte real do vetor de Poynting complexo,

tempo médio do vetor de Poynting complexo=

$$\mathcal{P}_{méd} = \frac{1}{T}\int_0^T \mathcal{P}(t)\,dt = \frac{1}{T}\int_0^T [\mathbf{E}(t) \times \mathbf{H}(t)]\,dt = \operatorname{Re}\{\underline{\mathcal{P}}\} = \operatorname{Re}\{\underline{\mathbf{E}} \times \underline{\mathbf{H}}^*\}, \quad (8.195)$$

enquanto a parte imaginária de $\underline{\mathcal{P}}$ representa o fluxo de potência reativa por unidade de área.

14 O conjugado complexo de $\underline{c} = a + jb = c\,e^{j\alpha}$ (indicado pelo asterisco) é $\underline{c}^* = a - jb = ce^{-j\alpha}$.

15 Note que apenas a diferença de fase ϕ entre a tensão e a corrente, e não as fases individuais iniciais θ e Ψ, é relevante tanto para as potências ativa e reativa da carga, e é por isso que a corrente na definição de potência complexa na Equação (8.191) é definida na forma conjugada complexa, que permite θ e Ψ serem substituídas por $\phi = \theta - \Psi$ na expressão final para a $\underline{S}$.

A derivação do teorema de Poynting complexo é semelhante à dada pelas equações (8.155) – (8.159) para o teorema no domínio do tempo. A principal diferença é que, ao usar produtos escalares de ambos os lados das duas equações de ondulação, com os respectivos vetores intensidade de campo, a primeira equação é multiplicada por $\underline{\mathbf{H}}^*$ (e não por $\underline{\mathbf{H}}$) e a segunda é transformada primeiro para a forma complexa conjugada e depois multiplicada por $-\underline{\mathbf{E}}$. O resultado (para as fontes representadas por um campo impresso) é

teorema de Poynting no domínio complexo

$$\int_v \underline{\mathbf{E}}_i \cdot \underline{\mathbf{J}}^* \, dv = \int_v \frac{J^2}{\sigma} \, dv + j\omega \int_v (\mu H^2 - \varepsilon E^2) \, dv + \oint_S (\underline{\mathbf{E}} \times \underline{\mathbf{H}}^*) \cdot d\mathbf{S}, \quad (8.196)$$

com J, H e E representando aqui a densidade de corrente rms, a intensidade do campo magnético e a intensidade do campo elétrico, respectivamente, em v, que são obtidas como $J = J_{rms} = |\underline{\mathbf{J}}| = \sqrt{\underline{\mathbf{J}} \cdot \underline{\mathbf{J}}^*}$ e de modo similar para H e E.[16] A Equação (8.196) expressa o princípio geral da conservação da potência complexa em sistemas eletromagnéticos harmônicos no tempo. Semelhante à equação complexa pode ser escrita para uma região com uma corrente impressa de densidade rms complexa $\underline{\mathbf{J}}_i$ [ver Equação (8.166)]. A integral no lado esquerdo da Equação (8.196) é a potência complexa gerada pelo campo impresso em v. A primeira integral no lado direito da equação é a potência no tempo médio das perdas Joule ou ôhmicas em v. A segunda é igual à diferença das energias magnéticas e elétricas máximas (pico) em v (H e E são valores rms). Multiplicado por ω, representa a potência reativa que oscila entre o campo eletromagnético em v de um lado e as fontes impressas em v e/ou os campos e fontes externas a S do outro lado. Por fim, a última integral na Equação (8.196) é igual ao fluxo de potência complexa através de S fora do domínio v.

Exemplo 8.18

Vetor Poynting em um cabo coaxial sem perdas em um regime ca

Um cabo coaxial sem perdas com raios de condutor a e b ($a < b$) está conectado em uma extremidade a um gerador de tensão ideal de fem em baixa frequência harmônica no tempo $e_g(t) = \mathcal{E}\sqrt{2}\cos \omega t$, e a outra extremidade do cabo é terminada em um capacitor de capacitância C. Encontre o fluxo do vetor de Poynting através de um corte transversal do cabo.

Solução Como a frequência é baixa, podemos desprezar os efeitos de propagação ao longo do cabo e supor a mesma tensão, $v(t) = e_g(t)$, entre os condutores e a mesma intensidade de corrente, $i(t) = C\, dv/dt$ [Equação (3.45)], nos condutores em cada corte transversal do cabo. No domínio complexo,

$$\underline{V} = \mathcal{E} e^{j0} = \mathcal{E} \quad \text{e} \quad \underline{I} = j\omega C \underline{V} = j\omega C \mathcal{E}. \quad (8.197)$$

O campo eletromagnético no dielétrico do cabo é quase estático e tem a mesma distribuição espacial, como na Figura 2.17 e Equação (2.124) para o campo elétrico e na Figura 4.17 e na Equação (4.61) para o campo magnético. O vetor intensidade de campo elétrico é radial em relação ao eixo do cabo, o vetor de intensidade do campo magnético é circular, e seus valores rms são complexos

$$\underline{E} = \frac{\underline{V}}{r \ln(b/a)} \quad \text{e} \quad \underline{H} = \frac{\underline{I}}{2\pi r} \quad (a < r < b), \quad (8.198)$$

respectivamente, onde r é a distância radial a partir do eixo.

O vetor de Poynting complexo, $\underline{\mathcal{P}}$, no dielétrico, calculado pela Equação (8.194), tem um componente axial apenas, o que equivale

vetor Poynting complexo (axial) em um cabo coaxial

$$\underline{\mathcal{P}} = \underline{E}\,\underline{H}^* = \frac{\underline{V}\,\underline{I}^*}{2\pi r^2 \ln(b/a)}. \quad (8.199)$$

Observando que $\underline{\mathcal{P}}$ tem a mesma dependência de r como na Equação (8.171) e que não depende de z (coordenada axial), seu fluxo através de qualquer corte transversal do cabo (S_z) é obtido exatamente da mesma forma que na Equação (8.172) para o cabo coaxial com vazamento com uma corrente contínua e o resultado é

fluxo de potência complexa ao longo de uma linha de transmissão

$$\underline{S} = \int_{S_z} \underline{\mathcal{P}} \cdot d\mathbf{S}_z = \underline{V}\,\underline{I}^*, \quad (8.200)$$

que, dadas as expressões para $\underline{V}$ e $\underline{I}$ nas equações (8.197), torna-se $\underline{S} = -j\omega C\mathcal{E}^2$ no nosso caso. Sabemos do teorema de Poynting na forma complexa, a Equação (8.196), que este é o fluxo de potência complexa ao longo do cabo através do dielétrico do gerador para a carga.[17] No nosso caso, é puramente reativa (imaginária negativa), o que é de se esperar, porque não há perdas no cabo e a carga é puramente reativa (capacitiva).

Exemplo 8.19

Teorema de Poynting para um circuito RLC simples

Considere um circuito RLC em série com um gerador de tensão ideal de fem $e_g(t)$ lentamente variável no tempo, como na

16 A validade desta fórmula para vetores harmônicos no tempo tem apenas um (digamos x) componente cartesiano [ver Equação (8.54)], $\mathbf{J}(t) = J_{rms}\sqrt{2}\cos(\omega t + \Psi)\,\hat{\mathbf{x}}$, é óbvio, já que $\underline{\mathbf{J}} \cdot \underline{\mathbf{J}}^* = (J_{rms}\, e^{j\Psi}\,\hat{\mathbf{x}}) \cdot (J_{rms}\, e^{-j\Psi}\,\hat{\mathbf{x}}) = J^2$ rms. Isso também é verdade para os vetores harmônicos no tempo representados por dois ou três componentes ortogonais entre si, com valores de pico arbitrários e as fases iniciais serão provadas no capítulo seguinte (quando estudarmos a polarização das ondas eletromagnéticas e seus vetores de campo).

17 Apesar de derivado de uma geometria específica, a de um cabo coaxial, a expressão para o fluxo de potência complexa na Equação (8.200) é verdadeira para uma linha de transmissão tensão rms complexa arbitrária $\underline{V}$ e corrente $\underline{I}$ em um corte transversal da linha. Note que esta expressão vale também no caso de alta frequência, onde $\underline{V}$ e $\underline{I}$ são funções da coordenada z ao longo da linha.

Figura 8.14. Aplique o teorema de Poynting para uma superfície que encerra a carga RLC e discuta os termos individuais na equação de equilíbrio de potência.

Solução Supondo uma dependência do tempo de forma arbitrária (mas variando lentamente) para $e_g(t)$, primeiro realizamos a análise no domínio do tempo. Então, também discutimos os termos de energia complexa para o circuito (e uma fem harmônica no tempo).

Na Equação (8.167), enquanto aplicada à superfície S na Figura 8.14, $P_i = 0$ (o gerador está fora de S), P_J é a potência instantânea de perdas Joule no resistor e $W_{em} = W_e + W_m$, com W_e e W_m sendo as energias instantâneas elétrica e magnética armazenadas no capacitor e no indutor, respectivamente. A partir das equações (8.52), (2.192) e (7.88),

$$P_J = Ri^2, \quad W_e = \frac{Q^2}{2C}, \quad \text{e} \quad W_m = \frac{1}{2}Li^2. \tag{8.201}$$

O fluxo líquido para fora do vetor de Poynting, através de S (P_f) multiplicado por –1, é igual à potência fornecida através de S do gerador para a carga no circuito. Assim, usando a Equação (8.200), temos

$$-\oint_S \mathcal{P} \cdot d\mathbf{S} = vi = e_g i, \tag{8.202}$$

onde a última expressão é a potência instantânea gerada pela fem e_g na Figura 8.14 [ver Equação (3.121)], de modo que a Equação (8.167) torna-se

conservação de potência instantânea em um circuito RLC em série

$$e_g i = Ri^2 + \frac{d}{dt}\left(\frac{Q^2}{2C} + \frac{1}{2}Li^2\right). \tag{8.203}$$

Esta equação expressa o teorema da conservação da potência instantânea em circuitos ca aplicada ao circuito RLC simples na Figura 8.14.[18] Ela nos diz como a potência instantânea do gerador na Figura 8.14 é utilizada na carga RLC e quantifica as parcelas dessa potência que se transformam em calor no resistor e são gastas para alterar (aumento se positivo, diminuição se negativo) a energia elétrica armazenada no capacitor e energia magnética armazenada no indutor.

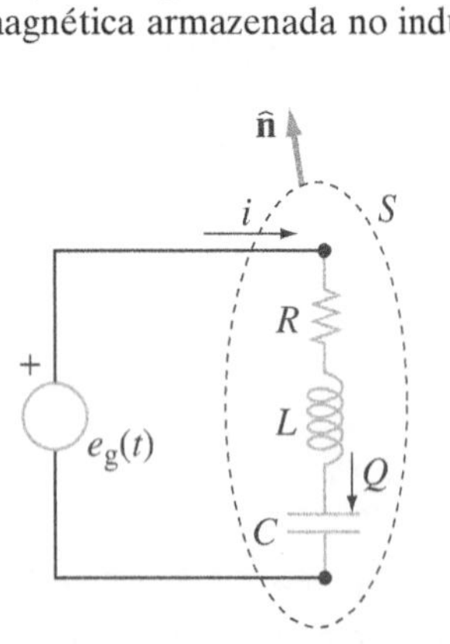

Figura 8.14

Aplicação do teorema de Poynting para um circuito RLC em série com uma corrente lentamente variável no tempo; para o Exemplo 8.19.

Note que a Equação (8.203) pode ser reescrita como

$$e_g i = Ri^2 + Li\frac{di}{dt} + \frac{Q}{C}\frac{dQ}{dt}, \tag{8.204}$$

e, em seguida, ambos os lados da equação divididos por $i = dQ/dt$ [ver Equação (8.2)] para produzir

$$e_g = Ri + L\frac{di}{dt} + \frac{Q}{C}. \tag{8.205}$$

Esta é a equação marcada com um círculo para o circuito RLC da Figura 8.14, e o fato de ter sido derivada da Equação (8.167) pode ser considerado como uma prova do teorema de Poynting para esse circuito.

Suponha uma variação harmônica no tempo para $e_g(t)$ na Figura 8.14 e verifique o equilíbrio de energia complexa para o circuito, tendo em conta o teorema de Poynting geral na forma complexa, na Equação (8.196). Para esse fim, começamos com o equivalente complexo da Equação (8.205),

$$\underline{\mathcal{E}}_g = R\underline{I} + j\omega L\underline{I} - \frac{j}{\omega C}\underline{I}, \tag{8.206}$$

e multiplicamos ambos os lados dessa equação por $\underline{I}^*$. O que obtemos é

conservação de potência complexa em um circuito RLC em série

$$\underline{\mathcal{E}}_g\underline{I}^* = RI^2 + j\omega LI^2 - j\omega C\left(\frac{I}{\omega C}\right)^2 = RI^2 + j\omega\left(LI^2 - CV_C^2\right), \tag{8.207}$$

onde I é a intensidade de corrente rms através do circuito ($I^2 = \underline{I}\underline{I}^*$) e $V_C = I/(\omega C)$ é a tensão rms através do capacitor. Notando que a energia máxima no indutor é igual a $LI_0^2/2 = LI^2$, com $I_0 = I\sqrt{2}$ sendo a amplitude da corrente i [ver Equação (8.50)], e, também, que a energia máxima no capacitor é igual a CV_C^2, podemos concluir que a expressão de dois termos entre parênteses na Equação (8.207) é igual à diferença de energias magnéticas e elétricas máximas no domínio delimitado pela superfície S na Figura 8.14. Com isso, é óbvio que a Equação (8.207) representa uma versão da Equação (8.196) para o circuito da Figura 8.14, ou seja, que expressa o teorema de Poynting complexo para este caso.

Exemplo 8.20

Impedância de carga geral

A impedância de carga geral na forma de um objeto material tridimensional arbitrário, com um par de terminais e nenhuma fonte impressa no seu interior, está situada no ar e alimentada nos terminais por uma corrente harmônica no tempo de uma frequência arbitrária. São dadas a intensidade rms complexa da corrente de entrada, $\underline{I}$, e os vetores intensidade de campo magnético e elétrico rms complexos, $\underline{\mathbf{E}}$ e $\underline{\mathbf{H}}$, em cada ponto da superfície S do objeto. Encontre (a) a potência média no

18 Em geral, o teorema da conservação da potência (instantânea ou complexa) na teoria de circuito é um caso especial do teorema de Poynting (no tempo ou no domínio complexo) no eletromagnetismo.

tempo das perdas Joule e a potência reativa dentro do objeto e (b) a resistência e reatância internas do objeto com relação a seus terminais.

Solução

(a) Usando o teorema de Poynting na forma complexa, a Equação (8.196), a potência no tempo médio de perdas de Joule, $(P_J)_{ave}$, e a potência reativa, Q, dentro do objeto são

$$(P_J)_{\text{méd}} = \text{Re}\left\{\oint_S (\underline{\mathbf{E}} \times \underline{\mathbf{H}}^*) \cdot \text{d}\mathbf{S}\right\} \quad \text{e}$$

$$Q = \text{Im}\left\{\oint_S (\underline{\mathbf{E}} \times \underline{\mathbf{H}}^*) \cdot \text{d}\mathbf{S}\right\}, \qquad (8.208)$$

onde o elemento vetorial de superfície $\text{d}\mathbf{S}$ está orientado para o objeto (fluxo para dentro), como mostrado na Figura 8.15.

(b) Denotando por $\underline{Z}$ a impedância complexa do objeto (carga) com relação aos seus terminais (ver Figura 8.15), a tensão rms complexa através dos terminais é $\underline{V} = \underline{Z}\underline{I}$, e

$$\underline{Z} = R + \text{j}X_\text{i}, \qquad (8.209)$$

onde R é a resistência e X_i a reatância interna da carga. Com base na Equação (8.191), a potência complexa da carga, cujas partes real e imaginária são dadas nas equações (8.208), agora também pode ser escrita como

$$\underline{S} = \underline{V}\underline{I}^* = \underline{Z}\underline{I}\underline{I}^* = (R + \text{j}X_\text{i})|\underline{I}|^2. \qquad (8.210)$$

Portanto, R e X_i são obtidos como

resistência e reatância interna de uma impedância geral de carga

$$\boxed{R = \frac{(P_J)_{\text{méd}}}{|\underline{I}|^2} \quad \text{e} \quad X_\text{i} = \frac{Q}{|\underline{I}|^2}.} \qquad (8.211)$$

Note que X_i é indicado como a reatância interna porque leva em conta a potência reativa dentro da carga (Q) apenas. Em geral, o campo eletromagnético existe também fora da carga, e a potência reativa externa associada (nas imediações do objeto na Figura 8.15) não está incluída no equilíbrio da potência nas equações (8.208). Na teoria de circuito, por outro lado, presume-se que o campo e a potência estão concentrados apenas nos elementos do circuito, de modo que a parte imaginária de $\underline{Z}$ na Equação (8.209) é chamada de reatância e marcado como X ($X \equiv X_\text{i}$) no modelo da teoria de circuito da carga na Figura 8.15.

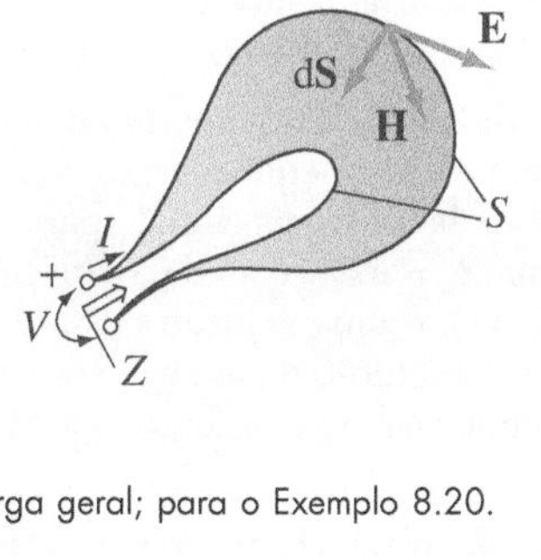

Figura 8.15
Impedância de carga geral; para o Exemplo 8.20.

Exemplo 8.21

Vetor Poynting complexo do potencial magnético

O potencial vetorial magnético complexo em alta frequência em uma região na forma de um cubo de comprimento de aresta a é dado por $\underline{\mathbf{A}} = A_0\,(x^2\hat{\mathbf{x}} + \text{j}y^2\hat{\mathbf{z}})\,/a^2$, onde A_0 é uma constante real e a região (cubo) é definida como $0 \le x, y, z \le a$. O meio é o ar, a frequência angular é ω, e não existem fontes impressas na região. Calcule (a) o vetor de Poynting complexo nessa região e (b) o fluxo de potência complexa na região.

Solução

(a) Usando as equações (8.194), (8.118) e (8.119), o vetor de Poynting complexo pode ser expresso em termos de $\underline{\mathbf{A}}$ como

$$\underline{\mathcal{P}} = \underline{\mathbf{E}} \times \underline{\mathbf{H}}^* = -\frac{\text{j}\omega}{\mu_0}\left[\underline{\mathbf{A}} + \frac{1}{\beta^2}\nabla(\nabla \cdot \underline{\mathbf{A}})\right] \times (\nabla \times \underline{\mathbf{A}}^*). \qquad (8.212)$$

As expressões de divergência, gradiente e ondulção em coordenadas cartesianas, equações (1.167), (1.102) e (4.81), então produzem

$$\underline{\mathcal{P}} = -\frac{\text{j}\omega}{\mu_0}\left[\frac{A_0}{a^2}\left(x^2\,\hat{\mathbf{x}} + \text{j}y^2\,\hat{\mathbf{z}}\right) + \frac{2A_0}{\beta^2 a^2}\,\hat{\mathbf{x}}\right] \times$$
$$\times\left(-\frac{2\text{j}A_0 y}{a^2}\,\hat{\mathbf{x}}\right) = -\frac{2\text{j}\omega A_0^2 y^3}{\mu_0 a^4}\,\hat{\mathbf{y}}. \qquad (8.213)$$

(b) O fluxo de potência complexa na região é igual ao fluxo líquido de $\underline{\mathcal{P}}$ para dentro através da superfície de contorno da região. Esse fluxo líquido se reduz ao fluxo através da lateral do cubo definido por $y = a$ único ($\underline{\mathcal{P}}$ é zero para $y = 0$ e é tangente aos quatro lados restantes do cubo), de modo que o fluxo de energia interno é

$$\underline{S}_\text{in} = \underline{\mathcal{P}}\big|_{y=a} \cdot (-a^2\,\hat{\mathbf{y}}) = \frac{2\text{j}\omega a A_0^2}{\mu_0}. \qquad (8.214)$$

Notamos que $\underline{S}_\text{in}$ é apenas imaginário, o que significa que a potência dentro da região é inteiramente reativa. Isso também pode ser concluído com base no teorema de Poynting em forma complexa, a Equação (8.196), já que não há perdas (ar) nem fontes impressas na região.

Problemas

8.1. Corrente de deslocamento num capacitor com duas camadas dielétricas. Um capacitor de placas paralelas de área de placa S está conectado a um gerador harmônico no tempo, operando em uma baixa frequência f. O capacitor é preenchido com um dielétrico de duas camadas perfeito. A espessura da primeira camada é d_1 e sua permissividade ε_1, enquanto esses parâmetros são d_2 e ε_2 para a segunda camada, como na Figura 2.25(a). A amplitude (valor de pico) da intensidade de corrente de condução nos terminais do capacitor é I_0. Desprezando os efeitos das bordas, encontre (a) a amplitude do vetor densidade de corrente de deslocamento em cada uma das camadas dielétricas, (b) a amplitude do vetor intensidade de campo elétrico em cada uma das camadas e (c) a amplitude da tensão através do capacitor.

8.2. Campo magnético causado por corrente de deslocamento. Se as placas do capacitor do problema anterior são circulares, a de raio e assim é o corte transversal de cada uma das duas camadas dielétricas, e a tensão entre as placas é dada por $v\ (t) = V_0$ sen ωt, calcule o vetor intensidade do campo magnético em um ponto arbitrário no dielétrico. Em particular, qual é o campo magnético na interface ar-dielétrico?

8.3. Corrente de deslocamento em um capacitor ideal esférico. Um capacitor esférico com raio eletrodo interno a e raio interior do eletrodo externo b ($b > a$), preenchido com um dielétrico perfeito homogêneo de permissividade ε, é conectado a uma tensão harmônica no tempo de baixa frequência $v\ (t) = V_0 \cos \omega t$. Encontre o vetor densidade de corrente de deslocamento em um ponto arbitrário no dielétrico.

8.4. Corrente de deslocamento em um capacitor esférico não ideal. Repita o problema anterior, mas para um dielétrico imperfeito, com parâmetros ε e σ, enchendo o capacitor. Também calcule o vetor densidade de corrente total no dielétrico, e a intensidade de corrente de condução nos terminais do capacitor.

8.5. Corrente de deslocamento em um cabo coaxial. Um cabo coaxial com raios condutores a e b ($a < b$) e permissividade dielétrica ε é conectado a uma tensão lentamente variável no tempo $v(t)$. Encontre os vetores de densidade de corrente total e de deslocamento em um ponto arbitrário no dielétrico do cabo, se for (a) perfeito e (b) com perdas, com condutividade σ, respectivamente. Os condutores do cabo são perfeitos.

8.6. Condução para a relação de corrente de deslocamento para a água. Repita Exemplo 8.3, mas para amostras de (a) água doce com $\varepsilon_r = 80$ e $\sigma = 10^{-3}$ S/m e (b) água do mar com $\varepsilon_r = 80$ e $\sigma = 4$ S/m, respectivamente.

8.7. Equações de Maxwell divergência das equações de ondulação. Com base em duas equações de Maxwell de ondulação para campo eletromagnético variável rapidamente no tempo, e equação de continuidade, derive as duas equações de Maxwell de divergência.

8.8. Equações de fluxo de Maxwell com base nas equações de circulação. Repita o problema anterior, mas para a forma integral das equações, ou seja, obtenha as duas equações de fluxo geral de Maxwell combinando as duas equações de circulação e a equação de continuidade.

8.9. Campo elétrico e magnético em uma antena usando equações de Maxwell. O vetor intensidade de campo elétrico radiado por uma antena colocada na origem das coordenadas de um sistema de coordenadas esféricas é dado, muito longe da antena, por $\mathbf{E}\ (r, \theta, t) = E_0$ sen $\theta \cos (\omega t - \beta r)\ \hat{\boldsymbol{\theta}}\ /r$, onde E_0 é uma constante e $\beta = \omega\sqrt{\varepsilon_0\mu_0}$. Usando as equações de Maxwell na forma diferencial, encontre o vetor de intensidade do campo magnético da antena, no mesmo ponto distante.

8.10. Carga volumétrica que acompanha a corrente com dependência no pulso de tempo. Uma corrente volumétrica que flui em uma região tem o vetor densidade dado por $\mathbf{J}\ (x, t) = J_0 x\ \Pi(t)\hat{\mathbf{x}}$, onde J_0 é uma constante e $\Pi(t)$ é a função de pulso no tempo retangular unitária de duração t_0, então $\Pi(t) = 1$ para $0 < t < t_0$ e $\Pi(t) = 0$ para $t < 0$ e $t > t_0$. Determine a densidade de carga volumétrica associada nessa região.

8.11. Transferência vetores de campo harmônico no tempo para domínio complexo. Determine os equivalentes complexos rms dos seguintes vetores de campo elétricos e magnéticos harmônicos no tempo: (a) $\mathbf{E} = 10\ e^{-0{,}02x} \cos (3 \times 10^{10}\ t - 250x + 30^\circ)\ \hat{\mathbf{y}}$ V/m, (b) $\mathbf{H} = [\cos (10^8 t - z)\ \hat{\mathbf{x}} + \text{sen}\ (10^8 t - z)\hat{\mathbf{y}}]$ A/m e (c) $\mathbf{E} = -0{,}5$ sen $0{,}01y$ sen $(3 \times 10^6 t)\ \hat{\mathbf{z}}$ V/m (t em s; x, y, z em m).

8.12. Convertendo vetores complexos para expressões instantâneas. Obtenha os equivalentes instantâneos dos seguintes vetores intensidade de campo complexo rms, supondo que a frequência de operação angular seja ω: (a) $\underline{\mathbf{E}} = \mathrm{j}\underline{E}_0$ sen $\beta z\ e^{-\mathrm{j}\beta x}\ \hat{\mathbf{x}} + \underline{E}_0 \cos \beta z\ e^{-\mathrm{j}\beta x}\ \hat{\mathbf{z}}$ ($\underline{E}_0 = E_0\ e^{\mathrm{j}\theta_0}$), (b) $\underline{\mathbf{H}} = \mathrm{j}h\underline{H}_0$ sen $(\pi x/a)\ e^{-\mathrm{j}\beta z}\ \hat{\mathbf{x}} + \underline{H}_0 \cos (\pi x/a)\ e^{-\mathrm{j}\beta z}\ \hat{\mathbf{z}}$ ($\underline{H}_0 = H_0\ e^{\mathrm{j}\psi_0}$) e (c) $\underline{\mathbf{E}} = b\underline{I}\ e^{-\mathrm{j}\beta r}\ \{2\ [1/(\mathrm{j}\beta r)^2 + 1/(\mathrm{j}\beta r)^3]\hat{\mathbf{r}} + [1/(\mathrm{j}\beta r) + 1/(\mathrm{j}\beta r)^2 + 1/(\mathrm{j}\beta r)^3]\hat{\boldsymbol{\theta}}\}$ ($\underline{I} = I\ e^{\mathrm{j}\psi}$).

8.13. Vetor de deslocamento de equivalente elétrico sem divergência. Considere um campo eletromagnético em alta frequência harmônico no tempo de frequência angular ω em um meio não homogêneo com perdas de parâmetros ε, μ e σ e um vetor definido como $\underline{\varepsilon}_e\underline{\mathbf{E}}$, onde $\underline{\varepsilon}_e = \varepsilon - \mathrm{j}\sigma/\omega$ (este é a chamada permissividade complexa equivalente do meio, que será apresentada e discutida no próximo capítulo) e $\underline{\mathbf{E}}$ é o vetor de campo elétrico complexo. (a) Usando as equações de Maxwell complexas na forma diferencial, mostre que $\underline{\varepsilon}_e\underline{\mathbf{E}}$ (que pode ser chamado de vetor deslocamento elétrico equivalente) é um vetor sem divergência, ou seja, que $\nabla \cdot (\underline{\varepsilon}_e\underline{\mathbf{E}}) = 0$, em qualquer ponto do meio. (b) Com base nas equações de Maxwell integrais correspondentes, mostre também que o fluxo de $\underline{\varepsilon}_e\underline{\mathbf{E}}$ através de qualquer superfície fechada é zero.

8.14. Condição de contorno para o vetor deslocamento equivalente. Considere uma superfície de limite entre dois meios, cujas propriedades eletromagnéticas são descritas por ε_1, μ_1 e σ_1 para o meio 1 e ε_2, μ_2 e σ_2 para o meio 2, o qual, em geral, não está livre de cargas de superfície ($\rho_s \neq 0$). Para uma variação harmônica no tempo de campos eletromagnéticos com frequência angular ω, use as condições de contorno apropriadas para mostrar que o componente normal do vetor $\underline{\varepsilon}_e\underline{\mathbf{E}}$ ($\underline{\varepsilon}_e = \varepsilon - \mathrm{j}\sigma/\omega$) é contínua em todo o limite, isto é, $\hat{\mathbf{n}} \cdot (\underline{\varepsilon}_{e1}\underline{\mathbf{E}}_1) - \hat{\mathbf{n}} \cdot (\underline{\varepsilon}_{e2}\underline{\mathbf{E}}_2) = 0$, onde $\underline{\varepsilon}_{ek} = \varepsilon_k - \mathrm{j}\sigma_k/\omega (k = 1, 2)$.

8.15. Análise de um capacitor não ideal no domínio complexo. Refaça o Exemplo 8.2, mas no domínio complexo, supondo que a frequência angular da tensão aplicada v na Figura 8.2 é igual a $\omega = \sigma/\varepsilon$.

8.16. Campo elétrico e magnético da antena – no domínio complexo. Refaça o Problema 8.9, mas no domínio complexo: (a) encontre o representante complexo do campo elétrico instantâneo da antena $\mathbf{E}\ (r, \theta, t)$ e (b) use as equações de Maxwell complexas na forma diferencial para obter o vetor campo magnético complexo ($\underline{\mathbf{H}}$) da antena.

8.17. Equações de onda para potenciais de Lorenz na forma complexa. (a) Transfira equações de onda para potenciais de Lorenz, equações (8.92) e (8.93), para o domínio complexo. (b) Derive as equações de onda complexas em (a) das equações de Maxwell complexas na forma diferencial, em paralelo com a derivação do domínio, no tempo nas equações (8.89)–(8.93).

8.18. Equação de onda unidimensional de fonte livre na forma complexa. Escreva o equivalente do domínio complexo da equação de onda unidimensional (para U) na Equação (8.97). Mostre que $\underline{U} = e^{-\mathrm{j}\beta R}$, com β (coeficiente de fase) dado na Equação (8.111), é uma solução dessa equação. Por que então $\underline{V} = e^{-\mathrm{j}\beta R}/R$ é solução da equação de onda tridimensional na forma complexa para o potencial elétrico (do problema anterior)?

8.19. Gradiente da distância fonte-para-campo. Obtenha o gradiente da distância fonte-para-campo (R) na Figura 8.7

usando a Equação (8.124) e fórmula para o gradiente em coordenadas cartesianas, e verifique se o resultado corresponde ao da Equação (8.122).

8.20. Corrente em alta frequência em um fio condutor semicircular. Um fio condutor na forma de um semicírculo de raio a, que representa uma parte de um arco de fio mais complexo, transporta uma corrente harmônica no tempo da alta frequência, f, e intensidade rms complexa $\underline{I}(\phi) = I_0 \cos \phi$, onde I_0 é uma constante e $0 \leq \phi \leq \pi$, como mostra a Figura 8.16, e o meio circundante é o ar. Encontre (a) a densidade de linha de carga rms complexa que acompanha $\underline{I}(\phi)$, bem como as expressões complexas para (b) o potencial escalar elétrico, (c) o potencial vetorial magnético, (d) o vetor intensidade de campo elétrico e (e) o vetor intensidade do campo magnético em um ponto arbitrário ao longo do eixo z devido à corrente e à carga do fio semicircular. (f) Anote as expressões instantâneas (no domínio do tempo) dos resultados a partir de (c) e (d).

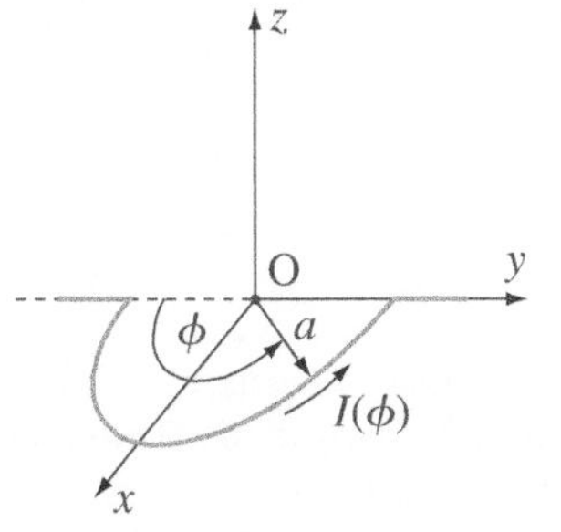

Figura 8.16 Fio condutor semicircular com uma corrente em alta frequência, cuja intensidade varia ao longo do fio; para o Problema 8.20.

8.21. Corrente de linha em alta frequência ao longo de 3/4 de um círculo. Repita o problema anterior, mas para um fio condutor ao longo de três quartos do círculo, Figura 8.17, e intensidade de corrente $\underline{I}(\phi) = I_0 \operatorname{sen} \phi (0 \leq \phi \leq 3\pi/2)$.

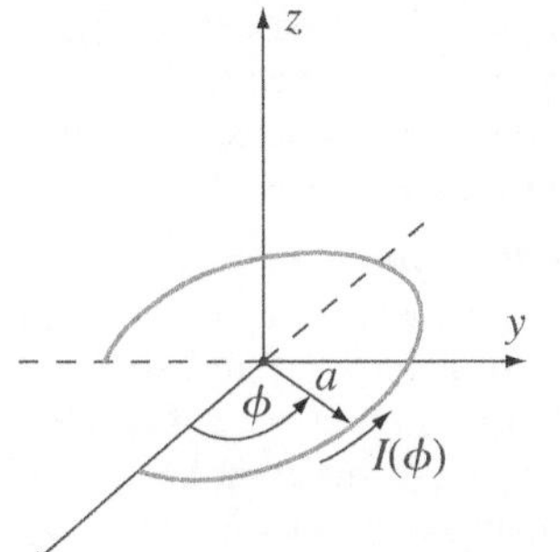

Figura 8.17 Corrente em alta frequência com uma magnitude variando ao longo de três quartos de um círculo; para o Problema 8.21.

8.22. Mudança abrupta de intensidade de corrente em uma espira circular. Uma corrente de intensidade $i(t, \phi) = \cos(3\phi/2) \operatorname{sen}(10^{10}t)$ A ($0 < \phi < 2\pi$; t em s) flui na direção positiva ϕ por uma espira de fio circular de raio $a = 10$ cm no espaço livre. (a) Verifique que se trata de uma corrente em alta frequência. (b) A partir da intensidade de corrente rms complexa ao longo da espira, $\underline{I}(\phi)$, determine a distribuição de carga do fio, ou seja, a densidade da linha de carga rms complexa, $\underline{Q}'(\phi)$, para $0 < \phi < 2\pi$ e a carga pontual, $\underline{Q}_0$, no ponto definido por $\phi = 0$ [aplicar a equação de continuidade na forma integral a uma superfície pequena e fechada encerrando esse ponto, como na Figura 8.4(a), e identifique as intensidades de corrente que entram na superfície, em $\phi = 2\pi^-$, e saindo dela, em $\phi = 0^+$]. (c) Calcule os potenciais eletromagnéticos em um ponto arbitrário (P) ao longo do eixo da espira perpendicular ao seu plano (eixo z). (d) Mostre que o vetor intensidade de campo elétrico no ponto P não tem um componente z.

8.23. Corrente superficial circular em alta frequência sobre uma placa vazia. Suponha que a corrente superficial em alta frequência harmônica no tempo na Figura 8.5 é dada por $\mathbf{J}_s(r, t) = J_{s0}\sqrt{2}(a/r) \cos \omega t \ \hat{\boldsymbol{\theta}} \ (a \leq r \leq b)$, onde J_{s0} é uma constante. Usando o resultado para o campo magnético devido a uma espira com uma corrente de magnitude contínua na Equação (8.135), junto com a Equação (1.62) para alterar as variáveis de integração (ver Figura 1.14) e a expressão para a derivada em R de $e^{-j\beta R}/R$ na Equação (8.121) para realizar a integração (em vez de diferenciação), encontre o vetor densidade de fluxo magnético ao longo do eixo z (na Figura 8.5).

8.24. Corrente em uma placa em alta frequência uniforme. Uma corrente superficial harmônica no tempo em alta frequência flui uniformemente sobre uma placa circular de raio a no espaço livre. A densidade rms complexa da corrente é $\mathbf{J}_s$, a mesma em cada ponto da placa, e sua frequência angular é ω. (a) Determine o potencial vetor magnético em um ponto arbitrário no eixo da placa normal ao seu plano. (b) A partir da Equação (8.128) e realizando um procedimento de integração semelhante ao do problema anterior, calcule o vetor densidade de fluxo magnético no mesmo ponto. (c) Obtenha o resultado em (b) a partir daquele em (a), usando a Equação (8.119).

8.25. Correntes superficiais em alta frequência sobre uma esfera, θ-direcionada. Considere a distribuição de correntes superficiais em alta frequência harmônicas no tempo sobre a superfície de uma esfera de raio a no espaço livre dada pela seguinte expressão para o vetor densidade de corrente instantânea no sistema de coordenadas esférico com origem no centro da esfera: $\mathbf{J}_s(\theta, t) = J_{s0}\sqrt{2} \operatorname{sen} \theta \operatorname{sen} \omega t \ \hat{\boldsymbol{\theta}} \ (0 \leq \theta \leq \pi)$, onde J_{s0} é uma constante. Realizando um procedimento de integração semelhante da superfície, como aquele nas equações (2.32) e (8.153), encontre o vetor potencial magnético no centro da esfera.

8.26. Correntes de superfície em alta frequência sobre uma esfera, ϕ-direcionada. Se a distribuição de corrente sobre a esfera do problema anterior é dada por $\mathbf{J}_s(t) = J_{s0}\sqrt{2} \cos \omega t \ \hat{\boldsymbol{\phi}}$, calcule (a) o potencial vetor magnético e (b) o vetor densidade do fluxo magnético no centro da esfera.

8.27. Corrente volumétrica em alta frequência em um hemisfério oco. Uma corrente em alta frequência harmônica no tempo é uniformemente distribuída em todo o volume de um hemisfério oco de raio interno e externo a e b ($b > a$), respectivamente, como mostrado na Figura 8.18. O vetor densidade de corrente complexo rms, dado por $\underline{\mathbf{J}} = \underline{J}\,\hat{\mathbf{z}}$ é perpendicular à superfície plana do hemisfério. A frequência angular da corrente é ω, e os parâmetros do meio são ε_0 e μ_0 em toda parte. Nessas circunstâncias, encontre (a) a distribuição volumétrica de cargas e a superficial do hemisfério e (b) o potencial escalar elétrico em seu centro (ponto O).

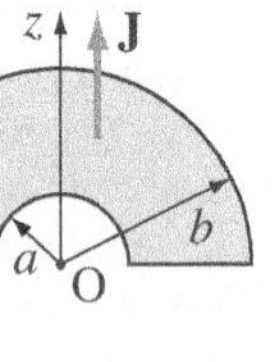

Figura 8.18 Hemisfério oco com uma corrente de volume de alta frequência harmônica no tempo uniformemente distribuída; para o Problema 8.27.

8.28. Teorema de Poynting para um cabo coaxial com fuga. Considere o cabo coaxial com condutores perfeitos e um dielétrico não homogêneo, continuamente imperfeito descrito no Problema 3.18 e suponha que ele é conectado em uma extremidade por um gerador de tensão ideal de fem constante no tempo ε e terminado na outra extremidade em uma carga de resistência R_L. A permeabilidade do dielétrico é μ_0 e o comprimento do cabo é l. Nessas circunstâncias, encontre o fluxo do vetor de Poynting através de um corte transversal arbitrário do cabo – nas quatro seguintes formas, respectivamente: (a) integrando $\mathcal{P}$, como na Equação (8.172), (b) aplicando o teorema de Poynting para uma superfície fechada S encerrando a carga como mostrado na Figura 8.12(a), (c) aplicando o teorema a uma superfície fechada S' incluindo o gerador, também mostrado na Figura 8.12(a) e, finalmente, (d) para uma superfície fechada S'' envolvendo um gerador de corrente ideal de compensação de intensidade de corrente $I_g = I(z)$, como na Figura 8.12(b).

8.29. Teorema de Poynting para outro cabo coaxial. Repita o problema anterior, mas para o cabo coaxial com duas camadas homogêneas coaxiais do dielétrico imperfeito mostrado na Figura 3.34 e descrito no Problema 3.17.

8.30. Teorema de Poynting para uma linha de transmissão planar com fuga. Repita o Problema 8.28, mas para a linha de transmissão planar com vazamento com um dielétrico de duas camadas (de permeabilidade μ_0) da Figura 3.24 e Exemplo 3.14. Suponha que $w >> d_1 + d_2$, para que os efeitos das bordas possam ser desprezados, e calcule o campo magnético entre as faixas metálicas, como sugerido no Problema 7.7.

8.31. Teorema de Poynting para um eletrodo aterrado. Encontre o fluxo do vetor de Poynting através da superfície do terra continuamente não homogênea, em torno do eletrodo aterrado hemisférico mostrado na Figura 3.38, e descrito no Problema 3.23, nas duas seguintes maneiras: (a) integrando $\mathcal{P}$, como na Equação (8.181), e (b) aplicando o teorema de Poynting à superfície fechada S na Figura 8.13.

8.32. Fluxo do vetor de Poynting para um eletrodo profundamente enterrado. Para o eletrodo esférico aterrado em um meio homogêneo mostrado na Figura 3.29(a) e descrito no Exemplo 3.18, calcule o fluxo do vetor de Poynting através da superfície da terra.

8.33. Vetor de Poynting devido a correntes de linha de variação lenta no tempo. Considere (a) o contorno de fio quadrado carregando uma corrente de pulso EMI no Exemplo 6.2 e Problema 6.3 e (b) o contorno composto de partes semicirculares e lineares com uma corrente em baixa frequência e harmônica no tempo do Exemplo 6.4 e Problema 6.5, e encontre o vetor de Poynting no ponto M na Figura 6.2(a) e no ponto O na Figura 6.4, respectivamente, desprezando o campo elétrico devido ao excesso de carga nos contornos.

8.34. Teorema de Poynting derivado complexo. Derive o teorema de Poynting na forma complexa, Equação (8.196), na forma sugerida no texto anterior a essa equação.

8.35. Vetor de Poynting em uma linha planar sem perdas em regime ca. Considere uma linha de transmissão planar cheia de ar sem perdas, com a largura de ambas as faixas sendo w, e a separação entre elas d. A linha é direcionada, em uma extremidade, por um gerador em baixa frequência harmônico no tempo, e é terminada na outra extremidade em uma carga de impedância complexa. A tensão rms complexa e a corrente de linha são $\underline{V}$ e $\underline{I}$, respectivamente, em cada corte transversal. Supondo que $w \gg d$, e, portanto, desprezando os efeitos das bordas, determine o vetor de Poynting complexo entre as faixas da linha, e seu fluxo através do corte transversal da linha.

8.36. Vetor de Poynting de uma onda eletromagnética em um cabo coaxial. Uma onda eletromagnética se propaga ao longo de um cabo coaxial sem perdas com raios condutores a e b ($a < b$) e dielétrico homogêneo de parâmetros ε e μ. No sistema de coordenadas cilíndricas cujo eixo z coincide com o eixo do cabo, o vetor intensidade de campo elétrico da onda no dielétrico do cabo é dado por $\mathbf{E}(r, z, t) = E_0 \cos(\omega t - \beta z)\, \hat{\mathbf{r}}/r$, com E_0 sendo uma constante e $\beta = \omega\sqrt{\varepsilon\mu}$. Nessas circunstâncias, encontre: (a) o vetor intensidade do campo magnético no dielétrico, (b) o vetor de Poynting complexo no dielétrico, (c) o fluxo de potência complexa ao longo do cabo (através do dielétrico), e (d) fluxo médio no tempo da energia do cabo.

8.37. Teorema de Poynting para um circuito RLC paralelo. Repita o Exemplo 8.19, mas para um simples RLC paralelo ou circuito GLC impulsionado por um gerador de corrente ideal de intensidade de corrente lentamente variável no tempo $i_g(t)$. Escreva equivalentes de todas as equações na análise e discussão, tanto no tempo quanto nos domínios complexos, Equações (8.201)–(8.207), para esse circuito.

8.38. Vetor de Poynting em um capacitor não ideal em regime ca. Para o capacitor não ideal com correntes de deslocamento e condução lentamente variáveis no tempo no dielétrico do Exemplo 8.2 e Problema 8.15, encontre os vetores de Poynting instantâneo e complexo em um ponto arbitrário do dielétrico (use $\omega = \sigma / \varepsilon$). Mostre que os dois vetores estão relacionados como na Equação (8.195).

8.39. Teorema de Poynting na forma complexa de um capacitor não ideal. Considere o capacitor do problema anterior, e suponha que seu dielétrico tem baixa perda (e é não magnético) de modo que $\mu_0\sigma^2 a^2 \ll \varepsilon$. Em seguida, aplique o teorema de Poynting na forma complexa, Equação (8.196), para uma superfície fechada cilíndrica, coincidindo com a superfície do dielétrico (na Figura 8.2). Calcule todos os termos individuais na equação do equilíbrio de potência, e mostre que o teorema é verdadeiro.

8.40. Vetor de Poynting devido a uma linha de corrente em alta frequência. Para a espira com uma distribuição da corrente cosseno de alta frequência ao longo do fio descrito no Exemplo 8.13, calcule os vetores de Poynting instantâneo e complexo no ponto P (ao longo do eixo z) na Figura 8.10(a), e mostre que satisfazem a relação na Equação (8.195).

8.41. Vetor de Poynting devido à radiação da antena. Repita o problema anterior, mas para o campo de antena em um ponto distante dos problemas 8.9 e 8.16.

Ondas eletromagnéticas em plano uniforme

CAPÍTULO 9

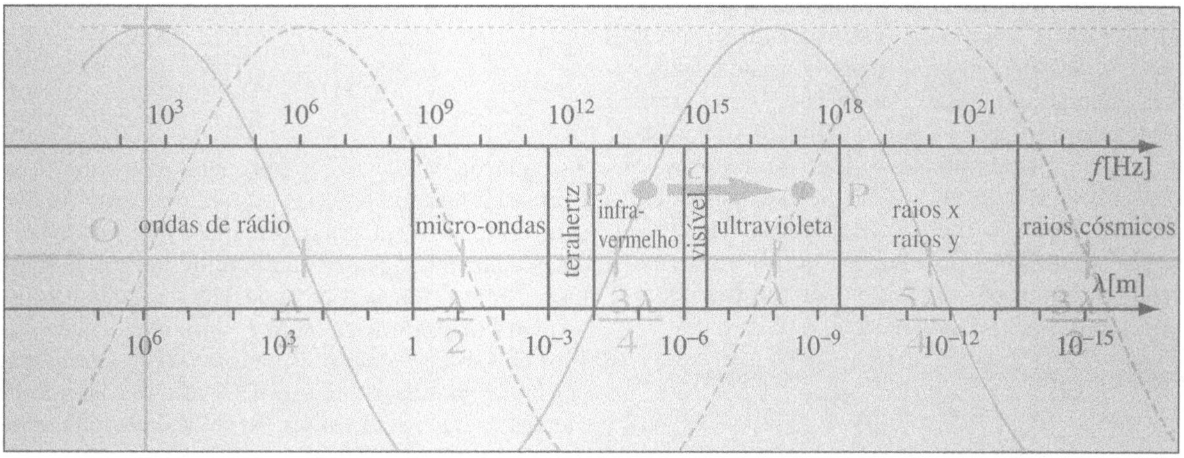

Introdução

Ondas eletromagnéticas, ou seja, campos elétricos e magnéticos em propagação são a consequência mais importante das equações gerais de Maxwell, discutida no capítulo anterior. Na Seção 8.3, estudamos qualitativamente a propagação das ondas eletromagnéticas como um processo de indução mútua sucessiva dos campos elétricos e magnéticos no espaço e no tempo com base nas duas primeiras equações integrais de Maxwell para o campo eletromagnético de variação rápida no tempo. Seguiremos agora com uma análise formal (quantitativa) de propagação das ondas eletromagnéticas começando com as equações gerais de Maxwell na forma diferencial. Nosso objetivo aqui não é investigar como a radiação eletromagnética se origina (sem dúvida, por correntes e cargas com variação rápida no tempo em uma região de origem, como a da Figura 8.7, que é apenas uma antena de transmissão), mas descrever as propriedades das ondas conforme se propagam para longe de suas fontes. Neste capítulo, estudamos a propagação das ondas eletromagnéticas em meio ilimitado; a análise de interação de onda com interfaces entre as regiões de material com diferentes propriedades eletromagnéticas, ou seja, reflexão da onda e transmissão em tais interfaces, que segue no próximo capítulo.

Primeiro, obteremos as equações da onda tridimensionais para os vetores intensidade de campo elétrico e magnético, como ponto de partida para a caracterização das ondas eletromagnéticas no espaço livre e nos meios materiais. Aproximação da onda plana uniforme das ondas esféricas não uniformes será então introduzida, como um meio para análise muito mais simples das ondas radiadas por fontes remotas (antenas). Em seguida, estudaremos detalhadamente sobre ondas eletromagnéticas planas uniformes nos meios sem perdas, com base em cálculos em ambos os domínios complexos e no tempo. Uma teoria geral das ondas harmônicas no tempo em meios que apresentam perdas ôhmicas, obtidas do conceito de permissividade complexa equivalente, será seguida por vários casos especiais de interação da onda com materiais eletromagnéticos. Isso inclui investigações de propagação de ondas em bons dielétricos, bons condutores e gases ionizados (plasmas). Vamos também discutir o comportamento da frequência em materiais eletromagnéticos e os efeitos de propagação da onda associados, bem como de dispersão (distorção do sinal causado pela velocidade da onda dependente da frequência no meio). Por fim, a polarização das ondas eletromagnéticas harmônicas no tempo será estudada, com base na análise da curva traçada no tempo pela extremidade do vetor intensidade de campo elétrico da onda.

A teoria das ondas eletromagnéticas planas uniformes tem aplicação direta em sistemas de radiocomunicação, propagação *wireless*, engenharia de radar, ótica etc. No entanto, a importância teórica e prática e utilidade dos tópicos a serem abordados neste capítulo estão além do modelo das ondas planas uniformes e de sua interação com vários meios eletromagnéticos, pois esse material é crucial para a compreensão de todos os outros tópicos de outra onda que se seguirão nos próximos capítulos, incluindo as ondas eletromagnéticas guiadas (por exemplo, em um cabo coaxial) e radiação eletromagnética (antenas).

9.1 EQUAÇÕES DA ONDA

Consideremos uma onda eletromagnética cujos vetores intensidade de campo magnético e elétrico são **E** e **H**, respectivamente, em uma região ilimitada preenchida com um material linear, homogêneo e sem perdas ($\sigma = 0$) de permissividade ε e permeabilidade μ. Supõe-se que a região é completamente livre de fontes, seja a de geradores impressos ($\mathbf{E}_i = 0$ e $\mathbf{J}_i = 0$) ou correntes induzidas e cargas ($\mathbf{J} = 0$ e $\rho = 0$). Para tal região de fonte livre, as equações de Maxwell gerais na forma diferencial, equações (8.24), podem ser escritas como (note que $\mathbf{J} = 0$ resulta também de $\sigma = 0$)

equações de Maxwell de fonte livre no domínio do tempo

$$\nabla \times \mathbf{E} = -\mu \frac{\partial \mathbf{H}}{\partial t}, \tag{9.1}$$

$$\nabla \times \mathbf{H} = \varepsilon \frac{\partial \mathbf{E}}{\partial t}, \tag{9.2}$$

$$\nabla \cdot \mathbf{E} = 0, \tag{9.3}$$

$$\nabla \cdot \mathbf{H} = 0. \tag{9.4}$$

Essas são equações diferenciais parciais de primeira ordem com coordenadas espaciais e no tempo como variáveis independentes e **E** e **H** como incógnitas (funções desconhecidas, a serem determinadas, de espaço e tempo). Elas podem ser combinadas para gerar equações diferenciais parciais de segunda ordem em termos de **E** ou **H** somente. Ou seja, usando a onda da Equação (9.1) e substituindo $\nabla \times \mathbf{H}$ no lado direito da equação assim obtida pela expressão no lado direito da Equação (9.2), junto com transformações semelhantes às da Equação (8.90), produz

$$\nabla \times (\nabla \times \mathbf{E}) = \nabla(\nabla \cdot \mathbf{E}) - \nabla^2 \mathbf{E} = -\varepsilon\mu \frac{\partial^2 \mathbf{E}}{\partial t^2}. \tag{9.5}$$

A divergência de **E** é zero [Equação (9.3)] e, portanto,

equação da onda para **E**

$$\nabla^2 \mathbf{E} - \varepsilon\mu \frac{\partial^2 \mathbf{E}}{\partial t^2} = 0. \tag{9.6}$$

De uma forma inteiramente análoga, começando com a Equação (9.2) da onda, podemos obter uma equação diferencial parcial de segunda ordem em **H**:

equação de onda para **H**

$$\nabla^2 \mathbf{H} - \varepsilon\mu \frac{\partial^2 \mathbf{H}}{\partial t^2} = 0. \tag{9.7}$$

As equações (9.6) e (9.7) são equações da onda de fonte livre tridimensionais para os vetores intensidade de campo elétrico e magnético, respectivamente. Note que essas equações, que são comumente indicadas simplesmente como equações da onda, têm a mesma forma que a versão de fonte-livre (com $\mathbf{J} = 0$) da Equação (8.93). Elas têm soluções naturais na forma ondas propagando em meios materiais homogêneos sem perdas (de parâmetros ε e μ), sem fontes. A velocidade das ondas é dada na Equação (8.97).

A vantagem de usar equações da onda na análise da propagação das ondas é que cada uma delas é uma equação com uma incógnita (**E** ou **H**), enquanto as de Maxwell representam um sistema de equações simultâneas com duas incógnitas (**E** e **H**). No entanto, as equações (9.6) e (9.7) não são independentes uma da outra, porque ambas são obtidas das mesmas duas equações com rotacional, das equações (9.1) de Maxwell e (9.2). Portanto, o sistema de duas equações da onda não é suficiente para a obtenção de **E** e **H**. Em outras palavras, enquanto as equações (9.6) e (9.7) são uma consequência das equações (9.1)–(9.4), qualquer solução para o conjunto completo das equações de Maxwell automaticamente satisfaz a ambas as equações da onda; um raciocínio equivalente no sentido oposto não é válido [pois as equações (9.1)–(9.4) não podem ser obtidas das equações (9.6) e (9.7)]. Em consequência, uma abordagem possível para resolver os problemas de propagação das ondas usa uma das duas equações da onda e duas (uma rotacional e uma divergência) das quatro equações de Maxwell diferenciais. Especificamente, podemos encontrar pela Equação (9.6) uma solução para **E** que satisfaça a Equação (9.3), e então resolver a Equação (9.1) para **H** (com "substituição anterior"). Um procedimento de solução análoga começando com a Equação (9.7) é, naturalmente, também possível.

No caso dos campos eletromagnéticos harmônicos no tempo (ondas) de frequência angular ω, as equações

(9.6) e (9.7) podem ser convertidas em seus equivalentes complexos [ou, como alternativa, derivadas das equações de Maxwell diferenciais no domínio complexo, equações (8.81)]. Lembramos que a derivada no tempo de uma grandeza instantânea é equivalente a multiplicar o seu representante complexo por jω [ver Equação (8.68)], de modo que a derivada segunda no tempo nas equações (9.6) e (9.7) devem ser substituídas por jω × j$\omega = -\omega^2$ no domínio complexo, que resulta em

equação de Helmholtz para **E**

$$\nabla^2 \underline{\mathbf{E}} + \beta^2 \underline{\mathbf{E}} = 0, \tag{9.8}$$

equação de Helmholtz para **H**

$$\nabla^2 \underline{\mathbf{H}} + \beta^2 \underline{\mathbf{H}} = 0, \tag{9.9}$$

onde β é o coeficiente de fase (número de onda), dado na Equação (8.111). Equações da onda na forma complexa são conhecidas como as equações de Helmholtz. As equações (9.8) e (9.9) também são dependentes entre si, e os mesmos comentários anteriores sobre os procedimentos de solução possível no domínio do tempo usando a onda correspondente e as equações de Maxwell em conjunto se aplicam na análise do domínio complexo da propagação da onda baseada nas equações de Helmholtz.

As soluções das equações da onda (ou Helmholtz) descrevem as características das ondas eletromagnéticas como ditado pelas equações de Maxwell e as equações (9.6)–(9.9), portanto, representam um ponto de partida em muitos ramos teóricos, computacionais e aplicados do eletromagnetismo preocupados com a propagação de onda. Além disso, equações diferenciais parciais de segunda ordem dos tipos similares ocorrem em muitas outras disciplinas da ciência e da engenharia, fazendo da equação da onda (em diferentes formas e notações) um dos conceitos matemáticos com as implicações mais importantes e abrangentes na modelagem de processos físicos.

Exemplo 9.1

Equações de Helmholtz escalares para componentes cartesianos do campo

Para uma onda eletromagnética, cujos vetores dos campos elétricos e magnéticos complexos, $\underline{\mathbf{E}}$ e $\underline{\mathbf{H}}$, são expressos como funções das coordenadas cartesianas e do meio de propagação sem perdas, mostrar que cada uma das duas equações vetoriais Helmholtz reduz para três equações diferenciais parciais escalares com componentes individuais cartesiano de $\underline{\mathbf{E}}$ ou $\underline{\mathbf{H}}$ como incógnitas.

Solução Uma vez que, em geral, os componentes cartesianos do laplaciano (∇^2) de um vetor ($\underline{\mathbf{E}}$ ou $\underline{\mathbf{H}}$, neste caso) são iguais ao laplaciano dos componentes do vetor correspondente (escalares), Equação (4.127), a equação vetorial de Helmholtz para o campo elétrico, Equação (9.8), pode ser escrita como

$$\nabla^2 \underline{E}_x \hat{\mathbf{x}} + \nabla^2 \underline{E}_y \hat{\mathbf{y}} + \nabla^2 \underline{E}_z \hat{\mathbf{z}} + \beta^2 \left(\underline{E}_x \hat{\mathbf{x}} + \underline{E}_y \hat{\mathbf{y}} + \underline{E}_z \hat{\mathbf{z}} \right) = 0 \longrightarrow$$

$$\longrightarrow \nabla^2 \underline{E}_x + \beta^2 \underline{E}_x = 0, \quad \nabla^2 \underline{E}_y + \beta^2 \underline{E}_y = 0,$$

$$\text{e} \quad \nabla^2 \underline{E}_z + \beta^2 \underline{E}_z = 0, \tag{9.10}$$

ou seja, ele separa em três equações escalares de Helmholtz, por $\underline{E}_x$, $\underline{E}_y$ e $\underline{E}_z$, respectivamente [ver também as equações (8.93) e (8.94), para uma decomposição semelhante]. A equação vetorial de Helmholtz do campo H, na Equação (9.9), é dissociada em equações escalares de maneira análoga.

9.2 APROXIMAÇÃO DAS ONDAS PLANAS UNIFORMES

Considere uma distribuição arbitrária com fontes de variação rápida no tempo (correntes e cargas) em um meio ilimitado linear, homogêneo e sem perdas (Figura 8.7). Longe da fonte do domínio v, as ondas eletromagnéticas esféricas elementares originadas pelas fontes elementares ρ dv e **J** dv sobre v formam uma frente de onda[1] esférica global unificada em relação ao centro de v, como ilustrado na Figura 9.1(a). Em outras palavras, a superposição das ondas elementares devido a uma distribuição distante das fontes pode ser substituída por uma onda esférica equivalente proveniente de uma fonte de ponto único (note que esta discussão não se restringe às fontes volumétricas, mostrada na Figura 8.7, mas se aplica também às distribuições de fonte de uma linha superficial). Para um observador distante (por exemplo, no terminal recepção de uma ligação wireless), a frente de onda de uma onda esférica parece ser mais ou menos planar, como se fosse uma parte de uma onda plana (ou planar) – a onda cuja frente de onda é um plano (esfera com raio infinito). Além disso, a energia eletromagnética (sinal transmitido) é efetivamente recebida na extremidade de recebimento apenas sobre uma superfície finita que representa uma pequena porção da frente de onda esférica inteira, chamada de abertura de recepção, como indicado na Figura 9.1(b). Portanto, embora a onda esférica global seja em geral não uniforme (campos na mesma distância do centro de v são mais fortes em algumas direções do que em outras), sua parte sobre uma abertura de recepção pode ser considerada uniforme (os campos são os mesmos em todos os pontos). No geral, a onda eletromagnética esférica não uniforme global produzida (irradiada) pelas fontes na Figura 8.7, se considerada apenas sobre uma abertura de recepção longe das fontes, pode ser tratada como se fosse uma parte de uma onda plana

1 A frente de onda de uma onda, em geral, é o lugar geométrico de pontos no espaço atingidos pela onda em todas as direções em um determinado momento.

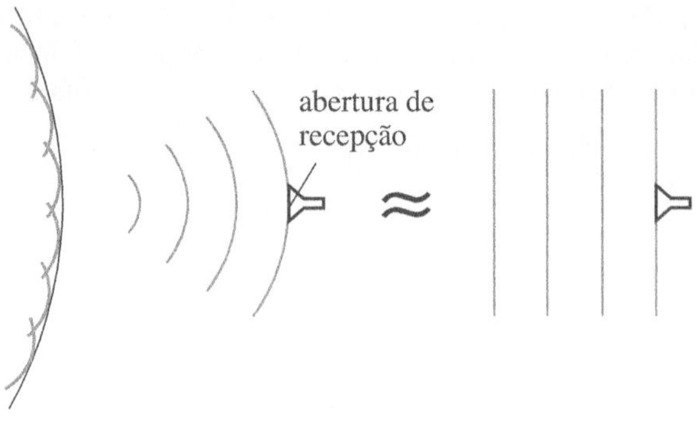

Figura 9.1

(a) Uma frente de onda esférica global unificada formada a partir de muitas ondas esféricas elementares devido a uma distribuição distante de fontes e (b) uma aproximação, através de uma abertura de recepção, da onda esférica global ir radiada por uma propagação da onda plana uniforme através do espaço inteiro.

uniforme. Tal onda tem frentes de onda planares e distribuições uniformes (constantes) dos campos sobre cada plano perpendicular à direção de propagação da onda. Mais importante, podemos remover por completo a onda esférica a partir da análise e supor que uma onda plana uniforme iluminando a abertura existe em todo o espaço [Figura 9.1(b)].

A aproximação da onda plana uniforme das ondas esféricas não uniformes permite uma análise bem mais simples de ondas irradiadas por fontes remotas de variação rápida no tempo. Estabelecido esse modelo, então, lidamos com ondas planas uniformes apenas, e estudamos a sua propagação não só nos meios ilimitados com e sem perdas (este capítulo), mas também na presença de interfaces planares entre as regiões de material com propriedades eletromagnéticas diferentes (próximo capítulo). No entanto, a importância e a utilidade do conceito das ondas planas uniformes estão além da aproximação das ondas esféricas na Figura 9.1. Por exemplo, é possível demonstrar que uma onda arbitrária, não uniforme e/ou não planar (nem sempre esférica), pode ser expressa como uma superposição de componentes da onda plana uniforme, e algumas técnicas de análise usam tal decomposição da onda para reduzir a propagação da onda complexa e os problemas de interação para a análise das ondas planas uniformes.

9.3 ANÁLISE NO DOMÍNIO DO TEMPO DAS ONDAS PLANAS UNIFORMES

Começamos com uma dependência de tempo arbitrária das ondas eletromagnéticas planas uniformes que se propagam em meios ilimitados sem perdas e executam análise no domínio do tempo de tais ondas com base em equações da onda. Na próxima seção será apresentada a análise de domínio complexo das ondas planas uniformes harmônicas no tempo.

Uma onda plana pode ser descrita usando coordenadas retangulares (cartesianas). Se os eixos são orientados de tal forma que a direção da propagação das ondas está no eixo z, então o vetor intensidade de campo elétrico da onda em qualquer instante de tempo é constante em cada plano perpendicular ao eixo z (onda uniforme), ou seja, **E** depende apenas de z e do tempo. Além disso, **E** não pode ter um componente z ($E_z = 0$), pois a Equação (9.3) deve ser satisfeita (região livre de fonte). Ou seja, como $\partial E_x/\partial x = 0$ e $\partial E_y/\partial y = 0$ (desde que **E** não dependa de x e y), a Equação (9.3) se reduz a $\partial E_z/\partial z = 0$ [ver Equação (1.167)], que por sua vez implica que $E_z = 0$ [a possibilidade de uma solução constante (com relação a z) para E_z não é de interesse, porque a intensidade do campo elétrico deve mudar ao longo da direção da propagação das ondas (ver Figura 8.3)]. Em consequência, **E** está inteiramente em um plano perpendicular ao eixo z e podemos posicionar os outros dois eixos do sistema de coordenadas cartesianas tal que **E** esteja direcionado ao longo de qualquer um deles. Por exemplo, se escolhermos o eixo x para representar a direção de **E**, como mostrado na Figura 9.2, e eliminarmos as coordenadas em que o campo não é dependente, ficamos com

$$\mathbf{E} = E_x(z, t)\,\hat{\mathbf{x}}. \qquad (9.11)$$

Com isso, a Equação (9.6) simplifica para [ver equações (4.126) e (9.10) e note que $\partial^2 E_x/\partial x^2 = 0$ e $\partial^2 E_x/\partial y^2 = 0$]

equação da onda unidimensional para E

$$\frac{\partial^2 E_x}{\partial z^2} - \varepsilon\mu\frac{\partial^2 E_x}{\partial t^2} = 0. \qquad (9.12)$$

Essa é uma equação da onda escalar unidimensional (1-D) da mesma forma que a Equação (8.97), então sua solução deve ter a mesma forma que na Equação (8.98):

campo E de uma onda plana uniforme

$$E_x = f\left(t - \frac{z}{c}\right), \qquad (9.13)$$

onde $f(\cdot)$ é uma função duas vezes diferenciável arbitrária.

Para encontrar a solução para o vetor intensidade do campo magnético da onda, usamos a Equação (9.1) e note que rot **E** no lado esquerdo da equação se torna $\partial E_x / \partial z\,\hat{\mathbf{y}}$ [ver equações (9.11) e (4.81)]. Isso significa que **H** (no lado direito da equação) deve ser da seguinte forma:

$$\mathbf{H} = H_y(z, t)\,\hat{\mathbf{y}}, \qquad (9.14)$$

como indicado na Figura 9.2, e conforme a Equação (9.1) torna-se

$$\frac{\partial E_x}{\partial z} = -\mu\frac{\partial H_y}{\partial t}. \qquad (9.15)$$

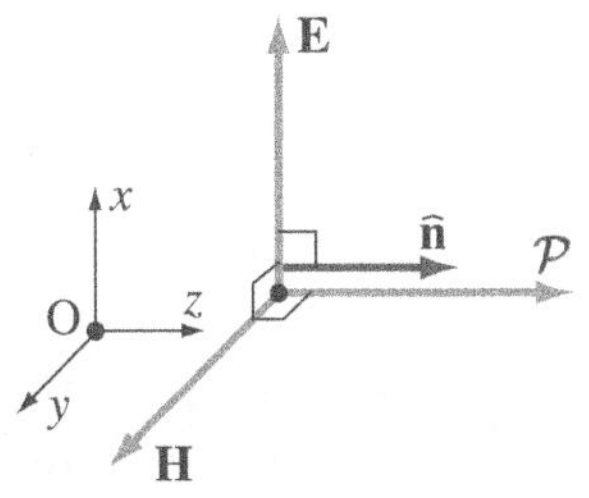

Figura 9.2

Vetor intensidade de campo elétrico (**E**), vetor intensidade do campo magnético (**H**), vetor unitário de propagação (**n̂**), e vetor de Poynting ($\mathcal{P}$) de uma onda eletromagnética plana uniforme propagando em um meio ilimitado.

A partir da Equação (8.99), $\partial f/\partial z = -(1/c)\ \partial f/\partial t$, de modo que

$$\frac{\partial H_y}{\partial t} = -\frac{1}{\mu}\frac{\partial f}{\partial z} = \frac{1}{\mu c}\frac{\partial f}{\partial t}, \quad (9.16)$$

e por fim

campo H de uma onda plana uniforme

$$H_y = \frac{1}{\mu c} f = \sqrt{\frac{\varepsilon}{\mu}}\, f\left(t - \frac{z}{c}\right). \quad (9.17)$$

Tendo as soluções para ambos **E** e **H** na Figura 9.2, resumimos agora as propriedades básicas das ondas eletromagnéticas planas uniformes em geral, independentemente de qualquer sistema de coordenadas em particular. Com base nas equações (9.11), (9.13), (9.14) e (9.17), uma onda plana uniforme consiste dos campos elétricos e magnéticos que são uniformes em planos perpendiculares à direção de propagação da onda (onda uniforme), pertencem a esses planos (onda plana) e são perpendiculares entre si e à direção de propagação. Tal onda também pertence a uma classe das chamadas ondas TEM (Transverse Electromagnetic), uma vez que ambos **E** e **H** são transversais à direção de propagação (planos z = const são chamados de planos transversais da onda). Vemos que as variações no espaço e no tempo dos campos elétricos e magnéticos da onda na Figura 9.2 são idênticas, ou seja, as duas intensidades de campo são proporcionais à mesma função (f) de z e t. Isto significa que tanto **E** como **H** propagam em uníssono ao longo de z, com os máximos e mínimos nos mesmos pontos do espaço e nos mesmos instantes de tempo. A orientação dos vetores de campo é tal que seu produto vetorial, $\mathbf{E} \times \mathbf{H}$, está na direção positiva z na Figura 9.2 ($\hat{\mathbf{x}} \times \hat{\mathbf{y}} = \hat{\mathbf{z}}$), ou seja, na direção da propagação de onda.

É evidente que os campos elétricos e magnéticos descritos pelas equações (9.13) e (9.17) se propagam com a velocidade c na direção z positiva a partir da analogia com a Equação (8.101) e Figura 8.8. Essa velocidade é dada por

velocidade das ondas eletromagnéticas planas uniformes (unidade: m/s)

$$c = \frac{1}{\sqrt{\varepsilon\mu}}, \quad (9.18)$$

ou seja, é determinada apenas pelas propriedades (ε e μ) do meio. Para um vácuo ou ar (espaço livre), as equações (1.2) e (4.3) dão

velocidade das ondas eletromagnéticas no espaço livre

$$c_0 = \frac{1}{\sqrt{\varepsilon_0\mu_0}} \approx 3 \times 10^8 \text{ m/s}. \quad (9.19)$$

Essa constante, calculada pela primeira vez por Maxwell, é comumente indicada como a velocidade da luz.[2] No entanto, vemos que a luz viaja com estsa velocidade somente no espaço livre e, mais importante, que esta é a velocidade não só da luz (visível e invisível), mas também das ondas eletromagnéticas em geral, no espaço livre. Esse fato levou Maxwell a sugerir que a luz visível nada mais é que uma radiação eletromagnética.

As equações (9.11), (9.13), (9.14) e (9.17) também nos dizem que a razão entre as intensidades de campo elétrico e magnético em qualquer instante no tempo e de qualquer ponto do espaço é igual a uma constante, que é denotada por η,

proporcionalidade de **E** e **H** de uma onda plana

$$\frac{E}{H} = \eta, \quad (9.20)$$

e avaliada a partir dos parâmetros médios como

impedância intrínseca de um meio (unidade: Ω)

$$\eta = \sqrt{\frac{\mu}{\varepsilon}}. \quad (9.21)$$

Essa nova grandeza tem a unidade de impedância, Ω [as unidades de E e H são V/m e A/m, respectivamente, e (V/m) / (A/m) = V/A = Ω], e é chamada de impedância intrínseca do meio (dos parâmetros ε e μ). Usando η, as seguintes relações vetoriais entre os vetores campo elétrico e magnético da onda e podem ser escritas de forma independente de qualquer sistema de coordenadas dado:

relações entre vetores **E** e **H** de uma onda TEM

$$\mathbf{H} = \frac{1}{\eta}\hat{\mathbf{n}} \times \mathbf{E} \quad \text{e} \quad \mathbf{E} = \eta\mathbf{H} \times \hat{\mathbf{n}}, \quad (9.22)$$

2 Um valor mais preciso da velocidade da luz no vácuo, adotado (em 1983) como a constante "exata", é c_0 = 299.792.458 m/s. Note que o metro como uma unidade de comprimento é definido em relação a esse valor – como igualando o comprimento do trajeto percorrido pela luz no vácuo durante um intervalo de tempo de 1/299.792.458 de um segundo.

onde $\hat{\mathbf{n}}$ é o vetor unitário que define a direção da propagação da onda (na Figura 9.2, $\hat{\mathbf{n}} = \hat{\mathbf{z}}$), a qual nos referimos como o vetor unitário de propagação. Se o meio é o ar (vácuo),

impedância intrínseca de espaço livre

$$\eta_0 = \sqrt{\frac{\mu_0}{\varepsilon_0}} \approx 120\pi \ \Omega \approx 377 \ \Omega \tag{9.23}$$

[$\varepsilon_0 = 1/(\mu_0 c_0^2) = 10^{-9}/(36\pi)$ F/m, de modo que $\mu_0/\varepsilon_0 = 144\pi^2 \times 10^2$ H/F].

Usando as equações (2.199), (7.108), (9.20) e (9.21), as densidades da energia elétrica e magnética da onda são dadas, respectivamente, por

densidades de energia magnética e elétrica instantâneas de uma onda plana

$$w_e = \frac{1}{2}\varepsilon E^2 \quad \text{e}$$
$$w_m = \frac{1}{2}\mu H^2 = \frac{1}{2}\mu\left(\frac{E}{\eta}\right)^2 = \frac{1}{2}\varepsilon E^2. \tag{9.24}$$

Podemos verificar que são os mesmos em todos os pontos e em todos os instantes. Em outras palavras, a energia da onda é distribuída por igual entre os campos elétricos e magnéticos. A densidade de energia da onda eletromagnética total, portanto, é

$$w_{em} = w_e + w_m = 2w_e = \varepsilon E^2 = = \varepsilon E_x^2(z,t) = \varepsilon f^2\left(t - \frac{z}{c}\right). \tag{9.25}$$

A razão no tempo com que a energia eletromagnética flui através do espaço transportada pela onda é descrita pelo vetor de Poynting associado. Pela Equação (8.161), o vetor de Poynting da onda é

vetor Poynting instantâneo de uma onda plana

$$\mathcal{P} = \mathbf{E} \times \mathbf{H} = EH\hat{\mathbf{n}} = \frac{E^2}{\eta}\hat{\mathbf{n}} = \eta H^2 \hat{\mathbf{n}} = = \sqrt{\frac{\varepsilon}{\mu}} f^2\left(t - \frac{z}{c}\right)\hat{\mathbf{n}} = \mathcal{P}(z,t)\hat{\mathbf{n}}. \tag{9.26}$$

A direção de $\mathcal{P}$ (Figura 9.2) coincide com a direção da propagação da onda ($\hat{\mathbf{n}}$) e sua magnitude instantânea, $\mathcal{P}$, é igual à densidade de potência superficial transportada pela onda, ou seja, a potência por unidade de área da frente de onda (plano perpendicular a $\hat{\mathbf{n}}$), em um determinado ponto do espaço e do instante de tempo. Comparando as equações (9.26) e (9.25), notamos que $\mathcal{P}$ é proporcional à densidade de energia eletromagnética da onda. A constante de proporcionalidade é a velocidade da onda, c, que é evidente a partir de

$$\mathcal{P} = \sqrt{\frac{\varepsilon}{\mu}} E^2 = \frac{1}{\sqrt{\varepsilon\mu}}\varepsilon E^2 = c w_{em}. \tag{9.27}$$

Por fim, vamos escrever as expressões do campo para uma onda plana uniforme com um vetor intensidade de campo elétrico orientado na direção x, como na Equação (9.11), mas de propagação na direção negativa z, contrariamente à onda na Figura 9.2. Observando que viajam com velocidade c na direção negativa z (para a trás) pode ser interpretada como viajando com velocidade c na direção z (para a frente)[3] positiva e sabendo que a orientação do vetor de intensidade de campo magnético da onda deve ser tal que o vetor Poynting esteja na direção de propagação ($\hat{\mathbf{n}}_{\text{para trás}} = -\hat{\mathbf{z}}$), temos

$$\mathbf{E}_{\text{para trás}} = f\left(t + \frac{z}{c}\right)\hat{\mathbf{x}} \quad \text{e}$$
$$\mathbf{H}_{\text{para trás}} = -\frac{1}{\eta} f\left(t + \frac{z}{c}\right)\hat{\mathbf{y}} \tag{9.28}$$

[$\hat{\mathbf{x}} \times (-\hat{\mathbf{y}}) = -\hat{\mathbf{z}}$], que também está de acordo com as equações (9.22).

Exemplo 9.2

Equações da onda unidimensionais das equações de Maxwell unidimensionais

A partir da rotacional das equações de Maxwell unidimensionais na forma escalar especializada para uma onda eletromagnética plana uniforme com componentes de campo $E_x(z, t)$ e $H_y(z, t)$ propagando em um meio homogêneo sem perdas de permissividade ε e permeabilidade μ, Figura 9.2, obtenha as equações da onda unidimensionais associadas, com apenas E_x e apenas H_y como incógnitas, respectivamente.

Solução A primeira equação unidimensional de Maxwell especializada neste caso é que na Equação (9.15) e na versão 1-D da segunda equação diferencial de Maxwell geral, equação (9.2), simplificada para **E** e **H** nas equações (9.11) e (9.14) usando a fórmula do rotacionalo em coordenadas cartesianas, a Equação (4.81), lê

$$\frac{\partial H_y}{\partial z} = -\varepsilon\frac{\partial E_x}{\partial t}. \tag{9.29}$$

Agora usamos a derivada em relação a z de ambos os lados da Equação (9.15) e combinamos o resultado com a Equação (9.29) como segue:

$$\frac{\partial^2 E_x}{\partial z^2} = -\mu\frac{\partial}{\partial z}\left(\frac{\partial H_y}{\partial t}\right) = -\mu\frac{\partial}{\partial t}\left(\frac{\partial H_y}{\partial z}\right) = \varepsilon\mu\frac{\partial^2 E_x}{\partial t^2}, \tag{9.30}$$

3 Como alternativa, podemos introduzir um novo eixo, z', na direção do curso da onda para trás, e (sendo que $z' = -z$) escrever $f(t - z'/c) = f(t + z/c)$ para essa onda.

e esta é exatamente a equação da onda 1-D para o campo elétrico, Equação (9.12). A equação da onda 1-D do campo H, que tem a forma idêntica, em termos de H_y sozinho, como na Equação (9.12), é obtida de uma maneira similar – usando a derivada em relação a z da Equação (9.29) e substituindo seu lado direito da expressão correspondente da Equação (9.15).

9.4 ONDAS PLANAS UNIFORMES HARMÔNICAS NO TEMPO E ANÁLISE NO DOMÍNIO COMPLEXO

No caso de variações de harmônica no tempo (estado estático sinusoidal) das ondas eletromagnéticas planas uniformes, a função $f(t')$ nas equações (9.13) e (9.17), onde $t' = t - z/c$, adquire a forma dada pela Equação (8.51), de modo que a expressão para o campo elétrico se torna

$$E_x = E_m \cos(\omega t' + \theta_0) = = E_0\sqrt{2}\cos\left[\omega\left(t - \frac{z}{c}\right) + \theta_0\right], \tag{9.31}$$

onde E_m é a amplitude,[4] E_0 o valor rms ($E_0 = E_m/\sqrt{2}$) e θ_0 a fase inicial (para $t = 0$) no plano $z = 0$ da intensidade do campo elétrico da onda, ω é a frequência angular e $H_y = E_x/\eta$. Através do coeficiente de fase (número de onda), β, definido na Equação (8.111), temos

intensidades instantâneas do campo de uma onda plana uniforme harmônica no tempo

$$E_x = E_0\sqrt{2}\cos(\omega t - \beta z + \theta_0) \quad \text{e} \quad H_y = \frac{E_0}{\eta}\sqrt{2}\cos(\omega t - \beta z + \theta_0). \tag{9.32}$$

A partir da Equação (9.32), vemos que β representa a razão com a qual a fase instantânea da onda

fase instantânea de uma onda plana uniforme

$$\phi(z, t) = \omega t - \beta z + \theta_0, \tag{9.33}$$

muda (reduz) com z, e é por isso que é chamado de coeficiente de fase [a redução com z da fase é consequência de um retardo de tempo (atraso) dos campos – veja Equação (8.110)]. A fase inicial da onda, $\theta(z) = -\beta z + \theta$, é constante para $z =$ const, e, portanto, cada plano transversal de uma onda harmônica no tempo plana uniforme é considerada um plano equifase da onda. Essa fase é a mesma para os campos elétricos e magnéticos da onda, ou seja, **E** e **H** estão em fase em cada ponto do espaço. Note também que as intensidades de campo são periódicas tanto no tempo (t) quanto no espaço (junto a z).

O período de tempo, T, é dado na Equação (8.49). O período no espaço é obtido a partir da relação $\beta z = 2\pi$, ou seja, ele vem a ser o comprimento de onda, λ, definida na Equação (8.112). O comprimento da onda é igual à distância entre dois planos adjacentes transversais (mais próximos) cujas intensidades de campo estão em fase com relação uns aos outros. Por fim, a partir de $\beta = 2\pi/\lambda$[Equação (8.111)], vemos que β pode ser interpretado como uma medida do número de comprimentos da onda em um ciclo completo de uma função cosseno, 2π, e daí seu nome, número de onda. O comportamento de onda no tempo e espaço é ilustrado na Figura 9.3. Na Figura 9.3(a), observamos que a mesma senoide no tempo aparece em $z = 0$ (linha sólida) e, em seguida, em $z = \lambda/4$ (linha tracejada) adiada por $\Delta t = \Delta z/c = (\lambda/4)/c = T/4$. Na Figura 9.3 (b), observamos que a curva para $t = T/4$ (linha pontilhada) é a mesma senoide no espaço como aquele para $t = 0$ (linha cheia), mas deslocada para a direita por $\Delta z = c\Delta t = c(T/4) = \lambda/4$. Em outras palavras, qualquer ponto da fase constante (por exemplo, o ponto P na figura), para o qual $\omega t - \beta z =$ const, se move para a direita com uma velocidade c, igual a ω/β. Analiticamente,

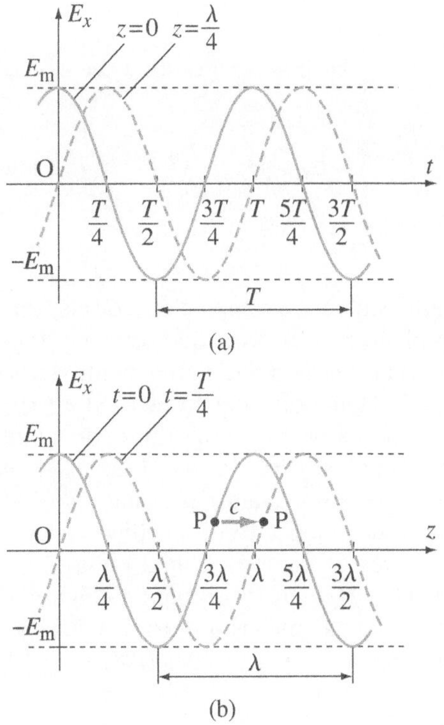

Figura 9.3

Comportamento no tempo em duas posições (a) e no espaço em dois instantes (b) de uma onda plana uniforme harmônica no tempo [E_x (z, t) é dada nas equações (9.32), com $E_m = E_0\sqrt{2}$ (amplitude) e $\theta_0 = 0$].

4 Na análise da propagação de onda, é conveniente usar símbolos com um subscrito "0" (zero), por exemplo, E_0, para denotar grandezas de onda rms em $z = 0$ (ou alguma outra posição de referência). Por essa razão, as respectivas amplitudes (valores máximos) das grandezas da onda serão regularmente denotadas usando um subscrito "m" (por exemplo, E_m) ao longo do resto deste texto.

$$\omega t - \beta z = \text{const} \quad \xrightarrow{\mathrm{d}/\mathrm{d}t} \quad \omega - \beta \frac{\mathrm{d}z}{\mathrm{d}t} = 0 \quad \longrightarrow$$
$$\longrightarrow \quad \frac{\mathrm{d}z}{\mathrm{d}t} = \frac{\omega}{\beta}. \tag{9.34}$$

Essa velocidade, igual a $\mathrm{d}z/\mathrm{d}t$, é, portanto, também chamada de velocidade de fase da onda e representada por v_p. No caso geral,

velocidade fase (unidade: m/s)

$$v_\mathrm{p} = \frac{\omega}{\beta}, \tag{9.35}$$

com $v_\mathrm{p} = c = 1/\sqrt{\varepsilon\mu}$ para propagação das ondas em um meio sem perdas ilimitado de permissividade ε e permeabilidade μ. No entanto, como veremos em seções e capítulos posteriores, para ondas em alguns outros meios eletromagnéticos e estruturas (por exemplo, materiais com perdas, plasmas e guias da onda metálicos), a velocidade de fase não é constante, mas sim depende da frequência.

Aplicando a conversão no tempo complexa na Equação (8.66) para as expressões das intensidades de campo instantâneas nas equações (9.32), obtemos as seguintes expressões para intensidades do campo rms complexas de uma onda plana harmônica no tempo uniforme:

intensidades do campo rms complexas de uma onda plana uniforme

$$\underline{E}_x = \underline{E}_0\, \mathrm{e}^{-\mathrm{j}\beta z} \quad \text{e} \quad \underline{H}_y = \frac{\underline{E}_0}{\eta}\, \mathrm{e}^{-\mathrm{j}\beta z}, \quad \text{onde}$$
$$\underline{E}_0 = E_0\, \mathrm{e}^{\mathrm{j}\theta_0} \tag{9.36}$$

($\underline{E}_0$ é a intensidade do campo elétrico rms complexa da onda no plano $z = 0$). Note que essas mesmas expressões poderiam ter sido alternativamente derivadas das equações de Helmholtz, equações (9.8) e (9.9), combinando-as com a versão sem fonte de equações de Maxwell complexas na forma diferencial, equações (8.81), por exemplo, como nas equações (9.11)–(9.17) no domínio do tempo. Em específico, a suposição de que os vetores de campo de uma onda são da forma $\underline{\mathbf{E}} = \underline{E}_x(z)\,\hat{\mathbf{x}}$ e $\underline{\mathbf{H}} = \underline{H}_y(z)\,\hat{\mathbf{y}}$, como na Figura 9.2 (aproximação das ondas planas uniformes), leva à seguinte forma simplificada das equações (9.8) – (9.10):

equações de Helmholtz unidimensionais

$$\frac{\mathrm{d}^2\underline{E}_x}{\mathrm{d}z^2} + \beta^2\underline{E}_x = 0, \quad \frac{\mathrm{d}^2\underline{H}_y}{\mathrm{d}z^2} + \beta^2\underline{H}_y = 0, \tag{9.37}$$

e é agora uma tarefa muito simples verificar por substituição direta que as expressões nas equações (9.36) são soluções dessas equações (que será feita para o campo elétrico em um exemplo), bem como que as equações de Maxwell correspondentes também estão satisfeitas. Além disso, note que o fator de propagação de fase $\mathrm{e}^{-j\beta z}$ nas equações (9.36), indicando o curso dos campos correspondentes ao longo do eixo z com a velocidade $c = \omega/\beta$ (na direção z positiva), tem a forma idêntica do fator $\mathrm{e}^{-\mathrm{j}\beta R}$ presente nas expressões para os potenciais de Lorenz complexos nas equações (8.113), (8.114), (8.116) e (8.117). Note, enfim, que um fator $\mathrm{e}^{\mathrm{j}\beta z}$, por outro lado, indicaria a propagação das ondas planas na direção negativa de z [ver equações (9.28)].

Sabemos que, em geral, as potências médias no tempo, as energias e as densidades de potência e energia para o meio linear e variações do campo harmônicas no tempo podem ser obtidas por meio de expressões correspondentes constantes no tempo se os valores rms das grandezas envolvidas nas expressões forem usados [ver Equação (8.53)]. As densidades de energia elétrica e magnética média no tempo da onda definidas pelas equações (9.36) são, portanto,

densidades de energia magnética e elétrica média no tempo da onda plana harmônica no tempo

$$(w_\mathrm{e})_\mathrm{méd} = \frac{1}{2}\,\varepsilon E_0^2 \quad \text{e} \quad (w_\mathrm{m})_\mathrm{méd} = \frac{1}{2}\,\mu H_0^2, \tag{9.38}$$

respectivamente, onde $H_0 = E_0/\eta$ é a intensidade do campo magnético rms da onda. É claro que $(w_\mathrm{e})_\mathrm{méd} = (w_\mathrm{m})_\mathrm{méd}$ e a densidade de energia eletromagnética média de tempo total da onda é

$$(w_\mathrm{em})_\mathrm{méd} = 2(w_\mathrm{e})_\mathrm{méd} = 2(w_\mathrm{m})_\mathrm{méd} = \varepsilon E_0^2 = \mu H_0^2. \tag{9.39}$$

Note que, embora as densidades de energia instantânea da onda, obtidas a partir das equações (9.24), (9.25) e (9.32), dependam da coordenada espacial z, suas médias de tempo são constantes ao longo de todo o espaço.

Por fim, usando a Equação (8.194), o vetor de Poynting complexo da onda é

vetor Poynting complexo de uma onda plana

$$\underline{\mathcal{P}} = \underline{\mathbf{E}} \times \underline{\mathbf{H}}^* = \underline{E}_x\underline{H}_y^*\,\hat{\mathbf{z}} = \underline{E}_0\,\mathrm{e}^{-\mathrm{j}\beta z}\,\frac{\underline{E}_0^*}{\eta}\,\mathrm{e}^{\mathrm{j}\beta z}\,\hat{\mathbf{z}} = \frac{E_0^2}{\eta}\,\hat{\mathbf{n}} \tag{9.40}$$

($\hat{\mathbf{n}} = \hat{\mathbf{z}}$). Vemos que $\underline{\mathcal{P}}$ vem a ser puramente real, e, portanto, é igual à média no tempo do vetor de Poynting instantâneo da onda [ver Equação (8.195)]. Ou seja, $\mathcal{P}_\mathrm{méd} = (E_0^2/\eta)\,\hat{\mathbf{n}}$, que também pode ser obtida usando a média de tempo de $\mathcal{P}(z, t)$ expressa em termos das intensidades de campo instantâneas nas equações (9.32). Notamos também que, como nas expressões de densidade de energia correspondente, $\mathcal{P}_\mathrm{méd}$ não é uma função de z.

No resto deste capítulo e no próximo, vamos tratar quase exclusivamente sobre ondas planas uniformes harmônicas no tempo. A análise deverá ser realizada de modo regular no domínio (frequência) complexo. No entanto, ao trabalhar com representações complexas dos vetores de campo e outras grandezas harmônicas no tempo associadas com as ondas, devemos sempre ter em mente (e às vezes escrever) as expressões correspondentes instantâneas (no domínio do tempo), a fim de observar e compreender totalmente o comportamento físico e as características das ondas harmônicas no tempo em diferentes situações e problemas.

Exemplo 9.3

Verificação das soluções das equações de onda (Helmholtz)

Verifique (diretamente) que as expressões para a intensidade do campo elétrico de uma onda eletromagnética plana uniforme harmônica no tempo propagando em um meio sem perdas de parâmetros ε e μ nas equações (9.32) e (9.36) são soluções das equações da onda correspondente (ou Helmholtz).

Solução No domínio do tempo, as densidades parciais de segunda ordem em z e t da intensidade do campo elétrico $E_x(z, t)$ dada nas equações (9.32) vêm a ser

$$\frac{\partial^2 E_x}{\partial z^2} = E_0\sqrt{2}\,\frac{\partial^2}{\partial z^2}\cos(\omega t - \beta z + \theta_0) =$$
$$= -\beta^2 E_0\sqrt{2}\cos(\omega t - \beta z + \theta_0) \quad \text{e}$$
$$\frac{\partial^2 E_x}{\partial t^2} = E_0\sqrt{2}\,\frac{\partial^2}{\partial t^2}\cos(\omega t - \beta z + \theta_0) =$$
$$= -\omega^2 E_0\sqrt{2}\cos(\omega t - \beta z + \theta_0), \tag{9.41}$$

respectivamente. Sendo $\beta^2 = \varepsilon\mu\omega^2$, a partir da Equação (8.111), o primeiro resultado é igual a $\varepsilon\mu$ vezes o segundo, portanto verificando que a equação da onda para o campo elétrico na Equação (9.12) é de fato satisfeita.

No domínio complexo, igualmente usamos a derivada de segunda ordem de $\underline{E}_x\,(z)$ nas equações (9.36),

$$\frac{\mathrm{d}^2\underline{E}_x}{\mathrm{d}z^2} = \underline{E}_0\,\frac{\mathrm{d}^2}{\mathrm{d}z^2}\,\mathrm{e}^{-\mathrm{j}\beta z} = (-\mathrm{j}\beta)^2\underline{E}_0\,\mathrm{e}^{-\mathrm{j}\beta z} = -\beta^2\underline{E}_x, \tag{9.42}$$

e o que obtemos é simplesmente a equação do campo E na Equação (9.37), o que prova que essa expressão para $\underline{E}_x\,(z)$ é uma solução da respectiva equação de Helmholtz.

As expressões para $H_y\,(z, t)$ e $\underline{H}_y\,(z)$ nas equações (9.32) e (9.36) também satisfazem as respectivas equações da onda (Helmholtz) que podem ser mostradas de maneira análoga.

Exemplo 9.4

Campo magnético a partir do campo elétrico no domínio complexo

Usando as equações de Maxwell, obtenha $\underline{H}_y$ da solução a partir de $\underline{E}_x$ nas equações (9.36).

Solução Usamos a primeira equação de Maxwell, escrita como a versão do domínio complexo da equação (9.15), ou, equivalentemente, como a versão unidimensional (para ondas planas uniformes) da primeira equação nas equações (8.81), e substituímos nela a expressão para $\underline{E}_x$, equações (9.36), para obter

$$\frac{\mathrm{d}\underline{E}_x}{\mathrm{d}z} = -\mathrm{j}\omega\mu\underline{H}_y \quad\longrightarrow\quad \underline{H}_y = \frac{\mathrm{j}\underline{E}_0}{\omega\mu}\,\frac{\mathrm{d}}{\mathrm{d}z}\,\mathrm{e}^{-\mathrm{j}\beta z} =$$
$$= \frac{\beta}{\omega\mu}\,\underline{E}_0\,\mathrm{e}^{-\mathrm{j}\beta z} = \sqrt{\frac{\varepsilon}{\mu}}\,\underline{E}_x = \frac{\underline{E}_x}{\eta}, \tag{9.43}$$

onde β e η são o coeficiente de fase e de impedância intrínseca do meio de propagação, dados pelas equações (8.111) e (9.21), respectivamente. Este é o mesmo resultado para $\underline{H}_y$ como nas equações (9.36). Note que a equação (9.43) representa o equivalente complexo das manipulações realizadas no cálculo de H_y de E_x nas equações (9.15)–(9.17) no domínio do tempo.

Exemplo 9.5

Oscilação no tempo do vetor Poynting

Os vetores campo elétrico e magnético de uma onda plana uniforme dinâmica harmônica no tempo oscilam no tempo a uma frequência angular ω. Com que frequência angular oscila o vetor de Poynting da onda?

Solução A partir das equações (9.26) e (9.32), a expressão para o vetor de Poynting instantâneo da onda na Figura 9.2, se harmônica no tempo, pode ser escrita como

$$\mathcal{P} = E_x H_y\,\hat{\mathbf{z}} = \frac{2E_0^2}{\eta}\cos^2(\omega t - \beta z + \theta_0)\,\hat{\mathbf{z}} =$$
$$= \frac{E_0^2}{\eta}\,[1 + \cos(2\omega t - 2\beta z + 2\theta_0)]\,\hat{\mathbf{z}}, \tag{9.44}$$

onde é feito o uso da identidade trigonométrica $\cos^2\alpha = (1 + \cos 2\alpha)/2$. Vemos que $\mathcal{P}$ oscila no tempo como dobro da frequência angular da oscilação de campo, como 2ω. É claro que essa oscilação não é harmônica no tempo, e sua média de tempo não é zero, como na Equação (9.40). Observamos também que a periodicidade do vetor de Poynting na Equação (9.44) no espaço (ao longo de z), sendo determinada por 2β, é também duas vezes a razão da respectiva repetição para os campos.

Exemplo 9.6

Cálculo de vários parâmetros de uma onda plana

O campo elétrico de uma onda eletromagnética propagando através de um material não magnético sem perdas é dado por

$$\mathbf{E} = 10\sqrt{2}\cos(10^8 t + y)\,\hat{\mathbf{z}}\ \mathrm{V/m} \quad (t \text{ em s}; y \text{ em m}). \tag{9.45}$$

Encontre: (a) a direção de propagação, período de tempo, comprimento de onda e a velocidade de fase da onda, a permissividade relativa e impedância intrínseca do material, (b) o vetor intensidade do campo magnético instantâneo e os vetores campo elétrico e magnético complexos da onda e (c) as densidades de energia eletromagnéticas instantâneas e médio no tempo e o vetor de Poynting de tempo médio da onda.

Solução

(a) A onda se propaga na direção negativa de y, como mostrado na Figura 9.4. Tendo em mente as equações (9.32), a frequência angular na Equação (9.45) é $\omega = 10^8$ rad/s e o coeficiente de fase $\beta = 1$ rad/m, de modo que, usando as equações (8.49) e (8.111), o período de tempo e comprimento de onda da onda vêm a ser

$$T = \frac{2\pi}{\omega} = 62{,}8\ \mathrm{ns} \quad \text{e} \quad \lambda = \frac{2\pi}{\beta} = 6{,}28\ \mathrm{m}, \tag{9.46}$$

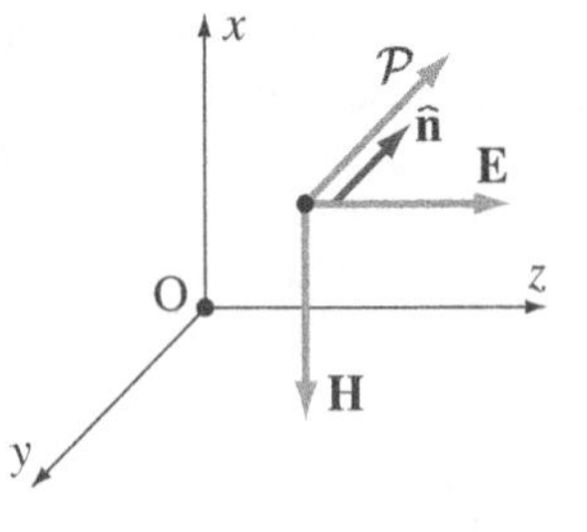

Figura 9.4

Vetores intensidade de campo elétrico e magnético e vetor de Poynting de uma onda plana uniforme harmônica no tempo se deslocando na direção negativa de y; para o Exemplo 9.6.

respectivamente. Da Equação (9.35), a velocidade de fase da onda chega a $v_p = c = \omega/\beta = 10^8$ m/s. Como o meio de propagação é não magnético, a Equação (9.18) se reduz a

c – meio não magnético

$$c = \frac{1}{\sqrt{\varepsilon_r \varepsilon_0 \mu_0}} = \frac{c_0}{\sqrt{\varepsilon_r}} \quad \left(\mu = \mu_0; \quad c_0 = 3 \times 10^8 \text{ m/s}\right), \quad (9.47)$$

com c_0 representando a velocidade da luz no espaço livre, Equação (9.19), e, portanto, a permissividade relativa do meio (dielétrico) $\varepsilon_r = (c_0/c)^2 = 3^2 = 9$. Da mesma forma, empregando as equações (9.21) e (9.23), a impedância intrínseca do dielétrico é dada por

η – meio não magnético

$$\eta = \sqrt{\frac{\mu_0}{\varepsilon_r \varepsilon_0}} = \frac{\eta_0}{\sqrt{\varepsilon_r}} \quad (\eta_0 = 120\pi \ \Omega), \quad (9.48)$$

isto é, $\eta = \eta_0/3 = 40\pi \ \Omega = 125{,}7 \ \Omega$.

(b) A Equação (9.20) nos diz que a intensidade do campo magnético rms da onda é $H_0 = E_0/\eta = 0{,}08$ A/m ($E_0 = 10$ V/m) e vemos na Figura 9.4 que o vetor **H** está orientado na direção negativa de x — de tal forma que o produto vetorial, **E** × **H**, está na direção da propagação de ondas. Portanto, o valor instantâneo de **H** é

$$\mathbf{H} = 0{,}08\sqrt{2}\cos(10^8 t + y)\,(-\hat{\mathbf{x}}) \text{ A/m} \quad (t \text{ em s}; y \text{ em m}). \quad (9.49)$$

Por outro lado, os vetores intensidade de campo rms complexo da onda, equações (9.36), são

$$\underline{\mathbf{E}} = 10\,e^{jy}\,\hat{\mathbf{z}} \text{ V/m e } \underline{\mathbf{H}} = 0.08\,e^{jy}\,(-\hat{\mathbf{x}}) \text{ A/m} \quad (y \text{ em m}). \quad (9.50)$$

(c) Por fim, combinando as equações (9.25) e (9.45), a densidade de energia eletromagnética instantânea da onda é igual a

$$w_{em} = \varepsilon_r \varepsilon_0 E^2 = 16\cos^2(10^8 t + y) \text{ nJ/m}^3 \quad (t \text{ em s}; y \text{ em m}), \quad (9.51)$$

e, por meio das equações (9.39) e (9.40), sua média no tempo e o vetor de Poynting médio no tempo (Figura 9.4), respectivamente, são

$$(w_{em})_{méd} = \varepsilon_r \varepsilon_0 E_0^2 = 8 \text{ nJ/m}^3 \quad \text{e}$$
$$\mathcal{P}_{méd} = \frac{E_0^2}{\eta}(-\hat{\mathbf{y}}) = 0{,}8\,(-\hat{\mathbf{y}}) \text{ W/m}^2. \quad (9.52)$$

Note que $\mathbf{P}_{méd} = c(w_{em})_{méd}$, que é a mesma proporcionalidade entre as grandezas correspondentes instantâneas na Equação (9.27).

Exemplo 9.7

Encontrando parâmetros dos materiais a partir de propriedades de onda

Uma onda plana uniforme viaja a uma velocidade $c = 2 \times 10^8$ m/s através de um meio sem perdas, e os seus campos são expressos como

$$\mathbf{E} = 754\,\text{sen}(10^7 t + \beta z)\,\hat{\mathbf{x}} \text{ mV/m} \quad \text{e}$$
$$\mathbf{H} = -3\,\text{sen}(10^7 t + \beta z)\,\hat{\mathbf{y}} \text{ mA/m}, \quad (9.53)$$

onde t é medido em s e z em m. Nessas circunstâncias, calcule (a) o coeficiente de fase e comprimento de onda e a impedância intrínseca do meio, (b) a permissividade e permeabilidade relativa do meio e (c) a fase inicial da intensidade do campo elétrico da onda no plano $z = 0$.

Solução

(a) Vemos nas equações (9.53) que a frequência angular da onda é $\omega = 10^7$ rad/s, e portanto, o coeficiente de fase, Equação (8.111), de $\beta = \omega/c = 0{,}05$ rad/m e o comprimento de onda de $\lambda = 2\pi/\beta = 125{,}66$ m. Pela Equação (9.20), por outro lado, a impedância intrínseca do meio de propagação chega a $\eta = E/H = 251{,}33 \ \Omega$.

(b) Combinando as equações (9.21) e (9.18), o produto de η e c e sua relação vem a ser

$$\eta c = \frac{1}{\varepsilon} \quad \text{e} \quad \frac{\eta}{c} = \mu, \quad (9.54)$$

a partir do qual a permissividade e permeabilidade relativa do meio são $\varepsilon_r = 1/(\eta c \varepsilon_0) = 2{,}25$ e $\mu_r = \eta/(c\mu_0) = 1$, respectivamente (note que estes são parâmetros de um dielétrico de polietileno amplamente utilizado).

(c) Com a ajuda da identidade trigonométrica sen α = cos ($\alpha - \pi/2$), reescrevemos a expressão para o campo elétrico da onda nas equações (9.53) como $\mathbf{E} = 754 \cos(10^7 t + \beta z - \pi/2)\,\hat{\mathbf{x}}$ V/m, e, com referência às equações (9.32), perceba que a fase inicial do campo para $z = 0$ é igual a $\theta_0 = -90°$.

Exemplo 9.8

Fem induzida em uma grande espira devido a uma onda plana

Uma espira retangular de comprimentos laterais a e b é colocada no campo de uma onda eletromagnética harmônica no tempo plana uniforme de frequência angular ω e intensidade do campo elétrico rms E_0 propagando no espaço livre. O vetor campo magnético da onda é perpendicular ao plano da espira, e o campo elétrico é paralelo ao par de bordas da espira de comprimento b. As dimensões elétricas da espira são arbitrárias (isto é, o contorno não pode ser considerado pequeno eletricamente). Encontre a fem induzida no contorno.

Solução Essa situação é mostrada na Figura 9.5. Para o sistema de coordenadas cartesianas adotado, os vetores de campo da onda são aqueles nas equações (9.32). Como sabemos, a fem induzida em uma espira, dada pela Equação (6.34), pode, de fato, ser calculada a partir tanto do lado esquerdo como do

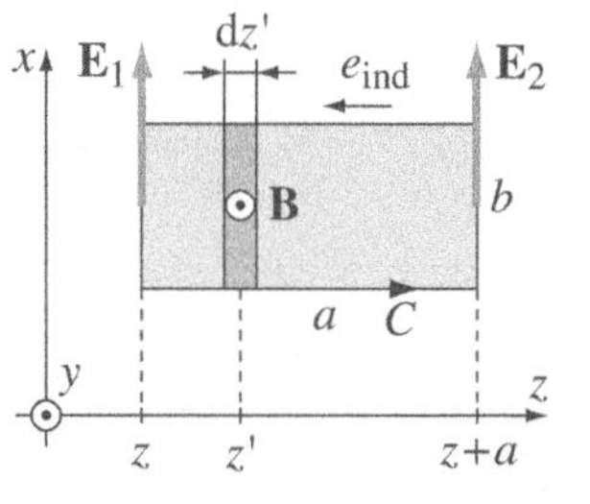

Figura 9.5

Cálculo da fem induzida em uma espira retangular, de um tamanho elétrico arbitrário, situada no campo de uma onda eletromagnética plana uniforme; para o Exemplo 9.8.

direito da lei de Faraday da indução eletromagnética na forma integral, na Equação (6.37), ou seja, usando o campo elétrico ou magnético no qual a espira está situada. No caso da Figura 9.5, no entanto, a abordagem inicial envolve cálculos mais simples, por isso vamos usá-la primeiro.

O vetor campo elétrico direcionado x da onda é perpendicular ao par de bordas da espira de comprimento a, enquanto é paralelo e constante ao longo de cada uma das duas bordas restantes (campos $\mathbf{E}_1$ e $\mathbf{E}_2$ na Figura 9.5), muito parecido com o campo $\mathbf{E}_{ind}$ na Figura 6.17, a fem na espira para a orientação de referência anti-horária adotada da espira é igual a [ver Equação (6.101)]

$$e_{ind} = \oint_C \mathbf{E} \cdot d\mathbf{l} = -E_1 b + E_2 b = -E_x(z,t)\, b + E_x(z+a,t)\, b =$$
$$= E_0 b\sqrt{2}\,[\cos(\omega t - \beta z - \beta a) - \cos(\omega t - \beta z)], \quad (9.55)$$

onde o coeficiente de fase, Equação (8.111), é $\beta = \omega\sqrt{\varepsilon_0\mu_0}$, e a fase inicial do campo para $z = 0$ nas equações (9.32) foi adotada para ser $\theta_0 = 0$.

Vamos avaliar também a fem com base no lado direito da lei de Faraday. O vetor campo magnético direcionado para y da onda é perpendicular ao plano da espira, e sua variação espacial acontece somente em termos da coordenada z na Figura 9.5. Portanto, o cálculo do fluxo magnético através da espira é muito semelhante ao realizado na Figura 6.12 e na Equação (6.64). Para a direção de referência positiva de y do fluxo, Figura 9.5, que está interligada pela regra da mão direita, Figura 6.7, com a direção da fem induzida na espira, temos

$$\Phi = \int_S \mathbf{B} \cdot d\mathbf{S} = \int_{z'=z}^{z+a} \mu_0 H_y(z',t)\, b\, dz' =$$
$$= \frac{\mu_0 E_0 b\sqrt{2}}{\eta_0} \int_z^{z+a} \cos(\omega t - \beta z')\, dz' =$$
$$= \frac{\mu_0 E_0 b\sqrt{2}}{\eta_0 \beta} [\text{sen}(\omega t - \beta z) - \text{sen}(\omega t - \beta z - \beta a)], \quad (9.56)$$

com η_0 representando a impedância intrínseca para o espaço livre, Equação (9.23). Usando o negativo da derivada temporal do fluxo, como na Equação (6.65), dá

$$e_{ind} = -\frac{d\Phi}{dt} = \frac{\omega\mu_0 E_0 b\sqrt{2}}{\eta_0\beta} [\cos(\omega t - \beta z - \beta a)$$
$$- \cos(\omega t - \beta z)], \quad (9.57)$$

que é o mesmo resultado que na Equação (9.55), já que $\omega\mu_0/(\eta_0\beta)$ é identicamente igual à unidade.

Em essência, a igualdade dos resultados para e_{ind} obtidos a partir dos lados esquerdo e direito da lei de Faraday integral vem da proporcionalidade dos campos elétricos e magnéticos da onda plana, Equação (9.20). Por outro lado, essa proporcionalidade dos campos é derivada da Equação (9.15), isto é, de uma versão 1-D da lei de Faraday da indução eletromagnética na forma diferencial. Assim, como as duas formas de calcular a fem nas equações (9.55)–(9.57) representam um fenômeno físico, a indução eletromagnética, os dois campos na Figura 9.5 também são apenas as duas faces da mesma onda eletromagnética dinâmica.

Exemplo 9.9

Fem induzida em uma espira pequena

Repita o exemplo anterior, mas para uma espira retangular eletricamente pequena.

Solução Se a espira na Figura 9.5 é eletricamente pequena, o que significa que tanto a como b são pequenos em relação ao comprimento de onda de espaço livre na frequência da onda, λ_0, então a aplicação do lado direito da lei de Faraday na Equação (6.37) fornece uma solução muito simples para a fem induzida na espira. Ou seja, o campo magnético da onda pode ser considerado uniforme em toda a superfície S limitada pela espira na Figura 9.5, de modo que a integral na Equação (9.56) se reduz a

$$\Phi \approx \mathbf{B} \cdot \mathbf{S} = \mu_0 H_y(z,t)\, ab = \frac{\mu_0 E_0 ab\sqrt{2}}{\eta_0}$$
$$\cos(\omega t - \beta z) \quad (a, b \ll \lambda_0), \quad (9.58)$$

e a fem, Equação (9.57), torna-se

$$e_{ind} = -\frac{d\Phi}{dt} \approx \frac{\omega\mu_0 E_0 ab\sqrt{2}}{\eta_0} \text{sen}(\omega t - \beta z) =$$
$$= \beta E_0 ab\sqrt{2}\, \text{sen}(\omega t - \beta z). \quad (9.59)$$

Por outro lado, para obter essa mesma fem do campo elétrico da onda, não podemos supor que $E_1 \approx E_2$ na Figura 9.5, pois isso resultaria em $e_{ind} = 0$, mas temos que considerar a diferença entre E_1 e E_2 na Equação (9.55), que, entretanto, agora é muito pequena. Por isso, primeiro usamos a identidade trigonométrica cos $(A - B)$ = cos A cos B + sen A sen B (com $A = \omega t - \beta z$ e $B = \beta a$) para expandir o primeiro termo cosseno na Equação (9.55), e depois o fato de βa ser muito menor do que a unidade [ver Equação (8.130)] para obter o mesmo resultado da Equação (9.59),

$$\beta a \ll 1 \longrightarrow e_{ind} = E_0 b\sqrt{2}\,[\cos(\omega t - \beta z)\cos\beta a +$$
$$+ \text{sen}(\omega t - \beta z)\,\text{sen}\,\beta a - \cos(\omega t - \beta z)] \approx$$
$$\approx \beta E_0 ab\sqrt{2}\,\text{sen}(\omega t - \beta z)$$
$$(\cos\beta a \approx 1;\ \text{sen}\,\beta a \approx \beta a). \quad (9.60)$$

Exemplo 9.10

Energia absorvida em uma tela iluminada por uma onda plana

Uma onda eletromagnética harmônica no tempo plana uniforme de frequência f e intensidade do campo elétrico rms E_0 propaga no ar, e é incidente obliquamente, em um ângulo θ, em uma tela plana, perfeitamente absorvedora, como mostrado na Figura 9.6. Encontre a energia absorvida em uma parte da tela de área de superfície S durante um intervalo de tempo Δt, se $\Delta t \gg 1/f$.

Solução Uma vez que este é um absorvedor perfeito (também conhecido como um corpo negro), ele absorve toda a energia incidente trazida pela onda de entrada. Isto também significa que há apenas uma onda viajando (a incidente), e nenhuma refletida, na região acima da tela na Figura 9.6. A densidade de energia local de superfície entregue pela onda através da superfície S para o material absorvente é igual ao componente normal do vetor de Poynting, $\mathcal{P}$, da onda de S. Uma vez que o valor no médio no tempo deste vetor, $\mathcal{P}_{\text{méd}}$, dado na Equação (9.40), não é uma função das coordenadas espaciais, a potência média no tempo absorvida por parte da área S da tela, usando a Equação (8.162), pode ser encontrada como

$$(P_{\text{abs}})_{\text{méd}} = \int_S \mathcal{P}_{\text{méd}} \cdot d\mathbf{S} = \mathcal{P}_{\text{méd}} \cdot \mathbf{S} = = \mathcal{P}_{\text{méd}} S \cos\theta \quad \left(\mathcal{P}_{\text{méd}} = \frac{E_0^2}{\eta_0}\right), \tag{9.61}$$

com $\mathbf{S}$ representando o vetor da área de superfície dessa parte da tela, que faz um ângulo θ com $\mathcal{P}$ (Figura 9.6), e η_0 para a impedância intrínseca de espaço livre, Equação (9.23). Além disso, como o tempo que estamos considerando, Δt, é muito maior do que o período T de variação harmônica no tempo da onda incidente, na Equação (8.49), $\Delta t \gg T = 1/f$, a energia absorvida em S, W_{abs}, é igual à potência de tempo médio correspondente multiplicada por Δt. Para explicar isso, vamos escrever o intervalo de tempo como $\Delta t = t_2 - t_1 = NT + \delta t$, onde $0 \leq \delta t < T$ e $\delta t \ll \Delta t$, produzindo

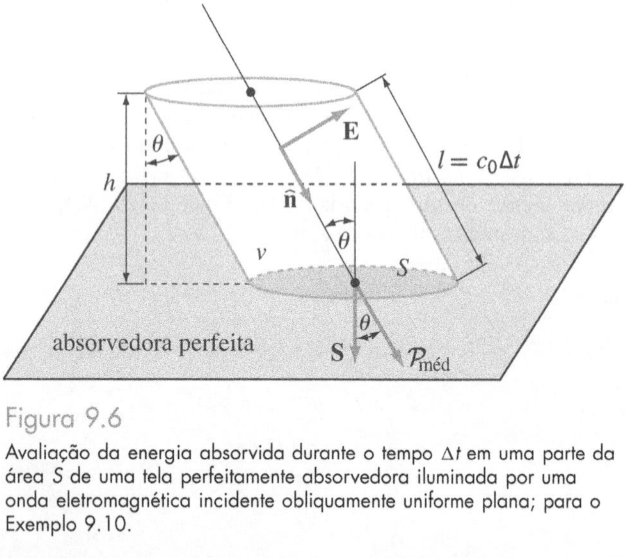

Figura 9.6

Avaliação da energia absorvida durante o tempo Δt em uma parte da área S de uma tela perfeitamente absorvedora iluminada por uma onda eletromagnética incidente obliquamente uniforme plana; para o Exemplo 9.10.

$$W_{\text{abs}} = \int_{t=t_1}^{t_2} P_{\text{abs}}(t)\,dt = NT \underbrace{\frac{1}{NT}\int_{t_1}^{t_1+NT} P_{\text{abs}}(t)\,dt}_{(P_{\text{abs}})_{\text{méd}}} + \underbrace{\int_{t_2-\delta t}^{t_2} P_{\text{abs}}(t)\,dt}_{\text{desconsiderável}} \approx$$

$$\approx (P_{\text{abs}})_{\text{méd}} NT \approx (P_{\text{abs}})_{\text{méd}} \Delta t \quad (\delta t \ll NT). \tag{9.62}$$

Note que para f da ordem de GHz (T ~ ns) e Δt da ordem de s, por exemplo, N é tão grande quanto $N \sim 10^9$. Então, de fato, podemos facilmente calcular W_{abs} como

$$W_{\text{abs}} = (P_{\text{abs}})_{\text{méd}} \Delta t = \frac{E_0^2}{\eta_0} S \cos\theta\, \Delta t \quad (\Delta t \gg T). \tag{9.63}$$

A energia absorvida pode, alternativamente, ser determinada através da energia eletromagnética armazenada nos campos elétricos e magnéticos da onda. Ou seja, percebemos que a energia que a onda entrega para a parte da tela com área S a partir de um instante t_1 para $t_2 = t_1 + \Delta t$, enquanto progride em direção à tela na velocidade c_0, Equação (9.19), na verdade, é igual à energia eletromagnética total contida no tempo t_1, em um cilindro oblíquo com base S e comprimento $l = c_0\,\Delta t$, como indicado na Figura 9.6. Essa energia pode ser encontrada integrando a densidade de energia eletromagnética da onda, w_{em}, em todo o volume v do cilindro, como na Equação (8.160). No entanto, por causa da condição $\Delta t \gg T$, ou, equivalentemente, pois l é muito maior do que o comprimento de onda (período espacial) da onda, λ_0, Equação (8.112), $l = c_0\,\Delta t \gg c_0 T = \lambda_0$, podemos usar convenientemente a densidade de energia média no tempo da onda, $(w_{\text{em}})_{\text{méd}} = \varepsilon_0 E_0^2$, Equação (9.39), no integral. Esta densidade, por sua vez, constante no espaço, a energia total armazenada no cilindro vem a ser simplesmente $(w_{\text{em}})_{\text{méd}}$ vezes $v = Sh$, onde $h = l \cos\theta$ é a altura do cilindro. Por isso,

$$W_{\text{abs}} = \int_v (w_{\text{em}})_{\text{méd}}\,dv = (w_{\text{em}})_{\text{méd}}\, v = \varepsilon_0 E_0^2 S c_0 \Delta t \cos\theta, \tag{9.64}$$

que, naturalmente, é o mesmo resultado que na Equação (9.63) [note que, da primeira relação na Equação (9.54), $\varepsilon_0 c_0 = 1/\eta_0$].

Exemplo 9.11

Densidade de energia solar na superfície da Terra

A densidade de potência superficial média no tempo de todas as radiações solares sobre a superfície da Terra é medida em torno de 1,35 kW/m^2, para incidência normal sobre a superfície. (a) Supondo, por simplicidade, que essa radiação possa ser representada por uma onda plana simples (em uma única frequência), encontre a intensidade do campo elétrico rms dessa onda equivalente, bem como a energia absorvida por metro quadrado de uma grande placa preta (perfeitamente absorvedora) posicionada sobre a superfície da terra, perpendicular à direção do feixe de luz — em uma hora. (b) Supondo-se também que o sol irradia isotropicamente (por igual em todas as direções), calcule sua potência irradiada média total no tempo (o raio da órbita da Terra ao redor do Sol é de mais ou menos $1{,}5 \times 10^8$ km). (c) Com a suposição de que toda a energia da radiação solar que atinge a Terra é absorvida por ela, determine a energia "recebida" pela Terra em um dia (o raio médio da Terra é de cerca de 6.378 km). (d) Calcule a densidade de potência superficial no tempo da iluminação solar na superfície de Mercúrio (a distância de Mercúrio ao Sol é cerca de 6×10^7 km). (e) Quanto tempo demora para a luz do sol chegar a Mercúrio e a Terra, respectivamente?

Solução

(a) A magnitude do vetor Poynting médio no tempo da onda equivalente é $\mathcal{P}_{méd} \approx 1{,}35$ kW/m^2. Isto corresponde, por meio da Equação (9.61), à intensidade do campo elétrico rms de $E_0 = \sqrt{\eta_0 \mathcal{P}_{méd}} = 713{,}4$ V/m. Da Equação (9.63) com $\theta = 0$ (incidência normal), a energia absorvida na placa preta para $S = 1$ m^2 e $\Delta t_1 = 1$ h $= 3.600$ s equivale a $W_{abs} = \mathcal{P}_{méd} S \Delta t_1 = 4{,}86$ MJ.

(b) A potência média no tempo total irradiada pelo sol (P_{rad}) pode ser calculada com o teorema de Poynting na forma complexa, a Equação (8.196), como o fluxo da parte real do vetor de Poynting complexo, isto é, o vetor de Poynting médio no tempo, $\mathcal{P}_{méd}$, da onda equivalente (a) através de uma superfície esférica, S_0, com o Sol no centro e a Terra no seu perímetro, como mostrado na Figura 9.7. O raio da esfera é, portanto, $r_{Sol\text{-}Terra} = 1{,}5 \times 10^8$ km. Por ser o vetor $\mathcal{P}_{méd}$ radial em relação ao centro da esfera, e sua magnitude a mesma em cada ponto da superfície (radiação isotrópica), a integração sobre S_0 é realizada exatamente da mesma maneira como na aplicação da lei de Gauss na Figura 1.33 e na Equação (1.138), produzindo

$$P_{rad} = \oint_{S_0} \mathcal{P}_{méd} \cdot d\mathbf{S} = \mathcal{P}_{méd} S_0 =$$

$$= \mathcal{P}_{méd} 4\pi r^2_{sol-terra} = 3{,}82 \times 10^{26} \text{ W}. \quad (9.65)$$

(c) A potência média no tempo absorvida pela Terra (P_{Terra}) é igual à parte do fluxo do vetor de Poynting na Equação (9.65) dentro de um cone com o Sol no seu ápice e a Terra definindo a sua abertura (Figura 9.7). Como o diâmetro da Terra é muito menor do que a circunferência de sua órbita em torno do Sol, a potência média no tempo irradiada neste cone pode ser encontrada como $\mathcal{P}_{méd}$ vezes a área do corte transversal da Terra, de modo que a energia absorvida, Equação (9.62), para a duração do tempo $\Delta t_2 = 24$ h $= 86.400$ s vem a ser

$$P_{terra} = \mathcal{P}_{méd} \pi r^2_{terra} = 1{,}72 \times 10^{17} \text{ W} \longrightarrow W_{terra} =$$

$$= P_{terra} \Delta t_2 = 1{,}5 \times 10^{22} \text{ J} \quad (9.66)$$

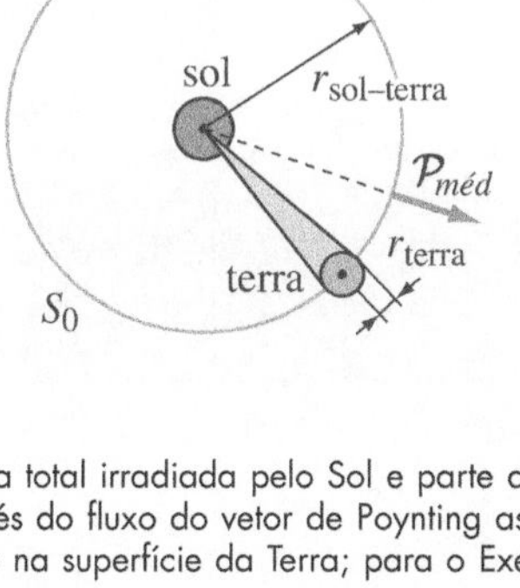

Figura 9.7
Cálculo da potência total irradiada pelo Sol e parte dela absorvida pela Terra — através do fluxo do vetor de Poynting associado equivalente medido na superfície da Terra; para o Exemplo 9.11.

($r_{Terra} = 6.378$ km), que, com certeza, é uma energia muito grande.

(d) Uma vez que a potência total irradiada do Sol é a mesma, se suas porções são "recebidas", em termos de densidade de potência de iluminação na superfície, na Terra ou em Mercúrio, temos da Equação (9.65) e $r_{Sol\text{-}Mercúrio} = 6 \times 10^7$ km, $(P_{méd})_{Mercúrio} = P_{rad} / (4\pi r^2_{Sol\text{-}Mercúrio}) = 8{,}44$ kW/m^2. Claro, a iluminação é bem mais forte (densidade de potência maior) em Mercúrio do que sobre a Terra, pois Mercúrio está muito mais próximo ao Sol.

(e) Dada a velocidade da luz no espaço livre (c_0) na Equação (9.19), a luz do Sol viaja no tempo $t_1 = r_{Sol\text{-}Mercúrio}/c_0 = 200$ s $= 3{,}33$ min e $t_2 = r_{Sol\text{-}Terra}/c_0 = 500$ s $= 8{,}33$ min do Sol a Mercúrio e à Terra, respectivamente.

9.5 O ESPECTRO ELETROMAGNÉTICO

Como já foi discutido em várias ocasiões neste texto, as equações de Maxwell e, portanto, a teoria das ondas eletromagnéticas que elas controlam, são válidas e são hoje efetivamente utilizadas em frequências que abrangem cc até óptica ou astrofísica, para tamanhos de sistema que vão de subatômicos a intergalácticos, e para uma gama ampla de áreas de aplicação. Exemplos disso são antenas, circuitos RF/micro-ondas, sistemas de comunicação wireless, eletrônicos, radares, sensoriamento remoto, compatibilidade eletromagnética, integridade do sinal, materiais, nanoeletromagnetismo, bioeletromagnetismo e radioastronomia. Em específico, as equações que obtemos até agora, com base no modelo matemático de Maxwell, para descrever e analisar ondas eletromagnéticas planas uniformes e suas propriedades são idênticas ao longo de todo o espectro eletromagnético. Mais notadamente, pouco importa a frequência, todas as ondas se propagam através do espaço livre (vácuo ou ar) com a mesma velocidade, c_0, dada na Equação (9.19). Os comprimentos da onda correspondentes de espaço livre, λ_0, são obtidos a partir da frequência de operação, f, da onda usando a Equação (8.112), ou seja,

comprimento da onda no espaço livre

$$\lambda_0 = \frac{c_0}{f} = \frac{3 \times 10^8 \text{ m/s}}{f}. \quad (9.67)$$

As frequências das ondas eletromagnéticas que foram investigadas de modo experimental variam de uma fração de um hertz para quase 10^{30} Hz, e a gama de comprimentos da onda no espectro eletromagnético conhecida é igualmente impressionante. Por exemplo, o comprimento de onda no espaço livre correspondente a $f = 1$ Hz é tão grande quanto 300.000 km (mais de 20 diâmetros da Terra), e que em $f = 10^{24}$ Hz é tão pequeno quanto 0,3 fm (um milionésimo do diâmetro de um átomo típico; $\text{f} \equiv 10^{-15}$). Tendo sido estudados na seção anterior os fundamentos do cálculo harmônico no tempo das ondas planas, agora reenfatizamos a ampla extensão de frequências e comprimentos de onda abrangidos por nossa teoria derivada e utilizada em aplicações práticas, e introduzimos algumas classificações e subdivisões do espectro eletromagnético que nos ajudarão em estudos futuros. Isso é mostrado na Tabela 9.1, onde uma designação detalhada de faixas de frequências, com seus nomes completos e siglas, como são utilizadas na prática na engenharia e ciência na prática é dada com suas escalas expressas tanto em termos de f quanto λ_0, junto com algumas aplicações selecionadas para as bandas individuais.

As frequências dentro das bandas de frequência ultra alta (ultra hight frequency — UHF), frequência superalta (super hight frequency — SHF) e frequência extremamente alta (extremely hight frequency — EHF) combinadas, ocupam a faixa de frequência de 300 MHz a 300 GHz, ou comprimentos de onda (no espaço livre), variando de 1 m até 1 mm, constituem a região de micro-ondas do espectro eletromagnético. A subdivisão dentro de bandas UHF, SHF e EHF em forma de bandas com designações alfabéticas (por exemplo, banda L, banda S etc.) se origina do trabalho radar, mas é usada em outras aplicações também. Ondas eletromagnéticas com frequências inferiores a 300 MHz e comprimentos de onda mais longos do que 1 m são chamadas de ondas de rádio ou ondas de radiofrequência (RF), como indicado na representação gráfica do espectro eletromagnético na Figura 9.8. Do outro lado da faixa de micro-ondas, as partes do espectro pertencente à luz, ou seja, a luz infravermelha, visível, e a luz ultravioleta, de $\lambda_0 = 100\ \mu$m a $\lambda_0 = 0{,}3$ nm, são indicadas como comprimentos de onda ópticos ou frequências, enquanto ondas submilimetrais ou terahertz ocupam a "lacuna" entre as frequências micro-ondas e ópticas (Figura 9.8). Acima de luz, temos X–, γ– e raios cósmicos. Note que, ao mesmo tempo, que, há uma correspondência um para um entre f e λ_0, Equação (9.67), a frequência mais usada do que comprimento da onda em aplicações RF, ondas na região óptica são quase exclusivamente caracterizadas por seu comprimento da onda e não pela frequência, e ambos são usados na faixa de micro-ondas. Observe, no entanto, que os termos ondas de rádio e RF são muito usados para designar todas as ondas até a região óptica. Note, por fim, que as aplicações gerais listadas na Tabela 9.1 são apenas ilustrativas, e de nenhuma maneira exaustivas, de uma série de dispositivos práticos, processos e sistemas que utilizam as ondas eletromagnéticas em várias faixas de frequências.

9.6 ONDAS TEM UNIFORMES ARBITRARIAMENTE DIRECIONADAS

Em casos com mais de uma onda plana uniforme propagando em direções diferentes, é impossível adotar um sistema de coordenadas global retangular tal que a direção de propagação de cada onda coincida com um eixo (x, y ou z) do sistema, exceto em algumas situações especiais (por exemplo, duas ondas viajando em direções para a frente e para trás na mesma linha ou em direções ortogonais entre si). É por isso que precisamos de expressões que descrevam uma onda TEM uniforme cuja direção de propagação é completamente arbitrária com relação a um dado sistema de coordenadas, como na onda mostrada na Figura 9.9. O vetor unitário de propagação da onda é $\hat{\mathbf{n}}$ e seu vetor intensidade rms de campo elétrico complexo em um ponto de referência (origem de coordenadas) O é $\underline{\mathbf{E}}_0$. $\mathbf{E}_0$ deve ser perpendicular à $\hat{\mathbf{n}}$, e, portanto, também não está posicionado ao longo de qualquer dos eixos de coordenadas. Para encontrar as expressões para os vetores de campo em um ponto arbitrário P no espaço, o vetor de posição do qual (com relação a O) é $\mathbf{r}$, percebemos que a distância normal do plano (equifase) transversal da onda que contém esse ponto desde a origem, ou seja, do plano transversal de referência (que contém a origem), chega a

$$l = \mathbf{r} \cdot \hat{\mathbf{n}} \tag{9.68}$$

(veja o triângulo retângulo ΔOP'P). Como essa distância desempenha o papel de z nas equações (9.36), o vetor intensidade do campo elétrico complexo no ponto P (e no plano inteiro $l =$ const) é dado por

vetor campo elétrico de uma onda TEM arbitrariamente direcionada

$$\boxed{\underline{\mathbf{E}} = \underline{\mathbf{E}}_0\, \mathrm{e}^{-\mathrm{j}\beta l} = \underline{\mathbf{E}}_0\, \mathrm{e}^{-\mathrm{j}\beta \mathbf{r}\cdot\hat{\mathbf{n}}}.} \tag{9.69}$$

Com base na Equação (9.22), o vetor intensidade do campo magnético complexo associado da onda é

vetor campo magnético de uma onda arbitrariamente direcionada

$$\boxed{\underline{\mathbf{H}} = \frac{1}{\eta}\, \hat{\mathbf{n}} \times \underline{\mathbf{E}} = \frac{1}{\eta}\, \hat{\mathbf{n}} \times \underline{\mathbf{E}}_0\, \mathrm{e}^{-\mathrm{j}\beta \mathbf{r}\cdot\hat{\mathbf{n}}}.} \tag{9.70}$$

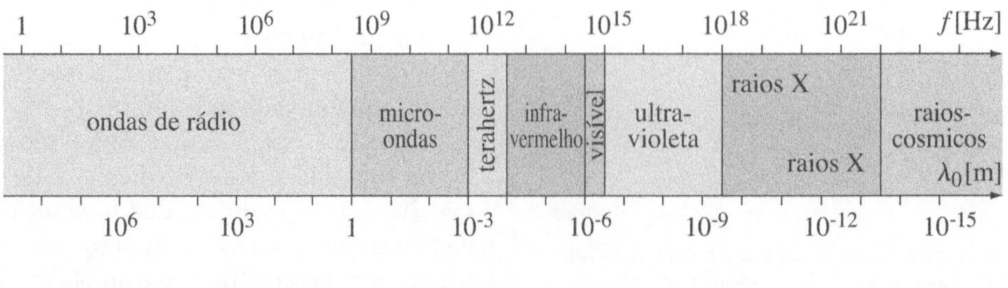

Figura 9.8

Representação gráfica de grandes regiões do espectro eletromagnético, da Tabela 9.1.

Tabela 9.1. O espectro eletromagnético

Frequência	Comprimento de onda no espaço livre	Banda	Aplicações selecionadas
< 3 Hz	> 100 Mm		Detecção geofísica
3-30 Hz	10-100 Mm	Frequência extremamente baixa (ELF)	Detecção de objetos metálicos enterrados
30-300 Hz	1-10 Mm	Frequência extremamente baixa (SLF)	Distribuição de energia elétrica (50 ou 60 Hz), comunicações submarinas, sensores ionosféricos
0,3-3 kHz	0,1-1 Mm	Frequência ultrabaixa (ULF)	Telefone, sistemas de áudio, detecção geomagnética
3-30 kHz	10-100 km	Frequência muito baixa (VLF)	Navegação, posicionamento, comunicação submarina/navios
30-300 kHz	1-10 km	Frequência baixa (LF)	Ondas longas de radiodifusão, radiofaróis, navegação
0,3-3 MHz	0,1-1Km	Frequência média (MF)	Radiodifusão AM (0,535-1,605 MHz)
3-30 MHz	10-100 m	Alta frequência (HF)	Ondas curtas de radiodifusão, rádio amador
30-300 MHz	1-10 m	Frequência muito alta (VHF) Canais de TV 2–4 (54–72 MHz) Canais de TV 5–6 (76–88 MHz) Rádio FM (88–108 MHz) Canais de TV 7–13 (174–216 MHz)	Radiodifusão de TV (todos os canais de TV têm uma largura de banda de 6 MHz), radiodifusão de rádio FM, comunicação de rádio móvel, controle de tráfego aéreo, navegação
0,3-3 GHz	0,1-1 m	Frequência ultra-alta (UHF) Canais de TV 14–69 (470–806 MHz) Celular (824–894 MHz) PCS (1850–1990 MHz) Banda L (1–2 GHz) Banda S (2 – 4 GHz)	Radar, difusão de televisão, telefonia celular, serviço de comunicação pessoal (PCS), sistema de posicionamento global - GPS (1,23 e 1,58 GHz), micro-ondas (2,45 GHz), rádio por satélite
0-30 GHz	1-10 cm	Frequência superalta (SHF) Banda C (4–8 GHz) Banda X (8–12 GHz) Banda K_u (12–18 GHz) Banda K (18–27 GHz)	Radar, comunicações via satélite, TV direta, sistemas de comunicação wireless, redes wireless
30-300 GHz	1-10 mm	Frequência extremamente alta (EHF) Banda K_a (27–40 GHz) Banda V (40–75 GHz) Banda W (75–110 GHz) Onda milímetro (110–300 GHz)	Radar, sensoriamento remoto, rádio, astronomia, comunicações via satélite
0,3–3 THz	0,1-1 mm	Onda submilimétrica ou terahertz	Meteorologia, sensores, imagem, astronomia
3-400 THz	0,75-100 μm	Infravermelho (IR)	Aquecimento IR, visão noturna, comunicações ópticas
400-789 THz	380-750 nm	Luz visível Vermelho (620-750 nm) Alaranjado (590-620 nm) Amarelo (570-590 nm) Verde (495-570 nm) Azul (450-495 nm) Violeta (380-450 nm)	Visão, dispositivos e sistemas ópticos, lasers
10^{15}-10^{18} Hz	0,3-300 nm	Ultravioleta (UV)	Esterilização UV, lasers, processamento semicondutor
10^{17}-10^{21} Hz	0,3 pm-3 nm	Raios X	Diagnósticos médicos
10^{19}-10^{22} Hz	0,03-30 pm	Raios γ	Radiação terapia médica, astrofísica
> 10^{22} Hz	< 0,03 pm	Raios cósmicos	Astrofísica

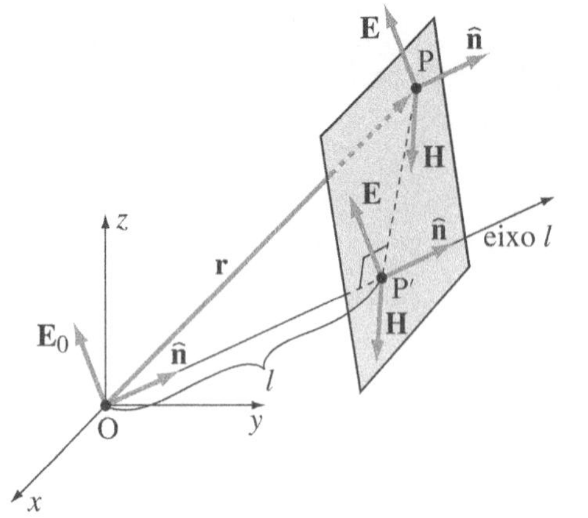

Figura 9.9

Onda plana uniforme cuja propagação não coincide com qualquer um dos eixos do sistema adotado mundialmente de coordenadas cartesianas.

Para uma dependência explícita das expressões nas equações (9.69) e (9.70) em coordenadas *x*, *y* e *z* do ponto P em que os campos são calculados, escrevemos [equações (1.7) e (1.4)]

$$\mathbf{r} = x\hat{\mathbf{x}} + y\hat{\mathbf{y}} + z\hat{\mathbf{z}} \quad \text{e} \quad \hat{\mathbf{n}} = n_x\hat{\mathbf{x}} + n_y\hat{\mathbf{y}} + n_z\hat{\mathbf{z}}, \tag{9.71}$$

onde n_x, n_y e n_z são constantes (componentes cartesianos de $\hat{\mathbf{n}}$) definindo a direção da onda de propagação ($\hat{\mathbf{n}}$ em geral não coincide com qualquer um dos vetores unitários de coordenadas ou seus opostos) e $n_x^2 + n_y^2 + n_z^2 = 1$ (vetor unitário). Com isso, o fator de propagação de fase nas equações (9.69) e (9.70) pode ser escrito como a seguinte função de *x*, *y* e *z*:

fator de fase para uma direção de propagação arbitrária

$$e^{-j\beta\mathbf{r}\cdot\hat{\mathbf{n}}} = e^{-j\beta(xn_x+yn_y+zn_z)}. \tag{9.72}$$

De modo equivalente, a fase instantânea da onda na Equação (9.33) torna-se

$$\phi(x,y,z,t) = \omega t - \beta\mathbf{r}\cdot\hat{\mathbf{n}} + \theta_0 = \\ = \omega t - \beta(xn_x + yn_y + zn_z) + \theta_0. \tag{9.73}$$

Note que $xn_x + yn_y + zn_z =$ const representa a equação de um plano equifase da onda (ou seja, distante *l* da origem O). Note também que o produto vetorial na Equação (9.70) é calculado a partir da expressão para $\hat{\mathbf{n}}$ nas equações (9.71) e a expressão correspondente em termos de componentes cartesianos para $\underline{\mathbf{E}}_0$. Observe, por fim, que uma propagação da onda por quaisquer dos eixos de coordenadas é apenas um caso especial da representação geral na Figura 9.9. Por exemplo, as equações (9.69) e (9.70) com $\hat{\mathbf{n}} = \hat{\mathbf{z}}$ ($n_x = n_y = 0$ e $n_z = 1$) e $\underline{\mathbf{E}}_0 = \underline{E}_0\,\hat{\mathbf{x}}$ simplificam para as equações (9.36) para a onda na Figura 9.2 (viajando na direção *z* positiva).

Exemplo 9.12

Propagação de onda plana em uma direção arbitrária

Uma onda plana uniforme harmônica no tempo de frequência $f = 300$ MHz se propaga na direção definida pelo vetor $\hat{\mathbf{x}} + \hat{\mathbf{y}}$ em um sistema de coordenadas retangulares. O vetor intensidade de campo elétrico complexo da onda na origem de coordenadas é $\underline{\mathbf{E}}_0 = (1 + \text{j})\,\hat{\mathbf{z}}$ V/m e o meio é ar. Encontre as expressões dos vetores campo elétrico e magnético e do vetor de Poynting da onda em um ponto arbitrário no espaço, P (*x*, *y*, *z*) e, especificamente, para $x = 10$ m, $y = 1$ m e $z = 5$ m.

Solução Da Equação (8.111), o coeficiente de fase da onda chega a $\beta = 2\pi f/c_0 = 2\pi$ rad/m, onde $c_0 = 3 \times 10^8$ m/s, Equação (9.19), é a velocidade da onda de espaço livre. O vetor unitário de propagação da onda é $\hat{\mathbf{n}} = \sqrt{2}\,(\hat{\mathbf{x}} + \hat{\mathbf{y}})/2$ (para garantir que $|\,\hat{\mathbf{n}}\,| = 1$), e seus componentes cartesianos são $n_x = n_y = \sqrt{2}/2$ e $n_z = 0$. As equações (9.69)–(9.72), então, levam as seguintes expressões para os vetores campo para um arbitrário (*x*, *y*, *z*):

$$\underline{\mathbf{E}} = \underline{\mathbf{E}}_0\, e^{-j\beta\mathbf{r}\cdot\hat{\mathbf{n}}} = (1+\text{j})\, e^{-j\pi\sqrt{2}(x+y)}\,\hat{\mathbf{z}}\ \text{V/m} = \\ = \sqrt{2}\, e^{j\pi[-\sqrt{2}(x+y)+1/4]}\hat{\mathbf{z}}\ \text{V/m},$$

$$\underline{\mathbf{H}} = \frac{1}{\eta_0}\,\hat{\mathbf{n}}\times\underline{\mathbf{E}} = \frac{\sqrt{2}}{377}\, e^{j\pi[-\sqrt{2}(x+y)+1/4]}\,\frac{\sqrt{2}}{2}\,(\hat{\mathbf{x}}+\hat{\mathbf{y}})\times\hat{\mathbf{z}}\ \text{A/m} = \\ = 2{,}65\, e^{j\pi[-\sqrt{2}(x+y)+1/4]}(\hat{\mathbf{x}} - \hat{\mathbf{y}})\ \text{mA/m} \quad (x, y \text{ em m}). \tag{9.74}$$

A Figura 9.10 mostra vetores **E, H** e $\hat{\mathbf{n}}$ (na origem de coordenadas). Num determinado ponto dado,

$$x = 10\ \text{m}, \quad y = 1\ \text{m}, \quad z = 5\ \text{m} \longrightarrow \\ \longrightarrow \underline{\mathbf{E}} = 1{,}41\, e^{-j15{,}31\pi}\,\hat{\mathbf{z}}\ \text{V/m} = \\ = 1{,}41\, e^{j0.69\pi}\,\hat{\mathbf{z}}\ \text{V/m} = 1{,}41\, e^{j125^\circ}\,\hat{\mathbf{z}}\ \text{V/m}, \\ \underline{\mathbf{H}} = 2{,}65\, e^{j125^\circ}(\hat{\mathbf{x}} - \hat{\mathbf{y}})\ \text{mA/m}. \tag{9.75}$$

Note que o ângulo de fase de $8 \times 2\pi = 16\pi$ é adicionado à fase inicial da onda calculada a partir da Equação (9.74), para fazê-lo, como é habitual, cair na faixa $-\pi < \theta \leq \pi$.

Combinando as equações (8.194), (9.69) e (9.70), o vetor de Poynting complexo da onda vem a ser (Figura 9.10)

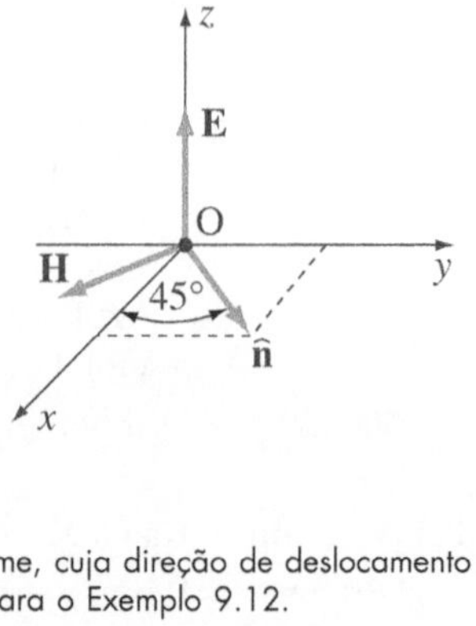

Figura 9.10

Onda plana uniforme, cuja direção de deslocamento é determinada pelo vetor $\hat{\mathbf{x}} + \hat{\mathbf{y}}$; para o Exemplo 9.12.

$$\underline{\mathcal{P}} = \underline{\mathbf{E}} \times \underline{\mathbf{H}}^* = \frac{\underline{E}_0\underline{E}_0^*}{\eta} \, \mathrm{e}^{-\mathrm{j}\beta\mathbf{r}\cdot\hat{\mathbf{n}}} \mathrm{e}^{\mathrm{j}\beta\mathbf{r}\cdot\hat{\mathbf{n}}} \, \hat{\mathbf{n}} = \frac{|\underline{E}_0|^2}{\eta} \, \hat{\mathbf{n}} =$$

$$= 3{,}75(\hat{\mathbf{x}} + \hat{\mathbf{y}}) \text{ mW/m}^2 \quad (9.76)$$

(não depende de coordenadas x, y e z, e é puramente real, e, portanto, igual ao vetor de Poynting médio no tempo, $\mathcal{P}_{\text{méd}}$). Esse resultado pode também ser obtido a partir dos resultados de $\underline{\mathbf{E}}$ e $\underline{\mathbf{H}}$ nas equações (9.74).

9.7 TEORIA DAS ONDAS HARMÔNICAS NO TEMPO EM MEIO COM PERDAS

Consideraremos agora ondas eletromagnéticas harmônicas no tempo planas uniformes em um meio linear e homogêneo que apresenta perdas ($\sigma \neq 0$). A corrente volumétrica de condução no meio agora é diferente de zero, com um vetor de densidade complexo $\underline{\mathbf{J}} = \sigma\underline{\mathbf{E}}$, onde $\underline{\mathbf{E}}$ é o vetor intensidade do campo elétrico complexo da onda. No entanto, a partir da Equação (8.83), sabemos que esse meio deve ser livre de cargas ($\underline{\rho} = 0$), desde que não existam fontes volumétricas de energia externas (campos elétricos ou correntes impressos) no meio. Em consequência, vendo as equações diferenciais de Maxwell complexas, Equação (8.81), e comparando as suas versões para meios homogêneos com perdas e sem perdas (ambos com $\underline{\rho} = 0$), percebemos que a única diferença entre os dois conjuntos das equações está na segunda equação (lei de Ampère corrigida generalizada). Sua versão para um meio com perdas com parâmetros ε, μ e σ é

$$\nabla \times \underline{\mathbf{H}} = \underline{\mathbf{J}} + \mathrm{j}\omega\underline{\mathbf{D}} = \sigma\underline{\mathbf{E}} + \mathrm{j}\omega\varepsilon\underline{\mathbf{E}} = \mathrm{j}\omega\left(\varepsilon - \mathrm{j}\frac{\sigma}{\omega}\right)\underline{\mathbf{E}}. \quad (9.77)$$

No entanto, introduzindo uma nova grandeza

permissividade complexa equivalente (unidade: F/m)

$$\underline{\varepsilon}_\mathrm{e} = \varepsilon - \mathrm{j}\frac{\sigma}{\omega}, \quad (9.78)$$

a chamada permissividade complexa equivalente do meio, a Equação (9.77) pode ser escrita na forma

lei de Ampère para meio com perdas

$$\nabla \times \underline{\mathbf{H}} = \mathrm{j}\omega\underline{\varepsilon}_\mathrm{e}\underline{\mathbf{E}}. \quad (9.79)$$

Essa equação é idêntica à versão sem perdas ($\sigma = 0$),

lei de Ampère para meio sem perdas

$$\nabla \times \underline{\mathbf{H}} = \mathrm{j}\omega\varepsilon\underline{\mathbf{E}}. \quad (9.80)$$

Com base nisso, podemos agora analisar a propagação das ondas planas uniformes TEM harmônicas no tempo no meio com perdas da mesma forma como no caso sem perdas (Seções 9.4 e 9.6) apenas substituindo ε por $\underline{\varepsilon}_\mathrm{e}$ em todas as expressões existentes contendo esse parâmetro. Observamos que a permissividade complexa equivalente de um meio depende de sua permissividade (ε) e condutividade (σ), bem como da frequência angular (ω) da onda que se propaga por ele.[5] Vemos também que, enquanto a parte real de $\underline{\varepsilon}_\mathrm{e}$ é sempre positiva ($\varepsilon \geq \varepsilon_0$), a sua parte imaginária ($-\sigma/\omega$) deve ser negativa ou, eventualmente, zero (para $\sigma = 0$).

Com base nas equações (9.36), (8.111) e (9.78), a intensidade do campo elétrico complexo de uma onda TEM em um meio com perdas é

campo E complexo de uma onda em um meio com perdas

$$\underline{E}_x = \underline{E}_0 \, \mathrm{e}^{-\mathrm{j}\omega\sqrt{\underline{\varepsilon}_\mathrm{e}\mu}\, z} = \underline{E}_0 \, \mathrm{e}^{-\underline{\gamma} z} = \underline{E}_0 \, \mathrm{e}^{-\alpha z} \, \mathrm{e}^{-\mathrm{j}\beta z}, \quad (9.81)$$

onde γ é denominado coeficiente de propagação complexo e é avaliado como

coeficiente de propagação complexa (unidade: m^{-1})

$$\underline{\gamma} = \mathrm{j}\omega\sqrt{\underline{\varepsilon}_\mathrm{e}\mu} = \alpha + \mathrm{j}\beta. \quad (9.82)$$

Suas partes real e imaginária,

coeficientes de fase e atenuação (unidades: Np/m e rad/m)

$$\alpha = \mathrm{Re}\{\underline{\gamma}\} \quad \text{e} \quad \beta = \mathrm{Im}\{\underline{\gamma}\}, \quad (9.83)$$

são chamadas, respectivamente, coeficiente de atenuação e coeficiente de fase (este mesmo termo é usado também para ondas em meios sem perdas) da onda. No domínio do tempo, usando a Equação (8.66),

campo E instantâneo

$$E_x(z,t) = E_0\sqrt{2}\,\mathrm{e}^{-\alpha z}\cos(\omega t - \beta z + \theta_0). \quad (9.84)$$

Vemos que, como no caso sem perdas, β é a razão espacial de diminuição da fase instantânea da onda, e assim mantém seu nome — coeficiente de fase. O termo $\mathrm{e}^{-\alpha z}$, claro, representa uma diminuição exponencial espacial (atenuação) da amplitude da onda,

$$E_\mathrm{m}(z) = E_\mathrm{m}(0)\,\mathrm{e}^{-\alpha z} \quad [E_\mathrm{m}(0) = E_0\sqrt{2}], \quad (9.85)$$

e daí o seu nome — coeficiente de atenuação da onda. Em outras palavras, a propagação da onda na direção z positiva tem uma amplitude decadente (de seus campos elétricos e magnéticos) com o aumento da distância z em qualquer instante de tempo fixo, e a razão dessa atenuação é determinada pelo coeficiente α. A Figura

5 Em frequências mais altas, as chamadas perdas por polarização em materiais dielétricos podem resultar em uma condutividade efetiva que é maior do que σ, e que além da condutividade também está envolvida na parte imaginária de $\underline{\varepsilon}_\mathrm{e}$, cujo comportamento da frequência torna-se bastante complicado, incluindo efeitos de ressonância. Além disso, quando visto em faixas de frequência muito grande, a parte real da permissividade complexa geralmente não é uma constante, mas depende da frequência também.

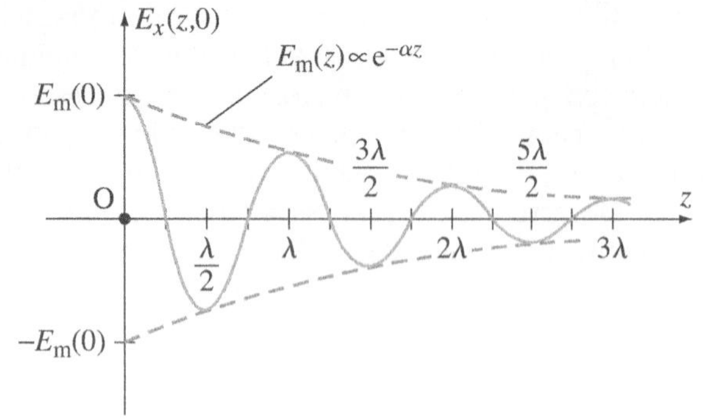

Figura 9.11

Representação da intensidade do campo elétrico de uma onda plana uniforme harmônica no tempo em um meio com perdas, Equação (9.84), como uma função de z em $t = 0$ para $\theta_0 = 0$ ($\lambda = 2\pi/\beta$).

9.11 mostra um instante no tempo (em $t = 0$) da intensidade do campo elétrico na Equação (9.84) como uma função de z. Note que as curvas de $\pm E_m(z)$ formam um envelope da onda oscilante padrão ao longo de z.

Substituindo ε por $\underline{\varepsilon}_e$ na Equação (8.111) e, em seguida, nas equações (9.8) e (9.9), obtemos as equações de Helmholtz para um meio com perdas

equações Helmholtz – meio com perdas

$$\nabla^2\underline{\mathbf{E}} - \underline{\gamma}^2\underline{\mathbf{E}} = 0, \quad \nabla^2\underline{\mathbf{H}} - \underline{\gamma}^2\underline{\mathbf{H}} = 0, \tag{9.86}$$

em que $\underline{\gamma}$ como aquele na Equação (9.82). A intensidade do campo elétrico de uma onda plana uniforme propagando através do meio já pode ser encontrada como solução da versão unidimensional (com a aproximação da onda plana uniforme) da primeira dessas duas equações, e, claro, o resultado é aquele na Equação (9.81).

Embora $\underline{\gamma}$, α e β sejam grandezas da mesma natureza, usamos diferentes unidades, m^{-1} para $\underline{\gamma}$, Np/m (neper por metro) para α e rad/m para β, para distinguir um do outro. Note que a relação entre as amplitudes de E em dois planos transversais diferentes separados por uma distância d no eixo z é constante, isto é, não depende de z. Ela é dada por

$$\frac{E_m(z)}{E_m(z+d)} = e^{\alpha d} \quad \text{ou} \quad \alpha d = \ln\frac{E_m(z)}{E_m(z+d)}. \tag{9.87}$$

Como αd é igual ao logaritmo (neperiano) natural da razão das intensidades de campo, é comum expressar em nepers (embora seja um número adimensional), e, portanto, Np/m como unidade de α. De modo alternativo, a atenuação pode ser expressa em decibéis, como[6]

$$A_{dB} = 20\log\frac{E_m(z)}{E_m(z+d)} = (20\log e)\,\alpha d = 8.686\,\alpha d \tag{9.88}$$

[$\log x \equiv \log_{10} x$ (logaritmo comum ou decádico)[7]], de modo que a atenuação em dB vem a ser 8,686 vezes a atenuação expressa em nepers. Dividindo ambas as atenuações por d (ou assumindo que $d = 1$ m), temos

conversão de Np/m para dB/m

$$\alpha \text{ em dB/m} = 8{,}686 \times (\alpha \text{ em Np/m}), \tag{9.89}$$

o que significa que, a fim de expressar o coeficiente de atenuação em dB/m, que basta multiplicar o valor obtido na Equação (9.83) por 8.686. Note que A_{dB} é sempre positivo ou eventualmente 0 dB (para o caso sem perdas). Por exemplo, para a relação entre as intensidades de campo no valor de 2 em números naturais, $A_{dB} = 6$ dB. Unidades logarítmicas, como decibéis ou nepers, parecem ser muito convenientes em infindáveis aplicações em ambas teorias de campo e de circuitos. Por exemplo, a atenuação total (ou ganho) de vários componentes em cascata de um sistema (por exemplo, um meio composto de várias camadas de material com perdas com condutividades diferentes ou uma série de amplificadores em um circuito) pode ser uma soma algébrica das atenuações (ou ganhos) de componentes individuais expressos em dB ou Np.

Combinando as Equações (9.36), (9.81) e (9.21) com ε substituído por $\underline{\varepsilon}_e$, obtemos a seguinte expressão para a intensidade do campo magnético complexo da onda:

$$\underline{H}_y = \sqrt{\frac{\underline{\varepsilon}_e}{\mu}}\,\underline{E}_x = \frac{\underline{E}_0}{\underline{\eta}}\,e^{-\underline{\gamma}z}, \tag{9.90}$$

onde $\underline{\eta}$ é a constante complexa — a impedância complexa intrínseca do meio — definida como a razão entre as intensidades do campo rms complexo elétrico e magnético em qualquer ponto do espaço. Pode ser escrita como

impedância intrínseca complexa (unidade: Ω)

$$\underline{\eta} = \sqrt{\frac{\mu}{\underline{\varepsilon}_e}} = \sqrt{\frac{\mu}{\varepsilon - j\frac{\sigma}{\omega}}} = |\underline{\eta}|\,e^{j\phi}, \tag{9.91}$$

que produz

campo H complexo de uma onda em um meio com perdas

$$\underline{H}_y = \frac{\underline{E}_0}{|\underline{\eta}|}\,e^{-\alpha z}\,e^{-j\beta z}\,e^{-j\phi}. \tag{9.92}$$

A intensidade do campo magnético instantâneo da onda é, portanto,

campo H instantâneo

$$H_y(z,t) = \frac{E_0}{|\underline{\eta}|}\sqrt{2}\,e^{-\alpha z}\cos(\omega t - \beta z + \theta_0 - \phi). \tag{9.93}$$

6 O decibel (dB) é uma unidade para a atenuação expressa usando o logaritmo decádico (com base 10) da proporção de campo relevante ou grandezas de circuito (por exemplo, a intensidade do campo elétrico em posições diferentes). É igual a 1/10 do bel (B), que foi usado no início dos trabalhos em sistemas de telefone, mas é agora substituído pelo dB.

7 Considerando que "log" em nossa notação matemática significa "log10", observe que muitas linguagens de programação, incluindo C e MATLAB, usam "log" no lugar de "ln", para denotar o logaritmo natural.

APARTE HISTÓRICO

Hermann von Helmholtz (1821-1894), físico e fisiologista alemão, lecionou nas universidades de Königsberg, Bonn, Heidelberg e Berlim. É considerado o último grande estudioso cuja obra atravessou quase todas as ciências naturais, filosofia e artes plásticas.

O neper (Np), utilizado para expressar os valores de grandezas com base no logaritmo neperiano ou natural, deve seu nome a **John Napier** (também pronunciado como Neper) (1550-1617), matemático escocês que inventou os logaritmos.

O bel ganhou este nome em homenagem a **Alexander Graham Bell** (1847-1922), inventor escocês-americano, que inventou em 1876 o primeiro telefone prático, e apresentou-o no mesmo ano ao mundo na Exposição do Centenário, em Filadélfia. Para explorar a invenção, Bell fundou em 1877 a Bell Telephone Company, que viria a se tornar a American Telephone & Telegraph Corporation (AT&T).

Vemos que a magnitude da impedância complexa intrínseca do meio, $|\underline{\eta}|$, determina a razão entre as amplitudes das intensidades de campo elétrico e magnético da onda, enquanto o seu ângulo de fase (argumento), ϕ, é igual à diferença de fase entre as intensidades de campo. Ou seja, nos meios com perdas, os campos elétricos e magnéticos não estão em fase — o campo magnético atrasa o campo elétrico por um atraso de fase ϕ. Em meio sem perdas, $\phi = 0$.

A magnitude complexa do vetor de Poynting da onda, $\underline{\mathcal{P}} = \mathcal{P}_z\,\hat{\mathbf{z}}$, é dada por

$$\underline{\mathcal{P}}_z = \underline{E}_x\underline{H}_y^* = \underline{E}_x\frac{\underline{E}_x^*}{\underline{\eta}^*} = \frac{|\underline{E}_x|^2}{\underline{\eta}^*} = \underline{\eta}\underline{H}_y\underline{H}_y^* = \underline{\eta}|\underline{H}_y|^2 \quad (9.94)$$

($|\underline{E}_x|$ e $|\underline{H}_y|$ são, respectivamente, intensidades de campo rms elétricos e magnéticos da onda, para um z arbitrário), e podemos usar qualquer uma dessas fórmulas equivalentes para desenvolver a expressão para P_z. Assim, usando a primeira,

$$\underline{\mathcal{P}}_z = \underline{E}_x\underline{H}_y^* = \underline{E}_0\,\mathrm{e}^{-\alpha z}\,\mathrm{e}^{-\mathrm{j}\beta z}\,\frac{\underline{E}_0^*}{|\underline{\eta}|}\,\mathrm{e}^{-\alpha z}\,\mathrm{e}^{\mathrm{j}\beta z}\,\mathrm{e}^{\mathrm{j}\phi} =$$
$$= \frac{E_0^2}{|\underline{\eta}|}\,\mathrm{e}^{-2\alpha z}\,\mathrm{e}^{\mathrm{j}\phi}, \quad (9.95)$$

e, portanto, a magnitude média no tempo do vetor correspondente instantânea [Equação (8.195)]

magnitude do vetor de Poynting média no tempo de uma onda em um meio com perdas

$$(\mathcal{P}_z)_{\text{méd}} = \mathrm{Re}\{\underline{\mathcal{P}}_z\} = \frac{E_0^2}{|\underline{\eta}|}\,\mathrm{e}^{-2\alpha z}\cos\phi, \quad (9.96)$$

que representa o fluxo de potência real (pela onda eletromagnética) na direção z positiva. Vemos que a razão de atenuação de $\mathcal{P}_{\text{méd}}$, ou seja, da densidade de potência superficial média no tempo da onda na direção da sua propagação, é determinada por duas vezes a atenuação do coeficiente, α,

$$\mathcal{P}_{\text{méd}}(z) = \mathcal{P}_{\text{méd}}(0)\,\mathrm{e}^{-2\alpha z}. \quad (9.97)$$

No entanto, a atenuação em decibéis é a mesma se decibéis forem definidos pelas relações da potência ou relações de intensidade de campo correspondente,

atenuação decibel

$$A_{\text{dB}} = 10\log\frac{\mathcal{P}_1}{\mathcal{P}_2} = 20\log\frac{E_1}{E_2} \quad (9.98)$$

(note fatores de escala diferente, 10 vs. 20 nas definições), e iguais a $8.686\alpha d$ (dB) para uma distância d entre os dois planos de referência transversais ao longo do eixo z [Equação (9.88)].

Por fim, a densidade de potência média no tempo das perdas Joule (ou ôhmica) em um ponto em um meio com perdas pode ser obtida a partir da Equação (3.31), utilizando a intensidade do campo elétrico rms da onda nesse ponto, que por sua vez pode ser encontrada a partir Equação (9.81), como a magnitude da intensidade do campo elétrico rms complexa, $|\underline{E}_x|$, ou a partir da Equação (9.84), apenas identificando o valor rms da intensidade do campo harmônico no tempo,

$$(p_{\mathrm{J}})_{\text{méd}} = \sigma|\underline{E}_x|^2 = \sigma E_0^2\,\mathrm{e}^{-2\alpha z}. \quad (9.99)$$

Note que esta densidade volumétrica de perda de potência tem a mesma dependência da coordenada espacial z como a densidade de potência superficial média no tempo transportada pela onda, Equação (9.96).

9.8 EXPRESSÕES EXPLÍCITAS PARA PARÂMETROS DE PROPAGAÇÃO BÁSICA

Para obter as expressões explícitas para a atenuação e os coeficientes de fase, α e β, para um determinado meio (com perdas) em uma dada frequência, precisamos resolver para as partes real e imaginária da expressão complexa para $\underline{\gamma}$ na Equação (9.82). Elevando ao quadrado os lados esquerdo e direito desta equação e usando a Equação (9.78), temos

$$\underline{\gamma}^2 = (\alpha + j\beta)^2 = \alpha^2 - \beta^2 + j2\alpha\beta = -\omega^2 \underline{\varepsilon}_e \mu =$$

$$= -\omega^2 \varepsilon\mu + j\omega\mu\sigma, \quad (9.100)$$

igualando as partes reais

$$\alpha^2 - \beta^2 = -\omega^2 \varepsilon\mu. \quad (9.101)$$

Por outro lado,

$$|\underline{\gamma}|^2 = |\alpha + j\beta|^2 = \alpha^2 + \beta^2, \quad (9.102)$$

e, da Equação (9.100),

$$|\underline{\gamma}^2| = |-\omega^2\varepsilon\mu + j\omega\mu\sigma| = \sqrt{\omega^4\varepsilon^2\mu^2 + \omega^2\mu^2\sigma^2}. \quad (9.103)$$

Estes dois resultados combinados, uma vez que $|\underline{\gamma}^2| = |\underline{\gamma}|^2$, levam a

$$\alpha^2 + \beta^2 = \omega^2\varepsilon\mu\sqrt{1 + \left(\frac{\sigma}{\omega\varepsilon}\right)^2}. \quad (9.104)$$

Agora, somando e subtraindo as equações (9.104) e (9.101), obtemos as expressões para $2\alpha^2$ e $2\beta^2$, respectivamente, e, portanto,

α — meio arbitrário

$$\boxed{\alpha = \omega\sqrt{\frac{\varepsilon\mu}{2}}\left[\sqrt{1 + \left(\frac{\sigma}{\omega\varepsilon}\right)^2} - 1\right]^{1/2},} \quad (9.105)$$

β — meio arbitrário

$$\boxed{\beta = \omega\sqrt{\frac{\varepsilon\mu}{2}}\left[\sqrt{1 + \left(\frac{\sigma}{\omega\varepsilon}\right)^2} + 1\right]^{1/2}.} \quad (9.106)$$

Usando estas expressões, podemos calcular os valores para α (em Np/m) e β (em rad/m) para um meio arbitrário com base em seus parâmetros eletromagnéticos, ε, μ e σ, bem como a frequência angular, ω.

Para encontrar as expressões explícitas para o ângulo de amplitude e fase, $|\underline{\eta}|$ e ϕ, da impedância complexa intrínseca na Equação (9.91), vemos primeiro os da permissividade complexa equivalente na Equação (9.78),

$$\underline{\varepsilon}_e = \varepsilon\left(1 - j\frac{\sigma}{\omega\varepsilon}\right) = \varepsilon\sqrt{1 + \left(\frac{\sigma}{\omega\varepsilon}\right)^2}\, e^{-j\arctan[\sigma/(\omega\varepsilon)]}, \quad (9.107)$$

e depois de sua raiz quadrada,

$$\sqrt{\underline{\varepsilon}_e} = \sqrt{\varepsilon}\left[1 + \left(\frac{\sigma}{\omega\varepsilon}\right)^2\right]^{1/4} e^{-j\frac{1}{2}\arctan[\sigma/(\omega\varepsilon)]}. \quad (9.108)$$

Este, substituído na Equação (9.91), resulta em

$|\underline{\eta}|$ ϕ, — meio arbitrário

$$\boxed{|\underline{\eta}| = \frac{\sqrt{\frac{\mu}{\varepsilon}}}{\left[1 + \left(\frac{\sigma}{\omega\varepsilon}\right)^2\right]^{1/4}}, \quad \phi = \frac{1}{2}\arctan\frac{\sigma}{\omega\varepsilon},} \quad (9.109)$$

que completa as expressões para o cálculo direto dos parâmetros de propagação de base para uma onda harmônica no tempo plana uniforme em um meio arbitrário linear e homogêneo.

Exemplo 9.13

Cálculo dos parâmetros da onda para um meio com perdas

A amplitude de uma onda eletromagnética plana uniforme harmônica no tempo se deslocando através de um meio não magnético com perdas em uma frequência de 5,2 MHz reduz em 25% a cada metro. O campo elétrico da onda leva o campo magnético por 30º. Nestas circunstâncias, encontre (a) o coeficiente de propagação complexa da onda e (b) a permissividade relativa e a condutividade do meio.

Solução

(a) Com base na Equação (9.87) e na redução por metro dada da amplitude da onda, resolvemos para o coeficiente de atenuação da onda,

$$-\alpha d = \ln\frac{E_m(z+d)}{E_m(z)} = \ln(\underbrace{1 - 25\%}_{0,75}) \quad (d = 1\ \text{m}) \longrightarrow$$

$$\alpha = 0{,}288\ \text{Np/m}. \quad (9.110)$$

Usando as equações (9.109), em seguida percebemos que o termo $\sigma/(\omega\varepsilon)$ em expressões tanto para α quanto para o coeficiente de fase, β, da onda, equações (9.105) e (9.106), é igual à tangente do dobro do ângulo de fase (ϕ) da impedância complexa intrínseca do meio de propagação, o qual conhecemos, pois é igual ao atraso de fase do campo magnético atrás do campo elétrico da onda, então $\phi = 30º$. Portanto, podemos substituir este termo por um valor conhecido nas equações (9.105) e (9.106). Além disso, observamos que a proporção de α e β, que é necessária para encontrar β a partir do já calculado α, não depende da permissividade do meio (ε), como $\sqrt{\varepsilon}$ no início de ambas as expressões cancela na divisão. Combinando esses fatos, a razão α/β e então o coeficiente β são avaliados como segue:

$$\frac{\sigma}{\omega\varepsilon} = \tan 2\phi = \tan 60^\circ = \sqrt{3} \longrightarrow$$

$$\longrightarrow u = \sqrt{1 + \tan^2 2\phi} = 2 \longrightarrow$$

$$\longrightarrow \frac{\alpha}{\beta} = \sqrt{\frac{u-1}{u+1}} = 0{,}577 \longrightarrow$$

$$\longrightarrow \beta = \frac{\alpha}{0{,}577} = 0{,}5\ \text{rad/m}, \quad (9.111)$$

onde o parâmetro temporário u é introduzido apenas para encurtar a escrita. O coeficiente de propagação complexo da onda, Equação (9.82), é agora

$$\underline{\gamma} = \alpha + j\beta = (0{,}288 + j0{,}5)\ \text{m}^{-1}. \quad (9.112)$$

(b) Expressando α somente, Equação (9.105), em termos do parâmetro u, equações (9.111), e considerando que $\mu = \mu_0$ (meio não magnético), a permissividade relativa do meio pode ser resolvida a partir de α,

$$\alpha = \omega\sqrt{\frac{\varepsilon_r\varepsilon_0\mu_0}{2}}\sqrt{u-1} \quad (\omega = 2\pi f) \longrightarrow$$

$$\longrightarrow \quad \varepsilon_r = \frac{\alpha^2 c_0^2}{2\pi^2 f^2 (u-1)} = 14, \qquad (9.113)$$

com c_0 representando a velocidade da onda de espaço livre, Equação (9.19). Após a substituição desse resultado na primeira relação nas equações (9.111), a condutividade do material vem a ser

$$\sigma = 2\pi f \varepsilon_r \varepsilon_0 \tan 2\phi = 7 \text{ mS/m}. \qquad (9.114)$$

Note que os valores obtidos para ε_r e σ indicam que o meio de propagação pode ser um bloco de terra rural com determinadas características (incluindo o conteúdo de água e salinidade).

Exemplo 9.14

Campos e vetor Poynting de uma onda em um caso com perdas

O vetor intensidade do campo magnético instantâneo de uma propagação da onda em um meio não magnético com perdas de permissividade relativa $\varepsilon_r = 10$ é dado por

$$\mathbf{H} = 5\,\mathrm{e}^{-\alpha x}\cos(2{,}4\times 10^8 t - 2{,}83x)\,\hat{\mathbf{z}} \text{ A/m} \quad (t \text{ em s; } x \text{ em m}). \qquad (9.115)$$

Determine (a) o coeficiente de atenuação, (b) o vetor intensidade de campo elétrico instantâneo e (c) o vetor de Poynting médio no tempo da onda.

Solução

(a) Comparando a Equação (9.115) à expressão de campo H geral correspondente na Equação (9.93), lemos uma frequência angular de $\omega = 2{,}4 \times 10^8$ rad/s e coeficiente fase de $\beta = 2{,}83$ rad/m. Tendo em mente a Equação (9.106) e expressando β da mesma forma que o coeficiente de atenuação, α, é expresso na Equação (9.113), resolvemos para o parâmetro u, que é definido nas equações (9.111),

$$\beta = \omega\sqrt{\frac{\varepsilon_r\varepsilon_0\mu_0}{2}}\sqrt{u+1} \quad \longrightarrow \quad u = \frac{2\beta^2 c_0^2}{\omega^2\varepsilon_r} - 1 = 1{,}5, \qquad (9.116)$$

e depois usamos a expressão em termos de u da relação α/β das equações (9.111) para obter α,

$$\alpha = \beta\sqrt{\frac{u-1}{u+1}} = 1{,}26 \text{ Np/m}. \qquad (9.117)$$

(b) Combinando as equações (9.109), (9.111) e (9.48), a magnitude e o ângulo fase da impedância complexa intrínseca do meio são calculados como

$$|\underline{\eta}| = \frac{\sqrt{\mu/\varepsilon}}{\sqrt{u}} = \frac{\eta_0}{\sqrt{\varepsilon_r u}} = 97{,}34\ \Omega,$$

$$\phi = \frac{1}{2}\arctan\sqrt{u^2-1} = 24{,}1^\circ. \qquad (9.118)$$

Com base na Equação (9.115), a amplitude do campo elétrico da onda para $x = 0$ [ver Equação (9.85)] é agora $E_m(0) = |\underline{\eta}|\, H_m(0) = 97{,}34\Omega \times 5$ A/m $= 486{,}7$ V/m. Além disso, como o vetor **H** é orientado na direção z positiva, **E** deve estar na direção y positiva para garantir que o vetor de Poynting da onda esteja na direção (x positiva) do curso de onda ($\hat{\mathbf{y}} \times \hat{\mathbf{z}} = \hat{\mathbf{x}}$), e, portanto, o vetor de campo E instantâneo

$$\mathbf{E} = 486{,}7\,\mathrm{e}^{-1{,}26x}\cos(2{,}4\times 10^8 t - 2x + 24{,}1^\circ)$$
$$\hat{\mathbf{y}} \text{ V/m} \quad (t \text{ em s; } x \text{ em m}). \qquad (9.119)$$

(c) Por meio da Equação (9.96), o vetor de Poynting médio no tempo da onda é igual a

$$\mathcal{P}_{\text{méd}} = \frac{E_0^2}{|\underline{\eta}|}\mathrm{e}^{-2\alpha x}\cos\phi\,\hat{\mathbf{x}} = 1{,}11\,\mathrm{e}^{-2{,}52x}\,\hat{\mathbf{x}} \text{ kW/m}^2 \quad (x \text{ em m}), \qquad (9.120)$$

onde $E_0 = E_m(0)/\sqrt{2} = 344{,}1$ V/m é a intensidade do campo elétrico rms da onda no plano $x = 0$.

9.9 PROPAGAÇÃO DE ONDA EM BONS DIELÉTRICOS

Em muitas aplicações, não precisamos usar as expressões exatas para α, β, $|\underline{\eta}|$ e ϕ nas equações (9.105), (9.106) e (9.109), mas algumas muito mais simples e aproximadas, especializadas em intervalos específicos de valores de parâmetros do material e frequências. Um caso especial importante de materiais com perdas são bons dielétricos, cuja permissividade (ε) e condutividade (σ) em uma determinada frequência (f) satisfazem a seguinte condição:

critério para bons dielétricos

$$\boxed{\sigma \ll \omega\varepsilon,} \qquad (9.121)$$

onde $\omega = 2\pi f$, e este é o caso de dielétricos usuais (isoladores) em situações práticas (note que todos os dielétricos reais têm alguma, ainda que pequena, perda). Dielétricos perfeitos, onde as perdas podem ser completamente desprezadas ($\sigma = 0$), também se enquadram na categoria dos bons dielétricos. Embora definir uma expressão mais específica numérica da condição na Equação (9.121) seja arbitrário, uma regra útil é que um determinado material deve ser classificado como bom dielétrico se $\sigma/(\omega\varepsilon) < 1/100$. Para esses materiais, a amplitude da densidade da corrente de condução é muito menor do que a amplitude da densidade de corrente de deslocamento (ver Exemplo 8.2). Da mesma forma, o tempo de relaxação, Equação (3.68), é muito maior do que o período de tempo, Equação (8.49). Com a condição na Equação (9.121), o coeficiente de propagação complexo pode ser aproximadamente avaliado [utilizando as equações (9.82) e (9.78)] como

$$\underline{\gamma} = \mathrm{j}\omega\sqrt{\varepsilon\mu}\left(1 - \mathrm{j}\frac{\sigma}{\omega\varepsilon}\right)^{1/2} \approx \mathrm{j}\omega\sqrt{\varepsilon\mu}\left(1 - \mathrm{j}\frac{\sigma}{2\omega\varepsilon}\right) =$$

$$= \frac{\sigma}{2}\sqrt{\frac{\mu}{\varepsilon}} + \mathrm{j}\omega\sqrt{\varepsilon\mu}, \qquad (9.122)$$

como[8] $(1 + \underline{a})^{1/2} \approx 1 + a/2$ para $|\underline{a}| \ll 1$. A Equação (9.83) então nos dá as seguintes expressões simplificadas para os coeficientes de atenuação e fase para bons dielétricos:

α, β — bons dielétricos

$$\alpha \approx \frac{\sigma}{2}\sqrt{\frac{\mu}{\varepsilon}}, \quad \beta \approx \omega\sqrt{\varepsilon\mu}. \tag{9.123}$$

Note que as mesmas expressões podem ser obtidas também de equações (9.105), (9.106) e (9.121).

Embora a impedância intrínseca dos bons dielétricos seja uma quantidade complexa, dada pela Equação (9.91) ou (9.109), sua parte imaginária é muito menor do que a parte real, produzindo

$\underline{\eta}$ — bons dielétricos

$$\underline{\eta} \approx \sqrt{\frac{\mu}{\varepsilon}} \tag{9.124}$$

ou $|\underline{\eta}| \approx \sqrt{\mu/\varepsilon}$ e $\phi \approx 0$. Notamos que as expressões, tanto para o coeficiente de fase quanto para a impedância intrínseca para bons dielétricos, são praticamente as mesmas para dielétricos perfeitos.

Na prática, as perdas em dielétricos são identificadas, especificando a chamada tangente de perda do material (em vez de condutividade),

tangente de perda

$$\tan\delta_{\rm d} = \frac{\sigma}{\omega\varepsilon}, \tag{9.125}$$

que na verdade é igual à razão entre as amplitudes das densidades de corrente de condução e deslocamento, a Equação (8.21). Lembramos que a densidade da corrente de condução está em fase com a intensidade do campo elétrico no dielétrico, enquanto a densidade de corrente de deslocamento leva a intensidade do campo elétrico em 90º (ver Exemplo 8.2), e esta relação de fase é mostrada na Figura 9.12. O ângulo $\delta_{\rm d}$ na Equação (9.125) é agora identificado na figura como o ângulo pelo qual a densidade de corrente de deslocamento leva à densidade de corrente (condução mais deslocamento) total, Equação (8.6). Usando este novo parâmetro, o critério de baixa perda na Equação (9.121) pode ser escrito de outro modo como $\tan\delta_{\rm d} \ll 1$. Valores típicos para $\tan\delta_{\rm d}$ de materiais dielétricos usados na maioria das aplicações RF e micro-ondas são da ordem de $10^{-4} - 10^{-3}$. Combinando as equações (9.123) e (9.125), o coeficiente de atenuação para bons dielétricos agora pode ser expresso também como

$$\alpha \approx \frac{\sigma}{2}\sqrt{\frac{\mu}{\varepsilon}} = \frac{1}{2}\frac{\sigma}{\omega\varepsilon}\,\omega\varepsilon\sqrt{\frac{\mu}{\varepsilon}} \approx \frac{\beta}{2}\tan\delta_{\rm d}. \tag{9.126}$$

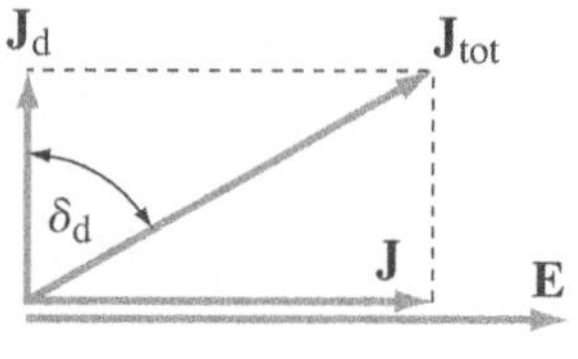

Figura 9.12

Diagrama fasorial para o campo elétrico e corrente em um material dielétrico com perdas, mostrando a relação entre a condução, deslocamento e densidades de corrente totais; a tangente do ângulo $\delta_{\rm d}$, pela qual a densidade de corrente de deslocamento leva a densidade de corrente total, é indicada como a tangente de perda do material em uma dada frequência.

É claro que $\tan\delta_{\rm d} = 0$ e $\alpha = 0$ para dielétricos perfeitos.

Além da condução de elétrons livres e buracos, modelados pela condutividade (σ) do meio, as perdas em materiais dielétricos e a atenuação associada as ondas eletromagnéticas também podem ocorrer a partir do vetor de polarização, **P**, não conseguindo manter-se em fase com o vetor intensidade de campo elétrico da onda em altas frequências. Este, por sua vez, resulta em um componente da corrente de polarização, a Equação (8.13), que está em fase com a intensidade do campo elétrico, bem como a densidade de condução de corrente, $\underline{\mathbf{J}} = \sigma\underline{\mathbf{E}}$. Ou seja, em frequências baixas o suficiente, cargas de ligação, cujos deslocamentos dão lugar ao vetor **P** em um dielétrico polarizado [ver Figura 2.2 e Equação (2.7)], podem oscilar em fase com o campo harmônico no tempo aplicado; no entanto, em frequências mais altas, sua inércia tende a impedi-lo de seguir com as oscilações rápidas. Mais especificamente, as cargas tendem a resistir à aceleração pelo campo em rápida mutação devido às suas massas e forças de atrito que os mantêm ligados às moléculas, de modo que os deslocamentos de carga, e, portanto, **P**, estão fora de fase com **E**. Como resultado, uma parte da energia eletromagnética da onda é perdida para o calor ao superar a fricção nas moléculas (o trabalho deve ser feito por um campo elétrico contra as forças de atrito de amortecimento). O descasamento de fase entre **P** e **E** e as perdas associadas (pelo atrito de amortecimento), conhecidas como perdas por polarização, podem ser caracterizados pela susceptibilidade elétrica complexa do dielétrico, $\underline{\chi}_{\rm e}$, na Equação (2.10), com seu ângulo de fase igual à diferença de fase entre os dois vetores. Isto implica que a permissividade do dielétrico [equações (2.50) e (2.48)] é complexa também, e tal permissividade que inclui as perdas de polarização costuma ser escrita na seguinte forma:

8 Da identidade série binomial,

$$(1+x)^k = 1 + kx + \frac{k(k-1)}{2}x^2 + \frac{k(k-1)(k-2)}{6}x^3 + \ldots$$

permissividade de alta frequência

$$\underline{\varepsilon} = \varepsilon' - j\varepsilon'', \qquad (9.127)$$

onde a parte imaginária é sempre negativa ou zero ($\varepsilon'' \geq 0$). A permissividade relativa complexa é $\underline{\varepsilon}_r = \underline{\varepsilon}/\varepsilon_0 = \varepsilon'_r - j\varepsilon''_r$. Em baixas frequências, $\varepsilon' \approx \varepsilon$ (ε é a permissividade eletrostática ou em baixa frequência) e $\varepsilon'' \approx 0$. Em altas frequências, ε'' está envolvido em um componente de densidade de corrente no dielétrico que está em fase com $\underline{\mathbf{E}}$, por isso de fato funciona como a densidade de condução de corrente, $\underline{\mathbf{J}}$. Isto está aparente na lei de Ampère na Equação (9.77), que agora se torna

$$\nabla \times \underline{\mathbf{H}} = \sigma\underline{\mathbf{E}} + j\omega(\varepsilon' - j\varepsilon'')\underline{\mathbf{E}} = (\sigma + \omega\varepsilon'')\underline{\mathbf{E}} + j\omega\varepsilon'\underline{\mathbf{E}}. \qquad (9.128)$$

Como alternativa, podemos ver o vetor de densidade de corrente de polarização no dielétrico, $\underline{\mathbf{J}}_p = j\omega\underline{\mathbf{P}}$ [ver Equação (8.13)], e perceber que um $\underline{\mathbf{P}}$ fora de fase resulta em um componente em fase de $\underline{\mathbf{J}}_p$ (ambos com relação a $\underline{\mathbf{E}}$). Vemos que o termo $\omega\varepsilon''$ tem a dimensão de condutividade, e que as perdas de potência no dielétrico são as mesmas de como se este tivesse uma condutividade efetiva no valor de $\sigma_{ef} = \sigma + \omega\varepsilon''$. A tangente de perda, Equação (9.125), torna-se tan $\delta_d = (\sigma + \omega\varepsilon'')/(\omega\varepsilon')$, e o critério para julgar se o meio se comporta como um bom dielétrico lê $\sigma + \omega\varepsilon'' \ll \omega\varepsilon''$. A lei de Ampère também pode ser escrita como

$$\nabla \times \underline{\mathbf{H}} = j\omega\left(\varepsilon' - j\varepsilon'' - j\frac{\sigma}{\omega}\right)\underline{\mathbf{E}}, \qquad (9.129)$$

e, portanto, em comparação com a Equação (9.79), a permissividade complexa equivalente do meio, Equação (9.78), agora é identificada como $\underline{\varepsilon}_e = \varepsilon' - j\varepsilon'' - j\sigma/\omega$. Na prática, para dielétricos que exibem tanto perdas (não desprezíveis) ôhmicas (porque σ é diferente de zero) quanto perdas por polarização por causa de $\omega\varepsilon''$ apreciável, raramente é necessário, e até mesmo possível, distinguir entre as contribuições relativas dos dois mecanismos de perda da dissipação de potência total. O termo σ/ω é, portanto, em geral incorporado em ε'' em tais casos, e os valores da condutividade efetiva, dados por $\sigma_{ef} = \omega\varepsilon''$ (com $\sigma = 0$), a tangente de perda, dada por

tangente de perda via permissividade em alta frequência

$$\tan\delta_d = \frac{\varepsilon''}{\varepsilon'} = \frac{\varepsilon''_r}{\varepsilon'_r}, \qquad (9.130)$$

são quase sempre determinados por medição. Em geral, em frequências mais altas, ambas as partes real e imaginária de ε na Equação (9.127) para materiais dielétricos não são constantes, mas sim funções de frequência. Na verdade, quando observada em uma frequência muito ampla (ou comprimento de onda) que se espalha pelo espectro eletromagnético (Tabela 9.1), dielétricos reais podem apresentar várias ressonâncias e mudanças de permissividade associadas.

Exemplo 9.15

Propagação através de um substrato de alumina

Uma onda eletromagnética harmônica no tempo plana uniforme 5-GHz viaja através do substrato de cerâmica de uma placa de circuito impresso feito de alumina (óxido de alumínio, Al_2O_3) que se caracteriza por uma permissividade relativa e tangente de perda de 9 e 5×10^{-4}, respectivamente . Encontre a atenuação e os coeficientes de fase e a velocidade de fase da onda, bem como a impedância complexa intrínseca do material.

Solução A amostra de alumina é um bom dielétrico, desde que

$$\tan\delta_d = 5 \times 10^{-4} \ll 1 \quad \longrightarrow \quad \text{bom dielétrico}. \qquad (9.131)$$

Assim, o coeficiente de fase da onda de propagação é praticamente o mesmo como se não houvesse perdas, as Equação (9.123), e o coeficiente de atenuação pode ser calculado a partir da Equação (9.126),

$$\beta \approx 2\pi f\sqrt{\varepsilon_r\varepsilon_0\mu_0} = \frac{2\pi f\sqrt{\varepsilon_r}}{c_0} = 314 \text{ rad/m},$$
$$\alpha \approx \frac{\beta}{2}\tan\delta_d = 0{,}0785 \text{ Np/m}. \qquad (9.132)$$

A velocidade de fase da onda e a impedância intrínseca do dielétrico são também aproximadamente dadas por suas expressões sem perdas, equações (9.35) e (9.124), que no caso não magnético ($\mu = \mu_0$) reduzem para aqueles nas equações (9.47) e (9.48), respectivamente, e, portanto, $v_p \approx c_0/\sqrt{\varepsilon_r} = 10^8$ m/s e $\eta \approx \eta_0/\sqrt{\varepsilon_r} = 125{,}7\Omega$. Vemos que ambos v_p e η são três vezes menores do que os valores correspondentes no espaço livre, equações (9.19) e (9.23).

9.10 PROPAGAÇÃO DA ONDA EM BONS CONDUTORES

Outro caso importante especial de materiais com perdas são bons condutores, com

critério para bons condutores

$$\sigma \gg \omega\varepsilon. \qquad (9.133)$$

Em contraste com os bons dielétricos, aqui a corrente de condução domina sobre a corrente de deslocamento, e o tempo de relaxação é muito curto quando comparado ao período de tempo da variação harmônica no tempo dos campos elétricos e magnéticos. Condutores elétricos perfeitos (CEP), com $\sigma \to \infty$, pertencem a bons condutores, como no caso extremo. De modo análogo à expressão numérica da condição na Equação (9.121) para bons dielétricos, aquela na Equação (9.133) para bons condutores pode ser escrita como $\sigma/(\omega\varepsilon) > 100$ para uso na prática. Note que, em condições a meio caminho entre esses dois grupos de materiais

– quando a corrente de condução é da mesma ordem de grandeza ou similar à corrente de deslocamento, ou seja, quando $1/100 \leq \sigma/(\omega\varepsilon) \leq 100$, o material é considerado um quase condutor.[9] Com a Equação (9.133), a permissividade complexa equivalente, Equação (9.78), torna-se $\underline{\varepsilon}_e \approx -j\sigma/\omega$ para bons condutores. Assim, o coeficiente de propagação complexo pode ser aproximado como

$$\underline{\gamma} \approx j\omega\sqrt{-j\frac{\sigma}{\omega}\mu} = \sqrt{j\omega\mu\sigma} = \sqrt{\frac{\omega\mu\sigma}{2}}(1+j), \quad (9.134)$$

pois[10] $\sqrt{j} = (1+j)\sqrt{2}$. Isto significa que os coeficientes de atenuação e de fase para bons condutores são mais ou menos os mesmos e iguais a

α, β — bons condutores

$$\alpha \approx \beta \approx \sqrt{\frac{\omega\mu\sigma}{2}} = \sqrt{\pi\mu f\sigma}. \quad (9.135)$$

Por outro lado, a impedância intrínseca complexa de um bom condutor pode, usando a condição na Equação (9.133), ser simplificada para a seguinte expressão:

$\underline{\eta}$ — bons condutores

$$\underline{\eta} \approx \sqrt{\frac{\mu}{-j\frac{\sigma}{\omega}}} = \sqrt{\frac{j\omega\mu}{\sigma}} = \sqrt{\frac{\omega\mu}{\sigma}}e^{j\pi/4} = \sqrt{\frac{\pi\mu f}{\sigma}}(1+j). \quad (9.136)$$

Notamos que $\underline{\eta}$ (como $\underline{\gamma}$) também tem as partes real e imaginária mais ou menos iguais umas às outras. Sua magnitude e ângulo de fase (argumento) são

$|\underline{\eta}|$, ϕ — bons condutores

$$|\underline{\eta}| \approx \sqrt{\frac{\omega\mu}{\sigma}}, \quad \phi \approx 45°. \quad (9.137)$$

Uma vez que $|\underline{\eta}|$ é inversamente proporcional à raiz quadrada da condutividade, que é grande, é muito pequeno quando comparado à impedância intrínseca do espaço livre, ou seja, $|\underline{\eta}| \ll \eta_0$ ($\eta_0 \approx 377\Omega$), para todas as frequências até a luz visível (note que um CEP tem zero de impedância intrínseca, o que é análogo a um curto-circuito na teoria de circuitos). Isto significa que a intensidade do campo magnético de uma onda que penetrar em um bom condutor do ar passa por um grande aumento na amplitude (ou valor rms) ao atravessar o limite entre os dois meios supondo as mesmas amplitudes (ou quase iguais) (e os valores rms) da intensidade do campo elétrico da onda nos dois lados do limite. Por exemplo, cobre[11] ($\sigma = 58$ MS /m, $\varepsilon_r = 1$, $\mu_r = 1$) em $f = 100$ MHz tem $|\underline{\eta}| \approx 3{,}7$ mΩ, de modo que o campo magnético no cobre é de cerca de 10^5 vezes mais forte do que no ar, para as mesmas forças de campo elétrico nos dois lados do limite. Por outro lado, vemos que o campo magnético atrasa o campo elétrico por cerca de 45° em todos os bons condutores.

Exemplo 9.16

Descobrindo se um material é um bom dielétrico ou condutor

Para cada uma das seguintes combinações de parâmetros do material e da frequência, determine se o material é um bom dielétrico, bom condutor ou quase condutor: (a) vidro ($\varepsilon_r = 5$ e $\sigma = 10^{-12}$ S/m), água doce ($\varepsilon_r = 80$ e $\sigma = 10^{-3}$ S/m) e cobre ($\varepsilon_r = 1$ e $\sigma = 58$ MS /m) em uma frequência de $f = 100$ kHz, e (b) a partir do solo rural do Exemplo 8.3, nas frequências de $f_1 = 12{,}84$ GHz, $f_2 = 12{,}84$ MHz e $f_3 = 12{,}84$ kHz, respectivamente.

Solução

(a) Para vidro, água e cobre a 100 kHz, $\sigma/(\omega\varepsilon)$ é $3{,}6 \times 10^{-8}$, 2,25 e 10^{13}, respectivamente portanto o vidro se comporta como um bom dielétrico, a água como um quase condutor e o cobre como um bom condutor. Este é um exemplo de três materiais com propriedades de condução extremamente diferentes na mesma frequência.

(b) Para a amostra de solo rural em frequências f_1, f_2 e f_3, $\sigma/(\omega\varepsilon)$ chega a, respectivamente (parâmetro n no Exemplo 8.3) 0,001 (bom dielétrico), 1 (quase condutor) e 1.000 (bom condutor). Este é um exemplo de uma única peça de matéria que atua efetivamente como três meios condutores/dielétrico completamente diferentes em frequências operacionais diferentes.

9.11 EFEITO PELICULAR OU SKIN

As perdas em bons condutores são consideráveis, e uma onda eletromagnética incidente sobre a superfície de um bom condutor atenua depressa com a distância da superfície, atingindo logo intensidades de campo desprezíveis. Para expressar em quantidade o grau em que a onda pode penetrar no condutor (ainda com intensidade substancial), introduzimos um parâmetro simples definido como a profundidade no condutor (distância da superfície do con-

9 É claro, temos sempre em mente que, além dos parâmetros do material (condutividade e permissividade), a frequência da onda eletromagnética é um fator importante para determinar se um meio age como um bom dielétrico, bom condutor ou quase condutor.

10 Para a raiz quadrada da unidade imaginária, podemos escrever

$$j = e^{j\pi/2} \longrightarrow \sqrt{j} = \left(e^{j\pi/2}\right)^{1/2} = e^{j\pi/4} = \cos\frac{\pi}{4} + j\,\mathrm{sen}\frac{\pi}{4} = \frac{1+j}{\sqrt{2}}.$$

11 Note que, em todas as frequências até e incluindo a região de luz visível, a permissividade de condutores metálicos (como o cobre) pode ser considerada como sendo a de um vácuo, $\varepsilon = \varepsilon_0$.

dutor) em que a amplitude do campo elétrico da onda é atenuada para 1/e (ou cerca de 36,8%) do seu valor inicial, ou seja, o valor na superfície. O mesmo se aplica à amplitude da densidade de corrente, $\mathbf{J} = \sigma\mathbf{E}$, no condutor. Com base na Equação (9.85), é uma simples questão de concluir que este parâmetro, denotado por δ, é igual ao inverso do coeficiente de atenuação,

definição de profundidade pelicular, δ (unidade: m)

$$\delta = \frac{1}{\alpha} \quad \left[E_{\rm m}(\delta) = E_{\rm m}(0)\,{\rm e}^{-\alpha\delta} = \frac{E_{\rm m}(0)}{\rm e}\right]. \qquad (9.138)$$

É chamado de profundidade pelicular, para enfatizar que a penetração da onda substancial está confinada a uma camada muito fina próxima da superfície do condutor ("pele" do condutor), conforme ilustrado na Figura 9.13. Vemos na figura que a amplitude do campo elétrico (ou densidade de corrente) é multiplicada por um fator de 0,368 para cada nova distância igual a δ mais para dentro do condutor. Lembrando que a densidade de potência superficial média no tempo (parte real da intensidade do vetor de Poynting complexo) da onda, $\mathcal{P}_{\rm méd}$, carrega um termo exponencial $e^{-2\alpha z}$ [Equação (9.97)], também vemos que a densidade de potência em $z = \delta$ é amortecida para $0{,}368^2 = 13{,}5\%$ do seu valor inicial (em $z = 0$), e é ainda mais atenuada pelo mesmo fator (isto é, multiplicado por 0,135) em todos os seguintes múltiplos inteiros de δ. O fenômeno de localização predominante dos campos, correntes e potência na superfície de um corpo condutor é indicado como o efeito pelicular. Da mesma forma, correntes das frequências mais altas fluem quase só através da região da pele abaixo da superfície de condutores cilíndricos metálicos (com forma circular ou de qualquer corte transversal), e a espessura da camada que transporta a maior parte da corrente está na ordem da profundidade pelicular, δ. Note que o efeito pelicular em condutores de corrente também é discutido na Seção 6.8, como consequência de correntes induzidas (parasitas) no condutor e seus campos magnéticos, usando a lei de Faraday da indução eletromagnética [ver Figura 6.23(b)]. Uma discussão similar está disponível na mesma seção que explica o efeito pelicular para o fluxo magnético em núcleos ferromagnéticos de máquinas ca e transformadores [ver Figura 6.23(a)].

Combinando as equações (9.138) e (9.135) agora temos uma expressão muito útil para a profundidade pelicular em bons condutores:

profundidade pelicular para bons condutores

$$\delta \approx \frac{1}{\sqrt{\pi\mu f\sigma}}, \qquad (9.139)$$

a partir da qual vemos que δ é inversamente proporcional à raiz quadrada tanto da frequência quanto da condutividade.[12] Em um limite, $\delta = 0$ para uma CEP, em qualquer frequência, ou seja, uma onda eletromagnética não pode penetrar em uma CEP [veja também o Exemplo 8.6, provando, com base em equações gerais de Maxwell, que não pode haver campo eletromagnético variável no tempo (incluindo o harmônico no tempo) dentro de materiais perfeitamente condutores]. Para o cobre (Cu), $\sigma = 58$ MS/m e $\mu = \mu_0$, de modo que

profundidade pelicular para o cobre

$$\delta_{\rm Cu} \approx \frac{66}{\sqrt{f}}\ {\rm mm} \quad (f \text{ em Hz}), \qquad (9.140)$$

que é uma outra fórmula útil (uma vez que o cobre é tão utilizado na prática de engenharia). Os valores calculados

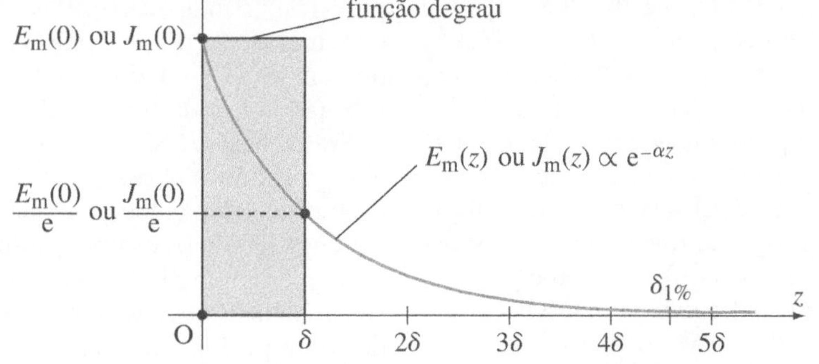

Figura 9.13

Ilustração da definição da profundidade da película, δ, para um meio condutor — o esquema representa a amplitude do campo elétrico da onda, Equação (9.85), ou a densidade de corrente associada ($\mathbf{J} = \sigma\mathbf{E}$); observe que as áreas sob a curva exponencial e a função degrau são iguais.

12 Note que a definição da profundidade pelicular na Equação (9.138) se aplica a todos os meios com perdas, não somente para bons condutores. No caso de perdas em geral, o coeficiente de atenuação necessário para a Equação (9.138) é obtido com base na Equação (9.105). Note também que, mesmo em situações em que $\delta = 1/\alpha$ não é pequeno (em comparação com as dimensões relevantes do condutor e comprimento de onda), os termos profundidade pelicular e efeito pelicular ainda são utilizados, em um sentido mais amplo, para indicar uma redução do espaço exponencial das amplitudes de campo elétrico e densidade de corrente no meio condutor, nem sempre uma diminuição rápida dos níveis são desprezíveis na película do condutor.

Tabela 9.2. Profundidade pelicular para alguns materiais, δ (m), em frequências diferentes, f

Material	$f = 60$ Hz	1 kHz	100 kHz	1 MHz	100 MHz	1 GHz
Cobre	$8{,}61 \times 10^{-3}$	$2{,}11 \times 10^{-3}$	$2{,}11 \times 10^{-4}$	$6{,}67 \times 10^{-5}$	$6{,}67 \times 10^{-6}$	$2{,}11 \times 10^{-6}$
Ferro	$6{,}5 \times 10^{-4}$	$1{,}6 \times 10^{-4}$	$1{,}6 \times 10^{-5}$	$5{,}03 \times 10^{-6}$	$5{,}03 \times 10^{-7}$	$1{,}6 \times 10^{-7}$
Água do mar	32,5	7,96	0,796	0,252	$2{,}66 \times 10^{-2}$	$1{,}28 \times 10^{-2}$
Terreno rural	649,7	159,2	15,92	5,233	1,99	1,986

de δ_{Cu} em várias frequências são apresentados na Tabela 9.2. Vemos que a profundidade pelicular em 1 GHz é tão pequena quanto 2 μm. Mesmo em frequências muito baixas, por exemplo, aquelas de 100 kHz e 60 Hz, δ_{Cu} é muito pequena, ou seja, cerca de 0,2 mm e 8,5 mm, respectivamente. Isto significa que na frequência de alimentação (60 Hz), o efeito pelicular ganha destaque em condutores de cobre, cujas dimensões de corte transversal são da ordem de 10 mm. O efeito pelicular tão forte, mesmo em frequências mais baixas, é consequência de uma condutividade muito alta para o cobre. É importante, no entanto, ter em mente que o efeito pelicular e a profundidade pelicular também dependem da permeabilidade do condutor, não só de sua condutividade. Um exemplo típico é o ferro, que tem condutividade cerca de seis vezes menor do que o cobre ($\sigma_{Fe} = 10$ MS/m), mas profundidade pelicular muito menor por causa da sua permeabilidade muito alta ($\mu_{Fe} = 1.000\mu_0$), como pode ser visto na Tabela 9.2 também. Por exemplo, $\delta_{Fe} \approx 0{,}65$ mm na frequência de alimentação, de modo que até mesmo alguns milímetros de espessura em chapas de ferro em núcleos laminados de máquinas ca de 60 Hz e transformadores apresentam uma não uniformidade do fluxo magnético substancial causado pelo efeito pelicular. Na Tabela 9.2 podemos ver também os valores correspondentes de δ para dois condutores não metálicos, água do mar com $\sigma = 4$ S/m e $\varepsilon_r = 81$ e terra com $\sigma = 10^{-2}$ S/m e $\varepsilon_r = 14$. Como estes materiais não se comportam como bons condutores em algumas das frequências mais altas na tabela [isto é, quando $\sigma/(\omega\varepsilon) \leq 100$], a profundidade pelicular, nesses casos, é calculada com as equações (9.138) e (9.105), e não como equação (9.139). Note que os valores para a profundidade pelicular para a água do mar na tabela indicam com clareza que é quase impossível a utilização de frequências de rádio mais altas (maiores que 100 kHz) para comunicações de rádio submarinas (com submarinos submersos). Em consequência, submarinos em geral usam uma frequência muito baixa de banda (VLF), 3-30 kHz (ver Tabela 9.1), se perto da superfície da água, e ainda menores, até cerca de 10 Hz na faixa de frequência extremamente baixa (ELF), são necessárias para a comunicação com submarinos profundamente submersos.

A rápida diminuição espacial da amplitude da onda em um bom condutor é, causada por perdas Joule locais (a energia elétrica é perdida por calor) em todo o volume do material, Equação (9.99). A potência total de perdas Joule no condutor (para um dado campo eletromagnético incidente harmônico no tempo), como veremos no próximo capítulo, pode ser avaliada usando outro parâmetro importante relacionado ao efeito pelicular, a chamada resistência superficial do condutor (a uma dada frequência), que na verdade é igual à parte real da impedância complexa intrínseca, $\underline{\eta}$, na Equação (9.136). As perdas em um condutor, se o efeito pelicular é considerado, são diretamente proporcionais à raiz quadrada da frequência e da permeabilidade, e inversamente proporcionais à raiz quadrada da condutividade. Para um CEP, a resistência de superfície é zero em qualquer frequência. Em outras palavras, não há perdas em um objeto CEP, uma vez que não pode haver penetração da onda nele, e ambos $\mathbf{E} = 0$ e $\mathbf{J} = 0$ em todo o seu volume (ver também Exemplo 8.6).

O efeito pelicular em bons condutores em altas frequências é um fenômeno de extrema importância na teoria e na prática das ondas eletromagnéticas. É essencial para a compreensão do funcionamento de muitos dispositivos e sistemas eletromagnéticos em alta frequência, bem como alguns de baixa frequência tipo (por exemplo, máquinas ca e transformadores), e é usada com vantagens em muitas aplicações. Por exemplo, não há quase diferença no desempenho entre um componente de guia da onda de bronze banhado a prata e um componente de prata pura (muito mais caro). Pela mesma razão, condutores ocos metálicos (por exemplo, cobre ou alumínio) são usados em vez de condutores sólidos para vários tipos de antenas, linhas de transmissão e outras estruturas de radiofrequência e micro-ondas. Além disso, a blindagem eletromagnética eficaz, ou seja, proteger um domínio dos campos eletromagnéticos externos (ondas) ou, ao contrário, englobando os campos produzidos por fontes internas para que o domínio fora da proteção esteja protegido de sua influência, pode ser fornecida por invólucros metálicos de várias profundidades peliculares. Por outro lado, a atenuação nas linhas de transmissão e outras estruturas guias de onda é determinada pelo grau em que o efeito pelicular é considerado e é proporcional à resistência da superfície dos condutores da linha, que será discutido em capítulos posteriores.[13]

13 Em um cabo coaxial (Figura 2.17), por exemplo, uma onda eletromagnética guiada se propaga pelo cabo através do seu dielétrico e penetra nos condutores apenas na medida em que estes são imperfeitos (a onda é meramente guiada pelos condutores de cabo). Quanto maior a penetração nos condutores, ou seja, a profundidade pelicular, maior as perdas e a atenuação ao longo do cabo. Por outro lado, um cabo (em grande parte hipotético) ideal, com condutores perfeitos (CEP), de modo que não haja absolutamente nenhuma penetração nos condutores e dielétricos (sem perdas) perfeitos, permitiria a propagação de ondas não atenuadas através do cabo junto a distâncias arbitrárias.

Exemplo 9.17

Profundidade de penetração de um por cento

Se a profundidade pelicular para uma onda penetrar em um material condutor é δ, encontre a profundidade de um por cento de penetração.

Solução Além da profundidade pelicular, ou seja, 1/e de profundidade de penetração, podemos definir outras em um condutor — na qual a intensidade do campo elétrico (e densidade de corrente) diminui para uma fração arbitrariamente específica de seu valor inicial. Para a profundidade de 1% de penetração ($\delta_{1\%}$), em particular, a atenuação da onda é de 1% do valor inicial. Essa condição pode ser escrita como [ver equações (9.85) e (9.138)]

$$E_{\rm m}(\delta_{1\%}) = E_{\rm m}(0)\, e^{-\alpha\delta_{1\%}} = E_{\rm m}(0)\, e^{-\delta_{1\%}/\delta} = 0{,}01 E_{\rm m}(0), \quad (9.141)$$

e, portanto, a profundidade de 1 por cento de penetração de um condutor cuja profundidade pelicular é δ a uma dada frequência é igual a

profundidade de penetração de um por cento

$$\delta_{1\%} = \delta \ln 100 \approx 4.6\,\delta \quad (9.142)$$

(ver Figura 9.13). Vemos que em locais com mais de 5 profundidades peliculares (δ) de distância da superfície de um condutor, a onda de penetração retém menos de um por cento de sua intensidade na superfície.

Exemplo 9.18

Velocidade de fase e comprimento da onda para bons condutores

Uma onda plana uniforme harmônica no tempo de frequência f viaja em um bom condutor de condutividade σ e permeabilidade μ. (a) Determine velocidade de fase ($v_{\rm p}$) e comprimento (λ) da onda, e compare-os com as grandezas no espaço livre correspondentes. (b) Mostre que λ é proporcional à profundidade pelicular (δ) no condutor. (c) Calcule os valores de $v_{\rm p}$, λ, δ e $\delta_{1\%}$ (um por cento de profundidade de penetração) para o cobre (σ = 58 MS/m e $\mu = \mu_0$) em três diferentes frequências, f_1 = 60 Hz, f_2 = 300 MHz e f_3 = 300 GHz.

Solução

(a) A velocidade de fase e comprimento de onda em bons condutores pode ser obtida a partir do coeficiente de fase, Equação (9.135), usando as equações (9.35) e (8.111), como

$v_{\rm p}$, λ — bons condutores

$$v_{\rm p} = \frac{\omega}{\beta} \approx 2\sqrt{\frac{\pi f}{\mu\sigma}} \quad \text{e} \quad \lambda = \frac{2\pi}{\beta} = \frac{v_{\rm p}}{f} \approx 2\sqrt{\frac{\pi}{\mu f \sigma}}, \quad (9.143)$$

respectivamente. Vemos que ambas as grandezas têm diferentes dependências de frequência (f) do que no espaço livre (no espaço livre, $v_{\rm p}$ = const e λ= const $/f$). Também percebemos que, uma vez que ambas as grandezas são proporcionais a $\sigma^{-1/2}$, ambas são tão menores do que os seus valores de espaço livre (em um CEP, tanto $v_{\rm p} = 0$ quanto $\lambda = 0$ — sem propagação alguma). Em geral, a razão da velocidade de fase de uma onda no espaço livre ($c_0 = 3 \times 10^8$ m/s) e daquela em um meio material (bom condutor, neste caso),

índice de refração (adimensional)

$$n = \frac{c_0}{v_{\rm p}}, \quad (9.144)$$

onde a mesma relação vale para os comprimentos de onda correspondentes, é chamada de índice de refração (ou índice refrativo) do meio (condutor) (uma grandeza adimensional). Assim, $n \gg 1$ para bons condutores.

(b) Como os coeficientes de fase e atenuação para bons condutores são mais ou menos os mesmos, Equação (9.135), há uma relação aproximada muito simples entre o comprimento de onda e a profundidade pelicular para o material,

$$\lambda = \frac{2\pi}{\beta} \approx \frac{2\pi}{\alpha} = 2\pi\delta, \quad (9.145)$$

e, portanto, $\delta \approx \lambda/(2\pi) \approx 0{,}16\lambda$. Assim, em um bom condutor, a profundidade pelicular é sempre muito menor do que o comprimento de onda. Isto significa que a amplitude da onda no condutor decai para pequenas frações de seu valor na superfície do condutor, mesmo dentro do primeiro período de espaço da função cosseno da onda, Equação (9.84). Em específico, o campo elétrico da onda é amortecido a 1% de sua amplitude inicial em cerca de $3\lambda/4$ no condutor [da Equação (9.142), $\delta_{1\%} \approx 0{,}73\lambda$]. Isto também significa que, ao avaliar o efeito pelicular em bons condutores, é suficiente comparar a profundidade pelicular às dimensões físicas relevantes (em geral espessura) do condutor (por exemplo, para um fio sólido metálico carregando uma corrente ac, o efeito pelicular é considerado pronunciado e deve ser levado em conta para análise se δ é menor do que o diâmetro do fio), e não há necessidade de avaliar δ em termos de seu tamanho elétrico — é sempre eletricamente pequeno, ou seja, muito menor do que λ.

(c) A Tabela 9.3 mostra os valores calculados para $v_{\rm p}$, λ, n, δ e $\delta_{1\%}$ para o cobre nas três frequências dadas; valores para o comprimento da onda de espaço livre, λ_0, calculado pela Equação (9.67), também são dados para comparação. Vemos que a redução da $v_{\rm p}$ e λ para o cobre em relação a valores de espaço livre é especialmente grande em frequências mais baixas. Na frequência de alimentação (60 Hz), o índice de refração do cobre é quase tão grande quanto 10^8. Mesmo em uma frequência de rádio bastante alta de 300 MHz, a velocidade de fase e comprimento da onda no cobre, $v_{\rm p} \approx 7{,}2$ km/s e $\lambda \approx 24$ μm, são muito pequenas quando comparadas à velocidade de 3×10^8 m/s e comprimento da onda de 1 m, respectivamente, no espaço livre.[14]

14 Em uma linha de transmissão (por exemplo, cabo coaxial) com condutores de cobre, a viagem de um sinal de 300 MHz não é descrita pelos parâmetros de propagação calculados para o cobre, mas sim aqueles para o dielétrico entre os condutores. Ou seja, já que o sinal (energia) se propaga na linha de transmissão como uma onda eletromagnética fora dos condutores, sua velocidade é igual a $c = c_0/\sqrt{\varepsilon_{\rm r}}$ para a linha preenchida com um bom dielétrico permissividade relativa $\varepsilon_{\rm r}$ (e $\mu = \mu_0$) e o comprimento de onda da onda é encontrado a partir da Equação (8.112).

Tabela 9.3. Vários parâmetros da onda para o cobre em três diferentes frequências*

Frequência	v_p (m/s)	λ (m)	λ_0 (m)	n	δ (m)	$\delta_{1\%}$ (m)
60 Hz	3,22	$5{,}36 \times 10^{-2}$	5×10^6	$9{,}33 \times 10^7$	$8{,}5 \times 10^{-3}$	$3{,}92 \times 10^{-2}$
300 MHz	$7{,}19 \times 10^3$	$2{,}4 \times 10^{-5}$	1	$4{,}17 \times 10^4$	$3{,}82 \times 10^{-6}$	$1{,}76 \times 10^{-5}$
300 MHz	$2{,}27 \times 10^5$	$7{,}58 \times 10^{-7}$	10^{-3}	$1{,}32 \times 10^3$	$1{,}21 \times 10^{-7}$	$5{,}55 \times 10^{-7}$

*Valores para o comprimento da onda no espaço livre (λ_0) também são dados.

Exemplo 9.19

Comunicações submarinas VLF

Uma onda plana 10 kHz VLF (frequência muito baixa) é lançada no oceano, quando um navio tenta comunicar uma mensagem a um submarino submerso. A posição do navio é mais ou menos na linha vertical em relação ao submarino e a intensidade do campo elétrico rms da onda transmitida imediatamente abaixo da superfície da água é de 4 kV/m. (a) Calcule os coeficientes de atenuação e fase, a profundidade pelicular, a velocidade de fase, o comprimento de onda, o índice de refração e a impedância intrínseca complexa da onda na água do mar, usando $\varepsilon_r = 81$ e $\sigma = 4$ S/m para a sua permissividade e condutividade relativas, respectivamente. (b) Determine a distribuição dos campos elétricos e magnéticos do complexo no oceano. (c) Se a antena receptora do submarino requer um mínimo de intensidade do campo elétrico rms de 0,01 μV/m, encontre a profundidade máxima da antena com relação à superfície da água para a qual a comunicação bem-sucedida ainda é possível, e densidade de potência de superfície média no tempo da onda de entrada a essa profundidade.

Solução

(a) Como a frequência angular de funcionamento da onda é $\omega = 2\pi f = 6{,}283 \times 10^4$ rad/s, a Equação (9.133) dá

$$\frac{\sigma}{\omega\varepsilon} = 88{,}766 \gg 1 \quad \longrightarrow \quad \text{bom condutor,} \tag{9.146}$$

ou seja, a água do mar com os parâmetros determinados do material se comporta como um bom condutor de 10 kHz. Portanto, podemos usar a Equação (9.135) para encontrar os coeficientes de atenuação e de fase para o meio,

$$\alpha = \beta = \sqrt{\pi\mu_0 f\sigma} = 0{,}4 \text{ Np/m or rad/m.} \tag{9.147}$$

Usando as Equações (9.138), (9.143) e (9.144), a profundidade pelicular, velocidade de fase, comprimento de onda e o índice de refração da onda/material chegamos a, respectivamente, $\delta = 2{,}5$ m [note que a profundidade de um por cento de penetração correspondente, Equação (9.142), é $\delta_{1\%} = 11{,}5$ m], $v_p = 1{,}58 \times 10^5$ m/s, $\lambda = 15{,}8$ m (comprimento de onda no espaço livre é de 30 km em 10 kHz) e $n = 1.900$.[15] Parece que, mesmo em bons condutores não metálicos, o espaço livre à relação do condutor para v_p e λ (índice de refração) é muito grande. A impedância intrínseca complexa da água, a Equação (9.136), é $\eta = 0{,}1$ $(1 + j)\ \Omega = 0{,}14\ e^{j\pi/4}\Omega$, então $|\eta|$ é de 2.693 vezes menor que a impedância intrínseca no espaço livre, Equação (9.23), e, como para todos os bons condutores, o ângulo de fase de η é (aproximadamente) $\phi = 45°$.

(b) Pelas Equações (9.81) e (9.92), com um eixo z perpendicular à superfície do oceano e orientado para baixo, e as intensidades de campo magnético elétrico rms para $z = 0^+$ (logo abaixo da superfície) com $E_{\text{superfície}} =$ 4 kV/m e $H_{\text{superfície}} = E_{\text{superfície}} / |\eta| = 28{,}6$ kA/m, respectivamente, a distribuição dos campos complexos na água é dada por

$$\underline{E} = 4\,e^{-0{,}4z}\,e^{-j0{,}4z}\ \text{kV/m},$$

$$\underline{H} = 28{,}6\,e^{-0{,}4z}\,e^{-j0{,}4z}\,e^{-j\pi/4}\ \text{kA/m} \quad (z \text{ em m}). \tag{9.148}$$

15 Como já foi discutido com referência aos dados para a profundidade pelicular da água do mar na Tabela 9.2, somos forçados a utilizar frequências bastante baixas para comunicações submarinas, por causa da grande atenuação na água do mar. Quanto menor a frequência, maior o comprimento de onda, bem como o tamanho físico das antenas utilizadas para transmissão ou recepção de sinais (como veremos em um capítulo posterior), que é uma das desvantagens, em geral, do uso de frequências mais baixas para comunicações de rádio. Outra desvantagem são pequenas faixas de banda para a comunicação implícitas por baixas frequências, o que significa, por sua vez, relações de dados de sinal lento — ou seja, um número muito menor de palavras por minuto pode ser transmitido, em comparação com as comunicações de rádio em frequências mais altas (por exemplo, a proporção de dados de sinal em banda ELF são tão lentas que uma única palavra pode levar vários minutos para ser transmitida). No entanto, o grande coeficiente de fase na água do mar (em comparação com o coeficiente de fase correspondente no espaço livre) agora é muito útil para a viabilidade e praticidade das comunicações dos submarinos em baixa frequência. Isto é, como a trajetória de ondas eletromagnéticas transmitidas ou recebidas por uma antena que está submersa na água do mar é descrita pelos parâmetros de propagação para a água do mar (em uma determinada frequência), o tamanho elétrico da antena é expresso em termos do comprimento de onda na água do mar, não no espaço livre. A importância deste fato está mais bem ilustrada por um exemplo simples: uma antena dipolo meia-onda (antena de fio que tem metade do comprimento de onda) que opera na água do mar a 10 kHz ($\lambda = 15{,}8$ m) dentro de um sistema de comunicação submarina VLF precisa de apenas cerca de 7,9 m, enquanto o comprimento físico de uma antena dipolo de meia-onda de 10 kHz VLF operando no ar ($\lambda = 30$ km) teria 15 km ou $n = 1.900$ vezes a dimensão do submarino.

(c) Pela Equação (9.87), a profundidade máxima de antena do submarino que possa permitir o campo E rms receber ($E_{\text{submarino}} = 0{,}01\ \mu\text{V/m}$) para o campo rms disponível na superfície do mar torna-se

$$d_{\text{máx}} = \frac{1}{\alpha} \ln \frac{E_{\text{superfície}}}{E_{\text{submarino}}} = 66{,}8 \text{ m}. \tag{9.149}$$

Nessa profundidade, a densidade de potência superficial média no tempo associada, igual à magnitude do vetor Poynting da onda incidente na Equação (9.96), é

$$\mathcal{P}_{\text{méd}} = \frac{E^2_{\text{submarino}}}{|\underline{\eta}|} \cos\phi = 5 \times 10^{-16} \text{ W/m}^2. \tag{9.150}$$

Vemos que, por causa de uma atenuação muito grande na água salgada, apenas uma parcela minúscula da densidade de potência que entra no oceano, que é de no máximo 80 MW/m^2, atinge o submarino. É quase inviável usar sinais eletromagnéticos de 10 kHz para se comunicar com um submarino que está a cerca de 60 m de profundidade.

Exemplo 9.20

Atenuação de decibéis de uma lâmina de alumínio

Encontre a atenuação da onda em decibéis de uma lâmina de alumínio de 5 mil de espessura (1 mil = 0,001 polegada = 25,4 μm) ($\sigma_{\text{Al}} = 38$ MS/m, $\varepsilon_r = \mu_r = 1$) com uma frequência de $f = 100$ MHz e avalie a eficácia da blindagem da lâmina.

Solução Na frequência dada, a tangente de perdas, Equação (9.125), de alumínio é tão grande quanto

$$\tan\delta_d = \frac{\sigma_{\text{Al}}}{2\pi f \varepsilon_0} = 6{,}8 \times 10^9 \gg 1, \tag{9.151}$$

assim a condição na Equação (9.133) é satisfeita em definitivo, e o alumínio age como um bom condutor, como esperado. Isto também significa que o coeficiente de atenuação da onda, α, no material pode ser calculado usando a Equação (9.135). Assim, a Equação (9.88) resulta na seguinte atenuação dB da lâmina, com espessura $d = 5$ mil $= 0{,}127$ mm:

$$A_{\text{dB}} = 8{,}686\alpha d = 8{,}686\sqrt{\pi\mu_0 f \sigma_{\text{Al}}}\, d = 135 \text{ dB}. \tag{9.152}$$

Esta é uma atenuação muito grande, o que implica que, como dado pela Equação (9.98), apenas uma parte minúscula (insignificante) das intensidades de campo elétrico (ou magnético) de um lado (incidente) da proteção é passada para o outro lado (protegido) ($E_2/E_1 = 1{,}8 \times 10^{-7}$). Concluímos que mesmo uma lâmina de alumínio bastante fina proporciona uma blindagem eletromagnética muito eficaz nesta, relativamente baixa, frequência. Além disso, como pode ser visto na Equação (9.152), $A_{\text{dB}} \propto \sqrt{f}$, de modo que a eficácia da proteção é ainda maior em frequências mais altas.[16]

9.12 PROPAGAÇÃO DA ONDA EM PLASMAS

Plasmas são gases ionizados que, além de átomos neutros e moléculas, incluem um número suficientemente grande de átomos ionizados, moléculas e elétrons livres em que os efeitos eletromagnéticos macroscópicos causados por forças de Coulomb entre partículas carregadas são notáveis. O meio de plasma é muitas vezes considerado o quarto estado da matéria (junto com os estados sólido, líquido e gasoso). Tem, claro, muitas propriedades comuns com o estado gasoso; no entanto, sua distinção básica com relação aos gases normais é um alto nível de efeitos eletromagnéticos de interação coletiva entre partículas carregadas, habilitada por um grau suficientemente elevado de ionização do gás.[17] O plasma assim assemelha-se a um fluido com maior densidade de massa e, portanto, maior concentração de portadores de carga, que um gás normal. Nesta seção, investigamos a propagação das ondas eletromagnéticas através de plasmas, começando com a força eletromagnética sobre uma partícula carregada em movimento (força de Lorentz) em um gás ionizado.

O exemplo mais importante de um meio de plasma, na medida em que a propagação das ondas eletromagnéticas e comunicações de rádio estejam em questão, é a região superior da atmosfera terrestre chamada ionosfera. Esta parte da atmosfera, de cerca de 50 a 500 km de altitude acima da superfície da Terra, consiste de um gás muito rarefeito, ionizado pela radiação do sol. Ela desempenha um papel essencial em várias aplicações das ondas de rádio, uma vez que reflete seletivamente ou passa através das ondas de certas frequências e ângulos de incidência. Por outro lado, a manifestação mais aparente de plasmas na natureza é, talvez, a que acontece na atmosfera a cada relâmpago. Em geral, física de plasma é uma área de pesquisa muito intensa e bastante ampla na física e a engenharia lida com vários aspectos da ciência e da tecnologia de plasma, incluindo a pesquisa sobre fusão termonuclear

16 Note que tais folhas de alumínio encontram ampla aplicação em salas eletromagneticamente blindadas usadas para medições e outros tipos de testes eletromagnéticos, em que as folhas são unidas (coladas) em paredes, no teto e no chão da sala, para evitar que campos elétricos e magnéticos e ondas entrem ou saiam. Os dois exemplos, entre tantos, são câmaras anecoicas blindadas para medições das propriedades de radiação de antenas ou para testar a compatibilidade eletromagnética (EMC), e salas blindadas que contêm equipamentos para exames médicos com base em tecnologia de ressonância magnética (MRI).

17 O grau de ionização de um gás pode ser expresso como a razão entre a concentração de átomos e moléculas ionizadas para a concentração total (ionizado mais neutro) de átomos e moléculas. Note que mesmo em graus muito baixos de ionização, da ordem de 10^{-5} ou menos, são suficientes para um gás apresentar propriedades eletromagnéticas macroscópicas notáveis e se comportar como um plasma.

controlada para desenvolver uma nova fonte de energia para o mundo. Por fim, na visão mais global, observe que mais de 99% da matéria no universo está no estado de plasma.

Considere uma onda eletromagnética plana uniforme harmônica no tempo de frequência f propagando-se através de um meio de plasma. A força de Lorentz sobre uma partícula carregada (elétrons livres ou íons) se movendo a uma velocidade $\mathbf{v}$ no meio pode ser obtida usando a Equação (4.145), de modo que a segunda lei de Newton, então, dá a seguinte equação de movimento da partícula:

$$m\frac{\mathrm{d}\mathbf{v}}{\mathrm{d}t} = q\mathbf{E} + \mu_0 q\mathbf{v} \times \mathbf{H}, \quad (9.153)$$

onde m é a massa da partícula, q é a sua carga e $\mathbf{E}$ e $\mathbf{H}$ são as intensidades de campo elétrico e magnético instantâneas da onda, respectivamente. Estas intensidades são relacionadas através da impedância intrínseca do meio, que é maior (como veremos) do que a de espaço livre, isto é, $E/H > \eta_0$. Isto, por sua vez, significa que $\mu_0 |\mathbf{v} \times \mathbf{H}|/E \leq \mu_0 vH/E < \mu_0 v/\eta_0 = v/c_0 \ll 1$ [ver equações (9.23) e (9.19)], uma vez que as velocidades v que as partículas carregadas podem adquirir no campo ($\mathbf{E}$, $\mathbf{H}$) são muito menores do que a velocidade da luz no espaço livre (c_0). Vemos, portanto, que o segundo termo no lado direito da Equação (9.153), ou seja, a força magnética sobre a partícula pode ser desprezada. Uma vez que o único termo restante no lado direito da equação assim obtida é uma grandeza harmônica no tempo, a derivada temporal da velocidade das partículas e da velocidade em si são também funções harmônicas no tempo. Em consequência, podemos introduzir o complexo equivalente $\underline{\mathbf{v}}$ da velocidade (fasor de velocidade) e converter a equação de movimento no tempo ao domínio complexo,

equação de partículas de movimento, no domínio complexo

$$\boxed{\mathrm{j}\omega m\underline{\mathbf{v}} = q\underline{\mathbf{E}},} \quad (9.154)$$

onde $\omega = 2\pi f$ é a frequência angular da onda. A corrente constituída por este movimento de cargas no gás é um exemplo de corrente de convecção, uma vez que $\sigma = 0$ no meio e a lei de Ohm na forma pontual, equação (3.18), não se aplica. A densidade de corrente é dada pela Equação (3.28) com a densidade de carga $\rho = Nq$ e sendo N a concentração de partículas carregadas. Resolvendo a Equação (9.154) para $\mathbf{v}$ e substituindo a solução na Equação (3.28), obtém-se o vetor densidade de corrente de convecção complexa no meio,

$$\underline{\mathbf{J}} = Nq\underline{\mathbf{v}} = -\frac{\mathrm{j}}{\omega m}Nq^2\underline{\mathbf{E}}. \quad (9.155)$$

A lei de Ampère na Equação (8.81) torna-se agora

$$\nabla \times \underline{\mathbf{H}} = \underline{\mathbf{J}} + \mathrm{j}\omega\varepsilon_0\underline{\mathbf{E}} = \mathrm{j}\omega\underbrace{\varepsilon_0\left(1 - \frac{Nq^2}{\omega^2\varepsilon_0 m}\right)}_{\varepsilon_\mathrm{p}}\underline{\mathbf{E}} = \mathrm{j}\omega\varepsilon_\mathrm{p}\underline{\mathbf{E}}. \quad (9.156)$$

Vemos que, similarmente ao conceito de permissividade complexa equivalente na Equação (9.79), a presença de partículas carregadas no gás e sua influência sobre a propagação das ondas eletromagnéticas podem ser levadas em conta por meio de uma nova permissividade ε_p, que, aqui, é menor do que ε_0. A redução efetiva na permissividade é inversamente proporcional à massa m da partícula, o que nos diz que a contribuição de íons para esta redução é insignificante em comparação com a contribuição de elétrons (os íons são muito mais pesados e relativamente imóveis). Assim, m, q e N na Equação (9.156) podem ser consideradas como sendo a massa, a carga e a concentração de elétrons exclusivamente. Uma vez que o gás ionizado pode eletromagneticamente ser completamente representado pela permissividade ε_p, é denominado a permissividade efetiva ou aparente do plasma. Ela pode ser entendida como a permissividade de um dielétrico hipotético (por exemplo, um sólido) que seria descrito pela expressão idêntica à lei de Ampère (e outras equações de Maxwell), proporcionando assim a mesma interação com ondas eletromagnéticas. A permissividade de plasma efetiva pode ser escrita como

permissividade efetiva do plasma (unidade: F/m)

$$\boxed{\varepsilon_\mathrm{p} = \varepsilon_0\left(1 - \frac{f_\mathrm{p}^2}{f^2}\right),} \quad (9.157)$$

onde f_p é chamada de frequência de plasma e é calculada como

$$f_\mathrm{p} = \frac{1}{2\pi}\sqrt{\frac{Nq^2}{\varepsilon_0 m}}. \quad (9.158)$$

Este parâmetro importante de um meio plasmático é uma medida direta da concentração de elétrons livres (N) no gás. Ou seja, substituindo os valores das constantes $q = -e$, Equação (1.3), $m = m_\mathrm{e} = 9{,}1094 \times 10^{-31}$ kg (massa do elétron em repouso) e ε_0, Equação (1.2), a expressão se torna

frequência do plasma

$$\boxed{f_\mathrm{p} = 9\sqrt{N} \quad (N \text{ em m}^{-3}; \quad f_\mathrm{p} \text{ em Hz}).} \quad (9.159)$$

Podemos agora usar todas as equações anteriores para a propagação das ondas harmônicas no tempo planas uniformes em um dielétrico perfeito de permissividade ε, e substituindo ε por ε_p obter as soluções correspondentes para propagação das ondas em plasmas. Por exemplo, usando as equações (8.111) e (9.157), o coeficiente de fase em um meio plasmático é dado por

coeficiente de fase em um meio plasmático

$$\boxed{\beta = \omega\sqrt{\varepsilon_\mathrm{p}\mu_0} = \frac{\omega}{c_0}\sqrt{1 - \frac{f_\mathrm{p}^2}{f^2}}.} \quad (9.160)$$

Para $f > f_\mathrm{p}$, β é puramente real, e a onda se propaga através do plasma como através de um dielétrico sem perdas comuns. Para $f < f_p$, por outro lado, β torna-se puramente imaginária e, portanto, efetivamente atua como um coeficiente de atenuação α na Equação (9.82), de modo que a onda não se propaga. Ondas tão atenuadas (não propagadoras) em um meio que não apresenta quaisquer perdas (ou as perdas são consideradas insignificantes e não são levadas em conta no modelo), e, portanto, a atenuação não representa qualquer tipo de absorção de energia eletromagnética e conversão em calor, mas é provocada pelas propriedades físicas do meio ou estrutura de guia de onda, são indicadas como ondas evanescentes.[18] Concluímos que apenas ondas eletromagnéticas, cuja frequência é maior do que a frequência do plasma, podem se propagar através do meio, que aparentemente se comporta como um filtro passa-altas. A frequência f_p é, portanto, também chamada de corte ou frequência crítica do plasma. Em $f = f_p$, $\beta = 0$, o que significa que a frequência de corte em si também pertence à faixa de frequência não propagadora. Pela Equação (9.21), a impedância intrínseca do meio plasmático é

impedância intrínseca de um meio plasmático

$$\eta = \sqrt{\frac{\mu_0}{\varepsilon_p}} = \frac{\eta_0}{\sqrt{1 - f_p^2/f^2}}. \tag{9.161}$$

Vemos que para todas as frequências propagadoras, ou seja, para $f > f_p$, η é puramente real (como em um dielétrico perfeito), e é de fato maior do que η_0 [fato já mencionado e usado na obtenção da Equação (9.154)]. No entanto, é dependente da frequência: muito grandes em frequências próximas à frequência de corte (em $f = f_p$, $\eta \to \infty$, e o plasma se comporta de forma análoga a um circuito aberto na teoria de circuitos) e aproximando η_0 em frequências muito mais longe do corte (para $f \gg f_p$, o plasma atua como espaço livre).

A concentração de elétrons, N, na ionosfera é uma função da altura h acima da superfície da Terra, mas também depende muito da hora do dia e estação do ano, bem como da localização geográfica na terra (latitude) e a atividade do sol. O máximo típico da função $N(h)$ varia de cerca de 10^{11} a 10^{12} m^{-3}, de modo que a Equação (9.159) dá a frequência de corte de plasma máximo correspondente aproximadamente no intervalo $(f_p)_{máx} = 3$–9 MHz. Isto significa que, se $(f_p)_{máx} = 7$ MHz, por exemplo, em determinado momento e local, todas as ondas de frequências f abaixo de 7 MHz não podem passar através da ionosfera em qualquer direção para cima ou para baixo (e isso será ilustrado em um exemplo), mas oscilam, e a ionosfera representa um escudo perfeito para tais ondas. Ondas obliquamente incidentes (não verticalmente) à ionosfera são refletidas com frequências ainda maiores do que $(f_p)_{máx}$.

Exemplo 9.21

Propagação da onda em uma placa parabólica ionosférica

A ionosfera pode ser aproximadamente representada por um perfil parabólico $N(h)$, da concentração de elétrons livres (N) em função da altitude (h) acima da superfície da Terra, dentro de uma placa de plasma de espessura $2d$ da seguinte forma:

$$N(h) = N_m\left[1 - \frac{(h-h_m)^2}{d^2}\right], \quad h_m - d \le h \le h_m + d, \tag{9.162}$$

onde h_m é a altitude no meio da laje e N_m é a concentração máxima de elétrons – nesta altitude, que está ilustrada na Figura 9.14. Uma onda eletromagnética plana uniforme harmônica no tempo de frequência f, lançada a partir da superfície da Terra, é incidente verticalmente (em geral) na ionosfera (em seu limite inferior). Para $h_m = 300$ km, $d = 200$ km e $N_m = 6 \times 10^{11}$ m^{-3}, descubra se a onda pode passar através da ionosfera, e se não, determine a altitude h a que oscila, quando (a) $f = 8$ MHz e (b) $f = 6$ MHz, respectivamente.

Solução

(a) Pela Equação (9.159), a frequência de corte de plasma máxima da ionosfera é

$$(f_p)_{máx} = 9\sqrt{N_m}\ \text{Hz} \approx 7\ \text{MHz} \quad (N\ \text{em m}^{-3}). \tag{9.163}$$

Uma vez que a primeira frequência de operação considerada da onda incidente, $f = 8$ MHz, é superior $(f_p)_{máx}$, a condição de propagação de um plasma [$f > f_p$, resultando

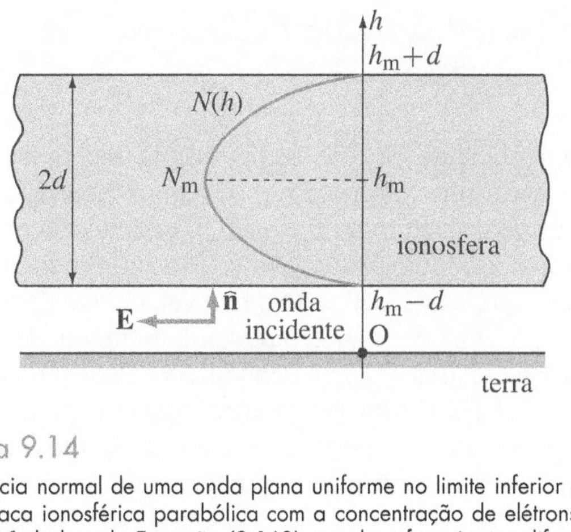

Figura 9.14
Incidência normal de uma onda plana uniforme no limite inferior de uma placa ionosférica parabólica com a concentração de elétrons livres (N) dada pela Equação (9.162), em duas frequências diferentes; para o Exemplo 9.21.

18 Além da atenuação evanescente para $f < f_p$, o plasma sempre (em todas as frequências) apresenta alguma atenuação real por causa das perdas causadas por colisões de partículas carregadas dinâmicas (principalmente elétrons) com átomos neutros e moléculas, íons e (outros) elétrons. Nessas colisões, uma parte da energia eletromagnética da onda é perdida para o calor, que resulta em um coeficiente de atenuação diferente de zero (α) da onda no meio.

em um coeficiente de fase puramente real (β) no plasma na Equação (9.160)] está satisfeita em todas as camadas da ionosfera (100 km $\leq h \leq$ 500 km),

$$f > (f_p)_{máx} \longrightarrow f > f_p(h) \quad \text{para cada } h \longrightarrow$$

onda passa através da ionosfera. (9.164)

Portanto, a onda vai passar por toda a laje na Figura 9.14 e sair da ionosfera através do seu limite superior.

(b) Agora, $f = 6$ MHz é menor do que $(f_p)_{máx}$, de modo que há uma altitude na primeira metade da laje ionosférica, entre $h_m - d$ e h_m, na Figura 9.14 na qual $f = f_p$. Isto significa que a onda vai se propagar através da ionosfera para a camada em que a condição de propagação no plasma já não é cumprida (para $f = f_p$, β é zero, e se tornaria puramente imaginária, de fato um grande coeficiente de atenuação, se $f < f_p$ para altitudes ainda mais elevadas), e oscilaria para fora dessa camada. Combinando as equações (9.159) e (9.162), a altitude que oscila para fora (h_b) é assim determinada como

$$f < (f_p)_{máx} \longrightarrow f = f_p(h_b) = 9\sqrt{N(h_b)} = = 9\sqrt{N_m\left[1 - \frac{(h_b - h_m)^2}{d^2}\right]} \longrightarrow$$

$$\longrightarrow \text{onda escila em } h_b = h_m \pm d\sqrt{1 - \frac{f^2}{81N_m}} = = 198 \text{ km} \quad (N \text{ em m}^{-3};\ f \text{ em Hz}), \quad (9.165)$$

onde a solução $h_b = 402$ km $> h_m$ (correspondente ao sinal de mais na expressão para h_b) é eliminada, enquanto a onda não pode chegar a essa altitude, se for incidente a partir do lado inferior da ionosfera.

9.13 DISPERSÃO E VELOCIDADE DE GRUPO

O coeficiente de fase de uma onda eletromagnética plana uniforme harmônica no tempo propagando-se através de espaço livre, $\beta = \omega\sqrt{\varepsilon_0\mu_0}$, é linearmente proporcional à frequência angular (radianos) (ω) da onda, e à sua frequência f, de modo que a velocidade de fase no meio, v_p, é uma constante, independentemente da frequência, Equação (9.35). Isto também é verdade para outros meios simples e sem perdas (ou baixas perdas), onde permissividade, ε, e permeabilidade, μ, do meio podem ser consideradas simples, constantes puramente reais e perdas (ôhmicas) Joule, expressas pela condutividade, σ, do meio, são zero ou pequenas. Exemplos típicos são dielétricos perfeitos, Equação (8.111), e dielétricos de baixas perdas, Equação (9.123), em baixas frequências. Se um sinal eletromagnético que pode ser decomposto em múltiplas ondas harmônicas no tempo de frequências diferentes (e em geral diferentes amplitudes e fases) — os componentes de Fourier do sinal — é transmitido através de tal meio, os componentes de frequência diferentes se propagam em velocidade de fase iguais, v_p = const, e adquirem retardos de fase iguais conforme o sinal viaja através do meio. Assim, a distribuição de fase relativa dos componentes individuais na recepção do sinal é preservada, e sua superposição é uma réplica exata do sinal original.

Por outro lado, a velocidade de fase em alguns meios com perdas e/ou complexos depende da frequência, uma vez que o coeficiente de fase é uma função não linear de ω. Exemplos são os meios com perdas ôhmicas arbitrárias, equação (9.106), incluindo bons condutores (imperfeitos), equação (9.143), dielétricos em frequências mais altas, onde ambas as partes real e imaginária da permissividade complexa, $\underline{\varepsilon}$, na equação (9.127) são funções da frequência, e plasmas, equação (9.160). Aqui, os componentes de frequência diferentes de um sinal propagam em diferentes velocidades de fase, $v_p(\omega)$, e, portanto, chegam com atrasos de fase diferentes ao ponto de recepção. Isto significa que as fases relativas dos componentes de Fourier são alteradas, de modo que a forma do sinal é alterada também (o sinal é distorcido). Por exemplo, um sinal na forma de um pulso retangular no tempo perde suas bordas afiadas e se amplia conforme se propaga através do meio.[19] Em outras palavras, o meio, como resultado de uma velocidade de fase dependente da frequência, causa a distorção do sinal ao dispersar seus componentes de frequência. Este fenômeno é em geral conhecido como dispersão, e a mídia (ou estruturas de guia de onda) com

velocidade de fase em meio dispersivo

$$\boxed{v_p = \frac{\omega}{\beta(\omega)} = v_p(\omega)} \quad (9.166)$$

considerados meios dispersivos (ou estruturas).[20] A representação gráfica de uma relação não linear β-ω para o meio é chamada de diagrama de dispersão, Figura 9.15.

19 Note que o alargamento do tempo de pulsos em uma sequência que viaja em um sistema digital com uma velocidade de fase dependente da frequência pode resultar em uma sobreposição de pulsos adjacentes (bits) na recepção (a "extremidade" de um pulso se propaga para a ponta do outro), causando ambiguidades e erros na comunicação.

20 Como veremos em um capítulo posterior, guias de onda metálicos são um exemplo típico de uma estrutura expondo dispersão da onda que não acontece por causa da natureza e dos parâmetros de um material eletromagnético através do qual a onda se propaga, mas é sim uma consequência da presença e configuração de limites metálicos entre os quais a onda avança oscilando para frente e para trás fora deles.

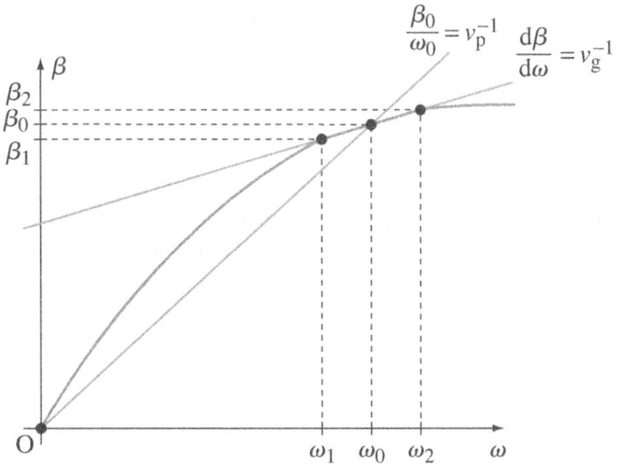

Figura 9.15

Esboço da relação β-ω de um meio dispersivo, o chamado diagrama de dispersão, com interpretações gráficas das definições de fase e velocidade de grupo para o meio.

Para a propagação de uma onda eletromagnética que transporta informação (sinal) em um meio dispersivo, além da velocidade de fase na Equação (9.166), é necessário também definir uma nova velocidade especial, que serviria como uma medida da velocidade de propagação do pacote inteiro das ondas contendo muitos componentes de frequência em uma faixa de frequência determinada. Para este efeito, vamos considerar, por simplicidade, um pacote da onda composto por apenas dois componentes. Em específico, considere uma superposição de duas ondas harmônicas no tempo com amplitudes de campo iguais e frequências angulares ligeiramente diferentes, ω_1 e ω_2, propagando através de um meio dispersivo cujo diagrama de dispersão é o esboçado na Figura 9.15. As duas frequências são rotuladas no diagrama, junto com a frequência ω_0 entre eles. Os coeficientes de fase correspondentes, β_1, β_2 e β_0, também estão marcados. Os vetores de campo elétrico das duas ondas são direcionados da mesma forma e suas intensidades instantâneas [ver Equações (9.31) e (9.32)] são dadas por

$$E_1 = E_m \cos(\omega_1 t - \beta_1 z) \text{ e } E_2 = E_m \cos(\omega_2 t - \beta_2 z), \quad (9.167)$$

respectivamente. A intensidade de campo elétrico total no meio é

$$E_{tot} = E_1 + E_2 = \underbrace{2E_m \cos(\Delta\omega t - \Delta\beta z)}_{\text{envelope de modulação}} \underbrace{\cos(\omega_0 t - \beta_0 z)}_{\text{onda portadora}}, \quad (9.168)$$

onde

$$\Delta\omega = \omega_0 - \omega_1 = \omega_2 - \omega_0 \text{ e } \Delta\beta = \beta_0 - \beta_1 = \beta_2 - \beta_0, \quad (9.169)$$

e o uso é feito da identidade trigonométrica $\cos \alpha_1 + \cos \alpha_2 = 2 \cos[(\alpha_2 - \alpha_1)/2] \cos[(\alpha_1 + \alpha_2)/2]$. A equação acima para $\Delta\beta$, indicando que β_0 obtida como $\beta(\omega_0)$, Figura 9.15, cai a meio caminho entre β_1 e β_2, é mais ou menos verdadeira desde que $\Delta\omega$ seja pequeno. Vemos que a amplitude do campo total na Equação (9.168) não é uma constante, mas varia lentamente com ambos os tempos (t), em uma frequência $\Delta\omega$ ($\Delta\omega \ll \omega$) e posição no espaço (z), a uma razão definida por $\Delta\beta$ ($\Delta\beta \ll \beta$), entre $-2E_m$ e $2E_m$. A onda resultante pode, portanto, ser interpretada como uma onda portadora de alta frequência [de frequência $\omega_0 = (\omega_1 + \omega_2)/2$] senoidalmente modulada por uma onda de baixa frequência [de frequência $\Delta\omega = (\omega_2 - \omega_1)/2$], com a onda modulante de representando o envelope de amplitude do sinal modulado. Em outras palavras, as duas ondas originais na Equação (9.167), com amplitudes iguais E_m e frequências um pouco diferentes ω_1 e ω_2, estão "batendo" umas nas outras de tal forma que uma modulação em amplitude (amplitude modulation — AM) da onda portadora é formada[21] (o fenômeno das batidas, em geral, refere-se a uma variação lenta sobreposta a uma mais rápida). A Figura 9.16 mostra a forma do sinal resultante na Equação (9.168) congelado no tempo (no instante $t = 0$), que revela com clareza um padrão de ritmo da transferência de sinal com o meio.

Podemos agora calcular duas velocidades de fase para o sinal na Figura 9.16: a velocidade de fase da onda portadora e a do envelope de modulação. Pela Equação (9.35), essas velocidades são

$$(v_p)_{portadora} = \frac{\omega_0}{\beta_0} \quad \text{e} \quad (v_p)_{envelope} = \frac{\Delta\omega}{\Delta\beta}, \quad (9.170)$$

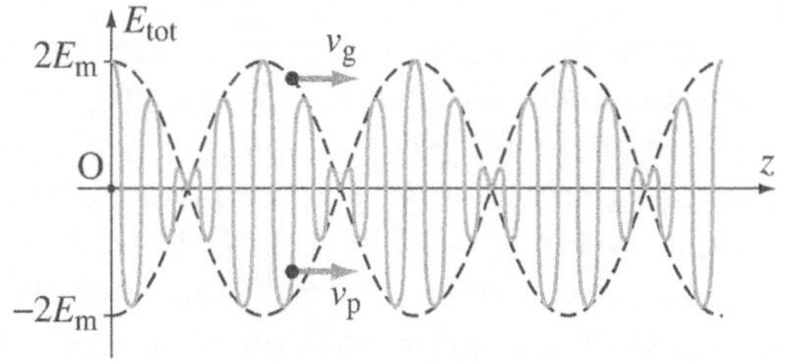

Figura 9.16

Esboço de z para $t = 0$ da intensidade do campo elétrico na Equação (9.168) obtida como uma superposição de duas ondas harmônicas no tempo com amplitudes de campo iguais e frequências angulares ligeiramente diferentes, Equação (9.167); o envelope de amplitude do padrão da onda transportadora rapidamente oscilante viaja com a velocidade de grupo (v_g) do meio, enquanto a própria onda portadora viaja com a velocidade de fase (v_p).

21 Note que, matematicamente óbvio, mas em física muito abstrato, o efeito de duas frequências um pouco diferentes batendo umas nas outras para, na essência, criar uma frequência nova, muito menor, tem uma expressão acústica que pode estar mais perto de nossa experiência cotidiana. Ou seja, se o mesmo tom é produzido por dois instrumentos de corda um pouco desafinados, o que ouvimos é um novo tom, modulado na frequência da batida.

respectivamente. Com referência à Figura 9.15, nota-se que a recíproca da velocidade de fase da portadora, $(v_p)^{-1}_{\text{transportadora}}$, geometricamente representa o declive da linha reta que liga a origem de coordenadas e o ponto de operação (ω_0, β_0) sobre a curva β–ω. A recíproca da velocidade envelope, $(v_p)^{-1}_{\text{envelope}}$, aproxima a inclinação da curva no ponto de operação.[22] No limite de $\Delta\omega \to 0$, $(v_p)^{-1}_{\text{envelope}}$ torna-se exatamente a inclinação da curva, ou seja, a linha tangente à curva, para $\omega = \omega_0$,

$$\lim_{\Delta\omega\to 0} \frac{\Delta\beta}{\Delta\omega} = \left.\frac{d\beta}{d\omega}\right|_{\omega=\omega_0} = v_g^{-1}(\omega_0). \qquad (9.171)$$

Dado que, em um sistema de comunicação AM, a onda modulante (com variações lentas) contém informações que são transmitidas, a velocidade do envelope na Figura 9.16 é de fato a velocidade com que o sinal de portadora de informação é transmitido no sistema. Também representa uma medida da velocidade de propagação de um grupo de frequências (frequências ω_1 e ω_2 das duas ondas originais no nosso caso) que constituem um pacote de onda, e, portanto, é chamada de velocidade de grupo e representada como v_g. Em geral, esta é a velocidade de deslocamento de energia eletromagnética e informação transportada por uma onda eletromagnética através de um dado meio, e é também muitas vezes chamada de velocidade de energia ou velocidade de sinal.[23] Como a inclinação da curva β-ω para um meio dispersivo muda com frequência (ω), como na Figura 9.15, a velocidade de grupo é, claro, uma função da frequência,

velocidade de grupo (unidade: m/s)

$$v_g(\omega) = \frac{1}{d\beta(\omega)/d\omega}. \qquad (9.172)$$

Quando avaliada em uma frequência específica $\omega = \omega_0$ representa a velocidade de um grupo de frequências dentro de um pacote de onda centralizado em ω_0. Embora o derivado mais simples possível do grupo de ondas, a da Equação (9.167), o conceito de velocidade de grupo e a definição na Equação (9.172) se aplicam a qualquer número de frequências (com amplitudes em geral diferentes) em um grupo, incluindo as ondas que têm um espectro de frequência contínua, desde que todos os componentes de frequência estejam confinados a uma faixa estreita em torno de uma frequência portadora.

Para meio não dispersivo, tais como dielétricos perfeitos e de baixa perda com $\beta = \omega\sqrt{\varepsilon\mu}$, tanto $d\beta/d\omega = \sqrt{\varepsilon\mu}$ e $\beta/\omega = \sqrt{\varepsilon\mu}$, de modo que a velocidade de grupo é igual à velocidade de fase. Portanto, não há necessidade real de distinguir entre essas duas velocidades em aplicações de ondas eletromagnéticas associadas ao meio não dispersivo (e tais aplicações são predominantes em antenas e comunicações wireless), então apenas usamos c, Equação (9.18), como a velocidade das ondas eletromagnéticas em um meio não dispersivo de parâmetros ε e μ. Em síntese

meio não dispersivo

$$v_g = v_p = c = \frac{1}{\sqrt{\varepsilon\mu}}. \qquad (9.173)$$

Para o meio dispersivo, no entanto, onde a relação β-ω é não linear, as velocidades de fase e grupo são diferentes. Usando as equações (9.35) e (9.172), eles podem ser relacionados uns aos outros como

$$v_g = \left(\frac{d\beta}{d\omega}\right)^{-1} = \left[\frac{d}{d\omega}\left(\frac{\omega}{v_p}\right)\right]^{-1} = \frac{v_p}{1 - (\omega/v_p)\, dv_p/d\omega}. \qquad (9.174)$$

Vemos a partir desta equação que $v_g = v_p$ somente se $dv_p/d\omega = 0$ (meio não dispersivo). Meios para os quais a velocidade de fase diminui com frequência cada vez maior $(dv_p/d\omega < 0)$ ou, de modo equivalente, para o qual $v_g < v_p$ da Equação (9.174) são chamados em geral meios dispersivos. Os meios dispersivos restantes, ou seja, aqueles com uma velocidade de fase crescente conforme a frequência aumenta $(dv_p/d\omega > 0)$ e com $v_g > v_p$, que é o caso na Figura 9.15, são, portanto, anormalmente meios dispersivos (ou anormais). Exemplos típicos de meios dispersivos normais ou anormais são os plasmas [como veremos em um exemplo, com base na Equação (9.160)] e bons condutores [ver Equação (9.143)], respectivamente. Os termos normal e anômalos são arbitrários e são usados agora por razões puramente históricas.

Exemplo 9.22

Dispersão da onda em bons condutores

Considere uma onda eletromagnética plana uniforme harmônica no tempo propagando em um bom condutor. (a) Mostre que a velocidade de grupo da onda é o dobro da velocidade de fase. (b) Para o sistema de comunicação submarino VLF

22 Note que, em vez de inverter as velocidades, poderíamos ter "invertido", o diagrama de dispersão na Figura 9.15 e mostrado como alternativa as definições das duas velocidades assim obtidas $\omega - \beta$ no diagrama para o meio. No entanto, as características de dispersão da onda dos meios na prática são quase exclusivamente representadas usando diagramas $\beta - \omega$, como na Figura 9.15.

23 Note que a diferença geral entre a fase e as velocidades de grupo, mostradas na Figura 9.16 como as velocidades de transporte e envelope, respectivamente, é talvez ilustrada melhor por um exemplo simples da natureza — a de uma lagarta rastejando. Ou seja, como a lagarta se arrasta, as corcovas em suas costas ("ondulações") movem-se para frente com uma 'velocidade de fase', enquanto a lagarta como um todo avança com uma "velocidade de grupo".

entre o navio-submarino do Exemplo 9.19, encontre o atraso de fase relativa entre dois componentes de frequências diferentes, em $f_1 = 7{,}77$ kHz e $f_2 = 10$ kHz, de um sinal que é lançado na superfície do oceano e recebido em profundidade na Equação (9.149).

Solução

(a) Com base nas equações (9.135) e (9.143), o coeficiente de fase e velocidade das ondas em bons condutores pode, respectivamente, ser escrito como

$$\beta(\omega) = k\sqrt{\omega} \quad \text{e} \quad v_\mathrm{p}(\omega) = \frac{\sqrt{\omega}}{k}, \text{ onde } k = \sqrt{\frac{\mu\sigma}{2}}, \qquad (9.175)$$

e o diagrama de dispersão de um bom condutor parece aquele na Figura 9.15. Utilizando a Equação (9.172), a velocidade de grupo vem a ser

v_g – bons condutores

$$v_\mathrm{g}(\omega) = \frac{1}{\mathrm{d}\beta(\omega)/\mathrm{d}\omega} = \frac{2\sqrt{\omega}}{k} = 2v_\mathrm{p}(\omega), \qquad (9.176)$$

ou seja, duas vezes a velocidade de fase. O mesmo resultado é obtido por meio da expressão de v_g, em termos de v_p na Equação (9.174). Além disso, como mencionado nas discussões sobre essa expressão, bons condutores são anormalmente meios dispersivos, já que sua velocidade de fase aumenta com frequência cada vez maior, equações (9.175), ou, como equivalente, v_g é maior (na verdade, duas vezes maior) do que v_p, Equação (9.176).

(b) Com a condutividade da água do mar especificada no Exemplo 9.19 e $\mu = \mu_0$, a constante k nas equações (9.175) torna-se $k = 1{,}58 \times 10^{-3}\ \sqrt{\mathrm{s}}/\mathrm{m}$. Assim, tendo em mente também a Equação (9.33), o atraso da fase relativa entre os dois sinais do caminho percorrido pela onda igual à profundidade (em relação à superfície da água) de antena do submarino de $d = d_{\text{máx}} = 66{,}8$ m, Equação (9.149), equivale a

deslocamento de fase entre os componentes de frequência diferentes, devido a dispersão

$$\Delta\phi = -\beta(\omega_1)d - [-\ \beta(\omega_2)d] = \\ = k\sqrt{2\pi}\left(\sqrt{f_2} - \sqrt{f_1}\right)d = 180°. \qquad (9.177)$$

Em geral, como já explicado, tal fase de grande porte se desloca entre componentes de diferentes frequências (Fourier) de um sinal, por causa de sua propagação em velocidades de fase diferentes, v_p (ω), podendo causar distorções significativas de sinais no local de recepção (a superposição dos componentes individuais não é uma réplica exata do sinal original). Em particular, a diferença de fase entre os dois componentes na Equação (9.177), que parece ser exatamente 180º, é muito ilustrativa da distorção do sinal devido à dispersão de seus componentes de frequência. Ou seja, faz os respectivos campos elétricos e magnéticos, nas duas frequências, estarem em contrafase e de fato se anulam na recepção do sinal, em vez de adicionar em fase se propagado em um meio não dispersivo, o que, claro, são resultados diametralmente diferentes.

Exemplo 9.23

Dispersão da onda em plasmas

Uma onda eletromagnética plana uniforme harmônica no tempo de frequência f viaja através de um meio plasmático cujo corte de frequência é f_p. (a) Esboce o diagrama de dispersão do meio e (b) calcule as velocidades de fase e grupo da onda.

Solução

(a) Baseado na relação β-ω para um plasma na Equação (9.160), o diagrama de dispersão é esboçado na Figura 9.17, onde $\omega = 2\pi f$ e $\omega_\mathrm{p} = 2\pi f_\mathrm{p}$ são, respectivamente, a frequência de operação da onda e frequência de corte em radianos no plasma. É claro, o coeficiente de fase é zero no ponto de corte $(f = f_\mathrm{p})$, e puramente imaginário (não mostrado) abaixo dele $(f < f_\mathrm{p})$. Na região de propagação $(f > f_\mathrm{p})$, β aumenta com a frequência crescente, aproximando-se assintoticamente do valor de espaço livre de $\beta_{\text{espaço livre}} = \omega/c_0$ para $f \to \infty$.

(b) Combinando as equações (9.35), (9.172) e (9.160), as velocidades de grupo e fase da onda de propagação no plasma, na frequência f $(f > f_\mathrm{p})$, são

v_p, v_g – plasmas

$$v_\mathrm{p} = \frac{\omega}{\beta} = \frac{c_0}{\sqrt{1 - f_\mathrm{p}^2/f^2}} \quad \text{e} \quad v_\mathrm{g} = \frac{1}{\mathrm{d}\beta/\mathrm{d}\omega} = c_0\sqrt{1 - \frac{f_\mathrm{p}^2}{f^2}}, \qquad (9.178)$$

respectivamente. Vemos que ambos $v_\mathrm{p} \to c_0$ e $v_\mathrm{g} \to c_0$ para $f \gg f_\mathrm{p}$, que é outra confirmação de que os plasmas se comportam como espaço livre muito acima do corte. Além disso, é óbvio pelas equações (9.178) que $v_\mathrm{p} > c_0$ e $v_\mathrm{g} < c_0$, na região de propagação inteira. Assim, $v_\mathrm{p} > v_\mathrm{g}$, que também é ilustrado na Figura 9.17, com base nas definições de velocidade de fase e grupo, nas equações (9.35) e (9.172), e significa que o plasma é um meio de propagação normalmente dispersivo. Por fim, observe o fato de que a velocidade de fase em plasmas é maior (e até muito maior perto do corte) que a velocidade da luz no espaço livre, Equação (9.19), embora possa parecer alarmante à primeira vista, de fato não viola a teoria da relatividade especial, que afirma que a energia e a matéria não podem se deslocar mais rápido do que c_0. Ou seja, v_p, como explicado nesta seção, é apenas uma velocidade com a qual a fase constante plana move-se na direção dada. Pelo contrário, é v_g a velocidade com que a energia eletromagnética e as informações são transportadas pela onda, e $v_\mathrm{g} \leq c_0$ sempre.

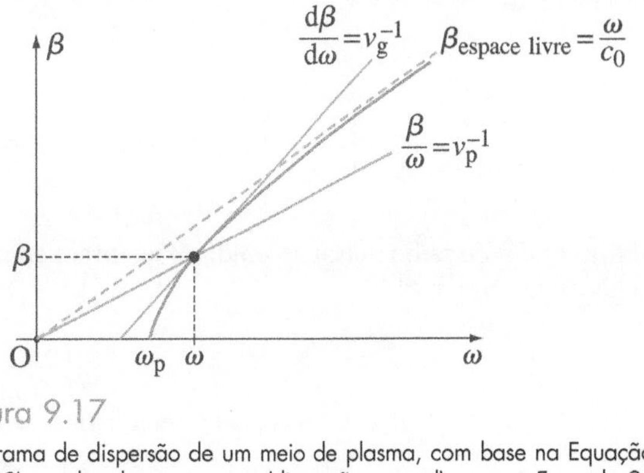

Figura 9.17

Diagrama de dispersão de um meio de plasma, com base na Equação (9.160), resultando em $v_\mathrm{p} > v_\mathrm{g}$ (dispersão normal); para o Exemplo 9.23.

Exemplo 9.24

Dispersão das ondas de rádio pulsar no plasma interestelar

A estrela de nêutrons rotativa distante, chamada pulsar, emite ondas de rádio (pulsos) que podem ser detectados na terra. O meio interestelar pode em termos ser considerado um plasma com uma concentração média de elétrons livres de $N = 3 \times 10^4$ m^{-3}. Por causa da dispersão em tal meio de propagação, uma diferença no tempo de chegada de $\Delta t = 1$ s é detectada das ondas emitidas ao mesmo tempo em frequências $f_1 = 200$ MHz e $f_2 = 500$ MHz pela pulsar. Qual é a distância até a pulsar?

Solução A Equação (9.159) nos diz que a frequência de corte do plasma interestelar chega a $f_p = 1{,}56$ kHz, e ambas as frequências de rádio medidas estão, claro, bem acima dela (assim na região de propagação). As velocidades de grupo associadas são, portanto, dadas pela Equação (9.178), nas duas frequências, e o intervalo de tempo entre os dois sinais pode ser expresso como

intervalo de tempo entre sinais devido a dispersões

$$\Delta t = \frac{d}{v_g(f_1)} - \frac{d}{v_g(f_2)}, \qquad (9.179)$$

com d designando a distância desconhecida com que viajam a partir do pulsar da terra (que buscamos). Na verdade, as frequências f_1 e f_2 são tão altas em relação a f_p que estas velocidades são quase as mesmas, e iguais a c_0, $v_g(f_1) \approx v_g(f_2) \approx c_0$, o que resultaria em uma diferença de tempo zero. No entanto, para ainda ser capaz de capturar e usar a diferença de $v_g(f_1)$ e $v_g(f_2)$, ou seja, de seus recíprocos, voltamo-nos para a seguinte expressão aproximada para $1/v_g$, obtida usando a identidade de série binomial como na Equação (9.122):

$$f \gg f_p \longrightarrow \frac{1}{v_g(f)} = \frac{1}{c_0}\left(1 - \frac{f_p^2}{f^2}\right)^{-1/2} \approx \frac{1}{c_0}\left(1 + \frac{f_p^2}{2f^2}\right). \qquad (9.180)$$

Com isto na Equação (9.179), d é calculada da seguinte maneira:

$$\Delta t = \frac{d f_p^2}{2c_0}\left(\frac{1}{f_1^2} - \frac{1}{f_2^2}\right) \longrightarrow d = \frac{2c_0 \Delta t}{f_p^2\,(1/f_1^2 - 1/f_2^2)} =$$

$$= 1.173 \times 10^{19} \text{ m}. \qquad (9.181)$$

Como sabemos, tais vastas distâncias cósmicas são habitualmente medidas em anos-luz,

expressando distâncias cósmicas em anos-luz

$$\frac{d}{c_0 \times 365 \times 24 \times 60 \times 60 \text{ s}} = 1{,}241 \text{ anos-luz}. \qquad (9.182)$$

Assim, as ondas de rádio pulsar recebidas hoje foram emitidas há mais de um milênio!

9.14 POLARIZAÇÃO DAS ONDAS ELETROMAGNÉTICAS

Todas as ondas eletromagnéticas harmônicas no tempo consideradas até agora neste capítulo apresentam a chamada polarização linear (PL), o que significa que a ponta do vetor intensidade de campo elétrico da onda (e o mesmo é verdade para o campo magnético) em um dado ponto no espaço traça uma linha reta no curso do tempo.[24] Por exemplo, vemos que a extremidade do vetor **E** de uma onda plana uniforme propagando em um meio sem perdas dada por

polarização linear (PL)

$$\mathbf{E}(z,t) = E_m \cos(\omega t - \beta z + \theta_0)\,\hat{\mathbf{x}} \qquad (9.183)$$

[Equação (9.32)] para um z fixo oscila, no curso do tempo, ao longo do eixo x do sistema de coordenadas cartesianas. O mesmo é verdade para o vetor **E** na Equação (9.84), para uma onda propagando em um meio com perdas. Como mostrado na Figura 9.18 para $z = 0$ e $\theta_0 = 0$, em instantes que são múltiplos de $T/8$, onde T é o período de tempo definido na Equação (8.49), **E** $(0, t)$ na Equação (9.183) periodicamente assume valores $E_m\,\hat{\mathbf{x}}$, $(E_m/\sqrt{2})\,\hat{\mathbf{x}}$, 0, $-(E_m/\sqrt{2})\hat{\mathbf{x}}$, $-E_m\,\hat{\mathbf{x}}$, $-(E_m/\sqrt{2})\hat{\mathbf{x}}$,... conforme o tempo passa de $t = 0$ em diante. Dizemos que o vetor **E** é linearmente polarizado na direção x. Da mesma forma, o vetor intensidade do campo magnético da onda, **H** (z, t), dado nas equações (9.32) ou (9.93), é linearmente polarizado na direção y. No entanto, a polarização geral de uma onda harmônica no tempo é determinada pela polarização de seu vetor campo elétrico, portanto, para a onda aqui considerada dizemos que ela é uma onda PL polarizada x.

Contudo, se duas ondas planas uniformes harmônicas no tempo com polarizações ortogonais lineares entre si na mesma frequência copropagam-se na mesma direção, a polarização da onda harmônica no tempo resultante depende da amplitude e das fases relativas de seus componentes PL individuais. Por exemplo, se o vetor intensidade total do campo elétrico de uma onda é representado como

$$\mathbf{E}(z,t) = E_x(z,t)\,\hat{\mathbf{x}} + E_y(z,t)\,\hat{\mathbf{y}}, \qquad (9.184)$$

e os dois componentes transversais têm as mesmas amplitudes mas estão fora de fase em 90º (isto é, eles estão na quadratura fase-tempo),

polarização circular (PC)

$$E_x = E_m \cos(\omega t - \beta z), \quad E_y = = E_m \cos(\omega t - \beta z \mp 90^\circ) = \pm E_m \operatorname{sen}(\omega t - \beta z), \qquad (9.185)$$

24 A polarização, em geral, é definida para vetores harmônicos no tempo arbitrários; não necessariamente vetores de campo elétrico e magnético de uma onda plana; nem sempre relacionados a campos eletromagnéticos.

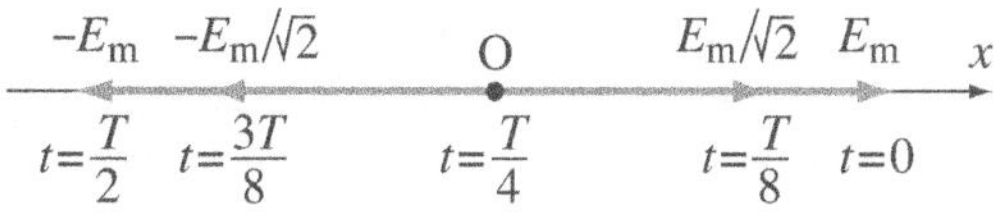

Figura 9.18

Onda linearmente polarizada plana uniforme harmônica no tempo, Equação (9.183), para $z = 0$ e $\theta_0 = 0$.

a onda é polarizada circularmente (PC). Ou seja, o vetor resultante **E** para z = const gira e sua extremidade descreve um círculo em função do tempo em um plano transversal definido pela coordenada fixa z, conforme discutido em um exemplo de um campo magnético rotativo na Figura 6.19(b). Referindo-se às equações (6.118) e (6.119), percebemos que o raio do círculo traçado pela ponta de **E** (o chamado círculo de polarização) é igual à amplitude de cada um dos componentes de onda, E_m, e que a rotação **E** é uniforme, com uma velocidade angular igual à frequência angular ω dos componentes da onda individuais. Com δ denotando a fase relativa de $\mathbf{E}_y$ em relação à $\mathbf{E}_x$,

$$\delta = \theta_{y0} - \theta_{x0}, \qquad (9.186)$$

onde θ_{x0} e θ_{y0} são as fases iniciais absolutas no plano $z = 0$ de $\mathbf{E}_x$ e $\mathbf{E}_y$, respectivamente, com θ_{x0} adotado para ser zero na Equação (9.185) para simplificar, a Figura 9.19(a) mostra a rotação do vetor de campo total para o caso $\delta = -90^o$ [$E_y = E_m$ sen $(\omega t - \beta z)$]. Em instantes $kT/8$, onde $k = 0, 1, 2,...$, $\mathbf{E}$ $(0, t)$ ciclicamente adquire valores $E_m\hat{\mathbf{x}}$, E_m $(\hat{\mathbf{x}} + \hat{\mathbf{y}})/\sqrt{2}$, E_m $\hat{\mathbf{y}}$, E_m $(-\hat{\mathbf{x}} + \hat{\mathbf{y}})/\sqrt{2}$,... Vemos que, neste caso, quando a onda é observada a partir da retaguarda (recuo), ou seja, na direção positiva de z, o vetor **E** gira no sentido horário como função do tempo. Tal onda PC é dita polarizada circular com a mão direita (right-hand circulary polarezed – RHCP), quando o polegar da mão direita é orientado no sentido de propagação da onda, os outros dedos curvam-se na direção de rotação de **E**. Por outro lado, o caso com $\delta = 90^o$ na Equação (9.185) [$E_y - E_m$ sen $(\omega t - \beta z)$] dá origem a **E** girando no sentido anti-horário quando a onda é vista recuando, Figura 9.19(b). Tal rotatividade está na direção definida pelos dedos da mão esquerda quando o polegar está orientado na direção da propagação de onda, e os dedos se encurvam no sentido do campo, o que classifica esta onda como uma mão esquerda circularmente polarizada (left-hand circulary polarized – LHCP). Em outras palavras, se o sentido da rotação do vetor campo elétrico e a direção de propagação de ondas concordam com a regra da mão direita (polegar – propagação das ondas; dedos – rotação de campo), a onda é RHCP; caso contrário é LHCP (concorda com a regra da mão esquerda correspondente).[25]

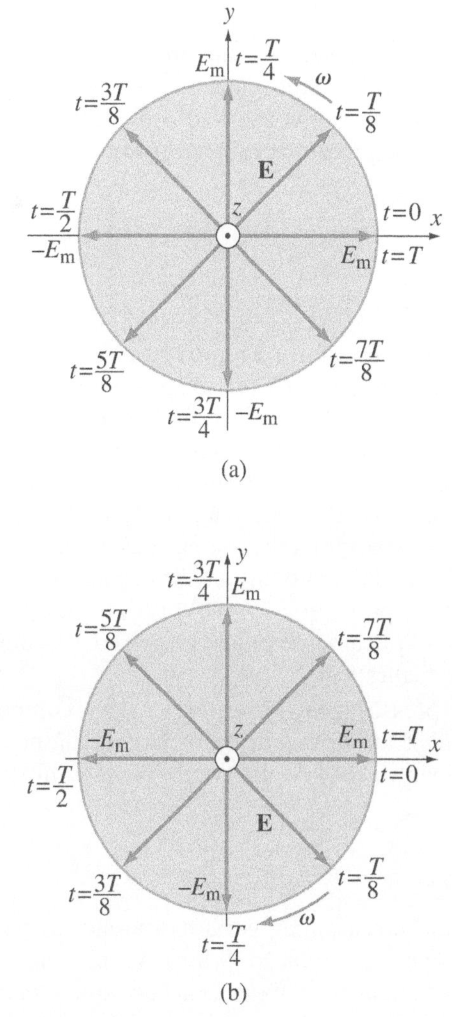

Figura 9.19

Onda no sentido da mão direita (a) e da mão esquerda (b) harmônica no tempo polarizada circularmente plana uniforme (propagando na direção positiva de z), Equação (9.185) com $\delta = -90^o$ (RHCP) ou $\delta = 90^o$ (LHCP); para determinar o sentido da polarização, a rotação de campo deve ser vista conforme a onda se desloca para longe do observador (fora da página).

25 A regra (direita versus esquerda) para determinar se uma onda CP é adotada neste texto é direita ou de esquerda é uma convenção IEEE (Institute of Electrical and Electronics Engineers) para lateralidade de polarização. É em grande parte arbitrária, pois poderíamos ter adotado para ver o sentido de rotação do campo vendo a onda se aproximando (em vez de recuando) e apontando o dedo polegar (da mão direita ou esquerda) para de onde a onda está vindo (e não para onde está indo). Esta última definição, exatamente oposta a do IEEE, é a convenção óptica clássica para a lateralidade de polarização, uma escolha melhor para a maioria dos físicos e engenheiros ópticos. Note, no entanto, que a definição IEEE está em perfeito acordo com a radiação das chamadas antenas helicoidais de modo axial, e esta talvez seja a motivação básica para a sua adoção como um padrão IEEE. Ou seja, uma antena helicoidal com rolamento sentido mão direita irradia uma onda CP mão direita, enquanto a polarização da onda radiada por uma hélice rolamento mão esquerda é circular LH. Mais importante, embora seja certamente lamentável termos duas definições muito adotadas e usadas, devemos compreender que esta é apenas uma questão de convenção, e simplesmente ter cautela na interpretação de qual se quer quando se afirma a lateralidade de polarização (em diferentes textos e comunicações).

Se mudarmos uma das amplitudes das componentes transversais da onda na Equação (9.185) para que eles não sejam mais os mesmos,

polarização elíptica (PE)

$$E_x = E_1 \cos(\omega t - \beta z), \quad E_y = \pm E_2 \operatorname{sen}(\omega t - \beta z)$$
$$(E_1 \neq E_2, \quad \delta = \mp 90^\circ), \tag{9.187}$$

a extremidade do vetor resultante **E**, conforme gira no tempo, com velocidade angular igual a ω, traça uma elipse no plano z = const. Isto é evidente a partir da reescrita na Equação (9.187), na forma

elipse de polarização

$$\frac{E_x^2}{E_1^2} + \frac{E_y^2}{E_2^2} = 1 \tag{9.188}$$

($\cos^2 \alpha + \operatorname{sen}^2 \alpha = 1$), que representa a equação de uma elipse com semieixos E_1 (ao longo do eixo x) e E_2 (ao longo do eixo y). Esta elipse é chamada de elipse de polarização, e o vetor **E** harmônico no tempo (z, t), e, portanto, a onda que representa, são ditas polarizadas elipticamente (PE). A mesma definição para a lateralidade de polarização aplica-se para as ondas PC: para $\delta = -90^\circ$], a onda é mão direita elipticamente polarizada (RHEP), ao passo que $\delta = 90^\circ$ produz uma onda mão esquerda elipticamente polarizada (LHEP), como mostrado na Figura 9.20.

As expressões mais gerais para os dois componentes ortogonais transversais do vetor **E**(z, t) campo elétrico na Equação (9.184) de uma onda plana uniforme são

onda plana PE mais geral

$$E_x = E_1 \cos(\omega t - \beta z), \quad E_y = E_2 \cos(\omega t - \beta z + \delta). \tag{9.189}$$

Ou seja, no caso mais geral, a diferença de fase entre os componentes, Equação (9.186), é arbitrária ($-180^\circ < \delta \leq 180^\circ$), além de uma relação arbitrária entre suas amplitudes. Esta onda também é elipticamente polarizada, com $\delta > 0$, o que implica uma polarização de mão esquerda e $\delta < 0$ uma polarização de mão direita, e a elipse de polarização sendo inclinada com relação aos eixos x e y. Assim, a polarização elíptica é a mais geral de vetores harmônicos no tempo. A circular é um caso especial; quando os semieixos da elipse de polarização são os mesmos, a elipse se converte em um círculo. A polarização linear é uma elipse em colapso com infinita relação eixo maior para eixo menor e outro caso especial da Equação (9.189). Ela ocorre quando $E_1 = 0$ (a onda é linearmente polarizada na direção y) ou $E_2 = 0$ (onda polarizada x). A onda com os dois componentes ortogonais diferentes de zero, mas em fase ($\delta = 0$) ou contrafase ($\delta = 180^\circ$) com relação ao outro, de modo que

$$\mathbf{E} = E_1 \cos(\omega t - \beta z)\,\hat{\mathbf{x}} \pm E_2 \cos(\omega t - \beta z)\,\hat{\mathbf{y}} =$$
$$= (E_1\,\hat{\mathbf{x}} \pm E_2\,\hat{\mathbf{y}}) \cos(\omega t - \beta z), \tag{9.190}$$

também é polarizada linearmente – a extremidade de **E** oscila, no decorrer do tempo, ao longo da linha definida pelo vetor constante $E_1\,\hat{\mathbf{x}} \pm E_2\hat{\mathbf{y}}$ (se $E_1 = E_2$, por exemplo, esta linha faz um ângulo de 45° ou 135° com o eixo x).

Em sistemas de comunicação de rádio, em geral, os geradores e receptores das ondas eletromagnéticas, que carregam a energia ou a informação a uma distância, são antenas (a ser estudado em um capítulo posterior). A polarização de uma antena, que é uma de suas propriedades mais importantes, é definida como a polarização da onda eletromagnética irradiada em uma dada direção (principalmente na direção da radiação máxima) pela antena durante a transmissão. No modo de operação de recepção de uma antena, esta recebe a melhor onda eletromagnética cuja polarização é a mesma que a da antena (se fosse transmissão) na direção da onda se aproximando [a antena é (perfeitamente) a polarização correspondente de onda]. Isto é conseguido, por exemplo, se tanto a antena como a onda estejam polarizadas linearmente na mesma direção.

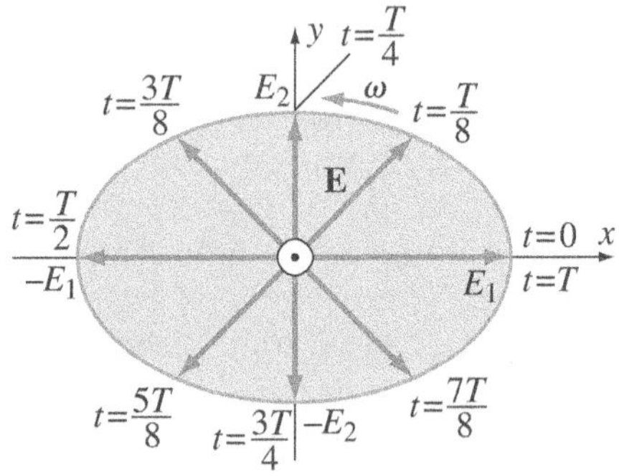

(a)

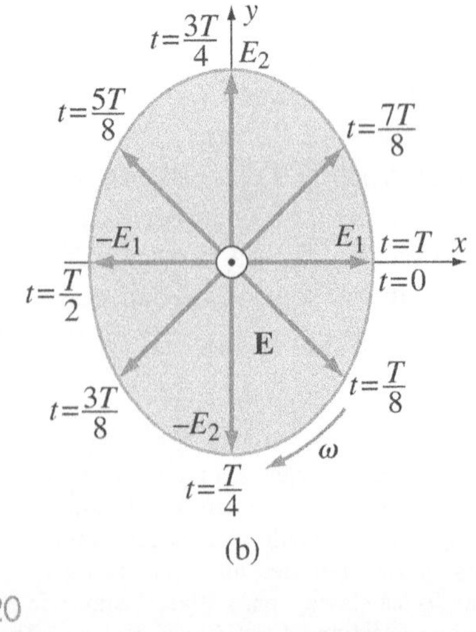

(b)

Figura 9.20

Polarização elíptica de uma onda plana harmônica no tempo uniforme (propagação para fora da página), Equação (9.187): (a) RHEP ($\delta = -90^\circ$) com o eixo maior da elipse de polarização, a Equação (9.188), adotado para estar na direção x ($E_1 > E_2$) e (b) LHEP ($\delta = 90^\circ$) com um eixo maior y direcionado ($E_2 > E_1$); o sentido de polarização é definida da mesma forma como para a onda PC na Figura 9.19.

Exemplos típicos de antenas linearmente polarizadas são antenas dipolo de arame (ver Figura 8.3). A polarização linear é, em sistemas de comunicação, muitas vezes considerada vertical ou horizontal ao ser perpendicular ou paralela, respectivamente, à superfície da Terra. Emissoras de rádio AM lançam ondas PL polarizadas verticalmente. A maioria das antenas de transmissão de TV são de polarização horizontal, e é por isso que antenas de recepção comuns colocadas nos telhados são compostas de fios paralelos horizontais (antena matriz). Antenas helicoidais são representantes clássicas de radiadores circularmente polarizados, com o sentido de rotação da onda irradiada sendo o mesmo que o do rolamento da hélice. Com referência à Equação (9.185), é uma simples questão de perceber que duas antenas dipolo cruzadas (a 90°) de fio alimentadas com potências de entrada iguais, mas em quadratura tempo-fase constituem um sistema de antena PC também. Por exemplo, as emissoras de rádio FM, bem como transmissores de TV recentes, geralmente emitem ondas PC, que podem ser recebidas por antenas PL horizontalmente e verticalmente orientadas (note que a maioria das antenas de recepção atreladas a veículos são polarizadas verticalmente).

Por fim, se as amplitudes E_1 e E_2 dos componentes da onda transversais E_x e E_y na Equação (9.189) e a diferença de fase δ entre elas não são constantes, mas sofrem variações aleatórias, tal onda eletromagnética é dita ser aleatoriamente polarizada ou, simplesmente não polarizada. Note que se escolhermos qualquer direção em um plano transversal de uma onda não polarizada, exatamente a metade da potência média no tempo transportada pela onda estará contida em um componente da onda polarizada ao longo dessa direção, e a outra metade da energia será polarizada ao longo da direção transversal ortogonal à primeira direção de polarização. Por isso, ondas não polarizadas podem ser recebidas igualmente bem usando uma antena PL de qualquer orientação transversa, com uma diferença constante na polarização de meia potência obtida na recepção. A maior parte da luz natural é não polarizada, bem como fontes de rádio cósmicas e suas emissões.

Exemplo 9.25

Campo magnético de uma onda plana elipticamente polarizada

Uma onda eletromagnética elipticamente polarizada harmônica no tempo plana uniforme se propaga em um meio sem perdas cuja impedância intrínseca é η. O campo elétrico da onda é descrito nas equações (9.187). Determine o vetor intensidade do campo magnético da onda.

Solução Referindo-se à Equação (9.22), o vetor campo magnético de uma onda plana uniforme cujo vetor campo elétrico é composto de componentes x e y cartesianos pode ser obtido como

$$\mathbf{H} = \frac{1}{\eta}\,\hat{\mathbf{n}} \times \mathbf{E} = \frac{1}{\eta}\,\hat{\mathbf{z}} \times (E_x\,\hat{\mathbf{x}} + E_y\,\hat{\mathbf{y}}) = \frac{E_x}{\eta}\,\hat{\mathbf{y}} - \frac{E_y}{\eta}\,\hat{\mathbf{x}}, \quad (9.191)$$

de modo que H_y está associado a E_x e H_x com $-E_x$. Assim, os componentes de **H** para a onda elipticamente polarizada harmônica no tempo com campo elétrico nas equações (9.187) são

campo magnético de uma onda plana PC

$$H_x = -\frac{E_y}{\eta} = \mp\frac{E_2}{\eta}\,\text{sen}\,(\omega t - \beta z),$$
$$H_y = \frac{E_x}{\eta} = \frac{E_1}{\eta}\cos(\omega t - \beta z). \quad (9.192)$$

Note que isto é equivalente a aplicar o conceito de impedância intrínseca do meio e a regra pela qual as direções de **E**, **H** e propagação da onda estão inter-relacionadas na Figura 9.2 a cada uma das duas ondas linearmente polarizadas (ondas polarizada x e y) que constituem a onda PE total em separado, e depois somando os tais vetores de campo magnético PL obtidos. O vetor campo magnético total gira em sincronismo com o vetor campo elétrico total (com a mesma velocidade angular e mesmo sentido de rotação). A partir das equações (9.192), suas intensidades instantâneas [ver Equação (6.118)] estão relacionadas como

proporcionalidade E-H para uma onda PE

$$|\mathbf{H}(z,t)| = \sqrt{H_x^2 + H_y^2} = \sqrt{\left(-\frac{E_y}{\eta}\right)^2 + \left(\frac{E_x}{\eta}\right)^2} =$$
$$= \frac{1}{\eta}\sqrt{E_x^2 + E_y^2} = \frac{|\mathbf{E}(z,t)|}{\eta}, \quad (9.193)$$

ou seja, $H = E/\eta$ a cada instante de tempo e cada ponto do espaço, como para uma simples onda TEM (linearmente polarizada), Equação (9.20).

Exemplo 9.26

Vetor Poynting instantâneo de uma onda circularmente polarizada

Encontre o vetor de Poynting instantâneo de uma onda plana uniforme circularmente polarizada de frequência f e amplitude do campo elétrico E_m se deslocando através de um material eletromagnético sem perdas de permissividade ε e permeabilidade μ.

Solução Usando as equações (8.161), (9.187) e (9.192), com $E_1 = E_2 = E_m$ (polarização circular) e $\eta = \sqrt{\mu/\varepsilon}$ [Equação (9.21)], o vetor de Poynting instantâneo da onda é dado por

$$\mathcal{P} = \mathbf{E} \times \mathbf{H} = [E_m\cos(\omega t - \beta z)\,\hat{\mathbf{x}} \pm E_m\,\text{sen}\,(\omega t - \beta z)\,\hat{\mathbf{y}}] \times \left[\mp\frac{E_m}{\eta}\,\text{sen}\,(\omega t - \beta z)\hat{\mathbf{x}} + \frac{E_m}{\eta}\cos(\omega t - \beta z)\,\hat{\mathbf{y}}\right] = \frac{E_m^2}{\eta}\left[\cos^2(\omega t - \beta z) + \text{sen}^2(\omega t - \beta z)\right]\hat{\mathbf{z}} = \frac{E_m^2}{\eta}\,\hat{\mathbf{z}}. \quad (9.194)$$

Vemos que $\mathcal{P}$ é constante no tempo. Note que, portanto, sua média de tempo é este mesmo valor, $\mathcal{P}_{\text{méd}} = (E^2_{m}/\eta)\,\hat{\mathbf{z}}$.

Exemplo 9.27

Onda EP como soma de duas ondas CP rotativas contrárias

Mostre que uma onda plana uniforme elipticamente polarizada harmônica no tempo pode ser representada como uma superposição de duas ondas opostas girando circularmente polarizada se propagando na mesma direção.

Solução Como as amplitudes dos componentes transversais de um vetor de intensidade do campo elétrico elipticamente polarizado dado pelas equações (9.187) pode sempre ser representado como $E_1 = E' + E''$ e $E_2 = E' - E''$, o vetor pode ser escrito como

$$\mathbf{E} = \underbrace{(E' + E'')}_{E_1}\cos(\omega t - \beta z)\,\hat{\mathbf{x}} \pm \underbrace{(E' - E'')}_{E_2}\,\text{sen}\,(\omega t - \beta z)\hat{\mathbf{y}}$$

$$= \underbrace{E'\cos(\omega t - \beta z)\,\hat{\mathbf{x}} \pm E'\text{sen}(\omega t - \beta z)\,\hat{\mathbf{y}}}_{\text{CP onda 1}}$$

$$+ \underbrace{E''\cos(\omega t - \beta z)\,\hat{\mathbf{x}} \mp E''\text{sen}(\omega t - \beta z)\,\hat{\mathbf{y}}}_{\text{CP onda 2}} \qquad (9.195)$$

[e uma decomposição semelhante pode ser realizada para o vetor do campo magnético da onda, começando com as equações (9.192)]. Esta de fato é uma soma de dois vetores de campo elétrico circularmente polarizados, Equação (9.185). As duas ondas têm a mesma frequência angular (ω) e propagam na mesma direção (direção z positiva) como a onda eletromagnética original (total), mas têm amplitudes desiguais ($E' \neq E''$) e os sentidos opostos de rotação (note o sinal de "$\mp$" no lugar de "$\pm$" no segundo temo) com relação ao outro.

Exemplo 9.28

Determinação do sentido de polarização

Duas ondas eletromagnéticas linearmente polarizadas se propagam em uníssono no espaço livre, e seus vetores de campo magnético são dados por

$$\underline{\mathbf{H}}_1 = 3\,e^{jy}\,\hat{\mathbf{x}}\ \text{mA/m} \ \text{e}\ \underline{\mathbf{H}}_2 = j6\,e^{jy}\,\hat{\mathbf{z}}\ \text{mA/m}\ \ (y\ \text{em m}), \qquad (9.196)$$

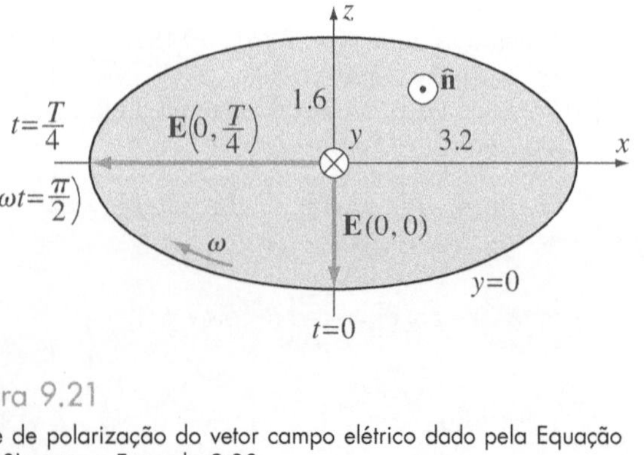

Figura 9.21

Elipse de polarização do vetor campo elétrico dado pela Equação (9.198); para o Exemplo 9.28.

respectivamente. Determine o vetor de intensidade instantânea do campo elétrico da onda resultante, e do tipo (linear, circular ou elíptica) e o sentido (direita ou esquerda) da polarização dessa onda.

Solução Usando a Equação (8.66), o vetor intensidade do campo magnético resultante no domínio do tempo é

$$\mathbf{H}(y,t) = \mathbf{H}_1(y,t) + \mathbf{H}_2(y,t) = 3\sqrt{2}\,[\cos(\omega t + \beta y)$$

$$\hat{\mathbf{x}} - 2\,\text{sen}\,(\omega t + \beta y)\,\hat{\mathbf{z}}]\ \text{mA/m}, \qquad (9.197)$$

e, portanto, tendo em mente a Equação (9.22) e que o deslocamento da onda está na direção y negativa ($\hat{\mathbf{n}} = -\hat{\mathbf{y}}$), o vetor campo elétrico instantâneo associado vem a ser

$$\mathbf{E}(y,t) = \eta_0\mathbf{H}(y,t)\times\hat{\mathbf{n}} = \eta_0\mathbf{H}(y,t)\times(-\hat{\mathbf{y}}) =$$

$$= -1.6\,[2\,\text{sen}\,(\omega t + \beta y)\,\hat{\mathbf{x}}$$

$$+\cos(\omega t + \beta y)\,\hat{\mathbf{z}}]\ \text{V/m}\ \ (t\ \text{em s};\ y\ \text{em m}), \qquad (9.198)$$

onde $\eta_0 = 377\Omega$, Equação (9.23). Esta é uma onda elipticamente polarizada, pois seus dois componentes transversais são de amplitudes desiguais e fora de fase com relação ao outro, que é óbvio a partir da Equação (9.196) também. Os semieixos da elipse de polarização são 3,2 V/m e 1,6 V/m ao longo dos eixos x e y, respectivamente, como mostrado na Figura 9.21. Para determinar, no entanto, o sentido da elipse (sentido de rotação do campo total), esboçamos (como foi feito na Figura 9.20) o vetor **E** (y, t), Equação (9.198), em vários instantes característicos de tempo, que são múltiplos de $T/4$, sendo T o período de tempo na Equação (8.49), para $y = 0$. A partir deste esboço, na Figura 9.21, percebemos que essa é uma polarização com a mão esquerda (a onda total é uma LHEP). Simplesmente, da posição em $t = 0$, na qual $\mathbf{E} = -1{,}6\,\hat{\mathbf{z}}$ V/m, para que em $t = T/4$ ($\omega t = \pi/2$), onde $\mathbf{E} = -3{,}2\ \hat{\mathbf{x}}$ V / m, o vetor (seta) **E** gira no sentido anti-horário, quando a onda é observada recuando (veja a orientação do vetor unitário de propagação $\hat{\mathbf{n}}$), o que corresponde a uma polarização LH (veja a explicação dada com as figuras 9.19 e 9.20).

Note que o mesmo tipo e imparcialidade da polarização da onda teria sido obtido por considerar o vetor do campo magnético da onda total, Equação (9.197), em primeiro lugar. Como já foi salientado no Exemplo 9.25, **H** sempre (para ondas EP e PC) gira em sincronismo com **E**. No entanto, os dois vetores campo ortogonais entre si no espaço, quando **E** é máximo, **H** é mínimo (para as ondas EP) e vice-versa, de modo que a elipse de polarização para o vetor campo magnético da onda é ortogonal à do vetor de campo elétrico (semieixo maior da elipse de campo H está ao longo do semieixo menor da elipse de campo E e vice-versa).

Exemplo 9.29

Vetor Poynting complexo de uma onda elipticamente polarizada

Derive a expressão para o vetor de Poynting complexo de uma onda eletromagnética elipticamente polarizada plana uniforme em um meio sem perdas de impedância intrínseca η, se os valores rms dos dois componentes mutuamente ortogonais do vetor campo elétrico da onda forem E_{x0} e E_{y0}. Qual é o vetor de Poynting médio no tempo associado?

Solução Seja o vetor de intensidade do campo elétrico instantâneo da onda dado pela Equação (9.189), e, portanto, $E_{x0} = E_1/\sqrt{2}$ e $E_{y0} = E_2/\sqrt{2}$. Em notação complexa, tendo em mente a Equação (8.66), o vetor intensidade de campo elétrico correspondente complexo rms é

$$\underline{\mathbf{E}} = \underline{E}_x\,\hat{\mathbf{x}} + \underline{E}_y\,\hat{\mathbf{y}}, \quad \text{onde} \quad \underline{E}_x = E_{x0}\,\mathrm{e}^{-\mathrm{j}\beta z} \quad \text{e}$$

$$\underline{E}_y = E_{y0}\,\mathrm{e}^{-\mathrm{j}\beta z}\,\mathrm{e}^{\mathrm{j}\delta}. \quad (9.199)$$

Combinando as equações (8.194), (9.192) e (9.199), o vetor de Poynting complexo de uma onda (elíptica) arbitrariamente polarizada, que inclui polarizações linear e circular como casos especiais, vem a ser

vetor Poynting complexo e médio no tempo de uma onda PE

$$\underline{\mathcal{P}} = \underline{\mathbf{E}} \times \underline{\mathbf{H}}^* = (\underline{E}_x\,\hat{\mathbf{x}} + \underline{E}_y\,\hat{\mathbf{y}}) \times (\underline{H}_x\,\hat{\mathbf{x}} + \underline{H}_y\,\hat{\mathbf{y}})^*$$
$$= \underline{E}_x\underline{H}_y^*\,\hat{\mathbf{z}} - \underline{E}_y\underline{H}_x^*\,\hat{\mathbf{z}}$$
$$= \frac{1}{\eta}\,(\underline{E}_x\underline{E}_x^* + \underline{E}_y\underline{E}_y^*)\,\hat{\mathbf{z}} = \frac{|\underline{E}_x|^2 + |\underline{E}_y|^2}{\eta}\,\hat{\mathbf{z}} =$$
$$= \frac{E_{x0}^2 + E_{y0}^2}{\eta}\,\hat{\mathbf{z}} = \frac{|\underline{\mathbf{E}}|^2}{\eta}\,\hat{\mathbf{z}}, \quad (9.200)$$

e a média do tempo do vetor de Poynting instantâneo associado ($\mathcal{P}_{\text{méd}}$), Equação (8.195), é a mesma ($\mathcal{P}$ é puramente real). Como $|\underline{\mathbf{E}}|$, a magnitude do vetor complexo $\underline{\mathbf{E}}$, é igual ao valor rms do seu equivalente instantâneo harmônico no tempo $\mathbf{E}(t)$, percebemos que o vetor de Poynting complexo de uma onda com qualquer polarização é calculado da mesma forma como a de uma onda linearmente polarizada, Equação (9.40), isto é, como o quadrado do valor rms de $\mathbf{E}(t)$ dividido por η (e multiplicado pelo vetor unitário de propagação). Note também que para uma onda circularmente polarizada [Equação (9.185)], $E_{x0} = E_{y0} = E_m/\sqrt{2}$ na Equação (9.199), e, portanto, $E^2_{x0} + E^2_{y0} = E^2_m$ na Equação (9.200), produzindo o mesmo resultado para $\mathcal{P}_{\text{méd}}$ como na Equação (9.194).

Exemplo 9.30

Mudança de polarização da onda devido à anisotropia do material

Uma onda eletromagnética linearmente polarizada harmônica no tempo plana uniforme propagando, com o comprimento de onda de espaço livre de $\lambda_0 = 1\ \mu$m, na direção z positiva entra em um material dielétrico anisotrópico cristalino. O vetor intensidade de campo elétrico da onda, $\mathbf{E}$, está a 45° de duas direções ortogonais entre si transversais no cristal, ou seja, direções x e y, ao longo das quais a permissividade relativa cristal tem valores diferentes [Equação (2.52)], $\varepsilon_{rx} = 2{,}25$ e $\varepsilon_{ry} = 2{,}12$, respectivamente. (a) Encontre o menor comprimento do cristal (ao longo do eixo z) para o qual a onda que emerge do outro lado é circularmente polarizada, e se essa polarização é de mão direita ou esquerda. (b) Determine o estado de polarização da onda de saída, se o comprimento de cristal em (a) for dobrado.

Solução

(a) Usando a Equação (8.111), os coeficientes de fase nas direções x e y no cristal são, respectivamente,

$$\beta_x = \omega\sqrt{\varepsilon_{rx}\varepsilon_0\mu_0} = \frac{2\pi}{\lambda_0}\sqrt{\varepsilon_{rx}} \quad \text{e} \quad \beta_y = \omega\sqrt{\varepsilon_{ry}\varepsilon_0\mu_0} = \frac{2\pi}{\lambda_0}\sqrt{\varepsilon_{ry}} \quad (9.201)$$

($\mu_r = 1$). O vetor $\mathbf{E}$ pode ser decomposto em componentes E_x e E_y que têm amplitudes iguais (igual à amplitude de $\mathbf{E}$ vezes cos 45°), e viaja ao longo do eixo z com velocidades de fase diferentes, correspondendo, por meio da Equação (9.35), aos coeficientes de fase nas equações (9.201). Portanto, uma diferença de fase entre os componentes é acumulada conforme a onda progride dentro do cristal. Tendo em mente a Equação (9.33), a fase relativa δ de E_y com relação à E_x, Equação (9.186), para um comprimento d do cristal chega a

$$\delta = \phi_y - \phi_x = -\beta_y d - (-\beta_x d) = (\beta_x - \beta_y)\,d =$$
$$= \frac{2\pi d}{\lambda_0}\left(\sqrt{\varepsilon_{rx}} - \sqrt{\varepsilon_{ry}}\right) > 0 \quad (\varepsilon_{rx} > \varepsilon_{ry}), \quad (9.202)$$

e acaba por ser positivo para permissividades dadas do material. Os dois componentes do campo estarão exatamente 90° fora de fase, que é a polarização circular, Equação (9.185), para o seguinte (menor possível) valor de d:

$$\delta_1 = \frac{\pi}{2} \quad \text{(LHCP onda saída)} \quad \longrightarrow$$
$$d_1 = \frac{1}{\sqrt{\varepsilon_{rx}} - \sqrt{\varepsilon_{ry}}}\,\frac{\lambda_0}{4} = 5.68\ \mu\text{m}. \quad (9.203)$$

Como $\delta_1 = 90°$, esta é uma onda LHCP, Figura 9.19(b). Note que partes do cristal cortadas em determinado comprimento são usadas na óptica para gerar luz circularmente polarizada na saída.

(b) Se o cristal é feito para ser o dobro ($d_2 = 2d_1 = 11{,}36\ \mu$m), o deslocamento de fase entre os componentes, Equação (9.202), duplos também, por isso $\delta_2 = 2\delta_1 = 180°$. A Equação (9.190) nos diz que a onda de saída agora é linearmente polarizada, como a onda de entrada. No entanto, uma vez que a transformação de campo em todo o cristal pode, neste caso, ser representada como

$$\mathbf{E}_{\text{entrada}} = E'(\hat{\mathbf{x}} + \hat{\mathbf{y}}) \longrightarrow \mathbf{E}_{\text{saída}} = E''(\hat{\mathbf{x}} - \hat{\mathbf{y}}) \quad (\delta_2 = 180°), \quad (9.204)$$

percebemos que o vetor do campo elétrico de saída é polarizado (direcionado) ao longo de uma linha diferente – que é perpendicular ao eixo de polarização da onda LP entrando no cristal. Obviamente, cristais anisotrópicos deste comprimento podem ser usados para mudar a direção do campo elétrico, ou seja, para girar o campo (em 90°).

Problemas

9.1. Equações de Helmholtz 3D das equações de Maxwell. Obtenha ambas as equações Helmholtz 3D para um meio eletromagnético sem perdas, equações (9.8) e (9.9), a partir da versão de fonte livre das equações complexas de Maxwell diferenciais, equações (8.81).

9.2. Expressões do campo para uma direção de propagação diferente. Considere uma onda eletromagnética plana uniforme (não necessariamente harmônica no tempo) que se propaga no espaço livre na direção x negativa, com o campo elétrico tendo apenas um componente y, E_y. (a) Escreva a expressão para E_y, e mostre que satisfaz à equação da onda unidimensional correspondente. (b) Use as equações de Maxwell para obter a componente do vetor campo magnético que acompanha de E_y, e verifique que as relações nas equações (9.22) são verdadeiras para o resultado. (c) Qual é a densidade de energia eletromagnética total da onda, e qual é seu vetor Poynting?

9.3. Expressões complexas para uma propagação da onda direcionada para *x*. Repita o problema anterior, mas para uma onda plana harmônica no tempo, viajando na direção *x* negativa. Partes (a) e (b) devem ser feitas no domínio complexo. Na parte (c), uso da energia média no tempo e expressões densidade de potência.

9.4. Onda plana em um meio não magnético sem perdas. O vetor intensidade do campo magnético complexo rms de uma onda eletromagnética propagando através de um meio não magnético sem perdas é dado por $\underline{\mathbf{H}} = e^{-j\pi x}\,\hat{\mathbf{z}}$ A/m (x em m) em uma frequência de $f = 75$ MHz. Encontre: (a) a direção de propagação, o período de tempo, o comprimento da onda e a velocidade de fase da onda, a permissividade relativa e impedância intrínseca do meio, (b) o vetor intensidade do campo elétrico complexo e os vetores do campo magnético e elétrico da onda, e (c) as densidades de energia eletromagnética médio no tempo e o vetor de Poynting complexo da onda.

9.5. Cálculo da onda plana no espaço livre. Uma onda plana uniforme viaja através do espaço livre, e seu vetor intensidade de campo elétrico instantâneo é expresso como $\mathbf{E} = 15\cos(\omega t + 10\pi z + \theta_0)\,\hat{\mathbf{y}}$ V/m (t em s; z em m). A intensidade do campo magnético da onda chega a $H = 0{,}02$ A/m em $t = 0$ e $z = 1{,}15$ m. Determine (a) a frequência de operação e fase inicial (para $t = 0$) no plano $z = 0$ da intensidade do campo elétrico (θ_0), bem como (b) o vetor intensidade do campo magnético complexo e (c) vetor de Poynting no tempo médio, da onda.

9.6. Encontre os parâmetros do material de um meio de propagação. Vetores de campo de uma onda eletromagnética que se desloca através de um meio sem perdas são dadas por $\mathbf{E} = 1{,}333\cos(\omega t - \beta y)\,\hat{\mathbf{x}}$ V/m e $\mathbf{H} = -4{,}243\cos(\omega t - \beta y)\,\hat{\mathbf{z}}$ mA/m. Em um ponto do espaço e instante de tempo, a densidade de potência superficial transportada pela onda e a densidade de energia eletromagnética da onda chega a $\mathcal{P} = 1{,}7$ mW/m^2 e $w_{\text{em}} = 16{,}97$ pJ/m^3, respectivamente. Quais são a permissividade e a permeabilidade relativas do meio?

9.7. Fem complexa em uma grande espira devido a uma onda plana. Refaça o Exemplo 9.8, mas no domínio complexo.

9.8. Fem complexa em uma espira de pequeno porte. Refaça o Exemplo 9.9, mas no domínio complexo.

9.9. Grande espira posicionada obliquamente w.r.t. propagação da onda. Um contorno quadrado de comprimento de aresta $a = 1$ m é colocado no espaço livre no campo de uma onda eletromagnética plana uniforme harmônica no tempo de frequência $f = 500$ MHz e intensidade do campo elétrico rms $E_0 = 5$ V/m, para que seu plano faça um ângulo de $\alpha = 30°$ com a direção de propagação da onda, como mostrado na Figura 9.22. Encontre a fem induzida na espira, a partir da (a) esquerda e (b) da direita da lei de Faraday da indução eletromagnética na forma integral, ou seja, usando o campo elétrico e magnético da onda, respectivamente.

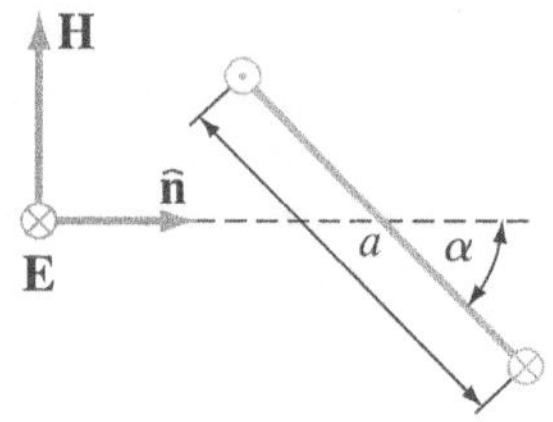

Figura 9.22 Espira grande quadrado posicionado obliquamente em relação à direção de propagação de uma onda plana uniforme; para o Problema 9.9.

9.10. Espira eletricamente pequeno oblíquo. Repita o problema anterior, mas para a aresta da espira de comprimento $a = 2$ cm. Na parte (b), suponha que o campo magnético da onda é uniforme sobre uma superfície limitada pela espira (na Figura 9.22) para calcular diretamente a fem induzida. Na parte (a), especifique o resultado do problema anterior para obter o mesmo resultado que em (b).

9.11. Corrente induzida em um laço de fio pequeno. Uma onda eletromagnética plana uniforme harmônica no tempo se propaga no espaço livre conduzindo uma potência médio no tempo de $\mathcal{P}_{\text{ave}} = 1$ W/m^2 por unidade de área da frente de onda, em uma frequência de $f = 40$ MHz. Uma espira de arame circular de raio $a = 10$ cm está posicionado no campo da onda de tal modo que a fem rms induzida nela é máxima. A indutância e a resistência da espira são $L = 0{,}6$ μH e $R = 0{,}8$ Ω, respectivamente. Calcule a intensidade rms da corrente induzida na espira, desprezando o campo magnético que produz (use a impedância da espira).

9.12. Circulação do vetor campo magnético de uma onda plana. Considere a espira retangular eletricamente grande no campo de uma onda plana se deslocando na Figura 9.5. Encontre (a) a circulação (integral de linha) do vetor de intensidade de campo magnético da onda ao longo da espira e (b) fluxo do vetor campo elétrico através de uma superfície espalhada sobre a espira. (c) Pode o resultado em (b) ser obtido diretamente daquele em (a), e vice-versa? (d) Para que posição da espira na Figura 9.5 seria a integral no (a) máximo?

9.13. Corrente de deslocamento limitada por uma espira de grande porte. Uma onda eletromagnética plana uniforme harmônica no tempo de frequência angular ω e intensidade do campo magnético rms H_0 viaja através de um meio sem perdas de permissividade ε e permeabilidade μ. (a) Calcule a integral de linha do vetor intensidade do campo magnético complexo da onda em uma espira quadrado de comprimento da aresta a (tamanho elétrico arbitrário) posicionado de tal forma que seu plano seja perpendicular ao vetor campo elétrico da onda, e que duas de suas bordas sejam paralelas ao vetor campo magnético. (b) Qual é a intensidade de corrente de deslocamento total rms através de uma superfície que se estende sobre a espira?

9.14. Corrente de deslocamento limitada por uma espira de pequeno porte. Repita o problema anterior, mas para um pequena espira eletricamente circular de área de superfície S (o plano da espira ainda é perpendicular ao vetor campo elétrico da onda).

9.15. Fluxo de potência através de uma grande abertura retangular. Uma onda eletromagnética plana uniforme harmônica no tempo propagando no espaço livre tem uma amplitude de intensidade do campo elétrico $E_m = 1$ V/m e frequência $f = 30$ GHz. A onda é incidente quase sempre em uma tela plana infinitamente grande (a tela é perpendicular à direção de propagação da onda) com uma abertura eletricamente retangular grande (abrindo) de comprimentos de aresta $a = 20$ cm e $b = 10$ cm. (a) Desprezando o campo eletromagnético espalhado, devido às correntes de superfície elétricas induzidas e cargas sobre a tela, calcule a energia fornecida pela onda para o outro lado da tela em uma hora. (b) Repita (a), mas para a direção de propagação da onda fazendo um ângulo de $\alpha = 60^o$ com a normal para a tela (ou a abertura).

9.16. Limites de segurança para a exposição humana à radiação eletromagnética. Existem vários efeitos dos campos eletromagnéticos em seres humanos e muitas recomendações bastante diferentes e padrões para os limites de segurança de exposição humana à radiação eletromagnética. Um deles é o padrão IEEE (Institute of Electrical and Electronics Engineers), cujas recomendações para a intensidade no médio tempo permissível máxima do vetor de Poynting em ambientes não controlados (onde as pessoas quase sempre não têm conhecimento ou controle de sua exposição a campos eletromagnéticos) em frequências entre 100 MHz e 300 GHz são as seguintes: (i) $(\mathcal{P}_{\text{méd}})_{\text{máx}} = 2$ W/m^2 para 100 MHz $\leq f <$ 300 MHz, (ii) $(\mathcal{P}_{\text{méd}})_{\text{máx}} = f/150)$ W/m^2 (f em MHz) para 300 MHz $\leq f <$ 15 GHz, e (iii) $(\mathcal{P}_{\text{méd}})_{\text{máx}} = 100$ W/m^2 para 15 GHz $\leq f \leq$ 300 GHz. Com base neste padrão, calcule os níveis máximos admissíveis para as intensidades rms dos campos elétricos e magnéticos no ar, nas frequências de $f_1 = 150$ MHz, $f_2 = 1{,}5$ GHz e $f_3 = 15$ GHz, respectivamente.

9.17. Zona insegura em torno de uma antena de radar. Uma antena de radar irradia uma onda eletromagnética de 15 GHz com a amplitude da intensidade do campo elétrico dada mais ou menos pela seguinte função da distância r do radar: $E_m(r) = (5/r)$ kV/m (r em m). Qual é o raio da zona insegura em torno da antena, de acordo com o padrão IEEE apresentado no problema anterior?

9.18. Limite FCC para a radiação EMI. Todos os equipamentos elétricos e eletrônicos devem ser testados em requisitos rigorosos para controlar a interferência eletromagnética (EMI), ou seja, a radiação eletromagnética não intencional, que pode interferir com outros dispositivos e sistemas, e degradar e comprometer seu desempenho e operação. A exigência da FCC (U.S. Federal Communications Commission) é que a radiação EMI a uma distância de 3 m do equipamento seja inferior a E_{EMI} (r = 3 m) = 100 μV/m (valor de pico). Calcular a densidade de potência média de tempo correspondente, $\mathcal{P}_{\text{méd}}$. Como esse nível de energia segura FCC "sem interferências" para o equipamento compara com o nível IEEE de saúde e segurança para os seres humanos?

9.19. Propagação ao longo da diagonal principal do primeiro octante. Repita o Exemplo 9.12, mas para a direção da propagação da onda definida pelo vetor $\hat{\mathbf{x}} + \hat{\mathbf{y}} + \hat{\mathbf{z}}$ e o vetor campo elétrico complexo da onda na origem de coordenadas expressa como $\underline{\mathbf{E}}_0 = (1 - \text{j}\sqrt{3})\,(-\hat{\mathbf{x}} - \hat{\mathbf{y}} + 2\,\hat{\mathbf{z}})$ V/m.

9.20. Mais sobre equações de Helmholtz para um meio com perdas. Para um meio homogêneo com perdas e variação harmônica no tempo do campo eletromagnético, (a) obtenha a equação de Helmholtz para o campo elétrico, nas equações (9.86), com base nas equações de Maxwell predominantes e (b) mostre que o campo em (9.81) é sua solução, e (c), então use-a e as equações de Maxwell para obter o campo magnético.

9.21. Direção de propagação diferente em um meio com perdas. Uma onda eletromagnética plana uniforme harmônica no tempo se propaga na direção y negativa através de um meio com perdas de parâmetros ε, μ e σ. O campo elétrico da onda tem apenas um componente z, E_z, cujo valor complexo rms na origem de coordenadas é $\underline{E}_0$. (A) Escreva a expressão para $\underline{E}_z$, e mostre que este satisfaz a equação 1D Helmholtz correspondentes. (b) Use as equações de Maxwell para obter o componente vetorial complexo do campo magnético que de $\underline{E}_z$, e verifique que as relações nas equações (9.22), empregando a impedância complexa intrínseca do meio, Equação (9.91), é válida para o resultado. (c) Qual é o vetor de Poynting médio no tempo da onda?

9.22. Equações de Helmholtz 3D para meio com perdas. (a) Obtenha as equações de Helmholtz 3D para um meio com perdas, as equações (9.86), a partir das equações de Maxwell correspondentes. (b) Comparando as equações de Helmholtz em (a) com suas versões para um meio sem perdas (com $\sigma = 0$), as equações (9.8) e (9.9), obtenha a permissividade complexa equivalente do meio com perdas, como é feito com a lei de Ampère nas equações (9.77)–(9.80).

9.23. Relação de potência de duas ondas em decibéis. As intensidades de campo elétrico rms de duas ondas planas uniformes harmônicas no tempo propagando em um meio sem perdas são E_1 e E_2, respectivamente, e as magnitudes do vetor Poynting médio no tempo correspondentes são $\mathcal{P}_1$ e $\mathcal{P}_2$. (a) Calcule a proporção de energia para as duas ondas em decibéis (A_{dB}), Equação (9.98), para os seguintes valores de E_1/E_2: 100, 10, 2, 1,41, 1, 0,707, 0,5, 0,1 e 0,01. (b) Encontre $\mathcal{P}_1/\mathcal{P}_2$ e E_1/E_2 para os seguintes valores de A_{dB}: 60 dB, 14 dB, 6 dB, 1 dB, 0 dB, −3 dB, −14 dB e −100 dB.

9.24. Encontre os parâmetros de um meio com perdas da onda em propagação. O vetor intensidade de campo elétrico instantâneo de uma onda viajando em um meio não magnético com perdas é dado por $\mathbf{E} = e^{\alpha y} \cos(6{,}28 \times 10^9 t + 204y)\,\hat{\mathbf{x}}$ V/m (t em s; y em m). O campo magnético da onda atrasa o campo elétrico em 21°. Nestas circunstâncias, encontre (a) a permissividade e a condutividade relativas do meio, bem como (b) o coeficiente de propagação complexo, (c) o vetor intensidade do campo magnético instantâneo, e (d) vetor de Poynting médio no tempo da onda.

9.25. Encontre os parâmetros de um tecido biológico. Uma onda eletromagnética plana uniforme harmônica no tempo de frequência $f = 1{,}9$ GHz se propaga na direção de z positiva através de um tecido biológico de parâmetros desconhecidos. O campo magnético da onda tem apenas um componente x e sua intensidade rms na origem de coordenadas é $H_0 = 25$ mA/m. A amplitude da onda é reduzida em 3,25 dB para cada centímetro percorrido, e o coeficiente fase da onda chega a $\beta = 260$ rad/m. Determine (a) a permissividade e a condutividade do tecido e (b) o vetor de Poynting médio no tempo da onda.

9.26. Encontre os parâmetros da geleira glacial. A velocidade de fase e fase de latência do campo magnético atrás do campo elétrico de uma onda eletromagnética plana uniforme harmônica no tempo de frequência $f = 10$ GHz e intensidade do campo elétrico rms $E_0 = 15$ V/m propagando através da geleira são $v_p = 1{,}73 \times 10^8$ m/s e $\phi = 5 \times 10^{-4}$ rad, respectivamente. Calcule: (a) a permissividade relativa e a tangente de perda de gelo, bem como (b) o coeficiente de propagação complexa e (c) o vetor de Poynting médio no tempo da onda.

9.27. Absorção das ondas em um simulador de cabeça. Para investigar o acoplamento eletromagnético de antenas de telefonia celular e uma cabeça humana, um simulador de cabeça – um recipiente de plástico cheio com uma solução que aproximadamente lembra o dielétrico e as propriedades condutoras de uma cabeça humana – é usado para as medições. Em particular, as soluções são feitas para que tenham a permissividade relativa e a tangente de perda igual à média correspondente aos parâmetros de tecido da cabeça em duas faixas de frequências atribuídas para comunicações wireless na América do Norte: (i) $\varepsilon_r = 44{,}8$ e $\tan\delta_d = 0{,}408$ em $f = 835$ MHz e (ii) $\varepsilon_r = 41{,}9$ e $\tan\delta_d = 0{,}293$ em $f = 1{,}9$ GHz. (a) Encontre o coeficiente de atenuação de uma onda plana uniforme propagando através da solução fantasma e impedância intrínseca complexa do material, em cada uma das duas frequências de comunicação wireless. (b) Se a intensidade do campo elétrico rms da onda em sua entrada na solução é $E_0 = 50$ V/m, use o teorema de Poynting na forma complexa, a Equação (8.196), para determinar a potência absorvida média no tempo (perdida por calor) no primeiro 1 cm de profundidade no material por 1 cm^2 de área de corte transversal, ou seja, no primeiro 1 cm × 1 cm × 1 cm do material após a interface, em cada uma das frequências.

9.28. Várias combinações de parâmetros do material e da frequência. Para cada uma das combinações de parâmetros do material e da frequência do Exemplo 9.16, calcular os coeficientes de atenuação e de fase, atenuação dB por metro percorrido, comprimento de onda e velocidade de fase de uma onda plana uniforme propagando no material, bem como a impedância intrínseca complexa do material. Use expressões aproximadas (mais simples) para bons dielétricos ou bons condutores sempre que adequado.

9.29. 1/1000 profundidade de penetração na água do mar. Encontre a profundidade do oceano na qual a amplitude do campo elétrico de uma onda de rádio diminui para 1/1000 de seu valor na superfície do oceano, bem como a velocidade de fase, o comprimento de onda e o índice de refração no meio, em cada uma das frequências $f_1 = 1$ kHz, $f_2 = 10$ kHz, $f_3 = 100$ kHz, $f_4 = 1$ MHz e $f_5 = 10$ kHz, tendo $\varepsilon_r = 81$ e $\sigma = 4$ S/m para a água do mar.

9.30. Comunicação de rádio com um submarino submerso. Repita o Exemplo 9.19, mas para (a) uma onda 1 kHz ULF (frequência ultrabaixa) lançada no oceano de um navio e (b) água menos salgado com $\sigma = 0{,}4$ S/m (próximo do delta de um rio), respectivamente; todos os outros parâmetros do sistema são os mesmos.

9.31. Atenuação de decibéis de uma parede de forno de micro-ondas. (a) Qual é a profundidade de um por cento de penetração no aço inoxidável ($\sigma = 1{,}2$ MS/m, $\mu_r = 500$ e $\varepsilon_r = 1$) da parede de um forno de micro-ondas na frequência padrão para cozinhar no micro-ondas, $f = 2{,}45$ GHz? (b) Calcule a atenuação dB de uma parede de 1 mm de espessura e avalie a eficácia de sua blindagem.

9.32. Incidência da onda a partir do espaço em uma placa parabólica ionosférica. Considere a placa parabólica ionosférica na Figura 9.14 e suponha que $h_m = 250$ km, $d = 100$ km e $N_m = 10^{12}$ m^{-3}. Para uma onda plana uniforme verticalmente incidente a partir do espaço para o limite superior da laje, descubra se e onde (em qual altitude h) oscila para o espaço em cada uma das frequências separadas por degraus de $\Delta f = 0{,}5$ MHz dentro de uma faixa de frequência 8 MHz $\leq f \leq$ 12 MHz.

9.33. Propagação da onda em uma camada linear ionosférica. A onda eletromagnética plana uniforme de frequência $f = 5$ MHz emitida por uma antena na superfície da Terra é incidente quase sempre em uma camada da ionosfera cuja concentração de elétrons livres pode ser aproximada pela seguinte função linear da altitude acima da superfície da Terra: $N(h) = N_0 (h - h_1) / (h_2 - h_1)$ para $h_1 \leq h \leq h_2$, onde $h_1 = 100$ km, $h_2 = 200$ km e $N_0 = 5 \times 10^{11}$ m^{-3}, como mostrado na Figura 9.23. Encontre a maior altitude h alcançada pela onda, na qual ela oscila para fora e retorna à antena.

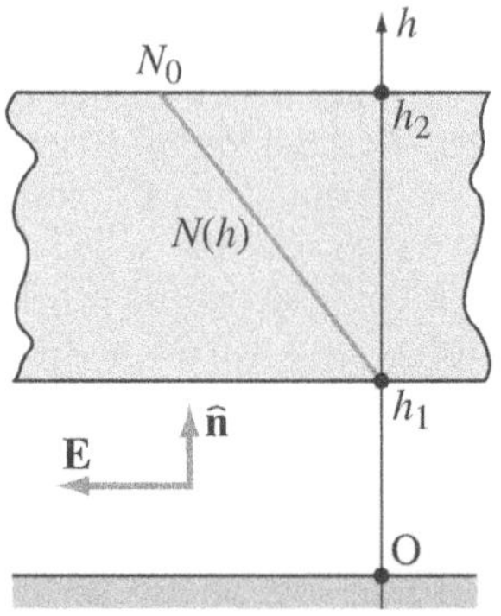

Figura 9.23 Incidência normal de uma onda plana uniforme lançada da superfície da Terra sobre uma camada da ionosfera com um perfil linear N (h); para o Problema 9.33.

9.34. Dispersão da onda em um meio não magnético com perdas. Para a onda plana em um meio não magnético com perdas (terra) do Exemplo 9.13, encontre as velocidades de fase e de grupo na frequência de operação da onda, e se o meio é não dispersivo, normalmente dispersivo ou anormalmente dispersivo naquela frequência.

9.35. Velocidade de fase em função do comprimento de onda. A velocidade de fase de uma onda plana uniforme propagando em um meio sem perdas é dada por $v_p(\lambda) = k\sqrt{\lambda}$, onde λ é o comprimento de onda no meio e k é uma constante. Se $v_p = 10^8$ m/s em uma determinada frequência, qual é a velocidade de grupo da onda naquela frequência? A dispersão do meio é normal ou anormal?

9.36. Índice de refração dependência-frequência. O índice de refração de um meio não magnético sem perdas é expresso como $n(f) = n_1 + (n_2 - n_1)(f - f)/(f_2 - f_1)$ entre as frequências f_1 e f_2 ($f_1 < f_2$), onde n_1 e n_2 são constantes positivas. Nesta gama de frequências, encontre as velocidades de fase e de grupo de uma onda plana propagando, e se o meio é não dispersivo, normalmente dispersivo ou anormalmente dispersivo.

9.37. Defasagem de tempo entre os sinais devido à dispersão. As frequências portadoras de dois sinais de banda estreita lançadas no mesmo instante de tempo para viajar como ondas livres (não guiadas) ao longo do mesmo caminho em um solo pantanoso de parâmetros $\varepsilon_r = 20$, $\sigma = 10^{-2}$ S/m e $\mu_r = 1$ são $f_1 = 40$ kHz e $f_2 = 50$ kHz, respectivamente. Qual é o intervalo de tempo entre os sinais que são recebidos na outra extremidade do caminho, se seu comprimento é $l = 50$ m?

9.38. Defasagem de tempo entre os sinais em um meio de plasma. (a) Repita o problema anterior, mas para os sinais propagando em um meio de plasma com uma concentração de elétrons livres de $N = 10^7$ m^{-3}. (b) Em seguida, repita (a), mas para frequências portadoras de sinais alterados para $f_1 = 40$ MHz e $f_2 = 50$ MHz, respectivamente.

9.39. Vetor Poynting instantâneo de uma onda elipticamente polarizada. Encontre o vetor de Poynting instantâneo de uma onda eletromagnética elipticamente polarizada harmônica no tempo plana uniforme cujo campo elétrico é dado pelas equações (9.187), se a permissividade do meio for ε e a permeabilidade μ. Qual é o vetor de Poynting médio no tempo da onda? Quais são os resultados se $E_1 = E_2$ e se $E_2 = 0$, respectivamente?

9.40. Superposição de duas ondas PC com sentido de rotação opostas. Duas ondas eletromagnéticas planas uniformes harmônicas no tempo circularmente polarizadas de mão direita e esquerda e oposta de mesma frequência se deslocam na mesma direção, e as amplitudes de seus vetores intensidade de campo elétrico são E_1 e E_2, respectivamente. Determine o tipo (linear, circular ou elíptico) e o sentido (direita ou esquerda) da polarização da onda resultante (obtida pela superposição de duas ondas PC) para diferentes combinações de valores de E_1 e E_2.

9.41. Determinação do estado de polarização em diferentes casos. Os vetores intensidade de campo elétrico de duas ondas eletromagnéticas de polarização linear, viajando em uníssono através do espaço livre são dados por $\underline{\mathbf{E}}_1$ $e^{-j\pi(z\ -0,25)}\,\hat{\mathbf{x}}$ V/m e $\underline{\mathbf{E}}_2 = a e^{-j\pi(z\ 0,25\ b)}\,\hat{\mathbf{y}}$ V/m (z em m), respectivamente, onde a e b são constantes. Determine o vetor intensidade do campo magnético complexo, os vetores campo elétrico e magnético instantâneos e o estado de polarização (tipo e sentido) da onda resultante, nos seguintes casos: (a) $a = 1$ e $b = 1$; (b) $a = -1$ e $b = 1$; (c) $a = -1$ e $b = 3$; (d) $a = 3$ e $b = 1$; (e) $a = -3$ e $b = 1$; e (f) $a = 3$ e $b = -1$.

9.42. Mais estados diferentes de polarização. Considere a onda eletromagnética cujo vetor campo elétrico é a soma de vetores $\underline{\mathbf{E}}_1$ e $\underline{\mathbf{E}}_2$ definido no problema anterior. Determine o estado de polarização da onda para os seguintes valores das constantes a e b na expressão para $\underline{\mathbf{E}}_2$: (a) $a = 0{,}5$ e $b = 1$; (b) $a = 0{,}5$ e $b = -1$; (c) $a = -2$ e $b = 2$; (d) $a = 0$ e $b = 0$; (e) $a = 5$ e $b = 5$; (f) $a = 1$ e $b = -5$; (g) $a = 1$ e $b = 7$; (h) $a = 1$ e $b = 0$; e (i) $a = -1$ e $b = 0$.

9.43. Vetor Poynting das ondas em vários estados de polarização. Calcule o vetor de Poynting médio no tempo de todas as ondas resultantes, em casos (a)–(i), a partir do problema anterior.

Reflexão e transmissão das ondas planas

CAPÍTULO 10

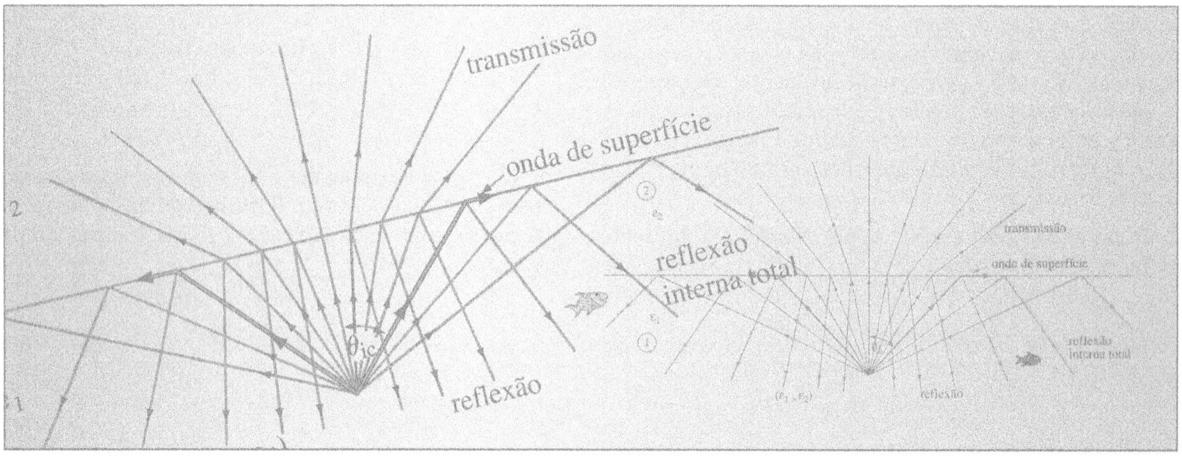

Introdução

Este capítulo é uma continuação de nossos estudos da teoria e aplicações das ondas eletromagnéticas planas uniformes, em uma sequência de dois capítulos. Destacando os conceitos e as técnicas da análise da propagação das ondas em meios homogêneos e os meios sem limites de várias propriedades eletromagnéticas do capítulo anterior, continuamos agora a desenvolver os conceitos e técnicas para a análise da interação da onda com os limites planares entre regiões materiais. Em geral, quando uma onda encontra uma interface que separa dois meios diferentes, ela é em parte refletida para o meio incidente (reflexão de onda) e transmitida para o meio do outro lado da interface (transmissão das ondas). Daí o título deste capítulo. Nossas avaliações sobre reflexão e transmissão em interfaces materiais em várias situações vão, além dos processos físicos subjacentes e relações matemáticas entre os campos locais e as ondas nas interfaces, incluir todas as implicações para as distribuições dos campos totais e das ondas em cada uma das regiões materiais no sistema, bem como as considerações de potência e energia relacionadas. Em todos os problemas, no entanto, o centro da solução será o uso das condições de contorno eletromagnéticas gerais adequadas, como uma "conexão" entre os campos em lados diferentes das interfaces.

O material será apresentado como vários casos separados de reflexão e transmissão (também conhecido como refração) das ondas planas, em ordem crescente de complexidade, a partir de incidência normal (a direção de propagação da onda é normal para a interface) em um plano perfeitamente condutor e incidência normal em uma interface penetrável (entre dois meios arbitrários), para incidência oblíqua (com um ângulo arbitrário) sobre esses dois tipos de interfaces, para a propagação das ondas em meios multicamadas (com múltiplas interfaces). Neste caminho, também discutiremos uma série de fenômenos e problemas relacionados, incluindo a resistência superficial de bons condutores (associado com o efeito pelicular) e o método de perturbação, resultante de avaliação de (pequenas) perdas em bons condutores, reflexão interna total (sem transmissão) em interfaces dielétricas, transmissão total (nenhuma reflexão) no ângulo incidente Brewster etc.

Apesar de nossas discussões estarem restritas, na teoria, à reflexão e transmissão das ondas na presença de fronteiras dos planos de extensão infinita, elas são aplicáveis na prática, com precisão suficiente, também para superfícies planas de tamanho finito que são eletricamente grandes (em comparação ao comprimento de onda de uma onda incidente) e até mesmo em superfícies curvas, contanto que os raios de curvatura sejam grandes em comparação ao comprimento de onda. Mesmo se essas condições, para um determinado objeto material encontrado por uma onda e uma dada frequência da onda, não forem cumpridas, as equações e os resultados obtidos para as fronteiras planares ainda podem ser usados, de uma forma mais ou menos aproximada, em soluções para problemas muito mais complexos do que aqueles envolvendo apenas superfícies planas ou quase planas. No geral, os temas deste capítulo têm inúmeras aplicações imediatas em áreas como propagação wireless interna e externa, sistemas de comunicação a rádio e micro-ondas, engenharia de radar, antenas, sistemas de guia de onda, dispositivos e sistemas ópticos, lasers etc.

10.1 INCIDÊNCIA NORMAL EM UM PLANO PERFEITAMENTE CONDUTOR

Considere uma onda eletromagnética harmônica no tempo, plana, uniforme e linearmente polarizada[1] de frequência f e intensidade do campo elétrico rms E_{i0} propagando através de um meio sem perdas ($\sigma = 0$) de permissividade ε e permeabilidade μ. Seja a onda incidente normalmente em uma superfície plana infinita (a direção de propagação da onda é normal à superfície) de um condutor elétrico perfeito (CEP), com $\sigma \to \infty$, como mostrado na Figura 10.1. Por causa da presença do condutor no caminho da propagação da onda, o campo eletromagnético no meio na frente dele é alterado. Ou seja, como a onda não pode penetrar no condutor [a profundidade pelicular, Equação (9.139), para condutores perfeitos é infinitamente pequena, $\delta = 0$; ver também Exemplo 8.6], e a energia eletromagnética que transporta não pode desaparecer, deve ser devolvida. Nosso objetivo é determinar o campo eletromagnético total em todo o semiespaço no lado esquerdo da tela CEP.

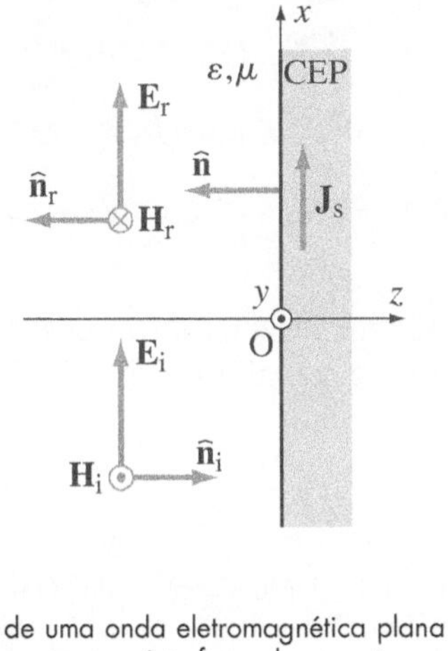

Figura 10.1

Incidência normal de uma onda eletromagnética plana uniforme harmônica no tempo em uma interface planar entre um dielétrico perfeito e um condutor perfeito.

Seja o plano $z = 0$ do sistema de coordenadas cartesianas adotado na Figura 10.1 na interface entre os dois meios, e sejam os vetores intensidade de campo elétrico e magnético complexos da onda, aos quais nos referimos como onda incidente (ou avançada), escrita como [ver Equação (9.36)]

onda incidente

$$\underline{\mathbf{E}}_i = \underline{E}_{i0}\, e^{-j\beta z}\, \hat{\mathbf{x}} \quad \text{e} \quad \underline{\mathbf{H}}_i = \frac{\underline{E}_{i0}}{\eta}\, e^{-j\beta z}\, \hat{\mathbf{y}} \tag{10.1}$$

(o vetor unitário de propagação é $\hat{\mathbf{n}}_i = \hat{\mathbf{z}}$), onde $\underline{E}_{i0} = E_{i0}\, e^{j\xi}$ (ξ é a fase inicial da intensidade do campo elétrico da onda para $z = 0$), $\beta = \omega\sqrt{\varepsilon\mu}$ [Equação (8.111)] e $\eta = \sqrt{\mu/\varepsilon}$ [Equação (9.21)] são, respectivamente, o coeficiente de fase da onda e a impedância intrínseca do meio incidente e $\omega = 2\pi f$ é a frequência angular ou radiano da onda. A onda excita as correntes a fluir na superfície CEP. Ou seja, o campo elétrico incidente ($\underline{\mathbf{E}}_i$), através da força elétrica na Equação (3.1), obriga os portadores de carga livres no condutor (elétrons) a moverem-se (oscilar) pelas linhas do campo elétrico (tal como na Figura 3.1 para uma situação estática). Isto é equivalente a um fluxo de corrente direcionada a x, como indicado na Figura 10.1. No entanto, como se supõe que o condutor é perfeito, a corrente se limita quase apenas à superfície do material (não pode haver corrente volumétrica variável no tempo dentro de materiais perfeitamente condutores – ver Exemplo 8.6, e isso também é evidente pela profundidade pelicular zero), por isso temos correntes superficiais de densidade $\underline{\mathbf{J}}_s = \underline{J}_s\, \hat{\mathbf{x}}$ fluindo no plano $z = 0$, sobre a superfície CEP. Essas correntes, por sua vez, são fontes do chamado campo eletromagnético espalhado, o que pode ser representado como uma onda refletida (ou devolvida), propagando na direção z negativa, oposta à onda incidente ($\hat{\mathbf{n}}_r = -\mathbf{n}_i$).[2] Não há propagação de

1 No que se segue, em nossas demonstrações de problemas a serem analisados, o estado de polarização de ondas eletromagnéticas planas uniformes harmônicas no tempo (ver Seção 9.14) será suposto como linear quando não estiver especificado explicitamente que a onda é circularmente ou elipticamente polarizada (que pode muito bem ser óbvio a partir das equações dadas).

2 Note que, neste capítulo, como no anterior, as ondas eletromagnéticas planas uniformes e harmônicas no tempo são analisadas no estado estacionário, isto é, após todos os processos transientes iniciais terem ocorrido e os campos senoidais de estado estacionário resultantes já tenham sido estabelecidos em todo o domínio considerado. Portanto, no problema na Figura 10.1, não estamos observando os processos transitórios da primeira aproximação da onda incidente à tela CEP [é claro, com a velocidade de propagação da onda eletromagnética no material dado, Equação (9.18)], então as correntes sendo induzidas na tela, e, por fim, a onda refletida voltando – como uma sequência de acontecimentos no tempo. Em vez disso, estamos olhando o estado estacionário com o campo incidente sinusoidal, as correntes superficiais e o campo refletido já estabelecidos em todo o meio espaço incidente (campos) ou plano CEP (correntes) e convivendo em todos os momentos como componentes diferentes do solução harmônica tempo global para o problema.

onda para a direita da lâmina de corrente (para $z > 0$), dentro do CEP.

Vamos adotar a direção de referência para o vetor intensidade de campo elétrico da onda refletida ($\underline{\mathbf{E}}_r$) para ser a mesma que a da onda incidente. Então, a direção de referência para o vetor intensidade do campo magnético refletido ($\underline{\mathbf{H}}_r$) deve ser oposto à da incidente, como indicado na Figura 10.1, porque o vetor Poynting refletido deve ser orientado para trás (junto a $\hat{\mathbf{n}}_r$). Traduzimos agora essa imagem da onda refletida e seus vetores de campo em equações:

onda refletida

$$\underline{\mathbf{E}}_r = \underline{E}_{r0}\, e^{j\beta z}\, \hat{\mathbf{x}} \quad \text{e} \quad \underline{\mathbf{H}}_r = \frac{\underline{E}_{r0}}{\eta}\, e^{j\beta z}(-\hat{\mathbf{y}}) \tag{10.2}$$

(note o sinal de menos na expressão para $\underline{\mathbf{H}}_r$, vindo, como explicado, segundo a orientação do vetor Poynting associado), onde $\underline{E}_{r0}$ é a intensidade do campo elétrico rms complexa da onda refletida para $z = 0$ (em relação à mesma direção de referência como para a onda incidente). Para determinar esta constante complexa, aplicamos, no plano $z = 0$, a condição de contorno para o vetor **E** (mais precisamente, pelo seu componente tangencial, $\mathbf{E}_t$) nas equações (8.33), para uma superfície de um condutor elétrico perfeito, em um campo eletromagnético dinâmico. Aqui, nos diz que o componente tangencial do vetor intensidade de campo elétrico total (incidente mais espalhado) sobre a interface material, para $z = 0$, deve ser zero. Note que a onda incidente por si só não seria capaz de satisfazer esta condição de contorno, o que confirma que deve haver outra onda (refletida) na frente da superfície CEP, irradiada pela lâmina de corrente de densidade $\underline{\mathbf{J}}_s$. Uma vez que ambos $\underline{\mathbf{E}}_i$ e $\underline{\mathbf{E}}_r$ são inteiramente tangentes a fronteira, a condição é simplificada para

$$\hat{\mathbf{n}} \times \underline{\mathbf{E}}_{tot} = 0 \quad \longrightarrow \quad \left(\underline{\mathbf{E}}_i + \underline{\mathbf{E}}_r\right)\big|_{z=0} = 0, \tag{10.3}$$

onde $\hat{\mathbf{n}}$ é o vetor unitário normal na superfície, direcionado a partir da CEP para o outro meio. Isso gera

condição de contorno

$$\underline{E}_{i0} + \underline{E}_{r0} = 0, \tag{10.4}$$

ou $\underline{E}_{r0} = -\underline{E}_{i0}$ (o campo elétrico espalhado em $z = 0$ é exatamente o mesmo na amplitude que o campo incidente, mas está 180º fora de fase).[3] Assim, os vetores intensidade de campo elétrico e magnético totais no meio em frente da CEP (para $z \leq 0$), ou seja, os vetores de campo da onda plana resultante (incidente mais refletida), são

$$\underline{\mathbf{E}}_{tot} = \underline{\mathbf{E}}_i + \underline{\mathbf{E}}_r = \underline{E}_{i0}\left(e^{-j\beta z} - e^{j\beta z}\right)\hat{\mathbf{x}}, \tag{10.5}$$

$$\underline{\mathbf{H}}_{tot} = \underline{\mathbf{H}}_i + \underline{\mathbf{H}}_r = \frac{\underline{E}_{i0}}{\eta}\left(e^{-j\beta z} + e^{j\beta z}\right)\hat{\mathbf{y}}. \tag{10.6}$$

As expressões complexas de dois termos resultantes entre parênteses são proporcionais tanto ao seno como ao cosseno de βz. Ou seja, usando a identidade de Euler, Equação (8.61), é facilmente demonstrado que

$$e^{j\phi} - e^{-j\phi} = 2j\,\text{sen}\,\phi \quad \text{e} \quad e^{j\phi} + e^{-j\phi} = 2\cos\phi, \tag{10.7}$$

com o qual,

campos complexos de uma onda constante

$$\underline{\mathbf{E}}_{tot} = -2j\underline{E}_{i0}\,\text{sen}\,\beta z\,\hat{\mathbf{x}} \quad \text{e} \qquad \underline{\mathbf{H}}_{tot} = 2\frac{\underline{E}_{i0}}{\eta}\cos\beta z\,\hat{\mathbf{y}}. \tag{10.8}$$

Usando a Equação (8.66) e lembrando que $j = e^{j\pi/2}$ e $\cos(\alpha + \pi/2) = -\text{sen}\,\alpha$, convertemos as expressões de campo complexo nas equações (10.8) para o seu equivalente no domínio do tempo:[4]

campos instantâneos de uma onda constante

$$\mathbf{E}_{tot}(t) = 2\sqrt{2}E_{i0}\,\text{sen}\,\beta z\,\text{sen}\,\omega t\,\hat{\mathbf{x}} \quad \text{e} \qquad \mathbf{H}_{tot}(t) = 2\sqrt{2}\,\frac{E_{i0}}{\eta}\cos\beta z\cos\omega t\,\hat{\mathbf{y}}, \tag{10.9}$$

onde uma fase inicial zero de intensidade do campo elétrico incidente no plano de referência $z = 0$, $\xi = 0$,

3 Além da solução usando a condição de contorno na Equação (10.3), a existência de uma onda de propagação refletida na Figura 10.1, bem como as expressões matemáticas nas equações (10.2) e (10.4), descrevendo esta onda, podem, alternativamente, ser deduzidas, considerando uma estrutura equivalente à lâmina de corrente infinita (de densidade $\underline{\mathbf{J}}_s$) irradiando em ambos os sentidos para longe da lâmina. Ou seja, já que não há campo eletromagnético no semiespaço $z > 0$ na Figura 10.1, podemos substituir a CEP pelo material que ocupa a outra metade do espaço, e considerar as correntes superficiais fluindo no plano $z = 0$ a existir em um meio ilimitado homogêneo (de parâmetros ε, μ e $\sigma = 0$). Neste modelo equivalente (para ser mais exato, o modelo é equivalente à estrutura original apenas para $z < 0$), as correntes devem ser tais que, para $z > 0$, o campo que produzem exatamente cancela o campo incidente na Equação (10.1) (requisito de campo total zero). Isto significa que as correntes irradiam à direita da onda plana uniforme (propagação e com a onda incidente) que tem o vetor campo elétrico igual em amplitude, mas oposto em polaridade (180º fora de fase) ao da onda incidente, e o mesmo é verdade para os vetores campo magnético das duas ondas. No entanto, por causa da simetria, as correntes irradiam outra onda de volta para o semiespaço $z < 0$ – a onda refletida na Equação (10.2). Seu vetor intensidade de campo elétrico próximo ao plano de simetria $z = 0$, isto é, para $z = 0^-$, deve ser, novamente em virtude da simetria, a mesma que a da onda irradiada pelas correntes à direita para $z = 0^+$, que dá a relação na Equação (10.4).

4 Como já foi feito em vários lugares ao longo dos últimos quatro capítulos, usamos aqui a Notação $\mathbf{E}_{tot}(t)$, $\mathbf{H}_{tot}(t)$ etc., para enfatizar o formato no domínio do tempo destas expressões de campo, que, naturalmente, não significa que o tempo seja a única variável independente [por exemplo, $\mathbf{E}_{tot} = \mathbf{E}_{tot}(z, t)$].

é suposta por simplicidade, de modo que E_{i0} é puramente constante e real ($\underline{E}_{i0} = E_{i0}$).[5] A Figura 10.2 mostra imagens em instantes de tempo diferentes das intensidades do campo elétrico e magnético, resultantes nas equações (10.9) como uma função de z. Notemos que há planos em que E_{tot} (t) é zero em todos os momentos. Esses planos são definidos por

planos de campo elétrico zero

$$\operatorname{sen}\beta z = 0 \longrightarrow \beta z = -m\pi \longrightarrow \longrightarrow z = -m\frac{\lambda}{2} \quad (m = 0, 1, 2, \ldots), \tag{10.10}$$

onde $\lambda = 2\pi/\beta$ é o comprimento de onda [Equação (8.112)] no meio incidente (com parâmetros ε e μ). Note que E_{tot} pode ser visualizado como a função seno da coordenada z, sen βz, com uma amplitude de variação, $2\sqrt{2}E_{i0}$ sem ωt. Da mesma forma, H_{tot} (t) é sempre zero em planos onde cos $\beta z = 0$, isto é, em planos definidos por $z = -(2m + 1)\ \lambda/4$ $(m = 0, 1, 2,...)$. Isto significa que os campos nas equações (10.9) não viajam conforme o avanço no tempo, mas permanecem onde estão, apenas oscilando no tempo entre os zeros estacionários. Em outras palavras, eles não representam uma onda viajando em qualquer direção. A onda resultante, que é uma superposição de duas ondas viajando com direções opostas de viagem, é assim denominada uma onda estacionária.[6]

Observe que, em geral, as ondas estacionárias são facilmente reconhecidas pela ausência de um argumento de propagação (retardo) da forma $t - l/c$ [Equação (9.13)] ou $\omega t - \beta l$ [Equação (9.32)] no domínio do tempo ou o fator correspondente $e^{-j\beta l}$ no domínio

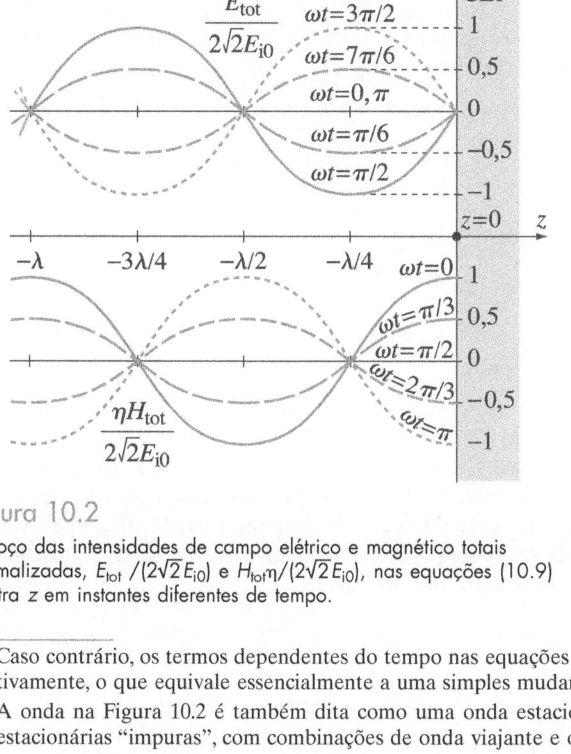

Figura 10.2

Esboço das intensidades de campo elétrico e magnético totais normalizadas, $E_{tot}/(2\sqrt{2}E_{i0})$ e $H_{tot}\eta/(2\sqrt{2}E_{i0})$, nas equações (10.9) contra z em instantes diferentes de tempo.

complexo, onde l é uma coordenada de comprimento arbitrário [ver Equação (9.69)]. Note também que, ao contrário de ondas viajantes, nas quais as fases de ambos os campo elétrico e magnéticos dependem da coordenação espacial z, mas como a mesma função (linear) de z, de modo que os dois campos estão em fase para cada z, o campo elétrico de uma onda estacionária tem uma fase constante (a mesma em todos os pontos), e isso também é verdade para o campo magnético. Entretanto, essas fases constantes diferem em 90º [sen ωt vs cos ωt termo em expressões de campo no domínio do tempo nas equações (10.9) ou um "j" extra na expressão para $\mathbf{E}_{tot}$ quando comparado ao de $\mathbf{H}_{tot}$, equações (10.8)], então os dois campos estão em fase de quadratura do tempo em cada ponto do espaço.

Conhecendo as intensidades de campo elétrico e magnético complexas instantâneas da onda estacionária resultante no material semiespaço na frente da tela CEP na Figura 10.1, podemos agora determinar e discutir, no restante desta seção (incluindo exemplos), as suas várias propriedades, como fizemos para uma onda viajando em um meio ilimitado nas Seções 9.3 e 9.4. Alguns conceitos e grandezas a serem analisados, como a distribuição das correntes superficiais e cargas no plano CEP associado à onda estacionária, não têm seus equivalentes no meio ilimitado.

Primeiro, é importante sempre ter em mente que, ao contrário das ondas viajantes, a relação entre as intensidades do campo elétrico e magnético em qualquer tempo ou domínio complexo de uma onda estacionária, por exemplo, a da Figura 10.2, não é igual a η,

$$\frac{E_{tot}(t)}{H_{tot}(t)} \neq \eta \quad \text{e} \quad \frac{\underline{E}_{tot}}{\underline{H}_{tot}} \neq \eta, \tag{10.11}$$

ou qualquer outra constante [ver equações (10.9) e (10.8)], onde $\underline{E}_{tot}$ e $\underline{H}_{tot}$ representam as intensidades de campo rms complexas, incluindo os termos de fase [nas equações (10.8), $\underline{\mathbf{E}}_{tot} = \underline{E}_{tot}\,\hat{\mathbf{x}}$ e $\underline{\mathbf{H}}_{tot} = \underline{H}_{tot}\,\hat{\mathbf{y}}$]. É por isso que, nas equações (10.8), não fomos capazes de obter $\underline{\mathbf{H}}_{tot}$ de $\underline{\mathbf{E}}_{tot}$, dividindo $\underline{E}_{tot}$ por η. Em vez disso, $\underline{\mathbf{H}}_{tot}$ foi encontrado somando os vetores campo magnético incidente e refletido, que, representando ondas viajantes, eram ambos primeiro calculados dividindo-se por η as intensidades de campo elétrico associadas às equações (10.1) e (10.2).

Vamos agora dar uma nova olhada na Equação (10.10), especificando os planos de campo elétrico líquido zero no material semiespaço na frente do plano CEP, onde percebemos que podemos inserir outra superfície CEP (lâmina) em qualquer um desses planos, ou seja, para qualquer m (claro, exceto no caso trivial de $m = 0$), e nada vai mudar em todo o semiespaço. Isso ocorre porque o campo elétrico nas equações (10.9)

5 Caso contrário, os termos dependentes do tempo nas equações (10.9), seriam sen $(\omega t + \xi)$ e cos $(\omega t + \xi)$ em vez de sen ωt e cos ωt, respectivamente, o que equivale essencialmente a uma simples mudança de referência de tempo $(t = 0)$.

6 A onda na Figura 10.2 é também dita como uma onda estacionária pura, pois, como veremos nas seções posteriores, há também ondas estacionárias "impuras", com combinações de onda viajante e onda estacionária.

é zero em todos os momentos para $z = -m\lambda/2$, de modo que a condição de contorno para o vetor **E** nas equações (8.33) é automaticamente satisfeita. Note que a condição de contorno para o vetor **B** nas equações (8.33), estipulando que o componente normal de $\mathbf{B} = \mu\mathbf{H}$ deve ser zero em uma superfície PEC, também é automaticamente satisfeita, pois o vetor $\mathbf{H}_{tot}$ nas equações (10.9) é todo tangencial aos planos na Equação (10.10). A lâmina CEP (em $z = -m\lambda/2$) subdivide o semiespaço em duas regiões isoladas entre si, como mostra a Figura 10.3. Podemos agora remover o campo da região do lado esquerdo da lâmina, e assim obter uma estrutura autossuficiente, no lado direito da lâmina, com uma onda eletromagnética plana constante presa entre os dois planos CEP paralelos (como dois espelhos) que são um múltiplo de meio comprimento de onda. Esta estrutura se comporta como um ressonador eletromagnético, e é conhecida como o ressonador Fabry-Perot. Ele é usado de modo extenso na óptica (por exemplo, em lasers) e em altas frequências de micro-ondas. Observe que o campo na estrutura também pode ser pensado como uma sequência infinita de reflexos de uma onda dinâmica, indo e voltando (com incidência normal) entre os espelhos, como indicado na Figura 10.3. A frequência de ressonância, f_{res}, do ressonador Fabry-Perot, para seu determinado comprimento (separação entre os planos CEP), a, é a frequência com que o comprimento de onda no meio (dos parâmetros ε e μ), λ, satisfaz a condição de campo zero (na recém-adicionada parede do ressonador) $a = m\lambda/2$ (ou $\beta a = m\pi$). Uma vez que $\lambda = c/f$ onde $c = 1/\sqrt{\varepsilon\mu}$ [Equação (9.18)] é a velocidade das ondas (viajando) eletromagnéticas no meio, temos

frequências ressonantes de um ressonador Fabry-Perot

$$f_{res} = m\frac{c}{2a} \quad (m = 1, 2, \ldots). \tag{10.12}$$

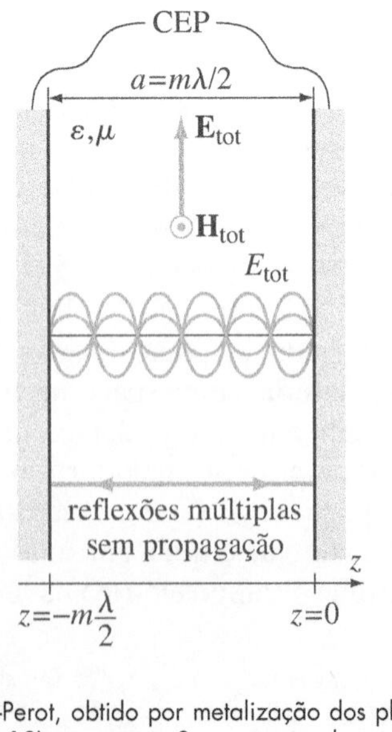

Figura 10.3

Ressonador Fabry-Perot, obtido por metalização dos planos definidos pela Equação (10.10), para $m \neq 0$, no campo de uma onda plana estacionária uniforme nas figuras 10.1 e 10.2.

Exemplo 10.1

Distribuições de corrente e carga em telas CEP iluminadas

Uma onda eletromagnética plana uniforme harmônica no tempo de frequência angular ω e intensidade de campo elétricos rms E_{i0} é em geral incidente em um plano CEP a partir de um meio sem perdas de impedância intrínseca η. Encontre a distribuição das correntes superficiais e cargas no plano.

Solução Sabendo o vetor de intensidade total do campo magnético próximo da superfície CEP, vamos calcular o vetor de densidade de corrente superficial $\mathbf{J}_s$ na Figura 10.1 da seguinte forma. A partir da condição de contorno para o vetor **H** (seu componente tangencial) nas equações (8.33) e expressão do campo magnético complexo nas equações (10.8),

identificando correntes superficiais em um contorno CEP

$$\underline{\mathbf{J}}_s = \hat{\mathbf{n}} \times \underline{\mathbf{H}} = (-\hat{\mathbf{z}}) \times \underline{\mathbf{H}}_{tot}\big|_{z=0} = 2\frac{\underline{E}_{i0}}{\eta}\hat{\mathbf{x}}, \tag{10.13}$$

onde supomos que $\underline{E}_{i0} = E_{i0}$. O vetor de densidade de corrente superficial instantâneo é, portanto, $\mathbf{J}_s(t) = (2\sqrt{2}E_{i0}/\eta)\cos\omega t\,\hat{\mathbf{x}}$, que, naturalmente, também pode ser obtido diretamente pela aplicação da mesma condição de contorno para o vetor de intensidade de campo magnético total instantâneo nas equações (10.9). Vemos que a onda plana uniforme em geral incidente induz uma lâmina de corrente uniforme no plano CEP ($\mathbf{J}_s$ não depende de x ou y). Portanto, esta corrente não está associada com qualquer carga superficial em excesso, o que é evidente a partir da equação de continuidade para as correntes superficiais em alta frequência (equação de continuidade para placas), Equação (8.42), cuja versão no domínio complexo lê

equação de continuidade para placas na forma complexa

$$\nabla_s \cdot \underline{\mathbf{J}}_s = -j\omega\underline{\rho}_s \tag{10.14}$$

Ou seja, a divergência na superfície de um vetor constante é zero, e, portanto, $\rho_s = 0$. Isto é também evidente na condição de contorno para o vetor **D** (ou seja, por seu componente normal, $\mathbf{D}_n$) nas equações (8.33),

identificando cargas de superfície em um contorno CEP

$$\underline{\rho}_s = \hat{\mathbf{n}} \cdot \underline{\mathbf{D}} = \varepsilon(-\hat{\mathbf{z}}) \cdot \hat{\mathbf{x}}\,\underline{E}_{tot}\big|_{z=0} = 0. \tag{10.15}$$

Exemplo 10.2

Densidades de energia elétrica e magnética de uma onda estacionária

Considere a onda eletromagnética estacionária na frente de uma tela CEP na Figura 10.1(a) Determine as expressões para densidades de energia elétrica e magnética instantâneas da onda, e trace-as no espaço para três instantes no tempo que são um oitavo do período de tempo. (b) Mostre que a densidade de energia eletromagnética média no tempo total da onda é constante no espaço.

Solução

(a) Como na Equação (9.24), as densidades de energia armazenada instantânea elétrica e magnética em um ponto (definido pela coordenada z em frente do condutor) são obtidas das intensidades de campo elétrico e magnético instantâneas nesse ponto, que, aqui, são as intensidades de campo da onda resultante nas equações (10.9). Assim,

densidades de energia magnética e elétrica instantâneas de uma onda estática

$$w_e(t) = \frac{1}{2}\varepsilon E_{tot}(t)^2 = 4\varepsilon E_{i0}^2 \operatorname{sen}^2\beta z \operatorname{sen}^2\omega t, \quad (10.16)$$

$$w_m(t) = \frac{1}{2}\mu H_{tot}(t)^2 = 4\varepsilon E_{i0}^2 \cos^2\beta z \cos^2\omega t. \quad (10.17)$$

onde, na segunda equação, o uso é feito do fato de que $\mu/\eta^2 = \varepsilon$, como na Equação (9.24), e a densidade de energia eletromagnética total da onda resultante é $w_{em} = w_e + w_m$. Notemos que, uma vez que $\operatorname{sen}^2\alpha = (1 - \cos 2\alpha)/2$ e $\cos^2\alpha = (1 + \cos 2\alpha)/2$, onde α representa tanto ωt quanto βz, a periodicidade de ambos w_e e w_m no tempo e no espaço (ao longo de z) é determinada por 2ω e 2β, respectivamente, ou seja, duas vezes as taxas de repetição correspondente (no tempo e no espaço) para os campos [ver também Equação (9.44)]. No entanto, as oscilações das densidades de energia no tempo não são harmônicas no tempo, porque suas médias de tempo não são zero (os termos meio constantes no expansões de $\operatorname{sen}^2\omega t$ e $\cos^2\omega t$).

Na Figura 10.4, as funções que w_e e w_m nas equações (10.16) e (10.17) são representadas contra z para instantes de tempo $t = 0$, $t = T/8$ e $t = T/4$, respectivamente, sendo T o período de tempo da onda incidente na Equação (8.49). Estas imagens são outra confirmação de que não há transferência líquida de energia eletromagnética em uma onda estacionária — a energia não viaja, mas oscila para trás e para frente no eixo z entre os locais de pico dos campos elétricos e magnéticos, respectivamente (como a água em um balde). Em um instante (por exemplo, $t = 0$), o campo magnético é máximo e a energia é toda magnética ($\cos\omega t = 1$), enquanto o campo elétrico e sua densidade de energia são zero em todos os lugares ($\operatorname{sen}\omega t = 0$). Um quarto de um período posterior (em $t = T/4$), a energia é toda elétrica (o campo magnético é zero em todos os lugares), com densidade de energia máxima deslocada no espaço por $\lambda/4$. Depois de mais um quarto do período, a energia está toda de volta no campo magnético, e assim por diante. Em tempos intermediários, a energia está se movendo do campo elétrico para o magnético e vice-versa (note que em $t = T/8$, a energia é exatamente metade elétrica e metade magnética). Então, essa troca completa periódica de energia armazenada entre o campo elétrico e magnético da onda eletromagnética estacionária é exatamente o que ocorre no ressonador Fabry-Perot, Figura 10.3, na sua frequência de ressonante, Equação (10.12) e tal flutuação de energia é característica de todos os ressonadores eletromagnéticos, incluindo circuitos elétricos ressonantes (por exemplo, um circuito LC simples).[7]

(b) As densidades de energia elétrica e magnética média no tempo da onda (constante) resultante em um ponto com coordenada z ($-\infty < z < 0$) são obtidas, como nas equações (9.38), utilizando as intensidades de campo magnético e o elétrico rms, que, por sua vez, são encontradas como magnitudes de expressões de campo complexo nas equações (10.8). Assim, a densidade de energia eletromagnética média no tempo total da onda resultante é

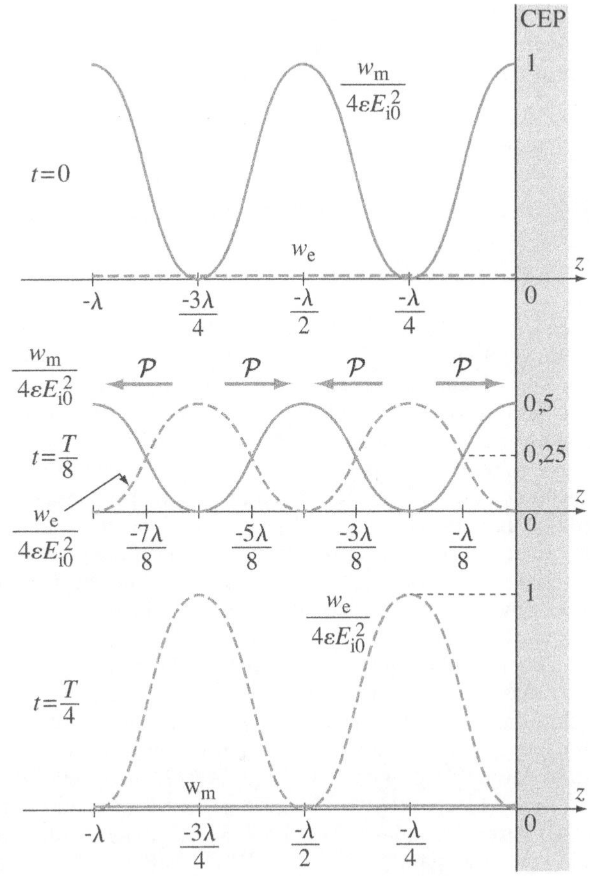

Figura 10.4
Esboço de densidades de energia elétrica e magnética instantâneas, equações (10.16) e (10.17), da onda resultante na Figura 10.1 (dividida por $4\varepsilon E_{i0}^2$) como uma função de z em três instantes de tempo característicos; para o Exemplo 10.2.

densidade de energia eletromagnética média no tempo de uma onda estacionária

$$(w_{em})_{méd} = (w_e)_{méd} + (w_m)_{méd} = \\ = \frac{1}{2}\varepsilon|\underline{\mathbf{E}}_{tot}|^2 + \frac{1}{2}\mu|\underline{\mathbf{H}}_{tot}|^2 = 2\varepsilon E_{i0}^2 \quad (10.18)$$

($\operatorname{sen}^2\alpha + \cos^2\alpha = 1$), de modo que de fato é a mesma para todos os z. Esse mesmo resultado pode ser obtido pela média no tempo [ver Equação (6.95)] a densidade de energia eletromagnética instantânea da onda resultante, dada pelas equações (10.16) e (10.17) e mostrada na Figura 10.4.

Exemplo 10.3

Vetor Poynting de uma onda estacionária

Para a mesma situação, como no exemplo anterior, encontramos as expressões para o vetor Poynting médio no tempo

7 Note que em um simples circuito LC ressonante, o campo de corrente e magnético de um indutor estão 90º fora de fase (diferença em "j" em expressões complexas) com relação ao campo de tensão e elétrico de um capacitor [ver Equação (8.69) ou (3.45)]. Na frequência angular de ressonância do circuito, $\omega = 1/\sqrt{LC}$, a energia oscila entre o indutor (toda a energia magnética) e o capacitor (toda a energia elétrica), pois a corrente no indutor e a tensão no capacitor ciclicamente assumem valores máximos/zero [ver equações (7.88) e (2.192), bem como a Equação (8.207)].

complexo instantâneo, respectivamente, da onda resultante, e discutimos suas características de onda estacionária. Em qual frequência o vetor instantâneo oscila?

Solução A partir das equações (8.161) e (10.9), o vetor Poynting instantâneo resultante na Figura 10.1 é

$$\mathcal{P}(t) = \mathbf{E}_{tot}(t) \times \mathbf{H}_{tot}(t) = 8\,\frac{E_{i0}^2}{\eta}\,\text{sen}\,\beta z \cos \beta z\,\text{sen}\,\omega t \cos \omega t\,\hat{\mathbf{z}} = 2\,\frac{E_{i0}^2}{\eta}\,\text{sen}\,2\beta z\,\text{sen}\,2\omega t\,\hat{\mathbf{z}} \quad (10.19)$$

($2\,\text{sen}\,\alpha \cos \alpha = \text{sen}\,2\alpha$). Obviamente, bem como as densidades de energia na Figura 10.4, $\mathcal{P}(t)$ oscilam no tempo no dobro da frequência dos campos ($2f = \omega/\pi$) e similarmente para periodicidade espacial (2β em vez de β). Os zeros do vetor Poynting abrangem ambos os zeros de intensidade de campo elétrico e magnético na Figura 10.2. Sabendo que a direção do vetor $\mathcal{P}$ coincide com a direção da propagação de onda e sua magnitude instantânea é igual à razão de tempo com que a energia eletromagnética é transportada pela onda por unidade de área da frente de onda, a Equação (10.19) fornece mais uma prova de que a onda resultante na Figura 10.1 não propaga, mas, sim, fica estática. Mostra novamente que a energia não é transportada pela onda em qualquer direção, mas, sim, movida para trás e para frente em uma forma oscilatória, a uma distância $\lambda/4$, entre as localidades de máxima energia elétrica e magnética. Por exemplo, a expressão para o vetor Poynting em $t = T/8$ lê $\mathcal{P} = (2E^2_{i0}/\eta)\,\text{sen}\,2\beta z\,\hat{\mathbf{z}}$ ($\text{sen}\,2\omega t = 1$), e, portanto $\mathcal{P} = (2E^2_{i0}/\eta)\,\hat{\mathbf{z}}$ (direcionado para frente) para $z = -(4m + 1)\,\lambda/8$ e $\mathcal{P} = -(2E^2_{i0}/\eta)\,\hat{\mathbf{z}}$ (direcionado para trás) para $z = -(4m + 3)\,\lambda/8$, onde $m = 0, 1, 2, ...$, como indicado na Figura 10.4. Esta é uma etapa intermediária na qual a energia está sendo redistribuída, através do vetor Poynting, desde a fase da energia magnética em $t = 0$ para a fase elétrica em $t = t/4$ na Figura 10.4. Nestes dois últimos estágios, no entanto, $\mathcal{P} = 0$ em todos os lugares ($\text{sen}\,2\omega t = 0$) e a flutuação de energia para por um momento, pois $\mathcal{P}$ muda de direção em todos os pontos, levando à próxima fase da energia totalmente elétrica ou totalmente magnética.

Usando as equações (8.194) e (10.8), o vetor Poynting complexo da onda estacionária é

vetor Poynting complexo de uma onda estacionária

$$\underline{\mathcal{P}} = \underline{\mathbf{E}}_{tot} \times \underline{\mathbf{H}}^*_{tot} = -\text{j}2\,\frac{E_{i0}^2}{\eta}\,\text{sen}\,2\beta z\,\hat{\mathbf{z}} \quad (10.20)$$

($E_{i0}E^*_{i0} = E^2_{i0}$). Vemos que $\mathcal{P}$ é puramente imaginário, o que, naturalmente, está novamente de acordo com o fato de que não há fluxo de potência líquida real (pela onda eletromagnética resultante) na Figura 10.1. Representa a potência reativa de flutuação determinando a razão de troca de energia no tempo e no espaço entre os campos elétricos e magnéticos, como em todo o ressonador eletromagnético. O vetor Poynting médio no tempo instantâneo total [ver Equação (8.195)] é

$$\mathcal{P}_{méd} = \text{Re}\{\underline{\mathcal{P}}\} = 0, \quad (10.21)$$

o que é evidente também a partir da Equação (10.19).

Exemplo 10.4

Energia em um cilindro imaginário e teorema de Poynting

Uma onda plana uniforme harmônica no tempo com intensidade rms do campo elétrico E_{i0} e comprimento de onda λ viaja em um dielétrico com permissividade ε e é normalmente incidente em um plano perfeitamente condutor. Calcule a energia eletromagnética instantânea resultante armazenada em um cilindro imaginário com a área base S e comprimento $l = \lambda/4$, colocado no dielétrico ao longo da onda de tal forma que uma das suas bases está no plano CEP.

Solução Com o uso das expressões para densidades de energia armazenada instantânea elétrica e magnética (w_e e w_m) da onda estacionária, equações (10.16) e (10.17), a energia eletromagnética instantânea total contida no cilindro é calculada como

$$W_{em}(t) = W_e(t) + W_m(t) = \int_{z=-l}^{0} w_e(z,t)\underbrace{S\,dz}_{dv} + \int_{-l}^{0} w_m(z,t)\,S\,dz = 4\varepsilon E_{i0}^2 S\,\text{sen}^2\,\omega t \underbrace{\int_{-\lambda/4}^{0} \text{sen}^2\,\beta z\,dz}_{\lambda/8} + 4\varepsilon E_{i0}^2 S \cos^2 \omega t \underbrace{\int_{-\lambda/4}^{0} \cos^2 \beta z\,dz}_{\lambda/8} = \frac{\varepsilon\lambda E_{i0}^2 S}{2}\left(\text{sen}^2\,\omega t + \cos^2 \omega t\right) = \frac{\varepsilon\lambda E_{i0}^2 S}{2}, \quad (10.22)$$

com as duas integrais em z, avaliado praticamente da mesma forma que a integral no tempo (t) na Equação (6.95), chegando a ser igual a $l/2 = \lambda/8$, o que elimina a dependência do tempo no resultado, assim que a energia total é constante no tempo.

Note que este fato, $W_{em} = \text{const}$, pode ser obtido sem realmente calcular a energia, ou seja, através da aplicação do teorema de Poynting, Equação (8.159) ou (8.167), ao cilindro. Como não existem fontes volumétricas de energia externas (campos elétricos impressos ou correntes), nem perdas dentro do cilindro, o teorema produz

$$\frac{dW_{em}}{dt} = -\oint_{S_{cil}} \mathcal{P} \cdot d\mathbf{S}, \quad (10.23)$$

onde $\mathcal{P}$ é o vetor Poynting da onda estacionária na Figura 10.1, dada pela Equação (10.19). Além disso, como $\mathcal{P}$ é tangente à superfície lateral do cilindro e é zero em ambas as bases do cilindro, em $z = 0$ e $z = -\lambda/4$ ($2\beta\lambda/4 = \pi$), respectivamente, em todos os momentos, seu fluxo externo através da superfície (fechado) inteira do cilindro (S_{cil}) é zero, e assim é, a partir da Equação (10.23), a razão de tempo de variação da energia no cilindro – daí $W_{em} = \text{const}$. No entanto, o teorema de Poynting não pode nos dar o valor real de W_{em}, na Equação (10.22).

Exemplo 10.5

Recepção de onda estacionária por uma espira pequena e antenas de pequeno dipolo

A onda eletromagnética uniforme plana é incidente normalmente a partir do ar sobre a superfície da terra, que pode ser suposto como perfeitamente plano, de extensão infinita e perfeitamente condutora, portanto, um plano base CEP. A intensidade do campo elétrico rms da onda é $E_0 = 1$ V/m e seu comprimento de onda é $\lambda_0 = 20$ m. Para receber a onda, ou seja, o sinal que carrega, uma antena com um pequeno laço de área de superfície $S = 100\ \text{cm}^2$ é colocado em uma altura h em relação ao plano. (a) Para qual orientação e posição (h) da antena a fem rms induzida está no máximo, e qual é esta fem máxima (desprezando o campo magnético devido à corrente induzida na espira)? (b) Se, em vez disso, a onda é recebida por uma antena dipolo de fio curto (dois braços de fio em linha reta de comprimento total muito menor do que λ_0 com um pequeno intervalo entre os terminais de antena), quais são a orientação e a posição desta antena para a recepção máxima?

Solução

(a) Não podemos extrair energia (sinal) da onda incidente apenas, mas a partir da onda total existente no ar, e essa é a onda eletromagnética estacionária na Figura 10.1. Além disso, embora os campos elétricos e magnéticos associados sejam apenas as duas faces da onda eletromagnética e uma antena em espira recebe (se orientada e posicionada corretamente) igualmente ambos os campos, como discutido no Exemplo 9.8, se a espira é pequena, é muito mais simples avaliar a recepção do campo magnético, como mostrado no Exemplo 9.9. Portanto, consideramos o vetor de campo magnético resultante, $\underline{\mathbf{H}}_{\text{tot}}$, dado nas equações (10.8). Tendo em mente a Equação (9.58), podemos então perceber que para a recepção máxima da onda, a espira tem que ser orientada de tal forma que sua superfície seja perpendicular a $\underline{\mathbf{H}}_{\text{tot}}$, conforme ilustrado na Figura 10.5, com o qual, e a forma complexa da expressão para a lei de Faraday da indução eletromagnética pela Equação (9.59), a fem rms complexa induzida na antena vem a ser

$$\underline{\mathcal{E}}_{\text{ind}} = -\text{j}\omega\underline{\Phi} = -\text{j}\omega\underline{\mathbf{B}}\cdot\mathbf{S} = -\text{j}\omega\mu_0\underline{\mathbf{H}}_{\text{tot}}\cdot\mathbf{S} = \mp\text{j}\omega\mu_0\underline{H}_{\text{tot}}S =$$
$$= \frac{\mp 2\text{j}\omega\mu_0\underline{E}_{\text{i}0}S}{\eta_0}\cos\beta z \quad \text{para} \quad \mathbf{S} = \pm S\hat{\mathbf{y}}. \qquad (10.24)$$

Além disso, a magnitude desta fem é máxima quando a antena, também chamada de sonda magnética, está posicionada no campo magnético máximo da onda estacionária, isto é, quando $\cos\beta z = \pm 1$, e esta, por sua vez, está exatamente em zeros de campo elétrico, nas equações (10.10). A menor altura correspondente da antena acima da superfície da Terra ($h = -z$) é assim de meio comprimento de onda (Figura 10.5) e, combinando as equações (10.24), (9.23) e (8.111), a fem rms máxima chega a

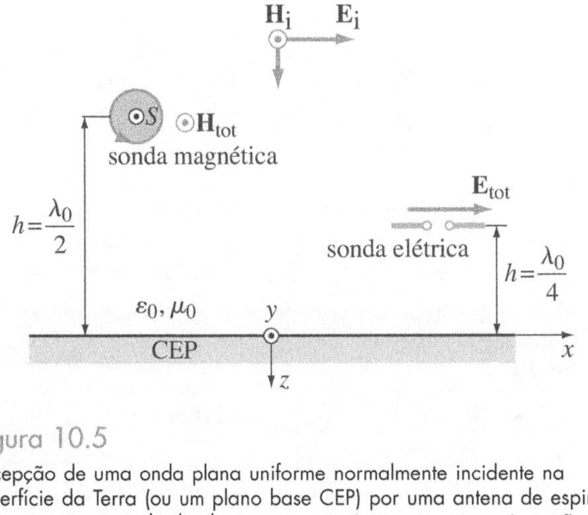

Figura 10.5

Recepção de uma onda plana uniforme normalmente incidente na superfície da Terra (ou um plano base CEP) por uma antena de espira pequena e antena de dipolo curto, respectivamente, com orientações e posições ideais; para o Exemplo 10.5.

$$|\underline{\mathcal{E}}_{\text{ind}}|_{\text{máx}} = \frac{2\omega\mu_0|\underline{E}_{\text{i}0}|S}{\eta_0} = 2\beta E_{\text{i}0}S = \frac{4\pi E_{\text{i}0}S}{\lambda_0} =$$
$$= 6{,}28\ \text{mV} \quad \text{para} \quad h = \frac{\lambda_0}{2} = 10\ \text{m}. \qquad (10.25)$$

O mesmo resultado é, naturalmente, obtido para h igual a qualquer múltiplo de $\lambda_0/2$.

(b) Para a antena receptora na forma de um dipolo de fio curto, referida como uma sonda elétrica, a fem induzida na antena pode ser encontrada a partir da Equação (6.32), usando o vetor de campo elétrico da onda (estacionária) total, $\underline{\mathbf{E}}_{\text{tot}}$, nas equações (10.8). É então evidente que a recepção de onda é máxima quando o dipolo está alinhado com o vetor $\underline{\mathbf{E}}_{\text{tot}}$, e colocado no campo elétrico máximo, em um dos planos, onde o sen $\beta z = \pm 1$. Isto dá $z = -(2m + 1)\lambda_0/4$ ($m = 0, 1, 2,...$), então a menor altura acima do plano CEP é agora $h = \lambda_0/4 = 5$ m, Figura 10.5

Exemplo 10.6

Espira móvel no campo de uma onda estacionária

Uma onda eletromagnética plana uniforme harmônica no tempo de frequência angular ω e intensidade do campo magnético rms $H_{\text{i}0}$ se propaga no ar e invade um plano CEP em incidência normal. Determine a fem instantânea induzida em uma espira eletricamente pequeno de área da superfície S que se desloca com velocidade v na direção de propagação da onda refletida. O plano da espira é perpendicular às linhas de campo magnético. Identifique que partes da fem se devem ao transformador e à introdução da dinâmica, respectivamente.

Solução Notemos primeiro que, ao contrário da situação no exemplo anterior, agora não podemos aplicar a lei de Faraday da indução eletromagnética no domínio complexo, Equação (10.24), mas, sim, no domínio do tempo, para que a potência leve em conta o movimento da espira. Em seguida, percebemos que o contorno dinâmico no campo magnético total da onda estacionária na Figura 10.1 representa, à medida que a fem induzida na espira esteja em destaque, um sistema baseado na indução eletromagnética total (mista), ou seja, uma combinação da indução do transformador (graças à variação temporal do campo magnético) e a indução dinâmica (em virtude do movimento da espira). Como tal, este sistema é semelhante ao do Exemplo 6.15. Tendo em mente as equações (9.58) e (10.9), bem como que $E_{\text{i}0}/\eta_0 = H_{\text{i}0}$, o fluxo magnético através do contorno quando se está em um local definido pela coordenada z ($-\infty < z < 0$) no instante t, como mostrado na Figura 10.6, é igual a

$$\Phi(z, t) = \mu_0 H_{\text{tot}}(z, t)S = 2\sqrt{2}\mu_0 H_{\text{i}0}S\cos\beta z\cos\omega t. \qquad (10.26)$$

Sendo $\text{d}z/\text{d}t = -v$ (o contorno viaja na direção negativa de z), a fem (combinada) total da espira é, tal como na Equação (6.112), dada por

$$e_{\text{ind}}(z, t) = -\frac{\text{d}\Phi}{\text{d}t} = -\frac{\partial\Phi(z,t)}{\partial t} - \frac{\partial\Phi(z,t)}{\partial z}\frac{\text{d}z}{\text{d}t} =$$
$$= \underbrace{-\frac{\partial\Phi(z,t)}{\partial t}}_{\text{fem transformadora}} + \underbrace{v\frac{\partial\Phi(z,t)}{\partial z}}_{\text{fem dinâmica}} =$$
$$= 2\sqrt{2}\mu_0 H_{\text{i}0}S[\omega\cos\beta z\,\text{sen}\,\omega t - \beta v\,\text{sen}\,\beta z\cos\omega t], \qquad (10.27)$$

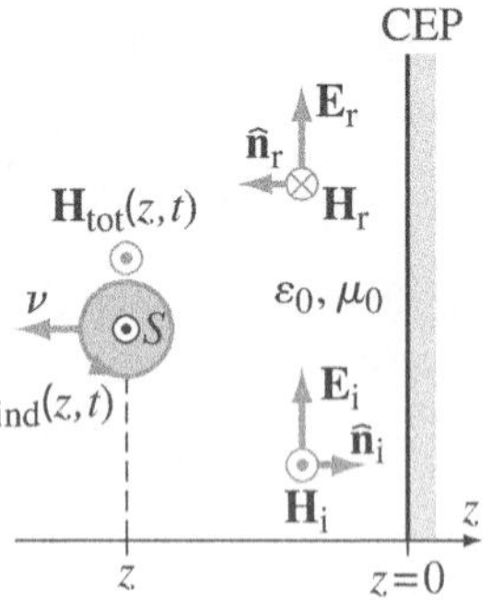

Figura 10.6

Contorno em movimento ($S \ll \lambda_0^2$) no campo magnético de uma onda harmônica no tempo plana uniforme estática na frente de uma tela CEP; para o Exemplo 10.6.

com o primeiro termo (derivada parcial negativa de Φ com relação a t) correspondente à parte do transformador da fem total (que seria zero se $\omega = 0$ — sem variação de tempo de H_{tot}) e o segundo termo (derivada parcial negativa de Φ com relação a z vezes dz/dt) para a fem dinâmica (torna-se zero se $v = 0$ — contorno estacionário ou se $\beta = 0$ — sem variação espacial de H_{tot}).

Supondo que a posição de referência da espira para $t = 0$ seja $z = 0$ na Figura 10.6, temos que $z = -vt$ para $t \geq 0$, com o qual podemos expressar a fem na Equação (10.27) como uma função do tempo apenas,

$$e_{ind}(t) = 2\sqrt{2}\mu_0\beta H_{i0}S\left[c_0\cos(\beta vt)\,\text{sen}\,\omega t + \right.$$
$$\left. + v\,\text{sen}\,(\beta vt)\cos\omega t\right]. \quad (10.28)$$

Aqui, o uso é feito também da relação $\omega/\beta = c_0$, Equação (8.111), c_0 representando a velocidade das ondas incidentes e refletidas (no ar), Equação (9.19), para torná-lo evidente no resultado que a fem parcial devido a indução do transformador é, em geral, dominante sobre aquela, em consequência das induções dinâmicas — contanto que $v \ll c_0$ (e este é muito provavelmente o caso).

Exemplo 10.7

Reflexão de uma onda circularmente polarizada

A onda eletromagnética plana uniforme polarizada circularmente mão direita de frequência f e amplitude de campo elétrico E_m se propaga no ar e incide normalmente em um plano CEP. O vetor campo elétrico instantâneo da onda é dado por duas expressões de campo nas equações (9.185), com $\delta = -90°$. Encontre: (a) os vetores campo elétrico e magnético complexos da onda refletida, (b) o estado de polarização da onda refletida, (c) os vetores de campo magnético e elétrico complexos da onda resultante no ar, e (d) a corrente de superfície complexa e densidades de carga no plano CEP.

Solução

(a) Com base nas equações (9.185) e (8.66), os vetores intensidade de campo elétrico rms complexos das duas ondas linearmente polarizadas que constituem a onda incidente RHCP são expressos como

$$\underline{\mathbf{E}}_1 = E'\,e^{-j\beta z}\,\hat{\mathbf{x}}, \quad \underline{\mathbf{E}}_2 = -jE'\,e^{-j\beta z}\,\hat{\mathbf{y}} \quad \left(E' = \frac{E_m}{\sqrt{2}}\right). \quad (10.29)$$

Usando as equações (9.192), ou seja, $\underline{H}_y = \underline{E}_x/\eta_0$ e $\underline{H}_x = -\underline{E}_y/\eta_0$, os vetores que acompanham o campo magnético são

$$\underline{\mathbf{H}}_1 = H'\,e^{-j\beta z}\,\hat{\mathbf{y}}, \quad \underline{\mathbf{H}}_2 = jH'\,e^{-j\beta z}\,\hat{\mathbf{x}} \quad \left(H' = \frac{E'}{\eta_0}\right), \quad (10.30)$$

com η_0 sendo a impedância intrínseca de espaço livre, Equação (9.23). Em consequência, os vetores $\underline{\mathbf{E}}_i$ e $\underline{\mathbf{H}}_i$ da onda incidente podem ser escritos como

onda CP incidente

$$\underline{\mathbf{E}}_i = E'\,e^{-j\beta z}(\hat{\mathbf{x}} - j\,\hat{\mathbf{y}}), \quad \underline{\mathbf{H}}_i = H'\,e^{-j\beta z}(\hat{\mathbf{y}} + j\,\hat{\mathbf{x}}). \quad (10.31)$$

Com referência à Figura 10.1, e por meio da condição de contorno na Equação (10.3), temos, para a onda refletida, $\underline{\mathbf{E}}_r = -\underline{\mathbf{E}}_i$ para $z = 0$ e, portanto,

$$\underline{\mathbf{E}}_r = -E'\,e^{j\beta z}(\hat{\mathbf{x}} - j\,\hat{\mathbf{y}}), \quad \underline{\mathbf{H}}_r = H'\,e^{j\beta z}(\hat{\mathbf{y}} + j\,\hat{\mathbf{x}}), \quad (10.32)$$

onde $\underline{\mathbf{H}}_r$ é calculado a partir de $\underline{\mathbf{E}}_r$, quer pela relação do vetor na Equação (9.22) com o vetor de propagação unitário na direção refletida, $\hat{\mathbf{n}}_r = -\hat{\mathbf{z}}$, ou por determinação de cada um dos componentes transversais de $\underline{\mathbf{H}}_r$ do componente (ortogonal) correspondente de $\underline{\mathbf{E}}_r$ usando a impedância intrínseca η_0 e certificando-se de que o vetor Poynting associado é bem direcionado (na direção negativa de z).

(b) A onda refletida também é circularmente polarizada. Uma vez que há exatamente a mesma relação de fase entre os componentes x e y de $\underline{\mathbf{E}}_r$, nas equações (10.32), como para $\underline{\mathbf{E}}_i$, nas equações (10.31), o vetor de $\underline{\mathbf{E}}_r$ (t) para z = const gira na mesma direção de $\underline{\mathbf{E}}_i$ (t), e o mesmo é verdade para o vetor campo magnético. O sentido de rotação de $\underline{\mathbf{E}}_r$ (t) pode também ser encontrado ao esboçarmos este vetor em vários instantes de tempo característicos, como na Figura 9.21. No entanto, como as duas ondas viajam em direções opostas ($\hat{\mathbf{n}}_r = -\hat{\mathbf{n}}_i$), o sentido da onda refletida é exatamente oposta ao da onda incidente (veja a definição de polarizações RH e LH dadas com a Figura 9.19), por isso é uma onda LHCP. Em geral, uma superfície refletora (espelho) muda o sentido da polarização de uma onda que colide.

(c) Os vetores de campo elétrico e magnético totais são obtidos como nas equações (10.5) e (10.6),

onda CP estacionária

$$\underline{\mathbf{E}}_{tot} = \underline{\mathbf{E}}_i + \underline{\mathbf{E}}_r = -2jE'\,\text{sen}\,\beta z(\hat{\mathbf{x}} - j\,\hat{\mathbf{y}}),$$
$$\underline{\mathbf{H}}_{tot} = \underline{\mathbf{H}}_i + \underline{\mathbf{H}}_r = 2H'\cos\beta z(\hat{\mathbf{y}} + j\,\hat{\mathbf{x}}) \quad (10.33)$$

[ver também as equações (10.8)], então a onda resultante é uma onda estacionária CP. Nossa definição do sentido da polarização (na Figura 9.19), no entanto, não faz sentido para as ondas estacionárias, pois elas não se propagam.

(d) O vetor densidade de corrente de superfície no plano CEP é obtido a partir da condição de contorno na Equação (10.13),

$$\underline{\mathbf{J}}_s = (-\,\hat{\mathbf{z}}) \times \underline{\mathbf{H}}_{tot}\big|_{z=0} = 2H'(\hat{\mathbf{x}} - j\,\hat{\mathbf{y}}). \quad (10.34)$$

Como esperado, $\mathbf{J}_s$ (t) é também um vetor PC. Por outro lado, a condição de contorno na Equação (10.15) nos diz que não há excesso de cargas superficiais no plano, $\rho_s = 0$.

10.2 INCIDÊNCIA NORMAL EM INTERFACE PLANAR PENETRÁVEL

Vamos agora considerar um caso mais geral com o meio no lado direito da interface na Figura 10.1 sendo penetrável para a onda (normalmente) incidente. Além disso, vamos adicionar a possibilidade de ter perdas arbitrárias em ambos os meios e descrever suas propriedades eletromagnéticas por ε_1, μ_1 e σ_1, para o meio 1 e ε_2, μ_2 e σ_2, para o 2, como indicado na Figura 10.7. Supomos, é claro, que pelo menos um dos três parâmetros materiais tem valores diferentes para as duas regiões, e por causa de sua descontinuidade no meio de propagação (mudança abrupta de algumas das propriedades do material) no caminho da viagem da onda incidente, esta será em parte refletida a partir da interface, e em parte transmitida através dela (meio 2 é penetrável). Assim, temos três ondas viajando na Figura 10.7: dois no meio 1 (incidente e refletida), como no caso com o limite CEP na Figura 10.1, e uma no meio 2 (que não existe na Figura 10.1). Esta nova onda é chamada de onda transmitida, que se propaga longe da interface material, com parâmetros de propagação com base nas propriedades materiais do meio 2. Adotando a mesma direção de referência do vetor intensidade de campo elétrico para as três ondas, suas representações gráficas na Figura 10.7 são convertidas para as seguintes equações:

onda incidente

$$\underline{\mathbf{E}}_\mathrm{i} = \underline{E}_{\mathrm{i}0}\,\mathrm{e}^{-\underline{\gamma}_1 z}\,\hat{\mathbf{x}}, \quad \underline{\mathbf{H}}_\mathrm{i} = \frac{\underline{E}_{\mathrm{i}0}}{\underline{\eta}_1}\,\mathrm{e}^{-\underline{\gamma}_1 z}\,\hat{\mathbf{y}}, \tag{10.35}$$

onda refletida

$$\underline{\mathbf{E}}_\mathrm{r} = \underline{E}_{\mathrm{r}0}\,\mathrm{e}^{\underline{\gamma}_1 z}\,\hat{\mathbf{x}}, \quad \underline{\mathbf{H}}_\mathrm{r} = \frac{\underline{E}_{\mathrm{r}0}}{\underline{\eta}_1}\,\mathrm{e}^{\underline{\gamma}_1 z}(-\hat{\mathbf{y}}), \tag{10.36}$$

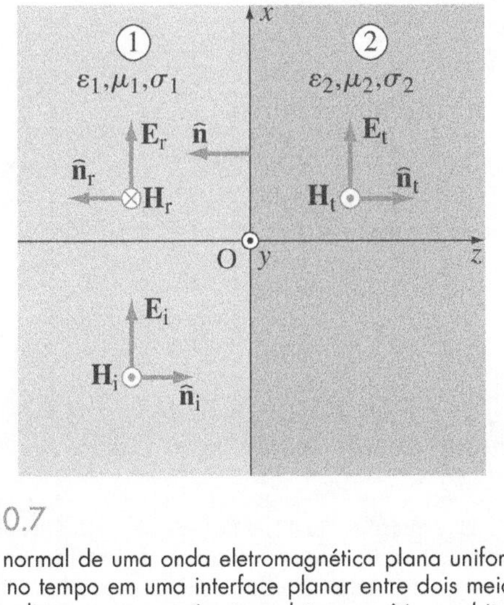

Figura 10.7

Incidência normal de uma onda eletromagnética plana uniforme harmônica no tempo em uma interface planar entre dois meios homogêneos lineares com parâmetros eletromagnéticos arbitrários.

onda transmitida

$$\underline{\mathbf{E}}_\mathrm{t} = \underline{E}_{\mathrm{t}0}\,\mathrm{e}^{-\underline{\gamma}_2 z}\,\hat{\mathbf{x}}, \quad \underline{\mathbf{H}}_\mathrm{t} = \frac{\underline{E}_{\mathrm{t}0}}{\underline{\eta}_2}\,\mathrm{e}^{-\underline{\gamma}_2 z}\,\hat{\mathbf{y}}, \tag{10.37}$$

onde $\underline{E}_{\mathrm{i}0}$, $\underline{E}_{\mathrm{r}0}$ e $\underline{E}_{\mathrm{t}0}$ são, respectivamente, as intensidades de campo elétrico complexo rms da onda incidente, refletida e transmitida no plano $z = 0$. Os coeficientes de propagação complexos e impedâncias intrínsecas para os dois meios são dados [ver equações (9.82), (9.91) e (9.78)] por $\underline{\gamma}_\mathrm{k} = \mathrm{j}\omega\sqrt{\underline{\varepsilon}_{\mathrm{e}k}\mu_k} = \alpha_\mathrm{k} + \mathrm{j}\beta_\mathrm{k}$ e $\underline{\eta}_\mathrm{k} = \sqrt{\mu_k/\underline{\varepsilon}_{\mathrm{e}k}}$, respectivamente, onde $k = 1$ para o meio 1 e $k = 2$ para o meio 2, $\underline{\varepsilon}_\mathrm{ek} = \varepsilon_\mathrm{k} - \mathrm{j}\sigma_\mathrm{k}/\omega$ $(k = 1, 2)$ são as permissividades equivalentes complexas, coeficientes de atenuação α_k e coeficientes de fase β_k dos dois meios.

Nas equações (10.36) e (10.37), temos duas intensidades de campo desconhecidas em $z = 0$, $\underline{E}_{\mathrm{r}0}$ e $\underline{E}_{\mathrm{t}0}$, então, precisamos de duas equações algébricas lineares com estas duas constantes complexas como incógnitas a resolver, por um dado $\underline{E}_{\mathrm{i}0}$, enquanto para o caso na Figura 10.1, uma equação foi suficiente. Assim, além da condição de contorno para o vetor **E**, usamos aqui a condição de contorno para **H** também. Ambos são para os componentes do vetor tangencial e para o caso geral de uma superfície de limite entre dois meios eletromagnéticos arbitrários, equações (8.32). Uma vez que todos os vetores na Figura 10.7 são inteiramente tangentes na fronteira, as condições se aplicam aos vetores inteiros, e temos

$$\hat{\mathbf{n}} \times \underline{\mathbf{E}}_1 - \hat{\mathbf{n}} \times \underline{\mathbf{E}}_2 = 0 \longrightarrow$$
$$\longrightarrow (\underline{\mathbf{E}}_\mathrm{i} + \underline{\mathbf{E}}_\mathrm{r})\big|_{z=0} = \underline{\mathbf{E}}_\mathrm{t}\big|_{z=0}, \tag{10.38}$$

$$\hat{\mathbf{n}} \times \underline{\mathbf{H}}_1 - \hat{\mathbf{n}} \times \underline{\mathbf{H}}_2 = \underline{\mathbf{J}}_\mathrm{s} \xrightarrow{(\underline{\mathbf{J}}_\mathrm{s}=0)}$$
$$\xrightarrow{(\underline{\mathbf{J}}_\mathrm{s}=0)} (\underline{\mathbf{H}}_\mathrm{i} + \underline{\mathbf{H}}_\mathrm{r})\big|_{z=0} = \underline{\mathbf{H}}_\mathrm{t}\big|_{z=0}, \tag{10.39}$$

com $\hat{\mathbf{n}} = -\hat{\mathbf{z}}$ sendo o vetor unitário normal à interface (direcionado a partir do meio 2 para o meio 1). O vetor $\underline{\mathbf{J}}_\mathrm{s}$ na segunda condição de contorno é considerado como zero desde que as correntes superficiais no plano $z = 0$ possam somente existir se um dos dois meios for um condutor perfeito, como na Figura 10.1. Substituindo as expressões de campo nas equações (10.35) - (10.37) para as equações (10.38) e (10.39), em seguida, produz as seguintes duas equações com incógnitas $\underline{E}_{\mathrm{r}0}$ e $\underline{E}_{\mathrm{t}0}$:

condições de contorno

$$\underline{E}_{\mathrm{i}0} + \underline{E}_{\mathrm{r}0} = \underline{E}_{\mathrm{t}0}, \quad \frac{\underline{E}_{\mathrm{i}0}}{\underline{\eta}_1} - \frac{\underline{E}_{\mathrm{r}0}}{\underline{\eta}_1} = \frac{\underline{E}_{\mathrm{t}0}}{\underline{\eta}_2}, \tag{10.40}$$

cujas soluções são

$$\underline{E}_{\mathrm{r}0} = \frac{\underline{\eta}_2 - \underline{\eta}_1}{\underline{\eta}_1 + \underline{\eta}_2}\,\underline{E}_{\mathrm{i}0}, \quad \underline{E}_{\mathrm{t}0} = \frac{2\underline{\eta}_2}{\underline{\eta}_1 + \underline{\eta}_2}\,\underline{E}_{\mathrm{i}0}. \tag{10.41}$$

Isso completa o cálculo dos campos refletido e transmitido na Figura 10.7.

Vamos agora definir os coeficientes de reflexão e transmissão, $\underline{\Gamma}$ e $\underline{\tau}$, como as razões entre as intensidades de campo elétrico rms complexo correspondentes, refletidos sobre incidentes e transmitidos sobre incidentes, respectivamente, na interface material ($z = 0$). Assim, para a situação na Figura 10.7 (incidência normal de um meio com impedância intrínseca complexa $\underline{\eta}_1$ para um meio com impedância $\underline{\eta}_2$), estes coeficientes vêm a ser [a partir das equações (10.41)]

coeficiente de reflexão (adimensional)

$$\underline{\Gamma} = \frac{\underline{E}_{r0}}{\underline{E}_{i0}} = \frac{\underline{\eta}_2 - \underline{\eta}_1}{\underline{\eta}_1 + \underline{\eta}_2}, \tag{10.42}$$

coeficiente de transmissão (adimensional)

$$\underline{\tau} = \frac{\underline{E}_{t0}}{\underline{E}_{i0}} = \frac{2\underline{\eta}_2}{\underline{\eta}_1 + \underline{\eta}_2}, \tag{10.43}$$

onde é evidente a partir da primeira condição de contorno nas equações (10.40), dividindo ambos os lados da equação por $\underline{E}_{i0}$, que $1 + \underline{\Gamma} = \underline{\tau}$.[8]

O coeficiente de reflexão, sendo geralmente complexo, pode ser representado como

coeficiente de reflexão na forma polar

$$\underline{\Gamma} = |\underline{\Gamma}|\, e^{j\psi} \quad (0 \leq |\underline{\Gamma}| \leq 1;\ -180^\circ < \psi \leq 180^\circ), \tag{10.44}$$

onde o ângulo de fase ψ representa o deslocamento de fase entre as intensidades de campo elétrico incidentes e refletidas na interface, além de sua relação de amplitude, determinada pela magnitude do coeficiente de reflexão, $|\underline{\Gamma}|$. Que $|\underline{\Gamma}| \leq 1$ será evidente segundo a expressão para o vetor Poynting no meio incidente, que será obtido em um exemplo, e a partir do fato de que a potência média no tempo levada de volta pela onda refletida não pode ser (pelo princípio da conservação da energia) maior do que a potência média no tempo da onda incidente. Em decibéis,

coeficiente de reflexão dB

$$\Gamma_{dB} = 20 \log |\underline{\Gamma}| \quad (-\infty < \Gamma_{dB} \leq 0\ \text{dB}). \tag{10.45}$$

Uma representação semelhante, em termos de magnitude e fase, pode ser dada para o coeficiente de transmissão complexa, $\underline{\tau}$.

Se ambos os meios na Figura 10.7 são sem perdas ($\sigma_1 = \sigma_2 = 0$), as impedâncias intrínsecas são puramente reais, $\underline{\eta}_1 = \eta_1 = \sqrt{\varepsilon_1 \mu_1}$ e $\underline{\eta}_2 = \eta_2 = \sqrt{\mu_2/\varepsilon_2}$, o que resulta em ambos os coeficientes nas equações (10.42) e (10.43) puramente reais ($\underline{\Gamma} = \Gamma$ e $\underline{\tau} = \tau$) também. Para $\eta_1 < \eta_2$, Γ é positivo ($\psi = 0$), enquanto $\eta_1 > \eta_2$ produz um negativo Γ ($\psi = 180°$). Por outro lado, τ é não negativo para qualquer combinação de impedâncias puramente reais (que devem ser não negativas). É interessante notar que $\tau > 1$, o que significa que a amplitude do campo elétrico transmitido é maior que a do campo incidente, quando $\eta_1 < \eta_2$. Embora este ganho na intensidade do campo elétrico através do limite possa parecer à primeira vista uma violação alarmante do princípio da conservação de energia no sistema na Figura 10.7, de pronto lembramos que ambos os campos elétricos e magnéticos, ou seja, o vetor Poynting, devem ser considerados na avaliação da energia transportada por uma onda e em quaisquer avaliações equilíbrio de energia. De fato, a amplitude do campo magnético neste caso é menor para a transmitida do que para a incidente [a relação de amplitude, transmitida sobre a incidente, para campos magnéticos é $2\eta_1/(\eta_1 + \eta_2) < 1$ (desde que $\eta_1 < \eta_2$)]. Além disso, é pequeno o suficiente para fazer a magnitude do vetor Poynting média no tempo da onda transmitida menor do que a da onda incidente, de modo que a conservação de energia permanece a mesma [a relação entre o fluxo de energia da transmitida para a incidente, como veremos em um exemplo, equivale a $\tau^2\,\eta_1/\eta_2$, e é uma simples questão de mostrar, substituindo a expressão para τ a partir da Equação (10.43), que esta relação é sempre menor do que a unidade]. Mostrado na Figura 10.8 um momento no tempo (em $t = 0$) das intensidades de campo elétrico instantâneas das ondas incidentes, refletidas e transmitidas como uma função de z, para duas combinações de permissividades, $\varepsilon_1 > \varepsilon_2$ e $\varepsilon_1 < \varepsilon_2$, dos dois meios na Figura 10.7, supondo que ambos os meios são não magnéticos ($\mu_1 = \mu_2 = \mu_0$) e sem perdas. Observamos a correspondência de intensidades de campo na interface de acordo com a condição de contorno para campos E nas equações (10.40) para as duas situações, bem como diferentes comprimentos de onda ($\lambda_1 \neq \lambda_2$) para as formas de onda nos dois meios.

Se o meio 2 é bom condutor, de modo que sua impedância intrínseca é dada pela Equação (9.137) e o meio 1 é um dielétrico perfeito (por exemplo, ar), $|\underline{\eta}_2| \ll \eta_1$ (em frequências até a região de luz visível), e equações (10.42) e (10.43) tornam-se

meio reflexivo bom condutor

$$\underline{\Gamma} \approx \frac{-\eta_1}{\eta_1} = -1, \quad \underline{\tau} \approx \frac{2\underline{\eta}_2}{\eta_1}. \tag{10.46}$$

Se, além disso, o condutor pode ser considerado perfeito, $\eta_2 = 0$ e, portanto,

meio reflexivo CEP

$$\underline{\Gamma} = -1, \quad \underline{\tau} = 0, \tag{10.47}$$

onde $= \underline{\Gamma} = -1$ significa, claro, $|\Gamma| = 1$ e $\psi = 180°$ e é equivalente à relação na Equação (10.4).

8 Vamos destacar mais uma vez que as expressões para $\underline{\Gamma}$ e $\underline{\tau}$ em termos de $\underline{\eta}_1$ e $\underline{\eta}_2$, nas equações (10.42) e (10.43) são definidas pela mesma direção de referência dos vetores $\underline{\mathbf{E}}_{i0}$, $\underline{\mathbf{E}}_{r0}$ e $\underline{\mathbf{E}}_{t0}$ (Figura 10.7). Tal adoção das orientações do vetor é arbitrária; no entanto, uma vez que tenhamos feito essa escolha, devemos usá-la de forma consistente e ter sempre isso em mente na interpretação de valores numéricos para os coeficientes. Note também que os coeficientes são definidos para as intensidades de campo elétrico das três ondas e não das magnéticas, o que, também, é uma questão de convenção.

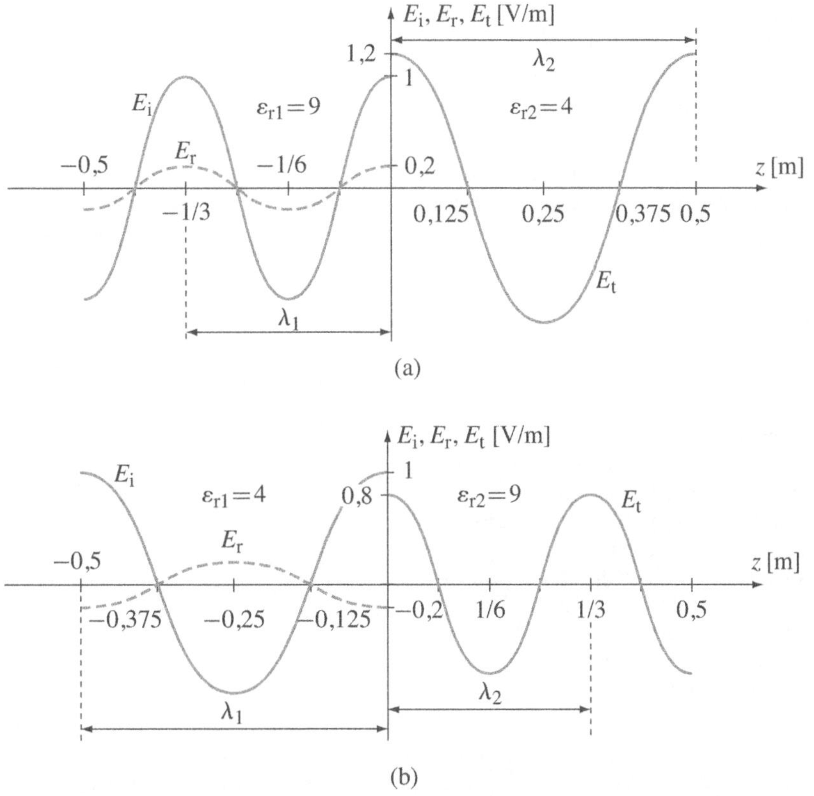

Figura 10.8

Partes de intensidades de campo elétrico instantâneas das ondas incidentes, refletidas e transmitidas na Figura 10.7 contra z em $t = 0$ para $\underline{E}_{i0} = E_{i0} = (\sqrt{2}/2)$ V/m (campo elétrico incidente tem uma fase inicial zero em $z = 0$), $f = 300$ MHz, $\mu_1 = \mu_2 = \mu_0$, $\sigma_1 = \sigma_2 = 0$ e duas combinações de permissividades relativas dos dois meios: (a) $\varepsilon_{r1} = 9$ e $\varepsilon_{r2} = 4$ e (b) $\varepsilon_{r1} = 4$ e $\varepsilon_{r2} = 9$.

O campo eletromagnético no meio 2 na Figura 10.7 consiste de campos elétricos e magnéticos da onda transmitida, $\underline{\mathbf{E}}_2 = \underline{\mathbf{E}}_t$ e $\underline{\mathbf{H}}_2 = \underline{\mathbf{H}}_t$, onde $\underline{\mathbf{E}}_t$ e $\underline{\mathbf{H}}_t$ são dadas pelas equações (10.37) e (10.43), uma vez que esta é a única onda que passa o limite em $z = 0$. Esta é uma onda puramente dinâmica. O campo eletromagnético no meio 1, por outro lado, resulta da superposição de duas ondas (incidente e refletida) viajando em direções opostas, como nas equações (10.5) e (10.6). No entanto, como $\underline{E}_{r0} \neq -\underline{E}_{i0}$ na Figura 10.7, a onda resultante não é uma onda estacionária pura. Isso é demonstrado pelo fato de que pelo menos uma parte de sua energia deve ser transferida para a onda transmitida. Para investigar quantitativamente o conteúdo de onda estacionária no campo total no meio 1, vamos supor, simplesmente, que não exibe perdas ($\sigma_1 = 0$), isto é, nenhuma atenuação de onda ($\alpha_1 = 0$), para que $\underline{\gamma}_1 = \mathrm{j}\beta_1$, onde $\beta_1 = \omega\sqrt{\varepsilon_1\mu_1}$.[9] Adicionando e subtraindo o termo $\underline{\Gamma}\underline{E}_{i0}\,\mathrm{e}^{-\mathrm{j}\beta_1 z}\,\hat{\mathbf{x}}$ na expressão para o vetor de intensidade do campo elétrico incidente nas equações (10.35), obtemos

$$\underline{\mathbf{E}}_i = \underline{E}_{i0}[\underbrace{(1+\underline{\Gamma})}_{\underline{\tau}}\,\mathrm{e}^{-\mathrm{j}\beta_1 z} - \underline{\Gamma}\,\mathrm{e}^{-\mathrm{j}\beta_1 z}]\,\hat{\mathbf{x}}. \quad (10.48)$$

O campo refletido é dado pelas equações (10.36) e (10.42), então o vetor de intensidade total do campo elétrico no meio incidente pode agora ser escrito como

$$\underline{\mathbf{E}}_1 = \underline{\mathbf{E}}_i + \underline{\mathbf{E}}_r = \underline{E}_{i0}[\underline{\tau}\,\mathrm{e}^{-\mathrm{j}\beta_1 z} + \underline{\Gamma}(\underbrace{-\,\mathrm{e}^{-\mathrm{j}\beta_1 z} + \mathrm{e}^{\mathrm{j}\beta_1 z}}_{2\mathrm{j}\,\mathrm{sen}\,\beta_1 z})]\,\hat{\mathbf{x}} =$$

$$= \underbrace{\underline{\tau}\underline{E}_{i0}\,\mathrm{e}^{-\mathrm{j}\beta_1 z}\,\hat{\mathbf{x}}}_{\text{onda dinâmica}} + \underbrace{2\mathrm{j}\underline{\Gamma}\underline{E}_{i0}\,\mathrm{sen}\beta_1 z\,\hat{\mathbf{x}}}_{\text{onda estática}}, \quad (10.49)$$

e o campo magnético da onda resultante, $\underline{\mathbf{H}}_1$, pode ser decomposto em uma forma similar. Isso nos diz que a onda resultante pode ser visualizada como uma superposição de uma onda dinâmica, com intensidade do campo elétrico rms $|\underline{\tau}|\ |\underline{E}_{i0}|$, e uma onda estacionária, cuja intensidade do campo elétrico rms máxima é de 2 $|\underline{\Gamma}|\ |\underline{E}_{i0}|$. No domínio do tempo,

$$\mathbf{E}_1(t) = |\underline{\tau}||\underline{E}_{i0}|\sqrt{2}\cos(\omega t - \beta_1 z + \psi_\tau + \xi)\,\hat{\mathbf{x}}$$
$$- 2\sqrt{2}|\underline{\Gamma}||\underline{E}_{i0}|\,\mathrm{sen}\beta_1 z\,\mathrm{sen}(\omega t + \psi + \xi)\,\hat{\mathbf{x}}, \quad (10.50)$$

onde ψ_τ e ξ são ângulos de fase de $\underline{\tau}$ e $\underline{E}_{i0}$, respectivamente. Além disso, podemos dizer, com base na Equação (10.49) ou (10.50), que a onda refletida interfere com

9 Embora percamos alguma generalidade com a suposição de que o meio incidente é sem perdas, notemos que os casos com perdas (não desprezíveis) em ambos os meios na Figura 10.7 ocorrem relativamente em raras situações práticas. Além disso, nos casos em que um dos meios é com perdas, mais frequentemente é o meio de refletir, como em nossa hipótese, com o meio incidente sendo o ar ou algum outro dielétrico perfeito.

uma parte da onda incidente com o vetor campo elétrico igual em amplitude, exceto em equivalência [o segundo termo na Equação (10.48)] para formar uma onda estacionária, duas vezes maior que a amplitude no seu máximo. O resto da onda incidente [o primeiro termo na Equação (10.48)], que não interfere com a onda refletida, viaja em direção a interface e sustenta a onda transmitida no meio 2.

Exemplo 10.8

Campo de máximos e mínimos e onda estática padrão

Uma onda eletromagnética plana uniforme harmônica no tempo de frequência f e intensidade do campo elétrico rms E_{i0} se propaga em um meio sem perdas de parâmetros ε_1 e μ_1 e incide normalmente a superfície plana em um meio com perdas de parâmetros ε_2, μ_2 e σ_2. (a) Determine as expressões para máximos e mínimos da intensidade do campo elétrico rms da onda resultante no meio incidente, e suas localizações. (b) Esboce a distribuição espacial da intensidade do campo elétrico rms total no meio incidente. (c) Quais são os locais de máximos e mínimos do vetor intensidade do campo magnético resultante que acompanha?

Solução

(a) Além da representação na Equação (10.49), e com a definição de todos os parâmetros envolvidos, como aquele na representação, o vetor intensidade total do campo elétrico no meio incidente (meio 1) também pode ser escrito como

campo elétrico total em frente a uma interface penetrável

$$\underline{\mathbf{E}}_1 = \underline{E}_{i0}\,\hat{\mathbf{x}}\left(e^{-j\beta_1 z} + \underline{\Gamma}\,e^{j\beta_1 z}\right) = \underbrace{\underline{E}_{i0}\,e^{-j\beta_1 z}\,\hat{\mathbf{x}}}_{\text{onda incidente}}\underbrace{(1 + \underline{\Gamma}\,e^{j2\beta_1 z})}_{\text{fator de matriz}}, \qquad (10.51)$$

onde a intensidade do campo da onda incidente é multiplicada por um fator que considera a onda refletida e sua interação com a incidente, resultando no comportamento da onda estacionária. Esse fator, em última instância, se deve à existência do segundo meio na Figura 10.7. Usando a Equação (10.44), é expresso como

fator de arranjo, para as ondas (adimensional)

$$\underline{F}_a = 1 + |\underline{\Gamma}|\,e^{j(2\beta_1 z + \psi)} \quad (-\infty < z \leq 0). \qquad (10.52)$$

Referimo-nos a ele como o fator de arranjo e simbolizamos por $\underline{F}_a$, em analogia com a análise dos arranjos da antena, onde o campo elétrico distante total (padrão de irradiação) de um arranjo espacial de elementos de antena idêntica é obtido como um produto do campo (onda) emitida por um único elemento (elemento de referência) e pelo fator do arranjo.[10] No nosso caso, temos um "arranjo" de duas ondas, com a incidente no papel de um elemento de referência no arranjo. Na Figura 10.9(a), a Equação (10.52) é representada no plano complexo [ver também a Figura 8.6(d)], com $\underline{F}_a$ correspondente a um ponto em um círculo de raio $|\Gamma|$, centrado em $(1, 0)$. Como a coordenada z varia de 0 a $z = 0$ a $z \to \infty$, o ponto $\underline{F}_a$, cuja posição no círculo é determinada pelo ângulo $\phi_a = 2\,\beta_1 z + \psi$, gira na direção matematicamente negativa (sentido horário). A magnitude do fator de arranjo, para qualquer z, é igual a, no plano complexo, a magnitude do vetor posição do ponto $\underline{F}_a$ em relação à origem de coordenadas. É, portanto, evidente a partir da Figura 10.9(a) que os máximos e mínimos de $|\underline{F}_a|$ são, respectivamente, $1 + |\underline{\Gamma}|$ para $\phi_a = -2m\,\pi$ e $1 - |\underline{\Gamma}|$ para $\phi_a = -(2m + 1)\,\pi$ ($m = 0, 1, 2,...$). Assim, a máxima da intensidade do campo elétrico rms total na Equação (10.51), $|\underline{\mathbf{E}}_1| = |\underline{E}_{i0}|\,|\underline{F}_a|$, é

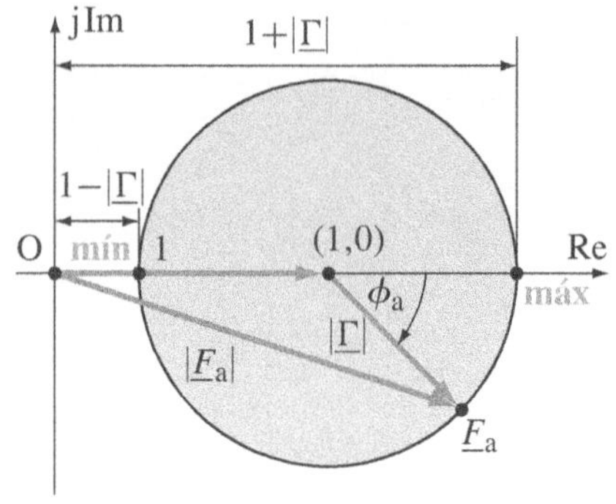

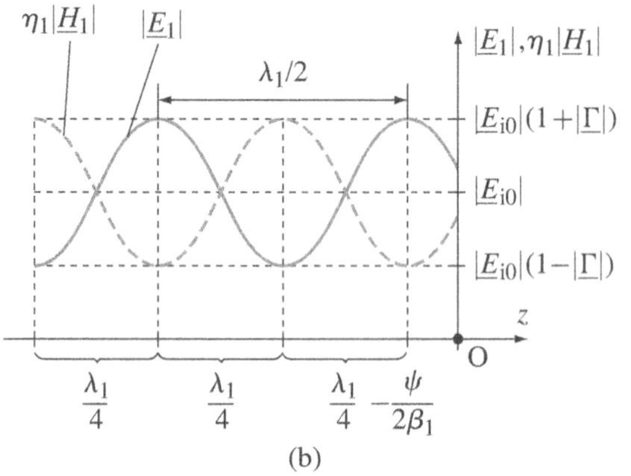

Figura 10.9

(a) Representação no plano complexo do fator de arranjo ($\underline{F}_a$) na Equação (10.52) para o vetor intensidade de campo elétrico total no meio incidente na Figura 10.7 e (b) esboço das magnitudes dos vetores intensidade de campo elétrico e magnético totais nas equações (10.51) e (10.55) como funções de z (padrões de onda estacionária), para uma fase arbitrária (ψ) do coeficiente de reflexão na Equação (10.44); para o Exemplo 10.8.

10 Como veremos em um capítulo posterior, o fator de arranjo de um conjunto de antenas é uma soma de termos especificando as amplitudes relativas e as fases de campos de radiação (ondas) de elementos de antena individuais no conjunto (em virtude de sua localização e alimentação) com relação ao elemento de referência, cujo termo é igual à unidade (se for adotado para ser um dos elementos da matriz). Assim, o segundo termo no fator de arranjo na Equação (10.52) representa a diferença de fase da onda refletida (seu campo elétrico) no ponto definido por uma coordenada arbitrária z no meio incidente ($-\infty < z \leq 0$) com relação à onda incidente no mesmo ponto, com a relação de amplitude $|\underline{\Gamma}|$, introduzida na oscilação na interface ($z = 0$). Os resultados da diferença de fase de ida e volta da onda viajando uma distância igual a $-2z$ (z é negativo), a partir do ponto com coordenadas z para a interface e de volta, e a mudança de fase de reflexão ψ adicionada na interface.

máximo de campo elétrico

$$|\underline{\mathbf{E}}_1|_{\text{máx}} = |\underline{E}_{i0}|\left(1 + |\underline{\Gamma}|\right) \quad \text{para}$$
$$z = -m\frac{\lambda_1}{2} - \frac{\psi}{2\beta_1}, \quad \begin{cases} m = 0, 1, 2, \ldots \text{ se } \psi \geq 0 \\ m = 1, 2, \ldots \text{ se } \psi < 0 \end{cases} \quad (10.53)$$

(o caso $m = 0$ para $\psi < 0$ é excluído, uma vez que dá um z positivo), e mínimos

mínimo de campo elétrico

$$|\underline{\mathbf{E}}_1|_{\text{mín}} = |\underline{E}_{i0}|\left(1 - |\underline{\Gamma}|\right)$$
$$\text{(alterado para } \lambda_1/4 \text{ em relação ao máximo)} \quad (10.54)$$

onde $\lambda_1 = 2\pi/\beta_1$.

(b) A Figura 10.9 (b) mostra o gráfico, chamado de padrão de onda estacionária campo elétrico, da magnitude de campo $|\underline{\mathbf{E}}_1|$ como uma função de z, para um ψ arbitrário. Especificamente, quando $\psi = 0$ (Γ real e positivo), a localização do primeiro campo máximo [$m = 0$ na Equação (10.53)] é bem no plano limite ($z = 0$). Por outro lado, o plano limite contém o primeiro mínimo de campo [Equação (10.54)] quando $\psi = 180^{\circ}$ (Γ real, mas negativo), desde que $\psi/(2\beta_1) = \lambda_1/4$ para este coeficiente de reflexão de fase. Note que a situação na Figura 10.1 (o segundo meio CEP) também cai neste último caso [ver Equação (10.47)], com mínimos na Equação (10.54) agora sendo zeros de campo ($|\underline{\mathbf{E}}_1|_{\text{mín}} = 0$), como na Equação (10.10) e o primeiro deles no plano CEP.

(c) Da mesma forma, o vetor intensidade total do campo magnético no meio incidente pode ser expresso como

campo magnético total em frente de uma interface impenetrável

$$\underline{\mathbf{H}}_1 = \underline{\mathbf{H}}_{\text{i}} + \underline{\mathbf{H}}_{\text{r}} = \frac{\underline{E}_{i0}}{\eta_1}\hat{\mathbf{y}}\left(\text{e}^{-\text{j}\beta_1 z} - \underline{\Gamma}\,\text{e}^{\text{j}\beta_1 z}\right) =$$
$$= \frac{\underline{E}_{i0}}{\eta_1}\,\text{e}^{-\text{j}\beta_1 z}\,\hat{\mathbf{y}}\left(1 - \underline{\Gamma}\,\text{e}^{\text{j}2\beta_1 z}\right). \quad (10.55)$$

Por causa do sinal de menos extra (180º diferença de fase), no termo de campo refletido, quando comparado com a Equação (10.51), o campo magnético máximo ocorre nos locais do campo elétrico mínimo, e vice-versa (como na Figura 10.2 para o limite CEP). O padrão de onda estacionária de campo magnético, $\eta_1\ |\underline{\mathbf{H}}_1(z)|$, também é mostrado na Figura 10.9(b).

Exemplo 10.9

Relação de onda estacionária

Para a situação descrita no exemplo anterior, encontre as razões de máxima para mínima para os campos elétricos e magnéticos totais, respectivamente, no meio incidente. Qual é o alcance de seus valores possíveis?

Solução Usando as equações (10.53)-(10.55), percebemos que estas relações, para $|\underline{\mathbf{E}}_1|$ e $|\underline{\mathbf{H}}_1|$, são as mesmas. Na verdade, a razão de campo (elétrico ou magnético) máxima para mínima é um parâmetro numérico chave que descreve um padrão de onda estacionária, chamado de relação de onda estacionária (SWR), e para os padrões na Figura 10.9(b) iguala a

relação de onda estacionária (adimensional)

$$s = \frac{|\underline{\mathbf{E}}_1|_{\text{máx}}}{|\underline{\mathbf{E}}_1|_{\text{mín}}} = \frac{|\underline{\mathbf{H}}_1|_{\text{máx}}}{|\underline{\mathbf{H}}_1|_{\text{mín}}} = \frac{1 + |\underline{\Gamma}|}{1 - |\underline{\Gamma}|} \quad (1 \leq s < \infty). \quad (10.56)$$

A gama de possíveis valores numéricos para s (para diferentes combinações de materiais na Figura 10.7) é dada por $1 \leq s < \infty$, que vem da faixa correspondente para $|\Gamma|$ na Equação (10.44). Note que uma SWR unitária ($s = 1$) ocorre para $\Gamma = 0$ (sem reflexão), ou seja, quando os parâmetros do material do segundo meio são tais que a sua impedância intrínseca é a mesma que (coincide com) a impedância intrínseca do meio incidente. Dizemos que o segundo meio "combina" (por impedância) com o incidente, de modo que a onda incidente é toda transmitida através da fronteira ($\tau = 1$). Como veremos em seções e capítulos posteriores, há muitas diferentes situações práticas onde a falta de reflexão (ou quase falta de reflexão) é um recurso para a descontinuidade do meio (ilimitado ou guiado) de propagação seja desejável (ou crítico) e SWR tão perto à unidade quanto possível é muitas vezes o requisito de projeto mais importante. Outro caso extremo é uma situação de reflexão total, com um SWR infinitamente grande ($s \to \infty$), que ocorre para $\Gamma = -1$ (limite CEP).

Exemplo 10.10

Cálculos da energia no problema de dois meios

(a) Para o problema de dois meios do Exemplo 10.8, determine o vetor Poynting médio no tempo no meio incidente, e dessa expressão mostre que a magnitude do coeficiente de reflexão associado para a interface material não pode ser maior do que a unidade. (b) Também encontre o vetor Poynting complexo no segundo meio e mostre que, se este meio não tem perdas, os coeficientes de reflexão e transmissão para a interface estão relacionados como $1 - \Gamma^2 = \eta_1\tau^2/\eta_2$, com η_1 e η_2 sendo as impedâncias intrínsecas dos dois meios.

Solução

(a) Combinando as equações (8.194), (10.51), (10.55), (10.44) e (10.7), o vetor Poynting complexo no meio incidente na Figura 10.7 é

$$\underline{\mathcal{P}}_1 = \underline{\mathbf{E}}_1 \times \underline{\mathbf{H}}_1^* = \frac{E_{i0}^2}{\eta_1}\left(1 + \underline{\Gamma}\,\text{e}^{\text{j}2\beta_1 z}\right)\left(1 - \underline{\Gamma}^*\,\text{e}^{-\text{j}2\beta_1 z}\right)\hat{\mathbf{z}} =$$
$$= \frac{E_{i0}^2}{\eta_1}\left\{1 - \underline{\Gamma}\underline{\Gamma}^* + |\underline{\Gamma}|\left[\text{e}^{\text{j}(2\beta_1 z + \psi)} - \text{e}^{-\text{j}(2\beta_1 z + \psi)}\right]\right\}\hat{\mathbf{z}} =$$
$$= \frac{E_{i0}^2}{\eta_1}\left[1 - |\underline{\Gamma}|^2 + 2\text{j}|\underline{\Gamma}|\,\text{sen}(2\beta_1 z + \psi)\right]\hat{\mathbf{z}}, \quad (10.57)$$

onde $\underline{E}^2_{i0} = |\underline{E}_{i0}|^2 = \underline{E}_{i0}\underline{E}^*_{i0}$. A parte imaginária de $\underline{\mathcal{P}}_1$, dada pelo mesmo tipo de expressão como na Equação (10.20) para a incidência em uma interface CEP, representa a flutuação de potência reativa no meio característica das ondas estacionárias. Sua parte real, igual ao vetor Poynting médio no tempo para $-\infty < z < 0$, ou seja, para o fluxo de potência líquida média no tempo (real) na direção z positiva (para a interface do meio) pela onda eletromagnética resultante por área unitária da frente de onda, acaba por ser

$$(\mathcal{P}_1)_{\text{méd}} = \text{Re}\{\underline{\mathcal{P}}_1\} = \frac{E_{i0}^2}{\eta_1}\left(1 - |\underline{\Gamma}|^2\right)\hat{\mathbf{z}} = \\ = (\mathcal{P}_i)_{\text{méd}} + (\mathcal{P}_r)_{\text{méd}}. \quad (10.58)$$

Esta potência é entregue ao campo eletromagnético no segundo meio.

Notemos que $(\mathcal{P}_1)_{\text{méd}}$ pode ser escrito como uma soma do vetor Poynting no tempo médio da onda incidente, $(\mathcal{P}_i)_{\text{méd}}$, e que da onda refletida, $(\mathcal{P}_r)_{\text{méd}}$, que são expressos como

$$(\mathcal{P}_i)_{\text{méd}} = \frac{E_{i0}^2}{\eta_1}\hat{\mathbf{z}},$$

$$(\mathcal{P}_r)_{\text{méd}} = |\underline{\Gamma}|^2\frac{E_{i0}^2}{\eta_1}(-\hat{\mathbf{z}}) = -|\underline{\Gamma}|^2(\mathcal{P}_i)_{\text{méd}}. \quad (10.59)$$

Vemos agora que, de fato, $|\Gamma| \leq 1$, já que $|(\mathcal{P}_r)_{\text{méd}}| \leq |(\mathcal{P}_i)_{\text{méd}}|$ (conservação de energia).

(b) O vetor Poynting complexo no segundo meio na Figura 10.7 é encontrado a partir dos vetores campo elétrico e magnético da onda transmitida, equações (10.37). Em analogia com a Equação (9.95),

$$\underline{\mathcal{P}}_2 = \underline{\mathcal{P}}_t = \frac{E_{t0}^2}{|\underline{\eta}_2|}\text{e}^{-2\alpha_2 z}\,\text{e}^{\text{j}\phi_2}\,\hat{\mathbf{z}}, \quad (10.60)$$

onde ϕ_2 é o ângulo de fase de η_2.

Se não há perdas no meio 2 ($\alpha_2 = 0$, $\phi_2 = 0$), com o uso das equações (10.60), (10.43) e (10.59), o vetor Poynting médio no tempo da onda transmitida é

$$(\mathcal{P}_t)_{\text{méd}} = \frac{E_{t0}^2}{\eta_2}\hat{\mathbf{z}} = \tau^2\frac{E_{i0}^2}{\eta_2}\hat{\mathbf{z}} = \frac{\eta_1}{\eta_2}\tau^2(\mathcal{P}_i)_{\text{méd}}. \quad (10.61)$$

Uma vez que ambos os meios são agora sem perdas, o fluxo de potência média no tempo em qualquer um deles não depende da coordenada z. Pela conservação do princípio de potência, ou, mais formalmente, a partir do teorema de Poynting na forma complexa, a Equação (8.196), aplicado a uma superfície de uma caixa fechada, como a da Figura 2.10(b), com uma das bases no plano $z = 0^-$ e a outra no plano $z = 0^+$, este fluxo de energia deve ser contínuo na superfície de contorno em $z = 0$. Assim, tendo em mente as equações (10.58), (10.59) e (10.61), obtemos a seguinte relação entre os coeficientes de reflexão e transmissão:

$$(\mathcal{P}_1)_{\text{méd}} = (\mathcal{P}_2)_{\text{méd}} \rightarrow 1 - \Gamma^2 = \frac{\eta_1}{\eta_2}\tau^2$$

(ambos os meios com perdas) (10.62)

Note que esta relação pode ser obtida também utilizando as expressões para os coeficientes em termos das impedâncias intrínsecas dos meios, equações (10.42) e (10.43).

Exemplo 10.11

Impedância da onda

Este exemplo introduz uma nova grandeza, igual à relação entre as intensidades totais elétrica e magnética do campo complexo em um ponto no espaço. É chamada de impedância de onda e é representada por $\underline{\eta}_w$. Com esta definição, encontre $\underline{\eta}_w$ no meio incidente na (a) Figura 10.7 e (b) Figura 10.1, respectivamente.

Solução

(a) Conforme foi dito na seção anterior, a relação da intensidade de campo elétrico e magnético complexo das ondas estacionárias não é constante, Equação (10.11), mas depende da coordenada espacial z (ao longo da direção de propagação de ondas). Ela tem a dimensão de impedância, como a impedância intrínseca do meio ($\underline{\eta}$).[11] Das equações (10.51) e (10.55), usando $\text{j}\beta_1$ substituído por $\underline{\gamma}_1$, a impedância de onda no meio (possivelmente com perdas) na Figura 10.7 é

impedância da onda no meio incidente, no caso geral de dois meios (unidade: Ω)

$$\underline{\eta}_{w1} = \frac{\underline{E}_1}{\underline{H}_1} = \underline{\eta}_1\frac{\text{e}^{-\underline{\gamma}_1 z} + \underline{\Gamma}\,\text{e}^{\underline{\gamma}_1 z}}{\text{e}^{-\underline{\gamma}_1 z} - \underline{\Gamma}\,\text{e}^{\underline{\gamma}_1 z}}. \quad (10.63)$$

Notemos que a impedância da onda no meio 2, com apenas uma onda dinâmica, é $\underline{\eta}_{w2} = \underline{\eta}_2$ [das equações (10.37)].

O conceito de impedância de onda e o resultado na Equação (10.63) são de especial utilidade na análise da propagação plano-onda em um meio multicamadas, que envolvem mais de duas regiões materiais diferentes (separadas por interfaces planares paralelas). Em tais problemas, como veremos em uma seção posterior, $\underline{\eta}_w$ calculado em um determinado plano (por exemplo, em uma das interfaces materiais diversas) pode ser usado como uma impedância "de entrada" equivalente, em analogia à impedância de entrada de uma parte de um circuito elétrico, para substituir o resto da estrutura (para além do plano) por um meio homogêneo descrito por uma impedância intrínseca equivalente igual a $\underline{\eta}_w$.

(b) Para a situação na Figura 10.1, equações (10.8) dê a seguinte expressão para a impedância de onda no meio incidente:

$$\underline{\eta}_w = \frac{\underline{E}_{\text{tot}}}{\underline{H}_{\text{tot}}} = -\text{j}\,\eta\tan\beta z$$

(incidência de um meio sem perdas em um meio CEP), (10.64)

e isso também pode ser obtido da Equação (10.63) como um caso especial — para um dielétrico perfeito e um condutor perfeito como os meios 1 e 2, respectivamente, ou seja, com $\underline{\gamma}_1 = \text{j}\beta$, $\eta_1 = \eta$ e $= \Gamma = -1$ [Equação (10.47)].

11 Note que, em geral, para ondas não TEM (a serem estudadas em capítulos posteriores), que também têm um componente de campo longitudinal (ao longo da direção de propagação da onda) de qualquer campo elétrico ou magnético, a impedância da onda é definida como a razão de intensidades de campo único transversais (elétrico para magnético) em um determinado ponto.

10.3 RESISTÊNCIA SUPERFICIAL DE BONS CONDUTORES

Tendo agora as ferramentas para a análise de reflexão e transmissão das ondas eletromagnéticas planas uniformes harmônicas no tempo na interface entre dois meios arbitrários (para incidência normal), relembramos nosso estudo sobre efeito pelicular em bons condutores em frequências mais altas da Seção 9.11 e estendemos para avaliar as perdas em semiespaço condutor iluminado por uma onda plana normalmente incidente. Estas perdas são um atributo essencial que distinguem a propagação das ondas na presença de condutores reais em relação às situações correspondentes, quando os condutores podem ser considerados perfeitos (sem perdas).

Os valores aproximados para os coeficientes de reflexão e de transmissão para um bom condutor como o meio refletor são dados nas equações (10.46). Usamos a mesma notação para os campos como na Figura 10.7, mas, para simplificar a escrita, os parâmetros do meio condutor serão marcados aqui como ε, μ e σ, e o meio em frente será o ar, como indicado na Figura 10.10. No entanto, todos os resultados obtidos nesta seção serão válidos também para qualquer outro dielétrico perfeito como o meio 1. Para expressar a densidade de corrente no condutor, primeiro notemos que o coeficiente de propagação complexa ($\underline{\gamma}$) da onda transmitida e a impedância intrínseca ($\underline{\eta}$) do meio (bom condutor), dados nas equações (9.134) e (9.136), respectivamente, podem ser representados em termos da profundidade pelicular (δ) no condutor, Equação (9.139), como

$\underline{\gamma}$, $\underline{\eta}$ – bons condutores

$$\underline{\gamma} = \frac{1}{\delta}(1+\mathrm{j}), \quad \underline{\eta} = \frac{1}{\sigma\delta}(1+\mathrm{j}). \tag{10.65}$$

Com esta expressão para $\underline{\gamma}$, a expressão para o vetor de intensidade de campo elétrico complexo rms para $0 \leq z < \infty$ [ver equações (10.37), (10.43) e (10.46)] torna-se

$$\underline{\mathbf{E}}_2 = \underline{\mathbf{E}}_\mathrm{t} = \underline{\tau}\underline{E}_{\mathrm{i}0}\,\mathrm{e}^{-\underline{\gamma}z}\,\hat{\mathbf{x}} \approx \frac{2\underline{\eta}}{\eta_0}\underline{E}_{\mathrm{i}0}\,\mathrm{e}^{-z/\delta}\,\mathrm{e}^{-\mathrm{j}z/\delta}\,\hat{\mathbf{x}}, \tag{10.66}$$

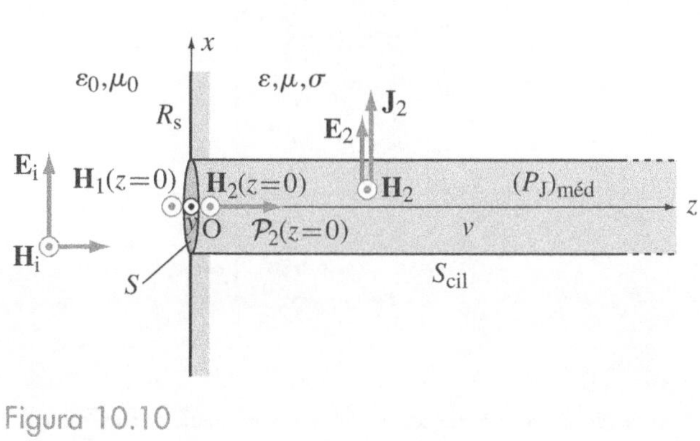

Figura 10.10

Avaliação de perdas em um semiespaço ocupado por um bom condutor; o condutor é iluminado a partir do ar por uma onda eletromagnética plana uniforme normalmente incidente harmônica no tempo.

onde η_0 é a impedância intrínseca do espaço livre [Equação (9.23)]. Usando então a expressão para $\underline{\eta}$ nas equações (10.65), o vetor de densidade de corrente rms complexa associada no condutor é

$$\underline{\mathbf{J}}_2 = \sigma\underline{\mathbf{E}}_2 \approx \frac{2\underline{E}_{\mathrm{i}0}}{\delta\eta_0}(1+\mathrm{j})\,\mathrm{e}^{-z/\delta}\,\mathrm{e}^{-\mathrm{j}z/\delta}\,\hat{\mathbf{x}}. \tag{10.67}$$

Esta corrente, que teoricamente existe em todo o semiespaço condutor, mas é praticamente desprezível em locais mais profundos na película distante da superfície condutora (ver Figura 9.13), gera as perdas Joule locais (por calor) de energia eletromagnética (carregada pela onda transmitida) no interior do condutor.

Assim como a medida geral quantitativa dessas perdas, é de interesse encontrar sua potência média no tempo total, $(P_\mathrm{J})_\mathrm{méd}$, para uma determinada área (finita), S, da superfície do condutor. Em outras palavras, nosso objetivo é calcular a potência média no tempo perdido no volume de um cilindro semi-infinito, cuja base (de área de superfície S) é colocada no plano $z = 0$ de tal forma que o cilindro se estende através de toda a profundidade do condutor ($0 \leq z < \infty$), como esquematizado na Figura 10.10. A maneira mais simples para isso é integrar a densidade de energia local sem perdas em todo o volume do cilindro, que será feito no exemplo. De modo alternativo, podemos usar o teorema de Poynting na forma complexa, a Equação (8.196), e aplicá-lo para o mesmo cilindro. Como não existem fontes de energia de volume externas (campos elétricos impressos ou correntes) no interior do cilindro (domínio v), o teorema diz

$$0 = \underbrace{\int_v \frac{|\underline{\mathbf{J}}_2|^2}{\sigma}\,\mathrm{d}v}_{(P_\mathrm{J})_\mathrm{méd}} + \mathrm{j}\underbrace{\omega\int_v \left(\mu|\underline{\mathbf{H}}_2|^2 - \varepsilon|\underline{\mathbf{E}}_2|^2\right)\mathrm{d}v}_{P_\mathrm{reativa}} + \underbrace{\oint_{S_\mathrm{cil}} \underline{\mathcal{P}}_2\cdot\mathrm{d}\mathbf{S}}_{(\underline{P}_\mathrm{complexo})_\mathrm{externo}}. \tag{10.68}$$

A potência média no tempo de perdas Joule que buscamos é igual ao primeiro termo do lado direito da equação. O fluxo líquido externo do vetor Poynting complexo da onda transmitida (o último termo da equação) representa o fluxo de potência complexa através da superfície (fechada) do cilindro (S_cil) para fora do domínio v. O fluxo de potência complexa no cilindro é o negativo disso, e, assim, a Equação (10.68) dá

$$(\underline{P}_\mathrm{complexo})_\mathrm{interno} = -(\underline{P}_\mathrm{complexo})_\mathrm{externo} = = (P_\mathrm{J})_\mathrm{méd} + \mathrm{j}P_\mathrm{reativa}, \tag{10.69}$$

onde P_reativa é a potência reativa em v [ver também as equações (8.191)-(8.193)]. Assim, ambas as potências ativa (perda) e reativa no cilindro são obtidas como

$$(P_\mathrm{J})_\mathrm{méd} = P_\mathrm{ativa} = \mathrm{Re}\{(\underline{P}_\mathrm{complexo})_\mathrm{interno}\},$$
$$P_\mathrm{reativa} = \mathrm{Im}\{(\underline{P}_\mathrm{complexo})_\mathrm{interno}\}. \tag{10.70}$$

Observamos que $\underline{\mathcal{P}}_2 = \underline{\mathcal{P}}_2\,\hat{\mathbf{z}}$ é tangente à superfície lateral do cilindro e é zero na base distante ($z \to \infty$) do cilindro [graças à atenuação exponencial com z na Equação (10.60)]. Portanto, o fluxo líquido interno de $\underline{\mathcal{P}}_2$ através de toda a superfície do cilindro reduz ao fluxo apenas através da base (S) na interface do material ($z = 0$), contado com relação à direção positiva de z (para frente),

$$(\underline{P}_{\text{complexo}})_{\text{interno}} = \underline{\mathcal{P}}_2(z=0)\cdot S\,\hat{\mathbf{z}} = \underline{\mathcal{P}}_2(z=0)S. \quad (10.71)$$

Queremos agora expressar a potência de entrada em termos de intensidade do campo magnético total no meio incidente, direto na interface, que, a partir das equações (10.55) e (10.46), é aproximadamente dada por

$$\underline{\mathbf{H}}_1(z=0) \approx \frac{2\underline{E}_{i0}}{\eta_0}\,\hat{\mathbf{y}}. \quad (10.72)$$

Ou seja, enquanto os campos magnéticos das ondas refletidas e incidentes são somados de forma construtiva (em fase) na interface, os campos elétricos correspondentes praticamente se anulam, resultando em um pequeno campo elétrico total para $z = 0$. É por isso que parece conveniente usar essa grande quantidade (intensidade do campo magnético total) em vez da muito pequena (intensidade do campo elétrico total) para expressões de potência e cálculos. De fato, a Equação (9.94) nos diz que a magnitude complexa do vetor Poynting no segundo meio pode ser expressa em termos do campo magnético constituído ($\underline{\mathbf{H}}_2$) apenas:

$$\underline{\mathcal{P}}_2 = \underline{\eta}|\underline{\mathbf{H}}_2|^2. \quad (10.73)$$

Além disso, a condição de contorno na Equação (10.39) dá

$$\underline{\mathbf{H}}_1(z=0) = \underline{\mathbf{H}}_2(z=0), \quad (10.74)$$

e portanto

$$\underline{\mathcal{P}}_2(z=0) = \underline{\eta}|\underline{\mathbf{H}}_1(z=0)|^2. \quad (10.75)$$

Combinando as equações (10.70), (10.71) e (10.75), a perda de potência média no tempo no cilindro na Figura 10.10 torna-se

$$(P_{\text{J}})_{\text{méd}} = \text{Re}\{\underline{\mathcal{P}}_2(z=0)\}S = \text{Re}\{\underline{\eta}\}|\underline{\mathbf{H}}_1(z=0)|^2 S, \quad (10.76)$$

e uma expressão similar, com Im $\{\underline{\eta}\}$ em vez de Re $\{\underline{\eta}\}$, é obtida para a potência reativa no cilindro, P_{reativa}. Dividindo $(P_{\text{J}})_{\text{méd}}$ por S, obtemos a perda ou potência ôhmica no condutor por unidade de área de sua superfície,

perda de potência média no tempo por unidade de área superficial do bom condutor (unidade: W/m²)

$$\frac{(P_{\text{J}})_{\text{méd}}}{S} = R_{\text{s}}|\underline{\mathbf{H}}_1(z=0)|^2 \approx \frac{4R_{\text{s}}|\underline{E}_{i0}|^2}{\eta_0^2}, \quad (10.77)$$

com R_{s} representando a parte real da impedância intrínseca complexa do condutor. Esta nova grandeza é chamada de resistência superficial do condutor, e sua unidade parece ser Ω (a mesma unidade de η). Da Equação (9.136),

resistência superficial de um bom condutor (unidade: Ω / quadrado)

$$R_{\text{s}} = \text{Re}\{\underline{\eta}\} \approx \sqrt{\frac{\pi\mu f}{\sigma}}, \quad (10.78)$$

onde, mais frequentemente, $\mu = \mu_0$ (condutores não magnéticos). A resistência superficial de um condutor (a uma dada frequência) e sua profundidade pelicular (δ) são os parâmetros mais importantes relacionados ao efeito pelicular em bons condutores. Vemos que R_{s} é inversamente proporcional à raiz quadrada da condutividade — quanto melhor a condutor (maior σ) menor a perda (no limite, $R_{\text{s}} = 0$ para um condutor perfeito). Vemos também que, ao contrário de δ na Equação (9.139), R_{s} é diretamente proporcional à raiz quadrada da frequência — as perdas crescem com o aumento da frequência. Por causa dessa tendência geral, como será discutido em capítulos posteriores, há sempre um limite superior de frequência para a usabilidade prática de uma linha de transmissão ou guia de onda metálica destinada ao transporte de sinais eletromagnéticos (energia ou informações) a certa distância (exceto para as estruturas feitas de supercondutores).

Sendo $R_{\text{s}} = 1/(\sigma\delta)$ [ver equações (10.78) e (10.65)], pode ser visualizado como a resistência padrão (cc) de uma camada condutora de forma quadrada (sob a superfície do condutor) com espessura δ e condutividade σ, como mostrado na Figura 10.11. Ou seja, usando a expressão para a resistência cc de um resistor de corte transversal uniforme em Equação (3.85), a camada na Figura 10.11, considerada um resistor cujo comprimento é l e corte transversal (perpendicular ao fluxo de corrente) $S_0 = l\delta$ na área, apresenta

$$R_{\text{em}\,l^2} = \frac{l}{\sigma S_0} = \frac{l}{\sigma l\delta} = \frac{1}{\sigma\delta} = R_{\text{s}}. \quad (10.79)$$

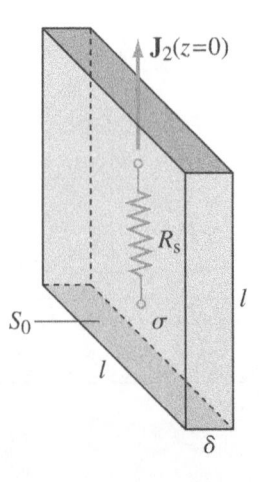

Figura 10.11

Visualização da resistência superficial R_{s} de um condutor com efeito pelicular em destaque (Figura 10.10); resistência cc de um resistor formado por uma camada condutora de forma quadrada (sob a superfície do condutor), de acordo com a Equação (10.79).

Vemos que essa resistência não depende do tamanho da face da camada, contanto que seja quadrada na forma. É por isso que muitas vezes R_s é dita em "ohms por quadrado" (Ω/quadrado), ao invés de apenas ohms, onde, novamente, o tamanho real do "quadrado" é imaterial. Usando ohms por quadrado para as resistências superficiais e impedâncias em geral, incluindo a resistência superficial (ou impedância) de material de filmes finos (resistiva/reativa), enquanto ohms fica reservado para resistências comuns (impedâncias), também é útil para evitar qualquer confusão entre os dois diferentes conceitos físicos. Além disso, notemos que esta ilustração do conceito de resistência superficial (na Figura 10.11) está de acordo com a ilustração da definição da profundidade pelicular na Figura 9.13. Na verdade, a Figura 9.13 indica que a corrente do condutor com amplitude exponencialmente decadente pode ser substituída por uma corrente uniforme equivalente, com uma amplitude igual à da superfície do condutor no caso original, em uma camada de espessura δ, e nenhuma corrente no resto do condutor. De modo que esta corrente uniforme, representada por uma função degrau na Figura 9.13, pode fluir através do resistor de resistência R_S na Figura 10.11.

A resistência superficial de bons condutores é geralmente uma grandeza muito pequena. Por exemplo, sabemos que $R_s \ll \eta_0$ desde que $|\eta| \ll \eta_0$. Além disso, uma fórmula, a partir da Equação (10.78), para R_s para o cobre ($\sigma = 58$ MS/m, $\mu = \mu_0$) como uma função da frequência, análoga à fórmula para δ_{Cu} na Equação (9.140), lê

resistência superficial do cobre

$$(R_s)_{Cu} \approx 261\sqrt{f}\ \text{n}\Omega/\text{quadrado} \quad (f \text{ em Hz}). \tag{10.80}$$

Resulta que $(R_s)_{Cu}$ a 60 Hz é tão pequena quanto cerca de 2 μΩ/quadrado. Mesmo com a frequência de 1 THz, equivale a apenas cerca de 261 mΩ/quadrado.

Como a parte imaginária de η na Equação (9.136) é a mesma que a parte real, a potência reativa [Equação (10.70)] por unidade de área da superfície do condutor é igual à potência ativa correspondente,

densidade superficial de potência reativa

$$\frac{P_{\text{reativa}}}{S} = X_s|\underline{\mathbf{H}}_1(z=0)|^2 = \frac{(P_J)_{\text{méd}}}{S} \quad (X_s = \text{Im}\{\underline{\eta}\} = R_s), \tag{10.81}$$

onde X_s é chamado de reatância de superfície do condutor. Podemos também definir a impedância de superfície complexa do condutor,

impedância superficial complexa

$$\underline{Z}_s = R_s + jX_s \quad (\underline{Z}_s = \underline{\eta}), \tag{10.82}$$

expressa em Ω (ou Ω por quadrado).

Em seguida, vamos calcular a intensidade de corrente complexa total através de um corte do condutor na Figura 10.10 que tem comprimento l na direção y. Isto é feito pela integração da densidade de corrente $\underline{\mathbf{J}}_2$ na Equação (10.67) sobre a área S_l de largura l no plano $x = 0$ (perpendicular a $\underline{\mathbf{J}}_2$), a partir da superfície do condutor até o infinito, como mostrado na Figura 10.12. O resultado é

$$\underline{I}_{eml} = \int_{S_l} \underline{J}_2 \underbrace{l\,dz}_{dS_l} \approx \frac{2\underline{E}_{i0}l}{\delta\eta_0}(1+j)\int_{z=0}^{\infty} e^{-z(1+j)/\delta}\,dz = \frac{2\underline{E}_{i0}l}{\eta_0}, \tag{10.83}$$

em que dS_l é a área de uma superfície elementar para a integração na forma de uma faixa fina perpendicular ao eixo z. Dividindo $\underline{I}_{eml}$ por l, obtemos a intensidade da corrente por unidade de largura (na direção y), em A/m, do condutor infinitamente largo nas figuras 10.10 e 10.12. Tendo em mente a Equação (3.13), esta relação intensidade-corrente para condutores-largura também pode ser considerada a densidade de linha de uma corrente superficial, $\underline{J}_s$, localizada (Figura 10.12) em um filme infinitamente fino sobre a superfície do condutor (no plano $z = 0$),

$$\underline{J}_s = \frac{\underline{I}_{eml}}{l} \approx \frac{2\underline{E}_{i0}}{\eta_0} \quad (\underline{\mathbf{J}}_s = \underline{J}_s\,\hat{\mathbf{x}}). \tag{10.84}$$

Vemos que esta densidade de corrente superficial é mais ou menos a mesma que a da Equação (10.13) para um condutor perfeito na Figura 10.1 (onde $\delta = 0$). Vemos também que, apesar de $\underline{\mathbf{J}}_2$, é claro, depender de σ, ambos $\underline{I}_{eml}$ e $\underline{\mathbf{J}}_s$ são independentes dele. Este resultado interessante nos diz que, conforme a condutividade de um condutor real aumenta, a mesma quantidade de corrente se redistribui cada vez mais para a superfície do material, e, no limite de $\sigma \to \infty$ (CEP), é obtida uma corrente de superfície de densidade $\underline{\mathbf{J}}_s$, com a mesma intensidade de corrente por unidade de comprimento do condutor.

Comparando as equações (10.84) e (10.72), percebemos que $|\underline{\mathbf{J}}_s| = |\underline{\mathbf{H}}_1\ (z=0)|$, de modo que a relação de perda de potência na Equação (10.77) pode agora ser escrita como

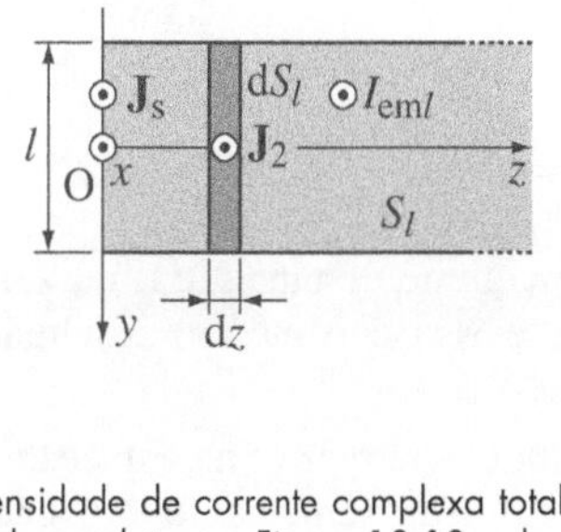

Figura 10.12

Encontrando a intensidade de corrente complexa total através de um corte de largura l do condutor na Figura 10.10 pela integração na Equação (10.83).

forma "superficial" da lei de Joule

$$\frac{(P_J)_{\text{méd}}}{S} = R_s|\underline{\mathbf{J}}_s|^2, \quad (10.85)$$

que pode ser visto como uma forma "superficial" da lei de Joule [ver equações (3.77) e (8.53)] — densidade superficial de potência média no tempo em um condutor (com o efeito pelicular em destaque) é igual à resistência superficial multiplicada pela densidade da corrente superficial rms quadrada. Da mesma forma, a partir das equações (10.38), (10.66), (10.82) e (10.84), o vetor intensidade do campo elétrico complexo total na superfície de um condutor, que é muito pequena, pode ser expressa como o produto da impedância de superfície complexa e do vetor de densidade de corrente de superfície complexa,

lei de Ohm "superficial" na forma local

$$\underline{\mathbf{E}}_1(z=0) = \underline{\mathbf{E}}_2(z=0) \approx \frac{2\underline{\eta}\underline{E}_{i0}}{\eta_0}\hat{\mathbf{x}} \longrightarrow$$

$$\longrightarrow \quad \underline{\mathbf{E}}_1(z=0) = \underline{Z}_s\underline{\mathbf{J}}_s, \quad (10.86)$$

e isso pode ser identificado com a lei de Ohm na forma local, Equação (3.20), como seu equivalente "superficial". Em outras palavras, pode ser considerada a equação constitutiva caracterizante das propriedades do material intrínseco de uma superfície condutora. Note que a aproximação Γ nas equações (10.46) conduz à $\mathbf{E}_1$ $(z = 0) \approx 0$ [ver Equação (10.51)]; a Equação (10.86) proporciona uma melhor aproximação para esta pequena quantidade.

Exemplo 10.12

Cálculo direto da potência de perda em um bom condutor

(a) Considere a Equação (10.68) e obtenha a potência média no tempo de perdas Joule no cilindro na Figura 10.10 diretamente, realizando a integração volumétrica indicada. (b) Encontre a energia reativa no cilindro a partir da respectiva integral volumétrica na Equação (10.68).

Solução

(a) Encontre $|\underline{\mathbf{J}}_2|$ da Equação (10.67), dado que $|1 + j| = \sqrt{2}$, temos

$$(P_J)_{\text{méd}} = \int_v \frac{|\underline{\mathbf{J}}_2|^2}{\sigma} \underbrace{S\,dz}_{dv} \approx \frac{8|\underline{E}_{i0}|^2 S}{\sigma\delta^2\eta_0^2}\int_{z=0}^{\infty} e^{-2z/\delta}\,dz =$$

$$= \frac{4|\underline{E}_{i0}|^2 S}{\sigma\delta\eta_0^2}, \quad (10.87)$$

onde dv é o volume de uma fatia fina do cilindro (de espessura dz), e isso é o mesmo resultado das equações (10.77) e (10.79).

(b) O termo de potência reativa na Equação (10.68) pode ser integrado de forma semelhante. No entanto, tendo em mente as equações (9.90), (9.137) e (9.133), não precisamos realizar a integração real para perceber que

$$P_{\text{reativa}} = \omega\int_v \left(\mu|\underline{\mathbf{H}}_2|^2 - \varepsilon|\underline{\mathbf{E}}_2|^2\right) dv =$$

$$= \omega\int_v \left(\frac{\mu}{|\underline{\eta}|^2} - \varepsilon\right)|\underline{\mathbf{E}}_2|^2\,dv \approx$$

$$\approx \omega\int_v \underbrace{\left(\frac{\sigma}{\omega} - \varepsilon\right)}_{\approx\sigma/\omega}|\underline{\mathbf{E}}_2|^2\,dv \approx$$

$$\approx \int_v \sigma|\underline{\mathbf{E}}_2|^2\,dv = (P_J)_{\text{méd}}, \quad (10.88)$$

que é a mesma conclusão [$P_{\text{reativa}} = (P_J)_{\text{méd}}$] como na Equação (10.81), onde, naturalmente, o resultado da integração de $(P_J)_{\text{méd}}$ é dado na Equação (10.87). Vemos que a potência reativa no condutor é predominantemente concentrada no campo magnético da onda eletromagnética transmitida. Ou seja, desde que $\sigma/\omega \gg \varepsilon$ (para bons condutores), parece que $\mu|\underline{\mathbf{H}}_2|^2 \gg \varepsilon|\underline{\mathbf{E}}_2|^2$ na Equação (10.88).

10.4 MÉTODO DE PERTURBAÇÃO PARA AVALIAÇÃO DE PEQUENAS PERDAS

Esta seção usa o conceito de resistência superficial desenvolvida na seção anterior e apresenta um método aproximado para a avaliação de (pequenas) perdas em bons condutores utilizando os campos em frente da superfície do condutor obtido como se o condutor fosse perfeito (Figura 10.1). Além disso, este método é generalizado para os condutores de formas praticamente arbitrárias em campos eletromagnéticos de alta frequência arbitrários (ondas planas não necessariamente uniformes).

Enfatizamos que — a fim de avaliar a perda (ôhmica) e as potências reativas em um bom condutor (na Figura 10.10) com base no teorema de Poynting, isto é, utilizando as equações (10.77) e (10.81), não precisamos conhecer a distribuição de campo elétrico ou magnético no condutor. Só precisamos saber a magnitude do campo magnético resultante $\underline{\mathbf{H}}_1$ $(z = 0)$ sobre a superfície do condutor, a Equação (10.72). No entanto, este campo é praticamente o mesmo se o condutor for bom ou perfeito [veja a expressão para $\underline{\mathbf{H}}_{\text{tot}}$ $(z = 0)$ nas equações (10.8), para um caso CEP] e, em ambos os casos, a sua magnitude é igual à magnitude do vetor densidade da corrente superficial $\underline{\mathbf{J}}_s$ na Equação (10.84). Isto dá origem ao chamado método de perturbação para avaliação das perdas (e potência reativa) em bons condutores, de acordo com o qual o campo magnético na superfície do condutor é primeiramente calculado supondo que o condutor seja perfeito (o que simplifica muito a análise), e depois as potências reativas e de perda no condutor são determinadas utilizando as equações (10.77) e (10.81). Então, primeiro realizamos a análise das ondas e campos em frente à superfície do condutor completamente desprezando as perdas no material, e depois perturbando aquela imagem ideal, permitindo que as perdas (pequenas) ocorreram no interior do condutor. No entanto, as perdas (e potência reativa) são avaliadas por meio da imagem de campo sem perdas (ideal) fora do condutor.

Além disso, este método se aplica não apenas às reflexões das ondas planas a partir de superfícies condutoras planas (infinita), mas aos condutores de formas arbitrárias em campos eletromagnéticos arbitrários. A única restrição é que o efeito pelicular no condutor deve ser considerado, ou seja, a profundidade pelicular (δ) deve ser pequena quando comparada com as dimensões relevantes do objeto. Já que, no caso mais geral, o campo ao redor do condutor é não uniforme e a superfície do condutor é não planar, o potência da perda na Equação (10.77) deve ser calculada sobre uma superfície dS diferencialmente pequena (em vez da arbitrariamente grande superfície S),

densidade superficial de potência ôhmica em um condutor arbitrário considerando o efeito pelicular

$$\frac{\mathrm{d}(P_\mathrm{J})_{\mathrm{méd}}}{\mathrm{d}S} = R_\mathrm{s}|\underline{\mathbf{H}}_{\mathrm{tan}}|^2, \quad (10.89)$$

onde a resistência superficial, R_s, é calculada usando a Equação (10.78), e $\underline{\mathbf{H}}_{\mathrm{tan}}$ é o componente tangencial do vetor intensidade do campo magnético rms complexo na superfície do condutor, isto é, na trajeto dS [o componente normal de $\underline{\mathbf{H}}$ é zero ou desprezivelmente pequeno, o que resulta da condição de contorno para o vetor $\mathbf{B}$ nas equações (8.33)]. Mais importante, este campo é calculado como se o objeto fosse não penetrável, isto é, feito de uma CEP. A potência média no tempo total de perdas Joule no condutor equivale a

perdas ôhmicas totais e potência reativa em um condutor arbitrário

$$(P_\mathrm{J})_{\mathrm{méd}} = \int_S \mathrm{d}(P_\mathrm{J})_{\mathrm{méd}} = = \int_S R_\mathrm{s}|\underline{\mathbf{H}}_{\mathrm{tan}}|^2\,\mathrm{d}S = P_{\mathrm{reativa}}, \quad (10.90)$$

com S agora representando a superfície do condutor ou a parte da superfície que é exposta ao campo eletromagnético. É claro, a potência total reativa no condutor é a mesma. Além disso, o componente tangencial do vetor intensidade de campo elétrico rms complexo local na superfície do condutor, que, embora bastante pequena, às vezes é de interesse para a análise, também pode ser encontrado em $\underline{\mathbf{H}}_{\mathrm{tan}}$, através do vetor densidade de corrente de superfície rms associado [ver equações (10.13) e (10.86)],

campo elétrico tangencial em uma superfície condutora

$$\underline{\mathbf{J}}_\mathrm{s} = \hat{\mathbf{n}} \times \underline{\mathbf{H}}_{\mathrm{tan}} \quad \longrightarrow \quad \underline{\mathbf{E}}_{\mathrm{tan}} = \underline{Z}_\mathrm{s}\underline{\mathbf{J}}_\mathrm{s} \quad (10.91)$$

onde $\hat{\mathbf{n}}$ é o vetor unitário local normal externo na superfície, e a impedância de superfície complexa do condutor, $\underline{Z}_\mathrm{s}$, é dada na Equação (10.82). Claro, $\underline{\mathbf{E}}_{\mathrm{tan}} = 0$ para um objeto de CEP.

O método de perturbação para a avaliação de perdas em bons condutores em altas frequências, no qual o efeito pelicular é considerado, será usado em muitas ocasiões ao longo deste texto. Por exemplo, no próximo capítulo, vamos usar a Equação (10.90) para determinar a potência por unidade de comprimento de perdas Joule e a atenuação da onda associada ao longo das linhas de transmissão em virtude da penetração (pequena) das ondas eletromagnéticas guiadas, mais precisamente — o seu campo elétrico, para os condutores da linha. Com base nesta potência, a resistência de alta frequência por unidade de comprimento de linhas de transmissão diferentes será calculado. A atenuação das ondas guiadas por causa das perdas Joule nos condutores para linhas muito longas pode ser tão grande que a estrutura torna-se impraticável para transmitir sinais em uma determinada frequência ou faixa de frequência. Da mesma forma, a potência reativa por unidade de comprimento dentro dos condutores, se deve à penetração (pequena) do campo magnético da onda guiada nos condutores e será obtida a partir da Equação (10.90), nos dará a indutância interna em alta frequência p.u.c. da linha. Em todos os casos, $\underline{\mathbf{H}}_{\mathrm{tan}}$ na superfície dos condutores será encontrada supondo-se que eles são perfeitos.

Exemplo 10.13

Potência da perda em plano de cobre pela incidência normal da onda

Uma onda eletromagnética plana uniforme harmônica no tempo de $f = 1$ GHz e intensidade do campo elétrico rms $E_{i0} = 10$ V/m é em geral incidente do ar sobre a superfície planar de um condutor de cobre de grande porte. Supondo que o efeito pelicular seja considerado, encontre a potência média no tempo de perdas Joule no condutor por unidade de área de sua superfície.

Solução Na frequência dada, $\sigma/(2\pi f\varepsilon_0) \approx 10^9$ (para o cobre, $\sigma = 58$ MS/m), então a condição na Equação (9.133) é satisfeita em definitivo, e, como esperado, o cobre pode ser tratado como um bom condutor (baixa perda). Com o efeito pelicular sendo considerado, podemos determinar a potência de perda no condutor usando a Equação (10.89). Além disso, como as perdas são pequenas, o método de perturbação para a sua avaliação pode ser aplicado, com o componente tangencial do vetor intensidade do campo magnético rms complexo próximo da superfície do condutor, $\underline{\mathbf{H}}_{\mathrm{tan}}$, descoberto como se o condutor fosse perfeito (CEP), e esta é a situação na Figura 10.1. Portanto, $\underline{\mathbf{H}} = \underline{\mathbf{H}}_{\mathrm{tan}}$ é o vetor campo magnético total (da onda estacionária) na frente da tela CEP dada nas equações (10.8) para $z = 0$ ($\underline{\mathbf{H}}_{\mathrm{tot}}$ é todo tangencial ao plano). Por fim, podemos empregar de modo equivalente a Equação (10.85) para avaliar as perdas, e, pelo método da perturbação, o vetor densidade de corrente de superfície rms complexo, $\underline{\mathbf{J}}_\mathrm{s}$, sobre a superfície do condutor pode mais ou menos ser substituído por $\underline{\mathbf{J}}_\mathrm{s}$ para o caso sem perdas — segundo a Equação (10.13). Com tudo isso em mente, a potência de perda média no tempo por unidade de área da superfície do condutor vem a ser

$$\frac{\mathrm{d}(P_\mathrm{J})_\mathrm{méd}}{\mathrm{d}S} = R_\mathrm{s}|\underline{\mathbf{H}}_\mathrm{tan}|^2 = R_\mathrm{s}|\underline{\mathbf{J}}_\mathrm{s}|^2 = R_\mathrm{s}\left|\underline{\mathbf{H}}_\mathrm{tot}\right|^2_{z=0} =$$
$$= \frac{4R_\mathrm{s}E_{\mathrm{i}0}^2}{\eta_0^2} = 23{,}22\ \mu\mathrm{W/m}^2, \qquad (10.92)$$

onde $\eta_0 = 377\ \Omega$, Equação (9.23), e a resistência superficial do cobre, $R_\mathrm{s} = (R_\mathrm{s})_\mathrm{Cu} = 8{,}25\ \mathrm{m}\Omega$/quadrado, é calculado a partir da Equação (10.80).

10.5 INCIDÊNCIA OBLÍQUA EM UM CONDUTOR PERFEITO

Nesta seção, generalizamos a análise das reflexões das ondas planas sobre superfícies perfeitamente condutoras para a incidência normal sobre a superfície (Figura 10.1) para o caso de uma incidência oblíqua e arbitrária. Ou seja, agora uma onda eletromagnética harmônica no tempo plana uniforme incidente se aproxima do limite CEP em um ângulo arbitrário, chamado ângulo incidente, θ_i ($0 \leq \theta_\mathrm{i} \leq 90°$) em relação a normal na fronteira (para a incidência normal, $\theta_\mathrm{i} = 0$). Além disso, seja o vetor intensidade de campo elétrico incidente, $\mathbf{E}_\mathrm{i}$, normal ao plano de incidência, definido pela direção da propagação de onda incidente (raio incidente) e normal no limite, como mostrado na Figura 10.13(a). Uma onda de incidência oblíqua com tal orientação de $\mathbf{E}_\mathrm{i}$ é considerada polarizada de modo normal (ou perpendicular). Outro caso característico, com $\mathbf{E}_\mathrm{i}$ no plano de incidência (e, naturalmente, perpendicular à direção de viagem da onda), é representado na Figura 10.13(b). É dita polarização paralela da onda incidente e será estudada em um exemplo.[12] Estes dois casos precisam ser considerados em separado, pois as estruturas dos campos elétricos e magnéticos para estas duas polarizações ortogonais entre si são muito diferentes. Por exemplo, como pode ser visto na Figura 10.13, o campo elétrico no caso (a) tem apenas um componente paralelo à interface CEP e o campo magnético tem dois componentes paralelos e normais (com relação à interface), enquanto a combinação de componentes do campo no caso (b) é apenas oposta.

Em geral, qualquer onda plana uniforme com uma incidência oblíqua sobre uma superfície CEP e direção arbitrária do vetor $\mathbf{E}_\mathrm{i}$ no plano perpendicular ao raio incidente pode ser decomposto em uma onda plana uniforme com polarização normal e outra com polarização paralela. Apenas $\mathbf{E}_\mathrm{i}$, no caso geral pode ser representado como uma superposição de dois vetores ortogonais entre si, um normal ao plano de incidência (polarização normal) e o outro paralelo a ele (polarização paralela).[13] Portanto, uma vez que a análise dos dois casos básicos de polarização na Figura 10.13 estiver completa, os campos elétricos e magnéticos resultantes no meio incidente no caso de uma orientação arbitrária de $\mathbf{E}_\mathrm{i}$ podem ser obtidos por superposição das expressões correspondentes de campo resultantes para polarizações individuais básicas.

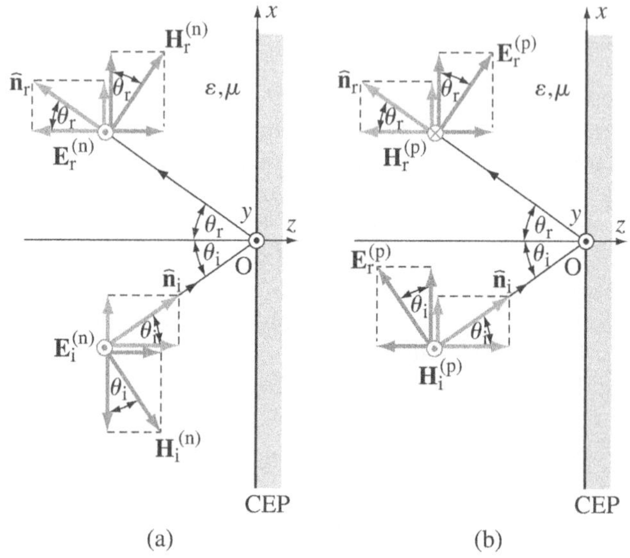

Figura 10.13

Incidência oblíqua, em um condutor perfeito planar elétrico, de uma onda eletromagnética plana uniforme harmônica no tempo com (a) polarização (perpendicular) normal e (b) polarização paralela. O meio incidente é um dielétrico perfeito, e o plano do desenho é também o plano de incidência.

12 Note que as polarizações normal (perpendicular) e paralela da onda incidente na Figura 10.13(a) e Figura 10.13(b) são muitas vezes referidas como as polarizações horizontal e vertical, respectivamente. Isto vem de uma situação frequente em que o plano de reflexão é a superfície da terra, com o caso na Figura 10.13(a) correspondente a um $\mathbf{E}_\mathrm{i}$ horizontal e o caso na Figura 10.13(b) para $\mathbf{E}_\mathrm{i}$ em um plano vertical. Além disso, estes dois casos são por vezes também rotulados, respectivamente, como polarização s e p ("s" é uma abreviação para o *senkrecht* do alemão, o que significa perpendicular, e "p" para a palavra alemã para paralela, que é *parallel*). Por fim, alguns textos usam terminologia TE contra a polarização TM, que se refere ao campo elétrico, no caso (a), *versus* o campo magnético, no caso (b), sendo transversal à observação da direção normal para a interface CEP na Figura 10.13.

13 Note que a decomposição em duas ondas (linearmente polarizadas) com polarizações normais e paralelas aplica-se diretamente mesmo para uma onda obliquamente incidente elipticamente polarizada. Ou seja, um vetor harmônico no tempo elipticamente polarizado arbitrário pode ser representado como uma superposição de dois vetores linearmente polarizados oscilantes, no tempo, em linhas retas ortogonais entre si (eixos locais), onde a direção de um dos dois eixos pode ser adotada à vontade no plano da elipse de polarização. Portanto, se o eixo de um dos dois componentes linearmente polarizados da onda incidente elipticamente polarizada é adotado para ser normal ao plano de incidência (polarização normal), o outro estará no plano de incidência (polarização paralela). É claro que qualquer estado de polarização especial da onda incidente implica uma relação de magnitude particular e deslocamento de fase entre os vetores Ei para os dois componentes linearmente polarizados.

Por causa da simetria, o raio refletido na Figura 10.13 também está no plano de incidência. O ângulo que forma com a normal na interface é θ_r — o ângulo refletido. Uma vez que (ao contrário da situação na Figura 10.1 para a incidência normal), é impossível ter os dois raios incidentes e refletidos ao longo de um ou dois eixos de um sistema de coordenadas cartesianas único, o sistema de coordenadas global na Figura 10.13 é adotado de modo independente da direção de qualquer um deles e tal (como na Figura 10.1) que o plano $z = 0$ coincide com a interface CEP. Assim, devemos usar as expressões de campo para uma onda TEM arbitrariamente direcionada obtida em associação com a Figura 9.9 — para ambas as ondas incidentes e refletidas na Figura 10.13. Os componentes cartesianos x e z de vetores unitários de propagação das ondas (é claro, seus componentes y são zero) são identificados com facilidade em termos de ângulos incidente e refletido na Figura 10.13, gerando

$$\hat{\mathbf{n}}_i = \operatorname{sen}\theta_i\,\hat{\mathbf{x}} + \cos\theta_i\,\hat{\mathbf{z}}, \quad \hat{\mathbf{n}}_r = \operatorname{sen}\theta_r\,\hat{\mathbf{x}} - \cos\theta_r\,\hat{\mathbf{z}}, \tag{10.93}$$

para ambas as polarizações da onda.

No caso de polarização normal, Figura 10.13(a), os vetores de campo elétrico das ondas incidente e refletida, $\underline{\mathbf{E}}_i^{(n)}$e $\underline{\mathbf{E}}_r^{(n)}$, somente têm os componentes y. Usando as equações (9.69), (9.71) e (9.72), as expressões para esses vetores em um ponto arbitrário no meio incidente, definido pelo vetor posição $\mathbf{r}$ (em relação à origem das coordenadas) ou pelas coordenadas x, y e z ($z \leq 0$), são dadas por

$$\underline{\mathbf{E}}_i^{(n)} = \underline{E}_{i0}\,e^{-j\beta\mathbf{r}\cdot\hat{\mathbf{n}}_i}\,\hat{\mathbf{y}} = \underline{E}_{i0}\,e^{-j\beta(x\operatorname{sen}\theta_i + z\cos\theta_i)}\,\hat{\mathbf{y}}, \tag{10.94}$$

$$\underline{\mathbf{E}}_r^{(n)} = \underline{E}_{r0}\,e^{-j\beta\mathbf{r}\cdot\hat{\mathbf{n}}_r}\,\hat{\mathbf{y}} = \underline{E}_{r0}\,e^{-j\beta(x\operatorname{sen}\theta_r - z\cos\theta_r)}\,\hat{\mathbf{y}}. \tag{10.95}$$

A condição de contorno na Equação (10.3) agora dá a seguinte relação entre constantes complexas $\underline{E}_{i0}$ e $\underline{E}_{r0}$:

$$\left[\underline{\mathbf{E}}_i^{(n)} + \underline{\mathbf{E}}_r^{(n)}\right]\Big|_{z=0} = 0 \longrightarrow \underline{E}_{i0}\,e^{-j\beta x\operatorname{sen}\theta_i} + + \underline{E}_{r0}\,e^{-j\beta x\operatorname{sen}\theta_r} = 0, \tag{10.96}$$

que devem ser satisfeitas para qualquer x na interface ($-\infty < x < \infty$). Isso só é possível se as duas funções exponenciais de x na Equação (10.96) forem as mesmas, isto é, somente se o ângulo refletido for o mesmo que incidente:

lei de Snell da reflexão

$$\boxed{\theta_r = \theta_i.} \tag{10.97}$$

O fato de que a onda refletida se propaga para longe da interface ao longo do caminho que é a imagem espelho (com relação à normal na interface) do caminho da onda incidente é conhecida como lei de Snell da reflexão. Uma vez que os termos exponenciais na Equação (10.96) são, portanto, eliminados, ficamos com a condição $\underline{E}_{r0} = -\underline{E}_{i0}$.[14] Substituindo, com a Equação (10.97), de volta na Equação (10.95), o vetor de campo elétrico total no meio incidente (para $z \leq 0$) na Figura 10.13 (a) é

$$\underline{\mathbf{E}}_{tot}^{(n)} = \underline{\mathbf{E}}_i^{(n)} + \underline{\mathbf{E}}_r^{(n)} = = \underline{E}_{i0}\left(e^{-j\beta z\cos\theta_i} - e^{j\beta z\cos\theta_i}\right)e^{-j\beta x\operatorname{sen}\theta_i}\,\hat{\mathbf{y}} = \underline{E}_{tot\,y}^{(n)}\,\hat{\mathbf{y}}, \tag{10.98}$$

e a expressão de sua magnitude complexa (componente y) pode ser escrita [ver equações (10.7)] como

Ey – polarização normal

$$\boxed{\underline{E}_{tot\,y}^{(n)} = -2j\underline{E}_{i0}\operatorname{sen}(\beta z\cos\theta_i)e^{-j\beta x\operatorname{sen}\theta_i}.} \tag{10.99}$$

Vetores de campo magnético na Figura 10.13(a), $\underline{\mathbf{H}}_i^{(n)}$ e $\underline{\mathbf{H}}_r^{(n)}$, têm componentes x e y, e assim também os vetores unitários em suas respectivas direções. Os componentes dos vetores unitários podem ser identificados diretamente a partir da Figura 10.13(a), como na Equação (10.93) para vetores de propagação unitário, ou calculados como $\hat{\mathbf{n}}_i \times \hat{\mathbf{y}}$ e $\hat{\mathbf{n}}_r \times \hat{\mathbf{y}}$, respectivamente, a partir da Equação (9.70), uma vez que o vetor unitário na direção de ambos os $\underline{\mathbf{E}}_i^{(n)}$e $\underline{\mathbf{E}}_r^{(n)}$é $\hat{\mathbf{y}}$. Temos, assim,

$$\underline{\mathbf{H}}_i^{(n)} = \frac{\underline{E}_{i0}}{\eta}\,e^{-j\beta(x\operatorname{sen}\theta_i + z\cos\theta_i)}\,\underbrace{(-\cos\theta_i\,\hat{\mathbf{x}} + \operatorname{sen}\theta_i\,\hat{\mathbf{z}})}_{\text{vetor unitário para } H_i^{(n)}}, \tag{10.100}$$

$$\underline{\mathbf{H}}_r^{(n)} = \frac{\underline{E}_{r0}}{\eta}\,e^{-j\beta(x\operatorname{sen}\theta_r - z\cos\theta_r)}\,\underbrace{(\cos\theta_r\,\hat{\mathbf{x}} + \operatorname{sen}\theta_r\,\hat{\mathbf{z}})}_{\text{vetor unitário para } H_r^{(n)}}, \tag{10.101}$$

com $\theta_r = \theta_i$ e $\underline{E}_{r0} = -\underline{E}_{i0}$. Assim, os componentes x e y do vetor de campo magnético total,

$$\underline{\mathbf{H}}_{tot}^{(n)} = \underline{\mathbf{H}}_i^{(n)} + \underline{\mathbf{H}}_r^{(n)} = \underline{H}_{tot\,x}^{(n)}\,\hat{\mathbf{x}} + \underline{H}_{tot\,z}^{(n)}\,\hat{\mathbf{z}}, \tag{10.102}$$

podem ser escritos como

H_x – polarização normal

$$\boxed{\underline{H}_{tot\,x}^{(n)} = -\frac{2\underline{E}_{i0}}{\eta}\cos\theta_i\cos(\beta z\cos\theta_i)\,e^{-j\beta x\operatorname{sen}\theta_i},} \tag{10.103}$$

14 Observe que ambas as relações obtidas $\theta_r = \theta_i$ e $\underline{E}_{r0} = -\underline{E}_{i0}$ podem, como alternativa, ser deduzidas ao observarmos o campo eletromagnético espalhado graças às correntes de superfície (de densidade Js) induzida no plano CEP, de forma semelhante à discussão correspondente associada as equações (10.2) e (10.4) no caso de incidência normal na Figura 10.1. Ou seja, podemos remover o meio CEP na Figura 10.13 (a) e considerar as correntes induzidas que fluem no plano z = 0 a existir em um meio ilimitado homogêneo (de parâmetros ε, μ e $\sigma = 0$). Essas correntes, no modelo equivalente, produzem duas ondas, uma das quais se propaga para a direita do plano z = 0 na direção do vetor unitário $\hat{\mathbf{n}}_i$ e cancela a onda incidente (campo eletromagnético total zero no CEP). A outra onda irradiada pelas correntes, a onda refletida com o campo elétrico dado na Equação (10.95), simetricamente se propaga de volta para o $z < 0$ semiespaço e, portanto, $\theta_r = \theta_i$. Além disso, por causa do cancelamento dos campos para $z > 0$, temos $\underline{E}_{r0} = -\underline{E}_{i0}$ no meio incidente.

$\underline{H}_z$ – polarização normal

$$\underline{H}^{(n)}_{\text{tot}\,z} = -\frac{2j\underline{E}_{i0}}{\eta}\,\text{sen}\,\theta_i\,\text{sen}(\beta z\cos\theta_i)\,e^{-j\beta x\,\text{sen}\,\theta_i}. \quad (10.104)$$

Note que, além do fato de que $\underline{E}_{\text{tot}y}(z=0)=0$, da Equação (10.99), também temos que $\underline{H}^{(n)}_{\text{tot}\,z}(z=0)=0$, que está de acordo com a condição de contorno para o vetor $\mathbf{B} = \mu\mathbf{H}$ nas equações (8.33) — componente normal do campo magnético deve desaparecer em uma superfície CEP. Enquanto a condição anterior é diretamente imposta pela Equação (10.96), o último surge como uma parte da solução geral para o campo no meio incidente na Figura 10.13(a) e, por fim, como consequência das equações de Maxwell. Podemos, portanto, considerá-las como uma verificação da correção de nossa solução.

Exemplo 10.14

Cálculos diversos para incidência oblíqua, polarização normal

Uma onda eletromagnética harmônica no tempo plana uniforme normalmente polarizada de frequência angular ω e intensidade do campo elétrico rms E_{i0} é incidente do ar em um ângulo θ_i em uma tela plana horizontal feita de um bom condutor não magnético, de condutividade σ. Supondo que o efeito pelicular na tela esteja em destaque, encontre: (a) a distribuição das correntes superficiais e cargas induzidas na tela, (b) a densidade de energia eletromagnética média no tempo acima da tela, (c) a fem instantânea induzida em uma espira pequena de área da superfície S em movimento com velocidade v em paralelo à tela, a uma altura h, como mostrado na Figura 10.14, e (d) a potência média no tempo de perdas Joule por unidade de área da tela.

Solução Como as perdas na tela na Figura 10.14 são pequenas, podemos utilizar as expressões para a distribuição do campo elétrico e magnético no ar para o caso sem perdas, isto é, supondo que a tela é perfeitamente condutora, e as pequenas perdas na tela serão então avaliadas, em (d), usando o método de perturbação para a avaliação de perdas em bons condutores.

(a) Substituindo as intensidades de campo complexo rms nas equações (10.102)-(10.104), (10.98) e (10.99) nas condições de contorno nas equações (10.13) e (10.15), as densidades

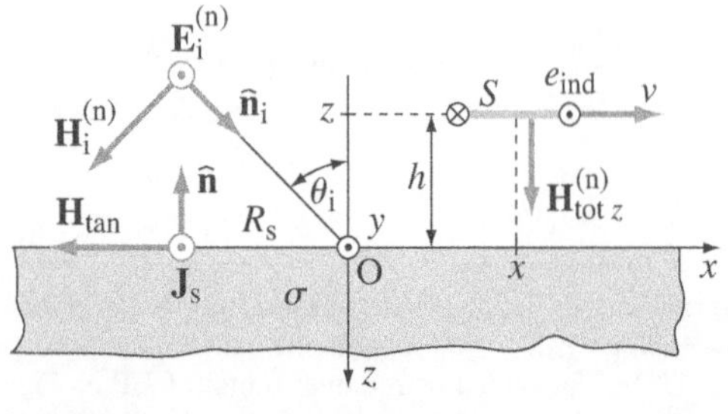

Figura 10.14

Incidência oblíqua de uma onda eletromagnética normalmente polarizada uniforme plana em uma tela condutora de baixa perda e um pequeno contorno dinâmico paralelo à tela; para o Exemplo 10.14.

de carga e corrente de superfície complexa rms e na tela condutora são

$$\underline{\mathbf{J}}_s = \hat{\mathbf{n}}\times\underline{\mathbf{H}}^{(n)}_{\text{tot}}\Big|_{z=0} = (-\hat{\mathbf{z}})\times\left[\underline{H}^{(n)}_{\text{tot}\,x}\hat{\mathbf{x}} + \underline{H}^{(n)}_{\text{tot}\,z}\hat{\mathbf{z}}\right]_{z=0} =$$

$$= \underline{H}^{(n)}_{\text{tot}\,x}\Big|_{z=0}(-\hat{\mathbf{y}}) = \frac{2E_{i0}}{\eta_0}\cos\theta_i\,e^{-j\beta x\,\text{sen}\,\theta_i}\,\hat{\mathbf{y}}, =$$

$$\underline{\rho}_s = \hat{\mathbf{n}}\cdot\varepsilon_0\,\underline{\mathbf{E}}^{(n)}_{\text{tot}}\Big|_{z=0} = (-\hat{\mathbf{z}})\cdot\varepsilon_0\,\underline{E}^{(n)}_{\text{tot}y}\Big|_{z=0}\hat{\mathbf{y}} = 0, \quad (10.105)$$

onde se supõe que $\underline{E}_{i0} = E_{i0}$ (campo elétrico incidente tem uma fase inicial zero em $x = z = 0$) e η_0 é a impedância intrínseca, Equação (9.23) e $\beta = \omega/c_0$ o coeficiente de fase de espaço livre, com $c_0 = 3 \times 10^8$ m/s para a velocidade da onda de espaço livre.

(b) Tendo em mente as equações (10.18), (9.200) e (9.24), a densidade de energia eletromagnética média no tempo total no ar é igual a

$$(w_{\text{em}})_{\text{méd}} = \frac{1}{2}\varepsilon_0\left|\underline{\mathbf{E}}^{(n)}_{\text{tot}}\right|^2 + \frac{1}{2}\mu_0\left|\underline{\mathbf{H}}^{(n)}_{\text{tot}}\right|^2 = \frac{1}{2}\varepsilon_0\left|\underline{E}^{(n)}_{\text{tot}y}\right|^2 +$$

$$+\frac{1}{2}\mu_0\left[\left|\underline{H}^{(n)}_{\text{tot}x}\right|^2 + \left|\underline{H}^{(n)}_{\text{tot}z}\right|^2\right] =$$

$$= 2\varepsilon_0 E_{i0}^2\Big[(1+\text{sen}^2\theta_i)\,\text{sen}^2(\beta z\cos\theta_i) +$$

$$+\cos^2\theta_i\cos^2(\beta z\cos\theta_i)\Big]. \quad (10.106)$$

(c) Dada a orientação da espira pequeno em movimento na Figura 10.14, percebemos que somente o componente z do campo magnético resultante no ar contribui para o fluxo magnético através da espira. A partir das equações (10.104) e (8.66), a intensidade instantânea deste componente de campo é [ver também as equações (10.9)]

$$H^{(n)}_{\text{tot}\,z}(x,z,t) = \frac{2\sqrt{2}E_{i0}}{\eta_0}$$

$$\text{sen}\theta_i\,\text{sen}(\beta z\cos\theta_i)\,\text{sen}(\omega t - \beta x\,\text{sen}\theta_i). \quad (10.107)$$

De modo similar à situação na Figura 10.6, conforme os movimentos de contorno, as coordenadas do seu centro são $x = vt$ (adotando $x = 0$ para $t = 0$), y e $z = -h$ (Figura 10.14), de modo que o fluxo magnético através dela varia no tempo como

$$\Phi(t) = \mu_0 H^{(n)}_{\text{tot}\,z}(x,z,t)S = -\frac{2\sqrt{2}\mu_0 E_{i0}S}{\eta_0}$$

$$\text{sen}\theta_i\,\text{sen}(\beta h\cos\theta_i)\,\text{sen}[(\omega - \beta v\,\text{sen}\theta_i)t], \quad (10.108)$$

e, portanto, como nas equações (10.27) e (10.28), a fem induzida no contorno

$$e_{\text{ind}}(t) = -\frac{d\Phi}{dt} = -\frac{2\sqrt{2}\omega E_{i0}S}{c_0^2}$$

$$(c_0 - v\,\text{sen}\,\theta_i)\,\text{sen}\theta_i\,\text{sen}(\beta h\cos\theta_i)\cos[(\omega - \beta v\,\text{sen}\theta_i)t]. \quad (10.109)$$

Aqui, também é óbvio que a parte da fem total que se deve à indução do transformador domina sobre a parcela correspondente à indução dinâmica, desde que $v \ll c_0$.

(d) Como o componente tangencial do vetor do campo magnético total próximo à superfície da tela é seu componente x, a potência de perda média no tempo por unidade de área na tela, Equação (10.92), torna-se agora

$$\frac{\mathrm{d}(P_\mathrm{J})_\mathrm{méd}}{\mathrm{d}S} = R_\mathrm{s}|\underline{\mathbf{H}}_\mathrm{tan}|^2 = R_\mathrm{s}|\underline{\mathbf{J}}_\mathrm{s}|^2 = = R_\mathrm{s}\left|\underline{H}^{(\mathrm{n})}_{\mathrm{tot}\,x}\right|^2_{z=0} = \frac{4R_\mathrm{s}\underline{E}^2_{\mathrm{i}0}\cos^2\theta_\mathrm{i}}{\eta_0^2}, \quad (10.110)$$

com R_s sendo a resistência superficial do condutor, a Equação (10.78).

Exemplo 10.15

Caso de polarização paralela

Para uma onda eletromagnética harmônica no tempo plana uniforme incidindo em um plano CEP com uma incidência oblíqua com polarização paralela, como mostrado na Figura 10.13(b), calcule (a) o campo eletromagnético total no meio incidente e (b) a distribuição de fontes induzidas no plano CEP.

Solução

(a) No caso de polarização paralela, na Figura 10.13(b), os vetores intensidade de campo elétrico das ondas refletidas e incidente têm dois componentes cartesianos (x e z). Observando que o vetor unitário na direção de $\mathbf{E}^{(\mathrm{p})}_\mathrm{i}$ é oposto ao de $\mathbf{H}^{(\mathrm{n})}_\mathrm{i}$ na Equação (10.100) para a polarização normal, Figura 10.13(a), bem como que os vetores unitários para $\mathbf{E}^{(\mathrm{p})}_\mathrm{r}$ e $\mathbf{H}^{(\mathrm{n})}_\mathrm{r}$ [Equação (10.101)] são os mesmos, podemos escrever

$$\underline{\mathbf{E}}^{(\mathrm{p})}_\mathrm{i} = \underline{E}_{\mathrm{i}0}\,\mathrm{e}^{-\mathrm{j}\beta\mathbf{r}\cdot\hat{\mathbf{n}}_\mathrm{i}}\underbrace{(\cos\theta_\mathrm{i}\,\hat{\mathbf{x}} - \mathrm{sen}\,\theta_\mathrm{i}\,\hat{\mathbf{z}})}_{\text{vetor unitário para } E^{(\mathrm{p})}_\mathrm{i}}, \quad \underline{\mathbf{E}}^{(\mathrm{p})}_\mathrm{r} = = \underline{E}_{\mathrm{r}0}\,\mathrm{e}^{-\mathrm{j}\beta\mathbf{r}\cdot\hat{\mathbf{n}}_\mathrm{r}}\underbrace{(\cos\theta_\mathrm{r}\,\hat{\mathbf{x}} + \mathrm{sen}\,\theta_\mathrm{r}\,\hat{\mathbf{z}})}_{\text{vetor unitário para } E^{(\mathrm{p})}_\mathrm{r}}. \quad (10.111)$$

Por outro lado, os vetores campo magnético para a polarização paralela são mais simples, tendo apenas um componente (y),

$$\underline{\mathbf{H}}^{(\mathrm{p})}_\mathrm{i} = \frac{\underline{E}_{\mathrm{i}0}}{\eta}\,\mathrm{e}^{-\mathrm{j}\beta\mathbf{r}\cdot\hat{\mathbf{n}}_\mathrm{i}}\,\hat{\mathbf{y}}, \quad \underline{\mathbf{H}}^{(\mathrm{p})}_\mathrm{r} = \frac{\underline{E}_{\mathrm{r}0}}{\eta}\,\mathrm{e}^{-\mathrm{j}\beta\mathbf{r}\cdot\hat{\mathbf{n}}_\mathrm{r}}(-\hat{\mathbf{y}}) \quad (10.112)$$

[note que o sinal de menos na expressão para $\underline{\mathbf{H}}^{(\mathrm{p})}_\mathrm{r}$, em virtude de sua orientação na Figura 10.13(b) é como nas equações (10.2) para a incidência normal].

Uma vez que apenas os componentes x da $\underline{\mathbf{H}}^{(\mathrm{p})}_\mathrm{i}$ e $\underline{\mathbf{E}}^{(\mathrm{p})}_\mathrm{r}$ são tangentes à interface CEP, a condição de contorno na Equação (10.3) torna-se

$$\left[\underline{E}^{(\mathrm{p})}_{\mathrm{i}x} + \underline{E}^{(\mathrm{p})}_{\mathrm{r}x}\right]\Big|_{z=0} = 0 \longrightarrow \underline{E}_{\mathrm{i}0}\cos\theta_\mathrm{i}\,\mathrm{e}^{-\mathrm{j}\beta x\,\mathrm{sen}\,\theta_\mathrm{i}} + + \underline{E}_{\mathrm{r}0}\cos\theta_\mathrm{r}\,\mathrm{e}^{-\mathrm{j}\beta x\,\mathrm{sen}\,\theta_\mathrm{r}} = 0 \quad (10.113)$$

($-\infty < x < \infty$), que nos diz que a lei de Snell da reflexão, Equação (10.97), deve ser satisfeita para a polarização paralela também. Com isso, a Equação (10.113) se reduz à mesma relação final entre $\underline{E}_{\mathrm{i}0}$ e $\underline{E}_{\mathrm{r}0}$ como no caso de polarização normal, $\underline{E}_{\mathrm{r}0} = -\underline{E}_{\mathrm{i}0}$.[15] De forma semelhante à obtenção das expressões nas equações (10.99), (10.103) e (10.104), as expressões para os componentes diferentes de zero dos vetores intensidade de campo elétrico e magnético totais no meio incidente para a polarização paralela são, então, finalizados na seguinte forma:

$\underline{E}_x$ – polarização paralela

$$\underline{E}^{(\mathrm{p})}_{\mathrm{tot}\,x} = -2\mathrm{j}\underline{E}_{\mathrm{i}0}\cos\theta_\mathrm{i}\,\mathrm{sen}(\beta z\cos\theta_\mathrm{i})\,\mathrm{e}^{-\mathrm{j}\beta x\,\mathrm{sen}\,\theta_\mathrm{i}}, \quad (10.114)$$

$\underline{E}_z$ – polarização paralela

$$\underline{E}^{(\mathrm{p})}_{\mathrm{tot}\,z} = -2\underline{E}_{\mathrm{i}0}\,\mathrm{sen}\,\theta_\mathrm{i}\cos(\beta z\cos\theta_\mathrm{i})\,\mathrm{e}^{-\mathrm{j}\beta x\,\mathrm{sen}\,\theta_\mathrm{i}}, \quad (10.115)$$

$\underline{H}_y$ – polarização paralela

$$\underline{H}^{(\mathrm{p})}_{\mathrm{tot}\,y} = \frac{2\underline{E}_{\mathrm{i}0}}{\eta}\cos(\beta z\cos\theta_\mathrm{i})\,\mathrm{e}^{-\mathrm{j}\beta x\,\mathrm{sen}\,\theta_\mathrm{i}}. \quad (10.116)$$

(b) Da mesma forma que o cálculo nas equações (10.105), as densidades de carga e corrente de superfície induzida no plano CEP na Figura 10.13(b) vem a ser

$$\underline{\mathbf{J}}_\mathrm{s} = (-\hat{\mathbf{z}}) \times \underline{H}^{(\mathrm{p})}_{\mathrm{tot}\,y}\Big|_{z=0}\hat{\mathbf{y}} = \frac{2\underline{E}_{\mathrm{i}0}}{\eta}\,\mathrm{e}^{-\mathrm{j}\beta x\,\mathrm{sen}\,\theta_\mathrm{i}}\,\hat{\mathbf{x}},$$

$$\underline{\rho}_\mathrm{s} = (-\hat{\mathbf{z}})\cdot\varepsilon\left[\underline{E}^{(\mathrm{p})}_{\mathrm{tot}\,x}\,\hat{\mathbf{x}} + \underline{E}^{(\mathrm{p})}_{\mathrm{tot}\,z}\,\hat{\mathbf{z}}\right]_{z=0} = -\varepsilon\,\underline{E}^{(\mathrm{p})}_{\mathrm{tot}\,z}\Big|_{z=0} = = 2\varepsilon\underline{E}_{\mathrm{i}0}\,\mathrm{sen}\,\theta_\mathrm{i}\,\mathrm{e}^{-\mathrm{j}\beta x\,\mathrm{sen}\,\theta_\mathrm{i}}. \quad (10.117)$$

Exemplo 10.16

Incidência normal como um caso especial de incidência oblíqua

Mostre que as expressões de campo total para a incidência normal em um plano CEP, na Figura 10.1, podem ser obtidas como um caso especial das expressões de campo correspondente de incidência oblíqua com ambas as polarizações normal e paralela, nas figuras 10.13(a) e 10.13(b).

Solução Após a substituição $\theta_\mathrm{i} = 0$ (incidência normal) nas equações (10.99), (10.103), (10.104) e (10.114)-(10.116), as expressões de campo correspondentes para as polarizações normal e paralela da onda incidente tornam-se as mesmas (com eixos x e y trocados), e iguais aos campos nas equações (10.8), obtidos supondo uma incidência normal em um plano CEP. Esse resultado era esperado e confirma também que a classificação das ondas incidentes naquelas com polarizações normais e paralelas, respectivamente, não se aplica a ondas normalmente incidentes.

10.6 CONCEITO DE UM GUIA DE ONDA RETANGULAR

Vamos agora continuar nossa discussão sobre uma onda plana uniforme com incidência oblíqua em um limite CEP, Figura 10.13, e investigar a possibilidade de guiá-la para longas distâncias, paralela a fronteira. No estudo, devemos também apresentar e avaliar uma série de parâmetros de propagação importantes da onda resultante.

15 As mesmas deliberações como no caso de polarização normal levando a encontrar as incógnitas θr e $\underline{E}_{\mathrm{r}0}$ (em termos de θ_i e $\underline{E}_{\mathrm{i}0}$) alternativamente — com base na radiação das correntes de superfície induzidas nos dois semiespaços — estão aqui também.

Consideramos a polarização normal da onda incidente, Figura 10.13(a), em primeiro lugar. Inspecionando as funções exponencial e senoidal de coordenadas espaciais nas expressões de campo nas equações (10.99), (10.103) e (10.104), percebemos que a onda eletromagnética total no meio incidente apresenta uma característica de onda dinâmica (termo $e^{-j\beta x \operatorname{sen}\theta_i}$) no eixo x, enquanto se comporta como uma onda estacionária [ver equações (10.8)] ao longo do eixo z. O coeficiente de fase equivalente (determinado como o fator inteiro de multiplicação $-jx$ nos expoentes), comprimento de onda e velocidade de fase [Equação (9.35)] do curso da onda na direção x positiva são

βx, λx, v_{px} — ao longo do guia de onda

$$\beta_x = \beta \operatorname{sen}\theta_i, \quad \lambda_x = \frac{2\pi}{\beta_x} = \frac{\lambda}{\operatorname{sen}\theta_i},$$
$$v_{px} = \frac{\omega}{\beta_x} = \frac{c}{\operatorname{sen}\theta_i}, \qquad (10.118)$$

onde $\lambda = 2\pi/\beta$ e $c = 1/\sqrt{\varepsilon\mu}$ são o comprimento de onda e a velocidade da onda incidente (e refletida). Note que se o meio incidente é o ar (ou vácuo), temos que $v_{px} = c_0/\operatorname{sen}\theta_i$, onde c_0 é a velocidade da luz no espaço livre, Equação (9.19), implicando que $v_{px} > c_0$ por qualquer ângulo incidente θ_i. Embora isto possa parecer à primeira vista um paradoxo, lembramos (ver Seção 9.13) que vpx não é uma velocidade "real" de deslocamento da energia eletromagnética ou informações (carregadas pela onda) próximo do limite CEP, mas apenas uma velocidade com a qual o plano constante de fase (frente de onde) se move nesta direção (dada) (ao longo do eixo x). Em outras palavras, esta é a velocidade com que um observador imaginário precisaria se mover (na direção do eixo x), a fim de ver sempre a mesma fase do campo total.

Por outro lado, desde o coeficiente de fase equivalente de β_z da onda estacionária ao longo do eixo z [que representa o fator inteiro de z nos sinusoides nas equações (10.99), (10.103) e (10.104)], o comprimento de onda correspondente é

$$\lambda_z = \frac{2\pi}{\beta_z} = \frac{2\pi}{\beta\cos\theta_i} = \frac{\lambda}{\cos\theta_i} \qquad (10.119)$$

(a velocidade de fase não é definida por ondas estacionárias). Em analogia com a construção do ressonador Fabry-Perot na Figura 10.3 [ver equações (10.10) e (10.12)], podemos inserir uma lâmina CEP em qualquer um dos planos definidos pela

posição do segundo plano refletor, formando um guia de onda

$$z = -m\frac{\lambda_z}{2} = -\frac{m\lambda}{2\cos\theta_i} \quad (m = 1, 2, \ldots), \qquad (10.120)$$

como $\underline{E}_{tan} = \underline{E}^{(n)}_{tot\,y} = 0$ e $\underline{H}_{normal} = \underline{H}^{(n)}_{tot\,z} = 0$ nestes planos, e remover o campo da região à esquerda da lâmina. No entanto, a estrutura assim obtida para a direita da lâmina não é um ressonador neste caso, dado que, graças a uma incidência oblíqua da onda (e não normal) na Figura 10.13(a), suporta uma onda resultante dinâmica ao longo do eixo x. Ou seja, os dois planos paralelos CEP (espelhos) constituem um sistema de onda guia simples, conhecido como um guia de onda de placas paralelas, no qual uma onda plana uniforme oscila para frente e para trás entre as paredes do guia de onda (placas), com todas as reflexões múltiplas ocorrendo (alternando as duas paredes) no mesmo ângulo incidente oblíquo (θ_i). Como resultado, o campo eletromagnético total progride na direção x positiva, com velocidade de fase vpx na Equação (10.118). Uma vez que $\underline{\mathbf{E}}^{(n)}_{tot}$ no guia de onda tem apenas um componente y e $\underline{\mathbf{H}}^{(n)}_{tot}$ somente componentes x e y, podemos inserir mais duas lâminas CEP perpendicularmente ao eixo y, e as condições de contorno para vetores $\mathbf{E}$ e $\mathbf{B} = \mu\mathbf{H}$ nas equações (8.33) também serão automaticamente satisfeitas ($\mathbf{E}_{tan} = 0$ e $\mathbf{H}_{normal} = 0$ em uma superfície CEP). Os quatro planos CEP agora formam um tubo CEP infinitamente longo de um corte transversal retangular, como mostrado na Figura 10.15. Esta acaba por ser um guia de onda metálico retangular (neste caso, CEP) que é usado extensivamente na área de micro-ondas para o transporte de grandes potências eletromagnéticas (por exemplo, em sistemas de radar). O campo eletromagnético dentro do tubo, dado pelas equações (10.99), (10.103) e (10.104), representa uma onda não TEM não uniforme plana se propagando ao longo do guia de onda (na direção x positiva). A onda é não uniforme já que os componentes de campo nas equações (10.99), (10.103) e (10.104) dependem de uma coordenada (z) nos planos transversais (equifase) da onda. Pertence a uma classe das chamadas ondas (TE) transversais elétricas, uma vez que o campo $\mathbf{E}$ é transversal à direção da onda de propagação, enquanto o campo $\mathbf{H}$ tem um componente (x) longitudinal (ao longo do curso da onda) também. Com base na Equação (10.63), a relação dos componentes transversais dos campos elétricos e magnéticos define a impedância de onda desta onda TE em particular no guia das ondas,

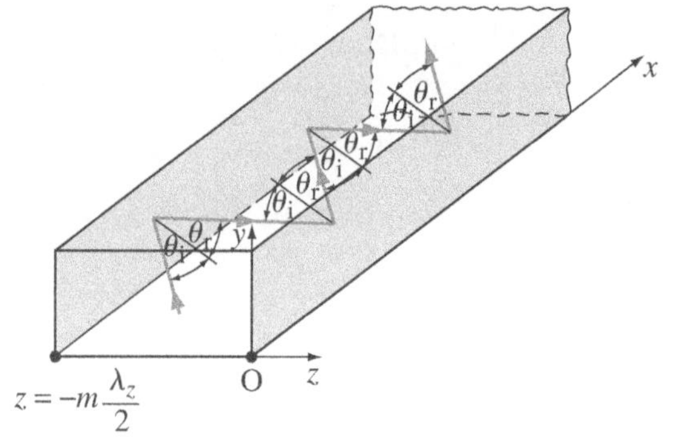

Figura 10.15

Guia de onda (CEP) retangular metálico, formado por quatro planos CEP nos quais o componente tangencial do vetor de campo elétrico e o componente normal do vetor de campo magnético da onda resultante na Figura 10.13(a) são zero.

impedância de onda TE em um guia de onda retangular

$$\underline{\eta}_w = \frac{\underline{E}^{(n)}_{tot\,y}}{\underline{H}^{(n)}_{tot\,z}} = \frac{\eta}{\operatorname{sen}\theta_i}, \tag{10.121}$$

que vem a ser constante (o mesmo em todos os pontos do campo no interior do guia de onda) e puramente real (já que os componentes de campo transversal estão em fase). Como veremos em um capítulo posterior, há um número infinito de modos de onda diferentes (com diferentes campos elétricos e magnéticos) que pode se propagar através de um guia de onda retangular.

Para o caso de polarização paralela, Figura 10.13(b), as expressões de campo nas equações (10.114)-(10.116) nos dizem que a onda total é novamente uma combinação de uma onda dinâmica ao longo do eixo x e uma onda estática ao longo do eixo z. Os coeficientes de fase equivalentes nos dois sentidos e os comprimentos de onda associados, bem como a velocidade de fase da onda dinâmica, são os mesmos da polarização normal, dada pelas equações (10.118) e (10.119). Uma vez que o componente do campo elétrico total $\underline{\mathbf{E}}^{(p)}_{tot}$ paralelo ao limite CEP na Figura 10.13(b), $\underline{\mathbf{E}}^{(p)}_{totx}$, é identicamente zero no mesmo plano definido pela Equação (10.120), podemos novamente inserir uma lâmina CEP em um desses planos (não haverá campo elétrico tangencial sobre a lâmina). Com isso, um guia de onda de placas paralelas é formado para guiar o campo nas equações (10.114)-(10.116) na direção x positiva, como no caso de polarização normal. No entanto, como $\underline{\mathbf{E}}^{(p)}_{tot}$ sempre se encontra em um dos planos y = const, e as magnitudes de ambos os componentes nas equações (10.114) e (10.115) são funções de z somente, é impossível especificar um y para o qual o campo elétrico tangencial seria identicamente nulo no plano y = const. Portanto, ao contrário do caso de polarização normal (ver Figura 10.15), o campo nas equações (10.114)-(10.116) não pode ser delimitado pelas quatro superfícies CEP para formar um guia de onda retangular metálico.

Exemplo 10.17

Vetor de Poynting em um guia de onda metálico retangular

(a) Encontre os vetores Poynting médio no tempo e complexo no guia de onda retangular metálico na Figura 10.15(b) Qual é o vetor Poynting médio no tempo no caso de polarização paralela na Figura 10.13(b)?

Solução

(a) Como na Equação (10.20), o vetor Poynting complexo no meio incidente na Figura 10.13(a), e, portanto, no guia de onda na Figura 10.15, é calculado da seguinte forma, usando as equações (10.99), (10.103) e (10.104):

$$\underline{\mathcal{P}}^{(n)} = \underline{\mathbf{E}}^{(n)}_{tot} \times \left[\underline{\mathbf{H}}^{(n)}_{tot}\right]^* = -\underline{E}^{(n)}_{tot\,y}\left[\underline{H}^{(n)}_{tot\,x}\right]^* \hat{\mathbf{z}} + \underline{E}^{(n)}_{tot\,y}\left[\underline{H}^{(n)}_{tot\,z}\right]^* \hat{\mathbf{x}} = -\mathrm{j}\,\frac{2|\underline{E}_{i0}|^2}{\eta}\cos\theta_i \operatorname{sen}(2\beta z\cos\theta_i)\,\hat{\mathbf{z}} + \frac{4|\underline{E}_{i0}|^2}{\eta}\operatorname{sen}\theta_i \operatorname{sen}^2(\beta z\cos\theta_i)\,\hat{\mathbf{x}}. \tag{10.122}$$

Este resultado mostra mais uma vez que o campo eletromagnético total na Figura 10.13(a) é uma onda estacionária na direção z, e uma onda viajando na direção x. Ou seja, o componente z de $\mathcal{P}^{(n)}$ é puramente imaginário, que é característica das ondas estacionárias [ver Equação (10.20)], e está, claro, de acordo com o fato de que nenhuma potência é entregue ao meio CEP. O componente x de $\mathcal{P}^{(n)}$, por outro lado, é puramente real e positivo para todos os valores da coordenada z, que indica um fluxo de potência líquida real na direção x positiva, paralela ao limite e no guia de onda, pela onda eletromagnética resultante. Este componente, portanto, compreende exatamente o vetor Poynting médio no tempo resultante na estrutura na Figura 10.15,

$$\mathcal{P}^{(n)}_{méd} = \mathrm{Re}\{\underline{\mathcal{P}}^{(n)}\} = \frac{4|\underline{E}_{i0}|^2}{\eta}\operatorname{sen}\theta_i \operatorname{sen}^2(\beta z\cos\theta_i)\,\hat{\mathbf{x}}. \tag{10.123}$$

Note que o fluxo de $\mathcal{P}^{(n)}_{méd}$ através de um corte transversal arbitrário (para um x arbitrário) do guia de onda, obtido por integração em termos de z entre o lado superior e inferior do guia de onda, ou seja, de um dos valores especificados na Equação (10.120), por exemplo, z = $-\lambda z/2$ (para m = 1), para z = 0, dá a potência total médio no tempo transmitida ao longo da estrutura.

(b) Para a situação na Figura 10.13(b), de modo similar para obter a Equação (10.123), o vetor Poynting médio no tempo associado com o campo eletromagnético total nas equações (10.114)-(10.116) vem a ser

$$\mathcal{P}^{(p)}_{méd} = \mathrm{Re}\{\underline{\mathcal{P}}^{(p)}\} = -\underline{E}^{(p)}_{tot\,z}\left[\underline{H}^{(p)}_{tot\,y}\right]^* \hat{\mathbf{x}} = \frac{4|\underline{E}_{i0}|^2}{\eta}\operatorname{sen}\theta_i \cos^2(\beta z\cos\theta_i)\,\hat{\mathbf{x}}, \tag{10.124}$$

que é outra confirmação de que, no caso de polarização paralela, o fluxo de potência real, pela onda eletromagnética resultante é paralelo ao limite CEP, na direção x positiva.

10.7 INCIDÊNCIA OBLÍQUA EM UM LIMITE DIELÉTRICO

Se o meio no lado direito da interface na Figura 10.13 é outro dielétrico sem perdas,[16] uma parte da energia incidente será transmitida através da interface, como na Figura 10.7 para o caso de incidência normal. No entanto, é intuitivamente óbvio que, para um dado ângulo incidente oblíquo, θ_i ($\theta_i \neq 0$), a direção de propagação da onda transmitida não pode ser a mesma para todas as combinações de parâmetros dos materiais

16 Como em muitas ocasiões, até agora, ao usar o termo "dielétrico" para um meio, permitimos que tanto ε como μ possam ter valores sem espaço livre.

dos dois semiespaços. Portanto, ao contrário da situação na Figura 10.7, a onda transmitida deve ser desviada em relação à normal na interface, e o ângulo entre o raio transmitido e a normal é chamado de ângulo transmitido e designado como θ_t ($\theta_t \neq 0$). Pela mesma razão, ou seja, porque θ_t não pode ser constante, mas deve depender dos parâmetros materiais nos dois lados da interface, a onda transmitida é desviada também com relação à direção da onda incidente ($\theta_t \neq \theta_i$), como mostrado na Figura 10.16. Este fenômeno, que o raio incidente quebra na transmissão, seja em direção à interface ($\theta_t > \theta_i$) ou para longe dela ($\theta_t < \theta_i$), é conhecido como refração da onda e a onda transmitida é também chamada onda refratada.

Para encontrar θ_t, bem como o ângulo refletido, θ_r, na Figura 10.16, vamos realizar uma simples análise geométrica da propagação de frentes de onda de fase constante das ondas incidentes, refletidas e transmitidas que é independente de sua polarização (normal ou paralela). Em específico, vamos considerar dois pontos equifase, A e B, da onda incidente, onde um deles (B) pertence à interface material (Figura 10.16). Depois de algum tempo, Δt, esses pontos se tornam os pontos C e D em uma frente de onda da onda refletida, de um lado da interface, bem como os pontos equifase C e E da onda transmitida, por outro lado, com o ponto C comum pertencente à interface. Durante este tempo as ondas individuais viajam distâncias $\overline{AC}$ (incidente), $\overline{BD}$ (refletido) e $\overline{BE}$ (transmissíveis), os dois primeiros com velocidade $c_1 = 1/\sqrt{\varepsilon_1\mu_1}$, e o terceiro com $c_2 = \sqrt{\varepsilon_2\mu_2}$. Temos, assim,

$$\Delta t = \frac{\overline{AC}}{c_1} = \frac{\overline{BD}}{c_1} = \frac{\overline{BE}}{c_2}. \quad (10.125)$$

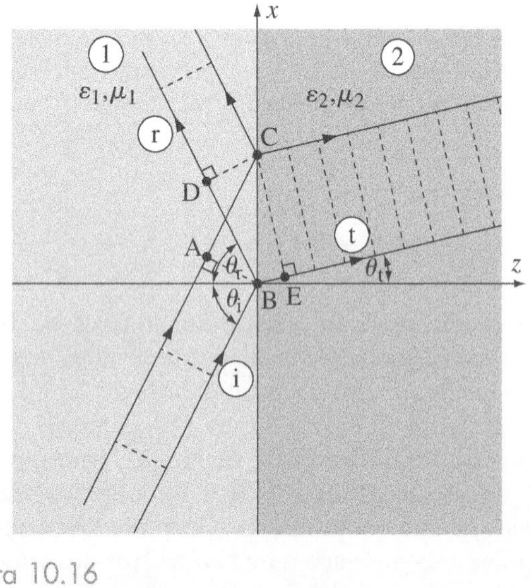

Figura 10.16

Reflexão e refração de uma onda eletromagnética harmônica no tempo plana obliquamente incidente uniforme em um limite dielétrico planar — análise das relações geométricas entre os padrões de frente de onda das ondas incidentes, refletidas e transmitidas (refratada).

Da trigonometria dos triângulos retângulos $\triangle$ACB, $\triangle$BDC e $\triangle$BEC (com a hipotenusa BC comum) na Figura 10.16,

$$\overline{AC} = \overline{BC}\,\text{sen}\,\theta_i, \quad \overline{BD} = \overline{BC}\,\text{sen}\,\theta_r,$$
$$\overline{BE} = \overline{BC}\,\text{sen}\,\theta_t. \quad (10.126)$$

Substituindo as duas primeiras expressões, para $\overline{AC}$ e $\overline{BD}$, na Equação (10.125) leva à Equação (10.97), ou seja, a lei de Snell da reflexão. A primeira e terceira expressões geram

lei de Snell de refração

$$\boxed{\frac{\text{sen}\,\theta_i}{\text{sen}\,\theta_t} = \frac{c_1}{c_2} = \sqrt{\frac{\varepsilon_2\mu_2}{\varepsilon_1\mu_1}}.} \quad (10.127)$$

Esta relação nos permite encontrar o ângulo (refratado) transmitido em termos de um ângulo incidente, para determinadas características dos dois meios na Figura 10.16, e é chamada lei de Snell da refração. É, muitas vezes, expressa em termos de índices de refração (ou índices refrativos), Equação (9.144), dos dois meios, $n_1 = c_0/c_1 = \sqrt{\varepsilon_{1r}\mu_{1r}}$ e $n_2 = c_0/c_2 = \sqrt{\varepsilon_{2r}\mu_{2r}}$,

lei de refração via índices refrativos

$$\boxed{\frac{\text{sen}\,\theta_i}{\text{sen}\,\theta_t} = \frac{n_2}{n_1}.} \quad (10.128)$$

Note que, embora a definição do índice de refração na Equação (9.144) aplique-se a materiais arbitrários, é mais frequentemente utilizado no caso de meios não magnéticos ($\mu_r = 1$) sem perdas (dielétricos), onde se torna

índice de refração de um material sem perdas não magnético

$$\boxed{n = \sqrt{\varepsilon_r}} \quad (10.129)$$

($n = 1$ para o espaço livre). Portanto, há uma correspondência um para um entre o índice de refração e a permissividade (relativa) se $\mu_r = 1$. De fato, enquanto o uso do índice de refração é um tanto quanto raro em frequências de rádio e micro-ondas e quase nunca em aplicações estáticas (cc), materiais dielétricos em frequências ópticas são quase exclusivamente caracterizados usando n (em vez de ε_r). A Equação (10.128) é, portanto, a versão mais utilizada da lei de Snell da refração em óptica.

Notemos que a Figura 10.16 e as relações associadas nas equações (10.125) e (10.126), na essência, implicam que as interseções das frentes de onda das ondas incidentes, refletidas e transmitidas com a interface coincidem umas com as outras, e se movem pela interface juntas, na mesma velocidade, o que é ainda ilustrado na Figura 10.17. A velocidade comum é $c_1/\text{sen}\,\theta_i = c_2/\text{sen}\,\theta_t$, Equação (10.127). Podemos pensar nessa combinação de velocidade ma interface também como imposta pelas condições de contorno para os campos elétricos e magnéticos das três ondas na interface, que, supostamente satisfeitas em um instante de tempo, devem permanecer satisfeitas em todos os momentos. Isso só é possível se a imagem das frentes de onda se movendo na direção x positiva na Figura 10.17 permanece inalterada durante o decorrer do tempo, isto é, se as velocidades de fase das três ondas conforme medidas no eixo x forem as mesmas.

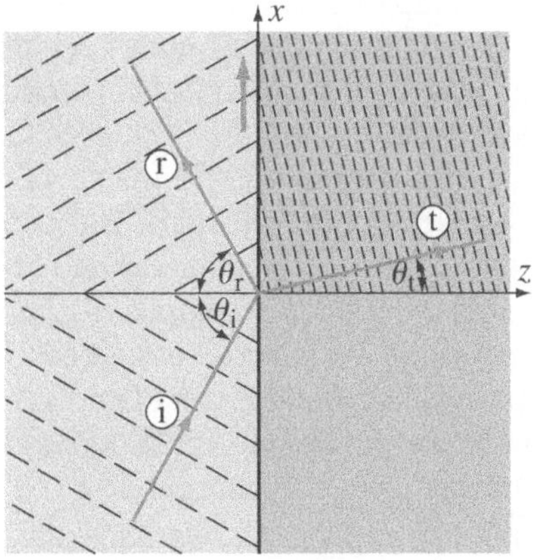

Figura 10.17
Quadro mais completo de padrões de frente de onda na Figura 10.16, ilustrando o movimento em uníssono das interseções de frente de onda com a interface das três ondas na direção x positiva.

Para encontrar as intensidades de campo elétrico complexo rms desconhecidas das ondas refletidas e transmitidas no plano $z = 0$, $\underline{E}_{r0}$ e $\underline{E}_{t0}$, para uma dada intensidade $\underline{E}_{i0}$ em $z = 0$ da onda incidente, aplicamos as condições de contorno para os componentes tangenciais de ambos vetores de campo elétricos e magnéticos, como nas equações (10.38) e (10.39) para a incidência normal em uma interface dielétrica. Aqui, no entanto, é preciso distinguir entre as polarizações normal e paralela da onda incidente, que são representadas nas figuras 10.18(a) e 10.18(b). As expressões para os campos (ou seus componentes) que entram nas condições de contorno são semelhantes aos das equações (10.96) e (10.113) para a incidência oblíqua em uma interface CEP. Assim, para a interface dielétrica e a polarização normal, Figura 10.18 (a), a condição de contorno na Equação (10.96) torna-se

$$\left[\mathbf{E}_i^{(n)} + \mathbf{E}_r^{(n)}\right]\Big|_{z=0} = \mathbf{E}_t^{(n)}\Big|_{z=0} \longrightarrow$$

$$\longrightarrow \quad \underline{E}_{i0}\, e^{-j\beta_1 x \operatorname{sen}\theta_i} + \underline{E}_{r0}\, e^{-j\beta_1 x \operatorname{sen}\theta_r} =$$

$$= \underline{E}_{t0}\, e^{-j\beta_2 x \operatorname{sen}\theta_t}. \tag{10.130}$$

Em função da exigência de que deve ser satisfeita para qualquer x, temos

condição de casamento de, em uma interface do material

$$\beta_1 \operatorname{sen}\theta_i = \beta_1 \operatorname{sen}\theta_r = \beta_2 \operatorname{sen}\theta_t. \tag{10.131}$$

Esta equação compreende tanto as leis de Snell, com a primeira igualdade dando a lei da reflexão, Equação (10.97), e a igualdade entre o primeiro e o terceiro termo representando, dada a Equação (8.111), a lei da refração, Equação (10.127). Notamos que a adequação das fases das três ondas na interface (para $z = 0$) é equivalente à correspondência nas velocidades de fase correspondentes na interface. Com a eliminação de termos exponenciais, Equação (10.130) produz

$$\underline{E}_{i0} + \underline{E}_{r0} = \underline{E}_{t0}. \tag{10.132}$$

Por outro lado, uma vez que apenas os componentes x dos vetores do campo magnético na Figura 10.18(a) são tangentes à superfície de contorno, a condição de contorno correspondente para **H** produz [note a semelhança com a Equação (10.113)]

$$\left[\underline{H}_{ix}^{(n)} + \underline{H}_{rx}^{(n)}\right]\Big|_{z=0} = \underline{H}_{tx}^{(n)}\Big|_{z=0} \longrightarrow$$

$$\longrightarrow \quad -\frac{\underline{E}_{i0}}{\eta_1}\cos\theta_i + \frac{\underline{E}_{r0}}{\eta_1}\cos\theta_r = -\frac{\underline{E}_{t0}}{\eta_2}\cos\theta_t, \tag{10.133}$$

onde $\eta_1 = \sqrt{\varepsilon_1 \mu_1}$ e $\eta_2 = \sqrt{\mu_2/\varepsilon_2}$ são as impedâncias intrínsecas dos dois meios na Figura 10.18 (eles são pu-

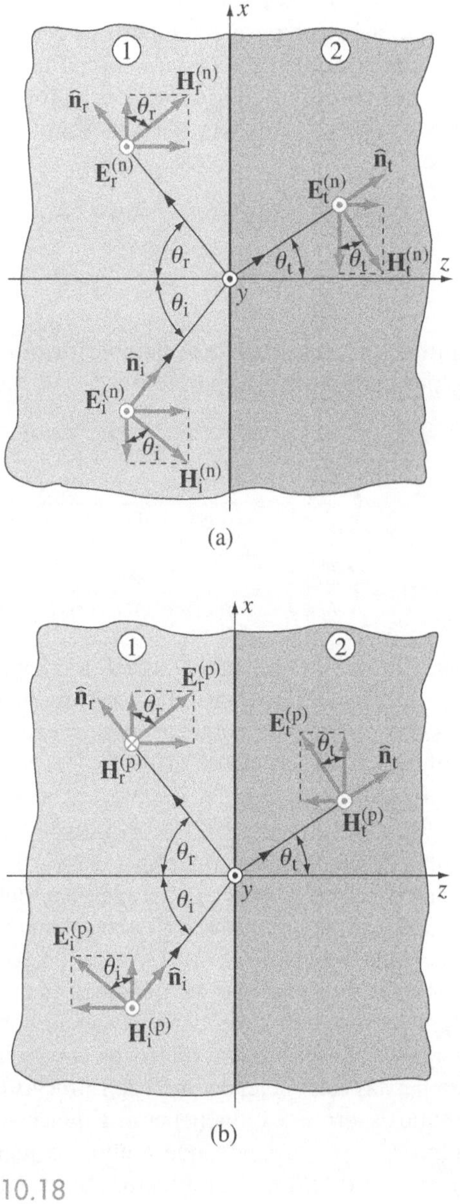

Figura 10.18
Vetores de campo elétrico e magnético das ondas incidentes, refletidas e transmitidas na Figura 10.16 para polarizações normal (a) e paralela (b) das ondas.

ramente reais, por causa da suposição sem perdas para ambos os meios). Bem como as equações (10.40) para o caso de incidência normal correspondente, as equações (10.132) e (10.133) são duas equações algébricas lineares com E_{r0} e E_{t0} desconhecidos (para um dado E_{i0}), e sua solução pode ser representada na forma de reflexão e de coeficientes de transmissão — para a polarização normal,

coeficientes de Fresnel para polarização normal

$$\Gamma_n = \left(\frac{\underline{E}_{r0}}{\underline{E}_{i0}}\right)_n = \frac{\eta_2 \cos\theta_i - \eta_1 \cos\theta_t}{\eta_1 \cos\theta_t + \eta_2 \cos\theta_i},$$
$$\tau_n = \left(\frac{\underline{E}_{t0}}{\underline{E}_{i0}}\right)_n = \frac{2\eta_2 \cos\theta_i}{\eta_1 \cos\theta_t + \eta_2 \cos\theta_i}, \quad (10.134)$$

com $1 + \Gamma_n = \tau_n$ (como no caso de incidência normal). Estes coeficientes são conhecidos como coeficientes de Fresnel para a polarização normal.

Para a polarização paralela, Figura 10.18(b), as condições de contorno, em $z = 0$, para componentes x dos vetores campo elétrico e para todos os vetores campo magnético, respectivamente, dão as seguintes duas equações:

$$\underline{E}_{i0} \cos\theta_i + \underline{E}_{r0} \cos\theta_r = \underline{E}_{t0} \cos\theta_t,$$
$$\frac{\underline{E}_{i0}}{\eta_1} - \frac{\underline{E}_{r0}}{\eta_1} = \frac{\underline{E}_{t0}}{\eta_2}, \quad (10.135)$$

e, portanto, os coeficientes de Fresnel (reflexão e transmissão) para a polarização paralela

coeficientes de Fresnel para polarização paralela

$$\Gamma_p = \left(\frac{\underline{E}_{r0}}{\underline{E}_{i0}}\right)_p = \frac{\eta_2 \cos\theta_t - \eta_1 \cos\theta_i}{\eta_1 \cos\theta_i + \eta_2 \cos\theta_t},$$
$$\tau_p = \left(\frac{\underline{E}_{t0}}{\underline{E}_{i0}}\right)_p = \frac{2\eta_2 \cos\theta_i}{\eta_1 \cos\theta_i + \eta_2 \cos\theta_t}. \quad (10.136)$$

Note que aqui $1 + \Gamma_p$ não é igual a τ_p, mas, sim, $1 + \Gamma_p = \tau_p \cos\theta_t/\cos\theta_i$, que é uma consequência direta da forma da condição de contorno para o vetor **E** (primeira condição) nas equações (10.135).

Embora obtidas supondo que ambos os meios na Figura 10.18 são sem perdas, as expressões para os coeficientes de Fresnel nas equações (10.134) e (10.136) são válidas para meios com perdas também, desde que impedâncias complexas intrínsecas $\underline{\eta}_1$ e $\underline{\eta}_2$ sejm utilizadas, como nas equações (10.42) e (10.43) para o caso de incidência normal. É claro que, se qualquer um dos dois meios tem perdas, todos os coeficientes são complexos ($\underline{\Gamma}_n$, $\underline{\Gamma}_p$, $\underline{\tau}_n$, $\underline{\tau}_p$). A única outra diferença com relação ao caso sem perdas está na lei de Snell de refração. Ou seja, uma vez que os termos exponenciais na Equação (10.130) agora têm $\underline{\gamma}_1$ e $\underline{\gamma}_2$ (supondo que ambos os meios têm perdas) em vez de $j\beta_1$ e $j\beta_2$, respectivamente, como nas equações (10.35) –(10.37) para a incidência normal, a relação da lei de refração na Equação (10.131) torna-se

lei de Snell de refração no domínio complexo

$$\underline{\gamma}_1 \operatorname{sen}\theta_i = \underline{\gamma}_2 \operatorname{sen}\underline{\theta}_t, \quad (10.137)$$

enquanto a lei de reflexão continua a mesma, Equação (10.97). Esta complexa equação é dita lei de Snell de refração no domínio complexo, com a lei de Snell "comum" de refração na Equação (10.127) sendo o seu caso especial. Observe que, segundo a Equação (10.137), sen $\underline{\theta}_t$ em geral, é uma quantidade complexa, já que $\underline{\gamma}_1/\underline{\gamma}_2$ é, em geral, complexa (sen θ_i é real). Em consequência, cos $\underline{\theta}_t$, necessário para os coeficientes de Fresnel $\underline{\Gamma}_n$, $\underline{\Gamma}_p$, $\underline{\tau}_n$ e $\underline{\tau}_p$, é uma quantidade complexa também, assim como é o próprio $\underline{\theta}_t$. Pode ser demonstrado que a direção de propagação da onda refratada no segundo meio é determinada por um ângulo (medido a partir da normal na interface) igual à parte real de $\underline{\theta}_t$.

Verificando as expressões nas equações (10.134) e (10.136), modificadas para que ambas as impedâncias sejam complexas intrínsecas (o caso mais geral), notamos que, de um lado, $\underline{\Gamma}_n = \underline{\Gamma}_p = -1$ e $\underline{\tau}_n = \underline{\tau}_p = 0$ para o segundo meio CEP ($\eta_2 = 0$). Aqui, $\underline{\Gamma}$ = símbolo -1 corresponde à relação $\underline{E}_{r0} = -\underline{E}_{i0}$, tanto da Equação (10.96) para a polarização normal quanto da Equação (10.113) para a polarização paralela na análise das ondas obliquamente incidentes em um limite CEP (na Seção 10.5). Por outro lado, se $\theta_i = 0$ (incidência normal), $\underline{\Gamma}_n = \underline{\Gamma}_p = \underline{\Gamma}$ e $\underline{\tau}_n = \underline{\tau}_p = \underline{\tau}$, onde $\underline{\Gamma}$ e $\underline{\tau}$ representam a reflexão e os coeficientes de transmissão nas equações (10.42) e (10.43), obtidos na análise das ondas normalmente incidentes em um limite de dielétrico (na Seção 10.2). Todos esses resultados eram esperados, uma vez que a incidência oblíqua em um CEP e a incidência normal em um limite dielétrico pode ser considerada como casos especiais de solução geral para uma incidência oblíqua em uma interface entre dois meios arbitrários.

Exemplo 10.18

Ângulo de saída para um feixe de luz passando por uma placa de vidro

Um feixe de luz incide obliquamente sobre uma placa de vidro rodeada por ar. Prove que o feixe emergente do outro lado da placa é sempre paralelo ao feixe incidente.

Solução Com referência à Figura 10.19, a lei de Snell da refração na Equação (10.128), aplicada sucessivamente a cada uma das superfícies da placa (supondo que $\mu_r = 1$ para o vidro) dá

$$\frac{\operatorname{sen}\theta_1}{\operatorname{sen}\theta_2} = n = \sqrt{\varepsilon_r} \quad \text{e} \quad \frac{\operatorname{sen}\theta_2}{\operatorname{sen}\theta_3} = \frac{1}{n} \quad \longrightarrow \quad \theta_3 = \theta_1, \quad (10.138)$$

onde n é o índice de refração, Equação (10.129), do vidro ($n = 1$ para o ar). Então, o ângulo de saída para o feixe de luz do outro lado da placa (θ_3) acaba por ser o mesmo que o ângulo incidente do ar (θ_1) e, de fato, os feixes de entrada e saída são paralelos uns aos outros.

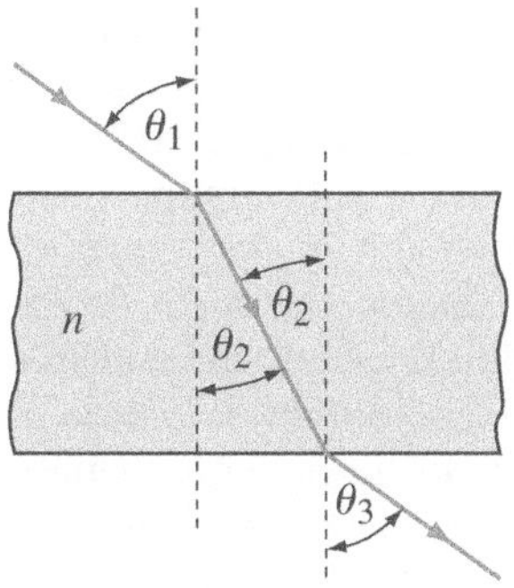

Figura 10.19

Incidência oblíqua de luz sobre uma placa de vidro no ar — prova de que os feixes de entrada e saída são paralelos uns aos outros; para o Exemplo 10.18.

Exemplo 10.19

Profundidade aparente de uma moeda no fundo de uma fonte

Uma moeda está no fundo de uma fonte de água (o índice de refração é $n = 1{,}33$) a uma profundidade $d = 50$ cm. Qual é a profundidade aparente da moeda abaixo da superfície da água quando vista de cima em um ângulo de 60º em relação à normal na superfície?

Solução Isso é mostrado na Figura 10.20. Aos olhos do observador, os raios da luz solar refletidos na moeda refratam no ar, ao passar através da interface ar-água, longe da normal na interface - de acordo com a lei de Snell da refração, como o ar é opticamente menos denso do que água ($n > 1$). Tendo em mente as equações (10.138), o ângulo incidente (na água) é igual a

$$\theta_1 = \text{arcsen}\frac{\text{sen}\theta_2}{n} = 40{,}63^\circ \quad (\theta_2 = 60^\circ) \qquad (10.139)$$

(arcsen ≡ sen^{-1}). No entanto, a moeda parece mais alta para o espectador do que está, porque o cérebro percebe as informações sobre o feixe de luz recebido pelos olhos sem, é claro, considerar a lei de Snell, como se houvesse uma linha (reta) direta de visão entre a moeda e os olhos, e isso determina sua localização aparente abaixo da superfície da água. Para encontrar este local, então expressamos a distância r na Figura 10.20 através da verdadeira profundidade da moeda (d) e o ângulo θ_1, de um lado, e através de sua profundidade aparente (d_a) e o ângulo θ_2, do outro lado, o que dá

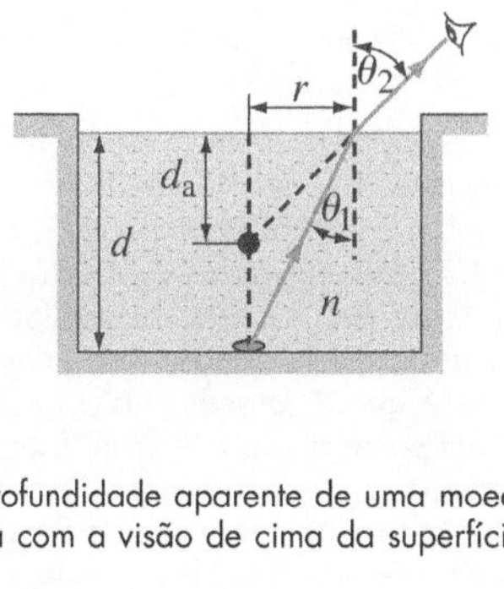

Figura 10.20

Determinando a profundidade aparente de uma moeda no fundo de uma fonte de água com a visão de cima da superfície da água; para o Exemplo 10.19.

$$d_a = \frac{\cot\theta_2}{\cot\theta_1}\, d \approx 25 \text{ cm}, \qquad (10.140)$$

assim d_a é cerca de metade da profundidade real. Em outras palavras, a fonte é duas vezes mais profunda do que parece (e este é um equívoco muito comum em situações como a da Figura 10.20).

Exemplo 10.20

Campos transmitidos para uma incidência oblíqua e polarização paralela

Uma onda eletromagnética harmônica no tempo plana uniforme de frequência f e intensidade do campo elétrico rms E_{i0} se propaga em um meio sem perdas de parâmetros ε_1 e μ_1, e é incidente em um ângulo θ_i na interface de outro meio sem perdas, com parâmetros ε_2 e μ_2. Supondo que a polarização da onda seja paralela, determine as expressões para vetores intensidade e campo elétrico e magnético complexos da onda transmitida em um ponto arbitrário no segundo meio. Especificamente, calcule esses campos para $\varepsilon_{r1} = 4$, $\varepsilon_{r2} = 2$, $\mu_{r1} = \mu_{r2} = 1$ $f = 1$ GHz, $E_{i0} = 1$ V/m e $\theta_i = 30^\circ$ no ponto definido por x = y = z = 1 m, se o sistema de coordenadas adotado for como na Figura 10.18.

Solução As expressões para os vetores campo elétrico e magnético da onda (refratada) transmitida, mostrado na Figura 10.18(b), são semelhantes aos obtidos no Exemplo 10.15 para os vetores de campo correspondentes da onda incidente para a incidência oblíqua em um plano CEP no caso de polarização paralela. Assim, segundo a Figura 10.18(b) ou as equações (10.93), o vetor unitário de propagação da onda transmitida é $\hat{\mathbf{n}}_t = \text{sen}\,\theta_t\,\hat{\mathbf{x}} + \cos\theta_t\,\hat{\mathbf{z}}$, onde θ_t é o ângulo transmitido, obtido pela lei de Snell da refração, Equação (10.127). Tendo então em mente que as equações (10.111), (10.112) e (10.94), os campos transmitidos em um ponto arbitrário no segundo meio, definido pelo vetor de posição $\mathbf{r}$ com relação à origem de coordenadas, equações (9.71), com $z \geq 0$, pode ser escrita como

$$\underline{\mathbf{E}}_t^{(p)} = \underline{E}_{t0}\, e^{-j\beta_2 \mathbf{r}\cdot\hat{\mathbf{n}}_t}\,\hat{\mathbf{e}} = \\ = \tau_p \underline{E}_{i0}\, e^{-j\beta_2(x\,\text{sen}\,\theta_t + z\cos\theta_t)}(\cos\theta_t\,\hat{\mathbf{x}} - \text{sen}\,\theta_t\,\hat{\mathbf{z}}),$$

$$\underline{\mathbf{H}}_t^{(p)} = \frac{\underline{E}_{t0}}{\eta_2}\, e^{-j\beta\mathbf{r}\cdot\hat{\mathbf{n}}_t}\,\hat{\mathbf{y}} = \frac{\tau_p \underline{E}_{i0}}{\eta_2}\, e^{-j\beta_2(x\,\text{sen}\,\theta_t + z\cos\theta_t)}\,\hat{\mathbf{y}}, \qquad (10.141)$$

onde $\hat{\mathbf{e}}$ designa o vetor unitário para $\underline{\mathbf{E}}_t^{(p)}$ na Figura 10.18(b), $\beta_2 = 2\pi f\sqrt{\varepsilon_2\mu_2}$ [Equação (8.111)] e $\eta_2 = \sqrt{\mu_2/\varepsilon_2}$ [Equação (9.21)] são, respectivamente, o coeficiente de fase da onda transmitida e a impedância intrínseca do segundo meio e τ_p é o coeficiente de transmissão de Fresnel para a polarização paralela, nas equações (10.136). Para o dado numérico, $\theta_t = 45^\circ$, $\underline{\mathbf{E}}_t^{(p)} = 0{,}928\, e^{j118{,}3^\circ}\,(\hat{\mathbf{x}} - \hat{\mathbf{z}})$ V/m e $\underline{\mathbf{H}}_t^{(p)} = 4{,}95\, e^{j118{,}3^\circ}\,\hat{\mathbf{y}}$ mA/m.

Note que as expressões para os vetores de campo da onda refletida na Figura 10.18(b) são praticamente os mesmos para $\mathbf{E}_r^{(p)}$ e $\mathbf{H}_r^{(p)}$ para a incidência em um plano CEP nas equações (10.111) e (10.112), com $\underline{E}_{r0} = \Gamma_p \underline{E}_{i0}$, Γ_p sendo o coeficiente de reflexão de Fresnel correspondente, nas equações (10.136). As expressões de campo para ambos os meios, no caso de polarização normal, Figura 10.18(a), podem ser escritas de maneira análoga.

10.8 REFLEXÃO INTERNA TOTAL E ÂNGULO DE BREWSTER

Vamos agora restringir nossa atenção para uma situação frequente prática quando os dois meios na Figura 10.18 são magneticamente idênticos ($\mu_1 = \mu_2$), e que, mais importante, inclui o caso com ambos os meios não magnéticos ($\mu_1 = \mu_2 = \mu_0$). Supondo que ambos os meios também não têm perdas, a lei de Snell da refração, Equação (10.127), pode agora ser escrita como

lei de Snell de refração para meios magneticamente iguais

$$\frac{\operatorname{sen}\theta_i}{\operatorname{sen}\theta_t} = \sqrt{\frac{\varepsilon_2}{\varepsilon_1}} \quad (\mu_1 = \mu_2). \qquad (10.142)$$

Parece aqui que, se $\varepsilon_1 < \varepsilon_2$, caso em que dizemos que o primeiro meio é eletromagneticamente menos denso do que o segundo, $\theta_t < \theta_i$ (desde que o sen $\theta_t <$ sen θ_i e ambos os ângulos estejam na faixa de $0 \leq \theta_i, \theta_t \leq 90°$). Isto significa que para uma onda eletromagnética incidente em um meio mais denso (a partir de um menos denso), a onda transmitida é dobrada em direção à normal na interface. A transmissão de energia incidente ocorre para qualquer ângulo incidente na Figura 10.16, exceto para $\theta_i = 90°$ (a propagação da onda incidente é paralela à interface — a chamada incidência rasante).

Por outro lado, $\varepsilon_1 > \varepsilon_2$ (incidência em um meio menos denso) produz $\theta_t > \theta_i$, o que significa que a onda no meio 2 é refratada longe da normal. Assim, se começarmos a aumentar θ_i para valores cada vez maiores, θ_t sempre será ainda maior, e em algum momento estará em 90° (onde não pode aumentar ainda mais). Neste caso limite, a onda refratada flui pela interface (chamada de onda de superfície), como mostrado na Figura 10.21, e nenhuma energia é transmitida no meio 2. Em outras palavras, a onda incidente é toda refletida. Uma vez que este fenômeno exige que uma onda incidente deva ser de um meio de maior índice de refração do que do meio além da fronteira, com mais frequência é para uma incidência do interior de um objeto dielétrico em sua superfície limite com o ar como o meio que o envolve. É por isso que este tipo de reflexão total é conhecido como reflexão interna total. Da Equação (10.142), o ângulo incidente correspondente ao valor máximo do ângulo transmitido é determinado por

θ_{ic} — ângulo crítico

$$\theta_t = 90° \longrightarrow \operatorname{sen}\theta_c = \sqrt{\frac{\varepsilon_2}{\varepsilon_1}}, \quad \text{para } \varepsilon_1 > \varepsilon_2, \qquad (10.143)$$

e é chamado de ângulo crítico. Para qualquer ângulo incidente superior a esse valor crítico, não há transmissão no meio 2 também, Figura 10.21, de modo que a condição para a reflexão interna total pode ser escrita como

reflexão interna total

$$\theta_i \geq \theta_c. \qquad (10.144)$$

Além disso, para $\theta_i = \theta_{ic}$ a onda refratada torna-se uma onda de superfície viajando ao longo do limite (Figura 10.21). A onda refratada deve existir para que as condições de contorno nas equações (10.130), (10.133) e (10.135) possam ser satisfeitas, e, assim, a onda de superfície dinâmica serve apenas como o campo correspondente na interface de seu lado $z = 0^+$.[17] Como retratado na

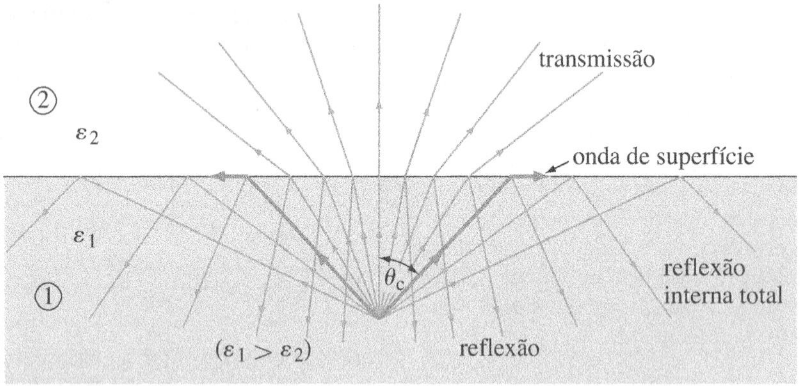

Figura 10.21
Ilustração do ângulo crítico, a Equação (10.143) e reflexão interna total, Equação (10.144), acompanhada por uma onda de superfície refratada.

17 Mais precisamente, pode ser mostrado a partir das expressões para os campos elétricos e magnéticos da onda refratada no meio 2, no caso da reflexão interna total, que esta é uma onda eletromagnética bastante complicada. Os planos da amplitude de onda constante (isto é, amplitudes de campos E e H) são paralelos à superfície fronteira (planos definidos por z = const na Figura 10.18), e os planos de fase constante perpendicular a ela (planos definidos por x = const, Figura 10.18). As amplitudes de campo apresentam uma rápida diminuição exponencial na direção positiva de z (distante da superfície), e esses campos atenuados viajam pela superfície (onda de superfície), na direção positiva x, com velocidade c_2/sen θ_t. Como esta é uma onda, cuja amplitude varia em função da posição (função de z) nos planos de fase constante (frentes de onda), ela é plana não uniforme. Também pode ser demonstrado que o vetor Poynting complexo no segundo meio tem um componente puramente imaginário z e um puramente real e positivo x, bem como o vetor $\mathcal{P}^{(n)}$ na Equação (10.122). Isso reforça os fatos que nenhuma potência média no tempo é transmitida para o segundo meio e que a potência real flui (não atenuada) na direção positiva de x, paralela à interface, levada pela onda de superfície refratada. No entanto, esta densidade de fluxo de potência direcionada x (isto é, componente x do vetor Poynting médio no tempo) é atenuada no sentido transversal (no eixo z), com a taxa de atenuação determinada por duas vezes o coeficiente de atenuação para os vetores de campo [como na Equação (9.97)].

Figura 10.21, apenas os raios incidentes dentro do cone definido pela metade do ângulo θ_c (ou ângulo total $2\theta_c$) pode passar através da interface e se propagar no segundo meio. Elas não são transmitidas totalmente (exceto para um único caso especial, como veremos mais adiante nesta seção), mas, conforme determinado pelo coeficiente de transmissão correspondente τ_n [equações (10.134)] ou τ_p [equações (10.136)], dependendo da polarização da onda incidente.

Como será mostrado em um exemplo, se a condição na Equação (10.144) for satisfeita, os coeficientes de reflexão para as polarizações normal e paralela da onda incidente, $\underline{\Gamma}_n$ e $\underline{\Gamma}_p$, nas equações (10.134) e (10.136), são unitárias na magnitude ($|\underline{\Gamma}_n| = |\underline{\Gamma}_p| = 1$). Esta é outra confirmação de que, se $\theta_i \geq \theta_c$, toda a energia da onda incidente é refletida de volta ao meio 1 para ambos os casos de polarização. Os ângulos de fase de $\underline{\Gamma}_n$ e $\underline{\Gamma}_p$ na reflexão interna total, no entanto, são funções do ângulo incidente, de modo que uma onda incidente adquire uma mudança de fase (diferente de 180º) após a reflexão total, que depende de um dado θ_i. Esta mudança de fase também depende da polarização (normal ou paralela) da onda incidente, que pode ser usada para gerar uma onda circularmente ou elipticamente polarizada refletida de uma onda incidente linearmente polarizada possuindo componentes com polarizações normal e paralela (ao escolher adequadamente θ_i, ε_1 e ε_2).

Em geral, a reflexão interna total encontra muitas aplicações em óptica, em vários dispositivos ópticos, tais como prismas de vidro com feixes (onde a luz é toda refletida internamente a partir de interfaces vidro ar), e em guias de onda ópticos dielétricos, tais como fibras ópticas. Em uma fibra óptica típica, a luz é confinada a viajar dentro de uma haste dielétrica cilíndrica (vidro ou plástico transparente) por meio de múltiplas reflexões internas totais a partir da interface com uma camada envolvente coaxial feita de um material dielétrico diferente, como mostrado na Figura 10.22. Com $n_{\text{núcleo}}$ e $n_{\text{revestimento}}$, respectivamente, representando os índices de refração do núcleo de fibra e a camada externa (chamada de revestimento), é necessário que $n_{\text{núcleo}} > n_{\text{revestimento}}$ para a reflexão total seja possível (em geral, $n_{\text{núcleo}}$ é apenas um pouco superior ao $n_{\text{revestimento}}$). Além disso, segundo a Equação (10.144), o ângulo incidente θ_i no núcleo deve ser igual ou maior que o ângulo crítico (θ_{ic}) para a interface núcleo-revestimento, definida pelo sen $\theta_{ic} = n_{\text{revestimento}}/ n_{\text{núcleo}}$.

Tendo já concluído a discussão sobre o conceito de reflexão total das ondas obliquamente incidentes em um limite de dielétrico, uma pergunta natural que surge é se um fenômeno oposto, de uma transmissão total (sem reflexão), pode ocorrer para certos ângulos incidentes e/ou a combinação certa de parâmetros dielétricos (ε_1 e ε_2) — para uma polarização dada (normal ou paralela) da onda incidente. Para responder a esta pergunta, começamos com as expressões para Γ_n e Γ_p nas equações (10.134) e (10.136) e usamos o fato de que $\eta_1/\eta_2 = \sqrt{\varepsilon_2/\varepsilon_1}$ (para $\mu_1 = \mu_2$) e Equação (10.142) para obter expressões alternativas — em termos de apenas o ângulo incidente e a proporção de duas permissividades:

coeficientes de reflexão de Fresnel para $\mu_1 = \mu_2$

$$\Gamma_n = \frac{\cos\theta_i - \sqrt{\varepsilon_2/\varepsilon_1 - \text{sen}^2\theta_i}}{\cos\theta_i + \sqrt{\varepsilon_2/\varepsilon_1 - \text{sen}^2\theta_i}},$$

$$\Gamma_p = \frac{-\varepsilon_2\cos\theta_i/\varepsilon_1 + \sqrt{\varepsilon_2/\varepsilon_1 - \text{sen}^2\theta_i}}{\varepsilon_2\cos\theta_i/\varepsilon_1 + \sqrt{\varepsilon_2/\varepsilon_1 - \text{sen}^2\theta_i}}. \quad (10.145)$$

Em seguida, tentamos satisfazer a condição de não reflexão no caso de polarização normal, definindo o numerador na expressão para Γ_n para zero. Isso gera

$$\Gamma_n = 0 \quad \longrightarrow \quad \cos^2\theta_i = \frac{\varepsilon_2}{\varepsilon_1} - \text{sen}^2\theta_i \quad \longrightarrow$$
$$\longrightarrow \quad \varepsilon_1 = \varepsilon_2, \quad (10.146)$$

o que é impossível, pois $\varepsilon_1 \neq \varepsilon_2$ (temos dois meios diferentes), ou pode ser considerado uma solução trivial para a transmissão total (não há reflexão se não houver descontinuidade no meio de propagação). Assim, a transmissão total não pode ocorrer para polarização normal da onda incidente, qualquer valor de θ_i, e quaisquer dois (diferentes) meios dielétricos. Por outro lado, note que, no caso de materiais magneticamente diferentes ($\mu_1 \neq \mu_2$), existe um ângulo incidente para o qual $\Gamma_n = 0$ (e este ângulo será visto em um exemplo); no entanto, isso não tem tanto interesse prático.

Para polarização paralela,

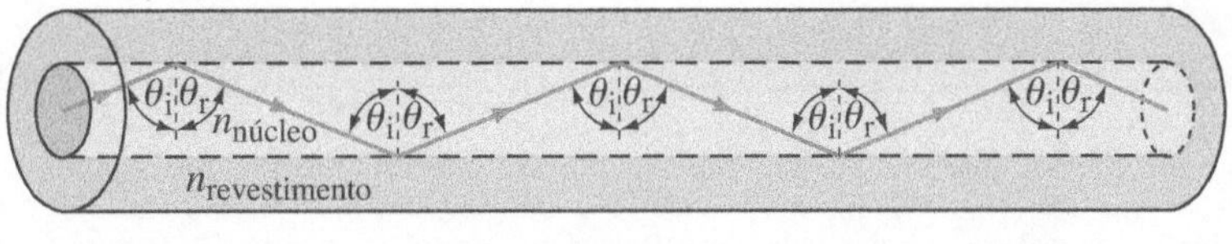

Figura 10.22

Esboço de propagação de onda dentro do núcleo de uma fibra óptica, por meio de múltiplas reflexões internas totais da camada externa (revestimento), feita de material dielétrico opticamente menos denso ($n_{\text{revestimento}} < n_{\text{núcleo}}$).

$$\Gamma_p = 0 \longrightarrow \frac{\varepsilon_2^2}{\varepsilon_1^2}\cos^2\theta_i = \frac{\varepsilon_2}{\varepsilon_1} - \text{sen}^2\theta_i \longrightarrow$$

$$\longrightarrow \text{sen}\,\theta_i = \sqrt{\frac{\varepsilon_2}{\varepsilon_1+\varepsilon_2}}, \qquad (10.147)$$

onde o cos θ_i é eliminado usando a identidade $\text{sen}^2\,\theta_i + \cos^2\theta_i = 1$, a partir do qual, então, $\cos\theta_i = \sqrt{\varepsilon_1/(\varepsilon_1+\varepsilon_2)}$. Dividindo-se o sen θ_i por cos θ_i, obtemos por fim

ângulo de Brewster — transmissão total, polarização paralela

$$\tan\theta_{iB} = \sqrt{\frac{\varepsilon_2}{\varepsilon_1}}. \qquad (10.148)$$

Chamamos isso de ângulo incidente especial, no qual a transmissão total ocorre para a polarização paralela da onda incidente, o ângulo de Brewster, e simbolizamos com θ_{iB}. Para incidências em ângulos próximos a θ_{iB}, a quantidade de energia refletida (para polarização paralela) não será zero, mas será ainda muito pequena e muitas vezes insignificante. De novo, não há equivalente do ângulo de Brewster para ondas incidentes normalmente polarizadas e materiais não magnéticos.

Se uma onda eletromagnética tendo componentes com polarização normal e paralela é incidente em $\theta_i = \theta_{iB}$ em uma interface dielétrica, o componente com polarização paralela será todo transmitido para o segundo meio e o outro componente em parte transmitido e refletido. O resultado é que a onda refletida no primeiro meio é toda normalmente polarizada. Isto significa que um pedaço do material dielétrico iluminado do ar no ângulo de Brewster pode agir como um polarizador, produzindo, por exemplo, luz linearmente polarizada a partir de luz não polarizada (aleatoriamente polarizada), e, portanto, θ_{iB} é muitas vezes referida como o ângulo de polarização.

A capacidade de polarização associada à condição de Brewster é responsável por muitos efeitos notáveis em sua natureza e tem inúmeras aplicações em dispositivos ópticos e sistemas. Por exemplo, por causa do fenômeno de Brewster a maior parte da luz solar refletida que vemos de fora é horizontalmente polarizada, ou seja, linearmente polarizada em uma direção paralela à superfície da Terra. Isso também é permitido pelo fato de que as grandes interfaces entre diferentes meios de fora são com mais frequência horizontais — são elas ar-terra, ar-água e outras interfaces que constituem a superfície da Terra, os exemplos mais notáveis na superfície de um mar ou oceano. Ou seja, sabemos que a maior parte da luz solar é polarizada de forma aleatória e pode ser representada como uma superposição de luz com polarização normal e com polarização paralela, para o plano de incidência contendo o feixe de sol e a normal na superfície horizontal. Os dois componentes estão com energias aproximadamente iguais. Com relação à superfície da Terra, essas polarizações são horizontais e verticais, respectivamente. Portanto, o componente com polarização paralela (vertical) incidente na superfície do ângulo de Brewster e os ângulos em torno dele são em grande parte absorvidos pela água, solo ou outro material em virtude da transmissão total ou quase total, e é por isso que a polarização dominante de luz que vemos é horizontal.[18]

Como resumo gráfico das variações angular e material dos coeficientes de reflexão de Fresnel para meios não magnéticos sem perdas (ou magneticamente idênticos), as equações (10.145), a Figura 10.23 mostra partes do ângulo de amplitude e fase de Γ_n e Γ_p *versus* o ângulo incidente ($0 \le \theta_i \le 90°$) para diferentes combinações de permissividades dos meios 1 e 2 na Figura 10.18. De modo específico, na Figura 10.23(a), $\varepsilon_1 < \varepsilon_2$, e a incidência é do ar ($\varepsilon_1 = \varepsilon_0$) em três materiais dielé-

APARTE HISTÓRICO

Willebrord van Royen Snell (1580-1626), matemático e astrônomo holandês, professor de matemática na Universidade de Leiden, descobriu em 1621 a lei da refração da luz, que hoje leva seu nome.

Augustin Jean Fresnel (1788-1827), físico francês, desempenhou papel essencial na criação da óptica de onda. Estendendo o trabalho de Thomas Young (1773-1829), Fresnel explicou que a luz era uma onda transversal, oscilando em planos perpendiculares à direção de propagação de onda, e sugeriu que poderia ser decomposta em dois componentes com oscilações ortogonais entre si (polarizações).

Sir David Brewster (1781-1868), físico e escritor escocês, descobriu que a luz poderia ser polarizada por reflexão e refração e estabeleceu, em 1815, a condição na qual o feixe de luz com polarização paralela era todo transmitido em um meio — o ângulo de Brewster ou ângulo incidente polarizador. No entanto, foi a invenção do caleidoscópio em 1816 que de imediato lhe conferiu atenção e fama entre o público em geral em todo o mundo.

18 Note que um alto teor de luz horizontalmente polarizada nas reflexões da luz solar em superfícies horizontais muitas vezes cria alta concentração de brilho, que na essência é ruído óptico. Isso impede os olhos humanos de verem com nitidez as cores e contrastes. Em relação a isso, note também que óculos de sol Polaroid conseguem permitir a visão (quase) sem brilho e são concebidos como lentes de polarização que, de modo seletivo, filtram a luz horizontal. Portanto, são tão eficientes na redução do brilho.

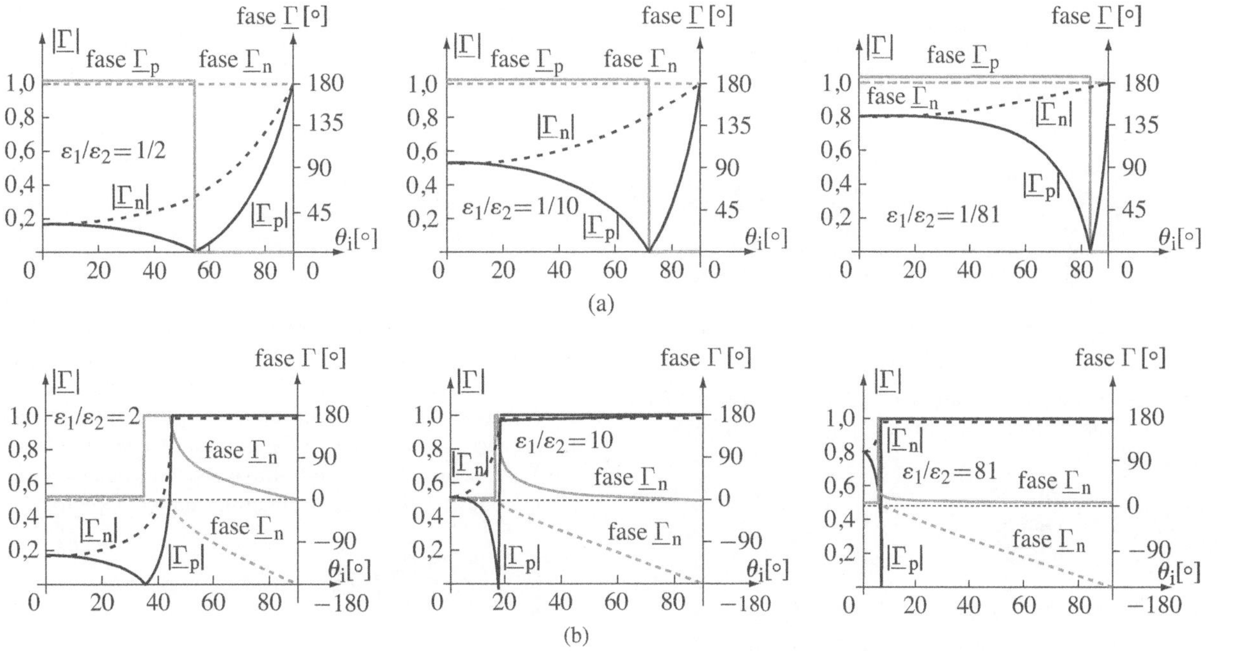

Figura 10.23

Partes do ângulo de magnitude e fase dos coeficientes de reflexão Fresnel nas equações (10.145) contra o ângulo incidente (θ_i) para (a) a incidência do ar em três materiais dielétricos perfeitos, com permissividades relativas ε_r = 2 (parafina), 10 (vidro flint) e 81 (água destilada), respectivamente e (b) a incidência de cada um dos materiais a partir de (a) para o ar.

tricos característicos (que se supõe não apresentam perdas); na Figura 10.23(b), o meio a partir de (a) são trocados, de modo que $\varepsilon_1 > \varepsilon_2$ para os três materiais ($\varepsilon_2 = \varepsilon_0$). Observamos a condição de Brewster [Equação (10.148)] no caso de polarização paralela, e notamos que, como θ_i varia de 0 a 90º, Γ_p muda de polaridade em $\theta_i = \theta_{iB}$ (de positivo para negativo para $\varepsilon_1 > \varepsilon_2$ e vice-versa para $\varepsilon_1 < \varepsilon_2$), enquanto Γ_n mantém a mesma polaridade para todos os ângulos incidentes (positivo para $\varepsilon_1 > \varepsilon_2$ e negativo para $\varepsilon_1 < \varepsilon_2$). É claro que laro, θ_{iB} é maior para valores mais elevados de ε_2 na Figura 10.23(a), que é deslocado para ângulos incidentes menores conforme ε_1 aumenta na Figura 10.23(b). Para $\varepsilon_1 > \varepsilon_2$, o fenômeno de reflexão interno total [Equação (10.144)] é aparente (para ambas as polarizações), e a condição de Brewster ainda ocorre para a polarização paralela, em um ângulo incidente menor do que o ângulo crítico correspondente [note que ele pode ser mostrado a partir das equações (10.148) e (10.143) que $\theta_{iB} < \theta_{ic}$ em geral]. Vemos também que os ângulos de fase na reflexão total não são constantes (180º), e não são os mesmos para as duas polarizações, como já discutido anteriormente.

Exemplo 10.21

Magnitude dos coeficientes de reflexão na reflexão interna total

Mostre que, no caso da reflexão interna total, Figura 10.21, a magnitude do coeficiente de reflexão para as polarizações normal e paralela da onda incidente é igual à unidade.

Solução Segundo as equações (10.142)-(10.144), sen $\theta_t > 1$ para reflexão interna total, e, portanto, cos $\theta_t = \sqrt{1-\text{sen}^2\,\theta_t}$, como a raiz quadrada de um número real negativo, é um número complexo puramente imaginário. Com isso, as expressões para os coeficientes de reflexão nas equações (10.134) e (10.136) adquirem a forma $\underline{\Gamma} = \pm(a + jb)\ /(a - jb)$, onde a e b são números reais, diferentes para polarizações diferentes (normal *versus* paralelo). Uma vez que $|\underline{\Gamma}| = \sqrt{a^2+b^2}/\sqrt{a^2+b^2} = 1$, temos de fato que $|\underline{\Gamma}_n| = |\underline{\Gamma}_p| = 1$.

Exemplo 10.22

Peixe dourado oculto sob uma lâmina flutuante

Uma lâmina grande de forma mais ou menos circular com um diâmetro de 50 cm flutua na superfície da água (n = 1,33) em uma fonte. Qual é a profundidade máxima na água diretamente abaixo do centro da lâmina para um peixinho dourado ser todo invisível por cima da água?

Solução Esta situação está ilustrada na Figura 10.24, e é o caso limite (crítico) da Figura 10.20. Percebemos que o peixe será invisível por completo para um observador em qualquer lugar acima da superfície da água se a condição de reflexão interna total, Equação (10.144), para o raio de luz que emana do peixe e que impulsiona a interface água-ar for satisfeita. No entanto, a profundidade do peixe é máxima quando o ângulo incidente θ_1 na água é idêntico ao ângulo crítico, θ_c, nas equações (10.143). Recordando as equações (10.139) e (10.140) também, a profundidade máxima, na Figura 10.24, é calculada como

$$\theta_1 = \theta_c = \text{arcsen}\,\frac{1}{n} = 48{,}75^\circ \quad \longrightarrow$$

$$\longrightarrow \quad d = r\cot\theta_1 \approx 22\text{ cm} \quad (r = 25\text{ cm})\,. \qquad (10.149)$$

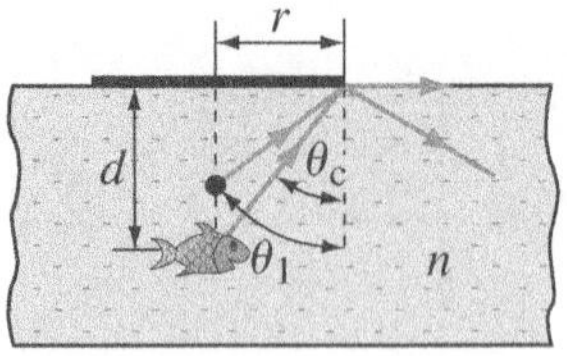

Figura 10.24

Determinando a profundidade máxima de um peixe dourado debaixo de uma grande lâmina flutuante tal que seja invisível a partir de cima da água; para o Exemplo 10.22.

Qualquer local do peixe acima da crítica dá θ_1 que é maior que θ_c, como na Equação (10.144), e, portanto, também está na zona invisível.

Exemplo 10.23

Transmissão total para materiais magneticamente diferentes

Mostre que, no caso de materiais magneticamente diferentes ($\mu_1 \neq \mu_2$) na Figura 10.13, há um ângulo incidente (θ_i) para os quais a transmissão total para polarização normal da onda incidente ($\Gamma_n = 0$) ocorre, e encontre aquele ângulo.

Solução Combinando as equações (10.127) e (10.134) para parâmetros arbitrários ε_1, μ_1, ε_2, e μ_2 dos dois meios (sem perdas), obtemos que a condição $\Gamma_n = 0$, ou seja, $\eta_2 \cos\theta_i = \eta_1 \cos\theta_t$, é satisfeito para o ângulo θ_1 dado por

$$\text{sen}^2\theta_i = \frac{\varepsilon_2\mu_2}{\varepsilon_1\mu_1}\,\text{sen}^2\theta_t = \frac{\varepsilon_2\mu_2}{\varepsilon_1\mu_1}\left(1-\cos^2\theta_t\right) =$$

$$= \frac{\varepsilon_2\mu_2}{\varepsilon_1\mu_1}\left(1-\frac{\varepsilon_1\mu_2}{\varepsilon_2\mu_1}\cos^2\theta_i\right) =$$

$$= \frac{\varepsilon_2\mu_2}{\varepsilon_1\mu_1} - \frac{\mu_2^2}{\mu_1^2}\left(1-\text{sen}^2\theta_i\right) \longrightarrow$$

$$\longrightarrow \text{sen}\,\theta_i = \sqrt{\frac{1-\varepsilon_2\mu_1/(\varepsilon_1\mu_2)}{1-(\mu_1/\mu_2)^2}} \quad (\mu_1 \neq \mu_2), \qquad (10.150)$$

com uma restrição que ε_1, μ_1, ε_2 e μ_2 devem ser tais que a expressão sob o sinal de raiz quadrada seja não negativo. Com $\mu_1 = \mu_2$, no entanto, essa expressão se torna infinita, confirmando que não há θ_i produzindo $\Gamma_n = 0$ para meios magneticamente idênticos (por exemplo, não magnético) media [ver Equação (10.146)].

Exemplo 10.24

Condição de Brewster em ambos os lados de uma placa de vidro iluminada

Um feixe de luz polarizada incide sobre uma placa de vidro no ar no ângulo de Brewster (polarização paralela). Prove que a outra interface da placa também está na condição de Brewster para o feixe transmitido no vidro, de modo que não haja luz refletida na região incidente.

Solução Voltamos a consultar a Figura 10.19 e expressar a condição de Brewster na primeira interface (superior) da placa através do seno do ângulo incidente (θ_1), como nas equações (10.147). Combinando isso com a lei de Snell da refração na Equação (10.142), aplicada à mesma interface, obtemos a seguinte expressão para o seno do ângulo associado transmitido (θ_2):

$$\text{sen}\,\theta_1 = \sqrt{\frac{\varepsilon}{\varepsilon_0+\varepsilon}} \longrightarrow$$

$$\text{sen}\,\theta_2 = \sqrt{\frac{\varepsilon_0}{\varepsilon}}\,\text{sen}\theta_1 = \sqrt{\frac{\varepsilon_0}{\varepsilon_0+\varepsilon}}. \qquad (10.151)$$

Desde que θ_2 seja também o ângulo incidente na segunda interface da placa, esta expressão é exatamente a condição de Brewster nas equações (10.147) para a transmissão total do vidro para o ar na Figura 10.19. Assim, se a placa (de vidro) dielétrica está iluminada por uma onda eletromagnética (luz) com polarização paralela ao ângulo de Brewster, a transmissão total ocorre através de ambas as superfícies da placa, e não há ondas refletidas em qualquer uma das regiões.

Exemplo 10.25

Reflexão e refração de onda CP incidente no ângulo de Brewster

Uma onda plana uniforme circularmente polarizada mão direita de amplitude do campo elétrico Em = 2 V/m e frequência $f = 3$ GHz se propaga no ar e é incidente no ângulo de Brewster em um semiespaço dielétrico com parâmetros $\varepsilon_r = 4$, $\mu_r = 1$ e $\sigma = 0$. Decomponha o vetor do campo elétrico da onda em dois componentes linearmente polarizados, com polarizações normais e paralelas, e encontre os componentes de campo E correspondentes para as ondas refletida e refratada também. Quais são os estados de polarização destas ondas?

Solução Representamos essa onda incidente PC como uma superposição de duas ondas linearmente polarizadas, com o vetor de campo elétrico da primeira onda normal ao plano de incidência (polarização normal) e da segunda onda paralela a ele (polarização paralela), como nas figuras 10.13(a) e 10.13(b), respectivamente. Os dois vetores têm a mesma amplitude, mas estão defasados em 90º. Em particular, para a polarização circular RH, as intensidades de campo elétrico complexas rms das duas ondas PC podem ser escritas como

polarização circular mão direita na incidência oblíqua

$$\boxed{\underline{E}_{i0}^{(n)} = -jE' \quad \text{e} \quad \underline{E}_{i0}^{(p)} = E',} \qquad (10.152)$$

onde $E' = E_m/\sqrt{2} = 1{,}414$ V/m [ver equações (10.29)]. Note que com $\theta i = 0$ na Figura 10.13, o vetor $\mathbf{E}_i$ torna-se aquele da onda RHCP normalmente incidente nas equações (10.31). Ou seja, o componente da onda total com polarização paralela se torna direcionado para x, enquanto o componente normalmente polarizado é direcionado para y, e a onda se propaga pelo eixo z. Pela Equação (10.148), o ângulo incidente de Brewster para a interface ar-dielétrico é $\theta_i = \arctan\sqrt{\varepsilon_r} = 63{,}46°$ e a lei de refração de Snell, Equação (10.142), então dá o ângulo refratado (transmitido) de $\theta_t = 26{,}58°$, de modo que os coeficientes de Fresnel, equações (10.134) e (10.136) chegam a $\Gamma_n = -0{,}6$, $\tau_n = 0{,}4$, $\Gamma_p = 0$ (condição de Brewster) e $\tau_n = 0{,}5$ nesta situação. Em consequência, os componentes com polarizações normal e paralela do vetor intensidade de campo elétrico rms complexo refletido na origem de coordenadas, não levando em conta os fatores de propagação nas equações (10.95) e (10.111), são polarização paralela filtrada por reflexão (condição de Brewster)

$$\underline{E}_{r0}^{(n)} = \Gamma_n \underline{E}_{i0}^{(n)} = -j\Gamma_n E' = j0{,}848 \text{ V/m} \quad \text{e}$$
$$\underline{E}_{r0}^{(p)} = \Gamma_p \underline{E}_{i0}^{(p)} = 0, \tag{10.153}$$

respectivamente. Como esperado, esta é uma onda linearmente polarizada com o vetor de campo elétrico normal ao plano de incidência (polarização normal); o componente da onda incidente com polarização paralela é filtrado pela reflexão. Da mesma forma, o campo elétrico transmitido é dado por

$$\underline{E}_{t0}^{(n)} = \tau_n \underline{E}_{i0}^{(n)} = -j\tau_n E' = -j0{,}565 \text{ V/m} \quad \text{e}$$
$$\underline{E}_{t0}^{(p)} = \tau_p \underline{E}_{i0}^{(p)} = \tau_p E' = 0{,}707 \text{ V/m}, \tag{10.154}$$

e esta é uma onda elipticamente polarizada mão direita (RHEP). Consiste de polarizações lineares normal e paralela, com o maior magnitude do campo elétrico para a polarização paralela, que é novamente esperada (o componente da onda incidente com polarização paralela é inteiramente transmitido através da interface).

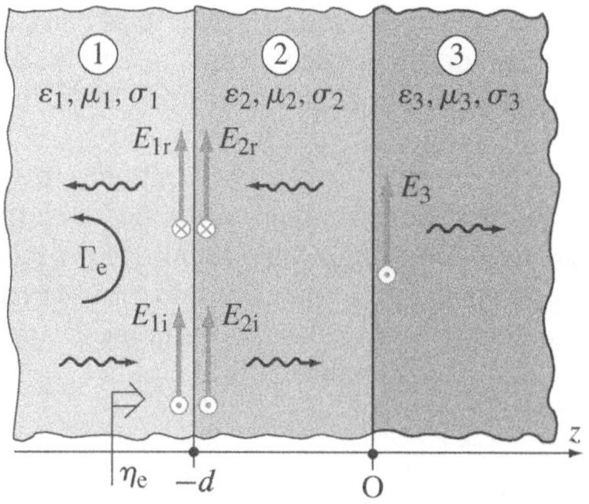

Figura 10.25

Incidência normal, a partir de meio 1, de uma onda eletromagnética harmônica no tempo plana uniforme em duas interfaces paralelas separando três regiões materiais homogêneas diferentes com parâmetros eletromagnéticos arbitrários.

10.9 PROPAGAÇÃO DA ONDA EM MEIOS MULTICAMADAS

Todos os casos de reflexões e transmissões (refrações) das ondas planas uniformes estudadas até este capítulo têm incluído apenas uma interface material planar (entre dois semiespaços com propriedades eletromagnéticas diferentes). No entanto, em muitas situações práticas, temos mais de uma interface, ou seja, mais de duas regiões materiais planares diferentes (camadas) separadas por múltiplas interfaces paralelas. Tais regiões não homogêneas são chamadas de meios multicamadas planares. Nesta seção, estudamos a propagação das ondas planas em um meio de três camadas, onde uma camada de espessura d é colocada entre duas regiões semi-infinitas, como mostrado na Figura 10.25; a generalização para um número arbitrário de camadas é simples. Na prática, a situação na Figura 10.25 acontece sempre que um revestimento (meio 2) é colocado em um objeto material (meio 3) iluminado por uma onda plana do ar (meio 1), ou quando uma onda incide numa lâmina ou parede (placa) de material (meio 2) no ar (meios 1 e 3). Permitimos que os três meios na figura tenham perdas, em geral, com parâmetros de material ε_k, μ_k e σ_k ($k = 1, 2, 3$), e seja a onda eletromagnética plana uniforme harmônica no tempo incidente no meio 1 normalmente na interface 1-2 (em $z = -d$). Os coeficientes de propagação complexos (γ_k) e a impedância intrínseca (γ_k) dos três meios ($k = 1, 2, 3$) são calculados como na Seção 10.2 (para o problema de dois meios).

No estado estacionário, a onda resultante na primeira região pode ser expressa em termos de duas ondas dinâmicas, uma onda incidente (para frente) (propagação para a direita) e uma onda refletida (para trás) (propagação para a esquerda), e o mesmo vale para a segunda região, enquanto apenas a onda incidente existe na terceira região, como indicado na Figura 10.25. Na figura, $\underline{E}_{1i}$ e $\underline{E}_{1r}$ denotam as intensidades de campo elétrico complexo rms das ondas incidente e refletida no meio 1 na interface 1-2 (em $z = -d^-$), enquanto $\underline{E}_{2i}$ e $\underline{E}_{2r}$ são as intensidades de campo correspondentes no meio 2 também na mesma interface, mas do outro lado (em $z = -d^+$), e $\underline{E}_3$ designa a intensidade complexo do campo elétrico para frente (e total) no meio 3 na segunda interface (em $z = 0^+$). Da mesma forma que as equações (10.40) para a situação de dois meios, as condições de contorno para os campos elétricos e magnéticos nas interfaces 1-2 e 2-3, produzem um sistema de quatro equações algébricas lineares simultâneas com quatro incógnitas complexas, $\underline{E}_{1r}$, $\underline{E}_{2i}$, $\underline{E}_{2r}$ e $\underline{E}_3$, supondo que $\underline{E}_{1i}$ seja dado. Já que estas incógnitas são determinadas, as distribuições espaciais dos campos elétricos e magnéticos incidentes, refletidos e totais em qualquer uma das três regiões na Figura 10.25 em termos de coordenadas z podem ser obtidas, se necessário, usando tais constantes, com os coeficientes de propagação (Γ_k) e impedâncias intrínsecas (η_k) do meio. No entanto, resolvemos aqui para $\underline{E}_{1r}$ somente, já que a solução para esta incógnita (determinando reflexão no meio incidente) de fato é suficiente para a maioria das aplicações práticas. Para este efeito, vamos apresentar a impedância intrínseca equivalente da combinação dos meios 2 e 3, η_e, que pode ser utilizada, bem como a impedância de entrada equivalente de uma parte de um circuito elétrico, para substituir estes dois meios por uma região material semi-infinita homogênea com impedância intrínseca igual a η_e. Por meio da Equação (10.42), o coeficiente de reflexão equivalente correspondente na primeira interface, que leva em conta a presença de ambas as regiões materiais na direita, é

coeficiente de reflexão equivalente na primeira interface

$$\underline{\Gamma}_e = \frac{\underline{E}_{1r}}{\underline{E}_{1i}} = \frac{\underline{\eta}_e - \underline{\eta}_1}{\underline{\eta}_1 + \underline{\eta}_e}. \tag{10.155}$$

Visto que a razão da energia elétrica total para as intensidades de campo magnético complexo em um ponto no espaço constitui a impedância de onda nesse ponto, η_e pode ser obtida diretamente da Equação (10.63), pois é igual a $\underline{E}_2/\underline{H}_2$, com $\underline{E}_2$ e $\underline{H}_2$ representando, respectivamente, a intensidade do campo magnético e elétrico rms complexo total (incidente mais refletida) no meio 2 na primeira interface. Então, substituindo $z = -d$ (ou, mais precisamente, $z = -d^+$) e usando a notação apropriada (Figura 10.25) para os parâmetros de onda envolvidos na Equação (10.63), temos

$$\underline{\eta}_e = \frac{\underline{E}_2}{\underline{H}_2} = \underline{\eta}_{w2}(z = -d) =$$

$$= \underline{\eta}_2 \frac{e^{\underline{\gamma}_2 d} + \underline{\Gamma}_{23} e^{-\underline{\gamma}_2 d}}{e^{\underline{\gamma}_2 d} - \underline{\Gamma}_{23} e^{-\underline{\gamma}_2 d}} \quad \left(\underline{\Gamma}_{23} = \frac{\underline{\eta}_3 - \underline{\eta}_2}{\underline{\eta}_2 + \underline{\eta}_3}\right), \quad (10.156)$$

onde Γ_{23} representa o coeficiente de reflexão para a interface entre os meios 2 e 3, como se ambos fossem semi-infinitos, isto é, como se não houvesse meio 1 e interface 1-2 à esquerda. Uma vez que o coeficiente de reflexão equivalente Γ_e é calculado pelas equações (10.155) e (10.156), a solução para a intensidade do campo elétrico refletida no meio 1 na primeira interface é $\underline{E}_{1r} = \underline{\Gamma}_e \underline{E}_{1i}$. Em consequência, como na Equação (10.59) para a situação de dois meios, o vetor Poynting média no tempo da onda refletida no meio incidente, isto é, a potência real (por unidade de área da interface) oscilada para fora da interface, é proporcional a $|\underline{\Gamma}_e|^2$.

Dada a expressão para Γ_{23}, a expressão para η_e e na Equação (10.156) pode ser facilmente manipulada para ler

$$\underline{\eta}_e = \underline{\eta}_2 \frac{(\underline{\eta}_2 + \underline{\eta}_3) e^{\underline{\gamma}_2 d} + (\underline{\eta}_3 - \underline{\eta}_2) e^{-\underline{\gamma}_2 d}}{(\underline{\eta}_2 + \underline{\eta}_3) e^{\underline{\gamma}_2 d} - (\underline{\eta}_3 - \underline{\eta}_2) e^{-\underline{\gamma}_2 d}} =$$

$$= \underline{\eta}_2 \frac{\underline{\eta}_2 (e^{\underline{\gamma}_2 d} - e^{-\underline{\gamma}_2 d}) + \underline{\eta}_3 (e^{\underline{\gamma}_2 d} + e^{-\underline{\gamma}_2 d})}{\underline{\eta}_2 (e^{\underline{\gamma}_2 d} + e^{-\underline{\gamma}_2 d}) + \underline{\eta}_3 (e^{\underline{\gamma}_2 d} - e^{-\underline{\gamma}_2 d})}. \quad (10.157)$$

A partir das definições de seno hiperbólico e funções cosseno,

$$\operatorname{senh} x = \frac{e^x - e^{-x}}{2}, \quad \cosh x = \frac{e^x + e^{-x}}{2}, \quad (10.158)$$

por fim temos

impedância intrínseca equivalente de meios 2 e 3

$$\underline{\eta}_e = \underline{\eta}_2 \frac{\underline{\eta}_2 \operatorname{senh} \underline{\gamma}_2 d + \underline{\eta}_3 \cosh \underline{\gamma}_2 d}{\underline{\eta}_2 \cosh \underline{\gamma}_2 d + \underline{\eta}_3 \operatorname{senh} \underline{\gamma}_2 d}. \quad (10.159)$$

Para parâmetros dados da camada central (d, y_2 e η_2), esta equação pode ser considerada uma função $\eta_e = \eta_e(\eta_3)$. Isto significa que a camada central na Figura 10.25 age essencialmente como um transformador de impedância, já que transforma a impedância intrínseca do terceiro meio, η_3, em uma impedância diferente, ou seja, a impedância equivalente de entrada η_e vista na interface 1-2 olhando para a direita. Esta transformação de impedância, usando uma camada material especialmente concebida (dielétrica) entre dois meios dados, encontra muitas aplicações na óptica, antenas, radares e em outras áreas do eletromagnetismo aplicado. Além disso, uma transformação de impedância análoga (a ser discutida em um capítulo posterior) é amplamente utilizada na análise e projeto de linhas de transmissão. Note também que a Equação (10.159) pode ser facilmente aplicada a problemas envolvendo mais de três regiões materiais, onde a impedância de entrada equivalente geral na primeira interface é encontrada por sucessivas transformações de impedância aplicada camada por camada na direção de retorno.

Em uma situação prática frequente quando todos os meios na Figura 10.25 são sem perdas, suas impedâncias intrínsecas individuais são puramente reais e $y_2 = j\beta_2$ ($\alpha_2 = 0$) na Equação (10.159). Combinando as equações (10.158) e (10.7), é fácil demonstrar que senh $jx = j$ sen x e cosh $jx = \cos x$, de modo que a impedância equivalente do meio 2 e 3 na Equação (10.159) torna-se

impedância equivalente, caso sem perdas

$$\underline{\eta}_e = \eta_2 \frac{\eta_3 \cos \beta_2 d + j\eta_2 \operatorname{sen} \beta_2 d}{\eta_2 \cos \beta_2 d + j\eta_3 \operatorname{sen} \beta_2 d}. \quad (10.160)$$

É interessante que, mesmo no caso sem perdas, η_e é em geral (para uma espessura arbitrária da camada central, d, e permissividades arbitrárias e permeabilidades dos meios) complexa. O mesmo, portanto, vale para o coeficiente de reflexão equivalente $\underline{\Gamma}_e$, ao contrário do caso com os coeficientes de reflexão (comuns), Equação (10.42), que são sempre puramente reais para os sem perdas. Por outro lado, como será mostrado nos exemplos, há casos especiais em que $\underline{\eta}_e$ e $\underline{\Gamma}_e$ são puramente reais e, além disso, a camada central pode ser projetada de forma que $\Gamma_e = 0$ (transmissão total do meio 1 no meio 2 e 3).

Exemplo 10.26

Transformador de quarto de onda para transmissão total

(a) Supondo que os três meios eletromagnéticos na Figura 10.25 são sem perdas, bem como que os meios 1 e 3 possuem parâmetros diferentes, projete a camada central de tal forma que não haja reflexão da onda incidente de volta ao meio 1. (b) Quais são os parâmetros da camada central no caso de todos os meios serem não magnéticos?

Solução

(a) Para satisfazer a condição de transmissão total a partir do meio 1 para a combinação dos meios 2 e 3 na Figura 10.25, a Equação (10.155) resulta em

sem reflexão na primeira interface

$$\underline{\Gamma}_e = 0 \longrightarrow \underline{\eta}_e = \eta_1, \quad (10.161)$$

de modo que a impedância equivalente η_e tem de ser puramente real e igual à impedância intrínseca do meio incidente. Com isso, a Equação (10.160) é reduzida a

$$\eta_2(\eta_3 \cos\beta_2 d + \mathrm{j}\eta_2 \operatorname{sen}\beta_2 d) = \\ = \eta_1(\eta_2 \cos\beta_2 d + \mathrm{j}\eta_3 \operatorname{sen}\beta_2 d). \quad (10.162)$$

Igualando as partes real e imaginária, respectivamente, do lado direito e esquerdo desta equação complexa, que separa nas duas seguintes equações reais:

$$(\eta_1 - \eta_3)\cos\beta_2 d = 0 \quad \text{e} \quad \left(\eta_2^2 - \eta_1\eta_3\right)\operatorname{sen}\beta_2 d = 0. \quad (10.163)$$

Desde que $\eta_1 \neq \eta_3$, pela primeira equação temos

$$\cos\beta_2 d = 0 \longrightarrow \beta_2 d = (2m+1)\frac{\pi}{2} \longrightarrow$$

$$\longrightarrow d = (2m+1)\frac{\lambda_2}{4} \quad (m = 0, 1, 2, \ldots), \quad (10.164)$$

e, portanto, o menor valor da espessura da camada central é $d = \lambda_2/4$, em que λ_2 é o comprimento de onda no meio 2 na frequência de operação da onda incidente. Além disso, como agora se verifica que o sen β_2d $= \pm 1$, a segunda das equações (10.163) que dá a impedância exigida intrínseca da camada central é igual à média geométrica das impedâncias intrínsecas das duas regiões semi-infinitas em seus lados,

quarto de onda de correspondência, $\eta_1 \neq \eta_3$

$$\boxed{\eta_2 = \sqrt{\eta_1\eta_3}, \quad d = \frac{\lambda_2}{4}.} \quad (10.165)$$

Notamos que a camada projetada essencialmente corresponde à impedância intrínseca do meio (região 3), η_3, para que, η_1, de outro meio (região 1), a fim de eliminar a reflexão por causa da descontinuidade do material entre as regiões ($\eta_1 \neq \eta_3$). Em outras palavras, transforma a impedância intrínseca η_3 na impedância de entrada equivalente na interface de 1-2 (η_e) igual a η_1. Sendo um quarto do comprimento de onda (ou um múltiplo inteiro ímpar dele) de espessura, a camada é dita como um transformador de quarto de onda. Como veremos em um capítulo posterior, um transformador completamente análogo na forma de um longo corte de quarto de comprimento de onda de uma linha de transmissão (por exemplo, um cabo coaxial, Figura 2.17) é utilizado para impedância de linhas de transmissão e suas cargas.

(b) Se todos os meios na Figura 10.25 são não magnéticos (ou se todos têm a mesma permeabilidade), combinar as equações (10.165), (9.21) e (8.112) leva à permissividade relativa e espessura mínima da camada central chegando a

$$\varepsilon_{r2} = \sqrt{\varepsilon_{r1}\varepsilon_{r3}} \quad \text{e} \quad d = \frac{\lambda_2}{4} = \frac{\lambda_0}{4\sqrt{\varepsilon_{r2}}} =$$

$$= \frac{c_0}{4\sqrt{\varepsilon_{r2}}f} \quad (\mu_{r1} = \mu_{r2} = \mu_{r3}), \quad (10.166)$$

respectivamente, onde c_0 é a velocidade da onda de espaço livre, Equação (9.19).

Por fim, vamos enfatizar que a principal desvantagem dos transformadores de quarto de onda, quando utilizados para casamento de impedância é a sua operação ressonante (ou banda estreita). Ou seja, a condição nas equações (10.161) está satisfeita apenas com uma única frequência f, na Equação (10.166), na qual espessura da camada média na Figura 10.25 é exatamente $d = \lambda_2/4$. Em torno desta frequência, o coeficiente de reflexão equivalente Γ_e não é zero, mas ainda pode estar em um valor aceitável, como imposto pelas necessidades de impedância de correspondência ou de baixa reflexão na aplicação concreta, através de uma estreita faixa de frequências. Por outro lado, o projeto transformador pode ser mais banda larga, com $|\underline{\Gamma}_e|$ pequeno o suficiente em uma gama mais ampla de frequências, colocando em cascata várias camadas de quarto de onda (na frequência central da faixa), camadas (ou cortes de linha de transmissão), cujas impedâncias intrínsecas são aos poucos variadas (aumento ou diminuição) de η_1 a η_3.

Exemplo 10.27

Projeto de revestimentos antirreflexivos para dispositivos ópticos

Queremos projetar um revestimento antirreflexivo para uma superfície de vidro em um dispositivo óptico no comprimento de onda no espaço livre de $\lambda_0 = 600$ nm. O índice de refração do vidro é $n_{\text{vidro}} = 1{,}9$. (a) Determine o índice de refração e a espessura mínima para o revestimento. (b) Que percentagem da energia incidente é refletida pelo vidro revestido se o comprimento de onda for alterado para 500 nm?

Solução

(a) Adotamos um quarto de onda combinando com o projeto do transformador. Adotando também que o revestimento é não magnético, como os outros dois meios (vidro e ar), as equações (10.166) e (10.129) dão o seguinte para seu índice de refração e espessura mínima:

revestimento antirreflexivo óptico

$$\boxed{n_{\text{revestimento}} = \sqrt{n_{\text{ar}}\, n_{\text{vidro}}} = \sqrt{n_{\text{vidro}}} = 1{,}38, \\ d = \frac{\lambda_0}{4n_{\text{revestimento}}} = 108{,}7 \text{ nm.}} \quad (10.167)$$

Assim, se um filme dielétrico com esses parâmetros obtidos é depositado sobre a superfície de vidro (por exemplo, o de uma lente de câmera), nenhuma luz visível normalmente incidente é refletida em $\lambda_0 = 600$ nm. Esta é praticamente uma única frequência (único comprimento de onda) ou banda estreita de estrutura antirreflexiva, como discutido no exemplo anterior. Note que o índice de refração $n = 1{,}38$ passa a ser exatamente o de fluoreto de magnésio (MgF_2), que é comumente usado como material do filme antirreflexo em aplicações ópticas.

(b) Se o comprimento de onda no espaço livre da onda incidente é alterado para $\lambda_0 = 500$ nm, o coeficiente de fase no material filme muda também, para $\beta 2 = 2\pi/\lambda_2 = 2\pi\, n_{\text{revestimento}}/\lambda_0 = 17{,}34 \times 10^6$ rad/m, e, portanto, a impedância intrínseca equivalente da combinação dos meios 2 e 3 na Figura 10.25 não mais combina com o do espaço livre ($\eta_0 = 377\ \Omega$). Usando a Equação (10.160), é igual a $\eta_e = 352{,}77\ e^{-j10{,}82^\circ}\ \Omega$ [note que para ambos o vidro e o revestimento, $\eta = \eta_0/\sqrt{\varepsilon_r} = \eta_0/n$, segundo a Equação (9.48)], e a Equação (10.155), então, dá o coeficiente de reflexão equivalente de $\underline{\Gamma}_e = 0{,}1\ e^{-j109{,}5^\circ}$. Por fim, tendo em mente as equações (10.59), a porcentagem da potência incidente média no tempo que oscila para fora do revestimento vem a ser porcentagem da potência incidente que retorna

$$\frac{|(\mathcal{P}_r)_{méd}|}{|(\mathcal{P}_i)_{méd}|} = |\underline{\Gamma}_e|^2 = 1\%. \quad (10.168)$$

Então, este é ainda um reflexo bastante baixo.

Exemplo 10.28

Placa casada de meia onda

Determine a espessura de uma placa dielétrica no espaço livre de forma que nenhuma onda eletromagnética plana uniforme normalmente incidente de frequência f seja refletida a partir dela.

Solução Com referência à Figura 10.25, temos agora que $\eta_1 = \eta_3 = \eta_0$, em que η_0 é a impedância intrínseca no espaço livre, Equação (9.23), e, portanto, a primeira das equações (10.163) é satisfeita para qualquer espessura d da placa. Na segunda equação, entretanto, $\eta^2{}_2 \neq \eta_1\eta_3$, desde que $\eta_2 \neq \eta_0$ (placa dielétrica), o que significa que [ver equações (10.10)]

meia onda correspondente, $\eta_1 = \eta_3$

$$d = m\frac{\lambda_2}{2} \quad (m = 1, 2, \ldots), \quad (10.169)$$

ou seja, que a placa tem que ser um múltiplo inteiro da espessura de meio comprimento de onda (calculado por placa de material), a espessura mínima sendo $d = \lambda_2/2$, onde $\lambda_2 = 2\pi/\beta_2 = 1/(f\sqrt{\varepsilon_2\mu_2})$. Esta estrutura é, portanto, chamada de uma placa de meia onda casadora (ou lâmina), e é bastante utilizada para projetos de envólucro de proteção dielétrica (caixas) de antenas que são construídas (no ar) em torno de uma antena e que devem ser o mais transparente possível para ondas eletromagnéticas viajando através delas nos dois sentidos. O nome do tal envólucro, uma radar dome, vem de suas aplicações frequentes como cúpula que abrigam grandes antenas de radar.

Exemplo 10.29

Projeto de radar dome de antena para avião

Encontre a espessura mínima de uma radar dome de fibra de vidro ($\varepsilon_r = 4{,}9, \sigma \approx 0$) para uma antena em um avião (a antena precisa ser protegida do tempo) tal que (1) a radar dome pareça transparente à radiação da antena em $f = 10$ GHz e (2) seja atendida a necessidade mecânica de que a radar dome tenha pelo menos 2 cm de espessura. Suponha que as ondas eletromagnéticas irradiadas (ou recebidas) pela antena sejam normalmente incidentes e planares na superfície da radar dome.

Solução A necessidade de não reflexão, na frequência determinada, é expressa na Equação (10.169). Tendo em mente as equações (10.166), a espessura de meia onda da redoma chega a $\lambda_2/2 = c_0/(2\sqrt{\varepsilon_r}f) = 6{,}78$ mm. Assim, $m = 3$ na Equação (10.169) determine a espessura mínima que também satisfaz o requisito mecânico ($d \geq 2$ cm) — é igual a $d_{mín} = 3\,\lambda_2/2 = 2{,}03$ cm.

Exemplo 10.30

Reflexão de uma placa de cobre com revestimento de teflon

A placa de cobre grande é revestida por uma grossa camada de teflon de 1 cm ($\varepsilon_r = 2{,}1$). O meio circundante é o ar. Supondo que tanto o condutor como o dielétrico sejam perfeitos, encontre a magnitude e fase do coeficiente de reflexão equivalente (Γ_e) na interface ar-teflon para uma onda plana uniforme 8-GHz em incidência normal.

Solução Tratando o cobre como condutor perfeito, sabemos, da Equação (9.137), que a sua impedância intrínseca (para $\sigma \to \infty$) é zero, e usando $\eta_3 = 0$, então especificamos a Equação (10.160) para a impedância equivalente da placa revestida de teflon e o coeficiente de reflexão associado, Equação (10.155), na interface ar-teflon,

$$\underline{\eta}_e = j\,\eta_2 \tan\beta_2 d \quad \longrightarrow$$

$$\longrightarrow \quad \underline{\Gamma}_e = \frac{\underline{\eta}_e - \eta_0}{\eta_0 + \underline{\eta}_e} = -\frac{\eta_0 - j\,\eta_2\tan\beta_2 d}{\eta_0 + j\,\eta_2\tan\beta_2 d} \quad (10.170)$$

($\eta_2 = \eta_2/\sqrt{\varepsilon_r}$; $\beta_2 = 2\pi f\sqrt{\varepsilon_r}/c_0$), onde esta expressão para η_e e está de acordo com aquela na Equação (10.64). Como mostrado no Exemplo 10.21, frações complexas desta forma são a unidade na magnitude, por isso $|\underline{\Gamma}_e| = 1$. Substituindo os dados numéricos fornecidos nas equações (10.170), calculamos a fase do coeficiente de reflexão, também, ou seja, $\underline{\Gamma}_e = e^{j118{,}5°}$.

Note que o fato de que $|\underline{\Gamma}_e| = 1$, o que significa que toda a potência transportada pela onda incidente é refletida de volta para o meio incidente (ar), também pode ser obtido pelo princípio de conservação de energia, já que nenhuma potência é transmitida na placa de cobre (condutor perfeito) e nem absorvida (perda para o calor) na camada de teflon (dielétrico perfeito).

Exemplo 10.31

Sem reflexão em um problema de quatro meios

Uma placa de espessura d feita de um bom condutor de parâmetros ε, μ e σ é colocada no ar em paralelo a um plano CEP. Uma onda eletromagnética uniforme plana harmônica no tempo com comprimento de onda no espaço livre λ_0 se propaga no ar e é normalmente incidente sobre a placa. A distância da placa do plano é $3\lambda_0/4$, como mostrado na Figura 10.26. Supondo que $|\underline{\gamma}_2 d| \ll 1$ (a laje é eletricamente fina), $\underline{\gamma}_2$ sendo o coeficiente de propagação complexa na laje, encontre d de modo que não haja onda refletida na região incidente.

Solução A análise pode ser realizada utilizando a fórmula final na Equação (10.159) para a impedância intrínseca equivalente para a situação de três meios na Figura 10.25, por transformações de impedância sucessivas aplicadas em duas camadas na Figura 10.26 na direção de retorno, camada 3 e depois a camada 2. Ou seja, o meio 4 sendo uma CEP implica que $\eta_4 = 0$ (veja o exemplo anterior), para que a versão sem perdas da fórmula de transformação na Equação (10.160), escrita para os meios 2-3-4, onde a espessura da camada central (região 3) é dada por $d3 = 3\lambda_3/4$ e $\lambda_3 = \lambda_0$ (ar), produz uma impedância equivalente infinita na interface 2-3,

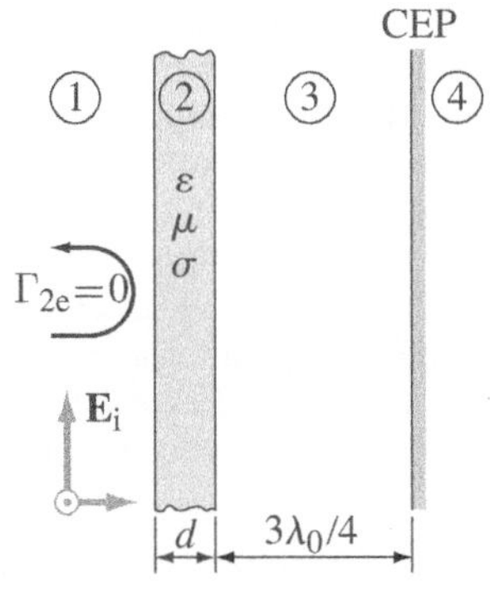

Figura 10.26

Incidência normal de uma onda plana uniforme sobre uma placa eletricamente fina feita de um bom condutor, colocada em paralelo a um plano CEP, a uma distância de três quartos de comprimento de onda do plano; para o Exemplo 10.31.

$$\eta_4 = 0 \quad \text{(CEP)} \quad \text{e} \quad \beta_3 \frac{3\lambda_3}{4} = \frac{3\pi}{2} \quad \longrightarrow$$

$$\longrightarrow \quad \underline{\eta}_{3e} = \eta_3 \frac{\eta_4 \cos\frac{3\pi}{2} + \mathrm{j}\eta_3 \operatorname{sen}\frac{3\pi}{2}}{\eta_3 \cos\frac{3\pi}{2} + \mathrm{j}\eta_4 \operatorname{sen}\frac{3\pi}{2}} \to \infty \qquad (10.171)$$

($\eta_3 = \eta_0$). Esta impedância, $\eta_{3e} \to \infty$, é então transformada depois (retornando), através da camada 2, usando a fórmula de transformação para o caso geral (com perdas), Equação (10.159), para os meios 1-2-3 na Figura 10.26, resultando no seguinte para a impedância de onda equivalente η_{2e} vista na interface 1-2, olhando para a direita:

$$\underline{\eta}_{2e} = \underline{\eta}_2 \frac{\underline{\eta}_2 \operatorname{senh}\underline{\gamma}_2 d + \underline{\eta}_{3e} \cosh \underline{\gamma}_2 d}{\underline{\eta}_2 \cosh \underline{\gamma}_2 d + \underline{\eta}_{3e} \operatorname{senh}\underline{\gamma}_2 d} = \underline{\eta}_2 \frac{\cosh \underline{\gamma}_2 d}{\operatorname{senh}\underline{\gamma}_2 d} =$$

$$= \underline{\eta}_2 \frac{e^{\underline{\gamma}_2 d} + e^{-\underline{\gamma}_2 d}}{e^{\underline{\gamma}_2 d} - e^{-\underline{\gamma}_2 d}} \approx \frac{\underline{\eta}_2}{\underline{\gamma}_2 d}, \qquad (10.172)$$

onde o uso é feito também do fato de que $|\underline{\gamma}_2 d| \ll 1$ e que $e^{\underline{a}} \approx 1 + a$ para $|a| \ll 1$. Combinando a expressão final para η_{2e} com a condição de não reflexão nesta interface, como nas equações (10.161), e utilizando as expressões aproximadas para a impedância complexa intrínseca (η_2) e coeficiente de propagação ($\underline{\gamma}_2$) de bons condutores, nas equações (9.136) e (9.134), respectivamente, obtemos a espessura necessária da laje,

$$\underline{\eta}_{2e} = \eta_1 = \eta_0 \quad \longrightarrow \quad d = \frac{\underline{\eta}_2}{\underline{\gamma}_2 \eta_0} \approx \frac{1}{\sigma \eta_0} = \frac{1}{\sigma}\sqrt{\frac{\varepsilon_0}{\mu_0}}. \qquad (10.173)$$

Problemas

10.1. Incidência normal em um CEP — derivação no domínio do tempo. Uma onda eletromagnética plana uniforme harmônica no tempo com o campo elétrico dado por $\mathbf{E}_i = E_{i0}\sqrt{2}\cos(\omega t - \beta z)\,\hat{\mathbf{x}}$ viaja para $z < 0$ em um meio com impedância intrínseca η e é incidente em um plano perfeitamente condutor em $z = 0$. Obter as expressões para os vetores intensidade de campo elétrico e magnético instantâneos totais no meio incidente, equações (10.9), realizando a análise inteiramente no domínio do tempo, no lugar da derivação do domínio complexo nas equações (10.1)-(10.8). Em particular, suponha que o vetor campo elétrico da onda refletida tem a forma $\mathbf{E}_r = E_{r0}\sqrt{2}\cos(\omega t + \beta z + \xi_r)\,\hat{\mathbf{x}}$ e encontre E_{r0} e ξ_r a partir de uma condição de contorno na superfície CEP, depois, obtenha os vetores do campo magnético instantâneo refletido e incidente dos vetores de campo elétrico correspondentes e, por fim, os vetores instantâneos totais usando superposição e as identidades trigonométricas adequadas.

10.2. Várias propriedades de uma onda estacionária. Uma onda eletromagnética plana uniforme harmônica no tempo de frequência $f = 1$ GHz e intensidade do campo magnético rms $H_{i0} = 1$ A/m se propaga em um meio dielétrico sem perdas de permissividade relativa $\varepsilon_r = 2{,}25$ ($\mu_r = 1$) e incide uma tela CEP na incidência normal. Supondo uma fase inicial zero de $\mathbf{H}_i$ na superfície da tela, encontramos: (a) locais de zeros do campo elétrico total no dielétrico, (b) tempos no quais os zeros do campo elétrico total em locais específicos ocorrem, (c) locais de zeros do campo magnético no dielétrico, (d) a amplitude máxima do campo magnético total, (e) corrente superficial rms e densidades de cargas na tela, (f) densidades de energia elétrica e magnética e o vetor Poynting no dielétrico em um distância $d = 11{,}25$ cm da tela e instante $t = 2{,}15$ ns e (g) densidade de energia eletromagnética média no tempo e vetor Poynting no mesmo local.

10.3. Energia em um cilindro imaginário de comprimento arbitrário. Repita o Exemplo 10.4, mas para um comprimento arbitrário l do cilindro imaginário colocado no campo de uma onda eletromagnética plana estacionária (suponha que $\mu = \mu_0$).

10.4. Energia média no tempo de um cilindro. Calcule a energia eletromagnética resultante média no tempo armazenada no cilindro do problema anterior (l arbitrário), em duas formas: (a) média no tempo da energia instantânea do cilindro (resultado do problema anterior) e (b) integração no espaço de densidade de energia eletromagnética média no tempo da onda estacionária.

10.5. Fem induzida em um grande espira graças a uma onda estacionária. Considere a onda eletromagnética estacionária na frente de uma tela CEP na Figura 10.1 (intensidade do campo elétrico rms da onda incidente é E_{i0} e frequência f) com espaço livre como meio de propagação e presuma que uma espira eletricamente grande (arbitrariamente dimensionado) retangular de comprimentos de aresta a e b é colocado no plano $y = 0$. As bordas da espira que têm comprimento b são paralelas à tela, sendo uma na coordenada z e outra em $z + a$ ($z < -a$). Encontre a fem induzida na espira, a partir da (a) esquerda e (b) do lado direito da lei de Faraday da indução eletromagnética na forma integral (no domínio complexo), respectivamente. (c) Mostre que o resultado em (a) ou (b) torna-se o da Equação (10.24), quando a espira é eletricamente pequeno.

10.6. Medidas de onda estacionária com uma sonda magnética. Para determinar a frequência, f, e intensidade rms de campo elétrico, E_{i0}, de uma onda plana uniforme viajando no ar, uma placa perfeitamente condutora é introduzida normalmente na propagação de onda e a fem induzida em uma pequena espira de fio quadrado de 2,5 cm de um lado é medido. Pela variação da orientação e localização da espira, verifica-se que a fem rms nele tem um máximo, de 5 mV, a uma distância de 80 cm do condutor (com o plano do laço perpendicular ao vetor campo magnético da onda). Descobre-se também que o primeiro mínimo adjacente (zero) da fem rms está a 60 cm do condutor (para a mesma orientação da espira). Quais são f e E_{i0}?

10.7. Espira rotativa no campo de uma onda estacionária. Uma onda eletromagnética plana uniforme harmônica no tempo de intensidade do campo elétrico rms E_{i0} e frequência angular ω incide normalmente a partir do ar em um plano CEP. Uma espira quadrada eletricamente pequeno de comprimento da aresta a gira, na região incidente, com uma velocidade angular constante w_0 sobre seu eixo. O centro da espira está em uma distância d arbitrária do condutor, e o eixo de rotação é paralelo à direção de propagação da onda. Em um instante de referência $t = 0$, o plano da espira é perpendicular às linhas de campo magnético. Encontre a fem induzida instantânea no contorno, e identifique as partes que correspondem à indução do transformador e da dinâmica, respectivamente.

10.8. Reflexão de uma onda elipticamente polarizada. O campo magnético de uma onda eletromagnética plana colidindo com um plano CEP em $z = 0$ a partir de um meio não magnético é dado por $\mathbf{H}_i = [3\cos(\omega t - \beta z)\,\hat{\mathbf{x}} - \text{sen}(\omega t - \beta z)\,\hat{\mathbf{y}}]$ A /m (z < 0), onde $\omega = 6\pi \times 10^8$ rad/s e $\beta = 4\pi$ rad/m. Determine (a) vetores de intensidade de campo elétrico e magnético instantâneos e complexos da onda refletida, (b) o estado de polarização (tipo e lateralidade) da onda refletida, (c) vetores de campo elétrico e magnético complexos e instantâneos da onda resultante no meio incidente, (d) o estado de polarização da onda resultante, (e) o vetor Poynting médio no tempo total no meio incidente e (f) a corrente de superfície rms e densidade de carga no plano CEP.

10.9. Interface ar-vidro. O vetor intensidade do campo magnético de uma onda TEM se propagando no ar para x > 0 é dado por $\mathbf{H}_i = 5\sqrt{2}$ sen $(\omega t + 10\pi x)$ ^**z** A/m (x em m). A onda é incidente em $x = 0$ na interface planar de um meio de vidro com permissividade relativa $\varepsilon_r = 4(\mu_r = 1)$ e perdas desprezíveis, ocupando o espaço x < 0. Calcule (a) a frequência da onda, (b) o comprimento de onda no segundo meio (vidro), (c) o vetor intensidade de campo elétrico total complexo e instantâneo no ar, (d) o máximos e mínimo da intensidade do campo magnético rms total no ar e no vidro, respectivamente, (e) o vetor Poynting médio no tempo para $-\infty < x < \infty$, e (f) a impedância de onda em um plano definido por $x = 10$ cm.

10.10. Interface vidro-ar. Repita o problema anterior, mas para o vidro como meio incidente (x > 0), com campo dado $\mathbf{H}_i$ e o ar como o segundo meio.

10.11. Interface ar-concreto. Uma onda eletromagnética plana uniforme harmônica no tempo de frequência $f = 1$ GHz e intensidade do campo elétrico rms $E_{i0} = 1$ V/m se propaga no ar e incide normalmente na superfície planar de um grande bloco de concreto com parâmetros materiais $\varepsilon_r = 6$, $\sigma = 2{,}5 \times 10^{-3}$ S/m e $\mu_r = 1$. Determine se o concreto é um bom dielétrico, bom condutor ou quase condutor e encontre (a) as distribuições de campos elétricos e magnéticos em ambos os meios, (b) a relação de onda estacionária no ar, (c) o vetor Poynting médio no tempo do segundo meio, e (d) as porcentagens da potência incidente média no tempo que são refletidas a partir da interface e transmitidas no bloco material, respectivamente.

10.12. Interface ar-água do mar. Repita o problema anterior, mas para a água do mar com $\varepsilon_r = 81$ e $\sigma = 4$ S/m como meio refletor (superfície do oceano plana).

10.13. Interface ar-água do mar em uma frequência diferente. Repita o problema anterior (superfície do oceano), mas para a frequência de $f = 1$ MHz (supondo que os parâmetros da água do mar não mudam com a frequência).

10.14. Comunicação de rádio de aeronave para submarino. Uma antena de avião 15 kHz VLF transmite uma onda que se aproxima da superfície do oceano em incidência normal na forma de uma onda plana uniforme com uma intensidade campo elétrico rms de 1 kV/m. Encontre a profundidade máxima abaixo da superfície para que a comunicação seja bem-sucedida com um submarino, se a antena receptora no submarino requer um mínimo de intensidade do campo magnético rms de $0{,}05\mu$ A/m, a aeronave e submarino estão mais ou menos na mesma linha vertical e os parâmetros da água do mar são $\varepsilon_r = 81$ e $\sigma = 4$ S/m.

10.15. Medição SWR para determinar permissividade desconhecida. Para determinar a permissividade de um dielétrico sem perdas não magnético, uma onda plana harmônica no tempo é lançada para propagar através do ar e incidir normalmente sobre e parcialmente refletir a partir da superfície deste material. As intensidades de campo elétrico rms da onda resultantes são medidas por uma sonda elétrica na região em frente ao material, na propagação da onda incidente. Por tal medição, verifica-se que o valor máximo de campo equivale a três vezes o mínimo, e que a distância entre máximas sucessivas é de 1 m. Qual é a permissividade relativa do dielétrico e qual a frequência da onda?

10.16. Perda de energia em paredes de cobre de um ressonador de Fabry-Perot. Considere um ressonador de Fabry-Perot, na Figura 10.3, com uma onda eletromagnética plana dada pelas equações (10.9), onde $E_{i0} = 100$ V/m, $\beta = \pi \times 10^2$ rad/m e $\omega = \pi \times 10^{10}$ rad/s. Além disso, seja o comprimento do ressonador $a = 3$ cm e suas paredes feitas de cobre ($\sigma = 58$ MS/m e $\mu = \mu_0$). Nestas circunstâncias, calcule a potência média no tempo de perdas Joule no ressonador por S = 1 cm^2 de área de sua superfície (visto através de ambas as paredes).

10.17. Campos totais para incidência oblíqua, polarização normal. Uma onda TEM propagando no ar para y > 0 é incidente obliquamente em uma tela CEP ocupando o plano $y = 0$. O vetor intensidade de campo elétrico rms complexo da onda é dado por $\underline{\mathbf{E}}\mathbf{i} = e^{j\pi(y + \sqrt{3}z)}\,\hat{\mathbf{x}}$ V/m (y, z em m). Calcule os vetores de campo elétrico e magnético da onda resultante em um ponto arbitrário no ar.

10.18. Cálculo de energia para incidência oblíqua, polarização normal. (a) Considere a incidência oblíqua em um plano CEP de uma onda harmônica no tempo plana normalmente polarizada uniforme na Figura 10.13 (a), e encontre a expressão para a densidade de energia eletromagnética instantânea da onda resultante no meio incidente. (b) Em seguida, obtenha a expressão para a densidade de energia total média no tempo na Equação (10.106) pela média do tempo que resultado em (a).

10.19. Energia em um cilindro imaginário para incidência oblíqua. Uma onda eletromagnética harmônica no tempo plana uniforme de frequência $f = 300$ MHz e intensidade do campo elétrico rms $E_{i0} = 1$ V/m se propaga no ar e incide de modo oblíquo em um ângulo $\theta_i = 60°$ e polarização normal de uma tela horizontal CEP. Calcule a energia eletromagnética resultante média no tempo armazenada em um cilindro imaginário de altura $h = 50$ cm e base de área $S = 100$ cm^2 posicionado verticalmente no ar com uma de suas bases na tela.

10.20. Espira verticalmente se movendo para incidência oblíqua. Suponha que o pequeno contorno na Figura 10.14 encontra-se no plano definido por $x = a =$ const, onde se move (com velocidade v) na direção vertical distante da tela e encontre a fem instantânea induzida nele.

10.21. Campos totais de incidência oblíqua, polarização paralela. O vetor intensidade do campo magnético complexo rms de uma onda TEM viajando no ar para $x > 0$ e incidindo obliquamente em um limite CEP localizado no plano $x = 0$ é expresso como $\mathbf{H}_i = e^{j\sqrt{2}\pi(x - z)}\hat{\mathbf{y}}$ A/m (x , z em m). Determine a distribuição dos campos elétricos e magnéticos no ar.

10.22. Vários cálculos para incidência oblíqua, polarização paralela. Uma onda eletromagnética harmônica no tempo plana uniforme de frequência $f = 75$ MHz e intensidade do campo magnético rms $H_{i0} = 1$ A/m é incidente a partir do ar em um ângulo $\theta_i = 30°$ e polarização paralela sobre uma superfície plana e horizontal de um bloco de cobre de grande porte. Encontre (a) as densidades de energia eletromagnética média no tempo e instantâneas da onda resultante acima do bloco, (b) a potência média no tempo de perdas Joule por unidade de área da superfície de cobre, (c) a orientação e posição (altura com relação à superfície condutora) de uma pequena antena de recepção que resulta na recepção máxima da onda, e (d) a fem rms máxima induzida na espira se o seu comprimento da aresta é $a = 8$ cm e o campo magnético em consequência da corrente induzida no circuito é desprezível.

10.23. Dispersão angular da luz branca por um prisma de vidro. Em frequências ópticas, o vidro é um meio dispersivo fraco, pois o seu índice de refração, n, varia sutilmente com o comprimento de onda de espaço livre, λ_0. Em particular, para o espectro de luz visível e um tipo de vidro flint, n diminui de cerca de $n_{violeta} = 1{,}66$ para a luz violeta ($\lambda_0 = 400$ nm) para $n_{vermelho} = 1{,}62$ para a luz vermelha ($\lambda_0 = 700$ nm) de acordo com a seguinte equação: $n\ (\lambda_0) = 1{,}6 + 9{,}5 \times 10^{-15}/\ \lambda^2_0$ (λ_0 em m). Aproveitando essa propriedade, um prisma óptico feito do vidro flint e com ângulo ápice $\alpha = 60°$ (prisma equiangular) é usado para dispersar a luz branca, ou seja, para separar no espaço as cores que a constituem, como mostrado na Figura 10.27. O feixe de luz branca é incidente em um ângulo $\theta_i = 65°$ em uma superfície do prisma e, mediante dupla refração, emerge do outro lado, com ângulos de saída diferentes para diferentes cores de luz — em função da onda de dispersão no vidro. Encontre o ângulo de desvio δ, medido em relação ao feixe incidente, do feixe de saída para cada cor do espectro visível: violeta, azul ($\lambda_0 = 470$ nm), verde ($\lambda_0 = 540$ nm), amarelo ($\lambda_0 = 590$ nm), laranja ($\lambda_0 = 610$ nm) e vermelho. Qual é a dispersão angular total do prisma, definido como $\gamma = \delta_{violeta} - \delta_{vermelho}$?

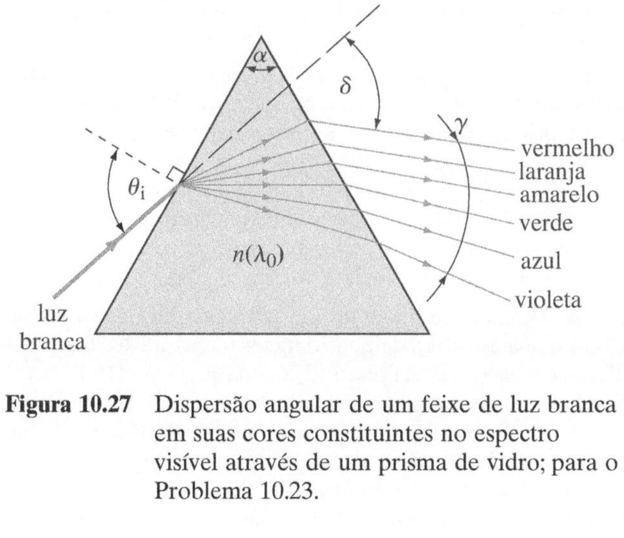

Figura 10.27 Dispersão angular de um feixe de luz branca em suas cores constituintes no espectro visível através de um prisma de vidro; para o Problema 10.23.

10.24. Comprimento aparente de uma vara vertical imersa na água. Qual é o comprimento real de uma vara vertical completamente imersa em um lago de água doce, com um índice de refração 1,33, logo abaixo da superfície da água, se ela parece ter 1 m de comprimento para uma pessoa em um barco em um ângulo de 45° em relação a normal na superfície?

10.25. Incidência oblíqua em um limite de dielétrico, polarização paralela. (a) Para a incidência oblíqua na polarização paralela sobre a interface entre dois meios dielétricos sem perdas descrita no Exemplo 10.20 (e para os valores numéricos especificados dos parâmetros dos meios e da onda), calcule os vetores de campo elétrico e magnético da onda resultante em um ponto arbitrário no meio incidente e, em especial, no ponto definido por $x = y = z = -1$ m. Também encontre (b) a densidade de energia total média no tempo do vetor Poynting para $-\infty < x, y, z < \infty$ e (c) a fem induzida rms em uma espira circular eletricamente pequeno de raio $a = 1$ cm, que está posicionado e orientado para recepção das ondas máxima no meio incidente.

10.26. Incidência oblíqua em um limite de dielétrico, polarização normal. (a) Repita o Exemplo 10.20, mas supondo que a polarização da onda incidente seja normal. Também calcule (b) os vetores de campos elétricos e magnéticos das ondas refletidas e resultantes, respectivamente, no ponto $x = y = z = -1$ m no meio incidente e (c) as densidades de energia da superfície média no tempo transportadas pelas ondas incidentes, refletidas e transmitidas.

10.27. Cálculo de onda refratada para a polarização normal. Supondo que o meio refletor (para $y < 0$) no Problema 10.17 seja penetrável, com parâmetros $\varepsilon_r = 9$, $\mu_r = 1$ e $\sigma = 0$, encontre os vetores de campo transmitido elétricos e magnéticos em um ponto arbitrário neste meio.

10.28. Cálculo de onda refratada para polarização paralela. Se o segundo meio (para $x < 0$) no Problema 10.21 é um dielétrico sem perdas não magnético de permissividade relativa $\varepsilon_r = 5$, calcule o vetor Poynting complexo da onda refratada.

10.29. Prismas de vidro com feixe direcionado em um periscópio. Em um periscópio, dois feixes de direção 45°-90°-45° prismas de vidro no ar são usados como mostrado na Figura 10.28. Cada prisma transforma um feixe de luz em 90°, por meio da reflexão interna total.

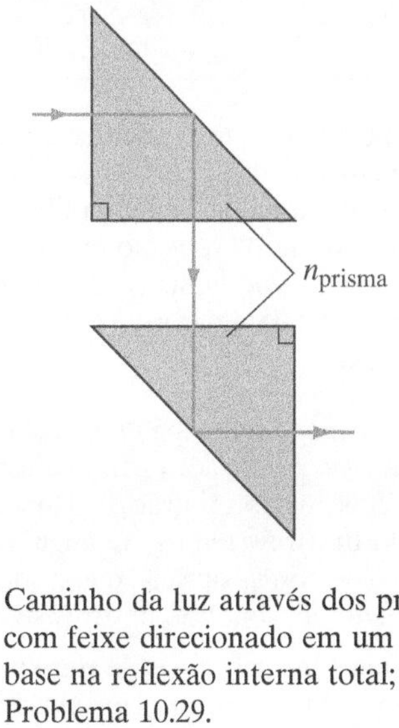

Figura 10.28 Caminho da luz através dos prismas de vidro com feixe direcionado em um periscópio, com base na reflexão interna total; para o Problema 10.29.

(a) Determine o índice mínimo exigido de refração dos prismas. (b) Repita (a), mas para água ($n_{água} = 1{,}33$) como o meio circundante. (c) Qual é a porcentagem da potência incidente média no tempo que passa pelo periscópio, desprezando múltiplas reflexões internas, para os casos (a) e (b) e os valores mínimos respectivos obtidos de n_{prisma}?

10.30. Reflexão interna total de uma superfície de água coberta de óleo. Há uma camada de óleo flutuando sobre a superfície de água doce, e os índices de refração correspondentes são $n_{óleo} = 1{,}54$ e $n_{água} = 1{,}33$. Um feixe de luz é obliquamente incidente da água, em um ângulo θ_i, sobre a interface óleo-água. (a) Encontre θ_i para o qual a reflexão interna total ocorre na interface ar-óleo, para que não haja transmissão no ar. (b) Repita (a), mas supondo que o feixe seja incidente (em um ângulo θ_i) de ar na interface ar-óleo, e determine θ_i que resulta em nenhuma transmissão na água, isto é, na reflexão total na interface óleo-água.

10.31. Ângulo de aceitação de uma fibra óptica. Considere a fibra óptica da Figura 10.22 e suponha que a luz incidente entre a partir de um meio dielétrico em torno do índice de refração n_0 (mais comum, ar), através da superfície frontal (face) da fibra em incidência oblíqua definida pelo ângulo θ_1 medido em relação à normal para a superfície, ou seja, ao eixo da fibra, como mostrado na Figura 10.29. Encontre o valor máximo de θ_1, em termos de n_0, $n_{núcleo}$ e $n_{revestimento}$ ($n_{núcleo} > n_{revestimento}$), tal que a condição de reflexão interna total seja satisfeita na interface núcleo-revestimento. Este ângulo incidente é chamado ângulo de aceitação da fibra óptica, $\theta_{aceitação} = \theta_{1máx}$, como todos os feixes de luz incidentes sobre a face da fibra que se enquadram no cone determinado por este ângulo ($\theta_1 \leq \theta_{aceitação}$) pode se propagar (seja "aceito") por meio de múltiplas reflexões internas totais na fibra, confinado dentro do núcleo. Especificamente, calcule $\theta_{aceitação}$ para uma fibra com $n_{núcleo} = 1{,}49$ e $n_{revestimento} = 1{,}46$, ar ($n_0 = 1$) e água ($n_0 = 1{,}33$), respectivamente, como o meio incidente.

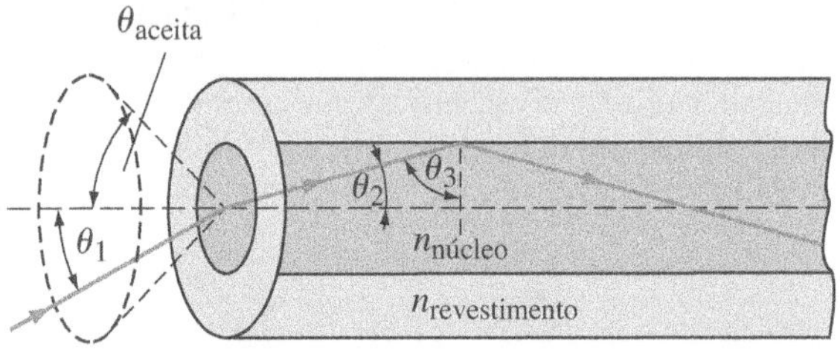

Figura 10.29 Encontre o ângulo incidente máximo (o ângulo de aceitação) de um feixe de luz incidindo na face de uma fibra óptica tal que a condição de reflexão interna total (para o ângulo θ_3) no limite núcleo-revestimento ainda esteja de acordo; para o Problema 10.31.

10.32. Ângulo refratado para ângulo incidente de Brewster. Uma onda plana com polarização paralela incide sobre uma interface entre dois meios arbitrários não magnéticos sem perdas no ângulo de Brewster, θ_{iB}. O ângulo refratado é θ_t. Prove que o sen $\theta_t = \cos\theta_{iB}$, ou seja, que a soma dos ângulos incidente e refratado na condição de Brewster é sempre 90º.

10.33. Polarizando a luz por placas de vidro paralelas na condição de Brewster. A luz é incidente no ângulo de Brewster do ar em um sistema de seis placas de vidro paralelas, com separação de ar (igual à espessura da placa) entre todas as placas adjacentes. A luz é não polarizada e pode ser representada como uma superposição do feixe com polarização normal e que com polarização paralela, os dois componentes tendo energias aproximadamente iguais. (a) Qual é a polarização da luz refletida segundo o sistema de placas? (b) Descreva a polarização da luz transmitida através do sistema de placas. (c) O que mudaria se mais seis placas fossem adicionadas?

10.34. Eliminação da onda ground-bounced em um link de comunicação. Em um link de comunicação sem fio em uma frequência $f = 1{,}5$ GHz, a altura da antena transmissora em relação à superfície da Terra é $ht = 1$ km, e a distância horizontal entre a transmissão e recepção de antenas é d = 10 km. O solo abaixo das antenas é muito seco, com parâmetros $\varepsilon_r = 3{,}2$ e $\sigma = 0$. A antena transmissora emite ondas com polarização paralela, e, em geral, viajam para a antena de recepção tanto como um raio direto através do ar como um raio refletido, saltando para fora da superfície da Terra. Encontre a altura da antena receptora, h_r, para o qual a onda refletida é eliminada, de modo que somente a onda direta é recebida.

10.35. Reflexão e refração de uma onda PE em condição de Brewster. Escreva as expressões para as intensidades de campo elétrico complexo rms de duas ondas harmônicas no tempo planas uniformes com polarizações normal e paralela, cuja superposição representa uma onda elipticamente polarizada mão esquerda incidente do ar obliquamente sobre a superfície plana de um dielétrico não magnético sem perdas de permissividade relativa $\varepsilon_r = 3$ (adotar todos os parâmetros necessários para definir as ondas). Se o ângulo incidente satisfaz a condição de Brewster, determine (a) os estados de polarização da onda refletida e refratada e (b) as porcentagens médias do tempo de energia incidente que são refletidas a partir da interface ar-dielétrico e transmitidas para o meio dielétrico, respectivamente.

10.36. Revestimentos antirreflexo para prismas periscópio. Propor revestimentos antirreflexo para aumentar a potência do periscópio na Figura 10.28, para cada um dos casos (a) e (b) do Problema 10.29, e os comprimentos de onda de espaço livre de $\lambda_0 = 400$ nm e 700 nm, respectivamente.

10.37. Antena redoma banda X. Se a redoma de fibra de vidro do Exemplo 10.29 é usada para proteger uma antena banda X do tempo (8-12 GHz), calcule a porcentagem da potência incidente (irradiada pela antena) que é refletida a partir da redoma (supondo incidência normal) na frequência central e em cada uma das frequências fim da banda.

10.38. Reflexão a partir de uma placa com perdas apoiada por uma lâmina de alumínio. Uma placa dielétrica com perdas, com espessura d = 20 cm e permissividade relativa complexa relativa $\varepsilon_r = 3 - j2$ ($\mu_r = 1$) é apoiada por uma lâmina de alumínio, que pode ser considerada não penetrável. Encontre o coeficiente de reflexão equivalente em decibéis na interface ar-placa para uma onda plana uniforme de frequência $f = 1$ GHz na incidência normal.

10.39. Cálculos de onda em um problema de quatro meios. Considere a estrutura de quatro meios na Figura 10.26 e suponha que a espessura da placa (d) é a da Equação (10.173). (a) Se a intensidade do campo elétrico rms da onda plana incidente na placa é E_0, encontre a expressão para a potência média no tempo total de perdas Joule na placa por unidade de área de sua superfície. (b) Se a distância da placa do plano CEP é alterada para $\lambda_0/2$, obtenha a expressão para a impedância de onda equivalente na interface 1-2 olhando para a direita (η_{2e}).

Análise de campo das linhas de transmissão

CAPÍTULO 11

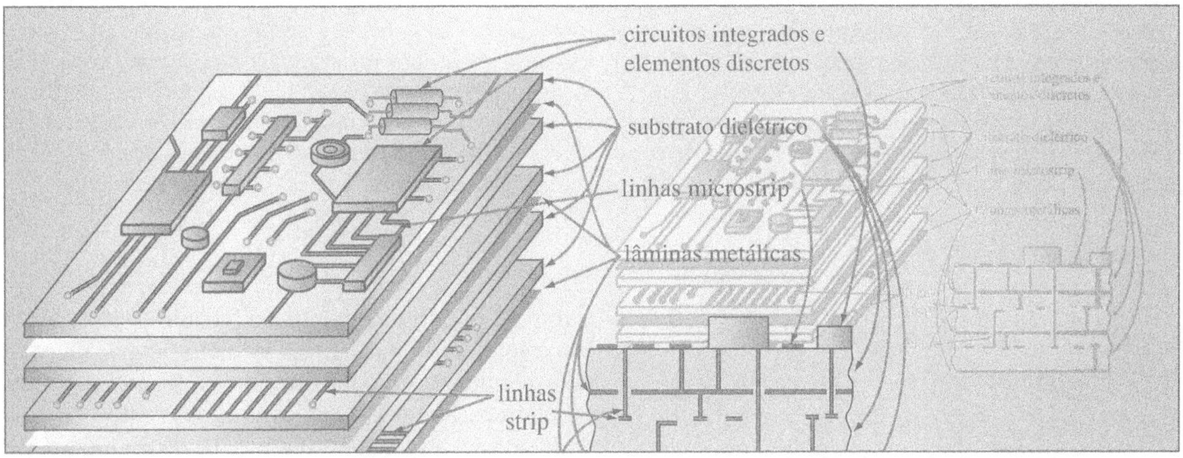

Introdução

Além de ligações sem fios, as quais usam ondas eletromagnéticas livres (ilimitadas) que se propagam no espaço livre ou meio material (dois capítulos anteriores), os sinais eletromagnéticos e a energia podem ser transportados a uma distância usando também ondas eletromagnéticas guiadas. Tais ondas são canalizadas através de um sistema de guia composto por condutores e dielétricos. Sistemas de orientação costumam ter um corte transversal uniforme e são classificados em linhas de transmissão e guias de onda, de acordo com o número de condutores. Linhas de transmissão têm dois ou mais condutores separados (por exemplo, um cabo coaxial, Figura 2.17), enquanto guias de onda consistem de um único condutor (por exemplo, um guia de onda metálico retangular, Figura 10.15) ou dielétricos apenas (por exemplo, uma fibra óptica, Figura 10.22). Neste capítulo, apresentamos uma análise do campo das linhas de transmissão, com foco em linhas de dois condutores. A teoria de campo das linhas de transmissão é importante para a compreensão dos processos físicos que constituem a propagação e a atenuação ao longo de uma linha de uma determinada geometria e material de composição. O principal resultado da análise são os parâmetros de um modelo de circuito de uma linha de transmissão arbitrária de dois condutores, na forma de uma rede de muitas pequenas células iguais em cascata com elementos concentrados. Esta rede é, então, resolvida, no próximo capítulo, usando conceitos e equações de teoria de circuito como ponto de partida do domínio da frequência (domínio complexo) e análise (no domínio do tempo) transitória das linhas de transmissão como circuitos com parâmetros distribuídos (análise de circuitos das linhas de transmissão de dois condutores).

Ondas de propagação em linhas de transmissão são tanto do tipo eletromagnética transversal (TEM) (para linhas sem perdas com dielétricos homogêneos) como do tipo quase-TEM (para linhas com pequenas perdas e/ou dielétricos não homogêneos). Isto significa que os componentes ao longo da direção de propagação de onda (ou seja, ao longo do eixo da estrutura guia) de ambos os vetores de campo elétrico e magnético da onda são tanto zero como muito pequenos quando comparados com os componentes de campo transverso correspondente (perpendicular ao eixo). Por outro lado, guias de onda levam ondas não TEM, que incluem ondas transversais elétricas (TE), transversais magnéticas (TM) e híbridas. Ondas TE têm um componente de campo elétrico zero e magnético diferente de zero ao longo do eixo guia de onda, enquanto a situação para ondas TM é exatamente o oposto (vetor do campo magnético está em um plano transversal, perpendicular ao eixo). Ondas híbridas são combinações de ondas TE e TM, e tem componentes axiais diferentes de zero de ambos os vetores de campo. Em frequências muito altas, TE, TM e as ondas híbridas, os chamados tipos de onda mais alta, são possíveis também em linhas de transmissão, além de ondas TEM (ou quase-TEM), que, na prática, é uma situação indesejável (o que queremos é ter apenas um tipo de onda de propagação ao longo da linha).[1]

Devemos primeiro desenvolver a teoria de campo de ondas TEM em linhas de transmissão sem perdas com dielétricos homogêneos, independentemente do número de condutores na linha, e depois estudar as especificidades da análise das linhas de dois condutores. Um método de perturbação, em seguida, será empregado para levar em conta as perdas dielétricas e os condutores em linhas de baixa perda. As modificações da teoria para analisar de modo aproximativo as linhas de transmissão com dielétricos heterogêneos (que carregam ondas quase-TEM) também serão apresentadas. Com base nos conceitos desenvolvidos e procedimentos de análise, iremos avaliar e discutir parâmetros do circuito de uma variedade de classes praticamente importantes das linhas de transmissão de dois condutores, com dielétricos homogêneos e não homogêneos. Os parâmetros incluem capacitância, indutância, resistência e condutância por unidade de comprimento da linha (parâmetros do circuito primário), bem como impedância característica associada, coeficiente de fase, velocidade de fase, comprimento de onda, e coeficiente de atenuação (parâmetros do circuito secundário). Estas avaliações e discussões se encontram na análise eletrostática das linhas de transmissão no Capítulo 2, análise magnetostática (ou quase estática) e cálculo da indutância no Capítulo 7, a análise das linhas de transmissão com perdas com correntes contínuas, Seção 3.12, e análise do efeito pelicular e as perdas Joule em bons condutores em altas frequências, seções 9.11, 10.3 e 10.4. Por fim, será fornecida a base para a análise e síntese das linhas microstrip e strip constituindo interconexões em placas de circuito impresso multicamadas, levando em conta efeitos das bordas.

11.1 ONDAS TEM EM LINHAS DE TRANSMISSÃO SEM PERDAS COM DIELÉTRICOS HOMOGÊNEOS

Considere uma linha de transmissão composta por M ($M \geq 2$) condutores de corte transversal arbitrário, mostrada na Figura 11.1, em um dielétrico homogêneo de permissividade ε e permeabilidade μ. Supomos que a linha é uniforme, isto é, que o corte transversal na Figura 11.1 é o mesmo em toda a linha (em teoria, para cada coordenada z, $-\infty < z < \infty$) e sem perdas (ambos os condutores e dielétricos são perfeitos). Também assumimos uma variação harmônica no tempo do campo eletromagnético na linha, de frequência f, e realizamos a análise no domínio complexo (ver seções 8.6-8.8). Este campo é regido pelo conjunto de equações de Maxwell correspondente para a região dielétrica na Figura 11.1 e as condições de contorno para a fronteira condutor-dielétrica. Notamos que não há correntes de volume induzidas e cargas ($\underline{\mathbf{J}} = 0$ e $\underline{\rho} = 0$) no dielétrico, pois é sem perdas [ver equações (3.18) e (8.82)]. Supondo, enfim, que a região dielétrica é completamente livre de fonte, ou seja, livre de quaisquer fontes impressas [$\underline{\mathbf{E}}_i = 0$ e $\underline{\mathbf{J}}_i = 0$ — ver equações (3.109) e (3.124)], bem como, a base da nossa análise é a versão do domínio complexo das equações (9.1)–(9.4),

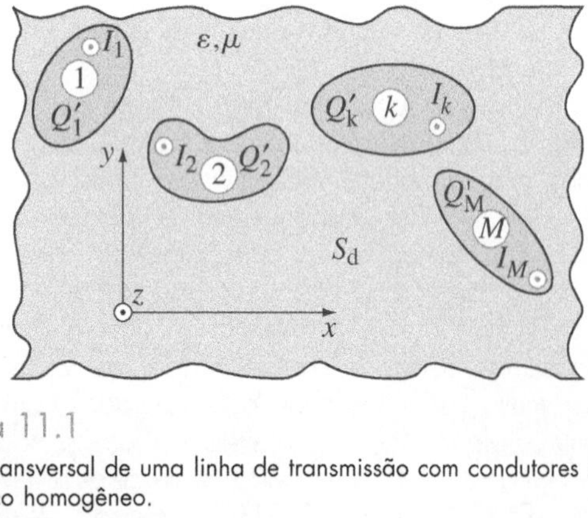

Figura 11.1

Corte transversal de uma linha de transmissão com condutores M e um dielétrico homogêneo.

equações de Maxwell de código livre no domínio complexo

$$\nabla \times \underline{\mathbf{E}} = -\mathrm{j}\omega\mu\underline{\mathbf{H}}, \tag{11.1}$$

$$\nabla \times \underline{\mathbf{H}} = \mathrm{j}\omega\varepsilon\underline{\mathbf{E}}, \tag{11.2}$$

$$\nabla \cdot \underline{\mathbf{E}} = 0, \tag{11.3}$$

$$\nabla \cdot \underline{\mathbf{H}} = 0, \tag{11.4}$$

junto com as condições de contorno das equações (8.33), para uma superfície de um condutor elétrico perfeito (CEP) em um campo eletromagnético dinâmico. Nessas equações, $\underline{\mathbf{E}}$ e $\underline{\mathbf{H}}$ são vetores intensidade de campo magnético e elétrico complexo rms no dielétrico, e $\omega = 2\pi f$ é a frequência radianos (angular) do campo.

Gostaríamos de encontrar uma solução para uma onda eletromagnética que se propaga pela linha (ao longo do eixo z), através do dielétrico — guiado pelos condutores. Escolhendo a propagação na direção z positiva, sabemos pela análise de ondas planas em meios ilimitados que a dependência de campo na coordenada

1 Para um cabo coaxial com um dielétrico homogêneo (Figura 2.17), por exemplo, o limite de frequência abaixo da qual nenhum tipo de onda mais alta pode se propagar é determinado por $\lambda \approx \pi\,(a + b)$, onde a e b são os raios do cabo dielétrico, e λ é o comprimento de onda no dielétrico, Equação (8.112).

z para tal onda é dada pelo fator de propagação $e^{-\gamma z}$ [ver equações (9.81) e (9.90)] e, portanto,

propagação de onda ao longo de uma linha de transmissão

$$\underline{\mathbf{E}}(x, y, z) = \underline{\mathbf{E}}(x, y, 0)\, e^{-\underline{\gamma} z}, \quad \underline{\mathbf{H}}(x, y, z) = \underline{\mathbf{H}}(x, y, 0)\, e^{-\underline{\gamma} z}, \tag{11.5}$$

onde $\underline{\gamma}$ é o coeficiente de propagação complexo – a ser determinado. As dependências na coordenadas cartesianas x e y de vetores de campo $\underline{\mathbf{E}}$ e $\underline{\mathbf{H}}$, no corte transversal do cabo na Figura 11.1, também são determinados. Note que tais dependências podem ser de modo alternativo expressas em termos de coordenadas cilíndricas (polares) r e ϕ (ver Figura 1.25), que é de especial conveniência para linhas de transmissão exibindo simetria cilíndrica (por exemplo, um cabo coaxial com um dielétrico homogêneo na Figura 2.17). Com isso, usando a derivada parcial com relação a z na expressão para o operador del (nabla), ∇, em coordenadas cartesianas, Equação (1.100), é equivalente à multiplicação por $-\underline{\gamma}$ [da mesma forma para a multiplicação por $j\omega$ na Equação (8.67)], para que o componente longitudinal (z-) de ∇ torne-se $\nabla_z = -\underline{\gamma}\,\hat{\mathbf{z}}$. O mesmo é verdade para a expressão para ∇ em coordenadas cilíndricas [ver Equação (1.105)]. Além disso, podemos combinar os componentes transversais (componentes x e y ou componentes r e ϕ) de ∇ em um operador del transversal, ∇_t, similar à superfície do operador del (∇_s) na Equação (8.43), utilizado na equação da continuidade para placas, Equação (8.42) ou (10.14), e escrever

$$\nabla = \underbrace{\frac{\partial}{\partial x}\hat{\mathbf{x}} + \frac{\partial}{\partial y}\hat{\mathbf{y}}}_{\nabla_t} + \underbrace{\frac{\partial}{\partial z}\hat{\mathbf{z}}}_{\nabla_z} = \nabla_t - \underline{\gamma}\,\hat{\mathbf{z}}. \tag{11.6}$$

Pela decomposição análoga dos vetores de campo em componentes transversos[2] e longitudinais (axial),

campos transversos e longitudinais

$$\underline{\mathbf{E}} = \underline{\mathbf{E}}_t + \underline{\mathbf{E}}_z, \quad \underline{\mathbf{H}} = \underline{\mathbf{H}}_t + \underline{\mathbf{H}}_z, \tag{11.7}$$

as equações (11.1)–(11.4) podem agora ser reescritas em um novo conjunto de equações diferenciais com $\underline{\mathbf{E}}_t$, $\underline{\mathbf{H}}_t$, $\underline{\mathbf{E}}_z$ e $\underline{\mathbf{H}}_z$ como incógnitas, usando os operadores ∇_t e ∇_z. Estas equações podem ser resolvidas para diferentes tipos de ondas eletromagnéticas guiadas, ou seja, para ondas TE, TM e TEM.

Aqui, procuramos a solução na forma de uma onda TEM (Transverse Electromagnetic), onde **E** e **H** são transversais à direção de propagação (ou seja, ao eixo da linha), que é

onda TEM guiada

$$\underline{\mathbf{E}} = \underline{\mathbf{E}}_t \quad (\underline{\mathbf{E}}_z = 0) \quad \text{e} \quad \underline{\mathbf{H}} = \underline{\mathbf{H}}_t \quad (\underline{\mathbf{H}}_z = 0), \tag{11.8}$$

com o qual a Equação (11.1) torna-se

$$\nabla \times \underline{\mathbf{E}}_t = (\nabla_t - \underline{\gamma}\,\hat{\mathbf{z}}) \times \underline{\mathbf{E}}_t = = \nabla_t \times \underline{\mathbf{E}}_t - \underline{\gamma}\,\hat{\mathbf{z}} \times \underline{\mathbf{E}}_t = -j\omega\mu\underline{\mathbf{H}}_t. \tag{11.9}$$

Notamos que $\nabla_t \times \underline{\mathbf{E}}_t$ é um vetor direcionado para z (∇_t está em um plano transversal), enquanto $\hat{\mathbf{z}} \times \underline{\mathbf{E}}_t$ tem apenas um componente transversal, de modo que equacionar os componentes transversal e longitudinal, respectivamente, nos dois lados desta equação resulta em

$$\underline{\gamma}\,\hat{\mathbf{z}} \times \underline{\mathbf{E}}_t = j\omega\mu\underline{\mathbf{H}}_t, \quad \nabla_t \times \underline{\mathbf{E}}_t = 0. \tag{11.10}$$

aplicando a separação semelhante dos componentes transversal e longitudinal na Equação (11.2) produz

APARTE HISTÓRICO

A base matemática da teoria das ondas eletromagnéticas guiadas foi projetada por **Oliver Heaviside** (1850-1925), engenheiro elétrico, matemático e físico inglês. Heaviside sofria de surdez crescente, foi quase completamente autodidata e seu único trabalho pago foi o de telegrafista durante um curto período de tempo. Embora desvalorizado pela ciência na maior parte de sua vida, ele mudou a teoria eletromagnética e a engenharia elétrica para sempre. Em uma série de excelentes trabalhos na década de 1880 e em seu estudo de três volumes em 1893, *Teoria eletromagnética*, Heaviside introduziu a notação vetorial nas equações de Maxwell, reformulou a descrição matemática da propagação de ondas, deu várias contribuições importantes para a teoria do circuito e a matemática que desenvolveu o modelo da linha de transmissão e equações telegráficas associadas. Ele foi forçado a publicar seus escritos às suas próprias custas, principalmente por causa da heterodoxia de seu trabalho tanto em termos de ideias quanto da notação vetorial. Elegeu-se para a Royal Society em 1891, e foi o primeiro a receber, em 1922, a Medalha Faraday concedida pela Instituição de Engenheiros Elétricos (IEE). No entanto, ele passou pobre e sozinho seus últimos anos. Em muitos aspectos, o significado das conquistas de Heaviside para a ciência e engenharia nunca recebeu o merecido reconhecimento e louvor. (*Retrato: AIP Emilio Segrè Visual Archives, Coleção de Livros Brittle*).

2 A notação aqui utilizada para os componentes de campo transversal à direção de propagação de ondas, $\mathbf{E}_t$ e $\mathbf{H}_t$, não deve ser confundida com a mesma notação usada nos capítulos anteriores em várias formas de condições de contorno para os componentes de campo tangenciais a fronteira, entre meios eletromagneticamente diferentes, por exemplo, nas equações (8.33).

$$\underline{\gamma}\,\hat{\mathbf{z}}\times\underline{\mathbf{H}}_{\rm t} = -{\rm j}\omega\varepsilon\underline{\mathbf{E}}_{\rm t}, \quad \nabla_{\rm t}\times\underline{\mathbf{H}}_{\rm t} = 0. \qquad (11.11)$$

Por fim, uma vez que $\hat{\mathbf{z}}\cdot\underline{\mathbf{E}}_{\rm t} = \hat{\mathbf{z}}\cdot\underline{\mathbf{H}}_{\rm t} = 0$, as equações (11.3)–(11.4) reduzem a

$$\nabla_{\rm t}\cdot\underline{\mathbf{E}}_{\rm t} = 0, \quad \nabla_{\rm t}\cdot\underline{\mathbf{H}}_{\rm t} = 0. \qquad (11.12)$$

Com base nas equações (11.10) e (11.11),

$$\underline{\mathbf{H}}_{\rm t} = \frac{\underline{\gamma}}{{\rm j}\omega\mu}\,\hat{\mathbf{z}}\times\underline{\mathbf{E}}_{\rm t}, \quad \underline{\mathbf{E}}_{\rm t} = -\frac{\underline{\gamma}}{{\rm j}\omega\varepsilon}\,\hat{\mathbf{z}}\times\underline{\mathbf{H}}_{\rm t}, \qquad (11.13)$$

e cada uma dessas equações nos diz que vetores campo elétrico e magnético dessa onda guiada são perpendiculares entre si,

ortogonalidade de campo em uma linha de transmissão

$$\underline{\mathbf{E}}_{\rm t}\perp\underline{\mathbf{H}}_{\rm t}, \qquad (11.14)$$

como indicado na Figura 11.2(a). Combinando as duas equações, obtemos

$$\underline{\mathbf{E}}_{\rm t} = -\frac{\underline{\gamma}^2}{({\rm j}\omega\varepsilon)({\rm j}\omega\mu)}\,\hat{\mathbf{z}}\times(\hat{\mathbf{z}}\times\underline{\mathbf{E}}_{\rm t}) = -\frac{\underline{\gamma}^2}{\omega^2\varepsilon\mu}\,\underline{\mathbf{E}}_{\rm t}, \qquad (11.15)$$

pois $\hat{\mathbf{z}}\times(\hat{\mathbf{z}}\times\underline{\mathbf{E}}_{\rm t}) = -\underline{\mathbf{E}}_{\rm t}$, que é mostrado na Figura 11.2(a). Claro, o fator de multiplicação $\underline{\mathbf{E}}_{\rm t}$ na Equação (11.15) deve ser a unidade e, portanto, a seguinte solução para o coeficiente de propagação da linha de transmissão:

β — onda TEM

$$\underline{\gamma} = {\rm j}\omega\sqrt{\varepsilon\mu} = {\rm j}\beta \longrightarrow \beta = \omega\sqrt{\varepsilon\mu} \quad (\alpha = 0). \qquad (11.16)$$

Vemos que $\underline{\gamma}$ e o coeficiente de fase resultante, β, são os mesmos [ver Equação (8.111)] como uma onda plana uniforme se propagando em um meio ilimitado tendo os mesmos parâmetros, ε e μ ($\sigma = 0$), como o dielétrico da linha de transmissão na Figura 11.1 (como esperado, $\underline{\gamma}$ é puramente imaginário — sem perdas no sistema). A velocidade de fase, $v_{\rm p}$, e comprimento de onda, λ_z, ao longo da linha (eixo z) são, então, também o mesmo que para a onda plana uniforme no meio ilimitado de parâmetros ε e μ [ver equações (9.35), (9.18) e (8.111)], ou seja,

$v_{\rm p}$, λ_z — onda TEM

$$v_{\rm p} = \frac{\omega}{\beta} = \frac{1}{\sqrt{\varepsilon\mu}} = c, \quad \lambda_z = \frac{2\pi}{\beta} = \frac{v_{\rm p}}{f} = \frac{c}{f}. \qquad (11.17)$$

Além disso, substituindo a solução para λ nas equações (11.16) de volta para as equações (11.13), as relações vetoriais entre os vetores campo elétrico e magnético da onda tornam-se

relações vetoriais entre **E** e **H** em uma linha de transmissão

$$\underline{\mathbf{H}}_{\rm t} = \sqrt{\frac{\varepsilon}{\mu}}\,\hat{\mathbf{z}}\times\underline{\mathbf{E}}_{\rm t}, \quad \underline{\mathbf{E}}_{\rm t} = \sqrt{\frac{\mu}{\varepsilon}}\,\underline{\mathbf{H}}_{\rm t}\times\hat{\mathbf{z}}, \qquad (11.18)$$

isto é, adquirem a mesma forma que aqueles nas equações (9.22) para uma onda plana uniforme no meio ilimitado. Como na Equação (9.20) para a onda plana, a relação entre as intensidades de campo elétricas e magnéticas rms complexas de uma onda TEM guiada em qualquer ponto do corte transversal do dielétrico na Figura 11.1 e para qualquer z na linha (e o mesmo é verdade para as intensidades de campo instantâneas) é igual a uma impedância constante real. É denotada por $Z_{\rm TEM}$ e chamada de impedância de onda de ondas TEM. Possui o mesmo valor que a impedância intrínseca (η) na Equação (9.21) do meio de parâmetros ε e μ,

impedância de onda de uma onda TEM

$$Z_{\rm TEM} = \frac{\underline{E}_{\rm t}}{\underline{H}_{\rm t}} = \sqrt{\frac{\mu}{\varepsilon}}. \qquad (11.19)$$

Como veremos em uma seção posterior, uma relação semelhante existe entre as cargas superficiais e as correntes dos condutores na linha [Figura 11.2(b)].

Note que β, c e λ de uma onda plana uniforme também são, como η, indicadas como o coeficiente de fase intrínseca, velocidade de fase intrínseca e comprimento de onda intrínseca, respectivamente, de um dado meio ilimitado (de parâmetros ε e μ). Portanto, em resumo, podemos dizer que todos os quatro parâmetros nas equações (11.16), (11.17) e (11.19) de uma linha de transmissão (β, $v_{\rm p}$, λ_z e $Z_{\rm TEM}$) igual aos valores intrínsecos correspondentes do dielétrico de linha.

Assim como para ondas planas no meio ilimitado sem perdas, Equação (9.40), o vetor de Poynting complexo de uma onda TEM viajando pela linha de transmissão na Figura 11.1 é puramente real, dado por

$$\underline{\mathcal{P}} = \underline{\mathbf{E}}\times\underline{\mathbf{H}}^* = \underline{E}_{\rm t}\underline{H}_{\rm t}^*\,\hat{\mathbf{z}} = \underline{E}_{\rm t}\frac{\underline{E}_{\rm t}^*}{Z_{\rm TEM}}\,\hat{\mathbf{z}} = \frac{|\underline{E}_{\rm t}|^2}{Z_{\rm TEM}}\,\hat{\mathbf{z}} \qquad (11.20)$$

[Figura 11.2(a)]. Com base na Equação (8.195), é igual à média no tempo do vetor de Poynting instantâneo da onda. Como os condutores de linha são considerados perfeitos, a onda não penetra neles [a profundidade pelicular para uma CEP é zero — ver equações (9.139) e (3.26)], de modo que a energia flui somente através do dielétrico da linha (guiados pelos condutores). De modo quantitativo, observando que o vetor $\underline{\mathcal{P}}$ tem um componente longitudinal apenas, o teorema de Poynting na forma complexa, a Equação (8.196), nos diz que a po-

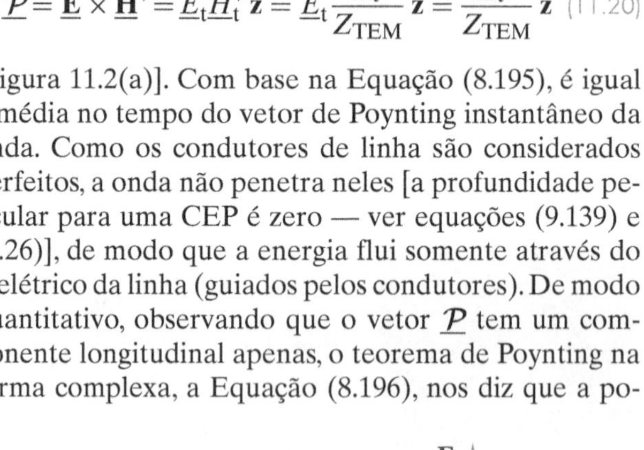

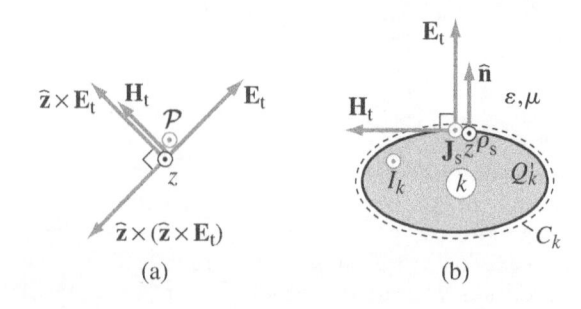

Figura 11.2

Detalhes da linha de transmissão na Figura 11.1, com uma onda TEM propagando na direção z positiva: (a) vetores do campo elétrico e magnético no dielétrico e (b) cargas e correntes sobre a superfície de um condutor.

tência complexa transportada pela onda na linha é [ver também Equação (8.200)]

$$\underline{S} = \int_{S_d} \underline{\mathcal{P}} \cdot d\mathbf{S} = \frac{1}{Z_{TEM}} \int_{S_d} |\underline{E}_t|^2 \, dS, \quad (11.21)$$

onde S_d representa o corte transversal do dielétrico na Figura 11.1 e $d\mathbf{S} = dS\,\hat{\mathbf{z}}$. Claro, $\underline{S}$ é puramente real também, representando o fluxo de potência média no tempo ao longo da linha, $\underline{S} = P$. Usando as equações (11.5) e (11.16), vemos que $|\underline{\mathbf{E}}|$ não depende de z ($|\, e^{-j\beta z} \,| = 1$). Isto significa que $P =$ const na linha inteira, o que é de se esperar, pois não há perdas na linha.

11.2 DISTRIBUIÇÕES DE CAMPO MAGNETOSTÁTICO E ELETROSTÁTICO EM PLANOS TRANSVERSAIS

A distribuição do vetor intensidade de campo elétrico, $\underline{\mathbf{E}}_t$, em um corte transversal da linha na Figura 11.1 é determinada, segundo equações (11.10) e (11.12), por sua curva transversal e divergência no dielétrico, junto com a condição de contorno para seu componente tangencial, nas equações (8.33), nos limites dos condutores,

como em um sistema eletrostático 2-D

$$\boxed{\nabla_t \times \underline{\mathbf{E}}_t = 0, \quad \nabla_t \cdot \underline{\mathbf{E}}_t = 0, \quad \hat{\mathbf{n}} \times \underline{\mathbf{E}}_t = 0,} \quad (11.22)$$

onde $\hat{\mathbf{n}}$ é o vetor unitário normal à superfície de contorno, direcionado a partir do condutor para o dielétrico, como mostrado na Figura 11.2(b). Percebemos que essas equações têm a mesma forma que as correspondentes para o campo eletrostático [ver equações (4.92), (2.56) e (1.186) e lembra que $\rho = 0$ no dielétrico na Figura 11.1] no sistema mesmo bidimensional, representando um corte transversal da linha de transmissão.[3] A única diferença é que $\underline{\mathbf{E}}_t$ nas equações (11.22) é um vetor complexo, ao passo que o vetor de campo correspondente no sistema eletrostático é real. Em consequência, podemos encontrar o campo elétrico de uma onda TEM em uma linha de transmissão realizando uma análise padrão eletrostática em seu corte transversal. Ao fazê-lo, tratamos o campo e as grandezas relacionadas (potencial elétrico, carga etc.) formalmente como grandezas complexas,[4] e temos em mente que todas elas, para a onda TEM, dependem também da coordenada longitudinal, equações (11.5).

Da mesma forma, com base nas equações (11.11), (11.12) e (8.33), o vetor intensidade do campo magnético, $\underline{\mathbf{H}}_t$, de uma onda TEM pode ser encontrado a partir da análise magnetostática em um corte transversal da linha de transmissão (lembre-se que $\mathbf{J} = 0$ no dielétrico). No entanto, uma vez que o campo elétrico é conhecido, $\underline{\mathbf{H}}_t$ pode alternativamente ser encontrado simplesmente a partir da Equação (11.18).

11.3 CORRENTES E CARGAS DE CONDUTORES DE LINHA

Da proporcionalidade dos campos elétricos e magnéticos da onda TEM e do fato de que o campo eletrostático, em geral, se deve a cargas e o campo magnetostático às correntes, concluímos que deve haver uma proporcionalidade semelhante entre as cargas e correntes dos condutores da linha. Note que não há cargas volumétricas e correntes nos condutores, pois se supõe que sejam perfeitos (ver Exemplo 8.6), então essa proporcionalidade deve ser explorada para cargas superficiais e correntes dos condutores. De fato, as equações (11.18) e as condições de contorno nas equações (8.33) nos dizem que o vetor de densidade de corrente superficial complexo rms ($\underline{\mathbf{J}}_s$) em um ponto sobre a superfície de um condutor está relacionado com a densidade de carga superficial complexa rms ($\underline{\rho}_s$) no mesmo ponto como

$$\underline{\mathbf{J}}_s = \hat{\mathbf{n}} \times \underline{\mathbf{H}}_t = \sqrt{\frac{\varepsilon}{\mu}}\, \hat{\mathbf{n}} \times (\hat{\mathbf{z}} \times \underline{\mathbf{E}}_t) =$$
$$= \sqrt{\frac{\varepsilon}{\mu}}\, \hat{\mathbf{n}} \times \left(\hat{\mathbf{z}} \times \frac{\underline{\rho}_s}{\varepsilon}\hat{\mathbf{n}}\right) = \frac{\underline{\rho}_s}{\sqrt{\varepsilon\mu}}\,\hat{\mathbf{z}}, \quad (11.23)$$

desde $\underline{\mathbf{E}}_t = \underline{\rho}_s \hat{\mathbf{n}}/\varepsilon$ [$\underline{\mathbf{E}}_t$ é normal à superfície, ver também Equação (2.58)] e $\hat{\mathbf{n}} \times (\hat{\mathbf{z}} \times \hat{\mathbf{n}}) = \hat{\mathbf{z}}$, como pode ser visto na Figura 11.2(b). Portanto, tendo em mente a Equação (11.17), a constante de proporcionalidade entre a corrente superficial e densidades de carga (note que $\underline{\mathbf{J}}_s$ tem apenas um componente z) é a velocidade da onda (c),

proporcionalidade da corrente de carga em um ponto de uma superfície do condutor da linha

$$\boxed{\underline{J}_s = c\underline{\rho}_s.} \quad (11.24)$$

3 Note que em um sistema eletrostático infinitamente longo com o mesmo corte transversal como na Figura 11.1, $\mathbf{E} = \mathbf{E}_t$ ($E_z = 0$) e $\nabla = \nabla_t$ ($\nabla_z = 0$), por sua natureza bidimensional (a coordenada z é irrelevante para a análise). Isso também pode ser explicado pelo princípio da superposição e natureza 2D do campo eletrostático devido a uma linha de carga infinita com densidade uniforme de carga, Equação (1.57). Ou seja, as superfícies de todos os condutores no equivalente eletrostático do sistema na Figura 11.1 podem ser subdivididas em faixas uniformemente carregadas muito finas infinitamente longas e o campo $d\mathbf{E}$ de cada uma das faixas pode ser calculado usando a Equação (1.57). É óbvio que $d\mathbf{E}$ tem apenas um componente transversal e não depende de z. O mesmo é verdade para o campo total ($\mathbf{E}$) em qualquer ponto no dielétrico, pois é uma superposição dos campos elementares $d\mathbf{E}$.

4 Também podemos ver $\underline{\mathbf{E}}$t como representante complexo do campo elétrico quase estático variável no tempo (harmônico no tempo) devido a excesso de carga, $\mathbf{E}q\,(t)$, dado na Equação (6.18) e, de modo análogo, para as grandezas relacionadas.

Vamos representar por $\underline{I}_k$ a intensidade de corrente complexa total no condutor kth na linha ($k = 1, 2,..., M$), com relação à direção positiva de referência z e $\underline{Q}'_k$ representa a carga complexa total rms por unidade de comprimento do condutor (Figura 11.1). Usando as definições da corrente superficial e densidades de carga nas equações (3.13) e (1.27), respectivamente, $\underline{I}_k$ e $\underline{Q}'_k$ podem ser avaliadas através da integração de $\underline{J}_s$ e ρ_s no contorno C_k do condutor [Figura 11.2(b)]. Assim, a mesma proporcionalidade como na Equação (11.24) é estabelecida para a corrente total e carga por unidade de comprimento de cada um dos condutores da linha,

proporcionalidade de carga-corrente global para condutores da linha

$$\underline{I}_k = \oint_{C_k} \underline{J}_s \, dl = c \oint_{C_k} \underline{\rho}_s \, dl = c\underline{Q}'_k \quad (k = 1, 2, \ldots, M). \tag{11.25}$$

Considerando a linha de transmissão na Figura 11.1 como o sistema eletrostático 2D associado, regido pelas equações (11.22), vamos representar por Q'_{tot} a soma de todas as cargas dos condutores da linha por unidade de comprimento da linha. O campo elétrico distante de todos os condutores no corte transversal da linha pode ser aproximado por aquele de uma carga infinitamente longa uniforme filamentar, Equação (1.57), posicionada no eixo z na Figura 11.1 com a mesma carga por unidade de comprimento como a linha:

$$E_t \approx \frac{Q'_{tot}}{2\pi\varepsilon r} \quad \text{(bem distante de todos os condutores)} \tag{11.26}$$

onde r é a distância (grande) radial do eixo z. Portanto, se $Q'_{tot} \neq 0$, a densidade de energia elétrica, w_e, em pontos distantes é inversamente proporcional à r^2 [ver Equação (2.199)], e a energia elétrica por unidade de comprimento da linha vem a ser infinita, $W'_e \to \infty$, que é evidente, por exemplo, a partir de uma integração semelhante à da Equação (2.207), com um limite infinito superior. É claro, W'_e deve ser finita, o que implica $Q'_{tot} = 0$ e, portanto,

da conservação de energia, a carga total da linha é zero

$$\sum_{k=1}^{M} \underline{Q}'_k = 0. \tag{11.27}$$

Da Equação (11.25), o mesmo deve valer para as correntes na Figura 11.1,

soma de correntes de condutores de linha é também zero

$$\sum_{k=1}^{M} \underline{I}_k = 0, \tag{11.28}$$

ou seja, a soma algébrica de todas as intensidades de corrente dos condutores de linha, com relação à mesma direção de referência (direção z positiva), é zero. Essas relações permanecem as mesmas no domínio do tempo também.

Por fim, note que as condições nas equações (11.27) e (11.28) podem ser satisfeitas somente se $M \geq 2$. Como os guias de onda eletromagnéticos têm um único condutor, como em guias de onda retangulares metálicos (Figura 10.15), ou não condutores, como em fibras ópticas (Figura 10.22), concluímos que as ondas TEM não podem se propagar pos guias de onda.

11.4 ANÁLISE DAS LINHAS DE TRANSMISSÃO DOS DOIS CONDUTORES

Para linhas de transmissão com dois condutores, $M = 2$ nas equações (11.27), 11.28) e (11.25), de modo que

carga e corrente de uma linha de transmissão com dois condutores

$$\underline{Q}'_1 = -\underline{Q}'_2 = \underline{Q}', \quad \underline{I}_1 = -\underline{I}_2 = \underline{I}, \quad \underline{I} = c\underline{Q}', \tag{11.29}$$

ou seja, as cargas/correntes por unidade de comprimento de condutores da linha são iguais em magnitude, mas com polaridades/direções opostas. As linhas dos campo elétrico e magnético em um corte transversal do sistema são como na eletrostática e na magnetostática, respectivamente (ver Seção 11.2). Uma vez que os vetores campo elétrico e magnético são ortogonais entre si, Equação (11.14), as linhas do campo magnético correspondem às linhas equipotenciais do campo eletrostático, como mostrado na Figura 11.3.

Com base nas equações (11.5), (11.16), (11.22) e (1.101), a distribuição completa do vetor intensidade de campo elétrico complexo no dielétrico linha é dada por

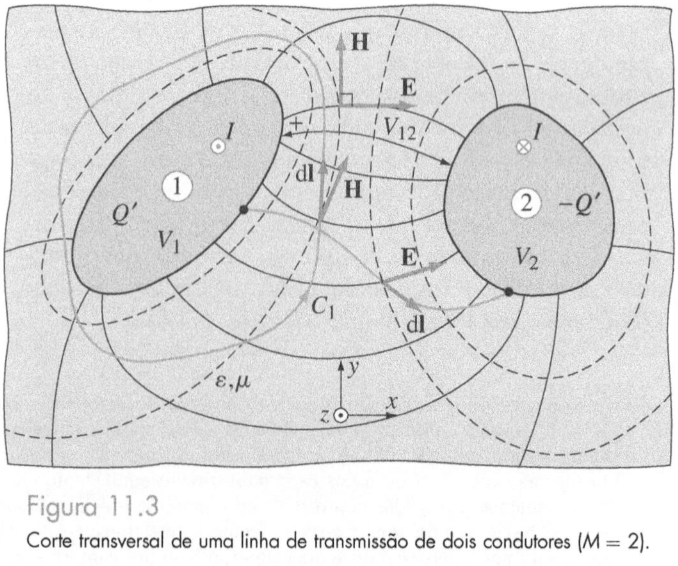

Figura 11.3
Corte transversal de uma linha de transmissão de dois condutores ($M = 2$).

distribuição do campo elétrico

$$\underline{\mathbf{E}}(x, y, z) = \underline{\mathbf{E}}_t(x, y, z) = \underline{\mathbf{E}}_t(x, y, 0)\, e^{-j\beta z} = = -\nabla_t \underline{V}(x, y)\, e^{-j\beta z}, \quad (11.30)$$

onde $\underline{V}$ é o potencial complexo no corte transversal da linha com a mesma dependência das coordenadas transversais, x e y (é claro, coordenadas cilíndricas r e ϕ poderiam ter sido usadas também), como o potencial associado eletrostático (V). As equações (11.30), (1.88) e (1.90) nos dizem que a tensão $\underline{V}_{12}$ entre os condutores da linha, isto é, a diferença entre seus potenciais, $\underline{V}_1$ e $\underline{V}_2$, pode ser determinada apenas por um corte transversal arbitrário da linha (para qualquer z) como uma integral de linha de $\underline{\mathbf{E}}$,

tensão de linha

$$\underline{V}_{12} = \underline{V}_1 - \underline{V}_2 = \int_1^2 \underline{\mathbf{E}} \cdot d\mathbf{l}, \quad (11.31)$$

ao longo de qualquer caminho inteiramente situado naquele corte transversal, conforme indicado na Figura 11.3. Ou seja, com um caminho de integração que não pertence a um plano transversal, o campo $\underline{\mathbf{E}}$ ao longo do trajeto não teria a mesma forma que o campo eletrostático, ou seja, a integral levaria em conta o fator de propagação $e^{-\beta z}$ na Equação (11.30) que, naturalmente, é uma dependência não eletrostática. Como resultado, a integral, e a tensão $\underline{V}_{12}$, dependeriam da forma do caminho entre os condutores, e, portanto, não teria sido unicamente determinada. De modo equivalente, a integral de linha $\underline{\mathbf{E}}$ junto a um caminho fechado (contorno) de forma arbitrária é zero [como na Equação (1.75)], contanto que o contorno esteja todo em um plano transversal, que vem da forma eletrostática do campo elétrico da onda TEM em qualquer corte transversal da linha. Isso também pode ser explicado pelo fato de que o vetor de campo magnético, $\underline{\mathbf{H}} = \underline{\mathbf{H}}_t$, da onda é tangencial ao plano do contorno e, portanto, não produz fluxo no lado direito da lei de Faraday da indução eletromagnética na forma integral, Equação (6.37); por outro lado, o fluxo magnético seria diferente de zero através de um contorno não transversal de forma arbitrária.

Como equivalente da relação integral entre $\underline{\mathbf{E}}$ e $\underline{V}_{12}$ na Equação (11.31), a lei de Ampère generalizada na forma integral na Equação (5.51) dá a seguinte relação entre $\underline{\mathbf{H}}$ e $\underline{I}$:

corrente de linha

$$\underline{I} = \oint_{C_1} \underline{\mathbf{H}} \cdot d\mathbf{l}, \quad (11.32)$$

onde C_1 é um contorno total de forma arbitrária situado em um plano transversal (definido por uma coordenada z) e encerrando condutor 1 (Figura 11.3), e a equação similar pode ser escrita para um contorno C_2 ao redor do condutor 2. Os contornos não devem se estender na direção (z) longitudinal pelas razões completamente análogas como para a integral de linha de $\underline{\mathbf{E}}$ ao longo do caminho fechado discutido acima. Ou seja, $\underline{\mathbf{H}}$ tem a mesma forma como o campo magnetostático 2D correspondente, para que a versão estática (ou quase estática) da lei de Ampère generalizada, a Equação (5.51), aplique-se — apenas em planos transversais. Em outras palavras, apenas para um contorno transversal em torno de um condutor, como na Figura 11.3, $\underline{\mathbf{E}}$, no dielétrico é tangencial ao plano do contorno, portanto, não há fluxo do vetor densidade de fluxo elétrico, $\underline{\mathbf{D}} = \varepsilon\underline{\mathbf{E}}$, ou seja, sem corrente de deslocamento, por meio do contorno no lado direito da versão em alta frequência da lei de Ampère generalizada na forma integral, na Equação (8.7).

Uma vez que a tensão e a corrente da linha de transmissão têm a mesma dependência exponencial na coordenada z,

ondas de corrente e tensão

$$\underline{V}_{12} = \underline{V}_{12}(z) = \underline{V}_{12}(0)\, e^{-j\beta z}, \quad \underline{I} = \underline{I}(z) = \underline{I}(0)\, e^{-j\beta z}, \quad (11.33)$$

sua relação é a mesma (uma constante) para cada coordenada z ao longo da linha. Isso também pode ser concluído a partir das equações (11.31) e (11.32), dada a proporcionalidade entre campos elétricos e magnéticos da onda TEM, nas equações (11.18), em cada ponto do dielétrico de linha. Além disso, como impedância da onda Z_{TEM} na Equação (11.19) é real, a relação de tensão a corrente (para linhas sem perdas) deve ser real também. É chamada de impedância característica da linha[5] e é representada por Z_0,

impedância característica de uma linha de transmissão (unidade: Ω)

$$Z_0 = \frac{\underline{V}_{12}}{\underline{I}}. \quad (11.34)$$

Como veremos neste capítulo e no seguinte, a impedância característica é um dos parâmetros mais importantes

5 Note que a proporcionalidade entre a tensão e a corrente de uma linha de transmissão, na Equação (11.34), acontece apenas para uma onda TEM única se deslocando, dada pelas equações (11.33), na linha. Como veremos no próximo capítulo, se houver também uma onda retornada (refletida), propagando na direção z negativa, a razão entre a tensão e a corrente (tanto no domínio complexo quanto no do tempo) para a onda TEM resultante (onda que vai mais a que volta) não é igual a Z_0, ou qualquer outra constante, mas uma função de z. Isto é análogo à Equação (10.11) na análise das ondas planas uniformes livres (não guiadas). O mesmo é verdade para a relação entre as intensidades de campo elétrico e magnético no dielétrico de linha na Equação (11.19), bem como para a proporcionalidade entre as correntes e as cargas dos condutores de linha nas equações (11.24) e (11.29), ou seja, essas relações também valem apenas para uma única onda se deslocando.

de uma linha de transmissão. Sua recíproca é a admitância característica da linha,

admitância característica (unidade: S)

$$Y_0 = \frac{1}{Z_0}. \quad (11.35)$$

As unidades para Z_0 e Y_0 são Ω e S, respectivamente.

Com base na análise eletrostática,

$$\underline{V}_{12} = \frac{\underline{Q}'}{C'}, \quad (11.36)$$

onde C' é a capacitância por unidade de comprimento da linha, Equação (2.115). As equações (11.34) e (11.29) então produzem a seguinte expressão para Z_0 via C':

impedância característica via C'

$$Z_0 = \frac{\underline{V}_{12}}{c\underline{Q}'} = \frac{1}{cC'} = \frac{\sqrt{\varepsilon\mu}}{C'}. \quad (11.37)$$

Assim, usando esta relação simples, podemos agora obter a impedância característica de cada linha de transmissão com dielétrico homogêneo para o qual já temos a capacitância por unidade de comprimento encontrada no Capítulo 2.

Mais uma vez, a proporcionalidade entre $\underline{E}$ e $\underline{H}$ indica que Z_0 pode ser expresso em termos da indutância por unidade de comprimento da linha L', também [L' das linhas de transmissão diferentes (com dielétricos homogêneos) é avaliada no Capítulo 7]. Para mostrá-lo, precisamos do fluxo magnético por unidade de comprimento da linha, $\underline{\Phi}'$, e para encontrar este fluxo, adotamos uma superfície de integração que segue as linhas do vetor $\underline{\mathbf{E}}$ entre os condutores, conforme ilustrado na Figura 11.4. Note que, conforme a Equação (11.14), o vetor densidade de fluxo magnético, $\underline{\mathbf{B}} = \mu\underline{\mathbf{H}}$, no dielétrico é perpendicular a esta superfície em cada ponto da integral do fluxo, Equação (4.95). Assim, supondo que a superfície tem comprimento Δz (ao longo da linha), e usando as equações (11.19) e (11.31), o fluxo de

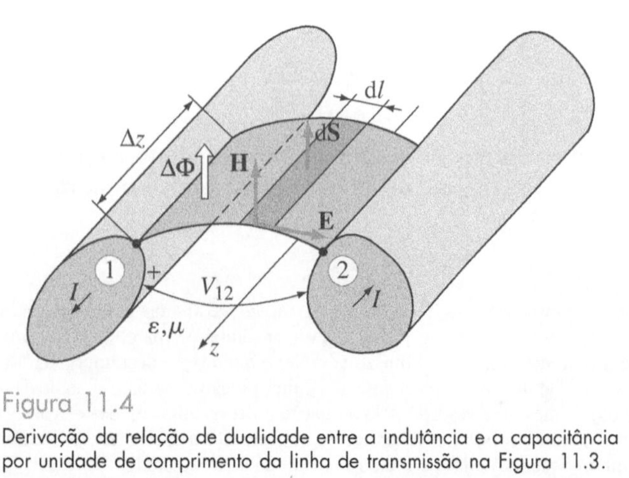

Figura 11.4
Derivação da relação de dualidade entre a indutância e a capacitância por unidade de comprimento da linha de transmissão na Figura 11.3.

$\underline{\mathbf{B}}$ através dela é calculado como [ver também as equações (7.10) e (7.12)]

$$\Delta\underline{\Phi} = \int_{\Delta S} \underline{\mathbf{B}} \cdot \mathrm{d}\mathbf{S} = \mu \int_1^2 \underline{H} \underbrace{\Delta z\, \mathrm{d}l}_{\mathrm{d}S} = \frac{\mu\Delta z}{Z_{\mathrm{TEM}}} \int_1^2 \underline{E}\,\mathrm{d}l = \frac{\Delta z}{c}\underline{V}_{12}, \quad (11.38)$$

onde $\mathrm{d}S$ é a área de uma superfície elementar sob a forma de uma tira fina de largura $\mathrm{d}l$ e comprimento Δz, e o fluxo é determinado com relação à direção de referência superior na Figura 11.4 (conforme exigido pela regra da mão direita e a direção de referência da corrente de linha). A indutância externa por unidade de comprimento da linha é [ver Equação (7.11)]

$$L' = \frac{\underline{\Phi}'}{\underline{I}} = \frac{\Delta\underline{\Phi}}{\underline{I}\Delta z} = \frac{\underline{V}_{12}}{c\underline{I}} = \frac{Z_0}{c} = \frac{\varepsilon\mu}{C'}, \quad (11.39)$$

e portanto

impedância característica via L'

$$Z_0 = cL' = \frac{L'}{\sqrt{\varepsilon\mu}}. \quad (11.40)$$

Note que a suposição de que os condutores da linha na Figura 11.3 são perfeitos significa que não há penetração do campo magnético da onda TEM nos condutores, e, portanto, a indutância interna é zero na linha. Em consequência, L' na Equação (11.39) representa também a indutância total, Equação (7.129), por unidade de comprimento da linha.

Combinando as equações (11.37) e (11.40), obtemos a seguinte relação geral entre a indutância e a capacitância por unidade de comprimento de uma linha de transmissão arbitrária de dois condutores com um dielétrico homogêneo:

dualidade de L' e C' para uma linha com um dielétrico homogêneo

$$L'C' = \varepsilon\mu. \quad (11.41)$$

Observe que esta relação dualidade, que fornece L' para um C' conhecido e vice-versa, é identificada no Capítulo 7, Equação (7.13), comparando as expressões para L' e C' para duas geometrias específicas das linhas de transmissão (cabo coaxial e linha de dois fios finos), com dielétrico de ar. Podemos agora substituir o produto de ε e μ pelo produto da L' e C' em todas as expressões pertinentes na análise da onda TEM. A impedância característica da linha, Equação (11.37) ou (11.40), pode ser escrita como

Z_0 – dielétrico arbitrário

$$Z_0 = \sqrt{\frac{L'}{C'}}. \quad (11.42)$$

Da mesma forma, o coeficiente de fase, a velocidade de fase e o comprimento de onda ao longo da linha, equações (11.16) e (11.17), tornam-se

β, v_p, λ_z — dielétrico arbitrário

$$\beta = \omega\sqrt{L'C'}, \quad v_p = \frac{1}{\sqrt{L'C'}}, \quad \lambda_z = \frac{1}{f\sqrt{L'C'}}. \qquad (11.43)$$

Como veremos em uma seção posterior, as expressões nas equações (11.42) e (11.43) podem ser usadas também para uma análise aproximada das linhas de transmissão de dois condutores com dielétricos não homogêneos.

Segundo as equações (8.200), (11.34) e (11.35), a energia carregada por uma onda TEM viajando ao longo da linha de transmissão de dois condutores na Figura 11.3 (através do seu dielétrico) pode ser obtida como

energia transportada por uma onda TEM que se move

$$\underline{S} = \underline{V}_{12}\underline{I}^* = \underline{V}_{12}\frac{\underline{V}_{12}^*}{Z_0} = Y_0|\underline{V}_{12}|^2 = Z_0|\underline{I}|^2 = P \qquad (11.44)$$

[ver também Equação (9.40)]. É real (P é a potência médio no tempo da onda), pois Z_0 e Y_0 são reais, ou seja, porque a linha é sem perdas. Claro, essa potência pode ser encontrada também usando a Equação (11.21).

Exemplo 11.1

Onda TEM em um cabo coaxial sem perdas com um dielétrico homogêneo

A Figura 11.5 mostra um corte transversal de um cabo infinitamente longo sem perdas coaxial carregando uma onda TEM de frequência angular ω. O raio do condutor interno do cabo é a e o raio interno do condutor externo é b ($b > a$). O dielétrico do cabo é homogêneo, com permissividade ε e permeabilidade μ. Adotando o eixo z de um sistema de coordenadas cilíndricas ao longo do eixo do cabo, a tensão complexa rms no corte transversal do cabo definida por $z = 0$ é $\underline{V}_0$. Por esta linha de transmissão, encontre (a) a tensão e a corrente ao longo da linha, (b) as intensidades do campo elétricos e magnéticos no dielétrico de linha, (c) a carga por unidade de comprimento da linha, (d) a carga superficial e a corrente nos condutores da linha e (e) o vetor de Poynting no dielétrico e a potência total transportada pela onda.

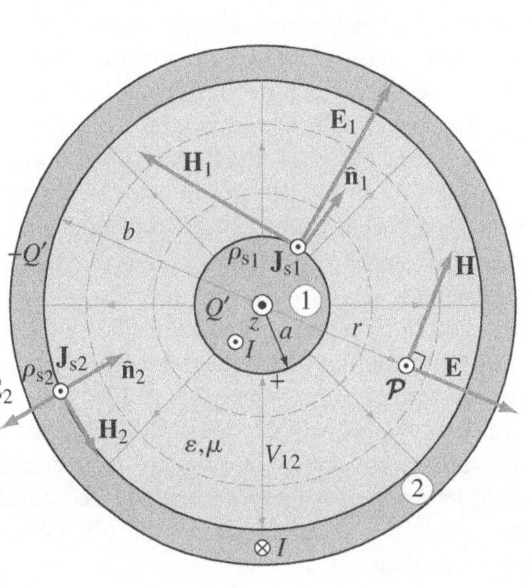

Figura 11.5

Corte transversal de um cabo coaxial sem perdas, com um dielétrico homogêneo e onda TEM se propagando na direção z positiva; para o Exemplo 11.1.

Solução

(a) Conforme equações (11.33) e (11.16), a tensão da linha em um corte transversal arbitrário é

$$\underline{V}_{12}(z) = \underline{V}_0\,e^{-j\beta z} \quad (-\infty < z < \infty),$$

$$\text{onde} \quad \beta = \omega\sqrt{\varepsilon\mu}. \qquad (11.45)$$

Como a capacitância e indutância por unidade de comprimento do cabo na Figura 11.5 são, equações (2.123) e (7.12),

$$C' = \frac{2\pi\varepsilon}{\ln(b/a)} \quad \text{e} \quad L' = \frac{\mu}{2\pi}\ln\frac{b}{a}, \qquad (11.46)$$

qualquer das equações (11.42), (11.37) e (11.40) dá a seguinte expressão para a impedância característica da linha:

Z_0 – cabo coaxial

$$Z_0 = \sqrt{\frac{L'}{C'}} = \frac{\sqrt{\varepsilon\mu}}{C'} = \frac{L'}{\sqrt{\varepsilon\mu}} = \frac{1}{2\pi}\sqrt{\frac{\mu}{\varepsilon}}\ln\frac{b}{a}. \qquad (11.47)$$

Note que, se o dielétrico na Figura 11.5 é não magnético (o que é verdadeiro na maioria das situações práticas), Z_0 pode ser expressa de modo conveniente em termos de permissividade relativa dielétrica, ε_r, e a razão dos raios do cabo condutor, como

Z_0 – cabo coaxial se $\mu = \mu_0$

$$Z_0 = \frac{60\ \Omega}{\sqrt{\varepsilon_r}}\ln\frac{b}{a}, \qquad (11.48)$$

onde o valor da impedância intrínseca no espaço livre (120π Ω), Equação (9.23), é incorporado. Usando uma dessas expressões e a Equação (11.34), a corrente da linha é agora dada por

$$\underline{I}(z) = \frac{\underline{V}_{12}(z)}{Z_0} = \frac{\underline{V}_0}{Z_0}\,e^{-j\beta z} \quad (-\infty < z < \infty). \qquad (11.49)$$

(b) A distribuição do campo elétrico em um corte transversal do cabo é como na eletrostática (Seção 11.2), assim como na Figura 2.17 e Equação (2.124). Também é a mesma para o caso quase estático (baixa frequência harmônica no tempo) na Equação (8.198). Combinando com a expressão da tensão da linha na Equação (11.45), a intensidade do campo elétrico complexo em um ponto arbitrário no dielétrico na Figura 11.5 é

distribuição do campo E de um cabo coaxial

$$\underline{E}(r, z) = \frac{\underline{V}_{12}(z)}{r\ln(b/a)} = \frac{\underline{V}_0}{r\ln(b/a)}\,e^{-j\beta z}$$
$$(a < r < b, \quad -\infty < z < \infty), \qquad (11.50)$$

onde r é a coordenada radial no sistema cilíndrico e $\underline{\mathbf{E}}$ é um vetor radial. Da mesma forma, com base na distribuição do campo magnetostático ou quase estático ou em um corte transversal do cabo na Figura 4.17 e Equação (4.61) ou (8.198), e expressão da corrente da linha na Equação (11.49), o vetor $\underline{\mathbf{H}}$ da onda TEM no dielétrico é circular em relação ao eixo z, e sua intensidade é

distribuição do campo H de um cabo coaxial

$$\underline{H}(r,z) = \frac{\underline{I}(z)}{2\pi r} = \frac{\underline{V}_0}{2\pi r Z_0}\,\mathrm{e}^{-\mathrm{j}\beta z} \quad (a < r < b, \ -\infty < z < \infty), \tag{11.51}$$

com a expressão para Z_0 na Equação (11.47). Os vetores campo elétrico e magnético em qualquer ponto no dielétrico são ortogonais entre si, como pode ser visto na Figura 11.5, e a proporção das suas intensidades complexas rms é igual à impedância da onda TEM ao longo da linha,

$$\frac{\underline{E}(r,z)}{\underline{H}(r,z)} = \frac{2\pi Z_0}{\ln(b/a)} = \sqrt{\frac{\mu}{\varepsilon}} = Z_{\mathrm{TEM}}, \tag{11.52}$$

que, naturalmente, está de acordo com as equações (11.14) e (11.19).

(c) Combinando as equações (11.36) e (11.45), a carga por unidade de comprimento do cabo em uma coordenada arbitrária z é

$$\underline{Q}'(z) = C'\underline{V}_{12}(z) = C'\underline{V}_0\,\mathrm{e}^{-\mathrm{j}\beta z}. \tag{11.53}$$

Note que o mesmo resultado para o campo elétrico na Equação (11.50) agora pode ser obtido a partir das equações (2.122), (11.53) e (11.46) também,

$$\underline{E}(r,z) = \frac{\underline{Q}'(z)}{2\pi\varepsilon r} = \frac{C'\underline{V}_0}{2\pi\varepsilon r}\,\mathrm{e}^{-\mathrm{j}\beta z} = \frac{\underline{V}_0}{r\ln(b/a)}\,\mathrm{e}^{-\mathrm{j}\beta z}. \tag{11.54}$$

Note também que as equações (11.53), (11.49) e (11.47) produzem

$$\frac{\underline{Q}'(z)}{\underline{I}(z)} = C'Z_0 = \sqrt{\varepsilon\mu} = \frac{1}{c}, \tag{11.55}$$

ou seja, a proporção carga-corrente na Equação (11.25) ou (11.29), com c representando a velocidade da onda TEM na Figura 11.5.

(d) Usando a condição de contorno na Equação (2.58) para o componente normal (e o único existente) do vetor campo elétrico nas superfícies dos condutores na Figura 11.5, como nas equações (2.179) e (2.180), as densidades de carga superficiais nas superfícies ($\underline{\rho}_{s1}$ sobre o condutor interno e $\underline{\rho}_{s2}$ no externo) são

$$\underline{\rho}_{s1}(z) = \varepsilon\underline{E}(a^+,z) = \frac{\varepsilon\underline{V}_0}{a\ln(b/a)}\,\mathrm{e}^{-\mathrm{j}\beta z},$$

$$\underline{\rho}_{s2}(z) = -\varepsilon\underline{E}(b^-,z) = -\frac{\varepsilon\underline{V}_0}{b\ln(b/a)}\,\mathrm{e}^{-\mathrm{j}\beta z}. \tag{11.56}$$

De modo análogo, a condição de contorno para o componente tangencial do vetor campo magnético em uma interface CEP nas equações (8.33) aplicada às superfícies condutoras na Figura 11.5 resulta nas densidades superficiais de corrente definidas de acordo a direção positiva z com direção de referência para o vetor $\underline{\mathbf{J}}_s$ em ambas as superfícies:

$$\underline{J}_{s1}(z) = \underline{H}(a^+,z) = \frac{\underline{V}_0}{2\pi a Z_0}\,\mathrm{e}^{-\mathrm{j}\beta z},$$

$$\underline{J}_{s2}(z) = -\underline{H}(b^-,z) = -\frac{\underline{V}_0}{2\pi b Z_0}\,\mathrm{e}^{-\mathrm{j}\beta z}, \tag{11.57}$$

onde $\hat{\mathbf{n}} \times \underline{\mathbf{H}}$ na condição de contorno muda para a direção z positiva sobre a superfície do condutor interno, e oposta sobre a superfície do condutor externo do cabo (é por isso que $\underline{J}_s$ é um negativo de $\underline{H}$ na segunda equação). Comparando as expressões de corrente e carga correspondentes nas equações (11.57) e (11.56), tendo em mente a expressão de impedância característica na Equação (11.47), identificamos a proporcionalidade corrente-carga na Equação (11.24) para cada um dos condutores,

$$\underline{J}_{s1}(z) = \frac{\ln(b/a)}{2\pi\varepsilon Z_0}\,\underline{\rho}_{s1}(z) = c\underline{\rho}_{s1}(z), \quad \underline{J}_{s2}(z) = c\underline{\rho}_{s2}(z). \tag{11.58}$$

(e) Conforme as equações (11.20) e (11.50), o vetor de Poynting médio no tempo (o vetor de Poynting complexo é puramente real) em um local arbitrário no dielétrico do cabo na Figura 11.5 é

$$\mathcal{P}(r) = \frac{|\underline{E}(r,z)|^2}{Z_{\mathrm{TEM}}} = \frac{|\underline{V}_0|^2}{r^2\ln^2(b/a)Z_{\mathrm{TEM}}}. \tag{11.59}$$

Usando a Equação (11.44), o fluxo total de energia média no tempo ao longo da linha é

$$P = Y_0|\underline{V}_{12}(z)|^2 = \frac{|\underline{V}_0|^2}{Z_0}, \tag{11.60}$$

onde Y_0 é a admitância característica do cabo, Equação (11.35), e esta pode, alternativamente, ser obtida através da integração de $\mathcal{P}(r)$ em corte transversal do cabo, como na Equação (8.200).

11.5 LINHAS DE TRANSMISSÃO COM PEQUENAS PERDAS

Todas as linhas de transmissão reais têm algumas perdas (Joule ou ôhmicas), que, em geral, consistem em perdas nos condutores e perdas no dielétrico da linha. No entanto, para as linhas utilizadas na prática de engenharia, essas perdas, avaliadas por unidade de comprimento da linha, são pequenas. Os condutores e dielétricos em linhas de transmissão práticas, se não forem perfeitos, são bons — por projeto. Representando a condutividade dos condutores de linha por σ_c, e a do dielétrico de linha por σ_d, como indicado na Figura 11.6, σ_c é muito grande e σ_d é muito pequena. Para ser mais preciso, as condições nas equações (9.133) e (9.121) são atendidas, na frequência de operação, f, da linha. Uma vez que em quase todos os projetos e aplicações das linhas de transmissão, a permissividade dos condutores de linha pode ser suposta como a de um vácuo ($\varepsilon_c = \varepsilon_0$), essas condições são

linha de transmissão com pequenas perdas

$$\sigma_c \gg \omega\varepsilon_0 \quad \text{e} \quad \sigma_d \ll \omega\varepsilon, \tag{11.61}$$

onde $\omega = 2\pi f$ (frequência angular) e ε representa a permissividade do dielétrico de linha. É claro, $\sigma_c \to \infty$ de uma CEP e $\sigma_d = 0$ para um dielétrico perfeito. Em muitas situações, as perdas em ambos os condutores ou dielétricos, ou ambos, podem ser desprezadas por completo (ou seja, os condutores e/ou dielétricos podem ser tratados como perfeitos) na análise das linhas de transmissão com ondas TEM. Em outros casos, as perdas (pequenas) por unidade de comprimento da linha são consideradas com base na análise aproximada descrita nesta e na seção seguinte. No entanto, como veremos, as perdas em ambos os condutores e dielétricos aumenta com a frequência, e assim mesmo as linhas que são tratadas e analisadas como tendo pequenas perdas (localmente e por unidade de comprimento) podem, se muito longas, tornar-se impraticáveis ao transmitir sinais eletromagnéticos (energia ou informação) acima de certos limites de (alta) frequência. Por isso, é muito importante sempre ter em mente que o termo "pequenas perdas" na análise das linhas de transmissão com perdas nem sempre significa automaticamente que as perdas são desprezíveis. Elas podem, em geral, ser muito significativas (até mesmo proibitivamente grandes) em uma determinada aplicação, mas a estrutura ainda pode ser tratada pela teoria das linhas de "pequenas perdas" ou "baixa perda" apresentadas aqui.[6]

As perdas (ôhmicas) em uma linha de transmissão resultam na atenuação das ondas TEM ao longo da linha, como na Figura 9.11 na análise de ondas planas em meios ilimitados com perdas. Para a onda que viaja na direção z positiva na Figura 11.6, o fator de atenuação é $e^{-\alpha z}$ [como na Equação (9.81)], onde α é o coeficiente

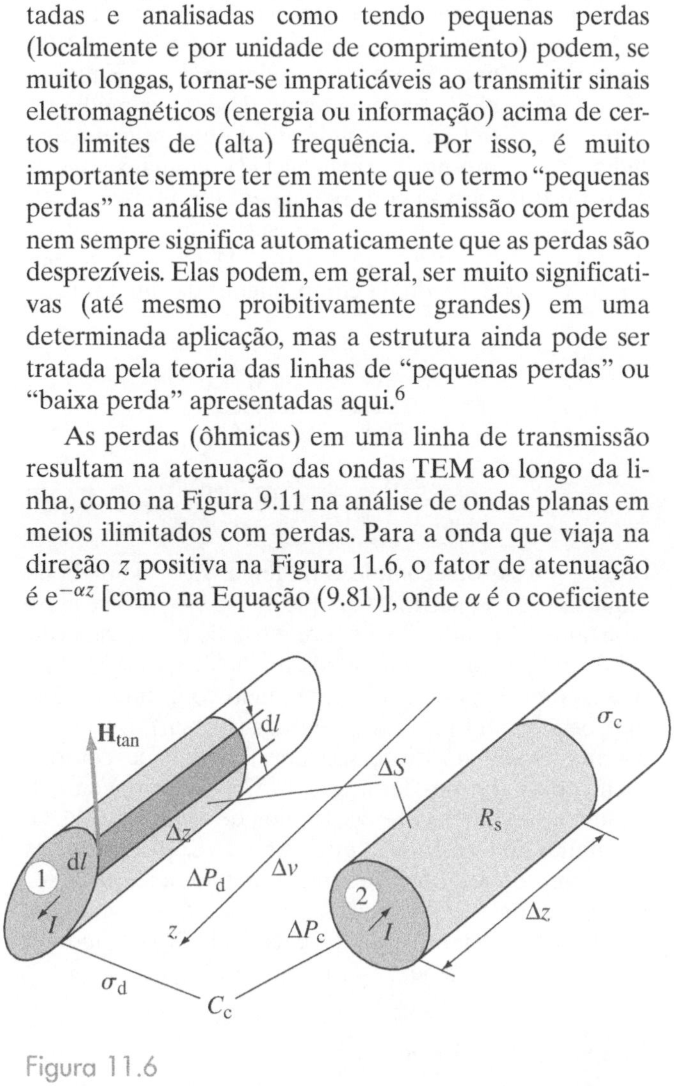

Figura 11.6

Avaliação da potência de perda ôhmica no tempo médio por unidade de comprimento de uma linha de transmissão com pequenas perdas.

de atenuação da linha (para a geometria dada de seu corte transversal e os parâmetros do material dados), de modo que o coeficiente de propagação na Equação (11.16) torna-se

$$\underline{\gamma} = \alpha + \mathrm{j}\beta. \qquad (11.62)$$

Assim, a intensidade de corrente complexa ao longo da linha nas equações (11.33), por exemplo, é agora dada por

onda atenuada (corrente) em uma linha de transmissão

$$\underline{I}(z) = \underline{I}(0)\,e^{-\underline{\gamma} z} = \underline{I}(0)\,e^{-\alpha z}\,e^{-\mathrm{j}\beta z}, \qquad (11.63)$$

e de modo similar para a tensão, vetores intensidade de campo e outras grandezas dependentes de z na análise. As perdas na linha também resultam em diferentes distribuições de campos elétricos e magnéticos em um corte transversal da linha no que diz respeito às distribuições correspondentes para a mesma linha sem perdas, na Figura 11.4. Além disso, devido às perdas, os vetores de campo, $\underline{\mathbf{E}}$ e $\underline{\mathbf{H}}$, na Figura 11.6 têm componentes longitudinais (z), equações (11.7), isto é, a onda não é mais TEM (é uma onda híbrida).[7] No entanto, como as perdas são pequenas, as diferenças nas distribuições transversais dos campos (em relação ao caso sem perdas), bem como os componentes longitudinais (axiais) de campo nas equações (11.7), são pequenos (a chamada onda quase-TEM), e podem ser desprezados. Isto constitui a técnica aproximada, um método de perturbação, para a análise de linhas de transmissão com pequenas perdas de condutor e dielétrico — com base em uma suposição de que os campos em cada plano transversal da linha são quase os mesmos como se não houvesse perdas, e apenas atenuam ao longo da linha como $e^{-\alpha z}$. Além disso, a potência da perda por unidade de comprimento da linha e coeficiente α são determinados utilizando as distribuições de campo para o caso sem perdas (método de perturbação).

Para avaliar a perda de energia nos condutores da linha, usamos o método de perturbação para o cálculo aproximado das perdas em bons condutores em altas frequências (considerando o efeito pelicular) da Seção 10.4. Essas perdas e a atenuação da onda associada na linha devem-se à penetração (pequena) da onda TEM guiada, ou seja, seu campo elétrico, nos condutores [profundidade pelicular, Equação (9.139), é pequena, mas não zero]. Usando a Equação (10.90), a potência média no tempo das perdas Joule ôhmicas ΔP_c nos conduto-

6 Veja que, em geral, linhas de transmissão irradiam (como antenas), de modo que as perdas devido à radiação também contribuem para as perdas totais da linha em geral. Uma parte da potência carregada pela onda TEM na linha é irradiada para o espaço externo em vez de ser entregue à carga (receptor) no final da linha. As perdas de radiação crescem com a frequência. No entanto, na maioria das aplicações das linhas de transmissão, elas podem ser desprezadas. Caso contrário, a irradiação de uma linha deve ser analisada utilizando os conceitos e técnicas da teoria da antena, que será apresentada em um capítulo posterior.

7 Observe, por exemplo, que uma vez existindo uma corrente volumétrica de densidade $\underline{J}$ em condutores com perdas na linha de transmissão, cuja direção é axial, a mesma que a direção de intensidades de corrente $\underline{I}_1$ e $\underline{I}_2$ junto dos condutores, há também um vetor campo elétrico axial (longitudinal) nos condutores, dado por $\underline{\mathbf{E}}\mathrm{c} = \underline{\mathbf{J}}/\sigma_c$. Por meio da condição de contorno para o campo elétrico tangencial, nas equações (8.32), isto então resulta em um componente axial diferente de zero do vetor $\mathbf{E}$ na superfície dos condutores, e também no dielétrico de linha.

res na Figura 11.6 para uma parte da linha de comprimento Δz é obtida como

$$\Delta P_c = [\Delta(P_J)_{\text{méd}}]_{\text{em condutores}} = \\ = \int_{\Delta S} R_s |\underline{\mathbf{H}}_{\tan}|^2 \Delta z \, dl, \quad (11.64)$$

onde ΔS representa a superfície total dos condutores na parte da linha considerada e a integração é semelhante àquela na Equação (11.38). Conforme a Equação (10.78), a resistência superficial dos condutores, R_s, é dada por

efeito pelicular da resistência superficial dos condutores da linha

$$R_s = \sqrt{\frac{\pi \mu_c f}{\sigma_c}}, \quad (11.65)$$

onde μ_c é a permeabilidade dos condutores, que é quase sempre igual a μ_0 (os condutores são não magnéticos). Mais importante, o componente tangencial do vetor intensidade do campo magnético rms complexo na superfície do condutor, $\underline{\mathbf{H}}_{\tan}$, é calculado como se os condutores na Figura 11.6 fossem perfeitos (método de perturbação) e, por fim, com base na análise magnetostática em um corte transversal da linha de transmissão [ver equações (11.11), (11.12) e (11.32)]. Dividindo-se a potência ΔP_c por Δz, a integral de superfície na Equação (11.64) se reduz a uma integral de linha (circulação) pelo contorno C_c em ambos os condutores no corte transversal de linha (dl é um segmento elementar junto a C_c), e o resultado é a potência média no tempo da perda ôhmica nos condutores por unidade de comprimento da linha, P'_c. Da primeira das equações (8.211), dividindo então P'_c pelo quadrado da magnitude da intensidade de corrente rms complexa da linha, $\underline{I}$, dá a resistência em alta frequência por unidade de comprimento da linha [ver também a mesma relação entre a perda de potência e resistência p.u.c. para linhas de transmissão em um regime cc na Equação (3.172)],

resistência em alta frequência p.u.c. de uma linha

$$R' = \frac{P'_c}{|\underline{I}|^2} = \frac{\Delta P_c}{|\underline{I}|^2 \Delta z} = \frac{1}{|\underline{I}|^2} \oint_{C_c} R_s |\underline{\mathbf{H}}_{\tan}|^2 \, dl. \quad (11.66)$$

Uma vez que o campo magnético na linha é proporcional à corrente da linha, temos que $|\underline{\mathbf{H}}_{\tan}| \propto |I|$ na Equação (11.66), de modo que R', além de ser proporcional a R_s, depende da geometria do corte transversal (ou seja, na forma, tamanho e posição mútua dos condutores), mas não na corrente da linha. A Equação (11.66) representa a fórmula geral para o cálculo da resistência por unidade de comprimento das linhas de transmissão com dois condutores das ondas TEM, supondo que o efeito pelicular seja considerada [note que a resistência de frequência baixa (ou cc) por unidade de comprimento das linhas de transmissão é avaliada na Seção 3.12]. Para linhas de transmissão com condutores perfeitos, $R' = 0$ ($\sigma_c \to \infty$, de modo que $R_s = 0$).

Segundo a Equação (8.196), considerado de novo um segmento de reta de comprimento Δz, a potência das perdas Joule média no tempo ΔP_d no dielétrico de linha é obtida pela integração da densidade de potência correspondente [ver também Equação (9.99)] sobre o volume Δv da região dielétrica na Figura 11.6 (que tem comprimento Δz),

$$\Delta P_d = [\Delta(P_J)_{\text{méd}}]_{\text{em dielétrico}} = \int_{\Delta v} \sigma_d |\underline{\mathbf{E}}|^2 \underbrace{dS \Delta z}_{dv}, \quad (11.67)$$

onde dv é um elemento de volume para a integração, e dS é o elemento de superfície correspondente no corte transversal do dielétrico (S_d). A distribuição do vetor intensidade de campo elétrico, $\underline{\mathbf{E}}$, sobre S_d é suposta como uma sem perda, por isso este é também um método de perturbação — para avaliação das perdas dielétricas. Dividido por Δz, a integral na Equação (11.67) equivale à potência da perda ôhmica média no tempo no dielétrico por unidade de comprimento da linha, P'_d. Como na Equação (3.173) na análise das linhas de transmissão com perdas em um regime cc, $P'_d = G' |\underline{V}_{12}|^2$, que também pode ser obtido a partir da primeira relação nas equações (8.211), para que a condutância por unidade de comprimento da linha seja

condutância p.u.c. de uma linha

$$G' = \frac{P'_d}{|\underline{V}_{12}|^2} = \frac{\Delta P_d}{|\underline{V}_{12}|^2 \Delta z} = \\ = \frac{1}{|\underline{V}_{12}|^2} \int_{S_d} \sigma_d |\underline{\mathbf{E}}|^2 \, dS, \quad (11.68)$$

onde a tensão rms complexa da linha, V_{12}, seja dada na Equação (11.31). Uma vez que $|\underline{\mathbf{E}}|$ α $|V_{12}|$, G' é uma constante, dependendo da geometria do corte transversal da linha e da condutividade do dielétrico (σ_d). Além disso, como $\underline{\mathbf{E}}$ pode ser determinado com uma análise eletrostática 2D (em um plano transversal), G' é igual à condutância de dispersão por unidade de comprimento da linha na Equação (3.157), determinada sob condições estáticas (ver exemplos de avaliação de G' das linhas de transmissão diferentes na Seção 3.12). Por fim, como o dielétrico de linha é homogêneo, pode ser calculado pela capacitância por unidade de comprimento da linha (C'), na Equação (11.36), usando a relação de dualidade na Equação (3.171).

Exemplo 11.2

Cabo coaxial de baixas perdas em altas frequências

Supondo-se que o cabo coaxial na Figura 11.5 tem pequenas perdas, com a condutividade e permeabilidade de condutores σ_c e μ_0, respectivamente, e condutividade do dielétrico σ_d, encontre (a) resistência (considerando o efeito pelicular) e (b) a condutância por unidade de comprimento do cabo.

Solução

(a) Da Equação (11.51), a intensidade do campo magnético complexo rms na superfície do condutor interno do cabo

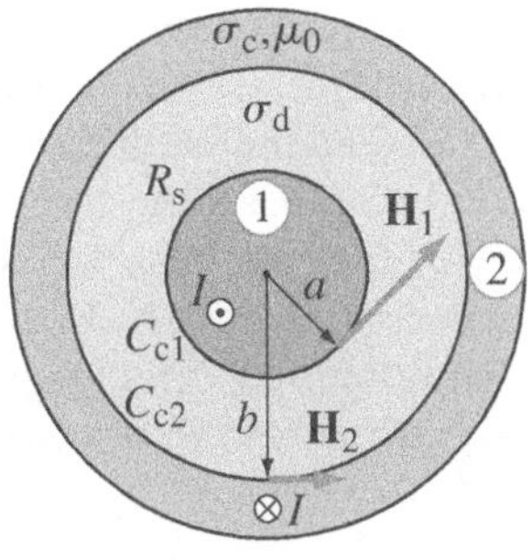

Figura 11.7

Cálculo da resistência em alta frequência por unidade de comprimento de um cabo coaxial, Equação (11.70); para o Exemplo 11.2.

(onde $r = a^+$) e que na superfície interna do condutor externo (onde $r = b^-$) são, respectivamente,

$$\underline{H}_1 = \frac{\underline{I}}{2\pi a} \quad \text{e} \quad \underline{H}_2 = \frac{\underline{I}}{2\pi b}. \tag{11.69}$$

O vetor $\underline{\mathbf{H}}$ é totalmente tangencial em ambas as superfícies, como mostrado na Figura 11.7, de modo que $\underline{\mathbf{H}}_{\text{tan}} = \underline{\mathbf{H}}$ na Equação (11.66), o que resulta na seguinte expressão para a resistência em alta frequência por unidade de comprimento do cabo:

R′ – cabo coaxial, considerando efeito pelicular

$$R' = \frac{1}{|\underline{I}|^2}\left(\oint_{C_{c1}} R_s|\underline{H}_1|^2\,dl + \oint_{C_{c2}} R_s|\underline{H}_2|^2\,dl\right) = \frac{R_s}{|\underline{I}|^2}\left[\left(\frac{|\underline{I}|}{2\pi a}\right)^2 \underbrace{\oint_{C_{c1}} dl}_{2\pi a} + \left(\frac{|\underline{I}|}{2\pi b}\right)^2 \underbrace{\oint_{C_{c2}} dl}_{2\pi b}\right] = \frac{R_s}{2\pi}\left(\frac{1}{a}+\frac{1}{b}\right), \quad \text{onde} \quad R_s = \sqrt{\frac{\pi\mu_0 f}{\sigma_c}}. \tag{11.70}$$

Neste cálculo, C_{c1} e C_{c2} denotam contornos dos condutores do cabo (círculos de raios a e b, respectivamente), e R_s representa a resistência da superfície dos condutores, dado na Equação (11.65), com $\mu_c = \mu_0$. Note que a parcela de R' correspondente às perdas no condutor interno do cabo, por ser proporcional a $1/a$, é bem maior do que as perdas no condutor externo, que depende de $1/b$. Note também que a expressão para a resistência em baixa frequência (ou cc) p.u.c. do cabo aparece na Equação (3.164).

(b) A condutância por unidade de comprimento, G', do cabo é a da Equação (3.158).

11.6 COEFICIENTES DE ATENUAÇÃO PARA CONDUTORES DE LINHA E DIELÉTRICO

Tendo agora R' e G' de uma linha de transmissão, determinamos nesta seção o coeficiente de atenuação (α) da linha. Primeiro, perceber que, por causa das perdas, a potência média no tempo transportada pela onda TEM através do corte transversal da linha [ver Equação (11.21)] varia no eixo z, $P \neq$ const. No entanto, tanto a impedância da onda TEM ao longo da linha, Z_{TEM} e a impedância característica da linha, Z_0, para pequenas perdas são mais ou menos reais e dadas respectivamente pelas equações (11.19) e (11.42) para a linha sem perdas, a potência complexa ($\underline{S}$) na linha, Equação (11.21) ou (11.44), também é mais ou menos igual e real de P. Combinando as equações (11.44) e (11.63), a dependência de P na coordenada z lê

$$P(z) = P(0)\,e^{-2\alpha z}, \quad \text{onde} \quad P(0) = Z_0|\underline{I}(0)|^2, \tag{11.71}$$

ou seja, sua razão de atenuação na direção de propagação da onda é determinada por duas vezes α. Note que essa dependência z é a mesma da do vetor Poynting médio no tempo de uma onda plana uniforme em um meio com perdas, Equação (9.97).

Em seguida percebemos que, pelo princípio de conservação de energia, a potência de Joule média no tempo ΔP_J dissipada (ao calor) nos condutores da linha, Equação (11.64), dielétrico, Equação (11.67), junto com Δ_z é igual, em magnitude, ao ΔP correspondente dinâmico da potência $P(z)$ na Equação (11.71). Uma vez que ΔP_J é positiva [potência das perdas Joule é sempre positiva (ou zero)] e ΔP é negativo [P diminui com z na Equação (11.71), devido às perdas],

pela conservação do princípio da potência

$$\Delta P_J = \Delta P_c + \Delta P_d = -\Delta P. \tag{11.72}$$

Dividindo essa equação por Δz, deixando Δz chegar a zero e usando a derivada de P com relação à z da Equação (11.71), obtemos

$$P_J'(z) = \frac{dP_J(z)}{dz} = -\frac{dP(z)}{dz} = 2\alpha P(0)\,e^{-2\alpha z} = 2\alpha P(z), \tag{11.73}$$

e, portanto, a seguinte expressão para o coeficiente de atenuação na linha (que pode ter qualquer número de condutores):

coeficiente de atenuação de uma estrutura de guia de onda

$$\alpha = \frac{P_J'}{2P}. \tag{11.74}$$

Essa expressão fornece um meio geral para avaliar a atenuação ao longo das ondas eletromagnéticas em estrutura guiada, nem sempre de linhas de transmissão com ondas TEM. Por exemplo, vamos usá-lo, em um capítulo posterior, para encontrar α em guias de onda retangulares metálicos (não CEP) (cheio de dielétricos com perdas) com ondas TE (elétrico transversal) e TM (magnético transversal). Para uma estrutura geral, podemos escrever, a partir das equações (11.74) e (11.72),

$$\alpha = \frac{P_c' + P_d'}{2P} = \alpha_c + \alpha_d, \tag{11.75}$$

onde α_c e α_d são os coeficientes de atenuação (isto é, partes de α) correspondentes às perdas nos condutores e dielétricos na estrutura, dada por

coeficientes de atenuação para perdas de condutor e dielétrico

$$\alpha_c = \frac{P'_c}{2P} \quad \text{e} \quad \alpha_d = \frac{P'_d}{2P}, \tag{11.76}$$

respectivamente. Claro, a unidade para esses coeficientes, como são obtidos nessas equações, é Np/m. No entanto, a atenuação em uma linha de transmissão (ou um guia de onda) é com frequência expressa em dB/m, para o qual usamos a conversão na Equação (9.89).

Por fim, combinando as equações (11.76), (11.66) e (11.44), o coeficiente de atenuação representando as perdas nos condutores de uma linha de transmissão de dois condutores (Figura 11.6) é

α para condutores linha de transmissão

$$\alpha_c = \frac{R'}{2Z_0}. \tag{11.77}$$

A Equação (11.66) nos diz que a resistência em alta frequência por unidade de comprimento da linha, R', depende da frequência, da mesma forma como a resistência da superfície dos condutores de linha, R_s, na Equação (11.65), ou seja, é proporcional à raiz quadrada da frequência. Uma vez que a impedância característica da linha (com pequenas perdas), Z_0, não é uma função da frequência [ver Equação (11.37)], a dependência de α_c da frequência é também a mesma que a de R_s,

dependência de frequência de α_c

$$\alpha_c \propto \sqrt{f}. \tag{11.78}$$

Da mesma forma, pelas equações (11.76), (11.68) e (11.44), o coeficiente de atenuação das perdas no dielétrico da linha na Figura 11.6 torna-se

α para a linha dielétrica

$$\alpha_d = \frac{G'}{2Y_0}. \tag{11.79}$$

O coeficiente de fase da linha, β, é, para pequenas perdas, dado por sua expressão sem perdas na Equação (11.16), de modo que, usando as equações (3.171), (11.35), (11.37) e (11.19), α_d pode, como alternativa, ser expresso como

α_d — linhas de transmissão e as ondas sem limites

$$\alpha_d = \frac{\sigma_d C'}{2\varepsilon Y_0} = \frac{\sigma_d \sqrt{\varepsilon\mu}}{2\varepsilon} = \frac{\sigma_d}{2} Z_{TEM} = \frac{\beta}{2} \tan\delta_d, \tag{11.80}$$

onde $\tan\delta_d$ é a tangente de perda do dielétrico, Equação (9.125). Vemos que α_d é o mesmo que o coeficiente de atenuação para ondas planas uniformes livres no mesmo dielétrico (dielétrico bom), Equação (9.123) ou (9.126). Em outras palavras, não dependem da forma e tamanho dos condutores de linha, e é o mesmo para todas as linhas de transmissão com pequenas perdas — e o mesmo dielétrico, na mesma frequência. Note que isto pode ser obtido também comparando diretamente as equações (11.68) e (11.21), e identificando a seguinte relação entre P'_d e P:

$$P'_d = \sigma_d Z_{TEM} P, \tag{11.81}$$

que, substituído na Equação (11.79), leva à Equação (11.80). Como explicado na Seção 9.9, para dielétricos que exibem (em altas frequências) perdas ôhmicas e de polarização, ambas são em geral especificadas por um único parâmetro — a parte imaginária da permissividade em alta frequência complexa, Equação (9.127). A tangente de perda associada, dada na Equação (9.130), é dependente da frequência. Para bons dielétricos em frequências micro-ondas, é, *grosso modo*, linearmente proporcional à frequência. Além disso, ε na expressão para β na Equação (11.16) pode mais ou menos ser considerado a permissividade eletrostática, mesmo na região de micro-ondas, e, portanto, α_d, para aplicações em frequências de micro-ondas, pode-se dizer proporcional à frequência ao quadrado,

dependência de frequência de α_d

$$\alpha_d \propto f^2. \tag{11.82}$$

Comparando-se as dependências da frequência nas equações (11.78) e (11.82), podemos concluir (por exemplo, visualizando os gráficos das duas funções) que para cada linha de transmissão real existe uma frequência na qual $\alpha_c = \alpha_d$. Por exemplo, essa frequência para cabos coaxiais padrão (com dielétricos homogêneos) é da ordem de 10 GHz. Abaixo dela, as perdas nos condutores são dominantes; acima, as perdas no dielétrico prevalecem. No entanto, por causa das perdas, as linhas de transmissão são, em geral, usadas principalmente em frequências de rádio e micro-ondas mais baixas, até vários GHz. Portanto, em aplicações típicas das linhas de transmissão na prática da engenharia, α_c é bem maior do que α_d, e, na maioria das vezes, α_d pode ser desprezado na Equação (11.75), isto é, $\alpha \approx \alpha_c$. Perdas nos condutores e α_c são, portanto, um fator limitante típico para a usabilidade prática de uma dada linha de transmissão em termos de uma combinação de frequência e comprimento da linha (exceto para as linhas feitas de supercondutores). Isto é, para certas frequências (altas) e (grandes) distâncias na linha, a atenuação nos condutores se torna tão grande que a transferência de energia/informação usando a linha é considerada ineficiente (se não impossível) e meios alternativos para transmitir o sinal são explorados (por exemplo, usando guias de onda ou ondas no espaço livre, radiada por uma antena).

Exemplo 11.3

Coeficiente de atenuação de um cabo coaxial com pequenas perdas

Para o cabo coaxial com pequenas perdas na Figura 11.7, seja $a = 1$ mm, $b = 3{,}5$ mm, $\sigma_c = 58$ MS/m (cobre), $\varepsilon_r = 2{,}25$ (polietileno), $\tan \delta_d = 10^{-4}$, $\mu = \mu_0$ e $f = 1$ GHz. Calcule o coeficiente de atenuação do cabo.

Solução Note que $\sigma_c/(2\pi f \varepsilon_0) = 1{,}043 \times 10^9 \gg 1$ e $\tan \delta_d \ll 1$, o que significa [ver também Equação (9.125)] que condições de baixa perda nas equações (11.61) são de fato satisfeitas por esse conjunto de dados. Usando a Equação (11.77) e as expressões para a resistência (R') por unidade de comprimento em alta frequência e a impedância característica (Z_0) de um cabo coaxial de baixa perda, nas equações (11.70) e (11.47), o coeficiente de atenuação das perdas nos condutores do cabo é avaliado como

α_c – cabo coaxial

$$\alpha_c = \frac{R'}{2Z_0} = \frac{R_s}{2Z_{TEM}} \frac{1/a + 1/b}{\ln(b/a)}, \quad (11.83)$$

com R_s representando a resistência da superfície dos condutores (cobre), Equação (10.80) Z_{TEM} e para a impedância de onda da onda TEM ao longo do cabo, Equação (11.19). Como $\varepsilon = \varepsilon_r \varepsilon_0$ e $\mu = \mu_0$, temos $Z_{TEM} = \sqrt{\mu_0/(\varepsilon_r\varepsilon_0)}$. Para um dado numérico, $\alpha_c = 1{,}685 \times 10^{-2}$ Np/m = 0,146 dB/m, onde o uso é feito da relação na Equação (9.89) para converter Np/m para dB/m.

Pela Equação (11.80), o coeficiente de atenuação das perdas no dielétrico do cabo chega a

$$\alpha_d = \frac{\beta}{2} \tan \delta_d = \pi f \sqrt{\varepsilon_r \varepsilon_0 \mu_0} \tan \delta_d =$$
$$= 1{,}57 \times 10^{-3} \text{ Np/m} = 0{,}01365 \text{ dB/m}, \quad (11.84)$$

onde β é o coeficiente de fase do cabo, Equação (11.16).

Combinando as equações (11.75), (11.83) e (11.84), o coeficiente de atenuação total do cabo é $\alpha = \alpha_c + \alpha_d = 0{,}0184$ Np/m = 0,16 dB/m.

Exemplo 11.4

Projeto de cabo coaxial para coeficiente de atenuação mínima

Considere o cabo coaxial na Figura 11.7. (a) Para dados materiais na estrutura, e supondo um raio b externo fixo e um raio interno variável a do cabo, projete o cabo (encontrar a) para que seu coeficiente de atenuação seja mínimo. (b) Para a no (a) e $\mu = \mu_0$ (no dielétrico), calcule a impedância característica do cabo.

Solução

(a) A Equação (11.84) nos diz que o coeficiente de atenuação das perdas no dielétrico do cabo não depende dos raios do cabo (na verdade, é o mesmo para todas as linhas de transmissão com o mesmo dielétrico com baixa perda, na mesma frequência). Portanto, nossa tarefa é reduzida para a otimização (minimização) do coeficiente de atenuação para os condutores de cabo, na Equação (11.83). Representado por x a relação do raio interno com o externo, podemos escrever

$$\alpha_c(x) = \frac{R_s}{2bZ_{TEM}} \frac{1+x}{\ln x} \quad \left(x = \frac{b}{a}\right). \quad (11.85)$$

Para encontrar o x ideal, para o qual α_c é mínimo,[8] realizamos um procedimento padrão de igualar a zero a derivada de α_c em relação a x, que produz uma equação transcendental,

otimização de cabo coaxial para atenuação mínima

$$\frac{d\alpha_c}{dx} = 0 \longrightarrow \ln x = \frac{1}{x} + 1 \longrightarrow$$
$$x = x_{opt} \approx 3{,}59 \quad [\alpha_c = (\alpha_c)_{mín}], \quad (11.86)$$

cuja solução aproximada ($x \approx 3{,}59$) é obtida graficamente, no ponto de interseção das curvas de $f_1(x) = \ln x$ e $f_2(x) = 1/x + 1$ na Figura 11.8 (note que esta equação transcendental pode ser resolvida de modo numérico também). É uma questão simples de verificar que a segunda derivada de $\alpha_c(x)$ para $x = x_{opt}$ é positiva, significando que o resultado de otimização é de fato o mínimo (e não o máximo) da função. Assim, o raio interno ideal do cabo é $a_{opt} = b/3{,}59$, e o coeficiente de atenuação mínimo (para condutores) é $(\alpha_c)_{mín} = \alpha_c(x_{opt}) = 1{,}8R_s/(bZ_{TEM})$.

(b) Pelas equações (11.48) e (11.86), a impedância característica do cabo é

$$Z_0 = \frac{60\ \Omega}{\sqrt{\varepsilon_r}} \ln x_{opt} \approx \frac{76{,}7\ \Omega}{\sqrt{\varepsilon_r}}, \quad (11.87)$$

onde ε_r é a permissividade relativa do dielétrico do cabo. Para o polietileno (com $\varepsilon_r = 2{,}25$) e $a = a_{opt}$, assim, obtemos Z_0 de cerca de 50 Ω. Dado que o polietileno é o dielétrico utilizado com mais frequência em cabos coaxiais e que a redução da atenuação de sinais eletromagnéticos

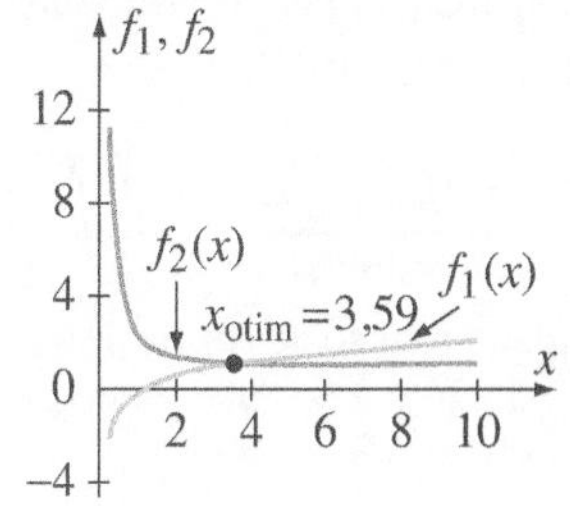

Figura 11.8

Solução gráfica ($x = x_{otim}$) da equação transcendental $\ln x = 1/x + 1$, nas equações (11.86), correspondente ao ponto de interseção das curvas de $f_1(x)$ e $f_2(x)$; para o Exemplo 11.4.

8 Note que o coeficiente de atenuação α_c também pode ser reduzido através do aumento do raio b, ou seja, o tamanho do corte transversal do cabo. Isso, no entanto, aumentaria o peso e o custo do cabo, que é na maioria das vezes indesejável ou inviável para uma determinada aplicação. Além disso, reduziria a flexibilidade (dobrabilidade) do cabo, que pode ser um fator limitante também. Por fim, quanto maior a dimensão transversal do cabo, menor o limite da frequência acima do qual o cabo se torna inútil pelo surgimento de tipos de onda mais alta que podem se propagar por ele. Assim, faz muito sentido prático fixar o raio externo b do cabo, e, para um fixo b e frequência de operação dada e materiais (mais frequentes, cobre e polietileno), minimizar o coeficiente de atenuação pela otimização do raio a interno.

(informação ou energia) no cabo é crucial em muitas aplicações, é exatamente por isso que o valor de $Z_0 = 50\ \Omega$ é a impedância característica padrão de cabos coaxiais profissionais.[9] Veja que os outros dois dielétricos usados com frequência em cabos coaxiais, teflon ($\varepsilon_r = 2{,}1$) e poliestireno ($\varepsilon_r = 2{,}56$), também resultam em Z_0 próximo de 50 Ω na Equação (11.87). Ademais, além de cabos coaxiais, 50 Ω é estabelecido como a impedância de referência geral padrão de radiofrequência (RF) e engenharia de micro-ondas.

Exemplo 11.5

Projeto de cabo coaxial para tensão rms de ruptura máxima

Na Figura 11.7, a rigidez dielétrica do dielétrico do cabo é E_{cr}. (a) Para um b fixo, otimize a de tal forma que o cabo possa suportar o máximo possível de tensão rms aplicada (antes de sua ruptura dielétrica). (b) Qual é esta tensão máxima? (c) Qual é o coeficiente de atenuação para os condutores de cabo para o cabo otimizado?

Solução

(a) $\underline{V}$ representa a tensão rms complexa aplicada no início (nos terminais do gerador) do cabo. Por causa das perdas, a tensão do cabo diminui em magnitude (atenua) longe deste ponto, então $\underline{V}$ e o campo elétrico associado representam o sinal mais forte do cabo, que é relevante para a ruptura. Por outro lado, a distribuição do campo elétrico em qualquer corte transversal do cabo é a mesma que na eletrostática, o que significa que a otimização do raio a para a tensão de ruptura máxima é a já realizada no Exemplo 2.29. Praticamente a única diferença é um fator adicional $\sqrt{2}$ na condição de ruptura na Equação (2.219). Isto é, no caso (onda TEM) dinâmico, a rigidez dielétrica ocorre quando o valor de pico (amplitude) da intensidade do campo elétrico na superfície do condutor interno do cabo nos terminais do gerador atinge o valor do campo crítico (rigidez dielétrica), E_{cr}, para o dielétrico. Este valor de pico é igual à intensidade do campo rms correspondente, $|\underline{E}(a^+)|$, vezes $\sqrt{2}$, e, portanto, as equações (2.218) e (2.219) combinadas agora leem [ver também Equação (11.50)]

$$E_{cr} = \underbrace{|\underline{E}(a^+)|\sqrt{2}}_{\text{valor do pico}} = \frac{|\underline{V}|\sqrt{2}}{a\ln(b/a)}. \quad (11.88)$$

A maximização da tensão de ruptura $|\underline{V}|_{cr}$ é dada nas equações (2.220)–(2.222). Usando a notação da Equação (11.85), ou seja, $x = b/a$, temos

otimização de cabo coaxial para tensão permissível máxima

$$|\underline{V}(x)|_{cr} = \frac{E_{cr}b}{\sqrt{2}}\frac{\ln x}{x} \quad\longrightarrow\quad x'_{opt} = e = 2{,}718$$
$$\left[|\underline{V}|_{cr} = \left(|\underline{V}|_{cr}\right)_{máx}\right], \quad (11.89)$$

com o raio interno ideal do cabo sendo $a'_{opt} = b/e$.[10]

(b) Pelas equações (11.89), a tensão rms permissível máxima no início do cabo equivale a

$$\left(|\underline{V}|_{cr}\right)_{máx} = |\underline{V}(x'_{opt})|_{cr} = \frac{E_{cr}b}{\sqrt{2}\,e} = 0{,}26E_{cr}b. \quad (11.90)$$

(c) O coeficiente de atenuação α_c, Equação (11.85), para o cabo otimizado para a tensão de ruptura máxima é

$$\alpha_c(x'_{opt}) = \frac{R_s}{2bZ_{TEM}}(1+e) = \frac{1{,}86R_s}{bZ_{TEM}}. \quad (11.91)$$

Note que, se um cabo de alta tensão se destina a ser usado em aplicações em baixa frequência (energia), então a atenuação ao longo do cabo deve ser avaliada com base na análise de baixa frequência (ou cc) de perdas do condutor e a resistência p.u.c. do cabo na Equação (3.164).

Exemplo 11.6

Projeto de cabo coaxial para fluxo de potência máxima admissível

Suponha que o cabo definido no exemplo anterior tenha comprimento l, que as perdas no dielétrico do cabo possam ser desprezadas e que só haja uma onda TEM viajando na linha. (a) Refaça a otimização do raio interno do cabo de modo que o fluxo de potência média no tempo ao longo do cabo seja o máximo permissível para a operação segura do cabo antes de uma eventual ruptura dielétrica, e achar que o fluxo de energia. (b) Para o raio otimizado em (a), calcule a impedância característica e o coeficiente de atenuação do cabo. (c) Qual é a potência média no tempo no final do cabo?

Solução

(a) A potência P média no tempo transportada pela onda TEM ao longo do cabo é dada pelas equações (11.71) e (11.60). Uma vez que a impedância característica do cabo, Equação (11.47), é uma função do raio interno a do cabo ou da relação externa-interna dos raios do condutor, $x = b/a$,

$$Z_0(x) = \frac{Z_{TEM}}{2\pi}\ln x, \quad (11.92)$$

9 Por outro lado, $Z_0 = 75\ \Omega$ é a impedância característica padrão de cabos coaxiais comerciais para antenas de TV e rádio, e esse valor vem do fato de que em aplicações de antena é muitas vezes necessária para fazer transições entre cabos coaxiais e linhas de transmissão de dois fios que alimentam as antenas simétricas (por exemplo, antenas dipolo de fio simétrica). A impedância característica padrão de linhas de dois fios comerciais para antenas de TV e rádio é $Z_0 = 300\ \Omega$, e a transição entre as linhas em geral é feita usando circuitos de simetrização que transformam a impedância na proporção 1:4, e daí a escolha de 75 Ω, igual a um quarto de 300 Ω, para o padrão de cabos comerciais coaxiais.

10 Note que esta otimização de cabos coaxiais — para a tensão aplicada permissível máxima, de que o cabo pode transportar sem ruptura de seu isolamento (dielétrico) — é importante em aplicações de energia, por isso em frequências muito baixas, sendo um exemplo cabos coaxiais de alta tensão em sistemas de distribuição subterrânea de energia. Alguns sistemas eletromagnéticos, no entanto, usam cabos coaxiais de alta tensão em frequências mais altas também. Por outro lado, para cabos coaxiais de comunicação a principal preocupação é a atenuação em alta frequência os sinais, e, em consequência, a otimização na Equação (11.86), para o fator de atenuação mínima (para condutores) da linha, constitui o principal critério na concepção e construção de cabos para sistemas de comunicação e dispositivos eletrônicos relacionados.

onde Z_{TEM} é a impedância da onda TEM móvel, Equação (11.19), a maximização de P (com x como parâmetro de otimização) é diferente de $|\underline{V}|^2$ ou $|\underline{V}|$, na Equação (11.89), e o resultado é diferente de $x = x'_{opt}$. Ou seja, a respectiva potência para a tensão de ruptura rms do cabo, no início da linha, para relação de raios do condutor x, $|\underline{V}(x)|_{cr}$, na Equação (11.89), é dada pela seguinte expressão:

$$P_{cr}(x) = \frac{|\underline{V}(x)|_{cr}^2}{Z_0(x)} = \frac{\pi E_{cr}^2 b^2}{Z_{TEM}} \frac{\ln x}{x^2}. \quad (11.93)$$

Seus resultados na maximização

otimização de cabo coaxial para potência permissível máxima

$$\frac{dP_{cr}}{dx} = 0 \longrightarrow \ln x = \frac{1}{2} \longrightarrow x = x''_{opt} = \\ = \sqrt{e} = 1{,}649 \quad [P = (P_{cr})_{máx}], \quad (11.94)$$

ou seja, no raio ideal interno $a''_{opt} = b/\sqrt{e}$. A potência máxima, limitada pela ruptura, é

$$(P_{cr})_{máx} = P_{cr}(x''_{opt}) = \frac{\pi E_{cr}^2 b^2}{2\,e Z_{TEM}} = \frac{0{,}578 E_{cr}^2 b^2}{Z_{TEM}}, \quad (11.95)$$

Repare que a energia correspondente a $x = x'_{opt}$ na Equação (11.89) é, claro, menor, no valor de $P_{cr}(x'_{opt}) = 0{,}425 E_{cr}^2 b^2 / Z_{TEM} < P_{cr}(x''_{opt})$.

(b) Pelas equações (11.92), (11.85) e (11.94), a impedância característica do cabo e do coeficiente de atenuação para cabos condutores otimizados para o fluxo de potência máximo admissível são $Z_0(x''_{opt}) = Z_{TEM}/(4\pi)$ e $\alpha_c(x''_{opt}) = R_s(1 + \sqrt{e})/(bZ_{TEM}) = 2{,}65 R_s/(bZ_{TEM})$, respectivamente.

(c) Uma vez que não há uma onda refletida na linha e $\alpha = \alpha_c$ ($\alpha_d = 0$), a Equação (11.71) nos diz que a potência média no tempo no final da linha é

$$P_l = (P_{cr})_{máx}\, e^{-2\alpha_c(x''_{opt})\, l}, \quad (11.96)$$

onde $(P_{cr})_{máx}$ e $\alpha_c(x''_{opt})$ são encontrados em (a) e (b), respectivamente.

11.7 INDUTÂNCIA INTERNA EM ALTA FREQUÊNCIA DAS LINHAS DE TRANSMISSÃO

Outra consequência da penetração (pequena) da onda TEM guiada, agora é o seu campo magnético, nos condutores imperfeitos de uma linha de transmissão (Figura 11.6) é uma potência reativa diferente de zero ($P_{reativa}$) no interior dos condutores, e a alta frequência associada (considerando efeito pelicular) indutância interna da linha. Da Equação (10.90), essa potência é a mesma que a média no tempo das perdas Joule nos condutores da linha. Por unidade de comprimento da linha,

$$P'_{reativa} = P'_c, \quad (11.97)$$

onde P'_c é calculado na Equação (11.66). Usando a segunda relação nas equações (8.211), $P'_{reativa}$ dividida pela magnitude do quadrado de $\underline{I}$ é igual à reatância interna em alta frequência por unidade de comprimento da linha, X'_i. Combinando então as equações (11.97) e (11.66), obtemos

efeito pelicular de reatância interna p.u.c. de uma linha de transmissão

$$X'_i = \frac{P'_{reativa}}{|\underline{I}|^2} = \frac{P'_c}{|\underline{I}|^2} = R', \quad (11.98)$$

isto é, X'_i é igual à resistência em alta frequência por unidade de comprimento da linha, R'. Tendo em mente as equações (8.209) e (8.69),

$$X'_i = \omega L'_i, \quad (11.99)$$

de modo que a indutância interna em alta frequência por unidade de comprimento da linha pode ser obtida a partir de R' simplesmente como

indutância interna em alta frequência p.u.c. de uma linha

$$L'_i = \frac{R'}{\omega}. \quad (11.100)$$

Em geral, pelo efeito pelicular (o campo magnético interno é confinado a uma região muito fina abaixo da superfície dos condutores), L'_i na Equação (11.100) é bem menor do que a sua baixa frequência (ou cc) do valor, avaliado na Seção 7.6. Além disso, como $R' \propto \sqrt{f}$, a Equação (11.100) nos diz que $L'_i \propto 1/\sqrt{f}$, ou seja, a indutância interna em alta frequência da linha diminui com um aumento de frequência. Em consequência, na maioria das aplicações das linhas de transmissão de ondas TEM, L'_i pode ser desprezado quanto à indutância externa por unidade de comprimento da linha (L') na Equação (11.39). No que se segue, vamos sempre supor que $L'_i = 0$ na análise das linhas de transmissão, exceto quando explicitamente especificamos o contrário.

Exemplo 11.7

Indutância interna em alta frequência p.u.c. de um cabo coaxial

Encontre a indutância interna em alta frequência por unidade de comprimento do cabo coaxial descrita no Exemplo 11.3.

Solução Combinando as equações (11.100) e (11.70), a indutância interna de alta frequência p.u.c. do cabo é dada por

L'_i – cabo coaxial

$$L'_i = \frac{R'}{\omega} = \frac{R_s}{2\pi\omega}\left(\frac{1}{a} + \frac{1}{b}\right) = \frac{1}{4\pi}\sqrt{\frac{\mu_0}{\pi\sigma_c f}}\left(\frac{1}{a} + \frac{1}{b}\right), \quad (11.101)$$

onde R' e R_s representam a resistência em alta frequência p.u.c da resistência do cabo e da superfície de seus condutores, respectivamente. Substituindo os dados numéricos, $L'_i = 0{,}269$ nH/m. Note que, a partir da Equação (11.46), a indutância externa por unidade de comprimento do cabo chega a $L' = \mu_0 \ln(b/a)/(2\pi) = 250{,}55$ nH/m, isto é, na verdade, é muito maior do que L'_i. Note também que a Equação (7.139), adotando $c = 4{,}5$ mm para o raio externo do condutor do cabo externo, produz $L'_i = 68{,}92$ nH/m para a indutância interna em baixa frequência (ou cc) p.u.c. deste cabo, que, de novo, é um valor bastante maior do que L'_i em alta frequência (considerando efeito pelicular).

11.8 AVALIAÇÃO DOS PARÂMETROS DE CIRCUITO PRIMÁRIO E SECUNDÁRIO DAS LINHAS DE TRANSMISSÃO

Como veremos no próximo capítulo, uma linha de transmissão arbitrária de dois condutores com ondas TEM pode ser analisada como um circuito elétrico com parâmetros distribuídos, com base em uma representação da linha por uma rede de pequenas células iguais em cascata, de comprimento Δz, com elementos concentrados. Estes são caracterizados por parâmetros por unidade de comprimento C', L', R' e G' da linha (discutido nas seções 11.4-11.7), multiplicado por Δz. Esse modelo é uma generalização da representação da teoria de circuito da linha de transmissão com perdas em um regime cc na Figura 3.21. Como C', L', R' e G' são uma base para a análise de circuito das linhas de transmissão (a ser apresentado no próximo capítulo), eles são indicados como parâmetros do circuito primário de uma linha. Os outros parâmetros a serem utilizados são a impedância característica, Z_0, coeficiente de fase, β, velocidade de fase, v_p, comprimento de onda, λz, e coeficiente de atenuação, α, da linha (estudados nas seções 11.1, 11.4, 11.5 e 11.6). Como esses parâmetros podem ser derivados dos parâmetros primários, são chamados de parâmetros do circuito secundário das linhas de transmissão. Além disso, como os parâmetros secundários são conhecidos por uma determinada linha, são suficientes para a análise (isto é, parâmetros primários não são necessários).

Consideramos agora vários exemplos de avaliação e discussão dos parâmetros do circuito das linhas de transmissão de dois condutores com pequenas perdas e dielétricos homogêneos (note que os parâmetros de um cabo coaxial já estão calculados e discutidos nos exemplos 11.1-11.7). A análise das linhas de transmissão com dielétricos não homogêneos e a avaliação de seus parâmetros de circuito serão apresentadas na próxima seção.

Exemplo 11.8

Parâmetros de circuito de uma linha de dois fios finos com uma onda TEM

Uma linha de dois fios simétrica fina tem condutores com perdas, de raios a e condutividade σ_c, e um dielétrico homogêneo com perdas, de permissividade relativa ε_r e condutividade σ_d. A distância entre os eixos do condutor é d ($d \gg a$) e a permeabilidade em todos os lugares é μ_0. A linha conduz uma onda TEM de frequência f. As perdas podem ser consideradas pequenas. (a) Encontre os parâmetros primários do circuito por unidade de comprimento da linha. (b) Quais são a impedância característica, o coeficiente de fase, a velocidade de fase, o comprimento de onda e o coeficiente de atenuação (parâmetros secundários do circuito) da linha?

Solução

(a) Pelas equações (2.141), (7.11) e (3.184), capacitância, indutância e condutância por unidade de comprimento da linha são, respectivamente, dadas por

$$C' = \frac{\pi\varepsilon_r\varepsilon_0}{\ln(d/a)}, \quad L' = \frac{\mu_0}{\pi}\ln\frac{d}{a}, \quad G' = \frac{\pi\sigma_d}{\ln(d/a)}. \tag{11.102}$$

Para encontrar a resistência da linha p.u.c. em alta frequência usando a Equação (11.66), supomos uma corrente harmônica no tempo de intensidade rms complexa $\underline{I}$ na linha, que, em qualquer corte transversal, dá a mesma distribuição do campo magnético, como na Figura 7.4. Como $d \gg a$ é o campo $\underline{\mathbf{H}}$ na superfície de cada um dos condutores da linha (fios) pode ser calculado como se o outro condutor não estivesse presente, e, portanto, é o mesmo que a intensidade do campo $\underline{\mathbf{H}}_1$ na Figura 11.7 e Equação (11.69), na superfície do condutor interno (com raio a) de um cabo coaxial. Assim, cada uma das duas integrais na Equação (11.66) ao longo dos contornos dos dois fios na Figura 7.4 é igual à integral ao longo do contorno C_{c1} na Equação (11.70) e R' da linha dos dois fios é o dobro da parcela da expressão para R' do cabo coaxial que resulta da integração ao longo de C_{c1},

R' — linha de dois fios finos, em altas frequências

$$\boxed{R' = 2\frac{R_s}{2\pi a} = \frac{R_s}{\pi a},} \tag{11.103}$$

onde a resistência superficial dos condutores da linha, R_s, também é dada na Equação (11.70). Note que a expressão para a baixa frequência ou a resistência cc p.u.c. da linha é a da Equação (3.183).

(b) Tendo em mente as equações (11.37), (11.102), (11.19) e (9.23), a impedância característica da linha de dois fios é

Z_0 — linha de dois fios finos

$$\boxed{Z_0 = \frac{\sqrt{\varepsilon_r\varepsilon_0\mu_0}}{C'} = \frac{Z_{TEM}}{\pi}\ln\frac{d}{a} = \frac{120\ \Omega}{\sqrt{\varepsilon_r}}\ln\frac{d}{a},} \tag{11.104}$$

com $Z_{TEM} = \sqrt{\mu_0/(\varepsilon_r\varepsilon_0)}$ sendo a impedância da onda TEM viajando ao longo da linha. Mais frequente, $\varepsilon_r = 1$ (linhas de dois fios no ar). Note que Z_0 das linhas de dois fios usadas em telefonia é da ordem de 100 Ω, enquanto $Z_0 = 240$ Ω e 300 Ω são impedâncias características padrão das linhas de dois fios para aplicações de antena.

As equações (11.16) e (11.17) nos dizem que o coeficiente de fase, a velocidade de fase e o comprimento de onda da linha são $\beta = 2\pi f\sqrt{\varepsilon_r\varepsilon_0\mu_0}$, $v_p = 1/\sqrt{\varepsilon_r\varepsilon_0\mu_0}$ e $\lambda_z = 1/(\sqrt{\varepsilon_r\varepsilon_0\mu_0}f)$, respectivamente.

Combinando as equações (11.77), (11.103) e (11.104), o coeficiente de atenuação das perdas nos condutores de linha é

α_c — linha de dois fios fina

$$\alpha_c = \frac{R'}{2Z_0} = \frac{R_s}{2Z_{TEM}\, a \ln(d/a)}, \qquad (11.105)$$

e que para as perdas no dielétrico, iguais, com o uso da Equação (11.80), $\sigma_d = \sigma_d Z_{TEM}/2 = \alpha_d \sqrt{\mu_0/(\varepsilon_r\varepsilon_0)}/2$. O coeficiente de atenuação total da linha é $\alpha = \alpha_c + \alpha_d$. Claro, $\alpha_d = 0$ ($\sigma_d = 0$) e $\alpha = \alpha_c$ para uma linha de dois fios no ar.

Note que o padrão das linhas de dois fios tem menor atenuação do que os cabos coaxiais padrão. Por outro lado, a principal desvantagem das linhas de dois fios é que se irradiam (como antenas), em especial em frequências mais altas, e são suscetíveis a interferências de sinais externos também, enquanto os cabos coaxiais são imunes às perdas de radiação e à captação de ruído eletromagnético do ambiente. Ou seja, neste último caso, o dielétrico do cabo, em que o campo eletromagnético se encontra, está blindado pelo condutor externo. Note também que a impedância Z_0 na Equação (11.104) pode ser aumentada e o coeficiente α_c na Equação (11.105) reduzido ao aumentarmos a distância d entre os eixos condutores de uma linha de dois fios. Isso, no entanto, pode reforçar consideravelmente a radiação da linha (os campos irradiados devido a dois fios, que carregam as correntes e cargas que são iguais em magnitude, mas com sentidos/polaridades opostos, não se anulam em regiões substancialmente grandes de espaço). Da mesma forma, a linha cujos condutores são muito distantes entre si é um excelente "receptor" de interferência externa. Assim, um compromisso tem que ser feito no projeto da linha entre a atenuação baixa e os requisitos de baixa radiação/interferência, para uma aplicação. Veja, por fim, que um aumento dos raios a do fio seria, por outro lado, também resultado em uma redução de α_c, por meio de uma redução da resistência R' na Equação (11.103), mas a não pode ser arbitrariamente alargada, por causa do custo (mais cobre ou outro metal para os fios) e requisitos mecânicos.

Exemplo 11.9

Linha de transmissão de fio-plano

Para a linha de transmissão de fio-plano na Figura 2.24(a), suponha que a resistência superficial considere o efeito pelicular do fio seja R_{s1} e a do plano aterrado R_{s2}, bem como que os parâmetros do material do dielétrico de linha são ε, μ_0 e σ_d. A linha pode ser tratada como de baixa perda. Nessas circunstâncias, encontre os parâmetros do circuito primário da linha em altas frequências (para ondas TEM).

Solução Pela análise eletrostática, usando a teoria da imagem, a capacitância por unidade de comprimento da linha se cheia de ar é a da Equação (2.146), e agora substituímos ε_0 por ε no resultado para obter C' para este caso. A indutância e a condutância p.u.c. da linha são, então, calculadas a partir das equações (11.41) e (3.171), respectivamente, e podemos escrever

$$C' = \frac{2\pi\varepsilon}{\ln(2h/a)}, \quad L' = \frac{\mu_0}{2\pi}\ln\frac{2h}{a}, \quad G' = \frac{2\pi\sigma_d}{\ln(2h/a)}. \qquad (11.106)$$

Uma vez que o condutor superior (fio) da linha é fino ($a \ll h$), a intensidade do campo magnético complexo em sua superfície é (aproximadamente) $\underline{H} = \underline{I}/(2\pi a)$, $\underline{I}$ sendo a intensidade da corrente complexa da linha, ou seja, a corrente do fio e que flui na direção oposta sobre o plano condutor, como mostrado na Figura 11.9(a). Assim, a parte da resistência da linha em alta frequência p.u.c. levando em conta as perdas neste fio (R'_1) é igual à parte da resistência da Equação (11.103), correspondendo a um fio de uma linha de dois fios finos, e, portanto, $R'_1 = R_{s1}/(2\pi a)$.

Para encontrar a parte remanescente de R' da linha fio-plano, que (R'_2) quantificando as perdas no plano condutor, vamos novamente aplicar a teoria de imagem para a carga $\underline{Q}'$ complexa p.u.c. do fio na Figura 11.9(a), mas agora considerados em conjunto com a corrente associada complexa $\underline{I}$ ao longo do fio. Esta carga e corrente, para o fio original, estão relacionadas como na Equação (11.29), e a mesma relação vale para a carga $\underline{Q}'_{imagem}$ e corrente $\underline{I}_{imagem}$ do fio imagem na Figura 11.9(b). Ou seja, $\underline{Q}'_{imagem}$ e $\underline{I}_{imagem}$ substituem, respectivamente, a carga superficial e densidades de corrente $\underline{\rho}_s$ e $\underline{\mathbf{J}}_s$ sobre o plano condutor no sistema original, e as relações $\underline{J}_s = c\underline{\rho}_s$ entre essas densidades, Equação (11.24), resultam $\underline{I}_{imagem} = c\underline{Q}'_{imagem}$ no sistema equivalente, onde c é a velocidade de fase intrínseca do dielétrico de linha. Além disso, a imagem da carga é negativa (com a polaridade oposta à carga original), então temos que

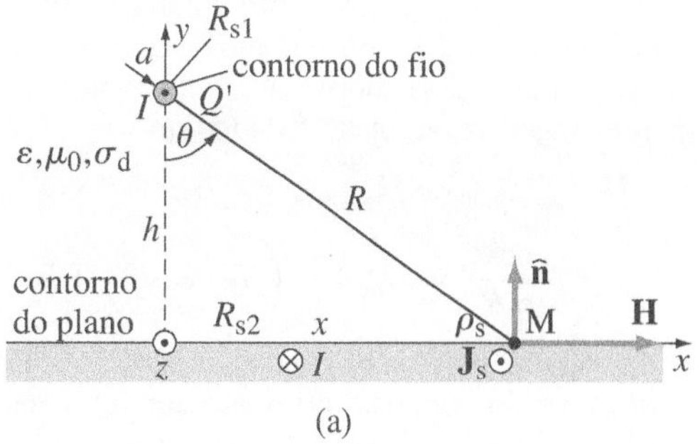

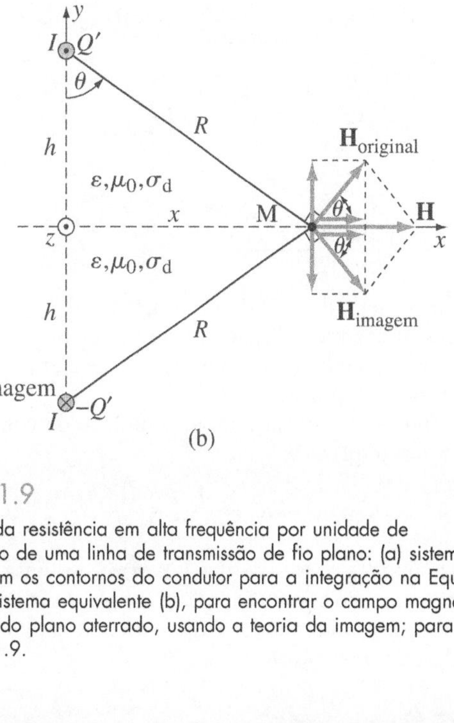

Figura 11.9

Avaliação da resistência em alta frequência por unidade de comprimento de uma linha de transmissão de fio plano: (a) sistema original, com os contornos do condutor para a integração na Equação (11.66) e sistema equivalente (b), para encontrar o campo magnético da linha perto do plano aterrado, usando a teoria da imagem; para o Exemplo 11.9.

teoria de imagem para uma corrente acima de um plano condutor

$$\underline{I} = c\underline{Q}', \quad \underline{I}_{\text{imagem}} = c\underline{Q}'_{\text{imagem}}, \quad \text{e}$$
$$\underline{Q}'_{\text{imagem}} = -\underline{Q}' \quad \longrightarrow \quad \underline{I}_{\text{imagem}} = -\underline{I}, \tag{11.107}$$

isto é, a imagem da corrente $\underline{I}$ no sistema equivalente com o plano aterrado removido é a corrente de mesma intensidade complexa fluindo na direção oposta em relação à corrente original (imagem eletricamente negativa). Ela flui ao longo de um fio virtual que é a imagem espelhada do fio original no plano simétrico (antigo plano condutor). Note que, apesar de derivada da corrente de um condutor de uma linha de transmissão com uma onda TEM cujo outro condutor é um plano condutor aterrado, essa teoria da imagem é válida e aplicável para uma corrente arbitrária (em frequências baixas ou altas) que flui em paralelo a um plano condutor. Mais precisamente, a teoria é exata somente para um plano perfeitamente condutor (CEP) ($\sigma_c \to \infty$). Em um capítulo posterior, quando analisarmos antenas acima de planos de terra, vamos apresentar a teoria de imagem para distribuições de corrente arbitrárias na presença de um plano CEP, que não são necessariamente associados com ondas TEM e linhas de transmissão, nem são paralelos ao plano.

No sistema equivalente da Figura 11.9(b), que é uma linha simétrica de dois fios finos com eixos condutores com distâncias $2h$, o campo magnético total, $\underline{\mathbf{H}}$, é a superposição dos campos devido às correntes original e imagem, $\underline{I}$ e $-\underline{I}$, respectivamente, nos dois fios, com o último campo representando a contribuição da corrente superficial ($\underline{\mathbf{J}}_s$) sobre o plano original condutor. Em um ponto M definido pela coordenada x na Figura 11.9(b), $\underline{\mathbf{H}}$ é totalmente tangencial ao plano e dado por

$$\underline{\mathbf{H}} = \underline{\mathbf{H}}_{\text{original}} + \underline{\mathbf{H}}_{\text{imagem}} = 2\underline{H}_{\text{fio}} \cos\theta\, \hat{\mathbf{x}} =$$
$$= \frac{\underline{I}\cos\theta}{\pi R}\,\hat{\mathbf{x}} = \underline{\mathbf{H}}_{\text{tan}} \quad \left(\underline{H}_{\text{fio}} = \frac{\underline{I}}{2\pi R}\right). \tag{11.108}$$

Por isso, de volta ao sistema original, a integração, a Equação (11.66), ao longo do contorno do plano condutor na Figura 11.9(a) produz

$$R_2' = \frac{1}{|\underline{I}|^2} \int_{\text{contorno do plano}} R_{s2} |\underline{\mathbf{H}}_{\text{tan}}|^2\, \mathrm{d}x =$$
$$= \frac{R_{s2}}{\pi^2} \int_{x=-\infty}^{\infty} \cos^2\theta \underbrace{\frac{\mathrm{d}x}{R^2}}_{\mathrm{d}\theta/h} =$$
$$= \frac{R_{s2}}{\pi^2 h} \underbrace{\int_{\theta=-\pi/2}^{\pi/2} \cos^2\theta\, \mathrm{d}\theta}_{\pi/2} = \frac{R_{s2}}{2\pi h}, \tag{11.109}$$

onde o uso é feito da Equação (1.55), lendo $\mathrm{d}x/R^2 = \mathrm{d}\theta/h$ para a notação na Figura 11.9, para transformar a integral em x em um em θ, que é muito mais simples para calcular [ver Equação (6.95) para a integração real].

Por fim, a resistência total por unidade de comprimento da linha de fio-plano é

$$R' = R_1' + R_2' = \frac{1}{2\pi}\left(\frac{R_{s1}}{a} + \frac{R_{s2}}{h}\right). \tag{11.110}$$

Notamos que $R'_2 \ll R'_1$ (porque $h \gg a$), e, portanto, as perdas no plano aterrado condutor podem em geral ser desprezadas nas avaliações da atenuação deste e de outros tipos similares das linhas de transmissão.

Exemplo 11.10

Parâmetros de circuito de uma linha microstrip desprezando efeitos das bordas

Uma onda TEM de frequência f se propaga por uma linha de transmissão microstrip, Figura 2.20, com pequenas perdas. A largura da faixa condutora e espessura do substrato dielétrico são w e h, respectivamente, onde $h \ll w$, para que os efeitos das bordas possam ser desprezados. A condutividade e permeabilidade da faixa e o plano aterrado são σ_c e μ_0, e a permissividade relativa, permeabilidade e condutividade do substrato são ε_r, μ_0 e σ_d, respectivamente. Nessas circunstâncias, determine os parâmetros de circuito primário e secundário da linha.

Solução A capacitância por unidade de comprimento da linha, com os efeitos das bordas desprezados, é que na Equação (2.135), a partir da qual a indutância da linha p.u.c. e a condutância são, então, calculadas usando as equações (11.41) e (3.171), respectivamente, para que todos os três parâmetros sejam dados por

C', L', G' — linha microstrip, borda desprezada

$$C' = \varepsilon_r\varepsilon_0 \frac{w}{h}, \quad L' = \mu_0 \frac{h}{w}, \quad G' = \sigma_d \frac{w}{h}. \tag{11.111}$$

Note que G' pode, como alternativa, ser obtido diretamente como a condutância de dispersão por unidade de comprimento da linha a partir da análise do campo de corrente contínua no substrato dielétrico imperfeito, como é feito no Exemplo 3.14 para uma linha de transmissão similar (com um dielétrico de duas camadas). Na verdade, a expressão para G' nas equações (11.111) é um caso especial do resultado para a estrutura de duas camadas na Equação (3.189).

Sem levar os efeitos das bordas em conta, o campo magnético da linha microstrip é suposto como uniforme e localizado no dielétrico abaixo da faixa. Para encontrar esse campo, aplicamos a lei de Ampère generalizada na forma integral, Equação (5.49), para um contorno retangular C englobando toda a faixa, como mostrado na Figura 11.10. A integral de linha de $\underline{\mathbf{H}}$ ao longo do contorno é igual a $\underline{H}w$ (sob o pressuposto de não levar em conta o efeito das bordas, o campo é diferente de zero apenas na grande região $w \times h$ do corte transversal do substrato) e a corrente fechada é $\underline{I}$, e, portanto,

$$\underline{H} = \frac{\underline{I}}{w}, \tag{11.112}$$

ou seja, $\underline{\mathbf{H}}$ no substrato é como se devido a duas lâminas de corrente planares infinitamente amplas com densidades de corrente superficial uniforme $\underline{J}_s = \underline{I}/w$ [ver equações (4.47) e

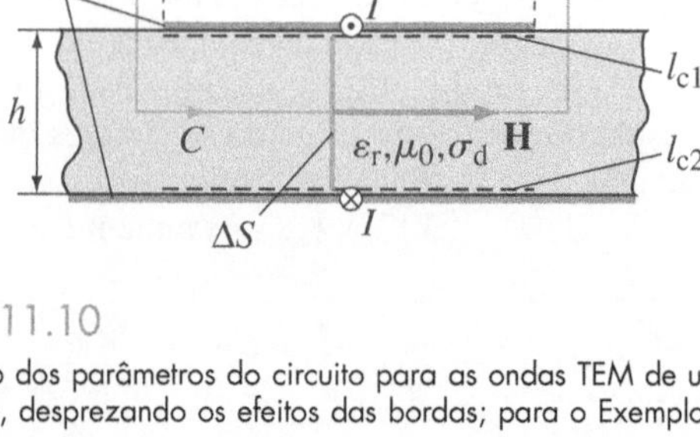

Figura 11.10

Avaliação dos parâmetros do circuito para as ondas TEM de uma linha microstrip, desprezando os efeitos das bordas; para o Exemplo 11.10.

(4.72)] fluindo em direções opostas. Claro, $\underline{\mathbf{H}} = \underline{\mathbf{H}}_{tan}$ (inteiramente tangencial) tanto na superfície inferior da faixa quanto na parte da superfície superior da placa onde o campo $\underline{\mathbf{H}}$ e a corrente $\underline{\mathbf{J}}_s$ existem. Denotando as linhas de contorno dessas superfícies por l_{c1} e l_{c2}, onde ambos têm w de comprimento e as intensidades de campo magnético complexas ao longo deles são dadas pela Equação (11.112), a Equação (11.66) nos diz que a resistência em alta frequência por unidade de comprimento da linha é

R' — linha microstrip, borda desprezada

$$R' = \frac{1}{|\underline{I}|^2}\left(\int_{l_{c1}} R_s|\underline{\mathbf{H}}_{tan1}|^2\,dl + \int_{l_{c2}} R_s|\underline{\mathbf{H}}_{tan}|^2\,dl\right) = \frac{R_s}{|\underline{I}|^2}\left(\frac{|\underline{I}|}{w}\right)^2 2\underbrace{\int_{l_{c1}} dl}_{w} = \frac{2R_s}{w}, \quad (11.113)$$

onde a resistência superficial R_s é aquela na Equação (11.70).

Note que, usando o campo magnético da linha na Equação (11.112), agora podemos encontrar de modo alternativo a indutância L' da linha de sua definição, dividindo o fluxo magnético por unidade de comprimento da linha, $\underline{\Phi}'$, pela corrente de linha. O fluxo é calculado através da superfície plana vertical $\Delta S = h\Delta z$ estendida entre a faixa e a placa (Figura 11.10), onde Δz é o comprimento da superfície (ao longo da linha), e como $\underline{\mathbf{H}}$ é uniforme e perpendicular a essa superfície, temos [ver também as equações (11.38) e (11.39)]

$$L' = \frac{\underline{\Phi}'}{\underline{I}} = \frac{\Delta\underline{\Phi}}{\underline{I}\Delta z} = \frac{\mu_0 \underline{H} h\Delta z}{\underline{I}\Delta z} = \frac{\mu_0(\underline{I}/w)h}{\underline{I}} = \mu_0\frac{h}{w}, \quad (11.114)$$

que, naturalmente, é o mesmo resultado nas equações (11.111).

Combinando as equações (11.37) e (11.111), a impedância característica da linha equivale a

$$Z_0 = \frac{\sqrt{\varepsilon_r\varepsilon_0\mu_0}}{C'} = \frac{\eta_0}{\sqrt{\varepsilon_r}}\frac{h}{w}, \quad (11.115)$$

onde $\eta_0 = \sqrt{\mu_0/\varepsilon_0}$ é a impedância intrínseca do espaço livre, Equação (9.23). Com esta expressão para Z_0 e que para R' na Equação (11.113) substituído na Equação (11.77), o coeficiente de atenuação das perdas nos condutores da linha vem a ser

$$\alpha_c = \frac{R'}{2Z_0} = \frac{R_s}{wZ_0} = \frac{R_s\sqrt{\varepsilon_r}}{\eta_0 h}. \quad (11.116)$$

O coeficiente de fase da linha (β), a velocidade de fase (v_p), o comprimento de onda (λ_z) e o coeficiente de atenuação para o dielétrico (α_d) são dados nas equações (11.16), (11.17) e (11.80).

Por fim, note que a avaliação dos parâmetros do circuito de uma linha microstrip com uma relação arbitrária w/h, assim levando em conta os efeitos das bordas, será apresentada em uma seção posterior. Para essa linha, os campos elétricos e magnéticos estendem-se a quantidades substanciais também para a região do ar acima do substrato dielétrico, de forma que o dielétrico da linha é, na verdade, não homogêneo, e, ao contrário da análise neste exemplo, a linha microstrip não pode ser tratada como uma linha de transmissão com um dielétrico homogêneo.

Exemplo 11.11

Linha strip desprezando o efeito das bordas

Repetir o exemplo anterior, mas para uma linha strip, Figura 2.21.

Solução Sem levar em conta os efeitos das bordas ($h \ll w$), a capacitância p.u.c. da linha strip é dada na Equação (2.137), então $C' = 2\varepsilon_r\varepsilon_0 w/h$ e equações (11.41) e (3.171) resultam, respectivamente, nas seguintes expressões para a indutância e condutância p.u.c. da linha: $L' = \mu_0 h/(2w)$ e $G' = 2\sigma_d w/h$.

Aplicando a lei de Ampère generalizada para um contorno C retangular em torno do strip, mostrado na Figura 11.11, temos, desprezando as bordas, $\underline{H} = \underline{I}/(2w)$ para o campo magnético da linha nas duas regiões entre as faixas e os dois planos condutores. Integrando o quadrado desse campo vezes a resistência de superfície R_s dos condutores de linha, como na Equação (11.113), nas linhas de contorno das superfícies superior e inferior da faixa e das duas partes correspondentes, de comprimento w, das superfícies internas dos dois planos condutores (Figura 11.11) dá a resistência em alta frequência por unidade de comprimento da linha da seguinte forma:

R' – linha strip, efeito das bordas desprezadas

$$R' = \frac{1}{|\underline{I}|^2}\int_{l_c} R_s|\underline{H}|^2\,dl = \frac{1}{|\underline{I}|^2}4\int_w R_s\left(\frac{|\underline{I}|}{2w}\right)^2 dl = \frac{R_s}{w}. \quad (11.117)$$

Com cálculos semelhantes como nas equações (11.115) e (11.116), a impedância característica da linha e coeficiente de atenuação para seus condutores são

$$Z_0 = \frac{\eta_0}{\sqrt{\varepsilon_r}}\frac{h}{2w}, \quad \alpha_c = \frac{R_s}{2wZ_0} = \frac{R_s\sqrt{\varepsilon_r}}{\eta_0 h}, \quad (11.118)$$

assim α_c acaba por ser o mesmo que para a linha microstrip, na Figura 11.10. Os parâmetros do circuito restantes da linha (β, v_p, λz e α_d) são determinados como no exemplo anterior.

A linha strip com um w/h arbitrário será discutida em uma seção posterior, levando em conta os efeitos das bordas.

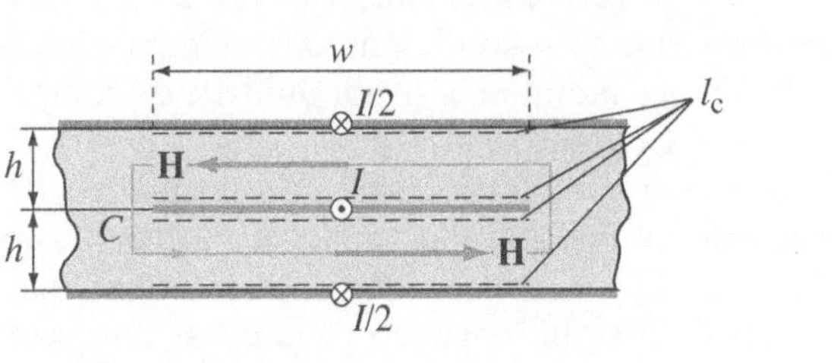

Figura 11.11

Avaliação da resistência em alta frequência por unidade de comprimento de uma linha strip, desprezando os efeitos das bordas; para o Exemplo 11.11.

11.9 LINHAS DE TRANSMISSÃO COM DIELÉTRICOS NÃO HOMOGÊNEOS

Considere uma linha de transmissão de dois condutores com um dielétrico não homogêneo, como o corte transversal mostrado na Figura 11.12(a). A não homogeneidade do dielétrico é arbitrária — em um plano transversal; no entanto, as propriedades dielétricas não mudam na direção (axial) longitudinal (a linha é uniforme). Para essa linha, a onda propagando através do dielétrico é uma onda híbrida, com ambos $\underline{\mathbf{E}}_z \neq 0$ e $\underline{\mathbf{H}}_z \neq 0$ nas equações (11.7). No entanto, como no caso das linhas de transmissão com pequenas perdas e dielétricos homogêneos (Figura 11.6), esses componentes são bastante pequenos em comparação com os componentes do campo transverso correspondente, e referimo-nos à onda como uma onda quase-TEM. Portanto, uma análise aproximada tratando ondas quase-TEM como ondas TEM puras e aplicando a teoria de ondas TEM das seções 11.1-11.8, com algumas modificações que serão descritas aqui, é preciso o suficiente para as aplicações mais práticas.

Em particular, os parâmetros do circuito primário da linha (C', L', R' e G') são os seguintes. A capacitância C' na Equação (11.36) é determinada a partir de uma análise eletrostática 2D no corte transversal da linha, na Figura 11.12(a), considerando a não homogeneidade do dielétrico (C' das linhas de transmissão com diferentes tipos de heterogeneidade dielétrica é avaliada na Seção 2.14). O campo elétrico ($\underline{\mathbf{E}}$) com base na mesma análise eletrostática pode então ser usado na Equação (11.68) para encontrar a condutância G', desde que o dielétrico na Figura 11.12(a) exiba a mesma forma de heterogeneidade em termos de sua condutividade (σ_d) e permissividade (ε). Como alternativa, G' pode ser obtido diretamente como a condutância de dispersão por unidade de comprimento da linha a partir da análise do campo de corrente contínua na Figura 11.12(a) (o G' das linhas de transmissão com dielétricos não homogêneos imperfeitos é avaliado na Seção 3.12).

Como a distribuição do campo magnético ($\underline{\mathbf{H}}$) no corte transversal do cabo é a mesma que em condições estáticas (ou quase estáticas), a distribuição de campo elétrico não influencia $\underline{\mathbf{H}}$ [o termo corrente de deslocamento é zero na Equação (8.7)]. É por isso que a permissividade ε do dielétrico na Figura 11.12(a) não influencia a indutância L' por unidade de comprimento da linha. Contanto ainda que $\mu = \mu_0$ na Figura 11.12(a), isto é, que o dielétrico seja não magnético (o que é verdade na maioria das situações práticas), isto significa que L' é o mesmo que se o dielétrico na Figura 11.12(a) fosse homogêneo (ε = const no corte transversal total do dielétrico). Em última análise, é o mesmo que a indutância por unidade de comprimento, L'_0, da mesma linha se cheia de ar ($\varepsilon = \varepsilon_0$). Denotando por C'_0 a capacitância por unidade de comprimento dessa nova linha, na Figura 11.12(b), a Equação (11.41) nos diz que L'_0 e C'_0 são relacionados como $L'_0 C'_0 = \varepsilon_0 \mu_0$. Assim, a indutância L' que buscamos pode simplesmente ser obtida como

indutância p.u.c. de uma linha de transmissão com um dielétrico não magnético não homogêneo

$$L' = L'_0 = \frac{\varepsilon_0 \mu_0}{C'_0}, \quad (11.119)$$

onde C'_0 é calculado a partir de uma análise eletrostática 2D na Figura 11.12(b).

Da mesma forma, o campo magnético $\underline{\mathbf{H}}_{\rm tan}$ utilizado na Equação (11.66) para calcular a resistência R' por unidade de comprimento da linha na Figura 11.12(a)

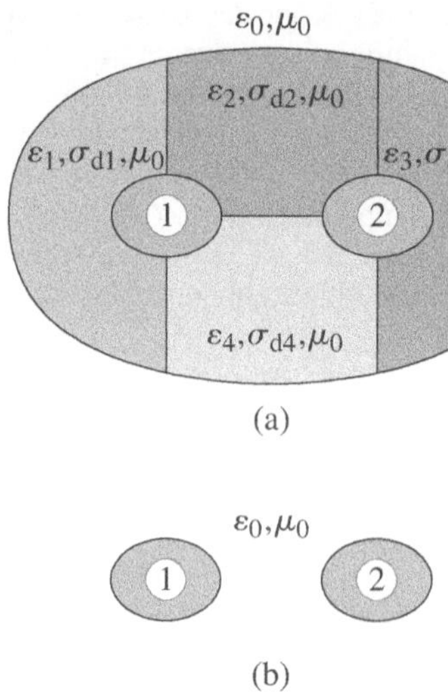

Figura 11.12

Corte transversal de (a) uma linha de transmissão arbitrária de dois condutores com um dielétrico não homogêneo e (b) a mesma linha se cheia de ar.

não depende da falta de homogeneidade do dielétrico (se for não magnético). Em consequência, R' é igual à resistência por unidade de comprimento da linha cheia de ar na Figura 11.12(b), $R' = R'_0$.

Parâmetros do circuito secundário da linha (Z_0 β, v_p, λz e α) são encontrados a partir de equações (11.42), (11.43), (11.75), (11.77) e (11.79).

Outro parâmetro útil das linhas de transmissão com dielétricos não homogêneos, Figura 11.12(a), é a chamada permissividade relativa eficaz da linha, $\varepsilon_{\rm ref}$, definida como

permissividade relativa eficaz de uma linha com um dielétrico não homogêneo

$$\varepsilon_{\rm ref} = \frac{C'}{C'_0}. \quad (11.120)$$

Esta é uma grandeza adimensional que pode ser interpretada como a permissividade relativa de um material dielétrico homogêneo equivalente que, se ocupasse o espaço entre os condutores na Figura 11.12(b), daria a mesma capacitância por unidade de comprimento, C', como o dielétrico não homogêneo da linha real, na Figura 11.12(a). Note que para linhas com dielétricos homogêneos (ε = const), como na Figura 11.3, $\varepsilon_{\rm ref} = \varepsilon_{\rm r}$, $\varepsilon_{\rm r} = \varepsilon/\varepsilon_0$ sendo a permissividade relativa do dielétrico (real). Com essa interpretação de $\varepsilon_{\rm ref}$, ou de

$$L'C' = L'_0 C'_0 \varepsilon_{\rm ref} = \varepsilon_{\rm ref} \varepsilon_0 \mu_0, \quad (11.121)$$

β, v_p e λ_z da linha na Figura 11.12(a) podem ser alternativamente expressas como

β, v_p, λ_z — via permissividade relativa efetiva

$$\beta = \frac{\omega}{c_0}\sqrt{\varepsilon_{\rm ref}}, \quad v_p = \frac{c_0}{\sqrt{\varepsilon_{\rm ref}}}, \quad \lambda_z = \frac{\lambda_0}{\sqrt{\varepsilon_{\rm ref}}}, \quad (11.122)$$

onde c_0 é a velocidade da onda (velocidade da luz) no espaço livre, Equação (9.19), e $\lambda_0 = c_0/f$, Equação (9.67), o comprimento de onda de espaço livre na frequência f da linha ($\omega = 2\pi f$).

Exemplo 11.12

Linha microstrip com um substrato dielétrico de duas camadas

A Figura 11.13 mostra um corte transversal de uma linha de transmissão microstrip cujo substrato é constituído por duas camadas dielétricas. As espessuras das camadas são $h_1 = 0{,}5$ mm e $h_2 = 0{,}25$ mm, e a largura da faixa é $w = 8$ mm. As permissividades relativas das camadas são $\varepsilon_{r1} = 4$ e $\varepsilon_{r2} = 8$, e as condutividades são $\sigma_{d1} = 10^{-12}$ S/m e $\sigma_{d2} = 5 \times 10^{-12}$ S/m, enquanto ambas as camadas são não magnéticas. A faixa e o plano são feitos de cobre. Se a frequência da onda quase-TEM em propagação na linha é $f = 1$ GHz, calcule os parâmetros do circuito primário e secundário da linha.

Solução Primeiro notamos que $\sigma_c/(\omega\varepsilon_0) = 1{,}043 \times 10^9 \gg 1$ ($\sigma_c = 58$ MS/m — para o cobre), $\sigma_{d1}/(\omega\varepsilon_{r1}\varepsilon_0) = 4{,}5 \times 10^{-12} \ll 1$ e $\sigma_{d2}/(\omega\varepsilon_{r2}\varepsilon_0) = 1{,}12 \times 10^{-11} \ll 1$ ($\omega = 2\pi f$), ou seja, que as condições nas equações (11.61) são satisfeitas, o que significa que a linha na Figura 11.13 pode ser analisada como tendo pequenas perdas. Além disso, sendo $h_1 + h_2 \ll w$, os efeitos das bordas na estrutura podem ser desprezados. A capacitância da parte da linha com comprimento l é dada na Equação (2.150), onde $S = wl$ [ver também Equação (2.134)], e dividindo esta expressão por C por l resulta na capacitância por unidade de comprimento (C') da linha. A condutância de linha p.u.c. (G') é da Equação (3.189). As camadas dielétricas na Figura 11.13 são não magnéticas, tanto a indutância como a resistência em alta frequência por unidade de comprimento da linha (L' e R') são as mesmas que as da mesma linha se cheia de ar (L'_0 e R'_0) ou se com um substrato não magnético homogêneo, Figura 11.10, de modo que as expressões nas equações respectivas (11.111) e (11.113) se apliquem. Assim, os principais parâmetros por unidade de comprimento do circuito da linha vêm a ser

$$C' = \frac{\varepsilon_{r1}\varepsilon_{r2}\varepsilon_0 w}{\varepsilon_{r2}h_1 + \varepsilon_{r1}h_2} = 453 \text{ pF/m},$$

$$G' = \frac{\sigma_{d1}\sigma_{d2} w}{\sigma_{d2}h_1 + \sigma_{d1}h_2} = 14{,}5 \text{ pS/m},$$

$$L' = L'_0 = \mu_0 \frac{h_1 + h_2}{w} = 118 \text{ nH/m},$$

$$R' = R'_0 = \frac{2R_s}{w} = 2{,}062 \ \Omega/\text{m}, \qquad (11.123)$$

onde a resistência da superfície R_s é calculada usando a Equação (10.80).

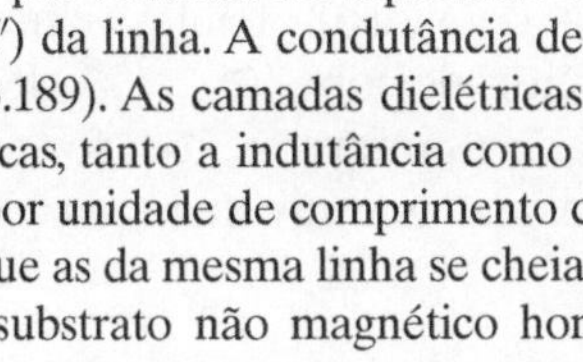

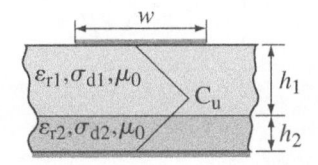

Figura 11.13

Corte transversal de uma linha microstrip com um substrato dielétrico de duas camadas e pequenas perdas; para o Exemplo 11.12.

Para os parâmetros do circuito secundário da linha, usamos as equações (11.42) e (11.43) para determinar a impedância característica e o coeficiente de fase da linha,

$$Z_0 = \sqrt{\frac{L'}{C'}} = 16{,}14 \ \Omega,$$

$$\beta = \omega\sqrt{L'C'} = 45{,}94 \text{ rad/m}, \qquad (11.124)$$

e, em seguida, as equações (11.17), (11.77), (11.79) e (9.89) produzem o seguinte para a velocidade de fase, comprimento de onda e coeficientes de atenuação para condutores de linha e dielétricos: $v_p = \omega/\beta = 1{,}37 \times 10^8$ m/s, $\lambda_z = v_p/f = 13{,}7$ cm, $\alpha_c = R'/(2Z_0) = 0{,}064$ Np/m $= 0{,}56$ dB/m e $\alpha_d = G'Z_0/2 = 1{,}17 \times 10^{-10}$ Np/m $= 10^{-9}$ dB/m, respectivamente.

Exemplo 11.13

Permissividade efetiva de um cabo coaxial com dielétrico não homogêneo

Considere o cabo coaxial com um dielétrico continuamente não homogêneo de permissividade $\varepsilon(\phi)$ do Exemplo 2.21, e suponha que a condutividade dos condutores de cabo, que apresentam pequenas perdas, seja σ_c, que não há perdas no dielétrico e que todos os materiais são não magnéticos. Uma onda quase-TEM da frequência f se propaga pelo cabo. (a) Encontre a impedância característica do cabo e o coeficiente de atenuação. (b) Quais são a permissividade relativa efetiva e a velocidade de fase?

Solução

(a) A capacitância por unidade de comprimento do cabo é dada na Equação (2.178), indutância na Equação (7.12) e resistência na Equação (11.70), enquanto a condutância é zero (dielétrico perfeito). Usando as equações (11.42) e (11.77), a impedância característica do cabo e o coeficiente de atenuação são, então,

$$Z_0 = \sqrt{\frac{L'}{C'}} = \frac{\eta_0}{2\sqrt{3}\pi} \ln\frac{b}{a},$$

$$\alpha = \alpha_c = \frac{R'}{2Z_0} = \frac{\sqrt{3}R_s}{2\eta_0}\frac{1/a + 1/b}{\ln(b/a)} \quad (\alpha_d = 0), \qquad (11.125)$$

com R_s e η_0 representando a resistência superficial dos condutores dos cabos, Equação (11.70), e impedância intrínseca do espaço livre, Equação (9.23), respectivamente.

(b) Se a capacitância p.u.c. do cabo na Figura 2.30(a) se cheia de ar igual a $C'_0 = 2\pi\varepsilon_0/\ln(b/a)$ [Equação (2.123), com $\varepsilon = \varepsilon_0$], a permissividade relativa eficaz do cabo e da velocidade de fase da onda de propagação, a partir de equações (11.120) e (11.122), são

$$\varepsilon_{ref} = \frac{C'}{C'_0} = 3, \quad v_p = \frac{c_0}{\sqrt{\varepsilon_{ref}}} = \frac{c_0}{\sqrt{3}}, \qquad (11.126)$$

onde c_0 é a velocidade da onda de espaço livre, Equação (9.19). Note que ε_{ref} acaba por igualar o valor médio da permissividade relativa do dielétrico do cabo, $\varepsilon(\phi)/\varepsilon_0 = 3 + \text{sen}\,\phi$, em toda a gama do ângulo ϕ, $0 \leq \phi \leq 2\pi$, na Figura 2.30(a). Note também que a impedância característica nas equações (11.125) equivale a $1/\sqrt{\varepsilon_{ref}} = 1/\sqrt{3}$ de Z_0 para o cabo cheio de ar [Equação (11.48) com $\varepsilon_r = 1$].

Exemplo 11.14

Permissividade efetiva e atenuação de uma linha de dois fios revestida

Para a linha de dois fios finos com condutores dieletricamente revestidos no ar na Figura 2.31, suponha que $d = 40$ mm, $a = 1$ mm e $\varepsilon_r = 4$ (permissividade relativa de revestimentos dielétricos), bem como que os revestimentos são não magnéticos e os fios feitos de cobre. Nessas circunstâncias, calcule a permissividade relativa efetiva da linha e o coeficiente de atenuação para uma onda TEM de frequência $f = 100$ MHz.

Solução Usando a Equação (2.183), a capacitância por unidade de comprimento da linha na Figura 2.31 é $C' = 8{,}78$ pF/m, e que da mesma linha sem revestimentos dielétricos é $C'_0 = 7{,}54$ pF/m, a partir da Equação (2.141), de modo que a permissividade efetiva relativa da antiga linha é igual a $\varepsilon_{ref} = C'/C'_0 = 1{,}164$. Notamos que ε_{ref} é bastante próximo da unidade, como esperado, já que os revestimentos dos fios são finos, em relação à distância entre os eixos dos fios. A indutância de linha p.u.c. e a resistência em alta frequência não dependem da falta de homogeneidade do dielétrico (porque é não magnético), e, portanto, as equações (7.11) e (11.103) podem ser empregadas, gerando $L' = 1{,}48$ μH/m e $R' = 0{,}83$ Ω/m, respectivamente. Por fim, como a linha de dois fios revestidos situa-se no ar (isolante perfeito), não pode haver fuga de corrente entre os fios, mesmo se os revestimentos forem feitos de um dielétrico imperfeito,[11] e a atenuação ao longo da linha acontece, portanto, unicamente devido às perdas do condutor, com as equações (11.77), (11.42) e (9.89) nos dizendo que o coeficiente de atenuação de linha é $\alpha = R'\sqrt{C'/L'}/2 = 0{,}001$ Np/m = 0,0088 dB/m.

11.10 PLACA DE CIRCUITO IMPRESSO MULTICAMADAS

A Figura 11.14 mostra uma placa de circuito impresso multicamadas típica, que é muito utilizada na eletrônica digital (por exemplo, em computadores). Sua superfície superior é composta por componentes eletrônicos ativos e passivos, tais como circuitos integrados (chips) e elementos do circuito discreto, interligados por condutores strip, chamados trilhas. As trilhas são impressos em uma camada de dielétrico (substrato dielétrico), sob a qual está uma lâmina metálica que se estende por toda a placa, Figura 11.14(a). A configuração semelhante pode existir no fundo da placa. Há então uma ou mais camadas de condutores (trilhas) prensadas em camadas dielétricas entre pares de lâminas metálicas (componentes eletrônicos também podem ser colocados nessas camadas). As lâminas servem como planos para sinais de alta velocidade ao longo das trilhas. Eles também podem ser usados para distribuir tensão de alimentação para circuitos integrados. Por fim, os componentes, as trilhas e as lâminas em diferentes níveis da placa são (seletivamente) ligados entre si por furos metalizados através da placa, chamados de vias, como indicado na Figura 11.14(b). Note que uma permissividade relativa típica do dielétrico na Figura 11.14 é $\varepsilon_r = 3{,}5 - 4{,}5$ (com mais frequência, vários materiais de fibra de vidro). Trilhas, lâminas e vias são normalmente feitos de cobre ($\sigma_c = 58$ MS/m). Para sinais de alta velocidade, as interconexões formadas por trilhas e lâminas em camadas individuais da placa têm de ser

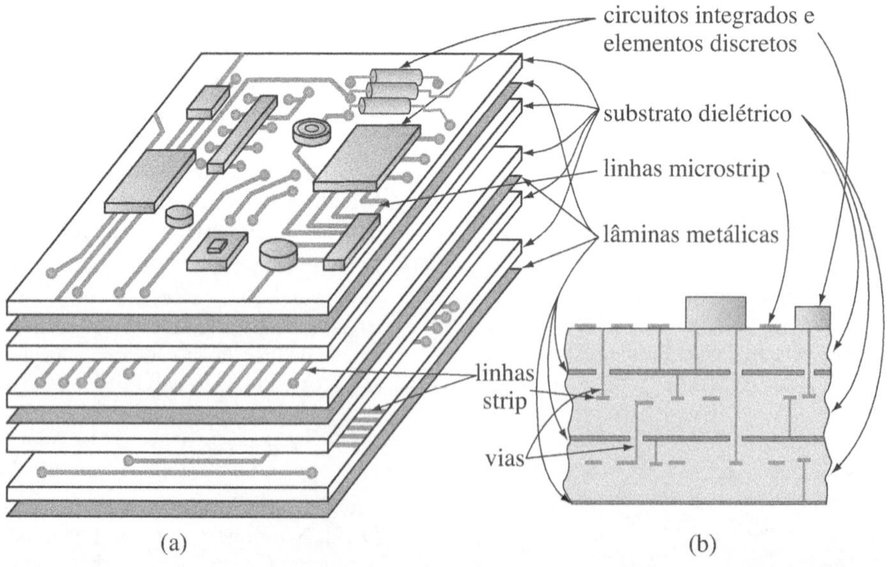

Figura 11.14
Esboço de uma lâmina de circuito impresso multicamadas típica: (a) visão tridimensional da estrutura e (b) detalhe de seu corte transversal.

11 Observe que para a mesma estrutura, mas com revestimentos dielétricos com perdas e meio ambiente com perdas, a condutância por unidade de comprimento da linha é dada na Equação (3.186).

consideradas como linhas de transmissão e não apenas como condutores em curto-circuito. Nesta seção, fornecemos a base para a análise de circuito das linhas de transmissão em uma placa de circuito típica.

Observando as interconexões em diferentes camadas na Figura 11.14, identificamos dois tipos de linhas de dois condutores que compõem a estrutura. Ou seja, cada traço na parte superior da placa, acima da qual está o ar, e a lâmina mais alta representam uma linha microstrip, Figura 2.20, e de modo similar para traços na parte inferior da placa (se existirem). Note que as conexões elétricas dentro dos circuitos integrados na Figura 11.14 (as chamadas interconexões on-chip) também são vistas como linhas microstrip.[12] Por outro lado, cada traço entre as lâminas adjacentes, que está completamente cercada pelo dielétrico, constitui, junto com as lâminas, uma linha strip, Figura 2.21.[13]

Nos exemplos 11.10 e 11.11, que, por sua vez, referem-se aos exemplos 2.13 e 2.14, os parâmetros do circuito primário e secundário de uma linha microstrip e linha strip, respectivamente, são encontrados — desprezando os efeitos das bordas. Esses valores são, portanto, precisos apenas para $h \ll w$, h é a distância do condutor faixa (traço) da lâmina (plano base) na Figura 2.20 ou de cada um dos planos na Figura 2.21, e w é a largura da faixa em ambos os casos. Por outro lado, as linhas com $w \ll h$ podem ser analisadas substituindo a faixa por um fio fino de raio equivalente (veja o Exemplo 11.9). Na prática, porém, w e h são da mesma ordem de grandeza, um valor típico para a sua razão é $w/h = 1–3$ para linhas microstrip e $w/h \approx 1$ para as linhas strip. Para tais valores de w/h, e, em geral, por uma razão arbitrária w/h, as distribuições de campo eletrostático reais nas linhas são bastante diferentes das figuras 2.20 e 2.21. Em particular, há um campo nas bordas considerável fora da região abaixo da faixa na Figura 2.20, e o campo nessa região próxima às bordas da faixa não é uniforme (efeitos de borda), conforme ilustrado na Figura 11.15, e de modo similar para a linha na Figura 2.21. Os campos magnéticos nas duas linhas são relacionados com os campos elétricos correspondentes pelas equações (11.18), e, portanto, a mesma discrepância das distribuições de campo magnético reais daquelas das figuras 11.10 e 11,11 existem (ver Figura 11.15). Em consequência, os resultados para a capacitância por unidade de comprimento, C', das duas linhas, nas equações (2.135) e (2.137), bem como para seus outros parâmetros, nas equações (11.111)–(11.118), não são suficientemente precisos para linhas microstrip e strip práticas, e para uma relação arbitrária w/h.

Análise eletrostática precisa de linhas de transmissão arbitrária pode ser realizada através da utilização de técnicas numéricas eletrostáticas. Com base nessa análise, os resultados para todos os parâmetros de circuito primário e secundário[14] das linhas nas figuras 2.20 e 2.21 (e das linhas arbitrárias) podem ser obtidos levando em conta a geometria exata e a composição dos materiais e distribuições de campo realistas da linha. Como alternativa, apresentamos aqui um conjunto de fórmulas de forma fechada empíricas disponíveis para os parâmetros do circuito das linhas microstrip e strip. Essas fórmulas úteis (obtidas como ajuste de curva-aproximações de dados experimentais e/ou analíticos) concordam muito bem com a solução numérica (ou medição) para todos os valores práticos da relação w/h.

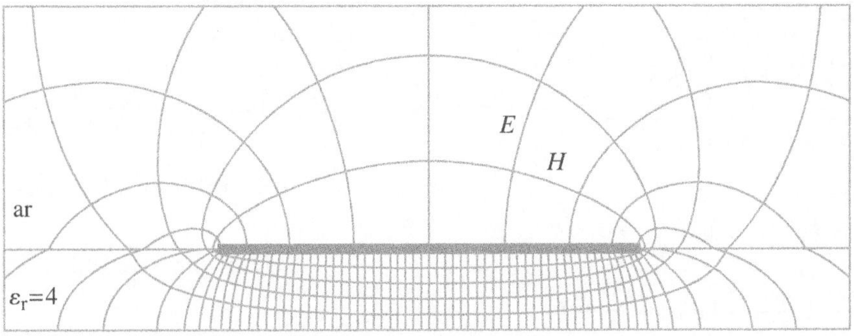

Figura 11.15

Linhas de campo elétrico (E) e magnético (H) em um corte transversal de uma linha microstrip com a largura da faixa de proporção entre a altura do substrato $w/h = 5,4$ e permissividade relativa do substrato $\varepsilon_r = 4$; representações padrão de campo são obtidas pela análise numérica com base em um método de momentos (veja Seção 1.20).

12 Substratos em circuitos integrados são em geral feitos de silício (Si). No entanto, o silício apresenta grandes perdas em altas frequências, resultando em um grande coeficiente de atenuação no dielétrico (α_d), Equação (11.79), para linhas microstrip no circuito. É por isso que o arseneto de gálio (GaAs), que tem muito menos perdas, é muito usado como um substituto para Si para circuitos integrados muito rápidos.

13 Repare que, em geral, linhas strip, sendo blindadas entre chapas metálicas, são muito menos suscetíveis de irradiar e muito menos suscetíveis a interferência com os sinais externos do que as linhas microstrip, que são "abertas" à parte superior do meio espaço.

14 Note que mesmo a resistência R' na Equação (11.66) de uma linha de transmissão com um dielétrico não homogêneo pode ser obtida com base em eletrostática, a partir da distribuição do campo eletrostático da linha quando cheia de ar, como na Figura 11.12(b), e usando a relação entre campos elétricos e magnéticos nas equações (11.18) com $\varepsilon = \varepsilon_0$ e $\mu = \mu_0$.

Uma vez que o campo elétrico em uma linha microstrip, Figura 11.15, está apenas parcialmente no substrato dielétrico, de permissividade relativa ε_r, e o resto está no ar acima dele, o dielétrico da linha é de fato heterogêneo, e deve ser tratado como tal para uma análise precisa. Note que na análise aproximada para $h \ll w$ na Figura 2.20, o dielétrico pode ser tratado como homogêneo como o campo elétrico, desprezando os efeitos das bordas, supõe-se que esteja localizado no dielétrico abaixo da faixa. Portanto, a permissividade efetiva relativa ε_{ref} da linha com um w/h arbitrário, Equação (11.120), está entre a unidade (para o ar) e ε_r. Pode ser calculado a partir da fórmula empírica dada por

ε_{ref} — linha microstrip

$$\varepsilon_{ref} = \frac{\varepsilon_r + 1}{2} + \frac{\varepsilon_r - 1}{2}\left[\left(1 + 12\frac{h}{w}\right)^{-1/2} + p\right], \quad (11.127)$$

onde $p = 0{,}04\,(1 - w/h)^2$ se $w/h < 1$ e $p = 0$ caso contrário. A impedância característica da linha, Z_0, então é

Z_0 – linha microstrip – análise

$$Z_0 = \frac{\eta_0}{2\pi\sqrt{\varepsilon_{ref}}}\ln\left(\frac{8h}{w} + \frac{w}{4h}\right) \quad \text{para} \quad \frac{w}{h} \leq 1,$$
$$Z_0 = \frac{\eta_0}{\sqrt{\varepsilon_{ref}}}\left[\frac{w}{h} + 1{,}393 + 0{,}667\ln\left(\frac{w}{h} + 1{,}444\right)\right]^{-1}$$
$$\text{para} \quad \frac{w}{h} > 1, \quad (11.128)$$

onde η_0 é a impedância intrínseca do espaço livre, Equação (9.23). Para (síntese) finalidades de projeto, isto é, para encontrar w/h para um Z_0 desejado da linha e dado ε_r do dielétrico substrato, as seguintes fórmulas são usadas:

linha microstrip – síntese

$$\frac{w}{h} = 8\left(e^A - 2e^{-A}\right)^{-1} \quad \text{para} \quad \frac{w}{h} \leq 2,$$
$$\frac{w}{h} = \frac{\varepsilon_r - 1}{\pi\varepsilon_r} \times \left[\ln(B - 1) + 0{,}39 - \frac{0{,}61}{\varepsilon_r}\right] +$$
$$+ \frac{2}{\pi}[B - 1 - \ln(2B - 1)] \quad \text{para} \quad \frac{w}{h} > 2,$$
$$A = \pi\sqrt{2(\varepsilon_r + 1)}\,\frac{Z_0}{\eta_0} + \frac{\varepsilon_r - 1}{\varepsilon_r + 1}\left(0{,}23 + \frac{0{,}11}{\varepsilon_r}\right),$$
$$B = \frac{\pi}{2\sqrt{\varepsilon_r}}\frac{\eta_0}{Z_0}, \quad (11.129)$$

O coeficiente de fase, β, velocidade de fase, v_p, e comprimento de onda, λ_z, na linha microstrip são encontrados baseados nas equações (11.122), usando ε_{ref} da linha, Equação (11.127), e os valores correspondentes de espaço livre desses parâmetros de propagação. Note que v_p (e de modo análogo para β e λ_z) está entre $c_0/\sqrt{\varepsilon_r}$ (velocidade da onda em um dielétrico homogêneo de permissividade relativa ε_r) e c_0 (velocidade da onda no espaço livre), e depende da relação w/h da linha. Quanto maior for w/h menos campo no ar acima do substrato na Figura 11.15 e menor v_p (mais perto de $c_0/\sqrt{\varepsilon_r}$), que também pode ser visto a partir da Equação (11.127).

O coeficiente de atenuação representando as perdas nos condutores, α_c, da linha na Figura 11.15 é calculado de modo aproximado usando a expressão na Equação (11.116) para a mesma linha com os efeitos das bordas desprezados,

α_c — linha microstrip

$$\alpha_c = \frac{R_s}{wZ_0} \quad (11.130)$$

[R_s é a resistência superficial dos condutores, a Equação (11.65)], mas com os valores para a impedância característica Z_0 que consideram as bordas, com base nas equações (11.128). O coeficiente de atenuação das perdas no dielétrico, α_d, da linha é encontrado pela Equação (11.80),

α_d – linha microstrip

$$\alpha_d = q\,\frac{\beta}{2}\,\tan\delta_d = \frac{\pi q f \tan\delta_d\sqrt{\varepsilon_{reff}}}{c_0},$$
$$q = \frac{\varepsilon_{ref} - 1}{\varepsilon_{ref}}\,\frac{\varepsilon_r}{\varepsilon_r - 1}, \quad (11.131)$$

onde q é o fator de preenchimento dielétrico efetivo empírico da linha, levando aproximadamente em conta heterogeneidade de seu dielétrico, $\tan\,\delta_d$ é a tangente de perda do substrato, e f é a frequência da onda.

O dielétrico de uma linha strip, Figura 2.21, é homogêneo e, portanto, $\varepsilon_{ref} = \varepsilon_r$. As fórmulas empíricas para a impedância característica da linha leem

Z_0 – linha strip – análise

$$Z_0 = \frac{\eta_0}{4\sqrt{\varepsilon_r}\,[w/(2h) + 0{,}441 - s]},$$
$$s = \left(0{,}35 - \frac{w}{2h}\right)^2 \quad \text{para} \quad \frac{w}{h} < 0{,}7,$$
$$s = 0 \quad \text{para} \quad \frac{w}{h} \geq 0{,}7. \quad (11.132)$$

Para desenhar uma linha com um certo Z_0, para um dado ε_r, essas equações podem, ao contrário das equações (11.127) e (11.128) para a linha microstrip, ser resolvidas com facilidade para w/h (supondo que Z_0 e ε_r sejam conhecidos), como será mostrado em um dos exemplos. Note, no entanto, que as fórmulas na Equação (11.132), bem como os nas equações (11.127) e (11.128), podem ser modificadas para também levar em conta uma espessura diferente de zero da faixa nas figuras 2.20 e 2.21.

Para a linha strip, as expressões padrão para β, v_p, λ_z e α_d para linhas com dielétricos homogêneos se aplicam, dada nas equações (11.16), (11.17) e (11.80).[15] É claro, os mesmos valores também podem ser obtidos com as equações (11.122) e (11.131) — com $\varepsilon_{ref} = \varepsilon_r$ e $q = 1$. Da mesma forma que a Equação (11.130), $\alpha_c = R_s/(2wZ_0)$, conforme a Equação (11.118).

Em placas de circuito impresso para circuitos digitais de alta velocidade (Figura 11.14), um grande número de trilhas em geral corre em paralelo umas as outras (por exemplo, em bases de dados de computador). A distância entre traços adjacentes é da ordem da largura da faixa, w, de modo que o acoplamento entre eles é muito forte e, em geral, não pode ser desprezado. Esse acoplamento, por sua vez, é a causa do cruzamento entre as trilhas e outros efeitos indesejáveis no circuito. Portanto, para um projeto adequado e operação confiável do circuito, a análise das linhas microstrip e linhas strip isoladas, cujos parâmetros de circuito são discutidos nesta seção, precisa ser generalizada para incluir os efeitos de acoplamento. Em outras palavras, cada grupo de interconexões em uma camada da placa composta de várias linhas microstrip ou strip paralelas deve ser analisado (e projetado) como uma rede de linhas de transmissão de dois condutores acoplada ou, de modo equivalente, como uma linha de transmissão multicondutora. Os mesmo efeitos de acoplamento acontecem entre as interconexões em circuitos integrados.

Exemplo 11.15

Análise de um linha microstrip incluindo efeitos das bordas

A largura da faixa condutora de uma linha microstrip é $w = 2$ mm, a espessura do substrato dielétrico é $h = 1$ mm e tanto strip como plano base são feitos de cobre. A permissividade relativa, tangente de perda e permeabilidade do dielétrico são $\varepsilon_r = 4$, tan $\delta_d = 10^{-4}$ e $\mu = \mu_0$, respectivamente. Calcule (a) a permissividade relativa efetiva, (b) a impedância característica, (c) o coeficiente de fase e a velocidade, e (d) o coeficiente de atenuação desta linha, para uma onda quase-TEM de frequência $f = 3$ GHz na linha.

Solução Como $\sigma_c/(2\pi f\varepsilon_0) = 3{,}5 \times 10^8 \gg 1$ (para o cobre, $\sigma_c = 58$ MS/m) e a tan $\delta_d \ll 1$, as condições de baixa perda nas equações (11.61) e (9.125) são satisfeitas neste caso. Por outro lado, a condição $h \ll w$ não é cumprida e, portanto, os efeitos das bordas não podem ser desprezados.

(a) Em particular, a Equação (11.127) com $w/h = 2$ e $p = 0$ dá o seguinte para a permissividade relativa efetiva da linha: $\varepsilon_{ef} = 3{,}07$.

(b) Com o uso da segunda expressão (para $w/h > 1$) nas equações (11.128) e o fato de que $\eta_0 = 377\ \Omega$, a impedância característica da linha é $Z_0 = 51\ \Omega$. Notamos que este resultado difere bastante de $(Z_0)_{aprox} = \eta_0 h/(\sqrt{\varepsilon_r}w) = 94{,}25\ \Omega$, Equação (11.115), obtidos desprezando efeitos das bordas (o erro relativo no cálculo é de 85%).

(c) Com base nas equações (11.122), o coeficiente de fase e a velocidade da linha são $\beta = 110{,}09$ rad/m e $v_p = 1{,}71 \times 10^8$ m/s, respectivamente. Note que $(v_p)_{aprox.} = c_0/\sqrt{\varepsilon_r} = 1{,}5 \times 10^8$ m/s ($c_0 = 3 \times 10^8$ m/s), com uma suposição de que o campo eletromagnético da linha está todo no substrato dielétrico.

(d) A resistência superficial dos condutores da linha (R_s) é aquela da Equação (10.80), com a qual a Equação (11.130) produz o coeficiente de atenuação para os condutores de $\alpha_c = 0{,}14$ Np/m. Usando as equações (11.131), o fator de preenchimento dielétrico efetivo da linha (q) vem a ser $q = 0{,}9$, e o coeficiente de atenuação para o dielétrico $\alpha_d = 0{,}005$ Np/m. Estes resultados para α_c e α_d são bastante diferentes dos respectivos resultados de acordo com as equações (11.116) e (11.80), $(\alpha_c)_{aprox.} = R_s\sqrt{\varepsilon_r}/(\eta_0 h) = 0{,}076$ Np/m e $(\alpha_d)_{aprox} = \pi f\sqrt{\varepsilon_r}$ tan $\delta_d/c_0 = 0{,}0063$ Np/m, que despreza por completo os efeitos das bordas. Por fim, tendo em mente as equações (11.75) e (9.89), o coeficiente de atenuação total da linha é $\alpha = \alpha_c + \alpha_d = 0{,}145$ Np/m $= 1{,}26$ dB/m.

Exemplo 11.16

Parâmetros de circuito primário de uma linha de microstrip considerando efeito das bordas

Encontre os parâmetros de circuito primário por unidade de comprimento da linha microstrip do exemplo anterior.

Solução Pela Equação (11.121), podemos escrever para a indutância p.u.c. da linha

$$L' = \frac{\varepsilon_{ref}\varepsilon_0\mu_0}{C'}. \qquad (11.133)$$

Substituindo isto na Equação (11.42), obtemos a capacitância p.u.c. através da permissividade relativa efetiva e impedância característica da linha, que são dadas no exemplo anterior, como segue:

$$Z_0 = \sqrt{\frac{L'}{C'}} = \sqrt{\frac{\varepsilon_{ref}\varepsilon_0\mu_0/C'}{C'}} = \frac{\sqrt{\varepsilon_{ref}}}{c_0 C'} \longrightarrow$$

$$\longrightarrow C' = \frac{\sqrt{\varepsilon_{ref}}}{c_0 Z_0} = 114{,}5 \text{ pF/m}. \qquad (11.134)$$

C', L' agora é encontrado usando a Equação (11.133), e vem a ser $L' = 297$ nH/m.

Por outro lado, a solução para a resistência em alta frequência e condutância p.u.c. da linha nas equações (11.77) e (11.79), respectivamente, e usando os resultados para os coeficientes de atenuação para os condutores de linha e dielétrico obtidos no exemplo anterior, temos

$$R' = 2Z_0\alpha_c = 14{,}28\ \Omega/\text{m},$$

$$G' = 2Y_0\alpha_d = 0{,}2 \text{ mS/m}, \qquad (11.135)$$

onde Y_0 significa a admitância característica da linha, Equação (11.35).

Note que, além das linhas microstrip, essas equações podem ser usadas para encontrar C', L', R' e G' dos conhecidos ε_{ref}, Z_0, α_c e α_d, de modo primário de parâmetros do circuito secundário, de uma linha de transmissão arbitrária (com um dielétrico não homogêneo).

15 Repare que, em geral, as linhas microstrip são "mais rápidas" do que as linhas strip, ou seja, para o mesmo material dielétrico, os sinais viajam mais rápido ao longo de uma linha microstrip do que ao longo de uma linha strip ($c_0/\sqrt{\varepsilon_{ref}} > c_0/\sqrt{\varepsilon_r}$).

Exemplo 11.17

Projeto de linha microstrip

Desenhe uma linha microstrip que tenha uma impedância característica de (a) $Z_0 = 75\ \Omega$ e (b) $Z_0 = 50\ \Omega$, respectivamente, para uma permissividade dada relativa do dielétrico substrato, $\varepsilon_r = 4$. Em ambos os casos, encontre a permissividade relativa efetiva correspondente, coeficiente de fase e a velocidade para a linha, se a frequência de operação for $f = 3$ GHz.

Solução

(a) Para encontrar a largura da faixa de proporção entre a altura do substrato, w/h, que resulta em $Z_0 = 75\ \Omega$ para $\varepsilon_r = 4$, usamos as equações (11.129), das quais $A = 2{,}131$ e $B = 3{,}948$. O valor para A dá, por sua vez, $w/h = 0{,}977$ a partir da primeira expressão nas equações (11.129), a para $w/h \leq 2$. Substituindo B na segunda expressão, leva a $w/h = 0{,}962$, que é um resultado impossível, uma vez que esta expressão é válida para $w/h > 2$ somente. Assim, a razão w/h necessária é $w/h = 0{,}977$.

A permissividade relativa efetiva correspondente da linha, Equação (11.127), é $\varepsilon_{ref} = 2{,}91$. Pelas equações (11.122), o coeficiente de fase e a velocidade de uma onda quase-TEM na linha são $\beta = 107{,}18$ rad/m e $v_p = 1{,}76 \times 10^8$ m/s, respectivamente.

Por fim, como uma verificação do nosso projeto da relação w/h, calculamos a impedância característica da linha, usando as equações (11.128), para $w/h = 0{,}977$ e $\varepsilon_{ref} = 2{,}91$, e o que temos é de fato $Z_0 = 74{,}95\ \Omega \approx 75\ \Omega$, a impedância desejada.

(b) Para projetar uma linha com $Z_0 = 50\ \Omega$, a reutilização das equações (11.129) dá $A = 1{,}472$ e $B = 5{,}922$, e, em seguida, $w/h = 2{,}0516$ a partir da expressão para $w/h \leq 2$, que é contraditória, ao passo que $w/h = 2{,}0531$ da outra expressão, por isso este último resultado é a razão w/h necessária neste caso. As equações (11.127) e (11.122), então produzem $\varepsilon_{ref} = 3{,}07$, $\beta = 110{,}03$ rad/m, e $v_p = 1{,}71 \times 10^8$ m/s, e uma verificação nas equações (11.128) confirma que $Z_0 = 50{,}23\ \Omega \approx 50\ \Omega$, conforme desejado.

Exemplo 11.18

Análise de uma linha strip incluindo efeitos das bordas

Repita o Exemplo 11.15, mas para uma linha strip, na Figura 2.21.

Solução (a)–(d) A permissividade relativa efetiva da linha é $\varepsilon_{ref} = \varepsilon_r = 4$ (o dielétrico de linha é homogêneo). A Equação (11.132) dá a impedância característica da linha de $Z_0 = 32{,}7\ \Omega$ [note a diferença em relação ao resultado obtido desprezando efeitos das bordas, com base na Equação (11.118), $(Z_0)_{aprox.} = \eta_0 h/(2\sqrt{\varepsilon_r}w) = 47{,}1\ \Omega$]. Segundo as equações (11.16), (11.17) e (11.80), o coeficiente de fase, a velocidade de fase e os coeficientes de atenuação para o dielétrico de linha são $\beta = 125{,}6$ rad/m, $v_p = 1{,}5 \times 10^8$ m/s, e $\alpha_d = 62{,}82 \times 10^{-4}$ Np/m, respectivamente. Tendo em mente a Equação (11.118), o coeficiente de atenuação para condutores de linha é calculado como $\alpha_c = R_s/(2wZ_0) = 0{,}109$ Np/m, e o coeficiente de atenuação total de linha equivale a $\alpha = \alpha_c + \alpha_d = 0{,}116$ Np/m $= 1$ dB/m.

Exemplo 11.19

Fórmulas de síntese decorrentes de uma linha strip

Considere uma linha strip (Figura 2.21) cujos efeitos das bordas não são desprezíveis. (a) Obtenha as fórmulas de síntese, análogos às das equações (11.129), para encontrar a razão geométrica w/h de uma impedância característica desejada, Z_0, da linha e dada permissividade relativa, ε_r, do dielétrico de linha. (b) Usando as fórmulas em (a), projete linhas strip com $Z_0 = 50\ \Omega$ e $Z_0 = 75\ \Omega$, respectivamente, se $\varepsilon_r = 4$ em ambos os casos.

Solução

(a) Se $w/h \geq 0{,}7$, $s = 0$ nas equações (11.132), das quais

linha strip – síntese

$$\frac{w}{h} = \frac{\eta_0}{2\sqrt{\varepsilon_r}Z_0} - 0{,}882, \quad \sqrt{\varepsilon_r}Z_0 \leq 0{,}316\eta_0, \tag{11.136}$$

onde a última desigualdade (condição) é obtida ao exigir que esta solução para w/h, em termos de Z_0 e ε_r, será maior ou igual a 0,7. Se $w/h < 0{,}7$, por outro lado, as equações (11.132) dão a seguinte equação quadrática em $x = w/h$, que resolvemos em uma forma padrão,

linha strip – síntese (continuação)

$$\begin{aligned}&(0{,}7 - x)^2 - 2x = 1{,}764 - \frac{\eta_0}{\sqrt{\varepsilon_r}Z_0} \longrightarrow \\ &\longrightarrow x^2 - 3{,}4x - 1{,}274 + \frac{\eta_0}{\sqrt{\varepsilon_r}Z_0} = 0 \longrightarrow \\ &\longrightarrow x = \frac{w}{h} = 1{,}7 - \sqrt{4{,}164 - \frac{\eta_0}{\sqrt{\varepsilon_r}Z_0}}, \longrightarrow \\ &\longrightarrow \sqrt{\varepsilon_r}Z_0 > 0{,}316\eta_0,\end{aligned} \tag{11.137}$$

onde a outra solução, $x = 1{,}7 + \sqrt{4{,}164 - \eta_0/(\sqrt{\varepsilon_r}Z_0)}$, é eliminada, por causa da condição $x < 0{,}7$. Então, substituindo os conhecidos Z_0 e ε_r na Equação (11.136) ou (11.137), dependendo se $\sqrt{\varepsilon_r}Z_0$ é menor ou maior que 0,316 η_0, encontramos w/h.

(b) A relação w/h necessária para $Z_0 = 50\ \Omega$ e $\varepsilon_r = 4$, caso em que $\sqrt{\varepsilon_r}Z_0 = 100\ \Omega < 0{,}316\ \eta_0 \approx 120\ \Omega$ e se aplica Equação (11.136), acaba por ser $w/h = 1$, enquanto $w/h = 0{,}415$ para $Z_0 = 75\ \Omega$ ($\sqrt{\varepsilon_r}Z_0 = 150\ \Omega > 120\ \Omega$) — conforme Equação (11.137).

Problemas

11.1. Grandezas de circuito/campo no domínio do tempo para um cabo coaxial. Para o cabo coaxial em baixa perda descrito no Exemplo 11.3, suponha que o valor rms e fase inicial da tensão da onda TEM viajando no corte transversal do cabo definida por $z = 0$ são $V_0 = 1$ V e zero, respectivamente. Determine as expressões no domínio do tempo (instantâneas) para (a) a tensão e a corrente ao longo do cabo, (b) as intensidades de campo elétrico e magnético no dielétrico do cabo, (c) a carga superficial e as densidades de corrente nos condutores, (d) o vetor Poynting no dielétrico e (e) a potência total transportada pela onda TEM.

11.2. Três diferentes otimizações de um cabo coaxial. Considere um cabo coaxial com um dielétrico polietileno ($\varepsilon_r = 2{,}25$) e condutores de cobre ($\sigma_c = 58$ MS/m) em uma frequência de $f = 100$ MHz. O raio externo do cabo é $b = 8{,}6$ mm, a rigidez dielétrica do dielétrico é $E_{cr} = 47$ MV/m, e as perdas no dielétrico podem ser desprezadas. Calcule o coeficiente de atenuação ($\alpha = \alpha_c$), a ruptura de tensão rms ($|\underline{V}|_{cr}$) e a potência média máxima no tempo transferida (quebra) permissível (P_{cr}) do cabo para os seguintes valores do raio interno do cabo: (a) $a = b/3{,}59$ (para o qual α_c é mínimo), (b) $a = b/e$ (para o qual $|\underline{V}|_{cr}$ é máximo) e (c) $a = b/\sqrt{e}$ (para o qual P_{cr} é máximo).

11.3. Parâmetros do circuito de uma linha de dois fios assimétrica. Considere uma linha de transmissão de dois fios assimétrica fina com raios de condutores a e b ($a \neq b$), a distância entre eixos condutores d ($d \gg a, b$), e pequenas perdas em ambos os condutores e dielétricos. Seja a condutividade de fios σ_c e permeabilidade μ_0, e seja o dielétrico em torno deles homogêneo e não magnético de permissividade relativa ε_r e condutividade σ_d. Se a frequência da onda TEM propagando na linha é f, encontre os parâmetros dos circuitos (a) primário e (b) secundário da linha.

11.4. Transferência de potência máxima ao longo de uma linha de dois fios. Para a linha de dois fios assimétrica do problema anterior, seja $a = 6$ mm, $b = 3$ mm, $d = 90$ mm, $\sigma_c = 30$ MS/m, $\varepsilon_r = 3$, $\tan\delta_d = 10^{-4}$ e $f = 75$ MHz. Além disso, seja o comprimento da linha $l = 50$ m e a rigidez dielétrica de seu dielétrico $E_{cr} = 20$ MV/m. Nestas circunstâncias, calcule a potência média no tempo máximo que a linha pode receber de um gerador em uma de suas extremidades para a operação segura da estrutura, ou seja, antes de uma eventual ruptura dielétrica, bem como a potência máxima no tempo médio correspondente entregue a uma carga na outra ponta da linha.

11.5. Carga e distribuições de corrente no plano base. Supondo-se que a intensidade de corrente rms complexa da linha de transmissão fio-plano na Figura 11.9 (a) seja $\underline{I}(z)$ e que seu plano base seja perfeitamente condutor, encontre as distribuições de carga de superfície e corrente no plano.

11.6. Satisfação da equação da continuidade no plano base. (a) Considere a carga superficial calculada e as densidades de corrente no plano CEP na linha de transmissão de fio-plano do problema anterior e mostre que elas satisfazem a equação de continuidade para as correntes de superfície (para placas). (b) Mostre, também, na integração dos resultados do problema anterior, que a carga superficial e a corrente sobre o plano total $-\underline{I}(z)\sqrt{\varepsilon\mu_0}$ por unidade de comprimento da linha e $-\underline{I}(z)$, respectivamente.

11.7. Linha de transmissão de três fios. Considere o sistema de três fios finos paralelos no ar mostrado na Figura 2.23 e descrito no Exemplo 2.16, o que constitui uma linha de transmissão de dois condutores com o fio 1 sendo um condutor e os fios 2 e 3 ligados galvanicamente ao outro condutor da linha, e suponha que uma onda TEM de frequência $f = 300$ MHz se propaga pela linha. Os fios são feitos de cobre. Calcule (a) os parâmetros de circuito primário da linha e (b) a impedância característica da linha e o coeficiente de atenuação.

11.8. Potência máxima admissível entregue a uma carga. Se a linha de transmissão do problema anterior tem $l = 2$ m de comprimento, qual é a potência média máxima no tempo admissível, limitada pela ruptura dielétrica da linha, que pode ser entregue a uma carga que encerra a linha?

11.9. Linha de transmissão de quatro fios. Suponha que uma onda TEM de frequência $f = 200$ MHz é estabelecida na linha de transmissão de dois condutores consistindo de dois pares de fios finos interligados galvanicamente mostrado na Figura 2.44 (e descrito no Problema 2.35), e que os quatro fios são feitos de cobre. Calcule (a) os parâmetros de circuito primário da linha e (b) o coeficiente de atenuação de linha.

11.10. Linha de dois fios e uma lâmina. Para a linha de transmissão de dois condutores cujo condutor é uma linha de dois fios com fios ligados galvanicamente e o outro condutor é uma lâmina metálica na Figura 2.45, suponha que a resistência da superfície devido ao efeito pelicular dos dois fios é $R_s = 8{,}25$ mΩ/quadrado, e que as perdas na lâmina podem ser desprezadas. Além disso, seja a intensidade da corrente rms da onda TEM viajando na linha $I_0 = 1$ A, no início da linha (para $z = 0$). Determine (a) os parâmetros de circuito primário da linha e (b) a carga superficial induzida rms e as densidades de corrente no ponto central O sobre a lâmina em um corte transversal arbitrário da linha (para z arbitrário).

11.11. Linha de transmissão fio canto. Use a linha de transmissão de dois condutores com um fio isolado como um condutor e uma tela metálica de canto de 90° como o outro na Figura 1.57 com $a = 0{,}5$ mm e $h = 4$ cm, e suponha também que tanto o fio como a tela sejam feitos de alumínio ($\sigma_c = 35$ MS/ m). (a) Encontre o coeficiente de atenuação da linha em uma frequência de $f = 375$ MHz, desprezando a contribuição das perdas na tela. (b) Se a intensidade de corrente rms complexa da linha é $\underline{I}(z)$, qual é o vetor densidade de corrente rms complexo em cada um dos dois pontos na tela que estão mais próximos do fio?

11.12. Linha TEM planar com um dielétrico continuamente não homogêneo. Suponha que os condutores da linha de transmissão planar com dielétrico continuamente não homogêneo imperfeito na Figura 3.37 também são imperfeitos, mas homogêneos, de condutividade σ_c, bem como que uma onda quase-TEM da frequência f é estabelecida na linha. As perdas nas faixas e dielétrico podem ser consideradas pequenas, a permeabilidade em todos os lugares é μ_0, e a largura das faixas e sua separação são tais que $w \gg h$, de modo que os efeitos das bordas podem ser desprezados. Encontre os parâmetros do circuito primário e secundário desta linha.

11.13. Onda quase-TEM em um cabo coaxial com duas camadas dielétricas. Para o cabo coaxial com duas camadas coaxiais de dielétrico imperfeito mostrado na Figura 3.34 ou 2.50 e descrito no Problema 3.17, sejam seus condutores feitos de cobre e o dielétrico não magnético. Calcule (a) os parâmetros do circuito primário do cabo para ondas quase-TEM em uma frequência de $f = 2$ GHz, (b) a permissividade relativa efetiva do cabo, e (c) a velocidade de fase e o coeficiente de atenuação.

11.14. Capacidade de energia de um cabo coaxial com um dielétrico de duas camadas. Considere o cabo coaxial com duas camadas dielétricas coaxiais do Problema 2.77, e suponha que a condutividade dos condutores de cabo seja $\sigma_c = 30$ MS/m, o comprimento do cabo é $l = 10$ m, e não há perdas no dielétrico. Com uma frequência de $f = 5$ GHz, determine (a) a potência média máxima no tempo, limitada por uma eventual ruptura dielétrica na estrutura, que o cabo pode receber de um gerador e (b) a respectiva potência entregue a uma carga na outra extremidade do cabo.

11.15. Análise quase-TEM de cabos coaxiais com setores dielétricos. Encontre a permissividade relativa efetiva e o coeficiente de atenuação para ondas quase-TEM em uma frequência f do cabo coaxial com (a) dois e (b) quatro setores dielétricos mostrado nas figuras 2.33 e 2.51, respectivamente, supondo que todos os condutores são feitos de cobre e que as perdas nos dielétricos são desprezíveis.

11.16. Linha de transmissão quase-TEM plana fio-terra revestida. A Figura 11.16 mostra uma linha de transmissão cujo condutor é um fio de raio a com uma camada dielétrica coaxial de espessura b e o outro condutor é um plano base. A altura do eixo do fio com relação ao plano é h ($h \gg a, b$). As resistências superficial devido ao efeito pelicular no fio e plano são R_{s1} e R_{s2}, respectivamente.

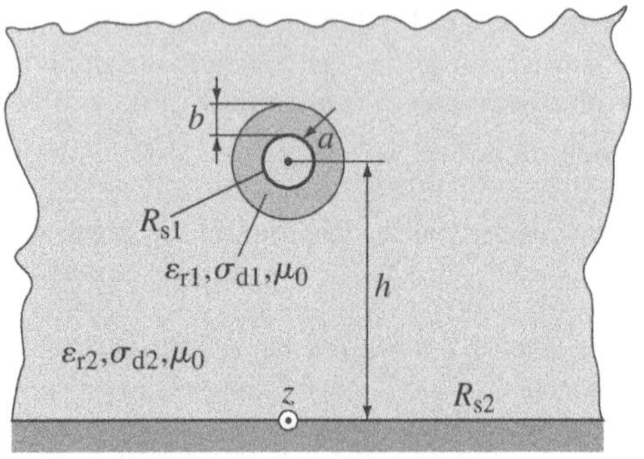

Figura 11.16 Corte transversal de uma linha de transmissão de baixa perda quase-TEM que consiste de um fio revestido e plano base; para o Problema 11.16.

A permissividade relativa e a condutividade do revestimento do fio são ε_{r1} e σ_{d1} e os do resto do dielétrico são ε_{r2} e σ_{d2}, considerando que ambos os materiais são não magnéticos, e a linha pode ser tratada como de baixa perda. A intensidade de corrente rms complexa de uma onda quase-TEM viajando pela linha é $\underline{I}(z)$. Determine (a) o coeficiente de atenuação desta linha e (b) as distribuições de carga superficial e corrente sobre o plano base.

11.17. Indutância interna em alta frequência de três linhas diferentes. Calcule a indutância interna em alta frequência por unidade de comprimento da linha de dois fios do Problema 11.4, cabo coaxial do Problema 11.13, e a linha microstrip do Exemplo 11.12, e compare os resultados com os valores correspondentes de suas indutâncias externas por unidade de comprimento.

11.18. Linhas microstrip com largura da faixa diferente em relação à altura. Considere uma linha microstrip com uma faixa de cobre e plano base, parâmetros de substrato dielétrico $\varepsilon_r = 4$ e $\tan \delta_d = 10^{-4}$ ($\mu_r = 1$), largura da faixa w, e espessura do substrato $h = 2$ mm. Calcule os parâmetros do circuito primário e secundário da linha, levando em conta os efeitos das bordas, para as seguintes razões w/h: (a) 0,05, (b) 0,1, (c) 0,5, (d) 1, (e) 2 , (f) 10 e (g) 20. (h) Compare os resultados nos casos (d)–(g) com os valores correspondentes de parâmetros do circuito da linha obtidos desprezando os efeitos das bordas (veja Exemplo 11.10). (i) Para os casos (a)–(d), compare os resultados com os obtidos para uma linha de transmissão fio-plano (veja o Exemplo 11.9) com a faixa condutora na Figura 2.20 substituída por um fio fino de um raio equivalente igual a $a = w/4$.

11.19. Parâmetros do circuito primário de uma linha strip com efeito das bordas. Encontre os parâmetros do circuito principal da linha strip do Exemplo 11.18.

11.20. Projeto das linhas microstrip e strip. Projete (a) uma linha microstrip e (b) uma linha strip que tem a mesma impedância característica para a mesma permissividade relativa do dielétrico como o cabo coaxial do Exemplo 11.3 e linha de dois fios do Problema 11.4, respectivamente.

Análise de circuito das linhas de transmissão

CAPÍTULO

12

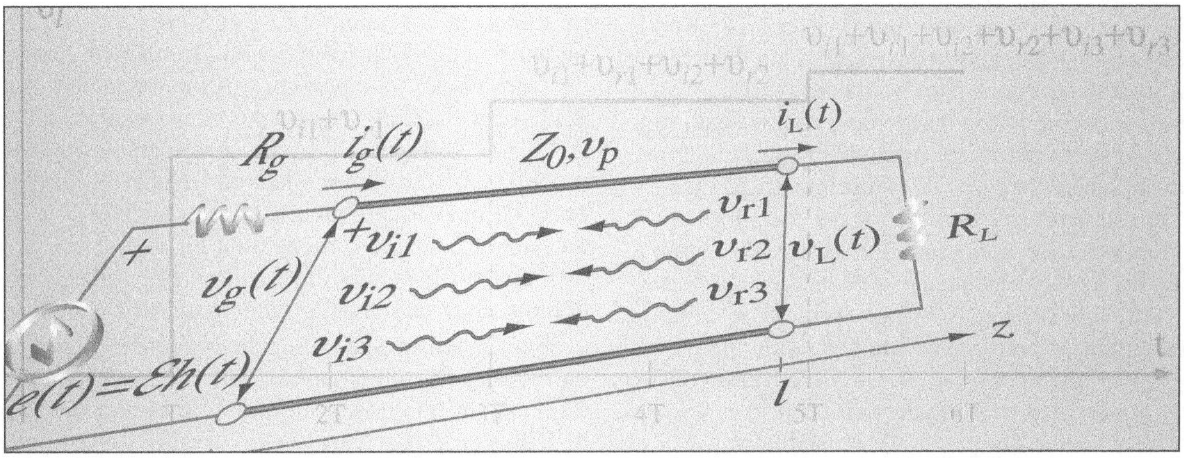

Introdução

Este capítulo compreende os parâmetros de circuito primários e secundários das linhas de transmissão calculadas na análise de campo das linhas do capítulo anterior, utilizando-os para encontrar a tensão, a corrente e a potência ao longo das linhas de transmissão sem perdas e de baixa perda, com várias excitações e terminações de carga. Acima de tudo, trata-se de uma análise de circuito de linhas de transmissão, utilizando apenas conceitos puros da teoria de circuitos para desenvolver análise de domínio da frequência e análise de transiente das linhas como circuitos com parâmetros distribuídos cujas características por unidade de comprimento já sejam conhecidas.

O capítulo começa com um modelo de circuito de uma linha de transmissão arbitrária de dois condutores na forma de uma rede escalonada de células elementares com elementos agrupados. Equações das linhas de transmissão, denominadas equações telegráficas, serão derivadas para tensões e correntes nesta rede e resolvidas no domínio complexo (com o uso de representantes complexos de correntes e tensões harmônicas apresentadas na Seção 8.7). A análise então se especializará em casos de relevância prática das linhas de transmissão sem perdas e de baixa perda, respectivamente, focando em conceitos e detalhes importantes, como o coeficiente de reflexão da linha, fluxo de potência na estrutura, impedância da linha de transmissão e várias características de terminações da carga da linha. Também serão apresentados ressonadores de linhas de transmissão, ou seja, seções em curto circuito ou em circuito aberto das linhas de transmissão de determinados comprimentos elétricos (ressonantes) característicos, assim como uma técnica gráfica para a análise de circuito e projeto das linhas de transmissão no domínio de frequência com base na carta de Smith. A análise de transiente (domínio do tempo) das linhas de transmissão, essencial para a compreensão do comportamento de transiente de interconexões em circuitos digitais de alta velocidade, compreenderá excitações de pulso e degrau em linhas e uma grande variedade de terminações da linha, incluindo cargas reativas e não lineares, e condições casadas ou não em cada extremidade da linha.

12.1 EQUAÇÕES TELEGRÁFICAS E SUAS SOLUÇÕES EM DOMÍNIO COMPLEXO

A Figura 12.1 (parte superior) mostra uma representação segundo a teoria dos circuitos de uma linha de transmissão arbitrária de dois condutores com perda, onde (como na Figura 3.22) um par das linhas paralelas horizontais grossas no diagrama esquemático, embora lembrando uma linha de transmissão de dois fios, simboliza uma estrutura com condutores de corte transversal completamente arbitrário e um dielétrico geralmente não homogêneo. Assumimos um regime harmônico (sinusoidal estacionário) na estrutura (ver Seção 8.6), com f representando a frequência de operação da linha. Para desenvolver as equações para a análise geral de linhas de transmissão com linhas harmônicas com base na teoria dos circuitos, primeiro subdividimos a linha em questão em seções menores, de comprimento Δz (Figura 12.1). Consideremos Δz bem menor que o comprimento de onda na linha, de modo que as mudanças de tensão e corrente em Δz sejam pequenas. Utilizando a resistência R' e a condutância de fuga G' por unidade de comprimento da linha, as perdas em cada segmento podem ser então representadas por uma célula de circuito consistindo de um resistor em série de resistência $\Delta R = R'\Delta z$ e um resistor derivação (paralelo) de condutância $\Delta G = G'\Delta z$, como visto no modelo de circuito da linha na Figura 3.21, para um regime cc (constante de tempo). Em um regime ac (incluindo harmônico), no entanto, os efeitos capacitivos e indutivos do segmento podem ser modelados por um capacitor adicional paralelo, de capacitância $\Delta C = C'\Delta z$ e um indutor de série, de indutância $\Delta L = L'\Delta z$, como visto na Figura 12.1 (parte inferior), onde C' e L' são capacitância e indutância por unidade de comprimento da linha. Capacitor e indutor são irrelevantes para a análise do cc, visto que são circuito aberto e fechado [veja as equações (3.45) e (7.3)], para tensões e correntes contínuas em relação ao tempo. É claro que, C', L', R' e G' são parâmetros de circuito primários da linha estudada no capítulo anterior com base na análise de campo da linha, em altas frequências, e calculados, nas seções 11.8 e 11.9, para diversas geometrias de linha e composições de material. Na Figura 12.1, R' representa, assim, a resistência em alta frequência por unidade de comprimento (assumindo que o efeito pelicular seja considerável) da linha, Equação 11.66, em vez da resistência em baixa frequência (cc) estudada na Seção 3.12. Também lembramos que L' inclui em geral a indutância interna de alta frequência por unidade de comprimento L'_i da linha, Equação 11.100, assim como a externa, como na Equação. 11.39, embora L'_i possa ser desconsiderada na maioria das aplicações em alta frequência das linhas de transmissão. Ao pôr em cascata pequenas células iguais com elementos agrupados de parâmetros ΔC, ΔL, ΔR e ΔG, na Figura 12.1 para cada segmento longo Δz da linha, obtemos um modelo de circuito de alta frequência da linha, que é uma base para análise do circuito da estrutura. Como o modelo na Figura 3.21, essa rede escalonada (de células de circuito elementares) é considerada um circuito com parâmetros distribuídos.

Para a análise de domínio da frequência da rede vista na Figura 12.1, empregamos representantes complexos da tensão e da corrente ao longo da linha (ver Seção 8.7), ou seja, tensão rms $\underline{V}(z)$ e corrente $\underline{I}(z)$ complexas, que são funções desconhecidas (a determinar) da coordenada z. Adicionando ao lado direito da Equação (3.166) a expressão para queda de tensão ao longo do indutor em série [Equação (8.69)], $\Delta \underline{V}_L = j\omega \Delta L \underline{I}$ temos

$$\underline{V}(z) - \underline{V}(z + \Delta z) = \Delta R\underline{I} + j\omega\Delta L\underline{I}, \qquad (12.1)$$

onde $\omega = 2\pi f$ é a frequência angular (em radianos) da tensão e da corrente. Em outras palavras, as voltagens nos cortes transversais nas coordenadas z e $z + \Delta z$ na Figura 12.1 diferem pela fem induzido na porção contida da linha (termo $j\omega\Delta L\underline{I}$), além da queda de tensão

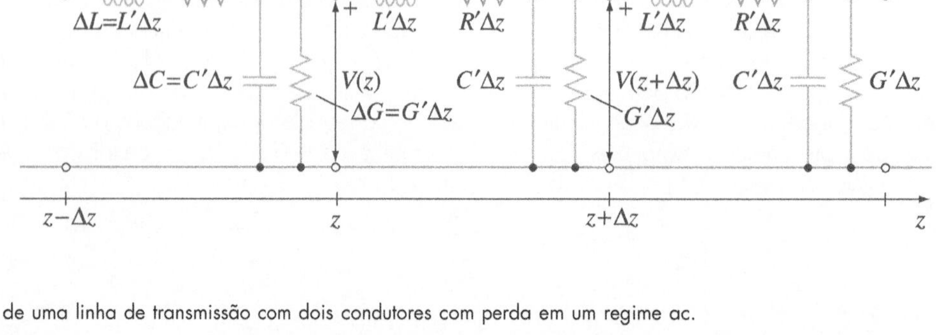

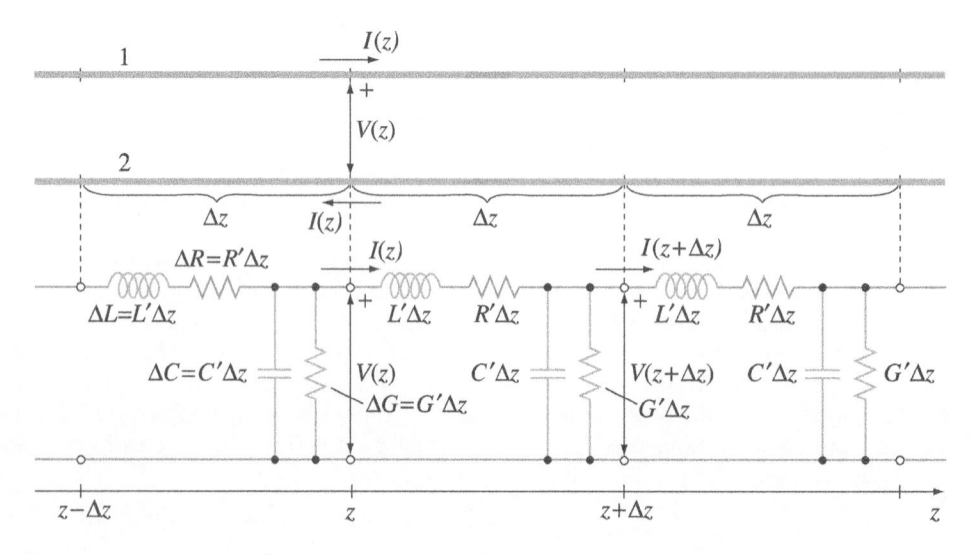

Figura 12.1

Modelo de circuito de uma linha de transmissão com dois condutores com perda em um regime ac.

ao longo de Δz graças à resistência finita (diferente de zero) dos condutores da linha (termo $\Delta R\underline{I}$). De maneira similar, combinar a expressão para a queda de corrente através do capacitor paralelo [Equação (3.45)], $\Delta \underline{I}_C = j\omega \Delta C \underline{V}$, com as equações (3.152) e (3.157), resulta em

$$\underline{I}(z) - \underline{I}(z + \Delta z) = \Delta G \underline{V} + j\omega \Delta C \underline{V}. \quad (12.2)$$

Aqui, a diferença nas intensidades da corrente entre cortes transversais em z e $z + \Delta z$ é igual à soma das intensidades, dentro da porção da linha em questão, da corrente de fuga (termo $\Delta G \underline{V}$) através do dielétrico imperfeito da linha e corrente de escoamento (termo $j\omega \Delta C \underline{V}$) que existe mesmo se o dielétrico for um vácuo. Este último termo é na realidade a corrente de deslocamento no dielétrico, com densidade dada pela Equação. 8.5 e necessária para escoar a carga contida nos condutores da linha, $\Delta \underline{Q} = \underline{Q}' \Delta z$, onde $\underline{Q}'$ é a carga rms complexa por unidade de comprimento da linha e $\Delta \underline{I}_C = j\omega \Delta \underline{Q}$ [ver Equação (8.2)]. Assim como nas equações (3.168) e (3.160) no caso de dc, no limite de $\Delta z \to$ as equações (12.1) e (12.2) se tornam

equações telegráficas

$$\frac{d\underline{V}}{dz} = -\underline{Z}' \underline{I}, \quad \frac{d\underline{I}}{dz} = -\underline{Y}' \underline{V}, \quad (12.3)$$

onde $\underline{Z}'$ e $\underline{Y}'$, denominados impedância e admitância complexas por unidade de comprimento da linha, são dadas por

impedância e admitância complexas por unidade de comprimento da linha

$$\underline{Z}' = R' + j\omega L', \quad \underline{Y}' = G' + j\omega C'. \quad (12.4)$$

É claro que $\underline{Z}' \neq 1/\underline{Y}'$. Sendo uma generalização das equações (3.168) e (3.160), as equações (12.3) são as da linha de transmissão ou telegráfica para voltagens e correntes complexas (representando as harmônicas) em linhas de transmissões de dois condutores. Elas constituem um sistema de duas equações diferenciais de primeira ordem acopladas em z, sendo $\underline{V}(z)$ e $\underline{I}(z)$ desconhecidos.

Do mesmo modo que as equações (3.170) são obtidas das equações (3.168) e (3.160) na análise cc, as equações (12.3) podem ser combinadas na forma de equações diferenciais de segunda ordem somente em termos de $\underline{V}$ e $\underline{I}$,

equações da onda para $\underline{V}$ e $\underline{I}$ ao longo de uma linha

$$\frac{d^2\underline{V}}{dz^2} - \underline{\gamma}^2 \underline{V} = 0, \quad \frac{d^2\underline{I}}{dz^2} - \underline{\gamma}^2 \underline{I} = 0. \quad (12.5)$$

Estas são as equações de onda para tensão e corrente complexas na linha, respectivamente. O coeficiente de propagação complexa, $\underline{\gamma}$, da linha, Equação (11.62), vem a ser

coeficiente de propagação complexa de uma linha de transmissão

$$\underline{\gamma} = \sqrt{\underline{Z}' \underline{Y}'} = \alpha + j\beta, \quad (12.6)$$

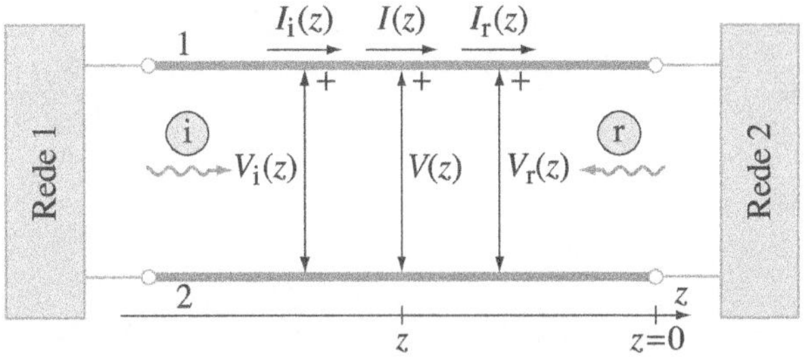

Figura 12.2

Tensões e correntes incidentes, refletidas e totais da linha de transmissão da Figura 12.1

com α e β representando os coeficientes de atenuação e fase linha, respectivamente.

Para as equações (12.5), soluções gerais são funções exponenciais complexas em z. Para a tensão da linha, a solução é

solução para a tensão da linha

$$\underline{V}(z) = \underbrace{\underline{V}_{i0}\, e^{-\underline{\gamma} z}}_{\text{onda incidente}} + \underbrace{\underline{V}_{r0}\, e^{\underline{\gamma} z}}_{\text{onda refletida}} = \underline{V}_i(z) + \underline{V}_r(z) = \underline{V}_{tot}(z) \quad (12.7)$$

que pode ser verificado pela substituição direta na equação da onda da tensão, como na Equação (9.42). Conforme esperado, a onda de tensão total ao longo da linha, $\underline{V}_{tot}$, é, em geral, uma soma de duas ondas que viajam em direções opostas, uma incidente (para frente), $\underline{V}_i$, se propagando na direção positiva z [de modo semelhante às equações (10.35) e (10.36)], como visto na Figura 12.2. As constantes complexas $\underline{V}_{i0}$ e $\underline{V}_{r0}$ são, respectivamente, iguais às tensões rms complexas incidentes e refletidas no corte transversal da linha definido por $z = 0$. Elas dependem das redes de terminais conectados nas extremidades da linha (Figura 12.2), incluindo a frequência de operação da onda — imposta por um ou mais geradores (de tensão e/ou corrente) dentro das redes, assim como no comprimento e em outras características da própria linha. Assim como nas equações (9.81) ou (11.63), a expressão para $\underline{V}_i$ pode ser

tensão incidente

$$\underline{V}_i(z) = \underline{V}_{i0}\, e^{-\underline{\gamma} z} = \underline{V}_{i0}\, e^{-\alpha z}\, e^{-j\beta z}, \quad (12.8)$$

e de maneira semelhante para $\underline{V}_r$. A tensão incidente instantânea ao longo da linha é [em paralelo à Equação (9.84)],

$$v_i(z, t) = V_{i0}\sqrt{2}\, e^{-\alpha z} \cos(\omega t - \beta z + \theta_{i0}), \quad (12.9)$$

onde V_{i0} e θ_{i0} são o valor rms e fase inicial, dessa tensão para $z = 0$($\underline{V}_{i0} = V_{i0} e^{j\theta_{i0}}$). O termo $e^{-\alpha z}$ representa uma diminuição espacial exponencial da amplitude de onda, conforme mostra a Equação (9.85) e ilustra a Figura 9.11. Enquanto a unidade para β é rad/m, α é medido em Np/m [também pode ser expresso em dB/m, usando-se para isso a conversão na Equação (9.89)]. Das equações (9.35) e (8.111), a velocidade de fase, v_p, e comprimento de onda, λ_z, ao longo da linha para cada uma das ondas que se deslocam (incidente e refletida) são obtidas como

$$v_p = \frac{\omega}{\beta}, \quad \lambda_z = \frac{2\pi}{\beta} = \frac{v_p}{f}. \qquad (12.10)$$

Ao tomarmos a derivada em relação a z da solução para a tensão total da linha na Equação (12.7), e substituí-la na primeira equação telegráfica, ou seja, a primeira relação nas equações (12.3), obtemos a seguinte solução para a corrente rms complexa total da linha:

solução para corrente da linha

$$\underline{I}(z) = -\frac{1}{R' + j\omega L'}\frac{d\underline{V}}{dz} = \underbrace{\frac{\underline{V}_{i0}}{\underline{Z}_0}e^{-\underline{\gamma}z}}_{\text{onda incidente}} + \underbrace{\left(-\frac{\underline{V}_{r0}}{\underline{Z}_0}e^{\underline{\gamma}z}\right)}_{\text{onda refletida}} = \underline{I}_i(z) + \underline{I}_r(z), \qquad (12.11)$$

onde todas as três intensidades de corrente, ou seja, da onda incidente ($\underline{I}_i$), onda refletida ($\underline{I}_r$) e onda resultante ($\underline{I} = \underline{I}_{tot}$), são dadas em relação à mesma direção de referência (Figura 12.2). O parâmetro complexo $\underline{Z}_0$ é a impedância característica da linha, definida pela Equação (11.34), que na Equação (12.11) revela-se

impedância característica complexa

$$\underline{Z}_0 = \sqrt{\frac{\underline{Z}'}{\underline{Y}'}} = |\underline{Z}_0|\, e^{j\phi}, \qquad (12.12)$$

com ϕ designando o ângulo de fase (argumento) da impedância. A corrente incidente complexa também pode ser descrita por [veja também a Equação (9.92)]

corrente incidente

$$\underline{I}_i(z) = \frac{\underline{V}_{i0}}{\underline{Z}_0}e^{-\underline{\gamma}z} = \frac{\underline{V}_{i0}}{|\underline{Z}_0|}e^{-\alpha z}e^{-j\beta z}e^{-j\phi}. \qquad (12.13)$$

No domínio do tempo,

$$i_i(z,t) = \frac{V_{i0}}{|\underline{Z}_0|}\sqrt{2}\,e^{-\alpha z}\cos(\omega t - \beta z + \theta_{i0} - \phi), \qquad (12.14)$$

e expressões análogas servem para a corrente refletida.

Perceba que ao combinarmos as equações (12.7) e (12.11) temos

taxa de tensão/corrente para ondas incidentes e refletidas

$$\frac{\underline{V}_i(z)}{\underline{I}_i(z)} = -\frac{\underline{V}_r(z)}{\underline{I}_r(z)} = \underline{Z}_0, \qquad (12.15)$$

onde o sinal de menos na segunda taxa entre tensão e corrente vem das mesmas orientações de referência adotadas dos pares tensão/corrente e direções de propagação opostas para as ondas incidentes e refletidas — na Figura 12.2. Em outras palavras, quando ambas as ondas são vistas da mesma forma em relação à propagação, ou seja, cada uma se afastando ou se aproximando de um observador, as orientações mútuas de suas tensões e correntes parecem iguais aos pares tensão/corrente ($\underline{V}_i$, $\underline{I}_i$) e ($\underline{V}_r$, $-\underline{I}_r$) [em vez de ($\underline{V}_r$, $\underline{I}_r$)].[1] Isso explica por que a taxa entre $\underline{V}_r$ e $-\underline{I}_r$ (e não $+\underline{I}_r$) é a mesma (igual a $\underline{Z}_0$) da taxa entre $\underline{V}_i$ e $-\underline{I}_i$. Também percebemos das equações (12.7) e (12.11) que

$$\frac{\underline{V}_{tot}(z)}{\underline{I}_{tot}(z)} \neq \underline{Z}_0, \qquad (12.16)$$

isto é, a taxa de tensão e corrente total na linha, em geral não é igual a $\underline{Z}_0$ (ou qualquer outra constante), mas é uma função da coordenada z.

12.2 ANÁLISE DO CIRCUITO DAS LINHAS DE TRANSMISSÃO SEM PERDA

Em diversas situações práticas, perdas tanto nos condutores quanto no dielétrico de uma linha de transmissão em regime ac podem ser desconsideradas por completo, ou seja, os condutores e o dielétrico de uma linha podem ser considerados perfeitos. Para uma linha sem perdas deste tipo, tanto a resistência de série R' e condutância de fuga (shunt) G' por unidade de comprimento da linha são iguais a zero, de modo que tanto a impedância série por unidade de comprimento $\underline{Z}'$ e a admitância shunt $\underline{Y}'$ da linha, nas equações (12.4), são puramente imaginárias (reativas),

linha de transmissão sem perda

$$R', G' = 0 \longrightarrow \underline{Z}' = j\omega L' \quad \text{e} \quad \underline{Y}' = j\omega C'. \qquad (12.17)$$

Com isso, as expressões para os parâmetros de circuito secundários ($\underline{Z}_0$, α, β, v_p e λ_z) das linhas de transmissão com perdas da seção anterior se tornam as obtidas nas seções 11.1-11.4, com base na análise de campo das linhas de transmissão sem perdas.

Especificamente, a impedância característica da linha ($\underline{Z}_0$), Equação (12.12), se torna puramente real, sendo dada por

Z_0 — linha sem perda

$$\underline{Z}_0 = \sqrt{\frac{L'}{C'}} = Z_0 \quad (\phi = 0), \qquad (12.18)$$

1 Do ponto de vista da transferência de potência ao longo de uma linha de transmissão com base em suas tensões e correntes (que serão discutidas em um capítulo posterior), perceba que todas as orientações tensão/corrente na Figura 12.2 resultam, pela Equação (11.44), no fluxo de potência complexa na direção de referência para frente (positivo z). Assim, o par ($\underline{V}_r$, $-\underline{I}_r$) [e não $\underline{V}_r$, $\underline{I}_r$] deve ser usado na Equação (11.44) para a verdadeira potência refletida, visto que a verdadeira transferência de potência pela onda refletida está na direção oposta (para trás).

que é a mesma expressão vista na Equação (11.42). Além disso, o coeficiente de propagação complexo da linha ($\underline{\gamma}$), Equação (12.6), é agora puramente imaginário, produzindo um coeficiente de atenuação (α) zero e a expressão para o coeficiente fase da linha (β) nas equações (11.43),

β — linha sem perda

$$\underline{\gamma} = \mathrm{j}\omega\sqrt{L'C'} \longrightarrow \alpha = 0 \qquad \beta = \omega\sqrt{L'C'}. \tag{12.19}$$

As expressões correspondentes sem perda para velocidade de fase v_p e comprimento de onda (λ_z) na linha são as obtidas também pelas equações (11.43).

Por fim, para uma linha de transmissão sem perdas com um dielétrico homogêneo, de permissividade ε e permeabilidade μ, a relação de dualidade entre a indutância (L') e a capacitância (C') por unidade de comprimento da linha na Equação (11.41) leva a expressões simplificadas, utilizando ε e μ, para Z_0, β, v_p e λ nas equações (11.37), (11.40), (11.16) e (11.17).

12.3 ANÁLISE DO CIRCUITO DAS LINHAS DE TRANSMISSÃO DE BAIXA PERDA

Como explicamos na Seção 11.5, perdas no dielétrico e nos condutores das linhas de transmissão utilizadas em aplicações práticas podem ser consideradas pequenas, e por vezes até mesmo zero (seção anterior). Para linhas com pequenas perdas (mas não iguais a zero), os parâmetros de circuito primários da linha, ou seja, a capacitância, indutância, resistência e condutância por unidade de comprimento da linha (C', L', R' e G'), e a frequência angular operadora, ω, da onda harmônica da linha satisfazem à seguinte condição:

condição de baixa perda

$$R' \ll \omega L' \quad \text{e} \quad G' \ll \omega C'. \tag{12.20}$$

Com base nisso, ou seja, assumindo que as linhas de transmissão, em virtude de um projeto, são construídas com bons condutores e dielétricos [veja as equações (11.61)], também podemos transformar as expressões gerais dos parâmetros secundários do circuito de linhas de transmissão com perdas da Seção 12.1 ($\underline{\gamma}$, $\underline{Z}_0$...) em outras aproximadas, muito mais simples e mais fáceis de utilizar. É claro que o caso sem perdas, Equação (12.17), está incluso na condição de baixa perda.

Utilizando a Equação (12.20) e expansão binomial, a expressão para o coeficiente de propagação complexa de uma linha de transmissão nas equações (12.6) e (12.4) podem ser simplificados, assumindo que haja baixa perda, para uma forma aproximada:

$$\underline{\gamma} = \sqrt{(R' + \mathrm{j}\omega L')(G' + \mathrm{j}\omega C')} =$$

$$= \mathrm{j}\omega\sqrt{L'C'}\sqrt{\left(1 - \mathrm{j}\,\frac{R'}{\omega L'}\right)\left(1 - \mathrm{j}\,\frac{G'}{\omega C'}\right)}$$

$$\approx \mathrm{j}\omega\sqrt{L'C'}\left[1 - \mathrm{j}\left(\frac{R'}{\omega L'} + \frac{G'}{\omega C'}\right)\right]^{1/2}$$

$$\approx \mathrm{j}\omega\sqrt{L'C'}\left[1 - \mathrm{j}\left(\frac{R'}{2\omega L'} + \frac{G'}{2\omega C'}\right)\right]$$

$$= \frac{R'}{2}\sqrt{\frac{C'}{L'}} + \frac{G'}{2}\sqrt{\frac{L'}{C'}} + \mathrm{j}\omega\sqrt{L'C'}, \tag{12.21}$$

do mesmo modo do procedimento na Equação (9.122). Em particular, se faz uso aqui dos fatos que $(1 + \underline{a})(1 + \underline{b}) \approx 1 + \underline{a} + \underline{b}$ ($|\underline{a}||\underline{b}| \ll |\underline{a}|, |\underline{b}|$) e $(1 + \underline{a} + \underline{b})^{1/2} \approx 1 + (\underline{a} + \underline{b})/2$ (da identidade de série binomial) para $|\underline{a}| \ll 1$ and $|\underline{b}| \ll 1$. A Equação (9.83) fornece, então, as seguintes expressões para os coeficientes de atenuação e fase de linhas de transmissão de baixa perda:

α, β — linha com pequenas perdas

$$\alpha \approx \underbrace{\frac{R'}{2}\sqrt{\frac{C'}{L'}}}_{\alpha_c} + \underbrace{\frac{G'}{2}\sqrt{\frac{L'}{C'}}}_{\alpha_d}, \qquad \beta \approx \omega\sqrt{L'C'}. \tag{12.22}$$

O primeiro termo na expressão para α é o coeficiente de atenuação representando as perdas nos condutores (α_c) da linha, e o segundo termo, as perdas no dielétrico da linha (α_d), como na Equação (11.75). Por outro lado, tendo em mente as equações (12.22). (12.19) e (12.10), notamos que o coeficiente de fase, assim como velocidade de fase e comprimento de onda, ao longo das linhas de baixa perda, são quase os mesmos das linhas sem perdas correspondentes (na mesma frequência).

De uma maneira semelhante, iniciando com as equações (12.12) e (12.4), deriva-se uma expressão aproximada da impedância característica da linha com perdas pequenas, cuja parte real é dada por

Z_0 — linha com perdas pequenas

$$Z_0 \approx \sqrt{\frac{L'}{C'}}, \tag{12.23}$$

enquanto a parte imaginária pode ser desconsiderada. Isso corresponde à avaliação da impedância intrínseca de bons dielétricos, na Equação (9.124). Assim, Z_0 é obtido como no caso sem perdas, Equação (12.18).

Combinados com a Equação (12.23), os coeficientes de atenuação para condutores e dielétricos nas equações (12.22) se tornam

$$\alpha_c \approx \frac{R'}{2Z_0}, \qquad \alpha_d \approx \frac{G'}{2Y_0}, \tag{12.24}$$

onde Y_0 é a admitância característica da linha, definida pela Equação (11.35). Percebemos que estas são exatamente as expressões para α_c na Equação (11.77) e α_d na Equação (11.79), obtidas da análise de campo das linhas de transmissão com perdas pequenas, nas seções 11.5 e 11.6.

No entanto, se por alguma razão a condição na Equação (12.20) não for alcançada em uma dada linha de transmissão com perdas, a uma dada frequência da operação, empregamos as expressões "completas" dos parâmetros secundários de circuito da linha, na Seção 12.1.

12.4 COEFICIENTE DE REFLEXÃO PARA LINHAS DE TRANSMISSÃO

Nesta seção e na seguinte definiremos e discutiremos o coeficiente de reflexão e padrões de ondas estacionárias e calcularemos o fluxo de potência em uma linha de transmissão na Figura 12.2. Para tal análise, consideremos a rede terminal no início da linha um gerador de tensão eletromotriz rms complexa (tensão de circuito aberto) $\underline{\mathcal{E}}$ e impedância interna (série) $\underline{Z}_g$, como visto na Figura 12.3. Em geral, um gerador como esse representa o gerador (circuito) equivalente de Thévenin, em relação aos terminais de entrada da linha, de uma rede com entrada arbitrária da Figura 12.2. Além disso, consideremos que a outra extremidade da linha termine em uma carga de impedância complexa, $\underline{Z}_L$, que em geral é uma impedância equivalente (de entrada), de uma rede de saída passiva (sem geradores) arbitrária conforme Figura 12.2. Por fim, adotamos por origem do eixo z, conforme a Figura 12.22, nos terminais de saída da linha (ou seja, na carga), de modo que, denotando o comprimento da linha por l, a localização dos terminais de entrada da linha (gerador) pode ser definida por $z = -l$ (Figura 12.3).

Condições de contorno nos terminais de carga para a tensão total (incidente mais refletida) e ondas de corrente $\underline{V}(z)$ e $\underline{I}(z)$e da linha simplesmente estipulam que essa tensão e corrente, dadas pelas equações (12.7) e (12.11), para $z = 0$ são iguais à tensão, $\underline{V}_L$, e corrente de carga, $\underline{I}_L$, respectivamente. Além disso, $\underline{V}_L$ e $\underline{I}_L$ se relacionam por meio da impedância de carga. Obtemos, assim,

$$\underline{V}(0) = \underline{V}_L, \quad \underline{I}(0) = \underline{I}_L, \quad \underline{V}_L = \underline{Z}_L \underline{I}_L, \tag{12.25}$$

que, combinado com as equações (12.7) e (12.11), resulta em

condições de contorno na carga

$$\underline{V}_{i0} + \underline{V}_{r0} = \underline{V}_L, \quad \frac{\underline{V}_{i0}}{\underline{Z}_0} - \frac{\underline{V}_{r0}}{\underline{Z}_0} = \frac{\underline{V}_L}{\underline{Z}_L}. \tag{12.26}$$

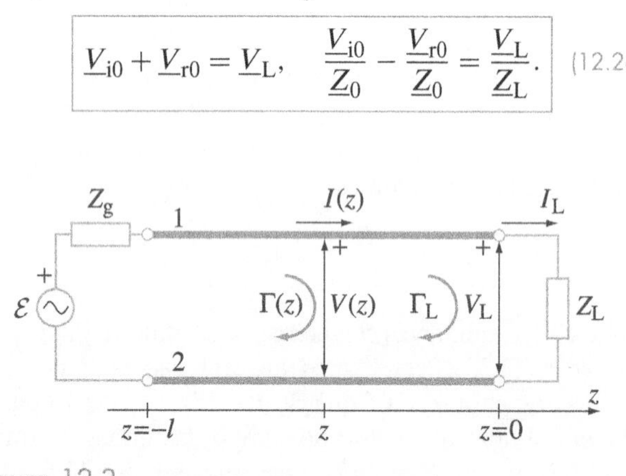

Figura 12.3

Linha de transmissão da Figura 12.2 com um gerador de tensão (em $z = -l$) e carga de impedância completa (em $z = 0$) como redes terminais.

No que segue, assumimos que $\underline{V}_{i0}$ é uma constante dada (conhecida) e solucionamos $\underline{V}_{r0}$ e $\underline{V}_L$. No entanto, temos em mente que para a solução completa da tensão e da corrente na linha, também precisamos empregar as condições de contorno nos terminais do gerador ($z = -l$) na Figura 12.3, para expressar $\underline{V}_{i0}$, e depois $\underline{V}_{r0}$ e $\underline{V}_L$ em termos da fem $\underline{\mathcal{E}}$ e impedância do gerador $\underline{Z}_g$ (além de outros parâmetros da estrutura). Isso será feito em uma seção posterior.

As equações (12.26) com $\underline{V}_{r0}$ e $\underline{V}_L$ desconhecidos têm forma idêntica às equações (10.40), e o mesmo vale para suas respectivas soluções, de modo que, como na Equação (10.42), a taxa de $\underline{V}_{r0}$ e $\underline{V}_{i0}$ revela-se

coeficiente de reflexão de tensão de carga

$$\underline{\Gamma}_L = \frac{\underline{V}_{r0}}{\underline{V}_{i0}} = \frac{\underline{Z}_L - \underline{Z}_0}{\underline{Z}_L + \underline{Z}_0}. \tag{12.27}$$

Tendo em mente que esta é a taxa de tensão refletida a incidente da linha nos terminais da carga ($z = 0$) na Figura 12.3, ou seja, que $\underline{V}_{i0} = \underline{V}_i(0)$ e $\underline{V}_{r0} = \underline{V}_r(0)$, a denominamos coeficiente de reflexão de tensão de carga da linha. Perceba que a expressão obtida para $\underline{\Gamma}_L$ em termos de $\underline{Z}_0$ e $\underline{Z}_L$ assume a mesma orientação de referência de $\underline{V}_{i0}$ e $\underline{V}_{r0}$ (Figura 12.2). Também perceba que $\underline{\Gamma}_L$ é definido pelas tensões da linha, e não pelas correntes, em primeiro lugar. Ambas as escolhas (convenções) são, naturalmente, importantes para o uso desse parâmetro e interpretação de seus valores numéricos. Por exemplo, das equações (12.11) e (12.27), o coeficiente de reflexão de carga da linha para correntes definidas como a taxa das intensidades de corrente rms complexas refletida e incidente, em vez de tensão, da linha na carga (para $z = 0$),

$$\underline{\Gamma}_{\text{para correntes}} = \frac{\underline{I}_r(0)}{\underline{I}_i(0)} = -\frac{\underline{V}_{r0}}{\underline{V}_{i0}} = -\underline{\Gamma}_L, \tag{12.28}$$

resulta ser justamente oposta ao coeficiente de tensão. Assim como na Equação (10.44), a complexa $\underline{\Gamma}_L$ pode ser escrita de forma exponencial ou polar:

$\underline{\Gamma}_L$ em forma polar

$$\underline{\Gamma}_L = |\underline{\Gamma}_L| \, e^{j\psi_L}$$
$$(0 \leq |\underline{\Gamma}_L| \leq 1; \; -180^\circ < \psi_L \leq 180^\circ), \tag{12.29}$$

onde ψ_L denota seu ângulo de fase. A representação em decibéis para sua intensidade, $(\Gamma_L)_{dB}$, é calculada pela Equação (10.45). A negativa de $(\Gamma_L)_{dB}$,

perda de retorno, em dB

$$RL = -(\underline{\Gamma}_L)dB = -20 \log |\underline{\Gamma}_L|$$
$$(0 \text{ dB} \leq RL < \infty), \tag{12.30}$$

chamada perda de retorno (RL) da linha (para sua impedância na carga de terminação $\underline{Z}_L$), também é usada com frequência.

Se $\underline{Z}_0$ e $\underline{Z}_L$ na Equação (12.27) for puramente real, ou seja, se a linha de transmissão na Figura 12.3 for sem perdas ou tiver pequenas perdas, Equação (12.18) ou (12.23), e terminada em uma carga puramente resistiva ($\underline{Z}_L = R_L + j0$), o coeficiente $\underline{\Gamma}_L$ também se torna puramente real,

linha sem perda e carga puramente resistiva

$$\Gamma_L = \frac{R_L - Z_0}{R_L + Z_0}. \quad (12.31)$$

Além disso, se $R_L > Z_0$, Γ_L for positivo e isso corresponder à situação na Figura 10.8(a). A carga com $R_L < Z_0$ gera um Γ_L negativo, como na Figura 10.8(b). Finalmente, $\Gamma_L = 0$ para $R_L = Z_0$, caso em que dizemos que a carga está casada (impedância casada) à linha.

Podemos também definir e calcular, com base nas equações (12.26), o coeficiente transmissão da tensão na carga da linha,

coeficiente de transmissão da tensão na carga

$$\underline{\tau}_L = \frac{\underline{V}_L}{\underline{V}_{i0}} = \frac{2\underline{Z}_L}{\underline{Z}_0 + \underline{Z}_L} = 1 + \underline{\Gamma}_L. \quad (12.32)$$

Isto determina a porção da tensão incidente (e potência associada) entregue à carga, ou a uma rede de saída passiva arbitrária na Figura 12.2, cuja impedância equivalente é igual a $\underline{Z}_L$. De uma maneira mais importante, essa rede não necessita ser um circuito elétrico *RLC* clássico, composto de elementos agrupados. Em vez disso, $\underline{Z}_L$ pode ser, em geral, a impedância complexa de um material magnético tridimensional arbitrário com um par de terminais (e sem fontes impressas), na Figura 8.15. Por exemplo, pode representar a impedância de entrada de outra linha de transmissão (que termina em outra carga) ou uma antena irradiando no espaço livre.

Assumindo, por questão de simplicidade, que a linha na Figura 12.3 seja sem perdas, de modo que $\alpha = 0$, a Equação (12.19) e $\gamma = j\beta$ na Equação (12.7), generalizamos agora o conceito do coeficiente de reflexão de tensão da linha na carga, Equação (12.27), para o de uma posição arbitrária, definida pela coordenada z, ao longo da linha,

coeficiente de reflexão da tensão generalizado

$$\underline{\Gamma}(z) = \frac{\underline{V}_r(z)}{\underline{V}_i(z)} = \frac{\underline{V}_{r0}\, e^{j\beta z}}{\underline{V}_{i0}\, e^{-j\beta z}} = \\ = \underline{\Gamma}_L\, e^{j2\beta z} = |\underline{\Gamma}_L|\, e^{j(2\beta z + \psi_L)}. \quad (12.33)$$

Representando então o coeficiente generalizado em termos de intensidade e fase,

$$\underline{\Gamma}(z) = |\underline{\Gamma}(z)|\, e^{j\psi(z)} \quad (-l \leq z \leq 0), \quad (12.34)$$

temos que

$$|\underline{\Gamma}(z)| = |\underline{\Gamma}_L| = \text{const}, \quad \psi(z) = 2\beta z + \psi_L. \quad (12.35)$$

Notamos que o coeficiente de reflexão não muda em intensidade ao longo da linha (se for sem perda), enquanto sua fase é uma função linear de z (note que z é negativo na Figura 12.3), com a constante proporcionalidade, multiplicando z, sendo igual ao dobro do coeficiente de fase da linha, β. O coeficiente transmissão de tensão generalizado, para um z arbitrário, $\underline{\tau}(z)$, pode ser definido de um modo semelhante. Com o uso do coeficiente $\underline{\Gamma}(z)$, a tensão e corrente total ao longo da linha, equações (12.7) e (12.11), podem ser escritas como

tensão e corrente total ao longo de uma linha

$$\underline{V}(z) = \underline{V}_i(z)\,[1 + \underline{\Gamma}(z)], \\ \underline{I}(z) = \underline{I}_i(z)\,[1 - \underline{\Gamma}(z)]. \quad (12.36)$$

Exemplo 12.1

Tensão total da linha como soma de ondas estacionárias e viajantes

Escreva as tensões totais instantâneas e complexas ao longo de uma linha de transmissão sem perdas como soma de ondas estacionárias e viajantes.

Solução Sendo a superposição de duas ondas em movimento com amplitudes geralmente diferentes (e direções opostas de propagação), a tensão da linha de transmissão $\underline{V}(z)$ na Equação (12.7) [ou corrente $\underline{I}(z)$ na Equação (12.11)] não é puramente uma onda estacionária. Para uma linha sem perdas (na Figura 12.3), $\underline{V}(z)$ pode ser escrito como na Equação (10.49) para $\mathbf{E}_1$ na Figura 10.7,

$$\underline{V}(z) = \underbrace{\underline{\tau}_L\, \underline{V}_{i0}\, e^{-j\beta z}}_{\text{onda viajante}} + \underbrace{2j\underline{\Gamma}_L \underline{V}_{i0}\, \text{sen}\, \beta z}_{\text{onda estacionária}} \quad (12.37)$$

[note que uma decomposição semelhante serve para $\underline{I}(z)$]. No domínio do tempo [veja as equações (10.50) e (12.9)],

$$v(z, t) = |\underline{\tau}_L| V_{i0}\sqrt{2} \cos(\omega t - \beta z + \xi_L + \theta_{i0}) \\ - 2\sqrt{2}|\underline{\Gamma}_L| V_{i0}\, \text{sen}\, \beta z\, \text{sen}\,(\omega t + \psi_L + \theta_{i0}), \quad (12.38)$$

onde ξ_L é o ângulo de fase de $\underline{\tau}_L$. Vemos que a onda de tensão resultante ao longo da linha consiste em uma onda em movimento, com amplitude $|\underline{\tau}_L| V_{i0}\sqrt{2}$, e uma onda estacionária, cuja amplitude máxima (para sen $\beta z = \pm 1$) é $2\sqrt{2}|\underline{\Gamma}_L| V_{i0}$.

Exemplo 12.2

Tensão e corrente máximas e mínimas e SWR

Uma onda harmônica de tensão rms V_{i0} se propaga com coeficiente de fase β ao longo de uma linha de transmissão sem perdas de impedância característica Z_0. A linha tem em sua terminação uma carga de impedância cujo coeficiente de reflexão tem intensidade $|\underline{\Gamma}_L|$ e ângulo de fase ψ_L. (a) Encontre os valores máximos e mínimos da tensão e corrente total da linha, respectivamente, e suas localizações. (b) Qual é a taxa de onda estacionária da linha?

Solução

(a) Com base na analogia com a Equação (10.53), ou da análise da expressão para $\underline{V}(z)$ nas equações (12.36), com o auxílio da Figura 10.9(a), os valores máximos de tensão são valores máximos de tensão em uma linha de transmissão

$$|\underline{V}|_{\text{máx}} = V_{i0}\left(1 + |\underline{\Gamma}_L|\right) \quad \text{em}$$

$$z_{\text{máx}} = -m\frac{\lambda_z}{2} - \frac{\psi_L}{2\beta}, \quad \begin{cases} m = 0, 1, 2, \ldots \text{ se } \psi_L \geq 0 \\ m = 1, 2, \ldots \text{ se } \psi_L < 0 \end{cases}, \quad (12.39)$$

onde m $\geq$ 1 para $\psi_L < 0$ para certificar que $z_{\text{máx}} \leq 0$ e $\lambda_z = 2\pi/\beta$ é o comprimento de onda ao longo da linha, equações (12.10). Os valores mínimos são

valores mínimos de tensão

$$|\underline{V}|_{\text{mín}} = |\underline{V}_{i0}|\left(1 - |\underline{\Gamma}_L|\right) \quad \text{em}$$

$$z_{\text{mín}} = -(2m+1)\frac{\lambda_z}{4} - \frac{\psi_L}{2\beta}, \quad m = 0, 1, 2, \ldots,$$

$$\text{e} \quad z_{\text{mín}} = 0 \quad \text{se} \quad \psi_L = 180°, \quad (12.40)$$

ou seja, são mudados por $\lambda_z/4$ em relação aos valores máximos adjacentes [veja a Equação (10.54)]. Por razão do sinal extra de menos (diferença de fase 180°) no termo da onda refletida na expressão para $\underline{I}(z)$ na Equação (12.11) ou equações (12.36), quando comparado às expressões correspondentes para $\underline{V}(z)$, os valores máximos de corrente ocorrem nos locais dos valores mínimos da tensão, e vice-versa,

localização dos valores máximos e mínimos de corrente

$$|\underline{V}|_{\text{mín}} \longleftrightarrow |\underline{I}|_{\text{máx}}, \quad |\underline{V}|_{\text{máx}} \longleftrightarrow |\underline{I}|_{\text{mín}}. \quad (12.41)$$

As intensidades de corrente rms máximas e mínimas são

$$|\underline{I}|_{\text{máx}} = \frac{V_{i0}}{Z_0}\left(1 + |\underline{\Gamma}_L|\right), \quad |\underline{I}|_{\text{mín}} = \frac{V_{i0}}{Z_0}\left(1 - |\underline{\Gamma}_L|\right). \quad (12.42)$$

Os valores máximos sucessivos de tensão ou corrente, assim como valores mínimos sucessivos, são separados por $\lambda_z/2$.

(b) A taxa de onda estacionária (SWR) de uma linha de transmissão para uma dada impedância de carga é definida como a taxa de tensão ou corrente máximos a mínimos na linha. Usando as equações (12.39) e (12.42), temos:

$$s = \frac{|\underline{V}|_{\text{máx}}}{|\underline{V}|_{\text{mín}}} = \frac{|\underline{I}|_{\text{máx}}}{|\underline{I}|_{\text{mín}}} = \frac{1 + |\underline{\Gamma}_L|}{1 - |\underline{\Gamma}_L|} \quad (1 \leq s < \infty). \quad (12.43)$$

SWR de uma linha

Exemplo 12.3

Padrões de onda estacionária de tensão e corrente

Considere a linha de transmissão do exemplo anterior e encontre os padrões de onda estacionária de tensão e corrente normalizados, dados por $|\underline{V}(z)|/V_{i0}$ e $|\underline{I}(z)|Z_0/V_{i0}$, para a linha, sendo a impedância de carga (a) $\underline{Z}_L = 2Z_0 + j0$, (b) $\underline{Z}_L = Z_0/4 + j0$, (c) $\underline{Z}_L = Z_0(1 + j)$ e (d) $\underline{Z}_L = Z_0(1 - j)$, respectivamente.

Solução (a)-(d) Combinando as equações (12.36) e (12.33), a tensão da linha pode ser escrita de um modo alternativo como

$$\underline{V}(z) = \underline{V}_{i0}\left[e^{-j\beta z} + |\underline{\Gamma}_L|\, e^{j(\beta z + \psi_L)}\right]. \quad (12.44)$$

Deste modo, se torna muito fácil identificar as partes real e imaginária de $\underline{V}(z)$ que, por sua vez, fornece a seguinte expressão para a intensidade de tensão rms [Equação (8.57)] ao longo da linha, que não apresenta perdas (como uma função de z):

$$|\underline{V}(z)| = V_{i0}\sqrt{\begin{aligned}&[\cos\beta z + |\underline{\Gamma}_L|\cos(\beta z + \psi_L)]^2 \\ &+ [|\underline{\Gamma}_L|\,\text{sen}(\beta z + \psi_L) - \text{sen}\beta z]^2\end{aligned}}. \quad (12.45)$$

De um modo semelhante, a intensidade da corrente da linha é expressa como

$$|\underline{I}(z)| = \frac{V_{i0}}{Z_0}\sqrt{\begin{aligned}&[\cos\beta z - |\underline{\Gamma}_L|\cos(\beta z + \psi_L)]^2 \\ &+ [\text{sen}\beta z + |\underline{\Gamma}_L|\,\text{sen}(\beta z + \psi_L)]^2\end{aligned}}. \quad (12.46)$$

Essas expressões para $|\underline{V}(z)|$ e $|\underline{I}(z)|$ são usadas, em conjunto com expressões nas equações (12.27) e (12.29) para o coeficiente de reflexão de carga $\underline{\Gamma}_L$, para esquema dos padrões de onda estacionária de tensão e corrente na Figura 12.4 para as quatro diferentes impedâncias de carga dadas, $\underline{Z}_L = R_L + jX_L$. Vemos dos esquemas que uma carga puramente resistiva ($X_L = 0$) com $R_L > Z_0$, Figura 12.4(a), faz que a localização do primeiro valor máximo de tensão (mínimo de corrente) esteja exatamente nos terminais de carga ($z = 0$). Se, porém, $R_L < Z_0$, Figura 12.4(b), o primeiro valor mínimo de tensão (máximo de corrente) fica exatamente no local da carga. Para uma carga complexa indutiva ($X_L > 0$), Figura 12.4(c), o primeiro valor máximo de tensão na linha está mais próximo à carga que o primeiro valor mínimo. Por outro lado, o primeiro valor mínimo de tensão vem em primeiro lugar, olhando a partir da carga em direção ao gerador, para uma carga complexa capacitiva ($X_L < 0$), Figura 12.4(d). Note que essas conclusões também podem ser tomadas a partir das equações (12.39) e 12.40), com o auxílio das equações (12.31) e (12.27). Ou seja, nos casos (a) e (b) isto é óbvio [via equações (12.39) e (12.40)] se tivermos em mente [da Equação (12.31)] que $R_L > Z_0$ e $X_L = 0$ resultam em $\psi_L = 0$ (Γ_L positivo), enquanto $\psi_L = 180°$ (Γ_L negativo) resulta de $R_L < Z_0$ e $X_L = 0$. Para impedâncias de carga complexas, escrevemos primeiro $\underline{\Gamma}_L$ [Equação (12.27)] na seguinte forma, em termos de R_L, X_L e Z_0:

$$\underline{\Gamma}_L = \frac{R_L - Z_0 + jX_L}{R_L + Z_0 + jX_L} = \frac{R_L^2 + X_L^2 - Z_0^2 + j2X_L Z_0}{(R_L + Z_0)^2 + X_L^2}$$

$$(\underline{Z}_L = R_L + jX_L), \quad (12.47)$$

de onde percebemos que, sendo Z_0 sempre positivo, o sinal de X_L determina o sinal da parte imaginária de $\underline{\Gamma}_L$. Assim, $X_L > 0$ resulta em $\psi_L > 0$, enquanto $\psi_L < 0$ para $X_L < 0$, e isso [nas equações (12.39) e (12.40)] torna óbvias as conclusões também nos casos (c) e (d). Essa discussão mostra como apenas uma inspeção breve (qualitativa) de um diagrama da onda estacionária de tensão (ou corrente) medida de uma linha de transmissão pode ser usado para determinar a natureza de uma carga desconhecida conectada à linha (a certa frequência), por exemplo, a existência (zero ou não) e polaridade (indutiva ou capacitiva) do componente reativo da impedância de carga. Para uma determinação quantitativa da carga desconhecida, como será mostrado em um exemplo, com base nas equações (12.43) e (12.39) ou (12.40) e o SWR medido e as localizações dos valores máximos (ou mínimos) de tensão (ou corrente) na linha, podemos facilmente identificar o $\underline{Z}_L$ complexo completo, mesmo se a frequência de operação da linha não seja conhecida. Os casos especiais com $\underline{Z}_L = 0$, $|\underline{Z}_L| \to \infty$ e $\underline{Z}_L = \underline{Z}_0$ serão abordados em uma seção à parte.

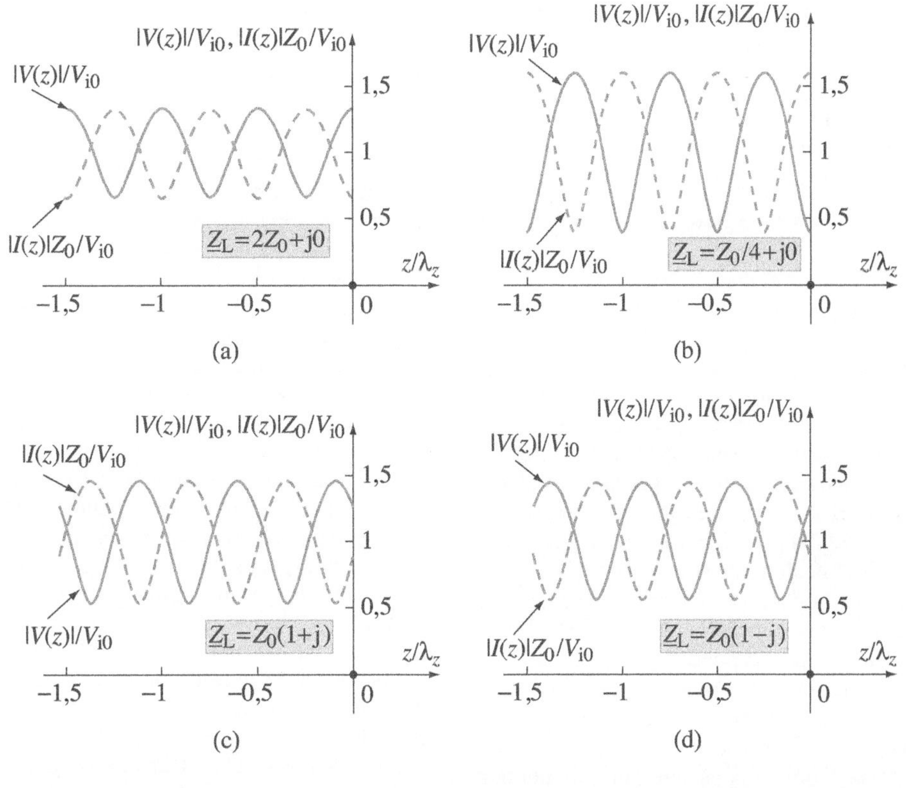

Figura 12.4

Tensão normalizada e padrões de onda estacionária de corrente [$|V(z)|/V_{i0}$ e $|I(z)|\ Z_0/V_{i0}$, equações (12.45) e (12.46), como funções de z/λ_z] para uma linha de transmissão sem perdas (Figura 12.3) com impedância característica Z_0 (puramente real) e impedância de carga de (a) $\underline{Z}_L = 2Z_0 + j0$, (b) $\underline{Z}_L = Z_0 / 4 + j0$, (c) $\underline{Z}_L = Z_0 (1 + j)$ e (d) $\underline{Z}_L = Z_0 (1 - j)$; para o Exemplo 12.3.

Exemplo 12.4

Medição da impedância na carga utilizando uma linha com fenda

Um instrumento consistindo de uma seção preenchida por ar de uma linha (cabo) coaxial rígida com uma fenda longitudinal estreita no condutor externo através do qual uma sonda (pequena antena) elétrica móvel (deslizante) é inserida para amostrar o campo elétrico, e assim também a tensão, entre os condutores da linha, em diferentes posições ao longo da linha, é utilizado para impedâncias de carga em altas frequências. Através de medições na tal linha com fendas com terminação em uma carga desconhecida, determina-se que a taxa de onda estacionária da linha é $s = 3$, a distância entre valores sucessivos de tensão mínima $\Delta l = 40$ cm e a distância do primeiro valor mínimo de tensão até a carga $l_{\text{mín}} = 12$ cm. A impedância característica da linha é $Z_0 = 50\ \Omega$, e as perdas nos condutores podem ser desconsideradas. Qual é a impedância complexa da carga?

Solução Pelas equações (12.43), a intensidade do coeficiente de reflexão de carga é igual a

$$|\underline{\Gamma}_L| = \frac{s-1}{s+1} = 0{,}5. \tag{12.48}$$

Vemos na Figura 12.4 que os valores adjacentes mínimos (ou máximos) na linha são separados por $\Delta l = \lambda_z/2$, o que nos diz que o comprimento de onda através da linha é $\lambda_z = 2\Delta l = 80$ cm. Com o uso da expressão para a localização do primeiro mínimo ($m = 0$) na Equação (12.40) e a relação $\beta = 2\pi/\lambda$, o ângulo de fase de $\underline{\Gamma}_L$ resulta em

$$\psi_L = -2\beta\left(z_{\text{mín}} + \frac{\lambda_z}{4}\right) = \frac{4\pi l_{\text{mín}}}{\lambda_z} - \pi =$$

$$= -0{,}4\pi = -72^\circ \quad (m = 0;\ z_{\text{mín}} = -l_{\text{mín}}). \tag{12.49}$$

O coeficiente complexo, Equação (12.29), é, então

$$\underline{\Gamma}_L = |\underline{\Gamma}_L|\, e^{j\psi_L} = 0{,}5\, e^{-j72^\circ} = 0{,}154 - j0{,}475, \tag{12.50}$$

e ao resolver a Equação (12.27) para a impedância complexa de carga, obtemos

$$\underline{Z}_L = Z_0 \frac{1 + \underline{\Gamma}_L}{1 - \underline{\Gamma}_L} = (39{,}87 - j50{,}46)\ \Omega. \tag{12.51}$$

Perceba que $\underline{Z}_L$ é encontrado mesmo sem sabermos de antemão a frequência de operação da linha com fendas. A frequência, na realidade, pode também ser determinada desta medição — como o dielétrico é ar, as equações (11.7) e (9.19) dão $f = c_0/\lambda_z = 375$ MHz.

Exemplo 12.5

Padrões de onda estacionária para uma linha de transmissão com perdas

Determine padrões da onda estacionária de tensão e corrente para uma linha de transmissão com perdas com coeficiente de atenuação e ângulo de fase da impedância característica complexa ($\underline{Z}_0$) dados por (a) $\alpha = 0{,}3$ Np/λ_z e $\phi = 0$ e (b) $\alpha = 1{,}2$ Np/λ_z e $\phi = 20°$, respectivamente, e uma carga puramente resistiva com $R_L = |\underline{Z}_0|/4$.

Solução (a)-(b) Se a linha na Figura 12.3 é sem perdas, o coeficiente de reflexão de tensão na Equação (12.33) torna-se (com jβ substituído por $\underline{\gamma} = \alpha + j\beta$)

coeficiente de reflexão de tensão generalizada para uma linha sem perdas

$$\underline{\Gamma}(z) = \underline{\Gamma}_L\, e^{2\underline{\gamma} z} = |\underline{\Gamma}_L|\, e^{2\alpha z}\, e^{j(2\beta z + \psi_L)}. \quad (12.52)$$

Com esta expressão para $\underline{\Gamma}(z)$ e expressões para tensão $\underline{V}_i(z)$ e corrente $\underline{I}_i(z)$ incidentes das equações (12.8) e (12.13) agora substituídas nas equações (12.36), podemos calcular as intensidades totais de tensão e corrente rms, $|\underline{V}(z)|$ e $|\underline{I}(z)|$, como funções de z, em linhas e transmissão com perdas com terminações em cargas arbitrárias. É claro que, também precisamos das equações (12.27) e (12.29) para encontrar a intensidade e ângulo de fase do coeficiente de reflexão da carga, $\underline{\Gamma}_L$, de $\underline{Z}_L$e $\underline{Z}_0$. A Figura 12.5 mostra os padrões de onda estacionária de tensão e corrente para os dois coeficientes de atenuação dados, α, correspondendo a uma linha com pouca perda (relevante, na prática) e uma linha com grandes perdas (o que pouco seria usado na prática), respectivamente, e a carga com $\underline{Z}_L = |\underline{Z}_0|/4 + j0$. Vemos que, conforme esperado, os valores de $|\underline{V}|_{máx}$, $|\underline{V}|_{mín}$, $|I|_{máx}$ e $|I|_{mín}$ não são mais constantes, mas aumentam com a distância da carga (ou diminuem com a distância do gerador em direção à carga). Assim, para linhas com perda, esses valores (diferentes), exceto os mais próximos ao gerador ou carga, representam os valores locais (e não globais) máximos e mínimos (para uma distância de $\lambda_z/2$) das funções $|\underline{V}(z)|$ e $|\underline{I}(z)|$. No entanto, enquanto os padrões no caso de poucas perdas, Figura 12.5, não são muito diferentes dos padrões correspondentes sem perdas na Figura 12.4(b), o aumento dos valores locais máximos e mínimos de tensão e corrente com afastamento da carga é bem insignificante para a linha com altas perdas, Figura 12.5(b). Ainda, as diferenças entre valores adjacentes máximos e mínimos para $|\underline{V}|$ e $|\underline{I}|$ também se tornam cada vez menores ao passo em que a coordenada z se torna cada vez mais negativa, o que, de novo, se evidencia de maneira especial no caso de altas perdas. Longe da carga, essas diferenças virtualmente desaparecem, e o SWR, Equação (12.43), quase se torna unidade, como se a linha fosse casada ($\underline{\Gamma}_L = 0$) ou infinitamente longa. Isto é muito fácil de explicar com base na expressão para $\underline{\Gamma}(z)$ na Equação (12.52), onde $|\underline{\Gamma}(z)| \propto e^{2\alpha z}$, e em algum ponto em direção ao gerador — para um $|z|$ grande o suficiente (z é negativo), $\underline{\Gamma}(z) \approx 0$, isto é, $|\underline{V}_r(z)| \approx 0$. Em outras palavras, a toda esta distância da carga, a onda refletida é atenuada de maneira tão forte que os efeitos da reflexão ocorrendo na carga são imperceptíveis. Observada a partir daquele ponto (z) para a direita, a linha parece casada ou infinitamente longa. Por fim, perceba que para a linha com grandes perdas [caso(b)], cuja impedância característica não pode ser considerada puramente real, um ângulo de fase diferente de zero ϕ de $\underline{Z}_0$, Equação (12.12), leva a uma diferença de fase entre tensão e corrente totais na linha. Isso resulta que, ao contrário das equações (12.41), as localizações dos valores máximos de tensão não coincidem exatamente com as localizações dos valores mínimos de corrente, e vice-versa, na Figura 12.5(b).

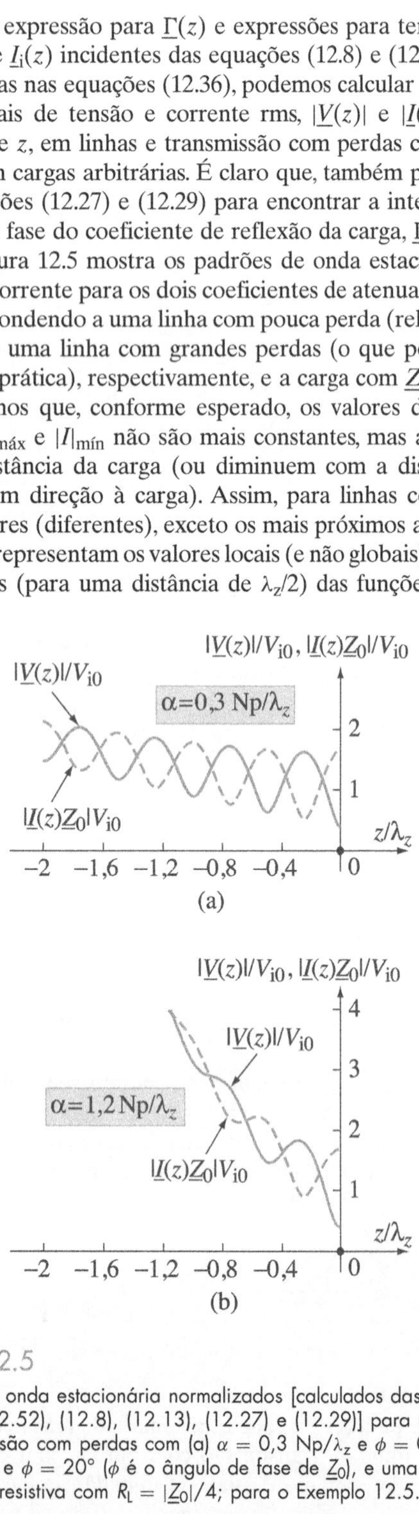

Figura 12.5

Padrões de onda estacionária normalizados [calculados das equações (12.36), (12.52), (12.8), (12.13), (12.27) e (12.29)] para uma linha de transmissão com perdas com (a) $\alpha = 0{,}3$ Np/λ_z e $\phi = 0$ e (b) $\alpha = 1{,}2$ Np/λ_z e $\phi = 20°$ (ϕ é o ângulo de fase de $\underline{Z}_0$), e uma carga puramente resistiva com $R_L = |\underline{Z}_0|/4$; para o Exemplo 12.5.

12.5 CÁLCULOS DA POTÊNCIA DAS LINHAS DE TRANSMISSÃO

Discutiremos agora o fluxo de potência ao longo de uma linha de transmissão, na Figura 12.3, com base em sua tensão e corrente. Assumamos primeiro que a linha não tem perdas. Sua impedância característica (puramente real) é Z_0, sua impedância complexa de carga na terminação é $\underline{Z}_L = R_L + jX_L$, e seu coeficiente de reflexão de carga correspondente $\underline{\Gamma}_L$, Equação (12.27). A tensão e corrente rms na linha, $\underline{V}(z)$ e $\underline{I}(z)$, são dadas pelas equações (12.36), (12.33), (12.8) e (12.13). Usando a Equação (11.44) e realizando as mesmas manipulações algébricas da Equação (10.57), o fluxo de potência complexa líquida na direção positiva z (em direção à carga) através do corte transversal da linha definido pela coordenada z ($-\underline{l} \leq z \leq 0$) é

$$\underline{S}(z) = \underline{V}(z)[I(z)]^* =$$

$$= \underline{V}_i(z)\,[1 + \underline{\Gamma}(z)]\,\frac{[\underline{V}_i(z)]^*}{Z_0}\,[1 - \underline{\Gamma}(z)]^* =$$

$$= \frac{|\underline{V}_i(z)|^2}{Z_0}\left(1 + \underline{\Gamma}_L\, e^{j2\beta z}\right)\left(1 - \underline{\Gamma}_L^*\, e^{-j2\beta z}\right)$$

$$= \frac{V_{i0}^2}{Z_0}\left[1 - |\Gamma_L|^2 + 2j|\underline{\Gamma}_L|\,\text{sen}(2\beta z + \psi_L)\right], \quad (12.53)$$

onde $|\underline{V}_i(z)| = |\underline{V}_{i0}| = V_{i0} =$ const já que $|e^{-j\beta z}| = 1$. A parte imaginária de $\underline{S}$ representa a força reativa na linha característica para ondas estacionárias. Ela determina a taxa de troca de energia no tempo e espaço entre os campos elétrico e magnético no dielétrico da linha, ou seja, entre tensão e corrente da linha, como em um ressonador eletromagnético (por exemplo, um simples circuito LC ressonante). Por outro lado, a parte real de $\underline{S}$ é igual à transferência de força líquida por média de tempo na direção positiva z pelas ondas resultantes de tensão e corrente ao longo da linha,

$$P = P_{\text{méd}} = \text{Re}\{\underline{S}\} = \frac{V_{i0}^2}{Z_0}\left(1 - |\underline{\Gamma}_L|^2\right). \quad (12.54)$$

Essa força pode ser representada por

fluxo de potência líquida por média no tempo em uma linha de transmissão

$$\boxed{P = P_i - P_r,} \quad (12.55)$$

em termos das potências por média no tempo carregadas pelas ondas incidentes e refletidas, P_i e P_r, respectivamente. Ou seja, da Equação (11.44),

forças incidentes e refletidas, sem perdas

$$P_i = (P_i)_{\text{méd}} = \frac{V_{i0}^2}{Z_0},$$

$$P_r = (P_r)_{\text{méd}} = \frac{V_{r0}^2}{Z_0} = |\underline{\Gamma}_L|^2 \frac{V_{i0}^2}{Z_0} = |\underline{\Gamma}_L|^2 P_i. \quad (12.56)$$

Perceba que todas as três potências por média no tempo não são negativas (P, P_i, $P_r \geq 0$), o que confirma que $|\underline{\Gamma}_L|$ não pode ser maior que unidade, Equação (12.29). Perceba também que P_r aparece com um sinal de menos na Equação (12.55) porque o real fluxo de potência pela onda refletida está na direção contrária (z negativo), oposta à direção de referência (z positivo) no fluxo de potência P (bem como P_i) nessa equação. Em outras palavras, dadas as mesmas orientações de referência de todas as tensões ($\underline{V}$, $\underline{V}_i$ e $\underline{V}_r$) e correntes ($\underline{I}$, $\underline{I}_i$ e $\underline{I}_r$) na Figura (12.22), todas resultando no fluxo de potência de referência em direção para frente, a corrente refletida $\underline{I}_r$, Equação (12.11), deve ser apresentada com um sinal de menos como na Equação (11.44) para obter a expressão adequada de P_r. Assim, com o mesmo sinal de menos da Equação (12.15), a potência complexa refletida (fluindo na direção contrária na Figura 12.2) é calculada como

$$\underline{S}_r = \underline{V}_r(z)[-\underline{I}_r(z)]^* = \underline{V}_r(z)\left[\frac{\underline{V}_r(z)}{Z_0}\right]^* =$$

$$= \frac{|\underline{V}_r(z)|^2}{Z_0} = \frac{V_{r0}^2}{Z_0} = P_r, \quad (12.57)$$

e este, naturalmente, é o mesmo resultado da Equação (12.56).

Vemos que a potência P na Equação (12.54) não depende de z, isto é, P = const ao longo de toda a linha, conforme esperado — já que se assume que a linha não tenha perdas (não há perda de potência para o calor em resistores em série e shunt na Figura 12.1). Esta potência é totalmente entregue à carga, em $z = 0$, ou seja, é igual à potência por média de tempo dissipada na carga, P_L, que, por sua vez, pode ser descrita como [ver Equação (8.210)]

potência na carga por média no tempo

$$\boxed{\begin{aligned} P = P_L &= \text{Re}\{\underline{V}_L \underline{I}_L^*\} = \\ &= \text{Re}\{\underline{Z}_L\}|\underline{I}_L|^2 = R_L|\underline{I}(0)|^2, \end{aligned}} \quad (12.58)$$

onde $\underline{V}_L$ e $\underline{I}_L$ são a tensão e a corrente, Figura 12.3, e R_L é a resistência da carga. Além disso, para uma dada potência incidente na linha (P_i), a potência de carga P_L é máxima quando $R_L = Z_0$ e $X_L = 0$ (carga casada com impedância), ou seja, quando $\underline{\Gamma}_L = 0$ e $P_r = 0$ [equações (12.47) e (12.56)], e assim $P = P_i = P_L$ nas equações (12.55) e (12.58). Isso significa que toda a potência P_i é entregue à carga, ou a uma rede ou dispositivo (por exemplo, uma antena transmissora) representada pela resistência R_L. Em geral, a eficiência de potência da impedância de carga pode ser expressa pela seguinte taxa:

$$\eta_{\text{carga casada}} = \frac{P_L}{P_i} = 1 - |\underline{\Gamma}_L|^2$$

$$(0 \leq \eta_{\text{carga casada}} \leq 1), \quad (12.59)$$

com o coeficiente de eficiência $\eta_{\text{carga casada}}$ sendo máximo (unidade) para um par perfeito da impedância de carga e da impedância característica da linha ($\underline{\Gamma}_L = 0$), e $\eta_{\text{carga casada}} = 0$ resultando de um descasamento completo das impedâncias em $z = 0$ ($|\underline{\Gamma}_L| = 1$). No entanto, perceba que a capacidade máxima de manipulação de potência do sistema na Figura 12.3 requer casamento de impedância do gerador e da linha, também nos terminais de entrada da linha ($z = -l$).

Exemplo 12.6

Transferência de potência ao longo de uma linha com perdas com uma carga casada

Encontre o fluxo líquido de potência média no tempo em direção para frente em uma linha de transmissão com perdas com uma onda harmônica se deslocando com coeficientes de atenuação e fase α e β, respectivamente, ao longo da linha. A tensão rms da onda para $z = 0$ é V_{i0}. Assuma que não há onda refletida na linha, assim como a impedância característica complexa é $\underline{Z}_0$.

Solução Para uma única onda viajante (à frente) em uma linha com perdas (Figura 12.3), o que significa que a linha termina em uma carga casada ou é infinitamente longa, ou tenha tanta perda que a onda para frente quase não alcança a carga, assim não havendo onda refletida na linha, $\underline{V}(z) = \underline{V}_i(z)$ e $\underline{I}_i(z) = \underline{I}_i(z)$ na Equação (12.53). Usando as equações (12.8) e (12.13), temos então

$$\underline{S}(z) = \underline{V}_i(z)[\underline{I}_i(z)]^* =$$

$$= \underline{V}_{i0}\,e^{-\alpha z}\,e^{-j\beta z}\,\frac{\underline{V}_{i0}^*}{|\underline{Z}_0|}\,e^{-\alpha z}\,e^{j\beta z}\,e^{j\phi} =$$

$$= \frac{V_{i0}^2}{|\underline{Z}_0|}\,e^{-2\alpha z}\,e^{j\phi}. \quad (12.60)$$

Desta forma, a potência média por tempo ao longo da linha é [ver também a Equação (9.96)]

potência incidente por média de tempo em uma linha com perdas

$$P(z) = P_i(z) = \mathrm{Re}\{\underline{S}(z)\} = \frac{V_{i0}^2}{|\underline{Z}_0|}\,e^{-2\alpha z}\cos\phi, \quad (12.61)$$

que é a mesma dependência da coordenada z, ou seja, uma diminuição exponencial de P com z (em virtude das perdas uniformes distribuídas de z ao longo da linha), como visto na Equação (11.71). Conforme o esperado, o coeficiente de atenuação efetivo para a potência é o dobro que, α, para tensão e corrente, assim como para campos elétrico e magnético da linha com perdas. Perceba que, assumindo que as perdas na linha sejam pequenas, a impedância característica da linha pode ser aproximadamente considerada real, Equação (12.23), e o ângulo de fase ϕ mais ou menos zero ($\cos\phi \approx 1$).

Exemplo 12.7

Fluxo de potência em uma linha com pouca perda com uma carga não casada

Repita o exemplo anterior, porém para uma linha de transmissão com poucas perdas com terminação em uma carga cujo coeficiente de reflexão em relação à linha seja $\underline{\Gamma}_L$.

Solução Para uma linha com perdas e com uma carga arbitrária (não casada), tanto a onda incidente quanto a refletida são atenuadas exponencialmente com a distância, e o coeficiente de reflexão da tensão generalizado, $\underline{\Gamma}(z)$, é dado pela Equação (12.52). A potência complexa na linha na Equação (12.53), com $\underline{Z}_0 \approx Z_0$ (considerando pouca perda), se torna agora

$$\underline{S}(z) = \frac{|\underline{V}_i(z)|^2}{Z_0}\left(1 + \underline{\Gamma}_L\,e^{2\alpha z}\,e^{j2\beta z}\right)\left(1 - \underline{\Gamma}_L^*\,e^{2\alpha z}\,e^{-j2\beta z}\right) =$$

$$= \frac{V_{i0}^2}{Z_0}\,e^{-2\alpha z}\left[1 - |\underline{\Gamma}_L|^2\,e^{4\alpha z} + 2j|\underline{\Gamma}_L|\,e^{2\alpha z}\,\mathrm{sen}\,(2\beta z + \psi_L)\right]. \quad (12.62)$$

Sua parte real é

$$P(z) = \frac{V_{i0}^2}{Z_0}\,e^{-2\alpha z}\left(1 - |\underline{\Gamma}_L|^2\,e^{4\alpha z}\right) = P_i(z) - P_r(z), \quad (12.63)$$

e os componentes da potência da onda incidente e refletida,

potência incidente e refletida em uma linha com pouca perda

$$P_i(z) = \frac{V_{i0}^2}{Z_0}\,e^{-2\alpha z},$$

$$P_r(z) = |\underline{\Gamma}_L|^2\,\frac{V_{i0}^2}{Z_0}\,e^{2\alpha z} = |\underline{\Gamma}(z)|^2 P_i(z). \quad (12.64)$$

Note que tanto $\alpha \neq 0$ como $\underline{\Gamma}_L \neq 0$ causam reduções respectivas em $P(z)$, em comparação ao caso ideal (sem perdas Joule e reflexão na carga). Naturalmente, a expressão para $P(z)$ na Equação (12.63) resume sua forma sem perdas na Equação (12.54) quando $\alpha = 0$ e reduz a seu par perfeito equivalente de pouca perda na Equação (12.61) com $\phi = 0$ quando $\underline{\Gamma}_L = 0$. Observe também que longe da carga (teoricamente, para $z \to \infty$), $P_r(z) \approx 0$ (ver Figura 12.5).

12.6 IMPEDÂNCIA DA LINHA DE TRANSMISSÃO

Conforme dito em diversas ocasiões até o momento, a proporcionalidade entre tensão e corrente de uma linha de transmissão (Figura 12.3) via sua impedância característica, $\underline{Z}_0$, ocorre apenas para uma única onda viajante (para frente ou para trás), e não para uma solução geral de $\underline{V}(z)$ e $\underline{I}(z)$ na linha, Equação (12.16). Combinando as equações (12.36), (12.15) e (12.52), a taxa total da tensão para corrente expressa em termos de $\underline{Z}_0$ e tanto o coeficiente de reflexão de tensão generalizado, $\underline{\Gamma}(z)$, quanto o coeficiente de reflexão de tensão de carga, $\underline{\Gamma}_L$, e o coeficiente de propagação complexa, $\underline{\gamma}$, da linha, é

impedância de uma linha de transmissão (unidade: Ω)

$$\underline{Z}(z) = \frac{\underline{V}(z)}{\underline{I}(z)} = \underline{Z}_0\,\frac{1 + \underline{\Gamma}(z)}{1 - \underline{\Gamma}(z)} =$$

$$= \underline{Z}_0\,\frac{1 + \underline{\Gamma}_L\,e^{2\underline{\gamma} z}}{1 - \underline{\Gamma}_L\,e^{2\underline{\gamma} z}} \quad (-l \leq z \leq 0), \quad (12.65)$$

com $\underline{\Gamma}_L$ dado pela Equação (12.27). Esta taxa, denotada simplesmente por $\underline{Z}(z)$, representa a chamada impedância da linha de transmissão, vista em um corte transversal da linha definido pela coordenada z olhando-se em direção à carga. Em outras palavras, $\underline{Z}(z)$ é igual à impedância complexa de uma carga equivalente que pode ser usada para substituir por completo a parte da linha além desse corte transversal, incluindo a carga (original) de impedância $\underline{Z}_L$, em relação ao resto da linha (e o gerador), conforme ilustra a Figura 12.6. Por meio de tal equivalência, a tensão $\underline{V}(z')$ e corrente $\underline{I}(z')$ na primeira parte da linha, com $-l \leq z' \leq z$, são idênticas na estrutura original, Figura 12.6(a), e a estrutura com a carga equivalente de impedância $\underline{Z}(z)$, Figura 12.6(b). Da Equação (12.65),

coeficiente de reflexão generalizada via impedância da linha

$$\underline{\Gamma}(z) = \frac{\underline{Z}(z) - \underline{Z}_0}{\underline{Z}(z) + \underline{Z}_0}, \quad (12.66)$$

e isso pode ser obtido também da Figura 12.6(b), contexto no qual $\underline{\Gamma}(z)$ representa o coeficiente de reflexão da tensão na carga, para a impedância de carga $\underline{Z}(z)$, e assim a Equação (12.27) se aplica. Como qualquer impedância (de carga) [Equação (8.209)], $\underline{Z}(z)$ pode ser escrito como

$$\underline{Z}(z) = R(z) + jX(z), \quad (12.67)$$

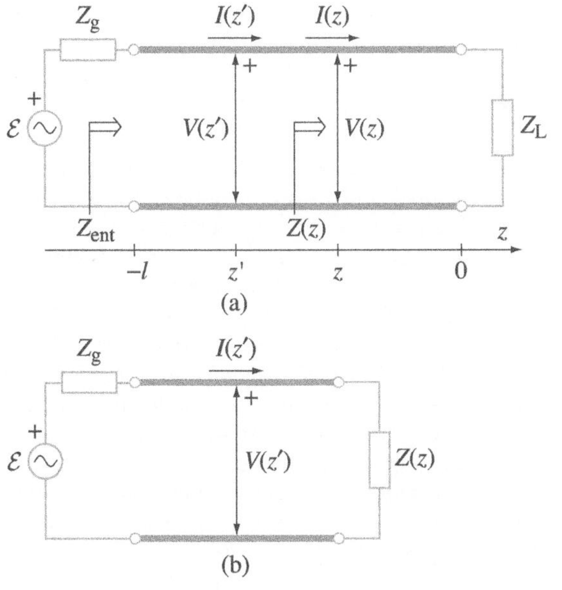

Figura 12.6
Ilustração da definição da impedância da linha de transmissão, $\underline{Z}(z)$, como a impedância vista em um corte transversal da linha definido pela coordenada z olhando-se em direção à carga (a), ou seja, impedância de uma carga equivalente substituindo a parte da estrutura por $z' \geq z$ (b).

onde $R(z)$ e $X(z)$ são, respectivamente, resistência e reatância da linha (em uma dada coordenada z ao longo da linha). A admitância da linha (em qualquer z) é

admitância da linha (unidade: S)

$$\underline{Y}(z) = \frac{1}{\underline{Z}(z)} = \underline{Y}_0 \frac{1 - \underline{\Gamma}_L e^{2\underline{\gamma}z}}{1 + \underline{\Gamma}_L e^{2\underline{\gamma}z}} =$$
$$= G(z) + jB(z), \quad (12.68)$$

com a representação em termos de condutância (G) e susceptância (B) de linha, e $\underline{Y}_0 = 1/\underline{Z}_0$ sendo a admitância característica (complexa) da linha [veja a Equação (11.35)].

Em um limite de $z = 0$, a impedância da linha nos terminais de carga na Figura 12.6(a) se torna, com o uso das equações (12.65) e (12.51),

$$\underline{Z}(0) = \underline{Z}_0 \frac{1 + \underline{\Gamma}_L}{1 - \underline{\Gamma}_L} = \underline{Z}_L, \quad (12.69)$$

ou seja, resulta igual à impedância de carga, $\underline{Z}_L$, conforme o esperado. No outro limite, com $z = -l$, $\underline{Z}$ nos terminais do gerador representam a impedância de entrada equivalente de toda a linha na Figura 12.6(a), substituindo a combinação da linha e carga em relação ao gerador, e a definimos como $\underline{Z}_{ent}$. Pela Equação (12.65), calcula-se como

$$\underline{Z}_{ent} = \underline{Z}(-l) = \underline{Z}_0 \frac{1 + \underline{\Gamma}_L e^{-2\underline{\gamma}l}}{1 - \underline{\Gamma}_L e^{-2\underline{\gamma}l}}. \quad (12.70)$$

Percebemos que essa expressão para a impedância $\underline{Z}_{ent}$ tem forma idêntica à dada pelas equações (10.156), e assim a expressão alternativa análoga à da Equação (10.159):

impedância de entrada — linha com perda

$$\underline{Z}_{ent} = \underline{Z}_0 \frac{\underline{Z}_L \cosh \underline{\gamma}l + \underline{Z}_0 \operatorname{senh} \underline{\gamma}l}{\underline{Z}_0 \cosh \underline{\gamma}l + \underline{Z}_L \operatorname{senh} \underline{\gamma}l}. \quad (12.71)$$

De uma maneira semelhante à estrutura na Figura 10.25, essa equação define a propriedade de transformação de impedância das linhas de transmissão. Ou seja, uma linha de transmissão [Figura 12.6(a)] de dados parâmetros $\underline{Z}_0$, $\underline{\gamma}$ e l transforma a impedância no extremo $\underline{Z}_L$ para a equivalente $\underline{Z}_{ent}$ em seus terminais de entrada. Aqui, $\underline{Z}_L$ pode ser a impedância de entrada de outra rede passiva (Figura 12.2), como um circuito elétrico arbitrário RLC, outra linha de transmissão, uma antena transmissora etc. Como veremos ao longo deste capítulo, há várias aplicações de linhas de transmissão como transformadores de impedância.

Se a linha na Figura 12.6(a) é (ou pode ser mais ou menos considerada) sem perdas, γ é puramente imaginário ($\gamma = j\beta$), Equação (12.19), e $\underline{Z}_0$ puramente real ($\underline{Z}_0 = Z_0$), Equação (12.18), de modo que, em analogia com a Equação (10.160), a impedância de entrada da linha se torna

impedância de entrada — linha sem perdas

$$\underline{Z}_{ent} = Z_0 \frac{\underline{Z}_L \cos \beta l + jZ_0 \operatorname{sen} \beta l}{Z_0 \cos \beta l + j\underline{Z}_L \operatorname{sen} \beta l}. \quad (12.72)$$

Já que, das equações (12.10),

comprimento elétrico de uma linha

$$\beta l = 2\pi \frac{l}{\lambda_z} \longrightarrow l_e = \frac{l}{\lambda_z}, \quad (12.73)$$

percebemos que $\underline{Z}_{ent}$ depende na realidade do comprimento elétrico da linha, l_e, definido como taxa do comprimento físico da linha, l, em relação ao comprimento de onda ao longo da linha, λ_z. Observe que a impedância da linha na Equação (12.65), para um z arbitrário ao longo da linha, pode ser agora escrita como

impedância sem perdas em um z arbitrário

$$\underline{Z}(z) = Z_0 \frac{\underline{Z}_L \cos \beta z - jZ_0 \operatorname{sen} \beta z}{Z_0 \cos \beta z - j\underline{Z}_L \operatorname{sen} \beta z}. \quad (12.74)$$

Na análise e projeto de linhas de transmissão, em geral convém lidar com todas as impedâncias usando-se seus valores normalizados, com a impedância característica da linha (Z_0) servindo como constante de normalização. Da Equação (12.67), a impedância normalizada da linha de transmissão, denotada por $\underline{z}_n$, é dada por

impedância normalizada (sem dimensão)

$$\underline{z}_n = \frac{\underline{Z}}{Z_0} = \frac{R}{Z_0} + j\frac{X}{Z_0} = r + jx, \quad (12.75)$$

onde devemos manter em mente que todas as quantidades exceto Z_0 são funções da coordenada z. As partes real e imaginária de $\underline{z}_n$, iguais a

$$r = \frac{R}{Z_0}, \quad x = \frac{X}{Z_0}, \tag{12.76}$$

são chamadas resistência e reatância da linha, respectivamente. De maneira similar, utilizando a Equação (12.68), introduzimos a admitância normalizada da linha,

admitância normalizada (sem dimensão)

$$\underline{y}_n = \frac{\underline{Y}}{\underline{Y}_0} = \frac{\underline{Z}_0}{\underline{Z}} = \frac{1}{\underline{z}_n} = g + \mathrm{j}b, \tag{12.77}$$

com a condutância e a susceptância da linha normalizada, dadas por, respectivamente

$$g = \frac{G}{Y_0}, \quad b = \frac{B}{Y_0}. \tag{12.78}$$

É claro que todas as quantidades em minúsculas (normalizadas) nas equações (12.75) e (12.77) não possuem dimensão. No caso de uma linha de transmissão com perdas substanciais de modo que não se possam desconsiderar partes imaginárias de $\underline{Z}_0$ e $\underline{Y}_0$ complexos, $\underline{Z}$ e $\underline{Y}$ são normalizados para $|\underline{Z}_0|$ e $|\underline{Y}_0|$, respectivamente.

Exemplo 12.8

Casamento de um transformador de um quarto de onda

Em uma frequência de $f_1 = 1$ GHz, a impedância de entrada de uma antena é puramente real e igual a $R_A = 200\ \Omega$. Essa antena precisa ter sua impedância casada com uma linha de transmissão com uma impedância característica de $Z_{01} = 50\ \Omega$. Para tal fim, (a) projete uma seção da linha de transmissão (encontre impedância característica e comprimento) de modo que transforme R_A em Z_{01}, ou seja, que a impedância de entrada da seção da linha com a antena e seja vista como carga igual a Z_{01}. (b) Se a frequência for mudada para $f_2 = 1{,}4$ GHz, determine a porcentagem da força incidente que é devolvida para fora da conexão da linha casada em (a) e a linha de alimentação (de impedância característica Z_{01}), considerando que a impedância da antena não se modifica.

Solução

(a) Percebemos que este requisito de casamento de impedância (sem reflexão) é completamente análogo ao das equações (10.161), aqui reproduzidos, naturalmente, em termos da impedância de entrada da seção da linha, $\underline{Z}_{\text{ent}}$, dada pela Equação (12.72). Desta forma, precisamos de uma linha agindo como um transformador de um quarto de onda, como nas equações (10.165), que se tornam

transformador de um quarto de onda

$$\underline{Z}_{\text{ent}} = Z_{01} \longrightarrow Z_{0t} = \sqrt{Z_{01} R_L} \quad \text{e} \quad l = \frac{\lambda_t}{4}, \tag{12.79}$$

onde $R_L = R_A$ e λ_t denotam o comprimento de onda do transformador. Para os dados numéricos fornecidos, a impedância característica do transformador é $Z_{0t} = 100\Omega$. Seu comprimento, combinando as equações (8.112) e (9.47) e assumindo que o dielétrico da linha é polietileno ($\varepsilon_r = 2{,}25$), por exemplo, resulta que $l = \lambda_0/(4\sqrt{\varepsilon_r}) = c_0/4\sqrt{\varepsilon_r} f_1 = 5$ cm [ou qualquer múltiplo inteiro ímpar seu — veja as equações (10.164)], com c_0 e λ_0 representando velocidade de onda no espaço livre e comprimento de onda na frequência de operação (f_1) da estrutura.

(b) como se discutiu no Exemplo 10.26, a principal deficiência do casamento de um transformador de um quarto de onda, em geral, é a sua inerente operação ressonante (de uma única frequência), que pode ser tornada mais ampla ao se escalonar vários segmentos de um quarto de onda. Em particular, se a frequência de operação do transformador em (a) for alterada para $f_2 = 1{,}4$ GHz, βl ($l = 5$ cm) nas equações (10.164) não é mais $\pi/2$, mas $\beta l = 2\pi f_2 \sqrt{\varepsilon_r} l / c_0 = 2{,}2$ (rad). Com isso, a impedância de entrada da linha, Equação (12.72), o coeficiente de reflexão de tensão generalizada associada, Equação (12.66), e a porcentagem da força incidente por média no tempo que é refletida do transformador com a antena como carga, equações (12.56), são calculadas da seguinte forma:

$$\underline{Z}_{\text{ent}} = Z_{0t} \frac{R_A \cos\beta l + \mathrm{j} Z_{0t} \operatorname{sen}\beta l}{Z_{0t}\cos\beta l + \mathrm{j} R_A \operatorname{sen}\beta l} = 83\,\mathrm{e}^{\mathrm{j}35{,}5^\circ}\ \Omega \longrightarrow$$

$$\longrightarrow \underline{\Gamma}_{\text{ent}} = \frac{\underline{Z}_{\text{ent}} - Z_{01}}{\underline{Z}_{\text{ent}} + Z_{01}} = 0{,}404\,\mathrm{e}^{\mathrm{j}47{,}7^\circ} \longrightarrow$$

$$\longrightarrow \frac{P_r}{P_i} = |\underline{\Gamma}_{\text{ent}}|^2 = 16{,}31\% \tag{12.80}$$

(veja o cálculo similar no Exemplo 10.27)

Exemplo 12.9

Inversor de impedância

Demonstre que a impedância de entrada normalizada de um transformador de quarto de onda (sem perdas) é exatamente recíproca à sua impedância de carga complexa normalizada.

Solução Substituindo $l = \lambda_t/4$ ou $\beta l = \pi/2$ na expressão da impedância na Equação (12.72), obtemos

$$\underline{Z}_{\text{ent}} = \frac{Z_0^2}{\underline{Z}_L} \longrightarrow \frac{\underline{Z}_{\text{ent}}}{Z_0} = \frac{1}{\underline{Z}_L/Z_0} \longrightarrow$$

$$\underline{z}_{\text{ent}} = \frac{1}{\underline{z}_L}, \tag{12.81}$$

onde $\underline{z}_{\text{ent}}$ e $\underline{z}_L$ são valores ($\underline{z}_n$) normalizados (para Z_0), de acordo com a Equação (12.75), das impedâncias de entrada e da carga, $\underline{Z}_{\text{ent}}$ e $\underline{Z}_L$, respectivamente, do transformador. Desta forma, de fato, uma linha de transmissão de um quarto de onda transforma a impedância complexa normalizada de terminação z_L em sua recíproca (e também normalizada) nos terminais de entrada da linha. Isso é porque o transformador de um quarto de onda também é chamado de inversor de impedância.

Perceba que as equações (12.81) também podem ser derivadas das equações (12.79) no caso de uma carga puramente resistiva. No entanto, também notamos que os requisitos de casamento de um quarto de onda, nas equações (12.79), são mais rigorosos que a propriedade de inversão de impedância. Em outras palavras, cada seção longa $l = \lambda_t/4$ de uma linha de transmissão inverte impedâncias normalizadas, mas não necessariamente proporciona casamento de impedância.

Exemplo 12.10

Resistências máxima e mínima de uma linha sem perdas

Considere a linha de transmissão sem perda e quatro impedâncias de cargas diferentes, $\underline{Z}_L$, do Exemplo 12.3, e calcule a dependência das partes real e imaginária da impedância da linha de transmissão, $\underline{Z}$, na coordenada z ao longo da linha. Mostre também que tanto o valor máximo quanto o mínimo da parte real de $\underline{Z}(z)$ (resistência da linha) pode ser expresso em termos da taxa de onda estacionária e impedância característica da linha.

Solução A Figura 12.7 mostra os esquemas das partes real e imaginária da impedância $\underline{Z}(z)$, equações (12.47) e (12.67), correspondendo aos padrões de onda estacionária na Figura 12.4. Vemos dos esquemas que nas posições dos valores máximos de tensão da linha, $z = z_{máx}$, que coincidem com as posições dos valores mínimos de corrente, $\underline{Z}$ é puramente resistivo ($X = 0$) e R alcança seu valor máximo, $R_{máx}$, enquanto nas posições de valores mínimos de tensão (e máximos de corrente), $z = z_{mín}$, $\underline{Z}$ é puramente resistivo e igual a $R_{mín}$. Combinando as equações (12.36), (12.8), (12.33), (12.39), (12.9), (12.13), e (12.42), percebemos que

$$\underline{V}(z_{máx}) = \underline{V}_i(z_{máx})\left[1 + \underline{\Gamma}(z_{máx})\right] = \underline{V}_{i0}\, e^{-j\beta z_{máx}}\left(1 + |\underline{\Gamma}_L|\right) = |\underline{V}|_{máx}\, e^{j(\theta_{i0} - \beta z_{máx})},$$

$$\underline{I}(z_{máx}) = \frac{\underline{V}_{i0}}{Z_0}\, e^{-j\beta z_{máx}}\left(1 - |\underline{\Gamma}_L|\right) = |\underline{I}|_{mín}\, e^{j(\theta_{i0} - \beta z_{máx})}$$

$$\left[e^{j(2\beta z_{máx} + \psi_L)} = 1\right], \qquad (12.82)$$

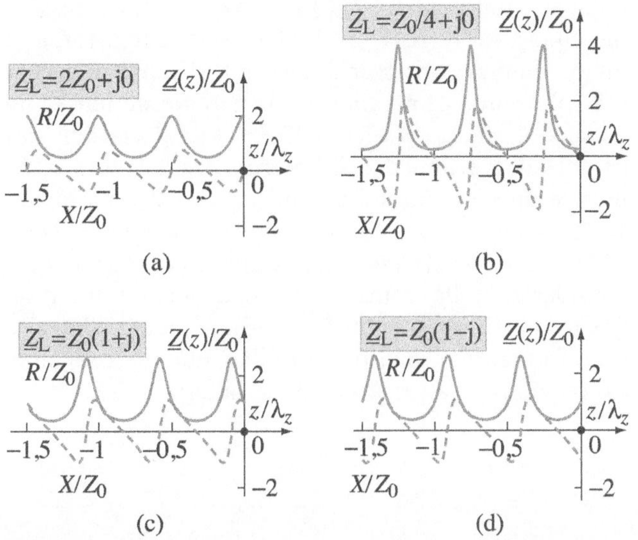

Figura 12.7

Plots das partes real (R) e imaginária (X) da impedância $\underline{Z}$ na Equação (12.74), normalizadas de acordo com a Equação (12.75), contra z/λ_z para a linha de transmissão sem perdas e quatro impedâncias de carga diferentes ($\underline{Z}_L$) na Figura 12.4; para o Exemplo 12.10.

ou seja, que $\underline{V}(z_{máx})$ e $\underline{I}(z_{máx})$ estão em fase. Com isso, e com o auxílio das equações (12.65), (12.67) e (12.43), o valor máximo da resistência da linha é dado por

resistência máxima de uma linha de transmissão

$$R_{máx} = R(z_{máx}) = \frac{\underline{V}(z_{máx})}{\underline{I}(z_{máx})} = \frac{|\underline{V}|_{máx}}{|\underline{I}|_{mín}} = Z_0\,\frac{1 + |\underline{\Gamma}_L|}{1 - |\underline{\Gamma}_L|} = sZ_0 \quad [X(z_{máx}) = 0], \qquad (12.83)$$

onde s é a taxa de onda estacionária da linha. De uma maneira similar, seu mínimo é

resistência mínima

$$R_{mín} = R(z_{mín}) = \frac{\underline{V}(z_{mín})}{\underline{I}(z_{mín})} = \frac{|\underline{V}|_{mín}}{|\underline{I}|_{máx}} = Z_0\,\frac{1 - |\underline{\Gamma}_L|}{1 + |\underline{\Gamma}_L|} = \frac{Z_0}{s} \quad [X(z_{mín}) = 0]. \qquad (12.84)$$

Deste modo, $R(z)$ varia entre Z_0/s e sZ_0 ao longo da linha (perceba que $s \geq 1$). Por outro lado, a reatância da linha $X(z)$ muda seu sinal em $z = z_{máx}$ e $z_{mín}$, isto é, o $\underline{Z}(z)$ complexo alterna de uma impedância indutiva [$X(z) > 0$] para uma capacitiva [$X(z) < 0$] ou vice-versa em intervalos de $\lambda_z/4$. Para cargas puramente resistivas ($X_L = 0$), Figura 12.7(a) e 12.7(b), tanto o primeiro valor máximo de tensão quanto o mínimo está nos terminais de carga ($z = 0$), e temos que tanto $R_{máx} = R_L$ (quando $R_L > Z_0$) ou $R_{mín} = R_L$ (quando $R_L < Z_0$). Assim, R_L é igual a sZ_0 ou Z_0/s, que, por exemplo, pode ser usado para determinar a resistência de uma carga (puramente resistiva) desconhecida com base no Z_0 conhecido para a linha e SWR medida. (O caso $R_L = Z_0$ será discutido em uma seção posterior). Para cargas complexas ($X_L \neq 0$), Figuras 12.7(c) e 12.7(d), as posições de $R = R_{máx}$ e $R = R_{mín}$ ($X = 0$) são mudadas em relação à posição de carga, com o máximo da resistência estando mais próximo à carga que o mínimo se $X_L > 0$ (carga indutiva), e vice-versa se $X_L < 0$ (carga capacitiva). Perceba que cada um dos gráficos na Figura 12.7 pode também ser considerado uma representação da impedância de entrada da linha $\underline{Z}_{ent}$, Equação (12.72), para comprimentos diferentes l da linha ($l = |z|$) e uma impedância de carga particular. Como tal, eles mostram uma série de possíveis transformações de impedância de $\underline{Z}_L$ a $\underline{Z}_{ent}$ que podem ser obtidas com opções diferentes do comprimento elétrico da linha, Equação (12.73).

Exemplo 12.11

Circuito transformador de quarto de onda para uma carga complexa

Projete um circuito casado utilizando um transformador de quarto de onda para a antena no Exemplo 12.8 se sua impedância de entrada for igual a $\underline{Z}_L = (15 + j35)\ \Omega$ na frequência f_1.

Solução Já que a impedância da carga (antena) não é puramente real, precisamos primeiro compensar (anular) sua parte imaginária, o que pode ser feito movendo-se a linha de transmissão alimentadora (de impedância característica $Z_{01} = 50\ \Omega$) para longe da carga (em direção ao gerador), para uma

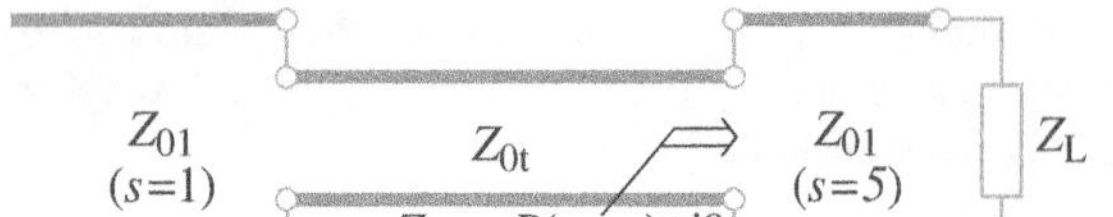

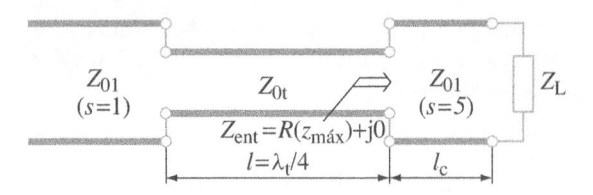

Figura 12.8

Inserção de um transformador de um quarto de onda ($l = \lambda_t/4$) na linha de transmissão de alimentação de uma antena com uma impedância de entrada indutiva complexa, em um local na linha onde a sua impedância ($\underline{Z}$) é puramente resistiva; para o Exemplo 12.11.

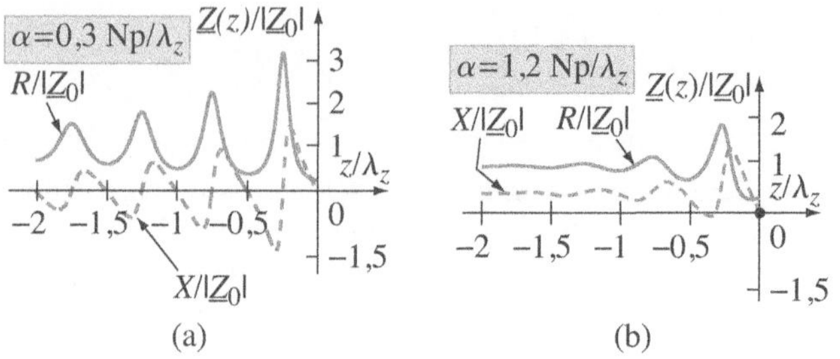

Figura 12.9

Esquema da impedância normalizada (resistência e reatância) [calculados das equações (12.65) e (12.75), com $|\underline{Z}_0|$ como constante de normalização] para duas linhas com perdas na Figura 12.5. Para o Exemplo 12.12.

posição onde a impedância da linha de transmissão, $\underline{Z}$, seja puramente resistiva ($X = 0$). Em outras palavras, inserimos outro segmento da linha entre a carga e um transformador de um quarto de onda, como visto na Figura 12.8. Em geral, todas as posições possíveis nas quais $X = 0$ são as das equações (12.83) e (12.84). No entanto, para tornar o comprimento l_c do segmento compensador o menor possível, lembramos da discussão sobre padrões de onda estacionária de tensão e corrente na Figura 12.4 que no caso de uma carga complexa indutiva ($X_L > 0$), como a da Figura 12.8 ($X_L = 35\ \Omega$), o primeiro valor máximo (e não o mínimo) de tensão vem antes, movendo-se para longe da carga, e é onde vamos conectar o transformador. Usando as equações (12.27) e (12.29), por outro lado, a intensidade e ângulo de fase do coeficiente de reflexão nos terminais da antena são $|\underline{\Gamma}_L| = 0{,}67e\ \psi_L = 106{,}7°$ $= 1{,}86$ rad, respectivamente, e o SWR associado, Equação (12.43), é $s = 5$. A Equação (12.39) com $m = 0$ nos diz, então, que a posição do primeiro valor máximo é dada por

$$z_{máx} = -\frac{\psi_L}{2\beta} = -\frac{1{,}86\lambda_z}{4\pi} = -0{,}148\lambda_z \quad (m = 0). \quad (12.85)$$

Assim, o comprimento do segmento compensador da linha é $l_c = 0{,}148\ \lambda_z \approx 3$ cm, onde assumimos que o dielétrico deste segmento também seja polietileno, de modo que o comprimento de onda ao longo dele seja o mesmo ao longo do transformador ($\lambda_z = \lambda_t = 20$ cm). Conforme a Equação (12.83), a impedância de entrada do segmento é

$$\underline{Z}_{ent} = R(z_{máx}) + j0 = sZ_{01} = 250\ \Omega \quad [X(z_{máx}) = 0]. \quad (12.86)$$

Por fim, para transformar essa impedância puramente resistiva em Z_{01} (para a linha alimentadora principal), e atender às condições gerais de não reflexão ($s = 1$), a impedância característica do transformador de um quarto de onda na Figura 12.8 é calculada como nas equações (12.79), e resulta ser

$$Z_{0t} = \sqrt{Z_{01}R(z_{máx})} = 112\ \Omega \quad \left(l = \frac{\lambda_t}{4} = 5\ \text{cm}\right). \quad (12.87)$$

Exemplo 12.12

Esquema da impedância para linhas com perdas

Determine o comportamento das partes real e imaginária da impedância da linha de transmissão ao longo da linha para os dois casos das linhas de transmissão com perdas do Exemplo 12.5.

Solução Usando as equações (12.65) e (12.75), este comportamento de impedância, ou seja, a dependência da impedância $\underline{Z}(z)$ [ou $\underline{Z}_{ent}(l)$] em z (ou l), é ilustrado na Figura 12.9. Vemos que a periodicidade nas repetições dos mesmos valores em R e X com movimentos sucessivos por $\lambda_z/2$ para longe da carga (observado para a linha sem perdas da Figura 12.7) não ocorre mais, o que é especialmente evidente no caso de altas perdas. Os valores de $R_{máx}$ e $R_{mín}$ não são constantes, mas diminuem com a distância da carga, por causa das perdas na linha. Longe da carga, $R_{máx} \approx R_{mín}$ e $\underline{Z}(z) \approx \underline{Z}_0$, como se a linha fosse infinitamente longa ou terminasse em uma carga casada [$\underline{\Gamma}_L = 0$ na Equação (12.65)]. Note que esse fenômeno é explicado na discussão de padrões na Figura 12.5. Além disso, em razão de um ângulo de fase diferente de zero (que não pode ser desconsiderado) ϕ de $\underline{Z}_0$ para a linha de altas perdas, as posições onde $R = R_{máx}$ e $R = R_{mín}$ não coincidem exatamente com os zeros do X neste caso.

12.7 SOLUÇÃO COMPLETA PARA TENSÃO E CORRENTE DE LINHA

Com o conceito de impedância de entrada de uma linha de transmissão ($\underline{Z}_{ent}$) em mãos, e as expressões nas equações (12.70) e (12.72) para seu cálculo, torna-se muito simples expressar a constante $\underline{V}_{i0}$ nas equações (12.26) usando os parâmetros do gerador de tensão no começo da linha na Figura 12.3, ou seja, sua fem rms complexo $\underline{\mathcal{E}}$ e impedância interna $\underline{Z}_g$. A Figura 12.10 mostra uma versão do circuito equivalente na Figura 12.6(b) — com $z = -l$ e toda a linha e a carga na Figura 12.6(a) substituída por $\underline{Z}_{ent}$ Neste circuito, pelo qual consideramos basicamente as condições de contorno nos terminais do gerador ($z = -l$) na Figura 12.3, $\underline{Z}_{ent}$ e $\underline{Z}_g$ formam um divisor de tensão, que dá a seguinte expressão para a tensão $\underline{Z}_g$ no gerador:

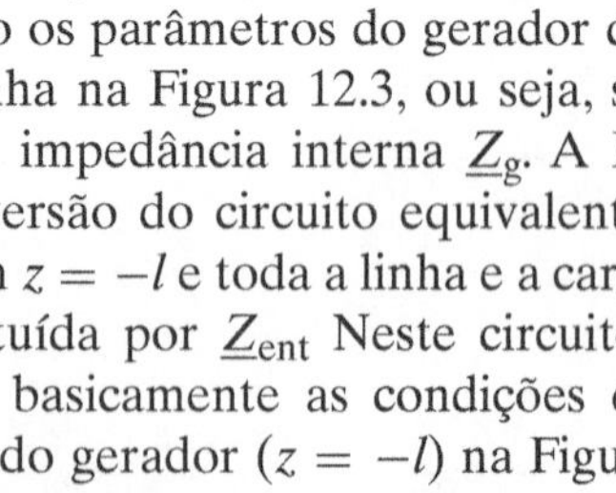

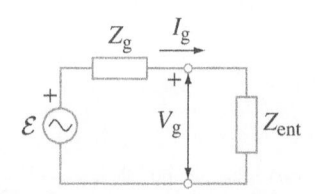

Figura 12.10

Circuito equivalente de uma linha de transmissão na Figura 12.6(a) como visto dos terminais do gerador.

$$\underline{V}_g = \frac{\underline{Z}_{ent}}{\underline{Z}_{ent} + \underline{Z}_g} \underline{\mathcal{E}}. \quad (12.88)$$

Das equações (12.36), (12.8) e (12.52), por outro lado, esta mesma tensão é

$$\underline{V}_g = \underline{V}(-l) = \underline{V}_{i0}\, e^{\underline{\gamma} l}\left(1 + \underline{\Gamma}_L\, e^{-2\underline{\gamma} l}\right), \quad (12.89)$$

e assim a solução para $\underline{V}_{i0}$

solução para $\underline{V}_{i0}$ na Equação (12.8)

$$\underline{V}_{i0} = \frac{\underline{Z}_{ent}\underline{\mathcal{E}}\, e^{-\underline{\gamma} l}}{(\underline{Z}_{ent} + \underline{Z}_g)(1 + \underline{\Gamma}_L\, e^{-2\underline{\gamma} l})}. \quad (12.90)$$

Com isso, e a solução para $\underline{V}_{r0}$ [$\underline{V}_{r0} = \underline{\Gamma}_L \underline{V}_{i0}$, Equação (12.27)], podemos então expressar a tensão $\underline{V}(z)$ e corrente $\underline{I}(z)$ ao longo das redes terminais da linha, Equações (12.7) e (12.11), de frequência de operação (f) da estrutura, além do comprimento (l) e outras características da própria linha. Exemplos nessa seção ilustram a obtenção de tais soluções completas para tensão e corrente de linha. É claro que também podemos utilizar a expressão para $\underline{V}_{i0}$ na Equação (12.90) para reescrever as soluções para todas as outras quantidades associadas de interesse, como a potência por média no tempo $P(z)$ ao longo da linha, Equação (12.63).

Exemplo 12.13

Análise completa de circuito de uma linha de transmissão sem perda

Uma linha de transmissão sem perda de comprimento $l = 4{,}25$ m e impedância característica $Z_0 = 50\ \Omega$ é conduzida por um gerador de tensão harmônico de frequência $f = 75$ MHz. A fem do gerador possui valor rms de $\mathcal{E} = 20$ V e fase inicial zero; sua impedância interna é puramente real e igual a $R_g = 20\ \Omega$. Na outra extremidade, a linha termina em uma carga cuja impedância complexa é $\underline{Z}_L = (100 + j50)\ \Omega$. A permissividade relativa do dielétrico da linha é $\varepsilon_r = 4$ ($\mu_r = 1$). Encontre (a) tensões e correntes totais instantâneas e complexas ao longo da linha, e (b) forças de perda por média no tempo na carga e no gerador, respectivamente.

Solução

(a) Usando as equações (11.17) e (9.47) para calcular o coeficiente de fase da linha, podemos escrever

$$\beta = \frac{\omega}{v_p} = \frac{2\pi f\sqrt{\varepsilon_r}}{c_0} = \pi \text{ rad/m} \longrightarrow$$

$$\longrightarrow \quad \tan\beta l = \tan 4{,}25\pi = \tan\frac{\pi}{4} = 1, \quad (12.91)$$

para que a impedância de entrada da linha, Equação (12.72), seja

$$\underline{Z}_{ent} = Z_0 \frac{\underline{Z}_L + jZ_0 \tan\beta l}{Z_0 + j\underline{Z}_L \tan\beta l} = (50 - j50)\ \Omega. \quad (12.92)$$

Da Equação (12.27), por outro lado, o coeficiente de reflexão de carga é $\underline{\Gamma}_L = 0{,}4 + j0{,}2$, e assim sua intensidade e ângulo de fase, Equação (12.29), vem a ser $|\underline{\Gamma}_L| = 0{,}447$ e $\psi_L = 26{,}6°$, respectivamente. Tendo em mente que $\underline{\mathcal{E}} = \mathcal{E}e^{j0}$ e $\underline{Z}_g = R_g + j0$, a versão da Equação (12.90) para linhas sem perdas assim resulta em

$$\underline{V}_{i0} = \frac{\underline{Z}_{ent}\mathcal{E}\, e^{-j\beta l}}{(\underline{Z}_{ent} + R_g)\left[1 + |\underline{\Gamma}_L|\, e^{j(-2\beta l + \psi_L)}\right]} = $$
$$= 13\, e^{-j36°}\ \text{V}. \quad (12.93)$$

Com isso, a expressão na Equação (12.44) para a tensão rms complexa total da linha (na Figura 12.3) se torna

$$\underline{V}(z) = \underline{V}_{i0}\left[e^{-j\beta z} + |\underline{\Gamma}_L|\, e^{j(\beta z + \psi_L)}\right] =$$
$$= 13\, e^{-j36°}\left[e^{-j\pi z} + 0{,}447\, e^{j(\pi z + 26.6°)}\right] \text{V}$$
$$(-l \le z \le 0; \quad z \text{ em m}). \quad (12.94)$$

De maneira semelhante, a distribuição de corrente complexa ao longo da linha é dada por

$$\underline{I}(z) = \frac{\underline{V}_{i0}}{Z_0}\left[e^{-j\beta z} - |\underline{\Gamma}_L|\, e^{j(\beta z + \psi_L)}\right] =$$
$$= 260\, e^{-j36°}\left[e^{-j\pi z} - 0{,}447\, e^{j(\pi z + 26.6°)}\right] \text{mA}. \quad (12.95)$$

Por fim, por meio da Equação (8.66), convertemos essas expressões complexas para suas equivalentes em domínio do tempo (instantâneas):

$$v(z,t) = [18{,}37\cos(4{,}71\times10^8 t - \pi z - 36°) +$$
$$+ 8{,}21\cos(4{,}71\times10^8 t + \pi z - 9{,}4°)]\text{V},$$
$$i(z,t) = [367{,}6\cos(4{,}71\times10^8 t - \pi z - 36°)$$
$$- 164{,}3\cos(4{,}71\times10^8 t + \pi z - 9{,}4°)]\ \text{mA}$$
$$(t \text{ em s}; \quad z \text{ em m}), \quad (12.96)$$

(b) Especificando, respectivamente, $z = 0$ e $z = -l = -4{,}25$ m na Equação (12.95), obtemos as intensidades de corrente complexas da carga e gerador: $\underline{I}_L = \underline{I}(0) = 164{,}4\ e^{-j54{,}5°}$ mA e $\underline{I}_g = \underline{I}(-l) = 233e^{j35{,}5°}$ mA. Evocando a Equação (12.58), as potências por média no tempo dissipadas na carga e no gerador (em sua resistência interna) são

$$P_L = R_L|\underline{I}_L|^2 = 2{,}7\ \text{W} \quad (R_L = \text{Re}\{\underline{Z}_L\} = 100\ \Omega)$$

$$\text{e} \quad P_{R_g} = R_g|\underline{I}_g|^2 = 1{,}08\ \text{W}, \quad (12.97)$$

respectivamente. Como a própria linha de transmissão não apresenta perdas, a soma das duas potências de perda anteriores, pela conservação do princípio da potência, é igual à potência por média no tempo entregue pela fem do gerador ao resto do circuito. Esta força de entrada (P_{ent}) pode, por outro lado, ser avaliada em termos da fem complexa e geradora de corrente como na Equação (8.207), sendo que assim temos

$$P_{ent} = \text{Re}\{\underline{\mathcal{E}}\underline{I}_g^*\} = P_{R_g} + P_L = 3{,}78\ \text{W}. \quad (12.98)$$

Exemplo 12.14

Solução completa para uma linha de pouca perda

Considere a linha de transmissão, com sua excitação e carga do exemplo anterior e assuma que os condutores da linha possuem pequenas perdas descritas pela resistência em alta frequência por unidade de comprimento da linha igual a $R' = 1{,}2\ \Omega\text{m}$, enquanto o dielétrico da linha é o mesmo (sem perdas). Em tais circunstâncias, calcule (a) a intensidade complexa de corrente resultante ao longo da linha e (b) a potência total por média no tempo das perdas Joule nos condutores.

Solução

(a) Visto que as perdas ao longo da linha podem ser consideradas pequenas, o coeficiente de fase da linha é (aproximadamente) o mesmo que no caso sem perdas, como nas equações (12.91). O coeficiente de atenuação de pouca perda (α) da linha é encontrado pelas equações (11.75) e (12.24), onde $\alpha_d = 0$ (dielétrico perfeito), o que resulta no seguinte coeficiente complexo de propagação ($\underline{\gamma}$):

$$\alpha = \alpha_c = \frac{R'}{2Z_0} = 0{,}012\ \text{Np/m} \quad \longrightarrow$$

$$\longrightarrow \quad \underline{\gamma} = \alpha + \text{j}\beta = (0{,}012 + \text{j}3{,}14)\ \text{m}^{-1}, \qquad (12.99)$$

Com o uso da Equação (12.70), a impedância de entrada da linha agora é

$$\underline{Z}_{\text{ent}} = Z_0 \frac{1 + |\underline{\Gamma}_L|\,e^{-2\alpha l}\,e^{\text{j}(-2\beta l+\psi_L)}}{1 - |\underline{\Gamma}_L|\,e^{-2\alpha l}\,e^{\text{j}(-2\beta l+\psi_L)}} =$$

$$= (52{,}18 - \text{j}45{,}05)\ \Omega \qquad (12.100)$$

($\underline{\Gamma}_L$ é o mesmo do exemplo anterior), no lugar da Equação (12.92). De uma maneira semelhante, a Equação (12.90) nos dá

$$\underline{V}_{i0} = \frac{\underline{Z}_{\text{ent}}\,\mathcal{E}\,e^{-\alpha l}\,e^{-\text{j}\beta l}}{(\underline{Z}_{\text{ent}} + R_g)\left[1 + |\underline{\Gamma}_L|\,e^{-2\alpha l}\,e^{\text{j}(-2\beta l+\psi_L)}\right]} =$$

$$= 12{,}47\,e^{-\text{j}36{,}8^\circ}\ \text{V}, \qquad (12.101)$$

e a expressão para a intensidade total de corrente rms complexa ao longo da linha na Equação (12.95) se torna

$$\underline{I}(z) = \frac{\underline{V}_{i0}}{Z_0}\left[e^{-\alpha z}\,e^{-\text{j}\beta z} - |\underline{\Gamma}_L|\,e^{\alpha z}\,e^{\text{j}(\beta z+\psi_L)}\right] =$$

$$= 249\,e^{-\text{j}36{,}8^\circ}\left[e^{-0{,}012z}\,e^{-\text{j}\pi z} - 0{,}447\,e^{0{,}012z}\,e^{\text{j}(\pi z+26{,}6^\circ)}\right]\text{mA}$$

$$(-l \le z \le 0; \quad z \text{ em m}), \qquad (12.102)$$

(b) A perda de força por média no tempo na carga é calculada como nas equações (12.97), e utilizando a Equação (12.102), é igual a $P_L = R_L|\underline{I}(0)|^2 = 2{,}5$ W. potência por média no tempo que o gerador (incluindo sua resistência interna) fornece à linha (e carga), P_g, é encontrada a potência (real) por média no tempo dissipada na parte real da impedância $\underline{Z}_{\text{ent}}$ no circuito equivalente na Figura 12.10. Na Figura 12.13, esse poder é dividido entre P_L e a potência dissipada ao longo da linha, sendo que assim temos

$$P_g = \text{Re}\{\underline{Z}_{\text{ent}}\}|\underline{I}(-l)|^2 = 2{,}9\ \text{W} \quad \longrightarrow$$

$$\longrightarrow \quad P_{\text{perdas na linha}} = P_g - P_L = 0{,}4\ \text{W}. \qquad (12.103)$$

Note que $P_{\text{perdas na linha}}$ também pode ser obtido diretamente, integrando-se a força de perda por unidade de comprimento $P'_c(z) = R'|\underline{I}(z)|^2$, Equação (11.66), ao longo da linha, ou seja, adicionando-se a potência dissipada por média no tempo nos resistores em série de resistências $\Delta R = R'\Delta z$ no modelo de circuito da linha na Figura 12.1.

Exemplo 12.15

Duas linhas de transmissão em cascata

A Figura 12.11 mostra duas linhas de transmissão em cascata sem perdas pelas quais um gerador da tensão harmônica conduz uma carga de impedância complexa. Para os parâmetros do circuito dado na figura, encontre a potência por média no tempo entregue à carga.

Solução Por meio da Equação (9.67), o comprimento de onda no espaço livre na frequência de operação do circuito é $\lambda_0 = c_0/f = 1$ m, e assim os comprimentos de onda ao longo das duas linhas de transmissão em cascata, $\lambda_{z1} = \lambda_0/\sqrt{\varepsilon_r} = 50$ cm e $\lambda_{z2} = \lambda_0 = 1$m, respectivamente. Pelas equações (12.10), os coeficientes de fase correspondentes são $\beta_1 = 2\pi/\lambda_{z1} = 4\pi$ rad/m e $\beta_2 = 2\pi/\lambda_{z2} = 2\pi$ rad/m. Já que $\tan \beta_2 l_2 = \tan 1{,}55\pi = \tan 0{,}55\pi = -6{,}31$, a Equação (12.92) nos dá o seguinte para a impedância de entrada da segunda linha na Figura 12.11:

$$\underline{Z}_{\text{ent2}} = Z_{02}\frac{\underline{Z}_L + \text{j}Z_{02}\tan\beta_2 l_2}{Z_{02} + \text{j}\underline{Z}_L\tan\beta_2 l_2} = (18{,}62 - \text{j}7{,}9)\ \Omega, \qquad (12.104)$$

que, por sua vez, representa uma impedância de carga para a primeira linha. Com $\tan \beta_1 l_1 = \tan 3{,}1\pi = \tan 0{,}1\pi = 0{,}325$, a impedância de entrada da primeira linha, e deste modo da conexão em série das duas linhas (mais a carga $\underline{Z}_L$), é

linhas de transmissão em cascata

$$\underline{Z}_{\text{ent}} = \underline{Z}_{\text{ent1}} = Z_{01}\frac{\underline{Z}_{\text{ent2}} + \text{j}Z_{01}\tan\beta_1 l_1}{Z_{01} + \text{j}\underline{Z}_{\text{ent2}}\tan\beta_1 l_1} =$$

$$= (19{,}13 + \text{j}14{,}45)\ \Omega. \qquad (12.105)$$

A Equação (12.88) nos diz, então, que a tensão para o gerador na Figura 12.11, incluindo sua resistência interna, é

$$\underline{V}_g = \frac{\underline{Z}_{\text{ent}}}{\underline{Z}_{\text{ent}} + R_g}\,\underline{\mathcal{E}} = 17\,e^{\text{j}25{,}3^\circ}\ \text{V}. \qquad (12.106)$$

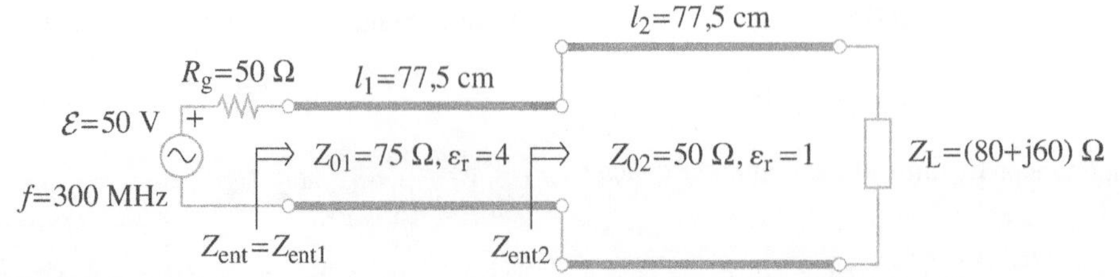

Figura 12.11
Duas linhas de transmissão em cascata sem perdas de impedâncias características diferentes e comprimentos elétricos diferentes em um regime harmônico; para o Exemplo 12.15.

Como na Equação (12.103), a potência por média no tempo entregue pelo gerador ao resto do circuito (P_g) é igual à potência real dissipada na impedância $\underline{Z}_{ent}$ no circuito equivalente, como visto pelo gerador (Figura 12.10). Por ambas as linhas de transmissão não apresentarem perdas, essa potência é igual à potência por média no tempo da carga na Figura 12.11 (P_L), que buscamos,

$$P_L = P_g = \text{Re}\{\underline{Z}_{ent}\}|\underline{I}_g|^2 = \text{Re}\{\underline{Z}_{ent}\}\left|\frac{\underline{V}_g}{\underline{Z}_{ent}}\right|^2 = 9{,}6 \text{ W}. \quad (12.107)$$

Exemplo 12.16

Linhas de transmissão conectadas em paralelo

Repita o exemplo anterior, porém para as duas linhas de transmissão conectadas em paralelo, conforme Figura 12.12 (encontre a potência por média no tempo entregue a cada uma das cargas).

Solução A impedância de entrada da segunda linha na Figura 12.12, $\underline{Z}_{ent2}$, é a mesma do exemplo anterior, então dada pela Equação (12.104). A impedância de entrada da primeira linha é calculada de modo parecido, sendo igual a $\underline{Z}_{ent1}$ = (132,45 + j52) Ω. A impedância equivalente na Figura 12.10 é, agora, a combinação paralela das duas de entrada,

linhas de transmissão em paralelo

$$\underline{Z}_{ent} = \frac{\underline{Z}_{ent1}\underline{Z}_{ent2}}{\underline{Z}_{ent1} + \underline{Z}_{ent2}} = (17{,}4 - j5{,}6)\ \Omega, \quad (12.108)$$

e a tensão do gerador, Equação (12.106), é $\underline{V}_g = 13{,}51\ e^{-j13°}$V. Por fim, como essa tensão é a mesma para as duas linhas paralelas, podemos aplicar o cálculo de potência da Equação (12.107) para cada uma das linhas e obter as potências por média no tempo entregues às duas cargas na Figura 12.12, como vemos a seguir

$$P_{L1} = P_{g1} = \text{Re}\{\underline{Z}_{ent1}\}\left|\frac{\underline{V}_g}{\underline{Z}_{ent1}}\right|^2 = 1{,}19 \text{ W},$$

$$P_{L2} = P_{g2} = \text{Re}\{\underline{Z}_{ent2}\}\left|\frac{\underline{V}_g}{\underline{Z}_{ent2}}\right|^2 = 8{,}32 \text{ W}. \quad (12.109)$$

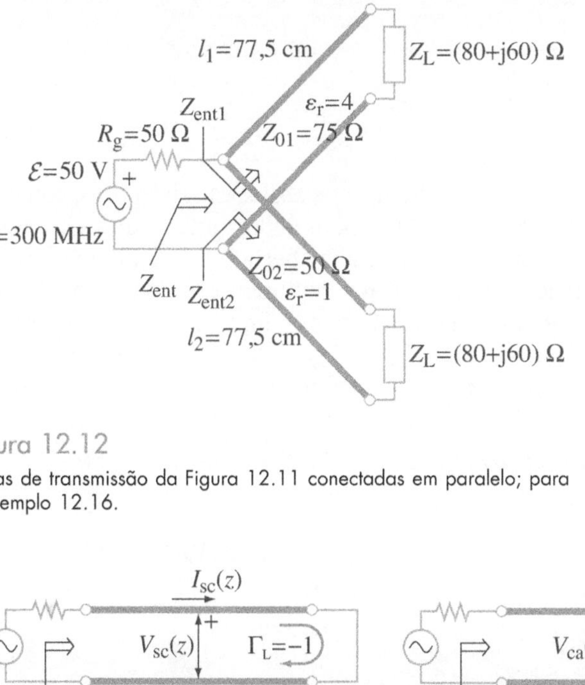

Figura 12.12

Linhas de transmissão da Figura 12.11 conectadas em paralelo; para o Exemplo 12.16.

12.8 LINHAS DE TRANSMISSÃO EM CURTO CIRCUITO, CIRCUITO ABERTO E CASADA

Esta seção discute três casos especiais e importantes de terminações de carga de uma linha de transmissão, conforme Figura 12.3: uma linha em curto-circuito, circuito aberto e casada, com impedância de carga dada por $\underline{Z}_L = 0$, $|\underline{Z}_L| \to \infty$, e $\underline{Z}_L = Z_0$, respectivamente. Primeiro assumimos que a linha não apresenta perdas. Tomemos seu coeficiente de fase por β, Equação (12.19), e impedância característica (puramente real) Z_0, Equação (12.18). O comprimento da linha é l.

Se a linha termina em um curto circuito (sc), isto é, se os terminais de saída (em $z = 0$) estiverem galvanicamente conectados entre si (no mesmo potencial), conforme Figura 12.13(a), a tensão de carga, $\underline{V}_L$, é zero nas equações (12.25), e assim também a impedância de carga. Desta forma, o coeficiente de reflexão de tensão de carga $\underline{\Gamma}_L$, Equação (12.27), é igual a $(0 - Z_0)/(0 + Z_0) = -1$.

linha de transmissão em curto-circuito

$$\underline{Z}_L = 0 \quad \longrightarrow \quad \underline{\Gamma}_L = -1. \quad (12.110)$$

Referindo-nos à Equação (12.29), temos então que a intensidade e o ângulo de fase de $\underline{\Gamma}_L$ são $|\underline{\Gamma}_L| = 1$ e $\psi_L = 180°$ respectivamente. Além disso, a perda de retorno da linha, Equação (12.30), vem a ser RL = 0 dB, e a taxa de onda estacionária, Equação (12.43), $s \to \infty$. Pela Equação (12.27), a tensão rms complexa refletida nos terminais de carga é relacionada à incidente, visto que $\underline{V}_{r0} = -\underline{V}_{i0}$. Ainda, a Equação (12.32) nos diz que o coeficiente de transmissão de tensão de carga da linha é $\underline{\tau}_L = 0$. Com isso, e tendo em mente as equações

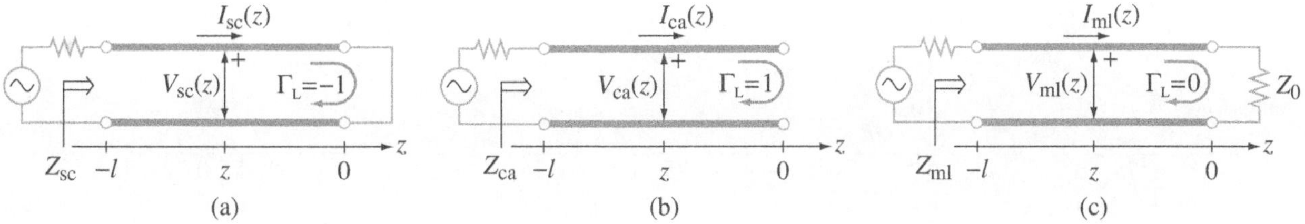

Figura 12.13

Três casos especiais importantes de terminação de carga de impedância de uma linha de transmissão: (a) curto-circuito, (b) circuito aberto e (c) carga de impedância casada.

(12.37), (12.11) e (12.38), a tensão rms complexa total e corrente, e uma linha em curto circuito, são dadas por

tensão, corrente — linha em curto-circuito

$$\underline{V}_{sc}(z) = -2j\underline{V}_{i0}\,\text{sen}\,\beta z,\quad \underline{I}_{sc}(z) = 2\frac{\underline{V}_{i0}}{Z_0}\cos\beta z, \quad (12.111)$$

e seus equivalentes instantâneos por

$$v_{sc}(z,t) = 2\sqrt{2}V_{i0}\,\text{sen}\,\beta z\,\text{sen}\,\omega t,$$
$$i_{sc}(z,t) = 2\sqrt{2}\frac{V_{i0}}{Z_0}\cos\beta z\cos\omega t. \quad (12.112)$$

Aqui, uma fase inicial zero, $\theta_{i0}= 0$, da tensão incidente no corte transversal $z = 0$ da linha (plano de referência) é assumida por questões de simplicidade ($\underline{V}_{i0} = V_{i0}$). É claro que isso pode ser feito sem qualquer perda de generalidade, já que $\theta_{i0} \neq 0$ apenas leva em consideração uma mudança na referência de tempo ($t = 0$).

As ondas da corrente e tensão resultantes ao longo da linha em curto são ondas estacionárias puras. Os instantâneos $v_{sc}(z, t)$ e $i_{sc}(z, t)$, equações (12.112), estão em quadratura por fase no tempo (90° fora de fase entre si) em cada corte transversal da linha (para cada z), o que corresponde à diferença em "j" nas expressões complexas — para $\underline{V}_{sc}(z)$ e $\underline{I}_{sc}(z)$, equações (12.111). Os cortes transversais da linha nos quais $v_{sc}(z, t)$ é sempre zero são definidos pela Equação (10.10) com λ substituído por λ_z (comprimento de onda ao longo da linha), equações (11.43), e as mesmas posições são obtidas da Equação (12.40) com $\psi_L = 180°$. As posições nas quais $i_{sc}(z, t)$ é sempre zero são mudadas por $\lambda_z/4$ em relação aos zeros da tensão. Perceba que as mesmas imagens em momentos diferentes de intensidades normalizadas do campo magnético e elétrico contra z na Figura 10.2 representam também imagens da tensão e corrente normalizadas $v_{sc}/(2\sqrt{2}V_{i0})$ e $i_{sc}Z_0/(2\sqrt{2}V_{i0})$ na Figura 12.13(a). Além disso, a Figura 12.14(a) mostra a dependência das intensidades de $\underline{V}_{sc}(z)$ e $\underline{I}_{sc}(z)$ em z ao longo da linha (padrões de onda estacionária). Comparado com os padrões na Figura 12.4(b), onde a carga é dada por $0 < R_L < Z_0$ ($X_L = 0$) e o valor mínimo da primeira tensão e máximo de corrente estão também no local de carga, a principal diferença é que os valores mínimos de tensão e corrente agora são zero, $|\underline{V}|_{mín}$, $|\underline{I}|_{mín} = 0$ [ver equações (12.40) e (12.42)]. O máximo chega a $|\underline{V}|_{máx} = 2V_{i0}$ e $|\underline{I}|_{máx} = 2V_{i0}/Z_0$ [equações (12.39) e (12.42)], e esses são os maiores valores possíveis para estas quantidades (para dados V_{i0} e Z_0 e qualquer carga), já que o maior valor possível para $|\underline{\Gamma}_L|$ é unidade, Equação (12.29).

Por outro lado, se a linha terminar em um circuito aberto (ca), ou seja, se os terminais de saída ($z = 0$) na Figura 12.3 forem deixados abertos, como na Figura 12.13(b), então a corrente na carga, $\underline{I}_L$, é obrigada a ser zero, e assim, uma impedância na carga infinita [ver equações (12.25)]. Isso, por sua vez, dá [na Equação (12.27)] um coeficiente de reflexão unitário de tensão na carga da linha [igual a $(\underline{Z}_L - 0)/(\underline{Z}_L - 0) = 1$, já que Z_0 pode ser tratado como zero em comparação com $|\underline{Z}_L|$, infinitamente grande],

linha de transmissão em circuito aberto

$$|\underline{Z}_L| \to \infty \quad \longrightarrow \quad \underline{\Gamma}_L = 1. \quad (12.113)$$

Usando as mesmas equações da linha em curto, obtemos agora que, para a situação na Figura 12.13(b), $|\underline{\Gamma}_L| =1$, $\psi_L = 0$, RL = 0 dB, $s \to \infty$, $\underline{V}_{r0} = \underline{V}_{i0}$, e $\underline{\tau}_L =2$. Assim, com o auxílio das equações (12.7) e (12.11), a tensão complexa e a corrente em uma linha de circuito aberto são

tensão, corrente — linha aberta

$$\underline{V}_{ca}(z) = 2\underline{V}_{i0}\cos\beta z,$$
$$\underline{I}_{ca}(z) = -2j\frac{\underline{V}_{i0}}{Z_0}\,\text{sen}\,\beta z. \quad (12.114)$$

Estas são também ondas estacionárias puras, como nas equações (12.111). Além disso, perceba que a expressão para a corrente na linha aberta possui a mesma forma (a única diferença é um multiplicador constante $1/Z_0$) da expressão de tensão para a linha em curto, e vice-versa, de modo que $\underline{V}_{ca} = Z_0\underline{I}_{sc}$ e $\underline{I}_{ca} = \underline{V}_{sc}/Z_0$. Os padrões da onda estacionária para tensão e corrente com base nas

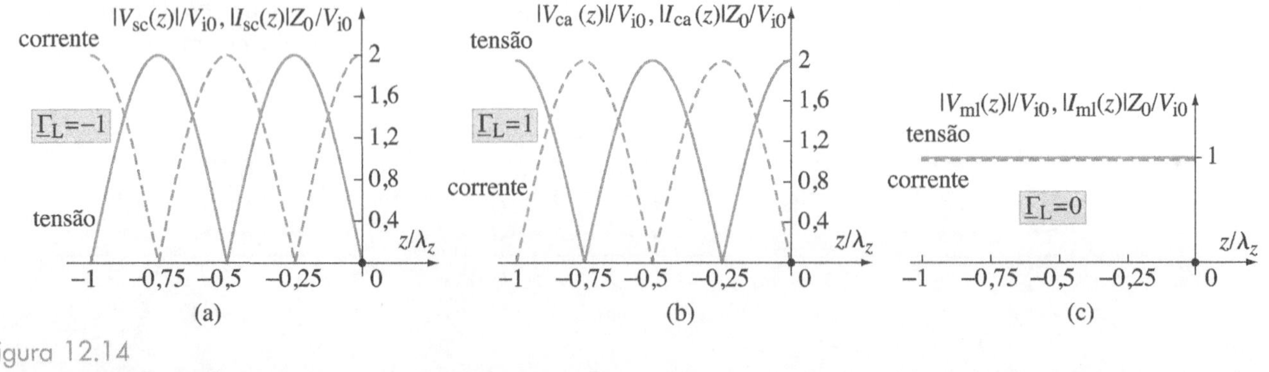

Figura 12.14

Padrões de onda estacionária de tensão e corrente normalizadas, $|\underline{V}|/V_{i0}$ e $|\underline{I}|Z_0/V_{i0}$ contra z/λ_z, para uma linha de transmissão sem perdas e três casos especiais da terminação de carga de impedância na Figura 12.13, calculados das equações (12.111), (12.114) e (12.116).

equações (12.114) são mostrados na Figura 12.14(b), onde vemos que é óbvio que podem ser obtidos através da mudança de padrões na Figura 12.14(a), para a linha em curto-circuito, por $\lambda_z/4$ ao longo do eixo.

Como último caso especial, se a linha terminar em uma carga cuja impedância seja igual à impedância característica da linha (Z_0), Figura 12.13(c), o coeficiente de reflexão de tensão de carga é zero,

linha de transmissão casada

$$\underline{Z}_L = Z_0 \quad \longrightarrow \quad \underline{\Gamma}_L = 0. \qquad (12.115)$$

Dizemos que a carga é casada (por sua impedância) à linha — uma carga casada (ml), e também denominamos a linha em si como casada. Para linhas sem perdas e com poucas perdas, cuja impedância característica é, ou pode ser considerada puramente real, equações (12.18) e (12.23), a carga casada deve ser também puramente real. Na Figura 12.13(c), RL $\to \infty$ e $s = 1$. Visto que $\underline{V}_{r0} = 0$, isto é, não há onda refletida na linha, tensão e corrente totais na linha são iguais às incidentes, equações (12.8) e (12.13),

tensão, corrente — carga casada

$$\underline{V}_{ml}(z) = \underline{V}_{i0}\, e^{-j\beta z}, \qquad \underline{I}_{ml}(z) = \frac{\underline{V}_{i0}}{Z_0}\, e^{-j\beta z}. \qquad (12.116)$$

Deste modo, há apenas uma onda viajante (para a frente) na Figura 12.13(c). Dado que $|\underline{V}_{ml}(z)| = Z_0|\underline{I}_{ml}(z)| = V_{i0}$ = const, os padrões de onda estacionária transforma em uma constante (padrões normalizados são iguais à unidade) — por toda a linha, conforme Figura 12.14(c). Acima de tudo, uma linha casada parece ser infinitamente longa, isto é, a impedância de carga na Figura 12.13(c) pode ser considerada equivalente de uma extensão infinita da linha à direita (com $0 \le z < \infty$).

Por serem ondas estacionárias puras, as tensões e correntes nas figuras 12.14(a) e 12.14(b) não carregam nenhum poder real líquido (em qualquer direção) ao longo da linha. Isso também é óbvio na Equação (12.54), onde a força resultante média no tempo é $P = 0$ para $|\underline{\Gamma}_L| = 1$, tanto para linhas em curto como abertas. Por outro lado, como visto na Seção 12.5, a transferência de potência (P) real (média no tempo) na linha e sua entrega à carga é maximizada para uma carga casada, caso no qual o coeficiente de eficiência de $\eta_{\text{carga casada}}$ na Equação (12.59) é unidade. Para linhas em curto ou abertas, $\eta_{\text{carga casada}} = 0$.

Usando as equações (12.72) e (12.110), a impedância de entrada de uma linha em curto-circuito, Figura 12.13, é

impedância de entrada — linha em curto

$$\underline{Z}_{sc} = \underline{Z}_{ent}\big|_{\underline{Z}_L=0} = jZ_0 \tan \beta l. \qquad (12.117)$$

Essa impedância é puramente imaginária (reativa), $\underline{Z}_{sc} = jX_{sc}$ ($R_{sc} = 0$). A Figura 12.15(a) mostra o esquema da reatância da linha,

$$X_{sc}(z) = -Z_0 \tan \beta z \qquad (-l \le z \le 0), \qquad (12.118)$$

como uma função da coordenada z na Figura 12.13(a) [l substituído por $-z$ na Equação (12.117)]. Concluímos que qualquer reatância de entrada X_{sc} ($-\infty < X_{sc} < \infty$) pode ser realizada apenas variando o comprimento l de uma linha em curto, para uma dada frequência de operação (f) da estrutura (dado λ_z). Se $0 < l < \lambda_z/4$, a impedância de entrada é indutiva ($X_{sc} > 0$); se no próximo intervalo de $\lambda_z/4$ ($\lambda_z/4 < l < \lambda_z/2$), é capacitiva ($X_{sc} < 0$), e assim por diantc. Note que X_{sc} pode estar variando-se λ_z (ou f) por um l fixo também; em geral, um X_{sc} desejado pode ser obtido pelo ajuste de f e l, isto é, com a adoção de um comprimento elétrico apropriado para a linha, Equação (12.73). Por causa dessas características, segmentos da linha de transmissão em curto-circuito (chamados *tocos*), geralmente conectados em paralelo (*tocos shunt*) ao circuito ou dispositivo existente, são muito utilizados como elementos de sintonia e compensação em aplicações de casamento de impedância em frequências mais altas (micro-ondas).

Percebemos que para $l = \lambda z/4$, $X_{sc} \to \pm\infty$, onde o sinal, mais ou menos, depende do lado do qual esta vertical assíntota, em $z = -\lambda z/4$, na Figura 12.15(a) é aproximada (para comprimentos da linha ligeiramente menores que $\lambda_z/4$, X_{sc}, é muito grande e positivo, ao mesmo tempo em que é muito grande e negativo para comprimentos ligeiramente maiores que $\lambda z/4$). Isso significa que uma linha de um quarto de onda (com o comprimento de quarto de onda) em curto-circuito aparece em seus terminais de entrada ($z = -l$) como um circuito aberto. Podemos dizer que uma linha de um quarto de onda transforma curto em aberto, o que, naturalmente, está de acordo com a propriedade de inversão de impedância de tais seções da linha, nas equações (12.81). Em geral, isso é verdade no caso de uma linha com comprimento $l = (2m + 1)\lambda_z/4$ ($m = 0, 1, 2,...$). De um modo semelhante, uma linha de meia onda ($l = \lambda_z/2$) na Figura 12.13 se comporta, observando-se a partir do corte transversal em $z = -l$, como curto-circuito ($\underline{Z}_{sc} = 0$). De novo, isso pode ser qualquer um dos comprimentos dados por $l = m\lambda_z/2$ ($m = 1, 2,...$). Linhas de transmissão em curto de quarto e meio comprimento de onda (assim como suas extensões por qualquer múltiplo íntegro de $\lambda_z/2$) são muito usadas como ressonadores eletromagnéticos, o que será discutido nos dois próximos capítulos.

De um modo parecido, a impedância de entrada de uma linha de circuito aberto, Figura 12.13(b), é

impedância de entrada — linha aberta

$$\underline{Z}_{ca} = \underline{Z}_{ent}\big|_{|\underline{Z}_L|\to\infty} = -jZ_0 \cot \beta l \qquad (12.119)$$

($\underline{Z}_{ca} = jX_{ca}$), e a reatância da linha, cujo esquema contra z ao longo da linha é representado na Figura 12.15(b),

$$X_{ca}(z) = Z_0 \cot \beta z \qquad (-l \le z \le 0). \qquad (12.120)$$

Do mesmo modo que para os padrões de onda estacionária correspondentes na Figura 12.14, vemos que o diagrama X_{ca} pode ser obtido daquele na Figura

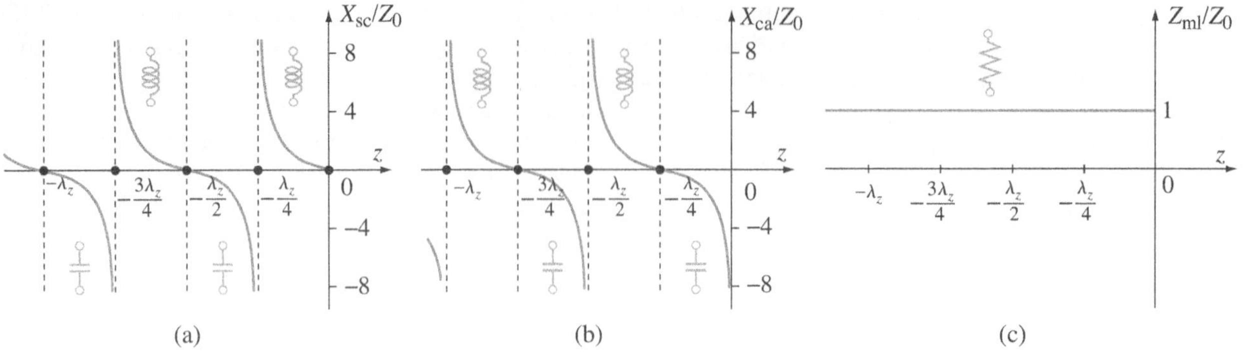

Figura 12.15

Esquema de impedância da linha, equações (12.118), (12.120), e (12.122), correspondendo a padrões de onda estacionária na Figura 12.14 [normalização utilizando as equações (12.76)].

12.15(a), para X_{sc}, por uma simples translação de $\lambda_z/4$ ao longo do eixo z. Tocos de circuito aberto, fornecendo uma reatância X_{ca} desejada (capacitiva ou indutiva) por meio do ajuste do comprimento elétrico do segmento da linha [Equação (12.73)], são também utilizados de rotineira para casamento de impedância. Tocos abertos são preferíveis aos em curto quando realizados como seções das linhas em fitas ou microfitas (estudadas na Seção 11.10), por causa da fabricação mais difícil de seções em curto nesse caso. Se $l = \lambda_z/4$, $X_{ca} = 0$ (linha aparece como curto circuito em $z = -l$); para $l = \lambda_z/2$, $X_{ca} \to \pm\infty$ (circuito aberto). Tais seções (de comprimentos $\lambda_z/4$, $\lambda_z/2$,...), como seus equivalentes em curto-circuito, têm utilidade como ressonadores de linhas de transmissão.

Por fim, tanto da Equação (12.70) quanto da (12.72), a impedância de entrada de uma linha casada, Figura 12.13(c), é

impedância de entrada — carga casada

$$\underline{Z}_{ml} = \underline{Z}_{ent}\big|_{\underline{Z}_L = Z_0} = Z_0. \qquad (12.121)$$

Vemos que não depende do comprimento da linha. De modo equivalente, a impedância da linha na Equação (12.74) é constante ao longo de toda a linha,

$$\underline{Z}(z) = Z_0 = \text{const} \quad (-l \leq z \leq 0), \qquad (12.122)$$

e isso é ilustrado na Figura 12.15(c).

Para linhas com perdas, todos os efeitos característicos atribuídos a perdas nos padrões de onda estacionária da tensão e corrente e esquema de impedância na Figura 12.5 e 12.9, dadas por uma carga puramente resistiva com $R_L = |\underline{Z}_0|/4$, também estão presentes para tais linhas quando terminadas em circuito aberto ou fechado, Figura 12.13(a) e 12.13(b). Por outro lado, quando a terminação é uma carga casada, Figura 12.13(c), as intensidades de tensão e corrente na linha são, das equações (12.8) e (12.13), $|\underline{V}_{ml}(z)| = |\underline{V}_i(z)| = V_{i0}e^{-\alpha z} \neq$ const e $|\underline{I}_{ml}(z)| = (V_{i0}/|\underline{Z}_0|)\, e^{-\alpha z} \neq$ const, onde α é o coeficiente de atenuação da linha [Equação (12.6)]. Desta forma, os padrões de onda na Figura 12.14(c) não são mais uniformes ao longo da linha, mas funções decaimento exponenciais da coordenada z. No entanto, como $\underline{Z}(z) = \underline{Z}_0 =$ const [da Equação (12.65) ou (12.71), os diagramas da impedância da linha associada (resistência e reatância) são uniformes. Para linhas com pouca perda, a parte imaginária de $\underline{Z}_0$, e também a reatância da linha, são aproximadamente zero. Quando a terminação for curta ou aberta, a Equação (12.71) nos dá

$$\underline{Z}_{sc} = \underline{Z}_0 \tanh \underline{\gamma} l, \quad \underline{Z}_{ca} = \underline{Z}_0 \coth \underline{\gamma} l, \qquad (12.123)$$

com $\underline{\gamma}$ representando o coeficiente de propagação complexo da linha.[2] Para ilustrar, a Figura 12.16 mostra os diagramas de impedância para as duas linhas sem perda na Figura 12.5 e uma terminação em curto-circuito. A impedância de entrada de uma linha de quarto de onda (ou quase tão longa), assim como de linhas com $l \approx 3\lambda_z/4$ etc., não é mais infinita como na Figura 12.15(a), sendo um valor grande finito. De maneira similar, a impedância de entrada de uma linha de (quase) um quarto de onda não é zero, mas, sim, um pequeno valor dife-

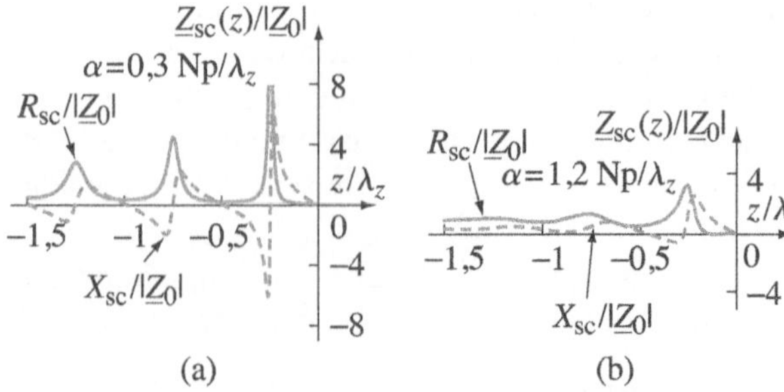

Figura 12.16

Esquema de resistência e reatância normalizados para duas linhas de transmissão com perdas da Figura 12.5 e terminação em curto-circuito [equações (12.123) e (12.75)].

2 Note que "tanh" e "coth" representam, respectivamente, as funções tangente e cotangente hiperbólicas, definidas pelo seno e cosseno hiperbólicos, equações (10.158), já que tanh x = senh x/ cosh x e coth x = cosh x/ senh x.

rente de zero. Isso também pode ser explicado com base no modelo de circuito da linha com perda na Figura 12.1, onde os resistores shunt de condutâncias ΔG e resistores em série de resistências ΔR fazem das impedâncias de entrada infinita e zero da Figura 12.15, finita (grande) e não zero (pequena), respectivamente, na Figura 12.16. Quanto maiores as perdas [caso(b)], mais pronunciado seu efeito.

Exemplo 12.17

Medindo a impedância característica da linha

Mostre que é possível obter a impedância característica (desconhecida) de qualquer linha de transmissão sem perda medindo a impedância de entrada de uma seção da linha quando está em curto-circuito e quando está em circuito aberto.

Solução Percebemos que, apesar de tanto $\underline{Z}_{sc}$ quanto $\underline{Z}_{ca}$ passarem por grandes variações ao longo de uma linha de transmissão, Figura 12.15(a) e 12.15(b), seu produto vem a ser independente de l (ou z) na Figura 12.13. Ou seja, combinando as equações (12.117), (12.119), e (12.121), temos

$$\underline{Z}_{sc}\underline{Z}_{ca} = \underline{Z}_{ml}^2 = Z_0^2 \quad \longrightarrow \quad Z_0 = \sqrt{\underline{Z}_{sc}\underline{Z}_{ca}}. \qquad (12.124)$$

Assim, a impedância característica da linha é igual ao meio geométrico da impedância de entrada da linha quando em curto e quando aberta, respectivamente, e medindo as últimas duas impedâncias, podemos determinar o Z_0 desconhecido.

Exemplo 12.18

Linha de transmissão como capacitor ou indutor autocontido

Considere um cabo coaxial sem perdas de impedância característica $Z_0 = 50\ \Omega$, para qual a velocidade de fase de ondas em propagação é igual a $v_p = 2 \times 10^8$ m/s. (a) Encontre o menor comprimento possível de uma seção em curto-circuito deste cabo de modo que seja equivalente a um capacitor autocontido de capacitância $C_{eq} = 10$ pF em uma frequência de $f_1 = 500$ MHz. (b) A seção em (a) é equivalente a qual elemento autocontido se a frequência for mudada para $f_2 = 1$GHz?

Solução

(a) Sendo a frequência angular de operação $\omega_1 = 2\pi f_1 = 3{,}14 \times 10^9$ rad/s, o coeficiente de fase associado da linha, usando a Equação (12.10), é $\beta_1 = \omega_1/v_p = 15{,}7$ rad/m. Equalizando a expressão para a impedância de entrada de uma linha de transmissão de circuito aberto na Equação (12.119) para a impedância $\underline{Z}_C$ do capacitor agrupado equivalente, obtemos o comprimento (l) necessário da seção:

$$\underline{Z}_{ca1} = -jZ_0 \cot\beta_1 l = \underline{Z}_C = -\frac{j}{\omega_1 C_{eq}} \quad \longrightarrow$$

$$\longrightarrow \quad l = \frac{1}{\beta_1}\arctan\left(\omega_1 C_{eq} Z_0\right) = 6{,}4 \text{ cm}, \qquad (12.125)$$

e esta é a menor seção possível.

(b) Como agora $\omega_2 = 6{,}28 \times 10^9$ rad/s e $\beta_2 = 31{,}4$ rad/m, $\underline{Z}_{ca}$ também muda. Em particular, resulta ser puramente indutivo, então a linha se torna equivalente a um indutor autocontido, cuja indutância, L_{eq}, é calculada da seguinte forma:

$$\underline{Z}_{ca2} = -jZ_0 \cot\beta_2 l = j23{,}31\ \Omega = \underline{Z}_L = j\omega_2 L_{eq} \quad \longrightarrow$$

$$\longrightarrow \quad L_{eq} = \frac{|\underline{Z}_{ca2}|}{\omega_2} = 3{,}71 \text{ nH}. \qquad (12.126)$$

Exemplo 12.19

Casamento de admitância por um toco em curto circuito

Para uma linha de transmissão sem perda, a intensidade e o ângulo de fase do coeficiente de reflexão de carga ao longo da linha são $|\underline{\Gamma}_L| = 0{,}38$ e $\psi_L = 138°$, respectivamente, e o comprimento de onda ao longo da linha é $\lambda_z = 60$ mm. A uma distância de $l = 20{,}8$ mm da carga, a parte real da admitância complexa da linha parece ser igual à admitância característica, $Y_0 = 10$ mS. Projete um toco em curto-circuito de admitância casada que esteja conectado a esse local.

Solução Pelas equações (12.68), (12.29) e (12.10), a admitância de linha no local dado é

$$\underline{Y}(-l) = Y_0 \frac{1 - |\underline{\Gamma}_L|\, e^{j(-2\beta l + \psi_L)}}{1 + |\underline{\Gamma}_L|\, e^{j(-2\beta l + \psi_L)}} =$$

$$= (10 + j8{,}2) \text{ mS} = Y_0 + jB, \qquad (12.127)$$

de modo que, de fato, sua parte real é exatamente Y_0. A parte imaginária, $B = 8{,}2$ mS, precisa ser cancelada (compensada) por um segmento da linha em curto-circuito (toco) conectado em paralelo — conforme Figura 12.17. Em outras palavras, a soma das admitâncias de entrada das duas linhas paralelas em sua junção (olhando em direção a suas cargas) tem que coincidir com Y_0 (ou $Y_0 + j0$). Adotando que o toco seja cortado da mesma linha de transmissão (o mesmo $Y_0 = 1/Z_0$ e β) como seção principal e usando a expressão para impedância de entrada de uma linha em curto-circuito na Equação. 12.117, temos assim

$$\underline{Y}(-l) + \frac{1}{\underline{Z}_{sc}} = Y_0 \quad \longrightarrow$$

$$\longrightarrow \quad Y_0 + jB - j\frac{Y_0}{\tan\beta l_{stub}} = Y_0 \quad \longrightarrow$$

$$\longrightarrow \quad \tan\beta l_{stub} = \frac{Y_0}{B} = \frac{1}{b}, \qquad (12.128)$$

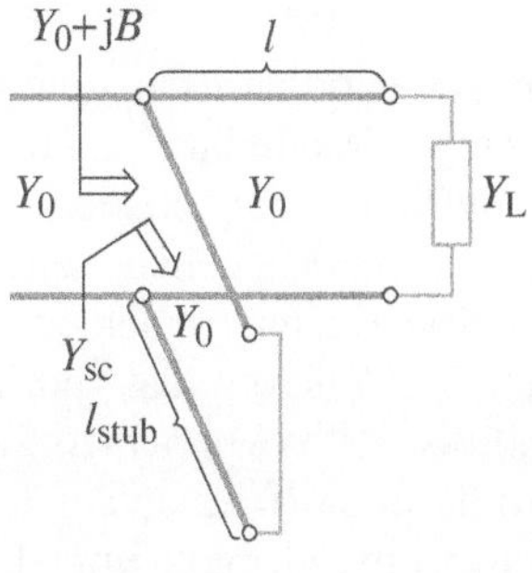

Figura 12.17

Correspondência por um toco shunt em curto-circuito conectado em um local em uma linha de transmissão, onde a parte real da admitância da linha complexa é igual a $Y_0 = 1/Z_0$; para o Exemplo 12.19.

onde $b = B/Y_0 = 0{,}82$ é a suscetância da linha normalizada, eqs. (12.78). Daí o comprimento mínimo requisitado do toco

$$l_{\text{stub}} = \frac{1}{\beta}\arctan\frac{1}{b} = \frac{\lambda_z}{2\pi}\,0{,}884 = 0{,}141\lambda_z = 8{,}4\ \text{mm}, \qquad (12.129)$$

Exemplo 12.20

Casamento de impedância usando um toco em série

Repita o exemplo anterior, mas para um toco em série de impedância casada em curto-circuito a ser conectado em um local distante $l = 17$ mm da carga.

Solução Esta situação é ilustrada pela Figura 12.18. A impedância de linha no novo local é obtida da Equação (12.70), e em analogia com as equações (12.127) e (12.129), o comprimento do toco é assim determinado:

$$\underline{Z}(-l) = (100 - \mathrm{j}82{,}06)\ \Omega = Z_0 + \mathrm{j}X \longrightarrow$$

$$\longrightarrow \underline{Z}(-l) + \underline{Z}_{\text{sc}} = Z_0 \longrightarrow$$

$$\longrightarrow \tan\beta l_{\text{stub}} = -\frac{X}{Z_0} = -x \longrightarrow$$

$$\longrightarrow l_{\text{stub}} = \frac{\lambda_z}{2\pi}\arctan(-x) = 0{,}109\lambda_z = 6{,}56\ \text{mm}, \qquad (12.130)$$

em que $x = X/Z_0 = 0{,}821$é a reatância normalizada da linha, equações (12.76).

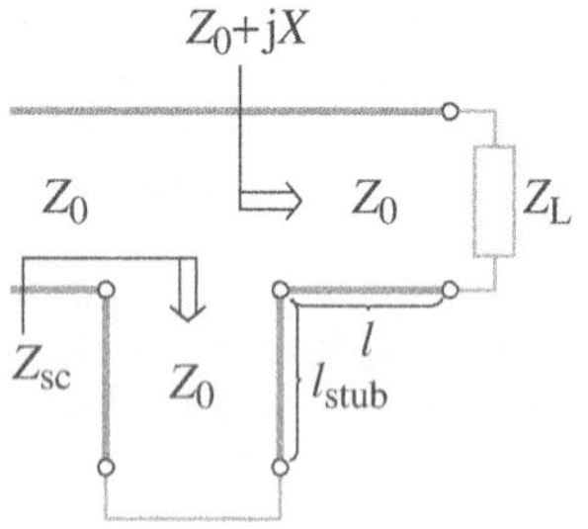

Figura 12.18

Casamento por um toco em série em curto-circuito, a uma distância da carga onde a parte real da impedância da linha de transmissão é igual a Z_0; para o Exemplo 12.20.

12.9 RESSONADORES DA LINHA DE TRANSMISSÃO

Conforme mencionado na seção anterior, as linhas de transmissão em curto-circuito ou circuito aberto de certos comprimentos elétricos característicos se comportam como ressonadores eletromagnéticos, sendo assim úteis na prática da engenharia. Exemplos incluem o uso como elementos de circuitos de micro-ondas (por exemplo, filtros e amplificadores), dispositivos para medição da frequência ou comprimento de onda (frequencímetros ou ondômetros) e componentes em redes com impedância casada em sistemas de antenas. Em geral, os ressonadores de linhas de transmissão são utilizados em frequências entre mais ou menos 300 MHz e 3GHz. Abaixo dessa faixa, circuitos ressonantes RLC concentrados são suficientes; acima, ressonadores guia de onda são preferíveis. Assim, prosseguindo com o estudo das linhas de transmissão em curto e abertas da seção anterior, analisaremos mais de perto, nesta e na próxima seção, os ressonadores das linhas de transmissão, além de definir e discutir vários de seus parâmetros e propriedades, de importância prática e teórica.

Considerando a linha em curto da Figura 12.13(a), vamos primeiro assumir que não há perdas na linha, ou seja, que os condutores e o dielétrico são perfeitos. Como já foi discutido na seção anterior, em locais definidos por $z = -m\lambda_z/2$ ($m = 1, 2,\ldots$), com λ_z sendo o comprimento de onda pela linha, equações (11.43), a tensão total instantânea da linha, $v(z, t) = v_{\text{sc}}(z, t)$, dada nas equações (12.112), é sempre zero. Em consequência, podemos pôr os condutores da linha em curto-circuito (conectá-los galvanicamente) em qualquer um desses cortes transversais, e nada mudará em toda a estrutura; o novo curto-circuito apenas potência a condição $v = 0$ a ser sempre atendida. Isso também pode ser explicado do ponto de vista da impedância. Ou seja, sabemos que, olhando-se a partir dos locais acima especificados na Figura 12.13(a) à direita, a linha se comporta como um curto-circuito, porque sua impedância de entrada ($\underline{Z}_{\text{ent}} = \underline{Z}_{\text{sc}}$), Equação, (12.117), lá, é zero, e criar, de fato, um curto nestes planos transversais não afetará a tensão e a corrente na linha. Podemos agora remover a parte da linha de transmissão ao lado esquerdo do novo curto-circuito para obter uma estrutura independente (em curto em ambas as extremidades), com uma onda estacionária aprisionada entre os dois curtos (múltiplo de meios comprimentos de onda separados). Assumindo que não há perda, uma vez gerada, tal onda existe indefinidamente (na teoria) nesta estrutura. Em analogia às equações (10.10) e (10.12), a frequência ressonante do ressonador da linha de frequência, f_{res}, é dada por

ressonância da linha de transmissão

$$\operatorname{sen}\beta l = 0 \longrightarrow l = m\frac{\lambda_z}{2} \longrightarrow$$

$$\longrightarrow f = f_{\text{res}} = m\frac{v_{\text{p}}}{2l} \quad (m = 1, 2, \ldots), \qquad (12.131)$$

onde l é o comprimento do ressonador, e v_{p} é a velocidade de fase na linha, Equação (11.43). Perceba que m

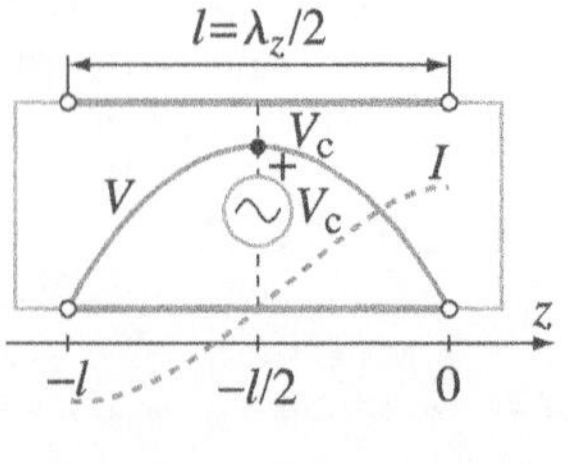

Figura 12.19

Ressonador de linha de transmissão de meia onda em curto-circuito nas duas extremidades; uma vez que a estrutura esteja carregada de tensão e corrente, o gerador em seu centro pode ser removido, e uma onda eletromagnética estacionária oscila presa entre os dois curto-circuitos.

(integral positiva arbitrária) é igual ao número de meios comprimentos de onda ao longo do eixo z na Figura 12.13(a) que serve em l. Cada valor de m determina uma possível distribuição de tensão/corrente ressonante ao longo da linha, a uma frequência diferente f_{res} (há um número infinito de frequências ressonantes). Na maioria das vezes, utilizamos um ressonador de meia onda ($l = \lambda_z/2$, visto na Figura 12.19. Sua frequência ressonante e coeficiente de fase associado da linha são

ressonador de meia onda, $m = 1$

$$f_{res} = \frac{v_p}{2l} = \frac{1}{2l\sqrt{L'C'}}, \quad \beta_{res} = \frac{\pi}{l}, \tag{12.132}$$

onde C' e L' são a capacitância e a indutância por unidade de comprimento da linha.

A propriedade principal de um ressonador eletromagnético é a capacidade de armazenar a energia. A energia total armazenada oscila periodicamente entre as energias elétricas e magnéticas na estrutura, visto que assumem ciclicamente valores máximo e zero. A seguir, calculamos a energia eletromagnética instantânea total $W_{em}(t)$ do ressonador da linha de transmissão na Figura 12.19. A energia elétrica instantânea de cada seção curta de linha de transmissão, com comprimento Δz, é igual à energia armazenada no capacitor associado de capacitância ΔC no modelo de circuito da linha na Figura 12.1, que, com o uso da Equação (2.192), é dada por

$$\Delta W_e(z,t) = \frac{1}{2}\Delta C v^2(z,t) = \frac{1}{2}C'\Delta z\, v^2(z,t), \tag{12.133}$$

com a expressão para a tensão v(z, t) sendo a da Equação (12.112). Assim, a energia elétrica por comprimento unitário da linha é [veja também a Equação (2.208)]

$$W'_e(z,t) = \frac{\Delta W_e(z,t)}{\Delta z} = \frac{1}{2}C'v^2(z,t) =$$
$$= 4C'V_{i0}^2 \operatorname{sen}^2 \beta z \operatorname{sen}^2 \omega t, \tag{12.134}$$

sendo V_{i0} o valor rms da tensão incidente da linha. De maneira semelhante, dada a distribuição de corrente instantânea ao longo da linha, $i(z,\ t)$, nas equações (12.112), a energia magnética instantânea por unidade de comprimento da linha [veja a Equação (7.88)] é

$$W'_m(z,t) = \frac{1}{2}L'i^2(z,t) =$$
$$= 4L'\frac{V_{i0}^2}{Z_0^2}\cos^2\beta z\cos^2\omega t =$$
$$= 4C'V_{i0}^2\cos^2\beta z\cos^2\omega t, \tag{12.135}$$

onde se faz uso da relação entre L' e C' via impedância característica na linha, Z_0, na Equação (12.18). Com $\omega = \omega_{res} = 2\pi f_{res}$ (frequência angular ressonante do ressonador) e o valor ressonante para β nas equações (12.132), a energia total no ressonador da Figura 12.19 é obtida agora essencialmente por meio das mesmas integrações da Equação (10.22), e o resultado é

energia acumulada em um ressonador da linha de transmissão

$$W_{em} = W_{em}(t) = \int_{z=-l}^{0} W'_e(z,t)\,dz +$$
$$+ \int_{z=-l}^{0} W'_m(z,t)\,dz = 2C'V_{i0}^2 l. \tag{12.136}$$

Como esperado, resulta ser constante em relação ao tempo (W_{em} = const). Perceba que é de praxe expressar a energia em termos de intensidade (valor rms) da tensão total, equações (12.111) e (12.112), ao centro do ressonador na Figura 12.19, V_c, ou seja, para $z = -l/2 = -\lambda_z/4$,

$$W_{em} = \frac{1}{2}C'V_c^2 l, \quad \text{onde} \quad V_c = 2V_{i0}. \tag{12.137}$$

No exemplo, obteremos este mesmo resultado calculando W_{em} em instantes de tempo nos quais é totalmente elétrico, $W_{em} = (W_e)_{máx}$ ($W_m = 0$) e também como a energia magnética máxima do ressonador, $W_{em} = (W_m)_{máx}$, ($W_e = 0$).

Para excitar o campo eletromagnético no ressonador da Figura 12.19, podemos, por exemplo, utilizar uma sonda elétrica (antena curta de fio), como a Figura 10.5, posicionada no valor máximo de campo elétrico (e tensão) da estrutura, deste modo no meio da linha (em $z = -l/2$), e direcionada em paralelo às linhas de campo elétrico. Esta sonda pode ser modelada por um gerador de tensão ideal, de fem rms igual a V_c, equações (12.137), inserido entre os condutores da linha no mesmo local, conforme indicado na Figura 12.19. Além disso, a mesma sonda pode ser utilizada para extrair (receber) a energia (sinal) do ressonador e entregá-la a um dispositivo ou sistema externo.

Por fim, note que ressonadores semelhantes consistindo das linhas de transmissão de circuito aberto também são possíveis (conforme mencionado na seção anterior, extremidades abertas são preferíveis às em curto para linhas em fita ou microfita), assim como linhas com curto-circuito em uma extremidade e curto-circuito na outra. Ou seja, tanto um circuito em curto quanto aberto como terminações de linha resultam em coeficientes de reflexão de tensão com intensidade de unidade, $|\Gamma_L| = 1$, equações (12.110) e (12.113), sendo que assim temos uma reflexão total das ondas que chegam em ambas as extremidades da linha, resultando em ondas estacionárias duradouras em todos os casos.

Exemplo 12.21

Energias máximas elétrica e magnética de um ressonador

Obtenha a expressão para a energia eletromagnética armazenada em um ressonador de uma linha de transmissão (Figura 12.19) calculando as energias máximas elétrica (a) e magnética (b) da estrutura, respectivamente.

Solução

(a) Em instantes $t = T/4 + kT/2$, em que T é o período de tempo da onda harmônica na Equação (8.49) e k qualquer número inteiro, temos que sen $\omega t = \pm 1$ e cos $\omega t = 0$, o que significa que a tensão e a energia elétrica por unidade de comprimento de um ressonador da linha de transmissão, nas equações (12.112) e (12.134), respectivamente, alcançam ambos seus valores máximos para qualquer z ($-l \leq z \leq 0$). Nos mesmos momentos, a intensidade de corrente e a energia magnética por unidade de comprimento do ressonador, equações (12.112) e (12.135), são zero em todas as posições. Assim, a energia eletromagnética armazenada do ressonador (W_{em}) é toda elétrica, e podemos calculá-la como

$$W_{em} = (W_e)_{máx} = \int_{z=-l}^{0} (W'_e)_{máx}(z)\,dz =$$
$$= \int_{-l}^{0} \frac{1}{2} C' v^2_{máx}(z)\,dz = 4C'V^2_{i0} \underbrace{\int_{-l}^{0} \text{sen}^2\left(\frac{\pi}{l} z\right) dz}_{l/2}$$
$$= 2C'V^2_{i0} l \quad (W_m = 0)\,, \tag{12.138}$$

onde também se faz uso da expressão para $\beta = \beta_{res}$ nas equações (12.132). É claro que, este é o mesmo resultado da Equação (12.136).

(b) De uma maneira semelhante, W_{em} pode ser avaliado em instantes $t = kT/2$ (sen $\omega t = 0$, cos $\omega t = \pm 1$), onde é toda magnética (tanto i como W'_m são máximos para cada z ao longo do ressonador e $W_e = 0$). Tendo em mente a Equação (12.135), esta integração nos dá

$$W_{em} = (W_m)_{máx} = \int_{-l}^{0} (W'_m)_{máx}(z)\,dz =$$
$$= 4C'V^2_{i0} \int_{-l}^{0} \cos^2\left(\frac{\pi}{l} z\right) dz = 2C'V^2_{i0} l. \tag{12.139}$$

12.10 FATOR QUALIDADE DE RESSONADORES COM POUCAS PERDAS

Em um ressonador de uma linha de transmissão ideal (sem perdas), que é uma vez carregado com tensão e corrente, e os campos acompanhantes (por exemplo, usando o gerador na Figura 12.19), e então deixado sozinho (o gerador é desligado ou removido), sua energia eletromagnética, $W_{em}(t)$, armazenada em capacitores e indutores distribuídos na Figura 12.1, permanece para sempre constante (para $t \to \infty$). Em um ressonador real, no entanto, $W_{em}(t)$ decai com o tempo, pelas perdas Joule (ôhmicas) na estrutura. Se tais perdas forem pequenas — o que é sempre o caso nas situações práticas — podemos assumir que tensão e corrente da linha e energia do ressonador são dadas por suas expressões sem perdas, por exemplo, equações (12.112) e (12.136) para o ressonador na Figura 12.19, e apenas decrescem em nível exponencial com o tempo, ao passo em que os capacitores e indutores descarregam (devagar) através de resistores na Figura 12.1. Denotando por τ a constante de tempo, também conhecida por tempo de relaxamento do ressonador, essa queda exponencial para v e i pode ser escrita como

$$v(z,t) = v(z,0)\,e^{-t/\tau},$$
$$i(z,t) = i(z,0)\,e^{-t/\tau} \quad (0 < t < \infty). \tag{12.140}$$

A recíproca de τ é denominada fator amortecimento do ressonador e marcada por δ_r. Pelas equações (12.134) e (12.135), o fator amortecimento efetivo para W_{em} é o dobro do da tensão e corrente,

amortecedor de um ressonador

$$W_{em}(t) = W_{em}(0)\,e^{-2\delta_r t}, \quad \text{onde} \quad \delta_r = \frac{1}{\tau}. \tag{12.141}$$

Pelo princípio da conservação de potência, a potência de Joule P_J por média no tempo perdida (por calor) nos resistores da Figura 12.1 é igual à negativa da taxa variação no tempo de mudança da energia armazenada W_{em} (a força de perda P_J é positiva e a variação de energia dW_{em} sobre um tempo elemental dt é negativa). Tomando a derivada de W_{em} em relação a t da Equação (12.141), obtemos

$$P_J(t) = -\frac{dW_{em}(t)}{dt} = 2\delta_r W_{em}(0)\,e^{-2\delta_r t} =$$
$$= 2\delta_r W_{em}(t), \tag{12.142}$$

e assim a expressão seguinte para a constante de tempo do ressonador:

constante de tempo de um ressonador

$$\tau = \frac{1}{\delta_r} = \frac{2W_{em}}{P_J}. \tag{12.143}$$

Quanto maior a taxa W_{em}/P_J mais lento é o amortecimento (descarregamento) do ressonador, e simplesmente, melhor é o ressonador em termos de habilidade de armazenar e manter energia. Assim, esta taxa determina o chamado fator qualidade (ou fator Q) do ressonador.[3] Mais precisamente, definimos o fator Q como 2π vezes a taxa de W_{em} e a energia perdida em um ciclo de variação harmônica da tensão e corrente da linha, $W_{perdido/ciclo}$,

$$Q = 2\pi \frac{W_{em}}{W_{perdido/ciclo}}. \tag{12.144}$$

3 Em geral, o fator qualidade de ressonadores eletromagnéticos, incluindo os com elementos concentrados, também define a largura de banda (BW) do ressonador ao longo da frequência ressonante, e é assim uma medida de precisão da ressonância e seletividade de frequência do dispositivo. BW é inversamente proporcional ao fator Q, e quanto maior o Q de uma estrutura ressonante (circuito), mais estreita sua banda e mais precisa a ressonância. Isso significa, por sua vez, que uma estrutura (dispositivo) de alto Q é mais seletiva quanto à frequência, ou seja, mais sintonizada a uma única frequência (ressonante) que uma estrutura similar com Q mais baixo.

Simbolizando a duração do ciclo (período de tempo), Equação (8.49), a ressonância por T_{res} e tendo em mente a Equação (8.53), esta energia perdida pode ser expressa como

$$W_{perdido/ciclo} = P_J T_{res}, \quad \text{onde} \quad T_{res} = \frac{1}{f_{res}} = \frac{2\pi}{\omega_{res}}, \tag{12.145}$$

e por fim

fator qualidade de um ressonador (sem dimensão)

$$Q = \omega_{res} \frac{W_{em}}{P_J}. \tag{12.146}$$

Note que $Q \to \infty$ para um ressonador ideal ($P_J = 0$). Usando as equações (12.143) e (12.146), o fator damping do ressonador é, agora,

$$\delta_r = \frac{\omega_{res}}{2Q}, \tag{12.147}$$

que demonstra, com o auxílio das equações (12.145), uma relação de proporcionalidade explícita entre Q e τ:

fator Q via constante de tempo e período

$$Q = \pi \frac{\tau}{T_{res}}. \tag{12.148}$$

Especificando $t = QT_{res}$ na Equação (12.141),

$$W_{em}(t = QT_{res}) = W_{em}(0)\,e^{-2\pi} = = 0{,}00187 W_{em}(0), \tag{12.149}$$

de modo que vemos que após períodos de tempo Q na frequência ressonante, a energia armazenada do ressonador sofre damping para menos de 0,2% de seu valor inicial (em $t = 0$), que é outra interpretação física do fator qualidade. A energia é posteriormente reduzida pelo mesmo fator (ou seja, multiplicada por 0,000187) a cada intervalo longo de tempo QT_{res} subsequente. Em termos gerais, o fator Q de um ressonador é uma medida quantitativa de sua habilidade de manter (armazenar) a energia por todo o tempo apesar das perdas.

Com a frequência angular ressonante do ressonador na Figura 12.19 sendo dada por $\omega_{res} = 2\pi f_{res}$ e Equação (12.132), e a energia no ressonador, W_{em}, pela Equação (12.136), ainda precisamos da expressão para a potência das perdas Joule média no tempo na estrutura, P_J, para podermos encontrar seu fator qualidade usando a Equação (12.146). Assumindo pouca perda, calculamos P_J, e assim Q, com base nas distribuições de corrente e tensão para o caso sem perdas (método da perturbação). Consideremos primeiro as perdas do condutor. Pela Equação (11.66), a potência dissipada por média no tempo nos condutores da linha na Figura 12.19, ou, de maneira equivalente, em resistores e série de resistências ΔR no modelo de circuito da linha na Figura 12.1, por unidade de comprimento da estrutura, é obtida como $P'_c(z) = R'|\underline{I}(z)|^2$, com $\underline{I}(z)$ nas equações (12.111) e R' designando a resistência de alta frequência por unidade de comprimento da linha. Assim, desconsiderando as perdas nos curtos-circuitos em ambas as extremidades da linha, a potência total de perda do condutor por média no tempo no ressonador é

$$P_c = \int_{z=-l}^{0} P'_c(z)\,dz = \int_{-l}^{0} R'|\underline{I}(z)|^2\,dz = = \frac{4R'V_{i0}^2}{Z_0^2}\int_{-l}^{0}\cos^2\left(\frac{\pi}{l}z\right)dz = \frac{R'V_c^2 l}{2Z_0^2}, \tag{12.150}$$

onde a integral em z já é calculada na Equação (12.136) ou (12.139), e V_c é a tensão rms no centro do ressonador, equações (12.137). Combinando as equações (12.146), (12.136) e (12.150), o fator qualidade Q_c associado com as perdas nos condutores do ressonador apenas (como se não houvesse perdas no dielétrico) é

fator Q para condutores da linha

$$Q_c = \omega_{res}\frac{W_{em}}{P_c} = \omega_{res}\frac{C'Z_0^2}{R'} = \omega_{res}\frac{L'}{R'}. \tag{12.151}$$

Note que Q_c pode ser escrito como $Q_c = \omega_{res}\Delta L/\Delta R$, e visto como fator Q de um circuito RLC ressonante em série cuja resistência, indutância e capacitância são $\Delta R = R'\Delta z$, $\Delta L = L'\Delta z$ e $\Delta C = C'\Delta z$, respectivamente. Isso pode também ser identificado na Figura 12.1, onde cada célula do circuito no modelo da linha de transmissão com o resistor shunt de condutância ΔG removido ($\Delta G = 0$) representa tal circuito ressonante.

De uma maneira semelhante, com base na Equação (11.68), a força total de perda por média no tempo no dielétrico do ressonador na Figura 12.19 (isto é, nos resistores shunt de condutâncias ΔG na Figura 12.1) é

$$P_d = \int_{-l}^{0} P'_d(z)\,dz = \int_{-l}^{0} G'|\underline{V}(z)|^2\,dz = = 4G'V_{i0}^2\int_{-l}^{0}\text{sen}^2\left(\frac{\pi}{l}z\right)dz = \frac{G'V_c^2 l}{2}, \tag{12.152}$$

em que G' é a condutância de fuga por comprimento unitário da linha. Combinado com as equações (12.146) e (12.136), isto nos dá a seguinte expressão para o fator qualidade Q_d para o dielétrico do ressonador:

fator Q para o dielétrico da linha

$$Q_d = \omega_{res}\frac{W_{em}}{P_d} = \omega_{res}\frac{C'}{G'}. \tag{12.153}$$

De novo, este fator Q pode ser reconhecido como o de um circuito RLC ou GLC ressonante paralelo com parâmetros $\Delta G = G'\Delta z$, ΔL e ΔC, o que está de acordo com o modelo na Figura 12.1 com $\Delta R = 0$. Para ressonadores de linha de transmissão com dielétrico homogêneo (com perdas), de permissividade ε e condutividade σ_d, usando a relação de dualidade entre G' e C' na Equação (3.171), Q_d pode ser expresso, de um modo alternativo, por

Q_d usando parâmetros dielétricos

$$Q_d = \omega_{res}\frac{\varepsilon}{\sigma_d} = \frac{1}{\tan\delta_d}, \quad (12.154)$$

onde δ_d é a tangente de perda do dielétrico, nas equações (9.125) ou (9.130).

Uma vez que conhecemos Q_c e Q_d, o fator Q geral do ressonador é obtido da soma das perdas do condutor e do dielétrico perfazendo a potência de perda total na estrutura,

$$P_J = P_c + P_d = \omega_{res}W_{em}\left(\frac{1}{Q_c} + \frac{1}{Q_d}\right) \longrightarrow$$

$$\longrightarrow \quad \frac{1}{Q} = \frac{1}{Q_c} + \frac{1}{Q_d}, \quad (12.155)$$

de modo que,

fator Q total em termos de Q_c e Q_d

$$Q = \frac{Q_c Q_d}{Q_c + Q_d}. \quad (12.156)$$

Esta é uma expressão geral para o fator qualidade de qualquer estrutura que tenha tanto partes condutoras imperfeitas quanto com fuga. Em particular, substituindo os resultados das equações (12.151) e (12.153), temos, para o ressonador na Figura 12.19,

$$Q = \frac{\omega_{res}L'C'}{R'C' + G'L'}. \quad (12.157)$$

Tendo em mente as equações (12.22), Q_c e Q_d podem ser calculados, de maneira alternativa, em termos de β_{res}, equações (12.132), e os coeficientes de atenuação respectivos, para os condutores e dielétrico da linha, α_c e α_d,

$$Q_c = \frac{\omega_{res}L'}{R'} = \frac{1}{2}\frac{\omega_{res}\sqrt{L'C'}}{R'\sqrt{C'/L'}/2} = \frac{\beta_{res}}{2\alpha_c}, \quad (12.158)$$

$$Q_d = \frac{\omega_{res}C'}{G'} = \frac{1}{2}\frac{\omega_{res}\sqrt{L'C'}}{G'\sqrt{L'/C'}/2} = \frac{\beta_{res}}{2\alpha_d}. \quad (12.159)$$

Somando os coeficientes parciais de atenuação, de acordo com as equações (11.75), o α total da linha é

$$\alpha = \alpha_c + \alpha_d = \frac{\beta_{res}}{2}\left(\frac{1}{Q_c} + \frac{1}{Q_d}\right) = \frac{\beta_{res}}{2Q}, \quad (12.160)$$

que resulta em mais uma útil e simples expressão para calcular o fator Q de ressonadores de linhas de transmissão:

fator Q via coeficientes de fase e atenuação

$$Q = \frac{\beta_{res}}{2\alpha}. \quad (12.161)$$

Isto também pode ser derivado diretamente da Equação (12.157). Fatores Q de ressonadores das linhas de transmissão podem ser muito altos, até milhares, o que é mais que uma ordem de intensidade do que pode ser alcançado (até cerca de 100) com circuitos ressonantes concentrados (por exemplo, um circuito RLC ressonante paralelo ou em série).

Embora a teoria apresentada de ressonadores da linha de transmissão se aplique a uma linha de corte transversal arbitrária, na Figura 11.3, o fator de qualidade na Equação (12.146) pode não representar de modo adequado o comportamento de estruturas abertas que irradiam de maneira significativa (como antenas) no espaço externo. Por exemplo, um ressonador feito de uma seção de uma linha de transmissão de dois fios com dielétrico de ar (ou qualquer outro), Figura 2.22, pode apresentar perdas de radiação que não são desconsideráveis em altas frequências, porque está toda aberta em planos transversais. Por outro lado, um cabo coaxial de meia onda, Figura 2.17, todo fechado (usando placas metálicas) em ambas as extremidades está imune à radiação, já que seu dielétrico, no qual reside o campo eletromagnético, está blindado pelo condutor externo. Tais estruturas metálicas fechadas, de diferentes formatos (nem sempre segmentos da linha de transmissão), são chamadas de cavidade ressonante. Um exemplo notável é uma cavidade ressonante retangular, a ser estudado no próximo capítulo, que é uma caixa metálica feita de uma seção ressonante de guia de onda retangular na Figura 10.15.

Exemplo 12.22

Fator qualidade de um ressonador cabo coaxial

Encontre o fator Q, assim como suas porções associadas com perdas no condutor e dielétrico, de um ressonador feito pelo curto-circuito de ambas as extremidades de uma seção longa de meio comprimento de onda do cabo coaxial descrito no Exemplo 11.3 (desconsidere as perdas nos curtos-circuitos).

Solução Combinando as equações (11.17) e (9.47), o comprimento do ressonador em forma de cabo é $l = \lambda_z/2 = v_p/(2f) = c_0/(2\sqrt{\varepsilon_r}f) = 10$ cm, onde $f = f_{res} = 1$ GHz é a frequência ressonante da estrutura, de modo que o coeficiente de fase associado do cabo, das equações (12.132) é igual a $\beta_{res} = \pi/l = 31{,}4$ rad/m. Com isso, o resultado do coeficiente de atenuação para os condutores do cabo e a tangente de perda dada do dielétrico do cabo do Exemplo 11.3, as equações (12.160), (12.161) e (12.154) produzem o seguinte para os respectivos fatores parciais Q do ressonador:

$$Q_c = \frac{\beta_{res}}{2\alpha_c} = 931{,}7 \quad \text{e} \quad Q_d = \frac{1}{\tan\delta_d} = 10.000. \quad (12.162)$$

por meio da Equação (12.156), o fator qualidade total é Q = 852,3, que, é claro, pode também ser obtido diretamente da Equação (12.161), assim como da Equação (12.157), usando-se os valores de parâmetro de circuito primário (C', L', R' e G') do cabo.

12.11 A CARTA DE SMITH – CONSTRUÇÃO E PROPRIEDADES BÁSICAS

Como último assunto na teoria dos circuitos das linhas de transmissão com dois condutores em um regime harmônico, apresentaremos nesta e na próxima seção uma técnica gráfica alternativa para a análise de circuito e projeto das linhas de transmissão no domínio da frequência. A técnica se baseia na chamada carta de Smith. Ela permite a determinação aproximada, firmada em manipulações gráficas na carta, de coeficientes de reflexão, impedâncias de linha, tensões, correntes e outras quantidades de interesse para dado problema de uma linha de transmissão — sem o uso de álgebra complexa. É claro que é possível (e recomendável) combinar os cálculos no domínio complexo utilizando conceitos e equações desenvolvidas em seções anteriores deste capítulo com visualizações e avaliações gráficas na carta de Smith.[4] Além disso, formas eletrônicas da carta são usadas com frequência como meio de apresentação para exibições de equipamento de teste de laboratório de antena e micro-ondas, assim como interfaces de saída de software computacional eletromagnético. Mesmo sendo também possível, com a carta de Smith, a análise gráfica das linhas de permissão com perdas, limitaremos nossa discussão ao caso sem perdas. Na realidade, essa ferramenta gráfica é pouco usada para cálculos de linha de transmissão onde as perdas não são desconsideráveis. Esta seção desenvolve o conhecimento da construção e as propriedades básicas da carta de Smith; seu uso para resolver problemas de linhas de transmissão é apresentado na seção seguinte, com vários exemplos de aplicação.

A carta de Smith é, na essência, um diagrama polar do coeficiente de reflexão de tensão generalizado, $\underline{\Gamma}(z)$, dado pela Equação (12.33), ao longo de uma linha de transmissão (na Figura 12.3). De maneira equivalente, representando $\underline{\Gamma}$ via suas partes real e imaginária,

partes real e imaginária do coeficiente de reflexão

$$\underline{\Gamma} = \Gamma_r + j\Gamma_i, \quad (12.163)$$

a carta repousa no plano complexo de $\underline{\Gamma}$, isto é, o plano $\Gamma_r - \Gamma_i$, conforme Figura 12.20. A intensidade de $\underline{\Gamma}$ é constante ao longo da linha (sem perdas), o que corresponde a um círculo de raio $|\underline{\Gamma}|$, centralizado na origem da coordenada no plano $\Gamma_r - \Gamma_i$.[5] A posição de um ponto particular $\underline{\Gamma}$ no círculo é determinada pelo ângulo $\psi = 2\beta z + \psi_L$, Equação (12.35), onde β é o coeficiente de fase da linha, Equação (12.19), e ψ_L é o ângulo de fase do coeficiente de reflexão de tensão de carga (para $z = 0$), Equação (12.29). Empregando a taxa de onda estacionária s da linha, Equação (12.43), temos

círculo $|\underline{\Gamma}|$ constante ou s

$$|\underline{\Gamma}| = \frac{s-1}{s+1} = \text{const} \quad (-l \leq z \leq 0), \quad (12.164)$$

onde l é o comprimento da linha, e assim, o círculo constante $-|\underline{\Gamma}|$ na Figura 12.20 também é chamado de círculo s (ou SWR). É claro que os valores de $|\underline{\Gamma}|$ e s são determinados pela impedância (complexa) dada da carga ($\underline{Z}_L = R_L + jX_L$) e impedância característica (puramente real) da linha (Z_0), Equação (12.18). Já que $0 \leq |\underline{\Gamma}| \leq 1$, Equação (12.19), a carta de Smith é contornada pelo círculo definido por $|\underline{\Gamma}| = 1$, denominado círculo unitário.

Como há correspondência de um para um entre $\underline{\Gamma}(z)$ e a impedância da linha de transmissão, $\underline{Z}(z)$, no mesmo local (definido pela coordenada z) na linha, equações (12.65) e (12.66), a carta de Smith também nos dá uma representação gráfica de $\underline{Z}$.

No entanto, as impedâncias são mostradas na carta em seus valores $\underline{z}_n$ normalizados (para Z_0), de acordo com a Equação (12.75). Por exemplo, a impedância normalizada da carga na Figura 12.3, $\underline{z}_L$, é dada por

impedância de carga normalizada

$$\underline{z}_L = \frac{\underline{Z}_L}{Z_0} = \frac{R_L + jX_L}{Z_0} = r_L + jx_L, \quad (12.165)$$

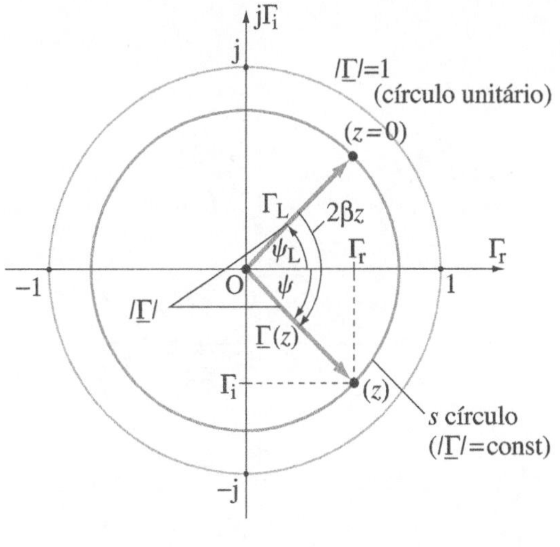

Figura 12.20

Representação gráfica no plano complexo do coeficiente de reflexão de tensão generalizado $\underline{\Gamma}(z)$, equações (12.33) ou (12.163), ao longo de uma linha de transmissão sem perdas (Figura 12.3), como base para a construção da carta de Smith.

4 Philip H. Smith (1905-1987), engenheiro elétrico norte-americano, graduou-se no Tufts College em 1928. Enquanto trabalhava na Bell Laboratories, Smith criou em 1939 uma carta para cálculos gráficos em linhas de transmissão — a famosa carta de Smith.

5 Para uma linha com perdas, a Equação (12.52) nos dá $|\underline{\Gamma}(z)| \propto e^{2\alpha z}$, e como a coordenada z se torna cada vez mais negativa se afastando da carga na Figura 12.3, $|\underline{\Gamma}|$ se torna cada vez menor, isto é, o ponto $\underline{\Gamma}$ no plano $\Gamma_r - \Gamma_i$ da Figura 12.20 torna-se cada vez mais próximo da origem da coordenada. Em outras palavras, o círculo de raio $|\underline{\Gamma}|$ torna-se uma espiral no caso com perdas. No entanto, se as perdas por comprimento unitário da linha forem pequenas, o desvio da espiral (para qualquer z na linha) em relação ao círculo para a posição da carga ($z = 0$) é pequeno, e em muitas aplicações, especialmente se a linha não for muito longa, pode ser desconsiderado.

onde r_L e x_L são resistência e reatância de carga normalizada, respectivamente. Em qualquer local da linha, temos, das equações (12.75), (12.65) e (12.66),

mapeamento entre $\underline{\Gamma}$ e $\underline{z}_n$ complexos

$$\underline{z}_n = \frac{1+\underline{\Gamma}}{1-\underline{\Gamma}}, \quad \underline{\Gamma} = \frac{\underline{z}_n - 1}{\underline{z}_n + 1}. \tag{12.166}$$

Essas simples relações, definindo em um plano complexo um mapeamento de $\underline{\Gamma}$ para $\underline{z}_n$, e vice-versa, são a base da utilidade da carta de Smith.

Com o uso da representação de $\underline{\Gamma}$ na Equação (12.163), a primeira relação nas equações (12.166) podem ser escritas da seguinte forma [perceba a semelhança com a Equação (12.47)]:

$$\underline{z}_n = r + jx = \frac{1+\Gamma_r + j\Gamma_i}{1-\Gamma_r - j\Gamma_i} =$$

$$= \frac{1-\Gamma_r^2 - \Gamma_i^2 + j2\Gamma_i}{(1-\Gamma_r)^2 + \Gamma_i^2}. \tag{12.167}$$

Equalizando r à parte real da última expressão nesta equação, obtemos

$$\Gamma_r^2 - 2\Gamma_r \frac{r}{1+r} + \Gamma_i^2 = \frac{1-r}{1+r}, \tag{12.168}$$

que depois é reorganizado para

equação de um círculo r

$$\left(\Gamma_r - \frac{r}{1+r}\right)^2 + (\Gamma_i - 0)^2 = \left(\frac{1}{1+r}\right)^2. \tag{12.169}$$

Percebemos que esta é a equação de um círculo no plano $\Gamma_r - \Gamma_i$, cujo centro e raio são

$$r \text{ círculo: centro em } (\Gamma_r, \Gamma_i) = \left(\frac{r}{1+r}, 0\right);$$

$$\text{raio} = \frac{1}{1+r}. \tag{12.170}$$

Além disso, esta é equação paramétrica correspondente a um dado r (como parâmetro), e daí o nome da família de círculos resultante (para os valores do parâmetro r na faixa de $0 \le r \le \infty$) nos círculos $-r$ do plano complexo (círculos de resistência normalizada). Vemos que os centros dos círculos estão todos no eixo positivo $\Gamma_r (0 \le \Gamma_r \le 1, \Gamma_i = 0)$ e se movem em direção ao centro da carta, $(\Gamma_r, \Gamma_i) = (0, 0)$, ao passo em que r diminui. Quanto menor r, maior o círculo, sendo maior aquele para $r = 0$ — e que coincide o círculo unitário ($|\underline{\Gamma}| = 1$) na Figura 12.20. Para $r \to \infty$, por outro lado, o círculo reduz a um ponto, definido por $(\Gamma_r, \Gamma_i) = (1, 0)$. Perceba que o círculo r passando através do centro da carta corresponde a $r = 1$ ($R = Z_0$); está centrado no ponto (0,5, 0) e tem raio 0,5.

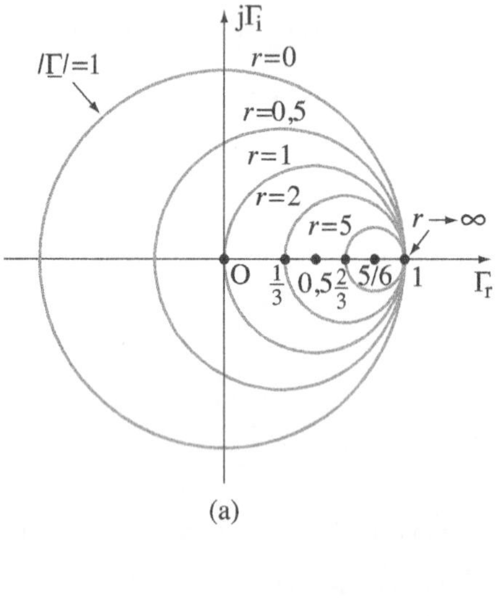

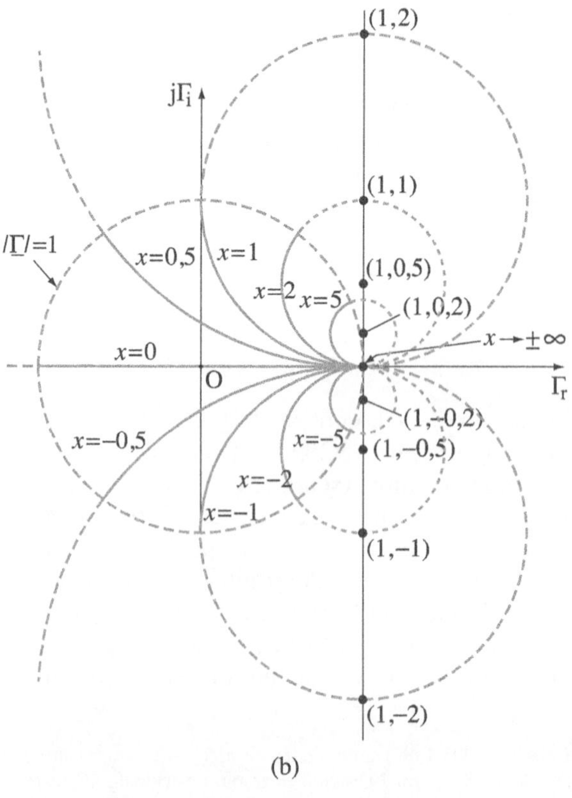

Figura 12.21

Representação gráfica de equações paramétricas de círculos r (resistência normalizada) (a) e arcos x (reatância normalizada) (b), equações (12.169) e (12.172), constituindo a carta de Smith para análise da linha de transmissão (arcos x são porções dos círculos correspondentes dentro dos contornos do círculo unitário na Figura 12.20).

De maneira semelhante, equalizar as partes na Equação (12.167) leva a

$$(\Gamma_r - 1)^2 + \Gamma_i^2 - 2\Gamma_i \frac{1}{x} = 0, \quad (12.171)$$

que pode ser escrito como a equação paramétrica descrevendo um círculo, um círculo x (círculo de reatância normalizada), para um dado valor de x, no plano $\Gamma_r - \Gamma_i$,

equação de um círculo de x

$$(\Gamma_r - 1)^2 + \left(\Gamma_i - \frac{1}{x}\right)^2 = \left(\frac{1}{x}\right)^2. \quad (12.172)$$

Seu centro e raio são

$$\text{círculo } x\text{: centro em } (\Gamma_r, \Gamma_i) = \left(1, \frac{1}{x}\right);$$

$$\text{raio} = \frac{1}{|x|}. \quad (12.173)$$

Podemos ver várias representações típicas da família de círculos x na Figura 12.21(b). Os centros dos círculos agora repousam na linha vertical definida por $\Gamma_r = 1$ e se afastam do eixo Γ_r ao passo em que $|x|$ diminui. Para $x > 0$ (impedância indutiva de linha), os centros estão acima do ponto $(1, 0)$, e abaixo deste quando $x < 0$ (impedância capacitiva da linha). Outra vez, como na Figura 12.21(a), quanto menor $|x|$, maior o círculo. O maior deles, o de $x = 0$, degenera para uma linha, coincidindo com o eixo Γ_r ($\Gamma_i = 0$). Os círculos definidos por $x \to \pm\infty$ ambos degeneram para um ponto, o mesmo para $r \to \infty$ na Figura 12.21(a). Observe que os círculos x tangenciais ao eixo Γ_i (em $\Gamma_i = \pm 1$) correspondem a $x = \pm 1$ ($X = \pm Z_0$); eles possuem raio de unidade e são centralizados em pontos $(1, \pm 1)$ no plano $\Gamma_r, - \Gamma_i$. É claro que apenas partes dos círculos x ficam dentro do domínio determinado por $|\underline{\Gamma}| \leq 1$ (Figura 12.20). Assim, ao usar o termo "círculos x", queremos na verdade dizer apenas os contornos dentro do círculo unitário ($|\underline{\Gamma}| = 1$), na Figura 12.21(b). De outro modo, podemos chamar esses contornos de arcos x ou segmentos circulares.

Superpondo os círculos r e arcos x, das Figuras 12.21(a) 12.21(b), obtemos a carta de Smith — conforme Figura 12.22. Na carta, uma impedância de linha normalizada dada por $\underline{z}_{n0} = r_0 + jx_0$ corresponde ao ponto da intersecção do círculo $r = r_0$ e arco $x = x_0$. Note que a Figura 12.22 mostra uma carta plana, sobre a qual, como veremos em exemplos na próxima seção, o usuário desenha o círculo s e outras linhas e pontos pertinentes para cada aplicação ou problema. Uma boa grade de contornos de r e x constantes é diagramada e legendada dentro da carta, de modo que $\underline{z}_n$ possa ser lido com precisão e facilidade em qualquer posição do círculo s. Em suma, a carta de Smith mostra ao mesmo tempo valores de $\underline{z}_n$ e $\underline{\Gamma}$ de acordo com as relações nas Equações (12.166) em um formato conveniente — para cálculos gráficos em linhas de transmissão e/ou visualização de dados mensurados ou estimados.

12.12 ANÁLISE DE CIRCUITO DAS LINHAS DE TRANSMISSÃO COM O USO DA CARTA DE SMITH

Continuando a discussão sobre a carta de Smith, para seu melhor uso na análise e no projeto das linhas de transmissão, que é o objeto desta seção, a Figura 12.23 ressalta várias características essenciais da tabela na Figura 12.22. Por exemplo, os três casos especiais importantes de terminações de carga de uma linha na Figura 12.13, um curto-circuito, circuito aberto e carga casada, estão assinalados na Figura 12.23 — pontos P_{sc}, P_{ca} e P_{ml}, respectivamente, nas extremidades esquerda e direita e ao centro da carta. A figura também enfatiza de novo que a metade superior (inferior) da carta corresponde às impedâncias indutivas (capacitivas). Analisando as figuras 12.22 e 12.23, podemos ver como movimentos do ponto P (com coeficiente de reflexão $\underline{\Gamma}$ e impedância da linha normalizada $\underline{z}_n$) ao redor do círculo s (isto é, ao longo da linha de transmissão na Figura 12.3), para valores diferentes de s ou $|\underline{\Gamma}|$ (diferentes raios de círculo), se traduzem em mudanças de impedância de linha. Essas mudanças, que são dadas de modo analítico pela Equação (12.74), constituem transformações de impedância em linhas de transmissão, discutidas nas seções 12.6 e 12.8. No entanto, perceba que para um dado círculo s na carta, o valor numérico para $|\underline{\Gamma}|$ é obtido pela medição do comprimento (por exemplo, em centímetros) do raio daquele círculo, e comparando-o (normalizando) com o comprimento do círculo unitário ($|\underline{\Gamma}| = 1$),

intensidade do coeficiente de reflexão na carta de Smith

$$|\underline{\Gamma}| = \frac{\overline{OP}}{\overline{OQ}}, \quad (12.174)$$

onde O é o centro da carta e Q um ponto arbitrário no círculo unitário (que também é o círculo $r = 0$) na Figura 12.23.

Pela Equação (12.35), a mudança na coordenada z por causa de um movimento ao longo da linha, na Figura 12.3, resulta na seguinte mudança do ângulo de fase ψ do coeficiente de reflexão $\underline{\Gamma}(z)$:

$$\Delta\psi = 2\beta\Delta z \qquad \left(\beta = \frac{2\pi}{\lambda_z}\right). \quad (12.175)$$

Expressando Δz em termos do comprimento de onda ao longo da linha (λ_z), equações (11.43), calcula-se $\Delta\psi$ em graus de acordo com a seguinte fórmula:

movimento ao redor da carta de Smith em graus

$$\Delta\psi = 720^\circ \frac{\Delta z}{\lambda_z}. \quad (12.176)$$

A orientação da rotação na carta é determinada pela direção do movimento ao longo da linha. Ou seja, se z varia de $z = 0$ (carga) a $z = -l$ (gerador), Δz é negativo,

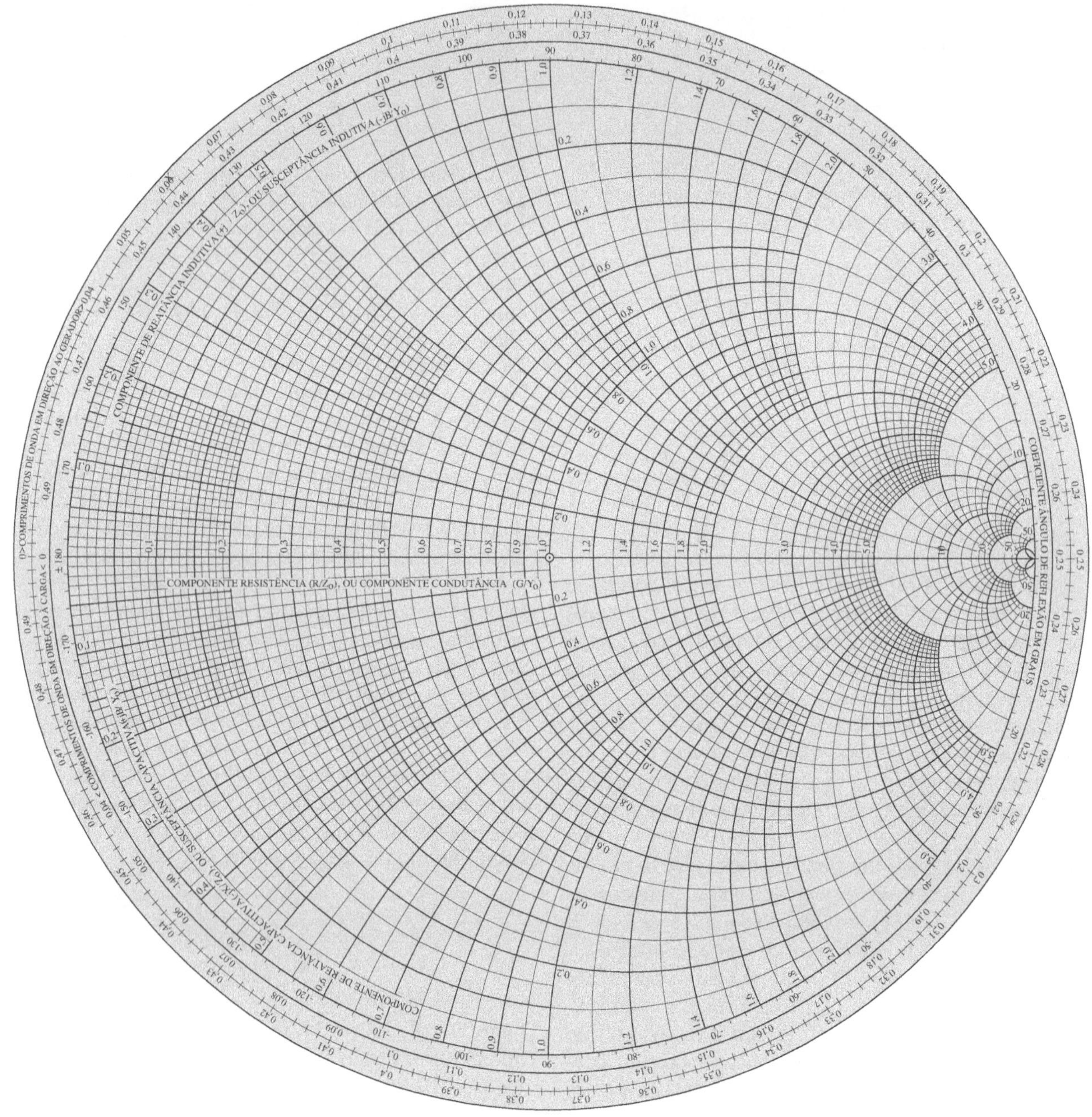

Figura 12.22
Carta de Smith

assim como $\Delta\psi$, o que significa que o ponto P na carta gira em sentido negativo (horário). Assim, uma rotação no sentido horário na carta na Figura 12.23 corresponde a um movimento em direção ao gerador (G) ao longo da linha na Figura 12.3,

rotação em sentido horário da carta

$$\Delta z < 0 \text{ (se move em direção a G)} \longleftrightarrow \Delta\psi < 0. \qquad (12.177)$$

Pelo mesmo princípio, o movimento em direção à carga (L) na Figura 12.3 nos dá a rotação da carta em sentido anti-horário,

rotação em sentido anti-horário

$$\Delta z > 0 \text{ (se move em direção a L)} \longleftrightarrow \Delta\psi > 0. \qquad (12.178)$$

Para ambas as direções, uma rotação completa ao redor da carta corresponde, com o uso da Equação (12.176), a uma mudança de meia onda ao longo da linha,

uma rotação completa

$$360^\circ \text{ ao redor da carta de Smith} \longleftrightarrow \frac{\lambda_z}{2} \text{ ao longo da linha de transmissão} \qquad (12.179)$$

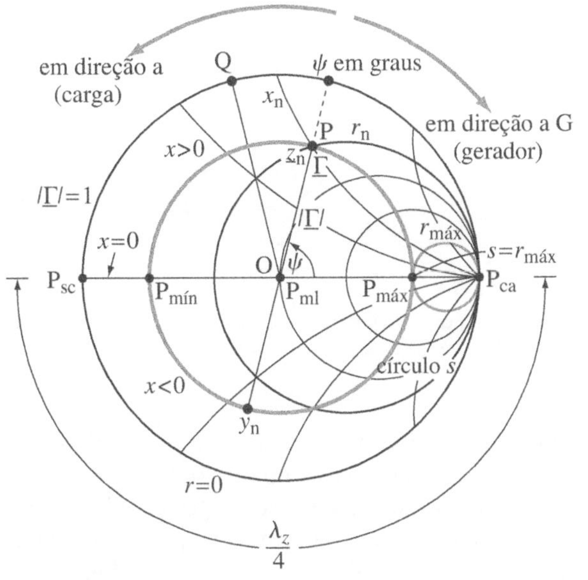

Figura 12.23

Destaque de diversas características essenciais da carta de Smith na Figura 12.22 e seu uso.

Para nos ajudar a realizar diversas manipulações na carta de Smith, há várias escalas concêntricas ao redor de seu perímetro, Figura 12.22. A escala denominada "ângulo do coeficiente de reflexão em graus" mede (como um transferidor) o ângulo ψ (em graus). As duas escalas mais externas, conforme seus nomes indicam, servem para determinar uma nova posição na carta com base na posição antiga e um determinado movimento ao longo da linha expresso em "comprimentos de onda em direção ao gerador" ou "comprimentos de onda em direção à carga". De acordo com a Equação (12.179), essas escalas variam de zero a $(0{,}5\lambda_z)/\lambda_z = 0{,}5$ para um círculo inteiro na carta, em suas respectivas direções [ver equações (12.177) e (12.178)].

Com o uso das equações (12.36) e (12.39), percebemos que os valores máximos de tensão na Figura 12.3 ocorrem em locais onde o coeficiente de reflexão de tensão generalizado é puramente real e positivo, $\underline{\Gamma}(z_{máx}) = |\underline{\Gamma}_L|$, e isso corresponde a ponto $P_{máx}$ na carta de Smith (Figura 12.23) onde o círculo s intersecciona o eixo positivo Γ_r (isto é, a linha $\overline{OP_{ca}}$),

ponto $P_{máx}$ na carta

$$|\underline{V}| = |\underline{V}|_{máx} \quad \longleftrightarrow \quad (\Gamma_r, \Gamma_i) = (|\underline{\Gamma}_L|, 0). \qquad (12.180)$$

Por outro lado, a Equação (12.40) nos diz que $\underline{\Gamma}$ em locais de valores máximos de tensão na linha é puramente real e negativo, $\underline{\Gamma}(z_{máx}) = -|\underline{\Gamma}_L|$, de modo que o ponto correspondente $P_{mín}$ na carta está na intersecção do círculo s e do eixo negativo Γ_r ($\overline{OP_{sc}}$),

ponto $P_{mín}$ na carta

$$|\underline{V}| = |\underline{V}|_{mín} \quad \longleftrightarrow \quad (\Gamma_r, \Gamma_i) = (-|\underline{\Gamma}_L|, 0). \qquad (12.181)$$

Assim, à medida que o ponto P se move ao redor do círculo s na Figura 12.20, cada cruzamento do eixo Γ_r positivo (negativo) significa um máximo (mínimo) nos padrões de onda estacionária da tensão, e deste modo, um mínimo (máximo) nos padrões de corrente, nas figuras 12.4 e 12.14. Pela Figura 12.23, as distâncias entre valores sucessivos máximos (ou mínimos) são $\lambda_z/2$ (uma rotação completa), enquanto os valores adjacentes máximos e mínimos são separados por $\lambda_z/4$ (uma meia rotação), que, é claro, está de acordo com as equações (12.39) e (12.41) e figuras 12.4 e 12.14. Além disso, segundo a Equação (12.83), o SWR da linha é igual à resistência máxima normalizada da linha,

SWR na carta

$$s = r_{máx} = \frac{R_{máx}}{Z_0} \quad [x(z_{máx}) = 0] \quad \longrightarrow$$
$$s = r|_{\text{em } P_{máx}}, \qquad (12.182)$$

e esta resistência é obtida em locais de valores máximos de tensão na linha. Assim, o círculo constante $|\underline{\Gamma}|$ da linha e o círculo r para $r = s$ passam pelo mesmo ponto ($P_{máx}$) no eixo Γ_r positivo, ou seja, s é numericamente igual ao valor de r em $P_{máx}$. Isso também pode ser usado, no lugar da Equação (12.43), para determinar graficamente s a partir de um dado $|\underline{\Gamma}|$, ou vice-versa. Na realidade, muitas interpretações e discussões sobre padrões de tensão, corrente e impedância, baseadas em várias relações e expressões analíticas nas seções 12.4, 12.6 e 12.8, tornam-se agora diretamente (visualmente) compreensíveis pela carta de Smith. Como um exemplo, vejamos outra vez o Exemplo 12.3 e a discussão sobre padrões de onda estacionária de corrente (e tensão) na Figura 12.4. Agora, com a carta de Smith, perceba que, como o ponto L (ponto de carga) na carta para uma carga puramente resistiva ($x_L = 0$) deve estar no diâmetro horizontal do círculo unitário, ele coincide com a posição do primeiro valor máximo de tensão (ponto $P_{máx}$ na Figura 12.23), que ocorre se $r_L > 1$, ou do primeiro valor mínimo de tensão (ponto $P_{mín}$), quando $r_L < 1$. Por outro lado, para uma carga complexa indutiva ($x_L > 0$), L se localiza em algum lugar na metade superior da carta, e se nos movermos dele em direção a G (ponto gerador), portanto em sentido horário, encontraremos antes o primeiro valor máximo tensão do que o mínimo. Por fim, $P_{mín}$ viria primeiro se o ponto de partida (L) estiver na metade inferior da carta, significando uma carga complexa capacitiva ($x_L < 0$).

Percebemos que a relação que expressa a propriedade de inversão da impedância (para impedâncias normalizadas) de um transformador de um quarto de onda (seção com comprimento $\lambda_z/4$ em uma linha de transmissão) nas equações (12.81) pode ser escrita

$$\underline{z}_n(-\lambda_z/4) = \frac{1}{\underline{z}_n(0)}, \qquad (12.183)$$

onde $\underline{z}_n(0) = \underline{z}_L$ (impedância de carga normalizada). Usando a admitância normalizada da linha ($\underline{y}_n$), Equação (12.77), temos

conversão impedância-admitância

$$\underline{z}_n(-\lambda_z/4) = \underline{y}_n(0) \quad \text{ou} \quad \underline{y}_n(-\lambda_z/4) = \underline{z}_n(0), \qquad (12.184)$$

em que a segunda relação é obtida da primeira pela inversão de cada um dos lados da equação. Isso significa que uma rotação por $\lambda_z/4$ ao redor da carta de Smith, em qualquer direção transforma $\underline{z}_n$ em $\underline{y}_n$ e vice-versa. Assim, conforme Figura 12.23, os pontos representando $\underline{z}_n$ e $\underline{y}_n$ são diametralmente opostos a cada um no círculo s (inverter uma impedância da linha normalizada equivale a "pular" para o lado oposto do círculo s na carta de Smith). Perceba que isso também pode ser obtido das expressões para $\underline{z}_n$ e $\underline{y}_n$ em termos de $\underline{\Gamma}$, sendo o primeiro o das equações (12.166), e o outro, das equações (12.77) e (12.68), dado por

$$\underline{y}_n = \frac{1-\underline{\Gamma}}{1+\underline{\Gamma}}. \qquad (12.185)$$

Ou seja, estas duas expressões podem ser obtidas uma da outra pela substituição de $\underline{\Gamma}$ por $-\underline{\Gamma}$, isto é, adicionando-se um sinal de menos a $\underline{\Gamma}$. Já que $-1 = e^{j(\pm\pi)}$, isso equivale a uma mudança de $\Delta\psi = \pm 180°$ no ângulo de fase de $\underline{\Gamma}$, portanto a uma meia rotação sobre o círculo s (ou um "pulo" para seu lado oposto) na Figura 12.23. Essa transformação complexa de inversão na carta pode ser usada para determinar qualquer admitância (impedância) normalizada correspondente. Além disso, a carta de Smith na Figura 12.22 pode ser utilizada de pronto como uma carta de admitância (às vezes é mais conveniente trabalhar com admitâncias do que impedâncias), com círculos r e arcos x tratados como círculos g e arcos b, respectivamente.

Combinando as equações (12.36), (12.8) e (12.13), intensidades normalizadas de tensão e corrente ao longo de uma linha de transmissão sem perdas podem ser escritas como

$$\frac{|\underline{V}(z)|}{V_{i0}} = \left|1+\underline{\Gamma}(z)\right|,$$

$$\frac{|\underline{I}(z)|Z_0}{V_{i0}} = \left|1-\underline{\Gamma}(z)\right|, \qquad (12.186)$$

onde V_{i0} é a intensidade (valor rms) da tensão incidente da linha. Suas representações gráficas na carta de Smith podem ser vistas na Figura 12.24 [perceba a semelhança com a Figura 10.9(a)]. Vemos que como $|\underline{V}|/V_{i0}$ para qualquer z é igual, no plano complexo $\Gamma_r - \Gamma_i$, à intensidade do número complexo $1 + \underline{\Gamma}$ (isto é, a soma do número real 1 e complexo $\underline{\Gamma}$), pode ser determinado graficamente pela medição do comprimento do vetor posição do ponto P_v na Figura 12.24 em respeito à origem da coordenada. Da mesma forma, as intensidades de corrente relativa para posições diferentes ao longo

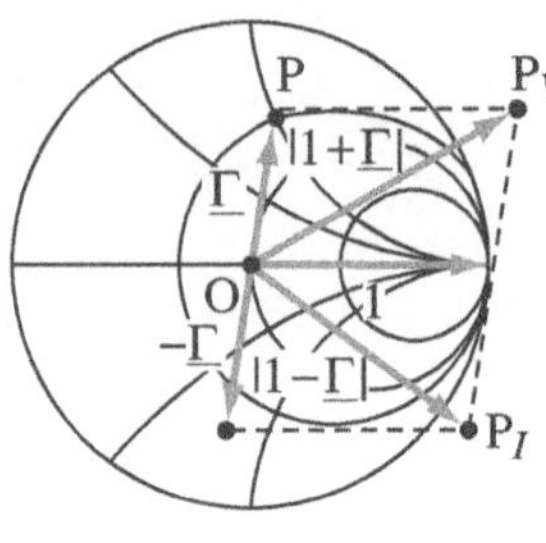

Figura 12.24

Representação gráfica na carta de Smith da tensão da linha normalizada e intensidades das correntes dada pelas Equações (12.186).

da linha são obtidas pela medição do comprimento do vetor $1 - \underline{\Gamma}$, cuja ponta está no ponto P_I, na Figura 12.24. Como a coordenada z varia ao longo da linha de transmissão na Figura 12.3, e o ponto P gira sobre o círculo s na Figura 12.23, é óbvio perceber pela Figura 12.24 que os valores máximos e mínimos de $|1 + \underline{\Gamma}|$ são $1 + |\underline{\Gamma}|$ e $1 - |\underline{\Gamma}|$, respectivamente, para as posições $P_{máx}$ e $P_{mín}$ na Figura 12.23 [veja também Figura 10.9(a)]. Esses valores dão as expressões para $|\underline{V}_{máx}|$ e $|\underline{V}_{mín}|$ nas equações (12.39) e (12.40). Os locais e valores normalizados de $|\underline{I}_{máx}|$ e $|\underline{I}_{mín}|$ (valores máximos e mínimos de $|1 - \underline{\Gamma}|$), da Figura 12.24, são revertidos, o que condiz com a Equação (12.41). Perceba que a tensão normalizada da linha e os padrões de onda estacionária de corrente nas figuras 12.4 e 12.14, calculados e projetada com o uso das equações (12.45), (12.46), (12.111), (12.114) e (12.116), podem ser também obtidos com o uso da carta de Smith e o procedimento gráfico explicado.

Exemplo 12.23

Cálculos em uma linha de transmissão utilizando a carta de Smith

Uma linha de transmissão sem perda de comprimento l = 2,8m e impedância característica $Z_0 = 50\ \Omega$, alimentada por um gerador harmônico de frequência f = 150 MHz, termina, na outra extremidade, em uma carga com impedância $\underline{Z}_L$= (30 + j60) Ω. Os parâmetros do dielétrico da linha são ε_r = 4 e μ_r = 1. Usando a carta de Smith, encontre: (a) o coeficiente de reflexão de carga, (b) a impedância de entrada da linha, (c) os locais do primeiro valor máximo e mínimo da linha, (d) os números totais de valores máximos e mínimos, (e) a taxa de onda estacionária da linha e (f) a admitância de entrada da linha.

Solução

(a) A impedância de carga normalizada, Equação (12.165), é $\underline{z}_L = \underline{Z}_L/Z_0$ = 0,6 + j1,2, então marcamos o ponto L correspondente (ponto de carga) na intersecção do círculo r = 0,6 e arco x = 1,2 na carta de Smith — Figura 12.25. Traçamos então (com uma régua) uma linha radial e medimos distâncias do centro da carta (ponto O) aos pontos L e Q, respectivamente, estando o último ponto sobre o círculo unitário, para calcular, como nas equações (12.174) e Figura 12.23, a intensidade do coeficiente de reflexão de carga, $|\underline{\Gamma}_L|$

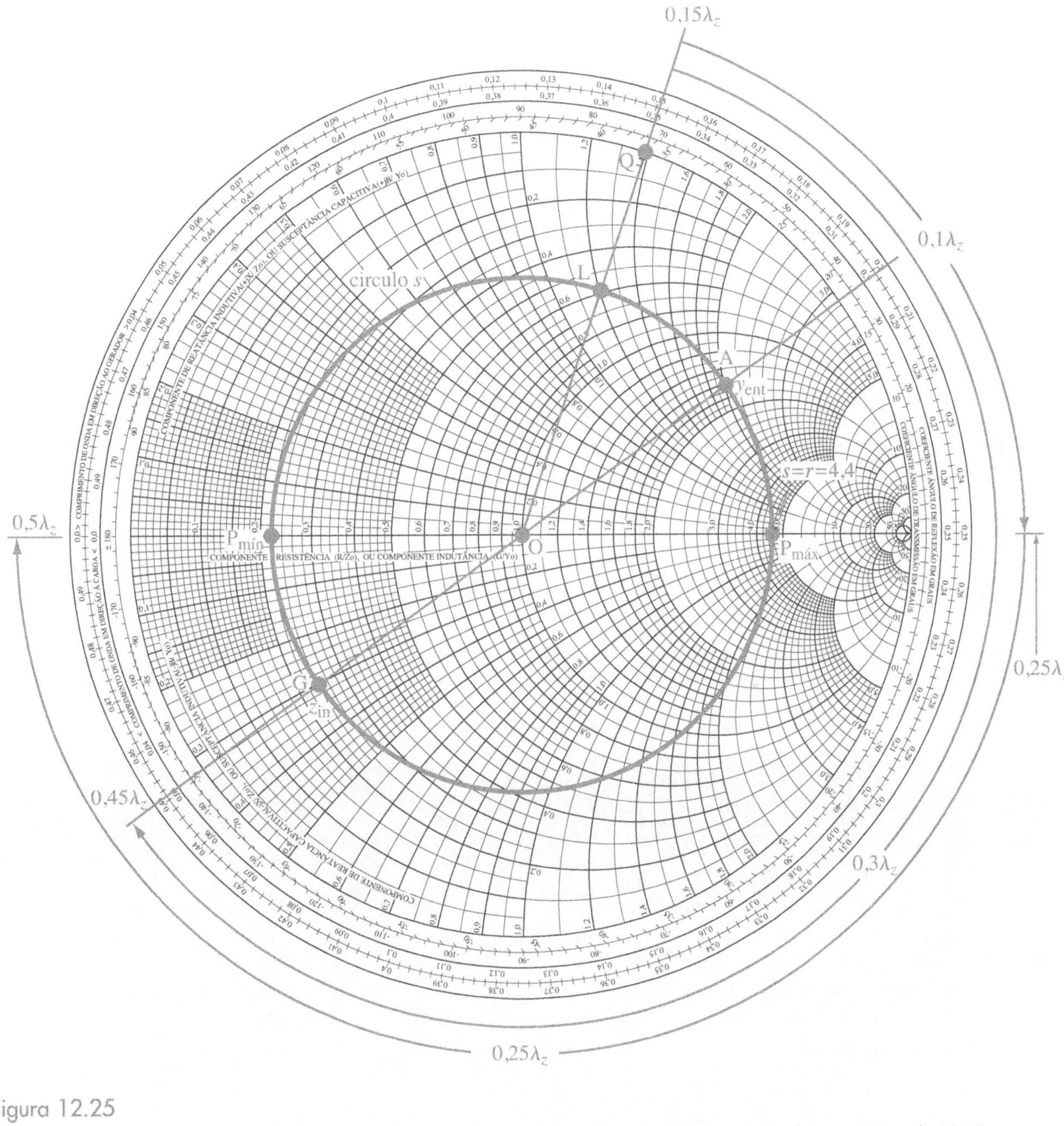

Figura 12.25

Cálculos gráficos em uma linha de transmissão sem perda em um regime harmônico usando a carta de Smith; para o Exemplo 12.23.

$= \overline{OL}/\overline{OQ} = 0{,}62$. Também obtemos da escala denominada “ângulo do coeficiente de reflexão em graus” que o ângulo de fase do coeficiente é $\psi_L = 72°$, e assim $\underline{\Gamma}_L = 0{,}62e^{j72°}$

(b) A seguir, traçamos (com um compasso) na Figura 12.25 o círculo *s* para a carga e a linha de transmissão dada (o círculo centralizado no ponto O e passando através de L). Sendo o comprimento de onda através da linha $\lambda_z = c_0/(\sqrt{\varepsilon_r} f) = 1$ m [equações (11.17) e (9.47)], o comprimento da linha abrange $l = 2{,}8\ \lambda_z$. Por razão de cada mudança de meia onda ($\lambda_z/2$) ao longo da estrutura (na Figura 12.3) traduzir-se em, de acordo com a Equação (12.179), um círculo completo na carta de Smith, a impedância de entrada (medida no gerador) desta linha ($\underline{Z}_{ent}$) é idêntica à da linha com comprimento igual a $l_1 = 2{,}8\ \lambda_z - 5 \times 0{,}5\ \lambda_z = 0{,}3\lambda_z (0 < l_1 \leq 0{,}5\ \lambda_z)$. Deste modo, movemos o círculo *s* em direção ao gerador (sentido horário) em $0{,}3\lambda_z$, ou seja, da marca $0{,}15\lambda_z$ à marca $0{,}45\lambda_z$ na escala “comprimentos de onda em direção ao gerador” da Figura 12.25 para obter o ponto G (ponto gerador), de onde obtemos a impedância de entrada normalizada de $\underline{z}_{ent} = 0{,}24 - j0{,}3$, e assim, $\underline{Z}_{ent} = \underline{z}_{ent} Z_0 = (12 - j15)\Omega$.

(c)-(e) Como na Figura 12.23 e nas equações (12.180) e (12.181), os locais dos valores máximos e mínimos de tensão na linha de transmissão em questão correspondem aos pontos $P_{máx}$ e $P_{mín}$ na carta de Smith na Figura 12.25, onde o círculo *s* intersecciona o eixo Γ_r positivo e negativo, respectivamente. Do ponto L (marca $0{,}15\lambda_z$ na escala “comprimentos de onda em direção ao gerador” a $P_{máx}$ (marca $0{,}25\lambda_z$), a distância a partir da carga do primeiro valor máximo de tensão na linha é $l_{máx} = 0{,}25\lambda_z - 0{,}15\lambda_z$

$= 0{,}1\lambda_z = 10$ cm (indo em direção ao gerador), onde, em referência à notação nas equações (12.39), $l_{máx} = -z_{máx}$. De uma maneira semelhante, já que $P_{mín}$ está na marca $0{,}5\lambda_z$ na escala "comprimentos de onda em direção ao gerador", $l_{mín} = 0{,}5\lambda_z - 0{,}15\lambda_z = 0{,}35\lambda_z = 35$ cm (ou $l_{mín} = l_{máx} + 0{,}25\lambda_z$) da carga ao primeiro valor mínimo de tensão. Um movimento ao longo de todo o comprimento da linha resultando em cinco rotações completas (no sentido horário) sobre o círculo s na carta mais $0{,}3\lambda_z$, há um total de valores máximos de tensão $5 + 1 = 6$ e valores mínimos 5. Da Equação (12.182), o SWR da linha é igual ao valor da resistência da linha normalizada em locais de valores máximos de tensão, $s = r|_{em\ P_{máx}} = 4{,}4$.

(f) Por fim, tendo em mente a Equação (12.184) e a Figura 12.23, a admitância de entrada normalizada da linha é obtida em uma posição (ponto A) diametralmente oposta (rotação por $\lambda_z/4$) ao ponto G no círculo s com $\underline{y}_{ent} = 1{,}6 + j2$. Assim, a Equação (12.77) e o fato de a admitância característica da linha, Equação (11.35), ser $\underline{Y}_0 = 1/\underline{Z}_0 = 20$ mS, nos dizem que a admitância de entrada da linha é $\underline{Y}_{ent} = \underline{y}_{ent}\ Y_0 = (32 + j40)$mS.

Exemplo 12.24

Encontrando a impedância de carga com a carta de Smith

Refaça o Exemplo 12.4, mas desta vez com o uso da carta de Smith.

Solução Do valor dado para o SWR da linha de transmissão e da Equação (12.182), temos $r|_{em\ Pmáx} = s = 3$, de modo que o ponto $P_{máx}$, denotando as posições dos valores máximos de tensão na linha, está na intersecção do círculo $r = 3$ e do diâmetro horizontal do círculo unitário na carta de Smith, conforme Figura 12.26. Podemos agora traçar o círculo $|\underline{\Gamma}|$ (círculo $s = 3$) constante da linha, já que ele passa através deste mesmo ponto. Ao lado oposto do círculo s, marcamos o

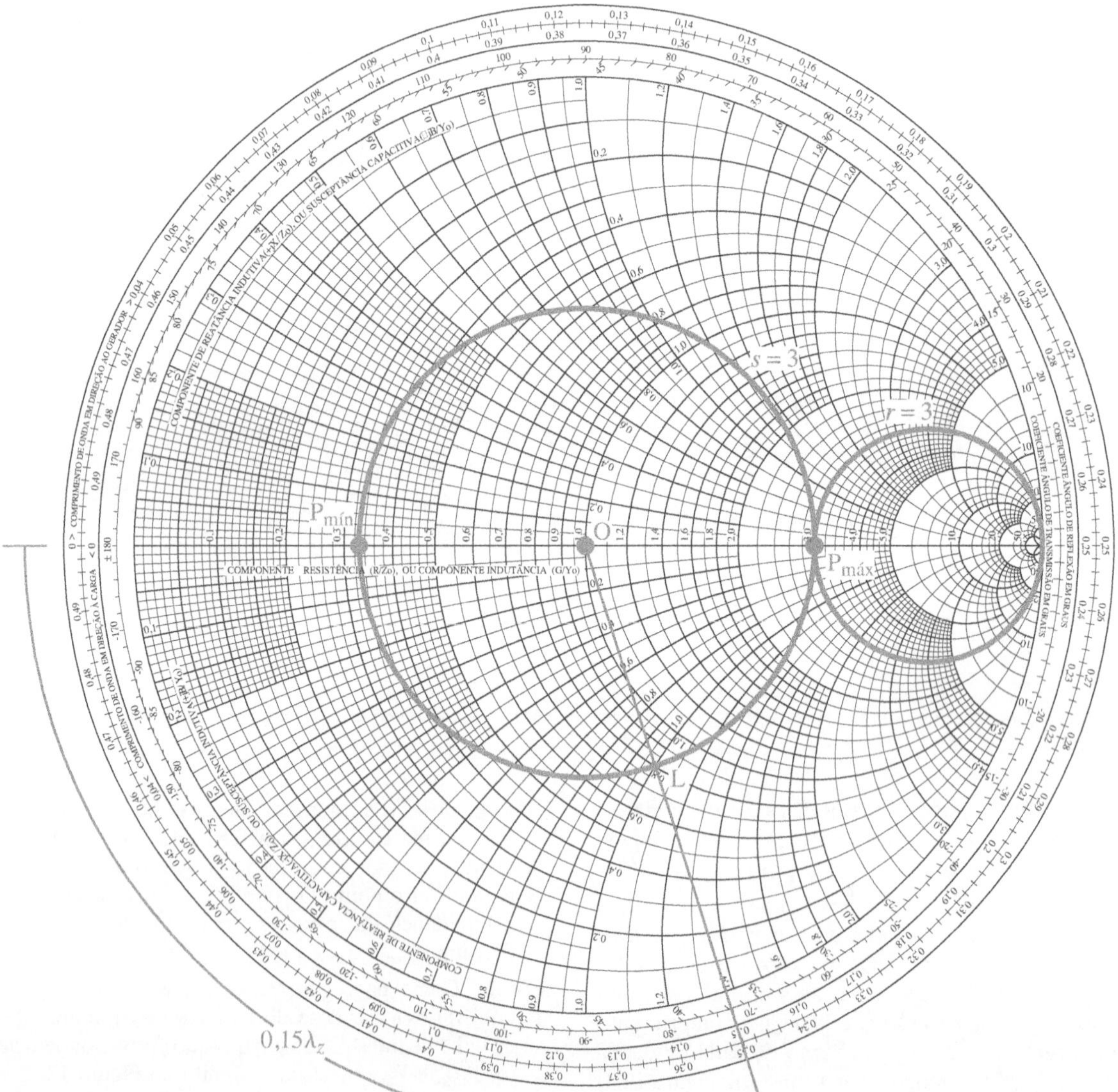

Figura 12.26

Encontrando uma impedância de carga desconhecida através de medições em uma linha com uma fenda (ver Exemplo 12.4) e cálculos gráficos na carta de Smith; para o Exemplo 12.24.

ponto $P_{mín}$, e nos movemos a partir dele, isto é, do local do primeiro valor mínimo de tensão na linha, em volta do círculo e em direção à carga (sentido anti-horário). Para de fato alcançarmos a carga, devemos mover uma distância de $l_{mín}$ = 12 cm = $0{,}15\lambda_z$ ($\lambda_z = 2\Delta l = 80$ cm), da marca 0 à marca $0{,}15\lambda_z$ na escala "comprimentos de onda em direção à carga". No ponto L obtido na Figura 12.26, a impedância normalizada é $\underline{z}_L = 0{,}8 - j1$, resultando, por meio da Equação (12.165), na impedância de carga de $\underline{Z}_L = \underline{z}_L Z_0 = (40 - j50)\ \Omega$, que é mais ou menos o mesmo resultado da Equação (12.51).

Exemplo 12.25

Projeto casado de um quarto de onda utilizando a carta de Smith

Repita o Exemplo 12.11 utilizando a carta de Smith.

Solução Esta solução gráfica é mostrada na Figura 2.27. Do ponto A na carta de Smith, com a impedância normalizada de carga $\underline{z}_A = \underline{Z}_L/Z_{01} = 0{,}3 + j0{,}7$ ($Z_{01} = 50\ \Omega$) movemos o círculo s em direção ao gerador (sentido horário) para chegar ao ponto B, onde $\underline{z}_B = s = 5$ $(5 + j0)$ e $\underline{Z}_B = sZ_{01} = 250\ \Omega$ (impedância puramente resistiva). O comprimento desta seção compensadora da linha na Figura 12.8 é $l_c = 0{,}25\lambda_z - 0{,}102\lambda_z = 0{,}148\lambda_z$ (vista na escala "comprimentos de onda em direção ao gerador" na carta). Continuando nosso movimento em direção ao gerador ao longo da estrutura (Figura 12.8), adentramos a seção do transformador da linha, e, estando nela, precisamos normalizar as impedâncias associadas àquela que é característica do transformador, $Z_{0t} = \sqrt{Z_{01}(sZ_{01})} = 112\ \Omega$ [como na Equação (12.87)]. Em consequência, no início do transformador, olhando a partir da carga, essa normalização resulta em $\underline{z}_C = \underline{Z}_B/\underline{Z}_{0t} = 2{,}23$ $(2{,}23 + j0)$, que significa uma mudança horizontal na carta de Smith para o ponto C na Figura 12.27. Sendo o comprimento do transformador $l = \lambda_z/4$ (assumindo que o comprimento de onda seja o mesmo ao longo de toda a estrutura na Figura 12.8), o movimento completo ao longo do mesmo traduz uma rotação de meio círculo sobre o círculo s do transformador (s_t

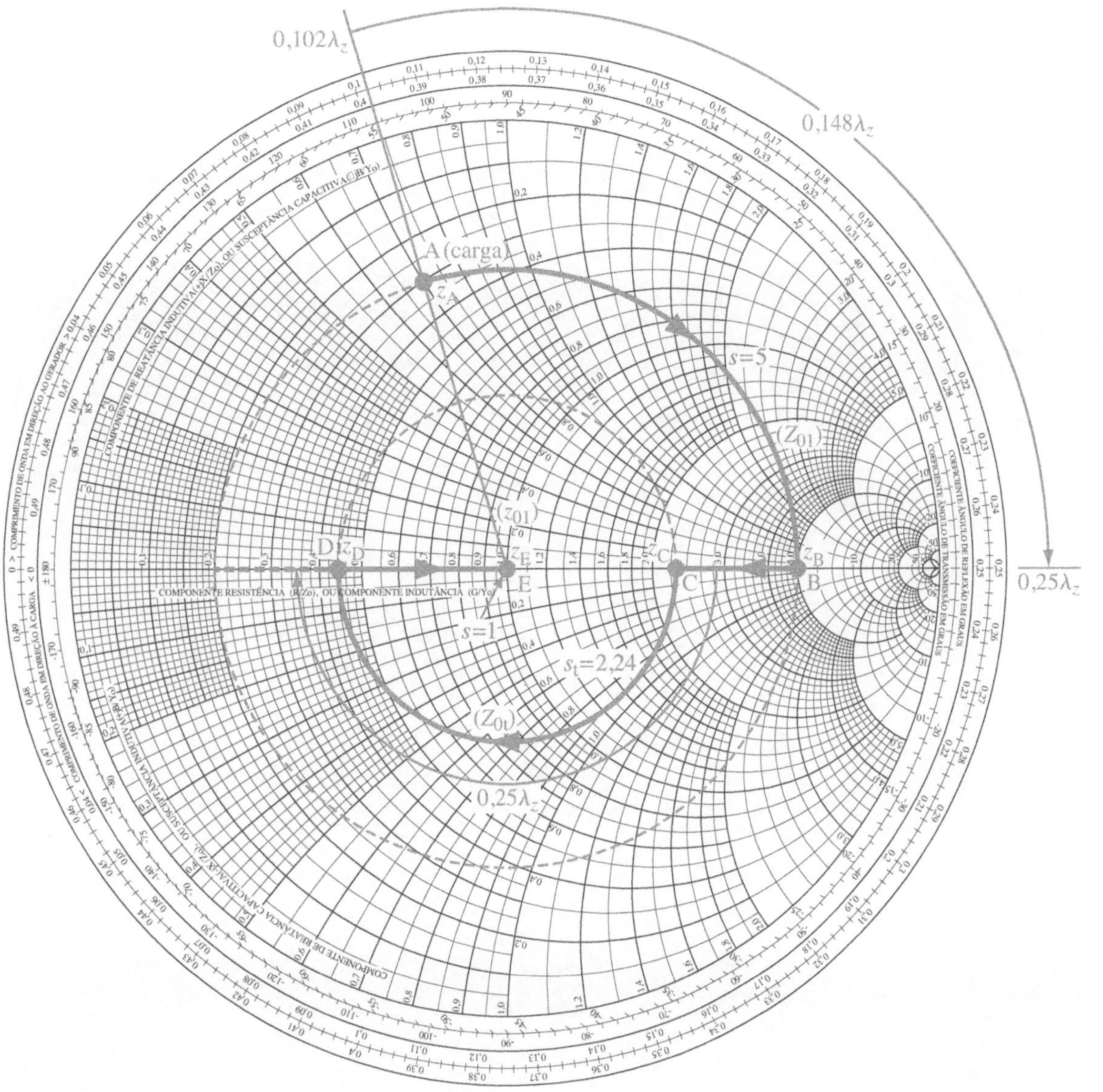

Figura 12.27

Projeto de circuito de linha de transmissão de impedância casada com um transformador de quarto de onda na Figura 12.8 usando a carta de Smith; para o Exemplo 12.25.

= 2,23 dentro do transformador) na carta, para o ponto D, onde $\underline{z}_D = 0{,}446$ e $\underline{Z}_D = \underline{z}_D Z_{0t} = 50\ \Omega$. Neste local, deixamos a seção do transformador e retornamos à linha de transmissão principal, de modo que a normalização da impedância deve novamente ser Z_{01}, resultando em $\underline{z}_E = \underline{Z}_D/Z_{01} = 1$, que implica outro movimento horizontal na carta, terminando em seu ponto central (ponto E), e daí a carga casada.

Exemplo 12.26

Projeto de um toco em curto-circuito com o uso da carta de Smith

Considere o circuito com toco em curto-circuito na Figura 12.17 e assuma que a impedância de carga é $\underline{Z}_L = (40 + j30)\ \Omega$, o comprimento de onda ao longo da linha de transmissão é $\lambda_z = 1$ m e a impedância característica da linha é $Z_0 = 50\ \Omega$. Em tais circunstâncias, encontre a distância da junção do toco e da carga e o comprimento do toco, para casar a carga à linha alimentadora.

Solução Começamos adentrando a carta de Smith, na Figura 12.28, na impedância de carga (ponto N), representando a impedância normalizada $\underline{z}_L = \underline{Z}_L/Z_0 = 0{,}8 + j0{,}6$, e traçamos o círculo s associado (perceba que o SWR na linha é $s = 2$). Visto que o toco casado se conecta à linha de transmissão principal em paralelo, é mais conveniente trabalhar com admitâncias do que com impedâncias. Desse modo, encontramos a admitância de carga normalizada, $\underline{y}_L = 0{,}8 - j0{,}6$, no ponto L do outro lado de N no círculo (ver também Figura 12.25). Em cálculos gráficos a seguir, a carta de Smith na Figura 12.28

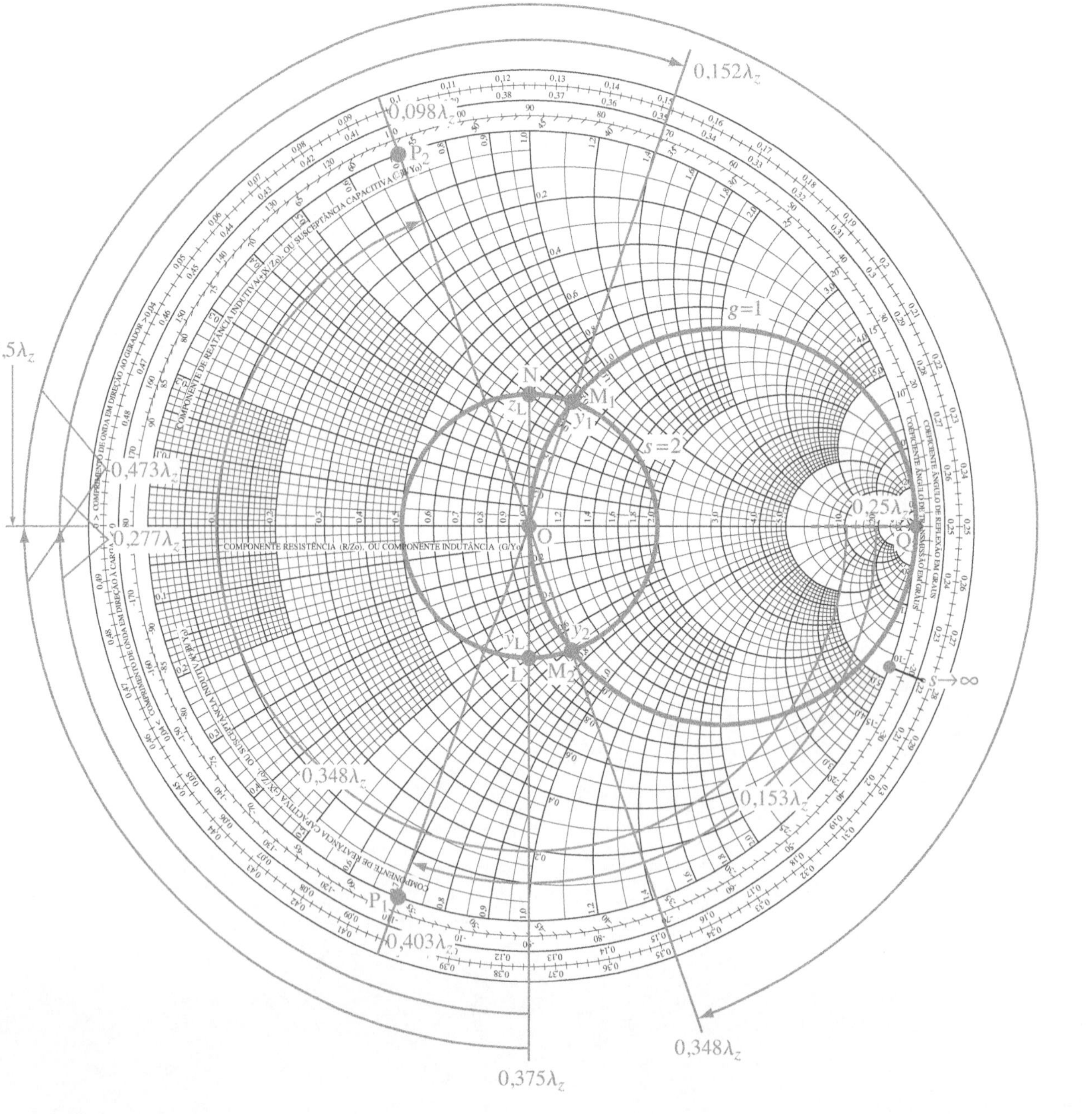

Figura 12.28

Projeto de um circuito da linha de transmissão com admitância casada com um toco em curto-circuito usando a carta de Smith; para o Exemplo 12.16.

é em essência usada como carta de admitância, com r e x interpretados como g e b, respectivamente.

Lembramos então que a admitância da linha de transmissão no local onde o toco está conectado deve ter forma $\underline{Y} = Y_0 + jB$, Equação (12.127), ou seja, sua parte real deve ser igual à admitância característica da linha, $Y_0 = 1/Z_0$ de modo que o casamento geral (com o toco) seja alcançado. Normalizado, $\underline{y} = 1 + jb$, o que significa, por sua vez, que a distância l entre a junção do toco e a carga deve estar na intersecção de $g = 1$ e círculo s na carta de Smith. Isso leva a duas soluções para o problema: pontos casados M_1 e M_2 na Figura 12.28, com $\underline{y}_1 = 1 + j0{,}7$ e $\underline{y}_2 = 1 - j0{,}7$, respectivamente. Os valores correspondentes para a admitância de entrada normalizada do toco são $\underline{y}_{toco1} = -j0{,}7$ e $\underline{y}_{toco2} = j0{,}7$, de modo que $\underline{y} + \underline{y}_{toco} = 1$ (Y_0 quando normalizado) em ambos os casos. De L (marca $0{,}375\lambda_z$ na escala "comprimentos de onda em direção ao gerador" a M_1 (marca $0{,}152\lambda_z$), a distância solicitada do toco à carga (em sentido horário) é $l_1 = 0{,}5\lambda_z - 0{,}375\lambda_z + 0{,}152\lambda_z = 0{,}277\lambda_z = 27{,}7$ cm, para a primeira solução. De uma maneira semelhante, o ponto M_2 (segunda solução) está a $l_2 = 0{,}5\lambda_z - 0{,}375\lambda_z + 0{,}348\lambda_z = 0{,}473\lambda_z = 47{,}3$ cm da carga.[6]

O toco na Figura 12.17 é uma linha de transmissão separada e, assumindo que seu comprimento de onda e admitância característica sejam os mesmos da linha principal, realizamos um cálculo gráfico separado na Figura 12.28 para determinar seu comprimento (l_{toco}). Sua terminação na carga é um curto circuito, então $\underline{y} \to \infty$, e esta admitância surge na posição mais à direita da carta (marcada aqui como Q), que na realidade é a posição de circuito aberto quando a carta é usada para impedâncias. Começamos a partir do ponto Q e nos movemos pelo círculo unitário, que é o círculo s para o toco (note que $s \to \infty$ ao longo do toco) e coincide com o círculo $g = 0$ em uma carta de admitância, em direção ao gerador, até que, primeiro, o arco $b = -0{,}7$ seja alcançado; nesta posição (ponto P_1), $\underline{y}_{toco1} = 0 - j0{,}7$ conforme o desejado. Obtemos da escala "comprimentos de onda em direção ao gerador" que este movimento, isto é, o comprimento do toco, é igual a $l_{toco1} = 0{,}403\ \lambda_z - 0{,}25\ \lambda_z = 0{,}153\ \lambda_z = 15{,}3$ cm. Para a outra solução (junção do toco à distância l_2 da carga ao longo da linha principal), traçamos a rotação do ponto Q à intersecção (ponto P_2) do círculo unitário e b = 0,7 arc ($\underline{y}_{toco1} = 0 + j0{,}7$) na escala "comprimentos de onda em direção ao gerador", e obtemos $l_{toco2} = 0{,}5\ \lambda_z - 0{,}25\ \lambda_z + 0{,}0098\lambda_z = 0{,}348\lambda_z = 34{,}8$ cm.

12.13 ANÁLISE TRANSIENTE DAS LINHAS DE TRANSMISSÃO

Em nossos estudos sobre linhas de transmissão em alta frequência realizados até agora, as ondas harmônicas das linhas são analisadas em estado estático, ou seja, após todos os processos transicionais iniciais já terem acontecido, e a corrente e a tensão sinusoidal estática resultante terem sido estabelecidas ao longo de toda a linha em questão. No entanto, às vezes, é importante analisar as ondas na linha durante esses períodos de transição. Variações temporárias de tensões e correntes em linhas de transmissão, ou, em geral, de várias quantidades de campo e circuito em sistemas eletromagnéticos arbitrários (incluindo sistemas elétricos), ao estabelecer o estado estático de sinais harmônicos ou outras formas de sinal na estrutura são chamadas transientes. Um ótimo exemplo são os transientes produzidos por mudanças tipo degrau (liga ou desliga) abruptas na tensão de entrada ou corrente no começo de uma linha de transmissão, o que corresponde a estabelecer tensão e corrente contínua (dc) ao longo da linha. Em circuitos eletrônicos integrados, excitações em degrau das linhas ocorrem, por exemplo, quando a tensão de saída da porta lógica de uma fonte acionando outra porta lógica por meio de um interconector (linha de transmissão) passa de estado "baixo" para "alto" ou vice-versa, em um determinado momento (mudança de estado da porta lógica acionadora). Além disso, sinais digitais consistindo de uma sequência de pulsos retangulares ao longo do tempo podem ser representados como uma combinação de funções degrau. Deste modo, estudos sobre a resposta ao degrau das linhas de transmissão terminadas em cargas arbitrárias são uma base para a compreensão do comportamento transiente de interconexões em circuitos digitais de alta velocidade em diversas aplicações em eletrônica digital, comunicações e engenharia da computação.

O material desta e das próximas seções é dedicado a discussões de respostas ao degrau e de pulso das linhas de transmissão de dois condutores com diferentes terminações. A análise é realizada diretamente, no domínio do tempo. De um modo alternativo, linhas de transmissão com redes terminais lineares acionadas por excitações de pulso por tempo (geradores) podem ser analisadas no domínio da frequência (complexo), em um conjunto de frequências, o que é seguido pelo uso da transformada de Fourier inversa para obter a resposta por domínio do tempo (transiente). Lembramos que representantes complexos de tensões e correntes não fazem sentido para circuitos não lineares, de modo que linhas com redes terminais não lineares, por outro lado, são mais bem analisadas diretamente no domínio do tempo. Seja qual for o caso, em nossos estudos de transientes em linhas de transmissão, assumimos que as linhas são sem perdas. Perceba que a análise transiente direta das linhas com perda, isto é, linhas nas quais as perdas não podem ser desconsideradas, é um problema razoavelmente difícil, e a transformada de Fourier inversa da solução no domínio da frequência é uma abordagem preferível para tais estruturas.

Começamos com as equações telegráficas para tensão e corrente instantâneas, $v(z, t)$ e $i(z, t)$, na linha na Figura 12.3, obtidas como equivalente, no domínio do tempo, às equações (12.3). Ou seja, assumindo não haver perdas na linha, sua resistência série e condutância

6 Perceba que avançamos esta parte do projeto de pareamento do toco (determinação do local na linha principal onde o toco deve ser conectado) no Exemplo 12.19, onde o comprimento l (uma solução) é dado antecipadamente.

shunt (fuga) por unidade de comprimento são zero, R', $G' = 0$, de modo que, usando as equações (12.17) e (8.68), as equações telegráficas no domínio do tempo mostram

equações telegráficas temporais, sem perdas

$$\frac{\partial v(z,t)}{\partial z} = -L'\frac{\partial i(z,t)}{\partial t}, \quad \frac{\partial i(z,t)}{\partial z} = -C'\frac{\partial v(z,t)}{\partial t}, \tag{12.187}$$

onde L' e C', são a indutância e a capacitância por unidade de comprimento da linha. Combinando essas equações ou convertendo as equações (12.5) de complexas para domínio do tempo com o auxílio da Equação (12.19), obtemos a forma temporal das equações de onda da linha de transmissão. Para a tensão da linha,

$$\frac{\partial^2 v(z,t)}{\partial z^2} - \frac{1}{v_p^2}\frac{\partial^2 v(z,t)}{\partial t^2} = 0,$$

$$\text{onde} \quad v_p = \frac{1}{\sqrt{L'C'}} \tag{12.188}$$

[v_p é a velocidade de fase ao longo da linha, equações (11.43)], e de maneira análoga para $i(z, t)$. A solução geral para v ao longo da linha tem a mesma forma daquela na Equação (8.98), ou equações (9.13) e (9.28),

tensão da linha total instantânea

$$v(z,t) = \underbrace{f_i\left(t - \frac{z}{v_p}\right)}_{v_i(z,t)} + \underbrace{f_r\left(t + \frac{z}{v_p}\right)}_{v_r(z,t)}, \tag{12.189}$$

onde f_i (·) e f_r (·) são funções arbitrárias duplamente diferenciáveis.[7] Os dois termos, como na expressão complexa da tensão na Equação (12.7), representam, respectivamente, uma solução para a onda de tensão incidente (para frente), $v_i(z, t)$, propagando na direção positiva de z, e para a onda refletida (para trás), $v_r(z, t)$, com o sentido oposto (z negativo) de deslocamento.

Tendo em mente as equações (9.17) e (9.28), a solução geral associada para a corrente instantânea, $i(z, t)$, ao longo da linha, é dada por

corrente instantânea

$$i(z,t) = \underbrace{\frac{1}{Z_0}f_i\left(t - \frac{z}{v_p}\right)}_{i_i(z,t)} + \underbrace{\left[-\frac{1}{Z_0}f_r\left(t + \frac{z}{v_p}\right)\right]}_{i_r(z,t)}, \tag{12.190}$$

sendo Z_0 a impedância característica da linha, Equação (12.18). Naturalmente, o mesmo resultado é obtido pela substituição da solução para $v(z, t)$ da Equação (12.189) pela primeira equação do telegrafista no domínio do tempo, isto é, a primeira relação nas equações (12.187), e pela realização das mesmas manipulações das equações (9.15) e (9.17). Note que essas funções particulares f_i e f_r nas equações (12.189) e (12.190) são determinadas pelas redes terminais nas duas extremidades da linha (Figura 12.22), com as características da própria linha.

A partir das equações (12.189) e (12.190), temos, de modo análogo à Equação (12.15) no domínio complexo,

$$\frac{v_i(z,t)}{i_i(z,t)} = -\frac{v_r(z,t)}{i_r(z,t)} = Z_0 \quad \left(Z_0 = \sqrt{\frac{L'}{C'}}\right), \tag{12.191}$$

significando que se houver apenas uma onda se deslocando na linha, a taxa de intensidade de tensão e corrente em um corte transversal arbitrário da linha a qualquer instante é igual a uma constante ($\pm Z_0$). Em geral, quando estão presentes ambas as ondas para frente e para trás, definimos o equivalente no domínio do tempo da impedância complexa da linha de transmissão, $\underline{Z}(z)$, na Equação (12.65), como a taxa instantânea total de tensão para corrente na coordenada z na Figura 12.3,

impedância dinâmica da linha de transmissão

$$Z_{\text{dinâmica}}(z,t) = \frac{v(z,t)}{i(z,t)}. \tag{12.192}$$

Denominada impedância dinâmica (resistência) da linha, ou impedância para transientes.

12.14 PAR DE GERADORES EQUIVALENTES DE THÉVENIN E COEFICIENTES DE REFLEXÃO PARA TRANSIENTES DA LINHA

Para discutir ainda mais os transientes em linhas de transmissão sem perdas, vamos agora assumir que o gerador de tensão no começo da linha na Figura 12.3 é dado por sua fem $e(t)$ que varia com o tempo e resistência interna R_g, assim como que $e(t)$ é zero para $t < 0$ e diferente de zero (com uma variação de tempo arbitrária) para $t \geq 0$ (o gerador é ligado em $t = 0$). Além disso, adotaremos, por questões de conveniência nesta e nas seções a seguir, a origem do eixo z ($z = 0$) nos terminais do gerador, conforme Figura 12.29(a). Os terminais de carga estão, assim, na posição definida por $z = l$, sendo l o comprimento da linha. Por fim, consideremos (por agora) a carga puramente resistiva e de resistência R_L.

Anteriormente ao tempo $t = 0$, a tensão e a corrente são, identicamente, zero em toda posição ao longo da linha. Em $t = 0$, o gerador lança uma tensão v_i, e a

7 Note que no caso de um regime harmônico (sinusoidal em estado estático) em uma linha de transmissão sem perdas, as funções f_i e f_r adquirem a forma $f(\omega t') = \text{Vm}\cos(\omega t' + \theta_0)$, onde $t' \mp z/v_p$, e daí a expressão para v_i na Equação(12.9) com $\alpha = 0$ (sem perdas): $v_i(z,t) = f_i(t - z/v_p) = V_{i0}\sqrt{2}\cos[\omega(t - z/v_p) + \theta_{i0}] = V_{i0}\sqrt{2}\cos(\omega t - \beta z + \theta_{i0})$ [veja também as equações (9.31) e (9.32)] e de modo semelhante para $f_r(t + z/v_p)$.

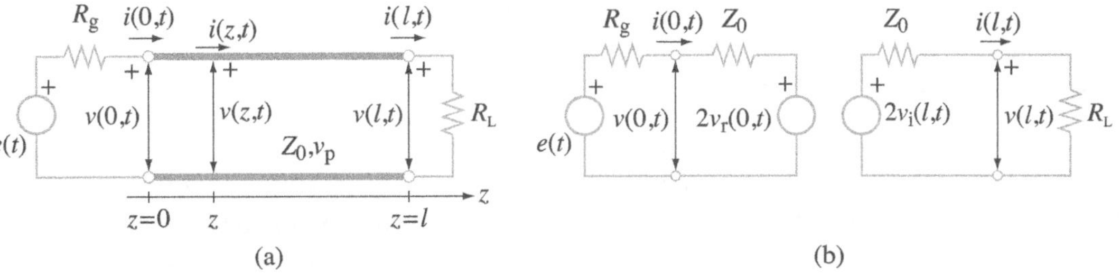

Figura 12.29

(a) Linha de transmissão alimentada por um gerador de tensão que varia com o tempo (não sinusoidal) com uma impedância interna puramente resistiva e com terminação em uma carga puramente resistiva e (b) sua representação Thévenin equivalente para transientes.

corrente i_i que o acompanha, para propagar em direção à carga. A parte da frente da onda incidente alcança a carga no instante $t = T$, onde T determina o tempo completo de trânsito em sentido único ao longo da linha,

tempo de atraso em sentido único de uma linha de transmissão

$$T = \frac{l}{v_p}. \quad (12.193)$$

Visto que esse tempo em geral representa um atraso de sinal por causa da presença de uma linha de transmissão entre dois pontos de um circuito elétrico (ou qualquer outra estrutura eletromagnética), é frequentemente denominado tempo de atraso da linha [veja a analogia com o tempo de atraso na Equação (8.108)]. No caso geral para a Figura 12.29(a), a carga não é casada com a linha, de modo que uma onda refletida, de tensão v_r e corrente i_r, é gerada na carga. Com o uso das equações (12.189) e (12.190), tensão e corrente totais nos terminais de carga (para $z = l$) e qualquer tempo após a chegada da onda incidente (para $t > T$) são dadas por

$$v(l, t) = v_i(l, t) + v_r(l, t),$$

$$i(l, t) = \frac{1}{Z_0}[v_i(l, t) - v_r(l, t)]. \quad (12.194)$$

Ao combinar estas duas equações de modo a eliminar v_r, obtemos a seguinte relação entre v e i (assumindo que v_i é conhecido):

gerador de Thévenin na extremidade direita de uma linha

$$v(l, t) = 2v_i(l, t) - Z_0 i(l, t) \qquad (T < t < \infty) \quad (12.195)$$

o que significa que a linha, no que diz respeito à carga, se comporta como um gerador de tensão real (não ideal) — gerador equivalente de Thévenin, cuja fem é o dobro da tensão incidente no local da carga, $2v_i(l, t) = 2f_i(t - l/v_p)$, e resistência interna à impedância característica da linha, Z_0, como na Figura 12.29(b). Note que os parâmetros do gerador equivalente podem ser encontrados também em sua definição geral, ou seja, pelo teorema de Thévenin. Primeiro, a fem do gerador de Thévenin é igual, em geral, à tensão de circuito aberto do circuito que representa. Assim, se a linha de transmissão na Figura 12.29(a) for aberta ($R_L \to \infty$), i = 0, as tensões das ondas incidente e refletida através dos terminais abertos são as mesmas, e a tensão total é o dobro de v_i. Em segundo lugar, a resistência interna do gerador é igual à impedância dinâmica de entrada [ver Equação (12.192)] do circuito (com todos os geradores desligados), e para o circuito na Figura 12.29(a) que é Z_0. Não importando a maneira que usamos para identificar seus parâmetros, o gerador de Thévenin ao lado direito da Figura 12.29(b) e a relação na Equação (12.195) são ditados pela linha de transmissão na Figura 12.29(a), e independem da carga. A carga, no entanto, impõe outra relação entre $v(l, t)$ e $i(l, t)$, constituindo a condição de contorno de carga para a linha, de modo que um sistema de duas equações com esses dois valores desconhecidos é obtido. Para a carga puramente resistiva na Figura 12.29(a),

condição de contorno imposta pela carga

$$v(l, t) = R_L i(l, t), \quad (12.196)$$

que, com a Equação (12.195), resulta em

$$v(l, t) = \frac{2R_L}{R_L + Z_0} v_i(l, t). \quad (12.197)$$

Isso também fica óbvio na Figura 12.29(b), onde R_L e Z_0 formam um divisor de tensão. A primeira das equações (12.194) leva, assim, à solução para v_r, para dado v_i

$$v_r(l, t) = v(l, t) - v_i(l, t) = \frac{R_L - Z_0}{R_L + Z_0} v_i(l, t). \quad (12.198)$$

Assim, como conclusão principal desta análise, percebemos que a taxa de tensão instantânea refletida para incidente da linha nos terminais de carga,

coeficiente de reflexão de carga para transientes

$$\frac{v_r(l, t)}{v_i(l, t)} = \frac{R_L - Z_0}{R_L + Z_0} = \Gamma_L, \quad (12.199)$$

ou seja, o coeficiente de reflexão de carga da linha (Γ_L), para tensões instantâneas, é o mesmo das tensões rms complexas (e uma linha de pouca perda e sem perdas e carga puramente resistiva), Equação (12.31).

Como a onda refletida se desloca para a esquerda, sua parte da frente chega ao gerador em $t = 2T$. Reescrevendo as equações (12.194) para a posição do gerador ($z = 0$) e tempo $t > 2T$ (ou seja, qualquer tempo após a chegada da onda refletida), e eliminando v_i das equações, obtemos a relação entre tensão e corrente totais em $z = 0$, similar ao que ocorre na Equação (12.195),

gerador de Thévenin na extremidade esquerda

$$v(0, t) = 2v_r(0, t) + Z_0 i(0, t) \quad (2T < t < \infty). \tag{12.200}$$

De novo, esta relação é ditada pela linha, e é a mesma da característica corrente/tensão de um gerador real de tensão, agora com fem $2v_r(0, t) = 2f_r(t)$ e resistência interna Z_0. O gerador de Thévenin que substitui a linha voltada para a direita na posição $z = 0$ na Figura 12.29(a) é obtido, assim, formando-se o circuito equivalente no lado esquerdo da Figura 12.29(b). Além disso, a relação entre v e i ditada pelo gerador na Figura 12.29(a), isto é, a condição de contorno do gerador para a linha, é

condição de contorno do gerador

$$v(0, t) = e(t) - R_g i(0, t), \tag{12.201}$$

e a solução para v das duas equações vem a ser

$$v(0, t) = \frac{Z_0}{R_g + Z_0} e(t) + \frac{2R_g}{R_g + Z_0} v_r(0, t). \tag{12.202}$$

É claro que o mesmo resultado pode ser obtido também pela solução do circuito simples com dois geradores de tensão na Figura 12.29(b). Isso resulta na seguinte expressão para $v_i(0, t)$ (para $t > 2T$):

$$v_i(0, t) = v(0, t) - v_r(0, t) =$$
$$= \frac{Z_0}{R_g + Z_0} e(t) + \frac{R_g - Z_0}{R_g + Z_0} v_r(0, t). \tag{12.203}$$

O primeiro termo na solução é a tensão v_i que é diretamente devida ao e fem; se, por exemplo, $e = 0$ para $t > 2T$, essa tensão então é zero. O segundo termo é o componente de v_i existente por causa de uma diferença (descasamento) da resistência interna do gerador e impedância característica da linha ($R_g \neq Z_0$) no caso geral. Essa onda pode ser interpretada como devida à reflexão (ou seja, re-reflexão) da tensão refletida v_r do gerador. Daí outro grande resultado de nossa análise: a expressão para o coeficiente de reflexão do gerador para a linha (Γ_g) para tensões instantâneas, definida como a taxa de tensão transiente re-refletida para refletida nos terminais do gerador,

coeficiente de reflexão do gerador

$$\Gamma_g = \left.\frac{v_i(0, t)}{v_r(0, t)}\right|_{e(t)=0} = \frac{R_g - Z_0}{R_g + Z_0}. \tag{12.204}$$

Ou seja, a mesma que a do coeficiente de carga na Equação (12.199) com R_g no lugar da resistência de carga. Se $R_g = Z_0$, então $\Gamma_g = 0$ (dizemos que o gerador é casado com a linha).

O mais importante é que o mesmo par de geradores equivalente de Thévenin na Figura 12.29(b), sendo dependentes apenas da linha de transmissão na Figura 12.29(a), pode ser usado para quaisquer duas linhas conectadas nas extremidades esquerda ($z = 0$) e direita ($z = l$) da linha, conforme Figura 12.2. Assim, é obtido o diagrama esquemático equivalente na Figura 12.30, no qual cada uma das redes terminais nos dois circuitos de Thévenin pode incluir elementos agrupados tanto resistivos quanto reativos, assim como outras linhas de transmissão, e um ou mais geradores (de tensão e/ou corrente). Além disso, as redes podem ser lineares ou não lineares. Em geral, a análise da linha no domínio do tempo pode ser realizada pela solução (analítica ou numérica) das equações (12.195), (12.200), (12.189) e (12.190) simultaneamente com as equações (lineares ou não lineares) ditadas pelas redes terminais. Por outro lado, em alguns casos mais simples, porém importantes na teoria e na prática, a análise pode ser feita por um mero método de busca de reflexão para transientes na linha. O método está fundamentado nas discussões desta seção e consiste, como veremos nas próximas, em buscar (de modo analítico ou gráfico) os processos transientes no momento em que ocorrem na linha. Utiliza-se a representação equivalente de Thévenin nas figuras 12.29(b) ou 12.30 e coeficientes de reflexão nas equações (12.199) e (12.204). No entanto, em vez de resolver todas as equações acopladas no espaço-tempo para a linha e suas redes terminais simultaneamente, o método as soluciona de modo sequencial, encontrando o deslocamento de ondas transientes parciais no espaço (pela linha) e múltiplas reflexões nos terminais da linha como uma sequência de eventos ao longo do tempo.

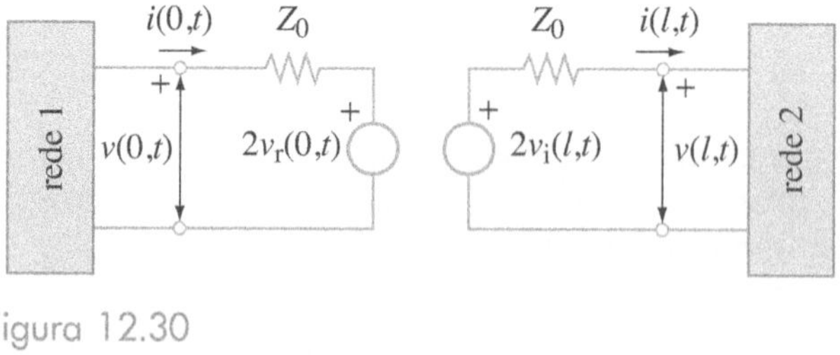

Figura 12.30

O mesmo par de geradores equivalentes de Thévenin da Figura 12.29 — serve para redes terminais arbitrárias (resistivas ou reativas, lineares ou não) com qualquer número de geradores.

12.15 RESPOSTA AO DEGRAU DAS LINHAS DE TRANSMISSÃO COM TERMINAÇÕES PURAMENTE RESISTIVAS

Nesta seção e na próxima, empregamos o método de busca da reflexão para estudar respostas ao degrau e de pulso em linhas de transmissão terminadas em cargas puramente resistivas, o que também inclui linhas abertas e em curto-circuito como casos especiais; a seção seguinte apresentará então uma ferramenta gráfica, baseada no que se chama de diagramas de reflexões, para auxiliar a análise. Começando com uma excitação de degrau, consideremos a fem na Figura 12.29(a) uma função degrau, conforme indica a Figura 12.31(a). A fem é definida por

excitação de degrau

$$e(t) = \mathcal{E}h(t), \quad h(t) = \begin{cases} 0 & \text{para } t < 0 \\ 1 & \text{para } t > 0 \end{cases}, \tag{12.205}$$

representando assim um gerador de tensão ligado em um instante $t = 0$, de uma fem zero para um valor constante com o tempo (para $t > 0$), $\mathcal{E}$. A função de degrau unitária, $h(t)$, é conhecida como função de Heaviside.[8]

Antes do retorno de qualquer onda se propagando na direção contrária refletida a partir da carga, a única onda na linha é a incidente, se deslocando na direção z positiva na Figura 12.31(a). Denotando sua intensidade de corrente e tensão por v_{i1} e i_{i1}, respectivamente, podemos escrever $v = v_{i1}$ e $i = i_{i1}$ para a tensão e corrente instantânea totais da linha. Usando a Equação (12.192), percebemos que a impedância dinâmica da linha nos terminais do gerador, ou seja, a impedância dinâmica de entrada da linha, é

impedância dinâmica de entrada de uma linha de transmissão

$$(Z_{\text{ent}})_{\text{dinâmica}} = \frac{v_{i1}}{i_{i1}} = Z_0. \tag{12.206}$$

Em outras palavras, o gerador vê, olhando para a linha, uma impedância puramente resistiva igual à impedância característica da linha, Z_0. Assim, a linha pode ser substituída, em respeito ao gerador, por uma carga puramente resistiva de resistência Z_0, conforme Figura 12.31(b). Deste circuito equivalente, isto é, o divisor de tensão formado por Z_0 e R_g, a tensão incidente neste período de tempo inicial (antes que qualquer reflexão tenha ocorrido) é dada por

tensão incidente inicial de uma linha

$$v_{i1} = \frac{Z_0}{Z_0 + R_g}\,\mathcal{E} \tag{12.207}$$

[note que essa equação é uma equivalente por domínio do tempo (transiente) da Equação (12.88) no domínio complexo].

A onda incidente progride pela linha à velocidade v_p, Equação (12.88), de modo que no momento $t = T/2$, por exemplo, com T denotando o período de atraso (sentido único) da linha, Equação (12.193), a imagem da tensão ao longo da linha é $v = v_{i1}$ para a primeira metade da linha e $v = 0$ para o resto dela, conforme Figura 12.32(a). Assumindo que $R_L \neq Z_0$ (carga não casada), a onda incidente salta (em parte) para fora da carga em $t = T$. A tensão refletida, Figura 12.31(a), é

$$v_{r1} = \Gamma_L v_{i1}, \tag{12.208}$$

onde o coeficiente de reflexão de carga Γ_L é dado na Equação (12.199). Perceba que para um v_{i1} positivo o sinal de v_{r1} é igual ao de Γ_L, de modo que $v_{r1} > 0$ para $R_L > Z_0$ e $v_{r1} < 0$ quando $R_L < Z_0$. Quando chegamos a $t = 3T/2$, esta onda que se desloca para trás abrange metade do caminho de volta da carga para o gerador, no qual a tensão total é igual a $v = v_{i1} + v_{r1}$, enquanto a outra metade da linha (perto da extremidade do gerador), ainda é igual a $v = v_{i1}$, conforme Figura 12.32(b) — para o caso $R_L > Z_0$. Em $t = 2T$, a tensão v_{r1} alcança o gerador e se reflete dele, dado que $R_g \neq Z_0$ (gerador não casado). Com o coeficiente de reflexão do gerador Γ_g na Equação (12.204), a tensão desta nova onda incidente (para frente) na Figura 12.31(a) é

$$v_{i2} = \Gamma_g v_{r1} = \Gamma_L \Gamma_g v_{i1}. \tag{12.209}$$

Novamente, a tensão de saída (v_{i2}) muda o sinal em respeito à de entrada (v_{r1}) se o coeficiente de reflexão (Γ_g) for negativo (isto é, $R_g < Z_0$); de outro modo (para $R_g > Z_0$), v_{i2} mantém o mesmo sinal de v_{r1}. A distribuição de tensão total ao longo da linha em $t = 5T/2$, quando a parte da frente da onda do incremento de

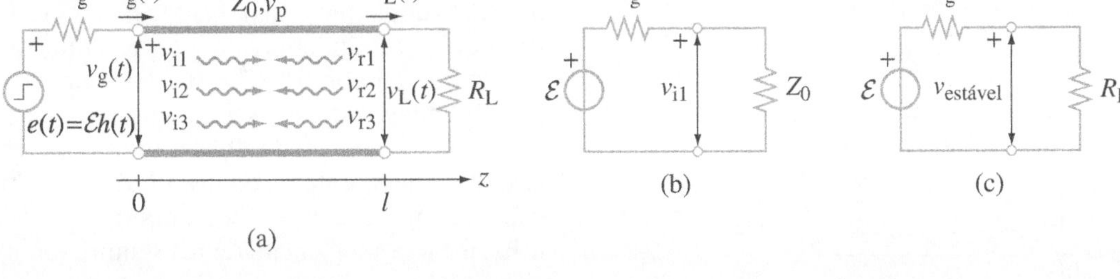

Figura 12.31

Determinando a resposta ao degrau de uma linha de transmissão sem perdas com uma carga puramente resistiva pelo método de busca de múltiplas reflexões: (a) componentes das ondas de tensão incidente e refletida na linha, (b) circuito equivalente inicial conforme visto do gerador e (c) circuito equivalente em estado estacionário da linha.

8 Em homenagem a Oliver Heaviside (ver aparte histórico na Seção 11.1)

degrau da tensão v_{i2} está na metade do caminho da linha é dada por

$$v(z, 5T/2) = \begin{cases} v_{i1} + v_{r1} + v_{i2} = \\ = \left(1 + \Gamma_L + \Gamma_L\Gamma_g\right) v_{i1} & \text{para } 0 \leq z < l/2 \\ v_{i1} + v_{r1} = (1 + \Gamma_L)\, v_{i1} & \text{para } l/2 \leq z \leq l \end{cases} \quad (12.210)$$

[exibido na Figura12.32(c), assumindo que $R_g > Z_0$]. Estas são somas algébricas de incrementos na tensão, visto que, em geral, podem ser positivas e negativas. A seguir, v_{i2} reflete para fora da carga, com coeficiente de reflexão Γ_L, a $t = 3T$, de modo que a nova tensão refletida [Figura 12.31(a)] é

$$v_{r2} = \Gamma_L v_{i2} = \Gamma_L^2 \Gamma_g v_{i1}, \quad (12.211)$$

e assim por diante.

Ao buscar a distribuição de tensão ao longo da linha é sempre muito importante ter em mente que as tensões v_{i1}, v_{i2}... na Figura 12.31(a) são componentes que existem simultaneamente em um dado instante de tempo e posição na linha da tensão v_{i1} na Equação (12.189) da verdadeira onda que se propaga para a frente. Pelo mesmo raciocínio, v_{r1}, v_{r2}... na Figura 12.31(a) constitui a verdadeira tensão refletida v_r na Equação (12.189). De acordo com tal, denominamos v_{ent} e $v_{rn} (n = 1, 2...)$ tensões de linha componentes ou parciais.

Naturalmente, para cada viagem completa da onda pela linha, a componente de tensão é multiplicada por um fator de $x = \Gamma_L\Gamma_G$. Nenhum dos coeficientes de reflexão pode ser maior do que unidade [ver Exemplo 10.10 e equações (12.55) e (12.56)], e fora os casos especiais de cargas e geradores resultando em $|\Gamma_L| = |\Gamma_g| = 1$, que serão abordados em um exemplo desta seção, temos que $|x| < 1$. Assim, à medida que o processo de reflexão múltipla na linha continua (indefinidamente), a contribuição dos novos componentes refletidos (re-

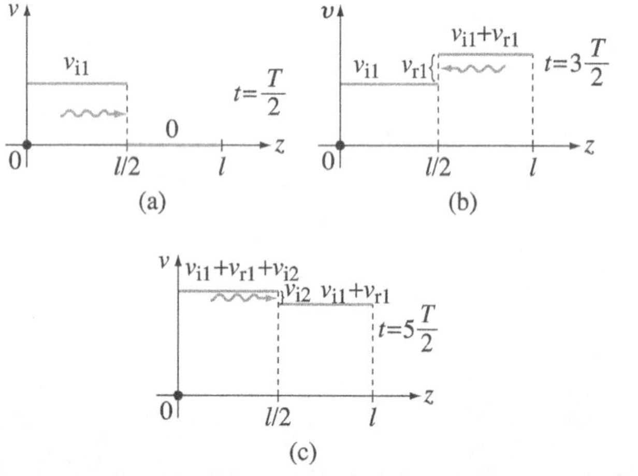

Figura 12.32

Distribuição total de tensão, $v(z, t)$, $0 \leq z \leq l$, na linha de transmissão na Figura 12.31(a) para R_L, $R_g > Z_0$ em (a) $t = T/2$, (b) $t = 3T/2$ e (c) $t = 5T/2$.

-refletidos), propagando-se em qualquer direção na Figura 12.31(a), à tensão total em qualquer posição ao longo da linha diminui com cada nova reflexão da carga ou do gerador. Em $t \to \infty$, no estado estacionário, a tensão total para qualquer $z (0 \leq z \leq l)$ é dada por

$$\begin{aligned} v_{estável} &= v(z, t \to \infty) = v_{i1} + v_{r1} + v_{i2} + \\ &\quad + v_{r2} + v_{i3} + v_{r3} + \ldots \\ &= \left(1 + \Gamma_L + \Gamma_L\Gamma_g + \Gamma_L^2\Gamma_g + \Gamma_L^2\Gamma_g^2 + \right. \\ &\quad \left. + \Gamma_L^3\Gamma_g^2 + \ldots\right) v_{i1} = \\ &= (1 + \Gamma_L)\left[1 + \Gamma_L\Gamma_g + (\Gamma_L\Gamma_g)^2 + \ldots\right] v_{i1} = \\ &= \frac{1 + \Gamma_L}{1 - \Gamma_L\Gamma_g} v_{i1}, \end{aligned} \quad (12.212)$$

onde se usa a famosa fórmula para a soma de uma série geométrica infinita convergente, $1 + x + x^2 = 1/(1 - x)$ para $|x| < 1$ $(x = \Gamma_L\Gamma_g)$. Substituindo as expressões para Γ_L, Γ_g, e v_{i1} das equações (12.199), (12.204) e (12.207) pelo resultado para a tensão em estado estacionário na Equação (12.212), e simplificando a expressão assim obtida [multiplicando o numerador e o denominador por $(R_L + Z_0)$ $(R_g + Z_0)$], temos

tensão em estado estacionário de uma linha

$$v_{estável} = \frac{R_L}{R_L + R_g} \mathcal{E}. \quad (12.213)$$

Este simples resultado é esperado, já que o estado estacionário de uma estrutura excitada por um gerador de tensão de degrau, Equação (12.205), é na realidade um regime cc, no qual um linha de transmissão sem perdas pode ser considerada apenas um par de condutores ideais em curto-circuito. Ou seja, para tensões e correntes contínuas no tempo, todos os indutores em série distribuídos e capacitores shunt no modelo de circuito da linha na Figura 12.1 se comportam como circuitos em curto e abertos [veja as equações (7.3) e (3.45), onde $d/dt \equiv 0$], respectivamente. Além disso, se as perdas são zero ou desconsideráveis, não há resistores distribuídos no modelo, isto é, os resistores em série e shunt na Figura 12.1 estão em curto (em *by-pass*) e abertos (desconectados), respectivamente (ΔR, $\Delta G = 0$), o que também equivale à representação da linha cc na Figura 3.21 com $R', G' = 0$. Assim, em $t \to \infty$, a linha parece inexistente, ou seja, como se a carga estivesse diretamente conectada ao gerador. Isso traz à tona o circuito equivalente na Figura 12.31(c), de onde a Equação (12.213) é obtida. No entanto, ao estabelecer e utilizar tal equivalência, temos sempre em mente que a linha está presente no circuito todo o tempo, incluindo o estado estacionário ($t \to \infty$), no qual está toda carregada (para uma dada fem de degrau $\mathcal{E}$), com todos os capacitores distribuídos na Figura 12.1 carregados a uma tensão v e todos os indutores $v_{estável}$ carregando uma corrente de intensidade $v_{estável}/R_L$.

A Figura 12.33 mostra os formatos de onda durante o tempo de vários períodos T de trânsito das tensões no gerador e terminais de carga, respectivamente, $v_g(t) = v(0, t)$ e $v_L(t) = v(l, t)$, para a linha na Figura 12.31(a), com base na Figura 12.32 e nas equações (12.207)-(12.213). Perceba que o sinal $v_g(t)$ para $0 \leq t < 2T$ é o mesmo para qualquer carga na outra extremidade da linha; o gerador não sabe o que está conectado como carga até que a tensão v_{r1} retorne a ele em $t = 2T$ com a informação (Γ_L) sobre a carga. Perceba também que, apesar dos processos transicionais, isto é, estabelecer um estado estacionário (dc), no caso geral ($R_L \neq Z_0$ e $R_g \neq Z_0$) durarem, em tese, indefinidamente, as mudanças de v_g e v_L, assim como da tensão e corrente totais em qualquer posição ao longo da linha, se tornam quase desconsideráveis após um tempo finito, ou seja, um número finito de períodos de trânsito T. Quanto menores as intensidades dos coeficientes de reflexão de carga e do gerador, $|\Gamma_L|$ e $|\Gamma_g|$, menor esse número de períodos T pelo qual o sinal (tensão ou corrente) em toda a linha quase alcança seu valor em estado estacionário. De um modo equivalente, quanto menor a intensidade de $x = \Gamma_L \Gamma_g$, mais rápida a convergência da série geométrica na Equação (12.122).

Se a carga na Figura 12.31(a) for casada à linha, de modo que $R_L = Z_0$ e $\Gamma_L = 0$ [veja a Figura 12.13(c) e a Equação (12.115)], temos que $v_{r1} = 0$ na Equação (12.208), e a tensão total ao longo de toda a linha é igual a $v = v_{i1}$ para $t > T$, significando que o regime transicional dura apenas um tempo de atraso T, seja o gerador pareado ou não. Por outro lado, uma combinação de uma carga não correspondente ($R_L \neq Z_0$) e gerador correspondente, com $R_g = Z_0$ e $\Gamma_g = 0$, leva a $v_{i2} = 0$ na Equação (12.209), e um estado estacionário é estabelecido apenas após $2T$ para toda a estrutura. Da Equação (12.207),

$$v_{i1} = \frac{\mathcal{E}}{2} \quad (R_g = Z_0), \tag{12.214}$$

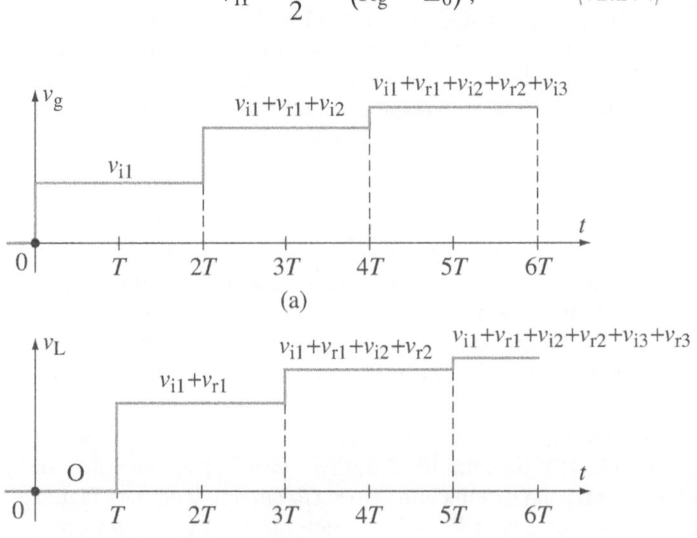

Figura 12.33

Formatos de onda da tensão no gerador (a) e carga (b) para a linha de transmissão na Figura 12.31(a) correspondente às representações de tensão de linha na Figura 12.32.

e assim a Equação (12.212) se torna

gerador casado, carga resistiva arbitrária

$$v_{\text{estável}} = (1 + \Gamma_L)\,\frac{\mathcal{E}}{2}. \tag{12.215}$$

Na carga, essa tensão final é estabelecida ainda antes, no instante $t = T$. A Figura 12.34 mostra os formatos de onda de entrada e de saída, $v_g(t)$ e $v_L(t)$, para os casos de $R_L > Z_0$ e $R_L < Z_0$, respectivamente. Perceba que a tensão de carga para $t > T$ também pode ser escrita como $v_L = \tau_L v_{i1}$, onde τ_L representa o coeficiente de transmissão de tensão da carga na linha [ver Equação (12.32)].

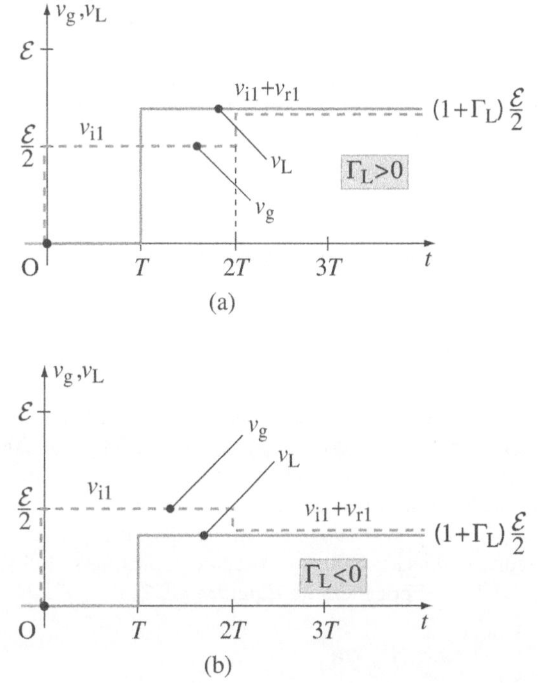

Figura 12.34

Formatos de onda de entrada e saída, $v_g(t)$ e $v_L(t)$, para a linha na Figura 12.31(a) e gerador casado ($R_g = Z_0$) e carga não casada, com (a) $R_L > Z_0$ e (b) $R_L < Z_0$.

Exemplo 12.27

Cabo coaxial com carga e gerador não casados

Um cabo coaxial sem perdas de comprimento $l = 30$ cm tem um dielétrico homogêneo de parâmetros $\varepsilon_r = 2{,}25$ e $\mu_r = 1$ (polietileno). A taxa do raio externo para o interno do condutor é tal que $\ln b/a = 1{,}25$. A linha é alimentada por um gerador de tensão de fem de degrau $\mathcal{E} = 5$ V aplicada em t = 0 e resistência interna $R_g = 75\ \Omega$. A outra extremidade desta linha é terminada em uma carga puramente resistiva de resistência $R_L = 25\ \Omega$. Determine os formatos de onda da tensão em ambas as extremidades da linha, em um intervalo de tempo $0 \leq t \leq 9$ ns.

Solução Das equações (11.17), (9.47) e (11.48), $v_p = 2 \times 10^8$ m/s e $Z_0 = 50\ \Omega$, de modo que as equações (12.193), (12.207),

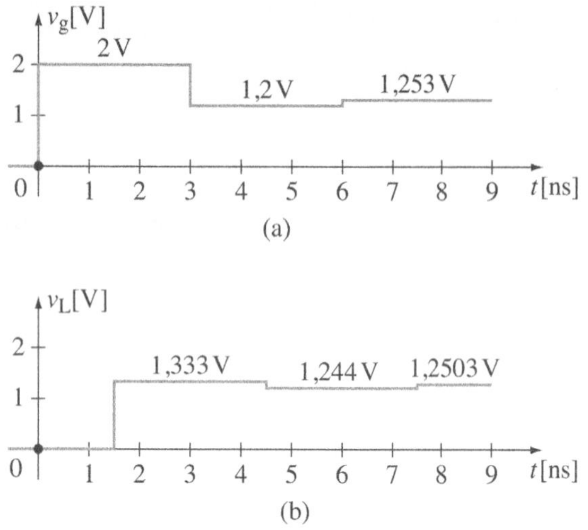

Figura 12.35

Formatos de onda no gerador (a) e carga (b) para a linha de transmissão na Figura 12.31(a) para $R_L < Z_0$ ($\Gamma_L < 0$) e $R_g > Z_0$; para o Exemplo 12.27.

(12.199) e (12.204) produzem, assim, $T = 1{,}5$ ns, $v_{i1} = 2$V, $\Gamma_L = -1/3$ (note que temos agora um coeficiente de reflexão de carga negativa, em oposição à situação na Figura 12.33), e $\Gamma_g = 1/5$, respectivamente. Usando as equações (12.208), (12.209) e (12.211), $v_{r1} = -0{,}667$ V (note que este é um incremento negativo à tensão total prévia na linha, $v_{i2} = -0{,}133$ V, $v_{r2} = 0{,}444$ V, $v_{i3} = 8{,}89$ mV, $v_{r3} = -2{,}96$ mV, com o qual os formatos de onda na Figura 12.35 são obtidos. No estado estacionário ($t \to \infty$), $v_{\text{estável}} = 1{,}25$ V, por meio da Equação (12.213).

Exemplo 12.28

Reflectometria no domínio do tempo

Um refletômetro no domínio do tempo (TDR), consistindo de um gerador de tensão de degrau e um osciloscópio, é usado para determinar a resistência de um resistor de carga desconhecido conectado a uma linha de transmissão sem perdas. A impedância característica da linha é $Z_0 = 50\ \Omega$ e também a resistência interna do gerador. Se a linha é alimentada por este gerador, com fem $\mathcal{E} = 4$ V aplicada em $t = 0$, o osciloscópio exibe tensão $v_g(t)$ na Figura 12.36 na extremidade do gerador na linha. Qual é a resistência de carga?

Solução Como o gerador é casado à linha de transmissão, a tensão total na extremidade do gerador na linha em estado estacionário, ou seja, após dois períodos de tempo de deslocamento da onda em sentido único na Equação (12.193), é dada pela Equação (12.215). Da Figura 12.36, $v_{\text{estável}} = 1{,}5$ V, que combinado com as equações (12.215) e (12.199), resulta no coeficiente de reflexão de carga e resistência de $\Gamma_L = -1/4$ e $R_L = 30\ \Omega$, respectivamente.

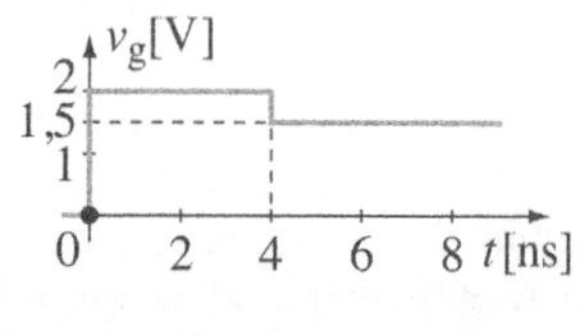

Figura 12.36

Medindo uma terminação de carga desconhecida de uma linha de transmissão por reflectometria de domínio do tempo: exibição do osciloscópio da resposta de degrau da tensão na linha na extremidade do gerador ($R_g = Z_0$), de onde as equações (12.215) e (12.199) dão a impedância de carga, R_L; para o Exemplo 12.28.

Perceba que a reflectometria no domínio de tempo é muito utilizada para a medição de características de terminações de carga desconhecidas (resistivas e/ou reativas) das linhas de transmissão, assim como descontinuidades da linha (entre gerador e carga), como uma fissura em um cabo coaxial subterrâneo (ou uma fissura parcial interna invisível em qualquer outro cabo coaxial), uma capacitância parasítica indesejada em uma linha microstrip, uma indutância de um fio conectando duas linhas etc. Perceba também que por meio das equações (12.193) e (9.47) e Figura 12.36, o TDR pode fornecer informações sobre a descontinuidade da linha.

Exemplo 12.29

Resposta ao degrau das linhas abertas em em curto-circuito

Uma linha de transmissão sem perdas de comprimento l é alimentada por um gerador de tensão de degrau com intensidade fem, magnitude $\mathcal{E}$, Equação (12.205), casada à linha. A velocidade de fase das ondas eletromagnéticas da linha é v_p. Determine os formatos da onda da tensão no gerador e na carga se a outra extremidade da linha for (a) aberta e (b) em curto, respectivamente.

Solução

(a) Formatos de onda de tensão para um circuito aberto como carga na Figura 12.31(a) são vistos na Figura 12.37(a), visto que o limite no caso da Figura 12.34(a) para $R_L \to \infty$, o que resulta em um coeficiente de reflexão de carga unitária, $\Gamma_L = 1$, como na Equação (12.113) no domínio da frequência [ver Figura 12.3(b)]. Note que na prática essa situação também ocorre quando a impedância dinâmica de entrada de uma rede ou dispositivo conectado à extremidade mais distante da linha é muito alta se comparada a Z_0. Temos então $v_{r1} = v_{i1}$ na Equação (12.208), de modo que a tensão total através dos terminais abertos da linha (em $z = l$) é $v_{\text{estável}} = 2v_{i1} = \mathcal{E}$ para $t > T$, isto é, após um período de atraso da linha, Equação (12.193), que também é obtido da Equação 12.215. Vemos que

gerador casado, linha de circuito aberto

$$\boxed{v_L(t) = \mathcal{E}h(t - T),} \qquad (12.216)$$

isto é, a tensão de saída da linha é exatamente a mesma que a fem do gerador na Equação (12.205), apenas retardada pelo período de T. Em outras palavras, uma linha de transmissão em circuito aberto sem perdas age como uma linha de atraso ideal para um gerador correspondente.

(b) Por outro lado, como caso extremo da situação na Figura 12.34(b), a Figura 12.37(b) mostra a resposta de um degrau da tensão de uma linha em curto-circuito [como na Figura 12.13(a)], com $R_L = 0$, e assim, $\Gamma_L = -1$ [veja também a Equação 12.110)]. Um curto-circuito pode também aproximar uma impedância dinâmica de entrada muito baixa vista em uma rede/dispositivo conectado à direita. A Equação (12.208) resulta agora em $v_{r1} = -v_{i1}$, ou seja, que a tensão refletida cancela completamente a incidida em

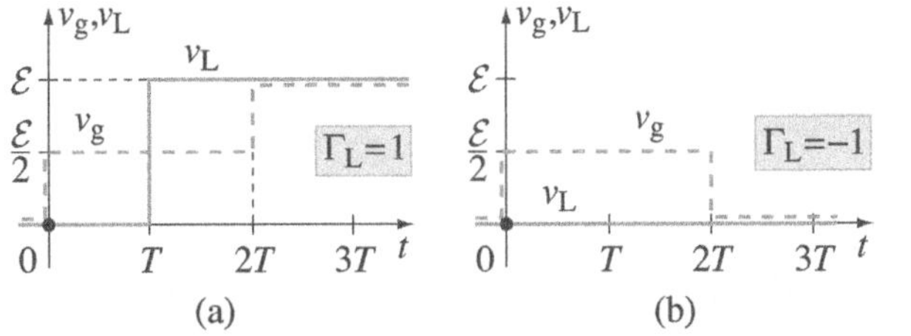

Figura 12.37

Resposta de um degrau em uma linha na Figura 12.31(a) com $R_g = Z_0$ (gerador casado) e (a) $R_L \to \infty$ (linha em circuito aberto) e (b) $R_L = 0$ (linha em curto-circuito; para o Exemplo 12.29.

$z = l$ e $t = T$. A tensão total é zero ao longo de toda a linha para $t > 2T$ [$v_{\text{estável}} = 0$ na Equação (12.215)]. É claro que $v_L = 0$ em todos os momentos, conforme determinado pelo curto-circuito (ou uma impedância dinâmica de entrada muito baixa vista à direita) nos terminais de carga.

Perceba que em ambos os casos na Figura 12.37, temos uma reflexão total da onda incidente na extremidade de carga da linha de transmissão. Em outras palavras, terminações de linha dadas por $R_L \to \infty$ e $R_L = 0$ levam a $|\Gamma_L| = 1$, e toda a energia da onda incidente é refletida de volta para a linha.

Exemplo 12.30

Linha aberta ou em curto-circuito com um gerador ideal

Repita o exemplo anterior, mas para um gerador de tensão de degrau ideal alimentando a linha. Para o caso (b), determine também as figuras de tensão ao longo da linha nos momentos $t = 2{,}5T$ e $t = 5{,}75T$, respectivamente, em que T é o tempo de atraso de sentido único da linha.

Solução

(a) Um gerador ideal de tensão tem resistência interna zero, e com $R_g = 0$, as equações (12.207) e (12.204) produzem $v_{i1} = \mathcal{E}$ e $\Gamma_g = -1$, respectivamente. Além disso, já que $\Gamma_L = 1$, como na Figura 12.37(a), $v_{r1} = v_{i1}$, e assim a tensão total na carga para $T < t < 3T$ é igual a $v_{tot1} = v_{i1} + v_{r1} = 2\mathcal{E}$. Pela Equação (12.209), $v_{i2} = -v_{r1} = -\mathcal{E}$, de modo que $v_{tot2} = v_{tot1} + v_{i2} + v_{r2} = 0$ ($v_{r2} = v_{i2}$) após mais dois tempos de atraso T. Começando em $t = 5T$, temos novamente $v_{tot3} = 2\mathcal{E}$, e assim por diante. Deste modo, a tensão em terminais do gerador é constante ($\mathcal{E}$), enquanto a tensão na extremidade aberta da linha consiste em uma sequência periódica de pulsos retangulares de amplitude $2\mathcal{E}$ no tempo, conforme Figura 12.38(a).

(b) Para a linha em curto-circuito e gerador ideal de tensão, $v_g(t) = \mathcal{E}$ e $v_L(t) = 0$ para $0 < t < \infty$, o que também pode ser obtido de uma análise semelhante à do caso (a), com $\Gamma_L = \Gamma_g = -1$.

Todos os sinais na linha se repetem periodicamente ao longo do tempo após cada intervalo $2T$, o que significa que as varreduras de tensão na linha, $v(z, t)$, $0 \le z \le l$, nos momentos $t = 2{,}5T$ e $t = 5{,}75T$, são as mesmas de $t = 0{,}5T$ e $t = 1{,}75T$, respectivamente. Tendo isso em mente, assim como as figuras 12.32(a) e 12.32(b), as duas varreduras são representadas nas figuras 12.38(b) e 12.38(c).

Exemplo 12.31

Resposta transiente por intensidade de corrente de uma linha

Represente diagramas transientes para a corrente da linha de transmissão correspondentes aos das figuras 12.32 e 12.33 para a tensão da linha.

Solução É claro que esta resposta transiente de uma linha de transmissão também pode ser calculada para a corrente da linha. A solução para $i(z, t)$ da linha pode ser obtida começando pela intensidade de corrente da onda incidente inicial lançada pelo gerador na Figura 12.31(a) em $t = 0$, o que é igual, da Figura 12.31(b), a $i_{i1} = \mathcal{E}/(Z_0 + R_g)$. Múltiplas reflexões são então rastreadas na carga e no gerador do mesmo modo que para as tensões nas equações (12.208)-(12.211), tendo em mente que os coeficientes de reflexão para correntes são o negativo do coeficiente de reflexão de tensão correspondente nas equações (12.199) e (12.204) [veja a Equação (12.28)]. Assim, a primeira corrente do componente refletida, associada com a tensão do componente na Equação (12.208), é $i_{r1} = -\Gamma_L i_{i1}$, a corrente acompanhando a tensão na Equação (12.209) é $i_{i2} = -\Gamma_g i_{r1} = \Gamma_L \Gamma_g i_{i1}$, e assim por diante. De uma maneira alternativa, a corrente transiente pode ser diretamente encontrada a partir dos formatos de onda de tensão dado que taxa de tensão para corrente para uma onda que se desloca na linha seja igual a $\pm Z_0$, Equação (12.191), com o sinal de mais (menos) correspondendo à onda se deslocando na direção positiva (negativa) z na Figura 12.31(a). Os componentes da corrente total se propagando para frente são assim obtidos dos componentes de tensão correspondentes nas equações (12.207)-(12.211), já que $i_{i1} = v_{i1}/Z_0$, $i_{r1} = -v_{r1}/Z_0$, $i_{i2} = v_{i2}/Z_0$, $i_{r2} = -v_{r2}/Z_0$ etc. Deste modo, usando qualquer uma das abordagens, temos na Figura 12.39 as imagens de corrente/intensidade (varreduras), $i(z, t)$, ao

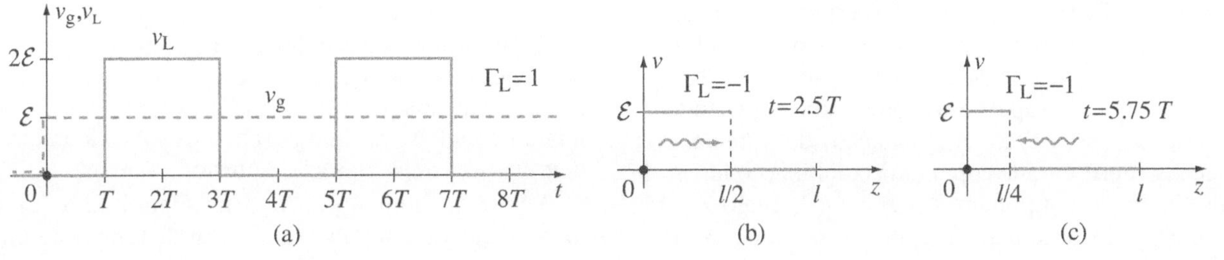

Figura 12.38

Formatos de onda de tensão de entrada e saída para uma linha de transmissão de circuito aberto alimentada por um gerador de tensão de degrau ideal (a) e imagens de tensão em intervalos $t = 2{,}5T$ (ou $t = 0{,}5T$) e $t = 5{,}75T$ (ou $t = 1{,}75T$), respectivamente, ao longo da linha quando em curto-circuito (b)-(c); para o Exemplo 12.30.

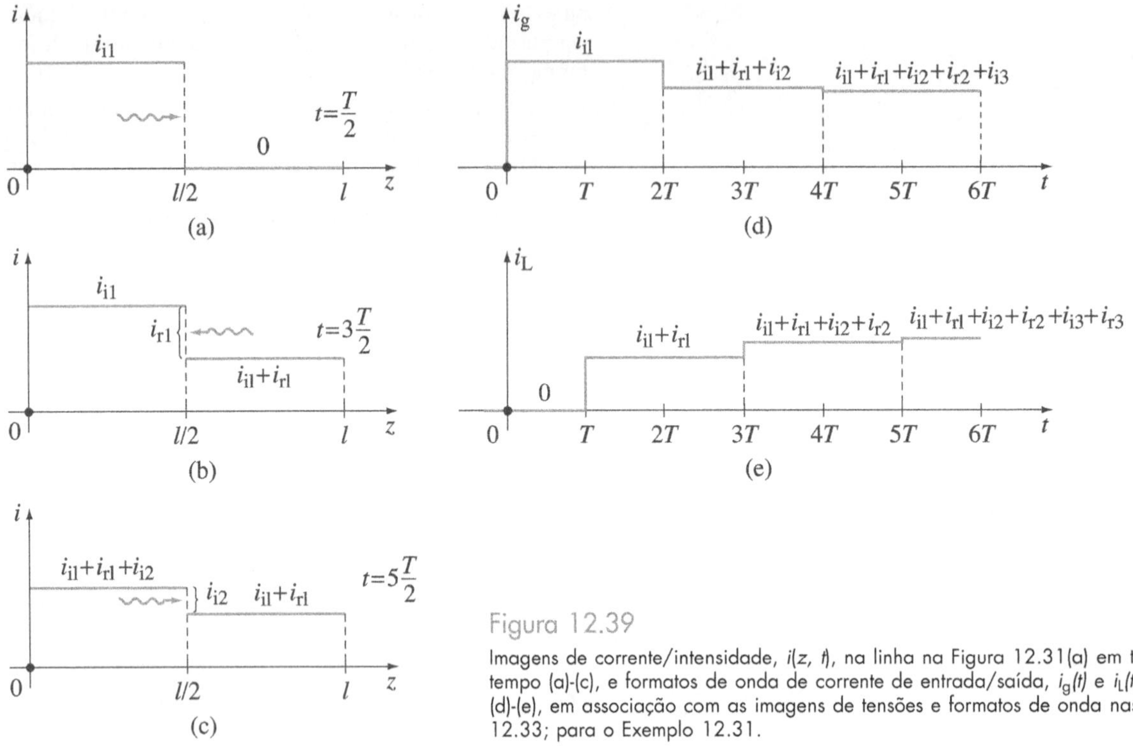

Figura 12.39

Imagens de corrente/intensidade, $i(z, t)$, na linha na Figura 12.31(a) em três instantes de tempo (a)-(c), e formatos de onda de corrente de entrada/saída, $i_g(t)$ e $i_L(t)$, para a linha (d)-(e), em associação com as imagens de tensões e formatos de onda nas figuras 12.32 e 12.33; para o Exemplo 12.31.

longo da linha em diferentes instantes característicos de tempo e formatos de corrente de onda de entrada e saída, $i_g(t)$ e $i_L(t)$, que correspondem às imagens de tensão e formatos de onda nas figuras 12.32 e 12.33.

12.16 ANÁLISE DAS LINHAS DE TRANSMISSÃO COM EXCITAÇÕES DE PULSO

Antes de considerarmos excitações de pulso das linhas de transmissão sem perdas nesta seção, vamos ressaltar que, do ponto de vista da teoria geral de sistemas, uma linha arbitrária feita de materiais eletromagnéticos lineares representa um sistema linear que não varia com o tempo. Isso resulta da linearidade das equações telegráficas, equações (12.187), e dos coeficientes nessas equações, ou seja, a indutância por comprimento de onda da linha e capacitância da linha, L' e C', não variarem com o tempo. Em outras palavras, todos os elementos distribuídos (indutores e capacitores para o caso sem perdas) no diagrama esquemático equivalente na Figura 12.1 são lineares (por causa da linearidade do dielétrico da linha na Figura 11.3) e não mudam com o tempo. Pelo princípio da superposição, que cabe em virtude da linearidade,[9] se a entrada (excitação) do sistema, $x(t)$, pode ser representada como uma combinação linear de dois sinais do componente, $x_1(t)$ e $x_2(t)$, então a saída (resposta) do sistema, $y(t)$, pode ser obtida como a mesma combinação das respostas individuais às entradas do componente se aplicada sozinha,

sistema linear

$$x(t) = ax_1(t) + bx_2(t) \longrightarrow \quad \longrightarrow y(t) = ay_1(t) + by_2(t), \qquad (12.217)$$

onde a e b são constantes arbitrárias. Por outro lado, a não variação com o tempo significa que se aplicarmos uma excitação no sistema em um instante de referência $t = 0$ ou após algum tempo t_0, as saídas serão idênticas, apenas com diferença de tempo (atraso) entre si por t_0. Basicamente, se a saída em razão de uma entrada $x(t)$ for $y(t)$, temos o seguinte par de saídas de sinais de entrada/saída com igual mudança de tempo:

sistema sem variação com o tempo

$$x(t - t_0) \longrightarrow y(t - t_0). \qquad (12.218)$$

Ambas as propriedades das linhas de transmissão, nas equações (12.217) e (12.218), são úteis e devem ser lembradas, podendo auxiliar na análise no domínio do tempo de sistemas das linhas de transmissão, com outras equações e técnicas. Em particular nós as usamos aqui para encontrar a resposta a um pulso nas linhas de transmissão com base no que já sabemos sobre a análise de degrau nas linhas na seção anterior.

Vamos assumir que a fem na Figura 12.31(a) seja uma função de um pulso retangular de tempo, de inten-

9 Note que em um sistema eletromagnético linear geral, o princípio da superposição serve para os campos elétrico e magnético, excitados por campos elétricos impressos e correntes, equações (3.109) e (3.124), em meios lineares, e é uma consequência do caráter linear das equações de Maxwell que governam este caso. Uma linha de transmissão com materiais lineares é um sistema como este.

sidade $\mathcal{E}$ e duração t_0, disparada em $t = 0$, conforme a Figura 12.40(a). Essa função é dada analiticamente por

excitação de pulso

$$e(t) = \mathcal{E}\Pi(t), \quad \Pi(t) = \begin{cases} 1 & \text{para } 0 < t < t_0 \\ 0 & \text{para } t < 0 \text{ e } t > t_0 \end{cases}, \tag{12.219}$$

com $\Pi(t)$ representando a função de tempo de pulso retangular unitária correspondente, também chamada de função porta ou janela.

Torna-se óbvio da Figura 12.40(b) que $e(t)$ pode ser visto como uma superposição de duas funções degrau, Equação (12.205), com polaridades opostas e variação no tempo t_0 entre si,

$$e(t) = \mathcal{E}h(t) - \mathcal{E}h(t - t_0). \tag{12.220}$$

Por causa da linearidade e da não variação com o tempo da linha de transmissão na Figura 12.31(a), incluindo suas redes terminais (gerador e carga), conforme equações (12.217) e (12.218), a resposta na linha para $e(t)$ pode ser calculada combinando-se as respostas individuais das duas entradas degrau se aplicadas sozinhas. Ou seja, assinalando por $v_{L1}(t)$ a resposta de saída da linha [tensão de carga na Figura 12.31(a)] à entrada $e_1(t) = \mathcal{E}h(t)$ sozinha, a resposta de saída resultante à excitação combinada na Equação (12.220) é obtida como

resposta de pulso a partir da análise de degrau

$$v_L(t) = v_{L1}(t) - v_{L1}(t - t_0), \tag{12.221}$$

ou seja, a tensão na carga é a mesma superposição de $v_{L1}(t)$ e sua versão invertida (multiplicada por –1) e atrasada (por t_0) na Equação (12.220) para a excitação.

Em consequência, a análise transiente de uma linha de transmissão com excitação de pulso retangular pode ser na essência reduzida ao cálculo da mesma linha se excitada por um gerador de degrau, e essa segunda tarefa costuma ser mais fácil de se realizar. Em particular, podemos utilizar a Equação (12.221) e os formatos de onda de tensão de saída nas figuras 12.33(b)-12.38(a) para obter os formatos de onda correspondentes para a excitação de pulso na Equação (12.219). Transformações análogas de uma resposta de degrau a uma resposta de pulso, conforme Equação (12.221), podem ser aplicadas também para tensão do gerador, $v_g(t)$, e para tensão e corrente totais, $v(z, t)$ e $i(z, t)$, em qualquer posição z ao longo da linha. Ainda, a generalização a uma excitação na forma de uma sequência de pulsos retangulares ao longo do tempo é direcionada para frente. Perceba, no entanto, que as respostas de pulso podem também ser obtidas diretamente, aplicando-se a técnica de busca de múltiplas reflexões à função de pulso original, ou seja, buscando-se em paralelo as reflexões de carga/gerador e deslocamento de suas duas bordas (ascensão e queda). Por fim, explorando a linearidade e a não variação com o tempo das linhas de transmissão em questão, podemos obter resposta transiente a pulsos de formatos não retangulares, como pulsos triangulares ao longo do tempo.

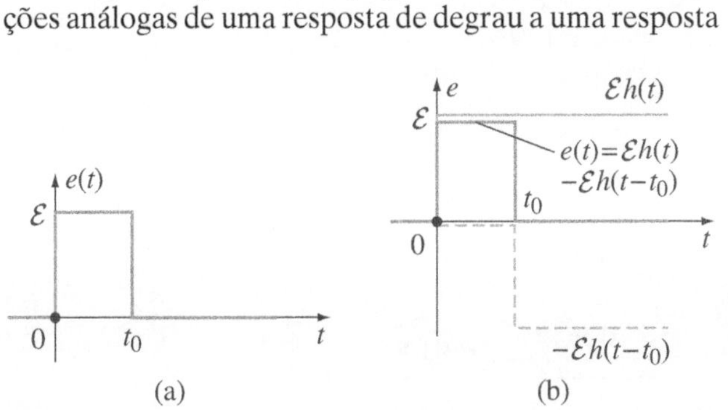

Figura 12.40

Excitação de pulso de uma linha de transmissão [Figura 12.31(a): (a) função fem de pulso retangular ao longo do tempo e (b) sua representação usando duas funções de degrau, Equação (12.205).

Exemplo 12.32

Resposta ao pulso por uma linha com carga e gerador não pareados

Uma linha de transmissão sem perdas de comprimento $l = 45$ cm e impedância característica $Z_0 = 50\ \Omega$ é acionada por um gerador de tensão ideal de fem de pulso retangular na Figura 12.40(a) com intensidade $\mathcal{E} = 10$ V e duração $t_0 = 2$ns. Em sua outra extremidade, a linha termina em uma carga puramente resistiva de resistência $R_L = 200\ \Omega$. O dielétrico da linha tem permissividade relativa $\varepsilon_r = 4$ e é não magnético. Determine o formato de onda da tensão na carga em um intervalo de tempo $0 \le t \le 20$ ns.

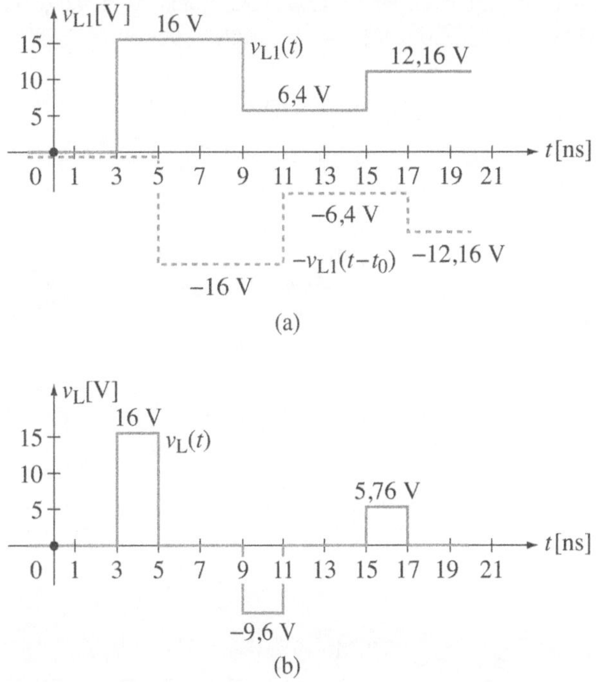

Figura 12.41

Cálculo da resposta de um pulso na saída de uma linha de transmissão sem perdas: (a) resposta a um degrau na linha e seu negativo atrasado (pela largura do pulso), e (b) formato da onda na saída resultante, obtido pela superposição na Equação (12.221); para o Exemplo 12.32.

Solução Utilizando as equações (9.47) e (12.193), o período de atraso em sentido único da linha é $T = 3$ ns. Dado que $R_g = 0$, $\Gamma_g = -1$, e $\Gamma_L = 3/5$, a resposta de um degrau na linha nos terminais de carga, $v_{L1}(t)$, obtida do mesmo modo que na Figura 12.33, é mostrada na Figura 12.41(a). Na mesma figura está a versão invertida e atrasada por t_0 deste sinal, ou seja, $-v_{L1}(t - t_0)$. Tendo em mente a decomposição da excitação do pulso em duas de degrau na Equação (12.220) e na Figura 12.40(b), a resposta da saída da linha, $v_L(t)$ é obtida, de acordo com a Equação (12.221), como uma soma dos dois formatos de onda na Figura 12.41(a), e o resultado é visto, para $0 \leq t \leq 20$ ns, na Figura 12.41(b). Vemos que a resposta de saída da linha a uma excitação de pulso na Figura 12.40(a) consiste de múltiplos pulsos (em teoria, uma série infinita de pulsos) de intensidades decrescentes com polaridade alternante, separadas no tempo por $2T - t_0 = 4$ ns. Já que $t_0 < 2T$, os pulsos adjacentes na sequência não se sobrepõem (ou se tocam).

Note que se o gerador fosse casado à linha, $R_g = Z_0$, a tensão $v_{L1}(t)$ teria a forma da Figura 12.34, significando que apenas um pulso (o primeiro) seria observado na carga, na Figura 12.41(b), e o mesmo valeria se $R_L = Z_0$ (carga casada). Assim, no caso considerado neste exemplo (terminações não casadas em ambas as extremidades da linha), reflexões múltiplas da carga e do gerador resultam na recepção de pulsos adicionais na carga, o que geralmente não é desejável.

Exemplo 12.33

Pulsos sobrepostos nos terminais da carga

Repita o exemplo anterior, porém para $t_0 = 12$ ns e $R_g = 200\ \Omega$. Mostre a tensão de saída durante o tempo $0 \leq t \leq 30$ ns.

Solução Pelo mesmo procedimento da Figura 12.41, a tensão na carga é mostrada na Figura 12.42. Esta é uma ilustração de um caso com $t_0 > 2T$ (em especial, $t_0 = 4T$), no qual as respostas de pulso adjacentes causadas por múltiplas reflexões na linha na sequência de saída, na Figura 12.41(b), agora se sobrepõem, resultando em pulso distorcido que está sendo recebido pela carga. Ou seja, a reflexão de carga e depois a do gerador da borda ascendente do pulso incidente voltam, após uma viagem completa, aos terminais de carga antes da chegada da borda descendente do pulso, distorcendo-o. A parte principal deste pulso dura o mesmo que o pulso do gerador (de $t = T$ a $t = T + t_0$), mas o sinal principal dura, em teoria, infinitamente (de $t \to \infty$).

Exemplo 12.34

Resposta de um pulso triangular bipolar de uma linha de transmissão

Uma linha de transmissão sem perdas preenchida por ar de comprimento $l = 60$ cm e impedância característica $Z_0 = 100\ \Omega$ é conectada em uma de suas extremidades a um gerador de tensão com fem na forma de um pulso triangular bipolar de intensidade $\mathcal{E} = 4$ V e duração $t_0 = 3$ ns, aplicados em $t = 0$, conforme Figura 12.43(a). A resistência interna do gerador é $R_g = 300\ \Omega$. A carga, na outra extremidade da linha, é puramente resistiva, de resistência $R_L = 400\ \Omega$. Determine o formato de onda da tensão na carga para $0 \leq t \leq 10$ ns.

Solução Pelas equações (12.193) e (9.19), o atraso de tempo em sentido único da linha (preenchida por ar) é $T = l/c_0 = 2$ ns. Como o pulso bipolar na Figura 12.43(a) dura mais que o dobro do atraso, $t_0 < 2T$, não há sobreposição de respostas causada por múltiplas reflexões na linha, o que significa que a tensão de carga consiste em uma sequência de pulsos com o mesmo formato (não distorcido), assim, bipolar triangular, como a excitação de pulso, mas com intensidades descendentes, de modo similar à situação na Figura 12.41(b). Deste modo, obtemos a resposta de saída geral da linha à função de excitação fornecida, basicamente, encontrando a resposta de

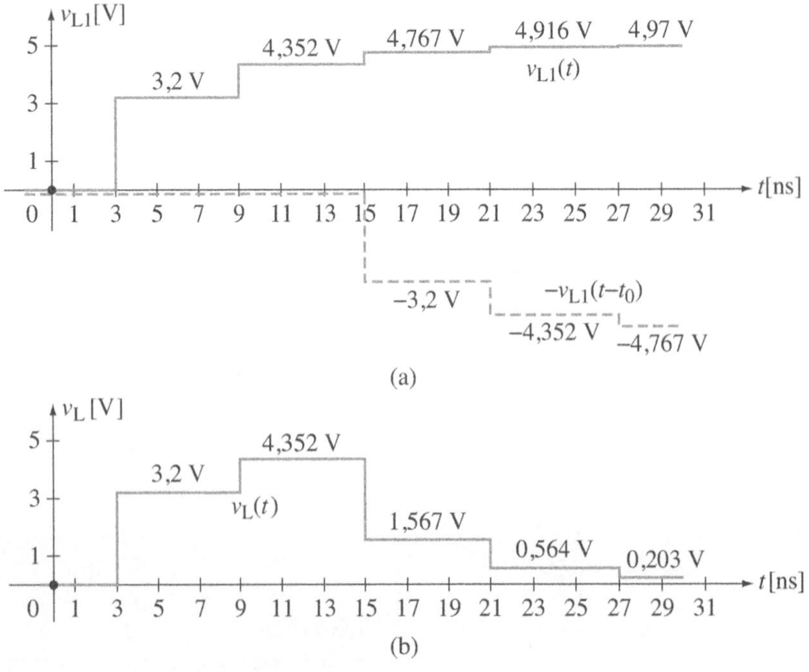

Figura 12.42

O mesmo da Figura 12.41, mas para $t_0 > 2T$ ($t_0 = 4T$) e $R_g > Z_0$ ($\Gamma_g > 0$); para o Exemplo 12.33.

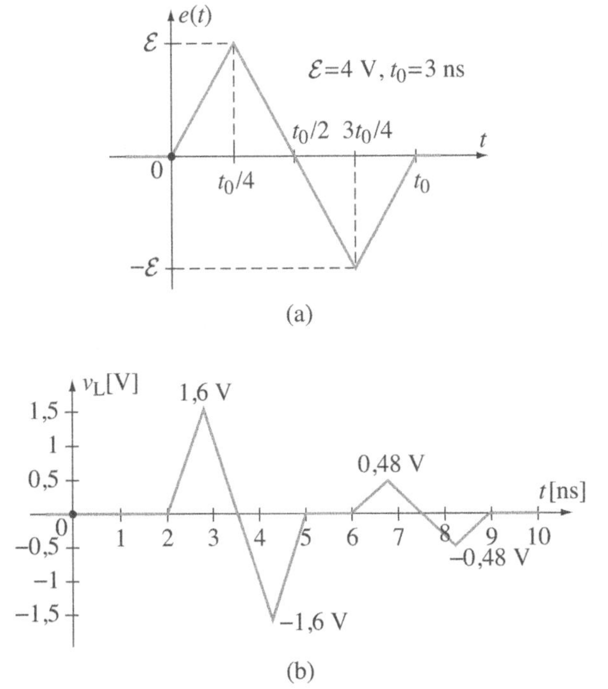

Figura 12.43

Cálculo da resposta transiente de uma linha de transmissão a uma excitação de um pulso triangular: (a) função fem triangular bipolar ao longo do tempo e (b) formato da onda de tensão resultante nos terminais da carga; para o Exemplo 12.34.

degrau correspondente, e depois substituindo cada incremento de degrau (atrasado) na sequência de saída no tempo por um pulso triangular bipolar de mesma intensidade.

Os coeficientes de reflexão nas equações (12.199) e (12.204) para a linha são ambos positivos, $\Gamma_L = 3/5$ e $\Gamma_g = 1/2$. Usando as equações (12.207) e (12.208), temos $v_{i1} = 1$ V e $v_{r1} = 0{,}6$ V, e assim a intensidade total do primeiro pulso triangular bipolar na carga, durando de $t = T = 2$ ns a $t = T + t_0 = 5$ ns, é igual a $v_{\text{triang1}} = v_{i1} + _{vr1} = 1{,}6$ V. Para o segundo pulso na sequência de saída, começando em $t = 3T = 6$ ns e terminando em $t = 3T + t_0 = 9$ ns, as equações (12.209) e (12.211) nos dão $v_{i2} = 0{,}3$ V e $v_{r2} = 0{,}18$ V, respectivamente, de onde $v_{\text{triang2}} = v_{i2} + v_{r2} = 0{,}48$ V. Apenas estes dois pulsos entram no intervalo de tempo considerado ($0 \le t \le 10$ ns), e eles são mostrados na Figura 12.43(b).

Exemplo 12.35

Efeitos no tempo de aumento finito de uma excitação de tensão de degrau

Uma linha de transmissão com impedância característica $Z_0 = 100\ \Omega$ e tempo de deslocamento da onda em sentido único de $T = 0{,}2$ ns é excitada em uma extremidade por um gerador de tensão de fem de degrau com intensidade $\mathcal{E} = 3$ V e aumento linear finito no tempo, t_r, conforme visto na Figura 12.44(a). Esta fem é aplicada em $t = 0$. Em sua outra extremidade, a linha é terminada em uma carga puramente resistiva de resistência $R_L = 400\ \Omega$. A resistência interna do gerador é $R_g = 20\ \Omega$. Determine o formato de onda durante o tempo $0 \le t \le 2{,}2$ ns da tensão através da carga para (a) $t_r = 0{,}4$ ns e (b) $t_r = 0{,}8$ ns, respectivamente.

Solução

(a)-(b) De maneira similar ao procedimento realizado no exemplo anterior, consideramos a construção do sinal na linha como se fosse excitada por uma fem de degrau ideal, com aumento no tempo zero ($t_r = 0$), e apenas "multiplicamos" os incrementos de um degrau ideal conforme aparecem (atrasados) na carga por uma forma de sinal de degrau com aumento no tempo finito ($t_r \neq 0$) e intensidade unitária. Assim, cada incremento na sequência de tensão de saída no tempo aumenta de modo linear durante o tempo t_r partindo de zero para a mesma intensidade de tensão da sequência de degrau ideal. Essas intensidades de tensão são calculadas com as equações (12.207), (12.199), (12.208), (12.204), (12.209), e (12.211) e são iguais a (perceba que $\Gamma_L = 3/5$ e $\Gamma_g = -2/3$) $v_{i1} + v_{r1} = 4$ V, $v_{i2} + v_{r2} = 1{,}6$ V, $v_{i3} + v_{r3} = 0{,}64$ V, $v_{i4} + v_{r4} = 0{,}256$ V, $v_{i5} + v_{r5} = 0{,}1$ V, e assim por diante. Os incrementos de tensão de tempo finito de aumento correspondentes para $t_r = 0{,}4$ ns $= 2T$ são vistos na Figura 12.44(b). O formato de onda de tensão total nos terminais de carga, na Figura 12.44(c), é então obtido como uma superposição de todos os formatos de onda parciais na Figura 12.44(b). Nas figuras 12.44(d) e 12.44(e), o mesmo procedimento é repetido para $t_r = 0{,}8$ ns $= 4T$. Na Figura 12.44(c) e 12.44(e) também estão os formatos de onda da tensão que seriam observados na carga se os efeitos da linha de transmissão no circuito da Figura 12.44(a) fossem desconsiderados, ou seja, se a carga fosse diretamente conectada ao gerador, como na Figura 12.31(c); essas tensões são obtidas combinando as equações (12.213) e a função fem de tempo na Figura 12.44(a). Uma análise semelhante pode ser realizada para excitações de pulso com tempos de ascensão e queda diferentes de zero $t_r \neq 0$ e $t_f \neq 0$.

Podemos ver que, enquanto o verdadeiro formato de onda da tensão na carga na Figura 12.44(c), para $t_r/T = 2$, é bem diferente da mesma tensão sem efeitos da linha de transmissão; tal diferença é bem pequena na Figura 12.44(e). Isso implica que para uma maior taxa de t_r sobre T, ou seja, se $t_r/T = 4$, a linha parece quase inexistir. Uma regra básica geral para a análise transiente de circuitos digitais é que o tempo de atraso de um sinal em sentido único T ao longo de um interconexão no circuito pode ser desconsiderado ($T \approx 0$) se os tempos de subida e descida dos sinais de pulso no circuito forem tais que $t_r/T > 5$ e de maneira similar para t_f, de outro modo, o interconexão deve ser tratado como uma linha de transmissão.

12.17 DIAGRAMAS DE REFLEXÕES

Apresentaremos agora uma ferramenta gráfica para registrar múltiplos processos transientes de reflexão em linhas de transmissão sem perdas e calcular a intensidade total de tensão e corrente em uma posição arbitrária na linha e a qualquer instante, denominada diagrama de reflexão (também conhecido como diagrama de lattice) da linha. Esta é uma representação espaço-tempo (isto é, distância-tempo) do estado de tensão (ou corrente) em uma linha de transmissão, com a distância (z) da extremidade do gerador medida no eixo horizontal e tempo ($t > 0$) no eixo vertical na di-

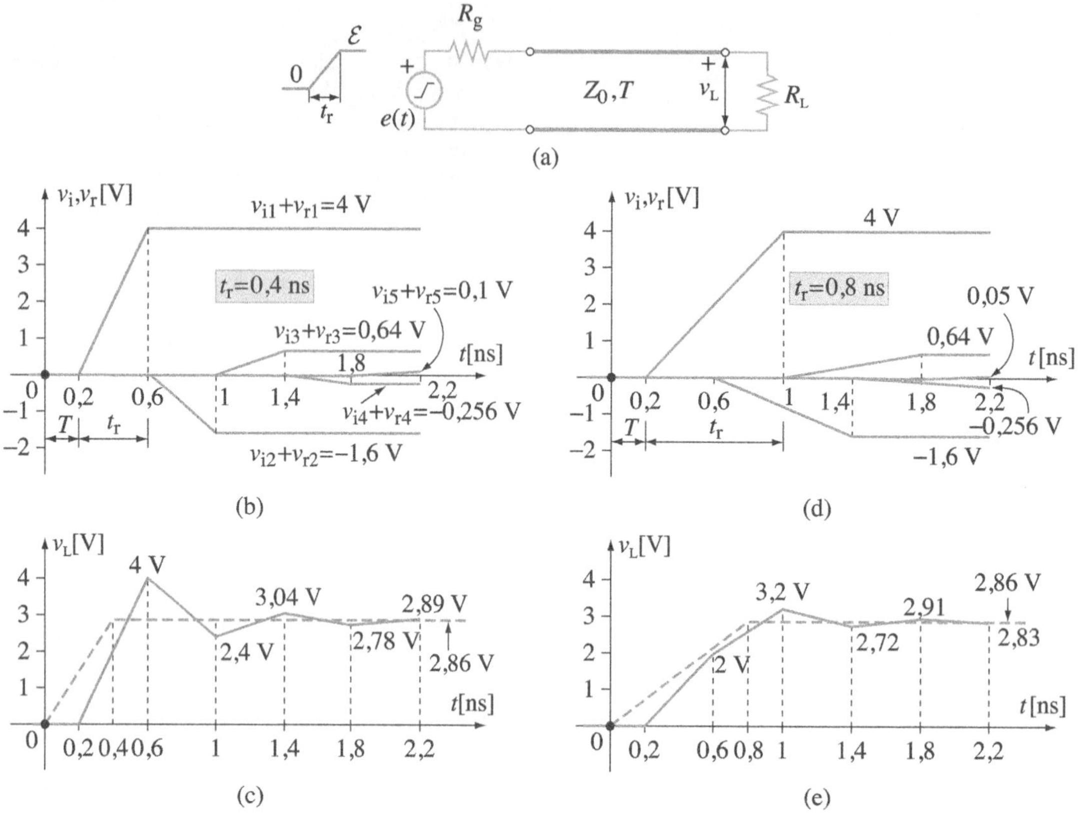

Figura 12.44

Cálculo dos efeitos de um aumento finito no tempo de uma excitação de tensão de degrau de uma linha de transmissão: (a) diagrama esquemático do circuito e função fem da fonte no tempo, (b)-(c) sequência temporal de incrementos da tensão e formato de onda de tensão total, $v_L(t)$, nos terminais de carga para $t_r = 2T$, e (d)-(e) o mesmo para (b)-(c) porém para $t_r = 4T$ [nas linhas tracejadas em (c) e (e) também vemos as tensões de saída correspondentes para o mesmo circuito, porém desconsiderando os efeitos da linha de transmissão, como na Figura 12.31(c)]; para o Exemplo 12.35.

reção para baixo, conforme Figura 12.45. Assumimos uma excitação degrau e terminação puramente resistiva da carga, conforme Figura 12.31(a). A linha em zigue-zague na Figura 12.45 indica o progresso da onda da tensão pela linha, onde cada segmento (descendo, da esquerda para direita ou da direita para a esquerda) representa uma tensão componente em deslocamento (para frente ou para trás) e é denominada a intensidade do incremento do degrau da tensão. Começando do topo do diagrama, essas tensões são sucessivamente obtidas multiplicando-se a intensidade do componente anterior pela dos coeficientes de reflexão de linha Γ_L e Γ_g dados nas equações (12.199) e (12.204), dependendo da posição (carga ou gerador) onde ocorre a reflexão. É claro que essas expressões para componentes das tensões nas legendas dos segmentos na Figura 12.45 são as mesmas das equações (12.207)-(12.211).

Uma vez construído o diagrama de reflexão, a tensão total em uma posição $z = z_1$ e tempo $t = t_1$, $v(z_1, t_1)$ pode ser encontrada com facilidade a partir da posição do ponto (z_1, t_1) na Figura 12.45, ponto P_1, em relação

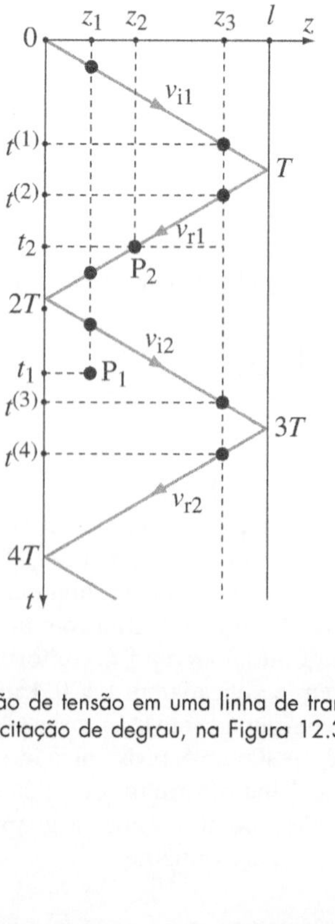

Figura 12.45

Diagrama de reflexão de tensão em uma linha de transmissão sem perdas com uma excitação de degrau, na Figura 12.31(a).

à linha de tensão em ziguezague. Ou seja, $v(z_1, t_1)$ é igual à soma das componentes de tensão todos os segmentos inclinados interseccionados pela linha vertical $z = z_1$ entre os pontos $t = 0$ e $t = t_1$, deste modo, acima de P_1, naquela linha (esses pontos também estão incluídos na contagem se estiverem na linha em ziguezague). Assim, para a escolha de z_1 e t_1 na Figura 12.45, vemos que $v(z_1, t_1) = v_{i1} + v_{r1} + v_{i2} = (1 + \Gamma_L + \Gamma_L\Gamma_g)v_{i1}$, já que a linha vertical (tracejada) iniciando no ponto marcado z_1 no eixo z intersecciona os três primeiros segmentos inclinados ao longo de sua parte acima de P_1. De maneira semelhante, a varredura de tensão total $v(z, t_2)$ pela linha de transmissão a qualquer tempo determinado (t_2), assim como o formato de onda da tensão $v(z_3, t)$ em qualquer posição fixa (z_3) na linha podem também se obter do diagrama, de um modo direto. No primeiro caso, fazemos uma linha horizontal (tracejada) a partir de t_2 no eixo t à direita, e identificamos sua intersecção com a linha de tensão em zigue-zague, ponto P_2, e o ponto correspondente z_2 no eixo z — esta é a posição na linha de transmissão onde a imagem da tensão apresenta uma mudança abrupta (tipo degrau). Por exemplo, se escolhermos o instante t_2 como na Figura 12.45, de modo que P_2 pertença ao segmento marcado com a intensidade de tensão componente v_{r1}, lemos do diagrama que $v(z, t_2) = v_{i1}$ para $0 \leq z < z_2$ e $v(z, t_2) = v_{i1} + v_{r1}$ para $z_2 \leq z \leq l$. Para o segundo caso (posição fixa), olhamos as intersecções da linha vertical tracejada $z = z_3$ com os segmentos da linha em zigue-zague, e os pontos correspondentes no eixo t marcados como $t^{(1)}$, $t^{(2)}$,... na Figura 12.45. Lemos então que $v(z_3, t) = 0$ para $0 < t < t^{(1)}$, $v(z_3, t) = v_{i1}$ para $t^{(1)} < t < t^{(2)}$, $v(z_3, t) = v_{i1} + v_{r1}$ para $t^{(2)} < t < t^{(3)}$, e assim por diante. Note que assim todas as imagens de tensão e formatos de onda nas figuras 12.32-12.37 agora podem ser reproduzidas diretamente a partir dos diagramas de reflexão. Por fim, o diagrama de reflexão da corrente de uma linha de transmissão é construído e usado da mesma maneira que o diagrama de tensão correspondente, estando a única diferença nos valores dos coeficientes de reflexão – os coeficientes de reflexão de carga e gerador para as correntes são iguais a $-\Gamma_L$ e $-\Gamma_g$, respectivamente [veja as equações (12.28) e Figura 12.39].

Exemplo 12.36

Formatos de onda de tensão e corrente a partir dos diagramas de reflexão

Construa os diagramas de reflexão de tensão e corrente para o cabo coaxial e sua excitação e carga descritas no Exemplo 12.27. Com base neles, obtenha as varreduras totais de tensão e corrente ao longo do cabo em um instante de tempo $t = 5$ ns, assim como formatos de onda de tensão e corrente para $0 \leq t \leq 9$ ns no corte transversal do cabo cuja distância do gerador é $z = 75$ cm.

Solução Utilizando os dados calculados no Exemplo 12.27 e tendo em mente a Figura 12.45 e as explicações que a acompanham, os diagramas de reflexão de tensão e corrente do cabo, assim como as imagens de v e i e formatos de onda no tempo e local determinados no cabo, respectivamente, são mostrados na Figura 12.46.

12.18 RESPOSTA TRANSIENTE PARA TERMINAÇÕES REATIVAS OU NÃO LINEARES

Em geral, terminações das linhas de transmissão envolvem elementos concentrados, indutores e capacitores. Na análise de circuitos digitais em alta velocidade, esses elementos são usados para modelar vários efeitos indutivos e capacitivos concentrados nos terminais da linha não incluídos no modelo da linha de transmissão (com capacitores e indutores distribuídos). Alguns exemplos são a indutância de fios conectando duas linhas e a de ligação do resistor (carga) e capacitâncias de várias inclusões encapsuladas próximas aos terminais da linha, na forma de fios condutores (por exemplo, vias em um circuito impresso multicamadas, Figura 11.14, e pinos encapsulados) e placas (por exemplo, planos terra próximos e placas plug-in em computadores). Além disso, eles podem modelar, com resistores, uma impedância de entrada complexa de um dispositivo (por exemplo, uma antena transmissora) conectado à extremidade de carga da linha. A diferença mais notável em comparação a linhas com terminações puramente resistivas é que as tensões refletida e total e intensidades de corrente nas linhas com cargas reativas não possuem o mesmo formato temporal das incidentes. Isso se deve em essência aos efeitos de integração relacionados ao carregamento de elementos reativos, ou seja, o estabelecimento de corrente através de um indutor ou tensão ao longo de um capacitor. Nesta seção, estenderemos nossa análise transiente das linhas de transmissão com cargas resistivas das seções anteriores para alguns casos característicos simples das linhas reativamente carregadas. Também discutiremos respostas transientes de linhas com cargas não lineares.

Vamos considerar primeiro uma linha sem perdas terminando em um condutor ideal de indutância L, conforme Figura 12.47(a). Assumimos por questões de simplicidade que o gerador, com uma fem degrau de intensidade $\mathcal{E}$, Equação (12.205), está pareado à linha, $R_g = Z_0(\Gamma_g = 0)$, de modo que não existem reflexões múltiplas na linha, e a única onda se propagando para a frente em todos os momentos (após a ligação do gerador) é a inicial. A tensão incidente, $v_i = v_{i1} = \mathcal{E}/2$, Equação (12.214), assim como no caso anterior com um gerador correspondente, nas figuras 12.34 e 12.37. Antes do instante $t = T$, a tensão de carga, $v_L(t)$, é, assim, zero. Em $t = T$, sendo T o tempo de atraso em sentido único da linha, Equação (12.193), a parte da frente da onda

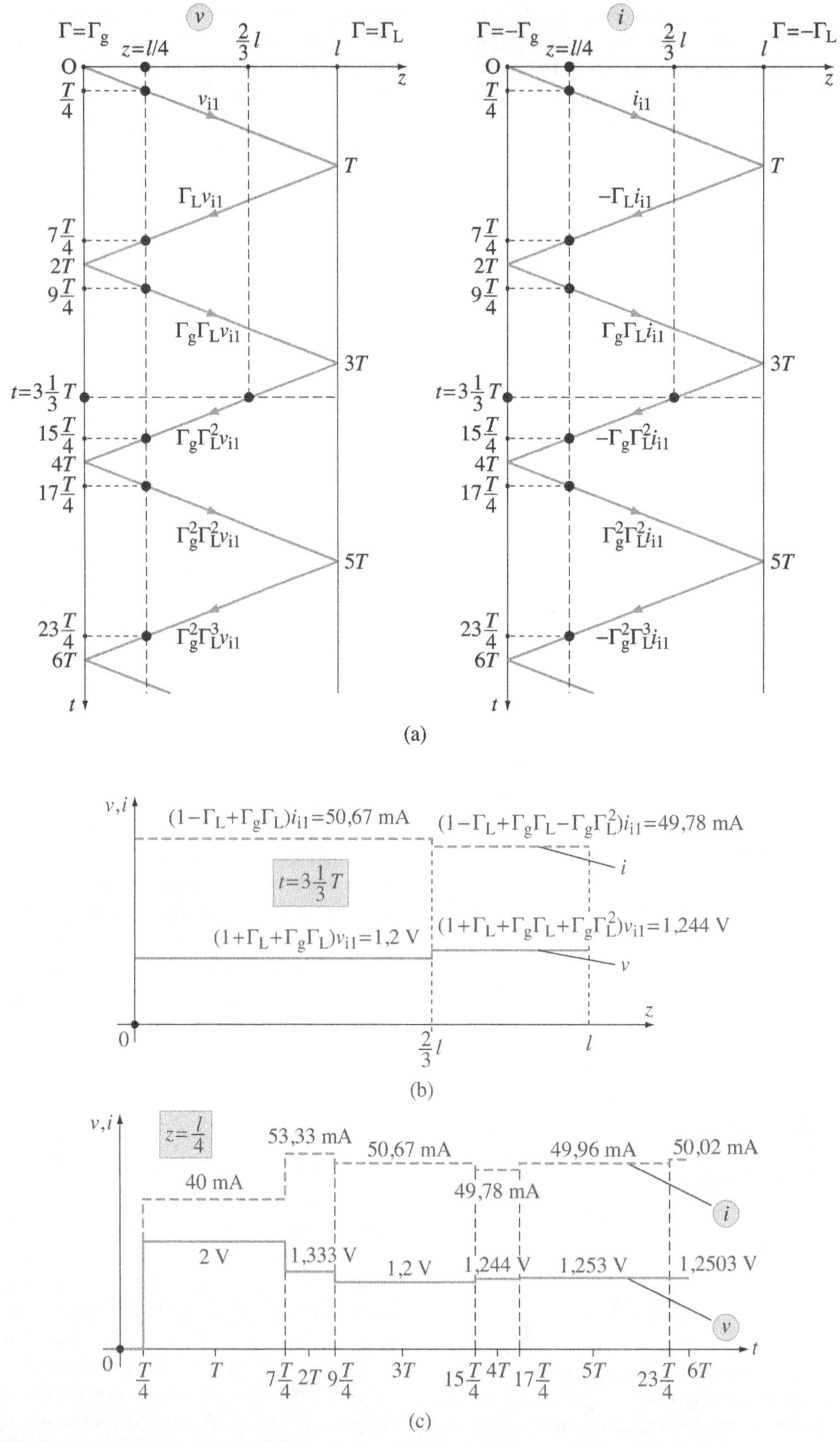

Figura 12.46

Diagramas de reflexão de tensão e corrente (a), imagens em t = 5 ns = 3 (b), e formatos de onda em z = 7,5 cm = 1/4 (c) para o cabo coaxial no Exemplo 12.27; para o Exemplo 12.36.

do sinal v_{i1} chega aos terminais da carga, e a tensão do indutor muda abruptamente. Em geral, para variações rápidas de uma tensão aplicada, um indutor se comporta como um circuito aberto, e sua corrente é zero. Em outras palavras, a corrente de um indutor não pode mudar de modo instantâneo [note que um pulo tipo degrau de i na Equação (7.3) resultaria em um v infinito]. Assim, desta vez a tensão incidente é refletida da carga na Figura 12.47(a) como no caso de uma linha de transmissão em circuito aberto, e a tensão total da carga pula para

$$v_L(T) = 2v_{i1} = \mathcal{E}$$

$$(\text{indutor} \to \text{circuito aberto}, \Gamma_L = 1), \quad (12.222)$$

como na Figura 12.37(a). Após essa mudança inicial repentina do estado do indutor, sua corrente começa a desenvolver de zero para um valor de estado estacionário. No estado estacionário, como em um regime dc, o indutor pode ser considerado um curto circuito [Equação (7.3) com $d/dt \equiv 0$, sem variações de tempo], e assim

$$v_L(t \to \infty) = v_{\text{estável}} = 0$$

$$(\text{indutor} \to \text{curto-circuito}, \Gamma_L = -1), \quad (12.223)$$

como na Figura 12.37(b). Entre o tempo $t = T$ (variação abrupta, indutor circuito aberto) e o $t \to \infty$ (estado estacionário, indutor curto-circuito), a mudança (diminuição) da tensão do indutor é exponencial, conforme a Figura 12.47(b), e podemos escrever

$$v_L(t) = \mathcal{E}h(t-T)\,e^{-(t-T)/\tau} \qquad (0 < t < \infty), \quad (12.224)$$

onde a função de Heaviside alterada com o tempo $h(t-T)$ torna a expressão para $v_L(t)$ zero para $t < T$. Visto que a impedância dinâmica de entrada que a carga vê entrar na linha de transmissão é igual àquela característica da linha, Z_0, a constante de tempo desta mudança exponencial é

constante de tempo de uma linha com uma carga puramente indutiva

$$\boxed{\tau = \frac{L}{Z_0}.} \quad (12.225)$$

A corrente da carga, $i_L(t)$, aumenta pela mesma lei exponencial, que é uma curva de carga típica para um indutor (assim como um capacitor, mas para tensão). Da Figura 12.31, com $R_L = 0$ e $R_g = Z_0$ a corrente em $t \to \infty$ é

$$i_{\text{estável}} = \frac{\mathcal{E}}{R_g} = \frac{\mathcal{E}}{Z_0}. \quad (12.226)$$

Note que esse mesmo resultado analítico nas equações (12.224) e (12.225) e a diagramação de v_L na Figura 12.47(b) podem ser obtidos também com o uso do teorema de Thévenin, ou seja, substituindo o circuito à esquerda da carga (indutor) na Figura 12.47(a) pelo gerador equivalente de Thévenin, conforme Figura 12.47(c). Isto é apenas o circuito de Thévenin ao lado direito da Figura 12.30, na representação geral equivalente de Thévenin (par gerador de Thévenin) para

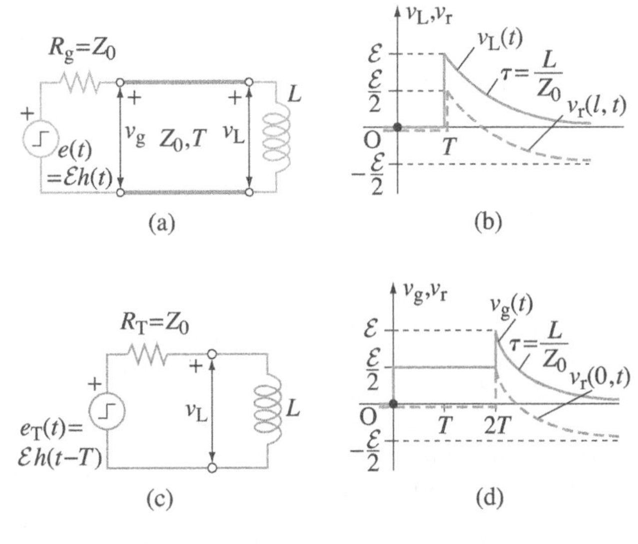

Figura 12.47

Análise transiente de um degrau em uma linha sem perdas com uma carga puramente indutiva e gerador casado: (a) diagrama esquemático do circuito, (b) formatos de onda de tensão total [$v_L(t)$] e refletida [$v_r(l, t)$] na carga, (c) gerador equivalente de Thévenin para a linha como visto da carga, e (d) formatos de onda de tensão total [$v_g(t)$] e refletida [$v_r(0, t)$] no gerador.

transientes em linhas de transmissão. Assim, a resistência interna do gerador equivalente na Figura 12.47(c), R_T, é igual a Z_0, e sua fem, e_T, é o dobro da tensão incidente na posição de carga na Figura 12.47(a), $v_i(l, t)$ o que por sua vez vem a ser a tensão incidente função degrau de intensidade $\mathcal{E}/2$ na Equação (12.214) atrasada por T (para o tempo de deslocamento sobre a distância l, para a carga). No entanto, mesmo sem tomar o resultado geral da Figura 12.30, podemos encontrar diretamente e_T para este caso (pelo teorema de Thévenin) como a tensão de saída da linha na Figura 12.47(a) quando em curto-circuito, e esta é exatamente a tensão de saída na Figura 12.37(a) e Equação (12.216). Assim, os parâmetros do gerador equivalente de Thévenin são

fem e resistência de Thévenin conforme vistos da carga

$$\boxed{e_T(t) = 2v_i(l, t) = \mathcal{E}h(t-T), \qquad R_T = Z_0,} \quad (12.227)$$

e mostramos em seguida que a tensão $v_L(t)$ na Equação (12.224) representa a solução da equação diferencial para o circuito RL simples na Figura 12.47 (c), cuja constante de tempo τ é a da Equação (12.225). Além disso, temos em mente que essa representação equivalente da linha é válida para qualquer carga.

A lei de tensão de Kirchhoff, Equação (1.92) ou (3.119), para o circuito na Figura 12.47(c), nos dá

linha de carga do circuito

$$\boxed{v_L + Z_0 i_L = e_T.} \quad (12.228)$$

Tomando a derivada em respeito a tempo de ambos os lados esta equação e usando a característica de tensão-corrente (equação diferencial) para um indutor na

Equação (7.3), obtemos então a seguinte equação diferencial ao longo do tempo para v_L desconhecido, válida para o tempo após a fem de Thévenin ter sido ligada:

$$v_L = L\frac{di_L}{dt} \quad \longrightarrow$$

$$\longrightarrow \quad \frac{dv_L}{dt} + \frac{Z_0}{L}v_L = 0 \quad (T < t < \infty) \qquad (12.229)$$

[$de_T/dt = 0$ visto que $e_T =$ const para $t > T$, Equação (12.227)]. A condição inicial para v_L, logo após o momento da ligação, $t = T$, é obtida das equações (12.228) e (12.227), e do fato de não haver uma mudança abrupta de intensidade de corrente através de um indutor, de modo que i_L de início permanece o mesmo (zero) de antes da ligação do gerador,

$$i_L(T^+) = i_L(T^-) = 0 \quad \longrightarrow$$

$$\longrightarrow \quad v_L(T^+) = e_T(T^+) = \mathcal{E}. \qquad (12.230)$$

A solução da equação diferencial de primeira ordem na Equação (12.229) que satisfaz essa condição inicial é exatamente a expressão para $v_L(t)$ nas equações (12.224) e (12.225). A Equação (12.228) fornece então a solução para a corrente $i_L(t)$.

A tensão de entrada da linha, $v_g(t)$, é dada pela Equação (12.214) até a chegada da onda refletida, em $t = 2T$. Para calcular e determinar sua forma temporal após esse momento, determinamos primeiro a tensão da onda refletida, v_{r1}, na linha. Já que esta é a única tensão refletida (para $T < t < \infty$), $v_r = v_{r1}$ ela é igual à diferença das tensões total e incidente em uma dada posição (z) ao longo da linha. Nos terminais de carga ($z = l$), usando a primeira das equações (12.194),

$$v_r(l,t) = v(l,t) - v_i(l,t) = v_L(t) - \frac{\mathcal{E}}{2}h(t-T) =$$

$$= \mathcal{E}h(t-T)\left[e^{-(t-T)/\tau} - \frac{1}{2}\right], \qquad (12.231)$$

e este formato de onda é mostrado também na Figura 12.47(b). Para $t > 2T$, a tensão refletida nos terminais do gerador ($z = 0$), $v_r(0, t)$, tem a mesma forma da extremidade da carga, na Figura 12.47(b), apenas com um atraso adicional T relativo ao sinal $v_r(l, t)$, sendo, assim, $v_r(0, t) = v_r(l, t - T)$, conforme Figura 12.47(d). Por fim, a tensão do gerador é obtida como

$$v_g(t) = v_i(0,t) + v_r(0,t) =$$

$$= \frac{\mathcal{E}}{2}h(t) + \mathcal{E}h(t-2T)\left[e^{-(t-2T)/\tau} - \frac{1}{2}\right], \qquad (12.232)$$

e representada na Figura 12.47(d).

A seguir, consideremos o elemento reativo na extremidade mais distante da linha um capacitor ideal, de capacitância C, Figura 12.48(a). Bem de modo contrário a um indutor, um capacitor age como um curto-circuito para variações rápidas de um sinal aplicado (a tensão ao longo de um capacitor não pode mudar instantaneamente), enquanto um circuito aberto (corrente zero) no estado estacionário (dc) [veja a Equação (3.45)]. Assim, no lugar das equações (12.222) e (12.223), temos

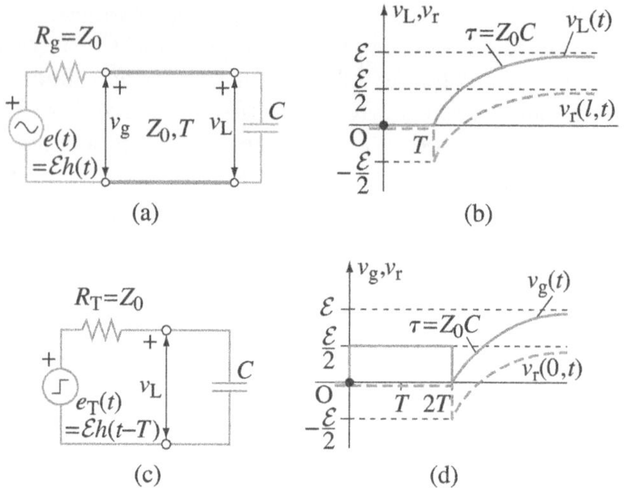

Figura 12.48
O mesmo da Figura 12.47, porém para uma carga puramente capacitiva.

$$v_L(T) = 0 \quad (\Gamma_L = -1),$$

$$v_L(t \to \infty) = 2v_{i1} = \mathcal{E} \quad (\Gamma_L = 1). \qquad (12.233)$$

Durante o tempo $T < t < \infty$, enquanto o capacitor está sendo carregado, o sinal $v_L(t)$ aumenta em nível exponencial entre esses dois valores (curva de carga característica para um capacitor), Figura 12.48(b). Ele é zero para $t < T$, de modo que

$$v_L(t) = \mathcal{E}h(t-T)\left[1 - e^{-(t-T)/\tau}\right] \quad (0 < t < \infty), \qquad (12.234)$$

com a seguinte constante de tempo:

constante de tempo para uma carga puramente capacitiva

$$\boxed{\tau = Z_0C.} \qquad (12.235)$$

Isso também pode ser obtido com a resolução do circuito RC na Figura 12.48(c), onde a estrutura à esquerda do capacitor na Figura 12.48(a) é substituída pelo gerador equivalente de Thévenin, com parâmetros das equações (12.227). Por fim, nas figuras 12.48(b) e (d) estão os formatos de onda de tensão refletidos correspondentes na carga e nos terminais do gerador, $v_r(l, t)$ e $v_r(0, t)$, assim como a tensão do gerador, $v_g(t)$, na Figura 12.48(a), obtida da mesma maneira, com o uso das equações (12.231) e (12.232), como para a carga indutiva na Figura 12.47.

Vemos que de fato as tensões total e refletida na carga (indutor ou capacitor) e gerador nas figuras 12.47 e 12.48 não têm o mesmo formato temporal da tensão incidente (que é uma função degrau). Vamos comparar os formatos de onda para $v_L(t)$ e $v_g(t)$ na Figura 12.47 para o indutor como carga, e depois, os mesmos diagramas na Figura 12.48 para o capacitor com aqueles de um circuito aberto como carga, Figura 12.37(a). Percebemos que, na essência, a única mudança em formatos de onda causada pela presença de um elemento reativo no circuito é que o estabelecimento do estado estacionário é prolongado, em tese, indefinidamente, para acomodar o tempo (em tese, infinito) para que aquele elemento carregue. Em outras palavras, os efeitos de integração (carregamento) do indutor e do capacitor transformam as extremidades pontiagudas (ascendentes ou descendentes de sinais de degrau (positivos ou negativos), isto é, reflexões instantâneas de tensão (com rampas infinitas), em mudanças suaves (exponenciais) ao longo do tempo. Quanto menores L e C, mais curtas as constantes de tempo τ nas equações (12.225) e (12.235) e mais rápido o período transicional, que, na prática, pode ser considerado a ser completado após diversas constantes de tempo.

É claro que cálculos semelhantes de transientes podem ser realizados em linhas de transmissão com diversas terminações combinadas resistivas e reativas (isto é, cargas reativas com perdas), como combinações em série ou em paralelo de um resistor e um indutor (capacitor). No entanto, essa técnica simples, com base na busca da reflexão em conjunto com a análise do comportamento transiente de cargas reativas a partir de suas características de tensão/corrente, pode se tornar demasiado complicada para cargas que envolvam mais de um elemento reativo, assim como para linhas com geradores não casados e/ou funções de tempo fem diferentes das de degrau e pulso. Além disso, elementos reativos podem estar presentes também na extremidade da fonte da linha. Em geral, as respostas transientes de uma linha podem ser encontradas pela solução dos dois circuitos equivalentes de Thévenin casados (entrada e saída) na Figura 12.30, ou seja, pela solução simultânea das equações (12.195), (12.200), (12.189) e (12.190) para a linha junto com equações diferenciais descrevendo condições de contorno impostas pelas redes terminais. Tais cálculos costumam usar os métodos das transformadas de Fourier ou Laplace para evitar a análise direta no domínio do tempo.

Por fim, como uma ilustração da análise transiente das linhas de transmissão com terminações não lineares, em geral encontradas em circuitos digitais de alta velocidade (portas lógicas não lineares), vamos assumir que a carga de uma linha de transmissão sem perdas com um gerador de tensão de degrau casado tem uma característica tensão-corrente não linear, conforme Figura 12.49(a). Podemos utilizar aqui o mesmo gerador de Thévenin com parâmetros encontrados nas equações (12.227) para obter o circuito equivalente na Figura 12.49(b). A solução para a carga de tensão v_L (e corrente i_L) corresponde à intersecção da linha de carga do circuito, ditada pelo gerador de Thévenin e dada na Equação (12.228), e a característica de corrente-tensão não linear da carga (por exemplo, um diodo ou transistor), conforme Figura 12.49(c).[10] Esta intersecção pode ser determinada de modo analítico em algumas situações e gráfico ou numérico para cargas não lineares arbitrárias. A tensão de entrada $v_g(t)$ pode ser assim encontrada via tensão refletida, como nas equações (12.231) e (12.232). Perceba que em geral a análise pode ser estendida a casos nos quais o gerador na Figura 12.49(a) não é casado, ou quando redes terminais em ambas extremidades da linha, Figura 12.30, exibem não linearidades (por exemplo, portas lógicas acionando e recebendo em um circuito digital).

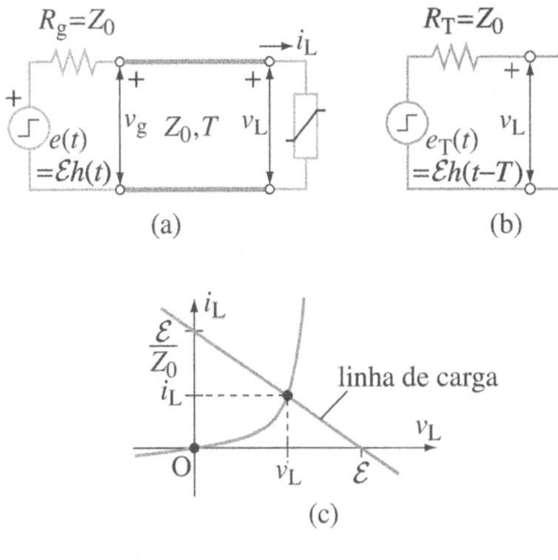

Figura 12.49

Transientes na linha da Figura 12.47(a) quando terminados em uma carga não linear: (a) diagrama esquemático do circuito, (b) circuito equivalente de Thévenin na extremidade da carga e (c) solução para tensão e corrente de carga — na intersecção da reta de carga do circuito em (b), Equação (12.228), e característica (não linear) de corrente-tensão da carga.

Exemplo 12.37

Medição com TDR de uma indutância em uma carga desconhecida

Considere a linha de transmissão e o reflectômetro no domínio do tempo do Exemplo 12.28 e assuma que a carga é um indutor ideal de indutância desconhecida. Se a informação do osciloscópio, $v_g(t)$, é agora a da Figura 12.47(d), onde a área sob a curva exponencial em decadência na medida da tensão é $A=$ 12 nVs [note que essa "área", medida em um diagrama de tensão (expressa em volts) no tempo (segundos), é expressa em Vs em vez de m^2], determine o valor da indutância na carga.

Solução A expressão analítica da tensão v_g no circuito na Figura 12.47(a) é dada pela Equação (12.232). Deste modo, a "área" sob a curva exponencial no diagrama do TDR na Figura 12.47(d), e, a partir dela, a indutância (L) que buscamos, pode ser calculada da seguinte forma:

$$A = \int_{t=2T}^{\infty} v_g(t)\,dt = \mathcal{E}\int_{2T}^{\infty} e^{-(t-2T)/\tau}\,dt = \mathcal{E}\tau = \frac{L\mathcal{E}}{Z_0} \longrightarrow$$

$$\longrightarrow L = \frac{Z_0 A}{\mathcal{E}} = 150 \text{ nH}, \qquad (12.236)$$

10 Note a similaridade entre soluções para intensidades de campo magnético (H) e densidades de fluxo (B) em circuitos magnéticos não lineares determinados por intersecções das retas de carga do circuito e curvas de magnetização de materiais de núcleo, figuras 5.30 e 5.34.

onde se faz uso do fato de ambas as funções de Heaviside na Equação (12.232) serem unidade para $t > 2T$, e da expressão para a constante de tempo do circuito na Equação (12.225).

Perceba que uma resposta do TDR como a da Figura 12.47(d) nos diz, primeiro, que a impedância na carga desconhecida na extremidade mais distante de uma linha de transmissão é puramente indutiva (condutor ideal). Outros exemplos de assinatura do TDR que indicam a natureza de uma carga em uma linha de transmissão estão nas figuras 12.34(a)-(b) e 12.37(a)-(b) para cargas puramente resistivas com $R_L > Z_0$, $R_L < Z_0$, $R_L \to \infty$, e $R_L = 0$, respectivamente, enquanto a Figura 12.48(d) mostra a assinatura TDR de uma carga puramente capacitiva.

Exemplo 12.38

Linha terminada em uma conexão em série de um resistor e um indutor

Uma linha de transmissão sem perdas, para qual o tempo de deslocamento em sentido único é $T = 2$ ns, é alimentada por um gerador de tensão de fem de pulso retangular com intensidade $\mathcal{E} = 5$ V e largura $t_0 = 1$ns, aplicada em $t = 0$. A impedância característica da linha e resistência interna do gerador são $Z_0 = R_g = 50\ \Omega$. A outra extremidade da linha termina e uma carga consistindo de um resistor de resistência $R = 30\ \Omega$ e um indutor de indutância $L = 80$ nH conectados em série. Determine o formato de onda para $0 \le t < \infty$ da tensão ao longo (a) da carga e (b) do gerador, respectivamente.

Solução

(a) Vamos primeiro encontrar a resposta ao degrau na linha. Em $t = T$, o indutor se comporta como um circuito aberto, e assim também se comporta toda a carga (um circuito aberto em série com um resistor é aberto da mesma forma), e a tensão total da carga é, então, a encontrada na Equação (12.222). Em $t \to \infty$, o indutor pode ser substituído por um curto-circuito, Equação (12.223), e toda a carga se reduz apenas ao resistor (de resistência R), significando que a expressão para a tensão em estado estacionário ao longo da carga é a mesma da Figura 12.34(b) ($R < Z_0$) dada pelas equações (12.215) e (12.199), sendo assim

$$v_{\text{estável1}} = \left(1 + \frac{R - Z_0}{R + Z_0}\right)\frac{\mathcal{E}}{2} = 1{,}875\ \text{V}. \quad (12.237)$$

Entre a variação inicial abrupta de tensão da carga e o estado estacionário, esta tensão decresce exponencialmente com a seguinte constante de tempo:

$$\tau = \frac{L}{R + Z_0} = 1\ \text{ns}, \quad (12.238)$$

no lugar da presente na Equação (12.225), que pode também ser obtida pela análise de um circuito equivalente com a linha de transmissão e o gerador substituído pelo gerador equivalente de Thévenin, na Figura 12.47(c). Com base nesses dados, o formato de onda da resposta de degrau da linha nos terminais de carga, $v_{L1}(t)$, é mostrado na Figura 12.50(a). Usando a Equação (12.221), este formato de onda é então transformado na resposta de pulso correspondente, $v_L(t)$, vista na figura. Por fim, já que a resposta de degrau $v_{L1}(t)$, pode ser escrita como [ver também Equação (12.224)],

$$v_{L1}(t) = \left[\left(\mathcal{E} - v_{\text{estável1}}\right) e^{-(t-T)/\tau} + v_{\text{estável1}}\right] h(t - T)$$
$$(0 < t < \infty), \quad (12.239)$$

calculamos a tensão V_0 na ponta da extremidade descendente do pulso distorcido na saída, no diagrama de $v_{L1}(t)$ na Figura 12.50(a), como

$$V_0 = v_{L1}(T + t_0) = v_{L1}(3\ \text{ns}) = 3{,}025\ \text{V}. \quad (12.240)$$

(b) A Figura 12.50(b) mostra a resposta ao degrau da tensão na linha na extremidade do gerador, $v_{g1}(t)$, que é obtida, a partir de $v_L(t)$ na Figura 12.50(a), como nas figuras 12.47(b) e 12.47(d) usando as equações (12.231) e (12.232); $v_{g1}(t)$ acaba sendo igual a $\mathcal{E}/2$ para $0 < t < 2T$ e para $v_L(t - T)$, assim $v_L(t)$ atrasado por T, para $2T < t < \infty$. A figura também mostra o formato de onda total de entrada $v_g(t)$ para a excitação de pulso, determinada a partir de $v_{g1}(t)$ por meio da Equação (12.221).

Exemplo 12.39

Linha terminada em um resistor e capacitor em série

Repita o exemplo anterior, porém para um capacitor de capacitância $C = 20$ pF no lugar do indutor na carga da linha.

Solução

(a) Na análise de degrau, em $t = T$, com o capacitor agindo como um curto-circuito, resta-nos como carga o resistor

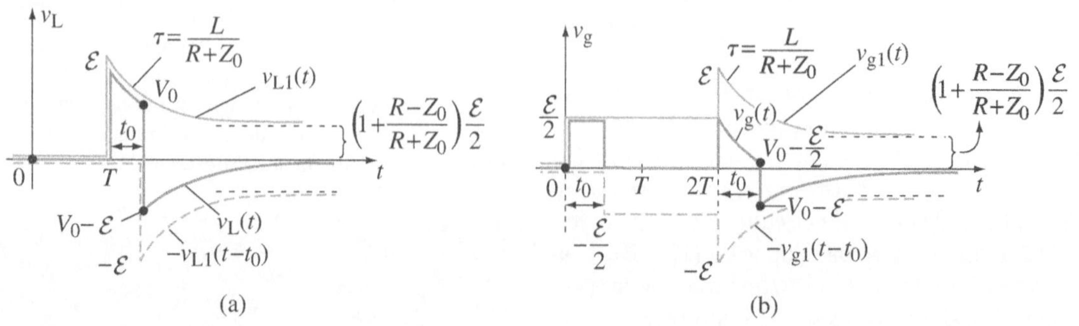

Figura 12.50

Respostas ao degrau e pulso em uma linha de transmissão terminadas em uma conexão em série de um resistor e um indutor observadas a partir (a) da carga, v_{L1} e v_L e (b) do gerador, v_{g1} e v_g, respectivamente; para o Exemplo 12.38.

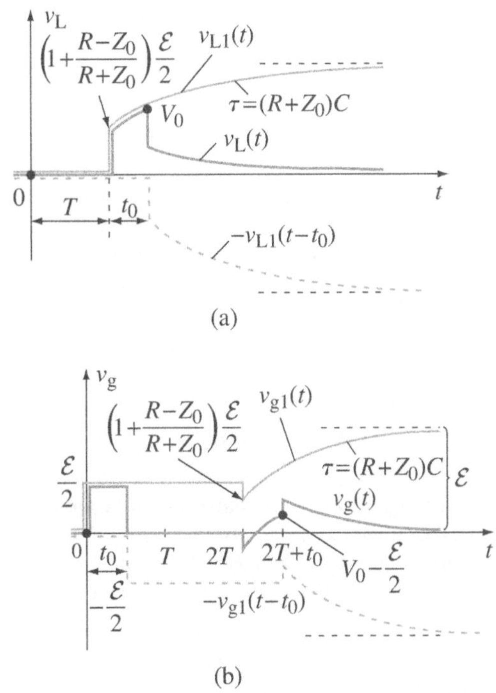

Figura 12.51

O mesmo que a Figura 12.50, porém para uma linha terminada em um resistor e um capacitor conectados em série; para o Exemplo 12.39.

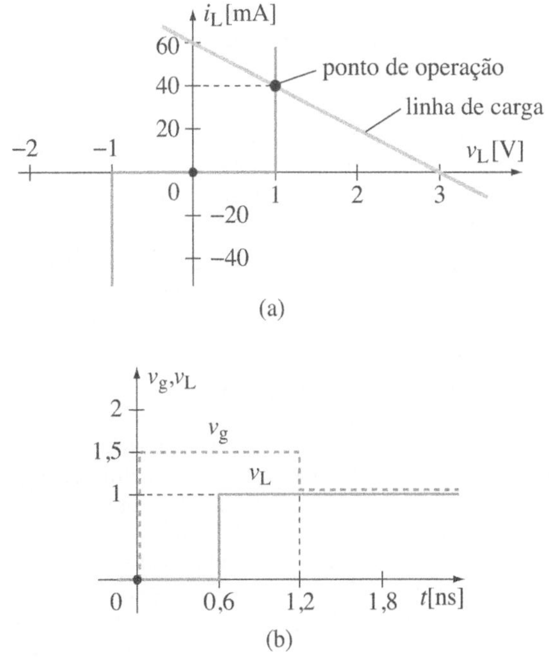

Figura 12.52

Análise transiente de uma linha de transmissão com uma carga não linear: (a) característica tensão-corrente na carga, e reta de carga e ponto de operação para o circuito equivalente de Thévenin na Figura 12.49 (b), e (b) respostas de um degrau na entrada e saída da linha; para o Exemplo 12.40.

(de resistência R), e deste modo o coeficiente de reflexão na carga é dado pela Equação (12.199), ou seja, $\Gamma_L = (R - Z_0)/R + Z_0)$, e a tensão total de saída é igual, na realidade, à tensão em estado estacionário na Equação (12.237), $v_{L1}(T) = 1{,}875$V. Em $t \to \infty$, por outro lado, o capacitor, e, assim, toda a carga, pode ser considerado um curto circuito, de modo que a tensão de saída em estado estacionário seja igual à tensão inicial na Equação (12.222), $v_{\text{estável1}} = \mathcal{E} = 5$V. Entre os dois valores de tensão, temos um acréscimo exponencial de $v_{L1}(t)$, similar ao da Figura 12.48(b), porém com uma constante de tempo $\tau = (R + Z_0)C = 1{,}6$ ns, o que é mostrado na Figura 12.51(a). Combinando este formato de onda de acordo com a Equação (12.221), obtemos então a resposta de pulso associada, $v_L(t)$, onde o valor máximo da tensão de carga total, $V_0 = 3{,}33$ V na Figura 12.51(a), é calculada de modo similar ao das equações (12.239) e (12.240).

(b) As respostas de um degrau e de um pulso na linha na extremidade do gerador são encontradas como nas figuras 12.50(b) e 12.48(b) e (d), e diagramadas na Figura 12.51(b).

Exemplo 12.40

Resposta de degrau de uma linha de transmissão com uma carga não linear

Uma linha de transmissão sem perdas de comprimento $l = 9$ cm, permissividade relativa dielétrica $\varepsilon_r = 4(\mu_r = 1)$e impedância característica $Z_0 = 50\ \Omega$ é acionada por um gerador de tensão casado de fem de degrau $\mathcal{E} = 3$ V aplicado em $t = 0$. A outra extremidade da linha termina em uma carga não linear cujas características de corrente-tensão estão na Figura 12.52(a). Determine os formatos de onda da tensão em ambas as extremidades da linha.

Solução Substituídos os dados numéricos fornecidos, a equação da reta de carga para o circuito equivalente de Thévenin na Figura 12.49(b), Equação (12.228), se torna

$$v_L + 50 i_L = 3 \quad (v_L \text{ em V; } i_L \text{ em A}). \tag{12.241}$$

A intersecção desta reta e a característica tensão-corrente da carga (ponto de operação do circuito) são indicadas na Figura 12.52(a). Percebemos que para $T < t < \infty$, onde $T = 0{,}6$ ns, das equações (12.193) e (11.17), a tensão da carga é igual a $v_L = 1$ V, conforme Figura 12.52(b). Por meio da Equação (12.241), a corrente da carga é $i_L = 40$ mA.

De $t = 0$ a $t = 2T = 1{,}2$ ns, a tensão na extremidade do gerador é igual à tensão incidente na Equação (12.214), ou seja, $v_g = v_i = \mathcal{E}/2 = 1{,}5$ V. Como na Equação (12.231), a tensão refletida da carga (para $T < t < \infty$) vem a ser

$$v_r = v_L - v_i = -0{,}5 \text{ V}. \tag{12.242}$$

Ela chega ao gerador em $t = 2T$, e assim $v_g = v_i + v_r = 1$ V para $2T < t < \infty$. O formato de onda da tensão $v_g(t)$ é também mostrado na Figura 12.52(b).

Problemas

12.1. Padrões de onda estacionária de tensão e corrente para cargas resistivas. Considere uma linha de transmissão sem perdas de impedância característica $Z_0 = 50\ \Omega$ e onda harmônica viajante de tensão rms $V_{i0} = 10$ V. O comprimento de onda ao longo da linha é $\lambda_z = 1$m. Encontre a intensidade e o ângulo de fase do coeficiente de reflexão de carga, os valores máximos e mínimos da tensão total e a taxa de onda estacionária da linha. Determine os padrões de onda estacionária de tensão e corrente a longo da linha, se terminada em uma carga puramente resistiva de resistência (a) $R_L = 250\ \Omega$ e (b) $R_L = 10\ \Omega$, respectivamente.

12.2. Padrões de onda estacionária para cargas reativas. Repita o problema anterior, porém para uma carga puramente reativa de reatância (a) $X_L = 50\ \Omega$ e (b) $X_L = -50\ \Omega$, respectivamente.

12.3. Padrões de onda estacionária para cargas complexas. Repita o Problema 12.1, porém para uma carga complexa de impedância (a) $\underline{Z}_L = (100 + j50)\ \Omega$ e (b) $\underline{Z}_L = (50 - j100)\ \Omega$, respectivamente.

12.4. Encontrando a impedância de carga a partir do padrão estacionário de onda da tensão. Usando uma linha com fenda preenchida por ar de impedância característica $Z_0 = 100\ \Omega$ terminada em uma carga desconhecida, o padrão de onda estacionária medido é $s = 5$, a distância do primeiro valor máximo de tensão da carga $l_{máx} = 12{,}5$ cm e do primeiro valor mínimo de tensão $l_{mín} = 37{,}5$ cm. A linha pode ser considerada sem perdas. (a) Qual é a frequência de operação da linha e qual a impedância complexa da carga? (b) Repita (a), porém para outra carga que resulte na troca de posições entre o primeiro valor máximo e mínimo de tensão em $l_{mín} = 12{,}5$ cm e $l_{máx} = 37{,}5$ cm (e o mesmo s).

12.5. Mais medições das linhas com fendas. (a) Encontre a frequência de operação de uma linha com fenda preenchida por ar, cuja impedância característica é $Z_0 = 60\ \Omega$, com perdas desconsideráveis nos condutores, e impedância complexa de uma carga desconhecida terminando tal linha se as medições nela apresentarem uma taxa de onda de $s = 2$ e a posição do primeiro valor mínimo de tensão em $l_{mín} = 40$ cm da carga, que também é $\Delta l = 80$ cm ao próximo valor mínimo. (b) Repita (a), porém para uma carga que resulte no mesmo para os dois primeiros valores máximos, em vez dos mínimos, assim, em $l_{máx} = 40$ cm e $\Delta l = 80$ cm.

12.6. Fluxo de potência em uma linha microfita de baixa perda com uma carga complexa. Considere a linha microfita de baixa perda com um dielétrico de duas camadas presente na Figura 11.13 e descrita no Exemplo 11.12, e assuma que uma onda harmônica de frequência $f = 1$ GHz é lançada e se propaga ao longo da linha, e que a linha é terminada, em sua outra extremidade, em uma carga de impedância $\underline{Z}_L = (75 + j30)\ \Omega$. A tensão rms da onda incidente na carga é $V_{i0} = 1$ V. Nessas circunstâncias, calcule a potência por média no tempo das ondas incidente e refletida e o fluxo real líquido de potência ao longo da linha a 5 m, 50 cm e 5 cm da carga, respectivamente, e na carga.

12.7. Transformador de um quarto de onda para uma carga resistiva. (a) Projete um transformador de quarto de onda para casar a impedância de uma carga puramente resistiva de resistência $R_L = 40\ \Omega$ a uma linha de transmissão com impedância característica $Z_0 = 160\ \Omega$ em uma frequência de $f = 200$ MHz. (b) Calcule então a porcentagem da potência incidente que é refletida dos terminais de entrada do transformador, ou seja, da combinação do transformador e da carga, e a taxa associada de onda estacionária em frequências 10% acima da frequência projetada, respectivamente.

12.8. Impedância da linha puramente resistiva para cargas complexas. Para a linha de transmissão do Problema 12.1 e cada uma das duas cargas complexas especificadas no Problema 12.3, casos (a) e (b), determine a menor distância da carga ao local onde a impedância da linha de transmissão é puramente real (resistência). Em ambos os casos, encontre também a menor distância seguinte e a resistência correspondente da linha. Quais são as resistências máximas e mínimas da linha, vistas ao longo de toda a linha, para cada uma das cargas?

12.9. Impedância da linha puramente resistiva para cargas resistivas. Repita o problema anterior, porém para duas cargas puramente resistivas especificadas no Problema 12.1.

12.10. Impedâncias de linha máxima e mínima para cargas reativas. Considere os dois casos de terminações de carga puramente reativas especificados no Problema 12.2 (para a linha de transmissão no Problema 12.1) e encontre os valores máximo e mínimo da intensidade da impedância da linha, e posições na linha (em relação à carga) onde esses valores são encontrados.

12.11. Circuito casado de um quarto de onda para uma carga complexa capacitiva. Como a carga no Problema 12.7 é complexa, com impedância $Z_L = (100 - j60)\ \Omega$, projete um circuito para a mesma que inclua um transformador de quarto de onda.

12.12. Circuito completo e análise de potência de uma linha sem perdas. No circuito da linha de transmissão da Figura 12.3, considere $l = 58$ cm, $Z_0 = 50\ \Omega$, $\underline{\mathcal{E}} = 12\ e^{j\pi/6}$ V, $\underline{Z}_g = (10 + j10)\ \Omega$ e $\underline{Z}_L = (70 - j100)\ \Omega$. Considere também o comprimento de onda ao longo da linha $\lambda_z = 10$ cm, e o coeficiente de atenuação da linha igual a zero. Calcule: (a) a tensão e corrente total ao longo da linha no domínio complexo e do tempo, (b) o fluxo líquido de potência complexo (em direção à carga) ao longo da linha, (c) a potência por média no tempo da onda refletida, (d) a potência por média no tempo que o gerador entrega à linha e (e) a potência de perda instantânea da linha.

12.13. Análise completa de circuito/potência de uma linha de baixa perda. Repita o problema anterior, porém para um coeficiente de atenuação diferente de zero ao longo da linha sendo $\alpha = 0{,}5$ Np/m, que classifica esta linha como de baixa perda. Ainda, calcule potência total de perda por média no tempo nos condutores e dielétrico da linha.

12.14. Configuração em cascata/em série de três linhas de transmissão. A Figura 12.53 mostra uma combinação de três linhas de transmissão sem perdas e três cargas de impedância complexa acionadas por um gerador de tensão harmônico. Para os parâmetros do circuito dados na figura, determine a potência por média no tempo entregue a cada uma das cargas.

12.15. Configuração em cascata/em série de três linhas. Repita o exemplo anterior, porém para a configuração de circuito com três linhas de transmissão e três cargas representada na Figura 12.54.

12.16. Combinando impedâncias de um cabo coaxial quando em curto ou em circuito aberto. Através de medição em uma frequência de $f = 313$ MHz em um cabo coaxial de comprimento $l = 1{,}3$m, determina-se que a impedância de entrada do cabo quando em curto é $\underline{Z}_{sc} = j130\ \Omega$, enquanto, quando em circuito aberto, é $\underline{Z}_{ca} = j43{,}4\ \Omega$, assim como percebe-se que o comprimento elétrico do cabo, $l_e = l/\lambda_z$ (sendo λ_z o comprimento de onda ao longo do cabo) cai entre 2 e 2,25. As perdas ao longo do cabo podem ser desconsideradas. Quais são (a) a impedância característica do cabo e (b) a permissividade relativa de seu dielétrico ($\mu_r = 1$)?

12.17. Indutor de cabo coaxial. Qual é a menor seção do cabo coaxial do exercício anterior que seria equivalente a um in-

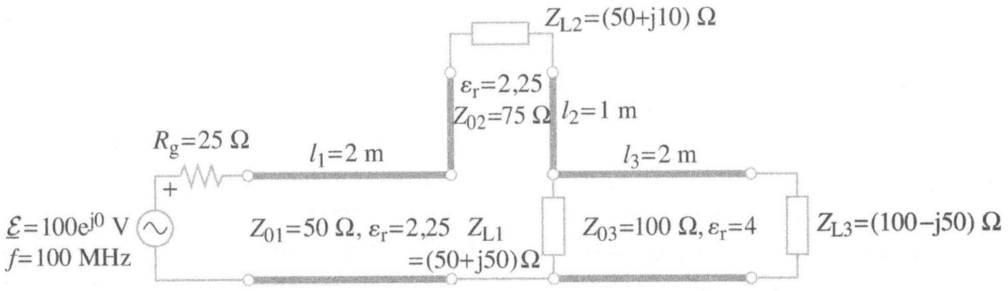

Figura 12.53 Circuito com três linhas de transmissão sem perdas de diferentes impedâncias características e diferentes comprimentos elétricos em uma configuração em cascata/em série em um regime harmônico [ε_r designa a permissividade relativa do dielétrico da linha ($\mu_r = 1$)]; para o Problema 12.14.

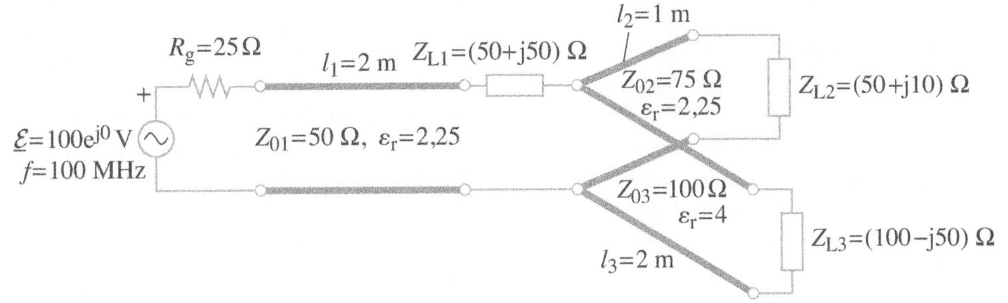

Figura 12.54 Linhas de transmissão da Figura 12.53, porém em uma configuração escalonada/em paralelo; para o Problema 12.15.

dutor agrupado de indutância $L_{eq} = 100$ nH em uma frequência $f = 400$ MHz quando (a) em curto e (b) em circuito aberto, respectivamente? (c) Dentro de que elemento concentrado está a seção (a) de modo equivalente a circuito aberto (na mesma frequência?) (d) O que se obtém se a seção em (b) estiver em curto?

12.18. Capacitor de cabo coaxial. Repita o problema anterior, porém de modo a obter um capacitor agrupado de capacitância $C_{eq} = 100$ pF (na mesma frequência).

12.19. Casamento de admitância por um toco em circuito aberto. Uma antena cuja impedância de entrada a uma frequência $f = 8$ GHz é $\underline{Z}_L = (85 + j30)\ \Omega$ precisa ter casada em termos de admitância a uma linha de transmissão microstrip sem perdas de impedância característica $Z_0 = 50\ \Omega$ e velocidade de fase $v_p = 1,7 \times 10^8$ m/s usando um toco de circuito aberto, na mesma configuração do visto na Figura 12.17. Se a posição na linha principal na qual o toco é conectado estiver a $l = 8,2$ mm da carga e o toco também for uma linha microfita, impresso no mesmo substrato e tendo os mesmos parâmetros da linha principal, encontre o comprimento mínimo necessário do toco.

12.20. Casamento de impedância usando um toco de dois fios em série. Um toco em série em curto-circuito é utilizado em um circuito de impedância casada para uma antena com impedância de entrada $\underline{Z}_L = (73 + j42)\ \Omega$ a uma frequência $f = 800$ MHz, conforme a Figura 12.18. O toco é inserido em uma posição $l = 112,05$ mm da carga. Tanto a linha principal quanto o toco são linhas aéreas de dois fios de impedância característica $Z_0 = 300\ \Omega$. Determine o comprimento casado do toco.

12.21. Armazenamento e amortecimento da energia em um ressonador de cabo coaxial. Considere o cabo coaxial do Exemplo 12.22 e assuma que a tensão rms da onda harmônica incidente, assim como da refletida, na estrutura, sejam $V_{i0} = V_{r0} = 100$ V no instante de tempo $t = 0$. (a) Qual a energia eletromagnética armazenada do ressonador em $t = 0$? (b) Após que tempo a energia é reduzida a 1% em relação a seu valor em (a)? (c) Em que momento a energia é igual a 1% do valor em (a)?

12.22. Fator qualidade de um ressonador de uma linha microfita. Uma seção de meio comprimento de onda da linha de transmissão microfita (com efeitos das bordas consideráveis) descrita no Exemplo 11.15 é colocada em curto-circuito em ambas as extremidades para formar um ressonador eletromagnético (na frequência ressonante de $f = 3$ GHz). As perdas nos curtos-circuitos podem ser desconsideradas. Encontre os fatores de qualidade deste ressonador para seus condutores e dielétricos, respectivamente, assim como o fator Q total, utilizando (a) os parâmetros de circuito primários da linha, calculados no Exemplo 11.16, e (b) os parâmetros secundários da linha, determinados no Exemplo 11.15 (c). Quais são a constante de tempo (tempo de relaxamento) e fator de amortecimento do ressonador?

12.23. Análise de linha de transmissão usando a carta de Smith. Uma linha de transmissão sem perdas de impedância característica $Z_0 = 100\ \Omega$, velocidade de fase $v_p = 2 \times 10^8$ m/s e comprimento $l = 34$ cm é terminada em uma carga de impedância $\underline{Z}_L = (30 - j40)\ \Omega$ a uma frequência de $f = 1$ GHz. Usando a carta de Smith, determine: (a) a intensidade e ângulo de fase do coeficiente de reflexão de carga, (b) a taxa de onda estacionária da linha, (c) impedância e admitância da linha no meio da linha, (d) impedância e admitância de entrada da linha e (e) posições de todos os valores máximos e mínimos de tensão na linha.

12.24. Medições da linha com fenda e a carta de Smith. Repita o Problema 12.4, porém utilizando a carta de Smith.

12.25. Mais uma determinação de carga na carta de Smith. Repita o Problema 12.5 com o auxílio da carta de Smith.

12.26. Impedâncias da linha puramente resistivas na carta de Smith. Refaça (a) o Problema 12.8 e (b) o Problema 12.9 graficamente, na carta de Smith.

12.27. Análise gráfica das linhas com cargas reativas. Repita o Problema 12.10 com o uso da carta de Smith.

12.28. Casamento de quarto de onda na carta de Smith. Repita o Problema 12.11 usando a carta de Smith.

12.29. Projeto de toco em paralelo usando a carta de Smith. Em referência à Figura 12.17, projete um toco em paralelo em curto-circuito para casar em questões de admitância uma carga de impedância $\underline{Z}_L = (80 - j140)\ \Omega$ a uma linha alimentadora de impedância característica $Z_0 = 100\ \Omega$ a uma frequência na qual o comprimento de onda ao longo da linha seja $\lambda_z = 10$ cm. Perdas ao longo da linha e do toco podem ser desconsideradas. Escolha um toco com os mesmos Z_0 e λ_z da linha principal e encontre a distância da carga e o comprimento do toco para ocorrer casamento.

12.30. Projeto de um toco em série usando a carta de Smith. Para os mesmos parâmetros da linha principal, carga e toco do problema anterior, projete um toco em curto-circuito, em série, pareado em impedância (Figura 12.18).

12.31. Resposta a um degrau em uma linha com uma carga e gerador não casados. Uma linha de transmissão sem perdas de impedância característica $Z_0 = 100\ \Omega$, velocidade de fase $v_p = 1{,}75 \times 10^8$ m/s e comprimento $l = 35$ cm, terminada em uma carga puramente resistiva, é acionada por um gerador de tensão de fem degrau $\mathcal{E} = 4$ V aplicado em $t = 0$. A resistência interna do gerador é $R_g = 60\ \Omega$, enquanto a resistência de carga é $R_L = 200\ \Omega$. Determine (a) as imagens (rastreamento) de tensão ao longo da linha em momentos $t = 3$ ns, $t = 5$ ns, e $t = 7$ ns, respectivamente, e (b) os formatos de onda de tensão no gerador e na carga em um intervalo de tempo $0 \leq t \leq 12$ ns.

12.32. Outra combinação de condições não casadas. Repita o problema anterior, porém com $R_g = 20\ \Omega$ e $R_L = 50\ \Omega$.

12.33. Reflectometria no domínio do tempo em um cabo coaxial subterrâneo. Um refletômetro de domínio do tempo é utilizado para localizar e avaliar danos (descontinuidade) em um cabo coaxial subterrâneo. A descontinuidade se comporta como uma carga puramente resistiva à porção do cabo que precede a posição do dano. O dielétrico do cabo é polietileno, a permissividade relativa deste é $\varepsilon_r = 2{,}25$ a impedância característica do cabo é $Z_0 = 50\ \Omega$ e as perdas ao longo dele podem ser desconsideradas. Uma fem de degrau é lançada e se propaga no cabo por um gerador de tensão casado em $t = 0$, e como resultado, o osciloscópio apresenta, de volta, uma tensão TDR da mesma forma da Figura 12.36, na extremidade do gerador. Essa tensão é $v_g(t) = 25$ V para $0 < t < 100$ ns e $v_g(t) = 1$ V para $t > 100$ ns. A que distância do gerador, ao longo do cabo, se encontra o dano? Qual a resistência da carga equivalente nesta posição?

12.34. Linha em circuito aberto ou em curto com um gerador não casado. Uma linha aérea sem perdas, de dois fios, com impedância característica $Z_0 = 300\ \Omega$ e comprimento $l = 1$ m é alimentada por um gerador de tensão de degrau (em $t = 0$) com intensidade fem $\mathcal{E} = 20$ V e resistência interna $R_g = 500\ \Omega$.[11] Determine os formatos de onda de tensão em ambas as extremidades da linha caso (a) em circuito aberto ou (b) em curto, respectivamente, com $0 \leq t \leq 20$ ns.

12.35. Gerador ideal e carga resistiva arbitrária. Repita o Exemplo 12.27, porém para um gerador de tensão de degrau ideal acionando o cabo coaxial.

12.36. Diagramas transientes para corrente da linha de transmissão. Para a linha de transmissão sua excitação e carga descritas no Problema 12.31, determine as imagens de corrente-intensidade na linha em certos instantes de tempo e formatos de onda correntes em ambas as extremidades da linha dentro do intervalo de tempo dado, nos dois modos a seguir. (a) Primeiro, obtenha a corrente transiente identificando diretamente a resposta da linha para a corrente: começando com a intensidade de corrente da onda incidente inicial lançada pelo gerador em $t = 0$, e buscando múltiplas reflexões na carga e no gerador com o uso dos coeficientes de reflexão para correntes. (b) Obtenha os mesmos diagramas de corrente transientes diretamente da sequência da tensão e formatos da onda correspondentes, usando a taxa de tensão para corrente para ondas se propagando na linha.

12.37. Corrente transiente para uma linha em circuito aberto/em curto. Determine os formatos de onda de corrente-intensidade de entrada e saída para a linha de dois fios do Problema 12.34, em ambos os casos de terminação (aberto e em curto).

12.38. Resposta de um pulso de um gerador não casado em uma linha de circuito aberto. Considere uma linha sem perdas para a qual o tempo de deslocamento em sentido único é $T = 1$ ns e assuma que é alimentada em uma extremidade por um gerador de tensão de um pulso retangular fem com intensidade $\mathcal{E} = 6$ V e largura $t_0 = 1$ ns em $t = 0$. A impedância característica da linha é $Z_0 = 50\ \Omega$, a resistência interna do gerador é $R_g = 250\ \Omega$, e a linha é de circuito aberto na outra extremidade. Em tais circunstâncias, determine os formatos de onda de tensão em ambas as extremidades da linha em $0 \leq t \leq 10$ ns.

12.39. Resposta de um pulso em um gerador pareado ou carga casada. Repita o problema anterior, porém com (a) um gerador casado ($R_g = 50\ \Omega$) e (b) carga casada ($R_L = 50\ \Omega$), respectivamente.

12.40. Pulsos sobrepostos nas extremidades das linhas. Repita o Problema 12.38, porém com $t_0 = 3$ ns.

12.41. Resposta a um pulso trapezoidal em uma linha de transmissão. Uma linha de transmissão sem perdas de comprimento $l = 15$ cm e impedância característica $Z_0 = 75\ \Omega$ é acionada por um gerador ideal de tensão com fem na forma de pulso trapezoidal, como o da Figura 6.2(b), de intensidade $\mathcal{E} = 3$ V e duração total $t_0 = 2$ns, em $t = 0$. Os tempos de ascensão e queda do sinal e(t) são 0,5 ns cada, e a duração da parte constante entre eles são $\varepsilon_r = 4$ e $\mu_r = 1$, e a resistência de uma carga puramente resistiva terminando a linha em sua outra extremidade é $R_L = 150\ \Omega$. Determine o formato de onda da tensão na carga em um intervalo de tempo $0 \leq t \leq 8$ ns.

12.42. Efeitos do aumento finito do tempo para terminações abertas e em curto. Considere o circuito da linha de transmissão visto na Figura 12.44(a) e descrito no Exemplo 12.35 e assuma que a linha esteja em curto-circuito em sua extremidade de carga. Determine o formato de onda da tensão na

11 Note que uma resistência interna tão alta (R_g) pode ser a do gerador equivalente de Thévenin representando uma rede terminal mais complexa na extremidade do gerador.

extremidade do gerador, para cada um dos tempos especificados de aumento da fem aplicado. (b) Repita (a), porém para um curto-circuito como terminação da carga.

12.43. Diagramas de reflexões para uma linha com carga e gerador não casados. (a) Construa diagramas de reflexão de tensão e corrente para a linha de transmissão com carga e gerador não casados do Problema 12.31 (veja também o Problema 12.36). Use estes diagramas para obter (b) varreduras de tensão e corrente totais ao longo da linha em um instante $t = 9{,}5$ ns e (c) formatos de onda de tensão e corrente para $0 \leq t \leq 12$ ns em uma posição $z = 21$ cm distante do gerador.

12.44. Diagramas de reflexão para uma linha aberta/em curto. Refaça os problemas 12.34 e 12.37 usando diagramas de reflexão.

12.45. Resposta de pulso usando diagrama de reflexão. Refaça o Exemplo 12.32, porém com o uso do diagrama de reflexão de tensão da linha.

12.46. Mensuração por um TDR de uma capacitância em uma carga desconhecida. Assuma que a carga no sistema do TDR do Exemplo 12.28 é um capacitor ideal de capacitância desconhecida, e que a informação do osciloscópio, $v_g(t)$, é a da Figura 12.48(d). Se a "área" (expressa em Vs) entre a curva exponencial ascendente e sua assíntota horizontal na exibição da tensão (começando com o instante de tempo quando $v_g = 0$) é A = 8 nVs, determine a capacitância de carga.

12.47. Linha terminada com um resistor e capacitor em paralelo. Uma linha sem perdas de impedância característica $Z_0 = 50\ \Omega$, parâmetros dielétricos $\varepsilon_r = 2{,}55$, $\mu_r = 1$ e comprimento $l = 22$ cm é alimentada por um gerador de tensão casado de pulso retangular fem com intensidade $\mathcal{E} = 1$ V e duração $t_0 = 2$ ns, em $t = 0$. Na outra extremidade, a linha termina em uma conexão paralela de um resistor de resistência $R = 50\ \Omega$ e um capacitor de capacitância $C = 70$ pF. Determine os formatos de onda da tensão (a) na carga e (b) no gerador para $0 \leq t < \infty$.

12.48. Conexão paralela de um resistor e um indutor como carga. Repita o exemplo anterior, porém para uma carga consistindo de um resistor de resistência R = 150 Ω e um indutor de indutância $L = 90$ nH conectados em paralelo.

12.49. Quatro terminações de carga diferentes, em série-paralelo e resistiva-reativa. Uma linha sem perdas com tempo de deslocamento de onda em sentido único $T = 1$ ns cuja impedância característica $Z_0 = 100$ é acionada por um gerador de tensão casado de fem de degrau $\mathcal{E} = 2$ V em $t = 0$. Considere quatro diferentes combinações em série-paralelo de resistores de resistência $R = 100\ \Omega$, indutor de indutância $L = 50$ nH e capacitor de capacitância $C = 50$ pF mostrado na Figura 12.55(a)-(d) como uma terminação de carga para esta linha. Para cada combinação, determine o formato de onda de tensão na extremidade da carga para $0 \leq t < \infty$.

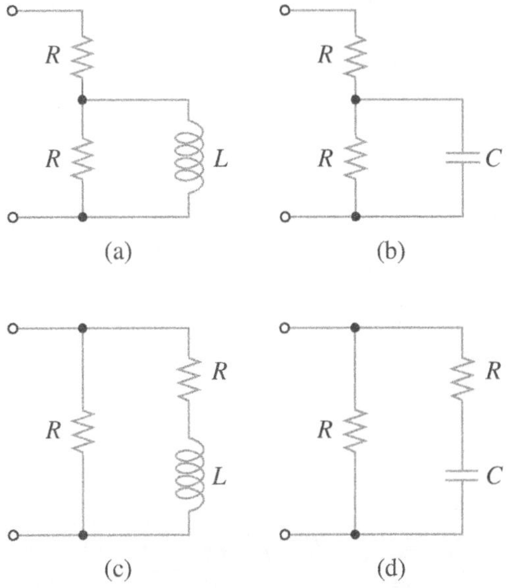

Figura 12.55 Quatro diferentes terminações de carga reativas com perdas para uma linha de transmissão sem perdas excitada por um gerador de tensão de degrau casado; para o Problema 12.49.

12.50. Carga não linear com uma característica de corrente-tensão segundo a lei do quadrado. Considere a linha de transmissão e excitação de tensão de degrau do problema anterior e assuma que a outra extremidade da linha termine em uma carga não linear cuja característica de tensão-corrente expressa por $i_L = av_L^2$, onde a é uma constante positiva, para $v_L \geq 0$ e $i_L = 0$ para $v_L < 0$. Determine os formatos de onda da tensão em ambas as extremidades da linha para $0 \leq t < \infty$ se (a) $a = 0{,}01$ A/V² e (b) $a = 10$ A/V², respectivamente.

Guias de onda e cavidade ressonante

CAPÍTULO 13

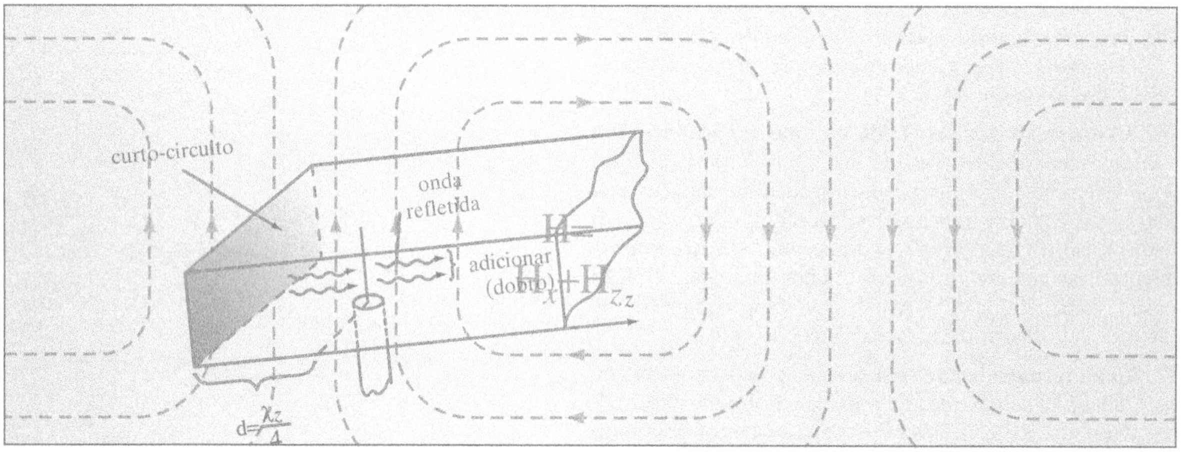

Introdução

Em frequências na região de micro-ondas (ver Figura 9.8), guias de onda em forma de tubos metálicos, como o da Figura 10.15, são usados para transferência de energia e informação em dispositivos eletromagnéticos e sistemas. Em essência, as ondas eletromagnéticas viajam em tais tubos por meio de múltiplas reflexões nas paredes metálicas, através do dielétrico que preenchem o tubo (quase sempre de ar), assim que as ondas são guiadas pelo tubo condutor. Em geral, a principal vantagem dos guias de onda metálicos, que tem um condutor, sobre as linhas de transmissão (por exemplo, cabos coaxiais, Figura 11.7), com dois (ou mais) condutores, em frequências superiores de vários GHz é consideravelmente menor atenuação ao longo da estrutura[1] e sua maior capacidade de transmissão de energia. No entanto, as perdas e a atenuação da onda são um fator limitante para a aplicação prática dos guias de onda metálicos também; para distâncias maiores, em geral usamos ondas no espaço livre (ligações sem fios), transmitidas e recebidas por antenas,[2] ou guias de onda puramente dielétricos (por exemplo, fibras ópticas, Figura 10.22). Além dos guias de onda metálicos para transmissão de energia/informação, os cortes nos guias de onda fechados em ambas as extremidades, formando cavidades metálicas retangulares, representam ressonadores de micro-ondas — também com aplicações generalizadas.

Embora cortes transversais arbitrários dos tubos metálicos e cavidades sejam em teoria possíveis, dispositivos de micro-ondas e sistemas práticos envolvem apenas os de formas retangulares e circulares, e — das duas — estruturas retangulares são muito utilizados com mais frequência; portanto, nosso foco aqui será em guias de onda metálicos retangulares e cavidade ressonante.

1 Lembramos que as perdas no condutor interno de um cabo coaxial são bem maiores do que as perdas em seu condutor externo (veja os exemplos 11.2 e 11.3), e que as frequências superiores a vários GHz se perdem no dielétrico do cabo e se tornam significativas também [ver a discussão das equações (11.78) e (11.82)]. Essas duas condições e o fato de que um guia de onda metálico não tem nem condutor interno nem dielétrico (se cheio de ar) fornecem uma explicação demasiado simplificada, mas indicativa do porquê dos guias de onda metálicos apresentarem perdas menores do que os cabos coaxiais.

2 Há sempre uma distância entre as extremidades de transmissão e recepção de um sistema eletromagnético abaixo do qual a atenuação do guia de ondas é menor do que a no espaço livre (entre antenas), e acima do qual a transferência de potência em uma ligação sem fio se torna mais eficiente. Essa distância em geral chega a várias dezenas de metros em uma frequência de 1 GHz e diminui com o aumento na frequência.

Vamos primeiro analisar a propagação das ondas ao longo de guias de onda retangulares metálicos por basicamente "reformatação" e reinterpretando a solução para um problema de reflexão da onda de uma onda plana em geral polarizada uniforme obliquamente incidente em um limite perfeitamente condutor já obtido nas Seções 10.5 e 10.6. Depois, vamos generalizar essa solução para a teoria dos modos arbitrários (há um número duplo infinito de tais modos) em ambos os tipos TE (transverso elétrico) e TM (transverso magnético) das ondas eletromagnéticas guiadas com base em equações gerais de Maxwell e de onda para guia de ondas. Veremos que para cada modo há uma frequência de corte, abaixo da qual as ondas são evanescentes (fuga) — elas não podem se propagar, de forma análoga à frequência de plasma discutida na Seção 9.12. Usando a teoria geral modal de guias de onda, vamos estudar as impedâncias de onda TE e TM (para as ondas em propagação), o fluxo de energia no guia de onda, as perdas em ambas as suas paredes e dielétricos, a dispersão do guia de onda e fase e velocidades de grupo, e acopladores para guia das ondas para excitação ou recepção de diferentes modos de onda. Os estudos sobre ressonadores de cavidade retangulares incluirão cálculos de campos cavidade, frequências de ressonância, energia eletromagnética armazenada e fator de qualidade de cavidades retangulares com pequenas perdas.

Guias de onda metálicos e cavidade ressonante são partes importantes de muitas tecnologias e aplicações práticas, com *feeds* de antenas de radar e circuito, arranjos de antena slot guias de onda, antenas em corneta, filtros de micro-ondas, guia de ondas e outros componentes do circuito, e fornos de micro-ondas sendo apenas alguns dos exemplos. Além disso, muitas aplicações wireless e problemas de fato representam problemas de guia de onda, tais como a propagação de rádio e cobertura nos túneis. Sem contar que a compreensão sobre cavidades de ressonância é essencial para alguns estudos e aplicações EMC e EMI. Por exemplo, uma caixa metálica utilizada para proteger um dispositivo RF ou dispositivo digital para reduzir o acoplamento eletromagnético entre o dispositivo e seu ambiente, ou seja, para cumprir as exigências externas EMC,[3] se comporta, no entanto, como uma cavidade ressonante. Nas frequências ressonantes da caixa, até mesmo um acoplamento fraco de alguma parte do dispositivo e da cavidade pode excitar um campo de ressonância forte, que, por sua vez, pode gerar um forte sinal indesejado em qualquer outra, possivelmente distante, parte do circuito, para que o EMC interno do dispositivo seja facilmente deteriorado. Por fim, a importância da compreensão abrangente de orientação de onda, modos de onda, corte de frequência, dispersão e atenuação ao longo de guias de onda metálicos, bem como frequências ressonantes, campos e o fator Q de cavidades de micro-ondas, está bem além das estruturas particulares que serão estudadas neste capítulo. Muitos desses conceitos e técnicas de análise de associadas e abordagens projetadas podem ser efetivamente utilizadas, direta ou indiretamente, em outras aplicações de campos eletromagnéticos e ondas, bem como em outras áreas da ciência e da engenharia.

13.1 ANÁLISE DE GUIAS DE ONDA RETANGULARES COM BASE EM REFLEXÕES MÚLTIPLAS DE ONDAS PLANAS

Considere um guia de onda metálico retangular infinitamente longo uniforme com dimensões interiores de corte transversal a e b, preenchido por um dielétrico homogêneo de permissividade ε e permeabilidade μ, como mostrado na Figura 13.1. Supomos que o guia de onda é sem perdas, isto é, que suas paredes são feitas de um condutor elétrico perfeito (CEP), e que o dielétrico também é perfeito. Gostaríamos de encontrar uma solução para uma onda eletromagnética harmônica no tempo, de frequência f, que se propaga no interior do guia de ondas, ao longo do eixo z. No entanto, já temos tal solução — veja o guia de ondas na Figura 10.15, obtido pela colocação de três planos adicionais CEP no campo de uma onda plana uniforme normalmente polarizada obliquamente incidente em um limite CEP (quarto plano) na Figura 10.13(a). Os planos estão posicionados de tal forma que o componente tangencial do vetor campo elétrico e um componente normal do vetor campo magnético da onda resultante é zero em todas as paredes do guia de onda,

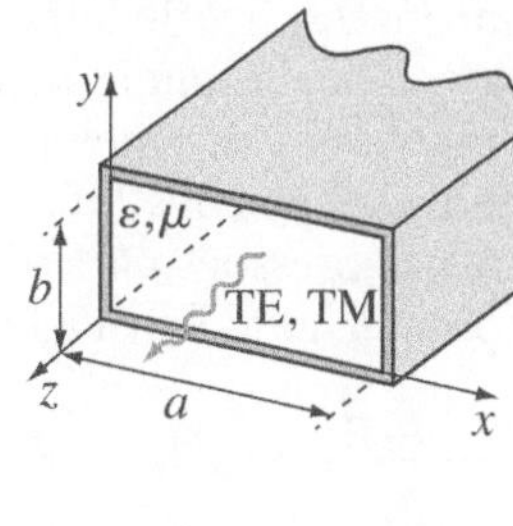

Figura 13.1
Guia de ondas retangular com uma onda TE ou TM.

condições de contorno das paredes do guia de onda

$$\underline{\mathbf{E}}_{\text{tan}} = 0, \quad \underline{\mathbf{H}}_{\text{normal}} = 0. \tag{13.1}$$

A onda se propaga na direção x positiva oscilando para trás e para frente, em um ângulo incidente θ_i, entre as paredes em $z = 0$ e em um dos planos definido pela

3 EMC externa e interna (compatibilidade eletromagnética) pertencem ao acoplamento eletromagnético entre um dispositivo e outros objetos em torno dele e de acoplamento entre as várias partes dentro do dispositivo. Os estudos EMC são importantes não somente por causa das rigorosas regulamentações nacionais e internacionais EMC, mas também para o correto funcionamento dos dispositivos.

Equação (10.120). Os campos elétricos e magnéticos no guia de ondas, $\underline{\mathbf{E}}$ e $\underline{\mathbf{H}}$, são dados nas equações (10.99), (10.103) e (10.104). Notamos que os eixos das coordenadas na Figura 13.1 são definidos de forma diferente da Figura 10.15 [como na Figura 11.1 para uma linha de transmissão, é habitual ter o eixo z do sistema de coordenadas cartesianas no guia de onda], então vamos reescrever as expressões do campo para o novo sistema de coordenadas. Comparando as figuras 10.15 e 13.1, vemos que a seguinte troca das variáveis entre as duas acontece:

$$x \to z, \quad z \to -x, \tag{13.2}$$

ou seja, x e z nas equações (10.99), (10.103) e (10.104) tornam-se z e $-x$, respectivamente, para a situação na Figura 13.1, e a mesma transformação se aplica para os componentes do campo correspondentes (por exemplo, $\underline{H}_z$ na Equação (10.104) torna-se $-\underline{H}_x$ na Figura 13.1), enquanto a coordenada y é a mesma em ambos os sistemas. Assim, o componente y (e o único existente) do vetor campo elétrico na Figura 13.1, segundo as equações (10.99) e (13.2), lê

$$\underline{E}_y = 2\mathrm{j}\underline{E}_{\mathrm{i}0}\,\mathrm{sen}\,\beta_x x\,\mathrm{e}^{-\mathrm{j}\beta_z z} \tag{13.3}$$

($\underline{E}_x$, $\underline{E}_z = 0$). Aqui, β_x e β_z são os coeficientes de fase equivalentes ao longo do x e eixo z, dados por

$$\beta_x = \frac{\omega}{c}\cos\theta_{\mathrm{i}}, \quad \beta_z = \frac{\omega}{c}\,\mathrm{sen}\,\theta_{\mathrm{i}}, \quad c = \frac{1}{\sqrt{\varepsilon\mu}} \tag{13.4}$$

[ver também as equações (10.119), (10.118) e (13.2)], $\omega = 2\pi f$ sendo a frequência angular da onda, e c a velocidade de fase intrínseca do dielétrico no guia de ondas, ou seja, a velocidade das ondas planas uniformes em um meio sem limites dos mesmos parâmetros (ε e μ). Da mesma forma, as equações (10.104), (10.103) e (13.2) dão as seguintes expressões para os componentes x e y do vetor campo magnético na Figura 13.1:

$$\underline{H}_x = -\frac{2\mathrm{j}\beta_z\underline{E}_{\mathrm{i}0}}{\omega\mu}\,\mathrm{sen}\,\beta_x x\,\mathrm{e}^{-\mathrm{j}\beta_z z},$$
$$\underline{H}_z = -\frac{2\beta_x\underline{E}_{\mathrm{i}0}}{\omega\mu}\cos\beta_x x\,\mathrm{e}^{-\mathrm{j}\beta_z z} \tag{13.5}$$

($\underline{H}_y = 0$), onde o uso é feito do fato de que $c/\eta = 1/\mu$, sendo η a impedância intrínseca do dielétrico de guia de onda, Equação (9.21). Essa é uma onda transversal elétrica (TE), uma vez que $\underline{E}_z = 0$ e $\underline{H}_z \neq 0$.

Da Equação (10.120), ou seja, a condição de contorno para $\underline{E}_{\tan} = \underline{E}_y$ ou $\underline{H}_{\mathrm{norm}} = \underline{H}_x$ na parede do guia de onda definida por $x = a$ na Figura 13.1, o coeficiente de fase transversal, β_x, é determinado por

autovalores de um guia de onda

$$\beta_x a = m\pi \longrightarrow \beta_x = \frac{m\pi}{a} \quad (m = 1, 2, \ldots). \tag{13.6}$$

Vemos que estas condições de contorno podem ser satisfeitas somente por um conjunto discreto de valores de β_x. Esses valores são ditos autovalores (valores característicos) do guia de ondas. Combinando as equações (13.3) e (13.6), o campo elétrico no guia das ondas agora pode ser escrito como

modo Te_{m0}

$$\underline{E}_y = 2\mathrm{j}\underline{E}_{\mathrm{i}0}\,\mathrm{sen}\!\left(\frac{m\pi}{a}x\right)\mathrm{e}^{-\mathrm{j}\beta_z z} \quad (m = 1, 2, \ldots), \tag{13.7}$$

com expressões análogas para os componentes do campo magnético diferente de zero, $\underline{H}_x$ e $\underline{H}_z$. Cada valor inteiro de m determina uma solução possível do campo no guia de ondas. Assim, há um número infinito de configurações dos campos diferentes que satisfazem as condições de contorno nas paredes do guia de ondas, equações (13.1), junto com as equações de Maxwell regentes, equações (11.1) – (11.4), ou equações de onda (Helmholtz), equações (9.8) e (9.9), no dielétrico. As equações de Helmholtz são satisfeitas para todas as ondas planas uniformes harmônicas no tempo representadas no domínio complexo (ver Seção 9.4), e, assim, para as ondas incidente e refletida da Figura 10.13(a), bem como para a sua superposição (onda resultante no guia de ondas). Essas ondas distintas, que podem existir em um guia de ondas são ditas como modos, e as distribuições do campo eletromagnético correspondente como campos modais. Vendo novamente a Equação (10.120), reescrita com referência à Figura 13.1 como

$$m\frac{\lambda_x}{2} = a, \tag{13.8}$$

onde λ_x é o comprimento de onda equivalente ao da onda estacionária na direção x, percebemos que m de fato é igual ao número de meias-ondas (meios comprimentos de onda) no eixo x que se encaixam na dimensão a do guia de ondas. Como o campo não varia por todo o eixo y (no lado b do guia de ondas), podemos dizer que o número de meias-ondas no eixo y, marcado como n, é zero. Assim, a onda correspondente para m (inteiro positivo arbitrário) $n = 0$ é chamado de modo $\mathrm{TE}_{\mathrm{m}0}$.[4] O menor modo é TE_{10}, para $m = 1$.

Agora enfatizamos uma diferença importante na interpretação das situações nas figuras 10.15 e 13.1. Na Figura 10.15 e nas equações (10.119) e (10.120), o ângulo incidente, θ_{i}, é fixo, enquanto a separação entre os dois planos paralelos CEP nos quais as múltiplas reflexões ocorrem, z, varia de acordo com números m inteiros diferentes. Na Figura 13.1 e equações (13.4) e (13.6), por outro lado, a separação entre os planos, a, é fixa (uma dimensão do guia de ondas), enquanto o ângulo θ_{i}, uma vez que

caminhos dos raios em zigue-zague para diferentes modos

$$\cos\theta_{\mathrm{i}} = \frac{\beta_x c}{\omega} = m\frac{c}{2af}, \tag{13.9}$$

4 Como veremos em uma seção posterior, modos do guia de onda com ambos m e n são inteiros não negativos arbitrários, ou seja, com $m, n = 0, 1, 2, \ldots$, onde o caso $m = n = 0$ é excluído, também são possíveis (se adequadamente excitados) no guia de ondas na Figura 13.1.

é uma função de m. Assim, cada valor discreto (para um dado m) de θ_i corresponde a um modo diferente, TE_{m0}. Quanto maior o m (modo mais alto) menor o θ_i (para $0 \le \theta_i \le 90°$, cos θ_i é uma função decrescente) e mais longo o caminho do raio em zigue-zague na Figura 10.15 entre dois locais no guia de ondas.

Exemplo 13.1

Caminhos do raio de vários modos TE em um guia de onda retangular

Para um guia de ondas retangular metálico na Figura 13.1, $a = 6$ cm e o dielétrico é o ar. Se a frequência de operação do guia é $f = 10$ GHz, esboce os caminhos do raio, como o na Figura 10.15, correspondente aos primeiros quatro modos TE_{m0} ($m = 1, 2, 3, 4$) na estrutura.

Solução Resolva a Equação (13.9) para o ângulo incidente, θ_i, nas paredes do guia de onda (Figura 10.15), temos

$$\theta_i = \text{arccos}\left(m\frac{c_0}{2af}\right) \quad (m = 1, 2, 3, 4) \qquad (13.10)$$

(arccos $\equiv \cos^{-1}$), onde $c_0 = 3 \times 10^8$ m/s, a Equação (9.19) é a velocidade da onda no espaço-livre (a estrutura está cheia de ar). Isso dá $\theta_{i1} = 75{,}5°$ (para o modo TE_{10}), $\theta_{i2} = 60°$ (TE_{20}), $\theta_{i3} = 41{,}4°$ (TE_{30}) e $\theta_{i4} = 0$ (TE_{40}), e os caminhos do raio correspondente traçados por uma onda plana uniforme (TEM) oscilando para frente e para trás, em ângulos θ_i, entre as paredes são ilustrados na Figura 13.2. Vemos que esses caminhos em zigue-zague do raio são "mais densos" (interrompem com mais frequência no guia de ondas) para modos de ordem superior, como esperado. Por fim, para $m = 4$, o que resulta em cos $\theta_i = 1$ e $\theta_i = 0$, se reduz em uma linha vertical, e a onda não progride no guia (este fenômeno será discutido na próxima seção). Note também que cos $\theta_i > 1$ para $m \ge 5$, o que implica que tais ondas tampouco podem se propagar. Assim, apenas as três primeiras ($m = 1, 2, 3$) podem se propagar no modo de onda TE_{m0} neste guia de onda, na frequência de operação determinada.

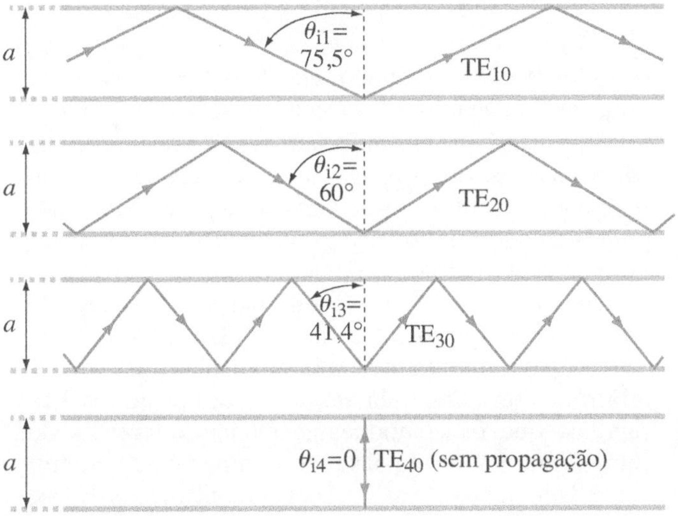

Figura 13.2
Caminhos dos raios dos quatro primeiros modos TE_{m0} (m = 1, 2, 3, 4) em um guia de ondas retangular cheio de ar (Figura 13.1) para a = 6 cm e f = 10 GHz; para o Exemplo 13.1.

13.2 PROPAGAÇÃO E ONDAS EVANESCENTES

Usando as equações (13.4) e (13.9), o coeficiente de fase longitudinal (na direção z), β_z, do guia de ondas na Figura 13.1 é

$$\beta_z = \frac{\omega}{c}\sqrt{1 - \cos^2\theta_i} = \frac{\omega}{c}\sqrt{1 - \left(\frac{mc}{2af}\right)^2}. \qquad (13.11)$$

Este é o coeficiente de fase principal para o guia de onda, conforme determina a propagação na estrutura. Portanto, vamos representar simplesmente por β e chamá-lo de coeficiente de fase do guia de ondas. É claro, que temos sempre em mente que β depende do índice de modo m. Pode ser escrito como

coeficiente de fase do guia de onda

$$\beta = \beta_z = \frac{\omega}{c}\sqrt{1 - \frac{f_c^2}{f^2}}, \qquad (13.12)$$

onde a frequência f_c, dada por

frequência de corte, modo Te_{m0}

$$f_c = (f_c)_{m0} = m\frac{c}{2a} \quad (n = 0), \qquad (13.13)$$

é chamada frequência de corte ou crítica do guia das ondas — para um modo particular, TE_{m0}. O comprimento de onda correspondente, ou seja, o comprimento de onda de corte, λ_c, é definido como o comprimento de onda intrínseco no dielétrico do guia de onda, Equação (8.112), na frequência de corte,

comprimento de onda de corte

$$\lambda_c = \frac{c}{f_c}. \qquad (13.14)$$

A frequência f_c tem o mesmo papel que a frequência de plasma (f_p), na Equação (9.160). De modo análogo a um meio de plasma (veja a Seção 9.12), o guia de onda na Figura 13.1 se comporta como um filtro passa-alta, deixando apenas as ondas na Figura 13.2 cuja frequência é maior do que a de corte,

ondas propagadoras

$$f > f_c, \qquad (13.15)$$

se propagarem através dela (para $f > f_c$, β é puramente real). Caso contrário, se $f < f_c$, β é puramente imaginário, e temos

$$\beta = \pm j|\beta|, \quad |\beta| = \frac{\omega}{c}\sqrt{\frac{f_c^2}{f^2} - 1} \quad \longrightarrow$$

$$\longrightarrow \quad e^{-j\beta z} = e^{\pm|\beta|z} = e^{-|\beta|z}, \qquad (13.16)$$

onde o sinal de mais no expoente é eliminado, uma vez que implicaria um crescimento exponencial (com z) da amplitude da onda. Vemos que $|\beta|$, para $f < f_c$, age de fato como um coeficiente de atenuação (α). Portanto, as ondas nestas frequências não podem propagar — elas são chamadas ondas evanescentes (desaparecem) (como nos plasmas, sob f_p). A atenuação evanescente não se deve a perdas Joule no meio de propagação, mas é uma consequência da configuração da estrutura guia (ou seja, a separação específica a entre paredes de um guia de ondas na Figura 13.1). No caso da linha limite, $f = f_c$, β é zero (sem propagação), de modo que a faixa de frequência evanescente completa (não propagadora) é dada por

ondas evanescentes

$$f \leq f_c. \tag{13.17}$$

Observe que a expressão para a frequência de corte na Equação (13.13) é idêntica à da Equação (10.12) para a frequência ressonante, f_{res}, de um ressonador Fabry-Perot, na Figura 10.3. Perceba também que $\beta = \beta_z = 0$ na Equação (13.4) dá $\theta_i = 0$, o que significa que uma onda em um guia de onda retangular com uma frequência

ressonador

$$f = f_c = f_{res} \quad (\beta_z = 0\,,\ \theta_i = 0) \tag{13.18}$$

oscila para cima e para baixo (incidência normal) entre as paredes do guia de onda, como na Figura 10.3, e não se propaga ao longo do eixo z, e este é o caso da Figura 13.2 para $m = 4$. Assim, o guia de ondas na Figura 13.1 no corte se comporta como um ressonador Fabry-Perot (na ressonância), que é outra explicação para ondas não propagadoras em $f = f_c$ na Equação (13.17).

Por fim, note que a frequência de corte de uma onda TEM, em uma linha de transmissão, Figura 11.1, cujo coeficiente de fase (β) é dado na Equação (11.16), é

ondas TEM em linhas de transmissão

$$f_c = 0. \tag{13.19}$$

Ou seja, ao contrário das ondas TE (ou TM) em guias de onda, não há limite de frequência inferior teórica para a existência e propagação das ondas TEM em linhas de transmissão. Além disso, como sabemos pela Seção 3.12, até mesmo as tensões cc e correntes, em $f = 0$, podem existir nas linhas, assim sua faixa de frequência de operação teórica é de fato $f \geq 0$.

13.3 MODO DOMINANTE DO GUIA DE ONDA

Com base nas equações (13.13) e (13.14), a frequência de corte do modo TE_{10} em um guia de ondas retangular (Figura 13.1) é

frequência de corte, modo TE_{10}

$$(f_c)_{10} = \frac{c}{2a}, \tag{13.20}$$

e o comprimento de onda de corte

comprimento de onda de corte, modo TE_{10}

$$(\lambda_c)_{10} = \frac{c}{(f_c)_{10}} = 2a. \tag{13.21}$$

Note que a dimensão transversal a do guia de ondas é igual a um corte de meia onda ($\lambda_c/2$) para o modo TE_{10}. Assim, para a frequência de operação dada, f, da onda, a deve ser maior do que a meia onda intrínseca do dielétrico guia, $a > \lambda/2$, para a propagação deste modo ser possível [ver equações (13.15) e (8.112)]. O modo de ordem imediatamente superior (supondo $n = 0$), TE_{20} ($m = 2$), pode se propagar se a frequência f estiver acima $(f_c)_{20} = c/a = 2(f_c)_{10}$. Na faixa entre $(f_c)_{20}$ e a próxima frequência de corte na Equação (13.13), para $m = 3$, tanto TE_{10} como TE_{20} são possíveis. Como a frequência aumenta, mais e mais modos se propagarão se excitados. No entanto, há uma faixa de frequência exclusiva, entre $(f_c)_{10}$ e $(f_c)_{20}$, em que apenas um modo, o TE_{10}, pode se propagar, e daí o seu nome — modo dominante. Na prática, conforme uma onda se propaga pelo guia de ondas, cada descontinuidade em seu caminho [por exemplo, uma curva do guia de onda (canto), um cruzamento com outro condutor de ondas, uma fenda na parede do guia de onda ou um fio metálico inserido no guia] pode fazer que vários modos diferentes sejam excitados (para que as condições de contorno sejam satisfeitas na descontinuidade). Se f pertence a essa faixa exclusiva, denominada faixa dominante,

faixa de frequência dominante

$$\frac{c}{2a} < f \leq \frac{c}{a}, \tag{13.22}$$

de todos os modos excitados apenas o modo dominante propagará, enquanto todos os outros serão evanescentes.

A propagação multimodo por um guia de onda (com vários modos de propagação existentes ao mesmo tempo na estrutura — se a frequência f está acima dos pontos de corte de todos eles) é, em geral, indesejável, porque cada modo de propagação tem um coeficiente de fase diferente, β e assim diferentes velocidades de fase, v_p [ver equações (13.12), (13.13) e (9.35)]. Note que a v_p de um guia de onda retangular para modos arbitrários será discutida em uma seção posterior. Isto significa que os componentes modais diferentes do campo (multimodo) total se propagariam em diferentes velocidades de fase e, assim, chegam com atrasos de fase diferentes para a extremidade receptora do guia de ondas. Desse modo, as fases relativas dos componentes modais no corte transversal no receptor do guia de ondas seriam alteradas, e o campo recebido (sinal) distorcido (forma de sinal, ou seja, forma de onda, mudaria com o tempo). Além disso, como as configurações dos modos do campo individuais diferem entre si [ver Equação (13.7)], é quase impossível conceber um mecanismo de recepção para extrair a energia total do campo multimodo recebido. Isto é, como veremos em uma seção posterior, cada modo requer uma estrutura de acoplamento diferente (por exemplo, um conjunto distinto de sondas elétricas ou magnéticas) em um guia de ondas para a sua excitação (geração) ou recepção. É por isso que na maioria das vezes apenas frequências na Equação (13.22) e apenas o modo dominante são utilizados em aplicações do guia de onda. Por outro lado, mesmo na chamada operação *overmoded* de um guia de onda — em frequências acima da faixa dominante, os filtros de modo (que também serão discutidos mais tarde) são utilizados para remover modos de propagação indesejados e, para garantir isso, de novo, apenas um modo está presente na estrutura.

A constante multiplicativa $\underline{E}_{i0}$, assim como a intensidade do campo elétrico rms complexa da onda incidente na origem de coordenadas na Figura 10.13(a), está presente nas expressões de todos os componentes de campo nas equações (13.3) e (13.5). Sua magnitude, $|\underline{E}_{i0}|$, define a força do campo em cada ponto do guia de ondas, e o nível geral de energia levada pela onda, conforme determinado, por sua vez, pelas fontes do campo, ou seja, pela excitação do guia de onda (a ser discutido mais adiante). Multiplicando $\underline{E}_{i0}$ por 2, por exemplo, o campo ficará duas vezes mais forte em todos os lugares do guia de ondas, e a potência transmitida irá quadruplicar. Como $\underline{E}_{i0}$, é complexo, em geral, também pode introduzir um fator de fase constante, por causa da excitação, a todos os componentes do campo em cada ponto do guia de ondas. No entanto, na análise dos guias de onda com ondas TE é habitual designar o "valor de pico" na expressão complexa para o componente axial do vetor campo magnético, $\underline{H}_z$, no corte transversal do guia de ondas definido por $z = 0$ (Figura 13.1) por $\underline{H}_0$, e usar essa nova constante para definir o nível de potência do campo e a potência transmitida na estrutura. $\underline{H}_0$ é proporcional à $\underline{E}_{i0}$; para $m = 1$, as equações (13.5) e (13.6) produzem

$$\underline{H}_0 = \underline{H}_z\big|_{x=0,\ z=0} = -\frac{2\beta_x \underline{E}_{i0}}{\omega\mu} = -\frac{2\pi \underline{E}_{i0}}{\omega\mu a} \quad (m = 1). \quad (13.23)$$

Com isso, os componentes no campo do modo dominante (TE_{10}) tornam-se, segundo as equações (13.7), (13.5) e (13.6),

$\underline{E}_y$ – modo dominante (TE_{10})

$$\boxed{\underline{E}_y = -j\omega\mu \frac{a}{\pi} \underline{H}_0 \operatorname{sen}\left(\frac{\pi}{a}x\right) e^{-j\beta z}} \quad (13.24)$$

$\underline{H}_x$ – modo dominante (TE_{10})

$$\boxed{\underline{H}_x = j\beta \frac{a}{\pi} \underline{H}_0 \operatorname{sen}\left(\frac{\pi}{a}x\right) e^{-j\beta z}} \quad (13.25)$$

$\underline{H}_z$ – modo dominante (TE_{10})

$$\boxed{\underline{H}_z = \underline{H}_0 \cos\left(\frac{\pi}{a}x\right) e^{-j\beta z}} \quad (13.26)$$

($\underline{E}_x$, $\underline{E}_z$, $\underline{H}_y = 0$). A Figura 13.3 mostra as distribuições de campo do modo TE_{10}.

Como veremos nas próximas seções, os modos TE_{m0} ($m = 1, 2,...$) equações (13.7), (13.12) e (13.13) são apenas um subconjunto de todos os modos possíveis em um guia de ondas retangular (Figura 13.1). O conjunto completo inclui uma série infinita dupla de modos TE_{mn} (com $m, n = 0, 1, 2,...$, exceto o caso $m = n = 0$), que são uma combinação de múltiplas reflexões (ver Figura 13.2) de ambos os pares nas paredes paralelas do guia de ondas bem como modos TM_{mn} (transverso magnético) ($m, n = 1, 2,...$), com $\underline{H}_z = 0$ e $\underline{E}_z \neq 0$. No entanto, mesmo nessa extensa lista de possíveis modos de propagação, o modo TE_{10}, como será explicado, continua a ser o mais baixo e dominante. Assim, a generalização da teoria modal, que se segue, para incluir todos os possíveis modos de ordem superior não afeta a relevância e importância prática do modo TE_{10} e sua teoria apresentada nesta seção. Note que, enquanto a obtenção dos campos TE_{m0} (e TE_{10}) desta seção é feita apenas "reformatando" (e reinterpretando) a solução para o

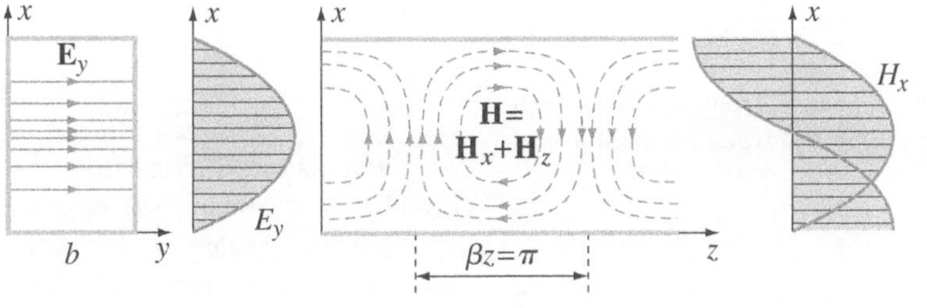

Figura 13.3
Configurações de campo do modo dominante (TE_{10}) em um guia de ondas retangular (Figura 13.1).

problema de reflexão da onda nas seções 10.5 e 10.6, a teoria dos modos arbitrários começará com as equações gerais de Maxwell e de onda no guia de ondas, e envolverá derivações complicadas e matematicamente mais formais do campo.

Exemplo 13.2

Corrente superficial e distribuições de carga nas paredes do guia de onda

Uma onda TE_{10} de frequência f se propaga por um guia de onda retangular metálico de dimensões transversais a e b, e os parâmetros dielétricos ε e μ (Figura 13.1). Os componentes do campo da onda são dados nas equações (13.24)-(13.26). Usando as condições de contorno, encontre as distribuições de correntes (a) superficial e cargas (b) superficial nas superfícies internas das paredes do guia de onda. (c) Mostre que as correntes e cargas em (a) e (b) estão inter-relacionadas pela equação da continuidade para as correntes superficiais de alta frequência.

Solução

(a) A superfície do vetor densidade de corrente, $\underline{\mathbf{J}}_s$, em cada uma das paredes interiores do guia de ondas é calculada pela condição de contorno para o vetor intensidade do campo magnético, $\underline{\mathbf{H}}$, sobre a parede de superfícies (CEP) como na Equação (10.13), com os componentes de campo $\underline{H}_x$ e $\underline{H}_z$ na estrutura sendo aquelas nas equações (13.25) e (13.26). Em específico, $\underline{\mathbf{J}}_s$ sobre a parede de fundo na Figura 13.1, onde $y = 0$, equivale a

$$(\underline{\mathbf{J}}_s)_{\text{fundo}} = \hat{\mathbf{n}} \times \underline{\mathbf{H}} = \hat{\mathbf{y}} \times (\underline{H}_x\hat{\mathbf{x}} + \underline{H}_z\hat{\mathbf{z}})\big|_{y=0} = = -\underline{H}_x\big|_{y=0}\,\hat{\mathbf{z}} + \underline{H}_z\big|_{y=0}\,\hat{\mathbf{x}} = = \underbrace{-\mathrm{j}\beta\,\frac{a}{\pi}\,\underline{H}_0 \operatorname{sen}\left(\frac{\pi}{a}x\right)\mathrm{e}^{-\mathrm{j}\beta z}}_{\underline{J}_{sz}}\,\hat{\mathbf{z}} + \underbrace{\underline{H}_0 \cos\left(\frac{\pi}{a}x\right)\mathrm{e}^{-\mathrm{j}\beta z}}_{\underline{J}_{sx}}\,\hat{\mathbf{x}}. \quad (13.27)$$

Sendo $\underline{\mathbf{H}}$ na parede superior ($y = b$) o mesmo que o do fundo do guia, os vetores densidade de corrente associados tornam-se opostos um ao outro,

$$(\underline{\mathbf{J}}_s)_{\text{superior}} = (-\hat{\mathbf{y}}) \times \underline{\mathbf{H}}\big|_{y=b} = -\hat{\mathbf{y}} \times \underline{\mathbf{H}}\big|_{y=0} = -(\underline{\mathbf{J}}_s)_{\text{fundo}}. \quad (13.28)$$

O componente x de $\underline{\mathbf{H}}$ é normal a parede esquerda, e, portanto, para $x = 0$,

$$(\underline{\mathbf{J}}_s)_{\text{esquerda}} = \hat{\mathbf{x}} \times (\underline{H}_z\hat{\mathbf{z}})\big|_{x=0} = \underbrace{-\underline{H}_0\,\mathrm{e}^{-\mathrm{j}\beta z}}_{\underline{J}_{sy}}\,\hat{\mathbf{y}}. \quad (13.29)$$

Por fim, na parede direita ($x = a$), $\underline{H}_z$ tem o valor oposto ao de $x = 0$, o que produz o mesmo resultado para $\underline{\mathbf{J}}_s$ nas duas paredes,

$$(\underline{\mathbf{J}}_s)_{\text{direita}} = (-\hat{\mathbf{x}}) \times (\underline{H}_z\hat{\mathbf{z}})\big|_{x=a} = -\underline{H}_0\,\mathrm{e}^{-\mathrm{j}\beta z}\,\hat{\mathbf{y}} = (\underline{\mathbf{J}}_s)_{\text{estquerda}}. \quad (13.30)$$

(b) Da mesma forma, aplicando a condição de contorno para o vetor $\underline{\mathbf{D}} = \varepsilon\underline{\mathbf{E}}$ como na Equação (10.15), tendo em mente que o único componente do campo elétrico existente na Figura 13.1 é $\underline{E}_y$, Equação (13.24), obtemos a densidade de carga supercial, $\underline{\rho}_s$, nas superfícies da parede interna, como segue:

$$(\underline{\rho}_s)_{\text{fundo}} = \hat{\mathbf{n}} \cdot \underline{\mathbf{D}} = \varepsilon\,\hat{\mathbf{y}} \cdot \left(\underline{E}_y\hat{\mathbf{y}}\right)\Big|_{y=0} = = -\mathrm{j}\omega\varepsilon\mu\,\frac{a}{\pi}\,\underline{H}_0 \operatorname{sen}\left(\frac{\pi}{a}x\right)\mathrm{e}^{-\mathrm{j}\beta z},$$

$$(\underline{\rho}_s)_{\text{superior}} = \varepsilon(-\hat{\mathbf{y}}) \cdot \left(\underline{E}_y\hat{\mathbf{y}}\right)\Big|_{y=b} = -(\underline{\rho}_s)_{\text{fundo}},$$

$$(\underline{\rho}_s)_{\text{esquerda}} = (\underline{\rho}_s)_{\text{direita}} = 0. \quad (13.31)$$

(c) Para verificar se as densidades de corrente e carga nas equações (13.27)-(13.31) satisfazem à equação de continuidade correspondente, Equação (10.14), calculamos a divergência superficial de $\underline{\mathbf{J}}_s$ em cada uma das paredes na Figura 13.1 e mostramos que ela é igual $-\mathrm{j}\omega$ vezes ρ_s no mesmo ponto. Para a parede de fundo,

$$\nabla_s \cdot (\underline{\mathbf{J}}_s)_{\text{fundo}} = \frac{\partial \underline{J}_{sx}}{\partial x} + \frac{\partial \underline{J}_{sz}}{\partial z} = = -\underline{H}_0\,\frac{\pi}{a} \operatorname{sen}\left(\frac{\pi}{a}x\right)\mathrm{e}^{-\mathrm{j}\beta z} + + (-\mathrm{j}\beta)^2\,\frac{a}{\pi}\,\underline{H}_0 \operatorname{sen}\left(\frac{\pi}{a}x\right)\mathrm{e}^{-\mathrm{j}\beta z} = = -\frac{a}{\pi}\,\underline{H}_0 \operatorname{sen}\left(\frac{\pi}{a}x\right)\mathrm{e}^{-\mathrm{j}\beta z}\underbrace{\left(\frac{\pi^2}{a^2} + \beta^2\right)}_{\omega^2\varepsilon\mu} = = -\mathrm{j}\omega\left[-\mathrm{j}\omega\varepsilon\mu\,\frac{a}{\pi}\,\underline{H}_0 \operatorname{sen}\left(\frac{\pi}{a}x\right)\mathrm{e}^{-\mathrm{j}\beta z}\right] = = -\mathrm{j}\omega(\underline{\rho}_s)_{\text{fundo}}, \quad (13.32)$$

uma vez que, usando as equações (13.12), (13.20), (9.18) e (8.48),

$$\beta^2 = \frac{\omega^2}{c^2}\left(1 - \frac{c^2}{4a^2f^2}\right) = \omega^2\varepsilon\mu - \frac{\pi^2}{a^2} \quad \left(c = \frac{1}{\sqrt{\varepsilon\mu}}\right). \quad (13.33)$$

A relação (e sua derivação) para a parede superior é apenas aquela na Equação (13.32) multiplicada por -1. Como $\underline{\mathbf{J}}_s$ nas duas paredes restantes é um vetor y direcionado dependendo apenas da coordenada z, sua divergência é zero,

$$\nabla_s \cdot (\underline{\mathbf{J}}_s)_{\text{esquerda}} = \frac{\partial \underline{J}_{sy}(z)}{\partial y} = 0 = -\mathrm{j}\omega(\underline{\rho}_s)_{\text{esquerda}}, \quad (13.34)$$

e o mesmo para $(\underline{\mathbf{J}}_s)_{\text{direito}}$, ou seja, essas correntes não são associadas a qualquer carga de superfície em excesso, como em (b).

13.4 ANÁLISE GERAL MODAL TE DO GUIA DE ONDA RETANGULAR

Vamos agora reconstruir a teoria do campo geral de uma linha de transmissão com uma onda TEM na Figura 11.1 a partir da Seção 11.1 para analisar ondas arbitrárias TE, ou seja, um conjunto completo de modos de onda TE_{mn}, em um guia de ondas retangular, Figura 13.1. A análise modal das ondas TM segue na próxima seção. Em geral, uma solução para os campos no guia de onda deve satisfazer às equações de Maxwell de fonte livre para um dielétrico (perfeito) dos parâmetros ε e μ (dielétrico guia de onda), as equações (11.1)-(11.4), bem como as equações de Helmholtz correspondentes, equações (9.8) e (9.9), que são combinações das equações de Maxwell. A solução também está sujeita às condições de contorno nas paredes do guia de onda (CEP), as equações (131). Para uma onda TE, adicionamos um componente (axial) longitudinal do campo magnético, $\underline{\mathbf{H}}_z$, para as equações (11.8),

onda TE

$$\boxed{\underline{\mathbf{E}} = \underline{\mathbf{E}}_t \quad (\underline{\mathbf{E}}_z = 0) \quad \text{e} \quad \underline{\mathbf{H}} = \underline{\mathbf{H}}_t + \underline{\mathbf{H}}_z.} \tag{13.35}$$

Esse é o único componente de campo axial existente no sistema, e é habitual e conveniente usá-lo como a grandeza essencial desconhecida no processo de solução. Em nossa análise, portanto, primeiro expressamos todos os outros componentes do campo elétrico e magnético (diferente de zero) em termos de $\underline{\mathbf{H}}_z$, para então resolvê-los e, por fim, obtemos a imagem completa do campo a solução para $\underline{\mathbf{H}}_z$.

Para este primeiro passo, precisamos do rotacional das duas equações de Maxwell, as equações (11.1) e (11.2), e na verdade apenas os componentes transversais (projeções) destas equações após sua decomposição em componentes transversal e longitudinal como nas equações (11.10) e (11.11). Em outras palavras, precisamos da primeira relação nas equações (11.10), que permanece a mesma para a onda TEM, e a primeira das equações (11.11), que, no caso TE, adquirem um termo adicional no lado esquerdo, causado por um $\underline{\mathbf{H}}_z$ diferente de zero. A versão TE dessa última relação é obtida por uma decomposição semelhante transversal × longitudinal como na Equação (11.9), e temos

$$\underline{\gamma}\,\hat{\mathbf{z}} \times \underline{\mathbf{E}}_t = j\omega\mu\underline{\mathbf{H}}_t,$$
$$\underline{\gamma}\,\hat{\mathbf{z}} \times \underline{\mathbf{H}}_t - \nabla_t \times \underline{\mathbf{H}}_z = -j\omega\varepsilon\underline{\mathbf{E}}_t. \tag{13.36}$$

Note que essas relações também são usadas no caso TEM (com $\underline{\mathbf{H}}_z = 0$) para calcular, na Equação (11.15), o coeficiente de propagação (γ) de uma linha de transmissão, Equação (11.16).

Sem dúvida, a solução para os campos do guia de onda que procuramos será descrita no sistema de coordenadas cartesianas na Figura 13.1, como nas equações (13.24)-(13.26), e, portanto, ainda decomporemos os campos transversais, $\underline{\mathbf{E}}_t$ e $\underline{\mathbf{H}}_t$, bem como o operador de transversal, ∇t, em componentes x e y. A representação cartesiana completa dos vetores de campo e ∇t [ver Equação (11.6)] lê

$$\underline{\mathbf{E}}_t = \underline{E}_x\,\hat{\mathbf{x}} + \underline{E}_y\,\hat{\mathbf{y}}, \quad \underline{\mathbf{H}}_t = \underline{H}_x\,\hat{\mathbf{x}} + \underline{H}_y\,\hat{\mathbf{y}},$$
$$\underline{\mathbf{H}}_z = \underline{H}_z\,\hat{\mathbf{z}}, \quad \nabla_t = \frac{\partial}{\partial x}\,\hat{\mathbf{x}} + \frac{\partial}{\partial y}\,\hat{\mathbf{y}}. \tag{13.37}$$

Substituindo estas expressões nas equações (13.36), usamos o vetor indicado rotacional e produtos como

$$\hat{\mathbf{z}} \times \underline{\mathbf{E}}_t = \underline{E}_x\,\hat{\mathbf{y}} - \underline{E}_y\,\hat{\mathbf{x}},$$
$$\nabla_t \times \underline{\mathbf{H}}_z = -\frac{\partial \underline{H}_z}{\partial x}\,\hat{\mathbf{y}} + \frac{\partial \underline{H}_z}{\partial y}\,\hat{\mathbf{x}}, \tag{13.38}$$

e de modo similar para $\hat{\mathbf{z}} \times \underline{\mathbf{H}}_t$. Igualando então os componentes x e y, respectivamente, nos dois lados das equações dá

$$-\underline{\gamma}\underline{E}_y = j\omega\mu\underline{H}_x, \quad \underline{\gamma}\underline{E}_x = j\omega\mu\underline{H}_y,$$
$$\frac{\partial \underline{H}_z}{\partial y} + \underline{\gamma}\underline{H}_y = j\omega\varepsilon\underline{E}_x, \quad \frac{\partial \underline{H}_z}{\partial x} + \underline{\gamma}\underline{H}_x = -j\omega\varepsilon\underline{E}_y. \tag{13.39}$$

Essas quatro equações podem ser resolvidas com facilidade para $\underline{E}_x, \underline{E}_y, \underline{H}_x$ e $\underline{H}_y$ — em termos de $\underline{H}_z$, ou seja, sua derivada em relação a x e y. Isto é, combinando a segunda e a terceira equações de um lado, e a primeira e a quarta do outro, podemos eliminar $\underline{H}_y$ e $\underline{H}_x$, e resolver $\underline{E}_x$ e $\underline{E}_y$. Substituindo estas soluções nas duas últimas equações, resolvemos então $\underline{H}_y$ e $\underline{H}_x$. Introduzindo uma nova constante k como

$$k^2 = \underline{\gamma}^2 + \omega^2\varepsilon\mu = -\beta^2 + \omega^2\varepsilon\mu$$
$$(\underline{\gamma} = j\beta, \quad \beta = \beta_z), \tag{13.40}$$

onde $\beta = \beta_z$ é o coeficiente de fase do guia de ondas ($\underline{\gamma}$ é puramente imaginário, pois o guia de onda supostamente não apresentam perdas), temos

$$\underline{E}_x = -\frac{j\omega\mu}{k^2}\frac{\partial \underline{H}_z}{\partial y}, \quad \underline{E}_y = \frac{j\omega\mu}{k^2}\frac{\partial \underline{H}_z}{\partial x},$$
$$\underline{H}_x = -\frac{\underline{\gamma}}{k^2}\frac{\partial \underline{H}_z}{\partial x}, \quad \underline{H}_y = -\frac{\underline{\gamma}}{k^2}\frac{\partial \underline{H}_z}{\partial y}. \tag{13.41}$$

Na próxima etapa, buscaremos uma solução para a incógnita essencial, $\underline{H}_z$. Para esse fim, usamos o campo magnético da equação Helmholtz, Equação (9.9),

$$\nabla^2\underline{\mathbf{H}} + \omega^2\varepsilon\mu\underline{\mathbf{H}} = 0, \tag{13.42}$$

que pode ser dissociado em três equações escalares Helmholtz, para cada um dos componentes de $\underline{\mathbf{H}}$, como nas equações (9.10). Para o componente z (aqui, não estamos interessados nas outras duas equações escalares),

$$\nabla^2\underline{H}_z + \omega^2\varepsilon\mu\underline{H}_z = 0. \tag{13.43}$$

Segundo a Equação (11.6), o laplaciano para ondas em propagação no eixo z é decomposto em seus componentes transversal e axial como

$$\nabla^2 = \nabla \cdot \nabla = (\nabla_t - \underline{\gamma}\,\hat{\mathbf{z}}) \cdot (\nabla_t - \underline{\gamma}\,\hat{\mathbf{z}}) = \nabla_t^2 + \underline{\gamma}^2. \tag{13.44}$$

Com isso, e tendo em mente a Equação (13.40), a Equação (13.43) torna-se

$$\nabla_t^2\underline{H}_z + k^2\underline{H}_z = 0. \tag{13.45}$$

Escrevendo k^2 como uma soma de outras duas constantes positivas,

$$k^2 = \beta_x^2 + \beta_y^2, \tag{13.46}$$

e usando a Equação (2.94), por fim ficamos com a seguinte versão da equação escalar de Helmholtz para o campo $\underline{H}_z$ axial, adequada para solução:

$$\frac{\partial^2 \underline{H}_z}{\partial x^2} + \frac{\partial^2 \underline{H}_z}{\partial y^2} + (\beta_x^2 + \beta_y^2)\underline{H}_z = 0. \tag{13.47}$$

Esta é uma equação diferencial homogênea (fonte livre) de segunda ordem de duas variáveis (coordenadas x e y), com $\underline{H}_z$ como incógnita. No entanto, pode ser considerada uma soma de duas equações homogêneas diferenciais de segunda ordem correspondentes em uma única variável (x ou y), cada uma da forma

$$\frac{\mathrm{d}^2 f}{\mathrm{d}x^2} + A^2 f = 0 \quad \longrightarrow \quad f \sim \cos Ax,\ \operatorname{sen} Ax, \tag{13.48}$$

com o cosseno e o seno de Ax, vezes uma constante, como indicado, sendo suas soluções gerais.[5] Uma vez que, além disso, a Equação (13.47) não contém qualquer derivado com relação a z, o fator de propagação de $\mathrm{e}^{-\underline{\gamma} z}$ pode facilmente ser incluído, como uma constante multiplicativa (com relação a x e y), nas soluções [note que esta dependência dos campos na coordenada z já está estipulada no procedimento de solução pelas equações (11.6) e (13.44)].[6] Em consequência, a solução geral para $\underline{H}_z$ em nosso problema é

$$\underline{H}_z = (\underline{A}\cos\beta_x x + \underline{B}\operatorname{sen}\beta_x x)(\underline{C}\cos\beta_y y + \underline{D}\operatorname{sen}\beta_y y)\,\mathrm{e}^{-\underline{\gamma} z}, \tag{13.49}$$

que pode ser verificado com facilidade por substituição direta na Equação (13.47).[7]

As constantes $\underline{B}$, $\underline{D}$, β_x e β_y na Equação (13.49) são determinadas pelas condições de contorno de paredes do guia de onda, equações (13.1). Segundo as equações (13.41) e (13.49), os componentes do vetor campo elétrico no dielétrico são

$$\underline{E}_x = -\frac{\mathrm{j}\omega\mu\beta_y}{k^2}(\underline{A}\cos\beta_x x + \underline{B}\operatorname{sen}\beta_x x)(-\underline{C}\operatorname{sen}\beta_y y + \underline{D}\cos\beta_y y)\,\mathrm{e}^{-\underline{\gamma} z}, \tag{13.50}$$

$$\underline{E}_y = \frac{\mathrm{j}\omega\mu\beta_x}{k^2}(-\underline{A}\operatorname{sen}\beta_x x + \underline{B}\cos\beta_x x)(\underline{C}\cos\beta_y y + \underline{D}\operatorname{sen}\beta_y y)\,\mathrm{e}^{-\underline{\gamma} z} \tag{13.51}$$

($\underline{E}_z = 0$). A condição $\underline{\mathbf{E}}_{\tan} = 0$ na parede esquerda na Figura 13.1 (onde $x = 0, 0 \le y \le b$ e $-\infty < z < \infty$) e parede de fundo ($y = 0, 0 \le x \le a, -\infty < z < \infty$) gera

$$\underline{E}_y\Big|_{x=0} = 0 \longrightarrow \underline{B} = 0,\quad \underline{E}_x\Big|_{y=0} = 0 \longrightarrow \longrightarrow \underline{D} = 0. \tag{13.52}$$

Com $\underline{B} = \underline{D} = 0$ nas equações (13.50) e (13.51), a mesma condição nas duas outra paredes resulta, como na Equação (13.6), em

$$\underline{E}_y\Big|_{x=a} = 0 \longrightarrow \beta_x = \frac{m\pi}{a},\quad \underline{E}_x\Big|_{y=b} = 0 \longrightarrow \longrightarrow \beta_y = \frac{n\pi}{b} \tag{13.53}$$

($m, n = 0, 1, 2, \ldots$). Note que, segundo as equações (13.39), $\underline{E}_y$ é proporcional à $\underline{H}_x$ e $\underline{E}_x$ a $\underline{H}_y$, o que significa que a condição de contorno para $\underline{E}_y$ em $x = 0$ define automaticamente a condição para a $\underline{H}_x$, portanto, para o componente normal de $\underline{\mathbf{H}}$, na mesma parede e de modo análogo para as outras três condições nas equações (13.52) e (13.53). Em outras palavras, pelas equações (13.52) e (13.53), a condição $\underline{\mathbf{H}}_{\text{normal}} = 0$ é imposta também em todas as paredes do guia de onda, produzindo os mesmos valores das quatro constantes transversais determinadas ($\underline{B}$, $\underline{D}$, β_x e β_y) na Equação (13.49). Mesclando as duas constantes transversais restantes em um, $\underline{H}_0 = \underline{A}\underline{C}$, a solução para $\underline{H}_z$ é

$\underline{H}_z$ – modo TE_{mn}

$$\underline{H}_z = \underline{H}_0 \cos\left(\frac{m\pi}{a}x\right)\cos\left(\frac{n\pi}{b}y\right)\mathrm{e}^{-\mathrm{j}\beta z}, \tag{13.54}$$

onde $\underline{H}_0$, como na Equação (13.26), é o complexo espacial "valor de pico" (para $x = y = 0$) de $\underline{H}_z$ no corte transversal do guia de onda definido por $z = 0$, usado para definir o nível de intensidade de campo em cada ponto do guia de ondas e, em consequência, da potência transmitida no guia de onda, conforme determinado

5 As funções exponenciais $\mathrm{e}^{\mathrm{j}Ax}$ e $\mathrm{e}^{-\mathrm{j}ax}$ também são soluções gerais da Equação (13.48), como as expressões plano-onda nas equações (9.36) satisfazem as equações unidimensionais Helmholtz nas equações (9.37). No entanto, com base nas equações (8.61) e (10.7), cada um dos dois conjuntos de soluções é uma combinação linear dos outros. Em outras palavras, ambas as ondas estacionárias e móveis são soluções gerais das equações Helmholtz regentes, e a forma final das expressões (onda) de campo (móveis x estática) depende das condições de contorno relevantes para o problema.

6 Na verdade, estamos resolvendo uma equação Helmholtz bidimensional, nas variáveis x e y somente, com uma dependência já prescrita em z na solução.

7 Note que a parte da solução para $\underline{H}_z\ (x, y, z)$ na Equação (13.49) que depende de coordenadas transversas (x, y) só pode ser escrita como $\underline{H}_z(x, y, 0) = f(x)g(y)$, ou seja, como um produto de funções que cada uma depende de uma única variável (x ou y). Esta expressão, na qual as variáveis são separadas entre duas funções independentes (f e g), pode de fato ser usada como ponto de partida de um processo mais geral e formal para resolver a equação de Helmholtz em nosso problema. Ou seja, a sua substituição na Equação (13.47), supondo que $z = 0$, e depois a divisão (de ambos os lados) da equação assim obtida por fg, levam à decomposição explícita da equação de Helmholtz em duas equações de uma variável do tipo na Equação (13.48), que resolvida (à parte) para f e g, dá, é claro, o mesmo resultado que na Equação (13.49). Isto constitui o chamado método de separação de variáveis, que é uma técnica geral de análise para a resolução de equações de onda e Helmholtz, e equações diferenciais parciais similares em múltiplas variáveis.

pela excitação de guia de onda (fontes de campo). Usando as equações (13.41), os outros componentes de campo são

$\underline{E}_x$ – modo TE_{mn}

$$\underline{E}_x = \frac{j\omega\mu}{k^2}\frac{n\pi}{b}\underline{H}_0\cos\left(\frac{m\pi}{a}x\right)\text{sen}\left(\frac{n\pi}{b}y\right)e^{-j\beta z}, \quad (13.55)$$

$\underline{E}_y$ – modo TE_{mn}

$$\underline{E}_y = -\frac{j\omega\mu}{k^2}\frac{m\pi}{a}\underline{H}_0\,\text{sen}\left(\frac{m\pi}{a}x\right)\cos\left(\frac{n\pi}{b}y\right)e^{-j\beta z}, \quad (13.56)$$

$\underline{H}_x$ – modo TE_{mn}

$$\underline{H}_x = \frac{j\beta}{k^2}\frac{m\pi}{a}\underline{H}_0\,\text{sen}\left(\frac{m\pi}{a}x\right)\cos\left(\frac{n\pi}{b}y\right)e^{-j\beta z}, \quad (13.57)$$

$\underline{H}_y$ – modo TE_{mn}

$$\underline{H}_y = \frac{j\beta}{k^2}\frac{n\pi}{b}\underline{H}_0\cos\left(\frac{m\pi}{a}x\right)\text{sen}\left(\frac{n\pi}{b}y\right)e^{-j\beta z}, \quad (13.58)$$

e $\underline{E}_z = 0$, onde $m, n = 0, 1, 2,...$ com a restrição de que apenas um dos índices de modo pode ser zero [a possibilidade de $m = n = 0$ é eliminada, porque implicaria que todos os componentes do campo transversal, nas equações (13.55)-(13.58), sejam zero]. As equações (13.54)-(13.58) representam o campo de um modo TE_{mn} no guia de ondas (há um número infinito de casal de tais modos). O coeficiente de fase do guia de onda, β, e o parâmetro k^2 nestas expressões também são funções de m e n. Ou seja, as equações (13.46) e (13.53) dão

$$k^2 = \beta_x^2 + \beta_y^2 = \left(\frac{m\pi}{a}\right)^2 + \left(\frac{n\pi}{b}\right)^2, \quad (13.59)$$

e β é então calculado conforme a Equação (13.40). Sua dependência de m e n será discutida em uma seção separada. Configurações de campo para modos selecionados são ilustrados na Figura 13.4 (página seguinte). As expressões de campo correspondentes para o modo dominante, TE_{10}, nas equações (13.24)-(13.26) são um caso especial daqueles nas equações (13.54)-(13.58), com $m = 1$ e $n = 0$; modos TE_{m0} ($m = 1, 2,...$) na Equação (13.7) são um subconjunto de modos TE_{mn}, bem como, para $n = 0$.

13.5 MODOS TM EM UM GUIA DE ONDA RETANGULAR

Para uma onda TM em um guia de onda retangular (Figura 13.1), as equações (13.35) tornam-se

onda TM

$$\underline{\mathbf{E}} = \underline{\mathbf{E}}_t + \underline{\mathbf{E}}_z \quad \text{e} \quad \underline{\mathbf{H}} = \underline{\mathbf{H}}_t \quad (\underline{\mathbf{H}}_z = 0), \quad (13.60)$$

e a grandeza incógnita essencial é agora $\underline{\mathbf{E}}_z$. No lugar das equações (13.36), temos

$$\underline{\gamma}\,\hat{\mathbf{z}} \times \underline{\mathbf{E}}_t - \nabla_t \times \underline{\mathbf{E}}_z = j\omega\mu\underline{\mathbf{H}}_t,$$
$$\underline{\gamma}\,\hat{\mathbf{z}} \times \underline{\mathbf{H}}_t = -j\omega\varepsilon\underline{\mathbf{E}}_t, \quad (13.61)$$

e com derivações análogas como nas equações (13.37) –(13.41), as expressões para os outros componentes de campo diferente de zero em termos de $\underline{E}_z$ são

$$\underline{E}_x = -\frac{\underline{\gamma}}{k^2}\frac{\partial \underline{E}_z}{\partial x}, \quad \underline{E}_y = -\frac{\underline{\gamma}}{k^2}\frac{\partial \underline{E}_z}{\partial y},$$
$$\underline{H}_x = \frac{j\omega\varepsilon}{k^2}\frac{\partial \underline{E}_z}{\partial y}, \quad \underline{H}_y = -\frac{j\omega\varepsilon}{k^2}\frac{\partial \underline{E}_z}{\partial x},$$
$$\underline{\gamma} = j\beta, \quad k^2 = -\beta^2 + \omega^2\varepsilon\mu. \quad (13.62)$$

Seguindo então o procedimento nas equações (13.42)-(13.49), acomodados no caso TM, a solução geral da equação escalar de Helmholtz transversal para $\underline{E}_z$,

$$\nabla_t^2\underline{E}_z + k^2\underline{E}_z = 0, \quad k^2 = \beta_x^2 + \beta_y^2, \quad (13.63)$$

é dado por

$$\underline{E}_z = (\underline{A}'\cos\beta_x x + \underline{B}'\,\text{sen}\,\beta_x x)$$
$$(\underline{C}'\cos\beta_y y + \underline{D}'\,\text{sen}\,\beta_y y)\,e^{-\underline{\gamma}z}. \quad (13.64)$$

Da mesma forma que as equações (13.52), a partir da condição de contorno $\underline{E}_z = 0$ para $x = 0$ e $y = 0$, obtém-se $A' = 0$ e $C' = 0$, respectivamente. A mesma condição ($\underline{E}_z = 0$) em $x = a$ e $y = b$, em seguida, dá as mesmas soluções para β_x e β_y como nas equações (13.53). Com as equações (13.62) e (13.63), isso significa que o coeficiente fase do guia de onda, β, é o mesmo para ondas TM e TE, para o mesmo número de modo (m, n). Na próxima seção, discutiremos β e a frequência de corte dos modos arbitrários TE e TM. Apresentando $\underline{E}_0 = \underline{B}'\,\underline{D}'$, por fim temos

$\underline{E}_z$ – modo TM_{mn}

$$\underline{E}_z = \underline{E}_0\,\text{sen}\left(\frac{m\pi}{a}x\right)\text{sen}\left(\frac{n\pi}{b}y\right)e^{-j\beta z}, \quad (13.65)$$

de modo que as equações (13.62) resultam em

$\underline{E}_x$ – modo TM_{mn}

$$\underline{E}_x = -\frac{j\beta}{k^2}\frac{m\pi}{a}\underline{E}_0\cos\left(\frac{m\pi}{a}x\right)\text{sen}\left(\frac{n\pi}{b}y\right)e^{-j\beta z}, \quad (13.66)$$

$\underline{E}_y$ – modo TM_{mn}

$$\underline{E}_y = -\frac{j\beta}{k^2}\frac{n\pi}{b}\underline{E}_0\,\text{sen}\left(\frac{m\pi}{a}x\right)\cos\left(\frac{n\pi}{b}y\right)e^{-j\beta z}, \quad (13.67)$$

$\underline{H}_x$ – modo TM_{mn}

$$\underline{H}_x = \frac{j\omega\varepsilon}{k^2}\frac{n\pi}{b}\underline{E}_0\,\text{sen}\left(\frac{m\pi}{a}x\right)\cos\left(\frac{n\pi}{b}y\right)e^{-j\beta z}, \quad (13.68)$$

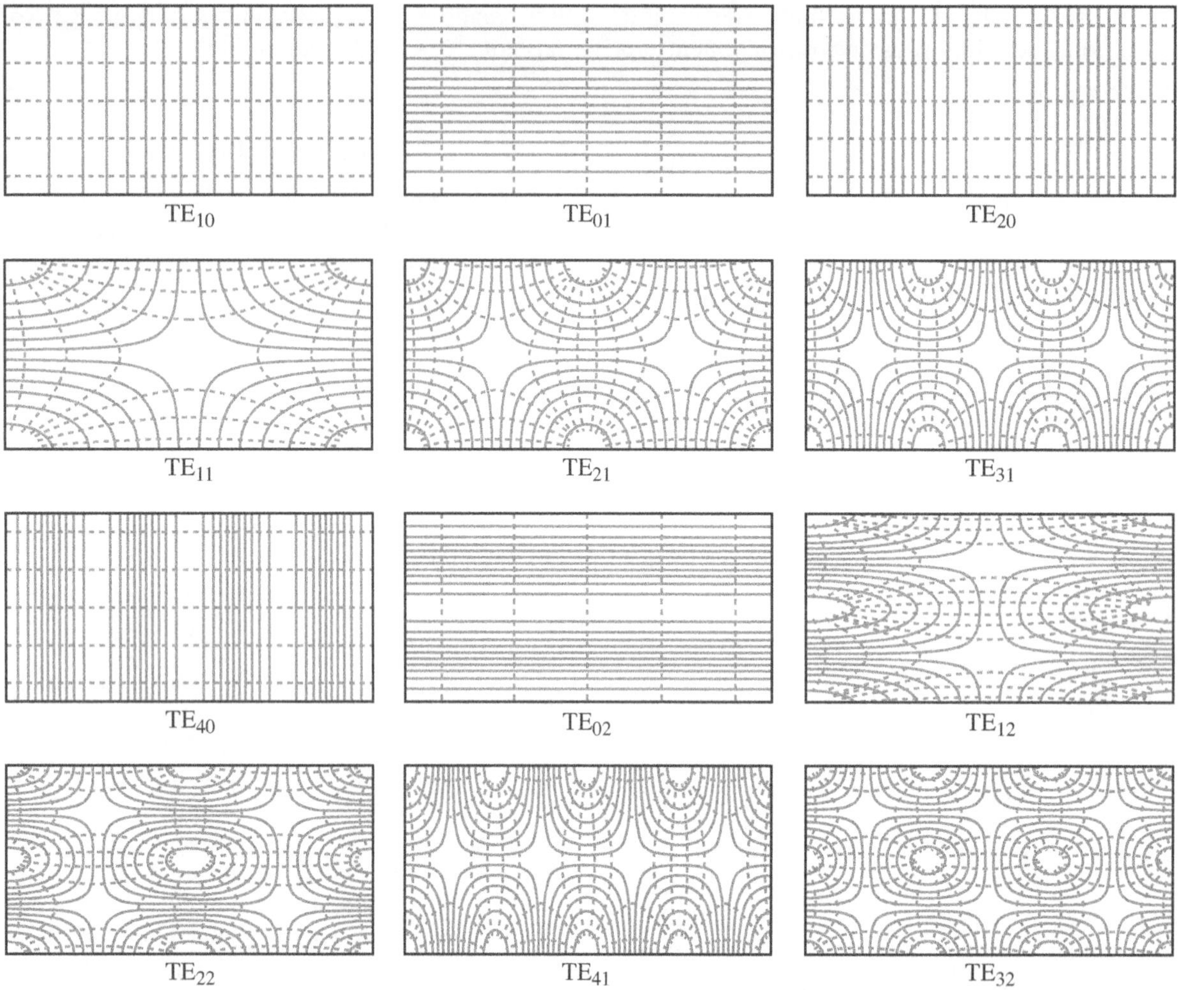

Figura 13.4

Distribuições de campo modal TE_{mn} selecionadas em um corte transversal de um guia de ondas retangular (Figura 13.1) com $a = 2b$ (campo elétrico – linha sólida, campo magnético – linha tracejada).

$\underline{H}_y$ – modo TM_{mn}

$$\underline{H}_y = -\frac{j\omega\varepsilon}{k^2}\frac{m\pi}{a}\underline{E}_0 \cos\left(\frac{m\pi}{a}x\right)\text{sen}\left(\frac{n\pi}{b}y\right)e^{-j\beta z} \quad (13.69)$$

($\underline{H}_z = 0$). Este é um modo TM_{mn} no guia de ondas (m, $n = 1, 2,...$). As expressões de campo são análogas àquelas nas equações (13.54)-(13.58), para o caso TE. O menor modo TM é o TM_{11}, uma vez que as possibilidades de um $m = 0$ ou $n = 0$ tornaria todos os componentes de campo nas equações (13.65)-(13.69) zero, e portanto eliminados. Na Figura 13.5 (pagina seguinte) estão configurações de campo TM_{mn} selecionados.

13.6 FREQUÊNCIAS DE CORTE DOS MODOS DO GUIA DE ONDA ARBITRÁRIA

Como mostrado nas duas seções anteriores, o coeficiente de fase β de um guia de onda retangular, Figura 13.1, é uma função dos índices de modo m e n, mas não depende do tipo da onda propagadora, ou seja, seja uma onda TE ou TM. Da Equação (13.40) ou (13.62), $\beta^2 = \omega^2/c^2 - k^2$, e, portanto

$$\beta = \frac{\omega}{c}\sqrt{1 - \frac{1}{f^2}\frac{c^2k^2}{4\pi^2}}, \quad c = \frac{1}{\sqrt{\varepsilon\mu}}, \quad (13.70)$$

onde a expressão modal para k^2 é dada pela Equação (13.59) em ambos os casos TE e TM. Vemos que β pode ser expresso da mesma forma como na Equação (13.12), com a frequência de corte, do modo TE_{mn} ou TM_{mn}, calculado como

frequência de corte, modo TE_{mn} ou TM_{mn}

$$f_c = (f_c)_{mn} = \frac{c}{2}\sqrt{\left(\frac{m}{a}\right)^2 + \left(\frac{n}{b}\right)^2} \quad (m, n = 0, 1, 2, \ldots). \quad (13.71)$$

Aqui, como explicado nas duas seções anteriores, tanto m quanto n, mas não ambos, pode ser zero para ondas TE, ao passo que nenhuma pode ser zero para ondas

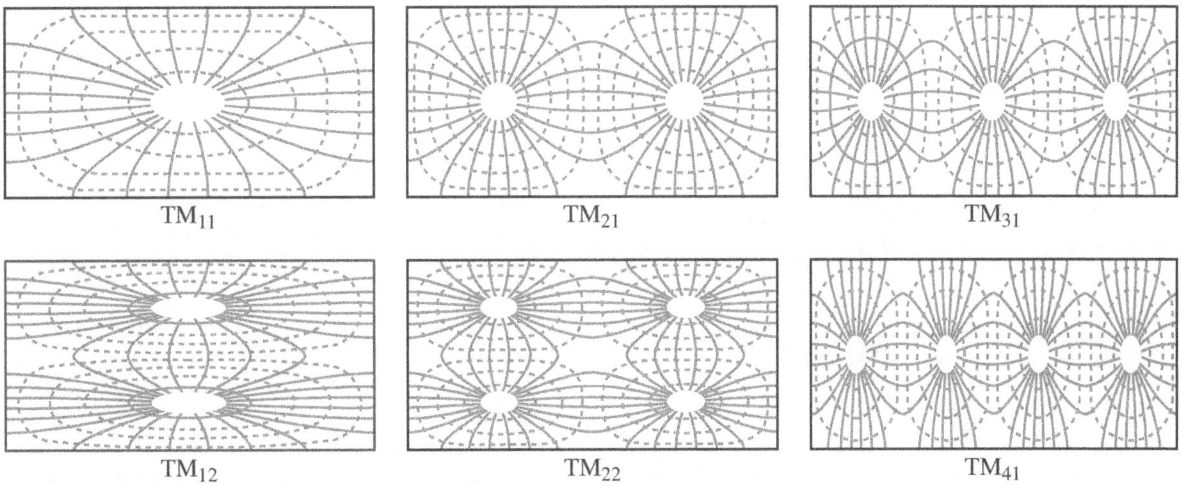

Figura 13.5

Padrões de campo no plano xy do guia de onda retangular selecionado ($a = 2b$) modos TM_{mn} (campo elétrico — linha contínua, o campo magnético — linha tracejada).

TM. Como para as expressões de campo de um modo TE_{mn} nas equações (13.54)-(13.58), esta expressão para $(f_c)_{mn}$ é a forma geral para um guia de ondas retangular, das expressões correspondentes para $(f_c)_{m0}$ ($n = 0$) na Equação (13.13) e $(f_c)_{10}$ ($m = 1$ e $n = 0$) na Equação (13.20), obtido na análise dos modos TE_{m0} e TE_{10}.

Tendo agora a expressão geral para a frequência de corte de um modo arbitrário, numeradas (m, n), vamos recordar o conceito e largura relativa da faixa de frequência dominante definida como a faixa de frequências f de uma onda em propagação em um guia de onda no qual apenas um modo de propagação é possível. Seja largura relativa da faixa especificada como a razão dos seus limites superiores e inferiores, f_2/f_1. A gama dominante para os modos TE_{m0} (para $n = 0$) é dada na Equação (13.22), onde $f_2/f_1 = 2$ [muitas vezes, escrevemos $f_2 : f_1 = 2 : 1$, e chamamos isso de faixa de frequência 2 : 1 (dois para um)[8]. Notamos aqui que é costume designar sempre as dimensões transversais do guia de ondas na Figura 13.1 de tal forma que $a \geq b$, onde a e b são as extensões do corte transversal do guia de onda nas direções x e y (como na figura). Simplesmente, na criação do sistema de coordenadas cartesianas para a análise, adotamos o eixo x na maior dimensão do guia. O caso $a = b$ (guia de onda quadrado) tem muito pouco significado prático, uma vez que produz $(f_c)_{01} = (f_c)_{10}$, segundo a Equação (13.71), para que o intervalo dominante não exista ($f_2 = f_1$). Portanto, supomos que $a > b$. Com isso, temos, na Equação (13.71), que o modo TE_{10} tem a menor frequência de corte entre todos os valores de m e n, e pode, em geral, ser considerado o modo dominante em um guia de onda retangular. Assim, $f_1 = (f_c)_{10}$, como para modos TE_{m0}, também no caso geral (m, n). A Equação (13.71) então nos diz que a frequência de corte superior seguinte, com relação a f_1, é uma das duas seguintes frequências:

$$(f_c)_{20} = \frac{c}{a} \quad (TE_{20} \text{ modo}),$$

$$(f_c)_{01} = \frac{c}{2b} \quad (TE_{01} \text{ modo}), \qquad (13.72)$$

e o qual define o limite superior do intervalo dominante, f_2, depende da relação das dimensões do guia de onda a/b (a chamada relação de aspecto do guia de onda). Em geral, gostaríamos de ter uma proporção que maximize f_2/f_1 (por que propagação multimodo em um guia de onda não é desejável, em geral, e o modo de funcionamento único preferido é explicado na Seção 13.3). Uma vez que $(f_c)_{20}/f_1 = 2$, como na Equação (13.22), independentemente de b, o f_2/f_1 máximo possível é 2. Por outro lado, a relação $(f_c)_{01}/f_1$ depende de b, e, para manter $f_2/f_1 = 2$, procuramos um a/b que coloca $(f_c)_{01}$ igual ou acima de $(f_c)_{20}$. Usando os valores das equações (13.72), vemos que

$$f_2/f_1 = 2 \longrightarrow (f_c)_{01} \geq (f_c)_{20} \longrightarrow a/b \geq 2. \qquad (13.73)$$

Assim, para $a \geq 2b$, o tamanho relativo da escala dominante é máximo (dois), e o intervalo é dado pela Equação (13.22). Na prática, as dimensões do corte transversal dos guias de onda retangulares são em geral escolhidos como (aproximadamente) $a = 2b$ [a menor proporção na Equação (13.73)],[9] que dá $(f_c)_{01} = (f_c)_{20}$. Um guia de onda com uma proporção 2 : 1, ou quase isso,

8 Note que uma faixa de frequência de f_1 para $f_2 = 2f_1$ também é referida como uma oitava; na música, oito ("octo") notas a partir de uma frequência acústica (som) f_1 e terminando no $2f_1$ formam uma oitava.

9 Como veremos em seções posteriores, proporções muito grandes a/b (acima de $a/b = 2$) para um guia de ondas retangular, embora de acordo com a Equação (13.73), são impraticáveis graças a uma atenuação crescente ao longo do guia de ondas e capacidade de transmissão de energia reduzida da estrutura.

guia de onda padrão

$$a = 2b \quad \text{ou} \quad a \approx 2b, \qquad (13.74)$$

é muitas vezes referido como um guia de onda padrão (ver Figura 13.6 no exemplo a seguir para uma representação gráfica ao longo do eixo da frequência das primeiras de várias frequências de corte de modos TE e TM em um guia de onda padrão).

Exemplo 13.3

Primeiras de várias frequências modais de corte em um guia de onda padrão

Considere um guia de onda padrão com dimensões transversais $a = 8$ cm e $b = 4$ cm, e dielétrica do ar. (a) Quais modos de onda podem se propagar neste guia de ondas em uma frequência de $f = 4{,}5$ GHz? (b) Qual é a faixa de frequência dominante do guia de ondas? (c) Repita (a) e (b) para $a = 4$ cm, $b = 2$ cm e $f = 9$ GHz.

Solução

(a) Usando as equações (13.20), (13.72) e (13.71), as primeiras várias frequências de corte modais para o guia de ondas parecem ser

$$(f_c)_{10} = \frac{c_0}{2a} = 1{,}875 \text{ GHz},$$
$$(f_c)_{20} = (f_c)_{01} = \frac{c_0}{a} = \frac{c_0}{2b} = 3{,}75 \text{ GHz},$$
$$(f_c)_{11} = \frac{c_0}{2}\sqrt{\frac{1}{a^2} + \frac{1}{b^2}} = 4{,}193 \text{ GHz},$$
$$(f_c)_{21} = \frac{c_0}{2}\sqrt{\frac{4}{a^2} + \frac{1}{b^2}} = 5{,}303 \text{ GHz}, \qquad (13.75)$$

onde c_0 é a velocidade da onda no espaço livre (o dielétrico do guia é o ar), Equação (9.19), e, na frequência de operação dada (f) da estrutura, a condição de propagação na Equação (13.15) é satisfeita para as quatro primeiras delas, como mostrado na Figura 13.6. Em consequência, a lista de possíveis modos de propagação no guia de ondas é a seguinte: TE_{10}, TE_{20}, TE_{01}, TE_{11} e TM_{11}.

(b) Na Figura 13.6, a faixa de frequência dominante, na qual apenas um modo de onda (o modo dominante, TE_{10}) pode se propagar, é dada por $f_1 = 1{,}875$ GHz $< f \leq f_2 = 3{,}75$ GHz. Claro que $f_2/f_1 = 2$ (para guias de onda padrão), como na Equação (13.73), e isso também está de acordo com a especificação do intervalo dominante na Equação (13.22).

(c) Se diminuirmos de modo proporcional as dimensões do guia de onda (a e b) e aumentarmos a frequência de operação (f) pelo mesmo fator, k ($k = 2$ neste caso), a distribuição relativa das frequências de corte nas equações (13.75) com relação à nova frequência f permanecerá a mesma, como na Figura 13.6, apenas com diferentes (o dobro) valores absolutos das frequências individuais. Isso é bem evidente na expressão geral para $(f_c)_{mn}$ na Equação (13.71), onde a substituição de a e b por a/k e b/k leva a uma mudança de $(f_c)_{mn}$ para $k\,(f_c)_{mn}$. Por fim, a mesma conclusão pode ser alcançada tendo em mente as equações (12.73), das quais percebemos que os guias de onda em (a) e (c) são eletricamente do mesmo tamanho, ou seja, têm dimensões iguais elétricas a/λ_0 e b/λ_0, em que $\lambda_0 = c_0/f$ é o comprimento de onda, Equação (8.112) ou (9.67), na frequência f no dielétrico do guia (ar, no nosso caso), e, portanto, os campos que apoiam devem ser de formas iguais (os mesmos modos). Assim, a lista dos modos que se propagariam se excitados, é a mesma que em (a).

Os limites das frequências inferior e superior da faixa de frequência dominante são ambos dobrados em comparação com o caso (b), ou seja, $f_1 = 3{,}75$ GHz e $f_2 = 7{,}5$ GHz. Notamos que, embora a largura dessa faixa (banda larga), $\Delta f = f_2 - f_1 = 3{,}75$ GHz, é o dobro que em (b), a relação de frequência de ligação f_2/f_1 permanece a mesma (igual a 2), e, a este respeito, podem-se considerar ambos os guias de onda, em (b) e (c), com 2 : 1 de largura de banda.

13.7 IMPEDÂNCIAS DE ONDA DAS ONDAS TE E TM

A primeira relação nas equações (13.36) e a segunda nas equações (13.61) nos dizem que os vetores de campo elétrico e magnético transversais, $\underline{\mathbf{E}}_t$ e $\underline{\mathbf{H}}_t$, de uma onda TE e TM, em um guia de onda retangular (Figura 13.1) são perpendiculares entre si, como na Equação (11.14). Além disso, indicam que a relação das intensidades de campo complexo transversal correspondente, $\underline{E}_t$ e $\underline{H}_t$, para cada tipo de onda vem a ser independente das coordenadas na Figura 13.1, e puramente reais, logo uma constante real. A relação $\underline{E}_t/\underline{H}_t$, por sua vez, define a impedância de onda de uma onda TE ou TM, de modo análogo ao caso TEM (por uma linha de transmissão), na Equação (11.19). Em especial, usando as equações (13.36), (13.40) e (13.12), a impedância de onda TEM, Z_{TE}, é igual a

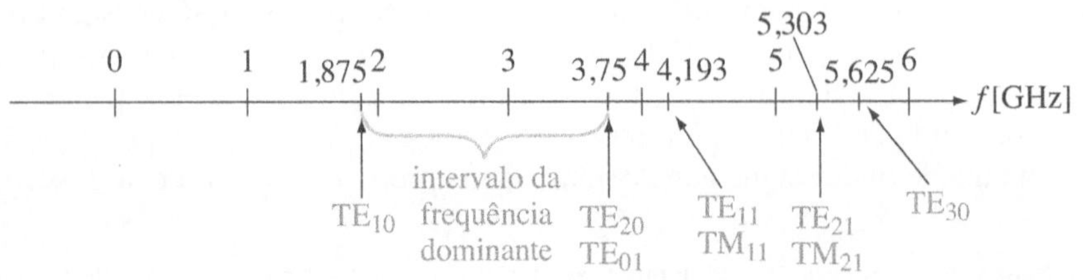

Figura 13.6
Primeiras de várias frequências de corte de modos TE_{mn} e TM_{mn}, Equação (13.71), em guia de onda padrão cheio de ar com $a = 8$ cm e $b = 4$ cm; para o Exemplo 13.3.

impedância de onda TE, modo arbitrário

$$Z_{TE} = \left(\frac{\underline{E}_t}{\underline{H}_t}\right)_{TE} = \frac{j\omega\mu}{\underline{\gamma}} = \frac{\omega\mu}{\beta} = \frac{\eta}{\sqrt{1 - f_c^2/f^2}}, \quad (13.76)$$

sendo $\mu c = \eta$, onde $c = 1/\sqrt{\varepsilon\mu}$ e $\eta = \sqrt{\varepsilon\mu}$ são a velocidade de fase intrínseca e impedância do dielétrico do guia de ondas. A frequência de corte do guia de ondas, f_c, por um modo (m, n) é dado na Equação (13.71), e Z_{TE}, para um modo TE_{mn}, depende do modo de índices m e n. Tendo em mente a expressão para $\beta = \beta_z$ nas equações (13.4), percebemos que a expressão para a impedância de onda $\underline{\eta}_w$ de uma onda TE na Equação (10.121), obtida pela análise de múltiplas reflexões na Figura 10.15, reduz-se a $\omega\mu/\beta$, tal como na Equação (13.76). Da mesma forma, as equações (13.61), (13.40) e (13.12) dão as seguintes expressões para a impedância da onda de uma onda TM_{mn}:

impedância de onda TM

$$Z_{TM} = \left(\frac{\underline{E}_t}{\underline{H}_t}\right)_{TM} = \frac{\underline{\gamma}}{j\omega\varepsilon} = \frac{\beta}{\omega\varepsilon} = \eta\sqrt{1 - \frac{f_c^2}{f^2}}. \quad (13.77)$$

Ao contrário do caso TEM, tanto as impedâncias[10] TE quanto TM são funções da frequência (f) da propagação da onda, como ilustrado na Figura 13.7.

Em toda a região de frequência de propagação (para $f > f_c$), $Z_{TE} > Z_{TEM}$ e $Z_{TM} < Z_{TEM}$, e seu produto (para o mesmo modo),

$$Z_{TE} Z_{TM} = Z_{TEM}^2, \quad (13.78)$$

é uma constante, igual a Z_{TEM} ou η quadrado, em que Z_{TEM} é a impedância de onda de uma onda TEM em uma linha de transmissão (com o mesmo dielétrico), Equação (11.19). Note que a Z_{TE} apresenta uma dependência de frequência da mesma forma que a impedância intrínseca do meio plasma, Equação (9.161). Na verdade, em frequências de propagação muito mais distantes do corte (para $f \gg f_c$), ambos Z_{TE} e Z_{TM} se aproximam de η assintoticamente, e a onda TE ou TM no guia de onda se propaga muito mais como uma onda TEM (em espaço livre). Para os modos TE_{m0}, isto também é evidente a partir da Equação (13.9), que nos diz que quanto maior a frequência (de uma onda TE_{m0}) maior θi na Figura 10.15, produzindo $\theta i = 90°$ para $f \gg f_c$ [$f_c = mc/(2a)$ para o modo TE_{m0}, Equação (13.13)]. Este, por sua vez, significa quase nenhuma reflexão no guia de ondas, com uma onda incidente apenas, na Figura 10.13 (a), propagação paralela às paredes na direção axial. De modo equivalente, $\theta i = 90°$ produz $\underline{\eta}_w = \eta$ na Equação (10.121).

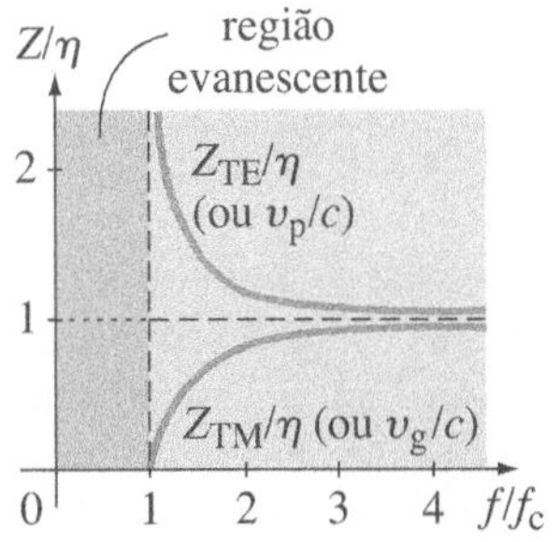

Figura 13.7

Esboço de impedâncias das ondas TE e TM (Z_{TE} e Z_{TM}) em um guia de ondas retangular (Figura 13.1), equações (13.76) e (13.77), normalizadas para a impedância intrínseca do dielétrico do guia de onda (η) como função da frequência da onda (f) normalizada para a frequência de corte do guia de onda (f_c). Estes mesmos gráficos representam a fase do guia de onda e velocidades de grupo (v_p e v_g), dada pelas equações (13.109) e (13.111) na Seção 13.10, normalizada para a velocidade de fase intrínseca do dielétrico do guia de onda (c) *versus* f/f_c.

Por outro lado, em frequências abaixo do corte (para $f < f_c$), ambos Z_{TE} e Z_{TM}, nas equações (13.76) e (13.77), tornam-se [ver também Equação (13.16)] puramente imaginárias (reativo). Isto está de acordo com o fato de não haver propagação das ondas eletromagnéticas, e sem fluxo de energia líquida real (pelas ondas) ao longo do guia de ondas em frequências evanescentes, Equação (13.17), que serão elaboradas na próxima seção.

De acordo com as equações (13.36), (13.76), (13.61), (13.77), (11.18) e (11.19), as seguintes relações vetoriais entre vetores de campo elétrico e magnético transversais de todos os três tipos de ondas eletromagnéticas guiadas (TE, TM e TEM) podem ser escritas:

relações vetoriais gerais para os campos transversais

$$\underline{\mathbf{H}}_t = \frac{1}{Z}\,\hat{\mathbf{z}} \times \underline{\mathbf{E}}_t, \quad \underline{\mathbf{E}}_t = Z\underline{\mathbf{H}}_t \times \hat{\mathbf{z}}$$
$$(Z = Z_{TE},\ Z_{TM} \text{ ou } Z_{TEM}), \quad (13.79)$$

que são as mesmas na forma como aquelas nas equações (9.22) para ondas uniformes planas (sem limites) também. Como alternativa, usando os componentes dos vetores de campo, podemos escrever [ver Equação (9.191)]

$$\frac{\underline{E}_x}{\underline{H}_y} = -\frac{\underline{E}_y}{\underline{H}_x} = Z. \quad (13.80)$$

Observe que, para as ondas TE e TM, essas relações de componente também acompanham das equações (13.41) e (13.62), respectivamente.

10 Note que, assim como para a impedância de onda TEM na Equação (11.19), e analogamente a Equação (10.11) para ondas planas uniformes sem limites, as expressões para as impedâncias de onda TE e TM nas equações (13.76) e (13.77) são dadas apenas para uma única onda TE ou TM viajando no guia de ondas. Isto é, como veremos em uma seção posterior, se houver também uma onda retornando (refletida), se propagando na direção z negativa na Figura 13.1, a razão $\underline{E}_t/\underline{H}_t$ para a onda resultante TE ou TM (para a frente mais para trás) é uma função de z.

13.8 FLUXO DE POTÊNCIA AO LONGO DE UM GUIA DE ONDA

Vamos agora avaliar o fluxo de potência associado a uma onda TE ou TM viajando ao longo de um guia de ondas retangular, na Figura 13.1. Porque as paredes do guia de onda são consideradas perfeitamente condutoras, a onda não penetra em todas elas. Portanto, como na Equação (11.21), a potência complexa transportada pela onda ao longo do eixo z é igual ao fluxo do vetor de Poynting complexo da onda através de um corte transversal do guia dielétrico, S_d. Da Equação (8.192), a parte real desta potência complexa é igual, por sua vez, à potência média no tempo transmitida ao longo do guia,

$$P = P_{\text{méd}} = \text{Re}\left\{\int_{S_d} \underline{\mathcal{P}} \cdot d\mathbf{S}\right\} = = \text{Re}\left\{\int_{S_d} (\underline{\mathbf{E}} \times \underline{\mathbf{H}}^*) \cdot d\mathbf{S}\right\} \qquad (13.81)$$

($d\mathbf{S} = dS\,\hat{\mathbf{z}}$).

Apenas o componente z de $\underline{\mathcal{P}}$ contribui para a potência na Equação (13.81). Tendo em mente as equações (11.7) e (13.79) e adotando as direções de referência para os vetores $\underline{\mathbf{E}}_t$ e $\underline{\mathbf{H}}_t$ de tal forma que seu rotacional está na direção z positiva, este componente é dado por

$$\underline{\mathcal{P}}_z = \underline{\mathbf{E}}_t \times \underline{\mathbf{H}}_t^* = \frac{1}{Z}\underline{\mathbf{E}}_t \times (\hat{\mathbf{z}} \times \underline{\mathbf{E}}_t^*) = = \frac{1}{Z}\underline{E}_t\underline{E}_t^*\,\hat{\mathbf{z}} = \frac{1}{Z}|\underline{E}_t|^2\,\hat{\mathbf{z}} = Z|\underline{H}_t|^2\,\hat{\mathbf{z}}$$
$$(Z = Z_{TE},\ Z_{TM} \text{ ou } Z_{TEM}), \qquad (13.82)$$

uma vez que ambos $\underline{\mathbf{E}}_t \times \underline{\mathbf{H}}_z^*$ e $\underline{\mathbf{E}}_z \times \underline{\mathbf{H}}_t^*$, se diferente de zero, estão em um plano transversal, e $\hat{\mathbf{t}} \times (\hat{\mathbf{z}} \times \hat{\mathbf{t}}) = \hat{\mathbf{z}}$, onde $\hat{\mathbf{t}}$ é o vetor unitário ao longo de $\underline{\mathbf{E}}_t$ [também ver Figura 11.2(a)]. Aqui,

$$|\underline{E}_t|^2 = |\underline{E}_x|^2 + |\underline{E}_y|^2, \quad |\underline{H}_t|^2 = |\underline{H}_x|^2 + |\underline{H}_y|^2, \qquad (13.83)$$

com os componentes de campo x e y de uma onda TE ou TM, ou seja, um modo arbitrário TE_{mn} ou TM_{mn}, sendo dado nas equações (13.54)-(13.58) e (13.65)-(13.69). Note que o mesmo resultado pode também ser obtido em

$$\underline{\mathcal{P}}_z = \underbrace{(\underline{E}_x\,\hat{\mathbf{x}} + \underline{E}_y\,\hat{\mathbf{y}})}_{\underline{\mathbf{E}}_t} \times \underbrace{(\underline{H}_x\,\hat{\mathbf{x}} + \underline{H}_y\,\hat{\mathbf{y}})^*}_{\underline{\mathbf{H}}_t} = = (\underline{E}_x\underline{H}_y^* - \underline{E}_y\underline{H}_x^*)\,\hat{\mathbf{z}}, \qquad (13.84)$$

como na Equação (9.200). Além disso, com base nas equações (13.54)-(13.56), (13.65), (13.68) e (13.69), é óbvio que o componente transversal do vetor de Poynting complexo, $\underline{\mathcal{P}}_t$, de ambas as ondas TE e TM é puramente imaginário. Por exemplo, tanto $\underline{E}_x\underline{H}_z^*$ e $\underline{E}_y\underline{H}_z^*$ para uma onda TE, equações (13.54)-(13.56), são puramente imaginários. Isto está de acordo com os fatos que as ondas TE e TM no guia de onda apresentam um comportamento de onda estacionária [ver Equação (10.20)] nas direções x e y, e que nenhuma potência é entregue às paredes CEP do guia. As expressões na Equação (13.82) valem para todos os três tipos das ondas eletromagnéticas guiadas (ondas TE e TM em guias de onda, e ondas TEM em linhas de transmissão), com as impedâncias de onda Z_{TE}, Z_{TM} e Z_{TEM} dadas nas equações (13.76), (13.77) e (11.19) respectivamente.

Vemos que, para uma estrutura sem perdas guiando em frequências de propagação, $f > f_c$, f_c é a frequência de corte da estrutura, $\underline{\mathcal{P}}_z$ na Equação (13.82) é um vetor puramente real, e escreve $\underline{\mathcal{P}}_z = \mathcal{P}_z\,\hat{\mathbf{z}}$, de modo que a potência transmitida em um guia de onda (ou uma linha de transmissão), Equação (13.81), torna-se

potência transmitida

$$P = \int_{S_d} \mathcal{P}_z\, dS = \frac{1}{Z}\int_{S_d} |\underline{E}_t|^2\, dS = Z\int_{S_d} |\underline{H}_t|^2\, dS \qquad (13.85)$$

[ver Equação (11.21) para a potência ao longo de uma linha de transmissão]. P para ondas TE ou TM é uma função dos índices de modo (m e n), $P = P_{mn}$. Como para linhas de transmissão, equações (13.83), (13.55)-(13.58) e (13.66)-(13.69) nos diz que $|\underline{E}_t|$ e $|\underline{H}_t|$ em guias de onda não depende de z ($|e^{-j\beta z}| = 1$), o que significa que P = const no guia inteiro, que está de acordo com a suposição de nenhuma perda. No entanto, em frequências abaixo do corte do guia de onda, $f < f_c$, tanto Z_{TE} e Z_{TM} nas equações (13.76) e (13.77) são puramente imaginários, e por isso $\underline{\mathcal{P}}_z$ também é na Equação (13.82). Isso significa que uma parte zero real da potência complexa transmitida na Equação (13.81), ou seja, $P = 0$ no guia de onda (sem fluxo de potência real em frequências evanescentes). Além disso, em $f = f_c$, $Z_{TE} \to \infty$ e $Z_{TM} = 0$ (Figura 13.7), de modo que a Equação (13.82) dá $\underline{\mathcal{P}}_z = 0$, isto é, sem propagação no corte também.

Vamos calcular a integral na Equação (13.85) para o modo dominante, TE_{10}. Usando equações (13.76), (13.83), (13.24), (13.20) e (8.48),

P – modo TE_{10}

$$P = \frac{\beta}{\omega\mu}\int_{x=0}^{a} |\underline{E}_y|^2 \underbrace{b\,dx}_{dS} = = \frac{\omega\mu\beta a^2 b|\underline{H}_0|^2}{\pi^2}\underbrace{\int_0^a \text{sen}^2\left(\frac{\pi}{a}x\right)dx}_{a/2} = = \frac{\omega\mu\beta a^3 b|\underline{H}_0|^2}{2\pi^2} = \eta\,\frac{ab}{2}\,\frac{f^2}{f_c^2}\sqrt{1 - \frac{f_c^2}{f^2}}\,|\underline{H}_0|^2$$
$$[f_c = (f_c)_{10}], \qquad (13.86)$$

onde a superfície elementar para a integração, dS, no corte transversal do guia da onda é adotada na forma de uma faixa fina de comprimento b e largura dx, como mostrado na Figura 13.8 [isto é semelhante à avaliação

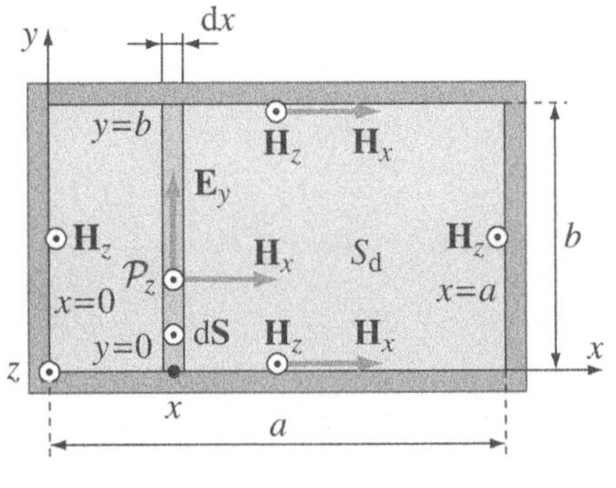

Figura 13.8

Avaliação da potência média no tempo transportada por uma onda TE_{10} viajando em um guia de onda retangular, como um fluxo do componente axial de $\mathcal{P}$ ($\mathcal{P}_z$ é um vetor puramente real), através do corte transversal dielétrico; a figura também mostra os componentes existentes tangenciais de $\underline{\mathbf{H}}$ em paredes do guia de onda para esta onda, utilizados no cálculo de perda na próxima seção.

de fluxo na Equação (6.64) e Figura 6.12]. A integral em x é avaliada como na Equação (12.138), e o resultado é $a/2$. Por fim, o uso é feito do fato de que $\omega^2\mu a^2/\pi^2 c = \mu c f^2/[c/(2a)]^2 = \eta f^2/f_c^2$. Integrações semelhantes levam às expressões de P dos modos arbitrários TE_{mn} e TM_{mn}, respectivamente, em guia de ondas.

Exemplo 13.4

Ruptura dielétrica e capacidade de tratamento da potência de um guia de onda

O guia de onda retangular sem perdas metálico de dimensões transversais a e b é preenchido com um dielétrico homogêneo de permissividade ε, permeabilidade μ e rigidez dielétrica E_{cr}. Encontre a potência média no tempo máximo permitida, limitada por uma eventual ruptura dielétrica na estrutura, que pode ser transportada no guia de onda por uma onda TE_{10} de frequência f.

Solução O componente y (o único existente) do vetor intensidade de campo elétrico do guia de onda no modo dominante (TE_{10}) é dado na Equação (13.24) e mostrado na Figura 13.3. Este campo é o mais forte ao longo da linha central da maior dimensão transversal do guia de ondas, então para $x = a/2$, onde sua intensidade rms chega a

$$|\underline{E}_y|_{\text{máx}} = |\underline{E}_y|_{x=a/2} = \omega\mu\,\frac{a}{\pi}\,|\underline{H}_0|. \qquad (13.87)$$

A rigidez dielétrica ocorre quando a amplitude correspondente (valor de pico) do campo atinge o valor do campo crítico (rigidez dielétrica), E_{cr}, para o preenchimento do guia de onda dielétrico [mais frequentemente, é o ar, por isso $E_{cr} = E_{cr0} = 3$ MV/m, Equação (2.53)]. E já que $\mathbf{E}$ é um vetor linearmente polarizado, o seu pico para a relação de valor rms é igual a $\sqrt{2}$, e a condição de ruptura, como a da Equação (2.225), por exemplo, torna-se

ruptura dielétrica em um guia de onda

$$\underbrace{|\underline{E}_y|_{\text{máx}}\sqrt{2}}_{\text{valor de pico}} = E_{cr}. \qquad (13.88)$$

Resolvendo para a magnitude da constante complexa $\underline{H}_0$ na Equação (13.87), temos

$$|\underline{H}_0|_{cr} = \frac{\pi E_{cr}}{\sqrt{2}\omega\mu a}, \qquad (13.89)$$

que, substituído na Equação (13.86), dá a potência média no tempo associada transportada pela onda TE_{10} ao longo da estrutura:

capacidade de potência do guia de onda

$$P_{\text{máx}} = P_{cr} = \eta\,\frac{ab}{2}\,\frac{f^2}{f_c^2}\sqrt{1-\frac{f_c^2}{f^2}}\,|\underline{H}_0|_{cr}^2 =$$

$$= \frac{ab}{4}\,\frac{E_{cr0}^2}{\eta}\sqrt{1-\frac{c^2}{4a^2f^2}}, \qquad (13.90)$$

onde as relações $f_c = c/(2a)$, $\omega = 2\pi f$ e $c\mu = \eta$ [ver equações (13.20), (8.48), (9.18) e (9.21)] são usadas para transformar a expressão de energia em sua forma final. Esta é a potência máxima admissível ($P_{\text{máx}}$) que pode passar através do sistema (antes da ruptura), e, portanto, determina a capacidade de manipulação de potência do guia de onda, no modo dominante de operação.

Como um exemplo numérico, a capacidade de potência em $f = 2$ GHz de um guia de onda cheios de ar, com $a = 10{,}922$ cm e $b = 5{,}461$ cm (WR-430 guia de onda retangular comercial) é tão alto que pode chegar a $P_{\text{máx}} = 25{,}9$ MW (note que muitos sistemas de comunicação de alta potência e radares requerem a transmissão de potências de micro-ondas muito grandes nos guias de onda). Os valores de capacidade de potência utilizada na prática na concepção e operação dos guias de onda são sempre definidos com um fator de segurança determinado incluído na Equação (13.90), que reduz o valor "ideal" calculado, para permitir qualquer não idealidade no sistema e sua operação.

Exemplo 13.5

Potência transmitida de um modo arbitrário onda TM

Obter a expressão para a potência média no tempo transportada através de um corte transversal de um guia de ondas retangular metálico, na Figura 13.1, por um modo de onda arbitrário TM_{mn}.

Solução Combinando as equações (13.85), (13.77), (13.83), (13.66) e (13.67), a energia transmitida de um modo TM_{mn}, para $m, n = 1, 2,...$ arbitrários, ao longo do guia de onda é dada por

$$P = \frac{1}{Z_{TM}}\int_{S_d}|\underline{E}_t|^2\,dS =$$

$$= \frac{\omega\varepsilon}{\beta}\int_{x=0}^{a}\int_{y=0}^{b}\left(|\underline{E}_x|^2+|\underline{E}_y|^2\right)\underbrace{dx\,dy}_{dS} =$$

$$= \frac{\omega\varepsilon\beta|\underline{E}_0|^2}{k^4}\left[\left(\frac{m\pi}{a}\right)^2\underbrace{\int_0^a\cos^2\left(\frac{m\pi}{a}x\right)dx}_{a/2}\underbrace{\int_0^b\text{sen}^2\left(\frac{n\pi}{b}y\right)dy}_{b/2}+\right.$$

$$\left.\left(\frac{n\pi}{b}\right)^2\underbrace{\int_0^a\text{sen}^2\left(\frac{m\pi}{a}x\right)dx}_{a/2}\underbrace{\int_0^b\cos^2\left(\frac{n\pi}{b}y\right)dy}_{b/2}\right]$$

$$(m, n = 1, 2, \ldots), \qquad (13.91)$$

onde as integrais em x e y são calculadas essencialmente da mesma maneira como a integral no tempo na Equação (6.95), e os resultados são $a/2$ e $b/2$, respectivamente. Além disso, os dois produtos das duas integrais (em x e y) vêm a ser os mesmos, $ab/4$, e podem ser usados como um termo comum tirado da soma dos produtos. Por fim, tendo em mente as equações (13.59), (13.12) e (8.48), podemos escrever

$$P = \frac{\omega\varepsilon\beta|\underline{E}_0|^2}{k^4}\frac{ab}{4}\underbrace{\left[\left(\frac{m\pi}{a}\right)^2+\left(\frac{n\pi}{b}\right)^2\right]}_{k^2} =$$

$$= \frac{ab}{4\eta}\frac{f^2}{f_c^2}\sqrt{1-\frac{f_c^2}{f^2}}\,|\underline{E}_0|^2 \quad [f_c = (f_c)_{mn}], \tag{13.92}$$

onde o corte de frequência $(f_c)_{mn}$ é dado na Equação (13.71), e o uso é feito (no termo $k^2/k^4 = 1/k^2$) também da relação $k^2 = 4\pi^2 f^2{}_c/c^2$, que, por sua vez, é obtido comparando as equações (13.70) e (13.12), bem como o fato de que $\varepsilon = 1/\eta$ [veja as equações (13.70) e (9.21)].

13.9 GUIAS DE ONDA COM PEQUENAS PERDAS

Para levar em conta as perdas do condutor e dielétricas em um guia de onda retangular (Figura 13.8), com uma onda TE ou TM, supomos que essas perdas sejam pequenas e aplicamos o método de perturbação para a avaliação da potência de perda média no tempo e a atenuação do sinal associada em uma linha de transmissão com pequenas perdas descrita nas seções 11.5 e 11.6. Tal como ocorre com as linhas de transmissão, a suposição de baixa perda na teoria do guia de ondas é baseada no fato de que, pelo projeto, os guias de onda são fabricados com bons condutores e bons dielétricos, nas frequências relevantes para uma determinada aplicação, de modo que as condições nas equações (11.61) sejam satisfeitas. A principal premissa do método de perturbação é que as distribuições de campo em cada corte transversal do guia de ondas são quase as mesmas como se não houvesse perdas, enquanto a diferença está na direção axial (z), na qual os campos se atenuam como $e^{-\alpha z}$, α sendo o coeficiente de atenuação da estrutura. Por exemplo, o componente y (o único existente) do vetor intensidade do campo elétrico do modo do guia de onda dominante (TE_{10}), as equações (13.24)-(13.26), é agora

$$\underline{E}_y(x, y, z) = \underline{E}_y(x, y, 0)\, e^{-\alpha z}\, e^{-j\beta z} \tag{13.93}$$

[ver também as equações (11.5) e (11.63)] e, de modo análogo, para os componentes do campo magnético diferente de zero no modo. A distribuição de $\underline{E}_y\,(x, y, 0)$ é a mesma que na Equação (13.24), e o coeficiente de fase β é o das equações (13.12) e (13.20) — como no caso sem perdas. Mais importante, α é calculado usando as distribuições de campo sem perda.

Da Equação (11.66), a potência média no tempo de perdas Joule no condutor do guia de onda (ou seja, nas quatro paredes do guia de onda) na Figura 13.8 por unidade de comprimento da estrutura, P'_c, é dada por

potência de perda do condutor p.u.c.

$$P'_c = \oint_C R_s|\underline{\mathbf{H}}_{tan}|^2\,dl \quad \left(R_s = \sqrt{\frac{\pi\mu_c f}{\sigma_c}}\right), \tag{13.94}$$

onde C representa o contorno interior, com dimensões a e b, do condutor em um corte transversal do guia. $\underline{\mathbf{H}}_{tan}$ é o componente tangencial do vetor intensidade do campo magnético rms complexo da onda propagadora TE ou TM na superfície interior do condutor, com C, calculado como se o condutor fosse perfeito. Na dada frequência, f, da onda, R_s é a resistência da superfície do condutor, a Equação (11.65), com σ_c e μ_c sendo sua condutividade e permeabilidade (mais comum, $\mu_c = \mu_0$), respectivamente.

Como na Equação (11.68), a potência média no tempo da perda no dielétrico na Figura 13.8 por unidade de comprimento do guia de ondas, P'_d, é calculado como

potência da perda do dielétrico p.u.c.

$$P'_d = \int_{S_d} \sigma_d|\underline{\mathbf{E}}|^2\,dS. \tag{13.95}$$

Aqui, S_d denota um corte transversal do dielétrico, como na Equação (13.81), σ_d é a condutividade dielétrica, e $\underline{\mathbf{E}}$ é o vetor intensidade de campo elétrico rms complexo sem perdas da onda sobre S_d.

Uma vez que P'_c e P'_d são encontrados, os respectivos coeficientes de atenuação, para o condutor e dielétrico do guia de onda, αc e α_d, são obtidos utilizando as equações (11.76) e o resultado para a potência média no tempo transmitida ao longo do guia, P, a partir da Equação (13.85). No que se segue, concluímos este procedimento para o modo dominante.

Para calcular P'c, notamos que as paredes definidas por $y = 0$ e $y = b$ na Figura 13.8, ambos os componentes x e y do vetor campo magnético de uma onda TE_{10} são tangenciais à superfície da parede, enquanto somente $\underline{\mathbf{H}}_z$ é tangente à superfície do condutor em $x = 0$ e $x = a$, como indicado na figura. Além disso, tendo em mente as equações (13.25) e (13.26), percebemos que esses componentes tangenciais especificados de $\underline{\mathbf{H}}$ têm a mesma magnitude em cada par de paredes paralelas (simetria de campo). Com isso, a Equação (13.94) produz

$$P'_c = 2\int_{x=0}^{a} R_s\left(|\underline{H}_x|^2 + |\underline{H}_z|^2\right)\Big|_{y=0\text{ ou }b}\,dx +$$

$$+ 2\int_{y=0}^{b} R_s\,|\underline{H}_z|^2_{x=0\text{ ou }a}\,dy =$$

$$= 2R_s|\underline{H}_0|^2\left\{\int_0^a\left[\left(\frac{\beta a}{\pi}\right)^2 \operatorname{sen}^2\left(\frac{\pi}{a}x\right) +\right.\right.$$

$$+\cos^2\left(\frac{\pi}{a}x\right)\Big]\,dx + \int_0^b dy\Big\} =$$

$$= 2R_s|\underline{H}_0|^2\left(\frac{\beta^2a^3}{2\pi^2} + \frac{a}{2} + b\right) =$$

$$= 2R_s|\underline{H}_0|^2\left(\frac{a}{2}\frac{f^2}{f_c^2} + b\right) \qquad (13.96)$$

[ver também a integral na Equação (13.86)], uma vez que, usando equações (13.12), (8.48) e (13.20),

$$\frac{\beta^2a^3}{2\pi^2} = \frac{\omega^2a^3}{2\pi^2c^2}\left(1 - \frac{f_c^2}{f^2}\right) =$$

$$= \frac{a}{2}\underbrace{\frac{f^2}{(c/2a)^2}}_{f_c}\left(1 - \frac{f_c^2}{f^2}\right) = \frac{a}{2}\left(\frac{f^2}{f_c^2} - 1\right). \qquad (13.97)$$

A expressão para α_c nas equações (11.76) e que para P na Equação (13.86) então resultam em

α_c – modo TE_{10}

$$\alpha_c = \frac{P'_c}{2P} = \frac{R_s}{\eta a}\frac{a/b + 2f_c^2/f^2}{\sqrt{1 - f_c^2/f^2}}. \qquad (13.98)$$

É claro que α_c é dada em Np/m, para convertê-la em dB/m, se assim o desejar, usamos a relação na Equação (9.89).

Para um modo TE_{10}, $\underline{\mathbf{E}} = \underline{\mathbf{E}}_t$ [equações (13.35)], de modo que a comparação das equações (13.95) e (13.85) leva a

$$P'_d = \sigma_d Z_{TE} P, \qquad (13.99)$$

onde Z_{TE} é a impedância de onda correspondente. Notamos que essa relação tem a mesma forma como a da Equação (11.81) para uma onda TEM ao longo de uma linha de transmissão. Combinando-a com as equações (11.76), (13.76), (9.125) e (13.12), α_d pode ser escrita como

α_d – qualquer modo TE ou TM

$$\alpha_d = \frac{P'_d}{2P} = \frac{\sigma_d Z_{TE}}{2} = \frac{\omega\mu\sigma_d}{2\beta} = \frac{\omega^2\varepsilon\mu\tan\delta_d}{2\beta} = \frac{\omega\tan\delta_d}{2c\sqrt{1 - f_c^2/f^2}}, \qquad (13.100)$$

$\tan\delta_d$ sendo a tangente de perdas do dielétrico, e este resultado é o mesmo para qualquer um dos modos TE ou TM no guia de onda (com frequência de corte f_c).

O coeficiente de atenuação geral na Equação (13.93) é $\alpha = \alpha_c + \alpha_d$, Equação (11.75). No entanto, na maioria das aplicações dos guias de onda retangulares metálicos, o dielétrico é o ar, de modo que σ_d, $\tan\delta_d$, $\alpha_d = 0$ e $\alpha = \alpha_c$. Nestes casos, portanto, as perdas do condutor e α_c, determinado com base nos parâmetros do guia de onda a, b e σ_c ($\mu_c = \mu_0$), em uma frequência de operação dada, f, na região de propagação, Equação (13.15), representam um fator limitante para a utilização prática da estrutura. De uma maneira simples, se o guia de onda é muito longo, a atenuação nos condutores se torna tão grande, ou seja, o fator $e^{-\alpha z}$ na Equação (13.93) é tão pequeno que o sinal no ponto de recepção do guia é inutilizável (ou muito fraco para ser usado de forma eficiente). Em aplicações que incluem transferências de alta potência em um guia de onda, isso pode significar um equilíbrio de potência geral ineficiente do sistema. Além disso, notamos uma dependência de frequência bastante complexa de α_c, para o modo dominante, na Equação (13.98), onde temos em mente que Rs [veja a Equação (13.94)] também é uma função da frequência, Rs $\alpha\sqrt{f}$. Esta dependência, de um guia de onda padrão, Equação (13.74), feito de cobre, é mostrada na Figura 13.9. É agora óbvio que a parte inferior da faixa de frequência dominante (assegurando uma operação monomodo do guia de ondas) na Equação (13.22) está inutilizável, por causa de uma atenuação do sinal muito alta [para as frequências acima do corte ($f = f_c^+$), $\alpha_c \to \infty$]. Por outro lado, considerando frequências próximas ao limite superior do intervalo dominante, é sempre preferível ter alguma margem de segurança (separação de frequência) com relação ao modo de ordem imediatamente superior. Em consequência, uma regra de ouro é a concepção de um guia de onda de tal forma que a frequência de operação (ou frequências) do modo dominante estejam dentro dos seguintes intervalos:

intervalo de frequência utilizável

$$1{,}25\,\frac{c}{2a} = 0{,}625\,\frac{c}{a} < f < 0{,}95\,\frac{c}{a}, \qquad (13.101)$$

que é muitas vezes chamado de faixa de frequência de utilização do guia de ondas.

Por fim, notamos, observando a Equação (13.98), que, para uma dimensão transversal fixa ampla do guia de ondas, $a = \text{const}$ (e dada frequência e parâmetros de material da estrutura), quanto maior a proporção a/b (ou seja, o menor b) maior o coeficiente de atenuação α_c (para o modo dominante), que também é ilustrado na Figura 13.9. Além disso, mesmo sem considerar as perdas, a expressão para a potência máxima possível transmitida ao longo do guia de onda ($P_{máx}$) na Equação (13.90), obtida com base em considerações de uma eventual ruptura dielétrica no guia, indica que para um dado a, uma diminuição em b significa uma redução na capacidade de transferência de potência da estrutura. É por isso que proporções muito grandes (por exemplo, $a/b = 10$), embora garantindo a faixa de frequência máxima dominante do guia de ondas, a Equação (13.73), são impraticáveis, como já mencionado em relação à Equação (13.74). Por outro lado, sem dúvida parece

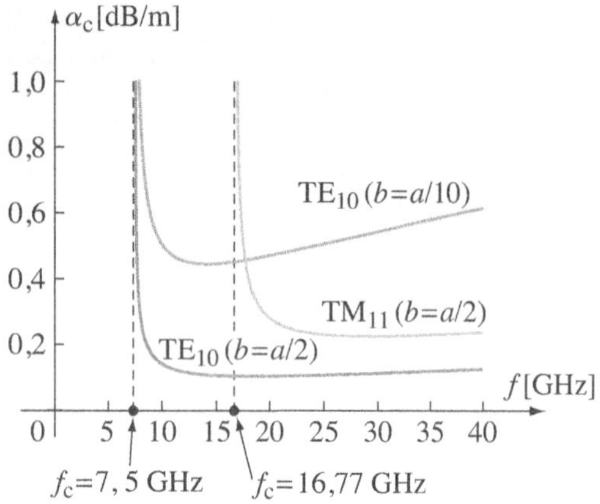

Figura 13.9

Coeficiente de atenuação $\alpha = \alpha_c$ *versus* frequência para o modo dominante, a Equação (13.98), em um guia de ondas padrão (a = 2 cm, b = 1 cm) de cobre cheio de ar (σ_c = 58 MS /m, $\mu_c = \mu_0$) retangular (Figura 13.8); e também é mostrado α_c para b diminuído para $b = a/10$ e para o modo de onda TM$_{11}$ (e $a = 2b$).

atraente aumentar ao máximo b, ou seja, reduzir a/b (talvez até o limite de $a/b = 1$), a fim de aumentar tanto $P_{máx}$ (pouco importam as perdas) e reduzir α_c. No entanto, isso é compensado pela exigência de projeto tão grande como faixa dominante possível, com a Equação (13.73) que define o limite superior para b, para a = const. Então, como um compromisso entre as duas exigências contraditórias, a escolha típica para a/b é que na Equação (13.74) — um guia de onda padrão.

Exemplo 13.6

Projeto do guia de onda da banda K$_u$

Projete um guia de onda padrão banda K$_u$ cheio de ar, de modo que toda a banda K$_u$ (12-18 GHz) esteja na faixa de frequência útil do guia, como definido pela Equação (13.101).

Solução Para um guia de onda padrão, a proporção maior para menor da dimensão transversal (a/b) é dada na Equação (13.74). Para cobrir todas as frequências entre f_1 = 12 GHz e f_2 = 18 GHz pela faixa de frequência utilizável na Equação (13.101), isto é, acomodar a banda Ku dentro do alcance útil do guia de onda, é necessário que

$$0{,}625\,\frac{c_0}{a} < f_1 \quad \text{e} \quad f_2 < 0{,}95\,\frac{c_0}{a} \qquad (13.102)$$

($c_0 = 3 \times 10^8$ m/s). Isto se traduz nos seguintes limites inferior e superior para a dimensão de um guia:

$$\frac{0{,}625c_0}{f_1} < a < \frac{0{,}95c_0}{f_2} \quad \longrightarrow$$

$$\longrightarrow \quad 1{,}562 \text{ cm} < a < 1{,}583 \text{ cm}, \qquad (13.103)$$

Portanto, qualquer valor para a nesses limites dá um guia de onda padrão cuja faixa de frequência utilizável inclui toda a banda K$_u$. Por exemplo, a escolha de a = 1,58 cm (b = 0,79 cm) corresponde a um guia de onda retangular comercial banda K$_u$ WR-62.[11]

Exemplo 13.7

Coeficiente de propagação complexo de um guia de onda banda X

Um guia de ondas retangular padrão banda X (8-12 GHz), com dimensões transversais a = 15,63 mm e b = 7,81 mm, é feito de cobre, cuja condutividade é σ_c = 58 MS/m e permeabilidade $\mu_c = \mu_0$, e cheia de polietileno, a permissividade relativa do qual é ε_r = 2,25 e a tangente de perda tan $\delta_d = 10^{-4}$ ($\mu_c = \mu_0$). Em uma frequência operacional de f = 10 GHz, calcule o coeficiente de propagação complexa do guia de ondas para o modo de onda dominante.

Solução A velocidade de fase intrínseca do dielétrico do guia de onda, Equação (9.18), e frequência de corte no modo dominante (TE$_{10}$), Equação (13.20), vem a ser

$$c = \frac{c_0}{\sqrt{\varepsilon_r}} = 2 \times 10^8 \text{ m/s} \quad \longrightarrow$$

$$\longrightarrow \quad f_c = (f_c)_{10} = \frac{c}{2a} = 6{,}398 \text{ GHz} \qquad (13.104)$$

($c_0 = 3 \times 10^8$ m/s). O fato de que $(f_c)_{10} < f < 2(f_c)_{10}$, como nas equações (13.22) e (13.74), verifique que na verdade apenas uma onda TE$_{10}$ pode propagar ao longo do guia de ondas. O coeficiente de fase do guia de ondas, a Equação (13.12), chega a

$$\beta = \frac{2\pi f}{c}\sqrt{1 - \frac{(f_c)_{10}^2}{f^2}} = 241{,}44 \text{ rad/m.} \qquad (13.105)$$

A Equação (13.98) então nos diz que o coeficiente de atenuação para o condutor do guia de onda é

$$\alpha_c = \frac{(R_s)_{Cu}\sqrt{\varepsilon_r}}{\eta_0 a}\,\frac{a/b + 2(f_c)_{10}^2/f^2}{\sqrt{1-(f_c)_{10}^2/f^2}} =$$

$$= 0{,}0244 \text{ Np/m} = 0{,}212 \text{ dB/m} \qquad (13.106)$$

($\eta_0 = 377\ \Omega$), onde a resistência da superfície de cobre, $R_s = (R_s)_{Cu}$ = 0,026 Ω/quadrado, encontra-se na Equação (10.80), e o uso é feito da relação na Equação (9.89) para converter de Np/m para dB/m. Para o dielétrico do guia, a Equação (13.100) dá o coeficiente

$$\alpha_d = \frac{\pi f \tan\delta_d}{c\sqrt{1-(f_c)_{10}^2/f^2}} = 0{,}0204 \text{ Np/m} =$$

$$= 0{,}177 \text{ dB/m}, \qquad (13.107)$$

Por fim, usando a Equação (11.75), o coeficiente de atenuação total do guia de ondas é $\alpha = \alpha_c + \alpha_d$ = 0,0448 Np/m = 0,389 dB /m, que, combinada com a Equação (13.105), resulta no seguinte coeficiente de propagação complexo:

$$\underline{\gamma} = \alpha + \text{j}\beta = (0{,}0448 + \text{j}241{,}44)\ \text{m}^{-1}, \qquad (13.108)$$

11 Note que guias de onda retangulares comerciais são especificados em números WR-xyz, em que WR representa "guia de ondas retangulares" e xyz representa que quanto maior a dimensão transversal (a) do guia é igual a xyz/100 polegadas. Assim, um guia de onda WR-62 tem a = 0,62 polegadas = 0,62 × 2,54 cm ≈ 1,58 cm.

13.10 DISPERSÃO DO GUIA DE ONDA E VELOCIDADES DA ONDA

Como o coeficiente de fase β na Equação (13.12), do guia de onda retangular na Figura 13.1, é uma função não linear da frequência angular, ω, de uma onda de propagação TE ou TM, a velocidade de fase da onda, v_p, é dependente da frequência, e o guia de ondas representa um meio de propagação de dispersão, como na Equação (9.166). Conforme explicado na Seção 9.13, uma consequência direta do comportamento de frequência do meio, e em geral o mais problemático, é a distorção do sinal no domínio do tempo. Comparando as equações (13.12) e (9.160), percebemos que a relação β-ω de um guia de ondas é idêntica em forma à de uma onda plana uniforme em um meio de plasma. Portanto, um diagrama de dispersão típico de um guia de onda metálico que é na prática o da Figura 9.17. É claro que cada modo do guia de onda, (m, n), tem um diagrama diferente, de acordo com a Equação (13.71). Além disso, em um guia de onda, a dispersão associada com a Equação (13.12) não se deve, ao contrário de um plasma, a propriedades eletromagnéticas do material através do qual a onda se propaga, mas é um resultado da configuração dos limites metálicos (paredes do guia de onda), limitando a propagação da onda. Portanto, para distingui-lo de dispersão material, a causada pela estrutura do guia de onda (geometria), que é inerente para todos os guias de onda metálicos e presentes para todas as frequências de propagação, Equação (13.15), e modos, é chamada de dispersão do guia de onda. No entanto, guias de onda também podem apresentar dispersão material, que ocorre quando os parâmetros do dielétrico na estrutura são dependentes da frequência.

Assim, em paralelo com a Equação (9.178) para um meio de plasma, ou com base nas equações (9.35) e (13.12), a velocidade de fase de um modo de onda com frequência de corte f_c de propagação, na frequência f $(f > f_c)$, através de um guia de ondas retangular metálico (Figura 13.1) é dada por

velocidade de fase do guia de onda

$$v_p = \frac{\omega}{\beta} = \frac{c}{\sqrt{1 - f_c^2/f^2}}. \qquad (13.109)$$

O comprimento de onda ao longo da estrutura (medida no eixo z), λ_z, é então [ver equações (11.17)]

guia comprimento de onda

$$\lambda_z = \lambda_{guia} = \frac{2\pi}{\beta} = \frac{v_p}{f} = \frac{\lambda}{\sqrt{1 - f_c^2/f^2}}. \qquad (13.110)$$

Este comprimento de onda é muitas vezes considerado o de onda guia (λ_{guia}). Nestas equações, $c = 1/\sqrt{\varepsilon\mu}$ e $\lambda = c/f$ são a velocidade de fase intrínseca e comprimento de onda do dielétrico do guia de onda, isto é, a velocidade de uma onda plana uniforme em um meio ilimitado de parâmetros ε e μ, e o comprimento de onda correspondente à frequência de operação f $(\omega = 2\pi f)$.[12] A Figura 13.10 ilustra a variação de λ_z com frequência para vários modos (m, n) em um guia de onda padrão, Equação (13.74), com a variação de frequência de λ. Vemos que, como o coeficiente β na Figura 9.17 e as impedâncias de onda Z_{TE} e Z_{TM} na Figura 13.7, todos os comprimentos de onda do guia na Figura 13.10 variam muito depressa próximo de suas respectivas frequências de corte. Por outro lado, para $f \gg f_c$, $\lambda_{guia} \to \lambda$ para todos os modos, que é outra confirmação de que as ondas TE_{mn} TM_{mn} e têm características das ondas TEM em um meio ilimitado quando são operados muito acima do corte (por exemplo, ver também a Figura 13.7). Combinando as equações (9.172) e (13.12), a velocidade de grupo (ou a velocidade da energia) ao longo do guia de onda, v_g, é dada pela seguinte expressão:

velocidade de grupo do guia de onda

$$v_g = \frac{1}{d\beta/d\omega} = c\sqrt{1 - \frac{f_c^2}{f^2}}, \qquad (13.111)$$

que, novamente, tem a mesma forma que nas equações (9.178) para plasmas.

As dependências de frequência de v_p e v_g, equações (13.109) e (13.111), são mostradas na Figura 13.7 (na Seção 13.7). As variações rápidas de duas velocidades

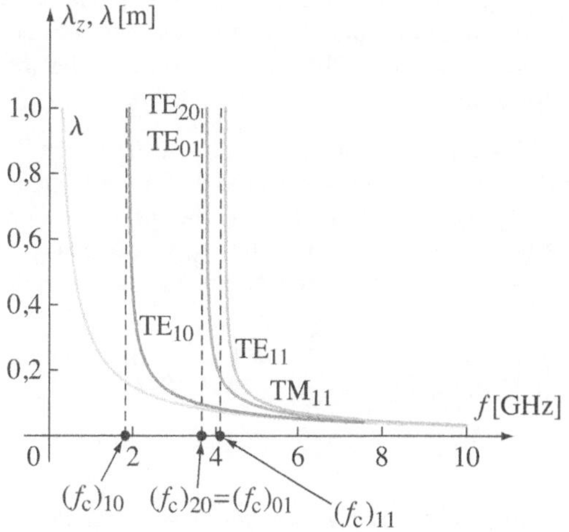

Figura 13.10

Variação de frequência no comprimento de onda do guia, Equação (13.110), por vários modos em um guia de onda metálico cheio de ar retangular padrão ($a = 2b = 8$ cm); o comprimento de onda intrínseco do dielétrico do guia de onda (ar), $\lambda = c/f = c_0/f$, também é mostrado.

12 Se as propriedades da polarização (e condução) do dielétrico do guia de onda são especificados usando uma permissividade complexa ($\underline{\varepsilon}$), Equação (9.127), cuja parte real é uma função da frequência, então $c = 1/\sqrt{\varepsilon'(\omega)\mu}$, e temos uma combinação de guia de onda e dispersão de material na estrutura. No entanto, como os guias de onda metálicos na prática são na maior parte cheios de ar, este último tipo de dispersão na teoria do guia de onda tem uma importância muito menos prática do que a anterior.

próximas do corte são quase sempre indesejáveis. Com essas variações, os problemas com a distorção do sinal causado pela dispersão do guia de ondas, em especial em sistemas de comunicação digital, têm ainda mais destaque e são difíceis de superar. Esta é mais uma razão para restringir as frequências de operação do guias de onda para a faixa de frequência utilizável na Equação (13.101), em vez de toda a faixa dominante (monomodo) na Equação (13.22). Em todas as frequências de propagação, $f > f_c$, o produto de v_p e v_g é independente da frequência,

$$v_p v_g = c^2. \qquad (13.112)$$

Além disso, cada uma das velocidades se aproxima de c assintoticamente (e a onda se propaga como se estivesse em um meio ilimitado) para $f \to \infty$. Note que o fato de que $v_p > v_g$ na Figura 13.7 significa que o guia de onda é um meio de propagação normalmente dispersivo, como um plasma (Figura 9.17). Se estiver cheio de ar (e este é o caso mais frequente), temos que $v_p > c_0$ em toda a região de propagação, e c_0 é a velocidade da luz no espaço livre, Equação (9.19). No entanto, como explicado no Exemplo 9.23, isso não viola a teoria da relatividade especial, que requer apenas que $v_g \leq c_0$, e isso vale na Figura 13.7.

Exemplo 13.8

Relação entre três comprimentos de onda para um guia de onda

Para um modo de onda TE_{mn} ou TM_{mn} arbitrário em um guia de onda retangular metálico (Figura 13.1), λ_z é o comprimento de onda guia (no eixo z), λ é o comprimento da onda intrínseco do dielétrico do guia de onda e λ_c é o comprimento de onda de corte do modo. Obter a relação entre estes três comprimentos de onda.

Solução Usando as equações (13.14) e (8.112), temos que a relação da frequência do corte modal (f_c) e a frequência de operação (f) do guia de ondas é dada por $f_c/f = \lambda/\lambda_c$, que, substituído na Equação (13.110), dá a seguinte relação simples em termos de inversos dos três comprimentos de onda:

$$\lambda_z = \frac{\lambda}{\sqrt{1-\lambda^2/\lambda_c^2}} \quad \longrightarrow \quad \lambda^2 = \lambda_z^2\left(1-\frac{\lambda^2}{\lambda_c^2}\right) \quad \longrightarrow$$

$$\longrightarrow \quad \frac{1}{\lambda_z^2} = \frac{1}{\lambda^2} - \frac{1}{\lambda_c^2}. \qquad (13.113)$$

Tanto λ_z quanto λ_c são funções de índices de modo m e n, $\lambda_z = (\lambda_z)_{mn}$ e $\lambda_c = (\lambda_c)_{mn}$.

Exemplo 13.9

Medindo permissividade dielétrica usando um guia de onda

Se a maior dimensão transversal e frequência de operação do guia de ondas na Figura 13.1 são $a = 7{,}2$ cm e $f = 3$ GHz, encontre a permissividade relativa de um dielétrico não magnético desconhecido sem perdas que preenche a estrutura — com base no comprimento de onda guia no modo dominante $\lambda_z = 7{,}62$ cm.

Solução Tendo em mente as equações (8.112) e (9.18), o comprimento de onda intrínseca do dielétrico do guia com permissividade relativa desconhecida ε_r pode ser expressa como $\lambda = c_0/(\sqrt{\varepsilon_r}f)$, enquanto o comprimento de onda de corte do modo (TE_{10}) dominante é $\lambda_c = (\lambda_c)_{10} = 2a$, Equação (13.21). Por isso, resolvendo a Equação (13.113) para ε_r, obtemos

$$\varepsilon_r = \frac{c_0^2}{f^2}\left(\frac{1}{\lambda_z^2} + \frac{1}{4a^2}\right) = 2{,}205, \qquad (13.114)$$

onde $c_0 = 3 \times 10^8$ m/s, Equação (9.19). Note que guias de ondas metálicos são muitas vezes utilizados em técnicas de medição para a caracterização de materiais eletromagnética desconhecidos.

Exemplo 13.10

Propagação dos sinais com frequências portadoras diferentes ao longo de um guia de onda

Dois sinais cujas frequências nos espectros estão confinadas a faixas estreitas em torno das frequências $f_1 = 7$ GHz e $f_2 = 8$ GHz, respectivamente são lançados no mesmo instante de tempo em uma das extremidades de um guia de onda retangular cheio de ar com dimensões transversais $a = 3$ cm e $b = 1{,}5$ cm e comprimento $l = 6$ m, para se propagar por ele. Encontre o intervalo de tempo entre os dois sinais que são recebidos na outra extremidade.

Solução Como a frequência de corte do modo dominante (TE_{10}), Equação (13.20), chega a (f_c) 10 $= c_0/(2a) = 5$ GHz ($c_0 = 3 \times 10^8$ m/s), e este é um guia de onda padrão, Equação (13.74), percebemos que as frequências portadoras, f_1 e f_2, se enquadram na faixa de frequência dominante do guia de ondas, a Equação (13.22). Assim, podemos supor que os dois sinais viajam no guia como modos de onda dominantes. Além disso, viajam com as velocidades de grupo correspondentes (v_g). Usando a Equação (13.111), tais velocidades vêm a ser

$$v_{g1} = c_0\sqrt{1-\frac{(f_c)_{10}^2}{f_1^2}} = 2{,}1 \times 10^8 \text{ m/s},$$

$$v_{g2} = c_0\sqrt{1-\frac{(f_c)_{10}^2}{f_2^2}} = 2{,}34 \times 10^8 \text{ m/s}. \qquad (13.115)$$

Para cada sinal, é necessário o tempo $t = l/v_g$ para chegar à extremidade receptora do guia de onda, assim obtemos que o sinal 1 atrasa mais do que o 2 para o seguinte intervalo de tempo:

$$\Delta t = t_1 - t_2 = \frac{l}{v_{g1}} - \frac{l}{v_{g2}} = 3 \text{ ns}. \qquad (13.116)$$

Exemplo 13.11

Velocidade grupo da onda TE como projeção axial da velocidade de raio

Interpretando uma onda TE no guia de ondas como uma onda plana uniforme (TEM) traçando o caminho em zigue-zague do raio na Figura 10.15, mostre que a velocidade de grupo da onda TE é igual ao componente axial da velocidade de fase da onda TEM.

Solução Combinando as equações (13.11), (13.12) e (13.111), percebemos que a projeção axial (z) da velocidade de fase da onda TEM (velocidade de raio) na Figura 10.15 equivale a

$$v_{\text{axial}} = c \operatorname{sen} \theta_i = c\sqrt{1 - \cos^2 \theta_i} = c\sqrt{1 - \frac{f_c^2}{f^2}} = v_g \quad (13.117)$$

(a velocidade de raio é c), isto é, na verdade, é idêntica à velocidade de grupo da onda TE. Isto de novo confirma o fato de que a energia (ou informação) viaja ao longo do guia na velocidade v_g.

13.11 ACOPLADORES DO GUIA DE ONDA

A fim de gerar um modo particular TE_{mn} ou TM_{mn} em um guia de ondas retangular (Figura 13.1), precisamos de um mecanismo de acoplamento eletromagnético que alimenta de energia externa o guia e excita o campo modal particular. Este campo então viaja pela estrutura transportando o sinal de entrada para longe da fonte. Por outro lado, o mesmo mecanismo pode ser usado, no processo reverso, para extrair a energia (sinal) transportada pela onda (no mesmo modo) e entregá-la a um dispositivo ou sistema externo. Tais transmissores de sinal ou receptores com base no acoplamento eletromagnético para campos do guia de ondas são em geral considerados acopladores do guia de ondas. Como mais habitual, acopladores convertem a energia de entrada de um cabo coaxial, anexado, externamente, a uma parede do guia, em modos do guia de onda e vice-versa (acopladores coaxiais para guia de ondas). Uma extensão do condutor interno do cabo, chamado de sonda, é inserida no dielétrico do guia (em geral, ar), com o condutor externo conectado à parede, como na Figura 13.11(a), mostrando um acoplador com uma sonda elétrica e outro com uma sonda magnética. A sonda elétrica, adequada ao acoplamento com o campo elétrico na estrutura, está na forma de um segmento de fio curto (extensão em linha reta do condutor de cabo). A sonda magnética consiste de um pequeno arco (*loop*) de fio (o condutor é dobrado e sua ponta conectada em forma de U a parede), e é mais adequada para o acoplamento do campo magnético. Essas sondas são realmente uma antena de fio curto monopolo e uma antena pequeno arco (*loop*), e ambos os tipos de antena devem ser estudados no próximo capítulo. Lembramos que as sondas similares (antenas) são usadas na Figura 10.5 para receber o sinal transportado por uma onda plana uniforme.

Pelo mesmo raciocínio para o dipolo receptor onda-plano na Figura 10.5, sondas elétricas destinadas a lançar ou receber uma onda TE ou TM no guia de ondas devem ser colocadas nos locais de máximos da intensidade do campo elétrico guia, **E**, e direcionado em paralelo com as linhas do campo elétrico. Aqui, temos em mente que, enquanto **E** é o campo elétrico existente

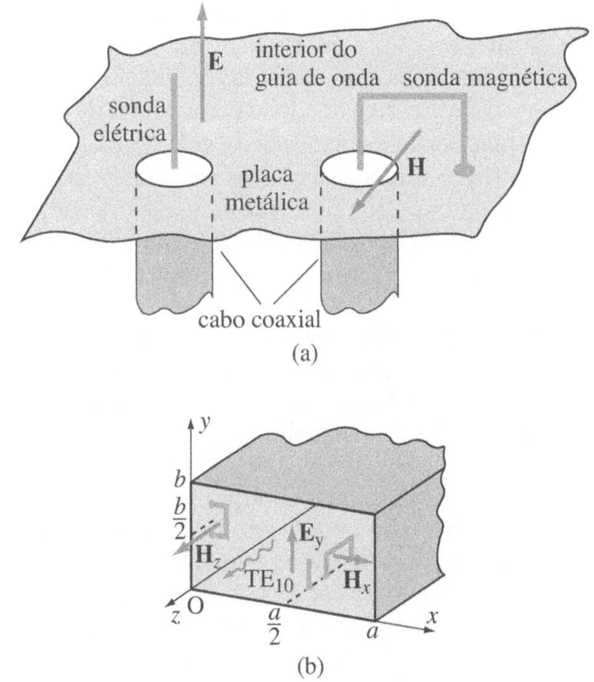

Figura 13.11

Acopladores guia de onda para coaxial na forma de uma sonda elétrica (antena monopolo curto) e sonda magnética (antena pequeno *loop*) usada para excitar ou receber modos de onda em um guia de ondas retangular metálico: (a) geometria geral de acopladores e (b) sondas para o modo (TE_{10}) dominante.

na estrutura no modo de recepção da operação, representa, no modo de transmiti-la, o campo antecipado (do modo desejado) que estamos prestes a gerar usando a sonda. Por outro lado, as equações (10.24) e (10.25) nos dizem que sondas magnéticas devem ser colocadas no campo magnético máximo no guia de ondas, e orientadas de modo que **H** seja perpendicular ao plano de arco (*loop*). Dada a diversidade de configurações de campo modais nas figuras 13.4 e 13.5, percebemos que os acopladores do guia de onda são de modo específico, ou seja, cada modo requer um conjunto diferente de sondas elétricas ou magnéticas para a sua excitação/recepção. É claro que a frequência de operação da onda deve estar na região de propagação, a Equação (13.15), para o modo (desejado ou existente) em particular na estrutura.

Para o modo do guia de onda dominante, cujos componentes de campo são dados nas equações (13.24)-(13.26), a magnitude do componente do campo elétrico diferente de zero, $|\underline{E}_y|$, é máxima no plano $x = a/2$ (ver Figura 13.3.), de modo que uma sonda elétrica direcionada y no plano, mostrado na Figura 13.11(b), é usada para excitar ou receber uma onda TE_{10}. Da mesma forma, os máximos das magnitudes dos componentes do campo magnético diferente de zero, $|\underline{H}_x|$ e $|\underline{H}_z|$, ocorrem para $x = a/2$ e $x = 0$ (ou $x = a$), respectivamente e daí a escolha de sondas magnéticas (*loops* pequenos), também mostradas na Figura 13.11(b). Sendo $\underline{H}_z = 0$ para $x = a/2$ e $\underline{H}_x = 0$ para $x = 0$, cada um dos arcos (*loops*) (operado um de cada vez) permite o acoplamento com apenas um componente do campo magnético (no seu ponto máximo); isso também vem a partir das orientações de *loops* e ortogonalidade mútua dos dois componentes do campo.

Cada um dos alimentadores do guia de onda na Figura 13.11(b) na verdade lança duas ondas de propagação TE_{10}, uma na direção z positiva (para frente), como na Figura 13.1 e equações (13.24)–(13.26), e outra na direção z negativa (para trás). No entanto, a Figura 13.12 representa uma configuração de acoplamento destinada a transmitir o modo TE_{10} em uma única direção no guia de ondas. Para evitar a propagação na outra direção, o guia é fechado (curto-circuito), através da inserção de uma placa metálica em uma de suas extremidades. A distância da sonda da placa é $d = \lambda_z/4$, e $\lambda_z = \lambda_{guia}$ é o comprimento de onda guia, Equação (13.110). Com isso, a onda de propagação lançada para trás pela sonda, após sua reflexão a partir da placa (superfície CEP), acrescenta de forma construtiva a onda de propagação para frente. Ou seja, como $\beta d = \pi/2$, a diferença de fase resultante da ida e volta da onda retornada, que percorre uma distância igual a $2d$ (a partir da sonda para a placa e de volta), e a mudança de fase de reflexão de 180° na placa [ver Equação (10.47)] se anulam,

$$\beta d = \frac{2\pi}{\lambda_z}\frac{\lambda_z}{4} = \frac{\pi}{2} \quad \longrightarrow$$

$$\longrightarrow \quad e^{-j\beta d}e^{j\pi}e^{-j\beta d} = e^{j(\pi-2\beta d)} = e^{j0} = 1, \qquad (13.118)$$

de modo que as duas ondas estão em fase conforme se propagam para a direita, longe da sonda. A mesma adição construtiva das ondas direta (incidente) e refletida (da placa) ocorrem no modo de recepção de operação do guia de ondas, quando a sonda na Figura 13.12 é utilizada para receber o sinal (e entregá-lo ao cabo coaxial) de uma onda TE_{10} se propagando na direção z negativa (na direção da sonda).

Outra maneira geral de acoplar a energia de um modo do guia de onda é abrir fendas estreitas nas paredes do guia para que elas quebrem as linhas do vetor densidade de corrente de superfície, **J**s, desse modo [veja a distribuição de correntes superficiais sobre as paredes para o modo dominante dada pelas equações (13.27)-(13.30)]. A Figura 13.13 mostra uma fenda, cortada de modo perpendicular às linhas de corrente. Pela equação da continuidade em alta frequência, mais precisamente, a versão de superfície (para **J**s) da condição de contorno para os componentes normais do vetor de densidade de corrente na Equação (8.86) [ver também Equação (8.150)], linha de cargas de magnitudes iguais e polaridades opostas, Q' e $-Q'$, são induzidas nas duas bordas longas da fenda, como indicado na figura. Estas cargas, por sua vez, geram um campo elétrico, $\mathbf{E}_{fenda}$, através da fenda. O campo $\mathbf{E}f_{enda}$ se estende também para o espaço externo próximo à região da fenda e irradia a potência a partir do modo em consideração (o modo com corrente **J**s na Figura 13.13) fora do guia de ondas. A estrutura na Figura 13.13 acaba por ser uma antena de ranhuras, muito utilizada na prática de antena, quer como um radiador único ou em um elemento da antena.

Notamos que por ser estreito, a fenda quase não teria efeito sobre **J**s e não agiria como um acoplador do guia de onda se cortado paralelo às linhas de corrente. Este fato, junto com a situação na Figura 13.13, é uma base para o uso de fendas na parede para remover (ou substancialmente atenuar) modos indesejados na operação *overmoded* de um guia de onda, em uma frequência acima da faixa dominante na Equação (13.22), de modo a garantir que apenas um modo está presente na estrutura. Ou seja, como os modos de guia de onda individuais têm configurações de correntes superficiais diferentes, as fendas podem, em algumas aplicações *overmoded*, ser colocadas de forma que afetem apenas as correntes dos modos de propagação indesejáveis, deixando o modo desejado quase inalterado. As fendas em paredes do guia de onda, assim, atuam como filtros de modo.

Por fim, notamos que a melhor forma de entregar a energia de uma onda de propagação guiada em um guia de onda para o espaço exterior (e outros dispositivos em um sistema de comunicação ou transferência de potência) e vice-versa, é deixar uma de suas extremidades aberta e irradiar (ou receber) uma onda de propagação de espaço livre através desta abertura. Tais antenas guia de onda com extremidade aberta, Figura 13.14 (a), bem como antenas corneta, Figura 13.14(b), onde a abertura do guia de onda é gradualmente aumentada para, na essência,

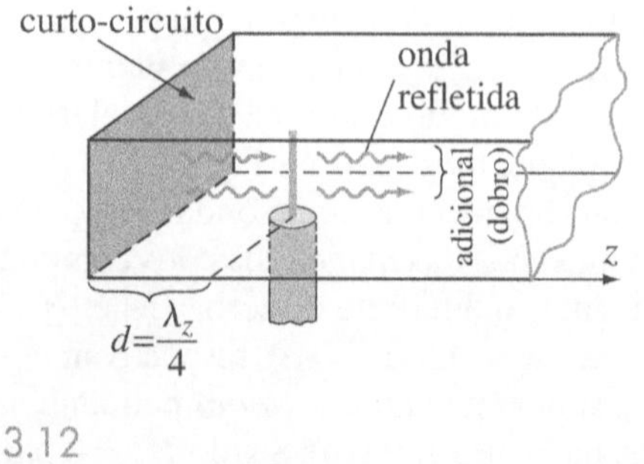

Figura 13.12
Acoplador eletrossonda transmitindo o modo TE_{10} em uma única direção ao longo do guia de ondas.

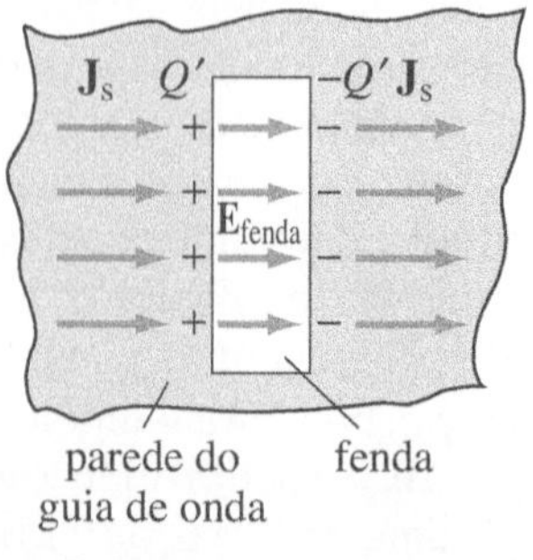

Figura 13.13
A fenda estreita numa parede do guia de onda interrompe as linhas de corrente-superfície da parede, e irradia, através do campo elétrico da fenda, a potência de um modo de propagação das ondas fora da estrutura (antena *slot*).

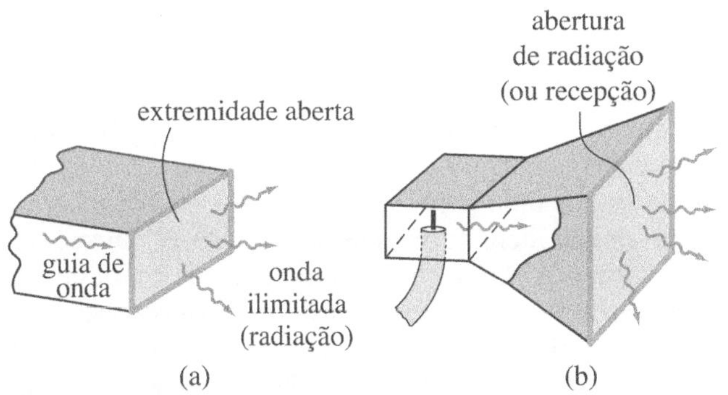

Figura 13.14

Radiação de um guia de ondas retangular através da sua abertura transversal: (a) antena com guia de ondas aberta na extremidade e (b) antena tipo corneta.

melhor adequação da impedância do guia de ondas Z_{TE} ou Z_{TM}, Figura 13.1, para a impedância de espaço livre η_0, Equação (9.23), também são bastante utilizados elementos de transmissão ou recepção de antena.

Exemplo 13.12

Avaliação da fem induzida em sondas magnéticas em um guia de onda

Uma onda TE_{10} de frequência $f = 900$ MHz se propaga por um guia de onda retangular metálico sem perdas cheio de ar de dimensões transversais $a = 24{,}765$ cm e $b = 12{,}383$ cm (WR-975 guia de onda). A onda é recebida por um *loop* pequeno de fio (sonda magnética), de área de superfície $S = 1$ cm^2, ligado a uma das paredes guia. Se a força eletromotriz rms (fem) induzida no *loop* é $\mathcal{E}_{ind} = 2$ V, e o circuito está ligado à superfície do condutor em (a) $y = 0$ (parte inferior da parede) ou (b) $x = 0$ (parede da esquerda) como mostrado na Figura 13.11 (b), determine a potência média no tempo transportada pela onda.

Solução Tendo em mente as equações (13.74), (13.22) e (13.20), percebemos, uma vez que $(f_c)_{10} = 605{,}7$ MHz, que essa onda de propagação no guia de onda é uma TE_{10} (modo dominante). A fem rms complexa induzida em qualquer um dos *loops*, como são pequenos, é calculada usando a versão da lei de Faraday da indução eletromagnética na Equação (10.24),

$$\underline{\mathcal{E}}_{ind} = -j\omega\mu_0 \underline{\mathbf{H}} \cdot \mathbf{S} \qquad (13.119)$$

($\omega = 2\pi f$), onde $\mathbf{S}$ é o vetor de área de superfície do *loop* ($|\mathbf{S}| = S$), e H o vetor intensidade do campo magnético rms complexo no local do *loop*.

(a) Para o *loop* ligado à parede de fundo ($y = 0$) em seu centro ($x = a/2$) e orientado em paralelo com as paredes esquerda e direita do guia de ondas, o único componente de campo magnético gerando o fluxo Φ na Equação (13.119) é $\underline{H}_x$, como indicado na Figura 13.11 (b). Para o modo dominante, que é dado na Equação (13.25), e é máximo para $x = a/2$, de modo que a fem rms no *loop* vem a ser

$$\mathcal{E}_{ind} = |\underline{\mathcal{E}}_{ind}| = \omega\mu_0 \left|\underline{H}_x\right|_{x=a/2} S = \omega\mu_0\beta \frac{a}{\pi} |\underline{H}_0| S. \qquad (13.120)$$

Essa equação pode ser resolvida para a magnitude da constante complexa $\underline{H}_0$ (presente em todas as expressões de campo da onda),

$$|\underline{H}_0| = \frac{\pi \mathcal{E}_{ind}}{\omega\mu_0\beta a S}, \qquad (13.121)$$

que é então substituído na Equação (13.86) para obter a potência média no tempo da onda,

$$P = \frac{\omega\mu_0\beta a^3 b |\underline{H}_0|^2}{2\pi^2} = \frac{ab\mathcal{E}_{ind}^2}{2\omega\mu_0\beta S^2} = $$
$$= 61{,}9 \text{ W} \quad (\beta = \beta_{10}), \qquad (13.122)$$

onde o coeficiente de fase β_{10} é encontrado nas equações (13.12) e (13.20). Naturalmente, apenas uma fração desta energia é efetivamente recebida (coletada) pela sonda, mas a sonda, no entanto, pode receber todas as informações relevantes (sinal) transportadas pela onda TE_{10} ao longo do guia de ondas.

(b) Para o outro *loop* na Figura 13.11(b), temos de modo similar, usando equações (13.119) e (13.26),

$$\mathcal{E}_{ind} = \omega\mu_0 \left|\underline{H}_z\right|_{x=0} S = \omega\mu_0 |\underline{H}_0| S, \qquad (13.123)$$

a partir do qual $P = (\beta a^3 b\, \mathcal{E}^2_{ind})/(2\pi^2\omega\mu_0 S^2) = 74{,}8$ W.

Exemplo 13.13

Acopladores de guia de onda eletrossonda para modos de ordem superior

Proponha configurações de acoplamento usando sondas elétricas para cada um dos modos de ordem superior (modos mais elevados do que o dominante) que podem se propagar ao longo do guia de onda do Exemplo 13.3.

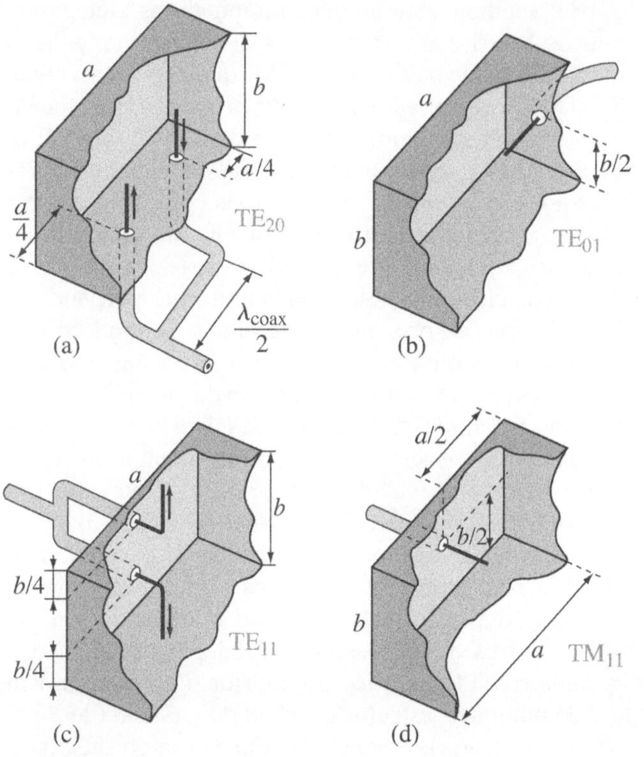

Figura 13.15

Configurações de acoplamento usando sondas elétricas para vários modos de ordem superior em um guia de ondas retangular; para o Exemplo 13.13.

Solução Em analogia com o acoplador do guia de ondas eletrossonda para o modo TE_{10} na Figura 13.11(b), e dada a distribuição de campo elétrico de modos TE_{mn} e TM_{mn} nas equações (13.55)-(13.56) e (13.65)-(13.67) e figuras 13.4 e 13.5, a Figura 13.15 mostra possíveis configurações de acoplamento usando sondas elétricas para excitação/recepção de modos TE_{20}, TE_{01}, TE_{11} e TM_{11} (que podem se propagar nas condições especificadas). É uma simples questão de verificar que as sondas são colocadas ao longo dos componentes do campo elétrico individuais, nos locais de seu máximo, para garantir o acoplamento máximo com os campos modais no guia de ondas. Para acopladores consistindo de duas sondas, as direções de referência relativas necessárias das correntes dos fios são indicadas na figura. Em particular, note que as direções opostas em relação às correntes de sonda no caso TE_{20} são necessárias para acoplar com os picos das meias-ondas positivas e negativas na função sen $(2\pi_x/a)$ na expressão para $\underline{E}_y$ para este modo em $x = a/4$ e $x = 3/4$, respectivamente. Da mesma forma, as correntes em direções opostas, no caso TE_{11} correspondem a um quarto de ondas positivo e negativo de $\cos(\pi y/b)$ no eixo y na expressão $\underline{E}_y$ com $n = 1$. Note também que a mudança de fase de 180° entre as duas sondas para o primeiro caso é alcançada com facilidade através da inserção de um segmento de meio comprimento de onda de cabo coaxial entre os pontos de alimentação da sonda $[\beta_{coax}\lambda_{coax}/2 = (2\pi/\lambda_{coax})\ \lambda_{coax}/2 = \pi]$.

13.12 CAVIDADE RESSONANTE RETANGULAR

Em seguida, estudaremos ressonadores eletromagnéticos feitos a partir de guias de onda retangulares metálicos com ondas TE ou TM, que são uma versão TE/TM do ressonador Fabry-Perot plano-onda, na Figura 10.3, e ressonadores de linha de transmissão TEM, Figura 12.19. Lembramos que o ressonador de Fabry--Perot é obtido, essencialmente, pela colocação de dois planos paralelos metálicos (CEP), que são um múltiplo de meios comprimentos de onda à parte, no campo de uma onda eletromagnética plana uniforme, perpendicular à direção de propagação de ondas, de modo que a onda plana estática resultante existe presa entre os dois planos. Da mesma forma, uma seção de um guia de onda fechado em ambas as extremidades com novas paredes condutoras transversais, formando assim uma caixa metálica retangular (cavidade), representa uma estrutura de onda ressonante tridimensional (em determinadas frequências de ressonância), chamado de cavidade ressonante retangular. As frequências de ressonância da cavidade dependem, do modo de onda arbitrária, de todas as três dimensões do paralelepípedo, além dos parâmetros do dielétrico no interior da estrutura. Em geral, qualquer estrutura fechada metálica (de uma forma arbitrária), preenchida com um meio dielétrico arbitrário, constitui uma cavidade ressonante, capaz de armazenar energia eletromagnética de alta frequência — em um conjunto discreto de frequências ressonantes. Note que o ressonador de cabo coaxial no Exemplo 12.22 é uma cavidade ressonante também (um ressonador de dois fios de linha não, já que é aberto). A cavidade ressonante do guia de onda costumam ser utilizados em frequências superiores a 1 GHz e são elementos importantes em uma ampla gama de aplicações de micro-ondas, incluindo circuitos osciladores, filtros, amplificadores sintonizados, medidores de frequência (medida de onda), geradores de campos superiores e fornos de micro-ondas. As cavidades de laser também são ressonadores de cavidade. Nesta seção (e na seguinte), imaginamos que a cavidade em questão é sem perdas, ou seja, que suas paredes são perfeitamente condutoras (paredes CEP), e que o dielétrico é perfeito também. As cavidades ressonantes com pequenas perdas serão analisadas mais adiante neste capítulo.

Para determinar os campos em uma cavidade ressonante retangular, vamos primeiro considerar um guia de ondas retangular em curto-circuito em apenas uma extremidade. Em particular, vamos supor que uma parede CEP seja colocada no plano $z = 0$ no guia de ondas na Figura 13.1, e que uma onda TE_{10} (modo dominante) viaje no guia de onda semi-infinito definida por $-\infty < z < 0$ na direção z positiva. Os componentes do campo diferente de zero dessa onda, a que nos referimos como onda incidente (ou para frente), $\underline{E}_{iy}$, $\underline{H}_{ix}$ e $\underline{H}_{iz}$, são dados nas equações (13.24)-(13.26). A onda incidente reflete para o curto-circuito, de modo que, como na Figura 10.1 para ondas planas uniformes, a onda refletida (ou para trás), se propagando na direção z negativa, também existe no guia de ondas (é irradiada pelas correntes de superfície induzidas na parede transversal CEP). A onda refletida é também uma onda TE_{10}. Para usar diretamente as equações (13.24)-(13.26) para o seu campo, adotamos um novo sistema de coordenadas retangulares, x' y' z' (anexo ao guia de ondas), de tal forma que o eixo z' está na direção para trás ($z' = -z$). Com referência à Figura 13.16, os componentes de campo refletidos são

$$\underline{E}'_{ry} = -j\omega\mu\frac{a}{\pi}\underline{H}_{r0}\,\text{sen}\left(\frac{\pi}{a}x'\right)e^{-j\beta z'},$$
$$\underline{H}'_{rx} = j\beta\frac{a}{\pi}\underline{H}_{r0}\,\text{sen}\left(\frac{\pi}{a}x'\right)e^{-j\beta z'},$$
$$\underline{H}'_{rz} = \underline{H}_{r0}\cos\left(\frac{\pi}{a}x'\right)e^{-j\beta z'}$$
$$(\underline{E}'_{rx},\ \underline{E}'_{rz},\ \underline{H}'_{ry} = 0), \tag{13.124}$$

ou, reescrito no sistema de coordenada xyz (utilizado para a onda incidente),

$$\underline{E}_{ry} = -\underline{E}'_{ry} = j\omega\mu\frac{a}{\pi}\underline{H}_{r0}\,\text{sen}\left(\frac{\pi}{a}x\right)e^{j\beta z},$$
$$\underline{H}_{rx} = \underline{H}'_{rx} = j\beta\frac{a}{\pi}\underline{H}_{r0}\,\text{sen}\left(\frac{\pi}{a}x\right)e^{j\beta z},$$
$$\underline{H}_{rz} = -\underline{H}'_{rz} = -\underline{H}_{r0}\cos\left(\frac{\pi}{a}x\right)e^{j\beta z}. \tag{13.125}$$

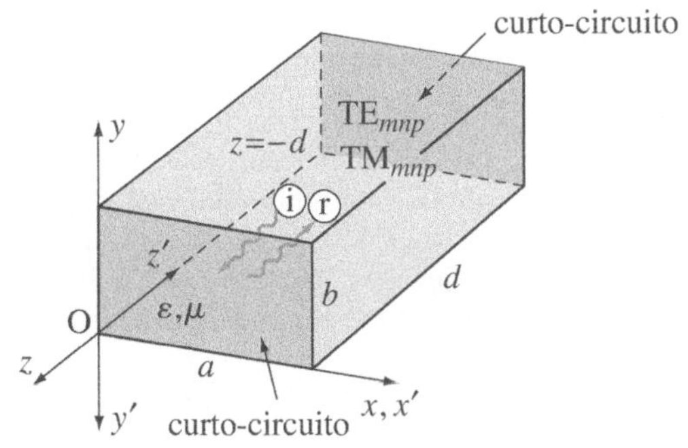

Figura 13.16

Cavidade ressonante retangular, obtida ao provocar um curto-circuito no guia de ondas retangular metálico na Figura 13.1 em dois planos transversais.

O coeficiente de fase β é dado pelas equações (13.12) e (13.20) — para o modo dominante. A constante $\underline{H}_{r0}$, representando o "valor de pico" complexo de $\underline{H}_{rz}$ no plano $z = 0$, é determinada pela condição de contorno para o componente tangencial do campo elétrico total (incidente mais refletida) neste plano, como na Equação (10.3) no caso plano-onda,

$$\left(\underline{E}_{iy} + \underline{E}_{ry}\right)\Big|_{z=0} = 0 \quad \longrightarrow \quad \underline{H}_{r0} = \underline{H}_0. \quad (13.126)$$

Usando as equações (10.7), as expressões para o campo total, portanto, leem

$$\underline{E}_y = \underline{E}_{\text{tot}\,y} = \underline{E}_{iy} + \underline{E}_{ry} = = -2\omega\mu\frac{a}{\pi}\underline{H}_0 \,\text{sen}\left(\frac{\pi}{a}x\right)\text{sen}\,\beta z \quad (13.127)$$

$$\underline{H}_x = \underline{H}_{\text{tot}\,x} = \underline{H}_{ix} + \underline{H}_{rx} = = 2\text{j}\beta\frac{a}{\pi}\underline{H}_0 \,\text{sen}\left(\frac{\pi}{a}x\right)\cos\beta z, \quad (13.128)$$

$$\underline{H}_z = \underline{H}_{\text{tot}\,z} = \underline{H}_{iz} + \underline{H}_{rz} = = -2\text{j}\underline{H}_0\cos\left(\frac{\pi}{a}x\right)\text{sen}\,\beta z. \quad (13.129)$$

A condição de contorno para o componente normal do campo magnético total na placa transversal, $\underline{H}_{\text{tot}\,z} = 0$ para $z = 0$, também é satisfeita. Vemos que a onda TE_{10} resultante em um guia de ondas em curto-circuito apresenta um comportamento de onda estática em ambas as direções x e z (o campo é uniforme na direção y).

Vamos agora fechar o guia de onda em sua outra extremidade, introduzindo uma parede CEP transversal também em um plano $z = -d$ na Figura 13.16, com d designando o comprimento da cavidade CEP retangular assim obtida (paralelepípedo). No entanto, a fim de não perturbar o campo nas equações (13.127)-(13.129), este deve ser um dos planos, onde $\underline{E}_{\text{tot}}\ y = 0$ (e $\underline{H}_{\text{tot}}\ z = 0$), como na Equação (10.10) e Figura 10.3 para o ressonador de onda-plano, e da mesma forma na Equação (12.131) e Figura 12.19 para o ressonador de linha de transmissão, e, portanto, temos

comprimento ressonante de uma cavidade

$$\beta d = p\pi \quad \longrightarrow \quad d = p\frac{\lambda_z}{2} \quad (p = 1, 2, \ldots), \quad (13.130)$$

onde λ_z é o comprimento de onda guia, Equação (13.110). Com isso, tanto $\underline{\mathbf{E}}_{\text{tan}} = 0$ e $\underline{\mathbf{H}}_{\text{normal}} = 0$, equações (13.1), em todas as paredes da cavidade. A onda descrita pelas equações (13.127)-(13.129) e (13.130), correspondente a $m = 1, n = 0$, e um p arbitrário (inteiro positivo), é indicada como um modo de cavidade TE_{10p}.

Apesar de β nas equações (13.127)-(13.129) representar o coeficiente de fase do modo dominante, vamos generalizar a condição na Equação (13.130) para um modo arbitrário TE_{mn} ou TM_{mn} no guia de ondas, supondo-se que a frequência de corte na expressão para β em (13.12) é $f_c = (f_c)_{mn}$, Equação (13.71). Com isso e Equação (8.48), Equação (13.130), reescrita como $\beta/\pi = p/d$ e quadrado, resulta em

$$\frac{\beta^2}{\pi^2} = \frac{\omega^2}{\pi^2 c^2}\left(1 - \frac{f_c^2}{f^2}\right) = = \left(\frac{2f}{c}\right)^2 - \left(\frac{m}{a}\right)^2 - \left(\frac{n}{b}\right)^2 = \left(\frac{p}{d}\right)^2 \quad (13.131)$$

($c = 1/\sqrt{\varepsilon\mu}$), que dá a seguinte solução para a frequência de operação, f, da onda:

ressonância da cavidade, modo TE_{mnp} ou TM_{mnp}

$$f = f_{\text{res}} = (f_{\text{res}})_{mnp} = \frac{c}{2}\sqrt{\left(\frac{m}{a}\right)^2 + \left(\frac{n}{b}\right)^2 + \left(\frac{p}{d}\right)^2} \quad (m, n, p = 0, 1, 2, \ldots). \quad (13.132)$$

A mesma qualificação sobre os valores zero de índices de modo transversal m e n se aplica aqui com a expressão para a frequência de corte $(f_c)_{mn}$ na Equação (13.71), ou seja, que apenas um índice pode ser zero para as ondas TE, e nenhum para ondas TM. Além disso, se considerarmos uma cavidade sem a imposição de qualquer ordem dada entre as suas dimensões a, b e d, então a única restrição para inteiros m, n e p na Equação (13.132) é que não mais de um deles pode ser zero por vez (por exemplo, uma combinação $m = n = 1$ e $p = 0$ também é possível). A frequência na Equação (13.132) é a frequência de ressonância (f_{res}) de um modo (m, n, p), ou seja, TE_{mnp} ou TM_{mnp}, na cavidade. Em outras palavras, para dadas dimensões da cavidade (a, b e d) e parâmetros dielétricos (ε e μ), cada modo pode existir (oscilar) apenas em uma única frequência, $f = (f_{\text{res}})_{mnp}$. Notamos que, em geral, a condição de oscilação de uma cavidade ressonante ($f = f_{\text{res}}$) é muito mais rigorosa do que a condição de propagação de um guia de onda ($f > f_c$). Há um número triplo infinito de frequências ressonantes, $(f_{\text{res}})_{mnp}$ e as configurações de campo modais ressonantes correspondentes na cavidade, em versões de TE e TM. Como nas equações (13.54)-(13.58) e (13.65)-(13,69), os inteiros $_m$, $_n$ e $_p$ (se diferente de zero) igualam o número de semicomprimentos de onda nos eixos x, y e z que se encaixam em a, b e d, respectivamente. Por outro lado, um índice zero significa que o campo é uniforme nesse sentido. Note que especificando $n \equiv 0$ e $p \equiv 0$ na expressão para $(f_{res})_{mnp}$ na Equação (13.132), este se torna independente de b e d, e idêntico ao da Equação (10.12), para a frequência de ressonância da estrutura de dois planos na Figura 10.3. O ressonador de Fabry-Perot pode, portanto, ser considerado uma versão unidimensional (planar) da cavidade ressonante na Figura 13.16 (com $b \to \infty$ e $d \to \infty$).

Se as dimensões da cavidade não são todas iguais e os eixos de coordenadas (x, y e z) na Figura 13.16 são escolhidos de tal forma que $a > b$ e $d > b$, de todas as soluções do modo TE_{101} ($m = p = 1, n = 0$) tem a mais baixa frequência, dada por

frequência ressonante, modo TE_{101}

$$(f_{res})_{101} = \frac{c}{2}\sqrt{\frac{1}{a^2} + \frac{1}{d^2}}, \qquad (13.133)$$

e, portanto, é chamado modo da cavidade dominante.[13] Usando as equações (13.127)-(13.129) e (13.130), com $p = 1$, os componentes de campo deste modo são

$\underline{E}_y$ – modo TE_{101}

$$\underline{E}_y = -2\omega\mu \frac{a}{\pi} \underline{H}_0 \operatorname{sen}\left(\frac{\pi}{a}x\right) \operatorname{sen}\left(\frac{\pi}{d}z\right), \qquad (13.134)$$

$\underline{H}_x$ – modo TE_{101}

$$\underline{H}_x = 2j\frac{a}{d}\underline{H}_0 \operatorname{sen}\left(\frac{\pi}{a}x\right)\cos\left(\frac{\pi}{d}z\right), \qquad (13.135)$$

$\underline{H}_z$ – modo TE_{101}

$$\underline{H}_z = -2j\underline{H}_0 \cos\left(\frac{\pi}{a}x\right)\operatorname{sen}\left(\frac{\pi}{d}z\right) \qquad (13.136)$$

($\underline{E}_x$, $\underline{E}_z$, $\underline{H}_y = 0$). Eles exibem uma variação de meio comprimento de onda único em ambas as direções x e z ($m = p = 1$), e nenhuma variação na direção y ($n = 0$). Expressões do campo nos modos TE e TM de ordem superior arbitrários em uma cavidade retangular serão obtidas em exemplos.

Exemplo 13.14

Impedância de onda em um guia de onda em curto-circuito

A onda TE_{10} se propaga, em uma frequência f, na direção z positiva por um guia de onda retangular sem perdas metálico de dimensões transversais a e b e parâmetros dielétricos ε e μ, e é incidente sobre uma placa CEP em curto-circuito colocada no plano $z = 0$. Encontre a impedância de onda da onda resultante no guia de ondas.

Solução A onda total (incidente mais refletida) no guia de ondas em curto-circuito é uma onda estacionária TE_{10}, cujos componentes de campo elétricos e magnéticos transversais, $\underline{E}_y$ e $\underline{H}_x$, são dados nas equações (13.127) e (13.128). Usando a Equação (13.80), a impedância de onda dessa onda é

$$\underline{Z}_{\text{estacionária}} = -\frac{\underline{E}_y}{\underline{H}_x} = -j\frac{\omega\mu}{\beta}\tan\beta z = -jZ_{TE}\tan\beta z, \qquad (13.137)$$

onde $\omega = 2\pi f$ (frequência angular) e o coeficiente de fase β é calculado pelas equações (13.12) e (13.20). Note que $\underline{Z}_{\text{estacionária}}$, ao contrário da impedância de onda (Z_{TE}) de cada uma das duas ondas TE_{10} em movimento (ondas incidente e refletida) na estrutura, na Equação (13.76), é uma função das coordenadas z. Note também que é puramente imaginária (reativa), e assim também é o componente correspondente do vetor de Poynting complexo, $\underline{\mathcal{P}}_z = -\underline{E}_y\underline{H}^*_x\,\hat{\mathbf{z}}$ [Equação (13.84)]. Isto é característico de todas as ondas eletromagnéticas estacionárias [por exemplo, veja Equação (10.20) para uma onda plana uniforme puramente estacionária] e significa que não há fluxo de potência líquida real pela onda (na direção axial).

Exemplo 13.15

Expressões do campo para um modo TE arbitrário em uma cavidade ressonante

Encontre as expressões para os campos elétricos e magnéticos de um modo de onda arbitrário TE_{mnp} em uma cavidade retangular sem perdas metálica de dimensões a, b, e d (Figura 13.16), preenchido com um dielétrico homogêneo de permissividade ε e permeabilidade μ.

Solução Considerando primeiro um guia de onda em curto-circuito, com uma placa CEP inserida na extremidade do guia definido por $z = 0$ na Figura 13.16, a onda incidente TE_{mn} é a das equações (13.54)-(13.58), e os componentes do campo da onda refletida, que também é da forma TE_{mn}, são escritos em analogia com as equações (13.124) e (13.125) para o caso TE_{10}. Ao fazer isso, realizamos a conversão do sistema de coordenadas z' y' x' na Figura 13.16, na qual a onda refletida é originalmente representada, para o sistema de coordenadas xyz, utilizado para a onda incidente, bem como para a onda (incidente mais refletida) resultante. Por exemplo, o componente x do vetor campo elétrico refletido é dado por

$$\underline{E}_{rx} = -\frac{j\omega\mu}{k^2}\frac{n\pi}{b}\underline{H}_{r0}\cos\left(\frac{m\pi}{a}x\right)\operatorname{sen}\left(\frac{n\pi}{b}y\right)e^{j\beta z}$$

$$(\underline{H}_{r0} = \underline{H}_0), \qquad (13.138)$$

onde a constante $\underline{H}_{r0}$ é determinada pela condição de contorno para $\underline{E}_{ix} + \underline{E}_{rx}$ para $z = 0$, como na Equação (13.126). Portanto, o componente de campo correspondente total, semelhante a Equação (13.127), vem a ser

$$\underline{E}_x = \underline{E}_{\text{tot}\,x} = \underline{E}_{ix} + \underline{E}_{rx} =$$

$$= \frac{2\omega\mu}{k^2}\frac{n\pi}{b}\underline{H}_0\cos\left(\frac{m\pi}{a}x\right)\operatorname{sen}\left(\frac{n\pi}{b}y\right)\operatorname{sen}\beta z, \qquad (13.139)$$

13 Para $a = b = d$ (cavidade cúbica), $(f_{res})_{101} = (f_{res})_{110} = (f_{res})_{011} = c\,2\,/\,(2a)$.

e o mesmo pode ser feito para os outros componentes de campo da onda. Fechando em seguida, o guia de onda, no outro extremo ($z = -d$), na Figura 13.16, obtemos a condição na Equação (13.130), no qual o coeficiente de fase da onda é $\beta = \pi/d$. Assim, as expressões finais para o campo TE_{mnp} na cavidade leem

$\underline{E}_x$ – modo TE_{mnp}

$$\underline{E}_x = \frac{2\omega\mu}{k^2}\frac{n\pi}{b}\underline{H}_0 \cos\left(\frac{m\pi}{a}x\right)\operatorname{sen}\left(\frac{n\pi}{b}y\right)\operatorname{sen}\left(\frac{p\pi}{d}z\right), \quad (13.140)$$

$\underline{E}_y$ – modo TE_{mnp}

$$\underline{E}_y = -\frac{2\omega\mu}{k^2}\frac{m\pi}{a}\underline{H}_0 \operatorname{sen}\left(\frac{m\pi}{a}x\right)\cos\left(\frac{n\pi}{b}y\right)\operatorname{sen}\left(\frac{p\pi}{d}z\right), \quad (13.141)$$

$\underline{H}_x$ – modo TE_{mnp}

$$\underline{H}_x = \frac{2j}{k^2}\frac{m\pi}{a}\frac{p\pi}{d}\underline{H}_0 \operatorname{sen}\left(\frac{m\pi}{a}x\right)\cos\left(\frac{n\pi}{b}y\right)\cos\left(\frac{p\pi}{d}z\right), \quad (13.142)$$

$\underline{H}_y$ – modo TE_{mnp}

$$\underline{H}_y = \frac{2j}{k^2}\frac{n\pi}{b}\frac{p\pi}{d}\underline{H}_0 \cos\left(\frac{m\pi}{a}x\right)\operatorname{sen}\left(\frac{n\pi}{b}y\right)\cos\left(\frac{p\pi}{d}z\right), \quad (13.143)$$

$\underline{H}_z$ – modo TE_{mnp}

$$\underline{H}_z = -2j\underline{H}_0 \cos\left(\frac{m\pi}{a}x\right)\cos\left(\frac{n\pi}{b}y\right)\operatorname{sen}\left(\frac{p\pi}{d}z\right) \quad (13.144)$$

($\underline{E}_z = 0$), onde $m, n, p = 0, 1, 2,...$, o parâmetro k^2 é calculado pela Equação (13.59), e $\omega = 2\pi f$, com $f = (f_{res})_{mnp}$ sendo a frequência de ressonância do modo TE_{mnp} na cavidade, Equação (13.132). É claro que as equações (13.140)-(13.144) para $m = p = 1$ e $n = 0$ reduzem para equações (13.134)-(13.136), descrevendo os componentes do campo existente no modo de cavidade dominante (TE_{101}).

Exemplo 13.16

Campo de um modo de cavidade TM arbitrário

Repita o exemplo anterior, mas para um modo ressonante arbitrário TM_{mnp} na cavidade.

Solução Começamos com os componentes de campo da onda incidente TM_{mn} na cavidade (guia de onda em curto-circuito), nas equações (13.65)-(13.69). Tendo em mente a expressão para o componente x ou y do vetor campo elétrico da onda refletida, como na Equação (13.138), é óbvio que a constante correspondente $\underline{E}_{r0}$ (no lugar de $\underline{H}_{r0}$) deve ser definida como $\underline{E}_{r0} = \underline{E}_0$ para que a condição de contorno para o campo elétrico resultante tangencial na superfície CEP em $z = 0$ na Figura 13.16 seja satisfeito. Em seguida, usamos o mesmo procedimento na obtenção das equações (13.140)-(13.144), que produz o seguinte para um modo de cavidade arbitrário TM_{mnp}:

$\underline{E}_x$ - modo TM_{mnp}

$$\underline{E}_x = -\frac{2}{k^2}\frac{m\pi}{a}\frac{p\pi}{d}\underline{E}_0 \cos\left(\frac{m\pi}{a}x\right)\operatorname{sen}\left(\frac{n\pi}{b}y\right)\operatorname{sen}\left(\frac{p\pi}{d}z\right), \quad (13.145)$$

$\underline{E}_y$ – modo TM_{mnp}

$$\underline{E}_y = -\frac{2}{k^2}\frac{n\pi}{b}\frac{p\pi}{d}\underline{E}_0 \operatorname{sen}\left(\frac{m\pi}{a}x\right)\cos\left(\frac{n\pi}{b}y\right)\operatorname{sen}\left(\frac{p\pi}{d}z\right), \quad (13.146)$$

$\underline{E}_z$ – modo Tm_{mnp}

$$\underline{E}_z = 2\underline{E}_0 \operatorname{sen}\left(\frac{m\pi}{a}x\right)\operatorname{sen}\left(\frac{n\pi}{b}y\right)\cos\left(\frac{p\pi}{d}z\right), \quad (13.147)$$

$\underline{H}_x$ – modo TM_{mnp}

$$\underline{H}_x = \frac{2j\omega\varepsilon}{k^2}\frac{n\pi}{b}\underline{E}_0 \operatorname{sen}\left(\frac{m\pi}{a}x\right)\cos\left(\frac{n\pi}{b}y\right)\cos\left(\frac{p\pi}{d}z\right), \quad (13.148)$$

$\underline{H}_y$ – modo TM_{mnp}

$$\underline{H}_y = -\frac{2j\omega\varepsilon}{k^2}\frac{m\pi}{a}\underline{E}_0 \cos\left(\frac{m\pi}{a}x\right)\operatorname{sen}\left(\frac{n\pi}{b}y\right)\cos\left(\frac{p\pi}{d}z\right) \quad (13.149)$$

($\underline{H}_z = 0$). Aqui $m, n, p = 1, 2,...$, e o caso $p = 0$ também pode ser incluído, enquanto as expressões para k^2 e $\omega = 2\pi(f_{res})_{mnp}$ são as mesmas que no caso TE, dadas pelas equações (13.59) e (13.132), respectivamente.

13.13 ENERGIA ELETROMAGNÉTICA ARMAZENADA EM UMA CAVIDADE RESSONANTE

A fim de iniciar os cálculos de energia da cavidade ressonante guia de onda, lembramos que, durante o decorrer do tempo, a energia eletromagnética armazenada em qualquer estrutura de ressonância eletromagnética oscila periodicamente entre os campos elétricos e magnéticos, pois eles alternam entre valores máximos e zero. Essa flutuação de energia, no caso do ressonador Fabry-Perot (Figura 10.3) é ilustrada na Figura 10.4. Para mostrar que uma troca completa periódica da energia armazenada entre os campos elétricos e magnéticos de uma onda eletromagnética estática ocorre também em uma cavidade ressonante retangular, Figura 13.16, vamos dar uma olhada nas expressões de campo nas equações (13.134)-(13.136), (13.140)-(13.144) e (13.145)-(13.149). Notamos que os vetores de intensidade de campo elétrico e magnético complexos do modo de cavidade dominante (TE_{101}), bem como de uma ordem de modo arbitrária superior (TE_{mnp} ou TM_{mnp}), podem ser escritos como

$$\underline{\mathbf{E}} = \underline{H}_0\mathbf{A}_1, \quad \underline{\mathbf{H}} = j\underline{H}_0\mathbf{A}_2, \quad (13.150)$$

onde $\mathbf{A}_1$ e $\mathbf{A}_2$ são vetores puramente reais (que, é óbvio, dependem das coordenadas x, y e z), e a constante complexa $\underline{H}_0$ é substituída por $\underline{E}_0$ para ondas TM. Denotando o argumento (ângulo de fase) de $\underline{H}_0$ (ou $\underline{E}_0$) por ($\underline{H}_0 = |\underline{H}_0|\, e^{j\xi}$) e usando a Equação (8.66), os vetores intensidade campo instantâneo na cavidade são, então, [como as expressões nas equações (10.9)] quadratura de fase no tempo dos vetores de campo cavidade

$$\mathbf{E}(t) = |\underline{H}_0|\mathbf{A}_1\sqrt{2}\cos(\omega t + \xi), \quad \mathbf{H}(t) = -|\underline{H}_0|\mathbf{A}_2\sqrt{2}\,\text{sen}(\omega t + \xi). \tag{13.151}$$

Vemos que $\mathbf{E}(t)$ e $\mathbf{H}(t)$ estão em quadratura tempo-fase, ou seja, em 90° fora de fase com relação uns aos outros, em todos os pontos da cavidade, o que resulta da diferença de "j" em expressões complexas nas equações (13.150).[14] Também percebemos que os dois $\mathbf{E}(t)$ e $\mathbf{H}(t)$ são vetores linearmente polarizados — a ponta de $\mathbf{E} = \mathbf{E}\,(x, y, z, t)$ em um ponto (x, y, z) oscila, no tempo, ao longo da linha definida pelo vetor no tempo constante $\mathbf{A}_1 = \mathbf{A}_1\,(x, y, z)$ e, de modo análogo, para $\mathbf{H} = \mathbf{H}\,(x, y, z, t)$. Por fim concluímos, pelas equações (13.151), que, como na Figura 10.4, há instantes no tempo (t_1) em que o campo elétrico é máximo [cos $(\omega t + \xi) = \pm 1$], enquanto o campo magnético é zero [sen $(\omega t + \xi) = 0$],

energia toda elétrica

$$\mathbf{E}(x, y, z, t_1) = \pm|\underline{H}_0|\mathbf{A}_1(x, y, z)\sqrt{2}\ \text{(máximo)}, \quad \mathbf{H}(x, y, z, t_1) = 0, \tag{13.152}$$

em cada ponto (x, y, z) na cavidade. Em algumas outras vezes $(t_2 = t_1 \pm T/4)$, a situação é exatamente o oposto:

energia toda magnética

$$\mathbf{E}(x, y, z, t_2) = 0, \quad \mathbf{H}(x, y, z, t_2) = = \mp|\underline{H}_0|\mathbf{A}_2(x, y, z)\sqrt{2}\ \text{(máximo)}, \tag{13.153}$$

em todo o ressonador [T é o período de tempo da variação harmônica no tempo da onda, Equação (8.49)]. Assim, a energia eletromagnética instantânea da cavidade, W_{em} (t), que é constante no tempo (supondo que não há perdas Joule no ressonador), é toda elétrica em instantes t_1, equações (13.152), e toda magnética para $t = t_2$, equações (13.153). Em tempos intermediários, a energia é em parte elétrica e em parte magnética, enquanto se move do campo elétrico ao magnético e vice-versa.

Agora restringimos nossa atenção para o modo de ressonância dominante e calculamos sua energia total, W_{em}, em um dos instantes t_1, ou seja, como a energia elétrica máxima, $(We)_{máx}$, da cavidade. Uma vez que **E** (t) é linearmente polarizada, o valor de pico ($E_{máx}$) é igual a $\sqrt{2}$ vezes rms (E_{rms}) de sua magnitude instantânea (isso vale para um modo de ressonância arbitrária TE ou TM na cavidade, onde **E** tem dois ou três componentes cartesianos diferentes de zero). A intensidade do campo rms, por sua vez, é igual à magnitude da expressão de campo complexa ($\underline{E}_y$) na Equação (13.134), e, portanto,

valor de pico do campo E, modo TE_{101}

$$E_{máx} = E_{rms}\sqrt{2} = |\underline{E}_y|\sqrt{2}. \tag{13.154}$$

Segundo a Equação (8.160), a energia eletromagnética (a qualquer momento) na cavidade é então obtida pela integração da densidade de energia elétrica de pico em todo o volume do dielétrico da cavidade, v_d, isto é, o interior da cavidade inteiro (Figura 13.16),

energia armazenada, modo TE_{101}

$$\begin{aligned} W_{em} &= W_{em}(t) = (W_e)_{máx} = \\ &= \int_{v_d} (w_e)_{máx}\,dv = \int_{v_d} \frac{1}{2}\varepsilon E_{máx}^2\,dv = \\ &= \varepsilon \int_{v_d} |\underline{E}_y|^2\,dv = \frac{4\omega^2\varepsilon\mu^2 a^2|\underline{H}_0|^2}{\pi^2} \\ &\int_{x=0}^{a}\int_{z=-d}^{0} \text{sen}^2\left(\frac{\pi}{a}x\right)\text{sen}^2\left(\frac{\pi}{d}z\right)\underbrace{b\,dx\,dz}_{dv} = \\ &= \frac{\omega^2\varepsilon\mu^2 a^3 bd|\underline{H}_0|^2}{\pi^2} = \mu abd\left(\frac{a^2}{d^2}+1\right)|\underline{H}_0|^2, \end{aligned} \tag{13.155}$$

onde $\omega = 2\pi f$ e $f = (f_{res})_{101}$ é a frequência de ressonância do modo de cavidade dominante, dado na Equação (13.133). O volume elementar para a integração, dv, é adotado sob a forma de um prisma retangular fino de altura b e dimensões de base dx e dy. Por fim, as integrais em x e z são iguais a a /2 e d /2, conforme a Equação (13.86).

Exemplo 13.17

Prova geral da igualdade do pico da energia magnética e elétrica

Prove que as energias magnéticas e elétricas máximas (pico) em uma cavidade ressonante metálica são iguais sem saber e usando as equações (13.152) e (13.153), ou seja, o fato de que há instantes de tempo quando um campo elétrico ou magnético é zero no domínio da cavidade inteira.

Solução A igualdade de $(W_m)_{máx}$ e $(W_e)_{máx}$ vem diretamente do teorema de Poynting na forma complexa, Equação (8.196), aplicada ao domínio da cavidade (v_d). Ou seja, a segunda integral no lado direito da Equação (8.196) é a diferença destas energias, $W = (W_m)_{máx} - (W_e)_{máx}$. Dado que todas as outras integrais na equação são zero, supondo que não existem fontes impressas em v_d, que o dielétrico de cavidade é perfeito e que as paredes são impenetráveis (CEP), W deve ser zero também, o que dá $(W_m)_{máx} = (W_e)_{máx}$.

Note que esta igualdade e sua prova são válidas para uma cavidade ressonante arbitrária sem perdas, de quaisquer forma e composição material na cavidade, e nem sempre para cavidades retangulares com um dielétrico homogêneo, na Figura 13.16.

14 A mudança de fase 90° entre campos elétricos e magnéticos instantâneos (diferença em "j" em expressões de campo complexas) em cada ponto da estrutura é característica de todos os ressonadores eletromagnéticos. Isto é evidente, por exemplo, nas equações (10.8) e (10.9) para o ressonador Fabry-Perot, equações (12.111), (12.112) e (12.114) para ressonadores de linhas de transmissão e equações (8.69) e (3.45) para um circuito LC ressonante simples.

Exemplo 13.18

Energia de sondagem por um pequeno *loop* anexado a uma parede da cavidade

Uma onda TE_{101} oscila em uma cavidade ressonante cheia de ar retangular metálico de dimensões $a = 16$ cm, $b = 8$ cm e $d = 18$ cm. Um pequeno arco (*loop*) de fio, cuja área de superfície é $S = 0{,}65$ cm^2, é anexado ao centro de uma das paredes da cavidade de dimensões b e d, tal que o plano do arco (*loop*) é paralelo às paredes de dimensões a e b, como mostrado na Figura 13.17, e o valor rms medido da fem induzida no arco (*loop*) chega a $\mathcal{E}_{\text{ind}} = 12$ V. Nestas circunstâncias, encontre a energia eletromagnética armazenada na cavidade.

Solução Notamos a semelhança no cálculo da potência transportada em um guia de onda da fem em um arco (*loop*) no Exemplo 13.12. Aqui, para a posição e orientação do arco (*loop*) na Figura 13.17, o componente relevante do vetor intensidade do campo magnético resultante no fluxo $\underline{\Phi}$ na Equação (13.119) é $\underline{H}_z$, dada pela Equação (13.136) para o modo de cavidade dominante e, portanto, a seguinte expressão para a fem rms no arco (*loop*):

$$\mathcal{E}_{\text{ind}} = |\underline{\mathcal{E}}_{\text{ind}}| = \omega\mu_0 \left|\underline{H}_z\right|_{x=a,\ z=-d/2} S = \omega\mu_0 2|\underline{H}_0|S, \quad (13.156)$$

que, por sua vez, produz $|\underline{H}_0| = \mathcal{E}_{\text{ind}}/(2\omega\mu_0 S)$. Empregando então a Equação (13.155), a energia eletromagnética armazenada na cavidade é igual a

$$W_{\text{em}} = \frac{\varepsilon_0 a^3 b d \mathcal{E}_{\text{ind}}^2}{4\pi^2 S^2} = 451 \text{ nJ}. \quad (13.157)$$

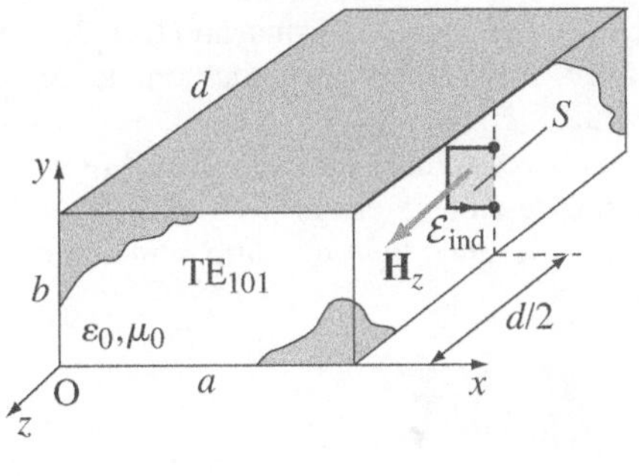

Figura 13.17
Cálculo da fem induzida em um pequeno arco (*loop*) anexado a uma parede da cavidade; para o Exemplo 13.18.

13.14 FATOR DE QUALIDADE DE CAVIDADES RETANGULARES COM PEQUENAS PERDAS

Desprezando as perdas em uma cavidade ressonante, sua energia eletromagnética, $W_{\text{em}}(t)$, estabelecida utilizando alguma configuração de acoplamento (por exemplo, figuras 13.11-13.13), permanece a mesma indefinidamente (para $t \to \infty$), embora a excitação (fonte) possa ser removida (desligada). Aqui, é claro, também supomos que a cavidade está perfeitamente selada (qualquer abertura usada para a excitação fechada), para evitar fugas de energia (radiação). Em um ressonador real (com perdas), por outro lado, $W_{\text{em}}(t)$ decresce de modo exponencial com o tempo, como dado pela Equação (12.141), em que δ_r e τ são o fator de amortecimento e constante de tempo do ressonador (os campos na cavidade decaem como $e^{-t/\tau}$). Se as perdas Joule na estrutura são pequenas, podemos usar as expressões sem perdas para as energias de diferentes modos de ressonância, por exemplo, a Equação (13.155), e apenas multiplicá-las por $e^{-2t/\tau}$. Da Equação (12.148), τ é proporcional ao fator de qualidade, Q, da estrutura, por isso quanto maior o Q mais lento o amortecimento do ressonador ($Q \to \infty$ para um ressonador ideal). Lembramos que esse fator também define a largura de banda de um ressonador, então quanto maior o Q de uma estrutura de ressonância mais nítida a ressonância e maior a seletividade de frequência do dispositivo. Em nossa análise, além disso, Q (supondo-se baixa perda) é determinado utilizando as distribuições de campo para o caso sem perdas (método de perturbação).

Especificamente, o fator Q de uma cavidade ressonante retangular (Figura 13.16) é encontrado usando-se a Equação (12.146), para a qual precisamos calcular a potência de perda média no tempo na estrutura. Este cálculo acompanha em grande parte a avaliação de perdas de condutores e dielétricos em um guia de ondas real retangular, com pequenas perdas, apresentado na Seção 13.9. Consideramos o modo de ressonância dominante (TE_{101}) na cavidade.

A potência média no tempo de perdas Joule no condutor cavidade (paredes metálicas), P_c, é determinada a partir da Equação (10.90), integrando a densidade de potência da superfície $R_s\,|\underline{\mathbf{H}}_{\text{tan}}|^2$ sobre superfície interior S da cavidade. Aqui, R_s é a resistência da superfície do condutor, dada na Equação (13.94), e $\underline{\mathbf{H}}_{\text{tan}}$ é o componente tangencial do vetor intensidade do campo magnético rms complexo em S, encontrado nas equações (13.135) e (13.136) — para o modo TE_{101}. Em analogia com a integração na Equação (13.96), P_c é igual à soma das seguintes integrais nos três pares de paredes paralelas (placas) que constituem a cavidade:

$$P_c = \oint_S R_s |\underline{\mathbf{H}}_{\text{tan}}|^2 \, dS =$$

$$= \underbrace{2\int_{x=0}^{a}\int_{z=-d}^{0} R_s \left(|\underline{H}_x|^2 + |\underline{H}_z|^2\right)\Big|_{y=0 \text{ ou } b} dx\,dz}_{\text{placas da base e superiores}} =$$

$$+ \underbrace{2\int_{y=0}^{b}\int_{z=-d}^{0} R_s \left|\underline{H}_z\right|^2_{x=0 \text{ ou } a} dy\,dz}_{\text{placas da esquerda e da direita}} +$$

$$+ \underbrace{2\int_{x=0}^{a}\int_{y=0}^{b} R_s \left|\underline{H}_x\right|^2_{z=0 \text{ ou } -d} dx\,dy}_{\text{placas da frente e de trás}}, \quad (13.158)$$

onde se usa a simetria de campo, isto é, o fato de que os componentes de campo relevantes nas integrais de superfície têm a mesma magnitude em cada par de paredes paralelas. Substituindo as expressões para esses componentes, temos

$$P_c = 8R_s|\underline{H}_0|^2\left\{\int_0^a\int_{-d}^0\left[\frac{a^2}{d^2}\operatorname{sen}^2\left(\frac{\pi}{a}x\right)\cos^2\left(\frac{\pi}{d}z\right)+\right.\right.$$

$$\left.+\cos^2\left(\frac{\pi}{a}x\right)\operatorname{sen}^2\left(\frac{\pi}{d}z\right)\right]\mathrm{d}x\,\mathrm{d}z+\int_{-d}^0\operatorname{sen}^2\left(\frac{\pi}{d}z\right)b\,\mathrm{d}z+$$

$$\left.+\frac{a^2}{d^2}\int_0^a\operatorname{sen}^2\left(\frac{\pi}{a}x\right)b\,\mathrm{d}x\right\}=$$

$$=2R_s|\underline{H}_0|^2\left(\frac{a^3}{d}+ad+2bd+\frac{2a^3b}{d^2}\right) \qquad (13.159)$$

[para a solução de integrais individuais em x e z, veja também Equação (13.86)]. A combinação das equações (12.146), (8.48), (13.133), (13.155) e (13.159) então dá o fator qualidade Q_c da cavidade associada com perdas do condutor,

fator de qualidade para paredes de cavidade, modo TE_{101}

$$Q_c = \omega_{res}\frac{W_{em}}{P_c} = $$
$$= \frac{\pi\eta}{2R_s}\frac{b(a^2+d^2)^{3/2}}{ad(a^2+d^2)+2b(a^3+d^3)}, \qquad (13.160)$$

em que $\omega_{res} = (\omega_{res})_{101} = \pi\sqrt{a^2+d^2}/(\sqrt{\varepsilon\mu}\,ad)$ é a frequência de ressonância angular do modo de cavidade dominante e $\eta = \sqrt{\mu/\varepsilon}$ a impedância intrínseca do dielétrico da cavidade. Para uma cavidade CEP ($\sigma_c \to \infty$), $P_c = 0$ e $R_s = 0$ e, portanto, $Q_c \to \infty$.

A potência média no tempo de perda no dielétrico imperfeito na Figura 13.16, P_d, é dada pela versão do volume (com integração sobre o volume dielétrico, v_d) da Equação (13.95). Vemos que P_d assim expressa é proporcional à energia W_{em} na Equação (13.155), desde que o dielétrico seja homogêneo. De acordo, a Equação (12.146) nos diz que o fator Q_d representando as perdas no dielétrico é

fator de qualidade para dielétrico de cavidade, modo TE_{101}

$$Q_d = \omega_{res}\frac{W_{em}}{P_d} = \omega_{res}\frac{\varepsilon\int_{v_d}|\underline{E}_y|^2\,\mathrm{d}v}{\sigma_d\int_{v_d}|\underline{E}_y|^2\,\mathrm{d}v} =$$
$$= \omega_{res}\frac{\varepsilon}{\sigma_d} = \frac{1}{\tan\delta_d} = \frac{\varepsilon'}{\varepsilon''}, \qquad (13.161)$$

onde σ_d e tan δ_d são, respectivamente, a condutividade e a tangente de perdas, e ε' e ε'' as partes real e imaginária da permissividade complexa de alta frequência do dielétrico [ver equações (9.125) e (9.130)]. Essas expressões para Q_d são válidas para qualquer modo TE ou TM na cavidade. Note que eles são os mesmos que para um ressonador de linha de transmissão preenchido com o mesmo dielétrico, Equação (12.154). Se o dielétrico é considerado perfeito (σ_d, $\varepsilon'' = 0$), $Q_d \to \infty$.

Por fim, o fator de qualidade total da cavidade, Q, é obtido a partir de Q_c e Q_d usando a Equação (12.156). Na maioria das aplicações, a cavidade é cheia de ar, resultando em $Q_d \to \infty$ e $Q = Q_c$. Como veremos em um exemplo, com cavidades do guia de onda é possível atingir valores extremamente altos Q, da ordem de 30.000. Esta é de uma e duas ordens de magnitude maior do que os valores máximos Q de ressonadores de linha de transmissão e circuitos ressonantes agrupados (por exemplo, circuitos RLC ressonantes em série e paralelo.

Exemplo 13.19

Fator de qualidade de uma cavidade cúbica

Calcule o fator Q para o modo de ressonância dominante (TE_{101}) de uma cavidade cúbica cheia de ar com comprimento da aresta a = 21,2 cm e paredes de cobre.

Solução A energia eletromagnética armazenada na cavidade e potência média no tempo de perdas do condutor são avaliados usando equações (13.155) e (13.159), respectivamente, com $a = b = d$, e Equação (12.146), então dá a seguinte expressão para o fator de qualidade da cavidade:

$$W_{em} = 2\mu_0 a^3|\underline{H}_0|^2 \quad \text{e} \quad P_c = 12R_s a^2|\underline{H}_0|^2 \longrightarrow$$

$$\longrightarrow \quad Q = \omega_{res}\frac{W_{em}}{P_c} = \frac{\pi\mu_0 f_{res} a}{3R_s} \qquad (13.162)$$

($\omega_{res} = 2\pi f_{res}$). Por meio da Equação (13.133), a frequência de ressonância do modo de cavidade dominante para o cubo ($a = d$) é igual a $f_{res} = (f_{res})_{101} = c_0/(\sqrt{2}a) = 1$ GHz ($c_0 = 3 \times 10^8$ m/s), e a resistência da superfície do cobre, Equação (10.80), nesta frequência chega a R_s = 8,25 mΩ/ quadrado. Assim, o fator de qualidade do cubo vem a ser tão elevado como Q = 33.816.

Exemplo 13.20

Fator de qualidade de uma cavidade cheia de teflon

Qual é o fator Q da cavidade cúbica do exemplo anterior, se ele é preenchido com teflon, cuja permissividade relativa é ε_r = 2,1 e a tangente de perda tan $\delta_d = 10^{-4}$.

Solução Usando a Equação (13.161), o fator de qualidade associado com as perdas no dielétrico cavidade (teflon) é

$$Q_d = \frac{1}{\tan\delta_d} = 10.000 \quad [(Q_d)_{ar} \to \infty]. \qquad (13.163)$$

Esta é uma grande mudança em relação ao caso (Q_d infinito) com dielétrico de ar. Por outro lado, embora o condutor do ressonador seja o mesmo (cobre) como para a cavidade vazia, e somente o dielétrico seja alterado, o fator Q_c para as perdas do condutor muda também. A razão é um tamanho elétrico diferente da cavidade cheia de teflon e, portanto, frequência ressonante diferente TE_{101}, em comparação ao seu equivalente cheio de ar,

$$(f_{res})_{teflon} = \frac{c}{\sqrt{2}a} = \frac{c_0/\sqrt{\varepsilon_r}}{\sqrt{2}a} = \frac{(f_{res})_{ar}}{\sqrt{\varepsilon_r}} = 690\ \text{MHz}, \qquad (13.164)$$

com o que as equações (10.80) e (13.162) agora resultam na resistência de superfície $Rs = 6{,}86$ mΩ/quadrado e $Q_c = 28{,}126$ [note que (Q_c)ar = 33,816, a partir do exemplo anterior]. O fator de qualidade global da cavidade, Equação (12.156), chega a

$$Q = \frac{Q_c Q_d}{Q_c + Q_d} = 7.377. \quad (13.165)$$

Assim, Q da cavidade cheia de teflon é bem menor do que o da cavidade vazia, o que se deve à menor frequência de ressonância e redução associada em Q_c, mas principalmente por causa da baixa Q_d (em comparação com Q_c).

Exemplo 13.21

Cozinhando alimentos em um forno de micro-ondas

Um forno de micro-ondas na forma de uma cavidade ressonante retangular metálico de dimensões a, b e d opera com a ressonância da cavidade TE_{101}. Um pedaço de comida de forma retangular e dimensões $a/2$, $b/2$ e $d/2$ é colocado no forno, no centro da placa, como mostrado na Figura 13.18. A peça é um dielétrico com perdas homogêneo de condutividade σ_d. (a) Supondo que a distribuição do campo elétrico na cavidade é a mesma de como se estivesse vazio, encontre a potência média no tempo de perdas Joule no pedaço de alimento. (b) Repita (a) se o dielétrico preenche completamente a cavidade.

Solução

(a) A potência de perda no tempo médio no pedaço de alimento, $(P_J)_{\text{no alimento}}$, é obtida pela integração da densidade de potência correspondente, $P_J = \sigma_d\, |E_y|\, 2$, com $\underline{E}_y$ sendo o único componente do campo elétrico existente do modo de cavidade dominante (TE_{101}), dado na Equação (13.134), em todo o volume (v_{alimento}) do pedaço [veja a Equação (13.161)], por isso temos (Figura 13.18)

$$(P_J)_{\text{alimento}} = \int_{v_{\text{alimento}}} \sigma_d |\underline{E}_y|^2 \, dv =$$

$$= K \int_{x=a/4}^{3a/4} \int_{z=-3d/4}^{-d/4} \operatorname{sen}^2\left(\frac{\pi}{a}x\right) \operatorname{sen}^2\left(\frac{\pi}{d}z\right) \underbrace{\frac{b}{2}\, dx\, dz}_{dv} =$$

$$= \frac{Kb}{8} \underbrace{\int_{a/4}^{3a/4} \left[1 - \cos\left(\frac{2\pi}{a}x\right)\right] dx}_{a/2 + a/\pi} \underbrace{\int_{-3d/4}^{-d/4} \left[1 - \cos\left(\frac{2\pi}{d}z\right)\right] dz}_{d/2 + d/\pi} =$$

$$= \frac{1}{2\pi^2}(2+\pi)^2 f_{\text{res}}^2 \sigma_d \mu_0^2 a^3 b d |\underline{H}_0|^2$$

$$\left(K = \frac{4\omega_{\text{res}}^2 \sigma_d \mu_0^2 a^2 |\underline{H}_0|^2}{\pi^2}\right), \quad (13.166)$$

onde $f_{\text{res}} = (f_{\text{res}})_{101}$ é a frequência de ressonância do modo dominante, a Equação (13.133), $\omega_{\text{res}} = 2\pi f_{\text{res}}$ é a frequência angular associada, e o uso é feito da identidade trigonométrica $\operatorname{sen}^2 \alpha = (1 - \cos 2\alpha)/2$. A potência $(P_J)_{\text{nos alimentos}}$ é dissipada por calor por todo o objeto dielétrico (alimento), e esta é a potência que cozinha ou esquenta a comida no forno. É claro que desprezamos por completo a influência do objeto dielétrico com perdas na distribuição de campo na cavidade.

(b) Se o dielétrico na Figura 13.18 é estendido para encher completamente a cavidade, o elemento de volume na Equação (13.166) estende-se a $dv = b\, dx\, dz$, e as integrais em x e z tornam-se iguais para $a/2$ e $d/2$ na Equação (13.86), de modo que o resultado para a potência acabe por ser $(P_J)_{\text{forno completo}} = 4 f^2_{\text{res}} \sigma_d \mu^2_0 a^3 b d |\underline{H}_0|^2$. Note que este mesmo resultado pode ser obtido pela simples substituição de ε por σ_d (e μ por μ_0) na expressão para a energia eletromagnética armazenada na cavidade (com um dielétrico homogêneo em toda a cavidade), na Equação (13.155). Note também que $(P_J)_{\text{em alimentos}}/(P_J)_{\text{forno completo}} = (2+\pi)^2/(8\pi^2) \approx 1/3$, o que implica que, no caso na Figura 13.18 usamos na prática um terço da potência total (aquecimento) da capacidade do forno, embora o fator de preenchimento no volume da estrutura seja apenas $v_{\text{alimento}}/v_{\text{cavidade}} = 1/8$.

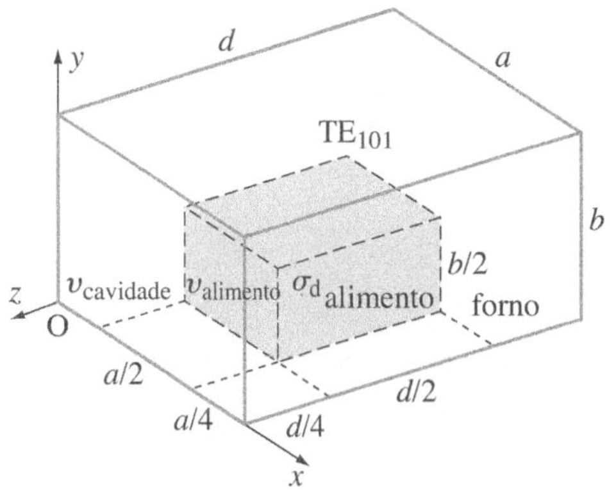

Figura 13.18
Forno micro-ondas operando na ressonância e cavidade TE_{101} para cozinhar um pedaço de alimento de forma retangular e condutividade σ_d; para o Exemplo 13.21.

Exemplo 13.22

Fator de qualidade de um ressonador Fabry-Perot

Um ressonador plano de onda Fabry-Perot, na Figura 10.3, tem planos condutores de baixa perda de condutividade σ_c e permeabilidade $\mu_c = \mu_0$, e um dielétrico homogêneo sem perdas de permissividade ε e permeabilidade μ. Em uma frequência de ressonância f_{res}, determine o fator de qualidade do ressonador para um número arbitrário de m de meios comprimentos de onda entre os planos.

Solução A dependência temporal das densidades de energia elétrica e magnética no ressonador é ilustrada na Figura 10.4. Desde que a estrutura é (teoricamente) infinita em ambas as direções transversais (direções x e y) na Figura 10.3, consideramos apenas uma parte dela para uma determinada área (finita), S, do plano condutor. Por isso, determinamos a energia eletromagnética total (W_{em}) armazenada em um volume finito (v_d) de um cilindro com a área de base S e comprimento igual à separação entre os planos, a, posicionada perpendicularmente aos planos, como mostrado na Figura 13.19. Em instantes, quando tudo é elétrico, calculamos W_{em} como na Equação (13.155), utilizando o vetor intensidade de campo elétrico rms complexo ($\underline{\mathbf{E}}_{\text{tot}}$) na estrutura, dada nas equações (10.8). Tendo em mente que $a = m\lambda/2$ ($m = 1, 2, \ldots$), onde λ é o comprimento de onda intrínseca do dielétrico entre os planos ($\beta = /2\pi/\lambda$), obtém-se essencialmente a mesma integral na Equação (13.91), como segue (Figura 13.19):

$$W_{\text{em}} = (W_{\text{e}})_{\text{máx}} = \varepsilon \int_{v_{\text{d}}} |\underline{\mathbf{E}}_{\text{tot}}|^2 \, \text{d}v =$$

$$= 4\varepsilon |\underline{E}_{\text{i0}}|^2 \int_{z=-m\lambda/2}^{0} \text{sen}^2 \beta z \underbrace{S \, \text{d}z}_{\text{d}v} = m\varepsilon\lambda |\underline{E}_{\text{i0}}|^2 S \quad (13.167)$$

[ver também Equação (10.22)].

A potência média no tempo de perdas Joule nos condutores (P_c) para a mesma parte do ressonador, ou seja, P_c nas partes de dois planos condutores na Figura 13.19 que são cada um S na área é então avaliada de forma semelhante à Equação (13.158), empregando o vetor intensidade do campo magnético rms complexo ($\underline{\mathbf{H}}_{\text{tot}}$), equações (10.8), em S. Este vetor é totalmente tangencial às superfícies. Como $\beta a = m\pi$ e $\cos\beta a = \pm 1$, as perdas nos dois planos são as mesmas, de modo que P_c é igual a duas vezes a potência de um lado do cilindro na Figura 13.19,

$$P_{\text{c}} = 2R_{\text{s}} \left|\underline{\mathbf{H}}_{\text{tot}}\right|^2_{z=0 \text{ ou } -a} S = 8R_{\text{s}} \frac{|\underline{E}_{\text{i0}}|^2}{\eta^2} S, \quad (13.168)$$

com a resistência da superfície dos condutores, R_s, e impedância intrínseca do dielétrico entre eles, η, dadas nas equações (13.94) e (9.21), respectivamente.

Por fim, segundo a Equação (12.146), o fator de qualidade do ressonador associado com as perdas do condutor (Q_c) vem a ser

Q_c – ressonador Fabry-Perot

$$Q_{\text{c}} = \omega_{\text{res}} \frac{W_{\text{em}}}{P_{\text{c}}} = \frac{m\pi\varepsilon f_{\text{res}}\lambda\eta^2}{4R_{\text{s}}} = \frac{m\pi\eta}{4R_{\text{s}}}$$
$$(m = 1, 2, \ldots), \quad (13.169)$$

onde a utilização é feita de equações (8.48) e (8.112), e da relação $\varepsilon f_{\text{res}}\lambda = \varepsilon c = 1/\eta$. Note que o fator Q_d para as perdas dielétricas (se diferente de zero e desprezíveis) da estrutura é a da Equação (13.161). Como um exemplo numérico, para $f = f_{\text{res}} = 3$ THz, $a = 1$ cm, condutores de cobre, Equação (10.80), e dielétrico do ar, equações (9.19) e (9.23), temos $\lambda =$ 0,1 mm, m $= 2a/\lambda = 200$ e $R_s = 0{,}452$ Ω/quadrado, do modo que o fator de qualidade é tão elevado quanto $Q = Q_c =$ 131,015. De fato, sendo que W_{em} depende do número de meios comprimentos de onda (m) que se adequam à separação de plano (a) na Figura 13.19, e P_c não podemos alcançar praticamente arbitrariamente elevado Q, aumentando m (ou a).

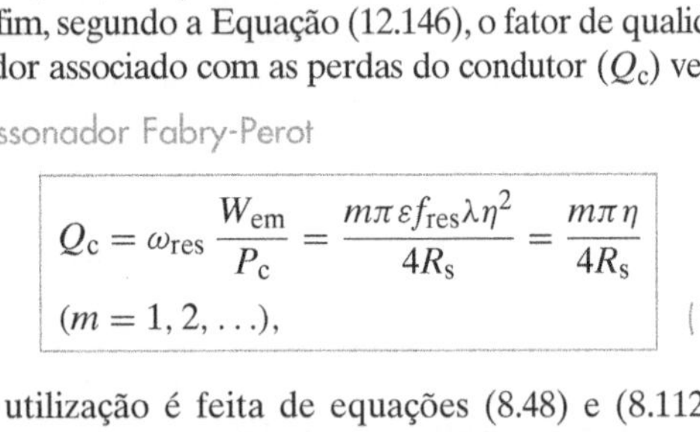

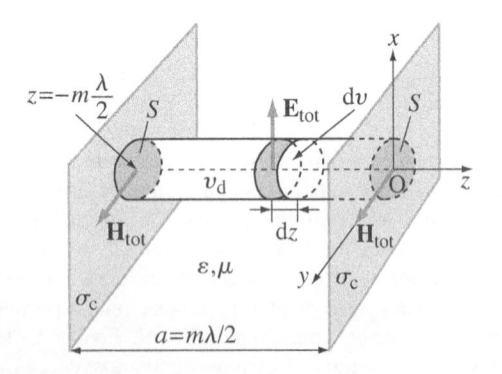

Figura 13.19

Avaliação do fator Q de um ressonador Fabry-Perot plano-onda (Figura 10.3) da energia eletromagnética armazenada e das perdas do condutor em um cilindro imaginário com área de base S colocados em todo o ressonador; para o Exemplo 13.22.

Problemas

13.1. Coeficiente de fase do guia de onda a partir de uma equação de Helmholtz. Considere um guia de ondas retangular metálico de dimensões transversais a e b e parâmetros dielétricos ε e μ (Figura 13.1) em um modo dominante de operação, a uma frequência f. Exigindo que a equação de Helmholtz elétrica geral seja satisfeita no guia de ondas para a já conhecida distribuição do campo elétrico TE_{10}, Equação (13.24), obtenha o coeficiente de fase do guia de onda (β) para o modo dominante, dado pelas equações (13.12) e (13.20), ou pela Equação (13.33).

13.2. Equações de Maxwell para os campos de modo dominante. Para o guia de ondas do problema anterior, suponha que o vetor campo elétrico (do modo de onda dominante) seja conhecido, dado na Equação (13.24). (a) Use as equações de Maxwell para derivar a expressão para o vetor campo magnético no guia de ondas. (b) Em seguida, inicie com o campo magnético no (a) e encontre a expressão de campo elétrico resultante, a partir das equações de Maxwell; comparando este resultado com a Equação (13.24), obtenha o coeficiente de fase do guia de ondas.

13.3. Satisfação das equações de Maxwell por vetores de campo TE_{mn}. Mostre que os vetores de campo elétrico e magnético de um modo arbitrário TE_{mn} em um guia de ondas retangular metálico, dado pelas equações (13.54)-(13.58), satisfazem o conjunto correspondente de equações gerais de Maxwell, as equações (11.1)-(11.4).

13.4. Correntes e cargas nas paredes do guia, modo TE arbitrário. Repita o Exemplo 13.2, mas para um modo de onda arbitrário TE_{mn} propagando através de um guia de ondas retangular metálico, na Figura 13.1. Verifique se as soluções obtidas para a corrente de superfície e densidade de carga nas paredes do guia de onda reduzem para $m = 1$ e $n = 0$ para aqueles para o modo dominante nas equações (13.27)-(13.31).

13.5. Correntes/cargas de um modo TM arbitrário. Repita o Exemplo 13.2, mas para um modo TM_{mn} arbitrário.

13.6. Coeficiente de fase do guia de onda para um modo TE ou TM arbitrário. (a) Repita o Problema 13.1, mas para um modo arbitrário de onda TE_{mn} — ou seja, use as expressões de campo elétrico nas equações (13.55) e (13.56) e a equação de Helmholtz correspondente para obter o coeficiente de fase de guia de onda arbitrário m e n, dado pelas equações (13.12) e (13.71), ou pelas equações (13.40) e (13.59). (b) Faça o mesmo com o campo magnético do modo. (c) Faça o mesmo como em (a) e (b), mas de um modo TM_{mn} arbitrário.

13.7. Frequências de corte modais nos guias de onda WR-975 e WR-340. Para um guia de onda comercial retangular cheio de ar WR-975, com dimensões transversais $a = 24{,}766$ cm e b $= 12{,}383$ cm, determine (a) a faixa de frequência dominante, (b) as frequências de corte dos três primeiros modos TE e os primeiros três modos TM e (c) todos os possíveis modos de propagação em uma frequência de $f = 2$ GHz. (d) Repita (a)-(c) para um guia de ondas WR-340, com $a = 8{,}636$ cm e $b = 4{,}318$ cm (e dielétrico de ar).

13.8. Frequências de corte modais em um guia de onda quadrado. Repita o problema anterior, partes (a)-(c), mas para um guia de onda quadrado de dimensão interior de corte transversal $a = 10$ cm, se ele é preenchido com (a) de ar e (b) permissividade relativa do dielétrico $\varepsilon_r = 2{,}5$, respectivamente.

13.9. Ondas de rádio FM e AM em um túnel ferroviário. Um túnel ferroviário pode ser aproximado por um guia de ondas retangular com dimensões transversais $a = 7$ e $b = 4$ m e paredes não penetráveis. Que modos de onda podem se propagar dentro do túnel (a) com uma frequência de rádio FM de 100 MHz e (b) com uma frequência de rádio AM de 1 MHz, respectivamente?

13.10. Vetor de Poynting do modo dominante. Considere um guia de ondas retangular metálico com o modo (TE_{10}) dominante apenas, na Figura 13.8. (a) Encontre o vetor de Poynting complexo, $\underline{\mathcal{P}}$, na estrutura. (b) Calcule o fluxo de $\underline{\mathcal{P}}$ através do corte transversal do guia. (c) Qual é o fluxo $\underline{\mathcal{P}}$ em cada uma das paredes do guia de onda, por unidade de comprimento do guia?

13.11. Vetor de Poynting, a partir de reflexões múltiplas. Usando as equações (13.2), (13.4), (13.6), (13.12) e (13.23), mostre que o resultado de $\underline{\mathcal{P}}$ no problema anterior é equivalente ao da Equação (10.122), para uma onda TE gerada por reflexões múltiplas de uma onda plana uniforme na Figura 10.15.

13.12. Transferência de energia por modos de onda TE_{02} e TE_{11}. (a) Encontre o vetor de Poynting complexo ($\underline{\mathcal{P}}$) de um modo arbitrário de onda TE_{mn} viajando por um guia de onda metálico retangular (Figura 13.8). (b) Calcule o fluxo de $\underline{\mathcal{P}}$ por meio de um corte transversal arbitrário da estrutura para as ondas TE_{02} TE_{11}. (c) Usando o resultado em (a), determine o fluxo de $\underline{\mathcal{P}}$ em cada parede do guia de onda (de um modo arbitrário).

13.13. Vetor de Poynting para ondas TM. Repita o problema anterior, partes (a) e (c), para um modo TM_{mn} arbitrário e parte (b) para uma onda TM_{21}.

13.14. Rigidez dielétrica e capacidade de energia para uma onda TE_{02}. Considere uma onda TE_{02} se propagando através de um guia de onda retangular metálico cheio de ar de dimensões transversais $a = 38{,}1$ cm e $b = 19{,}05$ cm (guia de onda WR-1.500). Encontre a capacidade de manipulação de potência do guia de ondas para este modo, ou seja, a potência média no tempo máximo que pode ser transportada pela onda TE_{02} para a operação segura da estrutura — antes de uma eventual ruptura dielétrica (rigidez dielétrica do ar é $E_{cr0} = 3$ MV/m), com uma frequência de $f = 1{,}8$ GHz.

13.15. Capacidade de energia para uma onda TE_{11}. Repita o problema anterior, mas para o modo de onda TE_{11}.

13.16. Coeficientes de atenuação para modos TE_{02} e TE_{11}. Calcule o coeficiente de atenuação para (a) o modo de onda TE_{02} e (b) o modo de onda TE_{11}, do guia de ondas WR-1500 do Problema 13.14 na frequência dada, supondo que as paredes do guia são feitas de cobre.

13.17. Atenuação de TE_{02} e TE_{11}, incluindo perdas dielétricas. Repita o problema anterior, mas para o do guia de onda WR-1500 cheio de polietileno, de permissividade relativa $\varepsilon_r = 2{,}25$ e tangente de perda $\tan \delta_d = 10^{-4}$.

13.18. Coeficiente de atenuação para o menor modo do guia de ondas TM. Encontre o coeficiente de atenuação para o menor modo de onda TM (TM_{11}) propagando em uma frequência f por um guia de onda retangular metálico cheio de ar de dimensões transversais a e b, e resistência da superfície condutora efeito pelicular Rs. Verifique o resultado em relação aos dados na Figura 13.9.

13.19. Projetos do guia de ondas banda C e X. (a) Projete um guia de ondas retangular padrão banda X cheio de ar (8-12 GHz) tal que (se possível) esta banda inteira esteja coberta pela faixa de frequência utilizável na Equação (13.101). (b) Repita (a), mas para a banda C (4-8 GHz).

13.20. Análise de um guia de onda banda K. Considere um guia de onda padrão retangular banda K, com ampla dimensão transversal $a = 7$ mm, paredes de alumínio ($\sigma_c = 35$ MS/m e $\mu_c = \mu_0$) e polietileno ($\varepsilon_r = 2{,}25$, $\tan \delta_d = 10^{-4}$ e $E_{cr} = 47$ MV/m) dielétrico. (a) Que parte da banda K (18-27 GHz) está na faixa de frequência de utilização do guia de onda [Equação (13.101)]? Na frequência central da banda K, encontre (b) o coeficiente de propagação complexa da onda viajando pelo guia, (c) as expressões para os vetores campo elétrico e magnético na estrutura e (d) a capacidade da potência de manipulação de (potência média no tempo máxima admissível, limitada por uma eventual ruptura dielétrica na estrutura) do guia de onda, incluindo um fator de segurança de 2 no cálculo.

13.21. Velocidades de grupo e fase em um guia de onda banda K. Para o guia de ondas do problema anterior, calcule as velocidades de fase e grupo e o comprimento de onda do guia da onda de propagação, assim como o comprimento de onda dielétrico intrínseca do guia de onda, na frequência central em cada uma das frequências finais da banda K.

13.22. Fem em um pequeno arco (*loop*) em um guia de onda próximo à ruptura dielétrica. Se os campos no guia de ondas descritos no Exemplo 13.12 estão no meio de suas intensidades de ruptura dielétrica, encontre a fem rms induzida correspondente em um pequeno arco (*loop*) anexado a uma parede do guia — para cada uma das duas posições arco (*loop*)/orientações, (a) e (b), considerado no exemplo.

13.23. Acoplamento de sonda magnética acima da faixa dominante. Considere um guia de ondas WR-650 cheio de ar, com dimensões transversais $a = 16{,}51$ cm e $b = 8{,}255$ cm, com uma frequência de $f = 2$ GHz e suponha que todos os possíveis modos de propagação são estabelecidos na estrutura. Com referência ao sistema de coordenadas na Figura 13.1, seja um pequeno arco (*loop*) de fio de área de superfície $S = 0{,}25$ cm^2 anexado à parede esquerda do guia de ondas (parede em $x = 0$) de tal forma que ela se encontre no plano $y = b/2$. Mostre que o arco (*loop*) se acopla ao campo magnético de apenas um dos modos estabelecidos. Se a potência média no tempo transportada por aquele modo chega a $P = 1$ kW, determine a fem rms induzida no arco (*loop*).

13.24. Medição de sonda elétrica em um guia das ondas com ranhuras. O guia de onda retangular metálico (Figura 13.1), com dimensões transversais $a = 10$ cm e $b = 5$ cm, tem uma fenda estreita longitudinal na parede superior, na linha definida por $x = a/2$ e $y = b$, pela qual uma sonda elétrica deslizante (antena de fio curto) é inserida para a amostra (medida) do campo elétrico. Além disso, o guia está em curto-circuito em seu corte transversal definido por $z = 0$, como na Figura 13.12. Por fim, a estrutura é toda preenchida com um dielétrico líquido cujas perdas podem ser desprezadas e é não magnética, e cuja permissividade é desconhecida, e as medições são realizadas no modo TE_{10} de operação do guia de ondas, com uma frequência de $f = 500$ MHz. Deslizando a sonda da placa de curto-circuito em direção ao interior da estrutura, é determinado que a recepção do sinal pela sonda é máxima a uma distância de $d = 4{,}5$ cm da placa. (a) Explique por que esse corte longitudinal quase não afeta a distribuição do campo no guia de ondas. (b) Encontre a permissividade relativa do dielétrico. (c) Qual é a frequência de corte do guia de onda com e sem o líquido, respectivamente?

13.25. Frequência de ressonância de uma cavidade segundo uma equação de Helmholtz. Considere uma cavidade retangular sem perdas metálica de dimensões a, b e d, preenchida com um dielétrico homogêneo de permissividade ε e permeabilidade μ, Figura 13.16, e obtenha a expressão para a frequência de ressonância da cavidade modo dominante, dada na Equação (13.133) — exigindo que a equação de Helmholtz de campo elétrico geral para o mesmo dielétrico seja satisfeita para que a distribuição do campo elétrico conhecida, TE_{101}, Equação (13.134).

13.26. Frequência de ressonância das equações de Maxwell. (a) Para a cavidade de ressonância do problema anterior, comece com o campo elétrico na Equação (13.134) e derive a expressão para o vetor campo magnético usando as equações de Maxwell. (b) Em seguida, calcule o campo elétrico a partir do campo magnético em (a) e equações de Maxwell, e, comparando o resultado com a Equação (13.134), obtenha a expressão para a frequência de ressonância do modo TE_{101}.

13.27. Encontre as dimensões da cavidade ressonante de algumas frequências. (a) Se na cavidade ressonante na Figura 13.16, $b = a/2$ e o dielétrico é o ar, encontre a e d tal que a estrutura ressoa no modo dominante (TE_{101}) em uma frequência de 8 GHz, enquanto sua ressonância TM_{111} está em uma frequência de 10 GHz. (b) Para as dimensões de (a), que modos cavidade TE_{10p} ressoam dentro da banda Ku (12-18 GHz)?

13.28. Satisfação das equações de Maxwell pelo campo TM_{mnp}. Mostre que os vetores campo de um modo arbitrário de ressonância TM_{mnp} em uma cavidade do guia de onda retangular (Figura 13.16), dado pelas equações (13.145)-13.149), satisfaçam todas as quatro equações de Maxwell pertinentes, equações (11.1)-(11.4).

13.29. As correntes superficiais e cargas sobre as paredes da cavidade. Considere uma cavidade ressonante cheia de ar retangular de dimensões a, b e d, na Figura 13.16, e suponha que uma onda estacionária dominante (TE_{101}) é estabelecida na cavidade. Os componentes de campo desta onda são dados nas equações (13.134)-(13.136). Encontre as distribuições de correntes (a) superfície e (b) cargas de superfície em superfícies interiores de todos os seis lados da cavidade. (c) Mostre que as correntes e cargas (a) e (b) satisfazem a equação de continuidade para correntes de superfície de alta frequência (equação de continuidade para as placas).

13.30. Vetor de Poynting dentro de uma cavidade ressonante. (a) Calcule o vetor de Poynting complexo, $\underline{\mathcal{P}}$, em um ponto arbitrário dentro da cavidade do problema anterior. (b) Mostre que o fluxo de $\underline{\mathcal{P}}$ em cada uma das paredes da cavidade é zero, usando o resultado em (a) e o teorema de Poynting, respectivamente.

13.31. Calculando o máximo de energia magnética da cavidade. Considere o modo de onda dominante de ressonância (TE_{101}) em um ressonador de cavidade metálico retangular sem perdas, na Figura 13.16, e obtenha a expressão para a energia eletromagnética armazenada na estrutura, em um instante, quando tudo é magnético, como $W_{em} = (W_m)_{máx}$.

13.32. Calculando a energia de uma cavidade ressonante no tempo arbitrário. Para a cavidade do problema anterior, encontre a energia armazenada de uma onda TE_{101} avaliando a energia (elétrica mais magnética) total em um instante de tempo arbitrário.

13.33. Vetores de campo instantâneos e energia em uma cavidade cúbica. Uma onda TE_{101} é estabelecida em uma cavidade cheia de ar cúbica com comprimento da aresta $a = 50$ cm. Os vetores de intensidade de campo elétrico e magnético complexo na cavidade são dados pelas equações (13.134)-(13.136), com $\underline{H}_0 = 5e^{j\pi/3}$ A/m. Determine os vetores de campo instantâneos na cavidade (a) em um instante de tempo arbitrário e (b) em um instante, quando a energia armazenada total no ressonador é exatamente metade elétrica e metade magnética.

13.34. Rigidez dielétrica e energia máxima de uma cavidade. Encontre a energia eletromagnética máxima admissível, limitada por uma eventual ruptura dielétrica na estrutura, que pode ser armazenada em uma cavidade ressonante cheia de ar retangular metálico de dimensões $a = 20$ cm, $b = 10$ cm e $d = 15$ cm com uma onda TE_{101} (rigidez dielétrica do ar é $E_{cr0} = 3$ MV/m).

13.35. Fem em um pequeno arco (*loop*) em uma cavidade perto da ruptura dielétrica. Considere uma cavidade cheia de ar retangular com comprimentos de aresta $a = 35$ cm, $b = 14$ cm e $d = 19$ cm em um modo de ressonância dominante de operação. Com referência ao sistema de coordenadas na Figura 13.16, um pequeno arco (*loop*) de fio de área de superfície $S = 1{,}8$ cm^2 está ligado à parede da frente da cavidade (parede em $z = 0$) de tal forma que seu plano coincida com o plano $x = a/2$. Se os campos TE_{101} na cavidade estão no meio de suas intensidades de ruptura dielétrica, determine a fem rms induzida no arco (*loop*). Qual é a energia armazenada na cavidade?

13.36. Energia de uma onda TE_{123} em uma cavidade retangular. Obter a expressão para a energia eletromagnética armazenada de uma onda TE_{123} em uma cavidade ressonante retangular metálico, Figura 13.16.

13.37. Energia armazenada de uma onda TM_{111}. Repita o problema anterior, mas para uma onda TM_{111} na cavidade.

13.38. Perdas em paredes de cobre para o modo de cavidade TM_{111}. Use a cavidade cheia de ar cúbica do Exemplo 13.19 e suponha que sua operação é *overmoded.* (a) Calcule a potência média no tempo de perdas Joule nas paredes da cavidade de cobre que estão associadas com o modo de ressonância TM_{111}, se $|\underline{E}_0| = 1$ kV/m nas expressões de campo modal. (b) Repita (a), mas para a cavidade cheia de teflon do Exemplo 13.20.

13.39. Perdas no dielétrico da cavidade para o modo TM_{111}. Para a cavidade e modo de ressonância do problema anterior, parte (b), encontre a potência média no tempo de perdas Joule no dielétrico de cavidade.

13.40. Fator de qualidade de um ressonador de bronze no modo dominante. Calcule o fator Q de uma cavidade cheia de ar cúbica com paredes de bronze ($\sigma_c = 15$ MS/m e $\mu_c = \mu_0$) que ressoam no modo TE_{101} em uma frequência de 500 MHz, 1 GHz, 10 GHz e 50 GHz, respectivamente.

13.41. Fator de qualidade para a cavidade dielétrica, qualquer modo TE/TM. Mostre que o fator de qualidade associado às perdas (pequenas) no dielétrico de uma cavidade ressonante retangular $Qd = 1/\tan\delta_d$ para um TE_{mnp} arbitrário ou modo de onda TM_{mnp} na cavidade, em que $\tan\delta_d$ é a tangente de perdas do dielétrico.

13.42. Fator de qualidade total para o modo de cavidade TE_{123}. Uma cavidade ressonante do guia de onda retangular de comprimentos de aresta $a = 1$ cm, $b = 2$ cm e $d = 3$ cm tem paredes de alumínio ($\sigma_c = 35$ MS/m e $\mu_c = \mu_0$) e polietileno ($\varepsilon_r = 2{,}25$ e $\tan\delta_d = 10^{-4}$) dielétrico. Encontre o fator Q para o modo de ressonância TE_{123} desta cavidade.

Antenas e sistemas de comunicação sem fio

CAPÍTULO 14

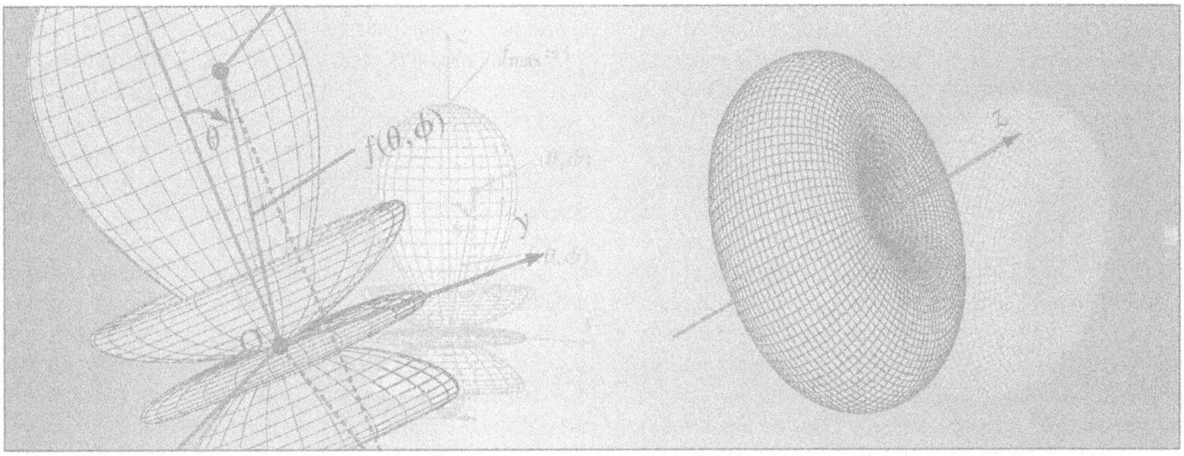

Introdução

Embora qualquer condutor com uma corrente que varia com o tempo (harmônica, por exemplo) irradie energia eletromagnética no espaço em sua volta, algumas configurações de condutores são especialmente projetadas para maximizar a irradiação eletromagnética, em determinadas direções e frequências. Tais sistemas de condutores, que por vezes incluem partes dielétricas, são chamados antenas. Em outras palavras, antenas são dispositivos eletromagnéticos projetados e construídos para fornecer um meio eficiente de transmissão ou recepção de ondas de rádio. Mais especificamente, elas fornecem transição de uma onda eletromagnética guiada (em uma linha de transmissão ou guia de onda alimentando a antena) a uma não limitada (no espaço livre ou outro meio) em modo de operação transmissor (irradiando), e vice-versa para uma antena operando no modo receptor. Como já discutido nos três capítulos anteriores, com o aumento tanto da distância quanto da frequência de operação em sistemas de comunicação e de transferência de energia, a atenuação de onda em linhas de transmissão e guias de onda metálicos se torna, em dado momento, proibitivamente alta e/ou muito cara de se realizar, o que favorece o uso de sistemas sem fio com antenas. É claro que mesmo em longas distâncias e frequências altas, sistemas com fio possuem suas vantagens; por exemplo, cabos coaxiais e guias de onda metálicos não são suscetíveis à interferência de sinais externos e outros sistemas, o que costuma ocorrer nos sistemas sem fio, e guias de onda dielétricos, tais como fibras óticas, são uma solução alternativa, por causa de suas perdas muito baixas. No entanto, em muitas aplicações, as antenas são quase a única opção para aquele tipo de sistema de transmissão, e os exemplos vão de comunicação em aeronaves, espaçonaves, satélites, navios, veículos terrestres, difusão de rádio e TV a inúmeros tipos de receptores, dispositivos móveis de comunicação pessoal (telefones celulares, por exemplo), sistemas de radares etc.

Em um âmbito geral de análise da irradiação eletromagnética, uma antena transmissora arbitrária é apenas uma distribuição de correntes e cargas que variam depressa com o tempo (ou em alta frequência), conforme a Figura 8.7. Se a antena estiver situada no espaço livre (ou outro meio sem perdas linear e homogêneo), o campo magnético que ela irradia (ou seja, o campo devido a suas correntes e cargas) pode ser encontrado com uso da teoria dos potenciais eletromagnéticos (retardados) de Lorenz e os vetores de campo associados, nas seções 8.9 e 8.10. De modo mais específico, para uma variação harmônica das fontes — o que é mais frequente no caso de aplicações com antenas — os potenciais complexos de Lorenz são calculados pelas respectivas expressões nas equações (8.113), (8.114), (8.116), e (8.117), dependendo se as correntes e cargas da antena forem tratadas como fontes volumétricas, superficiais ou de linha. Por exemplo, em geral assumimos correntes e linhas de cargas em antenas de fio metálico. Os vetores de campo complexo, por outro lado, são calculados segundo os potenciais, com o uso das equações (8.118) e (8.119), ou diretamente através das integrais de campo das fontes, como nas equações (8.125) e (8.128). É claro que as correntes e cargas se inter-relacionam por meio de diferentes versões da equação da continuidade, equações (8.82), (10.14), e (8.133), e todas as expressões de potencial e de campo podem ser, assim, reformuladas em termos de corrente apenas. Na realidade, é praxe na teoria das antenas considerarmos explicitamente apenas correntes de antena como fontes de irradiação, mas sempre tendo em mente que também há cargas que acompanham na estrutura. Assim, resulta que já temos em mãos a teoria geral e os princípios e procedimentos analíticos para o cálculo da irradiação de uma distribuição de corrente arbitrária de alta frequência volumétricas, superficiais ou de linha, isto é, uma antena arbitrária. Neste capítulo, aplicaremos esse conhecimento e ferramentas em estruturas concretas de antenas para descrever e estudar diversas propriedades práticas de antenas e estabelecer a compreensão de seu funcionamento e a base de seu projeto, tanto como dispositivos independentes quanto como partes de sistemas de comunicação[1] (ou outros sistemas de alta frequência, como radares).

Nossa teoria das antenas começará com a análise de um dipolo hertziano, ou seja, uma antena dipolo curto carregada capacitivamente, cuja importância não se pode subestimar, visto que uma antena transmissora arbitrária pode ser representada como uma superposição de dipolos hertzianos. A partir do campo afastado de um dipolo hertziano, em locais de observação que estejam eletricamente longe da antena, desenvolveremos etapas gerais para a análise da irradiação de uma antena arbitrária (como a função principal de antenas transmissoras é transportar sinais eletromagnéticos a locais distantes, na maioria das aplicações, lidamos apenas com o campo afastado). Estudaremos diversos parâmetros de circuito de uma antena transmissora arbitrária, em especial sua impedância de entrada, que ela apresenta ao circuito elétrico de alimentação. Definiremos e usaremos também vários parâmetros de irradiação (em campo afastado) de antenas — principalmente a função característica de irradiação da antena. Essa função vetor representa a parte das expressões gerais de campo afastado elétricas e magnéticas que são características para antenas individuais, ou seja, que diferem de uma antena para outra, enquanto os termos restantes nas expressões são os mesmos para todas. Dentre muitos tipos básicos para sistemas de comunicação sem fio, nos concentraremos em várias antenas de fio, incluindo as eletricamente curtas (carregadas ou não), as arbitrárias dipolo de fio, as monopólio de fio ligadas a um plano terra metálico (analisado pela teoria da imagem) e as de anéis eletricamente pequenas (dipolo magnético). Será apresentada a teoria geral de antenas receptoras, pela qual demonstraremos que tanto as propriedades de circuito (impedância) como as direcionais de uma antena em modo receptor estão diretamente relacionadas a suas propriedades em modo transmissor. Como último tema, investigaremos arranjos de antenas, ou seja, organizações espaciais de antenas idênticas (elementos de arranjo), posicionadas igualmente no espaço, porém excitadas de maneira independente, e faremos demonstrações variando as fases de correntes de alimentação de elementos de arranjo, por exemplo, podemos alterar (conduzir) a direção da irradiação máxima de uma antena de arranjo sem mover (rodar) a antena. Por fim, perceba que em muitas discussões neste capítulo estudaremos, além de antenas, sistemas inteiros de comunicação sem fio com antenas nas duas extremidades. Para isto, utilizaremos muitos conceitos e equações dos capítulos 9 e 10 que descrevem a propagação de ondas eletromagnéticas planas e uniformes em meios não limitados (espaço livre, por exemplo) e na presença de interfaces materiais (como um contorno conduzindo perfeitamente).

14.1 POTENCIAIS E VETORES CAMPO ELETROMAGNÉTICOS DE UM DIPOLO HERTZIANO

Consideremos a antena mais simples, chamada dipolo hertziano, que consiste em um segmento de fio metálico reto eletricamente curto, com uma corrente que varia depressa com o tempo e não se altera no fio. O dipolo tem esse nome por causa de Heinrich Hertz, que inventou a primeira fonte de ondas de rádio (antena), com conceito e operação semelhantes ao que chamamos hoje de dipolo hertziano, e demonstrou o primeiro sistema de rádio (enlace) com uma antena transmissora e receptora. Assumindo regime harmônico no dipolo, consideremos que ele seja alimentado, em seu centro, por um gerador concentrado[2] de frequência f, e que tenha intensidades de corrente rms complexa instantânea e total $(i)t$ e $\underline{I}$, respectivamente. Em especial, como na Equação (8.66),

1 Além de calcular o campo de irradiação de uma antena para uma determinada distribuição de corrente, assim como algumas propriedades associadas em modo de transmissão ou de operação, o maior problema na análise e projeto de antenas é obter a distribuição de corrente em relação à geometria, composição do material e excitação. Apesar de discutirmos esse problema geral em vários casos simples, a solução em projetos e aplicações mais reais e complexas exige técnicas numéricas avançadas que vão além do objetivo deste texto.

2 Esse gerador pode representar, por exemplo, uma inserção dos terminais de saída de uma linha de transmissão de dois fios (ou outros dois condutores) entre duas metades do dipolo, de modo que a corrente da antena seja igual à corrente de saída (carga) da linha.

$$i(t) = I\sqrt{2}\cos(\omega t+\psi) \quad \longleftrightarrow \quad \underline{I} = I\mathrm{e}^{\mathrm{j}\psi}, \tag{14.1}$$

onde $I = |\underline{I}|$ e ψ são o valor rms e a fase inicial (ambos uniformes ao longo do fio) de $(i)t$, e $\omega = 2\pi f$é a frequência angular (em radianos) do gerador. Assumimos também que o meio no qual o dipolo reside é linear, homogêneo e sem perdas, de permissividade ε e permeabilidade μ ($\sigma = 0$). Na maioria é ar (espaço livre), de modo que $\varepsilon = \varepsilon_0$ e $\mu = \mu_0$. Apresentando um sistema de coordenadas esféricas com o eixo z no eixo do fio e origem (O) no gerador, conforme a Figura 14.1, queremos encontrar as expressões dos vetores campo e potenciais eletromagnéticos de Lorenz da antena, em um ponto P definido por símbolo (r, θ, ϕ). Além de eletricamente pequeno, ou melhor, pequeno em comparação ao comprimento de onda do meio que o envolve, λ, definido na Equação (8.112), o comprimento do fio, l, também é muito menor que a distância r do ponto P à origem, de modo que temos para a antena

dipolo hertziano

$$\underline{I} = \text{const}, \quad l \ll \lambda, \quad l \ll r. \tag{14.2}$$

Na realidade, a corrente pode ser considerada uniforme no fio porque o dipolo é eletricamente curto. À parte de sua manifestação física e operação prática como uma antena eletricamente curta, para fins teóricos, um dipolo hertziano pode ser identificado como um elemento de corrente de linha infinitesimal (diferencialmente curto) $\underline{I}\mathbf{dl}$, conforme as equações (4.10), sendo assim também conhecido popularmente por dipolo infinitesimal (de comprimento dl em vez de l).

Como $i(t)$ é diferente de zero nas extremidades do fio, deve ser terminado por cargas harmônicas $Q(t)$ e $-Q(t)$ que se acumulam em um par de pequenas esferas metálicas (Figura 14.1), ou condutores de outros formatos, conectados a estas extremidades.[3] Do outro lado, uma corrente uniforme na antena, Equação (14.2), implica não haver carga distribuída no fio (ou seja, em sua superfície), de modo que a densidade de carga da linha (carga por comprimento unitário) do dipolo é zero, $Q' = 0$, por meio da Equação (8.133). Aplicando a equação da continuidade para correntes que variam com o tempo na forma integral, Equação (3.36), a uma superfície contendo completamente a esfera de cima, de maneira muito semelhante às figuras 8.1 e 3.5, percebemos que i e Q se relacionam pelas equações (8.2) ou (3.44), e assim

carga do dipolo

$$i = \frac{\mathrm{d}Q}{\mathrm{d}t} \quad \longrightarrow \quad \underline{I} = \mathrm{j}\omega\underline{Q} \quad \longrightarrow \quad \underline{Q} = -\frac{\mathrm{j}}{\omega}\underline{I}, \tag{14.3}$$

sendo $\underline{Q}$ a carga rms complexa da esfera. Note que o sistema na Figura 14.1 pode ser considerado uma generalização dinâmica (de alta frequência) de um dipolo elétrico (eletrostático), na Figura 1.28. No caso dinâmico, a corrente é necessária para drenar, via gerador, as cargas Q e $-Q$ de maneira oscilatória, com a intensidade de corrente variando de maneira síncrona com a derivada no tempo da carga do dipolo. Para $i(t)$ nas equações (14.1), $Q(t) = (I\sqrt{2}/\omega)$ sen $(\omega + \psi)$. Perceba também que, já que as terminações (extensões) condutoras do fio na Figura 14.1 servem como contentores (acumuladores) de carga, como eletrodos de um capacitor, e representam cargas capacitivas para a antena, o

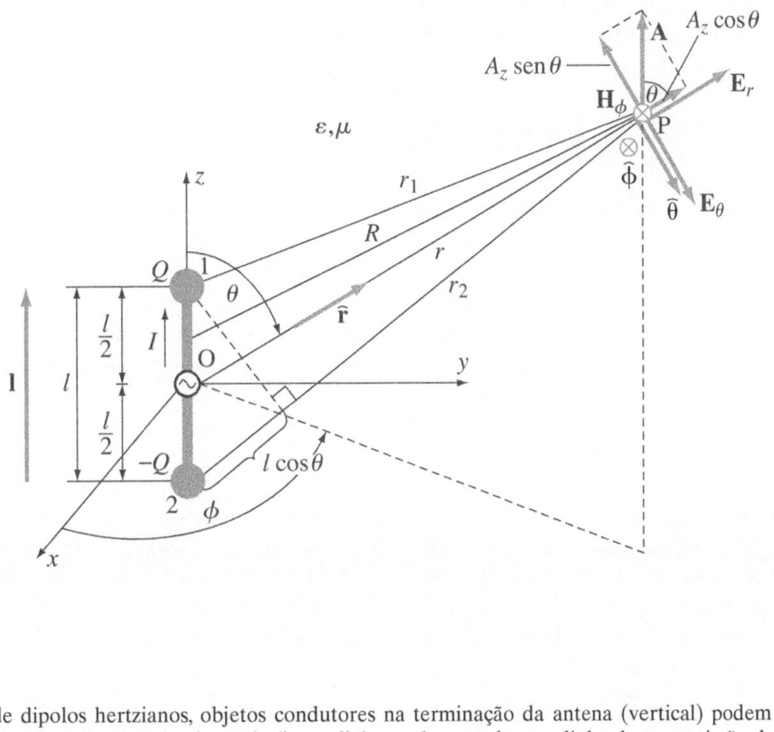

Figura 14.1
Dipolo hertziano.

3 Em aplicações práticas de dipolos hertzianos, objetos condutores na terminação da antena (vertical) podem ser, além de esferas, placas circulares (horizontais), sistemas tipo guarda-chuva de fios radiais, condutores de uma linha de transmissão de dois fios etc.

dipolo hertziano também pode ser chamado de dipolo curto capacitivamente carregado.

O potencial vetor magnético complexo, $\underline{\mathbf{A}}$, no ponto P da Figura 14.1 é determinado pela solução da integral na segunda expressão nas equações (8.117), onde podemos prontamente mover $\underline{I}$ como uma constante, para fora do sinal da integral. Ainda, tendo em mente que o fio é curto tanto eletricamente quanto em relação à posição do ponto de campo (P), equações (14.2), podemos aproximar a distância variável R do campo ao ponto para um ponto arbitrário no eixo do fio pela distância fixa r (de O para P), e também retirar $R \approx r$ da integral. Em consequência, nos resta

potencial magnético de um dipolo hertziano

$$\underline{\mathbf{A}} = \frac{\mu}{4\pi} \int_l \frac{\underline{I}\,\mathrm{d}\mathbf{l}\,\mathrm{e}^{-\mathrm{j}\beta R}}{R} \approx \frac{\mu \underline{I}\,\mathrm{e}^{-\mathrm{j}\beta r}}{4\pi r} \int_l \mathrm{d}\mathbf{l} = \frac{\mu \underline{I}\mathbf{l}\,\mathrm{e}^{-\mathrm{j}\beta r}}{4\pi r} = \frac{\mu \underline{I} l\,\mathrm{e}^{-\mathrm{j}\beta r}}{4\pi r}\,\hat{\mathbf{z}} = \underline{A}_z\,\hat{\mathbf{z}} \quad (\beta = \omega\sqrt{\varepsilon\mu}), \tag{14.4}$$

onde β é o coeficiente de fase (número de onda) para o meio ambiente e frequência de operação dada, Equação (8.111), e $\mathbf{l} = l\,\hat{\mathbf{z}}$ é o vetor posição da carga Q em respeito a $-Q$, isto é, o vetor comprimento do dipolo cuja orientação coincide com a direção de referência da corrente i. Por outro lado, se a antena na Figura 14.1 for tratada como um dipolo infinitesimal, caracterizado por $\underline{I}\mathrm{d}\mathbf{l}$, torna-se ainda mais fácil encontrar, já que não há integração na Equação (14.4) desde o início e $R = r$. O vetor $\underline{\mathbf{A}}$ é paralelo ao dipolo, tendo assim apenas um componente z, $\underline{A}_z$. Segundo a Figura 14.1, $\underline{\mathbf{A}}$ pode ser decomposto em componentes r- (radial) e θ no sistema de coordenadas esféricas, $\underline{A}_r$ e $\underline{A}_\theta$, da seguinte maneira

$$\underline{\mathbf{A}} = \underline{A}_z \cos\theta\,\hat{\mathbf{r}} - \underline{A}_z \,\mathrm{sen}\theta\,\hat{\boldsymbol{\theta}} = \underline{A}_r\,\hat{\mathbf{r}} + \underline{A}_\theta\,\hat{\boldsymbol{\theta}}, \tag{14.5}$$

de modo que $\underline{A}_r = \underline{A}_z \cos\theta$ e $\underline{A}_\theta = -\underline{A}_z \,\mathrm{sen}\theta$, com $\underline{A}_z$ dado na Equação (14.4).

Já que $r \gg l$, para calcular o potencial escalar elétrico complexo, V, no ponto P, usando a primeira expressão nas equações (8.116), as duas esferas carregadas do dipolo hertziano (carregadas sobre suas superfícies) podem ser tratadas como cargas pontuais. Em analogia com a Equação (1.114) para o dipolo eletrostático, podemos escrever

potencial elétrico

$$\underline{V} = \frac{\underline{Q}}{4\pi\varepsilon} \underbrace{\left(\frac{\mathrm{e}^{-\mathrm{j}\beta r_1}}{r_1} - \frac{\mathrm{e}^{-\mathrm{j}\beta r_2}}{r_2}\right)}_{-\Delta(\mathrm{e}^{-\mathrm{j}\beta R}/R)} \approx -\frac{\underline{Q}}{4\pi\varepsilon} \left.\frac{\mathrm{d}(\mathrm{e}^{-\mathrm{j}\beta R}/R)}{\mathrm{d}R}\right|_{R=r} \underbrace{l\cos\theta}_{\Delta R} = \frac{\underline{Q}\,l\cos\theta(1+\mathrm{j}\beta r)\,\mathrm{e}^{-\mathrm{j}\beta r}}{4\pi\varepsilon r^2}. \tag{14.6}$$

Aqui, o incremento na função $\mathrm{e}^{-\mathrm{j}\beta R}$ do local de carga Q ao de $-Q$, sendo as distâncias do ponto P às duas cargas r_1 e r_2, são aproximadas pela derivada dessa função em relação a R [ver Equação (8.121)], no centro do dipolo ($R = r$), multiplicado pelo incremento correspondente em R, $\Delta R = r_2 - r_1$, que é pequeno. Além disso, ΔR é obtido mais ou menos como $\Delta R \approx l\cos\theta$, como na Figura 1.28. De um modo alternativo, $\underline{V}$ pode ser obtido do já conhecido $\underline{\mathbf{A}}$, com o uso da condição de Lorenz para potenciais eletromagnéticos complexos,

APARTE HISTÓRICO

Heinrich Rudolf Hertz (1857-1894), físico alemão e o primeiro engenheiro de rádio, foi professor de física nas Universidades de Kiel, Karlsruhe e Bonn. Teve como professor Helmholtz (1821-1894), na Universidade de Berlim, onde se doutorou em 1880. Foi o primeiro a demonstrar de maneira experimental a existência de ondas eletromagnéticas e da irradiação eletromagnética e construiu as primeiras antenas. Em seu famoso experimento de 1887 em Karlsruhe, a fonte de perturbações elétricas era um radiador dipolo capacitivamente carregado — dipolo hertziano — e o receptor (detector) das perturbações era um anel circular de fio. O dipolo foi conectado a uma bobina de indução que produzia faíscas no espaço de ar entre os terminais do dipolo, o que, pela irradiação (geração e propagação) de ondas eletromagnéticas, resultava em faíscas no espaço de ar no anel a uma distância de muitos metros, no laboratório de Hertz. O dipolo e o fio de anel, assim, foram as primeiras antenas transmissora e receptora, e o sistema inteiro, o primeiro enlace de rádio sem fio. A experiência de Hertz foi logo confirmada por outros, formando uma base sólida para descobertas e desenvolvimentos posteriores na área que, nas décadas seguintes, se tornaria a ciência e a engenharia de rádio. Hertz também demonstrou o primeiro cabo coaxial e observou pela primeira vez o efeito fotoelétrico (em 1887), mais tarde explicado de maneiras diferentes por vários pesquisadores, principalmente Einstein (1879-1955) em 1905 (a explicação de Einstein do efeito fotoelétrico lhe deu o prêmio Nobel de física em 1921). O nome de Hertz foi imortalizado na unidade de frequência, o hertz (Hz). (*Retrato: © Deutsches Museum*)

Equação (8.115), e a fórmula para a divergência em coordenadas esféricas, Equação (1.171),

$$\underline{V} = \frac{j}{\omega\varepsilon\mu}\nabla\cdot\underline{\mathbf{A}} = \frac{j}{\omega\varepsilon\mu r}\left[\frac{1}{r}\frac{\partial}{\partial r}\left(r^2\underline{A}_r\right) + \right.$$
$$\left. + \frac{1}{\operatorname{sen}\theta}\frac{\partial}{\partial\theta}\left(\operatorname{sen}\theta\underline{A}_\theta\right)\right], \qquad (14.7)$$

que, substituindo as expressões para $\underline{A}_r$ e $\underline{A}_\theta$, das equações (14.5) e (14.4), e expressando $\underline{I}$ em termos de $\underline{Q}$ da Equação (14.3), nos dá o mesmo resultado da Equação (14.6).

O vetor intensidade do campo elétrico complexo da antena, $\underline{\mathbf{E}}$, pode ser obtido de ambos os potenciais, equações (14.4)-(14.6), utilizando a Equação (8.118) e a fórmula para o gradiente em coordenadas esféricas, dada pela Equação (1.108),

campo elétrico de um dipolo hertziano

$$\underline{\mathbf{E}} = -j\omega\underline{\mathbf{A}} - \nabla\underline{V} = -j\omega\underline{\mathbf{A}} - \frac{\partial V}{\partial r}\hat{\mathbf{r}} - \frac{1}{r}\frac{\partial V}{\partial\theta}\hat{\boldsymbol{\phi}} =$$
$$= -\frac{\eta\beta^2\underline{I}l\mathrm{e}^{-j\beta r}}{4\pi}\left\{\left[\frac{1}{(j\beta r)^2} + \frac{1}{(j\beta r)^3}\right]2\cos\theta\,\hat{\mathbf{r}} + \right.$$
$$\left. + \left[\frac{1}{j\beta r} + \frac{1}{(j\beta r)^2} + \frac{1}{(j\beta r)^3}\right]\operatorname{sen}\theta\,\hat{\boldsymbol{\phi}}\right\} = \underline{E}_r\hat{\mathbf{r}} + \underline{E}_\theta\hat{\boldsymbol{\phi}}, \quad (14.8)$$

onde $\eta = \sqrt{\mu/\varepsilon}$ é a impedância intrínseca do meio, Equação (9.21), usando-se também a Equação (14.3) e os fatos de que

$$\omega\mu = \eta\beta \quad \text{e} \quad \frac{1}{\omega\varepsilon} = \frac{\eta}{\beta}. \qquad (14.9)$$

A expressão para $\underline{\mathbf{E}}$ em termos do potencial do vetor magnético apenas na Equação (8.118) leva também ao mesmo resultado.

De modo semelhante, combinamos as equações (8.119), (5.60), (14.4) e (14.5), e aplicamos a fórmula para a ondulação em coordenadas esféricas, Equação (4.85), para obter a seguinte expressão o vetor intensidade do campo magnético, $\underline{\mathbf{H}}$:

campo magnético

$$\underline{\mathbf{H}} = \frac{1}{\mu}\nabla\times\underline{\mathbf{A}} = \frac{1}{\mu r}\left[\frac{\partial}{\partial r}\left(r\underline{A}_\theta\right) - \frac{\partial\underline{A}_r}{\partial\theta}\right]\hat{\boldsymbol{\phi}}$$
$$= -\frac{\beta^2\underline{I}l\mathrm{e}^{-j\beta r}\operatorname{sen}\theta}{4\pi}\left[\frac{1}{j\beta r} + \frac{1}{(j\beta r)^2}\right]\hat{\boldsymbol{\phi}} = \underline{H}_\phi\,\hat{\boldsymbol{\phi}}. \quad (14.10)$$

O mesmo resultado pode ser obtido também calculando-se diretamente $\underline{\mathbf{H}}$ em virtude da corrente do dipolo, por meio da generalização em alta frequência da lei de Biot-Savart, Equação (8.128) ou (8.135),

$$\underline{\mathbf{H}} = \frac{1}{4\pi}\int_l \frac{\underline{I}\,\mathrm{d}\mathbf{l}\times\hat{\mathbf{R}}(1+j\beta R)\,\mathrm{e}^{-j\beta R}}{R^2} \approx$$
$$\approx \frac{\underline{I}\mathbf{l}\times\hat{\mathbf{r}}(1+j\beta r)\,\mathrm{e}^{-j\beta r}}{4\pi r^2}, \qquad (14.11)$$

onde [ver Figura 14.1 e Equação (4.114)]

$$\mathbf{l}\times\hat{\mathbf{r}} = l\hat{\mathbf{z}}\times\hat{\mathbf{r}} = l\operatorname{sen}\theta\,\hat{\boldsymbol{\phi}}, \qquad (14.12)$$

e $(1 + j\beta r)/r^2$ multiplicado por $-1/\beta^2 = 1/(j\beta)^2$ resulta nos dois termos em colchetes na Equação (14.10).

Note que ao conhecermos um dos vetores de campo, podemos encontrar o restante a partir do rotacional da equação de Maxwell apropriada. Por exemplo, dado que $\underline{\mathbf{H}}$ possua apenas um componente Φ, as equações (11.2) e (4.85) nos mostram que

$$\underline{\mathbf{E}} = -\frac{j}{\omega\varepsilon}\nabla\times\underline{\mathbf{H}} = -\frac{j}{\omega\varepsilon r}\left[\frac{1}{\operatorname{sen}\theta}\frac{\partial}{\partial\theta}(\operatorname{sen}\theta\underline{H}_\phi)\hat{\mathbf{r}} \right.$$
$$\left. -\frac{\partial}{\partial r}\left(r\underline{H}_\phi\right)\hat{\boldsymbol{\theta}}\right], \qquad (14.13)$$

e é simples identificar que a substituição do resultado por $\underline{\mathbf{H}}$ da Equação (14.10) nesta expressão leva ao resultado para $\underline{\mathbf{E}}$ na Equação (14.8). Assim, com as equações (14.11) e (14.13), não necessitamos de potenciais para obter as expressões de campo para o dipolo.

Todas as diferentes maneiras de calcular potenciais e vetores de campo de um dipolo hertziano apresentadas nesta seção são de extrema importância para compreendermos a operação desta antena fundamental e as relações entre várias quantidades nesta análise. No entanto, em termos conceituais, talvez, a sequência mais simples de passos para obter as expressões para $\underline{\mathbf{E}}$ e $\underline{\mathbf{H}}$ seja a seguinte: encontre $\underline{\mathbf{A}}$ nas equações (14.4) e (14.5), depois $\underline{\mathbf{H}}$ de $\underline{\mathbf{A}}$ na Equação (14.10) e, por fim, $\underline{\mathbf{E}}$ de $\underline{\mathbf{H}}$ na Equação (14.13). Na realidade, como veremos em uma seção mais adiante, calcular o potencial $\underline{\mathbf{A}}$ graças a correntes de uma antena transmissora arbitrária é o ponto focal na busca por suas características de irradiação.

Visto que o campo elétrico na Equação (14.8) tem componentes $\underline{E}_r$ e $\underline{E}_\theta$ ($\underline{E}_\phi = 0$) o campo magnético na Equação (14.10) apenas $\underline{H}_\phi$ ($\underline{H}_r = \underline{H}_\theta = 0$), conforme Figura 14.1, $\underline{\mathbf{E}}$ e $\underline{\mathbf{H}}$ são mutuamente ortogonais em cada ponto do espaço (para cada posição do ponto de campo, P, $\underline{\mathbf{E}}$ repousa em um plano vertical definido por $\Phi = $ const, e $\underline{\mathbf{H}}$ é normal a esse plano). As expressões de campo não dependem de ϕ, $\underline{\mathbf{E}} = \underline{\mathbf{E}}(r,\theta)$ e $\underline{\mathbf{H}} = \underline{\mathbf{H}}(r,\theta)$, e o mesmo se aplica para as expressões de potencial, equações (14.4)-(14.6), conforme se espera da simetria rotacional (em relação ao eixo z) do dipolo (note que a independência de ϕ, o ângulo azimutal, também se chama de simetria azimutal). Deste modo, em uma esfera de raio r centralizada no gerador da Figura 14.1, a distribuição (padrão) de campo é determinada apenas pelo ângulo de zênite, θ. Do outro lado, considerando a dependência de campo e potencial em relação a r, observamos que toda vez que temos r, na realidade, trata-se de βr. Além disso, campos e potenciais de dipolos dependem de $\underline{I}$ e βl, e tendo em mente a Equação (8.111), podem ser expressos em termos do comprimento elétrico [ver equações (12.73)] do dipolo, l/λ, assim como a distância elétrica do centro do dipolo, r/λ. Como resultado, as distribuições de campo espacial relativas não mudam se escalarmos (aumentarmos ou diminuirmos) l, r e λ pelo mesmo fator. Esta conclusão é muito importante, visto que uma antena transmissora arbitrária pode ser representada como uma superposição de dipolos hertzianos (a serem apresentados em uma seção posterior). Isso implica que antenas com dimensões físicas (radicalmente) diferentes e que sejam eletricamente iguais nas frequências correspondentes, produzem o mesmo quadro (padrão) de campo espacial, que também deve ser expresso em unidades elétricas. Assim, o comprimento físico de um dipolo eletricamente curto pode ser, na realidade, muito grande, em frequências mais baixas (por exemplo, em $f = 100$ kHz, $\lambda = 3$ km (no ar), e um dipolo que tenha apenas um centésimo de um comprimento de onda é fisicamente tão longo quanto $l = \lambda/100 = 30$ m).

Por fim, combinando as equações (8.194), (14.8) e (14.10), o vetor complexo de Poynting no ponto P da Figura 14.1 é

vetor complexo de Poynting de um dipolo hertziano

$$\underline{\mathcal{P}} = \underline{\mathbf{E}} \times \underline{\mathbf{H}}^* = (\underline{E}_r \hat{\mathbf{r}} + \underline{E}_\theta \hat{\theta}) \times \underline{H}_\phi^* \hat{\phi} = = -\underline{E}_r \underline{H}_\phi^* \hat{\boldsymbol{\theta}} + \underline{E}_\theta \underline{H}_\phi^* \hat{\mathbf{r}} = = \eta \left(\frac{\beta^2 I l}{4\pi}\right)^2 \left\{ \left[\frac{\mathrm{j}}{(\beta r)^3} + \frac{\mathrm{j}}{(\beta r)^5}\right] \operatorname{sen} 2\theta \, \hat{\boldsymbol{\theta}} + + \left[\frac{1}{(\beta r)^2} - \frac{\mathrm{j}}{(\beta r)^5}\right] \operatorname{sen}^2\theta \, \hat{\mathbf{r}} \right\}, \tag{14.14}$$

onde $\underline{I}\underline{I}^* = |\underline{I}|^2 = I^2$. Vemos que o único termo real nesta expressão é o proporcional a $1/r^2$, no componente radial de $\underline{\mathcal{P}}$. Esse termo vem dos termos $1/r$ nas expressões de campo elétrico e magnético nas equações (14.8) e (14.10), e é igual à média de tempo do vetor instantâneo de Poynting por causa da antena, Equação (8.195),

vetor de Poynting quanto à média de tempo

$$\mathcal{P}_{\text{méd}} = \text{Re}\{\underline{\mathcal{P}}\} = \frac{\eta \beta^2 I^2 l^2 \operatorname{sen}^2\theta}{16\pi^2 r^2} \hat{\mathbf{r}}. \tag{14.15}$$

Integrando $\mathbf{P}_{\text{méd}}$ sobre uma superfície fechada posicionada no dipolo, o que será feito em uma seção posterior, podemos encontrar o fluxo real da potência para fora (média de tempo) emanando da antena. Todos os outros termos na Equação (14.14) são imaginários e, assim, representam a potência reativa associada com a flutuação de energia para frente e para trás entre os campos elétrico e magnético em volta da antena.

14.2 CAMPO DISTANTE E CAMPO PRÓXIMO

Esta seção apresenta um caso especial importante do campo eletromagnético causado por um dipolo hertziano (Figura 14.1): o campo distante, para locais de observação que estão eletricamente longe da antena. Neste caso, não precisamos usar as expressões exatas para os vetores de campo do dipolo, assim como potenciais e vetor de Poynting, derivados na seção anterior, que, é claro, valem somente para as qualificações da Equação (14.2), mas outras, aproximações, muito mais simples, especializadas para grandes distâncias r do ponto de campo P na Figura 14.1 a partir da origem.

Em especial, na zona distante r é muito maior que o comprimento de onda operante λ do dipolo (para o meio), dado nas equações (8.112) e (8.111), βr é muito maior que unidade, e podemos escrever

zona distante

$$r \gg \lambda \longrightarrow \beta r \gg 1 \longrightarrow \longrightarrow \frac{1}{\beta r} \gg \frac{1}{(\beta r)^2} \gg \frac{1}{(\beta r)^3}. \tag{14.16}$$

Na prática, uma regra básica útil para quantificar a condição[4] de campo distante é $r > 10\lambda$. Assim, os termos dominantes em ambas as expressões de campo nas equações (14.8) e (14.10) são aqueles com as menores potências inversas de r (ou βr), ou seja, os termos $1/r$. Essas expressões, então, se tornam

campos distantes elétricos e magnéticos de um dipolo hertziano

$$\underline{\mathbf{E}} \approx \frac{\mathrm{j}\eta\beta \underline{I} l \mathrm{e}^{-\mathrm{j}\beta r} \operatorname{sen}\theta}{4\pi r} \hat{\boldsymbol{\theta}}, \quad \underline{\mathbf{H}} \approx \frac{\mathrm{j}\beta \underline{I} l \mathrm{e}^{-\mathrm{j}\beta r} \operatorname{sen}\theta}{4\pi r} \hat{\boldsymbol{\phi}}. \tag{14.17}$$

Os campos decrescem devagar com r (como $1/r$) e são na realidade proporcionais a $\mathrm{d}i/\mathrm{d}t$ no domínio do tempo, possibilitando irradiação eletromagnética por uma corrente do dipolo que varia rapidamente com o tempo para distâncias longínquas — elas constituem o chamado campo de irradiação de um dipolo hertziano.[5]

4 Para antenas eletricamente grandes, cuja dimensão máxima, D, é muito maior que o comprimento de onda, $D \gg \lambda$, a condição de campo distante é dada por $r \gg D$, que então ultrapassa a condição na Equação (14.16).

5 Nas expressões gerais para intensidades de campo elétrico e magnético instantâneas de um dipolo hertziano, obtidas pela conversão das expressões de campo complexas nas equações (14.8) e (14.10) por meio da Equação (8.66), os termos que são proporcionais a 1/r são também proporcionais a d/i d/t (é claro, di dt corresponde a $\mathrm{j}\omega \, \underline{I}$ no domínio complexo). Sendo proporcionais a taxa de variação da corrente no tempo do dipolo, tem significância somente se esta corrente estiver variando rapidamente com o tempo, o que é o caso aqui, na Figura 14.1, e para antenas em geral. Assim, os termos 1/r determinam o campo eletromagnético do dipolo hertziano que está variando depressa com o tempo, e os distinguem de sua versão quase estática. Este campo, por sua vez, permite irradiação eletromagnética pela antena, e é denominado campo de irradiação.

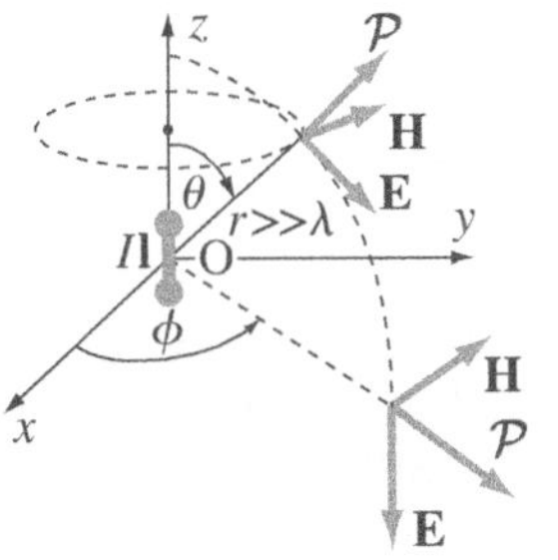

Figura 14.2
Campo distante de um dipolo hertziano (visto na Figura 14.1)

Ademais, o vetor campo elétrico distante tem apenas um componente θ, enquanto o vetor campo magnético distante é direcionado por Φ, conforme a Figura 14.2. Combinando as equações (14.17), (14.5), (14.4) e (14.9), podemos escrever para esses componentes

$$\underline{E}_\theta = -\mathrm{j}\omega\underline{A}_\theta, \quad \underline{H}_\phi = \frac{\underline{E}_\theta}{\eta}. \tag{14.18}$$

Assim, **E** pode ser expresso apenas em termos do potencial vetor magnético, **A**, do dipolo, mais precisamente, em termos de seu componente θ (o componente radial de **A** não contribui para **E** — na zona distante). As intensidades complexas de campo elétrico e magnético são inter-relacionadas como na Equação (9.20) para ondas de plano uniforme. Obtido $\underline{E}$, o $\underline{H}$ correspondente é encontrado a partir dele com o uso desta relação. A onda irradiada é uma onda TEM (transversal eletromagnética), já que **E** e **H** são transversais à direção de propagação (irradiação), ou seja, a direção radial na Figura 14.2. Além disso, **E** e **H** são perpendiculares entre si. Ambos os campos são proporcionais a $e^{-j\beta r}/r$ e as frentes de onda são esféricas, conforme Figura 8.7, sendo assim uma onda esférica TEM.

Já que **E** e **H** na zona distante estão em fase, esperamos que o vetor complexo de Poynting associado seja puramente real. De fato, como no caso de onda plana, Equação (9.40), temos

vetor de Poynting de zona distante de um dipolo

$$\underline{\mathcal{P}} = \underline{\mathbf{E}} \times \underline{\mathbf{H}}^* = \underline{E}_\theta \underline{H}_\phi^* \,\hat{\mathbf{r}} = \underline{E}_\theta \frac{\underline{E}_\theta^*}{\eta}\,\hat{\mathbf{r}} = \\ = \frac{|\underline{E}_\theta|^2}{\eta}\,\hat{\mathbf{r}} = \frac{\eta\beta^2 I^2 l^2 \operatorname{sen}^2\theta}{16\pi^2 r^2}\,\hat{\mathbf{r}} = \mathcal{P}_{\text{méd}}, \tag{14.19}$$

e $\underline{\mathcal{P}}$ é igual ao vetor de Poynting médio no tempo, $\mathcal{P}_{\text{méd}}$, na Equação (14.15). É claro que isso também pode ser obtido na Equação (14.14), eliminando-se todos os termos exceto o menor, proporcional a $1/r^2$. A direção (radial) de $\underline{\mathcal{P}}$ (Figura 14.2) coincide com a direção da propagação da onda TEM esférica (direção de irradiação da antena), e sua magnitude, $\underline{\mathcal{P}} = \mathcal{P}_{\text{méd}}$, é igual à densidade de potência superficial média no tempo transportada pela onda, isto é, a potência irradiada por área unitária da frente de onda esférica. Perceba que a ausência de qualquer componente imaginário (reativo) de $\underline{\mathcal{P}}$ na Equação (14.19) significa que, na região do campo distante, toda potência é potência irradiada.

De maneira contrária às equações (14.16) para o campo distante, a distância r do dipolo ao campo na zona próxima na Figura 14.1 é, por definição, pequena em relação ao comprimento de onda operante λ do dipolo (na prática, $r < 0{,}1\lambda$), mas ainda $r \gg l$ e βr satisfaz a condição na Equação (8.130), o que leva a

zona próxima

$$r \ll \lambda \quad \longrightarrow \quad \beta r \ll 1 \quad \longrightarrow \\ \longrightarrow \quad \frac{1}{(\beta r)^3} \gg \frac{1}{(\beta r)^2} \gg \frac{1}{\beta r}, \tag{14.20}$$

de modo que apenas os termos dominantes com as maiores potências inversas de r nas expressões para cada um dos componentes de campo nas equações (14.8) e (14.10) precisam ser retidos. Além disso, o efeito de retardo nesta zona pode ser desconsiderado, $e^{-j\beta r} \approx 1$, como nas equações (8.131) e (8.132). Em consequência, o campo elétrico próximo de um dipolo hertziano se reduz apenas ao vetor intensidade do campo elétrico de um dipolo elétrico quase estático, o mesmo que um dipolo eletrostático, Equação (1.117), exceto que a carga do dipolo oscila devagar com o tempo (e não constantemente), cujo momento complexo [ver Equação (1.116)] é $\underline{\mathbf{p}} = \underline{Q}\mathbf{l}$. Do outro lado, se mantivermos apenas o termo dominante para a zona próxima do campo magnético, ele é simplificado ao de um elemento de corrente quase estático (oscilando devagar) $\underline{I}\mathbf{l}$ (produzindo o campo com a mesma distribuição espacial como no caso de uma corrente constante); se colocarmos esse elemento de corrente no ponto P′ na Figura 4.5 (com α substituído por θ), seu campo seria dado pelas equações 4.11 e 4.12. Deste modo, ao avaliarmos os campos elétrico e magnético na zona próxima, um dipolo hertziano é equivalente a um dipolo elétrico e elemento de corrente quase estático. Em geral, por superposição, o campo eletromagnético próximo de uma antena arbitrária é um campo quase estático. Visto que a carga e intensidade de corrente do dipolo, Q e i, estão em quadratura em fase do tempo (90º fora de fase entre si), o que corresponde à diferença em "j" em suas magnitudes complexas, equações (14.3), o mesmo vale para as intensidades de campo elétrico e magnético do dipolo no campo próximo. Isso por sua vez indica potência reativa associada com os campos, como em ressonadores eletromagnéticos [ver, por exemplo, as equações (8.69) e (3.45) para um simples circuito LC ressonante ou equações (13.150) e (13.151) para cavidade ressonante de guia de onda]. Concluímos que um dipolo hertziano (ou qualquer outra antena) em sua zona próxima age como um dispositivo reativo de armazenagem de energia. A energia oscila entre o campo próximo elétrico e magnético da antena, como em um circuito LC ressonante.

Como principal função das antenas transmissoras é entregar sinais eletromagnéticos (energia ou informação) em lugares distantes (pelo espaço livre ou outro meio material), na maioria das aplicações de antenas, lidamos apenas com o campo distante. Mais adiante neste capítulo definiremos e estudaremos vários parâmetros que caracterizam e quantificam o campo irradiado de uma antena arbitrária em diferentes direções de irradiação (isto é, para determinados ângulos θ e ϕ na Figura 14.2). No entanto, além dos parâmetros de campo distante, a impedância de entrada da antena, que determina as propriedades de casamento de impedância de uma antena a seu circuito elétrico de alimentação, tem a mesma importância prática no projeto e análise de antenas, e a parte reativa desta impedância, implicitamente, inclui (de modo integral) as características de campo próximo da antena.

14.3 ETAPAS PARA A AVALIAÇÃO DE CAMPO DISTANTE DE UMA ANTENA ARBITRÁRIA

Uma antena metálica transmissora arbitrária pode ser representada por uma cadeia de dipolos hertzianos, conforme Figura 14.3. As correntes de dipolos individuais, descritas por elementos de corrente infinitesimais $\underline{I}\mathbf{dl}$, constituem a intensidade de corrente do fio, $\underline{I}$, que em geral é uma função da posição no eixo da antena. Em outras palavras, as correntes elementares mudam pouco a pouco de um dipolo para outro, seguindo a distribuição de corrente da antena. Como a corrente não é uniforme no fio, as cargas de dipolos adjacentes no modelo não se compensam inteiramente. Daí uma distribuição de carga contínua ao longo da antena. Essa distribuição é descrita pela carga por comprimento unitário da antena, $\underline{Q}'$, que é relacionada à corrente $\underline{I}$ através da equação da continuidade para fios na Equação (8.133). Apenas no caso especial de uma corrente uniforme na antena ($\underline{I}$ = const), todos os elementos de corrente na Figura 14.3 são os mesmos, e a carga $\underline{Q}$ no final de um dipolo na cadeia compensa completamente a carga $-\underline{Q}$ do próximo dipolo etc., de modo que $\underline{Q}' = 0$ na antena, o que também se percebe da Equação (8.133). Uma representação similar pela superposição de dipolos hertzianos também se aplica a antenas superficiais e volumétricas, com dipolos equivalentes definidos por elementos de corrente superficial e volumétrica $\underline{\mathbf{J}}_s\mathrm{d}S$ e $\underline{\mathbf{J}}\mathrm{d}v$. Os dipolos são distribuídos e interconectados de modo bi ou tridimensional, seguindo a distribuição de corrente por toda a superfície S ou volume v da antena.

A representação na Figura 14.3 significa que todas as conclusões e expressões derivadas para um dipolo hertziano (Figura 14.1) até o momento neste capítulo, podem ser prontamente generalizadas para antenas arbitrárias. Na zona distante, por exemplo, as equações (14.18) nos dizem que o vetor intensidade do campo elétrico, $\underline{\mathbf{E}}$, de uma distribuição de corrente arbitrária pode ser expresso puramente em termos do potencial vetor magnético correspondente, $\underline{\mathbf{A}}$. Para um único dipolo na Figura 14.1, e para uma antena de fio reto (de comprimento arbitrário) no eixo z, $\underline{\mathbf{E}}$ tem apenas um componente θ, igual a $-\mathrm{j}\omega\underline{A}_\theta$. Assim, $\underline{\mathbf{E}}$ é proporcional a um componente transversal ou não radial de $\underline{\mathbf{A}}$. Para um dipolo hertziano orientado arbitrariamente, e para uma antena arbitrária, os componentes transversos de $\underline{\mathbf{A}}$ no sistema de coordenadas esféricas são $\underline{A}_\theta$ e $\underline{A}_\phi$. Em todos os casos, podemos decompor $\underline{\mathbf{A}}$ em componentes vetores radial ($\underline{\mathbf{A}}_\mathrm{r}$) e símbolo($\underline{\mathbf{A}}_\mathrm{t}$) transverso, de maneira análoga à decomposição dos vetores de campo de ondas eletromagnéticas guiadas em componentes longitudinais e transversos, nas equações (11.7), escrevendo, para o campo elétrico distante,

campo E distante, antena arbitrária

$$\underline{\mathbf{A}} = \underline{\mathbf{A}}_r + \underline{\mathbf{A}}_\mathrm{t} \longrightarrow \underline{\mathbf{E}} = -\mathrm{j}\omega\underline{\mathbf{A}}_\mathrm{t}, \qquad (14.21)$$

onde $\underline{\mathbf{A}}_r$ e $\underline{A}_r\hat{\mathbf{r}}$ e $\underline{\mathbf{A}}_\mathrm{t} = \mathrm{A}_\theta\hat{\boldsymbol{\phi}} + \underline{A}_\phi\hat{\boldsymbol{\phi}}$. Ao expressarmos $\underline{\mathbf{A}}$ em termos dos três componentes no sistema de coordenadas esféricas, é simples demonstrar que o vetor transverso $\underline{\mathbf{A}}$ pode ser obtido do $\underline{\mathbf{A}}$ total por meio da seguinte transformação:

$$\underline{\mathbf{A}}_\mathrm{t} = \hat{\mathbf{r}} \times (\underline{\mathbf{A}} \times \hat{\mathbf{r}}). \qquad (14.22)$$

O vetor intensidade do campo magnético distante, $\underline{\mathbf{H}}$, é também um vetor puramente transverso, perpendicular a $\underline{\mathbf{E}}$, equações (14.18), e pode ser calculado a partir de $\underline{\mathbf{E}}$ usando a relação vetorial

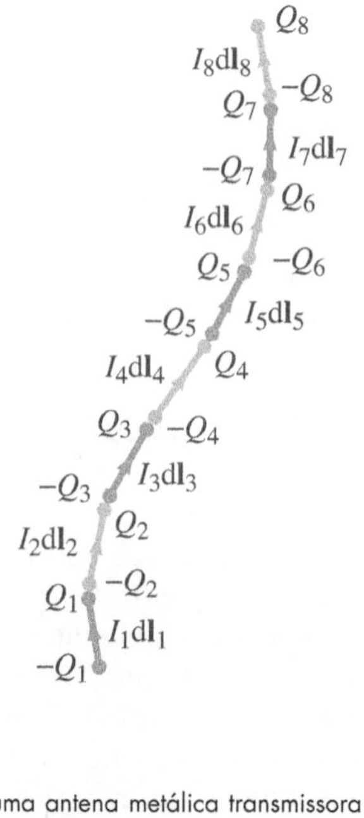

Figura 14.3

Representação de uma antena metálica transmissora arbitrária por uma cadeia de dipolos hertzianos.

campo H distante, antena arbitrária

$$\underline{\mathbf{H}} = \frac{1}{\eta}\hat{\mathbf{r}} \times \underline{\mathbf{E}} \quad \left(\eta = \sqrt{\frac{\mu}{\varepsilon}}\right), \tag{14.23}$$

a mesma para ondas de plano uniforme, equações (9.22). De outra maneira, com

$$\underline{\mathbf{E}} = \underline{E}_\theta\,\hat{\boldsymbol{\theta}} + \underline{E}_\phi\,\hat{\boldsymbol{\phi}} \quad \text{e} \quad \underline{\mathbf{H}} = \underline{H}_\theta\,\hat{\boldsymbol{\theta}} + \underline{H}_\phi\,\hat{\boldsymbol{\phi}}, \tag{14.24}$$

as equações (14.21) e (14.23) podem ser escritas em termos dos componentes θ e ϕ dos dois vetores de campo,

$$\underline{E}_\theta = -\mathrm{j}\omega\underline{A}_\theta, \quad \underline{E}_\phi = -\mathrm{j}\omega\underline{A}_\phi,$$

$$\underline{H}_\phi = \frac{\underline{E}_\theta}{\eta}, \quad \underline{H}_\theta = -\frac{\underline{E}_\phi}{\eta}. \tag{14.25}$$

O vetor complexo de Poynting associado na zona distante é puramente real e igual a

vetor de Poynting quanto à zona distante, antena arbitrária

$$\underline{\mathcal{P}} = \underline{\mathbf{E}} \times \underline{\mathbf{H}}^* = \left(\underline{E}_\theta\underline{H}_\phi^* - \underline{E}_\phi\underline{H}_\theta^*\right)\hat{\mathbf{r}} = \frac{\underline{E}_\theta\underline{E}_\theta^* + \underline{E}_\phi\underline{E}_\phi^*}{\eta}\hat{\mathbf{r}} = \frac{|\underline{E}_\theta|^2 + |\underline{E}_\phi|^2}{\eta}\hat{\mathbf{r}} = \eta\left(|\underline{H}_\phi|^2 + |\underline{H}_\theta|^2\right)\hat{\mathbf{r}} = \frac{|\underline{\mathbf{E}}|^2}{\eta}\hat{\mathbf{r}} = \eta|\underline{\mathbf{H}}|^2\,\hat{\mathbf{r}}. \tag{14.26}$$

Vemos que o primeiro e mais importante passo no cálculo de campo distante de uma antena arbitrária é calcular seu potencial vetor magnético, $\underline{\mathbf{A}}$. Assim, vamos nos concentrar nas integrais envolvidas nesta parte da análise. Consideremos primeiro uma antena de fio reto no eixo z, conforme Figura 14.4(a). Em um ponto de observação P (ponto de campo) definido por (r, θ, ϕ), $\underline{\mathbf{A}}$ é dado pela primeira integral na Equação (14.4). Assumindo tratar-se de campo distante, Equação (14.16), aplicamos diferentes aproximações para magnitude e fase do fator onda esférica $\mathrm{e}^{-\mathrm{j}\beta r}/R$ na integral, sendo R a distância variável da fonte ao campo para um ponto arbitrário P′ no eixo do fio (ponto de origem). Para a magnitude, $1/R$, aproximamos R pela coordenada radial fixa r do ponto P, na Figura 14.4(a),

para aproximação da magnitude

$$R \approx r, \tag{14.27}$$

e trazemos $1/R \approx 1/r$ para fora do sinal da integral. Para o fator de fase, $\mathrm{e}^{-\mathrm{j}\beta R}$, aproximamos R pela distância do ponto de projeção P′ na direção r, ponto P_0 [Figura 14.4(a)], para P,

para aproximação de fase, antena de fio reto

$$R \approx r - z\cos\theta, \tag{14.28}$$

onde z é a coordenada ao longo do eixo do fio definindo a posição do ponto de origem ($z = 0$ na origem da coordenada, O). Note que uma aproximação semelhante é aplicada nas figuras 1.28 e 14.1 para expressar a diferença das distâncias do ponto de campo das duas cargas do dipolo, $\Delta R = r_2 - r_1$, em termos da separação entre as cargas e o ângulo θ. Com isso, podemos retirar do sinal da integral a parte fixa do fator fase, $\mathrm{e}^{-\mathrm{j}\beta r}$, enquanto integramos a parte remanescente dependente de z, representando uma correção de fase para campos devidos a dipolos individuais elementares, tendo assim

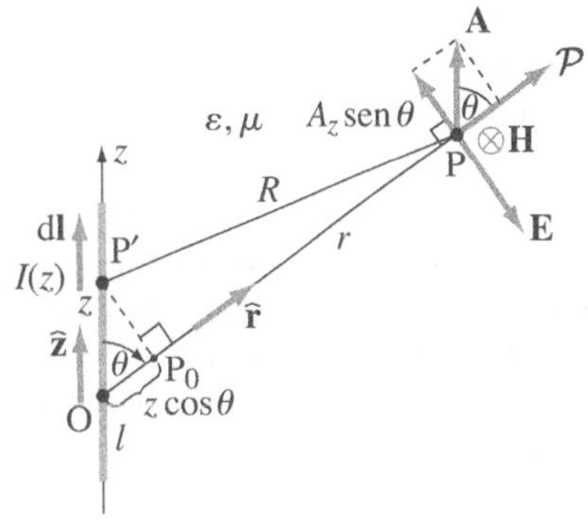

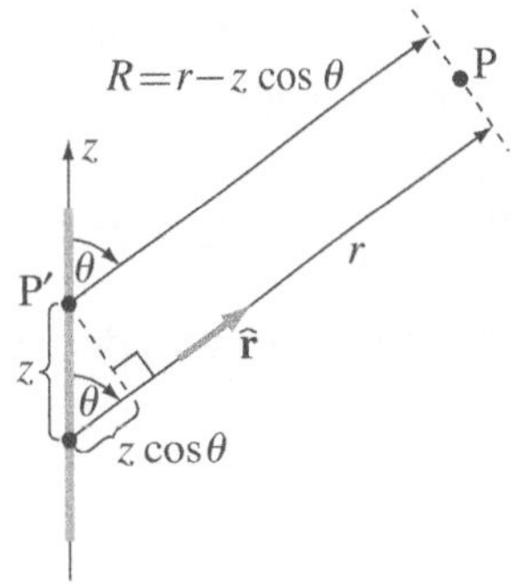

Figura 14.4
Antena de fio reto com distribuição de corrente arbitrária: (a) cálculo do potencial vetor magnético na zona distante e (b) aproximação de raio paralelo para o cálculo da fase.

integral de irradiação, antena de fio reto

$$\underline{\mathbf{A}} = \frac{\mu}{4\pi}\int_l \frac{\underline{I}(z)\,\mathrm{d}\mathbf{l}\,\mathrm{e}^{-\mathrm{j}\beta R}}{R} \approx \frac{\mu\,\mathrm{e}^{-\mathrm{j}\beta r}}{4\pi r}\hat{\mathbf{z}}\int_l \underline{I}(z)\,\mathrm{e}^{\mathrm{j}\beta z\cos\theta}\,\mathrm{d}z, \tag{14.29}$$

em que l é o comprimento da antena e $\mathrm{d}\mathbf{l} = \mathrm{d}z\hat{\mathbf{z}}$. A integral resultante em termos da coordenada z na antena de fio é chamada integral de irradiação. Suas soluções, para determinadas distribuições de correntes $\underline{I}(z)$, serão a base para a análise de diferentes tipos de antenas de fios ao longo do restante deste capítulo. A relação geométrica entre R e r na Equação (14.28) seria exata se as linhas de R e r (raios) corressem em paralelo, como na Figura 14.4(b), e isso seria o caso se o ponto de campo P estivesse no infinito. Deste modo, esta relação é conhecida como aproximação de raio paralelo para o cálculo da fase em campo distante.

É muito importante perceber que graças às significativas mudanças de fase entre os campos distantes de dipolos hertzianos elementares individuais constituindo a antena, a aproximação de magnitude na Equação (14.27) não é precisa o suficiente para o cálculo de fase na Equação (14.29), onde é usada a Equação (14.28) no lugar. Ou seja, embora as distâncias da origem ao campo R para dipolos na cadeia serem quase as mesmas no campo distante e poderem ser consideradas constantes para o cálculo da magnitude na Equação (14.29), até mesmo pequenas diferenças relativas em R podem ter uma grande influência na fase do vetor, $e^{-j\beta r}$. Por exemplo, se as distâncias R para dois dipolos elementares forem $R_1 = 100\lambda$ e $R_2 = 99{,}5\lambda$, isto é, se diferirem por $\Delta R = 0{,}5\lambda$, os fatores magnitude correspondentes são

$$\frac{1}{R_1} = \frac{1}{100\lambda} = \frac{0{,}01}{\lambda}, \quad \frac{1}{R_2} = \frac{1}{99{,}5\lambda} = \frac{0{,}01005}{\lambda}, \qquad (14.30)$$

isto é, temos um erro de magnitude de 0,5% ao assumirmos que os dois fatores são os mesmos. Por outro lado, a diferença de fase associada com essa diferença assumida em R chega até a 180°,

$$e^{-j\beta(R_1-R_2)} = e^{-j\frac{2\pi}{\lambda}0{,}5\lambda} = e^{-j\pi} = -1, \qquad (14.31)$$

fazendo que os dois campos estejam em contrafase e se cancelem no ponto P da Figura 14.4(a). No entanto, a aproximação na Equação (14.27), $R_1 \approx R_2$, se aplicada às fases, faria os campos somarem em fase [+1 em vez de −1 na Equação (14.31)], causando um erro muito grande na integral de campo. Apenas para antenas eletricamente curtas, $1 \ll \lambda$, desde então $\Delta R \ll \lambda$ para quaisquer dois pontos no fio, podemos usar a aproximação na Equação (14.27) até para o fator fase, $e^{-j\beta R} \approx e^{-j\beta r}$, como na Equação (14.4), de modo que a integral de irradiação se reduz à integral somente da intensidade de corrente no fio [$\beta z \approx 0$ na Equação (14.29)].

Uma correção de fase similar à da Equação (14.28) é usada para antenas arbitrárias (fio, superfície e volume). Para uma distribuição de corrente arbitrária, na Figura 14.5, deixemos que o ponto P′ seja definido pelo vetor posição $\mathbf{r}'$ em respeito à origem da coordenada. Deste modo, a diferença entre r e R é mais ou menos igual à projeção de $\mathbf{r}'$ no raio r, ou seja, a $r'\cos\alpha, = \mathbf{r}' \cdot \hat{\mathbf{r}}$, com α denotando o ângulo entre os vetores $\mathbf{r}'$ e $\hat{\mathbf{r}}$. Em outras palavras, R é aproximado por

para aproximação de fase, antena arbitrária

$$R \approx r - \mathbf{r}' \cdot \hat{\mathbf{r}}, \qquad (14.32)$$

com o que a Equação (14.29) se torna

integral de irradiação, antena arbitrária

$$\underline{\mathbf{A}} = \frac{\mu\, e^{-j\beta r}}{4\pi r} \int_v \underline{\mathbf{J}}(\mathbf{r}')\, e^{j\beta \mathbf{r}' \cdot \hat{\mathbf{r}}}\, dv. \qquad (14.33)$$

Expressões análogas cabem para antenas de superfície e antenas arbitrárias de fio. Perceba que as equações

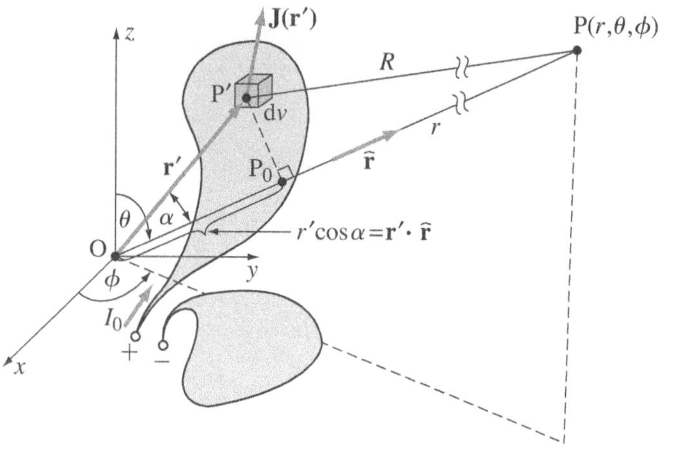

Figura 14.5
Cálculo de campo distante para uma antena transmissora arbitrária.

(14.28) e (14.29) são casos especiais de aproximação de raio paralelo na Equação (14.32) e integral de irradiação na Equação (14.33). As equações para uma antena de fio reto no eixo z são obtidas com base em equações gerais especificando-se $\mathbf{r}' = z\hat{\mathbf{z}}$ (Figura 14.4), de modo que $\mathbf{r}' \cdot \hat{\mathbf{r}} = z\cos\theta$.

Sabendo-se $\underline{\mathbf{A}}$, as demais etapas na análise de irradiação da antena são simples, sendo as mesmas para qualquer tipo e geometria de antena. Ou seja, para uma antena comum na Figura 14.5, $\underline{\mathbf{E}}$ e $\underline{\mathbf{H}}$ na zona distante são encontrados facilmente com base nas equações (14.21) e (14.23), e o vetor Poynting pela Equação (14.26). Note que essas expressões se tornam ainda mais simples para uma antena de fio na Figura 14.4, onde o campo elétrico tem apenas um componente θ, que, com o uso das equações (14.25) e (14.5), é dado por

campo E distante, antena de fio reto

$$\underline{E}_\theta = -j\omega \underline{A}_\theta = j\omega \underline{A}_z \operatorname{sen}\theta, \qquad (14.34)$$

em que $\underline{A}_z$ é o componente z do potencial vetor magnético na Equação (14.29).

Por fim, vemos nas equações (14.33), (14.21) e (14.23) que os vetores intensidade do campo elétrico e magnético distante causados por uma antena arbitrária são proporcionais à função de propagação de onda esférica característica, $e^{-j\beta r}/r$. Em cada expressão de campo, essa função de r é multiplicada por uma função vetor correspondente de ângulos θ e ϕ (que definem a direção da irradiação) na Figura 14.5. De modo global, os campos irradiados constituem uma onda TEM esférica, centralizada na origem da coordenada, O. No entanto, localmente, na zona distante, a frente de onda esférica parece ser mais ou menos planar, como se fosse uma parte de uma onda plana. Além disso, se vista apenas por uma abertura finita, isto é, por uma variação pequena de ângulos θ e ϕ (para um r fixo), os campos podem ser considerados uniformes (o mesmo em todos os pontos), e a onda pode ser tida como se também fosse uniforme, portanto, um plano de onda uniforme, conforme Figura 9.1. A aproximação de onda de plano uniforme de ondas esféricas não uniformes irradiadas por antenas tem grande importância prática e teórica na análise e síntese de sistemas de antenas. Ela nos permite utilizar os conceitos e equações que governam a propagação de ondas eletromagnéticas de plano uniforme em meios não limitados e na presença de interfaces materiais, dos capítulos 9 e 10, para descrever e estudar as propriedades de campos distantes de antenas e as ondas associadas enquanto se propagam para longe de suas origens. Por exemplo, a teoria de antenas receptoras, a ser apresentada em uma seção posterior, assume que o campo eletromagnético recebido por uma antena, que em geral é originado por outra antena (transmissora) em um enlace sem fio, está na forma de uma onda de plano uniforme, chegando de uma determinada direção.

Exemplo 14.1

Campo distante de uma antena dipolo de fio curta não carregada

Considere uma antena dipolo de fio CEP reto simétrica, eletricamente curta e não carregada de comprimento l. Se antena for alimentada (centralmente) por uma corrente harmônica de intensidade rms complexa $\underline{I}_0$ e frequência f, encontre os vetores intensidade de campo elétrico e magnético e vetor Poynting na zona distante da antena.

Solução Visto que as extremidades da antena estão livres (sem cargas capacitivas), a corrente nelas é zero. Além disso, sendo a antena eletricamente curta ($l \ll \lambda$), podemos logo assumir que sua corrente varia linearmente entre $\underline{I}_0$, nos terminais de entrada da antena, e zero ao longo de cada braço do dipolo, com $h = l/2$. Em outras palavras, consideramos uma distribuição de corrente triangular da antena, conforme a Figura 14.6(a). Analiticamente, posicionando a origem da coordenada, O, no centro da antena, $\underline{I}(z)$ é dado por

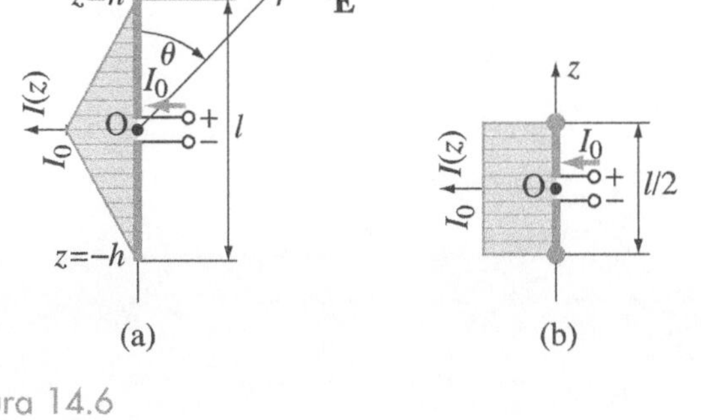

Figura 14.6

Análise da irradiação por uma antena dipolo de fio simétrico eletricamente curta e não carregada: (a) distribuição de corrente triangular ao longo da antena e (b) dipolo hertziano equivalente; para o Exemplo 14.1.

antena dipolo de fio curta não carregada

$$\underline{I}(z) = \underline{I}_0 \left(1 - \frac{|z|}{h}\right) \quad (-h \leq z \leq h). \qquad (14.35)$$

Conforme já discutimos nesta seção, no caso de antenas de fio reto eletricamente curtas, a integral de irradiação na Equação (14.29) se reduz a

antena de fio curta arbitrária

$$\underline{\mathbf{A}} = \frac{\mu_0 \, e^{-j\beta r}}{4\pi r} \, \hat{\mathbf{z}} \underbrace{\int_l \underline{I}(z) \, dz}_{\underline{I}_{\text{méd}} l} \quad \left(e^{j\beta z \cos\theta} \approx 1\right), \qquad (14.36)$$

sendo o coeficiente de fase $\beta = 2\pi f \sqrt{\varepsilon_0 \mu_0}$, para campo livre. Substituindo a distribuição de corrente da Equação (14.35), o componente z (o único que há) do potencial vetor magnético de zona distante vem a ser

$$\underline{A}_z = \frac{\mu_0 \underline{I}_0 \, e^{-j\beta r}}{4\pi r} \, 2 \int_{z=0}^{h} \left(1 - \frac{z}{h}\right) dz =$$

$$= \frac{\mu_0 (\underline{I}_0 \, l/2) \, e^{-j\beta r}}{4\pi r} \, \hat{\mathbf{z}} \quad (l = 2h), \qquad (14.37)$$

onde, por causa de $\underline{I}(z)$ na Figura 14.6(a) ser uma função par em z (dada sua dependência do valor absoluto de z), a integral inicial com limites simétricos de integração, $-h$ e h, é resolvida como o dobro da integral de 0 a h, na qual, por sua vez, o sinal de valor absoluto é removido de $|z|$ porque $z \geq 0$. Vemos que $\underline{\mathbf{A}}$ é o mesmo na Equação (14.4), de um dipolo hertziano, Figura 14.1, com um produto de comprimento de corrente igual a $\underline{I}_0 \, l/2$, que pode caracterizar um dipolo com a mesma corrente (uniforme ao longo do fio) que a corrente de alimentação da antena na Figura 14.6(a), mas com metade do comprimento, conforme a Figura 14.6(b). É claro que é possível uma interpretação definindo o dipolo hertziano equivalente como de mesmo comprimento (l) da antena original, mas com corrente que seja a metade de sua corrente de alimentação. Na realidade, percebemos que esta corrente equivalente ($\underline{I}_0/2$) é exatamente a média (calculada ao longo da antena) da distribuição de corrente na Figura 14.6(a),

$$\underline{I}_{\text{méd}} = \frac{1}{l} \int_l \underline{I}(z) \, dz. \qquad (14.38)$$

Isto cabe, conforme a Equação (14.36), para uma antena de fio eletricamente curta e arbitrária, que visto se tratar do potencial magnético na zona distante, pode ser substituído por um dipolo hertziano de mesmo comprimento com uma corrente uniforme se igualando à média da corrente da antena original.

O fato de, na zona distante, os vetores intensidade do campo elétrico e magnético, assim como o vetor Poynting, de uma antena transmissora arbitrária poderem ser todos obtidos do potencial $\underline{\mathbf{A}}$, com o uso das equações (14.21), (14.23) e (14.26), naturalmente significa que as duas antenas possuem o mesmo $\underline{\mathbf{A}}$, como as antenas na Figura 14.6(a) e (b) — em nosso caso, possuem também o mesmo campo distante $\underline{\mathbf{E}}$, $\underline{\mathbf{H}}$ e $\underline{\mathcal{P}}$. Assim, essas quantidades para a antena na Figura 14.6(a) são dadas pelas equações (14.17) e (14.19), com $\underline{I}l$ simplesmente substituído por $\underline{I}_0 \, l/2$. Por outro lado, perceba que ambas as antenas na Figura 14.6 possuem $\underline{\mathbf{E}}$, $\underline{\mathbf{H}}$ e $\underline{\mathcal{P}}$ iguais à metade dos respectivos vetores de campo e um quarto do vetor Poynting do dipolo hertziano na Figura 14.1, cuja corrente é $\underline{I}$ e comprimento l.

Exemplo 14.2

Distribuição de carga de uma antena dipolo curta não carregada

Para o dipolo curto não carregado do exemplo anterior, (a) calcule a distribuição de carga nos braços do dipolo e (b) discuta a equivalência de campo distante das duas antenas na Figura 14.6(a) e (b) do ponto de vista de suas cargas.

Solução

a) A carga por unidade de comprimento da antena, $\underline{Q}'(z)$, é obtida da corrente da antena, $\underline{I}(z)$, com o uso da equação da continuidade para fios na Equação (8.133). Visto que a distribuição de corrente, Equação (14.35), é uma função linear de z em cada braço do dipolo, descendo no superior e ascendendo no inferior, as densidades da linha de carga que acompanham são uniformes (constantes) e opostas entre si, da seguinte forma:

$$\underline{Q}'_1 = \frac{\mathrm{j}}{\omega}\frac{\mathrm{d}\underline{I}}{\mathrm{d}z} = -\frac{\mathrm{j}\underline{I}_0}{\omega h} \quad \text{para } 0 \le z \le h,$$

$$\underline{Q}'_2 = \frac{\mathrm{j}\underline{I}_0}{\omega h} = -\underline{Q}'_1 \quad \text{para } -h \le z < 0, \qquad (14.39)$$

onde $\omega = 2\pi f$ é a frequência angular operante da antena. A distribuição de carga é mostrada na Figura 14.7.

(b) As cargas totais dos dois braços, $\underline{Q}_1$e $\underline{Q}_2$, são dadas por

$$\underline{Q}_1 = \underline{Q}'_1 h = -\frac{\mathrm{j}\underline{I}_0}{\omega} = -\underline{Q}_2, \qquad (14.40)$$

e essas cargas são exatamente o mesmo que $\underline{Q}$ e $-\ \underline{Q}$ em terminações capacitivas de um dipolo hertziano com uma intensidade de corrente uniforme igual a $\underline{I}_0$,$\underline{Q} = \mathrm{j}\underline{I}_0/\omega$ como na Equação (14.3), que também é uma expressão da equação da continuidade para a estrutura. Além disso, se posicionarmos $\underline{Q}_1$ e $\underline{Q}_2$ nos centros dos respectivos braços do dipolo (eletricamente curto) na Figura 14.6(a), como uma substituição equivalente de suas linhas de cargas distribuídas uniformemente, o que também está ilustrado na Figura 14.7, o que obtemos é exatamente o dipolo hertziano na Figura 14.6(b), cujos braços têm $h/2$ de comprimento. Vemos assim que, de fato, a equivalência de campo distante causada por correntes das duas antenas nas figuras 14.6(a) e (b), estabelecida no exemplo anterior, automaticamente, isto é, por meio da equação da continuidade, se estende à equivalência em termos de cargas.

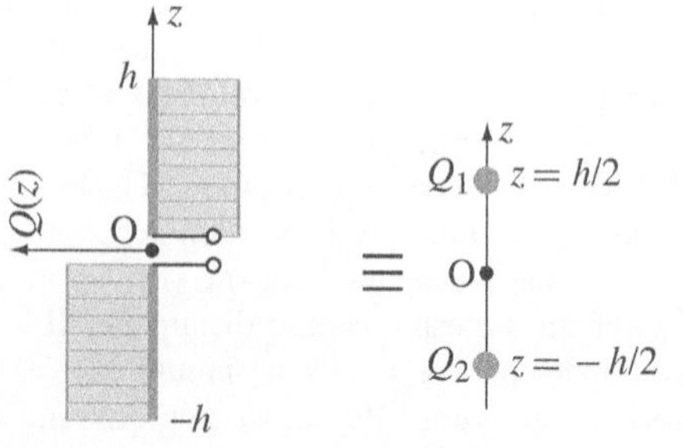

Figura 14.7
Cálculos das cargas acompanhantes da antena dipolo curta não carregada na Figura 14.6(a); para o Exemplo 14.2.

Exemplo 14.3

Antena de ondas viajantes

A Figura 14.8 mostra uma antena de ondas viajantes alimentada em sua extremidade. Ela consiste de um fio horizontal CEP com comprimento l, acionado em $z = 0$ por uma corrente de intensidade rms complexa $\underline{I}_0$ e frequência angular ω, e terminada em $z = l$ por uma carga puramente resistiva, de resistência R_L, adotada de tal modo que a distribuição de corrente na antena seja uma onda em deslocamento na direção positiva z com uma velocidade igual à da luz. Desconsiderando a influência do plano terra, e assim assumindo que a antena opera no espaço livre, assim como a irradiação de correntes em partes verticais de fio nas duas extremidades da antena, calcule a magnitude do vetor campo elétrico distante da antena.

Solução Como a onda de corrente na Figura 14.8 se desloca pela antena com velocidade c_0, Equação (9.19), o coeficiente de fase associado da onda é $\beta = \omega/c_0$, Equação (8.111). Além disso, a onda não é atenuada (não há perdas na antena, que assumimos ser CEP, e o plano terra não é considerado), de modo que a distribuição de corrente, $\underline{I}(z)$, na antena, pode ser escrita como

onda de corrente em deslocamento ao longo de uma antena

$$\boxed{\underline{I}(z) = \underline{I}_0\,\mathrm{e}^{-\mathrm{j}\beta z} \quad (0 \le z \le l).} \qquad (14.41)$$

De acordo com a Equação (14.29), com o arranjo habitual do sistema de coordenadas esféricas (Figura 14.8), o potencial magnético de zona distante da antena é dado por

$$\underline{A}_z = \frac{\mu_0\,\mathrm{e}^{-\mathrm{j}\beta r}}{4\pi r}\int_{z=0}^{l}\underline{I}_0\,\mathrm{e}^{-\mathrm{j}\beta z}\,\mathrm{e}^{\mathrm{j}\beta z\cos\theta}\,\mathrm{d}z =$$

$$= \frac{\mu_0\underline{I}_0\,\mathrm{e}^{-\mathrm{j}\beta r}}{4\pi r}\int_0^l \mathrm{e}^{-\mathrm{j}\beta' z}\,\mathrm{d}z =$$

$$= \frac{\mathrm{j}\mu_0\underline{I}_0\,\mathrm{e}^{-\mathrm{j}\beta r}}{4\pi\beta' r}\left(\mathrm{e}^{-\mathrm{j}\beta' l} - 1\right) =$$

$$= \frac{\mathrm{j}\mu_0\underline{I}_0\,\mathrm{e}^{-\mathrm{j}\beta r}\,\mathrm{e}^{-\mathrm{j}\beta' l/2}}{4\pi\beta' r}\left(\mathrm{e}^{-\mathrm{j}\beta' l/2} - \mathrm{e}^{\mathrm{j}\beta' l/2}\right) =$$

$$= \frac{\mu_0\underline{I}_0\,\mathrm{e}^{-\mathrm{j}\beta r}\,\mathrm{e}^{-\mathrm{j}\beta' l/2}}{2\pi\beta' r}\,\mathrm{sen}\,\frac{\beta' l}{2},$$

$$\text{onde} \quad \beta' = \beta\,(1 - \cos\theta). \qquad (14.42)$$

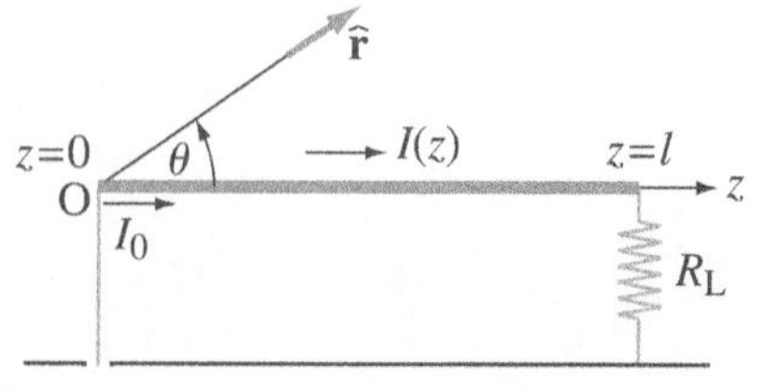

Figura 14.8
Análise de campo distante de uma antena de ondas viajantes; para o Exemplo 14.3.

Nestas transformações do resultado da integração, a primeira identidade nas equações (10.7) é utilizada para obter a expressão complexa final para $\underline{A}_z$, cuja magnitude convenientemente fica de fora. Assim, combinando as equações (14.34), (14.42) e (14.9), a magnitude do vetor campo elétrico distante vem a ser

campo elétrico distante de uma antena de ondas progressivas

$$|\mathbf{E}| = |\underline{E}_\theta| = \omega|\underline{A}_z|\,\mathrm{sen}\,\theta = \frac{\eta_0|\underline{I}_0|\,\mathrm{sen}\,\theta}{2\pi(1-\cos\theta)r}\left|\mathrm{sen}\left[\frac{\beta l}{2}(1-\cos\theta)\right]\right|. \quad (14.43)$$

Como veremos em uma seção posterior, para antenas de fio com extremidades abertas (ou terminadas em carga reativa) que não sejam eletricamente curtas, a distribuição de corrente na antena é uma onda estacionária — apenas uma superposição de uma onda de corrente em deslocamento, na Equação (14.1), e uma onda refletida, progredindo na direção oposta. No caso da Figura 14.8, por outro lado, uma carga casada de resistência R_L evita a reflexão do fio em $z = l$ (o incidente de potência naquela extremidade é todo dissipado na forma de calor na carga).

Exemplo 14.4

Dipolo hertziano ao longo do eixo x

Encontre as expressões para os vetores intensidade de campo elétrico e magnético distantes e vetor Poynting de um dipolo hertziano, com comprimento l e corrente de intensidade $\underline{I}$ e frequência angular ω, posicionado na origem da coordenada ao longo do eixo x de um sistema de coordenadas cartesianas, em um meio de parâmetros ε e μ.

Solução O potencial vetor magnético é paralelo ao dipolo, sendo assim um vetor direcionado a x. Desta forma, $\underline{\mathbf{A}}$ é o mesmo da Equação (14.4) mas com o eixo x assumindo o papel do eixo z,

$$\underline{\mathbf{A}} = \frac{\mu\underline{I}\,l\,\mathrm{e}^{-\mathrm{j}\beta r}}{4\pi r}\,\hat{\mathbf{x}} = \underline{A}_x\hat{\mathbf{x}} \quad (14.44)$$

($\beta = \omega\sqrt{\varepsilon\mu}$). Para encontrar seus componentes no sistema de coordenadas esféricas (na forma padrão), que são necessários para o cálculo de campo distante, empregamos as seguintes decomposições conforme Figura 14.9:

$$\hat{\mathbf{x}} = \cos\phi\,\hat{\boldsymbol{\rho}} + \mathrm{sen}\,\phi(-\hat{\boldsymbol{\phi}}), \quad \hat{\boldsymbol{\rho}} = \mathrm{sen}\,\theta\,\hat{\mathbf{r}} + \cos\theta\,\hat{\boldsymbol{\theta}}, \quad (14.45)$$

que resulta em

$$\hat{\mathbf{x}} = \mathrm{sen}\theta\cos\phi\,\hat{\mathbf{r}} + \cos\theta\cos\phi\,\hat{\boldsymbol{\theta}} - \mathrm{sen}\phi\hat{\boldsymbol{\phi}}. \quad (14.46)$$

Usando as equações (14.25), (14.44), e (14.46), os componentes de campo elétrico distante do dipolo são

$$\underline{E}_\theta = -\mathrm{j}\omega\underline{A}_\theta = -\mathrm{j}\omega\underline{A}_x\cos\theta\cos\phi,$$
$$\underline{E}_\phi = -\mathrm{j}\omega\underline{A}_\phi = -\mathrm{j}\omega\underline{A}_x(-\,\mathrm{sen}\,\phi), \quad (14.47)$$

e assim podemos escrever

$$\underline{\mathbf{E}} = \frac{\mathrm{j}\omega\mu\underline{I}\,l\,\mathrm{e}^{-\mathrm{j}\beta r}}{4\pi r}(-\cos\theta\cos\phi\,\hat{\boldsymbol{\theta}} + \mathrm{sen}\,\phi\,\hat{\boldsymbol{\phi}}). \quad (14.48)$$

Note que $\underline{\mathbf{E}}$ pode ser obtido, de outro modo, das equações (14.21), (14.22), e (14.44), ou seja, da relação de vetor

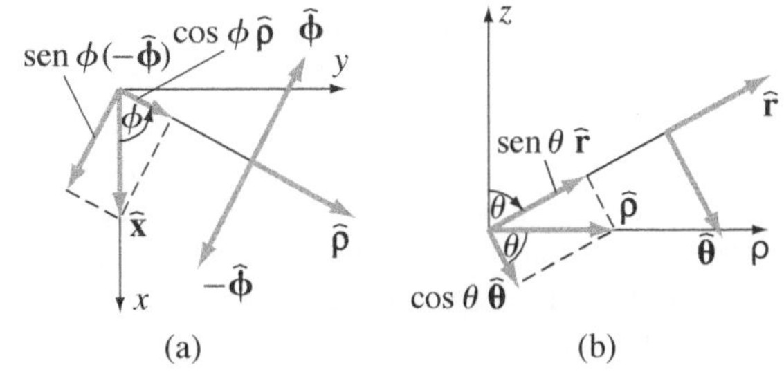

Figura 14.9

Transformando o vetor unitário $\hat{\mathbf{x}}$ em componentes de coordenadas esféricas, primeiro decompondo $\hat{\mathbf{x}}$ em componentes cilíndricos (polares) (a), e depois expressando o vetor unitário cilíndrico radial, $\hat{\boldsymbol{\rho}}$, em termos de vetores unitários esféricos (b), equações (14.45); para o Exemplo 14.4.

$$\underline{\mathbf{E}} = -\mathrm{j}\omega\underline{\mathbf{A}}_\mathrm{t} = -\mathrm{j}\omega\,\hat{\mathbf{r}}\times(\underline{\mathbf{A}}\times\hat{\mathbf{r}}) = -\mathrm{j}\omega\underline{A}_x\,\hat{\mathbf{r}}\times(\hat{\mathbf{x}}\times\hat{\mathbf{r}}), \quad (14.49)$$

que, com a substituição de $\hat{\mathbf{x}}$ da Equação (14.46) e cálculo dos produtos vetorial resultantes entre vetores unitários no sistema de coordenadas esféricas, resulta na mesma expressão da Equação (14.48). Perceba também que o campo para um r fixo é uma função dos ângulos θ e ϕ, conforme esperado, já que o dipolo direcionado a x não é azimutalmente simétrico (sobre o eixo z).

Os componentes de campo distante magnético são dados pelas equações (14.25), e assim

$$\underline{\mathbf{H}} = \frac{1}{\eta}\left(-\underline{E}_\phi\,\hat{\boldsymbol{\theta}} + \underline{E}_\theta\,\hat{\boldsymbol{\phi}}\right) = -\frac{\mathrm{j}\beta\underline{I}\,l\,\mathrm{e}^{-\mathrm{j}\beta r}}{4\pi r}(\mathrm{sen}\,\phi\,\hat{\boldsymbol{\theta}} + \cos\theta\cos\phi\,\hat{\boldsymbol{\phi}}), \quad (14.50)$$

onde $\eta = \sqrt{\mu/\varepsilon}$ e se usa a primeira relação nas equações (14.9). Por fim, combinando as equações (14.26) e (14.48), o vetor Poynting devido ao dipolo em sua zona distante vem a ser

$$\underline{\mathcal{P}} = \mathcal{P}_{\mathrm{méd}} = \frac{|\underline{\mathbf{E}}|^2}{\eta}\,\hat{\mathbf{r}} = \frac{\eta\beta^2 I^2 l^2}{16\pi^2 r^2}\left(\cos^2\theta\cos^2\phi + \mathrm{sen}^2\phi\right)\hat{\mathbf{r}} \quad (14.51)$$

($I = |\underline{I}|$)

14.4 POTÊNCIA IRRADIADA, RESISTÊNCIA DE IRRADIAÇÃO, PERDAS NA ANTENA E IMPEDÂNCIA DE ENTRADA

Para encontrar a potência média no tempo irradiada por um dipolo hertziano, na Figura 14.1, invocamos o teorema de Poynting na forma complexa, Equação (8.196), e calculamos o fluxo da parte real do vetor Poynting complexo, $\underline{\mathcal{P}}$, do dipolo, Equação (14.14), por uma superfície arbitrária fechada, S, posicionada sobre o dipolo. A parte real de $\underline{\mathcal{P}}$, ou seja, o vetor Poynting médio no tempo, $\underline{\mathcal{P}}_{\mathrm{méd}}$, da antena, é dado na Equação (14.15). Visto que o vetor $\underline{\mathcal{P}}_{\mathrm{méd}}$ tem apenas um componente radial, o cálculo de fluxo mais simples será para uma superfície esférica, de raio r, centralizada na origem da coordenada [ver equações (1.137)]. Além disso, como a magnitude de $\mathcal{P}_{\text{méd}}$ depende do ângulo θ apenas, para um r fixo (sobre a esfera S), podemos usar para integração uma superfície elementar dS na forma de um anel fino de raio r sen θ e largura $r\,\mathrm{d}\theta$, conforme a Figura 1.16 e Equação (1.65). Assim, a potência irradiada real (ou fluxo de potência média no tempo) através de S é

potência irradiada, dipolo hertziano

$$P_{\text{rad}} = (P_{\text{fluxo}})_{\text{méd}} = \oint_S \mathcal{P}_{\text{méd}} \cdot \mathrm{d}\mathbf{S} = \\ = \frac{\eta\beta^2 I^2 l^2}{16\pi^2 r^2} \int_{\theta=0}^{\pi} \text{sen}^2\,\theta \underbrace{2\pi r \,\text{sen}\theta\, r\,\mathrm{d}\theta}_{\mathrm{d}S} = \\ = \frac{\eta\beta^2 I^2 l^2}{8\pi} \int_0^{\pi} \text{sen}^3\theta\,\mathrm{d}\theta = \frac{\eta\beta^2 I^2 l^2}{6\pi}, \tag{14.52}$$

em que a integral em θ é resolvida na Equação (5.46) e é igual a 4/3. Vemos que o fator $1/r^2$ na expressão para $\mathcal{P}_{\text{méd}}$ cancela o fator r^2 na expressão para dS na Equação (14.52), o que gera uma potência irradiada constante do dipolo [a dependência $\mathcal{P}_{\text{méd}} \propto 1/r^2$ vale para uma antena transmissora arbitrária, Equação (14.26)]. Também é óbvio pelo princípio da conservação da potência, na Equação (8.196), que P_{rad} não depende de r (para qualquer antena). Ou seja, como não há potências impressas (geradores) pela própria antena na Figura 14.1, e o meio que envolve é considerado sem perdas, a potência real não pode ser acumulada ou esgotada no domínio entre duas superfícies esféricas com raios diferentes, e fluxo de força para fora, P_{rad}, associado com ambas as superfícies, deve ser o mesmo.

A potência irradiada na Equação (14.52) é proporcional à intensidade de corrente do dipolo, $I = |\underline{I}|$, ao quadrado. Para uma antena arbitrária (fio, superfície ou volume), onde a distribuição de corrente não é uniforme pelo corpo da antena, P_{rad} é proporcional à magnitude da corrente de alimentação da antena, $\underline{I}_0$, vista na Figura 14.5, ao quadrado. A constante de proporcionalidade é uma resistência, chamada resistência de irradiação da antena, e denotada por R_{rad},

definição de resistência de irradiação (unidade: Ω)

$$P_{\text{rad}} = R_{\text{rad}} I_0^2 \quad \longrightarrow \quad R_{\text{rad}} = \frac{P_{\text{rad}}}{I_0^2}, \tag{14.53}$$

onde $I_0 = |\underline{I}_0|$. É claro que esta resistência não representa nenhuma perda ôhmica no meio ambiente, isto é, não caracteriza a transformação de energia elétrica em calor. Ela é a resistência de um resistor equivalente que a antena transmissora apresenta em seus terminais de entrada, de modo que a potência irradiada média no tempo da antena é absorvida na carga. Em outras palavras, R_{rad} caracteriza a transformação de uma forma de energia eletromagnética em outra, isto é, energia de uma onda eletromagnética guiada (em uma linha de transmissão ou guia de onda que alimenta a antena) para energia de uma onda eletromagnética não limitada (no espaço livre ou outro meio ambiente), e assim tem a natureza de uma resistência mútua. No entanto, vista em um sentido mais amplo, a potência irradiada, que deixa a antena e nunca mais volta, é uma forma de dissipação, mas uma dissipação útil e desejada, e podemos dizer que R_{rad} representa a potência da antena dissipada pela irradiação. Às vezes, desta forma, P_{rad} é denominada a força de perdas de irradiação. Das equações (14.53) e (14.52), a resistência de irradiação de um dipolo hertziano, com $\underline{I} = \underline{I}_0$, é

resistência de irradiação, dipolo hertziano

$$R_{\text{rad}} = \frac{\eta\,(\beta l)^2}{6\pi} = \frac{2\pi\eta}{3}\left(\frac{l}{\lambda}\right)^2. \tag{14.54}$$

Se o meio for espaço livre, a Equação (9.23) nos dá

$$\eta = \eta_0 = 120\pi\ \Omega \quad \longrightarrow \\ \longrightarrow \quad R_{\text{rad}} = 20\,(\beta l)^2\ \Omega = 790\left(\frac{l}{\lambda}\right)^2 \Omega. \tag{14.55}$$

Visto que o dipolo é eletricamente curto ($l \ll \lambda$), equações (14.2), sua resistência de irradiação é muito pequena.

Além da dissipação por irradiação, todas as antenas reais exibem alguma dissipação real, isto é, alguma perda ôhmica ou de Joule nos materiais com perdas que constituem o corpo da antena, por causa do fluxo de corrente de condução através dos materiais. Essas perdas se associam com aquecimento na estrutura da antena. Embora geralmente as perdas em partes dielétricas de uma antena estejam também presentes, as nos condutores da antena têm importância prática muito maior. Assumindo que o efeito skin seja pronunciado, usamos a Equação (10.90) para calcular a potência das perdas Joule média no tempo nas partes metálicas da antena, cuja superfície marcamos como $S_{\text{metálico}}$. Além disso, assumimos que as perdas sejam pequenas, de modo que um método de perturbação para o cálculo das perdas em bons condutores seja aplicado e o componente tangencial do vetor intensidade do campo magnético rms complexo próximo a $S_{\text{metálico}}$, $\underline{\mathbf{H}}_{\text{tan}}$, na Equação (10.90), seja encontrado como se a antena fosse feita de um condutor elétrico perfeito (CEP). Por fim, a Equação (10.91) nos diz que a magnitude de $\underline{\mathbf{H}}_{\text{tan}}$ é igual à magnitude do vetor densidade de corrente superficial rms complexo, $\underline{\mathbf{J}}_s$, sobre $S_{\text{metálico}}$,

$$|\underline{\mathbf{H}}_{\text{tan}}| = |\underline{\mathbf{J}}_s|. \tag{14.56}$$

Deste modo, a força ôhmica, $P_{\text{ôhmica}}$, nas partes metálicas da antena podem ser expressas como

potência ôhmica, antena metálica arbitrária

$$P_{\text{ôhmica}} = (P_{\text{J}})_{\text{méd}} = \int_{S_{\text{metálico}}} R_s |\underline{\mathbf{H}}_{\text{tan}}|^2 \mathrm{d}S = \\ = \int_{S_{\text{metálico}}} R_s |\underline{\mathbf{J}}_s|^2\,\mathrm{d}S, \tag{14.57}$$

sendo R_s a resistência superficial dos condutores da antena, Equação (10.78), e $\underline{\mathbf{J}}_s$ a distribuição de corrente sem perdas da antena.

Para uma antena de fio reta se estendendo ao longo do eixo z, na Figura 14.4, o campo magnético próximo à superfície cilíndrica da antena, $S_{\text{cilíndrica}}$, sendo quase estático (campo próximo), é igual em sua forma ao campo magnetostático ao redor de um condutor de fio de corrente. Suas linhas são círculos concêntricos centralizados no eixo do fio, e sua magnitude, com base na lei generalizada de Ampère na forma integral, Equação (5.49), é $\underline{I}(z)/2\pi r$, onde de novo $\underline{I}(z)$ é a intensidade de corrente na antena encontrada no caso sem perdas (CEP). Na superfície, $r = a$, com a denotando o raio do fio, e temos

$$\underline{H} = \underline{J}_s = \frac{\underline{I}(z)}{2\pi a}, \tag{14.58}$$

que também pode ser obtido por meio da densidade de corrente superficial no fio, $\underline{J}_s$, segundo a definição desta densidade na Equação (3.13), dividindo a intensidade de corrente da antena pela circunferência do texto ($2\pi a$). Com isso e com a Equação (14.57), a potência ôhmica dissipada no fio é

potência ôhmica, antena de fio reta

$$P_{\text{ômica}} = \int_{S_{\text{cilíndrico}}} R_s \left[\frac{|\underline{I}(z)|}{2\pi a}\right]^2 \underbrace{2\pi a\, dz}_{dS} = \int_l \frac{R_s}{2\pi a} |\underline{I}(z)|^2\, dz = \int_l R' |\underline{I}(z)|^2\, dz, \tag{14.59}$$

onde dS é a área de superfície de um anel elemental de largura dz para a integração sobre $S_{\text{cilíndrico}}$, e R' significa

$$R' = \frac{R_s}{2\pi a}. \tag{14.60}$$

Note que esta expressão vem a ser o R' de alta frequência de um condutor unitário de uma linha de transmissão simétrica de dois fios ou do condutor interno de cabo coaxial, o que se iguala às porções das expressões nas equações (11.103) e (11.70).

A intensidade de corrente $\underline{I}(z)$ no fio é proporcional à corrente de alimentação da antena, $\underline{I}_0$. Deste modo, $P_{\text{ôhmica}}$, $\propto I_0^2$ e podemos escrever

resistência ôhmica da antena (unidade: Ω)

$$P_{\text{ôhmica}} = R_{\text{ôhmica}} I_0^2 \longrightarrow R_{\text{ôhmica}} = \frac{P_{\text{ôhmica}}}{I_0^2}, \tag{14.61}$$

onde $R_{\text{ôhmica}}$ é a resistência ôhmica total de alta frequência da antena. Para um dipolo hertziano, a corrente é uniforme ao longo do fio, equações (14.2), o que leva a $P_{\text{ôhmica}}$ ser simplesmente R' vezes o comprimento do fio,

resistência ôhmica, dipolo hertziano

$$\underline{I}(z) = \underline{I}_0 \longrightarrow P_{\text{ôhmica}} = R' I_0^2 \int_l dz = R' l I_0^2 \longrightarrow R_{\text{ôhmica}} = R' l. \tag{14.62}$$

A impedância de entrada complexa de uma antena, $\underline{Z}_A$, é por definição a relação entre a tensão complexa para corrente em seus terminais de entrada, conforme Figura 14.10(a). Ou seja, se alimentarmos a antena por um gerador de tensão de força eletromotriz rms complexa $\underline{\mathcal{E}}$ e impedância interna (em série) complexa $\underline{Z}_g$ (ver também Figura 12.3), o que em geral representa o gerador equivalente de Thévenin para uma rede de entrada arbitrária na antena, e a tensão rms complexa ao longo do gerador for $\underline{V}_g$ e a intensidade de corrente $\underline{I}_0$,

impedância de entrada da antena

$$\underline{Z}_A = \underline{Z}_{\text{entrada}} = \frac{\underline{V}_g}{\underline{I}_0} = R_A + jX_A. \tag{14.63}$$

Um gerador de corrente de alimentação com intensidade de corrente $\underline{I}_0$ e admitância interna (shunt) $\underline{Y}_g$ (gerador equivalente de Norton) também é possível. De maneira análoga ao circuito equivalente da Figura 12.10 na análise de linhas de transmissão, a antena transmissora pode assim ser substituída, a respeito de seus terminais de entrada (e ao gerador), por uma carga de impedância complexa $\underline{Z}_A$, vista na Figura 14.10(b).

A potência de entrada (real) média no tempo, P_{ent}, entregue pelo gerador à antena e a resistência de entrada da antena, R_A, isto é, a parte real de $\underline{Z}_A$, são [ver Equação (8.210)]

$$P_{\text{entrada}} = R_A I_0^2 = P_{\text{rad}} + P_{\text{ôhmica}} \longrightarrow R_A = \frac{P_{\text{in}}}{I_0^2} = R_{\text{rad}} + R_{\text{ôhmica}} \tag{14.64}$$

sendo R_A a soma da irradiação da antena e das resistências ôhmicas. Dado que, em geral, P_{rad} e $P_{\text{ôhmica}}$ representam as partes desejadas e indesejadas de P_{ent}, podemos definir a eficiência energética da antena pela seguinte taxa:

eficiência de irradiação (sem dimensão)

$$\eta_{\text{rad}} = \frac{P_{\text{rad}}}{P_{\text{entrada}}} = \frac{R_{\text{rad}}}{R_{\text{rad}} + R_{\text{ôhmica}}} \quad (0 \le \eta_{\text{rad}} \le 1). \tag{14.65}$$

Esta eficiência é denominada eficiência de irradiação da antena (η_{rad} ou e_{rad}) e é em geral medida em porcentagem. Para uma antena ideal (sem perdas), $\eta_{\text{rad}} = 100\%$. Muitas antenas possuem $P_{\text{rad}} \gg R_{\text{ôhmica}}$, e eficiência de irradiação perto de 100%. No entanto, antenas eletricamente pequenas, como um dipolo hertziano, costumam apresentar eficiências baixas, visto que suas perdas ôhmicas são bem grandes em relação à baixa potência irradiada. Como veremos em exemplos neste capítulo, irradiadores eficientes têm tamanhos elétricos médios ou pequenos, ou seja, suas dimensões físicas são ou comparáveis ao ou muito maiores que o comprimento de onda (λ), Equação (8.112).

A parte imaginária de $\underline{Z}_A$, a reatância de entrada da antena, X_A, representa a potência reativa armazenada no

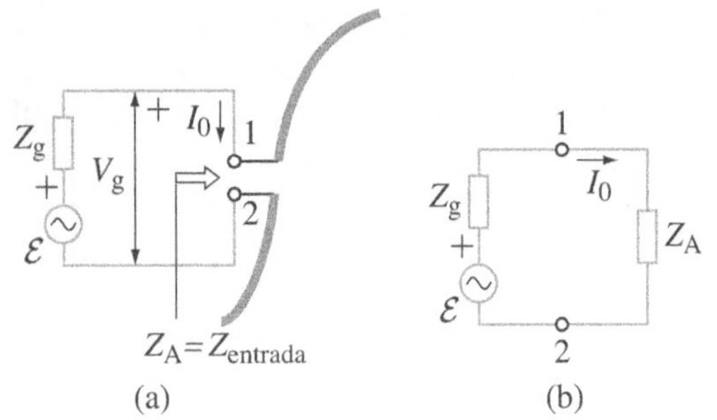

Figura 14.10

Ilustração da definição de impedância de entrada complexa de uma antena transmissora, Equação (14.63), como a impedância vista por um gerador nos terminais de entrada da antena (a), de modo que a antena possa ser substituída por uma carga equivalente tendo a mesma impedância (b).

campo próximo, $Q_{\text{campo próximo}}$. Essa potência é igual à potência reativa de entrada nos terminais da antena, Q_{entrada}, e pode ser escrita [ver também equações (8.211)].

$$Q_{\text{entrada}} = Q_{\text{campo próximo}} = X_A I_0^2 \longrightarrow$$
$$\longrightarrow X_A = \frac{Q_{\text{campo próximo}}}{I_0^2}. \tag{14.66}$$

Como será ilustrado em um exemplo, antenas eletricamente pequenas possuem uma reatância de entrada desproporcionalmente grande, com uma pequena resistência de entrada, isto é, $|X_A| \gg R_A$.

Na prática, alimentamos as antenas por linhas de transmissão de dois condutores, e para maximizar a transferência de potência da linha à antena é necessário casar, o máximo possível, a impedância de entrada da antena, Equação (14.63), à impedância característica da linha, Z_0. Esta última impedância é, na maioria das vezes, puramente real, Equação (12.18), ou quase, Equação (12.23), sendo uma tarefa muito difícil assegurar a condição de casamento $\underline{Z}_A = Z_0$ (para uma extensão desejada), em especial sobre uma larga banda de frequências. Além de projetar antenas com $\underline{Z}_A$ desejável, as redes de impedância casada também são usadas para otimizar a troca de potência em sistemas de antenas.

Exemplo 14.5

Resistências ôhmicas e de irradiação de um dipolo de fio curto

Encontre (a) a resistência de irradiação e (b) a resistência ôhmica de alta frequência da antena dipolo de fio curto não carregada do Exemplo 14.1, com resistência de superficial devido ao efeito skin do fio sendo R_s e raio do fio a.

Solução

(a) Conforme conclusão do Exemplo 14.1, o vetor Poynting do dipolo não carregado na Figura 14.6(a) é igual a um quarto do causado pelo dipolo hertziano na Figura 14.1. Assim, tendo em mente as equações (14.52) e (14.53), a mesma relação vale para as resistências de irradiação destas duas antenas, e usando a expressão para a resistência na Equação (14.55), temos

$$(R_{\text{rad}})_{\text{dipolo não carregado}} = \frac{1}{4}(R_{\text{rad}})_{\text{dipolo hertziano}} =$$
$$= 5(\beta l)^2\ \Omega. \tag{14.67}$$

Este mesmo resultado pode ser obtido da equivalência de campo distante das duas antenas nas figuras 14.6(a) e 14.6(b), do mesmo modo que R_{rad} de um dipolo hertziano com corrente $\underline{I}_0$ e comprimento $l/2$ que substituído na Equação (14.55) resulta em

$$R_{\text{rad}} = 20\left(\beta\frac{l}{2}\right)^2\ \Omega. \tag{14.68}$$

(b) Combinando as equações (14.61), (14.59) e (14.35), a resistência ôhmica da antena na Figura 14.6(a) é

$$R_{\text{ôhmica}} = \frac{P_{\text{ôhmica}}}{I_0^2} = \frac{1}{I_0^2}\int_l R'|\underline{I}(z)|^2\,\mathrm{d}z =$$
$$= R'\,2\int_{z=0}^{h}\left(1-\frac{z}{h}\right)^2\mathrm{d}z =$$
$$= 2R'\left(z - \frac{z^2}{h} + \frac{z^3}{3h^2}\right)\Bigg|_0^h = \frac{R'l}{3}, \tag{14.69}$$

onde $h = l/2$ e R' é calculado da Equação (14.60). Isso, comparado à expressão para $R_{\text{ôhmica}}$ na Equação (14.62), para o dipolo hertziano com mesmo R' e l, nos diz que

$$(R_{\text{ôhmica}})_{\text{dipolo não carregado}} = \frac{1}{3}(R_{\text{ôhmica}})_{\text{dipolo hertziano}} \tag{14.70}$$

Exemplo 14.6

Comparação de eficiência de dipolos não carregados e carregados

Demonstre que o dipolo curto na Figura 14.6(a) é sempre menos eficiente que o dipolo hertziano na Figura 14.1, assumindo mesmo comprimentos, raio de fio, frequência de operação e propriedades dos materiais nas duas antenas.

Solução Denominando antena 1 o dipolo não carregado e antena 2 o dipolo hertziano, as equações (14.65), (14.67) e (14.70) resultam em

$$\eta_{\text{rad1}} = \frac{R_{\text{rad1}}}{R_{\text{rad1}} + R_{\text{ôhmica1}}} = \frac{\frac{1}{4}R_{\text{rad2}}}{\frac{1}{4}R_{\text{rad2}} + \frac{1}{3}R_{\text{ôhmica2}}} <$$
$$< \frac{\frac{1}{4}R_{\text{rad2}}}{\frac{1}{4}R_{\text{rad2}} + \frac{1}{4}R_{\text{ôhmica2}}} = \frac{R_{\text{rad2}}}{R_{\text{rad2}} + R_{\text{ôhmica2}}} =$$
$$= \eta_{\text{rad2}}. \tag{14.71}$$

Assim, de fato, a eficiência de irradiação (η_{rad}) é sempre mais baixa para a antena na Figura 14.6(a) do que para a antena na Figura 14.1, para qualquer conjunto de parâmetros de antenas e qualquer frequência, dado que seja o mesmo para as duas antenas, assim como que as antenas sejam eletricamente curtas.

Exemplo 14.7

Eficiências de irradiação de antenas de rádio AM de aço e cobre

Uma antena de rádio AM de fio dipolo, operando a uma frequência de $f = 1$ MHz, tem comprimento $l = 1{,}5$ m e raio $a = 1{,}5$ mm. Determine a eficiência de irradiação da antena, se for feita de aço, cuja condutividade é $\sigma = 2$ MS/m e permeabilidade relativa $\mu_r = 2.000$, ou cobre.

Solução Visto que o comprimento de onda no espaço livre, Equação (9.67), na frequência de operação da antena, é $\lambda_0 = c_0/f = 300$ m, em que c_0 é a velocidade de onda (velocidade da luz) no espaço livre, Equação (9.19), temos que

$$\frac{l}{\lambda_0} = 0{,}005 \ll 1, \qquad (14.72)$$

indicando um dipolo eletricamente curto, Figura 14.6(a). Isso por sua vez significa que a resistência de irradiação da antena é dada pela Equação (14.67), de onde

$$R_{\text{rad}} = 197{,}5\left(\frac{l}{\lambda_0}\right)^2 \ \Omega = 5\ \text{m}\Omega. \qquad (14.73)$$

Usando a Equação (10.78), as resistências de superfície de efeito skin do aço e do cobre, respectivamente, na frequência de operação, são

$$(R_s)_{\text{aço}} = \sqrt{\frac{\pi \mu_r \mu_0 f}{\sigma}} = 63\ \text{m}\Omega/\text{quadrado},$$

$$(R_s)_{\text{Cu}} = 0{,}26\ \text{m}\Omega/\text{quadrado}, \qquad (14.74)$$

onde o segundo resultado pode também ser obtido diretamente da fórmula especializada para o cobre na Equação (10.80). As equações (14.69) e (14.60) produzem então as resistências ôhmicas de alta frequência do dipolo:

$$(R_{\text{ôhmica}})_{\text{aço}} = \frac{(R_s)_{\text{aço}}\, l}{6\pi a} = 3{,}33\ \Omega,$$

$$(R_{\text{ôhmica}})_{\text{Cu}} = \frac{(R_s)_{\text{Cu}}\, l}{6\pi a} = 13{,}8\ \text{m}\Omega. \qquad (14.75)$$

Por fim, as eficiências de irradiação correspondentes da antena, Equação (14.65), para os dois materiais, são

$$(\eta_{\text{rad}})_{\text{aço}} = \frac{R_{\text{rad}}}{R_{\text{rad}} + (R_{\text{ôhmica}})_{\text{aço}}} = 0{,}15\%,$$

$$(\eta_{\text{rad}})_{\text{Cu}} = \frac{R_{\text{rad}}}{R_{\text{rad}} + (R_{\text{ôhmica}})_{\text{Cu}}} = 26\%. \qquad (14.76)$$

É óbvio que se trata de eficiências bastante baixas, especialmente se usarmos aço. Note que essa antena (para as dadas dimensões), na versão em aço, é o equivalente dipolo de uma típica antena AM de carro (usa-se aço para por ser mecanicamente mais resistente), com a parte de cima (monopolo) do dipolo na Figura 14.6(a) presa ao corpo do carro (antenas monopolo serão estudadas em uma seção posterior). Tal ineficiência de uma antena receptora em aplicações de radiodifusão (rádio AM, por exemplo) é em geral compensada pelo uso de transmissores de alta potência.[6]

Exemplo 14.8

Reatância de entrada de um dipolo curto não carregado

A reatância de entrada de uma antena dipolo de fio curto não carregada, de comprimento l, no espaço livre, pode ser aproximada por

$$X_A = -\frac{120}{\pi l/\lambda_0}\left(\ln\frac{l}{2a} - 1\right)\ \Omega, \qquad (14.77)$$

sendo λ_0 o comprimento de onda no espaço livre na frequência de operação da antena. Usando essa expressão, encontre a impedância de entrada das duas antenas do exemplo anterior.

Solução O comprimento elétrico do dipolo é calculado na Equação (14.72), e a taxa de comprimento para diâmetro é $l/(2a) = 500$, com a Equação (14.77), que temos $X_A = -39{,}837$ kΩ. Das equações (14.63), (14.64), (14.73) e (14.75), as impedâncias complexas de entrada das versões em aço e cobre da antena são símbolo$(\underline{Z}_A)_{\text{aço}} = (3{,}335 - \text{j}39.837)\ \Omega$ e $(\underline{Z}_A)_{\text{Cu}} = (0{,}0188 - \text{j}39.837)\ \Omega$. É evidente que os dipolos apresentam a seus terminais uma resistência pequena ao extremo e uma reatância (negativa) capacitiva extremamente grande ($|X_A| \gg R_A$). Note que tal desproporcionalidade entre as partes real e imaginária da impedância da antena, assim como entre a potência reativa armazenada no campo próximo a sua volta, Equação (14.66), e a potência ativa, isto é, as potências reativas e de perda média no tempo combinadas, Equação (14.64), são típicas para antenas eletricamente pequenas em geral.

14.5 FUNÇÃO CARACTERÍSTICA DE IRRADIAÇÃO DA ANTENA E PADRÕES DE IRRADIAÇÃO

O vetor intensidade do campo elétrico distante, $\underline{\mathbf{E}}$, de uma antena arbitrária, Figura 14.5, é proporcional à corrente de alimentação nos terminais de entrada da antena, $\underline{I}_0$. Tendo em mente também a dependência de onda esférica de r na Equação (14.33), é praxe escrever $\underline{\mathbf{E}}$, dado pelas equações (14.21), da seguinte forma:

definição da função característica de irradiação, $\underline{\mathbf{F}}$ (sem dimensão)

$$\underline{\mathbf{E}}(r,\theta,\phi) = \underline{C}\,\underline{I}_0\,\frac{e^{-\text{j}\beta r}}{r}\,\underline{\mathbf{F}}(\theta,\phi),$$

$$\text{onde} \quad \underline{C} = \frac{\text{j}\eta}{2\pi} \quad \left(\underline{C}_{\text{espaço livre}} = \text{j}60\ \Omega\right), \qquad (14.78)$$

onde $\underline{\mathbf{F}}(\theta, \phi)$ é denominado função característica de irradiação da antena. É simples verificar, com base na análise dimensional da Equação (14.78), que, tendo a constante $\underline{C}$ a dimensão de impedância (sua unidade é Ω), $\underline{\mathbf{F}}$ é uma quantidade sem dimensão. A escolha particular do valor numérico de $\underline{C}$ (por exemplo, j60 Ω para espaço livre como meio) se tornará óbvia em uma seção

6 Note que esta é uma abordagem bem comum para se alcançar eficiência e acessibilidade em sistemas de radiodifusão — concentrar (e investir) em complexidade, eficiência, e capacidade de potência de algumas poucas estações de antenas transmissoras no sistema, permitindo, do outro lado (do consumidor), que haja antenas receptoras simples (e de baixo custo).

posterior. A função característica de irradiação, principalmente, representa a parte da expressão de campo na Equação (14.78) que é característica de antenas individuais, isto é, que difere de uma antena a outra, enquanto os termos remanescentes na expressão são os mesmos para todas. Independente de r, e assim apenas uma função da direção da irradiação da antena, definida pelos ângulos θ e ϕ, ou, da mesma forma, pelo vetor unitário radial $\hat{\mathbf{r}}$ na Figura 14.5, $\underline{\mathbf{F}}(\theta, \phi)$ determina as propriedades direcionais da antena. Especificamente, sendo uma função vetor complexa, fornece um quadro completo da dependência do campo irradiado da antena, ou seja, a magnitude, fase e polarização (ver Seção 9.14) de $\underline{\mathbf{E}}$, na direção de irradiação. Como exemplo, comparando as equações (14.17) e (14.78), percebemos que $\underline{\mathbf{F}}$ de um dipolo hertziano (Figura 14.1) é

função irradiação de um dipolo hertziano

$$\underline{\mathbf{F}}(\theta) = \frac{\beta l}{2} \operatorname{sen}\theta \, \hat{\boldsymbol{\theta}}. \tag{14.79}$$

É claro que a irradiação do dipolo é azimutalmente simétrica (não depende de ϕ).

Diferentes aspectos da função característica da irradiação, na Equação (14.78), apresentadas em gráfico, dão diferentes padrões de irradiação da antena em questão. Ou seja, por definição, padrões de irradiação de antenas são representações gráficas da variação angular (θ, ϕ) das propriedades de irradiação (em campo distante) ao redor da antena, quando transmitindo, em uma esfera de campo distante de raio r, Equação (14.16), centralizada na origem global das coordenadas, ou próximo à antena (figuras 14.44 e 14.5). Embora os padrões de irradiação de fase e polarização, representando a fase e a polarização, respectivamente, de $\underline{\mathbf{F}}(\theta, \phi)$, também serem usados, em geral diagramamos apenas a magnitude de $\underline{\mathbf{F}}(\theta, \phi)$. Assim, exceto quando for especificado de modo claro de outra forma, um padrão de irradiação (ou simplesmente um padrão) significa um padrão de magnitude de campo (para um r fixo) da antena. Além disso, é conveniente e de praxe normalizar a função magnitude, $|\underline{\mathbf{F}}(\theta, \phi)|$, para seu valor máximo, $|\underline{\mathbf{F}}(\theta, \phi)|_{\text{máx}}$. Obtemos assim o chamado padrão de campo normalizado da antena, $f(\theta, \phi)$, cujo valor máximo é unidade,

padrão de campo normalizado (sem dimensão)

$$f(\theta, \phi) = \frac{|\underline{\mathbf{F}}(\theta, \phi)|}{|\underline{\mathbf{F}}(\theta, \phi)|_{\text{máx}}} \quad \{[f(\theta, \phi)]_{\text{máx}} = 1\}. \tag{14.80}$$

Segundo a Equação (14.79), f de um dipolo hertziano é

f — dipolo hertziano

$$f(\theta) = \operatorname{sen}\theta, \tag{14.81}$$

onde a irradiação máxima ocorre no plano equatorial (plano xy) da Figura 14.2,

$$f = f_{\text{máx}} = 1 \quad \longrightarrow \quad \theta = \theta_{\text{máx}} = 90^\circ. \tag{14.82}$$

O padrão de campo normalizado de uma antena pode também ser expresso em decibéis, como na Equação (9.88),

padrão de campo em dB

$$f_{\text{dB}}(\theta, \phi) = 20 \log f(\theta, \phi), \tag{14.83}$$

sendo agora 0 dB o nível máximo do padrão normalizado.

De um modo alternativo, por vezes diagramamos o padrão de potência normalizado de uma antena, $p(\theta, \phi)$, definido como a magnitude normalizada do vetor Poynting de zona distante associado para $r = r_0 =$ const, que combinando com as equações (14.26), (14.78) e (14.80), vem a ser o quadrado de $f(\theta, \phi)$,

padrão de potência normalizado

$$p(\theta, \phi) = \frac{|\underline{\mathcal{P}}(r_0, \theta, \phi)|}{|\underline{\mathcal{P}}(r_0, \theta, \phi)|_{\text{máx}}} = \frac{|\underline{\mathbf{E}}(r_0, \theta, \phi)|^2}{|\underline{\mathbf{E}}(r_0, \theta, \phi)|^2_{\text{máx}}} = \frac{|\underline{\mathbf{F}}(\theta, \phi)|^2}{|\underline{\mathbf{F}}(\theta, \phi)|^2_{\text{máx}}} = f^2(\theta, \phi). \tag{14.84}$$

É claro que os padrões normalizados de potência e campo são os mesmos em decibéis [ver também Equação (9.98)],

$$p_{\text{dB}}(\theta, \phi) = 10 \log p(\theta, \phi) = 10 \log f^2(\theta, \phi) = 20 \log f(\theta, \phi) = f_{\text{dB}}(\theta, \phi). \tag{14.85}$$

A Figura 14.11(a) mostra, em uma visão isométrica, um típico de campo padrão normalizado, Equação (14.80), de uma antena direcional, como um diagrama tridimensional (3-D), em unidades (em vez de decibéis) lineares (absolutas). Tais diagramas são chamados padrões polares sólidos, já que o padrão é um objeto sólido, com superfície definida por uma função, f, de ângulos θ e ϕ, com distância da origem da coordenada (O) a um ponto na superfície padrão na direção (θ, ϕ) representando o valor $f(\theta, \phi)$. Observamos vários lóbulos de irradiação no padrão, limitados por nulos do padrão, que são zero (sem irradiação)

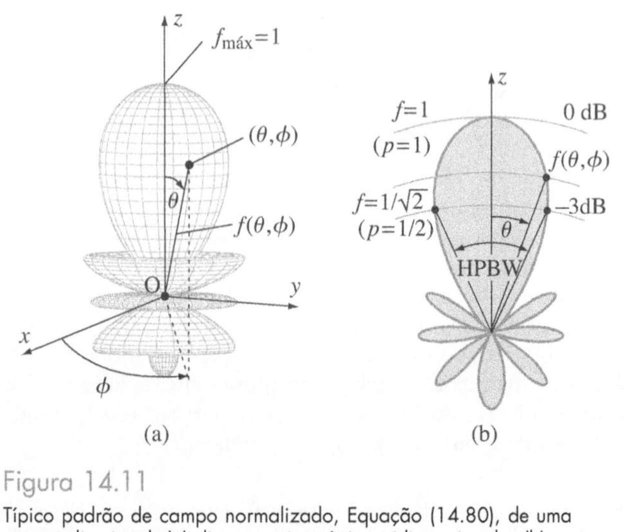

Figura 14.11

Típico padrão de campo normalizado, Equação (14.80), de uma antena direcional: (a) diagrama isométrico tridimensional e (b) corte bidimensional em um plano ϕ = const.

ou valores mínimos profundos da função f, entre lobos adjacentes. O lóbulo contendo a direção da irradiação máxima (direção z positiva ou $\theta = 0$ em nosso caso) é chamado lóbulo (ou feixe) principal (ou maior). Outros lóbulos são laterais (ou menores). Note que por causa da simetria de uma antena e sua distribuição de corrente, o padrão pode ter dois ou mais lóbulos principais idênticos. Na prática, padrões de irradiação 3-D são mensurados, calculados e usados como uma série de padrões 2-D, representando cortes característicos (contendo a origem da coordenada) ao longo do diagrama 3-D. Para quase todas as aplicações, bastam alguns diagramas polares 2-D como funções de θ para alguns valores fixos de ϕ e/ou vice-versa. Um diagrama assim é visto na Figura 14.11(b).

Como um exemplo concreto simples, vamos diagramar, com o uso da Equação (14.81), os padrões f de um dipolo hertziano, visto na Figura 14.12(a) junto com a polarização de seus campos elétrico e magnético irradiados em dois planos característicos. A Figura 14.12(b) mostra o padrão polar em um plano ϕ = const, como uma função de θ. Visto que tais planos contêm o vetor **E** do dipolo, [Figura 14.12(a)], é chamado um padrão de plano E. As duas curvas no diagrama, nos dois lados do eixo z, compartilhando a origem da coordenada, são círculos, e isso será provado de modo analítico em um exemplo. A maioria da energia do dipolo é irradiada dentro e próximo ao plano equatorial ($\theta = 90°$), Equação (14.82), enquanto os nulos de irradiação estão em direções $\theta = 0$ e 180º no eixo z. O padrão não tem lóbulos laterais. O padrão de irradiação no plano equatorial, Figura 14.12(c), é uniforme, por volta de toda a antena, já que não há variação de ϕ para os campos do dipolo, e $f = 1$ para $0 \leq \phi < 360°$ e $\theta = 90°$. Tais padrões, os mesmos em todas as direções em um dado diagrama (plano) polar, são ditos omnidirecionais.[7] Por outro lado, este é um padrão de plano H, porque o vetor **H** do dipolo repousa no plano xy da Figura 14.12(a). Por fim, a Figura 14.12(d) mostra o padrão de irradiação polar 3-D do dipolo. Note que este padrão sólido característico, tendo o formato de uma "rosquinha" sem furo, pode ser obtido pela rotação, já que $0 < \phi < 360°$, do diagrama 2-D na Figura 14.12(b) sobre o eixo z, e isso se aplica a todos os padrões de irradiação azimutalmente simétricos (o padrão representa um chamado corpo de revolução em respeito ao eixo z).

Antenas altamente direcionais têm lóbulos principais muito estreitos. Isso é quantificado pelo ângulo de meia potência (ou –3-dB) da antena (HPBW), que é a

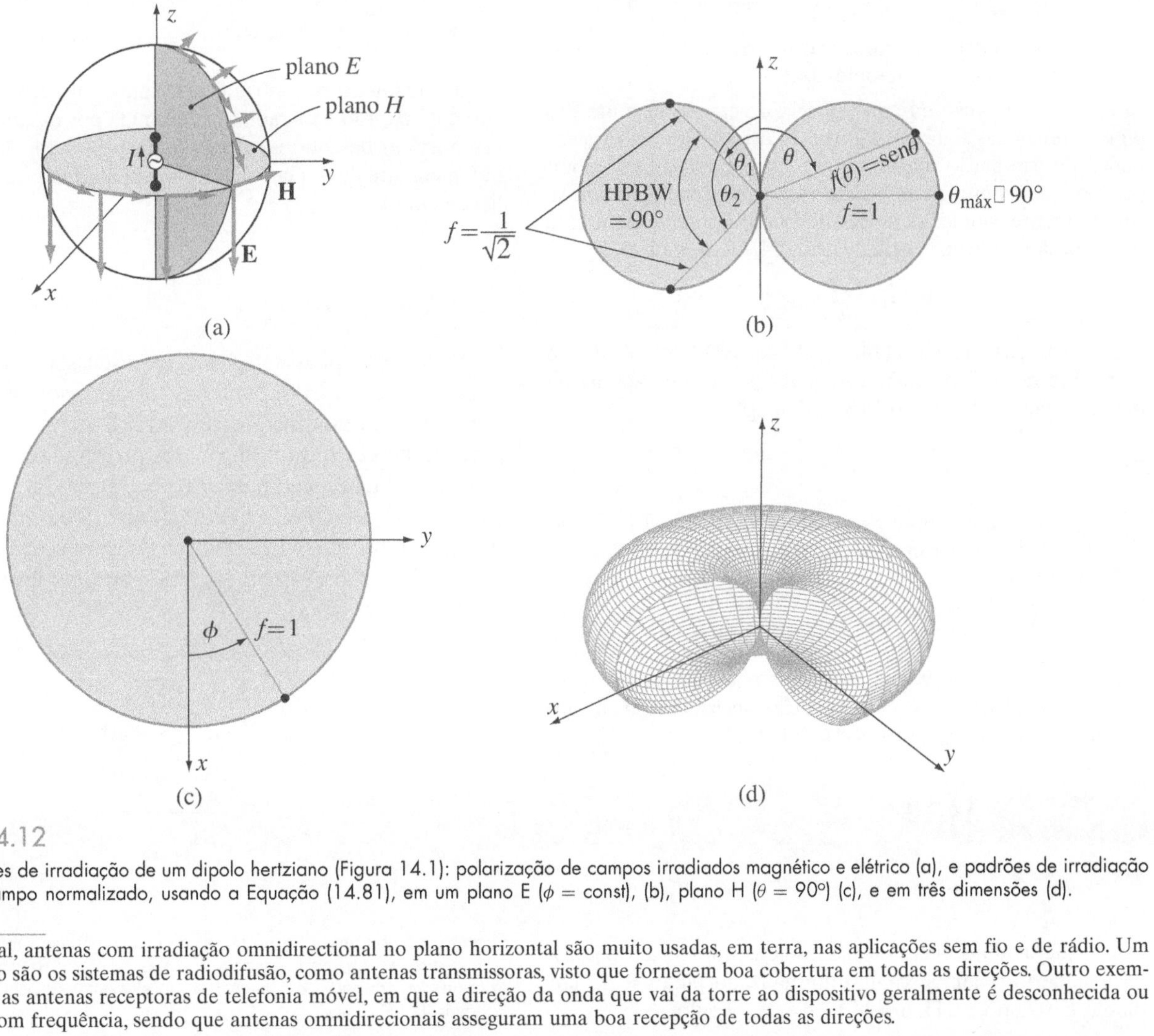

Figura 14.12

Propriedades de irradiação de um dipolo hertziano (Figura 14.1): polarização de campos irradiados magnético e elétrico (a), e padrões de irradiação polar de campo normalizado, usando a Equação (14.81), em um plano E (ϕ = const), (b), plano H ($\theta = 90°$) (c), e em três dimensões (d).

7 Em geral, antenas com irradiação omnidirectional no plano horizontal são muito usadas, em terra, nas aplicações sem fio e de rádio. Um exemplo são os sistemas de radiodifusão, como antenas transmissoras, visto que fornecem boa cobertura em todas as direções. Outro exemplo são as antenas receptoras de telefonia móvel, em que a direção da onda que vai da torre ao dispositivo geralmente é desconhecida ou muda com frequência, sendo que antenas omnidirecionais asseguram uma boa recepção de todas as direções.

largura angular em um padrão de irradiação 2-D da parte central do lóbulo principal no nível de meia potência ou acima. Em outras palavras, o HPBW é determinado pelos pontos na curva do lóbulo principal onde a potência normalizada da antena, Equação (14.84), cai para a metade de seu valor máximo, $p = 1/2$, que corresponde a uma mudança de -3 dB [Equação (14.85)]. No padrão de campo normalizado, os contornos de meia potência são dados por $f = 1/\sqrt{2} = 0{,}707$ [ver Equação (14.84)], conforme Figura 14.11(b). É claro que o HPBW pode ser calculado e usado também para antenas que não apresentam propriedades altamente direcionais, embora tenha menor relevância prática nesses casos. Por exemplo, segundo o padrão f de um dipolo hertziano, Equação (14.81), temos

ângulo de meia potência (graus)

$$f = \operatorname{sen}\theta = \frac{1}{\sqrt{2}} \longrightarrow \theta_1 = 45^\circ \quad \text{e}$$
$$\theta_2 = 135^\circ \longrightarrow \text{HPBW} = \theta_2 - \theta_1 = 90^\circ, \qquad (14.86)$$

e isso é mostrado na Figura 14.12(b).

Exemplo 14.9

Funções de irradiação de três antenas diferentes

Encontre as funções características de irradiação de todas as antenas estudadas nos exemplos 14.1-14.4.

Solução Com o uso da equivalência de campo distante das duas antenas nas figuras 14.6(a) e 14.6(b), a função característica de irradiação de um dipolo curto carregado de comprimento l (exemplos 14.1 e 14.2) é obtida substituindo-se simplesmente l por l/2 na função de irradiação correspondente para um dipolo hertziano, Equação (14.79), que produz

$$\underline{\mathbf{F}}_1(\theta) = \frac{\beta l}{4}\operatorname{sen}\theta\,\hat{\boldsymbol{\theta}}. \qquad (14.87)$$

A seguir, as equações (14.43), (14.42) e (14.78) nos dizem que a função de irradiação característica de uma antena de ondas viajantes (Exemplo 14.3) é dada por

$$\underline{\mathbf{F}}_2(\theta) = \frac{\operatorname{sen}\theta}{1-\cos\theta}\operatorname{sen}\left[\frac{\beta l}{2}(1-\cos\theta)\right]e^{-j\beta(1-\cos\theta)l/2}\,\hat{\boldsymbol{\theta}}. \qquad (14.88)$$

Por fim, para um dipolo hertziano direcionado a x (Exemplo 14.4), cujo vetor campo elétrico distante é o da Equação (14.48), temos

$$\underline{\mathbf{F}}_3(\theta,\phi) = \frac{\beta l}{2}(-\cos\theta\cos\phi\,\hat{\boldsymbol{\theta}} + \operatorname{sen}\phi\,\hat{\boldsymbol{\phi}}), \qquad (14.89)$$

onde a expressão do vetor em termos dos ângulos θ e ϕ em parênteses substitui senθ $\hat{\boldsymbol{\theta}}$ na função de irradiação de um dipolo orientado a z, na Equação (14.79).

Exemplo 14.10

Prova de que os cortes de padrão do dipolo hertziano plano E são círculos

Prove que as duas curvas fechadas constituindo um padrão de irradiação polar de campo normalizado plano E de um dipolo hertziano, na Figura 14.12(b), são círculos.

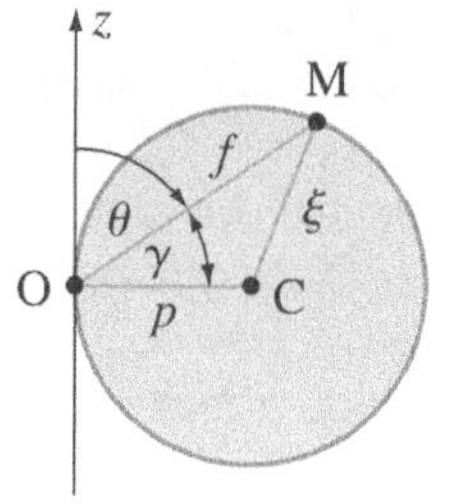

Figura 14.13

Com a prova de que as curvas em um diagrama de padrão de campo plano E de um dipolo hertziano, Figura 14.12(b), são círculos (ξ = const); para o Exemplo 14.10.

Solução Com referência à Figura 14.13, mostrando uma das duas curvas do diagrama na Figura 14.12(b), uma aplicação da regra do cosseno no triângulo ΔOCM nos dá

$$\xi^2 = p^2 + f^2 - 2pf\cos\gamma. \qquad (14.90)$$

Agora, considerando que f = sen θ, Equação (14.81), $p = f_{\text{máx}}/2 = 1/2$ (para $\theta = 90°$), Equação (14.82), e cos γ = sen θ ($\gamma = 90° - \theta$), temos

$$\xi^2(\theta) = \left(\frac{1}{2}\right)^2 + \operatorname{sen}^2\theta - 2\times\frac{1}{2}\operatorname{sen}\theta\operatorname{sen}\theta = \left(\frac{1}{2}\right)^2 \longrightarrow$$
$$\longrightarrow \xi = \frac{1}{2} = \text{const} \quad (\text{círculo}). \qquad (14.91)$$

Assim, de fato, como a distância de um ponto arbitrário M na curva do padrão de irradiação (definida por um ângulo polar arbitrário θ) baseado no ponto C na Figura 14.13 vem a ser independente de θ, a curva é um círculo, 1/2 em raio e centralizada em C.

14.6 DIRETIVIDADE E GANHO DA ANTENA

Esta seção prossegue com as discussões de propriedades direcionais de antenas transmissoras da seção anterior e define diversos conceitos e quantidades novas para descrever e quantificar tais propriedades. Para definir as relações geométricas necessárias às definições, consideremos primeiro um elemento dS, em uma direção (θ, ϕ), de uma superfície esférica de campo distante, S, de raio r [Equação (14.16)] ao redor de uma antena trans-

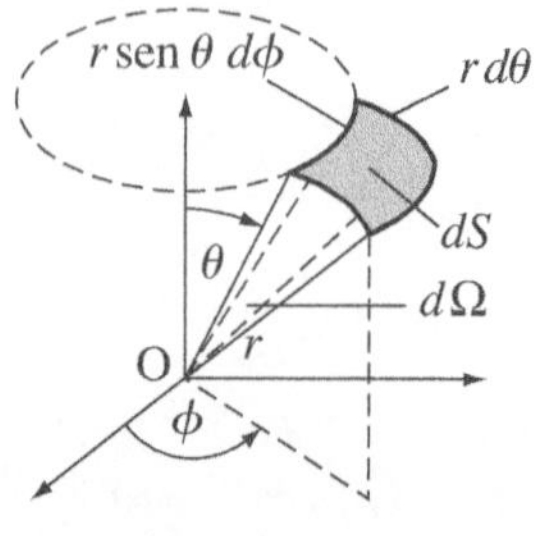

Figura 14.14

Elemento dS, em uma direção (θ, ϕ), de uma superfície esférica de campo distante de raio r, Equação (14.92), ao redor de uma antena transmissora arbitrária, e o ângulo sólido elementar associado dΩ, Equação (14.93).

missora arbitrária [conforme Figura 14.12(a)]. O caminho dS é convenientemente adotado na forma de um quadrilátero curvilíneo diferencialmente pequeno cujos lados são arcos elementares de comprimentos r dθ na direção θ (latitude) e r sen θ dϕ na direção ϕ (longitude),

$$dS = (r\,d\theta)(r \operatorname{sen}\theta\,d\phi), \quad (14.92)$$

conforme Figura 14.14 [ver também Figura 1.10 e Equação (1.35)]. O ângulo sólido elementar, dΩ, subentendido por esta superfície é [ver Equação (1.124) e Figura 1.30]

$$d\Omega = \frac{dS}{r^2} = \operatorname{sen}\theta\,d\theta\,d\phi. \quad (14.93)$$

Lembramos que a unidade para um ângulo sólido, Ω, é esterradiano ou radiano quadrado (sr). O ângulo cheio completo, subentendido pela esfera completa, é calculado na Equação (1.127) ou (1.36), e é igual a

$$\Omega_{\text{cheio}} = \oint_S d\Omega = 4\pi \quad (14.94)$$

(como no caso dos radianos, em geral apenas o assumimos, e não escrevemos "sr" junto do valor numérico de um ângulo sólido, de modo que 4π aqui significa 4π sr).

O vetor Poynting complexo de zona distante de uma antena arbitrária, Equação (14.26), é puramente real e, deste modo, igual ao mesmo vetor Poynting média no tempo correspondente [Equação (8.195)], e radial $\underline{\mathcal{P}} = \mathcal{P}_{\text{méd}} = \mathcal{P}_{\text{méd}}\hat{\mathbf{r}}$ (note que $\mathcal{P}_{\text{méd}} \geq 0$, já que a antena irradia potência para fora, na direção radial positiva). Tendo em mente as equações (14.52) e (14.93), a porção dP_{rad} da potência irradiada total média no tempo fluindo pela superfície dS na Figura 14.14 é

$$dP_{\text{rad}} = \mathcal{P}_{\text{méd}}\,dS = \mathcal{P}_{\text{méd}}\,r^2\,d\Omega. \quad (14.95)$$

A potência dP_{rad} é independente de r, já que representa a potência se propagando dentro de um ângulo sólido dΩ (no campo distante), como através de um guia de onda imaginário definido pelos contornos de dΩ, e é o mesmo em cada corte transversal dS do "guia de onda". Isso também é evidente a partir da dependência $\mathcal{P}_{\text{méd}} \propto 1/r^2$[ver equações (14.26) e (14.78)], em razão do que achamos conveniente multiplicar $\mathcal{P}_{\text{méd}}$ por r^2, para torná-lo independente de r, e assim formar uma nova densidade de potência, representada por $U(\theta, \phi)$, que é apenas uma função da direção da irradiação da antena,

intensidade de irradiação da antena (unidade: W/sr)

$$\boxed{U(\theta, \phi) = r^2\mathcal{P}_{\text{méd}}(r, \theta, \phi) = \frac{dP_{\text{rad}}(\theta, \phi)}{d\Omega}.} \quad (14.96)$$

A nova quantidade, que tem a dimensão do ângulo sólido de potência por unidade, assim medida em W/sr, é denominada a intensidade de irradiação da antena, em uma dada direção. A potência total irradiada é agora escrita como

$$P_{\text{rad}} = \oint_S dP_{\text{rad}} = \int_{\theta=0}^{\pi}\int_{\phi=0}^{2\pi} U(\theta, \phi)\,d\Omega. \quad (14.97)$$

Perceba que para um radiador isotrópico, que é um conceito teórico importante de uma antena hipotética com irradiação uniforme em todas as direções, a intensidade de irradiação, U_{iso}, como uma constante, pode ser trazida para fora do sinal integral na Equação (14.97). Com o auxílio da Equação (14.94),

$$P_{\text{rad}} = U_{\text{iso}}\int_{\theta=0}^{\pi}\int_{\phi=0}^{2\pi} d\Omega = U_{\text{iso}}\Omega_{\text{cheio}} = U_{\text{iso}}4\pi$$
$$(U_{\text{iso}} = \text{const}), \quad (14.98)$$

e assim

radiador isotrópico

$$\boxed{U_{\text{iso}} = \frac{P_{\text{rad}}}{4\pi}.} \quad (14.99)$$

Segundo as equações (14.96), (14.26) e (14.78), a intensidade de irradiação pode ser expressa em termos da magnitude ao quadrado da corrente de alimentação, $\underline{I}_0$, e da função irradiação característica $\underline{\mathbf{F}}$ da antena,

$$U(\theta, \phi) = r^2\frac{|\underline{\mathbf{E}}(r, \theta, \phi)|^2}{\eta} = \frac{\eta}{4\pi^2}I_0^2\left|\underline{\mathbf{F}}(\theta, \phi)\right|^2 \quad (14.100)$$

($I_0 = |\underline{I}_0|$). Isso proporciona uma maneira muito útil de encontrar U, já que $|\underline{\mathbf{F}}|$ e I_0 estão em geral em mãos para uma determinada antena e sua excitação. Combinada com as equações (14.97) e (14.93), ela leva à expressão integral correspondente para P_{rad},

potência total irradiada

$$\boxed{P_{\text{rad}} = \frac{\eta I_0^2}{4\pi^2}\int_{\theta=0}^{\pi}\int_{\phi=0}^{2\pi}\left|\underline{\mathbf{F}}(\theta, \phi)\right|^2 \operatorname{sen}\theta\,d\theta\,d\phi.} \quad (14.101)$$

No caso de um dipolo hertziano , por exemplo, a Equação (14.79) pode ser usada para verificar que essa integral dá o mesmo resultado para a potência irradiada do dipolo que a Equação (14.52).

A diretividade de uma antena em uma determinada direção, $D(\theta, \phi)$, é definida como a relação da intensidade de irradiação da antena naquela direção para a intensidade de irradiação de um radiador isotrópico, Equação (14.99), para a mesma potência irradiada,

diretividade da antena (sem dimensão)

$$\boxed{D(\theta, \phi) = \frac{U(\theta, \phi)}{U_{\text{iso}}} = \frac{4\pi\,U(\theta, \phi)}{P_{\text{rad}}}.} \quad (14.102)$$

Neste contexto, U_{iso} é igual à intensidade média de irradiação da antena em questão — a potência total P_{rad}, que é uma integral de $U(\theta, \phi)$, na Equação (14.97), dividida pelo ângulo sólido cheio (o domínio da integração), 4π. A diretividade de um radiador isotrópico é unitário em todas as direções. Usando as equações (14.100) e (14.53), a diretividade na Equação (14.102) pode também ser escrita como

D em termos de $\underline{\mathbf{F}}$ e R_{rad}

$$D(\theta, \phi) = \frac{\eta \left|\underline{\mathbf{F}}(\theta, \phi)\right|^2}{\pi R_{rad}} = \frac{120\ \Omega}{R_{rad}} \left|\underline{\mathbf{F}}(\theta, \phi)\right|^2, \quad (14.103)$$

onde R_{rad} é a resistência de irradiação da antena, e a segunda expressão vale para antenas no espaço livre [Equação (9.23)]. Combinando as equações (14.103), (14.53) e (14.101), $D(\theta, \phi)$ é, então, expresso somente em termos da função de irradiação característica da antena,

$$D(\theta, \phi) = \frac{\left|\underline{\mathbf{F}}(\theta, \phi)\right|^2}{\frac{1}{4\pi}\int_{\theta=0}^{\pi}\int_{\phi=0}^{2\pi}\left|\underline{\mathbf{F}}(\theta, \phi)\right|^2 \operatorname{sen}\theta\, d\theta\, d\phi}, \quad (14.104)$$

sendo o denominador igual à média de $|\underline{\mathbf{F}}(\theta, \phi)|^2$ em todas as direções. Para um dipolo hertziano, substituir as expressões para $\underline{\mathbf{F}}$ e R_{rad} das equações (14.79) e (14.55) pela Equação (14.103) produz

dipolo hertziano D

$$D(\theta, \phi) = \frac{120\ \Omega}{20\,(\beta l)^2\ \Omega}\frac{(\beta l)^2}{4}\operatorname{sen}^2\theta = 1.5 \operatorname{sen}^2\theta. \quad (14.105)$$

A diretividade máxima, ou seja, a diretividade na direção de irradiação máxima (Figura 14.11) de uma antena tem muita importância prática. Ela pode ser obtida da função diretividade, como $D_{máx} = [D(\theta, \phi)]_{máx}$ ou usando nas equações (14.102) e (14.103) os valores máximos correspondentes das funções U e $|\underline{\mathbf{F}}|$,

$$D_{máx} = \frac{U_{máx}}{U_{iso}} = \frac{4\pi U_{máx}}{P_{rad}} = \frac{\eta \left|\underline{\mathbf{F}}\right|_{máx}^2}{\pi R_{rad}}. \quad (14.106)$$

Para ilustrar o conceito de $D_{máx}$, considere a Figura 14.15 com diagramas 3-D da intensidade de irradiação, U, de uma antena e de um radiador isotrópico, tendo a mesma potência irradiada, de modo que a integral sobre o ângulo sólido cheio na Equação (14.97) dos dois padrões seja o mesmo. Vemos que $D_{máx}$ é um fator mostrando o quão mais forte é a irradiação em uma direção preferida se estiver usando uma antena (altamente) direcional, através do feixe principal de seu padrão de irradiação, do que seria se a mesma potência total fosse irradiada uniformemente em todas as direções. Pela Equação (14.105), a diretividade máxima de um dipolo hertziano é $D_{máx} = 1{,}5$, para $\theta_{máx} = 90°$, que é um aumento de 50% sobre um irrradiador isotrópico. D é muitas vezes usado sem se especificar a direção de irradiação, caso em que a implica diretividade máxima, assim $D \equiv D_{máx}$.

Tomando a Equação (14.104) pela direção de irradiação máxima (com $|\underline{\mathbf{F}}|_{máx}$ no numerador) e dividindo o numerador e o denominador dessa expressão por $|\underline{\mathbf{F}}|_{máx}$, nos resta, no denominador, a integral do padrão de campo normalizado da antena, $f(\theta, \phi)$, na Equação (14.80), ao quadrado,

$$D_{máx} = \frac{4\pi \left|\underline{\mathbf{F}}\right|_{máx}^2}{\int_{\theta=0}^{\pi}\int_{\phi=0}^{2\pi}\left|\underline{\mathbf{F}}(\theta, \phi)\right|^2 d\Omega} = \frac{4\pi}{\int_{\theta=0}^{\pi}\int_{\phi=0}^{2\pi} f^2(\theta, \phi)\, d\Omega} = \frac{4\pi}{\Omega_A}. \quad (14.107)$$

Esta integral, ou seja,

$$\Omega_A = \int_{\theta=0}^{\pi}\int_{\phi=0}^{2\pi} f^2(\theta, \phi)\, d\Omega$$

$$\text{(ângulo sólido do feixe)} \quad (14.108)$$

é outro parâmetro básico de antenas transmissoras, denotado por Ω_A e chamado ângulo sólido do feixe da antena. Usando a Equação (14.81), o ângulo sólido do feixe para um dipolo hertziano vem a ser $\Omega_A = 8\pi/3$, ou seja, a integral em θ nas equações (14.52) e (5.46) vezes 2π (a integral em ϕ). Combinando as equações (14.106) e (14.107),

$$P_{rad} = \frac{4\pi U_{máx}}{D_{máx}} = U_{máx}\Omega_A. \quad (14.109)$$

A Figura 14.15(b) ilustra o conceito do ângulo sólido do feixe relacionando os diagramas de intensidade de irradiação de uma antena real [Figura 14.15(a)] e os de uma antena fictícia que irradiaria uniformemente a mesma potência total (P_{rad}) apenas em um cone de ângulo sólido Ω_A com intensidade de irradiação igual a $U_{máx}$ do padrão verdadeiro [Figura 14.15(b)]. Como a irradiação da antena fictícia é uniforme dentro do cone na Figura 14.15(b), sua potência irradiada pode ser encontrada como a intensidade de irradiação ($U_{máx}$) vezes o ângulo sólido do cone (Ω_A), que é exatamente o que diz a Equação (14.109).

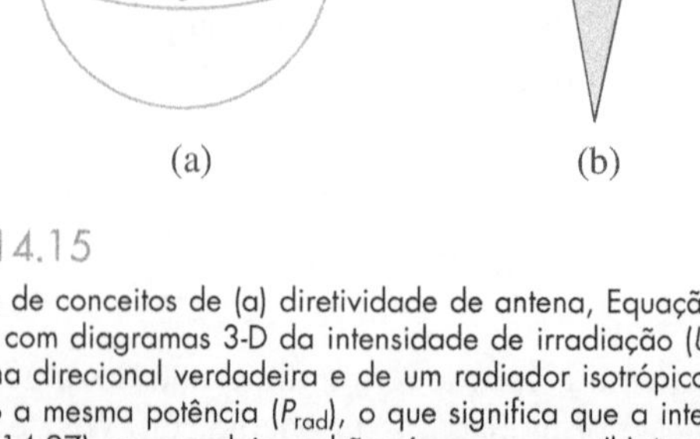

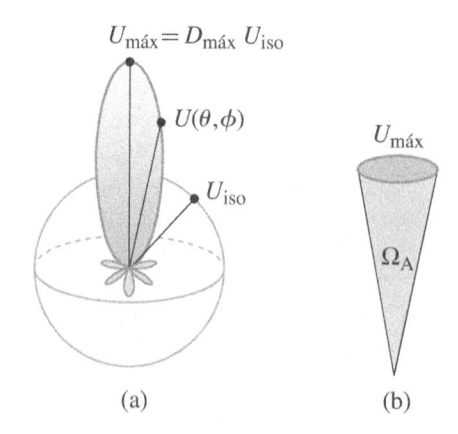

Figura 14.15

Ilustrações de conceitos de (a) diretividade de antena, Equação (14.106), com diagramas 3-D da intensidade de irradiação (U) de uma antena direcional verdadeira e de um radiador isotrópico (U_{iso}) irradiando a mesma potência (P_{rad}), o que significa que a integral na Equação (14.97) para os dois padrões é a mesma, e (b) ângulo sólido do feixe da antena (Ω_A), Equação (14.108), com o diagrama U de uma antena fictícia tendo uma constante $U = U_{máx}$ apenas em um cone de ângulo sólido Ω_A, porém irradiando a mesma potência da antena verdadeira, Equação (14.109).

O ganho de uma antena em certa direção, $G(\theta, \phi)$, é a relação de intensidade de irradiação $U(\theta, \phi)$ pela intensidade de irradiação constante que seria obtida se a potência de entrada média no tempo, $P_{entrada}$, entregue à antena em seus terminais (Figura 14.10) fosse irradiada isotropicamente. Em outras palavras, ganhos de antena quantificam capacidades direcionais de uma antena real, que tenha perdas ôhmicas, em relação a um irradiador isotrópico sem perdas. A intensidade de irradiação isotrópica é igual a $P_{entrada}/(4\pi)$[veja a Equação (14.99)], e assim

ganho da antena (sem dimensão)

$$G(\theta, \phi) = \frac{4\pi U(\theta, \phi)}{P_{entrada}} \longrightarrow$$
$$\longrightarrow \quad G_{máx} = \frac{4\pi U_{máx}}{P_{entrada}} = \frac{\eta |\underline{\mathbf{F}}|^2_{máx}}{\pi(R_{rad} + R_{ôhmica})}, \quad (14.110)$$

onde $G_{máx}$ é o ganho máximo no padrão de irradiação, $R_{ôhmica}$ é a resistência ôhmica da antena, e se usam as equações (14.100) e (14.64). Basicamente, P_{rad} em expressões para a diretividade deve ser substituído por $P_{entrada}$ para se obterem as expressões correspondentes para o ganho, e de maneira análoga para as que envolvem resistências de antenas. De novo, se a direção de irradiação não for declarada, assumimos que G denota o valor máximo ($G \equiv G_{máx}$). Das equações (14.110), (14.106), e (14.65), vemos que

ganho *versus* diretividade

$$G = \eta_{rad} D, \quad (14.111)$$

isto é, o ganho é reduzido em relação à diretividade por um fator η_{rad}, a eficiência de irradiação da antena. É claro que $G = D$ para antenas sem perdas, e $G \approx D$ para antenas cujas perdas podem ser desconsideradas.

Diretividade e ganho são em geral expressos em decibéis,

diretividade e ganho em decibéis

$$D_{dB} = 10 \log D, \quad G_{dB} = 10 \log G \quad \text{(em dB)}, \quad (14.112)$$

onde por serem taxas de potência [ver equações (14.85) e (9.98)], empregamos o fator escala de 10 (e não 20) nas definições. Por exemplo, a diretividade dB de um dipolo hertziano vem a ser

$$D = 1{,}5 \quad \longrightarrow \quad D_{dB} = 10 \log 1{,}5 = 1{,}76 \text{ dB}, \quad (14.113)$$

enquanto a de um radiador isotrópico é 0 dB.

Exemplo 14.11

Ganhos de antenas de rádio AM de aço e cobre

Calcule os ganhos das antenas dipolo curtas não carregadas feitas de aço e cobre do Exemplo 14.7

Solução Comparando as funções de irradiação características nas equações (14.87) e (14.79), concluímos que a variação angular (com θ) das propriedades de irradiação de um dipolo de fio curto não carregado é a mesma de um dipolo hertziano. Em outras palavras, o padrão de campo normalizado (f) dado na Equação (14.81) e diagramado na Figura 14.12 é o mesmo para a antena na Figura 14.6(a). Em consequência, tendo também em mente a Equação (14.107), as duas antenas têm diretividades iguais, Equação (14.113), $D = D_{máx} = 1{,}5$ (para $\theta_{máx} = 90°$).

Com isso, o ganho da antena, Equação (14.111), é igual a $G_{aço} = (\eta_{rad})_{aço} D = 0{,}00225$ para o dipolo de aço e $G_{Cu} = (\eta_{rad})_{Cu} D = 0{,}39$ para o de cobre. Em decibéis, Equação (14.112), os valores são tão baixos quanto $(G_{dB})_{aço} = 10 \log G_{aço} = 26{,}5\text{dB}$ e $(G_{dB})_{Cu} = 4{,}1$ dB. Tais ganhos negativos baixos ao extremo decerto se originam de uma diretividade baixa da antena, em primeiro lugar, porém, a maior parte, das grandes perdas ôhmicas relativas à potência irradiada das antenas eletricamente pequenas, ou seja, de baixas eficiências de irradiação (especialmente para a antena de aço).

Exemplo 14.12

Diretividade de um padrão de irradiação seno duplo unidirecional

O padrão de campo normalizado de uma antena é dado por $f(\theta, \phi) = \text{sen}\,\theta\,\text{sen}\,\phi$ para $0 \le \theta \le 180°$ e $0 \le \phi \le 180°$, sendo zero se estiver em outro lugar. Encontre a diretividade da antena.

Solução O padrão de antena é ilustrado na Figura 14.16. Note que tal diagrama, com irradiação somente em um meio espaço (definido por $y > 0$ em nosso caso), é chamado padrão unidirecional.

Note também que os cortes do padrão nos planos xy e yz, isto é, para $\theta = 90°$ ($f = \text{sen}\,\phi$) e $\phi = 90°$ ($f = \text{sen}\,\theta$), são círculos (ver Figura 14.13). Usando as equações (14.108) e (14.93), o ângulo sólido de feixe da antena é

$$\Omega_A = \int_{\theta=0}^{\pi} \int_{\phi=0}^{\pi} \underbrace{\text{sen}^2\theta\,\text{sen}^2\phi}_{f^2}\,\underbrace{\text{sen}\,\theta\,d\theta\,d\phi}_{d\Omega} +$$
$$+ \int_{\theta=0}^{\pi} \int_{\phi=\pi}^{2\pi} 0^2\,d\Omega = \frac{2\pi}{3}, \quad (14.114)$$

onde a primeira integral (não zero) em θ é exatamente a das equações (14.52) e (5.46), assim, 4/3, e a primeira integral em ϕ é igual a $\pi/2$, que é obtido de modo similar à integração na Equação (6.95), enquanto a integral no outro meio espaço é, óbvio, zero. As equações (14.107) e (14.102) resultam no seguinte para a diretividade da antena:

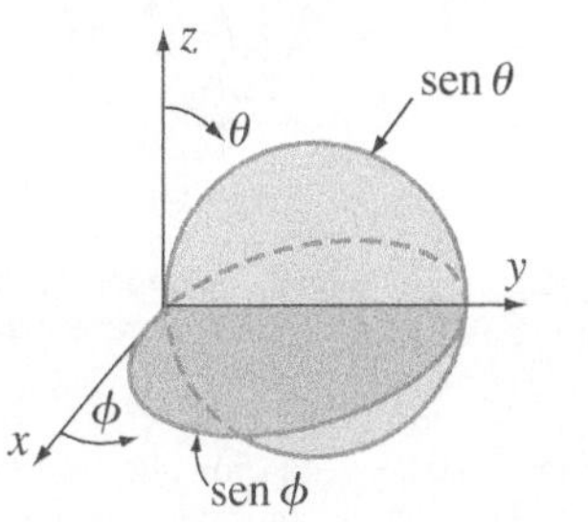

Figura 14.16
Padrão de irradiação de antena seno duplo unidirecional; para o Exemplo 14.12.

$$D = \frac{4\pi}{\Omega_A} = 6 \quad (D_{dB} = 10\log 6 = 7{,}78 \text{ dB}). \quad (14.115)$$

Exemplo 14.13

Padrões unidirecionais isotrópico, cosseno e cosseno ao quadrado

Calcule (a) a diretividade e (b) o ângulo de meia potência para o padrão de antena de campo normalizado dado por $f_n(\theta) = \cos^n \theta$ para $0 \leq \theta \leq 90°$ e $f_n = 0$ para $90° < \theta \leq 180°$ em três casos de $n = 0$, 1 e 2.

Solução Os três padrões de irradiação são simétricos azimutalmente, e a Figura 14.17 mostra seus cortes 2-D respectivos em qualquer um dos planos ϕ = const. Percebemos que este é outro exemplo de irradiação unidirecional, como na Figura 14.16, mas agora no meio espaço superior, definido por $z \geq 0$ $(0 \leq \theta \leq 90°)$.

(a) Para n = 0, $f_0(\theta) = 1$, que é um padrão isotrópico — sobre um meio espaço. Assim, o ângulo sólido de feixe resultante do padrão, Equação (14.108), é igual à metade do ângulo sólido cheio, Equação (14.94),

$$\Omega_{A0} = \int_{\text{meio espaço}} 1^2 \, d\Omega = \frac{1}{2}\Omega_{\text{cheio}} = 2\pi. \quad (14.116)$$

A diretividade de antena associada, das equações (14.107) e (14.112), é $D_0 = 4\pi/\Omega_{A0} = 2$ ou (D_0)dB = 10log2 = 3 dB, que é o dobro (ou 3 dB acima) do radiador completamente isotrópico (D_{iso} = 1 ou 0 dB), conforme esperado (não há irradiação no meio espaço inferior da Figura 14.17).

Para n = 1 e 2, os ângulos sólidos do feixe são

$$\Omega_{A1} = \int_{\theta=0}^{\pi/2} \int_{\phi=0}^{2\pi} \underbrace{\cos^2\theta}_{f_1^2} \operatorname{sen}\theta \, d\theta \, d\phi = \frac{2\pi}{3},$$

$$\Omega_{A2} = 2\pi \int_0^{\pi/2} \underbrace{\cos^4\theta}_{f_2^2} \operatorname{sen}\theta \, d\theta = \frac{2\pi}{5}, \quad (14.117)$$

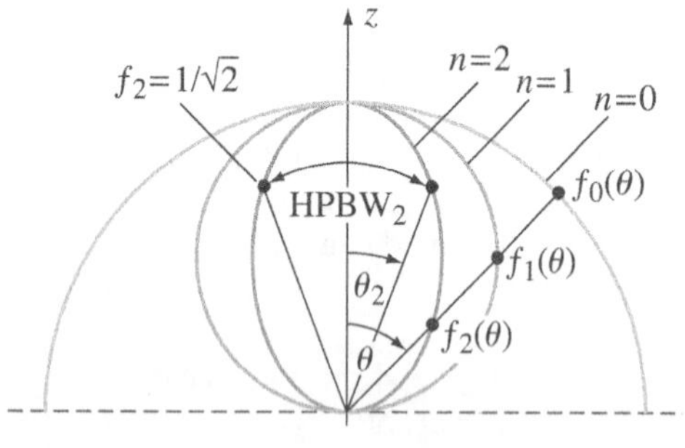

Figura 14.17
Três padrões de campo normalizado unidirecional dados por $f_n(\theta) = \cos^n \theta$ para $0 \leq \theta \leq 90°$ (n = 0, 1, 2); para o Exemplo 14.13.

onde a primeira integral em θ é metade da encontrada nas equações (2.32), e a segunda é calculada de maneira semelhante; as diretividades são $D_1 = 4\pi/\Omega_{A1} = 6[(D_{1dB} = 7(78$ dB] e $D2 = 4\pi/\Omega_{A2} = 10[D_{2dB} = 10$ dB]. É claro que quanto mais estreito o feixe na Figura 14.17, maior a diretividade ($D_2 > D_1 > D_0$).

(b) No primeiro caso, $n = 0$, o HPBW não pode ser definido, porque o padrão é isotrópico. Dado que a curva do meio na Figura 14.17, representando a função $f_1(\theta) = \cos\theta$ é um círculo (conforme a Figura 14.13), o $HPBW_1$ para $n = 1$ é o mesmo encontrado para um dipolo hertziano,[8] equações (14.86), de modo que HPBW1 = 90º. Por fim, a condição $f_2(\theta_2) = \cos^2\theta_2 = 1\sqrt{2}$ (Figura 14.17), para n = 2, resulta em $\theta_2 = 32{,}76°$ e $HPBW_2 = 2\theta_2 = 65{,}52°$.

14.7 POLARIZAÇÃO DE ANTENA

A polarização de uma antena em uma dada direção, determinada pelos ângulos θ e ϕ na Figura 14.14, é definida como a polarização da onda eletromagnética que ela irradia, assim na zona distante, naquela direção. Localmente, esta onda pode ser considerada onda planar uniforme (ver seções 14.3 e 9.2), o que significa que aqui podemos aplicar diretamente a teoria e as discussões de polarizações linear, circular e elíptica das ondas planares uniformes da Seção 9.14. Em particular, considerando que a polarização de uma onda harmônica é determinada pela polarização de seu vetor intensidade de campo elétrico, assim como que a polarização da antena se relaciona ao campo distante, sendo assim independente de r, ela é mais bem representada pela polarização da função característica de irradiação, $\underline{\mathbf{F}}(\theta d, \phi)$, de uma antena, na Equação (14.78).

Assim, no lugar dos estudos sobre a polarização de antena, apenas passamos a evocar aqui o que já sabemos sobre a polarização (linear, circular e elíptica) de ondas eletromagnéticas harmônicas. Em outras palavras, podemos nos referir ao material da Seção 9.14 como uma parte integral deste capítulo (sobre antenas e sistemas sem fio).

14.8 ANTENAS DIPOLO DE FIO

Vamos agora considerar uma antena dipolo de fio CEP reta simétrica (alimentada centralmente) com comprimento arbitrário l e extremidades livres (sem cargas capacitivas nas extremidades dos fios), conforme a Figura 14.18(a). A distribuição de corrente, $\underline{I}(z)$, na antena, pode ser mais ou menos determinada identificando-a com a onda de corrente estacionária em uma linha de transmissão de dois fios sem perdas em circuito

8 Note que a função cos θ, vista (por questões de simplicidade) para todos os valores de $\theta(0 \leq \theta \leq 180°)$, parece ter o mesmo formato (dois círculos) de θ (dipolo hertziano), apenas um se estendendo ao longo do eixo z (Figura 14.17 para n =1) e o outro ao lado dele [Figura 14.12(b)] — mas seus formatos são iguais apenas em um corte 2-D (para um ângulo especificado ϕ). Seus padrões 3-D, no entanto, obtidos por rotação ($0 < \phi < 360°$) do gráfico correspondente sobre o eixo z, são, entretanto, bem diferentes: θ gera um padrão tipo ‹rosquinha›, enquanto cos θ gera uma forma de ‹halter› (duas esferas se tocando na origem da coordenada). O segundo padrão 3-D vem a ser duas vezes mais diretivo que o primeiro.

aberto [ver Figura 12.14(b) e equações (12.114)], cujo comprimento é igual ao comprimento de cada braço do dipolo, $h = l/2$, e o dielétrico é que está ao redor da antena. Ou seja, se de modo progressivo curvarmos os condutores desta linha, conforme a Figura 14.18(b), para torná-los coaxiais (colineares) entre si e formarem uma antena dipolo, a corrente ao longo dos fios permanece essencialmente inalterada ao longo da progressão. A corrente é zero em extremidades livres de fio. Assim, usando a corrente da linha de transmissão, equações (12.114), como uma aproximação da corrente da antena, podemos escrever, para a coordenada z definida conforme a Figura 14.18(a),

corrente de dipolo de onda seno

$$\underline{I}(z) = \underline{I}_m \operatorname{sen}\beta(h - |z|) \quad (-h \leq z \leq h), \tag{14.118}$$

onde $\underline{I}_m$ é a intensidade de corrente rms complexa nos valores máximos de onda estacionária, e β é o coeficiente de fase da irradiação da antena. Esta é a chamada aproximação de corrente sinusoidal (seno-onda) para antenas dipolo de fio. Ela prova ser bem precisa (comparada com medidas e resultados obtidos por técnicas numéricas) para antenas finas, cujo raio, a, seja pequeno em relação a l ($a \ll l$). Na realidade, pode ser mostrado por análise que a distribuição de corrente exata ao longo do dipolo se aproxima à encontrada na Equação (14.118) visto que $a \to 0$ (dipolo infinitamente fino). Note que a corrente nos terminais de entrada da antena, $z = 0$, é

$$\underline{I}_0 = \underline{I}(0) = \underline{I}_m \operatorname{sen}\beta h. \tag{14.119}$$

A Figura 14.19 mostra distribuições de corrente, Equação (14.118), normalizadas como $\underline{I}(z)/\underline{I}_m$, para dipolos de fio de diversos comprimentos elétricos característicos, l/λ, sendo λ o comprimento de onda operante da antena (para o meio), equações (8.112) e (8.111). Vemos que para os dipolos que têm até um comprimento de onda ($l \leq \lambda$), a corrente está em fase por todo o fio, ou seja, $\underline{I}(z)$ tem a mesma direção de referência, e assim a mesma fase, igual à de $\underline{I}_m$, para $-h \leq z \leq h$. Por outro lado, $\underline{I}(z)$ não está todo em fase em dipolos mais longos que um comprimento de onda ($l > \lambda$), com as correntes nas seções (entre os zeros de corrente) de meia onda (ou mais curtas) adjacentes fluindo nas direções de referência opostas, isto é, estando em contrafase (mudança de fase de 180°), entre si, o que vem de sinais opostos da função seno nos dois segmentos.

O dipolo na Figura 14.18(a) é um caso especial de uma antena de fio reta arbitrária no eixo z, Figura 14.4, de modo que seu potencial vetor magnético, $\underline{\mathbf{A}}$, na zona distante, é dado pela Equação (14.29). O vetor $\underline{\mathbf{A}}$ tem apenas um componente z, $\underline{A}_z$, que, substituindo a distribuição de corrente da Equação (14.118), vem a ser

$$\underline{A}_z = \frac{\mu \underline{I}_m e^{-j\beta r}}{4\pi r} \int_{z=-h}^{h} \operatorname{sen}\beta(h - |z|)\, e^{j\beta z \cos\theta}\, dz. \tag{14.120}$$

Para resolver esta integral em z, expressamos primeiro a função complexa exponencial na função a integrar via suas partes real e imaginária, usando a identidade de Euler, Equação (8.61), e percebemos que são uma função par (cosseno) e ímpar (seno), em z. Já que a função seno presente originalmente na função a integrar é uma função par em z (note que ela depende na realidade do valor absoluto de z), a função a integrar pode ser representada como uma soma do produto de duas funções pares, que resulta em uma função par, e um produto de função par e ímpar, que resulta em uma função ímpar. Com limites de integração simétricos, $-h$ e h, na Equação (14.120), a integral do primeiro produto é o dobro da integral de 0 a h, e a integral do segundo produto é zero, de modo que assim temos

$$\underline{A}_z = \frac{\mu \underline{I}_m e^{-j\beta r}}{4\pi r} 2 \int_{0}^{h} \operatorname{sen}\beta(h - z)\cos(\beta z \cos\theta)\, dz, \tag{14.121}$$

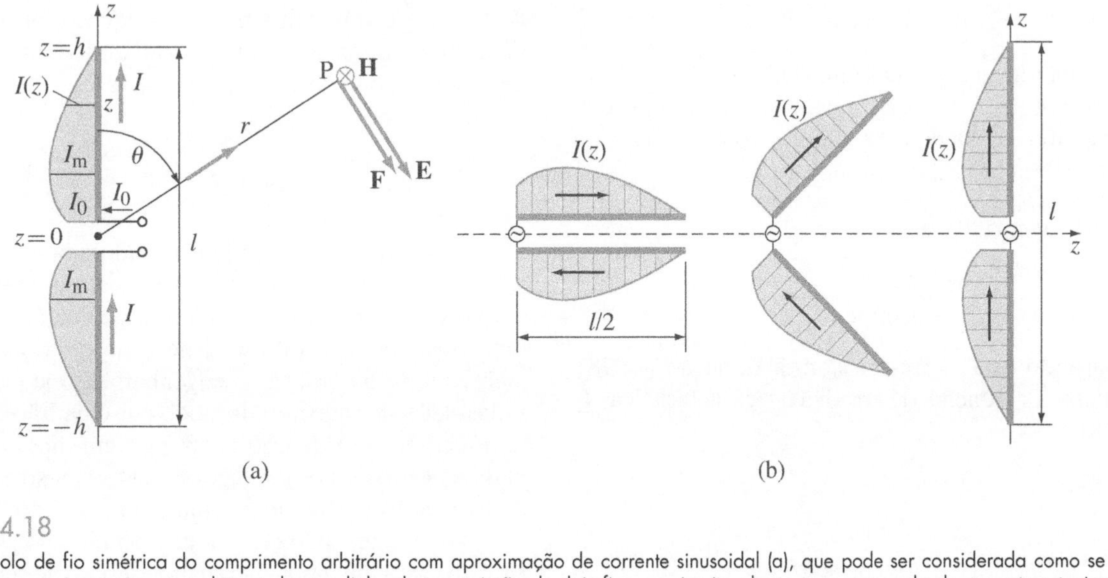

Figura 14.18

Antena dipolo de fio simétrica do comprimento arbitrário com aproximação de corrente sinusoidal (a), que pode ser considerada como se obtida curvando progressivamente os condutores de uma linha de transmissão de dois fios em circuito aberto com uma onda de corrente estacionária (b).

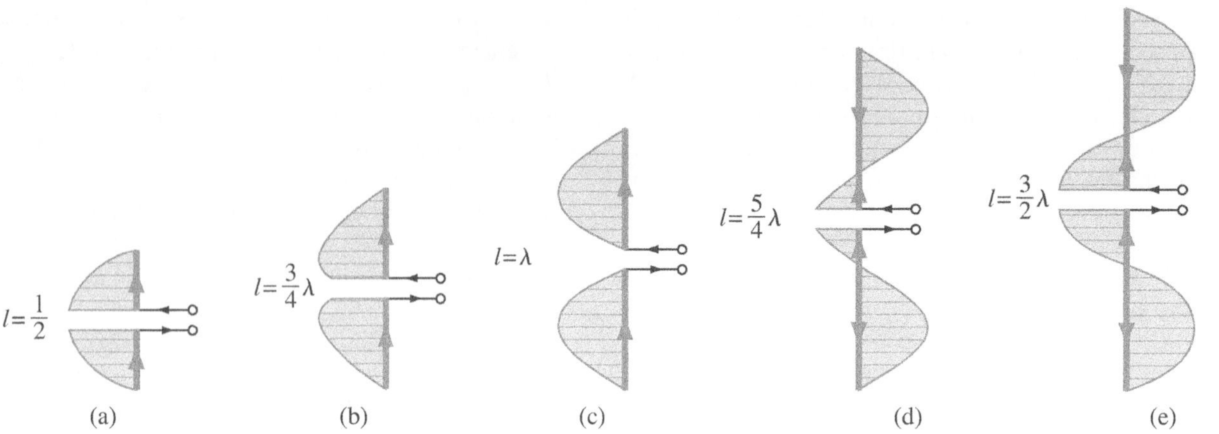

Figura 14.19

Intensidade de corrente normalizada $\underline{I}(z)/\underline{I}_m$, Equação (14.118), ao longo de um dipolo de fio na Figura 14.18(a) para comprimentos elétricos do dipolo (l/λ) de (a) 1/2, (b) 3/4, (c) 1, (d) 5/4 e (e) 3/2.

onde o sinal de valor absoluto é removido de $|z|$, como $z \geq 0$. Aplicamos então a identidade trigonométrica $2\text{sen}\alpha_1\cos\alpha_2 = \text{sen}\,(\alpha_1 + \alpha_2) + \text{sen}\,(\alpha_1 + \alpha_2)$ para transformar o produto das funções seno e cosseno em funções (seno) facilmente integráveis,

$$\underline{A}_z = \frac{\mu \underline{I}_m \, e^{-j\beta r}}{4\pi r}\left\{\int_0^h \text{sen}[\beta h - \beta z(1-\cos\theta)]\,dz + \right.$$

$$\left. + \int_0^h \text{sen}[\beta h - \beta z(1+\cos\theta)]\,dz\right\}. \quad (14.122)$$

O resultado de sua integração é

$$\underline{A}_z = \frac{\mu \underline{I}_m \, e^{-j\beta r}}{4\pi \beta r}[\cos(\beta h\cos\theta)$$

$$-\cos\beta h]\left(\frac{1}{1-\cos\theta} + \frac{1}{1+\cos\theta}\right), \quad (14.123)$$

que pode ser mais tarde simplificado por

$$\frac{1}{1-\cos\theta} + \frac{1}{1+\cos\theta} = \frac{2}{1-\cos^2\theta} = \frac{2}{\text{sen}^2\theta}. \quad (14.124)$$

Combinando as equações (14.34), (14.123), (14.124), (14.119) e (14.9), os vetores intensidade do campo elétrico distante, $\underline{\mathbf{E}}$, da antena dipolo, com apenas um componente θ, é

$$\underline{\mathbf{E}} = \underline{E}_\theta\,\hat{\boldsymbol{\theta}} = j\omega \underline{A}_z \,\text{sen}\,\theta\,\hat{\boldsymbol{\theta}} =$$

$$= \frac{j\eta}{2\pi}\underline{I}_0 \frac{e^{-j\beta r}}{r}\frac{\cos(\beta h\cos\theta) - \cos\beta h}{\text{sen}\,\beta h\,\text{sen}\,\theta}\hat{\boldsymbol{\theta}}, \quad (14.125)$$

e comparando esta expressão com a Equação (14.78), identificamos a função de irradiação característica, $\underline{\mathbf{F}}$, do dipolo

função irradiação, dipolo arbitrário

$$\underline{\mathbf{F}}(\theta) = \frac{\cos(\beta h\cos\theta) - \cos\beta h}{\text{sen}\,\beta h\,\text{sen}\,\theta}\hat{\boldsymbol{\theta}}. \quad (14.126)$$

Conforme esperado, $\underline{\mathbf{F}}$ depende de fato de βh (e não apenas de h isolado da frequência de operação da antena), e assim, do comprimento elétrico do braço do dipolo, h/λ, em vez de seu comprimento físico [ver equações (12.73)].

O dipolo mais importante na Figura 14.18(a) é na realidade o com $l = \lambda/2$. Esta antena de fio simples conhecida com dipolo de meia onda, é, na realidade, um dos tipos mais utilizados. Sendo o comprimento do braço do dipolo $h = \lambda/4$, temos

$$l = 2h = \frac{\lambda}{2} \quad \longrightarrow \quad \beta h = 2\pi\frac{h}{\lambda} = \frac{\pi}{2}, \quad (14.127)$$

com o qual a função de irradiação característica na Equação (14.126) se torna

função irradiação, dipolo de meia onda

$$\underline{\mathbf{F}}(\theta) = \frac{\cos\left(\frac{\pi}{2}\cos\theta\right)}{\text{sen}\,\theta}\hat{\boldsymbol{\theta}}. \quad (14.128)$$

A irradiação é máxima no plano equatorial ($\theta = 90°$), no qual a antena exibe um padrão de irradiação omnidirecional, conforme a Figura 14.12(c). A magnitude máxima de $\underline{\mathbf{F}}(\theta)$ é unidade,

$$F_{\text{máx}} = 1 \quad \text{para} \quad \theta = 90° \quad \left(l = \frac{\lambda}{2}\right), \quad (14.129)$$

e esta é a razão da constante $\underline{C}$ ser adotada na expressão geral para $\underline{\mathbf{F}}$ na Equação (14.78). Ou seja, aquela escolha para o valor numérico de $\underline{C}$ convenientemente faz que a função característica de irradiação de uma das antenas mais comuns na prática da engenharia esteja já normalizada a seu valor máximo, de modo que o padrão de campo normalizado na Equação (14.80) de um dipolo de meia onda seja $f(\theta) = |\underline{\mathbf{F}}(\theta)|$. A Figura 14.20(a) mostra o padrão de irradiação do dipolo em um plano ϕ = const (plano E), que, ao que parece, é muito similar ao da Figura 14.12(b) para um dipolo hertziano, embora de certa forma mais direcional, com menor ângulo de meia potência HPBW = 78º em comparação ao da Equação (14.86).

Também estão na Figura 14.20 padrões de campo normalizado, calculados das equações (14.80) e (14.126), para vários outros comprimentos característicos do dipolo da Figura 14.19. Observamos uma correspondência clara entre as distribuições de corrente ao longo do fio e distribuições de campo distante no plano E. Para dipolos de comprimentos $l \leq \lambda$, em razão da uniformidade de fase da corrente da antena em todo o fio, a irradiação é mais forte em uma direção normal à antena ($\theta = 90^o$). Ou seja, dada a aproximação de fase na Equação (14.28), todos os raios paralelos originando dos elementos de corrente que constituem a distribuição de corrente da antena (veja a Figura 14.3) se deslocam pelos mesmos caminhos, e assim chegam em fase, ao campo distante em $\theta = 90^o$ [$\cos\theta = 0$ no termo de correção de fase na integral de irradiação, Equação (14.120)]. No entanto, quando $l > \lambda$, múltiplos lóbulos de irradiação são formados no padrão, por causa dos efeitos de cancelamento de correntes (contrafase) orientadas em oposição em seções adjacentes da antena, separados pelos zeros da corrente. Efeitos "lobinho" fortes, isto é, a formação de lóbulos de irradiação, são a maior razão do uso prático limitado de antenas de fio mais longas que um comprimento de onda. Por outro lado, notamos que todos os padrões, assim independentemente da distribuição de corrente da antena, têm nulos no eixo do dipolo ($\theta = 0$ ou $\theta = 180^o$), o que resulta do fator senθ na expressão para a projeção transversal do vetor potencial $\underline{\mathbf{A}}$ na Equação (14.125).

Das equações (14.53), (14.101), (14.128) e (9.23), a resistência de irradiação de um dipolo de meia onda situado no espaço livre pode ser encontrada via potência irradiada, P_{rad}, na forma de

$$R_{rad} = \frac{P_{rad}}{I_0^2} = \frac{\eta}{2\pi}\int_{\theta=0}^{\pi} |\underline{\mathbf{F}}(\theta)|^2 \operatorname{sen}\theta\, d\theta = \\ = 60\ \Omega \underbrace{\int_0^{\pi} \frac{\cos^2\left(\frac{\pi}{2}\cos\theta\right)}{\operatorname{sen}\theta}\, d\theta}_{1{,}22} \approx 73\ \Omega, \quad (14.130)$$

onde a integral em ϕ na Equação (14.101) é 2π. A integral em θ (que é cerca de 1,22) não pode ser calculada analiticamente de um modo fechado, mas pode ser transformada (através de longas manipulações matemáticas) em uma forma que contenha uma função especial [chamada integral do cosseno, Ci(x)], com valores tabulados disponíveis (baseados em sua expansão de série), ou pode ser calculada numericamente. Adotamos aqui esta segunda abordagem, e calculamos esta integral usando uma fórmula simples de integração numérica. Combinando as equações (14.106), (14.129), (14.130) e (14.112), a diretividade do dipolo é

diretividade, dipolo $\lambda/2$

$$\boxed{D = \frac{120\ \Omega}{73\ \Omega}1^2 = 1{,}64 \longrightarrow D_{dB} = 2{,}15\ \text{dB},} \quad (14.131)$$

ou seja, é apenas um pouco maior que o de um dipolo hertziano, Equação (14.113). Aumentando mais o comprimento do dipolo, figuras 14.19 e 14.20, para aproximadamente $l = 5\lambda/4$, D também aumenta, e depois cai de maneira aguda, por causa de grandes lóbulos laterais (padrão quebrado).

Como veremos em um exemplo, a resistência ôhmica em alta frequência ($R_{\hat{o}hmica}$), Equação (14.61), de um dipolo metálico de meia onda (não CEP) é tipicamente muito pequeno em relação a R_{rad} na Equação (14.130), o que leva a uma eficiência de irradiação de antena praticamente ideal, Equação (14.65), de $\eta_{rad} \approx 100\%$ (o mesmo vale também para dipolos mais longos que $\lambda/2$). Desconsiderando $R_{\hat{o}hmica}$ na Equação (14.64), a parte real da impedância de entrada da antena ($\underline{Z}_A$), Equação (14.63) e Figura 14.10, de um dipolo de meia onda, se reduz para $R_A = R_{rad}$, e o ganho da antena fica igual à diretividade, $G = D$, Equação (14.111).[9] A parte (X_A) imaginária (reativa) da impedância, que considera a potência reativa armazenada no campo próximo em volta do dipolo, Equação (14.66), é não zero para $l = \lambda/2$. Com o emprego de uma técnica analítica um tanto complicada baseada no teorema de Poynting na forma complexa, a impedância calculada de um dipolo de meia onda infinitamente fino é

impedância de entrada, dipolo $\lambda/2$

$$\boxed{\underline{Z}_A = (73 + j42{,}5)\ \Omega.} \quad (14.132)$$

Deste modo, X_A é indutivo, e não muito grande em magnitude. De modo geral, essa impedância de entrada é muito útil em várias aplicações.

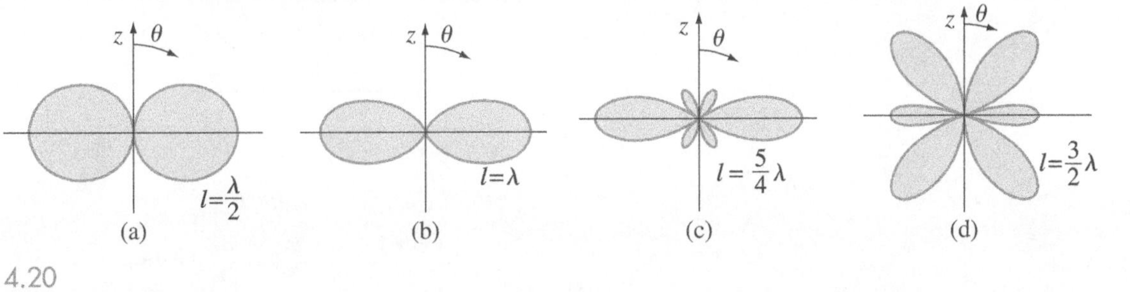

Figura 14.20
Padrões de campo de um dipolo de fio normalizado, equações (14.80) e (14.126), em um plano E correspondente a várias distribuições de corrente na Figura 14.19, com l/λ igual a (a) 1/2, (b) 1, (c) 5/4 e (d) 3/2.

9 Daqui por diante, assumiremos sempre que $R_{\hat{o}hmico}$ na análise de antenas, exceto para antenas eletricamente pequenas ou quando explicitamente indicado ao contrário.

Exemplo 14.14

Superposição de ondas de corrente em propagação em uma antena dipolo

Mostre que a distribuição de corrente ao longo de uma antena dipolo de fio simétrica com um comprimento arbitrário (l), na Figura 14.18(a), pode ser representada como uma superposição de duas ondas em propagação em direções opostas.

Solução Consideremos primeiro a metade superior do dipolo [Figura 14.18(a)], onde $z \geq 0$ e $|z| = z$, de modo que, usando a primeira identidade nas equações (10.7) e uma nova coordenada z' para a origem da coordenada para a extremidade do fio, conforme Figura 14.21, a expressão para a intensidade de corrente rms complexa na Equação (14.118) ao longo do braço do dipolo pode ser transformada em

$$\underline{I}(z') = \underline{I}_{\rm m} \operatorname{sen} \beta(h - z) = -\underline{I}_{\rm m} \operatorname{sen} \beta z' = \\ = \frac{\underline{I}_{\rm m}}{2{\rm j}} {\rm e}^{-{\rm j}\beta z'} - \frac{\underline{I}_{\rm m}}{2{\rm j}} {\rm e}^{{\rm j}\beta z'} \quad (z' = z - h). \tag{14.133}$$

Vemos que o primeiro termo na expressão de corrente resultante é uma onda de corrente se deslocando do ponto de alimentação na direção para fora, ao longo do fio, para a posição $z' = 0$, onde salta para fora da extremidade do fio aberto, criando uma onda de corrente refletida, o segundo termo, que se propaga em direção à alimentação da antena. Notamos também a analogia com as expressões para ondas de corrente se deslocando para frente e para trás em uma linha de transmissão, na Equação (12.11). Dado o sinal de menos no segundo termo na Equação (14.133), percebemos que o coeficiente de reflexão pertinente é $\underline{\Gamma} = -1$, e isso assegura uma corrente zero na extremidade (para $z' = 0$). Note que tal $\underline{\Gamma}$, como coeficiente de reflexão de corrente ($\underline{\Gamma}_{\text{para correntes}}$), Equação (12.28), em um circuito aberto, é oposto ao valor habitual de unidade positiva para o coeficiente de tensão em uma linha de transmissão de circuito aberto, Equação (12.113).

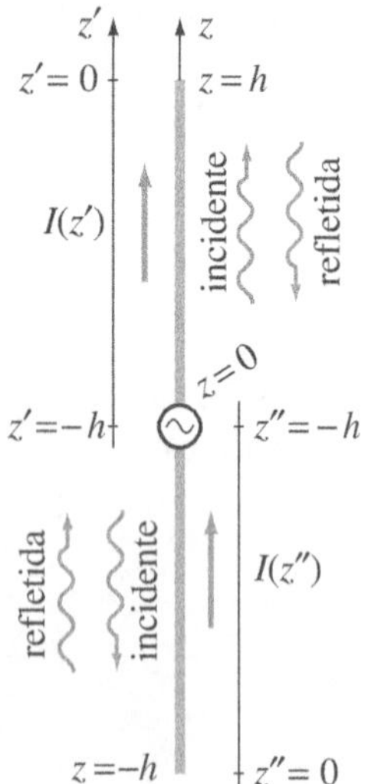

Figura 14.21

Representação da distribuição de corrente ao longo de cada um dos brações de uma antena de fio dipolo na Figura 14.18(a) como uma superposição de uma onda de corrente incidente se propagando para fora do ponto de alimentação para a extremidade respectiva da antena e onda refletida refletindo para fora da extremidade; para o Exemplo 14.14.

De modo semelhante, com uma transformação coordenada definida por $z'' = -z - h$, a corrente $\underline{I}(z'')$ no outro lado do dipolo, onde $z < 0$ e $|z| = -z$, pode ser escrita segundo a Equação (14.118), do mesmo modo que na Equação (14.133), com z' agora substituído por z''. Como o eixo z'' na Figura 14.21 está na direção z negativa, isto de novo é uma soma de uma onda de corrente incidente (termo proporcional a ${\rm e}^{-{\rm j}\beta z''}$) progredindo do gerador para fora em direção à extremidade da antena em $z = -h$ ou $z'' = 0$ e onda refletida (caracterizada por ${\rm e}^{-{\rm j}\beta z''}$), viajando de volta.

Por fim, lembramos o caso de uma antena de fio de ondas viajantes (traveling wave), na Figura 14.18, onde existe apenas uma onda corrente incidente na estrutura, dada pela Equação (14.41). A reflexão na extremidade do fio é prevenida por uma carga casada, Equação (12.115).

Exemplo 14.15

Corrente/campo de dipolo curto a partir das expressões para dipolo arbitrário

Mostre que para $l \ll \lambda$ a distribuição de corrente e campo eletromagnético distante da antena dipolo (arbitrária) na Figura 14.18(a) reduz à metade do encontrado para o dipolo (curto) na Figura 14.6(a).

Solução Começamos com a expressão para a distribuição de corrente sinusoidal, $\underline{I}(z)$, na Equação (14.118), em um dipolo de fio arbitrário, Figura 14.18(a), com a corrente de alimentação da antena, $\underline{I}_0$, incorporada da Equação (14.119). Se $l \ll \lambda$, então $h = l/2 \ll \lambda$ também, e tendo em mente a Equação (8.111), tanto $\beta h = 2\pi h/\lambda$ quanto $\beta(h - |z|)$ $(-h \leq z \leq h)$ são muito pequenos. Assim, dado que $\operatorname{sen} x \approx x$ quando $x \ll 1$, a distribuição de corrente se torna aproximadamente

$$\underline{I}(z) = \underbrace{\underline{I}_0 \frac{\operatorname{sen}\beta(h - |z|)}{\operatorname{sen}\beta h}}_{\text{dipolo arbitrário}} \approx \underline{I}_0 \frac{\beta(h - |z|)}{\beta h} = \\ = \underbrace{\underline{I}_0 \left(1 - \frac{|z|}{h}\right)}_{\text{dipolo curto}}, \tag{14.134}$$

e isto é exatamente $\underline{I}(z)$ na Equação (14.35), ou seja, a corrente triangular ao longo de um dipolo eletricamente curto, na Figura 14.6(a).

De maneira semelhante, visto que $\cos x \approx 1 - x^2/2$ quando $x \ll 1$, a função de irradiação característica, $\underline{\mathbf{F}}(\theta)$, de uma antena dipolo arbitrária, Equação (14.126), se reduz, para $l \ll \lambda$, a

$$\underline{\mathbf{F}}(\theta) = \underbrace{\frac{\cos(\beta h \cos\theta) - \cos\beta h}{\operatorname{sen}\beta h \operatorname{sen}\theta} \hat{\boldsymbol{\theta}}}_{\text{dipolo arbitrário}} \approx \\ \approx \frac{1 - \frac{1}{2}(\beta h \cos\theta)^2 - \left[1 - \frac{1}{2}(\beta h)^2\right]}{\beta h \operatorname{sen}\theta} \hat{\boldsymbol{\theta}} = \\ = \frac{\beta h}{2} \frac{1 - \cos^2\theta}{\operatorname{sen}\theta} \hat{\boldsymbol{\theta}} = \underbrace{\frac{\beta l}{4} \operatorname{sen}\theta \hat{\boldsymbol{\theta}}}_{\text{dipolo curto}} \tag{14.135}$$

isto é, à expressão na Equação (14.87), para um dipolo curto (não carregado). Por fim, a redução a uma expressão de dipolo curto automaticamente se traduz da Equação (14.135) para os vetores de campo distante elétrico e magnético, $\underline{\mathbf{E}}$ e $\underline{\mathbf{H}}$, de um dipolo, visto que podem ser expressos diretamente em termos de $\underline{\mathbf{F}}$ usando as equações (14.78) e (14.23).

Exemplo 14.16

Resistência ôhmica e eficiência de irradiação de um dipolo de meia onda

Uma antena de rádio dipolo de fio de comprimento $l = 1{,}5$ m e raio $a = 4$ mm opera em uma frequência de $f = 100$ MHz no espaço livre. A antena é de alumínio, com condutividade $\sigma_{\text{Al}} = 35$ MS/m. Encontre (a) a resistência ôhmica e (b) a eficiência de irradiação da antena.

Solução Visto que por meio da Equação (9.67) o comprimento de onda na frequência de operação da antena, para espaço livre, é $\lambda = \lambda_0 = c_0/f = 3$ m, temos $l = \lambda/2$, sendo assim um dipolo de meia onda. Além disso, como a taxa de comprimento para raio do dipolo é bem grande, $l/a = 375$, podemos empregar a aproximação de corrente sinusoidal para o dipolo, na Equação (14.118).

(a) Para o braço do dipolo de $h = l/2 = \lambda/4$, uma combinação das equações (14.118), (14.119), e (14.127) nos dá a seguinte expressão para a corrente da antena, para $-h \leq z \leq h$:

$$\underline{I}(z) = \underline{I}_0 \frac{\operatorname{sen}\beta(h-|z|)}{\operatorname{sen}\beta h} = \underline{I}_0 \operatorname{sen}\left(\frac{\pi}{2} - \beta|z|\right) = = \underline{I}_0 \cos\beta z = \underline{I}_0 \cos\left(\frac{\pi}{l} z\right). \quad (14.136)$$

É claro que isto concorda com o diagrama de corrente do cosseno na Figura 14.19(a). A partir das equações (14.61), (14.59) e (14.136), a resistência ôhmica de alta frequência do dipolo é

resistência ôhmica, dipolo $\lambda/2$

$$R_{\text{ôhmica}} = \frac{1}{I_0^2}\int_{z=-h}^{h} R'|\underline{I}(z)|^2\,dz = = R'\,2\int_0^h \cos^2\left(\frac{\pi}{l}z\right)dz = = R'h = R'\frac{l}{2} = R'\frac{\lambda}{4}, \quad (14.137)$$

onde a integral z, sendo igual a $h/2$, é calculada como na Equação (6.95) ou (13.86). Usando as equações (10.78) e (14.60), obtemos, para o fio de alumínio,

$$(R_s)_{\text{Al}} = \sqrt{\frac{\pi\mu_0 f}{\sigma_{\text{Al}}}} = 3{,}36\ \text{m}\Omega/\text{quadrado} \longrightarrow \longrightarrow R' = \frac{(R_s)_{\text{Al}}}{2\pi a} = 0{,}134\ \Omega/\text{m} \quad (14.138)$$

($\mu_{\text{Al}} = \mu_0$), que assim resulta em $R_{\text{ôhmica}} = 0{,}1\ \Omega$.

(b) A resistência de irradiação de um dipolo $\lambda/2$ no espaço livre sendo $R_{\text{rad}} = 73\ \Omega$, Equação (14.130), sua eficiência de irradiação, Equação (14.65), chega a ser $\eta_{\text{rad}} = R_{\text{rad}}/(R_{\text{rad}} + R_{\text{ôhmica}}) = 99{,}86\%$. Assim, podemos assumir prontamente que $\eta_{\text{rad}} = 100\%$ para o dipolo, e tratá-lo como se fosse CEP. Isso por sua vez significa que seu ganho, segundo as equações (14.111) e (14.131), é quase igual a $G = D = 1{,}64$ ou 2,15 dB.

14.9 TEORIA DE IMAGEM PARA ANTENAS SOBRE UM PLANO TERRA PERFEITAMENTE CONDUTIVO

Em geral, temos que analisar antenas na presença de planos terra condutores. Eles podem ser uma aproximação da superfície da terra, de uma placa metálica (isolada ou parte de uma estrutura maior, como uma aeronave ou um automóvel) na qual a antena é presa (placa terra) ou colocada em paralelo (placa refletora), ou de um grande objeto condutor (por exemplo, o alojamento do dispositivo) nas proximidades da antena. Em muitas situações, o condutor terra pode ser considerado perfeitamente plano, de extensão infinita, e perfeitamente condutor (CEP), de modo que basta o modelo de análise com um plano terra CEP. Esta seção apresenta teoria de imagem, de maneira análoga à técnicas nas seções 1.21, 3.13 e 5.7, para a análise de antenas sobre um plano CEP. Visto que uma antena arbitrária pode ser representada como uma superposição de dipolos hertzianos, Figura 14.3, a teoria de imagem para um único dipolo hertziano com orientação arbitrária em respeito ao plano, conforme Figura 14.22(a), pode ser de pronto generalizada para radiadores com distribuições arbitrárias de corrente.

Como consequência do campo eletromagnético do dipolo, correntes e cargas superficiais são induzidas no plano CEP, de modo que o campo eletromagnético total no meio espaço superior, que queremos encontrar, é a soma do campo do dipolo e o campo eletromagnético devido às fontes induzidas. Este segundo campo pode ser calculado indiretamente de maneira simples — por teoria de imagem, como o campo causado por uma imagem da antena na Figura 14.22(a). No sistema equivalente, o plano CEP é removido, e o meio espaço inferior é preenchido com o meio ambiente do sistema original (na maioria das vezes, ar), de modo que as duas antenas — a real no meio espaço de cima e a virtual no de baixo — irradiam em um homogêneo ilimitado. Aplicando a teoria de imagem para cargas na Figura 1.47 para as cargas do dipolo $\underline{Q}$ e $-\underline{Q}$ na Figura 14.22(a), obtemos um sistema equivalente composto de cargas $-\underline{Q}$ e $\underline{Q}$, conforme Figura 14.22(b). A corrente $\underline{I}$ e carga $\underline{Q}$ (e $-\underline{Q}$) da antena original (dipolo) na Figura 14.22(a) se relacionam pela equação da continuidade na Equação (14.3), e a mesma relação deve valer para a corrente e carga desta antena imagem. Isso significa que a antena de imagem deve ser um dipolo hertziano também, o que determina de modo completo e único a magnitude e a orientação da corrente de imagem na Figura 14.22(b). Geometricamente, o dipolo virtual é a imagem em espelho do original no plano simétrico (sendo CEP). Eletricamente, é uma imagem negativa da carga e corrente da antena verdadeira. Em especial, a imagem da carga $\underline{Q}$ é $-\underline{Q}$ e vice-versa, enquanto a imagem da cor-

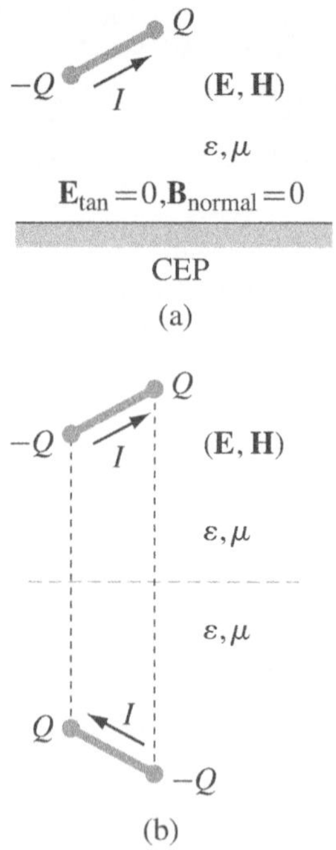

Figura 14.22

Teoria de imagem para antenas (ou corrente e carga de alta frequência) sobre um plano terra conduzindo perfeitamente: (a) um dipolo hertziano oblíquo como elemento constitutivo de uma antena arbitrária sobre a terra e (b) sistema equivalente com o plano CEP substituído por uma imagem negativa da configuração inicial de corrente e carga.

rente $\underline{I}$ com direção de referência fora do plano de simetria é a corrente de mesma intensidade complexa que flui em direção ao plano, ou seja, a direção da imagem da corrente é oposta à reflexão no plano de simetria da direção da corrente inicial. A Figura 14.23 ilustra as imagens de três elementos de corrente característicos sobre um plano CEP.

Exemplo 14.17

Prova da teoria de imagem para um dipolo vertical hertziano

Usando as expressões de campo para um dipolo hertziano nas equações (14.8) e (14.10), mostre que um dipolo vertical e sua imagem obtida de acordo com a teoria de imagem na Figura 14.23 produzem juntas um vetor intensidade de campo elétrico tangencial zero e vetor intensidade de campo magnético normal zero no plano de simetria entre os dois dipolos.

Solução Analisando a expressão do campo elétrico na Equação (14.8), percebemos que o componente radial do vetor $\underline{\mathbf{E}}$ pode ser escrito como $\underline{E}_r = f_1(r) \cos\theta$ e componente θ como $\underline{E}_0 = \underline{f}_2(r)$ sen θ. Referimo-nos então à Figura 14.24, onde para o dipolo original (antena 1) e sua imagem (antena 2), $r_1 = r_2$ e $\theta_1 = 180° - \theta_2$, assim resultando que $\underline{E}_{r_1} = -\underline{E}_{r_2}$ e $\underline{E}_{\theta_1} = \underline{E}_{\theta_2}$, como $\cos\theta_1 = -\cos\theta_2$ e senθ_2 e senθ_1, respectivamente. Em consequência, as somas do vetor $\underline{\mathbf{E}}_{r_1} + -\underline{\mathbf{E}}_{r_2}$ e $\underline{\mathbf{E}}_{\theta_1} + -\underline{\mathbf{E}}_{\theta_2}$ (Figura 14.24) são ambas verticais (perpendiculares ao plano de simetria), o que prova que o componente tangencial do vetor campo elétrico total, devido aos dipolos atuando juntos, é zero neste plano.

No outro lado, dado que o vetor campo magnético do dipolo, na Equação (14.10), tem apenas um componente ϕ, os vetores $\underline{\mathbf{H}}_1$ e $\underline{\mathbf{H}}_2$ devidos aos dois dipolos na Figura 14.24 são inteiramente horizontais, isto é, tangenciais ao plano de simetria. Em outras palavras, tanto $\underline{\mathbf{H}}_1$ como $\underline{\mathbf{H}}_2$, assim como o campo total $\underline{\mathbf{H}}$ não possuem componente normal no plano.

Percebemos que esta elaboração pode ser considerada uma prova da teoria de imagem (Figura 14.22) para um dipolo hertziano vertical sobre um plano CEP. Ou seja, o fato de que $\underline{\mathbf{E}}_{tan} = 0$ e $\underline{\mathbf{B}}_{normal} = 0$ no plano de simetria na Figura 14.22(b) significa que podemos metalizar aquele plano, ou seja, inserir nele uma lâmina CEP, e nada mudará, porque as condições de contorno nas equações (8.33) serão automaticamente satisfeitas na lâmina. Obtemos assim o sistema original da Figura 14.22(a), que prova (para um dipolo vertical) que, em termos de campo eletromagnético no meio espaço superior, os sistemas nas figuras 14.22(a) e (b) são equivalentes. Já que empregamos as expressões de campo completas nas equações (14.8) e (14.10), o dipolo pode estar a qualquer distância do plano. Uma prova para um dipolo horizontal pode ser obtida de maneira semelhante.

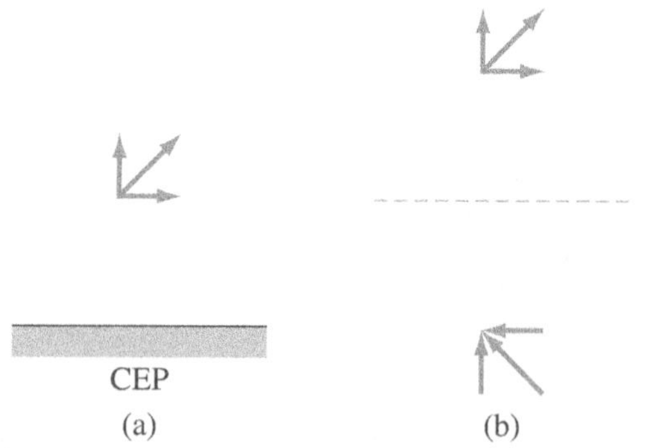

Figura 14.23

Teoria da imagem para três elementos de corrente característicos sobre um terra CEP: (a) sistema original com a interface CEP e (b) sistema equivalente com elementos verdadeiro e imagem irradiando em um meio homogêneo e ilimitado (espaço livre, por exemplo).

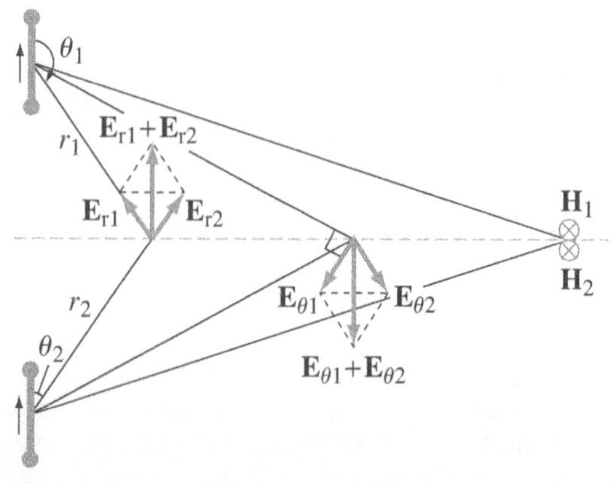

Figura 14.24

Prova da teoria da imagem na Figura 14.22 para um dipolo hertziano vertical sobre um plano CEP usando as expressões de campo do dipolo das equações (14.8) e (14.10); para o Exemplo 14.17.

Exemplo 14.18

Onda refletida de um dipolo horizontal sobre um plano terra

Uma antena dipolo de fio de meia onda é posicionada a uma altura $h = 500$ m sobre um plano terra CEP, no espaço livre, a intensidade rms de sua corrente de alimentação é $I_0 = 1$ A, e o comprimento de onda operante é $\lambda = 10$ m. Encontre a intensidade rms do campo elétrico em um ponto (P) distante $r = 1$ km do centro do dipolo em seu eixo, Figura 14.25.

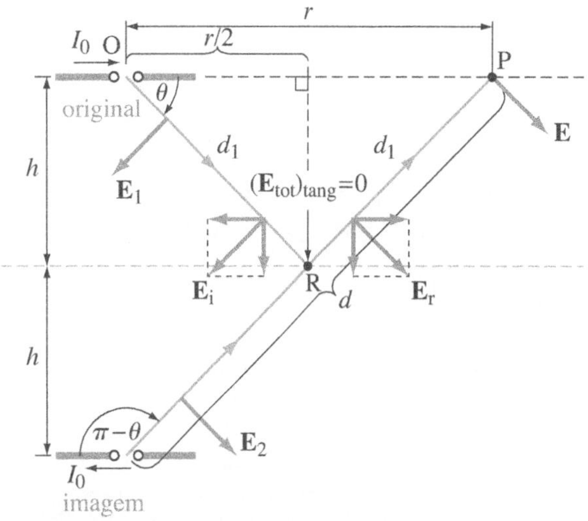

Figura 14.25

Antena dipolo de meia onda horizontal sobre um plano CEP: cálculo de campo em um ponto de campo distante (P) ao longo do eixo do dipolo — pela busca da onda refletida da terra ou pelo emprego da teoria de imagem; para o Exemplo 14.18.

Solução Notamos primeiro que $r \gg \lambda$, estando assim o ponto P na Figura 14.25 na zona distante da antena. Se não houvesse plano terra, o campo nesse ponto seria zero, como o dipolo não apresenta irradiação nas direções do eixo do fio (ver Figura 14.20). Em consequência, nossa tarefa se reduz a calcular o campo da onda eletromagnética refletida, causada pela presença do plano. Conforme a Figura 14.25, essa onda (vista como um raio) é lançada pela antena do dipolo em um ângulo θ em relação ao eixo do dipolo, e é refletida da terra (em um ponto R) de modo que o vetor intensidade do campo elétrico total, que é igual à soma dos vetores incidentes e refletidos $\underline{\mathbf{E}}_{tot} = \underline{\mathbf{E}}_i + \underline{\mathbf{E}}_r$, não possui componente tangencial na superfície CEP,

condição de contorno do plano CEP

$$(\underline{\mathbf{E}}_i + \underline{\mathbf{E}}_r)_{tan} = 0. \quad (14.139)$$

Em outras palavras, o componente tangencial do vetor campo $\underline{\mathbf{E}}_i$ reverte sua fase (adquire uma mudança de fase de 180°) na reflexão, o que resulta na mudança de direção (polarização) do vetor indicado na Figura 14.25.[10] Denotando por d a distância total percorrida pela onda (raio) do ponto O ao ponto P, que é igual ao dobro da distância (d_1) de O a R, e usando as equações (14.78) e (14.128), a magnitude do vetor campo elétrico $\underline{\mathbf{E}}$ no ponto de recebimento é dada por

magnitude de campo E devido a um dipolo $\lambda/2$

$$|\underline{\mathbf{E}}| = \frac{\eta I_0}{2\pi d}F(\theta), \quad \text{onde} \quad F(\theta) = \frac{\cos\left(\frac{\pi}{2}\cos\theta\right)}{\operatorname{sen}\theta} \quad (14.140)$$

[$I_0 = |\underline{I}_0|$; $\eta = \eta_0 = 377\ \Omega$, Equação (9.23)]. Confome a Figura 14.25,

$$d = 2d_1 = 2\sqrt{\left(\frac{r}{2}\right)^2 + h^2} = \sqrt{r^2 + 4h^2} =$$
$$= 1{,}414 \text{ km}, \quad \theta = \arctan\frac{h}{r/2} = 45^\circ, \quad (14.141)$$

e assim $|\underline{\mathbf{E}}| = 26{,}65$ mV/m

De outro modo, $\underline{\mathbf{E}}$ pode ser obtido por meio da teoria de imagem, Figura 14.23, como o campo devido à imagem negativa do dipolo horizontal na Figura 14.25. A antena imagem lança uma onda em direção ao ponto P em um ângulo 180° – θ medido a partir do eixo local z no dipolo direcionado como fluxo de corrente de referência. Assim, já que a função característica de irradiação de um dipolo de meia onda, nas equações (14.140),

$$F(180^\circ - \theta) = F(\theta), \quad (14.142)$$

e a distância reta percorrida pela onda a partir da imagem até o ponto de recebimento é exatamente aquela, d, na Equação (14.141), obtemos o mesmo resultado para $|\underline{\mathbf{E}}|$ como nas equações (14.140).

14.10 ANTENAS MONOPOLO

Talvez a aplicação mais importante da teoria de imagem nas figuras 14.22 e 14.23 seja analisar as chamadas antenas monopolo, isto é, antenas ligadas a um plano terra CEP e alimentadas contra ele, conforme a Figura 14.26(a). Pela teoria da imagem, o monopolo é transformado no dipolo equivalente, na Figura 14.26(b), com a corrente na metade inferior do dipolo sendo a imagem negativa da corrente em sua metade superior, ou da corrente no monopolo, e o mesmo campo eletromagnético, incluindo campo próximo e distante, no meio espaço superior (por exemplo, ar) nos dois sistemas. Naturalmente, a análise de uma antena dipolo costuma ser uma tarefa muito mais simples do que esta.

A partir da equalidade dos vetores campo elétrico distante e correntes de entrada ($\underline{I}_0$) das duas antenas, monopolo e dipolo equivalente, obtemos que elas possuem a mesma função de irradiação característica ($\underline{\mathbf{F}}$), Equação (14.78),

campo de irradiação de uma antena monopolo por teoria da imagem

$$\underline{\mathbf{E}}_{\text{monopolo}} = \underline{\mathbf{E}}_{\text{dipolo}} \longrightarrow$$
$$\longrightarrow \quad \underline{\mathbf{F}}_{\text{monopolo}} = \underline{\mathbf{F}}_{\text{dipolo}} \quad (\underline{I}_0 = \text{const}), \quad (14.143)$$

e isso também vale para o vetor Poynting médio no tempo ($P_{méd}$), Equação (14.26), e intensidade de irra-

10 Note que este é o caso de reflexão em um plano CEP de uma onda planar uniforme obliquamente incidente com polarização paralela na Figura 10.13(b).

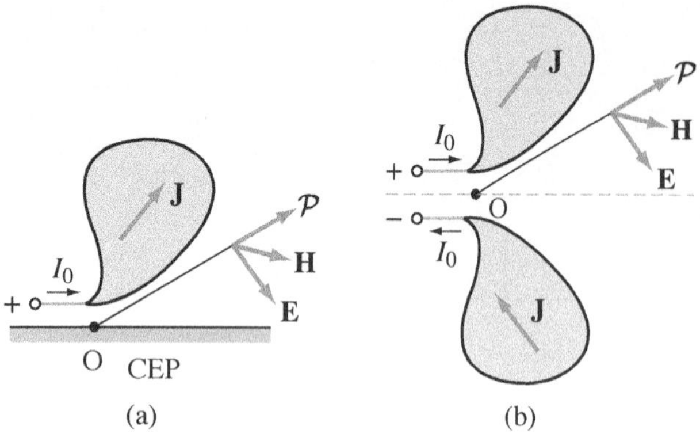

Figura 14.26

Equivalência de campo do meio espaço superior de uma antena monopolo arbitrária alimentada contra um plano CEP (a) e dipolo simétrico em um meio ilimitado obtido por teoria de imagem (b).

diação (U), Equação (14.96), das antenas. A potência irradiada média no tempo (P_{rad}) da antena monopolo, com a integração nas equações (14.97) ou (14.101), apenas sobre o hemisfério superior na Figura 14.26(a), ou seja, apenas $\theta = \pi/2$ na direção latitudinal, é metade da encontrada no dipolo correspondente,

potência irradiada de monopolo *versus* dipolo

$$(P_{rad})_{monopolo} = \int_{S_{hemisfério}} U(\theta, \phi)\, d\Omega = \frac{1}{2} \oint_S U(\theta, \phi)\, d\Omega = \frac{1}{2} (P_{rad})_{dipolo}. \quad (14.144)$$

Isso se traduz diretamente em resistências de irradiação, com o uso da Equação (14.53),

$$(R_{rad})_{monopolo} = \frac{1}{2} (R_{rad})_{dipolo}. \quad (14.145)$$

Além disso, já que as perdas ôhmicas no corpo da antena na Figura 14.26(a) são metade das perdas na Figura 14.26(b),[11] temos a mesma relação também para as resistências ôhmicas ($R_{ôhmica}$), Equação (14.61), nos dois casos. Por fim, a zona de campo próximo, com a potência reativa da antena, está somente no meio espaço superior para o monopolo, de modo que sua reatância de entrada (X_A), Equação (14.66), é metade do valor para o dipolo, o que, combinado com os resultados para resistências de antena, nos diz que as impedâncias de entrada complexas ($\underline{Z}_A$), equações (14.63) e (14.64), das duas antenas, se relacionam da mesma forma. Isso também pode ser obtido diretamente da definição da impedância de entrada na Equação (14.63) e Figura 14.10, como a taxa de tensão ($\underline{V}_g$) para corrente complexa nos terminais de entrada da antena. Ou seja, observando a excitação de cada uma das antenas na Figura 14.26, percebemos que $(\underline{V}_g)_{monopolo} = \underline{V}_0 - 0 = \underline{V}_0$ e $(\underline{V}_g)_{dipolo} = \underline{V}_0 - (-\underline{V}_0)\ 2\underline{V}_0$, onde $\underline{V}_0$ é o potencial elétrico em respeito ao plano terra (ou de simetria), que está em potencial zero, do terminal superior das antenas [perceba a analogia com o cálculo da capacitância na Equação (2.146)], e deste modo

$$(\underline{Z}_A)_{monopolo} = \frac{(\underline{V}_g)_{monopolo}}{\underline{I}_0} = \frac{\frac{1}{2}(\underline{V}_g)_{dipolo}}{\underline{I}_0} = \frac{1}{2} (\underline{Z}_A)_{dipolo}. \quad (14.146)$$

Combinando as equações (14.106), (14.143), e (14.145), a diretividade (D) do monopolo é o dobro da encontrada no dipolo equivalente,

$$D_{monopolo} = \frac{\eta\, |\underline{\mathbf{F}}|^2_{máx}}{\pi (R_{rad})_{monopolo}} = \frac{\eta\, |\underline{\mathbf{F}}|^2_{máx}}{\pi \frac{1}{2} (R_{rad})_{dipolo}} = 2D_{dipolo}, \quad (14.147)$$

o que também fica claro pelas equações (14.106) e (14.144), e a mesma relação se aplica para o ganho (G) da antena, Equação (14.110).

A antena monopolo mais utilizada é um monopolo de fio vertical de um quarto de onda, que é uma metade superior de um dipolo de quarto de onda, Figura 14.18(a) para $l = \lambda/2$, posicionada perpendicularmente contra um plano terra horizontal (o comprimento do monopolo é $h = \lambda/4$), conforme a Figura 14.27(a). A intensidade da corrente no fio, $\underline{I}(z)$, é um quarto de uma onda seno, isto é, a metade superior (para $0 \leq z \leq h$) da distribuição da corrente na Figura 14.19(a). Utilizando as equações (14.145), (14.130), (14.147), (14.112) e (14.131), obtemos os seguintes valores para a resistência de irradiação e diretividade dB do monopolo $\lambda/4$:

monopolo de fio de um quarto de onda

$$R_{rad} = \frac{1}{2} \times 73\ \Omega = 36{,}5\ \Omega, \qquad D_{dB} = 2{,}15\ dB + 3\ dB = 5{,}15\ dB. \quad (14.148)$$

Note que a excitação mais comum de um monopolo de fio vertical (ou um monopolo arbitrário na Figura 14.26(a)] em casos onde o terra é uma placa metálica (aqui modelada como plano CEP) se dá por um cabo coaxial. Em tais situações, o monopolo é uma extensão do condutor interno do cabo, cujo condutor externo está conectado à placa do outro lado, conforme a Figura 14.27(b) [ver também Figura 13.11(a)].

11 Desconsideramos aqui as perdas no plano terra, na Figura 14.26(a), que assumimos ser um condutor perfeito.

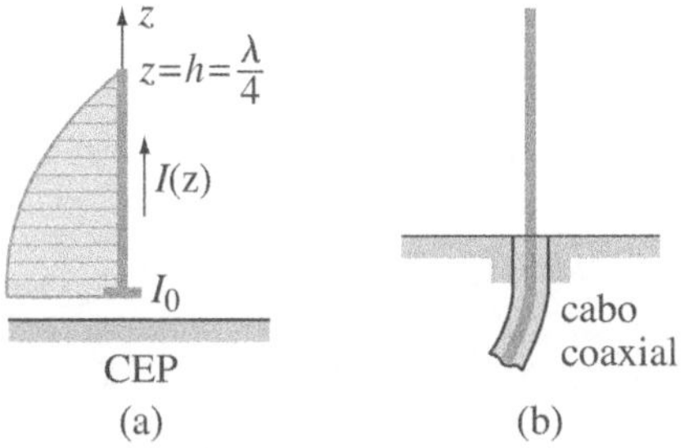

Figura 14.27

Vertical wire monopole antennas: (a) current distribution on a quarter-wave monopole and (b) excitation of a monopole antenna by a coaxial cable.

Exemplo 14.19

Antena monopolo curta

Uma antena monopolo de fio de alumínio (σ = 35 MS/m e $\mu = \mu_0$) eletricamente curta (não carregada) de comprimento h = 10 cm e raio a = 3 mm é ligada a um plano terra CEP e alimentada contra ele por uma corrente harmônica de intensidade rms I_0 = 0,5 A e frequência f = 10 MHz. O monopolo é perpendicular ao plano e o meio é ar. Encontre a distribuição de corrente, função de irradiação característica, padrões de irradiação plano E e H, impedância de entrada, eficiência de irradiação, diretividade e ganho da antena.

Solução A distribuição da corrente no monopolo curto (h/λ_0 = 0,0033 $\ll$ 1) é uma função linear da coordenada z representando a metade superior da função triangular $\underline{I}(z)$ na Figura 14.6(a), dada assim pela Equação (14.35) para $0 \leq z \leq h$ e vista na Figura 14.28(a), onde assumimos uma fase inicial zero para a corrente de alimentação. A partir das equações (14.143) e (14.87), a função de irradiação característica da antena é

$$\underline{\mathbf{F}}(\theta) = \frac{\beta h}{2} \operatorname{sen}\theta\,\hat{\boldsymbol{\theta}} = \pi \frac{h}{\lambda_0} \operatorname{sen}\theta\,\hat{\boldsymbol{\theta}} =$$
$$= 0{,}0105 \operatorname{sen}\theta\,\hat{\boldsymbol{\theta}} \quad (0 \leq \theta \leq 90^\circ). \qquad (14.149)$$

O padrão de irradiação polar de campo normalizado resultante em um plano ϕ = const (plano E) constitui a metade superior do padrão na Figura 14.12(b), e assim os dois semicírculos (ver também Exemplo 14.10) — na Figura 14.28(b), enquanto o padrão no plano $\theta = 90°$é omnidirecional, como na Figura 14.12(c).

Combinando as equações (14.145), (14.146), (14.68), (14.69) e (14.77), a resistência de irradiação, resistência ôhmica, e reatância de entrada da antena na Figura 14.28 são (ver também cálculos no Exemplo 14.7):

$$R_{\text{rad}} = 10\,(\beta h)^2\ \Omega = 4{,}4\ \text{m}\Omega,$$

$$R_{\text{ôhmica}} = \frac{1}{2}\frac{R'(2h)}{3} = \frac{R'h}{3} = \frac{R_s h}{6\pi a} = 2\ \text{m}\Omega,$$

$$X_A = \frac{1}{2}\left[-\frac{120}{\pi(2h)/\lambda_0}\left(\ln\frac{2h}{2a} - 1\right)\Omega\right] =$$
$$= -\frac{30}{\pi h/\lambda_0}\left(\ln\frac{h}{a} - 1\right)\Omega = -7{,}184\ \text{k}\Omega, \qquad (14.150)$$

e sua impedância de entrada complexa, equações (14.63) e (14.64), e eficiência de irradiação, equações (14.65), são

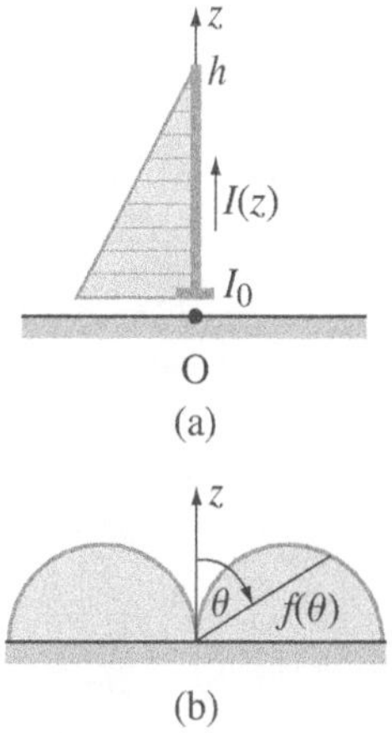

Figura 14.28

Análise de um monopolo de fio curto ligado a um plano CEP: (a) distribuição de corrente da antena e (b) padrão de irradiação plano E normalizado; para o Exemplo 14.19.

$\underline{Z}_A$ = (0,0064 – j7.184) Ω e η_{rad} = 68,75%, respectivamente. Note que, tendo em mente as equações (14.145) e (14.146), o η_{rad} de um monopolo, em geral, é igual ao do dipolo equivalente. Sendo a diretividade do dipolo curto D = 1,5 (ver Exemplo 14.11), D = 3 ou 4,76 dB, da Equação (14.147) para o monopolo. Por fim, o ganho da antena, Equação (14.111), vem a ser G = 2,063 (3,14 dB).

Exemplo 14.20

Irradiação de um monopolo de um quarto de onda na presença de ionosfera

Uma antena monopolo de fio vertical de um quarto de onda é alimentada em sua base contra a superfície da terra por uma corrente harmônica de frequência f = 8 MHz. A potência de entrada da antena é P_{entrada} = 1 kW. Tanto a terra como a ionosfera podem ser consideradas planos CEP, e a distância perpendicular entre elas, chamada altura virtual da ionosfera (simbolizada por h_v), é h_v = 100 km, conforme a Figura 14.29(a). Encontre a intensidade do campo elétrico rms (a) da onda superficial e (b) da onda ionosférica resultante em um ponto de recebimento no chão a uma distância r = 500 km da antena.

Solução

(a) A Equação (9.67) nos diz que o comprimento de onda operante da antena transmissora (para espaço livre) é $\lambda = \lambda_0 = c_0/f$ = 37,5 m, de modo que r/λ = 13.333,3 $\gg$ 1, ou seja, o ponto de campo (P) na Figura 14.29 (a) está no campo distante da antena (note que o comprimento do monopolo é $h = \lambda/4$ = 9,375 m). Com base nas equações (14.64), (14.53) e (14.148), assumindo que as perdas no monopolo são desconsideráveis, a intensidade rms de sua corrente de alimentação é

corrente de alimentação de uma antena sem perdas

$$I_0 = |\underline{I}_0| = \sqrt{\frac{P_{\text{rad}}}{R_{\text{rad}}}} = \sqrt{\frac{P_{\text{entrada}}}{R_{\text{rad}}}} = 5{,}23\ \text{A}$$
$$(R_{\text{rad}} = 36{,}5\ \Omega). \qquad (14.151)$$

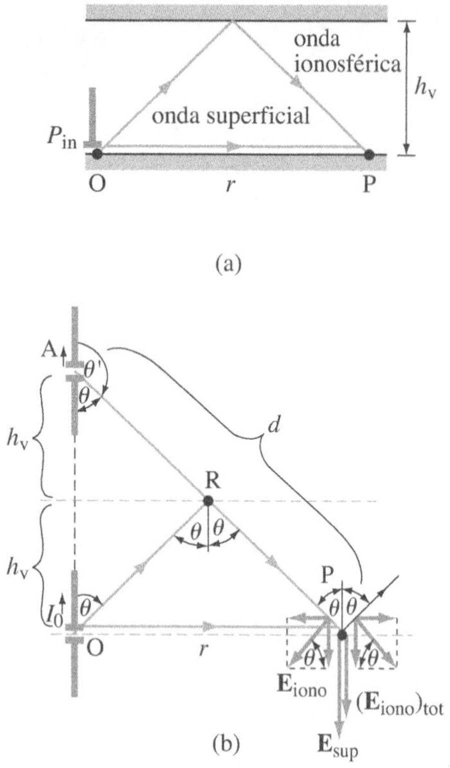

Figura 14.29

Irradiação de uma antena monopolo vertical de um quarto de onda na superfície da terra na presença de ionosfera; (a) aproximação da terra e da ionosfera por planos CEP, separados por uma distância igual à altura virtual da ionosfera (h_v), e (b) cálculo dos campos distantes por causa da onda de superfície e onda ionosférica resultante usando teoria de imagem; para o Exemplo 14.20.

Por teoria da imagem, o monopolo de um quarto de onda é transformado em um dipolo de meia onda (de comprimento $l = 2h = \lambda/2$), levando ao sistema equivalente na Figura 14.29(b). A onda de superfície se desloca por uma distância reta r direto do dipolo para o ponto de recebimento, na direção perpendicular ao dipolo. Assim, usando a Equação (14.78), a intensidade rms do vetor campo elétrico desta onda no ponto P é

onda de superfície

$$|\underline{E}_{sup}| = \frac{\eta I_0}{2\pi r} F(90^\circ) = \frac{\eta I_0}{2\pi r} = 0{,}63 \text{ mV/m}, \quad (14.152)$$

onde $\eta = \eta_0 = 377\ \Omega$, Equação (9.23), e a magnitude da função característica de irradiação do dipolo de meia onda, $F(\theta)$, é dada nas equações (14.140).

(b) A onda que, lançada pelo dipolo em um ângulo oblíquo θ em relação ao eixo do dipolo, é refletida da ionosfera neste mesmo ângulo, Figura 14.29(b), da mesma maneira como ocorre a reflexão do plano terra na Figura 14.25, percorre um caminho bem maior que a onda de superfície. Ela também pode ser analisada por outra aplicação da teoria de imagem, agora para substituir o plano CEP ionosférico por uma imagem da antena dipolo irradiante (no nível do chão), que é introduzida na altura $2h_v$ em relação ao chão. O caminho total percorrido, d, é então igual à hipotenusa do triângulo reto ΔAOP, e tendo em mente a Equação (14.142), a intensidade de campo elétrico rms da onda ionosférica no ponto P vem a ser

$$|\underline{E}_{iono}| = \frac{\eta I_0}{2\pi d} F(\theta) = \frac{\eta I_0}{2\pi d} F(\theta') = 0{,}52 \text{ mV/m},$$

$$d = \sqrt{r^2 + 4h_v^2} = 538{,}5 \text{ km},$$

$$\theta = \arctan \frac{r}{2h_v} = 68{,}2^\circ, \quad \theta' = 180^\circ - \theta. \quad (14.153)$$

No entanto, na chegada ao chão, essa onda salta para fora, de modo que o vetor campo elétrico da onda ionosférica resultante (incidente mais refletida) é inteiramente normal à superfície CEP [ver Equação (14.139)], e sua magnitude é [Figura 14.29(b)]

onda ionosférica resultante

$$|\underline{E}_{iono}|_{tot} = 2|\underline{E}_{iono}| \operatorname{sen}\theta = 0{,}966 \text{ mV/m} \quad (14.154)$$

Perceba que os dois planos CEP na Figura 14.29(a) constituem um guia de onda de placas paralelas, com separação de placas igual à altura virtual da ionosfera, através da qual a onda ionosférica pode se propagar a distâncias extremamente longas — refletindo para trás e para frente entre as placas, com incidência no ângulo θ, na Figura 12.29(b), para reflexões ionosféricas e em terra. Perceba também que, além do percurso do raio na forma de uma única reflexão na Figura 14.29, com a onda refletindo uma vez para fora da ionosfera, percursos em zigue-zague, causados por várias reflexões, entre os pontos O e P, também podem ocorrer, como na Figura 13.2, sendo os comprimentos totais destes percursos cada vez maiores e as intensidades de campo recebidas cada vez mais baixas em comparação ao campo na Equação (14.154). Por fim, perceba que a análise de ondas ionosféricas que refletem mais de uma vez cada para fora dos planos CEP na Figura 14.29(a), dentro da mesma distância horizontal r, pode ser feita por outras aplicações da teoria de imagem para ambos os planos.

14.11 ANTENA MAGNÉTICA EM ANEL

Tomemos como outro exemplo básico de antena, de importância prática e teórica, uma antena magnética em anel de formato arbitrário e área de superfície S, Figura 14.30. O comprimento total do fio, l, é eletricamente pequeno, isto é, pequeno em relação ao comprimento de onda operante, λ, da antena (para o meio ambiente), equações (8.112) e (8.111). Na prática, esta qualificação é em geral expressa como $l < 0{,}1\lambda$. Por causa do pequeno tamanho elétrico, a intensidade de corrente rms complexa da antena, $\underline{I}$, é constante (uniforme) no anel, e dada na Equação (14.1). Na realidade, o anel representa uma generalização de alta frequência do dipolo magnético com uma corrente constante na Figura 4.30, e assim nos referimos ao mesmo como antena magnética em anel, baseando sua análise na derivação e resultados da Seção 4.11.

O momento magnético do anel, Equação (4.134), é agora complexo,

momento magnético de uma antena magnética em anel

$$\underline{\mathbf{m}} = \underline{I}\mathbf{S} = \underline{I}S\,\hat{\mathbf{z}} = \underline{m}\,\hat{\mathbf{z}}, \quad (14.155)$$

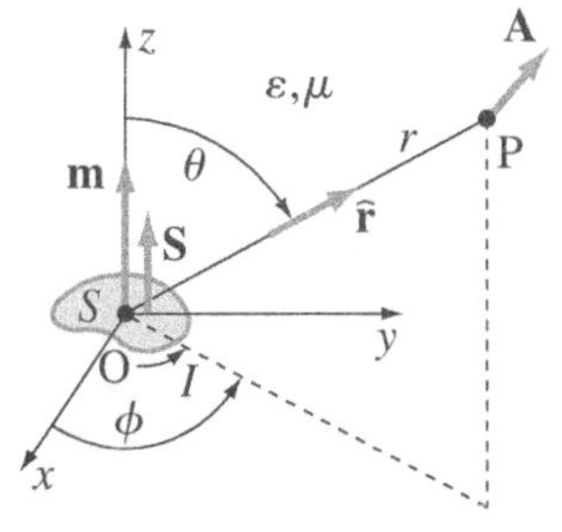

Figura 14.30
Antena magnética em anel.

sendo **S** o vetor de área superficial do anel, que está no eixo z de um sistema de coordenadas esféricas, na Figura 14.30. Neste sistema, o ponto (P) de observação (de campo) é definido por (r, θ, ϕ). Sem perda de generalidade, assumimos formato retangular no anel, conforme Figura 14.30 (como veremos, o formato é irrelevante, desde que o anel seja pequeno). Sendo os comprimentos de lado do anel, a e b, eletricamente pequenos, a corrente em cada lado é constituída por um único elemento (dipolo hertziano, Figura 14.1, sem terminações de carga), e o potencial de vetor magnético associado pode ser calculado com a Equação (14.4). É claro que a restrição $r \gg a, b$ se aplica, como nas figuras 14.1 e 4.30. Deste modo, combinando as equações (4.135) e (14.4), e utilizando aproximações e transformações quase idênticas às da Equação (14.6), o potencial magnético dinâmico causado pelo par de elementos de corrente paralelos de comprimento a na Figura 4.30 é

$$\underline{\mathbf{A}}_{aa} = \frac{\mu \underline{I}\mathbf{a}}{4\pi}\left(\frac{e^{-j\beta r_1}}{r_1} - \frac{e^{-j\beta r_2}}{r_2}\right) \approx$$
$$\approx -\frac{\mu \underline{I}\mathbf{a}}{4\pi}\left.\frac{d(e^{-j\beta R}/R)}{dR}\right|_{R=r} \underbrace{(-\mathbf{b}\cdot\hat{\mathbf{r}})}_{\Delta R} =$$
$$= -\frac{\mu \underline{I}\mathbf{a}(\mathbf{b}\cdot\hat{\mathbf{r}})(1+j\beta r)\,e^{-j\beta r}}{4\pi r^2}, \qquad (14.156)$$

com $\Delta R = r_2 - r_1 \approx \mathbf{d}\cdot\hat{\mathbf{r}}(\mathbf{d} = -\mathbf{b})$, como na Equação (4.136). Vemos que esse potencial difere do encontrado na Equação (4.136) para o fator de alta frequência $(1 + j\beta r)e^{-j\beta r}/r^2$, e o mesmo é válido para a contribuição do outro par de elementos de corrente, assim como para o potencial total devido à antena em anel na Figura 14.30, que assim, segundo a Equação (4.141), é

potencial magnético de uma antena magnética em anel

$$\underline{\mathbf{A}} = \frac{\mu \underline{m}\,\mathrm{sen}\,\theta(1+j\beta r)\,e^{-j\beta r}}{4\pi r^2}\,\hat{\boldsymbol{\theta}} \longrightarrow$$
$$\longrightarrow \quad \underline{\mathbf{A}} \approx \frac{j\mu\beta \underline{m}\,\mathrm{sen}\,\theta\, e^{-j\beta r}}{4\pi r}\,\hat{\boldsymbol{\theta}} = \underline{A}_\phi\,\hat{\boldsymbol{\theta}}$$
$$\text{para } r \gg \lambda, \qquad (14.157)$$

onde a segunda expressão pertence à zona distante da antena. De fato, $\underline{\mathbf{A}}$ não depende do formato da antena, e nem mesmo de sua área de superfície ou intensidade de corrente em separado, mas de seu produto, o momento magnético do dipolo, na Equação (14.155).

O campo eletromagnético distante na Figura 14.30 é calculado da zona distante $\underline{\mathbf{A}}$ do anel seguindo os passos gerais da análise de irradiação de uma antena arbitrária, equações (14.25), o que resulta em

campo distante de uma antena magnética em anel

$$\underline{\mathbf{E}} = -j\omega \underline{A}_\phi\,\hat{\boldsymbol{\theta}} = \frac{\eta\beta^2 \underline{m}\,e^{-j\beta r}\mathrm{sen}\,\theta}{4\pi r}\,\hat{\boldsymbol{\theta}} = \underline{E}_\phi\,\hat{\boldsymbol{\theta}},$$
$$\underline{\mathbf{H}} = -\frac{\underline{E}_\phi}{\eta}\,\hat{\boldsymbol{\theta}} = -\frac{\beta^2 \underline{m}\,e^{-j\beta r}\mathrm{sen}\,\theta}{4\pi r}\,\hat{\boldsymbol{\theta}} = \underline{H}_\theta\,\hat{\boldsymbol{\theta}}, \qquad (14.158)$$

onde se usa a primeira relação nas equações (14.9). Comparando essas expressões de campo com as expressões de campo distante nas equações (14.17) para um dipolo hertziano, Figura 14.1, percebemos que são quase as mesmas, e que a única diferença está nas constantes multiplicativas, porém com os papéis de $\underline{\mathbf{E}}$ e $\underline{\mathbf{H}}$ reversos. Com base em tal equivalência reversa, onde $\underline{\mathbf{E}}$ e $\underline{\mathbf{H}}$ de uma fonte elétrica se tornam $\underline{\mathbf{H}}$ e $-\underline{\mathbf{E}}$, de uma fonte magnética, dizemos que um dipolo hertziano e uma antena em anel magnético, isto é, dipolos elétrico e magnético dinâmicos, são fontes eletromagnéticas duais, quer dizer, duais entre si. Na teoria eletromagnética, isso se chama princípio geral da dualidade para campos eletromagnéticos causados por fontes elétricas e magnéticas. Perceba que uma dualidade semelhante se aplica para dipolos estáticos também [ver as equações (1.117) e (4.142) e figuras 4.31(a) e 4.31(b)].

Os anéis eletricamente pequenos (dipolos magnéticos) são muito utilizados como antenas receptoras[12] em diversas aplicações, como receptores de AM, ondas curtas e FM (ver Tabela 9.1), pagers e sistemas de navegação. Também são empregados como sondas magnéticas para medições de campo e para excitação ou recepção de modos de onda em guias de onda e ressonadores de cavidade (ver Figura 13.11). Além disso, o conceito de dipolo magnético dinâmico pode ser usado em cálculos de interferência eletromagnética (IEM). Ou seja, em termos de perturbações eletromagnéticas produzidas, quase todo dispositivo elétrico ou eletrônico cujas dimensões sejam menores que o comprimento de onda do componente com a mais alta relevância no espectro de frequência da perturbação pode ser aproximado por uma combinação de um único dipolo hertziano e uma única antena dipolo magnético equivalentes. Por fim, uma disposição teórica especial dos dois dipolos, elétrico dinâmico e magnético, denominada radiador (ou fonte) de Huygens, é a base para a análise da abertura das antenas, como antenas slot, Figura 13.13, antenas de guia de onda abertas, Figura 13.14(a), e antenas horn, Figura 13.14(b).

12 A primeira antena em anel magnética foi construída e usada (em experimentos) como um receptor por Hertz em 1887.

Exemplo 14.21

Função de irradiação e resistência de uma antena magnética

(a) Encontre a expressão para a irradiação característica de um dipolo magnético (antena magnética em anel), na Figura 14.30. (b) Qual é a diretividade da antena? (c) Discuta o padrão de irradiação da antena e sua dualidade de campo distante com um dipolo hertziano. (d) Determine a resistência de irradiação do dipolo magnético.

Solução

(a)-(c) Com base nas equações (14.158) e (14.78), a função de irradiação característica do dipolo magnético é

antena magnética em anel, função irradiação

$$\underline{\mathbf{F}}(\theta) = -\frac{\mathrm{j}\beta^2 S}{2}\,\operatorname{sen}\theta\,\hat{\boldsymbol{\theta}} \quad [f(\theta) = \operatorname{sen}\theta]. \tag{14.159}$$

É claro que o padrão de campo normalizado, (f), Equação (14.80), é o mesmo de um dipolo hertziano, Equação (14.81), e assim, por meio da Equação (14.107), tem a mesma diretividade, $D = 1{,}5$, presente na Equação (14.113). Contudo, os dois dipolos têm polarizações ortogonais entre si: o vetor campo elétrico distante do dipolo magnético tem apenas um componente ϕ, enquanto o vetor campo magnético distante tem direção θ, justamente o contrário da situação na Figura 14.2 para o dipolo elétrico. A dualidade de campo distante das duas antenas é ilustrada na Figura 14.31, onde apresentamos em paralelo seus padrões normalizados polares, com as polarizações de campo, em um plano $\phi = \text{const}$, que é um plano E para o dipolo magnético [ver também Figura 14.12(b), com um plano H para o dipolo magnético.

(d) Por outro lado, a resistência de irradiação de uma antena magnética em anel é bem diferente de sua dual elétrica, em razão das diversas constantes multiplicativas em expressões para a função característica de irradiação para as duas antenas. Como a potência irradiada da antena na Equação (14.101) é proporcional a uma integral sobre o ângulo sólido completo da magnitude da função da irradiação ao quadrado, $|\underline{\mathbf{F}}|^2$, e visto que $|\underline{\mathbf{F}}|$ do dipolo magnético pode ser obtido de $|\underline{\mathbf{F}}|$ do dipolo elétrico substituindo βl por $\beta^2 S$, da mesma forma substituímos símbolo$(\beta l)^2$ na Equação (14.55) por $(\beta^2 S)^2$ para obter R_{rad} do anel no espaço livre,

resistência de irradiação, antena laço magnética

$$R_{\mathrm{rad}} = 20\left(\beta^2 S\right)^2\ \Omega = 31.171\left(\frac{S}{\lambda^2}\right)^2\ \Omega. \tag{14.160}$$

Visto que $S \ll \lambda^2$, trata-se de uma resistência muito pequena.

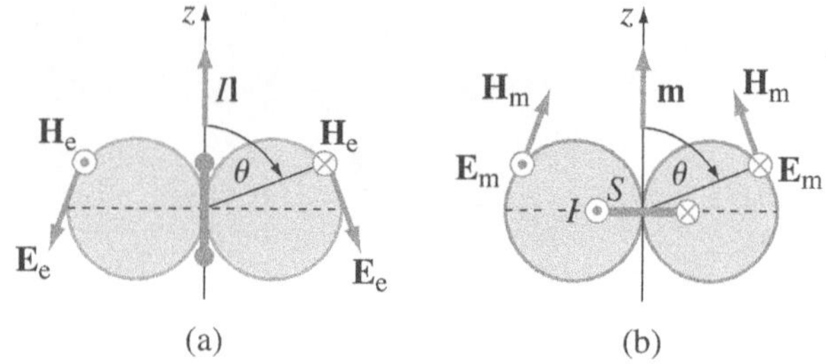

Figura 14.31

Dualidade no campo distante (padrão de campo normalizado e polarização em um plano $\phi = \text{const}$) de um dipolo elétrico (hertziano) (a) e magnético (antena em anel) (b), nas figuras 14.1 e 14.30, respectivamente; para o Exemplo 14.21.

14.12 TEORIA DE ANTENAS RECEPTORAS

Até o momento estudamos antenas em modo de transmissão, isto é, quando irradiam ondas eletromagnéticas. Embora a operação em modo receptor seja justamente o oposto — a antena é usada para capturar a potência de uma onda eletromagnética incidente e entregá-la a um dispositivo (carga) — tanto as propriedades de circuito (impedância) quanto as direcionais de uma antena receptora estão diretamente relacionadas com suas propriedades quando está transmitindo. Nesta seção, derivaremos essas relações e construiremos uma teoria geral de antenas receptores, que quantificará a qualidade de recepção de uma determinada antena, ou seja, sua capacidade de receber a potência de uma onda chegando em uma certa direção de incidência e com uma determinada polarização e passá-la à carga.

Considere uma antena receptora arbitrária iluminada por uma onda harmônica plana uniforme, de frequência angular ω, em um meio homogêneo e sem perdas, de pemissividade ε e $\mu(\sigma = 0)$. Em relação à Figura 14.32(a), o vetor unitário de propagação da onda, $\hat{\mathbf{n}}$, é direcionado à origem global da coordenada, O, sobre a antena ou próximo dela. Como na Equação (9.69), o vetor intensidade do campo elétrico rms complexo da onda em um ponto arbitrário definido pelo vetor de posição $\mathbf{r}$ em relação à origem é

$$\underline{\mathbf{E}}_{\mathrm{i}}(\mathbf{r}) = \underline{\mathbf{E}}_0\,\mathrm{e}^{-\mathrm{j}\beta\mathbf{r}\cdot\hat{\mathbf{n}}}, \tag{14.161}$$

onde $\underline{\mathbf{E}}_0 = \underline{\mathbf{E}}_{\mathrm{i}}(0)$ (o vetor de campo na origem), e β é o coeficiente de fase da onda, Equação (8.111). Essa onda é na maioria das vezes originada por outra antena (transmissora) em um enlace sem fio, distante da antena receptora, Equação (14.16), de modo que se aplique a aproximação de onda em plano uniforme da verdadeira onda esférica não uniforme irradiada pela outra antena, Figura 9.1. Além disso, consideremos que a antena receptora termine em uma carga de impedância complexa $\underline{Z}_L$. Em relação a seus terminais de saída (note que este mesmo par é usado como terminais de entrada no modo transmissor) e à carga, a antena pode ser substituída pelo gerador equivalente de Thévenin, visto na Figura 14.32(b). Nossa meta é determinar os parâmetros deste gerador.

Por definição, isto é, pelo teorema de Thévenin, a impedância interna complexa do gerador, $\underline{Z}_T$, é igual à impedância de entrada complexa da antena na Figura 14.32(a) (com a onda planar incidente "desligada"). Esta é, de modo simples, a impedância $\underline{Z}_A$ na Equação (14.63) e na Figura 14.10. Assim, impedância de Thévenin de uma antena receptora

$$\boxed{\underline{Z}_T = \underline{Z}_A.} \tag{14.162}$$

Deste modo, a antena apresenta a seus terminais de entrada/saída a mesma impedância complexa nos modos transmissor e receptor. Porém, enquanto a antena transmissora pode ser substituída por apenas uma carga (passiva), de impedância $\underline{Z}_A$, o equivalente na receptora inclui também uma potência eletromotriz (circuito ativo).

Esta fem e seu valor rms complexo, $\underline{\mathcal{E}}_T$, pode, por definição, ser encontrado como tensão de circuito aberto da antena na Figura 14.32(a), ou seja, calculando a tensão através dos terminais abertos (com a carga removida) da antena (excitada pela onda que chega). Para simplificar a análise, vamos encontrar $\underline{\mathcal{E}}_T$ para um anel pequeno de vetor área de superfície $\mathbf{S} = S\hat{\mathbf{z}}$ como antena receptora, conforme a Figura 14.33(a). A fem rms complexo induzido no anel ($\underline{\mathcal{E}}_{ind}$) é determinado pela lei de Faraday de indução eletromagnética, e em particular, sua expressão para um anel eletricamente pequeno na Equação (13.119), em termos do vetor intensidade do campo magnético rms complexo na posição do anel, ou seja, na origem da coordenada. Esse vetor, $\underline{\mathbf{H}}_0$, se relaciona com $\underline{\mathbf{E}}_0$ por meio da Equação (9.70), visto que sua excitação é por uma onda TEM. Usando as equações (14.9) e (14.12), a relação $\hat{\mathbf{n}} = -\hat{\mathbf{r}}$ entre os vetores unitários na Figura 14.33(a), e equidade de permutação cíclica para o produto triplo escalar dos três vetores, podemos escrever

$$\begin{aligned}
\underline{\mathcal{E}}_{ind} &= -j\omega\mu\underline{\mathbf{H}}_0 \cdot \mathbf{S} = -\frac{j\omega\mu}{\eta}(\hat{\mathbf{n}} \times \underline{\mathbf{E}}_0) \cdot \mathbf{S} = \\
&= j\beta S(\hat{\mathbf{r}} \times \underline{\mathbf{E}}_0) \cdot \hat{\mathbf{z}} = j\beta S(\hat{\mathbf{z}} \times \hat{\mathbf{r}}) \cdot \underline{\mathbf{E}}_0 \\
&= j\beta S \operatorname{sen}\theta\, \hat{\boldsymbol{\theta}} \cdot \underline{\mathbf{E}}_0 \\
&= -\frac{2}{\beta}\underline{\mathbf{E}}_0 \cdot \underbrace{\left(-\frac{j\beta^2 S}{2}\operatorname{sen}\theta\,\hat{\boldsymbol{\theta}}\right)}_{\underline{\mathbf{F}}_{anel}} \quad (\hat{\mathbf{r}} = -\hat{\mathbf{n}}),
\end{aligned} \tag{14.163}$$

onde $\underline{\mathbf{F}}_{anel}$ é a função característica de irradiação da antena, Equação (14.159), para a direção de chegada da onda incidente. Assim, tendo em mente a Equação (6.62) e o circuito equivalente na Figura 14.32(b), e expressando β em termos do comprimento de onda correspondente, λ, por meio da Equação (8.111), a tensão de circuito aberto da antena é igual a

tensão de circuito aberto de uma antena receptora

$$\boxed{\underline{V}_{ca} = \underline{\mathcal{E}}_T = -\underline{\mathcal{E}}_{ind} = \frac{2}{\beta}\,\underline{\mathbf{E}}_0 \cdot \underline{\mathbf{F}}_{anel} = \frac{\lambda}{\pi}\,\underline{\mathbf{E}}_0 \cdot \underline{\mathbf{F}}.} \tag{14.164}$$

De um modo alternativo, vamos obter o mesmo resultado assumindo que a onda planar incidente está sendo recebida por um dipolo hertziano de vetor comprimento $\mathbf{l} = l\hat{\mathbf{z}}$, conforme Figura a 14.33(b). Retomando a Figura 6.6 e a Equação (6.32), percebemos que o campo incidente na (14.161) induz em um elemento $d\mathbf{l}$ do fio do dipolo uma fem igual a $d\underline{\mathcal{E}}_{ind} = \underline{\mathbf{E}}_i(\mathbf{r}) \cdot d\mathbf{l}$, e o elemento pode ser substituído por um gerador elementar de tensão equivalente de fem $d\underline{\mathcal{E}}_{in}$, conforme a Figura 14.33(b). Como o dipolo é eletricamente curto, $\underline{\mathbf{E}}_i(\mathbf{r}) \approx \underline{\mathbf{E}}_0$, em toda a antena, temos, para a fem induzida total $\mathcal{E}_{ind}$ da antena

$$\begin{aligned}
&d\mathcal{E}_{ind} = \underline{\mathbf{E}}_0 \cdot d\mathbf{l} \quad \longrightarrow \\
&\longrightarrow \quad \underline{\mathcal{E}}_{ind} = \int_l d\underline{\mathcal{E}}_{ind} = \underline{\mathbf{E}}_0 \cdot \mathbf{l} = \\
&\qquad = \underline{E}_0 l \cos\gamma = \underline{E}_0 l \operatorname{sen}\theta = \\
&\qquad = \frac{2}{\beta}\underline{E}_0 \underbrace{\frac{\beta l}{2}\operatorname{sen}\theta}_{\underline{F}_{dipolo}} = -\frac{2}{\beta}(-\underline{E}_0\underline{F}_{dipolo}) = \\
&\qquad = -\frac{2}{\beta}\underline{\mathbf{E}}_0 \cdot \underline{\mathbf{F}}_{dipolo} \quad (\gamma = 90^\circ - \theta),
\end{aligned} \tag{14.165}$$

sendo $\underline{\mathbf{F}}_{dipolo}$ a função característica de irradiação do dipolo, Equação (14.79), novamente para a direção da incidência da onda [note que $\underline{\mathbf{E}}_0$ e $\underline{\mathbf{F}}_{dipolo}$ são vetores

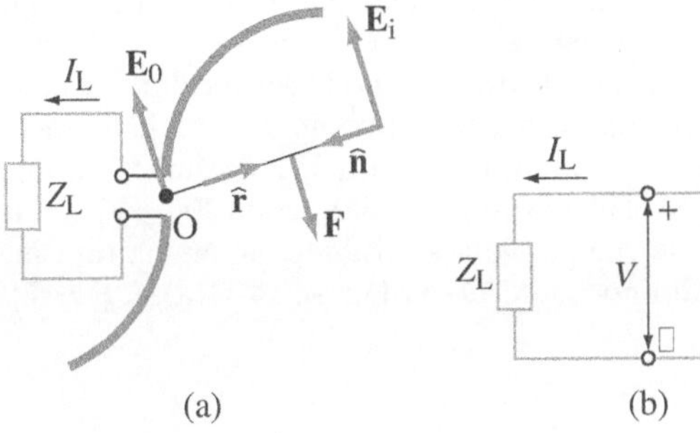

Figura 14.32

(a) Antena receptora do campo de uma onda harmônica planar uniforme e (b) sua representação equivalente de Thévenin.

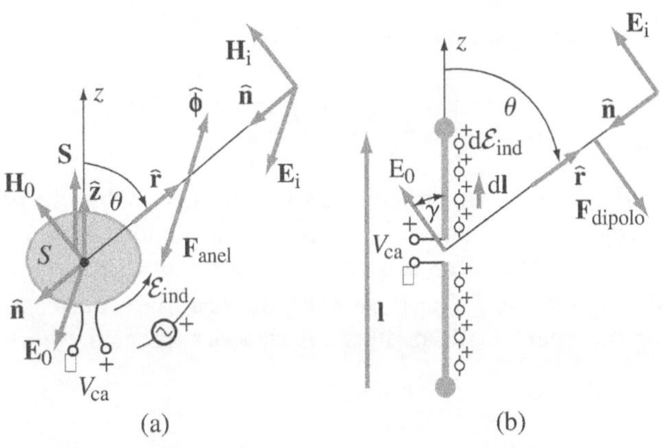

Figura 14.33

Calculando a fem induzida e tensão de circuito aberto da antena receptora na Figura 14.32(a), se for (a) anel ou (b) dipolo hertziano.

opostamente direcionados, na Figura 14.33(b)]. Isso naturalmente leva à mesma expressão para $\underline{V}_{ca}$ na Equação (14.164), e esta expressão vale para uma antena receptora arbitrária (fio, superfície ou volume).

Enfatizamos que $\underline{\mathbf{E}}_0$ na Equação (14.164) é o vetor campo elétrico da onda planar incidente na origem da coordenada (ponto de referência), normalmente adotado nos terminais da antena, e $\underline{\mathbf{F}}$ é a função de irradiação característica que a antena teria se transmitindo na direção de incidência da onda, isto é, a direção definida por $\hat{\mathbf{r}} = -\hat{\mathbf{n}}$, conforme a Figura 14.32(a). Esta direção é em geral dada por ângulos incidentes θ_1 e ϕ_1 em um sistema de coordenadas esféricas (ligado à antena), e assim $\underline{\mathbf{F}} = \underline{\mathbf{F}}(\theta_i, \phi_i)$. Deste modo, o padrão de campo de uma antena receptora, que mostra se ela captura bem o sinal incidente em direções diferentes em espaço 3-D, é idêntico ao de irradiação da antena quando em modo transmissor, Figura 14.11, e o mesmo vale para padrões de potência (Equação 14.84). Em suma, os padrões transmissores e receptores de uma antena arbitrária são idênticos, o que é, na base, uma consequência da linearidade do sistema na Figura 14.32(a) e sua reciprocidade.[13] Já que, ainda, a impedância de Thévenin no circuito equivalente receptor da antena, na Figura 14.32(b), é idêntico, pela Equação (14.162), à encontrada no circuito transmissor, na Figura 14.10(b), concluímos que as propriedades básicas de uma antena receptora são todas determinadas por suas propriedades como antena transmissora.

Na Equação (14.164), a polarização da antena receptora e da onda que chega pode ser arbitrária (tipo linear, circular ou elíptico, e com parâmetros arbitrários da elipse de polarização), de modo que podemos ter uma combinação arbitrária de polarizações de vetores $\underline{\mathbf{E}}_0$ e $\underline{\mathbf{F}}$. Como já mencionado, na maioria das vezes a polarização de $\underline{\mathbf{E}}_0$ vem de uma antena transmissora lançando a onda em um enlace de comunicação. Assim, o produto líquido na Equação (14.164) determina o casamento (ou não) de polarização entre as duas antenas nas duas pontas do enlace. Se ambas forem polarizadas linearmente, podemos escrever

polarizações lineares de antena e onda

$$\underline{V}_{ca} = \frac{\lambda}{\pi}\underline{E}_0\underline{F}\cos\alpha, \qquad (14.166)$$

onde $\underline{E}_0$ e $\underline{F}$ são magnitudes complexas, incluindo os termos de fase, dos dois vetores na Equação (14.164), e α é o ângulo entre eles. Vemos que a tensão rms $|\underline{V}_{ca}|$ é máxima para $\alpha = 0$ ou 180°, ou seja, para um casamento (perfeito) das duas polarizações lineares,

tensão máxima — caso copolarizado

$$\alpha = 0 \text{ ou } 180^\circ \longrightarrow$$
$$\longrightarrow \quad |\underline{V}_{ca}|_{máx} = \frac{\lambda}{\pi}|\underline{E}_0||\underline{F}| = \frac{\lambda}{\pi}|\underline{\mathbf{E}}_0||\underline{\mathbf{F}}|. \qquad (14.167)$$

Um exemplo seria um sistema de duas antenas paralelas dipolo de fio distantes comunicando-se. Por outro lado, se os dois dipolos distantes forem mutuamente ortogonais (isto é, de polarização cruzada), $\alpha = 90^\circ$, sendo zero a tensão recebida.

É claro que nos interessamos, em geral, pelo desempenho da antena quando carregada (e não em curto circuito) em seu modo receptor. No entanto, agora a análise é objetiva. Uma vez que a tensão em curto-circuito de uma antena receptora, $\underline{V}_{ca}$, $= \underline{\mathcal{E}}_T$ seja obtida com o uso das equações (14.164) ou (14.166), a corrente da carga da antena, $\underline{I}_L$, na Figura 14.32(a) é determinada do circuito equivalente na Figura 14.32 (b) e Equação (14.162),

corrente de carga

$$\underline{I}_L = \frac{\underline{\mathcal{E}}_T}{\underline{Z}_L + \underline{Z}_T} = \frac{\underline{V}_{ca}}{\underline{Z}_L + \underline{Z}_A}. \qquad (14.168)$$

Conhecendo a corrente de carga (recebida), podemos também encontrar as potências complexas e médias no tempo entregues à carga, e ouras quantidades de interesse para a análise ou projeto em questão.

Exemplo 14.22

Enlace sem fio com dois dipolos de meia onda não alinhados

Considere o enlace sem fio no espaço livre da Figura 14.34(a). Ambas as antenas são dipolos de meia onda, e a distância entre as extremidades de transmissão e recepção é $r = 200$ m. A antena transmissora, que opera a uma frequência $f = 300$ MHz, está posicionada no plano xy a um ângulo de $\gamma_1 = 45^\circ$ em relação ao eixo z, enquanto a receptora repousa no plano x' y', onde faz um ângulo de $\gamma_2 = 60^\circ$ com o eixo x'. Se a potência de entrada da antena transmissora é P_{ent}, encontre a magnitude da potência em curto-circuito da receptora.

Solução Utilizando a Equação (9.67), o comprimento de onda operante no espaço livre do enlace sem fio é $\lambda = \lambda_0 = c_0/f = 1$ m, e a distância elétrica entre as antenas $r/\lambda = 200 \gg 1$. Isso significa que a extremidade receptora do enlace está no campo distante do dipolo transmissor, assim como a onda eletromagnética irradiada pode ser localmente considerada como onda planar uniforme no cálculo da tensão de circuito aberto do dipolo receptor, $\underline{V}_{ca}$. Assim, $\underline{V}_{ca}$ é dado pelas equações (14.164) ou (14.166), sendo $\underline{\mathbf{E}}_0 = \underline{\mathbf{E}}_t$ o vetor intensidade de campo elétrico distante da antena transmissora calculado no ponto O′ na Figura 14.34(a), e $\underline{\mathbf{F}} = \underline{\mathbf{F}}_r$ a

13 A reciprocidade de campos eletromagnéticos diz que uma resposta a uma fonte permanece a mesma se a fonte e os locais de observação forem intercambiados, contanto que os meios eletromagnéticos no sistema forem lineares e isotrópicos. Isso pode ser provado com as equações de Maxwell, e é uma das versões do que hoje se conhece por teorema da reciprocidade eletromagnética (derivada pela primeira vez por H. A. Lorentz).

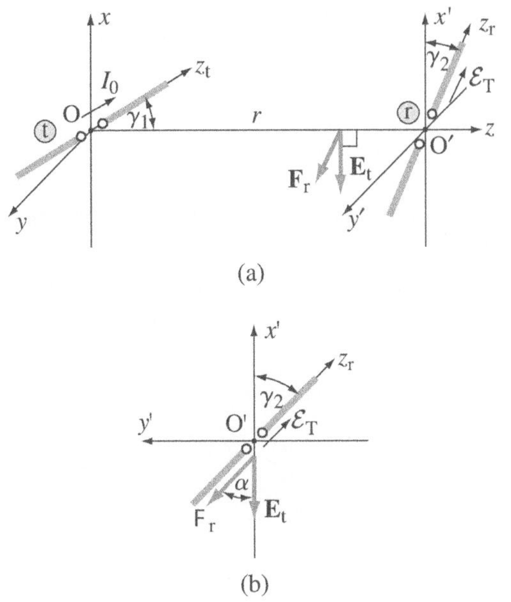

Figura 14.34

Enlace sem fio com duas antenas dipolos de meia onda não alinhadas: (a) geometria do sistema e (b) detalhe na extremidade receptora, mostrando o vetor campo elétrico distante da antena transmissora ($\underline{\mathbf{E}}_t$) e função característica de irradiação da antena receptora ($\underline{\mathbf{F}}_r$), na Equação (14.169); para o Exemplo 14.22.

função característica de irradiação da antena receptora que a mesma teria caso transmitindo em direção ao ponto O. Com essa notação,

$$\underline{V}_{ca} = \frac{\lambda}{\pi}\,\underline{\mathbf{E}}_t \cdot \underline{\mathbf{F}}_r = \frac{\lambda}{\pi}\,\underline{E}_t\underline{F}_r\cos\alpha, \qquad (14.169)$$

onde α é o ângulo entre os vetores $\underline{\mathbf{E}}_t$ e $\underline{\mathbf{F}}_r$.

Em um sistema local de coordenadas esféricas com o eixo z_t no dipolo transmissor, $\underline{\mathbf{E}}_t$ tem apenas um componente θ_t, onde θ_t coincide com γ_1, assim apontando para a direção negativa x', $\underline{\mathbf{E}}_t = \underline{E}_t(-\hat{\mathbf{x}}')$ na Figura 14.34(a). Pelo mesmo raciocínio, a função característica de irradiação do dipolo, Equação (14.128), é determinada pelo ângulo local θ_t, e tendo em mente as equações (14.78), (14.151) e (14.130), podemos escrever

$$\underline{E}_t = \frac{j\eta}{2\pi}\,\underline{I}_0\,\frac{e^{-j\beta r}}{r}\,F(\theta_t) \quad (\theta_t = \gamma_1),$$

$$I_0 = \sqrt{\frac{P_{entrada}}{R_{rad}}} = 0{,}37\ \text{A} \quad (R_{rad} = 73\ \Omega), \qquad (14.170)$$

onde $F(\theta)$ é o mesmo encontrado nas equações (14.140).

No outro lado, se conectarmos um sistema local de coordenadas esféricas cujo eixo z_r esteja no dipolo receptor, o ângulo θ_r local entre o dipolo e a orientação na direção da extremidade receptora é reto, e $\underline{\mathbf{F}}_r$ é direcionado a θ_r, em paralelo ao dipolo, conforme a Figura 14.34 (b). Deste modo, do fato que $\theta_r = 90^\circ$ e a direção (polarização) de $\underline{\mathbf{F}}_r$ na Figura 14.34(b), temos

$$\underline{F}_r = F(\theta_r) = F(90^\circ) = 1 \quad \text{e} \quad \alpha = \gamma_2, \qquad (14.171)$$

Por fim, combinando as equações (14.169) -(14.171), a magnitude da tensão recebida é

enlace com dois dipolos $\lambda/2$ não alinhados

$$|\underline{V}_{ca}| = \frac{\eta\lambda I_0}{2\pi^2 r}\,\frac{\cos\left(\frac{\pi}{2}\cos\gamma_1\right)}{\operatorname{sen}\gamma_1}\cos\gamma_2 = 11\ \text{mV}, \qquad (14.172)$$

onde $\eta = \eta_0 = 377\ \Omega$, Equação (9.23), $F(\gamma_1) = 0{,}628$, e $\cos\gamma_2 = 0{,}5$. É claro que essa tensão pode ser maximizada, para as duas antenas usadas e o comprimento dado do enlace, potência de entrada, e frequência, orientando os dipolos de modo que $\gamma_1 = 90^\circ$ e $\gamma_2 = 0$. A condição anterior implica apontar a antena transmissora para sua diretividade máxima, isto é, orientando-a de modo que o máximo de seu padrão de irradiação esteja em direção à antena receptora, enquanto a outra condição indica casamento de polarização entre os dipolos. A tensão máxima seria então $|\underline{V}_{ca}|_{máx} = \eta\lambda I_0/(2\pi^2 r) = 35{,}3$ mV. Note que o dipolo receptor já está apontado, na Figura 14.34, para sua diretividade máxima [$\theta_r = 90^\circ$ na Equação (14.171)]. Observe também que se a fase inicial da tensão recebida for necessária, a expressão complexa completa para o campo $\underline{E}_t$ na Equação (14.170) é usada para calcular a tensão complexa $\underline{V}_{ca}$ na Equação (14.169).

Exemplo 14.23

Recepção de uma onda circularmente polarizada por um dipolo de fio

Na extremidade transmissora de um enlace sem fio, duas antenas dipolo de meia onda colocadas nos eixos x- e y-, conforme Figura 14.35(a), são alimentadas com correntes de intensidades rms complexas $\underline{I}_{01} = 3$A e $\underline{I}_{02} = j3$, respectivamente, e a mesma frequência $f = 500$ MHz. Na extremidade receptora, distante $r = 30$ m dos dipolos cruzados, outro dipolo de meia onda repousa no plano x' y' e faz um ângulo y com o eixo x'. Calcule a tensão rms nos terminais abertos do polo receptor.

Solução O comprimento de onda operante é $\lambda = c_0/f = 60$ cm (note que $r \gg \lambda$). Os vetores intensidade do campo elétrico irradiados pelos dipolos 1 e 2, $\underline{\mathbf{E}}_{t1}$ e $\underline{\mathbf{E}}_{t2}$, têm apenas componentes θ em respectivos sistemas locais de coordenadas esféricas ligados aos dipolos (ver Figura 14.34), e na posição de recebimento (ponto O′) na Figura 14.35(a), cada um deles é paralelo ao dipolo de origem, conforme a Figura 14.35(b). Como ambas as ondas incidentes estão se aproximando da mesma direção, a função de irradiação característica da antena receptora (dipolo 3), $\underline{\mathbf{F}}_r$, definida para o suposto modo de transmissão naquela direção (ao ponto O) é a mesma para as duas ondas, em paralelo ao dipolo, Figura 14.35(b). Sendo os ângulos que $\underline{\mathbf{E}}_{t1}$ e $\underline{\mathbf{E}}_{t2}$ fazem com $\alpha_1 = \gamma$ e $\alpha_2 = 90^\circ + \gamma$, respectivamente, temos da Equação (14.166) que as voltagens recebidas pelo dipolo 3 por causa da irradiação dos dipolos 1 e 2 são

$$\underline{V}_{ca1} = \frac{\lambda}{\pi}\,\underline{E}_{t1}\underline{F}_r\cos\gamma,$$

$$\underline{V}_{ca2} = \frac{\lambda}{\pi}\,\underline{E}_{t2}\underline{F}_r\cos(90^\circ + \gamma) = = -\frac{\lambda}{\pi}\,\underline{E}_{t2}\underline{F}_r\operatorname{sen}\gamma. \qquad (14.173)$$

Dado que as correntes de alimentação dos dipolos transmissores tenham as mesmas magnitudes e estejam em quadratura tempo-fase ($\underline{I}_{02}$ é j vezes $\underline{I}_{01}$), da Equação (14.78) a mesma relação vale para os campos $\underline{E}_{t1}$ e $\underline{E}_{t2}$,

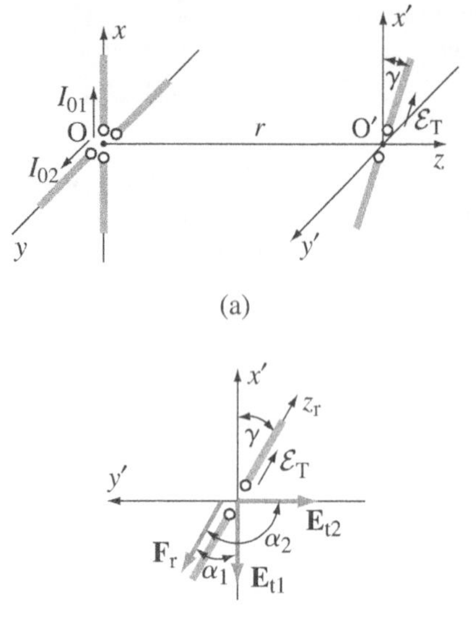

Figura 14.35

Sistema de comunicação sem fio com três antenas dipolo de meia onda: (a) dois dipolos cruzados irradiando uma onda eletromagnética circularmente polarizada ($\underline{I}_{02} = \text{j}\underline{I}_{01}$) e um dipolo receptor em um plano transversal da onda e (b) detalhe na extremidade de recebimento, mostrando os dois vetores de campo elétrico incidentes e função característica de irradiação da antena receptora, nas equações (14.173); para o Exemplo 14.23.

$$\underline{I}_{02} = \text{j}\underline{I}_{01} \longrightarrow \underline{E}_{t2} = \text{j}\underline{E}_{t1},$$

$$\text{onde} \quad \underline{E}_{t1} = \frac{\text{j}\eta}{2\pi}\,\underline{I}_{01}\,\frac{\text{e}^{-\text{j}\beta r}}{r}\,\underline{F}_t. \qquad (14.174)$$

Além disso, percebemos que todas as três antenas estão apontadas, na Figura 14.35, para duas diretividades máximas, ou seja, a direção OO′ ou O′O cai no plano equatorial ($\theta = 90°$) de cada dipolo. Em outras palavras, as funções característica de irradiação do dipolo nos dois lados do enlace são máximas, equação (14.129),

$$\underline{F}_t = \underline{F}_r = F(90°) = 1. \qquad (14.175)$$

Deste modo, com as equações (14.173)-(14.175), a tensão rms total recebida é

recepção de uma onda CP por um dipolo de fio

$$\underline{V}_{ca} = \underline{V}_{ca1} + \underline{V}_{ca2} = \frac{\lambda}{\pi}\,\underline{E}_{t1}\,(\cos\gamma - \text{j}\,\text{sen}\,\gamma) \longrightarrow$$
$$\longrightarrow \quad |\underline{V}_{ca}| = \frac{\lambda}{\pi}\,|\underline{E}_{t1}|\sqrt{\cos^2\gamma + \text{sen}^2\gamma} =$$
$$= \frac{\lambda}{\pi}\,|\underline{E}_{t1}| = \frac{\eta\lambda|\underline{I}_{01}|}{2\pi^2 r} = 1{,}15\ \text{V}. \qquad (14.176)$$

Vemos que essa tensão é a mesma para todos os ângulos γ na Figura 14.35, o que é esperado, já que os dois dipolos cruzados constituem um sistema de antena circularmente polarizada (CP), e o campo irradiado resultante $\underline{\mathbf{E}}_t = \underline{\mathbf{E}}_{t1} + \underline{\mathbf{E}}_{t2}$ representa uma onda CP — os dois vetores de campo linearmente polarizados mutuamente ortogonais são de iguais amplitudes e 90° fora de fase entre si [ver equações (9.185) e a Figura 9.19]. Deste modo, a recepção no ponto O′ do vetor $\underline{\mathbf{E}}_t(t)$ quando rotaciona com sua ponta descrevendo um círculo durante o curso do tempo (t) no plano $x'y'$ não depende da orientação de um dipolo neste plano.

Exemplo 14.24

Recepção de uma onda polarizada elipticamente por um dipolo de fio

Repita o exemplo anterior, porém para $\underline{I}_{02} = \text{j}9$ A ($\underline{I}_{01} = 3$ A). Que γ torna máxima a tensão recebida e qual é a tensão máxima?

Solução Com essa mudança, as equações (14.174) e (14.176) se tornam agora

recepção de uma onda EP

$$\underline{I}_{02} = 3\text{j}\underline{I}_{01} \longrightarrow \underline{E}_{t2} = 3\text{j}\underline{E}_{t1} \longrightarrow$$
$$\longrightarrow \quad \underline{V}_{ca} = \frac{\lambda}{\pi}\,\underline{E}_{t1}\,(\cos\gamma - \text{j}3\,\text{sen}\,\gamma) \longrightarrow$$
$$\longrightarrow \quad |\underline{V}_{ca}| = \frac{\lambda}{\pi}\,|\underline{E}_{t1}|\sqrt{\cos^2\gamma + 9\,\text{sen}^2\gamma} =$$
$$= \frac{\lambda}{\pi}\,|\underline{E}_{t1}|\sqrt{1 + 8\,\text{sen}^2\gamma}, \qquad (14.177)$$

e o máximo da magnitude recebida é

$$|\underline{V}_{ca}|_{\text{máx}} = \frac{\lambda}{\pi}\,|\underline{E}_{t1}|\sqrt{9} = 3{,}44\ \text{V}$$
$$\text{para} \quad \gamma = 90° \quad \text{ou} \quad -90°. \qquad (14.178)$$

Note que a única diferença entre os casos $\gamma = 90°$ e $\gamma = -90°$ (ou $\gamma = 270°$) é uma orientação contrária da fem induzida e tensão recebida ao no eixo y' na Figura 14.35, que naturalmente não afeta o resultado da magnitude da tensão. Assim, a recepção é máxima quando o dipolo receptor está alinhado com o dipolo 2 na Figura 14.35(a). Mais uma vez isto é esperado, já que os dois dipolos cruzados irradiam agora uma onda eletromagnética resultante elipticamente polarizada (EP), como nas equações (9.187) e Figura 9.20 [os dois vetores componentes ortogonais têm amplitudes diferentes nas equações (14.177)]. Ou seja, um dipolo de fio linearmente polarizado no ponto O′ recebe o máximo da onda EP quando posicionado ao longo do eixo principal de sua elipse de polarização (para o vetor campo elétrico) no plano $x'y'$.

14.13 ABERTURA EFETIVA DA ANTENA

Um dos parâmetros básicos das antenas receptoras é a chamada abertura efetiva de uma antena em uma determinada direção. Em referência à Figura 14.32(a), é definida como a taxa de força recebida pela carga nos terminais de saída da antena e a densidade de potência de superfície da onda eletromagnética que chega. Em outras palavras, representa uma porção da frente de onda incidente de onde a antena, de fato, extrai potência e a entrega à carga, podendo assim ser tido como a área de coleta efetiva (ou equivalente) da antena. Nesta seção, derivamos, como de praxe, as expressões para o cálculo desta quantidade importante para um caso ideal quando a carga tem a impedância casada (para a transferência máxima de potência) com a antena e a antena tem polarização casada com a onda.

Do circuito equivalente da antena na Figura 14.32(b) e equações (12.58), (14.168) e (14.63), a potência média no tempo que é entregue à carga, cuja impedância é expressa como $\underline{Z}_L = R_L + jX_L$, é

$$P_L = R_L|\underline{I}_L|^2 = \frac{R_L|\underline{\mathcal{E}}_T|^2}{|\underline{Z}_L + \underline{Z}_A|^2} = = \frac{R_L|\underline{\mathcal{E}}_T|^2}{(R_L + R_A)^2 + (X_L + X_A)^2}. \quad (14.179)$$

Para certos parâmetros de antena e onda incidente, essa potência é máxima à condição de casamento conjugado, ou seja, quando a impedância da carga é o conjugado complexo da impedância da antena, o que provaremos em um exemplo. Com a carga casada de maneira conjugada, a expressão para $(P_L)_{máx}$ adquire a seguinte forma:

carga conjugada de maneira casada — transferência máxima de potência

$$R_L = R_A \quad \text{e} \quad X_L = -X_A \quad (\underline{Z}_L = \underline{Z}_A^*) \longrightarrow \longrightarrow (P_L)_{máx} = \frac{|\underline{\mathcal{E}}_T|^2}{4R_A}. \quad (14.180)$$

Além disso, assumimos que a antena é casada em termos de polarização (copolarizada) com a onda, de modo que sua tensão de circuito aberto, $\underline{V}_{ca} = \underline{\mathcal{E}}_T$ é a encontrada na Equação (14.167). Para encurtar, vamos denotar a potência resultante, sob condições de casamento de impedância e polarização, simplesmente por P_r, de modo que temos

potência recebida por uma carga casada no caso de copolarizada

$$P_r = P_{recebida} = (P_L)_{máx}^{copol} = = \frac{|\underline{V}_{ca}|^2_{máx}}{4R_A} = \frac{\lambda^2|\underline{\mathbf{E}}_0|^2|\underline{\mathbf{F}}|^2}{4\pi^2 R_A}, \quad (14.181)$$

onde $\underline{\mathbf{E}}_0$ e $\underline{\mathbf{F}}$ são o vetor campo elétrico da onda incidente na origem da coordenada e a função de irradiação característica da antena na direção da chegada da onda, Figura 14.32(a).

Usando as equações (9.200) e (14.161), o vetor Poynting médio no tempo da onda incidente é dado por

$$(\mathcal{P}_i)_{méd} = \frac{|\underline{\mathbf{E}}_0|^2}{\eta} \quad [(\mathcal{P}_i)_{méd} = (\mathcal{P}_i)_{méd}\hat{\mathbf{n}}], \quad (14.182)$$

com o qual a potência média recebida no tempo pela carga, Equação (14.181), pode ser escrita como produto de $(P_i)_{méd}$ e uma área de superfície (medida em m^2). Esta é exatamente a abertura efetiva da antena, A_{ef}, calculada como

abertura efetiva da antena (em m^2)

$$P_r = (\mathcal{P}_i)_{méd} A_{ef} \longrightarrow A_{ef} = \frac{\lambda^2 \eta |\underline{\mathbf{F}}|^2}{4\pi^2 R_A}. \quad (14.183)$$

Comparando essa expressão para A_{ef} com a do ganho da antena, G, na Equação (14.110), identificamos a seguinte relação simples entre os dois parâmetros:

abertura efetiva *versus* ganho

$$A_{ef}(\theta_i, \phi_i) = \frac{\lambda^2}{4\pi} G(\theta_i, \phi_i), \quad (14.184)$$

onde a dependência angular é inserida para enfatizar que A_{ef}, como G, é uma função da direção de aproximação da onda, definida pelos ângulos incidentes θ_i e ϕ_i, isto é, do vetor unidade $\hat{\mathbf{n}}$ ou $\hat{\mathbf{r}}$ na Figura 14.32(a). Contudo, na maioria das vezes, a antena está apontada para o ganho máximo (ou diretividade), ou seja, está orientada de modo máximo de seu padrão de irradiação (ou recepção) esteja na direção (θ_i, ϕ_i). Claro, o ganho máximo significa automaticamente a abertura máxima, pela Equação (14.184). Em termos gerais, embora G seja definido, na Seção 14.6, para o modo transmissor de uma antena, e A_{ef}, aqui, para o modo receptor, ambos podem ser usados tanto na extremidade transmissora quanto na receptora em sistemas de comunicação.

Como exemplo, vamos encontrar A_{ef} de um dipolo de fio de meia onda que tem impedância casada à carga e está apontado e polarizado para a máxima resposta de tensão à onda que chega [o dipolo é perpendicular à direção de incidência da onda, $\theta_i = 90^o$ na Equação (14.184), e paralelo ao vetor campo elétrico incidente, $\alpha = 0$ na Equação (14.166)]. Uma combinação das equações (14.184) e (14.131) resulta em

A_{ef} — dipolo de meia onda

$$A_{ef} = \frac{\lambda^2}{4\pi} 1{,}64 = 0{,}13\lambda^2, \quad (14.185)$$

onde também assumimos nenhuma perda ôhmica no dipolo (ver Exemplo 14.16), de modo que o ganho da antena é igual à diretividade ($G = D$), Equação (14.111). Vemos que a efetividade do dipolo extrai potência de uma parte da frente de onda incidente que tem tamanho aproximado $\lambda/2 \times \lambda/4 = \lambda^2/8$, conforme a Figura 14.36(a).

Para antenas com aberturas físicas óbvias, como antenas horn, Figura 13.14(b), e antenas refletoras parabólicas, a abertura efetiva pode ser escrita como

definição de eficiência de abertura

$$A_{ef} = \eta_{abertura} A_{física} \quad (14.186)$$

onde $A_{física}$ é a área de abertura física da antena, vista nas figuras 14.36(b) e 14.36(c), e $\eta_{abertura}$ é um coeficiente sem dimensão chamado eficiência de abertura, sendo A_{ef} sempre menor que ou igual a $A_{física}$ ($0 \leq$

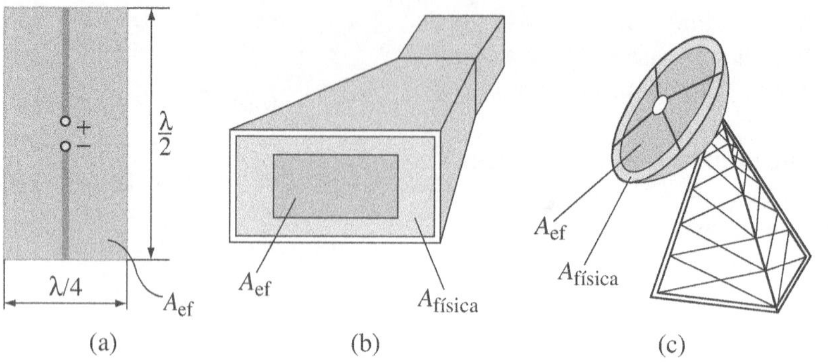

Figura 14.36

Ilustração do conceito de abertura efetiva de antenas (A_{ef}), Equação (14.183), como área equivalente da qual uma antena extrai potência incidente e a entrega à carga — para um dipolo de fio de meia onda [Equação (14.185)] (a), antena horn piramidal (b), e antena refletora parabólica circular (c); para os casos (b) e (c), a área de abertura física da antena ($A_{física}$) também é mostrada [ver Equação (14.186)].

$\eta_{abertura} \leq 1$). A eficiência de abertura, assim, representa uma medida da eficiência com que uma antena receptora utiliza sua área para coletar potência incidente e transferir para uma carga. Por exemplo, as antenas horns piramidais geralmente possuem $\eta_{abertura} \approx 50\%$ enquanto $\eta_{abertura} = 60 - 80\%$ para antenas refletoras parabólicas típicas. Combinando as equações (14.186) e (14.184), percebemos que uma antena deve ser fisicamente grande, tendo assim uma grande abertura efetiva, para obter um alto ganho. Contudo, um grande valor de A_{ef} é irrelevante se considerado isoladamente da frequência operante da onda, já que

abertura efetiva elétrica

$$G \propto \frac{A_{ef}}{\lambda^2} = (A_{ef})_{elétrica}, \quad (14.187)$$

e é na verdade a abertura efetiva elétrica, definida como a razão de A_{ef} pelo comprimento de onda ao quadrado, que determina o ganho, e vice-versa. Assim, como regra, para altos ganhos (e feixes estreitos), temos antenas eletricamente grandes. Esta é uma das regras mais importantes na teoria das antenas, orientando diversos tipos de projetos e arranjos quando são necessárias propriedades altamente direcionais.

Exemplo 14.25

Transferência máxima de potência para carga paramento conjugado

Prove que a transferência máxima de força, $P_L = (P_L)_{máx}$ na Figura 14.32(b) é obtida para a carga de casamento conjugado, conforme equações (14.180).

Solução Já que as reatâncias podem ser também negativas, é óbvio que o valor para $X_L + X_A$ que torna o denominador da expressão para a potência da carga, P_L, na Equação (14.179), mínimo (e P_L máximo) para qualquer valor fixo de R_L, e independentemente dele, é zero (R_A, X_A e $\mathcal{E}_T$ são assumidos como fixos, em primeiro lugar). Assim, $X_L + X_A$, e nos resta maximizar a seguinte expressão para P_L:

$$X_L = -X_A \longrightarrow P_L = \frac{R_L|\mathcal{E}_T|^2}{R_L^2 + 2R_LR_A + R_A^2} = \frac{|\mathcal{E}_T|^2}{f(R_L)}, \quad (14.188)$$

onde $f(R_L)$ significa o denominador desta nova expressão (R_A = const). Sua minimização nos dá

$$f(R_L) = R_L + 2R_A + \frac{R_A^2}{R_L} \longrightarrow$$

$$\longrightarrow \quad \frac{df}{dR_L} = 1 - \frac{R_A^2}{R_L^2} = 0 \quad \longrightarrow \quad R_L = R_A. \quad (14.189)$$

É simples verificar que este resultado para R_L é de fato um mínimo (e não máximo) da função f (e máximo de P_L), o que conclui nossa prova.

14.14 FÓRMULA DE TRANSMISSÃO DE FRIIS PARA UM ENLACE SEM FIO

Na prática, costumamos nos concentramos em assegurar as condições de casamento e orientação das antenas para maximizar a transferência de potência em um sistema sem fio, e nesta seção restringiremos nossa atenção para este caso ideal. Consideremos um enlace de comunicação sem fio (rádio) consistindo de duas antenas em uma distância r, Equação (14.16), no espaço livre (ou qualquer outro meio eletromagnético homogêneo e sem

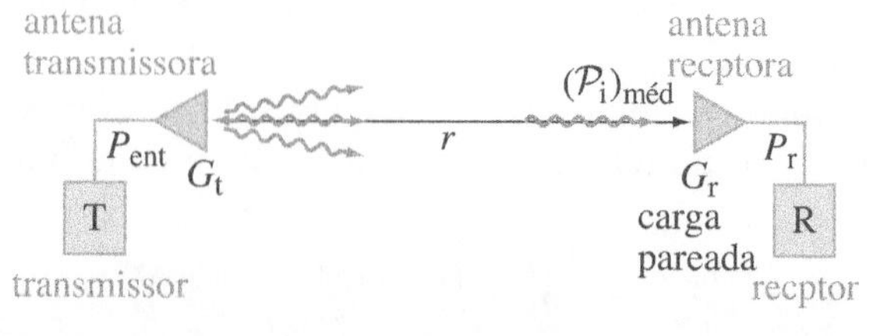

Figura 14.37

Enlace de comunicação sem fio com condições ideais de casamento e orientação de antena (impedância de carga casada à antena receptora, casamento de polarização das antenas e orientação para máximos ganhos em ambas as antenas) — para a derivação da fórmula de transmissão de Friis, Equação (14.190).

perdas) conforme a Figura 14.37. O transmissor e o receptor ligados às antenas podem ser representados com o uso dos circuitos equivalentes de antena receptora e transmissora, figuras 14.10(b) e 14.32(b). Para um caso ideal, assumimos então um casamento de impedância da carga (receptor) à antena receptora, casamento de polarização entre antenas, e que ambas estejam alinhadas e apontadas entre si para máximos ganhos, iguais a G_t e G_r para as antenas transmissoras e receptoras. Para determinar completamente o balanço de potência (*power budget*) deste enlace, vamos encontrar razão de potência média no tempo recebida pela carga P_r para potência de entrada média no tempo que a antena transmissora aceita em seus terminais P_{in}.

Usando as equações (14.183), (14.184), (14.110) e (14.96), ambas as potências podem sem expressas em termos da magnitude $(\mathcal{P}_i)_{méd}$ do vetor Poynting médio no tempo da onda irradiada pela antena transmissora calculada nos terminais receptores da antena, $(\mathcal{P}_i)_{méd}$ sendo então o ponto de conexão entre as duas antenas, que é eliminado na razão da potência,

fórmula da transmissão de Friis

$$P_r = \frac{\lambda^2 G_r}{4\pi}(\mathcal{P}_i)_{méd} \quad \text{e} \quad P_{in} = \frac{4\pi r^2}{G_t}(\mathcal{P}_i)_{méd} \longrightarrow \frac{P_r}{P_{in}} = \left(\frac{\lambda}{4\pi r}\right)^2 G_t G_r, \qquad (14.190)$$

onde λ é o comprimento de onda operante no sistema. Essa expressão para P_r/P_{in} é conhecida como fórmula da transmissão de Friis, e é de extrema utilidade nos cálculos de nível de potência de sinal de sistemas deste tipo. Uma fórmula equivalente com aberturas efetivas das duas antenas ao invés dos ganhos pode ser escrita de uma maneira objetiva, com o uso da Equação (14.184).

Em decibéis, reescrevemos a Equação (14.190) como uma atenuação positiva, A_{dB}, entre as extremidades transmissora e receptora no enlace,

atenuação em dB em um enlace sem fio

$$A_{dB} = 10\log\frac{P_{in}}{P_r} = 20\log\frac{4\pi r}{\lambda} - 10\log G_t - 10\log G_r = (A_{dB})_{\text{espaço livre}} - (G_t)_{dB} - (G_r)_{dB} \quad \text{(em dB)}. \qquad (14.191)$$

Os dois últimos termos na expressão final são ganhos em dB das duas antenas, Equação (14.122), e o primeiro, $(A_{dB})_{\text{espaço livre}}$ a atenuação no espaço livre, que pode ser escrito como

atenuação no espaço livre

$$(A_{dB})_{\text{espaço livre}} = 20\log\frac{4\pi r}{\lambda} = 22 + 20\log\frac{r}{\lambda} \quad \text{(em dB)} \qquad (14.192)$$

$[20\log(4\pi) = 22]$, e é independente das antenas particulares no sistema. Esta atenuação é uma manifestação inerente da natureza da irradiação (onda esférica) e recepção da antenas em geral. Podemos imaginá-la como a atenuação inerente do espaço livre (ou outro meio) se usada para transmissão de potência por meio de antenas. Se ambas as antenas fossem radiadores isotrópicos, Equação (14.99), $(A_{dB})_{\text{espaço livre}}$ seria a atenuação total no enlace $[(G_t)_{dB} = (G_r)_{dB} = 0$ dB]. Note que temos sempre uma considerável atenuação fixa de 22 dB no enlace. O outro componente da atenuação na Equação (14.192) depende da separação elétrica entre as antenas, r/λ, e é ainda maior que a parte fixa, dado que o local de recebimento está no campo distante da antena transmissora (por exemplo, para $r =$ 1.000 λ, chega a ser 60 dB). Os ganhos $(G_t)_{dB}$ e $(G_r)_{dB}$ servem, assim, para reduzir o máximo possível a atenuação na Equação (14.191) em relação à encontrada com radiadores isotrópicos. Quanto mais direcional a antena (mais estreito o feixe principal), menor a potência per-

APARTE HISTÓRICO

Harald T. Friis (1893-1976), engenheiro elétrico norte-americano, nasceu em Naestved, Dinamarca e se graduou no Royal Technical College em Copenhague em 1916. Após um estágio estudando engenharia de rádio na Universidade de Columbia, Friis entrou para os Laboratórios Bell em 1925, onde fez contribuições pioneiras para a propagação de rádio, antenas, radar e astronomia de rádio. Em seu artigo "Uma nota sobre uma fórmula simples de transmissão", publicado em 1946 em *Procedimentos de IRE*, ele apresentou uma fórmula para o cálculo do balanço de potência (power budget) em um enlace de rádio — a famosa fórmula da transmissão de Friis. Seu trabalho sobre a taxa de sinal para ruído (SNR) em receptores de rádio foi de grande influência, culminando no artigo de 1944 intitulado "Valores de ruído de receptores de rádio", onde se estabelecia a relação entre o valor do ruído de um receptor como um todo e os valores de ruído de seus componentes.

dida pela irradiação em direções não desejadas (note que no sistema da Figura 14.37 todas as direções em espaço 3-D emanando da antena transmissora são indesejadas, exceto apenas uma, em direção à antena receptora). Uma antena receptora altamente direcional "amplifica" a irradiação desejada e a passa ao fio.

Também é comum expressar as potências de entrada e recebida em unidades de decibéis sobre um miliwatt (dBm), ou seja, expressá-las em relação a um nível de potência de referência de um 1mW, da seguinte maneira:

potência em dB sobre um miliwatt

$$P_{\text{dBm}} = 10 \log \frac{P}{P_{\text{ref}}}, \quad \text{onde} \quad P_{\text{ref}} = 1 \text{ mW} \tag{14.193}$$

(note que 1 W se traduz em 30 dBm), enquanto a representação em dbW (decibéis sobre um watt) também é usada. Com isso, a primeira igualdade na Equação (14.191) se torna

$$(P_{\text{r}})_{\text{dBm}} = (P_{\text{in}})_{\text{dBm}} - A_{\text{dB}} \quad \text{(em dBm)}, \tag{14.194}$$

nos dizendo que o nível de potência em dBm na saída do link na Figura 14.37, $(P_{\text{r}})_{\text{dBm}}$, é mais baixo que na entrada, $(P_{\text{ent}})_{\text{dBm}}$, pela quantidade de atenuação em dB do enlace, A_{dB}, dada na expressão final da Equação (14.191).

Exemplo 14.26

Transmissão de potência em um sistema de telefonia celular

A antena de um transmissor de uma estação base de telefonia celular operando em uma frequência de $f = 869$ MHz possui um ganho de $(G_{\text{t}})_{\text{dB}} = 10$ dB. Assumindo condições ideais de casamento de antena e orientação (conforme Figura 14.37), encontre a potência de entrada do transmissor em W necessária para que a potência recebida por uma antena de telefone celular com ganho $(G_{\text{r}})_{\text{dB}} = 2$ dB a uma distância $r = 20$ km seja no mínimo $P_{\text{r}})_{\text{dBm}} = -60$dBm.

Solução O comprimento de onda operante em espaço livre, Equação (9.67), do transmissor, é $\lambda = c_0/f = 34{,}5$ cm, e a separação elétrica entre as antenas é $r/\lambda = 57.933$. Empregando as equações (14.191) e (14.192), a atenuação em dB do sistema é

$$A_{\text{dB}} = 22 + 20 \log \frac{r}{\lambda} - (G_{\text{t}})_{\text{dB}} - (G_{\text{r}})_{\text{dB}} = \\ = 105{,}26 \text{ dB}. \tag{14.195}$$

a Equação (14.194) então nos diz que a potência de entrada necessária em decibéis sobre um miliwatt é

$$(P_{\text{ent}})_{\text{dBm}} = (P_{\text{r}})_{\text{dBm}} + A_{\text{dB}} = 45{,}26 \text{ dBm}, \tag{14.196}$$

e segundo a Equação (14.193), essa potência expressa em watts é

$$P_{\text{ent}} = 10^{(P_{\text{ent}})_{\text{dBm}}/10} \times 1 \text{ mW} = 33{,}6 \text{ W}. \tag{14.197}$$

Exemplo 14.27

Transmissão de potência em um sistema de TV por satélite

Em um sistema de televisão por satélite, as antenas refletoras parabólicas transmissora e receptora têm aberturas circulares de diâmetros $d_{\text{t}} = 0{,}5$ m e $d_{\text{r}} = 1{,}2$ m, e eficiências $\eta_{\text{abertura}} = 70\%$ e $(\eta_{\text{abertura}}) = 60\%$, respectivamente. Se a potência de saída na extremidade transmissora é $P_{\text{ent}} = 150$ W e a distância entre as antenas $r = 35.800$ km, calcule a potência recebida no sistema para condições ideais (Figura 14.37) a uma frequência de $f = 12{,}5$ GHz

Solução Com base na Equação (14.186) e na Figura 14.36(c), as aberturas efetivas das antenas transmissora e receptora são

$$(A_{\text{ef}})_{\text{t}} = (\eta_{\text{abertura}})_{\text{t}}\, \pi \left(\frac{d_{\text{t}}}{2}\right)^2 = 0{,}137 \text{ m}^2,$$

$$(A_{\text{ef}})_{\text{r}} = (\eta_{\text{abertura}})_{\text{r}}\, \pi \left(\frac{d_{\text{r}}}{2}\right)^2 = 0{,}678 \text{ m}^2. \tag{14.198}$$

Usando a Equação (14.184), obtemos a versão da fórmula da transmissão de Friis com aberturas efetivas no lugar dos ganhos das antenas, e assim a potência da antena receptora

$$P_{\text{r}} = \frac{1}{\lambda^2 r^2} (A_{\text{ef}})_{\text{t}} (A_{\text{ef}})_{\text{r}} P_{\text{ent}} = 18{,}9 \text{ pW}, \tag{14.199}$$

onde o comprimento de onda operante do sistema é $\lambda = c_0/f = 2{,}4$ cm.

Exemplo 14.28

Comparações de sistemas sem e com fio

Em um sistema de comunicação ponto a ponto no espaço livre na Figura 14.37, a frequência é $f = 1$GHz, as antenas são as mesmas, com ganhos $G_{\text{dB}} = 20$ dB, e a distância entre as mesmas é $r = 100$ km. Calcule a atenuação do sistema e compare-a à de um sistema com fio usando o cabo coaxial descrito no Exemplo 11.3 para mesma distância e frequência.

Solução Por meio da Equação (14.195), a atenuação em decibéis do sistema sem fio é $(A_{\text{dB}})_{\text{sem fio}} = 92{,}46$ dB.

No outro lado, com o coeficiente de atenuação total calculado do cabo coaxial no Exemplo 11.3, $\alpha_{\text{cabo}} = \alpha_{\text{c}} + \alpha_{\text{d}} = 10{,}16$ dB/m, a atenuação dB do sistema com fio chega a ser

$$(A_{\text{dB}})_{\text{linha com fio}} = \alpha_{\text{cabo}}\, r = 16.000 \text{ dB} \gg (A_{\text{dB}})_{\text{sem fio}}, \tag{14.200}$$

bem maior que o da Figura 14.37. Percebemos que seriam necessários amplificadores repetidores no sistema com cabo para que o sinal recebido esteja em níveis utilizáveis.

No entanto, se um sistema com fio é feito de fibra ótica (Figura 10.22), com coeficiente de atenuação típico de $\alpha_{\text{fibra óptica}} = 0{,}5$ dB/m, a atenuação dB total do enlace (50 dB) seria comparável à do sistema sem fio, e na realidade menor.

14.15 ARRANJOS DE ANTENAS

Trata-se de arranjos espaciais de antenas idênticas (elementos de arranjo) orientadas de maneira igual no espaço (por exemplo, elementos de arranjo de fio são paralelos entre si ou colineares) e excitadas independentemente, com correntes de alimentação de magnitudes e fases em geral diferentes, mas com a mesma frequência. Um arranjo de um grande número de antenas relativamente pequenas ou médias eletricamente pode ser usado para se obter uma performance semelhante à de uma única antena eletricamente grande. Por exemplo, tal arranjo pode ter uma abertura efetiva eletricamente grande, Equação (14.187), e alto ganho (feixe estreito). Arranjos de antenas eletricamente grandes costumam ser mais simples de se fabricar, manobrar e manter que radiadores unitários semelhantes (por exemplo, uma grande antena refletora parabólica). Além disso, os arranjos proporcionam grande flexibilidade e novos graus de liberdade na sintetização dos padrões de irradiação de formatos desejados. Por exemplo, variando as fases de correntes de alimentação de elementos de arranjo, podemos mudar a direção da irradiação máxima, isto é, direcionar o feixe principal de uma antena de arranjo como quisermos no espaço sem mover a antena. E, acima de tudo, o controle de fases de entrada pode ser feito eletronicamente, com o uso de uma rede de alimentação de arranjo adequada (rede de formação de feixe), que resulta no chamado direcionamento eletrônico de feixe. Arranjos de elementos codificados em fase, chamados apenas de arranjos em fase, são muito utilizados em sistemas de radares e de comunicações. É bem óbvia sua vantagem em relação a sistemas mecânicos de giro de toda a estrutura da antena na direção de irradiação desejada com o uso de um sistema de posicionamento (varredura de feixe mecânica), especialmente se for necessária uma varredura rápida. Outra vantagem dos arranjos em fase é a capacidade de formação de múltiplos feixes principais apontarem em direções diferentes ao mesmo tempo (o que por exemplo possibilita perseguir vários alvos em sistemas de radares). Por fim, os sistemas em arranjo podem ser conformados a superfícies (plataformas), isto é, formados no formato ditado pela estrutura de suporte, em geral com muita curvatura. Essas antenas, chamadas *conformal arrays*, são montadas (ou inseridas) nas superfícies de aeronaves, espaçonaves, navios, automóveis, e outros veículos, ou na lateral de edifícios ou, ainda em estruturas em áreas internas. A seguir, desenvolveremos a teoria básica dos arranjos de antenas e discutiremos suas propriedades e aplicações.

Consideremos um arranjo de dipolos hertzianos N (Figura 14.1) com intensidades de corrente rms complexa $\underline{I}_k$ e vetores comprimento $\mathbf{l}_k (k = 1, 2, ..., N)$, cujas posições (arbitrárias) no arranjo são definidas pelos vetores de posição $\mathbf{r}'_k$ dos centros dos dipolos em relação a uma origem de coordenada global, conforme a Figura 14.38. Esse arranjo tridimensional nada mais é que uma antena com distribuição de corrente espacial discreta, e podemos calcular seu potencial vetor magnético (campo distante) de irradiação, $\underline{\mathbf{A}}$, utilizando a forma discreta da integral de irradiação na Equação (14.33), voltada na origem para distribuições espaciais de corrente sobre um volume v da antena. Ou seja, a integral sobre v se torna agora uma soma sobre os constituintes do arranjo, e elementos de corrente espacial continuamente distribuídos $\underline{\mathbf{J}}\, dv$ são substituídos por vetores discretos $\underline{I}_k \mathbf{l}_k$ [ver Equação (4.10)], de modo que temos para o potencial na direção da irradiação definida pelo vetor unitário radial $\hat{\mathbf{r}}$ a uma distância radial (distante) r:

potencial magnético devido a um arranjo 3-D de dipolos hertzianos N

$$\underline{\mathbf{A}} = \frac{\mu\, e^{-j\beta r}}{4\pi r} \sum_{k=1}^{N} \underline{I}_k \mathbf{l}_k\, e^{j\beta \mathbf{r}'_k \cdot \hat{\mathbf{r}}}. \quad (14.201)$$

Costumam-se expressar as intensidades de corrente do elemento, $\underline{I}_k$, por meio magnitudes relativas a_k e fases iniciais α_k em relação a uma intensidade de corrente de referência, $\underline{I}_{\text{ref}}$ que pode ser uma das correntes de elemento. Em outras palavras, usamos correntes complexas normalizadas de elementos, $\underline{a}_k = a_k e^{j\alpha k}$, em relação à corrente de referência (coeficientes $\underline{a}_k$ não possuem dimensão),

excitação de arranjo de antenas

$$\underline{I}_k = \underline{I}_{\text{ref}}\, \underline{a}_k = \underline{I}_{\text{ref}}\, a_k\, e^{j\alpha_k} \quad (k = 1, 2, \ldots, N). \quad (14.202)$$

Com isso e assumindo que todos os elementos são orientados igualmente no espaço $\mathbf{l}_1 = \mathbf{l}_12 = ... \mathbf{l}_N = \mathbf{l}$ (vetores comprimento de dipolos hertzianos são iguais), a expressão na Equação (14.201) pode ser escrita como

$$\underline{\mathbf{A}} = \underbrace{\frac{\mu \underline{I}_{\text{ref}}\, \mathbf{l}\, e^{-j\beta r}}{4\pi r}}_{\underline{\mathbf{A}}_{\text{elemento}}} \underbrace{\sum_{k=1}^{N} \underline{a}_k\, e^{j\beta \mathbf{r}'_k \cdot \hat{\mathbf{r}}}}_{\text{fator do arranjo}} = \underline{\mathbf{A}}_{\text{elemento}}\, \underline{F}_{\text{a}}. \quad (14.203)$$

Aqui, tendo em mente a Equação (14.4), o valor total de $\underline{\mathbf{A}}$ causado por um arranjo de antenas é representado como um produto do potencial vetor $\underline{\mathbf{A}}_{\text{elemento}}$ que uma única antena no arranjo (neste caso, dipolo hertziano) irradiaria se colocada da origem da coordenada (ponto de referência) e uma função escalar complexa ($\underline{F}_{\text{a}}$). Essa função fornece uma caracterização completa, em campo distante, do próprio arranjo (sem importar as características de seus elementos), e assim é denominada fator do arranjo (FA). Trata-se de uma quantidade sem dimensão. Com base na Equação (14.202),

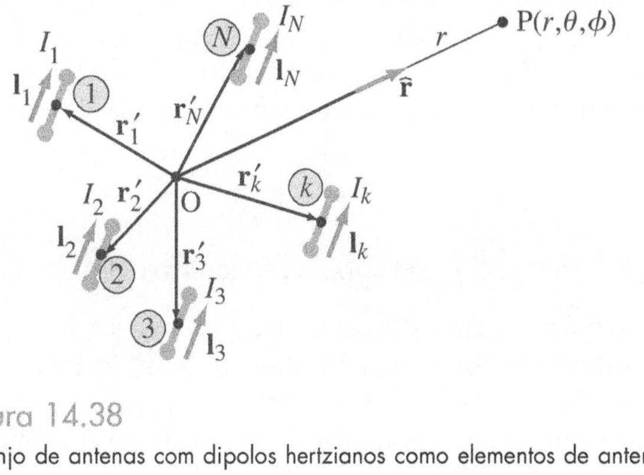

Figura 14.38
Arranjo de antenas com dipolos hertzianos como elementos de antena.

fator do arranjo (sem dimensão)

$$\underline{F}_a = \mathrm{FA} = \sum_{k=1}^{N} a_k \, e^{j(\beta \mathbf{r}'_k \cdot \hat{\mathbf{r}} + \alpha_k)}, \quad (14.204)$$

de modo que o fator do arranjo é uma soma de termos especificando as magnitudes relativas e fases dos potenciais (e campos) irradiados de elementos individuais do arranjo devido a, respectivamente, suas correntes (para magnitudes) e posições e cargas (para fases) em relação ao elemento de referência. O elemento de referência pode ser virtual (inexistente) ou real — um dos elementos no arranjo. No segundo caso, um dos termos na soma da Equação (14.204) é igual à unidade (para o elemento de referência, $a_k = 1$, $\alpha_k = 0$ e $\mathbf{r}'_k = 0$).

Já que uma distribuição de corrente irradiante arbitrária pode ser representada como uma superposição de dipolos hertzianos, Figura 14.3, o fator do arranjo derivado se aplica a um arranjo de antenas arbitrárias (no lugar dos dipolos hertzianos na Figura 14.38). Ou seja, dado que todas as antenas no arranjo sejam idênticas, suas distribuições de corrente normalizadas às respectivas correntes de alimentação são, todas, as mesmas, embora as correntes de alimentação, em geral, sejam diferentes. Ao calcular o potencial vetor magnético na zona distante do arranjo, isso por sua vez significa que as integrais de irradiação nas antenas, como na Equação (14.29) para antenas de fio (e analogicamente para antenas volumétricas e superficiais), relativas às distribuições de corrente normalizadas são também as mesmas. Elas constituem, assim, um termo comum, o potencial magnético da antena de referência (elemento do arranjo), $\underline{\mathbf{A}}_{\text{elemento}}$, enquanto o restante é o fator do arranjo, $\underline{F}_a$, na Equação (14.204).

O vetor campo elétrico distante, $\underline{\mathbf{E}}$, devido ao arranjo de antenas é obtido de $\underline{\mathbf{A}}$, como no caso de qualquer antena transmissora, com o uso da Equação (14.21). Sendo $\underline{F}_a$, escalar, tomar a projeção transversal (componente) de $\underline{\mathbf{A}}$ na Equação (14.203) se aplica somente ao potencial vetor do elemento de referência, $\underline{\mathbf{A}}_{\text{elemento}}$,

$$\underline{\mathbf{E}} = -j\omega \underline{\mathbf{A}}_t = \underbrace{-j\omega (\underline{\mathbf{A}}_{\text{elemento}})_t}_{\underline{\mathbf{E}}_{\text{elemento}}} \underline{F}_a = \underline{\mathbf{E}}_{\text{elemento}} \underline{F}_a, \quad (14.205)$$

e assim o campo total do arranjo é o campo do ponto de elemento de referência, $\underline{\mathbf{E}}_{\text{elemento}}$, vezes o fator do arranjo. Combinando as equações (14.205) e (14.203), $\underline{\mathbf{E}}$, por sua vez, pode ser escrito como na Equação (14.78),

$$\underline{\mathbf{E}} = \underline{C} \underline{I}_{\text{ref}} \frac{e^{-j\beta r}}{r} \underline{\mathbf{F}}$$

$$(\underline{C} = j60 \ \Omega \text{ para espaço livre}), \quad (14.206)$$

onde $\underline{\mathbf{F}}$ é a função característica de irradiação do arranjo de antenas na direção da irradiação (definida pelo vetor $\hat{\mathbf{r}}$) na Figura 14.38. Escrevendo $\underline{\mathbf{E}}_{\text{elemento}}$ do mesmo modo, em termos da função de irradiação do elemento correspondente, $\underline{\mathbf{F}}_{\text{elemento}}$, temos

multiplicação de padrão para arranjos de antenas

$$\underline{\mathbf{F}} = \underline{\mathbf{F}}_{\text{elemento}} \underline{F}_a \quad (14.207)$$

Deste modo, como o potencial vetor magnético e vetor campo elétrico na zona distante, a função de irradiação (e padrão de irradiação) de um arranjo pode ser fatorada em uma função (padrão) de irradiação de elemento e um fator de arranjo, o que se chama de teorema ou princípio de multiplicação de padrão para arranjos de antenas. Simplesmente multiplicando o padrão de elemento e o fator de arranjo, obtemos o padrão de arranjo geral, e isso pode ser feito analiticamente, graficamente ou numericamente. Mais uma vez notando que $\underline{F}_a$ é um escalar complexo, percebemos que, ao arranjar múltiplos elementos, não podemos mudar a polarização do elemento, mas apenas a magnitude (padrões de irradiação de potência e campos) e fase de seu campo de irradiação. Também percebemos que o fator de arranjo pode ser visto como a função de irradiação (escalar) característica de um arranjo de radiadores isotrópicos fictícios ou fontes pontuais (que não tem polarização nem propriedades direcionais), Equação (14.99), com as mesmas posições (centros dos dipolos na Figura 14.38) e magnitudes relativas e fases de correntes de alimentação do arranjo em si. É exatamente deste modo que calculamos o FA (como veremos em exemplos) como padrão de irradiação de fontes pontuais (substituindo elementos de arranjo) para dadas posições e excitações (dos próprios elementos). Perceba por fim que a diretividade de um arranjo de antenas em uma dada direção, $D(\theta, \phi)$, pode ser encontrado com base na função de irradiação característica total do arranjo, na Equação (14.207), com o uso da Equação (14.104).

Exemplo 14.29

Arranjo de dois elementos broadside de fontes pontuais

Considere um arranjo de dois elementos de fontes pontuais (irradiadores isotrópicos) com correntes de alimentação e fases iniciais de mesma magnitude, e espaçamento de meia onda entre elementos. (a) Obtenha o fator de arranjo normalizado e apresente-o graficamente em diagramas polares pertinentes. (b) Mostre que os diagramas em (a) podem também ser dispostos de modo a considerar adições e cancelamentos de ondas irradiadas por elementos individuais, sem o uso do fator de arranjo.

Solução

(a) Iniciamos com uma distância arbitrária, d, entre pontos elementares (centros dos elementos no arranjo ou fontes pontuais em cálculo de fator de arranjo) do arranjo. Para um eixo do arranjo (linha reta passando através dos pontos elementares) coincidindo com o eixo z de um sistema de coordenadas esféricas, conforme Figura 14.39(a), os vetores de posição de pontos elementares (ver Figura 14.38) em relação à origem da coordenada (O) posicionados no meio do espaço entre os elementos, que é o ponto de referência do arranjo, são

$$\mathbf{r}'_1 = -\frac{d}{2}\hat{\mathbf{z}}, \quad \mathbf{r}'_2 = \frac{d}{2}\hat{\mathbf{z}}. \quad (14.208)$$

Sendo iguais as correntes de alimentação normalizadas $\underline{a}_k$ das fontes pontuais na Equação (14.202) (suas magnitudes podem ser consideradas unidade), podemos escrever

$$a_1 = a_2 = 1, \quad \alpha_1 = \alpha_2 = 0. \tag{14.209}$$

Por meio das equações (14.208) e (14.209) e considerando que $\hat{\mathbf{z}} \cdot \hat{\mathbf{r}} = \cos\theta$ na Figura 14.39(a), o fator de arranjo geral na Equação (14.204) é simplificado para a seguinte função no ângulo de observação θ:

$$\underline{F}_a(\theta) = e^{-j\beta(d/2)\cos\theta} + e^{j\beta(d/2)\cos\theta} = = 2\cos\left(\beta\frac{d}{2}\cos\theta\right), \tag{14.210}$$

onde se usa a segunda identidade nas equações (10.7). O fator de arranjo não depende de ϕ, como era esperado da simetria rotacional do arranjo sobre o eixo z. Ao normalizá-lo para o valor máximo de unidade, como na Equação (14.80), temos

$$f_a(\theta) = \frac{|\underline{F}_a(\theta)|}{|\underline{F}_a(\theta)|_{\text{máx}}} = \left|\cos\left(\beta\frac{d}{2}\cos\theta\right)\right|. \tag{14.211}$$

Por fim, para o espaçamento de meia onda, de modo semelhante às equações (14.127), e enfatizando que a mudança de fase entre as cargas elementares, $\delta = \alpha_2 - \alpha_1$, é zero nas equações (14.209), temos

$$d = \frac{\lambda}{2} \quad \text{e} \quad \delta = 0 \longrightarrow$$

$$\longrightarrow f_a(\theta) = \cos\left(\frac{\pi}{2}\cos\theta\right) \text{ (arranjo broadside).} \tag{14.212}$$

O padrão de arranjo possui nulos no eixo do arranjo, ou seja, $f_a = 0$ para $\theta = 0$ e $\theta = 180^o$, respectivamente, enquanto a irradiação de pico está em direções normais ao eixo do arranjo, f_a $(f_a)_{\text{máx}} = 1$ para $\theta = 90^o$, assim no lado longo da antena, e deste modo este arranjo é chamado arranjo broadside. Um diagrama polar 2-D de f_a como função de θ é apresentado na Figura 14.39(b), e o padrão correspondente 3-D, obtido pela rotação (para $0 < \phi < 360^o$) do diagrama 2-D sobre o eixo, é mostrada na Figura 14.39(c). Note que se trata de um formato de padrão similar ("rosquinha" sem furo) ao de um dipolo hertziano, na Figura 14.12(d).

(b) O padrão de irradiação broadside na Figura 14.39(b) e (c) pode ser previsto também buscando-se as ondas eletromagnéticas (raios) individuais lançados pelos dois elementos do arranjo (potências pontuais), como indicado na Figura 14.39(d)[14]. Ou seja, olhando para a direção z positiva, a onda 1 (emanando da fonte 1) percorre um caminho igual a $d = \lambda/2$, assim adquirindo um fator fase extra de $e^{-j\beta d} = e^{-j\pi} = -1$, antes de chegar na fonte 2 e juntar-se à onda 2. Em consequência, as duas ondas se propagando juntas de lá para a direita na Figura 14.39(d) chegam à zona distante em contrafase (por causa do espaçamento de meia onda entre elementos) e com magnitudes iguais (vindo das mesmas magnitudes de correntes de alimentação), causando cancelamento perfeito de seus campos e padrão nulo para $\theta = 0$. O mesmo ocorre na direção z negativa ($\theta = 180^o$). Por outro lado, para qualquer direção do lado mais longo (por exemplo, direção x positiva ou negativa) na Figura 14.39(d), as ondas 1 e 2 percorrem exatamente os mesmos caminhos de suas respectivas fontes a um ponto de campo distante. Além disso, por causa das fases iniciais iguais das correntes de alimentação, os raios chegam ao campo distante em fase, de modo que seus campos se somam construtivamente (o campo total é o dobro do de uma fonte). Em outras palavras, temos uma adição perfeita de campos distantes e máximo de padrão (lóbulo principal) para $\theta = 90^o$. Por fim, já que a diferença de fase entre as ondas 1 e 2 varia suavemente de 0 a 180° enquanto o ponto de observação se move de uma direção broadside para uma direção axial (ao longo do eixo do arranjo) sobre uma esfera na zona distante centralizada na origem da coordenada, há uma suave variação de padrão entre os pontos nulo e máximo, formando a curva padrão na Figura 14.39(b).

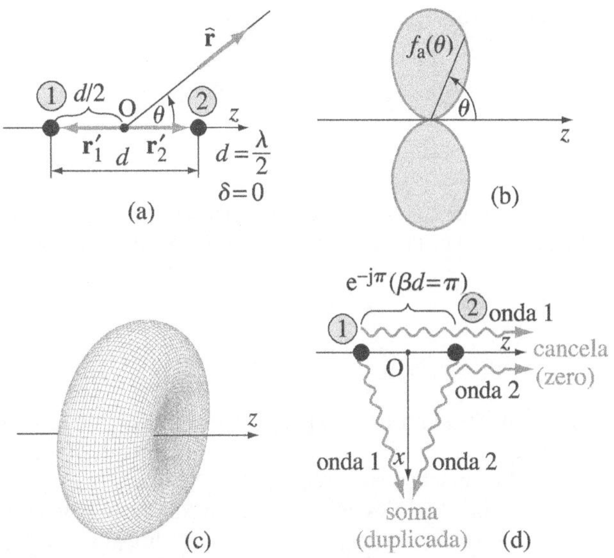

Figura 14.39

Análise de irradiação de um arranjo broadside de antenas de dois elementos: (a) geometria do arranjo e excitação (fontes pontuais com mesmas potências de entrada, em fase e separadas por meia onda), (b) diagrama polar 2-D do fator de arranjo normalizado, Equação (14.212), (c) padrão de irradiação 3-D e (d) determinação de nulos e valores máximos de irradiação do arranjo em direções de cancelamentos e adições perfeitas, respectivamente, de ondas individuais lançadas por elementos do arranjo; para o Exemplo 14.29.

Exemplo 14.30

Arranjo endfire de dois elementos de cargas pontuais

Repita o exemplo anterior, porém para um arranjo de dois elementos de cargas pontuais em contrafase (elementos ainda espaçados por meia onda e alimentados com mesmas magnitudes de corrente), conforme Figura 14.40(a).

Solução

(a) Adotando $\alpha_1 = \mp 180^o$ e $\alpha_2 = 0$, de modo que a mudança de fase entre correntes de carga de elementos de arranjo seja exatamente $\delta = \alpha_2 - \alpha_1 = \mp 180^o$, temos $e^{j\alpha_1} = e^{j\mp\pi}$

14 Veja a aplicação semelhante de busca da onda e cálculo de fases de campo com base nos caminhos percorridos na Figura 13.12 e Equação (13.118).

$= -1$ na Equação (14.204), e o fator de arranjo na Equação (14.210) se torna

$$\underline{F}_a(\theta) = -e^{-j\beta(d/2)\cos\theta} + e^{j\beta(d/2)\cos\theta} =$$
$$= 2j\,\text{sen}\left(\beta\frac{d}{2}\cos\theta\right), \qquad (14.213)$$

onde a primeira identidade nas equações (10.7) é invocada desta vez. O fator de arranjo normalizado é dado agora por

$$d = \frac{\lambda}{2} \quad \text{e} \quad \delta = \pm 180^\circ \longrightarrow$$
$$\longrightarrow f_a(\theta) = \left|\text{sen}\left(\frac{\pi}{2}\cos\theta\right)\right| \quad \text{(arranjo endfire)}. \qquad (14.214)$$

Ao contrário da Equação (14.212), este padrão de arranjo apresenta irradiação zero em direções broadside (para $\theta = 90^o$) e máxima em ambas as direções axiais (para $\theta = 0$ e 180°). Tais arranjos cujos valores máximos de lóbulo estão no eixo do arranjo, deste modo em direção às extremidades, são chamados arranjos endfire (note que é possível projetar arranjos endfire com irradiação apenas em uma das extremidades). As Figuras 14.40(b) e (c) mostram os diagramas polares 2-D e 3-D do fator na Equação (14.214), com o padrão 3-D tendo um formato característico de um "halter" sem haste.

(b) No que se refere à técnica de rastrear ondas individuais lançadas por elementos de arranjo para identificar direções de seus cancelamentos e adições perfeitas (valores nulos e máximos do padrão de irradiação do arranjo) [ver Figura 14.39(d)], as ondas 1 e 2 agora se cancelam em direções broadside, conforme ilustrado na Figura 14.40(d). Ou seja, as ondas são lançadas com uma diferença de fase de 180º primeiro (mudança de fase δ entre correntes de alimentação) e, percorrendo iguais caminhos broadside (por exemplo, ao longo do eixo x), mantêm a mesma relação ao campo distante, resultando em um valor nulo de padrão. Nas direções axiais (no eixo z), no outro lado, o fator fase refletindo as cargas em contra fase é compensado por aquela condição das diferenças nos caminhos que ambas as ondas percorrem, $e^{j\delta}\,e^{-j\delta d} = e^{\pm j\pi}\,e^{-j\pi} = 1$ [ver cálculo similar na Equação (13.118)]. Assim, as duas ondas estão em fase, propagando-se para fora do arranjo, o que resulta em uma adição construtiva de seus campos (valor máximo do padrão). Com base nessa discussão, podemos determinar a irradiação endfire nas figuras 14.40(b) e 14.40(c), sem sabermos na verdade o fator de arranjo do arranjo de antenas.

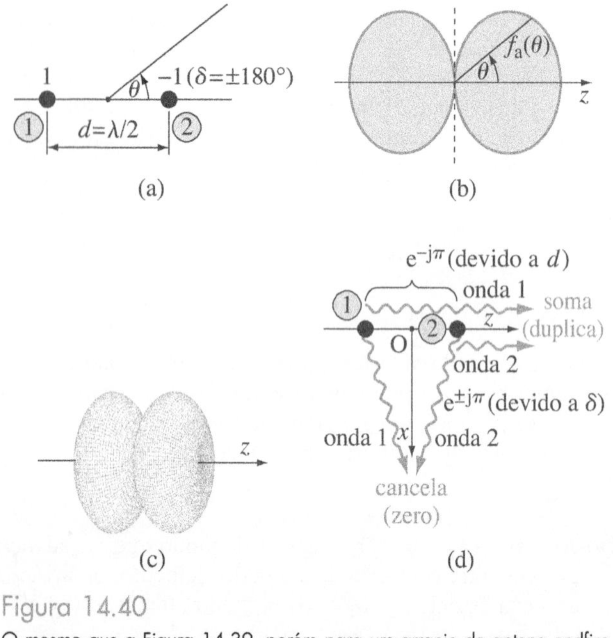

Figura 14.40

O mesmo que a Figura 14.39, porém para um arranjo de antena endfire de dois elementos (fontes pontuais com potências de entrada iguais em contrafase e separadas por meia onda); para o Exemplo 14.30.

Exemplo 14.31

Espaçamento entre elementos de onda cheia e lóbulos grating

Repita o Exemplo 14.29, porém para um arranjo de dois elementos de fontes pontuais com um espaçamento entre elementos de onda cheia (elementos são ainda alimentados com as mesmas magnitudes de corrente e em fase), conforme Figura 14.41(a).

Solução

(a) Com base em $d = \lambda$ e $\beta d/2 = (2\pi/\lambda)d/2 = \pi$, o fator de arranjo normalizado na Equação (14.211) toma agora a seguinte forma:

$$d = \lambda \quad \text{e} \quad \delta = 0 \longrightarrow f_a(\theta) = |\cos(\pi\cos\theta)|. \qquad (14.215)$$

Este padrão de arranjo tem valores máximos (iguais à unidade) para $\theta = 0{,}90^o$, e 180°, e nulos para $\theta = 60^o$ e 120°, conforme ilustrado nos diagramas de padrão de irradiação das figuras 14.41(b) e (c).

(b) Já que $e^{-j\beta d} = e^{-j2\pi} = 1$, as ondas 1 e 2 lançadas pelos elementos de arranjo agora aumentam em fase também em direções axiais, Figura 14.41(d), com adições perfeitas broadside como na Figura 14.39(d). Para identificar valores nulos do padrão, vemos na Figura 14.41(d) que para $\theta = 60^o$, a onda 1 percorre, ao campo distante, $d\cos\theta = \lambda/2$ mais que a onda 2, o que resulta em um fator fase extra de $e^{-j\beta\lambda/2} = e^{-j\pi} = -1$ e um cancelamento perfeito no campo distante. Para $\theta = 120^o$, a onda 2 viaja o mesmo tanto e o resultado é o mesmo (nulo de padrão). Combinando essa informação sobre os valores máximos e zeros da irradiação do arranjo e completando as suaves variações de padrão entre eles, podemos fazer os diagramas nas figuras 14.41(b) e (c).

Este exemplo ilustra a formação de múltiplos lóbulos de irradiação no padrão de arranjo com espaçamentos entre elementos maiores que $\lambda/2$. Além disso, assumindo que o arranjo na Figura 14.41 é considerado, principalmente, um arranjo broadside, com um lóbulo principal 3-D broadside, seus lóbulos de irradiação endfire são considerados lóbulos laterais. No entanto, eles têm mesma intensidade em seus picos, como o lóbulo principal. Estes lóbulos "principais" adicionais são chamados lóbulos de espaçamento, e são indesejáveis na maioria das aplicações de arranjos.

Exemplo 14.32

Arranjo de dois dipolos hertzianos colineares — multiplicação de padrão

Um arranjo de duas antenas dipolo hertziano colineares (coaxiais), de comprimento l, cujos centros são espaçados por meio

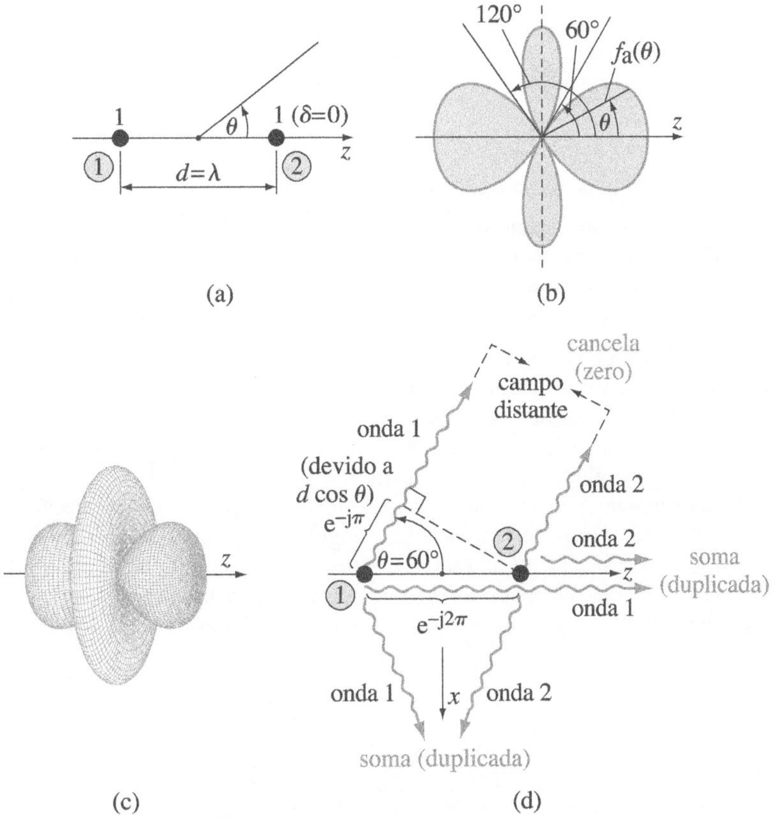

Figura 14.41

O mesmo da Figura 14.39, porém para uma separação de onda cheia entre fontes pontuais em fase; para o Exemplo 14.31.

comprimento de onda, irradia no espaço livre. Os dipolos são alimentados com correntes harmônicas de frequência f e intensidades complexas iguais. Determine a função de irradiação característica total do arranjo de antenas e determine o padrão de irradiação normalizado associado.

Solução Apresentamos um sistema de coordenadas esféricas com o eixo z nos eixos dos dipolos e origem (O) no centro do arranjo, conforme Figura 14.42(a). Assim, a função de irradiação característica do elemento é a encontrada na Equação (14.79), e o fator de arranjo (este é um arranjo broadside) é dado nas equações (14.210) e (14.212). Aplicando o teorema de multiplicação de padrão, Equação (14.207), obtemos a seguinte expressão para a função de irradiação característica resultante do raio da antena:

$$\underline{\mathbf{F}}(\theta) = \underline{\mathbf{F}}_{\text{elemento}}(\theta)\,\underline{F}_{\text{a}}(\theta) =$$

$$= \frac{\beta l}{2}\,\text{sen}\,\theta\,\hat{\boldsymbol{\theta}}\,2\cos\left(\frac{\pi}{2}\cos\theta\right) =$$

$$= \beta l\,\text{sen}\,\theta\cos\left(\frac{\pi}{2}\cos\theta\right)\hat{\boldsymbol{\theta}} \quad (14.216)$$

($\beta = 2\pi f\sqrt{\varepsilon_0\mu_0}$), cuja forma normalizada, Equação (14.80), nos dá

$$f(\theta) = \text{sen}\,\theta\cos\left(\frac{\pi}{2}\cos\theta\right). \quad (14.217)$$

Embora decerto seja possível e objetivo diagramar a função $f(\theta)$ direto com o uso da Equação (14.217), na Figura 14.42(b), em vez disso, multiplicamos graficamente o padrão de elemento e fator de arranjo (ambos previamente normalizados), para obter o padrão geral do arranjo. É claro que todos os três padrões são azimutalmente simétricos, e um diagrama polar 2-D em qualquer plano ϕ = const como uma função de θ é suficiente para descrever a irradiação por completo. O padrão total também apresenta irradiação broadside e é muito parecido ao fator de arranjo, $f_a(\theta)$. No entanto, é de certa forma mais diretivo, isto é, a curva resultante é mais estreita (aguda) que a curva $f_a(\theta)$ [analiticamente, o produto

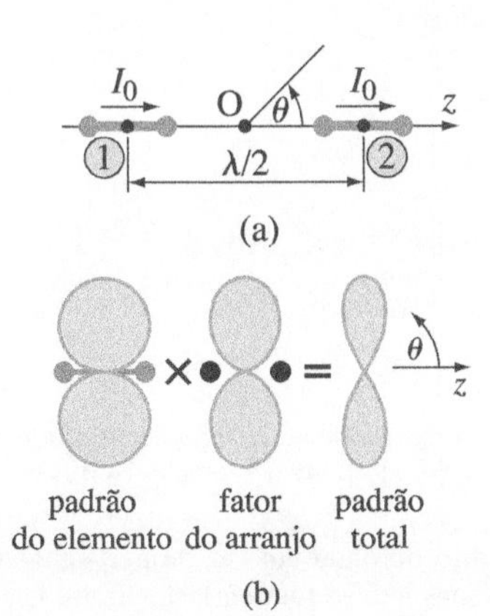

Figura 14.42

Análise de irradiação de um arranjo de duas antenas dipolo hertziano colineares: (a) espaçamento e excitação do arranjo (para irradiação broadside) e (b) multiplicação gráfica do padrão de elemento e fator de arranjo para obter o padrão de arranjo geral; para o Exemplo 14.32.

de $f_a(\theta)$ e seno θ é menor que $f_a(\theta)$, exceto na direção da irradiação máxima].[15]

Exemplo 14.33

Arranjo de dois dipolos paralelos — três cortes de padrões

Repita o exemplo anterior, porém para um arranjo de duas antenas dipolo hertziano paralelas (os eixos do dipolo são perpendiculares ao eixo do arranjo); todos os outros parâmetros de entrada do sistema são os mesmos da Figura 14.42(a).

Solução Já que os dipolos não estão no eixo do arranjo, se mantivermos este eixo coincidente com o eixo z de um sistema global de coordenadas esféricas no qual se realiza a análise, os dipolos não serão direcionados a z, e vice-versa. Adotemos então o sistema da Figura 14.43(a), com antenas dipolo paralelas ao eixo x. Naturalmente, não podemos utilizar agora a expressão na Equação (14.79) para a função de irradiação característica do elemento, e o que precisamos, ao invés, é a de um dipolo hertziano direcionado a x e posicionado na origem da coordenada ou ponto de referência (O) do arranjo, na Figura 14.43(a). O vetor intensidade de campo elétrico distante de tal dipolo é dado na Equação (14.48), que em comparação com a Equação (14.78) tendo-se em mente a primeira relação na Equação (14.9) resulta em

$$\underline{\mathbf{F}}_{\text{elemento}}(\theta, \phi) = \frac{\beta l}{2}(-\cos\theta\cos\phi\,\hat{\boldsymbol{\theta}} + \text{sen}\phi\,\hat{\boldsymbol{\phi}}). \quad (14.218)$$

O padrão de arranjo geral na Equação (14.126) se torna, assim,

$$\underline{\mathbf{F}}(\theta, \phi) = \underline{\mathbf{F}}_{\text{elemento}}(\theta, \phi)\,\underline{F}_a(\theta) =$$
$$= \beta l(-\cos\theta\cos\phi\,\hat{\boldsymbol{\theta}} + \text{sen}\,\phi\,\hat{\boldsymbol{\phi}})\cos\left(\frac{\pi}{2}\cos\theta\right), \quad (14.219)$$

e sua magnitude normalizada (com um valor máximo de unidade) é

$$f(\theta, \phi) = \sqrt{\cos^2\theta\cos^2\phi + \text{sen}^2\phi}\cos\left(\frac{\pi}{2}\cos\theta\right). \quad (14.220)$$

Sendo o padrão de irradiação total, agora, uma função dos ângulos θ e ϕ, seus diagramas no plano onde os dipolos repousam (plano xz, também definido por $\phi = 0$), plano perpendicular aos dipolos (plano yz, onde $\phi = 90°$), e plano perpendicular ao eixo do arranjo (plano xy, com $\theta = 90°$) são

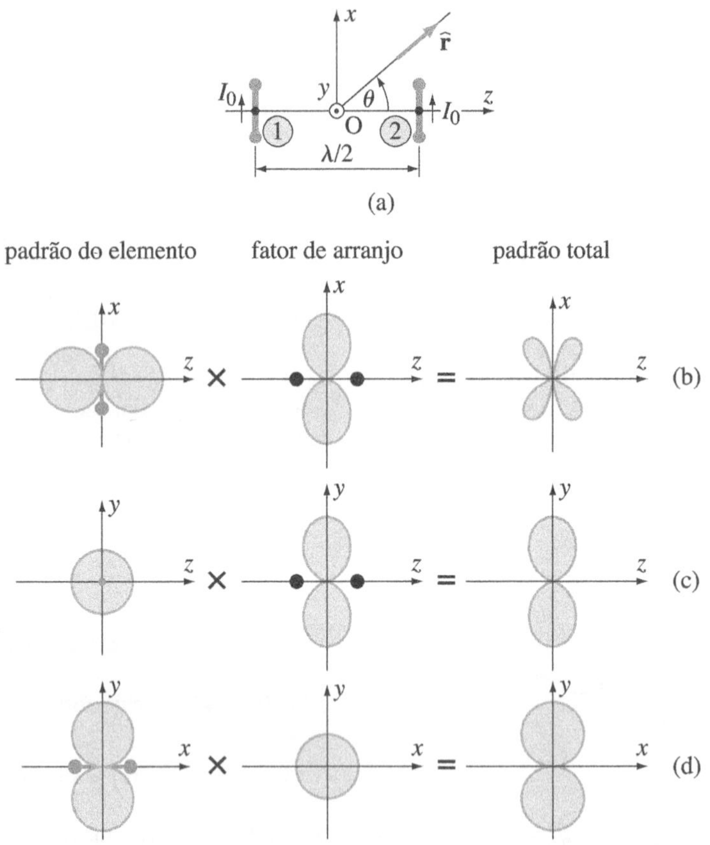

Figura 14.43

Irradiação por um arranjo de duas antenas dipolo hertziano paralelas: (a) configuração do arranjo e sistema de coordenada adotado, e cortes de padrão de irradiação, obtidos por multiplicação gráfica de padrões, em planos (b) xz, (c) yz e (d) xy; para o Exemplo 14.33.

15 Note que arranjos de antenas de fio colineares broadside, porém com dipolos de quarto de onda em vez de hertzianos como elementos (centros dos elementos são espaçados com mais que λ/2 entre si, de modo que as antenas não se toquem), são muito usados em estações base de comunicação móvel terrestre. Em tais arranjos, o eixo do arranjo é orientado verticalmente, para produzir um padrão de irradiação omnidirecional no plano horizontal ($\theta = 90°$), possibilitando a comunicação entre uma estação base e diversas unidades móveis espalhadas (comunicações ponto a multiponto). Além disso, o número de elementos (N) em um arranjo de antena de estação base é aumentado (e o arranjo alongado), para estreitar o feixe do padrão de arranjo, isto é, reduzir o ângulo de meia potência [ver Figura 14.11(b)] do arranjo, em planos verticais (contendo o eixo do arranjo). Isto por sua vez aumenta a diretividade do arranjo e estende a "cobertura" de potência e a variação de distâncias correspondentes utilizáveis [ver Equação (14.190)] no plano horizontal para unidades móveis no sistema.

todos diferentes. As figuras 14.33(b)-(d) mostram esses diagramas conforme obtidos por multiplicação gráfica dos diagramas correspondentes do padrão de elemento e fator de arranjo. Vemos que diferentes distribuições de nulos de irradiação no padrão de elemento e fator de arranjo na Figura 14.43(b) causam a formação de múltiplos lóbulos no corte de padrão de arranjo resultante. Por outro lado, o padrão total na Figura 14.43(c) é idêntico ao fator arranjo, já que o padrão de elemento no plano equatorial de um dipolo é omnidirecional. De maneira semelhante, o corte do fator de arranjo na Figura 14.43(d) é um círculo, de modo que o padrão do sistema de antenas é igual ao de um elemento neste corte. É claro que todos esses diagramas podem também ser gerados com a substituição dos valores adequados para θ ou ϕ na função $f(\theta, \phi)$ na Equação (14.220).

Exemplo 14.34

Arranjo de três elementos de dipolos de meia onda paralelos, padrão cardioide

Vemos na Figura 14.44 um arranjo de três antenas de fio dipolo paralelas de meia onda. Todos os dipolos repousam em um plano, com uma separação de quarto de onda entre pontos elementares adjacentes. As correntes de alimentação dos dipolos adjacentes estão em quadratura tempo-fase (90° fora de fase entre si), com o dipolo 1 atrasando e o dipolo 3 avançando em fase em relação ao dipolo 2. As magnitudes de corrente estão na taxa 1 : 2 : 1 ao longo do arranjo, de modo que este é um arranjo não uniforme — mais precisamente, um arranjo excitado de maneira não uniforme e espaçado igualmente. Encontre a expressão para o padrão de arranjo geral deste sistema e mostre seus cortes nos planos xy, xz e yz, respectivamente.

Solução Temos agora dipolos direcionados a z e os pontos dos elementos do arranjo ao longo do eixo x, sendo essa situação, em termos de descrição da polarização de elementos de arranjo e alinhamento de seus centros no sistema de coordenada global adotado, exatamente o oposto ao da Figura 14.43(a). Os vetores posição dos pontos elementares, na Figura 14.44(a), em relação ao centro do arranjo, que cai no centro do elemento do meio, é

$$\mathbf{r}_1' = -\frac{\lambda}{4}\hat{\mathbf{x}}, \quad \mathbf{r}_2' = 0, \quad \mathbf{r}_3' = \frac{\lambda}{4}\hat{\mathbf{x}}. \tag{14.221}$$

Para calcular o fator de arranjo ($\underline{F}_a$) na Equação (14.204), percebemos que

$$\beta\frac{\lambda}{4} = \frac{2\pi}{\lambda}\frac{\lambda}{4} = \frac{\pi}{2}, \quad \hat{\mathbf{x}}\cdot\hat{\mathbf{r}} = \operatorname{sen}\theta\cos\phi,$$
$$a_1 = 1, \quad a_2 = 2, \quad a_3 = 1,$$
$$\alpha_1 = -\frac{\pi}{2}, \quad \alpha_2 = 0, \quad \alpha_3 = \frac{\pi}{2}, \tag{14.222}$$

onde se usa a decomposição do vetor unitário $\hat{\mathbf{x}}$ em componentes nas coordenadas esféricas, Equação (14.46). Com essas relações, a segunda identidade nas equações (10.7), e a fórmula trigonométrica $\cos(A + \pi/2) = -\operatorname{sen}A$, temos

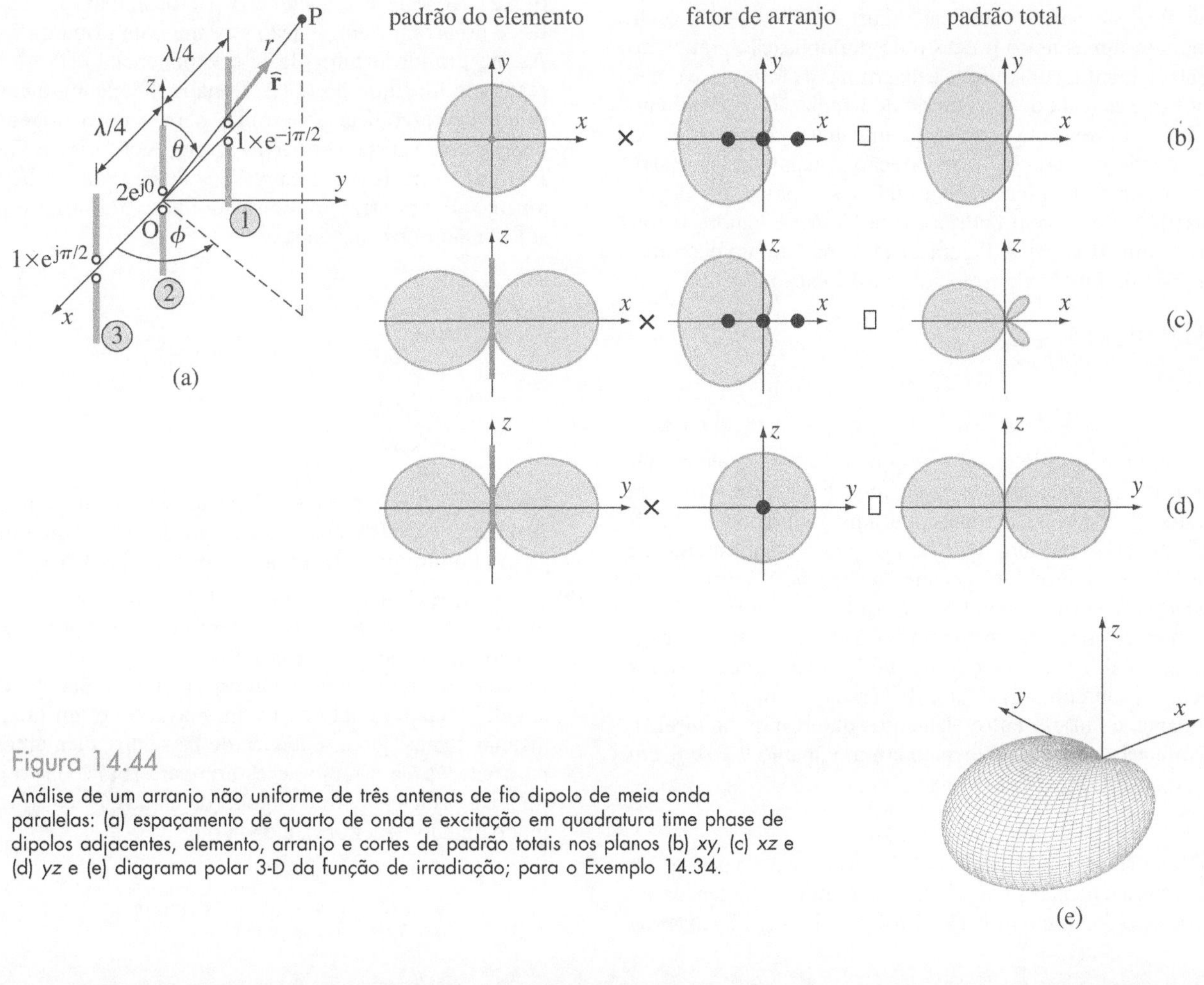

Figura 14.44
Análise de um arranjo não uniforme de três antenas de fio dipolo de meia onda paralelas: (a) espaçamento de quarto de onda e excitação em quadratura time phase de dipolos adjacentes, elemento, arranjo e cortes de padrão totais nos planos (b) xy, (c) xz e (d) yz e (e) diagrama polar 3-D da função de irradiação; para o Exemplo 14.34.

$$\underline{F}_a(\theta,\phi) = e^{-j(\pi/2)(\text{sen}\,\theta\cos\phi+1)} + 2 + \\ + e^{j(\pi/2)(\text{sen}\,\theta\cos\phi+1)} = 2 + 2\cos\left(\frac{\pi}{2}\,\text{sen}\,\theta\cos\phi + \frac{\pi}{2}\right) = \\ = 2\left[1 - \text{sen}\left(\frac{\pi}{2}\,\text{sen}\,\theta\cos\phi\right)\right]. \quad (14.223)$$

Do outro lado, a função de irradiação característica do elemento ($\underline{\mathbf{F}}_{\text{elemento}}$) para um dipolo de meia onda, é dada na Equação (14.128). O teorema de multiplicação de padrão, Equação (14.207), resulta assim na função de irradiação da antena da seguinte forma:

$$\underline{\mathbf{F}}(\theta,\phi) = \underline{\mathbf{F}}_{\text{elemento}}(\theta)\,\underline{F}_a(\theta,\phi) = \\ = 2\,\frac{\cos\left(\frac{\pi}{2}\cos\theta\right)}{\text{sen}\,\theta}\left[1 - \text{sen}\left(\frac{\pi}{2}\,\text{sen}\,\theta\cos\phi\right)\right]\hat{\boldsymbol{\theta}}. \quad (14.224)$$

Sua magnitude nos planos xy, xz e yz, respectivamente, vêm a ser

$$\theta = 90^\circ \longrightarrow \left|\underline{\mathbf{F}}(90^\circ,\phi)\right| = \\ = 2\left[1 - \text{sen}\left(\frac{\pi}{2}\cos\phi\right)\right] \ (\text{plano } xy), \quad (14.225)$$

$$\phi = 0 \longrightarrow \left|\underline{\mathbf{F}}(\theta,0)\right| = \\ = 2\,\frac{\cos\left(\frac{\pi}{2}\cos\theta\right)}{\text{sen}\,\theta}\left[1 - \text{sen}\left(\frac{\pi}{2}\,\text{sen}\,\theta\right)\right] \ (\text{plano } xz), \quad (14.226)$$

$$\phi = 90^\circ \longrightarrow \left|\underline{\mathbf{F}}(\theta,90^\circ)\right| = \\ = 2\,\frac{\cos\left(\frac{\pi}{2}\cos\theta\right)}{\text{sen}\,\theta} \ (\text{plano } xz). \quad (14.227)$$

Os cortes de padrão de arranjo gerais normalizados correspondentes são mostrados nas figuras 14.44(b)-(d), onde também se apresenta o processo de multiplicação gráfica do padrão elementar constituinte e diagramas de fator de arranjo. Vemos que se trata de um padrão de irradiação predominantemente endfire, com irradiação máxima apenas em uma extremidade do arranjo — na direção x negativa. Em particular, a curva no plano equatorial dos dipolos, na Figura 14.44(b), é o chamado padrão cardioide (que lembra o formato de um coração). A Figura 14.44(e) mostra um diagrama polar 3-D da função de irradiação da Equação (14.224).

Exemplo 14.35

Arranjo linear uniforme com número arbitrário de elementos

Considere um arranjo linear (arranjo cujos pontos elementares todos repousam ao longo de uma linha reta) com um número arbitrário, N, de fontes pontuais (radiadores isotrópicos), irradiando em um meio para o qual o comprimento de onda é λ. Os pontos são igualmente espaçados entre si, e o espaçamento entre elementos é d, conforme Figura 14.45(a). Correntes de alimentação de fontes no arranjo possuem magnitudes iguais e mudanças de fase iguais entre pontos adjacentes. Obtenha (a) o fator de arranjo normalizado e (b) a mudança de fase α entre elementos que resulta na direção de irradiação máxima do arranjo em um ângulo $\theta = \theta_{\text{máx}}$ em relação ao eixo do arranjo (eixo z).

Solução

(a) (Referindo-nos à Equação 14.45(a), os vetores de posição de pontos elementares em relação à origem da coordenada no primeiro ponto são $\mathbf{r}'_k = (k-1)d\hat{\mathbf{z}}$ $(k = 1, 2, ..., N)$. A fase da fonte kth em relação à primeira é $\alpha_k = (k-1)\alpha$, isto é, varia linearmente com a posição da fonte no eixo do arranjo medida em respeito ao primeiro elemento, $(k-1)d$. Arranjos lineares com um espaçamento entre elementos, magnitude de corrente de alimentação e diferença de fase entre elementos uniformes, no arranjo, são chamados arranjos de antena lineares uniformes. Tendo em mente que $\hat{\mathbf{z}}\cdot\hat{\mathbf{r}} = \cos\theta$, como na Figura 14.39(a), e adotando que as magnitudes de corrente normalizada constante dos elementos são $a_k = 1$ na Equação (14.202), o fator de arranjo na Equação (14.204) se torna agora

$$\underline{F}_a = \sum_{k=1}^{N} e^{j(k-1)\psi},$$

$$\text{onde} \quad \psi = \beta d\cos\theta + \alpha \quad \left(0 \le \theta \le 180^\circ\right) \quad (14.228)$$

(ψ pode ser interpretado como a diferença de fase entre campos distantes devido a fontes pontuais adjacentes no arranjo e $\beta = 2\pi/\lambda$). O fator pode ser ainda transformado da seguinte forma:

$$\underline{F}_a = \frac{1 - e^{jN\psi}}{1 - e^{j\psi}} = \frac{e^{jN\psi/2}}{e^{j\psi/2}}\,\frac{e^{-jN\psi/2} - e^{jN\psi/2}}{e^{-j\psi/2} - e^{j\psi/2}} = \\ = e^{j(N-1)\psi/2}\,\frac{\text{sen}(N\psi/2)}{\text{sen}(\psi/2)}, \quad (14.229)$$

onde se faz uso da fórmula para a soma de uma série geométrica, $1 + x + x^2 + ... + x^{N-1} = (1 - x^N)/(1 - x)$ com $x = e^{j\psi}$, e da primeira identidade nas equações (10.7). Notamos então que $(N-1)\psi/2$ é a mudança de fase em campo distante de uma fonte pontual real ou virtual (dependendo se N é um número par ou ímpar) no centro físico do arranjo, em relação ao campo da primeira fonte. Assim, tirando o fator de fase exponencial $e^{j(N-1)\psi/2}$ do resultado na Equação (14.229), na realidade, mudamos o ponto de referência do arranjo para a nova origem da coordenada (O) no centro do arranjo, conforme a Figura 14.45(a). Com isso, as expressões finais para o fator de arranjo de um arranjo de antena linear uniforme e para sua versão normalizada são

arranjo linear uniforme

$$\underline{F}_a = \frac{\text{sen}(N\psi/2)}{\text{sen}(\psi/2)} \longrightarrow f_a = \frac{|\underline{F}_a|}{|\underline{F}_a|_{\text{máx}}} = \\ = \frac{|\text{sen}(N\psi/2)|}{N|\text{sen}(\psi/2)|}, \quad (14.230)$$

como $|\underline{F}_a|_{\text{máx}} = N$ para $\psi = 0$ (seno $x \approx x$ quando $x \to 0$). A Figura 14.45(b) nos mostra um diagrama da função $f_a(\psi)$ em um período, para $0 \le \psi \le 2\pi$, para $N = 5$.

(b) As equações (14.228) e (14.230) fornecem uma expressão explícita da propriedade de varredura de feixe principal de um arranjo de antena linear uniforme pelo controle de fase em sua rede de excitação. Ou seja, com $\theta_{\text{máx}}$ denotando o ângulo polar no qual ocorre um máximo de um fator de arranjo, temos que a mudança de fase entre elementos, α, na excitação de arranjo necessária para rotacionar o pico do feixe principal para o ângulo (desejado) $\theta = \theta_{\text{máx}}$ (chamado ângulo de leitura), é dada por

fase de steering do feixe principal

$$\psi = 0 \longrightarrow \alpha = -\beta d\cos\theta_{\text{máx}}. \quad (14.231)$$

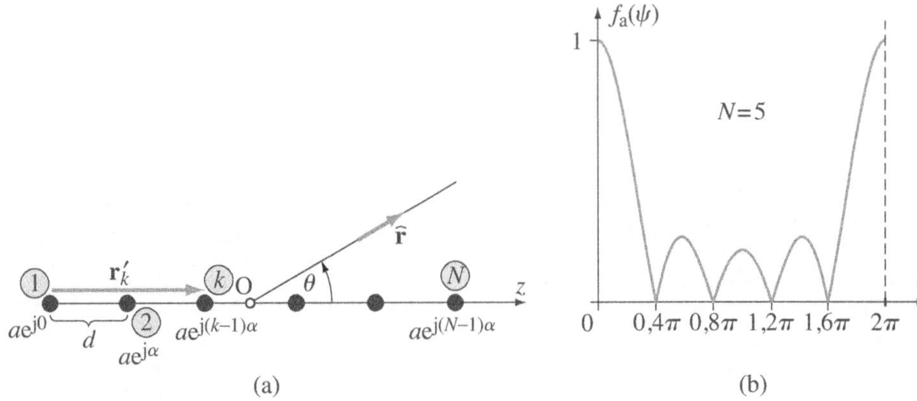

Figura 14.45

(a) Arranjo de antena linear uniforme com elementos de fontes pontuais N e (b) diagrama do fator de arranjo normalizado, Equação (14.230), contra a variável Ψ, dada na Equação (14.228), para $N = 5$; para o Exemplo 14.35.

Problemas

14.1. Campo elétrico de um dipolo hertziano a partir do potencial magnético apenas. Utilize a expressão para o vetor campo elétrico em termos do potencial vetor magnético apenas na Equação (8.118) para obter $\underline{\mathbf{E}}$ devido a um dipolo hertziano do resultado para $\underline{\mathbf{A}}$ nas equações (14.4) e (14.5).

14.2. Satisfazendo as equações complexas de Maxwell por campos do dipolo. Mostre que as expressões de campo elétrico complexo e campo magnético para um dipolo hertziano nas equações (14.8) e (14.10) satisfazem todas as quatro equações de Maxwell em forma diferencial.

14.3. Satisfazendo a equação de onda para o potencial escalar de Lorenz. Mostre que a expressão para o potencial $\underline{V}$ de um dipolo hertziano na Equação (14.6) é suficiente para a forma complexa da equação de onda sem fonte para o potencial escalar de Lorenz, na Equação (8.92) com $\underline{\rho} = 0$.

14.4. Potenciais e vetores campo de um dipolo hertziano orientado a x. Considere o dipolo hertziano orientado a x descrito no Exemplo 14.4 e use a expressão para seu potencial vetor magnético, nas equações (14.44) e (14.46), para calcular, como na Equação (14.7) o respectivo potencial escalar elétrico. Encontre então os vetores campo elétrico e magnético do dipolo de diversas maneiras, calculando em paralelo com o dipolo direcionado a z das equações (14.8)-(14.13).

14.5. Aproximação de campo distante para um dipolo orientado a x. Começando com as expressões gerais de campo para um dipolo hertziano direcionado a x do problema anterior, obtenha as expressões de campo distante correspondentes para $\underline{\mathbf{E}}$ e $\underline{\mathbf{H}}$ (cheque os resultados com os do Exemplo 14.4).

14.6. Definição mais complexa da região de campo distante. A condição de zona distante na Equação (14.16), $r \gg \lambda$, combinada com a condição de que $D \gg \lambda$, sendo D a dimensão máxima da antena, pode ser substituída em situações práticas pela seguinte combinação de requisitos para a distância r (do centro da antena) na zona distante: (i) $r > 5\lambda$ e (ii) $r > 5D$ (iii) $r > 2D^2/\lambda$. Faça um gráfico com r/λ na ordenada e $D > \lambda$ na abscissa e identifique a região de campo distante onda todas as três condições (i)–(iii) são satisfeitas.

14.7. Antena de fio curto com distribuição de corrente de cosseno. Uma antena de fio eletricamente curta de comprimento l posicionada no espaço livre na origem da coordenada ao longo do eixo z de um sistema de coordenas esféricas tem uma corrente de intensidade $\underline{I}(z) = \underline{I}_0 \cos(\pi z/l)$, para $-l/2 \le z \le l/2$ e frequência f. Calcule (a) os vetores intensidade de campo elétrico e magnético da antena em zona distante e (b) distribuição de carga ao longo da antena. A partir de (a), encontre (c) a corrente de dipolo hertziano equivalente (tendo mesmo campo) de mesmo comprimento (l) da antena original e (d) o comprimento de um dipolo hertziano equivalente à corrente igual a $\underline{I}_0$, respectivamente. (e) A partir de (b), encontre a carga ($\underline{Q}$ e $-\underline{Q}$) do dipolo equivalente em (d).

14.8. Antena de fio curta com uma distribuição de corrente quadrática. Uma antena dipolo curta de cobre de comprimento $l = 2$ m e raio $a = 5$ mm é alimentada em seu centro por uma corrente de frequência $f = 10$ MHz e intensidade rms $I_0 = 10$ A. Podemos assumir que a corrente ao longo da antena é dada pela seguinte função: $\underline{I}(z) = I_0[1 - (2z/l)^2]$, $-l/2 \le z \le l/2$. Calcule o vetor Poynting de zona distante da antena.

14.9. Duas ondas de corrente se deslocando em uma antena de fio. Sendo a carga de resistência R_L na Figura 14.8 não casada, de modo que a distribuição de corrente ao longo a antena seja dada por $\underline{I}(z) = \underline{I}_{01}\, e^{-j\beta z} + \underline{I}_{02} e^{j\beta z}$ $(0 \le z \le l)$, onde $\underline{I}_{01}$ e $\underline{I}_{02}$ são as magnitudes (valores rms) de duas ondas de corrente se deslocando em direções opostas ao longo da antena e $\beta = \omega/c_0$ o coeficiente de fase no espaço livre, encontre os vetores intensidade de campo elétrico e magnético e vetor Poynting da antena.

14.10. Onda de corrente em deslocamento atenuada. Se a onda de corrente em deslocamento ao longo da antena na Figura 14.8 é atenuada (devido a perdas na antena), e assim a distribuição de corrente na Equação (14.41) se torna $\underline{I}(z) = \underline{I}_0\, e^{-\alpha z} e^{-j\beta z}$ $(0 \le z \le l)$, onde α é o coeficiente de atenuação associado, determine o vetor Poynting na zona distante da antena.

14.11. Fonte de linha uniforme. Uma fonte de linha uniforme, definida como uma corrente uniforme de intensidade rms complexa $\underline{I}_u$ = const e frequência f em uma linha reta de comprimento (arbitrário) l, irradia no espaço livre. Considerando esta fonte (corrente de linha) uma antena de fio metálico reta no eixo z, Figura 14.4, com uma corrente contínua ($\underline{I}_u$), e adotando a origem da coordenada no centro da fonte, de modo que $-l/2 \le z \le l/2$ ao longo do fio, encontre os vetores intensidade de campo elétrico e magnético e vetor Poynting associado, devido à fonte.

14.12. Fonte de linha uniforme curta. Demonstre que para $l \ll \lambda_0$ (sendo λ_0 o comprimento de onda no espaço livre na frequência f) as expressões de campo obtidas no problema anterior se reduzem às encontradas na Equação (14.17) para um dipolo hertziano (fonte de linha uniforme eletricamente curta).

14.13. Fonte de linha uniforme piece-wise longa. Considere uma fonte de linha uniforme piece wise de duas etapas, de comprimento (arbitrário) l e frequência f, definida pela seguinte distribuição de corrente no eixo z de um sistema de coordenadas esféricas: $\underline{I}(z) = \underline{I}_u$ para $0 \leq |z| \leq l/4$ e $\underline{I}(z) = \underline{I}_u/2$ para $l/4 < |z| \leq l/2$ ($\underline{I}_u$ = const). A permissividade e permeabilidade do meio ambiente são ε e μ, respectivamente. (a) Encontre os vetores de campo distante causados por essa fonte. (b) Qual é a distribuição de carga da fonte?

14.14. Dipolo hertziano ao longo do eixo *y*. Repita o Exemplo 14.4, porém para um dipolo hertziano ao longo do eixo y do sistema de coordenadas cartesianas.

14.15. Dipolo hertziano no plano *xy*. Repita o Exemplo 14.14, porém para um dipolo hertziano posicionado na origem da coordenada ao longo da linha definida pelo vetor $\hat{\mathbf{x}} + \hat{\mathbf{y}}$.

14.16. Antena de fio reto ao longo do eixo *x*. Assuma que a antena de fio reto de comprimento l na Figura 14.4 corre ao longo do eixo x em vez do z e carrega uma distribuição de corrente arbitrária dada por uma função $\underline{I}(x)$. A frequência operante na antena é f e os parâmetros materiais do meio ambiente são ε e μ. (a) Use as equações (14.32) e (14.46) para determinar as expressões para a integral de irradiação e potencial magnético de zona distante da antena, de maneira análoga à Equação (14.29). Então, como no Exemplo 14.4, encontre a expressão para obter o vetor intensidade do campo elétrico da antena, no lugar daquela encontrada na Equação (14.34).

14.17. Fonte de linha uniforme no eixo *x*. Encontre o campo elétrico distante devido a uma fonte de linha uniforme direcionada a x de comprimento (arbitrário) l, com uma corrente de intensidade rms complexa $\underline{I}(x) = \underline{I}_u$ = const para $-l/2 \leq x \leq l/2$ e frequência f irradiando no espaço livre.

14.18. Antena de fio e fonte de linha uniforme ao longo do eixo *y*. (a) Repita o Problema 14.16, porém para uma antena de fio reto com distribuição de corrente arbitrária $\underline{I}(y)$ no eixo y. (b) Repita o Problema 14.17, mas para uma fonte de linha uniforme direcionada a y de intensidade de corrente $\underline{I}(y) = \underline{I}_u$ = const para $-l/2 \leq y \leq l/2$.

14.19. Eficiência de irradiação de um dipolo curto com corrente cosseno. Se a antena de fio curta com uma distribuição de corrente cosseno descrita no Problema 14.7 for feita de aço (σ = 2 MS/m e μ_r = 2.000) tiver l = 1m e a = 3mm em raio e operar a uma frequência de f = 15 MHz, encontre (a) a resistência de irradiação, (b) a resistência ôhmica de alta frequência e (c) a eficiência de irradiação da antena.

14.20. Perdas em um dipolo curto com corrente quadrática. Para a antena dipolo curta de fio de cobre do Problema 14.8, calcule (a) a potência irradiada média no tempo da antena, (b) a potência média no tempo das perdas (ôhmicas) Joule no fio e (c) a eficiência de irradiação da antena.

14.21. Calculando a potência irradiada de dipolos direcionados a *x* e *y*. (a) Começando com o vetor Poynting complexo de zona distante de um dipolo hertziano direcionado a x na Equação (14.51) e integrando a densidade de potência de superfície média no tempo correspondente através de uma superfície esférica de raio r ($r >> \lambda$) centralizada na origem da coordenada, como na Equação (14.52), calcule a potência irradiada e resistência de irradiação do dipolo. (b) Repita (a), porém para um dipolo hertziano direcionado a y (do Problema 14.14).

14.22. Funções de irradiação de 12 antenas diferentes. Encontre as funções de irradiação característica de todas as antenas dos problemas 14.7-14.18.

14.23. Ganhos de antenas curtas de aço e de cobre. Calcule o ganho de dipolos curtos não carregados de aço e de cobre dos problemas 14.19 e 14.20 respectivamente.

14.24. Padrão unidirecional seno ao quadrado, cosseno ao quadrado. O padrão de campo normalizado de uma antena é dado por $f(\theta, \phi) = \text{sen}^2\,\theta, \cos^2\phi$ para $0 \leq \theta \leq 180°$ e $-90° \leq \phi \leq 90°$, e é zero em outros lugares. Encontre (a) a diretividade da antena e (b) os ângulos de meia potência nos planos $\phi = 0$ (plano de elevação) e $\theta = 90°$ (plano azimutal), respectivamente.

14.25. Padrão de irradiação setorial. Calcule a diretividade de uma antena com padrão de irradiação setorial (tendo intensidade de irradiação uniforme em uma região angular especificada, sendo zero em outros lugares) dado pela seguinte função de irradiação normalizada: $f(\theta) = 1$ para $\theta_1 \leq \theta \leq \theta_2$ e $f(\theta) = 0$ em outros lugares — se (a) $\theta_1 = 0$ e $\theta_2 = \alpha$ (padrão cônico) e (b) $\theta_1 = 90° - \alpha$ e $\theta_2 = 90° + \alpha$, onde α é um ângulo arbitrário dentro da faixa $0 < \alpha < 90°$, e especificamente para $\alpha = 30°$.

14.26. Antena de radar de aeronave com um padrão cossecante. A antena de um radar de mapeamento terrestre de busca de alvos colocada em uma aeronave voando em paralelo à terra tem padrão de irradiação cossecante no plano de elevação, que para o ângulo θ definido como na Figura 14.46, é dado pela função de campo normalizada $f_\theta(\theta) = \csc\theta = 1/\text{sen}\theta$ para $\theta_1 \leq \theta \leq \theta_2$, enquanto $f_\theta(\theta) = 0$ em outros lugares. (a) Use a Equação (14.78) e uma relação trigonométrica entre a distância da antena ao chão, r, e θ na Figura 14.46 para mostrar que a magnitude do campo elétrico irradiado na superfície do chão é constante (não uma função de r ou θ) na faixa especificada de θ (de θ_1 a θ_2), ou seja, que o radar ilumina uniformemente a área que é buscada no chão. (b) Se, além disso, o padrão de irradiação é uniforme na direção azimutal dentro de uma pequena faixa do ângulo ϕ (padrão setorial), de modo que o padrão de campo normalizado total da antena de radar seja dado por $f(\theta, \phi) = \csc\theta$ para $\theta_1 \leq \theta \leq \theta_2$ e $-\Delta\phi/2 \leq \phi \leq \Delta\phi/2$ sendo zero em outros lugares, expresse a diretividade da antena em termos de θ_1, θ_2 e $\Delta\phi$ e calcule seu valor em decibéis para $\theta_1 = 30°$, $\theta_2 = 90°$ e $\Delta\phi = 10°$.

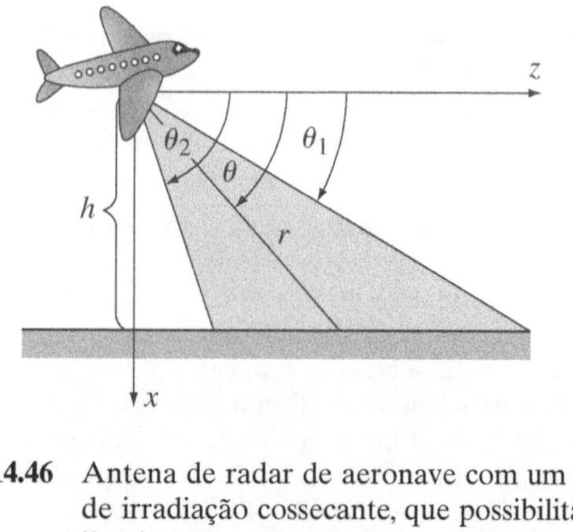

Figura 14.46 Antena de radar de aeronave com um padrão de irradiação cossecante, que possibilita iluminação uniforme da superfície do chão; para o Problema 14.26.

14.27. Padrão de irradiação e frequência de um dipolo de fio em seis frequências. Uma antena dipolo de fio simétrica de comprimento $l = 3$m é alimentada por uma corrente de intensidade rms $I_0 = 1$ A e irradia no espaço livre. Faça (a) a distribuição de corrente ao longo dos braços do dipolo e (b) padrão de campo de irradiação plano E da antena se a frequência operante for $f_1 = 10$ MHz, $f_2 = 50$ MHz, $f_3 = 100$ MHz, $f_4 = 150$ MHz, $f_5 = 200$ MHz e $f_6 = 250$ MHz, respectivamente. (c) Discuta a relação entre os diagramas respectivos em (a) e (b).

14.28. Distribuição de carga de uma antena dipolo arbitrária. Considere uma antena dipolo de fio simétrica com comprimento arbitrário l e distribuição de corrente sinusoidal, na Figura 14.18(a). A corrente de alimentação da antena é $\underline{I}_0$, sua frequência operante é f e o meio é espaço livre. (a) Calcule a distribuição de carga ao longo dos braços da antena e (b) mostre que para $l \ll \lambda$ reduz-se à do dipolo curto — na Figura 14.7.

14.29. Resistência ôhmica de uma antena dipolo arbitrária. Encontre a expressão para a resistência ôhmica de alta frequência da antena dipolo (arbitrária) na Figura 14.18(a), se estiver irradiando no espaço livre a uma frequência f, tiver comprimento l, raio a e for feita de metal de condutividade σ e permeabilidade μ.

14.30. Toco em curto-circuito conectado a um dipolo de meia onda. (a) Projete um toco em curto-circuito (ver Exemplo 12.19) para compensar (anular) a parte imaginária da impedância de entrada complexa, $\underline{Z}_A$, de um dipolo de meia onda na Equação (14.132), em uma frequência $f = 500$ MHz. (b) Qual é o SWR em relação a $Z_0 = 75\ \Omega$ da impedância puramente real assim obtida, R_A? (c) Projete um transformador de quarto de onda (ver Exemplo 12.8) para casar R_A a $Z_0. = 50\ \Omega$.

14.31. Prova da teoria da imagem para um dipolo hertziano horizontal. Repita o Exemplo 14.17, porém para um dipolo hertziano horizontal e sua imagem obtida por teoria de imagem na Figura 14.23.

14.32. Prova da teoria da imagem para um dipolo hertziano oblíquo. (a) Repita o Exemplo 14.17, porém para um dipolo hertziano oblíquo, fazendo um ângulo α com a normal ao plano terra e sua imagem (Figura 14.23). (b) Mostre que a mesma conclusão sobre a satisfação de condições de contorno na superfície da terra é obtida também pela decomposição do vetor comprimento do dipolo, com a corrente e carga associadas, em componentes verticais e horizontais, e usando os resultados correspondentes para dipolos hertzianos vertical e horizontal.

14.33. Onda refletida de um dipolo vertical sobre o plano terra. Se a antena dipolo de fio de meia onda na Figura 14.25 é rotacionada sobre seu centro em 90º se tornando vertical, encontre (para os dados numéricos dados no Exemplo 14.18) a magnitude do vetor campo elétrico no ponto P devido a (a) onda direta (propagando paralela ao chão) e (b) onda refletida (refletindo para fora do chão).

14.34. Taxa de superfície de campo magnético para onda ionosférica. Assuma que a antena monopolo irradiando na superfície da Terra na presença de ionosfera descrita no Exemplo 14.20 tenha $h = 1$ m e expresse a taxa de intensidades de campo magnético rms da onda de superfície e onda ionosférica resultante, $|\underline{\mathbf{H}}_{sup}|/|\underline{\mathbf{H}}_{iono}|_{tot}$, no chão, em termos da distância da antena, r, e altura virtual da ionosfera, h_v. Calcule então essa taxa para $r = n \times 50$ km e $\mathbf{n} = 1, 2, ..., 10$, respectivamente.

14.35. Reflexões múltiplas de uma onda ionosférica. Considere a irradiação de uma antena monopolo de quarto de onda na presença de ionosfera na Figura 14.29(a) e calcule (para os dados numéricos do Exemplo 14.20) no ponto P a intensidade de campo elétrico rms da onda ionosférica resultante refletindo duas vezes para fora da ionosfera conforme ilustrado pelo padrão de percurso em zigue-zague de múltiplas reflexões entre pontos O e P na Figura 14.47(a). Faça a análise (a) por cálculos diretos do percurso zigue-zague e (b) por aplicações múltiplas da teoria da imagem para os dois planos CEP na Figura 14.47(a) (encontre a imagem em um plano da antena representando a imagem encontrada anteriormente no outro plano, e assim por diante) para estabelecer o caminho reto equivalente de uma antena de imagem ao ponto de recebimento [de maneira análoga ao caminho na Figura 14.29(b)], indicado na Figura 14.47(b)

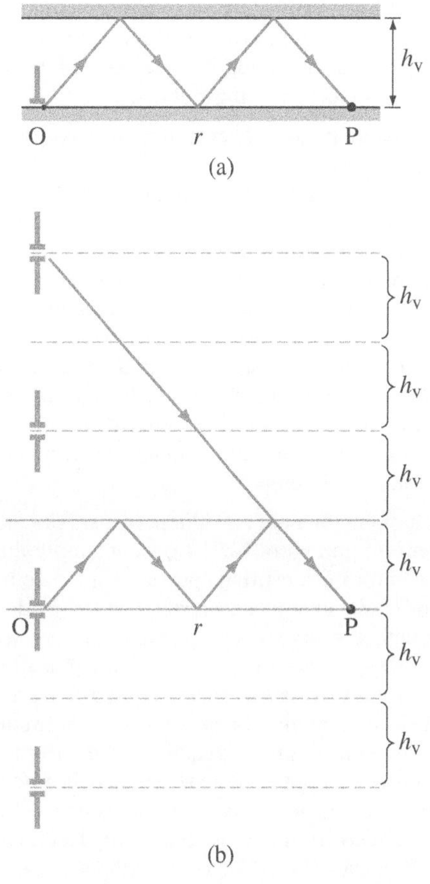

Figura 14.47 Recepção da onda ionosférica (lançada por uma antena monopolo de quarto de onda) refletindo duas vezes para fora da ionosfera: (a) caminho de múltipla reflexão em zigue-zague da onda e (b) múltiplas aplicações da teoria da imagem para planos terra e ionosférico CEP para estabelecer o caminho reto equivalente de uma antena de imagem ao ponto de recebimento; para o Problema 14.35.

14.36. Vetor Poynting e potência irradiada de uma antena magnética em anel. Encontre a expressão para o vetor Poynting complexo em zona distante de um dipolo magnético (antena magnética em anel) na Figura 14.30. Começando com esta expressão, calcule a potência irradiada média no tempo da antena. Compare o resultado ao obtido usando a resistência de irradiação na Equação (14.160).

14.37. Condição de Lorenz para potenciais de uma antena magnética em anel. (a) Encontre a densidade da linha de carga, $\underline{Q}'$, ao longo do fio de uma antena em anel magnética (Figura 14.30). (b) Do resultado em (a), calcule o potencial escalar elétrico, $\underline{V}$, da antena, a uma distância arbitrária dela. (c) Mostre que $\underline{V}$ e o potencial vetor magnético, $\underline{\mathbf{A}}$, em qualquer zona de campo da antena satisfaz a condição de Lorenz para potenciais eletromagnéticos complexos.

14.38. Expressões gerais de campo para uma antena magnética em anel. (a) Usando as equações (8.118) e (8.119), encontre — a partir dos potenciais $\underline{V}$ e $\underline{\mathbf{A}}$ — as expressões para os vetores campo elétrico e magnético, $\underline{\mathbf{E}}$ e $\underline{\mathbf{H}}$, de uma antena dipolo magnético válidas para todas as zonas de campo (não necessariamente zona distante). (b) Compare as expressões de campo obtidas com as encontradas nas equações (14.8) e (14.10) para um dipolo hertziano (Figura 14.1) sob a luz do princípio geral da dualidade para campos eletromagnéticos devido a fontes elétricas e magnéticas.

14.39. Mudando lugares de antenas transmissoras e receptoras. Assuma que no enlace sem fio com duas antenas dipolo de meia onda não alinhadas na Figura 14.34(a) e Exemplo 14.22, as antenas transmissora e receptora trocam de lugar. Ou seja, o dipolo no lado direito (repousando no plano $x'y'$) é agora alimentado pela potência de entrada $P_{ent} = 10$ W e transmite na frequência $f = 300$ MHz, enquanto os terminais do dipolo da esquerda (no plano xz) são deixados abertos. Em tais circunstâncias, encontre a magnitude de tensão de circuito aberto recebida pela segunda antena, das duas seguintes maneiras: (a) evocando o teorema de reciprocidade eletromagnética e (b) realizando a análise baseada na Equação (14.166), como no Exemplo 14.22.

14.40. Dipolo meia onda não alinhado e antena em anel. No sistema sem fio da Figura 14.34(a), a antena dipolo na extremidade receptora é substituída por uma antena em anel quadrada com comprimento de aresta a, posicionada de modo que seu plano e o eixo x' façam um ângulo γ_2, conforme a Figura 14.48. (a) Nesse novo sistema, onde γ_1 e r ($r \gg \lambda$) são também parâmetros dados, assuma que a antena dipolo de meia onda é alimentada por uma corrente harmônica de intensidade rms complexa $\underline{I}_0$ e frequência f, e encontre a tensão rms complexa de circuito aberto recebida pela antena em anel — usando a lei de indução eletromagnética de Faraday e campo magnético irradiado do dipolo. (b) Repita (a), porém usando a Equação (14.166) e o campo elétrico irradiado do dipolo. (c) Assuma então que a antena em anel é alimentada pela mesma corrente de (a) e calcule a tensão rms complexa em circuito aberto recebida pela antena dipolo de meia onda — por meio da Equação (14.166) e campo elétrico irradiado no anel. (d) Por fim, repita (c), porém empregando o teorema da reciprocidade eletromagnética.

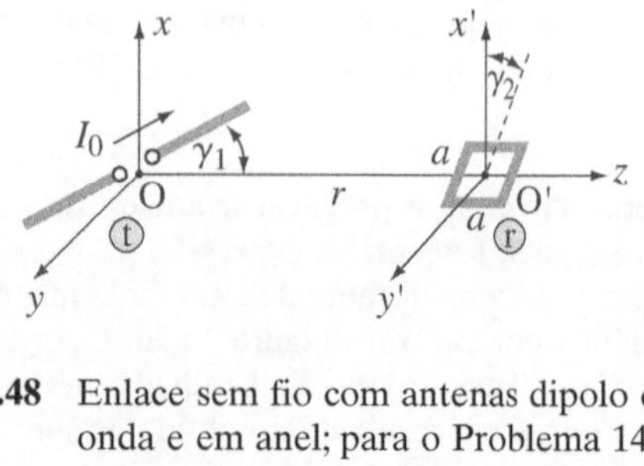

Figura 14.48 Enlace sem fio com antenas dipolo de meia onda e em anel; para o Problema 14.40.

14.41. Recepção de uma onda CP por uma antena dipolo magnético. As correntes de alimentação de dois dipolos transmissores cruzados, ambos com comprimento $l = 6$ cm, no enlace sem fio no espaço livre da Figura 14.49 têm a mesma frequência $f = 300$ MHz e mesa magnitude $I_0 = 1$A, mas estão em quadratura tempo-fase, com o dipolo 1 avançando 90° em fase em relação ao dipolo 2. Encontre a magnitude da tensão em circuito aberto da antena receptora do anel com comprimento de aresta $a = 4$ cm com $r = 30$ m da extremidade transmissora e cujo plano faz um ângulo de $\gamma = 30°$ com o eixo x' (nota: primeiro, mostre que todas as três antenas são eletricamente curtas).

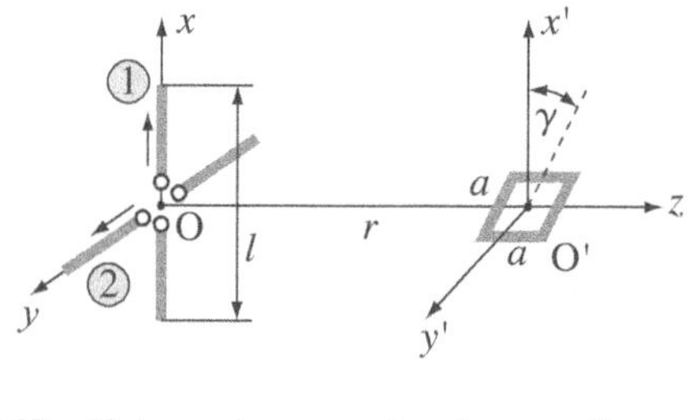

Figura 14.49 Sistema de comunicação sem fio com dois dipolos cruzados na extremidade de transmissão e um anel na recepção; para o Problema 14.41.

14.42. Espalhador de placa quadrada grande. Se no sistema da Figura 14.49 a antena anel receptora for substituída por um espalhador eletromagnético na forma de uma placa CEP quadrada, com comprimento de aresta $a = 10$ m, centralizado no ponto O', com um par de arestas paralelo ao eixo x' e o outro par ao eixo y', calcule o vetor densidade de corrente induzida de superfície rms complexo ($\underline{\mathbf{J}}_s$) no centro da placa. Note que como a placa é eletricamente grande, a corrente induzida em seu centro pode ser calculada como se a placa fosse infinitamente grande (plano CEP). Compare o resultado ao do Exemplo 10.7, parte (d).

14.43. Recepção de uma onda EP por uma antena dipolo magnética. Repita o Problema 14.41, porém para a corrente de alimentação do dipolo 1 atrasando em fase a corrente de alimentação do dipolo 2 em 45° (em vez de avançar em 90°). Encontre então o ângulo γ para qual a tensão recebida é máxima, assim como a tensão máxima.

14.44. Anel receptor no plano de dipolos cruzados transmissores. Repita o Problema 14.41, porém para a antena anel receptora posicionada no plano de antenas dipolo transmissoras cruzadas, conforme a Figura 14.50, onde a posição do centro do anel (ponto O') no plano é definida por um ângulo arbitrário ϕ ($r = 30$ m).

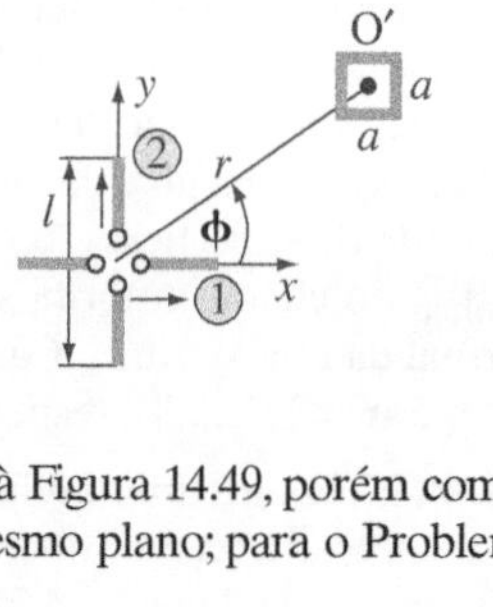

Figura 14.50 Igual à Figura 14.49, porém com todas as antenas no mesmo plano; para o Problema 14.44.

14.45. Enlace com dipolos vertical e oblíquo acima do chão. No enlace sem fio da Figura 14.51, as duas antenas dipolo de meia onda repousam no mesmo plano vertical, sobre um terra CEP horizontal. O dipolo transmissor é vertical, enquanto o receptor faz um ângulo de $\gamma = 30^\circ$ com a direção vertical. O meio é ar, a frequência operante é $f = 1$ GHz e a potência de entrada da antena transmissora é $P_{ent} = 730$ mW. A distância horizontal entre as extremidades de transmissão e recepção do enlace é $r = 70$ m, e a altura dos centros de ambas as antenas em relação ao chão é $h = 24.5$ m. Calcule a magnitude da tensão em circuito aberto do dipolo receptor devido a (a) onda direta e (b) onda refletida.

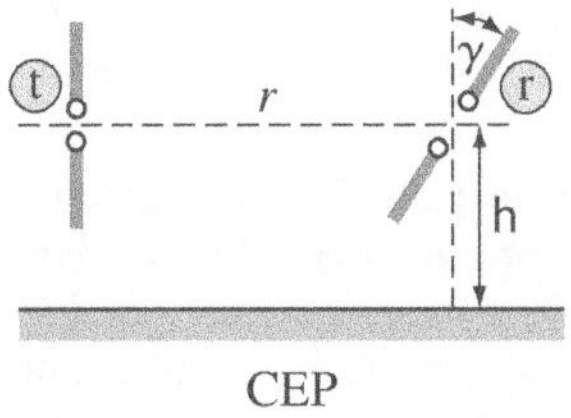

Figura 14.51 Comunicação entre dipolo vertical e oblíquo de meia onda sobre um plano terra; para o Problema 14.45.

14.46. Dois dipolos de meia onda colineares ou paralelos acima do chão. Ambas as antenas transmissora e receptora em um enlace sem fio no espaço livre a uma frequência $f =$ 500 GHz são dipolos de meia onda paralelos a um plano terra CEP, na mesma altura, $h = 20$ m, em relação a ele. A distância entre os centros dos dipolos é $r = 40$ m e a potência de entrada da antena transmissora é $P_{ent} = 1$ W. Encontre a tensão rms em circuito aberto da antena receptora devido às ondas direta e refletida, respectivamente, se os dois dipolos estiverem orientados para serem (a) colineares (coaxiais) entre si, como na Figura 14.52(a), ou paralelos entre si, como na Figura 14.52(b).

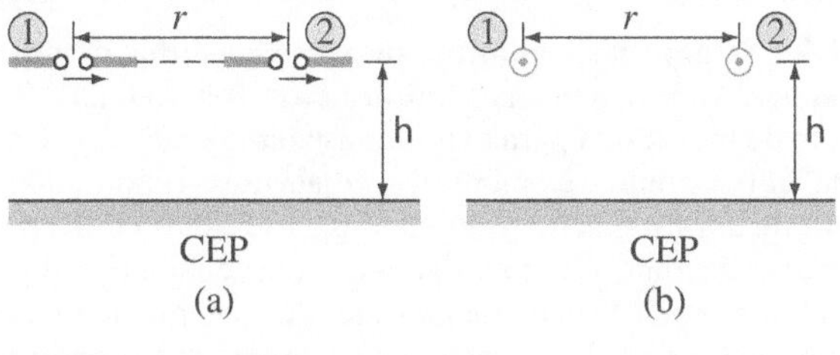

Figura 14.52 Comunicação entre duas antenas dipolo de meia onda sobre um plano terra: (a) dipolos colineares e (b) paralelos; para o Problema 14.46.

14.47. Comunicação entre um monopolo e um anel via ionosfera. No sistema da Figura 14.53, a antena transmissora é o monopolo de quarto de onda descrito no Exemplo 14.20, enquanto a antena receptora é um anel com comprimento de aresta $a = 6$ cm e $N = 20$ voltas de fio. Não há linha de visada direta entre antenas. Todos os outros parâmetros do sistema estão na Figura 14.29(a). Nessas circunstâncias, encontre a magnitude da tensão de curto-circuito recebida do anel.

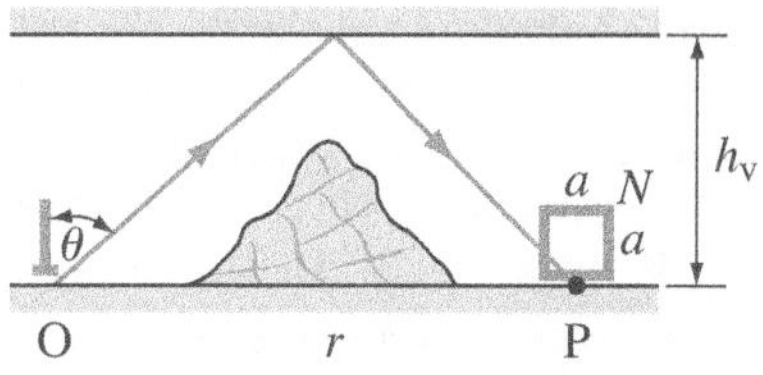

Figura 14.53 Sistema com um monopolo de um quarto de onda e uma antena anel na presença de ionosfera e sem visada direta: percurso do raio da onda ionosférica principal, refletindo uma vez para fora da ionosfera; para o Problema 14.47.

14.48. Dipolo curto horizontal e anel próximo ao chão. Um sinal harmônico enviado por um dipolo de fio curto horizontal, de comprimento $l = 3$ cm, posicionado no ar, com altura $h = 5$ m em relação a um plano terra CEP, está sendo recebido por uma antena magnética em anel com comprimento de aresta $a = 2{,}5$ cm e $N = 10$ voltas de fio, posicionada imediatamente acima da terra no mesmo plano vertical com o dipolo, conforme ilustra a Figura 14.54 (ver também Figura 14.53). A intensidade rms e frequência da corrente de alimentação do dipolo transmissor são $I_0 = 1$A e $f = 1$GHz, respectivamente, e a distância horizontal entre as extremidades de recepção e transmissão do enlace é $d = 8$ m. Calcule a tensão rms através dos terminais abertos do anel receptor.

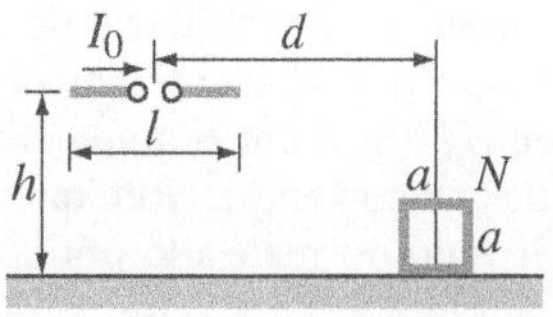

Figura 14.54 Comunicação entre um dipolo de fio curto horizontal e uma antena dipolo magnética imediatamente acima de um plano terra; para o Problema 14.48.

14.49. Reciprocidade para um sistema dipolo anel-terra. Assuma que o anel da Figura 14.54 é alimentado por uma corrente harmônica de intensidade rms $I_0 = 2$ A (note uma intensidade de corrente diferente do problema anterior) para servir como uma antena transmissora, enquanto o dipolo curto horizontal opera como antena receptora. Encontre a tensão rms de circuito aberto do dipolo — usando a solução para o problema anterior e o teorema da reciprocidade eletromagnética, se a frequência de operação do anel for (a) $f_1 = 1$ GHz e (b) $f_2 = 750$ MHz.

14.50. Abertura efetiva de um monopolo de um quarto de onda. Encontre a abertura efetiva (A_{ef}) de uma antena receptora monopolo de fio de quarto de onda, Figura 14.27(a), iluminada no espaço livre por uma onda eletromagnética plana uniforme de frequência $f = 1$ GHz, para direções da incidência da onda dadas por $\theta_{i1} = 0$, $\theta_{i2} = 30^\circ$, $\theta_{i3} = 60^\circ$ e $\theta_{i4} = 90^\circ$, respectivamente, assumindo que a antena é casada em impedância com sua carga e casada em polarização com sua onda incidente.

14.51. Eficiência de abertura e ganho de uma antena refletora parabólica. Uma antena refletora parabólica [Figura 14.36(c)] com diâmetro de abertura $d = 3{,}7$ m opera em uma frequência $f = 11$ GHz no espaço livre. A eficiência de abertura do refletor é $\eta_{abertura} = 70\%$. Qual o ganho dB da antena?

14.52. Sistema de comunicação micro-ondas long-range. Um sistema de comunicação micro-ondas long-range operando em uma frequência $f = 20$ GHz no espaço livre usa duas antenas idênticas nas extremidades receptora e transmissora, cada qual com ganho $G_{dB} = 20$ dB. Para uma taxa aceitável de sinal para ruído (SNR) do receptor, a potência recebida deve ser no mínimo $P_r = 1$ μW. Para a potência de entrada da antena transmissora de $P_{ent} = 100$ W e condições ideais de casamento e orientação, encontre a separação máxima (r) entre antenas de modo que o SNR do receptor seja ainda aceitável.

14.53. Duas antenas horn x-band em uma câmera anecoica. Duas antenas horn piramidais x-band (8 — 12 GHz) idênticas [Figura 13.14(b) ou 14.36(b)] com comprimentos de aresta de abertura $a_{horn} = 8$ cm e $b_{horn} = 6$ cm são colocadas como receptoras e transmissoras em uma câmera anecoica, a uma distância $r = 3$ m entre si. Quando a potência de entrada da antena transmissora é $(P_{in})_{dBm} = 20$ dBm a uma frequência $f = 10$ GHz, a potência recebida na outra extremidade é $P_r = 63$ μW sob condições ideais de casamento e orientação. Qual a eficiência de abertura ($\eta_{abertura}$) das duas antenas horn?

14.54. Arranjo de dois elementos de fontes pontuais com padrão cardioide. Repita o Exemplo 14.29, porém para um arranjo de dois elementos de fontes pontuais com um espaçamento entre elementos de um quarto de onda ($d = \lambda/4$) e quadradura em tempo-fase, onde o elemento 2 atrasa 90° em fase com o elemento 1 (elementos ainda alimentados com as mesmas magnitudes de corrente). Note que o diagrama polar 2-D do fator de arranjo normalizado obtido deve ser um padrão cardioide.

14.55. Espaçamento de fase cheia entre elementos e excitação contra fase. Repita o Exemplo 14.31, porém para fontes pontuais em contrafase ($d = \lambda$ e $\delta = \pm 180°$). Além disso, encontre os ângulos polares $\theta_{máx}$ nos quais ocorrem os valores máximos do fator de arranjo.

14.56. Separação de três quartos de onda entre fontes em fase. Repita o Exemplo 14.31, porém para uma separação de três quartos de onda entre fontes pontuais ($d = 3\lambda/4$ e $\delta = 0$), incluindo encontrar direções dos nulos do padrão de irradiação.

14.57. Arranjo de dois dipolos hertzianos colineares alimentados em contrafase. Repita o Exemplo 14.32, porém para um arranjo de duas antenas dipolo hertziano colineares com correntes em contrafase, isto é, com fases mudadas entre si em 180° (centros dos elementos ainda estão separados por meia onda, com mesmas magnitudes de corrente).

14.58. Arranjo de dois dipolos paralelos com excitação contra fase. Repita o Exemplo 14.33, porém para um arranjo de duas antenas dipolo hertziano paralelas alimentadas em contra fase [todos os demais parâmetros do sistema são os mesmos da Figura 14.43(a)].

14.59. Arranjo de dois dipolos colineares de meia onda com espaçamento de onda cheia. Considere um arranjo de duas antenas dipolo colineares de meia onda, com uma separação de onda cheia entre os centros do dipolo, irradiando a uma frequência f no espaço livre. Os dipolos são alimentados em fase e possuem potências de entrada iguais. Encontre a função de irradiação característica total deste arranjo e mostre-o como um padrão normalizado.

14.60. Dois monopólios verticais de quarto de onda e separação de onda cheia. Duas antenas de fio monopolo verticais idênticas de comprimento $h = 25$ cm estão ligadas a um plano terra CEP horizontal e alimentadas contra o mesmo com correntes harmônicas de frequência $f = 300$ MHz e mesmas intensidades complexas. A separação entre os eixos dos monopolos é $d = 1$ m e o meio acima do chão é o ar. Determine a expressão para o padrão de irradiação total deste sistema e mostre seus cortes em três planos característicos para o sistema, ou seja, o plano contendo os dois monopolos, o plano perpendicular ao eixo do arranjo e contendo o centro do arranjo, e o plano perpendicular às antenas e contendo o eixo do arranjo.

14.61. Dipolo de fio paralelo a um plano CEP. Uma antena dipolo de fio de comprimento $l = 3$ m, irradiando a uma frequência $f = 50$ MHz, é posicionada no ar paralelo a um plano CEP, a uma distância $d = 1{,}5$ m dele. Encontre a função de irradiação característica resultante deste sistema e mostre os cortes de padrão associados em três planos característicos (todos contendo a projeção do centro do dipolo na superfície CEP).

14.62. Dois anéis, espaçamento quarto de onda, excitação de quadratura. Duas antenas de anel magnético idênticas com área de superfície S operando a uma frequência f são posicionados no mesmo plano no espaço livre, com separação de quarto de onda entre seus centros, e a taxa de suas intensidades de corrente complexa é $\underline{I}_1\underline{I}_2 = \mathrm{j}$. Calcule e mostre os cortes de padrão de irradiação geral deste arranjo em três planos característicos.

14.63. Arranjo não uniforme de três elementos de dipolos colineares. Considere um arranjo de três antenas de fio dipolo de meia onda (coaxiais) colineares com centros espaçados por meio comprimento de onda (no entanto, os dipolos não estão se tocando razoavelmente). As correntes de alimentação dos dipolos estão todas em fase, mas suas magnitudes estão na taxa 1 : 2 : 1 ao longo do arranjo. Nessas circunstâncias, calcule e mostre a função de irradiação característica total do arranjo.

14.64. Arranjo não uniforme de três elementos de dipolos paralelos. Um arranjo não uniforme de três antenas de fio dipolo de meia onda paralelas em fase tem separação de meia onda entre pontos elementares adjacentes, repousando no eixo x de um sistema de coordenadas cartesianas, com o ponto central coincidindo com a origem da coordenada e os dipolos orientados a z. A taxa de magnitudes de corrente ao longo do arranjo é 1 : 3 : 1. Determine a expressão para o padrão de irradiação total deste arranjo de antenas e mostre seus cortes nos planos xy, xz e yz.

14.65. Arranjo contra fase não uniforme de dipolos paralelos. Repita o problema anterior, mas com mudança de fase 180° entre correntes de alimentação de elementos adjacentes no arranjo ($\alpha_1 = -\pi$, $\alpha_2 = 0$, $\alpha_3 = \pi$); todos os outros parâmetros são os mesmos.

14.66. Arranjos broadside e endfire com número arbitrário de elementos. Para um arranjo de antenas linear uniforme no espaço livre com um número arbitrário (N) de elementos de fontes pontuais, Figura 14.45(a), e um espaçamento entre elementos d e frequência de operação f, encontre a mudança de fase entre elementos de excitação, α, de modo que a irradiação do arranjo seja (a) broadside e (b) endfire.

APÊNDICE 1

Grandezas, símbolos, unidades e constantes

Símbolo	Grandeza ou parâmetro	Unidade SI (e valor)	Definido em
A	Potencial vetorial magnético	T · m (tesla-metro)	Seção 4.9
A_{dB}	Atenuação em decibel (atenuação em dB)	dB (decibel)	Seção 9.7
A_{ef}	Abertura efetiva da antena	m^2 (metro quadrado)	Seção 14.13
a	Aceleração (vetor)	m/s^2 (s - segundo)	Seção 6.1
B	Vetor densidade de fluxo magnético	T (tesla)	Seção 4.1
B	Susceptância	S (siemens)	Seção 12.6
b	Susceptância da linha de transmissão normalizada	adimensional	Seção 12.6
C	Capacitância	F (farad)	Seção 2.12
C'	Capacitância por unidade de comprimento (p.u.c.)	F/m	Seção 2.12
c	Velocidade da onda eletromagnéticas (EM)	m/s	Seção 8.9
c_0	Velocidade da onda (EM) no espaço livre	299.792.458 m/s	Seção 9.3
D	Vetor densidade (deslocamento) de fluxo elétrico	C/m^2 (C - coulomb)	Seção 2.5
D	Diretividade da antena	adimensional	Seção 14.6
e	Carga do elétron, magnitude	$1{,}602 \times 10^{-19}$ C	Seção 1.1
E	Vetor densidade de campo elétrico	V/m (volt por metro)	Seção 1.2
E_{cr}	Rigidez dielétrica do material	V/m	Seção 2.6
E_{cr0}	Rigidez dielétrica do ar	3MV/m ($M \equiv 10^6$)	Seção 2.6
$\mathbf{E}_i$	Vetor intensidade de campo elétrico impresso	V/m	Seção 3.10
$\mathbf{E}_{ind}$	Vetor intensidade de campo elétrico induzido	V/m	Seção 6.1
$\mathbf{E}_q$	Campo devido ao excesso de carga	V/m	Seção 6.2
$\mathcal{E}$, e	Força eletromotriz (fem) de um gerador	V(volt)	Seção 3.10
e_{ind}	Força eletromotriz (fem) induzida	V	Seção 6.3
$\mathbf{F}_e$	Força elétrica (Coulomb)	N (newton)	Seção 1.1
$\mathbf{F}_m$	Força magnética	N	Seção 4.1
f	Frequência	Hz (hertz)	Cap. 6, Introdução
f_p	Frequência no plasma	Hz	Seção 9.12
f_{res}	Frequência ressonante de um ressonador EM	Hz	Seção 10.1
f_c	Frequência de corte de um modo do guia de onda	Hz	Seção 13.2
$\underline{F}$	Função de radiação característica de antena	adimensional	Seção 14.5
f	Padrão do campo na antena normalizado	adimensional	Seção 14.5
$\underline{F}_a$	fator de arranjo de antena (AF)	adimensional	Seção 14.15
G	Condutância	S	Seção 3.8
G'	Condutância por unidade de comprimento	S/m	Seção 3.12
g	Condutância de transmissão da linha normalizada	adimensional	Seção 12.6
G	Ganho de antena	adimensional	Seção 14.6
g	Aceleração padrão de queda livre	$9{,}81\ m/s^2$	Exemplo 7.23

(*continua*)

Símbolo	Grandeza ou parâmetro	Unidade SI (e valor)	Definido em
H	Vetor intensidade de campo magnético	A/m (ampère por metro)	Seção 5.4
HPBW	Ângulo de meia potência de uma antena	grau (º)	Seção 14.5
I, i	Intensidade de corrente (ou corrente)	A (ampère ou amp)	Seção 3.1
I_m	Corrente de magnetização	A	Seção 5.3
J	Vetor densidade de corrente (corrente de condução)	A/m^2	Seção 3.1
$\mathbf{J}_i$	Vetor densidade de corrente impresso	A/m^2	Seção 3.10
$\mathbf{J}_m$	Vetor densidade de corrente de volume de magnetização	A/m^2	Seção 5.3
$\mathbf{J}_{parasita}$	Densidade de correntes parasitas	A/m^2	Seção 6.8
$\mathbf{J}_d$	Vetor densidade de corrente de deslocamento	A/m^2	Seção 8.1
$\mathbf{J}_s$	Vetor densidade de corrente superficial de condução	A/m	Seção 3.1
$\mathbf{J}_{ms}$	Vetor densidade de corrente superficial de magnetização	A/m	Seção 5.3
k	Coeficiente de acoplamento magnético	adimensional	Seção 7.3
l	Comprimento	m (metro)	Seção 1.3
l_e	Comprimento elétrico	adimensional	Seção 12.6
L	Autoindutância	H (henry)	Seção 7.1
L_{21}	Indutância mútua	H	Seção 7.2
L_i	Indutância interna	H	Seção 7.6
L'	Indutância por unidade de comprimento	H/m	Exemplo 7.3
m	Momento do dipolo magnético	A · m^2	Seção 4.11
M	Vetor de magnetização	A/m	Seção 5.1
m	Massa	kg (quilograma)	Seção 5.2
N_v, N	Concentração (número/m^3) de partículas	m^{-3}	Seção 2.2
n	Índice de refração	adimensional	Exemplo 9.18
p	Momento de dipolo elétrico	C · m	Seção 1.11
P	Vetor de polarização	C/m^2	Seção 2.2
p_e	Pressão elétrica	Pa = N/m^2 (pascal)	Exemplo 2.12
p_m	Pressão magnética	Pa	Exemplo 7.24
P	Potência (instantânea)	W (watt)	Seção 8.12
P_J	Potência das perdas Joule ou perdas ôhmicas	W	Seção 3.3
P_{mec}	Potência mecânica	W	Exemplo 6.11
$P_{méd}$	Potência média no tempo	W	Exemplo 6.12
P_f	Fluxo de potência	W	Seção 8.11
p_J	Densidade de potência ôhmica	W/m^3	Seção 3.3
P'_J	Potência das perdas Joule por unidade de comprimento	W/m	Seção 3.12
$\mathcal{P}$	Vetor Poynting	W/m^2	Seção 8.11
$\underline{\mathcal{P}}$	Vetor Poynting complexo	W/m^2	Seção 8.12
$\mathcal{P}_{méd}$	Vetor Poynting médio no tempo	W/m^2	Seção 8.12
Q, q	Carga	C (coulomb)	Seção 1.1
Q_p	Carga ligada (polarização)	C	Seção 2.3
Q'	Densidade de linha de carga (carga por unidade de comprimento)	C/m	Seção 1.3
Q	Potência reativa	W	Seção 8.12
Q	Fator de qualidade de um ressonador	adimensional	Seção 12.10
Q_c	Fator Q para condutores de estrutura	adimensional	Seção 12.10
Q_d	Fator Q para dielétrico de estrutura	adimensional	Seção 12.10

(*continua*)

Símbolo	Grandeza ou parâmetro	Unidade SI (e valor)	Definido em
R	Distância fonte-campo	m	Seção 1.2
R	Resistência	Ω (ohm)	Seção 3.8
R_{at}	Resistência de aterramento	Ω	Seção 3.13
R_{rad}	Resistência de radiação de uma antena	Ω	Seção 14.4
$R_{ôhmica}$	Resistência ôhmica de uma antena	Ω	Seção 14.4
R_s	Resistência superficial de um bom condutor	Ω/quadrado (ou Ω)	Seção 10.3
R'	Resistência por unidade de comprimento	Ω/m	Seção 3.12
r	Resistência da linha de transmissão normalizada	adimensional	Seção 12.6
$\mathcal{R}$	Relutância	H^{-1}	Seção 5.10
S	Área de superfície	m^2	Seção 1.3
$\underline{S}$	Potência complexa	W	Seção 8.12
s	Relação de onda estacionária (SWR)	adimensional	Exemplo 10.9
t	Tempo	s (segundo)	Seção 3.1
T	Período de oscilação harmônica no tempo	s	Cap. 6, Introdução
T	Período de atraso no tempo unidirecional de uma linha de transmissão	s	Seção 12.14
T	Temperatura	K (kelvin) ou °C	Seção 3.2
$\mathbf{T}$	Torque	N · m	Seção 2.1
U	Intensidade de irradiação da antena	W/sr (W por steradiano)	Seção 14.6
v	Volume	m^3	Seção 1.3
V	Potencial escalar elétrico (em um ponto)	V	Seção 1.6
V, v	Tensão (entre dois pontos)	V	Seção 1.8
V_{cr}	Tensão de ruptura	V	Seção 2.17
V_{degrau}	Tensão de um degrau (para um eletrodo aterrado)	V	Seção 3.13
$\underline{V}$	Tensão rms complexa (valor quadrático médio)	V	Seção 8.7
$\underline{V}_{ca}$	Tensão de um circuito aberto de uma antena receptora	V	Seção 14.12
$\mathbf{v}$	Velocidade (vetor)	m/s	Seção 3.1
v_p	Velocidade de fase	m/s	Seção 9.4
v_g	Velocidade de grupo	m/s	Seção 9.13
W	Trabalho ou energia	J (joule)	Seção 1.6
W_e	Energia elétrica	J	Seção 2.15
W_m	Energia magnética	J	Seção 7.4
W_{em}	Energia eletromagnética	J	Seção 8.11
w_e	Densidade de energia elétrica	J/m^3	Seção 2.16
w_m	Densidade de energia magnética	J/m^3	Seção 7.5
$\mathbf{w}$	Velocidade angular (vetor)	rad/s (radiano por segundo)	Seção 5.2
X	Reatância	Ω	Exemplo 8.20
x	Reatância da linha de transmissão normalizada	adimensional	Seção 12.6
$\underline{Y}$	Admitância complexa	S	Seção 12.6
Y_0	Admitância característica para uma linha de tr.	S	Seção 11.4
$\underline{y}_n$	Admitância da linha de transmissão normalizada	adimensional	Seção 12.6
$\underline{Z}$	Impedância complexa	Ω	Exemplo 8.20
Z_0	Impedância característica de uma linha de transmissão.	Ω	Seção 11.4
Z_{TEM}	Impedância da onda TEM	Ω	Seção 11.1
Z_{TE}	Impedância da onda TE	Ω	Seção 13.7
Z_{TM}	Impedância da onda TM	Ω	Seção 13.7

(*continua*)

Símbolo	Grandeza ou parâmetro	Unidade SI (e valor)	Definido em
$\underline{Z}_A$	Impedância de entrada da antena	Ω	Seção 14.4
$\underline{z}_n$	Impedância normalizada da linha de transmissão	adimensional	Seção 12.6
α	Coeficiente de atenuação	Np/m (neper por metro)	Seção 9.7
α_c	Coeficiente de atenuação devido às perdas no condutor	Np/m	Seção 11.6
α_d	Coeficiente de atenuação devido às perdas no dielétrico	Np/m	Seção 11.6
β	Coeficiente de fase ou número de onda	rad/m	Seção 8.10
$\underline{\gamma}$	Coeficiente de propagação complexa	m^{-1}	Seção 9.7
$\underline{\Gamma}$	Coeficiente de reflexão	adimensional	Seção 10.2
δ	Profundidade pelicular	m	Seção 9.11
tan δ_d	Tangente de perda	Adimensional	Seção 9.9
ε	Permissividade de um material dielétrico	F/m	Seção 2.6
ε_0	Permissividade no vácuo (espaço livre)	8,8542 pF/m (p ≡ 10^{-12})	Seção 1.1
$\underline{\varepsilon}_e$	Permissividade complexa equivalente	F/m	Seção 9.7
$\underline{\varepsilon}$	Permissividade complexa de alta frequência	F/m	Seção 9.9
ε_p	Permissividade efetiva do plasma	F/m	Seção 9.12
ε_r	Permissividade relativa	adimensional	Seção 2.6
ε_{ref}	Permissividade relativa efetiva no meio	adimensional	Seção 11.9
η	Impedância intrínseca no meio	Ω	Seção 9.3
η_0	Impedância intrínseca no espaço livre	≈ 120π Ω ≈ 377 Ω	Seção 9.3
$\underline{\eta}$	Impedância intrínseca complexa	Ω	Seção 9.7
$\underline{\eta}_w$	Impedância da onda	Ω	Exemplo 10.11
η_{rad}	Eficiência de radiação de uma antena	adimensional	Seção 14.4
$\eta_{abertura}$	Eficiência de abertura da antena	adimensional	Seção 14.13
λ	Comprimento de onda	m	Seção 8.10
λ_0	Comprimento de onda no espaço livre	m	Seção 9.5
λ_z	Comprimento de onda ao longo de uma linha de transmissão ou guia de onda	m	Seção 12.1
μ	Permeabilidade de um material magnético	H/m	Seção 5.5
μ_0	Permeabilidade no vácuo (espaço livre)	4π × 10^{-7} H/m	Seção 4.1
μ_r	Permeabilidade relativa	adimensional	Seção 5.5
ρ	Densidade de carga volumétrica	C/m^3	Seção 1.3
ρ_p	Densidade de carga volumétrica ligada	C/m^3	Seção 2.3
ρ_s	Densidade de carga superficial	C/m^2	Seção 1.3
ρ_{ps}	Densidade de carga superficial ligada	C/m^2	Seção 2.3
ρ	Resistividade do meio	Ω · m	Seção 3.2
σ	Condutividade do meio	S/m	Seção 3.2
τ	Relaxação de tempo ou constante de tempo	s	Seção 3.7
$\underline{\tau}$	Coeficiente de transmissão	adimensional	Seção 10.2
Φ	Fluxo magnético	Wb (weber)	Seção 4.8
χ_e	Suscetibilidade elétrica do meio	adimensional	Seção 2.2
χ_m	Suscetibilidade magnética do meio	adimensional	Seção 5.2
Ψ	Fluxo elétrico	C	Seção 2.5
ψ	Ângulo de fase de um coeficiente de reflexão	rad (radiano)	Seção 10.2
ω	Frequência radiana ou angular	rad/s	Exemplo 6.4
Ω	Ângulo sólido	sr (esterradiano)	Seção 1.12
Ω_A	Ângulo de feixe sólido de uma antena	Sr	Seção 14.6

Potências de dez como multiplicadores das unidades fundamentais

Múltiplo	Prefixo	Símbolo	Múltiplo	Prefixo	Símbolo
10^{18}	Exa	E	10^{-2}	centi	c
10^{15}	Peta	P	10^{-3}	milli	m
10^{12}	Tera	T	10^{-6}	micro	μ
10^{9}	Giga	G	10^{-9}	nano	n
10^{6}	Mega	M	10^{-12}	pico	p
10^{3}	quilo	k	10^{-15}	femto	f
10^{2}	hecto	h	10^{-18}	atto	a

APÊNDICE 2

Fatos matemáticos e identidades

A2.1 IDENTIDADES TRIGONOMÉTRICAS

$\text{sen}(\alpha \pm \beta) = \text{sen}\alpha \cos\beta \pm \cos\alpha\, \text{sen}\beta$ $\cos(\alpha \pm \beta) = \cos\alpha \cos\beta \mp \text{sen}\alpha\, \text{sen}\beta$ $2\,\text{sen}\,\alpha\, \text{sen}\beta = \cos(\alpha - \beta) - \cos(\alpha + \beta)$ $2\,\text{sen}\,\alpha \cos\beta = \text{sen}(\alpha + \beta) + \text{sen}(\alpha - \beta)$ $2\cos\alpha\cos\beta = \cos(\alpha + \beta) + \cos(\alpha - \beta)$ $\text{sen}\,\alpha \pm \text{sen}\beta = 2\,\text{sen}\frac{\alpha \pm \beta}{2}\cos\frac{\alpha \mp \beta}{2}$ $\cos\alpha + \cos\beta = 2\cos\frac{\alpha + \beta}{2}\cos\frac{\alpha - \beta}{2}$ $\cos\alpha - \cos\beta = -2\,\text{sen}\frac{\alpha + \beta}{2}\,\text{sen}\frac{\alpha - \beta}{2}$	$\text{sen}\,0 = 0$ $\text{sen}\,30^\circ = \frac{1}{2}$ $\text{sen}\,45^\circ = \frac{\sqrt{2}}{2}$ $\text{sen}\,60^\circ = \frac{\sqrt{3}}{2}$ $\text{sen}\,90^\circ = 1$ $\text{sen}\,180^\circ = 0$	$\cos 0 = 1$ $\cos 30^\circ = \frac{\sqrt{3}}{2}$ $\cos 45^\circ = \frac{\sqrt{2}}{2}$ $\cos 60^\circ = \frac{1}{2}$ $\cos 90^\circ = 0$ $\cos 180^\circ = -1$
$\text{sen}^2\alpha = \frac{1 - \cos 2\alpha}{2}$ $\cos^2\alpha = \frac{1 + \cos 2\alpha}{2}$ $\text{sen}^2\alpha + \cos^2\alpha = 1$ $\text{sen}2\alpha = 2\,\text{sen}\,\alpha\cos\alpha$ $\cos 2\alpha = \cos^2\alpha - \text{sen}^2\alpha$	$\text{sen}(-\alpha) = -\,\text{sen}\,\alpha$ $\cos(-\alpha) = \cos\alpha$ $\text{sen}(\alpha \pm 90^\circ) = \pm\cos\alpha$ $\cos(\alpha \pm 90^\circ) = \mp\,\text{sen}\,\alpha$	
$\tan\alpha = \frac{\text{sen}\,\alpha}{\cos\alpha}$ $\cot\alpha = \frac{1}{\tan\alpha}$	$\sec\alpha = \frac{1}{\cos\alpha}$ $\csc\alpha = \frac{1}{\text{sen}\,\alpha}$	
$c^2 = a^2 + b^2 - 2ab\cos\gamma$ (fórmula do cosseno, triângulo arbitrário; ângulo γ é oposto ao lado c) $c^2 = a^2 + b^2$ (teorema de Pitágoras, triângulo retângulo; c é hipotenusa)		

A2.2 IDENTIDADES EXPONENCIAIS, LOGARÍTMICAS E HIPERBÓLICAS

$e^x e^y = e^{x+y}$ $(e^x)^a = e^{ax}$	$e = 2{,}71828$ (base do logaritmo natural) $j = \sqrt{-1}$ (unidade imaginária)
$e^{jx} = \cos x + j\,\mathrm{sen}x$ (identidade de Euler) $e^{jx} + e^{-jx} = 2\cos x$ $e^{jx} - e^{-jx} = 2j\,\mathrm{sen}\,x$	
$\log x = \log_{10} x$ (logaritmo comum) $\ln x = \log_e x$ (logaritmo natural) $\ln e^x = x$	Verdade para um logaritmo de qualquer base: $\log(xy) = \log x + \log y$ $\log \frac{x}{y} = \log x - \log y$ $\log x^a = a \log x$
Seno e cosseno hiperbólicos: $\mathrm{senh}x = \frac{e^x - e^{-x}}{2}$ $\cosh x = \frac{e^x + e^{-x}}{2}$ $\mathrm{senh}j x = j\,\mathrm{sen}x$ $\cosh jx = \cos x$	Tangente e cotangente hiperbólicas: $\tanh x = \frac{\mathrm{senh}\,x}{\cosh x}$ $\coth x = \frac{1}{\tanh x}$

A2.3 SOLUÇÃO DA EQUAÇÃO QUADRÁTICA

$$ax^2 + bx + c = 0 \quad \longrightarrow \quad x = \frac{-b \pm \sqrt{b^2 - 4ac}}{2a}$$

A2.4 APROXIMAÇÕES PARA PEQUENAS GRANDEZAS

Para $|x| \ll 1$,

$(1+x)^a \approx 1 + ax$	$e^x \approx 1 + x$
$\mathrm{sen}\,x \approx x$	$\ln(1+x) \approx x$
$\cos x \approx 1 - \frac{x^2}{2}$	

A2.5 DERIVADAS

$\frac{d}{dx} x^c = cx^{c-1}$	$\frac{d}{dx} \operatorname{sen} x = \cos x$
$\frac{dc}{dx} = 0 \quad (c = \text{const})$	$\frac{d}{dx} \cos x = -\operatorname{sen} x$
$\frac{d}{dx} e^x = e^x$	$\frac{d}{dx} \tan x = \sec^2 x$
$\frac{d}{dx} \ln x = \frac{1}{x}$	

Para $f = f(x)$ e $g = g(x)$,

$\frac{d}{dx}(f+g) = \frac{df}{dx} + \frac{dg}{dx}$	$\frac{d}{dx}\left(\frac{f}{g}\right) = \frac{\frac{df}{dx} g - f \frac{dg}{dx}}{g^2}$
$\frac{d}{dx}(fg) = \frac{df}{dx} g + f \frac{dg}{dx}$	Regra de cadeia para o uso de derivados:
$\frac{d}{dx}(cf) = c \frac{df}{dx}$	$\frac{d}{dx} f[g(x)] = \frac{df}{dg} \frac{dg}{dx}$

A2.6 INTEGRAIS

$\int x^c \, dx = \frac{x^{c+1}}{c+1} + C \quad (c \neq -1)$	$\int \operatorname{sen} x \, dx = -\cos x + C$
$\int \frac{dx}{x} = \ln \lvert x \rvert + C$	$\int \cos x \, dx = \operatorname{sen} x + C$
$\int e^x \, dx = e^x + C$	$\int \frac{dx}{\sqrt{x^2 + c^2}} = \ln\left(x + \sqrt{x^2 + c^2}\right) + C$
	$\int x e^{-x} \, dx = -(1 + x) e^{-x} + C$

$$\int cf \, dx = c \int f \, dx$$

$$\int (f + g) \, dx = \int f \, dx + \int g \, dx$$

$$\int f \, dg = fg - \int g \, df \quad \text{(integração por partes)}$$

A2.7 IDENTIDADES ALGÉBRICAS VETORIAIS

Para os vetores **a** e **b** e o ângulo α entre eles,

<table>
<tr><td colspan="2">$\mathbf{a} \cdot \mathbf{b} = |\mathbf{a}||\mathbf{b}| \cos \alpha$ (produto escalar de vetores)
$\mathbf{a} \times \mathbf{b} = |\mathbf{a}||\mathbf{b}| \operatorname{sen} \alpha \, \hat{\mathbf{n}}$ (produto vetorial de vetores; $\hat{\mathbf{n}}$ é o vetor unitário normal ao plano de **a** e **b**, e sua direção é determinada pela regra da mão direita quando **a** é rotacionado pelo caminho mais curto para b)</td></tr>
<tr><td>$\mathbf{a} \cdot \mathbf{a} = |\mathbf{a}|^2 = a^2$
$\hat{\mathbf{a}} = \frac{\mathbf{a}}{a}$ (vetor unitário de **a**; $|\hat{\mathbf{a}}| = 1$)</td><td>$\mathbf{a} \cdot \mathbf{b} = \mathbf{b} \cdot \mathbf{a}$
$\mathbf{a} \times \mathbf{b} = -\mathbf{b} \times \mathbf{a}$</td></tr>
<tr><td colspan="2">$(\mathbf{a} \times \mathbf{b}) \cdot \mathbf{c} = (\mathbf{b} \times \mathbf{c}) \cdot \mathbf{a} = (\mathbf{c} \times \mathbf{a}) \cdot \mathbf{b}$ (produto escalar triplo)
$\mathbf{a} \times (\mathbf{b} \times \mathbf{c}) = \mathbf{b}(\mathbf{a} \cdot \mathbf{c}) - \mathbf{c}(\mathbf{a} \cdot \mathbf{b})$ (produto vetorial triplo)</td></tr>
</table>

Para vetores do sistema de coordenadas cartesianas,

$$\mathbf{a} = a_x \hat{\mathbf{x}} + a_y \hat{\mathbf{y}} + a_z \hat{\mathbf{z}} \quad (\hat{\mathbf{x}},\ \hat{\mathbf{y}} \text{ e } \hat{\mathbf{z}} \text{ são vetores unitários coordenados})$$

$$a = |\mathbf{a}| = \sqrt{a_x^2 + a_y^2 + a_z^2}$$

$$\mathbf{a} + \mathbf{b} = (a_x + b_x)\,\hat{\mathbf{x}} + (a_y + b_y)\,\hat{\mathbf{y}} + (a_z + b_z)\,\hat{\mathbf{z}}$$

$$\mathbf{a} \cdot \mathbf{b} = a_x b_x + a_y b_y + a_z b_z$$

$$\mathbf{a} \times \mathbf{b} = (a_y b_z - a_z b_y)\,\hat{\mathbf{x}} + (a_z b_x - a_x b_z)\,\hat{\mathbf{y}} + (a_x b_y - a_y b_x)\,\hat{\mathbf{z}}$$

A2.8 IDENTIDADES DE CÁLCULO VETORIAL

Para uma função escalar f (e g) e uma função vetorial **a** (e **b**),

<table>
<tr><td colspan="2">$\nabla f \equiv \operatorname{grad} f$ (gradiente de f)
$\nabla \cdot \mathbf{a} \equiv \operatorname{div} \mathbf{a}$ (divergência de **a**)
$\nabla \times \mathbf{a} \equiv \operatorname{rot} \mathbf{a}$ (rotacional de **a**)
$\nabla \cdot (\nabla f) \equiv \nabla^2 f$ (laplaciano de f)</td></tr>
<tr><td>$\nabla \times (\nabla f) = 0$
$\nabla \cdot (\nabla \times \mathbf{a}) = 0$
$\nabla (fg) = (\nabla f) g + f \nabla g$
$\nabla f(g) = \frac{df}{dg} \nabla g$ (chain rule)</td><td>$\nabla \cdot (f\mathbf{a}) = (\nabla f) \cdot \mathbf{a} + f \nabla \cdot \mathbf{a}$
$\nabla \times (f\mathbf{a}) = (\nabla f) \times \mathbf{a} + f \nabla \times \mathbf{a}$
$\nabla \cdot (\mathbf{a} \times \mathbf{b}) = \mathbf{b} \cdot (\nabla \times \mathbf{a}) - \mathbf{a} \cdot (\nabla \times \mathbf{b})$
$\nabla \times (\nabla \times \mathbf{a}) = \nabla(\nabla \cdot \mathbf{a}) - \nabla^2 \mathbf{a}$ ($\nabla^2 \mathbf{a}$ – laplaciano de **a**)</td></tr>
<tr><td colspan="2">$\int_v \nabla \cdot \mathbf{a} \, dv = \oint_S \mathbf{a} \cdot d\mathbf{S}$ (teorema da divergência; S é a superfície de fronteira de v)
$\int_S (\nabla \times \mathbf{a}) \cdot d\mathbf{S} = \oint_C \mathbf{a} \cdot d\mathbf{l}$ (teorema de Stokes; C é a fronteira de contorno de S)</td></tr>
</table>

A2.9 GRADIENTE, DIVERGÊNCIA, ONDULAÇÃO E LAPLACIANO NO SISTEMA DE COORDENADAS ORTOGONAL

Sistema de coordenadas cartesianas $[f(x, y, z), \quad \mathbf{a} = a_x(x, y, z)\,\hat{\mathbf{x}} + a_y(x, y, z)\,\hat{\mathbf{y}} + a_z(x, y, z)\,\hat{\mathbf{z}}]$

$$\nabla = \frac{\partial}{\partial x}\,\hat{\mathbf{x}} + \frac{\partial}{\partial y}\,\hat{\mathbf{y}} + \frac{\partial}{\partial z}\,\hat{\mathbf{z}} \quad \text{(operador del)}$$

$$\nabla f = \frac{\partial f}{\partial x}\,\hat{\mathbf{x}} + \frac{\partial f}{\partial y}\,\hat{\mathbf{y}} + \frac{\partial f}{\partial z}\,\hat{\mathbf{z}}$$

$$\nabla \cdot \mathbf{a} = \frac{\partial a_x}{\partial x} + \frac{\partial a_y}{\partial y} + \frac{\partial a_z}{\partial z}$$

$$\nabla \times \mathbf{a} = \left(\frac{\partial a_z}{\partial y} - \frac{\partial a_y}{\partial z}\right)\hat{\mathbf{x}} + \left(\frac{\partial a_x}{\partial z} - \frac{\partial a_z}{\partial x}\right)\hat{\mathbf{y}} + \left(\frac{\partial a_y}{\partial x} - \frac{\partial a_x}{\partial y}\right)\hat{\mathbf{z}}$$

$$\nabla^2 f = \frac{\partial^2 f}{\partial x^2} + \frac{\partial^2 f}{\partial y^2} + \frac{\partial^2 f}{\partial z^2}$$

$$\nabla^2 \mathbf{a} = \nabla^2 a_x\,\hat{\mathbf{x}} + \nabla^2 a_y\,\hat{\mathbf{y}} + \nabla^2 a_z\,\hat{\mathbf{z}}$$

Sistema de coordenadas cilíndrico $[f(r, \phi, z), \quad \mathbf{a} = a_r(r, \phi, z)\,\hat{\mathbf{r}} + a_\phi(r, \phi, z)\,\hat{\boldsymbol{\phi}} + a_z(r, \phi, z)\,\hat{\mathbf{z}}]$

$$\nabla f = \frac{\partial f}{\partial r}\,\hat{\mathbf{r}} + \frac{1}{r}\frac{\partial f}{\partial \phi}\,\hat{\boldsymbol{\phi}} + \frac{\partial f}{\partial z}\,\hat{\mathbf{z}}$$

$$\nabla \cdot \mathbf{a} = \frac{1}{r}\frac{\partial}{\partial r}(r a_r) + \frac{1}{r}\frac{\partial a_\phi}{\partial \phi} + \frac{\partial a_z}{\partial z}$$

$$\nabla \times \mathbf{a} = \left(\frac{1}{r}\frac{\partial a_z}{\partial \phi} - \frac{\partial a_\phi}{\partial z}\right)\hat{\mathbf{r}} + \left(\frac{\partial a_r}{\partial z} - \frac{\partial a_z}{\partial r}\right)\hat{\boldsymbol{\phi}} + \frac{1}{r}\left[\frac{\partial}{\partial r}(r a_\phi) - \frac{\partial a_r}{\partial \phi}\right]\hat{\mathbf{z}}$$

$$\nabla^2 f = \frac{1}{r}\frac{\partial}{\partial r}\left(r\frac{\partial f}{\partial r}\right) + \frac{1}{r^2}\frac{\partial^2 f}{\partial \phi^2} + \frac{\partial^2 f}{\partial z^2}$$

$$\nabla^2 \mathbf{a} = \nabla(\nabla \cdot \mathbf{a}) - \nabla \times (\nabla \times \mathbf{a})$$

Sistema de coordenadas esférico $[f(r, \theta, \phi), \quad \mathbf{a} = a_r(r, \theta, \phi)\,\hat{\mathbf{r}} + a_\theta(r, \theta, \phi)\,\hat{\boldsymbol{\theta}} + a_\phi(r, \theta, \phi)\,\hat{\boldsymbol{\phi}}]$

$$\nabla f = \frac{\partial f}{\partial r}\,\hat{\mathbf{r}} + \frac{1}{r}\frac{\partial f}{\partial \theta}\,\hat{\boldsymbol{\theta}} + \frac{1}{r\,\mathrm{sen}\,\theta}\frac{\partial f}{\partial \phi}\,\hat{\boldsymbol{\phi}}$$

$$\nabla \cdot \mathbf{a} = \frac{1}{r^2}\frac{\partial}{\partial r}\left(r^2 a_r\right) + \frac{1}{r\,\mathrm{sen}\,\theta}\frac{\partial}{\partial \theta}(\mathrm{sen}\,\theta\, a_\theta) + \frac{1}{r\,\mathrm{sen}\,\theta}\frac{\partial a_\phi}{\partial \phi}$$

$$\nabla \times \mathbf{a} = \frac{1}{r\,\mathrm{sen}\,\theta}\left[\frac{\partial}{\partial \theta}(\mathrm{sen}\,\theta\, a_\phi) - \frac{\partial a_\theta}{\partial \phi}\right]\hat{\mathbf{r}} + \frac{1}{r}\left[\frac{1}{\mathrm{sen}\,\theta}\frac{\partial a_r}{\partial \phi} - \frac{\partial}{\partial r}(r a_\phi)\right]\hat{\boldsymbol{\theta}} + \frac{1}{r}\left[\frac{\partial}{\partial r}(r a_\theta) - \frac{\partial a_r}{\partial \theta}\right]\hat{\boldsymbol{\phi}}$$

$$\nabla^2 f = \frac{1}{r^2}\frac{\partial}{\partial r}\left(r^2\frac{\partial f}{\partial r}\right) + \frac{1}{r^2\,\mathrm{sen}\,\theta}\frac{\partial}{\partial \theta}\left(\mathrm{sen}\,\theta\frac{\partial f}{\partial \theta}\right) + \frac{1}{r^2\,\mathrm{sen}^2\theta}\frac{\partial^2 f}{\partial \phi^2}$$

para $\nabla^2\mathbf{a}$, veja as fórmulas anteriores

APÊNDICE 3

Álgebra vetorial e índice de cálculo

APÊNDICE 4

Respostas para os problemas selecionados

CAPÍTULO 1

1.2. $Q_3 = -4$pC e $d = 2$ cm. **1.7.** $F_e = Q^2(6\sqrt{3} + 3\sqrt{6} + 2)/(24\pi\varepsilon_0 a^2)$ ao longo da diagonal cúbica contendo a carga. **1.11.** $Q = \pi\rho_{s0}a^2/2$. **1.15.** $E = Q(b - a)/\{2\pi\varepsilon_0 ab[\pi(a + b) + 2(b - a)]\}$, em direção ao ponto médio do maior semicírculo. **1.19.** $\mathbf{E} = Q'[\hat{\mathbf{x}}/\sqrt{x^2 + y^2} + (1 - x\sqrt{x^2 + y^2})\,\hat{\mathbf{y}}/y]/(4\pi\varepsilon_0)$. **1.23.** $\mathbf{E} = \rho_{s0}z[\sqrt{z^2 + a^2} - |z| + z^2(1/\sqrt{z^2 + a^2} - 1/|z|)]\,\hat{\mathbf{z}}/(2\varepsilon_0 a^2)$ (eixo z como na Figura 1.14). **1.27.** $\mathbf{E} = Q'[(\theta_2 - \theta_1)\,\hat{\mathbf{x}} + \hat{\mathbf{y}}\ln(R_1/R_2)]/(2\pi\varepsilon_0 a)$ (notação na Figura 4.11). **1.30.** $W_e = 526{,}5$ nJ. **1.35.** $V = \rho_s a/(2\varepsilon_0)$. **1.37.** $V = -99{,}27$ kV. **1.44.** **(a)** $0{,}793\hat{\mathbf{x}} + 0{,}637\hat{\mathbf{y}}$ e **(b)** $6{,}27°$. **1.46.** **(a)** $V = 0$ e $\mathbf{E} = -17{,}984\,\hat{\mathbf{z}}$ V/m, **(b)** $V = 0$ e $\mathbf{E} = -6{,}355\,\hat{\mathbf{z}}$ V/m e **(c)** $V = 346\ \mu$V e $\mathbf{E} = 3{,}459(\hat{\mathbf{x}} + \hat{\mathbf{y}})\ \mu$V/m. **1.49.** $\mathbf{E} = p'(\cos\phi\,\hat{\mathbf{r}} + \operatorname{sen}\phi\,\hat{\boldsymbol{\phi}})/(2\pi\varepsilon_0 r^2)$ **1.55.** $V = \rho_0(4a^3 - r^3)/(12\varepsilon_0 a)$ $(r \leq a)$ e $V = \rho_0 a^3/(4\varepsilon_0 r)$ $(r > a)$. **1.58.** $V = -\rho a^2/(4\varepsilon_0)$ **1.63.** **(a)** $\mathbf{E} = -\rho_0 a[1 + \cos(\pi x/a)]\,\hat{\mathbf{x}}/(\pi\varepsilon_0)$ $(|x| \leq a)$ e $\mathbf{E} = 0$ $(|x| > a)$ e e **(b)** $V = -2\rho_0 a^2/(\pi\varepsilon_0)$. **1.64.** $\mathbf{E} = \rho_0 a\ e^{-|x|/a}\,\hat{\mathbf{x}}/\varepsilon_0$ $(-\infty < \mathbf{x} < \infty)$. **1.72.** **(a)** Para a notação como na Figura 1.35, $\mathbf{E} = \rho x\,\hat{\mathbf{x}}/\varepsilon_0$ $(|x| \leq d/2)$ e **(b)** $\mathbf{E} = \rho s(x/|x|)\,\hat{\mathbf{x}}/(2\varepsilon_0)$, com $\rho s = \rho d$ $(|x| > d/2)$. **1.76.** **(a)** $Q_a = -2Q$ e $Q_b = 3Q$ e **(b)** $V = 3Q/(4\pi\varepsilon_0 b)$. **1.79.** $Q'_1 = -88{,}5$ nC/m e $Q'_3 = 450$ nC/m. **1.80.** $Q_1 = 1{,}85$ pC e $Q_2 = 24{,}85$ pC. **1.82.** Adotando um eixo x tal qual o plano $x = 0$ coincide com a primeira superfície da primeira placa, **(a)** $\rho_s = 1\ \mu$C/m^2 em $x = 0$, $\rho_s = 1\ \mu$C/m^2 em $x = 1$ cm, $\rho_s = -1\ \mu$C/m^2 em $x = 4$ cm, e $\rho_s = 1\ \mu$C/m^2 em $x = 5$ cm **(b)** $\mathbf{E} = -112{,}94\,\hat{\mathbf{x}}$ kV/m para $x < 0$, $\mathbf{E} = 0$ para $0 < x < 1$ cm, $\mathbf{E} = 112{,}94\,\hat{\mathbf{x}}$ kV/m para 1 cm $< x <$ 4 cm, $\mathbf{E} = 0$ para 4 cm $< x <$ 5 cm, e $\mathbf{E} = 112{,}94\,\hat{\mathbf{x}}$ kV/m para $x > 5$ cm, e **(c)** $V = 3{,}39$ kV. **1.89.** $V = Q'\ln(h\sqrt{2}/a)/(2\pi\varepsilon_0)$.

CAPÍTULO 2

2.3. $\mathbf{E} = Ph\,\hat{\mathbf{z}}\,(1/\sqrt{b^2 + h^2} - 1/\sqrt{a^2 + h^2})/\varepsilon_0$. **2.6.** **(a)** $\rho_p = -2P_0 x/a^2$, $\rho_{ps1} = -P_0$ $(x = -a)$, e $\rho_{ps2} = P_0$ $(x = a)$, **(b)** $\mathbf{E} = -P_0 x^2\,\hat{\mathbf{x}}/(\varepsilon_0 a^2)$ $(|x| \leq a)$ e $\mathbf{E} = 0$ $(|x| > a)$ e **(c)** $V = -2P_0 a/(3\varepsilon_0)$. **2.9.** $\rho_p = -\rho$. **2.16.** **(a)** $\mathbf{E}_2 = (4\,\hat{\mathbf{x}} - 2\,\hat{\mathbf{y}} + 10\,\hat{\mathbf{z}})$ V/m e **(b)** $\mathbf{E}_2 = (4\,\hat{\mathbf{x}} - 2\,\hat{\mathbf{y}} + 7\,\hat{\mathbf{z}})$ V/m. **2.20.** **(a)** $\rho = -4\varepsilon_0 V_0 x^{-2/3}/(9d^{4/3})$, **(b)** $\rho_{s1} = 0$, **(c)** $\rho_{s2} = 4\varepsilon_0 V_0/(3d)$ e **(d)** $Q = 0$. **2.22.** **(a)** $V = (-2{,}5 + 0{,}125/r)$ V e **(b)** $\mathbf{E} = (0{,}125/r^2)$ V/m (r em m). **2.30.** **(a)** $C = 132{,}8$ nF, **(b)** $V = 2{,}26$ GV e **(c)** $E = 2{,}26$ MV/m. **2.32.** $C' = 2\pi\varepsilon_0/\ln[d^2/(ab)]$. **2.35.** $C' = 9{,}86$ pF/m. **2.42.** $V_{novo} = 136{,}5$ V. **2.44.** **(a)** $C = 2{,}224$ pF, **(b)** $\rho_s = 1{,}77\ \mu$C/m^2 **(c)** $\rho_p = 0$ e **(d)** $\rho_{ps1} = -1{,}327\ \mu$C/m^2 $(r = a)$ e $\rho_{ps2} = 147{,}6$ nC/m^2 $(r = b)$. **2.46.** $V_{novo} = 8{,}571$ kV. **2.50.** **(a)** $C' = 211$ pF/m e **(b)** $\rho_{s1} = 531{,}3$ nC/m^2, $\rho_{s2} = 177$ nC/m^2, $\rho_{s3} = 88{,}54$ nC/m^2 e $\rho_{s4} = 885{,}4$ nC/m^2 para as partes dos setores dielétricos e para a interface com a superfície do condutor com ε_{r1}, ε_{r2}, ε_{r3} e ε_{r4}, respectivamente. **2.55.** $C = 2ab\varepsilon_0(1 + 6/\pi)/d$. **2.59.** $b = 5$ cm. **2.63.** $W_{e1}/W_e = 66{,}1\%$. **2.68.** $W_e = \rho_0^2 a^3 S/(2\varepsilon)$. **2.71.** **(a)** $V_{cr} = 158{,}8$ kV, **(b)** $W'_e = 130$ mJ/m, e **(c)** $F'_e = 25$ mN/m. **2.73.** $V_{cr} = 80{,}67$ kV. **2.79.** $\varepsilon_{r1}E_{cr1}a = \varepsilon_{r2}E_{cr2}b$. **2.81.** **(a)** $V_{cr} = 440$ kV e **(b)** $W'_e = 8{,}15$ J/m.

CAPÍTULO 3

3.4. $G = 2\pi\sigma ab/(b - a)$. **3.8.** $R = a/[\sigma_0 bc(1 + 18/\pi)]$. **3.12.** **(a)** $\mathbf{J} = 2\sigma_0 V\hat{\mathbf{z}}/(5d)$, **(b)** $G = 2\pi\sigma_0 a^2/(5d)$, **(c)** $P_J = 2\pi\sigma_0 a^2 V^2/(5d)$, **(d)** $\rho = 24\varepsilon_0 V(1 + 3z/d)/(5d^2)$, $\rho_{s1} = 4\varepsilon_0 V/(5d)(z = 0)$ e $\rho_{s2} = -64\varepsilon_0 V/(5d)$ $(z = d)$ e **(e)** $\rho_p = -18\varepsilon_0 V(1 + 4z/d)/(5d^2)$, $\rho_{ps1} = -2\varepsilon_0 V/(5d)$ $(z = 0)$ e $\rho_{ps2} = 56\varepsilon_0 V/(5d)$ $(z = d)$. **3.16.** No sistema de coordenadas esférico adotado como na Figura 2.7, $\mathbf{J}_s = \sigma bV(1 + \cos\theta)\,\hat{\boldsymbol{\theta}}/[(b - a)\operatorname{sen}\theta]$. **3.18.** **(a)** $G' = 4\pi\sigma_0/[2\ln(b/a) + b^2/a^2 - 1]$ e **(b)** $\rho = 8\varepsilon_0 V(1 + r^2/a^2)/\{a^2[2\ln(b/a) + b^2/a^2 - 1]\}$. **3.24.** **(a)** $R_{gr} = 31{,}85\ \Omega$ e **(b)** $P_{J1} = 15{,}92$ kJ e $P_{J2} = 63{,}69$ kJ. **3.27.** $R = 1/(2\pi\sigma a)$. **3.28.** $(V_{degrau})_{máx} = 119{,}2$ V.

CAPÍTULO 4

4.4. $\mathbf{B} = \mu_0 J_{s0}a(1/\sqrt{z^2 + a^2} - 1/\sqrt{z^2 + b^2})\,\hat{\mathbf{z}}/2$. **4.8.** $B = \mu_0 NI/(4a)$, a direção de $\mathbf{B}$ em relação às voltas do fio muda conforme a Figura 4.10. **4.15.** Com o sistema de coordenadas retangular como na Fig. 6.25(b), $\mathbf{B} = \mu_0 Ix\,\hat{\mathbf{y}}/(ad)$. **4.17.** Com o sistema de coordenadas esférico na Figura 2.7, $\mathbf{B} = -\mu_0\sigma abV(1 + \cos\theta)\,\hat{\boldsymbol{\phi}}/[(b - a)\,r\operatorname{sen}\theta]$. **4.18.** Com o sistema de coordenadas cilíndrico da Figura 3.20 [ver também a Figura 8.12(a)], $\mathbf{B} = \mu_0\varepsilon[G'(l - z) + 1/R_L]\,\hat{\boldsymbol{\phi}}/(2\pi r)$ $(G' = 6{,}84$ pS/m$)$. **4.24.** **(a)** $\mathbf{J} = 795{,}8\,[x\,\hat{\mathbf{x}} + (-y + 8z - 8)\,\hat{\mathbf{y}} + 6x^2\,\hat{\mathbf{z}}]$ A/m^2 (x, y, z em m), **(b)** $I_C = 6{,}366$ kA e **(c)** $\oint_C \mathbf{B}\cdot d\mathbf{l} = 8$ mT · m. **4.32.** Com o sistema de coordenadas cartesiano na Figura 4.34, $\mathbf{F} = Q\rho_s(\sqrt{2} - 1)[\varepsilon_0\mu_0 vwa(\sqrt{2} - 1)\,\hat{\mathbf{x}} + \hat{\mathbf{z}}]/(2\sqrt{2}\,\varepsilon_0)$. **4.34.** $F'_m = 31{,}83$ mN/m (repulsiva, simetricamente em relação ao semicilindro). **4.36.** $F'_m = \mu_0 I^2\sqrt{2}(\pi/4 + \ln\sqrt{2})/(4\pi a)$ (repulsiva, simetricamente em relação ao condutor no canto). **4.38.** Adotando o sistema de coordenadas cartesianas com origem no ortocentro do triângulo, eixo x em $\mathbf{B}$ ($\mathbf{B} = B\,\hat{\mathbf{x}}$), e eixo z fora da página, e representando a lateral do loop perpendicular a $\mathbf{B}$ como o lado 1, e os outros dois lados 2 e 3 no sentido anti-horário, **(a)** $F_{m1} = IaB\,\hat{\mathbf{z}}$, $F_{m2} = -IaB\,\hat{\mathbf{z}}/2$, $F_{m3} = -IaB\,\hat{\mathbf{z}}/2$, **(b)** $\mathbf{T}_1 = Ia^2B\,\sqrt{3}\hat{\mathbf{y}}/6$, $\mathbf{T}_2 = Ia^2B\sqrt{3}(\sqrt{3}\hat{\mathbf{x}} + \hat{\mathbf{y}})/24$ e $\mathbf{T}_3 = Ia^2B\,\sqrt{3}(-\sqrt{3}\hat{\mathbf{x}} + \hat{\mathbf{y}})/24$, **(c)** $\mathbf{F}_m = 0$ e **(d)** $\mathbf{T} = Ia^2B\sqrt{3}\,\hat{\mathbf{y}}/4$.

CAPÍTULO 5

5.3. $\mathbf{B} = 2\sqrt{2}\mu_0 M_0 a^2 d\,\hat{\mathbf{z}}/[\pi(4z^2 + a^2)\sqrt{2z^2 + a^2}]$. **5.5.** **(a)** $\mathbf{J}_m = -2M_0 r\hat{\boldsymbol{\phi}}/a^2$ e $\mathbf{J}_{ms} = M_0\hat{\boldsymbol{\phi}}$ e **(b)** $\mathbf{B} = \mu_0 M_0 d\,\hat{\mathbf{z}}\{[|z| - \sqrt{z^2 + a^2} + z^2(1/|z| - 1/\sqrt{z^2 + a^2})]/a^2 + a^2/[2(z^2 + a^2)^{3/2}]\}$. **5.9.** **(a)** $\mathbf{J}_m = -\mathbf{J}$. **5.16.** **(a)** $\mathbf{H}_2 = (5\,\hat{\mathbf{x}} - 3\,\hat{\mathbf{y}} + 4{,}8\,\hat{\mathbf{z}})$ A/m e **(b)** $\mathbf{H}_2 = (2\,\hat{\mathbf{x}} - 3\,\hat{\mathbf{y}} + 4{,}8\,\hat{\mathbf{z}})$ A/m. **5.19.** $\mathbf{B} = \mu_0 M_0\hat{\mathbf{z}}$ $(r < a)$ e $\mathbf{B} = 0$ $(r > a)$. **5.22.** Para direções de referência dos vetores $\mathbf{B}$ e $\mathbf{H}$

como na Figura 5.32(a), $B_1 = -0{,}375$ T, $H_1 = -250$ A/m, $B_2 = -1{,}5$ T, $H_2 = -1.500$ A/m, $B_3 = 1{,}125$ T, e $H_3 = 750$ A/m. **5.24.** $N_2I_2 = -107{,}3$ A espiras (ampère-espiras)

CAPÍTULO 6

6.2. Com os eixos x e y orientados como na Figura 6.2, $\mathbf{E}_{ind} = 3{,}651 \times 10^{-8}\,(\mathrm{d}i/\mathrm{d}t)(-\hat{\mathbf{x}} + \hat{\mathbf{y}})$ V/m ($\mathrm{d}i/\mathrm{d}t$ em A/s). **6.7.** Com o sistema de coordenadas cartesianas adotado na Figura 6.4, **(a)** $\tau = b/c_0 = 0{,}3$ ns $\ll T = 2\pi/\omega = 62{,}8$ ns, **(b)** $\mathrm{E}_{ind} = 11\cos 10^8 t\,(-\hat{\mathbf{x}} + \hat{\mathbf{y}})$ V/m e **(c)** $\mathbf{H} = 8{,}33$ sen $10^8 t\,\hat{\mathbf{z}}$ A/m (t em s). **6.9.** $\mathbf{E}_{ind} = \mu_0(\mathrm{d}i/\mathrm{d}t)\{\ln[(\sqrt{a^2+z^2}+a)/(\sqrt{a^2+z^2}-a)] - 2a/\sqrt{a^2+z^2}\}\,\hat{\mathbf{y}}/(4\pi)$. **6.13.** $v_{MN} = \mu N' a^2\alpha(\mathrm{d}i/\mathrm{d}t)\{(S_1 - S_2)/[S_1 + S_2\alpha/(2\pi - \alpha)]\}/2$. **6.19.** **(a)** $e_{ind} = wBa^2/2$ **(b)** $Eq = -wBr$, com relação à direção de referência radial (externa) (r é a distância radial do centro do disco) e (c) $V_{12} = wBa^2/2$. **6.21.** $B = 0{,}5$ T ou $B = -1$ T e $P_{gen} = -25$W (em ambos os casos). **6.26.** No sistema de coordenadas cilíndrico adotado na Figura 3.20 [ou Figura 8.12(a)], **(a)** $\mathbf{B} = \mu_0 I_g\hat{\boldsymbol{\phi}}/(2\pi r)$ **(b)** $\mathbf{E}_{ind} = -v\mu_0 I_g\,\hat{\mathbf{r}}/(2\pi r)$, **(c)** $\mathbf{J} = \sigma(\mathbf{E}_q + \mathbf{E}_{ind})$, **(d)** $\mathbf{E}_q = \sigma\mu_0 R_V I_g vl\,\hat{\mathbf{r}}/\{r[2\pi\sigma R_V l + \ln(b/a)]\}$, **(e)** $V = \sigma\mu_0 R_V I_g vl\ln(b/a)/[2\pi\sigma R_V l + \ln(b/a)]$. **6.30.** $e_{ind} = \mu_0\omega b I_0$ sen $2\omega t\,\{ac(c^2 + a^2/4)\cos\omega t\,/\,[(c^2 + a^2/4)^2 - a^2c^2\cos^2\omega t] + \ln[(c^2 + a^2/4 + ac\cos\omega t)/(c^2 + a^2/4 - ac\cos\omega t)]\}/(4\pi)$. **6.34.** $l_0 = l/\mu_r$ e $[(P_J)_{méd}]_{máx} = \pi\sigma\mu_r\mu_0^2\,\omega^2N^2a^4I_0^2\,/(64l)$. **6.38.** **(a)** Com a mesma direção de referência da Figura 6.24, $\mathbf{J}_{parasita} = \sigma\omega\mu_0 Na^2I_0$ sen $\omega t/(2lr)$ e **(b)** $(P_J)_{méd} = \pi\sigma\mu_0^2\,\omega^2N^2a4hI_0^2\ln(c/b)/(4l^2)$. **6.42.** **(a)** $(P_J)_{méd} = \sigma_0\omega^2a^3l\delta B_0^2/40$ e **(b)** $(T_m)_{méd} = -\sigma_0\omega a^3 l\delta B_0^2\hat{\mathbf{y}}/40$. **6.45.** **(a)** $\omega = T'_{mec}/(\pi\sigma a^3\delta B^2)$ e **(b)** $P'_{mec} = T'^2_{mec}/(\pi\sigma a^3\delta B^2)$.

CAPÍTULO 7

7.5. $L' = [\mu ln\,2 + \mu_0\ln(d/2a)]/\pi$. **7.7.** $L' = \mu_1 d_1/w + \mu_2 d_2/w$. **7.11.** $L_{21} = 332{,}7$ mH. **7.13.** $v = -\pi\mu\omega N'a^2I_0$ sen ωt. **7.16.** **(a)** $L = 110$ μH **(b)** $L = 22{,}5$ μH e **(c)** **7.23.** **(a)** $I_0 = 183{,}3$ mA e **(b)** $I_0 = 85{,}3$ mA. **7.25.** Chave K aberta: $W_m(t) = 706\cos^2 377t$ mJ. (t em s) e $(W_m)_{méd} = 353$ mJ, chave K fechada: $W_m(t) = 0$ e $(W_m)_{méd} = 0$. **7.32.** **(a)** $w_m = 250$ J/m³ para $a \le r \le c$ e $w_m = (0{,}2536/r^2)$ J/m³ (r em m) para $c \le r \le b$ ($c = 3{,}2$ cm), **(b)** $W_m = 8{,}45$ mJ. **7.34.** **(a)** $w_h = (2{,}026/r^2)$ J/m³ (r em m) e **(b)** $(P_h)_{méd} = 882{,}5$ W. **7.36** $W'_{mi} = 157{,}9$ nJ/m, $W'_{me} = 346{,}6$ nJ/m e $W'_m = 504{,}5$ nJ/m.

CAPÍTULO 8

8.1. **(a)** $J_{d01} = J_{d02} = I_0/S$, **(b)** $E_{01} = I_0/(2\pi\varepsilon_1 fS)$ e $E_{02} = I_0/(2\pi\varepsilon_2 fS)$ e **(c)** $V_0 = (\varepsilon_1 d_2 + \varepsilon_2 d_1)\,I_0/2\pi\varepsilon_1\varepsilon_2 fS$. **8.5.** No sistema de coordenadas cilíndrico cujo eixo z coincide com o eixo do cabo, **(a)** $\mathbf{J}_d = \varepsilon(\mathrm{d}v/\mathrm{d}t)\,\hat{\mathbf{r}}/[r\ln(b/a)]$ e $\mathbf{J}_{tot} = \mathbf{J}_d$, e **(b)** $\mathbf{J}_d$ o mesmo do **(a)** e $\mathbf{J}_{tot} = \sigma v\,\hat{\mathbf{r}}/[r\ln(b/a)] + \mathbf{J}_d$. **8.9.** $\mathbf{H} = \sqrt{\varepsilon_0/\mu_0}\,E_0$ sen $\theta\cos(\omega t - \beta r)\,\hat{\boldsymbol{\phi}}/\mathbf{r}$. **8.20.** **(a)** $\underline{Q}' = -\mathrm{j}I_0$ sen $\phi\,/(\omega a)$, **(b)** $\underline{V} = -\mathrm{j}I_0\,\mathrm{e}^{-\mathrm{j}\beta R}/(2\pi\varepsilon_0\omega R)$. **(c)** $\underline{\mathbf{A}} = \mu_0 aI_0\,\mathrm{e}^{-\mathrm{j}\beta R}\,\hat{\mathbf{x}}/(8R)$, **(d)** $\underline{\mathbf{E}} = -\mathrm{j}I_0\,\mathrm{e}^{-\mathrm{j}\beta R}[\omega\mu_0 a\,\hat{\mathbf{x}}/8 + z(1 + \mathrm{j}\beta R)\,\hat{\mathbf{z}}/(2\pi\varepsilon_0\omega R^2)]/R$, **(e)** $\underline{\mathbf{H}} = -azI_0(1 + \mathrm{j}\beta R)\,\mathrm{e}^{-\mathrm{j}\beta R}\,\hat{\mathbf{y}}/(8R^3)$ e **(f)** $\mathbf{A}(t) = \mu_0 aI_0\sqrt{2}\cos(\omega t - \beta R)\,\hat{\mathbf{x}}/(8R)$ e $\mathbf{E}(t) = \omega\mu_0 aI_0\sqrt{2}\cos(\omega t - \beta R - \pi/2)\,\hat{\mathbf{x}}/(8R) + zI_0\sqrt{2}\sqrt{1 + \beta^2R^2}\cos(\omega t - \beta R + \arctan\beta R - \pi/2)\,\hat{\mathbf{z}}/(2\pi\varepsilon_0\omega R^3)$, onde $R = \sqrt{z^2 + a^2}$. **8.22.** **(a)** $\beta a = \omega/c_0 = 3{,}33$, assim a condição $\beta a \ll 1$ não é alcançada, **(b)** $\underline{Q}' = -1{,}061$ sen$(3\phi/2)$ nC/m ($0 < \phi < 2\pi$) e $\underline{Q}_0 = 141$ pC, **(c)** $\underline{V} = 0$ e $\underline{\mathbf{A}} = -\mathrm{j}11{,}31\,\mathrm{e}^{-\mathrm{j}33{,}33\sqrt{z^2+0{,}01}}\,\hat{\mathbf{x}}/\sqrt{z^2 + 0{,}01}$ nT · m (z em m), e **(d)** sendo que $\underline{\mathbf{A}}$ tem apenas um componente x e $\underline{V}$ é constante (zero) ao longo do eixo z, $\underline{E}_z = -\mathrm{j}\omega\underline{A}_z - \partial\underline{V}/\partial z = 0$. **8.23.** $\underline{\mathbf{B}} = \mu_0 J_{s0}a\,(\mathrm{e}^{-\mathrm{j}\beta\sqrt{a^2+z^2}}/\sqrt{a^2 + z^2} - \mathrm{e}^{-\mathrm{j}\beta\sqrt{b^2+z^2}}/\sqrt{b^2 + z^2})\,\hat{\mathbf{z}}/2$. **8.25.** $\underline{\mathbf{A}} = \mathrm{j}2\mu_0 aJ_{s0}\,\mathrm{e}^{-\mathrm{j}\beta a}\,\hat{\mathbf{z}}/3$. **8.32.** $\psi_{\mathcal{P}} = 848{,}27$ kW, na terra. **8.36.** **(a)** $\mathbf{H}(t) = \sqrt{\varepsilon/\mu}\,E_0\cos(\omega t - \beta z)\,\hat{\boldsymbol{\phi}}/r$ e $\underline{\mathbf{H}} = \sqrt{\varepsilon/\mu}\,E_0\sqrt{2}\mathrm{e}^{-\mathrm{j}\beta z}\,\hat{\boldsymbol{\phi}}/(2r)$, **(b)** $\underline{\mathcal{P}} = \sqrt{\varepsilon/\mu}\,E_0^2\hat{\mathbf{z}}/(2r^2)$, **(c)** $\underline{S} = \pi\sqrt{\varepsilon/\mu}\,E_0^2\ln(b/a)$, e **(d)**. $P_{méd} = \pi\sqrt{\varepsilon/\mu}\,E_0^2\ln(b/a)$. **8.39.** Primeiro termo (integral) na Equação (8.196) é igual a zero, segundo termo $\sigma\pi a^2V_0^2/(2d)$ o terceiro $-\mathrm{j}\omega\varepsilon\pi a^2V_0^2/(2d)$ (aproximadamente), e o último (fluxo de potência complexo) $(-\sigma + \mathrm{j}\omega\varepsilon)\pi a^2\,V_0^2/(2d)$. **8.41.** $\mathcal{P}(t) = \sqrt{\varepsilon_0/\mu_0}\,E_0^2$ sen² $\theta\cos^2(\omega t - \beta r)\,\hat{\mathbf{r}}/r^2$, $\underline{\mathcal{P}} = \sqrt{\varepsilon_0/\mu_0}\,E_0^2$ sen² $\theta\,\hat{\mathbf{r}}/(2r^2)$, e $\mathcal{P}_{méd} = \mathrm{Re}\{\underline{\mathcal{P}}\} = \sqrt{\varepsilon_0/\mu_0}\,E_0^2$ sen² $\theta\,\hat{\mathbf{r}}/(2r^2)$ [ver Equação (6.95)].

CAPÍTULO 9

9.5. **(a)** $f = 1{,}5$ GHz, $\theta_0 = 150°$ ou $\theta_0 = 30°$, **(b)** $\underline{\mathbf{H}} = 28{,}2\,\mathrm{e}^{\mathrm{j}\theta 0}\,\mathrm{e}^{\mathrm{j}10\pi z}\,\hat{\mathbf{x}}$ mA/m (z em m) e **(c)** $\mathcal{P}_{méd} = -0{,}3\,\hat{\mathbf{z}}$ W/m². **9.6.** **(a)** $\varepsilon_r = 3{,}6$ e $\mu_r = 2{,}5$. **9.11.** $I_{ind} = 3{,}39$ mA. **9.15.** $W = 95{,}69$ mJ e **(b)** $W = 47{,}84$ mJ **9.17.** $r = 18{,}2$ m. **9.24.** **(a)** $\varepsilon_r = 81$ e $\sigma = 4$ S/m, **(b)** $\underline{\gamma} = (78{,}72 + \mathrm{j}204)$ m⁻¹, **(c)** $\mathbf{H} = 27{,}8\,\mathrm{e}^{78{,}72y}\cos(6{,}28 \times 10^9 t + 204y - 21°)\,\hat{\mathbf{z}}$ mA/m (t em s; y em m) e **(d)** $\mathcal{P}_{méd} = -12{,}93\,\mathrm{e}^{157{,}44y}\,\hat{\mathbf{y}}$ mW/m². **9.26.** **(a)** $\varepsilon_r = 3$ e $\tan\delta_d = 10^{-3}$, **(b)** $\underline{\gamma} = (0{,}1814 + \mathrm{j}363)$ m⁻¹, e **(c)** $\underline{\mathcal{P}}_{méd} = 1{,}035\,\mathrm{e}^{-0{,}363z}\,\hat{\mathbf{z}}$ W/m². **9.31.** **(a)** $\delta_{1\%} = 1{,}91$ μm e **(b)** $A_{dB} = 20.910$ dB (blindagem perfeita). **9.33.** $h_b = 161{,}7$ km. **9.38.** **(a)** $\Delta t = 34{,}5$ ns e **(b)** $\Delta t = 0{,}0152$ ps. **9.42.** **(a)** RHEP, **(b)** LP, **(c)** LHEP, **(d)** LP, **(e)** LHEP, **(f)** LP, **(g)** LP, **(h)** RHEP e **(i)** LHEP.

CAPÍTULO 10

10.3. $W_{em}(t) = \varepsilon E_{i0}^2 S(2\beta l + \mathrm{sen}\,2\beta l\cos 2\omega t)/\beta$ ($\beta = 2\pi/\lambda$ e $\omega = \beta/\sqrt{\varepsilon\mu_0}$). **10.6.** $f = 375$ MHz e $E_{i0} = 0{,}51$ V/m. **10.9.** **(a)** $f = 1{,}5$ GHz, **(b)** $\lambda_{vidro} = 10$ cm, **(c)** $E_{ar}(t) = 1{,}777[\cos(9{,}425 \times 10^9 t + 31{,}42x + 90°) - \mathrm{sen}\,31{,}2x\cos(9{,}425 \times 10^9 t)]\,\hat{\mathbf{y}}$ kV/m (t em s; x em m) e $\underline{\mathbf{E}}_{ar} = 1{,}257(\mathrm{j}\,\mathrm{e}^{\mathrm{j}31{,}42x} - \mathrm{sen}\,31{,}42x)\,\hat{\mathbf{y}}$ kV/m, **(d)** $|\underline{\mathbf{H}}_{ar}|_{máx} = 6{,}67$ A/m, $|\underline{\mathbf{H}}_{ar}|_{mín} = 3{,}33$ A/m e $|\underline{\mathbf{H}}_{vidro}|_{máx} = |\underline{\mathbf{H}}_{vidro}|_{mín} = 6{,}67$ A/m, **(e)** $\mathcal{P}_{méd} = -8{,}378\,\hat{\mathbf{x}}$ kW/m² em toda parte e **(f)** $\underline{\eta}_w = 188{,}5$ Ω. **10.14.** $d_{máx} = 38$ m. **10.19.** $(W_{em})_{méd} = 8{,}854 \times 10^{-14}$ J. **10.23.** $\delta_{violeta} = 53{,}64°$, $\delta_{azul} = 52{,}19°$, $\delta_{verde} = 51{,}29°$ $\delta_{amarelo} = 50{,}83°$, $\delta_{alaranjado} = 50{,}68°$, $\delta_{vermelho} = 50{,}16°$; $\gamma = 3{,}48°$. **10.28.** $\underline{\mathcal{P}} = (83{,}3\,\hat{\mathbf{x}} - 249{,}9\,\hat{\mathbf{z}})$ W/m². **10.31.** $\theta_{aceito} = $ arcsen $[(n_{núcleo}^2 - n_{revestimento}^2)^{1/2}/n_0]$; do ar $\theta_{aceito} = 17{,}31°$; da água, $\theta_{aceito} = 12{,}92°$. **10.34.** $h_r = 4{,}59$ km. **10.38.** $(\Gamma_e)_{dB} = -9{,}42$ dB.

CAPÍTULO 11

11.4. $(P_{cr})_{máx} = 317$ MW e $P_l = 295$ MW. **11.7.** **(a)** $C' = 9{,}476$ pF/m, $L' = 1{,}174$ μH/m, $R' = 1{,}079$ Ω/m e $G' = 0$ e **(b)** $Z_0 = 352{,}1$ Ω e $\alpha = 1{,}532 \times 10^{-3}$ Np/m. **11.10.** **(a)** $C' = 13{,}24$ pF/m, $L' = 840$ nH/m, $R' = 0{,}657$ Ω/m e $G' = 0$ e **(b)** $|\underline{\rho}_s| = 67{,}9$ nC/m² e $|\underline{\mathbf{J}}_s| = 20{,}37$ A/m. **11.14.** **(a)** $(P_{cr})_{máx} = 15{,}31$ MW e **(b)** $P_l = 5{,}426$ MW. **11.19.** $C' = 203{,}9$ pF/m, $L' = 218$ nH/m, $R' = 7{,}15$ Ω /m e $G' = 384{,}5$ μS/m.

CAPÍTULO 12

12.4. **(a)** $f = 300$ MHz e $\underline{Z}_L = (38{,}46 + \mathrm{j}92{,}31)$ Ω e **(b)** $f = 300$ MHz e $\underline{Z}_L = (38{,}46 - \mathrm{j}92{,}31)$ Ω. **12.8.** **(a)** $l_{máx} = 3{,}69$ cm e $R_{máx} = 130{,}9$ Ω, $l_{mín} = 28{,}69$ cm e $R_{mín} = 19{,}1$ Ω; **(b)** $l_{mín} = 18{,}75$ cm e $R_{mín} = 8{,}58$ Ω, $l_{máx} = 43{,}75$ cm e $R_{máx} = 291{,}4$ Ω. **12.11.** **(a)** Em relação à Figura 12.8, $l_c = 12{,}08$ cm, $Z_{0t} = 115{,}1$ Ω e $l = 37{,}5$ cm, supondo que todas as seções de linha de transmissão têm dielétrico de ar. **12.14.** $P_{L1} = 22{,}41$ W, $P_{L2} = 31{,}73$ W e $P_{L3} = 10{,}97$ W. **12.19.** $l_{toco} = 2{,}09$ mm. **12.21.** **(a)** $W_{em}(0) = 0{,}2$ μJ, **(b)** $t = 1{,}36$ ns e **(c)** $t = 624{,}7$ ns. **12.29.** Primeira solução: $l_1 = 9{,}3$ mm e $l_{toco1} = 8{,}9$ mm e segunda solução: $l_2 = 24$ mm e $l_{toco2} = 41{,}1$ mm. **12.33.** $l_{danos} = 10$ m e $R_{eq} = 1{,}02$ Ω. **12.35.** $v_g = 5$ V ($0 \le t \le 9$ ns); $v_L = 0$ ($0 \le t < 1{,}5$ ns), $v_L = 3{,}33$ V ($1{,}5$ ns $< t < 4{,}5$ ns), $v_L = 4{,}44$ V ($4{,}5$ ns $< t < 7{,}5$ ns) e $v_L = 4{,}81$ V ($7{,}5$ ns $< t \le 9$ ns). **12.38.** Durante o intervalo de tempo $0 \le t < 1$ ns, 1 ns $< t <$ 2 ns,..., 9 ns $< t \le 10$ ns, v_g, assume valores 6 V, 0, 10 V, 0, 6,66 V,

0, 4,45 V, 0, 2,96 V e 0 respectivamente; os valores correspondentes de v_L são 0, 12 V, 0, 7,98 V, 0, 5,33 V, 0, 3,56 V0 e 2,37 V. **12.41**. Iniciando em $t = 1$ ns, v_L é uma sequência de pulsos trapezoidais de durações 2 ns e magnitudes 4 V, –1,33 V, 0,444 V, e –0,148 V, respectivamente (cada novo pulso inicia exatamente no final da seguinte). **12.46**. $C = 40$ pF. **12.48**. $v_L(t) = 0{,}75[e^{-(t-T)/\tau}h(t-T) - e^{-(t-t_1)/\tau}h(t-t_1)]$ V e $v_g(t) = 0{,}5[h(t) - h(t-t_0)] - 0{,}5[h(t-t_2) - h(t-t_3)] + 0{,}75[e^{-(t-t_2)/\tau}h(t-t_2) - e^{-(t-t_3)/\tau}h(t-t_3)]$ V, onde $T = 1{,}17$ ns, $\tau = 2{,}4$ ns, $t_0 = 2$ ns, $t_1 = 3{,}17$ ns, $t_2 = 2{,}34$ ns e $t_3 = 4{,}34$ ns.

CAPÍTULO 13

13.8. **(a)** Para $\varepsilon_r = 1$, faixa de frequência dominante 1,5 GHz $< f \leq 3$ GHz, os primeiros três modos TE_{10}, TE_{01} e TE_{11}, primeiros três modos TM, TM_{11}, TM_{21} e TM_{12}, $(f_c)_{10} = (f_c)_{01} = 1{,}5$ GHz, $(f_c)_{11} = 2{,}12$ GHz, e $(f_c)_{21} = (f_c)_{12} = 3{,}35$ GHz; para $f = 2$ GHz, possível TE_{10} e TE_{01}; **(b)** para $\varepsilon_r = 2{,}5$, faixa de frequência dominante 0,949 GHz $< f \leq 1{,}897$ GHz, primeiros três modos TE e primeiros três modos TM como em (a), $(f_c)_{10} = (f_c)_{01} = 0{,}949$ GHz, $(f_c)_{11} = 1{,}34$ GHz e $(f_c)_{21} = (f_c)_{12} = 2{,}12$ GHz; para $f = 2$ GHz, possível TE_{10}, TE_{01}, TE_{11}, TE_{20}, TE_{02} e TM_{11}. **13.12**. **(a)** $\underline{\mathcal{P}} = -j\omega\mu|\underline{H}_0|^2[(m\pi/a)\,\text{sen}(2m\pi x/a)\cos^2(n\pi y/b)\,\hat{\mathbf{x}} + (n\pi/b)\cos^2(m\pi x/a)\,\text{sen}(2n\pi y/b)\,\hat{\mathbf{y}}]/(2k^2) + \omega\mu\beta|\underline{H}_0|^2[(n\pi/b)^2\cos^2(m\pi x/a)\,\text{sen}^2(n\pi y/b) + (m\pi/a)^2\,\text{sen}^2(m\pi x/a)\cos^2(n\pi y/b)]\,\hat{\mathbf{z}}/k^4$, **(b)** $P = q\eta ab(f^2/f_c^2)\sqrt{1 - f_c^2/f^2}\,|\underline{H}_0|^2$, onde $f_c = (f_c)_{02} = c/b$ e $q = 1/2$ para TE_{02} e $f_c = (f_c)_{11} = c\sqrt{1/a^2 + 1/b^2}/2$ e $q = 1/4$ para TE_{11}, e **(c)** o fluxo de $\underline{\mathcal{P}}$ em cada parede seja zero. **13.14**. $P_{máx} = P_{cr} = 210{,}3$ MW. **13.16**. **(a)** $\alpha = 1{,}3 \times 10^{-3}$ Np/m e **(b)** $\alpha = 2{,}88 \times 10^{-4}$ Np/m. **13.17**. **(a)** $\alpha = 4{,}15 \times 10^{-3}$ Np/m e **(b)** $\alpha = 3{,}33 \times 10^{-3}$ Np/m. **13.21**. Em $f = 22{,}5$ GHz: $v_p = 2{,}59 \times 10^8$ m/s, $v_g = 1{,}54 \times 10^8$ m/s, $\lambda_z = 11{,}5$ mm, e $\lambda = 8{,}9$ mm; em $f = 18$ GHz: $v_p = 3{,}29 \times 10^8$ m/s, $v_g = 1{,}22 \times 10^8$ m/s, $\lambda_z = 18{,}3$ mm e $\lambda = 11{,}1$ mm; em $f = 27$ GHz: $v_p = 2{,}36 \times 10^8$ m/s, $v_g = 1{,}7 \times 10^8$ m/s, $\lambda_z = 8{,}7$ mm e $\lambda = 7{,}4$ mm. **13.27**. **(a)** $a = 50$ mm e $d = 20{,}23$ mm e **(b)** TE_{102}. **13.34**. $(W_{em})_{cr} = 29{,}9$ mJ. **13.35**. $\mathcal{E}_{ind} = 3{,}16$ kV e $W_{em} = 23{,}2$ mJ. **13.38**. **(a)** $P_c = 17{,}37$ mW e **(b)** $P_c = 30{,}19$ mW. **13.39**. $P_d = 70{,}6$ mW.

CAPÍTULO 14

14.8. $\mathcal{P}_{méd} = 18{,}62\,\text{sen}^2\theta\,\hat{\mathbf{r}}/r^2$ W/m² (r em m). **14.10**. $\underline{\mathcal{P}} = \sqrt{\mu_0/\varepsilon_0}\,\beta^2|\underline{I}_0|^2\,\text{sen}^2\theta\{1 + e^{-2\alpha l} - 2\,e^{-\alpha l}\cos[\beta l(1-\cos\theta)]\}\,\hat{\mathbf{r}}/\{(4\pi r)^2[\alpha^2 + \beta^2(1-\cos\theta)^2]\}$ **14.11**. $\underline{\mathbf{E}} = \underline{E}_\theta\,\hat{\boldsymbol{\theta}} = j\omega\mu_0\underline{I}_u\,l[e^{-j\beta r}/(4\pi r)]\,\text{sen}\,\theta\,\hat{\boldsymbol{\theta}}\,\text{sen}\,u/u$, onde $u = \beta h\cos\theta$ ($h = l/2$), $\underline{\mathbf{H}} = \underline{H}_\phi\hat{\boldsymbol{\phi}} = (\underline{E}_\theta/\eta_0)\,\hat{\boldsymbol{\phi}}$, e $\underline{\mathcal{P}} = \mathcal{P}_{méd} = (|\underline{E}_\theta|2/\eta_0)\,\hat{\mathbf{r}}$ ($\eta_0 = 377\ \Omega$). **14.15**. $\underline{\mathcal{P}} = \eta\beta^2 I^2 l^2(1 + \cos^2\theta - \text{sen}^2\theta\,\text{sen}\,2\phi)\,\hat{\mathbf{r}}/(32\pi^2 r^2)$. **14.19**. $R_{rad} = 0{,}8\ \Omega$, $R_{ôhmica} = 6{,}46\ \Omega$, e $\eta_{rad} = 11\%$. **14.24**. **(a)** $D = 10$ e **(b)** $HPBW_{elevação} = 114{,}5°$ e $HPBW_{azimutal} = 65{,}5°$. **14.29**. $R_{ôhmica} = R'[l/2 - (\text{sen}\,\beta l)/(2\beta)]$, onde $R' = \sqrt{\pi\mu f/\sigma}\,/(2\pi a)$ e $\beta = 2\pi f/c_0$ ($c_0 = 3 \times 10^8$ m/s). **14.33**. **(a)** $|\underline{\mathbf{E}}_{direto}| = 60$ mV/m e **(b)** $|\underline{\mathbf{E}}_{refletido}| = 26{,}6$ mV/m. **14.35**. $|\underline{\mathbf{E}}_{iono\ dobro}|_{tot} = 243.2\ \mu$V/m. **14.41**. $|\underline{V}_{ca}| = 1{,}9$ mV. **14.44**. $\underline{V}_{ca}| = 1{,}9$ mV. **14.46**. **(a)** $|(\underline{V}_{ca})_{direto}| = 0$ e $|(\underline{V}_{ca})_{refletido}| = 9{,}35\ \mu$V; **(b)** $|(\underline{V}_{ca})_{direto}| = 33{,}5\ \mu$V, e, $|(\underline{V}_{ca})_{refletido}| = 23{,}7\ \mu$V. **14.52**. $r_{máx} = 1{,}191$ km. **14.57**. $f(\theta) = \text{sen}\,\theta\,\text{sen}[(\pi/2)\cos\theta]$. **14.60**. $f(\theta) = \{\cos[(\pi/2)\cos\theta]\cos(\pi\,\text{sen}\,\theta\cos\phi)\}/\,\text{sen}\,\theta$ para $0 \leq \theta \leq 90°$ e $f(\theta) = 0$ para $90° < \theta \leq 180°$. **14.63**. $f(\theta) = \{\cos^3[(\pi/2)\cos\theta]\}/\,\text{sen}\,\theta$. **14.66**. **(a)** $\theta_{máx} = 90° \rightarrow \alpha = 0$ (banda larga arranjo com N elemento) e **(b)** $\theta_{máx} = 0 \rightarrow \alpha = -\beta d$ (radiação endfire na direção $z+$) e $\theta_{máx} = 180° \rightarrow \alpha = \beta d$ (radiação endfire na direção $z-$).

Referências

ASIMOV, I. *Asimov's biographical encyclopedia of science and technology*. 2. ed. Nova York: Doubleday, 1982.

BALANIS, C. A. *Antenna theory:* analysis and design. 2. ed. Nova York: John Wiley & Sons, 1997.

DEMAREST, K. R. *Engineering electromagnetic*. Upper Saddle River, NJ: Prentice Hall, 1998.

DJORDJEVIĆ, A. R. *Electromagnetics for computer engineering*. Belgrado: University of Belgrade, 1996.

DJORDJEVIĆ, A. R.; BOŽILOVIĆ, G. N.; NOTAROŠ, B. M. *Collection of examination problems in fundamentals of electrical engineering with solutions, Parte I*. Belgrado: Department of Electrical Engineering, University of Belgrade, 1997.

_________. *Collection of examination problems in fundamentals of electrical engineering with solutions, Parte II*. Belgrado: Department of Electrical Engineering, University of Belgrade, 1997.

DRAGOVIĆ, M. B. *Antennas and propagation of radio waves*. Belgrado: Kontekst, 1994.

GRIFFITHS, D. J. *Introduction to electrodynamics*. 3. ed. Upper Saddle River, NJ: Pearson Addison Wesley, 1999.

HAUS, H. A.; MELCHER, J. R. *Electromagnetic fields and energy*. Upper Saddle River, NJ: Prentice Hall, 1989.

HAYT, W. H.; BUCK, J. A. *Engineering electromagnetic*. 6. ed. Nova York: McGraw-Hill, 2001.

IDA, N. *Engineering electromagnetic*. 2. ed. Nova York: Springer, 2004.

INAN U, S.; INAN, A. S. *Engineering electromagnetic*. Menlo Park, CA: AddisonWesley Longman, 1999.

_________. *Electromagnetic waves*. Upper Saddle River, NJ: Prentice Hall, 2000.

ISKANDER, M. F. *Electromagnetic fields and waves*. Prospect Hills, IL: Waveland Press, 2000.

JOHNK, C. T. A. *Engineering electromagnetic fields and waves*. 2 ed. Nova York: John Wiley & Sons, 1988.

KRAUS, J. D.; FLEISCH, D. A. *Electromagnetics with applications*. 5. ed. Nova York: McGraw-Hill, 1999.

KRAUS, J. D.; MARHEFKA, R. J. *Antennas for all applications*. 3. ed. Nova York: McGraw-Hill, 2002.

LONNGREN, K. E.; SAVOV, S. V.; JOST, R. J. *Fundamentals of electromagnetics with MATLAB*. 2. ed. Raleigh, NC: SciTech Publishing, 2007.

NOTAROŠ, B. M. *Electromagnetic theory I*. Dartmouth: University of Massachusetts, 2002.

_________. *Electromagnetic theory II*. Dartmouth: University of Massachusetts, 2003.

NOTAROŠ, B. M.; PETROVI, V. V.; ILI, M. M.; DJORDJEVIĆ, A. R.; KOLUNDŽIJA, B. M.; DRAGOVIĆ, M. B. *Collection of examination questions and problems in electromagnetic*. Belgrado: Department of Electrical Engineering, University of Belgrade, 1998.

PAUL, C. R. *Electromagnetics for engineers with applications*. Nova York: John Wiley & Sons, 2004.

POPOVIĆ, B. D. *Collection of problems in electromagnetic*. 6. ed. Belgrado: Gradjevinska Knjiga, 1985.

STUTZMAN, W. L.; THIELE, G. A. *Antenna theory and design*. 2. ed. Nova York: John Wiley & Sons, 1998.

SURUTKA, J. *Electromagnetics*. 5. ed. Belgrado: Gradjevinska Knjiga, 1978.

ULABY, F. T. *Fundamentals of applied electromagnetic*. Upper Saddle River, NJ: Prentice Hall, 1999.

WENTWORTH, S. M. *Fundamentals of electromagnetics with engineering applications*. Nova York: John Wiley & Sons, 2005.

Índice remissivo

D

E

Sobre o Autor

Branislav M. Notaroš é professor associado de engenharia elétrica e computação na Universidade Estadual do Colorado, onde coordena pesquisas sobre eletromagnetismo computacional, antenas e micro-ondas. Recebeu Ph.D. da Universidade de Belgrado, Sérvia, onde foi professor assistente. Foi também professor assistente e associado da Universidade de Massachusetts Dartmouth. Publicou três livros de exercícios e 80 artigos. Recebeu o IEEE MTT-S Microwave Prize de 2005, o IEE Marconi Premium de 1999, o URSI Young Scientist Award de 1999, o UMass Dartmouth Scholar of the Year Award de 2005, o UMD COE Dean´s Recognition Award de 2004 e o CSU ECE Excellence in Teaching Award de 2009.